질적 연구 핸드북

The SAGE Handbook of Qualitative Research
Fourth Edition

Norman K. Denzin | Yvonna S. Lincoln

편저

최 욱 | 김종백 | 김민정 | 김평국 | 김한별 | 김현진 | 도승이 | 문경숙
박승현 | 박용호 | 박종원 | 변호승 | 손 미 | 손승현 | 이명석 | 이영민
이호규 | 임 걸 | 임철일 | 정종원 | 진성미 | 최희준 | 홍원표

옮김

아카데미프레스

역자 서문

인문·사회 과학에서 양적 연구 방법이 정밀성과 객관성을 제공하여 많은 변화와 발전을 이룩하며 크게 자리매김해온 것이 사실이다. 그러나 "망치에 익숙한 사람은 모든 것을 못이라고만 생각한다(People who are good at hammers, tend to see everything as a nail.)"라는 A. H. Maslow의 격언을 굳이 거론하지 않더라도, 자연과학적인 설명과 처방이 과연 우리 인간과 사회를 명확하게 설명하고 이해시킬 수 있는가에 대한 많은 비판이 경험 과학자들에 의해 다각도로 제기되어 왔다. 기존의 자연과학에 기반을 둔 수학적 분석 방법만으로는 우리 인간과 사회의 복잡다단한 현상과 사실에 대해 심도 있게 이해하거나 실제적인 방안을 제시하는 데 있어 격화파양[신발을 신은 상태에서 가려운 곳을 긁다]의 답보 상태에서 헤어 나올 수 없다. 우리의 이러한 연구 현실을 극복하기 위해서는, 양적 연구에만 매몰되는 수주대토[실효성 없는 기대로 일을 그르친다]의 질곡을 타파할 수 있는 지혜가 요구되어 왔다.

이에 부응하여 질적 연구 방법은 인문·사회 과학 연구의 대안으로 대두되었고, 이제 연구 방법론의 양대 산맥으로 자리매김하게 되었다. 이 책에서 제시된 다양한 질적 연구 방법들이 양적 연구와 함께 연구 현장에 적용되고 어깨를 나란히 하면서, 인문·사회 과학자들은 연구 수행의 지평을 폭넓게 펼칠 수 있게 되었다. 이러한 결과, 그 동안 단일 연구 방법론에 국한된 단편성과 편협성으로 인해 미흡했던 인간과 사회에 대한 설명과 처방을 좀 더 수준 높게 전개해 나갈 수 있는 변화와 발전 가능성이 열리게 되었다.

이런 면에서, 『The SAGE Handbook of Qualitative Research』는 우리 인간과 사회를 좀 더 심도 있게 파헤치고 이해하려는 체계성과 진정성을 광범위하게 담고 있다. 특히 서문에서 대표 저자들이 밝혔듯이, 이 책은 여러 나라의 다양한 질적 연구 학자들에 의해 집필되어 질적 연구의 'global standard'를 제시하려는 노력이 돋보이며, 이에 걸맞게 여러 나라에서 수백 명의 교수들에 의해 교재로 채택되어 필자로 하여금 번역의 필요성을 절감하게 만들었다.

이러한 필자와 뜻을 같이해준 22분의 교수님들에게 이 자리를 빌어 자화자찬의 비난을 감수하고 감사의 말씀을 전하고 싶다. 교수님들은 특히 필자와 일면식도 없으면서 질적 연구의 보급에 큰 힘을 보태고자 공사다망하심에도 흔쾌히 번역에 임해 주셨고, 직접 번역을 강요한 필자의 결례에도 적극 호응해 주셨으며, 원어의 난해함을 극복하기 위해 영어로 학위를 이수하고 질적 연구 활동 경력이 있는 분들로만 구성했음에도 여전한 어려움을 인내로 이겨내 주셨다. 무엇보다도 번역에서의 다양한 시각을 반영하고 번역서의 보급성을 높이기 위해 전공/지역/학교를 안배하려는 필자의 의도를 받아들여 주신 여러 교수님들께 진심의 감사를 전한다.

최욱(경인교육대학교 교육학과)

저자 서문

최욱_ 경인교육대학교 교육학과 교수

최근 출간된 『질적 연구 핸드북(Handbook of Qualitative Research)』의 제4판은 제3판에서 그랬던 것처럼 완전히 새로운 내용으로 구성되었다. 제3판의 저자들 중 거의 3분의 2가 새로운 분들로 교체되었다. 실제로 이 책에서 새로 수록된 장(chapters)과 저자들의 수가 53에 이르고 있다. 그리고 완전히 새로운 형식의 18개 주제가 소개되고 있다. 여기에는 비판 사회과학(critical social science), 흑인 국제 페미니즘 운동(endarkened transnational feminist praxis), 비판 교육학, 아시아 인식론, 사회정의를 위한 장애인 사회와 혁신 연구, 인권, 구전, 토착민 연구, 증거, 정치역학(politics), 과학과 정부, 해석 타당성(interpretive validity)의 평가 기준, 표현 모델, 다양한 타당성, 질적 연구와 테크놀로지, 퀴어 이론(queer theory), 수행 문화기술지(performance ethnography), 내러티브 연구(narrative inquiry), 예술 기반 연구, 온라인 문화기술지의 정치역학과 윤리, 분석 방법론, 서술 전략, 정책과 질적 평가, 질적 연구의 미래, 질적 연구 교육론, 담화와 문장(talk and text), 초점 집단, 비판 교육학, 혼합 방법 적용 연구 등이 있다. 그리고 기존의 저자들도 전편을 상당량 수정했으며, 많은 경우 완전히 새롭고 다른 내용들로 구성하였다.

다양한 사회과학과 인문학 관련 인사들이 이 핸드북의 독자가 되어주었다. 그들 중에는 질적 연구를 어떻게 수행할 것인가를 배우고 싶은 대학원생들, 질적 연구 분야에 대해 더 많은 지식 습득을 바라며 관심을 표명하고 있는 교수들, 질적 연구 방법의 가치를 이해하고 질적 연구의 최근 동향에 대해 알고 싶어하는 정책 관련 종사자들이 있다. 우리들은 이 책의 독자층이 이렇게 광범위할 줄은 미처 생각지 못하였다. 또한 이 책이 학부와 대학원의 연구 방법론 과목 교재로 이렇게 널리 사용될 줄도 상상하지 못하였다. 특히 2008년에는 제3판의 교재 활용도를 높이기 위해 발췌본을 다음과 같이 출간하였다: 『The Landscape of Qualitative Research』, 『Strategies of Qualitative Inquiry』, 『Collecting and Interpreting Qualitative Materials』.

이 책의 제4판은 제3판이 끝난 시점에서 계속되고 있다. 지난 20여 년 동안 비판적 질적 연구 방법론이 상당한 발전을 이루었거나, 좀 더 정확하게 표현하면 또 다른 역사적 국면을 맞이하게 되었다고 할 수 있다.[1]

이러한 현상들은 1980년대의 양적-질적 연구 패러다임 논쟁을 통해, 학술지[2], 저서[3], 교재[4], 논문 수상[5], 연례 특강[6], 학회[7] 등에서 극명하게 나타나고 있다. 이러한 발전상들은 여러 영역의 질적 연구 방법론들을 창출하게 되었다(본서 Erickson의 3장 참고). 여기서 학자들은 새로운 영역의 연구 방법을 지향하는 일종의 사회 운동의 중심에 서게 되었으며, 새로운 담론이 제기되고 그러한 논의가 풍성하게 이루어지게 되었다.

자랑스럽게도 질적 연구 수행자들은 확실한 자리매김을 하게 되었다. 학생들이 이 분야의 공부와 멘토를 위해 대학원에 몰려들었다. 그리고 질적 연구와 혼합 연구 방법론 강의가 보편화되었다. 이제는 양적 연구뿐만 아니라 질적 연구 분야도 교육과정으로 정착되었다(Eisenhart & Jurow의 43장 참고). 그리고 질적 연구 패러다임의 변성을 맞이하게 되었는데, 특히 양성 평등과 동성애 연구 관련 포스트이즘(post-isms)의 통합적 접근─페미니즘(feminism)에서 구조주의, 포스트모더니즘, 탈식민주의, 탈구조주의, 탈실증주의, 탈과학주의, 마르크시즘, 탈구성주의 등─이 다양하게 출현하였다(Erickson의 3장 참고).

이러한 모든 현상들은 국제 사회의 테러와의 전쟁, 제3의 방법론의 역사적 시점(Teddlie & Tashakkori의 16장 참고), 여덟 번째 역사적 시점의 시작 또는 종결(Denzin & Lincoln, 2005, p.3)[8] 등과 같은 복잡다단한 역사적 중대사 속에서 나타났다. 그리고 현재 벌어지고 있는 방법론 차원의 논쟁에서, 질적 연구 수행자들은 'No Child Left Behind' 법안을 반영한 북미 교육과 연계된 실증 기반 사회 운동에 대한 과학적 반발 그 이상을 지향하였다(Hatch, 2006 참고). 이와 함께, 그들은 연구 방법의 다양하고 혼합적인 접근 방식을 포용하였다(Teddlie & Tashakkori의 16장; Creswell의 15장 참고).

그러므로 2010년대를 시작하는 이 시점에서, 우리는 이제 앞으로 더 나아가야 한다. 새로운 영역을 개척하고, 새로운 담론을 열어나가는 노력이 필요한 때를 맞이하고 있다. 사람들과 그들의 어려움을 사회정의 차원의 접근 방식과 연결하는 새로운 방법론을 모색해야 한다. 우리는 이러한 방법론을 사회문제를 여론화하고 결국 사회정책에 반영하는 제도권 기관들과 연결시키는 데 더 나은 성과를 창출해야 한다.

이러한 일을 수행해 나가는 데 있어서 비판적인 체계가 핵심적인 역할을 한다. 이러한 비판적인 시각은 질적 연구를 수행하는 데 다각도로 큰 도움이 되고, 인간미 넘치는 방법론이며, 희망, 사랑, 배려, 용서, 치유 차원에서 상당히 교육적이다(Pelias의 40장; Dillard & Okpalaoka의 8장 참고). 이는 소외 계층을 대변하고 그들과 함께하는 방법론이기도 하다. 이 접근 방식은 해방주의(liberationist) 철학 차원에서, 우리 사회의 관계 속에서 자행되고 있는 인종차별, 빈곤, 성차별의 결과를 헌신적으로 연구한다.

더 나아가, 질적 연구에 지속적으로 쏟아지는 비난에 맞서고 이를 해결해가는 노력이 필요하다. 각 세대는 마지노선을 정하고 과거에 대해 자신의 입장을 표명해야 한다. 각 세대는 비판 연구에 대해 인식론적, 방법론적, 윤리적 입장을 분명히 해야 한다. 그리고 각 세대는 현재와 과거의 비판들에 대해 자신의 반응을 제시해야 한다. 상호 통합의 정신에서, 우리에 대한 비판을 경청해야 한다. 이렇게 하면서 학문의 탈식민지화를 위해 한층 더 노력해야 하며, 주류 패러다임에 의해 목소리를 내지 못하는 사람들의 입장을 존중해야 한다. 우리는 이를 협동, 협력, 상호 존중의 정신을 통해 이룩해 나가야 한다.

질적 연구가 세상을 긍정적으로 변화시키는 방법을 시급히 제시해야 한다. 급진적 민주주의 방식으로, 질적 연구의 교육적, 이론적, 실행적 면에서의 약속을 지속적으로 지켜나가야 한다.

이 책의 저자들과 편집위원들의 초청 편지에서 우리는 다음과 같이 서술하였다.

2005년에 출간되었던 이 책의 제3판과 마찬가지로, 우리는 제4판을 질적 연구의 미래를 제시하는 주요 표준(benchmark)으로 생각하고 있다. 이러한 표준에 대한 한 척도는 대학원 교육에서의 위상이다. 우리는 제4판이 모든 박사과정 학생들이 논문자격 시험과 논문을 준비하면서 계속 공부하길 원하는 책이 되길 바란다. 또한 우리는 많은 교수들이 제3판을 수업 교재로 쓰고 있는 점을 기쁘게 생각하며, 제4판도 같은 위상을 점하기 바란다. 그리고 제4판은 불확실성의 시대에서 사회정의에 헌신하는 민주주의적 과제 수행을 가속화시켜야 한다. 우리는 저자들이 실제적이고 구체적인 연구 실행 이슈를 제기할 장(chapter)을 기술하기 바라며, 또한 우리 분야를 비평하고, 현재와 미래의 핵심 주제, 논의, 발전을 제시하길 바란다.

이와 같이 제4권은 질적 연구의 담론이 학교 교육의 내·외부적으로 자유민주주의 사회를 어떻게 구현하고 꿈꾸게 하는가를 제시한다는 면에서 세 가지 특성을 가지고 있다. 이 책의 각 장은 이러한 취지를 나름대로 반영하고 있다.

※※※

우리는 이 핸드북에 많은 것을 기대하고 있다. 이 책이 질적 연구의 핵심 영역과 지식을 제시하길 바란다; 즉, 질적 연구의 현재와 미래를 정의하고 형성하면서 기존의 이론들을 종합하는 표준 서적이 되어야 한다. 이 핸드북은 질적 연구 담론의 과거, 현재, 미래를 체계적으로 다루고 있다. 이 책은 세계 최고의 학자들의 최고의 사유를 나타낸다. 이것은 성찰적, 통합적, 대화적이면서도 일목요연하다. 또한 이 책은 학문적인 권위를 갖추고 있으면서도 명료하다. 주제들도 명확하게 정의되고 있다. 그리고 저자들은 공유된 체계 속에서 내용을 구성하고 있다. 저자들과 편집자들은 이 분야를 서술하는 데 정연한 규칙을 견지하고 있다. 그러면서 간학문적이고 패러다임 관점에서 다양성을 존중하고 인정하고 있다.

핸드북은 이론들을 단순히 종합해 놓은 것 이상이어야 한다. 즉, 대학원생들, 질적 연구 전공 학자들, 질적 연구를 학습하려는 학자들에게 특유의 목소리를 내야 한다. 그런 면에서 우선 이 책은 실제적인 정보를 제공하고 있다. 아이디어를 연구로, 연구를 해석으로, 해석에서 응용과 실행으로의 전환을 어떻게 할 것인가를 제시하고 있다. 그리고 이러한 실행은 더 넓은 학문 영역과 역사 형성을 지향한다. 즉, 사회정의 이슈를 다루기 때문에 순수 학문이 아니다. 이 책은 겸양지덕을 발휘한다. 그러면서 필수불가결한 내용을 다루고 있다.

지금까지 언급한 원칙들이 지난 세 권의 책에 반영되었다. 만약 외딴 섬에 질적 연구 책 하나만을 가져가게 된다면(또는 대학원 종합 시험을 준비), 이 핸드북이 그 책이 될 것이다.

비판적인 사회과학은 외연의 장을 수정주의적 탈실증주의 형식인 과학에 두기보다는, 비판적 교육학과 공동체적 페미니즘에 대한 헌신에 두고 있다. 이러한 접근 방식은 권력과 이상주의가 담론, 문화 상품, 문화 텍스트(texts) 등의 체제들 내와 그 체제들 사이에서 어떻게

작동하는지를 이해하려고 노력한다. 이것은 말과 텍스트 그리고 그 의미들이 해당 문화에서 인종, 계층, 성별의 결정적 행위에서 어떻게 핵심적인 역할을 하는가를 묻고 있다(Downing, 1987, p. 80).

우리는 단순히 문화를 서술하지 않고 문화를 직접 수행한다. 오늘날 우리는 다양한 형식의 질적 연구 방법들을 가지고 있다. 이러한 우리의 작업을 평가할 수 있는 많은 기준들도 제시하고 있다(부록 B 참고). 이 방법은 우리 세대에게 새로운 지평을 열어주고 있다. 우리는 우리의 영역을 구축해왔고 새로운 그림을 지속적으로 그리고 있다. 그러나 한 가지 분명한 것은 사회학적 상상에 의해 영감을 얻은 비판적 질적 연구는 이 세상을 더 나은 곳으로 만들어 간다는 사실이다.

1. 이 책의 구성

이 핸드북은 포괄적 내용에서 구체적 내용으로, 과거에서 현재의 순서로 구조화되어 있다. 제1부에서는 학교에서 응용된 질적 연구 전통에서 시작하여 사회와 교육 연구, 윤리, 정치역학, 비판적 사회과학 전통에서의 질적 연구의 역사를 다루고 있다. 제2부에서는 학문 영역에서 질적 연구를 구성하고 영향을 미치는 과거와 현대의 주요 패러다임을 제시하고 있다. 여기에 해당하는 장들은 상호 경쟁적인 패러다임(실증주의, 탈실증주의, 구성주의, 비판 이론)에서, 구체적인 해석적 관점(비판적 문화기술지, 페미니즘과 흑인 국제 담론, 비판적 인종 이론, 문화 연구, 비판적 인본주의, 퀴어 이론, 아시아 인식론, 장애 연구) 순서로 수록되어 있다.

제3부에는 연구자들이 구체적인 연구에서 직접 활용 가능한 주요 연구 방법들을 제시하였다. 여기에서 저자들은 사회정의 주제와 관련된 세부적인 연구 전략들(혼합 방법 적용 연구, 사례 연구, 수행 문화기술지, 내러티브 문화기술지, 해석 수행, 근거 이론, 증언, 참여적 실행 연구, 임상 연구)에 대한 논의를 제시하고 있다.

연구 방법에 대한 질문은 여전히 질적 연구 과제 설계에서 시작된다. 이는 연구 문제에서 출발하여 연구 패러다임이나 관점을 수립하고 경험 세계로 나아가는, 사회현상에 기반을 둔 연구자로부터 시작된다. 이렇게 자리매김하면서 연구자는 연구에 적용할 방법론의 범위를 정하게 된다. 이 책의 14장에서 Julianne Cheek은 질적 연구 재원 조달의 실태와 정치역학에 관한 물음이 어떤 형태의 연구에서든 이 시점에서 중요하다는 관점을 예리하게 제시하고 있다. 전 세계적으로 질적 연구 재원의 조달은 방법론적 보수주의가 신자유정치 체제하에서 주류가 되면서 점점 더 어려워지고 있다.

제4부에서 경험적 자료를 수집하고 분석하는 방법들을 다루고 있다. 여기서는 내러티브 탐구를 필두로 예술 기반 연구(arts-based inquiry), 구전 역사, 관찰 기법, 시각적 방법론, 수행 자문화기술지(performative autoethnography), 온라인 문화기술지의 정치역학/윤리학/형식, 담화 텍스트의 분석론, 초점 집단에서의 교육학/정치역학 등의 순서로 제시되고 있다.

제5부에서 해석, 평가, 표현의 기법과 실제를 다루고 있다. 여기에는 상대주의 시대에서 질적 자료의 정확성을 판단하는 기준, 해석 절차, 연구 방법으로서의 서술 기법, 장소의 시학, 문화의 시적 표현(cultural poesis), 탐사 시학(investigative poetry)과 증언의 정치역학, 질적 평가와 사회 정책의 변화 등이 수록되어 있다. 제4부의 3개의 장은 전 세계적인 불확실성의 시대에서 사회과학의 미래와 전망을 고찰하고 있다.

2. 수정개편안을 준비하면서

이 책을 새롭게 개편하면서 우리는 장시간의 토론을 통해 우리 이외의 다른 관점들을 경청할 필요가 있다는 결론에 도달하였다. 이를 위해 우리는 저명하면서도 국제적이며 간학문적인 편집위원회(이 책의 앞부분에 수록)를 구성하였다. 이 편집위원들은 명망 있는 학자들을 이 책의 저자들로 선정하고, 내용 목차를 편성하고, 각 장 초고의 세부 내용을 검토하는 데 많은 도움을 제공하였다. 우리는 편집위원들을 각 전공 영역의 '창(windows)'으로 활용하였다. 즉, 그들로부터 이 책에서 반드시 다루어야 하는 핵심 주제, 관점, 쟁점에 대한 정보를 얻었다. 이러한 편집위원들과 각 장의 저자들을 선정하는 데 있어 학문 영역, 성별, 인종, 패러다임, 국적을 초월하려고 노력하였다. 우리의 바람은 학문의 사각지대를 최소화하는 것이었다.

편집위원들로부터 새로운 장의 제안, 각 장에 대한 다양한 견해와 제안 등을 포함한 광범위한 피드백을 받았다. 그리고 사회정의 관련 이슈뿐만 아니라, 각 장의 전공 영역에서 최고로 인정받고 있는 저자들에게 역사, 인식론, 존재론(ontology), 핵심 쟁점, 경쟁 패러다임, 미래 예측 등에 대해 다루도록 요청하였다.

3. 비판에 대한 응답

우리는 질적 연구에 보여준 엄청난 반응에 대해 감사하게 생각한다. 특히 고마운 것은 이 책을 수업 교재로 선정한 전 세계 수백 명의 교수들이다. 또한 이들의 비평에 대해서도 감사히 여긴다. 이 책은 대화의 장을 여는데 도움을 주었다. 그 대화를 통해, 우리 책에서 다룬 접근 방식에 대해 많은 문제점이 제기되었는데, 이러한 문제점들은 좀 더 많은 대화를 이끌어내는 단초를 제공했다고 생각한다.

이 책의 제3판까지 제기된 주요 비판은 다음과 같다: 우리의 체계가 복잡다단하다; 시카고 학파를 너무 도외시하였다; 포스트모더니즘 시대에 편중됐다; 자의적인 역사적 모형에 국한되었다(Alasuutari, 2004; Atkinson, Coffey & Delamont, 2003); 너무 절충적이다; 너무 최신 이론에만 매몰되고 표현의 위기를 지나치게 강조한다; 정치적 공정성(political correctness)

에 과도하게 집중하며 지식 그 자체에 대해서는 논의가 충분하지 못하다; 'how to'에 대한 내용이 충분하지 않다. 또 다른 비평가들은 우리가 사회과학을 불필요한 비판에 노출시켜서 사회과학 연구 과제에 대해 실제로 위협이 되었다고 말하였다.

우리는 이 책의 제3판까지 160개가 넘는 장의 저자들을 충분히 대변할 수 없다. 각 저자는 이러한 이슈들에 대해 자신의 목소리를 낼 수 있다. 대표 편집인으로서 우리는 상호 경쟁하거나 필적하는 다수의 주요 이론과 접근 방식을 제시해왔다. 이 핸드북에서 편집인인 Denzin과 Lincoln의 관점만을 고집할 생각은 추호도 없다. 우리는 오직 한 가지 방식의 연구만이 최고라고 생각하지 않으며, 우리 방법론만이 최선이라거나 기존 이론이 잘못됐다고 주장하지도 않는다. 다만 우리의 접근 방식이 이 영역을 대표하는 한 방법이 될 수 있으며, 유용하다고 말할 수 있다.

물론 이 책은 한 가지만을 지향하지 않는다. 이 핸드북은 부분의 단순 합을 초월하며, 각 장에서뿐만 아니라 각 장들 간에도 상당한 다양성을 보여주고 있다. 우리의 바람은 독자들이 이 책에서 자신의 연구에 도움이 될 만한 여지를 찾는 것이다. 또한 이러한 공간에서 새로운 담화가 시작되기를 열망한다. 여기서의 대화는 오늘의 질적 연구라는 영역을 만든 각양각색의 연구 사회들의 가교 역할이 될 정도로 품위 있고, 심도 있으며, 상호 협력적이면서도 비판적인 모습이 될 것이다. 우리는 열정을 높이 사며, 비판을 수용하고, 저항 수준의 대화를 적극적으로 찾아나선다. 국제적으로 질적 연구자들은 진실/과학/정의에서의 신자유주의 체제에 맞서 투쟁해야 한다.

4. 이 영역을 정의하며

질적 연구 사회는 21세기에 들어서면서 우리 일상생활을 위협하는 혹독한 현실을 이해할 수 있도록, 비판적

인 해석 방법을 수행하려는 전 세계적으로 다양한 사람들로 구성되어 있다. 이 연구자들은 구성주의, 비판 이론, 페미니즘, 퀴어 이론(동성애 연구), 비판적 인종 이론, 해석의 문화 연구 모형 등을 적용하고 있다. 이들은 자신들을 탈실증주의와 탈구조주의 사이 경계선에 위치시키고 있다. 그들은 이 책의 제3부에 논의된 모든 연구 방법들(사례 연구, 문화기술지, 현상학, 근거 이론, 자서전적, 역사적, 참여적, 임상적 등)을 활용한다. 이들은 해석방법을 복합적으로 활용하여(Harper, 1987, p. 9; Kincheloe, 2008 참고), 제4부에서 다룬 경험 자료의 모든 수집/분석 방법을 능숙하게 활용한다. 또한 이 연구자들은 필자와 해석자로서, 자신들의 학술활동을 평가하는 기준을 가지고 실증주의, 탈실증주의, 탈구조주의, 포스트모더니즘과 논쟁을 이어나가고 있다.[9]

이러한 학자들은 느슨한 관계를 유지하고 있는 해석 연구의 국제 사회 일원으로 활약하고 있다. 그들은 무엇이 옳고 그른 해석이고 분석인가에 대해 서서히 의견 일치에 도달하고 있다. 또한 이들은 상호작용과 자료 생성—담론, 대화, 집필, 내러티브, 과학 논문, 현실주의자, 초현실주의자, 행위 이야기—을 통해 모든 사건과 이해가 중재되고 사실화된다는 점을 기반으로, '진실'과 '구성'된 것 사이의 차이에 대해 지속적으로 논박해왔다.

이 연구자들은 커뮤니케이션, 인종/민속/종교/여성 연구, 사회학, 사학, 인류학, 문학비평, 정치학, 경제학, 사회사업학, 의학, 교육학 간의 경계선을 넘나드는 간학문적이며 초국가적인 지식체계의 중심과 주변에서 연구를 수행하고 있다. 이러한 연구는 외견상으로 조용한 변화, 실제/정치역학/행위적으로는 활발한 변화, 초학문적 교류 등의 특성을 보여주고 있다.

이런 접점—신자유주의, 실용주의, 포스트모더니즘 사이에서 불편하고 논란의 여지가 있는 교류—에서 조용한 혁명이 일어나고 있다. 이러한 혁명은 표현의 정치역학이라고 하는데, 이는 무엇이 텍스트로 표현되고 그것이 어떻게 평가되어야 하는가를 요구한다. 우리는 텍스트가 이 세상을 비추기보다는 창조한다는 것을 알게

됨으로써, 초보적인 사실주의 세계를 탈피하였다. 더 나아가, 외부 세계나 최종 결정권자는 존재하지 않는다.

실용주의는 이러한 대화의 중심이 되는데, 그 자체가 후기 사실주의 전통에 확고한 뿌리를 둔 이론이자 철학이기 때문이다. 이와 같이 실용주의는 성찰과 숙고 행위에 대해 실행과 방법이라는 특혜를 부여한다. 사실, 포스트모더니즘 그 자체는 관찰에 대해 담화와 텍스트라는 특혜를 부여하는 경향을 보이지 않는다. 대신에, 포스트모더니즘(그리고 탈구조주의)은 단순히 관찰 방법(또는 다른 현장 연구 방법)과 마찬가지로 담화와 행위도 같이 중시하면서도, 담화는 연구자와 함께 현장에 없었던 사람들과 관찰 결과를 공유하는 중요한 수단이라는 점을 인정한다.

담화의 숨은 힘을 인정해야 한다는 고민은 우리를 정확하게 포스트모더니즘의 한계치에 놓이게 했으며, 누구도 피해갈 수 없는 질문에 노출되게 만들었다. 이런 면에서 최신의 질적 해석적 연구는 담화와의 경쟁 영역들 내에서 존재한다는 것이 사실이다. 즉, 질적 연구 방법들은 경쟁의 선순환 구조 속에서, 새로운 공간, 가능성, 형식을 창조하는 동시에 다른 방법들을 폐기시키는 방향으로 나아가고 있다.

포스트모더니즘/탈구조주의적인 질적 연구를 정치적 공정성, 급진적 상대주의, 자기위주의 내러티브, 탁상공론 등과 동일시하며 폄하하고 정치적으로 해석하는 사람들이 있다. 몇몇 사람들은 이 핸드북이 현장연구에 대해 실제적이고 구체적인 접근 방식을 충분히 갖추지 못했다고 비판한다. 그리고 여전히 다른 사람들은 교과서적인 기존의 방법들, 시카고 학파, 공식적/분석적/사실주의적인 접근 방식들을 찾으려고 애쓴다. 또한 몇몇 비판가들은 질적 연구가 관찰에 담화를 같이 활용하는 접근 방식으로는 현상을 정확하게 설명했다고 볼 수 없다고 주장한다. 많은 사람들은 자신의 일을 평가하는 데 규범적인 체계를 요구한다. 그러나 이러한 욕망은 항상 충족되기 힘들다. 논쟁, 반박, 철학적 긴장은 지금까지 언급한 이슈들의 합의점 도달에 크게 가치를 두고 있지 않다.

비록 이 책의 모든 장에서 각 하위 영역에서의 역사를 기술하고 있을지라도, 우리는 이 책에서 역사를 논하지 않는다. 대신에 우리의 목적은 향후 10년을 내다보는 차원에서 질적 연구 방법의 미래를 제시하는 것이다. 물론 많은 영역들이 초기 질적 연구 영역의 체계를 여전히 답습하고 있다. 이것은 어쩔 수 없는 필연이다. 해석적 질적 연구 방법을 수행하는 데 유일무이한 방법은 없기 때문이다. 우리는 과거로부터 현재까지 잡다한 질적 연구 방법들을 마구잡이로 활용해 왔지만, 이제 우리는 정치적 민감성이 요구되고 도전적인 미래로 나아가고 있다.

5. 질적 연구 방법의 다양한 정의

질적 연구 과제의 개방형 특성으로 인해, 모든 형식의 연구 과제를 통괄하는 유일무이한 패러다임을 구축하는 일이 지속적으로 반대에 직면해왔다. 이렇게 질적 연구에는 다양한 해석적 과제가 존재하는데, 여기에는 토착민 학자의 탈식민지화된 연구 방법 과제, 비판 교육학의 이론, 수행 자문화기술지; 입장론적 인식론, 비판적 인종 이론; 비판적, 시적, 동성애, 유물론자, 페미니스트, 성찰적, 문화기술지; 영국 문화 연구 관련 과제와 프랑크푸르트 학파; 다양한 형식의 근거 이론; 복잡다기한 문화기술 방법론; 아프리카계 미국인(Afro-American), 예언적, 탈현대주의적, 신실용주의적 마르크시즘; 미국 기반 비판적 문화 연구 모형; 초국가적 문화 연구 과제 등이 있다.

위에서 언급한 질적 연구는 일반적으로 5개 방향으로 동시에 나아가고 있는데, (1) 해석 이론을 통한 우회 연구와 지역에 대한 정치역학, (2) 그리고 이와 연계된 표현의 정치역학에 대한 분석, 문학과 문화 형식의 제작, 배포, 소비가 포함된 원문 분석, (3) 일상생활에서의 문화기술적 질적 연구와 이러한 형식의 표현, (4) 교실과 지역사회에서의 문화 분석을 상호작용적으로 수행하는 교육학적이며 해석적인 탐사 방법, (5) 사회적 불평등을 바로잡고 아직 미완성인 급진적 민주주의를 꿈꾸는(Weems, 2002, p.3) 가능성에 대한 이상향적인 정치역학(Madison, 1998) 등이다.

6. 누구의 혁명인가?

요약하자면, 여러 부분으로 이루어진 단일의 연구 주제가 바로 오늘의 질적 연구 방법 영역의 구성 체계이다. 첫째, 질적 연구가 학교 내·외적으로 직면하는 세계가 변하고 있기 때문에, 이 프로젝트도 변화를 맞이하고 있다. 또한 모든 해석적 연구자의 이론과 방법이 정교함을 더해감으로써 이 프로젝트도 변화하고 있다. 분리와 차이, 폭력과 테러가 세계의 정치경제학을 규정하고 있다. 이는 탈식민지이거나 신식민지적인 세계를 의미한다. 국가와 지역 집단을 초월하는 연구에 초점을 둔 생각이 필요한 때이다.

둘째, 문화기술적인 텍스트가 정보화시대 경제에서 필수품처럼 통용되는 세상이다. 문화기술지는 신현대 세계의 핵심 담화들 중 하나라고 할 수 있다. 이게 사실이라면, 전통적이고 사실적인 질적 연구를 당연시해서는 안 된다(Snow, 1999, p.7 참고).**10**

전 세계와 지역의 법적 절차로 인해, 문화기술지 연구자와 연구 대상자 사이의 개인적이고 기관 차원의 격차가 없어졌다. 우리는 우리의 연구 노트를 독점할 수 없다. 또한 우리는 누구는 무엇이든 연구할 수 있는 절대적인 보장을 받을 수 없다. 연구 대상자들은 이제 그들이 어떻게 서술되는지에 대해 자신의 주장을 제기한다.

셋째, 이것은 성별과 관련된 연구 과제이다. 페미니스트, 탈식민적 연구자, 동성애 이론가들은 기존의 이성애 중심적인 내러티브 문화기술지 텍스트에 의문을 던지고 있다. 오늘날 유일한 문화기술적 정체성은 존재하지 않는다. 그러므로 문화기술자들은 혼합 실체 내에서 연구를 진행한다. 경험, 담화, 자기 이해는 인종, 민족, 국적, 성별, 계층, 연령 등에 관한 문화적 대전제

와 상충하는 면을 보여준다. 어떤 정체성은 결코 가능하지 않다; 문화기술지 연구자는 항상 이렇게 반문해야 한다. "나는 누구인가가 아니라 나는 언제, 어디서, 어떻게인가?"(Trinh, 1992, p.157).

넷째, 질적 연구는 탐구 과제이다. 하지만 도덕적, 우화적, 치유적인 프로젝트이기도 하다. 문화기술지는 인간 경험 그 이상의 것이다. 문화기술자는 작은 도덕적 이야기를 기술하는 것이며, 이 스토리는 문화적 차이를 부각시키거나 다른 문화를 돋보이게 하는 것 이상이어야 한다. 연구자의 스토리는 21세기를 여는 이 시대에서 인간이 건승할 수 있도록(William Faulkner의 글 원용, 1967, p.724) 도와주는 버팀목이자 기둥이 되는 글이 되어야 한다.

다섯째, 질적 연구 영역이 지속적 중단과 파열을 겪어 왔지만, 중심을 잡아온 연구 과제가 있다: 이는 상호작용하는 개인의 관점에서 인간 사회를 연구하는 인본주의적이며 사회정의에 전념하는 것을 의미한다. 이러한 원칙을 바탕으로, 페미니스트, 임상적, 민속적, 비판적, 동성애, 비판적 인종 이론, 그리고 문화적 연구 수행자들에 의해 자유주의적이고 급진적인 정치역학이 나타나게 되었다. 현재 다양한 해석적 연구 방법들이 질적 연구 영역에서 통용되고 있지만, 그들은 한 가지 관점에서 이와 같은 통일성을 보여주고 있다.

여섯째, 질적 연구의 일곱 번째와 여덟 번째 발전 단계는 해석적 연구자들이 지금까지 언급한 전제하에 연구를 수행했다는 것으로 정의된다. 이로 인해 21세기 질적 연구의 변혁을 위한 장이 마련되었다고 할 수 있다. 끝으로, 우리는 질적 연구에서 지속적인 연구 성과가 나타나길 기대한다.

7. 이 핸드북의 이야기

이와 같은 책을 발간하면서 겪는 어려움은 이 정도 수준의 다른 책을 출간할 때와 유사하다고 볼 수 있다.

초판부터 제3판에서와 마찬가지로, 각 장의 적임 저자를 만나기 힘들거나, 적임자를 찾았지만 그들이 너무 바빠서 난항을 겪었다. 결과적으로 우리는 다른 저자들을 물색했고, 우리의 생각 이상으로 그들은 적임자 몫을 해내었다. 우리는 또한 편집위원들이 우리가 미처 챙기지 못한 부분에서 이 책이 옳은 방향으로 가도록 여러 번 지적해주는 행운을 누리게 되었다. 우리는 Michelle Fine이 국제 사회의 토착민 학자들을 연결시켜준 노력에 대해 감사드린다. 이로써 이 책에 북미, 남미, 유럽, 아시아, 남아프리카 공화국, 호주, 뉴질랜드 등의 질적 연구 전통을 담을 수 있었다.

이제 훨씬 더 나은 연구 영역을 파악하게 되었지만, 여전히 우리의 짧은 지식으로 인해 미개척 분야가 남아 있다. 우리는 학문과 세대 차원의 무지로 인해 해석적 연구 방법에서 또 다른 전통으로 자리매김한 영역을 놓쳤다는 사실을 알게 되었다. 이러한 분야를 찾아내기 위해서는 학문적, 인식론적, 성별, 인종, 민속, 문화, 국가적인 신념, 경계, 사상을 기반으로 다양한 주제를 생각해내는, 상당히 다른 방식의 사고가 필요하였다.

많은 경우에, 누가 어느 장을 담당할 것인가 또는 각 장을 어떻게 기술하거나 평가해야 하는가에 대해 정치적 논쟁이 펼쳐지기도 하였다. 이러한 논란은 우리 프로젝트 자체의 정치적 성향을 명확하게 보여주는 것이다. 또한 우리는 각 장을 어떻게 개념화할 것인가에 대해서도 논쟁하였다.

8. 이 핸드북을 읽는 독자에게

만약 이 책에 대한 나 자신의 비평을 쓰라고 한다면, 우리에게 보이는 결함을 지적해낼 것이며, 이는 이전의 초판부터 제3판에도 똑같이 적용될 것이다. 초판부터 제3판까지의 단점에는 우리 각자의 학문 영역(사회학, 커뮤니케이션학, 교육학)의 관점에 과도하게 치중하며, 국제사회의 토착민 학자들을 좀 더 참여시키지 못한 문제점이 있다. 우리는 비판적, 토착민적 질적 연구 영역의 접점을 세밀하게 찾지 못했고, 연구 대상자에 대한 탐구와 IRBs(Institutional Review Boards) 관련 부분을 종합적으로 반영하지 못하였다. 우리는 이런 결점을 극복하려고 무척 노력하였다. 다른 한편으로, 우리는 제3판에서 나타났던 문제점도 교정하였다. 우리는 응용 질적 연구 분야를 더 많이 포함시키려고 상당한 노력을 기울였다. 그리고 다른 저자들 사이의 대화를 촉진하였다. 우리는 다른 학문 영역(특히 인류학, 커뮤니케이션학)의 목소리를 더 많이 담았다. 그러나 여전히 우리는 유색인종과 제3세계를 대변하는 부분에서 부족함을 면치 못하고 있다. 또한 우리는 유럽과 북미를 제외한 비영어권 국가들의 목소리도 더 많이 담았어야 하였다. 독자인 여러분은 이 책에 대해 우리가 생각지 못한 이슈들을 제기해주길 바란다.

여기까지가 이 핸드북과 질적 연구 수행에 대해 할 수 있는 모든 것이다. 이 핸드북은 사회적 구성이며, 사회적으로 작동되고 공동으로 창조된 것이다. 후속 여정에서 여러 세대의 학자들과 대학원생들이 이 책을 활용하며 조정하고, 이 책으로부터 연구 방법론 차원의 추가적인 패러다임적/이론적/실제적 작업을 시도함으로써 틀림없이 이 책은 재창조될 것이다. 이 책은 최종 산물이 아니다. 이는 출발점이며, 새로운 사유와 작업의 발판이 될 것이다.

이 책의 모든 장점과 단점과 함께, 제4판을 통해 인간에 관한 학문에서 질적 연구가 더 성장하고 세계적으로 영향을 미칠 수 있기를 바란다. 그리고 우리의 원래 목적과 함께, 이 책이 독자인 여러분에게 질적 연구가 자신만의 영역을 공고히 구축했으며 귀하의 질적 연구 수행을 더 원활하게 해줄 것이라는 확신을 심어주길 희망한다.

_Norman K. Denzin
(University of Illinois at Urbana-Champaign)
_Yvonna S. Lincoln
(Texas A&M University)

주석

1. 북미에서의 질적 연구는 다양한 역사적 시점과 국면을 거쳐왔다: 전통적 시기(1900~1950), 현대주의 또는 황금기(1950~1970), 모호한 장르(1970~1986), 표현의 위기(1986~1990), 포스트모던(1990~1995), 탈실험주의 연구(1995~2000), 방법론 논쟁의 시기(2000~2004), 균열된 미래(2005~). 이러한 역사적 시점들은 현재 중복되고 공존하고 있다(Denzin & Lincoln, 2005, pp. 2-3 참고). 이 모형은 Alasuutari(2004, pp. 599-600); Seale, Gobo, Gubrium, Silverman(2004, p. 2); Atkinson, Coffey, Delamont(2003)에 의해 발전 내러티브라고 명명된다. 이러한 역사적 시점들은 Teddlie와 Tashakkori(이 책의 16장)에 의해, 지난 세기의 혼합 방법의 출현에서 나타난 주요 시점들의 역사적 분석을 기반으로 수정되었다.

2. 오늘날 Sage 출판사에 의해 미국과 영국에서 출간된 많은 학술지 목록은 다음과 같다: 「Qualitative Inquiry」, 「Qualitative Health Research」, 「Qualitative Social Work」, 「Cultural Studies <=> Critical Methodologies」, 「Journal of Contemporary Ethnography」, 「Discourse Studies」, 「Discourse and Society」, 「Ethnography and Field Methods」. 다른 주요 학술지에는 「International Journal of Qualitative Studies in Education」, 「Anthropology and Education」, 「Communication and Critical/Cultural Studies」, 「Text and Performance Quarterly」, 「The International Review of Qualitative Research」 등이 있다.

3. 또한 Sage에서 출판된 『Handbooks of: Qualitative Research』, 『Grounded Theory』, 『Ethnography』, 『Interviewing』, 『Narrative Inquiry』, 『Performance Studies』, 『Critical and Indigenous Methodologies』 등이 있다.

4. Sage가 교재를 여러 권 출판하고 있는 것 같다. 여기에는 사례 연구, 인터뷰, 인터넷 탐색, 문화기술지, 초점 집단, 시각 자료, 대화 분석, 관찰, 참여적 실행 연구, 윤리학, 질적 연구 설계와 분석, 생애사, 해석적 자서전(Staller, Block & Horner, 2008 참고)이 있다.

5. The International Society of Qualitative Inquiry와 The American Educational Research Association(AERA)의 우수 질적 연구 논문상 포함

6. QUASIG of AERA를 위한 Egon Guba의 연례 특강

7. 2005년 7월의 The First International Congress of Qualitative Inquiry라는 학술대회의 마지막 날에, International Association of Qualitative Inquiry(IAQI)가 일리노이 주의 어바나에서 창립되었다. IAQI는 질적 연구의 학문적 진흥, 학술 발표, 국제적 발전에 전념하는 최초의 국제 학회이다. 현재 IAQI는 전 세계 60여 개국의 3500명의 회원들로 구성되어 있다. 이 학회는 오세아니아, 아프리카, 북·남미, 카리브해 연안, 유럽, 중동, 한국, 중국, 일본 등의 150여 학회들과 제휴하고 있다(www.icqi.org 참고). ICQI의 학술지인 「The International Review of Qualitative Research」는 뉴스레터와 함께 매 분기마다 출간되고 있다.

8. 혼합 연구 방법은 Teddlie와 Tashakkori의 세 번째 역사적 시점에 해당한다. 첫 번째 역사적 시점은 양적 연구이고, 두 번째는 질적 연구이다. 세 번째 시점에서 양적 연구와 질적 연구의 논쟁을 중재하는 기반이 마련됐다(Teddlie and Tashakkori의 16장).

9. 이러한 기준들은 탈실증주의자들에 의해 주창된 것(타당성과 신뢰성에서의 변형)으로부터 탈구조의 페미니스트 관점(연구자와 연구 대상자의 윤리적, 협력적 관계를 중시)까지의 범위를 포함한다.

10. Jameson(1990)에 의하면, 사실주의자들의 텍스트는 프로그램화된 체계에 의해 세계를 구성하며, 여기서의 내러티브는 궁극적으로 '객관적'이고 '외재적'인 세계의 사실만을 양산해낸다. 이로 인해 결국 상당한 수정이 불가피하게 되어, 새로운 형태의 문화기술지 텍스트 형식이 출현하게 되었다고 주장하였다.

참고문헌

Alasuutari, P. (2004). The globalization of qualitative research. In C. Seale, G. Gobo, J. F. Gubrium, & D. Silverman (Eds.), *Qualitative research practice* (pp. 595-608). London: Sage.

Atkinson, P., Coffey, A., & Delamont, S. (2003). *Key themes in qualitative research: Continuities and change.* Walnut Creek, CA: AltaMira.

Denzin, N. K., & Lincoln, Y. S. (2005). Introduction: The discipline and practice of qualitative research. In N. K. Denzin & Y. S. Lincoln (Eds.), *The SAGE handbook of qualitative research* (3rd ed., pp. 1-32). Thousand Oaks, CA: Sage.

Downing, D. B. (1987). Deconstruction's scruples: The politics of enlightened critique. *Diacritics, 17*, 66-81.

Faulkner, W. (1967). Address upon receiving the Nobel Prize for Literature. In M. Cowley (Ed.), *The portable Faulkner* (Rev. and expanded ed., pp. 723-724). New York: Viking.

Harper, D. (1987). *Working knowledge: Skill and community in a small shop.* Chicago: University of Chicago Press.

Hatch, A. (2006). Qualitative studies in the era of scientifically-based research: Musings of a former QSE editor. *International Journal of Qualitative Studies in Education, 19*(July-August), 403-409.

Jameson, F. (1990). *Signatures of the visible.* New York: Routledge.

Kincheloe, J. (2008). *Critical pedagogy primer.* New York: Peter Lang.

Madison, D. S. (1998). Performances, personal narratives, and the politics of possibility." In S. J. Dailey (Ed.), *The future of performance studies: Visions and revisions* (pp. 276-286). Washington, DC: National Communication Association.

Seale, C., Gobo, G., Gubrium, J. F., & Silverman, D. (Eds.). (2004). *Qualitative research practice.* London: Sage.

Snow, D. (1999). Assessing the ways in which qualitative/ethnographic research contributes to social psychology: Introduction to special issues. *Social Psychology Quarterly, 62*, 97–100.

Staller, K. M., Block, E., & Horner, P. S. (2008). History of methods in social science research. In S. N. Hesse-Biber & P. Leavy (Eds.), *Handbook of emergent methods* (pp. 25–54). New York: Guilford Press.

Trinh, T. M. (1992). *Framer framed.* New York: Routledge.

Weems, M. (2002). *I speak from the wound that is my mouth.* New York: Peter Lang.

차례

Part 03. 탐구 전략   359

Part 04. 경험적 자료 수집과 분석 방법 613

Norman K. Denzin, Yvonna S. Lincoln

01.

들어가기
_ 질적 연구의 학문분야와 실제

박종원_ 부경대학교 영어영문학과 교수

글로벌 공동체에 살고 있는 질적 연구자들은 서로 다른 방향으로 동시에 움직이며 중도를 새롭게 모색하는 양극단의 중간 지점에 있다.[1] 혼합 연구와 과학을 토대로 한 연구에 대한 요구가 양극단의 한 측면에 있고, 다른 측면에는 비평 사회과학의 전통으로부터 출발한 사회정의에 대한 새로운 요구가 대두되었다. 방법론에 대한 논쟁이 과열되었던 1970년과 1980년 당시에는 질적 연구의 존재 자체가 이슈화되었다. 새로운 패러다임 전쟁에서, "공공연하게 사회정의의 방향으로 접근한 각각의 연구는 정부 제재, 교육 연구의 금본위제로서의 실증주의에 대한 배타적인 주장으로 인하여 정당성을 잃을 위협에 처한다."(Wright, 2006, pp.799-800).

질적 연구를 수행하고 평가하는 데 있어 확고한 표준과 지침의 일환으로, 증거를 토대로 한 연구에 무게중심을 두려는 성향은 모든 사람의 발 크기를 한 켤레의 구두에 맞출 수 있다는 식의 방법론 전체의 지배를 추구하게 되었다(Cannella & Lincoln, 본서의 5장; Lincoln, 2010). 평등과 사회정의 문제를 다루는 데 있어서 질적 연구의 증거와 가치에 대한 전략과 윤리를 둘러싼 이슈가 문제의 핵심이 되었다(Torrance, 본서의 34장).

본 장의 개론에서는 질적 연구 분야를 정의하고, 인문학 분야에서 질적 연구의 역사에 대한 발자취를 살펴보고, 표로 요약하고, 되돌아보는 시간을 가져보도록 하겠다. 이렇게 함으로써 본서에 나오는 내용이 역사적 시기 중 어디에 속하는지를 독자들이 파악하는 데 도움이 되리라 생각한다(역사적 시기라고 하는 것은 어느 정도 부자연스러운 것일 수 있다. 이러한 시기는 사회적으로 구성되고, 어느 정도는 역사적 요소를 담고 있으며, 중복되는 관습을 말한다. 그럼에도 불구하고 역사적 시기는 아이디어를 발전하게 하는 "연습"을 가능하게 한다. 이러한 각각의 시기는 질적 연구와 문화기술지의 문제점과 전망에 관한 감수성과 섬세함을 증가시키는 데 있어 촉진제 역할을 하기도 한다). 질적 연구를 해석하는 개념 틀로 다문화, 성으로 규정한 논점을 여기서 제시해 보도록 하겠다.

다음으로 질적 연구에 대한 논의를 포함하고 있는 본서의 각각의 장에 관하여 간략한 개관을 제시한다. 또한 서문에서 언급한 방법론적 보수주의 운동을 토대로 하여 인간을 다루는 질적 연구가 받을 수 있는 위협에 대해 논의해보자. 앞서 언급하였듯이, '다리를 어떤 구조로 축조할 것인가'라는 비유를 사용하면서 논점을 전개해 나감으로써 궁극적으로는 본서가 역사적 시기,

전략, 프로젝트, 연구 방법, 그리고 패러다임의 탈식민지화와 해석학적인 입장에 있는 학자들의 공동체를 연결하는 다리 역할을 할 수 있기를 바란다.

1.1 역사, 정책, 그리고 패러다임

오늘날 우리의 현 주소와 현재 거론되고 있는 비판의 화두를 잘 파악하기 위해서는 교육 영역에서 양적 연구를 심하게 손상시키는 결과를 가져온 1980년대의 소위 말하는 패러다임 전쟁으로 돌아가는 것이 도움이 될 것이다. 비평 교육, 비평 이론, 페미니스트 분석은 빈민, 유색인, 여성, 동성애자들이 권력과 자본주의 문화를 상대로 투쟁하는 것을 적극 장려하는 결과를 초래하였다(Gage, 1989).

Charles Teddlie와 Abbas Tashakkori의 역사를 여기서 참조해 보도록 하자. 이들은 최소한 세 가지 패러다임 또는 갈등의 시기를 포착하기 위하여 1980년 패러다임 전쟁의 시간에 대한 틀을 다음과 같이 확장하였다: 실증주의에 대항한 후기실증주의-구성주의 전쟁 (1970~1990); 후기실증주의, 구성주의, 그리고 비평 이론 패러다임 사이의 갈등(1990~2005); 증거에 토대를 둔 방법론자와 혼합 연구, 해석과 비평 이론 학파가 벌이는 현재의 충돌(2005~현재)로 구분하고 있다.[2]

Egon Guba(1990a)의 『패러다임 대화』는 1980년 패러다임 전쟁의 종식을 알리는 신호탄이 되었다. 후기실증주의자, 구성주의자, 비평 이론가는 윤리, 현장연구, 응용, 기준, 지식 축적, 진실, 중요성, 대학원생 훈련, 가치, 전략에 대하여 대화의 물고를 열었다. 1990년대 초까지 질적 연구에 대해 엄청나게 많은 양의 책이 폭발적으로 발간되었으며, 안내서와 새로운 저널이 속속들이 나왔다. 세부적인 패러다임에 흥미를 보이는 그룹이 등장했고, 일부에서는 자체적으로 저널을 발간하기도 하였다.[3]

혼합 연구를 수행하는 공동체 내에서 이차 패러다임 전쟁이 발발했고, "패러다임 순결"을 주창하는 학자들 간에 논쟁도 있었다(Teddlie & Tashakkori, 2003b, p.7). 방법론적 순결주의자들은 각각의 패러다임이 가지고 있는 잠재된 전제의 차이로 인하여 양적 및 질적 방법론, 후기실증주의와 그 밖의 "주의"는 서로 통합될 수 없다는 논쟁을 확장하고 반복하였다. 방법론 논쟁의 최전선에서는 같은 현상을 연구하기 위해 다양한 방법을 통합하는 일환으로 트라이앵귤레이션을 부르짖는 사람들이 제기하는 도전을 순결주의자들은 받아들여야만 하였다(Teddlie & Tashakkori, 2003a, p.7). 이것은 패러다임 우월성에 대한 논쟁의 새 라운드가 시작되고 있음을 알려주었다.

1990년도 후반에 유연하고, 비정치적이며 실용적인 패러다임이 출현하였다. 양적 연구와 질적 연구는 갑자기 서로 양립할 수 있게 되었고, 연구자는 경험론적 탐구를 하는 데 있어 두 방법을 모두 사용할 수 있었다(Teddlie & Tashakkori, 2003a, p.7). "실제나 인식론의 수준 어디에도 양적 연구와 질적 연구가 서로 공존할 수 없다는 것은 아니다. … 따라서 교육 연구자들이 '어떤 연구 방법이 적절한지'를 먼저 생각해야 하는 것에 대한 두려움을 가질 이유가 없다"라고 주창자들은 말하면서 격론을 펼치게 되는데, 이들이 말하는 '어떤 연구 방법이 적절한지'에 대한 실용적인 논의가 나름대로의 설득력을 가지고 있었다(Howe, 1988, p.16). 물론, 어떤 연구 방법이 적절한지는 경험론적 질문의 범위를 벗어나는 것이다. 이러한 논의는 증거 전략과 관련이 있기 때문이다.

증거를 토대로 한 연구가 자리를 잡게 된 지점이 바로 현대이며, 교육계의 '과학적' 연구에 관한 지금의 대전환과 논쟁이라고 하는 3차 전쟁을 벌이는 각축장이 되었다(Clark & Scheurich, 2008; Scheurich & Clark, 2006, p.401). Teddlie와 Tashakkori가 말하는 세 번째 패러다임 전쟁 시기에 혼합 연구와 증거를 토대로 한 탐구는 유연하게 서로 만나게 된다. Wright Mills(1959)는 아마도 이것을 추상적 경험주의의 공간이라고 부를 것이다. 탐구는 전략으로부터 분리되었다.

전기와 역사 서술이 역사의 뒤안길로 사라졌다. 바야흐로, 과학 기술적 합리성이 팽배한 시대가 도래하였다.

질적 연구에 대한 저항

질적 연구에 대한 대학과 학제 간의 저항은 이러한 분야의 담화에 깊이 새겨진 전략을 잘 보여준다. 질적 연구에 대한 도전은 많다. 이러한 비판을 잘 이해하기 위해서는 "절차(또는 내부) 방법론으로부터 질적 연구 방법론의 분석적 전략의(외부) 역할을 구분"하는 것이 필요하다(Seale, Gobo, Gubrium & Silverman, 2004, p.7). 전략은 방법론이 대학의 외부와 내부에서 차지할 위치를 정해준다. 전략적 이슈는 세상의 지식을 만들기 위해서 질적 방법론을 어떻게 사용할 것인지에 대해 정의한다(Seale et al., 2004, p.7).

전략과 절차는 종종 서로가 교차하기도 한다. 정치가나 하드 사이언스 연구자는 질적 연구자를 **저널리스트**나 "소프트 과학자"로 부른다. 질적 연구자의 연구는 비과학적, 탐구적, 또는 주관적이라고 불린다. 이론이 아닌 비평이며, 막시즘이나 세속적 인간주의로 위장한 버전으로 정치적 해석을 부여한다는 시각이 지배적이다(Huber, 1995 참고; Denzin, 1997, pp.258-261 참고).

이러한 정치적이며 절차상의 문제와 관련된 저항은 질적 연구의 해석학적 전통이 실증주의나 후기실증주의 프로젝트에 대한 비난을 하고 있다는 불편한 인식을 반영한다. 그러나 질적 연구에 대한 실증주의의 저항은 "하드와 소프트 사이언스의 차이를 유지하려는 항상 존재하는 욕구" 이상이었다(Carey, 1989, p.99). 실험(실증주의) 과학(예, 물리학, 화학, 경제학, 심리학)은 서구 문명 최고의 위업으로 인식되고 있으며, 실제에 있어 "진실"은 의견과 개인의 편견을 초월할 수 있는 것으로 가정한다(Carey, 1989, p.99; Schwandt, 1997b, p.309). 질적 연구는 이러한 전통을 공격하는 것으로 인식되었고, 자신들의 입장을 지키기 위하여 "중립적이고 객관적 과학"(Carey, 1989, p.104) 모델로 돌아가자는 입장을 고수한다. "질적 연구자들이 그들의 불확정적인 작업에 부여하는 도덕적이고 정치적인 책임"을 실증주의자들은 드러내놓고 말하려 하지 않고, 비판한다(Carey, 1989, p.104; Lincoln, Lynham & Guba, 본서의 6장).

실증주의자들은 소위 말하는 새로운 형식의 실험 글쓰기는 소설이지 과학이 아니고 진실성을 입증할 방법이 없다고 단언한다. 문화기술적 시와 소설은 경험주의 과학의 서거를 알리는 것이고, 도덕적 비난에 몰두해서 얻는 것이 없다는 것이다. 이러한 비평은 사회과학의 경험주의 방법론으로 연구할 수 있는 안정되고, 바뀌지 않는 현실을 가정한다(Huber, 1995). 따라서 개인의 믿음과 행위가 문화와 교차하는 살아있는 경험의 세계를 질적 연구에서는 주로 연구대상으로 한다. 이러한 모델은 표현과 서술을 구성하는 물질적, 해석학적 실제로서 담화나 방법에 집착하지 않는다. 이것이 바로 실증주의자들이 거부하는 텍스트와 서술체로의 전환인 것이다.

결국, 후기구조주의를 바탕으로 한 실증주의 과학에 대한 반대는 이성과 진실에 대한 공격으로 받아들여졌다. 동시에, 질적 연구에 대한 실증주의 과학의 공격은 하나의 버전의 진실을 다른 버전의 진실로 만들려는 노력으로 간주되었다.

과학적 연구의 유산

Linda Tuhiwai Smith는 질적 연구를 포함한 과학적 연구에 관한 글을 쓰면서 식민지를 지배하는 우월한 관점, 특권을 선택하는 입장에서 다음과 같이 말한다. "연구라고 하는 용어는 유럽 제국주의와 식민주의에 밀접하게 연결되어 있다" 이어서, "단어 자체가 세계의 고유 어휘에서 더러운 단어들 중의 하나일 것이다"라고 말한다. 그것은 "토착인들에 대한 지식을 모으고, 분류하고, 서구 사회 기준으로 표현"(Smith, 1999, p.1)하는 방식으로 식민주의의 가장 나쁜 월권행위(p.1)와 관련이 있다. 이러한 더러운 단어는 분노, 침묵, 불신을 조장한다(Smith, 1999, p. 1). "이것은 너무나도 강력해서 토착인 스스로도 연구에 대한 시를 쓰기도 한다". 따라서 연구는 식민주의의 가장 더러운 유산 중의 하나라고 Linda Tuhiwai Smith는 말한다.

본서의 3장에서, Frederick Erickson은 이러한 고통스러운 역사의 여러 가지 핵심적인 특질을 도표로 만들었다. 사회학과 인류학에서 질적 연구의 탄생은 외래의 유색 인종으로서의 "다른 사람들"을 이해하는 데는 관심이 없는 것으로 출발했다는 점을 Erickson은 비꼬면서 지적한다. 물론, 인류학자나 문화기술자가 연구를 하던 이전 시기에도 식민주의자들은 있었다. 그럼에도 불구하고, 유색 인종을 문화기술자의 눈으로 바라보는 대상으로 바꾸는 조사 정신이 없었더라면, 식민주의나 신식민주의의 역사가 탄생할 수는 없었을 것이다. 시작부터 질적 연구는 인종주의 프로젝트와 관련을 맺고 있었다.[4]

1.2 정의의 문제

질적 연구는 그 자체가 탐구 분야이다. 학문, 분야, 주제를 모두 넘나든다.[5] 복잡하게, 서로 연결되어 있는 일련의 용어, 개념, 가정이 질적 연구와 관련된 용어를 둘러싸고 있다. 용어는 기초주의, 실증주의, 후기기초주의, 후기실증주의, 후기구조주의, 포스트모더니즘, 포스트인본주의와 관련된 전통을 포함하며, 많은 질적 연구자의 관점과 방법론이 문화 해석 연구와 연결되어 있다(본서 제2부의 각각의 장에서 이러한 패러다임에 대해 자세히 논하기로 하자).[6] 사례 연구, 정치학과 윤리, 참여 연구, 인터뷰, 참여 관찰, 시각 방법, 해석학적 분석 등과 같은 질적 연구의 범주에 속하는 여러 가지 방법과 접근에 관한 개별적이면서도 상세한 문헌들을 접할 수 있다.

북미에서는 적어도 여덟 개의 역사적 시기를 가로지르는 복잡한 역사적 분야에서 질적 연구가 기능을 수행하였다. 이러한 시기가 현재에는 중복되면서 동시에 역할을 수행한다.[7] 전통(1900~1950), 전통적인 모더니스트나 황금기로서의 전통(1950~1970), 혼합 장르(1970~1986), 표현의 위기(1986~1990), 실험과 신문화기술지 시대인 포스트모던(1990~1995), 후기 실험 탐구(1995~2000), 방법론적으로 경쟁을 벌이고 있는 현재(2000~2010), 그리고 지금으로부터 미래(2010~)로 정의를 내려보기로 하자. 여덟 번째에 해당하는 미래는 증거를 토대로 한 사회 운동과 관련된 방법론적 반발을 직면하고 있다. 신성한 텍스트의 개발과 더불어 도덕적 담론에 대해 관심을 가지고 있다. 여덟 번째 시기에 사회과학과 인문학은 민주주의, 인종, 성, 계층, 민족 국가, 글로벌화, 자유, 공동체에 관해 비평적 대화를 나누는 장이 될 것을 요청한다.[8]

포스트모던과 후기실험주의 시기는 문학과 수사학적인 문체, 서술체로의 전환에 부분적으로 관심을 보였는데, 문화기술지를 새로운 방법으로 글을 쓰자는 것이다(본서의 Ellis, 2009; 본서의 Hamera, 18장; Tedlock, 19장; Spry, 30장; Ellingson, 36장; St. Pierre, 37장; Pelias, 40장).

인식론을 성공적으로 이론화시켜 보려는 물결이 여덟 번째 시기로 가로질러 이동한다. 전통적 시기는 실증주의, 기본 패러다임과 관계를 맺고 있다. 모더니스트나 황금기, 혼합 장르 운동은 후기실증주의 논쟁의 출현과 연결되며, 동시에 해석학, 구조주의, 기호학, 현상학, 문화 연구, 페미니즘 등[9]의 다양하고 새로운 해석학적, 질적 관점이 자리를 차지하게 되었다. 혼합 장르 단계에서 인문학은 비평, 해석 이론과 넓은 의미에서의 질적 연구를 위한 자원의 중심이 되었다. 연구자는 다양한 학문분야에서 어떻게 방법론을 차용해올 것인지에 대해 공부하는 **브리콜뢰**[손에 넣을 수 있는 것은 무엇이든지 이용해서 만들기-역주]가 되었다.

다음 단계에서는 혼합 장르로 표현의 위기가 대두되었다. 이 시기에 연구자는 그들 자신과 그들이 선택한 주제가 회고적 텍스트 내에서 위치를 잡아주는 것에 주력하였다. 쌍방향의 움직임으로 일종의 방법론적 二酸이 발생한 시기이다. 대중 문화와 지역의 문화기술적 맥락을 연구하기 위한 새로운 사회 이론과 방법을 모색하는 인문학의 사회과학으로의 이주가 있었다. 사회과학자는 사회 텍스트의 복잡한 구조적 해독과 후기구조적 해독을 어떻게 할 것인가를 인문학에서 배울 수 있을 것이라는 희망을 가지고 인문학에 의존했었다. 인문학으로부터 사회과학도들은 단순하고, 일차원적이며, 명백하게 해독되는 것을 거부하는 텍스트를 어떻게 생산할 수 있을지를 또한 배웠다. 텍스트와 맥락 경계가 모호해졌다. 포스트모던 실험 시기에 연구자들은 기본적이거나 유사 기본적인 준거 기준으로부터 계속해서 멀어져 갔다(본서 35장 Altheide & Johnson; St. Pierre, 37장 참고). 주위를 환기시키고, 도덕적이며, 지역에 대한 이해에 뿌리를 내린 대안 평가 기준을 추구하였다.

질적 연구에 대한 정의는 바로 이와 같은 역사적으로 복잡한 분야 내에서 이루어져야 한다. **질적 연구**의 의미는 각각의 시기에 따라 서로 다르다는 것을 의미한다. 그럼에도 불구하고, 질적 연구에 관한 초기의 보편적인 정의를 내릴 수도 있다. 질적 연구는 관찰자가 세상 속에 있는 상황에 따라 활동하는 것이다. 질적 연구는 세상을 보여주는 일련의 해석학적 물질적 실제로 구성된다. 이러한 실제가 세상을 바꾼다. 현장 노트, 인터뷰, 대화, 사진, 기록, 그리고 자신에 대한 메모를 포함한 일련의 표현으로 세상을 바꾸는 것이다. 이 수준에서 질적 연구는 세상에 대한 해석학적, 자연주의적 접근을 포함한다. 의미를 만들거나 사람들 스스로가 부여하는 의미라는 관점에서 현상을 해석하려고 노력하는 자연스러운 환경에서 사물을 연구하는 것을 의미한다.[10]

질적 연구는 사용한 연구와 다양한 경험론적 자료, 즉 개인의 삶에서 일상과 문제가 되는 시기를 기술하는 관찰, 역사적, 상호적, 시각적 텍스트와 더불어 사례 연구, 개인적 경험, 내성, 삶에 대한 서술, 인터뷰, 공예품, 문화적 텍스트와 생산품을 포함한다. 따라서, 질적 연구자는 항상 그들 가까이 있는 주제를 더 잘 이해할 수 있기를 바라면서 광범위하게 서로 연결된 해석학적 실제를 알맞게 사용한다. 그러나, 각각의 실제는 세상을 서로 다르게 본다는 것이다. 그러므로, 어떤 연구라도 다수의 해석학적 실제를 사용하기 위해 빈번하게 노력한다.

1.3 브리콜러와 퀼트 제작자로서의 질적 연구자

성에 대한 다양한 이미지가 질적 연구자들 사이에서 나타났다: 과학자, 자연주의자, 현장 연구자, 저널리스트, 사회 비평, 예술, 연주자, 재즈 음악가, 영화 제작자, 퀼트 제작자, 수필가. 질적 연구가 보여주는 여러 가지 방법론적 실제의 예는 소프트 과학, 저널리즘, 문화기술지, 브리콜라주, 퀼트 제작, 또는 몽타주로 볼 수 있다. 다음으로 연구자는 퀼트를 만드는 브리콜러, 이미지를 몽타주로 모으는 영화 제작자로 볼 수도 있을 것이다(몽타주에 관해서는 Cook, 1981, pp. 171-177; Monaco, 1981, pp. 322-328; 그리고 아래의 토의 참고; 퀼트에 대해서는 hooks, 1990, pp. 115-122; Wolcott, 1995, pp. 31-33 참고).

Douglas Harper(1987, pp. 9, 74-75, 92); Michel de Certeau(1984, p. xv); Cary Nelson, Paula A. Treichler, Lawrence Grossberg(1992, p. 2); Claude Lévi-Strauss(1962/1966, p. 17); Deena와 Michael Weinstein(1991, p. 161); Joe L. Kincheloe(2001)는 브리콜라주와 브리콜러[11]의 의미를 명확하게 하였다. 브리콜러는 세계의 브리콜을 체택해서 무엇인가를 만드는 사람이다. 브리콜라주는 "시적으로 무엇인가를 한다"(de Certeau, 1984, p. xv), 브리콜은 잡동사니, 남은 조각으로(Harper, 1987, p. 74), 브리콜러는 "만물 박사, 직접 하는 일을 말한다"(Lévi-Strauss, 1962/1966, p. 17). Harper(1987)는 브리콜러를 정의하고 그 의미를 확장시킨다(p. 75). 사실상 그녀

가 살아가는 이야기, 전기는 브리콜라주로 생각된다"(Harper, 1987, p.92).

해석학적, 서술적, 이론적, 정치적으로 다양한 브리콜러가 있다. 해석학적 브리콜러는 브리콜라주를 생산한다: 즉, 복잡한 상황의 특수성에 맞는 짜여진 환경을 표현한다. "브리콜러 방법의 결과인 해결책(브리콜라주)은 떠오르는 구성이다"(Weinstein & Weinstein, 1991, p.161). 퍼즐에 추가된 표현과 해석의 서로 다른 도구, 방법, 서술로서, 변화하고 새로운 형태를 취한다. Nelson 등(1992)은 문화 연구 방법을 브리콜라주로 서술한다. 다시 말해서, 실제의 선택은 실용적이고 전략적이며 자기 회고적이라는 것이다(p.2). 이러한 이해는 질적 연구에 충분히 적용 할 수 있을 것이다.

브리콜라주를 하는 사람이나 퀼트 제작자로서의 질적 연구자는 가까이에 있는 전략, 방법, 또는 경험적 자료가 무엇이든 간에 가능한 모든 것을 배열하여 연구자의 서술을 미학적이고 물질적인 도구로 사용한다(Becker, 1998, p.2). 새로운 도구나 기술을 발명하거나 합쳐야 한다면, 연구자는 그렇게 할 것이다. 어떤 해석학적 실제를 적용할 것인가에 대한 선택은 반드시 미리 정할 필요는 없다. "연구 실제에 대한 선택은 알고 싶은 질문에 달려 있고, 질문은 맥락에서 무엇이 가능한지 그리고 그러한 환경에서 연구자가 무엇을 할 수 있는지와 같은 맥락에 달려있다"(Nelson et al., 1992, p.2).

이러한 해석학적 실제는 실용적이거나 실질적인 문제를 넘어선 미적 표현이라고 하는 미적 이슈를 포함한다. 여기서 몽타주 개념이 도움이 될 것이다(Cook, 1981, p.323; Monaco, 1981, pp.171-172 참고). 몽타주는 영화의 이미지를 편집하는 방법 중 하나이다. 영화 촬영법의 역사를 살펴보면 몽타주는 Sergei Eisenstein의 작품, 특히 그의 영화 'Potemkin 전함'(1925)과 관계있다. 몽타주에서 사진은 서로 다른 이미지를 포개어 만든다. 어떤 의미에서 몽타주는 기존의 그림에 덧칠을 해서(화가가 후회하거나 부정하는 것에 대해) 무엇인가 새로운 것을 만들어 다시 볼 수 있게 하는 펜티멘토와 유사하다.

즉흥 재즈처럼 몽타주나 펜티멘토는 이미지, 소리, 이해가 섞이고 중복되어서 새로운 것을 창조하는 합성물을 생성한다. 이미지는 서로 모양을 만들고 정의를 하며; 정서적 게슈탈트 효과가 창출된다. 이러한 이미지는 자주 신속하게 흘러가는 결과와 결합된다. 완성되면, 이러한 절차는 중심이 되는 사진이나 결과 주위의 여러 이미지가 현기증 나게 돌아가는 조합을 만든다; 이러한 효과는 시간의 흐름을 의미한다.

몽타주의 가장 유명한 예는 'Potemkin 전함'[12]에서 Odessa Steps의 차례에서 그 예를 볼 수 있다. 영화의 클라이맥스 부분에서 오데사의 시민은 도시의 항구로 이어지는 돌계단 위에서 러시아 군대에 대량 학살을 당한다. Eisenstein이 발포하는 군대 앞으로 유모차를 끌고 가려는 한 아기 엄마를 저지한다. 시민들이 그녀를 밀고 지나갔으며, 유모차를 마구 뒤흔들었고, 그녀는 너무 무서워 계단을 한 발짝도 내려갈 수 없었다. 군대는 그녀의 위쪽에서 시민들에게 발포를 하였다. 그녀는 군인들과 계단 사이에서 발이 묶였다. 그녀는 비명을 질렀다. 하늘을 향한 일련의 라이플 총이 연기를 뿜어 내고 있었다. 아기 엄마의 머리가 뒤로 기울어졌다. 유모차의 바퀴가 계단 끝에서 위아래로 움직였다. 아기 엄마의 손이 벨트의 은색 버클을 꽉 쥐었다. 그녀의 아래 쪽에서 병사들이 사람들을 구타하였다. 아기 엄마의 흰색 장갑 위에 사람들의 피가 뚝뚝 떨어졌다. 아기가 유모차 밖으로 손을 뻗었다. 아기 엄마가 이리저리 요동을 쳤다. 군인들은 전진해 나갔다. 아기 엄마는 유모차 반대 방향으로 물러났다. 한 여자가 유모차의 뒷바퀴가 계단 끝에서 굴러가자 공포에 가득 차서 그 장면을 보고 있다. 유모차는 가속을 받아 계단 아래로 죽은 시민들을 지나가면서 질주하였다. 아기는 유모차 안에서 난폭하게 떠밀렸다. 군인들은 일군의 부상을 당한 시민들에게 발포를 한다. 학생 한 명이 유모차가 계단을 굴러 내려오고, 기울고, 뒤집어질 때 비명을 지른다(Cook, 1981, p.167).[13]

몽타주는 절박하고 복잡한 감정을 명확하게 정의하기 위하여 분절된 이미지를 사용한다: 몽타주는 하나의 장면이 펼쳐질 때 서로 세워지는 구성 해석을 일으킨다. 이러한 해석들이 서로 섞이고 대조되는 이미지를 토대로 연상을 만든다. 몽타주의 바탕에 있는 가정은, "몽타주는 하나하나의 차례라기보다는 **동시에**" 있는 촬영을 보는 사람이 지각하고 해석한다(Cook, 1981, p. 172, 원전에서 이탤릭체로 표시함). 보는 사람은 순서를 모아 하나의 의미 있는 감정의 전체로 만드는데, 이것은 마치 슬쩍 보기에는 한꺼번에 일어나는 것으로 보일 수도 있다.

몽타주를 사용하는 질적 연구자는 퀼트 제작자나 즉흥 재즈 연구자와 매우 흡사하다. 퀼트 제작자는 현실을 바느질하고, 편집하고 조각난 부분들을 모은다. 이러한 과정은 해석학적 경험에 심리적이고 정서적인 통일감을 준다. 현존하는 질적 연구에서 몽타주의 예는 얼마든지 있다. 다양한 목소리와 서로 다른 텍스트 형식의 서술체 형식을 사용하면서 Marcelo Diversi와 Claudio Moreira(2009)는 인종, 정체성, 국가, 계층, 성, 유대감, 가족에 대하여 복잡한 텍스트를 짜 나간다. 퀼트 제작과 즉흥 재즈에서처럼, 서로 다른 목소리, 서로 다른 시각, 견해, 비전의 각도와 같은 여러 가지 일들이 진행된다. 수행 자문화기술지 텍스트는 도덕적 의미의 배역을 연기하고 만든다. 개인에서 정치로, 지역에서 역사적이고 문화적인 이동을 한다. 문답체의 텍스트로 청중의 능동적인 참여를 가정한다. 독자와 작가 간에 상호작용의 공간을 창출한다. 타자를 사회과학의 주시의 대상 이상의 의미로 바꾼다(본서의 Spry, 30장; Pelias, 40장 참고).

물론 질적 연구는 태생적으로 다양한 방법에 초점을 두고 있다(Flick, 2002, pp. 226-227; 2007). 그러나, 다양한 방법 또는 트라이앵귤레이션 기법의 사용은 알고 싶어하는 현상에 대한 깊이 있는 이해를 확고하게 하려는 노력을 반영한다. 객관적인 현실을 절대로 포착할 수 없다. 우리는 사물을 표현을 통해서만 알 수 있다. 트라이앵귤레이션 기법은 타당성을 위한 도구나 전략이 아니라 타당성에 대한 전략이다(Flick, 2002, p. 227; 2007). 어떤 특정한 연구에서 다양한 방법론

적 실제, 경험적 재료, 관점, 관찰자의 조합이 잘 이해되면, 엄격함, 폭, 복잡성, 풍부함, 깊이를 더하는 전략은 강화된다(Flick, 2002, p. 229; 2007, pp. 102-104 참고).

Laura L. Ellingson(본서의 36장과 2009 참고)은 포스트모던 형태(2009, p. 190)를 더 격찬하면서 좁은 의미의 트라이앵귤레이션 기법의 개념을 반박한다. Laura L. Ellingson은 질적 탐구의 중심이 되는 이미지는 트라이앵귤레이션이 아니라 다중 렌즈인 다각화라고 강력하게 주장한다. 그녀는 다각화를 인공과학과 과학 작품으로부터 에너지의 원천을 얻는 힘이 넘쳐나고 제어하기 어려운 담화로 보고 있다(p. 190). 후기 실험 운동에서 혼합 장르 텍스트는 세 가지 측면을 가지고 있다. 다각화처럼, Eisenstein의 몽타주, 솔로 재즈 또는 퀼트 조각, 혼합 장르 텍스트는 "무한의 다양한 모양, 물질, 변형을 결합하고 성장하고, 변화하고, 바뀐다. 다른 방향으로 풀리면서, 여러 가지 색깔, 패턴, 배열을 자체에서 굴절시키고 형식주의를 반영하는 프리즘이 다각화를 연합한다"(Richardson, 2000, p. 934).

다각화 과정에서 작가는 서로 다른 관점에서 같은 이야기를 전달한다. 다각화는 부분적이고 무엇인가에 자리를 잡고 있고, 개방형의 결론을 제공하면서 혼합 장르와 글쓰기 형식을 투영한다. Anna Deavere Smith는 '거울 속의 불'(1993)에서 1991년 8월 19일 브루클린의 크라운 하이츠에서 있었던 인종 간의 갈등에 연루된 사람들과의 인터뷰를 토대로 한 일련의 퍼포먼스를 상연한다. 갱 단원, 경찰, 익명의 젊은 소녀와 소년을 포함한 다양한 목소리의 사람들이 등장한다. 사건을 서술하는 데 있어 정형화된 틀은 없다. 크리스탈을 치는 번개처럼, 각각의 이야기가 인종 사건에 대한 의견을 반영한다.

몽타주나 중심 주제를 둘러싼 창의적 퍼포먼스처럼 결정적인 양식으로 인식되었고, 타당성에 대한 대안이나 형태로서의 트라이앵귤레이션 기법은 확장될 수 있다. 트라이앵귤레이션은 동시에 다양하고 굴절된 현실

을 보여준다. 각각의 비유는 연속이나 1차원이 아니라 동시성을 만드는 데 "작용한다". 그렇다면 독자나 청중이 이해하기 위하여, 새로운 현실을 몰입하고 합치는 맥락의 각축을 그들 스스로가 벌이는 비전을 탐구하기를 권고한다.

방법론적 브리콜러는 인터뷰에서 집중적인 자기 반성과 내성에 이르는 다양하게 많은 과업을 수행하는 데 있어 큰 장점을 지니고 있다. 이론적인 브리콜러는 어떤 문제라도 제기할 수 있는(페미니즘, 막시즘, 문화 연구, 구성주의, 퀴어 이론) 여러 가지 해석학적 패러다임에 관해 광범위하고도 정통해 있는 사람들이다. 그러나, 이러한 패러다임이 섞이거나 합성될 수 있을지는 의문이다. 만약 패러다임이 특정한 인식론, 존재론, 방법론을 표시하는 지배권을 가진 철학적 체제라면, 서로 쉽게 바뀔 수 없을 것이다. 패러다임은 사용자가 독특한 세계관을 고수하는 믿음 체계를 상징한다. 이와는 대조적으로 관점은 잘 개발되지 못한 체제로, 서로 이동이 가능하다는 것이다. 브리콜러 이론가로서의 연구자는 서로 경쟁하고 중복되는 관점과 패러다임 사이와 내부에서 연구자의 과업을 수행한다.

해석학적 브리콜러에게 있어서 연구란 연구자 개인의 역사, 전기, 성, 사회 계층, 인종, 환경 안에서 사람들에 의해 그 모양이 정해진다는 점을 알고 있다. 비평 브리콜러는 전통적인 학문의 경계는 더 이상 존재하지 않는다는 것을 알고 있고 학제간 탐구의 독특하고 해석학적인 본질을 강조한다(Kincheloe, 2001, p.683). 정치적 브리콜러는 모든 연구 결과는 정치적 함의가 있다는 이유에서 과학이 힘이라는 사실을 안다. 아무런 가치가 없는 과학은 없다. 희망전략에 토대를 둔 시민 사회과학이 추구된다(Lincoln, 1999). 성에 토대를 둔 서술체 브리콜러는 연구자 모두가 그들이 연구한 세상에 대해 서술한다는 것을 안다. 따라서, 과학자들이 말하는 서술은 패러다임이라고 정의 내려진 특수한 서술 전통의 내부에 웅크리고 만들어진 서술을 말한다(예, 실증주의, 후기실증주의, 구성주의).

해석학적 브리콜러의 정신 노동의 결과물은 재귀 콜라주 또는 몽타주, 그리고 일련의 유동적이고 서로 연결된 이미지와 표현이다. 이러한 해석학적 구조는 퀼트나 실행 텍스트, 또는 전체에 연결된 부분의 순차적 표현이다.

1.4 다중 해석학적 실제로서의 질적 연구

일련의 해석학적 활동인 질적 연구는 한 방법론을 다른 방법론보다 우위에 두지 않는다. 토론이나 담론의 장소로서, 질적 연구는 명확하게 정의 내리기가 어렵다. 질적 연구는 자신만의 독특한 이론이나 패러다임이 없다. 본서의 제2부에서 알 수 있듯이, 다양한 이론적 패러다임은 구성주의에서 문화 연구, 페미니즘, 막시즘, 그리고 연구의 윤리학적 모델까지 질적 연구 방법과 전략을 사용할 것을 주장한다. 우리가 다음에서 논하듯이, 질적 연구는 여러 세분화된 학문 영역에서 사용되고 있다. 어떤 특정한 학문 영역의 전유물이 아니다.

질적 연구는 명확한 일련의 고유한 방법이나 실제가 있는 것도 아니다. 질적 연구는 기호학, 서술체, 내용, 담화 분석, 기록, 음소 분석, 심지어는 통계, 도표, 그래프, 숫자를 사용한다. 민족 감각적 방법론, 현상학, 해석학, 페미니즘, 뿌리 줄기학(rhizomatics), 탈구축 이론, 문화기술지, 인터뷰, 심리 분석, 문화 연구, 설문 연구, 참여 관찰 등을 접근, 방법, 기술로 이용하고 사용한다.[14] 이러한 연구 실제의 모든 것이 "중요한 통찰력과 지식을 줄 수 있다"(Nelson et al., 1992, p.2). 특수한 방법이나 실제 간에 우위를 두지 않는다.

이러한 여러 가지 방법이나 연구 실제는 인문학의 다른 맥락에서 사용된다. 각각은 그들만의 학문적인 역사적 발자취가 있다. 예를 들면, 교육학에서 문화기술지와 민족학(Erickson, 본서의 3장), 인류학에서 참여 관찰과 문화기술지(Tedlock, 본서의 19장), 사회학(Holstein & Gubrium, 본서의 20장), 의사소통(Hamera, 본서의 18장; Spry, 30장), 문화 연구 (Giardina & Newman, 본서의 10장), 텍스트, 해석학, 페미니스트, 심리 분석, 예술, 기호학, 영화나 문학에서 서술 분석과 같이 광범위한 역사를 지니고 있다 (Olesen, 본서의 7장; Chase, 25장; Finley, 26장); 그리고 사회학, 의학, 신문방송학, 교육에서의 서술, 담화, 대화 분석(Chase, 본서의 25장; Perakyla & Ruusuvuori, 32장).

각각의 방법이나 연구 전략을 둘러싼 많은 역사는 각각의 많은 방법과 전략의 사용에 대한 의미가 어떻게 실제로 실행되었는지를 드러낸다. 예를 들면, 문학 연구에서 텍스트 분석은 텍스트를 자급자족 체제로 종종 다루고 있다. 반면에, 문화 연구나 페미니스트에서 보는 관점은 특수한 성, 인종, 또는 계층의 이데올로기에 의해 표시된 역사적 시기 내에 자리잡고 있는 위치라는 견지에서 텍스트를 읽어 나간다. 문화기술지를 사용하는 역사 연구는 페미니즘, 포스트모더니즘, 후기구조주의에서부터 프로젝트까지 일련의 이해를 가져다준다. 이와 같은 이해를 연구 주류인 후기실증주의 사회학자들이 서로 공유하지는 않는다. 이와 유사하게, 후기실증주의와 후기구조 역사학자는 역사 연구에서 사용된 방법과 결과에 대해 다르게 이해하고 사용한다. 이러한 긴장과 반박은 본 지침서의 여러 곳에서 분명히 나타난다.

이렇게 분리되고 다양하게 사용되고 있는 질적 연구 방법론의 사용과 의미는 하나가 아니기 때문에 질적 연구 분야의 본질적인 정의에 대해 모두가 동의하기는 어렵다.[15] 그러나 여전히 정의는 내려져야 한다. 문화 연구를 정의 내리기 위한 노력의 일환으로 Nelson 등 (1992, p. 4)이 정의한 것을 아래와 같이 차용해서 말을 바꾸어 보도록 하자.

質적 연구는 학제간, 학문을 초월하고, 때로는 반학제간의 연구 분야이다. 인문학뿐만 아니라 사회학이나 물리학을 교차한다.

질적 연구는 동시에 여러 가지를 지칭한다. 다양한 예중에 초점을 두고 있다. 질적 연구자들은 다양한 방법론적 접근이 주는 가치에 민감하다. 그들은 인간 경험의 해석학적 이해와 자연주의적 관점에 최선을 다하고 있다. 동시에, 질적 연구 분야는 본질적으로 정치적이고 여러 가지 윤리적이고 정치적인 입장에 의한 형태를 이루고 있다.

질적 연구는 동시에 두 개의 긴장을 포용하고 있다. 한편으로는 광범위한 해석학적, 후기실험주의, 포스트모던, 페미니스트, 그리고 비평적 민감성으로 그려진다. 또 다른 면에서는, 좁은 의미로 정의된 실증주의, 후기실증주의, 인본주의, 그리고 인간 경험의 자연주의적 개념과 분석으로 그려진다. 더욱이, 포스트모던이나 자연주의 또는 비평과 인본주의 관점에서 나오는 긴장이 같은 프로젝트 안에서 합쳐져서 나타날 수도 있다.

이러한 다소 애매모호한 진술은 질적 연구가 일련의 복잡하고 해석학적인 실제임을 의미한다. 질적 연구는 계속해서 바뀌는 역사적 형태로서, 방법, 형태, 결과, 해석에 대한 논쟁을 포함한 긴장과 반박을 기꺼이 받아들인다. 질적 연구 분야는 모든 인문학 분야, 심지어는 물리과학에 이르기까지 불규칙적으로 교차해서 퍼져있다. 질적 연구자는 현대, 포스트모던, 후기실험주의의 감수성과 이러한 감수성을 내포한 사회과학에 대한 접근을 위해 최선을 다하고 있는 사람들이다.

정치학과 신흥과학

이러한 새로운 세기의 첫 번째 10년 동안, 국가연구위원회에서 시작한 과학에 토대를 둔 연구 운동은 질적 연구자들에게는 새롭고 적대적인 정치 환경을 만들었다(Howe, 2009). 2001년의 낙제학생방지 조항과 연결된 과학에 토대를 둔 연구 운동은 실증주의의 증거를 토대로 한 인식론인 신흥과학을 구현하였다(Maxwell, 2004). 연구자들은 "믿을 만하고 타당한 지식을 얻기 위한 엄격하고, 체계적이며 객관적인 방법"을 사용할 것을 권장하였다(Ryan & Hood, 2004, p.80). 독립 변수와 종속 변수를 사용해서 정의가 잘된 인과 모델을 가지는 것이 연구자들이 선호하는 방법이었다. 인과 모델은 반복 연구와 일반화를 가능하게 하는 무작위 통제 실험이라는 맥락에서 수행되었다(Ryan & Hood, 2004, p.81).

이러한 골격으로 볼 때 질적 연구는 의심의 여지를 많이 남기는 것이었다. 잘 정의된 변수나 인과 모델이 질적 연구에는 없다. 관찰이나 측정이 실험 집단을 무작위로 배치한 것에 토대를 두지 않는다. 이러한 방법으로는 견고한 증거가 생성되지 않는다. 사례 연구, 인터뷰, 문화기술지는 기껏해야 실험 연구 방법으로 입증할 수 있는 기술 재료를 제공한다. 인종비평, 동성애, 후기 식민주의, 페미니스트, 포스트모던 이론의 인식론은 학문의 범주에는 들어가나 기껏해야 과학이 아닌 것으로 좌천됨으로써 쓸모없는 것으로 받아들여진다(Ryan & Hood, 2004, p.81; St. Pierre & Roulston, 2006, p.132).

증거 운동의 비평은 아래의 논점과 결합된다. 이 운동은 "Campbell-Stanley 시절로 돌아가서 양적 방법에 대한 독점적 의존도를 독단적으로 준수하는 신고전주의 실험을"(Howe, 2004, p.42) 경축하는 과학에 대한 좁은 견해를 격찬한다(Lather, 2004; Maxwell, 2004). "결코 그럴 수 없는 단순하고 순서가 정해진 우주과학에 대한 향수"가 있다(Popkewitz, 2004, p.62). 한 형태의 견고한 과학에 대한 강조로 국가연구위원회는 탐구를 평가하기 위한 복잡한 역사적, 맥락적, 정치적 기준의 필요성과 가치를 무시한다(Bloch, 2004).

신고전주의 실험주의자들은 "의학 연구 특히 무작위 임상시험을 교육학 연구의 모델로" 격찬한다(Howe, 2004, p.48). 그러나 알약을 조제하는 무작위 임상시험은 "교과 과정을 조제하는 것"과는 사뭇 다르며(Howe, 2004, p.48), "혈압 수치를 측정하는 10점 환산 점수"와 달리 교육학적 실험의 "결과"를 쉽게 측정할 수 있는 것도 아니다(Howe, 2004, p.48).

질적 연구자들은 국가연구위원회와 방법론적 지침을 비판하는 데 있어 새로운 사고를 하는 방법을 배워야 한다(Atkinson, 2004). 무작위 설계, 인과 모델, 전략 연구, 대중 과학(public science)과 같은 용어의 의미를 이해하는 데 있어 우리가 가진 상상력을 동원해야만 한다(Cannella & Lincoln, 2004; Weinstein, 2004). 심화된 수준에서 질적 연구를 실증주의 잣대로 평가하고 받아들이려고 하지 않는 보수적인 노력으로 저항해야 한다.

혼합 방법 실험주의에 대한 논쟁

Kenneth R. Howe(2004)는 국가연구위원회 자신들이 주장하는 방법론이 질적 연구에서는 혼합 방법 연구 설계에 해당한다고 말한다. 이러한 설계에서 질적 연구 방법은 "무작위 실험 설계의 사용을 포함한 양적 연구 방법을 단일하게 또는 연계해서 사용"할 수도 있다고 한다(Howe, 2004, p.49; 또한 Clark & Creswell, 2008; Hesse-Biber & Leavy, 2008). Clark, Creswell, Green 과 Shope(2008)는 "연구 문제를 이해하기 위하여 특정한 연구에서 양적 및 질적 자료를 수집하고, 분석하고, 섞는 설계"로 혼합 방법 연구 방법을 정의한다(p.364).[16] 혼합 방법 연구 방법은 고전적 실험주의와 1970년대의 트라이앵귤레이션 운동의 직계 자손이다(Denzin, 1989b). 혼합 방법 연구 방법론의 주장자들은 질적 연구를 '무엇이 좋은지'에 대한 지식을 축적하는 기술적 목표를 추구하는 데 있어 상당한 보조적 역할을 하는 것으로 질적 연구를 좌천시키고 양적 방법을 우위에 두는 방법론적 위계를 가정한다(Howe, 2004, pp.53-54).

불양립성 논제는 방법과 관점이 결합될 수 있다고 믿는 혼합 방법 운동의 핵심적인 주장을 반박한다. 1980년도의 패러다임 전쟁을 상기시키면서, "양적 연구와 질적 연구의 양립은 방법론에 존재하는 패러다임의 불양립성 때문에 서로 양립하기가 어렵다"는 점을 주장한다

(Teddlie & Tashakkori, 2003a, pp. 14-15; 2003b). 다른 학자들은 이러한 결론에 동의하지 않으며, 혼합 방법 연구 방법을 성공적으로 사용한 것을 연구자들이 보여주었기 때문에 불양립성 논제는 설득력이 없다고 반박한다.

이러한 논제에 대한 사상을 가진 학파는 많은데, Teddlie와 Tashakkori(2003a)는 이들을 다음과 같이 네 그룹으로 구분한다. 즉, 상호 보완, 단일 패러다임, 변증법적, 그리고 다양한 패러다임 모델이다. 이러한 이슈에 대해 결코 합의란 있을 수가 없다. Morse와 Niehaus(2009)는 임시 변통의 혼합형 방법은 타당성에 대한 심각한 위협이 될 수 있다는 점을 경고한다. 실용주의자와 변형 해방 실행 연구자들은 에틱-에믹, 가치 중립-가치 헌신과 같은 다양한 긴장 속에서 전후로 이동하면서 작업하는 변증법적 모델을 가정한다. 다른 학자들(Guba & Lincoln, 2005; Lather, 1993)은 조작 용어로서의 타당성을 해체한다. Sharlene, Nagy, Hesse-Biber와 Patricia Leavy(2008)의 출현하는 방법에 대한 강조는 양적 및 질적 방법 사이의 경계를 허문다.[17] 이들의 모델은 일상의 견해에 숨겨진 정복하지 못한 지식을 되찾는 것을 추구한다.

전통적인 혼합형 연구 방법 운동은 비평 해석학적 골격 안에 있는 질적 연구의 원산지에서 질적 연구를 적출하게 된다(Howe, 2004, p. 54; 그러나 Teddlie & Tashakkori, 2003a, p. 15 참고; 본서의 16장 참고). 연구를 탐구와 확증이라는 이분법으로 구분한다. 질적 연구는 첫 번째 범주에 해당되고 양적 연구는 두 번째에 해당된다(Teddlie & Tashakkori, 2003a, p. 15). 고전적 실험 모델처럼, 이 운동은 연구 과정에서 대화와 적극적 참여를 배제한다. 그렇게 하는 것은 민주적이며 대화로 풀어나가는 차원을 약화시키고 전에 침묵을 지킨 목소리를 들을 가능성을 감소시킨다(Howe, 2004, pp. 56-57).

Howe(2004)는 다음과 같이 주의를 준다.

> 이러한 접근법을 믿는 "방법론적 기초주의자"나 꽤나 영

향력이 있는 상당수의 교육 연구자들 또한 수락을 하였다. 이것은 현재 정치적 기후에 대한 타협일 수 있거나 포스트모더니즘이 지나치다고 인식하는 것에 대한 반발일 수 있거나 아니면 둘 다일 수도 있다. 설명이 어찌되었든 간에, 이것은 불온한 발달이다(p. 57; 또한 2009, p. 438; Lincoln, 2010, p. 7).

이와는 대조적으로 합성 대화 모델은 이러한 비평을 직시한다.

반기초주의에 대한 실용적 비판

Clive Seale 등(2004)은 우리 프로젝트와 관련된 낭만적 포스트모더니즘인 "어떤 방법도 좋다"라고 하는 것에 대해 자기네들이 생각하기에는 지나친 반(反) 방법론이라고 논쟁을 벌인다. 우리가 가치를 두고 접근하는 것들이 "저질의 질적 연구이고 전형적이거나 상식에 가까운 것"을 너무나 자주 만든다고 강력하게 주장한다(p. 2). 이와는 대조적으로, 연구 실제를 중심에 두는 실제를 바탕으로 한 실용적인 접근을 제안한다. 연구는 "다양한 사물과 사람, 연구 재료, 사회 이론, 철학적 논쟁, 가치, 방법, 테스트, 연구 참여자"의 참여를 포함한다(p. 2). (사실상 이러한 접근은 특히 우리가 말하는 브리콜라주를 하는 사람이나 브리콜라주와 다를 바가 없다.)

그들이 자리를 잡고 있는 방법론은 사실과 허구를 나누는 선을 붕괴하고 부분적 진실만이 존재한다는 반(反)기초주의의 주장을 거부한다(Seale et al., 2004, p. 3). 그들은 이러한 구분이 붕괴되지 않았고, 가장 유용한 사실과 일치하지 않으면 이야기를 받아들여서는 안 된다고 믿는다(p. 6). 이상하게도 이러한 실용적인 절차에 대한 논쟁은 다양한 형태의 증거를 토대로 한 모델을 만들었고 후기구조주의, 수행적인 감수성에 대한 비판을 낳았다. 이들은 본서에서 나아간 여러 입장의 방법론상의 비(非)주류를 정치적으로 지원하는 데

사용 할 수 있을 것이다.

이러한 복잡한 정치적 지세는 질적 연구의 여러 전통과 요소에 대한 정의를 내려준다: 영국과 다른 국가의 맥락; 사회학, 인류학, 의사소통, 교육에서 미국의 실용주의적, 자연주의적, 해석학적 전통; 독일과 프랑스의 현상학, 해석학, 기호학, 막시스트, 구조주의, 후기구조주의 관점; 페미니스트, 흑인, 라틴 아메리카계 시민, 동성연애자 연구; 원주민 문화 연구. 이러한 질적 연구의 전략은 위에서 말한 각각의 전통 간에 긴장감을 조성한다. 이러한 긴장감은 질적 연구자가 변화하는 역사적 세계, 새로운 지적 지위, 그리고 제도적이고 학문적인 조건에 직면함에 따라 지속적으로 재검토하고 의문점을 제기해야 할 것이다.

요약하면, 질적 연구에 대해 부여하는 의미는 질적 연구자들마다 제각기 다를 것이다. 본질은 다음의 두 가지이다: (1) 주제에 있어 자연주의적, 해석학적 접근을 다루고 있고, (2) 후기실증주의의 전략과 방법을 지속적으로 비판한다. 지금부터는 양적 연구와 질적 연구의 주요한 차이에 대해서 간략하게 논의한다. 다음으로 질적 연구 간의 지속적인 차이와 긴장감에 대해 논하도록 하자.

질적 연구와 양적 연구

질적 연구라는 말은 독립체의 질과 실험으로 검토하거나 수, 양, 강도, 또는 빈도의 관점에서 측정할 수 없는 (측정할 수 있다고 할 때) 과정과 의미를 강조하는 것을 함축한다. 질적 연구자들은 사회적으로 구성된 현실의 본질, 연구자와 연구 대상 사이의 친밀한 관계, 질문의 형태를 만들어주는 사회적 제약을 강조한다. 이와 같은 연구자들은 가치를 담은 탐구의 본질을 강조한다. 사회적 경험에 대해 어떻게 의미를 부여하는지를 강조하는 질문에 대해 답을 찾고자 노력한다. 이와는 대조적으로, 양적 연구는 과정이 아니라 변수 사이의 인과관계를 측정하고 분석하는 것을 강조한다. 주창자

들은 자신들의 연구가 중립적 가치의 골격 안에서 수행되었다고 주장한다.

연구 스타일: 같은 것을 다르게 하는 것인가?

물론, 양적 및 질적 연구자들은 "다른 사람들에게 이야기할 가치가 있는 사회에 관한 무엇인가를 알고 있고, 자신들의 아이디어나 결과물을 소통하기 위하여 다양한 형태, 미디어, 수단을 사용한다"(Becker, 1986, p.122). 질적 연구는 다섯 가지 중요한 점에서 양적 연구와 다르다(Becker, 1996). 이러한 다른 관점은 같은 이슈를 언급하는 데 있어 다른 방법을 취한다. 그들은 연구 전략과 이러한 문제에 대해 올바른 해결책을 합법적으로 제시할 힘을 가진 사람은 누구인지로 항상 귀결한다.

실증주의와 후기실증주의 사용하기. 첫째로, 물리학과 사회과학의 전통 내에서 실증주의와 후기실증주의에 의해 두 가지 관점이 형성된다(아래의 논의를 참고). 이러한 두 가지 실증주의 과학 전통은 현실과 인식에 있어 순수하고 비평적인 현실주의적 입장을 취한다. 후기실증주의 입장의 주창자들은 연구하고, 포착하고, 이해할 수 있는 현실은 밖에 있다고 반박하는 반면에, 후기실증주의자들은 현실은 완전히 이해할 수 있는 것이 아니며 어림잡아 대충 이해할 수 있는 것이라고 응수한다(Guba, 1990a, p.22). 후기실증주의는 현실을 가능한 한 많이 포착하기 위하여 다양한 방법에 의존한다. 동시에, 이론의 발견과 입증에 무게 중심을 둔다. 구조 분석(때때로 통계)을 차용하는 질적 절차의 사용과 마찬가지로 내적/외적 타당도와 같은 전통적 평가 기준이 강조된다. 빈도 수치화, 도표, 그리고 낮은 수준의 통계 분석을 하는 컴퓨터 보조 분석 방법을 사용하기도 한다.

실증주의와 후기실증주의 전통은 질적 연구 프로젝트에 긴 그림자처럼 오래 머물렀다. 역사적으로 볼 때, 질적 연구자들이 엄격성이 적은 방법과 절차로 양질의

실증주의 연구를 하려고 했던 실증주의 패러다임 내에서 질적 연구를 정의하였다. 세기 중반에 일부 연구자들(Becker, Geer, Hughes & Strauss, 1961)은 준(準)통계 관점에서 참여 관찰의 연구 결과를 보고하였다. 1999년 최근에 근거 이론의 선두 주자인 Strauss와 Corbin(1999)은 양질의 과학(실증주의)에 대한 일반적인 규범을 자신들만의 후기실증주의에서의 엄격한 연구 개념으로 바꾸어서 질적 연구에 접근하려고 하였다(그러나 본서에서 Charmaz의 21장; Glaser, 1992 참고). 일부 응용 연구자들은 특정한 이론을 지지하지 않는다고는 하나 실증주의나 후기실증주의를 바탕으로 연구 초기부터 골격을 종종 세운다.

Uwe Flick(2002, pp. 2-3)는 다음과 같이 연구에서 두 가지 접근법의 차이를 유용하게 요약하였다. 양적 연구는 "원인과 결과를 분리할 목적과 이론적 관계를 조작하고 현상을 측정하며 수량화시키고, 결과의 일반화를 가능하게 하는" 목적으로 사용되었다고 말한다(p. 3). 그러나 오늘날 이와 같은 안에 대해 아래와 같은 의구심을 제기해볼 수 있다.

> 급격한 사회 변화와 세상의 다양화의 결과로 사회과학도들은 새로운 사회 맥락과 관점에 더 많이 직면하고 있다. 전통적인 연역적 방법은 실패하고, 따라서 연구자들은 이론에서 출발해서 그 이론을 테스트하는 것이 아니라 귀납적 전략을 사용할 것을 더 많이 강요받고 있다(Flick, 2002, p. 2).

George와 Louise Spindler(1992)는 자신들의 양적 연구에 대한 질적 연구의 접근을 다음과 같이 요약한다.

> 도구화와 수량화는 특정한 종류의 자료를 확장하고 강화하며 표본 간에 가설을 검증하기 위하여 사용되는 단순한 절차이다. 도구화와 수량화는 모두가 적절하게 배치되어야 한다. 안전 장치로 설익게 사용하거나 과다하게 사용하여서는 안 된다(p. 69).

후기실증주의 전통에 자리를 잡고 있는 많은 질적 연구자들이 폭넓은 모집단에 있는 연구 참여자들을 찾는 방법으로 통계적 측정, 방법, 문서를 사용하는 반면에, 양적 연구자들이 이끌어내는 종류의 복잡한 통계 측정이나 방법(예, 경로나 회귀 분석 등)의 측면에서 질적 연구자들이 결과를 보고하는 것은 매우 보기 드문 일이다.

포스트모던 감수성의 수용. 양적, 실증주의 방법과 가정을 사용하는 것은 후기구조주의나 포스트모던 감수성을 고수하는 새로운 질적 연구자들의 세대에서는 거부되었다. 이러한 연구자들은 실증주의 방법이 사회나 세계에 관해 서술하는 한 가지 방법일 뿐이라는 점에 대해 논쟁을 벌인다. 방법에 있어 우위나 열등은 존재하지 않는다는 것이다; 단지 다른 종류의 서술을 하고 있을 뿐이다.

그러나, 이러한 관대한 견해를 모두가 수용하지는 않는다. 많은 수의 비평 이론, 구성주의, 후기구조주의, 포스트모던 학파는 연구 결과물을 평가할 때 실증주의와 후기실증주의의 준거 기준을 따르지 않는다. 그들은 이러한 평가 기준은 자신들의 연구와는 맞지 않으며, 실증주의와 후기실증주의는 많은 사람들의 목소리를 침묵으로 이끌어가는 또 하나의 과학을 만든다는 점에 대해 논쟁을 벌이고 있다. 이들은 자신들의 연구를 평가할 수 있는 개연성, 감상, 개인의 책임, 윤리의 배려, 정치문제 봉착, 다중 목소리의 텍스트, 참여자와의 대화 등을 포함하는 대안을 찾고 있다. 이에 대해 실증주의와 후기실증주의자들은 자신들이 하고 있는 것이 개인의 편견이나 주관이 배제된 양질의 과학이라고 반박한다. 위에서 살펴보았듯이, 이들은 포스트모더니즘과 후기구조주의자들을 이성과 진리에 도전하는 사람들로 보고 있다.

개인 관점 포착하기. 양적/질적 연구자 모두가 개인의 관점에 관심을 가지고 있다. 그러나, 질적 연구자들은 상세한 인터뷰와 관찰에 의해 행위자의 관점에 더 가까이 다가갈 수 있다고 생각한다. 질적 연구자들은 양적 연구자들이 거리를 두고, 추론 경험론적 방법과 자료에 의존하여야 하기 때문에 연구 참여자의 관점을 좀처럼 포착할 수 없다고 반박한다. 많은 양적 연구자들은 해석학적 방법으로 만든 경험론적 자료를 믿을 수 없고, 인상주의적이며, 객관적이지 못한 것으로 간주한다.

일상의 제약 검토하기. 질적 연구자들은 사회가 가지고 있는 일상의 제약에 직면한다. 그들은 세상에서 활동하는 것을 보고 거기에 결과를 뿌리 박는다. 양적 연구자들은 세상을 추출하고 그것을 직접 연구대상으로 삼지는 않는다. 양적 연구자들은 무작위로 선택된 사례나 대규모의 사례로부터 이끌어낸 확률을 토대로 한 보편적 법칙이나 에틱 관점을 추구한다. 이러한 종류의 진술은 일상의 제약을 초월하고 외부에 존재한다. 반면에 질적 연구자는 독특한 사례의 구체적인 내용에 초점을 둔 에믹, 표의문자, 사례를 토대로 한 입장에 기울어 있다.

풍부한 서술 확보하기. 질적 연구자는 사회에 대한 깊이 있는 서술이 소중하다고 믿고 있으나 에틱, 보편적 법칙에 무게를 더 두는 양적 연구자들은 질적 연구자들이 말하는 상세한 기술에는 관심이 그리 많지 않다. 양적 연구자들은 자세한 기술이 일반화를 발전시키는 과정을 방해하기 때문에 의도적으로 이와 같은 서술에 무관심하다.

위에서 기술한 다섯 가지 관점의 차이(실증주의와 후기실증주의를 사용, 포스트모던의 감수성 수락, 개인의 관점을 포착, 일상의 제약을 연구, 깊이 있는 서술의 확보)는 서로 다른 스타일, 인식론, 그리고 형태의 글쓰기에 최선을 다하고 있음을 반영한다. 각각의 연구 전통은 서로 다른 장르의 지배를 받고, 각각은 고유의 고전과 선호하는 표현, 해석, 진정성, 텍스트 평가 형식을 가지고 있다(Becker, 1986, pp.134-135 참고). 질적 연구자는 문화기술적 산문, 역사적 서술체, 1인칭 기술, 스틸 사진, 생애사, 소설화된 "사실", 전기와 자서전적 자료 등을 사용한다. 양적 연구자는 수학적 모델, 통계 도표, 그래프를 사용하고 비인칭인 3인칭 산문체로 글을 쓴다.

1.5 질적 연구 내부의 긴장감

질적 연구자들이 이러한 다섯 가지 차이에 대해서 같은 가정을 하고 있을 것이라는 것은 잘못된 추측이다. 아래의 토론에서도 알 수 있듯이, 실증주의, 후기실증주의, 후기구조주의의 차이는 질적 연구의 담화를 정의하고 형태를 만든다. 해석학적, 질적 연구 전통을 가진 사실주의자와 후기실증주의자는 후기실증주의가 텍스트, 서술체로 전환하는 것을 비판한다. 이러한 비판은 연구가 쓸데없이 생각에 빠지는 것에 대해 논쟁을 벌인다. 이것은 "이러한 작업과 지역사회 간에 무심한 대화의 조건"을 만든다(Silverman, 1997, p.240). 세상과 상호 작용을 하고 있는 참여자의 관점을 포착하려고 노력하는 사람은 경험을 진정성의 수준까지 상승시키려는 낭만적 충동을 재생산하는 순진한 인문주의자로 비난을 받는다(Silverman, 1997, p.248).

텍스트, 퍼포먼스로 전환하는 사람들에 대하여 살아 있는 경험을 무시한다고 논쟁을 벌이는 사람들이 아직도 있다. David Snow와 Calvin Morrill(1995)은 다음과 같이 논쟁을 벌인다.

> 담화와 서술에 몰두하는 것처럼, 이러한 퍼포먼스로의 전환은 일상 생활의 사회 행위와 리얼 드라마 분야와 동떨어지며 경험에 근거를 둔 모험으로서의 문화기술지의 죽음을 알리는 신호가 될 것이다(p.361).

우리는 당연히 이 주장에 동의하지 않는다.

Martyn Hammersley(2008, p.1)에 따르면, 질적 연구는 전통적인 형태의 연구를 멸시하는 것으로 오해를 받는 포스트모더니스트 이미지로 상징되는 위기를 현재 직면하고 있다. 그는 "이러한 힘에 제동을 걸지 않는다면, 질적 연구의 미래는 위험에 빠질 것"이라고 생각한다(p.11).

전통적이고 고전적인 시카고 학파 출신[18]의 두 명의 질적 연구자 Paul Atkinson과 Sara Delamont(2006)는 이에 대한 구제 수단을 제시한다. "연구가 견고하게 수행되고 지식의 유용성에 확고하게 기여한다면" 자신들은 질적 연구(그리고 양적 연구)에 최선을 다하는 것으로 남겠다고 하였다(p.749, 원전에 이탤릭체로 표기). 물론, 이러한 학자들은 어느 정도의 수준에서 사회 정책의 주도권을 잡는 데 최선을 다한다. 그러나, 그들에게 있어 질적 연구의 포스트모던 이미지는 전통적인 질적 연구의 가치를 위협하고 손상한다. Atkinson과 Delamont는 질적 연구자들에게 "자신들이 진행하고 있는 연구가 최고의 사회과학인지를 열심히 생각해" 볼 것을 강력하게 권고한다(p.749). Patricia와 Peter Adler(2008)는 급진적인 포스트모더니스트들에게 "학문을 위하고 사회를 위한 프로젝트를 포기하라"고 간청한다(p.23).

Hammersley(2008, pp.134-136, 144)는 문화기술적 포스트 모더니스트와 문학 문화기술자의 연구에서 별다른 가치를 발견하지 못했다고 하면서 전통적인 비판을 확장한다.[19] 그가 단언하는 새로운 전통은 사색 이론을 정당화하고, 애매모호함을 칭송하고, 세계에 관한 진실된 지식을 창출하는 연구의 근본적인 과업을 포기하는 것이다(p.144). 후기구조주의자들은 모든 면에서 지식을 습득한다. Carolyn Ellis(2009, p.231)는 세 가지 중복되는 범주로 자신의 연구에 대한 비평을 분류하였다. 우리의 연구는 (1) 너무나 미학적이며 충분히 현실적이지 못하다, 견고한 자료를 제시하지 못한다, (2) 너무나 사실적이며 "진정한" 자신과 텍스트에서의 자리잡기를 고려하는 후기구조주의의 비평을 염두에 두지 못했으며, (3) 충분히 미학적이거나 문학적이지 못하다. 즉, 우리는 이류 작가와 시인들이다(p.232).

증거 전략

과학 비평 모델은 완고하며 연구자들에게 대항하는 경험적 세계가 존재한다는 믿음에 깊이 뿌리 내리고 있다. 이것은 해석을 강화시키는 증거를 토대로 한 경험과학이며 현실로 돌아가고 그 속에 머무는 과학으로 위에서 열거한 거의 대부분의 전환과는 다른 것이다. 이것이 바로 시카고 학파의 신후기실증주의인 것이다.

증거 전략에 몰두하는 입장과 이와 같은 분명한 과학은 대조를 이룬다. 예를 들면, Jan Morse(2006)는 다음과 같이 말한다: "증거란 밖에 있는 무엇이 아니다. 증거란 만들고, 구성하고, 표현하는 것이다. 더욱이, 증거 전략은 증거 윤리와 구별 지어 볼 수 없다"(pp.415-416). Jan Morse의 모델로 경험적 현실을 표현하는 것은 문제가 많다. 현실의 객관적인 표현은 불가능하다. 각각의 표현은 어떻게 획득하고 의미가 무엇인지와 관련된 서로 다른 일련의 윤리적 의문점을 부른다. 그러나 분명 중도를 찾을 수도 있다. 1980년대의 패러다임 대화의 정신으로 돌아가자면, 하나의 상황에 대한 다양한 표현은 권장되어야 한다.

사실상 해석학적 진영에서 과학을 본질적으로 반대하는 것은 아니다. 우리는 다른 것을 한다. 우리는 부드럽고, 견고하고, 강하고, 페미니스트, 해석학적, 비평적, 사실주의, 후기사실주의, 후기인본주의와 같은 다양한 형태의 과학을 믿는다: 어떤 면에서, 전통적인 연구 방법과 포스트모던 프로젝트는 어울리지 않을 수 있다. 우리는 해석하고, 수행하며, 개입하고, 도전하고 확실한 것은 아무것도 없다고 믿는다. 우리는 역사 그 자체로 돌아간 텍스트, 관점, 전기, 역사, 문화, 정치학의 교차, 사람들의 삶의 전환점에 초점을 둔 실행 텍스트를 원한다. 이 점에서 비평은 올바른 지적을 하고 있다. 우리는 급진적이고, 민주적이며, 간섭을 지지하는 사람의 정치적 신조를 가지고 있다.

비평 사실주의

순수 실증주의와 후기구조주의자들 사이의 일부 학자들에게 제3의 움직임이 있다. 비평 사실주의는 Roy Bhaskar와 Rom Harrz의 연구와 밀접하게 연관되는 사회과학에서의 반실증주의 운동이다(Danermark, Ekstrom, Jakobsen, Karlsson, 2002). 비평 사실주의자는 비평(critical)이라는 단어를 독특한 방법으로 사용한다. 곳곳에 사회 비평의 흔적이 있긴 하나 이것은 프랑크푸르트 학파의 비평 이론은 아니다(Danermark et al., 2002, p.201). 대신 여기서의 비평은 방법론적 개인주의와 진실에 대한 보편적 주장을 거부하는 초(월)사실주의를 말한다. 비평 사실주의자들은 논리 실증주의, 상대주의, 반기초주의의 인식론을 반대한다. 그들은 관찰할 수 있으며 인간의 의식에서 독립된 이벤트의 세상이 밖에 있다는 실증주의 주장에 동의한다. 세상의 지식은 사회적으로 구성된다는 것이다. 사회는 감정, 인간의 존재에 대한 사고로 이루어지며, 세상에 대한 해석은 연구되어야만 한다(Danermark et al., 2002, p.200). 진리의 대응설 이론은 비평 사실주의자들이 거부한다. 비평 이론가들에게 있어 현실은 수준에 따라 배열되는 것이다. 과학 연구는 관찰한 패턴을 설명하는 기구, 과정, 구조를 일정하게 분석하는 진술 이상의 것이 되어야 한다고 생각한다.

후기경험주의자, 반기초주의자, 비평 이론가들처럼 여전히 우리는 여기서 주장한 많은 것들을 거부한다. 지난 세기 동안, 사회과학과 철학은 서로 얽혀 있었다. 실증주의로부터 후기실증주의, 분석과 언어 철학, 해석학, 구조주의, 후기구조주의; 막시즘, 페미니즘, 그리고 현재의 위에서 언급한 주의의 후기 버전에 이르기까지 다양한 "주의"와 철학적 운동의 위기가 사회학과 교육학적 담론을 교차하고 있다. 논리적 실증주의가 사회과학이 자멸하는 가혹한 과정으로 향하게 했다는 주장을 하는 사람들도 있다.

우리는 비평 사실주의가 사회과학이라고 하는 배를 물에 가라앉지 않고 계속 떠 있게 할 수 있을 것이라고 생각하지 않는다. 사회과학은 표준을 따르는 학문으로 가치, 이데올로기, 권력, 욕망, 성차별, 민족주의 정책, 지배, 억압, 통제와 같은 이슈가 항상 그 속에 파묻혀 있다. 우리는 사회정의, 평등, 비폭력, 평화, 보편적 인권이라는 이슈를 전면에 내세우고 자신들의 의견을 피력한다. 필요할 때 이러한 이슈를 다룰 수 있다고 말하는 사회과학을 원하지 않는다. 우리에게 있어서 이것은 더 이상 선택의 문제가 아니기 때문이다.

1.6 과정으로서의 질적 연구

질적 연구의 과정은 세 가지의 서로 연결된 활동으로 정의할 수 있다. 이론, 방법, 분석 또는 존재론, 인식론, 방법론을 포함하는 다양하게 서로 다른 분류를 거쳐간다. 이러한 용어의 배경에는 특정한 계층, 성, 인종, 문화, 민족 공동체의 관점을 대변하는 연구자의 개인적인 전기가 있다. 성과 다문화에 자리를 잡고 있는 연구자는 일련의 질문을 세분화(인식론)하고, 그리고 나서는 특수한 방법으로 검토를 하는 일련의 아이디어 또는 골격(이론, 존재론)으로 세상에 접근한다. 다시 말하면, 연구자의 질문에 답을 제공하는 경험적 재료를 수집하고 분석한다. 연구자들은 모두가 독특한 방법으로 연구 행위의 다문화, 성적 구성요소를 형성하는 차별화된 해석학적 공동체 내에서 참여자들의 목소리를 대변한다.

본서에서는 이러한 일반적인 연구 활동을 다섯 개의 표제 또는 단계로 다룬다: 다문화 주제로서의 연구자와 연구 참여자, 주요 패러다임과 해석학적 관점, 연구 전략, 경험 자료를 수집하고 분석하는 방법, 해석학의 기교이다. 각 단계의 배경 뒤에는 전기적으로 자리를 잡은 연구자가 있다. 연구자 개인은 해석학적 공동체 내부로부터 연구의 과정으로 진입한다. 이러한 공동체는 그들만의 역사적인 연구의 전통을 가지고 있는데, 그들 각자는 자신들만의 독특한 관점을 구성하고 있다. 이러한 관점은 연구자로 하여금 연구하려는 타자에 대한 독특한 관점을 이끌어준다. 동시에 연구 전략과 윤리를 고려해야 하는데, 왜냐하면 이러한 관심이 연구 과정의 모든 단계에 골고루 스며들어 있기 때문이다.

1.7 연구 대상으로의 타자

현대의 해석학적 형태가 20세기 초두에 탄생할 때부터, 질적 연구자들은 두 얼굴을 가진 유령을 끊임없이 떠올려왔다. 한편에서는 자질 있고 유능한 관찰자는 타인의 경험을 포함해 사회에 대한 관찰 내용을 객관적이고 명확하고 정확하게 질적 연구자들이 보고할 수 있다는 전제를 하였다. 다른 한편에서는, 세상에 존재하고 어떤 형태로든 자신의 경험을 보고할 수 있는 사실상의 연구 참여자나 개인이 있을 수 있다는 확신을 가지고 있었다. 따라서, 잘 준비된 연구자는 관찰과 인터뷰, 삶의 서술, 개인 경험, 사례 연구 문서를 통하여 연구 참여자가 제공하는 자기 보고서를 융합할 수 있다고 믿었다.

이러한 두 가지 신념은 연구 참여자들이 자신들의 삶의 경험에 의미를 부여하는 것과 동시에 학제간 질적 연구자들에게는 연구자의 관찰을 정확하게 기록하게 해주는 방법을 찾을 수 있도록 도와줄 것이라고 믿게 되었다. 이것은 한 개인의 내부의 삶을 투시하는 창으로서의 연구로, 개인이 부여하는 의미를 주관적인 말과 글로 표현하는 것에 의존하는 방법이다. Wilhelm Dilthey(1900/1976) 이후로, 방법론에 대한 탐색은 인문학에서의 질적, 해석학적 방법에 영원히 초점을 두는 결과를 가져왔다.

위에서 주목해 보았듯이 최근에 이러한 입장과 믿음은 공격을 받게 되었다. 후기구조주의와 후기포스트모더니스트들은 개인의 내부로 들어가는 분명한 창이 없다는 쪽으로 이해의 가닥을 모아나갔다. 세상의 모든 응시는 언어, 성, 사회 계층, 인종, 민족을 거치면서

항상 여과된다. 관찰자와 피관찰자가 속한 세상의 내부와 그 사이에 사회적으로 자리를 잡고 있는 관찰만이 있는 것이지 객관적인 관찰이란 있을 수 없다는 것이다. 연구 참여자나 개인이 자신들의 행위나 의도를 전부 설명하기란 좀처럼 쉽지가 않다. 그들은 단지 그들이 한 행위와 이유를 해명하거나 서술할 뿐이다. 진행 중인 인간의 경험이 가진 미묘한 변이를 포착할 수 있는 유일한 방법은 없다. 따라서, 질적 연구자들은 그들이 연구하고 있는 세상의 경험을 잘 이해할 수 있는 방법을 찾으면서 다양한 범위로 서로 연결된 해석학적 방법을 적절하게 사용한다.

[표 1.1]은 연구 과정을 정의하는 다섯 가지 단계 간의 관계를 표로 그려본 것이다(연구자; 주요 패러다임; 연구 전략; 경험 자료를 수집하고 분석하는 방법; 해석의 기교, 실제, 전략). 한 단계를 제외하고는 모두가 전기에 자리 잡은 연구자의 입장을 고수한다. 이러한 다섯 가지 수준의 활동이나 실제는 연구자의 전기를 통하여 진행된다. 각각의 단계는 본서의 다양한 부분에서 충분히 논의되므로 여기서는 간결하게 순서만 거론하였다.

첫 번째 단계: 연구자

위에서 언급한 내용은 사회적으로 자리를 잡고 있는 연구자가 들어가게 되는 전통과 응용의 질적 연구 관점의 깊이와 복잡성을 나타낸다. 이러한 전통은 특정한 연구에서 연구자가 수행할 과업을 안내하고 동시에 구속하는 역사 속에 연구자를 자리잡게 한다. 이 분야는 다양성과 갈등이 지속적인 특징으로 나타났고, 이것이야말로 가장 계속되는 전통이다(본서의 Levin & Greenwood, 2장 참고). 복잡하고 상충된 역사를 옮기는 사람으로서의 질적 연구자는 연구 윤리와 전략에 직면해야만 한다(Christians, 본서의 4장 참고). 중립 탐구의 정신으로 순진하고, 고유한 타자를 인문학에서 연구한다는 것이 더 이상 불가능하다. 오늘날 모든 형

표 1.1 연구 과정

1단계: 다문화 주제로서의 연구자	2단계: 이론적 패러다임과 관점	3단계: 연구 전략	4단계: 자료 수집과 분석 방법	5단계: 해석과 평가의 예술, 실제, 전략

• 역사와 연구 전통
• 자신과 타자의 개념
• 연구 윤리와 전략
	• 실증주의, 후기실증주의
	• 해석주의, 구성주의,
	  해석학
	• 페미니즘
	• 인종 담론
	• 비판 이론과 막시스트
	  이론
	• 문화 연구 모델
	• 퀴어 이론
	• 후기식민주의
		• 설계
		• 사례 연구
		• 문화기술지, 참여 관찰,
		  수행 문화기술지
		• 현상학, 민족사회학적
		  방법론
		• 근거 이론
		• 생애사 연구, 고백
		• 역사적 방법
		• 행위와 응용 연구
		• 임상 치료 연구
			• 인터뷰
			• 관찰
			• 공예품, 문서, 기록
			• 시각적 방법
			• 자문화기술지
			• 자료 관리 방법
			• 컴퓨터 활용 분석
			• 텍스트 분석
			• 초점 그룹
			• 응용 문화기술지
				• 타당성 평가 기준
				• 해석의 실제와 전략
				• 해석으로서의 글쓰기
				• 전략 분석
				• 응용 연구

태의 연구 행위와 인간 대 인간의 관계에 적용되는 상황과 그 상황을 초월한 윤리를 개발하려고 노력한다. 탈식민지 프로젝트를 지연시킬 수 있는 선택권이 우리에게는 더 이상 없다.

두 번째 단계: 해석학적 패러다임

"모든 인간은 고도의 추상화된 원칙에 지배를 받는다"는 점에서 볼 때 질적 연구자는 모두가 철학자이다(Bateson, 1972, p. 320). 이러한 원칙은 존재론(인간은 무엇인가? 현실의 본질은 무엇인가?), 인식론(탐구자와 연구 참여자 사이의 관계는 무엇인가?), 방법론(우리가 세상을 아는 방법이나 세상에 대해 지식을 획득하는 방법)을 모두 결합한다(Guba, 1990a, p. 18; Lincoln & Guba, 1985, pp. 14-15; 그리고 본서의 Lincoln, Lytatam & Guba, 6장 참고).

이러한 믿음은 질적 연구자가 세상을 바라보고 그 속에서 행위를 하는 방법에 대한 형태를 만든다. 연구자는 궁극적인 참이나 거짓과 관계없이 부분적으로 스스로 타당화시킨 존재론과 인식론의 그물망에 갇힐 수밖에 없다(Bateson, 1972, p. 314).

연구자의 인식론, 존재론, 방법론적 가정을 담고 있

는 그물망이나 "행위를 안내하는 기본적인 방향에 대한 믿음"(Guba, 1990a, p. 17)인 해석학적 골격을 패러다임이라고 부를 수 있을 것이다(Guba, 1990a, p. 17). 세상에 대한 여러 가지 믿음과 감정 그리고 이해하고 공부하는 방법에 매료된다는 점에서 볼 때 모든 연구는 해석학적이라고 할 수 있다. 이러한 믿음에는 너무나도 당연하게 여기고, 보이지 않거나 가정만 한 것도 있고, 반면에 어떤 믿음은 문제가 아주 많거나 논쟁의 여지가 많을 수도 있다. 각각의 해석학적 패러다임은 연구자에게 묻고자 하는 질문과 질문에 대한 해석을 포함한 연구자의 특별한 요구에 응답하도록 한다.

가장 일반적인 수준에서, 네 가지 주요한 해석학적 패러다임이 질적 연구의 체계를 구축하고 있다. 실증주의와 후기실증주의, 구성주의—해석학, 비평(막시스트, 해방), 페미니스트—후기구조주의이다. 이러한 네 가지 추상적인 패러다임은 구체적이고 특수한 해석학적 공동체의 레벨에서 더욱 복잡하게 된다. 이러한 레벨에서, 구성주의뿐만 아니라 특수한 민족, 페미니스트, 사회정의, 막시스트, 문화 연구, 장애우, 그리고 비서구-아시아 페미니즘의 다양한 버전을 식별하는 것(아프리카 중심이고 후기구조주의)[20]이 가능해진다. 이러한 관점이나 패러다임은 본서의 제2부에서 살펴보기로 하자.

표 1.2 해석학적 패러다임

패러다임/이론	기준	이론 형태	서술 형태
실증주의/후기실증주의	내적, 외적 타당도	논리적·연역적, 근거	과학적 보고
구성주의	신뢰성, 진실성, 전이성, 확실성	실체·형식적 관점	해석학적 사례 연구, 문화기술적 허구
페미니스트	아프리카 중심주의, 삶의 경험, 대화, 복지관련사업, 책임, 인종, 계층, 성, 회고, 실습, 감정, 구체적 바탕, 구현화	비평적 관점	에세이, 서술, 실험적 글쓰기
인종	아프리카 중심주의, 삶의 경험, 대화, 복지관련사업, 대화, 책임, 인종, 계층, 성	관점, 비판, 역사	에세이, 우화, 드라마
막시스트	해방이론, 허위 입증, 대화체, 인종, 계층, 성	비평, 역사, 경제	역사적, 경제적, 사회문화적 분석
문화 연구	문화 실제, 실천, 사회적 텍스트, 주관성	사회 비평	비평으로서의 문화이론
퀴어 이론	회고, 해체주의	사회 비평, 역사 분석	비평으로서의 문화이론, 자서전

제2부에서 살펴볼 패러다임은 실증주의나 후기실증주의 모델에 반대하거나 지지하는 입장을 취한다. 상대주의, 존재론(다중 구성 현실), 해석학적 인식론(연구자와 연구 참여자가 상호작용을 하여 형태를 만든다), 그리고 해석학적, 자연주의적 방법 내에서 연구 과업을 수행한다.

[표 1.2]는 연구를 평가하는 기준과 각 패러다임 내에서 가정된 해석학적 또는 이론적 진술이라고 하는 전형적인 형식을 포함한 패러다임과 가정을 보여준다.[21]

각각의 패러다임에 대해서 6장에서 10장까지 상당히 자세하게 탐구하였다. 실증주의와 후기실증주의 패러다임은 위에서 논의하였다. 이들은 사실주의와 비평 사실주의 존재론과 객관적인 인식론을 바탕으로 과업을 수행하며, 실험, 유사실험, 설문조사, 그리고 엄격하게 정의된 질적 방법론을 바탕으로 연구 과업을 수행한다.

구성주의 패러다임은 상대주의적 존재론(다중 현실이 존재한다), 주관적 인식론(연구자와 연구 참여자가 이해를 상호 구축한다), 방법론 절차의 자연주의적(자연의 세계에서) 방향을 가정한다. 일반적으로 연구 결과는 근거 이론이나 유형 이론의 기준에 따라 발표된다(본서에서 Lincoln, Lynham & Guba, 6장; Creswell, 15장; Teddlie & Tashakkori, 16장; Charmaz, 21장; Morse, 24장; Altheide &

Johnson, 35장; St. Pierre, 37장 참고). 신뢰성, 진실성, 전이성, 확실성 등과 같은 용어가 실증주의 연구 준거 기준에서 말하는 내적/외적 타당도, 의존도, 객관성을 대체한다.

페미니스트, 민족, 막시스트, 문화 연구, 퀴어 이론, 아시아계, 장애우 모델은 유물론적 사실주의 존재론에 특권을 제공하고 있다. 즉, 현실은 인종, 계층, 성의 관점에서 물질적 차이가 있다는 것이다. 주관적 인식론과 자연주의적 방법(흔히 문화기술지)을 사용한다. 경험적 물질과 이론적 논쟁은 해방에 함의를 둔다는 점에서 평가된다. 성이나 인종 공동체(예, 아프리카계 미국인)로부터의 기준은 감수성과 감정, 복지, 개인의 책임, 대화에 적용할 수 있을 것이다

후기구조주의 페미니스트 이론은 사회적 텍스트, 논리, 세상에서의 삶의 경험을 온전하게 표현하지 못하는 무능력과 같은 문제에 초점을 두고 있다. 실증주의와 후기실증주의의 평가 기준은 회고, 억압받는 사람들의 경험을 토대로 한 다양한 목소리를 담은 텍스트를 포함한 다른 용어로 대체된다.

문화 연구와 퀴어 이론 패러다임은 막시즘, 페미니즘, 포스트모던 감수성으로부터 이끌어낸 여러 가지 입장과 더불어 초점을 다양하게 두고 있다(본서의 Giardina & Newman, 10장; Plummer, 11장;

St. Pierre, 37장 참고). 삶의 경험(의미)을 강조하는 인본주의적 문화 연구와 구조적이고 물질적인 결정 요인과 효과(인종, 계층, 성) 사이에는 긴장감이 존재한다. 물론 모든 동전에는 양면이 있다. 사실상 양면 모두가 필요하고 매우 중요하다. 문화 연구나 퀴어 이론은 전략적인 방법, 다시 말하면, 이해를 하기 위한 자료원천과 지역을 압도적으로 지배하는 구조에 대한 저항을 만드는 등의 방법을 사용한다. 이와 관련된 학자들은 텍스트를 정독하고 문화 텍스트에 대한 담화 분석을 할 뿐만 아니라 지역, 온라인, 회고, 비평 문화기술지; 개방형 인터뷰, 참여 관찰 등을 수행한다(본서의 Olesen, 7장; Chase, 25장). 인종, 계층, 성이 역사적으로 특수한 상황에서 만들어지고 재현되는 방법에 초점을 둔다. 지배하는 패러다임과 개인의 역사는 구체적인 경험의 문제에 초점을 두고 있으며, 연구자는 탐구의 독특한 전략과 더불어 다음 단계의 연구를 수행하기 위하여 이동한다.

세 번째 단계: 탐구 전략과 해석학적 패러다임

[표 1.1]은 연구자가 사용하는 몇 가지 주요한 탐구 전략을 보여준다. 연구 질문에 대한 명확한 초점, 연구 목적, "구체적인 연구 질문에 대해 어떤 정보가 적절하게 답할 것인가와 어떤 전략이 이러한 정보를 획득하는 데 가장 효율적인가" 등을 포함하여 광범위하게 연구자가 고민하고 있는 연구 설계로부터 3단계는 시작한다(LeCompte, Tesch, Preissle, 1993, p.30; 본서의 Cheek, 14장 참고). 연구 설계는 첫 번째로 이론적 패러다임을 탐구 전략과 연결하고 두 번째로 경험적 재료를 수집하는 방법과 연결시킨다. 연구 설계는 연구자를 경험의 세계에 자리잡게 하고, 구체적인 장소, 사람, 그룹, 학교, 그리고 문서와 기록 보관소를 포함한 적절한 해석학적 자료의 주요부에 자리잡게 해준다. 연구 설계는 표현과 적법성이라고 하는 두 가지 매우 중요

한 문제를 연구자가 어떻게 말할 것인지에 대한 방법을 구체화시켜 주는 역할을 한다.

탐구 전략은 한 묶음의 전략, 가정, 그리고 연구자가 패러다임에서 경험 세계로 이동하면서 사용하는 실제를 말한다. 탐구 전략은 해석의 패러다임을 행동으로 바꾸어주는 연구자가 경험적 재료를 수집하고 분석할 수 있도록 구체적인 방법을 연결한다. 예를 들면, 사례 연구는 인터뷰, 관찰, 문서 분석에 의존한다. 패러다임이 구체적 경험의 장소 또는 구체적인 방법론적 실제, 예를 들면, 한 사례를 연구 목적으로 설정하는 것처럼 탐구 전략은 이를 시행하고 견고하게 해준다. 이러한 전략은 사례 연구, 현상학, 근거 이론, 전기, 자문화기술지, 역사, 행위, 임상 방법을 사용하는 민족 사회학적 방법론 연구자의 서술을 포함한다. 이러한 각각의 전략은 복잡한 문헌과 연결되어 있다. 이들 각자는 개별적인 역사, 본보기가 되는 연구, 전략을 행동으로 옮기는 데 있어 선호하는 방법을 가지고 있다.

네 번째 단계: 경험적 재료를 수집, 분석하는 방법

경험적 재료를 수집하는 데는 여러 가지 방법이 있다.[22] 제4부에서 여기에 대해 자세히 다루어 보도록 하자. 인터뷰에서 직접 관찰, 시각재료나 개인의 경험 등과 다양한 범위에서 자료 수집을 할 수 있다. 내용, 서술, 기호학 전략을 포함한 인터뷰나 문화 텍스트를 읽고 분석하는 등의 서로 다른 방법을 다양하게 사용할 수도 있다. 많은 양의 질적 자료에 직면한 연구자는 이러한 문서들을 관리하고 해석하는 방법을 찾고 있는데, 자료 관리 방법과 컴퓨터를 활용한 분석 방법이 도움이 많이 될 것이다. 본서에서는 David L. Altheide와 John M. Johnson(35장), Laura L. Ellingson(36장), Judith Davidson과 Silvana diGregorio(38장)에서 이러한 기술에 대해 논의한다.

다섯 번째 단계: 해석과 평가의 기술과 전략

질적 연구는 끝없이 창의적이고 해석학적인 특성을 가지고 있다. 연구자가 엄청나게 많은 경험적 재료를 가지고 연구 현장을 떠나자마자 쉽게 연구 결과에 대한 글쓰기를 할 수 있는 것은 아니다. 질적 해석은 구성되는 것이다. 연구자는 현장에서 나온 현장 노트와 문서로 구성된 (Roger Sanjek(1992, p. 386)는 "색인" 그리고 David Plath(1990, p. 374)는 "현장연구"라고 부르는) 현장 텍스트를 먼저 만든다. 작가이자 해석가는 문서에서 연구 문서로 옮겨간다(현장 텍스트를 토대로 한 노트와 해석). 이 문서는 연구자가 배운 것에서 의미를 찾으려는 작가의 초기 노력을 담은 진행 중인 해석학적 문서로 재창조된다. 마지막으로, 작가는 독자들에게 제공될 객관적인 텍스트를 만든다. 현장으로부터 나온 마지막 이야기는 고백적, 사실적, 인상적, 비평적, 형식적, 문학적, 분석적, 근거 이론 등(Van Maanen, 1988 참고)의 형식을 취한다.

연구 결과에 의미를 부여하는 해석학적 실제는 예술적이면서 동시에 정치적이다. 질적 연구를 평가하는 여러 가지 기준이 현재 존재하며, 우리는 문화기술적 경험의 위치, 관계, 텍스트 구조를 강조하였다. 유일한 하나의 해석학적 진실이란 없다. 처음에 논하였던 것처럼, 해석을 평가하는 각각의 기준을 가진 다양한 해석학적 공동체가 공존하고 있는 것이다.

프로그램 평가가 질적 연구에서 주요한 위치를 차지하며, 질적 연구자는 사회 정책에 중요한 방법으로 영향을 줄 수 있다. 사회과학에서 질적 연구를 응용하는 것은 풍부한 역사를 가지고 있다(본서의 Levin & Greenwood, 2장; Cheek, 14장; Brydon-Miller, Kral, Maguire, Nofke, & Sabhlok, 23장; Morse, 24장; Torrance, 34장; Abma & Widdershoven, 41장). 이것은 이론, 방법, 실습, 행위, 전략 모두가 함께 자리잡는 매우 중요한 지점이다. 질적 연구자는 목표가 되는 모집단을 격려시키고, 특정한 그룹에 대한 특정한 프로그램의 즉각적인 효과를 보여주고, 이와 같은

환경에서 정책 변화에 대항하는 제약을 고립시킨다. 행위와 임상 위주의 질적 연구자들은 그들이 말하고자 하는 연구 대상자들에게 공간을 만들어줄 수도 있다. 평가자는 이와 같은 목소리를 전달하는 루트가 된다.

역사적 시기의 연결: 다음 차례는 무엇인가?

St. Pierre(2004)는 우리가 이미 후기 "후기" 시대, 즉 후기-후기구조주의, 후기-포스트모더니즘, 후기실험주의 시대에 있다고 논쟁을 벌인다. 해석학적 또는 문화기술적 실제의 입장에서 볼 때 이것이 의미하는 바는 명확하지가 않다. 그러나 한 가지 분명한 것은 예전과는 결코 같지 않다는 것이다. 우리는 더 많은 회고 형식의 실행 연구, 분석, 텍스트 간 표현이 등장함에 따라 난잡하고, 불확실한 다중 목소리를 담은 텍스트, 문화 비평, 새로운 실험 연구가 더욱더 보편화되는 새로운 시대에 살고 있다. 이와 같이 복잡한 공간에서 교육은 매우 중요하다. 다시 말하면, 우리는 질적 연구를 어떻게 가르쳐야 하는가? Judith Preissle(42장), Margaret Eisenhart, S. Jurow(43장)에서 이 부분에 대한 향후 통찰력을 제공해 보려고 한다. 어떤 시인이 말한 것처럼, 중심은 더 이상 없다. 이러한 새로운 개념의 중심에서 우리 스스로가 무엇이 되어야 할지 돌아보아야 할 것이다.

따라서, 우리는 이제 한 바퀴를 돈 셈이다. 그리고 우리가 사용한 다리의 비유로 돌아가자면, 본서의 서로 연결되는 장은 연구 행위의 모든 단계를 통하여 앞과 뒤의 단계로 독자들을 이끌어나갈 것이다. 좋은 다리가 그러하듯이, 중요한 시기, 형성, 해석학적 공동체 사이를 교차하면서 쌍방향의 교통을 제공하게 될 것이다. 각각의 장에서 각각의 패러다임, 전략, 방법과 관련된 적절한 역사, 논쟁, 현재의 실제를 살펴보려고 한다. 각각의 장을 통하여 세부적인 패러다임, 전략, 또는 방법이 다음 세기의 형성기로 진입하는 지금부터 10년 후 미래에 대한 투시를 제공할 것이라는 것을 알게 될 것

이다.

본서를 읽을 때, 질적 연구 분야는 일련의 긴장, 반박, 망설임으로 정의된다는 점을 주목하라. 이러한 긴장은 (1) 광범위하고 의심스러운 포스트모던의 감수성; (2) 더욱더 확실하고 더욱더 전통적인 프로젝트의 실증주의, 후기실증주의, 자연주의적 개념; (3) 증가하는 보수적, 신자유 글로벌 환경 사이와 이들 간에 이러한 긴장이 앞뒤로 움직이며 작용한다는 것을 말한다. 본서에서 다음부터 나오는 모든 장(章)이 이러한 긴장과 맞물려있고 각 부분으로 나누어져 있다.

주석

1. 본 단락은 Denzin(2010, pp. 19-25)에서 발췌하였다.
2. 그들은 우리가 분류한 두 번째 시기인 황금기(1950~1970)를 실증주의의 폄하, 후기실증주의의 출현, 질적/양적 연구 방법의 혼재에 사용된 디자인의 발달로 특징 지었다. 전면적인 충돌은 첫 번째 "패러다임 전쟁" 시기인 1970~1990년대를 통하여 발달되었다.
3. 갈등은 여러 가지 서로 다른 권한 부여 교육 사이에서 일어났다: 페미니스트, 반인종주의, 급진적, Freire 교육론, 자유 이론, 포스트모더니스트, 후기구조주의, 문화 연구, 기타(Guba & Lincoln, 2005; 본서의 Erickson, 3장 참고).
4. Stephen Tyler가 인도에서 현장 연구를 하는 사진으로 구성된 『문화 쓰기』(Clifford & Marcus, 1986)의 유명한 표지 사진을 bell hooks가 해석한 것을 상기해보라. 어떤 아이가 바구니에서 머리를 내밀고 있다. 어떤 여자가 오두막 집의 그늘에 몸을 숨기고 있다. 체크무늬가 있는 흰색과 검은색의 숄을 어깨에 걸치고, 팔꿈치를 무릎 위에 올리고 손을 얼굴에 고이고 Tyler를 응시하고 있다. Tyler는 현장 저널을 작성하고 있다. 하얀 천 한 조각을 안경에 붙이고 있는데, 아마도 햇빛을 가리려고 한 것 같다. 흰색 천은 수동적인 갈색과 검은색 피부의 사람들을 연구하는 백인 작가로서의 Tyler를 특징 짓는다. 갈색 피부의 남자가 보내는 응시는 Tyler에게 보내는 희망사항이나 애착의 신호이다. 이와는 대조적으로, 여자의 응시는 그늘과 그 여자의 얼굴을 가로질러 쓰여진 책 제목에 완전히 가려져 있다(hooks, 1990, p. 127).
5. 질적 연구는 교육학, 사회복지, 의사소통, 심리학, 역사학, 조직학, 의학, 인류학, 사회학에서 개별적이며 차별화되는 역사를 가지고 있다.
6. 정의: 실증주의: 현실에 대해 객관적인 설명을 할 수 있다; 후기실증주의: 현실에 대해 단지 부분적으로 객관적인 설명을 할 수 있다고 보는데 왜냐하면 모든 방법은 기초주의이기 때문이다; 우리는 세상에 대해 우리가 알고 주장하는 것에 대한 궁극적인 토대가 있고, 이것은 경험주의자와 실증주의자의 인식론(Schwandt, 1997a, p. 103); 비기초주의를 포함하기 때문이다. 우리는 "지식에 대해 궁극적인 증거나 토대에 의지"(Schwandt, 1997a, p. 102)하지 않고(유사 기초주의) 세상에 대해 진술할 수 있다. 진리와 일치하는 개념을 포함한 신현실주의의 준거 기준을 토대로 하여 지식에 대해 어떤 주장이든 할 수 있다.
7. Jameson(1991, pp. 3-4)은 시대 구분 가설이 일차원의 단계와 같은 모델을 거부하기는 하나 항상 주의해서 살펴 볼 필요가 있음을 상기시켜 준다. 하나의 단계가 무엇을 말하는지가 명확하지는 않다. 단계와 단계를 구분하는 것이 무엇인지에 대해서는 항상 논란의 여지가 많다. 우리가 여기서 말하고자 하는 일곱 가지 주요 단계는 스타일, 장르, 인식론, 윤리, 전략, 미학의 측면에서 식별 가능한 전환을 의미한다.
8. 각각의 단계에 대한 자세한 담론은 Denzin과 Lincoln(2005, pp. 13-21)을 참고하라. Alasuutari(2004, pp. 599-600)와 Seale, Gobo, Gubrium, 그리고 Silverman (2004, p. 2)은 이 모델을 급진적 서술이라는 용어로 불렀다. 비평가들은 가장 최근의 중요한 시기를 가장 최근, 전위파, 최첨단이라는 것을 우리가 믿고 있다고 단언한다(Alasuutari, 2004, p. 601). 우리는 이러한 해석에 대해 자연스럽게 이의를 주장한다. Teddlie와 Tashakkori(2003a, pp. 5-8)는 지난 세기에 혼합형 연구 방법이 출현한 당시 그들의 주요한 시기에 대한 역사적 분석에서 우리가 여기서 말하는 역사적 시기를 부분적으로 수정하였다.
9. 정의: 구조주의: 모든 체제는 언어에 깊게 새겨진 일련의 반대 범주로 구성되어 있다; 기호학: 신호나 신호 체계의 과학-구조주의 프로젝트; 후기구조주의: 언어는 의미나 행위, 텍스트 또는 의도를 완전히 파악하기는 불가능한 불안정한 지시 체계이다; 포스트모더니즘: 동시대의 감수성을 말하는 것으로, 권위, 방법, 또는 패러다임에 우위를 두지 않는 것으로 세계 2차 대전 이후부터 발달하였다; 해석학: 미리 알고

있거나 편견이 해석의 과정에 어떤 모양을 만드는지를 강조하는 텍스트 분석의 접근 방법; **현상학**: Edmund Husserl, Martin Heidegger, Jean-Paul Sartre, Maurice Merleau-Ponty와 Alfred Schutz의 연구와 관련된 아이디어의 복잡한 체계; **문화 연구**: 비평 이론, 페미니즘, 후기구조주의를 혼합한 복잡한 학제간의 분야.

10. 물론 일상의 경험이 일어나는 장소인 환경은 모두가 자연스러운 것이다. 질적 연구는 이러한 일들이 행해지는 장소에서 일을 하는 사람들을 연구한다(Becker, 1986). 이러한 종류의 연구를 하려고 가는 현장이나 자연스러운 장소가 있는 것은 아니다(Gupta & Ferguson, 1997, p.8 참고). 장소는 해석학적 실제를 통하여 우리 스스로가 정하는 것이다. 역사적으로 분석가들은 실험과 (실험실) 현장(자연스러운) 환경을 구분해왔다; 따라서 질적 연구는 자연주의적이라는 것이다. 그러나 활동 이론은 이러한 구분을 받아들이지 않는다(Keller & Keller, 1996, p.20; Vygotsky, 1978).

11. 프랑스에서 브리콜러의 의미는 장인과 비교해볼 때 정도를 벗어난 방법으로 손을 사용해서 일을 하는 사람 … 브리콜러는 실용적이며 일을 끝내는 사람을 지칭한다(Weinstein & Weinstein, 1991, p.161). 여기서 인용한 저자들은 독일의 사회학자이자 사회 이론가 Georg Simmel의 연구와 Charles Baudelaire에게 함축적 의미를 전달한 연구와 연결 지어 용어에 대한 역사를 제공하고 있다. Martyn Hammersley(2000)는 우리가 사용하는 용어의 의미에 대해 반박한다. Claude Lévi-Strauss의 의견을 따르는 입장에서, Martyn Hammersley는 브리콜러의 의미를 신화 작가로 해석한다. 브리콜러를 배를 건조하는 사람의 개념으로 대체할 것을 제안한다. Hammersley는 우리가 제시한 중요한 "시기"라고 하는 모델은 진보의 의미를 담고 있다는 점에서 논쟁을 벌이면서 말다툼을 한다.

12. Brian De Palma는 1987년 자신의 영화 '언터쳐블'에서 유모차 장면을 재연출한다.

13. 항구에서, Potemkin이 가지고 있는 두 자루의 큰 총의 총구가 카메라 안에서 천천히 흔들린다. 스크린에는 다음과 같은 안내 자막이 나온다: "야만적인 군사 정권은 전함의 총으로 응수하였다". 유명한 마지막 세 컷의 몽타주를 차례로 보여주는데, 처음에는 단정하게 자고 있는 사자, 잠에서 깨어나 일어나는 사자, 마지막으로 러시아 국민의 격분을 상징하는 울부짖는 사자의 모습이다(Cook, 1981, p.167). 이와 같은 순서로 Eisenstein은 끔찍한 이벤트의 심리적 연장을 만들면서 시간을 확장하기 위하여 몽타주를 사용한다. 이러한 순서를 이끌어내고, 유모차에 있는 아기를 보여주고, 병사들은 시민들에게 총을 발포하고, 엄마의 장갑에 피가 묻고, 계단을 따라 내려가는 유모차를 보여주면서, 커다란 규모의 파괴 단계를 제시한다.

14. 학제간 사용된 테크닉과 학문분야 내에 입각해 사용된 방법 사이의 차이를 여기서 구분하는 것이 적절할 것이다. 예를 들면, 민족사회학적 방법론 연구자는 자신들만의 접근 방식을 사용하는 반면에, 다른 학자들은 방법론으로서의 테크닉을 선택적으로 차용한다. Harry Wolcott은 (대화에서) 이러한 구분을 제안한다. 주제, 방법, 자료 원천을 구분하는 것도 적절하다. 방법론은 탐구 주제로 연구할 수 있다; 즉, 사례 연구를 어떻게 수행할 것인가이다. 이와 같이 얄궂은 민족사회학적 방법론의 관점에서 보면, 방법은 자료 원천과 탐구 주제 둘 다를 지칭하는 것이다.

15. 참으로 질적 연구의 본질적인 정의를 내리려고 하는 어떠한 노력도 이와 같은 정의를 만드는 상황에 대한 또 하나의 질적 분석을 필요로 한다.

16. 네 가지 혼합 방법 적용 연구를 제시한다: 트라이앵귤레이션, 내제, 해명, 탐구(Clark et al., 2008, p.371).

17. 출현하는 모델은 전통적인 골격을 탈피하고 새로운 기술과 혁신을 개발하는 방법에 초점을 두고 있다. 이것이 전략, 인식론, 이론, 방법론 사이에 작용하는 과정 모델이다.

18. 시카고 학파의 1세대는 Robert Park와 Ernest Burgess, Herbert Blumer, Everett Hughes(1920~1950)이며 2세대는 Becker, Strauss, Goffman이며, 3세대는 Hammersley, Atkinson, Delamont, Snow, Anderson, Fine, Adler, Adler, Prus, Maines, Flaherty, Sanders 등으로 여러 세대에 걸쳐 학자들이 있다.

19. 자신, 수행, 후기구조주의 문화기술지에 대해 그가 의미하는 포괄적인 용어.

20. Olesen(본서의 7장)은 페미니스트 연구의 세 가지 요소를 다음과 같이 파악하였다: 주류의 경험주의; 관점과 문화 연구; 후기구조주의, 포스트모던; 아프리카 중심주의와 다른 유색인종의 모델을 문화 연구와 포스트모던 범주의 아래에 두는 것이다.

21. [표 1.2]는 물론 이러한 패러다임과 해석 스타일에 대한 우리의 해석을 담고 있다.

22. 전통적으로 자료(data)로 기술되었던 용어인데 우리는 **경험적 재료(empirical materials)**라는 말을 더 선호한다.

참고문헌

Adler, P. A., & Adler, P.(2008). Of rhetoric and representation: The four faces of ethnography. *Sociological Quarterly, 49*(4),1-30.

Alasuutari, P.(2004). The globalization of qualitative research. In C. Seale, G. Gobo, J. E Gubrium, & D. Silverman(Eds.), *Qualitative research practice*(pp. 595-608). London: Sage.

Atkinson, E.(2004). Thinking outside the box: An exercise in heresy. *Qualitative Inquiry, 10*(1), 111-129.

Atkinson, P., & Delamont, S.(2006). In the roiling smoke: Qualitative inquiry and contested fields. *International Journal of Qualitative Studies in Education, 19*(6), 747-755.

Bateson, G.(1972). *Steps to an ecology of mind.* New York: Ballantine.

Becker, H. S.(1986). *Doing things together.* Evanston, IL: Northwestern University Press.

Becker, H. S.(1996). The epistemology of qualitative research. In R. Jessor, A. Colby, & B.A. Schweder(Eds.), *Ethnography and human development*(pp. 53-71). Chicago: University of Chicago Press.

Becker, H. S.(1998). *Tricks of the trade.* Chicago: University of Chicago Press.

Becker, H S., Geer, B., Hughes, E. C., & Strauss, A. L.(1961). *Boys in white.* Chicago: University of Chicago Press.

Bloch, M.(2004).A discourse that disciplines, governs, and regulates: On scientific research in education. *Qualitative Inquiry, 10*(1), 96-110.

Cannella, G. S.(2004). Regulatory power: Can a feminist poststructuralist engage in research oversight? *Qualitative Inquiry, 10*(2), 235-245.

Cannella, G. S., & Lincoln, Y. S.(2004a). Dangerous discourses II: Comprehending and countering the redeployment of discourses(and resources) in the generation of liberatory inquiry. *Qualitative Inquiry, 10*(2), 165-174.

Cannella, G. S., & Lincoln, Y. S.(2004b). Epilogue: Claiming a critical public social science-reconceptualizing and redeploying research. *Qualitative Inquiry, 10*(2), 298-309.

Carey, J. W.(1989). *Culture as communication.* Boston: Unwin Hyman.

Cicourel, A. V. 1964. *Method and measurement in sociology.* New York: Free Press.

Clark, C., & Scheurich, J.(2008). Editorial: The state of qualitative research in the early twenty-first century. *International Journal of Qualitative Research in Education, 21*(4), 313.

Clark,V. L.P., & Creswell, J.W.(2008). Introduction. In V. L. Plano Clark & J. W. Creswell(Eds.), *The mixed methods reader*(pp. xv-xviii). Thousand Oaks: Sage.

Clark, V. L. P, Creswell, J. W., Green, D.O, & Shope, R. J.(2008).

Mixing quantitative and qualitative approaches: An introduction to emergent mixed methods research. In S. N. Hesse-Biber & P. Leavy(Eds.), *Handbook of emergent methods*(pp. 363-388). New York: Guilford.

Clifford, J.(1988). *Predicament of culture. Cambridge*: Harvard University Press.

Clifford, J.(1997). *Routes: Travel and translation in the late twentieth century.* Cambridge: Harvard University Press.

Clifford, J., & Marcus, G. E.(Eds.).(1986). *Writing culture.* Berkeley: University of California Press.

Clough, P. T.(1992). *The end(s) of ethnography.* Newbury Park, CA: Sage.

Clough, P. T.(1998). *The end(s) of ethnography*(2nd ed.). New York: Peter Lang.

Clough, P. T.(2000). Comments on setting criteria for experimental writing. *Qualitative Inquiry, 6*, 278-291.

Cook, D.A.(1981). *A history of narrative film.* New York: W. W. Norton. Creswell, J. W(1998). *Qualitative inquiry and research design: Choosing among five traditions.* Thousand Oaks, CA: Sage.

Danermark, B., Ekstrom, M., Jakobsen, L., & Karlsson, J. C.(2002). *Explaining society: Critical realism in the social sciences.* London: Routledge.

de Certeau, M.(1984). *The practice of everyday lift.* Berkeley: University of California Press.

Denzin, N. K.(1970). *The research act.* Chicago: Aldine.

Denzin, N. K.(1978). *The research act*(2nd ed.). New York: McGraw-Hill.

Denzin, N. K.(1989a). *Interpretive interactionism.* Newbury Park, CA: Sage.

Denzil], N. K.(1989b). *The research act*(3rd ed.). Englewood Cliffs, NJ: Prentice Hall.

Denzin, N. K.(1997). *Interpretive ethnography.* Thousand Oaks, CA: Sage.

Denzin, N. K.(2003). *Performance ethnography: Critical pedagogy and the politics of culture.* Thousand Oaks; CA: Sage.

Denzin, N. K.(2009). *Qualitative inquiry under fire: Toward a new paradigm dialogue.* Walnut Creek, CA: Left Coast Press.

Denzin, N. K.(2010). *The qualitative manifesto: A call to arms.* Walnut Creek, CA: Left Coast Press.

Denzin, N. K., & Lincoln, Y. S.(2005). IntroductiOn: The discipline and practice of qualitative research. In N. K. Denzin & Y. S. Lincoln(Eds.), *The SAGE handbook of qualitative research*(3rd ed., pp. 1-32). Thousand Oaks, CA: Sage.

Dilthey, W. L.(1976). *Selected writings.* Cambridge, UK:

Cambridge University Press.(Original work published 1900)

Diversi, M.(1998). Glimpses of street life: Representing lived experience through short stories. *Qualitative Inquiry, 4,* 131-137.

Diversi, M., & Moreira, C.(2009). *Betweener talk: Decolonizing knowledge production, pedagogy, and praxis.* Walnut Creek, CA: Left Coast Press.

Ellingson, L. L.(2009). *Engaging crystallization in qualitative research.* Thousand Oaks, CA: Sage.

Ellis, C.(2009). *Revision: Autoethnographic reflections on life and work.* Walnut Creek, CA: Left Coast Press.

Ellis, C., & Bochner, A. P.(F,ds.).(2000). *Ethnographically speaking—Autoethnography, literature, and aesthetics.* Walnut Creek, CA: AltaMira Press.

Filstead, W. J.(Ed.).(1970). *Qualitative methodology.* Chicago: Markham.

Flick, U.(1998). *An introduction to qualitative research.* London: Sage.

Flick, U.(2002). *An introduction to qualitative research*(2nd ed.). London: Sage.

Flick, U.(2007). *Designing qualitative research.* London: Sage

Gage, N. L.(1989). The paradigm wars and their aftermath: A "historical" sketch of research and teaching since 1989. *Educational Researcher, 18*(7), 4-10.

Geertz, C.(1973). *Interpreting cultures.* New York: Basic Books.

Geertz, C.(I 983). *Local knowledge.* New York: Basic Books.

Geertz, C.(1988). *Works and lives.* Stanford, CA: Stanford University Press.

Geertz, C.(1995). *After the fact: Two countries, four decades, one anthropologist.* Cambridge: Harvard University Press.

Glaser, B. G.(1992). *Emergence vs. forcing: Basics of grounded theory.* Mill Valley, CA: Sociology Press.

Glaser, B., & Strauss, A.(1967). *The discovery of grounded theory.* Chicago: Aldine.

Goodall, H. L., Jr.(2000). *Writing the new ethnography.* Walnut Creek, CA: AltaMira.

Gordon, D. A.(1988). Writing culture, writing feminism: The poetics and politics of experimental ethnography. *Inscriptions, 3/4*(8), 21-31.

Gordon, D.A.(1995). Conclusion: Culture writing women: Inscribing feminist anthropology In R. Behar & D.A. Gordon(Eds.), *Women writing culture*(pp. 429-441). Berkeley: University of California Press.

Greenblatt, S.(1997). The touch of the real. In S. B. Ortner(Ed.), The fate of "culture": Geertz and beyond [Special issue]. *Representations, 59,* 14-29.

Grossberg, L., Nelson, C., & Treichler, P.(Eds.)(1992). *Cultural studies.* New York: Routledge.

Guba, F. G.(1990a). The alternative paradigm dialog. In E. G. Guba(Ed.), *The paradigm dialog*(pp. 17-30). Newbury Park, CA: Sage.

Guba, E.G.(1990b). Carrying on the dialog. In Egon G. Guba(Ed.), *The paradigm dialog*(pp. 368-378). Newbury Park, CA: Sage.

Guba, E., & Lincoln, Y. S.(1989). *Fourth generation evaluation.* Newbury Park, CA: Sage.

Guba, E., & Lincoln, Y. S.(2005). Paradigmatic controversies and emerging confluences. In N. K. Denzin & Y. S. Lincoln(Eds.), *The SAGE handbook of qualitative research*(3rd ed., pp. 191-216). Thousand Oaks, CA: Sage.

Gupta, A., & Ferguson, J.(Eds.).(1997). Discipline and practice: "The field" as site, method, and location in anthropology. In A. Gupta & J. Ferguson(Eds.), *Anthropological locations: Boundaries and grounds of a field science*(pp. 1-46). Berkeley: University of California Press.

Hammersley, M.(1992). *What's wrong with ethnography?* London: Routledge.

Hammersley, M.(2000). Not bricolage but boatbuilding. *Journal of Contemporary Ethnography, 28,* 5.

Hammersley, M.(2008). *Questioning qualitative inquiry: Critical essays.* London: Sage.

Harper, D.(1987). *Working knowledge: Skill and community in a small shop.* Chicago: University of Chicago Press.

Hesse-Biber, S. N., & Leavy, P.(2008). Introduction: Pushing on the methodological boundaries: The growing need for emergent methods within and across the disciplines. In S. N. Hesse-Biber & P. Leavy(Eds.), *Handbook of emergent methods*(pp. 1-15). New York: Guilford Press.

Holman-Jones, S. H.(1999). Torch. *Qualitative Inquiry, 5,* 235-250.

hooks, b.(1990). *Yearning: Race, gender, and cultural politics.* Boston: South End Press.

Howe, K.(1988). Against the quantitative-qualitative incompatibility thesis(Or dogmas die hard). *Educational Researcher, 17*(8), 10-16.

Howe, K. R.(2004). A critique of experimentalism. *Qualitative Inquiry, 10*(1), 42-61.

Howe, K. R.(2009). Positivist dogmas, rhetoric, and the education science question. *Education Researcher, 38*(August/September), 428-440.

Huber, J.(1995). Centennial essay: Institutional perspectives on sociology. *American Journal of Sociology, 101,* 194-216.

Jackson, M.(1998). *Minima ethnographica.* Chicago: University of Chicago Press.

Jameson, E(1991). *Postmodernism, or the cultural logic of late capitalism.* Durham, NC: Duke University Press.

Keller, C. M., & Keller, J. D.(1996). *Cognition and tool use: The blacksmith at work.* New York: Cambridge University Press.

Kincheloe, J. L.(2001). Describing the bricolage: Conceptualizing a new rigor in qualitative research. *Qualitative Inquiry,* 7(6), 679-692.

Lather, P.(1993). Fertile obsession: Validity after poststructuralism. *Sociological Quarterly, 35,* 673-694.

Lather, P.(2004). This is your father's paradigm: Government intrusion and the case of qualitative research in education. *Qualitative Inquiry, 10*(1), 15-34.

Lather, P., & Smithies, C.(1997). *Troubling the angels: Women living with HIV/AIDS.* Boulder, CO: Westview Press.

LeCompte, M. D., & Preissle, J. with R. Tesch.(1993). *Ethnography and qualitative design in educational research*(2nd ed.). New York: Academic Press.

Levi-Strauss, C.(1966). *The savage mind.* Chicago: University of Chicago Press.(Original work published 1962)

Lincoln, Y. S.(1997). Self, subject, audience, text: Living at the edge, writing in the margins. Ll W. G. Tierney & Y. S. Lincoln(Eds.), *Representation and the text: Re-framing the narrative voice*(pp. 37-56). Albany: SUNY Press.

Lincoln,Y. S.(1999, June 3-6). *Courage, vulnerability, and truth.* Paper presented to the Reclaiming Voice II Conference, University of California-Irvine, Irvine, CA.

Lincoln,Y. S.(2010). What a long, strange trip it's been...: Twenty-five years of qualitative and new paradigm research. *Qualitative Inquiry, 16*(1), 3-9.

Lincoln, Y. S., & Cannella, G. S.(2004a). Dangerous discourses: Methodological conservatism and governmental regimes of truth. *Qualitative Inquiry, 10*(1), 5-14.

Lincoln, Y. S., & Cannella, G. S.(2004h). Qualitative research, power, and the radical right. *Qualitative Inquiry, 10*(2), 175-201.

Lincoln, Y. S., & Guba, E. G.(1985). *Naturalistic inquiry.* Beverly Hills, CA: Sage.

Lincoln, Y. S., & Tierney W. G.(2004). Qualitative research and institutional review boards. *Qualitative Inquiry, 10*(2), 219-234.

Lofland, J.(1971). *Analyzing social settings.* Belmont, CA: Wadsworth.

Lofland, J.(1995). Analytic ethnography: Features, failings, and futures. *Journal of Contemporary Ethnography, 24,* 30-67.

Lofland, J., & Lofland, L. H.(1984). *Analyzing social settings.* Belmont, CA: Wadsworth.

Lotland, J., & Lofland, L. H.(1995). *Analyzing social settings*(3rd ed.). Belmont, CA: Wadsworth.

Lofland, L.(1980). The 1969 Blumer-Hughes talk. *Urban Life and Culture, 8,* 248-260.

Malinowski, B.(1948). *Magic, science and religion, and other essays.* New York: Natural History Press.(Original work published 1916)

Malinowski, B.(1967). *A diary in the strict sense of the term.*

New York: Harcourt.

Marcus, G., & Fischer, M.(1986). *Anthropology as cultural critique.* Chicago: University of Chicago Press.

Maxwell, J. A.(2004). Reemergent scientism, postmodernism, and dialogue across differences. *Qualitative Inquiry, 10*(1), 35-41.

Mills, C. W.(1959). *The sociological imagination.* New York: Oxford University Press.

Monaco, J.(1981). *How to read a film: The art, technology; language, history and theory of film*(Rev. ed.). New York: Oxford University Press.

Morse, J. M.(2006). The politics of evidence. In N. Denzin & M. Giardina(Eds.), *Qualitative inquiry and the conservative challenge*(pp. 79-92). Walnut Creek, CA: I,eft Coast Press.

Morse, J. M., & Niehaus, I.(2009). *Mixed method design: Principles and procedures.* Walnut Creek, CA: Left Coast Press.

Nelson. C., Treichler, P. A., & Grossberg, L.(1992). Cultural studies. In L. Grossberg, C. Nelson, & P. A. Treichler(Eds.), *Cultural studies*(pp. 1-16). New York: Routledge.

Ortner, S. B.(1997). Introduction. In S. B. Ortner(Ed.), The fate of "culture": Clifford Geertz and beyond [Special issue]. *representations, 59,* 1-13.

Pelias, R. J.(2004). *A methodology of the heart: Evoking academic & daily life.* Walnut Creek, CA: AltaMira.

Plath, David.(1990). Fieldnotes, filed notes, and the conferring of note. In R. Sanjek(Ed.), *Fieldnotes*(pp. 371-384). Albany: SUNY Press.

Popkewitz, T. S.(2004). Is the National Research Council committee's report on scientific research in education scientific? On trusting the manifesto. *Qualitative Inquiry, 10*(1), 62-78.

Richardson, L.(1991). Postmodern social theory. *Sociological Theory, 9,* 173-179.

Richardson, L.(1992). The consequences of poetic representation: Writing the other, rewriting the self. In C. Ellis & M. G. Flaherty(Eds.), *Investigating subjectivity: Research on lived experience.* Newbury Park, CA: Sage.

Richardson, L.(1997). *Fields of play.* New Brunswick, NJ: Rutgers University Press.

Richardson, L.(2000). Writing: A method of inquiry. In N. K. Dentin & Y. S. Lincoln(Eds.), *Handbook of qualitative research*(2nd ed., pp. 923-948). Thousand Oaks, CA: Sage.

Richardson, L., & Lockridge, E.(2004). *Travels with Ernest: Crossing the literary/sociological divide.* Walnut Creek, CA: AltaMira.

Roffman, P., & Purdy, J.(1981). *The Hollywood social problem film.* Bloomington: Indiana University Press.

Ronai, C. R.(1998). Sketching with Derrida: An ethnography of a researcher/erotic dancer. *Qualitative Inquiry, 4,* 405-420.

Rosaldo, R.(1989). *Culture & truth*. Boston: Beacon.

Ryan, K. E., & Hood, L. K.(2004). Guarding the castle and opening the gates. *Qualitative Inquiry, 10*(1): 79-95.

Sanjek, R.(1992). *Fieldnotes. Albany*: SUNY Press.

Scheurich, J. & Clark, M. C.(2006). Qualitative studies in education at the beginning of the twenty-first century. *International Journal of Qualitative Studies in Education, 19*(4), 401.

Schwandt,T.A.(1997a). *Qualitative inquiry*. Thousand Oaks, CA: Sage.

Schwandt, T. A.(1997b). Textual gymnastics, ethics, angst. In W G. Tierney & Y. S. Lincoln(Eds.), *Representation and the text: Re-fraining the narrative voice*(pp. 305-313). Albany: SUNY Press.

Seale,C., Gobo, G., Gubrium, J. F., & Silverman, D.(2004). Introduction: Inside qualitative research. In C. Seale, C. Gobo, J. E. Gubrium, & D. Silverman(Eds.), *Qualitative research practice*(pp. 1-11). London: Sage.

Semaili, L. M., & Kincheloe, J. L.(1999). Introduction: What is indigenous knowledge and why should we study it? In L. M. Semaili & J. L. Kincheloe(Eds.), *What is indigenous knowledge? Voices from the academy*(pp. 3-57). New York: Falmer Press.

Silverman, D.(1997). Towards an aesthetics of research. In D. Silverman(Ed.), *Qualitative research: Theory, method, and practice*(pp. 239-253). London: Sage.

Smith, A. D.(1993). *Fires in the mirror*. New York: Anchor Books.

Smith, L. T.(1999). *Decolonizing methodologies: Research and indigenous peoples*. Dunedin, NZ: University of Otago Press.

Snow, D., & Morrill, C.(1995). Ironies, puzzles, and contradictions in Denzin and Lincoln's vision of qualitative research. *Journal of Contemporary Ethnography 22*, 358-362.

Spindler, G., & Spindler, L.(1992). Cultural process and ethnography: An anthropological perspective. In M.D. LeCompte, W. L. Millroy, & J. Preissle(Eds.), *The handbook of qualitative research in education*(pp. 53-92). New York: Academic Press.

Stocking, G. W, Jr.(1986). Anthropology and the science of the irrational: Malinowski's encounter with Freudian psychoanalysis. In *History of anthropology: Vol. 4. Malinowski, Rivers, Benedict; and others: Essays on culture and personality*(pp. 13-49). Madison: University of Wisconsin Press.

Stocking, G. W., Jr.(1989). The ethnographic sensibility of the 1920s and the dualism of the anthropological tradition. In *History of anthropology: Vol. 6. Romantic Motives: Essays on anthropological sensibility*(pp. 208-276). Madison: University of Wisconsin Press.

Stoller, P., & Olkes, C.(1987). *In sorcery's shadow*. Chicago: University of Chicago Press.

St.Pierre, E. A.(2004). Refusing alternatives: A science of contestation. *Qualitative Inquiry, 10*(1), 130-139.

St.Pierre, E. A., & Roulston, K.(2006). The state of qualitative inquiry: A contested science. *International Jouranl of Qualitative Studies in Education, 19*(6), 673-684.

Strauss, A.(1987). *Qualitative analysis for social scientists*. New York: Cambridge.

Strauss, A., & Corbin, J.(1999). *Basics of qualitative research*(2nd ed.). Thousand Oaks, CA: Sage.

Taylor, S. J., & Bogdan, R.(1998). *Introduction to qualitative research methods: A phenomenological approach to the social sciences*(3rd ed.). New York: Wiley.

Teddlie, C., & Tashakkori, A.(2003a). Major issues and controversies in the use of mixed methods in the social and behavioral sciences. In A. Tashakkori & C. Teddlie(Eds.), *Handbook of mixed-methods in social and behavioral research*(pp. 3-50). Thousand Oaks, CA: Sage.

Teddlie, C., & Tashakkori, A.(20036). Preface. In A. Tashakkori & C. Teddlie(Eds.), *Handbook of mixed-methods in social and behavioral research*(pp. ix-xv). Thousand Oaks, CA: Sage.

Turner, V., & Bruner, E.(Eds.).(1986). The *anthropology of experience*. Urbana: University of Illinois Press.

Van Maanen, J.(1988). *Tales of the field*. Chicago: University of Chicago Press.

Vygotsky, L. S.(1978). *Mind in society*. Cambridge, MA: Harvard University Press.

Weinstein, D., & Weinstein, M. A.(1991). Georg Sitnmel: Sociological flaneur bricoleur. *Theory, Culture & Society, 8*, 151-168.

Weinstein, M.(2004). Randomized design and the myth of certain knowledge: Guinea pig narratives and cultural critique. *Qualitative Inquiry, 10*(2), 246-260.

West, C.(1989). *The American evasion of philosophy*. Madison: University of Wisconsin Press.

Wolcott, H. F.(1990). *Writing up qualitative research*. Newbury Park, CA: Sage.

Wolcott, H .F.(1992). Posturing in qualitative research.In M.D. LeCompte, W. L. Millroy, & J. Preissle(Eds.), *The handbook of qualitative research in education*(pp. 3-52). New York: Academic Press, Inc.

Wolcott, H. F.(1995). *The art of fieldwork*. Walnut Creek, CA: AltaMira Press.

Wolfe, M.(1992). *A thrice-told tale*. Stanford, CA: Stanford University Press.

Wright, H. K.(2006). Are we there yet? Qualitative research in education's profuse and contested present. *International Journal of Qualitative Studies in Education, 19*(6), 793-802.

Part 01.

질적 연구 영역을
자리매김하며

최욱_ 경인교육대학교 교육학과 교수

이 책의 제1부는 학문 세계에서 질적 연구의 현 주소를 찾는 것으로 시작한다. 그런 다음 사회와 교육 연구에서 질적 연구의 역사를 기술하고자 한다. 제1부의 마지막 두 개의 장에서는 질적 연구자의 윤리학, 정치역학, 도덕적 책임에 대해 논한다.

1. 상아탑과 참여적 행위 전통

1장에서 Morten Levin과 Davydd Greenwood는 사회과학의 재창조를 천명하였다. 이 장에서는 그동안 체계 없이 활용되어온 전통적 질적 연구와 응용 질적 연구 관점들의 깊이와 복잡성에 대해 논하고 있다.[1] 질적 연구의 이 영역들은 온전한 해석적 연구를 수행하기에는 부족한 점들이 많아 위기에 봉착하고 있다. 이로 인해 상당한 변화가 요구되고 있으며, 실행 연구가 그 해결책이 될 수 있다.

Levin과 Greenwood는 실행 연구 수행자들이 사회적으로 의미 있고 책임감 있는 일을 해야 한다고 주장한다. 이를 위해 연구자, 상아탑, 사회와의 관계가 변해야 한다. 실천 활동과 사회 변화에 헌신하는 연구, 즉 정치적으로 영향력 있는 실행 연구가 이러한 변혁을 성취하는 원동력이 된다.

실행 연구자들은 시민사회에서 급진적이고 민주적인 개혁을 창출할 수 있는 연구 수행에 전념하고 있다. 이런 연구 수행은 협력적 대화, 참여적 의사결정, 모두를 포함한 민주적 숙의과정, 최대한의 참여, 모든 이해집단의 대표성 등의 특성을 보여준다(Ryan & Destefano, 2000, p.1). 실행 연구 수행자들은 연구가 실천 행위

또는 실행이 되게 한다. 연구 대상자들은 연구 과정에서 연구 공동 참여자이며 이해당사자들이 된다. 여기서 연구는 이 세상의 문제들을 해결하려는 실천 행위 즉, 실제적, 성찰적, 실용적 행동이 된다.

이러한 문제들은 연구 공동 참여자들의 삶에서 묻어나오는 것들이다; 그들은 대단한 이론을 통해 저 높은 곳에서 내려오는 것이 아니다. 연구 대상자들과 실행 연구자들은 실제로 유용하면서도 그곳 특유의 지식에 기반을 둔 지적 세계를 함께 만들어간다. 이러한 과정에서, 그들은 연구 목적과 정치적 목적을 함께 정의하며, 연구 문제를 같이 만들어내고, 지식을 공유하고, 함께 수행하는 연구 기법들을 개선시킨다. 또한 이들은 사회변화를 위한 구체적 전략들을 실행하는 해석과 수행적 문장을 구성하며, 실행 연구 결과를 바탕으로 행동하기 위해 지역 이해당사자 자유의지의 타당성과 신뢰성을 반영한다.

상아탑의 테두리에 갇혀 있는 과학은 역사적으로 위에서 언급한 연구 목적들을 일관성 있게 달성하기에는 미흡하였다. Levin과 Greenwood는 이러한 실패에 대해 여러 가지 원인들을 제시했는데, 여기에는 유용한 사회 연구를 창출하기에는 미흡한 세칭 실증주의적이고 가치 중립적 사회과학; 대학의 필요성과 가치를 단정 지어 버리는 외부 기업들의 날로 심해지는 경향성; 기업체와 사설 연구기관에 연구 기금을 빼앗김; 무사안일하고 비효율적인 내부 행정 인프라 등이 있다.

Levin과 Greenwood는 과학의 실천을 비난하기보다는, 과학과 대학이 무엇을 해야 하는가의 차원에서 재정립을 촉구하고 있다. 그들의 실용성에 기반한 실행 연구 모형은 학문적인 과학 연구로부터의 퇴행을 의미하지 않는다.[2] 이러한 방식의 연구는 과학을, 연구 관

점과 방법이 다양하고, 서로 의사소통하며, 공동체적이고, 맥락적이며 도덕적인 프로젝트로 재개념화하자는 것이다. Levin과 Greenwood는 실행 연구가 현재 대학의 중심에 자리매김하기를 원한다. 그들은 시민적 사회과학, 즉 21세기에 대학과 사회, 국가, 지역의 관계를 급진적으로 재구성하게 만드는 실용 과학을 주창하고 있다.

2. 역사

이 핸드북의 제2판에 나오는 기념비적인 장(Qualitative Methods: Their History in Sociology and Anthropology)에서, Arthur Vidich와 Stanford Lyman(2000)은 문화기술지 전통이, 원시 문화의 기원에 대한 서양인들의 15~16세기 관심사를 연구한 그리스인들로부터; 스페인, 영국, 프랑스, 네덜란드와 관계된 식민지 민족학으로까지; 미국과 유럽에서 발생한 20세기의 변혁까지 어떻게 발전되었는가를 보여준다. 이러한 역사를 통해, 질적 연구자들은 객관주의, 맥락적 경험, 관찰 내용의 이론적 해석 등에 약간의 신념을 가지게 되었다.

이 책의 제3장에서 Frederick Erickson은 이러한 신념 체계들이 식민주의에 동조하고 대작주의(monumentalism)에 헌신하며 영원불멸의 텍스트를 만들어 내려는, 실증주의 전통을 더 부추긴다고 주장한다. 이러한 식민주의 모델은 백인 가부장 의식을 가지게 하는 인종 및 성 차별 담화에 질적 연구가 처하게 만들었다. 이 책의 1장에서 밝혔듯이 이러한 신념 체계는 최근 심각한 비판을 받고 있다.

Erickson은 Vidich와 Lyman의 논리를 바탕으로, 초기뿐만 아니라 최근 질적 연구자들이 이러한 압제 체제에 얼마나 영향받고 있는가를 설명하고 있다. 그가 서술한 역사는 Vidich-Lyman의 이론을 확장시켜 5가지 근본적인 입장을 제시했는데, 여기에는 질적 연구에서의 학문적 관점—특히 사회학과 인류학; 관찰자/저자로서의 참여적 관찰자; 실행 연구 활동 중에 관찰된 사람들; 질적 연구 보고서의 수사학적이고 실질적인 내용; 그리고 그러한 텍스트의 독자들 등이 있다.

또한 Erickson은 최근 미국 교육학회(American Educational Research Association)에서 질적 연구에 대한 평가 기준을 고착화하려는 학문적 시도에 대해 통렬한 비판을 가하고 있다. 그는 고전적인 문화기술지 텍스트들에 대한 최근의 비판들을 조심스럽게 제시하고 있다. 여기서 Erickson은 전지전능한 내레이터가 작성한 듯한 사실주의 문화기술지 텍스트는 더 이상 인정받기 어려운 보고서 양식이라고 주장하고 있다.

3. 연구 윤리

Clifford Christians는 질적 연구의 윤리와 정치역학을 좀 더 폭넓은 역사적/지성적 체계 속에서 설명하고 있다. 먼저 그는 실증주의의 계몽 모델, 가치 중립적 연구, 공리주의, 공리주의적 윤리를 분석하였다. 가치 중립적 사회과학에서, 전문가 집단을 위한 윤리 규범은 도덕률의 전통적인 양식이 되었다. 1980년대까지, 각각의 주요 사회과학 학회는 (연방법의 조문 및 국가적 지침서의 선포와 궤를 같이하며) 다음과 같은 여러 지침들에 중점을 둔 윤리 규범을 개발하였다: 단순 고지에 입각한 동의, 속임수 없기, 심리적/물질적 피해 없음, 사생활 보호와 비밀 유지, 신뢰성/타당성 있는 경험적 자료의 수집/표현에 전념. 그리고 각 학회의 기관윤리 심의위원회(IRBs)가 이러한 지침들을 실행했는데, 여기에는 단순 고지에 의한 동의가 항상 인간 대상의 연구 과제에서 지켜지는 것이 포함된다. 하지만 Christians는 IRBs가 사실은 해당 개개인이 아닌 단체만을 보호했다고 역설하고 있다.

여러 사건들로 인해 계몽 모델에 심각한 문제가 제기되었는데, 여기에는 나치의 의학 실험, Tuskegee 매독 연구(미국 정부가 주도한 생체실험), 1960년대의 Project Camelot, Stanley Milgram의 대상자를 기만한 심리학 실험, Laud Humphrey의 동성애에 대한 기만적 연구, 베트남에서 군대 지침에 대한 사회과학자들의 맹목적 추종 등이 있다. 또한 사기, 표절, 자료 조작, 누락, 허위 진술 등이 최근에도 자행되고 있다.

Christians는 계몽주의 모델의 문제점을 낱낱이 제시하고 있다. 그에 따르면, 이 모델은 기만, 사생활 침해, 대상자 속이기, 대상자의 도덕적 가치와 명예를 훼손하기 위한 조건들을 만들어냈다(Angrosino & Rosenberg의 28장; Guba & Lincoln, 1989, pp.120-141 참고). Christians는 페미니스트적 공동체주의 가치가 이를 대신해야 한다고 주장한다.

이러한 윤리 체계는 기만적이며 공리주의적인 IRBs 시스템의 대안으로 부각되고 발전해 나가야 한다. 이러한 새로운 체계는 존재론적이고 가치론적으로 개인에 우선한 지역사회를 지향한다. 이러한 공동체사회는 공통의 도덕 가치를 공유하며, 연구도 배려, 공유 협치, 이웃 사랑, 사랑, 친절, 도덕적 선 등의 개념에 근거를 두고 있다. 진정한 사회생활은 이러한 가치를 보여주어야 하며, 해석적 충분성에 근간을 두어야 한다. 이러한 체계는 연구자들이 탐구하는 세계에 대한 비판적 이해를 독자들이 가질 수 있게 할 정도로 충분한 깊이를 갖추고 있다. 여기서의 텍스트는 인종/계층/성별에 대한 고정관념이 없다는 것을 보여주어야 한다. 이러한 텍스트는 사회적 비판주의를 만들어내야 하며, 이 세상에서 저항, 권한 부여, 사회적 행동, 긍정적 변화를 이끌어내야 한다.

Levin과 Greenwood에 의해 주창된 참여적 실행 연구 모델의 일환인 페미니즘적 공동체사회 모델에서, 연구 참여자들은 연구가 어떻게 수행되어야 하고, 무엇이 연구되어야 하며, 어떤 연구 방법이 활용되어야 하고, 어떤 연구 결과가 타당하고 수용될 만한 것이며, 그러한 결과들이 어떻게 실행되어야 하고, 그러한 행동의 성과가 어떻게 평가되어야 하는지 등에 대해 평등하게 목소리를 낸다. 여기서의 담화는 상호 이해와 도덕적 헌신을 존중하는 데 목적을 두고 있으면서, 의견 불일치의 여지를 인정해준다.

성스럽고 실존적인 인식론은 우리를 이 세상에서 비경쟁적이고 비위계적인 관계에 놓이게 해준다(Bateson, 1972, p.335). 이러한 신성불가침의 인식론은 권한 부여, 공유 협치, 배려, 동료 의식, 사랑, 공동체, 동맹의식, 도덕적 관찰자, 시민사회 변혁 등의 가치들을 강조한다. Christians가 주장한 대로, 이러한 윤리적 인식론은 '합리적' 계몽주의 과학 프로젝트를 제외해버린 도덕적 가치를 회복시켜 준다. 이 신성불가침의 인식론은 "모든 인간들은 계층과 민족을 떠나 어떤 예외도 없이 명예와 성스러운 지위를 가질 자격이 있다"라고 천명한 철학적 인간학에 근거를 두고 있다(Christains, 1995, p.129). 삶의 성스러움, 인간의 명예, 진실 말하기, 비폭력 등을 강조하는 보편타당한 인간 윤리는 이러한 관점에서 파생되었다(Christians, 1997, pp.12-15). 이러한 윤리는 지역 차원에서 경험되고 문화적으로 규정된 최상의 가치를 기반으로 한다(Christians, 1997, p.129). 이러한 원초적 규범은 보편타당한 인간 동맹의식에 근저를 둔 선에 대해 설득력 있는 논리를 제공한다(Christians, 1995, p.129; 또한 1997, 1998). 이러한 신성불가침의 인식론은 인종/계층/성별이 오늘날의 세계에서 억압의 중요한 체계로서 작동한다는 점을 인정하고 의문을 던진다.

이러한 방식으로, Christians는 미래를 위한 급진적 윤리 행보를 제시하고 있다. 그는 상투적인 중도성향의 윤리 모델을 뛰어넘어, 질적 연구에서의 배신/기만/폐해 등과 관련된 문제들에 초점을 두고 있다. Christians가 촉구한 협력적 사회과학 연구 모델은 연구자로 하여금 책임감을 가지게 만든다. 이 모델은 비판적이고, 행동지향적이며, 페미니즘적인 전통을 실행하면서, 연구 윤리를 억압의 정치역학과 적극적으로 직결시키려고 노력한다. Christians의 체계는 윤리학과 사회과학에서의 기존 담화를 재조직화하고 있다.[3]

기존의 Belmont 연구 윤리 규범은 인권과 사회정의 윤리 의제를 거의 담고 있지 않다. 안타깝게도 이러한 원리들은 가치 중립적 실험 관점과 정의에 대한 공리주의적 개념의 영향을 받은 것이다. 이 윤리 규범은 연구에 참여적인 의미를 전혀 담지 못하였다. 물론 이 규범은 원래 연구 대상자를 비윤리적 생의학 연구로부터 보호하려고 만든 것이지만, 실제로는 개인이 아닌 기관만을 보호하고 있다. 이러한 규정의 적용은 연구 윤리 본연의 모습에서 벗어난 경우이거나, 사회과학 연구의 해석적 형식을 고려하지 않고 IRBs 규정을 지나치게 반영한 것이다. 이러한 면은 Kevin Haggerty(2004), C. K. Gunsalus(2007), Leon Dash(2007), 그리고 미국 교수협회(AAUP, 2001, 2002, 2006a, 2006b)[4] 등 많은 학자들로부터 비판받고 있다.

구전 역사학자들(Shopes, 27장 참고)은 기존 보고서들에 담긴 과학과 연구의 편협한 시각에 대해 반박해왔다(American Historical Association, 2008; Shopes & Ritchie, 2004). 인류학자와 고고학자들은 사전 동의라는 개념이 문화기술지 연구에 미치는 영향에 대해 문제를 제기한다(Fluehr-Lobban, 2003a, 2003b; Miller & Bell, 2002 참고). 토착민 학자 Marie Battiste(2008)와 Linda Tuhiwai Smith(2005)는 윤리적 연구에 대한 서구의 개념이 토착적 지식과 지역사회를 심각하게 왜곡하고 피해를 준다고 주장하였다(Battiste, 2008, p. 497).[5]

현재 시행되고 있는 이러한 연구들은 비판적 윤리적 담화를 불가능하게 만들었다. 이로 인해 IRBs 절차를 따르기만 하면 윤리에 어긋나지 않는다는 인상을 심어주었다. 그러나 이는 윤리를 무너뜨리는 막다른 골목과 같다.

4. 윤리적 행위 규율하고 제한하기

이러한 문제점으로 인해, 질적 연구 단체에 연구비를 지급하는 것에서 질적 연구 세미나 개최, 질적 연구 논문 작성에 이르기까지 전반적인 질적 연구에 대한 규율

이 강화되는 결과가 야기되었다(Lincoln & Cannella, 2004a, 2004b). 어떤 경우에는, 많은 비판적 연구가 IRBs로부터 공격을 받아 연구비를 받지 못하고 더 이상 진행되지 못하였다. 또한 우파로부터의 압력이 비판적 질적 연구를 무산시키기도 한다. 중앙정부에서 지역까지, 이러한 경향성이 보이고 있다. 상당히 많은 경우에, 연구 대상자를 보호하는 것을 등한시하고, 우파와 그들의 정치역학을 비판하는 연구 과제에 대한 감시/검열/사찰이 강화되고 있다.

Yvonna S. Lincoln과 William G. Tierney(2004)는 이러한 사찰 행위가 비판적 사회정의 연구에 대해 최소한 5가지 시사점을 준다고 주장한다. 첫째, 연구의 대안적 형식에 대한 광범위한 거부는 질적 연구가 중앙/주정부 정책 포럼에 점점 더 설 자리를 잃어간다는 것을 의미한다. 둘째로, 질적 연구자들이 국가적 담화에서 고의적으로 제외되고 있는 것으로 보인다. 결과적으로, 셋째, 비판적 관점으로 교육받은 젊은 연구자들이 외면당하고 있다. 넷째, 연구에 대한 정의가 새로운 형식의 연구에 맞게 변화하지 않고 있다. 다섯째, 질적 연구가 외면당하면서, 전통적 연구자들은 유색 인종에 대한 고정관념에 적합한 형식의 연구처럼 정도를 벗어난 연구들을 지지하고 있다.

이러한 현상들은 네 가지 측면에서 학문의 자유를 침해한다: (1) 인간 대상 연구에 대한 정밀 조사가 늘어나게 만들었고, (2) 인간 연구 대상자가 참여하는 질적 연구에서 교실 연구와 교육에 대한 새로운 정밀 조사를 초래하였다, (3) 검증에 기반을 둔 담화를 대두시키면서 질적 연구를 비과학적인 것으로 여긴다, (4) 방법론적 부수주의를 지지하면서, 많은 상아탑에서 현상 유지를 강화하고 있다. 이러한 보수주의는 대학원 교육에서 새로운 문제점을 야기했고, 교수들의 연구에 대해 부적절한 심의를 가져왔으며, IRBs의 정치적 입지를 높여주었고, 그러면서 또한 개인이 당하는 위기와 피해는 외면하면서 기관만을 보호하는 풍토를 조성하고 있다.

5. 미래로 나아가기

2004년부터 많은 학자와 전문가 사회들이 표준화된 각 대학별 IRBs 모델에 반기를 든 구전 역사학회(Oral History Associations)와 미국 역사학회(American Historical Associations)를 지지하고 있다. 초학문적, 세계적, 반IRBs 담화가 출현하였다(Battiste, 2008; Christians, 2007; Ginsberg & Mertens, 2009; Lincoln, 2009). 이러한 담화는 중앙정부 연구비를 받지 않는 연구에 대해 IRBs의 심의를 모두 받지 않게 하도록 촉구하고 있다. 미국 교수협회(AAUP, 2006a, 2006b)는 아래와 같이 권고하였다.

> —
> 자율적인 의지로 성인이 참여하는 연구에서, 설문으로 자료 수집, 인터뷰 실시, 공적인 장소에서의 행동 관찰이 연구 방법의 전부인 경우에는 IRBs의 심의를 무조건 면제해 주어야 하며, 그런 면제를 IRBs가 승인하는 데도 어떤 요건을 달지 말아야 한다(p. 4).

구전 역사학회의 이사회는 2006년 연례 학회에서 이러한 AAUP의 권고사항을 추인하였다. 여기서 이들은 다음과 같이 권고하였다: "각 기관들은 설문으로 자료 수집, 인터뷰 실시, 공적 장소에서의 관찰로 구성된 연구에 대해 단도직입적으로 IRBs 심의 면제를 고려해야 한다"(Howard, 2006, p. 9). 이러한 권고사항은 확대 적용될 수도 있다: 중앙정부의 연구 대상자 보호국(the Office for Human Resource Protection)과 각 대학 IRBs는 어떤 학문 영역에서도 연구의 합법적 구성 체계를 부과할 권한이 없다.

6. 윤리와 비판적 사회과학

제5장에서, Gaile Cannella와 Yvonna S. Lincoln 은 Michel Foucault의 주장을 바탕으로, 비판적 사회과학은 급진적 윤리를 필요로 하는데, 그것은 "새로운 진실로서의 '권력'을 구성하지 않듯이 권력과 억압에 대해 항상 고려하는 윤리"(p. 97)를 의미한다. 비판적 사회과학은 억압적 권력에 대해 페미니즘, 탈식민주의, 포스트모더니즘적 도전을 제기한다. 이러한 관점은 비판적 교육학, 저항의 정치역학, 희망, 자유와 맞닿아 있다.

비판적 사회과학은 권력 구조와 주류 체제에 초점을 맞추고 있다. 이것은 연구의 자율성을 확보하고자 노력하고 있다. 또한 억압받는 사람들의 목소리를 듣게 하고 존중받게 하여 다른 사람들이 이를 배울 수 있게 만들도록, 상아탑의 문호를 개방시키고 있다.

7. 결론

이 책의 제1부에 있는 장들은 연구 윤리, 권력, 정치역학, 사회정의, 상아탑 등의 주제를 공통으로 다루고 있다. 우리들은 급진적, 참여적 윤리, 즉 사회공동체적이며 페미니즘적 윤리, 신뢰에 기반을 둔 윤리, 연구자와 연구 대상자 사이에서 협력적 비억압적 관계를 지향하는 윤리, 즉 이 세상을 좀 더 정의롭게 만드는 윤리를 지지한다.

주석

1. 응용과 비응용 질적 연구 전통 사이의 구분은 상당히 자의적이다. 양쪽의 전통은 모두 학문적인 성격을 띠고 있다. 각각의 연구 방법은 오랜 전통과 역사를 자랑하며, 이론과 사회 변화를 위해 공히 기본적인 시사점을 가지고 있다. 좋은 이론적 연구 또한 관련성과 시사점을 적용했어야 한다. 가끔 응용과 실행 연구가 비이론적이라고 주장하지만, 이러한 결론은 논쟁의 여지가 있다.

2. 우리는 성스러운 과학의 개념을 아래와 우리가 결론을 내리는 장에서 개발할 것이다.

3. Christians의 체계를 바탕으로, 주로 두 개의 윤리 모델이 존재한다: 공리주의와 비공리주의. 하지만 역사적으로, 그리고 최근에는 5개의 윤리 관점(절대주의, 결과주의, 페미니즘, 상대주의, 기만적 입장) 중 하나가 채택되고 있다(물론 이중 3개의 관점들이 하나로 통합되기도 한다). 절대주의 관점은 사회의 자기 이해에 공헌하는 어떤 방법도 수용가능하지만, 공공 영역에서 연구가 수행되어야 한다는 입장이다. 기만 모델은 진실이라는 미명하에 거짓과 허위를 포함한 어떤 방법도 정당화될 수 있다는 관점이다. 상대주의자들은 자신이 원하는 것을 연구하는 데 절대적 자유를 연구자가 가지고 있으며, 윤리 기준은 개인의식에 맡겨야 한다고 주장한다. Christians의 페미니스트-사회공동체적 체계는 **맥락적-결과적 틀을 정교화한 것**인데, 이는 상호 존중, 비강압, 비조작, 민주적 가치의 지지를 중시한다(Guba & Lincoln, 1989, pp. 120-141; Smith, 1990; Collins, 1990, p. 216; Mitchell, 1993).

4. 연구 윤리 본연의 모습에서 벗어나는 것은 다음과 같은 이슈와 위협 요인을 안고 있다: 부적절한 연구 행위를 장려, 형식적 절차에만 매몰되고 어려운 윤리적 이슈를 외면, 따르기 힘든 중앙정부 규정을 강요하고 학문적 자유를 침해(Becker, 2004; Gunsalus et al., 2007; Haggerty, 2004). 아마도 IRBs의 가장 극단적인 형식은 2002년에 제정된 메릴랜드 주의 것이다(Title 13—Miscellaneous Health Care Program, Substitute 20—Human Subject Research § 13-2001, 13-2002: Compliance with Federal Regulations: 연구 대상자를 보호하는 중앙정부 규정에 따라 연구하지 않으면, 연구자는 인간을 대상으로 연구할 수 없다(Shamoo & Schwartz, 2007).

5. 토착민의 지적 재산—문화 유산에서의 지적 재산 이슈—에 관한 캐나다의 대형 연구 과제가 있다. 이 프로젝트는 50명의 학자와 25개의 기관이 참여한 국제적, 간학문적인 협력 연구이다. 이 연구는 점점 더 대두되고 있는 문화/재산권/지식의 지역적/세계적 해석을 의미하는 문화 유산에서의 지적 재산 이슈를 처음으로 시의적절하게 연구하게 되었다. 이 프로젝트의 목적은 다음과 같다.
   - 세계적으로 문화 유산에서의 지적 재산 이슈에 상응하여 제기된 다양한 원칙/해석/활동을 문서화
   - 이러한 상황들의 많은 시사점을 분석
   - 엄밀한 이론적 이해뿐만 아니라 모범적인 실행 사례를 더 많이 도출
   - 이러한 연구 결과들을, 자체 이론, 원칙, 정책, 실행 전략들을 개발하기 위해, 이해당사자들—원주민 지역사회에서 전문가 조직, 공공기관까지—에게 제공

참고문헌

American Association of University Professors. (2001). Protecting human beings: Institutional review boards and social science research. *Academe, 87*(3), 55-67.

American Association of University Professors. (2002). Should all disciplines be subject to the common rule? Human subjects of social science research. *Academe, 88*(1), 1-15.

American Association of University Professors, Committee A. (2006a). *Report on human subjects: Academic freedom and the institutional review boards.* Available at http://www.aaup.org/AAUP/About/committees/committee+repts/CommA/

American Association of University Professors (AAUP). (2006b). *Research on human subjects: Academic freedom and the institutional review board.* Available at www.aaup.org/AAUP/comm./rep/A/humansub.htm

American Historical Association. (2008, February). AHA statement on IRBs and oral history research. *Perspectives on History.*

Bateson, G. (1972). *Steps to an ecology of mind.* New York: Ballantine.

Battiste, M. (2008). Research ethics for protecting indigenous knowl-edge and heritage: Institutional and researcher responsibilities. In N. K. Denzin, Y. S. Lincoln, & L. T. Smith (Eds.), *Handbook of critical and indigenous methodologies* (pp. 497-510). Thousand Oaks, CA: Sage.

Christians, G. C. (1995). The naturalistic fallacy in contemporary interactionist-interpretive research. *Studies in Symbolic Interaction, 19*, 125-130.

Christians, G. C. (1997). The ethics of being in a communications context. In C. Christians & M. Traber (Eds.), *Communication ethics and universal values* (pp. 3-23). Thousand Oaks, CA: Sage.

Christians, G. C. (1998). The sacredness of life. *Media Development, 2*, 3-7.

Christians, C. G. (2007). Neutral science and the ethics of resistance. In N. K. Denzin & M. D. Giardina (Eds.), *Ethical futures in qualitative research* (pp. 47-66). Walnut Creek, CA: Left Coast Press.

Collins, P. H. (1990). *Black feminist thought*. New York: Routledge.

Dash, L. (2007). Journalism and institutional review boards. *Qualitative Inquiry, 13*(6), 871-874.

Fluehr-Lobban, C. (Ed.). (2003a). *Ethics and the profession of anthropology* (2nd ed.). Walnut Creek, CA: AltaMira.

Fluehr-Lobban C. (2003b). Informed consent in anthropological research. In C. Fluehr-Lobban (Ed.), *Ethics and the profession of anthropology* (2nd ed., pp.159-177). Walnut Creek, CA: AltaMira.

Ginsberg, P. E., & Mertens, D. M. (2009). Frontiers in social research ethics: Fertile ground for evolution. In D. M. Mertens & P. E. Ginsberg (Eds.), *The handbook of social research ethics* (pp. 580-613). Thousand Oaks, CA: Sage.

Guba, E. S., & Lincoln, Y. S. (1989). *Fourth generation evaluation*. Newbury Park, CA: Sage.

Gunsalus, C. K., Bruner, E. M., Burbules, N. C., Dash, L., Finkin, M., Goldberg, J. P., Greenough, W. T., Miller, G. A., Pratt, M. G., Iriye, M., & Aronson, D. (2007). The Illinois white paper: Improving the system for protecting human subjects: Counteracting IRB "mis-sion creep." *Qualitative Inquiry, 13*(5), 617-649.

Haggerty, K. D. (2004). Ethics creep: Governing social science research in the name of ethics. *Qualitative Sociology, 27*(4), 391-414.

Howard, J. (2006, November 10). Oral history under review. *Chronicle of Higher Education*. Available at http:/// chronicle.com/free/v53/112/12a01401.htm.

Lincoln, Y. S. (2009). Ethical practices in qualitative research. In D. M. Mertens & P. E. Ginsberg (Eds.), *The handbook of social research ethics* (pp. 150-170). Thousand Oaks, CA: Sage.

Lincoln, Y. S., & Cannella, G. S. (2004a). Dangerous discourses: Methodological conservatism and governmental regimes of truth. *Qualitative Inquiry, 10*(1), 5-14.

Lincoln, Y. S., & Cannella, G. S. (2004b). Qualitative research, power, and the radical right. *Qualitative Inquiry, 10*(2), 175-201.

Lincoln, Y. S., & Tierney, W. G. (2004). Qualitative research and institutional review boards. *Qualitative Inquiry, 10*(2), 219-234.

Miller, T., & Bell, L. (2002). Consenting to what? Issues of access, gate-keeping, and "informed consent." In M. Mauthner, M. Birtch, J. Jessop, & T. Miller (Eds.), *Ethics in qualitative research*(pp. 70-89). London: Sage.

Mitchell, Richard J. Jr. (1993). *Secrecy and fieldwork*. Newbury Park: Sage.

Ryan, K., & Destefano, L. (2000). Introduction. In K. Ryan & L. Destefano (Eds.), *Evaluation in a democratic society: Deliberation, dialogue, and inclusion* (pp. 1-20). New Directions in Evaluation Series. San Francisco: Jossey-Bass.

Shopes, L., & Ritchie, D. (2004, March). Exclusion of oral history from IRB review: An update. *Perspectives online*. Available at htttp://www.historians.org/Perspecxtives/ Issues'2004/0403new1.cfn

Smith, L. M. (1990). Ethics, field studies, and the paradigm crisis. In E. G. Guba (Ed.), *The paradigm dialog* (pp. 139-157). Newbury Park, CA: Sage.

Smith, L. T. (2005). On tricky ground: Researching the native in the age of uncertainty. In N. K. Denzin & Y. S. Lincoln (Eds.), *The SAGE handbook of qualitative research* (3rd ed., pp. 85-107). Thousand Oaks, CA: Sage.

Vidich, A., & Lyman, S. (2000). Qualitative methods: Their history in sociology and anthropology. In N. K. Denzin & Y. S. Lincoln (Eds.), *Handbook of qualitative research* (2nd ed., pp. 37-84). Thousand Oaks, CA: Sage.

Morten Levin, Davydd Greenwood

02.

사회과학의 재발견을 통해 대학에 새 생명 불어넣기
_ 빌둥과 실행 연구

문경숙_ 원광대학교 교육학과 교수

사회과학을 하는 것은 맥락에 근거하여 이루어지는 사회적 행위이다. 현대의 학문적 사회과학이라는 맥락을 고려할 때 그 결론이 자명하기는 하지만, 이러한 무덤덤함(banality)은 대부분의 사회과학자들이 좋아하지 않을 결과를 만들어내고 있다. 하나의 함의는 이론적/방법론적인 접근은 그것들이 터하고 있고 실천되고 있는 기관이라는 맥락(institutional context)과 사회적 실천 안에서 해석되어야 한다는 것이다. 이론적/방법론적인 발달을 향한 갈망이 진실되려면, 사회과학은 대학, 연구기관, 학문의 조직이 어떻게 맥락과 자신들의 행위를 만들어 가는지 이해해야 한다. 학문적인 사회과학자가 자아도취적인(autopoetic) 이론적, 방법론적인 노력을 기울이게 되면 그들은 사회로부터 단절된다. 연구와 교수 어젠더는 사회의 문제를 짚어내려는 목적보다는, 기관의 목적에 맞는 사회과학(institutionalized social science)이라는 전문화된 영역에서 현란한(fashionable) 것이 무엇인가 하는 것에 의해 선택되고 있다. 대학이라는 조직의 구성과 과정, 대학 행정 구조, 국내(제)의 전문가 집단, 국내(제)의 대학 서열 시스템은 사회적으로 의미 있는 사회과학의 이론의 발달과 실천을 어렵게 만들기 때문에, 이러한 구조는 분석되어야만 하고 바뀌어야만 한다.

우리는 상황에 근거한, 실용주의적인 분석을 하려고 하는데 이러한 분석은 대학의 조직 구조, 권력 관계, 담론, 외부 관계들이 사회과학의 연구 방법과 실천에 영향을 미치는 방법을 탐구하는 것을 의미한다. 이렇게 하는 것은, 학문 세계에 대한 전통적인 분석을 뛰어넘고, 구체적인 맥락 안에서 실제로 일어나고 있는 사회과학 행위들을 분석하기 위하여, 인식론적, 정치적, 방법론적, 이론적, 윤리적 필요를 만들어내고 있다. 학문적인 사회과학자들은 대학의 조직 구조에 대한, 그리고 사회과학 연구가 이루어지는 초-대학(extra-university)이라는 맥락에 대한 기존의 선택과 직면해야 한다. 사회과학자들은 이 문제의 윤곽을 밝힐 수 있는 도구를 가지고 있고, 이러한 구조를 친사회적인 방법으로 개편하기 위해 이 도구들을 사용해야 하는 책임을 안고 있다. 이러한 변화를 전문 행정가와 컨설턴트들, 외부의 정책입안자에게 떠넘기는 것은 이미 대학에 상당한 타격을 입혔다.

우리는 이러한 문제에 대하여 중립을 지키려 하지 않

는다. 우리는 대학이 직업학교나 연구 상점(research shops) 이상의 그 무엇이라고 생각한다. 현재의 방법들과 전문가들의 행위, 대학의 구조로는 학문적인 사회과학은 적대적인 대중, 기부자, 정책입안자에게 자신을 정당화시키지 못한다. 대학 조직의 구조가 테일러(Taylor) 식으로 되어 있어 코즈메틱 구조 개혁(예, 조직의 중요한 변화 없이 전략을 수립하는 것)이 어렵기 때문에, 우리는 직접적으로 이것에 도전하려고 한다. 우리는 대학이 중요하고 따라서 개혁이 필요하다는 것을 알고 있는데, 이것은 대학이 시민을 형성하고, 복잡한 기술적, 사회적, 윤리적 문제를 분석하며, 사회의 긴급한 문제를 해결하려는 노력이 이루어지는 곳이기 때문이다. 이러한 대학은 대학 자체 내에서의 구조들 간의 유연하고 다면적인 관계 속에서 그리고 대학에 합법성(legitimacy)과 기금을 제공하는 외부 세계와의 관계 속에서 번성할 수 있다. 우리는 사회과학이 독보적인 위치를 선점해야 하고 필요한 변화를 가져와야 하는 책임이 있다고 생각한다.

사회과학이 대학과 사회에서 탄탄한 입지를 다시 찾으려면, 다음의 네 가지 요소가 사회과학의 기본적인 요소로 언급되어야 한다.

다중관점 연구.   대학에서 이루어지는 사회과학 연구는 중요한 사회 문제를 다루되, 이와 관련된 사회과학, 인문학, 과학 등이 포함된 다중관점의 연구가 되어야 한다. 이러한 다양한 지식이 녹아든 다중관점 방식은 기존의 학문분야에서 발견되는 일련의 전문성을 흔들어 의미 있고 유용한 사회 지식과 개혁을 만들어내고, 다른 학문분야에 타당한 이론과 방법을 만들어내는 데 필수적이다. 복잡한 문제에 대한 다학문적인 연구에 학생들을 참여시키기 위한 교수방법의 개혁도 필요하다. 이러한 움직임은 대학이라는 조직의 재구조화를 필요로 하고 새로운 형태의 대학간(intra-university) 연결을 필요로 한다.

방법론적 다양성.   우리는 필연적으로 학문의 다양성과 방법론의 다양성을 지지한다. 예를 들어, 우리는 질적 방법과 양적 방법은 사회문제를 연구하기 위해 둘 다 필요하다고 믿는다(Creswell, 2003; Creswell & Clark, 2007 참고). 중요한 문제는 양적인 차원과 질적인 차원이 깔끔하게 나누어지지 않는다는 것이다. 이 두 차원을 종합적이면서도 역동적인 프레임으로 엮어내는 것은 연구자의 몫이다.

학문적인 사회과학자들은 이론과 실천이 정확하게 분리될 수 있다고 그리고 분리되어야만 한다고 믿고 싶어한다(Eikeland, 2008). 우리는 여기에 동의하지 않으며, 이론은 실천 속에서 생성되는 것이며, 실천 속에서만 검증될 수 있다고 주장한다. 이것은 편안한 대학 사무실, 도서관, 실험실에서의 삶은 사회과학의 실천과 더 나은 발전을 위해 충분한 맥락이 되지 못한다는 것을 의미한다. 이것은 많은 학문적 사회과학자들이 비학문적인 세상과의 직접적인 만남으로부터 멀어지게 하기 때문에 문제가 된다.

이해관계자의 포함.   이론적/방법론적인 요구의 증가와 함께, 사회과학 연구에는 비대학(nonuniversity) 이해관계자가 포함되어야 한다. 학문세계에 만연한 인식과는 다르게, 대학과 비대학 이해관계자 간의 상호학습 기회를 만든다고 해서 사회과학의 이론적/방법론적 엄격함에 대한 기대가 낮아지는 것이 아니다. 오히려, 이것은 이러한 기대를 증가시키게 된다. 왜냐하면 이러한 상호학습 기회를 통하여 연구자들은 대부분의 학문세계가 언급하기 원하는 것보다 더 복잡하고 다측면적인 문제들을 다루게 되고 그들이 수행한 연구에 대해서도 전문적인 보상을 받기 때문이다. 그리고 연구자들은 자신의 개인적인 안위가 위험에 처해 있는 비대학 이해관계자들에게 납득되는 방향으로 연구를 수행해야 한다.

사회과학 수업의 변화.   많은 사회과학 수업은 반사회적이 되어버렸다. 학생들에게 수동적으로 일반적인 이론과 방법론을 가르치고, 사회과학의 발전을 실천 없는 이론과 방법의 정교화와 동급으로 처리하고, 최근의 학술 논문이 사회문제를 이해하고 다루는 데 기여한 공로를 평가하기보다는 비판하는 것에 더 치중하는 행위들은 이제 일상이 되었다. 이런 행위들은 사회과학과 일상적인 사회문제를 갈라놓았다. 사회과학의 이론/방법을 지역의 이해관계자와 함께 구체적인 사회문제를 다루는 작업과 지속적으로 연결시키는 것은, 학생과 교사를 더 자신 있는 이론가와 실천가로 만든다는 것을 우리는 경험을 통해 알고 있다.

이것을 성취하기 위해서, 수업은 이론과 방법에 대한 추상적 강의에서 탈출해야만 한다. 형식적인 프레젠테이션도 필요하지만, 대학 안팎의 여러 이해관계자들과 함께 다학문적인 팀에서 이루어진 실천적인 사회 연구와 함께 가야 한다. 수업은 실제 삶의 문제에 기초하고 있는 학습의 기회를 만들어 내야만 한다. 그래야만 이론과 방법이 도전을 받고 이론과 방법이 우리의 이해를 확장시키게 된다.

이러한 변화는 학문적인 조직 구성에 대한 테일러식의 논리와 정반대가 된다. 사회 연구의 복잡성, 적용가능성, 신뢰를 충족시키는 것은 다학문적인 연구와 수업을 필요로 하는데, 이것은 전공 영역과 전문성에 대한 정체성을 다시 정의하고, 대학과 초-대학 이해관계자 사이의 관계를 다시 맥락화하는(recontextualize) 것을 의미한다. 이것은 대학 내에서, 사회과학 내에서, 그리고 이것들이 사회와 상호작용하는 방법에서 급격한 변화를 필요로 한다.

2.1 실행 연구

우리가 여기에서 제안한 변화는 수십 년간 행해오던 사회 연구인 실행 연구의 핵심적인 요소가 된다. 우리는 우리가 제안한 접근이 통한다는 것을 안다. 만약 우리가 제안한 변화가 가능하고 또 그것들이 효과적으로

작동하고 있는데 이것을 무시한다는 것은 과학적으로 받아들이기 어렵다. 특히 사회과학이 내적으로 전문적인 토대가 위험에 처한 이때에.

이 장은 『Handbook of Qualitative Inquiry』에 우리가 세 번째로 싣는 것이다. 이전의 두 번은 실행 연구자 엄격함과 현장 관련성(relevance) 사이의 균형을 맞출 수 있고, 탁월한 변형 가능성을 지니고 있는 실현 가능한 연구 방법이라는 것을 논의하기 위함이었다. 첫 번째로 실었던 "실행 연구를 통한 대학과 사회 간의 관계 재구성"(Greenwood & Levin, 2000, pp.85-106)에서 우리는 사회과학과 사회 간의 단절로 인한 문제를 제한적으로 다루었고, 대학이 사회 연구를 다룰 수 있는 핵심적인 방법으로 실행 연구를 주장했었다. 이때 우리는 실용주의적인 철학적 입장에 근거하고 있는 실행 연구의 요소들을 간단하게 나열했었다.

우리의 두 번째 집필인 "실행 연구를 통한 사회과학과 대학의 개혁"(Greenwood & Levin, 2005, pp.43-64)에서 우리는 대학에서의 과학적 지식이라고 하는 것이 무엇인지에 집중했고, 실행 연구를 과학적 실천의 진수로 소개했었다. 우리는 실행 연구자 대학에서의 연구와 수업의 가장 기본적인 모델로 자리 잡을 것이라고 주장하였다. 실행 연구는 모든 이해관계자들을 위해 지식의 창출과 구체적인 문제해결을 더 가깝게 연결해줄 수 있을 것이라고 주장했었다. 핵심적인 생각은 연구자(교사)와 이해관계자를 같은 지식 습득 과정에 통합할 수 있는 연구와 수업 연습(praxis)의 창출이었다.

우리의 첫 번째 집필 이후, 특히 우리가 실행 연구에 대한 종합적인 개론서(Greenwood & Levin, 1998a, 2007)를 출판한 해인 1998년 이후로, 우리는 실행 연구에 대한 논의들이 대학의 사회과학 행위에 아무런 영향도 미치지 못했음을 발견하였다. 지엽적인 학문세계, 전문적인 학문분야 내에서 동료 검토(peer review)에 의한 서열 매기기, 양적 연구와 질적 연구의 분리, 이론과 실제의 분리, 이 모든 것들은 계속되고 있다. 사회 연구의 주요한 대안 방법으로서의 실행 연구는 어디에도 눈에 띄지 않는다. 현재 고등교육의 재정위기는 전

공, 하부전공, 특수분야 등에 더 많은 혼란을 가져오고 있다. 재정 문제에 대한 평범한 행정적 접근은 각기 다른 전공의 강점과 약점에 따라 예산 삭감을 배분하는 것이었고, 이것은 학문분야 간의 협동에는 인센티브를 더 적게 주는 결과를 초래하였다. 따라서 우리는 대학에 대한 중요한 논의를 시작하기 전에 다시 한 번 실행연구를 "소개"하고자 한다. 그러나, 이전의 집필보다는 간략하게 다룰 것이다. 더 폭넓은 이해를 원하는 독자가 있다면 우리의 저서인『Introduction to Action Research』(Greenwood & Levin, 2007)를 참고하기 바란다.

『Introduction to Action Research』에서 우리는 실행 연구를 다음과 같이 정의하였다.

—
AR(Action Research)은 지식을 생성해내고 현장을 디자인하는 주도면밀한 협응적, 민주적 방법으로서 사회혹은 기타 연구에서 훈련받은 전문가와 지역의 이해관계자가 함께 작업하는 연구이다. 연구 문제는 지역 이해관계자와 실행 연구자는 공동 작업으로 선택되며, 연구 참여자들은 공동학습(joint learning) 과정처럼 서로 연결된다. AR은 이해관계자를 "위해서"라기보다는 이해관계자와 "함께" 하는 것에 중점을 두며, 이해관계자가 복잡한 상황 속에서 오랫동안 몸으로 부딪히며 터득한 풍부한 경험과 반성을 AR은 소중하게 생각한다(Greenwood & Levin, 2007, p.1).

실행 연구자들은 사회 연구의 실습(praxis)과 이론을 연결시킨다. 우리는 적용될 수 없는 사회 연구는 연구라고 부를 수 없다고 믿는다. 왜냐하면 실제 맥락에서 검증될 수 없는 이론은 단지 짐작(speculation)에 불과하기 때문이다. 우리는 이론과 방법에 분명하게 연결되지 않는 응용 연구가 있을 수 있다는 언급을 거부한다. 따라서 실행 연구는 대부분의 전통적인 사회 연구가 터하고 있는 이론/실제 이분법을 거부한다(Greenwood & Levin, 1998a, 1998b, 2000, 2001a, 2001b; Levin & Greenwood, 1998).

많은 사회과학자들에게 실행 연구는 "단지" 행위주의(activism)에 지나지 않을 것이고, 엄격한 이론과 방법으로부터의 후퇴(retreat)로 비칠 것이다. (실제 세계와) 더 많은 관련성이 있다는 것은 (이론과 방법이) 덜 엄격할 수밖에 없다는 말로 받아들여질 수 있다(여기에 대한 심도 있는 반박은 Argyris & Schön, 1978, 1996에 있음). 비록 이러한 견해가 전통적인 사회 연구자들로 하여금 사회실천가와의 연계가 없어도 대학에 몸담을 수 있는 것을 가능하게 하기는 하지만, 우리의 경험은 이것이 잘못된 견해라는 것을 보여준다.

우리의 실행 연구의 철학적 토대는 John Dewey, William James, Charles Sanders Peirce 등과 같은 실용주의자들(pragmatist)로부터 왔다(Diggins, 1994). 우리는 이 부분에 대해서 다른 출판물에서 다루었기 때문에 여기서는 반복하지 않겠다. 실용주의는 이론과 실천을 직접적으로 연결시킨다. 움직이기 전에 반성해보고, 결과를 검토해보고, 그 다음에 다시 움직인다. 이런 과정은 현재의 문제에 대하여 다양한 경험과 지식을 가진 이해관계자가 관여되는 집단 과정이 될 수밖에 없다. 실용주의적 탐구는 실행과 이론/방법의 발달을 유도하는 "보증기간이 있는(warranted)" 주장이 되었다.

실용주의는 민주주의와 밀접하게 연관되어 있다; 실용주의는 민주적인 숙고(deliberation)와 행동에 대한 사회과학적 접근이다. 우리는 더 좋은 민주사회 구현을 "사회"과학의 핵심 미션으로 꼽는다. 우리는 실행 연구자 "과학적"(Greenwood & Levin, 2007, 5장)이라고 생각한다. 왜냐하면 실행 연구에서 나온 결과는 현장에서 검증받은 것이고 전문적인 사회과학자들 및 이해관계자들로부터 평가받은 결과이기 때문이다.

실행 연구의 핵심은 우리가 **상생 탐구**(cogenerative inquiry)라고 부르는 협응의 관계에 있다. 실행 연구는 전문적인 사회 연구자들의 경험과 훈련 그리고 지역 이해관계자들의 오랜 경험과 수행(commitment)을, 모든 사람에게 유용하도록 함께 엮는다. 전문적인 연구자와 지역 이해관계자 둘 다는 (상생 탐구의) 과정에 기여할 수 있는 필요한 지식을 가지고 있는 사람들이다.

실행 연구는 「Action Research」, 「Systemic Practice and Action Research」, 「International Journal of Action Research」 등과 같은 학술지에서 만나볼 수 있는데 그 어느 것을 읽어도 중요한 일반화, 방법론적인 발전, 경험적인 발견을 발견하게 될 것이다.

실행 연구에 대한 비판

실행 연구에 대한 논의를 진행하면서 우리의 견해도 다듬어지고 있다. 실행 연구의 잠재적 가능성에 관한 우리의 논의는 대학의 안과 밖에서 날마다 행해지는 실행 연구를 흠잡는 것에 주의를 집중하지 않는다. 우리는 실제 현장에서 수행된 실행 연구를 비판하는 연구물을 몇 편 발표하였다(Greenwood, 2002, 2004; Levin, 2003). 왜 실행 연구자들이 사회과학의 이론적/방법론적 논쟁에 기여한 것이 거의 없었는지를 보여주는 것이 우리 비판의 핵심이었다. 많은 실행 연구 저작들은 어떤 과학적 담론과도 연결되지 못하는, 날카로운 지적 초점이 없는 사례발표를 많이 포함하고 있다. 이런 저작들은 다른 응용 사회과학 분야에서 이루어진 저작들과 별반 다르지 않다. 우리는, 전통적인 사회과학처럼 실행 연구도 실제적인 문제의 해결과 잘 발달된 이론적, 방법론적 어젠더 간의 통합의 부족 때문에, 잠재적 가능성을 모두 보여주지 못하고 있다고 생각한다.

그러나, 현실적인 문제해결과 이론적/방법론적인 갈망을 유의미하게 채워준 훌륭한 실행 연구의 예는 얼마든지 있다(예를 들어, Eikeland, 2008; Emery & Thorsrud, 1976; Emery & Trist, 1973의 연구와 Aslaksen, 1999; Crane, 2000; Hittleman, 2007; Kassam, 2005; Klemsdal, 2008; Raymer, 2007; Ruiz-Casares, 2006; Skule, 1994; Vasily, 2006 등의 훌륭한 박사학위 논문 참고).

실행 연구자 "공적인 학문(public scholarship)"으로 축소되어서는 안 된다. 학문의 "공적인" 측면과 "사적인" 측면을 엄격하는 구분하는 것은, 이 둘을 동시에 이해하는(simultaneous understanding) 과정으로서의 사회 연구와 믿을 만한 이론과 방법, 지식을 창출해내는 방법으로서의 사회적 실천에 대한 우리의 이해와 정면으로 상반되는 것이다.

교육학

실행 연구 교육학은 수동적인 "은행식 방법(banking method)(Freire, 1970; Giroux & Giroux, 2004; McLaren & Farahmandpur, 2005; McLaren & Jaramillo, 2007)과 정반대된다. 실행 연구자로 훈련시키는 것은 강의나 대학의 세미나만으로 되지 않는다. 학생들은 실행 연구를 배우기 위하여 교수나 학생 동료와 함께 협응해야 하고, 실제 프로젝트에 참여해야 한다. 학생들은 이론적/방법론적인 역량을 가져야 할 뿐만 아니라, 그들 자신의 학습과 타인의 학습과 복지를 위해 책임감을 공유했던 경험에서 나오는 조직 기술, 협응 기술, 리더십, 문화기술적 기술에 대해서도 역량을 가져야 한다.

이런 종류의 교육학은 가능하다. Morten Levin과 Davydd Greenwood는 자기들의 대학에서 이것을 실행하고 있으며, 다른 사람들도 그러하다(Levin & Martin, 2007). 이것은 위계적이고, 분자화되어 있고, 권위주의적인 고등교육 기관의 성격을 생각할 때 흔하지 않은 일이다. 역설적으로, 사회과학이나 인문학 학생보다는 첨단과학, 공학, 의학, 법학 전공 학생들이 이런 종류의 기술을 학습하는 것이 더 가능성이 높다. 이런 분야에서의 몇몇 수업은 구조화된 팀워크를 포함하며, 지식을 구체적인 상황에 적용하기 위해 애쓰고 있는데, 이런 것들은 실행 중심이 아닌 인문학과 기존의 사회과학에서는 드문 것들이다.

따라서, 실행 연구를 포함하여 모든 사회과학은 사회적 지식의 창출이라는 지적/실천적 도전과 이해관계

자들과 함께/을 위한 능력의 발달을 거론하는 쪽으로
움직여 가야만 한다.

2.2 대학개혁-균형 잡기

우리가 이 핸드북의 이전 판(edition)에서 언급했던 대
학개혁과 관련된 입장은 약간 바뀌었다. 처음에 집필할
때 우리는, 우리가 충분히 노력하면 개혁이 가능할 것
이라고 확신하였다. 그 때 이후로, 우리는 거대한 신자
유주의적 정책, 즉 고등교육의 직업교육화; 볼로냐 프
로세스(유럽의 대학개혁); 사회변동, 시민 형성, 유의미
한 사회개혁의 원천으로서의 대학교육의 가치에 대한
깊은 불신이 전 세계의 대학시스템을 약화시키고 있는
것을 목격하고 있다. 지금과 같은 경제적 공황 상태에
서는 예산 삭감과 같은 테일러식 움직임 외의 다른 일
을 도모할 에너지가 없다. 우리는 대학의 중요한 개혁
이 어떻게 이루어질 수 있는지 그리고 이러한 개혁이 수
업과 연구, 사회개혁 기관으로서의 대학을 급격하게 향
상시킨다는 것도 알고 있다. 그러나 우리는 또한 이러
한 개혁이 일어나기 어렵다는 것도 알고 있다. 그러나
(우리가 직면하고 있는) 위기는 대학이라는 기구의 최
악의 모습을 부각시켜 버렸다. 그래서 우리는 희망에
찬 개혁자의 목소리로 기술하는 것으로부터 "만약 ~
라면, 즉 "만약 사회와 학문세계가 의미 있는 대학시스
템의 창출을 진정으로 원한다면?"이라는 방식의 기술로
옮겨갔다.

대학에 대해서 우리가 가지고 있는 비전 중에 핵심적
인 (대학)조직의 변화는 사회 연구의 연구 책략, 방법,
결과에 대한 다측면적인 통합, 대학의 조직 구조와 과
정의 개혁, 다차원적이고 시급하며 역동적인 세상의 문
제와 연구를 통합하는 것이다. 이러한 학문 활동은 학
생과 교사가 학습자와 실천가로서 협응하는 과정에 달
려있다. 이러한 과제를 연결하는 것은 굉장한 도전이
다. 전통적인/기존의 사회과학은 이러한 연결을 거부

하였다. 많은 학문세계에서 연구는 엄격하거나 (현실
과) 관련이 있거나, 이론적이거나 적용적이거나 해야만
한다. 이 둘이 만나는 접점은 없어 보이며, 그것이 바로
다른 개념화를 시작할 수 있는 토대가 되는 것이다.

우리가 제안하는 개념화를 우리는 "균형 잡기
(balancing act)"라고 부른다. 이 개념은 절름발이처럼
보일 수 있는데 그것은 실행 연구자와 개념화가 타협지
점을 찾기 위하여 이전의 참조체제 내에서 만나고 있기
때문에, 식상한 절충으로 보여질 수 있다. 그러나 이것
은 결코 우리가 의미하는 것이 아니다. 우리에게 있어서
균형 잡기는 사회과학과 대학의 미래에 대한 급진적이
고 변화 가능한 비전을 의미한다. 왜냐하면 이것은, 그
들의 이전 입장으로부터, 안일함으로부터 벗어나서 새
로운 이론과 방법, 기관으로서의 입장을 취함으로써 새
로운 접합지점을 만들어내는 것을 의미하기 때문이다.

따라서, 우리의 모델은 Jürgen Habermas(1984)의
담화 윤리에 기초하고 있다. 균형 잡기는 논의와 입장
이 서로를 반박하도록 하는 것이되, 이기거나 지는 식
의 경쟁이 아니라 훌륭한 논의를 통해 모든 사람의 유
연한 학습을 도와주는 협동학습의 형태를 취하게 된다
(Freire, 1970; Mezirow, 1991 참고). 우리는 또한
학문의 핵심은 어떤 입장을 지지하거나 반대하는 논리
를 연습하는 것이라는 Ronald Barnett(2003)의 주장
위에 서있다. 우리는 중간 지점이 있다는 것을 주장할
뿐만 아니라 의미 있는 사회 연구는 그 중간 지점에서
정확하게 위치를 잡아야 한다는 것을 주장한다. 현장
의 문제해결과 관련이 있었어야 한다는 것과 지금 진행되
고 있는 사회 연구 접근의 발달에 지적인 기여를 할 수
있도록 충분히 엄격해야 한다는 것, 이 두 가지를 다 추
구하기 위해서 균형 잡기는 우리로 하여금 이 중간 지
점에 서 있기를 요구하고 있고, 우리의 작업이 실제적이
면서도 인식론적인 어휘로 쓰여지기를 요구하고 있으
며, 그리고 난 후 이 모든 것이 가능하도록 우리의 작업
환경을 재조직하고 대학과 외부기관과의 연결을 위하
여 고군분투할 것을 요구하고 있다. 이것이 균형 잡기
의 첫 번째 측면이다.

우리는 지식 연결을 위한 선결조건으로 여러 입장이 관여된 연구와 수업을 제안한다. 서로 다른 학문분야가 공헌해야 하는 연구분야에서, 다학문간 연구와 수업을 촉진시키기 위해 중간 지점이 형성되어야 한다는 것은 자명하다(Gibbons et al., 1994; Nowotny, Scott, & Gibbons, 2001). 이것이 균형 잡기의 두 번째 측면이다.

실행 연구는 이러한 중간 지점을 상징한다. 왜냐하면, 이것은 두 "주인"을 섬겨야 하는 도전을 받아들이기 때문이다. 이 두 주인이란 실제적인 해결책에 대한 요구와 연구물로 출판됨으로써 동료 전문가의 확산을 가져오게 하는 과학적인 요구를 의미한다. 이 두 주인을 잘 섬기기 위해서 사회과학자들은 꿋꿋함(integrity)이 있어야 하는데 이는 추상적인 학문세계에서만 활동하는 것도 아니며, 사회문제에 대한 실제적인 해결만 추구하는 것만을 의미하는 것도 아니다. 잠정적으로 상반되는 이 두 가지 요구 사이에서 끊임없이 움직이는 실행 연구자의 꿋꿋함이 열쇠이다. 가장 최선의 이론적, 방법론적, 실제적인 결과를 찾아나가는 과정에서 꿋꿋함을 유지하기 위해 연구자 자신이 노력해야 한다.

이 꿋꿋함을 수행하면서 실행 연구자는 학생들에게 과학적/사회적 진실성의 모델이 된다. 대학의 진실성은 이러한 과정을 촉진시키고 여러 이해관계자가 걸려 있는 민감한 이슈로 인한 내외의 쓴소리로부터 모든 관계자를 보호하는 것이다. 이것이 균형 잡기의 세 번째 측면이다.

실행 연구는 민주적 대화와 사회적 과정에 대한 참여에 터하고 있기 때문에, 실행 연구자들은 그들의 연구와 수업 과정, 그리고 그들이 제안하는 실용적인 해결책이 시사하는 것들이 공정하고 민주적이어야 한다는 것을 염두에 두어야 한다(Flood & Romm, 1996). 이 해관계자들의 권력과 이해는 이 과정에 영향을 미치게 되므로 연구자들은 원칙에 충실한 과정을 통해 이런 이해들 간의 균형을 찾아야 한다.

대학 내에서의 또 다른 균형 잡기는, 많은 분야에서 깊은 전문지식과 높은 수준의 기술을 발달/증진시키는 것과 이 능력을 대학 내에서 혹은 대학을 뛰어넘어서 중요한 학문 프로젝트에 배치하는 것 사이에서 중재하는 것이다. 이것이 균형 잡기의 네 번째 항목이다. 학문의 홀로 서기는 이러한 변화 프로젝트에 반대하고 있지만 현재 진행되고 있는 깊은 전문 지식의 개발과 수업으로부터 멀어지는 것은 대학과 사회의 미래를 해치게 된다. 우리는 대학의 운영 구조가 이러한 균형을 이루고 보호하는 데 있어서 중요한 역할을 거의 수행하지 못하는 것을 목격하고 있다. 지금 나타나는 증거들은 돈을 받고 서비스를 제공하는 환경에서 학문의 부속품을 생산하고 있음을 가리키고 있다.

실행 연구 수업은 균형 잡기의 다섯 번째 요소이다. 이 수업은 사회과학에서 도출된 이론과 방법을 전달하는 것과 이 이론과 방법을 날마다의 사회적 삶에 연결하는 것 사이에서 균형을 잡는 것이다. 학생들에게 어떻게 생각하고 행동할 것인가를 이야기하는 것만으로는 학생들에게 이론과 방법을 평가하고, 사회 연구 데이터를 수집하고 분석하고, 사회 변화를 가져오기 위하여 다양한 사람들과 함께 움직이는 능력을 기르기에는 성공적이지 않다. 교실에서 이론과 실제의 균형을 맞추고, 교수와 학생을 교실 밖으로 끄집어내어 다른 분야에서 온 동료들이나 비대학(nonuniversity) 이해관계자와 엮는 것이야말로 "사회과학 가르치기"를 실천하는 것이다. 만약 가르치는 행위가 이론과 실천 사이에 다리를 놓지 못한다면, 학생들은 사회과학을 배우고 있는 것이 아니다. 대신에 그들은 그들 자신의 커리어만 살찌우는 학문 부속품 생산의 달인이 될 뿐이다.

고등교육에 대한 자금지원이 어려워지고 학문적인 사회과학에 대한 대중의 확신이 줄어드는 것은 차치하고서라도, 이런 종류의 반성적인 연구는 기존의 학문적인 사회과학과 대학 조직 구조에서는 불가능한 것이다. 이것을 설명하기 위하여 우리는 대학의 사회과학의 단절을 만들어낸 테일러식 조직과 운영, 즉 의미 있는 사회 형성(빌둥)을 만들어내지 못하고 타당한 논리가 있는 과목 선택 대신에 과목을 "쇼핑"하는 개인 형성

(빌둥)을 만들어낸 시장화된 교수 시스템의 창출에 대한 우리의 견해를 제시하고자 한다.

사회과학자의 반사회적인 자기 이해

특정한 주제와 접근에 대한 전문성을 갖는 것은 체계적인 관계를 폭넓게 연구하고 이해하는 데 필수적이다. 학문분야가 현실과 분리된 채, 학문분야를 세분화한다고 해서 훌륭한 사회 연구로 연결되는 것은 아니다. 이것은 중요한 사회문제에 대한 이해와 해결을 어렵게 만들고 고등교육의 질적 향상을 어렵게 만든다. 학생들은 "교육을 손에 쥐기" 위하여 이 전공 저 전공 떠돌아다니기를 강요당하고, 지적 의사소통을 하지 않는 교수들은 자기 전공분야 밖의 지식에 대해서는 틀에 박힌(stereotypical) 생각을 갖게 되는 것이 보통이다.

자신이 연구하고 있는 맥락에 대해 사회과학자가 이해하지 못하는 이유는 사회과학자가 대학 조직의 역동성과 사회 내에서의 불편한 위치에 대하여 잘 모르기 때문이다. 수년간 사회과학 창출자로서의 대학과, 사회문제와 관련되어 있는 비학문적인 이해관계자를 분리시키려는 오랜 기간의 시도 후에, 학문적인 사회과학자들은 의미 있고 가치 있는 사회 연구를 난해하게 만들었고 직업상 파멸의 길을 걸었다.

복잡한 인간의 삶을 이해해야 되는 많은 학문적인 사회과학자들이, 자신들이 주장한 이론과 분석방법과는 별개로 행동함으로써 초사회적이고(suprasocial) 초문화적인(supracultural) 사람들인양 행세해왔던 것에 우리는 매우 놀랐다. 이러한 삶과 사회로부터의 자기 이탈은 사회와 문화를 비전문가보다 더 잘 이해해야 한다고 주장하는 사회과학자와 인문학자를 개인적/집단적 자기 이해의 결여로 이끌었다.

이것은 대부분의 학문세계가, 자신들의 이론과 방법이 자기 스스로에게 적용된다는 것을 모르고 있고 그 적용되는 방법에 대한 반성이 없다는 것을 보여준다. 비록 사회이론과 철학이 이러한 초인적인 위치에 있는

척하는 것이 불가능하고 권할 일이 못된다는 것을 보여왔음에도 불구하고, 그들은 모더니스트의 견해를 수용하여 자신을 초사회적인 위치에 놓고 있다. 사회과학자는 자신들을, 그들의 조직과 사회의 참여자가 아닌 "방관자적인" 분석가로 자리매김하여 왔다(Eikeland, 2008; Skjervheim, 1974).

많은 학문적인 사회과학자들은 학문 기업으로서의 전문적인 초월개인주의(hyperindividualism)를 학문적인 사회과학 지식이 생성되고 의사소통되는 조직 맥락에 대한 이해 부족과 결합시키고 있다. 이 맥락은 빠르게 변화하기 때문에 가장 자기 의식이 없는 학문계마저도 이런 변화를 감지하고 있다. 그러나 이런 조직과 관련된 자기 이해나 반성의 결여 때문에, 그들은 "시장화된" 글로벌 고등교육이 부상하고 있는 이 때에 준비되지 않은 상태로 남겨지게 되었고, 그들과 그들의 학생의 학문적 관심은 협소해지고 있다.

대신에, 조직과 사회 환경의 변화가 가져올 효과에 대한 집단적인 자기 부인이 이루어지고 있다. 외부의 이해관계자들로들부터 오는 방해 신호는 긴축재정과 만나게 된다: 항상 같은 방법으로 가르치기, 있지도 않는 직업을 위해 대학원생을 받아들이고 훈련시키기, 가까운 동료의 관심사에 대한 연구만 수행하기. 이것은 단일루프(single-loop) 학습과 모델 O-I 행위의 예가 된다(Argyris & Schön, 1978, 1996). 이러한 역사의식의 결여와 자신의 연구와 교수 행위를 비판적으로 검증하는 것, 조직의 직무 환경, 사회에서 그들이 행사할 수 있는 역할 등에 대한 도전에 대항하는 것은 그들이 사회과학에 대한 더 많은 관심과 존경으로 연결될 수도 있는 행위를 하지 않겠다는 것을 의미한다.

이러한 퇴행적 행위는 학문의 탁월함을 측정하기 위해 순위 시스템을 사용하는 "시장화된"(Slaughter & Leslie, 1997) 경영 이데올로기의 손에 움직인다는 것을 의미하며, 고등교육을 민주사회의 질을 향상시키기 위한 연구 노력과 교육 노력보다는 유급 서비스의 훈련 시장으로 변화시키려는 의도가 있음을 의미하는 것이다. 더 나아가, 대학들은 구시대적이고 비효율적인 테

일러식 모델 즉 위계적 관료주의의 노동 분업의 형태로 조직화되어 있고 결과적으로 관리통제주의, 독재주의, 내부 경쟁, 핵심 외부 지지층으로부터의 소외를 가져왔다.

오랜 세기 동안, 질적 연구에 더 관심이 있는 해석적(interpretivist) 사회과학자들은 재정적인 문제와는 별개로 다른 제약들로부터 더 자유로워졌다. 그들은 대학생활의 정치경제학으로부터 혹은 그들의 이론에 대한 정치적인 공격으로부터 자유로워진 것이 아니다. 그들은 논외로 된다는 것을 자유로워진다는 것과 혼동하고 있다. 현재 돈을 지불하는 대중과 정책입안자들은 학문적인 연구와 가르침이 그 돈에 합당한 가치를 전달해 주기를 바란다. 학문 세계를 떠나 있는 사람들은, 사회과학의 중요성이 우리의 삶을 향상시키기 위해서 사회가 어떻게 움직여야 하는지에 대해 빛을 비추어 주는 데 있다고 생각한다. 사회과학에 대한 대중의 이러한 관점과 위대한 사회과학자들의 현실 세계와의 괴리는 매우 중요한 의미를 지닌다.

테일러식의 대학 운영

촘촘한 조직단위와 명령/통제 체제를 지닌 테일러식의 조직은 외부세계와의 의사소통과 중앙행정부의 전략계획에 집중함으로써 나쁜 상황을 더 나쁘게 만들고 있다. 간부급 행정가들은 전반적인 기관의 "핵심"에 접근 가능한 반면, 일반적으로 어떤 실제적인 행위나 과정이 핵심을 만들어 내는지, 혹은 새로운 발견이 있을 때나 새로운 요구가 있을 때 어떻게 핵심이 바뀌는지에 대해서는 이해하지 못한다. 개별적인 교수들이 훨씬 잘 알고 있는 연구나 수업 등에 대한 세부사항을 알지 못하기 때문에, 행정가들과 회계사들은 일의 결과는 볼 수 있지만 그 결과를 긍정적으로 혹은 부정적으로 만드는 맥락에 대해서는 이해하지 못한다. 따라서 그들은 종종 중요한 발전에 방해가 되는 혹은 훼방하는 정책과 계획을 만들어냄과 동시에 현역 주자(incumbent player)의 흥미와 조직을 선호하기도 한다.

이런 시스템은 고위 행정가들이 정보에 대한 접근을 제한하는 것으로 그들의 권력을 행사하게 함으로써 역동성을 느슨하게 한다. 이 사람들은, 다시, 그 아랫사람들에게 똑같은 것을 한다. 이렇게 하는 것은 이미 뻔한 몰락 처방전이다. 테일러식 공장의 간부들처럼, 그들은 가치 창출로부터 멀어져 있고, 회계사나, 재정 담당자들, 인적자원 전문가들, 홍보와 공공 관계 전문가들, 법률가, 위험관리 매니저들에게 둘러싸여 있다. 따라서, 고위 행정가들은 관련 정보가 없어도 권위를 가지게 된다. 그들이 반생산적이거나 시행하기 어려운 의사결정을 내리는 것은 놀랄 일이 아니다.

현재 대학의 가장 중요한 역할은 학생들로 하여금 21세기 지식사회를 준비하게 하는 것이라고 행정가들이 주장하지만, 그들이나 교수 어느 누구도 자신들이 무슨 말을 하고 있는지 명확하게 알고 있는 사람은 없다. 왜냐하면, 그들은 대학 밖의 실제 세계와 격리되어 있기 때문이다. 대학의 일부 교수들만이 자신의 교육이나 연구와 관련이 있는 초-대학의 세상 경험을 갖고 있을 뿐이다. 이런 경험의 부족은, 그들로 하여금 대학 밖에서 주로 생활하는 사람들을 가르치거나 그들에게 가치 있는 것들을 제공할 수 없게 만든다.

이러한 문제는 과학이나 공학 분야에서는 첨예하지 않을 수 있다. 이런 분야에서는 사적인 영역, 공적인 영역, 대학 사이의 연결이 더 지속적이고 유연하며, 기초 연구와 응용연구 간의 타협 기회가 더 많으며, 이 모든 과정은 외부 연구비를 받는 과정에서 지지를 더 많이 받는다. 비록 외부 연구비를 받는 과정이 완전하지는 못하더라도 이런 기회는 더 많고, 대학 조직은 이것들을 잘 헤아리고 있다.

사회과학에서는 학문 조직 밖에서 일어나는 것들과 연계되지 않는 것들을 토론하는 기회가 많이 있고 이런 것들을 연구하고 가르치는 데 우선순위를 두기도 한다. 양적이고 실증주의적인 연구에 대한 연구비가 넘쳐남으로써 많은 학문적인 사회과학자들은 자신들에게 흥미가 있는 주제나 방법이라면 그 어떤 것도 추구할 수 있도록 "해방"되었고, 지금도 이런 흐름은 성행 중이다. 현실과 관련 있는 연구를 하게 되면 연구비를 못받게 되고, 이것은 그들로 하여금 현실과 관련 없는 연구를 계속하게 한다.

이런 것에 우리가 관심을 두어야 하는가? 그렇다. 왜냐하면, 이 상황이 비생산적인 만큼, 대학 개혁의 현 방향은 전문화된 사람들을 더 편협하게 만들어, 이 사회를 이해하지도 못할뿐더러 사회의 공동 이익을 추구하고 의식이 있는 사람으로 행사하지도 못하게 만들어 버렸다. 학문적 테일러주의와 외부세계와 대립되는 정책들은 학생과 정책입안자, 과학자, 공학자, 인본주의자, 그리고 사회 일반의 관심을 다루는 이론적으로 야심차고, 방법론적으로 세련되고, 사회와 밀접한 사회과학을 하지 못하고 있다.

비효율적이고, 고비용적이고, 격리되어 있고, 신자유주의적 회계 압력의 먹이가 된 현재의 대학 조직 시스템에 대해 조언할 것은 없다. 오직 극단적인 변화만이 대학을 끊임없는 기술훈련을 시키는 기관이 되는 것과 외부의 직접적인 통제를 받는 유료 서비스 연구 상점이 되는 것을 막을 수 있다.

단절된 사회과학

주요 외부 기관과 대학의 관계는 주로 금전적이고 이기적인 방법으로 혹은 공격적이고 자기 파괴적인 방법으로 이루어진다. 대학은 종종 봉사나 전문성 함양과 같은 미션을 주장한다. 그러나, 대학과 세납자 사이에 대화의 부족과, 대학의 사회 연구와 대학에 몸담고 있지 않은 사람들을 향한 가르침 간의 무관련성은 이러한 미션이 진짜가 아님을 보여준다. 미국 공립 랜드 그랜트(land grant) 대학의 감소는 앞으로 모든 대학에 무엇이 도래하게 될지를 보여주는 징조가 된다.

사회과학, 사회과학의 조직적/문화적 환경, 더 큰 사회와의 단절에 주목한다는 것은, "상아탑"에 대한 오래된 상투어처럼 들린다. 우리에게 흥미로운 것은 사회과학자들 간의 단절이 아니라, 사회과학의 미션에 대한 언급과 대부분의 사회과학자의 행위 간의 극심한 모순이다.

현실세계와 무관한 상아탑과 "실제세계" 간의 긴장을 전형적이고 도덕적인 방법으로 다루는 것은 구미가 당기지만, 그것은 우리의 목적이 아니다. 여기에 대한 깊은 탄식은 이미 있었다(Giroux & Giroux, 2004; Kirp, 2004; Washburn, 2005). 우리의 목표는 학문세계의 사회과학자들이 보이는 사회과학 행위와 방법이 어떻게 더 이상 지탱할 수 없는지를 부각시키는 것이다.

신자유주의적 고등교육 혁신의 역할

우리가 진술한 이슈들은 대학의 내생적인(endogenous) 문제가 아니다. 그것들은 신자유주의와 글로벌화라는 이름 아래 행해지고 있는 광범위한 정치경제적 변화의 과정을 표현해주고 있다. 이런 과정들은 실제로 일어나고 있고 공공재(public goods)를 창출해야 되는 조직체에게는 위협적이며 우리가 예견할 수 있는 물품 제조 시장 과정의 논리에서 완전히 벗어나있다. Davydd Greenwood(2009)가 고등교육에서 불고 있는 신자유주의적 개혁에 대하여 글을 썼는데, 우리가 여기에서 간단히 언급하고자 한다.

신자유주의는 보수주의가 아니다. 보수주의는 어떤 가치는 시장에서 흥정할 수 없다는 것을 믿는다. 신자유주의는 자유주의가 아니다. 자유주의는, 인간은 시장의 원리에 의해 자리가 정해지는 것을 뛰어넘는, 기본적인 권리가 있다는 것을 믿는다. 신자유주의는 시장은 가만히 내버려두면, 모든 상품과 서비스를 그것이 합당한 사람들에게 배당하고 그것이 합당하지 않은 사람들에게서는 빼앗는다는 유토피아적인 신념에 근거하고 있다. 그러나 시장은 가만히 내버려 두어지지 않기 때문에, 신자유주의자들은 공공재를 없애고 그것들을(에너지 생산, 환경 보호, 교육 등) 사유자(private actors)들에게 재배치함으로써, 시장을 자유화하라고 주장하며 끊임없이 끼여든다. 이러한 사유자들은 일반적으로 신자유주의적 정치가의 스폰서들이며, 이러한 놀이(charade)는 협동조합식의 정부 관료주의의 증가와 함께 급속한 사회경제적 불평등을 초래하게 된다.

고등교육은 신자유주의 정책이 무게를 두고 집중했던 공공재 중의 하나이다. 영국에서 대처(수상)개혁을 시작으로, 볼로냐 과정, 그리고 미국 교육부의 움직임(부시대통령에서 시작하여 오바마 대통령까지 이어지고 있는)까지, 신자유주의적 개혁은 고등교육의 자율과 재정을 심하게 훼손하고 있다. 신자유주의 정책은 학생들의 고객만족도, 자원의 투명성과 책임소재, 학문 노동자의 "유연화(flexibilization)"라는 잣대를 사용하고 있다.

전통적인 사회과학과 조직으로서의 대학은, 신자유주의 경제학과 다른 양적 연구 형태를 제외하면, 이런 상황 아래에서 잘 움직여지지 않는다. 비사회과학자에게는 하등 중요할 것 같지 않은 사회과학에 대한 지원은 증발되어 가고 있다. 외부 기관이 긴급하게 필요로 하는 문제를 연구하고 탐구하지 않기 때문에, 사회과학자들은 지원의 근원으로부터 떨어져 나가고 있다. 실제 맥락에서 세상의 사회 문제를 연구하지 않음으로 인해, 그들은 이론적으로나 방법론적으로 복잡한 문제를 가지고 자신들에게 도전하고 있지 못하다. 그들은 사회적, 문화적으로 복잡한 실제 세상에 들어가는 대신에 복잡한 언어와 이상한 방법을 사용하고 있다. 그리고, 현실 세계에 대한 적용이 없기 때문에, 그들은 자신들이 만들어낸 이론과 방법이 어떤 가치를 품고 있는지 발견해 내는 데 어려움을 경험하고 있다.

실제 맥락에서 사회 문제를 연구하는 것은 전공 공부(disciplinary work)보다 이론적으로 그리고 방법론적으로 더 도전적이다. 왜냐하면 세상의 사회 문제는 다측면적이고, 역동적이고, 퍼즐 "덩어리(messes)"이기 때문이다(Ackoff, 1974). 이 덩어리는, 모든 사회과학과 인문학을 포함하는, 커다란 스케일을 지닌 시스템의 한 부분이다. 그것들을 맥락 밖에서 연구하고 학문분야에 맞도록 쪼개는 것은 학문 상품 생산이라는 결과를 가져왔지만, 살아있는 이해를 만들어 내지는 못하고 있다. 덩어리의 조각을 연구하는 것은 사회과학자들로 하여금 테일러식의 대학 조직에 익숙하도록 만들었고 대학의 재조직화라는 긴급한 문제에 직면하는 것을 피할 수 있는 기회를 제공하였다.

자원의 낭비와 중요한 사회적 이슈에 대한 도외시에 실망한 정책입안자들과 행정가들은 이 문제를 더 악화시키고 있다. 대학의 근본적인 재조직화를 요구하는 대신에, 기존의 조직 내에서 책임소재와 투명성을 요구하고 있기 때문이다. 그들은 학문 단위 책무성과 서열 방식을 강요하고 있고, 테일러식의 노후한 학문 조직을 더 심화시키고 있으며, 더 많은 변화가 아닌 더 적은 변화를 만들어내고 있다. 학문 단위별 순위 매기기 대학에 대한 미인대회식 서열은, 학문 단위와 대학 기구 조직을 당연한 것으로 받아들이도록 만들기 때문에 기존의 구조를 유지하게 한다.

학문적 테일러주의

몇몇 미국 전문가 협의회의 강령을 보면 학문적인 사회과학의 자기 도취적인(autopoetic) 직업 성향을 확실히 알 수 있다(예를 들어 American Anthropological Association(http://www.aaanet.org/about/WhatisAnthropology.cfm)과 American Political Science Association(http://wwwapsanet.org/content_4403.cfm?navID=733), American Economic Association(http://www.vanderbilt.edu/AEA/gen_ingo.htm)의 강령 참고).

이 협회들은 전공 간에 담장이 있다는 것을 당연하게 받아들이고 있고, 사회적으로 가치 있다고 생각되는 것에 화살을 겨냥하면서 전공 구역을 점령하고 보호하기 위하여 노력한다. 사회적 가치에 대한 강조가 결여되어 있는 것은, 대부분의 학문적인 사회과학자들이 자신들이 하고 있는 것이 가치 있다는 것을 믿지 못하기 때문이 아니라, 그들의 가치가 논쟁할 필요가 없다고 생각하기 때문이다. 현재까지, 그들은 학문 영역 밖에서 하는 일에 대해 방어하라는 요구를 받아본 적이 거의 없다.

학문세계에 대한 방대한 테일러주의는 지식의 분자화(compartmentalization)를 가져왔고, 기관의 정책, 국내외 순위표에 따른 학과의 서열, 그들이 벌어들이는 연구비 액수에 따라 권력을 가진 중앙행정부에서 자원을 할당하는 명령-통제식 구조를 가져왔다. 그 어느 누구도 이러한 움직임이 타당한 것인지 물어보지 않는다. 학과의 나열이 어떻게 대학을 만들어 갈까? 이런 학문 단위 간의 왕래가 어떻게 교육으로 쌓여 갈까? 가끔 총장이나 교무처장에게 대학 전반에 걸친 질문을 하게 되면, 그들의 언급에는 공허함이 맴돌 뿐이다.

우리가 던지는 일련의 논의에 대한 열린 토론의 장은 거의 찾아볼 수 없다. 예를 들어 인류학자들은 그들만의 자체 토론에서 방법론적인 빈곤과 경제학이나 정치학과 같은 분야의 자민족중심주의(ethnocentrism)에 대하여 언급하기는 하지만, 대학포럼 같은 자리에서 정치학이나 경제학에 인류학자의 도움이 필요하다는 것을 피력하지는 않는다. 등록률과 전공, 오피스 공간, 예산 할당을 위한 투쟁을 통한 자원 쟁취 그리고 국내외 서열 체계에서의 서열 상승 도모 등을 통해 테일러식의 법칙은 살아있고 살아있도록 강요받고 있다. 몇몇 위대한 실천가(예, Claude Lévi-Strauss, Clifford Geertz, Jürgen Habermas, Michel Foucault 등)의 "고정관념을 깬 자유로운 행동"에 대한 대가는 가혹하다: 승진 누락, 낮은 임금, 적은 학생 수, 고립, 맹렬한 비난. 이런 식의 삶과 생각이 날마다 이어지게 되면 그들은 대화와 분석의 대상에서 사라지게 된다.

이러한 조직 역동성의 또 다른 측면은, 일반적으로 교수들이 경쟁력이 있는 개인주의적 사업가라는 것이다(Wright, Brenneis, & Shore, 2005 참고). 대학에 들어가고, 졸업하고, 대학원 학위를 취득하고, 논문을 쓰고, 효과적으로 가르치고, 기관에 충분한 서비스를 제공하는 것 등은 계산된 커리어 과정이다. 교수 각자는

종신직을 부여받고, 순위를 앞서가고, 임금을 높이고, 영향력을 높이고, 궁극적으로는 더 많은 사적인 자유를 누리기 위하여 이력서를 만들어 나가는 데 열중한다.

모든 과정은 개인주의적 경쟁에 근거하고 있다. 전공분야의 결속은 다른 전공분야와 경쟁할 때 강해진다. 그러나 같은 전공분야 내에서의 분위기 역시 경쟁적이고 개인주의적이다. 한 학자가 얻는 것은 같은 학문분야 내에 있는 다른 학자들보다 무언가를 더 잘 할 때 얻어지는 것이다.

이러한 법칙을 수용하며 전문가적 삶을 사는 사람들은, 그들이 이 명령을 내린 사람들을 쳐다볼 때를 제외하고는, 자신이 조직과 깊게 연관되어 있다고 생각하지 않는다. 국내 혹은 국제적으로 자신의 학문분야에서 성공한 사람들은 대중을 위해 일함으로써 때때로 지역 원로 인사가 되기도 하지만, 자신의 학과 내에서 초기에 동료와의 경쟁 없이 원로 인사의 자리에 올라가는 일은 거의 없다.

현재의 학문세계에 만연한 지적 재산 제도는 이러한 행위를 열렬히 지지하고 있다. 아이디어에 대한 주인의식과 원고에 대한 저작권은 개인과 연구 팀의 재산인 것으로 당연시되고 있다. 아이디어는 독창적이어야 하지만, 학문세계의 아이디어가 자기에게만 속해야 된다는 것은 허구이다. 연구자들은 아이디어를 내놓고 다른 사람들이 자신들의 언어를 사용하도록 만들고 그들의 연구에서 언급하도록 한다. 만약 아이디어가 유용한 발명품이 되면, 대학교수와 대학 행정부 사이의 전면전은 개인과 대학 사이에 지적 재산권을 분배하는 것으로 끝나게 된다(Marginson & Considine, 2000; Kirp, 2003; Slaughter & Leslie, 1997; Washburn, 2005).

더 많은 예와 논의를 펼칠 수 있지만, 우리는 어떻게 사회과학을 연구하는 기관의 환경이 반사회적 혹은 적어도 사회와 무관한 생각과 행동을 조장하고 있는지 충분히 이야기하였다. 학문 영역과 전문분야 내에서 사회와 관련 있는 삶을 살아야 하지만, 심지어 거기에서조차도 경쟁은 만연되어 있다. 학문적인 사회과학자가

자신을, 문화 규범과 세계관, 선호하는 방법을 나누는 대학공동체의 한 부분으로, 그리고 자신의 행동이 사회적/문화적 맥락에 의해서 대부분 설명될 수 있는 사람이라고 생각하는 것은 드문 일이다. 대신에, 문화, 역할, 가치를 가지고 있고 사회문화적 맥락 내에서 살고 있는 사람들은 사회과학자들이라기보다는 "다른 사람들", 정보제공자들, 대학 밖에서 사회과학자들이 연구하는 사람들이다. 테일러주의는 모더니즘의 확실한 지지를 받고 있다.

우리는 문화인류학에서 그 예를 찾고자 한다. 오랜 기간 동안 문화인류학자들이 타인의 문화를 알고 이해하는 능력은, 그들의 탁월한 합리성과 서구 지성인으로서의 훈련에 근거하고 있다고 알려져 왔다. 이것은 잘못된 생각이다. 문화와 사회는 인간의 행동에 전방위적으로 인과적 영향을 미친다고 알려져 있지만, 이러한 주장을 하는 문화인류학자들은 마치 이러한 인간의 일반적인 상황이 자신들에게는 적용되지 않는 것처럼 움직여왔다. 문화인류학은 북미와 유럽에 대한 연구를 문화인류학의 일부로 간주하지 않음으로써 이런 긴장을 오랫동안 숨겨왔다. 유럽의 Society for the Anthropology와 북미의 Society for North American Anthropology는 1987년을 전후로 만들어졌다. 이 두 가지를 문화인류학에 적당하지 않은 것으로 취급함으로써, 문화인류학자들은 사회에 대한 연구로부터 자신들을 제거하였고(또한 경제학, 정치학, 사회학과의 경쟁을 축소함으로써), 그리고 House Un-American Activities Committee와 Joseph McCarthy 의원 시대에 겪었던 정치적 탄압을 벗어나려 하였다(Price, 2004). 그들은 또한 서구 지식 체계가 탁월하다는 근대적 허구에 빠져들었다.

이러한 입장은 여성학과 문화 연구의 조합이 위치를 굳히면서 더 역설적으로 변해갔고, 중립적 견해의 불가능성, 연구의 정치성, 그리고 이전의 모호한 문제 등이 논의의 대상이 되고 있다. 이러한 관점을 비뚤어지게 접근하고, 학술 원고의 참고문헌이나 강의계획서에 그런 것들을 표현함으로써, 문화인류학자와 다른

사회과학자들은 아직도 여전히 자신과 자신의 조직, 자신들의 실천을 연구하는 것을 거부한다. 자리매김(positionality)과 자기 성찰(reflexivity)을 이야기하는 것은 누군가의 위치를 이해한다는 것과 스스로를 비출 수 있어야 한다는 것과 다르다.

사회과학을 가르치는 것도 같은 종류의 역동성을 보여주고 있다. 대표적으로, 전반적인 개요를 다루는 과목은, 가끔은 토론이 곁들여지기는 하지만, 강의식과 같은 수동적인 학습행위로 이루어진다. 강의자는 그 학문분야가 무엇인지, 어떻게 전문가들이 움직이는지, 이전 연구들에서 얻을 수 있는 교훈은 무엇인지에 대해 자신이 이해한 것을 언급한다. 학생들은 사회과학자로서 어떤 행실을 해야 하는지, 왜 그 학문분야가 존재하는지, 어떻게 이것들이 서로 비슷한지 혹은 다른지, 연구는 어떻게 이루어지는 등에 대해 배우지 못한다. 이러한 관행은 수강 인원이 적고 더 많은 상호작용이 가능한 더 높은 단계의 과목에서는 다르겠지만, 대부분의 사회과학 전공은 (입학 후) 3년이 지나도 연구를 수행할 수 없고 자신이 전공하고 있는 학문분야가 왜, 어떻게 다른 학문분야와 다른지 설명하지 못한다.

대학원 수준에서는, 적어도 미국에서는, 이러한 상황이 더 심하다. 대학원생들은 박사학위를 취득하기 위하여 개인적인 멘토를 받아야 하고 교수의 "이야기를 이야기"하는 것과 "(교수가 걸어왔던) 길을 걸어야" 하는 법을 배워야 한다. 문화인류학의 더 심한 예를 들어보면, 미국의 문화인류학과 대학원생의 10%미만이 대학의 필수 코스로 방법론을 선택하지 않고 있다. 문화인류학적인 실행 연구를 배우기 원하는 학생들은, 연구에 대한 훈련 없이 자신들의 박사논문을 준비한다.

다른 학문분야에서는 더 많은 방법론 훈련을 제공하고 있다. 사회학, 정치학, 경제학 대학원생은 자신의 학문분야와 관련된 핵심 기술을 잘 알고 있다. 그렇다면, 그들은 연구자로서 훈련을 받고 있는 것일까? 그들은 자신의 학문분야가 무엇인지, 왜 그것이 존재하는지, 어떻게 다른 사람들과 연관되어 있는지를 알고 있는 것일까? 우리의 경험에 비추어볼 때 그렇지 않다. 많은 학

생들은 다른 학문분야와 공동연구를 수행하면서 협동하거나 대학 밖에서의 연구를 수행하는 팀의 멤버가 되어보지 못한다. 고고학이나 조경학과 같은 분야에선 아주 소수의 학생이 이런 경험을 할 수 있지만, 전통적인 사회과학 핵심 분야에서는 거의 불가능하다.

시장-경쟁 모델은 이러한 최악의 교수 상황을 더 가속화시킨다. 신입생에게 대학은 거대한 교육 카페테리아처럼 비춰진다. 학생들은 이 차려진 음식을 따라 줄을 서고, 필수 교육과정과 행정적인 규칙, 강의 신청 조건에 맞추어 과목을 선택한다. 많은 학생을 모은 학과는 대학의 지원을 더 많이 받는다. 인기 있는 전공이 있는 학과는 대학의 지원을 더 많이 받는다. 학생수가 많은 학과는 대학원생 강의조교를 더 많이 배치할 수 있고, 따라서 더 많은 대학원생을 받아들일 수 있다. 대학원의 규모가 크고 서열이 높은 학과는 대학의 지원을 더 많이 받는다. "경영 모델"이 분명하다.

이러한 시스템은, 비록 시장이라는 용어가 오랜 기간 숨어있기는 했지만, 학생시장 모델에 근거하고 있다. 학생들은 과목이 얼마나 매력적으로 제시되어 있는지, 강의에 대한 학내 소문, 시장에서 가치가 있는 학문이 무엇인가에 따라 과목을 선택한다. 고전과 같은 분야에 수강인원이 적고, 응용 경제학이나 경영학에 수강인원이 몰리는 것은 우연이 아니다.

학과 혹은 학문분야는 협동한다기보다는 경쟁하는데, 이는 테일러식의 시스템이 경쟁을 요구하기 때문이다. 이런 시스템에서는, 학문분야들이 어떻게 연관되어 있느냐 하는 것은 논외일뿐더러, 학문 단위간의 섞임과 상대적 크기에 대한 심도 있는 분석도 가능하지 않다. 학생들이 무엇을 배우고 왜 배우는가 하는 것은 얼마나 많은 학생들이 등록했느냐 하는 것보다 덜 중요하다. 학생이 다양한 분야와 어젠더에 노출됨으로써 어떻게 온전한 사람이 되느냐 하는 것에는 관심이 없다. 학생들은 졸업하고, 학위가 주어지고, "교육"을 받았다고 생각한다.

연구도 이와 비슷한 운명에 처해있다. 외부 자금을 따오는 대부분의 연구 주제들은 전공분야나 교수의 내부 위상과 권력, 대학의 서열을 높이는 데 기여한다. 대학은 이러한 연구비 문제에 대해 거의 혹은 전혀 역할을 행사하지 못한다. 정부, 사립재단, 연구 심의회, 사립기금단체들은 모든 상황을 지휘하려고 하기 때문에, 연구 시장은 연구를 군대, 산업, 경제발전 분야로 밀어 넣으려는 권력 있는 비학문적인 힘에 의해 좌지우지된다. 대부분의 대학은 외부세계와 연결하고, 주요 외부 집단에 참여하며, 지적으로 도전적이고 사회적으로 바람직한 대학 행위로 나아가기 위한 수단을 자체적으로 가지고 있지 못하다. 이런 대부분의 관계는 교수 개인이나 교수가 만든 연구 단체나 센터를 통해 전달된다.

몇몇 성공한 대학연구자들은 팀으로 작업하기도 하며, 이런 팀은 연구비에 의해 움직인다. 팀리더는 대부분의 시간을 실험실이나 교실에서 보내는 것이 아니라 연구 지원서를 쓰고, 연구비를 운용하고, 연구 지원에 응모하고, 연구 프로젝트를 수행할 때 발생하는 자원을 배분하는 데 많은 시간을 소비한다. 연구 자금이 풍부한 많은 대학 연구자들은 거의 수업을 안 하고 자신의 실험실에 학생을 둘 뿐인데, 이 학생들은 관찰과 참여를 통해 유용한 멘토링을 받게 된다.

연구 자금이 빈약한 대학 연구자들은 인기가 없는 주제에 몰두하거나 연구 자금을 따내는 데 취약하다. 이들은 적당한 자원을 뚝딱 만들어 내거나 주말이나 밤, 혹은 여름방학 동안 연구를 수행한다. 이들은 팀으로 일하는 기회가 적고, 연구 자금이 없으며, 밑에 학생을 두는 경우가 거의 없다. 또한 이들은 대학에서 많은 수업을 담당하게 된다.

현 대학의 연구 주제는 무엇인가? 모든 대학은 연구와 관련된 사명을 말하고 있지만, 대부분의 직원과 학생들은 그들이 누구인지 어떻게 그 사명을 수행할 것인지 알지 못한다. 대학의 "미션"이 무엇인가라는 질문은 혁명과 변화에 답하기 위하여 던져지는 질문이 아니다. 이것은 주로 공적인 관계를 위한 도구일 뿐이다.

대부분의 대학의 연구 주제는, 대학의 수업처럼, 그해에 수행된 활동의 총합이다. 그 총합의 합이 무엇이 되든, 그 총합이 부분의 합보다 커지든, 상관이 없다.

대학의 미션에 대한 고위급 행정가의 대답은 "지식 사회"에 대한 애매한 언급이 되거나 대학의 연구 순위를 보여주는 표가 될 뿐이다.

교수와 연구에 대한 "시장화된" 모델에서 사라진 빌둥(Bildung)

전통적인 경영 전략을 고등교육 기관에 직접 적용하려는 잘못된 생각은 전 세계적인 현상이다(Barnett, 2003; Birnbaum, 2000; Kirp, 2003; Newfield, 2008). 이러한 운영 방법에 대해 많은 대학이 성공적인 반격을 가하지 않았기 때문에, 이 방법은 전 세계의 공사립대학을 위협하고 있다.

학문세계에는 이데올로기적 반시장(antimarket) 사상가가 있지만(McLaren & Farahmandpur, 2005; McLaren & Jaramillo, 2007), 반시장 이데올로기는 우리의 비판을 추동하지 못한다. 우리는 가짜-시장(pseudo-market) 이데올로기와 운영 방식이 대학에 강요되고 있는 것을 목도하고 있는데, 이는 효율과 질적 성장을 위한 "합리적인" 조치가 필요하다는 명목으로 정당화되고 있다. 그러나, 좌익(Ehrenberg, 2006; Kirp, 2003; Newfield, 2008; Slaughter & Leslie, 1997)과 보수진영(MacMahon, 2009)에 대한 관찰과 문헌 분석은 합리적인 경제적 운영이 경제적으로 합리적이지 않다는 것을 보여주고 있다. Sheila Slaughter와 Larry Leslie는 이러한 가짜-경제 운영을 고등교육의 "시장화(marketizing)"라고 부르고 있는데, 이는 경제적 합리성을 주장하고는 있지만 사실은 교수와 학생, 스탭들에게 독재적인 명령-통제 방식을 강요하고 있기 때문이다. 자원의 합리적 배분, 효율성, 질, 투명성 등과 같은 이유가 등장하기는 하지만, 그 결과는 독재주의, 정보 유포 금지, 부적응적 행위, 질과 투명성의 저하, 그리고 통제하기 어렵고 비효율적인 시스템을 움직이기 위한 새로운 행정직의 창출로 이어지고 있다. 대학 운영에 대한 가짜-시장에 대한 강력한 비판은

유명한 보수경제학자인 William MacMahon에서부터 나왔는데, 그는 『Higher Learning, Greater Good』(2009)에서 사회자본이론을 이용하여 고등교육의 신자유주의적 "신공공운영(new public management)"에 대하여 비판하고 있다. MacMahon은 고등교육과 고등교육정책의 신자유주의적 운영 모델은 고등교육에 의해 생산된 물품의 가치를 반으로 평가절하하고 있다고 비판한다. 왜냐하면 이 물품의 절반은 "공공재"로서 오랜 기간 동안 개인과 사회에 귀속된 것이기 때문이다. 이 공공재는 단순한 학문적 생산품이 아니다.

이러한 논쟁은 중요한데, 왜냐하면 숫자에 의해 움직여지는 현재의 운영 모델은, 공공재를 세어보지도 않았고 또 대학은 어마어마한 공공재 상점을 만들 수 있다는 것을 이해하지도 못함으로써, 공공재를 만들어낼 수 있는 고등교육의 능력을 실추시켰고, 경제와 긍정적인 사회 변화에 대한 생산성과 기여를 현격하게 줄인 것을 보여주고 있기 때문이다. MacMahon(2009)은 많은 고등교육 운영자와 정책입안자들은 자신들이 만들어내고 있는 공공재의 넓이와 복잡성을 이해하지 못하고 있고 따라서 경제적으로 비이성적인 결정을 내리고 있으며, 결국 효율적이고 효과적으로 운영할 수 있는 대학의 능력을 약화시키고 있다고 주장한다. 전통적인 제조업 경영에 대한 이와 관련된 주장은 H. Thomas Johnson과 Robert S. Kaplan의 『Relevance Lost』(1987)에서 찾아볼 수 있다.

이것을 바라보는 또 다른 시각은 이 운영자들은 고등교육이 무엇인지 알지 못한다는 것이다. 이들의 언어로 바꾸면, 학생은 손님이고, 교수는 고용인이며, 등록금은 서비스에 대한 지불이고, 연구는 가치-효용 기준에 따라 분석되는 이득 혹은 손실이다. 이것이 모두 사실이라는 생각도 있을 수 있지만, 이러한 생각은 고등교육에서 일어나고 있는 중요한 부분을 놓치고 있다. 초점을 직업 훈련, 내용 전달 행위, 연구 이득/손실 비율에 두고 있지만, 이런 것들은 대학에서의 교수와 연구, 서비스를 결정짓는 특성은 아니다. 이런 것들은 고등교육의 정의로 받아들여질 수 있는 것들이 아니다.

대학의 교수와 연구는, 비록 몇몇 "손님들"의 선호사항을 만족시킴과 동시에, 학생, 동료, 행정가, 외부 인사의 선호도를 만들어내는 데, 즉 빌둥(Bildung)에 참여한다. 이것이 바로 우리가 과학적 접근을 고등교육의 사회적 기능에 연결시키는 방법이다(Prange, 2004).

빌둥에 대한 통일된 이해는 없지만, 이 개념은 넓게 사용되고 있다. 핵심적인 의미는 개인의 지적, 인지적 힘을 형성하고 확장하며 그리하여 민주사회에서 의미 있는 역할을 수행하도록 개인을 준비시키는 과정에 초점이 맞추어져 있다(Bruford, 1975). 빌둥은 진정성(integrity)을 지니고 사회문제를 제기할 수 있는 비판적이고, 정보가 풍부하며, 반성적인 개인을 만들어낸다. 빌둥의 효과는 MacMahon(2009)이 고등교육의 가치에 대해서 설명하면서 언급했던 것과 일치한다. 빌둥의 효과는 이성에 근거한 가치에 대한 확신, 즉 눈에 보이는 결과를 가지고 정의할 수 있는 과정이다.

맨해튼 프로젝트 이후에 그리고 달에 인간을 보낸 이후의 세대에 사는 우리는 아직도 근본적으로 우리의 세상(그리고 산업 경제)을 (좋든 나쁘든) 다시 만들려는 노력의 결과로 만들어진 공공재에 의지해서 살고 있다. 대학의 연구와 교육은 이것을 할 수 있지만, MacMahon(2009)이 지적하고 있는 것처럼, 그것을 증명하는 것은, 대학 행정가들과 시장논리를 주장하는 정책입안자들이 좋아하는 일 년짜리 예산안보다 더 긴 실천관과 더 깊은 분석을 필요로 한다.

대학의 교수와 연구, 서비스에서 빌둥을 진작시키는 것은 많은 노력을 요한다. 이것은 (노르웨이의 교육과정 논란과 미국의 "위대한 도서" 문화 전쟁에서 선호되었던) 옛날 교과서를 읽을 수 있는 학생을 유치하는 것보다 더 힘들다. 이것은 비전 즉 더 많은 것을 얻고, 더 훌륭한 것을 얻기 위한 장기간의 시간관(time perspective)을 요구한다. 이것은 대학의 수업과 연구, 서비스를 즉각적이기도 하고 오랜 기간에 걸쳐서 효과적이기도 한 지식 창출과 지식 전달 행위로 개념화할 것과, 교육과 지식이 무엇인가에 대한 개념정의와의 관계 속에서 개념화할 것을 요구한다. 이러한 절차를

강화하는 것은 학생과 교수가 인기는 없지만 논쟁의 여지가 되는 주제를 취하고, 복잡하고 여러 시스템이 관여된 문제를 연구할 수 있도록 하는 자립과 지원을 필요로 한다. 이것은 또한 자원을, 숫자로 도배하는 것이 아니라, 실질적인 기간에 지혜롭게 배분할 수 있는 유연하고 개방적인 행정가를 필요로 한다. 한마디로 말하면, 창의적이고 반성적인 리더십을 필요로 한다.

이러한 리더십은 지식 창출과 지식 전달 과정에 필수적이지만, 대학 수업과 연구의 시장화에 의해 방해를 받는다. 사회과학 연구의 경우, 방해란, 만약에 사회과학이 서로 대립되는 문제를 복잡한 시각으로 탐구하거나, 중요한 외부인사와 공조하거나, 즉각적인 결과 없이 오랜 기간 동안 탐구할 경우 사회 연구는 잘 이루어질 수 없다는 생각을 가질 때 일어난다. 그 결과는 전통적인 빌둥의 붕괴 즉 교육을 직업 훈련으로 대체해 버리는 것, 교수와 연구자를 복잡한 실제 세계의 맥락에서 단절시켜 놓는 것, 그리고 대학을 민주사회의 핵심적인 절차와 분리시켜 놓는 것이 된다. 이러한 움직임은 교수와 학생이 수업과 연구 과정이 이끄는 주제를 따르도록 함으로써, 연구의 자유를 제한시킨다. 더 간단하게 말하면, 이러한 도전에 대한 집단적이고 반성적인 행위의 결여는 학문적 테일러주의의 직접적인 결과이다. 우리는 새로운 빌둥, 즉 개별적이면서도 집합적인 노력과 책임감의 공유를 주장한다.

우리는 옛날을 회고하면서 빌둥에 대해 환상을 가지는 것이 아니다. 이 빌둥은 홈볼트식의 대학을 설립할 때 사용되었던 것이고, 미국에서 연구 중심 대학을 만들 때 정당화하기 위한 수단으로 사용되었던 것이다. 이것은 현재 우리가 그리고 있는 암울한 모습과 연결되어 있다. 빌둥에 대한 전통적인 이해는 철학, 역사, 문학과 같은 고전적인 가치를 가까이 두는 개인의 형성을 의미하였다. 그리스와 로마의 철학 교과서를 읽고, 역사를 공부하고, 시와 산문, 극장 등에서 아름다움을 구하는 행위들을 통해서, 학생의 몸과 마음에 빌둥은 자연적으로 부상하게 된다. 그러나 Prange(2004)가 언급한 것처럼, "빌둥이라는 개념은 영적인 독립 대 세

속적인 안녕(well-being)을 생각하도록 우리를 [무너 뜨린 sic.] 물질적인 여건이라는 오래된 대립 끝에 나타 난 것이다. 교육은 현재를 위한 것이지만, 빌둥은 영원 하다"(p.506). 이러한 영원관은 빌둥이 과학적 이상과 고등교육의 사회적 영향을 연결한다는 이전의 주장과 부합한다. 우리가 생각하기에 교육의 사회적 기능은 학문적으로 훈련받은 사람의 역할과 관련되어 있다. 진 정한 인본주의는 우리의 사회와 문화를 만들어낸 힘과 과정에 대한 폭넓은 이해의 결과로 나타난 것이다.

그러나 우리는 이것 이상의 것이 필요하다고 본다. 우리가 사회의 일원이 된 이상, 빌둥은 진정성, 평등, 민 주주의를 다루어야 한다. 이러한 덕목은 가르쳐질 수 있다. 그러나 기본적으로 이런 것들은 학습 커뮤니티인 대학에 참여함으로써 부산물로 생겨야만 하는 것이다. 학생들 사이의, 학생과 교사 간의, 시민들과의 담론에 적극적으로 참여함으로써, 진정성, 평등, 민주주의는 풍부해질 수 있다. 따라서, 빌둥은 단순하게 교실에서 가르쳐질 수 있는 것이 아니다. 빌둥은 대학의 거대한 학습 커뮤니티, 즉 사회에 열려 있는 커뮤니티에 참여함으로써 생기는 것이다.

2.3 대학의 개혁을 개진함에 있어서 실행 연구의 역할

우리는 현재 새로운 빌둥, 즉 뒤돌아보는 빌둥이 아니라 21세기 대학 교육과 지식의 의미를 다시 개진하는 빌둥이 있어야 한다고 주장한다. 우리는 글로벌화, 시장화, 불평등의 증가라는 시대에서의 빌둥의 의미를 몇 가지 지적하였다. 그러면, 대학이 어떻게 이 문제를 제기할 수 있을까? 한 가지 대답은 실행 연구자 새로운 빌둥의 중요한 시작이 될 수 있다는 것이다.

우리는 대학에서 수행되고 있는 사회과학에 도전이 될 만한 몇 가지를 제기했었다: 학문세계의 반사회적 행동, 테일러식의 리더십, 대학의 고유한 미션인 빌둥의

증발. 그렇다면, 학문 조직과 학문 행위에 적용되는 실행 연구는 어떤 모습일까? 그리고 어떻게 이것이 21세기에 역동적인 대학을 다시 만들 수 있는 긍정적인 변화를 가져오게 될까?

거의 모든 대학들은, 사립이건 공립이건, 경제적인 자원과 관련하여 압력을 받고 있다. 이 지구상에 있는 어떤 대학도 지난 세기의 영광을 곧 다시 보는 것은 불가능하다. 대학은 또한 대학 교육과 연구가 경제적 부를 가져오고 믿을 만한 지식 생산의 주요 동인이라는 대중의 믿음이 흐려지고 있는 것을 목도하고 있다. 대학은 테일러식의 조직 구조를 약간 변형하여 자신들을 지식 용품 시장(marketplace)으로 축소하는 수동적인 적응을 선택할 수도 있고, 집단적이고 참여적 약속(교수, 학생, 행정가, 직원)을 통하여 대학을 근본적으로 재조직할 수도 있다.

이런 경제적, 사회적 위기 속에서는 근본적인 재조직이 유일한 손쉬운 방법이다. 그것은 상향(bottom-up)과 하향(top-down) 과정 모두를 필요로 한다. 왜냐하면 우리는 다른 관점이나 전문성, 경험이 대립하는 공간, 그리고 반성이 바로 변화로 연결될 수 있는 공간을 마련해야 하기 때문이다. 이것은 변화를 가능하게 하는 것과 변화 과정을 거스르게 하는 힘 사이에서 균형을 잡는 것을 의미한다.

우리가 이야기한 변화는 수업과 연구 둘 다 관련된다. 사실, 우리는 같은 유형의 지식 생산 절차가 수업과 연구 둘 다에 스며들어 있다고 주장한다. 반성과 실험은 실행 연구의 핵심인 학습의 연속적인 순환을 만들어낼 수 있다(Greenwood & Levin, 2007; Heron, 1996; Kolb, 1984; Reason, 1994). 이러한 개혁 과정은 다학문적이어야 하고, 다양한 관점을 포함하고 있어야 하며, 여러 기관을 넘나들 수 있어야 한다. 하나의 사회과학 분야로 개혁과정을 다 감싸안을 수는 없다.

우리가 주장하는 것은 논쟁의 소지가 있긴 하지만, 우리는 이러한 관점이 전통적인 사회과학 행위를 용납하지 않는다는 것을 오랜 경험으로 알고 있다. 이로 인

해 야기될 수 있는 문제 중의 하나는 존재론적인, 인식론적인, 방법론적인 충돌이 수면위로 떠오를 수도 있다는 것이다. 모더니즘, 현실주의, 실증주의, 해석주의, 구조주의 등의 존재론적, 인식론적 갈등은 사회과학을 오랜 기간 양분시켜 왔다. 존재론과 인식론에 대한 논의는 계속되고 있지만, 사회과학자들의 일상에는 거의 영향을 끼치지 못하였다. 왜냐하면, 사회과학자들에게는 방법론적인 접근이 토론과 학문적인 상품 생산의 계속적인 자원이 되기 때문이다. 이런 다이나믹은 이미 잘 알려진 것이고, 과학 이론 문헌에서 충분히 다루어졌었다(Berger & Luckmann, 1966; Skjervheim, 1974; Toulmin, 1990).

우리는 사회과학을 연결하는 과정에서 다루어져야만 하는 방법론적인 충돌에 더 집중하고자 한다. 우리가 사회과학과 관련된 실천에 참여할 때만 서로 다른 관점들은 충돌하게 된다. 우리는 또한 대학에서의 변화는 궁극적으로는 매일의 삶의 변화와 연결된다는 것을 알고 있다. 변화 과정에 참여하기 위해서는 전통적인 사회과학이, 새롭고 색다른 사회과학 실천을 만들어내는 직접적인 도전과 맞부딪치는 것이 필요하다.

잘 수행된 실행 연구는 이것을 성취하는 한 가지 방법이 된다. 왜냐하면 실세계의 문제에 대한 구체적인 답변을 구하기 위하여 타당한 이론과 방법을 시험해보는 상생의 사회 연구 과정에서, 실행 연구는 모든 학문분야와 대학, 외부의 이해 당사자를 연결하기 때문이다. 실행 연구는 또한 대학 안과 밖의 새로운 학습자를 환영하고 그들의 에너지와 경험을 이 과정에 쏟아 부을 수 있는 협동적인 연구팀을 포함하게 된다. 이런 방식으로, 실행 연구는 필연적으로 지식 창출과 지식 전달, 지식 응용에 있어서의 민주화를 발달시키게 된다.

실행 연구 과정은 구체적인 운영 및 실천의 변화 위에 근거하고 있으며 이러한 변화 과정은 학습을 위한 체계적인 도구로 사용된다. 그렇게 함으로써, 실행 연구는 학습 행위의 일부분에 참여하는 경험과 반성의 순환을 만들어낸다. 이것이 바로 참여한 모든 사람에게 목소리를 부여하는 민주적이고 참여적인 행위이다; 이것이 우리가 명명한 학습의 상생이다.

분명히, 이것은 연구와 수업에 대한 학과주의적, 소유권적, 상품적 관점에 반하는 것이다. 우리는 실행 연구를 추천하면서, 앞으로는 대학 특히 공립대학이 참여 과정을 통한 민주주의 발전의 중심 기관으로 재정립되어야 한다고 주장하고 싶다.

이러한 변화의 과정은 대학에서 어떤 모습이어야 할까? 실행 연구는 앞서 언급한 학문의 반사회적 행위, 대학의 테일러식의 운영과 리더십, 대학과 사회의 단절을 지적해야만 한다; 즉 실행 연구는 모든 빌둥의 핵심적인 과정을 향해 있어야 한다.

이러한 과정을 위한 에너지와 가능성은 어디에 있는가? 그것이 없는 곳이 어딘지는 분명하다. 전문화된 학문과 학과의 안전지대를 직접적으로 공격하는 것은 실패하기 쉬운 레시피이다. 고위 행정가들과 정책입안자들에게 테일러식의 시장화에 중독된 행위를 포기하라고 요구한 것은 번번히 무시되어 왔다. 오직 권력이 있는 경제적, 정치적 운동주자들에 대한 봉사만을 대학의 봉사로 고려하는 시대에 대학이 사회에 민주적으로 봉사할 것이라는 주장은 별로 믿음이 안 가는 주장이다.

이러한 힘든 환경에서, 우리에게는 대학을 빌둥의 중심으로 재창조해야 하는 일이 남겨져 있다. 실행 연구에 의해 움직여지는 빌둥을 통한 개혁을 상상할 수 있는 유일한 곳은 교수와 연구행위가 이루어지는 곳이다. 수세기동안, 대학의 수업은 위에서 아래로의 수동적인 과정을 의미해왔고, 교사는 학생이 무엇을 알기 위해 왔는지 알고 있다. 이와 반대로, 성인교육의 오랜 역사와 Dewey가 주장한 원리와 비슷한 맥락에서, 우리는 학습을 능동적인 과정으로 본다. 학생은 문제를 던지고, 질문을 하고, 스스로 대답을 찾아가는 기술을 배운다. 이러한 관점에서 교사는 학습자이면서 멘토이고 같은 학습 과정에 참여한 사람이다. 우리는 학생과 교사의 관계를 이 둘이 같은 학습 활동의 협조자로서 지식과 통찰을 제공하는 진실된 상생 과정으로 본다.

그러나 이런 종류의 학습은 학생과 교사가 그 문제의 중요성을 동시에 볼 수 있을 때 일어난다. 따라서, 이런 종류의 교육은 실제적인 문제의 해결을 그 시발점으로 둘 수 있어야 하고 두어야만 한다. 예를 들어, 지역의 수도 공급을 청결하게 하기 위해서 내부의 다학문팀과 외부의 이해당사자가 함께 일함으로써 "친환경"의 의미를 학습하는 것, 지역의 자원봉사 의원의 개원을 도와주면서 행정 기술을 배우는 것 등이다. 대학이나 대학원 단계에서 똑같이 작동할 수 있는 이러한 프로젝트는 대학을 외부 사회와 연결하며 필연적으로 지역의 문제를 책임지는 사람들을 똑같은 학습행위 안에 포함하게 된다. 학습 목표는 너무 복잡하여 하나의 학문적 접근으로는 해결할 수 없기 때문에 이러한 프로젝트는 다학문적이고 다중관점적일 수밖에 없다.

우리는 불가능하다고 생각하지 않는다. 어떤 것이 가능하다는 것을 증명하는 한 가지 가장 좋은 방법은 그것이 이미 다른 곳에서 성공했다는 것을 보여주는 것이다. 우리는 여기에서 두 가지 노력을 제시하려고 하는데, 이것은 심지어 현재의 대학 운영 방식(modus operandi) 내에서도 가능하다.

Levin은 Norwegian University of Science and Technology(NTNU)의 조직 개발 수업에서 한 가지 예를 제시해준다. 수업이 시작될 때는 문제가 명확하지 않았다. 대신에, 학생은 회사를 방문하여 매니저와 노동조합 대표, 노동자와 회의를 하였다. 학생들은 지역 시민을 인터뷰하든지 Levin이 수행한 인터뷰의 녹화 자료를 보고 분석을 하였다. 다음 단계는 학생들이 상황을 해석하고 문제에 대한 의미 있는 시각을 개발하는 것이었다. 이 단계에서, 학생들은 지역 회사 사람들을 두 번째로 만났다. 학생들은 3~5명의 그룹으로 작업하였다.

학생들은 회사의 발전안을 만들었고, 수업시간에 글로 발표하였으며, Levin이 피드백을 주었다. 이 피드백은 생생한 조직 발전 과정을 효과적으로 자극하는 역학(dynamic)을 만들었다. 마지막으로, 회사 대표는 학생의 수업시간 발표에 참석하였고, 회사 사람들은 성적을 매기는 과정에 참여하였다. 회사는 이 과정이 조직의 문제를 생각하는 데 도움을 준 것을 알게 되었고,

회사들은 자발적으로 이 과정에 참여하게 되었다.

빌둥의 요소는 명확하다. 학생들은 학생들과 함께, 교수와 함께, 외부 이해당사자와 함께 실세계의 문제를 가지고, 실제 데이터를 가지고, 실제 결과를 만들어낸다. 학생들은 실제 사람과 일하며 다른 인간과 상호작용하면서 사회적 책임감을 경험한다. 학생들이 이 활동에서 하는 모든 것은 그 회사에 있는 사람들에게 진정한 효과를 줄 수 있다. 위험부담은 크고, 문제는 너무 복잡하여 학급 구성원과 협동해야 하고, 대학의 다른 부분으로부터 관련 지식과 코칭을 구해야만 한다. 학생과 교수, 회사 파트너는 기술과 지식, 이해를 증진시켜야 하며 상생이라는 여건에서 자신들의 생각을 나누는 방법을 배워야 한다.

Greenwood가 또 다른 예를 보여주는데, 이 예는 코넬대학교 1학년에 재학 중인 14명(약 18세)의 학생에게 영작 수업을 가르치는 데서 발췌한 것이다. 이 수업은 코넬대학 시스템의 한 부분으로 신입생에게 글쓰기를 가르칠 때 다양한 학문분야에 있는 교수들이 관심 있어 하는 주제에 대해서 고강도의 글쓰기 연습을 시키는 제도이다. Greenwood 수업의 핵심은 대학의 인류학 연구에 관한 것이며 학생들에게 실행 연구를 소개하는 것이다.

이 특별한 수업은 전통적으로 각 학생이 대학에 지원하는 과정과 그 과정에서 경험했던 것에 대하여 에세이를 쓰는 것으로 시작하였다. 그 수업은 글을 수정하고 보완하는 것에 더하여 지원과 합격, 집을 구해 생활하는 문제, 식사, 물리적 조직(physical organization), 전공필수의 구성 등과 같은 주제에 대해서 학생들(어떤 경우에는 팀을 짜서)이 인류학 과제와 읽기를 통하여 조직하는 과정을 공부하고 개념화하는 능력을 개발하도록 하였다.

수업 초기에,(아주 다양한 지적 흥미와 인종배경, 사회적 관심을 가진) 학생들은 Paolo Freire(1097)의 『The Pedagogy of the Oppressed』를 읽고, 자신들의 경험을 수동적인 은행 모형 교육과 연결 짓기 시작하였다. 한 특출한 학생은 자신들이 Freire가 쓴 것을 믿

는다면, 이 수업을 집단 프로젝트로 바꾸고 교육을 자신들의 손 안으로 가져와야 한다고 말하였다. 무엇을 해야 하는지 간단하게 논의한 후, 학생들은 대학 교정에서 유발하여 대학 교정을 지나가는 물에서 오염물질을 제거하는 프로젝트를 만들었다.

Greenwood를 포함하여, 반 전체가 계획을 세우고, 관심과 기술에 따라 집단으로 나눈 후, 전 대학으로 흩어져, 중항행정부, 수도 시설, 시의 수도 관리 시스템, 저수 생물학자 등을 만났다. 이들은 매우 역동적으로 움직였고 그 결과 General Electric과 MTV에서 후원하는 그린 캠퍼스 프로젝트에 자신들의 프로젝트를 출품하였다. 수천 통의 이메일을 교환했고, 서로 협동해서 만든 웹사이트는 수백 페이지에 이르렀다.

그들의 동기, 작업, 결속, 세련됨은 Greenwood의 기대를 뛰어넘었고, 결국 Greenwood는 학생들이 그 프로젝트를 수행하는 한 달 동안 다른 수업에 나태해지지 않도록 하는 데 시간을 소비해야 하였다. Greenwood는 학생들이 빌둥에서 이야기하는 능력을 개발했고, 아주 행복하게 기꺼이 프로젝트를 수행했으며, 대학을 둘러싼 사람들로부터 지지와 인정을 받았다고 확신하였다.

따라서, 실행 연구라는 방법 안에서는 기존의 대학에서도 이런 일이 가능하다. 우리는 이러한 학습의 장이 개별 학생의 발달에 매우 중요하며, 이후 학생들의 학업이나 인생에서 이 경험이 강력한 영향을 행사하리라는 것을 경험으로 알고 있다.

이 핸드북의 이전 판에서 우리는 연구가 대학에서 어떻게 재조직될 수 있는지 보여주었다. 여기에서 그것을 다시 언급하기보다는, 독자에게 해당 장 (Greenwood & Levin, 2000, 2005)을 읽어보라고 권유하고 싶다. 앞에서 언급한 예에서 얻을 수 있는 교훈은, 수업과 연구 둘 다 실행 연구의 원리에 근거할 수 있다는 것이다. 이런 노력을 기울이고 있는 교수로서, 우리는 학생의 빌둥에 기여할 수 있는 길이 보이기 때문에 매우 낙관적인 위치에 있다고 볼 수 있다. 그러나, 우리가 그렇게 낙관적이지 못한 이유는 우리의 실험이

보여주기를 수업과 연구를 재조직하는 것은 가능하지만, 다른 수업이나 연구로 확산되는 것을 거의 혹은 전혀 보지 못하고 있기 때문이다. 언제나 그렇듯이 경영학적 관점이 대세이다.

2.4 결론

이 핸드북 이전 판에서 실행 연구의 인식론과 방법론에 대해 언급한 것과 마찬가지로 이 장에서 우리가 수업에 대해 언급한 것은 이것이 수업과 연구, 실제세계를 연결하는 아주 훌륭한 방법이기 때문이다. 이것이 사실이라면 왜 세계의 연구중심 대학들을 사로잡지 못하는 것일까? 대부분의 실행 연구는 고등교육의 울타리 밖에서 일어난다.

우리가 지금까지 제안한 것들이 이루어지기 위해서는, 학문적인 사회과학자들이 초전문적인(hyper-professional) 내부 논쟁을 버리고, 개인주의와 사업지향주의를 멀리하며, 대학을 넘어선 다학문적인 연구와 활동으로 향하는 것과 같은 확실한 방향전환이 필요하다. 이것은 테일러식의 대학이, 외부 세계와의 연계에 대한 상품 생산적인 관점을 버리고, 대학 내부 기관의 경계를 넘나드는, 그리고 대학과 사회의 경계를 넘나드는 협동 작업을 쉽게 허용해주는 것으로 변화할 것을 요구한다. 그리고 이것은 대학이 빌둥과 민주주의를 핵심 가치로 여기는 것으로 다시 재정립될 것을 필요로 한다. 이 모든 변화는 잘 일어나고 있지 않다.

대학과 단절된 실행 연구는 새로운 사회과학자 세대를 교육하고 형성하는 연결 고리를 끊어놓는다. 이것은 대학으로 하여금 민주 사회 공헌에 필요한 지식과 기술이 부족한 사람들로 계속 훈련시키도록 한다. 그리고 만약 미래의 연구자들이 대학에서 실행 연구를 훈련받지 못한다면, 그들이 졸업 후에 이러한 능력을 개발시킬 여지는 더더욱 없을 것이다. 실행 연구자 사회과학의 발달에 기여하는 것도 현저히 떨어질 것이다.

따라서 우리는 대학이 수업과 연구에서 실행 연구 중심으로 재조직되지 않는다면 빌둥의 중심으로서의 대학은 불가능한 것이 된 것이며, 실행 연구자 빌둥지향적인 고등교육 내에서 확고한 위치를 굳히지 못한다면 실행 연구는 살아남기 어렵다고 생각한다.

실행 연구자 빠른 시간 내에 확고한 위치를 잡을 수 있을까? 그렇지 않다. 그러나 여전히, 우리가 제기한 문제를 실행 연구자 해결할 것이라는 것은 사실이고,

우리는 이것이 가능하다는 것을 알고 있다. 왜냐하면 우리가, 제한적이기는 하지만 해보았기 때문이다. 우리는 그 결과의 강력함을 목도해왔다.

아마도 현재 고등교육의 위기는 우리가 주장하는 변화에 순풍을 달아주는 환경을 만들 것이다. 그렇다면, 우리는 대학과 민주사회 둘 다에 더 좋은 미래로 향할 수 있는 한 가지 길이 그려진 지도를 제안한 것이 된다.

참고문헌

Ackoff, R. L. (1974). *Redesigning the future: A systems approach to societal problems.* New York: John Wiley.

Argyris, C., & Schön, D. A. (1978). *Organizational learning: A theory of action perspective.* New York: Addison-Wesley.

Argyris, C., & Schön, D. A. (1996). *Organizational learning II: Theory, method, and practice.* New York: Addison-Wesley.

Aslaksen, K. (1999). *Strategies for change in corporate settings: A study of diffusion of organizational innovations in a Norwegian corporation.* Unpublished doctoral dissertation, Norwegian University of Science and Technology, Department of Industrial Economics and Technology Management, Trondheim.

Barnett, R. (2003). *Beyond all reason: Living with ideology in the university.* Buckingham, UK: Society for Research in Higher Education and Open University Press.

Berger, P., & Luckmann, T. (1966). *The social construction of reality.* Garden City, NY: Doubleday.

Birnbaum, R. (2000). *Management fads in higher education: Where they come from, what they do, why they fail.* San Francisco: Jossey-Bass.

Bruford, W. H. (1975). *The German tradition of self-cultivation: Bildung from Humboldt to Thomas Mann.* Cambridge, UK: Cambridge University Press.

Crane, B. (2000). *Building a theory of change and a logic model for an empowerment-based family support training and credentialing program.* Unpublished doctoral dissertation, Cornell University, Ithaca, NY.

Cresswell, J. W. (2003). *Research design: Qualitative, quantitative, and mixed methods approaches* (2nd ed.). Thousand Oaks, CA: Sage.

Cresswell, J. W., & Clark, V. L. P. (2007). *Mixed methods research.* Thousand Oaks, CA: Sage.

Diggins, J. (1994). *The promise of pragmatism.* Chicago: University of Chicago Press.

Ehrenberg, R. G. (Ed.). (2006). *What is happening to public higher education?* Westport, CT: American Council on Education and Praeger.

Eikeland, O. (2008). *The ways of Aristotle: Aristotelian phronesis, Aristotelian philosophy of dialogue, and action research.* Bern, Switzerland: Peter Lang.

Emery, F., & Thorsrud, E. (1976). *Democracy at work.* Leiden, Netherlands: Martinus Nijhoff.

Emery, F., & Trist, E. (1973). *Towards a social ecology.* London: Plenum Press.

Flood, R., & Romm, N. R. A. (1996). *Diversity management: Triple-loop learning.* Chichester, UK: Wiley.

Freire, P (1970). *The pedagogy of the oppressed.* New York: Herder & Herder.

Gibbons, M., Limoges, C., Nowotny, H., Schwartzman, S., Scott, P., & Trow, M. (1994). *The new production of knowledge: The dynamics of science and research in contemporary society.* London: Sage.

Giroux, H. A., & Giroux, S. S. (2004). *Take back higher education.* New York: Palgrave.

Greenwood, D. J. (2002). Action research: Unfulfilled promises and unmet challenges. *Concepts and Transformation, 7*(2), 117-139.

Greenwood, D. J. (2004). Action research: Collegial responses fulfilled. *Concepts and Transformation, 9*(1), 80-93.

Greenwood, D. J. (2009). Bologna in America: The Spellings Commission and neoliberal higher education policy. *Learning and Teaching, 2*(1), 1-38.

Greenwood, D. J., & Levin, M. (1998a). *Introduction to action research: Social research for social change.* Thousand Oaks, CA: Sage.

Greenwood, D. J., & Levin, M. (1998b). The reconstruction

of universities: Seeking a different integration into knowledge development processes. *Concepts and Transformation, 21*(2), 145-163.

Greenwood, D. J., & Levin, M. (2000). Reconstructing the relationships between universities and society through action research. In N. K. Denzin & Y. S. Lincoln (Eds.), *Handbook of qualitative research* (2nd ed., pp. 85-106). Thousand Oaks, CA: Sage.

Greenwood, D. J., & Levin, M. (2001a). Pragmatic action research and the struggle to transform universities into learning communities. In P. Reason & H. Bradbury (Eds.), *Handbook of action research*(pp. 103-114). Thousand Oaks, CA: Sage.

Greenwood, D. J., & Levin, M. (2001b). Reorganizing universities and "knowing how": University restructuring and knowledge creation for the twenty-first century. *Organization, 8*(2), 433-440.

Greenwood, D. J., & Levin, M. (2005). Reform of the social sciences and of universities through action research. In N. K. Denzin & Y. S. Lincoln (Eds.), *The SAGE handbook of qualitative research*(3rd ed., pp. 43-64). Thousand Oaks, CA: Sage.

Greenwood, D. J., & Levin, M. (2007). *Introduction to action research: Social research for social change* (2nd ed.). Thousand Oaks, CA: Sage.

Habermas, J. (1984). *The theory of communicative action: Reason and the rationality of society.* Boston: Beacon.

Heron, J. (1996). *Co-operative inquiry: Research into the human condition.* London: Sage.

Hittleman, M. (2007). *Counting caring: Accountability, performance, and learning at the Greater Ithaca Activities Center.* Unpublished doctoral dissertation, Cornell University, Ithaca, NY.

Johnson, H. T., & Kaplan, R. (1987). *Relevance lost: The rise and fall of management accounting.* Cambridge, MA: Harvard Business Press.

Kassam, K.-A. (2005). *Diversity, ways of knowing, and validity— a demonstration of relations between the biological and the cultural among indigenous peoples of the circumpolar north.* Unpublished doctoral dissertation, Cornell University, Ithaca, NY.

Kirp, D. L. (2003). *Shakespeare, Einstein, and the bottom line: The marketing of higher education.* Cambridge, MA: Harvard University Press.

Klemsdal, L. (2008). *Making sense of the "new way of organizing": Managing the micro processes of planned change in a municipality.* Unpublished doctoral dissertation, Norwegian University of Science and Technology, Department of Industrial Economics and Technology Management, Trondheim.

Kolb, D. (1984). *Experiential learning.* Englewood Cliffs, NJ: Prentice Hall.

Levin, M. (2003). Action research and the research community. *Concepts and Transformation, 8*(3), 275-280.

Levin, M., & Greenwood, D. J. (1998). Action research, science, and cooptation of social research. *Studies in Cultures, Organizations, and Societies, 4*(2), 237-261.

Levin, M., & Martin, A. W. (Eds.). (2007). The praxis of education action researchers [Special issue]. *Action Research, 5*, 249-264.

MacMahon, W. W. (2009). *Higher learning, greater good: The private and social benefits of higher education.* Baltimore. Johns Hopkins University Press.

Marginson, S., & Considine, M. (2000). *The enterprise university: Power, governance, and reinvention in Australia.* Cambridge, UK: Cambridge University Press.

McLaren, P., & Farahmandpur, R. (2005). *Teaching against global capitalism and the new imperialism.* Lanham, MD: Rowman & Littlefield.

McLaren, P., & Jaramillo, N. (2007). *Pedagogy and praxis.* Boston: Sense Publishers.

Mezirow, J. (1991). *Transformative dimensions of adult learning.* San Francisco: Jossey-Bass.

Newfield, C. (2008). *Unmaking the public university: The forty-year assault on the middle class.* Cambridge, MA: Harvard University Press.

Nowotny, H., Scott, P., & Gibbons, M. (2001). *Re-thinking science: Knowledge and the public in the age of uncertainty.* London: Sage.

Prange, K. (2004, November). Bildung: A paradigm regained? *European Educational Research Journal, 3*, 501-509.

Price, D. (2004). *Threatening anthropology.* Durham, NC: Duke University Press.

Raymer, A. L. (2007). *Democratic places through democratic means with participatory evaluative action research (PEAR), a model of inquiry for habits and habitats where public life matters.* Unpublished doctoral dissertation, Cornell University, Ithaca, NY.

Reason, P. (Ed.). (1994). *Participation in human inquiry.* London: Sage. Ruiz-Casares, M. (2006). *Strengthening the capacity of child-headed households in Namibia to meet their own needs: A social networks approach.* Unpublished doctoral dissertation, Cornell University, Ithaca, NY.

Skjervheim, H. (1974). *Objektivismen og studiet av mennesket* [Objectivity and the study of man]. Oslo, Norway: Gyldendal.

Skule, S. (1994). *From skills to organizational practice: A study of the relation between vocational education and organizational learning in the food-processing industry.* Unpublished doctoral disser-tation, Norwegian University of Science and Technology, Department of Industrial Management and Work Science, Trondheim.

Slaughter, S., & Leslie, L. L. (1997). *Academic capitalism: Politics, policies, and the entrepreneurial university.* Baltimore: Johns Hopkins University Press.

Toulmin, S. (1990). *Cosmopolis: The hidden agenda of modernity.* Chicago: University of Chicago Press.

Vasily, L. (2006). *Reading one's life: A case study of an adult educational participatory action research curriculum development project for Nepali Dalit social justice.* Unpublished doctoral dissertation, Cornell University, Ithaca, NY.

Washburn, J. (2005). *University, Inc.: The corporate corruption of American higher education.* New York: Basic Books.

Wright, S., Brenneis, D., & Shore, C. (Eds.). (2005). Universities and the politics of accountability [Special issue]. *Anthropology in Action, 12*(1).

Frederick Erickson

03.

교육 및 사회과학 연구에서 질적 탐구의 역사[1]

홍원표_ 연세대학교 교육학과 교수

질적 탐구는 이야기적 글쓰기를 통해 일상생활에서 구체적인 사람들의 행위와 그것의 의미를 드러내고 묘사하고자 한다. 질적 탐구는 의미의 차이를 만들어내는 것들 사이의 형태적 차이에 주목함으로써 세계에서 의미와 유관한 종류의 것들—특정한 종류의 사람, 행위, 믿음, 홍미—을 파악하고자 한다(라틴어에서 'qualitas'는 종류의 구분, 즉 특질, 형상, 실체에 초점을 두는 반면, 반대말인 'quantitas'는 양적 차이에 주목한다). 질적 연구자는 먼저 "이러저러한 상황에 있는 사람들이 일상생활을 살면서 추구하는 것들의 종류(물질적, 상징적)는 무엇인가?"라는 질문을 제기한다. 반면 양적 연구자는 "여기에 특정한 종류의 사례가 얼마나 많은가?"라는 의문을 품는다. 이러한 측면에서 보면 양적 연구는 좀 더 근본적인 질적 연구에 의해 뒷받침될 수밖에 없으며, 사회과학 연구에서 질적 토대를 생략하고자 한다면 잘못된 길로 들어서게 된다. 그렇게 될 경우, 사회과학 연구는 연구 질문을 해결하고자 하는 과정에서 잘못된 종류의 것들을 측정하게 될 것이기 때문이다.

이 장의 목적은 질적 연구의 발전에서 중요한 단계들을 살펴보는 것이다. 질적 연구를 활용한 연구들의 방대함 때문에, 여기에서 인용은 각 발전단계에 있었던

모든 연구들에 대한 종합적 검토라기보다는, 질적 연구의 연속적 발전단계를 보여주는 예시적 사례들이라고 보는 것이 정확할 것이다. 필요할 때마다 추가적인 문헌이나 질적 방법에 대한 역사적인 연구들을 언급해 두었는데, 특히 서두에서 이 분야의 핸드북 초판에 실린 Arthur Vidich와 Stanford Lyman(1994, pp. 23-59)의 종합적인 역사적 검토를 언급해야 할 것 같다. 이 글에서는 지난 30년 동안 질적 연구의 타당성이 겪어 왔던 위기에 대해 다소 다른 관점을 취하고 있다.

이 장은 시기별 접근과 주제별 접근을 모두 따르고 있는데, 특히 질적 연구들의 다섯 가지 근본적인 "토대"들 사이의 관계가 시기별로 어떻게 전개되어 왔는지를 살펴보게 될 것이다. 그 다섯 가지는 (1) 사회과학, 특히 사회학과 인류학에서 학문중심적 관점, (2) 관찰자/저자로서의 참여관찰적 현장연구자, (3) 현장연구에서 관찰을 당하는 사람들, (4) 실체를 담고 있으면서도 문예적인 텍스트로서의 질적 연구 보고서, (5) 이들 텍스트가 겨냥하는 독자들이다. 이하에서는 질적 사회과학 탐구의 발전 과정에서 이들 "토대"의 특징과 정당성을 논의하게 될 것인데, 특히 최근 들어 이를 둘러싼 논의가 더욱 뜨겁게 진행되고 있다.

3.1 질적 연구의 시초

고대에서부터 질적 연구의 전조라고 할 만한 것들이 있었다. 기원전 5세기의 그리스 역사가 헤로도토스는 이미 역사적이고 간문화적인 것에 흥미가 있었다. 2세기 무렵 그리스의 회의주의 철학자인 Sextus Empiricus는 도덕성에 관한 간문화적 연구를 수행함으로써, 한 사회에서 옳다고 간주되는 것이 다른 사회에서는 그렇지 않을 수도 있다는 것을 보여주었다. 그와 Herodotus는 여행자적 관점의 탐구를 수행하였는데, 이것은 19세기 후반까지 인간 삶에 관한 비교적 지식을 얻는 주된 통로였다. 자연에 관한 지식도 아리스토텔레스나 갈레노스 학파의 의술이 보여주듯이, 서술적으로 보고되었다. 일상적인 사회적 행위에 대한 서술적 연구는 Baldassar Castiglione의 『궁정론』이나 Thoinot Arbeau(『무도기보법』)의 궁정 무용, Johann Comenius(『대교수학』)의 교수법, Isaak Walton(『조어대전』)의 낚시법, John Playford(『디비전 비올』)의 감바족의 비올라 연주법 등이 보여주듯이, 르네상스와 바로크 시대에 풍부하게 이루어졌다. 무용이나 음악에 대한 기법들을 아주 세세한 부분까지 단계별로 묘사하고 있다는 점에서 특히 특정한 행위에 관한 분석적인 설명이라고 할 수 있다. 서술적 분석은 초기 스페인 식민지 시절 라틴 아메리카 원주민들의 상황을 설명하고 있는 16세기 Bartolomeo de las Casas의 작품이나 북아메리카에서의 선교생활을 본국에 보고하는 17세기 프랑스 예수회 선교사들의 보고서와 같이 좀 더 포괄적인 영역에서도 이루어졌다. 사실 서술의 폭과 깊이의 긴장은 현대의 질적 탐구나 글쓰기에도 여전히 남아 있다.

일상생활에 대한 17세기의 서술과 동시에, 갈릴레오와 뉴턴의 수리 물리학이 정립되었다. 계몽주의가 발전하면서 양적 탐구가 물리학의 표준이 되었다. 이러한 연구의 목적은 물리 세계에 보편적으로 적용될 수 있는 일반 법칙과 인과관계를 발견하는 것이었다. 사회적 삶에 대한 연구, 즉 "사회 물리학"에도 이러한 것들이 가능한가? 즉, 인간의 삶이 빈도표로 기록되고, 이들 빈도 자료에 대한 분석으로부터 인간의 삶에 대한 일반화가 가능한가? 영국에서 1690년에 출판된 William Petty의 『정치 수학(Political Arithmetic)』이 그러한 시도의 사례를 보여주고 있다. 프랑스와 독일에서는 특정한 목적을 위해 수집된 양적 자료(재정이나 인구, 질병, 사망률 등에 대한 정보)에 통계라는 용어가 사용되기 시작하였다. 18세기의 일부 프랑스 계몽주의 지식인들은 사회 진보가 수학적으로 모형화되고, 물리학이나 화학, 천문학처럼 현실이나 정치 경제학에 대한 이론들 역시 공식화되고 검증될 수 있다는 생각을 갖게 되었다.

시간이 지남에 따라, 일상생활에 대한 서술적 묘사의 초점도 바뀌기 시작하였다. 16세기와 17세기에는 유한계급의 활동이 주로 서술되었고, 노동계급의 사람들은 탐욕적이고, 음탕하며, 교활하게 잘 속이는 사람들로 간주되었다. 이러한 예는 1743년에 제작·공연된 J. S. Bach의 '농민 칸타타'를 위한 Picander의 오페라 대본에 나타난 탐욕적이고, 계산적인 시골 농부와 여성들에 대한 묘사에서 찾아볼 수 있다. 18세기 말이 되자, 농노나 시골의 일상적 삶에 대한 묘사는 좀 더 동정적인 색채를 띠게 되었다. Pierre Beaumarchais의 연극 '피가로의 결혼'이 그러한 예이다. 1778년에 쓰여진 이 작품은 원래 파리와 비엔나 두 곳에서 모두 공연이 금지되었는데, 그 이유는 농노들을 긍정적으로 묘사하고 귀족 사회의 특징을 드러냄으로써 전복과 저항을 유도할 수 있다는 것이었다. 19세기 초에는 그림 형제가 독일 농부들의 민담을 수집하였으며, 민속 전통이나 전승된 이야기를 수집하여 문서화하는 것이 일반화되었다.

19세기 중엽에는 사회적 탐구를 체계적으로 수행하기 위한 토대들이 만들어지기 시작하였으며, 사회에 대한 "과학"이 어떤 종류여야 하는가에 대한 근본적인 의견 충돌이 나타났다. August Comte(1822/2011)가 훗날 사회학이라고 명명한 연구를 발전시키면서 '그러한 과학은 계몽주의 철학자들의 희망처럼 물리학 모델을 따라야 하는가?'와 같은 주장을 하였고, 동시대인인 Adolphe Quetelet(1835/2010)는 "사회 물리학"을 완성하기 위해 통계학을 활용할 것을 주장하였다. 사회나 문화의 발전에 관심을 가졌던 초기 인류학자들 역시 일반화를 지향하였다(예, Morgan, 1877; Tylor, 1871). 이들은 보편적 지식을 위하여 인간에 대한 비교 연구를 생각하였는데, 이것은 시간에 따라 야만인으로부터 현대(유럽) 문명에 이르기까지 발생한 물리적·문화적 측면에서 인간의 변화에 대한 지식, 훗날 문화기술지(ethnology)라고 명명된 일종의 비교 연구였다. 이들은 Comte가 그랬듯이, 사회 탐구의 목적을 모든 경우에 적용될 수 있는 인과 법칙, 물리학이나 화학에서의 법칙과 유사한 법칙을 발견하는 것이라고 보았다.

반면, 독일의 철학자인 Wilhelm Dilthey(1883/1989)는 그가 Naturwissenschaften이라고 부른, 자연과학과는 다른 접근을 주장하였다. 그는 사회 탐구를 정신과학(Geisteswissenschaften)으로써 수행하기를 주장했는데, 이것은 말 그대로 하면 '영혼에 대한 과학'이고 좀 더 자연스럽게 번역하면 '인문과학'이나 '인간 연구'라고 할 수 있다. 그러한 탐구는 인문과학과 우리가 지금 사회과학이라고 부르는 것에서 모두 일반적으로 수행되고 있었다. 그것은 매일의 삶 속에서 특정한 행위와 의미에 초점을 둔다. 인문과학에서 탐구의 목적은 증명이나 예측보다 이해(verstehen)이다. Dilthey의 사고는 젊은 학자들, 특히 사회학의 Max Weber와 Georg Simmel, 초기 현상학의 Edmund Husserl이나 Martin Heidegger와 같은 학자들에게 영향을 미쳤다. 그의 사상은 Hans-Georg Gadamer나 Jügen Habermas 같은 철학자, Ernest Gellner나 Clifford Geertz 같은 인류학자들의 "해석학적 전회"를 통해 20세기 중반에 와서 영향력이 더욱 커졌다.

문화기술지의 등장.   19세기 후반기에 인류학자들은 식민지에 살고 있는 특정 지역의 사람들의 삶의 방식에 대한 서술적 설명을 가리켜 **문화기술지**(ethnography)라는 용어를 사용하기 시작하였다. 이들은 이들 설명이 여행자나 식민지 관료들의 보고서보다 더 정확하고

종합적이라고 주장하였다. 여행서들의 정보의 질과 종합성을 높이고 막 등장한 인류학의 현장연구자들을 지원하기 위하여, 영국고등과학협회는 1874년에 『미문명지 여행자나 거주자가 활용 가능한 인류학 노트와 기법』이라는 제목의 매뉴얼을 펴냈는데, 이것은 관찰과 면담을 통해 자료를 수집하는 방법에 대한 안내서라고 할 수 있다(http://www.archive.org/details/notesandqueries00readgoog에서 구할 수 있음). 1874년 판의 편집위원은 George Lane-Fox, Pitt-Rivers, Edward Tylor와 Francis Galton이었는데, 이들 중 Galton은 현대 통계학의 주창자 가운데 한 명이다. 이 매뉴얼은 왕립인류학회를 통해 판을 거듭하여 출간되었는데, 1951년의 제6판이 마지막 판이었다.

4×6판 크기의 이 책은 외투나 탐험복의 큰 주머니에 넣고 연구현장으로 가져갈 수 있었다. 표지의 가장자리에는 인치와 센티미터로 표시된 자가 있어서 현장에서 마주친 물건들의 크기를 잴 수 있도록 하였다. 이 책은 나중에 자연 인류학이나 사회/문화 인류학으로 분기될 영역에서 다루는 광범위한 질문과 관찰 주제들을 포함하고 있었다. 예를 들어 해부학적·의학적 관찰, 의복, 항해술, 음식, 종교, 법률, "개화된 인종과의 접촉" 등과 같은 주제들이 포함되어 있었다. 이 책의 목표는 연구 대상이 되는 사람들의 전반적인 생활양식에 대한 정확한 정보와 종합적인 서술을 얻는 것이었다.

이처럼 현장연구와 정보 수집에 대한 백과사전식 접근은 19세기 후반 질적 연구의 중요한 특징을 이루고 있었는데, 예컨대 북아메리카의 북서 해안에 대한 Franz Boas의 초기 현장연구, Alfred Haddon이 주도한 오세아니아의 토레스 해협에 대한 두 차례의 탐험 등이 진행되었다. Haddon의 두 번째 탐사에는 영국 인류학의 다음 세대를 가르치게 될 사람들이 동행하였는데, 예를 들어 W. H. R. Rivers와 C. G. Seligman은 나중에 Radcliff Brown이나 Malinowski를 가르친 사람들이다(초기 인류학의 현장연구 방법의 역사에 대해서는 Urrey(1984, pp. 33-61) 참고).

이처럼 국외 상황에서 자료를 수집하고 보고하는 것

을 문화기술지(ethnography)라고 했는데, 이는 그리스어의 'graphein'(동사로서 '쓰다'는 의미)과 'ethnoi'('민족' 즉 '국가들, 타자들'을 가리키는 복수명사)가 결합된 단어이다. 그리스어에서 'ethnoi'는 트라키아인, 페르시아인, 이집트인처럼 그리스인이 아닌 사람들을 뜻했는데, 이 말의 반대는 'Ellenoi'로서 그들과 반대되는 헬레네스를 의미하였다. 그리스인들의 태도는 외국인을 혐오하는 그 이상이었으며, ethnoi라는 단어는 경멸의 의미를 담고 있었다. 히브리어 문자에 대한 그리스어 번역에서 ethnoi는 goyim("그들")을 번역한 것인데, 이는 물론 좋은 의미를 담고 있지 않았다. 이러한 어원과 또 19세기에 비서구인들에 대한 기술적 묘사를 지칭하던 초기 용법을 고려해보면, 문화기술지에 대한 최적의 정의는 "다른 사람들에 대한 글쓰기"라고 할 수 있을 것이다.

아마 현대적 의미에서 첫 번째 사실주의적 문화기술지는 W. E. B. DuBois(1899)의 『필라델피아의 흑인들(The Philadelphia Negro)』이라고 할 수 있을 것이다. 특정한 아프리카계 미국인 집단에 대한 그의 연구에는 인구학적 자료, 지역 지도, 지역사, 지역 기관과 공동체 집단을 대상으로 한 설문조사, 일상생활에 대한 서술식 설명 등이 종합되어 있다. 그의 목적은 지금까지 백인 중산층 위주의 사회와 학문적 담론에서 소외되고 침묵되어 왔던 사람들의 삶을 드러내고 그 삶이 가진 질서를 보여주는 것이었다. 목적과 서술 방식에서 유사하고, 인구자료와 의료 통계, 내러티브적 설명을 종합한 연구가 동부 런던의 노동자 계급의 삶에 대한 Charles Booth(1891)—Sidney와 Beatrice Webbs의 도움을 받아—의 연구를 통해 이루어졌다. 내러티브적 서술을 좀 더 강조하는 연구가 『또 다른 절반의 삶(How the Other Half Lives)』에서 이루어졌는데, 뉴욕시의 이스트사이드에 사는 이민자들의 일상을 다루는 이 연구는 언론가인 Jacob Riis(1890)가 저술하고, 사진가들이 시각 자료를 첨가한 것이다. 저자들 중 특히 Booth와 DuBois는 사실적 정확성과 총체적 범위를 추구하였다. 또한 이

들은 모두 사회개혁가들이었는데, Booth와 Webbs는 영국의 페이비안 사회주의 운동에 속하고, Riis는 "폭로" 저널리즘과 민중 사회학의 창시자였으며, DuBois는 실천에 더욱 관심을 갖게 된 사회학자로서 20세기 초반 아프리카계 미국인들의 민권 운동의 지도자가 되었다. 서술 그 자체에 대한 관심을 넘어, 이들의 목표는 사회적 변화를 일깨우고 지지하는 것이었다.

이들 초기 실천가들 중에 누구도 연구 대상의 내적 관점을 통해 그들의 일상생활을 서술한다고 주장하지는 않았다. 그들은 외부 관찰자였다. 비록 아프리카계 미국인이었지만 DuBois는 필라델피아가 아니라 뉴잉글랜드의 작은 마을에서 자랐으며, 더욱이 하버드 졸업장을 갖고 있었다. Booth와 Webbs는 중산층이었으며, Riis도 마찬가지였다. 이들의 의도는 행동에 대한 "사실"을 정확하게 묘사함으로써 자명할 정도로 정확하고 "객관적"인 설명을 제시하는 것이었지, 현장에서 자신의 존재가 갖는 기능적 중요성, Clifford Geertz(1973, p.6)의 표현을 빌면 눈을 깜박이는 것과 윙크하는 것의 차이에는 관심이 없었다. 나중에 언어학에서 발전되고 문화기술지에서도 비유적으로 쓰이고 있는 용어를 빌리자면, 그들의 서술은 내용이나 인식론적 측면에서 '내부자적(emic)'이라기보다는 '관찰자적(etic)'이었다.

새로운 관점의 추가. 행동(눈깜박임과 같은)보다는 사회적 행위(윙크와 같은)를 묘사하는 것, 즉 일상의 삶을 연구 대상의 의미 체계와 주관적 지향성을 통해 접촉하도록 하는 것은 바로 Malinowski가 나중에 한 세대를 이루었다고 하는 문화기술지 내에서, 해석적 혹은 해석학적 접근으로의 근본적 전환을 이루어낸다. 혁신적 연구서인 『서태평양의 모험가들(Argonauts of the Western Pacific)』(Malinowski, 1922, p.25)에서, 그는 문화기술적 서술은 총체적이고 사실적으로 정확해야 할 뿐 아니라, "원주민들의 세계관, 그들의 삶과 관점, 세계 사이의 관계를 파악"해야 한다고 주장

한다.

영국에서 인류학을 공부한 폴란드인인 Malinowski는 1차 대전 동안 멜라네시아의 트로브리안드 섬에서 현장연구를 하는 내내 영국 식민 관료들과 동행해야 했는데, 이는 그가 오스트리아-헝가리 제국의 스파이일지도 모른다는 의심 때문이었다. 전쟁이 끝날 때까지 고향으로 돌아가는 것은 그에게 허락되지 않았다. Malinowski는 나중에 4년간의 반강제적 현장연구와 지역 언어에 대한 이해를 통해, 총체적인 일상 체제를 포괄하면서도, 일상 행위의 정교한 국지적 의미를 정확하게 드러낼 수 있는 보고서를 쓸 수 있게 되었다는 것을 위안으로 삼았다. Malinowski 이후에, 일상행위가 묘사되는 대상인 현지인들의 의미 체계가 드러나도록 기술하는 것은 인류학적 문화기술지의 가장 중요한 특징이 되었다.

해석적(즉, 해석학적)으로 지향된 사실주의적 문화기술지는 **국지적 의미**가 사회적 삶과 이어져 있기 때문에 지역적 조건이 바뀌면 의미 체계 역시 근본적으로 (간혹은 미세하게) 바뀐다고 여긴다. 인류학에서 이것을 잘 보여주는 것은 Malinowski 이전에 Franz Boas가 선택한 문화적 상대주의이다. 1920년대 들어 인류학자들은 인간의 사회가 문화적으로 상당히 다르기 때문에, 타당한 민속적 비교를 위해서는 사려 깊은 문화기술적 사례 연구가 선행되어야 한다고 믿게 되었으며, Edward Tylor나 Lewis Henry Morgan 같은 사변적 학자들로는 충분하지 못하다고 생각하게 되었다.

각 맥락별로 국지적 의미에 고유한 차이가 있다는 강조는 자연과학의 근본적 가정과 정면으로 배치되는 것이었다. 자연과학은 물리적 세계에는 근본적인 보편성이 있다는 믿음에 토대를 두고 있기 때문이다. 예컨대 우리는 열이나 힘의 측량 단위 혹은 특정한 화학물질의 실체가 멕시코시티에 있든 도쿄에 있든 런던에 있든, 심지어 태양의 표면에 있든 멀리 떨어진 은하에 있든 동일하다고 전제한다. 자연 세계의 구성 요소와 절차는 보편적이라는 믿음을 통해 물리학, 화학, 천문학, 그리고 정도는 다르지만 생물학에서 보편적 법칙에 대한 진술

이 가능해졌다. 반면, 인간에 대한 학문은 지역적으로 구성된 의미에 초점을 두며, 이 구성의 다양성은 **사회적 삶이 근본적으로 비보편적**이라는 점을 함의한다. 사회 물리학을 추구해왔던 사람들은 이 가정을 절대로 받아들일 수 없을 것이다. 그러나 질적 사회 탐구는 사회 공학을 지향하는 것이 아니지 않은가? 혹은 그런가? 인류학과 사회학, 교육학 내에는 전통 사회와 현대 사회에 대한 문화기술적 사례 연구를 진행하는 와중에도 이에 대한 상반된 의견이 있어 왔다.

다수의 기본적인 접근은 질적 사회 탐구를 발전시키는 것이다. 우리는 이러한 접근을 다섯 가지의 근본적인 발판이나 "토대"에서 확인할 수 있다. 그 다섯 가지는 사회과학적 연구, 사회과학적 관찰자, 관찰되는 사람들, 텍스트로서의 연구 보고서와 그 텍스트가 겨냥하는 연구 독자들이다. 이들 각각은 성격이 분명하고 정당성이 확보되어 있는 하나의 실체로 간주되어 왔다. 그러나 현대의 질적 연구에서는 이들의 성격과 정당성에 대한 의문이 제기되고 있다.

첫째는 **사회과학적 연구**로서, 19세기 후반에 사회학과 인류학은 신생 학문으로 발전하고 있었으며, 대학에 막 자리 잡기 시작하였다. 17세기 이후 자연과학은 눈부신 발전을 이루어 왔는데, 사회과학자들은 이와 유사한 성공을 바라고 있었다.

둘째는 **관찰자로서의 사회과학자**이다. 다른 인간들을 연구하는 이들의 전문성이 사회과학의 체계를 이루게 되었는데, 이러한 전문성이 그들로 하여금 다른 사람에게 의문을 품고 그들을 관찰할 수 있는 권리를 주었다. 사회과학자는 연구 관심을 실현하는 데 있어 열린 마음을 갖고 있고, 체계적이며 공정하리라고 기대되었다. 다른 인간을 가까이서 깊이 있게 들여다보는 과정은 바위나 새들을 대상으로 하는 것보다 윤리적이어야 하고 인식론적으로도 논란이 많은 과정으로 여겨졌다. 인간 활동의 표본을 수집하는 것은 사회생활에 대한 새로운 지식을 가져다줄 것이라고 정당화되었다. (현장 생물학자와 달리 사회과학자는 자신이 연구하는 대상을 죽이거나 나중에 관찰하기 위해 동물 표본실에 가두어 두

도록 허락되지 않았다. 비록 일부 비서구인들이 만국 박람회에 전시되고, 인류학자인 Alfred Kroeber는 버클리대학의 인류학 박물관에 이쉬라는 미국 원주민을 가두어 두고 관찰하고 면담하기도 하였지만, 공예품을 수집하고 현장노트를 쓰는 것은 생물학자나 지질학자의 견본수집이나 분석 방법과 같은 것이라고 여겨졌다.) 또한 사회 탐구에서 연구 관심은 일방적인 것이었다. 즉, 생물학자가 동물의 표본을 해부하는 것이나 그 반대가 아니듯이, 사회과학에서 관찰하고 질문하는 것은 연구자이지, 일상생활이 연구되는 사람들이 연구자에게 관심을 기울이고 질문을 던지는 것은 아니었다.

셋째는 연구 대상으로 관찰되는 사람들로서(주체로서가 아니라 객체로서) 이들은 연구 활동의 수동적인 참여자, 즉 주체가 아닌 환자로 간주되었기 때문에, 관찰되고 질문되기 위해 있는 것이지 탐구의 방향에 영향을 미치기 위해 있는 것은 아니라고 여겨졌다. 따라서 질적 사회 탐구의 역할 분담에서 연구자에게는 역할이 극대화된 반면, 연구 대상에게는 최소한의 통제권만 주어지는 본질적으로 비대칭적인 구분이 만들어지게 되었다.

이러한 비대칭성은 텍스트로서의 연구 보고서 작성으로 이어지는데, 보고서 작성의 전적인 책임은 저자로서의 사회과학자에게 있는 것이었다. 연구 보고서가 연구 대상과 공동으로 작성되는 경우는 없었으며, 갈라파고스 군도의 핀치새가 자신의 섬에 방문한 다윈에 대한 보고서를 쓰지 않았듯이, 연구 대상에 의해 작성된 보고서가 함께 제시되는 경우도 없었다. 직접적인 참여관찰을 통해 만들어진 사회 탐구의 보고서에서 연구 대상의 일상에 대한 묘사는 연구자의 몫이었다.

텍스트 생산에 있어서의 비대칭성은 텍스트의 소비로까지 이어졌다. 사회 탐구의 보고서는 연구 대상이 아닌 다른 집단에 속한 독자들, 예를 들어 연구자의 동료 사회과학자 집단이나 연구 활동을 지원한 정책가들을 위해 쓰여졌다. 이들 독자들의 일차적인 관심은 연구 주제가 갖는 중요성이나 연구 수행에 사용된 연구 방법의 질에 있었다. 연구 보고서의 성공, 즉 저자로서 연구자의 지위는 연구 공동체의 판단에 달린 문제였다. 연구

자가 현장연구를 하는 동안 관찰되고 나중에 보고서에서 묘사되는 사람들의 실존적인 경험은 독자와 저자 모두의 관심 밖에 있었다. 실제 연구되는 사람들은 대부분 글을 읽고 쓸 줄 몰랐기 때문에, 보고서를 읽을 것이라고 기대되지도 않았다.

한동안 이들 다섯 가지 요소들은 질적 탐구의 "정상 과학"에서 규범적 권위를 가지고 있었다. 이 시기를 "황금시대"라고 부를 수 있을 텐데, 최근에 이 다섯 가지 영역 내에서의 뜨거운 논쟁을 생각한다면, 사실 이 표현 속에는 반어법이 주는 아픔 같은 것이 담겨 있다.

3.2 사실주의 문화기술지의 "황금시대"

1920년대 중반부터 1950년대 초반까지 질적 탐구에서 기본적인 접근은 사실주의 문화기술지였다. 당시에는 그냥 문화기술지라고 불리었지만 최근에는 사실주의라는 말을 붙이게 되었는데, 그 이유는 내레이터가 자신의 설명을 마치 완전한 사실인 것처럼 말한다는 점에서 "당신이 거기에 있다"는 식의 글쓰기적 특성을 보이며, 보편적으로 서술되는 상황—이들 상황(마을이나 섬, 그리고 나중에는 도심 빈곤지역이나 사회 조직의 한 부분)은 고유한 경계를 갖고 있는 것으로 간주되었다—이 일상적 삶 전반에 대한 종합적인 서술을 제공하고자 하기 때문이다. 마치 내레이터는 설명하고 있는 일상생활의 한 부분이 아닌 것처럼 3인칭 시점을 쓰는 것이 일반적이었다. 관습적 행위들에 지나치게 동조적이거나 비판적이지 않고 "원주민들의 관점"을 보여준다는 점에서, 약간 떨어져 있는 권위적인 목소리가 공평한 것으로 간주되었다(거리두기에 대해서는 Vidich & Lyman, 1994, p. 23 참고). 일반적으로 그러한 접근에 깔려 있는 사회 이론은 기능주의였으며, 이 때문에 연구자들은 갈등을 한 사회의 추동력으로 보기보다는 한 지역 내에서 사회 조직이나 각종 절차들 사이의 상보적 관계에 주목하는 경우가 많았다.

이 시기에 인류학 분야의 문화기술지 연구서들은 Malinowski(1992)의 『탐험가들(Argonauts)』에서 발견되는 접근을 따르고 있었는데, 그에 의하면 문화기술지는 세 가지의 일차 정보를 갖고 있어야 한다.

1. 부족의 조직과 문화에 대한 분석이 확고하고 분명한 체제를 갖고 있어야 한다. 구체적이고 통계적인 문서화를 통해 그러한 체제가 만들어진다.

2. 복잡한 실제 삶과 행동 유형들이 이 체제에 의해 분류되어야 한다. 이들 자료는 섬세하고 세부적인 관찰을 통해서 일종의 문화기술적 일지로 기록되어야 하는데, 이 일지는 원주민들의 삶과 근접한 접촉을 통해서 만들어질 수 있는 것이다.

3. 문화에 대한 진술, 특징적인 이야기 체제, 전형적인 발화, 민속 물품, 마술적 공식 같은 것들의 수집은 기입 체계, 즉 원주민들의 정신세계에 대한 문헌 자료가 되어야 한다(p. 24).

주로 연구되었던 것들은 특정하게 명명된 인종이나 언어 집단이 거주하는 촌락 또는 그들의 종교였다. 연구서들은 대체로 물리적 상황(혹은 생계활동)에 대한 묘사로 시작하는 경우가 많았다. 이어서 연간 생활 주기에 대한 장, 평범한 하루에 대한 장, 친족관계나 다른 '사회조직'에 대한 장, 양육에 대한 장, 그리고 특이한 측면들에 대한 장들이 이어졌다(예컨대, 1940년에 출간된 Evans-Pritchard의 『누에르족(The Nuer)』이라는 유목민에 대한 연구서는 소가죽 색깔을 구분하는 특이한 감각을 상세히 설명하고 있다). 실제 상황에 있는 특정 집단 사람들의 행위를 묘사하는 소절이 포함되거나 전형적인 행위들이 좀 더 객관적으로 설명되기도 하였다. 보고서에는 이들 설명과 원주민들로부터 온 인용들이 주석을 통해 연결되었다. 지도나 빈도표, 가계도 같은 분석 차트 같은 것이 포함되는 경우도 많았다.

이 시기 미국과 영국 인류학의 대표적인 연구서들에는 당시 약간의 인기를 끌었던 Margaret Mead(1928)의 『사모아의 성년(Coming of Age in Samoa)』

처럼, Franz Boas의 제자들의 작품이 포함된다. Malinowski의 제자인 Raymond Firth(1936/2004)는 『우리 티코피아 사람들(We the Tikopia)』을, Malinowski의 동료인 Alfred Radcliffe-Brown(그 스스로 Malinowski가 『탐험가들』을 썼던 해인 1922년에 『안다만 제도의 사람들(The Andaman Islanders)』을 출판하기도 하였다)의 제자인 Evans-Pritchard는 1940년에 『누에르족』을 발표하였다. David Holmberg(1950)는 볼리비아의 시리오노족에 대한 『긴 활의 유목민들』이라는 책을 펴냈다. 아메리카 대륙의 원주민들에 대한 연구 외에도, 호주에서는 뉴기니, 마이크로네시아 그리고 멜라네시아에 대한 연구가, 영국에서는 아프리카에 대한 연구처럼 영국 식민지에 대한 연구들이 이루어졌다.

미국에서는 시카고 대학 사회학과의 Robert Park와 Ernest Burgess가 지역사회에 대한 인류학적 문화기술지 연구를 활성화시키고 있었다. 도시내 지역 구분의 형성과 유지에 대한 지리적 결정론을 토대로 시카고 도심의 여러 지역들이 마치 분리된 공동체인 것처럼 다루어졌다. 예컨대 Louis Wirth(1928)는 서쪽의 유태인 빈민촌을, Harvey Warren Zorbaugh(1929)는 인접한 이탈리아 노동자들이나 북부 근처의 '주류 미국인들'이 사는 중산층 지역을 연구하기도 하였다. 지역 사회를 연구하는 미국 사회학의 전통이 이들의 뒤를 이었다. Robert Lynd와 Helen Lynd(1929, 1937)는 스스로 Middletown이라고 이름 붙인 중서부의 작은 도시인 인디애나 주의 Muncie에 대한 2부작 연구를 수행하였다. 인류학자인 Llyod Warner(1941)는 매사추세츠의 Newburyport를 연구하였고, William Whyte(1943/1955)는 보스턴 북부의 이탈리아인 지역을, Conrad Arensberg와 Solon Kimball(1940)은 시골의 아일랜드인 지역을 연구하였다.

시카고 남부 흑인 지역에 대한 St Clair Drake와 Horace Cayton(1945)의 연구, 뉴욕의 이탈리아계 미국인들에 대한 Herbert Gans(1962)의 연구와 같이 도시 공동체에 대한 연구는 2차 대전 이후에도 계속되었다. Gerald Suttles(1968)는 시카고 서부 지역의 다인종 지역에서의 인종 간 관계에 대한 연구를 통해 시카고 사회학파의 '지역사회' 이론을 재검토하였고, 비슷한 방식으로 Elijah Anderson(1992)은 필라델피아 서부의 다인종 지역을 조사하였다. 일부 연구는 공동체에 대한 연구의 범위를 전체 공동체로부터, 흑인 남성들이 관계망을 형성하는 공간으로서의 선술집(예, Liebow, 1967)처럼 특정 상황으로 좁히기도 하였다. 미국의 농촌사회학 역시 1930년대에 문화기술적 연구들을 수행하였다(미국의 공동체 연구에 대한 좀 더 깊이 있는 분석이나 사례에 대해서는 Vidich & Lyman, 1994 참고).

조직이나 직장에 대한 연구는 특히 2차 대전 이후에 활발하게 진행되기 시작하였다. 노사관계에 대한 참여관찰(예, Roy, 1959)이 이루어졌으며, Chris Argyris는 은행에서의 일상 업무(1954a, 1954b)와 임원진의 업무 생활(1953)에 대한 서술적 연구를 진행하였다. 직업 사회화에 대한 문화기술적 연구들도 나타나기 시작하였다(예, Becker & Geer, 1961; Glaser & Strauss, 1965). 지역사회에 대한 연구처럼 직장에 대한 연구도 일상생활에서의 즉각적 상호작용에 초점을 두기 시작했는데, 이것은 추후에 하나의 경향으로 이어지게 된다(예, Vaught & Smith, 1980; Fine, 1990).

작업장에 대한 학술지 길이의 연구(다른 나라의 발전에 개입한 응용인류학자들에 대한 연구도 포함)는 다학문 학술지인 「Human Organization」에 실리기 시작했는데, 이 저널은 응용인류학회의 후원으로 1948년부터 출간되기 시작하였다.

1950년대 들어 녹음기나 16mm 카메라 등 휴대용 장비가 늘어나고 현장에서의 음성 녹음이 쉬워지면서 문화기술적 다큐멘터리들이 제작되기 시작하였다. Franz Boas는 1920년대에 캐나다 북서쪽의 콰키우틀(Kwakiutl) 족에 대한 무성 다큐멘터리를 만들었다. Gregory Bateson과 Margaret Mead는 발리의 전통무용 수업에 대한 1930년대의 연구에서 무성 다큐멘터리를 활용하였다. Robert Flaherty는 1920년대 특히 북극의 나누크에서의 캐나다 이누잇(Inuit) 족에 대한 각색과 연기가 부분적으로 가미된 다큐멘터리를 만들었다.

자연적 상황에 대한 새로운 문화기술적 다큐멘터리들은 움직임을 따라가기 위하여 대부분 휴대용 카메라와 마이크를 이용해서 제작되었다. John Marshall의 『사냥꾼들(The Hunters)』은 남아프리카 칼라하리 사막의 부시멘을 찍었고, Napolen Chagnon의 '도끼 전쟁'과 Tim Asch의 '잔치'는 브라질의 아마존강 삼각지의 야노마모 마을에서 제작되었다. John Adair와 Sol Worth(1972)는 서유럽의 카메라맨들과 나바호 인디언 사이에 사물을 보는 방식의 차이를 보여주기 위해 나바호 인디언들에게 16mm 카메라를 주기도 하였는데, 이들은 '나바호의 눈으로'라는 영상과 설명이 딸린 작품을 만들었다. John Collier는 알래스카 미국 원주민들의 학교 교실을 보여주기 위해 장시간의 무성 필름을 찍었다. 그(1967)는 또한 문화기술적 연구에서의 사진 활용법에 대한 책을 펴내기도 했는데, 이는 Mead가 한 세대 전에 시도한 것이기도 하였다(Byers, 1966, 1968 참고). 1984년에는 문화기술적 영화 제작자와 다큐멘터리 기호학자들이 시각인류학회를 만들기도 하였다.

유사한 시기에 미국의 사회학자들은 1970년대 Frederick Wiseman의 작품들이 잘 보여주듯이, 기관에 초점을 둔 다큐멘터리를 만들었다. 이들의 해석적 작품들은 자연적 상황에 대한 편집을 통해 영화와 다큐멘터리의 결합을 시도하고 있다. 이들 작품에는 정신병원을 보여주고 있는 '티티컷 풍자극'(1967), '고등학교'(1968), '병원'(1970), 수도원에서의 분열과 갈등을 보여주는 '에세네파'(1972) 등이 있다(좀 더 깊이 있는 논의에 대해서는 Barnouw, 1993; Benson & Anderson, 2002; deBrigard, 1995; Heider, 1982; Ruby, 2000 참고).

3.3 문화기술지의 위기

몰려드는 먹구름.   2차 대전 이후 사실주의 문화기술지 연구의 전성기임에도 불구하고 , 그 토대에 균열이 생기고 있었다. 미국 인류학계에서는 멕시코시티 교외의 떼포즐라딴(Tepoztlán) 마을에 대한 서로 다른 문화기술적 설명들의 정확성과 타당성에 대한 열띤 논쟁이 진행되고 있었다. 시카고 대학의 Robert Redfield(1930)는 떼포즐라딴의 일상생활에 대한 설명서를 출간하였다. 사회이론에서의 기능주의에 부합하게, 그는 그곳을 조화롭고 내적으로 균형 잡힌, 사람들이 예측 가능하고 행복한 삶을 살고 있는 곳으로 묘사하였다. Redfield의 연구 이후 17년 뒤에 맑시즘의 갈등이론의 눈으로 지역사회를 연구한 Oscar Lewis(1951)는 떼포즐라딴의 삶을 긴장이 넘치고 개인들은 분노와 질투, 불안을 갖고 사는 지역으로 보았다. 그는 자신의 연구에서 Redfield의 묘사를 혹평하였다. 두 명의 현장연구자가 '동일한' 지역에서 매우 다른 증거를 수집한 것이다. 어떤 것이 옳은가?

전체 지역사회를 전반적으로 다루고 있는 문화기술지 연구들에 대한 의혹이 커져 갔다. 이들 연구들은 길이는 길지만 깊이가 얕았기 때문에, 증거의 측면에서 모호한 점들이 많았다. 이러한 한계를 극복하는 한 가지 방법은 연구의 범위를 좁혀 지역사회나 기관의 특정한 측면에 주목하는 것이었으며, 또 다른 방법은 증거 처리에 좀 더 신중을 기하는 것이었다. 이에 따라 미국 인류학계에 인지 인류학, 경제 인류학, 법 인류학, 커뮤니케이션 문화기술지, 상호작용적 사회언어학 등 하부 명칭을 통해 세분화된 사회문화 연구들이 나타나기 시작하였다. 이들 하위 분야에서의 연구물들은 학술지 길이의 원고에 정교하고 세밀한 증거들을 제시하고 있었다. 정교한 도출 기법과 시청각 자료의 녹음이 '보다 나은 자료'를 수집하기 위하여 일반화되기 시작하였다. 사회언어학이라고 하는 다학문적 분야가 언어학, 인류학, 사회학, 사회심리학과 같은 분과를 아우르며 발전되었다.

먼저 사회학, 그리고 그 뒤를 이어서 인류학에서 방법론 서적들이 출판되기 시작하였으며, 참여관찰이 '더 나은 자료'를 얻기 위한 방법의 하나로 명료화되었다. 대표적인 것들로는 McCall과 Simmons(1969), Glaser와 Strauss(1967), Denzin(1970), Pelto와 Pelto(1970), Hammersley와 Atkinson(1983), Ellen(1984), Sanjek(1990) 등을 들 수 있다.

현장연구에 대한 자서전적 회고들도 출판되기 시작하였다. Whyte의 『골목 세상(Street Corner Society)』은 제2판부터 일인칭 시점으로 자신의 현장 경험을 설명하는 긴 부록을 포함시키고 있다. Hortense Powerdermaker(1966)는 1930년대 미국 남부 농업 지역의 백인과 흑인 공동체에 대한 그녀의 연구 경험을 설명하고 있다. 그보다 일찍 Laura Bohannon(1954)은 현장연구에 대한 소설 형식의 회상록을 출판한 바 있다. 그녀는 Elenore Smith Bowen(1954)이라는 가명으로 반소설 형식의 글을 썼는데, 이는 당시에는 모호함, 윤리적 딜레마, 현장연구의 감정적 요소, 자기만족 요소 같은 것들은 '학문적 담론'에 적합하지 않은 것으로 간주되었기 때문이다. Rosalie Wax(1971)는 백인 여성으로서 2차 대전 동안 일본인 수용소에서 현장연구를 수행하면서 겪었던 어려움에 대해 이야기하고 있다. 이들 연구들은, 실제 현장연구는 문화기술지에 대한 책들이 쓰고 있듯이, 객관성과 수단-목적 합리성에 의해 깔끔하게 진행되는 것이 아니라는 점을 보여주고 있다. 1967년에는 트로브리안드 섬에서 썼던 Malinowski의 연구 일지가 그의 사후 출간되었다. 이후 15년 동안 이 일지는 사실주의적 문화기술지에 대한 비판에서 핵심적 위치를 차지하였다.

2차 대전 이후에는 문화기술지의 정확성이 그것이 묘사하고 있는 '원주민'들에 의해 도전받기 시작한다. Malinowski가 트로브리안드 섬을 떠난 지 30년 후에, 가톨릭 교회 선교사로서 그를 대신했던 Baldwin 신부가 석사 논문에서 『탐험가들』에 대한 '원주민'들의 반응을 보여주었다. 발드윈 신부는 보요와 섬에서 Malinowski보다 오래 살았기 때문에 원주민들의 언어를 좀 더 정확히 배울 수 있었다. Malinowski의 서술에 대한 '원주민적 관점'의 타당성을 높이기 위하여 발드윈 신부는 탐험가들의 상당 부분을 원어로 번역한 후에 자신이 알고 있던 보요와 주민들에게 읽어 주었는데, 이들 중 일부는 Malinowski를 기억하고 있었다.

> ―
> 그가 설명하지 않은 것은 없었으며, 그의 설명은 여기에 살고 있는 사람들조차 깨닫게 해주는 것이 있다. 그러나 이처럼 깊이 있는 연구, 참을성 있고, 현명하고 정직한 설명조차 불완전하다는 느낌을 준다는 사실은 이해하기 힘들다. 하지만 그것은 실제로 그렇다. 나는 여전히 그가 자료를 충분히 이해하지 못하고 있으며, Malinowski가 자신이 연구하는 사람들에 의해 다소간 순진하다고 여겨졌을 것이라고 생각한다.…
> 　나는 원주민들이 Malinowski가 갸우뚱할 만한 이의를 제기하는 횟수에 놀랐다. 보통 한 문단 이상이 지나가면 그들은 사실은 그게 아니라고 말하였다. 그들은 사실이나 설명이 아니라 해석에 이의를 제기하고 있었다. 그 책에 표현된 느낌은 그들 스스로의 느낌이나 보요와 적인 느낌과는 다른 것이었다(Young, 1979, pp. 15-16에서 재인용).

미국 원주민인 Vine deLoria(1969)는 『커스터는 너의 죄를 대신해서 죽었다(Custer Died for Your Sins)』라는 직설적인 제목의 책에서 미국 인류학자들에 대한 비판을 좀 더 신랄하게 제기하고 있다. 그는 미국 인류학자들에 의한 아메리카 연구를 자문화중심적이며 본질적으로 식민주의적이라고 지적한다. 사회학에서의 지역사회 연구에 대해 '원주민'들은 비판적인 반응을 보였다. 특히 뉴욕 주의 작은 농촌 마을에 사는 사람들은 『대중사회의 소규모 마을(Small Town in Mass Society)』로부터 큰 상처를 받았다(Vidich & Bensman, 1958; 이러한 반응에 대한 Vidich의 논의에 대해서는 Vidich & Bensman, 2000; Young, 1996 참고). 이들은 사실적 오류, 마을 내 논쟁에 대한 편들기, 정보 보호 위반(시장이 한 명뿐이었기 때문에

가명을 써도 알아볼 수 있었는데, 이는 나중에 질적 연구 수행과 보고서 작성에서 윤리적 어려움을 보여주는 고전적인 사례가 되었다) 등의 이유로 저자를 혹평하였다. 1960년대 흑인들 사이에 등장한 아프리카 민족주의와 Moynihan(1965)처럼 도시 빈민촌에 대한 '피해자를 비판하는' 식의 연구에 대한 흑인 지식인들의 반발을 통해 '내부자들'만이 또 다른 내부자들에 대한 편견 없고 정확한 연구를 할 수 있다는 주장이 힘을 얻게 되었다.

이러한 흐름은 외부 관찰자가 충분한 시간을 통해 친숙해지면, 너무나 익숙하고 당연하여 내부자들이 간과할 수 있는 의미를 정확히 관찰하고 해석할 수 있다는 전통적 관점과 정통으로 모순되는 것이었다. 자서전 연구가인 Clyde Kluckhohn(1949, p. 11)이 생동감 있는 비유로 말하듯이, '물고기가 물을 발견하는 경우는 거의 없다'고 생각했던 것이다.

이것은 부정확한 결론의 문제만이 아니었다. '참여관찰' 자체를 수행하는 과정에서의 힘의 관계와도 관련이 있기 때문이다. 다양한 여성주의 학자들이 방향은 다르지만 유사한 관점으로 표준 인류학과 사회학에 대해 현장연구자들이 다른 사람의 삶을 이해하고자 할 때, 특히 관찰자와 관찰되는 사람의 권한이 동등하지 않을 때, 인식 '주체'로서 자신의 정신성과 주관성을 되돌아보아야 한다고 지적하였다. 이러한 관점의 초기 사례는 자신이 현장연구를 하는 동안 함께 생활했던 이누잇 핵가족과의 갈등을 다룬 Jean Briggs(1970)의 연구에서 찾아볼 수 있다. 『결코 분노하지 마라(Never in Anger)』라는 제목의 연구서에서 그녀는 일인칭으로 자신을 등장시키면서 '정보제공자'들에 대한 그녀의 반응을 중심 내용으로 다루고 있다.

연구자들은 자신과 연구 대상 사이의 권력 관계에 놓여 있으며, 이 관계의 영향을 받는다는 사실은 Dorothy Smith의 1974년도 연구인 '여성적 시각을 통한 사회학에 대한 급진적 비판'에 잘 나타나있다. 이러한 생각은 개인적 관점이나 입장이 현장연구자의 인식에 영향을 미친다는 여성주의 비평(예, Harding, 1991; Lather,

1991)에 의해 계속되었다. 이들에 의하면 우리는 성과 계급, 나이, 인종 등의 영향 속에서 세계를 보고 느끼는데, 특히 이것들은 부분적으로 관찰자와 관찰 대상 사이에서 만들어진다는 것이다.

George Marcus와 James Clifford(1986; Clifford, 1988)는 1980년대에 이러한 비판을 더욱 확대해 나갔는데, 이 시기는 전통적인 '참여관찰'이 본질적인 오류를 갖고 있다고 주장하는 사람들 사이에서 Malinowski가 주요 비판의 대상이 되던 시기였다. 그의 『일지』가 출판되면서 그가 손쉬운 공격 대상이 되었다. 『일지』는 그의 연구에서 은폐되었던 권력관계를 드러내었다. 그렇기 때문에 『탐험가들』에서 '내부자적 관점'을 통한 묘사라고 하는 것도 사실은 그의 현장연구에 개입되어 있는 권력관계의 영향을 받았을 수 있는 것이다. 그는 자신의 현장연구 방법에 대한 설명에서 이 점을 언급하지는 않았다. 오히려 그는 자신을 원주민들의 관습과 특징에 대한 단서를 열심히 찾는 형사, 이를테면 셜록 홈즈로 묘사하고 있다(Malinowski, 1922, p.51).

> 질적 연구자가 미래 그의 현장이 될 지역에 처음 들어갈 때 느끼는 강한 흥미와 긴장은 말로 표현하기 힘들다. 그 공간의 어떤 특이한 특징이 연구자의 주목을 끌고 희망과 두려움으로 그를 채운다. 원주민의 출현, 그들의 태도와 행위가 신속하고 손쉬운 연구의 전조가 되기도 하고 불길한 신호가 되기도 한다. 그는 심층적인 사회학적 사실의 징후를 발견할 위치에 있는 것이다. 그는 평범한 사실 이면에 풍부하고 신비한 문화기술적 현상들이 숨어 있는 것은 아닌지 의심한다. 이상하게 생긴 똑똑한 원주민들이 존경받는 주술사일지도 모른다. 저기 있는 두 집단의 남성들 사이에는 경쟁의식이나 원한이 있어서 누군가 손만 대면 이 사람들의 관습이나 특징에 불을 붙이게 될지도 모른다.

『일지』(Malinowski, 1967)에는 지루함, 좌절, 적대감, 욕망 등과 같은 전혀 다른 목소리가 들리기도 한다.

> 1917년 12월 14일: "여성을 볼 때면 ERM(훗날 그가 결혼한 호주 여성)을 생각하면서 그들의 가슴과 생김새를 보게 된다"(pp.151-152).
>
> 1917년 12월 17일: "검둥이와 내 일 때문에 먹고 산다"(p.154).
>
> 1917년 12월 18일: "내 연구와 원주민들에 대한 나의 지금 태도, 그들에 대한 나의 혐오와 문명에 대한 그리움을 생각해 보았다"(p.154).

『일지』에는 Malinowski와 그가 연구하는 대상자들 사이의 권력 관계에 대한 언급은 없다. 그가 주변에 있는 사람들의 반응을 일으키는 촉진자였다. 몇 년 후에 같은 대상자들과 일하면서 Baldwin 신부는 다음과 같이 쓰고 있다.

> Malinowski가 원주민들에게 "줄기를 밑으로 심으세요? 뿌리를 밑으로 심으세요?"처럼 바보 같은 질문이나 하는 바보 멍청이로 기억되는 것이 매우 놀라웠다. … 그는 내가 하는 일을 힌두교의 소처럼 신성시하였다. 왜 그런지 모르는 일에 대해서는 판단을 미루는 것이 나을 것이다(Young, 1919, p.15에서 재인용).

이와 달리 연구서에서 Malinowski의 어투는 정작 자기 자신에 대해서는 잘 모르면서 잘난 체하는 것처럼 들렸다. 예를 들어 그는 "사실 그들은 예의 바른 원주민들조차 감히 간섭하리라고는 꿈도 못 꾸는 일까지 내가 관심을 갖고 있다는 것을 알고 있었기 때문에, 그들은 나를 자신들의 삶의 일부, 불필요한 악이나 성가신 존재지만 그래도 담배를 주는 사람으로 여기게 되었다"(Malinowski, 1922, p.8)라고 말하고 있다.

아마 Malinowski가 그의 일지에서 말하고 있는 소외는 그만이 느끼는 것은 아닐 것이다. Young(1979)이 말하고 있듯이,

> 일지를 관통하고 있는 지속적인 소외감은 현장에 있는 인류학자들이 흔히 느끼는 심리 경험이며, Malinowski

를 심하게 괴롭혔던 향수와 그리움, 고독, 성적 욕구 불만 등에 의해 더욱 심해진다고 보는 것이 정확할 것이다 (p.13).

이것은 인간적으로는 사실이지만 과학자에 대한 일반적 이미지와 맞지 않으며, 오히려 사회과학자를 그가 연구하는 실제 사회적 행위자, 즉 '거리의 남자'와 같은 급으로 만든다. 더욱이 이런 면은 Rosaldo(1989, p.60)가 문화기술지 보고서 작성에서 "간격을 둔 일상화 서술"이라고 부른, 탈감정의 원칙을 불신하게 만든다.

Malinowski와 전반적인 문화기술적 연구의 타당성은 Margaret Mead에 대한 유사한 비판에 의해 더욱 심각한 위기에 직면하게 된다. 『사모아의 성년』 (Mead, 1928)이라는 제목의 첫 번째 저서는 그녀의 스승인 Franz Boas의 문화상대주의적 관점에서 청소년기의 경험을 다루고 있다. 젊은 사모아 소녀와 여성을 면담하면서, Mead는 그들은 청소년기에 정서적 혼동기를 겪지 않으며, 미국의 10대들과 달리 죄의식 없이 성행위를 할 수 있다는 결론을 내리고 있다. 그녀의 책은 많은 인기를 끌었으며, 이어지는 일련의 대중 작품을 통해 미국 지식인으로서의 Mead의 지위를 높여주었다. Derek Freeman(1983)이라는 호주 인류학자는 Mead가 사망하기를 기다린 다음, 사모아 섬들에서 Mead의 작품에 대한 신랄한 비판을 발표하였다. 그는 Mead가 순진하게도 정보제공자들의 말을 곧이곧대로 믿었는데, 사실 그들은 Mead가 듣고 싶어하는 방향으로 자신들의 이야기를 과장했다고 주장한다. 이후 논의(예, Shankman, 1996)는 Mead의 해석이 전반적으로는 맞았지만, 권위주의적인 문체와 그녀의 주장을 뒷받침해줄 수 있는 체계적인 증거의 부족 때문에 Mead가 잘못된 결론에 이르렀을 위험이 높다는 점을 보여준다.

그렇다면 모든 문화기술지 연구들이 일종의 자기기만이고 심하게 말해 '지어낸 이야기'일 뿐인가? 동일한 집단에 대해 완전히 다른 설명을 보여주고 있는 Redfield-Lewis 논쟁은 관찰자의 관점과 정치적 입장, 이데올로기의 영향이 결론을 결정할 만큼 연구자의 인식에 미치는 영향이 큰 것인가라는 더욱 근본적인 질문으로 이어졌다. 이 점에서 사실주의적 문화기술지에는 먹구름이 드리우고 있었다.

이러한 의심에 대응하는 한 가지 방법은 앞서 논의했듯이, '보다 나은 증거'를 찾기 위한 노력이다. 그보다 조금 일찍 참여적 현장연구나 협동적 현장연구로 발전될 또 다른 움직임이 나타나고 있었다. 이 접근에서는 공공 건강 증진, 농작물 생산, 협동조합 구성, 공장의 노동자 조직 등 외부 연구자가 현장 구성원들에게 도움이 된다고 생각되는 변화를 그들과 함께 만든다. 깨끗한 물을 공급함으로써 콜레라와 이질을 예방하고자 했던 프로젝트의 일부로 건강에 대한 지역 공동체의 믿음과 행위에 대한 연구가 진행되었는데, 이 연구에는 상황을 개선시키려는 노력이 수반되었다. 사회심리학자인 Kurt Lewin(1946)은 이러한 노력의 선구자였는데, 그는 특히 영국의 노사관계에 관심을 기울였다. 영국에서의 이러한 움직임은 노동조합의 연계를 통해 스칸디나비아 반도로 전파되었으며(Emery & Thorsrud, 1969 참고), 또 다른 선구자인 Whyte는 미국의 산업 현장에 관심을 기울였다(Whyte, Greenwood & Lazes 1989 참고).

또한 2차 대전을 전후로 현장 개선에 목적을 둔 연구들이 인류학자들에 의해 수행되기 시작하였으며, 1948년에는 응용인류학회가 설립되기도 하였다. 1960년대와 1970년대에 응용인류학자와 언어학자들은 미국과 영국에서 인종적·문화적 소수자들을 위한 실행 연구를 수행하였다(예, Gumperz, Roberts & Jupp, 1979; Schensul & Schensul, 1992).

응용인류학을 정당화하는 한 가지 방법은 '더 나은 증거'를 찾기 위한 운동을 언급하는 것이었다. 즉, 연구자의 '실행적 참여'(Schensul, 1974)를 통해 증거 수집, 분석의 정확성과 타당성이 자연적 실험 상황에서 검증될 수 있다는 것이다.

응용인류학을 정당화하는 또 다른 방법은 실행 연구

자와 그들의 지역사회 파트너들이 가지고 있는 가치론적 입장을 보여주는 것이었다. 이것은 특히 1970년대와 1980년대에 유행했던 사회 연구에서의 '비판적' 입장과 유사한데, 실행 연구가 발전되면서 앞 장에서 언급되었던 다양한 비판적 접근들과 연계되어 나갔다(보다 자세한 논의는 Kemmis & McTaggart, 2005 참고).

현장연구의 이러한 측면은 가치 중립적인 상황에서조차 문화상대주의적 관점으로부터 가치 지향적 관점으로의 전환을 가져왔다. 사회 변화를 위한 연구들이 특정한 방향으로의 변화를 만들어내기 위해서는 분명한 가치론적 입장을 선택해야 하기 때문이다. 프랑크푸르트 학파에 의해 발전된 비판 이론적 관점과 이어져 있기 때문에, 이러한 접근은 비판적 문화기술지 연구로 불리게 되었다. Theodor Adorno와 Max Horkheimer는 네오맑시즘적 사회분석을 토대로 자본주의와 파시즘 양쪽 모두에 대한 비판을 발전시켰다. 이들의 핵심은 인간 삶의 가능성을 제한하는 행위로 이어지거나 이를 뒷받침하는 어떤 물질적, 문화적 영향들도 결국은 억압과 결탁하는 것이기 때문에 비판되어야 한다는 것이다. 맑시즘적 관점에서 보면 비판 이론이 자신과 흑인 노동자들을 억압하는 과두 체제를 지원하는 백인 노동자들처럼, 피지배계급의 이익을 억압하는 미국의 사회 체제를 드러내 주었다고 볼 수도 있을 것이다. 문화상대주의적 문화기술지들은 억압을 그런 식으로 부르지도 않았고, 고통에 관심을 두지도, 그것을 설명하려고 하지도 않았다. 이와 달리 비판적 문화기술지는 그렇게 해야 한다고 주장하고, 실제 그렇게 함으로써 가치 중립이라는 소극적 입장에서 벗어나 취약자를 보호하는 가치로, 정보 제공자와의 소원한 관계에서 연대의 관계로 전환하게 된다. 이것은 '당신의 마음을 아프게 하는' 문화기술지를 통해 사회 연구에 참여하는 것이다(Behar, 1996).

명확한 가치론적 입장이 일상적 행위가 삶의 가능성을 증진시키는지 축소시키는지를 판단하는 데 활용되는 분석 기준이 되었다(Bredo & Feinberg, 1982 참고). 비판적 문화기술지 운동이 더욱 발전되면서 일상

적 실천의 판단에 내재된 가치 기준을 드러내기 위한 노력에서, 불평등의 개입이 마치 분명한 것처럼 지배와 억압을 주장하는 것으로 초점이 바뀌게 되었다. 초기 세대의 학자들로부터 반박이 있기도 하였는데, 이들은 비판적 문화기술지는 연구자들의 가치가 현장연구를 지나치게 지배하기 때문에 자신들이 보고 싶은 것만 보고 그렇지 않은 것들은 무시한다고 지적하였다.

비판적 문화기술자들이 더욱더 다양한 형태의 불평등을 드러냄에 따라, 어떤 측면의 억압과 지배에 주목하느냐가 사회 비판에서 분석의 중심이 된다는 점이 분명해졌다. 경제 관계에 대한 것이라면 계급적 억압 과정이 가장 중요한 중심이 되었고, 젠더 관계에 대한 것이라면 억압의 가부장적 측면이, 탈식민적 관계에 대한 것이라면 '종속적' 상황의 유지가, 성적 정체성에 대한 것이라면 이성애적 지배가 분석의 중심이 되었다. 그리고 계급, 젠더, 식민주의, 성 정체성 등과 이어져 있기는 하지만 독립적인 변인으로 인종이 사회에 대한 비판적 분석의 중심이 되면, 불평등의 다른 측면들은 후면으로 빠지는 대신 인종적 특권과 차별이 관심의 전면으로 부각되었다. 이 가운데 어떤 억압이 좀 더 근본적이고 치명적인가, '당신들보다 더 억압받는 사람들'이 누구인가를 두고 입장이 갈라지게 되었다.

권력의 원천과 다양한 영역에서의 표출, 기존의 관계 양상(지배 양상을 포함하여)이 세대를 거쳐 재생산되는 과정에 대한 분석에서 새로운 의미의 상대성이 등장하였다. 맑시즘은 사회질서를 거시적인 사회 경제적 세력들 때문에 존재하는 대립의 장으로 설명한다. 인류학과 사회학에서의 구조기능주의는 사회 질서를 개인들이 문화적 규칙 체계를 따르도록 하는 사회화의 산물이라고 설명한다. 인류학과 언어학의 구조주의는 내적 논리에 따라 작동하며 사회과학자들에 의해 발견되고 설명될 수 있는 문화적 규칙 체제를 드러내왔다. 이들 접근들은 모두 거시적인 사회 구조를 국지적 행위자들을 속박하는 결정 요인으로 보고 있다. 한편 탈구조주의자들은 이처럼 일방향적인 결정론에 대한 비판을 발전시켜 왔다. 비판의 한 흐름은 국지적 행위자들의 일

상적 실천이 갖고 있는 우발적 속성을 강조하는 것이었다. 즉, 이들은 거시적 차원에서 작동하는 사회 체제(즉, '구조')에 의해 속박된 상황 속에서도 행위를 선택하는 주체라는 것이다(예를 들어 Lévi-Strauss의 구조주의에 대한 Bourdieu, 1977의 비판). 또 하나의 흐름(Foucault, 1977)은 담론을 통해 유지되는 지식 체제와 좀 더 직접적인 '보조' 직업군들에 의한 감시 없이도 어떻게 권력이 국지적 행위자들에게 행사되는지를 보여 왔다. 여기서 '보조' 직업군들은 전근대적 종교의 현대적 계승자들로서 의학, 임상심리, 교육, 근대적 감옥 등인데, 이들은 개인들을 통제함으로써 고객에게 '봉사'하는 것을 이데올로기적으로 승인된 목적으로 갖고 있다. 담론을 상식을 뒷받침하는 제도들에 내재화된 것으로 보는 Michel Foucault의 개념은 Gramsci(1988)가 말하는 '문화적 헤게모니'와 매우 유사하다. 여기서 '문화적 헤게모니' 역시 권력의 행위를 당연한 것으로 정당화해주는 상식의 체제를 통해서 통제가 비폭력적으로 행사되도록 도와주는 이데올로기적 수단들을 의미한다. 따라서 비록 부분적이고, 간접적이고, 타협되기는 하지만, 권력과 사회구조는 매우 강력한 영향을 갖는 과정으로 간주되었다. 개인 행위자들은 수동적으로 규칙을 따르는 사람들이 아니라 주체라고 하기는 하지만, 여전히 거센 물결을 헤치고 강을 건너야 하는 것이다.

이와 동시에 역사가들은 과거가 권력자(부유하고, 학식 있고, 백인이고, 남성이고, 혹은 이 가운데 어떤 조합이든)들에 의해 만들어졌다는 설명에서 벗어나, 말 그대로 역사의 레이더 아래를 날고 있던, '잊혀졌던 unwritten' 하층민들의 일상적 삶에 초점을 두기 시작하였다. 한때 당연시 여겨졌던 텍스트의 권위에 대한 또 다른 흐름의 도전은 Derrida와 Lyotard, Deleuze 같은 탈근대주의 학자들에 의해 제기되었는데, 이들은 예술에서든 역사에서든 사회과학에서든 인간 행동에 대한 권위적인 학문적 담론을 통한 계몽주의의 기획 전체에 의문을 제기한다. 근대 초기 계몽주의 시대에 뿌리를 둔 이들 담론들은 이성과 증거에 바탕을 두고 있

기 때문에 그 타당성에 의심의 여지가 없는 '거대 담론'을 구축하고자 한다. 탈근대주의자들의 입장에서 보면, 저자들이 자신의 텍스트가 갖고 있는 정확성과 진리 가치를 독자들에게 설득하는 수사학적 전략들은 해체라고 하는 텍스트 분석을 통해 폭로될 수 있다. 비판적 문화기술지가 권력을 둘러싼 갈등과 투쟁에 대한 언급을 외면하고 있는 사실주의적 설명의 권위에 도전해 왔다면, 탈근대적 흐름의 비판은 텍스트 그 자체의 본질적인 권위에 도전하고 있다. 더욱이 질적 사회 연구와 인문학적 연구 사이의 구분이 사라지고 있었다. 주류 사회과학의 경계를 벗어나 있는 문예 비평이 문화기술지에서의 해석적 정향과 해체를 통한 학문적 텍스트의 비판적 재검토에 모두 적용되었던 것이다.

질적 연구 텍스트를 탈신비화하는 한 가지 방법은 현장연구에서 저자(그리고 저자의 관점)의 존재를 보고서에서 분명하게 드러내는 것이다. 저자는 진행되고 있는 이야기의 한 등장인물, 아마도 주요 인물이 되며, 현재 시제를 쓰는 초기 문화기술적 연구들과 달리 일인칭 과거 시제를 통해 이야기를 진행하는데, 이는 역사 밖에 존재하는 중력이 없는 세계에나 존재하는, 갈등도 없고 시간도 없고 무게도 없는 행위를 진술하는 듯한 사실주의적 문화기술지를 비판하기 위한 것이다. 이와 같이 보고서 작성에 자서전적으로 접근하는 것은 **자문화기술지**(autoethnography)로 불리게 되었다. Bohannon의 소설(Bowen, 1954)과 Jean Briggs(1970)의 첫 번째 고백적 문화기술지 연구와 같은 초기 사례들은 이미 언급한 바 있으며, 후기 사례들로는 Rabinow(1977), Kondo(1990) 등을 들 수 있다(좀 더 최근의 논의에 대해서는 Bochner & Ellis, 2000 참고).

텍스트 작성에 대한 또 다른 접근은 수사학적 글쓰기를 최대한 활용하여 설명을 생생하게 만듦으로써 극적 효과를 극대화하는 것이다. 예컨대 산문과 운문의 경계를 허물고 대본에 의한 혹은 즉석 공연을 통한 '길거리 연극(street theater)'과 같은 방법을 택하는 것이다. 문화기술자들의 연구서가 흥미 있게 읽히는 경우는 거의 없었기 때문에, 그들은 실패한 소설가나 시인

으로 폄하되기도 하였다. 공연예술을 비유로 삼아, 일군의 새로운 공연 문화기술자들은 청중의 흥미를 끄는 발표방법을 활용하고자 시도해왔다(Conquergood, 1989, 2000; Denzin, 2003; Madison & Hamera, 2006 참고). 예술에 기초한 표현 방식의 예들은 Richardson(2004, 2007)의 최근 작품들에서 볼 수 있다(1999도 참고).

질적 연구에 대한 고전적, 혁신적 접근들은 질적 연구방법에 대한 Denzin과 Lincoln(1994, 2000, 2005)의 세 편의 핸드북에서 좀 더 집중적으로 다루고 있다.

덴마크에 있는 Aalborg 대학의 도시설계학 교수인 Bent Flyvbjerg(2001)는 『사회과학 문제시하기: 왜 사회 탐구는 실패했으며 어떻게 다시 성공하도록 할 수 있는가?』라는 도발적 제목의 책에서 중요한 주장을 하고 있다. 이 책은 가치나 권력, 지역의 세부 사항처럼 정책 결정과 연관된 주제를 다루는 데 사례 연구를 활용할 것을 주장하고 있다. 그에 의하면 정책가들이 결정을 내릴 때 필요한 것은 일반적 지식이 아니라 지역의 구체적 상황에 대한 이해라는 것이다. 그는 Aalborg 시에서 자동차 주차장과 보행자 전용도로를 배치하는 것을 예로 들고 있다. Aalborg 시에 가장 적합한 교통정책을 찾기 위해서 아일랜드의 리머릭이나 벨기에의 브루제, 제노바, 도쿄, 미이에폴리스 등에서 했던 정책을 종합할 수는 없다는 것이다. Aalborg에 무엇이 좋은지를 찾기 위해서는 Aalborg 자체에 대한 상세한 이해가 있어야 하기 때문이다. 그러한 이해는 Flyvbjerg가 '실천적 지혜(phronesis)'라고 부른, 지역사회의 생태적 체계에 대한 실천지향적인 지식으로부터 나온다.

교육 연구에서의 질적 탐구.　　사실주의 문화기술지 연구가 위기에 처해 있을 바로 그 무렵 인간을 대상으로 한 영역, 특히 교육에서 질적 연구 접근이 발전하기 시작하였다. 1950년대 들어 교육인류학이라고 하는 하위 분야가 형성되었다(Spindler, 1955, 1963). Henry(1963)는 초등학교 교실에 대한 챕터 정도 길이의 논문을 썼는데, 학생들 사이의 경쟁 유도에 매우

비판적이었다. 문화기술자나 인류학자의 모델을 적용한 저술 수준의 연구물로는 Smith와 Geoffrey(1968)의 『도심 학교의 복잡성(The Complexities of an Urban Classroom)』, Jackson(1968)의 『교실에서의 삶(Life in Classrooms)』 등이 출판되었다. 또한 1968년에는 미국인류학회 산하에 교육과 인류학 위원회가 만들어졌다. 이 위원회의 뉴스레터가 1973년에 「Anthropology and Education Quarterly」라는 학술지로 발전되었으며, 한동안 미국에서 교육에 대한 인류학적 연구물들을 싣는 주요 매체가 되었다. Spindler는 교육 맥락에 대한 해외의 문화기술지 연구들을 편집하는 편집자로서, 1960년대부터 1980년대 후반까지 Holt, Rinehart, Winston 출판사에서 시리즈를 출판하였다.

영국에서는 사회학과 실행 연구의 토대를 가진 교육평가 연구자들에 의해 질적 탐구가 개척되었다. CARE에서는 Laurence Stenhouse가 일군의 평가자들을 조직하였는데, 이들은 참여관찰적 방법으로 학교와 교실을 연구하고 보고서를 작성하였다(연대기적 설명에 대해서는 Walker & Adelman, 1975; Adelman, 1981; Kushner, Brisk & MacDonald, 1982; Kushner, 1991; Torrence, 1995 등을 참고). 다양한 사회학자들 역시 질적 교육 연구에 참여하기 시작하였다. 1977년에는 Willis가 『Learning to Labour』를 발표하였다(Delamont, 1984, 1989, 1992; Walkerdine, 1998 참고). 미국에서는 Henry와 Spindler를, 영국에서는 '신사회학'의 뒤를 이어 많은 연구들이 교실에서의 사회화와 사회적 관계 속에 들어있는 '잠재적 교육과정'에 주목하였다.

주류 교육 연구의 '객관적' 실증주의 정향 때문에, 이들 초기 연구들은 1970년대 후반과 1980년대 초에 인류학에서 제기되었던 비판의 소지를 다소 안고 있었다. 이를 보완하기 위해 초기 질적 교육 연구들은 명확한 증거를 제공하는 데 심혈을 기울였다. 실제 이들 중 일부는 인류학의 '더 나은 증거'나 '하위 분야' 운동, 사회학에서 주류 연구에 대한 문화기술적 방법론을 통한 비

판으로부터 나오기도 하였다.

미국에서는 영어과에서 시작하여 사회과로, 교과 수업 연구에 질적 접근이 활용되기 시작하였다(Heath, 1983). 이들 중 일부는 1960년대에 시작된 담화기술지나 사회언어학에 토대를 두었다. 휴대용 촬영기를 사용할 수 있게 되면서, 녹화를 통한 교실 참여 관찰이 증가하였다(Erickson & Shultz, 1977/1997, McDermott, Gospodinoff & Aron, 1978; Mehan, 1978). 녹음된 대화의 전사를 포함하여, 교실 담론분석이 발전되었다(Cazden, 2001 참고). 처음에는 영어 수업에서 시작하였다가, 1980년대 중반 이후부터는 국가연구기금(National Science Foundation)의 지원을 받아 수학과 과학에서 '이해를 위한 수업'을 연구하는 데 이들 접근이 활용되었으며, 오늘날까지 꾸준한 증가세를 보이고 있다.

교육 연구에 대한 실증주의자들에게 어떻게 하면 질적 연구가 엄밀하고 체계적일 수 있는가를 설명하는 연구 방법서들이 출판되기 시작하였다(Guba, 1978; Bogdan & Biklen, 1982; Guba & Lincoln, 1985; Schensul, LeCompte & Schensul, 1999). 해석적 질적 연구에 대한 Erickson(1986)의 논문은 미국교육학회에서 후원한 핸드북에 실렸는데, 그의 논의는 이후 폭넓게 인용되었다. Mead의 사망 직전 개회사가 있었던 1978년의 연례학술대회에 앞서, 펜실베니아 대학에서 개최되었고 이후 2년마다 개최되었던 교육문화기술지 학술대회는 일리노이주립대학의 세계질적 연구학회에 이어 세계에서 두 번째로 큰 질적 연구자들의 모임이 되었다. 이어서 1980년대에는 교사들이 자신들의 교실 행위에 대한 연구서를 쓰기 시작하면서 미국에서 교육실천 연구가 발전되었는데(Cochran-Smith & Lytle, 1993 참고), 이는 참여적 현장연구와 연관되어 있다(Erickson, 2006의 논의 참고).

1990년대 초반이 되자 인문사회 교과만이 아니라, 20년 전만 해도 찾아보기 힘들었던 수학과 과학 교과에서의 질적 연구도 일반화되었다. 기자재나 보조 자료를 이용한 과학과 수학 수업을 연구하는 데에는 비디오 녹화

가 특히 유용하게 활용되었다(Goldman, Barron, Pea & Derry, 2007 참고). 국가연구기금을 받는 교과 연구들을 중심으로 있는 그대로의 "현장 교육과정"에 주목하는 연구들이 더욱 늘어났다. 이러한 편향성은 "비판적 문화기술지"를 수용한 일부 교육학자들에 의해 상쇄되었다(예, Fine, 1991; Kincheloe, 1993; Lather, 1991; McLaren, 1986).

몇 가지 측면에서 교육 분야에서의 질적 연구는 사회학과 인류학에서 최근 생기고 있는 변화들을 내포하고 있었으며, 실제 유사한 변화들이 진행되고 있기도 하다. 질적 교육 연구의 시초부터 그것의 연구 대상은 교사나 행정가, 학부모 등 교육을 받은 사람들로서, 자신들에 대한 연구들을 읽고 스스로의 관점에서 이야기할 수 있는 사람들이었다. 교육 연구에서는 "시선의 문제", 즉 연구자의 관점이 왜곡될 수도 있고 관찰 대상자에게 하나의 권력으로 작용할 수도 있다는 문제가 Clifford와 Marcus(1986)처럼 비판적인 사람들이 이 주제를 다루기 전부터 인식되고 있었다. 또한 '내부자들'을 포함시키고 그들의 실천을 스스로 반성하게 하는 실천 연구나 실행 연구 역시 사회과학 분야에서 시작되기 전에 먼저 교육 연구에서 시도되었다.

현재, 교육에서의 질적 연구는 교과지향적인 연구와 비판적이고 탈근대적인 연구로 양분되는 모습을 보이고 있다. 이것은 결국 가시적 교육과정과 잠재적 교육과정에 대한 관심의 분열로 이어지고 있다. 사회학이나 인류학에서는 사실주의 문화기술지가 갈수록 위기에 부딪히고 있음에도 불구하고, 역설적이게도 교육, 의료, 간호, 경영 등과 같은 응용 분야에서는 사실주의적 연구들이 최고로 여겨지고 있는 것이다.

3.4 현재의 상황

이 글을 쓰고 있는 시점에서 (1) 사실주의적 문화기술지에 기반한 사례 연구, (2) '비판적' 문화기술지 연구,

(3) 협동적 현장연구, (4) 교육에서의 실천 연구를 포함한 '내부자들'에 의한 현장연구, (5) 자기문화기술지, (6) 수행 문화기술지, (7) 문학이나 예술적 접근을 포함한 탈근대주의 계열의 움직임 등 모두 7가지의 주요 흐름이 질적 탐구에서 관찰되고 있다.

이들 사이의 차이는 기법을 넘어 근본 가정에 있다. 여기서 떠오르는 것은 Guba와 Lincoln(예, Guba, 2008)을 포함한 많은 사람들처럼 이들을 서로 다른 '패러다임'으로 볼 것인가 아니면 사소한 현상으로 볼 것인가 하는 질문이다. Hammersley(2008, p.167)가 지적하듯이, "질적 연구자들 사이의 차이는 하는 일의 상황이 다르고, 이에 따라 기 연구 과정에 대해 각자 생각하고 느끼는 방식이 독특하기 때문에 생기는 것이다." 이들 사이의 분기를 어떻게 표현하든 목적과 가치 지향, 존재론적·인식론적 가정이 다른 것은 사실이다.

이 장의 서론에서 나는 질적 탐구의 발전 과정에서 상호작용을 거듭해온 5가지 근본적인 "토대" (1) 사회과학의 학문적 관점, (2) 관찰자/저자로서의 참여관찰적 현장연구자 (3) 현장연구에서 관찰을 당하는 사람들 (4) 실체를 담고 있으면서도 문예적인 텍스트로서의 질적 연구 보고서 (5) 이들 텍스트가 겨냥하는 독자를 언급했었다.

사회과학이 자연과학의 모델을 따라 발전하기 시작했을 때에는 사회에 대한 이론적 접근들(사회진화론 그리고 문화상대주의와 결합된 기능주의)이 자료 수집과 '가치 중립'적 분석을 통해 정당화된다고 생각했었다. 이러한 입장은 연구 활동을 사회 비판의 일부로 간주하는 비판적 성향의 사회이론에 의해 도전받게 되었다. 최근에는 사회과학 일반의 권위에 대한 탈근대적 회의주의의 영향으로 사회 비판의 타당성 자체가 의심받고 있으며, 예술이나 인문과학으로부터 수용된 개념들로부터 촉발된 새로운 연구들이 활발하게 시도되고 있다. 사회학이나 인류학이 사회 탐구나 문화 탐구의 '고향'이라고 보기는 어렵게 되었다.

예전에는 사회과학자에 대한 '전문성' 모형이 '현장연구'라고 하는 장기적이고 직접적인 관찰과 면담을 뒷받침해 주었다. 즉, 현장연구자는 본질적으로 현장 생물학자와 동일한 활동을 하는 사람인 것이다. 이제 연구자에 대한 이러한 관점의 정확성과 타당성은 매우 심각한 도전에 부딪히고 있으며, 많은 연구자들이 연구 대상의 후원자(협력자, 공동 저자, 공동 편집자 등)이거나 '연구 대상'의 자리를 벗어나 연구자라고 하는 사람들과 연구한다는 생각을 갖게 되었다. 이에 따라 최근 연구에서는 '연구자'와 '연구 대상'의 역할이 혼합되는 것을 볼 수 있다.

예전에는 연구 보고서도 사실주의적 설명이라는 주장을 토대로, 연구 대상이 되는 사람들의 삶에 대한 정확하고, 사실적이며, 종합적인 묘사로 간주되었다. 오늘날의 연구 결과들은 연구자의 생애 경험이라는 관점에 투영된 부분적 묘사로 이해되는 경우가 많다. 이들 연구의 '타당성'은 문자적 의미를 넘어선 '진실'을 지향하고, 연구자의 해석적 입장을 드러내기 위해서는 소설적 요소를 활용할 수도 있다는 점에서 소설이나 시의 타당성에 비유되기도 한다.

처음에 질적 연구서의 독자는 거의 대부분 연구자의 동료 학자들이었으며, 연구 대상자들인 경우는 거의 없었다. 오늘날에는 연구 대상자들도 보고서를 볼 수 있으며, 보고서 작성에 동참하기도 한다. 더욱이 실천 연구를 비롯한 지원 연구에서는 연구자가 일반대중을 독자로 겨냥할 수도 있다.

이것이 지난 120년 동안 질적 연구가 발전해 오면서 만들어진 탈중심화와 지위 경쟁의 이야기이다. 오늘날의 질적 연구에는 질적 탐구에 대한 새로운 접근의 수용과 거부로 인해 상반된 양상이 존재한다. 교육이나 의학, 경영과 같은 응용 분야에서는 '사실주의적' 문화기술지가 널리 수용되고 있는 반면, 좀 더 최신의 접근들은 수용되기도 하고(특히 교육 연구에서), 반신반의하면서 수용되기도 하고, 혹은 거절당하기도 한다. 인류학에서는 Malinowski의 자기충족적인 모형에 기반한 영웅적인 '고독한 문화기술자'의 모습이 거의 사라지게 되었다. 사회학에서는 전문 연구자의 공정한 관점이 연구 보고서에 대한 사실주의 접근과 더불어 심각한 도전을 받고 있다.

그러나 물론 반박도 있어 왔다. 교육 분야를 예로 들면, 국가연구위원회(National Research Council)에서 발간한 영향력 있는 보고서에서 사실주의 문화기술지가 합당한 과학적 연구 방법으로 인정되고 있는 반면, 탈근대적 접근은 혹독한 비판을 받고 있다(Shavelson & Towne, 2002). 이 보고서는 과학은 통합되어 있는 탐구 영역이며, 근본적인 목적과 절차에 있어 사회과학은 자연과학의 연장선상에 있다는 관점을 취하고 있다. 이러한 입장은 교육 전문가들의 주요 학회인 미국교육학회(American Educational Research Association)에 의해 확인되고 있다. 이 학회의 홈페이지에 의하면,

> 과학에 기반한 연구에 대한 아래의 정의는 AERA 내의 전문가 위원회에서 만들어진 것이다. AERA는 과학적 표준과 원칙에 기반한 과학적 연구에 대한 정의를 내려달라는 의회의 요청에 따라 정의를 제시하였다. 최근 의회에서는 과학에 기반한 연구에 대한 협소하고 상충되는 정의를 피하기 위해 이와 같은 요청을 제기하였다(2008년 7월 1일 AERA 위원회에서 승인된 과학에 기반한 연구에 대한 대안적 정의).

여기서 '과학적 연구의 원칙'은 신뢰롭고 타당한 지식을 획득하기 위하여 엄밀하고, 체계적이며, 객관적인 방법을 활용한다는 것을 의미한다. 특히 이러한 연구가 요구하는 것은 다음과 같다.

- 논리적이고 증거에 기반을 둔 논의의 전개
- 연구질문에 적합한 연구 방법
- 신뢰롭고 일반화 가능한 결과를 제공하는 관찰이나 실험 설계와 도구
- 결론을 뒷받침하기에 적합한 자료와 분석
- 연구 결과가 적용될 수 있는 집단에 대한 상세한 설명을 포함하여, 연구 절차와 결과에 대한 분명하고 자세한 설명

- 동료심사라는 전문적 기준의 충족
- 과학적 지식에 기여할 수 있도록 연구 결과의 전파
- 재분석과 재적용, 결과를 재연할 수 있는 자료 제공

국가연구위원회 패널과 교육학회 위원회의 진술은 미국 의회 의원과 구성원들이 연방기금의 지원 여부에 대한 적합성을 판단하기 위해 요구한 것보다는 과학적 연구에 대한 훨씬 일반적이고 폭넓은 정의를 제시하고 있다. 어떤 의원들은 연구기금이 처치와 통제를 위해 피험자를 임의로 선정하는 실험 연구로 제한되어야 한다고 주장하기도 하였다. 그렇지만, 과학의 통합성에 대한 교육학회의 입장은 질적 연구에서의 최근 접근들을 합당한 연구의 범위에서 제외하는 것이다. 더욱이 국가연구위원회와 교육학회의 정의는 인간 과학이 과연 자연과학의 모델을 따르는 것이 가능하고, 또 따라야 하는지에 대하여 세대를 거쳐 심각한 의문을 제기해왔던 사회·문화 연구의 지성사를 전혀 인식하지 못하고 있다.

Geertz는 Flyvbjerg(2001)의 『사회과학 문제시하기(Making Social Science Matter)』에 대한 그의 호의적인 비평에서 과학 개념의 '폭넓은 우산'에 대하여 다음과 같이 비판하고 있다.

> 끈이론에서부터 정신분석에 이르기까지 모든 것에 '과학'이라는 이름을 붙이는 것은 결코 좋은 생각이 아니다. 그렇게 되면, 물리적 세계를 다루고 이해하기 위한 방법과 사회적 세계를 다루고 이해하기 위한 방법이 여러 측면에서 같지 않다는 점이 간과될 수 있기 때문이다. 연구의 목적과 방법, 판단의 기준이 모두 다르다는 점을 무시하면, 상대주의라느니, 플라토니즘이라느니, 환원주의라느니 말뿐이라느니 하는 식의 혼동과 비난과 지적이 생기는 것이다(Geertz, 2001, p. 53).

사회 탐구가 '엄밀 과학'이어야 한다고 주장하는 외부인들의 비판 이외에 보수적인 질적 연구자들 사이에서도 비판이 제기되고 있다. 그런 비판의 일부를 최근

Martin Hammersley(2008)가 편집한 책에서 찾아볼 수 있다.

나는 탈근대적 접근이 사회과학 연구의 고유한 성격을 위협하는 잘못된 가정에 토대를 두고 있다고 비판해왔다. 이에 따른 한 가지 결과는 사변적 이론화를 정당화해준 것이고, 다른 하나는 모호함을 찬양토록 한 것이고, 뒤집어 말하면 명료함을 우습게 여기게 된 것이다. … 이러한 결과는 질적 탐구가 제공할 수 있는 진리를 찾기 위해 명료하고 사려 깊은 논의를 만들어야 할 책임을 방기하도록 하고 있다(p.144).

우리는 방법론적 다원주의를 극복하거나 최소한 축소시키기 위해 노력해야 한다. 모든 연구가 동일한 방법으로 수행될 수 있다거나 그렇게 해야 한다는 뜻은 아니다. 내가 하고 싶은 말은 방법에 대한 어떤 생각도 동일한 일반적 주제들과 연관되어 있어야 한다는 것이다(p.181).

질적 탐구에 대한 탈근대적 접근은 잘못된 것일 뿐 아니라, 다행히 그것이 방법론적 보수주의라고 부르는 논의에서는 아니지만, 현재 탈근대주의의 득세는 질적 연구뿐만 아니라 보다 넓게 사회과학 일반에 매우 해로울 수도 있다(p.11).

현재 질적 연구의 스펙트럼 내에서 탈근대주의의 영역은 최근 중서부 사회과학자 학회의 회장 연설에서도 지적된 바 있다(Adler & Adler, 2008). 과거와 현재 사례들을 검토하면서, Adler와 Adler는 주류, 사실주의적 문화기술지와 그것의 신빙성을 높이기 위한 글쓰기 양식을 탈근대주의와 비교하고 있다. 이들에 의하면, "새로운 형식을 추구하는 탈근대적 문화기술지는 지속적인 혁신의 가능성을 제공하고 있기는 하지만, 스스로의 좁은 울타리를 넘어 정당성을 확보할 수 있는 가능성은 점점 줄어들고 있다"(p.29).

이와 다른 비판에 대하여 Denzin(2009)은 사후이거나 현존하는 학자, 혹은 가공의 인물 등 다양한 인물들이 각자의 입장에서 이 주제를 두고 토론을 벌이는 가공의 연극 형식으로 자신의 입장을 밝히고 있다. 이들 등장인물들이 '말하는' 대사의 많은 부분은 사실 다양한 학자들의 실제 글로부터 따온 것인데, 학문적 인용과 창조된 대사가 혼합된 연극 대본을 통한 반응은 탈근대주의에 대한 비판의 심각성을 풍자하기 위한 것이었다.

Mark Twain은 "역사는 반복되지 않으며 기껏해야 가끔 각운을 맞출 뿐이다"라고 말한 것으로 전해진다. 그의 말이 맞는다면 실증주의를 본딴 사회과학을 지지하는 사람들은 심각한 문제에 빠지게 될 것이다. 과학의 통합성에 토대를 둔 그러한 연구는 물리적 법칙과 유사한 사회적 과정에 대한 일반적인 법칙을 찾고자 한다는 점에서, 대상의 문자적 의미와 산문에 깊이 의존하고 있다. 그러한 연구는 운율성, 비언어성, 상황에 따라 불안정한 의미, 예측과 통제를 불가능하게 만드는 꼬임과 반전 등, 일상적 사회생활의 강한 시적 속성 때문에 지속적으로 논박될 것이다. 결국 사회과학은 역사가 실제로 반복되기 때문에 그렇게 연구할 수 있다고 믿는, 항구적으로 실패하는 시도를 포기할 수밖에 없을 것이다. 혹자는 사회와 문화의 시적 속성을 연구하는 데에는 지루한 사회 물리학보다 현대의 질적 연구가 더 적합하다고 생각할 수도 있겠지만, 질적 사회 연구는 서로 우위를 점하려는 '고전주의'와 '반고전주의'의 내적 대립에 상당한 에너지를 쏟고 있다. 이러한 상황이 기회가 될 것인지 손해가 될 것인지를 판단하기에는 너무 이르다.

일인칭 시점으로 이 장을 끝내고자 한다. 내 생각에, 그에 대한 비판의 강도와 지속성을 생각한다면, 마치 시공을 초월한 듯한 중립적인 입장의 전지전능한 내레이터가 독자들에게 말하는 듯한 사실주의적 문화기술지는 더 이상 유지되기 힘들 것이다. 고전적 형태로부터의 다소간 수정과 변형은 불가피할 것이다. 내 생각에 질적 연구 내에서 신랄한 비판과 자기만족적인 향수 사이에 어떤 생산적인 공간이 필요한데, 여기에는 Hammersley(2008)가 주장하고 있는 방법론적 다원주의의 극복 같은 것은 배제되어야 할 것이다. 그러나 우리의 일이 얻고자 하는 것을 생각해 본다면, 다소간의 겸손은 불가피할 것이다.

Malinowski가 트로브리안드 섬에 발을 디딘 지 이제 겨우 86년이 지났을 뿐이다. 문화기술적 연구를 위한 Malinowski의 목표, 특히 "연구 대상자의 관점과 연구자의 관점, 그리고 삶에 대한 그들의 관계, 그들의 세계관을 이해하고자" 한다는 그의 말에 반영되어 있는 시도는 새로운 것이었다. 우리는 지난 60년 동안 부분적으로라도 그러한 목표를 달성하는 것, 심지어 그런 목표를 향해 움직이는 것조차도 얼마나 어려운지를 깨달아온 것이다. 이제 우리는 그러한 목표가 Malinowski와 그의 동시대인들이 예상했던 것보다 훨씬 더 어렵다는 것을 알고 있다. 그러나 여전히 그것은 우리들이 가야 할 방향을 보여주고 있다.

주석

1. 이 장의 일부 논의는 관련된 주제에 대한 나의 이전 글, 특히 Erickson(1986, 2006)에 기초를 두고 있다. 질적 연구 방법에 대한 문헌은 워낙 방대하기 때문에, 미국 사회학과 인류학 내에서 고전적 사실주의 문화기술학에 대해서는 Vidich와 Lyman(1994)의 종합적 논의를, 현장연구 방법에 대해서는 영국의 사회 인류학에 대한 Urrey(1994)의 종합적 논의를, 문화기술지 녹화에 대한 종합적 논의에 대해서는 Heider(1982)를 참고하기 바란다.

참고문헌

Adelman, C. (1981). *Uttering, muttering: Collecting, using, and reporting talk for social and educational research.* London: McIntyre.

Adler, P., & Adler, P. (2008). Of rhetoric and representation: The four faces of ethnography. *Sociological Quarterly, 49*(1), 1-30.

Anderson, E. (1992). *Streetwise: Race, class, and change in an urban community.* Chicago: University of Chicago Press.

Arensberg, C., & Kimball, S. (1940). *Family and community in Ireland.* Cambridge MA: Harvard University Press.

Argyris, C. (1953). *Executive leadership: An appraisal of a manager in action.* New York: Harper.

Argyris, C. (1954a). Human relations in a bank. *Harvard Business Review, 32*(5), 63-72.

Argyris, C. (1954b). *Organization of a bank: A study of the nature of organization and the fusion process.* New Haven, CT: Yale University Labor and Management Center.

Baldwin, B. (n.d.). Traditional and cultural aspects of Trobriand Island chiefs. Unpublished MS thesis. Canberra: Australia National University, Anthropology Department, Royal Society of Pacific Studies.

Barnouw, E. (1993). *Documentary: A history of the non-fiction film* (2nd Rev. ed.). New York: Oxford University Press.

Becker, H., & Geer, B. (1961). *Boys in white: Student culture in medical school.* Chicago: University of Chicago Press.

Behar, R. (1996). *The vulnerable observer: Anthropology that breaks your heart.* Boston: Beacon.

Benson, T., & Anderson C. (2002). *Reality fictions: The films of Frederick Wiseman* (2nd ed.). Carbondale: Southern Illinois University Press.

Bochner, A., & Ellis, C. (Eds.). (2002). *Ethnographically speaking: Autoethnography, literature, and aesthetics.* Walnut Creek, CA: Alta Mira.

Bogdan, R., & Biklen, S. (1982). *Qualitative research for education: An introduction to theory and methods.* Boston: Allyn & Bacon.

Booth, C. (1891). *Labour and life of the people of London.* London and Edinburgh: Williams and Nargate.

Bourdieu, P. (1977). *Outline of a theory of practice* (R. Nice, Trans.). Cambridge, UK: Cambridge University Press.

Bowen, E. (1954). *Return to laughter.* Garden City, NY: Doubleday.

Bredo, E., & Feinberg, W. (1982). *Knowledge and values in social and educational research.* Philadelphia: Temple University Press.

Briggs, J. L. (1970). *Never in anger: Portrait of an Eskimo family.* Cambridge, MA: Harvard University Press.

Byers, P. (1966). Cameras don't take pictures. *The Columbia University Forum, 9*(1), Winter. Reprinted in *Afterimage,* Vol. 4, No. 10, April 1977.

Byers, P. (with Mead, M.). (1968). *The small conference: An innovation in communication.* The Hague: Mouton.

Cazden, C. (2001). *Classroom discourse: The language of teaching and learning.* Portsmouth, NH: Heineman.

Clifford, J. (1988). *The predicament of culture: Twentieth century ethnography, literature, and art.* Cambridge, MA: Harvard University Press.

Clifford, J., & Marcus, G. (1986). *Writing culture: The poetics and politics of ethnography.* Berkeley: University of California Press.

Cochran-Smith, M., & Lytle, S. (1993). *Inside/outside: Teacher research and knowledge.* New York: Teachers College Press.

Collier, J., Jr. (1967). *Visual anthropology: Photography as a research method.* New York: Holt, Rinehart, & Winston.

Comte, A. (2001). *Plan des travaux scientifiques necessaires pour reorganizer la societe.* Paris: L'Harmattan. (Original work pub-lished 1822)

Conquergood, D. (1989). *I am a shaman: A Hmong life story with ethnographic commentary.* Minneapolis: University of Minnesota, Center for Urban and Regional Affairs.

Conquergood, D. (2000). Rethinking elocution: The trope of the talk-ing book and other figures of speech. *Text and Performance Quarterly, 20*(4), 325-341.

deBrigard, E. (1995). The history of ethnographic film. In P. Hockings(Ed.), *Principles of visual anthropology* (2nd ed., pp. 13-44). New York: Mouton de Gruyter.

deLoria, V. (1969). *Custer died for your sins: An Indian manifesto.* New York: Macmillan.

Delamont, S. (1984). The old girl network. In R. Burgess (Ed.), *The research process in educational settings.* London: Falmer.

Delamont, S. (1989). *Knowledgeable women: Structuralism and the reproduction of elites.* London: Routledge.

Delamont, S. (1992). *Fieldwork in educational settings: Methods, pitfalls,* London: Falmer.

Denzin, N. (1970). *The research act in sociology: A theoretical introduction to sociological methods.* London: Butterworths.

Denzin, N. (2003). *Performance ethnography: Critical pedagogy and the politics of culture.* Thousand Oaks, CA: Sage.

Denzin, N. K. (2009). Apocalypse now: Overcoming resistances to qualitative inquiry. *International Review of Qualitative Inquiry, 2*(3), 331-344.

Denzin, N. K., & Lincoln, Y. S. (Eds.). (1994). *The handbook of qualitative research.* Thousand Oaks, CA: Sage.

Denzin, N. K., & Lincoln, Y. S. (Eds.). (2000). *The handbook of qualitative research* (2nd ed.). Thousand Oaks, CA: Sage.

Denzin, N. K., & Lincoln, Y. S. (Eds.). (2005). *The SAGE handbook of qualitative research* (3rd ed.). Thousand Oaks, CA: Sage.

Dilthey, W. (1989). *Einleitung in die Geisteswissenschaften — Introduction to the human sciences* (R. Makkreel & F. Rodi, Ed. & Trans.). Princeton, NJ: Princeton University Press. (Original work published 1883)

Drake, S. C., & Cayton, H. (1945). *Black metropolis: A study of Negro life in a northern city.* Chicago: University of Chicago Press.

DuBois, W. E. B. (1899). *The Philadelphia negro: A social study.* New York: Schocken.

Ellen, R. (1984). *Ethnographic research: A guide to general conduct.* London and San Diego: Academic Press.

Emery, F., & Thorsrud, E. (1969). *Form and content of industrial democracy: Some experiments from Norway and other European countries.* Assen, The Netherlands: Van Gorcum.

Erickson, F. (1986). Qualitative methods in research on teaching. In M. C. Wittrock (Ed.), *Handbook of research on teaching* (3rd ed., pp. 119-161). New York: Macmillan.

Erickson, F. (2006). Studying side by side: Collaborative action ethnography in educational research. In G. Spindler & L. Hammond (Eds.), *New horizons for ethnography in education* (pp. 235-257). Mahwah, NJ: Lawrence Erlbaum.

Erickson, F., & Shultz, J. (1997). When is a context?: Some issues and methods in the analysis of social competence. Reprinted in M. Cole, M. Engeström, & O. Vasquez (Eds.), *Mind, culture, and activity: Seminal papers from the Laboratory of Comparative Human Cognition* (pp. 22-31). Cambridge, UK: Cambridge University Press. (Original work published 1977)

Evans-Pritchard, E. (1940). *The Nuer: A description of the modes of livelihood and political institutions of a Nilotic people.* Oxford, UK: Oxford University Press.

Fine, G. (1990). Organizational time: Temporal demands and the experience of work in restaurant kitchens. *Social Forces, 69*(1), 95-114.

Fine, M. (1991). *Framing dropouts.* Albany: SUNY Press.

Firth, R. (2004). *We the Tikiopia.* New York: Routledge. (Original work published 1936)

Flyvbjerg, B. (2001). *Making social science matter: How social inquiry fails and how it can succeed again.* Cambridge and New York: Cambridge University Press.

Flyvbjerg, B. (2006). Five misunderstandings about case-study research. *Qualitative Inquiry, 12*(2), 219-245.

Foucault, M. (1977). *Discipline and punish: The birth of the prison.* London: Penguin Books.

Freeman, D. (1983). *Margaret Mead and Samoa.* Cambridge, UK: Harvard University Press.

Gans, H. (1962). *The urban villagers.* New York: The Free Press.

Geertz, C. (1973). *The interpretation of cultures: Selected essays.* New York: Basic Books.

Geertz, C. (2001). Empowering Aristotle. *Science, 293*, 53.

Glaser, B., & Strauss, A. (1965). *Awareness of dying.* Chicago: Aldine.

Glaser, B., & Strauss, A. (1967). *The discovery of grounded theory: Strategies for qualitative research.* Chicago: Aldine.

Goldman, R., Barron, B., Pea, R., & Derry, S. (Eds.). (2007). *Video research in the learning sciences.* Mahwah, NJ: Lawrence Erlbaum.

Gramsci, A. (1988). *A Gramsci reader.* London: Lawrence & Wishart.

Guba, E. (1978). *Toward a methodology of naturalistic inquiry in educational evaluation.* Los Angeles: UCLA, Center for the Study of Evaluation.

Guba, E. (1990). *The paradigm dialogue.* Thousand Oaks, CA: Sage.

Guba, E., & Lincoln, Y. (1985). *Naturalistic inquiry.* Beverly Hills, CA: Sage.

Gumperz, J., Roberts, C., & Jupp, T. (1979). *Culture and communication: Background and notes to accompany the BBC film "Crosstalk."* London: British Broadcasting Company.

Hammersley, M. (2008). *Questioning qualitative inquiry: Critical essays.* London: Sage.

Hammersley, M., & Atkinson, P. (1983). *Ethnography: Principles in practice.* London: Tavistock.

Harding, S. (1991). *Whose science? Whose knowledge? Thinking from women's lives.* Ithaca, NY: Cornell University Press.

Heath, S. (1983). *Ways with words: Language, life, and work in communities and classrooms.* Cambridge: Cambridge University Press.

Heider, K. (1982). *Ethnographic film* (3rd ed.). Austin: University of Texas Press.

Henry, J. (1963). *Culture against man.* New York: Random House.

Hollingshead, A. (1949). *Elmtown's youth: The impact of social classes on adolescents.* New York: John Wiley.

Holmberg, A. (1950). *Nomads of the long bow: The Siriono of Eastern Bolivia.* Garden City, NY: Natural History Press.

Jackson, P. (1968). *Life in classrooms.* New York: Holt, Rinehart, & Winston.

Kemmis, S., & McTaggart, R. (2005). Participatory action research: Communicative action and the public sphere. In N. K. Denzin & Y. S. Lincoln (Eds.), *The SAGE handbook of qualitative research* (3rd ed., pp. 559-603). Thousand Oaks, CA: Sage.

Kincheloe, J. (1993). *Toward a critical politics of teacher thinking.* S. Hadley, MA: Bergin & Garvey.

Kluckhohn, C. (1949). *Mirror for man.* New York: McGraw-Hill.

Kondo, D. (1990). *Crafting selves: Power, gender, and discourses of identity in a Japanese workplace.* Chicago: Chicago University Press.

Kushner, S. (1991). *The children's music book: Performing musicians in schools.* London: Calouste Gulbenkian Foundation.

Kushner, S., Brisk, M., & MacDonald, B. (1982). *Bread and dreams: A case study of bilingual schooling in the U.S.* Norwich, UK: University of East Anglia, Centre for Applied Research in Education.

Lather, P. (1991). *Getting smart: Feminist research and pedagogy with/in the postmodern.* New York: Routledge.

Latour, B., & Woolgar, S. (1979). *Laboratory life: The social construction of scientific facts.* Beverly Hills: Sage.

Lewin, K. (1946). Action research and minority problems. *Journal of Social Issues, 24*(1), 34-36.

Lewis, O. (1951). *Life in a Mexican village: Tepoztlán restudied.* Urbana: University of Illinois Press.

Liebow, E. (1967). *Tally's corner: A study of Negro streetcorner men.* Boston: Little, Brown.

Lynch, M. (1993). *Scientific practice and ordinary action: Ethnomethodology and social studies of science.* Cambridge, UK: Cambridge University Press.

Lynd, R., & Lynd, H. (1929). *Middletown: A study in contemporary American culture.* New York: Harcourt, Brace.

Lynd, R., & Lynd, H. (1937). *Middletown in transition: A study in cultural conflicts.* New York: Harcourt, Brace.

Madison, D. S., & Hamera, J. (Eds.). (2006). *The SAGE handbook of performance studies.* Thousand Oaks, CA: Sage.

Malinowski, B. (1922). *Argonauts of the Western Pacific: An account of native enterprise and adventure in the archipelagoes of Melanesian New Guinea.* London and New York: G. Routledge and E. P. Dutton.

Malinowski, B. (1967). *A diary in the strict sense of the term.* New York: Harcourt, Brace.

McCall, G., & Simmons, J. (1969). *Issues in participant observation: A text and reader.* Reading, MA: Addison-Wesley.

McLaren, P. (1986). *Schooling as a ritual performance.* London: Routledge and Kegan Paul.

McDermott, R., Gospodinoff, K., & Aron, J. (1978). Criteria for an ethnographically adequate description of concerted activities and their contexts. *Semiotica, 24*(3-4), 245-276.

Mead, M. (1928). *Coming of age in Samoa: A psychological study of primitive youth for Western civilization.* New York: William Morrow.

Mehan, H. (1978). *Learning lessons: Social organization in the classroom.* Cambridge, MA: Harvard University Press.

Morgan, L. H. (1877). *Ancient society: Researches in the lines* of human progress from savagery through barbarism to civilization. New York: MacMillan.

Moynihan, D. (1965). *The Negro family: The case for national action*. Washington, DC: U.S. Department of Labor, Office of Policy Planning and Research.

Munhall, P. (Ed.). (2001). *Nursing research: A qualitative perspective*. Sudbury MA: Jones and Bartlett.

Nash, J. (1979). *We eat the mines and the mines eat us*. New York: Columbia University Press National Research Council.

Pelto, P. J., & Pelto, G. H. (1970). *Anthropological research: The structure of inquiry*. New York: Harper & Row.

Powdermaker, H. (1966). *Stranger and friend: The way of an anthropologist*. NewYork:W.W.Norton.

Quetelet, L. A. (2010). *A treatise on man and the development of his faculties* (T. Smibert, Ed.). Charlestown, SC: Nabu Press. (Original work published 1835)

Rabinow, P. (1977). *Reflections on fieldwork in Morocco*. Berkeley: University of California Press.

Radcliffe-Brown, A. (1922). *The Andaman islanders: A study in social anthropology*. Cambridge, UK: Cambridge University Press.

Redfield, R. (1930). *Tepoztlán, a Mexican village: A study in folk life*. Chicago: University of Chicago Press.

Richardson, L. (1999). Feathers in our CAP. *Journal of Contemporary Ethnography, 28*, 660-668.

Richardson, L. (2004). *Travels with Ernest: Crossing the literary/ sociological Social Issues, 24(1), 34–46. divide*. Walnut Creek, CA: AltaMira.

Richardson, L. (2007). *Last writes: A daybook for a dying friend*. Thousand Oaks, CA: Left Coast Press.

Riis, J. (1890). *How the other half lives: Studies among the tenements of New York*. New York: Charles Scribner's Sons.

Rosaldo, R. (1989). *Culture and truth: The remaking of social analysis*. Boston: Beacon.

Roy, D. (1959). "Banana Time": Job satisfaction and informal interaction. *Human Organization, 18*(04), 158-168.

Ruby, J. (2000). *Picturing culture: Explorations of film and anthropology*. Chicago: University of Chicago Press.

Sanjek, R. (1990). *Fieldnotes: The makings of anthropology*. Ithaca, NY: Cornell University Press.

Schensul, J., LeCompte, M., & Schensul, S. (1999). *The ethnographer's toolkit* (Vols. 1-5). Walnut Creek, CA: AltaMira Press.

Schensul, J., & Schensul, S. (1992). Collaborative research: Methods of inquiry for social change. In M. LeCompte, W. Milroy, & J. Preissle (Eds.), *The handbook of qualitative research in education*. San Diego and New York: Academic Press.

Schensul, S. (1974). Skills needed in action anthropology: Lessons learned from El Centro de la Causa. *Human Organization, 33*, 203-209.

Shankman, P.(1996). The history of Samoan sexual conduct and the Mead-Freeman controversy. *American Anthropologist, 98*(3), 555-567.

Smith, D. (1974). Women's perspective as a radical critique of sociology. *Sociological Inquiry, 44*, 7-13.

Smith, L., & Geoffrey, W. (1968). *The complexities of an urban classroom*. New York: Holt, Rinehart, & Winston.

Spindler, G. (1955). *Education and anthropology*. Stanford, CA: Stanford University Press.

Spindler, G. (1963). *Education and culture: Anthropological approaches*. New York: Holt, Rinehart, & Winston.

Stenhouse, L. (1975). *An introduction to curriculum research and development*. London: Heineman.

Torrance, H. (1995). *Evaluating authentic assessment: Problems and possibilities in new approaches to assessment*. Buckingham, UK: Open University Press.

Tylor, E. B. (1871). *Primitive culture*. London: John Murray.

Urrey, J. (1984). A history of field methods. In R. Ellen (Ed.), *Ethnographic research: A guide to general conduct* (pp. 33-61). London and San Diego: Academic Press.

Van Maanen, J. (1988). *Tales of the field: On writing ethnography*. Chicago: University of Chicago Press.

Van Maanen, J. (2006). Ethnography then and now. *Qualitative Research in Organizations and Management: An International Journal, 1*(1), 13-21.

Vaught, C., & Smith, D. L. (1980). Incorporation & mechanical solidarity in an underground coal mine. *Sociology of Work and Occupations, 7*(2), 159-187.

Vidich, A., & Bensman, J. (1958). *Small town in mass society: Class, power, and religion in a rural community*. Garden City, NY: Doubleday.

Vidich, A., & Bensman, J. (2000). *Small town in mass society: Class, power, and religion in a rural community* (Rev. ed.). Urbana: University of Illinois Press.

Vidich, A., & Lyman, S. (1994). Qualitative methods: Their history in sociology and anthropology. In N.K. Denzin & Y.S.Lincoln(Eds.), *Handbook of qualitative research* (pp. 23-59). Thousand Oaks, CA: Sage.

Walker, R., & Adelman, C. (1975). *A guide to classroom observation*. London: Routledge.

Walkerdine, V. (1998). *Counting girls out: Girls and mathematics*. London: Falmer.

Warner, W. L. (1941). *Yankee city*. New Haven, CT: Yale University Press.

Wax, R. (1971). *Doing fieldwork: Warnings and advice*. Chicago: University of Chicago Press.

Whyte, W. F. (1955). *Street corner society: The social structure of an Italian slum*. Chicago: University of Chicago Press. (Original work published 1943)

Whyte, W. F., Greenwood, D. J., & Lazes, P. (1989). Participatory action research: Through practice to science in social research. *American Behavioral Scientist, 32*(5), 513-551.

Willis, P. (1977). *Learning to labour: How working class kids get working class jobs*. Westemead, UK: Saxon House.

Wirth, L. (1928). *The ghetto*. Chicago: University of Chicago Press.

Worth, S., & Adair, J. (1972). *Through Navaho eyes: An exploration of film communication and anthropology*. Bloomington: Indiana University Press.

Young, F. (1996). Small town in mass society revisited. *Rural Sociology, 61*(4), 630-648.

Young, M. (1979). *The ethnography of Malinowski: The Trobriand Islands 1915–18*. London: Routledge and K. Paul.

Zorbaugh, H. (1929). *The gold coast and the slum: A sociological study of Chicago's Near North Side*. Chicago: University of Chicago Press.

04.

질적 연구의 윤리와 정치

이호규_ 동국대학교 신문방송학과 교수

질적 연구에서의 윤리를 논의하기 위해서는 내적인 문제 이외에 외적인 문제를 살필 필요가 있다. 윤리와 정치를 같이 이해하는 것이 지적으로 올바른 방법이지만, 그것은 질적 이론 및 방법을 수정하는 것 이상의 주요 의제이다. 이 모든 이슈는 계몽주의 사상에 뿌리를 두고 있다. 계몽주의 인식론이 부정될 때, 질적 측면에서의 구체적인 도덕적-정치적 질서에 대한 개념적인 논의가 가능하다. 자유와 도덕성을 양분한 계몽주의는 가치 중립의 사회과학 전통을 조성하고, 이 전통으로부터 수단-목표의 공리주의가 나타났다.

질적 연구는 그것의 기초를 제공한 계몽주의의 이원론에 대한 고려도 없이 철학적으로만 연구하고자 한다. 결과적으로 다문화, 젠더, 다원론, 그리고 국제적인 범위에서의 윤리적이고 정치적인 프레임워크만을 제공하고 있다.

4.1 계몽주의의 이원론

계몽주의 정신의 특징은 이원론이다. 지적인 사학자들은 일반적으로 주체/객체, 사실/가치, 또는 물질/정신 이원론으로 요약한다. 이 모든 것들은 Galileo, Descartes, Newton으로부터 승계된 우주론의 정당한 해석이다. 그렇지만 그것들의 어떤 것도 계몽주의를 정확하게 이해하는 데 기초를 제공하고 있지 않다. 핵심은 계몽주의에 만연하고 있는 자율성이다. 인간의 개성에 대한 숭배가 바로 인간의 자유를 정당화한다. 인간들은 자신들에게 충성을 요구하는 모든 신념으로부터 자유로워질 수 있도록 하는 자신들의 법을 수립하였다. 인간 자율성을 자랑스럽게 생각하면서, 18세기의 정신은 자연을 자신들이 자연의 질서를 관장하는 무한한 가능성의 무대로 간주하였다. 자연으로부터 해방되면서 그 어떠한 권위로부터 자유로운 개인이 나타났다. 자유에 대한 동기가 중요한 추진력이었다. 이는 르네상스에서 시작되어 계몽사상에 이르러 완성되었다.

분명히, 사람들은 주제/객체의 이원론으로 시작하면서 자율성을 확보할 수 있었다. 계몽주의 세계관을 구축하는 과정에서 자연과학의 권위는 사람들을 자유롭게 하는 데 커다란 역할을 하였다. 수학, 물리학 및 천문학에서의 성과로 인해 인간이 이전에는 지배당했던 자연을 지배할 수 있게 되었다. 과학은 자연과 인간에게 매우 명료한 방법으로 이성을 적용하여 인간들이 점진적으로 행복한 생활을 영위할 수 있는 확실한 증거를 제공하였다. 예를 들어 범죄와 광기를 해결하는 데 있어서, 이제는 더 이상 신학적인 처방이 필요하지 않게 되었다. 그럼으로써, 일상 경험에 근거한 해결책이 제시되었다.

　마찬가지로, 확실한 사실과 주관적인 가치가 서로 다르다는 질문들을 제시하면서, 사람들은 자율성을 확보할 수 있다. 계몽주의는 무엇에 대한 지식과 무엇을 해야 하는 것을 구별함으로써, 가치를 그리 중요하게 다루지 않았다. 그리고 모든 형태의 계몽주의 유물론은 신앙과 이성, 믿음과 지식을 분리시켰다. 3세기 전에 Robert Hooke는 런던의 왕립 협회 설립을 도울 때, "이 협회는 종교, 수사법, 도덕, 정치의 어떤 토론도 삼갈 것이다."라고 주장하였다. 계몽주의를 옭죄고 있는 사실성의 강조로 인해, 의무, 제약, 당위와 같은 인간들의 관심 영역은 더 이상 거론되지 않았다. 계몽주의를 사실과 가치의 분리라고 간주한 사람들은 그 작업이 기본적으로 매우 어려울 것이라 생각하였다. 마찬가지로, 정신의 영역은 신비와 직감으로 쉽게 융해될 수 있다. 만약 정신적 세계가 어떠한 구속력을 가지고 있지 않았다면, 그것은 단지 신의 추측에 지나지 않는다. 따라서 신들이 추구하는 것은 단지 일시적이라는 계몽주의 사상을 받아들였다.

　그러나 계몽주의의 자율성의 신조는 커다란 폐해를 초래하였다. 개인들의 자기결정이 중추 역할을 하면서, 인간의 자유와 도덕 질서를 통합하고자 하는 보편적인 문제를 담당하게 되었다. 인간 자유와 도덕 질서의 관계의 복잡성과 풀기 어려운 문제들을 해결하고자 노력하면서 실제로 계몽주의는 개인 자유의 희생을 거부하였다. 18세기에 이에 대한 문제가 중요하게 거론되었음에도 불구하고, 그에 대한 반응은 해결책이 아니라 인간의 자율성만을 강조하였다. 당시의 독재 정치 체제와 기독교의 억압적인 체제를 고려한다면, 자유를 위해 그 어떠한 타협의 자세를 취하지 않음은 이해할 만하다. 계몽주의의 시작과 끝은 인간의 자유와 도덕 질서의 분리이다(cf. Taylor, 2007, 10장).

　Jean-Jacques Rousseau는 이 급진적 자유를 노

골적으로 지지하였다. 그는 인간 개인의 자유로운 결정이 최고의 선이 되기 위한 지적인 토대를 제공하였다. Rousseau는 복잡한 인물이다. 그는 Descartes의 합리주의, Newton의 기계론적인 우주론, 또는 John Locke의 이기주의적 자아 논의에 보조를 맞추기를 거부하였다. 그는 그의 『인간불평등의 담론(Discourse on Inequality)』이나 『사회계약론(Social Contract)』을 통해 Thomas Hobbes에 응답하면서, 단순하게 자유를 분리시키고 신성시하는 데 만족하지 않았다.

　Rousseau는 합리주의를 배척하는 데 있어서 낭만주의와 궤를 같이하였다. 그는 초월적 존재와 이미 주어진 것들보다 인간 사회에 내재하고 새로이 부각되는 가치를 지지하면서 19세기에 광범위한 지지를 받았다. 인간은 유한하고 능력이 제한되어 있음을 인정하면서, 신이나 교회로부터의 독립이 아니라 문화와 그 어떠한 권위로부터의 독립을 지지하였다. 자율성은 인간 존재의 핵심이자 우주의 중심이 되었다. 인간의 자율성에 근거하여 Rousseau의 평등, 사회 체계, 가치론, 언어를 이해하였다. 그는 축소된 부정적 자유가 가진 편안함보다 그것의 결과를 민감하게 인식하였다. 그가 인정할 수 있는 유일한 해결책으로서 자유를 자신들에게 유익한 방향으로 즐길 수 있는 인간의 우아한 본성을 강조하였다. 그럼으로써, 추측컨대, 도덕 질서와 같은 모호한 개념과 병행하여 살 수 있었다.

4.2 가치 중립적 경험주의

전형적으로, 사회과학의 특징이 무엇인지에 대한 논의들이 자연과학의 이론과 방법론을 중심으로 진행된다. 사회과학이 자연과학과 어떠한 점이 유사함을 밝히는 것이 아니라 바로 지배적인 계몽주의 세계관이 반영되었음을 주장하고자 한다. 정치 이론에서, 17~18세기 유럽에서 발달된 자유주의는 교회나 봉건 질서에 대한 복종이 없이 자신의 삶을 영위할 수 있도록 시민을 자

유롭게 해주었다. 18세기와 19세기에 인간 혹은 도덕과학으로 알려진 심리학, 경제학 등이 마음을 열고 자유롭게 상상할 수 있는 "자유주의 예술"로 간주되었다. 사회과학과 자유 국가가 나타났고 역사적으로 중복되면서, 유럽의 계몽주의자들은 국가와 시민을 지지할 수 있는 경험적 추리를 하는 "진실, 기술, 기법"을 지지하였다(Root, 1993, pp. 14-15).

　일관되게 도덕적 질서에 앞서 개인의 자유를 우선으로 하며, 사회의 기본이 되는 제도들이 선에 대한 다른 개념들 간의 중립성을 확보할 수 있도록 고안되었다(Root, 1993, p. 12). 국가는 "시민들이 어떤 종교적 관습에 동의할 것, 가족을 형성하는 것 혹은 개인의 방식이나 다른 것에 대한 예술적 표현의 방법을 요구하거나 독려하기"를 금지하였다(Root, 1993, p. 12). 선에 대한 공유된 개념들이 더 이상 광범위하지 않고 사회 깊숙이 침투되어 있지 않기 때문에, 도덕적인 문제와 사회의 이상향에 대한 강조는 이제 더 이상 생산적이지 않다고 보았다. 따라서 가치 중립이 논리적인 대안으로 등장하였다. 그럼으로써, "사회의 구성원들은 많은 종교들을 실천하고, 여러 가지 다른 직업들을 추구하며, 많은 관습과 전통과 자신을 동일시할 수 있게 되었다." (Root, 1993, p. 11). 사회과학 주류의 이론과 실천은 교육과 과학 그리고 정치와 같이 자유주의 계몽주의 철학을 반영한다. 오직 자율성과 도덕적 질서의 재통합만이 오늘날의 사회과학을 위한 대안적 패러다임을 제공한다.[1]

Mill의 사회과학 철학

John Stuart Mill은,

> 중립성은 자율성을 촉진시키기 위해서 필요하다. … 어떤 사람에게 선을 강요할 수 없고, 국가는 시민들이 어떠한 삶을 살아야 할지를 강요할 수 없다. 국가가 시민들로 하여금 바람직한 선택을 하도록 강요하는 것보다 시

> 민들이 비록 나쁜 선택이더라도 그들이 스스로 결정하게 함이 바람직하다(Root, 1993, pp. 12-13).

　우리 자신의 생각과 목적에 따라 우리의 삶을 계획하는 것은 Mill의 『자유론(On Liberty)』(1859/1978)에서 자율적 존재를 위한 필수조건이다. 개인의 자유로운 발전은 인간의 행복의 주요 요소 중 하나이고, 개인적 그리고 사회적 발전의 중요한 요소이다(p. 50; Copleston, 1966, p. 303, 주석 32 참고). 개인적 자율성의 우월주의를 기반으로 한 이 중립은 Mill의 공리주의(1861/1957)뿐만 아니라, 논리학 체계(1843/1893)의 기초원리가 된다. Mill은 "효용의 원리는 개인이 다른 사람들한테 해가 될 수 있는 자유를 제외하고 모든 자유를 즐길 것을 요구한다." (Copleston, 1966, p. 54). Locke와 더불어 자유 국가 이론을 발전시키는 데 있어서 고전적인 공리주의를 최대한 활용하였으며, Mill은 사회과학적 방법으로 귀납적 방법을 기본으로 설정하였다. 경험주의 원리의 관점에서 그는 아리스토텔레스 연역적 논리를 대체하는 문제 해결 방법과 같은 Francis Bacon의 귀납적 기술을 완성하였다.

　Mill에 따르면, 삼단논법은 인간의 지식에 그 어떠한 새로운 것을 기여하지 않는다. 만약 우리가 "모든 사람들이 도덕적이기" 때문에, 웰링턴 공작이 본질적으로 도덕적이라고 간주한다면, 그러한 결론은 전제를 더 이상 확장시키지 못한다(Mill, 1843/1893, 11.3.2, p. 140 참고). 개념적 세계를 재정립함이 아니라 미신과 진정한 지식을 구별함이 중요하다. 진실을 추구할 때, 일반화와 통합화는 알려진 것에서 알려지지 않은 것으로의 귀납적인 연구가 필요하다. Mill은 형식적으로 일관성 있는 규칙을 증명하는 것보다 알려진 것으로부터 추론하는 논리적 기능을 확립하고자 하였다(Mill, 1843/1893, III). 과학적 확신은 경험에서 도출된 제안과 경험에 의해 습득되는 모든 지식의 자료와 함께 귀납법이 엄격하게 지켜질 때 가능하다.[2] 자연과학에서, Mill은 일치, 불일치, 잔여물, 수반하는 변화 등의 실

험 연구의 네 가지 형태를 설정하였다. 그는 자연이 균일하게 구성되어 있다고 상정하는 한, 앞의 네 가지 형태가 실험 연구들을 위한 유일한 방법이라고 간주하였다.[3]

『논리학 체계(A System of Logic)』의 제6권인, "도덕적 과학의 논리에 대해서(On the Logic of the Moral Sciences)"에서, Mill(1843/1893)은 "사회생활을 구성하는 다양한 현상들"을 연구하기 위해 과학적 방법으로서의 귀납적 경험주의를 개발하였다. 그는 비록 사회과학을 인과적인 법칙으로 인간 행동을 설명하는 분야로 간주하였지만, 인간의 운명을 예측할 수 있다는 숙명론을 경고하였다. "사회적 법칙은 가설적이고, 본질적으로 예외가 인정되는 통계에 근거하여 일반화할 수 있기 때문이다."(Copleston, 1966, p.101; Mill, 1843/1893, VI.5.1, p.596 참고). 인간 행동에 대해 경험적으로 확인된 도구적 지식은 인간 행동을 개인적 차원이 아니라 집단적 군중을 설명할 때 설명력이 강한 예측을 할 수 있다.

Mill의 실증주의는 실험 탐구에 대한 그의 연구를 통해 명확해졌다.[4] Auguste Comte의 『실증 철학 강의(Cours de Philosophie Positive)』(1830)에 기초하여, 그는 물질을 "감각의 영구적인 가능성"(Mill, 1865b, p.198)으로 정의하였고, 다른 아무것도 형이상학에 대해 언급할 수 없다고 믿었다.[5] 사회 조사는 도덕적 관념이 없고, 오직 수단에 대한 질문에 응한다. 목적은 추구 대상이 아니다. 지표와 검증의 정확한 방법을 개발하기 위하여 Mill은 경험적 측면에서 지식의 이론을 설립하였다. 진실은 그 자체가 중요한 것은 아니다. 그러나 "우리 자신의 마음의 습관과 과거 역사에 달려있다."(Mill, 1843/1893, II, Vo1.6, p.181). 사회를 연구하는 방법은 해당 방법이 가능한 범위의 위험과 혜택에 국한되어야 한다. David Hume과 Comte와 더불어 Mill은 형이상학적 실체는 진짜가 아니며 감각의 현상의 사실만 존재한다고 주장하였다. 감각 이면에는 본질이나 근본적인 현실이 없다. Mill과 Comte(1848/1910)는 실험적으로 타당한 법칙이 도출될 수 있기 위해서는 사회과학자들이 사실에 근거한 자료를 활용해야 한다고 주장한다. Mill과 Comte에게 있어서 실질적인 이익을 가능하게 하는 유일한 지식이다(Mill, 1865b, p.242). 실제로 사회를 구원하기 위해서는 그와 같은 과학적인 지식이 필요하다(p.241).[6]

Mill의 결과주의자적인 윤리처럼, 사회과학에 대한 그의 철학은 수단과 목표의 이원론에 기반을 두고 있다. 시민들과 정치인들은 자유로운 사회의 목적을 거론해야 하고, 과학은 해당 목적을 성취하기 위한 방법을 제공해야 한다. 과학은 도덕적 관념과 무관하고, 방법에 대한 질문의 해답을 찾는다. 따라서 과학은 목적을 강요하는 그 어떤 수단과 권위가 없다. 사회과학의 방법은 본질과 내용에 대하여 무관심하여야 한다. 자유 과학을 실천하는 절차는 "처방적이어야 하며, 도덕적으로나 정치적으로 규정하는 것이 아니고 옳지 않은 과학에는 맞서야 하나 나쁜 행동에는 관심을 둘 필요가 없다."(Root, 1993, p.129). 연구는 옳거나 그른 것이 아니라 참인지 참이 아닌지로 판단되어야 한다. "과학은 오로지 그것이 적용될 때만 정치적이다."(Root, 1993, p.213). 그의 민주적 자유주의를 감안할 때, Mill은 사회과학이 기여해야 할 "개인 또는 집단의 자율성을 위해" 중립성을 주장하였다. "개인이나 집단들은 그들의 선택에 책임을 져야 한다고 생각하고, 의지가 있으며, 활발한 행위자이다. 다수의 법칙에 의해 자신들이 바람직한 삶이 무엇인지를 자유롭게 선택해야 한다."(Root, 1993, p.19).

Max Weber의 가치 중립성

21세기 주류 사회과학자들이 윤리는 자신들의 일이 아니라고 주장할 때, 일반적으로 그들은 1904년과 1917년 사이에 쓰인 Max Weber의 에세이를 예로 든다. 사회학 및 경제학에서 Weber의 방법론적 및 이론적 중요성을 감안할 때, 정치 판단과 과학 중립성에 대한 그의 구별이 법전과 같은 위치를 차지하고 있다.

Weber는 가치 자유와 가치의 관련성을 구분하였다. 그는 문제 해결 방법을 고안하는 단계에서는 개인적, 문화적, 도덕적, 정치적 가치가 제거될 수 없다는 것을 인식하였다. … 사회과학자들은 무엇을 조사할 것인지를 선택한다. … 그들은 그들의 연구가 발전할 수 있는 가치를 토대로 선택한다. 그러나 그는 사회과학이 발표 단계에서는 가치가 중립적이어야 한다고 주장하였다. 연구 결과는 정상적 혹은 정치적 성격의 어떤 판단도 표현하지 말아야 한다. 교수들은 강의실에 들어올 때 자신의 코트와 함께 자신의 가치를 내려놓아야 한다.

Weber는 "도덕적 무관심의 태도는 과학적 객관성과 아무런 관련이 없다."고 말했다(1904/1949b, p.60). 그의 의미는 가치-중립성과 가치-관련성의 구분으로 분명하게 나타난다. 사회과학이 목적성이 있고 합리적이기 위해서는 관련성의 가치를 다루어야 한다.

—
사회과학의 문제는 다루어야 할 현상과 관련되는 가치의 관련성에 의해 선택된다. "가치에 대한 관련성"이라는 표현은 주어진 주제와 경험적 분석의 문제를 선택하는 결정에 대한 특정한 "관심"의 철학적 해석을 의미한다(Weber, 1917/1949a, pp. 21-22).

—
사회과학 분야에서 과학적인 문제를 제시하는 동기는 실제로 항상 일상생활에서 실천성 있는 "질문"에 의해 주어진다. 따라서 과학적인 질문의 존재를 인식함은 개인적으로 소유하고 있는 동기와 가치와 일치한다.

연구자가 문제를 평가하는 그 어떠한 아이디어가 없다면, 주제를 선정하는 데 영향을 미치는 원칙이 없으며, 구체적인 현실에 대한 의미가 있는 지식이 없다. 특정한 문화적 사실의 중요성에 관한 연구자의 신념이 없다면, 구체적인 현실을 분석하는 모든 시도는 절대적으로 의미가 없다(Weber, 1904/1949b, pp. 61, 82).

Weber(1904/1949b, p.72)의 견해에서, 자연과학은 모든 경험적 현상을 관장하는 일반화된 법칙을 찾는 반면에, 사회과학은 우리들의 가치가 중요하다고 판단하는 현실을 연구한다. 자연 세계 그 자체는 우리들에게 조사해야 할 현실을 알려주는 반면에, 사회적 세계의 무한한 가능성은 "우리가 현실에 접근하는 수단이 되는 문화적 가치"의 측면에서 조정된다(1904/1949b, p.78).[7] 그러나 자연과학과 마찬가지로 가치 적절성이 사회과학의 연구 방향에 영향을 미치지만, Weber는 전자를 가치 중립적이라고 간주한다. 자연과학에서 주제 문제는 가치 판단을 불필요하게 만들고, 사회과학자들은 의식적인 결정에 의해 자신들의 출판물 및 강의들로부터 "바람직성 또는 비바람직성"의 판단들을 제외시킬 수 있다(1904/1949b, p.52). "연구자와 교사가 실증적 사실의 입증과 자기 자신의 정치적 평가들을 무조건적으로 항상 구별해야 함이 매우 중요하다."(Weber, 1917/1949a, p.11).

사회과학에서 가치 판단들에 대한 Weber의 반대는 실질적인 상황에 의해 유발되었다(Brunn, 2007). 프러시아의 대학들에게 있어서 학문적 자유는 교수들이 자신들의 직업적인 전문적 연구를 과학적 노하우에 제한할 경우에만 주어질 가능성이 더 많았다. 대학의 고용이 정치 관료들에 의해 통제되는 상태에서는 교수진이 정치적 코멘트들과 비판을 삼가야만 관료들이 자신들의 통제를 그만둘 것이다.

—
독일 정부 또는 산업에서 수단의 문제들을 해결할 수 있도록 잘 훈련받은 사람들이 재직했던 경우는 거의 없었다. Weber는 독일의 힘과 경제적 번영을 증가시키는 가장 좋은 방법이 수단들에 대해 학식이 있고 목적들에 대해 침묵하는 새로운 관리 계층을 훈련시키는 것이라고 생각하였다. Weber의 관점에서 대학의 임무는 그러한 훈련을 제공하는 것이어야 한다[8](Root, 1993, p.41; Weber, 1973, pp. 4-8 참고).

가치 중립성에 대한 Weber의 실용적 주장과 보고 단계에서의 그것의 명백한 제한은 가치 중립성에 대한 그의 입장은 21세기 사회과학에게 매력적이다. 그는 Comte와 같은 실증주의자도 아니고 Mill의 전통에 있어서 철저한 경험주의자도 아니다. 그는 발견과 증명 간의 실증주의자의 지나치게 과도한 구분을 부인했고 Mill의 인식론과 비교될 만한 어떠한 체계적인 인식론도 개발하지는 못하였다. 그의 민족주의는 Mill의 자유주의 정치 철학과 비교하여 편파성이 있다. 그럼에도 Weber의 가치 중립성은 근본적으로 유사한 방식으로 계몽주의의 자율성을 반영하고 있다. 가치 적절성과 가치 중립성 사이의 구분을 주장하는 과정에서, 그는 사실과 가치를 구분하고 수단과 목적을 구분한다. 그는 인간의 합리성에 근거를 두고 있는 경험적 증거와 논리적 추론에 호소한다. 그는 "규범으로서 실천적 명령의 타당성과 경험적 진술의 진실 가치는 본질적으로 이질적이다"(Weber, 1904/1949b, p. 52)라고 기술하고 있다. "사회과학에서 체계적으로 올바른 과학적 증거"는 완전하게 도달되지 못할 수도 있다. 그러나 그것은 개념적으로 불가능하기 때문이 아니라 대부분은 "그릇된 데이터"이기 때문이다(1904/1949b, p. 58). [9] Mill과 마찬가지로 Weber에게 있어서 경험주의 과학은 수단의 문제들을 다루며, 정치적이고 도덕적인 가치를 심어주는 것에 대한 그의 경고는 수단-목적이라는 이분법을 가정하고 있다(Weber, 1917/l949a, pp. 18-19; 1904/1949b, p. 52 참고; cf. Lassman, 2004).

Michael Root(1993)가 결론을 내리고 있듯이, "사회과학에서 중립성에 대한 John Stuart Mill의 요구는 과학의 언어가 어떤 한 현상을 인식하고 그것의 법칙들을 발견하기 위해 노력한다는 자신의 믿음에 바탕을 두고 있다." 마찬가지로 Max Weber도 "모든 가치-판단, 규칙, 또는 행동 지침을 배제하는 과학의 언어—진리들의 집합—가 존재할 수 있다는 것을 당연하게 여긴다."(p. 205). 두 경우들 모두, 과학 지식은 도덕적으로 중립이면서 스스로 존재 이유가 있다. 둘 모두에게 있어서 중립성이 바람직하다. "왜냐하면 가치 문제는 이성적으로 해결 가능한 것이 아니며" 사회과학에서 중립성은 "정치적이고 개인적인 자율성"에 공헌한다고 가정되기 때문이다(p. 229). 사회과학에서 가치 적절성에

대한 Weber의 주장에서, 그는 선의 경쟁하는 개념들 사이의 과학적 중립성이라는 보다 큰 계몽주의 이상을 반박하지는 않았다.

공리주의 윤리

그 세속적인 인본주의 이외에도 공리주의 윤리는 과학적 사고와의 비교 가능성 때문에 지금까지 관심을 끌어왔다. 계몽주의의 지적 문화에 의해 자양분을 받았기 때문에 합리적 계산 규범들에 적합하다.

> 공리주의 관점에서, 사람은 확실한 증거에 의해 어떤 한 윤리적 입장의 정당함을 확인하였다. 당신은 인간 행복을 위한 한 과정 또는 또 다른 과정의 결과들을 생각하고, 가장 높으며 바람직한 총합을 받아들인다. 인간의 행복이라고 간주되는 것은 개념적으로 문제가 없는 것, 즉 과학적으로 입증 가능한 사실 영역이라고 간주되었다. 사람은 윤리 문제들을 과학적으로 불분명하게 만든 모든 형이상학적 또는 이론적 요인들을 버릴 수 있을 것이다(Taylor, 1982, p. 129).

공리주의 윤리는 형이상학적 구별들을 실증적 수량들로 대체하고, Mill이 자신의 『논리학 체계(System of Logic)』에서 설명한 귀납적 과정들을 반영한다. 공리주의는 증거에 근거한 특정한 행위와 정책들을 선호한다. 그것은 만약 "각각의 사람의 행복이 그 사람에게 중요하다면, 행위의 올바른 과정이 모든 사람들 또는 가능한 한 가장 많은 사람들을 충족시키는 것이어야" 한다는 절차적인 요구를 따른다(Taylor, 1982, p. 131). 자율적 이성이 도덕적 논쟁들의 중재자이다.

인간 행복의 결과를 측정하는 것에 해당하는 도덕적 추론으로 인해, 공리주의는 "도덕에서의 유일하게 지속성 있는 단일 영역이 존재한다고", 즉 우리가 도덕적으로 무엇을 해야 하는지 결정해주는 일련의 고려(숙려)들이 존재한다고 가정한다(Taylor, 1982, p. 132). 도

덕에 대해 이렇게 "인식론적으로 동기화된 축소와 균질화"는 감탄과 경멸의 질적인 언어들을, 예를 들어, 치료(회복), 자유, 신념, 불성실, 방종 등을 짐짓 과소평가한다(Taylor, 1982, p. 133). 공리주의의 측면에서 이러한 언어들은 "실제적으로는 어떤 것에도 해당하지 않는" 주관적인 요인들을 나타낸다. 그것들은 사물들이 존재하는 방식이 아니라 우리가 느끼는 방식을 표현한다(Taylor, 1982, p. 141).[10] 이러한 단일-고찰 이론(single-consideration theory)은 일반적 행복이 최대화되어야 한다고 요구할 뿐만 아니라 일반적 행복과 상충되는 동등한 분배와 같은 가치를 관련 없는 도덕적 명령이라 간주한다. 단일-요인 모형들은 가치 중립적인 사회과학의 "인식론적 신중함"에 호소하는데, 그것은 "대조적인 언어들을 싫어한다." 게다가 공리주의는 합리적 선택 이론을 통해 정책의 정확한 계산에 대한 전망을 호소하듯 제안한다(Taylor, 1982, p. 143). "그것은 모든 도덕적 문제들을 대개 기술적 해결책들로 분석 가능한 별개의 문제들로 묘사한다."(Euben, 1981, p. 117). 그러나 비평가들은 이러한 종류의 정확성은 계산될 수 없는 것을 모두 제외함으로써 "외형적인 타당성"을 의미한다고 주장한다(Taylor, 1982, p. 143)."[11]

공리주의에 대한 또 다른 영향력 있는 비판이 W. David Ross에 의해 일찍이 제기되었다. 공리주의에 반대하여 Ross(1930)[12]는 우리의 행동들이 다른 사람들이 찬성하든 반대하든 영향을 미칠 때에만, 다른 사람들이 우리에게 도덕적으로 중요하다고 주장하였다(pp. 17-21). 우리는 대개 우리 자신이 서로 다른 윤리 원칙들에 관련되어 있는 동시에 한 가지 이상의 도덕적 주장에 직면해 있다는 것을 발견한다. 무엇이 가장 많은 선을 생산하는지만 묻는 것은 너무 제한적이다. 그것은 인간의 관계들과 상황들의 일상적인 범위를 포함하지 않는다. 사람들은 약속을 지키는 것, 동등한 분배, 비폭력, 그리고 부상에 대한 예방이 도덕적 원칙들이라고 인정한다. 다양한 상황들에서 그것들 중 어느 하나가 가장 절박할 수도 있다.

보통의 평범한 도덕적 감성들은 어떤 한 사람이 약속을 지켜야 한다고 생각하기 때문에 약속을 이행한다는 것을 암시한다. 그가 그 전체적인 결과들을 생각하지 않고 그렇게 한다는 것은 명백해 보인다. 그로 하여금 어떤 한 특정한 방식으로 행동하는 것이 옳다고 생각하도록 만드는 것은 그가 그렇게 하기로 약속했다는 사실이지 대개 그 이상의 어떤 것도 아니다(Ross, 1930, p. 17).

Taylor와 Ross 둘 모두에게 있어서, 공리주의 이론에서 선의 영역은 외부 영역이다. 수단과 목적이라는 이중성을 감안할 때, 귀중하게 여길 만한 가치가 있는 모든 것이 단지 결과들의 기능에 불과하다. 나중에는 어떻게 될지 모르지만 시작 단계에서는 무엇이 우선적인 의무인지 문자 그대로 상상할 수 없다. "나의 행동들과 진술들"이 누군가에게 중요한 것을 진정으로 나타내는 정도는 중요하지 않다. 결과주의 측면에서 윤리적이고 정치적인 사고(사고방식)는 존재로부터 본질적인 가치 평가를 법률에 의해 마련한다(Taylor, 1982, p. 144). 윤리학의 외면성이 실험 절차들의 가치 중립성을 보장한다고 간주된다.[13]

윤리 강령

가치 중립적인 사회과학에서, 전문적이고 학문적인 협회들의 윤리 강령들은 도덕적 원칙들에 대한 전통적인 형식이다. 1980년대 즈음, 각각의 주요한 학문적 협회들은 그 강령을 채택했는데, 수단의 귀납적 과학을 대다수의 목적들에 맞추기 위한 네 가지 가이드라인들을 중복해서 강조하였다.

1. 사전 동의. 개인의 자율성에 대한 헌신과 양립하여, Mill과 Weber의 전통에서 사회과학은 연구의 실험 대상자들이 자신들이 포함되는 실험들의 속성과 결과들에 대해서 통보받을 권리를 가지고 있다고 주장한다. 인간의 자유에 대한 적절한 존중이란 일반적으로는

두 가지 필수 조건들을 포함한다. 실험 대상자들은 물리적인 또는 심리적인 강요 없이 참여하겠다고 자발적으로 동의해야 한다. 게다가 그들의 동의는 완전하고 공개된 정보에 바탕을 두어야 한다. "뉘른베르크 재판(Nuremberg Tribunal)과 헬싱키 선언(Declaration of Helsinki)의 조항들은 둘 모두 실험 대상자들이 그 실험의 지속시간, 방법, 가능한 위험, 목적 또는 목표에 대해서 고지받아야 한다고 진술하고 있다."(Soble, 1978, p. 40).

이 원칙의 자명한 특성은 합리주의 윤리학에서는 논쟁이 되지 않는다. 그러나 의미 있는 적용은 계속적인 논쟁을 일으킨다. Punch(1998)가 주장하고 있듯이, "많은 현장연구에서는 사전 동의—즉 모든 사람들에게 자신의 신원과 연구 목적을 밝히는 것—가 수많은 프로젝트가 소멸될 수 있는 곤경에 대해서는 아무런 방법이 없는 것처럼 보인다."(p. 171). 수단-목적 모형에서 수단들의 특권부여와 일치하여, Punch는 윤리 강령들이 현장연구에 앞서 가이드라인으로서 역할을 해야 하지만 연구 과정 그 자체에 직접적으로 간섭해서는 안 된다는 일반적인 결론을 주장한다. "강령들의 엄격한 적용"은 많은 "무해하고" "문제가 되지 않는" 연구를 억제하고 제한할 수도 있다(p. 171).

2. 사기. 사전 동의를 강조할 때 사회과학의 윤리 강령들은 하나같이 사기(속임)에 반대한다. 범죄자들, 초등학교 아이들, 또는 정신적으로 무능한 사람들의 있을 수 있는 속임에 대한 온정주의적 주장들조차도 더 이상은 신뢰할 수 없다. Stanley Milgram의 실험이 이러한 도덕적 원칙에 특별한 지위를 부여한 이후로 기만적인 행태들의 계속적인 노출, 즉 의도적인 허위 진술은 윤리적으로 정당화되지 못한다. Kai Erikson(1967)은 고전적 형식화에서 다음과 같이 언급하였다.

> 사회 연구에서 가면을 이용하는 관행은 그것을 쓰는 사람들과 그 대상이 되는 사람들 모두를 손상시키며, 그리고 그렇게 하면서 사회학자가 다른 사람들을 다루는 데

있어서 존중할 준비가 되어 있어야 하는 계약 조항들을 위반하게 된다(pp. 367-368).

이 원칙의 정확한 적용은 연구원들이 자발적인 기만이 없는 실험을 계획한다는 것을 암시한다. 그러나 윤리적 구조들은 과학적인 연구 외부에 있기 때문에, 어떠한 명백한 적용도 가능하지 않다. 심리학적 실험과 의학적 연구 둘 모두에서, 일부 정보는 생략에 의해 나타나는 최소한의 기만이 없이는 얻어질 수 없다. 지식 탐구가 필수적이고 기만은 도덕적으로 수용 불가능하다고 성문화되어 있다는 점을 감안할 때, 몇몇 상황들에서는 두 기준들 모두가 충족될 수는 없다. 이러한 딜레마에 대한 표준적인 해결책은 그렇게 해야 할 명백한 공리적인 이유들이 존재할 때에는 약간의 기만을 허용하는 것이다. 강령들에서 속임에 대한 반대는 사실상 다음과 같은 말로 재정의되어 있다: "문제들의 핵심은 수동적이든 자발적이든 어느 정도의 속임(기만)은 다른 수단들에 의해 얻어질 수 없는 데이터를 얻을 수 있도록 가능하게 해준다."(Punch, 1998, p. 172). Bulmer(2008)가 주장하고 있듯이,

> 일반 원칙으로서, 연구조사에서 속임수 이용은 비난받아 왔다. 그러나 그것이 모든 참가자들에게 완전히 개방되는 것이 불가능한 수많은 상황들이 있으며 그리고 때로는 그 목적들에 대한 완전한 설명이 그 청자를 압도할 것이다(p. 154).

강령의 일반적인 권고는 분야의 상호작용적 복잡성으로부터 제거되어야 한다.

3. 사생활과 기밀정보 보호. 윤리 강령에서는 사람들의 신분과, 연구 위치의 정체를 보호하기 위한 보호조치를 주장한다. 기밀정보 보호는 원치 않는 노출에 대해서 1차적인 보호조치로서 보장되어야 한다. 모든 개인적인 데이터는 보안이 보장되고 은폐되어야 하며, 익명이 보장되는 조건하에서만 공표되어야 한다. 어느 누구도

엄격한 연구 수행의 결과로 폐해나 당황스러움을 경험해서는 안 된다는 것이 전문가들이 공통으로 동의하는 예의이다. "사회과학 연구에서 가장 큰 골칫거리"는 실험 주제로 인해 피해를 입는다고 여겨지는 개인 정보의 누설이다(Reiss, 1979, p.73).

철학적 인류학에서 계몽주의 자율성이 발달하였듯이, 신성하며 가장 사적인 자아는 고유한 개인의 특성을 구성하는 데 있어서 중요하게 되었다. 이미 Locke에게서, 이러한 사적인 영역은 타협할 수 없는 자격을 얻었다. 민주적 생활은 사람들 간의 계약 및 문제를 야기하는 의사소통의 2차 영역인 원자론적 단위의 외부 영역에서 이루어진다. 자율성에 대한 동일한 이해를 둘러싼 사회과학 연구의 논리에서, 취약하지만 서로 구별되는 사람들의 사생활을 침해하는 것은 용납될 수 없다.

사생활 보호의 특징적 특성에도 불구하고, 철두철미한 기밀성은 불가능한 것으로 증명되었다. 가명이나 다르게 표기한 위치 등은 종종 내부자들에게 들키고 만다. 연구자들이 결백하다고 여기는 것이, 참여자들에게는 오해나 심지어는 배신이라고 인지된다. 논문에서 중립적으로 보이는 사실들이 종종 실생활에서는 갈등의 소지가 있다. 정부 기관이나 교육 기관 혹은 보건 기관이 연구 대상이 될 때, 어떠한 사적인 부분이 노출되어서는 안 될까? 또한 공격적인 미디어가 연구를 과하게 수행한다면, 누구에게 책임이 있는 것일까? 공과 사의 구별이 뚜렷하지 않을 때, 사생활 보호를 암호화하는 것은 의미가 없다(Punch, 1998, p.175).

4. 정확도. 데이터가 정확함을 보장하는 것은 또한 사회과학 윤리 강령의 기본 원칙이다. 위조, 사기, 태만, 계략은 모두 비과학적이며 비윤리적이다. 내적/외적으로 유효한 데이터는, 실험적으로 또한 도덕적으로 '법정화폐'와 같다. 가치 중립적인 사회과학의 도구주의자들에게는 과정 자체에 의해 나타나는 정의가 바로 목적을 보장하며, 해당 목적은 도덕적이라고 평가된다.

과학적 용어로 정의되는, 또한 윤리 강령에 포함되는 **정확도**(accuracy)는 Alfred North Whitehead의 잘못 놓인 구체성의 오류(fallacy of misplaced concreteness)의 버전을 말한다. 도덕적 영역은 인식론적 영역과 동등해진다. 구체성을 띠지 못하는 추상성이 철저한 구체성으로 오인되어 나타난다. 그렇다면, 방법론적인 운용은 규범적이 되고, 이러한 유형의 혼란은 비논리적이기도 하며 또한 진부하다.

기관윤리심의위원회

자금 제공의 조건으로서, 각국 정부 기관은, 인간 대상자를 포함하는 연구에 관여한 기관에 의해, 감사 및 감시 단체가 설립되어야 한다고 주장하였다. 기관윤리심의위원회(IRB)는 범위, 추정, 절차상의 지침 면에서 공리적 의제를 포함시킨다.

1978년, 생명의료 및 실행 연구에서 연구 대상으로서의 인간 보호를 위한 미국 국립위원회가 설립되었다. 그 결과 벨몬트 보고서로 알려진 보고에서 공표된 세 개의 원칙은 인간 연구 대상자를 포함시키는 연구를 위한 도덕적 기준으로 자리 잡았다: 인간 존중의 원칙, 선행의 원칙, 정의의 원칙.

1. 인간 존중(respect for persons)에 대한 약속은 대상자들이 자발적으로 연구에 참여하며 실험 절차와 가능한 결과에 대한 적절한 정보를 얻는다는 강령의 요구사항을 되풀이한다. 더 깊은 수준에서, 인간 존중은 두 가지 기본 윤리 원리를 포함하고 있다: "첫째, 개개인은 자율적인 사람으로서 다뤄져야 한다. 둘째, 자율성이 약한 사람[미성숙자 및 불구자]은 보호를 받을 자격이 있다."(일리노이주립대학교, *Investigator Handbook*, 2009).

2. 친절의 차원에서, 연구자들은 연구 대상자들의 안정감(well-being)을 보장해야 한다. 친절한 행동은 다음의 두 가지 의미에서 중요하다. 실험 대상자들에게

나타날 수 있는 해악을 방지하고, 만약에 실질적인 이익을 얻기 위해 위험이 뒤따른다면, 가능한 한 해악을 최소화할 수 있어야 한다.

———

특정한 연구 프로젝트의 경우, 조사자와 기관 구성원들은 혜택을 최대화시키고, 연구 조사로부터 발생할 수 있는 위험을 최소화시키도록 사전 숙고할 의무가 있다. 일반적인 과학 연구의 경우, 대규모 사회의 구성원들은 지식 향상으로부터 올 수 있는, 또한 새로운 의학적, 정신치료적, 사회적 절차의 개발로부터 올 수 있는 장기적인 혜택과 위험을 인지해야 할 의무가 있다(일리노이주립대학교, *Investigator Handbook*, 2009).

3. 정의의 원칙은 연구의 혜택과 부담의 공정한 분배를 주장한다. 부당성은 어떠한 집단(예, 복지 수혜자, 보호시설 수용자, 혹은 특정 소수 민족)이 용이한 조작이나 이용 가능성 때문에 연구 대상자로서 과잉 사용될 때 발생한다. 정의는 공공 기금의 지원을 받는 연구가 "치료 장비와 절차에 초점이 맞추어질 때, 이를 활용할 수 있는 조건에 있는 사람들에게만 혜택이 제공되지 않도록" 요구한다(일리노이주립대학교, *Investigator Handbook*, 2009).

이러한 원칙은 가치 중립적 실험주의의 기본 주제들인 개인의 자율성, 최소한의 위험을 갖는 최대의 혜택, 과학적 수단과는 관계없는 윤리적 목적을 강조한다. 이러한 주제들을 기반으로 한 정책 절차는 사전 동의, 사생활 보호, 속이지 않음(nondeception) 등의 윤리 강령을 지배하는 중요한 지침을 반영한다. IRB의 권위는 의회가 국립보건연구원 재활성화 특별법(NIH Revitalization Act)을 통과시키고, 연구진실성위원회(Commission on Research Integrity)를 형성하였다. 1989년에 강화되었다. 강조점은 데이터의 날조, 조작, 왜곡에 있었다. 위조, 날조, 표절은 승인되지 않은 기밀 정보 사용, 중요한 데이터 누락, 침해(즉, 다른 사람의 자료에 물리적 해를 입히는 것)에 대한 경고를

추가한 1996년 개정 보고서와 함께 불법 행위 유형으로서 계속 이어졌다.

IRB와 함께, Mill, Comte, Weber의 유물은 진가를 발휘하게 되었다. 가치 중립적 과학은 공정한 정부가 제공하는 가치 중립적 교육 기관이 통제하는 합리적 절차를 통해, 윤리적 기준에 책임이 있다. 익명의 관료주의 제도가 개선되고, 더 큰 효용성을 향해 능률화되는 방식과 일관적으로, 이제 과학 및 의학 실험에 근원을 둔 규정들은 인본주의적 연구로 확장되고 있다. 실험실에서의 물리적 손상으로부터 대상자들을 보호하는 것은 자연스런 환경에서 인간 행동, 역사, 문화기술지를 포함시키는 것으로 확대되었다. Jonathon Church(2002)의 은유를 빌리자면, "생체의학적 패러다임은 문화기술적 연구 탈곡기와 같이 사용된다." (p. 2). 연방규정집(Code of Federal Regulations)의 45조/46항(45 CFR 46)에서는 현재 17개 연방 기관의 자금 지원을 받는 연구를 위한 프로토콜을 설계한 반면, 대부분의 대학교들은 45조/46항에서 캠퍼스 IRB의 모든 연구에 공동 서명한 다양한 사업계획에 대한 합의를 이루었다(Shopes & Ritchie, 2004 참고).

이러한 관료조직 확대가 끊임없이 진행되었던 반면, 대부분의 IRB는 그들의 회원 구성에 변화를 주지 않았다. 가치 중립의 보호아래 의과학자 및 행동과학자들이 회원의 주를 이루었다. 또한 절차상의 변화는 점차 생체의학 모형에서도 보였다. 신체적 혹은 심리적 피해의 위험이 없는 사회 연구에서는, 공통의 규칙하에 행해지는 긴급적인 검토는 현명한 IRB 의장들 및 조직의 유연성에 의해 실행되었다. 인간을 연구 대상자로 환원시키지 않는 해석적 연구와는 부합되지 않는 의학 실험 이전에 의무적으로 이루어지는 사전 동의는 자체를 인간들 간의 협동으로 간주하였다(Denzin & Giardina, 2007, pp. 20-28).[14]

———

기술적인 향상에도 불구하고, 지능적 호기심은 여전히 IRB에 의해 좌절되고 있다. 연구 프로젝트는 단순히 표면적인 질문만을 하여야 하며, 프로젝트와 관계

없는 사람들에 의해 허용된 지침에서 벗어나서는 안 된다. … 종종 검토 과정은 다른 무엇보다도 게임스맨십 (gamesmanship)[게임을 자기에게 유리하게 이끄는 능력-역주]에 관한 것으로 보인다(Blanchard, 2002, p. 11).

개념 구조를 살펴보면 IRB 공리주의 정책은 최고 비율의 비용 대비 혜택을 낳도록 설계된다(McIntosh & Morse, 2009, pp. 99-100). IRB는 표면상으로는 그들이 승인한 프로토콜에 들어가는 대상자들을 보호한다. 그러나 Mill이 식별하고 장려한 사회과학, 학문, 국가와 연동되는 공리주의적 기능으로 볼 때, 실제 IRB는 전체적인 사회의 연구 대상자들보다는 그들의 기관이나 협회를 보호한다(Vanderpool, 1996, 2~6장 참고). 미국 인류학 협회와 같은 전문 협회들이 문화기술적 연구를 위한 그들만의 모범 관례를 만들어낼 때에만, IRB 구조가 올바른 방향으로 나아갈 수 있다. 그러나 이러한 혁신은 IRB와 같은 폐쇄 체제의 균질성과는 대조된다.

현재의 위기

Mill과 Comte는 각각 자신의 방식으로, 실험적 사회과학이 인류 환경에 대한 사실들을 밝혀냄으로써 사회에 혜택을 주었다고 가정하였다. Durkheim과 Weber는 사회의 과학적 연구가 사람들이 대기업의 독점과 산업화 발달을 파악하는 데 도움을 줄 수 있다고 믿었다. 1865년 미국 사회과학협회가 창설되어, "오늘날의 심각한 사회 문제들"과 "진실의 실제적 요소들"을 연결시켰다(Lazarsfeld & Reitz, 1975, p. 1). 이러한 선행에 대한 신화는 뉘른베르크 재판에서의 폭로에 의해, 또한 맨해튼 계획에서 주도적 과학자들의 역할에 의해 파괴되었다(Punch, 1998, pp. 166-167).

신뢰의 위기는 터스키지 매독연구와 윌로우브룩 간염 실험에서의 실제 신체적 손상의 노출로 크게 증가되었다. 미국 군대가 혁명과 반란을 측정하고 예측하기 위

해 사회과학을 사용하려고 시도하였던 1960년대에 프로젝트 카멜롯(Camelot)은 세상과 심히 반대되는 것이었으며 취소되어야만 하였다. 자신도 모르게 연구 대상자가 된 사람들에 대한 Milgram(1974)의 기만과 공중 화장실에서, 후에는 그들의 가정에서 동성애자에 관한 Laud Humphreys(1970, 1972)의 기만적인 연구는 연구 대상자들에 대한 신체적 학대로 추문으로 여겨졌다. Noam Chomsky(1969/2002)는 베트남에서의 사회과학자들과 군사 계획의 복잡성을 폭로하였다.

1980년대 이래 연구 윤리에 대한 상당한 관심으로 인해, 재단으로부터 지원, 윤리 강령 및 IRB 기구의 개발은 충격적인 학대를 저지하는 주창자들의 신임을 얻었다. 그러나 사기, 표절, 허위 진술의 고발은 예전만큼은 아니었지만, 윤리 지침의 의미와 응용에 관한 논쟁들이 이어지면서 난관이 지속되었다. 부족한 연구 자금을 두고 경쟁하는 기업 경영진은 일반적으로 제도적 통제에 순응하였다. 그러나 대학교와 연구 단체의 방대한 사회과학 활동으로 인해 충분한 감시가 가능하지 못했다.[15]

책임감 있는 사회과학을 실행하는 데 대한 찬성과 반대가 있지만, 인식론의 구조적 결함은 분명해졌다(Mantzavinos, 2009). 사회 연구에 대한 실증주의 철학에서는 선(the good)의 정의에 대한 중립성을 주장하는데, 이러한 세계관은 인정받지 못하고 있다. 중립성의 선이 원하는 사회가 무엇인지에 대한 이해가 부정확하다(Winch, 2007). 도덕 질서와 조화를 이루지 못하는 인간의 자유를 설정하는 지배적인 계몽 모형은 도덕적 결함을 갖게 되었다. 대립되는 실체보다 대조되는 언어를 이용한 Weber의 다소 약한 논의조차도 성공하지 못했다. 윤리 강령을 더 명확하게, 또한 덜 권장하는 방향으로 재검토하는 것은 근본적인 차이를 만들어내지 못할 것이다. 대학원생들에게 윤리 워크숍을 요구하고, 정부 정책을 강화시키는 것은 바람직하지만 한계가 있다. IRB 과정을 재정비하고, IRB에게 학업 연구의 다원적 특성을 다루도록 촉구하는 것만으로는 불충분하다.

공리주의에서, 도덕적 사고와 실험적 절차는 이성적 확인의 단일 차원적 모형으로 수렴된다. 자주적 인간은 수단과 목표를 정렬하는 데 대해 통찰력이 있으며, 자신 스스로와 자신을 둘러싼 사회 세계를 이해하기 위한 메커니즘을 객관화할 수 있다고 가정한다(Winch, 2007, 3, 4장).[16] 윤리를 제한적으로 정의하면, 손상의 최소화와 같은 우리들이 추구하는 선을 다룰 수 있지만, 계산 가능한 효용 이외의 것들은 제외된다. 예를 들어, "감성과 직관"은 의사결정 과정에서 "부차적 지위"로 Mill려나며, "구체적인 독특함"을 기반으로 하는 "배려의 윤리"에는 어떠한 관심도 발생하지 않는다(Denzin, 1997, p. 273; Ryan, 1995, p. 147 참고). 영향력과 이데올로기가 사회 및 정치 제도에 영향을 미치는 방식은 거의 간과된다. 신중한 선택과 자율적 창의성의 수사학적 환상하에서는 수단-목표 체계는 근본적으로 자신의 방식대로 작동된다.

이렇게 압박된 환경에서는 더 이상 우리가 사회 세계를 연구할 때 직면하는 복잡한 문제들을 적절히 다룰 수 없다. 그러나 빈곤에 대한 전쟁에서의 실패, 복지에 관한 모순, 도시의 주택 정책의 실패를 야기한 연구, 건강관리 개혁에서의 의학 과학의 얄팍한 규모 등은 전체적인 도덕 영역을 차지하는 효용 이론의 한계를 극대화시켰다. 분명히 성공과 실패의 수준은 사회과학 규율 내에서조차 논쟁거리가 된다. 실망스러운 성과보다 경험주의를 위협하는 것은 중립성이 다원적이기보다는 중립성을 강요함을 인정해야 한다는 것이다. 과거 경험을 회상해보면, 가치 중립이 전제된 조건하에서 이루어지는 이해관계에 연루되어 있지 않은 연구들이 사실상 자신들의 연구 의제를 자신의 틀로 재정립하고 있음이 관찰된다. 실증주의는 연구 대상자들이 인생의 실질적인 목표를 어떻게 구성할 수 있는지에 상관없이, 절차상으로 동일한 추정에 전념한다. 그러나 실험주의는 모든 아이디어를 위한 중립적 공통 영역이 아니다; 오히려 이는, 자신의 생각을 강요하는 것에 대한 우월성을 스스럼없이 가정하는, 다른 사람들에게 자신의 생각을 강요하는 "투지 있는 신념"이다(Taylor et al., 1994,

pp. 62-63).[17] Foucault(1979, pp. 170-195)의 더 결단력 있는 표현을 빌리자면, 사회과학은 정치 권력자들에 의해 고안된 유형으로 대상자들을 동질화시킴으로써, 사회 질서를 유지할 수 있게 도와주는 권력 체제이다. 평등의 자유주의는 중립적인 것이 아니라, 상상에서나 가능한 가치를 나타내기 때문에, 그 자체로 다른 선과 양립될 수 없다.

"도덕적으로 중립적이며, 객관적인 관찰자가 사실을 정확하게 받아들일 것이라고 가정하는 맥락과 상관없는, 상황과 관계없는 모형은 성별, 성적 지향, 계층, 민족성, 인종, 국적과 관계된 힘의 관계의 근본적 상황"을 무시한다(Denzin, 1997, p. 272). 이는 계층적(과학자-연구 대상자)이며, 가부장적이다. 또한 관찰자-문화기술자가 사회와 문화의 '지배 조직체'에 포함되는 길을 열어줄 뿐이다. 과학자들은 위험을 무릅쓰고 연구를 위해 지역 커뮤니티를 연구하면서도 대학교에 근거를 두고 있는 권위들을 유지한다(Denzin, 1997, p. 272; Ryan, 1995, pp. 144-145).[18] 원칙적으로 전문 지식을 공유하지 않는 시민들의 민주 사회에서는 전문가와 관련된 질문이 계속적으로 제기되지 않는다(Pacey, 1996, 3장).

4.3 페미니스트 공동체주의

사회적 윤리

지난 10년간, 사회적 윤리와 페미니스트 윤리는 개인의 자율성과 경전에 입각한 윤리에 대한 합리주의적 추정과 완벽하게 분리되었다(Koehn, 1998). Agnes Heller, Charles Taylor, Carole Pateman, Edith Wyschogrod, Kwasi Wiredu, Cornel West의 사회적 윤리와, Carol Gillgan, Nel Noddings, Virginia Held, Seyla Benhabib의 페미니스트 윤리는 근본적으로 윤리 이론을 재구성하고 있다(Code, 1991;

Steiner, 2009 참고). 모든 연구자들이 인정할 수 있는 중립적 원칙을 추구하기보다는, 도덕적 판단을 유기적인 일상생활의 삶, 선에 대한 신념, 그리고 동의와 수치의 감정 등을 인간관계와 사회 구조의 관점에서 통합하고자 하는 복잡한 관점을 지지하였다. 이는 사람들이 맥락에 근거를 두고, 또한 문화적, 인종적, 역사적 경계를 넘나들며 공유하는 인류 생활의 일반적 목표 내에서의 도덕적 영역을 고려하는 철학적 접근법이다(Christians, Glasser, McQuail, Nordenstreng, & White, 2009, 2, 3장). 이상적인 수준에서 위와 같은 작업은 사회과학 연구를 위한 새로운 직업적 역할 및 규범적 핵심을 가능하게 한다(Gunzenhauser, 2006; White, 1995).

Carol Gilligan(1982, 1983; Gilligan et al., 1988)은 여성의 도덕적 의견을 배려의 윤리로 특징짓는다. 이러한 도덕적 발달의 차원은 인간관계의 중요성에 근원을 둔다. 단순하게 폐해를 피하고자 하는 기준과는 정반대인 연민과 배려는 사람들 사이의 갈등하는 책임성을 해결한다.[19] Nel Noddings(1984)는 그의 저서 『Caring(배려)』에서, 인간의 배려는 도덕적인 의사결정에서 중심적 역할을 해야 한다고 주장하면서, 모호하며 불안정한 원칙의 윤리를 표명하기를 거절한다. Linda Steiner의 작품에서 페미니즘은 애정, 친밀함, 보살핌, 평등주의 및 협동적 과정, 공감 등을 명확히 표명하며, 윤리의 불평등과 형식성의 전통을 비판한다. 페미니스트의 윤리적 자의식은 또한 억압과 불균형의 미묘한 형태를 파악하며, 우리에게 토론의 가치가 있다고 여겨지는 문제들을 다룰 수 있게 가르침을 준다(Steiner, 1989, p.158; Steiner, 1997).

윤리에 대한 페미니스트의 접근법은 여성을 경시하는 접근에 도전하며, 억압 행태에 저항하는 도덕적으로 정당한 방식을 규정해주고, 해방을 촉진시킬 수 있는 도덕적으로 바람직한 대안들을 설명한다. ⋯ 여성스럽거나 모성적인 윤리와는 거리가 먼, 완전히 페미니스트적인 윤리는 특히 정치적이다. ⋯ 윤리에 대한 페미니스트적 접근법은 선과 악, 배려와 정의 혹은 모성적 사고와 부성적 사고에 관한 질문을 묻기도 전에, 권력에 관한 질문을 한다. 차이에 대한 건전한 존중을 발생시키는 윤리적 주제에 대한 페미니즘의 설득력 있는 비평과 함께, 다문화주의 페미니즘은 벌써 모든 유형의 차이를 존중하는 비성차별주의자 이론을 구성하였을 수 있다(Steiner, 2009, p.377).

추상적인 윤리에서 계산으로의 이행을 공유하면서, Charlene Seigfried(1996)는 Gilligan-Noddings의 전통에 반대되는 주장을 한다(Held, 2006 참고). 페미니즘을 성별이 사회적으로 구성되는 실용주의와 연결시킴으로써, 그녀는 "여성의 보살핌과 양육 및 남성의 정의와 자율성에 대한 단순화된 방정식"을 반박한다(Seigfried, 1996, p.206). 성별 기반의 도덕성은 사실상 한 성별이 다른 성별에 복종하게 만든다. 그녀의 사회 윤리에서, 성별은 성별화(engendering)로 대체된다: "여성이 되는 것 혹은 남성이 되는 것은 바꿀 수 없는 천성을 예를 들어 보여주는 것이 아니라, 여성성과 남성성의 문화적 기대를 타협하는 계속되는 과정에 참여하는 것이다"(p.206). Seigfried는 배려의 가치가 중심이 되면서, "여성에게는 더 많은 자율성과 남성과의 더 많은 유대 관계"를 특징으로 하는 공동체의 관계망에 위치시키고자 하는 사회적 도덕성에 대한 도전을 촉구한다(p.219). Heller와 Wyschogrod는 오늘날의 우연성, 집단 살인, 윤리의 개념적 격변, 초현실(hyperreality)에 단도직입적으로 대항하면서, Seigfried의 도전과 일관적인 사회적 윤리의 지지자들의 예라고 할 수 있다(Noddings, 2002 참고).

Heller는 Georg Lukács의 제자였으며, 사회 연구를 위한 New School에서 Hannah Arendt 철학과 교수(명예교수)가 되었던, 헝가리의 반체제 인사였다. 사회적 윤리에 대한 당대 이론을 발전시켰던 그녀의 중요한 3개의 논문(Heller, 1998, 1990, 1996)은 그녀가 하나의 결정적 질문이라 간주하였던 문제를 중심으로 작성되었다: "선한 사람은 존재한다 ─ 어떻게 그들의 존재가 가능할까?"(1998, p.7). 그녀는 인간의 외부에 존재하는 외적인 규범, 규칙, 이상의 윤리를 부인한다. 압력과 궁지에 몰린 책임감에 대한 예외적 행동들만이 "이론적 흥미를 끌 만한 가치가 있다"(1996, p.3). 축적된 지혜, 예절에 대한 우리의 선택에서 나타나는 도덕적 의미, 그리고 절대적 타자에 대한 계속적인 구애 등이 현대화되고, 절대적이지 않은 그러나 원칙에 입각한 도덕 이론에 사랑, 행복, 연민, 아름다움을 재도입시킨다.

Edith Wyschogrod(1990)는 『Saints and Postmodernism(성인과 포스트모더니즘)』에서 반권위적 싸움은 우리의 선택이 자발적이라고 가정하지 않을 때 가능하다고 단언한다. 그녀는 Emmanuel Levinas의 전통에서의 자신과 타인의 사회적 윤리를 표현한다(Wyschogrod, 1974 참고).**20** "다른 사람이 윤리의 장을 열면, 그 장소는 윤리적 존재가 발생하는 장소가 된다."(Wyschogrod, 1990, p.xxi). 도덕적 존재의 기준이 되는 타인은 개념적인 기준점이 되는 것은 아니지만 동력이 된다. 타인은 "중요한 용해제"와 같은 역할을 한다. 따라서 이들의 존재는 "설득력 있는 도덕적 비중"을 전달한다(p.xxi). Wyschogrod는 라이스 대학교의 철학 및 종교적 사고 학문의 교수로서, 도덕적 연설을 중시하며, 타자성에 대한 하나의 영역은 희생에 관계없이 타인에 대한 연민이 1차적 특성인 삶으로 정의되는 성스러운 삶이라 믿는다. 성인들은 "자신의 몸과 물질적 재화를 타인이 마음대로 이용할 수 있게 한다. … 성인들은 제도의 실행과 신념에 이의를 제기할 뿐 아니라, 더 유연한 방식으로는, 서사성(narrativity) 그 자체의 순리에 이의를 제기한다."(1990, pp.xxii-xxiii).

또한 "현실에서 존재하였으며, 시달리고, 일을 하며" 광범위한 신념 체계의 스펙트럼을 유지하였던 타자들 이외에, Wyschogrod(1990, p.7)는 타자들의 자신의 발현이 어떻게 묘사되는지의 설명에 대한 역사적 서술을 검토한다. 그녀의 주된 관심은, 역동적 관계에 속한 역사가들을 위해 변론하면서, 대재앙과 재난에 맞서

공동체가 공유된 경험을 형성하는 방식에 있다(1998, p.218). Wyschogrod의 관점에서, 윤리에 대해 최우선시되는 도전 과제는, 연구자들이 직관성─"바로 지금 여기에 존재"하나 "미래로 연기되어야 하는 존재"─관점에서 희망을 만들어내고 지속시키는 공동체를 어떻게 동의할 것인가이다(1998, p.248). 만질 수도 없고 활동 가능하지 않다면, 희망은 통제하에 있는 자들에게만 작용한다. 단지 미래의 구원을 투영하는 희망은 권력의 남용과 현재의 인류의 요구를 모호하게 만든다.

Martin Buber(1958)는 "시작에는 관계가 있다"와 "관계는 인생의 요람이다"라는 명연설에서, 인간관계를 태고의 개념이라 여겼다(pp.69, 60). 사회적 관계는 매우 중요하다. 기본이 되는 단어는 나와 너의 혼합 단어이다(p.3). 이렇게 단순화할 수 없는 현상─관계적 현실, 관계적 사이, 상호적 유대, 대인관계는 이를 파괴하지 않고서는 더 단순한 요소로 분해될 수 없다.**21** 관계의 중요성으로 볼 때, 우리가 다른 사람이 잘되도록 돕기 위해 우리의 자유를 사용하지 않는 한, 우리는 우리 자신의 행복을 부인하는 것이다(Verlinden, 2008, pp.201-210).

추상적인 합리주의를 중요하게 생각하기보다, 도덕적 질서는 개념의 수준보다 생명이 있는 것과 형체를 가진 것에 더욱 가깝게 자신을 위치시킨다. "이런 식으로 윤리는 … 천지창조만큼이나 오래된 것이다. 윤리적인 존재가 되는 것은 삶 자체의 힘을 유혹하는 태고의 움직임이다"(Olthuis, 1997, p.141). Levinas의 윤리는 그 한 예이다.

> 인간의 얼굴은 타인의 순수성, 방문, 만남 등을 반영한다. 그러한 반영은 위협하지는 않지만 의무를 부과하는 얼굴의 수동성의 형태로 다가선다. 나의 세계는 파열되었으며 나의 만족감은 가로막혔다. 나는 이미 의무를 강요받았다. 여기는 아무런 탈출구도 없으며 책임감도 필요 없는 상태이다. 전에는 시작되지도 않았던, 결정되지도 않았던 책임감에 대한 요구를 드러내는 타인의 얼굴을 바라본다(Olthuis, 1997, p.139).

인간은 매일의 삶의 구조 내에서 의사소통을 하는 존재로서 정의된다. 대화적 만남을 통해 인간은 함께 삶을 만들어가고 서로에 대한 도덕적 의무를 보살핀다. Levinas의 윤리는 관계에서의 사회적 존재의 근본적인 존재론을 추정하고 분명히 설명한다(Levinas, 1985, 1991).

게다가 Levinas를 칭송하는 자들에 의하면, 내가 타인의 얼굴로 변하면, 나는 나의 피와 살을 보게 될 뿐 아니라, 제3자가 나에게 들어오게 된다. 타인의 요구에 반응하여, 인류의 기준점이 구축된다. Benhabib(1992, 1994)에게, 이는 상호적 보편주의이다.[22] 우리의 보편적인 연대는 "우리가 우리의 인간성을 희생하지 않고는 포기할 수 없는 서로에 대한 피할 수 없는 요구를 한다."는 원칙에 입각한다(Peukert, 1981, p.11).

페미니스트 공리주의 모형

페미니스트 공리주의는 Norman Denzin(1997, pp.274-287; 2003, pp.242-258; 2009, pp.155-162)의 대표적 윤리 이론이며, 우리를 이러한 시점으로 나아가게 이끌어 주었다(Christians, 2002b).[23] 페미니스트 공리주의는 개인주의적 공리주의의 해결책으로서의 역할을 하는 규범적 모형이다. 이는 또한 존재론적으로, 가치론적으로 공동체가 사람들보다 우선한다고 가정한다. 인간의 정체성은 사회적 제도를 통해 구성되며, 인간의 연대는 사회적 형성의 진원지이다. 우리는 가치, 도덕적 헌신, 존재적 의미가 대화를 통해 타협되는 사회문화적 우주에서 태어난다. 페미니스트 공리주의는 "사람들을 더 큰 도덕적 우주를 향해, 비경쟁적이며 비계층적 관계에 위치시키는 신성한, 존재적 인식론을 상징한다."(Denzin, 2009, p.158). 도덕적 추론은 형식적 합의에 의존하지는 않지만, 상호간의 배려와 이해는 도덕적 담론을 가능하게 하기 때문에 합의 또한 진척시킨다. 모든 공동의 행위는 성별, 연령, 인종, 종교에 상관없이 모든 인류의 존엄성에 대한 보편적 존중의 이상에 대해서 측정된다(Benhabib, 1992, 1장).

공리주의자들에게 Locke와 Mill의 자유주의는 공통의 선에 대한 개인의 추구의 총합과 혼동되게 만든다(Christians, Ferre, & Fackler, 1993, 1장). 도덕적 행위자는 무엇이 가치 있는지를 평가하기 위해 사회적 헌신과 공동체 연대의 맥락을 고려해야 한다. 선으로 간주되며 가치 있는 것은 단독으로 혼자 결정할 수 있는 것이 아니다. 이는 인간의 정체성이 구성되는 특정한 사회적 상황에서만 파악할 수 있다. 공공의 영역은 특정 공동체의 모자이크, 윤리적 정체성의 다원성 각각은 진지하게 구축되었으며, 또한 서로 경쟁적이지만, 사회적 연대를 형성하기 위해 공통으로 형성되는 세계관으로 여겨진다. 자신의 사회적 특성에만 치우친 생각을 하기보다는 다음의 두 가지 질서의 이중성을 가정해야 한다. 공리주의는 개인의 자율성과 공동의 행복이 서로 맞물려야 한다. 도덕적으로 적합한 행위는 공동체를 목적으로 실행되어야 한다. 공동의 도덕 가치는 공동체의 지속적인 존재와 정체성에 내재한다.

따라서 사회과학 연구의 임무는 사람들이 서로 함께 결론에 도달할 수 있게 함으로써, 공동체 삶을 번영시키는 것이다. 목표는 그 자체로 지나치게 찬양하는 데이터가 아니라, 공동체 변화를 야기하는 것이다. 수용된 견해에서는 연구가 추론하고 결정을 내리는 우리 개개인의 능력을 향상시켜 줌으로써, 사회의 이해관계를 진전시킨다고 가정한다. 연구는 인간 연구 대상자에 대한 IRB 승인을 위해 전진하기보다는, 실행에 있어서 설계와 참가 방식에서 협동적인 방식이 되려는 의도로 진행되어야 한다. 고객을 위해 연구 보고서에 준비하고 학문 연구실 파일에 수록된 윤리 강령에서 정의하는 문제들을 고려하기보다는, 참여자 자신들이 상호 의견을 공유할 수 있는 포럼을 활성화시키는 것이 바람직하다. 공리주의적 실험주의와는 반대로, 문제를 야기하는 선에 대한 실질적 개념은 연구자나 자금 지원 기관의 전문지식보다는 공동체의 개념을 더 많이 반영하고 있다.

페미니스트 공리주의 모형에서, 연구 참여자들은 연

구가 어떻게 수행될 것이며, 실제 어떻게 참여하게 될 것인가에 대해 질문을 할 수 있다. 참여자들은 어떠한 문제가 연구되어야 하며, 연구를 위해 어떠한 방법이 사용되어야 하는지, 연구 결과가 타당한지 혹은 용인될 수 있는지, 연구 결과가 어떻게 사용되고 실행되는지를 결정하는 데 있어서 의견을 낼 수 있다(Root, 1993, p.245). 이러한 연구는 "공동체, 공유된 주인의식 … 및 친밀한 이웃관계"에 근거를 둔다. 협동적인 상호성으로 볼 때, 이러한 연구는 "지식 제공자나 정책 결정자 공동체라기보다는 이러한 지식이나 정책이 실행되는 공동체로서의 역할을 한다"(Lincoln, 1995, pp.280, 287). 또한 "사람들은 세계에서 그들의 존재에 대한 중재자"라는 격언에서 그 천재성이 발견된다(Denzin, 1989, p.81).

페미니스트 공리주의자들에게, 연구는 "시민의, 참여 방식의, 협동의 프로젝트"가 된다. 또한 "연구는 민주주의적으로 터득한, 참여자 주도적 평가 기준을 활용한다."(Denzin, 2009, p.158). 연구자들과 연구 대상자들은 "공통의 도덕 프로젝트의 공동 참여자"가 된다. 문화기술적 연구는 "연구 프로젝트, 공동체 기반의 분석, 사회적 조치에 대한 해방, 대화, 변화적 헌신에 대한 공유된 주인의식"이 특징이다(Denzin, 2009, p.158; Denzin, 1984, p.145; Reinharz, 1993). 이러한 협동 연구 모형은 "연구자가 삭제된 규율(혹은 제도)뿐 아니라, 자신이 연구하는 규율이나 제도에도 책임감을 가질 수 있게 만든다." 이는 또한 연구 윤리가 "저항, 희망, 자유의 정치"와 같은 길을 갈 수 있게 한다(Denzin, 2003, p.258).

4.4 해석 역량

페미니스트 공동체주의 모형 내에서, 사회과학 연구는 해석적 역량을 임무로 하고 있다. 도구적 역량의 실험주의와는 대조적으로, 이 패러다임은 사회 세계를 역동적 차원들에서 접근함을 추구한다. 역량이라는 익숙한 개념이 기술적인, 외적인, 그리고 통계적으로 정확한 수용된 관점의 얄팍함을 대신한다. 사회적 이슈들을 정치인들에게 있어서 재정적이고 행정적인 문제들로 축소시키는 것보다는, 오히려 사회과학 연구는 사람들로 하여금 자신들의 일상적인 경험을 받아들이는 법을 배울 수 있도록 한다.

해석적 역량은 다양한 해석들을 짊어지고 있으며 문화의 복잡성에 토대를 두고 있는 삶들을 진지하게 간주한다는 것을 의미한다. 그러므로 문화기술적 설명은 "비판 의식이 독자에 의해 형성될 수 있도록 가능하게 하는 깊이의 정도, 세밀성, 감성, 뉘앙스, 그리고 일관성"을 가지고 있어야 한다. 그러한 텍스트들은 또한 인종, 계급, 성별상의 고정관념화가 없어야 하는 것을 포함하여 해석적 적절성을 보여야 한다(Denzin, 1997, p.283; 1989, pp.77-81).

페미니스트 공동체주의 윤리의 관점에서 볼 때, 해석적 담론은 그것이 세 가지 조건들을 충족시킬 때 확실히 충분하다. 즉 다양한 목소리를 나타내고, 도덕적 분별을 높이고, 사회적 변형을 촉진하는 것이다. 여기서 옹호되는 지역사회 기반의 규범들과 일치하여, 그 초점은 직업 윤리 그 자체에 있는 것이 아니라 일반적인 도덕성에 있다. 페미니스트 공동체주의가 공유정신('사람은 다른 사람들을 통해 사람이다'라는 줄루 족의 격언으로부터)과 같은 비계몽주의 자치단체 개념들과 통합될 때, 일반적인 도덕성을 하나의 전체로서의 인류에게까지 확장하는 대화의 윤리가 형성된다(Christians, 2004).

다의적이고 여러 문화가 섞인 표현

사회적이고 정치적인 실체들 내에는 일상생활을 계속해서 구성하는 다양한 공간이 존재한다. 대화적 자아는 성별, 인종, 계급, 종교라는 결정적인 맥락들 내에 위치되고 분명하게 표현된다. 무언의 동의 또는 책임이 국가에게 주어지는 사회계약론과는 대조적으로, 서로에게 약속이 이루어지고 유지된다. 연구의 내러티브들은 약속의 이행을 가능하게 하는 한 공동체의 다양한 목소리들을 반영한다.

Carole Pateman의 공동체주의 철학에서, 사회정치적 실체들은 계약이라는 관점에서 이해되어서는 안 된다. 약속을 하는 것은 동의하는 인간들이 "자기 자신들의 사회적 관계들을 자유롭게 형성하는" 기본적인 방식들 중 하나이다."(Pateman, 1989, p. 61; Pateman, 1985, pp. 26-29). 우리는 약속을 함으로써 책임을 떠맡는다. 개인들이 약속을 할 때, 그들은 그에 따라 행동해야 할 의무가 있다. 그러나 정치적 계약들을 통해서 당국에게 약속이 이루어지는 것이 아니라 동료 시민들에게 약속이 이루어진다. 만약 의무가 약속에 뿌리를 두고 있다면, 제도 속에 있는 다른 동료들에게도 그리고 지역사회 관행들에 참여하는 참가자들에게도 지켜야 할 의무가 있다. 그러므로 참여 민주주의의 조건들 하에서만 자칭 도덕적 의무가 존재할 수 있다.

Pateman은 도덕적 행위의 속성을 이해한다. 우리는 우리들을 관계 속에서 이해하며, 파생적으로 자신들의 행위를 철회한 사상가들로 이해한다. 사상가와 행동가, 마음과 신체, 이성과 의지 사이의 전통적인 이원성을 극복함으로써, 우리는 "개인적인 관계들의 상호성"으로서 존재한다는 것을 생각할 수 있다(MacMurray, 1961a, p. 38). 도덕적 헌신은 행동에서 비롯되고, 구체화와 확인을 위해 다시 행동을 한다. 대화적 관점에서 볼 때, 행동과 일상의 언어를 통해 약속을 지키는 것은 거드름 피우는 거만한 추구가 아니다. 우리의 존재 방식은 내부에서 발생되는 것이 아니라 사회적으로 파생되기 때문이다.

다른 사람들과의 교류를 통해 배우는 풍부한 표현 양식들을 통해, 우리는 우리 자신을 이해할 수 있고, 우리 정체성을 규정할 수 있는 완전한 인간 행위자들이 된다.

내가 나 자신의 정체성을 발견한다는 것은 내가 그것을 단독으로 행한다는 것을 의미하는 것이 아니라, 다른

사람들과 부분적으로는 내적인 대화를 통해 그것을 협상한다는 것을 의미한다. 나 자신의 정체성은 다른 사람들과 나 자신의 대화적 관계들에 결정적으로 의존한다.

진정성의 문화에서 관계는 자아-발견과 자아-확인의 주요한 지점이다(Taylor et al,. 1994, pp. 32, 34, 36).

만약 도덕적 결속이 수평으로 흐른다면 그리고 책임이 특성상 상호적이라면, 약속들의 확인과 유지는 여러 문화에 걸쳐 발생한다. 그러나 문화적 다양성이라는 현대의 도전은 이해관계를 드러냈고 쉬운 해결책들을 불가능하게 만들었다. 현재 민주주의 안건에서 가장 긴급하고 애태우는 이슈들 중 하나는 민족적 차이점들을 공평하게 다루기 위해 도덕적 의무를 어떻게 충족시켜야 하는가뿐만 아니라 문화적 집단들을 정치적으로 어떻게 명백히 인식해야 하는가이다(Benhabib, 2002, 2008).

인종적 다원성을 위한 토대로서 공동체주의는 인종들의 다양성(melting pot)을 동질성으로 이해하지 않고 다양성 자체를 인정하는 정치로 접근한다. 기본적인 이슈는 주요한 기관들이 그 구성원들의 정체성을 설명하지 못할 때 민주주의 사회가 그 시민들을 비윤리적인 방식으로 차별하고 있는지 여부이다(Taylor et al., 1994, p. 3). 어떤 의미에서 아프리카계 미국인들, 아시아계 미국인들, 미국 원주민들, 불교도들, 유태인들, 신체적으로 장애가 있는 사람들, 또는 아이들의 구체적인 문화적, 사회적 특징들이 공공 차원에서 문제가 되는가? 공공 기관은 민주주의 시민들이 인종, 성별, 또는 종교와 상관없이 정치적 자유와 마땅한 과정에 대한 동등한 권리를 공유할 수 있도록 보장하지 말아야 하는가? 그러한 수사학 이면에는 Taylor가 "인정의 정치(politics of recognition)"라고 부르는 근본적인 철학적 논쟁이 존재한다. 그가 말하듯이, "비인정 또는 잘못된 인정은 피해를 가할 수 있으며, 압제의 형태가 될 수 있으며, 누군가를 그릇되고 왜곡되고 축소된 존재 양식으로 감금시킬 수 있다. 정당한 인정은 우리가 사람들에게 빚지고 있는 호의(공손함)가 아니다. 그것은

인간의 매우 중요한 욕구이다"(Taylor et al., 1994, p. 26). 문화적 다원주의가 신용을 얻기 위해서는 문화적 정체성과 관련하여 이러한 근본적인 이슈가 해결될 필요가 있다. 페미니스트 공동체주의는 그러한 해결책이 발생할 수 있는 비동화 정책주의 프레임워크이다.

그러나 자유주의적 절차주의는 이러한 매우 중요한 욕구를 충족시킬 수 없다. 양질의 삶에 대한 어떠한 실질적인 특정한 관점이 없는 동등한 권리를 강조하는 것은 "뚜렷한 문화적 정체성들에 대한 매우 제한된 인정만을 제공할 뿐이다."(Taylor et al., 1994, p. 52). 집단적인 목적들 없이 중립성을 주장하는 것은 기껏해야 개인적인 자유, 안전, 그리고 경제적 안전 등을 동질하게 이해할 뿐이다. Bunge(1996)가 지적하고 있듯이, "공동체주의는 단순히 서명란에 서명하는 사람들이 아니라 힘이 있는 사람들과 근면한 사람들, 즉 계약서를 작성하는 사람들을 위한 행동 강령이다."(p. 230). 그러나 약속 기반의 자치단체의 형성에서 특정한 문화들, 종교들, 민족 그룹들의 번영은 우리가 인간들로서 도덕적으로 전념하는 실질적인 목표이다.

Denzin(2002)은 미국의 인종적 질서에 대한 미디어의 구성에서 다문화적 표현이 어떻게 작용해야 하는지를 설명한다. 인종적 차이점들을 존중하는 민족적 영화는 동화주의자도 아니며, 백인의 가치들을 옹호하는 "예외적인 흑인을 찬양"하지도 않는다; 그리고 그것은 "검은 피부에 반대하는 검은 피부"뿐만 아니라 주류 백인 미국에 반대하는 다른 민족주의와 경쟁하기를 거부한다. Denzin은 근대성 의제에 사로잡혀 있는 "사회적 문제들의 실제성 영역에 바탕을 둔 교훈적 영화의 미학"보다는, 여러 분야를 아우르면서 지역적 특성을 지닌 반미학적이거나 포스트모던의 미학을 주장함으로써, "특권을 부여받은 미학적 영역이라는 생각"을 부인하는 데 있어서 Hal Foster와 bell hooks와 궤를 같이한다(pp. 11, 180). "페미니스트, 멕시코계 미국인, 흑인의 행위예술에 바탕을 둔 미학"이 "반헤게모니적 인종 의식"을 만들고 비판적 인종 이론을 실행하고 있다(p. 180).

페미니스트 공동체주의 측면에서, 이러한 미학은 동시에 정치적이면서 윤리적이다. 인종 차이는 사회 이론들, 인간 존재의 개념, 정의 그리고 공통의 선에 스며들고 있다. 그것은 "사회적 비판을 가능하게 하고 … 저항을 유발시키는" 미학을 요구한다(p. 181). 그것은 "백인 청중에게 인종적 부정을 알려주는 것"을 목표로 하는 "인종 통합을 주장함이" 아니라, 대신 "새로운 형태의 비판적 인종 의식을 위한 공간을 만드는 새로운 형태의 표현을 제공한다."(p. 182). 이러한 미학에 의해 가능해지는 무엇보다 중요한 기준은 도덕적 식별을 위한 기폭제 역할을 하는 도덕적 행위자를 증가시킨다(Christians, 2002a, p. 409).

모든 인간 문화들은 말을 해야 하는 중요한 무엇인가를 갖고 있다는 가설과 함께, 사회과학 연구는 보편적인 인간의 존엄과 양립하는 특정한 문화적 가치들을 인정한다(Christians, 1997, pp. 11-14; 2008, pp. 16-17). 이러한 다문화적 차원에서의 충분한 해석으로 인해, 사람들이 자신들의 세력권에서 삶이 어떻게 다를 수 있는지를 관찰하는 데 도움이 된다. 이 프레임워크는 "새로운 형태의 인간 변화와 해방을 상상한다."(Denzin, 2009, p. 158). 이러한 변화들은 대화를 통해서 시행된다. 만약 꼭 필요하다면, 그것은 비폭력적 형태의 시민 불복종을 허락하지 않는다." 해석적 연구가 사회 비판과 사회적 행동을 위한 초석을 제공해야 한다고 요구함으로써, 이러한 도덕론은 행동에 대한 촉구를 대변한다(Denzin, 2009, p. 158).

도덕적 식별(통찰력)

사회는 내적으로 합법적이라고 인정되는 제도, 관습, 구조의 구체적 표현이다. 명령 관계라는 맥락에 충성을 보이지 않는다면, 사회는 사실 상상할 수 없다. 지역사회(공동체)는 언어적 실체를 구성할 뿐만 아니라 공동의 선에 적어도 최소한의 도덕적 헌신을 필요로 한다. 사회적 실체는 도덕적 정렬이지 단순히 기능적 배열은 아니기 때문에, 도덕적 헌신은 관계 속에서의 자아(self-in-relation)를 구성한다. 우리의 정체성은 우리가 선하다고 또는 반대할 만한 가치가 있다고 간주하는 것에 의해 규정된다. 오직 도덕적 차원을 통해서만 우리는 인간의 행위를 이해할 수 있다. Stephen Mulhall과 Adam Swift(1996)는 다음과 같이 기술하고 있다.

> 우리의 도덕적 직관과 반응을 개발하고, 유지하고 그리고 분명하게 말하는 것은 인간이 쉽게, 심지어는 생각없이 살아갈 수 없는 무언가가 아니다. 우리가 위와 아래, 오른쪽과 왼쪽에 대한 감각을 개발하는 것이 인간의 선택적 과제라고 간주되는 곳을 상상할 수 없듯이, 우리는 도덕적 공간에서 그것의 관계들의 문제를 다루지 못하는 인간의 삶을 상상할 수 없다. 어떤 한 도덕적 지향성이란 불가피하다. 그 프레임워크가 해답을 제공하는 질문 그 자체가 불가피하기 때문이다(pp. 106-108; Taylor, 1989, pp. 27-29).

자아는 "거미줄같이 얽혀져 있는 대화의 맥락" 내에서만 존재하며, 모든 자아–해석은 은연중이든 노골적으로든 "선을 개념화하는 일부 혹은 모든 개념들의 사회적 연원과 그 자체를 필연적으로 인정한다."(Mulhall & Swift, 1996). 도덕적 프레임워크는 우리들이 물리적 공간에서 우리 자신들의 위치를 정하는 것과 같이 사회적 공간에서 우리의 방향을 정하는 데 기본적이다. 그러므로 도덕적 차원은 규칙, 규범, 사회 외부의 이상(ideal)의 체계가 아니라 인간에게 내재되어야 한다. 도덕적 의무는 추상적 이론에 의해 만들어지는 것이 아니라 사회적 연계의 요구들에 의해 가르침을 받고 길들여진다.

어떤 한 사회의 공통 도덕의 핵심은 이론보다 우선적으로 동의되어야 한다. 그러나 "공통 도덕이라고 간주되는 것은 부정확할 뿐만 아니라 변화하기 쉬우며, 어려운 현실적 문제이다."(Bok, 1995, p. 99). 도덕적 책무는 일상생활의 틀리기 쉽고 결단력이 없는 목소리들 내에서 명확하게 진술되어야 한다. 의견의 불일치들과 불확실성 사이에서, 우리는 논쟁을 화해시키고 오해를 해명하는 데 있어서 기준과 지혜를 찾는다. 그리고 상호작용에서 나타나는 규범적 이론은 우리의 공통적인 도덕적 담론에 활기를 불어넣는다. 그러나 공통 선의 활성화를 위해 반드시 일반적으로 받아들여지는 이론들이 꼭 필요한 것은 아니다. 공통의 선은 "모든 참여자들이 인정하는 완전한 도덕이 아니라 일반적으로 다른 선의 개념을 갖고 있기 때문에, 다소 덜 폭넓게 공유되는 윤리적 신념에 대한 일련의 의견일치이다."(Bok, 1995, p. 99). Reinhold Niebuhr는 이론적인 일관성을 기대하는 것 대신에, 공통의 선이라고 불리는 "의견합의들의 비이론적인 뒤범벅"을 유지하면서 필연적인 사회적 갈등을 인정하면서 해결하도록 우리를 고취시킨다(Barry, 1967, pp. 190-191). 공통의 도덕성을 통해, 우리는 여러 이슈들에 대해 의견일치를 할 수 있고, 논쟁을 상호적으로 해결할 수 있다. Jürgen Habermas(1993)의 용어로, 공공 영역에서 담론은 "상호 이해 쪽으로" 지향되어야 하며 동시에 참가자들에게 최종 확인에 대한 주장들에 관해 입장들을 취할 수 있는 "의사소통상의 자유"를 허락해야 한다(p. 66; Habermas, 1990).

공동체주의자들은 연구자들에게 어떤 한 지역사회에서 계속되는 도덕적 진술 과정에 참여해야 한다고 요구한다. 선의 개념은 연구자들과 실험 대상자들에 의해 공유되는데, 그들 둘 모두 도덕적 이슈들을 명확히 밝히기 위해 자기 성찰적이고 협력적이다. 사실, 문화가 지속적으로 존재하는 이유는 이러한 형태로 공통의 선을 찾아내며 그 규범적 토대를 유지하기 때문이다(Fackler, 2009, pp. 312-315). 그러므로 문화기술적 텍스트는 우리에게 "우리 자신들에 대한 도덕적 진실을 발견할 수 있도록 해야 하고, 내러티브는 독자들에게 중요한 것을 설명함으로써 도덕적 기준을 독자들의 삶에 투영해야" 한다(Denzin, 1997, p. 284). 페미니스트 공동체주의는 도덕적 사고가 내적으로 발생되기를 추구한다. 지역사회는 선과 악, 행복과 보상, 삶과 죽음의 의미에 대한 그들의 공통의 이해를 장려하는 내러티브에 의해 서로 얽혀있다. 도덕적 어휘들을 재발견하고 고쳐 만드는 것은 우리의 가장 깊숙한 인간성을 확장하는 데 도움이 된다. 연구자들은 앞서서 윤리적 자아들로서 구성되어 있는 것이 아니며, 연구자들 그리고 그들과 협력하는 연구 대상자들 사이에 도덕적 식별이 변증법적으로 펼쳐진다.

우리가 널리 공유하는 도덕적 신념은 어떤 한 지역사회 내에서 담론을 통해 개발된다. 도덕적 담론이 생겨나고 공유되는 이러한 지역사회들은 현대의 공리주의 개인주의에 대한 근본적인 대안이다. 그러나 페미니스트 공동체주의에서, 공동체들은 보편성으로부터 시작된다. 보편적인 인간의 결속은 개인의 자율성의 윤리를 반대한다. 서로를 떠받쳐야 하는 우리의 책무가 우리의 존재를 규정한다. 예외 없이 모든 사람들에게 제일로 신성한 것은 도덕적 질서의 핵심이며 이론화를 위한 새로운 출발점이다(Christians, 1998, 2008).

인간의 행위에 대한 근본적 원리는 지구상에 있는 생명에 대한 숭배이다. 살아있는 자연은 그 자신의 특성으로서 스스로를 재생한다. 활기 있는 자연 속에는 생명을 낳는다는 것의 합목적성이 녹아 있다. 그러므로 자연의 질서 내에는 우리에 대한 도덕적 주장이 그 자신을 위해 그리고 자신의 정당한 자격으로 존재한다. 생명을 양육한다는 것은 주관적인 선호들 밖에서 당연하게 여겨지는 특성이다. 지구상에 있는 생명체에 대한 존경은 도덕적 질서를 가능하게 만드는 전(前)-이론적 소명이다. 생명의 신성함은 추상적 명령이 아니라 인간 행위의 토대이다.[24] 그것은 윤리적 원칙의 형태로 구체화되는 것의 토대가 되는 최초의 일반적인 원칙이며, 모든 사람이 불가피하게 공유하는 유기적인 결속이다. 이러한 원형적인 규범에 대한 우리의 체계적인 성찰에서, 우리는 그것이 인간의 존엄성과 비폭력과 같은 기본적인 윤리적 원칙들을 수반한다는 것을 깨닫게 된다(Christians, Rao, Ward, & Wasserman, 2009, pp. 143-145).

지구상에 있는 생명체에 대한 존경 의식은 윤리 분야

에서 여러 문화들 간의 협력을 가능하게 한다. 그것은 아래로부터의 보편성을 담보한다. 다양한 사회들이 이러한 원형-규범을 말하고 그것을 국소적으로 예중 설명한다. 그러나 모든 문화는 정치적 관계들과 사회적 제도들을 정돈하기 위한 이러한 근본적인 규범에 공헌할 수 있다. 우리는 도덕적 삶이 경험되고 도덕적 어휘들이 강조되는 지역사회 환경에서 우리의 가치들을 실행한다. 생명에 대한 존경과 같은 원형적인 규범들은 지역적으로만 회복될 수 있다. 언어로 인해 그것들이 역사성을 갖는다. 생명의 신성함은 인간으로서의 우리의 공통적인 조건을 반영하지만, 우리는 지리, 민족성, 이데올로기라는 즉각적인 현실을 통해 그것에 따라 행동한다(Fackler, 2003). 그러나 페미니스트 공동체주의에 따르면, 만약 우리가 개인적인 의사결정보다 보편적인 공통성으로부터 이러한 공동의 장에 진입한다면, 우리는 연구자들과 연구 대상자들이 도덕적 영역에서 협력할 수 있다고 믿을 만한 근거를 갖게 된다. 연구자들은 자신들의 연구 대상자들을 교육하는 일련의 규범들을 만들지는 않는다. 대신에 각자의 문화와 모든 상황들이 풍부한 의미와 적용을 가능하게 할 수 있도록 생명의 신성함을 불러일으킬 수 있는 방법을 상호 협력하여 찾는다.

지역사회 형성에서 도덕적 질서가 어떻게 작용하는지가 이슈이지 연구자들이 미덕이라고 간주하는 것이 결코 아니다. 문화에 대해 기술하는 사람들에게 있어서 도전은 자신들의 도덕적 관점을 자신들의 일반적이고 중립적인 원칙들에 국한시키는 것이 아니라 그들이 연구하는 사람들과 똑같은 도덕적 공간에 위치시키는 것이다. 이러한 관점에서, 연구 전략들은 통계학적인 정교함의 측면에서 우선적으로 평가되는 것이 아니라, 지역사회들이 어떻게 번영할 수 있는지를 밝히는 데 있어서의 그들의 열정의 관점에서 평가된다.

저항의 정치

페미니스트 공동체주의 양식에서 윤리(학)는 사회

적 비판을 만들어내고, 저항으로 이어지며, 그리고 상호작용하는 사람들에게 행동할 수 있는 힘을 준다(Habermas, 1971, pp. 301-317). 그러므로 해석학적 연구를 위한 기본적인 규범은 종교, 정치, 민족성, 성별과 같은 지역사회 삶의 다양한 영역들의 인도적 변화를 가능하게 만드는 것이다.

자신의 대화체적 관점에서, Paulo Freire는 권력(power)의 의미를 철저하게 다시 고쳐야 할 필요성에 대해서 말한다.

> 금세기의 이 시점에서 내게 있어서 사회의 중요하고, 실질적인 변화, 근본적인 변화는 오늘날 권력을 소유하고 있는 사람들로부터 권력을 얻는 것이 아니고 단지 사회의 어느 정도의 개혁과 어느 정도의 변화를 추구하는 것도 아니다. … 내 관점에서 볼 때 문제는 권력을 취하는 것이 아니라 그것을 완전히 철저하게 다시 고치는 것이다. 다시 말해서, 새로운 종류의 권력을 생성시키기 위해, 마치 권력이 형이상학이고 관료화되어 있고 반민주적인 것과 같이, 권력이 보유하고 있는 필연성을 부인하는 것이다(Evans, Evans, & Kennedy, 1987, p. 229에서 인용).

확실히 압제적인 세력 블록들과 독점들은—경제적, 기술적, 정치적—연구자들과 그들의 협력자들의 철저한 조사를 필요로 한다. Freire의 정치적-제도적 입장을 감안할 때 그에게 있어서 권력이란 사회 분석에서 중심적인 개념이다. 그러나 그와 협력하여 페미니스트 공동체주의 연구는 인지적 측면에서만 영향력을 행사함을 거부한다. 대신에 문제는 사람들이 어떻게 스스로에게 권력을 부여하는가이다. 권력에 대한 지배적인 이해는 비상호성에 근거를 두고 있다. 즉, 그것은 간섭의 권력이며 경쟁적으로 행사되며 통제를 목적으로 한다. 공동체주의적 대안에서, 권력은 관계의 특성을 가지며, 자주성보다는 상호성이 특징이다. 이러한 관점에서, 권력은 지배가 아닌 친밀함과 연약함의 관계인 두 대상자들 사이의 상호관계인데, 공동체에 대한 항복을 통해 개개인이 지배력을 얻을 수 있게 되는 알코올 중독자 갱생회(Alcoholics Anonymous)의 관계와 비슷한 맥락의 권력이다. 이러한 면에서, Cannella와 Lincoln(2009)은 우리에게 "새로운 형태의 강압적인 권력 자체와 그것들을 수행하는 사람들을 위해 새로운 형태의 강압적 권력을 생성시킬 수 없는 비판적 연구를 구상하도록" 북돋운다(p. 54). 연구에 대한 고유의 Kaupapa Maori의 접근법은 이러한 기준에 부합하고 있다: "연구자는 공동체 구성원들에 의해 주도되며, 지도자라고 여겨지지는 않으며, 양도할 수 있는 어떠한 권력도 갖고 있지 않다."(Denzin, 2003, p. 243).

대화(dialogue)는 우리들을 조작 혹은 적대적 관계에 가두어 놓기보다는 우리들을 자유롭게 해주는 해방 전략의 주요 요소이다. 비록 영향력의 통제 방식은, 상호관계의 취약성을 고려하지만, 권한부여 방식은 우리의 인류애를 극대화시켜 주며, 따라서 무력함을 몰아낸다. 연구 과정에서 권력은 행사되며, 연구자-연구 대상자 팀으로서의 연대를 통해 관여된다. 분명히, "연구자가 대상자 그룹에 권한을 준다는 가정"은 없다(Denzin, 2003, p. 243). 연구자들은 권한을 둘러싼 그 어떠한 의미상의 게임을 하기보다는, 기꺼이 자신들을 보호하는 방어벽을 위해 노력한다. Freire가 주장하듯이, 시민 불복종이라는 요점이 필요할 때까지 모두가 자신의 정치적 공간을 차지함으로써, 권한부여는 혁명적임을 의미한다(McLaren & Leonard, 1993, 8, 10장).

Freire의 권력 이론에서 타협할 수 없는 것은 문화 형성에 억압받는 사람들의 참여이다(Stefanos, 1997). 중요한 사회적 문제가 해결되어야 한다면 가장 취약한 사람들이 길을 이끌 필요가 있을 것이다: "혁명적 방식은 사람들의 방식이 단지 [지배적인 엘리트의] 결정을 따르는 방식인, 부조리한 이분법을 용인할 수 없다." (Freire, 1970a, p. 120; Freire, 1978, pp. 17ff). [25] 오만한 정치인들—회계사, 변호사, 경제학자 및 사회과학 연구자 무리의 지지를 받는—은 비전문가의 의견을 해당 문제나 해결책과는 전혀 상관없는 것으로 무시한다. 반대로, 완전한 변화를 꾀하는 행동은 억압받

는 사람들이 지도자들의 연구 대상으로 전락하기보다
는 적극적인 참여자가 되지 않는 한 불가능하다. "억압
받는 사람들의 취약성에서 비롯된 권력만이, 지도자와
대상자 모두를 자유롭게 해줄 만큼 충분히 강력할 수
있다"(Freire, 1970b, p.28).**26**

　Freire(1973)의 관점에서 보면 목표는 의식화
(conscientization)인데, 환언하면, 일상생활에서 계
속해서 진행되는 실천과 성찰을 가능하게 하는 비판 의
식이다. 침묵의 문화에서, 억압자들의 언어와 존재의 방
식은 모순 없이 숙명론적으로 받아들여진다. 그러나 비
판 의식은 우리로 하여금 "옳은 말을 할 수 있는" 특유
의 인간 능력을 실행할 수 있게 해준다(Freire, 1970b,
p.75). 사회정치적 통제 조건하에서 "패배자들은 그들
의 말, 그들의 표현, 그들의 문화를 빼앗긴다."(1970b,
p.134). 의식화 운동을 통해, 억압받는 사람들은 자신
의 의견을 말할 수 있는 힘을 얻으며, 그들의 문화를 변
화시키는 데 협력한다(1970a, pp.212-213). 따라서
연구는 특정 데이터의 전달이 아닌, 형식이나 내용 면에
서 비판 의식을 촉진해야 한다. Freire(1970b, p.47)
의 "현실의 비판적 이해"(억압받는 사람들이 그들의 마
음으로 현실을 파악하는) 없이는 현재 상황을 유지하
는 묵인만이 있을 뿐이다.

　권한을 부여받은 자의 저항은 작은 틈―진정한 행
동이 가능한 사회 기관의 틈―에서 더욱 생산적이다.
효과적인 저항은 자신이 사는 지역에서, 개방된 공간
에서, 이웃의 자발적인 협회, 학교 및 엘리트가 없는 상
호적 투쟁 환경에서 더 생산적이다. 비폭력만이 사회정
치적 변화에서 도덕적으로 용인되기 때문에, 자신의 의
견을 말하고, 대화 수단을 통해 비판 의식을 키워나가
게 하는 교육을 제외한 그 밖의 선택사항은 없다. 아
래로부터의 사람에 근거한 발달은 그것 자체가 목적
일 뿐 아니라 사회적 변화의 근본적 조건이 된다. "우
리는 더 이상 세상을 단지 설명만 하는 것을 소명으로
여기지 않는다."; 전통적인 문화기술지 요구에 우리들
의 권한을 제한시키지 않고, "우리는 세상을 변화시키
고, 불평등에 저항하는 방식으로 세상을 변화시키는

것을 소명으로 여긴다."(Denzin & Giardina, 2009,
p.23). 이러한 유형의 연구 전략을 추구하는 데 있어
서, Guba(1990)는 평화와 희망의 대화 형식(dialogic
framework)은 "우리들에게 새롭고, 많은 것들을 알게
하고, 더욱 정교한 권한을 부여해줄 수 있는 패러다임
으로 나아가게 만들어줄" 대화라고 강력하게 주장한다
(p.27).

4.5 결론

Guba와 Lincoln(1994)이 주장하듯이, 사회과학의 문
제들은 궁극적으로 세계의 시각에서 수행되어야 한다.
"어떠한 연구 방법을 취할 것인가의 질문들은 연구자들
에게 지침을 제공하는 기본적인 신념 체계 혹은 세계관
으로 정의되는 패러다임에 대한 질문들에게는 부차적
이다. 이러한 패러다임은 연구자들이 방법을 선택하는
데 영향을 미칠 뿐만 아니라 그들에게 인식론과 존재론
적으로 근본적인 차원에서 영향을 준다."(p.105). 외
부의 윤리를 강조하는 전통적인 관점은 우리에게 존재
론적으로 변화될 필요가 있는 불완전한 또한 복잡하지
않은 패러다임을 제공해준다. 이론과 실천에 대한 역
사적 고찰은 새로운 연구 윤리에 대한 모델의 필요성을
지적하고 있다. 이러한 새로운 모델은 인간의 행위와
선에 대한 생각의 상호작용을 가능하게 해야 한다.

　"사람들의 관계는 사람으로서의 그들의 존재를 구성
하기 때문에, … 도덕적으로 옳은 행동은 공동체를 목
표로 하는 [행동]이다"(MacMurray, 1961b, p.119).
페미니스트 공동체주의에서, 인간의 존재는 사회적 경
험 세계의 핵심에 위치하고 있다. 공통의 선은 개인적인
형태로만 우리에게 접근 가능하다; 공통의 선은 인간의
사회적 존재론에 근거를 두고 있으며, 사회적 존재론에
서 영감을 얻는다.**27** "존재론은 완전히 개인의 관점, 즉
존재의 관점으로부터 유추되는 것에서 탈출할 필요가
있다."(Lotz, 1963, p.294). "존재론은 개인적일 때,

또한 사람들이 존재론적으로 진정한 자신이 될 때에만, 진정한 존재론이 된다"(Lotz, 1963, p. 297).

실증주의자 혹은 후기실증주의자의 세계관에 뿌리를 두었을 때, 사회생활에 대한 설명은 참여자들이 제공하는 자료들과 양립할 수 없다. 문제적 상황, 언어 형식 및 내용에서, 연구 결과는 수혜자라고 여겨지는 비전문가들보다 더 큰 숙달 및 더 분명한 깨달음을 가정하고 있다. Mill로부터 시작된 이래, 개인의 자율성을 보호하고 장려하는 것은 가치 중립성에 대한 철학적 근거가 되었다. 그러나 사회과학의 가치 중립이라는 관점에서 바라본 불일치는 이제 명백해졌다. 합리적인 존재들의 적극적 참여를 제한하고, 그들 자신들의 이해를 거짓이라 판단함으로써, 경험주의자 모형들은 "선의 경쟁적 개념들 중에서 선택을 하고" 존중을 받을 자격이 있는 개념을 선택하는 합리적인 존재들의 이상을 부정하고 있다(Root, 1993, p. 198). 도구주의자 체계의 검증 기준은 "중립성이 보호하고자 하는 것을 제거함으로써, 자신의 행동 원칙을 규정하는 자유롭고 동등한 합리적 존재들의 공동체"를 가능하지 않게 한다(Root, 1993, p. 198). 페미니스트 공동체주의의 사회적 존재론은 인간의 삶을 도덕적 질서로 재건함으로써 이러한 모순에서 벗어난다.

중립성과 깊이 없는 도구주의로부터 자유로워진 페미니스트 공동체주의의 윤리는 Cannella와 Lincoln (2009)이 주창하는 혁명적 사회과학에 참여하고 있다.

> 연구 개념화, 목적 및 실천은 사회적(따라서 과학) 체계에 도전하는 비판적 윤리에 근거를 둘 것이며, 평등주의자의 투쟁, 혁명적인 윤리적 인식과 공동체 맥락 내에서부터의 행동주의를 지지하고 있다. 연구는 관계성을 강조하고(종종 공동체와 관련이 있으며) 체계의 비판, 평등주의자의 투쟁, 혁명적 윤리에 근거를 둘 것이다(p. 68).

이러한 형태에서, 실증주의자 패러다임은 지적으로 완전히 변하며, 질적 연구는 사회정의를 진작시키며, 미래의 희망을 제시한다(Denzin & Giardina, 2009, pp. 41-42). Denzin, Yvonna Lincoln, Linda Tuhiwai Smith(2008)는 이 장에서 논의한 정치와 윤리를 정확하게 세계적인 수준에 위치시키고 있다. 대안적인 해석적 연구와 민족 공동체를 주창하는 서구의 사회과학자들은 그들과 동일한 목표를 향해 움직이고 있다. 이들은 모두 "페미니스트이며 보살피는, 공동체주의적이며 전체론적이고, 존중하며, 서로를 (힘의 불균형보다는) 신성시하며 생태학적으로 견실한 윤리 원칙을 추구한다."(p. 569).

주석

1. Michael Root(1993)는 두 제도가 선의 경쟁적 개념 사이에서 중립적이려고 한다는 근거를 기반으로 자유주의적 상태의 이상과 실천에 사회과학을 연결시키는 사회과학의 철학자들 중 한 명이다. 그가 말했듯이: "자유주의는 1차적으로는 국가 이론이며, 자유주의의 원칙은 어떠한 사회의 기본 제도에도 적용될 수 있다; 이는, 누구든 병원, 기업, 학술 협회, 전문직 종사자들의 역할이, 사람이 목표로 해야 하는 삶의 유형을 지시하는 것도, 심지어는 권장하는 것도 아니라는 사실을 주장할 수 있기 때문이다. 중립성은 국가를 위하는 한, 이러한 제도의 운영을 위한 이상으로서 작용할 수 있다. 또한 누구든 그들의 역할이 학생, 환자, 고객, 손님, 구성원이 목표로 하는 삶의 유형이 무엇이든 간에, 그것을 용이하게 해주는 것이며, 다른 사람에게 어떠한 유형의 삶을 장려하는 것이 아니라고 주장할 수 있다."(p. 13) Mill과 Weber에 대한 Root의 해석은 나의 이론 공식화에 있어서 매우 중요하다.

2. Mill은 비록 귀납법에 대한 원칙이나 방법을 묘사하는 데 있어서 그가 "도덕적 과학의 논리"라 칭했던 것에 전념하였지만, 모든 현상이 인과관계의 영향을 받는다는 추정과 자연의 불변성에 대해서 자연과학에서 신념을 공유하였다. 귀납

법에 대한 그의 5가지 원칙은 뉴턴의 우주론을 반영한다.

3. John Stuart Mill의 공리주의는 본질적으로 Jeremy Bentham의 가장 위대한 행복 원칙, David Hume의 실증주의 철학과 도덕적 선으로서의 효용성의 개념 및 물(物)자체는 알 수 없으며, 지식은 감각에 제약이 된다는 Comte의 실증주의적 교리의 혼합이다. Mill(1843/1893)은 그의 영향력 있는 저서『논리학체계(System of Logic)』에서, 전형적으로 프랑스의 실증주의(Comte가 발전시킴)와 영국의 실증주의의 원칙들을 단일 체계로 통합한 것이 특징이다.

4. 실증주의—Mill의 관련성(connections)에 대한 참고자료를 포함—의 복잡성에 대한 정교한 설명에 대해서는 Lincol과 Guba 참고(1985, pp.19-28).

5. Mill의 현실주의는 그의『해밀턴 철학의 검토(1865b)』에서 가장 명확하게 전개되었다. 그의 관점에서 흔한 외부 세계에 대한 우리의 신념은, 물리적 현실에 대한 우리의 감각이 "우리 자신에게만큼이나, 다른 인류나 과학자들에게도 속한다"는 사실에 근거를 둔다(p.196; Copleston, 1996, p.306, note 97).

6. Mill(1873/1969)은 특히 귀납법의 사용 혹은 역사적인 방법론의 사용에 있어서 Comte를 신뢰하였다: "이것은 Comte의 업적에서 발견하였을 때, 나에게는 완전히 생소한 개념이었다; 그러나 그에게는 아직까지 나는 그 개념에 도달하지 못한 것일 수 있다"(p.126). Mill은 사회적 정역학(statics)과 사회적 역학을 구별하는 데 있어서 분명하게 Comte를 따랐다. 그는 Comte의 영향을 받아『Westminster Review』라는 책을 출간하였으며, 이는 후에『Auguste Comte and Positivism』으로 재출간되었다(Mill, 1865a; Mill, 1873/1969, p.165).

7. Emile Durkheim은 자연 세계와 사회 세계에서 인과성에 지향적이었다. 그가 행동에 대한 심리적 원인보다는 사회적 원인에 대해서 주장을 하고, 행동을 초래할 수 있는 의도에 대해서는 믿지 않았던 반면, 그는 명백하게, 사회과학 문제를 사회적 사실과 개인적 행동 사이의 인과관계를 밝히는 것으로 여겼다(Durkheim, 1966, pp.44, 297-306).

8. Weber가 반대하였던 학대(abuse)의 한 예로서, Root(1993, pp.41-42)는 Ludwig Bernhard의 베를린 대학교에서의 경제학 교수직으로의 임명을 언급하였다. 비록 그는 학력을 증명할 수 있는 졸업장이 없었지만, 교육부에서는 Bernhard를 교직원 선거를 거치지 않고 교수직에 앉혔다(Werber, 1973, pp.4-30). Shils(1949)의 말을 빌리자면, "수많은 구체적인, 실재적인 문제들이 그의 저서에 담겨 있었다. 경제 이론의 상정을 위한 그의 끊임없는 노력, 학문적 자유를 위한 그의 윤리적 열정, 그의 열렬한 애국주의적 정치적 확신, 지적 고결성을 위한 그의 끊임없는 부담"(p.v).

9. 1923년, 사회과학연구위원회에 대한 합리적 근거는 복잡해졌지만, 정책 연구와 학문적 전문지식을 연결하려는 노력과, 사회과학적 방법론에 대한 열렬한 선호에 있어서, 사회과학연구위원회는 Weber를 반영하였다고 할 수 있다.

10. 공리주의에 관해서, Mill(1861/1957)은 공리주의자의 도덕적 기준을 증명하기 위해 가시성과 바람직성 사이의 유사성을 끌어들였다. 그는 사물의 증거는 가시성이며, 실제 생활에서 실제로 볼 수 있다는 사실이라고 주장하였다. 비교하자면, 어떠한 것이 바람직하다는 증거는, 사람들이 실제로 그것을 원하는 것이다. 따라서 사람들이 사실상 행복을 원하기 때문에, 행복은 바람직한 것 혹은 선이 되어야 한다. Harris(2006, p.142)와 다른 사람들이 주장하였듯이, 가시성/바람직성이 비록 Mill의 실증주의를 설명해 주지만, 그가 의도한 증거는 설득력 있는 증거는 아니었다. 어떠한 것이 사실 사람들이 원하는 것이라고 주장하는 것은, 그것이 반드시 바람직해야 한다는 것을 의미하지는 않는다. 사람들은 종종 그들이 하지 말아야 할 것을 원하기도 한다. 내가 원하는 행복은 행복의 추구가, 나에게 혹은 일반적으로 도덕적 의무를 지게 하지 않는 것이다.

11. 종종 현재의 전문적인 윤리에서 우리는 완전한 공리주의로부터 결과주의를 분리한다. 우리는 행복을 최대화시키는 개념을 단념하지만, "여전히 그 결과 면에서 순전히 다른 행동 과정들을 평가하려고 하며, 모든 것이 우리의 결과-설명에서 고려될 만한 가치가 있기를 희망한다"(Taylor, 1982, p.144). 그러나 이러한 광범위한 공리주의 버전은, Taylor의 말을 빌리자면, "여전히 특정한 선을, 존재로부터 규정하려 한다"(p.144). 이는 합리적 계산 방식을 좋아하는 선의 제한적 정의와도 같으며, 우리가 모든 도덕적, 규범적인 정치적 사고를 심각하게 하지 못하도록 만든다(p.144). Lincoln이 관찰하였듯이, 공리주의에서 벗어날 수 없는 문제는 "가장 많은 수의 가장 위대한 선을 주창하는 데 있어서, 소수 집단의 사람들이 대다수의 폭압의 정치적 제도를 경험한다."는 데 있다(personal communication, 1999, 2월 16일).

12. John Rawls(1971)의 정의 기반의 도덕 이론은 또한 공리주의의 두드러진 비판이다. 공리주의는 합목적적 이론이며 Rawls의 공정으로서의 정의는 의무론적이다. Rawls는 도덕론 자체에 대한 논쟁에서 더 자세한 설명을 할 필요가 있다. Taylor와 Ross는 분명히 더 인식론적이며, Mill의 실증주의와 공리주의를 관련시키기 때문에, 여기에 포함되었다.

13. 실증주의 연구의 특성을 고려하여, Jennings와 Callahan(1983)은 몇 안 되는 윤리적 질문만이 고려되며, 이들은 전문적인 과학적 방법론 원칙들과 통합되는 경향이 있다고 결론내렸다. 지적인 정직함, 개인적인 편향의 억제, 주의 깊은

데이터 수집과 정확한 데이터 보고, 실증적 연구의 과학적 신뢰도의 한계에 대한 있는 그대로의 관리 등은 본질적으로 제기될 수 있는 문제들이었다. 또한, 이러한 윤리적 책임이 특별히 논란의 여지가 있는 것은 아니기 때문에(적어도 원칙적으로는), 이 시기(1960년대)에 윤리와 관련된 사람들과 사회과학에 관련된 사람들 누구도, 이를 분석하고 토론하는 데 많은 시간을 할애하지 않았다는 사실은 놀랄 것도 없다(p.6).

14. 대부분의 생체의학적 연구는 실험실에서 수행된다. 연구자들은 연구를 수행하기 전에 잠재적 위험에 대해서 참여자들에게 알리고 동의서를 받을 의무가 있다. 문화기술적 연구는 대상자들이 살아가는 환경에서 수행되며, 사전 동의서는 "연구되는 공동체 구성원들과 연구자 사이의 진행 중인 상호작용의 과정이다. … 연구자는 몇 주간 혹은 몇 달간 진행하는 동안 신뢰를 구축해야 하며, 동의를 타협해야 한다."(Church, 2002, p.3).

15. Taylor(1982)가 언급하였듯이, "공리주의에 관한 현대의 논쟁은 이것이 도덕적 근거의 일부를 차지하는가에 관한 것이 아니라, 전체를 충족시키는가에 대한 문제이다." "죽어가는 사람들에게 위안을 주자"는 "죽어가는 사람들이 [공리주의적] 계산과 상관없는 극단의 상황에 처해 있을지라도 당대의 캘커타 지역의 도덕적 의무를 말해준다"(p.134).

16. 목표에 대한 수단의 이러한 공리주의적 표현을 거부하면서, 장기적 신뢰를 얻기 위해서는 이러한 거부에는 수단-목표 궤적에 대한 철학적 비평이 필요하였다. Drescher(2006, pp.183-188)는 이성주의자 면에서 기준을 구축하며, 수단-목표 관계에 대한 검토를 수행하였다.

17. 이는 개개인의 권리의 민주주의적 자유주의에 대한 잘 알려진 반대 의견을 다시 한 번 말해준다: "자유주의는 모든 문화에서 가능한 공통 영역이 아니며, 다른 범위와는 양립될 수 없는, 문화의 한 범위에 대한 정치적 표현이다. 자유주의는 완전한 문화적 중립을 주장할 수 없으며, 주장하여서도 안 된다. 자유주의는 또한 논쟁 중에 있는 신조이다. 다문화주의는 오늘날 자주 논쟁의 대상이 되며, 다른 사람들에 대한 어떠한 문화의 강요와 관련이 있으며, 이러한 강요에 권한을 주는 우월성과 관계가 있다. 서구의 자유 사회는 부분적으로는 그들의 식민지 과거 때문에, 부분적으로는 다른 문화로부터 온 인구를 소외시킨다는 사실 때문에, 이러한 면에서는 지극히 유죄라고 여겨질 수 있다"(Taylor et al., 1994, pp.62-63).

18. Denzin은 본 단락에서 "통치 기구"의 개념에 대해서 Smith(1987, p.107)를 신뢰한다.

19. Gilligan의 연구 방법과 결론은 많은 분야의 학자들의 논란의 대상이었다. 이러한 논쟁과 관련 문제에 대해서는 Brabeck(1990), Card(1991), Tong(1989, pp.161-168; 1993, pp.80-157), Seigfried(1996), Wood(1994) 참조.

20. Levinas(b.1905)는 파리(Nanterre)대학교 철학과 교수였으며, 파리의 Israelite Normal School의 교장이었다. Wyschogrod(1974)의 말을 빌리자면, "그는 Martin Buber와 Franz Rosenweig의 전통을 이어갔으며, Husserl의 연구를 프랑스의 현상학파에 처음으로 도입시킨 학자였다"(pp.vii-viii). 비록 Wyschogrod는 Martin Heidegger, Georg Wilhelm, Friedrich Hegel, Edmund Husserl의 제자였지만(Wyschogrod, 1985), 윤리학에 대한 그녀의 연구는 전통적인 철학적 담론에 호소하는 것이 아니라, 시각 예술, 문학적 서사, 역사기록학에서의 자기-타인의 상호관계의 구체적인 표현과, 뉴스에서의 죽음의 표준화에 호소하였다.

21. Levinas는 나-너 관계의 정복불능(irreducibility, 더 이상 줄일 수 없음)을 개념의 역사에 대한 중요한 공헌으로 여겼다: "대화 관계와 현상학적 정복불능 … 은 Martin Buber의 잊을 수 없는 철학적 노력의 공헌으로 남을 것이다 … 사물의 객관성과 존재하는 것들의 존재에 대한, 더 이상 줄일 수 없는 정복불능에서의, 타인의 이타성 반영은 Buber가 새롭게 연 새로운 관점임을 인정해야 한다"

22. Martha Nussbaum(1993)은 이러한 면에서, 사회 생활의 특정 형태로부터 이탈하지 않고, 교차문화적 응용을 암시한 아리스토텔레스에 근거를 둔 모형을 주장하면서, 덕윤리를 주장하였다. 그녀의 모형에서, 모든 문화에서 발견되는 인간 경험의 다양한 이면들은 문제와 해답을 보여주었으며, 낯선 사람, 번영, 식욕 억제 등을 어떻게 다룰 것인가에 대해서, 타인의 불운이나 행운에 대한 태도 선택을 보여준다. 이러한 영역에서의 우리의 경험은 "더 나아간 질의를 하도록 가다듬어주며"(p.247) 각각의 이면에 대한 우리의 반영은 이러한 이면과 관련된 미덕에 대한 피상적 혹은 명목적 정의를 내려줄 것이다. 이러한 기반으로 우리는 각각의 영역에서 적절한 행동에 관한 문화를 소재로 토론할 수 있다(Nussbaum, 1999).

23. Root(1993, 10장)는 또한 지배적인 패러다임의 대안으로서 공리주의를 선택하였다. 그에 따르면, 비평 이론, 참여 방식의 연구, 페미니스트 사회과학은 공리주의적 접근법의 세 가지 예이다. 이 장에서는 사회 이론과 실제 정치에 이를 제한시키기보다는, 정치적 철학과 사상 역사에서 발달한 공리주의의 더욱 복잡한 관점을 제공한다. 철학적 공리주의자들(Sandel, 1982/1998; Taylor, 1989; Walzer, 1983, 1987) 중에 Pateman(1985, 1989)은 분명한 페미니스트였으며, 그녀의 모티브는 아래 간략하게 제시된 다양한 표현의 원칙을 위한 축을 형성한다. 본 장의 페미니스트 공리주

의 모형에서, 비평 이론은 세 번째 윤리적 의무—권한부여와 저항—에 통합된다. 강조점의 차이에도 불구하고, 나는 Root(1993)의 결론에 동의한다: 비평 이론은 항상 특정 공동체에 대해 비평하며, 그들이 진전시키길 원하는 가치는 그 공동체의 가치이다. 이러한 점에서 비평 이론은 공리주의적이다 … 비평 이론가들에게 사회 이론을 선택하고 받아들이는 기준은 이론이 비평적인 공동체 구성원에 의한 이론의 반성적 수용 가능성이다(pp. 233-234). Foucault가 제시하는 공리주의 모티브 검토는 Olssen(2002) 참고.

24. 삶의 신성함은 보편적 의무가 모든 국가와 시대에서 의무적이라고 여겨진다는 계몽사상의 단일 문화의 윤리적 합리주의와는 근본적으로 다르다. 데카르트적 토대주의와 임마누엘 칸트의 형식주의는 관련성이 없는 출발점을 추정한다. 보편적인 인류의 연대는 존재하지 않는다. 또한 플라톤주의로부터 온 것도 아니다(Christians, 2008, pp. 10-12). 게다가 삶의 신성함뿐 아니라, 서구적인 것도 아닌, 뉴턴의 우주론을 추정하는 것도 아닌, 일반적인 보편성에 호소하는 교리도 있다; Cooper와 Christians 참고(2008, pp. 296-300).

25. 상호성은 페미니스트 공리주의 모형에 일반적인 중요한 특성이며 따라서 권한부여의 원칙에서도 중요하다. 이러한 이유로 비평 이론은 그 자체로 공리주의의 설명을 고수하면서, Root를 따르기보다는 여기에서의 세 번째 원칙으로 통합된

다(주석 18 참고). Root(1993, p. 238)는 비평 이론가들이 자신의 연구 대상자들에게 "전문지식의 이상"을 전달하는 데 실패하거나, 연구 설계 및 해석에 대한 이야기를 전달하지 못하는 모습을 종종 관찰한다. 공리주의적 상호작용으로의 근본적인 변화 없이는 모든 형식의 연구는 오류를 범하기 쉽다.

26. 대화에 대한 그의 근본적인 헌신 때문에, Freire의 권한부여 원칙은, 연구자들이 약하고 불운한 자들을 자유롭게 해주는 것으로 보이는 권한부여의 (대화가 아닌) 독백적 개념의 취약성을 피한다(Denzin, 2003, pp. 242-245; Bishop, 1998). Freire가 급진적 관점을 표한 반면, 그는 "더 급진적인 이론가들이 했던 것처럼" "그들과 그들의 이론만이" 연구 대상자들을 자유로 이끌 수 있다고 주장하지는 않았다(Denzin, 2003, p. 246; Bishop, 1998).

27. Michael Theunissen(1984)은 Buber의 관계적 자아(또한 Levinas, Freire, Heller, Wyschogrod, Taylor의 유산)가 유럽 대륙의 실존주의의 주관성과는 구별된다고 주장하였다. 예를 들어 Husserl과 Jean-Paul Sartre의 주관적 영역은 "당신과의 관계를 말하는 것도 아니며, 우리의 구성원을 말하는 것도 아니다"(p. 20; p. 276). "Heidegger에 따르면 자아는 다른 자아들로부터의 자발적인 분리를 통해서만 나타날 수 있다; Buber에 따르면 자아는 관계에서만 자아로서 존재한다."(p. 284).

참고문헌

Barry, B. (1967). Justice and the common good. In A. Quinton (Ed.), *Political philosophy* (pp. 190-191). Oxford, UK: Oxford University Press.

Benhabib, S. (1992). *Situating the self: Gender, community, and postmodernism in contemporary ethics*. Cambridge, UK: Polity.

Benhabib, S. (1994). *Feminist contentions: A philosophical exchange*. New York: Routledge.

Benhabib, S. (2002). *The claims of culture: Equality and diversity in the global era*. Princeton, NJ: Princeton University Press.

Benhabib, S. (2008). *Democracy and difference*. New York: Oxford University Press.

Bishop, R. (1998). Freeing ourselves from neo-colonial domination in research: A Maori approach to creating knowledge. *International Journal of Qualitative Studies in Education, 11*, 199-219.

Blanchard, M. A. (2002, January). *Should all disciplines be subject to the common rule?* Washington, DC: U.S. Department of Health and Human Services.

Bok, S. (1995). *Common values*. Columbia: University of Missouri Press.

Brabeck, M. M. (Ed.). (1990). *Who cares? Theory, research, and educational implications of the ethic of care*. New York: Praeger.

Brunn, H. H. (2007). *Science, values, and politics in Max Weber's methodology*. Surrey, UK: Ashgate.

Buber, M. (1958). *I and thou* (2nd ed.; R. G. Smith, Trans.). New York: Scribner's.

Bulmer, M. (2008). The ethics of social research. In N. Gilbert (Ed.), *Researching social life* (3rd ed., pp. 145-161). London: Sage.

Bunge, M. (1996). *Finding philosophy in social science*. New Haven, CT: Yale University Press.

Cannella, G. S., & Lincoln, Y. S. (2009). Deploying qualitative methods for critical social purposes. In N. K. Denzin & M. D. Giardina (Eds.), *Qualitative inquiry and social justice* (pp. 53-72). Walnut Creek, CA: Left Coast Press.

Card, C. (Ed.). (1991). *Feminist ethics*. Lawrence: University of Kansas Press.

Chomsky, N. (2002). *American power and the new mandarins*. New York: The Free Press. (Original work published

1969)

Christians, C. G. (1997). The ethics of being. In C. G. Christians & M. Traber (Eds.), *Communication ethics and universal values* (pp. 3-23). Thousand Oaks, CA: Sage.

Christians, C. G. (1998). The sacredness of life. *Media Development, 45*(2), 3-7.

Christians, C. G. (2002a). Introduction. In C. G. Christians (Ed.), Ethi-cal theorists and qualitative research [Special issue]. *Qualitative Inquiry, 8*(1), 407-410.

Christians, C. G. (2002b). Norman Denzin's feminist communitarianism. *Studies in Symbolic Interactionism, 25*, 167-177.

Christians, C. G. (2004). *Ubuntu* and communitarianism in media ethics. *Ecquid Novi, 25*(2), 235-256.

Christians, C. G. (2008). The ethics of universal being. In S. J. A. Ward & H. Wasserman (Eds.), *Media ethics beyond borders: A global perspective* (pp. 6-23). Johannesburg, South Africa: Heinemann.

Christians, C., Ferre, J., & Fackler, M. (1993). *Good news: Social ethics and the press.* New York: Oxford University Press.

Christians, C. G., Glasser, T. L., McQuail, D., Nordenstreng, K., & White, R. (2009). *Normative theories of the media: Journalism in democratic societies.* Urbana: University of Illinois Press.

Christians, C., Rao, S., Ward, S. J. A., & Wasserman, H. (2009). Toward a global media ethics: Theoretical perspectives. *Ecquid Novi: African Journalism Studies, 29*(2), 135-172.

Church, J. T. (2002, January). *Should all disciplines be subject to the common rule?* Washington, DC: U. S. Department of Health and Human Services.

Code, L. (1991). *What can she know? Feminist theory and the construction of knowledge.* Ithaca, NY: Cornell University Press.

Comte, A. (1830). *Cours de Philosophie Positive.* Paris: Bachelier Libra-rie pour les Mathematiques.

Comte, A. (1910). *A general view of positivism* (J. H. Bridges, Trans.). London: Routledge. (Original work published 1848)

Cooper, T. W., & Christians, C. G. (2008). On the need and requirements for a global ethic of communication. In J. V. Ciprut (Ed.), *Ethics, politics, and democracy: From primordial principles to prospective practices* (pp. 293-318). Cambridge, MA: MIT Press.

Copleston, F. (1966). *A history of philosophy: Vol. 8. Modern philosophy: Bentham to Russell.* Garden City, NY: Doubleday.

Denzin, N. K. (1984). *On understanding emotion.* San Francisco: Jossey-Bass.

Denzin, N. K. (1989). *Interpretive biography.* Newbury Park, CA: Sage.

Denzin, N. K. (1997). *Interpretive ethnography: Ethnographic practices for the 21st century.* Thousand Oaks, CA: Sage.

Denzin, N. K. (2002). *Reading race: Hollywood and the cinema of racial violence.* Thousand Oaks, CA: Sage.

Denzin, N. K. (2003). *Performance ethnography: Critical pedagogy and the politics of culture.* Thousand, Oaks, CA: Sage.

Denzin, N. K. (2009). *Qualitative inquiry under fire: Toward a new paradigm dialogue.* Walnut Creek, CA: Left Coast Press.

Denzin, N. K., & Giardina, M. D. (Eds.). (2007). *Ethical futures in qualitative research,* Walnut Creek, CA: Left Coast Press.

Denzin, N. K., & Giardina, M. D. (Eds.). (2009). *Qualitative inquiry and social justice.* Walnut Creek, CA: Left Coast Press.

Denzin, N. K., Lincoln, Y. S., & Smith, L. T. (Eds.). (2008). *Handbook of critical and indigenous methodologies.* Thousand Oaks, CA: Sage.

Drescher, G. L. (2006). *Good and real: Demystifying paradoxes from physics to ethics.* Cambridge, MA: MIT Press.

Durkheim, E.(1966). *Suicide: Astudy of sociology.* New York: Free Press.

Erikson, K. (1967). Disguised observation in sociology. *Social Problems, 14,* 366-373.

Euben, J. P. (1981). Philosophy and the professions. *Democracy, 1*(2), 112-127.

Evans, A. F., Evans, R. A., & Kennedy, W. B. (1987). *Pedagogies for the non-poor.* Maryknoll, NY: Orbis.

Fackler, M. (2003). Communitarian theory with an African flexion. In J. Mitchell & S. Marriage (Eds.), *Mediating religion: Conversations in media, religion, and culture* (pp. 317-327). London: T & T Clark.

Fackler, M. (2009). Communitarianism. In L. Wilkins & C. Christians (Eds.), *The handbook of mass media ethics* (pp. 305-316). New York: Routledge.

Foucault, M. (1979). *Discipline and punish: The birth of the prison* (A. Sheridan, Trans.). New York: Random House.

Freire, P. (1970a). *Education as the practice of freedom: Cultural action for freedom.* Cambridge, MA: Harvard Educational Review/ Center for the Study of Development.

Freire, P. (1970b). *Pedagogy of the oppressed.* New York: Seabury.

Freire, P. (1973). *Education for critical consciousness.* New York: Seabury.

Freire, P. (1978). *Pedagogy in process: The letters of Guinea-Bissau.* New York: Seabury.

Friedman, M. S. (2002). *Martin Buber: The life of dialogue.* New York: Routledge.

Gilligan, C. (1982). *In a different voice: Psychological theory and women's development*. Cambridge, MA: Harvard University Press.

Gilligan, C. (1983). Do the social sciences have an adequate theory of moral development? In N. Haan, R. N. Bellah, P. Rabinow, & W. N. M. Sullivan (Eds.), *Social science as moral inquiry*(pp. 33-51). New York: Columbia University Press.

Gilligan, C., Ward, J. V., & Taylor, J. M. (1988). *Mapping the moral domain*. Cambridge, MA: Harvard University, Graduate School of Education.

Guba, E. G. (1990). The alternative paradigm dialog. In E. Guba (Ed.), *The paradigm dialog* (pp. 17-30). Thousand Oaks, CA: Sage.

Guba, E. G., & Lincoln, Y. S. (1994). Competing paradigms in qualitative research. In N. K. Denzin & Y. S. Lincoln (Eds.), *Handbook of qualitative research* (pp.105-117). Thousand Oaks, CA: Sage.

Gunzenhauser, M. G. (2006). A moral epistemology of knowing subjects: Theorizing a relational turn for qualitative research. *Qualitative Inquiry, 12*(3), 621-647.

Habermas, J. (1971). *Knowledge and human interests* (J. J. Shapiro, Trans.). Boston: Beacon.

Habermas, J. (1990). *Moral consciousness and communicative action*(C. Lenhardt & S. W. Nicholson, Trans.). Cambridge, MA: MIT Press.

Habermas, J. (1993). *Justification and application: Remarks on discourse ethics* (C. Cronin, Trans.). Cambridge, MA: MIT Press.

Harris, C. E. (2006). *Applying moral theories* (5th ed.). Stamford, CT: Wadsworth.

Held, V. (1993). *Feminist morality: Transforming culture, society, and politics*. Chicago: University of Chicago Press.

Held, V. (2006). *The ethics of care: Personal, political, and global*. New York: Oxford University Press.

Heller, A. (1988). *General ethics*. Oxford, UK: Blackwell.

Heller, A. (1990). *A philosophy of morals*. Oxford, UK: Blackwell.

Heller, A. (1996). *An ethics of personality*. Oxford, UK: Blackwell.

Heller, A. (1999). *A theory of modernity*. Oxford, UK: Blackwell.

Heller, A.(2009). *A theory of feelings*(2nd ed.). Lanham, MD: Lexington Books.

Humphreys, L. (1970). *Tearoom trade: Impersonal sex in public places*. Chicago: Aldine.

Humphreys, L. (1972). *Out of the closet*. Englewood Cliffs, NJ: Prentice Hall.

Jennings, B., & Callahan, D. (1983, February). Social science and the policy-making process. *Hastings Center Report*, pp. 3-8.

Koehn, D. (1998). *Rethinking feminist ethics: Care, trust, and empathy*. New York: Routledge.

Lassman, P. (2004). Political theory in an age of disenchantment: The problem of value pluralism—Weber, Berlin, Rawls. *Max Weber Studies, 4*(2), pp. 251-269.

Lazarsfeld, P., & Reitz, J. G. (1975). *An introduction to applied sociology*. New York: Elsevier.

Levinas, E. (1985). *Ethics and infinity* (R. A. Cohen, Trans.). Pittsburgh, PA: Duquesne University Press.

Levinas, E. (1991). *Otherwise than being or beyond essence* (A. Lingis, Trans.). Dordrecht, Netherlands: Kluwer Academe.

Lincoln, Y. S. (1995). Emerging criteria for quality in qualitative and interpretive inquiry. *Qualitative Inquiry, 1*, 275-289.

Lincoln, Y. S., & Guba, E. G. (1985). *Naturalistic inquiry*. Beverly Hills, CA: Sage.

Lotz, J. B. (1963). Person and ontology. *Philosophy Today, 7*, 294-297.

MacMurray, J. (1961a). *The form of the personal: Vol. 1. The self as agent*. London: Faber & Faber.

MacMurray, J. (1961b). *The form of the personal: Vol. 2. Persons in relation*. London: Faber & Faber.

Mantzavinos, C. (Ed.). (2009). *Philosophy of the social sciences: Philosophical theory and scientific practice*. Cambridge, UK: Cambridge University Press.

McIntosh, M. J., & Morse, J. M. (2009). Institutional review boards and the ethics of emotion. In N. K. Denzin & M. D. Giardina (Eds.), *Qualitative inquiry and social justice* (pp. 81-107). Walnut Creek, CA: Left Coast Press.

McLaren, P., & Leonard, P. (Eds.). (1993). *Paulo Freire: A critical encounter*. London: Routledge.

Milgram, S. (1974). *Obedience to authority*. New York: Harper & Row.

Mill, J. S. (1865a). *Auguste Comte and positivism*. London.

Mill, J. S. (1865b). *Examination of Sir William Hamilton's philosophy and of the principal philosophical questions discussed in his writings*. London: Longman, Green, Roberts & Green.

Mill, J. S. (1893). *A system of logic, ratiocinative and inductive: Being a connected view of the principles of evidence and the methods of scientific investigation* (8th ed.). New York: Harper & Brothers.(Original work published 1843)

Mill, J. S. (1957). *Utilitarianism*. Indianapolis, IN: Bobbs-Merrill.(Original work published 1861)

Mill, J. S. (1969). *Autobiography*. Boston: Houghton Mifflin. (Original work published posthumously 1873)

Mill, J. S. (1978). *On liberty*. Indianapolis: Hackett. (Original work published 1859)

Mulhall, S., & Swift, A. (1996). *Liberals and communitarians* (2nd ed.). Oxford, UK: Blackwell.

Noddings, N. (1984). *Caring: A feminine approach to ethics and moral education*. Berkeley: University of California Press.

Noddings, N. (1989). *Women and evil*. Berkeley: University of California Press.

Noddings, N. (1990). Ethics from the standpoint of women. In D. L. Rhode (Ed.), *Theoretical perspectives on sexual difference*(pp. 160-173). New Haven, CT: Yale University Press.

Noddings, N. (2002). *Starting at home: Caring and social policy*. Berkeley: University of California Press.

Nussbaum, M. (1993). Non-relative virtues: An Aristotelian approach. In M. Nussbaum & A. Sen (Eds.), *The quality of life* (pp. 242-269). Oxford, UK: Clarendon.

Nussbaum, M. (1999). *Sex and social justice*. New York: Oxford University Press.

Olssen, M. (2002). Michel Foucault as "thin" communitarian: Difference, community, democracy." *Cultural Studies <=> Critical Methodologies, 2*(4), 483-513.

Olthuis, J. (1997). Face-to-face: Ethical asymmetry or the symmetry of mutuality? In J. Olthuis (Ed.), *Knowing otherwise* (pp. 134-164). New York: Fordham University Press.

Pacey, A. (1996). *The culture of technology*. Cambridge, MA: MIT Press.

Pateman, C. (1985). *The problem of political obligation: A critique of liberal theory*. Cambridge, UK: Polity.

Pateman, C. (1988). *The sexual contract*. Stanford, CA: Stanford University Press.

Pateman, C. (1989). *The disorder of women: Democracy, feminism and political theory*. Stanford, CA: Stanford University Press.

Pateman, C., & Mills, C. W. (2007). *Contract and domination*. Cam-bridge, UK: Polity Press.

Peukert, H. (1981). Universal solidarity as the goal of ethics. *Media Development, 28*(4), 10-12.

Punch, M. (1998). Politics and ethics in qualitative research. In N. K. Denzin & Y. S. Lincoln (Eds.), *The landscape of qualitative research* (pp. 156-184). Thousand Oaks, CA: Sage.

Rawls, J. (1971). *A theory of justice*. Cambridge, MA: Harvard University Press.

Reinharz, S. (1993). *Social research methods: Feminist perspectives*. New York: Elsevier.

Reiss, A. J., Jr. (1979). Governmental regulation of scientific inquiry: Some paradoxical consequences.In C.B.Klockars & F.W.O'Connor (Eds.), *Deviance and decency: The ethics of research with human subjects* (pp. 61-95). Beverly Hills, CA: Sage.

Root, M. (1993). *Philosophy of social science: The methods, ideals, and politics of social inquiry*. Oxford, UK: Blackwell.

Ross, W. D. (1930). *The right and the good*. Oxford, UK: Clarendon.

Ryan, K. E. (1995). Evaluation ethics and issues of social justice: Contri-butions from female moral thinking. In N. K. Denzin (Ed.), *Studies in symbolic interaction: A research annual* (Vol. 19, pp. 143-151). Greenwich, CT: JAI.

Sandel, M. J. (1998). *Liberalism and the limits of justice* (2nd ed.). Cambridge, UK: Cambridge University Press. (Original work published 1982)

Seigfried, C. H. (1996). *Pragmatism and feminism: Reweaving the social fabric*. Chicago: University of Chicago Press.

Shils, E. A. (1949). Foreword. In M. Weber, *The methodology of the social sciences* (pp. iii-x). New York: Free Press.

Shopes, L., & Ritchie, D. (2004). Exclusion of oral history from IRB review: An update. *Perspectives on History*. Available at http://www.historians.org/Perspectives/Issues/2004/0403/0403new1.cfm

Smith, D. E. (1987). *The everyday world as problematic: A feminist sociology*. Boston: Northeastern University Press.

Soble, A. (1978, October). Deception in social science research: Is informed consent possible? *Hastings Center Report*, pp. 40-46.

Stefanos, A. (1997). African women and revolutionary change: A Freirian and feminist perspective. In P. Freire (Ed.), *Mentoring the mentor: A critical dialogue with Paulo Freire* (pp. 243-271). New York: Peter Lang.

Steiner, L. (1989). Feminist theorizing and communication ethics. *Communication, 12*(3), 157-174.

Steiner, L. (1997). A feminist schema for analysis of ethical dilemmas. In F. L. Casmir (Ed.), *Ethics in intercultural and international communication* (pp. 59-88). Mahwah, NJ: Lawrence Erlbaum.

Steiner, L. (2009). Feminist media ethics. In L. Wilkins & C. Christians (Eds.), *The handbook of mass media ethics* (pp. 366-381). New York: Routledge.

Taylor, C. (1982). The diversity of goods. In A. Sen & B. Williams (Eds.), *Utilitarianism and beyond* (pp. 129-144). Cambridge, UK: Cambridge University Press.

Taylor, C. (1989). *Sources of the self: The making of the modern identity*. Cambridge, MA: Harvard University Press.

Taylor, C. (1991). *The ethics of authenticity*. Cambridge, MA: Harvard University Press.

Taylor, C. (1995). *Philosophical arguments*. Cambridge, MA: Harvard University Press.

Taylor, C. (2007). *A secular age*. Cambridge, MA: Harvard University Press.

Taylor, C., Appiah, K. A., Habermas, J., Rockefeller, S. C., Walzer, M., & Wolf, S. (1994). *Multiculturalism: Examining the politics of recognition* (A. Gutmann, Ed.). Princeton, NJ: Princeton University Press.

Theunissen, M. (1984). *The other: Studies in the social ontology of Husserl, Heidegger, Sartre, and Buber* (C. Macann,

Trans.). Cambridge: MIT Press.

Tong, R. (1989). *Feminist thought.* Boulder, CO: Westview.

Tong, R. (1993). *Feminine and feminist ethics.* Belmont, CA: Wadsworth.

University of Illinois at Urbana-Champaign, Institutional Review Board. (2009). Part I: Fundamental principles for the use of human subjects in research. In *Investigator handbook.* Available at http://irb.illinois.edu/?q=investigator-handbook/index.html

Vanderpool, H. Y. (Ed.). (1996). *The ethics of research involving human subjects: Facing the 21st century.* Frederick, MD: University Publishing Group.

Verlinden, A. (2008). Global ethics as dialogism. In M. S. Comers, W. Vanderkerchove, & A. Verlinden (Eds.), *Ethics in an era of globalization* (pp. 187-215). Aldershot, UK: Ashgate.

Walzer, M. (1983). *Spheres of justice: A defense of pluralism and equality.* New York: Basic Books.

Walzer, M. (1987). *Interpretation and social criticism.* Cambridge, MA: Harvard University Press.

Weber, M. (1949a). The meaning of ethical neutrality in sociology and economics. In M. Weber, *The methodology of the social sciences* (E. A. Shils & H. A. Finch, Eds. & Trans.). New York: Free Press. (Original work published 1917)

Weber, M. (1949b). Objectivity in social science and social policy. In M. Weber, *The methodology of the social sciences* (E. A. Shils & H. A. Finch, Eds. & Trans.). New York: Free Press. (Original work published 1904)

Weber, M. (1973). *Max Weber on universities* (E. A. Shils, Ed. & Trans.). Chicago: University of Chicago Press.

West, C. (1989). *The American evasion of philosophy: A genealogy of pragmatism.* Madison: University of Wisconsin Press.

West, C. (1991). *The ethical dimensions of Marxist thought.* New York: Monthly Review Books.

West, C. (2001). *Race matters.* Boston: Beacon. (Original work published 1993)

White, R. (1995). From codes of ethics to public cultural truth. *European Journal of Communication, 10,* 441-460.

Winch, P. (2007). *The idea of a social science and its relation to philosophy* (2nd ed.). New York: Routledge. (Original work published 1958)

Wiredu, K. (1996). *Cultural universals: An African perspective.* Bloomington: Indiana University Press.

Wood, J. T. (1994). *Who cares? Women, care, and culture.* Carbondale: Southern Illinois University Press.

Wyschogrod, E. (1974). *Emmanuel Levinas: The problem of ethical metaphysics.* The Hague: Martinus Nijhoff.

Wyschogrod, E. (1985). *Spirit in ashes: Hegel, Heidegger, and man-made death.* Chicago: University of Chicago Press.

Wyschogrod, E. (1990). *Saints and post-modernism: Revisioning moral philosophy.* Chicago: University of Chicago Press.

Wyschogrod, E. (1998). *An ethics of remembering: History, heterology, and the nameless others.* Chicago: University of Chicago Press.

Wyschogrod, E. (2002). *Emmanuel Levinas: The problem of ethical metaphysics* (2nd ed.). New York: Fordham University Press.

Gaile S. Cannella, Yvonna S. Lincoln

05.

윤리, 연구 규정, 그리고 비판적 사회과학

도승이_ 성균관대학교 교육학과 교수

확실히 연구 윤리 개념이 정의될 수 있는 사회적, 지적, 심지어 정치적 입장은 다양한 역사적 장소에서뿐 아니라 세상을 경험하는 다양한 방식과 지식으로부터 나온다. 하지만 연구 윤리에 대한 규정(특히 법제화된 규정)은 대부분 전통적 접근과 후기 실증주의적 접근의 영향을 받아왔다. Clifford G. Christians(2005)는 연구 윤리의 역사에 대해 논의하였는데, 이 논의는 과학이 "그것의 응용에 있어서만 정치적"(Mill, 1859/1978; Root, 1993, p.129; Weber, 1904/1949)이라는 몰가치적인 과학의 중립성으로부터 연구자들에게 새로운 형태의 도덕적 설명을 가지고 공동체에 참여하도록 자극하는 사회주의적 시각(Benhabib, 1992; Denzin, 1997, 2003)까지를 포함한다.

2007년 연구 윤리와 규정을 다룬 「Qualitative Inquiry」 특별판에서, 우리는 위의 여러 입장들뿐 아니라 다양한 관점이 발생된 현대의 권력 지향에 대해서도 논의하였다. 우리는 다음과 같은 점에서 법규가 제정되어 연구자들에게 부과되도록 하는 데 초점을 맞추었다. 그것은, 연구자들이 연구를 윤리적 산물로 간주하고, 연구 방법을 가르치는 사람들이 수행하고, 가르치고, 또는 거부하는 윤리적 시각을 고려하고, 시장의 철학에 의해 연구가 법제화되었다는 현 시대의 우려에 주목하고, 연구에 의해 또는 연구를 통해 타인(Other)이 된 소외된 사람들의 목소리에 주의를 기울이는 것이다. 우리는 규정이 가진 여러 형태로 인해 윤리적 실천에서 오해가 일어났으며 보편적 윤리는 그 어떤 것이든 "대재앙"(Foucault, 1985, p.12)이라는 점을 논의 전반에 걸쳐 인정하였다. 더욱이, 질적 연구 영역이 가진 다양한 이론적 위치와 관점으로 인해 성찰의 윤리(reflexive ethics)에 대한 풍부하고 심도 깊은 가능성들이 생산되었다. 이러한 다양한 관점들을 수용하여, 특별판에서 저자들은 연구 윤리를 세분화되어 다루어지고, 연구 전체에 스며들어 있고, 지속적인 도덕적 담론을 필요로 하는 것으로 재개념화하였다. 즉, 신자유주의를 통해 촉진된 현대의 약탈적인 윤리정책에 도전하는 비판적 자각의 발전을 필요로 하는 것으로 재개념화한 것이다(Christians, 2007; Clark & Sharf, 2007).

우리는 어떤 면에서 우리 스스로를 '비판적'(혼혈(hybrid)-타인(other)-대상(subject)-페미니스트(feminist)-학자(scholar)이건 간에)로 규정하고 윤리적 학문의 개념 속에 내포된 다양성과 사투를 벌이면서 논쟁해왔다. 비판적이 되는 것은 급진적 윤리를 요구한다. 급진적 윤리는 "권력이 새로운 진리로 세워지는 것을 막을지라도 권력과 억압을 언제나 그리고 이미 고려한 윤리"를 말한다. 권력, 억압, 특권과 인간의 고통, 평등, 사회정의와 급진적 민주주의 간의 교차점이 비판적 윤리의 토대가 된다. 더욱이, 윤리적 지향은 연구자가 개념화와 연구의 수행에 대해 억압적 실천인지 아니면 해방적 실천인지를 조사하고 의사결정하면서 연구자 개인의 중심으로부터 유발된다고 알려져 있다.

혹자가 명명한 '비판적 사회과학(critical social science)'의 개념화는 급진적으로 민주적이고, 복수논리적이며, 인간의 고통과 억압에 공식적이고 중점적으로 관심이 있는 비판 이론과 비판적 교육에 대한 다양한 해석을 포함한다. 뿐만 아니라, 억압적 권력에 도전하는 페미니스트, 후기식민지, 그리고 심지어 포스트모던까지의 범위를 포함한다. 전통적 사회과학에서는 실제 수행에서 특정한 방법론적 규칙을 따르는 것을 연구 윤리라고 설명한다. 이 방법론적 규칙들은 미리 설계되어 있고, 인류를 "구한다"고 일반화할 수 있는 하나의 요긴한 것이 결과의 내부에 포함되어 있다는 보편구원론자의 결과를 드러낸다. 그러나 비판자들에게는 이 "구하고자 하는 의지"는 제국주의자의 의무이다. 오히려, 비판적 급진 윤리는 관계적이고, 협력적이며, 저항과 주변인을 공개적으로 지지한다. 『질적 연구에서 윤리의 미래(Ethical Futures in Qualitative Research)』라는 책에서, Norman K. Denzin과 Michael D. Giardina(2007)는 "억압된 사람들의 정치와, 저항, 희망, 자유의 정치학에 맞추어 연구 윤리를 조정"(p.35)하는 협력적인 비판적 사회과학 모델을 요구하는 다양한 학자들에 대해 설명하였다.

비판적 사회과학에서는 말 그대로 연구자가 평등과 정의를 위한 투쟁에 참여하기 위해서 연구의 목적을 재건축하는 것이 요구되며, 동시에 연구 맥락 속에서 연구자를 위해 만들어진 개인 권력이 검토(그리고 반박)된다. 비판적 사회과학 윤리는 학자들에게 "비식민지화하고, 명예를 높이고, 지역 고유의 문화 관습을 복구하는 도덕적 프로젝트에 착수하도록"(p.35) 요구한다.

뿐만 아니라 학자들로 하여금 "가능성의, 희망의, 모든 사람을 위한 사랑, 배려, 평등의 급진적 정치"(Denzin & Giardina, 2007, p.35)로 귀결되는 집단 행동을 하게 하는 연구에 참여하도록 한다.[1] 연구자는 (구원자, 비식민화하는 자, 또는 권력을 부여받은 자로서의) 연구자 지향의 권력을 영속화하거나 유지하지 않도록 행동해야 한다.

비판적 사회과학은 윤리의 뿌리(그리고 그것의 의미)로부터 연구 질문, 방법론, 변화 가능성을 구축하는 데 있어서 윤리의 역할에 이르기까지, 모든 것을 재개념화한다. 본 장의 주요 초점은 현대의 사회정치적 조건 속에서 윤리적인 비판적 사회과학을 만들어내는 복잡성을 검토하는 것이다. 현대의 사회정치적 조건이란 신자유주의적 서양의 담화와 규제력이 있는 기술들을 통해 제국의 특권에 새로운 힘을 불러일으키는 조건을 의미한다. 이 규제력이 있는 기술들은 타인의 삶에 개입하고 타인을 말 그대로 생산할 수 있고, (심지어 우리가 평등, 반억압, 사회정의에 관심이 있다고 믿는 미국의 새로운 행정부로부터도) 신자유주의적 목적하에 자원의 재분배를 지속할 수 있다. 앞서 우리는 정부 규정에서부터 연구에서 혜택받지 못하고 종종 피해를 입은 사람들의 목소리에 이르기까지 연구 윤리가 도출되어온 입장들에 대해 논의하였다(Cannella & Lincoln, 2007; Cannella & Manuelito, 2008; Viruru & Cannella, 2006). 이번 장에서 우리는 이 다양한 관점들을 활용하여 비판적 사회과학에 필수불가결한 급진적 윤리를 더 깊이 탐색할 것이다. 우리는 (바라건대 반(anti)식민적이며 심지어 역(counter)식민적인) 담화의 비판적 토대를 구축하는 데 초점을 맞출 것이다. 그뿐 아니라 연구와 연구(그리고 연구자의) 규정의 형태를 재개념화하는 데 주력할 것이다. 비판적 관점은 역식민적 입장과 단체와 그리고 현대의 맥락에서 특권/억압의 형태들과 만나는, 언제나/이미 존재하는 역사적 인식과 지속적으로 동맹하는(연대하고자 노력하는) 입장이다.

나아가, 현재 진화중인 비판적 교육학(Kincheloe, 2007, 2008)은 학문의 (그리고 공적인) 공간을 변화시키는 비판적 윤리의 종류들을 생산하는 렌즈로 사용된다. 이 진화하는 비판성은 경쟁하는 이익들 간 권력관계의 역동과 교차점에 초점을 맞추도록 연구의 목적을 변경한다. 연구는 "될 수 있는" 것, 즉 사회적으로 공평하고 공정한 미래에 대한 연구뿐 아니라 현재의 지배 형태를 조사하게 된다. 추가적으로, 지배성은 개인 욕망을 위한 기술들과 함께 섞어 짜여진 규정의 형태에 의해 만들어지고, 이것을 생산하고, 허용된 기관의 수행으로 일컬어진다. 마지막으로, 윤리적 구성으로서의 연구 규정은 "알고 구하는" 것보다는 "함께 행동하는" 것이 목적인 비판적 사회과학의 전개를 통해서뿐 아니라, 전통적으로 소외되었던 사람들의 목소리를 통해 변경됨에 따라 재고된다.

5.1 존재에 대한 비판적 방식 구축하기

비록 신념의 갈등이 없는 것은 아니지만, 비판적 관점들의 범위(페미니즘, 후기구조주의 연구, 동성애자 이론, 후기식민주의 비평, 또는 권력을 설명하는 다른 형태의 지식이건 간에)는 모두 특정 집단 사람들이 역사적으로 그리고 지속적으로 권력 현장에 접근하는 것이 거부되고 체계적으로 권리가 박탈되었다고 인식하는 경향이 있다. 이러한 비판적인 관점들은 점차로 소외된 사람들이 누군지 찾아내왔고, 전통적 위치에서 권력을 유지하는 기술의 형태를 사용하지 않을 필요를 인식해왔다. 더욱이, 비판적 시각은 동맹을 형성하여 억압되고 불평등한 대우를 받아온 사람들과의 연대 투쟁에 참여하는 노력을 요구해왔다. 가부장적이고, 인종차별주의적이며, 권력의 식민지화된 형태는 역사적 근거가 있는 것으로 이해되며, 정치적, 문화적, 사회적 맥락에 좌우되는 것으로 인식된다. 이러한 이유로 인해, 우리는 현재의 역사적 기초와 지배적인 권력구조를 언제나 인식하고 있는 비판적 윤리의 동맹의 필요성에 대한 논의로 시작할 것이다.

윤리와 역식민적 연합. 언제나 인간의 고통과 인생의 조건을 설명하는 윤리적 시각은, 억압된 사람들의 정치에 맞추어 조정하고, 복잡성, 불확실에 대한 개방성, 가변성, 지속적인 반성적 통찰을 명확하게 포함하는 다수의 지식과 존재의 방식을 복구하는 방향으로 진행된다. 비판적 사회과학의 다양한 개념화로 인해, 다수의 지식, 다수의 논리, 세상에 존재하는 여러 방식과 말살을 위한 폭력적 시도에 직면하면서 역사적으로 소외되고 난폭한 방식으로 명예가 실추되었던 윤리적 지향들도 다시 소개되었다. 예를 들어, Linda Tuhiwai Smith(1999)는 마오리족의 집단 윤리를 대표하는 4가지 연구 과정들, 즉 비식민지화, 치유, 변화, 동원(mobilization)을 제안하였다. Lester-Irabinna Rigney(1999)는 연구 방법에서 지역 고유의 목소리, 저항, 정치적 진실성에 특별한 관심을 기울일 것을 추천한다. Sandy Grande(2007)은 '붉은 교육학(Red pedagogy)'을 제안한다. 붉은 교육학은 민주주의와 자생적 자주권에 대한 비판을 요구하고, 과거에 따라 달라지는 희망의 교육으로 기능하고, 집단을 대표하는 단체를 세우고, 식민화된 사람들과 식민주의자 모두에게 식민화가 주는 비인간화의 영향에 관심을 가지고, 대담하고 뻔뻔하게 정치적인 지역 고유의 토착적 방법론이다. Jenny Ritchie와 Cheryl Rau(2010)는 Emmanuel Levinas(1988)가 타인(other)의 웰빙에 우선적으로 초점을 맞춘 점을 활용하여 역식민적 윤리를 구축하고, 이를 '타자성의 윤리(ethics of alterity)'라고 명명한다. 타자성의 윤리는 "우리에게(us)" 또는 "그들에게(them)"에서 "'우리(we)'가 누구인가에 대한 집단적 재구성"(p.364)으로 초점을 옮긴 것이다. 심지어 Corrine Glesne(2007)은 연구의 목표는 연대(solidarity)여야 한다고 제안한다. 다시 말해, "만약 당신이 우리에 대해 연구하고 싶다면, 그냥 돌아가십시오. 만약 우리의 동료가 되어 우리의 투쟁이 당신의 투쟁이라고 생각한다면, 우리는 많은 이야기를 나눌 수 있을 겁니다."(p.171). 비판적 교육자들은 자신들이 발견한 어떤 상황에서도 그 상황의 권력 기반에 중점을 두고, 불평등을 야기하도록 권력을 행사하거나 권력이 행사되는 방식에 초점을 맞춘다.

앞에서 설명한 점들은, 비판적 사회과학이 어느 도덕적 개념화의 일부가 될 수 있는 다양성, 복잡성, 모호성을 소개하면서 제안한 윤리적 입장들, 인간의 고통, 억압, 급진적 민주주의, 평등과 사회정의를 위한 투쟁에 초점을 맞추어 실제로 수행된 연구의 단지 몇 가지일 뿐이다. 나아가, 지배하는 자와의 연줄로 인해 특권을 가진 우리들(예, 교육, 경제적 지위, 인종, 성별) 그리고 적어도 억압하는 자의 얼굴로 나타날 수 있는 우리의 생각 없이 이것을 도용하는 행동이나 그런 상호작용을 언제나 피해야 한다. 우리는 "대변하거나" "개입하기" 위해서가 아니라 "함께 참여하고" "그로부터 배우기" 위해 투쟁해야 한다. 소외된 사람들의 목소리는 다양한 지식, 관점, 언어를 보여주고, 우리의 행동에서 기본이 되고 새로운 중심이 되어야 하는 존재의 방식을 보여준다.

우리는 다양한 지점에서 비판적, 변형적 사회과학을 지지하고자 노력해왔다. 예를 들어, Viruru(Viruru & Cannella, 2006)는 문화기술 연구의 학문 구성에 대해 비판하고 연구 수행 시 사용된 언어로 인해 불러일으켜지는 특권을 검토하였다. Manuelito(Cannella & Manuelito, 2008)는 사회과학은 평등주의적이고 반식민주의적이어야 하며, hooks(1990)가 제안한 비폭력적 혁명의식 속에 스며들어 있는 윤리적 방식으로 사회과학이 구성되어야 한다고 제안한다. 우리는 구성 개념으로의 윤리가 항상 그리고 이미 가장 필수적이라는 것을 인식하면서, 혁명적 윤리의 양심은 반식민적인 것이라고 제안해왔고 다음과 같은 질문을 던져왔다. 집단이 체제 속에서 권력을 영속화하기 위해 정치적으로 어떻게 이용되는가? 어떻게 우리는 우리가 이미 가진 생각으로 시야가 가려지고 모호해졌다는 가능성을 밝혀내는 정도로까지 연구에 대한 생각(예를 들어, 성별, 인종, 아동과 관련해서)을 확장할 수 있을까? 우리는 연구와 관련하여(아동, 세계에 대한 다양한 관점에 대해) 이전에 생각지 않았던 공간을 갈망하고, 그

속에서 사는 연구자로 우리 스스로를 개발할 수 있는가?(Lincoln & Cannella, 2007). 우리는 우리가 가진 특권을 비판할 수 있는가? 우리는 다수의 지식과 다양한 논리를 지지하는 방식을 통해 사회정의를 위한 투쟁에 함께 참여할 수 있는가? 이러한 다양한 관점들과 이 관점들이 만들어지는 내재된 도덕적 토대들은 윤리적, 비판적, 심지어 반식민적 사회과학을 구축하는 데 기초가 된다. 윤리와 과학은 반드시 복잡한 것으로 이해되어야 하며, 유동적이어야 하고, 지속적으로 자기 점검을 수행해야 한다.

더욱이 Michel Foucault, Frantz Fanon, Judith Butler, Gayatri Chakravorty Spivak의 연구를 활용하면서, Anthony C. Alessandrini(2009)는 새로운 개념의 윤리적 관계인 학제간 윤리의 필요성을 언급하였다. 다시 말해, 그는 인본주의 "이후에" 고려될 수 있는 책임 있는 윤리가 필요하다고 주장한다(p.78). 이후기식민주의 윤리는 사람들 간의 윤리는 아닐 것이다. 오히려 이것은 미래중심적인 구성 속에서 윤리가 "아직 존재하지 않는 장래의 학문"과 맺는 관계일 것이다(p.78). 현대의 정치지향과 권력지향에서 윤리적 관계를 설명할 때, 연구자와 연구 대상(그것이 사람, 기관, 또는 체제이건 간에)에 모두 식민주의가 존재하고 이 모두가 식민주의의 영향을 받는 대상이란 점을 인정한다(Spivak, 1987). 과학, 종교, 또는 정치를 통해 타인들(others)을 "구하는" 인본주의의 신앙심과 유사한 언어의 사용은 회피될 것이다(Fanon,1967; Foucalt, 1984a). 수용 또는 거부를 선언해야 한다고 우기는 계몽주의의 협박은 피해 갈 것이지만, 동시에 비판적 유연성은 여전히 유지될 것이다(Butler, 2002; Foucault, 1984b). 윤리학은 타인의 구성을 신뢰하고 회피하는 동안, 이에 대해 반응하고 책임지는 것을 포함한다. 윤리적 책임감은 미래와 관련될 것이며, 그래서 인식되지 못할 수 있다(Attridge, 1994).

우리는 Ritchie와 Rau(2010)의 연구에서 그 이름을 따온, 식민주의에 반대하는 '비판적 연구 윤리(critical research ethics)' 역시 지지한다. 이 비판적 윤리는 다

음의 요구에 가치를 두고 이를 인정한다.

- 현실의 다양성을 노출하라.
- 특정 집단의 권력이나 특권으로 이어지는 문제를 만들어내는 상호작용의 연결망에 참여하라.
- 사회정의와 일치하는 방향으로 문제와 의사결정을 재조정하라.
- 새로운 방식의 기능을 만들어내기 위해 전통적으로 억압된 사람들과의 연대에 함께 참여하라.

현대 권력의 규모와 역사.　비판적 사회과학의 윤리학은 현대의, 일상 생활의 관여를 피할 수 없고, 지배적 사회 담론은 생활에 영향을 미친다. 억압에 도전하고 사회정의를 촉진하는 연구는 맥락의 중요성과 맥락 속에서의 권력의 역사를 인식해야 한다.

21세기에서 이러한 생활은 "기업 탐욕과 지식 통제의 황실 궁정"에 의해 구성되었다(Kincheloe, 2008, p. 15). 지식의 해석과 그야말로 인간의 모든 활동은, 그것이 기업가의 요구에 맞고, 사유화, 경쟁, 민영화, 폭리를 취하는 데 도움이 된다면 가치 있고 신뢰롭다고 판단되어 왔다. 최근 우리 중 많은 학자들이 이런 거대자본주의자의 영향, 자유시장의 환상에 대하여 분노를 표출하고 있다. 이들은 공교육과 고등교육의 정의가 공익을 위한 서비스의 민영화의 기준을 제시하고 측정이 가능하도록 하는 것부터, 자신과 다른 사람의 가치를 경제적이고, 측정되고, 사업적으로 행동했는지에서만 찾는 인간의 욕구를 생산해내는 테크놀로지의 민영화를 위해 전쟁을 도발하는 것까지, 이 모든 것에 분노를 표현하고 있다(Cannella & Miller, 2008; Cannella & Viruru, 2004; Chomsky, 1999; Horwitz, 1992).

많은 학자들은 워싱턴 DC의 각기 다른 행정부서들이 단합하여 현재 세계 금융위기와 함께 자본주의적 제국주의에 직면하고 변화를 가져오기를 희망한다. 그러나 현대의 기업 근본주의는 너무나 기본적인 지배담론이라서 실패하는 기업에 의문을 제기하는 것과 지적인

식민지화를 조장하는 기업과 주도권 다툼을 벌이는 것은 전혀 다른 얘기이다. 예를 들어, 실패하기엔 "너무 큰" AIG라는 꼬리표가 붙은 담론과 같이, 21세기 초의 풍부한 예시들로 인해 유럽 정부들은 확신을 가지고 경기부양책을 만들어냈고(체제의 구조적 불평등을 인식하고 공교육의 범위를 비판적 민주주의나 사회정의 관련 영역으로 확대하는 대신에) 공립학교에서 "기준을 향상"하는 것과 관련된 대통령 경고를 발표하였다.

사실, 경제위기로 인해 비판적 학자들과 타인들이 행동을 취할 수밖에 없다는 절박함을 가졌을 수 있다. "기업이 생성한 이미지"(Kincheloe, 2007, p. 30)가 지식인과 영향력 있는 사람에게 새로운 이데올로기적 틀을 만들어낸 맥락에서 살면서, 기업의 구성개념을 받아들이고 업무의 이해관계에 맞게 조정하는 필요성은 당연한 것으로 상정된다. 기업의 담론은 일상 생활의 구조에 너무나 속속들이 스며들어 있어서 대부분은 그런 사실을 인식조차 하지 못한다. 예를 들면, Lusher(Klein, 2007)와 다른 학자들에 의하면, 이전에 엘리트 공립학교의 건설이 불평등하거나 공공이익을 가져오지 못한다는 이유로 계속해서 거부되다가 허리케인 카트리나가 뉴올리언즈 주를 강타한 바로 뒤에 승인된 것이 그것이다. 이 예시는 Klein(2007)이 정의한 "재해 자본주의"를 설명한다. 대형 기업조차 비판받는 현재의 경제위기 상황에서, 거대자본주의(예, 경쟁, 자유시장, 선택)에 의문을 제기하지 않는 언어는, 마음(사회의 마음과 개인의 마음 모두)과 사회적 제도(예, 공공서비스, 교육, 심지어 군대의 민영화에 대한 승인)에 대한 기업의 식민지화가 더욱 더 탈정치화하게 되는 결과로 귀결된다. 미국 오바마 정부가 부시 정부 시절 제안되었던 미국 공교육을 위한 차터스쿨 정책안건을 무비판적으로 실행한 것이 그 좋은 예이다. 차터스쿨 개념은 공립학교 선택에서(바우처로 제기되었던 당시 거부되었던) "자유시장"의 개념을 다시 일깨우고자, 그리고 대기업 협의체, 기업회생모델, 공교육에서의 이익추구의 권력을 다시 활성화하고자 사용되어 왔다.

"서구의 지식 생산자들"(Kincheloe, 2008, p. 10)은

자신들의 다양한 형태의 정보가 보편적이고 계몽적이라는(그리고 기독교와 연관되어 있거나 데카르트주의 과학과 연관되어 있거나 간에, 모두를 수용해야 한다는 진보로서의) 입장을 견지해왔다. 이 입장은 이 지식을 만들어내지 않은 사람들이 처한 모든 위험한 상황에까지 적용된다. 그렇다 해도 지식의 정치학은 거대자본주의, 자본에 의해 창출된 권력, 자원을 통제하는 사람들 속에 존재할 때 훨씬 더 위험하다. 증거기반 연구나 (다국적 회사들에 의해 만들어진) 특정한 성취도 검사의 점수와 같은, 자본주의적 책임을 구축하도록 자극하는 기업 관점을 수용하는 것은 학생들, 그들의 교사들, 그들의 가족들을 탈맥락화시키고, 나아가 주관적으로 파악하고 대상화한다. 경제적 성공이 이른바 자유시장의 경쟁적이고 성공적인 기업의 척도로 사용되는 것처럼, 인간은 자신의 몸이 (성취도 검사 점수로 정의되는) 마치 특정한 담론 속에서 "무엇이 작동하는지"에 대한 측정인 것처럼 다루어졌다. 측정된, 그리고 측정의 언어와 신자유주의 담론은 옳고, 효율적이고, 반론의 여지가 없고, 보편적이고, 심지어 정당하다고 받아들여지기 때문에, 정의들은 의심되지 않는다. 이런 현대의 조건은 도덕, 평등에 대한 특정한 시각을 형성하고, 그리하여 무엇이 윤리적이라고 정의될 수 있는지에 대한 기대를 형성한다. 이 맥락 속에서 거대자본주의와 독립적으로(그리고 거대자본주의에 필요한 도전인) 윤리학과 윤리적 실천을 개념화하는 것은 매우 어렵지만, 절대적으로 필요하다.

비판적 사회과학의 윤리학에서는 사회정치의 시대적 조건과 지배적인 학문과 규정의 기술들에 대해서 자기 스스로 만들어낸 반응을 인식하는 의식적인 훈련이 필요하다. 이러한 인식은 권력의 복잡성과, 그것이 어떻게 사회질서 속에서 작동하는가에 참여하는 것을 포함한다. 비판적 윤리학은 (현대의 경제적 조건 속에서) 지배자를 인식하긴 하겠지만, (경제와 같은) 상부구조가 인간이란 존재를 언제나 좌지우지하는 것을 절대 진리로 받아들이지 않는다. 마지막으로, 비판적 내재론은 자민족중심주의나 자기중심성을 벗어나서, 새롭고 이전

에 생각지 못했던 관계와 사회적 가능성을 구축할 필요가 있다(Kincheloe, 2007).

5.2 윤리학, 비판적 사회과학, 지배성의 제도화된 형식

최근 대부분의 윤리학 연구는 다음 중 하나와 연관되어 있다.

- 연구의 참여와 다른 사람을 "아는" 권리를 법제화하는 권리의 윤리학(Glense, 2007)
- 성찰적 윤리와 같이 윤리적인 고려를 필요로 하고 이것이 사용되는 질적 연구 방법들(Guilleman & Gillam, 2004)
- 가치들과 도덕적 책무들이 사회적으로 협상되는 공동체주의 윤리학(Christians, 2007; Denzin, 1997, 2003)
- 법제화된 연구 규정 중에서 윤리적 고려에 대한 오해를 만들어내는 규정의 유형들(예, 프로젝트에 대한 기관 리뷰)(Lincoln & Tierney, 2004)

인구를 통제함으로써 통치하는 기술들을 구축하건 (규제력을 지닌 권력), 맥락 속에서 특정한 자신을 구성하기 위하여 (다양한 가치의 관점으로부터의) 욕구에 기반한 많은 개인들(연구자들)에게 내면화된 학문 영역이건 간에, 이 모두 지배성의 개념에 포함되어 있다(Foucault, 1978). 독자는 '지배(govern)'를 행동으로, '사고방식(mentality)'을 사람들이 통제를 받아들이는 것에 대한 생각의 방식과 규정을 허용하는 믿음의 내재화로 간주할 수 있다(Dean, 1999).

법으로 규제된 연구 규정은 지배성의 제도화된 형태, 그리고 구성하고, 생산하고, 제한하고, 그리하여 억압의 생성과 연관된 권력의 기술로 가장 자주 인식된다(그리고 가장 자주 비판된다). 그러나 Foucault(1986)

는 자기 통치의 구축, 즉 완전히 내면화된 "개인들의 정치적 기술들"의 구축에 대해서도 논의한다. "자유시민" (Rose, 1999)의 기술로부터 "잘 교육받은 사람", "좋은 교사," 심지어 "변화를 가져오는 운동가"나 "대화에 참여한 연구자"의 기술까지, 개인의 지배성의 다양한 예시들이 존재한다. 우리는 비판적 사회과학 속에서 윤리에 대한 우리의 논의가 지배성의 한 형태로 해석될 수 있다고 믿는다. 대부분(아무리 융통성이 있어도) 윤리의 어떠한 구성도 통치의 한 형태를 보여주기 때문이다. 연구에 대한 비판적 윤리를 구성하기 위해서 사고방식을 설명하는 것이다. 그것이 발생적이거나 융통성이 있건 간에, 모든 믿음의 구조는 확실히 자기에 대한 규제와 규율을 제공한다.

연구는 전통적으로 대부분 개인 프로젝트이고 연구 규정이 법으로 제정된 수행이기 때문에, 비판적 사회과학을 구성할 때 지배성의 두 형태(자기와 연구자에 속하는 인구)는 고려되어야 한다. 비판적 사회과학에서는 언제나 지배성이 "진정한 구조"라는 개념을 조사하고 그 개념에 도전하는 동시에, 반식민적 연대를 위한 비판적 요구의 구축, 연구에 관한 제도적 기대에 뿌리내린 것들, 그리고 연구가 수행되는 그 당시의 규제적 맥락 역시 지배성의 형태가 아니라고 부정될 수 없다.

개인적 욕구와 지배성의 형태. 비판적 연구자이며 질적 연구자들은 연구 방법의 권력지향성을 꽤 오랫동안 비판해왔고, 연구 과정에서 성찰의 윤리적 지향을 촉진하는 실천들을 논의해 왔으며, 연구의 목적을 하나의 구성개념으로 확실하게 재고하였다. 예를 들어, Walkerdine(1997)은 사람들이 "진짜로 어떤지" (p.67)에 대해 연구자를 전문가로 만드는, 관찰의 "관음증적 흥분"에 대해 경고한다. 페미니스트들, 후기구조주의자들, 구성주의자들, 그리고 억압과 권력에 대한 포스트모더니즘의 관심사와 억압과 권력을 연결시키는 학자들은 연구 목적에서 표현 형식, 연구자 역할에 이르기까지, 연구 자체에 대한 개념화와 관련해서 원칙에 입각한 투쟁을 해왔다(Fine, Weis, Weseen, &

Wong, 2000; Tedlock, 2005). 다음과 같은 질문이 제기되어 왔다. "배제의 형태는 어떻게 만들어지는가? 변화시키고 해방하는 연구가 그것의 의지를 해방하는 것을 조사하는 것이 가능한가? … 연구의 실행은 우리 자신의 특권을 어떻게 다시 기술하는가?"(Cannella & Lincoln, 2007. p.321). 이러한 윤리적 위치와 관심사는 대학원생들을 위한 교육과 교육과정의 새로운 형태뿐 아니라 연구 프로젝트와 출판의 개발에 확실히 포함된다. 이러한 입장들이 지배성의 필수 형태들이다.

하지만 지배적인 (무비판적인) 연구 공동체와 연구를 지지하는 제도를 특징짓는 상호연결된 구조들은 비판적이지 않고 지배성의 모더니스트의 형태를 지지하는 경향이 있다. 윤리학은 가치 구조 내부로부터 개인 연구자들에 의해 법제화되거나 구성되는 경향이 있다. 이 가치 구조에서는, 과학은 모든 문제를 해결할 수 있고 그래서 과학의 이름으로 다른 사람들의 삶에 대한 개입을 법제화한다는 점을 주장하거나 또는 자유시장에 근거한 자본주의가 모두의 삶의 조건을 향상시킬 것이라는 점이 연구의 선택과 행동을 윤리적으로 정당화하는 것으로 사용된다. 이(개인 그리고 제도를 위한) 윤리학의 개념화는 여전히 (특히 개인들을 명명하고, 특정한 지식의 형태들을 옹호하고, 일반적으로 신자유주의 경제의 지배성을 뒷받침하는) 근대주의적, 남성중심적이고 제국주의적이다. 이 구조들은 상호 연결되어 있고 (Collins, 2000), 급속히 퍼지며, 긴 역사를 가지고 있고, 예측 가능한 미래를 지배할 가능성이 높다.

비록 우리가 관계적이고, 협력적이고, 덜 개인지향적인 비판적 사회과학을 지지한다고 하더라도, 현대의 맥락은 계속해서 개별 연구자를 위한 권력을 지향한다. 그러므로 계속해서 개인의 특권을 구성개념으로 비판함과 동시에, 우리는 보편주의자의 윤리 강령을 회피하면서도 개인의 윤리적 체계를 설명하는 것 역시 필요하다고 믿는다. 우리는 윤리적인 비판적 사회과학의 관점에서 구성개념으로서의 개인적 지배성이 항상 도전받을 수 있기를 희망한다. 그렇지만 우리는 개인주의를 수용하거나 거부하는, 개인이 개념적으로 중요한 대리인

이면서 대가(msater)의 유용한 도구(Lorde, 1984)라고 말하는, 계몽주의의 협박(Butler, 2002; Foucault, 1984b) 역시 피할 것이다. 그러므로 우리는 두 배가 된 개인의 지배성의 형태를 비판하는 욕구를 발달시키라고 제안하는데, 이를 통해 연구자는 권력을 비판하는 도구이며 전통적으로 소외된 공동체들에 함께 참여하는 협력적 주체자이다.

Foucault(1985)의 연구는 두 배의 개념화, 심지어 두 개의 정체성을 보여주는 사례이다. 그는 자신의 연구에서 권력과 지배에 대한 사랑에 굴복하게 되는 개인의 파시스트적 지향에 도전하였다. 보편주의자의 도덕적 강령을 새겨넣는 것을 피하는 대신에 "자신을 자신의 행동의 대상으로 여기는, 자신과의 관계의 극대화"(Foucault, 1986, p.41)를 구성하도록 하는 윤리적 체계가 제안되었다. 개인을 대가의 하나의 도구로 지향하는 관점을 사용하는 목적은, 연구자가 진실, 권력, 윤리의 축을 따라 자신의 계보를 지속적으로 구성하면서 자기 도취를 피할 수 있는 비판적 틀을 제안하기 위해서이다(Foucault, 1986; Rabinow, 1994). 이번 논의에서 우리는 자신이 구성한 진실과 권력이 서로 연관된다 하더라도 자신을 행동의 대상으로 삼았다는 윤리적 틀에 초점을 맞추었다. 자신의 윤리적 축은 다음의 4가지 요소를 포함한다. 그것은 (1) 윤리의 본질, (2) 주관적 해석의 방식, (3) 윤리적 연구, (4) '목적(telos)' 또는 자신의 해체이다. 이 요소들은 비판적 교육학과 후기식민주의 비판을 포함하고자 노력한 개인주의적 합리주의자 관점에서도 깊게 고려될 수 있다.

윤리의 본질은 연구자가 도덕적으로 자기를 정당화하는 방법이다. 본질은 주어진 것이 아니고 만들어가는 행위자인 자신과 관련 있는 것으로 간주된다. 우리는 윤리의 본질이 연구자에게 중요한 것이며, 자기 기만을 촉진하거나 허용하지 않는 윤리학의 기초라고 어느 정도까지는 말할 수 있다. 윤리의 본질은 "자기 자신으로부터 자유로울 수 있게 하는 것"(Foucault, 1985, p.9)을 의미하고, 이는 사람마다 다르게 적용된다. 예를 들면, 고대 그리스 시대의 많은 사람들에게는 기쁨

과 욕구의 통합된 형태가 윤리적 본질로서 역할을 하였다. 어떤 사람에게는 집단의 생존과 공동의 의견도출이 윤리적 본질일 수 있고(Ritchie & Rau, 2010), 모르긴 해도 어떤 사람에게는 가장 억압받는 사람들과 연대하여 평등과 사회정의를 주장하는 것이 윤리의 본질일 것이다. Foucault(1985)는 연구자 자신의 본질을 결정하는 계통학적 질문들을 제안하고 있는데, 우리는 이 질문들이 연구자에게 적용될 수 있다고 믿는다. 이 질문들은 그 상황이 연구를 구성개념, 연구의 의미에 대한 해석으로 관련 짓는 상황이거나 연구자가 자신의 학문을 도덕적이거나 윤리적 행동으로 정의하는 상황이건 상관없이, 연구를 도덕적 활동으로 간주하는 상황에 초점을 맞추고 있다.

우리는(그리고 우리가 처음은 아니다) 비판적 사회과학에서 억압을 설명하고 전통적으로 배제된 사람들과의 연합과 연대를 구축하는 것이 윤리적 본질을 구성한다는 믿음을 제안한다. 자신의 지배성과 기술들은 (의식적일 가능성도 있지만) 대부분 잠재적이라는 것을 인정하면서, 우리는 더 나아가 그런 비판적 사고방식을 선택한 사람들이 말 그대로 연구의 새로운 윤리적 본질을 창출하는, 보다 폭넓은 재개념화에 참여하기를 제안한다. 이것의 하나의 예시로 비판적 교육학 분야 연구를 들 수 있다. Joe Kincheloe(2007, p.21)는 비판을 "지속적으로 진화하는 개념의 행렬"로 묘사하면서, 윤리적 본질의 내용과 이것의 내용이 될 수 있는 비판적 사회과학 영역을 더 창출하는 내용 모두를 우리에게 제공한다. 이러한 비판적 영역들은 심지어 연구의 토대를 구성할 수 있다. 그것들은 다음과 같다.

1. 경쟁하는 권력 이익들 간 역동에 대한 분석
2. 개인과 집단이 스스로의 삶의 방향을 결정하는 역량을 저해하는 세력을 폭로하는 것
3. 지배의 다양한 형태들이 교차하는 지점에 대한 연구
4. 기술의 합리성에 대한 현대적 형태와 존재 방식과 지식의 다양한 형태에 미치는 영향에 대한 분석
5. 사회정치적이고 사회문화적 맥락을 언제나 인식한 상

태에서 자기 지배성의 형태를 조사하는 것

6. 무엇이 "가능할지"에 대한 연구, 다양한 사람들 간에 새롭고 더 평등한 관계를 향해 이동하는(그러나 이상향적이며 인본주의적 합리성은 회피하는) 비판적 내재론을 구축하는 방법에 대한 연구

7. 헤게모니적, 이데올로기적, 또는 논쟁적인 것으로서 계속해서 생성되는 복잡한 권력 행사를 탐구하는 것

8. 투쟁에 의한 산물과 지식 전수의 측면에서 문화의 역할을 조사하는 것

9. 해석, 관점, 어떠한 의미가 형성되는 데 있어 우월한 입장에 대한 연구

10. 교육으로서의, 해석의 헤게모니적 형태를 만들어내는 것으로서의 문화적 교육학의 역할에 대한 분석

윤리의 본질로서, 이러한 비판적 내용은 특정한 연구로 이어질 수 있다. 비난이나 지지를 거부하는(현재에 대한) 역사적 문제화를 비롯해, 정책 담화들, 네트워크들, 또는 자원들에 대한 조사와, 타인의 지식(들), 기술들, 자원들을 끌어들이기를 거부하는 동시에 권력을 폭로하는 연구 등이 예시가 될 수 있다.

'주관화의 방식'은 아마 지배성을 가장 잘 설명하는 윤리의 요소일 것이다. 개인은 자신을 특정한 규정과 의무에 굴복한다는 개념이 포함되어 있고, 규정들은 윤리의 본질에 의존하여 구성되고 수용된다. 예를 들어, (윤리의 본질은 이성 속에 내재된 의도라고 강조한) Immanuel Kant는 자기 통제의 방법으로 앎의 의무와 이성의 사용을 중요하게 생각하였다(Foucault, 1985). 비판적 사회과학자들은 유연하고 억압이란 이슈에 반응하는, 비판적이고 역사적인 성향의 윤리적 의무를(그리고 그에 따른 규정들을) 구축할 수 있다. Glesne(2007)이 언급한 것처럼, 이러한 주관화의 비판적 방식은 타인을 으레 "알 것"이라는, 나아가 연구자의 관찰에 놓였을 때 생성되는 소외를 인식할 것이라는 권리의식을 거부할 가능성이 크다. 비판주의자의 윤리규정은 합리주의자들의 협상의 형태보다는 공동의 의사결정을 받아들일 가능성이 높다.

윤리의 축 안으로부터, 연구자들은 특정한 윤리적 본질의 구성 속에서 구축된 그리고 도덕적 활동의 실재를 정의하는 데 사용되는 규정들과 관련된 질문들을 스스로에게 던질 수 있다. "도덕적 의무를 개념화/법제화하고, 이행하기 위해 이 규정들이 연구 실행에서 어떻게 작용하는가?"(예를 들어, 내가 다른 연구자들을 교육한 것과 같이, 개인 연구자의 연구의 선택, 연구 대상이 되는 인구의 선택, 또는 타인과의 협력에 있어서)(Cannella & Lincoln, 2007, p. 325)

'윤리적 연구'는 자신을 사람들이 윤리적이라고 정의한 형태로 변화시키는 데 사용되는 방법이다. Foucault(1994)는 윤리적 연구는 자신이 역사적으로 어떻게 형성되었는지에 대한 자기 비판을 요구한다고 제안한다. 이 연구에서는 개인이 자신에게 의문을 제기하고, 관계를 형성하는 새로운 방식을 만들고, 존재의 새로운 방식을 구축하는 조건을 드러내도록 기대된다. 이러한 자기 통치의 형태에는 인간이(사람으로서 그리고/또는 연구자로서) 자신을 바꿀 수 있는 방식을 조사하는 것이 포함된다. 진화하는 비판적 교육학은 서양에서의 자기 구성을 넘어서는 존재론적 변화의 윤리를 설명하는 데 사용될 수 있다. Kincheloe(2007)는 윤리적 정체성의 발달과 연관될 수 있는 중심적인 비판적 특성을 설명한다. 이 특성들은 사회개인적 상상과 같은 구성 개념을 포함하고, 추상적 개인주의의 경계와 권력의 사회개인적 분석에 대한 도전을 포함하며, 개인소외, 욕구를 동원하는 것의 대안들, 자기생산을 인정하는 비판적 자각을 포함한다. 설명하자면, 사회개인적 상상은 새로운 형태의 협력을 개념화하는 능력이다. 사회개인적 상상은 주관성에 대해 다시 생각해보고, 직업인과 개인이 비판적 사회 프로젝트라는 점을 인정한다. 그러므로 교육과 같은 제도는 사회정의와 민주주의적 공동체의식을 인간발달의 촉진제로 강조하도록 구축된다. 다른 예로, 욕구를 동원하는 것은 급진적 민주화로서 구축되며, 급진적 민주화는 소외된 사람들이 시민의 삶으로 접근하고 투입하도록 지속적으로 노력하는 것이라고 말할 수 있다.

마지막으로, '목적(telos)'은 기꺼이 자신을 해체하고, 자신의 세계를(만약 연구자라면 자신의 연구실행을) 분해하는 마음이다. '목적'은 어떤 개인이나 타인들의 집단(심지어 예측 가능하지 않은, 그렇지만 미래에 위치한 타인들로 정의되는 집단) 위에 서는 권력의 구축을 피하고자 하는 윤리적 실천에 전념하는 방식으로 실천된다. '목적'은 천천히 자신을 정교화하고 만들어가는 자기 브리콜라주(self-bricolage)[도구를 닥치는 대로 사용해 만든 것—역주]의 형태라고 할 수 있으며, 그 과정에서 개인은 다르게 생각하는 데 전념하고, 알려지지 않은 것을 기꺼이 받아들이고, 융통성 있게 기능한다(Foucault, 1994). 비판적 교육학은 개인 소외에 대한 대안이 만들어지고, 소외를 만든 지배의 형태가 거부되고, 타인과 함께하는 그리고 타인을 위하는 기존에 생각되지 않았던 방식이 구성되도록 재차 제안한다(Kincheloe, 2007). 더욱이, '목적'은 학자 집단뿐 아니라 개인 연구자들에게 연구 참여자들을 다루지 않는 윤리학과 같은 개념을 고려할 수 있는 새로운 길을 구축할 수 있다. 이 윤리학은 비판적 관점과 후기식민주의 관점을 결합하고, 미래에 전념하며, 식민주의자들이 계속해서 '타인'을 구성하는 행동을 하지 않도록 전력을 다해 막는다(Alessandrini, 2009).

개인적 합리성에 대해 모더니스트의 접근법과 확실히 일치함에도 불구하고, 개인의 윤리적 축에 대한 조사는 대가의 도구인 개인도 비판과 변형을 목적으로 사용될 수 있는 방식을 보여준다.

현재, 연구자들은 연구에 대한 윤리적 결정을 개인 스스로 내리는 동시에 규정의 제도적 형식 속에서 기능해야 한다. 다양한 비판적 관점은 다양한 학문적 전략이 역사적 시기와 맥락에 의존한 제도에 의해 실행된다는 것을 우리에게 끊임없이 상기시킨다(Foucault, 1977). (과학적 개인에게 특권을 주는 우리의 모더니스트적 학문 공동체에서) 비판적으로 윤리적인 자신을 가진 개인은, 그것이 학문적 기대건 법제화된 규정이건 간에, 제도 속에서 상충하는 윤리적 메시지들에 참여할 준비가 더 되어 있을 것임에 틀림없다. 이들은 연구자로서 자신의 존재를 잘 제어하고, 학문의 공간을 변형하고, 담론을 재정의할 준비가 더 되어 있을 것임에 틀림없다(Denzin & Giardina, 2007).

5.3 규정의 변형: 우리를 지배하는 기술에 대한 재정의

질적 연구자들과 비판적 질적 연구자들은 법제화된 연구 규정과 충돌하면서도(특히, 한 예로 미국에서 특정한 제도적 리뷰 위원회에 의해 실행되는 것 같이) 계속해서 자신의 학문적 공간을 "붙잡고 있다." 이 갈등은 아주 많이 논의되어 왔고 조만간 끝날 기미가 보이지 않는다. 연구 윤리를 규제하고자 법제화하는 노력은 환상일 뿐 아니라, 규정은 문화적으로 근거를 이루고 있고 연구 참여자와 협력자들에게 해가 되는 방식으로 기능할 수 있다는 점이 드러나고 있다. 그 예로, Marzano(2007)는 앵글로색슨계의 윤리적 연구 규정을 따르면서 이탈리아 문화 상황에 있는 병원 환자를 대상으로 질적 연구를 실시하는 것이 참여하는 환자에게 어떻게 해가 될 수 있는지를 보여준다. Susan Tilley와 Louise Gormley(2007)는 멕시코 문화에서 비밀보장을 확보하는 것이 개인의 진실성을 이해하는 데에 대한 도전임을 보여주었다. 더욱이, 한 범위의 학문분야에서는 연구 윤리가 하나하나 자세히 다루어져야 하고, 과정에 잘 녹아들어야 하며, 자기와의 지속적인 대화를 필요로 한다고 주장한다(Christians, 2007; Clark & Sharf, 2007). 지배성의 법제화된 형태들이 이러한 자세한 사항들을 언급하지는 않는다는 점은 확실하다.

만약 연구자들이 공동체를 "시험하고/알고/판단하는" 대신에 공동체와 동행한다면, 공동체의 구성원들은 아마도 심의위원회와 입법자들로 하여금 협력적 실천을 고려하도록 하고 싶을 것이다. Mi'kmaw의 윤리감시를 설명함에 있어, Marie Battiste와 James(Sa'ke'j)

Youngblood Henderson(2000; Battiste, 2008)은 Mi'kmaw 사람들은 다음과 같은 연구 지침들을 구성해 왔다고 설명한다. 언제나 동등한 파트너십이며, Mi' kmaw 사람들은 그들의 지적 재산과 문화적 재산을 지키는 수호자이자 해석자이고, 연구 결론들을 정확성과 민감성을 가지고 검토한다는 것이다.

연구 문제와 연구 실행을 궁극적으로 재개념화할 수 있는 전통적으로 소외된 사람들에 대한 윤리학과 마찬가지로, 비판적 사회과학은 더 이상 한 집단의 사람들이 "타인들"을 "알고," 정의하고, 심지어 대표한다는 개념을 받아들이지 않을 것이다. 이 관점은 확실히 연구 대상에 대한 검토를 위해 제출되는 연구 문제와 연구 설계를 바꿀 것이고, 심지어 많은 경우 "연구 대상"에 대한 요구마저 없앨 수 있다. 이 변화는 연구자에게 의미 형성을 해석하거나 참여자를 구성하는 것을 요구하지 않는 연구 문제와 자료 수집의 형식으로 이어질 수 있다. 오히려, 연구 질문은 권력이 체제, 제도, 사회적 관행이 어떻게 서로 교차하는지에 대해 설명할 수 있을 것이다. 그 예로, (특정 영역에서의) 공공정책, 지배적 지식, 지배적 이데올로기의 개념화의 기저에 깔려있는 가정들, 다양한 지식을 보호하고 찬양하는 행동들, 권력을 가지고 있는 사람들에 의해 특권을 가진 것이 어떤 형식으로 묘사되고 있는지에 대한 분석들, 이 모두는 연구 대상을 자료 수집의 목적으로 구성하지 않은 연구 제안들이다. Denzin(2009)은 심지어 우리가 "연구라고 부르는 더러운 단어를 버리고" "세상에 대해 비판적이고 해석적인 접근을 받아들일"(p. 298) 것을 제안하고, 우리 모두에게 혜택을 주고 우리의 학문적 상황 속에서 주요한 형태의 행동주의를 필요로 하는 실행을 제안한다.

연구의 법제화된 규정을 다룬 본 절은 눈에 띄게 그리고 의도적으로 짧게 구성하였다. 우리는 먼저 비판적 질적 연구자들이 재개념화되고 광범위하게 기반된 비판적 사회과학의 중심으로 이동하고자 온 힘을 다해 노력할 것을 제안한다. 이 비판적 사회과학의 중심은 권력의 형태가 어떻게 제도화되고, 정책에 기반하며, 서로 교차하는지를 설명한다. 심지어 비판적 사회과학은 연구 참여자들이 없는 윤리학의 관점에서의 규정에 대한 연구들을 포함한다. 이것은 맥락에 대한 비판적 역사 인식과 연구자 자신에 대한 윤리적 조사뿐 아니라, 반식민주의 관점과 동맹하는 것 역시 의심할 여지 없이 포함한다. 비판적 사회과학이 실천의 중요한 형태로(아마도 주류에 위협이 될 만큼 필수적인 형태로) 받아들여질 때까지, 모더니스트적 연구 규정은 십중팔구 거의 변화하지 않을 것이다. 우리는 질적 연구를 하나의 영역 또는 이와 연관된 방법들을 배우지 못한 사람에게 교육하고자 하는 (비록 결코 간단하지 않거나 그만큼 중요하더라도) 단순한 노력을 계속할 것이다. 그러나 만약 비판적 사회과학이 억압된 사람과 공조하고, 전통적으로 소외된 사람들과의 연대를 보여주고, 권력을 다루는 연구를 구축한다면, 우리의 법제화된 연구 규정들의 구성과 이에 대한 고려는 다른 성질의 그것일 것이다. 아마도 우리의 비판적 연구 윤리는 그 변화를 예상하고 촉진할 수 있을 것이다.

주석

1. 우리가 후기실증주의 과학이 어떠한 윤리적 기반도 없다고 추정한다고 비난받을 수 있다는 사실을 인식하면서, 다양한 철학적 접근을 가진 연구자들은 자신의 연구 문제와 수행이 모든 사람의 삶을 개선하기 위해 윤리적으로 기반하고, 우리가 동의할 수 있는 합리적 과학의 지향인 계몽을 따른다고 믿는다는 것을 전적으로 인정해야 한다. 그러나 매우 자주 이 후기실증주의의 정당화와 과학적 의도의 형태들이 유럽계 미국인의 "오류" 속에 뿌리내려 있다는 점은 인식하지 못한다(Jaimes, 1992). 이 오류야말로(미국의 자유주의와 보수주의 양쪽 모두에서) 모더니스트와 진보적인 세계관 속에서 의심할 수 없는 믿음이다. 이 오류는 모든 인간 경험을 "밝혀낼" 보편주의적 해석이 있다는 것이며, 이것은 "안다"는

전능한 능력과 "타인들"을 해석하는 전능한 능력을(그리고 권리를) 가정한다. 불행하게도, 이 윤리적으로 좋은 의도는 다수 인간으로 특징지어진 세계 속에서 다수의 지식, 다수의 논리, 다수의 존재 방식을 자주 부정해왔다. 나아가 개인과, 이론과 보편자[플라톤의 철학에 나타나는 개개의 사물의 이상적 원형—역주]의 발견에 초점을 맞추면서, 불평등을 영속화하는 사회의, 제도의, 구조적 관례들을 감추어왔다. 마지막으로, 타인들을 "우리와 같도록" 돕는 윤리는 "우리"를 위한 권력을 만들어왔다. 이 좋은 의도를 가진 윤리는 연구를 구성하는 사람들을 위한 권력을 지지하는 경향이 있고, 그 연구의 대상들에게는 억압적인 조건을 더 발전시키는 경향이 있다.

참고문헌

Alessandrini, A. C. (2009). The humanism effect: Fanon, Foucault, and ethics without subjects. *Foucault Studies, 7,* 64-80.

Attridge, D. (1994). Trusting the other: Ethics and politics in J. M. Coetzee's Age of Iron. *South Atlantic Quarterly, 93,* 70-71.

Battiste, M. (2008). Research ethics for protecting indigenous knowledge and heritage: Institutional and researcher responsibilities. In N. K. Denzin, Y. S. Lincoln, & L. T. Smith (Eds.), *Handbook of critical indigenous methodologies* (pp. 600-625). Thousand Oaks, CA: Sage.

Battiste, M., & Youngblood Henderson, J. (Sa'ke'j). (2000). *Protecting indigenous knowledge and heritage.* Saskatoon, Saskatchewan, Canada: Purich.

Benhabib, S. (1992). *Situating the self: Gender, community, and post modernism in contemporary ethics.* Cambridge, UK: Polity.

Butler, J. (2002). What is critique? An essay on Foucault's virtue. In D. Ingram (Ed.), *The political* (pp. 212-227). Cambridge, MA: Blackwell.

Cannella, G. S., & Lincoln, Y. S. (2007). Predatory vs. dialogic ethics: Constructing an illusion or ethical practice as the core of research methods. *Qualitative Inquiry, 13*(3), 315-335.

Cannella, G. S., & Manuelito, K. (2008). Feminisms from unthought locations: Indigenous worldviews, marginalized feminisms, and revisioning an anticolonial social science. In N. K. Denzin, Y. S. Lincoln, & L. T. Smith (Eds.), *Handbook of critical and indig enous methodologies* (pp. 45-59). Thousand Oaks, CA: Sage.

Cannella, G. S., & Miller, L. L. (2008). Constructing corporatist science: Reconstituting the soul of American higher education. *Cultural Studies <=> Critical Methodologies, 8*(1), 24-38.

Cannella, G. S., & Viruru, R. (2004). *Childhood and postcoloniza tion: Power, education, and contemporary practice.* New York: RoutledgeFalmer.

Chomsky, N. (1999). *Profit over people: Neoliberalism and global order.* New York: Seven Stories Press.

Christians, C. G. (2007). Cultural continuity as an ethical imperative. *Qualitative Inquiry, 13*(3), 437-444.

Clark, M. C., & Sharf, B. F. (2007). The dark side of truth(s): Ethical dilemmas in researching the personal. *Qualitative Inquiry, 13*(3), 399-416.

Collins, P. H. (2000). *Black feminist thought: Knowledge, consciousness, and the politics of empowerment.* New York: Routledge.

Dean, M. (1999). *Governmentality: Power and rule in modern society.* London: Sage.

Denzin, N. K. (1997). *Interpretive ethnography: Ethnographic practices for the 21st century.* Thousand Oaks, CA: Sage.

Denzin, N. K. (2003). *Performance ethnography: Critical pedagogy and the politics of culture.* Thousand Oaks, CA: Sage.

Denzin, N. K. (2009). *Qualitative inquiry under fire: Toward a new paradigm dialogue.* Walnut Creek, CA: Left Coast Press.

Denzin, N. K., & Giardina, M. D. (2007). Introduction: Ethical futures in qualitative research. In N. K. Denzin & M. D. Giardina (Eds.), *Ethical futures in qualitative research: Decolonizing the politics of knowledge* (pp. 9-44). Walnut Creek, CA: Left Coast Press.

Fanon, F. (1967). *Black skin, white masks* (C. L Markmann, Trans.). New York: Grove.

Fine, M., Weis, L., Weseen, S., & Wong, L (2000). For whom? Qualitative research, representation, and social responsibilities. In N. K. Denzin & Y. S. Lincoln (Eds.), *Handbook of qualitative research* (2nd ed., pp. 107-131). Thousand Oaks, CA: Sage.

Foucault, M. (1977). *Discipline and punish: The birth of the prison.* London: Allen Lane.

Foucault, M. (1978). Governmentality. In B. Burchell, C. Gordon, & P. Miller (Eds.), *The Foucault effect: Studies in governmentality* (pp. 87-104). Chicago: University of Chicago Press.

Foucault, M. (1984a). Nietzsche, genealogy, history (D. F. Bouchard & S. Simon, Trans.). In P. Rabinow (Ed.), *The Foucault reader* (pp. 76-100). New York: Vintage.

Foucault, M. (1984b). What is enlightenment? (C. Porter, Trans.). In P. Rabinow (Ed.), *The Foucault reader* (pp 32-50). New York: Vintage.

Foucault, M. (1985). *History of sexuality: Vol. 2. The use of pleasure* (R. Hurley, Trans.). New York: Pantheon.

Foucault, M. (1986). *History of sexuality: Vol. 3. The care of the self* (R. Hurley, Trans.). New York: Pantheon.

Foucault, M. (1994). On the genealogy of ethics: An overview of work in progress. In P. Rabinow (Ed.). *Michel Foucault: Ethics, subjec tivity, and truth, 1954-1984* (Vol. 1, pp. 253-280). New York: The New York Press.

Glesne, C. (2007). Research as solidarity. In N. K. Denzin & M. D. Giardina (Eds.), *Ethical futures in qualitative research: Decolonizing the politicsofknowledge* (pp.169-178). WalnutCreek,CA:LeftCoast Press.

Grande, S. (2007). Red pedagogy: Indigenizing inquiry or the unmethodology. In N. K. Denzin & M. D. Giardina (Eds.), *Ethical futures in qualitative research: Decolonizing the politics of knowledge* (pp. 133-144). Walnut Creek, CA: Left Coast Press.

Guilleman, M., & Gillam, L. (2004). Ethics, reflexivity, and "ethically important moments" in research. *Qualitative Inquiry, 10*(2), 261-280.

hooks, b. (1990). *Yearning: Race, gender, and cultural politics.* Boston: South End Press.

Horwitz, M. (1992). *The transformation of American law, 1870-1960.* Cambridge, MA: Harvard University Press.

Jaimes,M.A.(1992). La raza and indigenism: Alternatives to autogenocide in North America. *Global Justice, 3*(2-3), 4-19.

Kincheloe, J. L (2007). Critical pedagogy in the twenty-first century. In P. McLaren & J. L. Kincheloe (Eds.), *Critical pedagogy: Where are we now?* (pp. 9-42). New York: Peter Lang.

Kincheloe, J. L. (2008). Critical pedagogy and the knowledge wars of the twenty-first century. *International Journal of Critical Pedagogy, 1*(1), 1-22.

Klein, N. (2007). *The shock doctrine: The rise of disaster capitalism.* New York: Metropolitan Books.

Levinas,E.(1988).Uselesssuffering.InR.Bernasconi&D. Wood(Eds.), *The provocation of Levinas: Rethinking the Other* (pp. 156-167). London & New York: Routledge.

Lincoln, Y.S., & Cannella, G.S.(2007). Ethics and the broader rethinking/reconceptualization of research as construct. In N. K. Denzin & M. D. Giardina (Eds.), *Ethical futures in qualitative research: Decolonizing the politics of knowledge*

(pp. 67-84). Walnut Creek, CA: Left Coast Press.

Lincoln, Y. S., & Tierney, W. G. (2004). Qualitative research and institutional review boards. *Qualitative Inquiry, 10*, 219-234.

Lorde, A. (1984). *Sister outsider.* Langhorne, PA: Crossing Press.

Marzano, M. (2007). Informed consent, deception, and research freedom in qualitative research: A cross-cultural comparison. *Qualitative Inquiry, 12*(3), 417-436.

Mill, J. S. (1978). *On liberty.* Indianapolis, IN: Hackett. (Original work published 1859)

Rabinow, P. (1994). *Michel Foucault: Ethics, subjectivity, and truth, 1954–1984* (Vol. 1). New York: The New York Press.

Rigney, L.-I. (1999). Internationalization of an indigenous anticolonial cultural critique of research methodologies. *Wicazo Sa Review, 14*(2), 109-121.

Ritchie, J., & Rau, C. (2010). Kia mau ki te wairuatanga: Counter narratives of early childhood education in Aotearoa. In G. S. Cannella & L. D. Soto (Eds.), *Childhoods: A handbook* (pp. 355-373). New York: Peter Lang.

Root, M. (1993). *Philosophy of social science: The methods, ideals, and politics of social inquiry.* Oxford, UK: Blackwell.

Rose, N. (1999). *Powers of freedom: Reframing political thought.* Cambridge, UK: Cambridge University Press.

Smith, L. T. (1999). *Decolonizing methodologies: Research and indige nous peoples.* London: Zed Books.

Spivak, G. C. (1987). *In other worlds: Essays in cultural politics.* New York: Routledge.

Tedlock, B. (2005). The observation of participation and the emer-gence of public ethnography. In N. K. Denzin & Y. S. Lincoln (Eds.), *The SAGE handbook of qualitative research* (3rd ed., pp. 467-482), Thousand Oaks, CA: Sage.

Tilley, S., & Gormley, L. (2007). Canadian university ethics review: Cultural complications translating principles into practice. *Qualitative Inquiry, 13*(3), 368-387.

Viruru, R., & Cannella, G.S. (2006). A postcolonial critique of the ethnographic interview: Research analyzes research. In N. K. Denzin & M. D. Giardina (Eds.), *Qualitative inquiry and the conservative challenge* (pp. 175-192). Walnut Creek, CA: Left Coast Press.

Walkerdine, V. (1997). *Daddy's girl: Young girls and popular culture.* Cambridge, MA: Harvard University Press.

Weber, M. (1949). Objectivity in social science and social policy. In E. A. Shils & H. A. Finch (Eds. & Trans.), *The methodology of the social sciences* (pp. 50-112). New York: Free Press. (Original work published 1904)

Part 02.

패러다임들과
관점들의 경합

김종백_ 홍익대학교 교육학과 교수

━━━━━ 이 책의 서론에서 Egon Guba(1990, p.17)에 따르면 행위를 유도하는 일련의 믿음으로서 패러다임을 정의하였다. 패러다임은 원리들이나 궁극적 요소들을 다루고 있으며 인간들이 만들어낸 것이다. 패러다임은 해석적 재주꾼(bricoleur)으로서 연구자의 세계관을 정의한다. 이러한 믿음은 궁극적인 진실성의 견지에서 구축된 것이 결코 아니다. 대조적으로 비록 관점이 일반적인 방법론적 가정 혹은 특정한 인식론에서처럼 패러다임과 많은 요소들을 공유할지라도 견고하지 않을뿐더러 패러다임과 같이 일관적인 것도 아니다.

패러다임은 윤리학(가치론), 인식론, 존재론, 방법론의 네 가지 측면을 포함하고 있다. 윤리학은 "내가 세상에서 어떻게 도덕적 인간이 될 수 있을까?"라고 묻는다. 인식론은 "내가 세상을 어떻게 알까" "탐구자와 이미 알고 있는 사람 간의 관계는 무엇인가?"라고 묻는다. 모든 인식론은 기독교에서처럼 세상과 자신에 대한 윤리-도덕적 입장을 시사한다(이 책의 4장). 존재론은 실제의 본질과 세상에서 인간의 본질에 대한 기본적 질문들을 제기한다. 방법론은 세상에 관한 지식을 획득하기 위한 최선의 수단에 초점을 둔다.

『질적 연구 핸드북』의 제2부는 질적 연구를 구조화하고 조직하는 주요 패러다임들과 관점들을 탐색하고 있다. 이러한 패러다임들과 관점들은 실증주의, 후기실증주의, 비판 이론, 구성주의, 참여적 실행의 틀들이다. 이러한 패러다임들과 함께 전환적, 사회정의 패러다임과 연계된(다양한 형태의) 페미니즘, 비판적 인종이론, 비판적 교육학, 문화 연구, 퀴어 이론, 동양의 인식론, 장애 이론(disability theories)의 관점들은 맥을 같이한다. 이러한 관점들 각각은 그들 자신의 기준, 가정, 방법론을 가지고 있다. 그래서 이러한 관점들은 이들을 그 틀 안에서 학문적 탐구에 적용한다. 6장에서 Guba와 Lynham, Yvonna Lincoln은 실증주의, 후기실증주의, 그리고 비판 이론(페미니즘 + 인종), 구성주의, 그리고 참여적(+ 포스트모던) 패러다임 간 주요 차이들에 대해 개관하였다.

우리들은 1장에서 각각의 패러다임과 관점에 대해 간략하게 논의하였다. 우리는 여기서 그것을 조금 더 상세하게 설명하였다. 그러나 주제에 대한 논의로 들어가기 전에 세 가지 관련된 사건들이 있다. 지난 십 년간 이러한 패러다임들과 관점들 간 경계가 모호해지기 시작하였다. Lincoln과 Guba는 다양한 패러다임들의 순혈들이 이종교배되기 시작했다고 언급하였다. 그러나 비록 경계선이 모호해지고 있다고 하나 관점들 사이 차이에 대한 지각은 점점 견고해지고 있다. 심지어 서문과 1장에서 질적 연구의 범주와 효과성을 협소하게 만드는 위험을 내포한 방법론적 보수주의 담론에 대해 논의한 바 있다. 그러므로 제2부의 주제는 패러다임과 관점의 경합이다.

1. 모든 패러다임이 직면한 이슈

6장에서 Lincoln, Lynham, Guba는 현재 시점에서 모든 패러다임들이 7가지 기본적인 이슈를 가진다고 주장한다: (1) 가치론(윤리와 가치), (2) 수용과 호환성(패러다임들이 서로 어울릴 수 있는가?), (3) 실천(연구자들이 일상에서 무엇을 하는가), (4) 통제(누가 탐구를 시작하고 질문을 하는가), (5) 진리의 근거(기초주의 대 반기초주의 혹은 무기초주의), (6) 타당성(전통적 실증주의 모델 대 후기구조주의 구성주의 준거), (7) 목소리, 반사성, 포스트모던 표상(단일 대 다중의 목소리).

각각의 패러다임은 이러한 주제들에 대해 다른 입장을 견지한다. 물론, 실증주의자들과 실증주의 패러다임들은 이러한 패러다임들이 주장하는 관점들에 반기를 들 것이다. Lincoln과 Guba는 이들의 소박한 실제주의(realism), 그들의 이중적 인식론, 탐구에 대한 증명적 접근과 신뢰도, 타당도, 예측 가능성, 통제, 그리고 지식의 축적(building block)적 관점 등을 포함한 이 두 전통들을 상세하게 분석하였다. Lincoln과 Guba는 목소리, 권한부여, 실천을 둘러싼 이슈들을 올바르게 주장하기 위해 이러한 패러다임들의 무능력을 논의하고 있다. 그들은 또한 사실의 이론과 가치적 본질, 탐구의 상호작용적 본질, 동일한 사실들의 조합이 하나의 이론 이상을 지지한다는 진실을 만족스럽게 설명하는 데 실패했다는 것을 시사하였다.

2. 구성주의, 해석주의, 현상학

Lincoln과 Guba에 따르면 구성주의는 상대주의적 존재론(상대주의), 교환적 인식론, 그리고 현상적이며 변증법적 방법론을 적용한다. 이 패러다임을 활용하는 사람들은 사회적 세계를 재구성하여 제시한다. 전통 실증주의자들이 주장하는 연구의 내외적 타당도라는 준거는 신뢰성(trustworthiness)과 실제성(authenticity)이라는 용어로 대치된다. 그들의 연구는 2장의 Morten Levin과 Davydd Greenwood, 23장에서 Mary Brydon-Miller, Michael Kral, Patricia Maguire, Susan Noffke, Anu Sahlok가 논의했던 여러 다른 참여적 행위 접근과 중첩된다. 구성주의는 실험적이며 다양한 목소리를 담은 담론을 지지하는 동시에 행위와 실천을 연결하며 반기초주의적 논쟁을 구축한다.

『질적 연구 핸드북』의 제3판에서 Douglas Foley와 Angela Valenzuela(2005)는 정책의 응용과 정치운동에 참여한 비판적 문화기술자들에게 특별한 관심을 보이며 비판적 문화기술지에 대한 역사와 분석을 제공하였다. Foley와 Valenzuela에 의하면 1960년대 이후 비판적 문화기술자들은 현대사회에 대한 문화적 비판을 지지하기 시작하였다. 이러한 학자들은 실증주의에 반대했으며 다중적 관점에 근거한 인식론에 기반하여 정치적 진보 어젠더를 추구하였다. 행위 인류학, 국제적, 신마르크스주의, 마르크스 페미니즘, 비판적 문화기술지, 그리고 참여적 실행 연구를 포함하는 다양한 접근들이 이 시기를 채우고 있다.

3. 페미니즘

7장에서 Virginia Olesen은 페미니스트 질적 연구가 새로운 세기가 시작된 후 2010년이 지나면서부터 다양화되고 논란을 일으키는 분야라는 사실을 관찰하였다. 9·11 테러사건 이후 공간에서 우리는 이미 성(gender)과 관련된 다양한 목소리들을 들었고 그것들이 법적으로 명문화되는 과정을 지켜보았다. 서로 경쟁하는 모델들은 거시적 규모에서는 그 경계가 모호하며 흐려진다. 그러나 논쟁과 다툼의 이면에서는 사람들 사이에서 새로운 밀레니엄에서 페미니스트 탐구가 세상 속에서 실천을 위해 헌신해야 한다는 주장이 공감을 얻고 있다. 페미니스트들은 사회정의 어젠더가 성, 계급, 인종이 서로 밀접히 관련되어 있기 때문에 남녀 유색인종들의 요구들을 주장한다. Olesen의 주장은 정열적인 페미니즘이다. 그녀는 "분노는 충분하지 않다"고 주장한다. 우리는 "다양한 여성 건강과 관련된 영역의 슬픈 문제들에 대해 다시 관심을 가지고 이슈화해야 한다. 그것을 위해 직접적이고 굳건한 열정을 조직화하기 위한 첨예한 학식이 필요하다"(Olesen, 2000, p. 215).

1994년에 Olesen은 페미니스트 탐구의 세 주요 트렌드(입장 이론(stand point) 인식론, 경험주의자, 포스트모더니즘 문화 연구)를 확인하였다. 10년이 지난 후에 이러한 경향은 지속적으로 확장되고 있다. 오늘날 분리된 페미니즘들은 구체적인 학문영역과 관련되어 있으며 유색여성, 백인성(whiteness)에 대한 문제제기, 후기식민지, 교환적 담론, 토착여성의 탈식민지 논쟁, 레즈비언 연구, 퀴어 이론, 장애여성, 입장 이론, 그리고 포스트모던과 해체이론에 대한 저술과 관계있다. 두 가지 비판적 경향은 (1) 반계몽화(endarkening), 탈식민화, 토착적 탐구와 (2) 비판적 접근으로서 확장적이며 성숙된 상호교차성(intersectionality)의 발달로부터 출현하였다. 이 복잡성은 연구자-참여자 관계를 더욱 복잡하게 만들었다. 그것은 탐구의 내부자-외부자 모델의 안정성을 무너뜨렸다. 이 토착적 공간에서 학문의 탈식민화가 요구되었다. 이것은 경험, 차이, 성과 같은 전통적 용어들을 해체하는 것과 연결되었다.

성의 탈식민 담론은 경험, 차이, 편견과 객관성, 타당성, 신뢰성, 목소리, 수행, 페미니스트 윤리라는 개념들에 초점을 둔다. Olesen의 이 훌륭한 장의 마지막에 Cannella와 Lincoln이 5장에서 그리고 Christina가 4장에서 제시한 틀을 상세하게 설명하고 있다.

4. 반계몽적 페미니스트 프락시스

『질적 연구 핸드북』의 제3판에서 Gloria Ladson Billings와 Jamel Donnor는 행동주의자들 버전의 비판적 인종 이론(critical race theory, CRT)을 제시했고 사회정의와 혁명적 아비투스(habitus)에 헌신하였다. 그들은 유색인들이 위계적 인종구조 안에 갇혀 있다는 사실을 자각할 때의 "소명(call)"과 같은 통찰적 순간의 의미에 초점을 두었다. 비판적 인종 이론가들은 스토리텔링에서부터 자문화기술지, 사례 연구, 텍스트와 내러티브 분석, 전통적 실행 연구들을 가지고 실험을 하며, 가장 중요하고, 협력적이며 행위에 근거한 탐

구들과 일상생활에서의 인종, 성, 법, 교육, 인종적 억압에 대한 연구들에 관심을 가지고 있다. 사회정의에 대한 탐구는 목표이다. 정의를 얻기 위해서는 학문세계가 변화되어야 한다. 즉, 탈식민화의 원칙들을 포용해야 한다. 재구조화된 대학들은 인종문제에 관심이 있는 사람들의 집이 될 것이며 토착적이고 자유로움을 복돋우는 교육학이 평범한 것이 되는 곳이 될 것이다.

8장에서 Cynthia B. Dillard와 Chinwe Okpalaoka는 문화적, 정신적 이해를 수반한 패러다임을 소개하면서 급진적으로 비판적 인종 이론(CRT)의 공간을 확장하였다. 그들의 반계몽의 틀(endarkened framework)은 아프리카와 아프리카적 디아스포라(diaspora)와 연계되어 정신성에 앞선다. 반계몽적 페미니스트 인식론(endarkened feminist epistemalogy)은 아프리카 여성의 조상에 대한 억압의 역사적이며 현대적 맥락들과 교차한다. 이 모델 아래에서 연구는 도덕적 책임이다. 그것은 '트랜스내셔날리즘'적 혹인여성의 지혜, 정신성, 비판적 중재(interventions)에 경의를 표한다. 이러한 것들은 행동을 위한 강력한 요소들이다.

5. 비판적 교육학과 비판 이론

다양한 비판 이론과 마르크스주의 또는 신마르크스주의 모형은 Lincoln과 Guba(2000)의 질적 연구 담론, 그 수많은 공식 안에서 순환하면서 역사적 사실주의, 전환적 인식론, 대화체적이면서 변증법적 방법론을 기반으로 한 존재론을 설명하고 있다. 9장에서 Joe L. Kincheloe, Peter McLaren, Shirley Steinberg는 프랑크푸르트 학파를 대상으로 후기구조주의, 포스트모더니즘, 페미니스트, 비판적 교육학, 문화 연구 이론 등의 보다 최근의 변화를 가지고 비판 연구의 역사를 거슬러 올라간다.

그들은 비판 이론(a bricolage)에 대해서 서구 사회가 아무 문제 없이 민주주의적이고 자유로운 것은 아니

라는 가정에서 출발하며, 그것은 새로운 밀레니엄시대에 나타난 비판성(criticality)이고 **비판적 겸허**(critical humility)라고 말한다. 비판 이론에 대한 그들의 견해는 경제결정론을 배제한 채 미디어, 문화, 언어, 힘, 욕망, 비판적 계몽, 비판적 해방에 초점을 맞추며, 비판적인 성경해석학(a critical hermeneutics)을 포함한다. 또한 그들은 현대 사회의 가장 억압적인 특성 중 하나로 도구적 합리성(instrumental rationality)을 들었다. Paulo Freire, Karl Marx, Max Weber, Mikhail Bakhtin, Jurgen Haberm은 그들의 이론이 실존 경험과 어떤 연관관계를 갖는지에 대해 비판적이고 실용주의적인 접근을 제시하였다. 이것은 비판적 문화기술지, 당파, 사회 비판과 개인의 역량 강화에 전념하는 비판 연구의 "저항성"을 보여준다. 세상을 변혁시킬 지식인으로서 비판 이론가들은 실제적이고 실용적인 지식인 브리콜라주(bricolage)를 만들어 내려고 노력한다. 브리콜라주는 문화적이고 구조적인 특성을 가지며, 역사적 상황성(situatedness)의 정도와 그것의 실천(praxis) 및 행동(action) 산출 능력에 따라 판단된다.

7장과 마찬가지로 이 장은 적절한 대응에 대해 이야기한다. 학문에 미치는 것만으로는 충분치 않다. 우리는 많은 아이들이 소외되고 있는 이 보이지 않는 제국주의의 작동 속에서 어떻게 행동해야 하는지 배워야만 한다.

6. 문화 연구

문화 연구를 하나의 틀(framework) 안에 담아낼 수는 없다. Birmingham School에서 Stuart Hall과 그의 동료들이 실시한 연구(Hall, 1996) 등을 비롯하여 다양한 문화 연구 프로젝트가 있다. 문화 연구조사는 역사상 자기 반성적, 비판적 성격을 지니며 여러 학문분야가 융합된 고차 이론(high theory)이다. 또한 전체적이면서도 부분적인 것에 초점을 맞추면서 역사, 정치, 경제, 문화, 일상 담론을 모두 아우른다. Grossberg와 Pollock(1998)에 따르면 문화 연구조사는 "공동체, 정체성, 대리인, 변화에 대한 질문"에 초점을 맞추고 있다.

포괄적인 면에서 보면 문화 연구는 역사적 사람들의 삶이 어떻게 과거로부터 전승된 구조에 의해 생성되는지에 대한 연구를 포함한다. 문화 연구에 대한 각각의 시각(version)은 문화 텍스트(cultural texts), 실존 경험(lived experience), 그리고 텍스트와 일상생활 간의 구조적 경험에 의해 3중으로 결합된다. 문화 텍스트의 전통 내에서, 일부 학자들은 역사, 이념, 주관적 경험을 함께 제공하는 도구(sites)로써 매스 미디어와 대중 문화를 조사한다. 이러한 학자들은 특히 역사적 순간과 관련하여 청자(audience)의 비판적인 민족지(critical ethnographies)를 만들어낸다. 다른 학자들은 헤게모니적 의미가 산출되고 분배되며 소비되는 장으로써 텍스트를 읽는다. 민족지적인 전통 내에서 사회적 텍스트와 그것의 산출과 관련하여 포스트모더니즘적 고려(postmodern concern)가 있다.

문화 연구를 정의하는 학문의 경계는 심각한 학문적 규율과 같은 어떠한 표준적 계보(standard genealogy)로 정리되지 않고 계속해서 변화한다. 그럼에도 불구하고, 원문연구(textualism), 문화기술지(ethnography), 자문화기술지(autoethnography) 연구를 지지하는 사람들 사이에서 일어나는 분쟁, 현대 시민의 꿈을 둘러싼 지속적인 논란, 개인과 일상 정치의 페미니스트적 이해 등을 포함한 특정 우세한 경향들은 존재한다. 이 문화 연구 프로젝트의 개방적인 특성은 전체적인 어떤 하나의 정의를 부여하려는 시도에 대해 끊임없이 저항한다. 그 형성과정에는 신흥 페미니스트 및 민족 모형들뿐만 아니라 비판적 마르크스주의, 구성주의, 후기실증주의의 전형적 갈래들이 속해 있다. 문화 연구 프로젝트에 속한 학자들은 행동 지향적인 역사적, 구조적 틀에 맞추려고 노력하면서도 교류적 인식론(transactional epistemologies)과 변증법적 방법론(dialogic methodologies) 등 그들의 존재론적 문제로 인해 역사적 사실주의와 상대주의에 빠진다.

10장에서 Michael D. Giardina와 Josh L. Newman은 수행적이고(performative) 체화(embodied)되었으며 후기구조적(poststructural)이면서 맥락주의적이고 전반적인 문화 연구 프로젝트에 대해 이야기한다. 그들은 9·11 테러사건 이후의 군사문화화(a post-9·11 militarization of culture), 불안정한 중동, 이라크와 아프가니스탄에서의 끝없는 전쟁에서 문화 연구의 뼈대를 찾았다. 문화 연구들은 소비주의, 인종 차별, 성 억압의 이성애 규범적(heteronormative) 논리에 의해 위협을 받고 있다. Giardina와 Newman은 그들의 연구에서 급진적 문화 연구들(radically embodied cultural studies)의 방법론적 프로그램을 소개하였다. 문화 연구는 문화주의자와 현실주의자 사이에서 이루어지며 현실에 대한 실제적이고 담론적이며 맥락적인 차원의 관심으로 정의된다.

그들의 연구는 역사적으로 체화된 물리적 문화 연구이다. 그것은 정치적으로 의미, 정체성, 기회를 과잉결정하는 역사 구조의 중심으로부터 바깥 방향으로 작용한다. 그들은 사회정의와 급진적, 진보적 민주주의의 목표를 구현하는 방법으로 세상을 볼 수 있도록 하는 수행적 문화 연구를 추구한다. 따라서 그들은 부분과 전체, 문화와 실제, 개인과, 정치, 체화된 것과 수행된 것 사이에서 왔다 갔다 한다.

7. 비판적 인본주의와 퀴어 이론

비판적 인종 이론(critical race theory)은 질적 연구를 통해 정면으로 인종 및 인종 관련 문제의 개념에 대해 이야기한다. 이는 통합된 성적(인종 차별적) 문제의 개념에 대해 질문하고 그것을 해체시키기 위해 존재하며, 마찬가지로 퀴어 이론에서도 찾아볼 수 있다. 11장에서 Ken Plummer는 새로운 방향으로 퀴어 이론을 바라본다. 그는 자신의 자서전에 포스트게이 인본주의자(a post-gay humanist), 여권주의자(feminist), 반동성애자(a little queer), 비판적 인본주의자에 대한 글을 썼다. 그는 포스트모던의 특정 시기에 '가족'과 같은 특정 용어 및 많은 연구 방법론적 언어들이 필요 없어졌다고 생각한다. 그는 이 용어들을 좀비 범주라고 지칭한다. 그것들은 더 이상 필요 없다. 그것들은 사장되었다.

퀴어 이론과 함께 사회과학은 이제 새로운 공간에 있다. 바로 포스트모던의 파편의 시대, 세계화, 그리고 포스트인본주의의 시대이다. 이는 반사적 동성애(reflexive queer), 대위법적(polyphonic), 내러티브적, 윤리적 변화와 같은 새로운 연구 양식을 위한 시대이다. Plummer의 비판적 인본주의는 상징적 상호영향론(interactionism), 실용주의, 민주적인 사고, 스토리텔링(storytelling), 도덕적 진전, 사회정의에 강조를 두며 이 새로운 연구 양식을 수용하고 있다. 그의 이론은 인간의 고통을 감소시키고 배려와 동정의 윤리, 존경의 정치, 신뢰의 중요성에 주목한다.

그의 퀴어 이론은 급진적이다. 이는 생물학적 성과 사회적 성 연구의 포스트모더니즘화를 부추겼으며 성과 성정체감에 대한 모든 일반적 범주들을 해체시켰다. 그것은 초월적이며 고딕적(gothic)이고 낭만적이다. 또한 이성애와 동성애라는 이분법을 변화시키고 이상 패러다임(deviance paradigm)을 없앴다. 그의 퀴어 방법론은 심각한 기존의 변화를 가져왔으며 급진적 문화기술지(subversive ethnographies), 탐험식(scavenger) 방법론, 문화기술적 수행(ethnographic performances), 동성애 사례 연구를 지지한다.

일상생활에서 이성-동성애라는 이분법적 문제를 논하기 어려웠다면, 퀴어 이론은 게이, 양성애, 성전환자, 레즈비언에 대한 주제로 다양한 담론을 나누기 위한 장을 마련한 것이다. 이것은 연구자들이 사회 무대가 동성-이성적 이분법에 의해 어떻게 구성되어 있는지 연구해야 함을 의미한다. 그들은 일상생활에서 동성애에 대한 인식론이 어떻게 성과 물적 실천(material practice)의 중심이 되는지 질문을 던져야 한다. 퀴어 이론은 하나로 통일된 주제에 대한 움직임을 없애는 것과 같이 기존의 인식론에 대한 도전이다. 퀴어성(queerness)은 성적 경계에 있는 그룹이 어떻게 만들어지고 절충되고 변화하는지에 대한 연구와 관련하여 그 주제와 자료가 된다. 제도적이고(institutional) 역사적인 분석은 어떻게 그 자신과 그의 정체성이 제도적, 문화적 관행 속에서 만들어지는지 밝혀내기 위함이다.

Plummer는 2005년 연구에서 다음과 같이 물었다. "전체 비판적인 인본주의가 가능한가? 교류적인 퀴어 연구가 가능한가?" 만약 그렇다면 대체 어떤 모습일까? 그는 코스모폴리탄적 방법론(cosmopolitan methodology), 방법론에 대한 열린 마음, 존중, 듣고 배우고 친밀하게 대화하려는 노력이 필요하다고 하였다.

8. 아시아인의 인식론

12장에서 James H. Liu는 아시아인의 인식론과 그것이 아시아의 사회심리학 연구에 미치는 영향에 대해 분석하였다. 그는 서구의 논리실증주의가 아시아에 유입되어 형성되어온 사회과학이 아닌 비서구문화에 대해 질적 연구 프로젝트를 확장하였다.

최근 중국, 인도, 대만, 필리핀, 한국에 있어서 아시아만의 토착적(indigenous) 인식론과 고유 심리학이 생성되고 있다. 예를 들어 중국 고유의 심리학계는 자신들의 저널, 정기 컨퍼런스 및 선호되는 연구 방법들을 가지고 있다. 인식론보다는 실용주의적 연구에 뿌리를 둔, 유형적 아시아 토착 심리학(modal asian indigenous psychology)은 그들이 가지고 있는 매우 실용적인 접근법이라고 할 수 있다. 따라서 해석학적이고 경험주의적인 학교들이 많이 있다.

아시아에서의 대부분의 존재론은 전체론적(holistic) 성격을 지니고 있으며, 문화는 연구의 과정 및 대상(objects) 안에 속한다. 문화는 역사적으로 구성될 것

이다. 역사는 마음의 구성요소이다. 사람들은 마음의 이론을 개발하고 언어를 통해서 자기 자신을 해석다.

긴장은 지속되고 실증주의 패러다임은 여전히 지배적이다. 아시아의 학자들은 과도기 속에 있으며 이제 인식론적인 돌파구가 필요하다. 설사 그 돌파구가 생기지 않는다고 하여도, Liu 교수는 "하늘이 무너지지 않는다면, 그것은 병렬적이고 분산화된 문화적 가치가 상호 연결된 세계 속에서 그 중심을 연결하는 데 유용하게 작용한다."라고 말한다.

9. 장애인 지역사회: 사회정의에 대한 변혁적 연구

13장에서는 Donna Mertens, Martin Sullivan, Hilary Stace가 사회적 장애 패러다임의 주요 해석적 윤곽에 대해 언급한다. 1960년대의 인종차별반대주의자(antiracist), 페미니스트, 동성애자의 권리 운동에 의해 만들어진 선례를 따라서 서구 세계의 장애인들은 장애인들에 대한 억압에 도전하고 장애인들에게 권한을 부여하기 위한 연구 수행을 제안하기 위하여 준비하기 시작하였다. 실증주의, 해방(emancipatory), 전환(transformative)과 관련한 연구 패러다임은 비교되고 대조된다. 전환 모형은 해방 모형과 마찬가지로 전적으로 장애인을 위한 것이 아니다. 그것은 장애, 성정체성, 인종, 성적 취향, 사회계급을 둘러싼 역사적이며 문화적이고 맥락적인 것과 관련된다. 조사연구의 해석 및 혼합 방법은 두 패러다임 모두에 사용된다. 전환적 패러다임은 사회정의와 인권을 위해 존재하는 활동가, 비평가, 구성주의자이다. 그것은 전환 렌즈와 장애인 권리 이론가의 주장을 결합한다. 토착민을 대상으로 일을 하는 것은 하나의 동질적이거나 고유한 것이 없음을 이해하고 장애인과 함께하는 사회를 이해하는 것을 의미한다. Metens와 그의 동료들은 이와 같이 이야기하며 끝맺는다: "장애를 가진 사람들을 위한 인권과

사회정의를 충분히 현실화하기 위한 길은 쉽지 않다. 전환적 패러다임이 앞으로의 방향을 제공할 것이다." (p. 237)

10. 결론

해석적 브리콜러(bricoleur, 손 재주꾼)로서의 연구자는 제2부에서 설명하는 패러다임과 관점에 대해 낯설어할 여유가 없다. 연구자는 기본 윤리적, 존재론적, 인식론적, 방법론적 가정(assumptions)을 이해하고 대화 속에 그들을 끌어들일 수 있어야 한다. 패러다임과 관점의 차이는 실제적, 물리적, 일상적인 수준에서 의미 있고 중요한 시사점을 제공한다. 패러다임 차이에 있어서 그 모호성은 지지자들이 합의를 구축하기 위해 의견 차이를 모으는 한 계속될 것이다.

단 하나의 "진실"이 없는 것만은 분명하다. 모든 진리는 부분적이고 불완전하다. Lincoln과 Guba(2000)에 따르면 단 하나의 기존 패러다임은 없을 것이다. 우리는 다의성(multivocality), 경쟁적 의미(contested meanings), 패러다임 논쟁, 새로운 텍스트 형태로 기억되는 역사의 순간에 속해있다. 지금은 해방의 시대이다. 진실에 대한 단일체제의 굴레로부터의 자유, 하나의 색으로 세상을 보는 것으로부터의 해방의 시대인 것이다.

참고문헌

Foley, D., & Valenzuela, A. (2005). Critical ethnography: The politics of collaboration. In N. K. Denzin & Y. S. Lincoln (Eds.), *The SAGE handbook of qualitative research* (3rd ed., pp. 217-234). Thousand Oaks, CA: Sage.

Grossberg, L., & Pollock, D. (1998). Editorial statement. *Cultural Studies, 12*(2), 114.

Guba, E. (1990). The alternative paradigm dialog. In E. Guba (Ed.), *The paradigm dialog* (pp. 17-30). Newbury Park, CA: Sage.

Hall, S. (1996). Gramsci's relevance for the study of race and ethnicity. In D. Morley & K.-H. Chen (Eds.), *Stuart Hall: Critical dialogues in cultural studies* (pp. 411-444). London: Routledge.

Ladson-Bilings, G., & Donner, J. (2005). The moral activist role of critical race theory scholarship. In N. K. Denzin & Y. S. Lincoln (Eds.), *The SAGE handbook of qualitative research* (3rd ed., pp. 279-302). Thousand Oaks, CA: Sage.

Lincoln, Y. S., & Guba, E. (2000). Paradigmatic controversies, contradictions, and emerging confluences. In N. K. Denzin & Y. S. Lincoln (Eds.), *Handbook of qualitative research* (2nd ed., pp. 163-188). Thousand Oaks, CA: Sage.

Yvonna S. Lincoln, Susan A. Lynham, Egon G. Guba

06.

패러다임 논쟁, 반박, 그리고 현안의 합류점 재검토

손승현_ 고려대학교 교육학과 교수

『질적 연구 핸드북』(Guba & Lincoln, 1994) 초판에서는 적절하고도 지적인 패러다임 헤게모니에 관한 다양한 연구 패러다임 중에서 논쟁이 되는 것들을 집중해 다루었다. 우리가 다루었던 포스트모던 패러다임(포스트모더니즘, 비판 이론, **구성주의**)[1]은 실증주의와 후기실증주의로부터 적절성의 논쟁 중에 있었고 지적 적실성을 논하였다. 초판을 발행한 지 15년이 흘렀고, 사회과학 탐구의 조망에 상당한 변화가 있었다. 적절성에 관해서는, 우리가 관찰한 바에 의하면, 방법론이나 패러다임 문헌을 익숙하게 읽어온 독자들은 존재론과 인식론에 높은 관심을 보인다. 그 이론들은 전통적 사회과학과는 확연히 다른 것으로, 페미니즘이나 비판적 인종과 문화기술지 연구, 퀴어 이론, 경계이론(border theories), 후기식민지 존재론과 현상학, 인식론, **후기구조주의**와 포스트모더니즘의 작업과 같은 기존의 사회과학에서 말하는 방법론이나 패러다임에 관한 문헌들을 포함하지만 여기에만 제한되는 것은 아니다. 둘째, 잘 확립된 훈련을 받은 양적 사회과학(저자 중 두 사람도 양적 연구를 하는 사회과학자이다) 전문가들도 질적 연구 방법을 좀 더 배우고 싶어한다. 왜냐하면, 대학원에서 교육을 받고 있는 새롭게 훈련받는 대학원생들이 질적으로 수행하는 연구들과 논

문들의 지도를 받기 원하고 질문들을 하기 때문이다. 셋째, 다수의 질적 연구 교재와, 연구 논문들, 워크숍, 훈련 교재가 쏟아지고 있다. 사실, 좀 더 해석적이고, 포스트모던주의, 그리고 비판적 실제와 이론을 향한 명확한 방향의 전환을 놓칠 수 없다(Bloland, 1989, 1995). 비실증적 접근(환경)을 통해 사실상 어떠한 연구도 논쟁에 있는 패러다임에 의해 이의 없이 지나갈 수 없는 상황이 되었다. 더군다나, 새로운 패러다임 탐구를 수행하는 사람의 수가 날마다 늘어나고 있다. 후기실증주의와 포스트모더니즘 패러다임의 적실성은 이미 잘 확립되었고 최소한 기존의 패러다임만큼의 적실성을 인정받았다(Denzin & Lincoln, 1994).

포스트모더니즘 패러다임 중에서 헤게모니, 즉 우월성(supremacy)에 관해서는 Clifford Geertz(1988, 1993)가 예측한 "장르의 모호함"이 급속도로 성취되고 있다. 탐구 방법론은 더 이상 보편적으로 적용 가능한 규칙이나 추상적 관념으로 다루어질 수 없다.

방법론은 특정한 학문영역(사회학, 심리학과 같은)의 특징과 특정한 이론(마르크시즘, 페미니즘, 퀴어 이론)으로부터 나오고 긴밀하게 연결되어 있다. 따라서, 예를 들어, 우리가 중등 교과서를 통해 교사에게 권한 부여를 한다든지, 학교에서 일어나는 일들을 민주화하

는 과정들을 이해하면서, Virginia Olesen(2000; 이 책의 7장)의 페미니스트 비판 이론과 Patricia Lather (2007), 혹은 Joshua Gamson(2000)의 퀴어 이론을 읽으면서, 혹은 연구자로서의 교사에 관한 논쟁을 읽을 수 있다(Kincheloe, 1991). 사실, 다양한 패러다임은 이전에는 일치점을 찾을 수 없는 것처럼 보인 두 개의 이론들이 이제는 다른 이론적 루브릭 아래에서 서로 간의 논쟁점을 알려주면서 두 이론 간의 "교배"에 의해 시작된다. 개인적으로 예를 들자면, 실행 연구자들, 포스트모더니즘과 후기구조주의 비판 이론가들의 영향을 받은 바로 우리의 작업 결과이다. 결과적으로, 논쟁 중에 있는 패러다임에서 쟁점을 찾기보다는 어디에서 그리고 어떻게 현재의 패러다임들이 합류점을 보이며, 어떻게 다른지, 어떠한 논쟁과 논박이 있는지를 보여주는 것이 더 유용하다고 본다. 질적 연구 분야의 성숙을 위해 정치적 정교화뿐 아니라 방법론과 인식론에 더해 새로운 연결점을 찾을 수 있고, 우리가 믿기로는 해석학적 파워 안에서 유사점이 나타나고 초점을 맞추게 될것이다.

6.1 모든 패러다임의 주요 쟁점

이 책의 초판인 『질적 연구 핸드북』의 장에서 패러다임의 개념적 특징에 대한 우리의 입장을 요약한 두 개의 표를 제시하였다(실증주의, 후기실증주의, 비판 이론, 구성주의 패러다임을 보았다; Guba & Lincoln, 1994, p.109, [표 6.1]); 그리고 제2판에서는 네 패러다임을 구별하는 가장 근본적인 이슈들에 대해 다루었다. 이러한 표들을 본 책에서는 약간 다른 형식으로 이전에 우리가 제시했던 진술들을 독자에게 상기시켜 주기 위해 다시 제시하였다. 존재론적, 인식론적, 방법론적 기초로서 확립되고 현존하는 패러다임의 정의된 개념들은 [표 6.1]에 제시된 바와 같다. 가장 자주 논쟁되는 쟁점은 연구의 목적, 지식의 본질, 지식이 축적된

방식, 윤리, 보이스, 훈련(책임 있는 반성적 현장연구에 들어가도록 연구자를 준비시키는 예비 과정), 수용, 헤게모니와 같은 것들이 [표 6.2]에 제시되어 있다. 이두 표를 검토해보면 독자들은 『질적 연구 핸드북』 원본에서 제시한 것들을 확인할 수 있다. 더 자세한 설명은 물론 원본에서 찾을 수 있다. 독자들은 중간에 Susan Lynham이 우리와 함께 하면서 우리 자신도 더 잘 이해할 수 있게 되었고 학생들이 새로운 패러다임의 틀을 확장할 수 있도록 작업을 해서 새롭고도 더 실증적 버전의 표를 만드는 데 참여한 것을 알게 될 것이다.

그 장을 출판한 이래로, 적어도 여러 명의 저자들이, John Heron과 Peter Reason 등의 저자들은, **참여적/협력적** 패러다임을 포함하도록 정교화시켰다(Heron, 1996; Heron & Reason, 1997, pp.289-290). 따라서, 실증주의, 후기실증주의, 비판 이론과 구성주의 패러다임에 더하여, 해방주의 패러다임을 본 장에 추가하였다(이것은 우리의 관점인 구성주의에 내재된 해석학적 정교화를 했다는 것을 보여준 훌륭한 예이다). 이장을 쓴 우리의 목적은 Heron과 Reason이 추가한 것에 기초하여 추후 분석을 확장하는 것이며 현재의 사상들을 반영하는 쟁점들을 재구성하는 것이다. 우리가 선택한 쟁점들은 원본에서 만들어진 것들과 더불어 Lynham뿐 아니라, Heron과 Reason(1997)에 의해 추가되고, 수정되고 확장되었으며 또한 오늘날 가장 중요하다고 생각하는 쟁점들이다. 여기서 주목할 것은 "**중요한**"이라는 말이 의미하는 것이다. 중요한 토픽은 널리 논의되고 있는(혹은 열띤 논쟁 중에 있는) 것으로 타당성 문제이다. 중요한 쟁점은 새로운 각성을 나타내고 있다(가치의 역할을 인식하는 것과 같은 이슈이다). 중요한 쟁점은 한 패러다임의 영향과 다른 패러다임의 영향을 설명하는 것이다(예, 페미니즘, 실행 연구, 비판 이론의 영향, 연구자와 실행 개념은 연구가 실행되는 맥락과 지역사회 안에서 나타나는 참여적 모델의 영향과 같은 것들이다). 혹은 새로운 혹은 확장된 이론이나 현장 중심의 처치를 새롭게 적용하게 되면서 보이스와 반응성이 두 가지 쟁점이 되고 있다. 중요

표 6.1 대안적 연구 패러다임의 기본 개념(형이상학)

항목	실증주의	후기실증주의	비판 이론	구성주의
존재론	소박한 실재: "진짜" 현실은 감지될 수 있다.	비판적 실재: 실제의 현실은 불완전하고 확률적으로 감지될 수 있다.	역사적 실재: 가상 현실은 사회, 정치, 문화, 경제, 민족, 그리고 성에 대한 가치에 의해 형성된다; 시간에 따라 구체화된 것이다.	상대주의: 지역적이고 구체적으로 구성된 것이며 함께 구성된 실재
인식론	이원론/객관주의; 밝혀진 것이 진실	수정된 이원론/객관주의; 비판적 전통/공동체; 밝혀진 것은 확률적으로 진실	상호거래적인/ 주관적인; 가치가 개입된 결과	상호거래적인/주관적인; 만들어진 결과
방법론	실험/조작; 가설 검증; 주로 양적 방법	수정된 실험/조작; 비판적 복합주의, 가설 오류; 질적 방법도 포함한다.	대화/변증법적	해석학적/ 변증법적

표 6.2 선택된 실제 이슈에 대한 각 패러다임의 입장

항목	실증주의	후기실증주의	비판 이론	구성주의
연구의 목적	설명: 예측과 통제		비판과 변형; 재구성과 해방	이해; 재건
지식의 본질	사실 혹은 법칙으로 확립된 검증된 가설	확률적인 사실들이나 법칙들의 오류가 없는 가설	구조적/역사적 통찰	개인적 혹은 집단적 재건 합의를 중심으로 한 연합
지식의 축적	축적—"지식의 구조"에 "구축"된 것; 신뢰도와 객관성		역사적 수정주의; 유사성에 의한 일반화	더 많은 정보를 가지고 정교화된 재건; 대리 경험
적합도 혹은 질 평가 기준	전통적인 방법의 "엄격한 기준"; 내적 그리고 외적 타당도, 신뢰도, 객관성		역사적 상황; 무지와 오해의 잠식; 행동 자극	포함—형성적
가치	제외—가치의 영향을 부인		포함: 형성적	타당도와 진정성, 행위를 위한 촉매
윤리	외재적: 속임에 가까운 경향		내재적: 계시에 가까운 도덕	내재적: 계시를 향한 과정; 특별한 문제들
보이스	의사결정자, 정책 수립자, 그리고 변화의 매개체로 정보를 제공하는 "관여하지 않는 과학자"		"변형적 지적" 옹호론자와 활동가	"열정적 참여자" 촉진자와 다수의 목소리의 재건
훈련	기술적이고 양적; 상당한 이론들	기술적; 양적/질적; 상당한 이론들	재사회화; 질적 그리고 양적; 역사; 이타주의, 권한 부여와 자유의 가치	
수용	대등한		이전의 두 패러다임과 비교할 수 없는	
헤게모니	출판, 연구비지원, 승진, 정년보장과 같은 통제아래 있다.		인식과 투입 추구; 패러다임의 선구자에게 도전 제공, 후기식민지의 열망과 병행	

한 것은 새롭거나 현존하는 처치가 이전에 구성된 공식(formulations)과는 대조가 되는(contradict) 방법, 패러다임, 윤리적 차원에서 다시 한 번 풍부하고 결실 있는 대화를 야기할 수 있다는 것이다. **중요한이란 의미**

표 6.3 대안적 탐구 패러다임에 대한 기본 개념 – 업데이트

이슈	실증주의	후기실증주의	비판 이론	구성주의	참여적
존재론	소박한 실재: "진짜" 실재는 있지만 인간의 지각과는 별도로 독립적으로 존재	비판적 현실주의: "진짜" 실재는 있지만 불완전하게 그리고 확률적으로 지각할 수 있다.	역사적 실재론: 사회, 정치, 문화, 경제, 민족, 그리고 성에 대한 가치들에 의해 형성된 가상 현실; 오랜 시간에 걸쳐 구체화	상대주의: 지역과 구체적으로 함께 구성된 실재	참여적 실재: 주관적–객관적 실재, 주어진 세계에서 마음이 함께 구성된다.
인식론	이원론/객관주의; 발견된 것이 참	수정된 이원론/객관주의; 비판적 전통/사회; 발견된 것은 확률적으로 진실	상호적/주관적; 가치 매개적 발견	상호적/주관주의; 함께 만들어진 발견	세계와 참여적으로 상호작용하는 비판적 주관주의; 실험주의, 명제, 실천적 지식, 확장된 인식론; 함께 만들어지고 발견된 것들
방법론	실험주의/조작; 가설 검증; 주로 양적 방법	수정된 실험/조작; 비판적 다원주의; 가설 오류; 질적 방법도 사용 가능	대화적/변증법적	해석학적/대화적	협력적 탐구 행위에 정치적 참여; 공유된 경험적 상황에 토대한 언어의 사용

는 과학이라는 이름으로 시행되는 질적 연구가 단 하나의 형태로 이름 붙일 수 있다는 선언을 저해하는 혹은 더 큰 사회적 움직임의 전조가 될 수 있다(National Research Council, 2002).

[표 6.3]은 원본 [표 8.3]을 재구성한 것으로 Heron과 Reason(1997)이 제안한 참여 패러다임의 개념을 추가한 것이다. [표 6.4]는 일곱 가지 이슈를 다루며 원본 [표 8.4]에서 처음 제시된 선택된 이슈들을 업데이트한 것이다. 1994년 버전 [표 6.2]의 보이스는 '연구자 입장'으로 바꾸었고, 현재 표에는 재정의된 '보이스'를 삽입하였다.

연구자 입장을 제외한 모든 경우에, 참여적 패러다임에 들어간 것들은 Heron과 Reason에 의해 제안된 것들이다; 그들이 다루지 않은 한 가지 경우에서 보면, 그들의 의도라고 파악된 신념을 추가해서 주목하였다. 이전의 핸드북 장에서 논의된 것들을 재구성하려는 시도를 하지는 않았다. 대신, 우리는 [표 6.4]에 제시된 것들에 주로 초점을 맞추었다: 개념, 수용과 대등성; 행동; 통제; 진실과 지식의 토대; 타당도; 보이스, 반응

성, 포스트모던 텍스트의 표상과 같은 이슈들이다. 그리고 축적과 혼합 방법이라는 두 가지 이슈를 보고자 하는데, 그 두 가지 이슈가 현재 질적 연구 진영 안에서 나타나는 현안의 쟁점이 되었고 친숙한 논쟁들이기 때문이다.

우리는 이러한 이슈들이 가장 큰 논쟁거리라고 믿기는 하지만, 또한 그 이슈들이 대화와 합의, 합류점이 나타날 수 있는 지적, 이론적, 실질적 여지를 남길 수 있다고 믿는다. 다수의 관점들이 서로 긴밀하게 짜여질 가능성이 크고, 다수의 입장이 통합되고, 관점들의 차용을 통해 유용하고, 풍부한 이론적 해석이 가능할 수 있도록, 차용되거나 **브리콜라주**될 가능성이 크다. 예를 들어, 우리 자신이 사회적 구성주의 혹은 구성주의자라고 하지만, 『제4세대 평가(Fourth Generation Evaluation)』(Guba & Lincoln, 1989)에 정교화된 진정성 기준에서 나타난 행동의 요구는 이전 판에서 잘 개관해준 비판 이론과 참여적 실행 연구 관점이 통합되도록 행동을 취할 것을 강하게 반영하고 있다(Kemmis & McTaggart, 2000; Kincheloe &

표 6.4 선택된 이슈에 대한 패러다임의 입장 – 업데이트

이슈	실증주의	후기실증주의	비판 이론	구성주의	참여적
지식의 본질	사실 혹은 법칙으로 확립된 가설의 검증	확률적으로 맞다고 여겨지는 사실과 법칙의 오류가 없는 가설	구조적/역사적 통찰	사람들이 동의한 것들을 중심으로 하나로 만든 개인적 혹은 집단적 재구성	확장된 인식론: 실천적 지식의 일순위(primacy); 비판적 주관성; 살아있는 지식
지식의 축적	축적: 지식을 강화하는 데 더해지는 소재; 일반화와 인과관계의 연결		역사적 재조명; 유사성에 의한 일반화	더 많은 정보와 정교화를 통해 지식의 재건; 대리 경험	연구자 공동체가 실천적 공동체에 참여하는 것
적합도 혹은 질평가 준거	전통적 "엄격성" 기준: 내적 그리고 외적 타당도, 신뢰도, 객관성		역사적 상황; 무지와 오해의 잠식; 행동 자극	행동을 위한 촉매를 포함한 신빙성과 진정성	실험적, 표상적, 제안적, 그리고 실천적 지식의 일치; 인간 번영에 이바지하는 세계의 변화를 이끄는 행동
가치	제외: 영향을 부인한다	포함: 형성적인 것이다			
윤리	외재적: 속임에 가까움	내재적: 계시에 가까운 도덕		내재적: 계시에 가까운 과정	
연구자 입장	"과학자의 비관여: 의사결정자, 정책 수립가, 변혁 주도가의 정보를 고지하는 사람"		"변혁적 지식"을 옹호하고 실천하는 사람	다양한 보이스를 촉진하는 열정적 참여자로서 재구성	자기반성적 행동의 자각을 통해 일차적 보이스를 나타내는 사람; 이차적 보이스는 이론, 내러티브, 움직임, 노래, 댄스, 그리고 다른 표현의 형식을 반영하는 사람
훈련	기술적이고 양적; 상당한 이론들	기술적; 양적/질적; 상당한 이론들	재사회화; 질적/양적; 역사; 이타적 가치, 권한 부여와 해방		촉진자/연구자로서 공동 연구자가 연구 과정 주도; 촉진자/연구자는 공감 능력, 민주적 시민자질과 기술이 요구된다.

McLaren, 2000). 그리고 Heron과 Reason이 정교화한 모델은 **협력적** 패러다임이라고 불리는 것으로, 그들의 제안을 잘 읽어보면 후기실증주의, 포스트모더니즘, 비판주의를 지향하는 형태의 탐구인 것을 알 수 있다.

결과적으로, 연구에 기반한 여러 가지 이론들과 패러다임에 친숙한 독자들은 확대된 표에 함께 나타나고 있는 여러 줄기의 사상들의 흔적을 찾을 수 있을 것이다. 이것이 의미하는 것은, Laurel Richardson(1998년 9월 12일 사적 대화)이 지적하듯이, 범주들은 "흐름이고, 사실 어떤 것이 범주여야 하는 것은 계속해서 바뀌는 것이고 확대되는 것이다". 그녀는 "우리가 글을 쓸 때에조차도, 패러다임 간의 경계는 변화하고 있다." 이것이 Geertzian이 일찌기 불렀던 "장르의 모호함"이라고도 하는, 패러다임의 대등성을 말한다. 우리는 이 혼재와 변화의 현상을 역동주의를 상징하는 것이라고 본다. 역동주의는 질적 연구를 정책 형성에 영향을 주거나 사회적 병폐를 바로잡으려고 하는 것으로 본다면 매우 중요한 것이다.

표 6.5 지식의 주제들: 연구의 해석적 도식, 사상, 실천

지식의 주제들: 연구의 목적, 이상, 설계, 절차, 방법들					
	실증주의	후기실증주의	비판 이론 (+페미니즘+인종)	구성주의(혹은 해석주의)	참여적(+포스트모던)
	현실주의자들, "견고한 과학" 연구자들	실증주의의 수정 된 형태	권력에 의해 억압 된 자들에게 유익 하도록 변화 창출	주관적 인식을 해석함으로써 이해를 더함	연구자와 주제 사이에 민주 적 참여에 근거한 변화
A: 대안적 탐구 패러다임의 기본 신념 (형이상학)					
존재론 연구자들이 새로운 지식을 찾고자 할 때 작동하는 세계관과 가정들(Schwandt, 2007, p.190) 존재하는 것을 연구하고 무엇이 존재하는지 연구(Latsis, Lawson, & Martins, 2007) 실재의 본질은 무엇인가?	확인할 수 있는 단 하나의 실재가 있다는 신념. 측정되고 연구될 수 있는 단 하나의 진실이 있다. 연구의 목적은 자연을 예측하고 통제하는 것(Guba & Lincoln, 2005; Merriam, 1991; Merriam, Caffarella, & Baumgartner, 2007)	자연을 완전히 이해할 수 없다는 것을 인지한다. 하지만, 우리들은 그것이 무엇인지 완전히 이해할 수 없다. 왜냐하면 숨어 있는 잠재적 변인들과 자연에서 "절대"라는 것은 없기 때문이다.	권력에 대한 투쟁에 기초한 세계안에서 인간 본성은 작동한다. 이것은 특권과 인종이나 민족, 사회경제적 계급, 성별, 혹은 정신적/신체적 능력, 혹은 성적 지향성에 기반한 억압 사이에 상호작용으로 이끈다(Bernal, 2002; Giroux, 1982; Kilgore, 2001).	상대주의자: 다수의 정신적 구상의 형식, 사회적으로 경험적으로 근거한, 지역적이고 구체적인, 그 형식들에 의존적인 실재와 그러한 것들을 장악하고 있는 사람들에 관한 내용(Guba, 1990, p.27) 상대주의: 지역적이고 구체적으로 구성된 것이며 함께 구성된 실재(Guba & Lincoln, 2005, p.193) "우리의 개별적 개인적 실재–우리가 삶에 대해 생각하는 사고방식과 그 안에서 우리의 역할–자기가 만든–우리는 함께 우리 자신의 개인적 실재를 만들어낸다(Guba & Lincoln, 1985, p.73). 다수의 실재가 존재하며 그것들은 개인들이 의존하고 있는 것들이다(Guba, 1996). "상대성을 포용하는 형이상학"(Josselson, 1995, p.29). "대중과 연구자들이 이해할 수 있는 연구를 한다"(Preissle, 2006, p.36) 우리가 아는 실재는 간주관적으로 사회적으로 경험적으로 만들어진 의미와 이해에 의해 구성된 것이라고 가정한다(Guba & Lincoln, 1994). 나에게 이것은 우리의 삶의 경험과 사회의 다른 구성원들과의 상호작용을 통해 지식을 구성한다는 것이다. 이와 같이, 연구자로서, 우리는 우리가 산출하는 지식이 그들의 실재를 반영할 수 있도록 주관적으로 확신하는 가운데 연구 과정에 참여해야 한다.	참여적 실재: 주관적–객관적 실재, 정신과 둘러싼 세계에 의해 함께 구성된 실재(Guba & Lincoln, 2005, p.195) 자아와 타인 사이의 관계를 새롭게 이해하는 데 있어서 객관적이어야 한다는 개념으로부터의 자유(Heshusius, 1994, p.15) 사회적 구성: 구성주의와 유사하지만, 지식을 더 잘 이해하기 위한 수단으로 합리주의를 가정하지 않는다(Kilgore, 2001, p.54). 주관성–객관적 실재: 지식을 알아가는 사람들은 다른 사람들도 그것을 알 때에만 아는 사람이 되는 것이다. 참여와 참여적 실재에 세계관이 근거한다(Heron & Reason, 1997).

인식론 사고 과정. 우리가 알고 있는 것과 우리가 보는 것 사이의 관계를 말한다. 우리가 추구하고 연구자로서 우리가 믿는 진실(Bernal, 2002; Guba & Lincoln, 2005; Lynham & Webb-Johnson, 2008; Pallas, 2001) 연구자와 연구되는 것 사이의 관계는 무엇인가?(Creswell, 2007)	총체적 객관성에 대한 신념. 누구와 혹은 연구자들이 연구하는 무엇과 상호작용하지 않을 이유가 없다. 연구자들은 과학적 엄격성에만 가치를 두고 사회 혹은 연구 주제에 미치는 영향에는 가치를 두지 않는다(Guba & Lincoln, 2005; Merriam, 1991; Merriam et al., 2007).	자연에 가깝게만 근접할 수 있다고 가정한다. 연구자와 통계는 불완전한 자료를 이용해 의사결정할 수 있는 방법을 제공하는 것이다. 연구 주제와의 상호작용은 최소화해야 한다. 연구의 타당도는 동료로부터 나오는 것이지(연구자 공동체), 연구의 주제로부터 나오는 것은 아니다(Guba & Lincoln, 2005; Merriam, 1991; Merriam et al., 2007).	연구는 사회적 구조, 자유와 억압, 권력과 통제를 연구하는 데서 나오는 것이다. 연구자들은 산출된 지식이 현존하는 억압 구조에 변화를 줄 수 있고 권한 부여를 통해 억압을 제거할 수 있다고 믿는다(Merriam, 1991).	주관성: 연구자와 연구된 것이 하나의 실체로 통합된다. 결과는 문자적으로 과정과 둘 간의 상호작용에 의해 만들어진다(Guba, 1990, p.27). 거래적/주관성: 함께 만들어진 결과(Guba & Lincoln, 2005; p.195). 사람들이 자신만의 실재를 이해한다는 철학적 신념; 우리는 우리 자신과 환경과의 상호작용에 의해 우리 자신의 의미를 구축한다(Guba & Lincoln, 1985). "사회적 실재"란 상황안에서 행동을 하는 사람의 판단의 준거 틀에 기초해서 구축되는 것이다(Guba & Lincoln, 1985, p.80).	전체적: "진실이라는 개념이 해석보다 선행한다는 '진실'과 '해석' 사이의 전통적 관계를 대치한다"(Heshusius, 1994, p.15). 세계와 참여적 거래안에서의 비판적 주관성; 경험적, 제안적, 실천적 앎의 확장된 인식론; 함께 만들어진 결과들(Guba & Lincoln, 2005; p.195) 비판적 주관성: 우리가 어떻게 알고 무엇을 아는가와 지식이 완성되는 것 사이의 관계. 지식을 아는 네 가지 방식: (1) 경험적, (2) 표상적, (3) 명제적, (4) 실천적(Heron & Reason, 1997)
방법론 우리가 새로운 지식을 추구하는 과정. 연구와 어떻게 연구가 진행되어야 하는지 원칙(Schwandt, 2007, p.190) 연구의 과정은 무엇인가?(Creswell, 2007)	과학적 방법에 대한 신념. 의사결정에 있어서 "황금률과 같은 표준"에 가치를 둔다. 전통적 견고한 과학에 기반한다. 오류의 원리를 믿는다(결과는 반증이 나올 때까지는 진실이라고 믿는다). 연구에 의해 산출된 데이터는 복제될 수 있는 것에 가치를 둔다(Merriam, 1991).	연구자들은 실재에 근접하기 위한 시도를 해야 한다. 통계를 활용하는 것은 시각적으로 해석하기 위해 중요한 것이다. 과학적 방법을 믿는다. 연구는 새로운 지식을 만들어내려는 노력이며, 과학적 발견을 추구한다. 연구에 포함된 알려지지 않은 변인들이 있기 때문에 실증주의자들보다 더 많은 질문을 하려는 시도를 한다. 통일된 방법이 있다. 연구자가 객관성을 얻기 위해서는 거리를 두어야 한다. 가설적 추론 방법을 활용한다-가설을 하고, 추정하고, 일반화한다(Guba & Lincoln, 2005; Merriam, 1991; Merriam et al., 2007).	대화에 의한/변증법적(Guba & Lincoln, 2005) 억압받는 사람들에게 권한을 부여하고 사회적 변혁과 혁명을 지원하는, 참여적 연구를 찾는다.	해석적, 변증법적: 개별적 구인은 실증적으로 합의하는 한 가지 혹은 몇 개의 구인을 만들어낼 목적으로, 해석학적으로 정교화되고, 변증법적으로 비교되고 대조되는 것을 통해 도출되는 것이다.	협력적 실행 연구, 실천적 근원으로서, 정치적 참여; 공유된 경험적 맥락에 근거한 언어를 사용한다(Guba & Lincoln, 2005, p.195). 해체를 통해 학습자에게 우세한 표상과 성인교육 문헌에서 학습에 관한 것을 질문하는 도구로 사용된다; 이를 통해 의사소통을 구조화하는 이원론의 오류를 불신하며 정상적이거나, 정당하거나, 혹은 좋다고 여겨져 포함되거나 제외되는 것에 대한 주장에 도전을 한다(Kilgore, 2001, p.56). 경험적 지식은 면대면 학습을 통해 이루어지며, 새로운 지식을 배우는 것은 지식의 적용에 의해 일어난다. 내용과 방법 모두의 민주화와 함께 만들어가는 것이다. 공동연구자로서 그리고 공동참여자로 민주적 대화에 함께 참여한다(Heron & Reason, 1997).

지식의 주제들: 연구의 목적, 이상, 설계, 절차, 방법들					
	실증주의	후기실증주의	비판 이론 (+페미니즘+인종)	구성주의(혹은 해석주의)	참여적(+포스트모던)
B: 선택된 실제적 이슈에 대한 패러다임의 입장					
연구의 목적 연구의 목적과 이유는 왜 연구가 수행되는가이다. 우리가 추구하는 목적과 지식은 무엇인가?(Guba & Lincoln, 2005)	연구는 예측과 자연 현상의 통제를 목적으로 해야 한다. 법칙은 자연의 규칙에 적용될 수 있다는 것을 예시해서 보여주는 것이다.	연구자들은 정답에 가능한 가깝게 가야 한다. 전적으로 실재를 확보할 수는 없지만 최대한 근접해야 한다.	연구의 목적은 사회적 권력 갈등과 관련한 진실을 찾아내기 위해 사회적 권력 구조를 찾는 것이다(Giroux, 1982; Merriam, 1991). 억압받은 자들의 삶의 모든 측면을 합리적으로 조사할 수 있도록 자극하며, 궁극적으로 사회정책과 실천을 변화시키게 될, 그들이 가지고 있는 이해의 기반이 되는 집단적 존재를 재정리하도록 자극한다 (Fay, 1987).	현상의(삶의 경험의 의미를 구축하고/재건함으로 얻을 수 있는) 의미를 통해 이해하고 해석하는 것이다; 이러한 이해는 실천에 정보를 주고자 한다(향상된 실천). 이해/재건(Guba & Lincoln, 2005, p.194) 문화의 이해에 대한 합의 (Geertz, 1973) 과학적 일반화가 모든 문제 해결에 맞지 않을 수 있다(Guba, 1996). 이론과 실천의 차이를 메울 수 없는 접근이 필요하다(Guba, 1996). 해석학의 본질적 메시지는 인간이 의미하는 것이 무엇인지, 인간 의미를 다각도로 조사함으로 사람을 이해할 수 있게 된다(Josselson, 1995).	실재의 형식과 본질이 무엇인가? 따라서 알려진 것은 무엇인가에 대한 질문을 한다. 알고 있는 사람과 알고자 하는 사람 간의 관계는 무엇이며 무엇이 알려졌는가? 연구자들이 … 어떻게 그들이 믿는 것이 알려진 것이 되었는가에 대해 찾는 것이다. 인간 삶에서 본질적으로 가치 있는 것이 무엇인지, 특히 어떤 종류의 지식이, 만약에 그런 것이 있다면, 본질적으로 가치가 있는 것인가? (Heron & Reason, 1997)
지식의 본질 연구자들이 탐구의 과정을 통해 생성된 지식을 어떻게 보는가? (Guba & Lincoln, 2005)	가설이 사실로 검증된다.	정확한 하나의 진실이 있으며, 그 안에는 다수의 숨겨진 가치와 변인이 있어서 정답을 완전하게 알 수는 없게 만든다. 합리성은 더 나은 지식을 의미하는 것이다. 지식은 인간 관심의 논리적 결과이다(Kilgore, 2001). 지식은 구조적/역사적 통찰이다(Guba & Lincoln, 2005).	지식은 "주관적이고, 해방적이며, 근본적 사회 변화를 생산하는 것으로 간주된다(Merriam, 1991, p.53). 합리성은 집단적 재건이다(Geertz, 1973). 사람들은 자기 자신의 실제에 대한 이해를 구축한다(Guba, 1990). "실재는 다수의 정신적 구인의 형태로 존재하는 것으로부터 취해진 것으로, 사회적으로 경험적으로 기반하며, 지역적이고 구체적이며, 그 지식을 소유하고 있는 사람들의 형식과 내용에 의존하는 것이다"(Guba, 1990, p.27)	행위자가 구축한 의미는 지식의 근본이 된다. 개별적 그리고 집단적인 재건은 합의를 둘러싼 합일이다(Guba & Lincoln, 2005, p.196). 문화의 의미에 대한 합의를 둘러싼 합일이 집단적 재건이다(Geertz, 1973). 사람들은 자기 자신의 실제에 대한 이해를 구축한다(Guba, 1990). "실재는 다수의 정신적 구인의 형태로 존재하는 것으로부터 취해진 것으로, 사회적으로 경험적으로 기반하며, 지역적이고 구체적이며, 그 지식을 소유하고 있는 사람들의 형식과 내용에 의존하는 것이다"(Guba, 1990, p.27)	지식이 사회적으로 구성된다는 것을 믿으며 현존하는 실재로부터 형성된다기보다 지식을 아는 사람의 눈에 비친 형태로 취해지는 것이라고 믿는다(Kilgore, 2001, p.51). 확장된 인식론: 실천적 앎의 근원; 비판적 주관성; 살아 있는 지식(Guba & Lincoln, 2005; p.196) 경험적 참여 명제적 앎 주관적-객관적 실재 실천적 앎은 뭔가를 어떻게 하는지 아는 것이고, 기술이나 역량을 통해 보여지는 것이다(Heron & Reason, 1997).

| | | | 지식은 사회적으로 구축된 것이며 현존하는 실재에 의해 만들어진다기보다는 지식을 알고자 하는 사람의 눈에 비쳐진 형태로 취해진다고 믿는다(Kilgore, 2001, p.51) | 지식은 경험과 개인과 타인 그리고 환경간의 상호작용에 의해 인지적으로 구축되는 것이다(수업중 노트, 2008). 연구자와 연구된 것 간의 상호작용의 과정을 통해 함께 만들어진 것으로 주관적이다(수업중 노트, 2008). 지식은 사회적으로 구성된 것으로, 발견된 것은 아니다(수업중 노트, 2008). "대화를 관찰함으로 우리는, 사람들을 부분적으로 감소해서 보지 않고, 전체의 본질에서 작용하는 부분을 인식하여, 전인적 메타내러티브를 구축할 수 있다. 우리는 비로소 실재를 상상할 수 있게 되었다"(Josselson, 1995, p.42) | 문화에 관한 합의점을 둘러싼 합일이 집단적 재건이다(Geertz, 1973). 사람들은 실재에 대한 자기 자신만의 이해를 구축한다(Guba, 1990). "실재는 다수의 정신적 구인의 형태로 존재하는 것으로부터 취해진 것으로, 사회적으로 경험적으로 기반하며, 지역적이고 구체적이며, 그 지식을 소유하고 있는 사람들의 형식과 내용에 의존하는 것이다"(Guba, 1990, p.27) 지식은 경험과 개인과 타인 그리고 환경간의 상호작용에 의해 인지적으로 구축되는 것이다(인식론 수업 노트, 2008). 연구자와 연구된 것 간의 상호작용의 과정을 통해 함께 만들어진 것으로 주관적이다(인식론 수업 노트, 2008). 지식은 사회적으로 구성된 것으로, 발견된 것은 아니다(인식론 수업 노트, 2008). 행위자가 구축한 의미는 지식의 토대가 된다. 개별적 그리고 집단적으로 재구축된다는 것은 때로는 문화의 의미에 대한 합의를 둘러싼 합일이다(Guba & Lincoln, 2005; p.196). |
| **지식의 축적** 어떻게 지식이 사전지식에 더해서 주제나 분야에 대해 더 잘 이해할 수 있게 구축되는가? (Guba & Lincoln, 2005) | 학문분야를 더 잘 이해하기 위해 구축하고자 하는 인과관계의 연결을 찾는다. 이것은 과학적 방법을 활용해서 시간이 지나면서 법칙이 된다(Merriam, 1991). | 통계와 다른 기술을 활용해서 실재에 가능한 한 가장 가깝게 접근하고자 한다. 비록 완전한 것을 얻을 수는 없다 하더라도, 실재에 근접하여 더 나은 이해를 할 수 있게 된다. | 지식의 축적은 역사적 관점에 기초하며 어떻게 역사를 보고 있는가에 대한 수정을 통해 구조적 권력을 가진 자에 의해 억압적 도구로 사용할 수 없게 된다(Guba & Lincoln, 2005). | 더 정보가 많은 그리고 정교화된 재건; 대리 경험(Guba & Lincoln, 2005, p.196) "1980년대 이후로, 예를 들어, 질적 연구는 후기구조주의와 포스트모더니즘의 발달로 예술과 인문학에서 많은 영향을 받았다. 이러한 영향으로 인해 언어에 민감해졌고, 특히 학문적 용어에 내포된 언어적 가정에 민감해졌다(예, Scheurich, 1996). 그 결과 후기실증주의, 해석학적, 비판적 전통에 도전한다(Preissle, 2006, p.688). | 연구자의 공동체에서 실천적 공동체에 포함된다(Guba & Lincoln, 2005, p.196). "세계를 정신적 개념적으로 밝히는 것은 현재안에서, 거기에 있는 것으로 … 경험적 참여에 근거한다" "경험적으로 안다는 것은 개념적, 명제적 지식의 상징적 틀로 이루어진다" (Heron & Reason, 1997, pp.277-278) |

지식의 주제들: 연구의 목적, 이상, 설계, 절차, 방법들					
	실증주의	후기실증주의	비판 이론 (+페미니즘+인종)	구성주의(혹은 해석주의)	참여적(+포스트모던)
B: 선택된 실제적 이슈에 대한 패러다임의 입장 (계속)					
적합도 혹은 질 평가 준거 어떻게 연구자들이 연구의 질을 판단하는가? (Guba & Lincoln, 2005)	과학적 연구를 통해 산출된 엄격한 데이터	통계적 신뢰도 수준과 연구를 통해 산출된 데이터의 객관성	특권을 취하지 않는 침해(erosion) 속에서 발견된 가치와 더욱 공정한 사회를 만들기 위해 행동을 취하는 능력(Giroux, 1982; Guba & Lincoln, 2005)	간주관적 동의와 대화를 통해 도달한 행위자들 간에 이루어진 추론; 공유된 대화와 구인 신빙성과 진정성, 행동을 위한 촉매에 포함된 것들(Guba & Lincoln, 2005, p.196) 신뢰성, 전이성, 의존성, 확실성(Guba & Lincoln, 2005) "객관성과 주관성 그리고 그들 간의 관계를 물어보는 것"(Preissle, 2006, p.691)	경험적, 표상적, 실천적 앎의 일치; 인간 변영을 위해 세계를 바꾸는 행동으로 이끄는 것(Guba & Lincoln, 2005, p.196) 간주관적 동의와 행위자들 간의 추론은 대화를 통해 도달할 수 있는 것이다; 공유된 대화와 구인이다. 신빙성과 진정성, 행동을 위한 촉매를 포함한다(Guba & Lincoln, 2005, p.196). 신뢰성, 전이성, 의존성, 확실성(Guba & Lincoln, 2005) "객관성과 주관성 그리고 그들 간의 관계를 물어보는 것"(Preissle, 2006, p.691)
가치 연구자들이 연구를 통해 찾고자 하는 중요한 산물이 무엇인가? (Guba & Lincoln, 2005)	표준에 기반한 연구. 과학적 방법에서 가치를 찾을 수 있다. 황금 표준이란 과학적 엄격성을 말한다.	데이터가 불완전하고 잠재적 가치를 포함하고 있더라도 유용한 정보를 찾아낼 수 있다.	포함된 것으로, 형성적이다(Guba & Lincoln, 2005). 연구자들은 변형적이며 사회정의를 실천하는 데 유용한 정보를 찾는다(Giroux, 1982). 추론된 반성과 실천적 변화를 통해 가치를 찾을 수 있다(Creswell, 2007). 연구에서 생성된 가치가 포함하여야 할 것은: 합리적 자명성, 집단적 자율성, 행복, 정의, 신체적 즐거움, 놀이, 사랑, 미적 자기 표현, 그리고 일차적 가치안에 포함되는 다른 가치들이다(Fay, 1987).	개인적으로 상대적인 것이고 개인적 요구를 이해해야 한다. 연구와 결과는 분리 가능하지 않다(수업중 노트, 2008). 포함된 것이며, 형성적이다(Guba & Lincoln, 2005, p.194).	포함된 것이며, 형성적이다(Guba & Lincoln, 2005, p.194). 개인적으로 상대적인 것이고 개인적 요구를 이해해야 한다(인식론 수업 노트, 2008).

윤리 연구자와 대상자들에게 연구가 미치는 영향뿐 아니라 연구 대상자들 간의 상호작용과 관계(Schwandt, 2007)	어떠한 연구라도 부작용이 있을 수 있다고 믿는다. 자연을 연구하기 위해 노력하는 것이지, 자연이 어떻게 인간에게 영향을 미치는지를 연구하는 것은 아니다(포함된 것이며, 형성적이다)(Guba & Lincoln, 2005).	실재를 해석하는데 있어 가능한 한 통계적으로 정확성을 기하고자 한다. 연구는 정확도를 확보하고 하는 것이지, 인간에게 미치는 영향을 보려고 하는 것이 아니기 때문에 다른 것들에 미치는 영향은 고려하지 않는다.	프랑크푸르트 학파의 사고: 연구는 부조리가 없는 사회를 만들기 위한 특정한 관심(interest)과 관련이 있다(Giroux, 1982).	내재적: 계시에 가까운 과정; 특별한 문제들(Guba & Lincoln, 2005, p.196) 연구의 모든 측면에 포함된 것이며 문화를 조사하는 것이다(Geertz, 1973).	내재적: 계시에 가까운 과정; 특별한 문제들(Guba & Lincoln, 2005, p.196) 연구의 모든 측면에 포함된 것이며 문화를 조사하는 것이다(Geertz, 1973).
보이스 누가 연구의 결과를 말하고 있는가? 질적 접근: 연구자가 사용한 자료와 더불어 연구 대상자의 이야기를 담아낼 수 있는 능력(Guba & Lincoln, 2005) 연구의 언어가 무엇인가? (Creswell, 2007)	자료는 자료 자체로 말한다. 연구에서 도출된 일관된 결과를 통해 연구자는 영향에는 무관하게 된다(Guba & Lincoln, 2005).	연구자들은 그들의 연구를 통해 산출된 데이터를 활용하여 사람들에게 연구 결과를 고지한다(Guba & Lincoln, 2005).	데이터는 사회적 변화를 일으키고자 하는 의도로 그리고 모든 사람을 평등한 인권으로 이끄는 사회정의를 위해 만들어진다(Giroux, 1982). (옹호자/실천가)	다수의 보이스 재건 촉진자로서의 "열정적 참여자"(Guba & Lincoln, 2005) 문화의 다수의 보이스 재건 촉진자(Geertz, 1973) 이것은 비판 이론이 그들의 연구에서 권력 구조의 변화를 시도하였고, 이 패러다임 안에서 연구자들은 연구 대상자들이 어떻게 인지하고 사회적 맥락에서 상호작용하는지를 해석함으로 그들의 연구와 연구 대상자에 대한 지식을 늘리고자 한다.	다수의 보이스 재건 촉진자로서의 "열정적 참여자"(Guba & Lincoln, 2005) 문화의 다수의 보이스 재건 촉진자(Geertz, 1973)
훈련 연구를 수행하기 위해 연구자들이 어떻게 훈련받았는가?	연구자들은 기술적이고 매우 양적인 방식으로 훈련을 받는다(Guba & Lincoln, 2005). 과학적 방법을 처방한다.	연구자들은 기술적이고 매우 양적인 방식으로 훈련을 받지만 또한 혼합 방법 연구를 수행할 수 있도록 훈련을 받는다(Guba & Lincoln, 2005).	연구자들은 질적인 방법과 양적인 접근법을 둘다 사용하도록 훈련받는다. 그들은 역사화 사회과학을 연구하면서 권한 부여와 해방을 이해하게 된다(Guba & Lincoln, 2005).	재사회화; 질적 그리고 양적; 역사, 이타주의의 가치, 권한 부여, 그리고 해방(Guba & Lincoln, 2005, p.196)	공동 연구자들은 촉진자/연구자로서 연구의 과정을 주도한다. 그리고 연구 과정에서 적극적 참여를 통해 배운다; 촉진자/연구자는 공감 능력, 민주적 자질, 기술이 요구된다(Guba & Lincoln, 2005, p.196).
연구자 입장 연구자에게 작용하는 관점이 무엇인가? 어떻게 연구자가 연구 과정에 접근하고 있는가? (Guba & Lincoln, 2005)	과학자의 비관여. 연구자들은 변화 과정에서 거리를 두어야 하고 의사결정에 영향을 주려고 시도해선 안 된다(Guba & Lincoln, 2005).	연구자들은 과정에서 제외되지만, 결과에는 관심을 가진다(Guba & Lincoln, 2005).	연구자들은 활동가로서 그리고 변혁적 지성으로서 역할을 한다. 연구자는 사회정의를 통해 공정한 사회를 만들어가는 방법을 이해한다(Bernal, 2002; Giroux, 1982; Guba & Lincoln, 2005; Merriam, 1991).	지식을 함께 구축하고, 이해하고, 삶의 경험의 의미를 해석한다(Guba & Lincoln, 2005, p.196).	일차적 보이스는 자기 반성적 행위의 자각을 통해 나타난다; 이차적 보이스는 이론, 내러티브, 운동, 노래, 댄스, 그리고 다른 표상 형식에 반영된 것이다(Guba & Lincoln, 2005, p.196). 연극과 민속기록지와 같은 다른 형태의 데이터 표상을 포함할 수 있다(Eisner, 1997).

지식의 주제들: 연구의 목적, 이상, 설계, 절차, 방법들					
	실증주의	후기실증주의	비판 이론 (+페미니즘+인종)	구성주의(혹은 해석주의)	참여적(+포스트모던)
B: 선택된 실제적 이슈에 대한 패러다임의 입장 (계속)					
수용 연구에 의해 제공된 요구(needs)는 무엇인가? (Guba & Lincoln, 2005)	대등한 것이다: 연구는 연구하고 분석하기 위한 공통의 단위가 있다 (Guba & Lincoln, 2005, p.194).	대등한 것이다: 연구는 연구하고 분석하기 위한 공통의 단위가 있다 (Guba & Lincoln, 2005, p.194).	대등하지 않다: 산출된 자료는 측정의 공통된 단위로부터 나올 필요가 없다. 다른 스타일과 방법을 통한 연구 접근들은 다양한 형태의 데이터를 산출할 수 있다 (Guba & Lincoln, 2005).	실증주의와 후기실증주의는 대등하지 않다; 비판 이론과 참여적 연구와는 대등하다(Guba & Lincoln, 2005, p.194). 비판주의자와 문화를 연구하는 참여적 방법과는 일부 수용 가능하다(Geertz, 1973). 대등하지 않다: 산출된 자료는 측정의 공통된 단위로부터 나올 필요가 없다. 다른 스타일과 방법을 통한 연구 접근들은 다양한 형태의 데이터를 산출할 수 있다(Guba & Lincoln, 2005).	대등하지 않다: 산출된 자료는 측정의 공통된 단위로부터 나올 필요가 없다. 다른 스타일과 방법을 통한 연구 접근들은 다양한 형태의 데이터를 산출할 수 있다(Guba & Lincoln, 2005). 비판주의자와 문화를 연구하는 참여적 방법과는 일부 수용 가능하다(Geertz, 1973).
헤게모니 연구자들이 타인에게 미치는 영향. 연구에 있어서 누가 권력을 가지고 무엇이 연구되었는가. 실재의 정의를 제시하는 것 (Kilgore, 2001)	연구는 영향력이 있어야 한다고 믿는다 – 그러나 연구를 수행하는 사람의 영향은 아니다. 진실을 산출하는 것이 목적이지, 다른 사람들에게 영향을 미치는 실재를 제공하고자 하는 방법을 제시하는 것은 아니다.	실재에 대한 통계적 분석을 통해 의사결정을 내릴 수 있는 데이터를 산출한다. 궁극적으로, 연구자는 연구의 과정에 책임이 있다(Guba & Lincoln, 2005, p.194).	연구를 통해 인종/민족, 성별, 계급, 성적 지향성, 신체적 혹은 정신적 능력, 그리고 연령에 관한 특권과 억압의 상호작용을 보여준다(Kilgore, 2001).	인식과 투입을 추구한다; 후기식민주의 열망과 맥을 같이하는 선행 패러다임에 도전한다(Guba & Lincoln, 2005, p.196). 후기식민주의는 식민통치하의 문화 유산을 다루는 이론을 말하는 것이다(Gandhi, 1998).	권력은 우리가 아는 것이 무엇인지 그리고 어떻게 아는지의 요소이다(Kilgore, 2001, p.51).
C: 시대의 비판적 이슈들 (Critical Issues of the Time)					
가치론 연구자가 산출해 내는 것에 기초하여 어떻게 행동하는가 – 또한 특별히 윤리적으로 가치와 가치판단의 기준이 무엇인가?(Merriam-Webster, 1997) 가치의 역할이 무엇인가? (Creswell, 2007)	연구자들은 연구 대상자로부터 거리를 유지함으로 자신들의 행동이 대상자에게 영향을 미쳐서는 안된다 – 그들의 연구는 오직 법칙만을 산출해야 한다 (Guba & Lincoln, 2005, p.194).	연구자들은 실재에 대해 더 잘 이해하고자 하는 시도를 해야 하며 실재라고 알려진 것을 기술하고 설명하기 위해 통계를 활용하여 가능한 한 진실에 가깝고자 노력해야 한다 (Guba & Lincoln, 2005).	연구자들은 다른 사회 기관의 정책과 실천뿐 아니라 현존하는 교육을 바꾸고자 한다 (Bernal, 2002). 사회정의를 향상시키고 사회적 억압과 관련된 부정적 영향과 장애물을 제거하기 위해 연구를 수행한다 (Giroux, 1982).	명제적, 상호교류적 지식이란 그 자체로, 그리고 내재적으로 가치 있는, 사회적 해방의 도구적으로 가치 있다(Guba & Lincoln, 2005, p.198). 더 이상 사용되지 않지만, 해방적이란 말은, 비판 이론이 열망하는 즉각적 결과에 비해서는 더 반성적이다. "지적 소화"	실천적 앎은 자율성, 협동과 문화에서의 위계의 조화와 함께 어떻게 번영할 것인가로, 그 자체로, 내재적으로 가치 있는 것이다(Heron & Reason, 1997). 실재를 만드는 목적이 무엇인가? 세계를 바꾸거나 적극적 참여를 의미하며, 책임을 내포하는 것이다. 인간 번영의 관점에서, 사회적 실천과 기관은 다음의 세 가지 원리를 통합함으로 인간 연합을 향상시켜야 한다; 타인을 위한, 타인과 함께, 그리고 자신을 위한 결정(Heron & Reason, 1997).

수용과 대등성 패러다임이 다른 형태의 연구를 수용할 수 있는가? (Guba & Lincoln, 2005) 연구의 결과를 서로 수용할 수 있는가? (Guba & Lincoln, 1989) 패러다임들이 모든 것을 포함할 수 있는 패러다임을 만들기 위해 함께 녹아들 수 있는가?(Guba & Lincoln, 1989)	구바와 링컨에 따르면, 모든 실증주의자 형태는 대등하다. 산출된 자료는 다른 모든 데이터와 동등하다(Guba & Lincoln, 2005).	구바와 링컨에 따르면, 모든 실증주의자 형태는 대등하다. 산출된 자료는 다른 모든 데이터와 동등하다(Guba & Lincoln, 2005).	다른 형태의 연구에 의해 산출된 데이터에는 우선순위 혹은 서열이 있다. 왜냐하면 비판적 연구자들은 사회를 변혁하기 원하기 때문에, 비판이론 데이터는 다른 모든 형태의 데이터에 앞서야 하는 것이다. (경험적–분석적 인식론과 대등하지 않은 것으로 다른 형태의 연구 패러다임을 수용한다)(Guba & Lincoln, 2005; Skrtic, 1990)	실증주의적 형태와는 대등하지 않다; 일부 구성주의 비판주의, 그리고 참여적 접근과는 대등하며, 특히 서구세계 밖에서의 해방주의자 접근과는 합류한다(Guba & Lincoln, 2005, p.198). 다른 현대 패러다임과는 대등하다; 예외로는: 문제를 이해하려고 하지만, 변혁을 시도하지는 않는다(변화의 효과) 문화를 이해하는 데 있어서 비판적 그리고 참여적 접근은 수용한다(Geertz, 1973). "질적 연구는 다수의 그리고 중복되는 실천 공동체로 이루어져 있다. 많은 질적 연구자들은 여러 가지 다른 공동체의 구성원들이다(Preissle, 2006, p.692).	실증주의적 형태와는 대등하지 않다; 일부 구성주의 비판주의, 그리고 참여적 접근과는 대등하며, 특히 서구세계 밖에서의 해방주의자 접근과는 합류한다(Guba & Lincoln, 2005, p.198).
행동 수집된 자료를 넘어서 연구 과정의 결과로 산출된 것이 무엇인가? 산출된 지식을 사회가 어떻게 활용할 것인가?(Guba & Lincoln, 2005)	연구자들은 엄격하게 객관성을 지킨다. 따라서 자신의 행동이 연구결과에 관계가 있다고 보지 않는다(Guba & Lincoln, 2005, p.198).	연구자들은 엄격하게 객관성을 지킨다. 따라서 자신의 행동이 연구결과에 관계가 있다고 보지 않는다(Guba & Lincoln, 2005, p.198).	연구는 사회적 변화를 가져오고, 사람들이 생각하는 방식을 바꾸거나, 인간 존재를 조사하기 위한 역할을 담당하는 것이다(Creswell, 2007).	타당도와 얽혀있다; 연구는 참여자쪽의 행동이 없이는 종종 불완전한 것이다; 구성주의자의 공식은 만약에 참가자가 정치적 체계를 이해하지 못한다면 정치적 행동을 하도록 훈련할 것을 요구한다(Guba & Lincoln, 2005, p.198). 타당하고 신빙성이 있어야 한다. 만약 정치적으로 적절하게 행동하도록 교육하지 않는다면, 그들에게 실제로 해를 입힐 수도 있다(연구에서의 책무성). 독자들은 제시된 결과를 고려하여 제공된 문화를 이해하도록 격려한다(Geertz, 1973). 연구물을 통해 내가 이해한 바로는, 연구자들은 데이터가 이 연구에서 실제로 의미하는 것이 무엇인지를 정확하게 반영할 수 있도록 데이터를 산출하는 사회적 맥락과 문화를 이해해야 한다.	타당도와 얽혀있다; 연구는 참여자쪽의 행동이 없이는 종종 불완전한 것이다; 구성주의자의 공식은 만약에 참가자가 정치적 체계를 이해하지 못한다면 정치적 행동을 하도록 훈련할 것을 요구한다(Guba & Lincoln, 2005, p.198).

	실증주의	후기실증주의	비판 이론 (+페미니즘+인종)	구성주의(혹은 해석주의)	참여적(+포스트모던)
지식의 주제들: 연구의 목적, 이상, 설계, 절차, 방법들					
C: 시대의 비판적 이슈들 (Critical Issues of the Time) (계속)					
통제 연구가 만들어지고 활용되는 방법을 누가 정하는가?	구바와 링컨(2005)에 의하면, 투입 그리고/혹은 연구 참여자의 관심 그리고/혹은 전체로서의 사회와 관계없이 연구자들에 의해 통제가 이루어진다.	구바와 링컨(2005)에 의하면, 투입 그리고/혹은 연구 참여자의 관심 그리고/혹은 전체로서의 사회와 관계없이 연구자들에 의해 통제가 이루어진다.	비판적 패러다임 안에서 비판적 인종 이론과 비판적 인종–성 인식론이 보여주는 것은, 통제는 연구자와 연구 대상자에 의해 공유되는 것이며, 궁극적으로 연구 대상자는 어떻게 연구가 수행되는지에 대해 말할 수 있다(Bernal, 2002).	연구자와 참여자 간에 공유되는 것이다(Guba & Lincoln, 2005, p.198). 동등한 혹은 함께–동등한 통제 없이는 연구는 수행될 수 없다.	연구자와 참여자 간에 공유되는 것이다(Guba & Lincoln, 2005, p.198). 동등한 혹은 함께–동등한 통제 없이는 연구는 수행될 수 없다. 지식은 권력의 표현이다(Kilgore, 2001, p.59).
진실과 지식의 토대와의 관계 의미를 만들고 구성요소의 중요성을 명확하게 하는 데 도움이 된다(Guba & Lincoln, 2005).	실증주의자들은 단 하나의 진실 혹은 실재가 있다고 믿는다. 지식은 자연에 대한 이해와 통제라고 본다.	후기실증주의자들은 하나의 실재를 믿는다; 하지만, 그들은 또한 그것이 완전하게 이해되지는 않는다고 믿는다. 지식은 실재에 근접하기 위한 시도이며 진실에 가능한 한 가깝게 가고자 하는 것이다.	비판적 패러다임의 토대는 평등과 사회정의, 그리고 사회과학이 보여주는 인간의 억압에 대한 갈등과 투쟁에서 찾아볼 수 있다. 지식은 억압된 사람들의 해방을 시도하는 것이며 인간 환경을 개선하기 위한 것이다(Fay, 1987).	비토대적이다(Guba & Lincoln, 2005, p.198). 어떠한 것도 보편적으로 알려진 진실이라고 영원한 표준으로 채택될 수 없다. 연구를 읽어보면, 구성주의 관점에서 나온 연구 접근은 같은 자료에 대해 다수의 관점을 양산해낸다.	지식은 변혁에 기초하며 경험은 연구자와 연구 대상자 간에 공유된 연구에서 찾아볼 수 있다(인식론 연구 노트). 지식은 잠정적이며, 다면적이며, 반드시 합리적인 것은 아니다(Kilgore, 2001, p.59).
확장된 타당도 고려(적합도 기준) 윤리와 인식론을 함께 고려한다(도덕적 투사) (Guba & Lincoln, 2005).	타당도는 데이터의 "황금 기준"에서 찾아볼 수 있으며, 데이터는 증명되고 복제될 수 있는 것이다.	타당도는 분석되고 통계적 검증을 통해 연구된 데이터안에서 찾아볼 수 있다. 데이터는 실재에 가까운 것이다.	연구가 행동을 일으킬 때에 (혹은 실행 연구) 혹은 참여적 연구일 때에, 그 연구를 통해 긍정적 사회 변화와 해방적 공동체의 행동을 이끌어낼 수 있을 때에만 연구의 타당성을 찾을 수 있다.	타당도의 확장된 구인(Guba & Lincoln, 2005, p.198) 타당도는 합의점을 구축하는 것이다. 참여와 연구자에 기초한다. "어떤 특정한 연구를 평가한다는 것은, 매우 일반적 기대에 의존하는 것으로, 접근의 하위범주에 맞춘 준거에 기반한 것이며 현존하는 기대는 모든 분야에서 방법 그 자체가 변한다는 것이다"(Preissle, 2006, p.691)	타당도의 확장된 구인(Guba & Lincoln, 2005, p.198) 타당도는 지식이 연구 대상자의 결과에 따라 변혁적이 되는 능력에서 찾을 수 있다(인식론 강의 노트).

				이러한 타당도의 평가에 근거하여, 한 사람에게는 의미가 없는 것이 다른 사람에게는 모든 진리의 토대라고 하기 때문에 모든 데이터가 타당하다고 논할 수 있는가? 이러한 접근을 취하여, 누군가가 그들이 해석한 실재를 정확하게 반영했기 때문에 우리는 데이터가 타당하지 않은 것이 없거나 그런 방법은 없다고 말할 수 있는가?	
보이스, 반응성, 포스트모던 텍스트 표상 보이스: 저자의 보이스, 응답자(연구 대상자)의 보이스와 그들의 연구를 통한 연구자의 보이스를 포함할 수 있는가?(Guba & Lincoln, 2005) 반응성: "도구로서의 인간", 연구자로서 자신에 대해 비판적으로 반성하는 과정(Guba & Lincoln, 2005) 포스트모던 텍스트 표상: 텍스트에 존재할 수 있는 "위험한 환상"을 피하기 위해 사회과학이 어떻게 쓰여지고 제시되고 있는지를 이해하는 데에 연구자들이 취하는 접근 (Guba & Lincoln, 2005) 연구 과정을 통해 생산되는 연구에서 누구의 목소리가 들리는가? 데이터를 만들어내는 데 누구의 관점이 제시되는가? (Guba & Lincoln, 2005)	연구자만이 보이스가 있다; 연구 대상자의 보이스를 포함하려는 어떠한 노력도 객관성에 영향을 준다 (Guba & Lincoln, 2005).	연구자만이 보이스가 있다; 연구 대상자의 보이스를 포함하려는 어떠한 노력도 객관성에 영향을 준다 (Guba & Lincoln, 2005).	연구자에게는 보이스가 있다, 하지만 또한 연구 대상자의 보이스도 가져온다. 연구자는 그 혹은 그녀 자신의 패러다임을 통해 지식을 제시하는 데 있어서 다른 사람의 관점에 민감해야 할 필요가 있으며 주의를 기울여야 한다 (Bernal, 2002; Guba & Lincoln, 2005).	참여자의 보이스와 혼재된 보이스가 때로는 지배적이다; 반응성은 심각하고 문제가 있다; 텍스트 표상과 확장된 이슈(Guba & Lincoln, 2005, p.198) 참여자의 보이스와 혼재된 보이스가 때로는 지배적이다. 반응성은 심각하고 문제가 있다. 연구자들은 연구에 방향성을 주고자 하지 않는다. 연구자로서의 반성을 활용해야 한다: "지속적으로 제시되는 몇 개의 이슈들이 있다: 연구 접근 결합하는 것, 연구의 질 평가하는 것, 한편으로는, 이론과 철학에 대한 연구자의 관계, 다른 한편으로는 참여자와 대중에 관한 연구자의 관계이다" (Preissle, 2006, p.689)	참여자의 보이스와 혼재된 보이스가 때로는 지배적이다; 반응성은 심각하고 문제가 있다; 텍스트 표상과 확장된 이슈(Guba & Lincoln, 2005, p.198) 텍스트: 누구를 연구하고 무엇을 연구하는가(기관이나 조직을 위한) 하는 맥락속에 존재해야 한다. 연구 대상자들의 보이스는 연구에서 반드시 제시되어야 한다(인식론 수업 노트).

우리 자신의 입장은 구성주의 진영의 입장과 같이, 느슨하게 정의될 수 있다. 우리는 "실재" 혹은 타당도가 절대적인 것이라고 하는 판단을 내릴 수 있는 준거가 있다고 생각하지 않는다(Bradley & Schaefer, 1998). 오히려, 무엇이 "실재"인지에 관해 공동체가 합의하에 도출한 것이라고 생각한다: 어떤 특정한 연구를 위한 의미뿐 아니라, 무엇이 유용하고 무엇이 공동체 안에서 의미 있는지(특별히 행동과 그 이상의 조치를 취하기 위한 의미)를 결정하는 것이다(Lather, 2007; Lather & Smithies, 1997). 우리가 믿기로는 사회 현상의 상당 부분은 그 현상을 둘러싼 집단과 개인들이 의미를 만드는 활동으로 구성된다. 의미를 만드는 활동 그 자체는 사회적 구성주의자에게 중심적 관심이며 구성주의자들은 단순히 그것이 의미를 만들기 때문에 의미 있는 것이고, 원인이 되는 활동들을 통해 행동을 형성한다(혹은 움직이지 않게 만든다). 의미를 만드는 활동 그 자체는 불완전한 것으로 나타나게 되면 잘못되거나(예, 차별적이거나, 억압적이거나, 자유를 주지 않는 것이라면), 혹은 잘못 형성된 것이라면(오류가 있는 데이터로부터 만들어진 것이라면) 바뀔 수 있는 것이다. 우리는, 그러나, 다른 주요 비실증주의 패러다임의 견지로부터 병합해 보고자 하였다. 이것이 완전한 요약은 아니다; 지면의 제한으로 인해 그럴 수밖에 없다. 이 장에서 우리가 바라는 것은 독자들이 좀 더 넓게 현재의 논쟁, 담론, 그리고 적극적 저작과 이론에 친숙해지고, 우리 자신조차도 잘 볼 수 없는 것들을 더 잘 볼 수 있게 되기를 바란다: 어디서 그리고 언제 영향력을 미칠 수 있고, 어디서 구성주의적 화해가 가능하며, 어디서 보이스들이 어떤 조화를 달성해 내는지를 볼 수 있게 되기를 바란다.

6.2 가치론

앞서, 우리는 실증주의자 혹은 현상학자들이 취하는 "연구자 입장"에 대한 "쟁점"을 표에 정리하는 것에 가치를 두었다(Guba & Lincoln, 1989, 1994; Lincoln & Guba, 1985). 운 좋게도, 보다 더 현명한 선택을 하거나 단지 마음을 바꿀 수 있는 권리가 우리 자신에게 남겨져 있다. 우리에게는 두 가지가 다 해당된다. 지금, 우리는 가치론이 기본적인 신념과 함께 묶여야 한다는 점에 의문을 가지고 있다. 『자연주의적 탐구(Naturalistic Inquiry)』(Lincoln & Guba, 1985)에서, 우리는 가치를 탐구의 과정으로 보았다: 문제의 선택, 문제를 이끌 패러다임의 선택, 이론적 기반의 선택, 주요한 데이터를 수집하고 데이터를 분석하는 방식의 선택, 내용의 선택, 내용 안에 이미 포함된 논점에 대한 논의, 나타난 결과에 대한 형식의 선택 등에서 가치가 영향을 주는 방식에 대해 살펴보았다. 우리는 전통적인 탐구의 방식인 실증주의와 해석학적 형태의 탐구 사이에 일어나는 논쟁에 대한 강한 근거로 가치를 포함하는 것이 주요한 출발점이 된다고 생각한다. 급증하는 문헌들을 다시 읽어보고 그에 따라 우리 자신이 합리적으로 다시 생각해봤을 때 우리가 처음에 인지했던 것보다 이슈가 훨씬 더 크다는 것을 알게 되었다. 우리가 만일 모든 것을 다시 한다면, 가치를, 좀 더 정확하게 말하자면, 가치론(윤리학, 미학, 종교학을 다루는 철학의 한 분야)을 패러다임 제안의 기본적인 토대가 되는 철학적 영역의 일부로 삼았을 것이다. 이렇게 함으로, 우리가 생각하기에는, 패러다임의 밖이 아니라 패러다임의 안에서 윤리의 포괄성을 볼 수 있을 것이고(예, Christians, 2000 참고), 인간 탐구에서 영성의 역할에 대한 고려사항과 담론에 기여했을 것이다. 논쟁이 될 만한 것은, 가치론이 과학적 탐구의 "정의 밖"에서 종교에 관한 것 정도로밖에 취급되지 않았다는 것이다. 그러나 종교를 넓게 정의한다면 영성을 포함하여 구성주의자들은 참여적 탐구에 다가갈 것이며 비판 이론가들은 그 두 가지 모두에 접근할 것이다(그들이 걱정하는 억압으로부터의 해방과 인간 영혼의 자유, 이 두 가지가 다 영적 관심과 깊게 관련되어 있다). 기본적 쟁점을 확대해서 가치론을 포함한다면, 다양한 해석주의적 탐구 모델 가운데 더 큰 영향을 주는 방법이 될 수 있을 것이다. 예를 들면, Peter Reason(1993)이 "신성한 과학"과 인간 기능의 적합성에 깊은 관심을 보이는 부분이며; Richardson(1994)이 말하는 "신성한 공간"이 인간 탐구의 권위적 장소가 된 것도 같은 맥락에서 볼 수 있다; 또한 이것은 한 장소—혹은 그 장소—, 영적인 것이 사회 탐구와 만나는 곳, Reason(1993), 그리고 후에는 Lincoln과 Denzin(1994)이 제안한 그것을 말한다.

6.3 수용, 대등성, 그리고 축적

실증주의자와 후기실증주의자는 똑같이 패러다임들은, 여전히 어떤 면에서는, 공통점이 있다고 주장한다. 즉, 동시에 둘 다 적용할 수 있도록 맞출 수 있다고 생각한다. 우리가 주장하기로는 패러다임을 철학적 수준에서 볼 때, 실증주의와 후기실증주의 간에 존재하는 대등성은 세계관으로 보면 가능하지 않지만, 각각의 패러다임 안에서는 혼합된 방법론(전략)들을 사용하고 있다는 것을 완벽하게 알 수 있다(Guba & Lincoln, 1981, 1982, 1989, 1994; Lincoln & Guba, 1985). 따라서, 예를 들면, 『효과적인 평가(Effective Evalution)』(Lincoln & Guba, 1981)라는 책에서 우리가 한 논의는 다음과 같다.

> 반응적 평가에 가장 적합한 주도적 탐구의 패러다임은 … 자연주의적, 현상학적, 혹은 문화기술적 패러다임이다. 그것들은 질적 방법 중에서 전형적으로 이 접근을 지원하기에 가장 적합한 방법으로 간주될 것이다. 그러나, 때로는, 청자가 제기한 논의나 우려로 인해, 전통적인 방법, 특히 양적 연구 방법을 썼을 때 정보를 더 요구할 것이다. … 이러한 경우에, 반응적인 전통적인 평가자라면 적절한 적용을 하는 데 거기서 머무르거나 물러서지 않을 것이다(p. 36).

우리가 명확히 하고자 했던 것처럼, 새로운 자연주의적, 문화기술적, 현상학적, 혹은 사례 연구 접근에서는 이슈들이 방법론 문제라고 가정한다고 해도, 사회과학에서 제기된 "논쟁"은 방법론에 관한 것이 아니다.[2] 1998년이 되어서야, Weiss는 "몇몇의 이론 평가자들, Guba와 Lincoln(1989)과 같은 사람들은 평가의 틀 안에서 질적 접근과 양적 접근을 책임감 있게 병합할 수 없다"고 주장한다(p. 268). 이전의 저작 『제4세대 평가』(1989)에서는 그러한 주장들과 우려, 쟁점들이 평가자들이 수집한 정보의 선행조직자로 해결되지 않았음을 진술하고 있다: "정보는 양적이거나 질적이다. 반응적 평가란 양적 방식을 제외하지 않고, 많은 사람들이 오해하는 바이기는 하지만, 어떠한 정보라 할지라도 해결되지 않은 주장과 우려, 혹은 쟁점에 반응적인 것을 다루는 것이다."

우리는 또한 앞서 초기의 저작인 『자연주의적 탐구』(1985)에서 다음과 같이 강하게 주장하고 있다.

> 질적 방법론은 양적 연구에 반대한 패러다임이기 때문이 아니라 도구로서의 인간(human-as-instrument)에 질적 방법이 더 잘 접근할 수 있기 때문에 자연주의적 패러다임 안에서 강조되고 있다. 독자들은 특히 양적 연구의 반대가 아니라는 점을 주목해야 한다. 정확히 말하자면, 자연주의적 그리고 전통적인 패러다임을 종종 각각 질적인 그리고 양적인 패러다임과 같은 것으로 오해하기 때문이다. 사실은, 아마도 지금 평가받는 것보다 더 양적 데이터를 활용해서 자연주의적 탐구를 수행할 수 있는 많은 기회가 있다(pp. 198-199, 강조 추가).

(지금은 아니지만) 그 당시에 그것이 패러다임을 구축하는 철학이라기보다는, 양적 연구의 입장에 반대하거나 혹은 **방법론의 배제**를 말했다는 것을 설명했더라면, 우리는 다시 대등성(commensurability)에 관한 질문을 할 수 있다: 패러다임들은 대등한 것인가? 한 패러다임의 요소들을 다른 것에 섞는 것이 가능한가? 그렇게 함으로써 두 가지 세계관의 최고의 것만을 대표

하는 연구를 수행하는 것이 가능한가? 우리의 관점으로부터 내놓을 수 있는 답은, 조심스럽지만 "그렇다"이다. 그렇게 답할 수 있는 이유는 만약 모델들(패러다임들, 통합된 철학 체계)이 유사하거나 강하게 일치하는 자명한 가치의 요소들을 공유한다면 그렇다는 것이다. 따라서, 예를 들면, **실증주의와 후기실증주의**(Phillips, 2006에 제안한 바에 의하면)는 분명히 대등한 것이다. 같은 맥락에서, **해석주의자/포스트모더니즘**, 비판 이론, 구성주의, 참여적 탐구의 요소들도 또한 편안하게 잘 맞는다. 대등성은 연구자들이 실증주의와 해석주의 모델의 공리 중에서 "골라서 선택하기"를 원할 때에만 이슈가 된다. 왜냐하면 공리들은 상반되는 것이고 상호 간에 배타적이기 때문이다. 모순적이지만, 전국연구협회(National Research Council)의 2002년 보고서에 의하면, 과학의 토대위에서 정의를 내리자면, 이러한 관점을 매우 명확하고 강력하게 시사해주는 바가 있다. 실증주의(그리고 그들의 입장)와 해석주의(그리고 우리의 입장)는 대등한 것이 아니다.

축적. 질적 연구에 있어서 종종 빚어지는 문제의 논쟁은 질적 연구는 축적되는 것이 아니라는 점, 즉, 더 폭넓은 이해를 위한 방법이라거나 정책 수립을 가능하게 해주기 위해 연구의 결과들이 모여서 쌓이는 것이 아니라는 점이다. 우리는 그렇게 생각하지 않는다. Lucas(1974)의 사례 연구를 모아서 분석한 것을 시작으로, 랜드 기업에서 1970년대에 개발하였고, 연구자들은 질적 연구 방법을 사용해서 유사한 대상자들에게 혹은 유사한 맥락에서 수행한 유사한 연구들이 쌓여서 메타분석을 할 수 있다고 한다. 특히, 메타분석은 정책 수립을 위한 목적으로 활용될 수 있다. 이것은 컴퓨터에서 다룰 수 있는 대량의 데이터베이스가 출현함으로써 더욱 가능한 방법이 되었다. 비록 기술들이 확장적으로 검증된 것은 아니지만, 우리가 주장하는 것은, 질적 연구가 양적으로 증가하고 축적되면서 이제는 언제나 우리 손에 닿을 수 있는 상태가 되었다는 것이다. 그것은 질적 연구가 축적될 수 없다는 비판이 이제는 더 이상 실효성이 없거나, 의미 없게 만들어 버린다.

6.4 행동의 요구

패러다임 논쟁들 중에서 가장 명백한 것 중 하나는 실증주의와 후기실증주의를 고수하는 사람들을 비교해 보면 알 수 있다. 실증주의자들은 행동(action)을 연구 결과와 과정을 오염시키는(contamination) 것으로 본다. 반면에, 해석주의자들은 연구 결과에 있어서의 행동을 의미 있고 중요한 탐구 과정의 결과로 본다. 실증주의 고수자들은 행동을 옹호하는 것이나 주관성의 표현으로 보는데, 어떠한 형태이든 목적의 객관성을 저해하는 요인으로 보는 것이다. 반면에 비판 이론가들은 언제나 사회적 행위에 정도의 차이는 있지만, 특정 부당한 실제로부터 전체 사회의 급진적 변혁을 옹호해왔다(Giroux, 1982). 행동을 요구한다는 것—자신의 잘못된 양심에 편승하는 것과 같은, 내적 변혁의 관점에서든지, 외부적 사회의 변혁(예, 확장된 사회정의의 형태로)에 의한 것이든지—은 실증주의와 포스트모더니즘의 비판 이론가들(페미니스트와 동성애 이론가들을 포함하여)을 구분하는 기준이 된다. 그러나 가장 급격한 변화는 구성주의자와 참여적 현상학적 모델에서 보여졌다. 해석주의와 이해를 넘어서, 사회적 행위를 향한 발걸음은 아마도 가장 개념적으로 흥미로운 변화일 것이다(Lincoln, 1997, 1998a, 1998b).

어떤 이론가들은 행동을 요구하는 변화는 평가 결과를 널리 활용하지 않는 것에 대한 반응이며 의미 있는 행동 계획에 의해 제안된 것을 따르고자 하는 승자를 유혹할 만한 평가의 형태를 만들기 위한 욕구일 것이라고 한다(Guba & Lincoln, 1981, 1989). 다른 사람들은 행동을 포함시키는 것이 정치적이고 윤리적 헌신이라고 생각해왔다(예, Carr & Kemmis, 1986; Christians, 2000; Greenwood & Levin, 2000; Schratz & Walker, 1995; Tierney, 2000 참고). 연구자들이 반응한 문제의 근원이 무엇이든지 간에, 행동과 연구, 정책 분석, 평가, 사회적 해체(사회 구조에 있어서 가부장적 형태의 억압의 해체, 즉 페미니스트 이론들을 알리는 프로젝트, 혹은 공공 정책에 동성애혐오증을 해체하는 것 등과 같은 예)를 관련 짓기 시작한 변화를 통해 새로운 패러다임에 근거한 연구 작업들의 특징들이 이론적인 것과 더불어 실천과 **실천 지향적** 수준에까지 이르게 되었다. 행동의 여부가 다양한 패러다임 실천가들 사이에서 진행되는 토론의 주요한 논쟁거리가 되었다. 사회적 행동을 촉구하는 것은, 특히 연구 참여자들이 연구자의 도움과 협력으로 설계하고 만들어낸 행동이 실증주의/후기실증주의와 새로운 패러다임 사이를 예리하게 가르는 윤곽을 드러내는 것이다. 많은 실증주의자와 후기실증주의 연구자들은 여전히 연구자와 연구 참여자로 구성된 사회의 행동영역이라고 생각한다: 정책연구자들, 입법자들, 그리고 공무원과 경찰들을 포함한 사람들을 말한다. 강경 노선의 토대주의자들은 행동의 얼룩이 엄격한 과학적 연구 방법의 특징은(특징이라 여겨지는) 객관성을 저해하거나 혹은 무효로 만들 것이라고도 생각한다.

6.5 통제

또 다른 문제가 되는 논쟁거리는 연구를 **통제**하는 중심점에 대한 것이다: 누가 주도하였는가? 누가 쟁점이 되는 질문이 무엇인지를 결정하는가? 누가 연구 결과들의 총체를 결정하는가? 누가 자료를 어떻게 수집할 것인지 결정하는가? 혹시 있다면, 누가 결과를 어떤 형태로 대중에게 공개할지 결정하는가? 연구에 참여한 참여자들을 대표할 수 있는 것이 무엇인지 결정할 것인가? 문제를 명료하게 들여다보면: 통제가 쟁점이 된다는 것은 목소리, 반응성, 그리고 후에 다루게 될 포스트모더니즘에서 말하는 텍스트의 표상 속에 깊이 포함되어 있는 것들이다. 그러나 그 쟁점들은 오직 **새로운 패러다임**

연구자들에게만 해당되는 것들이다. 전통적인 연구자들에게는, 통제의 이슈는 보이스, 반향성, 텍스트의 표상으로부터는 효과적으로 원천적으로 봉쇄되어 있다. 왜냐하면 이러한 이슈들은 각각 어떠한 방식으로든 엄격한 연구에 있어서(특히 객관성과 타당성의 측면에서 볼 때) 내적 타당도를 위협하는 것이기 때문이다. 존재론과 인식론의 패러다임 이슈들을 드러나게 인식한 새로운 패러다임 연구자들은 효과적으로 이슈들을 하나하나 풀어갔고, 또한 방법론과 가치론을 관심을 가지고 본 연구자들이기에 논리적으로 하나하나 풀어갔으며(Lincoln, 1995, 1997), 연구자가 참여자의 진정한 참여를 얻어내는 것을 추구한 경우를 제외하고는, 탐구의 통제는 거의 전혀 문제가 되지 않는다(예, Guba & Lincoln, 1981을 보면, 평가가 진행되는 동안 계약을 맺거나 이익집단이 그냥 있지만은 않고 무엇인가를 얻기 위해 시도한다). 비판 이론가들, 특히 공동체를 조직화하는 프로그램에서 작업하는 이들은, 지역사회의 구성원들이나 연구 참여자들이 그들의 미래를 통제하고자 한다는 것을 고통스럽게 인식하게 된다(예, Lather, 2007 참고). 구성주의자들은 참여자들이 어떤 연구에서든 자신들의 이익과 관련된 질문들을 제기하고 지역사회 내부와 외부에 널리 공유된 것들을 찾아내는 출구를 계획하는 데 있어서 점차적으로 그 역할이 적극적으로 늘어날 것을 기대한다. 참여적 연구자들은 지역 상황의 영향을 받은 멤버들에 의해 통제된 행동이 지역사회 내에서 연구의 목적이 되어야 한다고 이해한다. 이러한 패러다임을 고수하는 사람 중에, 누구도 통제가 옹호의 문제라거나, 다소 속이는 말로 연구자의 엄격성과 객관성, 공정성을 공격하는 더 큰 메타내러티브의 코드라고 생각하지는 않는다.

오히려, 새로운 패러다임 연구자들에게 통제는 해방, 민주주의, 지역에 권한을 부여하고 힘의 불균형 문제를 해결하며, 이전에 주변화되었던 사람들에게 이제는 목소리를 낼 수 있도록 해주거나(Mertens, 1998) 혹은 "인간의 번영"(Heron & Reason, 1997)을 꾀하는 수단이 될 수 있다고 생각한다. 통제가 논쟁이 된다는 것은 우리가 언제나 "가톨릭이 감리교 신자에게 질문한다"라고 말하는 것과 같은 현상으로 볼 수 있다. 우리는 이러한 말을 할 때에—1980년대 초기에 워크숍에 참석하였을 때 본 것이다—부적합한 질문들의 지속되는 문제들을 거론하였다: 질문들은 참조의 틀(frames of reference)이 전혀 의도한 것들이 아니기 때문에 의미가 없다. (우리는 패러다임 혹은 철학들—혹은 이론들—이 어떻게도 비교할 수 없는 것들이고, 하나의 틀에서 만들어진 질문들이, 뭐라도 있다면, 다른 틀에서는 아무것도 아닌 것이 된다는 말처럼, 힌두교의 질문들을 무슬림에게 하는 것과 같은 것이라고 할 수 있다.) 패러다임의 형성은 통제와 객관성의 요구와 밀접하게 얽혀있는 것처럼 상호작용의 결과로 생긴 것이다. 객관성은 물리적 세계의 지식이 무엇인가를 밝히는 것에서부터 나온 것이기에, 사람들이 알 수 있다고 하는 것과는 별개로 형성된 것이라고 가정한다(Polkinghorne, 1989). 하지만 만일 사회적(물리적 세계에 반하여) 세계의 지식이라면 사람들이 거주하는 의미 도출의 기제로서 사회적, 정신적, 언어적 세계 내에 속하는 것이다. 따라서 지식은 그 지식을 알게 되는 사람으로부터 분리될 수 없는 것이며 오히려 그의 혹은 그녀의 정신이나 언어 세계에 뿌리 깊게 자리잡고 있는 것이다(Polkinghorne, 1989; Salner, 1989).

6.6 패러다임 안에서 진실과 지식의 토대

인간 경험 밖에 "실제" 존재하는 세계가 있는가의 여부는 열린 질문이다. 현대(예, 계몽주의, 과학적 방법, 전통적, 실증주의) 연구자들은, 오류가 있는 인간이 이해할 수 있는 것과는 별개로 "저기 밖에" "실제"하는 실재가 있다고 대부분 확신한다. 게다가, 그 실재는 인간의 이해에 의해 오염되는 것을 막을 수 있는 방법을 활용함으로써만 접근할 수 있다(가깝게 갈 수 있다)고 생

각한다. 경험주의의 전통에서 토대주의자들은, 실재에 대한 과학적 지식과 진실의 토대는, 도구적으로 가능한 인간의 편견과 오해, 그리고 다른 "우상"에 반하는 것을 다 제거한 상태에서만 가능한 것이며, 현상을 검증하여 엄격하게 적용하는 데 있다고 생각한다(Francis, Bacon, Polkinghorne, 1989에서 인용). Donald Polkinghorne(1989)은 다음과 같이 말하고 있다.

> 객관성의 영역이 지식을 알게 되는 사람의 주관적 경험과는 독립적이라는 개념은, 객관성과 주관성의 영역을 구분한 Descartes의 이중 실체 이론(dual substance theory)에서 볼 수 있다. 주관과 객관 영역 안에서의 실재의 분리는 "객관적인 것으로" 알려진 것만이 객관적 영역에 속한다는 것이다. 진짜 지식은 객관에 제한되는 것이며 그들 사이의 관계는 시간과 공간의 영역 안에서 존재하는 것이다. 인간의 의식은, 주관적인 것으로, 과학으로 접근할 수 없는 것이기에 진실을 알 수 있는 것이 아니다(p. 23).

이제, 진리와 지식의 원형은 다양한 방법으로 정의될 수 있다—합리적 추론 과정의 결과물로, 경험적 감지의 결과로, 경험적 관찰의 결과로, 그리고 다른 것들이 있다. 그러나 모든 경우에, 준거는 물리적 혹은 경험적 세계이다: 그 안에 합리적으로 참여한다는 것은, 즉 경험한다는 것은, 경험적으로 그것을 관찰한다는 것이다. 현실주의자들은 개인적 사례에 "저기 밖에" "실제하는" 세계가 있다고 가정하며, 토대주의자들도 인간의 마음 밖에 존재하는 현상 안에 뿌리를 두고 있는 것으로 정의하는 것과 같은 관점을 취하고 있다.

우리가 그것들에 대하여 생각하고, 경험하거나, 혹은 관찰할지라도, 물리적 세계의 요소들은 초월적이며, 직접적으로 인식할 수 있는 것을 넘어선다. 현실주의는 존재론적 질문인 반면에, 토대주의는 준거에 관한 질문이다. 어떤 토대주의자들은 실제 현상은 반드시 진리라고 검증할 수 있는 어떤 최종의, 궁극적 준거가 있어야 한다고 주장한다(비록 그 준거가 어떤 것들인지를

결정하는 데 있어서 어려움을 보여주기는 했지만); 비토대주의자들은 그러한 궁극적 준거 같은 것은 없다고 주장하는 경향이 있다. 다만, 어떤 특정한 시간에, 어떤 공동체 안에서 동의할 수 있는 것들이 있을 뿐이라고 생각한다(Kuhn, 1967).

존재론적-인식론적 붕괴(collapse)라는 특징을 가진 동일한 범주의 "붕괴" 안에서 현실주의와 토대주의를 연결하는 존재론적인 형성은 구성주의의 다른 가정들과 잘 맞는다는 것을 보여준다. 이와 같은 현상은 새로운 패러다임 연구자들과도 잘 맞는다. 비판 이론가들, 구성주의자들, 그리고 참여/협력적 연구자들은 주로 주관성과 간주관성에 관심을 보이며, 인간이 매개가 되어 인간의 의식에 의해 산출된, 비판적 사회적 지식과 적극적인 구성과 그러한 지식을 함께 창조하는 것에 관심이 있다. 게다가, 새로운 패러다임 연구자들은 사회적 지식 분야에 열정적으로 참여하며, 다양한 사회적, 지적, 이론적 탐색을 통해 얻어진 정보를 제공하고 있다. 이러한 이론적 탐구는 다음과 같다.

■ Saussurian의 언어 이론, 단어들 사이의 모든 관계와 그 단어들이 의미하는 것을 어떤 언어 체계 안에 존재하는 내적 관계의 기능으로 보는 것이다.
■ 문학적 이론의 해체주의 공헌, 이것은 텍스트와 어떤 본질주의자나 초월적 의미를 끊고 그것들을 저자와 독자의 역사적, 사회적 맥락 안에 재위치(resituate)시키는 것이다(Hutcheon, 1989; Leitch, 1996).
■ 페미니스트(Addelson, 1993; Alpern, Antler, Perry, & Scobie, 1992; Babbitt, 1993; Harding, 1993), 인종과 민족(Kondo, 1990; 1997, Trinh, 1991)과 퀴어 이론(Gamson, 2000), 이것들은 지배와 하위관계에 있는 성별, 정체성, 인종, 사회적 세계 사이에 존재하는 다양한 억압과 역사적인 식민지화를 탐구하고 밝히고자 한다.
■ 포스트모던의 역사적 순간(Michael, 1996), 이것은 진리를 부분적인 것으로, 정체성은 유동적이며,

언어는 명료하지 않은 준거 체제로 보기 때문에 문제시하며 방법과 준거 또한 잠재적으로는 강제적인 것으로 본다(Ellis & Bochner, 1996).
■ 사회적 변화의 비판주의적 이론(Carspecken, 1996; Schratz & Walker, 1995)이 있다.

정신적, 사회적, 심리적, 그리고 언어의 세계에 존재하는 풍요를 자각하는 것은 개인과 사회의 집단들이 만들어내고 끊임없이 재창조하고 함께 창조하면서 일어나는 것들이다. 이것은 새로운 패러다임의 포스트모더니즘과 후기구조주의 연구자들에게는, 전통적인 연구자들로부터 엄격하게 차단을 당하면서 끊임없이 풍부해지고 있는 분야이다. 초월적 과학적 진리를 추구하는 것으로부터 해방되어, 연구자들은 이제 자신들을 텍스트 안에 재위치시키며, 덜 제한적인 방식으로 연구에서 참여자들과 새로운 관계를 구성하며, 표상을 만들어 나간다(Tierney & Lincoln, 1997). 이러한 것들은 인간의 행동이 지역적으로 그리고 시간적으로 형성된 것이기 때문에 어느 정도는 모호하게 적혀있는 것(inscription), 다시 적혀있는 것(reinscription), 메타내러티브, 그리고 다른 수사학적 도구들이 가진 문제들을 개방적으로 해결하기 위해 노력하는 것이다. 적혀진 것과 메타내러티브의 수사학의 형태를 밝히는 과정은 **계통적(genealogical)**이다—"진리로 굳어지고 받아들여진 관점의 기원을 노출하는 것"(Polkinghorne, 1989, p. 42; 강조 추가)—혹은 **고고학적(archaeological)**이다(Foucault, 1971; Scheurich, 1997).

새로운 패러다임 연구자들은 꽤 다른 방식으로 토대주의적 논쟁에 참여한다. 비판 이론가들, 특히 지향성으로 봤을 때 실증주의에 더 가까운 비판 이론가들은, 마르크스적 해석에 더 가깝기 때문에, 토대주의적 견지에 더 가까운 성향이 있지만, 중요한 차이점이 있다. 이러한 비판 이론가들은 지식과 진리의 토대를 어떤 외부적 실재 "저기 밖에" 있는 것으로 보기보다는, 진리의 토대를 역사적, 경제적, 인종, 성별, 억압의 사회적 하

부구조, 불공평, 주변화에 있다고 보았다. 지식을 알아 가는 사람들은 어떤 객관적 실재로부터 **구별되어** 따로 존재하는 것으로 묘사되는 것이 아니라, 오히려 그들이 이러한 역사적 실재("잘못된 의식")에서 의식하지 않은 배우로 역할을 맡았다고 생각하거나, 억압의 역사적 형태를 인식하지만 역사적 형태에 대응하여 그 역사적 순간("분할된 의식")의 특정한 조건을 바꾸고자 하는 행위로 인해 나타나는 갈등으로 인해, 거기에 대항할 수 없는 혹은 그런 의사가 없는 사람들로 본다. 따라서, 비판 이론의 "토대"는 이중적이다: 사회적 비판론은 실증주의와 해방적 사회 변화의 고양된 의식과 묶여 있다. 사회적 비판론은 사회적 변화와 별개로 존재하지만, 두 가지 모두 비판적 관점에서는 필요한 것이다.

반면에, 구성주의자들은 토대주의에 반하는 경향을 지닌다(Lincoln, 1995, 1998b; Schwandt, 1996). **반토대주의**는 진실을 보편적으로 알려진 것이라는 기준에 의해 영구적이고 불변적인(혹은 "토대가 되는") 것으로 채택하는 것을 거부한다는 의미로 사용된다. 우리 중 한 사람이 논의에 붙였던 것처럼, 진리는―타당한 지식이 무엇인가에 관하여 어떻게 동의한다 할지라도―지역사회의 이익집단의 구성원들 간의 관계에서 발생하는 것이다(Lincoln, 1995). 진실에 대한 동의는 무엇이 진리로 받아들여질 것인가에 관한 공동체의 협상에 따라 달라지는 것이다(비록 그것을 형성하는 것이 어렵다 할지라도 그렇다; Guba & Lincoln, 1989). 혹은 협상은 대화의 결과로 생성되는 것으로, 대화를 통해 진실이라고 주장하는 논쟁을 만들어 가거나 혹은 "대화에서 참여자들의 논쟁을 통해 공동으로 검증된 타당도"를 향한 객관성과 상대성 진영 간의 과거의 전쟁을 만들어내는 것이다. 이와 같은 타당성의 "의사소통적 그리고 실용적 개념"(Rorty, 1979)은 결코 고정되거나 일정한 것이 아니다. 오히려, 공동체의 내러티브에 의해 만들어지는 것이며, 그 자체로 시간과 공동체에서 일어났던 일들의 역사적 조건에 종속되는 것이다. Thomas A. Schwandt(1989)는 또한 이러한 담론들 혹은 공동체의 내러티브들은 도덕적으로 고려해

야 하며 비판 이론가들의 해방적 내러티브에 기반한 전제, Richard Rorty의 철학적 실용주의, 구성주의 연구의 민주적 초점과 해방적, 협력적 연구의 목적인 "인간 번영"과 결부하여 생각해야 한다고 주장한다.

토대주의를 기반으로 한 논점들은 패러다임 고수자들 간의 대화를 통해 해결될 것 같지는 않다. "포스트모던으로의 전향"(Best & Kellner, 1997)은 사회적 실재의 사회적 구성을 강조하고, 자신의 정체성을 고정된 것으로 보기보다는 유동적인 것으로 보고, 모든 진리의 부분성을 강조하는 사람들은, 단순히 객관적 실재의 모더니스트 가정을 사실 어느 정도까지는 물리적 과학에서 이미 이루어진 것을 넘겨받을 수도 있다. 우리가 예측하기로는, 반드시 우리 시대는 아니더라도, 이후에라도 객관적 실재의 이원론주의가 제한된 인간의 주관적 실재에 의해 매수될 수도 있지만 우리는 단지 우리 세대가 아니라 후세에, 제한된 인간의 주관적 영역에 의하여 결합된 객관적인 세계에 대한 이원론적 생각들은 마치 지구가 평평하다는 이론처럼(이미 잘못이 증명된 이론) 오늘날 우리에게 별나게 보일 것이다.

6.7　타당도: 확장된 어젠더

어떠한 곳에서도 패러다임의 차이에 대한 논쟁이 타당도의 확장된 논쟁보다 더 활발하게 진행되지는 않았다(Howe & Eisenhart, 1990; Kvale, 1989, 1994; Ryan, Greene, Lincoln, Mathison, & Mertens, 1998; Scheurich, 1994, 1996). 타당도는 객관성과는 다르다. 객관성의 개념을 설명하고 그 필요성을 밝히기 위하여 상당히 강한 이론적, 철학적, 실용적인 근거들이 있다. 실증주의의 틀 안에서도, 그것이 개념적으로 오류가 있다고 본다. 그러나 타당도라는 것은 더 성가신 구인으로, 연구자가 쉽게 무시할 수도 없으며 새로운 패러다임 실천가들이 쉽게 설정할 수도 없다(Angen, 2000; Enerstvedt, 1989; Tschudi, 1989). 타당도를 단순

히 기각할 수 없는 이유는 타당도가 묻는 것은 어떠한 방식으로든 답을 내야 하기 때문이다: 연구 결과가 충분히 참인가(어떤 경우에는 실재성, 신빙성과 같은 것으로, 타자가 그들의 사회적 세계를 구축하는 방식과도 관련이 있다), 나 자신이 그들의 함의하는 바에 따라 행동할 수 있는가? 더 요점에 맞게 말을 한다면, 이 결과를 통해 사회적 정책을 수립하거나 입법을 할 때에 그 결과에 근거해서 하는 데 충분히 확신이 있는가? 동시에, 타당도의 급진적 재구성을 통해 연구자들에게 다수의, 때로는 갈등을 일으키는, 엄격한 연구를 이루는 데 필요한 것이 무엇인가에 대한 요구를 남긴다. 타당도를 둘러싼 쟁점 중 하나는 방법과 해석 사이의 융합이다. 포스트모던으로의 전환을 통해 어떠한 방법도 궁극적 진리를 전달할 수 없으며, 사실은 "모든 방법에 의구심을 가지며", 더 그렇게 할수록 더 진리를 전달할 수 있다고 주장한다(Richardson, 1994). 따라서, 누군가 어떤 방법들이 사회적 실재를 사람들이 어떻게 구축하는가를 연구함에 있어서 더 잘 맞는다고 주장할 수 있지만(Lincoln & Guba, 1985), 누구도 단 한 가지의 방법이―혹은 여러 방법들이―궁극적 지식으로 도달하는 왕도라고 할 수는 없는 것이다. 그러나 새로운 패러다임 연구에서는 지역 혹은 맥락에 근거한 일련의 진실을 전달할 수 있는 것이 방법뿐만이 아니라, 또한 해석의 과정에 기인한다는 것이다.

따라서, 우리는 두 가지 논점을 동시에 진행하고자 한다. 첫째는 실증주의에서 차용한 것으로, 방법을 적용하는 데 있어서 일종의 엄격성에 관한 논쟁이며, 둘째는 공동체의 동의와 엄격성을 방어할 수 있는 추론의 형태와, 해석적 연구 자체의 틀에서 볼 때 한 가지 해석이 다른 해석에 비해서 두드러진 것으로, 다른 실재들에 비추어 저자와 독자들이 알고 있는 것과 비교해서 그럴듯한 것이어야 한다는 것이다. 우리가 두 가지 형태의 엄격성이 있다는 것을 이해하기 전에, 사실, 우리는 방법론적 준거들을 만들어 놓았고, 이것들은 대체로 초기에 사려 깊은 인류학적, 사회학적 방법론에서 차용한 것이다. 그 방법론적 준거들은 여러 가지 이유로 보아

도 유용한 것들이나, 다만 그 중 충분한 기간의 지속적인 참여와 일관성 있는 관찰과 같은 문제들은 심각하게 주목해야 할 것들로 가장 중요한 것들이다.

그러나 두 번째 엄격성에 관한 것은 최근 저작에서 가장 주목을 받았다: 우리는 해석학적으로 엄격한가? 우리가 함께 만든 구인은 중요한 인간의 현상을 설명하는 데 신뢰할 만한 것들인가? 우리의 연구 결과들이 연구 참여자 자신들에게 유익함을 주는 혹은 특정한 사회적 맥락의 일부가 되는 행동에 초점을 맞추고 있는가?

인간 현상은 그 자체로 논란이 될 수 있다. 고전적인 사회과학자들은 인간 현상을 사회적 경험에 제한되는 것으로 보았고 그 사회적 경험으로부터 (과학적) 일반화가 가능하다고 생각하였다. 그러나, 새로운 패러다임 연구자들은, 점차적으로 단회성 경험, 개인의 위기, 자기 계시 혹은 발견의 순간에 더 관심을 가지며, 전통적인 연구에서의 객관성의 모든 저해요소라고 여겼던 느낌, 감정과 행위들을 가장 강력한 것으로 관심 있게 보고 있다. 사회적 데이터라고 간주되는 것들의 확장에 관심이 있는 사회과학자들은 점차적으로 실험적인 것, 구체화된, 인간 경험의 감정적 질에 관심을 더 가지게 되었으며 그것들이 삶의 질을 논하는 내러티브에 기여한다고 생각한다. Carolyn Ellis와 Arthur P. Bochner(2000)와 같은 사회학자들과 Richardson(2000), 질적 연구자인 Ronald Pelias(1994, 2004), 그리고 Michelle Fine(Fine, Weis, Weseen, & Wong, 2000 참고)과 Ellis(2009)와 같은 심리학자들은 그들 자신이 다양한 형태의 자문화기술지와 개인적 경험과 수행 방법, 이 두 가지가 모두 인간의 삶을 양적으로 기술함으로 인해 동떨어진 사회과학의 추상성을 극복하고 삶의 갈등, 움직임, 문제들을 포착할 수 있는 방법이라고 생각한다. 이러한 논의를 하기 위한 목적에서, 우리는 가장 급진적인 사회과학의 개념을 도입하는 것이 적절하다고 생각한다. 왜냐하면 패러다임 논쟁은 종종 이러한 대화의 끝에서 일어나기 때문이다. 이러한 가장자리에서는 경계선상의 작업이 일어나며, 그렇기 때문에, 질적 연구 방법이 가

까운 미래와 먼 미래를 투사하는 가장 유망한 지점인 것이다.

목적지와 방향의 기준

대화의 끝에서, 여러 가지 대화가 타당도를 둘러싸고 이루어지고 있다. 최초의 그리고 가장 급진적인 대화는 Schwandt(1996)에 의해 시작되었다. 그는 "기준점과의 작별" 혹은 "의구심을 제거하는 규제적 표준과 무엇이 옳고 그른지, 진실이고 오류인지에 관한 논쟁을 종식시키는 것"에 대해 제안하고 있다(p.59); 이로써 준거에 대한 가상의 문화(virtual cult)가 만들어졌다. 그러나, Schwandt 자신이 준거와 영원히 작별을 고한 것은 아니다; 오히려, 그는 다른 현대의 철학적 실용주의자들과 함께, 전문적 사회 탐구의 틀을 변형시켜서 실용적 철학의 형태로 만들고, 더 전형적인 과학 탐구의 방법을 사용했을 뿐 아니라, "심미적이고, 신중하며, 그리고 도덕적 고려사항들"로 특징지어질 수 있도록 사회 탐구를 재위치시키고 되살리게 되었다. 이는 규준에 대한 실질적인 추론을 만들어왔다(p.68). 사회 탐구가 실용적 철학의 형태로 실천될 때에—어떻게 우리가 이 세계에 가까워질 수 있을지에 대해 그리고 우리가 지각하는 인간 지식과 기능의 잠재력과 한계에 대해 깊이 있는 질문을 던져줄 것이다—그렇게 되면 우리는 사회 탐구를 판단하는 데 필요한 전적으로 다른 기준을 사전에 이해할 수 있게 된다.

Schwandt(1996)는 세 가지 판단 기준을 제시하고 있다. 첫째는, 그의 논의에 따르면, 우리는 "사회 문제를 탐구하여 펼쳐 놓기만 하는 것이 아니라, 보완하고 대체할 수 있는 지식을 생산하는" 사회 탐구를 찾아야 한다고 주장한다. 그 지식의 형태는 우리가 아직 내용으로 가지고 있지는 않지만, 다양한 관점들과, 혹은 다른 렌즈를 통해 보았을 때 실천하고자 하는 목적을 이해하려고 노력하는 그런 지식이어야 한다. 둘째로, 그가 제안하는 것은 "실용적 철학으로서의 사회 탐

구"이다. 그것의 목적은 바로 "연구가 맞닥뜨리게 되는 각 분야에 비판적 지성을 향상시키거나 양성하는 것이다. 여기서 말하는 비판적 지성이란 "도덕적 비평에 참여할 수 있는 역량"으로 정의될 수 있다. 그리고 마지막으로, 그가 제안하는 세 번째 방법은 우리가 사회 탐구를 판단할 때에 실용적 철학이라고 말할 수 있을 만한 것이다: 우리는 사회 연구자들을 실용적 철학자라고 판단할 수 있다. 그들은 "그들이 보고하는 연구가 얼마나 인간 판단을 측정하거나 훈련시킬 수 있게 만드냐의 정도에 따라 성공 여부가 평가된다"고 볼 수 있다(p.69). 즉, 그것은 "실천 지식의 역량"을 말하는 것이다(p.70). Schwandt 혼자만이, "기준론과의 이별"을 말하는 것은 아니고, 이전에도 적어도 그것을 감지하고는 있었다. Scheurich(1997)은 비슷한 청원을 한 적이 있는데, 같은 맥락으로, Smith(1993)도 또한 타당도는, 만약 그런 것이 조금이라도 있다면, 현상학적 연구를 혹시라도 잘 하려고 한다면, 급진적으로 재형성되어야 한다고 주장하였다(Smith & Deemer, 2000 참고).

여기서 말하는 이슈는 우리가 기준을 가져야 하느냐 마느냐가 아니라, 혹은 누구의 기준을 과학적 공동체의 기준으로 채택하느냐의 문제가 아닌 것이다. 오히려 사회 탐구의 본질이라고 하는 것이 무엇인가, 그것이 변형을 거쳐야 하는지, 그리고 변형이 투사되었을 때에 기준이 되는 근거가 무엇인가를 묻는 것이다. Schwandt(1989; 사적 대화, 8월 21일, 1998)는 변형과 기준 모두 대화의 노력에 근거한다는 점에서 매우 명확하다. 이러한 대화의 노력은 상당히 분명하게 그 자체로서 "도덕적 담론"을 형성한다. 대화를 통한, 실천적 지식의 개념, 그리고 도덕적 담론과의 연결을 통해.

비록 Schwandt가 특별히 진리의 상대성을 부인하고 있을지라도, Schwandt의 많은 저작들은 반성적이며, 구성주의뿐 아니라 비판 이론가들과 참여적 패러다임과 관련이 있다는 것을 알 수 있다. (구성주의, 해석학, 해석주의에 대한 좀 더 자세한 설명과 비평을 보기 위해서는 Schwandt, 2000 참고. Schwandt는 그 책의 해

당 장에서 현실주의자와 비현실주의자 그리고 토대주의자들과 비토대주의자들 간의 차이를 이 장에서 우리가 다룬 것보다 훨씬 더 명확하게 밝히고 있다.) 타당도에 관련된 문제의 중심으로 돌아가자면: 특정한 사회 탐구를 쓸 때에 우리가 그에 따라 행동해도 안전하다고 느낄 수 있을 정도로 인간이 구축한 것들이 충분히 믿을 만한 것이라고 볼 수 있는지, 혹은 더 중요한 것은, 공동체의 구성원들이 그 연구를 통해 그에 따라 행동하는 것이 맞다고 생각할 수 있는 사회 탐구가 어떤 것인지 어떻게 알 수 있을까? 그 질문에 답할 수 있는 최종적 답은 없다. 그러나, 전문가적 혹은 평범한 판단이라도 몇몇 논의를 살펴볼 수는 있다. 이제 타당도의 여러 가지 버전을 살펴보고자 한다.

진정성으로서의 타당도

아마도 최초의 비토대주의 기준을 개발하게 된 것은 John Smith의 도전에 반응한 것이다(Smith & Deemer, 2000 참고). 이러한 기준들은 우리들이 자연주의적 혹은 구성주의자들의 연구 과정과 **결과**를 판단하기 위해 세워놓은 기준들이었다(방법론의 적용을 위한 것이라기보다는; Guba & Lincoln, 1989 참고). 우리는 다섯 가지 사회적 구성주의 연구의 잠재적 결과에 대해 기술하였으며(평가는 통제된 연구의 한 형태이며, 연구와 정책 분석을 동시에 수행한다; Guba & Lincoln, 1981 참고), 각각의 결과들은 우리가 기술하고 구축하고자 했던 특정 패러다임에서 나온 관심에 근거한 것들로 실증주의자의 저작에서 발생된 관심사와는 다르다. 대신에 그 기준들은 우리가 설명하고 추론하는 바로는 구성주의의 공리와 가정들에 기반한 것이다. 진정성 기준들―우리가 그렇게 부르는 것은 우리가 생각하기에 진정성, 신빙성, 엄격성, 혹은 "타당성"과 같은 개념들이 구성주의 혹은 현상학적 탐구의 대표되는 특징이기 때문이다―은 공정성, 존재론적 진정성, 교육적 진정성, 촉매 작용을 하는 진정성, 전술적 진정성을 말하는 것이다(Guba & Lincoln, 1989, p. 245-251). **공정성**은 질적 균형이라고 여겨진다; 즉, 모든 이익집단의 견해, 관점, 가치, 주장, 관심, 보이스가 텍스트에 분명하게 드러나야 한다는 것이다.

존재론적, 교육적 진정성은 의식의 고양 정도, 그리고 첫 번째 예에서 개인 연구자들의 참여에 의해서, 그리고 두 번째에서는 그들 주변의 개인들 혹은 사회적이나 조직의 목적으로 그들과 접촉하는 사람들에게서 나타나는 자각 정도를 말한다. 비록 우리들이 어떤 특정한 역사적 순간에 그것들을 포착하지는 못했지만(1989), 이러한 기준들이―현재 시점에서 이론으로부터 수마일 떨어져 있거나 실제에서 수피트 떨어져있다 해도―Schwandt(1996)가 말한 "비판적 지성"에서, 즉 도덕적 비평에 참여할 역량이라는 점에서, 반성적이지 않다고 할 이유는 없다. 사실은, 진정성 기준은 원래 우리가 제안했을 때는 강한 도덕적이고 윤리적인 의미를 함축하고 있었고, 후에 우리는 그 지점으로 다시 돌아갔다(Lincoln, 1995, 1998a, 1998b 참고). 우리가 제안했던 것의 함의가 무엇인지 우리 자신이 충분히 자각하지도 못한 상태에서 우리의 비평이 강하게 반대를 받은 시점이었다(Sechrest, 1993 참고).

촉매적, 전술적 진정성은 주어진 연구를 촉진하는 능력으로, 첫째는 연구 참여자의 입장에서 본 행동이고, 둘째는 참여자들이 훈련을 원한다면 연구자와 평가자들이 참여자들을 특정한 형태의 사회적, 정치적 행동을 할 수 있도록 훈련시키는 행동을 말한다. 여기서 구성주의 탐구의 실천은 비판 이론가, 실행 연구 혹은 참여적 협력적 연구에서 나타나는 행동의 형식과 닮아 있는 형태로 시작한다. 각각의 연구 참여자들이 긍정적 사회 변화 역량을 키우기 위한 것이고 해방적 공동체 행위의 형태로 나타난다. 이것은 또한 특정한 관점에서 보면 실증적 실천주의자들과 후기실증주의 사회 탐구에서 가장 중요한 것이다. 왜냐하면 연구자의 입장에서 본 어떠한 행동이라도 객관성을 저해하는 요인으로 간주되고 주관성이 들어오기 때문에, 결과적으로 편견이 개입된다고 생각하기 때문이다. 주관성과 편견의 문제는 오랜 이론적 역사가 있으며, 이 장에서도 주관성을 고려하거나 주관성을 긍정적 학습 경험으로 보거나, 실용적이고, 구체화된 것이며, 성별에 따른 차이가 있다거나 혹은 감정적이라는 다양한 설명을 하기에는 너무 간단히 소개되어 있다. 이러한 논의를 하기 위해서는, 객관성이 키메라와 같다는 것에 우리가 설득당했다고 말하는 것으로 충분할 것 같다: 신화적 피조물은 절대 존재하지 않았던 것이며, 그 존재를 안다고 하는 사람과는 별개로 그것을 안다고 하는 사람들의 상상속에 존재한다고 생각하는 것이다.

저항과 후기구조주의의 초월로서의 타당도

Richardson(1994, 1997)은 의도적으로 "초월적(transgressive)" 형태, 결정체(crystalline)란 단어를 사용해서, 다른 형태의 타당성을 제안하였다. 특히 시와 연극과 같은 실험적 글쓰기(예, 권위주의적이지 않은, 실증주의적이지 않은)에서, Richardson(1997)은 새로운 관계를 만들려는 노력의 일환으로 "신뢰도, 타당도, 진실성을 문제시하였다(p. 165): 그녀에게 있어 연구 참여자, 그녀의 연구, 다른 여인, 그리고 그녀 자신과의 새로운 관계를 말하는 것이다(같은 결과를 추구한 Lather, 2007 참고). Richardson은 위반의 형태로 인해 사회과학자들이 "다른 종류의 사회과학을 요청할 수 있게 되었고 … 그것은 연구자와 연구 간의 관계를 바꾸는 것이었고, 사회학적인 것들을 어떻게 알고 말하는지"를 바꾸는 것이었다(p. 166). "초월이란 어떻게 보이고 어떻게 느껴지는지"를 보기 위해서 "감춰진 가정과 삶을 부인하는 사회학의 억압"을 밝혀낼 수 있는 방법을 찾고 사용하는 것이 필요하다; 사회학을 다시 보고/다시 느끼는 것이다. "다시 보고 다시 말하는 것은 뗄 수 없는 관계이다"(p. 167). 이러한 타당도를 성취하는 방법은 비유적 의미에서 크리스탈의 속성을 살펴보는 것이다. 여기서 우리가 길게 인용구를 제시하는 것은 어떻게 이러한 타당도가 기술되고 사용될 수 있는지를 보여주기 위해서이다.

나는 포스트모더니스트 텍스트에 있어서 "타당성"의 중심 이미지가 삼각형은 아니라고 제안한다—단단하고, 고정되어 있으며, 이차원적 물체가 아니라는 것이다. 이것은 중심 심상이 수정체인 것이 아니라 무한한 모양, 실체, 변형, 다차원성, 접근성을 지닌 대칭성과 변형성이 결합된 것이다. 수정체는 성장하고 변화하며 달라지나, 형태가 없는 것은 아니다. 수정체는 외부의 것을 반사하며 그 안에서 굴절이 일어나며, 다른 색, 패턴, 배열을 만들어내며 다른 방향으로 반사된다. 우리가 보는 것은 각도에 따라 달라지는 것이다. 삼각측정이 아니라, 수정체를 말하는 것이다. 포스트모더니스트에서 혼합된 장르의 텍스트는 평면(plane) 기하학으로부터 빛의 이론(light theory)으로 이동하는 것이며, 거기서 빛은 파장과 입자를 말하는 것이다. 수정체는 구조를 잃지 않으면서도 전통적 개념의 "타당성"을 해체한다(우리가 느끼기에는 단 하나의 진리는 없는 것이며, 우리가 보는 텍스트는 그 자체로 타당한 것이다); 그리고 수정체는 깊이 있고, 복합적이고, 주제에 대해서 완벽하게 부분적으로만 이해한다는 것을 알게 하는 것이다. 모순적이지만, 우리는 더 많이 알수록 더 많이 의심하게 된다(Richardson, 1997, p. 92).

많은 방식에서 입증되고, 빛을 반영하고 굴절시키며(의미의 빛/다양한 층), "파동"(가벼운 파동/인간의 기류)과 "입자"(함께 "흐르는" 연구에 대한 진실, 느낌, 연결, 과정의 에너지/요소의 "양"으로서의 빛) 모두 볼 수 있는 것을 통한 은유적인 "견고한 사물(수정체/글)"은 타당성에 대한 매력적인 은유이다. 은유로서 수정체의 속성은 연구자들과 독자가 똑같이 연구의 얽혀있는 과정을 볼 수 있게 해준다: 발견하고, 보며, 말하고, 이야기하고, 표상하는 과정을 보는 것이다.

다른 "초월적인" 타당성

Richardson만이 "초월적"이고 현 상태를 파괴하는 타당성의 형태를 요구한 것은 아니다. Patti Lather (1993)는 "담론에 대한 선동(incitement)"을 추구하였는데, 그 목적은 "대표성의 위기를 설명하기 위한 저자의 활동을 확산, 순환, 증가시키는 것을 통해 … 진실의 체제로서 타당성을 파괴하고, 역사적 글을 대체하기 위한" 목적을 지닌다(p. 674). 결정체의 다각적 타당성 이외에도(Lather, 1986), Lather(1993)는 유사성/모순으로서의 타당성을 취한다; Lyotard의 **역설/신실용주의** 타당성은 "이질성을 조장하며, 폐쇄성을 거부하는" 형태의 타당성을 말한다(p. 679); Derrida의 **엄격한/라이좀** 타당성은 "연결되고, 순환하며, 다수의 개방성(p. 680)을 통한" 행동 형태의 타당성을 말한다; 그리고 **육감적/상황** 타당성은 "상황에 따른, 부분적 잠정성을 포괄하며" "윤리와 인식론을 함께 고려한다. … 참여와 자기 반성의 과정을 통한 것을 말한다"(p. 686). "순수"에 대한 이러한 유형의 방해, 분열, 변형은 혼란, 흐름, 부분, 문제적인 측면을 나타내며 이는 이론의 포스트구조적이고 결정적인 포스트모던의 행태를 제시하고 이는 곧 내용적인 폭로이다.

윤리적 관계로서 타당성

Lather(1993)에 의하면 타당성에 대한 후기구조주의적 형태가 "윤리성과 인식론을 모두 가져온다."(p. 686); 사실, Parker Palmer(1987)는 "앎에 대한 모든 방법은 자신의 도덕적 궤적을 포함한다"고 한다(p. 24). Alan Peshkin은 Nel Noddings(1984)가 발표한 "정당화를 하고자 하는 것은 도덕성의 중심으로부터는 더 멀리 더 많이 가게 하는 것이다"라는 말을 상고하였다(p. 105; Peshkin, 1993, p. 24 인용). 우리가 가장 확신하며 알고 있는 방식은 우리가 아는 것과 우리가 연구 참여자들과 관계 맺는 것과 관련이 있다. 따라서, 우리 중 한 사람이 윤리적 교차점을 이해하려고 하는 것은 대인관계와 인식론적인 것이다(진정한 그리고 타당한 앎이라는 형태; Lincoln, 1995). 질을 평가하는 현존하는 기준을 이해하는 첫 번째 준거는 결과로서 인식론/윤리학의 교차점에 근거한 것이다. 일곱 가지의 새로운 표준은 탐색을 통해 도출된 것이다: 입장 혹은 견해, 판단; 특정 담론 공동체와 질을 통제하는 연구의 장소; 보이스, 즉 텍스트가 어느 정도 다수의 목소리의 질을 담고 있는가; 비판적 주관성(혹은 강한 자기 반응성이라는 용어를 사용하기도 한다; 예를 들어, Heron & Reason, 1997 참고); 상보성, 즉 연구의 관계가 위계적이라기보다는 얼마나 상보적인가; 신성함, 즉 과학이 얼마나 인간 번영에 깊은 관심을 가지고 있는가; 그리고 대학의 입장에서 학문적이라는 우리의 입장을 향상시키기 위해 특권이라는 선행조건을 공유하고 있는가이다. 이 각각의 표준들은 일련의 연구로부터 추출된 것으로, 종종 경영, 철학, 여성학 연구들처럼 여러 가지 요소를 포함한다(Lincoln, 1995).

6.8 보이스, 반응성, 포스트모던 텍스트의 표상

과거보다 요즘에는 텍스트에 더 작업해야 할 것이 많다. 후기구조주의와 포스트모더니즘이 그들의 표상적 실제를 반성하게 된 영향이기도 하지만, 그와 같은 실제들이 점점 더 문제가 되고 있다. 그 중에서 가장 활발하게 논의되고 있지만 다소 까다로운 이슈들은 보이스, 반응성의 위치, 포스트모던/후기구조주의의 텍스트 표상이다. 특히, 이러한 것들이 문제로 나타나는 것은 인간의 감정을 직접적이고 드러나게 다루는 내러티브와 문학 형태로 이동하고 있기 때문이다.

보이스

보이스는 다층의 문제를 가졌는데, 이는 단순히 다른 연구자들에게 여러 가지 의미로 다가오기 때문이다. 이전에는 유일한 적절한 보이스는 "어느 곳에도 속하지 않는 보이스"였다. Lather(2007)가 사용한 용어를 쓰자면, "순수한 존재"를 표상한 것이다. 연구자들이 만들어낸 추상화된 실재를 더 의식하면 할수록(Lather, 2007), 동시에 독자들이 그들의 정보를 "듣는다는 것"을 더 의식하게 된다—독자들이 정보제공자들의 정확한 말들(그리고 가끔은 준언어적 신호, 실수, 정지, 멈춤, 시작, 재공식화)을 듣도록 하는 것이 더 커지게 되었다. 오늘날, 특히 더 참여적인 연구 형식에서 음성은 텍스트 안에 실제 연구자—그리고 연구자의 음성—를 갖는 것을 의미할 뿐만 아니라, 텍스트 형식 안이나 연극, 포럼, '주민 회의'를 통해 혹은 연구 참여자 스스로에 의해 고안된 다른 구두와 행동 지향적 매체나 의사소통 형식들을 통해서 연구 참여자들이 그들 스스로 말하게 한다는 것을 의미하는 것일 수 있다(Bernal, 1998, 2002). 특히, 행동 텍스트는 그들 자신의 장소와 지역을 훨씬 넘어선 연구자들과 연구 참여자들의 음성에 정서적 즉각성을 부여한다(McCall, 2000 참고). Rosanna Hertz(1997)는 목소리를 다음과 같은 것으로 묘사한다.

> 어떻게 작가의 자아가 드러나는지 이해하기 위한 투쟁인 동시에 응답자의 설명을 쓰고 그들 자신을 나타내는 것이다. 음성은 다양한 차원을 지닌다. 첫째, 작가의 음성이 있다. 둘째, 텍스트 안에서 응답의 음성 표현이다. 세 번째 차원은 자아가 연구의 주체일 때 … 음성은 작가들이 그들 스스로 문화기술지 안에서 어떻게 표현하는가 하는 것이다(pp. xi-xii).

그러나 우리 스스로를 어떻게 표현하는지 아는 것은 '우리 스스로를 표현하기'의 이해에 대한 상식을 넘어서는 것이다. 실증주의적 연구의 '냉정해진, 벗겨낸 수사'

속에서 훈련받은 문화기술자 세대(Firestone, 1987)는 만약 거의 불가능하지 않다면, 텍스트 안에 그들 스스로를 신중하고 정확하게 '위치시키는 것'이 어렵다는 것을 발견하였다(Geertz[1988]가 최종적으로 입증했고 의심의 여지가 없을지라도, 작가적 음성은 거의 진정으로 부재하거나, 심지어는 숨겨져 있다).

특정한 텍스트적 실험이 도움이 될 수 있다. 즉, 다양한 문학 형식들—Ricahrdson의 시와 연극이 좋은 예이며, Lather와 Chris Smithies(1997)의 『천사를 괴롭히기(Troubling the Angels)』 가운데 문화기술지를 기술하는 것은 연구자가 구체성에서 분리된 '나'와 멀어지고 추상화된 음성 안에서 쓰는 경향을 극복하는 데에 도움이 될 수 있다. 그러나 이러한 글쓰기 훈련은 어려운 일이다. 이것은 또한 (부분적) 진리의 목소리에 도달하는 것이 불가능하다는 것을 제외하고, 반응성과 서사성(narrativity)의 실천 안에 통합되어 있는 작업이다.

반응성

반응성(reflexivity)은 연구자로서의 자신, "도구로서의 인간"에 대해 비판적으로 반성하는 과정이다(Guba & Lincoln, 1981). 그것은 우리가 주장하는 것과 마찬가지로, 일찍이 Peter Reason과 John Rowan이 편집한 『인간 탐구(Human Inquiry)』(1981)에서 논의된 비판적 주체성이다. 그것은 연구자와 응답자로서, 교수자와 학습자로서, 연구 과정 자체 안에서 자신을 알게 될 누군가로서 자신의 의식적인 경험이다. 반성성은 연구 문제의 선택과 누가 연구에 참여하게 될 것인가에 대한 선택뿐만 아니라, 연구 절차에서 유동적인 자아를 표현하는 우리 스스로와 다양한 정체성들을 따르도록 강요한다(Alcoff & Potter, 1993). 예컨대, Shulamit Reinharz(1997)는 우리가 "자아를 우리와 함께 그 분야에 데려갔고 … [뿐만 아니라] 자아를 그 분야에서 **창조한다**"(p. 3)고 주장하였다. 그녀는 우리 모두가 우리와 함께하는 많은 자아들을 가지고 있음에도 불구하고, 이 자아들은 세 범주로 나누어진다고 주장하였다. 연구 기반 자아들, 가져온 자아들(역사적으로, 사회적으로, 개인적으로 만든 우리의 관점), 상황적으로 만들어진 자아들이 그것이다(p. 5). 이 각각의 자아들은 연구 장면에서 작동하게 되고 최종적으로 구분되는 음성을 가지게 된다.

반응성—후기구조주의와 포스트모더니즘의 정신이 질적 연구의 질에 영향을 미친 것만큼이나 영향력이 있다—은 어떻게 연구가 시도한 것들이 우리의 삶을 형성하였고 이원론, 모순, 그리고 역설들이 우리 삶에 나타나는 방식에 대해 우리 자신에게 질문해볼 것을 요구한다. 우리는 또한 우리들 스스로 어떻게 이러한 두 부분과 역설이 그 분야 안에서 처음과 나중에 글쓰기 과정을 발견하는 데에 있어서 정체성을 형성할 뿐만 아니라, 우리가 우리 자신이 되는 과정에서 그들이 되는 응답과 함께 상호작용을 고려할 것을 요구한다(Mayan, 2009). 혹자는 질적 연구를 '작성하는 것'(현장기록)과 '적는 것'(내러티브)의 한 쌍의 과정으로 특징짓는다. 그러나 Jean Clandinin과 Michael Connelly(1994)는 이러한 질적 연구 과정의 이중 텍스트적 읽기가 지나치게 단순한 것임을 분명히 하였다. 사실, 많은 텍스트들이 현장연구에 참여하는 과정에서 창조된다.

Richardson(1994, 1997, 2000)이 분명하게 했듯이, 글쓰기는 단지 어떤 현실의 기록이 아니다. 그보다, 모든 텍스트, 노트, 표현, 가능성의 글쓰기는 또한 발견의 과정이다. 즉 주체의 발견(그리고 종종 문제 그 자체)과 자아의 발견이다.[3]

가장 최근의 공식들에 대해서 좋은 소식과 나쁜 소식이 있다. 좋은 소식은 포스트모던 연구들의 다양한 자아들—우리 자신들과 우리의 반응들—이 글쓰기와 표현의 더 역동적이고, 문제적이며, 결말이 정해지지 않은 것이며, 복잡한 형식을 가지도록 할 수 있다는 것이다. 나쁜 소식은 우리가 만들어내고 마주치는 이 다양한 자아들이 더 역동적이고, 문제적이며, 결말이 정해지지 않은 것이며, 그리고 복잡한 형식을 가지도록 한다는 것이다. 텍스트적 표현을 위한 다양한 제안들 중에서 가끔 어떤 제안들에 우리가 주의를 기울여야 하는지 알기 어렵다. 그것은 종종 우리가 이론적으로, 철학적으로, 도덕적으로 기울도록 하는 특정한 유형(예, 비판적 페미니즘 연구, 퀴어 이론, 혼합 이론가, 후기식민주의 이론가들과 같은 것들)의 문제가 되는 반면, 그럼에도 불구하고 그것은 폭넓게 풍족한 음식을 갖춘 뷔페여서 몇몇 선택들이 이루어져야만 한다. 종종 이런 선택들은 우리 연구 참여자들과 핵심 연구자들의 필요와 우리의 의도된 청중들의 필요 모두를 기초로 이루어진다.

포스트모던 텍스트 표상

과학적 방법의 관습적인 텍스트에는 두 가지 위험한 내재요인들이 있다: 그들은 우리로 하여금 세계가 보다 단순하며 역사적 억압의 형태를 새겨 지속할 수 있도록 이끈다. 또 다른 방식으로, 우리는 권한의 위기(세계가 어떤 방식 혹은 많은 다른 방식일 때 "이런 방식)와 서술의 위기(사회의 적합한 삶에 침묵하도록 하며 다른 것보다 이러한 삶을 재창출하도록 하며, 보다 적합하지만 유일한 세계; Eisner, 1997)에 대면하게 된다. Catherine Stimpson(1988)이 관찰한 것은 다음과 같다.

> 모든 큰 의미의 단어와 같이, "표상"은 음식 스튜와 같다. 섞여진 메뉴로, 한 번에 많은 의미를 제시한다. 표상이라는 단어는 시각적, 언어적, 혹은 음성적 이미지가 될 수 있다. … 표상이라는 것은 또한 내러티브가 될 수도 있고, 이미지와 개념들의 배열이 되기도 한다. … 혹은 표상은 이데올로기의 생산을 말하기도 하며, 세계와 그 세계가 다루는 것을 정당화하는 것을 보여주는 거대한 도식이기도 한 것이다(p. 223).

텍스트가 만들어내는 위험한 환상(그리고 그 기저에 깔린 이데올로기들)에 직면하는 한 가지 방법은 경계를 깨는 새로운 텍스트를 만드는 것이다; 중심으로부터 주변으로 이동하는 것이고 중심을 옮기는 것이다; 그것은 닫혀있는, 묶여있는 세계를 버리고 좀 더 개방적이고 편하지 않은 것을 포함하는 것이다; 그것은 전통적인 사회과학의 경계를 넘어서는 것이며; 주제에 대한 것이라기보다는 인간의 삶에 대한 사회과학을 만들고자 하는 것이다.

이것을 어떻게 할 것인가 하는 실험을 하다 보면 "혼란을 일으키는, 난잡하게 보이는(messy) 텍스트"가 나오게 된다(Marcus & Fischer, 1986). 난잡한 텍스트는 인쇄상의 악몽을 말하는 것이 아니다(비록 인쇄상으로도 비선형적인 것일 수는 있지만); 오히려, 그 텍스트들은 과학과 문학을 가르는 양분체제를 깨고; 반박과 인간 경험의 진실성을 묘사한다; 보여주기의 규칙을 깨는 것이며, 부분이기까지 하고(Flax, 1990), 어떻게 인간 존재가 영원한 진리와 일상에서 마주치는 성가신 것들 그리고 존재하는 삶의 비극에 대처하는 방식이 얼마나 실제적인가를 보여주는 것이다. 포스트모던 표상이 탐색하고 내러티브를 가지고 실험하는 것은 우리들이 이해하는 것, 보이스, 인간 경험이 말해지는 방식의 범위를 확장하고자 하는 것이다. 그들이 사회과학자이고, 연구자인 만큼, 그들은 또한 스토리텔러이며, 시인이며, 극작가이며, 개인적 내러티브를 실험하며, 일인칭 시점으로 서술하고, 반사적인 질문을 하고, 표상적 실천에 담긴 독재의 형태를 해체한다(Richardson, 2000; Tierney & Lincoln, 1997 참고).

6.8 미래 엿보기

이 장에서 제기된 이슈들은 현재에 혹은 가까운 미래에 논의되고 있는 유일한 것들이 아니다. 그러나 중요한 것, 논의, 대화, 그리고 다양하고 새로우며 떠오르는 패러다임의 실천가들에게 계속 묶여 있는 논쟁이며, 계속해서 공통의 근거로 보거나 혹은 자신의 연구 형태를

다른 사람들의 형태와 구분하고자 하는 방법들이기도 하다.

예전에, 우리는 실증주의자와 새로운 패러다임의 형태 연구를 하는 사람들이―모든 사회과학자들이 공통의 담론 안에서 작업을 할 수 있는, 그리고 아마도 여러 전통들 속에서도―다시 한 번 그들의 차이를 해결할 수 있는 방법들을 찾기 바란다는 희망을 표현한 바 있다. 되돌아보면, 이러한 해결책은 별로 있을 것 같지 않고 별로 유용할 것 같지도 않다는 생각이 든다. 그렇다고 해서, 실증주의자나 현상학자들 어느 쪽도 한치도 양보하지 않을 것이라는 말은 아니다(비록 이것 또한 그렇지 않을 것 같다고 생각하지만). 혹은 엄격한 실증주의 "과학"의 재진술에서 풍부하게 볼 수 있는 것처럼, 질적 연구에 관한 악의에 찬 주장 또한 이전의 세기에 비해서 더 많은 것도 알 수 있다. 오히려, 그것은 포스트모던(후기 포스트모던)의 시점에, 그리고 후기 구조주의를 지각하고 있는 가운데, 단 하나의 "진리"는 없다고 하는 가정하에―전적인 진리가 아니라 부분적 진리; 즉 의미를 부여하는 것과 의미화된 실제 사람, 사건, 장소에 대한 그림자만이 언제나 표상된다고 하는 언어적, 텍스트상의 용어들 간의 차이를 가정하기 때문이다; 정체성들이 고정되었다기보다 유동적이라고 보기 때문이다―이러한 가정은 불가피하게 하나의 "전통적" 패러다임을 가지고 모든 과학자들이 어떤 공통적 용어라고 생각하는 그리고 상호간에 이해할 수 있는 것이 없다는 통찰에 이르게 만든다. 오히려, 우리는 다수의 목소리를 가지고, 그 의미가 무엇인지를 경쟁하며, 패러다임 논쟁을 하며, 새로운 텍스트 형태가 특징인 역사의 시작점에 서 있다. 이러한 예측 경로의 어느 정도의 거리에서, 그 역사가 쓰여질 때에, 우리는 이것이 해방의 시기라는 것을 알게 될 것이다: Hannah Arendt가 "진실의 강제성"이라고 부르는 것으로부터의 해방, 서구 유럽의 목소리만을 듣는 것으로부터의 해방, 침묵의 시대로부터의 해방, 그리고 세계를 하나의 색으로만 보는 것으로부터의 해방을 말한다.

우리는 또한 연구의 노력에서 위대한 영성의 시대에

들어간다고도 볼 수 있다. 탐구에 있어서 생태학적 가치를 반영하는 것, 서구의 것이 아닌 공동 사회에서 일어나는 삶의 방식을 존중하는 것, 우리의 연구가 우리 자신의 역사와 성별과 지역에 의해 어떻게 형성되었는지에 대해 강한 반응을 포함하는 것, 그리고 Heron과 Reason(1997)이 명명한바, "인간 번영"을 위해 연구하는 것을 강조한다. 이것은 자유와 자기 결정성을 발전시키는 방식으로 신성한 것과 세속적인 것을 재통합하게 될 것이다. 조직 이론가인 Egon Brunswick은 인간 조직의 형식을 연구하면서 "묶여 있는" "묶여있지 않은" 변수들―다른 변수들과 함께 연결되어 있거나 혹은 명백하게 연결되어 있지 않은 변수들―에 대해 썼다. 우리의 관심사가 걸쳐있는 곳과 우리가 모두 다른 사람들의 존재를 전인적 존재로 조장할 수 있는 방법들을 찾는 수단이 되는 것이며, 우리의 연구가 묶여 있고 묶여 있지 않은 상태에서 그 방법을 탐색하는 시기에 있는 것이다.

주석

1. 포스트모더니즘의 몇몇 다양성처럼, 신마르크스주의 이론과 가장 밀접하게 연관되어 있는 고전적 비판 이론을 포함하여 비판 이론에는 몇 가지 버전이 있다. 후기실증주의적 공식은 그들 스스로 마르크스주의 이론에서 벗어나서 전통적인 엄격한 비판을 주장하는 실증주의적 입장이다. 포스트모더니스트, 후기구조주의자, 혹은 해체주의적 지향의 다양한 조류들이 있다. 예를 들어, Fay(1987), Carr and Kemmis(1986), Lather(1991) 참고. Kemmis와 McTaggart(2000), Kincheloe와 McLaren(2000) 역시 참고.

2. 방법들이 어떻게 패러다임들을 대신하게 되는지, 혹은 (꽤 명백한 것으로 생각한) 초기 입장들이 어떻게 오해를 받게 되는지에 대한 더 명확한 이해를 위해서는 Lancy(1993) 혹은 더 최근의 Weiss(1998, 특히 p. 268)를 보라.

3. 예를 들어, 작가의 목소리가 명확하고, 개인적이며, 음성적이고, 내적이며, 주체성과 상호작용하는 Richardson(2000)과 Ellis와 Bochner(2000)의 저작을 이 장과 비교해 보라. 몇몇 동료들이 우리들 각각이 주어진 책들에서 집필해온 장들을 정확하게 규정함으로써 우리를 놀라게 하고 있음에도 불구하고, 이 장의 스타일은 다른 장들의 (Studs Terel의 구절에서 가져온 표현인) 친밀하고, 개인적인 '감정적 어조'보다 [대상과 거리를 둔] '사실주의적' 글쓰기 형식에 더 정확하게 가깝다. 목소리들은 또한 감추어진 물질의 기능을 불러일으킨다. 우리가 이 장에서 가장 중요하게 선택한 물질은 덜 개인적 어조일 것을 요구하는 것으로 보인다. 이것은 아마도 이 문제들에 대한 조용한 대화보다는 훨씬 더한 '논쟁'이 나타나기 때문일 것이다. '시원한' 어조는, 논쟁적 문제들을 둘러싼 토론을 위한 방음 공간을 만들기 위해 시도하는 것에 대한 심리적 응답으로부터 나온 줄기들인 것 같다. 우리는 뭐라고 말할 수 있을까?

참고문헌

Addelson, K. P. (1993). Knowers/doers and their moral problems. In L. Alcoff & E. Potter (Eds.), *Feminist epistemologies* (pp. 265-294). New York: Routledge.

Alcoff, L., &Potter, E. (Eds.). (1993). *Feminist epistemologies*. New York: Routledge.

Alpern, S., Antler, J., Perry, E. I., & Scobie, I. W. (Eds.). (1992). *The challenge of feminist biography: Writing the lives of modern American women*. Urbana: University of Illinois Press.

Angen, M. J. (2000). Evaluating interpretive inquiry: Reviewing the validity debate and opening the dialogue. *Qualitative Health Research, 10*(3), 378-395.

Babbitt, S. (1993). Feminism and objective interests: The role of trans-formation experiences in rational deliberation. In L. Alcoff & E. Potter (Eds.), *Feminist epistemologies* (pp. 245-264). New York: Routledge.

Bernal, D. D. (1998). Using a Chicana feminist epistemology in educational research. *Harvard Educational Review, 68*(4), 1-19.

Bernal, D. D. (2002). Critical race theory, Latino critical theory, and critical race-gendered epistemologies; Recognizing students of color as holders and creators of knowledge. *Qualitative Inquiry, 9*(1), 105-126.

Bernstein, R. J. (1983). *Beyond objectivism and relativism: Science, hermeneutics, and praxis.* Oxford, UK: Blackwell.

Best, S., & Kellner, D. (1997). *The postmodern turn.* New York: Guilford.

Bloland, H. (1989). Higher education and high anxiety: Objectivism, relativism, and irony. *Journal of Higher Education, 60,* 519-543.

Bloland, H. (1995). Postmodernism and higher education. *Journal of Higher Education, 66,* 521-559.

Bradley, J., & Schaefer, K. (1998). *The uses and misuses of data and models.* Thousand Oaks, CA: Sage.

Carr, W. L., & Kemmis, S. (1986). *Becoming critical: Education, knowledge, and action research.* London: Falmer.

Carspecken, P. F. (1996). *Critical ethnography in educational research: A theoretical and practical guide.* New York: Routledge.

Christians, C. G. (2000). Ethics and politics in qualitative research. In N. K. Denzin & Y. S. Lincoln (Eds.), *Handbook of qualitative research* (2nd ed., pp.133-155). Thousand Oaks, CA: Sage.

Clandinin, D. J., & Connelly, F. M. (1994). Personal experience methods. In N. K. Denzin & Y. S. Lincoln (Eds.), *Handbook of qualitative research* (pp. 413-427). Thousand Oaks, CA: Sage.

Creswell, J. W. (2007). *Qualitative inquiry and research design: Choosing among five approaches.* Thousand Oaks, CA: Sage.

Denzin, N. K., & Lincoln, Y. S. (Eds.). (1994). *Handbook of qualitative research.* Thousand Oaks, CA: Sage.

Eisner, E. W. (1997). The promise and perils of alternative forms of data representation. *Educational Researcher, 26*(6), 4-10.

Ellis, C. (2009). *Autoethnographic reflections on life and work.* Walnut Creek, CA: Left Coast Press.

Ellis, C., & Bochner, A. P. (Eds.). (1996). *Composing ethnography: Alternative forms of qualitative writing.* Walnut Creek, CA: AltaMira.

Ellis, C., & Bochner, A. P. (2000). Autoethnography, personal narrative, reflexivity: Researcher as subject. In N. K. Denzin & Y. S. Lincoln (Eds.), *Handbook of qualitative research* (2nd ed., pp. 733-768). Thousand Oaks, CA: Sage.

Enerstvedt, R. (1989). The problem of validity in social science. In S. Kvale (Ed.), *Issues of validity in qualitative research* (pp. 135-173). Lund, Sweden: Studentlitteratur.

Fay, B. (1987). *Critical social science.* Ithaca, NY: Cornell University Press.

Fine, M., Weis, 1., Weseen, S., & Wong, 1. (2000). For whom? Qualitative research, representations, and social responsibilities. In N. K. Denzin & Y. S. Lincoln (Eds.), *Handbook of qualitative research* (2nd ed., pp. 107-131). Thousand Oaks, CA: Sage.

Firestone, W. (1987). Meaning in method: The rhetoric of quantitative and qualitative research. *Educational Researcher, 16*(7), 16-21.

Flax, J. (1990). *Thinking fragments.* Berkeley: University of California Press.

Foucault, M. (1971). *The order of things: An archaeology of the human sciences.* New York: Pantheon.

Gamson, J. (2000). Sexualities, queer theory, and qualitative research. In N. K. Denzin & Y. S. Lincoln (Eds.), *Handbook of qualitative research* (2nd ed., pp. 347-365). Thousand Oaks, CA: Sage.

Gandhi, L. (1998). *Postcolonial theory: A critical introduction.* St. Leonards, N.S.W.: Allen & Unwin.

Geertz, C. (1973). Thick description: Toward an interpretive theory of culture. In C. Geertz, *The interpretation of cultures* (pp. 2-30). New York: Basic Books.

Geertz, C. (1988). *Works and lives: The anthropologist as author.* Cambridge, UK: Polity.

Geertz, C. (1993). *Local knowledge: Further essays in interpretive anthropology.* London: Fontana.

Giroux, H. A. (1982). *Theory and resistance in education: A pedagogy for the opposition.* Boston: Bergin & Garvey.

Greenwood, D. J., & Levin, M. (2000). Reconstructing the relationships between universities and society through action research. In N. K. Denzin & Y. S. Lincoln (Eds.), *Handbook of qualitative research* (2nd ed., pp. 85-106). Thousand Oaks, CA: Sage.

Guba, E. G., (1990). *The paradigm dialog.* Newbury Park, CA: Sage.

Guba, E. G., (1996). What happened to me on the road to Damascus. In L. Heshusius & K. Ballard (Eds.), *From positivism to interpretivism and beyond: Tales of transformation in educational and social research* (pp. 43-49). New York: Teachers College Press.

Guba, E. G., & Lincoln, Y. S. (1981). *Effective evaluation: Improving the usefulness of evaluation results through responsive and naturalistic approaches.* San Francisco: Jossey-Bass.

Guba, E. G., & Lincoln, Y. S. (1982). Epistemological and methodological bases for naturalistic inquiry. *Educational Communications and Technology Journal, 31,* 233-252.

Guba, E. G., & Lincoln, Y. S.(1985). *Naturalistic inquiry.* Newbury Park, CA: Sage.

Guba, E. G., & Lincoln, Y. S. (1989). *Fourth generation evaluation.* Newbury Park, CA: Sage.

Guba, E. G., & Lincoln, Y. S. (1994). Competing paradigms in qualita-tive research. In N. K. Denzin & Y. S. Lincoln (Eds.), *Handbook of qualitative research* (pp. 105-117). Thousand Oaks, CA: Sage.

Guba, E. G., & Lincoln, Y. S. (2005). Paradigmatic controversies, contra-dictions, and emerging confluences. In N. K. Denzin & Y. S. Lincoln (Eds.), *The SAGE handbook of qualitative research* (3rd ed., pp. 191-215). Thousand Oaks, CA: Sage.

Harding, S. (1993). Rethinking standpoint epistemology: What is "strong objectivity"? In L. Alcoff & E. Potter (Eds.), *Feminist epistemologies* (pp. 49-82). New York: Routledge.

Heron, J. (1996). *Cooperative inquiry: Research into the human condition*. London: Sage.

Heron, J., & Reason, P. (1997). A participatory inquiry paradigm. *Qualitative Inquiry, 3*, 274-294.

Hertz, R. (1997). Introduction: Reflexivity and voice. In R. Hertz (Ed.), *Reflexivity and voice*. Thousand Oaks, CA: Sage.

Heshusius, L. (1994). Freeing ourselves from objectivity: Managing subjectivity or turning toward a participatory mode of consciousness? *Educational Researcher, 23*(3), 15-22.

Howe, K., & Eisenhart, M. (1990). Standards for qualitative (and quantitative) research: A prolegomenon. *Educational Researcher, 19*(4), 2-9.

Hutcheon, L. (1989). *The politics of postmodernism*. New York: Routledge.

Josselson, R. (1995). Imagining the real. *Interpreting experience. The narrative study of lives* (Vol. 3.). Thousand Oaks, CA: Sage.

Kemmis, S., & McTaggart, R. (2000). Participatory action research. In N. K. Denzin & Y. S. Lincoln (Eds.), *Handbook of qualitative research* (2nd ed., pp. 567-605). Thousand Oaks, CA: Sage.

Kilgore, D. W. (2001). Critical and postmodern perspectives in learning. In S. Merriam (Ed.), *The new update of education theory: New directions in adult and continuing education*. San Francisco: Jossey-Bass.

Kincheloe, J. L. (1991). *Teachers as researchers: Qualitative inquiry as a path to empowerment*. London: Falmer.

Kincheloe, J. L., & McLaren, P. (2000). Rethinking critical theory and qualitative research. In N. K. Denzin & Y. S. Lincoln (Eds.), *Handbook of qualitative research* (2nd ed., pp. 279-313). Thousand Oaks, CA: Sage.

Kondo, D. K. (1990). *Crafting selves: Power, gender, and discourses of identity in a Japanese workplace*. Chicago: University of Chicago Press.

Kondo, D. K. (1997). *About face: Performing race in fashion and theater*. New York: Routledge.

Kuhn, T. (1967). *The structure of scientific revolutions* (2nd ed.). Chicago: University of Chicago Press.

Kvale, S. (Ed.). (1989). *Issues of validity in qualitative research*. Lund, Sweden: Studentlitteratur.

Kvale, S. (1994, April). *Validation as communication and action*. Paper presented at the annual meeting of the American Educational Research Association, New Orleans.

Lancy, D. F. (1993). *Qualitative research in education: An introduction to the major traditions*. New York: Longman.

Lather, P. (1986). Issues of validity in openly ideological research: Between a rock and a soft place. *Interchange, 17*(4), 63-84.

Lather, P. (1991). *Getting smart: Feminist research and pedagogy with in the postmodern*. New York: Routledge.

Lather, P. (1993). Fertile obsession: Validity after poststructuralism. *Sociological Quarterly, 34*, 673-693.

Lather, P. (2007). *Getting lost: Feminist efforts toward a double(d) science*. Albany: State University of New York Press.

Lather, P., & Smithies, C. (1997). *Troubling the angels: Women living with HIV/AIDS*. Boulder, CO: Westview/HarperCollins.

Latsis, J., Lawson, C., & Martins, N. (2007). Introduction: Ontology, philosophy, and the social sciences. In C. Lawson, J. Latsis, & N. Martins (Eds.), *Contributions to social ontology*. New York: Routledge.

Leitch, Y. B. (1996). *Postmodern: Local effects, global flows*. Albany: State University of New York Press.

Lincoln, Y. S. (1995). Emerging criteria for quality in qualitative and interpretive research. *Qualitative Inquiry, 1*, 275-289.

Lincoln, Y. S. (1997). What constitutes quality in interpretive research? In C. K. Kinzer, K. A. Hinchman, & D. J. Leu (Eds.), *Inquiries in literacy: Theory and practice* (pp. 54-68). Chicago: National Reading Conference.

Lincoln, Y. S. (1998a). The ethics of teaching qualitative research. *Qualitative Inquiry, 4*, 305-317.

Lincoln, Y. S. (1998b). From understanding to action: New imperatives, new criteria, new methods for interpretive researchers. *Theory and Research in Social Education, 26*(1), 12-29.

Lincoln, Y. S., & Denzin, N. K. (1994). The fifth moment. In N. K. Denzin & Y. S. Lincoln (Eds.), *Handbook of qualitative research* (pp. 575-586). Thousand Oaks, CA: Sage.

Lincoln, Y. S., & Guba, E. G. (1985). *Naturalistic inquiry*. Beverly Hills, CA: Sage.

Lucas, J. (1974, May). *The case survey and alternative methods for research aggregation*. Paper presented at the Conference on Design and Measurement Standards in Political Science, Delavan, WI.

Lucas, J. (1976). *The case survey method: Aggregating case experience* (R-1515-RC). Santa Monica, CA: The Rand Corporation.

Lynham, S. A., & Webb-Johnson, G. W. (2008). Models of Epistemology and Inquiry Class Notes. Texas A&M University.

Marcus, G. E., & Fischer, M. M. J. (1986). *Anthropology as cultural critique: An experimental moment in the human sciences.* Chicago: University of Chicago Press.

Mayan, M. J. (2009). *Essentials of qualitative inquiry.* Walnut Creek, CA: Left Coast Press.

McCall, M. M. (2000). Performance ethnography: A brief history and some advice. In N. K. Denzin & Y. S. Lincoln (Eds.), *Handbook of qualitative research* (2nd ed., pp. 421-433). Thousand Oaks, CA: Sage.

Merriam, S. B. (1991). How research produces knowledge. In J. M. Peters & P. Jarvis (Eds.), *Adult education.* San Francisco: Jossey-Bass.

Merriam, S. B., Caffarella, R. S., & Baumgartner, L. M. (2007). *Learning in adulthood: A comprehensive guide.* San Francisco: Jossey-Bass.

Mertens, D. (1998). *Research methods in education and psychology: Integrating diversity with quantitative and qualitative methods.* Thousand Oaks, CA: Sage.

Michael, M. C. (1996). *Feminism and the postmodern impulse: Post-World War II fiction.* Albany: State University of New York Press.

Noddings, N. (1984). *Caring: A feminine approach to ethics and moral education.* Berkeley: University of California Press.

Olesen,Y. L. (2000). Feminisms and qualitative research at and into the millennium. In N. K. Denzin & Y. S. Lincoln (Eds.), *Handbook of qualitative research* (2nd ed., pp. 215-255). Thousand Oaks, CA: Sage.

Pallas, A. M. (2001). Preparing education doctoral students for epistemological diversity. *Educational Researcher, 30*(5), 6-11.

Palmer, P. J. (1987, September-October). Community, conflict, and ways of knowing. *Change, 19,* 20-25.

Pelias, R. J. (1999). *Writing performance: Poeticizing the researcher's body.* Carbondale: Southern Illinois University Press.

Pelias, R. J. (2004). *A methodology of the heart.* Walnut Creek, CA: AltaMira Press.

Peshkin, A. (1993). The goodness of qualitative research. *Educational Researcher, 22*(2), 24-30.

Phillips, D. C. (2006). A guide for the perplexed: Scientific educational research, methodolatry, and the gold versus the platinum standards. *Educational Research Review, 1*(1), 15-26.

Polkinghorne, D. E. (1989). Changing conversations about human science. In S. Kvale (Ed.), *Issues of validity in qualitative research*(pp. 13-46). Lund, Sweden: Studentlitteratur.

Preissle, J. (2006). Envisioning qualitative inquiry: A view across four decades. *International Journal of Qualitative Studies in Education 19*(6), 685-695.

Reason, P. (1993). Sacred experience and sacred science. *Journal of Management Inquiry, 2,* 10-27.

Reason, P., & Rowan, J. (Eds.). (1981). *Human inquiry.* London: John Wiley.

Reinharz, S. (1997). Who am I? The need for a variety of selves in the field. In R. Hertz (Ed.), *Reflexivity and voice* (pp. 3-20). Thousand Oaks, CA: Sage.

Richardson, L. (1994). Writing: A method of inquiry. In N. K. Denzin & Y. S. Lincoln (Eds.), *Handbook of qualitative research* (pp. 516-529). Thousand Oaks, CA: Sage.

Richardson, L. (1997). *Fields of play: Constructing an academic life.* New Brunswick, NJ: Rutgers University Press.

Richardson, L. (2000). Writing: A method of inquiry. In N. K. Denzin & Y. S. Lincoln (Eds.), *Handbook of qualitative research* (2nd ed., pp. 923-948). Thousand Oaks, CA: Sage.

Rorty, R. (1979). *Philosophy and the mirror of nature.* Princeton, NJ: Princeton University Press.

Ryan, K. E., Greene, J. C., Lincoln, Y. S., Mathison, S., & Mertens, D. (1998). Advantages and challenges of using inclusive evaluation approaches in evaluation practice. *American Journal of Evalua-tion, 19,* 101-122.

Salner, M. (1989). Validity in human science research. In S. Kvale (Ed.), *Issues of validity in qualitative research* (pp. 47-72). Lund, Sweden: Studentlitteratur.

Scheurich, J. J. (1994). Policy archaeology. *Journal of Educational Policy, 9,* 297-316.

Scheurich, J. J. (1996). Validity. *International Journal of Qualitative Studies in Education, 9,* 49-60.

Scheurich, J. J. (1997). *Research method in the postmodern.* London: Falmer.

Schratz, M., & Walker, R. (1995). *Research as social change: New opportunities for qualitative research.* New York: Routledge.

Schwandt, T. A. (1989). Recapturing moral discourse in evaluation. *Educational Researcher, 18*(8), 11-16, 34.

Schwandt, T. A. (1996). Farewell to criteriology. *Qualitative Inquiry, 2,* 58-72.

Schwandt, T. A. (2000). Three epistemological stances for qualitative inquiry: Interpretivism, hermeneutics, and social construc-tionism. In N. K. Denzin & Y. S. Lincoln (Eds.), *Handbook of qualitative research* (2nd ed., pp. 189-213). Thousand Oaks, CA: Sage.

Schwandt, T. A. (2007). *The SAGE dictionary of qualitative inquiry* (3rd ed.). Thousand Oaks, CA: Sage.

Sechrest, 1. (1993). *Program evaluation: A pluralistic enterprise.* San Francisco: Jossey-Bass.

Skrtic, T. M. (1990). Social accommodation: Toward a dialogical discourse in educational inquiry. In E. Guba (Ed.), *The paradigm dialog.* Newbury Park, CA: Sage.

Smith, J. K. (1993). *After the demise of empiricism: The problem of judg- ing social and educational inquiry.* Norwood, NJ: Ablex.

Smith, J. K., & Deemer, D. K. (2000). The problem of criteria in the age of relativism. In N. K. Denzin & Y. S. Lincoln (Eds.), *Handbook of qualitative research* (2nd ed., pp. 877-896). Thousand Oaks, CA: Sage.

Stimpson, C. R. (1988). Nancy Reagan wears a hat: Feminism and its cultural consensus. *Critical Inquiry, 14,* 223-243.

Tierney, W. G. (2000). Undaunted courage: Life history and the post-modern challenge. In N. K. Denzin & Y. S. Lincoln (Eds.), *Handbook of qualitative research* (2nd ed., pp. 537-553). Thousand Oaks, CA: Sage.

Tierney, W. G., & Lincoln, Y. S. (Eds.). (1997). *Representation and the text: Re-framing the narrative voice.* Albany: State University of New York Press.

Trinh, T. M. (1991). *When the moon waxes red: Representation, gender, and cultural politics.* New York: Routledge.

Tschudi, F. (1989). Do qualitative and quantitative methods require different approaches to validity? In S. Kvale (Ed.), *Issues of validity in qualitative research* (pp. 109-134). Lund, Sweden: Studentlitteratur.

Weiss, C. H. (1998). *Evaluation* (2nd ed.). Upper Saddle River, NJ: Prentice Hall.

Virginia Olesen

07.

21세기 첫 10년 동안의 페미니스트 질적 연구
_발전, 당면과제, 그리고 전망[1]

박승현_ 한림대학교 언론정보학부 교수

현재 존재하는 페미니즘 담론은 많다. 그래서 우리는 가끔 현존하는 수많은 담론들을 전부 효율적으로 배치할 필요가 있다.

(Susanne Gannon & Bronwyn Davies, 2007, p.100)

페미니즘과 질적 연구 형태들은 한층 더 다양해지고 논쟁적이고 역동적이며 도전 지향적인 모습을 지속적으로 보여준다. 이론적 이슈와 연구 행태에서 비롯된 이질적인 지향점은 새로운 아이디어로 태동하며, 새로운 연구 행태가 등장하면 예전의 방식들은 퇴색되거나 사라지게 된다(Fonow & Cook, 2005). 다중으로 중첩된 복잡함 속에서 교차성(intersectionality), 참여적 실행 연구(participatory action research), 그리고 초국가적인 페미니스트 작업(transnational feminist work), 통찰력, 그리고 연구 행태와 관련된 이론과 조사 영역에서는 더 성숙하고 심오한 발전이 진행되고 있다. 물론 이런 발전이 진행되는 과정에서 페미니즘의 토대를 형성해왔던 일부 준거틀은 불안정한 상태에 놓이기도 하였다. 최근 이와 같은 페미니즘 연구의 발전의 활성화는 인종주의/탈식민주의(endarkened/

decolonized) 연구의 증폭되는 중요성에서 찾을 수 있다. 인종주의/탈식민주의 연구 경향은 질적 연구자들에게 젠더와 관련된 사회정의에 관한 문제들을 고심해서 다루도록 요구한다. 이런 문제들은 기존에 있어왔던 것이든 새롭게 제기된 것이든 상관없다. 인종주의/탈식민주의 연구 경향은 모든 사회에 통용되는 하나의 보편성을 추구하는 페미니즘 연구의 기본 전제를 받아들이지 않는다. 대신 이 연구 경향은 여성주의 의제들이 폭넓게 달라지는 개별 국가적 상황에 주목할 것을 요구하면서 연구자들이 개별 국가적 상황에 적합한 다양한 이론적 틀과 실용적 지향점에서 연구 관심을 끌어내게끔 한다(Evans, 2002; Franks, 2002; Howard & Allen, 2000). 한때 미국과 유럽을 중심으로 형성된 지배적 학파의 아이디어들은 최근의 페미니즘 연구에서 더 이상 보편적 규범의 역할을 하지 못한다(Alexander,

2005; Arat-Koc, 2007; Harding & Norberg, 2005; Mohanty, 2003). 페미니즘 연구에서 탈식민주의에 대한 관심은 백인 중심의 보편성을 추구하는 연구의 재생산을 더 이상 주요 관심사항으로 간주하지 않고 단지 하나의 관심대상으로 간주할 뿐이다(Evans, Hole, Berg, Hutchinson & Sookraj, 2009).

나는 1975년에 논문 '분노는 충분하지 않다(Rage Is Not Enough)'를 작성한 바 있다. 이 장은 1975년의 논문 이후 나 자신의 연구 분별력이 한층 더 세밀해지고 집중화된 것을 바탕으로 작성되었다. 나는 오랜 기간 관심을 가져왔던 의제 중 하나인 여성의 헬스를 둘러싼 사회적 부당성을 연구 과제로 공론화하려는 열정을 채우면서 작업을 진행해왔다. 따라서 이 글은 나의 이런 오래된 열정을 바탕으로 여성 헬스 이슈에 대한 연구의 준거틀을 만들고, 이를 정책화하기에 적절한 페미니즘 학문영역을 보다 빠르게 요구하려는 목적을 담아 작성되었다. 페미니즘 학문영역의 탈식민주의와 해체주의 관념들은 나중에 구성주의 입장의 상징적 상호작용에 천착한 나의 학문적 토대를 실제로 확장시키는 역할을 하였다. 인종과 레즈비언 이슈에 대한 페미니즘 연구자들의 작업이 나에게 영향을 준 것처럼, 사회정의 이슈에 관심을 불러일으킨 포스트모던 연구 또한 나에게 영향을 주었다.

다양한 페미니즘 질적 연구들에 대한 간략한 리뷰는 페미니즘 내에서 변환점을 이끌어낸 주제와 발전을 중심으로 이뤄질 것이다. 리뷰는 지속되는 연구 관심의 모든 영역이 아니라 일부 영역만을 다룰 것이다. 아직 완결성을 띠지 못한 상태의 새롭게 제기된 이슈에 대한 리뷰는 사회정의 실현에 대한 검토와 새로운 기회에 대한 논의를 중심으로 이루어질 것이다.

연구 범위

페미니스트 질적 연구자들은 가정 내 폭력을 둘러싼 대인 간 이슈들(Jiwani, 2005; Renzetti, 2005), 신

체와 헬스(Dworkin & Wachs, 2009), 헬스와 질병(Schulz & Mullings, 2006), 의학 정보와 지식(Shim, 2000), 사회 운동(Bell, 2009; Klawiter, 2008; Kuumba, 2002) 등 다양한 영역의 주제에 대한 탐구를 지속적으로 진행하고 있다.

페미니즘 학문영역에서 정책 연구는 한때 질적 연구와 양립하기 어렵다는 그릇된 통념에 사로잡힌 적이 있었다. 하지만 지금 정책 연구가 비록 하나의 연구 분야로 확고한 위상을 갖추진 못하였지만 페미니즘 연구자들의 지속적인 관심을 이끌어내는 독립된 연구 분야로 고려되고 있다(Campbell, 2000; Harding & Norberg, 2005; Mazur, 2002; Priyadharshini, 2003).

만약 페미니스트 질적 연구에서 하나의 지배적인 테마가 존재한다면, 그것은 지식(knowledge)과 관련된 이슈일 것이다. 이것은 그동안 간과되었던 질문, 즉 누구의 지식인지, 어디서 어떻게 누구에 의해 해당 지식이 획득되고 있는지, 해당 지식이 어떤 목적을 위해 작동되는지 등의 질문을 의미 있게 제시한다. 이와 같은 이슈들은 궁극적으로 사회의 주변부 여성, 백인이 아닌 여성, 동성애 또는 장애를 가진 여성에 대한 부족한 관심 또는 잘못된 관심으로부터 벗어나 다른 집단의 여성 사이에 존재하는 상이성과 더불어 동일한 집단 내에 존재하는 상이성에 대한 인식으로, 특정한 역사적 또는 사회적 맥락 속에서 구성된 여성의 다양한 정체성과 주체성에 대한 인식으로 연구의 방향을 이동시켰다.

변화를 야기해온 발전

페미니즘 학문영역에서 변화를 야기해온 발전은 탈식민주의, 국제화, 초국가적 페미니즘과 같은 다양한 접근방법, 입장 이론(standpoint theory)과 후기구조주의 관점에서 촉발된 개념적 또는 이론적 변화, 동성애와 인종, 장애 여성과 같은 구체적 여성 집단을 둘러싼 연구 작업에 의해서 지속적으로 생성되어 왔다.

탈식민주의 페미니즘 이론. 만약 서구 산업사회의 페미니스트 연구에서 지속적으로 진행되어온 백인 중심 연구에 대한 비판이 페미니스트 연구 토대를 불안정하게 만들었다고 여긴다면, 강력하고 정교한 연구와 탈식민주의 이론가들로부터 비롯된 페미니스트 연구 관념은 페미니즘 본연의 자기 규정성과 인종에 대한 관심을 담아 "여성"과 "여성들"에 대한 페미니즘 연구의 토대를 변화시켜 왔다고 간주할 수 있다. 페미니즘은 하나의 형태로 존재하는 것이 아니라 현대 사회의 내셔널리즘과 맞물려 수많은 다양한 형태로 표출된다. 그래서 타자화(othering)의 부당한 효과, 즉 연구 대상인 사람들에 대한 부당하고 억압적 개념화에 관련해서, 탈식민주의 페미니즘 연구자들은 서구 페미니즘 모델이 탈식민주의 상황의 여성 연구를 고려하기에 더 이상 적절하지 않다고 주장해왔다.

탈식민주의 페미니즘 연구자들은 하위 계층은 자신의 목소리로 표명할 수 있는지, 또는 엘리트 사상 내 재현에 의해서 영원히 침묵하는지에 대한 이슈에 신랄한 문제제기를 해왔다(Mohanty, 1988, 2003; Spivak, 1988). 그들은 또한 모든 여성들이 여성이란 단일한 범주 내에서 하나의 통합된 주체로 개념화될 수 있는지에 대해서도 비판적 문제제기를 해왔다. 탈식민주의 페미니즘 연구자들은 주체성과 정체성은 특정한 역사적 시점에서 수없이 많은 다양한 방식으로 구성된다고 주장하였다(Kim, 2007). 그리고 그들은 여성의 개념, 주체성과 객관성의 전제조건, 인터뷰 방식의 유용성 등의 의미를 약화시켜 왔다(Trinh, 1989, 1992). 그래서 탈식민주의 페미니즘 연구자들은 탈식민화된 상태의 자아와 타자에 대한 고려를 요구한다(Kim, 2007).

국제화와 초국가적 페미니즘. 끈질기게 진행되는 국경을 초월하는 신자유주의 물결인 자본주의의 국제화는 노동 시장을 불안정하게 만들고 노동 운동을 유발시키고 있다(Kim-Puri, 2005, pp.139-142). 따라서 국제화는 국민국가(the nation-state)의 범위를 뛰어넘는 연구의 새로운 장과 권력에 대한 새로운 해석을 요구하

면서, 이를 다양한 국가 현장에서 검증할 수 있도록 정체성 개념을 고착화된 상태가 아니라 유동적인 상태로 전환시키고 있다(Mendez & Wolf, 2007, pp.652). 페미니즘 연구자들은 국제화의 본질과 특성을 복잡하게 만들고 있다(Desai, 2007). 국제화는 잠재성과 모순으로 만연되어 있기 때문에 다양하게 중첩된 상태로 구성된 주체를 양산한다(Kim-Puri, 2005; Naples, 2002a, 2002b). 국제화와 초국가적 페미니즘 영역의 연구는 국가와 경제력의 지배 그리고 여성의 잠재적 저항 사이의 긴장관계에 대한 탐구(Thayer, 2001)와 새로운 기회와 억압 사이에서 야기되는 변증법적 관계에 대한 탐구(Chang, 2001; Lan, 2006)를 진행하고 있다.

다른 연구자들은 국제화가 초래한 다양한 상황에 놓인 여성의 삶과 노동 조건을 고찰한다. 섹스산업 노동자(Gulcur & Ilkkaracan, 2002; Katsulis, 2009), 국제적인 섹스 무역(Dewey, 2008; Hanochi, 2001), 돌봄 노동(Zimmerman, Litt & Bose, 2006), 가정 내 고용 노동(Parrenas, 2008), 노동자 문제(Keough, 2009), 그리고 정부가 이주 노동을 어떻게 영웅적으로 창출하는지에 관한 주제(Guevarra, 2009) 등은 국제화와 초국가적 페미니즘 영역의 대표적 연구 작업이다.

이와 같은 연구 경향은 포스트모던 사고의 효능(Lacsamana, 1999), 유럽 중심의 페미니즘 개념이 야기하는 재생산의 위험성(Grewal & Kaplan, 1994; Kempadoo, 2001), 여성의 능동적 역할을 둘러싼 문제(Doezema, 2000), 그리고 국제화의 물적 조건에 뿌리를 둔 억압을 이해하기 위한 문화적 분석의 부적절성(Fraser, 2005; Kim-Puri, 2005; Mendoza, 2002) 등의 연구를 진행시켜 왔다.

보다 구체적으로 초국가적 페미니즘은 한 국가 내부, 그리고 국가들 간의 여성운동 조직화와 행위를 분석한다(Davis, 2007; Mendez & Wolf, 2007; Mendoza, 2002). 이런 경향의 연구는 계급, 인종, 민족, 종교, 그리고 지역적 투쟁과 관련된 페미니스트 동원의 근거가 무엇인지를 고찰한다. 이는 서구의 지배적

관점이었던 하나의 보편적 페미니즘 입장에서 탈피하여, 중요한 비판적 문제제기를 펼치고 있다(Mendez & Wolf, 2007).

초국가적 페미니즘 현상에 관심을 둔 연구자들은 또한 성 매매 문제(DeRiviere, 2006; Firdous, 2005; Stout, 2008), 여성에 대한 폭력(Jiwani, 2005), 생식기술(Gupta, 2006) 또한 탐구 대상으로 삼는다.

입장 이론의 연구.   입장 이론에 근거한 연구 작업은 21세기 초반에 풍성하게 진행되어 왔다(Harding, 2008). 사회학자 Dorothy Smith[2], 사회학자 Patricia Hill Collins[3], 철학자 Sandra Harding[4], 그리고 정치학자 Nancy Hartsock[5]은 여성에 대한 관점을 환원적이고 보편적인 개념틀에서 벗어나 노동의 물적 분화와 인종적 계층화 방식 내에서 구조화되는 여성의 위치에 관한 구체적 경험과 지식으로 여성에 대한 관점을 고려하도록 방향성을 변화시킨 대표적인 학자들이다. 입장 이론 연구자들은 동일하지 않다. 그들은 질적 연구자들을 위해 다양하게 분화된 접근방법을 제시한다.[6] 따라서 페미니즘 질적 연구자들이 잘못된 이해를 하지 않으려면 입장 이론 이론가들의 최근 연구 작업에서 논의된 것들을 반드시 숙지해야 할 것이다. 예를 들면, Harding(2008)이 주장한 가정 내 여성의 삶을 먼저 고찰하라는 요구가 여기에 해당된다. 입장 이론 연구자들은 광범위한 비판을 불러일으켰으며,[7] 이것은 또한 격렬한 호응을 자아냈다(Collins, 1997; Harding, 1997; Hartsock, 1997; D. E. Smith, 1997).

입장 이론과 포스트모던 또는 후기구조주의 관점과의 관계를 말하자면, 후기구조주의 관점은 특히 입장 이론이 수많은 권력 관계의 비판적 고찰에 체계적 도움을 준 것으로 평가를 받는다(Harding, 1996, p.451). Collins(1998b)는 흑인 여성의 집단 권한과 사회적 행동에 대한 포스트모던 또는 해체주의적 입장의 부식적 효과에 대해 경고한 바 있다. 이러한 비판이 제기되었음에도 불구하고 Collins는 다른 한편으로 포스트모더니즘의 강력한 분석 도구는 게임의 룰을 규정하는 지배

담론에 대한 문제제기를 가능케 했다는 긍정적 측면에 주목한 바 있다. Nancy A. Naples(2007)는 구현된 현상뿐만 아니라 연구자와 연구 참여자 관점의 다양성을 인식할 수 있도록 했다는 점 때문에 입장 이론 연구의 다차원적 접근방법을 적극적으로 옹호한 바 있다.

후기구조주의적 포스트모던 사고

포스트모던 입장과 후기구조주의 해체주의적 입장을 둘러싼 논쟁은 지금도 지속되고 있다. 하지만 이들 입장이 페미니스트 연구자들을 북돋우는 역할을 하고 있음은 부인할 수 없다(Gannon & Davies, 2007; Lather, 2007).

포스트모던 페미니즘 연구자들은 억압적 상황에 처한 여성의 삶에 대해서 부분적으로 이야기하는 것 이상을 이끌어내는 것이 가능하지 않다는 점을 우려하면서, 진실을 파괴적인 환상(destructive illusion)으로 간주한다. 그들은 세상을 일련의 이야기 또는 권력과 억압의 통합을 유지시키는 텍스트로 이해한다. 이런 일련의 이야기들은 실제로 "우리를 결정짓는 질서 내의 주체로 구성하게 만드는 역할을 한다"(Hawkesworth, 1989, p.549). Luce Irigaray와 Helene Cixous 등의 프랑스 페미니즘 연구자와 Michel Foucault, Gilles Deleuze, Jean-Francois Lyotard, Jacques Derrida, Jean Baudrillard 등의 프랑스 사상가, 그리고 미국 이론가 Judith Butler로부터 영향을 받으면서, 포스트모던/해체주의 입장의 페미니즘 연구 작업들은 재현과 텍스트에 중점을 두었다. 또한 어떤 페미니즘 학자들은 Louis Althusser로부터 마르크스 이론을 받아들이고 정신분석학적 관점을 적용하여 연구 작업을 진행하였다(Flax, 1987, 1990; Ganno & Davies, 2007).

포스트모던 페미니즘 연구 경향은 텍스트는 사회 비판의 기본 양식이기에 예리한 분석의 중심이 되어야 한다는 입장을 취하면서, 문화적 산물(예, 영화)과 그것

표 7.1

I. 변화를 야기해온 발전 (Transformative Developments)		
접근방법	탈식민주의 페미니즘 이론	Kim, 2007; Mohanty, 1988, 2003; Spivak, 1988; Trinh, 1989, 1992
	국제화	Chang, 2001; Dewey, 2008; Fraser, 2005; Guevara, 2009; Kim-Puri, 2005; Lan, 2006; Naples, 2002a, b; Parrenas, 2008; Zimmerman, Litt & Bose, 2006
	초국가적 페미니즘	Davis, 2007; DeRiviere, 2006; Firdous, 2005; Mendez & Wolf, 2007; Stout, 2008
	입장 이론	Collins, 1992, 1998a, b; Haraway, 1991; Harding, 1987, 1993, 2008; Hartsock, 1983, 1997; Naples, 2007; Smith, 1987, 1997; Weeks, 2004
	포스트모던 그리고 후기구조주의 해체주의 이론	Clough, 2000; Collins, 1998b; Flax, 1987, 1990; Gannon & Davies, 2007; Haraway, 1991; Hekman, 1990; Lacsamana, 1999; Lather, 2007; Mazzei, 2003, 2004; Pillow, 2003; St. Pierre, 1997b, 2009
구체적 여성 집단에 대한 그리고 집단에 의한 작업	레즈비언 연구	Anzaldúa, 1987, 1990; Connolly, 2006; Kennedy & Davis, 1993; Lewin, 1993, 2009; Mamo, 2007; Merlis & Linville, 2006; Mezey, 2008; Weston, 1991
	퀴어 이론	Butler, 1990, 1993, 2004; Rupp & Taylor, 2003
	장애 여성	Fine, 1992; Garland-Thompson, 2005; Lubelska & Mathews, 1997; Meekosha, 2005; Mertens, 2009; Petersen, 2006; Tregaskis & Goodley, 2005
	유색인종 여성	Acosta, 2008; Anzaldúa, 1990; Chow, 1987; Collins, 1986; Cummins & Lehman, 2007; Davis, 1981; Dill, 1979; Espiritu, 2007; Few, 2007; Glenn, 2002; Green, 1990; hooks, 1990; Majumdar, 2007; Mihesuah, 2003; Moore, 2008; Tellez, 2008
	중단 없는 백인 중심 연구를 문제화하기	Frankenberg, 1994; Hurtado & Stewart, 1997
II. 비판적 추세 (Critical Trends)		
인종주의, 탈식민주의, 현지화 중심 페미니즘 연구		Anzaldúa, 1987; Battiste, 2008; Collins, 2000; Dillard, 2008; Gardiner & Meyer, 2008a; Saavedra & Nymark, 2008; Segura & Zavella, 2008; Smith, 1999, 2005
교차성		Anderson, 2005, 2008; Bhavnani, 2007; Bowleg, 2008; Brah & Phoenix, 2004; Collins, 2000, 2008, 2009; Crenshaw, 1989, 1991; Davis, 2008; Denis, 2008; Dill, McLaughlin & Nieves, 2007; Dill & Zambrana, 2009; Glenn, 2002; Hancock, 2007a,b,; McCall, 2005; Risman, 2004; Shiels, 2008; Stewart & McDermott, 2004; Warner, 2008; Yuval-Davis, 2006

계속

III. 지속적인 이슈들 (Continuing Issues)		
연구자와 연구 참여자를 문제화하기		Kahn, 2005; Lather & Smithies, 1997; Lather, 2007; Lincoln, 1993, 1997
내부자/외부자 구분의 불안정화		Kondo, 1990; Lewin, 1993; Naples, 1996; Narayan, 1997; Ong, 1995; Weston, 1991; Zavella, 1996
전통적 개념의 재검토	경험	Scott, 1991
	상이성	Felski, 1997; hooks, 1990
	젠더	Baravosa−Carter, 2001; Butler, 1990, 1993, 2004; Jurik & Siemsen, 2009; Lorber, 1994; West & Zimmerman, 1987
IV. 지속적인 관심 (Enduring Concerns)		
편향성과 객관성		Diaz, 2002; Fine, 1992; Harding, 1993, 1996, 1998; Phoenix, 1994; Scheper−Hughes, 1983
성찰		Few, 2007; Guillerman & Gillam, 2004; Hesse−Biber & Piatelli, 2007; Pillow, 2003
타당도와 신뢰도		Lather, 1993, 2007; Manning, 1997; Richardson, 1993; St. Pierre (이 책의 37장)
참여자의 보이스		Behar, 1993; Ellis & Bochner, 1996, 2000; Fine, 1992; Gray & Sinding, 2002; Kincheloe, 1997; Kondo, 1995; Lather & Smithies, 1997; Lincoln, 1993, 1997; Phoenix, 1994; Richardson, 1997; Stacey, 1998
보이스의 해체		Jackson, 2003; MacLure, 2009; Mazzei, 2009; Mazzei & Jackson, 2009; Lather & Smithies, 1997
수행 문화기술지		Alexander, 2005; Battacharya, 2009; Case & Abbitt, 2004; Cho & Trent, 2009; Denzin, 2005; Gray & Sinding, 2002; Kondo, 1995; Madison, 2005, 2006; Valentine, 2006
페미니즘 연구 윤리		Battacharya, 2007; Battiste, 2008; Corrigan, 2003; Edwards & Mauthner, 2002; Ellis, 2009a' Fine, Weis & Weseem & Wong, 2000; Guilleman & Gillam, 2004; Halsey & Honey, 2005; Lincoln, 2005; Llewelyn, 2007; Mauthner, Birch, Jessop & Miller, 2002; Miller, 2002, Miller & Bell, 2002; Morse, 2005, 2007; L. T. Smith, 1999, 2005; Stacey, 1988; Thapar−Bjorkert & Henry, 2004; Tom & Frisby, 2008
참여적 실행 연구		Cancian, 1996; Etowa, Bernard, Olynisan & Clow, 2007; Evans, Hole, Berg, Hutchinson & Sookraj, 2009; Fine & Torre, 2006; Reid, Tom & Frisby, 2008
V. 페미니즘 연구에 대한 영향(Influences on Feminist Work)		
맥락	학문 세계	Dever, 2004; Laskett & Brenner, 2001; Messer−Davidow, 2002; Shields, 2008
	출판과 유럽 중심의 지역주의	Messer−Davidow, 2002
VI. 미래에 대한 제언(Into the Future)		
도전 과제: 페미니즘 연구의 가치 인정		Cook & Fonow, 2007; Davis & Craven, 2011; Hesse−Biber, 2007; Laslett & Brenner, 2001; Stacey, 2003

의 의미를 분석한다(Balsamo, 1993; Clough, 2000; deLauretis, 1987; Denzin, 1992; Morris, 1998). 대표적 작업은 문화적 산물과 그것을 둘러싼 담론들에 대한 텍스트 분석(Denzin, 1992)과 일상생활에서 유포되는 문화적 의미들에 의해 형성되는 경험과 살아있

는 문화에 대한 연구이다(Denzin, 1992, p.81).

페미니즘 연구자들의 정교한 연구 작업은 젠더와 과학 분야에서도 나타난다. 여기에서 과학이란 해체의 대상이며, 연구의 목적은 여성의 헬스(Clarke & Olesen, 1999)를 포함해서 전반적으로 여성 삶의 통

제를 위해 과학이 보여준 행태, 담론, 함의를 드러내고 (Haraway, 1991; Martin, 1999) 저항과 중재를 위한 통로를 제안하는 것이다. 여성 생식과 관련된 이슈 또한 젠더와 과학이란 영역에 포함되어 논의되고 있다 (Clarke, 1998; Mamo, 2007; Rapp, 1999). 이런 작업들은 과학과 같은 남성 지배 제도를 불편하게 할 뿐만 아니라 어디서, 어떻게 여성이 통제되는지, 그리고 어떻게 복합적이고 유동적인 정체성과 자아가 생산되는지를 좀 더 복잡하게 하면서 페미니즘 자체 또한 불편하게 만든다.

특히 후기구조주의에 근거한 해체주의 경향의 페미니즘 연구자들은 질적 연구의 본질과 한계점에 대해서 근본적인 물음을 제기한다(Lather, 1991, 2007; St. Pierre, 2009). 그들에게 전통적인 실증주의 연구는 남성 지배 권력 체제에 기반을 둔 것이기 때문에 억압 구조를 단순히 반복하는 역할을 수행할 뿐이다. 따라서 실증주의 연구는 부적절한 전략을 가지고 조사 대상이 무엇이든 간에 충만한 상태의 완벽한 설명을 할 수 있다는 이루어질 수 없는 불가능성을 추구하는 것으로 간주된다. 이들 페미니즘 연구자들은 조사를 위한 방법을 모색하는 것이 아니다. 그들은 하나의 안정된 해석에 기대는 원심의 전략보다는 개념 규정과 종결을 추구하는 방식을 거부하는 전략, 접근방법, 전술로 표방되는 구심의 전략을 가지고 이와 같은 결점들을 잘 활용하려고 시도한다(Gannon & Davies, 2007, p.81).

후기구조주의 해체주의 경향의 페미니즘 연구자들은 데이터처럼 당연하게 여겨지는 용어들에 대해서도 문제제기를 하면서, 감정, 꿈, 감각적 반응과 같은 관습에 위반되는 데이터(St. Pierre, 1997b)와 침묵의 분석 (Mazzei, 2003, 2004)의 필요성을 주장한다. 또한 그들은 타당도(Lather, 1993), 성찰(Pillow, 2003), 보이스(voice)를 해체해왔다. 이들 용어에 대해서는 후에 다시 간단하게 논의할 예정이다. 그 외에도 후기구조주의 해체주의 경향의 페미니즘 연구자들은 "보다 덜 편안한 과학(a less comfortable science)"을 주창한다(Lather, 2007, p.4). 연구자들은 규범으로 여길

수 있는 절대적 기준틀의 부재와 불확실성을 직시하면서, 그들 스스로의 연구 영역을 성가시게 만들고 있다 (Lather, 2007).

포스트모더니즘과 후기구조주의 입장의 비판자들은 이들 입장이 개혁 지향의 연구를 위해 필요한 어떠한 근거도 남기지 않았다고 주장한다. 또한 비판자들은 이들 입장이 현 상태의 유지 및 강화를 이끌고 구조적 권력을 사라지게 하였으며, 문제를 제기하거나 하나의 문화적 체계를 표상화하는 것에서도 실패했다는 부정적 의견을 피력한다.[8] 그러나 이미 앞에서도 언급한 것처럼 입장 이론가 Collins와 Harding은 포스트모더니즘과 후기구조주의 입장에 대한 긍정적 견해를 펼친 바 있다. 이들 입장의 긍정적 영향력은 권력 해체의 가능성을 제기한 점과 사회적 실천을 위한 새로운 공간의 창출 가능성을 볼 수 있게 한 것이다.

후기구조주의 페미니즘 연구자들의 작업은 견고하게 구축된 문제들에 대해서 다른 방식으로 생각할 가능성을 제공한다(Gannon & Davies, 2007). 특히 이것은 페미니즘 정책 연구를 위해 유용하다. 이들 연구자들은 사회정의(Lather & Smithies, 1997; Mazzei, 2004; Scheurich & Foley, 1997; St. Pierre, 1997a)를 지향하는 작업들을 진행하였다. 페미니즘의 변화를 야기해온 발전은 여성 집단에 대한, 그리고 여성 집단에 의한 작업들에 의해 꾸준히 진행되고 있다.

레즈비언 연구.　페미니즘 학문 영역의 레즈비언 연구는 레즈비언을 하나로 동일하게 간주하는 관점을 해소시켰다(Lewin, 1993; Weston, 1991).[9] 또 다른 연구들은 레즈비언 정체성의 다양한 근거를 펼치면서 모든 인간을 남성 또는 여성으로 구분하는 이성의 규범화에 대한 고착화된 관념을 해체시켰다(Anzaldúa, 1987, 1990; Kennedy & Davis, 1993). 21세기 초반의 레즈비언 연구는 이런 연구 경향을 그대로 지속하고 있다(Connolly, 2006; Lewin, 2009; Mamo, 2007; Merlis & Linville, 2006; Mezey, 2008). 게이와 레즈비언 연구를 총칭하는 표제어로 느슨하게 사용되는 퀴

어 이론(queer theory) 또한 보다 정확한 정치적 견지를 표방하고 학제의 합법성과 엄격한 분류체계에 대해 반발하며 자신의 영역을 확보해왔다(Adams & Jones, 2008, p.381). 퀴어 이론에서 중요한 것은 정당화를 낳는 이데올로기를 파괴하는 것이며, 이는 변화의 정치학을 지향하는 것을 의미한다(Alexander, 2008).

레즈비언 연구는 또한 게이와 레즈비언의 결혼 의식이 어떻게 수용과 전복을 동시에 반영하는지를 보여준다(Lewin, 1998). 이것은 결국 남성과 여성으로 구별하는 성 범주 자체의 안정성에 문제를 제기하는 것이다(Rupp & Taylor, 2003).

장애 여성.   장애 여성은 비인격화, 비여성화되기도 한다. 특히 이런 현상은 페미니즘 연구 영역 내에서도 연구자들이 장애 여성의 다중화된 위상을 간과하고 단지 장애라는 관점으로만 그들을 바라볼 때(Asch & Fine, 1992), 아쉽지만 가끔 발생하고 있다(Lubelska & Mathews, 1997). 하지만 최근 장애를 가졌든 그렇지 않든, 페미니즘 연구자들은 공통적으로 장애를 심각하게 문제화하기 시작하였다(Garland-Thompson, 2005).

21세기에 접어들면서 페미니즘 연구자들은 광범위한 영역에서 장애 여성을 다루고 있다(Meekosha, 2005; Mertens, 2009; Mertens, Sullivan & Stace, 이 책의 13장; Petersen, 2006; Tregaskis & Goodley, 2005).

유색인종 여성.   이론과 방법론을 아우르는 지식은 다양하게 존재한다. 그럼에도 불구하고, 유색인종 여성에 대한 인식은 자주 간과되었으며, 백인 여성의 논의에 강력히 주장된 관점을 그대로 적용하기도 하였다(Anzaldúa, 1987, 1990; Chow, 1987; Collins, 2000; Davis, 1981; Dill, 1979; Green, 1990; hooks, 1990). 이런 경향은 유색인종 여성을 대상으로 한 과거의 많은 연구에서 나타난 바 있다. 흑인 가족 연구(Few, 2007; Moore, 2008), 에이즈와 흑인

여성(Foster, 2007), 라틴계열의 비판 이론(Delgado Bernal, 2002), 미국의 인디언 원주민 여성 내의 다양성 연구(Mihesuah, 2003), 미국의 아시아계 남성과 여성(Espiritu, 2007), 아시아 여성의 식이장애(Cummins & Lehman, 2007), 남동부 아시아 여성의 결혼(Majumdar, 2007), 그리고 미국과 멕시코 국경지대의 멕시코계 미국 여성의 경험(Acosta, 2008; Tellez, 2008) 등이 이런 연구의 대표적 작업 사례이다. 중요한 이론적 공헌을 제공한 연구 중 눈에 띄는 성과를 보인 대표 작업은 시민권에 대한 성과 인종의 중첩된 영향력에 대한 Glenn(2002)의 검증 작업과 흑인은 하나의 동일 그룹이라는 주장에 대한 비판적 검증을 한 Collins(2008)의 연구이다.

유사한 성과를 보여준 연구는 백인의 정체성과 연관되어 구성된 유색인종 여성의 존재(Puar, 1996), 백인의 정체성 자체(Frankeberg, 1994; Hurtado & Stewart, 1997)를 심각하게 문제화한 작업들이다. 2003년 9월 15일 Yen Le Espiritu와 나눈 개인적 대화에서 그녀가 지적한 것처럼, 인종주의는 유색인종 여성뿐만 아니라 모든 여성들의 경험을 조직하고 형성하는 데 영향을 끼쳐왔다. 백인 정체성과 전 세계 유색인종 계보의 존재를 풀기 위해서, Chandra Mohanty(2003)는 권력, 평등, 정의에 대한 질문을 이성적으로 생각할 필요성, 사회적 맥락을 생각하고 조직할 필요성, 역사와 경험에 대한 물음을 근본적으로 탐구할 필요성을 강조한 바 있다.

비판적 추세

두 가지 비판적 추세는 앞에서 논의된 발전들로부터 생성되어 왔다. 첫째는 페미니즘 연구에 좀 더 인종적 견지를 가지도록 한 것, 그리고 탈식민화되고 토착화된 견지를 가지도록 한 입장이다. 둘째는 하나의 비판적 접근방법으로서 교차성에 대한 인식을 확장하고 이를 성숙시킨 입장이다.

7.1 인종지향적, 탈식민주의적, 현지화 중심 페미니즘 연구

페미니즘 영역에서 유색인종 연구에 집중한 학자들은 식민지적 잔재가 어떤 지역에서 발견되든 이를 극복하려는 방향으로 이론적 논의와 조사를 심도 있게 진행해 왔다. 그리고 그들은 사회정의 실현을 시도하려는 방향에서 정당화를 낳는 근거로 작동하는 피지배층 여성 또는 남성을 둘러싼 지식에 대한 비판적 태도를 강조하였다. 탈식민화된 방법론의 모색(L. T. Smith, 1999, 2005)과 토착화된 지식을 보호하려는 연구(Battiste, 2008)와 같은 의미 있는 연구들은 이런 경향의 연구 풍토를 촉진시킨 대표적 작업이다. 이런 경향은 아프리카계 미국인과 멕시코계 미국인 페미니스트 연구자들에 의해서 진행된 작업에서도 잘 나타난다(Cannella & Manuelito, 2008).

Anzaldúa가 진행한 1987년의 실험적 작업은 서구 중심적 사고와 그것의 이론화를 탈중심화시키면서 탈식민주의 경향의 연구를 강조하려는 목적을 띠고 있었다(Saavedra & Nymark, 2008). 이를 위해 Anzaldúa는 중간지대(borderland)라는 개념을 제시하였다. 그녀는 중간지대의 개념화를 통해서 구체적 목적을 위해 전개되는 역동적 과정, 즉 변동성이 있으며 침투 가능한 상태의 가능성과 결과를 보다 충만하게 만드는 과정을 펼쳐 놓았다(Gardiner & Meyer, 2008b, p.10). Anzaldúa의 작업에 대한 추가적 이해는 여러 학자들의 논의에서 제공되고 있다(Gardiner & Meyer, 2008a; Segura & Zavella, 2008).

또한 Anzaldúa의 혁신적 사고는 정치적인 것의 필수 요소로 영성(靈性, spirituality)을 강조함에서도 나타난다(Gardiner & Meyer, 2008a). 그녀와 유사한 경향을 띠지만 좀 더 구체적으로 페미니즘 연구와 행동을 지향한 Dillard(2008)는 인종지향의 페미니즘 연구에서 영성과 질적 연구를 적절하게 자리매김할 것을 요구한다. Dillard의 논의는 이 책의 8장에서 다루고 있다.

교차성. 교차성 연구(Crenshaw, 1989, 1991)는 사회 계층분화가 어떻게 구조화되는지를 규명하고, 이러한 분화가 여성 억압에 일조하는 구체적 역사 조건하에서 서로 어떻게 연관되어 작동하는지를 규명하는 것에 놓여 있다. 여성 억압은 주류 백인, 이성애자, 중산 계층, 비(非)장애 미국 속에서 고려되는 것이 아니다. 교차성 연구는 21세기 초반까지 여러 다양한 학문분야와 전문 직업으로 확산되었고(Brah & Phoenix, 2004; Davis, 2008; Denis, 2008; Yuval-Davis, 2006), 다양한 학술지에서 이를 다루는 특별호 또한 활발하게 진행되어 왔다(Phoenix & Pettynama, 2006).

다른 관점들이 태동하는 것은 전혀 놀랍지 않다. 어떤 학자들은 교차성이 정적이고 행위주체를 간과할 위험을 가졌다며 부정적 평가를 하면서 상호연결성(intersectionality)이 관계를 파악하는 것에 더 적합하다고 주장하기도 한다(Bhavnani, 2007). 다른 비판적 우려들은 교차성이 주변부 집단에게만 적용되는 것이 아니라 사회의 모든 집단에 적용된다는 주장(Warner, 2008), 실증주의 관점에서 보여지는 취약성(Nash, 2008), 그리고 내러티브 진술에 주력하지 않는 점(Prins, 2006) 등에서 표출되기도 한다. 또 다른 비판적 평가는 교차성의 범주 내에서만 연구를 수행할 경우 구조화된 체계가 상이한 불평등을 어떤 방식으로 창출하는지를 인식하지 못하는 약점을 보인다는 지적에서도 나타난다(Risman, 2004). 그래서 교차성 연구의 비판자들은 "불평등을 구조화하고 지지하는 전반적 과정, 즉 좀 더 확장된 정치적, 경제적, 사회적 과정"을 간과하지 않아야 한다고 주장한다(Acker, 2006; Andersen, 2008, p.121). 그러나 교차성 연구를 긍정적으로 평가하는 학자들은 교차성이 정치적 투쟁에서 유용하며(Davis, 2008), 권력의 본질적 의미를 고찰(Collins, 2009; Dill & Zambrana, 2009; Hancock, 2007a)하게 한다는 점을 강조한다.

교차성 연구에서 사회 계층화 분석에 적용되는 범주들은 단지 부수적으로 첨가되는 것이 아니라 서로 맞물려 구성된다는 지적에는 합의된 의견들이 도출되었다(Acker, 2008; Andersen, 2005; Collins, 2009; Hancock, 2007b; Shields, 2008; Yuval-Davis, 2006). 하지만 어떤 범주들의 결합이 사회 계층화 분석에 좀 더 적절한지를 둘러싼 논쟁은 여전히 지속되고 있다. 이런 논쟁은 교차성이 범주들의 결합에 대해 적절한 기준을 만들어낼 수 없는 무한 후퇴(infinite regress)의 문제를 야기한다는 비판을 가능하게도 한다(Hancock, 2007b). 교차성 연구 비판은 일반적으로 세 가지로 압축되어 살펴볼 수 있다. 첫째는 판단의 유효성이 한시적이라는 지적이다. 이런 지적은 분석을 토대로 얻어진 판단이 연구에서 사용된 범주들에 국한된 경우에만 만들어지기 때문에 발생한다(Stewart & McDermott, 2004). 둘째로 연구자들은 분석에 적용하기 위해 선택된 범주에 대해서 좀 더 명확한 설명을 해야 한다는 지적이다(Warner, 2008). 셋째는 사회적 상황의 구체성에 대한 인식의 재요구이다. 이런 지적은 구체적인 사회적 상황하에서 특정한 사람들을 위해 어떤 사회적 분화는 다른 사회적 분화보다 더 중요하다는 것을 인식하도록 요구한다(Dill & Zambrana, 2009).

이런 논쟁을 통해 표출된 문제제기는 개인의 정체성과 사회적으로 분화된 체계 내에서 개별 집단들을 위치시키는 제도적 요소들 사이의 역동적 상호작용에 초점이 맞추어져 있다(Hancock, 2007a, 2007b). 이는 페미니즘 연구자들을 구조적 차원과 정치적 차원에서 구성된 정체성을 동시에 분석하도록 명확히 요구하는 것이다(Dill, McLaughlin & Nieves, 2007). 더불어 이와 같은 문제제기는 교차성 연구가 사회적 실재에 대한 두 가지의 접근방법, 사회 구조를 보는 접근방법과 내러티브 또는 해석적 접근방법이 서로 소통하는 상황에서 자리매김하기를 요구한다(Collins, 2009, p.xi). 이런 문제제기를 통해 창출된 연구 과제는 연구 설계와 방법(Hancock, 2007b), 해석(Bowleg, 2008)과 맞물려있다.

또한 교차성 연구는 범주 내의 복잡성을 평가하는 방식에 대해서도 문제를 제기한다. 사회적 범주의 실효성에 비판적 견지를 보이는 반(反)범주적 입장은 범주 자체가 복잡성을 띠기 때문에 어떤 범주도 완결성을 띨 수 없다고 주장한다. 이런 주장은 McCall(2005)의 견해에서 나타난 것처럼 성(sexuality)이란 동성애와 이성애로 단순히 구분되는 것이 아니라 좀 더 복잡한 이해를 요구하는 범주라는 점에서도 피력된 바 있다. 또한 범주 사이의 복잡성에 대한 정교한 이해의 필요성은 같은 사회적 범주 집단(예, 노동계층 남성과 노동계층 여성) 내부에서도 다양성과 경험이 동일하지 않고 다양한 형태로 상이하게 존재한다는 것을 인식하도록 요구한다(McCall, 2005).

범주 간의 복잡성은 분석 대상이 되는 범주들에 교차해서 존재하는 집단의 비교에 중점을 둔다(McCall, 2005). 교차성 연구는 "인지적 지뢰밭(cognitive land mines)의 영역"으로 평가되는데(Collins, 2008, p.73), 그 이유는 교차성 연구가 인종, 계급, 젠더, 성, 장애 여부, 나이 등을 동시에 모두 고려할 수 없는 한계점을 갖고 있기 때문이다. 이런 한계점 때문에 분석의 완결성은 불가능하며 항상 부분적일 수밖에 없는 태생적 약점을 지니게 된다(Collins, 2008). 그래서 교차성 연구는 내재적으로 비교 지향적 특성을 띨 수밖에 없다(Collins, 2008).

그렇다면 교차성 연구를 어떻게 효율적으로 실행할 것인가? Collins(2008)는 교차성 연구에서 역동적 집중화(dynamic centering)와 관계성에 대한 사고(relational thinking)의 유용성이 내포되고 있다고 주장한다. 역동적 집중화는 분석의 중심에 두 개 또는 그 이상의 범주를 놓고 그것들이 서로 어떻게 맞물려 구성되는지를 면밀히 고찰하는 것이다(Collins, 2008). 관계성에 대한 사고는 범주들이 권력 체계로서 어떻게 서로 맞물려 구성되는지를 고찰하는 데 중점을 둔다.

교차성 연구의 긍정적 측면은 복잡한 페미니즘 이슈들을 다루게 한다는 점에 놓여있다(Bredstrom, 2006; Dworkin, 2005; Morgen, 2006). 교차성 연구가 새로운 통찰력을 창출하였지만, 여전히 초기부터 제기된 비판에 대한 해결책을 제시하지는 못한 상태이다(Luft & Ward, 2009). 페미니즘의 질적 연구는 질적 연구에서의 새로운 발전(Clarke, 2004)과 제도에 대한 문화 기술지 연구의 성숙(Smith, 2006) 때문에, 하나의 독립된 학문 영역으로서 제기된 과제들을 스스로 다룰 수 있는 위상을 갖게 되었다. 이런 발전된 상황에서 페미니즘 질적 연구는 또한 양적 연구 방법과 결합되면서 교차성의 메커니즘을 분석하는 강력한 수단이 되고 있다(Weber, 2007).

7.2 지속되는 이슈

연구자와 연구 참여자를 문제 삼기. 연구자의 개인적 속성 또한 연구와 상호작용을 한다는 인식이 커져가고 있다. 역사와 사회 상황은 연구자와 연구 참여자 모두를 위치 지우는 역할을 한다(Andrews, 2002). 연구자의 주관성은 참여자의 주관성과 마찬가지로 연구자와 참여자 사이의 현상학적, 인식론적 경계를 모호하게 한다는 점 때문에 점차 중시되고 있다. 내부자가 되는지의 여부와 관련된 문제는 페미니즘 연구자에게 내부 정보에 대한 접근 가능성 여부에 대해서 직접적으로 물음을 제기한 것이다(Collins, 1986; Kondo, 1990; Lewin, 1993; Naples, 1996; Narayan, 1997; Ong, 1995; Williams, 1996; Zavella, 1996). 또 다른 인식론적 물음의 대상은 내부인과 외부인의 위치는 변하지 않은 채 고정된 것이라는 관점이다(Kahn, 2005). 따라서 내부인 정보 또한 인식론적 물음의 대상으로 전환된다.

흔들리는 전통적 개념. 페미니즘 사고와 연구, 경험, 상이성, 그리고 항상 중심이 되는 개념인 젠더와 같은 주요 개념들 또한 중요한 검증 대상이 되어왔다.

경험. 단순히 경험에 치중하는 것은 해당 경험이 어떻게 도출되는지(Scott, 1991), 그리고 경험과 관련된 물질적, 역사적, 사회적 상황의 특성을 제대로 설명

하지 못한다는 인식이 계속 커져가고 있다. 21세기 초반 페미니즘 연구에서도 이런 인식에 제대로 주목하지 못한 연구 작업은 존재한다(Garcia-Lopez, 2008; Higginbotham, 2009). 경험을 문제화하지 못하는 방식은 억압 기제를 비판하는 것이 아니라 그것을 반복 재생산해서 보여주는 것으로, 일종의 환원주의를 실행한다. 더군다나 개인의 경험은 지식에 대해 개인 스스로가 증명을 담지할 수 있는 것이 아니다(O'Leary, 1997).

상이성. 상이성에 대한 인식은 페미니즘 연구자들에게 여성에 대한 관점을 하나로 통일된 정체성의 관점에서 탈피하게 하면서, 상이성이란 개념의 본질에 대한 관심과 그것의 적용이 남성 중심 또는 제국주의적 타자화(othering)를 이끌어 내는지에 대한 관심으로 전환하게 만들었다(Felski, 1997; hooks, 1990). 어떤 학자들은 상이성이란 개념이 별도로 필요하지 않다고 주장한다. 그 이유는 **혼종성**(hybridity), **혼합성**(creolization), **이종교합성**(metissage)과 같은 개념들이 주체 내 상이성을 인지하게끔 할 뿐만 아니라 주체들 간의 연결성을 다루고 이런 개념들은 상이성을 대체할 수 있다고 간주되기 때문이다(Felski, 1997, p.12). 또 다른 학자들은 정체성이 완전히 절연할 수 있는 것이 아님을 주장한다(hooks, 1990). 이런 관점은 상이성이란 개념을 분열적인 것이 아니라 자율적인 것으로 간주할 것을 요구하면서, 이것이 "다른 관점으로부터 주어진 지식의 존재와 가능한 결속"을 수용하게 만드는 지식을 창출하는 것으로 여긴다(O'Leary, 1997, p.63).

젠더. 젠더 개념의 의미 있는 변형은 그것이 고착된 상태의 정적인 개념이 아니라 수행적인 것(Butler, 1990, 1993; West & Zimmerman, 1987)으로 파악하거나 완전히 구성된 것으로 인식(Lorber, 1994)하는 것에서 비롯되었다. 이와 같은 젠더 개념의 변형은 젠더를 개인적 속성이나 생물학적 특성으로 간주하는 것을 배제

하도록 요구한다. 따라서 젠더는 일상의 사회적 상호 작용 속에서 "실행된 것(done)"과 "실행되지 않은 것(undone)"으로 개념화될 뿐이다(Butler, 2004).[10]

젠더의 개념적 문제에 대해 강렬한 비판이 집중되어 왔다. 어떤 학자는 Butler의 수행성에 바탕을 둔 개념은 일상에서 유용한 매개 작용에 대한 관심을 빼앗았다고 주장한다(Barvosa-Carter, 2001, p.129). 이와 같은 주장은 Candace West와 Don Zimmerman에 대한 비판에서도 제기된 바 있다(Jurik & Siemsen, 2009). 또 다른 비판은 젠더를 구성된 것으로 간주하는 관점이 사회관계의 불평등을 모호하게 만드는 것인지의 여부를 검증하는 데 있다(Smith, 2009).

7.3 지속되는 관심사

편향성(bias), 신뢰도(validity), 보이스(voice), 텍스트(text), 윤리적 행위(ethical conduct)에 대한 관심은 페미니즘 연구 초창기부터 꾸준히 잘 고찰되어 왔으나, 지금도 계속 이론적인 논쟁을 야기할 정도로 사려 깊은 불안감을 양산하고 있다. 페미니즘 실증주의자와 입장 이론 연구자들은 이런 불안감을 공유한다. 그러나 해체론자들은 보이스와 텍스트에 좀 더 초점을 두는 상태이다. 하지만 모든 페미니즘 연구자들은 공통적으로 반복되는 사회적 억압과 사회의 일부 집단에게 주어진 특권에 대해서 비판적 우려를 표출하고 있다.

편향성. 페미니즘 학자들은 객관성과 같은 엄밀함을 요구하는 용어에 대해 논의를 전개하였지만, 초창기부터 편향성에 대해 지속적인 문제제기를 진행하면서 이 개념에 대한 새로운 해석이 필요한 공간을 창출해왔다. Sandra Harding(1993, 1996, 1998)은 강한 관계성의 객관성(strong objectivity)이란 개념을 제시하면서, 이것은 연구자뿐만 아니라 연구 참여자를 비판적, 인과적, 과학적 설명의 초점이 되도록 견지하였다.

Donna Haraway(1997)는 강한 관계성의 객관성이란 개념 대신 회절(diffracting)이란 용어를 제시하면서, 연구자들의 렌즈가 현상의 새로운 결합 형태와 가능성을 보여주기 위한 관심으로 이동해야 한다고 주장하였다.

성찰. 성찰은 연구자와 참여자 모두가 현상에 대한 해석을 한다는 점을 인지하게 한다. 여기에서 말하는 해석은 "데이터"가 된다(Diaz, 2002). 성찰은 연구 수행에 대한 단순한 반영 상태를 뛰어넘는다. 성찰은 개인들 사이에서, 그리고 개인 내부에서 질적 연구의 지식 생산 역학구조에 대해서 꾸준하게 불편함을 주는 평가를 요구하며, 더 나아가 연구자의 배경에서 미처 인지되지 못한 요소들이 연구에 관여하는지에 대해서 예리하게 인지할 것을 요구한다(Gorelick, 1991; Scheper-Hughes, 1983).

어떤 연구자들은 성찰이 단지 헤게모니 구조를 재생산하는 친밀한 행태의 반복을 발생시킬지 모른다는 의구심을 가지고 판단을 유보하기도 한다(Pillow, 2003). 하지만 또 다른 연구자들은 이것이 인종과 민족에 대한 고정관념의 영속화를 차단하는 데 용이하게 작동한다는 긍정적 평가를 하기도 한다(Few, 2007). 따라서 아직까지 성찰은 여전히 논의가 더 필요한 개념이다. 어느 정도의 성찰과 어떤 종류의 성찰이 가능한지, 그리고 그런 성찰이 어떻게 실현되는지를 둘러싼 물음은 여전히 난제로 남아있는 상태이다(Hesse-Biber & Piatelli, 2007).

타당도. 페미니즘 질적 연구자들은 타당도란 개념에 대해서도 문제제기를 한다. 그들은 연구 방법을 어떻게 설정하는지에 따라서 타당도라는 개념 대신 "신뢰도(trustworthiness)"라는 용어를 사용하기도 한다. 실재는 발견되는 것이라고 간주하는 사회과학의 실증주의 원리에 근거를 둔 전통적인 입장을 고수하는 연구자들은 이미 공고히 구축된 연구 방법의 기술을 이용하려고 한다. 실증주의 전통을 배격하는 연구자들은 후기실증주의 관점을 반영하는 연구 방법 기술을 적용하면서 "진정성(authenticity)"을 추구하기 위해서 실증주의처럼 어떤 경우에도 절대로 변하지 않는 준거틀을 적용하는 것을 받아들이지 않는다(Lincoln & Guba, 1985; Manning, 1997). 또 다른 페미니즘 질적 연구자들은 실증주의에서 말하는 타당도와 다른 별개의 타당도라는 용어를 제안하면서 또 다른 형태의 사회과학적 연구 관행을 모색하기도 한다(Richardson, 1993, p.65).

Lather(1993)의 초월적 타당도(transgressive validity)는 가장 성공적으로 작동하고 있는 페미니즘 모델로 남아있다. 이것은 해체주의 경향에 바탕을 두고 "용어 자체는 계속 공유하더라도 용어 자체를 그것을 코딩하는 부호들과 단절시키는" 관습에 역행하는 방식을 요구한다(Lather, 1993, p.674). 이런 새로운 연구 방법 제시와 초월적 타당도를 파악하기 위해서 고안된 체크리스트의 공표(Lather, 2007, pp.128-129)는 타당도란 개념에서 제기될 수 있는 문제를 해결하면서도 페미니즘 고유의 해방이라는 자세를 유지하게 만든다.

보이스와 텍스트. 여성의 보이스에 대한 부당한 이용 또는 왜곡을 어떻게 방지할 것인가에 대한 고민은 오랫동안 페미니즘 연구자들의 관심을 불러일으킨 사안이다(Hertz, 1997). 21세기에 들어서면서 후기구조주의 입장의 페미니즘 연구자들은 보이스 자체의 내재적 본질에 대해 비판적 문제제기를 한 상태이다.

Maxine Fine과의 개인적 대화에서 그녀는 페미니즘 연구자들은 초창기부터 이데올로기, 헤게모니의 압력 또는 해석을 탐구 대상으로 해왔다고 진술하였다. 이는 연구를 진행하는 사람, 즉 연구에 대한 필요성과 이유를 작성하는 사람은 누구이든 간에 텍스트 자체에 대한 책임을 관장하게 되며, 보이스 표상화에 필요한 연구 대상자를 선택하는 역할을 한다는 것이다(Kincheloe, 1997; Lincoln, 1993). 그래서 연구자들은 좀 더 힘이 있는 위치에 남게 된다(Lincoln, 1997;

Phoenix, 1994; Stacey, 1998).

이 문제를 심도 있게 다루기 위해서, 연구자들은 다양한 전략을 구사해왔다. 다양한 전략은 보이스 중심의 관계형성 방법(voice-centered relational methods)(Mauthner & Doucet, 1998), 재구성된 연구 내러티브(Birch, 1998), 보다 덜 강력한 보이스의 작성(Standing, 1998), 보이스의 여러 버전을 제공하는 방식(Wolf, 1992) 등에서 찾을 수 있다. 페미니즘 연구자들은 보이스가 어떻게 설정되어 이용되는지 또는 이용되지 않는지, 그리고 보이스가 설정되고 이용되는 것이 어떤 범위의 제한성을 갖는지를 분명하게 서술해야만 한다(Fine, 1992).

다른 페미니즘 연구자들은 연구자 자신의 보이스와 연구 참여자의 보이스를 다양한 형식으로 함께 혼합해낸다. 이중화된 보이스로 문화기술지 텍스트 구성(Behar, 1993), 스플릿 페이지(split-page) 방식의 텍스트 구성 방식(Lather & Smithies, 1997), 또는 사회학적 시와 이야기 방식(Richardson, 1997) 등은 이런 다양한 형식의 대표적 사례들이다. 자문화기술지(autoethnography)는 정치 사회적 이슈들과 함께 엮여있는 연구자 개인의 경험과 참여자의 보이스를 특히 중요하게 여긴다(Ellingson, 1998, 2009a, 2009b; Ellis, 1995; Ellis & Bochner, 1996, 2000; Gatson, 이 책의 31장; Holman Jones, 2005). 자문화기술 형태의 연구들은 그런 개인적 반영물이 단순히 유아론적 수준에 머물 뿐이라는 비판을 논박하기 위해서 개인적인 것과 정치적인 것을 함께 연결하는 작업을 진행한다.

자문화기술지는 세상을 이해하고 변화시키는 방식이다(Ellis, 2009a). 하지만 자문화기술지의 연구 아이디어의 불안정성을 인식하면서, 사회과학자와 후기구조주의 페미니즘 연구자, 그리고 문학적 입장을 견지하는 학자들은 이 방식을 비판하기도 한다(Ellis, 2009a). 그러나 이와 같은 비판 이외에도 자문화기술지 방식을 긍정적으로 평가하는 여러 논의들은 존재한다(Richardson, 2000).

보이스 해체하기. 후기구조주의 페미니즘 연구자들은 무엇이 보이스를 구성하는가에 대해서 문제제기를 한다(Jackson, 2003, 2009; Mazzei & Jackson, 2009). 그들은 보이스 자체에 대한 근본적 문제화를 제시하면서도, 다양한 보이스 형태를 분석대상으로 삼는다. 웃음, 침묵, 아이러니(MacLure, 2009), 침묵의 내러티브(Mazzei, 2009), 에이즈 보균 여성(Lather & Smithies, 1997) 등의 연구에서 이런 다양한 형태들이 다루어진 바 있다.

수행 문화기술지. 수행 문화기술지는 관습적인 문장 구성과 발견 위주의 보고서 형태의 글쓰기에서 극적인 표현 방식을 내재한 형태로 변화를 이끌어간 역할을 한 바 있다(Kondo, 1995). 이런 변화는 페미니즘의 전복성을 좀 더 극적으로 표현한다는 긍정적 평가를 갖게 한다(Case & Abbitt, 2004). 대표적 연구 작업은 전이성 유방암의 경험(Gray & Sinding, 2002), 수감 여성의 삶(Valentine, 2006), 그리고 인권 이슈(Madison, 2006; Alexander, 2005; Denzin, 2005; Madison, 2005)이다. 수행 문화기술지는 페미니즘 연구를 좀 더 대중화하는 것에서도 유용성을 보여준 바 있다(Stacey, 2003). 수행 문화기술지에 대한 평가는 지금도 계속 진행되고 있다(Alexander, 2005, pp. 428-430; Battacharya, 2009; Cho & Trent, 2009; Madison, 2005, 2006).

윤리. 페미니즘 연구 윤리는 윤리학(원칙의 의무윤리, 결과의 공리주의적 윤리)이 표방하는 보편적 입장에서 탈피하여 구체적으로 **관계성 윤리**(relational ethics), 즉 연구 참여자와의 관계를 하나의 윤리적 이슈로 인식하는 데 초점을 맞추고 있다(Edwards & Mauther, 2002; Ellis, 2009a; Mauthner, Birch, Jessop, & Miller, 2002; Preissle, 2007). 페미니즘 연구 윤리는 비판적 숙고를 요구한다. 이것은 연구 윤리의 측면에서 중요한 연구 순간들을 인식하고 분석하고 수행하기 위해서 필요하기 때문이다(Guilleman & Gillam, 2004;

Halsey & Honey, 2005; Llewelyn, 2007).

원주민 학자들은 페미니즘 연구의 윤리에 대해서 비판적 견지를 계속 제기하고 있다. 그들은 연구의 암울한 역사를 "조직화된, 뿌리 깊은 식민 제도"로 이해한다(L. T. Smith, 2005, p.10). 이것은 원주민들을 착취하고 원주민의 지식을 상품화하는 데 일조했을 뿐이라는 비판에서 잘 표출된다(Battiste, 2008; Smith, 1999). 따라서 그들은 원주민을 위한 제대로 된 연구를 연구 윤리의 기준을 창출하기 위한 온상으로 개념화하는 작업을 시도한다(Battiste, 2008; L. T. Smith, 2005). 그들이 요구하는 윤리적 기준은 개인뿐만 아니라 공동체를 대상으로 하는 것이며, 무엇보다도 존중의 태도가 내재된 관계를 강조하고 연구자와 참여자의 상호 이해를 반영하는 데 주목한다(L. T. Smith, 2005).

이미 승인된 동의에 대한 세밀한 검토는 지속되고 있다(Battacharya, 2007; Corrigan, 2003; Fine, Weis, Weseem & Wong, 2000; Miller & Bell, 2002). Carolyn Ellis는 기관윤리심의위원회(IRB: institutional review board) 규약에 서술된 것은 연구 개시 이후 일어나는 사건을 반영할 의무를 부과하지는 않는다는 점에 주목하면서 **과정의 동의**(process consent)를 제안한 바 있다(2009a). 과정의 동의는 연구가 진행되는 동안 연구자와 참여자의 관계의 변화를 그들과 함께 지속적으로 점검하여 연구 참여자들이 자발적으로 연구 참여를 지속시키는 방식을 추구한다.

윤리와 관련된 또 다른 딜레마는 적지 않게 존재한다(Bell & Nutt, 2002; Kirsch, 2005; Morse, 2005, 2007; Stacey, 1988). 연구자가 참여자보다 힘의 역학관계에서 좀 더 우위에 놓인 위상을 가진다는 관점은 현재 설득력이 약화된 상태이다. 연구자 우위론에 대한 비판적 관점은 연구자의 힘이 부분적이라는 견해(Ong, 1995), 미약하다는 주장(Stacey, 1998; Wolf, 1996), 이를 연구자의 책임과 혼동한다는 주장(Bloom, 1998), 연구 참여자가 권력이동을 조정 또는 역이용한다는 주장(Thapar-Bjorkert & Henry, 2004) 등에서 확인 가능하다.

페미니즘 질적 연구자들은 다른 질적 연구 방법에 천착한 연구자들과 마찬가지로 웅크린 채 변화를 시도하지 않는 보수화된 시대를 맞이하고 있다. 이런 보수적 상황에서 많은 기관윤리심의위원회의 관행은 가장 전통적인 형태로 구축된 질적 연구에도 호의적인 태도를 보이지 않으며, 이 책에서 다루어지는 복잡한 접근방법들에 대해서는 전혀 관심을 보이지 않는다(Lincoln, 2005). "증거(evidence)에 대한 이런 정치"(Morse, 2005, 2006)의 규제 효과는 실증주의에 대해 우호적 분위기를 항구적으로 반영하며, 사회정의를 추구하는 질적 연구 방법에 근거한 페미니즘 탐색에 또 다른 차원의 투쟁을 부과하고 있다(Lincoln, 2005). 심사 관행에 대한 도전은 지역의 기관윤리심의위원회에 영향을 주려는 목적을 내재한 것이며, 규약 만들기를 둘러싼 정책 변화를 추구하는 것이다(Lincoln, 2005).

또한 페미니즘 연구자들은 윤리를 하나의 연구 과제로 검증하고 있다. 이런 연구 경향은 젠더에 내재된 윤리적 또는 도덕적 행위가 무엇인지를 고려하는 입장이 아니라 개인과 사회 환경 간의 상호작용에서 발생한 배려의 윤리라는 입장으로 변화를 유도해왔다(Seigfried, 1996). 이와 같은 입장은 공동체에 대한 관심으로(Seigfried, 1996), 공적 영역에서 사회를 변화시키려는 잠재력에 대한 관심으로(DesAutels & Wright, 2001; Fiore & Nelson, 2003) 변화를 진행시키고 있다. 헬스 케어 시스템에서 여성에 대한 윤리적 처치와 관련된 이슈에 대한 장기간에 걸쳐 지속된 관심은 이제 체외 수정과 같은 의학적 도움을 받는 생식, 유전적 질병에 대한 선별검사, 모든 인종 집단에 속해 있는 노인, 저소득층, 그리고 불우한 환경의 여성을 위한 공정한 관리를 둘러싼 문제 등의 이슈를 담고 있는 새로운 테크놀로지와 연관된 탐구로 이동하고 있다.

참여적 실행 연구. 참여적 실행 연구에서 연구자와 연구 참여자는 인간 해방을 위한 프로젝트를 수행하기 위해서 연구 과정의 다양한 측면을 완전히 공유해야만 한다. 초기 참여적 실행 연구는 권력(Cancian, 1996;

Lykes, 1989), 데이터(Acker, Barry & Esseveld, 1991), 연구자와 연구 참여자의 왜곡 현상에 대한 교정(Skeggs, 1994)과 같은 연구 주제를 탐구하였다. 그리고 이것은 연구 참여자의 취약성(Fine & Torre, 2006), 사회 주변부에 위치한 개인에게 내재된 위험성(Reid, Tom & Frisby, 2008), 윤리 문제(Rice, 2009) 등의 이슈를 계속 탐구 대상으로 진행시켜 왔다. 21세기에 들어서면서 참여적 실행 연구는 헬스 이슈(Etowa, Bernard, Oyinsan & Clow, 2007; Evans, Hole, Berg, Hutchinson & Sookraj, 2009)와 수감 여성(Fine & Torre, 2006)에 대한 탐구를 진행한 바 있다.

7.4 페미니즘 질적 작업과 연구 이슈를 둘러싼 맥락의 영향력

아카데믹 영역. 전통적인 아카데믹 구조, 최소한 미국의 아카데믹 구조는 페미니즘 질적 연구에 영향을 끼치고 있다. 하지만 이것은 항상 대학을 변모시키거나 개혁의 실현을 좀 더 일반화시키는 방향으로 나아가지는 못하는 실정이다(Dever, 2004; Messer-Davidow, 2002). 사회과학과 행동과학 영역에서의 실증주의에 대한 지속적인 강조 또한 개혁의 노력을 둔화시키는 역할을 한다. 그러나 페미니즘 학자들은 변화를 야기하는 학문(transformative scholarship)을 위한 주장을 계속 펼치고 있다(Shields, 2008).

변화를 야기하는 학문을 실현하기 위해서, 페미니즘 연구자들은 고등교육 기관들이 운용되는 방식을 제대로 인식할 필요가 있다. 이것은 이 시대에 주어진 어려움뿐만 아니라 새롭게 제공된 기회에 부응하는 새로운 전략을 창출하려는 목적에도 부합한다(Laslett & Brenner, 2001, pp. 1233-1234). 흑인 여성을 다루는 학문분야가 직면한 어려움과 대학 아카데미의 변모에 대한 분석은 「Signs」에서 2010년에 발간한 35권 4호에 수록된 흑인 여성 연구(Black Women's Studies)

에서 논의된 바 있다.

출판과 백인/유럽 중심의 지역주의.　출판사들은 이론적, 실증적, 실험적, 방법론적 분석을 망라한 수많은 페미니즘 연구 성과물을 출간하고 있으며, 이런 현상은 증가 추세에 놓여있다(Messer-Davidow, 2002). Meaghan Morris는 나와의 개인적 대화에서 좀 더 많은 해외 학자들의 연구 작업이 그들의 모국어로 출판되고 있지만, 번역의 어려움과 마케팅 압력 때문에 영어로의 번역 출판은 이를 따르지 못한다고 말하였다. 다행스러운 점은 이와 같은 출판물들이 다양한 관점과 탈식민주의, 인종주의 경향의 페미니즘 연구를 중요하게 부각시킨다는 점이다. 이는 여성의 삶이 어느 지역에서 분석된 것이더라도 모든 지역의 여성에게 일반화해서 적용할 수 있다는 서구 중심의 동일화 관점의 전제들을 무력화시키는 역할을 하였다. 페미니즘에 대한 토론방 리스트와 웹사이트들은 국제적 차원의 페미니즘 연구 작업, 학회, 출판물에 대한 정보를 제공한다. 대표적인 것은 사회 속의 여성을 위한 사회학자 모임(the Sociologists for Women in Society)과 인류학 페미니즘 협회(the Anthropology Feminist Association)에 의해 운영되는 웹사이트이다. 미국과 영국 이외의 지역에서의 활동을 다루는 사이트 또한 존재한다(http://www.qualitative-research.net/, agi-feministafrica@act.cu.za).

페미니즘 연구는 아직 트위터와 페이스북과 같은 인터넷 커뮤니케이션 자원들을 광범위하게 탐구 대상으로 하지는 못하고 있다. 그러나 이런 커뮤니케이션 자원들의 대중적 확산은 개혁 지향성 탐구의 확산을 위해서 의미 있는 역할을 할 가능성은 이미 갖추고 있다.

7.5　미래에 대한 제언

도전.　그 자체에 내재해있는 복잡성, 다양성, 논쟁적

성향으로 인하여 페미니즘 질적 연구에 대한 도전은 앞으로도 지속될 전망이다. 이와 같은 도전 중 주목할 것은 원숙한 접근방법에 근거한 교차성 연구의 좀 더 심층적인 탐구와 확장이다(Choo & Ferree, 2010). 다양한 페미니즘 질적 연구에 대한 도전은 연구자로 하여금 여성의 삶에서 고려되는 여러 요소들의 상호작용을 좀 더 예리하게 고찰하게끔 만들어주고 있다. 또한 이것은 사회정의의 추구에서 실천적 행동과 정책을 불러내는 잠재력과 그 잠재력에 대한 이해를 명확하게 만든다. 이런 탐구들은 "중간지대(borderlands)"와 인종주의 경향의 비판적 작업으로부터 제시된 새로운 형태의 조사방법들과 새로운 관점을 태동하는 지식들과 얽혀있다.

또한 표상화, 보이스, 텍스트에 대한 면밀한 관심이 계속 요구된다. 이런 관심은 연구자의 자기 복제를 방지하고 숨겨진 또는 명백히 숨겨지지 않은 억압을 방지하고, 대신 연구 참여자의 표상화를 드러내기 위해서 필요하다.

페미니즘 질적 연구는 지속적으로 강력한 발전을 하고 있다. 그 이유는 학자들이 연구의 토대를 비판적으로 검토하고, 그것의 형태가 실험적이든 전통적이든 막론하고 새로운 접근방법을 시도하며, 규명되지 않은 평등 이슈들을 발굴하기 때문이다. 그들은 페미니즘이란 학문 영역의 본질뿐만 아니라 연구의 구상과 실행에 관련된 이슈들을 좀 더 본인의 것으로 의식하고, 인지하고, 민감하게 고려한다. 좀 더 정교화된 접근방법들은 페미니즘 연구자들을 물질 사회와 문화의 역학관계를 고찰하도록 하고 있다. 대표적인 사례는 국제화와 신자유주의가 여성의 삶과 여성이 처한 사회적 상황을 어떻게 형성하는가를 분석한 것이다(Davis & Craven, 2011). 희망은 그것이 비록 해방을 완전 실현하지는 못하더라도 억압의 재생산이 실현되지 않도록 적절한 개입과 점진적 발전을 이끌어내는 변화를 추구하는 데 놓여있다.

페미니즘 연구 작업을 의미 있게 만들기.　페미니즘 연

구자들은 변화 또는 점진적 발전을 이끌어내는 변형을 위해서 사려 깊고 현실적인 방안을 구체적으로 제시한다. "우리는 탁월한 수준의 성찰, 경계, 기호학적이고 수사적인 정교함을 갖추고 우리의 작업을 공표해야 한다"(Stacey, 2003, p. 28). 사회 속의 여성을 위한 사회학자 모임(www.socwomen.org)은 시급성을 요구하는 토픽을 중심으로 주류 진영의 비판 페미니즘 연구에 대한 정보를 제공한다. 아직 페미니즘 연구자들은 사회정의의 실현을 위해 개입하거나 연구의 발견을 유포하는 데 도움을 줄 수 있는 가상공간의 잠재력에 대해서는 본격적인 탐구를 진행하지 못하고 있다.

나는 "지식 생산은 지속적으로 역동성을 띠어야 한다는 것을 인식하는 것이 중요하다. 이것은 새로운 연구 방식이 다른 방식으로 대체되고, 이것은 또 새롭게 제기된 방식에 의해 대체되는 형태로 역동성이 지속되는 것을 의미한다. 더 나아가 지식 생산은 본질적으로 부분적이며 불완전할 수밖에 없다"(Olesen & Clarke, 1999, p. 356; Cook & Fonow, 2007; Hesse-Biber, 2007)는 견해를 믿는다. 21세기 초반 페미니즘 질적 연구는 다른 페미니스트 형태들에서 사회정의를 실현하기 위한 토대를 마련하였다: "우리의 임무는 … 우리의 미래를 다시 생각하고 재작업하는 데 부족하지 않게 진행되고 있음은 분명하다"(Randall, 2004, p. 23).

내가 1975년에 작성한 논문 '분노는 충분하지 않다(Rage Is Not Enough)'를 떠올리면서, 나는 아직도 분노는 충분하지 않다고 주장한다. 어떤 스타일에서 비롯되었든, 어떤 형식틀에서 비롯되었든 상관없이 페미니스트 질적 연구 영역에서의 발전은 좀 더 날카로운 방식에서 사회정의를 실현하려는 열정을 채워가고 있는 중이다. 하지만 평등과 사회정의와 관련해서 오랫동안 지속된 이슈와 새롭게 제기된 이슈를 해결하기 위해서는 더 많은 발전이 이루어져야만 한다.

주석

1. 나는 Norman Denzin, Yvonna Lincoln, Patricia Clough, Michelle Fine, Meaghan Morris, 그리고 Yen Le Espiritu 등이 제공해준 예리한 비판에 감사를 표한다. 또한 나를 지속적으로 고무시키는 대화를 해온 Adele Clarke에게도 감사를 표한다.

2. Dorothy Smith는 일상 세계를 그 속에서 삶을 영위하는 여성에 의해 지속적으로 창조되고 형성화되고 알려지는 문제화 공간으로 개념화한다. 일상 세계의 조직화는 외적인 물적 요소 또는 텍스트에 의해 매개되는 관계에 의해서 형상화된다(1987). 그녀는 이런 접근방법을 제도적 문화기술지(institutional ethnography)로 명료하게 설명한 바 있다(Smith, 2005; 2006). 그녀가 제시한 접근방법은 현재 그녀와 더불어 다른 학자들에 의해 지속적으로 발전하는 중이다(Campbell, 2002; Campbell & Gregor, 2002).

3. Collins(2000)는 흑인 여성에 대한 관점을 흑인 여성이 처해 있는 물질적 상황과 정치적 상황에 근거를 두면서 개념화한다. 그녀는 특정한 상황과 결부된 입장 이론을 버리길 거부한다. Collins는 항상 권력과 구조적 관계(1998a)에 대한 날카로운 관점을 바탕으로 입장 이론(1998a)을 확장시키면서, 흑인 여성에 대한 입장 이론을 교차성 연구와 결합시키는 작업을 하고 있다.

4. Harding은 1987년에 페미니즘의 세 가지 유형을 제시하였다. 첫째는 페미니스트 실증주의(Feminist empiricism)이다. 이것은 두 가지 경향으로 구분되는데, 기존의 전통적 연구 규범과 기준에 집착하는 방식으로 진행되는 자발적 페미니스트 실증주의(spontaneous feminist empiricism)와 과학에서 사회적 가치와 이익의 사회적 영향력에 대한 인식에 무게를 두는 맥락에 치중한 실증주의(contextual empiricism)이다(1993). 둘째는 입장 이론이다. 이것은 모든 지식의 출발점이 사회적으로 구조화된 것임을 우선 인식하도록 요구하고, 지식 프로젝트를 위해서 객관적으로 존재하는 사회적 공간의 어떤 것은 다른 것보다 더 우월하게 작동하고 있음을 인식하도록 요구한다. 마지막으로 셋째는 포스트모던 이론들이다. 이것은 페미니스트 과학의 가능성을 무효화시키는 대신 여성들의 지식에 대해서 여성 스스로가 말하는 수많은 다양한 이야기들을 더 선호하는 경향성을 보여준다(1987).

5. Nancy Hartsock(1983)의 맑시스트 입장 이론에서 중요

하게 고려되는 관점은 물적 계층화에 따라서 상이하게 구성
된 여성의 사회적 조건은 각각의 여성들에게 억압과 저항을
모두 반영하는 특수성과 특권성을 내포한 지식을 제공한다
는 점이다. 그런 지식은 태생적으로 본질적인 것이 아니므로
모든 여성이 같은 경험이나 지식을 공유할 수 없게 만든다.
오히려 "관점의 구체적 다중성"이라는 가능성이 존재한다
(1990). 따라서 중요하게 고려되는 주체는 개인 차원의 개
별 주체가 아니라 공동체의 특성을 내재한 주체 또는 집단이
다(Hartsock, 1997, p. 371).

6. 이에 대한 논의는 여러 학자들에 의해서 전개되고 있다
(Harding, 1997; Weeks, 2004; Naples, 2003, 2007;
Ramazanoglu & Holland, 2002).

7. 참고자료는 다음과 같다(Clough, 1993a, 1993b, 1994;
Collins, 1992; Harding, 1987; Hawkesworth, 1987;
Hekman, 1990, 1997a, 1997b; Kim, 2007; Maynard,
1994; Scott, 1997; Smith, 1992, 1993; Welton, 1997).

8. 참고자료는 다음과 같다(Benhabib, 1995; Collins,
1998b; Ebert, 1996).

9. 나는 2003년 9월 15일 Espiritu와 개인적으로 나눈 대화에
서 섹슈얼리티를 연구 대상으로 하는 학문분야와 그것을 중
심 개념으로 하는 학문분야를 구분하는 것이 유용하다는
것을 인식하였다. 첫째로 섹슈얼리티를 연구 대상으로 하는
분야는 텍스트에 기록된 레즈비언을 동일화해서 바라보는
관점을 해소하는 연구를 포함한다. 둘째, 분야에 해당되는
Alexander의 작업은 섹슈얼리티를 젠더 불평등의 핵심적 기
준으로, 그리고 인종주의 및 식민주의 이데올로기에 핵심적
인 타자화 방식으로 개념화한다.

10. 여성 사이의 상이성뿐만 아니라 남성과 여성 사이의 유사
성 또한 무시되어 온 것이 아니라 꾸준히 인정되어 왔다
(Brabeck, 1996; Lykes, 1994). 젠더에 대한 인과적 설명
과 젠더를 분석 범주로 하는 것, 그리고 그것의 연구 함의에
대한 논의는 여러 학자들에 의해 진행되어 왔다(Connell,
1997; Hawkesworth, 1997a, 1997b; McKenna &
Kessler, 1997; S. G. Smith, 1997).

참고문헌

Acker, J. (2006). Inequality regimes: Gender, class and race in organizations. *Gender & Society, 4*, 441-464.

Acker, J. (2008). Feminist theory's unfinished business. *Gender & Society, 22*, 104-108.

Acker, J., Barry, K., & Esseveld, J. (1991). Objectivity and truth: Prob-lems in doing feminist research. In M. M. Fonow & J. A. Cook (Eds.), *Beyondmethodology: Feminist scholarship as lived research* (pp. 133-153). Bloomington: University of Indiana Press.

Acosta, K. L. (2008). Lesbians in the borderlands: Shifting identities and imagined communities. *Gender & Society, 22*, 639-659.

Adams, T. E., & Jones, S. H. (2008). Autoethnography is queer. In N. K. Denzin, Y. S. Lincoln, & L. T. Smith (Eds.), *Handbook of critical and indigenous methodologies* (pp. 373-390). Thousand Oaks, CA: Sage.

Alexander, B. K. (2005). Performance ethnography: The reenacting and citing of culture. In N. K. Denzin & Y. S. Lincoln (Eds.), *The SAGE handbook of qualitative research* (3rd ed., pp. 411-442). Thousand Oaks, CA: Sage.

Alexander, B. K. (2008). Queer(y)ing the post-colonial through the West(ern). In N. K. Denzin, Y. L. Lincoln, & L. T. Smith (Eds.), *Handbook of critical and indigenous methodologies* (pp. 101-134). Thousand Oaks, CA: Sage.

Alexander, M. J., & Mohanty, C. T. (1997). *Feminist geneaologies, colonial legacies, democratic futures*. New York: Routledge.

Andersen, M. L. (2005). Thinking about women: A quarter century's view. *Gender & Society, 19*, 437-455.

Andersen, M. L. (2008). Thinking about women some more: A new century's view. *Gender & Society, 22*, 120-125.

Andrews, M. (2002). Feminist research with non-feminist and anti-feminist women: Meeting the challenge. *Feminism and Psychology, 12*, 55-77.

Anzaldúa, G. (1987). *Borderlands/La frontera*. San Francisco: Auntie Lute.

Anzaldúa, G. (1990). *Making soul, Haciendo caras*. San Francisco: Auntie Lute.

Arat-Koc, S. (2007). (Some) Turkish transnationalisms in an age of capitalist globalization and empire: "White Turk" discourse, the new geopolitics and implications for feminist transnationalism. *Journal of Middle East Women's Studies, 3*, 35-57.

Asch, A., & Fine, M. (1992). Beyond the pedestals: Revisiting the lives of women with disabilities. In M. Fine (Ed.), *Disruptive voices: The possibilities of feminist research* (pp.139-174). Ann Arbor: University of Michigan Press.

Balsamo A. (1993). On the cutting edge: Cosmetic surgery and the technological production of the gendered body. *Camera Obscura, 28*, 207-237.

Barvosa-Carter, E. (2001). Strange tempest: Agency, structuralism and the shape of feminist politics to come. *International Journal of Sexuality and Gender Studies, 6,* 123-137.

Battacharya, K. (2007). Consenting to the consent form: What are the fixed and fluid understandings between the researcher and the researched. *Qualitative Inquiry, 13,* 1095-1115.

Battacharya, K. (2009). Negotiating shuttling between transnational experiences: A de/colonizing approach to performance ethnography. *Qualitative Inquiry, 15,* 1061-1083.

Battiste, M. (2008). Research ethics for protecting indigenous knowledge and heritage, In N. K. Denzin, Y. S. Lincoln, & L. T. Smith (Eds.), *Handbook of critical and indigenous methodologies* (pp. 497-510). Thousand Oaks, CA: Sage.

Behar, R. (1993). *Translated woman: Crossing the border with Esparanza's story.* Boston: Beacon.

Bell, L., & Nutt, L. (2002). Divided loyalties, divided expectations: Research ethics, professional and occupational responsibilities. In M. Mauthner, M. Birch, J. Jessop, & T. Miller (Eds.), *Ethics in qualitative research* (pp. 70-90). Thousand Oaks, CA: Sage.

Bell, S. E. (2009). *DES daughters, embodied knowledge, and the transformation of women's health politics.* Philadelphia: Temple University Press.

Benhabib, S. (1995). Feminism and post-modernism: An uneasy alliance. In S. Benhabib, J. Butler, D. Cornell, & N. Fraser (Eds.), *Feminist contentions: A philosophical exchange* (pp. 17-34). New York: Routledge.

Bhavnani, K.-K. (2007). Interconnections and configurations: Toward a global feminist ethnography, In S. N. Hesse-Biber (Ed.), *Handbook of feminist research: Theory and praxis* (pp. 639-650). Thousand Oaks, CA: Sage.

Birch, M. (1998). Reconstructing research narratives: Self and socio-logical identity in alternative settings. In J. Ribbens & R. Edwards (Eds.), *Feminist dilemmas in qualitative research: Public knowledge and private lives* (pp. 171-185). Thousand Oaks, CA: Sage.

Black women's studies and the transformation of the academy [Symposium]. (2010). *Signs, 35*(4).

Bloom, L. R. (1998). *Under the sign of hope: Feminist methodology and narrative interpretation.* Albany: State University of New York Press.

Bowleg, L. (2008). When Black + lesbian + woman = Black lesbian woman: The methodological challenges of qualitative and quantitative intersectionality research, *Sex Roles, 59,* 312-325.

Brabeck, M. M. (1996). The moral self, values, and circles of belonging. In K. F. Wyche & F. J. Crosby (Eds.), *Women's*

ethnicities: Journeys through psychology* (pp. 145-165). Boulder, CO: Westview Press.

Brah, A., & Phoenix, A. (2004). Ain't I a woman? Revisiting intersectionality. *International Journal of Women's Studies, 5,* 75-86.

Bredstrom, A. (2006). Intersectionality: A challenge for feminist HIV/AIDS Research? *European Journal of Women's Studies, 13,* 229-243.

Butler, J. (1990). *Gender trouble: Feminism and the subversion of identity.* London: Routledge.

Butler, J. (1993). *Bodies that matter: On the discursive limits of "sex."* London: Routledge.

Butler, J. (2004). *Undoing gender.* New York: Routledge.

Campbell, N. D. (2000). *Using women: Gender, policy, and social justice.* New York: Routledge.

Campbell, N. D. (2002). Textual accounts, ruling action: The intersection of knowledge and power in the routine conduct of nursing work. *Studies in Cultures, Organizations and Societies, 7,* 231-250.

Campbell, N. D., & Gregor, F. (2002). *Mapping social relations: A primer in doing institutional ethnography.* Toronto: Garamond.

Cancian, F. M. (1996). Participatory research and alternative strategies for activist sociology. In H. Gottfried (Ed.), *Feminism and social change* (pp. 187-205). Urbana: University of Illinois Press.

Cannella, G. S., & Manuelito, K. D. (2008). Indigenous world views, marginalized feminisms and revisioning an anticolonial social science. In N. K. Denzin, Y. S. Lincoln, & L. T. Smith (Eds.), *Handbook of critical and indigenous methodologies* (pp. 45-59). Thousand Oaks, CA: Sage.

Case, S-E., & Abbitt, E. S. (2004). Disidentifications, diaspora, and desire: Questions on the future of the feminist critique of perfor-mance. *Signs, 29,* 925-938.

Casper, M. J., & Talley, H. L. (2007). Feminist disability studies. In G. Ritzer (Ed.), *Blackwell encyclopedia of sociology* (pp. 15-30). London: Blackwell.

Chang, G. (2001). *Disposable domestics: Immigrant women workers in the global economy.* Cambridge, MA: South End Press.

Cho, J., & Trent, A. (2009). Validity criteria for performance-related qualitative work: Toward a reflexive, evaluative, and co-constructive framework for performance in/as. *Qualitative Inquiry, 15,* 1013-1041.

Choo, H. Y., & Ferree, M. M. (2010). Practicing intersectionality in sociological research: A critical analysis of inclusions, interactions and institutions in the study of inequalities. *Sociological Theory, 28,* 129-149.

Chow, E. N. (1987). The development of feminist consciousness among Asian American women. *Gender & Society, 1,* 284-

299.

Clarke, A. (1998). *Disciplining reproduction: Modernity, American life sciences, and the problems of "sex."* Berkeley: University of California Press.

Clarke, A. (2004). *Grounded theory after the postmodern turn: Situational maps and analyses.* Thousand Oaks, CA: Sage.

Clarke, A., & Olesen, V. L. (Eds.). (1999). *Revisioning women, health, and healing. Feminist, cultural, and technoscience perspectives.* New York: Routledge.

Clough, P. T. (1993a). On the brink of deconstructing sociology: Critical reading of Dorothy Smith's standpoint epistemology. *The Sociological Quarterly, 34,* 169-182.

Clough, P. T. (1993b). Response to Smith's response. *The Sociological Quarterly, 34,* 193-194.

Clough, P. T. (1994). *Feminist thought: Desire, power, and academic discourse.* London: Basil Blackwell.

Clough, P. T. (2000). *Autoaffection: The unconscious in the age of teletechnology.* Minneapolis: University of Minnesota Press.

Collins, P. H. (1986). Learning from the outsider within: The sociological significance of Black feminist thought. *Social Problems, 33,* 14-32.

Collins, P. H. (1992). Transforming the inner circle: Dorothy Smith's challenge to sociological theory. *Sociological Theory, 10,* 73-80.

Collins, P. H. (1997). Comment on Hekman's "Truth and method: Feminist standpoint theory revisited." *Signs, 22,* 375-381.

Collins, P. H. (1998a). *Fighting words: Black women and the search for justice.* Minneapolis: University of Minnesota Press.

Collins, P. H. (1998b). What's going on? Black feminist thought and the politics of postmodernism. In P. H. Collins, *Fighting words, Black women and the search for justice* (Ch. 4, pp. 124-154). Minneapolis: University of Minnesota Press.

Collins, P. H. (2000). *Black feminist thought. Knowledge, consciousness and the politics of empowerment* (2nd ed.). Boston: Unwin Hyman.

Collins, P. H. (2008). Reply to commentaries: *Black sexual politics revisited. Studies in Gender and Sexuality, 9,* 68-85.

Collins, P. H. (2009). Foreword: Emerging intersections —Building knowledge and transforming institutions. In B. T. Dill & R. E. Zambrana (Eds.), *Emerging intersections. Race, class, and gender in theory, policy, and practice,* (pp. vii-xiii). New Brunswick, NJ: Rutgers University Press.

Connell, R. W. (1997). Comment on Hawkesworth's "Confounding Gender." *Signs, 22,* 702-706.

Connolly, C. M. (2006). A feminist perspective of resilience in Lesbian couples, *Journal of Family Therapy, 18,* 137-162.

Cook, J. A., & Fonow, M. M. (2007). A passion for knowledge: The teaching of feminist methodology. In S. N. Hesse-Biber (Ed.), *Handbook of feminist research, theory, and praxis* (pp. 705-712). Thousand Oaks, CA: Sage.

Corrigan, O. (2003). Empty ethics: The problem with informed consent. *Sociology of Health and Illness, 25,* 768-792.

Crenshaw, K. (1989). Demarginalizing the intersection of race and sex: A Black feminist critique of antidiscrimination doctrine, feminist theory, and antiracist politics. *University of Chicago Legal Forum,* pp. 139-167.

Crenshaw, K. (1991). Mapping the margins: Intersectionality, identity politics, and violence against women of color. *Stanford Law Review, 43,* 1241-1299.

Cummins, L. H., & Lehman, J. (2007). Eating disorders and body image concerns in Asian American women: Assessment and treatment from a multi-cultural and feminist perspective. *Eating Disorders: The Journal of Treatment And Prevention, 15,* 217-230.

Davis, A.Y. (1981). *Women, race and class.* London: The Women's Press.

Davis, D.-A., & Craven, C. (2011). Revisiting feminist ethnography: Methods and activism at the intersection of neoliberal policy in the U.S. *Feminist Formations, 23.*

Davis, K. (2007). *The making of Our Bodies, Ourselves: How feminism travels across borders.* Durham, NC: Duke University Press.

Davis, K. (2008). Intersectionality as buzzword: A sociology of science perspective on what makes a feminist theory successful. *Feminist Theory, 9,* 67-85.

deLauretis, T. (1987). *Technologies of gender: Essays on theory, film, and fiction.* Bloomington: Indiana University Press.

Delgado Bernal, D. (2002). Critical race theory, Latino critical theory, and critical raced-gendered epistemologies: Recognizing students as creators and holders of knowledge. *Qualitative Inquiry, 8,* 105-126.

Denis, A. (2008). Intersectional analysis: A contribution of feminism to sociology, *International Sociology, 23,* 677-694.

Denzin, N. K. (1992). *Symbolic interaction and cultural studies.* Oxford, UK: Basil Blackwell.

Denzin, N. K. (2005). *Performance ethnography: Critical pedagogy and the politics of culture.* Thousand Oaks, CA: Sage.

DeRiviere, L. (2006). A human capital methodology for estimating the lifelong personal costs of young women leaving the sex trade. *Feminist Economics, 12,* 367-402.

Desai, M. (2007). The messy relationship between feminisms and globalization. *Gender & Society, 21,* 797-803.

DesAutels, P., & Wright, J. (2001). *Feminists doing ethics.* Boulder, CO: Rowan & Littlefield.

Dever, C. (2004). *Skeptical feminism, activist theory, activist practice*. Minneapolis: University of Minnesota Press.

Dewey, S. (2008). *Hollow bodies: Institutional responses to the traffic in women in Armenia, Bosnia, and India*. Sterling, VA: Kumarian Press.

Diaz, C. (2002). Conversational heuristic as a reflexive method for feminist research. *International Review of Sociology, 2*, 249-255.

Dill, B. T. (1979). The dialectics of Black womanhood. *Signs, 4*, 543-555.

Dill, B. T., McLaughlin, A. E., & Nieves, A. D. (2007). Future directions of feminist research: Intersectionality. In S. N. Hesse-Biber (Ed.), *Handbook of feminist research, theory and praxis* (pp. 629-638). Thousand Oaks, CA: Sage.

Dill, B. T., & Zambrana, R. E. (2009). Critical thinking about inequality: An emerging lens. In B. T. Dill & R. E. Zambrana (Eds.), *Emerging intersections: Race, class, and gender in theory, policy, and practice* (pp. 1-22). New Brunswick, NJ: Rutgers University Press.

Dillard, C. B. (2008). When the ground is black, the ground is fertile. In N. K. Denzin, Y. S. Lincoln, & L. T. Smith (Eds.), *Handbook of critical and indigenous methodologies* (pp. 277-292). Thousand Oaks, CA: Sage.

Doezema, J. (2000). Loose women or lost women? The re-emergence of the myth of white slavery in contemporary discourses in trafficking in women. *Gender Issues, 18*, 23-50.

Dworkin, S. L. (2005). Who is epidemiologically fathomable in the HIV-AIDS epidemic? Gender, sexuality, and intersectionality in public health. *Culture, Health, & Sexuality, 7*, 615-623.

Dworkin, S. L., & Wachs, F. L. (2009). *Body panic: Gender, health and the selling of fitness*. New York: New York University Press.

Ebert, T.(1996). *Ludic feminism and after: Postmodernism, desireand labor in late capitalism*. Ann Arbor: University of Michigan Press.

Edwards, R., & Mauthner, M. (2002). Ethics and feminist research: Theory and practice. In M. Mauthner, M. Birch, J. Jessop, & T. Miller (Eds.), *Ethics in qualitative research* (pp. 14-31). Thou-sand Oaks, CA: Sage.

Ellingson, L. L. (1998). Then you know how I feel: Empathy, identity, and reflexivity in fieldwork. *Qualitative Inquiry, 4*, 492-514.

Ellis, C. (1995). *Final negotiations: A story of love, loss and chronic illness*. Philadelphia: Temple University Press.

Ellis, C. (2009a). Fighting back or moving on: An autoethnographic response to critics. *International Review of Qualitative Research, 3*(2).

Ellis, C. (2009b). *Revision: Autoethnographic reflections on life and work*. Walnut Creek, CA: Left Coast Press.

Ellis, C., & Bochner, A. P. (1996). *Composing ethnography, Alternative forms of qualitative writing*. Walnut Creek, CA: AltaMira Press.

Ellis, C., & Bochner, A. P. (2000). Autoethnography, personal narrative, reflexivity: Researcher as subject. In N. K. Denzin & Y. S. Lincoln (Eds.), *Handbook of qualitative research* (2nd ed., pp. 733-768). Thousand Oaks, CA: Sage.

Espiritu, Y. L. (2007). *Asian American women and men: Labor, laws, and love*. Thousand Oaks, CA: Sage.

Etowa, J. B., Bernard, W. T., Oyinsan, B., & Clow, B. (2007). Participatory action research (PAR): An approach for improving Black women's health in rural and remote communities. *Journal of Transcultural Nursing, 18*, 349-357.

Evans, M., Hole, R., Berg, L. C., Hutchinson, P., & Sookraj, D. (2009). Common insights, differing methodologies: Toward a fusion of indigenous methodologies, participatory action research, and white studies in an urban aboriginal research agenda. *Qualitative Inquiry, 15*, 893-910.

Evans, S. M. (2002). Re-viewing the second wave. *Feminist Studies, 28*, 259-267.

Felski, R. (1997). The doxa of difference. *Signs, 23*, 1-22.

Few, A. L. (2007). Integrating Black consciousness and critical race feminism into family studies research. *Journal of Family Issues, 28*, 452-473.

Fine, M. (1992). Passions, politics, and power: Feminist research possibilities. In M. Fine (Ed.), *Disruptive voices* (pp. 205-232). Ann Arbor: University of Michigan Press.

Fine, M., Weis, L., Weseem, S., & Wong, L. (2000). For whom? Qualitative research, representations and social responsibilities. In N. K. Denzin & Yvonna S. Lincoln (Eds.), *Handbook of qualitative research* (2nd ed., pp. 107-132). Thousand Oaks, CA: Sage.

Fine, M., & Torre, M. E. (2006). Intimate details. Participatory research in prison. *Action Research, 4*, 253-269.

Fiore, R. N., & Nelson, H. L. (2003). *Recognition, responsibility, and rights: Feminist ethics and social theory*. Boulder, CO: Rowan & Littlefield.

Firdous, A. (2005). Feminist struggles in Bangladesh. *Feminist Review, 80*, 194-197.

Flax, J. (1987). Postmodernism and gender relations in feminist theory. *Signs, 14*, 621-643.

Flax, J. (1990). *Thinking fragments: Psychoanalysis, feminism, and post-modernism in the contemporary West*. Berkeley: University of California Press.

Fonow, M. M., & Cook, J. A. (2005). Feminist methodology: New applications in the academy and public policy. *Signs, 30*, 2211-2236.

Foster, N. (2007). Reinscribing Black women's position within HIV and AIDS discourses. *Feminism and Psychology, 17*, 323-329.

Frankenberg, R. (1994). *White women, race matters: The social construction of whiteness.* Minneapolis: University of Minnesota Press.

Franks, M. (2002). Feminisms and cross ideological feminist social research: Standpoint, situatedness, and positionality: Developing cross-ideological feminist research. *Journal of International Women's Studies, 3.* Available at http://www.bridgew.edu/SoAS/jiws/

Fraser, N. (2005). Mapping the feminist imagination: From redistribution to recognition to representation. *Constellations, 12,* 295-307.

Gannon, S., & Davies, B. (2007). Postmodern, poststructural, and critical theories. In S. N. Hesse-Biber (Ed.), *Handbook of feminist research: Theory and praxis* (pp. 71-106). Thousand Oaks, CA: Sage.

Garcia-Lopez, G. (2008). *"Nunca te toman en cuenta* [They never take you into account]": The challenges of inclusion and strategies for success of Chicana attorneys. In B. T. Dill & R. E. Zambrana (Eds.), *Emerging intersections: Race, class, and gender in theory, policy, and practice* (pp. 22-49). New Brunswick, NJ: Rutgers University Press.

Gardiner, J. K., & Meyer, L. D. (Eds.). (2008a). *Chicana studies* [Special issue] *34*(1).

Gardiner, J. K., & Meyer, L. D., for the editorial collective. (2008b). Pref-ace, Chicana Studies. *Feminist Studies, 34,* 10-22.

Garland-Thomson, R. (2005). Feminist disability studies. *Signs, 30,* 1557-1587.

Glenn, E. N. (2002). *Unequal freedom. How race and gender shaped American citizenship and labor.* Cambridge, MA: Harvard University Press.

Gorelick, S. (1991). Contradictions of feminist methodology. *Gender & Society, 5,* 459-477.

Gray, R., & Sinding, C. (2002). *Standing ovation, Performing social science research about cancer.* Boulder, CO: Rowan & Littlefield.

Green, R. (1990). The Pocahontas perplex: The image of Indian women in American culture. In E. C. DuBois & V. L. Ruiz (Eds.), *Unequal sisters: A multicultural reader in U.S. women's history* (pp. 15-21). London: Routledge.

Grewal, I., & Caplan, K. (1994). *Scattered hegemonies: Postmodernity and transnational practices.* Minneapolis: University of Minnesota Press.

Guevarra, A. (2009). *Marketing dreams, manufacturing heroes: The transnational labor brokering of Filipino workers.* New Brunswick, NJ: Rutgers University Press.

Guilleman, M., & Gillam, L. (2004). Ethics, reflexivity, and "ethically important" moments in research. *Qualitative Inquiry, 10,* 261-280.

Gulcur, L., & Ilkkaracan, P. (2002). The 'Natasha' experience: Migrant sex workers from the former Soviet Union and Eastern Europe in Turkey. *Women's Studies International Forum, 25,* 411-421.

Gupta, J. S. (2006). Toward transnational feminisms: Some reflections and concerns in relation to the globalization of reproductive technologies. *European Journal of Women's Studies, 13,* 23-38.

Halsey, C., & Honey, A. (2005). Unravelling ethics: Illuminating the moral dilemmas of research. *Signs, 30,* 2141-2162.

Hancock, A-M. (2007a). Intersectionality as a normative and empirical paradigm. *Politics and Gender, 3,* 248-254.

Hancock, A-M. (2007b). When multiplication doesn't equal quick addition: Examining intersectionality as a research paradigm. *Perspectives on Politics, 5,* 63-78.

Hanochi, S. (2001). Japan and the global sex industry. In R. M. Kelly, J. H. Hayes, M. H. Hawkesworth, & B. Young (Eds.), *Gender, globalization, and democratization.* Lanham, MD: Rowan & Littlefield.

Haraway, D. J. (1991). *Simians, cyborgs, and women. The reinvention of nature.* London: Routledge.

Haraway, D. J. (1997). Modest_witness@second millenium. Female-Man©_Meets_On coMouse™. New York: Routledge.

Harding, S. (1987). Conclusion: Epistemological questions. In S. Harding (Ed.), *Feminism and methodology* (pp. 181-90). Bloomington: University of Indiana Press.

Harding, S. (1993). Rethinking standpoint epistemology: What is "strong objectivity?" In L. Alcoff & E. Potter (Eds.), *Feminist epistemologies* (pp. 49-82). New York: Routledge.

Harding, S. (1996). Gendered ways of knowing and the "epistemological crisis" of the West. In N. R. Goldberger, J. M. Tarule, B. M. Clinchy, & M. F. Belenky (Eds.), *Knowledge, difference, and power: Essays inspired by women's ways of knowing* (pp. 431-454). New York: Basic Books.

Harding, S. (1997). Comment on Hekman's "Truth and method: Feminist standpoint theory revisited." *Signs, 22,* 382-391.

Harding, S. (1998). *Is science multicultural? Postcolonialisms, feminisms, and epistemologies.* Bloomington: Indiana University Press.

Harding, S. (2008). *Sciences from below: Feminisms, postcolonialities, and modernities.* Durham, NC: Duke University Press.

Harding, S., & Norberg, K. (2005). New feminist approaches to social science methodologies: An introduction. *Signs, 30,* 2009-2019.

Hartsock, N. (1983). The feminist standpoint: Developing the ground for a specifically feminist historical materialism. In S. Harding & M. B. Hintikka (Eds.), *Discovering reality* (pp. 283-310). Amsterdam: D. Reidel.

Hartsock, N. (1997). Comment on Hekman's "Truth and method: Feminist standpoint theory revisited": Truth or justice? *Signs, 22,* 367-374.

Hawkesworth, M. E. (1987). Feminist epistemology: A survey of the field. *Women and Politics, 7,* 115-127.

Hawkesworth, M. E. (1989). Knowing, knowers, known: Feminist the-ory and claims of Truth. *Signs, 14,* 553-557.

Hawkesworth, M. E. (1997a). Confounding gender. *Signs, 22,* 649-686.

Hawkesworth, M. E. (1997b). Reply to McKenna and Kessler, Smith, Scott and Connell: Interrogating gender. *Signs, 22,* 707-713.

Hekman, S. (1990). *Gender and knowledge: Elements of a post-modern feminism.* Boston: Northeastern University Press.

Hekman, S. (1997a). Truth and method: Feminist standpoint theory revisited. *Signs, 22,* 341-365.

Hekman, S. (1997b). Reply to Hartsock, Collins, Harding and Smith. *Signs, 22,* 399-402.

Hertz, R. (Ed.). (1997). *Reflexivity and voice.* Thousand Oaks, CA: Sage.

Hesse-Biber, S. N. (2007). Dialoguing about future directions in femi-nist theory, research, and pedagogy. In S. N. Hesse-Biber (Ed.), *Handbook of feminist research: Theory and praxis* (pp. 535-545). Thousand Oaks, CA: Sage.

Hesse-Biber, S. N., & Piatelli, D. (2007). Holistic reflexivity: The femi-nist practice of reflexivity. In S. N. Hesse-Biber (Ed.), *Handbook of feminist research: Theory and praxis* (pp. 493-544). Thousand Oaks, CA: Sage.

Higginbotham, E. (2009). Entering a profession: Race, gender, and class in the lives of black women attorneys. In B. T. Dill & R. E. Zambrana (Eds.), *Emerging intersections: Race, class, and gender in theory, policy, and practice* (pp. 22-49). New Brunswick, NJ: Rutgers University Press.

Holman Jones, S. (2005). Autoethnography: Making the personal political. In N. K. Denzin & Y. S. Lincoln (Eds.), *The SAGE handbook of qualitative research* (3rd ed., pp. 763-791). Thousand Oaks, CA: Sage.

hooks, b. (1990). Culture to culture: Ethnography and cultural studies as critical intervention. In b. hooks (Ed.), *Yearning: Race, gender, and cultural politics* (pp. 123-133). Boston: South End Press.

Howard, J. A., & Allen, C. (Eds.). (2000). *Women at a millennium* [Special issue]. *Signs, 25*(4).

Hurtado, A., & Stewart, A. J. (1997). Through the looking glass: Implications of studying whiteness for feminist methods. In M. Fine, L. Weis, L. C. Powell, & L. M. Wong (Eds.), *Off white: Readings on race, power, and society* (pp. 297-311). New York: Routledge.

Jackson, A. Y. (2003). Rhizovocality. *Qualitative Studies in Education, 16,* 693-710.

Jackson, A. Y. (2009). "What am I doing when I speak of this present?" Voice, power, and desire in truth-telling, In A. Y. Jackson & L. A. Mazzei (Eds.), *Voice in qualitative inquiry: Challenging conventional, interpretive, and critical consequences in qualitative research* (pp. 165-174). New York: Routledge.

Jiwani, Y. (2005). Walking a tightrope: The many faces of violence in the lives of immigrant girls and young women. *Violence Against Women, 11,* 846-875.

Jurik, N. C., & Siemsen, C. (2009). "Doing gender" as canon or agenda: A symposium on West and Zimmerman. *Gender & Society, 23,* 72-75.

Kahn, S, (2005). Reconfiguring the native informant: Positionality in the golden age. *Signs, 30,* 2017-2055.

Katsulis, Y. (2009). *Sex work and the city: The social geography of health and safety in Tijuana, Mexico.* Austin: University of Texas.

Kempadoo, K. (2001). Women of color and the global sex trade: Transnational feminist perspectives. *Meridians: Feminism, Race, Transnationalism, 1,* 28-51.

Kennedy, E. L., & Davis, M. (1993). *Boots of leather, slippers of gold: The history of a lesbian community.* New York: Routledge.

Keough, L. J. (2009). "Driven women": Gendered moral economies of women's migrant labor in postsocialist Europe's peripheries. *Dissertation Abstracts International, Section A: Humanities and Social Sciences, 69*(9-A), p. 3602.

Kim, H. S. (2007). The politics of border crossings: Black, postcolonial, and transnational feminist perspectives. In S. N. Hesse-Biber (Ed.), *Handbook of feminist research: Theory and praxis* (pp. 107-122). Thousand Oaks, CA: Sage.

Kim-Puri, H. J. (2005). Conceptualizing gender-sexuality-state-nation, An introduction. *Gender & Society, 19,* 137-159.

Kincheloe, J. (1997). Fiction formulas: Critical constructivism and the representation of reality. In W. G. Tierney & Y. S. Lincoln (Eds.), *Representation and the text: Reframng the narrative voice* (pp. 57-80). Albany: State University of New York Press.

Kirsch, G. E. (2005). Friendship, friendliness, and feminist fieldwork. *Signs, 30,* 2162-2172.

Klawiter, M. (2008). *The biopolitics of breast cancer: Changing cultures of disease and activism.* Minneapolis: University of Minnesota Press.

Kondo, D. K. (1990). *Crafting selves, power, gender, and*

discourses of identity in a Japanese workplace. Chicago: University of Chicago Press.

Kondo, D. K. (1995). Bad girls: Theater, women of color, and the politics of representation. In R. Behar & D. Gordon (Eds.), *Women writing culture* (pp. 49-64). Berkeley: University of California Press.

Kuumba, M. B. (2002). "You've struck a rock": Comparing gender, social movements, and transformation in the United States and South Africa. *Gender & Society, 4,* 504-523.

Lacsamana, A. E. (1999). Colonizing the South: Postmodernism, desire, and agency, *Socialist Review, 27,* 95-106.

Lan, P-C. (2006). *Global Cinderellas: Migrant domestics and newly rich employers in Taiwan.* Durham, NC: Duke University Press.

Laslett, B., & Brenner, B. (2001). Twenty-first academic feminism in the United States: Utopian visions and practical actions. *Signs, 25,* 1231-1236.

Lather, P. (1991). *Getting smart: Feminist research and pedagogy within the postmodern.* New York: Routledge.

Lather, P. (1993). Fertile obsession: Validity after post-structuralism. *The Sociological Quarterly, 34,* 673-694.

Lather, P. (2007). *Getting lost: Feminist efforts toward a double(d) science.* Albany: State University of New York Press.

Lather, P., & Smithies, C. (1997). *Troubling the angels: Women living with AIDS.* Boulder, CO: Westview.

Lewin, L. (1993). *Lesbian mothers.* Ithaca, NY: Cornell University Press.

Lewin, L. (1998). *Recognizing ourselves: Ceremonies of lesbian and gay committment.* New York: Columbia University Press.

Lewin, L. (2009). *Gay fathers: Narratives of family and citizenship.* Chicago: University of Chicago Press.

Lincoln, Y. S. (1993). I and thou: Method, voice, and roles in research with the silenced. In D. McLaughlin & W. G. Tierney (Eds.), *Naming silenced lives: Personal narratives and processes of educational change* (pp.20-27). New York: Routledge.

Lincoln, Y. S. (1997). Self, subject, audience, text: Living at the edge, writing at the margins. In W. G. Tierney & Y. S. Lincoln (Eds.), *Representation and the text* (pp. 37-55). Albany: State University of New York Press.

Lincoln, Y. S. (2005). Institutional review boards and methodological conservatism: The challenge to and from phenomenological paradigms. In N. K. Denzin & Y. S. Lincoln (Eds.), *The SAGE handbook of qualitative research* (3rd ed., pp. 165-182). Thousand Oaks, CA: Sage.

Lincoln, Y. S., & Guba, E. G. (1985). *Naturalistic inquiry.* Beverly Hills, CA: Sage.

Llewelyn, S. (2007). A neutral feminist observer? Observation-based research and the politics of feminist knowledge making. *Gender and Development, 15,* 299-310.

Lorber, J. (1994). *Paradoxes of gender.* New Haven, CT: Yale University Press.

Lubelska, C., & Mathews, J. (1997). Disability issues in the politics and processes of feminist studies. In M. Ang-Lygate, C. Corrin, & M. S. Henry (Eds.), *Desperately seeking sisterhood: Still challenging and building* (pp. 117-137). London: Taylor & Francis.

Luft, R. E., & Ward, J. (2009). Toward an intersectionality just out of reach: Confronting challenges to intersectional practice. *Advances in Gender Research. Special Volume: Intersectionality, 13,* 9-37.

Lykes, M. B. (1989). Dialogue with Guatemalan Indian women: Critical perspectives on constructing collaborative research. In R. Unger (Ed.), *Representations: Social constructions of gender* (pp. 167-184). Amityville, NY: Baywood.

Lykes, M. B. (1994). Whose meeting at which crossroads? A response to Brown and Gilligan. *Feminism and Psychology, 4,* 345-349.

MacLure, M. (2009). Broken voices, dirty words: On the productive insufficiency of voice. In A. Y. Jackson & L. A. Mazzie(Eds.), *Voice in qualitative inquiry: Challenging conventional, interpretive, and critical conceptions in qualitative research* (pp. 98-113). New York: Routledge.

Madison, D. S. (2005). *Critical ethnography: Methods and performance.* Thousand Oaks, CA: Sage.

Madison, D. S. (2006). Staging fieldwork/performing human rights. In D. S. Madison & J. Hameva (Eds.), *The SAGE handbook of performance studies* (pp. 397-418). Thousand Oaks, CA: Sage.

Majumdar, A. (2007). Researching South Asian women's experiences of marriage: Resisting stereotypes through an exploration of "space" and "embodiment." *Feminism and Psychology, 17,* 316-322.

Mamo, L. (2007). *Queering reproduction: Achieving pregnancy in the age of technoscience.* Durham, NC: Duke University Press.

Manning, K. (1997). Authenticity in constructivist inquiry: Method-ological considerations without prescription. *Qualitative Inquiry, 3,* 93-116.

Martin, E. (1999). The woman in the flexible body. In A. E. Clarke & V. L. Olesen (Eds.), *Revisioning women, health, and healing: Feminist, cultural, and technoscience perspectives* (pp. 97-118). New York: Routledge.

Mauthner, M., Birch, M., Jessop, J., & Miller, T. (2002). *Ethics in qualitative research.* Thousand Oaks, CA: Sage.

Mauthner, N., & Doucet, A. (1998). Reflections on a voice-centered relational method: Analyzing maternal and domestic voices. In J. Ribbens & R. Edwards (Eds.), *Feminist dilemmas in qualitative research: Public knowledge and private lives* (pp.119-146). Thousand Oaks, CA: Sage.

Maynard, M. (1994). Race, gender, and the concept of "difference" in feminist thought. In H. Afshar & M. Maynard (Eds.), *The dynamics of "race" and gender: Some feminist interventions* (pp. 9-25). London: Taylor & Francis.

Mazur, A. G. (2002). *Theorizing feminist policy*. Oxford, UK: Oxford University Press.

Mazzei, L. A. (2003). Inhibited silences: In pursuit of a muffled subtext. *Qualitative Inquiry, 9*, 355-366.

Mazzei, L. A. (2004). Silent listenings: Deconstructive practices in discourse-based research. *Educational Researcher, 33*, 26-34.

Mazzei, L. A. (2009). An impossibly full voice. In A. Y. Jackson & L. A. Mazzei (Eds.), *Voiceinqualitativeinquiry: Challenging conventional, interpretive, and critical concepts in qualitative research* (pp. 45-62). New York: Routledge.

Mazzei, L. A., & Jackson, A. Y. (2009). Introduction: The limit of voice. In A. Y. Jackson & L. A. Mazzei (Eds.), *Voice in qualitative inquiry: Challenging conventional, interpretive, and critical concepts in qualitative research* (pp. 1-13). New York: Routledge.

McCall, L. (2005). The complexity of intersectionality. *Signs, 30*, 1771-1800.

McKenna, W., & Kessler, S. (1997). Comment on Hawkesworth's "Confounding gender": Who needs gender theory? *Signs, 22*, 687-691.

Meekosha, H. (2005). *Body battles: Disability, representation, and participation.* Thousand Oaks, CA: Sage.

Mendez, J. B., & Wolf, C. L. (2007). Feminizing global research/globalizing feminist research. In S. N. Hesse-Biber (Ed.), *Handbook ory and practice* (pp. 651-662). Thousand Oaks, CA: Sage.

Mendoza, B. (2002). Transnational feminisms in question. *Feminist Theory, 3*, 295-314.

Merlis, S. R., & Linville, D. (2006). Exploring a community's response to Lesbian domestic violence through the voices of providers: A qualitative study. *Journal of Feminist Family Therapy, 18*, 97-136.

Mertens, D. B. (2009). *Transforming research and evaluation.* New York: Guilford.

Messer-Davidow, E. (2002). *Disciplining feminism: From social activism to academic discourse.* Durham, NC: Duke University Press.

Mezey, N. J. (2008). *New choices, new families: How lesbians decide about motherhood.* Baltimore, MD: Johns Hopkins University Press.

Mihesuah, D. A. (2003). *American indigenous women: Decolonization, empowerment, activism.* Lincoln: University of Nebraska Press.

Miller, T., & Bell, L. (2002). Consenting to what? Issues of access, gatekeeping and 'informed' consent." In M. Mauthner, M. Birch, J. Jessop, & T. Miller (Eds.), *Ethics in qualitative research* (pp. 37-54). New York: Routledge.

Mohanty, C. (1988). Under Western eyes: Feminist scholarship and colonial discourses, *Feminist Review, 30*, 60-88.

Mohanty, C. (2003). *Feminism without borders: Decolonizing theory, practicing solidarity.* Durham, NC: Duke University Press.

Moore, M. R. (2008). Gendered power relations among women: A study of household decision making in Black, lesbian stepfamilies. *American Sociological Review, 73*, 335-336.

Morgen, S. (2006). Movement-grounded theory: Intersectional analysis of health inequities in the United States. In A. Schulz & L. Mullings (Eds.), *Race, class, gender, and health* (pp. 394-423). San Francisco: Jossey-Bass.

Morris, M. (1998). *Too soon, too late: History in popular culture.* Bloomington: University of Indiana Press.

Morse, J. (2005). Ethical issues in institutional research, *Qualitative Health Research, 15*, 435-437.

Morse, J. (2006). The politics of evidence, *Qualitative Health Research, 16*, 395-404.

Morse, J. (2007). Ethics in action: Ethical principles for doing qualitative health research, *Qualitative Health Research, 17*, 1003-1005.

Naples, N. A. (1996). A feminist revisiting of the insider/outsider debate: The 'outsider phenomenon' in rural Iowa. *Qualitative Sociology, 19*, 83-106.

Naples, N. A. (2002a). The challenges and possibilities of transnational feminist praxis. In N. A. Naples & M. Desai, M. (Eds.), *Women's activism and globalization: Linking local struggles and transna- tional politics* (pp. 267-282). New York: Routledge.

Naples, N. A. (2002b). Changing the terms: Community activism, glo-balization, and the dilemmas of traditional feminist praxis. In N. A. Naples& M. Desai (Eds.), *Women's activism and globalization: Linking local struggles and transnational politics* (pp. 3-14). New York: Routledge.

Naples, N. A. (2007). Standpoint epistemology and beyond. In S. N. Hesse-Biber (Ed.), *Handbook of feminist research: Theory and praxis* (pp. 579-589). Thousand Oaks, CA: Sage.

Narayan, U. (1997). *Dislocating cultures: Identities and third world feminism.* New York: Routledge.

Nash, J. C. (2008). Re-thinking intersectionality. *Feminist Review, 89,* 1-15.

O'Leary, C. M. (1997). Counteridentification or counterhegemony? Transforming feminist theory. In S. J. Kenney & H. Kinsella (Eds.), *Politics and standpoint theories* (pp. 45-72). New York: Haworth Press.

Olesen, V. L. (1975). Rage is not enough: Scholarly feminism and research in women's health. In V. L. Olesen (Ed.), *Women and their health: Research implications for a new era* (DHEW Publication No. HRA-3138, pp. 1-2). Washington, DC: U.S. Department of Health, Education and Welfare, Public Health Service.

Olesen, V. L. (2005). Early millennial feminist qualitative research: Challenges and contours. In N. K. Denzin & Y. S. Lincoln (Eds.), *The SAGE handbook of qualitative Research* (3rd ed., pp. 235-278). Thousand Oaks, CA: Sage.

Olesen, V. L., & Clarke, A. E. (1999). Resisting closure, embracing uncertainties, creating agendas. In A. E. Clarke and V. L. Olesen (Eds.), *Revisioning women, health and healing: Feminist, cultural studies and technoscience perspectives* (355-357). New York:Routledge.

Ong, A. (1995). Women out of China: Traveling tales and traveling theories in postcolonial feminism. In R. Behar & D. Gordon (Eds.), *Women writing culture* (pp. 350-372). Berkeley: University of California Press.

Parrenas, R. S. (2008). *The force of domesticity: Filipina migrants and globalization.* New York: New York University Press.

Petersen, A. (2006). An African-American woman with disabilities: The intersection of gender, race and disability. *Disability and Society, 21,* 721-734.

Phoenix, A. (1994). Practicing feminist research: The intersection of gender and "race" in the research process. In M. Maynard & J. Purvis (Eds.), *Researching women's lives from a feminist perspective* (pp. 35-45). London: Taylor & Francis.

Phoenix, A., & Pettynama, P. (2006). Intersectionality [Special issue]. *European Journal of Women's Studies, 13*(3).

Pillow, W. S. (2003). Confession, catharsis, or cure. The use of reflexiv-ity as methodological power in qualitative research. *International Journal of Qualitative Studies in Education, 16,* 175-196.

Preissle, J. (2007). Feminist research ethics. In S. N. Hesse-Biber (Ed.), *Handbook of feminist research: Theory and praxis* (pp. 515-534). Thousand Oaks, CA: Sage.

Priyadharshini, E. (2003). Coming unstuck: Thinking otherwise about "studying up." *Anthropology and Education Quarterly, 34,* 420-437.

Prins, B. (2006). Narrative accounts of origins: A blind spot in the intersectional approach? *European Journal of Women's Studies, 13,* 277-290.

Puar, J. K. (1996). Resituating discourses of "Whiteness" and "Asianness" in northern England: Second-generation Sikh women and constructions of identity. In M. Maynard & J. Purvis (Eds.), *New frontiers in women's studies* (pp. 125-150). London: Taylor & Francis.

Randall, M. (2004). Know your place: The activist scholar in today's political culture. *SWS Network News, 21,* 20-23.

Rapp, R. (1999). *Testing women, testing the foetus: The social impact of amniocentesis in America.* New York: Routledge.

Reid, C., Tom, A., & Frisby, W. (2008). Finding the "action" in feminist participatory research. *Action Research, 4,* 315-322.

Renzetti, C (2005). Editor's introduction. *Violence Against Women, 11,* 839-841.

Rice, C. (2009). Imagining the other? Ethical challenges of researching and writing women's embodied lives. *Feminism & Psychology, 19*(2), 245-266.

Richardson, L. (1993). Poetics, dramatics, and transgressive validity: The case of the skipped line. *The Sociological Quarterly, 34,* 695-710.

Richardson, L. (1997). *Fields of play: Constructing an academic life.* New Brunswick, NJ: Rutgers University Press.

Richardson, L. (2000). Introduction: Assessing alternative modes of qualitative and ethnographic research: How do we judge? Who judges? *Qualitative Inquiry, 6,* 251-252.

Risman, B. (2004). Gender as a social structure: Theory wrestling with activism, *Gender & Society, 18,* 429-450.

Rohrer, J. (2005). Toward a full-inclusion feminism: A feminist deployment of disability analysis. *Feminist Studies, 31,* 34-63.

Rupp, L. J., & Taylor, V. (2003). *Drag queens at the 801 cabaret.* Chicago: University of Chicago Press.

Saavedra, C. M., & Nymark, E. D. (2008). Borderland-Mestija feminism, The new tribalism. In N. K. Denzin, Y. S. Lincoln, & L. T. Smith (Eds.), *Handbook of critical and indigenous methodologies* (pp. 255-276). Thousand Oaks, CA: Sage.

Scheper-Hughes, N. (1983). Introduction: The problem of bias in androcentric and feminist anthropology. *Women's Studies, 19,* 109-116.

Scheurich, J. J., & Foley, D. (Eds.). (1997). Feminist poststructuralism [Special issue]. *International Journal of Qualitative Studies in Education, 10*(3).

Scott, J. (1991). The evidence of experience. *Critical Inquiry, 17,* 773-779.

Scott, J. (1997). Comment on Hawkesworth's "Confounding Gender." *Signs, 22,* 697-702.

Schulz, A., & Mullings, L. (Eds.). (2006). *Race, class, gender, and health.* San Francisco: Jossey-Bass.

Segura, D. A., & Zavella, P. (2008). Introduction: Gendered borderlands. *Gender & Society, 22,* 537-544.

Seigfried, C. H. (1996). *Pragmatism and feminism: Reweaving the social fabric.* Chicago: University of Chicago Press.

Shields, S. A. (2008). Gender: An intersectionality perspective. *Sex Roles, 59,* 301-311.

Shim, J. K. (2000). Bio-power and racial, class, and gender formation in biomedical Knowledge production. In J. J. Kronenefield (Ed.), *Research in the sociology of health care* (pp. 173-95). Stamford, CT: JAI Press.

Skeggs, B. (1994). Situating the production of feminist ethnography. In M. Maynard & J. Purvis (Eds.), *Researching women's lives from a feminist perspective* (pp. 72-92). London: Taylor & Francis.

Smith, D. E. (1987). *The everyday world as problematic.* Boston: North-eastern University Press.

Smith, D. E. (1992). Sociology from women's experience: A reaffirma-tion. *Sociological Theory, 10,* 88-98.

Smith, D. E. (1993). High noon in textland: A critique of Clough. *The Sociological Quarterly, 34,* 183-192.

Smith, D. E. (1997). Telling the truth after postmodernism. *Symbolic Interaction, 19,* 171-202.

Smith, D. E. (2005). *Institutional ethnography: A sociology for people.* Walnut Creek, CA: AltaMira Press.

Smith, D. E. (2006). *Institutional ethnography as practice.* Lanham, MD: Rowan & Littlefield.

Smith, D. E. (2009). Categories are not enough. *Gender & Society, 23,* 76-80.

Smith, L. T. (1999). *Decolonizing methodologies: Research and indigenous peoples.* London: Zed Books.

Smith L. T. (2005). On tricky ground: Researching the native in an age of uncertainty. In N. K. Denzin & Y. S. Lincoln (Eds.), *The SAGE handbook of qualitative research* (3rd ed., pp. 85-107). Thousand Oaks, CA: Sage.

Smith, S. G. (1997). Comment on Hawkesworth's "Confounding Gen-der." *Signs, 22,* 691-697.

Spivak, G. C. (1988). Subaltern studies: Deconstructing historiography. In G. C. Spivak, *In other worlds: Essays in cultural politics* (pp. 197-221). London: Routledge.

Stacey, J. (1988). Can there be a feminist ethnography? *Women's Studies International Forum, 11,* 21-27.

Stacey, J. (1998). *Brave new families: Stories of domestic upheaval in late twentieth century America.* Berkeley: University of California Press.

Stacey, J. (2003). Taking feminist sociology public can prove less progressive than you wish. *SWS Network News, 20,* 27-28.

Standing, K. (1998). Writing the voices of the less powerful. In J. Ribbens & R. Edwards (Eds.), *Feminist dilemmas in qualitative research: Public knowledge and private lives* (pp. 186-202). Thousand Oaks, CA: Sage.

Stewart, A. J., & McDermott, C. (2004). Gender in psychology. *Annual Review of Psychology, 55,* 519-544.

Stout, N. M. (2008). Feminists, queers, and critics: Debating the Cuban sex trade. *Journal of Latin American Studies, 40,* 721-742.

St.Pierre, E. A. (1997a). Guest editorial: An introduction to figurations—a post-structural practice of inquiry. *International Journal of Qualitative Studies in Education, 19,* 279-284.

St.Pierre, E. A. (1997b). Methodology in the fold and the irruption of transgressive data. *International Journal of Qualitative Studies in Education, 19,* 175-179.

St.Pierre, E. A. (2009). Afterword: Decentering voice in qualitative inquiry. In Y. Jackson & L. A. Mazzei (Eds.), *Voice in qualitative inquiry: Challenging conventional, interpretive, and critical conceptions in qualitative research* (pp. 221-236). New York: Routledge.

Tellez, M. (2008). Community of struggle: Gender, violence, and resistance on the U.S./Mexican border. *Gender & Society, 22,* 545-567.

Thapar-Bjorkert, S., & Henry, M. (2004). Reassessing the research relationship: Location, position, and power in fieldwork accounts. *International Journal of Research Methodology, 7,* 363-381.

Thayer, M. (2001). Transnational feminism: Reading Joan Scott in the Brazilian Sertao. *Ethnography, 2,* 243-271.

Tregaskis, C., & Goodley, D. (2005). Disability research by disabled and non-disabled people: Towards a relational methdology of research production. *International Journal of Social Research Methodology, 8,* 363-374.

Trinh, T. M-ha. (1989). *Woman, native, other: Writing post-coloniality and feminism.* Bloomington: University of Indiana Press.

Trinh, T. M-ha. (1992). *Framer framed.* New York: Routledge.

Valentine, K. B. (2006). Unlocking the doors for incarcerated women through performance and creating writing. In D. S. Madison & J. Hameva (Eds.), *The SAGE handbook of performance studies* (pp. 309-324). Thousand Oaks, CA: Sage.

Warner, L. R. (2008). A best practices guide to intersectional approaches in psychological research. *Sex Roles, 59,* 454-463.

Weber, L. (2007). Future directions of feminist research: New directions in social policy—the case of women's health. In S. N. Hesse-Biber (Ed.), *Handbook of feminist research: Theory and praxis* (pp. 669-679). Thousand Oaks, CA: Sage.

Weeks, K. (2004). Labor, standpoints, and feminist subjects. In S. G. Harding (Ed.), *The feminist standpoint theory reader* (pp. 181-195). New York: Routledge.

Welton, K. (1997). Nancy Hartsock's standpoint theory: From content to "concrete multiplicity." In S. J. Kenney & H. Kinsella (Eds.), *Politics and feminist standpoint theories* (pp. 7-24). New York: Haworth Press.

West, C., & Zimmerman, D. (1987). Doing gender. *Gender & Society, 1*, 125-151.

Weston, K. (1991). *Families we chose: Lesbians, gays, kinship.* New York: Columbia.

Williams, B. (1996). Skinfolk, not kinfolk: Comparative reflections on identity and participant observation in two field situations. In D. Wolf (Ed.), *Feminist dilemmas in field work* (pp. 72-95). Boulder, CO: Westview Press.

Wolf, D. (1996). *Feminist dilemmas in fieldwork.* Boulder, CO: Westview Press.

Wolf, M. (1992). *A thrice-told tale. Feminism, postmodernism, and ethnographic responsibility.* Stanford, CA: Stanford University Press.

Yuval-Davis, N. (2006). Intersectionality and feminist politics. *Euro- pean Journal of Women's Studies, 13*, 193-209.

Zavella, P. (1996). Feminist insider dilemmas: Constructing ethnic identity with Chicana informants.In D.Wolf (Ed.), *Feminist dilemmas in field work* (pp. 138-159). Boulder, CO: Westview Press.

Zimmerman, M. K., Litt, J. S., & Bose, C. E. (2006). *Global dimensions of gender and carework.* Stanford, CA: Stanford University Press.

Cynthia B. Dillard, Chinwe Okpalaoka

08.

질적 연구에서 유색인 초국가적 페미니스트 실행의 신성과 영적 본질[1]

손승현_ 고려대학교 교육학과 교수

8.1 Sankofa(가서 가져오라)[2]

역사는 신성하다. 왜냐하면 적대적 환경으로부터 당신에게 밖에서 당신이 누구인지 알 수 있는 기회가 있기 때문이다. 그리고 당신이 문화속에서 만들어진 글을 보았을 때, 당신은 또 다른 이야기를 얻을 수 있다. 당신은 또 다른 역사를 얻는 것이다. 역사는 신성하고 가장 위대하고, 곡조가 가장 공허한 노래를 꺼내서 그 이야기에 전달하는 것이다(Latta, 1992).

"패러다임"의 재검토

몇 년 전, James J. Scheurich과 Michelle D. Young(1997)의 「교육 연구(Educational Research)」 저널에 실린 논문에 대한 대답으로, 수많은 연구자들은 국가 회의에서 발표하고, 논문을 작성하였다. Scheurich과 Young의 다소 선동적인 제목, '유색인 인식론: 우리의 연구는 인종적으로 치우쳤는가?'[3]에 내

재한 도전에 반응한 것이다. 여러 저작물 중에서, 이 패러다임에 적당하게 공헌하고 있는 논의가 Cynthia Dillard(2006a)의 책『영적 투쟁: 아프리카 아메리칸 여성의 학문적 삶』중 한 장으로 들어갔다. 이 장에서는, 이미 말한 바와 같이, Dillard는 패러다임과 전체 담론의 문화적, 정치적, 종교적인 본질을 탐색하였다. 그러나 그들이 격하게 가정하고 결론지은 것들은 확대되고 있지만, 추상적 수준에서 (그리고 산만하게) 이루어졌고, 우리의 연구와 표상, 학자들 자신이 속한 인종이 영향을 미치게 되는 인종의 문제와 권력, 정치에 대한 검토는 이루어지지 않고 있다. 그녀는 이러한 문제들을 검토하지 않았기 때문에,

우리가 교육 연구에 참여하고 그 연구로부터 도출된 새롭고 유용한 패러다임을 상상하고, 만들어내고, 포괄하게 되면서 유색인 연구자들을 위한 특정한 패러독스를 가져오게 되었다고 말한다. … "얼마나 확산되었는가"의 이슈와 관계없이, 우리의 지성뿐 아니라 우리의

영혼을 반영하는 패러다임을 포괄하기 위해 선택하는 데 있어서 깊고 심각한 함의가 있기 때문이다(Dillard, 2006a, pp. 29-30).

그녀는 또한 너무나 공통적으로 흑인의 보이스를 담지 않고 유색인 연구자의 보이스를 담지 않고 "유색인" 인식론의 의미와 결과를 논의하고 있으며, 우리의 논의가 우리가 마치 주체로는 존재하지 않고, 보이지 않고, 침묵하는 객체로만 존재하는 것처럼 이루어졌다는 것을 문제로 제기하였다. 하지만 이 논의는 의도된 대로 잘 진행되었으며, 흑인과 패러다임에 대한 우리의 생각들은 꾸준한 관심을 받았고 종종 백인 연구자들의 시선과 서술에 왜곡되기도 하였다.

이러한 논의의 일부는 오늘날 가장 깊이 다뤄지는 Dillard의 주장과 일치하고 많은 질적 연구를 하는 학생들과 같이, 우리의 관심을 돌려 어떤 특정 패러다임에 "속하고자 하는" 욕구로부터 벗어날 것을 (혹은 우리를 포함하지는 않으면서도 여전히 우리를 중심으로 확산되고 있는 패러다임 논의로까지) 유색인 연구자들이 요구하는 것과 같다. 하지만, 대신에 우리의 문화와 영적 이해와 역사 그리고 우리의 인식론과 존재양식을 포함하고 구현하는 패러다임을 구성하고 만들어낼 것을 요구하고 있다.

우리는 질적 연구의 문헌연구를 통해 똑같은 논의가 반복되는 증거를 찾았다. Gloria Ladson-Billings(2000)의 책의 "인종 담론과 민족적 인식론" 장에서 개인주의에 대한 개념과 남아프리카 공화국의 공유정신(Ubuntu—우리가 있기 때문에 내가 있다)으로 서양의 일반적인 개인주의 정신을 강조한 것과 대조하였다. 개개인의 복지가 공동체의 전체성에 기반을 두고 설명될 수 있다는 개념은 유색인 페미니스트 인식론과 같은 영혼 그리고 인식론적 관점에서 말하고 있는 것이다. 다른 담론과 인식론의 필요성을 제기한 Ladson-Billings의 문헌은 서구의 인식론적 담론과 지배적인 세계관에 반론을 제기한 것으로, 초국가적 페미니즘에 나타난 연구에서의 신성과 영적 개념은 서구에서 나타

나는 정신과 영혼을 이분화시키는 경향을 혼란스럽게 한다. 더구나, 그녀는 오늘날 세계적으로 비판적 질문들에 답하기 위해서는 "잘 발달된 지식체계 … 이는 유럽-미국의 지배적인 인식론과 대조적 견지에 선다"는 것을 연구하고 그 내용을 더 잘 이해해야 한다고 제안하였다(p. 258). 비판적 인종 이론이 Ladson-Billings와 Donner(2005)에 의하여 사용된 틀인 반면, 이 장에서 제시하고 있는 유색인 초국가적인 인식론은 유색인 연구자들과 양심적 연구자들의 노력의 일부로 무자비한 인종차별주의와 다른 차별을 다루고 있으며 모든 인류의 자유를 위한 여지를 만들고 있다. 페미니즘에 대한 Virginia Olesen의 7장은 주요한 개정을 통해, 완전히 새롭게 유색인, 탈식민주의, 토착 페미니스트 질적 연구를 개관하고 있으며, 이 시점에 전략적으로 활용되어야 하는 페미니즘 담론의 범위를 비중 있게 다루고 있다. 그러므로, 유색인 초국가적 페미니즘에 대한 탐색의 필요성은 Norman Denzin, Yvonna Lincoln, 그리고 Linda Tuhiuwai Smith의 『비판적 토착 방법론 핸드북(Handbook of Critical and Indigenous Methodologies, HCIM)』(2008)을 수정하게 한 요구의 연장이라고 볼 수 있다. HCIM의 중심은 페미니스트, 원주민, 토착민, 유색인과 흑인 페미니스트, 영성, 혼혈, 치카나(멕시코계 미국 여성), 국경 지대/메스티조를 포함하는 영혼을 드리우는 토착 그리고 비판적 연구 인식론이다(예, Cannella & Manuelito, 2008; Dillard, 2008; Meyer, 2008; Saavedra & Nymark, 2008 참고).

우리는 이러한 연구들이 과학의 신성한 특성에 대한 표현으로 볼 수 있다. Peter Reason(1993)은 십 년 전보다 앞서 이러한 생각들을 발전시켰다. 이 연구에서, 그는 연구자들이 어떻게 영성과 신성이 인간과 환경 문제의 압박을 가져왔는가를 논의할 것을 요구하고 있다. 이 장은 Reason의 요구에 대한 응답이다. 여기서 우리는 흑인, 유색인 페미니즘과 인식론의 복잡성을 검토하고, 이는 아프리카와 아프리카인의 디아스포라를 관련 짓고, 근본적인 방식으로 영적이고 신성한 담론을

불러일으키는 논의를 하도록 시도하였다. 또한 우리는 다수의 인식론과 연구 이론들을 검토하는 가운데 여전히 우리가 놓치고 있는 것에 대한 논의를 다루고 있다.

결국, 이 책의 장은 영으로 찬, 유색인, 흑인과 국제 여성에 관한 패러다임과 세계관으로부터 나타나는 것들을 다루고 있다. 하지만, 『영적 분투(Spiritual Strivings)』(2006a) 출판물과 이에 대한 세계적 반응에 대하여, Dillard는 그녀 자신이 (그녀의 학생들에게서 반복되고 있는 것처럼) 지식이 세계속에서 움직이는 방식에 대해 더 깊은 의구심을 가지고, 흑인 여성이 된다는 것이 의미하는 것(그래서, 흑인 여성 연구자로서의, 우리에 대한 의미가 무엇인지)에 대한 논의와 이해를 확장시키고 있다는 것을 확인하였다. 이 작업을 계속하여 나아갈 때, 담론과 협력에 대한 새로운 기회 또한 나타나며, 이 내용의 저술시 이 책의 공동 저자 중 한 명인 나이지리아 출신 Chinwe Okpalaoka와 함께하였다. 여성 학자로서, 우리는 영적인 것뿐 아니라 연구의 신성적 특성을 인식하기 시작하였으며, 이는 아프리카 출신 여성이 모든 지구상에서 이미 수행해왔고 지속적으로 수행해야 함을 의미한다. 우리는 이 글을 함께 쓰면서 우리가 동일하게 신성하고 종교적인 에너지를 가져왔다고 믿는다.

여기서 핵심 용어를 정의하는 것은 매우 중요하다. 유색인 페미니스트 인식론(endarkened feminist epistemology)(Dillard, 2000, 2006a, 2006b)은 세계적인 흑인 페미니스트 사상의 역사적 근원이 기반이 될 때 어떻게 실재가 알려지게 되는지를 명확하게 제시한다. 더 구체적으로, 이러한 인식론은 문화적으로 구성된 인종, 성별, 계급, 국가, 그리고 다른 정체성의 개념 안에 위치하거나 중복되는 주류의 (백인중심의) 페미니즘의 문화적 견지에서 본 것과 구별할 만한 차이를 포함하고 있다. 아마 가장 중요한 점은, 이것은 아프리카 출신 여성의 억압과 저항이 역사적이고 동시대적인 맥락에서 발생하였고 거기에 대한 정보를 준다는 것이다. 유색인 페미니스트의 인식론적 공간에서, 우리는 "문제"를 해결하는 처방으로서의 전통적인 연구의 메타

포에서 벗어나, 연구자와 연구된 것, 아는 것과 지식을 생산하는 것 사이의 상호성과 관계에 집중할 것을 요구한다. 그러므로, Dillard(2000, 2006b)는 유색인 페미니스트 인식론적 관점에서 보다 유용한 메타포는 책임을 지는 연구이며, 연구에 참여하는 바로 그 사람들과 공동체에 답할 수 있고 의무를 지는 연구를 제안하고 있다.

초국가적(transnational)이라는 용어는 문자 그대로 사용한다. 우리는 유색인 페미니즘을 볼 때 단순히 국가의 경계를 넘어선다는 것을 의미한다. 그러나 우리는 또한 이러한 견해가 변화 가능성을 가져온다고 생각하였다.

유색인 페미니스트 인식론은 지혜, 영성, 그리고 초국가적 흑인 여성의 앎의 방식과 연구의 일부가 된 것을 존중하는 연구의 접근이며, 신성함으로 그 연구를 기술하는 방식으로 삼고, 우리가 연구하는 방식으로 삼는다. 영성과 신성함 사이의 구별이 여기서 중요한 것은 아니다. 여기서 영성(spirituality)이 의미하는 것은 연구를 수행하는 데 있어서 영적 영역의 자각을 하는 것을 말하며 그 자각이 연구와 교수에 있어서 변형의 동력이 된다는 것을 인지하는 것이다(Alexander, 2005; Dillard, 2006a; Dillard, Tyson, & Abdur-Rashid, 2000; Fernandes, 2003; hooks, 1994; Hull, 2001; Moraga & Anzaldúa, 1981; Ryan, 2005; Wade-Gayles, 1995). 하지만, 우리는 유색인 페미니스트 연구에서의 신성함을 말하는 것이며, 연구하는 방식에서 그들이 존중되며 연구를 수행할 때에 포용되는 것을 말한다. 또 다른 방식으로 말한다면, 신성한 활동은 연구를 수행할 때 존중할 만한 가치가 있다는 것을 말한다. 유색인/흑인 페미니스트 입장에서 패러다임과 인식론을 고려할 때, 그 작업은 영적인 것으로 포용적이고 신성한 방식으로 수행된다. 그러므로, 우리는 영성과 신성함의 개념을 좀 더 지구적인 의미로 유색인 페미니스트 인식론이 신성하고, 영적이고, 적절한 연구의 실제라는 것을 규정하는 것이며, 가능성을 탐구하는 것이다. 대부분, 우리는 영성과 신성함 모두는 연구, 지

식, 그리고 혹인 여성의 삶과 경험의 문화적 생산에 근본적으로 포함되어 있다는 것을 제안하고 있으며, 이렇게 이해함으로 우리는 급진적 혹인 페미니즘을 초국가적으로 이해할 수 있게 된다. 그러나, 일찍이 유색인 연구자들을 위한 패러다임의 연구와 문화적 영적 특성을 규정하고 있는 것들을 되돌아보면, 우리가 놓치고 있는 것은 혹인 혹은 유색인 페미니즘 인식론이 서로 연결되어 있고, 간주관적이고, 초국가적 방식으로 가시적 연구를 신성한 연구로 보고, 혹인 여성이 대륙과 디아스포라 과정에서 구성된 영적 개념에 중심을 두는 것이다.

미국, 아프리카, 혹은 아프리카 디아스포라 그 밖의 곳에서, 아프리카 출신 여성들은 어떤 형태의 억압을 경험하였고 우리 자신의 계층, 인종, 혹은 성별, 여자로서의 우리의 존재와 관련한 경험을 공유한다. 그리고 종종, 이것은 우리 자신이 적대감과 비하를 직면하게 되는 어떠한 형태의 영적 신념이고, 그것은 매우 심한 것이다(Akyeampong & Obeng, 2005; Alexander, 2005; Dillard, 2006a, 2006b; hooks, 1994; Hull, 2001; Keating, 2008; Moraga & Anzaldúa, 1981; Walker, 2006). 초국가적인 혹인 여성의 경험에 맞물려 있는 억압을 둘러싼 유사성과 차이점에 대한 대부분의 논쟁은 아프리카 대륙의 여성과 아프리카 디아스포라 여성의 억압 체계가 존재하는지의 여부와 그 투쟁에 대한 적절한 명칭에 관한 이슈에 초점을 두었다(Hudson-Weems, 1998b; Nnaemeka, 1998; Steady, 1981; Walker, 1983). 이것은 이 장의 마지막에서 논의하였다.

하지만, 이러한 근거는 우리가 검토하고자 하는 것을 이끄는 몇 가지 질문을 제기한다. 혹인 페미니스트 인식론과 패러다임에서 나온 혹인 여성의 보이스와 영혼은 초국가적인가? 혹인 페미니즘, 아프리카 여성주의, 그리고 다른 이론적 틀에서 포함하거나 제외하고 있는 혹인 여성의 사고, 이론, 실제의 시각과 방식에서 발생된 긴장감, 문화적이고 역사적인 경험, 다양성, 뉘앙스, 관계성은 무엇이며, 상호간 대립적인 것

인가 아니면 부합하는가? 전 지구적 논의에서 영성은 어디에, 어떻게 연구와 관련이 있는가? 방법, 방법론, 대표성은 있는가? 가장 중요한 점은, 우리는 더 심오한 질문을 깊이 있게 탐색하고자 하는 것이다—동일하게 심오한 답을 추구하고자 하여—M. Jacqui Alexander(2005)의 획기적인 책, 『뛰어넘음의 교육학: 페미니즘, 성적 정치학, 기억과 신성(Pedagogies of Crossing: Meditations an Feminism, Sexual Politics, Memory, and the sacred)』을 발행하였다.

> 주변화 이론의 가치를 조직적으로 활용하는 것을 넘어서 초국가적 페미니즘과 관련된 급진적 프로젝트를 영적으로 심각하게 받아들인다는 것은 어떤 의미일까? 그것은 신성함을 실제를 해결하려고 애쓰는 것을 의미한다(p. 326).

신성을 심각하게 다룬다는 의미는 혹인 페미니스트 연구와 패러다임 접근의 바로 그 의미를 탐색하고 신성한 버전을 만드는 것이다. 그것은 혹인의 눈을 가진 여성의 관점에서 보는 영혼을 담고 "있는 그대로의 비판을 담아내는" 장소로서의 신성함을 말한다(Wright, 2003, p. 209).

8.2 Nyame Nti(신이 존재한 이래로)

영성의 필요성: 아프리카와 디아스포라 연구에 관하여 유색인/혹인 페미니스트 관점의 문화적·역사적 조망을 탐구하기

우리가 우리의 삶에서 참여하는 모든 것은 주로 영혼이 명령한 것이거나, 누군가에 의해 권위를 부여받은 영혼이 내적 지향성을 가졌지만 스스로 할 수 없다는 것을 인지한 것을 실행하는 것이다(Some, 1994).

교차하는 억압과 지배의 개념은, 현실에서 보편적

임에도 불구하고, 사회에 따라 다양한 형태를 띤다 (Collins, 2000). 나아가 Patricia Hill Collins는 지배의 형성은 시간적, 역사적, 지리적 맥락에 걸쳐 특정한 형식을 취함에 따라 변화한다고 주장한다. 주요 차이점은 특정한 억압을 어떻게 조직화하느냐에 달려 있다. 달리 말하자면, 지배의 맥락은 전 세계적으로 유사하지만(억압 체계가 서로 얽혀있고 어떤 조합으로 나타난다는 점에서는 유사하다), 차이는 이들 특정한 억압이 드러난 방식과 언급된 억압의 역사적 뿌리 속에서 발생한다. 억압이 깃든 외적인 유형(즉, 아파르트헤이트[예전 남아프리카 공화국의 인종차별정책—역주], 식민주의, 제국주의, 노예화)은 다양할 것이다. 그러나 그것들은 모두 억압의 체계이며, 다양한 조합과 맥락으로 얽혀있다. 궁극적으로, Collins(2000)는 그것은 근본적으로 누구의 지식과 의제가 전방에 있거나, 중심에 있고, 결정적인 것인가에 대한 것이라고 주장한다. 그러나 [아프리카] 대륙에 걸친 차이와 디아스포라에 대해 생각하고 작업하는 데에 있어서, 우리는 "공동 의제"인 **초국가적 흑인 페미니즘**을 발견해야만 한다.

Collins(2000)만이 인종, 계급, 성별과 성차에 교차하는 억압에 맞서 초국가적 흑인 페미니즘의 명료화를 요구하는 것은 아니었다. 그녀는 나이지리아 출신의 신기원을 이룩한 흑인 페미니스트인 Obioma Nnaemeka(1998)를 포함해서, 많은 이들과 연관되어 있다. 그러나, 역사적으로 좀 더 자세히 보면 억압이 나타나는 사회적 현상과 유색인/흑인 페미니스트 사고의 지배는 일종의 역동론을 보이고 있으며, 끊임없이 변화하는 아프리카 여성에 대한 억압의 본질과, 바로 그 국가적 맥락 안에서 그리고 그 국가를 넘어선 현상을 볼 수 있다. 예를 들어, 인종, 계급, 젠더, 성차의 교차된 억압이 부분적으로는 아프리카 디아스포라 속에서 흑인 여성의 경험들을 특징 짓고 있지만, 두드러진 특정한 억압은 각각의 지리적·국가적 맥락에 따라 다를 수 있다. Nnaemeka(1998)는 관점의 다중성을 암시하는 것으로 아프리카 국가들 안에서는 물론이고 아프리카와 다른 대륙들 사이의 다중적인 페미니즘을 말한다.

나아가 그녀는 관점의 다중성이 아프리카의 여성운동에 영향을 미친 문화적·역사적 힘을 포함해야 한다고 설명한다. Nnaemeka는 아프리카 페미니스트의 정신을 "복잡하고 확산된"(p. 5) 것이라고 기술하고 있다.

> 서구 페미니스트 담론에서 많이 논의되는 계급, 인종, 성적 지향 등의 교차는 대부분 아프리카 여성들에게 똑같은 긴박감을 가지는 것이 아니며, 어떤 이들에게는 일상에서 기본이라 여겨지는 이슈들이 가장 억압적인 방식으로 교차하고 있다. 이것은 인종과 계급 문제가 이 대륙의 아프리카 여성들에게 중요하지 않다고 말하는 것이 아니다. … 아프리카 여성들은 그러한 문제들에 대해 그들의 삶과 즉각적 환경 안에서 자신을 설정하고 관련을 맺는다(p. 7).

Collins(2000)는 투쟁의 공유된 유산과 억압을 고려하고, 아프리카 여성들의 지위 상승이 노예제와 식민주의를 포함하는 지배의 다양한 양식에 의해 형성되어 온 것이라는 사실을 기억할 때, 국제적으로 생각하라고 권고한다. 대륙의 아프리카 여성들은 지속적인 식민주의의 결과로부터 독립되어 있을 수 없었다. 즉, Nnaemeka(1998)는 "아프리카 페미니즘을 … 의미 있게 설명하기 위해서 반드시 언급되어야 하는 것은 … 아프리카의 환경이다"(p. 9)라고 표현하였다. 유사하게, 디아스포라에 의한 아프리카의 출신 여성에 대한 억압도 세기에 걸친 노예화의 지속적인 결과와 분리하여 생각할 수 없다. 1960년대는 대륙에서 독립을 위해 싸웠던 아프리카 사람들과 디아스포라에 의해 이주한 사람들이 다양한 시민권 운동에 참여했던 격동의 시기였다는 점에서 주목할 만하다. 전자의 사람들이 식민 지배자들로부터 독립을 획득하기 위해 싸웠다면, 후자의 사람들은 흑인 미국인, 여성, 장애인, 그리고 다른 소외된 집단들의 권리를 위해 행진하였다.

미국과 대륙에서 발생한 흑인 페미니즘 기원의 역사를 간략하게나마 살펴보는 것이, 전 세계적으로 이루어진 흑인 여성들이 경험한 억압의 상황을 다루고 연구의 어떤 중재와 변화가 근거가 되었는지를 이해하는 데 도움이 될 것이라 생각한다. 우리가 이 논의를 블랙 페미니즘의 간략한 역사로 시작한다고 해서, 미국의 흑인 페미니즘이 전 세계 유색인종 여성을 위한 페미니즘을 나타낸다고 믿는 것은 아니다. 사실, 미국 (그리고 유럽) 흑인 페미니즘과 세계에 걸친 문화적 헤게모니의 위험성에 대한 계속되는 비판들이 유럽의 아프리카 페미니스트 학자들로부터 제기되고 있다.[4] 대신에, 우리는 미국의 흑인 페미니즘이 흑인 여성들의 경험을 억압과 함께 고려하는 세계적 논의들 속에서 중요한 역할을 맡고 있기 때문에 여기에서 시작하는 것이다. 얽혀있는 억압 체계의 전체적 특성이 미국 흑인 페미니스트에게만 특별한 것은 아니지만, 디아스포라를 통해 이주한 그리고 아프리카 대륙에 있는 아프리카 여성의 혼과 경험 간의 새로운 관계를 재개념화하고 연구 패러다임과 방법론 또한 조성하는 장을 마련하였다고 본다. 미국의 아프리카 여성들의 지위가 상승함에 따라, 미국적 맥락의 흑인 페미니스트들이 우리의 경험과 투쟁에 대해서는 강력한 이해를 할 수 있었지만, 우리는 디아스포라를 통해 이주한 여성과 아프리카 대륙에서 아프리카 여성들이 겪은 경험과 투쟁에 대해서는 정말 거의 아는 것이 없다.

우리가 처한 위치에서, 작가는 우리의 경험적 앎을 이 역사적 연구에 위치시키기 위해, 이 역사들이 경험되고 일어난 물질적 방식들에 직접적으로 말하면서 도전한다. Dillard는 주로 미국의 흑인 페미니즘 경험을 말하고 Okpalaoka는 주로 나이지리아에서 그녀가 경험한 흑인 페미니즘을 말한다. 이는 우리가 현존하는 차이에도 불구하고, "이슈가 확산되는 것과 상관없이, 우리의 지적 문제뿐 아니라 영혼과도 일치하는"(Dillard, 2006a, p. 29-30), 패러다임을 만들 수 있게 하는 전 세계적 흑인의 역사를 가져오고자 하는 우리의 시도라고 할 수 있다.

8.3 미국의 흑인 페미니즘 개략

Cynthia Dillard

나는 1970년대에 Angela Davis의 이미지에 매우 강력한 영향을 받았던 것을 기억한다. 단순히 그녀의 얼굴을 왕관처럼 만들었던 완벽한 아프로 헤어스타일[1970년대에 유행했던, 흑인들의 둥근 곱슬머리 모양—역주]만이 아니었다. 그녀가 자유와 진실, 그리고 미국과 그 너머의 흑인 여성 투쟁에 대해 이야기한 것과 같은 강한 목소리였다. 나는 흑표범당 당원이 되고자 했던 나의 열망을 기억한다. 하지만 나는 나이가 아직 되지 않았었다. 그러나 내가 이 형제들(그리고 가끔은 자매들)이 그들을 가장 필요로 하는 아이들에게 점심을 주기 위해 나의 예전 초등학교로 걸어 들어오는 것을 보았을 때, 그들의 행동은 나에게 변화를 가져왔다. 나는 그 순간에 "흑인 권력"이 의미하는 것을 깨달았다. 그것은 우리의 역사에 대해 아는 것, 우리 문화에 정신을 가지고 반응하는 것, 흑인 민중, 특히 청년과 가장 궁핍한 이들을 대표하여 사회적·종교적 행위에 참여하는 것을 포함하였다.

나의 부모님이 좀 더 주류적인 흑인 조직(the Links and Omega Psi Phi)에 참여했지만, 나는 그들이 더 "급진적인" 흑인 조직이라고 여긴 것에 더 관심을 가지게 되었다. 그리고 나는 특히 흑인 **여성**이 조직하고, 행진하고, 그들의 목소리를 내는 곳에 더 관심을 가졌다. 전국 흑인 페미니스트 조직(The National Black Feminist Organization: NBFO)은 최초의 흑인 페미니스트 조직들 가운데 하나였고, 미국의 흑인 여성을 괴롭히던 인종주의, 성차별주의, 이성애주의의 맞물린 체계에 맞서기 위해 분명한 헌신을 하고 있었다. 1973년에 나타난 이 조직은 앞서 언급된 여성 운동과 흑인 권리 운동(Hull, Bell-Scott, & Smith, 1982; Wallace, 1982)에서 흑인 여성들의 경험에 관심을 두지 않았다는 것에 대한 강력한 반응이었다. 1974년경 미국 흑인 페미니스트의 파생 단체인 Combahee

River Collective를 형성했는데, 미국에서 흑인 여성이 여전히 직면하고 있는 억압에 대한 좀 더 급진적인 신념에 초점을 두었다. 이 단체의 여성에 대한 사명은 NBFO와 비교해서, 흑인 페미니스트의 **정치적 운동을** 통해 복잡한 억압 체계에 맞서는 것이었다(Combahee River Collective, 1982). 이 조직의 구성원들은 그들 스스로를 흑인 페미니즘의 "최초"로서 혹은 개척자로서 투사하기보다, 그들의 작업을 흑인 여성 운동가들의 앞선 작업들의 확장이라고 역사적으로 인정하였다. 즉 Sojourner Truth, Harriet Tubman, Frances E. W. Harper, Ida B. Wells Barnett, Mary Church Terrell 등이 그들이었으며, 이들의 지적이고 활동적 업적은 반노예 시기 동안 꽃을 피웠다(Combahee Rver Collective, 1982). 또한 Combahee River Collective의 활동의 중심에는 흑인 여성을 넘어 보고 인정하는 신성한 접근과, 특히 미국 흑인 여성을 위한 억압의 환경으로부터 평등과 정의를 향한 사회적·정치적 변화를 가져오는 비전과 목적을 달성하고자 하는 강한 헌신이 있다.

1970년대 초까지, 미국과 그 밖의 나라들에서 흑인 페미니스트 문학(문집과 소설을 포함한)이 출판되기 시작하고 서점과 서가에 자리잡게 되면서, 우리는 이론화되고 지식이 생산되는 비판적 중재를 목격할 수 있었다. 이러한 문학들은 근본적으로 흑인 페미니즘적 사고와 행동에 근본적 변화를 가져오고 흑인 페미니스트 사상과 실천의 기초를 형성하였기에, 이것은 급진적인 중재로 볼 수 있다. Toni Cade Bambara의『흑인 여성: 명작 선집(The Black Woman: An Anthology)』(1970), Toni Morrison의『가장 푸른 눈(The Bluest Eye)』(1970), Audre Lorde의『분노하는 케이블(Cables to Rage)』(1970), Alice Walker의『엄마의 정원을 찾아서: 여성주의 산문(In Search of Our Mother's Gardens: Womanist Prose)』(1983), Zora Neale Hurston의『그들의 눈이 신을 보고 있었다(Their Eyes Were Watching God)』(1978)의 재발행은 미국의 초기 블랙 페미니스트 운동을 정의하고 이론

화한 기념비적인 문학적 작품들의 예이다. 청소년 아프리카계 미국인 소녀로서, 나는 이들 초기 작품들을 심도 깊게 느꼈고, 지배적인 백인 학교제도 맥락에서 내가 흑인과 여성 둘 다가 된다는 것이 무엇을 의미하는지 정의하기 위해 필사적으로 찾았다. 우리가 읽어야 했던 모든 교과서들은 도덕적이고 모방의 가치가 있는 백인 여성의 이미지를 중심에 두었다. Louisa May Alcott의 『작은 아씨들(Little Women)』은 우리가 열망해야 하는 표준이었고, "브래디 번치(The Brady Bunch)"란 시트콤을 보면서 하루의 자유시간을 보냈다. 그러나 흑인 여성주의의 나의 어머니 세대 버전은 (비록 집안일을 하고 아이를 돌보는 것은 Brady 부인과 유사했지만) 간단하고 명료한 진실이 얽혀있었고, 우리의 학교생활, 숙제, 그리고 규칙적으로 공공 도서관에 가는 것을 엄격하게 지키는 데 주로 관심이 있었다: 교육과 단어를 읽고 세계를 읽는 것을 배우는 것이 흑인 여성의 삶을 만드는 유일한 선택 사항이었다. 어머니는 자유시간에 글을 읽어 주시면서 어머니 자신이 흑인 여성으로서, 미국에서 흑인 차별 시대에, 가난 가운데서 성장한 거친 삶의 현실을 강조해서 보여주셨다. 다른 경우에는, 이 페이지에 적은 글들이 어머니의 상상속에 존재하는 어떤 것들을 열어준 것이고 우리 자신들에게는 항상 **가능성**으로만 존재했던 것들이었다. 이 내용들은 흑인 공동체, 특히 사회적 성과 생물학적 성의 억압으로 가해자의 혐의를 받았다고 종종 의견을 제시하는 흑인 남성을 위한 흑인 공동체 안에서 중요한 논쟁과 논의거리를 제시할 수 있다. 결과와 상관없이, 어머니와 나는 매일 흑인 여성의 이야기를 읽었다. 그리고 나는 얼마나 글이 설득력 있는지: 흑인 여성의 문헌은 우리 스스로를 정의하도록 구두로서 도왔고, 과거 세대로 돌아가도록 하였다. 지금 그 페이지의 단어뿐만 아니라 Walker, Hurston 그리고 다른 사람의 목소리를 통해, 우리는 정의 내릴 수 있고 계속하여 과거로 돌아갈 수 있다.

1980년대는 구체적으로 "대중"적인 흑인 여성의 사고와 지식 생산과 여성학의 탄생에 대응하는 다소 급

진적인 것으로 드러나는 정치적 교재가 나왔다. 중요한 흑인 페미니스트 학자들과 활동가들인 Gloria (Akasha) Hull, Barbara Smith, 그리고 Patricia Bell-Scott의 책『모든 여성은 백인이고, 모든 흑인은 남성이다, 하지만 우리들 중 일부는 용감하다(All the Women Are White, All the Blacks are Men, But Some of Us Are Brave)』의 공저자들로, 이 책은 미국 전역의 흑인 페미니스트의 선구자가 되었다. 1980년대 쓰여진 흑인 페미니스트와 관련되는 것으로 Barbara Smith의 『홈 소녀: 흑인 페미니스트 선집(Home Girls: A Black Feminist Anthology)』(1983)과 흑인 여성에 대한 성차별에 초점을 bell hooks의 『나는 여자가 아니란 말인가: 흑인 여성과 페미니즘(Ain't I a Woman: Black Women and Feminism)』(1981)과 같은 활동이 있다. 그러나 이러한 여성들을 선두로 흑인 페미니즘 안에 성 정체성과 영성에 의문과 관심을 가지기 시작하였다. Lorde의 『이방인 자매(Sister Outsider)』(1984)는 섹슈얼리티가 포함된 흑인 여성의 다면적인 정체성에 대한 통합과 일체성에 대한 요구를 연설하였다. Paule Marshall의 『과부를 위한 찬송가(Priasesong for the Widow)』(1984)는 흑인 여성이 영적인 시각에서 특히 진정한 변화를 가져오는 활동으로 문화와 역사를 기억하는 방식을 취한다고 말하였다.

Cherie Moraga와 Gloria Anzaldúa의 『내 등이라는 다리: 유색인 여성의 급진적 저작(This Bridege Called My Back: Radical Writings by Women of Color)』(1981)은 인종, 계급, 성차별, 문화의 차이를 넘어 여성의 억압을 관련시키는 초기 시도 중 하나이다. 동등히 중요하게 Anzaldúa는 편집호에서 유색인에 대한 학문과 목소리를 연구하였고 이는 인종과 정체성을 넘어 필요성으로서 종교, 치유, 자기 회복의 중요성에 대하여 명시적으로 연설하였다.

1990년대 이후 학문의 확산은 흑인에 대한 신성함과 종교적인 목소리와 심연한 페미니즘을 인식하기 위한 Anzaldúa의 목소리를 통해 강해졌다. hooks의 『고구마 자매: 흑인 여성과 자기 회복(Sisters of Yam: Black Women and Self-Recovery)』(1993)과 Bambara의 『소금을 먹는 사람들(The Salt Eaters)』(1992)에서는 Collins(1990)의 대표작인 『흑인 페미니스트 사고: 지식, 의식, 권한부여의 정치학(Black Feminist Thought: Knowledge, Consciousness, and the Politics of Empowerment)』까지 흑인 여성에 대한 인식론과 이론을 확고하게 해주는 것으로 성, 인종, 계급에 대한 우리의 이해를 문자 그대로 변형시켰다. Collins의 『흑인 페미니스트 사고(Black Feminist Thought)』(2000) 개정판의 가장 근본적인 수정본 중 하나는 국가에 묶인 흑인 페미니즘의 한계를 탐색한 것이다: 개정판은 어떻게 미국 흑인 페미니스트에 대한 사고를 아프리카 여성 세계의 노력과 목소리들로 연합해낼 것인가에 대한 방향성을 제시하였다. 아프라카 대륙이든지, 미국이든지, 혹은 그 중간, 주변, 혹은 양쪽을 다 포함한 곳이든 상관없이, 미국내 흑인 페미니즘의 발생은 삶과 삶의 발자취라고 본다. Pearl Cleage(2005)는 흑인/유색인 페미니스트 사고는 그 자체로 찬양이라고 제안하였다.

> 우리의 집단적 꿈의 육체와 피
> [그것을 통해] 우리는 인간의 혈과에 흐르는 피보다 깊다는 것을 깨닫는다.
> 우리는 더 나은, 더 진실한, 더 깊은 것의 일부이다. (p. 15)

최소한 "더 나은, 더 진실한, 더 깊은" 이 부분은 미국의 흑인 페미니즘과 대륙의 아프리카 페미니스트의 노력을 연결하는 노력이며, 우리는 지금 그 방향으로 가고 있다.

8.4 아프리카 흑인 페미니즘의 개략

Chinwe Okpalaoka

1960년대 블랙 페미니스트는 여성과 유색인의 권리를 위하여 싸운 반면, 아프리카 대륙의 아프리카 사람들은 십수 년간 많은 아프리카 국가에서 식민지 규제의 끝부분에 자리잡고 있다고 말하였다. 이전에 개척자들은 그들의 본국으로 돌아갔으며, 새롭게 형성된 아프리카의 국가들은 독립을 향한 끈질기고 복잡한 여정을 계속하였다. Oyeronke Oyewumi(1997)는 식민지화는 실제 식민지 기간의 맥락에서만 이해해서는 안 된다고 주장한다. 많은 경우, 그녀가 제안하기로는, 대서양 노예 무역과 식민지화는 "논리적으로는 수세기동안 펼쳐진 하나의 과정"이었다고 한다(p. xi, 강조 추가). 이 논쟁에서는 대륙의 아프리카 여성과 전 디아스포라의 과정을 통해, 우리의 지식 생산과 학문 사이에 영적 관련성을 이해하는 것이 중요하다. Dillard(2006a)가 주장하듯이, 이러한 관련성은 우리가 의식하든지 의식하지 않든지 상관없이, 언제나 존재해왔다. 내가 Dillard를 처음 만났을 때 이러한 관련성의 포괄성을 이해하게 되었다. 나는 박사과정을 시작하자마자 아프리카 사람들의 삶의 경험과 역사에 대해 알게 되었다. Oyewumi(1997)가 위와 같은 논쟁을 펼쳤을 때, 나는 바로 나(대륙을 떠난 적이 없었던 여자의 "대표자")와 나의 아프리카 아메리칸 자매(노예가 되었고 아프리카 대륙에서 온 사람들의 "대표자") 사이의 관련성을 알아차릴 수 있었다. 그 후, 나의 딜레마는 대서양에 있는 양측을 대표하여 말하는 것이 어떻게 적합성을 갖느냐는 것이었다. 나는 그녀와 함께 동행하지 않았기에 아프리카 여성의 타자가 되었는가? 역사, 거리, 경험으로부터 단절되었기에 나는 더 이상 그녀의 역사속의 일부가 될 수 없는가? 나와 마찬가지로, 억압의 고통을 알았더라면, 비록 형태와 강도가 다를지라도, 그것을 이해할 수 없었을까? 그와 마찬가지로 미국에서 인간의 권리를 위해 싸운 것처럼, 노예로 시작된 억압을 끝내기 위해 싸우는 것이 새로운 식민지로 오늘날 지속될 것인가? 이것이 이 장에서 우리가 말하는 투쟁과 영혼의 관련성이다.

Amina Mama(2007)는 아프리카의 독립 투쟁의 출현과 아프리카에서의 페미니즘의 출현을 연관 지었으며, 특히 나이지리아와 이집트에서 주목을 받았다. 하지만 정치적 범주로 젠더를 간주하는 것처럼, 많은 아프리카 사회에서는, 특히 흑인 미국 페미니스트에 비한다면, 반드시 여성의 범주가 명확하게 있어야 하는 것은 아니라고 주장한다(Aina, 1998; Oyewumi, 1997; Taiwo, 2003). 하지만, 아프리카 국가들이 식민지 체제에서 독립을 성취하는 과정이 느리게 진행되었다 해도, 여성의 이슈는 이러한 독립 투쟁의 과정에서 두드러지지는 않았다. 대륙의 아프리카 여성은 여성의 독립 투쟁이 반드시 독립을 위한 싸움의 중심과 전면에 자리잡아야 하지는 않는다는 것을 빠르게 배웠다. 나이지리아 여성인 Molara Ogundipe-Leslie(1994)는 독립 후 여성의 문제에 관심이 부족한 것은 식민 전 나이지리아에서 여성을 위한 경제적 기회가 이미 존재하였고 가능하였던 것을 들어 설명하였다. Ifi Amadiume(1987)가 식민지 이전, 식민지 기간, 독립 후 여성이 상대적 권력과 영향력을 행사했다는 것을 분석하여 말한 것처럼, 영국 식민지와 그들의 성역할 형태가 나타나기 시작하면서, 나이지리아 동부에서도 감소하게 되었다. 이 연구는 서구의 페미니스트가 남성이 가진 것에 비하면 아프리카 여성은 제한적으로 정치적·경제적 권한을 가졌다고 서술하는 것이 지배적임을 설명하고 있다. Amadiume는 식민주의가 실제로 식민지 이전에 여성이 누리던 여성의 경제적 자유를 제한하고 있다는 것을 예시하고 있다. 우리는 이와 같은 현상을 여성의 삶을 이론화한 저명한 아프리카 페미니스트 저작인 케냐인 Margaret Ogola의 소설 『강과 근원(The River and the Source)』(1994), 나이지리아인 Flora Nwapa의 『에푸루(Efuru)』(1966), 그리고 가나인 Ama Ata Aidoo의 짧은 수필집 『여기에 달콤함은 없다(No Sweetness Here)』(1970)와 같은 아프리카 페미니스트의 문학작품을 통해 알 수 있다. 내 인생의 첫 25년을 나이지리아 동부에서 보내면서 내가 목격한 것은, 우선, 가정을 경영하려는 여성의 노력으로 특징지어질 수 있는 진취적 정신과 경제적 독립이었다. 전통적으로, 남성은 집안의 가장이나, 여성이 가정의 후방을 지키는 접착제의 역할을 했던 것은 분명하다. 나는 어린 여자아이였지만, 그들이 사업이라고 하는 것이 작은 테이블을 자신의 집앞에 내놓고 기본 살림이나 음식을 진열해놓는 것이라 할지라도, 가정과 아이들을 보면서 사업을 일구는 것을 볼 수 있었다. 그렇게 작은 것들을 팔아서 얼마나 이윤을 남겼는지는 알 수 없었지만, 그것은 경제적 독립과 권한 부여를 위한 그들의 몸짓인 것을 알 수 있었다. 재정 지원 부분에서 남편에게 전적으로 의존하고 있는 여성은 항상 게으르다고 인식된다. 그래서, 아프리카 여성들의 독립을 위한 노력은 경제적 독립이라기보다는, 크게 보자면 지역적이고 국가 공동체적인 독립을 위한 노력인 것이다. 몇몇 학자들은 경제적 기회와 활동의 권리를 위한 투쟁은 디아스포라와 그 밖의 장소에서 여성을 위해 투쟁하도록 특징지어졌으며, 이는 아프리카 대륙에서 여성에게 쉽게 적용될 수 없다고 한다(Bray, 2008; Mohanty, Russo, & Torres, 1991; Nnaemeka, 1998; Ogundipe-Leslie, 1994). 대신, 그것은 우리가 아프리카에서의 아프리카 여성의 억압에 대한 경험과 아프리카 페미니즘을 이해하기 위해 풀어내야 하는 신식민주의, 억압적 정부, 그리고 결혼과 문화 규준이었고 그것들의 연장인 것이다. Aidoo(1998)와 Zulu Sofola(1998)는 아프리카 여성의 억압의 짐은 사회문화적 그리고 가부장적 구조의 내적 영향과 식민주의와 후기식민주의의 리더십 위기에 기인한 외부적 영향으로 거슬러 올라갈 수 있다는 것에 동의한다. Aidoo(1998)는 이러한 느낌으로 진술하였다.

> 오늘날 아프리카 여성의 지위에 영향을 미친 세 가지 중요한 역사적 요소들, 즉 토착 아프리카인의 사회적 패턴, 유럽 대륙의 정복; 후기 식민지 시기의 리더십에 있어 비전과 용기의 명백한 부족이 영향을 미친다. (p. 42)

디아스포라를 통해 이주한 아프리카 여성들과 같이, 아프리카 대륙의 아프리카 여성들은 수세기동안 노예제도, 식민지, 제국주의를 통해 지배되어 목소리를 잃어버린 것에 대해 싸워야 하였다. 그녀는 또한, 인종차별, 성차별, 계급차별의 억압의 교차점에 직면해야 하였다. 그러나 아프리카 대륙의 안팎에서 여성들이 겪어 내야 했던 특정한 억압 형태들의 다중성으로 인해, Aidoo, Abena Busia, Sofola, 그리고 Ogundipe-Leslie와 같은 아프리카 페미니스트들이 아프리카 여성들에게 문화는 억압이라는 형태로 고려해야 한다는 것을 지지하게 만들었다. Ogundipe-Leslie(1994)에 의하면, 인종 이상으로서의 문화는 아프리카 여성의 정체성을 더 적절하게 결정한다. 우리는 디아스포라 중 어려움을 겪는 흑인 여성(그리고 우리 버전의 페미니즘을 이론화하는 것 안에서 그리고 그 반대의 입장에서)들은 억압적인 문화적 규준에 포함되도록 확정되어야 한다고 이해한다; 우리는 아프리카 여성을 보편적 용어로 생각하지 않으며, 거기에는 초국가적 흑인 페미니즘을 많은 논의에 명백하게 긴장이 있다(Collins, 2000; Guy-Sheftall, 1995; Ogundipe-Leslie, 1994; Omolade, 1994; Oyewumi, 1997; Steady, 1981). Nnaemeka (1998)가 전 지구적으로 "페미니스트 정신"이라고 부르는 것보다 더 명백하게 씨름하는 것은 없으며, 우리는 지금 그 방향으로 가고 있다.

내 진짜 이름들로 불러줘[5]: 미국, 디아스포라, 아프리카 대륙에서 흑인 페미니즘 이름 짓기

아프리카 문화 사이에서, 이름 짓기는 성스러운 활동이다. 이것은 집단의 유산과 업적을 계속하게 하는 데 중요할 뿐만 아니라, 이름 지어지는 개인적 존재의 목적과 미래의 일을 위해서도 중요하다. 이 이름 짓기의 문제를 통해서, 우리는 디아스포라 동안 미국에서의 흑인 페미니스트 투쟁의 내적으로 연결된 환경을 흑인 여성들의 환경과 함께 보기 시작할 수 있다.

　광의의 페미니즘 논의 안에서, 매우 자주 미국 흑인 페미니스트의 공간이 제외되면서, 초기의 미국 흑인 페미니스트들이 좀 더 조심스럽게 경의를 표하는 이름을 짓기 시작하고 집단적 흑인 페미니즘을 기술하기 시작하였다. Walker(1983)는 현재 지속되는 백인 페미니스트의 논쟁에 처음으로 흑인 페미니즘이라는 의미의 우머니즘(womanism)이라는 용어를 소개하였다. 백인 페미니스트들은 빠르게 흑인 페미니스트들이 시민권을 위해 거의 십 년 전에 동맹을 맺어 싸웠다는 사실을 잊어버린 듯하다. Walker에 따르면, 여성주의(womanist)는

> 흑인 페미니스트 혹은 유색인 페미니스트는 … 다른 여성들을 성적 그리고/혹은 비(非)성적으로 사랑하고 … 남성과 여성, 모든 사람의 생존과 완전성에 헌신한다. … 여성주의와 페미니스트의 관계는 보라색과 연보라색의 관계와 같다. (원문에서 강조, pp. xi-xii)

　그러나, Walker의 정의에 대한 직접적인 비판으로, Clenora Hudson-Weems(1998a, 1998b)는, 아프리카 여성의 유산이 어디에 존재하느냐에 관계없이, 우리는 페미니스트의 이름을 차용해서는 안 된다고 한다. 왜냐하면, 서구의 페미니스트에 비교하면, 젠더는 평등과 인식을 위한 주요 투쟁이 아니기 때문이다. Hudson-Weems(1995)는 여성주의보다는 **아프리카나 여성주의**(Africana womanism), 흑인 페미니즘, 아프리카 페미니즘(African feminism)에 대해 아프리카나 여성주의라는 용어를 사용하는 것을 선호하였다. 그녀는 아프리카나 여성주의가 서구 페미니즘의 여성 중심성보다 아프리카적 틀 안에서의 가족 중심성을 간결하게 포착한다고 믿었다. 이것은 또한 많은 대륙의 아프리카 페미니스트들이 취한 입장이었는데, 이는 비록 아프리카의 우주관이나 세계관으로 보면 다른 역할을 하고 있을지라도, 남성들과 여성들의 상호의존성도 동일하게 중요한 것으로 여겨지기 때문에, 주어진 모든 억압에 남성들과 여성들이 함께 맞서야 할 중대한 필요성을 주장하였다(Nzegwu, 2006; Oyewumi, 1997; Richards, 1980). 즉, 아프리카 출신 사람들은 아프리카 사람들을 위한 집단적 정의를 위해 싸울 것을 강제한다(Hudson-Weems, 1998b). Hudson-Weems는 자신의 아프리카 여성주의 개념과 Walker에 의해 정의된 여성주의 사이에는 강력하고 근본적인 차이가 있음을 주장하기는 하지만, 한편으로는 자신의 이름 짓기 방식은 적어도 부분적으로 Walker의 여성주의에 대한 원래 정의를 "분리주의자[운동]가 아니라, 생존과 남성 그리고 여성 모든 사람들의 온전성에 대한"(Walker, 1983, pp. xi-xii) 헌신을 포함하면서 조정한 것이라고 주장하기도 하였다. Hudson-Weems(1998a)의 주요 관심은 자기-이름 짓기 혹은 스스로 부르기를 "우리 자신의 집단적 저항과 활동을 적절하게 확인함으로써 아프리카 여성임을 교화하는 것"(p. 160)이라고 한다. 나아가 그녀는 아프리카 여성의 의제는 "그들의 과거와 현재의 문화적 현실의 요구에 의해 형성"되어야(Hudso-Weems, 1998b, p. 450) 한다고 믿었다. "역사적·문화적 맥락의 바깥에서는 누구도 정확하게 정의할 수 없다"(p. 450). 계속해서 그녀는 아프라카 학자들은, 종종 학계에서 정통성을 획득하거나 그들의 특정한 경험에 걸맞은 적절한 틀이 결핍되어 있기 때문에, 페미니스트로 정체성을 가지도록 강제된다고 주장하였다. 그러나, Busia(1993)는, 다중적이고 초국가적 정체성과의 타협의 필요성을 말하면서, 더 유동적이고, 다층적이며, 특정한 이름 짓기를 요청했는데, 이는 스스로와 타자를 이름 짓는 행위에 있어서 국가적, 국제적 경계들의 교차를 더 적절하게 묘사하는 것을 말한다. Busia는 아프리카 흑인 여성과 디아스포라 사이에서 씨름하는, 복잡성과 역동성을 유형화하면서, 자신의 자기 정체성은 다음과 같이 정의한다,

> 가나 출생의 시인으로, 영국에서 교육을 받았고, 미국의 대학에서 가르쳤으며 (p. 204) … [혹은] 학자로서, 시인으로서, 흑인으로서, 여성으로서, 아프리카인으로서, 망

명자로서, 아프리카계 미국 사회에 사는 색순족 아프리카인으로서. (p. 209)

혹인 페미니즘을 이름 짓는 이러한 주장들은 단순하게 이름 짓기 행위에 대한 것이 아니다. 이는 또한 근본적 인권을 옹호하면서도, 흑인 페미니즘, 인종, 부족, 민족, 국가적 차이를 넘어선 관계의 경계와 가능성을 정의하고 구성하는 것이다. Filomina Steady(1981)는 잘 알려진 저서 『문화를 넘어선 흑인 여성(The Black Woman Cross-Culturally)』에서, 초국가적 흑인 페미니스트 연구자들의 위치를 여성의 권리나 지역사회에서의 여성의 권리만을 위한 것이 아니라 세계에 걸쳐 기본 인권을 위해 헌신자로서의 초국가적 블랙 페미니스트 연구자들의 위치에 대한 개념, 관점, 방법론을 재정의할 것을 요청하였다. 우리는 이 장 전체를 통해, 아프리카 출신 페미니스트들이 남성과 여성의 에너지가 억압에 반해서 싸우는 데 있어서 하나 됨을 인정해야 한다는 요구를 동일하게 볼 수 있다(Wekker, 1997). 이러한 논의들은 또한 그 특성상 영적인 것이며, 아프리카 페미니즘이 보는 인간 삶에 대한 관점은 "양분되고 배타적인 관점보다는 총체"적인 것이다(Steady, 1981, p. 7). Steady는 아프리카 사상에서 보편적 우주관의 개념과 일치하는데 "아프리카 여성을 위해서, 남성은 '타자'가 아닌 같은 인간의 일부이다. 각 성별은 인간의 온전함을 이루는 중요한 반으로 본다. 어떠한 성별도 그 자체로는 온전한 자신을 구성하지 못한다"(p. 7).

hooks(1994)는 이름 짓기, 관점, 위치, 언어에 대한 이러한 논쟁을 이름 짓기에 대한 것이라기보다 이러한 "차이들은 우리가 어떻게 배우는가에 대한 우리의 견해들을 바꾸어야 한다는 것을 [의미한다]"(p. 113)고 환영하였다. 그는 계속해서 이렇게 주장한다. "[이름 짓기에서의] 갈등을 두려워하기보다, 우리는 그것을 새로운 사고와 성장을 위한 촉매로서 사용하기 위한 길을 찾아야 한다"(p. 113). Walker(2006)는 또한 목적 통일의 결핍을 주장하는 주장들에 대해 경고하고, 우리가 다가오는 적을 면밀히 조사할 수 있게 하는 대안적인

"결합된 힘"(p. 4)을 내놓는다. Walker(2006)에 의하면, 함께 오는 것은 "세계를 다시 균형 있게 하는"(p. 4) 잠재력을 가지고 있고, 이러한 논쟁들의 경우에는 우리가 우리 앞의 임무에 다시 초점을 맞추게 하는 것을 돕는다. 이 임무—역사적이든 현재적이든 간에—는 우리에게 부당함에 대한 투쟁을 기억할 것을 요구하며, 지역적 위치에도 불구하고, 그들을 분해하기 위해 필요한 작업을 함께 수행하는 효과적인 작업틀을 만들기 위해 그 사이에서 억압들이 발생한 특정한 역사적·문화적 맥락에 대한 주의를 포함해야 한다.

이름 짓기와 조직되고 집단적인 초국가적 블랙 페미니스트를 만드는 것에 대한 불만의 소리는 오늘날 지속되는 억압에 답한다. Steady, Collins, 그리고 Beverly Guy Sheftall 같은 활동적 학자들과 작가들이 이끌고 있는 세계의 블랙 페미니스트들은 아프리카의 상승하는 여성의 인종적, 성적, 계급적, 문화적 억압의 경험이 가지는 차이를 설명하기 위한 페미니즘 정의의 경계에 문제를 겪고 있다. 이는 Steady(1996)가 다음과 같이 불렀던 것을 고수하는 것이다.

여성들을 단순히 여성이 아닌 근본적으로 인간 존재로 보는 더 포괄적인 페미니즘의 유형은 인간 경험의 총체성을 강조하며 인간성의 총체적 자유화에 대해 낙관적이다. 아프리카 페미니즘은 **휴머니즘적 페미니즘**이다. (p. 4, 강조는 인용자)

공동체와 관계를 맺고 있는 아프리카 여성의 이 총체적 관점은, 육체적인 잘 삶(well-being)을 한 공동체의 정신적 잘 삶과 마찬가지로 여긴 전(前) 식민지 아프리카인들의 실천과 가치에 공명한다. 따라서 물질과 정신, 남성과 여성, 감정적인 것과 논리적인 것으로 양분된 서구적 경향과는 대조적으로, 초국가적 아프리카 페미니즘은 인간 일체성 혹은 인간 전체성의 아주 오래된 개념을 거의 반영하는데, 여기에서 남성은 적이 아니라 인간 삶을 위한 투쟁에 함께 참여하는 사람이다. 이 일체성 개념이 유럽의 아프리카 대륙에 대한 정복 전에

존재했다는 사실과, 관계와 삶의 조건을 역사적·일시적으로 둘 다 결정했다는 사실이 중요하다. 결과적으로, 공동적 잘 삶의 아프리카적 정신 개념은 서구 페미니즘적 사고를 표시하는 개인주의보다 더 높은 가치가 있다. 이것은 적어도 아프리카계 미국인 페미니스트 학자들과 백인 미국인 페미니스트 학자들 사이에 존재하는 긴장의 일부분이다.

여기서 우리는 아프리칸의 의식이 문화적 존재의 산물에 의해 생긴 도덕적 가치인지, 대서양 노예 교류 이전에 생긴 사고방식인지, 개인과 공동체의 요구를 충족시키기 위해서 대륙과 아프리카 이주민 양쪽에서 모두 추구하는 전체적인 복지를 말하는 것인지를 논하고자 하는 것이다. 비록 아프리칸 페미니즘에 우세한 공동사회의 전체성의 복지는 그 영적 개념이 학문세계에서 우세한 영적인 것과 물질주의를 역사적으로 분리시킴으로써 날카로운 대조를 보이는 것이지만, 그것은 역사적으로 아프리칸과 페미니스트 사상의 중요한 일부였으며, Alexander(2005), Dillard(2006a, 2006b), Guy-Sheftall(1995), hooks(2000), Hull(2001), Oyewumi(1997) 등의 학자들에 의해 꾸준히 예견되어 왔다.

따라서, 디아스포라의 자매들처럼, 대륙의 아프리칸 여성 학자들은 아프리칸 페미니스트 학자들 안에 그리고 그들 사이에 존재하는 관계성, 오히려 논쟁이 되고 있는, 대륙에서 그리고 디아스포라 안에서의 다른 버전의 흑인 페미니즘을 정의하는 데 있어서 갈등을 회피하지 않았다. 잘 알려진 가나 출신 페미니스트 작가이자 활동가인 Aidoo(1998)는 대륙 아프리칸 여성 학자들로부터 페미니스트로 자신을 밝히는 것에 주로 비판을 받아왔다. 미국에서의 흑인 여성의 갈등과 마찬가지로, '페미니즘'이라는 용어가 서구의 구인이기에 아프리칸 여성은 스스로 자신들의 이름을 만들어서 자신들만의 권한을 부여해야 한다는 명명과 인식론적 수준에 대한 비판과 관계있다. 논쟁의 명제는 서구 페미니즘이 대륙 아프리칸 여성의 역사적 투쟁의 실제를 담아내지 못하고 있다는 것이며, 특히 그들이 식민 동안과 식민 후에 겪은 고통과 현재의 실제를 반영하지 못한다는 것이다. 이러한 논쟁은 Hudson-Weems(1995)가 디아스포라 중에 흑인 여성들이 경험한 것을 포착할 수 있는 더 적절한 용어를 사용할 것을 주장한 것에 잘 나타나 있다. Aidoo의 입장은, Steady와 동등한 입장을 보인 Sierra Leonean과 비슷한 것으로, 모든 남성과 여성이 만약 그들이 모든 아프리칸의 해방을 위해 투쟁하는 것이 아프리칸 여성의 복지를 위한 투쟁과 분리될 수 없는 것이라고 믿는다면 그들 모두가 페미니스트라고 주장하는 것이다. 여기서 우리가 다시 볼 수 있는 것은 전체냐 개인이냐 혹은 집단이냐 자아냐, 근본주의냐 아프리칸 중심 세계관이냐의 외침이다.

이러한 논의가 완전한 것은 아니지만, 초국가적 흑인 페미니스트 사고의 정신과 기개는 명확하다: 흑인 페미니스트 학자들은 언제나 페미니즘 연구에서 흑인 여성의 경험이 제외되었음을 말해왔으며, 흑인 여성에 관한 더 지구적이면서도 이주와 관련된 논의를 열어왔으며 지식, 지식의 생산, 그리고 연구의 실제에 의문을 제기하는 여러 각도를 제시해왔다. 이름 짓기를 요구하고 흑인 페미니즘을 집결하는 것은 어떤 장소에서 발생하였다—인식론적으로, 영적으로, 그리고 패러다임의 차원에서—흑인 여성의 경험 안에서 복잡하게 얽혀있는 문화, 인종, 계층, 성지향성, 국가, 그리고 성별을 인정하고 다루는 가운데서 또한 역사적으로 그리고 충분히 아프리카 선조들의 앎의 방식과 존재 방식에 근거하여 일어난 것이다. 이러한 요구는 이미 2세기 전 1919년 프랑스 파리에서 DuBois가 조직한 범아프리카 의회에서 연설을 한 단 두 명 중 한 명인 Anna Julia Cooper가 말한 것을 연상시키게 하는 것이다. Cooper(1892)는 흑인 공동체 안에서 일반적으로 기대되는 것들에 반하여 경고했고 백인 페미니스트 공동체뿐 아니라, 흑인 여성이 인종이나 계층을 넘어서 성정체성을 드높이며 정체성을 깨도록 요구하였다. 대신에, 흑인 여성이 어디에 있든지 상관없이, 아프리카 출신 여성을 전 지구적으로 연계할 것을 시도하였고 모든 억압을 제거하기 위한 투쟁을 하였다. 이것은 우리들 간에 신성한 공동의 장을 찾는 것이다.

8.5 Nkyimkyim(헌신적 서비스와 곤경을 견디는 자발성): 유색인의 초국가적 페미니즘 정신

당신이 말하는 것을 도와주는 당신 자신안에 있는 어두운, 선조로부터 내려오는, 신성한 것을 기억해보자. 국외자로서, 우리는 서로 지원과 연결되어 있는 것이 필요하며 경계에서 사는 데 필요한 다른 모든 것들 … 여성의 억압은 민족이나 인종의 경계와도 관계없이 진실이지만, 그 경계 내에서도 동일한 것은 아니다.

(Lorde, 1984, p. 69-71)

우리의 정치학은 흑인 여성이 나면서부터 가치 있으며, 우리의 해방은 누군가의 부속품으로서가 아니라, 인간의 자율성의 필요 때문이라는 믿음을 공유한 것으로부터 시작되었다. … 우리의 해방은 일관되게 우리를 위한 것임을 충분히 이해하고 그것을 위해 일해온 사람들만이 우리라는 것 … 우리에게는 분명히 우리가 수행해야 할 혁명적 과제가 있고, 우리 앞에 놓여진 일생동안의 일과 투쟁할 준비가 되어 있다.

(Combahee River Collective, 1982)

　위의 인용구는 인식론과 방법론에 있어 삶과 공간의 창출 모두의 가능성에 대한 것으로, 블랙 혹은 유색인 페미니스트의 목소리가 나타났으며 이는 지구에서 멀리 온 다양한 형태의 이주민, 영적 세계로 전환한 사람들, 아직 오지 않은 사람들 모두를 포함한다. 여기에서 우리가 제시하는 것은 보다 전 지구적으로 흑인 혹은 유색인 페미니즘에 관심을 가지고 그 방법들이 연구의 수행에 있어 전통적으로 학문적 개념은 다소 줄이고 흑인 여성의 앎과 행동의 집단적 다양성을 포괄하며, 우리의 집단적 정신(ethos)을 정의하고 기술하며, 특별히 이전에 우리가 정의 내린 흑인 페미니즘, 여성주의, 아프리카나 여성주의, 혹은 제3세계 페미니즘이 더 이상 패러다임과 실제, 연구의 목적 사이에 존재하는 차이를 연결하는 다리로서의 역할이 아닌 일종의 급진적 영적 활동가에 관한 부분을 더 추가하는 것이다. 우리는 또한 초국가적 혹은 전 지구적 흑인 페미니즘을 어떻게 기술하고

정의하고 있는지 알게 되었으며, 그들은 "동시에 역사적으로 구체적이고 역동적이지만, 구경거리로 고정된 것은 아닌" 것을 의미한다(Mohanty, 1991, p.6). 근본적으로 "보편적" 정신과 세계속에서 문화, 인종, 국적, 성별, 경제적 계층과 조건, 그리고 다른 형태의 정체성을 넘어선 아프리카 선조 여성의 경험을 정의하고 형성하는 것이 무엇인지 세계에서 우리를 볼 수 있는 곳이라면 어디서나 두 가지 핵심적 경험으로 확인할 수 있다. 이들은 흑인/아프리카/아프리카나 페미니즘을 주제로 한 일련의 문헌을 통해서 보면 매우 명확하고 상식에 가까운 것처럼 보인다. 그러나 우리가 좀 더 명확하게 하고자 시도하는 것은 우리의 삶에서 흑인 여성이 경험하는 두 가지 현저한 앎을 명확하게 보여주는 것이다.

1. 크고 작은 측면 모두에서 억압과 착취의 체계에 대한 투쟁의 맥락에서 보는 흑인 여성의 일과 생활
2. 우리 자신보다 큰 측면에서 지켜지는 신념을 통해 종교성과 신성함의 맥락에서 보는 흑인 여성의 일과 생활

　이러한 영적 의식을 통해 우리는 흑인 여성으로서 억압하는 일에 반하여 일하며 힘을 찾고 때로는 일의 과정 중에도 즐길 수 있게 된다.

　이것은 아프리카 선조 여성으로서 집단적 기강과 정신이다. 일의 중심에 영성과 신성함으로 앎과 존재의 방식이 있기에, 흑인 여성의 지혜와 영성, 비판적 중재를 존중하는 방식으로 연구와 탐구에 접근해야 한다는 것이다. 그러나 이러한 노력안에서 혹은 이에 반대하여 행해지고 있는 연구에 접근하는 유색인 페미니스트 방식의 특징과 본질은 무엇이며, 현재 존재하는 차이점을 초월하는 것인지, 영성과 연구의 신성한 측면을 포함하는 것인가? 이 지구상에서 우리 자신이 유용하다고 생각하는(느끼는) 인식론과 방법론을 향해 가는 데 우리가 고려해야 할 것은 무엇이며 우리가 가져야 할 질문은 무엇인가? 이것은 마지막 부분에 초점을 둘 것이다.

8.6 Section IV. Funtummireku-Denkyemmireku(우리에게는 공통의 목적지가 있다. 다양성을 통한 통일성)

신성한 훈련, 신성한 대화: 유색인 초국가적 페미니스트 방법론을 위한 몇 가지 고려사항

아프리카 토착 교육의 중요한 요소는 이기적이지 않고 영감을 주고, 변화를 요하며, 학생을 더 높은 수준의 영적 수준으로 이끄는 치유자로서의 의도를 가진 교사(그리고 연구자)의 비전이다.

(Hilllard, 1995, pp. 69~70)

신성함과 영성은 유색인 페미니즘에서 핵심이다. 아프리카 미국 공동체의 복지를 옹호하는 Cooper (1982)로부터 Steady(1996)까지 인류의 총체적 해방에 주목하는 페미니즘을 요구한다. Walker(1983)로부터 시작한 흑인 여성학에 대한 정의에 의하면, 모든 인간, 남성, 여성의 생존과 완전성에 헌신하는 것을 포함하며, hooks(1994)에 이르러서는 기본적 삶의 상호 의존성에 대한 헌신을 의미한다. 이러한 목소리들을 통해, 우리가 기대하는 것들과 상대적 요구사항들을 분명하게 볼 수 있다. 그것은 우리가 흑인 페미니스트에 속한 것이라고 생각하는 어떤 형태일지라도, 그 안에서 유색인 페미니스트 학자들은 영적 비전과 신성한 실천을 기대와 상대적인 요구사항 모두를 명확하게 볼 수 있다. hooks(1994)와 Walker(1983)와 유사하게, Dillard(2006a)는 "영적인 삶은 생각과 행동의 방식에 대한 약속에 우선시되고 가장 중요한 것으로 이는 내적 관련성과 상호 관련성의 원리에 의미를 둔다"(p.77). 유색인 초국가적 페미니스트 방법론의 설명에 대한 신성함과 영성은 사소한 활동이 아니다. 이는 연구에 있어 초국가적 흑인 여성의 지식과 삶의 방식에 대하여 지혜, 종교성, 중요한 개입에 의미를 두는 연구에 접근하는 요구에 대한 근본적인 반응이다. 영성과 신성함 사이의 구별은 여기에서 중요하며, 특히 연구와 관련해서

는 다시 한 번 기억해야 한다. 다시 말해, 영성이 의미하는 것은 인간이 하는 일에 대한 영적 의식을 가져야 하는 것으로, 그 의식이 연구와 교수로 전이되는 방식을 인지해야 한다는 것을 말한다. 하지만 유색인 페미니스트의 연구에서 신성함은 일이 존중받으며 그 일을 수행할 때에 포함되는 방식을 말한다. 또 다른 방식으로 말하자면, 신성한 활동은 숭배될 때 가치 있는 것이다.

최근, 우리 학과에서는 흑인 페미니스트 사상 교육에 대한 박사 1학기 세미나를 제안하였다. 다른 목적 이외에도, 이 과정은 유색인 초국가적 페미니스트 인식론과 교육론을 창출하고, 참여하며, 경험하기 위한 장이 되도록 고안되었다. 이것은 고등 교육, 아프리카 출신 여성으로서 다양성에 대한 모든 인류애를 가지도록 개입으로서의 근본적인 인간주의를 제정하기 위한 것이다. 하지만 우리는 정체성, 역사성, 문화적 집합체를 나타내는 다양한 흑인 여성의 그룹으로 간단한 마음이 아니라 방법론을 포함하는 흑인 혹은 유색인 페미니즘 인식론에 대한 논의에 참여하는 능력을 확장시키려 한다. 국가적으로, 우리는 미국, 일본, 가나, 나이지리아, 케냐에 깊은 뿌리를 두고 있다. 경제적으로, 우리는 중간-중상위 계층의 부를 경험해왔다. 우리는 이주민과 이주 경험을 가지고 있는데 이는 미국 이외의 나라와 미국에서 2/3 이상 성장하여 청소년기에 미국 시민이 "되기"를 바라는 계층의 1/3을 포함한다. 우리는 지속적으로 성적인 동반자와 지낸다. 가장 중요한 것은 우리가 학문적으로 우리 자신과 흑인 여성으로서의 활동에 깊이 있게 참여하였다는 것이다.

수업 시간의 첫 과제 중 하나는 자서전을 쓰는 것이었고, 거기서 우리는 우리가 누구인지와 왜 존재하는지에 대한 이야기를 공유하였다.[6] 이 수업의 읽기과제는 흑인 혹은 유색인 페미니스트를 제시하였으며, 이것은 영화, 산문, 미술, 편지, 서술문, 연구를 포함한 다양한 장르뿐 아니라 초국가적이고 역사적인 측면을 포함하였다. 이러한 것들을 Bell-Scott(1994)는 **삶의 노트**라고 부른다. 대부분의 읽기자료들은 이 단원의 참고문헌에 나타나며, 또 다른 것들은 수업이 진행될 때 학생과

교수가 제안하는 것을 읽는다. 매주 수업에서는 주로 읽은 것들을 나누고 읽은 내용에 대한 짧은 발표를 한다. 이 장을 준비하는 동안 (수업 중에 우리가 보기를 원했던 교재를 찾을 수 없었기에) 수업은 bell hooks와 Cornel West(1991)가 말한 "피가 나지 않게, 치유를 위해 잘라내기(cuts to heal, not to bleed)"[7]를 비판하는 인간화의 과정으로서, 비판적 확약의 요구에 참여하는 장이 되었다. 그 이상으로, 우리는 직접 질문들을 만들고, 우리가 공통의 "교재"를 사용하고 신성한 실천으로서의 대화에 참여하는 가운데 나타나는, 흑인 여성에 대해 우리가 가지는 다른 인식에 대해서 말하는 것이 얼마나 어려운지를 명확하게 보여주는 비판을 하게 되었다. 수업이 계속되면서, 논의를 함께 하면서 유색인 초국가적 페미니스트 담론의 본질과 특성을 보다 명확하게 보기 시작하였다. 또한 우리는 깊이 있는 대화를 하고자 하는 좋은 의도를 가지고 있음에도 불구하고, 우리 사이에 여전히 존재하는 긴장감과 명료한 지각의 차이를 경험하였다. 우리는 또한 동시에 진행되는 페미니스트 방법론에 대한 질적 수업을 듣고 있는 다른 박사과정 학생들과의 대화에 참여하는 기회를 가졌다. 이러한 상호작용을 통해 긴장감과 도전이 이러한 대화를 하면서 나타나는 것을 볼 수 있었고, 특히 백인 연구자들의 의식으로부터 나온 유색인 페미니즘의 배제(확실히 아프리카 페미니즘은 배제되었다)로 인해 페미니즘의 인종주의를 논하는 여지에 대해서는 더욱 그러하였다.

긴장감과 차이점 속으로 들어가기 위해 생산적으로 취할 수 있는 것은 무엇일까? 이러한 대화의 특성을 명확하게 한다면 (특히 우리가 역사, 문화, 아프리카 페미니즘 속에서 그리고 그 사이에서 발생한 논쟁을 새롭게 이해한다면) 유색인 초국가적 페미니스트 방법론에 대해서 말하는 것을 도와줄 수 있을까? "역사적으로 구체적이고 역동적인" 방법론이 될 수 있을까?(Mohanty, 1991) Alexander(2005)가 요구하는 신성한 실천의 정신적인 측면에 대하여 유용한 방법은 무엇일까?

다음의 [표 8.1]은 우리가 배운 것과 우리가 배우는

동안 저자로서, 수업의 구성원으로서, 연구자와 여성으로서 제기한 질문들을 공유하고자 한 것이다.[8] 사람의 정체성 혹은 연구 입장의 적합도를 보는 점검표로 생각하지 않기를 바란다(내가 이런 것들을 하고 있기에 "이제 나는 유색인 초국가적 페미니스트 연구자야!"라고 말할 수 있는 것은 아니다). 대신, 우리는 연구 공동체에게 유색인 초국가적 페미니스트 방법론을 통해 우리의 차이, 우리의 페미니즘, 우리의 삶을 초월하는 보다 경건하고 신성한 접근을 가지고 연구할 수 있는 잠재력을 가진 방식을 제안하고자 하는 것이다.

이러한 고려사항과 질문들은 우리가 유색인 초국가적 인식론을 통해 삶을 살고 이론화시키는 방법을 제안하였으며, 이는 여성학과 유색인 페미니즘의 공간에서 관계에 대한 보다 신성한 이해를 포용해야 한다. 우리는 방법론을 활용하거나 참여하는 것을 넘어서야 한다: 우리는 다르게 존재하며, 우리가 실행하는 것과 우리 자신들에 대해 적절한 (그리고 경건한) 질문들을 한다. 몇 가지 고려사항들을 여기서 간략하게 논의하고 있다.

아프리카 여성의 의미.   유색인 초국가적 연구는 아프리카 대륙과 디아스포라에 대한 억압의 유산이 아프리카 여성의 삶과 상호 밀접하게 관련되어 있다고 밝혔다. 이러한 인식은 일시적인 흑인 여성의 경험으로 형성될 수 있는 방법으로 설명할 수 없다(Okpalaoka, 2009). 이러한 인식은 여성의 특별한 역사적, 문화적, 지리학적 위치 안에 부여된 억압의 다양한 뉘앙스를 반영하는 다양한 여성학의 개념을 설명하지 못한다. 시간적이고 지리학적인 영역을 넘어 노예상태, 식민지, 아파르트헤이트를 통한 아프리카 사람들의 삶의 분열은 이러한 영역들을 넘어 우리와의 연결점을 제시한다. 흑인 여성의 참여에 대한 문화적 개념, 조망, 전통에 대한 흑인 여성의 이해와 수용을 존경하는 것은 그 활동에 대한 연구와 탐구를 반영해야 한다.

경험의 신성한 특성.   흑인 페미니즘(Collins, 2000;

표 8.1 초국가적 유색인 페미니스트 연구에 참여하기: 고려해야 할 사항들과 질문들

초국가적 유색인 페미니스트 연구에서 고려해야 할 점들	연구자에게 물어보는 관련 질문들
아프리카 여성의 의미에 관하여…	
관계적, 역사적으로 흑인 여성에 대한 억압의 다수의 교차점에 대하여 조사할 것을 추구한다.	여기서 무슨 사건이 일어나고 있고 일어났는가? 여기/저기에서 일어나고 있는 흑인 여성의 삶과 나/우리의 삶을 어떻게 관련 지을 수 있는가?
흑인 여성, 혹은 흑인들 간의 상대적 관계를 형성하는 일시적 방식을 살펴본다.	"아프리카 여성" 중에서 누구의 이야기를 말할 것이며 어떤 시기의 이야기를 할 것인가? 아프리카 "대륙"과 "디아스포라"의 긴장감과 그것들의 상대적이고 다양한 의미를 어떻게 애써 풀어낼 수 있는가? 이주의 시간과 "참의미"와 자신을 "아프리칸"이라고 이름하는 것의 관계를 어떻게 다루고 있는가?
모든 다양성과 버전 안에서 흑인 여성의 경험, 공헌점, 문화, "페미니즘"에 대하여 알고자 한다.	아프리카 조상 여성에 대하여 무엇을 알고 있는가? 흑인 여성 혹은 유색인 페미니즘의 특별한 양상에 대한 이해를 어떻게 확장시킬 수 있으며 어떻게 지식을 얻을 수 있는가? 이러한 지식이 연구 중인 아프리카 선조 페미니즘의 비전과 양상에 대한 나의 시각과 이해에 어떻게 작용하는가?
여성들에 대한 숭배라기보다는 책임과 존중, 차이를 구현한다.	나는 다른 여성들에 대해서보다 어떻게 흑인 여성들의 삶을 다르게 연구할 준비가 되어 있는가? 내가 그녀의 이해들에 대한 특수성과 문화적 규준, 지리, 전통의 전형을 존중한다는 것을 무엇이 보여주는가?
경험의 신성적 본질에 관하여[9]…	
자기 자신의 밖에서 다수의 경험들을 인식하는 것을 추구한다.	내가 들은 이야기(혹은 내가 읽은 글)을 나의 경험과 지식에 연결시키는 방법에는 무엇이 있을까? 그것들은 어떻게 다른가? 나는 어떻게 판단하지 않고 혹은 차이를 부인하지 않고, 이러한 차이들을 신성한 것으로(경외감을 가지고) 볼 수 있을까?
자신이 결코 다른 사람의 경험에 대한 "전문가"가 될 수 없고, 따라서 타자를 해방시키기 위한 자신의 길에서 벗어나야 한다는 것을 인식한다.	그들에게 그들의 경험은 무엇을 의미하는가? 내가 다른 사람들을 "있는 그대로 보려고(save)" 시도하지 않고서, 그들의 경험들의 의미의 깊이를 듣고 상상할 수 있으며, 공감할 수 있는가? 그들의 이야기가 나에게 무엇을 의미하고 어떤 감정/기억을 일으키는가? 어떻게 나의 감정이 그들의 의도된 의미에 영향을 주는가(왜곡하는가)?
아프리카 공동체와 조망(landscape)에 대한 인식에 관하여…	
연대(alliance)와 의존의 필요성을 공유하기: 우리가 있기 때문에 내가 있다.	국가, 문화, 성별, 경제적 계급, 언어와 심지어는 이것들을 넘나드는 유색인 여성들의 작품 안에서 인식과 참여는 어디에 있는가?
역동적이고 변화하는 조망과 정체성과 집단들의 사회적 위치의 특징을 인식한다.	내가 이 개인/집단에 대해 알았다고 생각한 것과 그/그녀/그들의 참여를 통해 듣게 된 것이 어떻게 연결되는가? 일치하지 않는 자료를 제공할 수 있는 장소는 어디이며 사람들은 누구인가? 나는 이것을 찾기 위해 노력을 기울였는가?
우리 자신을 반영하지 않을 더 나은 조건을 찾으려는 목적으로 지속적 관계를 통해 다른 사람의 이야기를 알기 위해 노력을 기울이는가?	전혀/항상 나에 대한 것이 아닌 입장을 취하고 있는가? "알고자" 하는 내 욕망의 중심에 겸손, 희생, 자아 배제가 있는가?
몸, 정신, 영혼의 참여에 관하여…	
작업의 일부로 정신, 몸, 영혼을 위한 공간을 만든다.	친밀함과 (정신을 넘어선) 총체적 수준에서, 지각적, 감각적, 영혼적 수준에서 나는 어떻게 지식을 찾아왔는가? 우리의 영혼의 연결을 향해 나아가도록 나와 타인들에게 한 질문들은 무엇인가? 내가 "거기에 갔다면" 어떤 일이 벌어졌을까?
모든 개인이 가르치는 사람이자 가르침을 받는 사람인 것처럼, 상호간에 우리가 그들을 알고 그들이 우리를 아는 것으로 변화하는가?	내 연구의 결과로 연구에 대한 나의 관점은 어떻게 변했는가? 이 연구에서 다른 이들로부터 내가 배운 "교훈"은 무엇인가? 그들이 나로부터 배운 교훈은 무엇인가? 누군가가 이 연구물을 읽을 때, 내가 이 연구 프로젝트에 조심스럽게 접근했다는 것을 어떻게 알 수 있을까?
급하게 개방하고 약점을 요구한다.	이 연구를 위해 나 자신이 어떠한 방식으로 "나타났는가"? 나 자신이 누구인지, 나의 무지와 오해 혹은 타자는 누구이며, 그들이 아는 것이 두려워 어떻게 감추고 있는가?

Steady, 1996)의 핵심과 유색인 페미니즘(Dillard, 2006a)은 흑인 여성이 삶의 환경을 위한 생활의 경험과 명확성을 통하여 받아들여진 전문적인 자각이다. 유색인 초국가적 페미니즘 연구에 대한 접근은 연구자와 타인의 말 안에서 각각의 제한점을 이해하는 경험에 대한 연구 중 하나이다. 유색인 초국가적 페미니스트 인식론과 방법론은 인간 자신의 외부의 다양한 경험에서 인식된다. 그러므로 전문가로서 연구자의 역할은 연구에 참여하는 사람들에 대한 자율성과 인간의 존재와 영혼의 존재 모두에게 다양한 문화적이고 종교적인 지식을 제공하는 것이다.

아프리카 공동체와 조망에 대한 인식.   공유 정신(Ubuntu: "I am because we are")에 대한 남아프리카의 개념과 다양성을 통한 통일성(Funtummireku–denky–emmireku: "We have a common destiny")에 대한 가나인의 개념은 유색인 초국가적 페미니즘 인식론으로부터 공동체의 힘 있고 편재하는 역할을 인지해야 한다는 요구를 내재하고 있다. 공동체를 넘어 개인이 향상되기 위한 요구를 지닌 서양과는 대조적으로, 연구자들은 각 자신의 말과 개개인 각각이 요하는 지속적인 관계를 통해 다른 사람들의 이야기를 알도록 유색인 초국가적 페미니스트 방안을 제시하였다. 이러한 관점에서, 연구자로서 우리의 역할은 자신이 거울이 아니라 더 나은 상황을 목표의 일부로 하였다. 다시 말해, 아프리카 여성 안 그리고 그 가운데에서 나타나는 억압의 특이성을 인지하는 반면, 억압의 형태가 우리의 집합적인 현실성 안에 위치할 뿐 아니라, 우리 모두 억압의 자유와 인간의 권리를 위하여 투쟁해야 한다. 우리는 우리 상황의 구체성과 관련 없이 자유를 위하여 집단적으로 투쟁한다. 유색인 초국가적 페미니스트 방법은 자아를 역동적으로 인식하며 조망을 제시하고 정체성을 묘사하며 구성원의 사회적 위치를 넘어선다.

신체, 정신, 영혼에 참여하기.   유색인 초국가적 페미니스트 연구는 활동의 일부가 되도록 신체, 정신, 영혼의 공간을 만든다. 연구자의 영역 안에서 연구하는 대부분의 사람들과 연구자들은 개인과 공동체에서 잘 살도록 하는 기능과 깊은 관련성을 가지고 있다고 알려져있다. 유색인 초국가적 페미니즘 안에 종교적 장소는 특히 인간이 자신을 연구하는 사람과 관련성을 가진다고 인간의 존재에 대하여 연구하는 연구자에게 인종적 개방성을 의미한다. 조용하고 고요한 사람들이 공유하는 활동은 인간성과 친밀함을 수용하는 종교적 과제이다. 게다가, 상호 호혜성은 인식론적 영역의 기본이 되며, 연구자와 연구물은 함께 세계 속에서 배우고 가르치는 과정을 변화시켰다. 끝으로, 이 장은 두 가지가 명확하다. 하나는 유색인 초국가적 페미니즘에 대한 설명은 대륙과 디아스포라를 기반으로 한 흑인 여성에 대한 종교적인 방법임이 틀림없다는 것이다. 이 장은 투쟁과 종교의 집합적인 영역에 기여하였으며, "내가 읽어야 했던 모든 것을 써야 한다."고 제시한다. 하지만, 유색인 초국가적 페미니즘의 설명은 질적 연구 안에서 다뤄지지 않은 패러다임과 인식론이 문화적 현성과 평등과 정의에 대한 사회적 문제에 대한 지지, 공동체와 견고함에 대한 어려움, 정체성과 성인기의 복잡한 본성에 대한 깊이 있고 종교적인 질문들에 여전히 답하지 못하고 있다. 아프리카 우주론과 인식론이 주어졌을 때, 저자는 흑인 혹은 유색인 페미니스트의 과거, 현재, 미래에 대한 영역이 동시대성과 분리된 것이 아니라 현재의 존재성을 함축하고 있다는 "미래"를 예측하도록 시도하였다. 우리가 보다 초국가적 유색인 페미니즘이 필요하다는 곳에 이르는 모든 측면 위에서 흑인 페미니즘의 역사를 설명할 때, 한 가지는 분명하다. 질적 연구 방법의 종교적이고 신성한 본성에 놓인 인식론과 방법에 대한 내용은 앞으로도 필요한 내용이다.

주석

1. 공동 저자들은 오하이오 주립 대학 교수학습 단과대학에서 처음으로 시도한 흑인 페미니스트 사상 수업에 참여한 "고구마 자매": Charlotte Bell, Tanika Price, Detra Price-Dennis, Jacquie Scott, Samatha Wahome, 그리고 Ann Waliaula에게 이 장의 초고에 대해 사려 깊은 피드백을 준 것과 우리가 읽고자 했던 Alice Walker의 교재를 만들 수 있도록 기꺼이 도와준 것에 감사를 표한다. 공동 저자들은 또한 Norm Denzin과 Yvonna Lincoln이 이 장을 검토해 준 것에 대해서도 감사를 표한다.

2. 아프리카 속담의 오랜 전통과 아프리카 이주 공동체에 경의를 표하는 뜻으로, 우리는 이 장의 각 부분에서 가나의 아딘크라 상징으로 시작하였고 그에 상응하는 격언으로, 그 장의 대표적 의미를 표현하였다. 아딘크라 상징 언어에 관한 책을 읽기 위해서는 Willis(1998)를 참고하라.

3. "유색인 인식론"은 Scheurich과 Young(1997)이 사용한 기술적 용어로 전통적 연구 인식론과 같은 방식으로 만들어졌다; 인종, 문화, 계층, 젠더, 출신 국가, 종교와 같은 정체성을 중심에 두고; 연구 프로젝트는 주로 유색인에 의해 진행되었다. Tyson(1998)의 교육연구 저널에 대한 반응으로 검토되지 않은 가정과 내재적 인종차별주의의 함의의 개념을 비판하였다. "패러다임 확산"의 개념은 같은 논쟁의 연장이었다. 즉, 연구에서 적실한 지식으로 알려지고 지지되고 간주되는 것이 패러다임이 대표하는 것이다. 따라서, 패러다임의 확산에 대한 논의는 (다시 유색인에 의해 특별히 인정된) 동일한 인종차별주의의 가정으로 진행될 수 있다. 패러다임 확산에 대한 검토와 비평은 Dillard(2006b)를 참고하라.

4. 유럽/미국 페미니즘의 확산에 대한 심도 깊은 논의와 지식 생산의 일방적 급진주의, 아프리카 현실의 해체, 그리고 그에 따른 인간 조건의 왜곡으로 인한 제국주의적 결과를 보기 위해서는 Oyewumi(2004)의 『젠더의 개념화: 페미니스트의 개념의 유럽중심적 기초와 아프리카 인식론의 도전』을 참고하라.

5. 이것은 Thich Nhat Hanh(1999)의 같은 이름의 책에서 차용한 제목이다.

6. 특히 유색인을 위한 교사 교육에서 사용할 수 있는 창의적 자서전의 교육적 효과에 대한 심도 깊은 논의를 보기 위해서는 Dillard(1994, 1995)를 참고하라.

7. 비판적 확약의 훌륭한 예시를 보려면 Wright(2003)를 참고하라. 그리고 비판적 확약에 대한 설명과 반응을 보려면 Dillard(2003)를 참고하라.

8. bell hooks는 이 제목을 1993년 저술한 그녀의 책의 제목으로 썼고, 그 책에서 그녀는 흑인 여성의 지원 그룹을 이 이름으로 정하면서 이렇게 말하였다: "고구마는 흑인 친족과 공동체의 일생에 지속되는 상징이다. 흑인 여성이 사는 곳이라면 세계 어디에서나 고구마를 먹는다. 이것은 이주민들이 서로 연결되어 있다는 것의 상징이다. 고구마는 음식으로서 영양분을 공급할 뿐 아니라 몸을 치유하기 위한 약으로도 사용된다(p. 13). 흑인 페미니스트 사고 수업에서 자매들은 또한 우리 자신들을 말하는 이름이며, 삶의 확신 가운데 연결되어 있는 아프리카 대륙의 연대성 정신과 이주 공동체가 서로 연결되어 있고 책임이 있다는 것을 나타낸다.

9. 경험은 지속적으로 논쟁의 장이 되었고, 특히 후기구조주의 학자들에게는 더욱 그렇다. 예를 들어, Jackson과 Mazzei(2008)는 "자신이 말할 때의 긴장감을 인정하고, 이러한 것들을 말하는 것의 윤리를 이론화하고, 화자인 '나'의 한계를 밝히는 데 있어서" 자문화기술지에서 경험의 필요성을 주장하고 있다(p. 299). 또한, 해체적인 자문화기술지 대신에 해체 가운데 경험을 배치하고, "진실의 기초가 된다고 보기보다는", 경험은 의심해봐야 하는 것이고, 불완전하고, 문제가 있어 보이는 것임을 주장한다(p. 304). 저자들은 더 나아가, 해체적인 자문화기술지에서, "경험으로부터 나온 의미를 만들어내는 데 있어서 힘의 관계를 비판"하고 있다(p. 304, 원자료 강조). 힘의 관계를 비평할 필요의 관점에서, Jackson과 Mazzei가 요구하는 다른 종류의 자문화기술지(확장해서 보면, 질적 연구 일반에서)를 요구하는 것이 유용하고 중요하다고 본다. 그러나, 힘의 관계를 비평해야 한다고 요구하고 있지만, 경험의 틀은 매우 각자에 해당하는 것이고 개인적인 것으로 남는다(그들의 수행 대 화자로서의 "나"의 개념에서조차도 그렇다). 이것은 아프리카 중심으로 보면 경험은 집단적인 것이고, 과거와 현재, 미래에 존재하는 모든 영성과 연결되어 있고 신성이 스며있다고 보는 관점과는 반대되는 것이다. Dillard(2006b)가 제안하는 것처럼, 우리는 Lubiano(1991)가 말하는 아프리카 페미니스트의 "후기" 입장은 "정치적으로 급진적인 뉘앙스를 풍기고, 이러한 차이와 함의에 집중하며 특히 적대적 위배의 순간에는 더욱 그렇다"(p. 160). Dillard는 포스트모더니즘 사회에서 아프리카계 미국인의 존재는 아프리카 정신과 일치하는 대안적 문화 담론에 참여하는 것에 대한 비평을 제공한다. 따라서, 경험에 대한 우리의 개념은 아프리카의 개념에 따른 것으로 집단적이고, 영적이고, 신성한 것의 중심에 놓는다.

참고문헌

Aidoo, A. A. (1970). No *sweetness here and other stories*. Harlow, UK: Longman.

Aidoo, A.A. (1998). The African woman today. In O. Nnaemeka (Ed.). *Sisterhood: Feminisms and power from Africa to the diaspora*. Trenton, NJ: Africa World Press.

Aina, O. (1998). African women at the grassroots. In O. Nnaemeka (Ed.), *Sisterhood: Feminisms and power from Africa to the diaspora*. Trenton, NJ: Africa World Press.

Akyeampong, E., & Obeng, P. (2005). Spirituality, gender, and power in Asante history. In O. Oyewumi (Ed.), *African gender studies: A reader*. New York: Palgrave.

Alexander, M. J. (2005). *Pedagogies of crossing: Meditations on femi-nism, sexual politics, memory, and the sacred*. Durham, NC: Duke University Press.

Amadiume, I. (1987). *Male daughters, female husbands: Gender and sex in an African society*. London: Zed Books.

Bambara, T.C. (1970). *The Black woman: An anthology*. New York: New American Library.

Bambara, T. C. (1992). *The salt eaters*. New York: Random House. (Original work published 1980)

Bell-Scott, P. (1994). *Life notes: Personal writings by contemporary Blackwomen*. New York: W. W. Norton.

Bray, Y. A. (2008). All the "Africans" are male, all the "sistas" are "American," but some of us resist: Realizing African feminism(s) as an Afrological research methodology. *The Journal of Pan African Studies, 2*(2), 58-73.

Busia, A. P. A. (1993). Languages of the self. In S. M. James & A. P. A. Busia (Eds.), *Theorizing Black feminisms: The visionary pragmatism of Black women* (pp. 204-209). London: Routledge.

Cannella, G. S., & Manuelito, K.D. (2008). Feminisms from unthought locations: Indigenous worldviews, marginalized feminisms, and revisioning an anticolonial social science. In N. K Denzin, Y. S. Lincoln, & L. T. Smith (Eds), *Handbook of critical and indigenous methodologies* (pp. 45-59). Thousand Oaks, CA: Sage.

Cleage, P. (2005). *We speak your names: A celebration*. New York: One World Books.

Collins, P. H. (1990). *Black feminist thought: Knowledge, consciousness, and the politics of empowerment*. New York: Routledge.

Collins, P. H. (2000). *Black feminist thought: Knowledge, consciousness, and the politics of empowerment* (2nd ed.). New York: Routledge.

Combahee River Collective. (1982). A black feminist statement. In G. T. Hull, P. B. Scott, & B. Smith (Eds.). *All the women are white, all the blacks are men, but some of us are brave: Black women's studies*. New York: The Feminist Press.

Cooper, A. J. (1892). *A voice from the South: By a woman from the South*. Xenia, OH: Aldine.

Denzin, N. K., Lincoln, Y. S., & Smith, L. T. (Eds.). (2008). *Handbook of critical and indigenous methodologies*. Thousand Oaks, CA: Sage.

Dillard, C. B. (1994). Beyond supply and demand: Critical pedagogy, ethnicity, and empowerment in recruiting teachers of color. *Journal of Teacher Education, 45*, 1-9.

Dillard, C. B. (1996). From lessons of self to lessons of others: Exploring creative autobiography in multicultural learning and teaching. *Multicultural Education, 4*(2), 33-37.

Dillard, C. B. (2000). The substance of things hoped for, the evidence of things not seen: Examining an endarkened feminist epistemology in educational research and leadership. *The International Journal of Qualitative Studies in Education, 13*, 661-681.

Dillard, C. B. (2003). Cut to heal, not to bleed: A response to Handel Wright's "An endarkened feminist epistemology? Identity, difference, and the politics of representation in educational research". *International Journal of Qualitative Studies in Education, 16*(2), 227-232.

Dillard, C. B. (2006a). *On spiritual strivings: Transforming an African American woman's academic life*. New York: SUNY.

Dillard, C. B. (2006b). When the music changes, so should the dance: Cultural and spiritual considerations in paradigm "proliferation." *International Journal of Qualitative Studies in Education, 19*(1), 59-76.

Dillard, C. B. (2008). When the ground is black, the ground is fertile: Exploring endarkened feminist epistemology and healing methodologies in the spirit. In N. K. Denzin, Y. S. Lincoln, & L. T. Smith (Eds.). *Handbook of critical and indigenous methodologies* (pp. 277-292). Thousand Oaks, CA: Sage.

Dillard, C. B., Tyson, C. A., & Abdur-Rashid, D. (2000b). My soul is a witness: Affirming pedagogies of the spirit. *International Journal of Qualitative Studies in Education, 13*, 447-462.

Fernandes, L. (2003). *Transforming feminist practice: Non-violence, social justice, and the possibilities of a spiritualized feminism*. San Francisco: Aunt Lute Books.

Guy-Sheftall,B.(1995). *Words of fire: An anthology of African-American feminist thought*. New York: The New Press.

Hanh, T. N. (1999). *Call me by my true names: The collected poems of Thich Nhat Hanh*. Berkeley, CA: Parallax Press.

Hilliard, A. G. (1995). *The maroon within us: Selected essays on African American community socialization*. Baltimore:

Black Classic Press.

hooks, b. (1981). *Ain't I a woman? Black women and feminism*. Cambridge, MA: South End Press.

hooks, b. (1993). *Sisters of the yam: Black women and self-recovery*. Cambridge, MA: South End Press.

hooks, b. (1994). *Teaching to transgress*. New York: Routledge.

hooks, b. (2000). *All about love: New visions*. New York: William Morrow.

hook, b. (2008). *Belonging: A culture of place*. New York: Routledge.

hooks, b., & West, C. (1991). *Breaking bread: Insurgent Black intellec-tual life*. Cambridge, MA: South End Press.

Hudson-Weems, C. (1995). *Africana womanism: Reclaiming ourselves*(3rd ed.). Troy: MI: Bedford.

Hudson-Weems, C. (1998a). Africana womanism. In O. Nnaemeka(Ed.), *Sisterhood: Feminisms and power from Africa to the diaspora* (pp. 149-162). Trenton, NJ: Africa World Press.

Hudson-Weems, C. (1998b). Self naming and self definition: An agenda for survival (pp. 450-452). In O. Nnaemeka (Ed.), *Sisterhood: Feminisms and power from Africa to the diaspora* (pp.149-162). Trenton, NJ: Africa World Press.

Hull, A. G. (2001). *Soul talk: The new spirituality of African American women*. Rochester, VT: Inner Traditions.

Hull, G., Bell-Scott, P., & Smith, B. (1982). *All the women are white, all the blacks are men, but some of us are brave: Black women's studies*. New York: The Feminist Press.

Hurston, Z. N. (1978). *Their eyes were watching God*. Urbana: University of Illinois Press.

Jackson, A. Y., & Mazzei, L. A. (2008). Experience and "I" in autoethnography: A deconstruction. *International Review of Qualitative Research, 1*(3), 299-318.

Keating, A. (2008). "I'm a citizen of the universe": Gloria Anzaldúa's spiritual activism as catalyst for social change. *Feminist Studies, 34*(1/2), 53-69.

Ladson-Billings, G. (2000). Racialized discourses and ethnic epistemologies. In N. K. Denzin & Y. S. Lincoln (Eds.), *Handbook of qualitative research* (2nd ed., pp. 257-277). Thousand Oaks, CA: Sage.

Ladson-Billings, G., & Donner, J. (2005). The moral activist role of critical race theory. In N. K. Denzin & Y. S. Lincoln (Eds.), *The SAGE handbook of qualitative research* (pp. 279-302). Thousand Oaks, CA: Sage.

Latta, J. M. (1992). *Sacred songs as history* (Interview with Bernice Johnson Reagon). Recorded August 4, 1992. Washington, DC: National Public Radio Archives, Wade in the Water Program.

Lorde, A. (1970). *Cables to rage*. London: Paul Breman Limited.

Lorde, A. (1984). *Sister outsider*. Freedom, CA: The Crossing Press.

Lubiano, W. (1991). Shuckin' off the African-American native other: What's "po-mo" got to do with it? *Cultural Critique, 18,* 149-186.

Mama, A. (2007). Critical connections: Feminist studies in African contexts. In A. Cornwall, E. Harrison, & A. Whitehead (Eds.), *Feminisms in development: Contradictions, contestations and challenge* (p. 152). London: Zeal Books.

Marshall, P. (1984). *Praisesong for the widow*. New York: E. P. Dutton.

Meyer, M.A.(2008). Indigenous and authentic: Hawaiian epistemology and the triangulation of meaning. In N. K. Denzin, Y. S. Lincoln, & L. T. Smith (Eds.). *Handbook of critical and indigenous methodologies* (pp. 217-232). Thousand Oaks, CA: Sage.

Mohanty, C. T. (1991). Cartographies of struggle: Third world women and the politics of feminism. In C. T. Mohanty, A Russo, & L. Torres (Eds.), *Third world women and the politics of feminism* (pp. 1-50). Bloomington: Indiana University Press.

Mohanty, C. T., Russo, A., & Torres, L. (Eds.). (1991). *Third world women and the politics of feminism*. Bloomington: Indiana University Press.

Moraga, C., & Anzaldúa, G. (1981). *This bridge called my back: Writings by radical women of color*. Watertown, MA: Persephone Press.

Morrison, T. (1970). *The bluest eye*. New York: Vintage Books.

Nnaemeka, O. (1998). *Sisterhood: Feminisms and power—from Africa to the diaspora*. Trenton, NJ: Africa World Press.

Nwapa, F. (1966). *Efuru*. London: Cox & Wyman.

Nzegwu, N. (2006). *Family matters: Feminist concepts in African philosophy of culture*. Albany: SUNY Press.

Ogala, M. (1994). *The river and the source*. Nairobi, Kenya: Focus Publications.

Ogundipe-Leslie, O. (1994). *Re-creating ourselves: African women & critical transformations*. Trenton: NJ: Africa World Press.

Okpalaoka, C. L. (2009). *Endarkened feminism and qualitative research: Colonization and connectedness in Black women's experiences*. Unpublished manuscript.

Omolade, B. (1994). *The rising song of African American women*. New York: Routledge.

Oyewumi, O. (1997). *The invention of women: Making an African sense of Western gender discourses*. Minneapolis: University of Minnesota Press.

Oyewumi, O. (2004). Conceptualizing gender: Eurocentric foundations of feminist concepts and the challenge of African epistemologies. *In CODESRIA, African gender scholarship: Concept, methodologies, and paradigms*. Dakar, Senegal: CODESRIA.

Reason, P. (1993). Reflections on sacred experience and sacred sci-ences. *Journal of Management Inquiry, 2,* 10-27.

Richards, D. (1980). *Let the circle be unbroken: The implications of African spirituality in the diaspora.* Lawrenceville, NJ: The Red Sea Press.

Ryan, J. S. (2005). *Spirituality as ideology in Black women's film and literature.* Charlottesville: University of Virginia Press.

Saavedra, C. M., & Nymark, E. D. (2008). Borderland-Mestizaje feminism: The new tradition. In N. K. Denzin, Y. S. Lincoln, & L. T. Smith (Eds.), *Handbook of critical and indigenous methodologies* (pp. 255-276). Thousand Oaks, CA: Sage.

Scheurich, J., & Young, M. (1997). Coloring epistemologies: Are our research epistemologies racially biased? *Educational Researcher, 26*(4), 4-16.

Smith, B. (1983). *Home girls: A Black feminist anthology.* New York: Kitchen Table: Women of Color Press.

Sofola, Z. (1998). Feminism and African womanhood. In O. Nnaemeka (Ed.), *Sisterhood: Feminisms and power—from Africa to the diaspora.* Trenton, NJ: Africa World Press.

Some, M. P. (1994). *Of water and the spirit: Ritual, magic, and initiation in the life of an African shaman.* New York: G. P. Putnam.

Steady, F. C. (1981). The Black woman cross-culturally: An overview. In F. C. Steady (Ed.), *The Black woman cross-culturally.* Cambridge, MA: Schenkman.

Steady, F. C. (1996). African feminism: A worldwide perspective. In R. Terbog-Penn & R. Benton (Eds.), *Women in Africa: A reader*(2nd ed.). Washington, DC: Howard University Press.

Steady, F. C. (2004). An investigative framework for gender research in Africa in the new millennium. In *CODESRIA,*

African gender scholarship: Concepts, methodologies, and paradigms (pp. 42-60). Dakar, Senegal: CODESRIA.

Taiwo, O. (2003). Reflections on the poverty of theory. In O. Oyewumi (Ed.), *African women and feminism: Reflecting on the politics of sisterhood* (pp. 45-66). Trenton, NJ: Africa World Press.

Tyson, C. A. (1998). A response to "Coloring epistemologies: Are our qualitative research epistemologies racially biased?" *Educational Researcher, 27,* 21-22.

Wade-Gayles, G. (Ed.). (1995). *My soul is a witness: African-American women's spirituality.* Boston: Beacon.

Walker, A. (1983). *In search of our mother's gardens: Womanist prose.* San Diego: Harvest Books.

Walker, A. (2006). *We are the ones we have been waiting for: Inner light in a time of darkness.* New York: The New Press.

Wallace, M. (1982). A black feminist's search for sisterhood. In G. T. Hull, P. B. Scott, & B. Smith (Eds.). *All the women are white, all the blacks are men, but some of us are brave: Black women's studies.* New York: The Feminist Press.

Wekker, G. (1997). One finger does not drink okra soup: Afro-Surinamese women and critical agency. In M. J. Alexander & C. T. Mohanty (Eds.), *Feminist geneologies, colonial legacies, democratic futures* (pp. 330-352). New York: Routledge.

Willis, B. (1998). *The Adinkra dictionary: A visual primer on the language of Adinkra.* Washington, DC: The Pyramid Complex.

Wright, H. K. (2003). An endarkened feminist epistemology? Identity, difference, and the politics of respresentation in educational research. *International Journal of Qualitative Research, 16*(2), 197-214.

Joe L. Kincheloe, Peter McLaren, Shirley R. Steinberg[1]

09.

비판적 교육과 질적 연구
_ 브리콜라주로의 이동

정종원_ 울산대학교 교육학과 교수

9.1 비판성과 연구

지난 35년 동안 비판 이론(critical theory), 비판적 교육학(critical pedagogy), 비판적 연구(critical research)에 몸담은 동안 우리는 어떻게 비판 이론이 교육과 연계될 수 있는가에 대한 질문을 받아왔다. 이 질문에 답변하기 쉽지 않은 이유로 다음 세 가지를 들 수 있다. 우선 비판 이론의 범주에 속하는 이론적 담론이 많고, 둘째로는 비판적 전통이 항상 변화하고 진화하는 특성을 지니고 있으며, 마지막으로 비판 이론가들 사이에서도 이견이 있는 영역이 존재하듯, 비판 이론은 지나친 구체성을 피하려고 한다. 이론적 입장에 대해서 일련의 고정된 성격을 규정하는 일은 사회정치적 신념과 인식론적 신념에 대해 일종의 청사진을 만드는 것을 기피하는 비판 이론가들의 의도와는 상반되는 것이다. 이러한 비판 이론의 일반적인 특성을 바탕으로, 우리는 현재의 비판 이론과 비판적 연구의 특성에 대한 하나의 의견을 제공하고자 한다. 분명한 점은 우리의 의견은 주관적인 분석이며, 우리의 의견에 동의하지 않는 수많은 훌륭한 비판 이론가들이 존재한다는 점이다. 우리가 설명하고자 하는 바는 재개념화된 비판 이론으로서 지속적으로 진화하고 있는 비판성

에 관한 것이며, 이것은 1970년대 중반 이후 '후기담론(post-discourse)'에 의해서 비판과 논의의 대상이 되어왔고, 이러한 논쟁은 21세기에도 계속 확대되고 있다(Collins, 1995; Giroux, 1997; Kellner, 1995; Kincheloe, 2008b; McLaren & Kincheloe, 2007; Roman & Eyre, 1997; Ryoo & McLaren, 2010; Steinberg & Kincheloe, 1998; Tobin, 2009; Weil & Kincheloe, 2004).

재개념화된 비판 이론은 호주, 캐나다, 영국, 뉴질랜드, 미국, 유럽연합과 아시아의 일부 국가에 존재하고 있는 사회가 별 문제 없이 민주적이며 자유로운 사회라는 가정에 의문을 제기한다(Steinberg, 2010). 20세기 전반, 특히 1960년대 초반 이래로 위와 같은 사회에 속한 개인들은 평등과 독립보다는 지배와 종속관계에 대해 편안한 감정을 느끼도록 문화적으로 동화되었다. 지난 반세기 동안 진행된 사회적, 기술적 변화는 새로운 형태의 정보생산과 접근방식을 낳게 했고, 비판 이론가들은 이런 상황에서 자기 결정과 민주적 평등주의에 대한 질문들이 재평가되어야 함을 주장하였다. 후기담론들(예, 포스트모더니즘, 비판적 여성주의, 후기구조주의)의 영향을 받은 연구들은 개인이 갖는 자신에 대한 시각과 세계에 대한 시각이 이전에 여겨졌던 것

보다 훨씬 더 사회적, 역사적 힘의 영향을 받는다는 점을 제시하고 있다. 20세기 후반과 21세기 초의 변화하는 사회적, 정보적 조건들과, 매체가 지배하는 서구문화(Steinberg, 2004a, 2004b)의 상황 속에서 비판 이론가들은 개인의 구성을 분석하고 연구할 수 있는 새로운 방식을 지속적으로 요구해왔다(Agger, 1992; Flossner & Otto, 1998; Giroux, 2010; Hammer & Kellner, 2009; Hinchey, 2009; Kincheloe, 2007; Leistyna, Woodrum, & Sherblom, 1996; Quail, Razzano, & Skalli, 2004; Skalli, 2004; Steinberg, 2007, 2009; Wesson & Weaver, 2001).

'중립적' 학계 문화 속의 당파적 연구

Karl Marx, Immanuel Kant, Georg Wilhelm Friedrich Hegel, Max Weber, 프랑크푸르트 학파의 학자들(the Frakfurt School theorists), Jean Baudrillard, Michel Foucault, Jürgen Habermas, Jacques Derrida와 같은 대륙의 사회 이론가들, Paulo Freire와 같은 남미의 사상가들, Luce Irigaray, Julia Kristeva, Hélène Cixous와 같은 프랑스의 여성주의자들, 또는 Mikhail Bakhtin과 Lev Vygotsky와 같은 러시아 사회언어학자들과 같이 현대의 비판적 연구물들의 참고문헌에서 자주 찾아볼 수 있는 학자들에게서 영감을 얻은 비판적 전통에 대한 판단을 한정된 지면에 제공하는 것은 불가능하다. 오늘날 다양한 영역에 많은 비판적 학파들이 존재하고 있으며, 이들 가운데 중요한 학파들에 대한 피상적인 논의를 제공하기에도 우리에게 제공된 지면은 한정적이다(Chapman, 2010; Flecha, Gomez, & Puigvert, 2003). 프랑크푸르트 학파에 속한 학자들 간의 종종 가열찬 이견을 다룬 수많은 책들이 존재한다는 사실도 우리에게는 서로 다른 비판주의 학파들을 한곳에 묶어 담는다는 것에 대한 우려를 증가시킬 뿐이다. 비판 이론은 분명하고 공식화된(formulaic) 언급이나 전략이

되기 위해 객체화되거나 축소된 혁명적인 사상에 대한 보편적인 법칙으로 취급되어서는 안 된다. 진화하는 비판성이나 재개념화된 비판 이론에 대한 우리 나름의 생각을 기술하는 데 있어서도 우리는 비판적 전통에 대한 이해를 목적으로 이것을 매우 광범위하게 정의하였다. 그리고 이러한 우리의 접근은 앞서 이야기한 바와 같이 많은 비판 이론가들에게는 이의 제기의 대상이 될 수 있다. 이러한 맥락에서 우리는 다양한 비판주의 학파들 사상의 차이점보다는 공유하고 있는 공통 분모에 초점을 맞추고자 한다. 존재하지 않는 사상적 교감이나 잘못된 통일성을 제안하는 일은 언제나 위험한 일이긴 하지만 본 장과 같이 하나의 주제에 대한 대략적인 설명을 제공해야 하는 상황에서는 피할 수 없는 일이기도 하다.

우리는 비판주의자들을 다음과 같은 기본적인 가정들을 수용하고, 그들의 활동물을 사회적 혹은 문화적 비판물의 형태로 이용하고자 하는 연구자, 교사, 혹은 이론가로 정의하고자 한다.

- 모든 사고는 근본적으로 사회적, 역사적으로 구성된 권력관계에 의해서 매개된다.
- 사실은 가치의 영역에서 절대 고립되거나 어떤 형태이건 간에 이데올로기적 입장에서 분리될 수 없다.
- 개념과 대상의 관계 그리고 기표(signifier)와 기의(signified)의 관계는 절대 안정적이거나 고정된 것이 아니라 흔히 자본주의적 생산과 소비의 사회적 관계에 의해서 매개된다.
- 언어는 주관성(의식적 혹은 무의식적 자각) 형성의 중심이다.
- 비록 특권형성의 이유는 다양하나 모든 혹은 특정한 사회의 일부 그룹은 타인에 대해서 특권을 소유한다. 현대사회를 특징짓는 억압은 피종속자가 그들의 사회적 위치를 자연스럽고 필요한 것이며 피할 수 없는 것으로 여길 때 가장 강하게 재생산된다.
- 억압은 다면적인 성격을 지니고 있으며 다른 것에 대한 희생의 대가로 하나에 집중하며(예, 계층적 억압 대

인종차별) 흔히 그들 간의 상호관련성을 생략한다.

- 주류에 속한 연구 활동은 비록 부지불식간에 일어나는 일이라 할지라도 흔히 계층, 인종, 그리고 성적 억압 체제의 재생산에 연루되어 있다(De Lissovoy & McLaren, 2003; Gresson, 2006; Kincheloe & Steinberg, 1997; Rodriguez and Villaverde, 2000; Steinberg, 2009; Villaverde, 2007; Watts, 2008, 2009a).

오늘날 학문간 영역의 경계가 흐려져 있는 상황에서 문학이론가가 인류학적 연구를 수행하고, 문화인류학자가 문학이론에 대한 글을 쓰고, 정치학자가 문화기술적 분석을 실시하거나 철학자가 라캉주의적 영화비평을 하는 일은 더 이상 낯선 일이 아니다. 이러한 모든 간학문적 움직임들은 진화하는 비판성의 핵심적 혁신인 브리콜라주(bricolage)라고 하는 내용과 연관되어 있다. 본 장의 후반부에서 우리는 이러한 움직임과 비판적 연구와의 관계를 살펴보고자 한다. 우리가 이러한 장르간의 경계가 흐려지는 흐름에 대한 이야기를 하고자 하는 것은 기존의 비판적 전통에 대해서 다분히 선택적으로 접근할 수밖에 없었던 부분에 대한 변명이 아니라 비판 이론을 분석에 있어서의 구분된 학과로 기술하고자 하는 어떠한 접근방식도 결국에는 현재의 비판적 분석이 지니고 있는 진화하는 융합성을 포착하지 못할 것이기 때문이다(Denzin, 1994; Denzin & Lincoln, 2000; Kincheloe, 2001a, 2008b; Kincheloe & Berry, 2004; Steinberg, 2008, 2010, 2011).

비판적 연구는 개인의 자율권 부여라는 맥락에서 가장 잘 이해될 수 있다. '비판적'이라는 명칭을 지향하는 탐구는 반드시 사회 내부의 공적인 영역에 존재하는 혹은 특정 사회가 지닌 불공평함에 직면하려는 노력과 연계되어야 한다. 연구 활동은 '정치적'이라는 딱지에 겁내지 않고 해방의식과의 관계성을 고양하는 것에 두려워하지 않는 변혁적인 노력이 된다. 전통적인 연구자들이 중립성이라는 가드레일에 집착하는 반면 많은 비판

적 연구자들은 더 나은 세상을 위한 투쟁에 참여하는 자신의 참여의식을 공공연하게 드러낸다(Chapman, 2010; Grinberg, 2003; Horn, 2004; Kincheloe, 2001b, 2008b).

사회 연구에 대한 정보를 제공하는 비판적 교육학

브라질의 교육자인 Paulo Freire의 연구들은 더 나은 세상을 위한 투쟁에 기여하는 연구들을 구성하는 데 교훈적인 내용을 제공한다. 본 장을 집필한 연구자들이 수행한 연구들도 Freire의 연구(1970, 1972, 1978, 1985)에 심대한 영향을 받았다. 인간이 겪는 고통과 그러한 고통의 기원을 드러내는 데 도움이 될 만한 교육학적, 지적인 연구들을 통해 Freire는 평생동안 비판이론에 기반을 둔 작업을 진행하였다. 연구와 관련한 저작에서 Freire는 자신의 연구와 관련하여 전통적으로 규정된 연구 대상은 존재하지 않는다는 입장을 견지하였다. 대신 그는 연구 과정에 참여하는 사람들을 연구 파트너로 대해야 한다는 점을 주장하였다. Freire는 연구 과정을 통해 연구 참여자들이 사고하고 인식하는 방식에 자기 자신이 스며들도록 하였으며, 연구 참여자들이 그들 자신이 가지고 있는 생각에 대해서 다시 한번 생각해 보도록 격려하였다. Freire의 비판적 연구에서는 연구자 자신들뿐만 아니라 참여한 모든 이들이 조사, 탐구, 비평, 재조사 과정에 참여하였으며, 이를 통해 모든 참여자들과 연구자들은 좀 더 비판적인 시각으로 바라보고, 좀 더 비판적인 수준으로 생각하며, 그들의 삶을 은밀하게 조형하고 있는 힘에 대해서 인식하였다. Freire는 학교교육에 대한 전통적인 방식의 연구에 대해 비판하며 전통적인 연구들과의 차이점에 초점을 맞추는 비판적 교육이라는 접근법을 취하였다(Kirylo, 2011; Mayo, 2009; Tobin & Llena, 2010).

학교를 둘러싼 지역공동체를 탐색하고 공동체 구성원과의 대화에 참여함으로써 Freire는 학교 교실의 다

양한 학생들에게 중요한 이슈들에 접근할 수 있는 발생적 테마들을 구안하였다. 이러한 이슈들에 대한 데이터가 교실과 연계되면서 Freire는 문제 제시자가 된다. 문제 제시자의 자격으로 Freire는 문제를 구성하기 위해 Freire 자신과 그의 학생들이 발생적 테마와 연관해서 이미 생산해낸 지식을 활용하였다. 그가 구안한 문제들은 모든 일반적인 교육과정이나 지식도 조사 대상이 될 수 있다는 점을 가르치기 위해 고안된 것들이다. Freire가 주장한 바에 따르면 우리는 모든 지식에 대해 의문을 가져야만 한다. 왜냐하면 모든 데이터는 맥락과 개인에 의해서 만들어지고, 개인은 맥락과 데이터를 만들어낸다. 많은 교육계의 지도자들이 공언한 바와는 반대로 지식은 문화나 역사를 초월하지 않는다.

글과 세계 그리고 문제를 지닌 현존하는 지식을 이해하는 맥락에 있어서 비판적 교육자들은 문해라는 개념을 재개념화한다. Myles Horton은 "글을 읽는다는 것이 무엇을 의미하는지에 대해 학생들에게 증언하기 위해" 학생들과 책을 읽는다고 말하였다(Horton & Freire, 1990). Horton은 좋은 독자가 된다는 것은 읽기를 연구의 한 형태로 바라봐야 하기 때문에 독서라는 것이 결코 쉬운 일이 아니라고 말한다. 읽기는 무언가를 찾아내는 방법이 되며 무언가를 찾아내는 것은 창조와 재창조 활동과 직접적으로 연결되는 기쁨을 가져온다. 글과 세계에 대한 읽기의 과정에서 사람들은 우리에게 주어진 일상 속에서 당연하게 여겨지는 상식적인 것을 뛰어넘는 무언가를 발견한다. 비판적 교육학 연구는 단순하게 제시된 글자가 의미하는 바가 아닌 행간에 숨겨진 지배적인 이데올로기들을 이해할 수 있는 읽기의 형태를 드러내야 할 책임이 있다.

일상을 뛰어넘는 것은 Freire 학파들이 가진 문제의식의 중심에 있다. 이러한 입장은 학교의 교육과정이 부분적으로는 학생들과 교사들이 그들의 삶을 정당하고 윤리적으로 영위하는 데 있어서 직면하게 되는 문제들에 의해서 형성되어야 함을 주장한다(Kincheloe, 2004). 이러한 교육과정은 학생들로 하여금 세계를 조형하는 힘들에 대한 비판적 분석의 과정에 참여하는 연구자가 되도록 촉진한다(Steinberg & Kincheloe, 1998). 이러한 비판적 분석은 학생들에게 건강하고 창조적인 의심을 불러일으킨다. 건강하고 창조적인 의심은 학생들로 하여금 문제의식을 갖게 하고 교과서에서 제시하고 있는 중립적인 주장들에 대해 의문을 갖게 한다. 이를 통해, 예를 들면 석유회사들은 TV 광고를 통해 그들이 언제나 환경 친화적인 조직이었다는 주장에 대해서 학생들이 의심스러운 눈길을 보낼 수 있도록 유도한다. 문제의식을 지닌 학생들과 교사들은 전통적으로 학생들이 교사들에게 요구해왔던 "선생님 그저 사실과 진실을 우리에게 알려주세요. 그러면 우리는 그것을 그대로 선생님께 돌려드리겠습니다"와 같은 관계를 거부한다. 반대로 Freire와 Horton이 언급한 정신을 지닌 비판적 학생들과 교사들은 "세계에 대한 우리의 탐색과정을 지원해 주세요"라고 요구할 것이다.

학생들로 하여금 문제의식을 갖고, 그들 스스로의 연구 활동을 고양한다는 것이 교사가 지닌 교실 안에서의 권위를 포기해야 한다는 것은 아니다. 지난 수십 년간 비판적 교육학에서 이야기하는 교사의 권위가 지니는 미묘한 본질에 대해서 몇몇 교사와 학생은 잘못 이해하고 있었다. 말년에 Freire는 이러한 이슈들과 함께 그의 이름이 언급되면서 이러한 부분들이 잘못 이해되고 있는 상황에 대해서 많은 우려를 나타냈다. Freire는 교사가 교실에서 권위를 가진 교사의 위치를 거부할 수 없다고 말한다. 학생들을 평가하고, 학생들의 학습, 안전, 건강에 대해 책임이 있는 사람은 학생들이 아니라 교사이다. 교사가 가진 권위를 지닌 역할을 부정하는 것은 기껏해야 불성실함을 나타내는 것이며, 최악의 경우는 정직하지 못한 것이다. 따라서 비판적 교사들은 그들이 권위를 지닌 존재임을 받아들여야 하고, 그러한 권위를 학생들을 지원하는 교사의 행위를 통해 보여주어야 한다. 학생들을 지원하는 교사의 행위에는 교사가 지식을 생산하고 연구를 수행할 수 있는 능력이 포함된다. 비판적 교사의 권위는 변증법적 성격을 지니고 있어서 교사는 진실의 제공자로서의 권위를 내려놓고 학생들의 탐구와 문제제기를 고양하는 더욱 성숙한 교사의 권위를 지녀야 한다. 이러한 교사의 권위성의 관계 속에서 학생들은 그들 스스로의 자유를 획득하며, 그들 자신의 지식을 생산해낼 수 있는 능력을 갖춘 자기주도적인 인간 존재로서의 능력을 얻게 된다(Kirylo, 2011; Siry & Lang, 2010).

Freire의 저작들은 해방신학과 변증법적 유물론의 인식론에 뿌리를 두고 있으며(Au, 2007), 두 사상 모두 Marx의 저작과 다양한 마르크스주의자들에게서 깊은 영향을 받았다. 마르크스주의를 경제학적이고, 생산주의적이며, 결정론적으로 바라보는 표준화된 판단은 마르크스주의의 인식론과 그의 정치경제에 대한 비판, 그리고 자본주의와 자본주의 사회의 발달을 분석한 변증법적 방법에 대한 어처구니없고 마구잡이 격의 인식을 드러낸다. 우리는 Marx의 저작과 넓은 범주에서 마르크스주의 전통에 속하는 많은 저작들이 주는 통찰이 모든 비판적 연구의 토대를 제공한다고 단언한다(Lund & Carr, 2008). 예를 들어 마르크스주의는 인종차별주의의 기원과 그 끈질긴 생명력의 이유를 설명할 수 있는 강력한 이론적 접근법이다(McLaren, 2002). 좌파 진영의 많은 사람들이 계급에 대해 논할 때 그것을 종종 "계급주의"로 설명하면서 많은 억압 가운데 하나인 것처럼 이야기한다. 그러나 계급은 어떠한 "주의(-ism)"가 아니다. 계급이 인종, 성별 그리고 다른 적개심들과 교차하는 것은 사실이다. 또한 그러한 억압적 관계들이 각각의 요소들을 강화하고 복잡하게 만들지만, 그러한 요소들은 결국 자본주의와 경제적 착취라는 모든 자본주의 사회가 갖는 운동력에 의해 만들어진 물질적 관계에 근거한다(Dale & Hyslop-Margison, 2010; Macrine, McLaren, & Hill, 2009).

진정으로 인종차별주의의 종말을 고하고, 인종간의 헤게모니, 인종 형성, 인종에 기반한 국가의 형성 등을 해소하기 위해서는 계급을 다양하면서도 역사적으로 매우 구체적인 방식으로 다수의 그룹과 영역들이 상호작용하고 있는 객관적인 과정으로 이해할 필요가 있다. 계급에 대한 통찰력 있는 분석이 수반되어야 인종

이라는 개념과 인종차별주의에 대한 다양한 작업들이 더욱 완전하게 이해될 수 있으며, 인종차별주의가 좀 더 강력하게 견제될 수 있고, 결과적으로 더욱 강력하고 변혁적인 실천들이 일어날 수 있다. 이러한 점에서 계급과 인종은 상호 구성적인 것으로 봐야 하고 변증법적으로 서로 연결된 것으로 이해되어야 한다(McLaren & Jarramillo, 2010).

연구자로서의 교사

전통적인 학교교육에 대한 보수적인 교육적 질서 속에서의 지식이란 학교와는 멀리 떨어진 고귀한 영역에 속한 전문가가 생산해낸 어떤 것으로 인식된다. 학교교육에 대한 중요한 개혁이 일어나기 위해서는 이러한 관점이 반드시 바뀌어야 한다. 교사가 좀 더 목소리를 내고 존경을 받는 문화가 교육계에 존재해야 한다. 지난 세월동안에는 이루지 못했던 새로운 수준의 교육적 엄밀함과 질적 수준을 성취하고자 한다면 교사들이 반드시 연구자들의 문화에 참여해야 한다. 이러한 민주화된 문화 속에서 비판적 교사들은 다양한 교육적 개혁들이 지니는 권력의 시사점들에 대해 이해할 수 있는 학자이다. 이러한 맥락에서 교사들은 연구가 지닌 이득을 이해할 수 있으며, 특히 그들의 직접적인 경험과 인식의 외부에 존재하는 교육을 조형하는 힘과 연관 지어 교사들이 이해할 때 연구가 갖는 가치를 알게 된다. 이러한 통찰력 있는 시각들이 구성되면서 교사들은 그들의 경험으로부터의 앎에 대해 이해하게 된다. 또한 이러한 마음가짐을 통해 교사들은 교육에 대한 연구에 그들이 어떻게 기여할 수 있을 것인가에 대한 이전보다 높은 수준의 깨달음을 얻을 수 있다. 아울러 교사들은 전문적인 연구자들이 생산해낸 이해의 수준을 넘어서는 새로운 이해에 접근할 수 있음을 깨닫게 된다. 비판적인 학교문화에 속한 교사들은 단순히 의문을 가지지 않은 채 위에서부터 내려오는 지시에 순응하는 공무원이 아니라 학습자들로 간주된다. 교사들은 그들의 전문적

인 요구와 현재의 이해들을 성찰하는 연구자이며 지식 노동자로 간주된다. 교사들은 교육적 과정의 복잡성에 대해 알고 있으며, 학교교육이 그것을 조형하는 사회적, 역사적, 철학적, 문화적, 경제적, 정치적, 심리학적 맥락과는 떨어져서 이해될 수 없다는 점도 알고 있다. 학자적 교사는 위와 같은 맥락에 대한 충분한 설명 없이는 학습자 요구에 부응하는 교육과정을 개발하는 것이 불가능하다는 점을 이해하고 있다.

비판적 교사/연구자는 그들의 교실에서 일어나는 학습의 과정을 탐색하고 해석하고자 시도한다. 그들은 "학습과정의 심리학적, 사회학적, 이데올로기적 효과는 무엇인가?"와 같은 질문을 가지고 있다. 따라서 비판적이며 학자적인 교사들은 그들 자신의 전문적 행위를 탐구한다. 힘을 지닌(empowered) 학자적 교사들이 학교에서 일하게 될 때 변화는 시작된다. 예를 들면 상명하달식의 교과내용 기준들에 의해 만들어진 학교교육의 억압적 문화가 도전받게 될 것이다. 교사들을 위한 직무연수도 더 이상 "이것이 전문적인 연구의 성과입니다. 자 이제 가서 실행하세요"와 같은 형태를 띠지 않을 것이다. 비판적인 학교문화에서는 이러한 직무연수가 교사들에게 서로의 생각에 담긴 힘에 대해서 분석하고 숙고하는 기회를 제공할 것이다. 그러므로 새로운 비판적인 학교문화는 "학생들을 가르치기 위한 씽크탱크"로서의 학습 공동체의 형태를 갖게 된다. 학교 행정가들은 그들이 학생들과 교사들의 학습을 지원하였을 때 어떤 일들이 일어나는지에 대해 놀라움을 금치 못한다. 학교의 교장들과 교육과정 개발자들은 교사들이 협력과 공유된 연구 활동을 고양시키는 프로젝트들을 개발하는 것을 목격하였다. 비판적 교육학자들은 이와 같은 교사들의 활동이 학생들의 수준을 낮추고 교사들의 전문성을 약화시키는 하향식 교육과정의 대안이 될 수 있음을 주장한다(Jardine, 1998; Kincheloe, 2003a, 2003b, 2003c; Macedo, 2006).

교사들이 연구자가 되도록 촉진하는 것은 교사들에게 그들이 학생들에게 읽어줘야 할 대본을 주면서 그들을 어린애 취급하는 교사 전문성이 고려되지 않은 교수

모형의 피해를 일소할 수 있는 근본적인 방안이다. 교사의 전문성이 약해지고 교육과정이 우매해지는 것은 교사들을 지식의 생산자가 아닌 수용자로 간주할 때 일어난다(Macedo, 2006). 생동하는 전문성의 문화는 그들 스스로의 연구와 지식생산을 통해 지속적인 재창조의 자유를 가진 일군의 실천가들에게 달려있다. 비판적 실천에 참여하는 교사들에게 있어 하향식 교육과정 기준들과 그것의 해악을 아무런 비판 없이 수용하는 것은 매우 어려운 일이다. 교사의 전문적 지위를 약화시키고 단순화하는 내용을 수반하는 상명하달식 개혁은 이들에게 있어서 수용할 수 없는 것이다. 비판적 교육의 지지자들은 교사들의 임파워먼트가 단순히 우리가 그것을 희망하기만 하면 일어날 수 있는 일이 아니라는 점을 이해하고 있다. 교사들의 임파워먼트는 교사들이 지적 노동과 관련된 기술과 권력관계에 대한 이해, 교사의 소명에 걸맞은 교육적인 능력을 개발할 때 일어난다. 비판적 교육학에 있어서 교사의 연구 활동은 핵심적인 차원이다(Porfilio & Carr, 2010).

학생에 대한 연구자로서의 교사

비판적 교사들의 연구의 중심적인 측면은 그들 학생에 대한 연구를 포함하며 이를 통해 교사는 학생들을 더 잘 이해하고 잘 가르칠 수 있다. Freire는 모든 교사들이 학생들과의 지속적인 대화에 참여해야 할 필요가 있다고 주장하였다. 이러한 대화는 현존하는 지식에 대해 의문을 갖게 하고 그동안 특정한 그룹과 개인들을 주변화시켜 왔던 전통적인 권력관계를 문제시하는 대화이다. 이러한 학생들과의 연구적인 대화를 통해 비판적 교사들은 학생들과 그들의 공동체가 직면하고 있는 문제들에 대해서 무엇을 이야기하는지를 주의 깊게 들을 수 있다. 교사들은 학생들이 그러한 문제를 해결하기 위해서 그 문제를 좀 더 넓은 사회적, 문화적, 정치적 맥락에서 규정할 수 있도록 돕는다.

이러한 맥락에서 Freire는 교사들은 학생과 교사들

자신에 대한 사회문화적 배경에 대한 새로운 지식에 기반하여 자료와 생성적인 테마들을 발견한다고 주장하였다(Mayo, 2009; Souto-Manning, 2009). 교사들은 학생들이 그들 스스로를, 주변인들의 상호관계를, 그들의 사회적 현실을 어떻게 인식하는지를 이해하게 된다. 이러한 정보는 교사들로 하여금 그들이 학교교육과 현실세계를 어떻게 이해하는가를 인식할 수 있도록 도와준다는 측면에서 비판적인 교육적 행위에 있어서 핵심적 요소라 할 수 있다. 이러한 이해를 마음에 새기고, 비판적 교사들은 학생들이 무엇에 의미를 두고 어떻게 의미를 형성해 나가는지를 알게 된다. 위의 과정은 교사로 하여금 학생들 스스로 내가 무엇을 모르고 있고 무엇을 알기를 원하는가를 발견하도록 할 수 있는 내면의 열정을 불러일으키는 교육을 구성할 수 있도록 한다(A. Freire, 2000; Freire & Faundez, 1989; Janesick, 2010; Kincheloe, 2008b; Steinberg & Kincheloe, 1998; Tobin, 인쇄 중).

비판적 교육에 대한 연구가 제대로 작동하기 위해서는 무엇보다도 교사들이 그들의 학생의 마음속에 무슨 일이 일어나고 있는가를 이해하는 것이 선행되어야 한다는 점은 결코 과장된 표현이 아니다. 다양한 형태의 비판적 교육을 옹호하는 사람들은 학생들이 가지고 있는 인식이 사회적으로 구성된다는 점을 이해하는 것의 중요성을 잘 알고 있으며, 이는 학생들의 동기, 가치, 감정과 같은 요소들에 집중함으로써 이해될 수 있다. 이러한 비판적 맥락 안에 존재하는 연구자로서의 교사는 학생들을 해독되어야 할 살아있는 텍스트로 탐구한다. 연구자로서의 교사는 학생들에게 적극적인 상상력과 기꺼이 그들을 사회적으로 구성된 존재로 바라보며 접근한다. 비판적 교사가 이러한 시각에서 학생에 대한 연구에 접근할 때 그들은 종종 매우 흥미로운 정보를 발견해왔다. 예를 들어, 영국에서 진행된 실행 연구에서 교사들은 이차적 교육과정이라고 불리는 것에 학생들이 몰두하고 있다는 점을 발견해내는 과정에 학생들의 일기, 그들과의 면담, 대화, 그림자 관찰(교사가 학교에서 일상적인 활동을 진행하는 과정에서 학생들을

관찰하는 것)을 활용하였다. 이러한 이차적 교육과정에는 학생들의 복장에 대한 문제, 학교 규칙에의 순응, 지루함과 실패에 대처하는 전략, 학교사회에서의 서열 관계에서 그들의 기대되는 행동을 가정하는 것이 포함된다. 교사 연구자들은 이러한 이차적 교육과정의 많은 부분들이 학생들의 개별성을 존중하고, 세련된 사고를 고양하며, 긍정적인 자기 이미지를 생성하는 것과 같은 표면적으로 진술된 학교의 목적과는 모순된 형태로 작동한다는 것을 발견하였다. 학생들은 종종 일상적인 수업을 통해 교사가 가르치는 내용(의도된 교육과정)이 교실 밖에서 학생들과 교류하는 교사들의 모습에서 발견되는 것과는 사뭇 다른 가정들에 기초하고 있다고 인식한다. 교사들은 이러한 불일치로 인해 학생들이 갖는 분노와 적개심을 시종일관 제대로 이해하고 있지 못해왔다. 학생들의 인식에 가치를 두는 실행 연구의 맥락 안에서만 이러한 학생들의 감정이 이해되고 설명될 수 있다(Hooley, 2009; Kincheloe, 2001a; Sikes, 2008; Steinberg, 2000, 2009; Vicars, 2008).

지능검사를 실시하거나 지배적인 문화적 배경 속에서 수행된 학생 관련 연구를 통해 유래된 발달 이론들을 활용함으로써 학교는 사회적 계층을 드러낼 뿐만 아니라 그것을 확대한다. 이것은 사회적 이익을 위해 고안된 학교가 실제로는 악영향을 미치고 있음을 보여주는 사례이다. 해악을 끼치는 과정에 연루된 교사들은 대부분의 경우 고의적으로 학생들에게 상처를 주지는 않는다. 그들은 그저 체제의 규칙과 상급자의 지시를 따를 뿐이다. 셀 수 없이 많은 좋은 교사들이 이러한 체제의 부정적인 영향을 해소하기 위해 매일 애쓰고 있지만, 이들에게는 같은 마음을 가진 동료들과 조직의 도움이 필요하다. 비판적 교육 연구는 권력이 학생들에게 미치는 영향력을 감소시키고자 하는 교사들에게 도움을 제공하기 위해 실시된다. 여기에서 정치적인 기관으로서의 학교는 교사들로 하여금 그들의 전문적인 행위를 스스로 행할 수 있도록 돕기 위해 사회적이고 교육적인 비전을 만들고자 하는 비판적 교육학의 관심사와 통합된다. 교사가 교육활동을 개발할 때마다 그들은 동시

에 정치적인 비전을 구축한다. 그리고 이 두 행위는 분리될 수 없다(Kincheloe, 2008b; Wright & Lather, 2006).

유감스럽게도 무비판적 교육 연구를 수행하는 사람들은 그들 안에 내재되어 있는 정치적인 언어들을 인식하지 못할 수 있다. 예를 들어 미국역사의 위대한 인물과 사건들에 대해 확립된 사실체계에 대한 단순한 전달을 요구하는 사회교과의 교육과정을 집필하는 교육청 관리자는 이러한 역사적 견해에 대해 현재의 상황을 유지하도록 유도하는 일종의 정치적 수업을 하는 것과 다름없다(Keesing-Styles, 2003; McLaren & Farahmandpur, 2003, 2006). 이러한 교육과정 안에서는 교사 연구자들이 대안적인 정보자원을 탐색하거나, 다양한 역사적 해석을 비교하거나, 기존의 주류 해석과 반대될 수 있는 그들 자신만의 지식을 생산해내는 연구 활동을 수행할 여지가 주어지지 않는다. 이러한 민주적인 시민의식에 터한 행동들은 교육청이나 그들의 관리자들에게 있어서는 반미적이고 파괴적인 행위로 비춰질 수 있다. 더 나아가 교육과정의 집필자들은 주정부의 교육부서로부터 확고하고, 현재 상황에 기반하며, 접근방식에 있어서 의문이 허용되지 않고, 사실에 기반한 교사 중심의 역사 교육과정을 구성하도록 요구받는 압력 속에 처할 수도 있을 것이다. 지배적 권력은 매우 많은 곳에서 보이지 않는 방식으로 작동한다(Nocella, Best, & McLaren, 2010; Watts, 2006, 2009a, 2009b).

전통적 연구자들은 그들의 과제를 현실의 단편에 대한 기술, 해석, 혹은 재창조로 여긴다. 반면 종종 비판적 연구자들은 그들의 연구 활동을 연구 현장에서 발견된 불평등함에 대한 혹은 그들의 연구라는 행위 자체로 창조된 정치적 행위를 구성하기 위한 첫걸음으로 인식한다. Horkheimer(1972)는 이 점을 비판 이론과 비판적 연구는 단순한 지식의 증가에 절대 만족하지 않는다는 명료한 주장으로 표현한 바 있다(Agger, 1998; Britzman, 1991; Giroux, 1983, 1988, 1997; Kincheloe, 2003c, 2008a, 2008b; Kincheloe

& Steinberg, 1993; Quantz, 1992; Shor, 1996; Villaverde & Kincheloe, 1998; Wexler, 2008 등을 추가적으로 참고). 비판적 전통에 입각한 연구는 자기 의식—연구자가 자신의 연구뿐만 아니라 연구자 본인의 주관적, 간주관적, 규범적 참조 준거로서의 주장에 영향을 주는 이데올로기적 명령과 인식론적 가정에 관한 자기 의식—에 대한 비판의 형태를 취한다. 비판적 교육 연구자들은 본격적인 연구 수행에 앞서 그들이 가지고 있는 가정들에 대해 검토함으로써 누구도 그들이 연구 현장에 지니고 오는 인식론적, 정치적 가정들에 혼란스러워하지 않도록 한다.

세부적인 분석에 있어서는 비판적 연구자들이 갖는 가정들에 변화가 있을 수 있다. 이러한 변화를 야기하는 자극은 비판적 연구자가 자신이 가지고 있는 가정들이 해방적 활동을 이끌어내지 못한다는 점을 인식하는 데서 올 수 있다. 해방적 활동을 위한 근원은 그동안 지배적인 문화 속에서 자연적이고 피할 수 없는 것으로 받아들여졌던 세계의 모습과 모순되는 점을 드러낼 수 있는 연구자의 능력에 있다(Giroux, 1983, 1988, 1997; Kincheloe, 2008b; McLaren, 1992, 1997; San Juan, 1992; Zizek, 1990). 비판적 연구자가 도전하는 그러한 세계의 모습은 아마도 불평등과 부정, 그리고 착취의 사회적 관계를 숨기고 있을 것이다. 만일 우리가 교실 안에서 일어나는 폭력을 특정한 사회적 병리 형태의 관점을 따라 엉뚱한 한 개인의 의도적인 일탈에 의해 일어난 임의적이고 고립된 사건으로 바라보는 것이 아니라 저항과 항의를 드러내는 가능한 표현이라고 본다면, 이러한 점은 바로 우리에게 일상적인 교실생활의 표면에 숨어있는 "정치적 무의식"이 인종, 계층, 성적 억압의 행위들과 무관한 것이 아니라 사실 매우 밀접하게 연결되어 있다는 점을 보여준다. 연구 활동에 있어 이러한 비판적 교육의 관점을 적용함으로써 우리는 그동안 연구되어 왔던 이론과 실천 자체를 확대시켜 주고, 때로는 집중하게 해주며, 성장시키며, 의문을 갖게 만드는 임파워링한 질적 연구를 창조할 수 있다.

브리콜라주

비판 이론에 대한 우리의 이해와, 비판적 견지에서의 사회학적 연구, 비판적 교육학 연구에 대한 우리의 참여를 통해 형성된 이해에서 보자면 브리콜라주는 해방적인 연구의 구성요소로 규정될 수 있다. 이데올로기에 기반하여 브리콜라주는 연구 과정에서 진화하는 비판성을 나타낸다. Norman K. Denzin과 Yvonna, S. Lincoln(2000)은 이 용어를 Lévi-Strauss(『The Savage Mind』(1968)에서의 장문에 걸친 논의에 따라)의 입장에서 사용하고 있다. 프랑스어 'bricoleur'는 임무를 완수하기 위해서 가용한 도구들을 사용할 수 있는 장인을 묘사하는 용어이다(Harper, 1987; Steinberg, 2011). 브리콜라주는 모든 공식적인 연구 활동의 시연에 포함되는 허구적이고 상상적인 요소들을 암시한다. 브리콜라주는 다학제간 연구의 핵심에 도달하기 위한 과정을 묘사하고 있다. 철학적 분석, 리터러리 분석, 미적 비판, 연극이나 드라마 방식의 관찰과 의미화와 결합된 문화기술지, 텍스트 분석, 기호학, 논리해석학, 심리분석, 현상학, 역사학 방법론, 담화 분석 등 연구에 대한 지식이 방법론적 브리콜라주를 구성한다. 이러한 방식으로 브리콜러는 특정한 영역의 한계를 뛰어넘어 새로운 영역의 연구와 지식생산에 대한 관념적 창을 바라볼 수 있게 된다(Denzin, 2003; Kincheloe & Berry 2004; Steinberg, 2011).

현대적 의미에서 브리콜라주는 연구 상황의 맥락을 풀어내기 위해 필요한 경우 이러한 방법론적 절차들을 사용하는 과정으로 이해될 수 있다. 브리콜라주에 대한 언급의 대부분에 있어 간학문적 성격이 핵심을 차지하고 있으나, 비판적 질적 연구자들은 반드시 이러한 역동성을 뛰어넘어야 한다. 새로운 개념적 영역으로 진입하는 과정에 있어 위와 같은 선택적 과정은 연구자들이 그들의 이론적 연계성과 인식론적 혁신을 유지하기 위해서는 반드시 다뤄야 할 많은 이슈들을 불러일으킨다. 간학문성은 모든 연구자들에게 있어서 그들이 수행하는 연구의 수많은 맥락에 있어 새로운 수준의 자의식과 자기 인식을 요구한다. 누군가가 우리 자신과 다른 연구자들의 연구물에 드러난 내용을 은밀하게 조형하고 있는 다양한 구조들에 대해서 드러내고자 한다면, 브리콜라주는 연구자가 대상을 바라보는 관점과 그 자신의 개인사에 포함되는 사회적 위치와의 연관성에 주목할 것이다. 권력이 추동하는 행위로 연구를 이해함으로써 브리콜러로서 비판적 연구자들은 사실주의에 입각한 몇 가지 고지식한 개념들에 대한 연구 대신 그가 현실세계 속에서 지닌 그의 위치와 다른 연구자들이 갖는 사회적 위치, 그리고 이러한 것들이 지식을 생산하고 해석하는 과정에서 어떻게 작동하는가에 초점을 맞출 것이다.

이러한 맥락에서 브리콜러는 복잡성의 영역으로 이동한다. 브리콜라주는 우리 세계의 복잡성과 권력의 미묘함에 대한 존경심에서 출발한다. 게다가 브리콜라주는 인식론의 복잡성에 기반을 두고 있다. 이러한 복잡성의 한 차원은 연구와 사회 이론 영역 간의 관계에 의해서 설명될 수 있다. 세계에 대한 모든 관찰은 의식적 혹은 무의식적으로 사회 이론에 의해서 형성된다. 사회 이론은 관찰된 것에 대해 무엇을 강조할 것인지 혹은 삭제할 것인지에 대한 사고틀을 제공한다. 현대적, 실증주의적 방식의 이론은 모든 맥락에서 변동 없이 작동하는 이해의 방식이다. 이론이라는 것이 문화적이고 언어적인 인공물이기 때문에 관찰 대상에 대한 해석은 그것을 조형하는 역사적 역동성과 분리될 수 없다(Austin & Hickey, 2008). 브리콜러의 과제는 이러한 복잡성을 공격하고, 권력과 문화의 보이지 않는 인공물들을 드러내고, 그들의 연구물을 통해 이것들의 영향력의 본질에 대해 기술하고, 그들 자신뿐만 아니라 전반적인 학계의 영역으로 확장하는 것이다. 이러한 과정을 통해 브리콜러는 이론은 자연에 대한 설명을 의미하는 것이 아니라 자연과 우리의 관계성에 대한 설명이라는 개념을 따른다.

복잡성의 영역에서 벌어지는 각고의 노력 가운데서 브리콜러는 연구 방법을 수동적인 것이기보다는 적극적인 것으로 바라본다. 연구 방법에 있어 적극적이라 함은 우리가 가용한 도구들 가운데서 연구 방법들을 적극적으로 구성하는 것이지 보편적으로 적용 가능한 연구 방법론 가운데서 단순하게 "올바른" 것을 수동적으로 받아들이는 것이 아님을 의미한다. 논리적 분석에 대한 보증된 절차에서 파생된 추론방식을 피하고, 브리콜러는 또한 현재 탐구 영역의 구체적인 요구와 동떨어져 개발된 기존의 체크리스트나 가이드라인의 사용도 피한다. 복잡성에 대한 수용에 있어 브리콜라주는 현실을 조형하고 그러한 현실을 표현하는 연구의 절차와 기술들을 창조해내는 데 있어 훨씬 더 적극적인 인간의 역할을 나타내고 있다. 이러한 적극적인 존재는 특정한 사회적, 정치적, 경제적, 교육적 과정의 영향력을 가정하고 있는 사회적 현실에 대한 결정론적 관점을 거부한다. 또한 같은 개념적 맥락에서 이러한 적극적인 인간 존재에 대한 믿음은 표준화된 지식생산의 방법을 거부한다(Bresler & Ardichvili, 2002; Kincheloe & Berry, 2004; McLeod, 2000; Selfe & Selfe, 1994; Steinberg, 2010, 2011; Wright, 2003a).

사회적 복잡성에 대한 연구 가운데서 가장 대표적인 연구들은 사회학, 문화 연구, 인류학, 문학, 마케팅, 지리학, 매체 연구, 간호학, 정보과학, 도서관학, 여성학, 다양한 인종 연구, 교육학과 같은 많은 학문 영역에서 이루어지고 있는 질적 탐구를 통해 이루어지고 있다. Denzin과 Lincoln(2000)은 이러한 역동성을 날카롭게 인식하였고, 브리콜라주에 대한 그들의 서술과정에서 이러한 연구들을 언급하였다. Joe L. Kincheloe의 브리콜라주 서술에 대한 응답으로 Yvonna Lincoln(2001)이 발표한 논문에서 그녀는 학제간 경계의 영역에서 이루어지고 있는 많은 연구들이 대부분 여성학과 인종-종족 연구 영역에서 이루어지고 있음을 밝히고 있다. 수동적이고 외부적이며, 단일한 연구 방법의 사용에 있어서는 많은 방식으로 도구적 추론, 합리적 부조리(rational irrationality) 형태가 존재한다. 적극적인 브리콜라주의 개념에서 연구자는 연구 방법들에 대한 이전의 경험들과 함께 연구 맥락에 대한 이해를 함께 가지고 온다. Lévy Strauss 학파의 견지에서 보자면, 우리는 이러한 지식들을 활용하여 현장에 기반하고 해석적인 맥락에서 우리의 연구 방법들을 임시방편적으로 수정한다. 이러한 임시방편은 실제로는 구성과 재구성, 맥락적 진단, 협의와 재수정을 포함하는 매우 고차원적인 인지적 과정이다. 브리콜러가 이해하는 탐구 대상과 연구자 간의 상호작용은 언제나 난해하고, 유동적이며, 예측 불가능하며, 복잡하다. 이러한 조건들은 사전에 연구 전략을 계획하는 행위를 부정한다. 연구 과정에 대한 합리화 대신에 브리콜러는 방법론적 협상자로서 연구 활동을 시작한다. 우리의 설명에서 개념화된 브리콜라주는 언제나 눈앞에 보이는 과제들이 지닌 요구를 존중하지만 브리콜라주의 현실적 적용에 있어 탄력성을 증가시키는 것에는 저항한다. Lincoln(2001)은 두 가지 유형의 브리콜러로 (1) 주변환경이 적용되는 연구 방법의 선택에 개입하는 것을 허용하는 연구 절충주의를 택하는 사람들, (2) 더욱 원대한 목적을 가지고 학문 영역 내의 고고학(archeology)이나 계통학(genealogy)에 참여하기를 원하는 사람들을 제시하였는데, 이러한 논의는 비판적 연구자들에게 브리콜라주가 지닌 힘을 더욱 잘 알게 해주고 있다. 우리의 논의는 브리콜러의 두 가지 역할에 대한 Lincoln의 사유를 더욱 확장하는 데 목적이 있다(Steinberg & Kincheloe, 2011).

브리콜라주에게 있어 연구 방법은 개념이며, 이 개념이 연구 방법의 용어에 대한 이성적 고찰보다 더 많은 존중을 받아야 한다. 연구 방법에 대한 이성적 고찰은 수동적인 연구 방법들에 내재되어 있는 매우 다양한 분석되지 않은 가정들을 해체하는 일을 불가능하게 만든다. 연구 과정이 지니는 복잡성에 대한 이해를 통해 브리콜러는 연구 방법을 단순한 절차보다 더 많은 것을 포함하고 있는 것으로 바라본다. 이러한 방식의 분석에서 브리콜러는 연구 방법을 정당화를 위한 공학으로 이해하게 된다. 정당화를 위한 공학이란 우리가 안다고 확신하는 것과 그것을 알게 되는 과정에 대해 변호하는 방식을 의미한다. 따라서 비판적 연구자들에 대한 교육에서는 모든 사람들이 연구 방법들을 학습하는 과정에서 한걸음 물러나 있기를 요구한다. 이렇게 한걸음 물러서 있는 것이 우리가 비판 의식을 형성할 수 있도록 하는 개념적 거리를 만들어준다. 비판 의식은 외부로부터 강요된 연구 방법에 대한 수동적인 수용을 거부한다. 강요된 연구 방법은 지식을 정당화하기 위해 전략적으로 인증된 방법들이며 이러한 것은 탈맥락적이고, 환원주의적이며, 권력의 지배적 방식이 내재되어 있는 것들이다(Denzin & Lincoln, 2000; Foster, 1997; Kincheloe & Berry, 2004; McLeod, 2000).

사회적 변화에 대한 중대한 관심을 가지고 브리콜라주는 서구사회의 변방과 비서구사회의 사람들의 지식, 그들의 앎의 방식에서 통찰을 찾고자 한다. 이러한 통찰은 브리콜러가 그들이 탐구해야 할 새로운 주제들을 인식하는 과정에서 기존의 사회 이론, 연구 방법, 해석 전략을 재조형하고, 정교하게 만드는 데 도움을 준다. 브리콜라주가 갖는 이러한 기본적인 개념에 대한 도전들은 연구자로 하여금 새로운 형태의 지식을 생산하도록 하며, 이러한 새로운 형태의 지식은 일반적인 정책적 의사결정이나 정치적 행위에 정보를 제공한다. 서구사회의 변방으로부터 이러한 지식을 습득함으로써, 브리콜러는 이해에 대한 해석학적 탐색과 사회정의를 위한 사회적 변화에 대한 비판적 관심 사이의 흐릿해진 경계선을 다시 한 번 보여준다(Jardin, 2006a). Kincheloe는 브리콜라주의 개념에 대한 그의 첫 번째 설명(2001a)에 대한 웅대한 논문을 통해 Peter McLaren(2001)이 제기한 의미의 생산에 단순히 초점을 맞추는 것은 "착취의 현존하는 조건에 저항하고 변화를 불러일으키는 것"을 이끌어낼 수 없다는 점을 매우 의미 있게 받아들였다. McLaren이 제기한 문제에 대해 Kincheloe는 브리콜러의 비판적 해석학적 영역에 있어 권력과 그것의 영향에 대해서 이해하고자 하는 행동은 비록 분리될 수 없는 부분이지만 반헤게모니적 행동의 일부분에 불과하다는 입장을 견지하였다. 이러한 두 지향점은 갈등관계에 있는 것이 아닐 뿐더러 상승작용 관계에 있다(DeVault, 1996; Lutz, Jones, & Kendall, 1997; Soto, 2000; Steinberg, 2001, 2007;

Tobin, 2010).

사회변혁에 기여하기 위해서 브리콜러는 지배적 문화 외부에 위치한 인종, 계층, 성별, 민족, 종교적 배경이 개인의 삶에 미치는 영향으로서의 지배권력과 다양한 사람들이 갖는 세계관에 대한 더 나은 이해를 추구한다. 이러한 맥락에서 브리콜러는 엘리트 그룹의 통제 하에서 이루어지는 지식 생산과 그러한 지식이 가져다주는 혜택을 제거하려 시도한다. 엘리트 그룹의 통제는 그들의 특권을 지속적으로 강화시키는 방식으로 작동할 뿐만 아니라 지배권력의 핵심으로부터 소외된 그룹을 더 멀리 밀어낸다. 이러한 표준화된 상태를 거부함으로써 브리콜러는 소외된 그룹과 개인들의 이데올로기적 요구, 정보에 대한 요구를 설명하는 데 도움이 되는 지적 작업에 헌신한다. 복종된 시각을 밝혀내는 사람으로서 브리콜러는 노동쟁의, 여성의 소외화, 인종적으로 억압된 "이중의식(double consciousness)", 식민정책에 반대하는 폭동과 같은 주제를 기꺼이 학습한다(Kincheloe & Steinberg, 1993; Kincheloe, Steinberg, & Hinchey, 1999; Kincheloe & Berry, 2004). 이러한 방식으로 브리콜라주는 진화하는 비판성에 기여하기를 희망한다.

브리콜라주는 수많은 의미생성과 지식생산의 방식—다양한 사회적 장소에서 파생된—과 일맥상통하는 엄격성의 한 형태에 전념한다. 이러한 대안적인 추론과 연구의 방식은 항상 서구의 인식론과 존재론의 정형화되고 합리주의적인 방식과 상이한 문화적, 철학적, 패러다임적, 그리고 복종적인 표현들과의 관계성, 반향, 분열상을 고려한다. 후자의 표현들에 있어서 종종 브리콜러는 객관적 실재와의 거리를 제공하고 있는 전통적으로 타당한 것으로 여겨지는 사전에 구체화된 절차들에 의존하지 않고 개념에 접근하는 방식들을 발견한다(Thayer-Bacon, 2003). 객관적 실재로부터 거리감을 두는 것은 의미가 세상에 존재하는 행위, 연구의 과정, 연구의 목적 안에 내재되어 있다는 해석학적 이해의 방식이 갖는 엄격성을 고려하지 않고 있다. 이러한 해석학적 자각의 부재는 풍부한 기술을 위한 연구자의 탐구를 저해하며, 결국 사회생활의 복잡성에 대해 축약된 이해를 만들어내고 있다(Jardine, 2006b; Selfe & Selfe, 1994).

차이(difference)의 개념이 제공하는 다양한 관점들은 브리콜러에게 매우 많은 이점을 제공한다. 차이에 맞섬으로써 우리는 새로운 것을 볼 수 있게 되고, 에피퍼니(ephiphany)[평범한 사건이나 경험을 통하여 직관적으로 진실의 전모를 파악하는 일—역주]의 세계로 이동할 수 있도록 도와준다. 진화하는 비판성의 기본적인 차원은 지식을 생산하고 분석해내는 데 있어 대안적인 방법이 존재한다는 점을 기꺼이 수용하는 것이다. 이러한 점들이 역사가에게 있어서 현상학과 해석학을 통한 이해를 증진하는 것이 왜 중요한지, 사회 연구자들에게 있어서 대도시의 중심부에서 살고 있더라도 토착민의 지식 형태, 도시민의 지식 형태, 젊은이들의 지식생산 형태를 이해하는 것이 왜 중요한지를 말해주고 있다(Darder, 2010; Dei, 2011; Grande, 2006; Hooley, 2009; Porfilio & Carr, 2010). 이와 같은 탐구의 문화적 방식 간에 존재하는 불일치는 매우 가치 있는 것이다. 왜냐하면 이러한 차이가 가져오는 긴장감이 연구 활동의 다양한 차원에 통찰력을 주기 때문이다. 통찰력을 통해 우리는 연구 대상과 목적, 탐구의 본질에 대해 새로운 수준의 이해에 도달할 수 있다(Gadamer, 1989; Kincheloe & Berry, 2004; Kincheloe & Steinberg, 2008; Mayers, 2001; Semali & Kincheloe, 1999; Watts, 2009a, 2009b; Willinsky, 2001).

브리콜라주가 갖는 차이성은 우리가 전체와 연계되어 있는 부분들이 갖는 다양성을 다룸으로써 해석학적 순환에 이르게 한다. 차이점들은 문화, 계층, 언어, 학문영역, 인식론, 우주론과 같은 주제들을 포함할 수 있을 것이다. 브리콜러는 이러한 수많은 다양성 가운데 하나의 차원을 사용하여 다른 것들을 탐색하고, 이전에 상상할 수 없었던 질문들을 만들어낸다. 이러한 다양한 관점들을 검토함으로써 우리는 어떠한 관점이 타당한지, 어떠한 관점이 무시되었는지에 대해 주의를 기울

일 수 있다. 이와 같은 차이점들을 연구함으로써 우리는 지배적인 권력이 어떻게 특정한 지식생성의 형태를 배제하였는지 또는 인정하였는지, 그리고 왜 그러한 일이 벌어졌는지를 이해하기 시작한다. 브리콜라주가 갖는 비판성을 통해 권력과 차이에 대해 집중하는 것은 사회가 갖는 다양한 차원들에 대한 자각을 항상 이끌어낸다. Freire(1970)는 이러한 자각이 자원과 권력에 대한 동등한 접근성을 훼손하는 사회적 구조와 체제를 인식하는 데 필요한 것이라고 말하였다. 그러한 질문들에 대한 브리콜러의 답변을 통해 우리는 권력이 우리가 현재 알고 있는 것과 알게 되는 방식을 어떻게 조형하고 있는가에 대한 새로운 이해를 얻을 수 있다.

존재론적 논의

비판적 연구에 가장 중요한 시사점을 제공하고 있는 브리콜라주의 핵심적인 차원은 비판적 존재론에 대한 내용이다(Kincheloe, 2003a). 브리콜러가 문화기술적(ethnographic) 관점으로는 아직 명백하지 않은 주제, 질적 연구자가 관찰하고 해석하는 대상이 무엇인지에 대한 대화가 필요한 지식생성의 복잡한 영역을 탐구하고자 준비할 때 복잡한 존재론에 대한 명확한 정리가 필요하다. 위에서 언급한 대화는 일반적으로 잘 일어나지 않는다는 점에서 역설적으로 매우 중요하다. 브리콜러는 탐구 대상이 압축된 존재로 설명될 수 없는 존재론적으로 매우 복잡하다는 점을 주장한다. 이러한 개방적인 시각에서 본다면 탐구 대상은 언제나 많은 맥락과 과정의 일부분이고, 문화적으로 각인되어 있으며, 역사적으로 상황화되어 있는 것이다. 탐구대상에 대한 복잡한 관점은 대상이 갖는 의미를 해석하는 데 있어서의 역사적인 노력과 그러한 노력들이 어떻게 대상이 갖는 사회적, 문화적, 정치적, 심리학적, 교육학적 영향을 지속적으로 정의 내리고자 했는지를 설명해주고 있다.

예를 들면, 질적 연구의 과정을 포함하는 영역에 있어 이러한 존재론적 복잡성은 삼각화(triangulation)

에 대한 전통적인 언급에 대한 이견을 제시한다. 연구의 과정이 진행적이라는 속성 때문에 연구자 간의 신뢰성을 담보하는 것은 달성하기 매우 어려운 것이다. 과정에 민감한 연구자들은 흐르는 물이 담고 있는 내용은 절대로 같을 수 없다는 점에서 세계의 흐름을 마치 강물의 흐름과 같은 것으로 바라본다. 모든 관찰자들이 탐구 대상을 바라보는 것은 실재라는 연결망 안에서 언제나 자신이 유리한 관점에서 바라보는 것이기 때문에 한 사람의 사회적 현상에 대한 묘사는 다른 사람들의 묘사와는 완벽하게 일치할 수 없다. 모든 물리적, 사회적, 문화적, 심리적, 교육적 역동성은 더 큰 체제와 연결되어 있기 때문에 연구자들은 마치 그들이 강물의 어떠한 부분을 관찰하였는가와 같이 그들이 어떠한 체제의 요소에 집중하였는가에 따라서 서로 다른 설명을 내놓을 것이다. 이러한 복잡성에 대해서 자각하지 못하는 관찰자일수록 그들이 생산해내는 지식은 더욱 단순한 성격을 띨 것이다. 브리콜러는 이러한 체제와 과정들에 대해 최대한 풍부한 방식으로 이해하려고 시도한다(Kincheloe & Berry, 2004).

사회적 체제를 분석하기 위해 사용되는 연구 설계와 방법들은 현실이 구성되는 방식과 분리될 수 없다. 따라서 존재론과 인식론은 연구자의 과제를 조형하는 방식들과 밀접하게 연계되어 있다. 브리콜러는 연구의 엄격성을 추구하는 과정에서 이러한 특성들을 반드시 이해해야 한다. 깊은 수준의 간학문성(interdisciplinarity)은 탐구 대상이 지닌 복잡성에 대한 이해와 연구 행위에 있어서 그러한 복잡성이 요구된다는 점을 통해 정당화될 수 있다. 복잡한 체제와 과정의 일부분으로서 탐구 대상은 하나의 시점으로 바라보거나 구체적인 시간 단위에서 바라본 특정한 현상의 스냅사진으로 이해되기에는 너무나 많은 가변성을 지니고 있다.

이러한 깊은 수준의 간학문성은 학문영역과 브리콜라주에 의해서 구성된 협상 테이블의 의제로서 연구에 대한 관점을 수정하는 것을 추구한다(Jardine, 1992). 협상에 참여한 모든 이들은 그들이 차후에 사용하게 될 연구 방법들의 특유한 영향에 대한 대화에 참여하게 된다. 이러한 상호작용의 핵심은 "적절한 간학문적 연구 방법"과 같은 몇몇 환원주의적 언급이 제시하는 표준화된 동의를 추구하는 것이 아니라 연구자의 도구상자 안에 다양한 도구가 있음을 자각하는 것이다. 이러한 깊은 수준의 간학문성이 취하는 형태는 아마도 추구하고 있는 연구 대상에 의해서 결정될 것이다. 따라서 브리콜라주에게 있어서 연구가 수행되는 맥락은 언제나 깊은 간학문성이 적용되는 본질적 속성에 영향을 미친다. 학제성(disciplinarity)이 갖는 변증법적 속성에 비추어 보자면, 간학문성에 대해 맥락에 기반을 둔 설명들이 구성되는 방식들은 이전 연구에서 언급된 권력에 대한 문해(power literacy)의 관점에서 반드시 검토되어야만 한다(Friedman, 1998; Kincheloe & Berry, 2004; Lemke, 1998; Pryse, 1998; Quintero & Rummel, 2003).

사회적 주제와 관련된 연구에 있어서 개인과 개인을 둘러싼 맥락에 대한 관계성은 탐구되어야 할 핵심적인 역동성이다. 이 관계가 브리콜라주의 핵심적인 존재론적, 인식론적 주제이며, 인간의 정체성과 복잡한 사회체제의 본질적 속성을 조형하는 연결고리이다. 브리콜러는 이러한 형태의 연결관계가 갖는 다차원성을 분석하기 위해 여러 방법들을 사용한다. 관계성에 속한 조각들을 하나로 이어붙이는 과정에서 브리콜러가 사용하는 방식은 그것의 의미와 영향에 대해 아마 다른 해석을 제공할 것이다. 관계성에 대한 복잡한 존재론적 중요성을 인식하는 것은 연구 행위와 지식생산 과정에 대한 근본적인 토대에 변화를 불러온다. 고립되어 존재하는 대상 자체에 대한 환원주의적 설명은 비판적 연구에 있어서는 더 이상 충분한 것이 될 수 없다(Foster, 1997; Wright, 2003b).

브리콜라주는 복잡성에 대한 이중적 존재론을 다룬다. 첫째는 탐구 대상이 지니는 복잡성과 그것들의 세계내의 존재(being-in-the-world)에 대한 것이고, 둘째는 인간의 주관성에 대한 사회적 구성의 본질적 속성과 인간 존재의 생성에 대한 것이다. 이러한 주제에 대한 이해는 인간이 행위자가 되는 과정이 새로운 수준의 정교함으로 이해되는 사회 연구의 새로운 장을 열어준다. 불안정한 사회 구조와 개인 사이의 복잡한 환류체계는 인간의 통찰력이 민주주의적 절차를 훼손하고 권력의 작용을 허용하는 수단으로 용인되는 방식으로 그려질 수 있다. 이러한 복잡한 존재론적 관점에서 브리콜러는 사회적 구조가 개인의 주관성을 **결정**하는 것이 아니라 놀라울 정도로 복잡한 방식으로 개인적 주관성을 제한하고 있다는 점을 이해할 수 있다. 브리콜라주는 주관성이 형성되는 다양한 방식들을 구체화할 수 있는 여러 가지 전략들을 사용하고 개발하는 것에 많은 관심을 둔다.

다양한 관점을 포함하는 과정에서 나타날 수 있는 인식은 연구자가 거시적 사회구조에 대한 환원주의적 표현들이 내포하고 있는 결정주의를 극복할 수 있도록 한다. 인간 행위자가 사회적인 "법칙"에 의해서 배제되는 환원주의적 맥락에서는 쓸모 있는 사회적 혹은 교육적 연구의 의도는 훼손될 수밖에 없다. 구조는 그 영향력이 예측될 수 있는 객관적인 독립체로 단순하게 "존재"하거나 인간사의 질서에 영향을 끼치지 않게 "부존재"하는 것이 아니다. 여기에 등장하는 개념이 불규칙적인 형태의 느슨한 구조를 지닌 프랙탈—프랙탈 구조—이다. 예를 들어 인간 행동을 **결정** 짓는 것은 아니지만 프랙탈 구조는 그 환경 안에서 다른 체제와 독립체에 영향을 줄 수 있는 충분한 질서를 가지고 있다. 이러한 구조들은 절대 안정적이거나 보편적으로 동일한 형태의 표현으로 나타나지 않는다(Slee, 2011; Varenne, 1996). 우리가 이러한 역동성을 더 연구하면 할수록 더 많은 표현의 다양성을 발견할 수 있다. 이러한 존재론적, 인식론적 다양성을 고려할 때, 브리콜러는 브리콜라주에 있어 수많은 차원이 존재함을 이해할 수 있다(Denzin & Lincoln, 2000). 브리콜라주에 대한 이러한 모든 측면을 고려할 때 어떠한 설명도 고정되거나 최종적인 것이 아니며, 브리콜라주에 대한 모든 특징들은 가변적인 것임을 알 수 있다.

9.2 브리콜라주의 개념하에서 연구 방법 적용: 문화기술지 사례

비판적 연구자들이 드리워진 장막의 뒤편을 보고자 하고, 동화된 경험의 경계를 넘어서고자 하며, 이데올로기가 개인의 자기 지향성을 제한하는 방식을 드러내고자 하며, 인간 의식의 구성에 있어서 권력이 권력을 재생산하는 방식에 도전하고자 할 때, 그들은 많은 연구 방법론을 사용한다(Hyslop-Margison, 2009). 세계를 변화시키기 위해서 우리는 세계에 대해 이해할 수 있고, 세계가 형성되는 방식에 대해 이해할 수 있는 연구의 변화과정의 정도를 관찰하고 있는 것이다. 실증주의적 프레임 안에서 연구를 수행하는 비판적 입장에 서있지 않은 연구자들에게 촉매적 타당성(catalytic validity)이라는 개념은 매우 생소한 것으로 비춰질 것이다. 촉매적 타당성을 포함하는 연구는 연구 과정이 현실 변화에 미치는 영향을 보여주며 이것을 지향함으로써 연구 대상이 되는 존재가 자기 이해와 자기 지향성을 갖도록 할 것이다.

후기식민주의(postcolonialism)의 영역에 속하는 이론들(McLaren, 1999; Semali & Kincheloe, 1999; Wright, 2003a, 2003b와 같은 논문 참고)은 앎의 주체(knowing subject)와 분석의 대상(object of analysis)에 대한 중요한 논쟁들을 다루고 있다. 이러한 논쟁들은 특히 제국주의, 식민주의, 신식민주의와 관련된 문제들에 있어서 중요하고도 새로운 분석 방법들의 도입을 촉발하였다. 서구의 인류학적 전통(앎의 주체가 식민주의적 관점에서 소위 말하는 정보원을 바라보는 이미지를 고착화하는)과 연관되어 있는 제국주의자들의 시선과 대상화(objectifying)의 한계를 넘어서고자 하는 최근의 비판적 연구자들의 노력들은 비록 칭송받기도 하고 잘 의도된 부분이 있지만, 많은 결점을 드러내고 있다(Bourdieu & Wacquant, 1992). Fuchs(1993)가 선견지명을 가지고 관찰한 바와 같이 좀 더 성찰적인 문화기술지 연구를 만들어 내려는 최근의 노력은 매우 중대한 한계점들 때문에 골치를 앓고 있다. 직면하는 도전들은 다음과 같은 질문들로 요약될 수 있다. 즉, 어떻게 앎의 주체가 타자를 알게 되는가? 어떻게 하면 연구자들이 타자의 관점을 존중하고 그들이 이야기할 수 있도록 할 수 있는가?(Ashcroft, Griffiths, & Tiffin, 1995; Brock-Utne, 1996; Goldie, 1995; Gresson, 2006; Macedo, 2006; Myrsiades & Myrsiades, 1998; Pieterse & Parekh, 1995; Prakash & Esteva, 2008; Scheurich & Young, 1997; Semali & Kincheloe, 1999; Steinberg, 2009; Viergever, 1999)

예를 들어 최근의 문화기술지에 있어서의 고백적인 방식은 타자에 대한 대상화(대부분의 경우 서구 인류학자와 비서구 문화권 사이의 관계를 지칭)를 피하기 위해 소위 말하는 정보원들을 "참여자"로 대우하려고 하지만, 지배에 대한 식민주의적 그리고 후기식민주의적 구조를 드러내는 것이 실제로는 본의 아니게 그러한 구조를 타당화하거나 은밀한 민족 중심주의의 형식을 통해 자유주의적인 가치를 재확인하는 위험을 안고 있다. Fuchs(1993)는 다른 사회들이 지배되어 왔던 동일한 방식으로 연구자를 지배하려는 시도는 "자기 자신의 세계를 타자화"(p.108)하는 것으로 이어질 수 있음을 경고하였다. 이러한 시도들은 현재의 문화기술적 연구 방법론에 의문을 갖는 것에 이르지 못하였고, 결국은 연구자가 위치한 세계를 대상화하는 것의 심화와 더불어 무의식적으로 현재의 연구 방법론적 타당성과 적용 가능성을 확장시켜 왔다. 이러한 딜레마에 대처하는 Foucault의 방식은 성찰에 대한 전통적인 철학적 접근에 대한 비판을 통해 자신의 고유한 문화 속의 인식론과 사회 이론을 "분리(detach)"시키는 것이었다. 그러나 Foucault는 자신의 방법론적 논증에 대한 존재론화와 "내부적" 관점에 대한 생각들과 연결되어 있는 이전의 이해들을 무시하는 덫에 빠진다(Fuchs, 1993). Louis Dumont은 어찌 보면 조금 나은 견해를 제시하였다. 그는 문화적 텍스트는 내부자적 관점과 외부자적 관점에서 동시에 바라봐야 한다고 주장하였다.

그러나 의식에 대한 초개인적(transindividual) 구조와 초주관적(transsubjective) 사회적 구조 양자를 규명하는 것을 통해 Fuchs가 말한 "다양한 사회 간에 서로 상응하는 해석"(Fuchs, 1993, p.113)을 이루고자 하는 데에 있어서 Dumont은 사회 간의 비교적 분석을 위한 보편적인 틀을 원하였다. Foucault와 Dumont이 대상화의 과정에 자신들이 포함되는 것을 거부함으로써 "자신의 세계에 대한 정언적 토대들을 뛰어넘으려고"(Fuchs, 1993, p.118) 시도한 반면에 Pierre Bourdieu는 분석의 대상이 되는 사회적 장(場)에 자기 자신을 사회적 행위자(social actor)로 통합하려고 시도하였다. Bourdieu는 이러한 통합의 노력을 "자신이 가지고 있는 전제의 문화기술적 내용들을 인식론화(epistmologizing)"함으로써 이루어냈다(Fuchs, 1993, p.121). 그러나 관찰자(인류학자)의 자기 대상화(self-objectification)가 문제가 없는 것은 아니다. Bourdieu에 이어 Fuchs(1993)가 언급한 대로 가장 주요한 어려움은 "(연구자가) 세계와의 이론적인 관계와 실제적인 관계 사이의 차이점을 망각하고 … 자기 자신이 가지고 있는 이론적인 관계를 대상에 강요하는"(p.120) 점이다. Bourdieu의 연구에 대한 접근법이 완벽하게 "객관주의의 확증(confirmation of objectivism)"에서 벗어나게 해주는 것은 아니지만 적어도 연구자가 스스로 자기 자신이 가지고 있는 자기 이해의 전제조건들에 대해 성찰하는—"문화기술지 연구자에 대한 문화기술지"(p.122)에 참여하려는 시도—진지한 노력이 제시되고 있다. 예를 들어 브리콜라주의 맥락에서 비판적 문화기술지는 종종 정도는 다르지만 후기식민주의 연구자들의 관심을 공유한다. 그러나 착취와 관련된 이슈들과 자본주의자들의 착취에 대한 사회적 관계에 대한 문제들이 충분히 설명되었는지에 대해서는 여전히 의문이 남아있다. 비판적 문화기술지는 Marc Manganaro(1990)가 잘 표현한 확신을 공유하고 있다.

정치적으로 무관심하거나, 이데올로기로부터 분리되어서 사회구성체에 영향을 받지 않거나 더욱 중요하게는 사회구성체에 영향을 끼치지 않는 인류학은 존재하지 않는다. 인류학적 텍스트가 정치적인가가 아니라 어떠한 사회정치학적 연계성이 특정한 인류학적 텍스트와 연관되어 있는가가 우리의 질문이 되어야 한다. (p. 35)

이러한 비판적 문화기술지를 저술하는 것은 단순하게 지역적인 경험을 재현해내는 것, 문화적 차이를 무비판적으로 기념하는 것(문화기술 연구자 본인이 속한 문화에 대한 형상적인 차별화를 포함하여), 해석주의적 인류학의 보편적 가치와 전 세계적(global) 사명을 지지하는 연구 프레임을 사용하는 것 이상의 도전에 직면한다(Silverman, 1990). 비판주의는 지역적이고 예속되었던 지식을 포기하는 대가로 보편적으로 타당한 지식에 대한 주장과 기본적인 인식론을 강조했던 지배적인 서구사회의 연구 행위에 대한 질적 연구자들의 도전을 돕는다(Peters, 1993). 규범화된 판단에 영향을 주는 전제조건들에 도전하는 것은 한 사람을 연구자로 만든다.

비록 비판적 문화기술지(Hickey & Austin, 2009)가 전통적인 문화기술지가 하지 못했던 방식으로 해방과 역사의 관계를 탐구하고, 비판적 문화기술지의 해석학적 과제가 인간활동과 지배적인 사회정치적 구조에 대한 사회적, 문화적 조건화에 대한 의문을 제기하는 것이지만, 우리는 이것이 사회 체제를 재구조화는 데 충분하다고 주장하는 것은 아니다. 그럼에도 이것은 우리가 보기에는 반드시 필요한 시작점이다(Trueba & McLaren, 2000). Clough(1998)는 "현실주의자의 서사성(realist narrativity)은 실증적 사회 연구가 사회적 비판주의의 플랫폼과 지평이 되도록 하였다"(p. 135)고 주장하였다. 문화기술지는 현장연구 방법에 대해서만이 아니라 그것을 서술하고 이해하는 방식에 대해서도 비판적으로 분석되어야 한다. 자료의 수집은 반드시 "모든 형태의 표현에 대한 재독(rereading)"을 제공해야 한다(p. 137). 실증 과학으로서의 권위를 갖기 위한 담화의 구성에 있어 문화기술지는 규범적인 형태를 정당화하는 무의식적 과정과 종종 오이디푸스

적 욕망과 권위적 욕망을 부정하거나 양극단의 차이를 외면하는 과정에 맞설 필요가 있다. 이러한 양극단의 차이를 줄이는 과정에서 남성 문화기술지 연구자들은 대부분의 경우 "실증적 확신에 대한 사실적 표현"의 수호자로서 많은 특혜를 누린다(Clough, 1998).

비판적 연구의 전통은 진실에 대한 주장이 언제나 두서없이 권력관계에 상황화되어 있고 연루되어 있다는 사실을 인식하는 수준에 도달하였다. 우리가 절대적으로 진실을 알 수 없기 때문에 진실을 단순하게 권력의 효과로 동일시할 수 있다는 것을 주장하는 것은 아니다. 왜냐하면 진실은 다른 어떤 진술보다 좀 더 의미 있는 진술에 부합해야 하는 규제적인 원칙들을 포함하고 있기 때문이다. 그렇지 않다면 진실은 무의미해질 것이고, 만약 그렇게 된다면 결국 해방을 위한 실천은 단순히 이기기 위한 것 이상의 목적이 될 수 없기 때문이다. Phil Carspecken(1993, 1999)이 말한 바와 같이, 우리가 행동할 때마다, 우리 행위의 모든 경우에 있어, 우리는 진실에 대한 규범적이거나 보편적인 관계성을 상정한다. 우리가 규범적으로 참조하는 주장, 간주관적으로 참조하는 주장, 주관적으로 참조하는 주장, 그리고 우리가 일상의 삶속에서 직증적으로(deictically) 구성하는 혹은 의미를 정착하는 방식과 같은 형태를 통해 진실이란 의미와 내적으로 실용적인 방식으로 연관되어 있다. Carspecken은 연구자들이 타인의 규범적이고 평가적인 주장들에 대해 설명하는 것이 가능하다고 설명하였는데, 이러한 설명은 연구 참여자들의 주장에 관련된 정보를 제공할 수 있는 문화적이고 산발적인 위치성을 공유하는 삶을 통해 연구자들이 연구 참여자들과 같은 방식으로 대상을 보기 시작할 때 가능한 것으로 보았다.

이러한 사례에서 연구자들은 전체적인 연구 프로젝트 안에서 하나의 초점으로서 비판적 문화기술지를 활용(Willis, 1977, 2000)하면서 브리콜러로서(Steinberg, 1997) 서사(Janesick, 2010; Park, 2005), 해석학적 이해(Jardine, 2006a), 현상학적 독서(Kincheloe, 2008b), 내용 분석(Steinberg, 2008), 역사기록학

(Kincheloe, 2008b), 자문화기술지(Kress, 2010), 사회매체 분석(Cucinelli, 2010; Kress, 2008; Kress & Silva, 2009), 인류학(Marcus & Fischer, 1986), 양적 분석(Hyslop-Margison & Naseem, 2007) 등의 추가적인 다양한 방법을 활용할 수 있다. 브리콜러는 다양하게 해석될 수 있는 텍스트와 연구의 활용과 접근의 다양한 방식을 만들어낸다. 다양한 관점을 통해 브리콜라주는 연구에 필요한 유동성을 허용하고 결과의 확인을 위한 전통적인 삼각화 접근의 한계를 뛰어넘게 해준다. 이러한 관점은 연구를 확장시켜 주고 연구에 대한 과학적 접근을 만들어내는 데 있어서의 규범화된 방법론을 방지한다. 브리콜라주는 다양한 독해가 새로운 대화와 토론, 그리고 열린 가능성을 창조해낼 수 있는 안전장치 역할을 해준다. 또한 브리콜라주는 연구의 활용이 권위로서 작동되는 것을 막아준다.

분명한 점은 어떠한 연구 방법이나 연구의 전통도 고립되어 행해질 수 없다는 점이다. 브리콜라주의 적용은 단일한 방법의 연구를 고집하는 독단적인 연구 행위를 초월한다. 다른 지식들과 우리가 세계를 바라보는 방식이 가지고 있는 많은 다양성에 직면할 때, 우리가 그동안 알고 있다고 생각했던 것들에 대한 인간의 자신감은 무너진다. 반식민주의적 운동에 있어서 브리콜러는 보편적인 지위를 가지고 있다고 주장되어온 지식과 앎의 방식에 의문을 제기한다. 이러한 맥락에서, 브리콜러는 전 세계적인 지식과 결합된 보편주의에 대한 의심을 가지고 어떻게 그것들이 현재의 위치를 갖게 되었는지를 이해하고자 한다. 서구의 배경을 갖고 있거나 식민지배를 받지 않았던 비서구 지역의 배경을 가지고 있는 우리 대다수는 일정한 방식으로 보편주의라는 망에 연결되어 왔다(Scatamburlo D'Annibale & McLaren, 2009). 이러한 시사점으로부터 파생되는 피할 수 없는 갈등은 브리콜러에 의해서 즉각적으로 해소되어야만 하는 것은 아니다. 이러한 갈등이 전 세계적인 문화의 미래와 다문화적 연구와 교육의 미래의 근거가 된다. 이러한 생성적인 이슈들이 우리로 하여금 우리 자신과 세계를 분석하는 생산적인 과정에 참여하게 해

준다는 점을 인정하는 것은 매우 강력한 인식이다. 이러한 인식과 복잡한 개념적 문제들을 다루는 과정에 참여하는 것이 갖는 가치는 브리콜러에게 있어서는 매우 귀중한 것이다. 아울러 브리콜러는 이러한 딜레마에 최종적인 해결책이 있다는 것에는 동의하지 않는다. 혼란스러움을 자연스럽게 받아들이며 비판적 연구자로서의 브리콜러는 비록 그들이 억압이 일어나는 상황을 바꿀 수 있는 최종적인 청사진을 가지고 있지 못하더라도 인간의 고통과 정의롭지 못함을 경감하기 위해서 노력하는 것이다(Kincheloe & Berry, 2004; Steinberg, 2011).

비판적 연구를 향해서

다양한 비판 이론과 비판적 교육학의 맥락에서 비판적 연구를 위한 브리콜라주는 공정한 연구의 영역을 창출해내고 전통적인 연구를 통해 주창되어 왔던 올바른 것, 타당성, 진실 그리고 서구사회 권력의 암묵적 축에 대한 주장을 거부한다. 권력에 대한 마르크스주의적 관점에서의 검토를 통해 제시되어 왔던 언급들과 함께 엄격하고도 잠정적인 맥락을 적용하는 것은 전통적이고 무비판적이었던 연구 방법론에 관한 권력의 폐해에 대한 비판 이론의 입장이고, 비판적 교육학의 참여적 연구에 대한 언급은 연구에 있어서 브리콜라주의 영역에 위치할 수 있을 것이다(Fiske, 1993; Roth & Tobin, 2010). 규범적이고 단일한 방법의 사용에 대한 주장에서 벗어나 비판적 브리콜라주는 연구자로 하여금 참여자가 되게 하고 참여자가 연구자가 되게 한다. 양적 연구와 질적 연구에 대한 실증주의적 접근을 지양하고(Cannella & Steinberg, 2011; Kincheloe & Tobin, 2009) 단일방법론적 접근의 공간 안에 머물러 있는 것을 거부함으로써 우리는 비판 이론과 비판적 교육학이 그동안 연구 활동에 대해 강박적이고도 규제적이었던 접근 방식들에 지속적으로 도전할 것이라 믿는다.

주석

1. 이 장에 대한 제안과 비평을 제공한 Michael Watts에게 감사를 표한다.

참고문헌

Agger, B. (1992). The *discourse of domination: From the Frankfurt School to postmodernism*. Evanston, IL: Northwestern University Press.

Agger, B. (1998). *Critical social theories: An introduction*. Boulder, CO: Westview.

Ashcroft, B., Griffiths, G., & Tiffin, H. (Eds.). (1995). *The post-colonial studies reader*. New York: Routledge.

Au, W. (2007). Epistemology of the oppressed: The dialectics of Paulo Freire's theory of knowledge. *Journal for Critical Education Policy Studies, 5*(2). Available at http://www.jceps.com/index.php?pageID=article&articleID=100

Austin, J., & Hickey, A. (2008). Critical pedagogical practice through cultural studies. *International Journal of the Humanities, 6*(1), 133-140. Available at http://eprints.usq.edu.au/4490/

Bourdieu, P., & Wacquant, L. (1992). *An invitation to reflexive sociology*. Chicago: University of Chicago Press.

Bresler, L., & Ardichvili, A. (Eds.). (2002). *Research in international education: Experience, theory, and practice*. New York: Peter Lang.

Britzman, D. (1991). *Practice makes practice: A critical study of learning to teach*. Albany: SUNY Press.

Brock-Utne, B. (1996). Reliability and validity in qualitative research within Africa. *International Review of Education, 42*, 605-621.

Cannella, G., & Steinberg, S. (2011). *Critical qualitative research: A reader*. New York: Peter Lang.

Carspecken, P. F. (1993). *Power, truth, and method: Outline for a critical methodology*. Unpublished manuscript, Indiana University.

Carspecken, P. F. (1999). *Four scenes for posing the question of meaning and other essays in critical philosophy and critical methodology*. New York: Peter Lang.

Chapman, D. E. (Ed.). (2010). *Examining social theory: Crossing borders/reflecting back*. New York: Peter Lang.

Clough, P. T. (1998). *The end(s) of ethnography: From realism to social criticism* (2nd ed.). New York: Peter Lang.

Collins, J. (1995). *Architectures of excess: Cultural life in the information age*. New York: Routledge.

Cucinelli, G. (2010). *Digital youth praxis and social justice*. Unpublished doctoral dissertation, McGill University, Montréal, Québec, Canada.

Dale, J., & Hyslop-Margison, E. J. (2010). *Paulo Freire: Teaching for freedom and transformation*. Dordrecht, the Netherlands: Springer.

Darder, A. (2010). Schooling bodies: Critical pedagogy and urban youth [Foreword]. In Steinberg, S. R. (Ed.), *19 urban questions: Teaching in the city* (pp. xiii-xxiii). New York: Peter Lang.

Dei, G. (Ed.). (2011). *Indigenous philosophies and critical education*. New York: Peter Lang.

De Lissovoy, N., & McLaren, P. (2003). Educational "accountability" and the violence of capital: A Marxian reading. *Journal of Education Policy, 18*, 131-143.

Denzin, N. K. (1994). The art and politics of interpretation. In N. K. Denzin & Y. S. Lincoln (Eds.), *Handbook of qualitative research*. Thousand Oaks, CA: Sage.

Denzin, N. K. (2003). *Performative ethnography: Critical pedagogy and the politics of culture*. Thousand Oaks, CA: Sage.

Denzin, N. K., & Lincoln, Y. S. (2000). Introduction: The discipline and practice of qualitative research. In N. K. Denzin & Y. S. Lincoln (Eds.), *Handbook of qualitative research* (2nd ed.). Thousand Oaks, CA: Sage.

DeVault, M. (1996). Talking back to sociology: Distinctive contributions of feminist methodology. *Annual Review of Sociology, 22*, 29-50.

Fiske, J. (1993). *Power works, power plays*. New York: Verso.

Flecha, R., Gomez, J., & Puigvert, L. (Eds.). (2003). *Contemporary socio-logical theory*. New York: Peter Lang.

Flossner, G., & Otto, H. (Eds.). (1998). *Towards more democracy in social services: Models of culture and welfare*. New York: Aldine.

Foster, R. (1997). Addressing epistemologic and practical issues in multimethod research: A procedure for conceptual triangulation. *Advances in Nursing Education, 20*(2), 1-12.

Freire, A. M. A. (2000). Foreword. In P. McLaren, *Che Guevara, Paulo Freire, and the pedagogy of revolution*. Boulder, CO: Rowman & Littlefield.

Freire, P. (1970). *Pedagogy of the oppressed*. New York: Herder and Herder.

Freire, P. (1972). *Research methods*. Paper presented at a seminar on Studies in Adult Education, Dar es Salaam, Tanzania.

Freire, P. (1978). *Education for critical consciousness.* New York: Seabury.

Freire, P. (1985). *The politics of education: Culture, power, and liberation.* South Hadley, MA: Bergin & Garvey.

Freire, P., & Faundez, A. (1989). *Learning to question: A pedagogy of liberation.* London: Continuum.

Friedman, S. (1998). (Inter)disciplinarity and the question of the women's studies Ph.D. *Feminist Studies, 24*(2), 301-326.

Fuchs, M. (1993). The reversal of the ethnological perspective: Attempts at objectifying one's own cultural horizon: Dumont, Foucault, Bourdieu? *Thesis Eleven, 34*(1), 104-125.

Gadamer, H.-G. (1989). *Truth and method* (2nd rev. ed., J. Weinsheimer & D. G. Marshall, Eds. & Trans.). New York: Crossroad.

Giroux, H. (1983). *Theory and resistance in education: A pedagogy for the opposition.* South Hadley, MA: Bergin & Garvey.

Giroux, H. (1988). Critical theory and the politics of culture and voice: Rethinking the discourse of educational research. In R. Sherman & R. Webb (Eds.), *Qualitative research in education: Focus and methods.* New York: Falmer.

Giroux, H. (1997). *Pedagogy and the politics of hope: Theory, culture, and schooling.* Boulder, CO: Westview.

Giroux, H. (2010). *Zombie politics and the age of casino capitalism.* New York: Peter Lang.

Goldie, T. (1995). The representation of the indigenous. In B. Ashcroft, G. Griffiths, & H. Tiffin (Eds.), *The post-colonial studies reader.* New York: Routledge.

Grande, S. (2004). *Red pedagogy: Native American social and political thought.* Lanham, MD: Rowman & Littlefield.

Gresson, A. D., III. (2006). Doing critical research in mainstream disciplines: Reflections on a study of Black female individuation. In K. Tobin & J. Kincheloe (Eds.), *Doing educational research.* Rotterdam, the Netherlands: Sense Publishers.

Grinberg, J. (2003). "Only the facts?" In D. Weil & J. L. Kincheloe (Eds.), *Critical thinking: An encyclopedia.* New York: Greenwood.

Hammer, R., & Kellner, D. (2009). *Media/cultural studies: Critical approaches.* New York: Peter Lang.

Harper, D. (1987). *Working knowledge: Skill and community in a small shop.* Chicago: University of Chicago Press.

Hickey, A., & Austin, J. (2009). Working visually in community identity ethnography. *International Journal of the Humanities, 7*(4), 1-14. Available at http://eprints.usq.edu.au/5800/

Hinchey, P. (2009). *Finding freedom in the classroom: A practical introduction to critical theory.* New York: Peter Lang.

Hooley, N. (2009). *Narrative life: Democratic curriculum and indigenous learning.* Dordrecht, the Netherlands: Springer.

Horkheimer, M. (1972). *Critical theory.* New York: Seabury.

Horn, R. (2004). *Standards.* New York: Peter Lang.

Horton, M., & Freire, P. (1990). *We make the road by walking: Conversations on education and social change.* Philadelphia: Temple University Press.

Hyslop-Margison, E. J. (2009). Scientific paradigms and falsification: Kuhn, Popper and problems in education research. *Educational Policy, 20*(10), 1-17.

Hyslop-Margison, E. J., & Naseem, A. (2007). *Scientism and education: Empirical research as neo-liberal ideology.* Dordrecht, the Netherlands: Springer.

Janesick, V. (2010). *Oral history for the qualitative researcher: Choreographing the story.* New York: Guilford.

Jardine, D. (1992). The fecundity of the individual case: Considerations of the pedagogic heart of interpretive work. *British Journal of Philosophy of Education. 26*(1), 51-61.

Jardine, D. (1998). *To dwell with a boundless heart: Essays in curriculum theory, hermeneutics, and the ecological imagination.* New York: Peter Lang.

Jardine, D. (2006a). On hermeneutics: "What happens to us over and above our wanting and doing." In K. Tobin & J. L. Kincheloe (Eds.), *Doing educational research* (pp. 269-288). Rotterdam, the Netherlands: Sense Publishers.

Jardine, D. (2006b). *Piaget and education.* New York: Peter Lang.

Keesing-Styles, L. (2003). The relationship between critical pedagogy and assessment in teacher education. *Radical Pedagogy, 5*(1). Available at http://radicalpedagogy.icaap.org/content/issue5_1/03_keesing-styles.html

Kellner, D. (1995). *Media culture: Cultural studies, identity, and politics between the modern and the postmodern.* New York: Routledge.

Kincheloe, J. L. (1998). Critical research in science education. In B. Fraser & K. Tobin (Eds.), International handbook of science education (Pt. 2). Boston: Kluwer.

Kincheloe, J. L. (2001a). Describing the bricolage: Conceptualizing a new rigour in qualitative research. *Qualitative Inquiry, 7*(6), 679-692.

Kincheloe, J. (2001b). *Getting beyond the facts: Teaching social studies/social sciences in the twenty-first century* (2nd ed.). New York: Peter Lang.

Kincheloe, J. (2003a). Critical ontology: Visions of selfhood and curriculum. *JCT: Journal of Curriculum Theorizing, 19*(1), 47-64.

Kincheloe, J. L. (2003b). Into the great wide open: Introducing critical thinking. In D. Weil & J. Kincheloe (Eds.), *Critical thinking: An encyclopedia.* Santa Barbara, CA: ABC-CLIO.

Kincheloe, J. L. (2003c). *Teachers as researchers: Qualitative paths to empowerment* (2nd ed.). London: Falmer.

Kincheloe, J. L. (2004). Iran and American miseducation: Coverups, distortions, and omissions. In J. Kincheloe & S. Steinberg (Eds.), *The miseducation of the West: Constructing Islam.* New York: Greenwood.

Kincheloe, J. L. (2007). *Teachers as researchers: Qualitative paths to empowerment.* London: Falmer.

Kincheloe, J. L. (2008a). *Critical pedagogy primer* (2nd ed.). New York: Peter Lang.

Kincheloe, J. L. (2008b). *Knowledge and critical pedagogy.* Dordrecht, the Netherlands: Springer.

Kincheloe, J. L., & Berry, K. (2004). *Rigour and complexity in educational research: Conceptualizing the bricolage.* London: Open University Press.

Kincheloe, J. L., & Steinberg, S. R. (1993). A tentative description of post-formal thinking: The critical confrontation with cognitive theory. *Harvard Educational Review, 63,* 296-320.

Kincheloe, J. L., & Steinberg, S. R. (1997). *Changing multiculturalism: New times, new curriculum.* London: Open University Press.

Kincheloe, J. L., & Steinberg, S. R. (2008). Indigenous knowledges in education: Complexities, dangers, and profound benefits. In N. K. Denzin, Y. S. Lincoln, & L. T. Smith, (Eds.), *Handbook of critical and indigenous methodologies.* Thousand Oaks, CA: Sage Publishing.

Kincheloe, J. L., Steinberg, S. R., & Hinchey, P. (Eds.). (1999). *The post-formal reader: Cognition and education.* New York: Falmer.

Kincheloe, J. L., & Tobin, K. (2009). The much exaggerated death of positivism. *Cultural Studies of Science Education, 4,* 513-528.

Kirylo, J. (2011). Paulo Freire: *The man from Recife.* New York: Peter Lang.

Kress, T. (2010). Tilting the machine: A critique of one teacher's attempts at using art forms to create postformal, democratic learning environments. *The Journal of Educational Controversy,* 5(1).

Kress, T., & Silva, K. (2009). Using digital video for professional development and leadership: Understanding and initiating teacher learning communities. In I. Gibson et al. (Eds.), *Proceedings of Society for Information Technology & Teacher Education International Conference 2009* (pp. 2841-2847). Chesa-peake, VA: Association for the Advancement of Computing in Education (AACE).

Leistyna, P., Woodrum, A., & Sherblom, S. (1996). *Breaking free: The transformative power of critical pedagogy.* Cambridge, MA: Harvard Educational Review.

Lemke, J. L. (1998). Analyzing verbal data: Principles, methods, and problems. In B. Fraser & K. Tobin (Eds.), *International handbook of science education* (Pt. 2). Boston: Kluwer.

Lévi-Strauss, C. (1968). *The savage mind.* Chicago: University of Chicago Press.

Lincoln, Y. (2001). An emerging new bricoleur: Promises and possibilities—a reaction to Joe Kincheloe's "Describing the bricoleur." *Qualitative Inquiry,* 7(6), 693-696.

Lund, D., & Carr, P. (Eds.). (2008). *Doing democracy: Striving for political literacy and social justice.* New York: Peter Lang.

Lutz, K., Jones, K. D., & Kendall, J. (1997). Expanding the praxis debate: Contributions to clinical inquiry. *Advances in Nursing Science,* 20(2), 23-31.

Macedo, D. (2006). *Literacies of power: What Americans are not allowed to know* (2nd ed.). Boulder, CO: Westview.

Macrine, S., Hill, D., & McLaren, P. (Eds.). (2009). *Critical pedagogy: Theory and praxis.* London: Routledge.

Macrine, S., McLaren, P., & Hill, D. (Eds.). (2009). *Revolutionizing pedagogy: Educating for social justice within and beyond global neo-liberalism.* London: Palgrave Macmillan.

Manganaro, M. (1990). Textual play, power, and cultural critique: An orientation to modernist anthropology. In M. Manganaro (Ed.), *Modernist anthropology: From fieldwork to text.* Princeton, NJ: Princeton University Press.

Marcus, G. E., & Fischer, M. M. J. (1986). *Anthropology as cultural critique: An experimental moment in the human sciences.* Chicago: University of Chicago Press.

Mayo, P. (2009). *Liberating praxis: Paulo Freire's legacy for radical education and politics.* Rotterdam, the Netherlands: Sense Publishing.

McLaren, P. (1992). Collisions with otherness: "Traveling" theory, post-colonial criticism, and the politics of ethnographic practice—the mission of the wounded ethnographer. *International Journal of Qualitative Studies in Education, 5,* 77-92.

McLaren, P.(1997). *Revolutionary multiculturalism: Pedagogies of dissent for the new millennium.* New York: Routledge.

McLaren, P. (1999). *Schooling as a ritual performance: Toward a political economy of educational symbols and gestures* (3rd ed.). Boulder, CO: Rowman & Littlefield.

McLaren, P. (2001). Bricklayers and bricoleurs: A Marxist addendum. *Qualitative Inquiry, 7*(6), 700-705.

McLaren, P. (2002). Marxist revolutionary praxis: A curriculum of transgression. *Journal of Curriculum Inquiry Into Curriculum and Instruction, 3*(3), 36-41.

McLaren, P. (2003a). Critical pedagogy in the age of neoliberal global-ization: Notes from history's underside. *Democracy and Nature, 9*(1), 65-90.

McLaren, P. (2003b). The dialectics of terrorism: A Marxist response to September 11: Part Two. Unveiling the past, evading the present. *Cultural Studies <=> Critical Methodologies, 3*(1), 103-132.

McLaren, P. (2009). E. San Juan, Jr.: The return of the transformative intellectual. *Left Curve, 33*, 118-121.

McLaren, P., & Farahmandpur, R. (2003). Critical pedagogy at ground zero: Renewing the educational left after 9-11. In D. Gabbard & K. Saltman (Eds.), *Education as enforcement: The militarization and corporatization of schools*. New York: Routledge.

McLaren, P., & Farahmandpur, R. (2006). Who will educate the educa-tors? Critical pedagogy in the age of globalization. In A. Dirlik (Ed.), *Pedagogies of the global: Knowledge in the human interest* (pp. 19-58). Boulder, CO: Paradigm.

McLaren, P., & Jaramillo, N. (2010). Not neo-Marxist, not post-Marxist, not Marxian, not autonomist Marxism: Reflections on a revolu-tionary (Marxist) critical pedagogy. *Cultural Studies <=> Critical Methodologies, 10*(3), 251-262.

McLaren, P., & Kincheloe, J. L. (2007). *Critical pedagogy: Where are we now?* New York: Peter Lang.

McLeod, J. (2000, June). *Qualitative research as bricolage*. Paper presented at the annual conference of the Society for Psychotherapy Research, Chicago.

Myrsiades, K., & Myrsiades, L. (Eds.). (1998). *Raceing representation: Voice, history, and sexuality*. Lanham, MD: Rowman & Littlefield.

Nocella, A. J., II, Best, S., & McLaren, P. (2010). *Academic repression: Reflections from the academic industrial complex*. Oakland, CA: AK Press.

Park, J. (2005). *Writing at the edge: Narrative and writing process theory*. New York: Peter Lang.

Peters, M. (1993). *Against Finkielkraut's la défaite de la pensés culture, post-modernism and education*. Unpublished manuscript, University of Glasgow, Scotland.

Pieterse, J., & Parekh, B. (1995). Shifting imaginaries: Decolonization, internal decolonization, postcoloniality. In J. Pieterse & B. Parekh (Eds.), *The decolonization of imagination: Culture, knowledge, and power*. Atlantic Highlands, NJ: Zed.

Porfilio, B., & Carr, P. (Eds.). (2010). *Youth culture, education, and resistance: Subverting the commercial ordering of life*. Rotterdam, the Netherlands: Sense Publishing.

Prakash, M., & Esteva, G. (2008). *Escaping education: Living as learning within grassroots cultures*. New York: Peter Lang.

Pryse, M. (1998). Critical interdisciplinarity, women's studies, and cross-cultural insight. *National Women's Studies Association Journal, 10*(1), 1-11.

Quail, C. B., Razzano, K. A., & Skalli, L. H. (2004). *Tell me more: Rethinking daytime talk shows*. New York: Peter Lang.

Quantz, R. A. (1992). On critical ethnography (with some postmodern considerations). In M. D. LeCompte, W. L. Millroy, & J. Preissle (Eds.), *The handbook of qualitative research in education*. New York: Academic Press.

Quintero, E., & Rummel, M. K. (2003). *Becoming a teacher in the new society: Bringing communities and classrooms together*. New York: Peter Lang.

Rodriguez, N. M., & Villaverde, L. (2000). *Dismantling White privilege*. New York: Peter Lang.

Roman, L., & Eyre, L. (Eds.). (1997). *Dangerous territories: Struggles for difference and equality in education*. New York: Routledge.

Roth, W.-M., & Tobin, K. (2010). Solidarity and conflict: Prosody as a transactional resource in intra-and intercultural communication involving power differences. *Cultural Studies of Science Education, 5*(4), 807-847.

Ryoo, J. J., & McLaren, P. (2010). Aloha for sale: A class analysis of Hawaii. In D. E. Chapman (Ed.), *Examining social theory: Crossing borders/reflecting back* (pp. 3-18). New York: Peter Lang.

San Juan, E., Jr. (1992). *Articulations of power in ethnic and racial studies in the United States*. Atlantic Highlands, NJ: Humanities Press.

Scatamburlo-D'Annibale, V., & McLaren, P. (2009). The reign of capital: A pedagogy and praxis of class struggle. In M. Apple, W. Au, & L. Armando Gandin (Eds.), *The Routledge international handbook of critical education* (pp. 96-109). New York and London: Routledge.

Scheurich, J. J., & Young, M. (1997). Coloring epistemologies: Are our research epistemologies racially biased? *Educational Researcher, 26*(4), 4-16.

Selfe, C. L., & Selfe, R. J., Jr. (1994). The politics of the interface: Power and its exercise in electronic contact zones. *College Composition and Communication, 45*(4), 480-504.

Semali, L., & Kincheloe, J. L. (1999). *What is indigenous knowledge? Voices from the academy*. New York: Falmer.

Shor, I. (1996). *When students have power: Negotiating authority in a critical pedagogy*. Chicago: University of Chicago Press.

Sikes, P. (2008). Researching research cultures: The case of new universities. In P. Sikes & A. Potts (Eds.), *Researching education from the inside: Investigations from within*. Abingdon, UK: Routledge.

Silverman, E. K. (1990). Clifford Geertz: Towards a more "thick" understanding? In C. Tilley (Ed.), *Reading material culture*. Cambridge, MA: Blackwell.

Siry, C. A., & Lang, D. E. (2010). Creating participatory

discourse for teaching and research in early childhood science. *Journal of Science Teacher Education, 21,* 149-160.

Skalli, L. (2004). Loving Muslim women with a vengeance: The West, women, and fundamentalism. In J. L. Kincheloe & S. R. Steinberg (Eds.), *The miseducation of the West: Constructing Islam.* New York: Greenwood.

Slee, R. (2011). *The irregular school: Schooling and inclusive education.* London: Routledge.

Soto, L. (Ed.). (2000). *The politics of early childhood education.* New York: Peter Lang.

Souto-Manning, M. (2009). *Freire, teaching, and learning: Culture circles across contexts.* New York: Peter Lang.

Steinberg, S. R. (2000). The nature of genius. In J. L. Kincheloe, S. R. Steinberg, & D. J. Tippins (Eds.), *The stigma of genius: Einstein, consciousness, and education.* New York: Peter Lang.

Steinberg, S. R. (Ed.). (2001). *Multi/intercultural conversations.* New York: Peter Lang.

Steinberg, S. R. (2004a). Desert minstrels: Hollywood's curriculum of Arabs and Muslims. In J. L. Kincheloe & S. R. Steinberg (Eds.), *The miseducation of the West: Constructing Islam.* New York: Greenwood.

Steinberg, S. R. (2004b). Kinderculture: The cultural studies of child-hood. In N. Denzin (Ed.), *Cultural studies: A research volume.* Greenwich, CT: JAI.

Steinberg, S. R. (2007). Cutting class in a dangerous era: A critical pedagogy of class awareness. In J. Kincheloe & S. Steinberg (Eds.), *Cutting class: Socioeconomic status and education.* Lanham, MD: Rowman & Littlefield.

Steinberg, S. R. (2008). Reading media critically. In D. Macedo & S. Steinberg (Eds.), *Media literacy: A reader.* New York: Peter Lang.

Steinberg, S. R. (2009). *Diversity and multiculturalism: A reader.* New York: Peter Lang.

Steinberg, S. R. (2010). Power, emancipation, and complexity: Employing critical theory. *Journal of Power and Education, 2*(2), 140-151.

Steinberg, S. R. (2011). Critical cultural studies research: Bricolage in action. In K. Tobin & J. Kincheloe (Eds.), *Doing educational research* (2nd ed.). Rotterdam, the Netherlands: Sense Publishing.

Steinberg, S. R. (in press). *The bricolage.* New York: Peter Lang.

Steinberg, S. R., & Kincheloe, J. L. (Eds.). (1998). *Students as researchers: Creating classrooms that matter.* London: Taylor & Francis.

Steinberg, S. R., & Kincheloe, J. L. (2011). Employing the bricolage as critical research in science education. In B. J. Fraser, K. Tobin, & C. J. McRobbie (Eds.), *The international handbook of research in science education* (2nd ed.). Dordrecht, the Netherlands: Springer.

Thayer-Bacon, B. (2003). *Relational "(e)pistemologies."* New York: Peter Lang.

Tobin, K. (2009). Repetition, difference and rising up with research in education. In K. Ercikan & W.-M. Roth (Eds.), *Generalizing from educational research* (pp. 149-172). New York: Routledge.

Tobin, K. (2010). Global reproduction and transformation of science education. *Cultural Studies of Science Education, 5.*

Tobin, K., & Llena, R. (2010). Producing and maintaining culturally adaptive teaching and learning of science in urban schools. In C. Murphy & K. Scantlebury (Eds.), *Coteaching in international contexts: Research and practice* (pp. 79-104). Dordrecht, the Netherlands: Springer.

Trueba, E. T., & McLaren, P. (2000). Critical ethnography for the study of immigrants. In E. T. Trueba & L. I. Bartolomé (Eds.), *Immigrant voices: In search of educational equity.* Boulder, CO: Rowman & Littlefield.

Varenne, H. (with McDermott, R. P.). (1996). Culture, development, disability. In R. Jessor, A. Colby, & R. Shweder (Eds.), *Ethnography and human development.* Chicago: University of Chicago Press.

Vicars, M. (2008). Is it all about me? How Queer! In P. Sikes & A. Potts (Eds.), *Researching education from the inside: Investigations from within.* Abingdon, UK: Routledge.

Viergever, M. (1999). Indigenous knowledge: An interpretation of views from indigenous peoples. In L. Semali & J. L. Kincheloe (Eds.), *What is indigenous knowledge? Voices from the academy.* Bristol, PA: Falmer.

Villaverde, L. (2007). *Feminist theories and education primer.* New York: Peter Lang.

Villaverde, L., & Kincheloe, J. L. (1998). Engaging students as researchers: Researching and teaching Thanksgiving in the elementary classroom. In S. R. Steinberg & J. L. Kincheloe (Eds.), Students as researchers: *Creating classrooms that matter.* London: Falmer.

Watts, M. (2006). Disproportionate sacrifices: Ricoeur's theories of justice and the widening participation agenda for higher education in the UK. *Journal of Philosophy of Education, 40*(3), 301-312.

Watts, M. (2008). Narrative research, narrative capital, narrative capability. In J. Satterthwaite, M. Watts, & H. Piper (Eds.), *Talking truth, confronting power: Discourse, power, resistance* (Vol. 6). Stoke on Trent, UK: Trentham Books.

Watts, M. (2009a). Higher education and hyperreality. In P. Smeyers & M. Depaepe (Eds.), *Educational research: Educationalisation of social problems.* Dordrecht, the Netherlands: Springer.

Watts, M. (2009b). Sen and the art of motorcycle maintenance: Adaptive preferences and higher education in England. *Studies in Philosophy and Education, 28*(5), 425-436.

Weil, D., & Kincheloe, J. (Eds.). (2004). *Critical thinking and learning: An encyclopedia for parents and teachers.* Westport, CT: Greenwood.

Wesson, L., & Weaver, J. (2001). Administration-educational standards: Using the lens of postmodern thinking to examine the role of the school administrator. In J. Kincheloe & D. Weil (Eds.), *Standards and schooling in the United States: An encyclopedia* (3 vols.). Santa Barbara, CA: ABC-CLIO.

Wexler, P. (2008). *Social theory in education.* New York: Peter Lang.

Willinsky, J. (2001). Raising the standards for democratic education: Research and evaluation as public knowledge. In J. Kincheloe & D. Weil (Eds.), *Standards and schooling in the United States: An encyclopedia* (3 vols.). Santa Barbara, CA: ABC-CLIO.

Willis, P. E. (1977). *Learning to labour: How working class kids get working class jobs.* Farnborough, UK: Saxon House.

Willis, P. (2000). *The ethnographic imagination.* Cambridge, UK: Polity.

Wright, H. K. (2003a). An introduction to the history, methods, politics and selected traditions of qualitative research in education [Editorial]. *Tennessee Education, 32*(2), 5-7.

Wright, H. K. (Ed.). (2003b). Qualitative research in education. *Tennessee Education, 32*(2).

Wright, H. K., & Lather, P. (Eds.). (2006). Paradigm proliferation in educational research. *International Journal of Qualitative Studies in Education, 19*(1).

Zizek, S. (1990). Beyond discourse analysis. In E. Laclau, (Ed.), *New reflections on the revolution of our time.* London: Verso.

Michael D. Giardina, Joshua I. Newman

10.

문화 연구*
_ 수행 규범과 신체 절합[1]

변호승_ 충북대학교 교육학과 교수

문화 연구는 역사적 상황으로부터 비롯된, 실현 가능하거나 상상으로만 존재하는 가능성을 이루기 위한 바람에 의해 지속적으로 촉진되어 왔다. 이는 총체성이나 보편성에 대한 야심도 없이 우리의 현 위치를 잘 알게 함으로써 다음 행선지에 도달할 수 있도록 한다(그 곳은 공정한 평등의 원리와 부와 권력의 분배에 기반한 더 나은 곳이기를 우리는 바란다).

(Lawrence Grossberg, 1997, p.415)

10.1 서론

『Handbook of Qualitative Research』의 제1판에서 John Fiske(1994)는 다음 문장으로 문화 연구에 대한 장을 시작한다: "문화 연구는 경쟁이 심하고 현재 유행하는 용어라서 이를 정의하거나 이에 대한 변론을 하려는 어떠한 노력도 포기하고자 한다."(p. 189). 거의 20년이 지난 시점에서 경쟁적이라는 이 학문지형에 대한 Fiske의 언급은 아직도 진리를 담고 있다. 오늘날 우리는 서로 경쟁하는 복수의 문화 연구 프로젝트가 진행되고 있음을 발견할 수 있다.[2] 사실, 마치 형태가 다양하다는 것을 강조하기 위한 것처럼, 이전 판의 핸드북에서는 문화 연구에 대한 3개의 장이 이론과 방법으로서 문화 연구의 전개에 각각 놀라울 정도로 다른 접근방법을 사용하고 있다. Fiske는 미디어 텍스트와 관객의 생산과 소비에 대해서 언급하였다. John Frow와 Meghan Morris(2000)는 끝없이 진화하는 글로벌 세계에서 문화에 대한 대체적으로 다양한 관점의 접근법에 관해 서술하고 있다. Paula Saukko(2005)는 맥락적, 대화적, 자기 성찰적(self-reflexive) 타당성에 대한 통합 방법적 접근을 제시하였다.

제4판은 이 장이 다른 방향으로의 변화를 모색함에도 불구하고 이러한 진화적 경향을 이어가며, 다른 많은 주요 사건 중에서도 9·11 테러사건(2001) 이후에 벌어진 문화의 군사화; 이라크와 아프가니스탄에서 서구 제국주의 세력에 의한 침략 전쟁; 이스라엘과 팔레

---

* 본고에서 저자들은 bodily, physical, corporeal, embodied, enfleshed, carnal 등 신체를 표현하는 여러 용어를 사용하고 있다. 각각에 대응하는 적절한 우리말을 찾기 어려워 '신체적', '육체적', '체화된', '육화된' 등으로 번역하였다―역주.

스타인 갈등의 주 원인인 중동의 악화되는 불안정; 세계 금융시장과 금융회사의 붕괴; 실업자의 급격한 증가와 빈부격차의 증대; 종교 근본주의와 신정국수주의(theocratic nationalism) 위협의 증가; 신자유 자본주의 발호의 조건 등으로 특징지어진 불확실성의 시대 문화 연구의 수행 명령과 신체적 표현을 대체적으로 탐색한다.

이러한 여러 사례들의 종합을 통해 우리는 특히 다음과 같이 다양한 형태의 강압 아래 놓인 "신체(the body)"를 발견하게 된다.

- （글로벌） 자본의 이중 논리인 과잉소비(생각하기: 아이의 해피밀(Happy Meal)에 들어있는 유전자 조작 음식[맥도널드에서 파는 아동용 햄버거세트―역주]과 과잉생산(생각하기: 사회적으로 혜택받지 못하는 신체의 착취를 통한 기업의 이익축적)에 직면한;
- 점차적으로 다수적 힘을 잃고 세계 대중화(global popular)[주로 개발국과 그 기업들이 주도하여 자기들의 대중문화를 개발도상국에 전파하는 현상―역주]의 균질화 전략(homogenizing strategies)에 종속된;
- 체계 없는 이성애규범적(heteronormative), 가부장적, 외국인혐오적, 백인편집증(white paranoia) 사고틀에 갇혀있는;
- 내재적 위협(immanent threat, 예, 독감 보균자나 지하드 테러리스트의 의도와 같은)과 외재적 위협(under threat, 예, 인권의 상실 등) 양쪽 모두로 점점 더 매개화된;
- 아프가니스탄, 보스니아, 카시미르, 이라크, 수단, 짐바브웨 및 다른 지역에서 전쟁과 대량학살의 도구로, 그리고 2차적 희생자로 강제된

정말로, 신체에게 이러한 시기는 힘들다. 이제는 일상이 되어 버린 (사회적 및 물질적) 생산과 축적의 조건에 깊게 뒤엉켜있고; 여성의 권리, 평등권, 그리고 사회 및 경제적 정의를 공격하는 근본주의자들의 헤게모니에 휘둘리고 있으며; 숭배의 대상이 된 상품의 장관 앞에서 "육

화된(enfleshed)"(McLaren, 1988) 상태이기 때문이다. 이러한 전개는 신체의 접촉과 분리의 복잡한 혼합물을 더더욱 증가시켰는데, 과잉소비하는 선진국의 신체들이 후기자본주의 사회의 화려함에 끊임없이 관여하면서도, 동시에 상호의존적인 착취고리의 저쪽 끝에 자리한 신체의 소비자들을 소외시키고 있다. 우리는 사라져 가고 있는 신문의 첫 페이지만 봐도 임신중절 반대자들이 법정 소송에서 승리하였다거나 공항에 적용되고 있는 신체감시기술(전신투시 엑스레이)이 증가되고 있다는 아찔한 보도나, 신체 관리(maintenance)를 대상으로 한 최신의 리얼리티 TV 상영물(예, 'Project Runway'), 수정(modification, 예, 'The Biggest Loser'), 또는 숙달(mastery, 예, 'Man v. Food')에 대한 선전광고 제목을 쉽게 발견할 수 있다.

이 장에서는 주로 이러한 신체적 담론이나 증대되고 있는 신체적 문화형태의 중요성 및 그 파생물의 측면에서, David Andrews(2008), Andrews 및 Michael Silk(2011), Jennifer Hargreaves 및 Patricia Vertinsky(2006), Alan Ingham(1985), Pirkko Markula 및 Richard Pringle(2006) 등이 다양하게 신체 문화 연구(physical cultural studies)로 정의한 내용에 대한 개괄과 새로운 방법론적 방향을 제시한다. 다시 말하면, 신체 문화 연구는 역사적 현재에서 "적극적 체화(active embodiments)에 대한 복잡하고 다양한 실천행위와 표상"과 "문화 신체성(cultural physicalities)(Silk & Andrews, in press)에 대한 경험적 및 정치적 도입"을 이해하기 위한 탈학문적(antidisciplinary) 지적 영역이다.[3] 이러한 목적을 위해 우리는 이렇게 **급진적으로 체화된**(radically embodied) 프로젝트는 (적어도) 세 가지 발생적 좌표를 가지게 된다고 주장한다: (1) 문화 연구의 절합적(articulative)이고 급진적으로 맥락적인 정치학 내에서 신체의 위치를 확인하는 것, (2) "신체 참여적인" 연구 패러다임은 역동적이고 행위주체적인(agentive) 인간의 신체(그리고 그 육체 정치학)가 때로는 뒤죽박죽이면서도 힘들고, 위험한 육체적 접촉을 이루기도 하는

데, 대부분의 후기구조주의자들이 선호하는 활자화된 육체(textualized corporeal)의 상상물을 방해하는 암시적 체화(allusive embodiments)와 결별하는 방법, (3) 신체 문화 연구 그 자체인 연구 수행의 육체적 정치학과 자기 성찰적으로 씨름하기.

본고는 신체 문화 연구를 문화 연구, 절합(articulation), 맥락 분석 등과 관련된 더 포괄적인 논의 내에 위치시킴으로써 시작하고자 한다. 그 다음, 연구 활동의 체화된 실천(embodied practice/s)을 직접 다루고자 한다. 그러기 위해서, (우리를 포함하여) 이제 갓 태어난, 이 학문에 기여한 여러 업적, 특히 신체 참여의 가능성을 논의하기 위하여 스포츠하는 신체성(sporting physicalities)과 관련됨을 활용할 것이다. 이렇게 함으로써, 문화 연구 내에서 더욱 강조하여 극도로 성찰적인 신체의 사례를 받아들이고 이것이 공공의 교육에 봉사할 수 있도록 하며, 궁극적으로 "중요한 사회적 이해, 사회비평, 그리고 감정이 실린 강력한 사회과학 연구의 의사소통 수단"(Lincoln, 2004, p. 140)으로 나아간다. 그리고 [신체] 문화 연구의 미래에 대한 반론으로 본고를 끝맺는다.

10.2 문화 연구의 정치학에 대한 재고찰

논의를 진행하기 전에 역사를 되짚어볼 필요가 있다. 우리가 알고 있는 문화 연구는 적어도 1950년대 중반부터 지금까지 주류 학문으로서 계속되고 있다. 기관의 측면에서 말한다면 이의가 없지는 않겠지만, 1964년 설립된 영국 버밍햄 대학의 the Centre for Contemporary Cultural Studies(CCCS)를 대체적으로 (서양의) 기원으로 볼 수 있다. 이 기관은 Richard Hoggart에 의해서 설립되었고, Stuart Hall이 수장일 때 최고점에 달하였는데, 이곳의 브리티시(British) [저자는 British와 English를 구별하여 사용하고 있다. 역사적으로 영국은 England, Scotland, Wales, Northern

Ireland 등 여러 나라가 합쳐져 이루어졌기 때문에 출신지에 따른 민족적 감정이 강하다. 일반적으로 British는 행정적으로 영국 전체를 일컫고, English, Scottish, Welsh, Northern Irish 등은 민족적 특성을 나타낸다.—역주] 초기 연구는 일반적으로 이론적 측면에서 "대중 및 매스 문화를 이해하고 특정 텍스트를 비판적으로 평가하기 위한 기준의 개발을 위한 문학적 비평 방법"을 사용하였다고 할 수 있다(Dworkin, 1997, p. 116). 발전을 주도한 사람은 Hoggart(「The Uses of Literacy」, 1957), Raymond Williams(「Culture and Society」, 1958), 그리고 E. P. Thompson(「Making of the English Working Class」, 1963)인데, 이들은 많은 사람들로부터 초기(잉글랜드의) 문화 연구의 획을 그은 논문 저술가로 인정받는다. 제2차 세계대전 이후 '잉글랜드의(English)' 국가 정체성 위기—구체적으로 말하면, 왜 노동계급의 상당수가 소위 말하는 전통적인 노동계급의 가치와 상이해 보이고 자신들을 대표하지 않는 특정 정치적 이데올로기와 연합하였는가—라는 특정한 상황을 이해하기 위하여 적극적으로 개입되었기에 이들의 노력은 본질적으로(inherently) 정치적이었다.[4]

그러나 Hoggart 아래에서는 잉글랜드의 노동계급의 일상경험과 변천에 초점을 맞춘 반면, Hall의 시대에는(British) 문화 연구를 새로운 방향으로 이끌어 1970년대 하반기 영국 정치에 나타난 뉴라이트(New Right)를 설명하려 하였고, 이를 "보증 없는 막시즘(Marxism without guarantees)"(Hall, 1982)으로 불렀다. 이렇듯 Hall의 접근은 궁금한 대상에 대해 시간적, 공간적 영역 안에서 문화적 의미, 관계, 정체성에 대한 맥락적 특수성에 초점을 맞췄다. 이러한 변화를 나타낸 것은 이 분야의 특징이 된 많은 논문들이었다: 그 일부는 「Mugging, the State, and Law and Order」(Hall, Critcher, Jerfferson, Clarke, & Roberts, 1978), 「The Empire Strikes Back: Race and Racism in 70s Britain」(CCCS, 1982), 「There Ain't No Black in the Union Jack: The Cultural Politics of Race and Nation」(Gilroy, 1987),

「Learning to Labor: How Working-Class Kids Get Working-Class Jobs」(Willis, 1977).[5]

그러나 David Andres와 Jon Loy(1993), 그리고 훗날의 David Andrews와 Michael Giardina(2008)가 상기시켜 준 것처럼, 이러한 역사적 기록에서 잊혀진 것이 있다면 그것은 문화 신체성(cultural physicalities)—가장 대표적으로 스포츠하는 신체(sporting body)와 관련된, 그러나 레저하는 신체, 활동적인 신체, 건강한 신체 등도 포함하여—이 (브리티시) 문화 연구 전통의 발전 안에 내재되어 있다는 사실이다. 사실, 이러한 신체성은 Hoggart(1957)의 전후 브리티시 노동계급 문화에 대한 비평에서 논의된 이후 문화 연구의 반복되는 관심사가 되었다; Hoggart가 작성한 저서의 부제인 'The Uses of Literacy: Aspects of Working-Class Life, With Special Reference to Publications and Entertainments'는 스포츠처럼 인기 있는 제도에 대한 내재된 관심을 표현하고 있다. 정말로 Hoggart의 문학인류학적(literary humanistic) 접근은 스포츠 문화를 물적 조건 및 노동계급 생활의 경험과 쉽게 연관시키는 보편적 현상으로 파악하였다.

> 직장에서 스포츠는 주요 대화소재로 성(sex)과 경쟁한다. 인기 일요신문의 스포츠 심층기사는 그 주의 범죄기사만큼이나 읽힌다. 스포츠에 관한 대화는 "Jim Motson", "Arthur Jones", "Will Thompson" 등과 같은 성과 이름을 모두 언급하며 개인의 특성에 대한 이야기부터 시작된다. 이들이 수년 전 역사적인 경기 때 펼쳤던 자세한 업적이 비범한 기억력의 도움을 받아 논의된다. 남자들은 존경하고 경탄할 만한 자질이 요구되는 상황에서, 최소한 경기장에 출현한 서로 알 만한 인물에 대해 이야기한다(p.91).

이에 덧붙여, E. P. Thompson(1963)은 그의 기념비적 연구인 「The Making of English Working Class」에서 Hoggart에 뒤이어 몇 년 후, 산업화 상황에서 이루어진 동질적인 잉글랜드 노동계급 문화의 형성에 기여한 많은 신체, 여가, 스포츠 행위를 규명하였다(추가 정보는 Andrews & Giardina, 2008, p.398 참고).

그러나 Andrews와 Loy(1993)가 CCCS의 『Working Papers in Cultural Studies and Occasional Stenciled Papers』 시리즈의 "스포츠"에 대한 권위 있는 탐사에서 적절하게 지적하듯이, CCCS에서 문화 연구가 제도화된(institutionalized) 이후에야 광범위하고 그나마 정상적인 관행처럼 "스포츠 중심의 문화 연구 프로젝트가 나타나기 시작하였다". 몇 개의 논문 사례들은 센터 및 잉글랜드 문화 안에서 스포츠의 위치와 스포츠하는/물리적 신체에 대해서 다룬다. 예를 들어 Chas Critcher의 문화 행위로써 축구(1971)와 여성 스포츠(1974)에 대한 글; Paul Willis의 모터사이클 클럽(1971)과 여성 스포츠(1974)에 대한 글; Rod Watson(1973)의 자동차 경기 사망자에 관한 공식발표에 대한 글; John Clarke의 훌리건과 스킨헤드에 대한 비교문(1973, 1975); 그리고 Roy Peters(1975)의 텔레비전의 스포츠 방송에 대한 논문 등이다.

초기 이러한 업적의 영향은 Toby Miller의 작업에 고스란히 나타나있다. 『A Companion to Cultural Studies』의 서문에 Miller(2011)는 이렇게 적고 있다.

> 나는 내가 1973년도 Birmingham Center의 『Working Papers in Cultural Studies』 4권의 표지를 처음 봤을 때의 설레임을 기억한다. … 하단 좌측에는 이렇게 적혀있었다:
>
> **문학-사회**
>
> **자동차 경주**
>
> 나로서는 이러한 주제가 같이 붙어 있는 것이(신문에서 그런 것처럼) 자연스럽게 여겨졌다. 그러나 당연히 학술적으로 보면 "정상적"이지 않다. 이것을 통합적으로 만드는 것은 사람들의 삶과 매개된 현실의 측면에서 '아주 합리적(utterly sensible)'이었고, 지적 분업과 차별의 위계 측면에서 보면 '아주 불가능(utterly improbable)'하였다(pp.12-13, 원문에서 강조됨).

이러한 개입 이후, 스포츠/신체 문화 연구는 꽃을 피우기 시작하였다. 처음에는 속도가 느렸으나, 나중에는 정기적으로 확대되었다. 하나의 학문영역을 형성하기 시작하였으며, 1980년대 초와 1990년대로 진입하면서 여러 방면에서 연구가 이루어지기 시작하였다(Andrew, 1993; Clarke & Critcher, 1985; Cole & Hribar, 1995; Gruneau, 1985; Gruneau & Whitson, 1993; Jackson, 1992; Tomlinson, 1982; Whannel, 1983 등 참고). 이러한 초기 연구로부터 얻을 수 있는 연구 원칙은 초기 문화 연구 학문형성에 기여한 두 학자 Clark와 Critcher의 업적으로부터 요약될 수 있다. 여가와 대중문화에서 이슈가 되고 있는 정치학을 다룬 『The Devil Makes Work: Leisure in Capitalist Britain』(1985)에서 보여주듯 그들의 주된 관심은 "사실상 '여가' 자체가 아니라, 여가가 우리에게 알려줄 수 있는 전체 사회의 발달, 구조, 조직에 관한 것이다"(p.xviii). Clarke와 Critcher를 새로 조명하면서, 신체 문화 연구에서 신체적(physical)에 대한 우리의 주요 관심은 사실상 물리적 육체성에 대한 것이 아니라, 역사적 현재에서 그것이 우리에게 말해줄 수 있는 전체 사회의 발달, 구조, 조직에 관한 것이다.[6]

10.3　신체 문화 연구에서 도대체 '신체적'이라는 말은 무엇인가?

우리가 제목을 자유롭게 차용한 저자의 글 "흑인대중문화(Black Popular Culture)에서 '흑인(색)(Black)'은 무엇인가?"(Hall, 1993)에서 질문한 것처럼, 우리는 "신체 문화에 대한 질문을 할 수 있는 지금 이 순간은 도대체 무엇인가?"라는 질문으로 시작한다. 명백히, 지금은 경제성장의 절박성과 기업이 주입한 민주주의가 젊은이, 가난한 사람들, 고통받는 사람들의 건강을 보장하려는 사회의 의지를 많은 경우에 있어서 능가하는 시기이다. 케인즈 복지국가의 노동과 여가의 흔적이 "순

수" 시장자유주의 조건을 추구하면서 점차 뿌리 뽑히고 있다. 신체활동의 공간과 건강에 대한 접근은 식민지화되었으며, 자본의 축적을 위한 목적으로 배제되었다. 여성의 신체, 동성애자의 신체, 그리고 타자화된(Othered) 다른 신체는 전반적으로 전 세계 대부분의 신체 문화 영역에서 주변화되어 있다. 그리고 지금 신체는 그 어느 때보다도 현 규율체제를 소아화, 성별화, 대상화하고 있다.

이것은 적어도 정의하기 위한 목적으로는 적절한 설명이지만, 정말 사람을 대상으로 한 근본적인 영향을 어떻게 하면 제대로 이해할 수 있을 것인가? 어떻게 하면 Arundhati Roy(2001)가 너무도 우아하게 표현한 "보이지 않는 힘에 의해서 집과, 땅과, 직업과, 존엄과, 과거와, 미래를 잃는 것"에 대한 문화적 사례를 보다 더 잘 이해하고 의사소통할 수 있을까? 즉, 볼 수 없는 그 누구 또는 그 무엇에 의해서, 경계가 무너지고 스스로 자기와 지배적 신화를 재탄생시키려고 노력하고 있는 세상에서, 미워하고 절망·분노·소외를 느끼는 것이 어떤 것인가에 대한 이야기에 관한 것이다(Denzin & Giardina, 2006 참고). 어떻게 하면 "[우리] 연구에 내재되어 있는 문화적 경험에 의해 이해가 구성된다는 것"(Berry & Wareen, 2009, p.601)과, 그 연구 활동이 "텍스트와 신체의 역동적이고 변증법적 관계"(Spry, 2001, p.711)에 의하고 또 이를 통해 의미 있게 만들어진다는 사실을 더 명확하게 볼 수 있을까?

우리의 해답은, 신체 문화에 대한 최고의 질적 탐구는—활동적 육체의 문화 내에 있는 반인륜적 구조, 관행, 상징적 행위에 개입하는—물리적 및 이데올로기적 프랙시스(praxis) 모두를 Ernesto Laclau와 Chantal Mouffe(1985)가 언급한 것처럼, 이러한 넓은 맥락적 힘과 함께 인간의 경험을 절합(articulate)하는 데 활용하는 것이다. 이러한 연결은 "요소들 간의 관계를 정립하는 어떤 실천을 부각시키기 위한 것으로서, 이들의 정체성은 이 절합을 실천한 결과에 의해 변경된 것이다"(Laclau & Mouffe, 1985, p.105). Hall(1996)의 연구에서 변증법 이론과 절합 방법을 개념화하기 위해서

자주 등장하는 트럭(lorry) 은유는 이러한 실천을 이해하는 데 상당히 유용하다.

—
"절합"의 뜻은 언급하기, 말하기, 분명히 하기다. 언어로 말하는 것, 표현하는 것 등이 포함되어 있다. 우리는 트레일러식으로 "절합된(articulated)" 로리(트럭)를 이야기하기도 한다: 꼭 그렇지는 않지만, 앞의 기관실과 뒤의 트레일러가 연결된 형태의 것을 말한다. 두 부분은 서로 연결되어 있지만, 특수한 연결장치에 의해서 분리될 수 있다. 절합은 특정한 조건아래서 두 가지 다른 요소를 통합시키는 연결형태를 말한다. 이것은 언제나 결정돼 있고, 절대적이며 필수불가결한 결합이 아니다. 어떤 상황 아래서 연결이 생성되고 만들어지는 것이 **가능한가(can)** 질문해봐야 한다(pp.141-142, 원문에서 강조됨).

또는 Jennifer Daryl Slack(1996)이 표현한 것처럼, 절합은 우리가 추구하는 더 넓은 맥락적 형태와 우리가 정립하려는 경험적 전이를 연결하는 것을 모두 말하며, 동시에 우리를 작동하게 하는 방법론적 인식(episteme)이다. 맥락(context)과 실천(practice)의 절합에 대해, 특히 실천이 맥락을 생산하는 점에 관하여 Slack은 다음과 같이 기술하고 있다. "맥락은 저기에 그냥 존재하는 것이 아니다. 그 안에서 실천이 일어나지도 않으며, 실천의 개발에 영향을 끼치지도 않는다. 오히려, 일반적으로 정체성, 실천, 효과는 그 자체가 실천, 정체성, 또는 효과인 바로 그 맥락을 구성한다"(pp. 125, 원문에서 강조됨).

따라서 우리의 신체 문화 연구 프로젝트는 맥락 작성하기(mapping)나 추상화된 유체 제도법(corporeal cartography)이 아니라 인간의 활동과 직접 관련지으며 상호작용하기 위해 정치적 그리고 정치화된 신체를 사용하는 방법이다. 다시 말하면, 사회적, 정치적, 경제적 맥락(들)에 의해, 또는 그것을 만드는 절합적 프랙시스이다. 더욱이, 구조적 마르크스주의 조상들의 동의어 반복적인 딜레마로부터 벗어나려면, 우리는 초기 마르크스주의에 자극받은 사회적 사고의 결정론으로부터 벗어나야 하며, 오히려 신체에 대한 문화가 과잉규정된 구조적 영역(overdetermining structural realm)(경제적 기반이 상부구조를 결정하는 것과 매우 유사한)에 **필수적으로 대응(necessarily correspondent)**하거나 **필수적으로 부대응(necessarily noncorrespondent)**(경제적 관계로부터 자율적인 문화)하지도 않다는 생각에 가치를 두어야 한다(Hall, 1985; Laclau & Mouffe, 1985 참고). 다시 말하면, 또 Andrews(2002)를 고쳐 말한다면, 어떠한 국면에서 일어나는 신체의 구조와 영향은 사회맥락을 구성하는 힘과 실천 사이를 교차하는 여러 절합의 산물이다. 역사적 순간이나 국면의 독특성은 신체 문화와 특정 힘(예, 경제) 간에 필수 대응이 없거나 정말 부대응 조건이 성립되었다는 의미이다. 힘은 신체적 실천의 소여(givenness)를 결정하지만, 이 결정성은 미리 보증되는 것이 아니다(p. 116).

신체가 예측 가능한 방식으로 생산된다는 보장은 없으나, 사회적, 정치적, 경제적 구조의 무게가 신체를 언제나 먼저 압도한다는 것을 시사하는 것은 아니다. Karl Marx와 후의 C. Wright Mills(1959)를 재서술한다면, 우리가 문화 신체성(physicalities)을 만들지만, 우리가 선택한 조건아래에서 만들지는 않는다. 이 기본적인 변증법을 무시하는 것은 곧 신체를 추상화하는 것이며 그 존재를 탈정치화(depoliticize)하는 것이다. 산학복합체(academic industrial complex)의 물결 속에서 신체에 대한 탈맥락화와 반변증법적 분석은 **정치화**되었다(made political). 정치적 중립성을 가장하는 것 자체는 정치적 행위이다. 이 행위는 동시대 삶의 형성을 자연스럽고도 당연한 것으로 받아들이는 헤게모니를 지원한다. 급진적 역사학자인 Howard Zinn(1996)이 언급한 "움직이는 기차안에서 중립적으로 있을 수 없다"는 명언은 이것을 우리에게 상기시키고 있다. Richard Johnson(1987)의 (브리티시) 문화 연구의 형성에서 알려진 사실로, Andrews(2008)는 다음과 같이 이 점을 분명히 한다. "신체 문화 연구 연구자들은 우리 연구의 신체 문화 형식이 '권력과 사회적 가능성'에 대한 맥락적 분석에서 이탈했을 때 필연적으로 나타날 '단절(the disconnection)'에 대한 투쟁에서 경계를 게을리하지 않아야 한다"(p. 58). 비판적으로 신체에 대한 문화를 연구할 때, 우리는 신체의 실천(bodily practice)을 통하여(through) 맥락뿐 아니라, 맥락적 권력에 의해 제한된 인간의 신체에 대한 억압적이고 해방적인 잠재력에 대해 더 잘 이해하려고 한다.

이처럼, 우리는 정치적이며 정치화된 신체를 그 일상성에서 벗어나 두드러지게 하는 공공교육학(public pedagogy)을 만들거나 유도하는 노력을 해야 한다. 정말로, 신체 문화에 종사하는 사람들은 신체의 문화에 영향을 끼치는 역사적 맥락의 사회 구조를 드러냄으로써, 사회적, 문화적, 경제적 지위가 과거 소외와 착취의 문화와 뒤엉켜 뗄 수 없는, 개인들과 그 결과로 인하여 삶이 지속적으로 고달파진, 개인들의 비판 의식을 일깨워야 한다. Ben Carrington(2001)은 그가 오늘날 [신체] 문화 연구로 통용되는 과도한 탈정치적 특성에 대해 탄식하며 이 점을 명확히 하고 있다.

> 나이키 광고의 대화과정을 해체할 수 있는 것과, 동남아시아에서 이루어지는 신발제조의 착취경제적 생산 자체와 서양의 가난한 도심에서 일어나는 신발의 소비와 연결하고 이로부터 의미를 만들어내는 것은 또 다른 일이며, 이 과정은 흔히 드러나지 않는다(p. 286).

비록 이렇게 의사정치적(pseudo-political)이고 상대적으로 텍스트 작업에 경도된 친절한 Carrington의 비평은 Joshua I. Newman(2008)이 언급한 것처럼 어느 일반적인 수준에서 "우리에게 소비자 문화, 후기 자본주의, 그리고 그 안의 정체성 정치학을 가르칠 수" 있지만, 텍스트의 비평을 넘어 텍스트, 맥락, 권력이 일상적으로 조작되는 물질적 현실에 대한 개입으로 발전하기 위한, "이러한 광범위한 형성을 의미 있고, 중요하며, 강력하게 하는 실천의 변증법을 적용하지는 못하게 한다"(p. 2).

이러한 함정을 피하기 위하여 우리는 브라질의 비판적 교육자인 Paulo Freire(1970/2006)를 추종하며 그의 주장에 동의한다. 그의 교육 방법은 인간의 조건에

반하는 정치적, 억압적 정권에 대한 개인의 비판 의식을 높이는(conscientization) 공공의 실천을 공유하기 위한 공립 교육의 한 형태를 개발하는 것으로, 교실수업과 매일의 조우(encounter)에서 시행되는 반억압적 정치와 해방교육의 혼합(mélange)이다. Freire에게 이 의식화(critical consciousness) 또는 conscientização [포르투갈로 '의식화'를 의미─역주]는 개인이 대화적, 정치적, 경제적 구조가 자신의 일상생활에 작용한다는 인식론적 각성상태(awareness)에 달할 때 나타난다. 이러한 각성상태는 개인 삶의 억압적 요소를 고려한 지속적 대화와 참 대안인 인류평등주의적 사회형성을 적극적으로 상상하고 노력함으로써 배양된다.

Norman Denzin과 Michael Giardina(2010)가 Freire에게 고무받은 질적 연구와 인권에 관한 저술이 우리에게 상기하듯, 질적 연구의 수행은 "단지 '방법' 또는 '기술'에 관한 것뿐만 아니라" "사회정의와 급진적, 진보주의적 민주화의 목표를 적용하기 위해 세상을 가시적으로 만들게 하는 데" 도움이 되는 본래적으로 정치적인 프로젝트이다(p. 14, 원문에서 강조됨).[7] 실제적으로 봤을 때, 이것은 "언어 및 사회적·정치적 힘으로부터 결코 자유롭지 않듯이, 결코 중립적이지 않은" 공립 교육을 받는 것을 의미한다(Giroux, 2000, p. 8). 여기에서의 목표는 활발한 사회적 시민의식을 촉진하는 것으로, Peter McLaren(2000)이 언급한 혁명적 교육학(revolutionary pedagogy)의 한 형태가 나타난다고 할 것이다.

> 혁명적 교육학은 일상의 자연화된 흐름에 대항하는, 매일의 행위성(agency), 조우, 갈등의 시학에 대항하는, 담론적 공간 환경을 창조하며, 이곳에서 주체성(subjectivity)은 지속적으로 용해되며 재구성된다. 다시 말하면, 주체성은 스스로에게 등을 돌려 명명(naming)을 통하여 이 세상을 긍정하고, 동시에 명명 과정 자체에 잠재되어 있는 은폐의 실천을 폭로하고 원상태로 돌림으로써 세상에 대립한다(p. 185).[8]

즉, 이 분야의 주요 매개자들(intermediaries)은 종종 엄격하고 경험적인 질적 조우를 통해서만 우리가 동시대의 신체 문화의 복잡성을 발견하기 시작할 수 있다고 말한다(예, Andrews, 2008; Andrews & Silk, 2011; Hargreaves & Vertinsky, 2006; Ingham, 1985; Markula & Pringle, 2006). 우리는 여기까지 동의하며, 신체 문화 연구의 장래와 잠재력에 관한 일반적 수준에 대한 연구가 증가하고 있음을 밝힌다.

유명한 피트니스 지도자인 Charles Atlas(이탈리아 Calabria에서 Angelo Siciliano라는 이름으로 태어남)에 의해 체화된 20세기 초 미국 신체 문화의 매개된 차원에 대한 Jacqueline Reich(2010)의 탁월한 업적은 그 한 예이다. 그녀는 "보디빌딩 사진과 그의 아이콘적인 피트니스 플랜의 개발과 마케팅"에 대한 텍스트 담론을 통하여 그가 "이탈리아 이민자에서 미국 남성성의 기둥"으로 대중적인 탈바꿈을 할 수 있었다고 해석하고 있다(p.450). 문화 역사와 미디어 분석을 통하여, Reich의 논문은, 저명한 역사적 인물의 성공과 유명세가 신체성과 당시에 막 싹트기 시작하던 마케팅 및 광고 산업의 지지를 통하여 부여된 의미에 기반하였다는 것에 대한 생생하고도 비판적인 보고를, 특히 이민의 복잡한 인종적 정치학과 관련하여 제시하고 있다. 이와 관련된 측면에서, Shari Dworkin과 Faye Linda Wachs(2004)는 「Shape Fit Pregnancy」("젊고, 지적이고, 부유하고, 전문적인" 중산층 여성을 대상으로 한 잡지)의 텍스트 분석으로 후기산업사회의 모성(motherhood)과 밀접한 성별 담론을 연구하였다. 이것은 미국에서 건강과 피트니스가 맹렬히 힘을 얻어가는 시점에서 여성성, 성공, 건강한 신체에 관한 이야기에 대한 규범적 이상을 형성하게 하는 대중적, 정치적 힘에 대한 탁월한 비평이다. 언급한 두 사례는 최근에 출간된 수많은 논문 중(예, Aalten, 2004; Atkinson, 2008; Brace-Govan, 2002; Butryn & Masucci, 2009; Chase, 2008; Cole, 2007; Evers, 2006; Francombe, 2010; Fusco, 2006; Grindstaff & West, 2006; Helstein, 2007; Markula, 1995; Metz, 2008; Miah, 2004; Schultz, 2004; Scott, 2010; Thorpe, 2009; van Ingen, 2004; Wedgewood, 2004; Wheatley, 2005 등) 일부이며, 신체 문화 연구의 예비적 표준을 설립하는 데 일조하였다.

우리는 다른 곳에서 막 싹을 틔우고 있는 우리 학문 분야의 몇 가지 핵심 가치에 대해서 길게 논의한 적이 있으며(Griardina & Newman, 출간 중, 참고), 그 안에 포함된 정의와 역사적 유산에 대해서는 동시대 사람들과 이견을 나타냈다. 본고의 목적을 위해서, 그리고 더 넓은 문화 연구계에 적용되기 위해서, 우리는 매개된, 텍스트 중심의, 탈육된(disembodied) 것에서 더 역동적인 연구 활동으로 확장되기 원한다. 경험적 연구가 무엇이든 간에 텍스트 패턴, 미디어 표상, 그리고 거대한 육체적 이야기에 머물거나 어떠한 경험적 논의로부터 연구자 자신의 신체와 정치학을 삭제하는(또는 두 가지를 조합하거나) 그런 연구는 안 될 것이다.

우리가 반대하는 것은, 수사적 허사에 자리를 내주었고 때에 따라서는 교양 있는 억측으로 읽혀지는 정치적으로 육화된 신체의 추상화, 저자 신체의 실종, 자신에 대한 경험적 변증법이다. [신체] 문화 연구가 지적 영역의 하나로 여겨지기를 바란다면—또는 우리 분야가 적어도 이 핸드북에서만이라도 두드러지게 하려면—공허한 은유, 즉 문화영역 안에 존재하여 아무 대상으로 아무 연구를 하는 지루한 서술자보다는 나아야 한다. 우리는 마치 우리가 신체학의 한 분야에 있는 것처럼 대서특필하거나(즉, 신체의 사회학 등), 또는 문화 연구의 한 형태를 신체학의 발굴터와 유물에 단순히 적용해서 신체와 신체성에 대해서 서술하고 보고하는 것으로는 충분하지 않다고 생각한다(최근 십 년간 이런 현상이 증대되어 오는 것을 우리는 보았다). 우리의 목표는 신체에 대한(about) 저술과 연구를 넘어 연구 활동의 주된 힘으로서의 신체를 통한(through) 저술과 연구로 이행하는 프로젝트이다. [9]

달리 표현한다면, 우리는 [신체] 문화 연구가 전문적으로 편한 학문이 되게 할 수 없다. 문화의 대상에 거리를 두고 단순히 비판적으로 "읽는 것"(예, 우리의 소파나 컴퓨터 앞에서, ESPN의 Sports Illustrated에서, 또는 The New York Times 웹사이트 등에서) 이상의 의미가 있어야 한다.[10] 우리는(안타깝게도 대부분의 미국)문화 연구와 똑같이 비극적 운명으로 고통을 받도록 방치할 수 없다. Michael Berube(2009)가 최근 기업대학(corporate university) 안의 인식에 대한 다소 낙담스럽지만 정확한 보고를 한 것처럼, "지금이라는 의미는 모든 것이며 아무것도 아니다. 이것은 일반적 의미의 '문화적 비평'과 효과적으로 뒤섞였으며, 명랑한 '대중문화는 재미있다'라는 접근과 연계되어 있다"(n.p.).[11] 우리는 정치적으로 관여적(engaged) 탐구의 수행 분야에서 공유된 약속을 그 자체가 수행목적인 학술적, 경제적 자본을 위해 포기하는 것을 묵과할 수 없다(우리도 이러한 혐의로부터 자유롭지 못하다는 것을 시인한다). 그리고 우리는 육체와, 그에 대한, 그리고 이를 통한 연구가 중요한 결과를 가져온다는 사실을 무시할 수 없다. 그 영향이란 공간적이며, 일시적인, 경험적 신체성이 규범적, 헤게모니적, 그리고 때로 위험한 힘에 의해서, 끝없는 목적으로 아직도 떠밀려진다는 것이다.

오히려, Denzin(2007b)이 상기시키는 것처럼, 최고의 [신체] 문화 연구는 정치적 색채가 강해야 하며, **활동가 사고를 가진**(activist-minded) 프로젝트로 인식되어야 한다. 이는 Noam Chomsky가 그의 1967년 논문인 "지식인의 책무(The Responsibility of Intellectuals)"에서 제기한 것과 유사한 종류로, 현재 요구되는 공적 지성주의(public intellectualism)이다. 여기에서 그는 지성인(즉, 당신)은 사실을 말하고, 거짓을 밝히며, 자신의 역사적 관점에서 사건을 직시해야 하는 도덕적, 윤리적, 전문적 의무감을 가져야 한다고 밝힌다(Denzin & Giardina, 2006 참고).[12] 그러기 위해서 우리는 "문화 정치학의 근본적 함의, 대립적·공적 지식인으로서의 학자와 문화종사자들의 역할, 그리고 도덕적·정치적 실천으로서의 문화교육의 중심"(Giroux, 2001, p.5-6)을 꿰뚫는 사고를 해야 한다. 이것은 진정 우리 연구 활동의 바로 그 정치적 차원을 통해 사고하는 것이다. 우리는 "항의하고, 저항하고, 극단적으로 자유로운 유토피아적 공간을 대표하고, 상상하고, 수행하는 데 도움이 되는"(Denzin, 2007b, p.40) 비판적 방법론을 추구해야 한다. 이 방법론은 우리가 신체를 담고 살고 있는 바로 그 세상을 만드는 데 일조해야 하며, 언제나 충분히 수행적이며, 이데올로기적이고, 교육적이어야 한다. 우리는 교육을 "다양한 예술가와 비평가, 그리고 연구자와 교육자들을 아우르는 일종의 변화를 가져오는 지적 실천"으로 봐야 한다(Dimitriadis & Carlson, 2003, p.3). 우리는, Roy(2004)를 좇아, "결코 별스럽지 않은 전문가들에 의해 휘둘리지 않아야 하며 지나가는 행인의 근거 없는 호기심으로부터 보호해야 하며"(p.120), 그 반대를 행해야 한다. "우리는 연결고리를 만들며, 점들을 연결해야 한다. 정치를 이야기처럼 말해야 한다. 그것을 전달하여 현실에서 이루어지게 해야 한다. … 그리고 일반 사람들이 자기들에게 무엇이 일어나는지를 이해하는 것을 가로막는 장애물을 생산하는 것을 거부해야 한다"(p.10).[13] 그리고 Judith Butler(2004)가 그녀의 도덕적 논박 「위태로운 생명(Precarious Life)」에 기술한 것처럼 "반대의견이 두렵거나, 평가절하되거나, 무시되지 않고, 오히려 간헐적이지만 감수성 있는 민주주의(sensate democracy)를 촉진시키는 가치 있는 공공의식"을 창조하는 데 헌신해야 한다(p.151).[14]

이것은, 그러나, 우리의 해답이 "사전에 결정되[었]거나", 우리의 정치학이 "투쟁과 가능성의 맥락을 더 잘 이해하도록 하는 일을 안 하는 것에 대한 변명으로" 봉사해야 한다는 것을 말하려고 하는 것은 아니다(Grossberg, Cho에 의해 재인용됨, 2008, p.121). 오히려 Freire(1999)의 「자유를 위한 교육학(Pedagogy of Freedom)」에 표현된 것을 예로 제시한다.

———
나의 신자유주의에 대한 혐오는 넝마주이가 비난받는 것이 정의롭지 않다고 말할 때 돋는 나의 정당한 분노를 설명하는 데 도움이 된다. 이것은 또한 나 스스로가 공평(impartiality)함을 자처하는 데 전혀 관심이 없다는 것도 설명한다. 나는 공평하지도 객관적이지도 않으며, 사실과 사건에 대한 고착된 관찰자도 아니다. 나는 공평이나 객관성을 허위로 주장하는 것을 신봉한 적이 없다. 그러나 이것이 나를 언제나 엄격한 윤리적 입장에 서게 하지는 않았다. 누구든 실제로 관찰하는 사람은 일정한 관점에서 하게 된다. 그리고 이것은 반드시 관찰자의 입장에 오류가 있다는 의미는 아니다. 오류가 생기는 경우는 사람이 자신의 관점에 대해서 독단적이 되어 자기의 관점에 대한 확신이 있더라도 자기 입장이 언제나 윤리에 의거하지 않을 수 있다는 사실을 무시할 때이다(p. 22).

이제부터는 위 내용을 염두에 두고, 급진적으로 체화된 문화 연구 프로젝트를 위한 이론적, 방법론적 발전에 대하여 개략적으로 설명할 것이다.

10.4 신체 문화 연구와 '몸의 참여'

만일 우리가 우리의 (특정) 프로젝트가 신체와 신체성에 대한 주제적 관심(활동적인 것에서 비활동적인 것에 이르기까지 어떤 형태를 띠든지)을 넘어 그 동안(브리티시) 문화 연구(예, 탈학문적, 자기 성찰적, 정치적, 이론적, 그리고 급진적으로 맥락적인; Grossberg, 1997)의 가장 훌륭한 정치와 실천의 전통을 어떤 방식이든지 고수하려고 노력해야 한다면, [신체] 문화 연구에 대한 연구 활동을 "체화된 활동(embodied act)"으로 먼저 떠올릴 때가 가장 적절할 것이다(Coffey, 1999, p. 59). Amanda Coffey(1999)가 『문화기술적 자아(The Ethnographic Self)』에 기술한 것처럼, 우리는 "우리의 신체와 다른 사람들의 신체가 현장 활동의 실질적 성취의 핵심이라는 점"을 중요하게 인식해야 한다. "우리는 현장의 공간적 맥락을 협상하면서 다른 사람들 주변에 우리의 신체적 존재를 위치시킨다(locate)"(p. 59). 이것은 너무 당연한 것으로 보일 것이다. 그러나 Michele K. Donnelly(2009)

가 상기시키는 것처럼, 역설적으로, 질적 연구를 수행할 때 "신체의 역할이 필수불가결"해 보이기 때문에, 연구 활동의 바로 그 체화된(embodied) 실천은 흔히 간과된다. Paul Atkinson, Sara Delamont, William Housley(2008)는 문화기술지에서 자주 간과되는 상황을 피하는 것에 대해 자세히 설명하고 있다.

> 참여관찰의 핵심 아이디어는 단순히 "관찰"하는 데 있지 않고, 문화기술자의 체화된 출석(presence)을 시사한다. 명백히 우리가 같이 작업하는 사회 활동자들과 신체적으로 동시에 출석하지 않으면서 교류하기란 가능하지 않다. "참여(participation)"의 요소는 육체적인 것이다(p. 140).

이처럼, Donnelly(2009)는 "참여는 현장연구자로 하여금 사회적, 문화적, 그리고 신체적으로(and physically) 공간을 확보하고 유지하는 것을 포함한다"고 하였다(p. 4, 강조는 추가됨).

복종되고 변형적인(subjugated and transformative) 신체를 위한 의미 있는 발견적 교육학을 만들어 내려면, (특히 연구 활동 내에서 우리의 신체에 영향을 미치는) 신체적 문화의 미세하고, 다양하며, 복잡한 형성을 설명할 수 있는 이론, 전략, 인식론을 사용해야 한다. Elyse Pineau(2000)의 개념인 **수행적 체화**(performative embodiment)에 기초하여 Tami L. Spry(2010)는 다음과 같이 관여적(engaged) 연구 활동에 대한 인식론적 필요성을 설명한다.

> 우리는 몸 안에 살면서 세상에서 우리의 신체가 어떤 수행(performances)을 하는지 분석하면서 자아, 타자, 문화에 대해 배운다. 수행하는 신체는 인식 과정의 지식 창출에서 데이터 풀, 데이터 수집가가 되기도 하고, 데이터 해석자가 되기도 한다(p. 160).

몸을 안다는 것의 본질은, 언제나 그랬던 것처럼, 정치적으로 얽혀있으며 동시에 변증법적으로 의미 있는 것이다. 이것 때문에, 역동적이며 근본적으로 요구에 부응하는 우리 프로젝트는 D. Soyini Madison(2009)이 지적한 다음의 내용이 선결조건이 될 것이다.

> 우리가 수행하는 프로젝트는 우리의 존재를 느끼고 의식하는 집—우리 생명의 휴식처—으로써뿐 아니라 우리의 몸이 다른 사람의 공간과 시간을 통해 이동해야 한다는 취약성을 껴안아야 한다. 이것은 지식의 목적을 위해, 또 실현과 발견의 목적을 위해 우리의 존재와 생명을 운반하는 것이다. 몸에 대한 지식, 즉 몸을 통하여 얻는 지식은 현재의 증거이다. … 이것은 실존주의적 및 존재론적 질서 안에서 상호주체적인(intersubjective) 취약성이다. 왜냐하면, 명료한 현재와, 우리가 사는 곳과, 삶과 죽음의 극단 사이에서 몸들은 육과 육으로 서로에게 부딪치기 때문이다(p.191).

그러나 이와 같이 참여적, 중재적, 성찰적, 호혜적, 실천적 방법은 때로 모순되며 뒤죽박죽될 수 있다. 예를 들어, Loic Wacquant(2004)는 1980년대 후반에서 1990년대 초반의 시카고 남부의 권투문화에 대한 논문으로 많은 사람들의 찬사를 받은 「몸과 영혼: 수습생 권투선수에 대한 문화기술적 비망록(Body and Soul: Ethnographic Notebooks of an Apprentice Boxer)」에서 독자들에게 "육체의 사회학(carnal sociology)"을 제시하며 신체가 세 가지 교차점에서 좌표를 이루고 있다고 밝힌다. 살과 피의 신체활동, 훈련에 대한 내적 투쟁, 트레이너와 동료 권투선수들과의 상호작용이다. 신체 문화에 대해서 연구하는 신전에 들어간 아주 초창기의 신참으로써 그는 지식 생산의 주요 원천으로 연구자의 신체를 대담하게 사용하였다. Wacquant는 그의 육화된 신체를 지배하는 표상의 정치학과 그의 연구 활동의 맥락을 무시하였다. Wacquant의 글에 대해 Denzin(2007a)은 신랄하게 비판하며 다음과 같이 그 패착을 지적한다.

> 그의 방법은 문화적 신화에 의해 형성되지 않은 현실이나

자기 과장적 진술을 가정하고 있다. 그는 그의 체화된 방법이 권투선수들의 진짜 현실세계로 직접 적용되기를 원한다. [그러나 그의] 육체의 사회학은 폭력적인 스포츠 안에서 고통당하는 흑/백인 남성의 신체 수준에 머물러(stays) 있다. 이것은 시간의 밖에 머물러 있는 사회학이며, 어떤 사람들이 시간이 지나가 버렸다고도 말하는 사회학이다(pp.429-430, 강조는 추가됨).

신체 수준에 완전히 머물러 있음으로 인해서, Wacquant의 이야기는 "신자유주의적 자본주의의 억압적 문화범주와 그것을 넘어서는 방법인, 비평의 성찰적 언어와 프랙시스"를 결여하였다(p.430).

Gretchen Rossman과 Sharon E. Rallis(2003)를 잇는, 급진적으로 체화된 문화 연구는 불가피하게 "순환적이고, 반복적이고, 뒤죽박죽이고, 지루하고, 도전적이고, 모호함으로 가득 찼고, 흥미로운" 복잡한 혼합물이다(p.4). 그리고 우리가 "사회이론들의 소품으로 전락해 각자의 경험을 잃지 않으려는 방식으로 미시와 거시를 만들어갈 때"(Saukko, 2005, p.345), 우리는 우리 자신의 신체와 수행이 연구와의 대면을 어떻게 형성해 가는가에 대해 민감해야 한다. 그러나 우리는 또한 우리 연구 활동이 어떻게 "신자유주의의 인종적, 문화적 정치학에 의해 특정 유형의 것을 재생산하는가"에 민감해야 하며(Denzin, 2007a, p.430), 신체에 영향을 미치는 더 광범위하고 복합된 힘들에 대해 인식하고 있어야 한다. 이것은 선택의 문제가 아니다.

이 신세대의 학자들은, 정도는 다르지만, Madison과 그녀의 동료들이 제시하는 매우 철학적인 규범과 맥을 같이하고 있다. 이 방향에 대한 다음의 세 가지 구체화된 형태(avatar)를 보기 바란다.

Ashley Mears(2008)의 뉴욕 패션산업에 대한 문화기술적 기술은 그녀가 연구 과정에서 모델로 활발하게 활동하면서, 성, 권력, 문화생산에 대한 비판적 고찰의 구성과정에서 자신인 연구자의 신체를 상당히 명료하게 드러낸다. 그녀의 "육체적 동시출석(bodily copresence)"은 다음 발췌문에서 드러난다. 발췌문

에서 그녀는 모델 라인업에 대해서, 그리고 항상 존재하는 "모델 간 또는 모델 자신이 서로의 신체를 비교하는" 비판적 응시(critical gaze)가 어떻게 작동하는지를 기술한다.

—

런웨이 리허설 줄에 서서, 내 앞의 모델은 다른 모델이 지나가자 평을 한다. "저 여자의 허리는 너무 가늘어!" 퍼스트 룩인 작은 비키니를 위한 백스테이지 대기중에 나를 포함하여 모델들은 머리에서 발끝까지 다른 모델들을 훑어본다. 시간이 좀 지나면, 우리들 대부분은 복부를 가로질러 팔짱을 끼고 서 있는다. 아마 다른 사람들은 지쳤거나 지루해서 그랬겠지만, 나는 가리기 위한 것이었다 (p. 438, 강조는 현 저자들이 한 것임).

Mears에게 연구는 방법론적 표현에 관한 기계적 과정만이 아니다. 그것은 개인[화된](personal[ized]) 그리고 내면[화된](internal[ized]) 여정이다—여성의 신체를 형성하고, 지배하고, 착취하는 생산과 소비의 조건에 직접적으로 개입하는 것을 목적으로 하는 복잡하고 자기 안에 깃들인 것이다. 이것은 목록을 작성하고 사회적 세상을 "재생산"하기 위하여(마치 이것이 가능이나 하다는 듯이) 조심스레 기록하는 격식을 차리지 않거나 거리를 두는 문화기술자의 작업이 아니다. Mears는 오히려 적극적인 신체의 투자를 통하여 패션산업의 헤게모니적 공간 안에서 이에 대항하여, 자신의 신체를 통하여 그 직업 내의 다른 사람들의 육체적·정신적 요구를 이해하였으며, 가장 취약한 공급업자들을(예, 젊은 여성)에게 나타날 소름끼칠 효과에 맞섰다. Ron Pelias(2005)가 명확히 한 것처럼, 이러한 접근에는 "개인의 신체는 그곳에 기록된 정치적 헤게모니 시스템을 이해하는 질 좋은 데이터베이스를 제공한다"는 신중한 인식이 있다(p. 420).

관련된 측면에서, Michael(Giardina, 2005, 2009 참고)의 국가 간의 여행, 권력, 정치학적 분석을 한 관여적 신체조사(engaged bodily interrogations)는 행로에서 일어나는 사람 간의 글로벌 경험과 이를 통한

(in and through) 복잡하고, 갈등적이며, 지속적으로 변하는 정체성 수행(identity performances)에 대한 유용한 비평을 제공한다. 브리티시 식민지시대의 외국계 시민과 런던과 맨체스터의 아시아 디아스포라의 공간적 역사를 다시 점검하든지, 또는 미국의 인기 있는 공공 장소인 뉴욕의 양키 스타디움의 만연한 외국인 혐오에 대한 과격한 소요를 목격하든지, Michael은 글로벌한 사회관계의 상황과 이를 통하여 그와 그의 비평을 역동적으로 봉합하고 있다. 여기에는 그의 장소, 고향, 나라와의 연결과 단절에 대한 자기의 해석적 신체 상호작용도 포함한다. 그는 발틱해에서 아주 가까운 곳에서 다음과 같이 장문의 글을 성찰적으로 적고 있다.

—

그러나 이상하게도, 내가 거의 이 나라 말을 할 수가 없어 메뉴의 음식을 잘못 주문할 수밖에 없음에도[나는 정말로 내가 '잭 스쿨레 릭 엔 햄버가렌 오츠 엔 소다, 베하가'와 가까운 소리를 냈다고 생각하였다], 나는 결국 이 세상에 어색하게 연결됐음을 느끼게 된다. 비록 문화와 정체성에 대한 다른 사람들의 유연하거나 혼합된 수행에 대해서 글을 쓰는 것은 나에게 쉬웠지만, 관련성을 유지한 채—그런 프레임을 가지고—나 자신의(탈)절합에 대하여 글을 쓰는 것은 전혀 다른 작업이다. 그러나 물질적으로 그리고 표상적으로 타자화된(공항의 안전검색대를 쉽게 통과할 수 있는 것처럼 흔히 백인우월주의의 한 형태로 본의 아니게 나타나는) 다른 사람들의 수행 안에서, (초)국가적으로 구속되지 않아 표류하는 나의 정체성과 대면하는 그런 순간들이 텍스트 안에, 스크린 뒤에, 수행적 활동 안에 있다. 언젠가 런던에서 "집"으로 돌아가는 길에 나는 면세점 거울에 비친 내 모습을 보게 되었다. 나는 진한 남색 양털 풀오버(fleece pullover)[머리부터 뒤집어 써서 입는 스웨터—역주], 청바지에 스위스 발리 신발을 신고 있었다. 나와 이야기를 나누지 않고는 어느 누구도 나를 "미국사람"으로 오인하지 않았을 것이고 … 나는 그 사실을 군이 선전하지 않았다. … 그러나 비행기 이륙시간까지 몇 시간을 더 기다려야 했기에, 나는 히드로 터미널 3의 TGI Friday 레스토랑에서 베이컨

치즈버거와 쿠어스 라이트 맥주를 마셨다. "이것보다 더 미국적인 것이 있을까?"(나는 그때 그렇게 생각하였다)(Giardina, 2009, p.174).[15]

여기서 우리는 Michael이 그의 생을 "세계와 그 세계의 참여자들에게 상호 호혜적으로 공동절합하는(co-articulate)" 것으로 제시하고 있음을 본다(McCarthy et al., 2007, p.xx). 그의 연구 활동 수행 자체에 그의 신체가 포함되어 있을 뿐 아니라, **그것을 통하여(through it)**, 그는 "연구자의 정체성, 학문적 경험, 그리고 중요한 연구 결과 간의 침범할 수 없는 고리를" 드러낸다(Joseph & Donnelly, 출간중). 이것은 "잃어버린 겸손에 대한 강화, 자기질문, 연구에서의 심오한 성찰적 사고와 대화, 우리가 살고 있는 갈라지고 나눠진 세계에서 우리를 재연결하기 위한" 매우 명백한 노력이다(McCarthy et al., pp.xx). 이것은 Carrington(2008)의 다음 시도와 같을 것이다.

연구와 관련된 연구자 자신의 전기와 그 문화기술지를 기술·이야기하는 바로 그 활동 두 가지를 모두 포함하는 비판적 조사에 개방된 자아(Self)에 대한 성찰적 설명을 작성하는 것이다. 즉 연구 과정 안에서의 주체/객체 관계를 해소하거나 적어도 문제화(problematize)하기 위해, 또한 우리가 통일된, 고정된, 단일한 자아를 가지고 있다는 것을 드러내기 위해, 분석적 시선을 연구자에게로 돌리는 것이다(p.426).

Trinh T. Minh-ha(1991)를 인용한다면, 이것은 "우리 글이 나타내는 현실을 조사하기 위한 것이며, 쓰이고 수행되는 역사 안으로 화자의 이야기를 다시 불러내기 위한" 노력이다(p.188).

세 번째 예는 Donnelly(2009)의 작업에서 발췌한 것인데, 롤러 경주에서 "여성의 유일성(women's onlyness)"에 관한 것으로, 위에서 모두 논의된 공간과 육체적 실천의 경험적 불확실성의 안 및 그 가운데(within and among)에 우리의 신체를 위치시키는 개념과 확연하게 연결된다.

롤러 경주 연구를 시작할 때, 나는 인상관리(impression management) 측면에서 나의(my) 신체에 대해서 선명하게 알고 있었다. 나는 어떻게 입고, 어떻게 말하고, 어떻게 움직이고, 어디에 가고, 무엇이 되고 등에 대해서 세심하게 생각하였다. 이것보다, 처음 나는 나의 수행하는(performing) 신체가 육체적으로 고되고 때로는 위험한 스포츠의 요구에 견디지 못할까봐 걱정되었다. 그러나 의도치 않았지만, 명백한 육체적 경험을 수반하는 나의 연구 활동은 나를 일 년간 매주 몇 시간씩 스케이트하게 만드는 신체로 확연히 변모시키는 결과를 가져왔다. … Coffey(1999)가 "어떤 곳에서는 환경의 물리적 속성의 한 부분이 되는 것은 그 환경에 대한 통찰을 얻거나 이해할 수 있는 부분이 될 수 있다"는 것을 확인한 점은 중요하다. 내가 나의 신체에 대한 변화를 감지하기 시작할 때, 나는 내 연구 참가자들이 이때까지 쭉 해왔던 말인 "경주 신체(derby body)", 그리고 더 구체적으로 "경주 엉덩이(derby butt)"에 대해 알게 되었고, 더 잘 이해하게 되었다. 나의 신체와 신체를 통해서만이 나는 내 주변에서 수행되는 신체들에 대해서 이해할 수 있었다(p.8, 강조는 현 저자들이 한 것임).

Donnelly는 자기 연구에 참가한 사람들에 의해 경험되는 통찰적(aperçutive)[apercu는 개요, 통찰, 요약을 뜻하는 불어임—역주] 신체 상호작용, 감정, 신체성을 잘 이해하기 위하여 **그녀의(her)** 연구하는 신체와 이를 통해 생산된 지식의 철저한 사용을 표현한다. Cornel West(1991)가 명명한 중요한 도덕적 행위자(critical moral agent)—"자기의 세상에 대한 개입의 결과가 전적으로 정치적이라는 사실을 이해하며, 해방, 사랑, 돌봄과 자유의 정치학에 대한 기여에 의해서만 늘 평가되는"(Denzin & Giardina, 2006) 사람—로 활동하면서 Donnelly(그리고 Mears, Giardina 및 다른 유사한 일을 하는 사람들)는 그녀의 경주 인생 과정에서 관찰한 신체의 정치학에 대한 관여적이지만 일화적 인상을 단순히 제시만 하고 있는 것은 아니다. 오히려 그녀는 문화 연구의 중요한 행위자와 선구자들에게 "신체가 어떻게 현장 경험의 한 부분이 되고, (비록 대체적으로 암시적이지만) 필요성의 측면에서 신체가 현장 연구의 역할과 관계에 포함되어 있다는 것을" 설명하고 있다. 이들이 특정 사회환경에서 체화의 기술과 규칙을 배우도록 하기 위함이다(Coffey, 1999, p.73).

필연적으로 연구자의 신체를 다른 신체들 사이에 위치시키면서—우리가 현장 경험을 하는 신체적 방법을 공유하면서—우리는, 위의 사례들이 명확히 해주고 있듯이, 신체 문화의 이러한 공간들 안팎에 적용되는 성별, 배제/포함(exclusion/inclusion), 육체성(corporeality)의 정치학을 밝히는 데 더 용이해졌다. 그렇게 함으로써, Elin Diamond(1996)가 언급한 것처럼, 우리는 자신의 주체성을 통하여 문화 맥락에 대한 신랄한 비평과 성찰적 재평가를 가능하게 한다. Kakali Bhattacharya(2009)가 말한 이러한 주체성은 "공간 사이의 이원화된 변환(fractured shift)[연구자는 연극배우들이 마치 무대의 전경과 후경에서 행동이 달라지는 것과 같이, 미국의 주류사회에 적응하려는 연구 대상인 인도 유학생들의 정체성과 행동 등이 상황에 따라 변화되고 있음을 밝히고 있다—역주], 경계 넘기, 협상 … 가득찬 모순, 불일치, 긴장, 목소리, 침묵 등으로 가득 차 있다." (p.1065). 그러나 궁극적으로 그렇게 한다는 것은 연구자의 신체(그리고 거기에서 생긴 자아개념)가 우리 신체가 던져진 정치적으로 열악한 환경에, 그리고 그로 인하여, 취약해졌다는 것이다. 이것에 대해서는 다음 절에서 다룬다.

10.5 신체(문화 연구)의 몸에 대한 비판적 성찰

우리가 앞 절에서 다룬 것처럼, 육체에 대한 가장 비판적 분석은 변증법적 상상 기법들과 연구자 및 연구 활동에 대한 의식적인, 그리고 흔히 숨 막힐 정도의 자기 각

성을 통해서 신체를 그려보는 것이다(Langellier, 1999 참고). 이렇듯, 우리의 단순한 사회세상을 다양화하기 위해서—사회생활의 다원적인 차원을 발굴하기 위해서—우리는 우리가 수행하는 비판적 문화분석에 의해서 우리 신체가 어떻게 규정되고 규정하는지를 알고 이것을 잘 활용해야 하며, 또 이것에 대해 성찰해야 한다. 달리 말하면, 우리는 우리의 취약한 신체를 공간의 프랙시스들(praxes)에 위치시키고, 이 (재)위치하기가 새로운 차원, 복잡한 관계, 새로운 신체적 인식론을 어떻게 만들어 내는지에 대해 쉬지 않고 성찰해야 한다.

Carrington(2008)의 급진화된 수행성(radicalized performativity), 성찰성(reflexivity), 정체성(identity)은 이 입장에 대해 교훈적이다. 그는 잉글랜드 Leeds의 "흑인(black)" 크리켓 팀과의 연구 기간 동안에 경험한 (자기 자신의) 검은 남성성과는 다르게 배열되고 수행된 검은 신체를 조사한다(예, 런던 남쪽 출신의 흑인으로서 나이 많은 West Yorkshire 팀원들에 의해 자기들이 스스로 생각하는 "본토" 캐리비안 출신으로 인식되지 않고 "검은 브리티시"로 "읽히는(read)" 것). 그는 우리에게 매우 개인적이며 자기 성찰적인 설명으로, 그가 참여 관찰자로 크리켓 팀에 있었던 그 특수한 검은 문화 공간 "안에(in), 그러나 충분히 공간의 (of)" 것을 드러내지 않았는데, 흑인다움(blackness) 자체의 중요성을 문제화하려고 하면서, 문제의 핵심이 다음과 같다고 주장한다.

> 나는 나의 검은 브리튼 사람다움(black Brishness)에 대해서 타협하고 있었다. … 나는 나 자신의 "가장 개인적" 측면을 사용하여 관여하고(engage) 있었다. 즉, 나는 나에게 "검다"라는 것이 무슨 의미인가에 대해서 생각하기 시작하였다. … 나의 학문경험은, 내가 흑인이라는 것에 대한 질문을 던지는 학문관계와 협상할 때, 별 소용이 없게 되었다. 개인 일기는 자기 성찰적 질문의 형태로 형성되기 시작하였다. 나는 어느 정도 흑인인가? 나는 충분히 흑인인가? 이러한 질문은 무슨 의미가 있는가?(pp.434-435, 원문에서 강조됨)

Susanne Gannon(2006)은 Roland Barthes를 인용하면서, Carrington의 무게 있는 고백이 "사회를 살아가는 신체(lived body)는 광범위하고 다양하지만, '신성한 본질'을 찾지 않고 흔적이나 믿을 수 없는 조각을 찾는 현재의 공간"임을 보여준다고 말한다 (p. 483). 그것을 통하여 "문답에 참여하고 있는 자기와 그/그녀의 빈약하고 특정한 사회/문화/역사적 위치 간의 관계를 전면에 잘 드러내려고" 한다(p. 477). 또는 Coffey(1999)가 말한 것처럼,

> [그는] 신체에 대해서 글을 쓰고 다시 쓰는(rewriting) 일에 종사하고 있다. 여기에는 사회에서 수행자와 신체적 존재로서 다른(other) 신체에 대해서 글을 쓰는 것만 포함하지 않는다. 우리도 아프거나 건강하거나 다치거나 노출되거나 수행하는 것을 포함하여 우리(our) 신체에 반응하고 글을 쓰는 일에 종사하고 있다(p. 131, 강조는 현 저자들이 한 것임).

Carrington은 그가 체화된 정치학을 통하여 작업할 때에 상호주체적인 신체적 긴장에 공개적으로 대항하는 데에 홀로 서있지는 않는다. 우리를 유사한 딜레마에 노출시키면서, Silk(2010)는 볼티모어 Maryland의 초호화로운 공간에서 소비 정체성에 대한 연구 활동 및 자신의 성찰적이며 정치적 자아로 인하여 이것이 가져온 어려움에 대해서—비록 공개적인 질문은 아니지만—잘 드러내고 있다.

> 사회정의와 사회 불평등을 극복하는 데 헌신한다는 학자로서, Redwood Towers에서 어떻게 살고 일해야 하는가? 어떻게 내가 안락한 환경에서, 또 시의 재개발에 있어서 시민복지의 증진보다는 시의 이미지를 선호하는 도시에서, 나의 담론을 생산해낼 수 있을까? 내가 이 초호화로운 소비공간에 대해서 글을 쓰는 것은, 과거에도 그랬던 것처럼 … 공간을 구체적으로 드러내지도 못하면서 단지 화려하게 묘사한 것은 아닌가? 그리고 가장 절박한 공공 건강과 사회문제를 편리하게 무시한 것은 아

닌가? 질문이 쏟아졌다. 사회정의? 누구를 위한? 어떤 목적을 위해? 이 도시는 누구의 것이었나? 누가 속했나? 누가 속하지 않았나? 나는 어디에 속하나? 내가 거기에 어울리기나 했나? 그것이 문제나 되었나? … 이해하기 위하여, 드러내기 위하여, 개입하기 위하여, 나는 문자 그대로 이동해야 했다—Redwood Towers에서 볼티모어의 역사적인 Pigtown 지역의 집단주택으로 이사해야 했다. 그러기 위해서 내 "친구들"과 동료들이 절대 그 서쪽으로는 가지 말아야 한다고 경고했던 도로를 건너야 했다—마틴루터킹 고속도로를(pp. 5-6).[16]

Jennifer L. Metz(2008)도 이와 유사하게 연구 활동 내에 자신의 신체를 사용할 때 나타나는 내적 갈등의 감정을 전한다. 미국 여자농구협회(WNBA)의 프로 선수들의 인종과 모성에 관한 프로젝트의 일환으로 진행할 인터뷰에 대해서 숙고하는 그녀의 내적 대화와, 연구의 참가자에게 접근 기회를 제공한 미디어의 일원으로서의 "역할" 수행을 통한 자신의 정체성에 대한 궁극적 재설정은 좋은 사례이다.

> 오늘 저녁 스타디움에 도착하면, 다른 미디어 일행과 나는 옆문—일반 이용자들이 사용하는 정문에서 노스탤지어를 자아내는 장식이 빠진 평범한 검은 철제 문—을 통해 들어가게 된다. 갑자기, 나는 프로 스포츠 메커니즘을 떠받치는 톱니바퀴의 하나가 되었고, 이 변화에 대해서 늘 놀라고 있다. 그러나 이 사실에 놀라서는 안 된다. 결국은 내가 일해주고 있는 라디오 방송국이 이 인터뷰에 접근을 가능하게 하는 것이고, 나에게는 우리 대화에 대해 전화하여 코멘트하는 청취자들이 있으며, 나는 인터뷰의 예고편을 녹음하고, 그리고 갑자기—이 순간에—나를 "미디어(MEDIA)"로 바라보는 것이 현실이 된다. 그 동안 내가 수행했던 대부분의 프로젝트에서는 나의 연구 참가자들을 사회보장여왕(welfare queen)[경제적으로 여유 있으면서도 사회보장지원금을 불법으로 받아내 호화롭게 사는 사람—역주]이나 빈민굴 자매로 주변화시켰던 그 기업 조직인 미-디-어(M-E-D-I-A)를 비

판해 왔는데, 이 미디어로 내가 어떻게 행동해야 하는 가?(p. 250)

여기서 Metz는 연구 참가자들 측에 자기를 위치시킬 뿐 아니라, 역설적이게도 연구를 위한 접근을 위해 처음부터 기업 미디어 측에서 활동한다. Julianne Cheek(2007)의 신자유주의 상황에서 생존하기 위한 연구 전략에 관한 원래의 논의를 의역한다면, 단순히 "공간을 이해하는 것은 충분치 않다" 오히려 "우리는 무슨 행동을 택할 것인가? 어떤 위치에 설 것인가? … [그리고] 우리가 채택할 만한 위치는 무엇인가?"를 질문해야 한다(p. 1054). 또는 Cheek가 말한 것처럼, "그러한 공간에서 우리가 어떤 위치에 처해있는지 잘 이해하지 못한다면, 그리고, 바꿔서, 어떤 입장에 우리가 서야 하는지 모른다면, 우리는 공간 안에서(in them), 더 중요하게는, 공간을 대상으로(importantly, on them) 연구하기보다는 오히려 공간에 의해서 좌우되기 십상이다"(p. 1057, 원문에서 강조됨).

우리의 업무로 눈을 돌려볼 때, 우리 각자는 우리가 놓여있는 [연구하는] 몸이 새로운 문화적 변증법과 국면을 어떻게 만들어 냈는지에 대한 때로는 매우 힘든(내적으로 아픈) 상황을 설명하려고 노력하였다. Joshua(Newman, 출간 중)가 "New Sporting South"와의 (자전적) 문화기술적 접근을 통해 자신에 대한 백인성(whiteness), 남부성(southernness) 및 남성성의 재발견에 관해 작성한 자기 성찰적 담론은, 몸에 대한 관여적 문화 연구의 수행적 정치에 대한 비판적 점검(그리고 고찰)이 하는 역할만큼, 진부해 보이는 남부의 고정 스포츠 종목인 대학 풋볼이나 스톡카(stock car)[시판 중고 자동차에 엔진 등을 바꿔 끼운 경주용 차—역주] 경주에 대한 분석의 역할을 감당하였다. New Sporting South의 문화기술적 현장연구에 대해서 회고하며, Joshua는 자기 자신의, 남부의 흰 몸이—그의 의도와는 전혀 다르게—이러한 공간 내에서 정체성에 기반한 권력의 장이 된다는 것에 대한 우려를 나타낸다.

University of Memphis와 Ole Miss 대항의 경기가 열리기 수시간 전 아침에 겪었던 흰 피부색에 따른 권력과 정치에 대한 그의 현장 노트를 참고하라.

내가 사는 곳의 바로 남쪽에서 벌인 테일게이팅 파티(tailgating party)[스테이션 왜건 뒤판을 내려 음식을 차려 벌이는 작은 파티—역주]에서 나는 여러 무리들과 이야기를 나누며, 다가오는 경기에 대한 예상을 늘어놓으며 교제를 하기 시작하였다. "공중화장실"에서 돌아오면서, 인근 파티에 참석한 중년 백인이 우리 근처로 와서 말을 걸었다. 그는 부드럽고 나지막한 목소리로 말하였다. "깜둥이 농담 하나 해도 될까요?" 나는 부정적으로 응답하고 싶었지만, 입을 다물었고, 다른 백인들은 농담을 꼭 듣고 싶다고 동조하였다(현장 노트, 2004년 9월 4일).**17**

이것은 Joshua가 Ole Miss에서 연구할 때 기록한 명백한 인종 편견 사례 중의 하나이다. 이 경우에, 권력은 그가 연구 결과를 스포츠하는 백인에 관한 새로운 교육자료로 개발하는 데 활용할 수 있었다는 의미에서 생산적이었다. 그러나 이를 위하여 그는 자신을 **가시적으로 투명하게**(visibly invisible) 만들어야 했다. 그의 몸을 이용하여 연구 장소와 사건의 발생 순간에 접근할 수 있었으나, 그가 조우한 생생한 경험에는 그의 새 "자아"를 강제하지 않았다. 이러한 조우를 통해서 Joshua는 경험적 공간 안에 작동하고 있는 정체성 정치(identity politics)의 "가시적인 중심(visible center)"이 있다고 추측하였고, 이는 이성애가부장적(heteropatriarchal) 남부 백인성을 지배적인 문화 신체성으로 추앙하는 것이라고 봤다. 덧붙여, 이러한 지배적인 문화 정치에 대한 자신의 우려에도 불구하고, 그는 **자신**이 이러한 가시적 중심의 일부가 되고 있다는 것을 발견하였다. 요약한다면, Joshua는 그의 흰, 남부의, 남성적 자아를 군중들과 섞고 있었다. 대체적으로 그가 선택한 연구 장소—신남군(neo-Confederate)형의 도전받지 않은 흰(whiteness)으로 깊이 포화된 두

스포츠 장소(Ole Miss의 대학 풋볼, Newman, 2010 참조; 그리고 나중 NASCAR, Newman & Giardina, 2008 참고)와, 이러한 공간(Kincheloe, Steinberg, Rodriguez & Chennault, 1998)에 존재하고 있는 "백색 세력"과의 대화 때문에, 그의 몸은 수천의 다른 흰 몸들처럼 동질성의 상징이 되었다. 이곳에 있었던 많은 관중들처럼, Joshua도 남부군 깃발의 티셔츠나 그보다 수위가 낮은 인종을 상징하는 옷을 입지는 않았으나, 그의 흰 피부는 남부의 스포츠 공간을 늘 미리 덮는 "이데올로기 담요(ideological blanket)" (Baudrillard, 1983)에 가려져 있었다.

가장 명료하게 표현할 때, Joshua의 흰색 피부로 덮인 몸은—그리고 동시대 남부에서 의미 있게 만들어진 모든 이데올로기적, 표현형적(phenotypical) 뒤엉킴은—어찌할 수 없게(그리고 필연적으로) 그의 연구 활동과 결합되어 있다. 그리고 이러한 뒤엉킴 때문에 급진적으로 맥락적인, 정치적으로 관여적인, 엄격하게 경험적인 신체 문화 연구를 하려는 우리들은 연구 공간 내에 존재하는 권력의 형성에 우리의 몸이 어떻게 절합하는지에 대해서 지속적으로 인식해야 한다. 비록 이 특정한 조우가 그 문화 영역 안의 Joshua의 문화기술적 경험 중 무엇보다 중요한 것일지라도, 탐구 정치는 다음과 같은 질문을 던지게 한다. 만일 Joshua가 백인, 남부, 남성적 연구자 경계 안의 정체성(예, "내부자")에 해당되지 않았다면, 상호작용은 어떻게 달라졌겠는가?

※※※

위의 사례들은 더 강화되고 재관여하였다는(re-engaged) 의미에서 Merleau-Ponty가 말한 육체적 성찰성(corporeal reflexivity)을 의미한다. 즉, 체화된 주체(embodied subject)(Vasterling, 2003 참고)로서 연구자의 자기 각성으로, 이것은 물리적 세계에서는 논리적인 특성을 갖는 동시에 존재론적 구조에 종속된 행위자로 그 담론에 작용한다. 현상학자들의 업적을 엮은 "최고를 위한 읽기(reading for the best)"[18]에서,

Stuart Hall(1986)은 우리는 Merleau-Ponty의 상호육체성(intercorporeality) 모델이 우리가 이해하려고 노력하는 몸의 내부(within)와 사이(between)에서 작동하는 의미 만들기 과정과 신체적 조우 안에서 만들어지는 권력-지식 관계를 조명할 것이라고(Kelly, 2002) 밝힌다. Merleau-Ponty의 육체적 성찰성을 위한 규범(imperative)에 대한 Rosalyn Diprose(2002)의 종합적 해석은 여기서 길게 인용할 만한 가치가 있다.

> 나의 육체적 성찰성이 이미 세상의 다른 곳에 자리한 것처럼 보이고, 또 이로 인하여 내 몸의 상상력을 활성화하겠지만, 다른 사람의 몸이 나의 영역으로 들어와 "그 안에서 이것을 증식시키는 것"이기도 하다. 그리고 이 증식, 이 탈중심화를 통하여 "몸으로서 나는 세상에 노출된다"(Merleau-Ponty, 1973, p. 138). 다른 사람의 몸의 방해로 세상에 노출되는 것은 "순수한 인지적 주체를 외부에서 침입하는 사건 … 또는 많은 경험 내용 중의 하나가 아니라, 세상으로 그리고 진리로의 첫 진입이다"(전게서, p. 139). (pp. 183-184).

Deleuze(1988)의 "쌍(the double)"의 개념과 유사하게, 몸의 담론은 체화를 생산한다. 즉, 유사성과 차이로부터 의미 있는 텍스트가 나온다. 이것이 우리에게 상기시키는 것은 동일시가 "외부의 내부화(interiorization of the outside)"(p. 98)라는 유명한 금언이다. 정체성의 외부 담론과 자아에 대한 내적 정의와의 연결인 것이다. 그리고 연구자의 몸을 신체 텍스트(몸치장, 몸짓, 신체성, 근육조직, 행동거지 등을 통하여)의 문화 영역으로 봉합함으로써, 우리는 우리의 몸이 다른 사람들의 몸을 어떻게 침범하는가에 대해서뿐 아니라, 우리가 다양한 "차별적 과정"에 참여하고 생산하는지를 알아야 한다.

지금은 우리가 주체성(subjectivity)의 이중 특성을 알게 되는 그런 순간이다. 어떤 행위성(agency)과 함께(연구분야에서 나타나는) 다양한 경험을 형성하는 주체(subject)이기도 하고, 또 우리의 몸과(과거와 현

재의) 수행에 내재된 권력에 **종속**(subjected to)되기도 한다. 그래서 우리는 정면으로 답을 제시하지 않으며, 이 생각을 몸과 더 뒤엉킨, 밑에서부터 위로 가는 질적 참여를 요구하기 위해 자아, 몸, 그리고 성찰성과 절합의 정치에 사용한다. 이것은 절합의 숙고하는 방법을 이용하여 현대(사회학의) 과학적 패러다임의 "객관적" 신화와 보편적 법칙의 경향에 대항하는 것이다. 이러한 입장에서, 우리는 신체 문화 연구의 기초를 다지고 체화된 문화기술지의 규범을 따르는 Alan Ingham(1997)에는 반대한다. 그는 다음과 같이 명백하게 언급하였다.

—
"신체 문화"에서, 우리 모두는 유전적으로 부여받은 몸을 공유한다. 그러나 신체 문화에 대해서 이야기하는 데는 어떻게 유전적으로 부여받는 것이 사회적으로 성립되었거나(constituted) 사회적으로 구성되었는지(constructed), 뿐만 아니라 사회적으로 성립되고(constituting) 구성되는지(constructing)를 이해해야 한다. 이 점에 관해서는, 우리는 어떻게 사회구조와 문화가 "체-화된(em-bodied)" 자아의 사회적 표현(social presentation)에 영향을 주는지 그리고 어떻게 우리의 체화된 자아가 구조와 문화를 재생산하고 변화시키는지를 알아야 한다. 다시 말해 어떻게 우리의 몸에 대한 우리의 태도가 우리의 자아와 사회정체성과 관련되는지를 알아야 한다(p.176).

오해하지 말라. 심층적으로 적나라한 위치성(positionality)이 위험, 불편함, 불확실성을 가져올 수는 있지만, 그러한 의미의 취약성과 의심은 힘을 줄 수 있다(Stewart, Hess, Tracy, & Goodall, 2009 참고). 이러한 불확실성은 일종의 "소속감(belonging)"에서 비롯되었고, 이렇게 함으로써 연구자에게 자아를 성립하게 하는 것이 무엇인가, 다시 말해 어떤 미적, 체화적, 수행적, (자기)전기적 담론이 연구 활동 안에서 뒤엉키게 되었는지 생각하게 한다. 취약성은 불안정하게 만드는 미약한 몸과 조건을 이해하는 렌즈를 제공

한다. 더욱이, 취약한 몸은 (자기)전기작가적인 관점을 제공한다—우리에게 우리가 정치적 몸에 거주하기도 하고, 우리의 해석 및 다른 사람들의 육체성의 표상에 대해서도 똑같은 책임이 있다(Butler, 2001). 따라서 몸, 자아, 교육의 복잡한 관계를 연구할 때—그리고 정당하고 성찰적인 방식으로 자아와 타자(the Other)를 대표할 때—우리는 이와 함께 우리의 체-화된(em-bodied) 자아가 만들어낸 폭력을 제한하고, 또 이 사실을 알고 있어야 한다.

10.6 종결부: 편리하지 않은 [신체] 문화 연구

매우 절합적인 [신체] 문화 연구는, Carol Rambo Ronai(1992)의 말을 고쳐 말한다면, "경험의 지속적 변증법"에 참여하는 것이다(p.396). 이 경험이란 맥락의 성분을 이루며 또 구성하고, 이것을 통하여 우리의 담론적으로 구성된 자아의 틀을 형성한다. 우리가 여러 문화 매개자들에 의해 양산된 텍스트를 비판적으로 해석할 때, 그리고 비록 뒤범벅이더라도, 우리는 우리가 생산하는 학문 안에 우리의 자아(selves)와 우리의(our) 몸을 위치시키려고 노력해야 한다. 다시 Ingham(예, 1985)의 논문을 인용해볼 때, 따라서 우리는 몸에 어떻게 권력이 작용하는지를 이해하기 위하여 우리의 몸을 이용해야 한다. 더욱이, 우리는 구성주의적 학습과 해방주의적 이야기를 중재하는 데 따른 잠재성을 충분히 알지 못하면서 진보적 심미주의를 사용하려는 유혹을 참아야 한다. 이것들은 (어떤 사회학자들이 우리에게 믿도록 유도하듯) 사회의 몸(bodies of society)이 아니라 사회에 관한 몸(bodies about society)이다.

우리가 진정한 절합적 신체 문화 연구가 인간 경험의 뒤범범(messiness)(그리고 거기에서 나온 육체성)을 보편적 법칙으로 일반화하거나 감소시키기보다는 이것

을 부각시키는 것이라고 동의한다면, 우리는 **철저하게** (from the ground up) 몸에 대한 탐구를 계발시켜야 한다. 우리가 제안한 이것은 체화 및 경험적 프랙시스의 저자들과의 신중한 비판적 담론과 인간 상호작용을 통해 오는 실천의 수행적 표상을 계발하는 것을 통하여 이루어질 수 있다—다른 인간들과 지식과 경험의 나눔을 통하여. 우리는 어떻게 그리고 왜 몸이 의미 있는지뿐만 아니라, 몸을 의미 있게 만든, Butler(2009)가 명명한 "출현의 조건(the conditions of emergence)"을 이해해야 한다. 요약해서 말한다면, 우리는 "우리가 이해하고 개입하려고 하는 종속된 세상—이 세상에서 우리는 의미 제조자, 문화 시민, 동료 여행자로 밀접하게 관련되어 있다—으로부터 도출하려는 의미의 참여자로, 수행자로 활동해야 한다"(McCarthy et al., p. xx).

주석

1. 저자들은 이 장의 초기 작업에 중요한 피드백을 준 Norman K. Denzin, Yvonna S. Lincoln, David I. Andrews, Michael Silk, Paula Saukko, Della Pollock에 감사한다. 저자들은 또한 이 프로젝트와 관련된 대화를 나눈 Michele K. Donnelly, Ryan King-White, Steven J. Jackson, Jennifer I. Metz, Adam Beissel, C. L. Cole, Mark Falcous에게 감사한다. 이 프로젝트 개발의 중요한 순간에 아낌없는 지원을 해준 뉴질랜드 University of Otago, 체육교육대학의 Doug Booth 학장께 특히 감사한다. 이 장은 Giardina(2005)와 Newman(2008)과 관련된 논의로부터 출발하고 이를 재고찰한다. 이 장의 일부, 특히 섹션 IV의 신체 문화 연구와 신체 참여는 Human Kinetics의 관대한 허락으로 인용된 Giardina & Newman(출간중)의 재인쇄본이다.

2. 그 중 the Birmingham School, Black British cultural studies, Latin American revisions of Birmingham, Australian cultural studies, Black feminist cultural studies, African cultural studies, Canadian cultural studies, 그리고 그 중간의 다양한 형태가 브리티시 전통과 독립적·비독립적으로 탄생하였다(McCarthy et al., 2007 참고).

3. 얼마 전 Stuart Hall의 Louis Althusser에 대한 재해석으로 인하여 명료해졌지만, 이러한 구조적 형성은 우리가 "몸을 아는 데 있어서(knowing bodies)"(Lattimer, 2009 참고) 확실한 보장을 해주지 못한다. 오히려, 이것들은 논쟁의 여지가 틀림없이 있을 것이다. 우리의 역할이 이 핸드북 내에서 [신체] 문화 연구를 새로운 경지로 끌어올리는 것이라면, 우리의 공헌에는 몸의 논리학(body logic), "몸의 교육학(body pedagogics)"을 고려해야 한다(Shilling, 2007).

   그리고 궁극적으로 지금은 아직 형성기에 있지만, "새 몸 보체론(new body ontologies)"과 같은 프로젝트도 고려해야 한다(Butler, 2009가 표현했던 것처럼).

4. Carrington(2001)은 이런 프로젝트는 학문적 추구보다는 찰학적으로 "정치적 투쟁의 한 형태로 … 진정한 사회민주주의 사회가 창조될 것이라는 희망에서 … 노동계급의 성인들을 위한 대중교육을 목적으로"(pp. 277-278) 한 것이라고 아울러 상기하고 있다.

5. Hall(1996)은 특히 페미니즘과 인종 정치에 관하여, 센터에서 일어난 지적 변화는 투쟁 없이 쉽게 일어나지 않았다고 지체 없이 지적하였다.

6. 초기 텍스트에 기인한 높은 표준적인 지위—뿐만 아니라 문화 연구의 제도화와 국제적 확장을 둘러싼 발생적 움직임—도 있지만, 이것들이 특정 역사적 맥락(예, 후기 제2차 세계대전의 브리튼) 안에서 작동된다는 것을 아는 것은 중요하다. 그리고 소위 말하는 "브리티시" 문화 연구를 쉽게 생각한 것은 그 맥락에 대한 명백한 민감성 때문에 이제까지 늘 문제였다. Jon Stratton과 Ien Ang(1996)이 상기시키듯, "우리가 '문화 연구'라는 범주로 모은 지적 실천은 세계 많은 다른(그러나 임의로는 아닌) 장소에서 발전되었다—그리고 그 출현과 진화를 결정한 존재의 지역 조건들이 있었다—는 것을 인식해야 한다. 'Birmingham'이 우리가 현재 알고 있는 국제 문화 연구 네트워크의 성장에 중추적 역할을 했다는 것을 부정할 수는 없다. 그러나 다른 지역으로 브리티시 문화 연구가 일방적이고 간단한 확장을 한 경우는 없었다"(p. 374).

7. 이들은 지속적으로, 지금 현재 이러한 프로젝트에 대한 수요를 지적한다: "지금은 변형적 탐구를 촉진하는 해방적 비전을 소리쳐 요구하는, 그리고 사람들에게 도덕적 권위를 제

공하여 압제에 투쟁하고 저항하게 하는 역사적 현재이다"(Denzin & Giardina, 2010, p.15).

8. 비판적 교육학자들은 학교제도의 모든 측면과 교육실천의 모든 형태(교실에서 텔레비전으로 그리고 스포츠가 일어나는 장소에 이르기까지)가 정치적으로 경쟁적인 장소라고 주장한다(Kincheloe & McLaren, 2000). 일상생활의 물질적 조건을 긍정적으로 수정하기 위해 윤리적 책임의 문제를 해결하려고 노력하고, 평등, 자유, 정의라는 민주적 이상의 실현에 초점을 맞춤으로써, 비판적 교육학의 한 형태로써 신체 문화 연구는, 따라서 다양한 수준에서 이해하고 인간의 고통을 완화하는 방식으로 육체와 정신을 연결하려고 하는 변형적 실천으로 행위한다(Kincheloe, 2004, p.2).

9. 이것은 Clifton Evers(2006)의 문구를 변용한 것이다.

10. 후기구조주의는 우리에게 유용하였으나, 그 과정에서 담론과 텍스트성(textuality)은 인간의 조건을 이해하는 데 수단이 아닌 목적이 되었다.

11. Berube(2009)는 현재의 모습에 대한 한 현저한 시각에 대해서 다음과 같이 요약한다. "The Bachelor나 American Idol에 대한 글을 쓰는 사람은 특히 대학의 다른 동료들로부터 문화 연구를 '하는(doing)' 사람으로 인식된다. 최근의 한 인터뷰에서 Stuart Hall은 … 이러한 현상에 대해서 한마디의 진저리나는 반응을 하였다. '나는 더 이상 Madonna나 The Sopranos에 대한 문화 연구를 읽을 수 없다'".

12. Roy(2003)가 설명하듯이 "Chomsky의 방법의 출발 전제는 이데올로기적이지 않고 매우 정치적이다. 그는 자기 탐구를 권력에 대한 무정부주의자의 본능적 불신으로부터 시작한다. 그는 우리를 미국 기존 질서의 수렁을 통과하는 여행에서, 정부, 대기업, 그리고 여론을 관리하는 어지러운 미로의 복도로 인도한다"(p.83).

13. Roy(2004)는 계속해서 날선 용어로 "좌파의 언어는 더 접근성이 있어야 하며, 사람들에게 다가가야 한다. 우리가 사람들에게 다가가지 못한다면 이것은 우리의 실패라는 것을 인정해야 한다. Fox News의 낱낱의 성공은 우리의 실패이다. 대기업 선전활동의 낱낱의 성공은 우리의 실패이다. 그것에 대해서 신음하는 것으로는 부족하다. 우리는 이에 대해서 무엇인가를 해야 한다. 일반 사람에게 다가가야 하며, 주류 선전의 속박을 분쇄해야 한다. 지적으로 청결하고 스스로 정의로운 것으로는 충분하지 않다"(p.147).

14. 현재의 방법론적 보수주의 시대에서 일반적인 질적 탐구와, 특히 비판적 학문에 대한 증대되는 반발심에 대한 Lauren Berlant(1997)의 말은 의미 있다. "문화 연구에 대한 반발은 흔히 인종, 성, 계급, 성별을 둘러싼 동시대 문화 작업에 대한 불편함을 완곡어법으로 표현한 것이다. 이것은 때로

자본주의 문화에 무관한(그리고 우월한) 연구를 통해 얻은 자그마한 지위를 잃을지 모른다는 공포에 대한 발언의 일종이다. 이것은 대중문화와 대중화된 비판에 대한 공포를 표현한다. 적절한 지적 객체와 지적 자세가 어떠해야 하느냐에 대한 협의의 개념을 방어하기 위해 만들어진 일종의 반엘리트주의적 표현이라 할 수 있다(p.265).

15. Miguel A. Malagreca(2007)는 지리학의 경계와 욕망에 대해 기술하면서 유사한 발언을 한다. "비록 내가 Piazza di Spagna 중심에 위치한 한 카페에서 에세이를 쓰기 시작한 지 거의 2년이 지나서 이 문단을 작성하고 있지만, 나는 하루 중 어느 때나 이 광장에 넘쳐나는 정신없이 바쁜 일상을 느낄 수 있다. … 모든 사람은 이 광장에 자기 몫의 문화자본을 가져온다. 로마의 부와 관광의 중심에 대한 관광가이드들의 차분한 설명은 의미가 없다. 나는 취하도록 공존하는 병렬문화(parallel cultures)와 형성된 반문화(anti-cultures)—작은 가게에서 하류계급 사람들이 흥정하는 것, 북아프리카와 라틴아메리카 이민자들이 길거리에서 모조 액세서리를 파는 것, 직장여성들이 대낮에 활보하는 것—에 빠지도록 나를 내버려 두었다. 나는 고향에 있었다. 오, 정말로"(pp.92-93).

16. Redwood Towers는 Baltimore 시내 중심 Oriole Park 근처 Camden Yards와 Inner Harbor에 자리하고 있는데, 다음과 같이 광고하고 있다. "8층의 주차장 위에 위치한 The Redwood Towers는 거주민에게 숨막히는 전망, 잔잔한 환경, 그리고 회원 전용의 편의시설을 제공합니다. 볼티모어 시에 대해서 여러분이 무엇을 상상했건, 이곳이 훨씬 낫습니다: 24시간 피트니스 센터, 모든 아파트에 제공되는 광대역 인터넷, Right Rail, MARC train, Camden Yards, Hippodrome, Inner Harbor와 근거리, 그 외에 우리의 편안한 상상을 자극하는 전망대인 The Park on Nine. 이보다 더 좋을 수가 있을까요? 우리도 그렇게 생각하지 않습니다"(http://www.ar-cityliving.com/redwood/).

17. 그 "농담"을 반복하는 것 자체는 상황을 다시 설명하는 데 아무런 보탬이 되지 않는다고 판단되어 이 장에서 제외하였다. 농담이 노골적으로 인종차별적이어서 그렇게 한 것보다는(실제로 노골적이었지만), 문화기술지의 공간에서 말하고/듣는 사람들에게는 이것이 규범적이고 정상적인 것으로 보였기 때문에, 그리고 이야기 중에 침묵함으로써 연구자/연구자 몸이 포함되었기 때문이라고만 밝혀두고 싶다.

18. Jean Paul Sartre의 대자존재(對自存在, being-for-itself)의 아이디어와 Merleau-Ponty의 근본적 의미에 대한 자기발견의 현상학적 개념에 대해 보다 자세한 조정과정을 알기 원한다면, Kujundzic와 Buschert(1994)의 논문

"Instrument of Body"를 참고하라. 여기서는 단순화된 것으로도 우리 목적 달성에 충분하다고 사료된다: 양 이론가들의 작업에서 몸의 역할은 복잡하다. 그러나 각자는 몸, 몸의 개념, 그리고 신체적 및 이데올로기적 세계 간의 다양한 관계적 의존성을 인정한다.

참고문헌

Aalten, A. (2004). "The moment when it all comes together": Embodied experience in ballet. *European Journal of Women's Studies, 11*(4), 263-276.

Andrews, D. L. (2002). Coming to terms with cultural studies. *Journal of Sport & Social Issues, 26*(1), 110-117.

Andrews, D. L. (1993). *Deconstructing Michael Jordan: Popular culture, politics, and postmodern America.* Unpublished doctoral dissertation, University of Illinois at Urbana-Champaign.

Andrews, D. L. (2008). Kinesiology's inconvenient truth and the physical cultural studies imperative. *Quest, 60*(1), 45-60.

Andrews, D. L., & Giardina, M. D. (2008). Sport without guarantees: Toward a cultural studies that matters. *Cultural Studies ⇔ Critical Methodologies, 8*(4), 395-422.

Andrews, D. L., & Loy, J. W. (1993). British cultural studies and sport: Past encounters and future possibilities. *Quest, 45*(2), 255-276.

Andrews, D. L., & Silk, M. (Eds.). (2011). *Physical cultural studies: An anthology.* Philadelphia, PA: Temple University Press.

Atkinson, M. (2008). Exploring male femininity in the crisis: Men and cosmetic surgery. *Body & Society, 14*(1), 67-87.

Atkinson, P., Delamont, S., & Housley, W. (2008). *Contours of culture: Complex ethnography* and the ethnography of complexity. Walnut Creek, CA: AltaMira Press.

Baudrillard, J. (1983). *Simulations.* New York: Semiotext[e].

Berlant, L. (1997). *The queen of America goes to Washington City: Essays on sex and citizenship.* Durham, NC: Duke University Press.

Berry, K., & Warren, J. T. (2009). Cultural studies and the politics of representation: Experience ⇔ subjectivity ⇔ research. *Cultural Studies ⇔ Critical Methodologies, 9*(5), 597-607.

Bérubé, M. (2009, 14 September). What's the matter with cultural studies? The popular discipline has lost its bearings. *The Chronicle of Higher Education.* Available at http://chronicle.com/article/Whats-the-Matter-With/48334/

Bhattacharya, K. (2009). Negotiating shuttling between transnational experiences: A de/colonizing approach to performance ethnography. *Qualitative Inquiry, 15*(6), 1061-1083.

Brace-Govan, J. (2002). Looking at bodywork: Women and three physical activities. *Journal of Sport and Social Issues, 24*(4), 404-421.

Butler, J. (2001). *Giving an account of oneself.* New York: Fordham University Press.

Butler, J. (2004). *Precarious life: The power of mourning and violence.* London: Verso.

Butler, J. (2009). *Frames of war: When is life grievable?* London: Verso.

Butryn, T., & Masucci, M. (2009). Traversing the matrix: Cyborg athletes, technology, and the environment. *Journal of Sport & Social Issues, 33*(3), 285-307.

Carrington, B. (2001). Decentering the centre: Cultural studies in Britain and its legacy. In T. Miller (Ed.), *A companion to cultural studies* (pp. 275-297). Oxford, UK: Blackwell.

Carrington, B. (2008). "What's the footballer doing here?" Racialized performativity, reflexivity, and identity. *Cultural Studies ⇔ Critical Methodologies, 8*(4), 423-452.

Centre for Contemporary Cultural Studies. (1982). *The empire strikes back: Race and racism in 70s Britain.* London: Routledge.

Chase, L. (2008). Running big: Clydesdale runners and technologies of the body. *Sociology of Sport Journal, 27*(2), 130-147.

Cheek, J. (2007). Qualitative inquiry, ethics, and the politics of evidence: Working within these spaces rather than being worked over by them. In N. K. Denzin & M. D. Giardina (Eds.), *Ethical futures in qualitative research: Decolonizing the politics of evidence* (pp. 99-108). Walnut Creek, CA: Left Coast Press.

Cho, Y. (2008). We know where we're going, but we don't know where we are: An interview with Lawrence Grossberg. *Journal of Communication Inquiry, 32*(2), 102-122.

Clarke, J. (1973). *Football hooliganism and the skinheads* (Centre for Contemporary Cultural Studies Stenciled Occasional Paper Series, No. 42, pp. 38-53). Birmingham, UK: University of Birmingham.

Clarke, J. (1975, Summer). *Skinheads and the magical recovery of community* (Working Papers in Cultural Studies, Nos. 7-8, pp. 99-105). Birmingham, UK: University of Birmingham.

Clarke, J., & Critcher, C. (1985). *The devil makes work: Leisure in capitalist Britain.* London: Macmillan.

Coffey, A. (1999). *The ethnographic self: Fieldwork and the representation of identity*. London: Sage.

Cole, C. L. (2007). Bounding American democracy: Sport, sex, and race. In N. K. Denzin & M. D. Giardina (Eds.), *Contesting empire/globalizing dissent: Cultural studies after 9/11* (pp. 152-166). Boulder, CO: Paradigm.

Cole, C., & Hribar, A. (1995). Celebrity feminism: Nike-style post-Fordism, transcendence, and consumer power. *Sociology of Sport Journal, 12*(4), 347-369.

Critcher, C. (1971). *Football and cultural values* (Working Papers in Cultural Studies, No. 1, pp. 103-119). Birmingham, UK: University of Birmingham.

Critcher, C. (1974). *Women in sport* (Working Papers in Cultural Studies, No. 5, pp. 77-91). Birmingham, UK: University of Birmingham.

Deleuze, G. (1988). *Foucault*. Minneapolis, MN: University of Minnesota Press.

Denzin, N. K. (2003). *Performance ethnography: Critical pedagogy and the politics of culture*. Thousand Oaks, CA: Sage.

Denzin, N. K. (2007a). Book review: Loïc Wacquant *Body & Soul: Notebooks of an Apprentice Boxer. Cultural Sociology, 1*(3), 429-430.

Denzin, N. K. (2007b). *Flags in the window: Dispatches from the American war zone*. New York: Peter Lang.

Denzin, N. K., & Giardina, M. D. (Eds.). (2006). *Contesting empire/globalizing dissent: Cultural studies after 9/11*. Boulder, CO: Paradigm.

Denzin, N. K., & Giardina, M. D. (2010). *Qualitative inquiry and human rights*. Walnut Creek, CA: Left Coast Press.

Diamond, E. (1996). Introduction. In E. Diamond (Ed.), *Performances and cultural politics* (pp. 1-12). New York: Routledge.

Dimitriadis, G., & Carlson, D. (2003). Introduction: Aesthetics, popular representation, and democratic public pedagogy. *Cultural Studies ⇔ Critical Methodologies, 3*(1), 3-7.

Diprose, R. (2002). *Corporeal generosity: On giving with Nietzsche, Merleau-Ponty, and Levinas*. New York: State University of New York Press.

Donnelly, M. K. (2009, November). *Women-only leisure activities: Physicality, inevitability, and possibility in embodied ethnography*. Paper presented at the annual conference of the North American Society for the Sociology of Sport, Ottawa, Ontario, Canada.

Dworkin, D. (1997). *Cultural Marxism in postwar Britain: History, the New Left, and the origins of cultural studies*. Durham, NC: Duke University Press.

Dworkin, S., & Wachs, F. L. (2004). "Getting your body back": Postindustrial fit motherhood in *Shape Fit Pregnancy* magazine. *Gender & Society, 18*(5), 610-624.

Evers, C. (2006). How to surf. *Journal of Sport & Social Issues, 30*(3), 229-243.

Fiske, J. (1994). Cultural practice and cultural studies. In N. K. Denzin & Y. S. Lincoln (Eds.), *Handbook of qualitative research*. Thousand Oaks, CA: Sage.

Francombe, J. (2010)."I cheer, you cheer, we cheer": Physical technologies and the normalized body. *Television & New Media, 11*(5), 350-366.

Freire, P. (1970/2006). *Pedagogy of the oppressed*. New York: Continuum.

Freire, P. (1999). *Pedagogy of freedom: Ethics, democracy, and civic courage*. Lanham, MD: Rowman & Littlefield.

Frow, J., & Morris, M. (2000). Cultural studies. In N. K. Denzin & Y. S. Lincoln (Eds.), *Handbook of qualitative inquiry* (2nd ed., pp. 315-346). Thousand Oaks, CA: Sage.

Fusco, C. (2006). Spatializing the (im)proper: The geographies of abjection in sport and physical activity space. *Journal of Sport & Social Issues, 30*(1), 5-28.

Gannon, S. (2006). The (im)possibilities of writing the self-writing: French poststructural theory and autoethnography. *Cultural Studies ⇔ Critical Methodologies, 6*(4), 474-495.

Giardina, M. D. (2005). *Sporting pedagogies: Performing culture & identity in the global arena*. New York: Peter Lang.

Giardina, M. D. (2009). Flexibly global? Performing culture and identity in an age of uncertainty. *Policy Futures in Education, 7*(2), 172-184.

Giardina, M. D., & Newman, J. I. (in press). What is the 'physical' in physical cultural studies? *Sociology of Sport Journal, 28*(1).

Gilroy, P. (1987). *"There ain't no black in the Union Jack": The cultural politics of race and nation*. London: Hutchinson.

Giroux, H. A. (2000). *Impure acts: The practical politics of cultural studies*. New York: Routledge.

Giroux, H. A. (2001). Cultural studies as performative practice. *Cultural Studies ⇔ Critical Methodologies, 1*(1), 5-23.

Grindstaff, L., & West, E. (2006). Cheerleading and the gendered politics of sport. *Social Problems, 53*(4), 500-518.

Grossberg, L. (1997). *Bringing it all back home. Essays in cultural studies*. Durham, NC: Duke University Press.

Gruneau, R. S. (1985). *Class, sports, and social development*. Amherst: University of Massachusetts Press.

Gruneau, R. S., & Whitson, D. (1993). *Hockey night in Canada: Sport, identities, and cultural politics*. Toronto, ON: Garamond Press.

Hall, S. (1982). The problem of ideology: Marxism without guarantees. In B. Matthews (Ed.), *Marx 100 years on* (pp. 57-86). London: Lawrence & Wishart.

Hall, S. (1985). Signification, representation, ideology: Althusser and the post-structuralist debates. *Critical*

Studies in Mass Communi-cation, 2, 91-114.

Hall, S. (1986). Gramsci's relevance for the study of race and ethnicity. *Journal of Communication Inquiry, 10*(2), 5-27.

Hall, S. (1993). What is this "black" in black popular culture? *Social Justice, 20*(1-2), 104-115.

Hall, S. (1996). On postmodernism and articulation. In D. Morley & K. Chen (Eds.), *Stuart Hall: Critical dialogues in cultural studies* (pp. 131-150). London: Routledge.

Hall, S., Critcher, C., Jefferson, T., Clarke, J., & Roberts, B. (1978). *Policing the crisis: Mugging, the state, and law and order.* London: Macmillan.

Hargreaves, J., & Vertinsky, P. (Eds.). (2006). *Physical culture, power, and the body.* London: Routledge.

Helstein, M. (2007). Seeing your sporting body: Identity, subjectivity, and misrecognition. *Sociology of Sport Journal, 24*(1), 78-103.

Hoggart, R. (1957). *The uses of literacy: Aspects of working-class life, with special reference to publications and entertainments.* London: Chatto & Windus.

Ingham, A. (1985). From public sociology to personal trouble: Well-being and the fiscal crisis of the state. *Sociology of Sport Journal, 2*(1), 43-55.

Ingham, A. G. (1997). Toward a department of physical cultural studies and an end to tribal warfare. In J. Fernandez-Balboa (Ed.), *Critical postmodernism in human movement, physical education, and sport* (pp. 157-182). Albany: State University of New York Press.

Jackson, S. J. (1992). *Sport, crisis, and Canadian identity in 1988: A cultural analysis.* Unpublished doctoral dissertation, University of Illinois at Urbana-Champaign.

Johnson, R. (1987). What is cultural studies anyway? *Social Text, 6*(1), 38-79.

Joseph, J., & Donnelly, M. K. (in press). Drinking on the job: The problems and pleasure of ethnography and alcohol. *International Review of Qualitative Research.*

Kelly, S. D. (2002). Merleau-Ponty on the body. *Ratio, 15*(4), 376-391. Kincheloe, J. L. (2004). *Critical pedagogy.* New York: Peter Lang.

Kincheloe, J. L., & McLaren, P. (2000). Rethinking critical theory and qualitative research. In N. K. Denzin & Y. S. Lincoln (Eds.), *Handbook of qualitative research* (2nd ed., pp. 279-313).

Kincheloe, J. L., Steinberg, S. R., Rodriguez, N. M., & Chennault, R. E. (Eds.). (1998). *White reign: Deploying whiteness in America.* New York: St. Martin's Griffin.

Kujundzic, N., & Buschert, W. (1994). Instruments and the body: Sartre and Merleau-Ponty. *Research in Phenomenology, 24*(2), 206-215.

Laclau, E., & Mouffe, C. (1985). *Hegemony and socialist strategy: Towards a radical democratic politics.* London:

Verso.

Langellier, K. (1999). Personal narrative, performance, performativity: Two or three things I know for sure. *Text and Performance Quarterly, 19*(1), 125-144.

Lattimer, J. (2009). Introduction: Body, knowledge, words. In J. Lattimer & M. Schillmeier (Eds.), *Un/knowing bodies* (pp. 1-22). Malden, MA: Blackwell.

Lincoln, Y. S. (2004). Perfoming 9/11: Teaching in a terrorized world. *Qualitative Inquiry, 10*(1), 140-159.

Madison, D. S. (2009). Dangerous ethnography. In N. K. Denzin & M. D. Giardina (Eds.), *Qualitative inquiry and social justice* (pp. 187-197). Walnut Creek, CA: Left Coast Press.

Malagreca, M. (2007). Writing queer across the borders of geography and desire. In C. McCarthy, A. Durham, L. Engel, A. Filmer, M. D. Giardina, & M. Malagreca (Eds.), *Globalizing cultural studies: Ethnographic interventions in theory, method, and politics* (pp. 79-100). New York: Peter Lang.

Markula, P. (1995). Firm but shapely, fit but sexy, strong but thin: The postmodern aerobicizing female bodies. *Sociology of Sport Journal, 12*(4), 424-453.

Markula, P., & Pringle, R. (2006). *Foucault, sport, and exercise.* London: Routledge.

McCarthy, C., Durham, A., Engel, L., Filmer, A., Giardina, M. D., & Malagreca, M. (2007). Confronting cultural studies in globalizing times. In C. McCarthy, A. Durham, L. Engel, A. Filmer, M. D. Giardina, & M. Malagreca (Eds.), *Globalizing cultural studies: Ethnographic interventions in theory, method, and policy* (pp. xvii-xxxiv). New York: Peter Lang.

McLaren, P. (1988). Schooling the postmodern body: Critical pedagogy and the politics of enfleshment. *Journal of Education, 170*(3), 53-83.

McLaren, P. (2000). *Che Guevara, Paulo Freire, and the pedagogy of revolution.* Lanham, MA: Rowman & Littlefield.

Mears, A. (2008). Discipline of the catwalk: Gender, power, and uncertainty in fashion modeling. *Ethnography, 9*(4), 429-456.

Metz, J. L. (2008). An interview on motherhood: Racial politics and motherhood in late capitalist sport. *Cultural Studies ⇔ Critical Methodologies, 8*(2), 248-275.

Miah, A. (2004). *Genetically modified athletes: Biomedical ethics, gene doping, and sport.* London: Routledge.

Miller, T. (2001). Introduction. In T. Miller (Ed.), *A companion to cultural studies* (pp. 1-20). London: Blackwell.

Mills, C. W. (1959). *The sociological imagination.* London: Oxford University Press.

Minh-ha, T. T. (1991). *When the moon waxes red: Representation, gender, and cultural politics.* London: Routledge.

Newman, J. I. (2008). *Notes on physical cultural studies.* Paper presented at the annual conference of the North American Society for the Sociology of Sport, Denver, CO.

Newman, J. I. (2010). *Embodying Dixie: Studies in the body pedagogics of Southern whiteness.* Melbourne, Australia: Common Ground Press.

Newman, J. I. (in press). [Un]comfortable in my own skin: Articulation, reflexivity, and the duality of self. *International Review of Qualitative Research.*

Newman, J. I., & Giardina, M. D. (2008). NASCAR and the "Southerniza-tion" of America: Spectactorship, subjectivity, and the confederation of identity. *Cultural Studies ⇔ Critical Methodologies, 8*(4), 497-506.

Pelias, R. J. (2005). Performative writing as scholarship: An apology, an argument, an anecdote. *Cultural Studies ⇔ Critical Methodologies, 5*(4), 415-424.

Peters, R. J. (1975). *Television coverage of sport* (Center for Contemporary Cultural Studies Stenciled Occasional Paper Series 48). Birmingham, UK: University of Birmingham.

Pineau, E. L. (2000). "Nursing mother" and articulating absence. *Text and Performance Quarterly, 20*(1), 1-19.

Reich, J. (2010). "The world's most perfectly developed man": Charles Atlas, physical culture, and the inscription of American masculinity. *Men and Masculinities, 12*(4), 444-461.

Ronai, C. R. (1992). The reflexive self through narrative: A night in the life of an erotic dancer/researcher. In C. Ellis & M. G. Flaherty (Eds.), *Investigating subjectivity: Research on live experience* (pp. 102-124). Thousand Oaks, CA: Sage.

Rossman, G. B., & Rallis, S. F. (2003). *Learning in the field: An introduction to qualitative research* (2nd ed.). Thousand Oaks, CA: Sage.

Roy, A. (2001). *Power politics.* Cambridge, MA: South End Press.

Roy, A. (2003). *War talk.* Cambridge, MA: South End Press.

Roy, A. (2004). *An ordinary person's guide to empire.* Cambridge, MA: South End Press.

Saukko, P. (2005). Methodologies for cultural studies: An integrative approach. In N. K. Denzin & Y. S. Lincoln (Eds.), *The SAGE hand-book of qualitative research* (3rd ed., pp. 343-357).

Schultz, J. (2004). Discipline and push-up: Female bodies, femininity, and sexuality in popular representations of sports bras. *Sociology of Sport Journal, 21*(2).

Scott, S. (2010). How to look good (nearly) naked: The performative regulation of the swimmer's body. *Body & Society, 16*(2), 143-168.

Shilling, C. (2007). Introduction: Sociology and the body. In C. Shilling (Ed.), *Embodying sociology* (pp. 2-18). Oxford, UK: Blackwell.

Silk, M. (2010). Postcards from Pigtown. *Cultural Studies ⇔ Critical Methodologies, 10*(2), 143-156.

Silk, M., & Andrews, D. L. (in press). Physical cultural studies. *Sociology of Sport Journal, 28*(1).

Slack, J. D. (1996). The theory and method of articulation in cultural studies. In D. Morley and K. H. Chen (Eds.), *Stuart Hall: Critical dialogues in cultural studies* (pp. 112-127). London: Routledge.

Spry, T. (2001). Performing autoethnography: An embodied methodological praxis. *Qualitative Inquiry, 7*(6), 706-732.

Spry, T. (2010). Some ethical considerations in preparing students for performative autoethnography. In N. K. Denzin & M. D. Giardina (Eds.), *Qualitative inquiry and human rights* (pp. 158-170). Walnut Creek, CA: Left Coast Press.

Stewart, K. A., Hess, A., Tracy, S. J., & Goodall, H. L., Jr. (2009). Risky research: Investigating the "perils" of ethnography. In N. K. Denzin & M. D. Giardina (Eds.), *Qualitative inquiry and social justice.* Walnut Creek, CA: Left Coast Press.

Stratton, J., & Ang, I. (1996). On the impossibility of a global cultural studies:"British"cultural studies in an "international" frame.In D. Morley & K. Chen (Eds.), *Stuart Hall: Critical dialogues* (pp. 360-392). London: Routledge.

Thompson, E. P. (1963). *The making of the English working class.* New York: Vintage.

Thorpe, H. (2009). Bourdieu, feminism, and female physical culture: Gender reflexivity and the habitus-field complex. *Sociology of Sport Journal, 26*(4), 491-516.

Tomlinson, A. (Ed.). (1981). The sociological study of sport: Configuration and interpretive studies. *Proceedings of Workshop of British Sociological Association and Leisure Studies Association.* Brighton, UK: Brighton Polytechnic.

van Ingen, C. (2004). Therapeutic landscapes and the regulated body in Toronto Front Runners. *Sociology of Sport Journal, 21*(3).

Vasterling, V. (2003). Body and language: Butler, Merleau-Ponty and Lyotard on the speaking embodied subject. *International Journal of Philosophical Studies, 11*(2), 205-223.

Wacquant, L. (2004). *Body and soul: Ethnographic notebooks of an apprentice-boxer.* New York: Oxford University Press.

Watson, R. (1973). *The public announcement of fatality* (Working Papers in Cultural Studies, 4). Birmingham, UK: University of Birmingham.

Wedgewood, (2004). Kicking like a boy: Schoolgirl Australian Rules Football and bi-gendered 'female embodiment. *Sociology of Sport Journal, 21*(2), 140-162.

West, C. (1991). Theory, pragmatisms, and politics. In J. Arac & B. Johnson (Eds.), *Consequences of theory*. Baltimore, MD: Johns Hopkins University Press.

Whannel, G. (1983). *Blowing the whistle: Culture, politics, and sport*. London: Routledge.

Wheatley, E. E. (2005). Disciplining bodies at risk: Cardiac rehabilitation and the medicalization of fitness. *Journal of Sport and Social Issues, 29*(2), 198-221.

Williams, R. (1958). *Culture and society*. London: Chatto & Windus.

Willis, P. (1971). *The motorbike club within a subcultural group* (Work-ing Papers in Cultural Studies, No. 2, pp. 53-70). Birmingham, UK: University of Birmingham.

Willis, P. (1977). *Learning to labor: How working-class kids get working-class jobs*. Farnborough, England: Saxon House.

Zinn, H. (1996). *You can't be neutral on a moving traing*. Boston, MA: South End Press.

Ken Plummer

11.

비판적 인본주의와 퀴어 이론
_ 긴장감 속에서 살기

김종백_ 홍익대학교 교육학과 교수

아주 단순한 사실적 탐구에서조차도 중요한 개념적 구조와 참조체계를 탐색하지 못하는 것은 탐구영역에서 발견할 수 있는 가장 큰 결함이다.

– John Dewey(1938, p.505)

대부분의 사람들은 학문적 영역 안팎에서 퀴어의 의미를 혼란스러워하는데, 이는 인종, 민족, 계급뿐 아니라 사회적 성과 생물학적 성을 보는 복잡한 방법에 방해가 된다.

– Alexander Doty(2000, p.7)

연구—삶과 같이—는 상충적이고 혼란스러운 일이다. 단지 연구 방법에 나타난 "어떻게 하는가?" 혹은 연구 방법 수업에서 순서적 단계(linear stages), 분명한 언어, 그리고 확고한 원칙으로 구분된다. 이 장에서 나의 관심은 중복적이고 때로는 상충적인 탐구의 가정들과 관련되어 있다. 생물학적 성/동성애(gay)/퀴어(queer) 연구와 같은 나의 관심분야를 예로 들어 긴장으로 간주한다면, 나는 "퀴어 이론"과 "비판적 인본주의"를 나 자신의 긴장 중 하나로 간주한다. 나는 각각을 묘사하려 했고 그들 간 중복되는 부분을 기술하려했지만 그들 간 타협을 이끌어내려 하지는 않았다. 그것은 가능하지도 않을뿐더러 필요하지도 않다. 우리는 긴장 속에 살 수밖에 없으며 그것을 지각하고 사는 것은

자기 반사적(self-reflexive) 사회 연구가들에게 있어서는 중요한 배경이 되는 것이다.

11.1 사회적 변화와 좀비 연구

이 논의는 빠른 사회 변화의 배경에 반하는 것으로 비춰질 수 있다. 비록 여러 연구 방법들이 변하지 않은 상태로 남아있지만(시간이 흐름에 따라 약간의 정교화와 변화가 있었지만), 사회의 변화는 동시에 연구를 함에 있어서 변화를 수반하였다. 좀 세련되지 않게 말하자면 우리가 포스트모던, 후기현대, 국제화, 위험, 액체

사회(liquid society)로 이행하고 있다는 것이다. 새로운 국제 질서는 과거보다 더 잠정적이고 덜 권위주의적인 방향으로 변화되고 있고 우리 사회는 자기 반사성(self-reflexivity)과 개별화, 흐름을 강조하는 연결망 사회의 증가 그리고 소비와 낭비의 사회로 특징지어진다(Bauman, 2000, 2004; Beck, 2003; Giddens, 1991; Urry, 2000).

세상이 바뀜에 따라, 이론과 연구의 도구들은 상당 부분 수정될 필요가 있다. 예를 들어, 독일 사회학자인 Ulrich Beck은 "좀비 범주"라고 언급하고 있는데, 이는 우리가 살아 움직이는 죽은 자들 사이를 누비고 있다는 것을 의미한다. 좀비 범주는 다른 현실을 반영하고 있으며 이미 현실의 사회에 적용될 수 없는 쓸모없는 것들임에도 불구하고 여전히 사용되고 있는 과거의 것들을 의미한다. 우리는 현재까지 그들을 대치할 좋은 말들을 찾아내지 못하고 있기 때문에 앞으로도 계속 사용하게 될지 모른다. 그러나 그들이 죽은 것만은 사실이다.

Beck은 "가족"이라는 개념을 좀비 범주의 한 예로서 제시하고 있다. 가족이라는 개념은 예전에는 의미도 있었고 유용했지만 지금은 더 이상 의미 없다고 주장한다. 나는 이와 유사하게 우리가 사용하고 있는 수많은 연구 방법의 기제들도 부분적으로 좀비화되었다고 생각한다. 나는 텔레비전의 유용성을 지지하는 광팬은 아니지만 다큐멘터리를 보고자 할 때 표준적 사회 연구보다 텔레비전 다큐멘터리로부터 얼마나 많이 배우는가에 대해 스스로 놀라곤 한다. 그러나 좋은 다큐멘터리 제작자의 기술은 심지어 그러한 기술들이 대본 쓰기에서부터 카메라 움직임에 이르기까지 21세기 연구를 이해하는 데 훌륭한 것들임에도 불구하고 연구 방법 수업이나 코스 주제가 되는 일은 매우 드물다. 물론 몇몇 연구들은 사이버 공간의 세계에 진입해 있기는 하다. 그러나 그러한 연구들도 대부분 양적 연구 방법을 단순히 복제하고 있으며 질적 연구를 형식화, 양화, 인본주의에 반하는 내용으로 변질시키고 있다. 진정한 혁신이 부족하다. 20세기 말미에 대부분의 연구들은 Beck의 말을 빌리자면 진정으로 좀비 연구인 것이다(Beck, 2003).

[표 11.1]은 사회적 변화와 사회 연구 유형의 관련성을 제시하고 있다. 배경은 표준적 연구 프로토콜을 수반한 권위적인 과학적 설명이다. 사회 세계의 변화에 따라서 우리는 질문들에 대한 해답을 얻기 위해 새로운

표 11.1 후기현대성의 조건 아래 연구 스타일의 변화

현재 사회변화	가능한 연구 스타일의 변화
후기현대를 지향	후기현대 연구 실천 지향
포스트모던/분절화/복합화	'조화(polyphonic)'로 변화
미디어화(mediazation)	기능과 자료로서 미디어의 새로운 형태
이야기와 거대 내러티브의 종말	스토리텔링/내러티브로 변화
개별화/선택들/불안한 정체성	자기-반사로 변화
국제화-서방화(glocalization) 하이브리드/디아스포라	하이브리드로 변화: 탈식민 방법(L. T. Smith, 1999)
하이테크/중재/사이보그/후기-인간(post-human)	하이테크로 변화
논쟁으로서 지식	인식론적 변화
포스트모던 정치학과 윤리학	정치적/윤리적 변화
네트워크 사회	흐름, 이동, 상황에 대한 연구
성의 문제화	동성애로의 변화

접근들이 필요함을 감지할 수 있다. 이 장에서 나의 관심은 퀴어 이론의 도래이다.

11.2 반사적 서론

"연구가 어떻게 수행되는가"라는 물음은 합리적, 이율배반적, 질적, 양적인 다양한 언어게임으로 우리를 인도한다. 우리가 사용하는 그러한 언어들은 모든 수준의 긴장감을 수반한다. 비록 그들이 우리가 연구하는 방식을 쉽게 보여줄지라도 때로는 자체가 문제와 모순을 가져다주기도 한다. 여기서 내 목표는 나 자신의 연구 언어와 탐구에서 발견되는 비논리성을 논의하고 그것들과 어떻게 살아갈 수 있는지에 대한 방법을 제안하는 것이다. 비록 내가 다양한 근거를 끌어들이고 패러다임의 변화를 이끌어낼 만한 예들을 제시할지라도 이 장은 불가피하게 나의 개인적 생각을 담아낼 것이다. 그리고 나의 탐구의 핵심적 모순에 대해 설명할 것이다 (우리 모두는 이러한 모순을 가지고 있다).

내 탐구의 상당 부분은 레즈비언과 게이와 관련된 성에 대한 것이며 성적 정의(sexual justice)라는 개념에 대한 매우 객관적 시각으로 그러한 주제들을 연구하는 것이다. 초기에 나는 상대적으로 정통 상징적 상호작용주의(symbolic interactionism)에 기반하여 역시 비교적 전통적 현장연구와 인터뷰를 활용하여 1960년대 후반 런던의 게이 사회를 연구하였다. 동시에 나는 동성애 법 개혁 협회(Homosexual Law Reform Society) 그리고 게이 해방 전선(Gay Liberation Front)에서 정치 활동을 하였다. 나는 Becker, Blumer, Strauss, Denzin의 글을 읽었다! 동시에 나는 젊은 게이로서 커밍아웃했고 내가 공부하고 있는 사회적 세상에서 내 길을 찾았다. 최근에 그러한 나의 솔직함(straightfowardness)은 점차적으로 문제로 보여지게 되었다. 정말로 항상 긴장이 존재했었는데, 나는 그것을 항상 잘 보지는 못하였다(Plummer, 1995).

한편으로는 나 자신이 시간이 가며 점차적으로 상징적 상호작용주의, 실용주의, 민주적 사고, 스토리텔링, 도덕적 진보, 재분배, 정의, 그리고 올바른 시민성 (Plummer, 2003)과 같은 비판적 인본주의(critical humanism)라고 불리는 사조의 언어들을 사용하는 것을 발견하였다. 나는 Dewey로부터 Rorty, Blumer, Becker에 이르기까지 여러 학자들에게서 영감을 얻었다. 이들 모두는 비록 포스트모던식 사고와 연결되어 있다고 느끼지만 상당히 오래되었고 전통적인 아이디어들인데, 그들은 여전히 경험, 진리, 정체성, 집단 소속, 대화를 통해 공유되는 도덕적 책무의 언어와 관련된 정통의 주장들을 하고 있다(Plummer, 2003).

이와는 대조적으로 퀴어 이론(queer theory)이라는 이름으로 요즈음 알려져 있는 보다 급진적인 언어를 사용하는 나 자신을 발견한다. 퀴어 이론은 비판적 인본주의와 분명히 대립되는 것으로 이해될 수 있다: 퀴어 이론은 모든 것을 무질서하게 만든다. 나에게 "퀴어"는 성적(sexual)이고 남녀(gender)에 관한 연구의 포스트모던화를 의미한다. "퀴어"는 성적이며 남녀에 관한 통상적 범주들을 급진적으로 해체하도록 만든다. 퀴어는 현대의 성과 성별 연구에서 말하는 모든 종류의 텍스트와 언급에 의문을 던진다. 그것은 복잡하고 무정부적 현상으로 지적 무정부주의자들이나 정치적 국제 상황주의자들(International Situationists)과 별반 다르지 않다. 퀴어는 표준화 혹은 규범의 세상을 적으로 간주하고 형식적이고 정통적인 것의 수용을 거부하기 때문에 반인본주의자처럼 보인다. 만일 그것을 사회학의 관점에서 본다면(물론 일반적으로 그렇지 않지만) 전통적이거나 표준적이지 않고 기괴하거나 낭만적이다 (Gouldner, 1973). 그것은 경계를 넘어서거나 파괴하는 것이다.

한편으로, 나는 질적 방법이라는 새로운 언어로 말하는 것이 행복하며(Gubrium & Holstein, 1997), 또 다른 한편으로는 정통 사회과학 연구 방법들의 문제들을 파헤치는 퀴어 언어를 잘 인지하고 있다(Kong,

Mahoney, & Plummer, 2002). 다시 말하자면, 이러한 긴장은 그들 시대의 생산물이다(퀴어 이론은 1980년대 이전에는 존재하지 않았다). 하지만 돌이켜보면, 나는 학문적 상호작용주의, 정치적 진보주의, 게이 경험, 급진적 비평 사이를 잇는 팽팽한 끈 위를 걸어왔다.

그러나 물론, 대개 그렇듯이, 여기에는 아이러니들이 더 있다. 1980년대 이래로 나는 나 자신을 "포스트 게이(post gay)"라고 간주해왔다. "게이세계를 연구했던 과거의 그 젊은 학자가 누구인가?"라는 질문처럼 거친 퀴어 이론가들은 그들 자신의 교재, 독자들, 교육과정을 만들기 시작했고 그들은 Dewey의 철학적 업적보다도 더 학문적인 비밀의 컬트 같은 그들만의 세상을 만연시켰다. 경계를 허무는 것과는 거리가 멀게 퀴어 이론가들은 비록 그들이 폐쇄적이지 않다 하더라도 그러한 경계들을 만들어낸다. 퀴어 이론은 그 분야의 권위자, 믿고 따르는 추종자, 참고해야 할 고전적 텍스트들을 가지고 있다. 그러나 비슷하게 포스트모더니스트, 퀴어 이론가, 몇몇 페미니스트, 다문화주의자들로부터 위협을 받고 있는 인본주의자들과 새로운 질적 연구자들은 그들을 비판하는 이야기들이 잘못되었음을 알리기 위해 그들 자신의 역사를 새로 쓰며 반격하고 있다. Richard Rorty와 같은 몇몇 학자들은 Dewey와 James의 현대 실용주의의 후예로서 흥미로운 함정에 빠져있다: 그 자신이 다른 사람들에 의해 포스트모더니스트라 규정받으며 동시에 그는 포스트모더니스트들을 우편배달부로 경멸한다(Rorty, 1999). 방법론적 위치는 그들 자신이 원래 주장했던 것과 다른 방향으로 나아간다.[1]

다른 많은 사람들처럼 나 자신 역시 약간의 인본주의자, 후기게이, 페미니스트, 퀴어와 일종의 진보주의적 성격을 가지고 있는데, 이들 모두는 중요한 급진적 변화에 대한 잠재력을 가지고 있다. 상호작용주의의 고전적 용어를 빌리면 "나는 누구인가?" 그리고 "나는 어떻게 이러한 긴장들 속에서 살아갈 수 있는가?"

이 장은 자기 분석에 대한 과도한 몰입에 의도가 있는 것은 아니다. 오히려 그러한 우려에 대해 반성하고

요즈음 일상적으로 대면해야 하는 많은 것들 사이의 긴장을 단순히 보여주기 위함이다. 나 자신 그러한 우려에서 홀로 있는 것이 아닐뿐더러 보통 사람들이 살아가며 경험하듯이 반성적인 질적 질문들이 그들 자신의 분야에서 우려들을 일상적으로 대면하고 있다는 것을 확신한다. 모호함이나 양면성이 게임의 본질이다.

이 장에서 나는 질적 연구에서 제기하고 있는 세 개의 서로 관련된 이슈들을 다룰 것이다. 그들 모두는 질적 연구의 경계들을 새로운 영역과 전략, 정치/도덕적 자각으로 확장할 수 있는지에 초점을 맞출 것이며, 이것이 나의 연구에서 어떻게 지속적으로 나타나고 있는 지 보여줄 것이다. 새로운 아이디어로부터 질적 방법의 새로운 언어는 처음에는 적어도 반대 혹은 반박으로 인식될 수 있다. 이것이 바로 질적 연구가 성장하고 질적 연구 전체 영역이 정교화되는 방식인 것이다. 나는 앞으로 다음 주제들을 탐색할 것이다.

- 비판적 인본주의가 무엇이며 비판적 인본주의 방법을 어떻게 실행하는가?
- 퀴어가 무엇이며 퀴어 방법을 어떻게 실행하는가?
- 어떻게 갈등을 헤쳐나갈 수 있는가?

11.3 비판적 인본주의 프로젝트

만일 19세기 사회과학이 체계적으로 형성되던 시기에 자연과학을 모델로 하였던 것처럼 예술분야를 모델로 삼았다면 … 얼마나 세상이 달라졌을까

– Robert Nisbet(1976, p. 16)

모순적이며 긴장에 기반한 불확실한 영역의 중심은 거대한 내러티브와 단일하며 전체를 포괄하는 계통적이고, 인식론적, 방법론적 패러다임으로부터 점차 멀어져 가는 것처럼 보인다. 이 중심은 항상 상호작용하는 개인의 관점의 세계를 연구하기 위해 질적 연구자들의 인본주의적 헌신을 요구한다. 이러한 헌신은 질적 연구의 진

보주의적이고 급진적 정치학으로 흘러간다. 행위, 페미니스트, 임상주의자, 구성주의자, 민족적·비판적 연구자들, 문화 연구자들 모두는 이 지점에서 하나가 된다. 그들 모두는 진보주의 정치학이 항상 역사적 순간이나 사회의 거대한 이데올로기, 정치, 경제 권력에 억압받고 있는 개인이나 집단의 관점, 욕구, 희망으로부터 시작되어야 한다고 믿는다.

― Denzin & Lincoln(1994, p.575)

나는 "비판적 인본주의(critical humanism)"라는 용어를 경험의 구조와 일상적 본질을 의미하는 인간의 경험과 모든 탐구의 정치적, 사회적 역할을 인식하는 데 초점을 맞추기 위해 사용한다. 그것은 상징적 상호작용[2], 민속주의, 질적 탐구, 반사성(reflexivity), 문화인류학, 생활사 연구 등 여러 가지 이름으로 불리지만 본질에서 유사한 점들이 있다. 이러한 연구 접근들은 인간의 주관성, 경험, 창의성에 초점을 두고 있다: 그들은 사람들이 살아가는 삶으로부터 시작한다. 그들은 사람들의 대화, 감정, 행위, 사회 세계 속을 이동하는 그들의 몸을 들여다보거나 불평등과 배제의 역사적, 물질적 세계로부터 제약 경험을 탐구한다. 그들은 전술한 사람들의 삶에 보다 자연스럽게 "가까운 친숙도"를 유지하기 위한 것이라는 방법론적 주장을 펼친다. 그들은 연구를 실행함에 있어 연구 참여자와 연구자 자신의 윤리적, 정치적 고려 모두를 동시에 지각하면서 최종 해답 없는 인간 삶의 내재적 불안정성과 모호성을 가정하기 때문에 거대한 추상성 혹은 보편성을 위한 주장을 하지 않는다. 그들은 급진적 인식론을 지지하는 실용주의적 계보가 있고 앎이라는 아이디어를 진지하게 고려하고 그것이 경험에 근거해야 한다는 실용적 경험주의를 가지고 있다(Jackson, 1989). 탐구의 핵심이 인간의 가치를 따지기 때문에 연구는 절대로 중립적이지 않으며 가치 중립적이지 않다. John Dewey가 오래전에 지적했듯이, "인간을 대상으로 한 어떠한 심층적 탐구도 필연적으로 도덕의 구체적인 영역을 다루지 않을 수 없다"(1920, p.xxvi). 불편부당성은 아마도 의심의 여지가 있을 것이다. 그러나 윤리적이며 정치적 영역에

대한 엄격함은 필수적이다. 좀 더 넓은 관심과 가치를 고려하지 않는다면 군이 연구를 한다는 것은 무의미하다.

이러한 가치들은 무엇인가? 가장 일반적인 용어로, 비판적 인본주의는 인간의 고통을 감소시키고 인류복지를 증진하려고 하는 사람들에게 위엄을 제공하는 가치이다.[3] 그러한 가치체계를 가지고 있는 것들이 많은데, 최소한 다음 내용을 포함하고 있다.

1. 인류의 고통을 줄이거나 없애기 위해 민주화된 가치에 대해 헌신(전체주의에 반대하여)하기. 그들은 **인류의 가치**를 기저선(baseline)으로 삼고 자주 이동의 자유, 집회 결사의 자유, 표현의 자유, 임의적 인신 구속으로부터의 자유 등등의 수많은 인권을 제안한다. 그러한 가치체계들은 **평등을 요구할 수 있는 권리**를 포함한다. 이러한 헌신은 고통에 반대하고 모든 사람들을 위한 평등과 자유를 향한 동력을 제공한다(Felice, 1996).

2. 배려와 열정의 윤리학. 페미니스트들에 의해 발전된 이 가치는 다른 이들을 돌보는 선도적 역할을 받아들이며 **동정, 사랑, 심지어 충성**이 기본적 고려 사항이 된다(Toronto, 1993).

3. 인정과 존경의 정치학. Axel Honneth(1995)의 연구와 그 이전 George Herbert Mead의 초기 연구에 의해 형태가 잡힌 이 가치는 다른 이들을 인정하고 어느 정도의 공감이 수반된다.

4. 신뢰의 중요성. 이 가치는 어떠한 사회적 관계(혹은 사회와 관련된 문제들)도 최소한의 신뢰를 서로 간 가지지 못하면 기능할 수 없다는 것을 의미한다(O'Neill, 2002).

물론 이러한 가치들의 대부분은 그들 자신의 긴장을 가져온다. 우리는 그러한 긴장들을 극복해야 하고 그들과 함께 살아야 한다. 예를 들어, 잠재적 갈등요소인 자본주의아래에서 인본주의 가치에 대해 이야기해보자면 인본주의의 수많은 가치들은 시장이 추구하는 가치

가 아니라는 사실을 강조해야 한다. 그 가치들은 자본주의 경제체제 아래에서 우선순위가 높은 것이 아니다. Cornel West는 다음과 같이 언급하고 있다.

> 우리시대에서 비-시장(non-market) 가치들이 주목을 받는다는 것은 매우 어려운 일이 되었다. 아이들을 양육하는 것은 엄청난 희생과 서비스가 아무 대가 없이 요구되는 비 시장 활동이다. 자비, 정의와 같은 것도 비-시장 가치들이다. 배려, 봉사도 그러하다. 모두 시장 가치들이 아니다. 비극적으로 비 시장 가치들은 그나마 드물다는 것이다. … (West, 1999, p.11)

인본주의 방법론

이러한 가치들은 비판적 인본주의를 강조한다. Bruyn (1966)의 고전인 『사회학(The Human Perspective in Sociology)』에서는 인본적 관점에서 인본주의적 관점을 참여 관찰 방법과 강하게 연관시키고 있다. 나는 다른 부분에서 인간의 경험에 접근하기 위해서 일련의 생활사 전략(life story strategies)을 제시한 바 있다. 과제는 "어떤 사람의 온전한 생의 경험 전체를 최대한 완전하게 묘사하며 중요한 측면들을 강조하는 것이다"(R. Atkinson, 1998, p.8). 이것은 길거나 짧을 수 있고, 반사적(reflexive), 집단적(collective), 계보나 족보를 다루거나 사진(photographic)을 담거나 문화기술적, 심지어 자전적/문화기술적(auto/ethnographic)일 수도 있다(Plummer, 2000). 생활사는 최고의 인본주의적 도구이지만 이야기가 사적인 경험, 주관성과 오로지 관련되어 있다는 것을 의미한다고 주장하는 것은 옳지 않다.[4]

이들 전체를 통해서 명백하게 고려해야 할 것은 경험에 대한 인본주의적 이해뿐만 아니라 이야기를 풀어가는 방법이다. 대개 연구자는 텍스트에서 다양한 방법으로 존재한다: 이 말은 텍스트 자체가 수동적 관찰자로서 중립적이지 않다는 의미이다. Chris

Carrington(1999)의 동성애자 가족에 대한 연구를 예로 들면 한 부모 가족 내에서 자신의 위치가 그대로 드러난다: "나는 가난한 노동자, 여자가 가장이며 한 부모 가정에서 자라났다. 대부분 나의 아동기에 어머니는 먹고살기 위해서 밤에도 바텐더로 일하였다. 어머니가 어떤 때에는 일할 수 없어서 우리 가족은 저소득층 지원 프로그램(food stamps and welfare)의 혜택을 받을 수밖에 없었다"(p.7). 마찬가지로 Peter Nardi(1999)의 남자 동성애자들의 우정에 대한 연구는 그의 친구에 대한 열정에서 시작되었다: "내가 친구들과의 경험을 이해하기 위한 시도와 일부 관련되어 있다"(p.2). 인본주의적 탐구는 대개 인본주의 연구자들의 모습을 드러낸다.

Josh Gamson의 『Freaks Talk Back』(1998)과 Leila Rupp과 Verta Taylor의 『Drag Queens at the 801 Cabaret』(2003)에서처럼 대개 일반적으로 문화적 분석도구들의 조합인 삼각법(triangulation)을 의미한다.[5] 여기에 텍스트, 생산(production), 수용(reception)과 관련된 다양한 출처의 자료가 수집되고 그들의 공통점이 분석된다. Rupp과 Taylor의 여장남자에 대한 연구에서 그들은 사진을 포함한 대화록, 음악, 청중과의 상호작용과 함께 여장남자들의 퍼포먼스를 관찰하고, 녹음을 하면서 50차례의 여장 퍼포먼스를 전사하였다. 그들은 매주 여장예술가들과 모임을 갖고 반구조화된(semi-structured) 생활사와 여장 행사에 참여한 사람들을 대상으로 초점 집단(focus group)을 만들어 연구를 수행하였다. 또한 그들은 매주 발간되는 신문들(『Celebrate』와 같은 동성애자 신문)과 다른 자료를 가지고 집단사(history of group)를 부분적으로 탐색하였다. 그들의 연구는 정치적 목적과 함께 인본주의적, 사회학적, 그렇지만 또한 퀴어(queer)한데, 이것은 그것들의 조합이 가능하다는 사실을 보여주었다. 엄청난 양의 연구가 이들 모든 주제를 가지고 수행되었다(예, Clifford & Marcus, 1986; Coffey, 1999; Coles, 1989; Ellis & Flaherty, 1992; Hertz, 1997; Reed-Danahay, 1997; Ronai, 1992).

그러한 연구의 가장 최근의 예는 Harry Wolcott (2002)의 Brad, the Sneaky Kid에 대한 설명이다. 교육 인류학자인 Wolcott는 특히 교육학 분야에서 방법론적 글과 책들로 잘 알려진 사람이다. 이 책은 1980년대 초반의 삶을 19세이며 문제아인 Brad라는 청소년의 생활사에 대한 저널로 기술하고 있다. 이야기는 교육체제에서 도외시되고 적절한 도움을 받지 못해서 교육실패를 경험하는 인간을 이해하는 것이 목적이다.

이 연구는 그냥 일상적인 것이 아니라 아주 흥미로운 생활사가 될 수 있었다. 만일 그 이야기 주변에 지속적으로 전개된 상황들을 이야기에 포함했다면 그랬을 것이다. 사실 원래 이야기에서 언급되지 않았던 것은 Wolcott가 Brad를 어떻게 만났고 그와 어떻게 동성애를 했으며 어떻게 그가 그의 생활사를 말하도록 했는지에 대한 상세한 내용들이다. 원래 이 이야기에는 많은 내용이 뒤따르는데, 이 뒤에 많은 흥미로운 우여곡절이 있게 된다. Brad는 이후 정신분열증을 앓게 되고 어느 날 저녁에 Wolcott의 집에 찾아와 분노에 차서 그를 죽이기 위해 집을 불태우려 했다. 이 사건으로 Wolcott의 소지품들(그의 학교 동료교사의 것을 포함한)뿐 아니라 그의 집이 완전히 소실되었다. 이후 Brad는 법정에 서게 되어 재판을 받고 수감된다. Brad의 죄에도 불구하고 Wolcott 자신도 Brad와의 관계, 그의 동성애, 심지어 인류학자로서 그의 역할 등에 대해 조사를 받게 된다. Brad의 가족은 Wolcott와의 관계에 대해서 특히 불만을 표시했고 다른 많은 학자들도 동일한 정서를 보여주었다. 결국 Brad는 감옥에 가게 되었다. 궁극적으로 이 이야기는 흥미로운 문화기술적 드라마로 발전되었다. 나는 단순히 텍스트로 된 드라마를 읽은 것이지 실제 행위를 본 것이 아니다. 제시된 텍스트로 판단해보면 1980년대 팝음악, 슬로건이 담긴 슬라이드, 그리고 Brad와 Wolcott의 관계, 문화기술지의 조건에 따른 Wolcott의 반성적 사고(ruminations)라는 두 개의 층을 가진 드라마의 콜라주로 받아들여진다.

이 연구는 비록 Brad의 이야기를 전달하는 단순한 가식적인 인생이야기로 시작되었지만 흥미로운 상황으로 연결되었기 때문에 현장 연구에 대한 윤리적, 개인적, 실제적 이슈들에 관한 보다 복잡하고 풍부한 질문과 논쟁을 유발하였다. 그리고 이야기의 핵심은 생물학적 성(sexuality)과 사회적 성(gender)과 관련되어 있는데, 이는 모든 인본주의 연구에서 두드러지는 이슈들 중 하나이다. 정말로 이 책의 두 번째 주요 내러티브 글의 시작은 Harry Wolcott 자신에 관한 것이었다. 물론 항상 그가 글속에 나타나고 있기는 하지만 그의 이야기는 그가 어떻게 젊은 남자와 지속적으로 섹스를 하게 되었고 그의 파트너가 Brad를 싫어하게 되었는지를 기술하고 있다. 그리고 어느 날 그가 집에 돌아왔을 때 집에서 아주 지독한 기름 냄새가 났고 Brad가 그에게 소리치며 "나쁜 놈", "널 죽일 거야" "널 죽여 버리고 말 거야", "널 묶어 놓고 집에 불을 질러 널 죽일 거야" (p.74)라고 했고 어떻게 그가 다행히 도망쳐 나와 살 수 있었는지, 하지만 불행하게도 그의 집이 불에 소실되었는지를 기술하고 있다. 그와 그의 파트너의 소지품들이 한꺼번에 불에 타서 없어졌다는 내용은 통찰의 순간(epiphany)이면서 생애 담(life story telling)에서 드라마적 순간의 핵심 중 하나일 것이다. 책에서는 이 이야기 이후 주요 챕터에서 법정에서 일어났던 일과 함께 Wolcott 자신이 거의 재판을 받을 뻔했던 일을 기술하고 있다.

'은밀한 아이(Sneaky Kid)'라는 책이 1983년에 처음 출판되었을 때 그것은 30페이지짜리 에세이였다. 그런데 나중에 200페이지가 넘는 책으로 발전하였다 (Wolcott, 2002). 원래의 글(에세이)에는 둘 간의 관계가 어떻게 발전했는지에 대한 이야기나 다른 배경에 관한 정보가 거의 없었다. 이후 출간된 책은 물론 아주 많은 이야기들을 언급하고 있지만 어떠한 이야기들이 빠져 있는지에 대한 예민한 이슈들을 제기하고 있다. 그 책은 생애담을 포함한 모든 사회과학 연구가 단지 실제의 아주 작은 부분만을 보여주고 있다는 사실을 우리에게 알려준다. 즉, 항상 무대 뒤에서는 우리가 모르는 더 많은 일들이 일어나고 있다는 사실이다. 여기서 우리가 하고 싶은 이야기를 선택함으로 인해 피할 수 없는 편견, 편파, 한계를 가질 수밖에 없지만 이 문제에 대해 더 깊게 논의하지는 않겠다.

11.4 인본주의와 관련된 문제

비록 나는 인본주의가 질적 탐구에 기여하는 바가 매우 크다고 생각하지만 요즈음에는 그렇게 인기 있는 관점이 아니다. 많은 사회과학자들은 질적 연구가 오직 담화나 언어에만 관심을 기울이기를 원한다. 그러나 이 담화는 다음의 것들과 양립하지 않는다. 담화는 인본주의를 유발하고(과거 다른 전통들보다 더) 다른 사람의 목소리를 대화로 담아냄으로써 지역사회에 대한 이해를 넓히고 사고와 탐구의 기저에 강력한 민주적 역동을 필요로 한다. 심상(imagery)의 형태로 사회적 삶을 생각해보는 것은 긍정적인 사고습관이다. 즉, 그러한 탐구로부터 시 혹은 시학, 드라마, 철학, 그리고 사진, 비디오와 영화, 그리고 내러티브와 이야기 등으로 발전시킬 수 있는 가능성을 가지게 된다.

그러함에도 불구하고 여전히 인본주의는 논란거리이며 다툼이 있는 용어이다. 그러나 적어도 퀴어 이론가들 사이에서만 그러한 것은 아니다. 물론 인본주의에 대한 신학, 행동심리학, 일부 철학자들로부터 오랜 공격이 있었다는 것을 안다. 인본주의자 Sartre의 『실존주의와 인본주의(Existentialism and Humanism)』 그리고 Heidegger의 『인본주의 대한 편지(Letter on Humanism)』에서 아주 악명 높은 논쟁이 있었다. 가장 최근의 인본주의에 대한 공격은 인본주의 세계를 지배하는 백인, 남성, 서구, 엘리트 중심, 식민지를 의미하며 개별적 존재에 과도한 초점을 두게 된다며 폄하한다. 그것은 포스트모더니즘에 반하는 것으로 보인다. Foucault는 "객체화되거나 분석된 것으로 혹은 고정된 것으로 비춰진 현대적 개인(modern individual)은 역사적 성취물이다. 변하지 않는 보편적 개인의 권력이나 힘이 행사되거나 탐구에 작용되는 보편적 지식은 그 어디에도 존재하지 않는다"(1979, pp. 159-160). "인간 주체(human subject)"는 서구사회의 발명품이다. 그것은 진보나 해방이 아니며 단순히 권력이나 힘의 무력에 대한 순종인 것이다.

느슨하기는 하지만 인본주의에 대한 일단의 이러한 비판적 입장은 대개 포스트모던과 연관된 것으로 퀴어 이론가들, 다문화주의 이론가들, 신제국주의를 믿는 이론가들, 많은 페미니스트들, 반인종주의자들뿐 아니라 후기구조주의자들을 포함할 것이다. 비록 나는 이러한 프로젝트들이나 비판적 방법론을 신봉하는 것을 이해하지만(예를 들어, L. T. Smith, 1999), 또한 실용적이며 인본주의 전통의 가치를 믿는다. 내가 이런 모순을 가지고 어떻게 살 수 있을까?

잠시 비평가들이 하는 말들을 소개해 보겠다. 그들은 인본주의자들은 일종의 상식적이며 보편적인 "인간 존재" 혹은 자아라는 개념을 제안한다. 이 개념은 세상에서 다양한 차이와 관점이 있다는 사실을 이해하지 못하도록 우리를 차단한다. 자주 이것이 세상에서 강력하고, 현실적이며 자율적인 힘이라고 생각되며 개개인은 우주의 중심이자 행위의 주체라 여겨진다.

이러한 생각은 계몽주의 프로젝트들(서구주의, 원로주의, 인종주의, 식민주의 등등)과 강하게 연결된 외재적 개인주의(overt individualism)를 초래하게 되며 이는 다시 자유주의적이며 민주적 사회를 통해서 진보를 이룬다는 일련의 도덕적, 정치적 주장을 하도록 한다. 인본주의는 보편적이며 구속 없는 "자아"와 "모던" 서구 진보 프로젝트와 연계되어 있다. 그러한 인간 주체라는 아이디어는 특별하게 "서구"를 의미하며 백인, 서구, 남성, 중산층/부르주아 입장이 중심이 되는 일련의 이데올로기적 가정을 수반한다. 그래서 그것은 페미니즘(인간은 남성과 동등하다)의 적, 인종 운동(인간은 백인 우월주의와 동일하다), 게이(인간은 이성애와 동등하다) 그리고 서구 계몽주의 프로젝트 외부의 모든 문화들(인간은 여기에서 서구 중산층과 동일하다)이 된다.

더 복잡한 인본주의?

인본주의에 반하는 그러한 주장들은 복잡하고 차별적인 의미를 과도하게 단순한 것으로 평가절하한다. 인본주의는 사실 위에 제시한 모든 것들 이상의 의미를 지닐 수 있으나 그 용어는 그러할 필요가 없다. Alfred McLung Lee(1978, pp. 44-45)와 다른 동료 학자들은 오랜 역사를 가진 인본주의와 인본주의의 다양한 다른 형태의 것들을 제시한 바가 있다. 인본주의에 대한 공격은 일반적으로 상당히 추상적인 수준에서 이루어지는데 무엇이 "인간"을 의미하고 구성하는지에 대해서 구체화되지 않은 상태에서 자주 무시된다.

그러나 내가 다른 곳에서 제시했듯이 나에게 이 인간 존재(human being)는 결코 수동적이지 않으며 무기력한 분자(atom)가 아니다. 인간은 시간과 공간 속에 존재해야 한다. 그들은 문화와 역사 모두를 항상 담아내고 맥락과 상황의 세계에서 "안주"해야 한다. 인간 존재는 감정을 느끼는 혹은 품고 있는 동물인 동시에 위대한 상징적 잠재성을 가지고 있는 생물이다. 그들은 상징적 의사소통에 참여하고 대화를 하며 간주관적이다. 고독한 개인이라는 말은 그 어디에도 없다. 인간의 삶은 우연, 운명적인 순간, 통찰과 상황 등에 의해 조형된다. 거기에는 또한 특정 시공간에 존재하는 인본주의의 다양한 형태와 모든 인간에게서 발견되는 우주적 잠재성 사이에 존재하는 지속적인 긴장이 있다. 그리고 도덕적, 윤리적, 정치적 이슈들에 대해 지속적인 참여가 있다.

흥미롭게도 외견상 인본주의에 반대하는 많은 사람들이 결국에 가서는 어떤 형태의 인본주의에 의지한다는 것을 볼 수 있다. 정말로 인본주의에 아주 강력하게 반대하는 사람 중에는 이상하게도 그들의 논의에서 인본주의의 또 다른 관점을 슬쩍 끼워 넣는 사람들이 있다. 예를 들어, 서구 스타일 인본주의가 후기제국주의라고 비판하는 데 앞장선 Edward Said는 실제로 또 다른 인본주의를 주장한다. 그는 "모든 불쾌한 우월주의자들이 사라져야 한다"고 주장하면서 최근 연구에서 실제로 자신을 인본주의자라고 주장하고 있다(Said, 1992, p. 230; 2003).

정말로 21세기가 시작되면서 지난 세기에 만연했던 인본주의에 대한 비판이 탐구를 위한 목적에서 다시 점화되고 있다. 점점 더 많은 현대의 일반 평론가들은 인본주의에 대한 공격을 잘 알고 있고, 나아가 인본주의적 주장을 한다. Nancy Scheper-Hughes의 『Death Without Weeping』(1994), Stanley Cohen의 『States of Denial』(1999), 그리고 Martha Nussbaum의 『Sex and Social Justice』(1999)에서 (비록 글을 쓴 저자가 아니라고 하더라도!) 인본주의 내용을 찾는 것은 어려운 일이 아니다. 나에게 있어 그들은 인간을 분석의 중심에 두고, 배려와 정의를 핵심 가치로 여기고, 이야기를 만들어낼 수 있는 현재 가용한 모든 방법을 동원하는 인본주의의 한 종류이다.[6] 그래서 비판이 무엇이든 비판적 인본주의는 여전히 사회과학과 질적 탐구에서 자기 자리가 있는 것처럼 보인다. 그러나 더 깊게 들어가기 전에 우리는 퀴어 이론이 인본주의와 어떠한 관련이 있는지 살펴보아야 한다.

11.5 퀴어 프로젝트

퀴어(queer)는 사회와 문화적 규범, 사회적 성(gender), 생산적 성(reproductive sexuality)과 가족에 대한 급진적 질문을 분명하게 언급한다.

– Cherry Smyth(1992, p.28)

퀴어는 정상, 합법, 주류라는 개념에 반하는 모든 것으로 정의된다. 퀴어가 특별하게 반드시 참조해야 할 대상은 없다.

– David Halpern(1995, p.62).

퀴어 이론은 일반적으로 제한적이었던 "동성애 연구"에 대한 인본주의/다문화에 기반한 반응으로 1980년대 중반에 북미에서 시작되었다. Michael Foucault의 아이디어가 점차로 크게 드러나기 시작했고(그가 "진리의 체제(regimes of truth)"와 "담화의 폭발(discursive explosion)"이라고 언급한 것과 함께), 퀴어 이론(바로 그 용어가 아니더라도)의 뿌리는 Teresa de Lauretis의 업적으로 생각된다(Halperin, 2003, p.339). 그리고 Eve Kosofsky는 다음과 같은 주장을 하였다.

> 20세기 서구 문화에서 사고와 지식의 주요 개념들은 19세기 말부터 시작된 고질적인 남성중심의 시각에서 보는 동성애/이성애 병적 의미 구분의 위기에 의해 구조화(분절화)되었다. … 현대 서구 문화의 모든 측면에 대한 이해는 불완전한 것이 아니라 현대에 와서 동성/이성애 정의에 대한 비판적 분석을 통합해내지 못하는 수준에서 그 핵심 실체가 손상되었음에 틀림없다(1990, p.1).

Judith Butler의 연구는 동성/이성애의 이분법에 대한 해체와 관계가 적으며 생물학적 성(sex)/사회적 성(gender)의 이분법에 대한 해체에 더욱 관심이 많았다. 그녀는 본질적 성(gender)이라고 불릴 만한 것이라고 주장할 수 있는 것이 그 어디에도 없다고 보았다. 모두 "수행적(performative)"이며, 모호하며, 고정되지 않은 것들이다. 퀴어 이론의 핵심이라고 하는 것이 있다면, 아마도 그것은 사회적 성과 성의식(sexuality)과 관련하여 고정된 범주를 거부하는 급진적 입장으로 혹은 연구에서 소위 정상(normality)으로 향하는 어떠한 경향성도 의도적으로 파괴하려는 것으로 보일 것이다(Sullivan, 2003).

이러한 사전 설명에도 불구하고, "퀴어 이론"이라는 용어는 정확하게 좁혀 정의하기가 매우 어렵다(어떤 사람들은 이것이 어떠한 고정된 정체성을 거부하는 이론을 위해서는 필수적 장점을 지니고 있는 것으로 생각한다). 퀴어 이론은 현재 많은 것을 의미하는 것으로 받아들여지고 있다: Alexander Doty는 적어도 여섯 가지 다른 의미를 다음과 같이 찾아냈다. 때로는 레즈비언, 게이, 양성애, 트랜스젠더(LGBT)와 동의어로 사용된다. 때로는 소위 "이성애자가 아닌 입장"들을 하나로

묶어서 부르는 포괄적 용어로 활용된다. 때로는 단순히 어떠한 사회적 성에 대한 비정상적 표현을 뜻하기도 한다(이성애를 포함할 수도 있음). 때로는 LGBT로 분명하게 논리적으로 볼 수 있는 증거가 없지만 "이성애가 아닌 것들"로 읽혀질 때 활용된다. 때로는 "생각하거나 응답하여 만들어내는 글속에서 성 정체성을 서로 공유하지 않는 사람들의 이성애가 아닌 연구, 입장, 즐거움"이 어디에 나타나 있는지 지적해낼 때 활용된다. 조금 더 깊게 들어가 본다면 Doty는 "퀴어"라는 용어가 아마도 게이, 이성애, 트랜스젠더와 같은 형식적 범주들 안에 포함된 것이 아닌 의미적 공간을 만들어내기 위한 특정한 형태의 문화적 관계와 텍스트 코딩을 의미하는 것이라고 주장하였다. 흥미롭게도 그가 말하는 이들 의미가 가지고 있는 공통점은 그것들이 어떠한 방식으로든 텍스트를 묘사하고 있으며(대개 자신의 범주를 넘어 서로 침범하는) 젠더와 성의식의 범주와 연결되어 있다(Doty, 2000, p.6)는 것이다.

일반적으로 "퀴어"는 아마도 우리 자신의 담론을 부분적으로 해체하는 것으로 보일 수 있으며 우리의 범주들을 보다 열려있도록 만드는 데 도움이 된다. 퀴어 이론은 정리하거나 마감하려는 그 어떠한 시도에도 분명하게 도전해야만 한다. 그래서 규정을 만들거나 정의를 내리려는 그 어떠한 시도도 성공하게 해서는 안 된다. 퀴어 이론은 Michael Warner의 말을 빌리자면 "학문 안에서 이루어지는 통상적 비즈니스"에 대한 공격을 시작하는 것이다(1992, p.25). 그것은 밖에 있기를 원하면서 동시에 학문안에 존재하는 패러독스를 드러낸다. 그것은 "성적 질서가 광범위한 제도와 사회적 이데올로기와 중첩되며 그러한 성적 질서에 도전한다는 것은 곧 제도들을 문제로서 다룰 수밖에 없다는 것을 의미한다"(Warner, 1993, p.5). 퀴어 이론은 확실하게 성의식과 젠더에 응용된 후기구조주의(그리고 포스트모더니즘)라고 할 수 있다.

퀴어 이론은 어느 정도 Nancy Harstock과 Sandra Harding이 제안한 포스트모던 방법의 입장 이론(standpoint theory)의 또 다른 버전이라고 볼 수 있

다(나는 퀴어 이론을 이런 식으로 논의하는 것을 한 번도 본 적이 없기는 하다). 입장 이론은 애초에 여성의 복종과 지배의 입장을 분석하기 위한 방법으로 개발되었는데, 보다 당연하게 받아들여지는 지식을 초월하여 "반대 의식"이 출현될 수 있다는 것을 제안한다. 이러한 입장을 취하는 남성은 거의 없지만 다른 여성들—예를 들면, 다른 인종의 여성이나 장애를 가진 사람들—에게는 그렇다는 사실이 흥미롭다. 남성들은 입장을 무시하고 퀴어 이론가들도 무시한다. 그렇지만 퀴어 이론에는 "퀴어 입장"과 유사한 어떠한 것이 분명히 존재한다. 물론 핵심적 주제들을 여기서 언급하는 것은 가치있을 것이다. 퀴어 이론은 다음과 같은 입장이다.

- 이성/동성의 이분법과 생물학적 성/사회학적 성 구분 모두가 도전받는다.
- 정체성의 탈중심화가 있다.
- 모든 성의 범주가 열려있으며 유동적이고 고정되어 있지 않다(현대의 레즈비언, 게이, 양성애, 성전환 정체성이 이성애와 함께 균열되었다는 것을 의미한다).
- 주류 혹은 "기업" 동성애에 대한 비평을 제공한다.
- 권력을 막연하게 체화된 것으로 본다. 해방과 권리는 "도발의 정치학"이라고 불리는 정치적 행위의 목적으로서 행해지는 상호침범과 축제에 자리를 내줘야 한다.
- 모든 정상화 전략들은 배제되어야 한다.
- 학문적 연구는 종종 희화적이고 패러독스와 같이 모순될 수 있으며 때로는 축제성(carnivalesque)이 있다: "게이가 뭘 할 수 있을까", "퀴어 날에 당신은 모든 것을 알게 될 것이다."(Gever, Greyson, & Parmar, 1993 참고).
- 동성애적 주제에 대한 여러 다른 입장들이 심지어 이성애적 의식뿐 아니라 모든 곳에 각인되어 있다.
- 일탈적 패러다임은 완전하게 버려지며 관심은 내부자/외부자의 논리와 침범(transgression)에 있다.
- 연구의 통상적 대상은 텍스트적(영화, 비디오, 소설, 시, 시각이미지)이다.
- 가장 자주 등장하는 관심의 대상은 다양한 성적 페

티쉬, 남장과 여장, 젠더와 성적 유희, 사이버 성의식, 다중성애(polyamoury), 가학 및 피학적 성애 그리고 소위 말하는 모든 급진적 성적 극단의 사회 세계를 포함한다.

11.6 퀴어 방법론?

퀴이 이론이 방법(잘 사용되지 않는 용어지만)으로서 어떠한 시사점이 있을까? 가장 일반적 형태로서 퀴어 이론은 그 어떠한 형식적인 학문적 방법들에 대해서도 불신을 보이며 모든 정통의 방법들을 거부한다(Halberstam, 1998, pp.9-13). 그렇다면 퀴어 방법은 실제로 어떻게 하는 것이며 어떤 형태를 띠는가? 요약해서 퀴어 방법론이라고 볼 수 있는 몇 개의 예들을 제시하겠다.

텍스트 전환: 문화적 인공물 다시 읽기. 퀴어 방법은 대다수가 텍스트에 대한 분석에 관심을 가진다. 이것은 아마도 가장 일상적으로 선호되는 퀴어 이론의 전략일 것이다. 실제로 Michael Warner는 "소위 퀴어 이론이라고 불리는 거의 대부분은 문학 혹은 대중문화의 언어로 된 텍스트가 어떻게 성의식을 조형하는지 알아보는 것이다." 그는 좀 더 극단적으로 말한다. "당신은 퀴어성을 제거할 수 없다. … 혹은 배제할 수 없다. 그것은 모든 곳에 존재한다. 숨을 곳이란 이 세상에 없다. 이성애 떨거지야!"(Warner, 1992, p.19). 이러한 식으로 사고하는 표준적 혹은 고전적 구절(locus classicus)은 Sedgwick의 『사람들 사이(Between Men)』(1985)라는 책에서 볼 수 있는데, 여기서 그녀는 수많은 주요 문학작품들(Dickens에서 Tennyson까지)을 섭렵하고 동성애(homosexuality), 동성사회성(homosociality), 그리고 동성애 공포(homophobia)의 측면에서 이러한 텍스트를 다시 읽었다. 퀴어성의 측면에서 그러한 텍스트들을 보는 것을 가부장적 체

제가 비난할 수는 있어도 퀴어성을 분석하는 데 긍정적인 도움이 된다(Sedgwick, 1985). 그녀의 연구 이력을 보면 이러한 주제들을 가지고 수많은 작품들을 다시 읽었다는 것을 알 수 있다. 후기 연구에서, 그녀는 Diderot의 『간호사(Nun), Wild의 진지함의 중요성(The Importance of Being Earnest)』, 그리고 James와 Austen과 같은 저자의 작품들과 같은 다양한 작품들을 읽었다(Sedgwick, 1990). Alexander Doty의 연구를 보면 그녀가 『I Love Lucy』 혹은 『The Golden Girls』와 같은 시트콤에 대한 레즈비언적 해석에서부터 Jack Benny와 같은 "여성적 이성애 남성"의 역할, 『Gentlemen Prefer Blondes』에서 양성애적 의미에 이르기까지 "시트콤(the sitcom)"과 같은 대중문화 작품들에 대해 퀴어 해석을 내놓고 있다(Doty, 1993, 2000). 실제로 그 어떠한 텍스트도 퀴어 이론가의 눈을 피해갈 수 없다.

급진적 문화기술지: 현장연구 재고.　이것은 가정들에 도전하는 특정 성적 세계에 대해 상대적으로 명확한 문화기술지이다. 예를 들어, Sasho Lambevski(1999)는 "마케도니아의 게이들과 같은 낮은 지위 사람들로 통제되거나 침묵해야 하는 사회적 위치(계급, 젠더, 민족, 종교)의 중첩성에 대한 내부자, 비판적 그리고 경험적 문화기술지"에 대해 기술하려고 시도하였다(p.301). 호주에서 HIV에 대해 공부했던 마케도니아인 게이로서(이 맥락에서 문제가 되는 용어인가?) 그는 마케도니아 게이와 알바니아 게이 간 발생했던 성적 갈등에 대해 조사하였다(호주가 관련되었다는 것에 대해서는 신경 쓰지 말라). Lambevski는 예전부터 그가 알고 있었던 Skopje에서 지금은 성의식, 민족성, 성역할 놀이, 문화충돌과 얽혀있는 복합적이면서 동시에 다른 의미들을 가지고 있는 옛날 크루징 장면(사람들이 각자의 성적 요구와 욕구를 충족하기 위해 적절한 상대방을 찾는 모습)을 들여다보았다. 이 동네에서 성적 상대를 찾는 것은 쉬운 일이 아니다. 그는 알바니아 사람으로서 어떻게 잠재적 성적 파트너를 인지하고 접근하

는 것에 있어 장애를 가진 사람으로 느끼고 있는지 묘사하고 있다. 두 몸은 단순히 성적 의미를 넘어서서 민족적 의미로 넘쳐나고 고약한 악취를 풍긴다. 그는 기술하기를 "나는 내 몸 위로(막연한) 마케도니아의 정서를 덮어씌우는 것에 복종하였다"(p.398). 다른 시간과 장소에서 그는 아마도 아주 다르게 반응했을 것이다. Lambevski는 문화기술지에 대해 과도하게 비판적이었으며 고백서가 아닌 순수하게 퀴어 경험을 표현한 문화기술지에 대해 쓰기를 원하였다(1999, p.298). 그는 소위 "거짓 글(a textual lie)"이라고 하는 것을 거부했고 "지속적으로 진실된 문화기술적 텍스트를 고집"하였다. 여기에 몸, 감정, 성의식, 민족성, 종교 모두가 쉽게 배제될 수 있다. 그가 그렇다고 문화기술지가 단순히 장소에 대한 관찰 혹은 공식적/비공식적(on/off) 인터뷰로 이루어지는 것이라고 주장하는 것도 아니다. 거기에는 커다란 연쇄된 관계가 있다: "게이 장면은 복잡하게 마케도니아 학교체제, 마케도니아와 알바니아 가족과 인척관계의 구조, 마케도니아 정부와 정치사, 비정상(동성애)으로 진단하고 차별하는 마케도니아 의료체계와 연결되어 있다"(1999, p.400). 거기에는 사회적 현장들의 고리도 있으며 동시에 그 자신 삶의 중심에는 마케도니아인, 퀴어, 호주인, 게이가 있다. 거의 대부분의 연구자들이 그들의 연구에 영향을 줄 수 있는 삶에 존재하는 여러 긴장들과 보다 광범위하게 관련된 삶의 고리들에 관해서 정직하지 못한 것이 사실이다.

나는 모든 연구가 다 그런 것은 아니라는 말을 신뢰하기 어렵다. 30년 전에 쓰여진 Laud Humphrey의 고전 『Tearoom Trade』(1970)에서는 그 자신의 존재로서 게이성(비록 정액의 맛이라는 작은 각주가 달려있다고 하더라도!), 정서 세계, 그 자신의 백인 중산계급성이나 결혼한 백인 목사로서의 역할에 대해 이야기할 수 없었다. 이와는 대조적으로 비록 그가 독자에게 그가 종교적 배경과 아내가 있다는 것을 강조했을지라도, 이는 더더욱 주의를 산만하게 하는 역할을 하였다. 그 당시에 중요했던 것만큼, 이것은 매우 다른 문화기술지이다. 그 이후에도 별로 달라진 것이 없다. 연구자들은

문제를 내포하고 있는 범주의 본질과 물적 세계와의 연계에 대해서 잘 인지하지 못하였다. 그들은 실제로 "순진한 문화기술자"이며 어떻게든 "이야기가 있는 그대로 서술될 수 있다"고 생각하고 있었다. 우리는 덜 정직한 시대에 살고 있으며 퀴어 이론은 이것을 입증한다.

보물찾기 방법: 조합된 새로운 것에 대한 다중적 텍스트의 공격. 퀴어 "방법"의 훌륭한 예는 Judith Halberstam의 "여성의 남성성(female masculinity)"에 대한 연구이다(1998). 그녀는 과거와 현재 여성이 드러낸 다양한 종류의 남성성을 이해하기 위한 방법들을 개발하는 데 실패했다고 전제하고 많은 양의 여성의 남성성 현상들을 기록하는 연구를 수행하였다. 그녀의 연구에서 여성의 남성성의 형태들을 설명하기 위해 문학적 텍스트 방법, 영화이론, 문화기술적 현장연구, 역사 조사, 문헌 기록, 분류학을 "공격"한다(Halberstam, 1998, pp.9-13). 여기에 우리는 1920년대 이성의 복장을 하는(cross dressing) 귀족적 유럽 여성, 남성 같은 레즈비언, 남성 역할을 하는 레즈비언, 남장여성, 톰보이, "슬럼에 사는 남성 같은" 흑인 여성 래퍼, 성 전환한 남성 같은 여성, 남성 역할을 하는 레즈비언(특히 다른 여성과 비정상적인 행위를 하는 여자), 위아래 젠더가 다른 사람, 여성에서 남성 성 전환(FTM), 성난 소 같은 남성적 레즈비언 같은 예들을 볼 수 있다! 그녀는 또한 'Alien'과 'The Killing of Sister George'와 같은 다양한 영화에서 적어도 여섯 가지 이상의 여성의 남성성 유형을 찾아냈다: 톰보이, 약탈자, 환상을 가진 남성 역할 레즈비언, 복장 도착자, 초보 남성 역할 레즈비언, 포스트모던 남성 역할 레즈비언이 그것이다(1998, 6장).

이 잡다한 집합들을 소개하면서, 그녀는 "전통적인 인간 행동에 대한 연구에서 의도적이거나 우연하게 배제되었던 피험자들에 대한 정보를 수집하거나 만들어내기 위한 다른 방법[으로] … 보물찾기 방법"을 활용하였다(1998, p.13). 그녀는 Eve Kosofsky Sedgwick의 "임시 분류(nonce taxonomy)"라는 용어를 빌렸다. "이것은 세계를 형성하는 모든 종류와 관련된 수백 개의 오래되거나 새로운 범주적 의미들을 만들고 없애고 그리고 다시 만들고 재분해하는 것이다"(Sedgwick, 1990, p.23). 이것은 "해체"이며 이 세상에서 동성애, 게이 혹은 레즈비언(혹은 보다 정확하게 "남자"와 "여자")이라고 불리는 사람들 때문에 연구가 필요하다는 바로 그 아이디어 자체가 핵심 문제가 될 수 있다. 대신에, 연구자들은 새로운 세계의 가능성을 지각하는 데 열려 있다.

이러한 사회적 세계의 많은 부분들은 즉시 분명해지는 것이 아니며, 어떤 것들은 현재 부정형으로 초기 형성 상태에 있다. 이 연구는 물론 그 안에 숨어 있는 것들이 심지어 더 많다는 주장에 동의하면서 아직 희미하지만 잘 언급되지 않은 사회적 세계를 수면위로 끌어내는 역할을 한다. 어떤 의미에서 Halberstam은 사회구조의 표면아래에 흐르는 풍부한 유동성과 다양성을 찾아낸 것이라고 할 수 있다. 그러나 또 다른 의미에서 그녀 자신의 이름 붙이기, 혁신적인 용어, 범주를 만드는 행위가 새로운 차이를 만들어 내거나 조합하고 있다는 경향이 있다고 할 수 있다.

사회적 성의 수행과 문화기술적 수행. Judith Butler의 연구를 보면 자주 사회적 성(gender)을 본질적인, 항상 고정되지 않은, 생래적이지 않은, 자연스럽지 않은 것이며 항상 수행성(performativity)을 통해서 구성되는 것으로 본다. 참고로 여기서 수행성이란 "유형화된(stylized) 행위의 반복"이다(1990, p.141). 대부분의 퀴어 이론은 사회적 성을 주제로 연구되고 있다. 처음에는 이성 옷 입기(drag), 성전환자, 성전환증, 남장여성, 디바, 그리고 Del LaGrace Volcano와 Kate Bornstein 같은 교차성주의자(cross-genderists)에 관심이 있었는데, 이들 몇몇은 거의 급진적이며 파괴적으로 이성 옷을 입는 드래그의 역할을 하였다. 그것은 성적 호기심을 자극하며 보통 사람들을 "정상적 육체"라는 사회적 성의 틀로 묶인 독재로부터 해방시키는 알 수 없는 퀴어 욕구를 불러일으킨다(Volcano &

Halberstam, 1999). 다른 사람들은 보다 넓은 범위의 사회적 성에 관심을 가지고 들여다보았는데, "요정들"과 "곰들"에서부터 가죽 옷을 입은 장면과 마르디 그라(Mardi Gras)와 보다 대중적 소비를 위한 상업화된/순화된(normalized) 이성 옷(드래그)(예를 들어, RuPaul, Lily Savage, Graham Norton) 등에 대해 연구하였다.

때로는 수행이 다소 직설적으로 보일 수 있다. 이것은 "비디오 테러리즘"과 "길거리 극장", 대안적인 케이블 토크쇼, 실험적 예술 작업, 활동가의 테이프와 같은 대안적인 다큐멘터리를 보는 것처럼 느껴진다. 1980년대 말에 레즈비언과 게이 비디오가 상당히 많이 증가했으며 (영화나 영화제에서도 마찬가지였다), 학문세계에서도 그랬고 많은 비공식적인 동성애 모임이 생겨나면서 관련된 잡지들도 생겨났다(예를 들어, Jennie Livingston의 영화 Paris Is Burning(1990)을 참고하라. 이 영화는 1980년대 말 뉴욕의 대개는 흑인이면서 가난한 게이와 성전환주의자들의 "무도회(ball circuit)"를 들여다보았다. 그리고 Ang Lee는 'The Wedding Banquet' (1993)라는 영화에서 아시안 남성을 선호하는 게이 남성을 비하해서 부르는 "쌀의 여왕(rice queen)" 편향적 이미지를 다시 바꾸려고 하였다).[7]

새로운/퀴어 사례 연구 탐색하기.　퀴어 이론은 또한 새로운 사례 연구를 검토한다. 예를 들어, Michael Warner는 새롭게 출현하는 공공의 대중에 대한 사례 연구를 하였다. 내게 특히 눈에 띄는 연구는 "에로틱한 구토"와 관련된 사람들 앞에서 공연을 하는 퀴어 카바레(공공과 반대인가?)에 대한 상세한 묘사이다. 그는 가족의 가치와 함께 국가적 이성애가 공적인 대화를 점령하고 있다고 주장하면서 퀴어가 여러 종류의 다양한 가죽 술집(leather bar)의 공공성에 어떻게 대항하는지 연구하였다. 가죽 술집에서는 "스팽킹, 채찍질, 제모하기, 때리기, 브랜딩, 레서레이션, 본디지, 모욕하기, 레슬링 등의 절차가 있는데, 그들은 아마도 너 다 알잖아. 다른 데서 다 하는 것이라고 이야기할 것이다"

(Warner, 2002, pp.206-210). 그러나 갑자기 이 다양한 종류의 S&M 술집은 통상적이지 않은 더 독특한 술집으로 대치되는데 그것이 소위 말하는 에로틱 구토 (erotic vomiting) 카바레이다.

자신에 대해 읽기.　퀴어 이론을 연구하는 연구자들 대부분은 저자 자신에 대해 관심을 가지고 연구한다. 예를 들면, D. A. Miller(1998)는 브로드웨이 뮤지컬에 대해 연구를 했는데 여기서 퀴어 삶의 측면에서 그 역할에 대한 설명을 하면서 그는 저자인 자신의 어렸을 때 사진과 앨범들을 포함시키는 것과 같은 방법을 통해서 뮤지컬에 대한 아주 개인적인 해석을 내놓았다.

11.7　새로운 것이 무엇인가?

연구 방법들, 이론들이나 연구들이 물론 모두 흥미롭지만, 나는 이것처럼 진실로 새롭고 충격적인 것은 드물 것이라고 생각한다. 자주 퀴어 방법은 뒤늦은 문화기술지과 자기 반사성(reflexivity)과 같은 사회과학 도구에 뒤쳐져 있기보다는 문학 이론에 조금 앞서 나가거나 거의 비슷하다고 할 수 있다(비록 때로는 그것이 정통적인 양적 방법 같은 사회과학에 대한 급진적인 비판일지라도). 때로는 드라마와 같은 아주 오래된 은유를 빌려오지만 퀴어 이론은 기본적으로 빌려오고, 가공하고, 다시 말하는 질적 탐구의 최근 아이디어를 뛰어넘어서는 것으로 생각하지는 않는다. 하지만 퀴어 이론의 급진적인 측면은 물론 이것도 오랫동안 의문시되기는 했지만 지속적으로 다루어지는 범주와 성/성의식과 관련되어 있다(Plummer, 2002; Weston, 1998 참고). 만일 그렇다면 질적 연구에서 퀴어를 다룸에 있어 이슈가 되는 것은 단순히 방법론적 스타일이라기보다는 오히려 사회적 성, 이성중심성, 성의식과 관계된 정치적이고 실재적인 주제들이다. 항상 기존의 질서가 존중되는 세계에서 앞서 나가지 못하고 위협받는 존재인

성(gender)과 성의식(sexualities)이라는 주제를 분석의 최전선으로 끌어내는 것이 퀴어 이론에는 중요한 도전이다. 이것이 바로 문화기술적 연구 혹은 생애사 연구에서 자주 결여되는 것이다.

11.8 퀴어의 문제

퀴어 이론에 대한 반응은 일관되지 않다. 퀴이이론가들의 외부세계—"정통의 학문세계"—에서 퀴어 이론이 다소 무지하다고 하거나 영향력이 거의 없다고 이야기하는 것은 공정하지 못하다. 이것은 전체접근을 고립화(ghettoizing)한 불행한 결과이다. 아이러니하게도 그들의 연구에서 이성애-동성애 구분의 작동을 최대한 이해하는 것이 필요한 사람들은 퀴어 측면을 무시할 수 있지만(대개 그들은 그렇게 한다), 그것을 이해할 필요가 거의 없는 사람들은 그들 자신을 실제로 묘사하는 용어들을 그들의 연구에서 능동적으로 해체한다. 그래서 주류 문학 분석 혹은 사회학 이론에서 퀴어를 진지하게 수용하는 것은 상대적으로 매우 드문 일이다(실제로, 퀴어 주제는 본 『질적 연구 핸드북』에서 다루는데 제3판에서야 가능했으며, 소위 질적 "탐구의 7번째 순간(seventh moment of inquiry)"(이 책의 에필로그에 있는 Lincoln & Denzin의 글 참고)은 아직 립서비스 수준이다!). 더 나아가서 많은 게이, 레즈비언, 페미니스트들 자신은 퀴어 이론에 아무런 진전이 없는 것으로 이해하며 결국에 가서는 퀴어 이론의 정치적 이득과 함께 그들의 존재를 간단하게 "해체"할 것이라고 믿는다. 퀴어 이론가들은 다소 거만하게 과거의 정치적, 이론적 이득을 부정하면서 마치 그들만이 정치적 정당성을 독점하고 있는 것으로 자주 서술한다. 퀴어 이론을 반대하는 일반적인 아이디어 몇 가지를 다음에서 논의해 보겠다.

첫째로 그 용어 자체가 도발적이라는 데 있다: 과거로부터 경멸적이고 낙인하는 언어들을 사용했지만 낙인을 당하는 동일한 집단들에 의해 다시 주장되고 있다; 그러한 의미에서 세대적 함축된 의미가 있다. 젊은 학자들은 그것을 좋아하지만 나이 든 학자들은 싫어한다. 그것은 과거 연구를 부정하고 새로운 분과를 만들어내는 역할을 한다.

둘째로 Josh Gamson(1995)이 퀴어 딜레마라고 언급한 범주의 문제를 야기한다. 그는 공적인 집단적 정체성(운동주의가 활용할 수 있는)과 동시에 참여와 경계성 허물기의 필요가 있다고 주장한다. 그는 고정된 정체성의 범주가 억압과 정치적 권력의 기반이라고 언급한다. 비록 퀴어 운동안에서 출현하는 "중요하지 않고 유동적이며 다중적인 기반"을 가진 정체성을 강조할지라도, 그는 또한 레즈비언, 게이, 양성애, 성전환 운동(LGBT, 다소 부정확할지라도)에서는 바로 그 게이와 레즈비언의 정체성을 해체하려는 경향성을 부정하는 사람들이 많이 있다는 사실에 주목하였다. 그것을 부정하는 방법은 그 운동이 궤도에 올라가고 있을 때 특정 연구 분야나 정치적 논쟁을 제거하는 것이다.

그리고 많은 급진적 레즈비언들이 의심을 가지고 레즈비언들이 보이지 않도록 하고 이미 확실하게 이겼던 경험이 있는 논쟁주제인 반여성으로서 S&M, 포르노, 성전환 정치학에 관한 주제들을 다시 끌어들이면서 모든 종류의 남성의 권력(숨겨진)을 은밀하게 재각인시키기 위해 노력하는 경향이 있다. 급진적 레즈비언 페미니스트 Sheila Jeffreys(2003)는 특히 전체 퀴어운동을 20세기 후반 급진적 레즈비언들의 이해를 위협하는 것으로 보고 통렬하게 비판하고 있다. 여성이—인지한—여성과 퀴어 해체의 안개 속에서 급진적 레즈비언이라고 하는 범주를 잃어버리는 것은 여성이 남성에게 종속되는 근간이 되는 것으로 있어서는 안 될 일이다. 그녀는 엘리트주의를 또한 비판한다. 퀴어를 지지하는 사람들의 언어는 남성 학문 엘리트들의 언어를 흉내 낸다. 그래서 학문세계에 있는 사람만을 위한 것이 아니라 공동체 안의 여성을 위해 주장하거나 글을 쓰는 페미니스트들의 보다 소통 지향적인 저작활동에서 볼 수 있었던 초기에 획득한 진보를 모두 잃어버리게 된다.

Lilian Faderman은 그들을 "확고한 엘리트주의자들" 이라고 부르고 다음과 같이 정리하고 있다.

> 퀴어 학자들이 때로 사용하는 언어는 한때 레즈비언 페미니스트들이 언급했던 학문세계의 "큰 아이(big boys)" 를 투명하게 겨냥하고 있다. 레즈비언-페미니스트의 글쓰기는 이와는 대조적으로 공동체와 직접적으로 소통하여 변화를 도모하기 때문에 명확하고 접근 가능성이라는 가치들에 중점을 둔다(1997, pp. 225-226).[8]

퀴어 이론에 대한 다른 많은 비평들이 있다. Tim Edwards(1998)는 퀴어 이론이 팬 우상숭배, 컬트영화에 대한 축하, 빈약한 문화정치학 등으로 무너질 수 있는 정치의 하나가 될 것을 우려한다. Stephen O. Murray는 이분법에 기반해 있고 지배의 도구가 되는 것을 피할 수 없다는 이유로 "퀴어"라는 단어 자체를 싫어한다. 그는 언어와 텍스트 중심의 표상에 과도하게 몰두할까 봐 우려한다(2002, pp. 245-247). 심지어 몇몇 퀴어 이론을 정립한 사람들조차도 전체 급진적 맥락이 사라지고 퀴어 이론이 대세가 되고 제도화되어 학문세계에서 "수지 맞는" 영역이 되는 것에 대해 우려하고 있다(Halperin, 2003).

그래서 여러 면으로 퀴어라는 집이 제대로 돌아가지 못하고 뭔가 문제가 있는 것이 아닌가 하는 의심들이 표현되고 있다. 전체 퀴어 프로젝트에는 문제들이 있으며, 어떻게 보면 나는 사회 탐구에 도움이 되도록 인본주의의 언어를 찾기 위해 여전히 노력하고 있는 것이다.

11.9 퀴어 이론과 비판적 인본주의의 만남: 연구의 갈등세계

갈등은 생각의 성가신 파리와 같은 존재다. … 반성과 재능을 요구한다.

– John Dewey(1922, p.300)

우리에게는 서로 갈등하는 두 개의 전통이 있다. 이 갈등은 특이한 것이 아닌데, 모든 연구의 입장은 안팎으로 이러한 갈등에 노출되어 있다. 인본주의가 일반적으로 경험, 의미, 인간의 주관성을 추구하는 반면에, 퀴어 이론은 관념 혹은 표상(representations)을 위해서 이것을 거부한다. 인본주의가 일반적으로 연구자에게 그가 연구하는 세상에 다가가도록 요구하는 반면에, 퀴어 이론은 텍스트와의 거리를 두고, 소원해지거나 해체라는 방법을 선호한다. 인본주의가 "모든 이를 위한 정의"로 진보적 민주주의 프로젝트를 주장하는 반면, 퀴어 이론은 성의식과 성에 대한 압박이라는 현실에 우선 순위를 두고 보다 급진적 변화를 요구한다. 인본주의는 조용한 대화나 담론을 선호하지만, 반면에 퀴어 이론은 카니발레스크(carnivalesque, Bakhtin의 카니발이론 참고), 풍자, 반항적, 유희성을 선호한다. 인본주의는 대중적 지식인의 목소리를 옹호하는 반면, 퀴어 이론은 대부분 대학이나 영감을 받은 학문세계의 자기 발생적 사회운동에서 찾아볼 수 있다.

이러한 차이에도 일부 공통점이 있다. 예를 들면, 둘 다 연구자들에게 비판적 자기 인식을 하도록 요구한다. 둘 다 정치적이며 윤리적 배경을 추구하도록 한다(비록 이것과 관련해서 주요 방법이 다르다고 할지라도—퀴어 이론은 급진적 성의 변화에 주된 초점을 두는 반면 인본주의는 그보다 넓은 범위에 초점을 둔다). 둘 다 사회적 삶의 상충하는 복잡성을 가정하기 때문에 그 어떠한 범주체계도 올바르게 평가할 수 없다고 본다.

좀 더 세밀하게 보면 위에서 언급한 몇몇 차이들은 서로 중첩된다. 많은 비판적 인본주의는 표상들에 초점을 둘 수 있다(물론 아주 적은 수의 퀴어 이론가들이 경험에 초점을 둔다). 비판적 인본주의자들은 자주 사회적 구성주의자들로 간주될 수 있는데, 그렇다고 해체주의자들과 거리가 멀다고 이야기하기는 어렵다. 비판적 인본주의가 퀴어 이론가의 가치와 정치적 입장을 수용하지 못할 이유는 없다(나는 수용하고 있다). 그러나 인본주의의 도덕적 기반은 보다 광범위하고 사회적 성에 매여 있지 않다. 실제로 현대 인본주의 방법은 이해의 카타르시스를 얻기 위해 "타자"의 사회적 세계에 진입한다. 인본주의는 다름과 복잡성을 유사성과 조화와 함께 병치시킨다. 또한 사회 연구에서 복합적인 가능성의 세계를 인지한다. 그것은 표준적인 인터뷰나 문화기술지만을 의미하는 것이 아니라 사진, 예술, 음악, 비디오, 영화, 시, 드라마, 내러티브, 자문화기술지, 음악, 내성, 소설, 청중 참여, 거리 극장의 역할을 포함한다. 그리고 그것은 "자료"를 여러 가지 복합적 방식으로 제시하는 방법들을 찾아내고 그 어떠한 현상에 대한 사회과학도 당대의 정치적이며 도덕적 드라마들 안에 위치해 있다는 점을 알고 있다. 그러한 정치적, 도덕적 드

라마들 중 하나가 "퀴어"이다.

그러나 다시 말하지만, 비록 그들이 종국에 가서는 사람들이 생각하는 것처럼 그렇게 서로 대치하지는 않을지라도, 비판적 인본주의와 퀴어 이론의 역사, 규범, 정신은 다른 것이 사실이다. 그렇다. 이 두 가지 입장은 서로 동일하지 않다. 그들의 다른 점을 유지해야만 하는 것이 정당하다. 그러나 아닌 것은, 그들이 그렇게 상이한 것도 아니라는 점이다. 내가 이렇게 두 가지 입장을 함께 가지고 살아갈 수 있는 것을 보면 그렇다. 모순, 양면성, 긴장은 모든 비판적 탐구에 내재되어 있다.

주석

1. Dmitri Shalin은 10년 훨씬 이전에 다음과 같이 언급했다. "상징적 상호작용주의가 태동하고 미국사회학에서 독보적인 존재가 되었던 이슈들은 포스트모던주의 사상가들이 우선시했던 주제들과 놀랄 만하게 유사하다"(1993, p.303). 상징적 상호작용주의는 "사회적으로 구성된, 발현적, 복수적(plural)인" 것들과 함께 "소외된, 지역적, 일상의, 이질적이며 불확실한 사람들"을 대상으로 연구하였다(p.304). 비슷하게 David Maines(2001)는 상징적 상호작용주의가 포스트모던주의와의 관련성을 해석적 중심의 측면에서 쉽게 찾을 수 있다는 초기의 주장을 유지하고 있다. 그러나 동일한 해석적 틀을 가지고 있다는 것은 그것이 필요 없다는 것을 의미한다고 그는 주장한다. (pp.229-233). 그는 사람들이 해석적 노력에 관심을 기울이고, 방법에 충실한 저술, 다양한 형태의 표상에 대한 배려, "비판적 작업"과 철학적 입장을 다시 주장하는 것이 가치로운 것이라고 생각한다(Maines, 2001, p.325). 게다가, 유명한 Norman K. Denzin도 다양한 서적과 논문에서 사회학/문화 연구, 그리고 상징적 상호작용 안에서 포스트모더니즘을 방어하는 최전선에서 활동하고 있다(예를 들어, Denzin, 1989, 1997, 2003).

2. 어떤 사람에게는 "상호작용주의"가 사회학과 동의어로 인식된다. Maines(2001)와 P. Atkinson과 Housley(2003)를 참고하라.

3. 진보적, 인본주의 페미니스트 철학자인 Martha Nussbaum (1999, p.41)은 사람이 인간으로서 역할을 할 수 있도록 교육해야 하는 "인간의 역량"의 긴 목록을 제안하였다. 이 리

스트에는 "몸의 건강과 도덕성" 감각, 상상력과 사고; 실용적 사고; 소속감; 다른 생물에 대한 배려; 놀이; 자신의 환경에 대한 통제; 삶과 같은 항목들에 대한 관심이 포함되어 있다. 나는 이 리스트에 우리가 기능하기 위해서 중심이 되는 자기 반사적 과정, 의사소통 과정을 포함시키고 싶다.

4. 인본주의나 퀴어와는 거리가 멀지만 Bob Connell의 『남성성(Masculinities)』(1995)에 대한 훌륭한 연구에서 그는 생애사를 "헤게모니적 남성성을 직접적으로 위협하는 권력관계에서 위기의 경향성"의 상징/증상으로 간주한다. 그는 위기에 처한 네 집단의 남자들을 연구했는데, 그들은 급진적 환경주의자, 게이와 양성애자, 젊은 남성 노동자, 새로운 계급의 남성이다. Connell은 이것을 진지하게 받아들이지 않는다는 것을 시사하였다(1995, p.89). 그러나 『Document of Life』(Plummer, 1983)라는 내 책의 초판에서조차도 생애사의 기여들은 "역사의 도구"로서, 전체를 보는 관점으로서, 사회적 변화에 초점을 두는 것으로 보는 것이라는 것을 분명하게 언급하였다.

5. 혹은 Rupp와 Tayler가 언급한 것처럼 "문화적 조사의 세부분으로 나누어진 모델"을 의미한다(2003, p.223).

6. 비슷하게, 나는 Cornel West, Jeffrey Weeks, Seyla Benhabib, Anthony Giddens, Zigmunt Baumen, Agnes, Heller, Jürgen Habermas, Michel Bakhtin, 그리고 다른 많은 학자들의 연구의 저작물에서 인본주의를 느낀다. 인본주의자들이 벌이는 이름 붙이기에 대해서는 신경쓰지 말아야 한다. 중요한 것은 적절한 이해와 사회적 변화

를 만들어내는 것이다. 이러한 관점에서, 많은 글들은 좌절한 인본주의자들처럼 읽힌다.

7. 예를 들어, 'Jump Cut', 'Screen', 'The Celluloid Closet', 'Now You See It', 'The Bad Object Choices' 등과 Tom Waugh과 Pratibha Parmar의 작업을 참고하라.

8. 또한 Simon Watney의 Imagine Hope(2000)에서 볼 수 있는 비평들을 참고하라. Watney는 급진적 레즈비언주의에 전혀 동조하지 않지만 그의 설명은 주장이 분명하고 들을 만하다. 퀴어 이론은 AIDS 운동을 자주 실망시켜 왔다.

참고문헌

Atkinson, P., & Housley, W. (2003). *Interactionism*. London: Sage.

Atkinson, R. (1998). *The life story interview*. Thousand Oaks, CA: Sage.

Bauman, Z. (2000). *Liquid society*. Cambridge, UK: Polity.

Bauman, Z. (2004). *Wasted lives: Modernity and its outcasts*. Cambridge, UK: Polity.

Beck, U. (2003). *Individualization*. London: Sage.

Bornstein, K. (1995). *Gender outlaw*. New York: Vintage.

Bruyn, T. S. (1966). *The human perspective in sociology*. Englewood Cliffs, NJ: Prentice Hall.

Butler, J. (1990). *Gender trouble*. London: Routledge.

Carrington, C. (1999). *No place like home: Relationships and family life among lesbians and gay men*. Chicago: University of Chicago Press.

Clifford, J., & Marcus, G. E. (Eds.). (1986). *Writing culture*. Berkeley: University of California Press.

Coffey, A. (1999). *The ethnographic self: Fieldwork and the representation of identity*. London: Sage.

Cohen, S. (1999). *States of denial*. Cambridge, UK: Polity.

Coles, R. (1989). *The call of stories: Teaching and the moral imagination*. Boston: Houghton Mifflin.

Connell, R. W. (1995). *Masculinities*. Cambridge, UK: Polity.

Denzin, N. K. (1989). *Interpretive biography*. London: Sage.

Denzin, N. K. (1997). *Interpretive ethnography: Ethnographic practices for the 21st century*. London: Sage.

Denzin, N. K. (2003). *Performance ethnography*. London: Sage.

Denzin, N., & Lincoln, Y. (Eds.). (1994). *Handbook of qualitative research*. London: Sage.

Dewey, J. (1920). *Reconstruction of philosophy*. New York: Henry Holt.

Dewey, J. (1922). *Human nature and conduct*. New York: Henry Holt.

Dewey, J. (1938). *Logic of inquiry*. New York: Henry Holt.

Doty, A. (1993). *Making things perfectly queer: Interpreting mass culture*. Minneapolis: University of Minnesota Press.

Doty, A. (2000). *Flaming classics: Queering the film canon*. London: Routledge.

Edwards, T. (1998). Queer fears: Against the cultural turn. *Sexualities, 1*(4), 471-484.

Ellis, C., & Flaherty, M. G. (Eds.). (1992). *Investigating subjectivity: Research on lived experience*. London: Sage.

Faderman, L. (1997). Afterword. In D. Heller (Ed.), *Cross purposes: Lesbians, feminists and the limits of alliance*. Bloomington: Indiana University Press.

Felice, W. F. (1996). *Taking suffering seriously*. Albany: State University of New York Press.

Foucault, M. (1979). *The history of sexuality*. Middlesex, UK: Harmondsworth.

Gamson, J. (1995). Must identity movements self-destruct?: A queer dilemma. *Social Problems, 42*(3), 390-407.

Gamson, J. (1998). *Freaks talk back: Tabloid talk shows and sexual nonconformity*. Chicago: University of Chicago Press.

Gever, M., Greyson, J., & Parmar, P. (Eds.). (1993). *Queer looks: Perspectives on lesbian and gay film and video*. New York: Routledge.

Giddens, A. (1991). *Modernity and self-identity*. Cambridge, UK: Polity.

Gouldner, A. (1973). *For sociology: Renewal and critique in sociology today*. London: Allen Lane.

Gubrium, J., & Holstein, J. (1997). *The new language of qualitative research*. Oxford, UK: Oxford University Press.

Halberstam, J. (1998). *Female masculinity*. Durham, NC: Duke University Press.

Halperin, D. (1995). *Saint Foucault: Towards a gay hagiography*. New York: Oxford University Press.

Halperin, D. (2003). The normalization of queer theory. *Journal of Homosexuality, 45*(2-4), 339-343.

Hertz, R. (Ed.). (1997). *Reflexivity and voice*. Thousand Oaks, CA: Sage.

Honneth, A. (1995). *The struggle for recognition: The moral grammar of social conflicts*. Cambridge, UK: Polity.

Humphreys, L. (1970). *Tearoom trade*. Chicago: Aldine.

Jackson, M. (1989). *Paths toward a clearing: Radical empiricism and ethnographic inquiry*. Bloomington: Indiana University Press.

Jeffreys, S. (2003). *Unpacking queer politics*. Oxford, UK: Polity.

Kong, T., Mahoney, D., & Plummer, K. (2002). Queering the interview. In J. F. Gubrium & J. A. Holstein (Eds.), *The handbook of interview research* (pp. 239-257). Thousand Oaks, CA: Sage.

Lambevski, S. A. (1999). Suck my nation: Masculinity, ethnicity and the politics of (homo)sex. *Sexualities, 2*(3), 397-420.

Lee, A. (Director). (1993). *The wedding banquet* [Motion picture]. Central Motion Pictures Corporation.

Lee, A. M. (1978). *Sociology for whom?* Oxford: Oxford University Press.

Lincoln, Y. S., & Denzin, N. K. (1994). The fifth moment. In N. K. Denzin & Y. S. Lincoln (Eds.), *Handbook of qualitative research* (pp. 575-586). Thousand Oaks, CA: Sage.

Livingston, J. (Director), & Livingston, J., & Swimar, B. (Producers). (1990). *Paris Is Burning* [Motion picture]. Off White Productions.

Maines, D. (2001). *The fault lines of consciousness: A view of interac-tionism in sociology.* New York: Aldine de Gruyter.

Miller, D. A. (1998). *Place for us: Essay on the Broadway musical.* Cambridge, MA: Harvard University Press.

Murray, S. O. (2002). Five reasons I don't take queer theory seriously. In K. Plummer (Ed.), *Sexualities: Critical concepts in sociology* (Vol. 3, pp. 245-247). London: Routledge.

Nardi, P. (1999). *Gay men's friendships: Invincible communities.* Chicago: University of Chicago Press.

Nisbet, R. (1976). *Sociology as an art form.* London: Heinemann.

Nussbaum, M. C. (1999). *Sex and social justice.* New York: Oxford University Press.

O'Neill, O. (2002). *A question of trust: The BBC Reith Lectures 2002.* Cambridge, UK: Cambridge University Press.

Plummer, K. (1983). *Documents of life.* London: Allen and Unwin.

Plummer, K. (1995). *Telling sexual stories.* London: Routledge.

Plummer, K. (2001). *Documents of life 2: An invitation to a critical humanism.* London: Sage.

Plummer, K. (Ed.). (2002). *Sexualities: Critical concepts in sociology* (4 vols.). London: Routledge.

Plummer, K. (2003). *Intimate citizenship.* Seattle: University of Washington Press.

Reed-Danahay, D. E. (Ed.). (1997). *Auto/ethnography: Rewriting the self and the social.* Oxford, UK: Berg.

Ronai, C. R. (1992). A reflexive self through narrative: A night in the life of an erotic dancer/researcher. In C. Ellis & M. G. Flaherty (Eds.), *Investigating subjectivity: Research on lived experience* (pp. 102-124). Newbury Park, CA: Sage.

Rorty, R. (1999). *Philosophy and social hope.* Middlesex, UK: Penguin.

Rupp, L., & Taylor, V. (2003). *Drag queens at the 801 Cabaret.* Chicago: University of Chicago Press.

Said, E. (2003). *Orientalism* (2nd ed.). New York: Cambridge.

Scheper-Hughes, N. (1994). *Death without weeping.* Berkeley: University of California Press.

Sedgwick, E. K. (1985). *Between men: English literature and male homosexual desire.* New York: Columbia University Press.

Sedgwick, E. K. (1990). *Epistemology of the closet.* Berkeley: University of California Press.

Sedgwick, E. K. (1994). *Tendencies.* London: Routledge.

Shalin, D. N. (1993). Modernity, postmodernism and pragmatic inquiry. *Symbolic Interaction, 16*(4), 303-332.

Smith, L. T. (1999). *Decolonizing methodologies: Research and indigenous peoples.* London: Zed Books.

Smyth, C. (1992). *Lesbians talk queer notions.* London: Scarlet Press.

Sullivan, N. (2003). *A critical introduction to queer theory.* Edinburgh: University of Edinburgh Press.

Tronto, J. (1993). *Moral boundaries: A political argument for an ethic of care.* London: Routledge.

Urry, J. (2000). *Sociology beyond societies: Mobilities for the twenty-first century.* London: Routledge.

Volcano, D. L., & Halberstam, J. (1999). *The drag king book.* London: Serpent's Tail.

Warner, M. (1991). *Fear of a queer planet: Queer politics and social theory.* Minneapolis: University of Minnesota.

Warner, M. (1992, June). From queer to eternity: An army of theorists cannot fail. *Voice Literary Supplement, 106*, pp. 18-26.

Warner, M. (1999). *The trouble with normal: Sex, politics, and the ethics of queer life.* Cambridge, MA: Harvard University Press.

Warner, M. (2002). *Public and counterpublics.* New York: Zone Books.

Watney, S. (2000). *Imagine hope: AIDS and gay identity.* London: Routledge.

West, C. (1999). The moral obligations of living in a democratic society. In D. B. Batstone & E. Mendieta (Eds.), *The good citizen* (pp. 5-12). London: Routledge.

Weston, K. (1998). *Longslowburn: Sexuality and social science.* London: Routledge.

Wolcott, H. F. (2002). *Sneaky kid and its aftermath.* Walnut Creek, CA: AltaMira.

모순을 안고 살아가는 2011년 후기
_ 전진: 세대, 문화, 그리고 방법론적 세계화

어디로 가는지 그만 걱정하고, 앞으로 나아가라. 만일 당신이 어디로 가는지 안다면, 당신은 이미 갔다. 그냥 계속 앞으로 나아가라.

– Stephen Sondheim, 일요일에 George와 함께 공원에서

━━━━ 삶과 연구의 모순되는 긴장은 끊임없이 계속된다. 이 장은 이미 10년 전쯤에 집필되었고 그 당시 삶의 긴장이 해결되지 않은 채 올라가고 있었고 삶은 계속되었다. 삶의 긴장은 멈추지 않고 지속되었다. 이 글을 쓰면서, 또 다른 긴장이 내게 더 분명해졌다. 지금은 지적 정통성을 가지고 잘 정립되어 있지만 나에게는 비판적 인본주의와 퀴어 이론의 수수께끼가 더 심층적인 이슈인 세대와 문화가 제시하는 딜레마로 대체되었다. 앞으로 나아가며 나는 세대와 세계화된 방법의 발달이 필요하다는 것을 보았다. 잠시 뒤에 나는 지속적으로 팽창하는 긴장들이 무엇인지 언급하겠다.

세대 거스르기

나의 최근 관심과 긴장의 중심은 모든 학자들이 그렇듯이 내가 늙어가고 있다는 생각이다. 이것으로 알게 된 놀라운 발견은 우리가 잘 논의하지는 않지만 모든 지적 삶(모두 그런 것이 아니라면 부분적으로 그렇다)이 세대적 입장의 긴장들을 통해서 조직된다는 것을 더욱 분명하게 인지하게 되었다는 것이다. 나는 최근에 세대를 설명하기 위해 Randall Collins(1998)

의 『선구가 되는 철학의 사회학(The Sociology of Philosophies)』과 Karl Mannheim(1937/1952)의 고전들을 다시 읽게 되면서, 사회적 삶처럼 학문적 삶도 그들 동시대 사람들과 **상호작용 의식 연결**(interaction ritual chains)의 세대적 네트워크를 통해서 기능하는 서로 다른 연령대로 묶인다는 것을 알게 되었다. 다른 세대들은 각자 그 세대에 다가가기 위해 아이디어를 조직한다. 뒤에 따라오는 지식 세대의 과업은 항상 앞서 간 세대들의 지혜를 넘어서 앞으로 나아가는 것이다. 학문 영역에서 "뭔가 새로운 것 말하기"에 대한 프리미엄이 있으며, 이것은 학자들이 새로운 경력을 구축하며 앞으로 나가는 방법이다. 이전 연구 프로그램의 옛날이야기들을 계속 반복하는 것으로는 발전이 있을 수 없다. 45년의 나의 학문적 긴장은 많은 관점을 가지고 살아가는 세상과 갈등하는 문화에 대해 여러 세대들의 사람들이 생각하는 거대한 사이클 속에서는 단지 하나의 일시적인 장면이나 신호음에 지나지 않는다. 우리의 지적, 정치적, 그리고 연구 주제는 시대와 시간과 관련된 생각들에 제약을 가한다. 그들 주제들은 오고 또 간다. 그리고 아주 적은 수의 아이디어들이 한두 세대 정도 이상 살아남는다. 적은 소위 "고전"이라고 하는 아이디어들이 거대한 지식과 도서관이

라고 하는 신전에서 살아남아 축하를 받는다. 대부분은 사라지며 그것도 동세대에 사라지는 것이 보통이다 (학문적 연구의 홍수처럼 일어나는 지금은 더욱 그러하다). 지적 세대는 **종단적(diachronic)**(지적 세대가 30년 이상을 지속하기 어렵다는 제한을 받는다)이며 **횡단적(synchronic)**이다. 그들은 어느 시대, 어떤 상황에서도 서로 다른 경험이 급진성과 갈등을 유발하면서 긴장을 만들어낼 수 있다. 이 모든 것은 기억과 시간의 중요함을 일깨워준다. 즉, 옛날 아이디어는 최근 유행에 의해 항상 대치될 것이다. 우리는 옛날 아이디어가 새로운 세대의 새로운 것들에 의해 버림을 받는 상황에서도 과거에 대한 기억이 필요하다. 구식보다는 신식이 가지는 프리미엄이 있다. 사회적 삶과 사회 연구는 항상 세대의 교차점에서 살아남았다(이 사실은 계급, 성, 민족에 대한 교차 이론을 연구하는 연구자들에 의해 자주 무시되어 왔다)(Plummer, 2010 참고).

간단한 한 가지 예만으로 충분하다. '퀴어'라는 용어는 나의 유년기와 청년기에는 동성애를 의미하는 용어였으며 억제되지 않은 적대감과 증오를 말하는 용어였다. 또한 그 용어는 내가 젊었을 때인 1970년대에는 게이 해방 전선(Gay Liberation Front)의 힘든 저항을 의미하기도 했다. 나는 퀴어라는 아이디어를 혐오했었다. 그것은 나쁜 소식이었다. 20년이 지난 후에 그 퀴어라는 아이디어는 전체가 급진적 아이러니로 잘 차려입은 새로운 세대의 깃발이 되었다. 나는 그 용어를 들으며 살아가야 했으며 그것이 표상하는 새로운 입장이 있음을 인지하게 되었다. 그러나 이것이 나를 기분 좋게 하지 못하였다. 최근에 「GLQ」라는 최고의 퀴어 저널의 기조 리뷰 논문에서 다른 세대들이 어떻게 퀴어라는 용어를 받아들이는지에 대해 서술하였다. 나이가 어린 Matt Houlbrook과 『Queer London』(2005)의 저자 Jeffrey Weeks, 그리고 이 분야 개척자로 잘 알려진 『Coming out』(1977)의 저자인 Christ Waters 간의 대화에서 어떻게 세상 속에서 그들의 다른 입장들이 대조되는 역사적 해석을 형성하게 되었는지 회고하였다. Houlbrook은 이 고전이 출판되었을 때 2살밖에 되지 않았는데, 30년이 지났다. Houlbrook은 아주 다른 입장을 가지고 그 자신의 역사를 서술하고 있다. 물론 이것이 피할 수 없는 것이다. Houlbrook은 "과거 동성애를 20세기 전반부 퀴어 런던의 역사를 탐색하며 '애수 어린 용어'로 기술하고 있는데, 그는 우리는 새롭게 얻은 기회를 축하하는 만큼 오랫동안 잃어버렸던 가능성에 대해 비통해야 한다고 주장한다"(p.140). 잃어버린 가능성에 대한 향수는 1970년대 젊은 급진주의자로 지금은 은퇴한 Jeffrey Weeks의 입장과 정확하게 잘 맞지 않는다. 이 BBC 라디오 대담에서 과거를 향한 그의 태도에서 Houlbrook은 "이 잃어버린 세상에 대해 향수를 가지고 있다는 것을 인정하지 않을 수 없다고 생각한다"라고 언급하였다. 그 말에 Weeks는 곧바로 응답하기를 "우리는 1970년대까지 불행한 삶을 살아 아무런 향수를 느끼지 못하지만 당신은 그 시대를 살지 않아서 … 단순히 향수에 젖을 수밖에 없다"고 하였다(Waters, 2008, p.141). 내가 보기에는 그들이 다른 시대를 살았기 때문이며 이것이 바로 세대가 만들어내는 것이다. 어떤 의미에서 우리의 모든 질적 연구들은 서로 밀쳐대며 계속되는 동료세대들의 기록들이다. 항상 다음 세대에 주의를 기울여야 한다. 모든 것은 다시 변하기 마련이다. 사회적 삶에 대한 이야기들은 지금 살고 있는 우리에게 국한될 수 있다. 모든 사회과학 연구들은—사회적 삶과 마찬가지로—세대적 내러티브를 말하며 이것 때문에 계속해서 긴장과 충돌이 나타난다.

문화 거스르기

연결된 나의 두 번째 관심은 내가 오랫동안 인지하고 있었던 것으로 나의 일천한 다문화 지식이다. 즉, 다른 문화와 언어를 가지고 태어났기 때문에 생기는 차이에서 초래되는 긴장은 우리의 사고와 실천의 지평을 제한한다. 세계 대부분의 인구를 가지고 있는 중국, 인도, 이슬람문화, 중남미와 나머지 문화들은 나와 다른 언어로 말하고 내가 이해하지 못하는 종교를 가지고 있으며 이들은 오랫동안 소위 말하는 서구 사회과학 밖에 있었다. 물론 후기 식민지사회 형성, 입장 이론들(standpoint theories), 교차지식(intersectional knowledges)에 대해 우리는 잘 알고 있다. 그런데 우리는 우리가 가지고 있는 거대한 지식 안에 불편한 차이가 있고 국지적 이론과 서구 방법에 대해 아주 거만하며, 특히 아주 제한된 서구 앵글로 미국인의 세계관을 가지고 있다는 것을 안다. Raewyn Connell(1998)이 정확하게 언급했듯이 "남부 이론(southern theory)"을 무시하고 있다고 지적받아 왔다. 서구의 제한적인 시각으로 도저히 이해하지 못할 수많은 정치적 국지 이론들이 있다. 아직 우리의 서적들과 연구는 그것에 대해 언어적, 정서적, 정치적으로 다소 무지하다. 나의 초기 게이가 되는 것에 대한 "서구 모델"을 지금 세계적 관점에서 본다면 아주 기이하고 우습게 보인다. 1960년대 스윙시대를 빠져나오기 위해 분투하는 한 작은 영국 아이의 이야기는 요즘 우간다나 이란 같은 나라에 있는 게이나 레즈비언이 본다면 집단학살과 같은 나쁜 상태에 대항하는 것으로 읽힐 수 있다.

동시에, 나는 이 이슈를 진지하게 다루는 연구와 언어가 발전하고 서구의 고정된 관념으로부터 탈피하기 위해 엄청난 노력을 하고 있는 신세대 학자들을 보면 기쁘다. 퀴어 이론과 비판적 인본주의는 동시에 국지적 서구 논쟁에서 높은 특권을 누렸다. 그러나 그것들은 또한 다양한 범위의 문화들에 여러 방식으로 논쟁을 유발했고 잘 전달되었다. 여전히 의문이 제기되어야 하는데, 그 의문은 국제적 비판적 인본주의가 가능한가와 더 나아가서 국가를 초월한 퀴어연구들이 수행될 수 있는가 하는 것이다. 여기서 우리는 곧바로 지속적인 하이브리드식이며 창발적인 문화의 특징에 대한 주요 논쟁에 빠져들 수 있다. 우리에게는 북쪽으로부터 추상적 보편주의를 추구할 것인가 아니면 남쪽으로부터 일상의 실천들을 근거 분석(grounded analytics)함으로써 참된 근거이해를 얻을 것인가 하는 도전이 남아 있다. 나는 이것이 엄청난 도전이 될 것이라 믿는다. 나는

영국에서 태어나 소년시절을 보냈으며, 비록 내가 여행은 조금 했어도 다른 지역 문화의 언어들을 말할 수 없으며 또한 그들 문화가 품고 있는 특유의 깊은 지혜도 알지 못한다. 내가 그들에 대해 판단하는 것 자체가 잘못된 것이다. 슬프게도 국제주의, 국제화, 탈식민지화라는 새로운 언어(주로 서구에서)들이 점차로 나를 소외시키고 있다. 나는 1960년대를 살았던 세대의 목소리와 그 시대 문화를 대변하여 내 이야기를 할 수 있었지만 지금은 내가 침묵해야 하는 시간이거나 아니면 특권이 없었지만 그들 자신의 이야기를 해야 하는 세계 수십 억의 목소리를 대변하는 새로운 세대적 과정을 조용하게 도와야 한다고 생각한다. 우리 서구인들은 자주 우리 자신의 특권을 넓혀가려고 우리의 이론과 방법에 대해 계속 중얼거리고 있다. 아마도 이제 서구 학문 집단의 시대는 끝났을지도 모른다.

다시 수많은 예들 중 몇 가지만 들어보겠다. Travis Kong은 홍콩에서 태어난 남자다. 그는 즉각적으로 영국 식민지와 그의 중국인으로서의 특성 사이에서 하이브리드(혼합)가 일어났다. 그는 이러한 두 가지 문화가 연결되는 시점에서 살아왔다. 그는 과거에 노동계급이었으며 게이이다. 이것이 그의 삶이나 학문적 진전을 이루기 위한 그의 능력에 도움이 되지 못하였다. 그의 중요한 책인 『Chinese Male Homosexualities』(2010)는 복합적인 국제화된 성의식과 21세기 초반 다양성에 도전하는 그들의 모습이 만나는 지점에서 쓰여진 것이다. 그것으로부터 우리가 배울 것은 많다. 그의 연구는 "홍콩, 런던, 중국이 교차하는 중국인 동성애의 만화경 삶속에서 국제화의 복잡성"(p.8)을 보여준다. 우리는 여기서 즉시 세 개의 다른 지역들이 가지고 있는 아주 다른 역사와 상징적 의미들을 볼 수 있다. 이 책의 핵심은 홍콩, 런던, 광동의 세 도시들에서 일반적으로 게이남성이라고 불리는 사람들에 대한 세 가지 사례 연구이다. 어떤 의미에서 이들 모두는 "중국인"이면서 "게이"지만 이러한 용어들은 신비스러운 본질에 대한 정의(definition)를 정확하게 드러내지 못한다. 다양한 시기에 걸쳐서 이주민이면서 여성화된 "골든 보

이(golden boys)", 동지(tongzhi), 매춘남(money boy), 멤바(memba), "감자(potato)"의 세계로 진입하게 된다. 이러한 새로운 세계는 다른 복합적인 게이 정체성을 만들어 낸다는 것을 의미한다(Kong, 2010). 동성애는 동일하지 않으며 모두가 다르다. 우리는 다양성을 이해해야(사랑해야) 한다. 그들의 서로 다름은 여러 특성들이 복합되어 일어나기 때문이다.

그의 연구는 빠르게 변하는 사회, 후기식민주의, 국제화, 혼돈의 세계에서 중국인들의 성적 삶의 의미를 탐색하며 중국 남자들을 크게 세 개의 광범위한 범주로 나누고 있다. 그것은 우리가 발견한 성적으로 상상했던 새로운 공동체 안에서 서서히 드러나는 새로운 성적 이야기에 대해 구술하고 있다. 그것은 또한 지금의 세상에서 성의식에 있어 중복성, 중첩성, 그리고 차이들에 대한 하나의 연구이다. 그것은 우리가 단지 하나의 진실된 중국인의 성적 방법(sexual way)이 있다는 식의 논리에서 벗어나는 것을 의미한다. 만일 예전에 공자의 가족적 이상주의에 의해 우리의 생각이 조형되었다면 지금은 새로운 성적 정체성이 다듬어지고 만들어지고 있으며, 이 책은 성의식의 복합이 일어나는 과정에서 정체성이 새롭게 만들어지면서 일어나는 차이들을 연결하는 작업(patchwork)이 필요하다고 제안하고 있다. Kong은 성의식에서 하이브리드가 일어나는 한 가지 예를 제시하고 있는데, 이성애자(straight)의 퀴어화와 퀴어들의 이성애자가 되는 과정을 언급하고 있다. 여기서 성의식 또한 시간과 공간안에서 계속 변하는 것이라는 사실을 보여주었다. 그리고 우리는 섹스케이프(sexcapes), 성적 몰입(sexual flows), 성적 유동성(sexual mobilities)을 찾아볼 수 있는데, 사람들은 서쪽의 도시에서 동쪽의 도시로 그리고 공산주의에서 자본주의로, 시골에서 국제 도시로, 식민주의에서 후기식민주의 세계로 새로운 가능성이 가득한 장소로 이주하면서 자신의 삶을 변화시킨다.

그다음 Kong의 책에는 아주 흥미로운 부분이 있다. 그것은 하이브리드적인 성의식과 그것들이 전 세계적으로 어떻게 재탄생되는지에 관한 부분이다. Kong의 책은 라틴아메리카와 아시아에서 새롭게 부상하고 있는 연구 영역을 담고 있는데, 이는 여러 국가들의 성의식에서 내외 경계가 변동하는 것을 연구하는 것이다. 최근에는 신세대 학자들 중 서구 퀴어와 게이 이론의 기본 가정을 거부하는 새로운 종류의 연구들이 넘쳐나고 있는 실정이다. 2005년 아시아 퀴어 연구 학회에서는 상징적으로 이것을 내걸고 태국의 방콕에서 약 600명의 학자들과 활동가들이 모인 가운데 개최되었다. 이 학회는 이러한 도전적인 새로운 연구의 전환점이 되었다. 여기서 우리가 기대하는 것은 그들이 살아가는 정치적 맥락에서 하이브리드적이며 코스모폴리탄 성의식인 것이다. 종종 이러한 연구는 특정한 지역에 근거를 둔 삶에 대한 복잡성과 미묘함에 대한 민속지적 연구물을 생산해낸다. 이러한 종류의 연구는 항상 일반적인 교조적 입장이 허락하는 것보다 잘 정돈되지 않아 어지럽고, 모순적이고, 모호하다.

이것과 별도로 다른 많은 사례들이 있는데, 예를 들면 국제적으로 많은 사람들이 국경을 넘나들며 성적 목적을 위해서 돈이 관련되고 자주 강압이나 폭력이 연계된다고 주장하는 국제적 성 노동과 밀매에 대한 연구이며, 이는 점차 증가하고 있다. 퀴어 이론과 비판적 인본주의는 이것에 대해 아직까지 별다른 의견을 내놓지 않고 있다. 대신 비판 위주의 관점을 가진 주류의 공식적 연구가 있는데 이들은 국제 공인기관에서 제공하고 있는 이 "공포"에 대한 국제적 통계수치들을 제시하고 있다. 그러나 또한 새로운 문화가 도래하고 떠나가는 사이에서 발생하는 복잡한 의미들에 보다 민감하게 반응하는 다양한 설명들이 증가하고 있으며 행위자가 변화하는 정의와 소속감 그리고 그들이 협상해야 하는 제약과 허용이 공존하는 사회적 구조 사이에서 투쟁한다. 여성(그리고 남성과 아동)이 그들의 고유문화(일, 가정, 성에 대한 불안정한 기대들)에서 새로운 문화로 이동하는 과정에서 그들은 새로운 하이브리드식 성의식과 협상해야만 한다. Karou Aoyama(2009), Laura Agustin(2007), Tiantian Zheng(2009)과 다른 학자들의 연구를 보면 그들 자신의 삶을 읽을 수 있고 긴장 속에 살아가는 여성들을 볼 수 있다. 여기서 우리는 비록 그들이 국제 경제의 역동적이고 착취적인 구조의 일부로 작동하고 있을지라도 이주자들이 성 산업에서 자주 여행과 일에 대한 개인적이고 자주적 선택을 한다는 사실을 발견한다. 그들 모두는 이주 여성들의 목소리를 듣는 것을 지지하는 사람들이다.

예를 들어, Aoyama는 일본에서 이주해온 여성인데 영국에서 공부하게 되면서 일본의 성산업에서 일하기 위해 태국을 떠난 여성들에게 관심을 가지게 되었다. 여기서 그녀는 최근 연구의 주제를 묘사하고 있다: 성노예, 성밀매, 그리고 강압은 이주 여성에 대한 필요성과 동일선상에 놓고 보아야 하며 성 노동은 자신과 가족을 물질적으로 돌보기 위한 수단이라고 생각한다. 그녀의 관심사는 성 노동에 종사하는 사람들이 다른 장소에서 각기 다른 시대에 따라서 다른 물질적 조건과 의미를 가지고 분투해가며 변화하는 문화안에서 주체적 인간이 복합적인 경로로 형성된다는 것이다. Aoyama(2009)의 연구는 무엇보다 여성이라는 개인 행위자(human agency)에 관련되어 있으며 경험적 복잡성을 상세하게 기술함으로써 설득력이 있다. 거기에는 단순히 하나의 인간 행위자(human agency) 패턴만이 있는 것이 아니라 복합적인 경로가 존재한다.

비슷하게 Zheng(2009)은 성의식과 성 노동이 후기 모택동 지형에서 변화하고 있는 방식에 초점을 두고 있다. Dalian이라는 도시에서 현장연구자가 되면서 그녀는 가라오케 술집에서 호스테스가 되는 젊은 중국 여성들을 관찰하였다. 그녀는 그들의 생업상뿐 아니라 그들의 가족과 초기 배경을 함께 조사하였다. 당연하게, 그녀의 연구는 중국에서 환영받지 못하였다. 중국 여성으로서 그런 술집에 들어갈 수 있도록 허용되는 것은 조금이라도 남자를 찾기 위한 목적이 있어야 한다는 것인데 그녀가 그러한 의도가 없기 때문에 그녀는 연구하면서 겪었던 수많은 어려움을 토로하고 있다. 그러나 이러한 모든 것들이 자료에 근접하는 데 도움이 되었고 술집 안에서 무슨 일이 일어나며 거기서 여성들이 해야 하는 역할의 종류들과 그들의 바깥세상 삶을 조사하

는 또 다른 정밀한 관찰 문화기술지 연구가 되었다. 가부장체제(혹은 성 질서)와 남성 지배가 직장의 도처에서 관찰되며 여성들은 피해를 입고 있다. Zheng은 심각한 후기사회주의 변화를 야기하고 있는 것으로서 성노동과 중국의 가부장제, 남성성을 직접 연결하고 있다. 그러나 이야기들은 이것보다 더 복잡하다. 여성들은 대개 가난한 배경에서 자라나며 Zheng은 "지방의 비참한 삶의 조건"(p. 150)이라고 언급하면서 그들이 살고 있는 마을의 절대 빈곤과 낙후함을 보여주고 있다. 아이러니하게도 이들 술집 접대부로서의 어려운 도시 생활이 차라리 낫다고 하는 점이다. 적어도 그들은 가족들에게 돈을 보낼 수 있다. 그래서 그들이 하는 이야기들은 점차 미묘하고도 다양한 의미를 가지기 시작한다. 그들은 그들 가족을 돕기 위해 일하는 것이라고 합리화한다. 즉, 그들의 삶에 진정한 변화가 있는 것이다. 자주 그들은 도시에서의 삶을 섬유 공장에서의 노동으로 시작하지만 그들 자신이 그 단계를 벗어나 올라가서 그들은 이제 그 섬유 공장에서 만들어진 옷들을 입을 수 있다. 비록 그들이 문제를 가득 안고 있기는 하지만, 어느 정도까지는 그들의 삶의 질이 나아진다. 동시에 아직 그들은 그들이 대해야 할 수많은 남자들의 아주 비신사적 행동에 일상적으로 직면해야 한다. Zheng의 연구는 점차적으로 성장하고 있는 국제적 성 노동 장면에 관한 아주 잘 연구된 페미니스트 문화기술지 문헌에 포함된다. 성 노동자의 성의식은 하이브리드성에 직면하고 그것을 구성한다. Kong의 퀴어 성의식과 마찬가지로 성 노동자의 성의식은 단 하나의 이론이나 모델로 재단할 수 없다. 어떤 성 노동자가 그런 일을 하게 되는 데에는 여러 가지 다른 이유들이 있다.

방법론적 코스모폴리탄주의를 향해서

—
수수께끼들로 채워진 거대한 우주.
대화적 표류(dialogic drift)와 함께 삶의 질곡.
끝없는 목록들과 모순되는 부분들.

우리가 부수고 넘어가는 경계선들.

그래서 우리는 여기에 있다. 절대 동의하지 않는가?

　그렇다면 이 짧은 후기를 우리가 **방법론적으로 코스모폴리탄**이 될 필요가 있다고 제안하면서 결론을 내리고자 한다. Robert Holton(2009)의 최근 책에서는 코스모폴리탄 내에 있는 30가지가 넘는 입장들을 기술하고 이들에 대해 논박하고 있는데, 나는 이들 모두에 대해 언급할 수 없다. 나는 당연히 엘리트이면서 대학세계나 기술적인(sophisticated) 도시 지식인의 독단적인 수다를 의미하는 것이 아니라 인류의 사회적 삶의 복잡성을 이해하기 위한 광범위한 노력에서 나타나는 엄청난 다양성과 분파들에 대해 개방적으로 대화하는, 단순하게 말하자면 진솔한 방법론적, 인식론적, 정치적 입장을 제안하는 것이다. 그것은 "끝없는 목록들"이며 "어쩔 수 없는 복수성(pluralities)"인 미궁들이다(Eco, 2009). 우리는 진정으로 세대와 문화들 간 급진적으로 다른 대화의 방식을 이해하기 위한 방법을 찾아내야 하며 그들이 서로 인내하고 공감할 수 있는 대화의 장을 만들어야 한다.

　나의 입장에서 코스모폴리탄 방법론은 다양한 학문 영역들, 학자들, 세대들, 문화들 사이의 대화를 요구한다. 방법론적 코스모폴리탄주의는 연구 방법들에서, 인식론적 입장들에서, 이론적 배경에서, 다양한 지역과 국가 내 정치적 행위에서 볼 수 있는 광범위한 긴장들에 대해 서로 존중할 뿐 아니라 기꺼이 듣고, 배우고, 대화하는 것을 의미한다. 궁극적으로 방법론적 코스모폴리탄주의는 보다 넓게 친밀한 시민성(intimate citizenship) 프로젝트와 연계되어 있다. 그것은 국제적으로 번영하는 삶의 다양성을 이해하기 위해 필요한 수단들에 추가할 수 있는 용어이다. 친밀한 시민성 프로젝트(Plummer, 2003)는 인권과 책무성이 그 핵심이며 시민의 권리와 책무성을 가지는 것은 서로 간의 차이와 긴장 속에서 긍정적인 개인 삶으로 유도한다. 도전은 이러한 과제에 대응할 수 있는 방법론을 개발하는 것이다. 우리는 계속 앞으로 나아갈 것이다.

참고문헌

Agustin, L. M. (2007). *Sex at the margins: Migration, labor markets and the rescue industry.* London: Zed.

Aoyama, K. (2009). *Thai migrant sexworkers: From modernization to globalization.* Hampshire, UK: Palgrave.

Collins, R. (1998). *The sociology of philosophies: A global theory of intel- lectual change.* Cambridge, MA: Harvard University Press.

Connell, R. (2007). *Southern theory: The global dynamics of knowledge in social science.* Cambridge, UK: Polity Press.

Eco, U. (2009). *The infinity of lists.* Bloomsbury, UK: MacLehose Press.

Holton, R. (2009). *Cosmopolitanisms.* Hampshire, UK: Palgrave.

Houlbrook, M. (2005). *Queer London: Perils and pleasure in the sexual metropolis 1918-1957.* Chicago: University of Chicago Press.

Kong, T. (2010). *Chinese male homosexualities.* London: Routledge.

Mannheim, K. (1952). The problem of generations. In *Collected works of Karl Mannheim* (Vol. 5, pp. 276-320). London: Routledge.(Original work published 1937)

Plummer, K. (2003). *Intimate citizenship.* Seattle: University of Washington Press.

Plummer, K. (2010). Generational sexualities, subterranean traditions, and the hauntings of the sexual world: Some preliminary remarks. *Symbolic Interaction, 33*(2), 163-190.

Waters, C. (2008). Distance and desire in the new British social history. *GLQ, 14*(1), 139-155.

Weeks, J. (1977). *Coming out: Homosexual politics in Britain from the nineteenth century to the present.* London: Quartet.

Zheng, T. (2009). *Redlights: The lives of sex workers in postsocialist China.* Minneapolis: University of Minnesota.

12.

아시아 인식론과 현대 사회심리학 연구[1]

임철일_ 서울대학교 교육학과 교수

아시아 인식론 및 이것이 아시아 현대 사회심리학에 끼친 영향력을 분석하려는 어떠한 노력이든 서구의 과학, 산업, 정치, 경제, 군사적 힘이 세계를 지배하는 최근의 세계사 흐름 안에서 시작할 필요가 있다. 자연과학과 사회과학에 있어서 전 세계적으로 알려진 지식은 그 기원을 서구의 인식론 및 사회적 실제에 두고 있다. 인류학, 사회학, 심리학과 같은 사회과학은 우연하게도 모두 다 서구의 민족주의와 제국주의가 절정에 이르던 19세기 무렵, 유럽에서 출현하였다. 이것과 동시에 발행하지는 않았지만, 사회과학의 초기 이론과 실제에는 인종차별주의 특성이 명시적으로나 암묵적으로 포함되어 있다(Smith, 1999). 인종차별주의는 제2차 세계대전과 같은 세계적 재앙을 가져왔으며, 사회과학의 이론화를 위한 정당한 근거로 사용되는 여파를 가져왔다(Cartwright, 1979).

이처럼 '사회적 준거(societal anchoring)'(Moscovici, 1961/2008)를 특별한 성공 방식을 통해 어떤 문명이 다른 모든 문명보다 우위를 차지하는 특정한 역사적 순간에 두게 될 때, 서구 사회에 의해 부여된 힘에 대하여 아시아 사회과학자들이 대처해야 하는 입장에 있다는 것을 발견하는 것은 결코 놀라운 일이 아니다. 첫째, 아시아 사회과학은 (서구 사회에서와 마찬가지로) 국가적 우선순위와 관련된 재정 자금 지원과 가시성 면에서 자연과학과 물리과학에 비하여 저조했으며 앞으로도 계속 그럴 것이다. 둘째, 현대화는 국가의 힘과 자율성을 증가시키는 데 서구 사상과 실제의 도입이 당연히 필요하다고 여기는 총체적 담론과 실제를 제공하였다(Pandey, 2004 참고). 이러한 전반적인 틀 안에서 아시아 사회과학의 기초로서 논리적 실증주의(자연과학에서 가져온 인식론 그 자체)를 도입함으로써 서구 대학을 따르는 것은 논쟁의 여지 없이 대대적으로 이루어졌다. 인식론뿐만 아니라 아시아 사회과학의 구조와 내용도 아시아 대학들이 세워지는 19세기 말과 20세기에 걸쳐 서구로부터 대량으로 들어왔다. 대부분 국가 교육에 있어서 최초의 교과서는 북미와 유럽에서 들여온 표준 교과서 번역본이었다.

이 점이 바로 역사적인 상황을 만들었다. 선진 국가와 개발도상 국가, 서구와 비서구 학자, 그리고 영어 사용 국민들과 비영어 사용 국민들 사이의 권력, 권위, 영향력의 지속적인 차이를 생각할 때(Moghaddam, 1989; Moghaddam & Taylor, 1986, 1986), 아시아 사회과학이 전반적으로 앵글로 백인 경험주의의 세계적인 기준에 영향을 받으며 또한 자연과학적 인식론 즉 지식에 관한 이론에 사회과학을 위치시킨 것은 그리 놀랄 일이 아니다.

권력과 권위에서의 아시아와 서구의 역사적인 차이가 아시아 사회과학의 구조적 기초와 주된 발전의 이유로 설명될 수 있다면, 세계 경제의 필수불가결한 구성을 차지하고 있는 일본, 중국, 인도, 대만, 필리핀, 한국과 같은 아시아 국가의 순차적 등장은 대항 운동을 위한 중요한 요인으로 작용하였다. 이것이 바로 모방보다는 서구와의 문화적 차이를 강조하는 아시아적 인식론과 심리학적 지식의 발흥을 의미한다(Liu, Ng, Gastardo-Conaco, & Wong, 2008). 1차 운동보다는 그 세력이 상당히 약화되어 있지만, 이러한 대항 운동은 전 세계가 경제적 통합 이외에도 다양한 문화 중심에 걸쳐서 정치적, 군사적, 경제적 권력의 분배를 향해 움직이고 있는 점에서 미래에 대한 가능성을 포함하고 있다.

12.1 심리학의 최근 발전에 대한 연구

앞의 간략한 소개를 통하여 아시아 인식론이 어떻게 심리학, 특히 사회심리학과 비교문화심리학의 이론과 실제에 영향을 주었고, 앞으로 어떤 영향을 줄 것인가에 관하여 초점을 지닌 토론의 발판을 제공하였다. 사회학이나 인류학과 같은 사회과학에서는 상이한 양식들이 널리 퍼져 있다. 심리학에서는 서구에서 받아들인 지식 체계의 균열이 1960년대부터 보이기 시작하였다. 서구의 학자들과 비서구 국가의 학자들(서구의 대학에서 박사과정을 마치고 본국으로 돌아온 학자들) 사이의 공통된 관심사로부터 형성된 비교문화심리학의 출현은 한 가지 예에 속한다. 비교문화심리학의 목적은 (1) 심리학 이론의 일반화 및 적용 가능성에 대하여 경험적으로 검토하며, (2) 비서구 국가에 있어서 인간의 행동, 인지, 감성을 설명하고 예측하는 데 더 적합한 이론과 개념적 구안의 개발에 있다(Berry, Poortinga, Segall, & Dasen, 1992; Ward, 2007 참고). 간문화 접근은 초기에는 심리학의 하위분야에 놓여 있었지

만, "이동과 검증(transport and test)" 모형의 제한점을 경험적으로 입증한 결과, 사회심리학과 성격심리학 연구에 매우 큰 영향을 주었다(예, Amir & Sharon, 1987). 시간이 지남에 따라 문화간 차이를 설명하는 강력한 이론들이 출현하기 시작하였다. 1980년대에는 Geert Hofstede(1980/2001)에 의하여 『문화의 결과(Culture's Consequences)』라는 매우 중요한 저서가 출간되는데, 이 책은 전 세계 국가에서 얻은 조사 자료의 통계적 분석을 통해, 서구 국가의 심리적 특성에 위치한 문화적 차이들이 보편적인 것이 아니라 개인주의와 좁은 권력 간격으로 특징지어지는 문화와 관련된 증후군이라는 것을 발견하였다(최신 내용은 Smith & Bond, 1993 참고).

과학적 주장을 통해 심리학적 현상이 문화의 영향을 받는다는 것을 보여주는 이러한 경향은 현재까지도 계속되고 있다. Hazel R. Markus와 Shinobu Kitayama(1991)는 거의 모든 사회심리학과 성격심리학 이론들이 자신에 대한 이해로부터 나온다는 것을 보여준 것으로 유명하다(이것이 문화 요소가 실험적으로 조작할 수 있는 하나의 분명한 변인이라는 것을 보여준다). 북미와 동아시아인, 주로 일본인과 중국인들과 지속적으로 이루어진 학술 대화는 비교문화심리학의 주요 특성이 되었다. 최근에 주의를 끄는 문제 중 하나는 긍정적 자존감에 대한 요구가 보편적인가 하는 것이다(Heine, Lehman, Markus & Kitayama, 1999, versus Brown & Kobayashi, 2003 참고). 최근에 이르러 대표적인 학술지인 「비교문화심리학회지(Journal of Cross-Cultural Psychology)」는 영향력 지수 2.0을 달성했는데, 이 지수는 이 지표 방식에 있어서 전례 없는 수준의 영향력을 보여주는 것이다.[2] 「International Journal of Intercultural Relations」 역시 이 분야의 특성을 보여주는 데 중요한 공헌을 하였다(최근 1.0의 영향력 지수를 나타냄). 아마도 이러한 성공 때문에 사회적 구성주의자들의 인식론은 비교문화심리학에 거의 영향을 주지 못했을 것이다. 이런 인식론의 지지자들은 성장세에 있는 이 분야의 규범으로

서 경험적 실제와 과학적 담화 안에서 활동하는 것에 대하여 만족하는 것처럼 보인다(간략한 논의를 위해서는 Liu et al., 2010 참고; 종합적인 개요를 위해서는 Berry et al., 1997 참고).

　비교문화심리학을 따라서 사회심리학 아시아 협회(Asian Association of Social Psychology)는 1995년에 창립 학술대회를 개최하고, 1998년에 「사회심리학 아시아 학회지(Asian Journal of Social Psychology)」를 설립하였다. 이 학회지의 영향력 있는 전임 편집장은 최근에 다음과 같이 밝혔다. "간단히 말하면, AJSP는 문화적 이슈를 다루는 연구를 중진시킬 수 있고, "문화" 관련 학회지로 명성을 얻을 수 있을 것 같다"(Leung, 2007, p.10). 그러나 부정적인 측면도 있는데, "아시아 사회심리학을 생각할 때 모종의 명확한 이론적 틀이 떠오르지 않는다. 토착 심리학자들을 제외한 대부분의 아시아 사회심리학자들은 서구에서 유행하는 주제에 관해 연구한다"(Leung, 2007, p.11). 심리학 논쟁에서 **토착**(indigenous)이란 용어는 서방의 주류에 대한 반발로 일어난 지적 운동을 언급할 때 사용되며, 전 세계 현지인들의 사회적, 정치적, 문화적 특성을 반영한다(Allwood & Berry, 2006). 이 운동은 지적 탈식민지화(혹은 반서구화)의 일환으로, 특히 아시아에서 현저하게 나타났다. 대부분의 경우 이러한 심리학은 최초 사람들의 심리학, 즉 정치적으로 지배적인 서구의 다수 안에서 소수로 자리 잡고 있는 토착민의 심리학을 말하는 것이 아니다. Linda Waimarie Nikora, Michelle Levy, Bridgette Masters, Moana Waitoki는 뉴질랜드의 최초의 사람들인 Maori의 토착심리학에 대한 글에서 토착이라는 용어를 심리학적으로 사용하는 것을 비난하였다. 그들은 계속해서 다음과 같이 적고 있다.

　　용어상 차이를 논외로 할 경우, 토착심리학의 목적에 대해서 동의할 수 있다. 즉, 주어지거나 수입되지 않은 상태에서, 사람들이 살고 있는 문화적 환경에 영향을 받고, 다양한 방법을 사용해 문화 안에서 발전되었으며, 지역적으로 적합한 심리적 지식으로부터 도출된 심리학을 발전시키기 위한 것이다(Nikora, Levy, Masters, & Waitoki, 2004; Allwood & Berry, 2006, p.255에서 인용).

　토착심리학 운동은 1970년대에 인도, 대만, 필리핀에서 그리고 1980년대에는 한국에서 발생하였다. 이러한 나라들과 다른 아시아 국가들에서 사회과학의 주제에 강한 영향을 끼친 지도자의 지도력 아래서 토착심리학 운동이 속속 일어났다(Sinha, 1997). 비교문화심리학이 경험주의의 실증주의적 방식에 의해 강한 영향을 받아서 일반적인 심리학 이론이 다른 나라의 사람들에게도 적용 가능한가를 확인하는 실험에 집중하는 것에 비하여, 토착심리학은 사회과학적 지식의 생성과 사용에 관한 철학적, 인식론적, 정치적 입장에 있어서 보다 다양한 면모를 보여주었다. 대표적인 아시아 주창자들에 의해 토착심리학에 대한 몇 가지 겹치는 정의들이 제시되고 있었다(이와 관련된 개요는 Kim, Yang, & Hwang, 2006, 혹은 Allwood & Berry, 2006 참고). Virgilio Enriquez(1990)는 토착심리학을 특정한 문화적 전통에 뿌리박고 있는 체제라고 언급하고 있으며, Uichol Kim과 John W. Berry(1993)는 "토종이고, 다른 지역에서 들어온 것이 아니며, 그 나라의 국민들을 위해 설계된 인간 행동(정신)에 대한 과학적 연구"로 정의하였다(p.2). 토착심리학에서 더 실증론적이고 철학적인 성향을 가진 지지자들 중에 David Ho(1998)는 토착심리학을 "연구 대상이 되는 특정한 인종과 문화 그룹에 고유한 가치, 개념, 신념체계, 방법론, 그리고 자원에 의존하는 문화적 맥락하의 인간 행동과 정신 과정에 대한 연구"라고 본다(p.93). 가장 영향력 있는 실용주의적 토착심리학 개발자인 Kuo-Shu Yang(2000)는 토착심리학을 "연구 대상이 되는 현상과 그것의 생태적, 경제적, 사회적, 문화적 역사적 상황 사이에 충분하게 양립 가능한 과학적 연구에 기초한 심리학 지식의 진화 체제"라고 정의하였다(p.245). 대부분의 주창자들은 토착심리학이 특정한 사회와 그 문화 전통의 원산지이거나 거기에 뿌리를 내린 지식과 실제를 포함한다는 데 동의한다. 그들은 한편으로는 보편적인 과학 가능성에 대해서도 입장이 다르며, 다른 한편으로는 지역에 따른 행위에 있어서도 차이가 있다.

토착심리학이 가장 왕성한(수백 명의 학자들이 참석하는 대규모의 정기적인 모임이 있는) 대만과 필리핀 간의 차이는 이론 대 실제의 다양한 유형 차이에 대하여 시사하는 바가 많다. 양자 모두 다 1970년대 말에 새로운 사업에 인력과 자본을 동원할 수 있는 능력 있고 재능 있으며 활동적인 창립자의 후원으로 생겨났다. 그들의 연구 목적의 취지는 비슷하였지만, Enriquez(1990, 1992)의 관점은 Yang(1999, 2000)의 관점과 적용 초점에 있어서 다르다.

Enriquez는 자연과학적 인식론에 원칙적으로 반대하지는 않았지만, 실제로는 때때로 적절하지 않게 그것들이 적용되고 있다고 생각하였다. 그는 서구의 과학적 사고 방식을 지역 문화에 적용하거나, 자체의 심리학 지식의 지역적 체계를 개발함으로써(외부 및 내부 토착화) 심리학적 과학의 현지화 과정에 관하여 대대적으로 글을 썼다(Enriquez, 1990). 필리핀은 현재 1인당 국민소득이 2000불 미만이고, 고질적 부패와 투쟁하고 있는 세계의 다른 나라와 함께 투명성이 하위 4분의 1에 해당하는 개발도상국이다.

이러한 사회 분위기에서 필리핀의 토착심리학은 수많은 문제들과 관련하여 지역 공동체와 깊이 관련되어 있으며, 그것은 주로 타갈로그어(특히 Luzon 지역에 지배적인 필리핀 국어; Enriquez, 1992 참고)로 출판된다. 토착심리학은 다른 학문분야, 정부 부처, 비정부기구(NGOs)와 활발한 관계를 지니고 있는데, 결국 참여적 실행 지향 연구(McTaggart, 1997) 혹은 지역기반 참여 연구(Minkler & Wallerstein, 2003)와 같은 형태로 귀결되고 있다. 따라서 문화기술지(질적 분야 기반) 연구가 가장 지배적인 방법론으로 선택되어 있다. Enriquez(1992)는 이것을 "안으로부터의 토착화"라고 표현한다. 그 결과는 연구 논문(예, Aguiling-Dalisay, Yacat, & Navarro, 2004)과 위탁 기관들의 내부 보고서이며, 토착적으로 개발된 질적 방법을 주

로 사용한다(최근 영어로 된 전반적인 개요는 Pe-Pua & Protacio-Marcelino, 2000 참고). 국제적 학술지에 출판되는 일은 드물지만, 적어도 동남아시아의 다른 개발도상국을 대상으로는 빈번하게 출판된다.

필리핀 토착심리학은 토착적 철학 전통에 기반을 둔 인식론의 발달 없이 내용과 문화기술지 방법론(예컨대, 글을 읽지 못하는 매춘업자와 어떻게 연구활동을 하는가)에 초점을 둔 연구 개발을 통해 상당한 적용이 이루어졌다고 할 수 있다. 엄격한 인식론적 입장을 취하지 않고, 지역 언어를 사용한 응용 연구에 집중하는 이러한 형태는 인도네시아, 말레이시아, 베트남과 같은 거의 대부분의 동남아시아 국가들의 특징이기는 하지만, 이러한 나라들은 토착적으로 상호보완적인 이론, 실제, 방법론을 사용하는 측면에서 필리핀과 비교할 때 일관성이 낮다. 대부분의 이러한 연구들은 주로 단행본, 지원을 받은 보고서, 그리고 지역 학회지에 게재되고 국제 학술 공동체에는 거의 눈에 띄지 않았다.

필리핀 토착심리학의 강력한 지도력의 창시자인 Enriquez는 채워지지 않은 큰 빈 자리를 남기고 1994년 52세의 나이로 세상을 떠났다. 반면에, Yang은 30년 넘게 대만에서 활발하게 중국 토착심리학 형성에 노력하고 있다. 필리핀의 경우와 대조적으로, 대만의 토착심리학은 상당히 경험적이고 양적이지만, 실험실 내부에서 실험에 의지하는 주류 심리학과는 달리 지필 조사를 활용하는 비교문화심리학의 연구 실제의 규범과 더 일치한다. 대만은 국민총생산과 생활수준이 경제협력개발기구(OECD)의 하위 50% 국가와 비슷한 신흥 공업 경제 지역이다. 대만은 또한 지난 20여 년에 걸쳐 자유선거, 남녀평등, 시민사회의 엄청난 발전을 이룬 신흥 민주주의 사회이다. 이것은 북미에 널리 퍼져있는 "게재하거나 쇠멸하는(publish or perish)" 학문 문화의 약한 형태와 함께 필리핀과 비교하여 대만이 택한 토착심리학의 대안적 발전 경로를 설명하는 데 도움을 준다(이것에 대한 전체적 견해는 Allwood & Berry, 2006 참고).

중국의 토착심리학은 세계의 모든 토착심리학 가운

데 국제적으로 뚜렷한 것 중 하나이다(설명을 보려면 Yang, 1999, 혹은 중국 심리학의 비교문화적 접근을 더 보려면 Hwang, 2005a 참고; Bond, 1996 참고). 중국의 토착심리학은 20여 년 동안 대만에서 중국어로 출판되는 자체의 학술지와 중국 본토와 홍콩을 포함하는 수백 명의 학자들이 정기적으로 참가하는 학회를 가지고 있다. Yang(2000)은 문화심리학(인류학에서 파생된; Cole, 1995 참고)을 통합할 수 있는 토착심리학 발전 프로그램을 제시하였다. 이 프로그램은 양적 방법과 "자연과학" 인식론에 초점을 두면서 질적 방법, "인문과학" 인식론, 비교문화심리학에 관심을 두고 있다. 그는 심리학을 토착심리학들이 위계적 형태로 조직화한 체제로 보았다.

> 토착화에 반드시 필요한 것을 제외하고는 토착 연구에 다른 제약이 부과될 필요는 없다. 어떤 사회의 심리학자이든지 현재의 토착 미국 심리학과 같은 넓은 범위에 걸쳐서 이해될 수 있는 자신들 국민의 토착심리학을 합법적으로 구성하기 위해 노력할 수 있다. 예를 들어 모종의 토착 지향적 중국 심리학자들은 범위와 깊이에 있어 북미의 심리학과 견줄 만한 토착 중국 심리학의 발전을 열망하고 있다(Yang, 2000, p. 246).

중국의 인구 규모와 유서 깊은 철학적 전통을 생각하면, 중국 국민들이 다른 많은 국민들보다 토착심리학에 대한 기대가 더 높다는 것을 이해할 수 있다.

실제로 대부분의 아시아 토착심리학자들은 특정한 방법론을 선호하지만(예, Yang은 조사연구 지향적, Enriquez는 문화기술지 지향적), 원칙적으로 그들은 그들의 활동이 서구의 인식론으로 뒷받침되는 방법론에 의해 제약을 받는다고 생각하지 않는다. Enriquez의 사고로부터 자유로운 Yang(2000)에게 있어서 주된 개념은 **토착적 양립성**(indigenous compatibility)이다(p. 250). 이 개념은 연구자의 개념, 이론, 방법, 도구가 연구 대상의 맥락에 내재되어 있는 자연적 요소, 구조, 메커니즘, 과정을 적합하게 나타내고, 반영하고 드러내

는 방식으로 이루어지는 "경험적 연구"라는 의미로 실제적인 정의를 할 수 있다. 그는 토착적 양립성을 이루기 위한 철학적 지향 체제보다는 몇 가지 할 일과 하지 말아야 할 일 형태로 규칙을 제시한다. 예를 들면 다음과 같다.

> 연구 대상의 현상을 철저히 이해하고 거기에 몰두하기 전에 서구 심리학의 개념, 이론, 방법, 도구들을 무비판적으로 혹은 습관적으로 자신의 연구에 적용하지 말라.
>
> 토착심리학 발전에 있어서 비서구 토착심리학의 발전에 유용하게 전환되어 사용할 수 있는 서구 심리학자들의 중요한 경험을 간과하지 말라.
>
> 연구를 하는 과정에서 나타나는 생각의 토착적인 면의 왜곡이나 억제를 방지하기 위해 연구 과정의 다양한 단계 동안 영어나 어떤 다른 외국어에 대해 생각하지 말라(p. 251).

반면에,

> 연구 과정에서 애매하고 모호한 상태를 견디어내고, 마음에 뭔가 토착적인 것이 나타날 때까지 이론적, 방법론적, 경험적 문제를 처리하는 결정을 가능한 한 미뤄라.
>
> 연구자의 역할을 보일 때 문화적 의미에서 전형적인 토박이가 되어라.
>
> 연구가 수행된 심리학적 혹은 행태론적 현상과 그 사회문화적 환경을 주의 깊게 고려하라.
>
> 특히 비서구 사회에서의 토착심리학 발전의 초기 단계에서는 그 사회 사람들의 문화적으로 독특한 심리학적이고 행태론적 현상이나 특성에 우선순위를 두어라.
>
> 연구의 기초를 자기 문화의 지적 전통에 두어라(p. 251).

인식론보다는 오히려 연구 실제에 뿌리를 둔 이러한 지극히 실용주의적인 접근은 지식의 사회적 구성을 포함하는 문제에 대응하는 아시아 토착심리학의 대표적인 특징이라고 할 수 있다. 대만(혹은 대한민국과 일본)과 같이 경제적으로 발전된 국가 중 토착 지향적인

동아시아 국가들은 대체로 심리학의 실제 문제를 해결하기 위하여 이미 널리 퍼져있는 경험주의적 규범에 도전하는 수단으로서 이론적인 인종적, 성적, 윤리적 비판을 사용하지는 않는다. 오히려 이 모든 문제들이 양적 방법을 선호할 뿐만 아니라 질적 방법도 활용하는 경험주의자들의 범주 안에서 검토되고 있다.

Kashima(2005)는 이러한 접근이 문화와 같이 근본적으로 그 뿌리에 복잡성과 다양성을 포함하는 질문을 검토하는 데 유리할 수 있는 아시아적 전통의 지식에 깊게 뿌리박혀 있다고 주장한다. 그는 "심리학의 천막에 아주 크고 기형인 낙타 같은 인류학을 들여놓으려는 것은 차례대로 물건들을 정리하기보다는 주변에 던져버리는 것과 같다"라는 Clifford Geertz(2000. p.197)의 주장에 반대한다. 이것이 그의 주장을 상당히 간단하게 만들지만, Kashima(2005)는 해석학파와 경험학파 사이의 현대적 인식론 논쟁을 정신과 물체, 인간 본성과 물체의 본성을 구분하는 서구의 이원론적 존재론 안에 둔다. 그는 다음과 같이 주장한다.

> 의도성이라는 것이 실질적으로 구체화될 수 있고, 의미가 연쇄적인 인과관계의 일부이며, 사회과학 연구 역시 복잡한 인과관계 과정의 일부라는 견해를 취한다면, 인간 본성은 물체의 본성과 구분되는 것이 아니라 그 연장선상에 있다는 일원적 존재론을 받아들일 수 있다(p.35).

12.2 사회심리학 연구를 위한 중국 인식론의 시사점

당연히 현대 중국 철학(최근까지도 중국어로만 소개되었던)보다 서구 철학에 더 숙달되었기 때문에, Kashima(2005)는 "우리가 필요한 것은 계몽주의의 유물론적 존재론이 아닌 일원적 존재론이다. 모종의 철학적 연구가 이것을 명확하게 할 때까지는 이것이 어떤 것인지 생각하기 어렵다"라고 말하였다(p.36).

사실, 위대한 주자학자인 Mou Tsung-san(혹은 Zongshan)(1970)은 서구 이원론의 출현에 공헌한 계몽주의 철학자 중 한 사람인 Immanuel Kant를 자율적인 도덕적 형이상학의 개발을 위한 출발점으로 사용한다(주자학에 대한 영문 설명은 S. H. Liu, 1989a 참고). 고대 중국인에게는 인식론이 주된 관심이 아니었던 반면, Mou의 업적은 지적 유산을 서구적 사고와 대화할 수 있게 한 현대 중국 철학자들의 상징이다. Kant는 감각적 직관만을 생각한 반면, Mou는 대부분의 서구 철학자들과 달리 인지적 사고의 "직관적 깨달음(intuitive illumination)"(즉, 최고의 의미에서의 깨우침)의 가능성을 생각하였다.

Kant는 현상과 실체(물자체)의 이원론을 만듦으로써 René Descartes의 심신이원론을 따르면서도 확장시켰다. Kant는 인간은 감각적 직관(혹은 감각에 입각한 증거)에 의존해야 하며, 신만이 지적 직관(실체, 물자체)을 가지고 있다고 확신하였다. 순수 이성은 현상적 세계의 지식만을 구성할 뿐이다. Kant에 따르면, 인간은 물자체(실체)를 알 수 없으며, 따라서 인간이 형이상학의 지식을 갖는 것은 불가능하다. 왜냐하면 그렇게 될 경우 자가당착(antinomies)[3]에 이르기 때문이다. 그와는 대조적으로 Mou는 "지적 직관"을 "직관적 깨달음"(불교, 유교, 도교와 같은 동양적 전통을 따라서)으로 재해석하고, 인간은 그의 신념이 무엇이든 이것을 할 수 있다고 받아들였다. 그는 정신이 궁극적 형이상학에 대하여 받아들일 수 있는 증거를 도출해낼 수는 없지만, 그럼에도 불구하고 그 정신이 시공간에 매인 인지적 사고에 의해 구성되는 현상적 지식에 정확히 반대되는 대승 불교의 절대진리로서 진여(眞如)와 같은 물자체를 인식할 수 있다는 선험적 변증론을 제시하였다. Mou의 선험적 변증론은 경험적으로 증명된 지식을 다루고 있지 않기 때문에 "주관성이 진실이다"라는 입장을 갖는 Soren Kierkegaard와 비슷하다. 그러나 그렇더라도 Kierkegaard의 비합리적인 접근과 근본적으로 구분되면서 이원론을 피하는 합리적 과정을 설명한다.

기독교적 전통에 영향을 받은 서구의 계몽 사상가들은 형이상학적 극치를 신으로 보면서(Kant와 Descartes와 마찬가지로) 이를 현상계를 초월하는 것으로 파악하는 경향이 있었다. Kant에게는 의지의 자유, 영혼 불멸, 신의 존재가 실천 이성의 전제(postulate)였다. 이에 따라 정신과 물체 사이의 이원론 및 자연현상과 인간현상 사이의 구분과 일관된 인식론이 나타났다. 왜냐하면 Descartes와 Kant와 같은 기독교인들에게는 그들 자신의 논리와 합리성을 위해서는 타당한 지식 체계로서 자신들의 종교를 유지하는 것이 중요했기 때문이다.

문화의 효과가 대체로 암시적인 것처럼, Kashima(2005)가 말하고자 하는 바는 현대 서구 사회과학자들은 자신들의 고유한 문화 프로그램의 일부로(Kim, 2000 참고) 자연과 인간 현상 사이에 불필요한 구분을 유지한다는 것이다. 몇몇은 계몽주의 맥락에서 자연과학 패러다임을 계속 유지하고 있으며, 다른 학자들은 이것이 인간의 행위와 권위에 대한 모욕이라면서 이것에 반대하였다. 대부분의 사회과학자들은 철학적으로 훈련되어 있지 않기 때문에 그들의 문화적 존재론을 거의 방법론적 이슈에 있어서 종교적 의무로 해석하는 경향이 있다. 이 점은 철학자들에 의해 "방법론화(methodolatry)"(존재론적 문제를 방법론과 융합하는 것)라고 불리기도 한다. Paul Tillich(1951)가 말했듯이, 가치는 존재론적 근거를 가지고 있어야 한다. 직관적 깨달음의 현상학과 해석학과 비교하여 감각적 직관을 구성하는 과학적 관찰의 가치는 감정을 자극하는 반응이나 주관적 효용을 포함하는 어떤 형태로든 축소될 수 없으며, 어떤 형태의 논리적이거나 경험적인 증거로도 추론되거나 연역적으로 도출될 수 없다. 그러므로 인간의 조건에 대한 모든 사회과학의 공헌에 "답"을 제공함으로써 특별한 존재론과 연계된 특별한 가치 체계로부터 도출된 일련의 연구 관행에 특권을 주는 것이 방법론화(methodolatry)이다.

일반적인 의미에서, 아시아의 철학 전통은 인간이 존재론적 실제를 파악할 수 있는 능력을 가질 수 있다고 생각한다. 물론 그것이 무엇인가에 대해서는 매우 다른 결론에 도달할 수 있다. 이것이 의미하는 바는 사회과학 연구에 있어서, 방법론을 다른 가치 체계의 특권을 포함하는 문제에 대한 해결책으로 보기보다는(방법론화), 아시아적인 암묵적 이론(혹은 토속 신앙)이 전체론과 지속적 변화에 기초한다는 점을 드러내는 것이다. 여기서는 모순에 대한 인내, 상대방에 대한 수용, 반대파들과 조건부나 일시적이 아닌 영원히 공존한다는 것이 상식적인 인식과 사고에 속한다(Spencer-Rodgers, Williams, & Peng, 2007, p.265; 동아시아의 전체적인 생각에 대한 견해는 Nisbett, Peng, Choi, & Norenzayan, 2001 참고). 실용적인 측면에서 볼 때 이것은 아시아적 전통이 독창적인 정신의 직관적 깨달음보다 과학적 관찰 방법을 더 우위에 두는 것이 아니고, 오히려 앎의 보완적인 형태로 본다는 것을 의미한다.

특히 유교적 전통은 형이상학적 절대를 실제 현상을 가능하게 하기 위하여 끊임없이 작용하는 하나의 창조적 원칙으로서 간주한다. 인(Jen 혹은 Ren)(인간성으로 정의되는)은 주자학자인 Song-Ming의 Shengsheng(창의적인 창의성)과 같다(더 깊은 논의를 위해서는 S. H. Liu, 1998a 참고). 그러므로 그것은 가장 넓은 의미로 "도덕적 원칙"이며, 이를 통하여 시공간에 걸쳐 끊임없이 변화하는 존재가 나타난다. Mou Tsung-san의 가장 강력하고 완벽한 현대 유교 철학의 관점에 따르면 Kant의 현상(현실에 대한 지각)과 실체(물자체) 사이의 이원론은 받아들여지지 않는다. Mou(1995)는 인간을 존재로(Dasein)(거기에 있는 것) 즉, 세상에 존재하는 것으로 보거나, 분노나 근심과 같은 심리적 상태를 존재의 형태로 보는 Martin Heidegger의 견해에 공감하기는 하지만, 가치의 기반이 아닌 인간 존재에 대해서는 현상학적 존재론이 설명할 수 있다고 주장하였다. 그러므로 Mou(1975)에 의하면, Heidegger(1997)가 성취할 수 있는 최선은 아시아 지적 전통이 요구하고 있는 초월적 형이상학이 아닌 내적 형이상학이다(이 주장을 더 보려면 S. H. Liu,

1989a 참고; 인디아 철학 전통에서 오는 이 주제에 따른 현대 사회심리학 연구를 보려면 Bhawuk, 2008a 참고).

서구 사회과학자들과 마찬가지로 중국 사회과학자들도 연구를 할 때 분명하게 철학과 관련된 문헌을 참고하지 않는다. 그러나 그들은 서구의 사회과학자들과 같이 자체의 내적인 문화 프로그램을 따르며, 질적 방법과 양적 방법을 자주 조합하고, 경험주의와 해석학 사이의 경계가 모호한 연구를 지속적으로 수행하고 있다. 예를 들어, 많은 중국 토착심리학 논문들은 양적 방법과 질적 방법을 조합하며, 그들 논문의 기본은 현대 주류 심리학의 참고문헌을 중국의 전통과 뒤섞고 있다. 중국 토착심리학 학회(대부분은 중국어로 출판)에서 "관심이 뜨거운 주제" 중 하나는 시어머니와 며느리의 관계인데, 여기서는 신세대와 구세대 간의 상이한 문화적 기대 간의 갈등이 많이 나타난다. 조사, 면담, 문화기술지 자료를 분석하기 위한 질적 혹은 양적 접근이 적합한 연구 형태로 사용되어 왔다. 대부분의 경우 문화는 연구의 분명한 주제가 아니며, 오히려 연구의 과정과 목표 안에 내포되어 있다.

이러한 규칙에도 분명한 예외가 있다. 예를 들어 Lee(2000)는 대만에서 Heidegger의 관점을 따라 민족성에 관한 토착 연구에 대하여 해석학적인 현상학적 접근을 하는 강력한 옹호자이며, 다른 곳에서와 마찬가지로 아시아의 페미니즘 학자들은 탐구에 있어서 양적 형태보다 질적 형태를 더 선호한다. 그러나 사회과학을 공부하는 대학원생들이 연구 논문을 어떻게 작성할 것인가에 대한 조언으로 가장 인기 있는 책에서(Bih, 2005), 연구 방법은 연구 문제에 적합해야 한다는 것만 조언함으로써 방법론에 관해서 완전히 일반적인 모습만을 보인다. 이렇긴 해도, 대만에서 "선도적인" 위치를 차지하는 대표로서「중국 심리학회지(Chinese Journal of Psychology)」는 여전히 양적 연구를 선호하며, 대체로 대학에서는 인문학과 사회과학의 공헌보다 자연과학의 공헌을 더 우위에 둔다.

많은 아시아 사회과학자들에게 있어 문화와 그것이

심리학에 주는 시사점에 관한 일반적인 인식론적 입장을 설명하기 위하여 Kashima(2005)가 사용한 여섯 개의 주장은 논란의 여지가 없다.

1. 문화는 사회적으로 역사적으로 구성된다.
2. 사람들은 이용 가능한 개념과 다른 상징 구조를 사용해서 자신을 이해한다.
3. 사람들은 다른 사람들을 이해하기 위해서 마음 이론(예를 들어 마음이 어떻게 작용하는가)을 발달시켰다.
4. 사람들은 세상에 대한 신념을 가지고 있고, 그 신념에 따라 행동한다.
5. 사람들은 의미 있는 행위에 참여한다.
6. 문화는 정신의 구성요소이다. (p. 20)

특히, 토착심리학자들에게 있어서 인간현상과 자연현상의 구분과 지식 구성의 다른 형태에 대한 지지자 간의 논쟁은 어려운 문제이다. Kashima(2005)의 다음과 같은 요지는 논란거리보다는 좋은 출발점을 제공하는 것으로 보인다. "간단히 말하면, 주장하고자 하는 바는 인간 주체와 자기 성찰이 인간 사회와 문화를 역동적으로 만들며(예를 들어, 시간이 흐르면서 변화하는 것), 지식과 인간 행동을 역사적으로 그리고 문화적으로 다르게 나타나게 한다."(p. 22). 예를 들어 Gergen(1973)은 심리학적 현상의 역사적 결과를 변혁의 요구로 취급하는 반면에, Liu와 Hilton(2005)은 매우 유용한 것으로 파악한다. 전자는 역사적 결과를 방법론적 주도권의 붕괴를 요구하는 흔적으로 보았고, 반면 후자는 경험적 조사(Liu & Hilton, 2005)와 철학적 반성(Liu & Liu, 1997)을 요구하는 시간을 통해 인간 주체의 행위와 문화적 구성을 설명하는 것으로 보았다.

Leung(2007)이 언급했듯이, 아시아 사회심리학자들은 주목할 만한 돌파구를 만드는 측면에서 그들의 철학적 전통이 제공하는 방법론화(methodolatry)로부터 상대적 자유를 아직 충분히 이용하고 있지 않다. 그는 지속적인 실용주의 연구가 상대적으로 부족하다는 것을 언급하면서, 아시아인들의 열망이 부족하다고 비판하였다. 「아시아 사회심리학회지(Asian Journal of Social Psychology)」의 현 편집장으로서 나는 다음과 같은 사실에 동의할 수밖에 없다. 연간 학회지에 제출되는 200편 가량의 논문들 중 대부분이 상상력이 부족하며, 미국의 양적 연구에 의해 정립된 주제들을 상당한 정도 반복하거나 약간만 변형하는 데 그치고 있다.

비록 아시아에서의 토착 연구로서 사회심리학, 성격심리학, 임상심리학, 문화심리학, 비교문화심리학 등이 아직 형성기에 있을지라도, 몇몇 특성들은 매우 근본적인 것으로 보인다. 첫 번째 특성은 앞서 언급한 인식론적 관심을 방법론적 범주로 변화시키는 집중력이 부족하다. 둘째는 사회적 관계와 사회적 상호연결에 대한 관심이 너무 지나치다. 세 번째 특성은 상대적으로 논란이 없는 기초 심리학의 요소로써 문화에 대한 자연주의적 접근이다. Liu와 Liu(1997, 1999, 2003)는 이것을 상호연결 심리학(psychology of interconnectedness)으로 설명한다.

아시아 사회심리학자들이 자신들의 철학적 전통의 인식론적 가능성을 실현시킬 수 있을지 여부는 지켜봐야 한다(Ward, 2007). 세계의 모든 대학과 마찬가지로 아시아의 대학들은 자연과학에 우위를 두고, 서구의 대학에 의해 정립된 규범을 열망하고 내면화한다. 그 대학들은 자신들의 교수에게 대부분 미국 대학과 미국 혹은 유럽 학회에서 관장하고 있는 권위 있는 학술지에 게재하기를 강요한다. The Shanghai Jiaotong 대학교의 세계 상위 500개 대학 순위는 상위 100위에 랭킹되는(Beijing University와 Tsinghua 대학들이 열망하고 있는) "세계 최상급"의 중국 대학을 발전시키기 위해서 "객관적인 기준"을 제공하려는 목적으로 구성되었다. 그러나 실은 이 기준은 완전히 자연과학을 선호하며, 인문학과 사회과학의 공헌에 대해서는 거의 무시하고 있다. 이러한 상황에서(Adair, Coelho, & Luna, 2002; Leung, 2007; Ward, 2007 참고), 아시아 대학들이 철학적으로 인식론적으로 자율적인 연구 업적

을 내놓을 수 있을 것 같지는 않다. 오히려 가까운 미래에, 여전히 지배적인 미국 중심과 연결되는 다원론적 실제로 구성된 누비이불 형태의 세계 심리학(global psychology)이 나타날 것이다(Liu et al., 2008; Moghaddam, 1989 참고).

일본 사회심리학은 누비이불의 다양성과 제약을 잘 보여주는 좋은 예이다. 일본 사회심리학의 주류는 북미에서 정립해놓은 인식론적 기초 위에 미국 사회심리학과의 경험적 대화를 밀접하게 얽어 놓았다. 일본에도 작은 토착심리학 운동이 분명히 있긴 했지만(Behrens, 2004 참고), 대만이나 필리핀에서 있었던 운동의 범위나 열망은 찾을 수 없다. 이런 문제에 대응하기 위하여, 최근에는 인식론적 기초에 바탕을 둔 주류 학문의 방향에 문제 제기를 하면서, 양적 방법과 질적 방법을 비교하고 북미의 질적 연구와 매우 유사한 방법으로 인문과학을 자연과학과 대조시키는 대항적 집단이 일본에 나타났다(Atsumi, 2007; Sugiman, 2006).

전반적으로 볼 때, 「아시아 사회심리학회지」에 제출하는 논문의 양은 2007년 168편에서, 2008년 182편, 2009년에는 210편으로 증가했으며(매년 10%의 증가율), AJSP의 영향력 지수를 통제한 후에도(Haslam & Kashima, 인쇄 중) 지난 10년 동안 사회심리학에서 아시아 저자들이 크게 늘어난 것은 이 지역과 지역 사람들에게 내재되어 있는 가능성을 보여주고 있다. 경제적 측면에서 동향을 선도하는 성공에 이어서 아시아인들이 자신들의 문화에 대하여 자신감을 가지고, 방법론적이고 이론적인 기술이 증가함에 따라, 획기적인 방법으로 자연과학과 인문과학으로 양분된 것을 뚫을 수 있는 돌파구가 아시아에서 나올 수 있다는 것에 흥분하지 않을 수 없다. 그러므로 최근 아시아 심리학에서 인식론적으로 상당한 수준에 이른 것으로 알려진 몇 개의 프로젝트에 대하여 간단히 소개하는 것으로 이 장을 마치는 것이 좋을 것 같다.

12.3 인식론 측면에서 수준급인 세 개의 아시아 연구 프로젝트

홍콩의 임상심리학자인 David Y. F. Ho의 프로젝트는 중국 철학의 영향을 받고 동시에 영어로 쓰여졌다는 점에서 특별한데, 이로 인해 세계적인 독자들이 접근할 수 있었다. 중국 토착심리학에 대한 그의 창의적인 연구 두 가지는 고전적인 중국 문화 이야기의 해석적 연구와 유학자와 임상 심리학자와의 유머스런 대화를 포함하고 있다. 이 대화는 문화적인 의미가 내재된 용어인 **예절**(propriety)과 **충동조절**(impulse control)을 다루고 있다(Ho, 1998a). 이러한 대화는 David Y. F. Ho와 그의 동료들이 방법론적 관계주의(methodological relationalism)라 부르는 것에 크게 기반하고 있다(Ho, Peng, Lai & Chan, 2011). 방법론적 관계주의는 분석의 기본적인 단위로서 사회적 관계 네트워크 안에서 한 사람의 완전한 소속(embeddedness)을 이끄는 사고와 행동의 분석을 위한 개념적인 틀이다.

> 개인의 행동은 개인과 개인 간의, 개인과 단체 간의, 개인과 사회 간의, 그리고 단체 안에서 … 의 맥락 안에서 고려되어야만 한다. 특히, 각각의 개인과 개인 간의 관계는 다른 개인과 개인 간의 관계들과 상호적 효력을 갖는 대상이다. 이러한 고려는 메타 관계 혹은 관계들의 관계의 **변증법적** 구조를 가져온다(Ho, Peng et al., p. 937).

두 개의 기본적인 분석 단위가 Ho 등의 성격심리학과 사회심리학의 접근에서 활용되고 있다. 여러 관계 속의 개인(다양한 관계의 맥락 안에서 특정 개인에 초점을 둔) 분석 단위와, 관계에서의 여러 개인들(하나의 관계 맥락 안에서 상호작용하는 다양한 사람들에 초점을 둔) 분석 단위이다. 이들의 양적 연구에서는 여러 관계 속의 개인(person in relations)의 중간층을 소개함으로써 "일관성" 대 "비일관성"으로 개인 대 상황의 행동 공식에 대한 주도권을 해체하는 시도를 하였다. 그들은 관계가 개인 대 상황의 이분법을 초월할 수 있다고

설득력 있는 주장을 펼쳐왔다. 왜냐하면 개인 대 상황은 본질적으로 개인의 일부도 아니고 상황의 일부도 아니기 때문이다. 즉, 상황을 통해 특정한 방식으로 나아갈 방향을 찾도록 도와주는 관계들의 망 안에서 사람들은 자리 잡고 있다(실증적 입증을 위해 Ho & Chau, 2009 참고).

그들은 또한 탐문(investigative) 연구라 불리는 질적 접근(Ho, Ho, & Ng, 2006)을 발전시켜 왔는데, 사회 속의 개인들 간 관계를 이해함에 있어서 "방법론적 개인주의에 기반한 심리학도 방법론적 전체주의에 기반한 사회학도 대상 전체의 복잡성을 설명할 수 없다"(p. 19)고 주장하고 있다.

> 사회적 사실은 비록 개인에 관한 사실로 환원시킬 수는 없지만 그럼에도 불구하고 개인에 의해 나타나는, 개인의 사회적 행동에 관한 것이다. 그리고 심리적인 사실은 하나의 사회적 사실인데, 이것은 어디에서든지 현실의, 상상의 혹은 내포된 다른 사람들의 실재 속에서 발생하는 행동을 의미한다. 상대방을 이해함으로써 한 사람의 지식이 증가하면서 동시에 한 사람의 지식의 부재가 줄어든다(pp. 19-20).

Ho 등(2006)은 두 가지 메타이론의 명제에 근거한 연구 방법론을 제안하였다.

> 1. 심리학적 현상들의 개념화는 그 자체로서 한 가지 심리학적 현상이다. 메타 수준의 현상으로서, 심리학적 현상은 상세한 연구가 필요하다. 2. 심리학적 지식의 발생은 문화 의존적이다. 문화적인 가치와 전제는 심리학적 현상들의 개념화와 이를 연구하기 위해 필요한 방법론을 동시에 알려준다. 따라서, 지식 생산자는 주어진 사회적 가치나 전제를 고려할 때, 지식 생성의 과정으로부터 분리되거나 제거될 수 없다. 이러한 전제는 실증주의를 부인할 필요는 없다. 오히려, 그들은 실증주의가 문화 의존성에 대하여 더 많은 민감성을 갖고 그것에 대한 조사의 범위를 넓히도록 요구하고 있는 것이다(p. 22).

이러한 관점에서 그들은 자신들의 인식론적 관점을 정교화하기보다는, 앞의 두 가지 전제에 근거한 세 가지 "탐문 연구와 밀접한 관련이 있는 지적 태도"를 적용하는 데 있어서 성찰(reflexivity)을 주장한다. 이것은 실용적이고 변증법처럼 보이긴 하지만 실제적인 인식론에 기반을 두고 있다.

> 첫째는 진리를 추구하는 과정 안에서 비판적으로 증거를 조사하는 것의 중요함을 강조한다. 둘째는 본질적으로 복잡하고 심지어 기만적인 사회 현상들의 본질과 부닥친다. 즉, 기만에 대한 경계심은 진리를 찾는 데 매우 중요하다. 셋째로, 무지의 인식과 지식의 생산을 동일한 과정의 양 날과 같은 것으로 봐야 한다(p. 22).

그들은 어떠한 표준적인 기술이나 절차를 제시하기보다, 탐문 연구를 "엄정한, 자연주의적인, 심도 있는" 것으로 기술하면서, 자료의 질을 보장함과 동시에 사회적 양심을 드러내는 행동으로 파악한다.

Ho 등(2006)은 연구 방법으로서 성찰(reflexivity)의 사용과 탐색보다는 확인으로의 이동(예, 질적 해석으로부터 양적 가설 검증으로)을 옹호한다. 그들은 저널리스트들의 훌륭한 탐문 보고서(예, 정보의 출처에 대한 입증과 진실 추구를 위한 헌신)에 대해 존경을 표하기는 하지만, 저널리스트식의 훈련이 사회과학 연구에 적용될 수 있는 명확하고 계획적인 방법을 명시하지 않고 있다. 서양식으로 훈련받은 방법론자의 관점에서 볼 때, Ho 등(2006)의 프로그램은 완전하게 설득력 있지는 않다. 세부적으로 부족한 부분도 있고, 진실-가치와 탐문 연구 과정을 잘 해내고자 하는 욕망 사이의 대립에 관한 날카로운 질문들에 대해서는 분명하게 설명하지 않고 있다. 그러나 앞서 설명한 아시아의 존재론적이며 인식론적인 체제로 인하여 서양의 학자들은 이러한 기대와 이를 성취하기 위한 실용적인 수단을 이해할 수 있다. Ho, Ng, Ho(2007)에게 있어서 "인문과학"의 질적 형태와 "자연과학"의 양적 형태 사이를 구분하는 선을 실질화하는 것은 의미가 없다. 그들은 이런 관점에 대하여 거의 도덕적 분개심을 표출하며 반대한다.

30년 동안, 대만의 사회심리학자인 Kwang-guo Hwang은 전통적인 중국의 지식에 관한 이론들에 근거한 토착 중국 심리학 차원에서 연구 프로그램을 수행해왔다. Ho가 완전히 서구의 패러다임에 사로잡힌 홍콩의 사회과학 속에서 인식론적으로 정교화된 토착 연구 프로그램을 외톨이처럼 독자적으로 수행한 반면에, Hwang은 운이 좋게도 대만에서 매우 발전적이며 협업적인 토착심리학 환경 속에서 연구를 수행할 수 있었다(Hwang, 2005c; Yang, 1999). Ho의 우선적인 대화 상대들이 서양인과 서양화된 혹은 두 문화 속에서 자란 아시아인인 반면에, Hwang의 연구(2009) 『유교적 관계주의: 철학적 사유, 이론적 구성, 실증적 연구(Confucian Relationalism: Philosophical Reflection, Theoretical Construction, and Empirical Research)』의 최고 단계는 중국어로 쓰였으며 중국의 사회과학자들을 염두에 두고 있다. Hwang의 대단한 업적은 주로 중국어로 쓰인 책으로 구성되며, 책들의 요지는 실증주의적이기보다는 이론적이기에 Hwang의 연구를 몇 개의 문단으로 충분히 다루는 것은 거의 불가능하다. 여기에서는 그의 연구의 맛보기만을 제공할 수 있다. Hwang이 사회심리학에 위치하여 있기는 하지만, 과학 철학과 과학의 사회학에서 그의 책이 폭넓게 읽혔으며, 그의 글은 단지 심리학자들뿐만이 아니라 사회과학자들에게 분명하게 향해 있다는 점을 명심할 필요가 있다.

Hwang(2005b, 2005c, 2006, 2009)의 임무는 서구인들과의 생산적인 대화에 참여하기 위한 철학적 기초를 제공하는 사회과학의 전반적인 인식론을 중국인들(다른 비서구인들로 확장함으로써)을 위해 구체화하는 것이다. Hwang의 프로젝트는 상이한 철학적, 문화적 전통이 주관적인 경험의 현상학과 그것을 검증하는 인식론을 구성하기 위한 대안적인(그리고 중복되는) 존재론적 기초를 제공한다는 Mou의 기본 전제와 일치한다. 유교적 관계주의에 관한 그의 연구의 근본적인 주장은 사회적 관계와 사회적 교환을 다룬 유교의 내적 구조를 분석한 체면과 편애(face and favor)(Hwang, 1987) 모델이다.

Hwang(1985)은 저서『지식과 행동(Knowledge and Action)』에서, 서구 문화가 지식을 추구하는 철학의 중요성을 강조하는 반면에, 도교, 유교, 도가, 무술학교와 같은 중국의 문화적 전통은 행동의 지혜에 관심을 가진다고 주장한다. Hwang은 구성적 실재론(Wallner & Jandl, 2006)에 기반한 접근에서, 심리학의 기초와 현재의 현실들이 서구의 철학 안에 근거하고 있기 때문에 토착심리학의 진정한 발전은 서양 철학과 일관된 과학적인 미니 세계를 구성함으로써 가능하다는 점과, 동시에 중국인들의 일상적인 삶에 끼치는 중국 문화의 전통들의 영향에 대한 종합적인 이해를 주장하였다.

중국의 사회과학자들을 사회과학 연구에 영향을 끼친 서구의 철학적 사고에 대한 주요 학파들과 친숙하게 만들기 위해, Hwang(2006)은『중국어로 된 사회과학 논리(The Logic of Social Science in Chinese)』를 저술하였다. 여기에서 그는 일관성 있는 과학적인 작은 세계를 구성하기 위해서 사회과학자들은 그들 스스로를 문화적 차원의 현상학적인 바다에서 헤엄치는 물고기임을 인식함과 동시에, 이러한 통찰력을 과학적 작은 세계가 요구하는 체계적인 형태로 변환시킬 수 있는 능력을 지녀야만 한다는 사실을 강조한다. 게다가, 이러한 작은 세계들은 서로 많은 것을 공유하고 있기 때문에 그들 사이의 개념의 소통과 해석은 과학적이고 현상학적인 통찰을 위하여 매우 중요한 특징이 된다.

후기실증주의 철학에 기반한 그의 연구「유교적 관계주의: 철학적 사유, 이론적 구성, 실증적 연구(Confucian Relationalism: Philosophical Reflection, Theoretical Construction, and Empirical Research)」(Hwang, 2009)에서 토착심리학의 인식론적 목표는 보편적인 인간의 정신과 주어진 문화의 특정한 사고방식 두 가지 모두를 반영하는 일련의 이론들로 이루어진 과학적으로 작은 세계를 구성

하는 것임을 강조한다. 대부분의 서구 사회심리학 이론들이 개인주의의 전제에 기반해서 구성되어 왔다는 사실에 비추어서, Hwang(2009)은 어떻게 체면과 편애(face and favor)(Hwang, 1987) 모델을 네 개의 사회 행동의 기본적인 형태로 구성했는지 그리고 그것을 유교의 심오한 구조를 분석하기 위한 틀로 어떻게 사용했는지를 설명한다. 그리고 서구의 윤리학과 대조시켜 유교의 윤리학의 본성을 예리하게 설명하고, 유교 사회에서의 사회적 교환, 체면의 개념, 성취 동기, 조직 행동, 갈등 해소를 명확히 보여주는 관계주의에 기반한 일련의 이론들을 정립하였다.

Hwang(2009)의 프로젝트는 기초를 설계하면서, 특히 향후 중국 본토가 이러한 연구 방향으로 나가는 것을 결정할 경우 이후 토착 사회과학의 수십 년 연구를 이끌어낼 수 있는 계획적인 발전을 촉구하고 있다. 다양한 지방의 학생들과 교수들이 국립 대만 대학교에서 열리는 그의 세미나에 참석한다. Hwang은 경험주의자이기보다는 대체적으로 이론가로 볼 수 있으며, 그래서 이러한 것들은 큰 그림에 초점을 두면서 천천히 진행되는 개발 프로젝트로 볼 수 있다. 우리는 즉각적인 결과를 기대해서는 안 된다. 오히려, 중국 문화 연합(Chinese Culture Connection)(1987)에서 볼 수 있듯이, 중국 사람들의 가장 두드러진 특징 중 하나는 오랫동안 지속하는 성향을 지녔다는 것이다. 따라서, 21세기에 서구에 의해 설계된 기초와 실제에 대해서 중국인들이 사회과학적 측면에서 대응하기 위해서는 수십 년의 시간이 필요할 것이다.

인도 학자들의 최근 연구는 형이상학에 기원을 둔 심리학을 만들기 위한 철학적 전통에 의존하고 있는데, 이 또한 세계적인 관심을 끄는 주제이다. Ajit K. Dalal과 Girishwar Misra(2010)의 최근 정의에 따르면,

인간 존재에 대한 유물론적이고 결정론적인 관점보다, 인도의 심리학은 인간 존재에 대해 더욱 폭넓은 정신적 발달의 관점을 취한다. 이러한 관점에서는 심리학, 철학, 영성 사이에 명확한 구분이 없고, 오히려 종합적으로 인간

삶에 대한 포괄적이면서 현실적인 지식 혹은 지혜를 구성한다.

　그러므로 대중적이면서도 개성 있는 전통으로부터 성장한 아시아 학자들 사이에는 서구의 존재론에 대하여 의문을 제기함과 동시에 지식에 관한 방법론적인 형태가 사회과학적 지식을 생성하고 구체화하는 데 있어 특권적 위치를 유지해야만 하는지에 대한 재고가 일관되게 나타난다(Bhawuk, 2008b; Paranjpe, 1984). 그러나 차이점도 있다. 중국의 철학적 전통이 중국의 사회심리학자들을 사회적 관련성과 전체적인 상호연관성을 근본적인 존재론적 전제로 생각하도록 이끈다면, 인도의 철학적 전통은 현상학, 인식론, 자아(atman)의 실천의 정신적 깊이를 강조한다(Bhawuk, 2003).

　Dharm Bhawuk(2008a)에서 인용된 Sinha(1933)는 인도의 철학을 형이상학에 기반한 것으로 묘사하였다. Anand C. Paranjpe(1998)와 같은 인도의 학자들은 Erik Erikson 혹은 Sigmund Freud에서 출발한 것이 아니라 "진리는 단순히 지적으로 배우는 것이 아니라 진심으로 깨우쳐져야만 한다"(Bhawuk, 2010)와 같은 기본 교리를 가진 우파니샤드(Upanishad)와 같은 베다의 전통에서 시작하였다. Bharati(1985, Bhawuk, 2008a에서 재인용)에 따르면, 자아는 인도의 철학에서 태고적부터 "존재론적인 전체"로서 연구되어 왔으며, 동양(유교주의 국가, 중국 혹은 일본) 혹은 서양(세속적 사고 혹은 유대교-기독교-무슬림 전통)에 속한 다른 어느 사회에서보다도 "집중적이며 광범위하게" 연구되어 왔다. 가장 기본적인 방법론은 명상 수행이며, 명상 수행의 목적은 진정한 자아(atman)의 본성을 드러내고, 동시에 시간에 따른 매우 근본적인 현상학적 일치에 의해 홀가분한 상태가 되는 것이다(Bhawuk, 2008a; Rao & Paranjpe, 2008). 인도 철학의 명상적 수행이 중요하고 타당한 지식의 형태로 받아들여진다면, 심지어 인식자와 인식 대상 사이의 가장 기본적인 경계선 또한 유지될 수 없다. 통합(tien-ren-ho-i, 하늘과 인간의 결합; S. H. Liu, 1989b 또는 Liu

& Liu, 1999 참고)을 추구하면서 차이(li-i-fen-shu, 하나의 원리, 여러 징후)를 유지하려는 중국 철학의 경향과 가장 뚜렷한 차이점은 인도의 철학자들은 빛나는 직관의 조명하에서 선과 악 또는 존재와 비존재와 같은 근본적인 양극성마저도 해체시키기 위해 앎의 심연을 깊게 탐구한다는 것이다.

　현대 인도 심리학자들의 움직임은 자아심리학을 구축하는 과정에서 나타나는 것처럼 보이는데, 이는 자아 실현의 수행과 동시에 일어난다. Bhawuk은 고전적인 인도 성서를 이론과 실제의 심리학 모델로 전환하기 위한 일반적인 방법론을 제안하려고 지금까지 힘써 왔다.

예를 들어, 바가바드 기타(Bhagavad-Gita)의 두 번째 칸토에서는 욕망과 화가 인간의 몰락을 야기하는 과정이 나타난다. 62번째 연에서는 사람이 감각적 대상에 대해 생각하면 그에 대한 집착이 생긴다고 언급하며 이 과정을 상세히 보여준다. 집착은 욕망을 불러일으키고 욕망으로부터 화가 나타난다. 63번째 연에서는 인과관계를 더욱 발전시켜, 화가 혼란(sammoha)을 만들거나 옳고 그름에 대한 판단을 흐리게 하고, 이성을 혼미하게 하고, 과거에 배운 것에 대한 기억을 잃게 만들고, 지혜 혹은 지식(buddhi)을 파괴하고, 인간의 몰락 혹은 자기 파괴를 이끈다고 말한다(Bhawuk, 2010).

　Bhawuk의 연구에 호기심이 많은 독자는 인도 심리학에서 개념의 현상학적인 층위가 그것의 내부 논리를 파악한다면 서구의 개념과 비교했을 때 다를 뿐만 아니라 체계적이며 주목하지 않을 수 없다는 사실을 인식할 것이다. Bhawuk은 이 체제를 이해하기 위한 무언가를 입증하거나 제공하는 측면에서는 서구의 다른 실증주의나 현상론의 형태보다 우위에 있는 것 같지는 않다. 유사하게도, 초월 명상법의 옹호자들은 서구의 과학자들이 명상에 있는 자신들을 측정하여 스트레스 감소 모습을 나타내는 산소 소비량과 심장 박동수의 감소, 피부 저항력의 증가, 뇌파 그래프의 빈도

수 변화를 발견하는 것을 보고는 무척이나 재미있어하였다(Bhawuk, 2008b; 더욱 세부적인 내용은 Rao & Paranjpe, 2008 참고). 이러한 과학적 지식은 초월 명상법의 주관적인 실천과 목표를 전혀 바꿀 수 없다.

Bhawuk(2008a, 2010)의 모형은 이러한 점에서 전적으로 이론적이다. Hwang(2006, 2009)의 관점에서, Bhawuk의 모형은 인도 철학의 철학적 작은 세계에서 변인들 간의 관계에 관한 심리학적 작은 세계로의 변환을 다룬다. 이러한 변환이 인도 하층민의 종교와 같은 실제적인 거대한 문화적 세계에 얼마나 영향을 끼칠지 또는 질적, 양적 조사를 얼마나 고무시킬지는 추측할 수밖에 없다. 전 세계의 근간이 되는 위대한 문화 중 하나로 수천 년 동안 지속되어 온 인간의 조건에 대한 분노와 욕망의 결과에 관한 가장 심오한 의견 중 하나가 최근에서야 심리학의 문헌에 들어섰다는 것을 깨닫는 것은 무척이나 놀라운 일이다(Bhawuk, 1999, 2008a 참고). Bhawuk(2010)은 그가 정립한 심리학 모형을 그의 일상적인 명상 수행의 맥락 안에 그리고 그의 가족들의 삶의 일부로서 조심스럽게 둔다. 질적 방법론 대 양적 방법론의 이원론은 절대 그의 글의 문제로 떠오르지 않는다. 그가 탐구하는 것은 인도 철학에서 연구되어 온 존재와 비존재, 시간과 영속에 대한 기념비적인 질문들에 비해 매력적으로 보이는 방법론적 차이에 토대를 둔 제한된 분석 단위로 과학의 경계를 나누는 것이 아니라, 과학의 경계를 확장시키는 것이다(Bhawuk, 1999).

인도의 문화를 과학의 문화와 비교하면서, Bhawuk(2008b)은 과학은 그 자체로서 하나의 문화인데, 여기에는 객관성, 비인격성, 환원주의, 비규정성의 부정과 같은 신조가 있다고 주장하였다. 그는 문화적 또는 간문화적 연구자들에게 과학은 문화를 갖고 있으며, 연구자들은 토착문화, 특히 비서구적 기원을 둔 문화적 특징을 지닌 세계관, 질문, 방법으로부터 혜택을 받을 수 있다는 사실에 민감해질 필요가 있다고 경고하였다. Bhawuk은 또한 학문적 경계를 넘나들 것을 강조했고, 각자의 고유한 맥락 속에서 다양한 세계관을 이해하기 위해서는 다양한 방법을 넘어서서 다중 패러다임의 연구 전략을 사용할 것을 제안하였다. 다양한 학문분야 출신의 연구원들로 구성된 팀은 학문들과 패러다임 간의 연결고리를 발견하는 데 도움을 줄 수 있다.

12.4 결론

앞에서 살펴본 세 가지 프로그램들 모두 다 우수하지만, 보다 큰 역사의 흐름과 아시아 사회과학 연구를 특징 짓는 제도적 실제 속에서 이러한 것들을 살펴보아야 한다. Ho, Hwang, Bhawuk은 사회과학에서 계속 제기되는 문제들에 대한 근본 해결책을 획기적으로 제시하기 위하여 자신들의 문화에 존재하는 지적 자본을 활용한다. Ho와 Hwang은 자신들의 경력의 마지막 단계를 향해 가는 연륜 있는 학자이고, Bhawuk는 한창 전성기의 노련한 학자이다. 즉, 그들 중 누구도 경력 개발의 압박감에 시달릴 필요가 없다. 「아시아 사회심리학회지(Asian Journal of Social Psychology)」나 혹은 주요한 문화 관련 심리학회지에 게재를 신청하는 전형적인 논문들은 대체로 약간의 변형을 지닌 서구의 모형을 재현하고 있는데, 이러한 현상을 정당화하는 가장 일반적인 이유는 "이 모형을 검증하기 위한 자료들이 이 나라에서는 수집된 바 없다"이다. 아시아 사회심리학 연구는 해당 학자들의 다음과 같은 두 가지 사이의 긴장 관계를 보여주고 있다. 하나는 일상적 삶의 관찰 가능한 부분으로서 문화적 구성의 현상학적 층위에서 삶을 사는 것이며, 다른 하나는 별 의미 없는 내용이 담긴 영어로 된 책을 출간하면서 서구의 "최고" 대학에서 수입한 하향식 표준에 따라서 이력 승진이란 실용성에 최선을 다하는 것이다.[4]

앞에서 언급된 혁신들은 자연과학 연구와 실제를 선호하는 아시아권 제도의 전반적인 분위기를 바꾸지 못했으며, 영어 학회지(JCI/SSCI)가 지역 언어의 학회지보다 가치 있게 평가되는 출판물 명성 관련 경사도에 변화를 주지 못하였다.[5] 아시아 사회 심리학자들은 자신들의 주관적인 경험과 지배적인 제도적 현실 사이에 차이가 있는 가운데에서도 각자의 경력을 쌓는 데 매우 실리적으로 보인다(심리학 출판물 관련 서구의 우세한 현실에 대한 대규모 통계 분석 증거를 보기 위해서는 Adair et al., 2002 참고, 이러한 동향에 대한 도전에 관해서는 Haslam & Kashima 참고, 인쇄 중).

서구 기관에서 질적 패러다임에 관해 연구하는 학자들은 특정한 방법론으로 연구함에 있어서 매우 의식 있고 때에 따라서는 매우 윤리적인 결정을 내려왔다. 최고의 경우 그들의 연구는 지적 엄격함의 품위와 응집력을 반영한다. 최악의 경우, 사소한 것을 따지는 방법의 우상화와 학문적 논쟁의 수단으로서 방법론을 사용하는 집단 이익의 확보로 귀결되기도 한다. 아시아 기관의 연구자들은 대체로 훨씬 더 실리적이다. 최악의 경우에는 자신들의 현상학적 경험들을 지배적인 방법론으로 승화시키며, 스스로의 성공에 도움이 되는 방향으로 이것들을 사용한다. 최선의 경우에는 전 세계적이며 혁신적인 방법론적 방향으로 나아가는 자신의 경력을 뒤늦게 개발하고 있다. 이 기울기를 변화시키기 위해서는, 세계적 학회지에 영향력을 행사하는 열린 마음의 서구 학자들과 아시아의 문화 자원을 심도 있게 연구하고 학문 실제의 폭을 넓히려는 열정을 가진 아시아 학자들 사이에 더 많은 협조와 소통이 필요하다(Liu et al., 2008 참고). 이러한 과정에서, 양 문화를 모두 겪은 해외 이주 아시아 학자들이 자신들의 주요한 역할을 계속할 것이다(Liu & Ng, 2007).

한동안 아시아적 문화 구성과 관련 없는 실용적 학문분야에서 연구하였던 아시아 학자들은 문화적 구성에 관한 자신들의 현상학적 경험과 자신들의 경력을 개발하기 위한 전문적인 판단 사이의 불일치를 해소하기 위한 대안적 의미 체제를 채택할 수 있다. 개인적 경험을 예로 들어 설명한다면 내가 연구를 처음 할 때에는 종종 가설도 없이 양적 접근의 기술적 논문을 썼으며, 세계적인 학회지의 편집자들로부터는 가설연역적 모형을 요구받기도 하였다. 연구 중반 시절에는 주류 심리학의 담론을 내면화함으로써 이러한 방식으로 글을 쓰는 데 별다른 노력이 필요하지 않았으며, 이로 인하여 상당한 혜택을 받았다.

그러나 의미 측면에서 볼 때, 나는 심리학에서의 가설연역 방법은 예측과 통제를 위한 일반적 모형이기보다는 사후 설명을 하는 모형이라고 생각한다. 인간 심리학에 깊은 구조가 자리잡고 있다는 사실은 부정할 수 없다. 그러나, 깊은 구조가 있다 할지라도 이 구조는 문화적 개념에 의하여 매개되는 주관적인 경험의 현상학적 층위와 사회적 통치의 제도 층위와의 상호작용을 통해서만 표현될 수 있다. 그러므로 나는 심리학에서의 모든 인과관계는 조사나 실험 당시의 상황 안에서 발생하는 제도와 현상에 따라서 달라진다고 생각한다. 나의 논문에서 나는 이러한 의미의 상징적 층위를 상세하게 설명하며, 너무 부주의하게 일반적인 지식을 말하는 것에 대하여 조심하는 편이다. 한편으로, Kenneth Gergen(1973)의 유명한 언급에서처럼 나는 사회심리학을 역사로서 파악한다(Liu & Hilton, 2005; Liu & Liu, 1997). 그러나 질적 연구가 양적 연구보다 얼마나 우세한지 혹은 그 반대인지 여부가 인간 행동의 역사적, 문화적 의존성의 문제를 해결할 수 있다고는 보지 않는다. 양적 논문을 쓸 때, 나는 문화의 현상학적 층위가 어떻게 개인의 행동, 감정, 인식에 영향을 주는가를 전달하기 위하여 양적 연구 방법론의 지배적인 담론과 실제를 따른다. 질적 논문을 쓸 때도 같은 작업을 한다(Liu & Mills, 2006). 나는 방법론을 탐구 대상을 굴절시키고 소통시키는 프리즘으로 여기며, 그 이상 혹은 그 이하라고 생각하지 않는다. 둘 간의 상대적 강점에서 볼 때, 질적 연구는 현상이 무엇인지를 얘기할 때 유용하고, 양적 연구는 얼마나 많이, 얼마나 우세한지, 어떠한 조건에서 그것이 야기되었는지를 설명할 때 유용하다.

이 둘을 함께 고려하면서, Liu와 Sibley(2009)는 국가의 정치 문화를 서술하고 규정하기 위해서 필요한 질적 방법과 양적 방법을 통합적으로 활용하는 네 가지 단계를 주장한다.

1. 한 사회의 역사적으로 확인된 상징들의 윤곽을 보여줄 수 있는 개방형 조사 방법을 통하여 상징적 모습을 확인하기. 이를 위해서는 양적 분석 기법과 대표 표집이 포함되며 개방형 탐구를 실행하여야 한다.

2. 여러 제도의 중재 통로를 통해 일상 대화에서의 정치적 상징들을 활용하는 담론의 전체 대상을 설명하기. 이는 기록 자료의 분석, 인터뷰, 혹은 포커스 그룹 방법을 포함한다. 주제와 관련된 내용의 자연스러운 담론을 검토하는 것이 핵심이 된다.

3. 자연스럽게 발생하는 대화를 양적 척도나 실험 조건으로 바꿈으로써 신화나 이데올로기를 정당화하는 것과 같이 상징적 표상을 조작화하기. 인과적 추론을 위하여 경험주의자의 기법을 최대한 사용하기.

4. 경험적 발견과 개인적인 성찰을 자원으로 활용하여 표상에서 행동으로 옮기기: 정책 조언을 제시할 때 조건과 상황적 특성을 최대한 인식하면서 사회과학의 발견들을 적용하기.

한 학회지의 편집자로서 나는 하나의 소통 방식 혹은 두 가지 소통 방식 모두를 수용하지만(Liu, 2008), 연구자가 각 방법론의 영향력을 통합하여 그 이상의 효과를 내기 위해서는 각 방법론의 프리즘 내부 논리를 이해하여야 한다고 믿는다. 나는 방법론의 궁극적인 중재자를 가치라고 보며, 그 가치는 인식론으로부터 기인하기보다는 오히려 선행하는 존재론적 상태에 있다고 생각한다. 진리의 가치(Liu & Liu, 1999 참고) 이외에도 내가 지지하는 연구의 두 가지 가치는 (1) 토착 관련 양립 가능성(Yang, 200)—연구가 관찰이 이루어진 문화와 제도적 시스템의 현상학을 얼마나 반영하는가, (2) 실제적 가치—연구자가 살고 있는 공동체의 학자들과 일반인들에게 주관적인 유용성을 연구가 얼마나 제공하는가이다. 아시아 사회심리학의 미래는 Tomohide Atsumi(2007)의 말을 빌리면 과학적 탐구와 실제적 유용성의 두 날개를 달고 날아가는 것이라고 믿는다. 후자의 분야에서, 나는 미래에는 이원론에서 벗어난 아시아의 사회심리학이 상당한 돌파구를 만

들어낼 수 있기를 희망한다.

결론적으로, S. H. Liu(1989a)는 명성이 높은 신유학 철학자(그리고 Mou Tsung-san의 스승)인 Hsiung Shih-Li의 방법론적 충고를 다음과 같이 요약하였다.

—
사고의 과학적 방법은 외부의 물리 세계를 그 자체로 독립적으로 존재하는 것이라고 상정해야만 한다. 실용적인 관점에서, 이러한 절차는 완전히 정당하다. 그러나 기능을 존재론적 실체로 구체화하는 위험을 안고 있으며, 이로 인하여 형이상학적 오류를 저지를 위험도 있다. 이러한 순진한 태도에 빠지는 인간의 자연적 성향에서 벗어나기 위하여, 철학은 두 가지 중요한 방법론적 절차를 선택해야만 한다. 우선, 우리는 특정한 분석적 방법에 호소해야만 한다. 이 분석적 방법은 옹호할 수 없는 형이상학적 추론에 포함되는 모든 부조리와 모순을 발견함으로써, 현상학적 기능들을 존재론적 원리들로 동일시하는 모든 시도들을 파괴해야 한다고 주장한다(p. 25).

이 첫 번째 관점에서, 질적 연구자들은 자연과학 모형을 인문과학에 그대로 적용하려는 순진한 시도들을 해체하기 위한 집단을 구축하는 데 성공적이었다. 그러나 Hsiung의 두 번째 포인트는 더욱 급진적이고, 사회과학자와 인간의 의미가 무엇인지 대한 핵심을 찌르고 있다.

—
이것은 정확하게 만물의 존재론적 심연을 깨닫기 위해 현상들을 완전히 없애려는 불교 철학의 시도이다. 그러나, 불교 철학의 이러한 부정적인 절차를 채택하는 데 있어서, 사람들은 존재론의 원리 중 침묵의 측면만을 강조하고 창의적 부분은 무시하려는 경향을 띤다. 그러므로, 두 번째 부분에서 우리는 내부의 깨달음에 대한 특정한 방법에 호소해야만 한다. 그러한 깨달음을 통해서만 우리는 존재론적 원리의 무한한 창의력을 발견할 수 있다(p. 25).

중국과 인도의 위대한 아시아 철학 전통은 감각적 직

관과 직관적 이해의 가능성을 모두 인정하고 있다. 양자는 지식뿐만 아니라 실천 이론을 제공하는 데에서 접점을 가진다. 인도의 철학자들은 자아의 본질에 대해서 가장 깊이 있게 탐구해왔고 현대의 인도 심리학자들은 이것을 이론적, 실질적 함의가 있는 지식의 체계로 발전시켰다. 중국 철학자들은 인도의 철학적 통찰력(특히 불교적 이해)을 통합하여 윤리적 사회 관계의 심리학으로 직접 연결되는 도덕적 형이상학으로 발전시켰다. 이들은 토착심리학 발전의 초기의 일들이지만, 21세기가 열리는 시점에서 미래에 대한 새로운 희망이 있다. 저렴한 석유가 더 이상 공급되지 않으며, 지구 온난화가 지속되는 두 가지의 재앙은 보다 실제적으로 적용 가능한 사회과학(Liu et al., 2009 참고)을 요구할 것이다. 이와 같은 요구는 이러한 도전들이 가장 절박하게 느껴지는 개발도상국 사회에서 더욱 심각하다. 화석 연료 중심의 세계 경제에서 혼합 연료 경제로 이행되는 중요한 시점에서, 아시아 철학의 인식론적 돌파구의 가능성은 아마 사회과학의 실질적인 적용으로 해석될 수 있을 것이다. 여기에는 양적, 질적 방법론들이 사회 발전과 전 세계적 의식을 창조하는 데 밀접한 관련을 갖고 사용된다. 세계사를 설명하는 방식에 관하여 24개의 사회로부터 수집된 개방형 조사의 요약에서 Liu 등(2009)은 "역사에 관한 평범한 설명이 있다면, 그것은 바로 위대한 것은 고통으로부터 온다는 것이다" (p.678). 반대로, 하늘이 무너지지 않는다고 해도, 수평적이면서도 널리 퍼져있는 문화적 가치들이 서로 연결되어 있는 세계들의 중심을 연결하는 경계에서 일하는 것도 여전히 유익할 수 있다(Liu, 2007/2008).

주석

1. 본 글의 초고에 대하여 관대한 의견을 제시해준 Dharm Bhawuk, K. K. Hwang, Isamu Ito, Shu-hsien, An-yuan Liu에게 감사하다는 말을 하고 싶다. 또한 Norman Denzin과 Alison Jones의 포괄적이면서도 유익한 검토에 대해서도 감사하게 생각한다.
2. 이러한 지수의 가치에 관한 논쟁이 상당하기는 하지만, 2점 대의 영향력 점수는 인류학과 사회학의 최고 학회지와 그것과 버금갈 수 있다. 한편, 1점 혹은 그 이상의 영향력 지수를 가지는 경우는 매우 훌륭하다(영향력 지수가 1 이하인 경우는 덜 유명하다고 할 수 있다).
3. 자가당착(antimonies)은 주어진 전제에 바탕을 두면서 각각이 합리적인 두 가지 법 체계 간의 근본적인 모순을 말한다.
4. 아시아 교육 체계는 암기 학습을 강조한다. 또한 아시아의 학자들은 순수한 암기 학습(즉 변혁이 없는 반복)이 대부분의 국제적인 학술지에서는 가치를 부여받지 못한다는 것을 때때로 잊고 있다.
5. 영어를 외국어로 학습한 아시아 학자들에게는 질적 방법론의 학술지보다 양적 방법론의 학술지에 게재하는 것이 다소간 덜 어렵다. 국제적인 사회심리학 출판물에 대하여 통계적인 분석을 실시한 Haslam과 Kashima(출판 중)에 따르면 「Journal of Cross Cultural Psychology」, 「International Journal of Intercultural Relations」, 「Asian Journal of Social Psychology」, 「Journal of Social Psychology」가 아시아 학자들에게는 가장 인기 있다. 이 학술지들은 모두 양적 방법론에 치우쳐 있다. 한편, AJSP는 질적 연구물들을 또한 게재하며 문화적인 측면을 담고 있는 다른 두 개의 학술지도 질적 방법론을 채택한 특별호를 최근에 출간하였다.

참고문헌

Adair, J. G., Coelho, A. E. L., & Luna, J. R. (2002). How international is psychology? *International Journal of Psychology, 37*(3), 160-170.

Aguiling-Dalisay, G. H., Yacat, J. A., & Navarro, A. M. (2004). *Extending the self: Volunteering as Pakikipagkapwa*. Quezon City: University of the Philippines, Center for Leadership.

Allwood, C. M., & Berry, J. W. (2006). Origins and development of indigenous psychologies: An international analysis. *International Journal of Psychology, 41*(4), 243-268.

Amir, Y., & Sharon, I. (1987). Are social psychological laws cross-culturally valid? *Journal of Cross-Cultural Psychology, 18*(4), 383-470.

Atsumi, T. (2007). Aviation with fraternal wings over the Asian context: Using nomothetic epistemic and narrative design paradigms in social psychology. *Asian Journal of Social Psychology, 10*, 32-40.

Behrens, K. Y. (2004). A multifaceted view of the concept of Amae: Reconsidering the indigenous Japanese concept of relatedness. *Human Development, 47*(1), 1-27.

Berry, J. W., Poortinga, Y. H., Pandey, J., Dasen, P. R., Saraswathi, T. S., & Kagitcibasi, C. (1997). *Handbook of cross-cultural psychology*(2nd ed.). Boston: Allyn & Bacon.

Berry, J. W., Poortinga, Y. H., Segall, M. H., & Dasen, P. R. (1992). *Cross-cultural psychology: Research and applications.* Newbury Park, CA: Sage.

Bharati,A.(1985).TheselfinHinduthoughtandaction.InA. H.Marsella, G. DeVos, & F. L. K. Hsu (Eds.), *Culture and self: Asian and Western perspectives.* New York: Tavistock.

Bhawuk, D. P. S. (1999). Who attains peace: An Indian model of personal harmony. *Indian Psychological Review, 52*(2/3), 40-48.

Bhawuk, D. P. S. (2003). Culture's influence on creativity: The case of Indian spirituality. *International Journal of Intercultural Relations, 27*(1), 1-22.

Bhawuk, D. P. S. (2008a). Anchoring cognition, emotion, and behavior in desire: A model from the Gita. In K. R. Rao, A. C. Paranjpe, & A. K. Dalal (Eds.), *Handbook of Indian psychology* (pp. 390-413). New Delhi, India: Cambridge University Press.

Bhawuk, D. P. S. (2008b). Science of culture and culture of science: Worldview and choice of conceptual models and methodology. *The Social Engineer, 11*(2), 26-43.

Bhawuk, D. P. S. (2010). Methodology for building psychological models from scriptures: Contributions of Indian psychology to indigenous & global psychologies. *Psychology and Developing Societies.*

Bih, H. D. (2005). *Why didn't teacher tell me?* (in Chinese). Taipei: Shangyi Publishers.

Bond, M. H. (Ed.). (1996). *The handbook of Chinese psychology.* Hong Kong: Oxford University Press.

Brown, J. D., & Kobayashi, C. (2003). Motivation and manifestation: Cross-cultural expression of the self-enhancement motive. *Asian Journal of Social Psychology, 6*, 85-88.

Cartwright, D. (1979). Contemporary social psychology in historical perspective. *Social Psychology Quarterly, 42*(1), 82-93.

Chinese Culture Connection. (1987). Chinese values and the search for culture-free dimensions of culture. *Journal of Cross-Cultural Psychology, 18*, 143-164.

Cole, M. (1995). Socio-cultural-historical psychology: Some general remarks and a proposal about a meso-genetic methodology. In J. V. Wertsch, P. del Rio, & A. Alvarez (Eds.), *Sociocultural studies of mind* (pp. 187-214). Cambridge, UK: Cambridge University Press.

Dalal, A., & Misra, G. (2010). The core and context of Indian psychology, *Psychology and Developing Societies.*

Enriquez, V. (1990). *Indigenous psychologies.* Quezon City, Philippines: Psychological Research & Training House.

Enriquez,V. G. (1992). *From colonial to liberation psychology: The Philippine experience.* Manila, Philippines: De La Salle University Press.

Geertz, C. (2000). Imbalancing act: Jerome Bruner's cultural psychology. In C. Geertz (Ed.), *Available light* (pp. 187-202). Princeton, NJ: Princeton University Press.

Gergen, K. J. (1973). Social psychology as history. *Journal of Personality and Social Psychology, 26*, 309-320.

Haslam, N., & Kashima, Y. (in press). The rise and rise of social psychology in Asia: A biobliometric analysis. *Asian Journal of Social Psychology.*

Heidegger, M. (1977). *Basic writings from* Being and Time (1927) to The Task of Thinking (1964) (D. F. Kell, Ed. & Trans.). New York: Harper and Row.

Heine, S. H., Lehman, D. R., Markus, H. R., & Kitayama, S. (1999). Is there a universal need for positive self-regard? *Psychological Review, 106*, 766-794.

Ho, D. Y. F. (1989). Propriety, sincerity, and self-cultivation: A dialogue between a Confucian and a psychologist. *International Psychologist, 30*(1), 16-17.

Ho, D. Y. F. (1998). Filial piety and filicide in Chinese family relationships: The legend of Shun and other stories. In U. P. Gielen & A. L. Comunian (Eds.), *The family and family therapy in international perspective* (pp. 134-149). Trieste, Italy: Edizioni LINT.

Ho, D. Y. F., & Chau, A. W. L. (2009). Interpersonal perceptions and metaperceptions of relationship closeness, satisfaction, and popularity: A relational and directional analysis. *Asian Journal of Social Psychology, 12*, 173-184.

Ho, D. Y. F., Ho, R. T. H., & Ng, S. M. (2006). Investigative research as a knowledge-generation method: Discovering and uncovering. *Journal for the Theory of Social Behavior, 36*(1), 17-38.

Ho, D. Y. F., Peng, S. Q., Lai, A. C., & Chan, S. F. F. (2001). Indigenization and beyond: Methodological relationalism in the study of personality across cultural traditions. *Journal of Personality, 69*(6), 925-953.

Ho, R. T. H, Ng, S. M., & Ho, D. Y. F. (2007). Responding

to criticisms of quality research: How shall quality be enhanced? *Asian Journal of Social Psychology, 10*(3), 277-279.

Hofstede, G. (2001). *Culture's consequences* (2nd ed.). Thousand Oaks, CA: Sage. (Original work published 1980)

Hwang, K. K. (1987). Face and favor: The Chinese power game. *American Journal of Sociology, 92*, 944-974.

Hwang, K. K. (1995). *Knowledge and action* (in Chinese). Taipei: Psychological Publisher.

Hwang, K. K. (2001). The deep structure of Confucianism: A social psychological approach. *Asian Philosophy, 11*(3), 179-204.

Hwang, K. K. (2005a). From anticolonialism to postcolonialism: The emergence of Chinese indigenous psychology in Taiwan. *International Journal of Psychology, 40*(4), 228-238.

Hwang, K. K. (2005b).The necessity of indigenous psychology: The perspective of constructive realism. In M. J. Jandl & K. Greiner (Eds.), *Science, medicine, and culture* (pp. 284-294). New York: Peter Lang.

Hwang, K. K. (2005c). A philosophical reflection on the epistemology and methodology of indigenous psychologies. *Asian Journal of Social Psychology, 8*(1), 5-17.

Hwang, K. K. (2006). Constructive realism and Confucian relationism: An epistemological strategy for the development of indigenous psychology. In U. Kim, K. S. Yang, & K. K. Hwang (Eds.), *Indigenous and cultural psychology: Understanding people in context* (pp. 73-108). New York: Springer.

Hwang, K. K. (2009). *Confucian relationalism: Philosophical reflection, theoretical construction, and empirical research* (in Chinese). Taipei: Psychological Publisher.

Kashima, Y. (2005). Is culture a problem for social psychology? *Asian Journal of Social Psychology, 8*, 19-38.

Kim, U. (2000). Indigenous, cultural, and cross-cultural psychology: A theoretical, conceptual, and epistemological analysis. *Asian Journal of Social Psychology, 3*, 265-288.

Kim, U., & Berry, J. W. (Eds.). (1993). *Indigenous psychologies: Research and experience in cultural context*. Newbury Park, CA: Sage.

Kim, U., Yang, K. S., & Hwang, K. K. (Eds.). (2006). *Indigenous and cultural psychology: Understanding people in context*. New York: Springer.

Lee, W. L. (2004). Situatedness as a goal marker of psychological research and its related methodology. *Applied Psychological Research*, 22, 157-200. (in Chinese, published in Taiwan).

Leung, K. (2007). Asian social psychology: Achievements, threats, and opportunities. *Asian Journal of Social Psychology, 10*, 8-15.

Liu, J. H. (2007/2008). The sum of my margins may be greater than your center: Journey and prospects of a marginal man in the global economy. *New Zealand Population Review, 33/34*, 49-67.

Liu, J. H. (2008). Editorial statement from the new editor. *Asian Journal of Social Psychology, 11*, 103-104.

Liu, J. H., & Hilton, D. (2005). How the past weighs on the present: Social representations of history and their role in identity politics. *British Journal of Social Psychology, 44*, 537-556.

Liu, J. H., & Liu, S. H. (1997). Modernism, postmodernism, and neo-Confucian thinking: A critical history of paradigm shifts and values in academic psychology. *New Ideas in Psychology, 15*(2), 159-177.

Liu, J. H., & Liu, S. H. (1999). Interconnectedness and Asian social psychology. In T. Sugiman, M. Karasawa, J. H. Liu, & C. Ward (Eds.), *Progress in Asian social psychology* (Vol. 2, pp. 9-31). Seoul, Korea: Kyoyook Kwahaksa.

Liu, J. H., & Liu, S. H. (2003). The role of the social psychologist in the "Benevolent Authority" and "Plurality of Powers" systems of historical affordance for authority. In K. S. Yang, K. K. Hwang, P. B. Pedersen, & I. Daibo (Eds.), *Progress in Asian social psychology: Conceptual and empirical contributions* (Vol. 3, pp. 43-66). Westport, CT: Praeger.

Liu, J. H., & Mills, D. (2006). Modern racism and market fundamental-ism: The discourses of plausible deniability and their multiple functions. *Journal of Community and Applied Social Psychology, 16*, 83-99.

Liu, J. H., & Ng, S. H. (2007). Connecting Asians in global perspective: Special issue on past contributions, current status, and future prospects of Asian social psychology. *Asian Journal of Social Psychology, 10*(1), 1-7.

Liu, J. H., Ng, S. H., Gastardo-Conaco, C., & Wong, D. S. W. (2008). Action research: A missing component in the emergence of social and cross-cultural psychology as a fully inter-connected global enterprise. *Social & Personality Psychology Compass, 2*(3), 1162-1181.

Liu, J. H., Paez, D., Slawuta, P., Cabecinhas, R., Techio, E., Kokdemir, D., et al. (2009). Representing world history in the 21st century: The impact of 9-11, the Iraq War, and the nation-state on the dynam-ics of collective remembering. *Journal of Cross-Cultural Psychology, 40*, 667-692.

Liu, J. H., Paez, D., Techio, E., Slawuta, P., Zlobina, A., & Cabecinhas, R. (2010). From gist of a wink to structural equivalence of meaning: Towards a cross-cultural psychology of the collective remembering of world history. *Journal of Cross-Cultural Psychology, 41*(3), 451-456.

Liu, J. H., & Sibley, C. G. (2009). Culture, social representations, and peacemaking: A symbolic theory of history and identity. In C. Montiel & N. Noor (Eds.), *Peace psychology in Asia*. Heidelberg, Germany: Springer.

Liu, S. H. (1989a). Postwar neo-Confucian philosophy: Its development and issues. In C. W. H. Fu & G. E. Spiegler (Eds.), *Religious issues and interreligious dialogues*. New York: Greenwood Press.

Liu, S. H. (1989b). Toward a new relation between humanity and nature: Reconstructing t'ien-jen-ho-i. *Zygon, 24*, 457-468.

Liu, S. H. (1998). *Understanding Confucian philosophy: Classical and Sung-Ming*. Westport, CT: Greenwood.

Markus, H. R., & Kitayama, S. (1991). Culture and self: Implications for cognition, emotion and motivation. *Psychological Review, 98*, 224-253.

McTaggart, E. (1997). *Participatory action research: International contexts and consequences*. Albany: State University of New York Press.

Minkler, M., & Wallerstein, N. (Eds.). (2003). *Community-based participatory research for health*. San Francisco: Jossey-Bass.

Moghaddam, F. M. (1989). Specialization and despecialization in psychology: Divergent processes in the three worlds. *International Journal of Psychology, 24*, 103-116.

Moghaddam, F. M., & Taylor, D. M. (1985). Psychology in the developing world: An evaluation through the concepts of "Dual Perception" and "Parallel Growth." *American Psychologist, 40*, 1144-1146.

Moghaddam, F. M., & Taylor, D. M. (1986). What constitutes an "appropriate psychology" for the developing world? *International Journal of Psychology, 21*, 253-267.

Moscovici, S. (2008). *Psychoanalysis: Its image and its public*. Cambridge, UK: Polity. (Original work published 1961)

Mou, T. S. (1970). Hsin-t'i yu hsing-t'i [Mind and human nature] (in Chinese). *In Philosophy East and West* (Vol. 20). Taipei: Cheng Chung Press.

Mou, T. S. (1975). *Phenomenon and the thing-in-itself* (in Chinese). Taipei: Student Book.

Nikora, L. W., Levy, M., Masters, B., & Waitoki, M. (2004). Indigenous psychologies globally—A perspective from Aotearoa/New Zealand. Hamilton, New Zealand: University of Waikato, Maori & Psychology Research Unit.

Nisbett, R. E., Peng, K., Choi, I., & Norenzayan, A. (2001). Culture and systems of thought: Holistic versus analytic cognition. *Psychological Review, 108*(2), 291-310.

Pandey, J. (2004). *Psychology in India revisited: Development in the discipline: Vol. 4. Applied social and organizational psychology*. New Delhi: Sage.

Paranjpe, A. C. (1984). *Theoretical psychology: The meeting of East and West*. New York: Plenum Press.

Paranjpe, A. C. (1998). *Self and identity in modern psychology and Indian thought*. New York: Plenum Press.

Pe-Pua, R., & Protacio-Marcelino, E. (2000). Sikolohiyang Pilipino [Filipino psychology]: A legacy of Virgilio G. Enriquez. *Asian Journal of Social Psychology, 3*, 49-71.

Rao, K. R., & Paranjpe, A. C. (2008). Yoga psychology: Theory and application. In K. R. Rao, A. C. Paranjpe, & A. K. Dalal (Eds.), *Handbook of Indian psychology* (pp. 163-185). New Delhi: Cambridge University Press.

Sinha, D. (1997). Indigenizing psychology. In J. W. Berry, Y. H. Poortinga, & J. Pandey (Eds.), *Handbook of cross-cultural psychology* (pp. 130-169). Boston: Allyn & Bacon.

Smith, L. T. (1999). *Decolonizing methodologies*. London: Zed.

Smith, P. B., & Bond, M. H. (1993). *Social psychology across cultures* (2nd ed.). New York: Harvester Wheatsheaf.

Spencer-Rodgers, J., Williams, M. J., & Peng, K. P. (2007). How Asian folk beliefs of knowing affect the psychological investigation of cultural differences. In J. H. Liu, C. Ward, A. Bernardo, M. Karasawa, & R. Fischer (Eds.), *Progress in Asian social psychology: Casting the individual in societal and cultural contexts*. Seoul, Korea: Kyoyook Kwahasaka.

Sugiman, T. (2006). Theory in the context of collaborative inquiry. *Theory and Psychology, 16*, 311-325.

Tillich, P. (1951). *Systematic theology* (Vols. 1-3). Chicago: University of Chicago Press.

Wallner, F., & Jandl, M. J. (2006). The importance of constructive realism for the indigenous psychologies approach. In U. Kim, K. S. Yang, & K. K. Hwang (Eds.), *Indigenous and cultural psychology: Understanding people in context* (pp. 49-72). New York: Springer.

Ward, C. (2007). Asian social psychology: Looking in and looking out. *Asian Journal of Social Psychology, 10*, 22-31.

Yang, K. S. (1999). Toward an indigenous Chinese psychology: A selective review of methodological, theoretical, and empirical accomplishments. *Chinese Journal of Psychology, 4*, 181-211.

Yang, K. S. (2000). Monocultural and cross-cultural indigenous approaches: The royal road to the development of a balanced global psychology. *Asian Journal of Social Psychology, 3*, 241-264.

Donna M. Mertens, Martin Sullivan, Hilary Stace

13.

장애 공동체
_ 사회정의를 위한 변혁적 연구

최희준_ 홍익대학교 교육학과 교수

본 협약의 목적은 모든 장애인이 인권과 기본적인 자유를 완전하고 동등하게 누리도록 보호, 보장하고, 그들의 타고난 존엄성을 더욱 존중하는 데 있다.

(제1조, 장애인의 권리에 관한 UN 협약, 2006)

만약 19세기 말부터 행해진 모든 장애 연구가 위 조항을 지침 원리로 하여 수행되었다면 오늘날 많은 장애인들의 상황은 질적으로나 양적으로 훨씬 더 나았을 것이다. 장애인에 대한 기본적인 인간애가 인식되기 시작하고 그들이 "장애인(disabled people)" 또는 "장애를 가진 사람(people with disability)"이라고 불리게 된 것은 1960년대 말 유럽과 북미에서 시작된 장애인권 운동(the disability rights movement)의 도래 이후이다.

과학이라는 명목하에 장애인 집단에게 끔찍한 일이 행해졌다. 연구자들은 그들을 요양시설에 감금하고, 외과적 수술을 통해 신체를 훼손하고, 불임수술을 자행하였고, 안락사를 시키기도 하였다. 이러한 과정은 장애인들을 소심하고 의존적으로 만들었으며, 결국 장애인들은 교육, 고용 등의 의미 있는 삶의 영역으로부터 배제되었다(Braddock & Parrish, 2001; Linton, 1998; Morris, 1991; Sobsey, 1994). 이러한 절차는 대부분 '선의'라는 명목으로 행해졌고, 이는 그 당시 장애의 원인과 치료에 대한 첨단 과학적 연구의 산물이었다. 연구 대상으로서 장애인은 가족과 공동체로부터 양육되고 사랑받는 인간이기보다 시설에서 치료받고, 개선되고, 또는 보살핌을 받아야 하는, 인간성이 말살된 상태이자 범주에 해당하는 사례가 되었다.

1960년대의 반인종차별주의자, 페미니스트, 동성애자 권익수호운동에 의해 만들어진 예를 본보기로 하여 서구 세계 도처의 장애인들은 심하게 차별적인 고정관점에 대해 이의를 제기하기 위해 단체를 조성하기 시작하였다.

이 장에서는 어떻게 사회과학 연구가 장애인에 대해 심하게 차별적인 고정관념을 조성하는 데 연관되었는지 구체적인 근거를 통해 밝히고, 차별적이지 않은 장애 연구를 행하는 방법들을 제안하고자 한다.

13.1 장애의 재개념화, 방법론의 재고

미국과 영국에서 장애 연구 방법론(DRM: Disbility Research Method)의 지적 토대는 "장애의 사회적 모형(the social model of disability)"이다. 미국에서 Hahn(1982)은 '장애의 사회적 모형'을 장애를 개인과 환경의 상호작용의 산물로 여기는 '사회-정치적 접근법(socio-political approach)'이라고 표현하였다. 나중에 Hahn은 이러한 관점에 기반한 연구가 장애인을 탄압받는 소수로 간주할 수 있다고 주장하였다. 사실, 미국에서는 장애의 소수 모형(Fine & Asch, 1988 참고)이라는 용어가 장애의 사회적 모형보다 더 일반적으로 사용되었다. Albrecht(2002)는 장애를 위한 포괄적이고 이론적인 설명을 제공하려던 영국과 달리 미국이 장애인의 시민 평등권을 위한 논거를 소수집단모형에 기반하였던 이유를 미국의 실용주의 전통과 관련시켜 설명한다. Albrecht는 미국적 실용주의를 특정한 개념이나 정책에 대한 신념으로부터 얻게 되는 실용적인 결과라고 요약하였다. 겉으로 드러나는 차이—나이, 민족/인종, 성별—에 기초하여 편견과 차별을 경험했던 다른 미국 시민들은 그들의 투쟁에서 공동 전선을 펴는 것을 가능하게 했던 소수집단 모형을 채택함으로써 그들의 시민 평등권을 얻기 위해 성공적으로 싸웠다. 만약 소수집단 모형이 소수자에 효과가 있다면, 1986년까지 많은 사람들이 흑인이나 히스패닉처럼 소수집단을 구성하고 있다고 느끼는 장애인들에게는 왜 효과가 없었을까?(Hahn, 2002, p. 173)

영국에서 사회적 모형(the social model)은 1976년 "차별에 맞서는 신체장애인협회(UPIAS)"에 의해 『장애의 근본 원리(Fundamental Principles of Disability)』가 출판된 이후, Mike Oliver(1982, 1990)에 의해 크게 발전하였다. 여기서 결함(impairment)과 장애(disability)를 구분하였는데, 이러한 개념적 구분은 UPIAS의 장애에 대한 분석에서 그리고 이후 사회적 모형에서 중요한 역할을 한다. UPIAS에게, 사람들은 결함을 가지고 있는 것이며, 장애는 그들이 속한 사회 공동체의 정치적, 경제적, 사회적 조직이 결함 있는 사람들을 배제한다는 측면에서 결함에 대한 부정적인 사회적 반응을 의미한다. Shakespeare와 Watson(2001)에 의하면, 장애에 대한 이러한 재정의는 장애를 가진 사람들에 대한 의식을 변화시켰다. 장애는 더 이상 그들의 신체나 정신에 기거하는 것이 아니다. 장애는 사회적 차별의 문제로써 정형화되었고, 장애인들은 그들 스스로를 심하게 차별당하는 소수로 묘사하였다. 예를 들어, Groce(1985, 2003)는 매사추세츠의 Martha의 포도원에 있는 심각한 수준의 유전적 청각소실을 가졌던 공동체에 대한 회고적 인류학 연구를 행하였다. 그 당시 거기에 살았던 청각장애인들은 모두가 수화 사용법을 배웠기 때문에 일반인들과 다르지 않은 사회에서 살았다. 인도에 휠체어가 지날 수 있도록 턱을 제거하지 않았거나, 고층빌딩에 엘리베이터가 없는 경우에만 휠체어를 탄 사람은 "장애인"이 되는 것이다.

장애와 같은 복잡한 개념을 논할 때, 언어의 문제가 수면위로 떠오른다. 장애 연구에서, 결함과 장애라는 용어가 그 예이다. 장애 공동체의 구성원들은 인간의 타고난 특성과 그 특성에 대한 사회의 반응을 뚜렷하게 구분하려 한다. 이런 이유로 뉴질랜드 보건성의 정부 문서(2001)와 장애인의 권리에 관한 UN 협약(2006)에서 우리는 이러한 구분을 설명할 수 있는 다음과 같은 정의를 발견할 수 있다.

—
장애는 개인들이 갖고 있는 어떤 것이 아니다. 개인들이 갖고 있는 것은 신체적, 감각적, 신경적, 정신적, 지적, 혹은 다른 결함들이다. 장애는 한 집단의 사람들이 다른 사람들이 가진 결함에 대해 고려하지 않고 단지 자신들의 삶의 방식에 맞게 세상을 설계함으로써 장애물을 만들게 됨으로써 발생하는 과정이다. … 우리 사회는 구성원 모두가 길을 빨리 건널 수 있고, 누구나 신호를 볼 수 있으며, 표지판을 읽을 수 있고, 안내방송을 들을 수 있으며, 버튼에 손을 뻗을 수 있고, 무거운 문을 열 수 있는 힘을 가지고 있으며, 안정된 기분과 지각능력을 갖고 있다는 가정하에 설계되었다(New Zealand Ministry of

Health, 2001, p.1).

장애인의 권리에 대한 UN 협약에서 장애인은 다양한 장애물과의 상호작용에서 다른 사람들과 동등하게 완전하고 효과적인 사회 참여를 저해할 수 있는 장기적인 신체적, 정신적, 지적, 또는 감각적 결함을 가진 사람이라고 정의되었다(United Nations, 2006, p.1).

미국의 장애인권 운동 옹호자들은 사람의 타고난 특성과 그 특성에 대한 사회적 반응을 구분하는 것이 중요하다는 것에 동의한다(Gill, Kewman, & Brannon, 2003). 그러나 미국에서는 장애인을 사회 구성원의 다양성 차원에서 강조한다. 장애인들은 주로 그들의 타고난 차이에 의해서가 아니라 그러한 차이에 대한 사회적 반응에 의해 방해를 받는다(Gill et al., 2003, p.306). 장애인권 옹호자들은 장애인을 "결함을 가진 사람"이라고 말하기보다는 "장애를 가졌고, 자부심을 갖고 있는 사람"이라고 정의한다(Triano, 2006).

장애에 대한 근본적으로 새로운 자각과 함께, 미국(Anspach, 1979), 영국(Campbell & Oliver, 1996), 캐나다, 유럽, 호주, 뉴질랜드(Barnes, Oliver, & Barton, 2002)에서 장애인들이 평등한 시민권을 얻기 위해 움직이기 시작하고, 복지, 자선, 호의에 의존하기보다는 경제적, 사회적으로 생산적이기 위한 그들의 권리를 요구하기 시작했을 때(Scotch, 2001), 정치적 목적을 위한 장애 행동주의(disability activism)가 도래하였다.[1]

사회적 모형은 장애인을 종속적 상태로 만들고 통념적으로 받아들여졌던 장애에 대한 개별의료 모형(the individual medical model)과는 정반대되는 것이었다. 의료 모형은 장애를 치유 혹은 개선에 대한 희망을 바탕으로 의학적 중재를 추구해야 하는 개인적 문제로 간주하였다. 장애가 의학적으로 치료된다는 인식은 장애인을 어떤 끔찍한 상황 또는 사건의 비극적 희생자이고 그래서 마땅히 동정할 필요가 있는 사람으로 묘사하는 개인적 비극 이론(personal tragedy theory)에 의해 뒷받침된다(Oliver, 1990). 게다가 의료 모형

은 어떤 희생을 치르더라도 장애가 발생하고 장애인이 되는 상황은 피해야 한다는 "심미적 그리고 존재론적 불안(aesthetic and existential anxiety)"(Hahn, 1988)의 분위기를 조성하였다.

영국에서는 1975년 개방대학이 장애 연구에 대한 첫 번째 강좌인 "지역사회에서의 장애인(The Handicapped Person in the Community)"을 개설하였다. 신체장애인협회(UPIAS)의 창립회원인 Vic Finkelstein이 강좌 개발의 핵심 인물이었다. 그 강좌가 폐강되고 더 폭넓은 내용을 반영하기 위해 장애사회(The Disabling Society)로 개명된 1994년까지 매해 점점 더 많은 장애인들이 교재 개발에 참여하였다(Barnes et al., 2002). 미국에서도 정치적 장애 행동주의, 학문분야, 장애 연구의 출현 사이에 유사한 관계가 형성되었다. 1977년 장애권리 활동가와 학자들이 참석했던 장애인에 대한 백악관 회의 후 미국에서의 첫 번째 장애 연구 강좌가 개설되었다(Pfeiffer & Yoshida, 1995). 그 강좌는 장애를 가진 삶에 초점이 맞춰진 의료사회학 분야에 해당되는 내용을 담고 있었고, 주요 강사는 장애인이었다. 1981년 장애사회학자 Irving K. Zola는「Disability Studies Quarterly」를 창간하였고, 미국을 기반으로 한 장애 연구학회(the U.S.-based Society for Disability Studies)를 공동 설립하였다. 그 무렵 미국 교육기관에서 12개의 장애 연구 강좌가 개설되었고, 그후 5년 내 강좌 수가 23개로 거의 두 배 증가하였다(Pfeiffer & Yoshida, 1995, p.482).

미국과 영국에서 장애 연구 프로그램의 개설이 활발하게 이루어짐과 동시에 장애 학자들과 학생들은 장애 연구의 본질, 방법, 대상에 대해 의문을 갖기 시작하였다(Sullivan, 2009, p.72). Oliver(1992)는 당시까지 대부분의 장애 연구가 왜 장애인들이 공동체에 참여할 수 없는가에 대한 해답을 찾거나 장애에 대한 치료법을 찾는다는 희망에 기반하여 기능적 제한과 개인적 결손이라는 측면에서 장애를 바라보던 개별의료 모형에 의해 지배되었다고 주장하였다. Oliver(1992, p.104)는

"무슨 증상이 물건을 들고, 움켜잡고, 돌리는 데 어려움을 야기하는가?"라고 장애를 가진 성인들에게 묻는 한 실증 연구의 예를 들었다. 그는 이러한 질문을 "항아리, 병, 깡통과 같은 일상용품의 설계에서 무슨 결함이 당신이 그것을 들고, 움켜잡고, 돌리는 데 어려움을 야기하는가?"라는 완전히 다른 대답을 이끌어낼 수 있는 대안적 질문과 대비시키고 있다.

Oliver(1992)는 모든 지식을 사회적으로 구성되고 특정 시간과 장소의 산물로 이해하는 해석적 패러다임에 의해 제시된 실증주의 접근법에 도전하였다. 해석적 패러다임의 관점에서 볼 때, 장애는 장애인과 비장애인 양쪽 모두에게 있어서 교육, 태도 변화, 사회적 적응을 필요로 하는 사회적 문제이다. Oliver는 해석적 또는 구성주의적 패러다임이 실증주의로부터 진일보하였다는 것을 인정하고는 있지만, 해석적 또는 구성주의 패러다임이 연구자와 연구 대상자/장애인 간의 관계를 변화시키지는 못하였기 때문에 충분하지 못하다고 주장한다. 그는 장애를 가진 연구 대상은 연구가 시작되기 전에 그들이 처했던 사회적 상황에 그대로 남아있게 되는 반면,

> 연구자들은 장애인들로부터 장애의 경험을 얻고, 그것에 대한 충실한 설명을 만들어내고, 자신이 하는 일에서 더 나은 방향으로 발전함으로써 득을 보게 되는 이러한 종류의 연구가 "약탈연구 모형(the rape model of research)"(Reinharz, 1985)이라 불린다고 한다 (Oliver, 1992, p.109).

Oliver는 그러한 연구가 장애를 가진 연구 대상자로 하여금 소외감을 느끼게 한다고 하였다. 그는 연구 생산의 사회적 관계가 근본적으로 변화될 장애 연구를 위한 새로운 패러다임, 즉 해방적 패러다임(the emancipatory paradigm)을 제안하였다. 해방적 패러다임의 주요 특징들은 참여적 실행 모형(the participatory action model)과 유사한데, 그 내용은 다음과 같다.

- 연구는 본질적으로 정치적이고, 사회적 모형에 근원을 두고 있다. 연구의 초점은 장애인이 가지고 있는 자신의 삶에 대한 통제력을 확장시키기 위해 장애를 만드는 구조를 폭로하고 변화시키는 데 있다;
- 연구자가 자신의 기술을 장애인에게 맡김으로써 연구자와 연구 대상자 사이의 한쪽으로 치우친 권력 관계가 시정된다;
- 연구에 대한 통제권이 현재 연구 과정의 본질, 방법, 시기를 결정할 수 있는 장애인에게 있다(Goodley, 2000 참고);
- 장애를 가진 사람들의 결함보다는 장애인의 장점과 대처 능력에 초점이 있다;
- 장애인들이 사회에 통합되는 데 도움이 되거나 방해가 되는 맥락적·환경적 요인들을 조사하는 연구를 수행한다(Wright, 1983).

Colin Barnes와 Geof Mercer가 편집한 책인 『Doing Disability Research』(1997)에서 몇몇 연구자들은 해방적 연구 패러다임의 이론적 순수성을 장애 연구에서의 지적, 윤리적 진실성과 조화시키고자 한다. 이를 수행하는 데 있어 열거된 일부 어려움은 다음과 같다.

- 대다수의 연구비는 개별 의료 모형에 기초한 연구에 수여된다; 그러므로 참여적 실행 연구(participatory and action research)에 지원 가능한 연구비는 거의 없다;
- 해석적인 형태의 연구는 연구를 실행하는 데 있어서 기존의 사회적 관계를 개선하는 것에 그치고 있으며, 기존의 사회적 관계를 근본적으로 바꾸는 것에 관한 것이 아니다(Oliver, 1992);
- 참여적 연구는 연구 과정에 연구 대상자의 조언이나 의견을 반영하지만, 궁극적으로 연구에 대한 통제는 연구로부터 가장 많은 혜택을 얻는 사람인 연구자에게 있다(Oliver, 1997);
- 해방적 모형을 신체적 그리고 감각적 손상이 아닌 정신 질환자들(psychiatric system survivors)(Beresford

& Wallcraft, 1997) 또는 학습장애를 가진 사람들에게 (Booth & Booth, 1997) 적용하는 데 어려움이 있다.

- 장애 연구에서 장애가 없는 연구자의 역할(Lunt & Thornton, 1997; Priestly, 1997; Stone & Priestly, 1996)과 누가 연구를 소유해야 하는가(Priestly, 1997; Shakespeare, 1997)에 대한 질문이 제기된다.

다른 어려움으로는 장애인이 연구에서 리더의 역할을 수행하고, 연구에 대해 최대한 참여할 수 있다는 것을 어떻게 보장할 것인가, 그리고 그 연구가 장애인을 설명할 수 있다는 것을 어떻게 확신할 수 있는가 등이 있다(Beazley, Moore, & Benzie, 1997; Frank, 2000). 게다가, 연구자들은 연구의 진실성에 대한 질문으로 고심한다. 예를 들어, 영국 장애운동에서 유명한 학자이자 활동가인 Tom Shakespeare는 연구 과정에 대한 선택이나 통제권을 유지할 필요가 있고, "일반적으로 통용되는 통설을 따르기보다는 스스로의 지적이고 윤리적인 기준을 따를 필요가 있다고 주장한다"(Shakespeare, 1997, p.185).

Shakespeare는 위의 기술에서 해방적 패러다임을 가장 순수한 의미로 효율적으로 사용하려고 애썼던 『Doing Disability Research』(Barnes & Mercer, 1997) 집필에 참여했던 연구자들의 입장을 반영하고 있다. 그들은 연구를 완성하기 위하여 어느 정도의 절충을 해야 한다고 보고하였다. 이러한 절충은 연구 대상자가 연구에 투입한 전문지식을 인정하지 않거나 이용하지 않는다는 것을 의미하지 않는다. 오히려 이는 연구자들이 해방적 패러다임의 원칙을 융통성 없이 고수하기보다는 해방적 패러다임의 정신에 의해 인도된다는 것을 의미한다. 예를 들어, 연구자들은 그들 연구를 위한 이론적, 실질적 동기가 장애의 사회적 모형이었고 그래서 윤리적이었다고 주장함으로써 연구 과정의 완전한 통제권을 그들의 연구 대상자에게 이양하지 않는 것을 정당화시켰다. 그러나 이러한 정당화는 장애 연구 내에서 장애의 사회적 모형에 대한 무비판적 승인에 기초하고 있다.

지난 10년 동안, 장애 연구 분야에서 장애의 사회적 모형에 대한 비판이 가속화되었다. 이러한 비판은 주로 페미니스트와 후기구조주의적 사고에 기초하고 있고, 비판적 장애 연구(Critical Disability Studies: CDS)라고 불리는 영역을 창조하였다. Helen Meekosha와 Russell Shuttleworth(2009)는 "비판적 장애 연구에 대해 무엇이 그렇게 비판적인가?"라고 묻고 있다. 이 논문에서, 그들은 지난 10년 동안 다양한 학술논문에서 "비판적 장애 연구(critical disability studies)"라는 용어가 어떻게 발전해 왔는가를 추적하여, "1990년대 특히 미국에서 포스트모던적 학습과 주관성의 탈피라는 사고에 기반한 인문학자들이 폭발적으로 증가하였으며, 이러한 인문학자들의 증가는 장애 연구 분야를 장악하기 위해 비판적인 이론화에 의식적으로 집중하는 것을 가능케 하였다"(p.4)고 하였다. 이러한 주장은 결함(impairment)과 장애(disability) 간의 개념적 구분으로부터 나타나는 장애에 대한 이분법적 사고와 사회적 모형을 초월하는 것이다. 페미니즘, 비판적 인종 이론, 동성애자 이론, 포스트모던 사고, 후기식민주의 이론에 기반하고 있는 비판적 장애 연구는 장애 연구에서 새로운 "계약조건(terms of engagement)"이라는 용어를 만들었다.

> 사회정의와 다양성을 위한 투쟁은 발전의 또 다른 차원에서 지속된다: 단순히 사회적, 경제적, 정치적 차원의 발전뿐 아니라 심리적, 문화적, 담론적, 세속적 차원의 발전을 의미한다(Meekosha & Shuttleworth, 2009, p.4).

이러한 주장은 비판적 장애 연구가 교차성, 즉, 장애와 다른 사회적 분류(예, 성별, 인종, 계층 등)가 교차하는 지점을 좀 더 미묘하고도 복합적으로 탐구하기 위해 비판 이론을 내세울 것이라는 것을 의미한다. 다시 말해, 구체적 형태를 갖추고, 성적, 인종적, 계층적 특징을 반영한 장애에 대한 해석을 의미한다.

Meekosha와 Shuttleworth(2009)는 장애 연구의 "소위 해방적 접근법"에 대해 다소 강력하게 비판하면서 다음과 같이 주장하였다.

> ─
> 해방적 접근법은 연구 과정을 민주화하는 데 기여했지만, 반면 연구자의 방법론적이고 이론적인 전문지식을 상호작용, 의미, 이념과 계층의 정체를 드러내는 분석 과정에서의 비판적-해석적 기술(critical-interpretive skills)이 아니라 단순한 기계적 기술(technical skills)로 여겼다(p.8).

위에서 언급한 것처럼 해방적 연구 모형을 사용하는 연구자들 사이에 드러난 내적 불일치와 비판적 장애 연구(CDS)로부터 제공된 비평은 "장애를 결함을 가진 사람들과 그들의 자연적, 사회적 환경 간의 복잡하고 구체화된 관계로써 나타낼 수 있는 연구 패러다임이 있는가?"라는 질문을 제기하게 되었다. 이 질문에 대한 답은 바로 "변혁적 패러다임(the transformative paradigm)"이다.

13.2 장애 연구에서의 변혁적 패러다임

장애 소수집단 모형과 사회적 불평등 모형 측면에서의 장애 연구는 해방적 패러다임의 근간이 되었다.

Sullivan(2009)이 언급했듯이, 해방적 패러다임은 이러한 장애 모형들에 대응하기 위해 등장하였고, 참여적 방식에 우선순위를 두고, 장애를 가진 사람들에게 권력을 부여하며, 연구에서의 불평등 관계에 이의를 제기함으로써 연구의 접근법을 변화시켰다. 그러나 변혁적 패러다임의 인식을 이끌어낸 해방적 패러다임을 실행하는 데 있어, 장애를 가진 사람들에 대한 불평등한 상태를 유지하려는 권력과 특권의 문제를 다루게 됨으로써 일부에 의해 긴장감이 조성되었다. 변혁적 패러다임은 문화적으로 다양한 집단의 구성원들이 사회정의를 강조하는 관점에 몰입하게 하는 철학적 가정의 틀이다(Mertens, 2009, 2010). 해방적 패러다임과 변혁적 패러다임 사이의 관점의 차이는 [표 13.1]에 제시되었다.

변혁적 패러다임은 장애 공동체에서의 연구를 위한 틀을 제공한다. 이러한 연구의 틀은 공동체 내의 다양성을 다루고, 공동체 내의 장점을 기반으로 하는 것을 목표로 하며, 소외된 다른 집단과의 결속을 다지고, 사회-문화적 관점에서 정체성 정치학(identity politics)을 변화시킬 수 있다. 비판적 장애 이론은 변혁적 패러다임과 잘 맞는 하나의 이론이다. 그러나 변혁적 패러다임은 장애에 기초한 차별과 성, 인종, 민족, 나이, 종교, 국적, 이민, 그리고 다른 다양성 관련 차원에 기초한 차별과 억압 사이의 교차 지점을 다루는 형이상학적 상부구조를 제공한다. 변혁적 패러다임의 특성은 아래와 같다.

표 13.1 해방적 패러다임과 변혁적 패러다임의 비교(Mertens, 2009; Sullivan, 2009)

	해방적 패러다임	변혁적 패러다임
초점	장애에만 집중함	장애, 성별, 인종, 사회계층, 성적 경향성 등을 포함하는 권력과 특권에 대한 차별화된 접근성과 관련된 다양성에 초점을 둠
연구자 및 연구 참여자의 역할	연구 참여자가 "자신의 상황을 인지하고 있으며, 연구 결과를 읽을 준비가 된(Sullivan, 2009, p.77)" 것으로 가정함	팀으로의 접근; 동반자로서의 인식을 형성함; 능력 배양의 과정을 거치는 것이 반드시 필요함
연구 모형	참여적 실행 연구; 해석적 접근	다양하고 혼합된 모형; 문화적 차이를 존중함; 다양한 요구를 지원함
어조	"그들"이 아닌 "우리"의 논조를 유지함	억압적인 구조를 타파하기 위해 함께 노력해야 할 필요성이 있음을 주장함

변혁적 패러다임: 기본 신념 체제

Egon Guba, Yvonna Lincoln, Norman Denzin의 논문을 기초로 하여 볼 때(Denzin & Lincoln, 2005; Guba & Lincoln, 2005), 변혁적 패러다임은 네 가지 기본 가정, 즉, 가치론(윤리의 본질), 존재론(실재의 본질), 인식론(지식 및 인식주체와 알려진 것 간의 관계의 본질), 방법론(체계적 탐구의 본질)에 의해 정의된다. 변혁적 가치론의 가정은 모든 일련의 변혁적 가정을 위한 지침을 제공한다. 변혁적 가치론의 가정은 인권의 향상, 사회정의의 추구, 문화에 대한 존중의 중요성, 연구자–연구 참여자 관계의 호혜(互惠)의 필요성에 의해 윤리가 정의된다는 믿음에 바탕을 두고 있다. 그렇기 때문에, 변혁적 연구는 더 공정한 사회를 이루기 위하여 억압적이고 힘의 논리에 기반한 현재 체제에 도전하고자 한다.

예를 들어, 미국에서 장애 아동을 성별과 인종에 따라 구분하여 인식하는 것은 인권이라는 관점에서 살펴보는 것이며, 이러한 상황을 설명할 수 있는 보다 포괄적인 사회적 조건을 다룰 수 있는 연구 수행의 필요성을 제기한다. 남성, 특히 소수 인종 집단의 남성은 장애를 가진 것으로 인식될 가능성이 여성보다 두 배 정도 높다(Gravois & Rosenfeld, 2006; U.S. Department of Education, 2004).

변혁적 가치론의 가정은 장애 공동체 내의 다양성에 대한 인식을 자극하고, 연구자들이 다음과 같은 질문을 하도록 유도한다. 인종을 불문하고 여학생들에 대한 인식 정도가 낮은가? 다양한 장애(예, 학습장애 또는 자폐증)에 대한 지표들이 남학생과 여학생 사이에 또는 지배 집단의 구성원과 소수집단의 구성원 사이에서 어떻게 다르게 나타나는가? 부모들이 자녀의 장애 여부를 확인하거나 확인하지 않게 하는 동기는 무엇인가? 이러한 동기가 인종/민족에 따라 어떻게 다른가? 장애를 가진 것으로 인지되는 아이들에게 제공되는 서비스의 질은 어떠한가? 그리고 이것은 장애의 형태, 성별, 인종, 또는 민족에 따라 어떻게 다른가? 어떻게 장애에 대한 진단 및 알선 전략이 문화적으로 더 공정하게 조정될 수 있는가? 어떻게 특수교육 서비스의 질이 학생들 간의 문화적 차이에 더 대응하도록 개선될 수 있는가? 특수교육 서비스의 질과 이후 삶의 성공 사이의 관계는 어떠한가? 배제와 분리를 용납하기 위해 장애 옹호자가 제안한 특수교육이라는 용어를 사용하는 것은 어떤 의미를 갖는가?(Mertens, Holmes, & Harris, 2009; Mertens, Wilson, & Mounty, 2007) 성별과 장애의 교차 지점에 대한 관점에 공헌했던 다른 연구자들로는 Fine과 Asch(1988; Asch & Fine, 1992), Doren과 Benz(2001), Rousso(2001) 등이 있다.

존재론적으로, 변혁적 패러다임은 후기실증주의와 구성주의 패러다임에서 정의된 실재의 본질에 대해 의문을 갖는다. 후기실증주의자들은 발견되기를 기다리고 일정 확률 내에서 포착될 수 있는 하나의 실재가 있다는 관점을 취한다. 구성주의자들은 연구자와 피연구자가 공동으로 의미를 구성할 수 있는 지점에 사회적으로 구성된 실재가 다양하게 존재한다는 관점을 취하고 있다. 그러나 변혁적 패러다임의 존재론적 가정은 가능한 하나의 실재에 대한 다양하고 많은 견해가 존재하며, 권력에 대한 차등적인 접근이 실재에 대한 특정 생각에 특권을 준다는 것을 의미한다(Mertens, 2009, 2010). 그러므로 연구자는 실재에 대한 다양한 견해를 밝혀내고, 어느 견해가 사회정의와 인권을 발전시키는 데 가장 합치하는지를 검토할 책임을 가지고 있다. 이는 불평등과 불평등으로부터의 회복에 관련된 문제들을 정확하게 밝혀내기 위해 연구자가 각각의 문화적 맥락에 얼마나 익숙해져야 하는가 하는 문제점을 야기한다.

이러한 관점은 연구자들로 하여금 공동체 구성원들에게 믿을 수 있고 유용한 것으로 여겨지는 연구를 실행하기 위해 공동체 문화에 대해 충분한 기본 지식을 갖출 필요가 있고, 그러한 기본 지식에 한계가 있을 수 있다는 것을 인식할 필요가 있다는 인식론적 가정으로 연결된다. 미국심리학회에서 권고하는 것처럼(American Psychological Association, 2002), 친

사회적 변화의 대리인으로 봉사하기 위해 연구자들은 인종주의, 편견, 선입견, 모든 형태에 있어서 불평등과 싸우기 위해 다양성과 관련된 다양한 영역에 대한 충분한 이해가 필요하다. 변혁적 존재론적 가정은 연구자들이 다양한 차이에도 불구하고 래포(rapport)를 형성하고, 공동체 구성원들의 신뢰를 얻고, 그들 스스로의 선입견을 생각해보고 인식함으로써 문화적 역량의 수준에 도달하려고 노력하게 된다는 점에서 인식론적 입장으로 이어진다(Endo, Joh, & Yu, 2003; Symonette, 2009).

변혁적 패러다임은 공동체에서 발견되는, 하지만 흔히 간과되는 장점들에 초점을 두고 있기 때문에, 고유의 후기식민주의 이론들(Barnes, McCreanor, Edwards, & Borell, 2009; Bishop, 2008; Chilisa, 2009; Cram, 2009; Denzin, Lincoln, & Smith, 2008; LaFrance & Crazy Bull, 2009), 동성애자의 성적 차별성에 초점을 두는 퀴어 이론(queer theories) (Dodd, 2009), 비판적 인종 이론(Thomas, 2009)과 페미니스트 이론(Brabeck & Brabeck, 2009) 등과 잘 맞는다는 것은 매우 당연하다.

장애 공동체에 대한 연구에서 이러한 이론적 관점들과 장애 권리 이론들을 통합시키는 것이 어떤 장점이 있는지는 이 장의 저자인 Mertens의 학생들 중 한 명이 Māori 고유의 이론들에 대해 읽은 뒤 작성한 논평에 잘 반영되었다. Heidi Holmes는 미국 수화 공동체의 구성원인 청각장애 여성이다. 그녀는 장애가 없는 한 저자에 의해 작성된 Māori에 대한 학문적 문헌을 읽고, 이 문헌이 장애, 청각장애, 또 다른 다양성에 대한 언급이 부족하기 때문에 Māori 공동체에 대한 단면만을 보여주고 있음을 지적하였다(Cram, Ormond, & Carter, 2004; Smith, 2005). 그녀는 장애와 청각장애를 포함한 Māori 공동체 내의 다양성에 대한 관점들을 인식할 필요성과 그런 인식이 가져올 수 있는 장점을 다음과 같이 언급하였다.

> Māori 공동체에서 다양성은 어떠한가? 그들은 모두 같은가? 청각장애의 관점에서, Māori 가치/문화는 청각장애 공동체와 어느 정도까지 겹치는가? 분노, 좌절, 차별, 억압에 대한 공유된 인식이 있다. … 청각장애인들을 연구하는 것은 어떠한가? 우리는 청각장애 문화 내에서 난청, 달팽이관 이식, 청각장애 등과 같은 다양한 문화적 가치를 제시해야 하나? Māori에 대한 연구에서 사용하였던 것처럼 청각장애인 집단에 대한 한 가지 접근법은 없다. 이러한 접근법이 Māori에 어떻게 작동하는가? 그들은 모두 같은가?(Heidi Holmes, personal communication, February 5, 2006)[2, 3]

다양성을 인식하는 것은 본래의 일반 공동체, 장애 공동체, 청각장애 공동체들 사이의 겹치는 영역에서 연구를 실행하기 위해 필요하다.

일반인들과 장애인들 사이의 공통된 영역에서 연구를 실행하는 것의 중요성은 미국의 수화 공동체 내에서 제안된 연구에 오스트레일리아 원주민의 "고유 권한 위임사항(ITR: Indigenous Terms of Reference)"[4] (Osborne & McPhee, 2000)이 적용된 것에서 증명되었다(Harris, Holmes, & Mertens, 2009).

> ITR은 연구의 초점을 결정할 때 공동체가 믿고 있는 것을 고려할 필요가 있고, 어떻게 그 문제가 다뤄질 것이며, 공동체가 그 문제에 부여한 어떤 특별한 조건이 있는지를 명백하게 인식하기 위해 개발되었다. 무엇이 문제이고, 그것이 어떻게 다뤄져야 하며, 무엇이 고려될 필요가 있는지를 결정하는 데 공동체에 권한이 부여된다. 공동체의 관점과 지침들의 결합이 ITR을 구성한다(Osborne & McPhee, 2000, p. 4).

ITR과 이로부터 응용된 청각장애인 및 장애 공동체에 대한 권한 위임사항은 하나의 동질적인 Māori 공동체, 장애 공동체, 또는 청각장애 공동체가 있다고 전제하고 있다는 점에서 문제가 있다. Harris, Holmes, Mertens(2009)는 권한 위임사항을 제안하였던 공동체를 무엇이라고 부를지를 결정하기 위해 고민하면서, 인종, 민족, 성별, 성적 편향, 국적, 종교와 같은 특성들의 측면에서 청각장애 공동체 내에 다양성이 존재함을 인식하였다. 그러나 또한 그들은 구두의 혹은 시각적 의사소통 체제를 사용하는 데 있어서 청각장애 공동체와 독특하게 관련된 다양성의 측면들이 있음을 알게 되었다. 시각적 의사소통 체제는 미국의 수화, 구화와 수화를 조합한 언어전달법, 정통 영어를 기반으로 한 수화, 혹은 미국 이외의 영어권 영어를 기반으로 한 수화 등을 포함한다. 그들은 청각 능력을 향상시키기 위해 일부 청각장애인이 사용하는 보청기와 달팽이관 이식과 같은 청각보조기기의 사용에 주목하였다. 그들은 또한 수화에 대한 옹호자와 입모양을 보고 다른 사람들의 말을 이해하는 독화술 옹호자들 간의 논쟁의 역사를 인식하였다. 그래서 그들은 청각장애인들의 공동체와 문화뿐 아니라 수화 집단에 대한 경험과 헌신이 있는 사람들을 지칭하는 "미국 수화 공동체"(청각장애인이 아니고)의 권한 위임사항을 쓰기로 결정하였다.[5] 그러나 수화 공동체를 연구하는 데 관심이 있는 연구자들은 항상 청각장애인들과 수화 공동체 사이에 존재하는 복잡성을 깨달아야 한다.

우리는 지금부터 장애 공동체에서의 연구를 위해 보다 폭넓게 정의된 미국 수화 공동체의 권한 위임사항 (Harris, Holmes, & Meretens, 2009)의 적용을 제시하고자 한다. 이는 다양한 공동체들을 동질 집단으로 논의함으로써 발생하게 되는 긴장감과 사회에서 소외된 공동체들에 대한 인식의 필요성을 바탕으로 제안되는 것이다. 장애 권한 위임사항(Disability Terms of Reference)은 다음과 같은 내용을 포함한다.

1. 장애 공동체 내의 의미와 지식의 구성에 대한 권한은 그 공동체 구성원들에게 있다.

2. 연구자들은 장애 공동체 구성원들이 다른 사람들과의 상호작용 속에서 충분히 고려할 만한 가치가 있다고 생각하는 것들을 가질 권리가 있다는 것을 인정해야 한다.

3. 연구자들은 공동체 구성원들에게 영향을 주는 모든 협상 또는 거래에서 장애 공동체의 세계관을 고려해야 한다.

4. 연구자들은 장애 공동체에 대한 권한 위임사항을 적용할 때, 다양한 경험, 이해, 그리고 그들의 현재 문화를 반영할 수 있는 방법을 생각해야 한다.

5. 연구자들은 장애 공동체의 권한 위임사항이 고려되는 정도를 타당화하고 평가하는 데 의미 있는 참조 집단의 관점과 인식이 반영되고 있는지를 확인해야 한다.

6. 연구자들은 문화적 긴급성, 사회적 요구, 우선권을 충족시킬 수 있는 방법을 결정하기 위한 준거를 고려하고 결정하는 적절한 과정들을 수립하기 위해 장애 집단들 내에서 그들과 함께 협상해야 한다. (Harris, Holmes, & Mertens, 2009, p.115에서 발췌)

장애 권한 위임사항은 변혁적 패러다임과 일치하는 방법론적 시사점으로 이어진다. 변혁적 방법론적 가정은 기존에 관점에서 가지고 있던 가정들로부터 자유로우며, 장애 공동체 구성원들의 다양성과 참여에 초점을 둔다. 변혁적 패러다임에서의 연구는 다수의 해석적 연습의 장이다. 그것은 특정한 일련의 또는 고유의 방법을 가지고 있지 않다. 변혁적 연구 접근법은 몇 개의 이론들, 방법들에 의존한다. 양적, 질적, 또는 혼합 방법들이 이용될 수 있다. 그러나 방법론의 측면에서 질적 방법을 포함하는 것은 연구자와 공동체 구성원들 간의 대화를 이루기 위해 중요하다. 혼합 방법 설계는 공동체의 정보 요구를 다루기 위해서 고려될 수 있다. 그러나 방법론적 결정은, 특히 그것들이 차별과 억압과 관련될 때, 맥락적 그리고 역사적 요인들에 대한 의식적인 인식과 함께 이루어져야 한다. 그래서 연구자와 장애 공동체의 동반자 관계 형성은 연구에서 방법론을 결정할 때 매우 중요하다.

전반적으로 변혁적 패러다임은 억압, 차별, 권력 차이에 관련된 문제들을 다룰 때 연구자가 어떠한 역할을 해야 하는가를 제시하는 데 유용한 틀을 제공한다. 변혁적 패러다임은 누구에게 특권이 부여되어야 하는가에 대해 많은 장애 공동체 구성원들이 겪고 있는 권력 불평 등의 문제에 초점을 둔다. 변혁적 인식론적 가정은 특히 연구가 장애 공동체의 구성원들과 비구성원들의 팀에 의해 행해질 때, 연구를 통제하는 사람의 측면에서 연구자들 사이의 관계의 본질에 대해 의문을 제기한다. 변혁적 방법론적 가정들은 장애 공동체 내의 주제를 연구하는 데 관심이 있는 연구자들이 그 공동체 자체에 의해 개발된 연구 지침을 따르도록 고무한다. 변혁적 가치론적 가정은 장애 공동체 내에서의 연구와 관련한 의사결정에서 사회정의와 인권 문제들을 최우선순위에 둔다.

13.3 장애인의 삶을 변혁시킨 연구의 예

변혁적 연구의 많은 예들은 연구자와 더 넓은 사회에 대해 변혁적 영향을 미칠 뿐 아니라 연구 참여자들의 삶을 변화시킬 수 있는 가능성을 보여주고 있다. 이 장에서는 사회의 주변부로 밀려난 사람들의 삶을 변혁시킨 네 가지 연구의 예를 제시하고자 한다. 여기서 제시할 네 가지 연구 외에도 환자 스스로가 자신을 대상으로 하는 연구에 참여한 Abma(2006)의 연구; Cushing, Carter, Clark, Wallis, Kennedy(2009)의 장애인과 함께한 변혁 연구; Horvath, Kampfer-Bohach, Farmer Kearns(2005)의 청각장애인과 시각장애인이 참여한 연구; Kroll, Barbour, Harris(2007)의 장애인으로 구성된 포커스 집단을 이용한 연구; Rapaport, Manthorpe, Moriarty, Hussein, Collins(2005)의 장애인들과 함께 한 기존의 연구 결과에 대한 지지 연구; Ryan(2007)의 장애인과의 질적 연구를 행한 호주에서의 연구; 뉴질랜드 학교에서 장애 아동들의 대리인 혹은 목소리를 증진시키는 데 중점을 둔 MacArthur, Gaffney, Kelly, Sharp(2007)의 협력적 연구; 뉴질랜드 크라이스트처치에서 학교에서의 삶으로부터 학교 후 삶으로의 변혁기에 있는 다운증후군을 가진 젊은 성인들에 의해 주도된 초점 집단 연구 등이 있다 (Gladstone, Dever, & Quick, 2009).

13.4 청각장애인과 난청인의 법정 접근성

Mertens(2000)는 미국에서 청각장애인과 난청인의 법정 접근성에 대한 연구를 수행하였다. 미국에서 청각장애인과 난청인의 법정 접근성은 청각장애인과 난청인 사이의 다양성을 반영할 수 있도록 신중하게 선택된 자문위원회에 의해 주도된다. 청각장애인과 난청인의 다양성은 법정에서의 지위(청각장애 판사들, 청각장애 의뢰인과 일하는 변호사들, 통역사들, 사법 교육자들, 청각장애 공동체와 관계된 사건들을 수사하는 경찰관들) 뿐만 아니라 청력 상태, 의사소통 양식(미국 수화, 독화술), 청각보조기기의 사용(달팽이관 이식, 보청기) 측면으로 나타난다.

전환 패러다임의 가정에 기초하여, 자료 수집은 연구자(Mertens)와 자문위원회 구성원들이 법정에서 청각장애인과 난청인이 직면한 어려움을 어떻게 파악할 수 있을까에 대해 토론함으로써 시작되었다. 이러한 토론을 통해 효과적인 의사소통을 지원하기 위해 요구되는 도움이나 조절이 무엇인지를 알게 되었을 뿐 아니라 청각장애와 난청 공동체에 관련된 다양성이 반영된 법정에서 청각장애인과 난청인의 경험에 대한 자료를 수집하는 데 초점 집단(focus group)을 사용할 필요가 있음이 드러났다.

한 초점집단은 청각 및 청각장애 공동 조정자들, 영어 수화 통역사들, 법원 속기사들을 포함하였는데, 초점집단 활동이 진행되는 동안 방에 설치된 커다란 TV 스크린에 오가는 내용을 실시간 자막으로 보여주었다. 또한 여기에는 수화를 언어로 인지하지 못하는, 낮은 수준의 문해력을 지닌 청각장애 남성뿐만 아니라 손으로 의사소통 내용에 대한 신호를 보내는 통역사를 동반한 청각장애 및 시각장애 여성을 포함하였다. 낮은 수준의 문해 능력을 가진 청각장애 남성을 위해 청각장애 통역사는 분쟁 조정자가 묻는 질문들을 전달하기 위해서 판토마임과 몸짓이 결합된 신호를 사용하였다. 적절한 지원을 제공하기 위하여, 연구자는 그 공동체 내의 다양성과 의미 있고 효과적인 의사소통을 지원하기 위해 필요한 것들을 깊이 있게 이해할 필요가 있다.

이러한 수준의 지원은 목표된 대상(targeted population)을 위한 법정 접근성을 개선하도록 이끌어갈 수 있는 사법교육의 근간으로서 다양한 청각장애 및 난청인의 경험을 알아내기 위하여 필요하였다. 연구자는 후속 단계들에서의 연구 방법을 결정하기 위해 연구의 각 단계로부터 수집된 자료를 이용하였다. 이런 이유로, 자문위원회와의 회의는 질적 자료 수집의 한 과정이 되었다; 핵심 집단 자료는 관련된 다양성의 관점에서 차이가 여전히 존재하는지를 판단한 후에 분석되었다. 판사들, 사법 교육자들, 그리고 각 주의 청각장애 또는 난청 옹호자들로 구성된 사법 팀을 위한 훈련의 효과성에 대한 자료를 수집하기 위해 후속적으로 참여자 관찰과 양적 설문조사가 이용됐다. 이 연구는 그 시작점에 청각장애인과 난청인의 목소리를 포함하였고, 효과적인 의사소통을 지원하기 위해 적절한 방법을 활용하였으며, 연구를 진행하는 과정에서 꾸준히 간과된 목소리가 없는지를 비판적으로 성찰하였으며, 사법 훈련의 개발과 실행에 청각장애인과 난청인을 포함하였고, 청각장애인과 난청인을 포함한 법정에 대한 접근성을 높이는 역할을 하는 팀을 형성하였다는 측면에서 변혁적 관점의 연구로서 의의가 있다.

한편, Mertens가 영국에서 이 연구에 대해 발표하기 위해 초대되었을 때, 청중 속에 있던 한 교수가 영국에서는 그러한 문제들이 없었다고 진술하였다. 사실, 그들은 최근에 같은 주제에 대해 한 학생으로 하여금 학위논문을 쓰도록 하였다. 그 학생은 법정이 통역사를 가졌었는지 묻기 위해 모든 법정에 설문지를 보냈고, 모든 법정들은 그들이 통역사를 가졌었다고 회신하였

다. 위의 연구에서 제시한 미국의 상황과는 다소 대조적이었다.

13.5 청각장애 학생을 위한 교사훈련

Mertens, Holmes와 Harris(2008)는 변혁적 순환 접근법(a transformative cyclical approach)을 사용했던 한 교사훈련 프로그램에 대한 평가를 실시하였다. Gallaudet 대학에서의 교사훈련 프로그램은 유색인 교사들 그리고/또는 청각장애 또는 난청 교사들이 추가적 장애를 가진 청각장애 또는 난청 학생들을 가르치도록 준비시키기 위해 설계되었다. 변혁적 패러다임에 따라 Mertens는 청각장애 공동체 내의 다양성에 대한 자신의 지식을 활용하여, 그러한 다양성을 대표할 수 있는 연구팀을 소집하였다. 청각장애, 달팽이관 이식 난청인 등으로 구성된 연구팀은 연구 계획서와 7년간의 연례 보고서와 같은 프로그램 관련 문서들을 모두 숙독하였다. 그들은 어느 문제들이 중요한지 이해하고 있다고 가정하지 않았고, 프로그램 졸업생들을 위해 개최되는 반성적 세미나를 관찰할 수 있도록 요청하여 그 허가를 받았다.

이러한 관찰 자료는 세미나 참가자들에게 사용할 면접 질문을 개발하기 위한 기초자료로 활용되었다. 의사소통에서의 차이들을 수용하기 위해, 청력을 지닌 연구자들과 난청 연구자들이 유사하게 청력을 지닌 교사들과 난청 교사들을 면접하였다. 청각장애를 가진 연구자들은 미국 수화를 이용해 청각장애 교사들을 면접하였다. 변혁적 관점의 활용은 해당 교사들이 초기 직무 배치에서 부딪혔던 불평등한 조건에 대한 그들의 준비도에 대해 관심을 갖고, 다양성을 나타내고 있는 학생들을 위해 준비한 것들, 즉 의사소통 양식의 선택, 모국어, 그리고 추가적 장애의 형태 등이 이들에게 적합한 것인지에 대해 인식하게 하였다. 이러한 자료는 세미나에 참석하지 않았던 프로그램 졸업생들도 유사한 경험

을 했었는지를 파악하기 위한 온라인 설문지 개발에 활용되었다.

연구자들은 다양성의 중요성을 인지함으로써 영어 이외의 언어를 모국어로 가지고 있거나 영어를 전혀 배우지 않고 학교에 오는 아이들을 직면하였을 때 신임 교사들이 겪을 수 있는 어려움을 밝혀내었다. 그들은 또한 청각장애 학생들에 대한 소외 경험과 이들에 대한 다른 교사들의 낮은 기대 수준을 보고하였다. 후속 자료들은 현장노트, 면접, 온라인 설문조사로부터 수집되었다. 이러한 자료들은 신임 교사들이 직면하는 어려움을 분명하게 보여주고, 순환적 변혁적 접근법을 사용함으로써 교사준비 프로그램에 초래될 수 있는 잠재적 변화들에 대한 기초자료를 제공한다.

낮은 기대와 소외. 나는 졸업할 때 가르칠 준비가 되었다고 생각하였다. 그때 교장 선생님은 나에게 학생 명단과 교실을 주고는 나의 일에 관여하지 않았다. 나는 전적으로 혼자였다. 교장 선생님은 내가 단지 수화를 가르칠 것이라고 생각했기 때문에 다른 교사들처럼 주간 계획서를 제출하도록 요구하지 않았다. 그러나 나는 교장 선생님에게 나는 실제로 가르치기 위해 여기에 있다고 말하였다. 학생들과 나는 야외행사나 집회에 초대되지 않았다. 그 첫해는 정말로 나에게 상처를 주었다. 그래서 나는 학교를 바꿨고 새 학교는 훨씬 좋았다. 나는 지금 청각장애 학생들도 배울 수 있다고 믿는 사람들이 있는 학교에 있다(Graduate student fieldnotes, May 2007).

학생들 신체에 있어서의 다양성. 나의 학생들은 5살 미만이고 언어를 전혀 모르며 그들의 행동은 엄청나다. 그들은 일 분 동안도 가만히 앉아 있을 수 없다. 아이들은 울고 불고 난리를 치며, 학교 건물에서 뛰어 나간다. 나는 이러한 아이들에게 언어를 가르쳐야 한다. 나는 그들이 행동하고 다른 사람들과 상호작용하는 것을 배우기 시작하는 것을 본다. 나의 가장 큰 도전은 세 아이가 동시에 학교로부터 달아나는 것을 보고 있는 것이다. 나는 어느 아이를 뒤쫓아야 하나? 한 아이는 빗물배수관으로 들어갔다. 나는 유일한 한 명의 교사이고 한 명의 보조교사가 있다 하더라도 우리가 쫓을 수 없는 한 아이가 여전히 존재한다(Program graduate interview, May 2007).

온라인 설문조사 결과는 Gallaudet 대학에서 단지 소수의 졸업생들(13%)만이 멘토를 가지고 있었음을 나타내었다. 대략 절반 정도의 졸업생들(47%)은 그들의 교직생활 첫해 동안 그들의 학교에 멘토가 있었다고 보고하였다. 면접 조사를 위한 문항들은 설문조사를 통해 얻은 양적 자료와 면접 및 현장기록으로부터 얻은 질적 자료를 결합하여 만들었다. 이렇게 수집된 자료는 신임 교사들이 직면했던 도전들을 다루기 위해 필요한 지원이 부족하다고 느꼈음을 보여주고 있다.

면접, 현장기록, 설문조사로부터 습득한 자료는 교육 실습을 위한 장소로 제공됐던 협력학교의 교사와 직원들에게 발표되었다. 대학 교수들 또한 그들의 최근 졸업생들에 의해 제기된 문제들에 대해 응답하도록 요구되었다. 교수들은 졸업생들이 졸업하여 일하게 되는 상황과 조건을 제대로 인식하고, 그러한 내용을 교사 준비과정에 포함시키는 데 관심을 나타냈다. 대학 교수들은 신임 교사들을 위해 지속적으로 지원을 제공하기 위한 절차에 들어갔다.

연구의 결과를 검토한 후, Gallaudet 교육학과는 2007년 가을학기 동안에 온라인 교육실습 세미나를 개설하였다. 교육실습 세미나는 Black Board 전달체제를 이용한 온라인 형태로 교육실습과 함께 이루어졌다. 처음 피드백은 아주 긍정적이었다. 교육학과는 단지 다양한 특수교육 프로그램에 있는 학생들에게뿐 아니라, 각과 교육영역의 교육실습생이나 졸업생들을 위해 온라인 세미나 강좌를 개설하기로 결정하였다. 해당 온라인 세미나 과목의 목적은 단지 교수로부터뿐만 아니라 전국에 있는 다른 신임 교사들과 학생들로부터 지속적인 지원을 제공하는 것이다. 연구 결과는 학생들의 다양성에 대응하고 심한 차별에 맞서 일하도록 하기 위해 신임 교사들을 더 잘 준비시킬 필요성이 있음을 보여주었다. 이러한 연구 결과를 바탕으로 교육실습생들의 학습지도 능력을 향상시키기 위해 다른 영역의 학생과 교수를 함께 참여시킨 온라인 세미나 과목을 개발함으로써 변혁적 주기(transformative cycle)가 완료되었다.

13.6 뉴질랜드에서의 척수외상 연구

세계 다른 지역에서의 변혁 연구로는 Martin Sullivan과 그의 동료들(Derrett, Crawford, Beaver, Fergusson, Paul, Herbison)의 연구가 있다. 이들은 현재 뉴질랜드에서 척수외상을 겪는 첫 두 해와 해당 병동에서 사회 공동체로 변혁하는 것에 대해 연구하고 있다. 이 연구의 목적은 (1) 신체, 자아, 사회 사이의 상호 연관성이 어떻게 척수손상을 가진 집단의 삶의 변화, 삶의 선택, 주관성을 형성하는지 탐색하고, (2) 재해보상위원회를 통한 재활과 보상 등의 복지가 어떻게 사회경제적 결과와 건강상의 결과에 영향을 미치는가를 조사하는 것이다.[6] 그 팀의 구성원들은 대부분 척수손상을 가지고 있고, 이 프로젝트의 참여를 통해 그들 스스로의 연구 기술을 발전시켜 나갔다. 이 연구는 양적, 질적 연구 방법을 함께 사용하는 변혁적 평행 설계(transformative parallel design)를 활용한다. 양적 자료는 2년 여 동안 선발된 모든 연구 참여자들과의 세 번의 구조화된 면접을 통해 수집될 것이다. 첫 번째 면접은 척수손상 4개월 후에 이루어진다. 이는 연구 참여자들이 병원을 퇴원하기 전에 척수손상을 갖고 있는 훈련된 병원 내에 있는 면접자들에 의해 행해지는 면대면 면접이다. 두 번째와 세 번째 구조화된 후속 면접은 척수손상 후 12개월과 24개월 시기에 전화로 행해질 것이다. 면접 시기의 선택은 신체적 손상의 결과를 연구하는 데 있어 적절한 시점을 제시한 국제적 권고를 따른 것이다(van Beeck et al., 2005).

이러한 세 가지 구조화된 면접들은 척수손상을 가진 사람들이 어떤 세상에 살고 있는지를 보여주기 위해 설계되었다. 그들이 살고 있는 세상이란 삶의 변화, 태도, 건강상태, 지원서비스, 직업과 수입, 개인적·사회적 관계, 삶의 만족 등을 의미하며, 이는 그들의 주관성을 창조하는 데 기본 틀을 구성한다. 연구 참여자 중 20명에 대해서는 두 개의 또 다른 면대면 면접을 계획하고 있는데, 이는 드러나는 현상에 깔려있는 깊은 의미를 파악하고, 그러한 의미와 현상이 그들의 삶의 선택과 주관성을 형성하는 데 어떻게 관여하고 있는지를 심도 있게 탐색하기 위한 것이다. 척추과의 과거 환자들로 구성된 위원회의 조언에 따라 이러한 면접들은 분명한 이유를 갖고 척추과에서 퇴원한 후 6개월과 18개월이 경과됐을 시점에 행해질 것이다. 6개월이 경과되면 적어도 위험을 무릅쓰고 더 넓은 세상으로 나아가는 것을 생각해볼 수 있도록 개조된 집과 다양한 개인적 지원들에 적응되어야 한다. 18개월이 경과되면, 예측된 신경 회복이 발생했을 것이고, 여생 동안 이 상태로 살아야 한다는 것을 생각하는 시기에 이르게 될 것이다. 다양한 현상으로부터 습득한 사실이나 개인적 관점들로부터 다다르게 된 추론들은 척추손상 이후 2년 동안 그들에게 실제로 무슨 일들이 일어나고 있는지에 대한 이해를 도울 수 있도록 다각적으로 분석될 것이다.

논문 작성 시기인 2009년 9월, 연구 참여자 모집이 완료되었고, 양적 면접의 2회전이 시작되었다. 2회전에서는 첫 번째 면접에서의 수많은 질문들을 반복해서 사용하고, 첫 번째 면접 후에 연구 참여자에게 어떤 변화가 있었는지, 전반적으로 지원 서비스들에 대한 그들의 사용과 만족도, 그리고 특히 개인적 보조원들과 재해보상위원회에 대한 만족도와 같은 질문들을 추가하였다. 이러한 추가된 질문들은 두 번째 질적 면접에서 심도 있게 알아보고자 하는 내용들과 함께 흥미로운 자료를 산출할 것이다.

예비 분석 결과는 연구 참여자들이 대부분의 에너지를 새로운 신체와 새로운 생활을 수용하기 위해 학습해야 하는 상황에 쏟아 붇게 됨으로써 새로운 의미로 무감각, 마비상태가 되어야 함을 제안한다. 그럼에도 불구하고, 연구 대상자들은 매우 높은 연구 응답률을 보였는데, 이들 대부분은 척수손상을 가진 모든 사람들의 생활을 개선하고 변형시키는 데 그들의 경험이 공헌할 수 있기를 바라기 때문이다.

13.7 탈시설화

호주 멜버른에서 Patsie Frawley와 Christine Bigby는 지적 장애를 가졌고 보호시설에 대한 실질적인 전문성이 있는 Alan Robertson과의 협력을 통해 연구에 존재하는 힘의 원리(the research power dynamic)에 문제를 제기하였다(Robertson, Frawley, & Bigby, 2008). 거대 보호시설로부터 주거지를 기반으로 하는 소규모 공동체로 변혁하는 프로젝트를 평가하기 위해 연구자는 "가정과 같은 아늑함(homeliness)"에 대해 확실하게 이해할 필요가 있었다. Robertson과 Frawley는 가정을 방문했고, Robertson은 거주자들과 면접을 하였다. Robertson은 그의 연구 보조원으로서 Frawley에게 부적절한 가구나 배치, 개인 소지품의 부족 등과 관련하여 무엇을 사진으로 찍어야 하는지 지시하였다. Frawley는 녹음된 내용을 글로 옮기고, 대학 환경에서 불편한 Robertson을 위해 사무실로 이용할 적합한 장소를 찾는 데 책임이 있었다. Robertson은 "지역사회에서 삶을 좋게 만들기: 집이 언제 가정이 되는가?"라는 주제로 연구 결과를 발표하기 위해 호주 도처에서 열리는 학회에 참석하였다.

13.8 예측

장애권리 운동과 변혁 패러다임은 장애 연구에 대한 해석적 접근 방법을 위해 제안된 새로운 준거와 밀접하게 연관되어 있다. 첫째, 사회정의에 대한 초점은 연구를 위해 누구를 어떤 조건하에서 지원해야 하는가의 측면에서 자원의 재분배를 요구한다. 둘째, 이 장의 맨 처음에 제시하였던 UN 선언은 개인과 집단 모두의 존엄성이라는 측면에서 인권에 대해 주목할 필요성을 제시한다. 셋째, 장애 공동체들과의 연구는 해당 공동체 내에서 발견되는 다양성뿐만 아니라 이러한 공동체들이 존재하는 사회의 문화적, 민족적 환경의 다양성을 고려하는 적절한 문화적 관여에 기초해야 한다.

연구 준거에서의 이러한 변화는 장애 연구 분야가 10년 후에 어떤 모습으로 진행될지에 대해 예측 가능하게 한다. 변혁 패러다임에 근거한 연구는 연구 방법을 혼합하여 사용하는 것의 장점을 보여주고 있다. 우리는 이 접근법이 변혁 장애 연구에서 규준이 될 것이고, 재생력과 목적적 주관성이라는 측면에서 장애인들에 대한 이야기를 다시 쓰게 될 것이라 예측한다.

병을 치유하고자 하는 사람들과 장애인을 있는 그대로(Aspie[7], People First[8], Deaf[9], neuro-diverse[10]) 인식하려는 사람들 사이에 정치적 갈등이 증가할 것이다. 이러한 갈등은 연구의 형태와 재정 지원에 시사점을 제공한다. 예를 들어, 자폐증에 대한 치유를 추구하는 사람들과 자폐증이 단지 인간 상태의 변형에 지나지 않으며 그들을 문화적 소수자로 주장하려는 사람들(예, the Autistic Self Advocacy Network[ASAN], 2011) 사이에 격렬한 논쟁이 있다. 전자는 신경학적 행동이나 능력의 전형성을 지정하고 자폐증의 치유를 추구하는 반면에, 후자는 신경학적 행동이나 능력의 다양성을 주장하며 그것에 대한 수용, 존중, 공평을 추구한다.

이러한 두 집단 사이의 긴장감은 증가하고 있다. 한 집단은 유명인사들을 내세워 강력한 파워를 갖고 있으며, 보이지 않는 곳에서 권력자들의 관심사를 통해 재정 지원을 획득한다. 다른 한 집단은 자원이 부족하기 때문에 남다른 열정, 국제적 인터넷 네트워트, 의로움과 정의로 부족함을 메우고 있다. 지금까지 ASAN(www.autisticadvocacy.org)은 장애인들을 공동체에 포함하기 위한 투쟁의 한 부분으로 그들을 포함하여 이루어지는 삶의 질 형태에 대한 연구를 요구하고 있다. 의미 있게도, 이러한 활동은 다른 장애 활동가 집단들과 점점 더 연결되고 있다. 다음 10년 동안 어떤 형태의 연구가 행해져야 하며, 어떤 연구에 대해 재정 지원이 이루어져야 하는지에 대해 획기적인 의사결정이 이루어져야 한다. 이러한 결과는 매우 정치적인 것이다. 자폐증의 유전에 대한 과학적 연구 또는 치유의 탐색에 있어 과학적 증거가 부족한 처치를 탐구하는 연구가 필요한가? 또는 전문성을 추구하는 ASAN과 같은 단체들과 함께 행해지는 변혁 연구가 필요한가? 무엇을 변화시킬 필요가 있는가? 현재의 연구 과정 그 자체는 매우 정치적이며, 연구 적용과 윤리적 승인을 얻기 위한 과정들은 시각 또는 지적 결함 등을 가진 많은 사람들이 접근하기 어렵다.

그러나 시대는 변화하고 있다. 미국 정부의 자폐증 자문 위원회(IAAC)는 연구에 대한 전문지식과 조언을 제공하기 위해 자폐증이 있는 구성원들을 포함하고 있다. "누가 나를 대변하는가?" 전투에서의 또 다른 승리를 보여주는 예가 있다. IAAC 분과위원회에서 연설하도록 초대되었던 사람들 중 한 명은 다작 작가이자 시인인 말을 할 수 없는 자폐 여성이었다. 그녀는 타자 치는 것을 배웠고, 그렇게 함으로써 키보드를 사용하는 사람의 손 또는 팔을 지원하는 조력된 의사소통(facilitated communication: FC)으로 알려진 보강적 의사소통 방법을 이용함으로써 말로 의사소통할 수 있게 되었다.

Douglas Biklen은 비록 FC의 발명자는 아니지만 지난 20년 동안 이와 관련되어 중요한 역할을 하였다. 그의 2005년 책 『자폐증과 혼자인 사람에 대한 근거 없는 믿음(Autism and the Myth of the Person Alone)』은 의사소통을 위해 구어를 사용하지 않는 몇몇 자폐증을 가진 사람들의 개인적인 이야기들을 포함하고 있다. FC를 통해 그들은 글자로 쓰여진 자신들의 목소리를 발견했을 뿐 아니라 자폐증의 "혼자 있음"에 대한 신경학적 문화적 가정들에 이의를 제기하였다. 그

러나 FC는 대리인이 그 작업들을 생산해내기 때문에 자폐 참여자들에 대해 거짓된 정보를 줄 수 있다고 믿는 많은 학자들과 행동주의 심리학자들 사이에 분노를 불러일으켰다. 호주 사람인 Lucy Blackman과 같이 자폐증을 가진 많은 개인들이 자신을 도와줄 수 있는 대리인이 수적으로 부족하며, FC로부터 독립적으로 타자 치기를 시작했다고 주장했다는 사실이 FC에 대한 비판을 수그러들게 하지는 않는다(Blackman, 1999).

장애 문화는 유전학과 다른 기술 분야에서 등장하고 있는 우생학적 가능성에 의해 위협받고 있다. 장애인들이 변혁 연구 권한을 얻지 못한다면, 2100년까지 근거 없는 믿음에 기반한 "표준"을 추구하는 유전적 조작으로 인해 인류는 신경학적 행동이나 능력에 있어서 전형적이고 동질적이게 될 것이다(Alper et al., 2002; Parens & Asch, 2000). 우리는 이 장의 맨 앞에 제시한 장애인의 권리에 대한 UN 협약 제1조의 내용이 2100년에 보편적으로 받아들여지고, 인류가 더욱더 독창적이고 흥미 있게 신경학적 행동이나 능력이 다양해지기를 희망한다.

13.9 교수법상의 도전

우리는 누가 장애에 대해 살아있는 경험을 가진 전문가들인지, 그래서 누가 교사와 연구자가 되어야 하는지를 재고할 필요가 있다. 2008년 전성기에 유명을 달리한 Christopher Newell(2006; Goggin & Newell, 2005)은 변혁적 교수법을 체화하였던 의학 윤리학자이자 성직자이자 장애 활동가였다. 그는 장애인을 위한 보호시설에서 직장 생활을 시작했고, 의대생들에게 윤리학을 강의하는 부교수로 생을 마감하였다. 몸이 아팠을 때, 그는 병상에서도 Hobart 병원에 있는 계단식 강의실로 휠체어를 타고 가 강의를 하였다. 그는 학생들이 직업적인 삶에서 만나게 될 장애인들에 대한 존엄성을 갖도록 하기 위해 그의 가장 취약한 그리고 장애

를 가진 부분을 학생들에게 보여주었다. Christopher 는 철저히 학구적인 활동가였다. 그는 탄탄대로를 선택하지 않고, 버려진 사람, 극빈자, 외로운 사람, 장애인이었던 많은 사람들에게 친구가 되어 주고, 조언을 해주고, 그리고 지원할 수 있는 가시밭길을 선택했던 성공회교 사제였다. 그가 호주인의 의식과 대중의 삶에 심어주기 위해 애썼던 과업은 장애를 다른 사람의 손으로부터 장애를 가진 사람의 손으로 이동시키는 것이었다(Newell, 2005).

지적 장애를 포함하여 다양한 장애를 가진 많은 사람들의 고등교육에 대한 요구가 높아지는 이 시점에 학계는 이에 대해 잘 대처해야 할 필요가 있다. 더블린에 있는 Trinity 대학은 일반 학부 수업에 지적 장애를 가진 학생들을 등록시키고 있다. 둘씩 짝짓는 방식(2인 1조제)을 이용하여, 그 학생들은 다른 Trinity 대학의 선택 수업을 들을 수도 있다(O'Brien et al., 2008).

이러한 움직임들은 학계의 기본적인 생각에 도전이 되고 있다. (학술적이 아닌) 일반적 언어나 수화로 된 박사학위 논문이 용인되거나 심지어 바람직한가? 학문적인 패러다임을 이용하지 않을지 모르는 사람들을 위한 공식적이고 학문적이지 않은 문헌 사이트, 블로그, 개인적 이야기들에 더 많은 가치가 주어져야 하는가? 언어는 어떤가? 누가 사용을 용인할 권한을 가질 것인가? 어떻게 지적 장애를 가진 사람들을 포함하여 다양한 장애인들이 학문적 저널과 다른 출판물들의 편집위원회에 포함되게 할 것인가? 연구비에 대한 접근은 어떤가? 이와 같은 질문들이 제기된다. 위에서 언급하였듯이, 연구의 적용과 심사 과정은 장애를 가진 연구자들의 요구에 더욱 맞춰져야 할 것이다.

언어와 관계없는 장애를 가진 학생들—일부 학생들은 이전에 보호시설로 보내졌던—은 고등교육을 이수할 수 있는 자격을 성공적으로 획득했으나 적절한 지원을 찾는 데 어려움을 겪는다. 물리적 장애물과 태도에 의한 장애물이 대학들에서 제거될 필요가 있다. 모범적 사례들이 필요하다. 그러나 변화를 위해 가장 의미 있는 것은 장애인들 스스로에 의해 이끌어지는 변혁 연구

일 것이다. Linton(2006)은 장애 분야를 연구하는 연구자들이 장애인들을 연구에 포함함으로써 얻을 수 있는 가치를 인식하도록 강력히 촉구하고 있다. 그녀는 장애를 갖고 돌아온 참전용사들이 연구 결정에 영향을 미칠 수 있는 아주 중요한 관점들을 가졌음을 주목하고 있다. 힘을 결집함으로써 장애인의 권리와 관련된 공평과 차별의 문제들이 연구자들, 정책입안자들, 입법자들에게 고용, 이동성, 보건, 교육, 운송, 예술 분야 등의 다양한 분야에 폭넓은 관심을 초래할 수 있다.

13.10 결론

30년 전 장애 아동들과 성인들을 보호시설로 보내는 것은 매우 일반적인 일이었고, 지능에 대한 관심과 더불어 장애아동들에 대한 교육이 필요한지 아닌지에 대한 논쟁이 시작되었다. 이러한 논쟁들은 여전히 많은 나라들에 존재하고 있다. 지금으로부터 30년 후를 생각하면 두 개의 가능한 시나리오가 있다. 인간으로서의 윤택한 삶보다는 처치와 치유에 관심을 두는 연구가 주를 이루게 되고, 연구들이 더 심각하게 정치적으로 좌지우지될 수 있다. 또는 장애인들이 주변부로부터 중심으로 등장하면서, 장애인들이 윤택한 삶을 살아가는 데 도움이 되는 기술적 도움에 대한 연구가 장애를 가진 사람들에 의해 인도되는 변혁적 패러다임 속에서 수행될 수 있다. 만약 우리가 후자의 방향을 성취한다면, 장애인의 권리에 대한 UN 협약이 정말로 살아있는, 의미 있는 문서가 될 것이다.

장애인들을 위한 인권과 사회정의를 완전하게 실현하는 것은 쉽지 않다. 차별과 방치의 역사는 극복되어야 한다. 변혁 패러다임은 그 투쟁을 위한 수단으로 여겨지는 연구 실행을 통해 앞으로 전진하는 방법뿐만 아니라 이러한 역사가 만들어낸 결과들에 대해 사고할 수 있는 방법을 제공한다. 장애 공동체 내의 이질성은 쉽게 해결될 수 없는 문제들을 초래하고 있다. 장애 연

구에서 장애를 가지지 않은 연구자들의 역할과 사회 변혁의 목적을 달성하기 위해 장애인들을 어떻게 존중하면서 연구를 수행해야 하는지에 대한 도전이 남아있다. 동반자 관계는 그 시작뿐 아니라 유지도 어려울 수 있다; 그러나 장애를 가진 사람들과 그렇지 않은 사람들이 연구를 위해 힘을 합치는 것은 많은 장점이 있다. 변혁적 정신은 이 길을 가고자 하는 사람들을 안내하는 데 긍정적인 영향을 미칠 것이다.

주석

1. 장애권리 운동의 역사에 대한 추가적 정보를 위해, 캘리포니아 대학 버클리 캠퍼스의 구술사 웹사이트(2010) http://bancroft.berkeley.edu/collections/drilm/index.html를 참고하기 바람.

2. 이 인용문은 Mertens, 2009, p.209에 처음 나옴.

3. 저자들은 Kirsten Smiler에게 Massey 대학의 Māori Health & Development 연구 센터의 Mason Durie와 그의 동료들의 저작물(http://www.massey.ac.nz/~wwwcphr/restph.htm)을 알려준 것에 대해 감사를 표함. 1994년부터 그들은 Māori를 위한 최상의 결과들을 도출했다: Te Hoe Nuku Roa, Māori 가정에 대한 종단연구(http://www.tehoenukuroa.org.nz/). 이 설문조사는 Māori 공동체 내 다양성을 조사하기 위해 설계되었다. Smiler의 석사학위 논문은 뉴질랜드 청각장애 공동체 Māori 구성원들의 언어 및 정체성 문제에 초점이 맞추어졌다(Smiler, 2004; Smiler & McPhee, 2007); 그녀는 마오리학 학사학위를 가지고 있다. 그녀는 박사학위 논문을 위해 청각장애 Māori와 그들의 가족을 위한 성공적인 중재에 관한 연구를 수행 중에 있다(http://www.victoria.ac.nz/hsrc/projects/maori.aspx). Johns Hopkins 대학의 Adrienne Wiley(2009)는 Māori 장애체험에 대한 소수의 연구보고서 중 하나—장애를 가진 Māori의 참여를 증진시키는 뉴질랜드 장애 전략의 목표 11에 대한 평가—를 집필했다.

4. ITR(고유 권한 위임사항)은 오스트레일리아 Perth에 있는 Curtin 대학 오스트레일리아 원주민 연구 센터의 교수들과 직원들에 의해 개발되었다. Osborne과 McPhee(2000)는 ITR의 본래 개념이 토착문화와 사회인식에 대한 고유의 세계관과 맥락을 묘사하는 여러 가지 말 가운데서 "오스트레일리아 원주민의 권한 위임사항" 개념을 개발했던 퀸즈랜드 원주민 여성인 Lilla Watson(1985)으로부터 비롯되었다는 것을 언급하고 있다(p.2). Curtin 대학 오스트레일리아 원주민 연구 센터는 Lilla Watson의 개념적 측면(요소)들을 사용했고, 1990년부터 "공동체 개발 및 관리" 학부 과목 내에서 그것들을 권한의 부문으로 발전시켰다.

5. Sign Language(수화) 용어의 대문자 사용은 아프리카계 미국인 또는 유태인과 유사한 문화적 집단을 의미한다.

6. 1974년 뉴질랜드 사람들은 고용주, 임금, 자동차 등록, 그리고 휘발유에 대해 부가된 추가 부담 세금으로 자금화한 무과실 책임 보상 체제의 대가로 사고 후 보상을 위해 소송할 그들의 권리를 포기했다. 입원치료, 재활, 지원, 장비들, 가정과 직장 개조, 개인적 보살핌, 배변자제 및 의료 용품, 그리고 가정 지원과 관련된 모든 비용은 뉴질랜드 상해보험사 중심으로 집행되고 현금 일시불로도 지불된다; 소득 비례 지급 보상(사고 시 소득의 80%)은 재활기간(또는 척수외상의 경우에 개인의 나머지 직장생활 기간) 동안에 지불되고, 적합하게 개조된 자동차가 제공된다. 뉴질랜드에 있는 방문객을 포함한 모든 사람들은 뉴질랜드 상해보험사에 의해 보험으로 보장된다. 선천적 또는 질병과 관련된 원인으로 척수외상을 입은 사람들은 보건부를 통해 훨씬 덜 후하고 자산조사 결과에 따라 지급하는 장애 지원 서비스에 의해 보험으로 보장된다.

7. 아스퍼거 증후군을 가진 사람들은 그들 스스로를 Aspies(아스퍼거 증후군이 있는 사람들)라고 부른다.

8. 피플 퍼스트(People First)는 지적 장애를 가진 사람들의 자기 옹호 조직의 국제적 명칭이다.

9. 귀가 먹은 사람들은 그들 스스로를 장애인으로 보지 않고 언어적 소수집단의 구성원으로 본다. 그들은 수화를 사용하고 그들 스스로를 문화적으로 귀가 먹은 사람이라고 부른다. 난청이 있는 또는 청각이 손상된 사람들과 보청기를 사용하는 사람들, 달팽이관 이식자들, 말하려 애쓰는 사람들 중의 일부는 그들 스스로를 청각장애인이라고 말한다.

10. 문헌에서 자폐증이 없는 사람들은 일반적인 신경을 가진 자로 묘사되는 반면에 자폐증을 가진 사람들은 자폐 스펙트럼 장애를 가진 것으로 언급된다. 장애를 가진 것으로 정의되는 것에 반대하는 범주의 사람들은 덜 불쾌한 기술어로 신경의 다양함(Robertson, 2010 참고)이란 용어를 채택했다.

참고문헌

Abma, T. A. (2006). Patients as partners in a health research agenda setting: The feasibility of a participatory methodology. *Evaluation in the Health Professions, 29*, 424-439.

Albrecht, G. L. (2002). American pragmatism: Sociology and the development of disability studies. In C. Barnes, M. Oliver, & L. Barton (Eds.), *Disability studies today* (pp. 18-37). Cambridge, UK: Polity.

Alper, J. S., Ard, C., Asch, A., Beckwith, J., Conrad, P., & Geller, L. (Eds.). (2002). *The double-edged helix: Social implication of genetics in a diverse society.* Baltimore: Johns Hopkins University Press.

American Psychological Association. (2002). *Ethical principles of psychologists and code of conduct.* Washington, DC: Author. Available at http://www.apa.org/ethics/code/index.aspx

Anspach, R. (1979). From stigma to identity politics: Political activism among the physically disabled and former mental patients. *Social Science & Medicine, 13*(A), 765-773.

Asch, A., & Fine, M. (1992). Beyond pedestals: Revisiting the lives of women with disabilities. In M. Fine (Ed.), *Disruptive voices: The possibilities of feminist research* (pp. 139-172). Ann Arbor: University of Michigan Press.

Autistic Self Advocacy Network (ASAN). (2011). *About the Autistic Self Advocacy Network.* Available at www.autisticadvocacy.org

Barnes, C., & Mercer, G. (Eds.). (1997). *Doing disability research.* Leeds, UK: The Disability Press.

Barnes, C., Oliver, M., & Barton, L. (Eds.). (2002). *Disability studies today.* Cambridge, UK: Polity.

Barnes, H. W., McCreanor, T., Edwards, S., & Borell, B. (2009). Epistemological domination: Social science research ethics in Aotearoa. In D. M. Mertens & P. G. Ginsberg (Eds.), *Handbook of social research ethics* (pp. 442-457). Thousand Oaks, CA: Sage.

Beazley, S., Moore, M., & Benzie, D. (1997). Involving disabled people in research: A study of inclusion in environmental activities. In C. Barnes & G. Mercer (Eds.), *Doing disability research* (pp. 142-157). Leeds, UK: The Disability Press.

Beresford, P., & Wallcraft, J. (1997). Psychiatric system survivors and emancipatory research: Issues, overlaps and differences. In C. Barnes & G. Mercer (Eds.), *Doing disability research* (pp. 67-87). Leeds, UK: The Disability Press.

Biklen, D. (2005). *Autism and the myth of the person alone.* New York: New York University Press.

Bishop, R. (2008). Te Kotahitanga: Kaupapa Māori in mainstream classrooms. In N. K. Denzin, Y. S. Lincoln, & L. T. Smith (Eds.), *Handbook of critical & indigenous methodologies* (pp. 285-307). Thousand Oaks, CA: Sage.

Blackman, L. (1999). *Lucy's story: Autism and other adventures.* London: Jessica Kingsley Publishers.

Booth, T., & Booth, W. (1997). Making connections: A narrative study of adult children of parents with learning difficulties. In C. Barnes & G. Mercer (Eds.), *Doing disability research* (pp. 123-141). Leeds, UK: The Disability Press.

Brabeck, M. M., & Brabeck, K. M. (2009). Feminist perspectives on research ethics. In D. M. Mertens & P. G. Ginsberg (Eds.), *Handbook of social research ethics* (pp. 39-53). Thousand Oaks, CA: Sage.

Braddock, D. L., & Parish, S. L. (2001). An institutional history of disability. In G. L. Albrecht, K. D. Seelman, & M. Bury (Eds.), *Handbook of disability studies* (pp. 11-68). Thousand Oaks, CA: Sage.

Campbell, J., & Oliver, M. (1996). *Disability politics: Understanding our past, changing our future.* London: Routledge.

Chilisa, B. (2009). Indigenous African-centered ethics: Contesting and complementing dominant models. In D. M. Mertens & P. G. Ginsberg (Eds.), *Handbook of social research ethics* (pp. 407-425). Thousand Oaks, CA: Sage.

Cram, F. (2009). Maintaining indigenous voices. In D. M. Mertens & P. G. Ginsberg (Eds.), *Handbook of social research ethics* (pp. 308-322). Thousand Oaks, CA: Sage.

Cram, F., Ormond, A., & Carter, L. (2004). *Researching our relations: Reflections on ethics and marginalization.* Paper presented at the Kamehameha Schools 2004 Research Conference on Hawaiian Well-being, Kea'au, HI.

Cushing, L. S., Carter, E. W., Clark, N., Wallis, T., & Kennedy, C. H. (2009). Evaluating inclusive educational practices for students with severe disabilities using the program quality measurement tool. *Journal of Special Education, 42*, 195-208.

Denzin, N. K., & Lincoln, Y. S. (Eds.). (2005). *The SAGE handbook of qualitative research* (3rd ed.). Thousand Oaks, CA: Sage.

Denzin, N. K., Lincoln, Y. S., & Smith, L. T. (2008). *Handbook of critical & indigenous methodologies.* Thousand Oaks, CA: Sage.

Dodd, S.-J. (2009). LGBTQ: Protecting vulnerable subjects in all studies. In D. M. Mertens & P. G. Ginsberg (Eds.), *Handbook of social research ethics* (pp. 474-488). Thousand Oaks, CA: Sage.

Doren, B., & Benz, M. (2001). Gender equity issues in the vocational and transition services and employment outcomes experienced by young women with disabilities. In H. Rousso & M. Wehmeyer (Eds.), *Double jeopardy: Addressing gender equity in special education.* Albany: SUNY Press.

Edno, T., Joh, T., & Yu, H. C. (2003). *Voices from the field: Health and evaluation leaders on multicultural evaluation.* Oakland, CA: Social Policy Research Associates.

Fine, M., & Asch, A. (1988). Disability beyond stigma: Social interaction, discrimination, and activism. *Journal of Social Issues, 44*(1), 3-21.

Frank, G. (2000). *Venus on wheels.* Berkeley: University of California Press.

Gill, C. J., Kewman, D. G., & Brannon, R. W. (2003). Transforming psychological practice and society. *American Psychologist, 58*(4), 305-312.

Gladstone, C., Dever, A., & Quick, C. (2009, August 26-27). *"My Life When I Leave School" Transition Project: Self-determination and young intellectually disabled students in the transition from school to post school life.* Paper presented at the From Theory to Practice: Knowledge and Practices Conference, the 6th annual conference of the New Zealand Association for the Study of Intellectual Disability, Hamilton, New Zealand.

Goggin, G., & Newell, C. (2005). *Disability in Australia: Exposing a social apartheid.* Sydney, Australia: University of New South Wales Press.

Goodley, D. (2000). *Self-advocacy in the lives of people with learning difficulties.* Buckingham, UK: Open University Press.

Gravois, T. A., & Rosenfield, S. A. (2006). Impact of instructional consultation teams on the disproportionate referral and placement of minority students in special education. *Remedial and Special Education, 27,* 42-52.

Groce, N. E. (2003). *Everyone here spoke sign language.* Cambridge, MA: Harvard University Press. (Original work published 1985)

Guba, E. G., & Lincoln, Y. S. (2005). Paradigmatic controversies, con-tradictions, and emerging confluences. In N. K. Denzin & Y. S. Lincoln (Eds.), *The SAGE handbook of qualitative research* (3rd ed., pp. 191-216). Thousand Oaks, CA: Sage.

Hahn, H. (1982). Disability and rehabilitation policy: Is paternalistic neglect really benign? *Public Administration Review, 43,* 385-389.

Hahn, H. (1988). The politics of physical differences: Disability and discrimination. *Journal of Social Issues, 44*(1), 39-47.

Hahn, H. (2002). Academic debates and political advocacy: The US disability movement. In C. Barnes, M. Oliver, & L. Barton (Eds.), *Disability studies today* (pp. 162-190). Cambridge, UK: Polity.

Harris, R., Holmes, H., & Mertens, D. M. (2009). Research ethics in sign language communities. *Sign Language Studies, 9*(2), 104-131.

Horvath, L. S., Kampfer-Bohach, S., & Farmer Kearns, J. (2005). The use of accommodations among students with deaf-blindness in large-scale assessment systems. *Journal of Disability Policy Studies, 16,* 177-187.

Kroll, T., Barbour, R., & Harris, J. (2007). Using focus groups in dis-ability research. *Qualitative Health Research, 17,* 690-698.

LaFrance, J., & Crazy Bull, C. (2009). Researching ourselves back to life: Taking control of the research agenda in Indian country. In D. M. Mertens & P. G. Ginsberg (Eds.), *Handbook of social research ethics* (pp. 153-149). Thousand Oaks, CA: Sage.

Linton, S. (1998). *Claiming disability: Knowledge and identity.* New York: New York University Press.

Linton, S. (2006). *My body politic.* Ann Arbor: University of Michigan Press.

Lunt, N., & Thornton, P. (1997). Researching disability employment policies. In C. Barnes & G. Mercer (Eds.), *Doing disability research* (pp. 108-122). Leeds, UK: The Disability Press.

MacArthur, J., Gaffney, M., Kelly, B., & Sharp, S. (2007). Disabled children negotiating school life: Agency, difference, teaching practice and education policy. *International Journal of Children's Rights, 15*(1), 99-120.

Meekosha, H., & Shuttleworth, R. (2009). What's so "critical" about critical disability studies? *Australian Journal of Human Rights, 15*(1), 47-75.

Mertens, D. M. (2000). Deaf and hard of hearing people in court: Using an emancipatory perspective to determine their needs. In C. Truman, D. M. Mertens, & B. Humphries (Eds.), *Research and inequality* (pp. 111-125). London: Taylor & Francis.

Mertens, D. M. (2009). *Transformative research and evaluation.* New York: Guilford.

Mertens, D. M. (2010). *Research and evaluation in education and psychology: Integrating diversity with quantitative, qualitative, and mixed methods* (3rd ed.). Thousand Oaks, CA: Sage.

Mertens, D. M., Holmes, H., & Harris, R. (2008, February). *Preparation of teachers for students who are deaf and have a disability.* Presentation at the annual meeting of the Association of College Educators of the Deaf and Hard of Hearing, Monterey, CA.

Mertens, D. M., Holmes, H., & Harris, R. (2009). Transformative research and ethics. In D. M. Mertens & P.

G. Ginsberg (Eds.), *Handbook of social research ethics* (pp. 85-102). Thousand Oaks, CA: Sage.

Mertens, D. M., Wilson, A., & Mounty, J. (2007). Gender equity for people with disabilities. In S. Klein et al. (Eds.), *Handbook for achieving gender equity through education* (pp. 583-604). Mahwah, NJ: Lawrence Erlbaum.

Morris, J. (1991). *Pride against prejudice*. London: Women's Press.

Newell, C. (2005). Moving disability from other to us. In P. O'Brien & M. Sullivan (Eds.), *Allies in emancipation: Shifting from providing service to being of support*. Melbourne: Thomson/Dunmore.

Newell, C. (2006). Representation or abuse? Rhetorical dimensions of genetics and disability. *Interaction, 20*(1), 28-33.

New Zealand Ministry of Health. (2001). *New Zealand disability strategy*. Wellington, NZ: Author.

O'Brien, P., Shevlin, M., O'Keeffe, M., Kenny, M., Fitzgerald, S., Espiner, D., & Kubiack, J. (2008, November 24-26). *Opening up a whole new world: Students with intellectual disability being included within a university setting*. Paper presented at the 43rd Australian Society for the Scientific Study of Intellectual Disabilities Conference, University of Melbourne, Australia.

Oliver, M. (1982). A new model of the social work role in relation to disability. In J. Campling (Ed.), *The handicapped person: A new perspective for social workers?* London: RADAR.

Oliver, M. (1990). *The politics of disablement*. Basingstoke, UK: Macmillan.

Oliver, M. (1992). Changing the social relations of research production? *Disability, Handicap & Society, 7*(2), 101-114.

Oliver, M. (1997). Emancipatory research: Realistic goal or impossible dream? In C. Barnes & G. Mercer (Eds.), *Doing disability research* (pp. 15-31). Leeds, UK: The Disability Press.

Osborne, R., & McPhee, R. (2000, December 12-15). *Indigenous terms of reference* (ITR). Presentation at the 6th annual UNESCO-ACEID International Conference on Education, Bangkok, Thailand.

Parens, E., & Asch, A. (Eds.). (2000). *Prenatal testing and disability rights*. Washington, DC: Georgetown University Press.

Pfeiffer, D., & Yoshida, K. (1995). Teaching disability studies in Canada and the USA. *Disability & Society, 10*(4) 475-495.

Priestley, M. (1997). Who's research? A personal audit. In C. Barnes & G. Mercer (Eds.), *Doing disability research* (pp. 88-107). Leeds, UK: The Disability Press.

Rapaport, J., Manthorpe, J., Moriarty, J., Hussein, S., & Collins, J. (2005). Advocacy and people with learning disabilities in the UK: How can local funders find value for money? *Journal of Intellectual Disabilities, 9*, 299-319.

Reinharz, S. (1979). *On becoming a social scientist*. San Francisco: Jossey-Bass.

Robertson, A., Frawley, P., & Bigby, C. (2008). *Making life good in the community: When is a house a home? Looking at how homely community houses are for people with an intellectual disability who have moved out of an institution*. Melbourne, Australia: La Trobe University and the State Government of Victoria.

Robertson, S. M. (2010). Neurodiversity, quality of life, and autistic adults: Shifting research and professional focuses onto real-life challenges. *Disability Studies Quarterly, 30*(1).

Rousso, H. (2001). *Strong proud sisters: Girls and young women with disabilities*. Washington, DC: Center for Women Policy Studies.

Ryan, J. (2007). Learning disabilities in Australian universities: Hidden, ignored, and unwelcome. *Journal of Learning Disabilities, 40*, 436-442.

Scotch, R. K. (2001). *From good will to civil rights*. Philadelphia: Temple University Press.

Shakespeare, T. (1997). Researching disabled sexuality. In C. Barnes & G. Mercer (Eds.), *Doing disability research* (pp. 177-189). Leeds, UK: The Disability Press.

Shakespeare, T., & Watson, N. (2001). The social model of disability: An outdated ideology? In S. N. Barnarrt & B. M. Altman (Eds.), *Exploring theories and expanding methodologies: Where are we and where do we need to go?* (pp. 9-28). Greenwich, CT: JAI.

Smiler, K. (2004). *Maori deaf: Perceptions of cultural and linguistic identity of Maori members of the New Zealand deaf community*. Unpublished master's thesis, Victoria University of Wellington, New Zealand.

Smiler, K., & McKee, R. L. (2007). Perceptions of "Maori" deaf identity in New Zealand. *Journal of Deaf Studies and Deaf Education, 12*(1), 93-111.

Smith, L. T. (2005). On tricky ground: Researching the native in the age of uncertainty. In N. K. Denzin & Y. S. Lincoln (Eds.), *The SAGE handbook of qualitative research* (3rd ed., pp. 85-108). Thousand Oaks, CA: Sage.

Sobsey, D. (1994). *Violence and abuse in the lives of people with disabilities: The end of silent acceptance?* Baltimore: Brooks.

Stone, E., & Priestly, M. (1996). Parasites, pawns and partners: Dis-ability research and the role of non-disabled researchers. *British Journal of Sociology, 47*(4), 699-716.

Sullivan, M. (2009). Philosophy, ethics and the disability community. In D. M. Mertens & P. G. Ginsberg (Eds.), *Handbook of social research ethics* (pp. 69-84). Thousand

Oaks, CA: Sage.

Symonette, H. (2009). Cultivating self as a responsive instrument: Working the boundaries and borderlands for ethical border crossings. In D. M. Mertens & P. G. Ginsberg (Eds.), *Handbook of social research ethics* (pp. 279-294). Thousand Oaks, CA: Sage.

Thomas, V. G. (2009). Critical race theory: Ethics and dimensions of diversity in research. In D. M. Mertens & P. G. Ginsberg (Eds.), *Handbook of social research ethics* (pp. 54-68). Thousand Oaks, CA: Sage.

Triano, S. (2006). Disability pride. In G. Albrecht (Ed.), *Encyclopedia of disability* (Vol. 1, pp. 476-477). Thousand Oaks, CA: Sage.

Union of the Physically Impaired Against Segregation (UPIAS). (1976). *Fundamental principles of disability* [Booklet]. London: Author.

United Nations. (2006). *Convention on the rights of people with disabilities*. New York: Author.

United States Department of Education. (2004). *Twenty-sixth annual report to Congress on the implementation of the Individuals With Disabilities Act* (Vol. 2). Washington DC: Author.

University of California, Berkeley. (2010). *The disability rights and independent living movement*. Available at http://bancroft.berkeley .edu/collections/drilm/index.html

van Beeck, E., Larsen, C. F., Lyons, R., Meerding, W. J., Mulder, S., & Essink-Bot, M. L. (2005). *Draft guidelines for the conduction of empirical studies into injury-related disability*. Amsterdam: Euro-safe (European Association for Injury Prevention and Safety Promotion). Available at http://www.eurosafe.eu.com/csi/catalogus.nsf/c1af8df8ec2b154bc12570b500682709/62760ac72216e50ac12570d60036ccc9/$FILE/ER-285.pdf

Watson, L. (1985, July 8-11). *The establishment of aboriginal terms of reference in a tertiary institution*. Paper presented at the Aborigines and Islanders in Higher Education: The Need for Institutional Change National Conference, Townsville, Australia.

Wiley, A. (2009). At a cultural crossroads: Lessons on culture and policy from the New Zealand Disability Strategy. *Disability and Rehabilitation, 31*(14), 1205-1214.

Wright, B. A. (1983). *Physical disability: A psychosocial approach*. New York: Harper & Row.

Part 03.

탐구 전략

━━━━ 시민정신이 있는 질적 연구자들은 역사적으로, 상호작용적으로, 구조적으로 사고를 한다. 그들은 직면한 역사적인 기간 내에 빈번한 다수의 설득, 편견, 불평등, 불공평 등을 분별하고자 시도해왔다(Mils, 1959). 저명한 학자들은 특정한 역사적 상황을 정의할 수 있는 주요한 공적, 사적 사안들과 개인적인 문제들을 탐색하고자 하였다. 그렇게 하면서, 이러한 탐구과정에서 질적 연구자들은 의식적으로 자기 자신의 경험을 자원으로 활용한다. 그들은 언제나 성찰적으로, 역사적으로, 전기적으로 사고하고 있다. 그들은 자신의 생생한 경험, 사회적 불공평, 보다 큰 사회적, 문화적 구조, 그리고 현 시점을 연결할 수 있도록 하는 경험적인 탐구 전략을 탐색해왔다. 이러한 연결성은 어떤 탐구 과정에서 형성된 해석과 경험적 문건들로 구축될 것이다.

물론 경험적 탐구는 패러다임을 고수하는 것으로 형성되거나, 주어진 패러다임이나 해석적 관점들이 인간의 경험, 사회적 구조, 문화에 대하여 묻는 회상 질문들에 의해 형성된다. 그러나 심도 깊게 이야기한다면, 연구자들은 언제나 질적 탐구 활동이 자유롭고, 민주사회를 만드는 것을 돕는 데 어떻게 활용될 수 있는지 질문하고 있다. 비판 이론가들은 계급과 경제적 구조를 산출하는 이데올로기의 물질적 조건과 시스템을 탐구하고 있다. 동성애, 구성주의, 문화 연구, 비판 인종주의, 페미니즘 연구자들은 인종, 윤리, 젠더와 연관된 고정관념, 편견, 불평등을 탐구하고 있다. 질적 연구에서는 가치가 배제된 연구는 있을 수 없다는 전제가 보다 분명하다. 이러한 선명성 덕분에 연구자가 가치를 고수하는 것이 분명해진다.

해석적 브리콜러(bricoleur)의 연구자들은 언제나 가치의 물질적 세계와 실증적인 경험 속에 살고 있다.

이영민_ 숙명여자대학교 여성인적자원개발대학원 교수

연구자의 패러다임 혹은 해석적 관점이 제공하는 렌즈를 통해 연구자들은 세계에 직면하거나 구성을 하게 된다. 이 세계는 상상 속에 있어서 개인이 패러다임 혹은 질문의 관점을 고수하도록 비준하고 있다. 이러한 패러다임은 고차원적인 윤리 수준에서 해방적, 시민적 사회과학의 가치와 정치와 연관되어 있다.

구체적인 조사가 계획되고 실행됨에 따라 두 가지 이슈에 즉시 직면하게 된다. 연구 설계와 탐구 전략의 선택이다. 우리는 순서대로 다룰 것이다. 각 내용은 다양한 관련 질문들과 다루어져야 할 이슈들로 이루어질 것이다.

1. 연구 설계[1]

서론에서 논의되고 본서의 일부로 다뤄진 Julianne Cheek가 분석한 연구 설계는 연구자들을 경험의 세계에 자리매김시킬 것이다. 설계 이슈는 다섯 가지 기본적인 질문을 통해 구조화된다.

1. 연구 설계가 활용된 패러다임 혹은 관점과 어떻게 연관되어 있는가? 즉, 경험적 자료들이 질문 속 패러다임을 통해 어떻게 정보를 제공받고 상호작용하는가?

2. 이러한 자료들을 통해 연구자는 어떻게 관례와 변화의 문제들에 대해 이야기할 것인가?

3. 누구 혹은 무엇을 연구할 것인가?

4. 어떤 탐구 전략들이 활용될 것인가?

5. 경험적 자료들을 수집하고 분석하기 위해 어떤 방법과 연구 도구들을 활용할 것인가?

이러한 질문들에 대한 답은 제4부에서 다루게 될 것이다.

2. 패러다임, 관점, 메타포

다양한 자유정도에 따라, 실증주의자, 후기실증주의자, 구조주의자, 비판적 패러다임에 따라 질적 연구 설계 방법이 달라진다. 이러한 것은 한편으로는 엄격한 설계 원칙부터 다른 한편으로는 창발적이고 덜 구조화된 방향들의 연속성이다. 실증주의자의 연구 설계는 초기 인식과 연구 문제의 개발, 일련의 가설, 연구 장소, 표집 전략, 연구 전략과 채택된 분석방법의 상세화에 관한 진술에 중점을 둔다. 연구 단계와 절차를 제시하는 연구 계획서가 작성될 수 있다. 해석적 연구에서 선험적 설계 고수는 새로운 해석방식을 소개하는 데 장애가 될 것이다. 결과적으로 질적 연구자들이 사전에 절차를 설계한다고 할지라도, 새롭고 예측되지 않는 경험적인 자료와 증가하는 억지 이론들을 설명하기 위해 설계는 융통적이어야 한다.

연구의 단계는 성찰, 계획, 목록, 자료 수집, 현장에서의 철수, 분석, 작성 등이 포함되도록 개념화되어야 한다. Cheek(14장)은 계획서에 포함된 세밀함의 정도가 예산 지원 기관에 따라 다양할 수 있다는 점을 관찰하였다. 예산 지원 기관은 적어도 6가지 유형으로 분류할 수 있다. 지역 공동체 예산 지원 기관, 특수 목적 법인, 가족 스폰서, 기업, 국가재단, 연방정부 기관이다. 예산 지원 기관의 요구에 따라, 계획서에는 또한 예산, 적절한 이론적 배경 검토, 인간 보호에 관한 진술서, 동의서 사본, 면담 일정, 시간 계획 등을 포함해야 한다. 실증적 설계에서는 질적 연구에서 발생할지도 모르는 모든 문제들을 예측하고자 한다(비록 해석적인 설계는 그렇게 하지 않지만). 이러한 설계들은 연구자들에게 잘 설계된 로드맵을 제공한다. 이러한 전통에서 연구하는 학자들은 연구하고 있는 주제에 대한 과거 이론적

배경하에서 연구물을 산출하기를 기대한다.

반대로, 후기실증주의와 무실증주의 설계는 모호함과 융통성과 매우 연관성이 높은데, 이러한 배경은 예를 들자면, 구성주의 혹은 비판 이론 패러다임, 또는 비판적 인종주의, 페미니즘, 동성애, 문화 연구 관점에 기초하고 있기 때문이다. 이러한 패러다임과 관점에 따라 이루어진 연구들은, 전형적인 연구 교부금 계획서 작성, 잘 정리된 가설, 잘 정의된 표본 구조, 구조화된 면담 계획, 사전에 계획된 연구 계획, 방법, 분석 형식 등이 덜 강조될 것이다. 연구자는 이 분야에서 고전적인 지위를 차지하고 있는 질적 연구 결과물 모형을 활용하는 탐구 경로를 따를 것이다. 고독한 인류학자의 신화에 반한 연구자들은 위대한 과거 연구자들(Bronislaw, Malinowski, Margaret Mead, Gregory Bateson, Erving Goffman, Ernest Becker, Claude Lévi-Strauss, Harry Wolcott) 중 한 명이 이룩한 연구의 특성을 반영한 연구 결과물을 산출하기를 희망하고 있다. 그 결과, 질적 연구자들은 종종 연구를 시작할 때 장기간에 걸쳐 참여한 후에 완료할 수 있는 연구들을 하려고 한다.

3. 질적 연구 재원 마련의 정치역학과 실제

Cheek의 장(chapter)에서는 예산, 윤리, 연구 시장 간의 관계를 복잡하고 탈구조화하여 제시하고 있다. 그녀는 질적 탐구에 예산을 지원할 때 연관된 정치력과 실행력을 조사하였는데, 이 과정에는 예산을 발굴하고, 지원받고, 수락하는 과정이 포함된다. 예산 조달의 정치는 특정한 탐구 형태의 특전이 된다. 근거의 정치력에 대한 관심은 연구 설계와 표본 크기를 둘러싼 문제를 일으킨다. 혼합 방법의 절차를 택해야 하는 압력들은 문제를 복잡하게 할 수 있다.

Cheek은 정치적인 경제상황에서 어떻게 질적 연구

가 순환하고 교환되는 필수품인지 제시하였다. 예산 조달은 예산 지원 기관에 자신을 파는 행위를 포함한다. 이러한 기관들은 질적 연구 활동이 방해받는 부분들을 이해하지 못할지도 모른다. 그녀는 기관윤리심의위원회(Institutional Review Board: IRB) 및 윤리위원회와 연관된 문제들을 논의하였다. 호주에서는 연구자들이 대학 연구 윤리위원회로부터 정식 윤리 허가문을 받기 전까지 인간을 대상으로 연구할 수 없다. 호주와 마찬가지로 미국과 영국에서, 기관 심의의 본래 초점과 나타나게 된 맥락은 의학 분야였다. 질적 연구자들은 종종 윤리위원회에서 불공정하게 대우받는다. 이러한 연구는 비과학적이라고 취급받곤 한다. 사실, 기관윤리심의위원회는 방법론적 검토위원회, 혹은 단순히 하나의 과학적 브랜드 또는 유형을 기관화한 것일 수도 있다. 영국에서, 왕립 물리대학(Royal College of Physicians)의 가이드에 따르면 잘못 설계된 연구는 비윤리적이라는 지적도 있다. 이 의미는 판단은 과학에 기초하거나 연구의 윤리적인 장점에 달려 있다는 것이다. Cheek은 수많은 사례들로부터 "질적 연구자들은 의학 연구에서 윤리적인 실수를 범하는 나쁜 사람들인 것처럼 보인다"는 점을 관찰하였다. Cheek은 많은 경우 질적 연구들은 이러한 위원회에서 제기되는 모든 선행 질문들에 답할 수 없다는 점을 주목하였다. 연구의 통제 관련 이유가 언제나 중심점이다. 그녀가 관찰한 바에 따르면 "예산 지원 기관에서 비용을 지급받는 것은 [연구를 하기 위해] 중립적인 행위는 아니다". 이러한 이슈들 때문에 소위 말해 연구자들의 발견내용이 예산 지원 기관을 만족시키지 못했을 때 무슨 일이 벌어지는지를 보여줄 수 없게 되는 것이다.

외부 예산을 지원받는 것에는 다양한 문제들이 있다. 교수들은 자신의 연구에 대해 외부 예산 지원 기관을 보호해야 하는 압력이 높아지고 있다. 이러한 압력 때문에 연구는 사거나 팔거나 하는 물품이 되고 있다. Cheek은 이러한 위기 사항들을 수차례 목격하였다. 보수적인 시장의 담론은 명확해지고 있다. 이해당사자나 동료가 아니라 시장의 판단에 의해 지금은 우리가

하는 일의 가치가 결정되고 있다. 탐구 목적으로 글을 쓰는 것일까, 예산을 받기 위한 목적으로 글을 쓰는 것일까?

연구 설계하기

Janesick(2000, 2001)은 설계 과정에 관한 유연한 관점들을 제시하였다. 그녀는 제한 없이 자유로우면서도 동시에 엄격한 일련의 설계과정들을 사용하는 것이 좋은 질적 연구 설계의 핵심이라는 것을 보아왔다. Martha Graham, Merce Cunningham, Alvin Ailey, Elliot Eisner, John Dewey에 영향을 받은 그녀는 심리적, 예술적이면서 은유적 관점에서 연구 설계 문제에 접근하였다. Dewey와 Eisner와 마찬가지로 그녀는 연구 설계를 미리 설계되어 있기보다 즉흥적인 작품, 이벤트, 서로 다른 불완전한 경험과 해석, 표상이 연결된 일련의 과정과 같은 예술 작품처럼 간주하였다. 예술이 경험을 형성화하고 변화시킨다. 댄스와 같은 형태에서 예술은 형성화되고, 구별되는 몇 단계의 창발적인 산출물이다. 그 단계는 준비운동, 스트레칭, 의사결정 설계, 가벼운 몸 풀기, 해석, 내러티브 작성이다.

누구를 어떻게 연구할 것인가?

질적 연구에서 누구를 어떻게 연구하는 데는 현상학적 혹은 사회적 단계들의 사례나 예문이 포함되어 있다. 누구를 어떻게 연구할지에는 일반적으로 세 가지 접근 방법이 있다. 첫째, Robert Stake(2005)가 내재적 사례 연구라고 부르는 바와 같이 단일한 사례 혹은 단일한 절차를 통해 연구하는 것이다. 예를 들어, 연구자들이 교실 사례, 공연 프로그램, 가족의 죽음과 같은 문제의 현상들에 대해 단일한 사례 혹은 현상의 예시들을 심도 깊게 탐색하는 것이다.

둘째, 연구자들이 다양한 사례들에 초점을 맞추는

것이다. Stake(2005)는 이러한 것을 집합적 사례 접근이라고 불렀다. 이러한 사례들은 구체적이면서도 일반적인 속성에 따라 분석된다. 셋째, 연구자들은 하나의 절차를 다양한 사례들로 연구하는 것처럼 서로 다른 다양한 사례들이 제시된 하나의 절차와 같이 탐색하는 것이다. 알코올 중독자들이 회복하는 과정에서 퇴보하는 과정을 연구한 Denzin(1993)은 서로 다른 유형의 회복되는 과정에서 퇴보의 양상과 유형을 탐색하였다. 이러한 과정적 접근은 구체적인 사례들로 근거화되거나 사고가 정착되었다.

물론 연구 설계는 다양한 혹은 단일한 사례들에 집중하고 과정의 탐구방식에 따라 다양할 수 있다. 각 사례에서는 서로 다른 표집 이슈가 나타난다. 이러한 요구와 이슈는 마찬가지로 채택된 패러다임에 따라 다양하다. 각 사례 혹은 과정의 실례는 현상이 나타나는 일반적인 유형과 판박이다. 그러나 어떤 주어진 실례들은 특별하거나 독특한 경향이 있다. 그래서, 예컨대, 특정한 교실상황이 모든 교실상황과 마찬가지일 수 있으면서도 어떤 교실상황도 똑같지 않다.

여러 가지 이유 때문에, 많은 후기실증주의자, 구성주의자, 비판 이론에 기반한 질적 연구자들은 이론적, 목적적, 의도적 표집 모델을 채택한다. 그들은 연구하는 과정이 일어날 만한 과정, 장소, 대상들의 집단, 상황, 개인들을 찾는다. 동시에, 연구자들이 과정, 사례 혹은 탐구하는 모든 실례들을 포괄하여 이해하는 것을 개발하고자 끊임없이 집단, 개념, 관찰치를 비교하는 과정이 필요하다. 부정적인 사례에 집중하는 것은 이러한 과정에서 매우 중요한 단면이 된다.

문화 연구의 전통에서 이러한 표집과 선택의 이슈는 포스트모던 문화기술지에서는 다르게 제시되어 왔다. Jean-Paul Sartre 후에 이러한 방식은 어떤 개인 혹은 사례도 그냥 단순히 개인 혹은 사례가 아니라는 점을 주장하면서 작은 형태의 경험적인 자료(사례와 과정들)에 보다 집중적인 분석이 필요하다는 점을 강조하고 있다. 그 혹은 그녀는 더 광범위한 사회적 경험과 사회적 과정의 단일한 일례로 연구되어야 한다. Sartre(1981,

p.ix)는 개인은 "이러한 이유로 그/그녀의 총합이 되고 다시 자신을 비범한 존재로 재생산함으로써 차례로 다시 회복된다". 그래서 특별한 것을 연구하는 것은 일반적인 것을 연구하는 것이 된다. 이와 같은 이유로, 어떤 사례도 일반적인 유례를 거슬러갈 필요가 있고, 결과적으로 이것은 전통적인 실증주의자, 후기실증주의자의 부정적 사례, 일반화, 사례 선별과 관련된 관심을 끌 수 없었다. Robert Stake(2005)는 연구자들이 독자들이 그 혹은 그녀 자신의 경험으로부터 문제 사례들을 주관적으로 일반화할 수 있을 것으로 기대하고 있다고 주장하였다.

이러한 전략은 사례 방법들에서 확장되었다 (Denzin, 1999; Psathas, 1995). George Psathas (1995, p.50)에 따르면, 인스턴스 방법(method of instances)은 각 현상의 사례들을 최근 문화의 일원들에 의해 활용되고 있는 일련의 문화적 이해들을 작동시키는 사건으로 간주한다.

은유는 유용하다. 담화 분석에서 "한 발화가 다른 발화들과 구조적 형태를 공유할지라도 한 발화가 다른 발화를 대표하는 것은 아니다. 담화 분석에서는 발화를 연구하는데 이는 언어적 시스템의 잠재성이 사회적 시스템과 교차하여 사용될 때 어떻게 실행되는지를 이해하기 위해서이다"(Fiske, 1994, p.195). 이러한 방식이 인스턴스 방법에 대한 논쟁거리이다. 분석가들은 시스템의 사례들이 작동하도록 상기하면서, 한 발화가 다른 발화와 교차할 때의 상황들에 대해 탐구한다.

Psathas는 사례들의 의미를 분류하였다. "특정한 사례는 우연히 일어난 일이다. 특정한 상황의 형태와 구조는 이것이 어떻게 조직화되었는지를 발견하기 위해서 탐구될 수 있다"(1995, p.50). … 우연히 일어난 일은 근거인데, 이는 "생산품을 만드는 기계는 문화적으로 이용 가능한데 … [예를 들어] 대화에서 교대하는 기계"이다(pp.50-51).

분석가들이 하는 일은 어떠한 해석과 규칙들이 작동하는지, 해석적인 상황 자체의 구조들을 그리고 묘사하기 위해서 이러한 사례와 교차하는 일들을 이해하는 것이다. 분석가들은 "처음, 다음, 계속해서 무슨 일이 일어났는지 관찰함으로써, 어떻게 진행되는지를 주목함으로써, 그리고 무슨 일이 실제로 일어났고, 참여자들이 무엇을 말하는지 탐구함으로써"(Psathas, 1995, p.51) 상호작용의 실제 과정들을 탐구한다. 의미의 문제는 주어진 우연한 일이 실제로 일어나고 어떻게 그에 따라 의미를 부여받는지를 보여줌으로써 상호작용의 실제 과정으로 환원된다(Peirce, 1905). 실행의 의미는 과거 경험을 설명할 수 있는 능력을 포함하고 미래 결과들을 예측할 수 있는 실행에 의해 산출되는 결과물이다.

특정한 발화가 다시 일어나는 것은 흔한 일이 아니다. 모집단으로부터 표집을 하는 것에 관한 질문은 마찬가지로 이슈가 아닌데, 그 이유는 미리 어떤 사례가 표본이 될지 말할 수 있는 가능성이 없기 때문이다(Psathas, 1995, p.50). 게다가, 사례를 수집하는 것은 "적어도 미리 분석을 위해 수집을 할 수 없는데, 그 이유는 어떤 특징이라도 각 사례가 최종적인 사례라는 것을 미리 알 수 없기 때문이다"(Psathas, 1995, p.50).

이는 경험적인 일반화에 대한 관심이 적다는 의미이다. Psathas는 이러한 부분에 관해서는 분명한 입장이다. 목표는 초록 또는 경험적 일반화가 아니다. 그보다 목표는 "유일한 적절성의 범주를 충족하는 분석법을 제공하는 것과 관련이 있다"(1995, p.50). 각 분석은 "특정한 현상에 대한 **독특하고 적절한** 분석을 제공하도록 연구"(p.51)하기 위해서는 바로 가까운 사례와 일치해야 한다.

탐구 전략

탐구 전략이란 연구자가 패러다임과 연구 설계로부터 경험적인 자료를 수집할 때 연구자가 방법론적으로 아무렇게나 손에 잡히는 대로 사용하는 기술, 가정, 법률, 관능적인 행위이다. 연구자들은 탐구 전략을 통해

경험 자료들을 수집하고 분석하는 특정한 접근법과 방법을 연계한다. 예를 들어, 사례 연구는 인터뷰, 관찰, 문헌 분석에 의존하게 된다. 연구자들은 연구 전략을 통해 연구자들과 패러다임의 특정한 경험, 구체적인 장소, 구체적인 방법론적 활동들을 파악하게 되는데, 예컨대 사례를 연구의 목표물로 만드는 것도 포함된다(Bent Flyvbjerg, 17장 참고).

이제 우리는 이 책에 적용된 탐구 전략들을 간략히 검토할 차례이다. 각 장은 각각 역사, 예제, 실제 전략이 구현되도록 하는 선호하는 방법과 같은 복잡한 참고 문헌과 연결되어 있다. 각 전략에는 또한 실증주의, 후기실증주의, 포스트모던이 포함된 사람의 이슈들이 포함되어 있다.

혼합 방법 연구

15장과 16장에서 Creswell과 Teddlie, Tashakkori는 혼합 방법 연구 혹은 제3의 방법론적 상황들에 관한 논쟁점들과 이슈들을 탐색하였다. 혼합 방법 연구를 구성하는 것이 무엇인지에 관해 상당한 논쟁이 있었지만, Creswell, Teddlie, Tashakkori는 이 방법은 단일한 연구 혹은 일련의 연구들에서 양적/질적 경험 자료들을 수집하고 분석하고 통합하는 방법이라고 제안하였다. Creswell은 혼합 방법 연구에서 제기되는 11가지 주요한 논쟁점들과 질문들을 분별하였다. 이러한 이슈들에는 정의에 대한 불일치, 혼합 방법 연구의 정의, 패러다임 간의 차이에서 오는 양립 불가능성과 불균형성(절대 해결되지 않는) 등에 관한 패러다임에 관한 논쟁, 현재 논의가 후기실증주의에 어떤 특혜를 제공하는지, 혼합 방법 연구가 기여하는 가치가 무엇인지 등이 포함된다. 이러한 논쟁거리들에 대한 답장을 주고자 Creswell은 혼합 방법 움직임을 재평가하고 이러한 해석을 공유할 커뮤니티를 만들었다.

Teddlie와 Tashakkori(그리고 Creswell)는 최근 떠오르는 방법의 개발에 함께 주목하고(Hess-Biber

& Leavy, 2008), 삼각검증법에 대한 초기의 논쟁과 일련선상에서(Denzin, 1970)[2], 평가, 양육, 교육, 장애 연구, 사회학 분야에서 이루어진 담화에서의 이 분야의 역사에 관해 논의하였다. 이러한 연구자들에게 혼합 방법 연구의 특징은 절충주의, 패러다임 다원주의, 다양성에 대한 존중, 이분법주의에 대한 거부, 연구에 대한 반복적 접근, 연구 문제에 대한 강조, 혼합 방법 연구 설계와 분석 전략에 대한 특징에 집중하는 것이다. 이러한 전략에는 유사, 순차적, 다층적, 순차적 혼합 방법이 있다. 설계 유형학도 검토되었다.

이들 저자들은 패러다임에 지속적으로 집중하는 것에 대응하면서 논의를 계속하면서 실용주의, 변혁주의, 변증법과 같은 3가지 주된 패러다임 또한 검토하였다. 어떤 이들은 용어의 패러다임이 시대에 뒤떨어져 있다고 주장하였다. 그러나 우리는 동의하지 않는다. 혼합 방법 연구에 대한 비판점에는 양립 불가능의 명제, 널리 스며드는 후기실증주의의 왜곡, 질적 연구가 양적 연구에 종속된다는 경향, 비용 문제, 피상적인 방법론적 양립성, 피상적인 철학적 논쟁(예를 들어 실용주의)에 대한 얽힘 등이 포함된다. Teddlie와 Tashakkori는 이러한 이슈들이 다음 세대에서는 해결될 것으로 믿는다.

4. 실용적 측면

실용주의자들이 시카고 학교에서 훈련을 받거나 공감을 하는지 우리는 확신할 수 없다(Denzin, 2010; Lincoln, 2010). 그래서 우리는 공손하게 이의를 제기해왔다.

혼합 방법 연구는 John Dewey, William James, Margaret Mead, Charles Peirce와 관련된 방법들로 우리들에게는 문제처럼 보이는 방법이다. 전통적인 실용주의는 말하자면 방법론이 아니다. 그것은 의미의 교리, 진리의 이론이다. 상황의 의미는 경험 이전에 주어질 수 없는 주장에 근거하고 있다. 사회적인 상황에서

행동이나 상황의 의미와 결론이라는 것이 주된 관점이다. 이러한 관심은 방법론상 논의를 벗어나는 것이다. 즉, 해석자는 행동과 결과에 기초해서 탐구하고, 조사하고, 성찰하게 된다. 그러한 행동과 결과가 주어진 방법론에 의해 드러나는 것은 아니다. 혼합 방법 연구 커뮤니티에서는 이러한 수준에서 의미를 규명하는 방법을 가지고 있는 것처럼 보이지 않는다.

신실용주의자인 Richard Rorty, Jürgen Habermas, Cornel West는 전통 교리를 확장하였다. 그들은 명확하게 반실증주의적이고, 반기초적이고, 급진적으로 상황맥락적인 해석적, 해방적 실용주의를 매우 찬성해왔다. 이러한 실용주의 판에서의 혼합 방법에 대한 논의는 자리를 잘못 잡은 것처럼 보인다.

혼합 방법 연구에 대한 양립 가능성 주제의 경우 질적, 양적 방법을 혼합하는 것은 좋은 일이라고 확증되어 왔다. 즉, 실제적, 인식론적 수준에서 양적, 질적 연구 방법이 양립하지 못한다는 것은 아니라는 점이다. 이러한 맥락에서, 실용주의자들은 양적과 질적 연구 방법의 인식론적인 패러다임 대립을 거부하고 있다. 실용주의는 그래서 사회과학 탐구 방법의 혼합 혹은 다양한 방법을 지원하는 실제적, 응용적 연구 철학으로 간주되고 있다.

추가적인 논거는 Howe(1988)가 제기했는데, 그는 "무엇이 일어나는가" 또는 실제적인 결과, 실용주의화에 호소하였다. 이것은 전통적인 실용주의가 아니라 금전 등록기적인 실용주의(cash register pragmatism)이다. 그러나 이와 같이 무엇이 일어나는가란 점은 논점이 아니다. 실용주의자의 관점은 행동의 결과에 달려 있지, 연구 방법론들을 결합하는 데 있지 않다. 그래서 여기서 혼합 방법 연구는 그다지 도움이 되지 않는다.

다원론 혹은 다양한 사고의 틀을 찬성하는 것이 먼저이고(Schwandt, 2007, p.197), 금전 등록기적인 실용주의를 정립하는 것은 별개의 일이다. 무엇이 일어나는가란 두 가지 혹은 두 결과를 의미한다. 첫째, 양적과 질적 연구 방법론의 사고의 틀 간 혹은 틀 내의 패러다임적, 인식론적, 방법론적 차이를 잊는 것은 실수이

다. 이것들은 중요한 차이점이지만 두 번째 문제를 인식하는 데 방해가 되지 않아야 한다. 최근에 형성된 혼합 방법 연구는 의미가 창출되는 해석적, 맥락적 경험의 수준을 평가하는 데 소수의 전략들을 제공하고 있다.

사례 연구

17장에서 Bent Flyvbjerg는 일반적으로 사례 연구란 개인 단위의 광범위한 분석이라고 정의하였다. 그는 탐구하고 나서 탐구 전략에 대한 다섯 가지 오해들을 부정하였다. (1) 사례에 관한 지식보다 일반적인 내용이 더 중요하다는 것, (2) 개인 사례로부터 일반화할 수 없다는 것, (3) 사례 연구는 이론을 정립하는 데 적절하지 않다는 것, (4) 사례 연구는 연구의 편향성을 확정하는 경향이 있다는 것, (5) 특정한 사례 연구들에 기반해서 일반화를 개발하는 것은 어렵다는 것이다.

그는 구체적인 사례 지식이 예측 가능한 이론이나 보편적인 진리를 헛되게 찾는 것보다 더 가치 있다고 주장하였다. 하나의 단일 사례(Charles Darwin, Isaac Newton, Albert Einstein)로부터 일반화하는 것이 가능하고, 가설을 일반화하고 검사하는 것이 유용하다. 다른 어떤 연구 방법보다 연구자가 사전에 인지한 개념들을 확증하는 것이 더 편향되었다. 종종, 사례 연구들로부터 일반화하는 것은 바람직하지 않다. Flyvbjerg는 사례 연구의 방법론적인 가치를 명확히 했고, 사회과학에서 사례 연구의 중요성을 확립하는 데 끝까지 기여하였다.

Robert Stake(2005)는 사례 연구는 방법론적인 선택의 문제가 아니라 연구해야 할 대상, 예컨대, 아이들 혹은 교실수업과 같은 대상 선택에 있다고 주장하였다. 결론적으로, 연구자는 개인 사례 자체보다는 사례의 과정 혹은 집단 자체에 관심이 있다. Stake는 몇 가지 사례 연구의 유형을 구별하였다(내재적, 도구적, 종합적). 각 사례는 복잡한 역사적, 상황적 실체이다. 사례 연구들은 독특한 개념적 구조, 활용, 문제(편견, 이론, 삼각검증법, 스토리텔링, 사례 선택, 윤리 문제)를 포함하고 있다. 연구자들은 일관되게 이러한 주제들을 사례의 속성, 역사적 배경, 상황들과 다른 사례들과의 관련성, 정보를 제공자로 간주하고 정보를 제공한다. 윤리 문제를 피하기 위해, 사례 연구자들은 양심, 이해 당사자, 연구 커뮤니티로부터 일관된 정보를 필요로 한다.

수행 문화기술지

18장에서 Judith Hamera는 수행 연구, 문화기술지(그리고 자문화기술지), 비판적 교육학 사이의 복잡한 관계들에 관해 미묘하면서도 구체적인 논의를 제공하였다. 그녀는 이러한 관계형성을 비판적 교육학 이론에까지 연결하였다. 수행 문화기술지는 문화를 불러일으키고, 존재하는 문화들의 가교 역할을 하고, 수행적이고 정치적인 관점에서 교육학의 도화선 역할을 한다. Hamera의 장에서는 중요한 개념들(성찰, 수행, 문화기술지, 수행성, 미학), 철학적 우연성, 절차적 실용주의, 그리고 수행 문화기술지의 공간과 활동 안에 존재하는 철학적, 정치역학적 가능성을 제시하였다. 그녀의 주장은 19장과 30장의 Tedlock과 Spry의 논의를 보완한다.

수행은 해석의 구체화된 행위, 앎의 방식, 도덕적 담화의 형태이다. 가능성의 정치학은 프로젝트를 조직화한다. 수행 문화기술지는 정치적으로 다른 사람들을 도덕적으로 행동하게 하는 데 자극이 될 수 있다. 수행 문화기술지는 Zora Neale Hurston, Dwight Conquergood, Soyini Madison, Bella Pollock 등이 주장한 바와 같이 시민주의적 담화와 행동적 시민성에 충실하도록 하는 데 장점이 된다. 수행 문화기술지는 중요한 연구자들이 역사적 운동을 인지하고, 급진적으로 자유로운 유토피아 세계를 꿈꾸는 것을 돕도록 하는 행동의 형태가 될 수 있다.

내러티브 문화기술지

19장에서 Barbara Tedlock은 문화기술지는 "특정한 만남, 상황, 이해사항들을 좀 더 풍부하게 좀 더 의미로운 맥락에 위치시키는 시도라고 상기시켰다. Tedlock은 어떻게 참여적 관찰이 참여 관찰이 되는지를 보여주었다. 결과적으로, 문화기술지를 실행하고, 뼈대를 만들고, 표상하고, 읽는 것은 지난 20년간 극적으로 변화하였다. 열정적이고, 내러티브적이고, 환기하고, 머리가 괴상한 문화기술지와 자문화기술지 영역은 이러한 담론 속에서 탄생하였다.

Tedlock은 미국의 초기 문화기술지가 사회 비판과 공공 참여의 전통을 포함하고 있다는 것을 목격하였다. Franz Boas, Ruth Benedict, Margaret Mead는 사회 비판주의와 공공과 정치적 행위에 대한 그들의 호명을 통해 대중적 의견을 형성하였다. 1960년대까지, 비판 인류학은 시민 권리 운동과 점증하는 베트남 전쟁에 대한 반대 의견으로부터 힘을 얻었다. 인류학에서의 비판 이론은 연극을 통해 실행되어 왔다. Bertolt Brecht, Augusto Boal, Paulo Freire 등과 다른 연구자들의 작업에 기초한 고유한 정치 연극들은 라틴 아메리카, 아프리카, 여러 지역들로부터 힘을 얻어왔다.

Victor, Edith Turner, Edward Bruner가 1980년대 이래로 수행 문화기술지를 발전시켰다. 문화는 수행으로 간주되었고, 해석은 수행적이어야 하였다. 에스노드라마(ethnodrama)와 공공 문화기술지는 사회적 이슈를 제기하기 위한 추진체로 떠올랐다. 공공 문화기술지는 그 당시의 비판적 이슈들을 연결하는 담화이다. 그것은 비판 인류학의 연장선상이었다. 1990년대 후반, Barbara와 Dennis Tedlock이 편집한 『American Anthropologist』에서 정치적으로 연관된 에세이들을 출간하기 시작하였다. Tedlock은 "이 정치적으로 연관된 상황 속에서, 사회과학 프로젝트는 교육자, 정치가, 군인, 금융가와 같은 외부의 커뮤니티보다는 프로젝트가 수행되는 커뮤니티들로서의 역할을 하게 된다." 공공 문화기술지는 사회정의의 주제들을 차지하게 된다.

오늘날 우리는 꼬여있는 내러티브, 이중 의식, 수행, 창의적 논픽션, 역사, 드라마, 마술 같은 현실주의의 공간에 거주하고 있는데, 잊혀지고 탈환된 회복되는 기억들은 "거미가 우리의 삶의 꿈을 엮듯이" 추월할 것이다.

해석적 활동 분석하기

20장에서 James Holstein과 Jaber Gubrium은 문화기술 방법론, 대화 분석, 지역 문화의 기관 연구, Foucault의 역사와 담화 분석에 대한 비판적 접근에 기초하여 수립된 새로운 질적 연구의 언어를 제공하는 20년 이상 된 구성주의 프로젝트를 실시해왔다. 그들이 작성한 장에서는 해석적 커뮤니티에서 합의가 발전하는 과정을 노련하게 담고 있다. 이 합의는 어떻게 사회 구조주의자들의 접근이 탈구조주의자들의 담화 분석과 지역, 사회적 성취물로서 의미와 순서에 대한 상황적 연구를 유리하게 결합할 수 있는지 보여주려고 한다.

Holstein과 Gubrium은 매일의 삶에서 구조와 의미를 부여할 수 있는 해석적 내러티브 절차와 활동에 주목하였다. 이러한 성찰적 활동은 질적 연구의 주제와 자료가 된다. 지식은 언제나 지역, 지역 문화에 내재된, 그리고 조직과 상호작용적인 장소에 내재되어 있다. 인종, 계층, 젠더에 대한 이해를 포함하여 매일의 고정관념과 이데올로기들은 이러한 장소에 규정되어 있다. Dorothy Smith(1993)가 지배적 기관이라고 명명한 권력 시스템과 이 사회의 지배적 관련성들은 이러한 장소에서 나타났다. Holstein과 Gubrium은 담화와 사회 구조의 비판 이론을 정교화하면서 Smith의 프로젝트를 기초로 연구하였다. Holstein과 Gubrium은 어떻게 성찰적 담화와 광범위한 활동들이 분석적, 비판적 부류의 과정들을 형성하는지 보여주었다. 이러한 활동들이 지역적, 사회적 질서를 보여주는 기초가 되었다. 구성주의적 분석, 해석적 자원, 지역적 자원에 대한 강조는 질적 연구에서 성찰적 기회를 생생하게 만들고 극적으로 확정시켰다. 이러한 시간을 통해 우리는 사회정의권을 탈선시키기 위해 위협하는 압도적인 현실들을 제거하고 의문을 제기할 수 있게 된다.

근거 이론

12장에서 Kathy Charmaz는 근거 이론에 구성주의적 접근을 적용한 주도자이다. 근거 이론은 창발적인 반복적인 과정을 통해 자료 수집과 분석이 상보적으로 서로 정보를 제공하는 질적 연구 방법이다. 근거 이론이란 용어는 경험적 자료들의 연속적인 개념 분석을 통해 발전한 이론이다. Charmaz는 21세기에 어떻게 근거 이론이란 방법이 질적 정의 연구를 발전시키는 데 풍부한 가능성을 제공했는지 보여주었다. 근거 이론 연구자들은 사회정의 상황을 묘사하고 초월하는 도구들을 가지고 있다. 그들은 불의가 발달하고, 변화하고 혹은 유지되는 상황에 대해 해석하고 분석할 수 있다. 그들은 변화를 위한 명백한 가치 자세와 의제를 제기할 수 있다. 일부 사람들은 사회정의에 초점을 맞추었는데, 그 이유는 이론적 문제를 조명해줄 수 있기 때문이었다. 사회정의 연구자로서 명백하게 밝혀내는 사람들은 그렇게 되어야만 한다거나 당연히 하는 편이다라는 식의 단어를 사용한다.

Charmaz는 본질적 형태로 수집한 경험적인 자료를 설명하는 중간 수준의 이론적 틀을 형성하기 위해서 경험적인 자료들을 수집하고 분석하는 체계적인 연역적 체계로 구성되어 있는 근거 이론을 제시하였다. 그녀가 기술한 장에서는 Glaser와 Strauss의 초기 작품으로부터 Glaser, Strauss, Corbin의 최근 진술에서 변화하기까지 이러한 방식의 역사의 초안을 제시하였다. 그녀는 Glaser, Strauss, Corbin의 실증주의-객관주의 방식과 포스트모더니즘과 실증주의 사이의 중간적 위치를 경계 짓는 그녀 자신의 해석적 구성주의 방식을 대조하였다. 근거 이론은 오늘날 사회과학에서 가장 폭넓게 사용되는 해석적 전략일지 모른다. 근거 이론은 연구자들이 "좋은 과학"의 법규와 병렬하는 특정한 일련의 절차를

따르도록 하였다. 그러나 Charmaz의 관점은 분명하다. 초기 실증주의자들의 주도권(Guba와 Lincoln이 오랫동안 채택했던 위치)을 옹호하지 않고 근거 이론을 사용하는 것이 가능할지도 모른다. 그녀는 교육과 건강 분야에서 근거 이론을 적용한 혼합 방법 프로젝트가 증가하고 있다는 점에 주목하였다.

Charmaz는 근거 이론 연구자들이 사용한 기본적인 전략을 검토하였다. 그녀는 이러한 전략들을 사회정의 연구 공간에서 활용하였다. 그녀는 사회정의에 관한 근거 이론 연구들에서 제기된 주요한 준거와 기본적인 질문들을 제시하였다. 연구가 신뢰성과 독창성을 보여줄 수 있는가? 생생한 경험 세계와 연결되었는지에 관한 반향이 있는가? 유용한가? 일상적인 세계에서 사람들이 사용하는 것인가? 더 나은 사회를 만드는 데 기여하는가? 근거 이론이 새로운 세기로 이동함에 따라 그녀는 이러한 준거에 기초해서 초기 시카고학파의 사회정의 전통을 주장하였다. 그녀의 구성주의적 근거 이론은 상징적 상호주의자의 실용주의와 일관성을 맺고 있다. 구성주의적 근거 이론은 21세기의 연구 방법이 될 것이다.

6. 인권이란 이름으로

22장에서 남아프리카 연구자이자 시인인 Antjie Krog는 "남아프리카 진실과 화해 위원회"에 관해 2년 동안 라디오 인터뷰와 현지보고를 실시하였다. 유머스럽고, 자전적이면서 고통스러운 그녀의 에세이를 통해 인간사 족적에 바탕을 두고 100년 된 미망인의 가정사를 설명하였다. 이야기에는 여러 목소리가 있었다. 그녀가 질문한 것은 다음과 같다. 누가 여기의 학자인가? 누가 정리되지 않은 자료인가? 최초 내레이션의 녹음자는 Bleek인가? 추적하는 연구자는 Liebenberg인가? 이 장의 저자는 Krog인가? 그것은 부시맨 내레이터인가? 그 이야기의 여성인가? 이 이야기를 말할 권리를 누가

가지고 있는가? 이 담화에 입장할 권리는 누가 가지고 있는가? 지위가 아래인 사람들은 어떻게 말하는가?

Krog는 그녀가 학자가 아니라 정리된 자료라고 이야기한 학교 행정가에게 자신의 경험을 즐겁게 이야기하였다. 다음으로 그녀는 남아프리카 진실과 화해 위원회 증언이 일관되지 않은 정리자료로서 처음 읽혀진 Konile 여사의 이야기를 토론하였다. 지위가 아래인 사람들이 이야기할 수 있는 것은 아니다. 제1세계나 제3세계의 특권을 가진 사람들은 그들에 관해 이야기하지 않았다. 우리는 울부짖음을 증언으로 듣고, 행동하고, 경청해야 할 의무가 있다.

참여적 실행 연구의 반복 선율

23장에서 Mary Brydon-Miller, Michael Kral, Patricia Maguire, Susan Noffke, Anu Sabhlok은 참여적 방법으로서 참여적 실행 연구는 이론과 행동을 결합하고 있다고 주장하였다. 지식 창출은 협업의 과정에 의한 것이라고 추측된다. "각 참여자들의 다양한 경험과 기술은 작품을 산출하는 데 중요하다"(p. 387) 참여적 실행 연구의 목표는 탐구 과정에서 공동체 사람들의 참여를 통해 구체적으로 공동체의 문제를 해결하는 것이다. 참여적 실행 연구는 재즈 즉흥연주 같다. 이 연주는 노력 없이 자동적으로 이루어지는 것처럼 보이나, 실제로는 "엄격한 훈련"(p. 387)을 통해 나타난 결과이다. 참여적 실행 연구는 뱅골 보리수 나무 같은 것인데, 이는 평범한 사람들이 모이는 장소이자 공동체의 토론과 의사결정을 하던 곳과 같다. 뱅골 보리수 나무 같이 참여적 실행 연구는 공동체의 구성원들이 만나고, 토론하고 대화하는 공간이자 장소를 제공한다.

Brydon-Miller와 그의 동료들은 참여적 실행 연구의 몇 가지 서로 다른 전통과 역사에 관해 검토했는데, 이를 통해 초기 다수의 참여적 실행 연구가 "남쪽" 혹은 제3세계의 전통적인 학문 세계에서 벗어나 나타난 점에 주목하였다. 역사는 브라질의 Paulo Freire의 비판

적 교육학 프로젝트, 남아메리카의 Fals Borda의 선제적 발의, 스칸디나비안 민속학교의 운동, 아시아와 호주의 참여적 행동 네트워크(Stephen Kemmis, Robin McTaggart), Michele Fine사의 글로벌 청년 주도적 발의에서부터 페미니스트, 문해, 사회정의, 노동, 시민 권력, 학문적 지지자들의 투쟁에 이르기까지 매우 밀집하였다. 전통적으로 참여적 실행 연구는 이론과 방법 간의 차이점에 문제를 제기해왔다. 경험적 자료를 수집하고 분석하고 이해하고, 분류하는 전략들은 인식론적, 사회적 이론, 도덕적 위치로부터 분리될 수 없다.

저자들은 자신들이 파악한 참여적 실행 연구의 독본을 3가지 내용에 기초를 두어 작성하였다. 그 3가지 내용은 인도의 한 주인 Gujarat의 자가 고용 여성 협회에 관한 Sabhlok의 논문, 미국 남서부 지역의 미국 인디언 청년 국가에 관한 Alicia Fitzpatrick의 연구, 캐나다 Nunavut의 이누잇족의 자살 방지 및 교정 프로젝트에 관한 Michael Kral의 연구이다. 각 사례 연구에서는 참여적 실행 연구의 장점을 "지식과 지혜를 나누는 것을 들어왔던 사람들, 긍정적인 사회 변화를 불러일으키기 위해 함께 일하는 사람들에게 기회를 제공하고, 더 정당하고 공평한 정치적, 사회적 시스템을 만들기 위해 기회를 제공하기 위해서 현존하는 권력과 권위의 구조에 도전하고 해체하는 것"(p. 396)이라고 하였다.

질적 건강 연구

24장에서 Janice Morse는 그녀의 질적 건강 관리 연구 주제가 다른 질적 연구들의 형태와는 다르다는 것을 목격하였다. 질적 건강 연구자들은 심각한 삶의 질 문제, 삶과 죽음의 상황들에 관해 다루고 있다. Morse는 질적 건강 연구의 기원, 역사, 내용, 범위 등을 고려하였다. 그녀는 2009년에 『질적 건강 연구(Qualitative Health Research)』라는 책에 출간된 모든 논문들을 대상으로 내용 분석을 실시하였다. 그녀는 질적 연구 방법이 어떻게 의학 연구에 채택되어 활용될 수 있는지

보여주었고, 그 자체로 질적 건강 연구가 중요한 학문의 한 부분이라는 것을 보여주는 것으로 마쳤다. 이 분야의 고전인 『백인 소년, 보호시설, 죽음의 인식, 좋은 날, 나쁜 날(Boys in White; Asylums; Awareness of Dying; Good Days, Bad Days)』은 아주 기본적인 글이다. 이러한 결과들이 건강 관리 연구 영역을 확장시키는 데 영향을 미쳤다.

1997년 Morse는 국제 질적 연구 방법론 연구소(International Institute of Qualitative Methodology: IIQM)와 Sage 출판사의 월간 국제 학술지인 「질적 건강 연구(Qualitative Health Research)」를 출간하였다. 연구소는 8개의 국제 사이트의 허브를 통해 115개 대학들과 협력을 맺을 것이다. 오늘날, 질적 건강 연구를 지원하는 멘토, 학술지 지원, 글로벌 네트워크가 있다.

Morse는 기관윤리심의위원회(Institutional Review Board: IRB) 이슈, 연구 동의서 제출 문제, 아프고 죽어가고 병든 사람들에 대한 연구, 평가를 두려워하는 의료진에 이르기까지 건강 관리 연구와 관련된 매우 곤란한 문제들을 탐구해왔다. 그녀는 회고적 인터뷰부터

간호사를 공동 연구자로 참여시키는 방법 등 의료 연구가 가능하도록 하는 여러 가지 연구 전략들을 제안하였다. 그녀는 "질적 건강 연구는 질적 연구의 특수한 형태로 … 그 자체로 지식에 대한 교육, 훈련, 방법, 배포 등이 필요하다"고 결론지었다. 우리도 동의하는 바이다.

6. 결론

제3부의 여러 장들 모두 어떻게 질적 연구가 사회 변화와 사회정의 실현을 촉진할 수 있는 도구가 될 수 있는지 보여주었다. 이전에 고요했던 바를 듣는다면, 그들은 사회 변화의 대행자로서 그들을 위해 말할 수 있을 것이다. 연구는 정치적 행동과 연관되어 있고, 언어 시스템과 의미는 변화하고, 패러다임도 변화한다. 이러한 목소리를 어떻게 해석할 수 있는가가 이 책의 제4부의 주제이다. 잠시 제3부의 목소리를 들어보라. 행동할 것을 요구하고 있다.

주석

1. Mitch Allen의 조언은 패러다임과 연구 설계 간의 관계를 다루는 방법에 지대한 영향을 미쳤다.
2. Denzin은 삼각검증법으로 다양한 질적 연구 방법들을 결합하였다: 라이프 스토리, 사례 연구, 인터뷰, 참여 관찰, 문화기술지. 그러나 양적 연구 방법과 질적 연구 방법을 결합하는 것을 포함하지는 않는다.

참고문헌

Denzin, N. K. (1970). *The research act in sociology*. London: Butterworths.

Denzin, N. K. (1993). *The alcoholic society: Addiction and recovery of self*. New Brunswick, NJ: Transaction.

Denzin, N. K. (1999). Cybertalk and the method of instances. In S. Jones (Ed.), *Doing Internet research: Critical issues and methods for examining the net* (pp. 107-126). Thousand Oaks, CA: Sage.

Denzin, N. K. (2010). *The qualitative manifesto*. Walnut Creek, CA: Left Coast Press.

Fiske, J. (1994). Audiencing: Cultural practice and cultural studies. In N. K. Denzin & Y. S. Lincoln (Eds.), *Handbook of qualitative research* (pp. 189-198). Thousand Oaks, CA: Sage.

Hess-Biber, S. N., & Leavy, P. (Eds.). (2008). *Handbook of emergent methods*. New York: Guilford.

Howe, K. R. (1988). Against the quantitative-qualitative incompatibility thesis, or dogmas die hard. *Educational Researcher, 17*(8), 10-16.

Janesick, V. J. (2000). The choreography of qualitative research design. In N. K. Denzin & Y. S. Lincoln (Eds.), *Handbook of qualitative research* (2nd ed., pp. 379-399). Thousand Oaks, CA: Sage.

Janesick, V. J. (2010). *"Stretching" exercises for qualitative researchers* (3rd ed.). Thousand Oaks, CA: Sage.

Lincoln, Y. (2010). What a long, strange trip it's been . . . : Twenty-five years of qualitative and new paradigm research. *Qualitative Inquiry, 16*(1), 3-9.

Lincoln, Y. S., & Guba, E. G. (1985). *Naturalistic inquiry.* Beverly Hills, CA: Sage.

Maxcy, S. J. (2003). Pragmatic threads in mixed methods research in the social sciences: The search for multiple modes of inquiry and the end of the philosophy of formalism. In A. Tashakkori & C. Teddlie (Eds.), *Handbook of mixed methods in social & behavioral research* (pp. 51-90). Thousand Oaks, CA: Sage.

Mills, C. W. (1959). *The sociological imagination.* New York: Oxford University Press.

Peirce, C. S. (1905). What pragmatism is. *The Monist, 15*(2), 161-181.

Psathas, G. (1995). *Conversation analysis.* Thousand Oaks, CA: Sage.

Sartre, J.-P. (1981). *The family idiot: Gustave Flaubert, 1821–1857*(Vol. 1). Chicago: University of Chicago Press.

Schwandt, T. A. (2007). *The SAGE dictionary of qualitative inquiry*(3rd ed.). Thousand Oaks, CA: Sage.

Smith, D. E. (1993). High noon in textland: A critique of Clough. *Socio-logical Quarterly, 34,* 183-192.

Stake, R. E. (2005). Qualitative case studies. In N. K. Denzin & Y. S. Lincoln (Eds.), *The SAGE handbook of qualitative research* (3rd ed., pp. 443-466). Thousand Oaks, CA: Sage.

Julianne Cheek

14.

질적 연구 재원 마련의 정치역학과 실제

_ 지속적으로 꼬리를 물고 제기되는 메시지의 연속선상에서…

최욱_ 경인교육대학교 교육학과 교수

독자 여러분께,

이 장은 질적 연구 재원 수급이 어떻게 이루어지고 있는가에 대한 일련의 성찰을 제시하고 있다. 바꿔 말하면, 질적 연구 수행에 필요한 자원을 마련하기 위해, 우리의 연구 아이디어와 전문성을 어떻게 팔 수 있는가에 대한 것이다. 어떤 방식의 질적 연구를 수행하더라도 우리는 우리의 시간, 노력, 연구 프로젝트를 파는 것이기 때문에, 여기서의 주요 의제는 질적 연구 재원 조달을 어떻게 시작하거나 연구비 시장에 어떻게 접근할지 막막한 연구자들을 위한 것이다. 그래서 이 장이 이런 연구자들에게 연구 재원을 마련하는 데 활용할 수 있는 실제적인 정보뿐만 아니라, 우리 모두에게 부과되고 있는 질적 연구 재원 마련의 정치역학과 실태에 대해 생각해보는 성찰의 기회, 그리고 지속적인 지적 작업을 계속 진행할 수 있는 원동력이 될 수 있기를 바란다.

여기서 어떤 독자들은 아마 질적 연구 재원 조달에 관한 논의가 자신들과 관련 없다고 생각할 것이다. 만약 당신이 그런 독자 중의 한 사람이라면, 귀하가 관심 있어 하는 연구 형태가 당신의 시간만 필요할 뿐, 상당한 연구비 수급 활동 또는 연구비 지급자와의 많은 의사소통을 필요로 하지 않다는 의미이다. 내가 이렇게 말하는 이유는 그러한 생각으로 인해 질적 연구 재원 수급이 대부분 연구자에게 결핍된 자원, 즉 금전적 지원과 동일시되거나 국한되고 있기 때문이다. 또한 연구자의 시간은 어떤 경우에도 연구 재원 조달 범주에 해당되지 않는다는 의미이다. 이러한 사고는 연구 재원 수급이 다양한 형태로 나타난다는 사실을 간과하고 있다.

예를 들어, 재원 마련은 연구원들을 고용해서 지급하는 봉급을 위한 자금 형태이거나, 연구 수행을 위해 다른 일을 맡고 있는 책임 연구원들을 데려오는 데도 쓰이는 돈의 형태일 수도 있다. 그리고 연구 재원은 자료 기록기와 컴퓨터와 같은 연구 기자재 구입을 위한 자금 형태, 혹은 기자재를 연구 기간 동안 공급받거나 임

대하는 비금전적 지원의 형태일 수도 있다. 또한 금전적 혹은 비금전적 재원 조달은 필요한 출장일 수도 있고, 번역과 같은 전문가의 기술/서비스를 받는 것일 수도 있다. 또 다른 형태의 질적 연구 재원 수급은 공여, 연구 실적, 연구원의 성공적인 임무 완수를 통해 해당 기관에게 연구 기금을 끌어온 연구자를 보상하기 위한 기관 인센티브 체제로부터 직접적 또는 간접적으로 오는 형태일 수도 있다. 예를 들어, 이러한 보상은 해당 기관 내에 연구 센터를 설립하는 인프라 공여, 연구를 위한 인적 자원의 추가 배치, 학회 참가 또는 연구 보조원의 시급 등과 같이 연구 목적으로 승인된 추경 연구 예산의 배정 형태를 띤다.

　Morse(2002)는 질적 연구 수행 비용 자체가 저렴하거나, 다른 방식의 연구보다 비용이 덜 들어간다는 생각은 오해라고 지적하였다. 이러한 오해는 연구 재원의 개념과 구성에 대한 몰이해로 인해, 질적 연구 사회 자체 내뿐만 아니라 그 밖에서 행해진 많은 질적 연구의 역사를 통해 제기되고 확대 재생산되었다. 모든 연구자들은 자신들의 방법적 혹은 본질적 흥미와 관계없이, 자신들의 연구 재원 마련 방법을 필요로 한다. 이러한 주장은 모든 연구에 다 해당되며, 대부분 자신만의 시간과 노력만으로 수행하고 큰 기자재, 전문화된 장소/실험실, 화학 물질과 같은 고가의 재료가 불필요한 질적 연구에서도 예외일 수 없다. 즉, 연구 수행에 소요되는 모든 형태의 시간은 실제로 연구 재원에 직결된다고 할 수 있다. 그래서 질적 연구 재원 마련은 우리 모두에게 해당되는 사안이라고 생각한다.

　질적 연구 재원 조달에 관한 장은 많은 형식으로 기술될 수 있다. 예를 들어, "연구비 수급에 성공하기 위한 제안서 작성 방법"에 초점을 맞추는 것도 가능하다. 그러나 이러한 서술 방식은 연구비 제공자를 위한 글쓰기, 그리고 때로는 대형 연구 공여 프로그램을 운영하는 연구비 수여자의 특정 방식에 국한된 논의에 그칠 위험이 있다. 우리가 알고 있듯이 연구 재원 마련은 다양한 형태로 나타날 수 있다. 이 또한 도구적인 "how to"에 대한 논의에 국한될 위험 요소가 있다. 또 다른 서술

방식의 가능성은 질적 연구 재원 마련에 영향을 미치는 정치적 차원에 초점을 맞추는 것이다. 예를 들어, 지난 10년 동안 만연된 증거의 정치역학과 관련해서 우리의 연구를 어떻게 자리매김해야 하는가에 중점을 둘 수 있다. 그러나 이 부분은 규범화/배제적/실증주의적 성향의 과도한 정치역학을 거부하는 질적 연구를 위한 지속적이고 적극적인 소명 차원에서 이미 충분히 잘 논의되었다(Denzin & Giardina, 2008; Holmes, Murray, Perron & Rail, 2006). 더 나아가 이러한 면에 초점을 맞추게 되면 질적 연구에 잘못 치부된 정치역학에 부응하거나 연계하는 질적 연구 재원 조달 논의에 머물게 된다. 또한 질적 연구와 재원 수급에 대한 논의의 범위를 규정하는 데 있어 이런 식의 정치역학의 중심에 지속적으로 휘말리는 결과를 낳게 된다. 이렇게 되면 증거의 정치역학이 질적 연구 자체, 연구비 조달, 논의 초점인 증거조차도 배제시키는 함정이 될 수도 있다(Long, 2010; More, 2006a).

　지금까지의 논의를 고려해서, 질적 연구 재원 마련에 대한 논의 구조를 어떻게 할 것인가? 질적 연구 재원 수급이 어떻게 가능한가에 대한 탐구와 성찰은 서로 다르지만 연계된 두 가지 영역에 초점을 맞추고 있다. 첫 번째 영역은 재원을 찾아나서고, 획득하고, 수용하는 일과 관련된 실제이다. 이는 그 재원의 출처, 재원 마련의 형식과 절차, 특정 연구에 대한 적절한 재원 마련 전략 등과 같은 질적 연구 재원 조달의 실전 지식에 관한 것이다. 또한 여기에는 재원 수급 제안서 작성 방법도 포함되는데, 구체적으로 누가 연구자가 되며, 어떤 연구 주제로 접근하는가뿐만 아니라 언제/어떻게/왜에 대한 논의가 이루어진다. 이와 병행해서, 이러한 재원 조달의 실제에 대한 의사결정이 재원 및 연구의 **정치역학**에 의해 어떻게 영향받는가를 같이 서술하고 있다. 이 부분이 이 장에서 두 번째 초점이 되는 영역이다. 내 경험에 의하면, 질적 연구 재원을 찾고 획득하는 실제를, 연구와 그 재원 마련 절차에서 속속들이 영향을 미치는 정치역학과 분리해서 생각할 수 없다. 질적 연구 수행자의 재원 탐색, 제안서 제출, 재원 수령 시 해야 할 일 등은 실

전적인 지식과 함께 정치역학에도 공히 해당된다.

　내가 여기서 말하고자 하는 정치역학은 무엇인가? 지난 수십 년간 서양의 많은 정부와 행정가들의 생각을 지배해온 정치적 사고의 형태는 신자유주의적이다. 이는 경쟁, 효율, 질, 시장 논리, 책임성에 대한 감사 주도의 이해 등을 장려하는 정치역학이다(Cheek, 2005; Kvale, 2008; Torres, 2002). 이는 한 가지 방식의 연구가 다른 형식보다 혜택받는 정치역학이다. 여기에는 "증거에 대한 경쟁 개념이 담겨 있다. 이는 곧 우리가 연구를 수행하는 방식(연구 결과 도출 시 활용하는 방법과 절차)에 대한 것이며, 이와 함께 타당성/수용성/유용성을 갖추려면 어떤 형태의 증거가 결과로 나와야 하는가이다"(Cheek, 2008, p. 20). Morse(2006a)의 주장을 근거로, Denzin(2009, p. 142)은 "이는 사실 증거냐 아니냐의 문제가 아니다."라고 지적하고 있다. 그 대신에 무엇이 증거이고 다른 것은 증거가 아니라고 말할 수 있는 권한이 누구에게 있는가에 대한 것이다. 이는 초점을 증거 그 자체에서 증거의 **정치역학**으로 전환하는 것인데, 이는 한 형태의 연구 재원 조달만을 인정하는 권력에 관한 것을 의미한다. 이러한 정치역학은 각계각층의 많은 연구비 제공자들의 의식을 지배하여, 질적 연구비의 수급 규정 및 배당 방식에 영향을 미친다(Cheek, 2005, 2006; Hammersley, 2005; Morse, 2006b; Stronach, 2006).

　생각해보면, 극히 일부 연구자들만이 연구 분야에 대한 이러한 정치역학 침투의 영향력에서 자유로울 뿐이다. 예를 들어 포괄적인 정치적 수준에서 질적 연구자들은 정부 주도의 점검과 감사가 연구의 효율성, 결과, 질에 대한 "증거"를 보장하고 제공한다는 명목하에 끊임없는 형태로 확산되어 온 것을 목격하고 있다(Cannella & Lincoln, 2004; Denzin, 2009). 그리고 연구 실제의 좀 더 세부적인 수준에서, 연구와 연구 증거에 대한 이해 부족으로, 활용되거나 활용할 수 있는 연구 방법들의 형태나 요청받는 연구 방법들에 지속적으로 영향을 미치고 있다(Atkinson & Delamont, 2006; Morse, 2006b; Torrance, 2006). 그 결과 지난 10년간, 질적 연구와 증거의 정치역학과의 접점에서, 지속적인 긴장/충돌과 때로는 불화가 발생해왔다(Denzin & Girdina, 2006, 2007a, 2008, 2009). 이러한 긴장/충돌/불화가 넘쳐흘러서 우리 질적 연구의 방법, 사고, 수행, 재원 마련에 영향을 미쳤다. 이러한 상황에서, 나는 정치역학과 질적 연구의 재원 조달의 실제와의 접점을 탐구하는 것이, 어떻게 하면 우리 연구의 재원 조달을 가장 잘 할 수 있을까를 더 잘 이해할 수 있기 위함과 동시에 이러한 접점이 질적 연구가 무엇을 수행하고, 무엇을 할 수 있고, 무엇을 얻을 수 있는가에 대해 잠재적으로 영향을 미친다는 측면에서도, 상당히 중차대하다고 믿는다.

　이러한 정치역학과 질적 연구 재원 수급 실제와의 접점이, 질적 연구가 얻거나 아마도 얻게 될 형태를 어떻게 갖추게 할 수 있을까? 내가 생각하고 있는 한 예로, 재원 조달 가능성이 높은 실질적 연구 주제를 선정하는 것이다. 즉, 재원 제공자가 우선순위를 두는 영역에 부합하는 실제적인 분야로 우리 연구를 맞춰주는 것이다. 또는 연구 방법 측면에서도, 만약 재원 제공자가 특정 접근 방식을 선호한다면, 그러한 접근 방법에 적합한 연구 설계를 작성한다. 물론, 재원 제공자가 설정한 범위에 맞춘 연구 저술은 꼭 "잘못된" 것이 아닐 수도 있다. 사실, 몇몇 학자들은 이를 그저 상식이라고 말할 수도 있다. 하지만, 이러한 주장은 무엇이 무엇을 이끌어 가느냐—즉, 그 연구를 재원이 이끌어 가는가, 재원을 연구가 이끌어 가는가, 아니면 그 중간쯤인가 등—에 대한 문제를 제기하게 만든다. 어느 정도까지는, 재원 마련의 원래 목적인 연구를 가능케 하고 지원하는 기능을 근본적으로 뒤엎는 결과를 초래할 수 있다. 연구 수단이 연구 목적만큼의 비중을 차지하게 되는 것이다. 그래서 연구자는 연구 재원 마련을 위한 노력을 연구 과제를 납득시키는 일만큼 해야 한다.

　지금까지 언급된 상황들로 인해, 질적 연구의 재원 마련 방법에 영향을 미치는 실제와 정치역학과 관련해서, 질적 연구 수행자들이 고려하고 때로는 어려운 결정을 내려야 하는 많은 복잡한 난제들이 제기되고 있다. 여기서 나에게 가장 중요한 것은, 나의 주된 동기가 연구를 가능케 하는 것인가 아니면 재원을 획득하는 것인가에 대해 지속적으로 성찰하는 것이다. 내가 연구를 납득시키고 있는가 아니면 재원을 조달하는 것인가, 내지는 그 중간쯤인가? 재원 수급을 위해 어디까지 내 연구가 수정되도록 준비해야 하는가? 이와 관련해서 내가 내린 결정의 이유는 무엇인가? 정치역학과 재원에 질적 연구를 부합시키지 않고, 정치역학과 재원 조달을 질적 연구에 부응하게 만드는 방법은 없을까? 내 질적 연구를 포기, 변형, 수정하기 위해 무엇을 하고 하지 말아야 하는가? 이러한 질문에 직면했을 때, 많은 질적 연구자들은 질적 연구와 관련해서 여러 가지 타협점을 찾아왔다. 이러한 타협안에 대해 말하는 것은 반박의 여지도 많고 어려운 일이기도 하다. 아마도 이러한 면이 그런 타협에 대한 논지가 부족한 이유이기도 하다. 이렇게 우리가 무엇을 하는가에 대해 우리가 언급하지 않은 것이, 우리가 무엇을 하는가를 실제로 말하는 것만큼, 고려할 가치가 있고 중요한 것이다 (Cheek, 2010a).

나는 지금까지 논의한 것을 모두 감안하여, 대부분의 질적 연구 수행자들에게 연구 "생산물"을 산출하는 요구가 존재함과 더불어 이러한 산출물들이 무엇이 될 것인가에 대해 여전히 우리가 어느 정도 통제 가능하다고 느끼는 이런 세상에서, 질적 연구 재원 마련에 대해 어떻게 실용적이고 실제적일 수 있을까가 내가 탐구하려는 것이라고 결론을 내렸다. 이러한 논의가 반드시 이루어져야 하며, 우리 살고 일하는 일상과 직결되어 있다는 점에서 나에게 매우 중요하게 느껴진다. 이러한 현실 속에서 우리는 질적 연구자로서 어떻게 하면 번창하고 생존할 수 있을까? 이는 경험이 부족하고 초보자인 연구자(특히 첫 번째 연구를 탐색하거나, 학자로서의 첫발을 내딛거나, 혹은 종신 재직 보장을 받지 못한)들에게 상당히 중요한 질문이다. 연구자 자신과 관련해서 또는 자신이 수행하려는 연구와 관련해서 팔려 나간다는 느낌 없이, 행정가의 요구, 종신 재직 보장 및 채용 위원회, 연구 기관, 연구 시장 등의 요구와 어떻게 하면 맞붙어 싸우고 때로는 적응해나갈 것인가? 이러한 모든 질문들은 질적 연구 재원 조달을 위해 끊임없이 아이디어와 메시지를 찾아나가야 한다는 면에서 핵심적이고 중요한 사안들이다(Bochner, 2009). 이와 같은 아이디어와 메시지의 연속선을 풀어내고 드러내기 위한 첫걸음은 질적 연구 재원을 찾아내는 것이며, 이것이 바로 다음에 논의할 내용이다.

14.1 재원의 발굴: 어디서 시작할 것인가. 이때 반문해야 할 난제

질적 연구 재원을 찾으려 할 때 어디서부터 어떻게 시작해야 하는가? 물론, 그 대답은 당신이 탐구하고 싶은 연구 문제, 수행하려는 연구 방식, 필요로 하는 재원 형태에 따라 대부분의 경우 달라진다. 그러나 방금 언급한 모든 조건들에 해당하는 핵심 불변의 논지가 있다. 이는 당신의 질적 연구 재원을 어떻게 마련할 것인가를 고려할 때 어떤 전략으로 접근하든지 상관없이, 그 재원 획득에 근접하는 첫 번째 단계는 숙고해서 서술한 연구 문제와 이에 상응하는 연구 설계의 개발이다. 당신은 재원을 마련하기 위해 무엇을 하고 싶은가에 대해 매우 명확한 개념(즉, 무엇을 연구하려고 하는가, 그리고 왜, 어떻게 연구하려고 하는가)을 가지고 있어야 한다. 이미 질적 연구 설계에 관해 출판된 여러 연구물에서 탁월한 논의들이 충분히 이루어졌다(Creswell, 이 책의 다음 장인 15장에서). 그래서 나는 여기서 이에 관한 논의는 하지 않겠다. 대신에 내가 여기서 강조하고 싶은 것은, 우리가 매력적인 질적 연구 설계의 기만적 단순성의 비호를 받고 있다고 Morse(2008)가 질책한 것과 관련해서, 당신이 아주 강도 높은 사고 과정을 위해 충분한 시간과 노력을 들였다고 확신을 가질 정도가 되어야, 당신이 질적 연구의 재원을 찾아나서는 다음 단계로 나갈 준비가 된 것이라고 말할 수 있다.

이러한 다음 단계에서는 어떤 형태의 재원이 수급 가

능한지 알아내는 것뿐만 아니라, 이런 연구비 제공처들이 연구에 대해 생각하고 이해하는 방식과 관련해서 논의하고 있다. 이들은 질적 연구 과제에 관심을 가지게 될 것인가? 그들은 연구비가 수여되는 핵심 이슈와 분야와 관련해서 특별한 강조사항이나 우선순위를 가지고 있는가? 잠재적인 연구비 제공자와 연구 재원 체계에 대한 이런 종류의 정보를 질적 연구자들이 찾으려 할 때 직면하는 하나의 문제점은, 질적 연구 분야가 연구비 제공처 자체에 대한 혹은 그 제공처와의 소통 경험에 관한 총체적인 지식을 구축하는 데 특별히 활동적이지도 능숙하지도 않다는 것이다. 예를 들어 우리에게는 잠재적 연구비 제공자들에 대한 총체적인 명단도 없으며, 특정 연구 제공처로부터 재원을 획득했던 질적 연구자 또는 연구 제공기관의 심사위원으로 활동한 질적 연구자들의 경험에 관한 체계적인 정보 수집도 이루어지고 있지 못하다. 그 결과, 상당한 수준의 집단 지혜가 소멸되고 있다. 그럼에도 불구하고, 질적 연구를 위해 가능한 재원 제공처를 찾는 데 활용할 수 있는 전략들이 존재한다.

출발점 전략으로, 일리노이대학에서 매년 개최되는 International Congress of Qualitative Inquiry의 학술대회 같은 공식 네트워크, 그리고/또는 어떤 형식과 방법의 질적 연구 과제에 재원을 제공했는가를 찾아내는 질적 연구자들의 비공식 네트워크를 활용할 수 있다. 마찬가지로 질적 연구에 대해 어디서/왜 연구비를 제공하지 않았는가를 알아내는 것도 중요하다. 이로 인해 당신은 질적 연구에 비우호적일 수 있는 연구비 제공자를 알아내어 처음부터 시간과 노력을 낭비하지 않게 된다. 또 다른 전략은 잠재적 재원 제공자의 명단, 질적 연구 제안서의 제출 지원 가능 빈도수, 질적 연구 제안서의 채택률 등이 수록된 데이터베이스나 출판물에 접근하여 활용하는 것일 수 있다. 그리고 특정 나라에 있는 것으로는 호주의 GrantSearch Register of Australian Funding에서 2년마다 책자로 발행되기도 하는 GrantSearch라는 디지털 데이터베이스도 있다. 이는 모든 형태의 정부, 대학교, 재단, 사적인 단체, 호주 지원자를 명시한 해외 기관 등에 의해 제공되는 3,000여 개의 학술, 여행, 조사, 비즈니스 관련 역량 개발, 예술, 운동과 레크리에이션, 지역사회 공동체를 위한 연구비 제공자에 대한 정보를 명시하고 있다(GrantSearch Register of Australian Funding, 2010). 물론, 위에서 언급한 각 유형의 잠재적 재원 제공자들에 의해 가능한 질적 연구 재원 조달의 상대적 중요성과 기회는 각 나라마다 그리고 각 국가 내에서도 상이하게 나타난다.

질적 연구 재원을 탐색할 때 연구비 제공자로부터 재원을 받는 것은 "연구자와 그의 연구가 가차 없이 연구비 제공자의 가치관과 연계된다"(Cheek, 2005, p.400)는 것을 염두에 두는 것이 가장 중요하다. 결과적으로, 잠재적 연구비 제공자를 찾으면서, 그 재원이 어떤 제공자로부터 나오는 것인가의 여부를 성찰할 필요가 있을 것이다. 예를 들어, 대부분의 연구자들은 담배 회사로부터 재원이 마련된다면 망설이게 될 것이다. 보건 관련 분야에 종사하는 몇몇 질적 연구자들에게, 제약 회사들로부터 제공된 전체 연구비들 중 일부를 수주받아야 하는가의 여부는 그 회사들의 편에 서는 결과를 내야 하는가를 따져야 하는 민감한 문제이다. 그리고 개발도상국의 노동 사각 지대(노동자들이 겨우 생존하기에도 상당히 열악한 노동 환경)에서 수익을 얻는 회사들로부터 나온 연구 기금을 탐색하는 것은 과연 어떠한가? 재원 제공자의 환경에 관한 기록도 따져야 하지 않겠는가? 이러한 질문들을 고려해볼 때, 질적 연구 수행자들에게 영향을 미치는 재원 마련의 정치역학은 또 다른 입장(즉, 연구비 제공자와 함께하는 정치역학)에서 나타난다. 이렇게 정치역학에 대해 특정 입장을 취하는 것은 모든 질적 연구자들이 재원을 탐색하는 전략을 구사할 때 반드시 되짚어봐야 할 사안이다. 더 나아가, 질적 연구 수행자들을 받아들이는 몇몇 제공처는 재원 자체가 수용될 수 없는 제도를 가지고 있을 수도 있다. 이러한 면도 반드시 살펴봐야 할 부분이다.

일단 연구비 제공처를 찾게 되면, 특정 재원으로부터

특정 질적 연구가 지원받을 기회 측면에서 재원 탐색이 더 향상될 수 있다. 때때로 연구비 제공자는 그 연구비가 쓰일 구체적인 분야를 가지고 있거나, 혹은 매년 바뀌는 재원에 대한 우선순위를 두고 있기도 하다. 당신의 연구 과제가 이러한 연구비 제공자의 관심사에 부응한다면, 재정 지원을 받을 기회는 더 좋아진다. 그래서, 재원 제공자가 우선순위나 관심 분야를 가지고 있는가, 그렇다면 그 분야들은 어떤 것인가를 파악하는 것이 중요하다. 물론 이로 인해, 당신의 연구 문제와 설계를 그런 우선순위 분야에 맞추기 위해 어떤 타협을 해야 하는가 하는 면에서 당신은 딜레마에 빠질 수 있다. 당신은 이에 대해 스스로 결정을 내려야 한다. 만약 나에게 완전히 솔직해지라면, 내 연구의 재원을 획득하기 위해 기꺼이 내 연구를 그런 연구비 제공자의 요구에 부합시킬 것이다. 곰곰이 생각해보면, 여기에는 많은 이유가 있다. 그 이유 중 하나는, 다른 연구자들과 마찬가지로, 내 연구의 재원을 마련하기 위해 내 연구 경력 내내 겪어본 지속적인 압박감이다. 또 다른 이유는, 연구 재원 조달이 쉽지 않으며 한정된 연구비가 존재한다는 혹독한 현실이다. 이와 관련하여, 나는 이런 상황에서 내가 실용적이 될 필요가 있는가, 그리고 만약 그렇다면 얼마나 실용적으로 이에 대처해야 하는가의 여부에 대해 많이 고민해왔다. 내가 수행하길 원하는 바로 그런 연구 과제에 대해서만 재원을 수급하는 것이 더 나은가, 아니면 내가 원래 추구하려던 것은 아니지만 재원 조달이 가능한 과제라는 이유로 다른 무엇을 연구하면서 살아갈 수 있는가? 재원 제공자의 의제나 요구를 따르지 않은 결과로 나에게 연구 사각 지대가 생기게 되는 것이 과연 더 나을 것인가? 이러한 질문들에 대해 쉬운 정답은 없을 것이다. 이는 옳고 그름의 문제가 아니다. 하지만 이러한 관점에서 취할 수 있는 가능한 각각의 입장은 각자 그에 대한 값을 치르게 된다. 연구 문제에 얼마나 많은 수정을 가해야 하는가와 함께 왜 그래야만 하는가는 질적 연구 수행자로서 우리가 고려해야 할 질문들이다.

특정 연구비 제공자가 예전에 어떤 연구를 지원해 주었는가를 알아내는 것은 질적 연구를 위한 조달 가능성이 높은 재원과 재원 제공자의 탐색을 향상시키는 또 다른 방법이다. 연구비가 지급된 질적 연구 과제가 존재하는가, 그렇다면 어떤 방식의 질적 연구가 지원을 받았는가? 여기서 모든 재원 수급 지침, 제안서 양식, 또는 연구비 제공자에 의해 매년 발행되는 재원 마련과 연구 활동에 관한 연례 백서와 같은 관련 서류들을 수집해야 한다. 이는 "재원 제공자에 의해 부과된 모든 제안서 양식 혹은 지침(때로는 문서화되거나 발표되지 않기도 하지만)으로, 그들이 지향하는 연구의 성격을 가늠할 수 있기"(Cheek, 2005, p.394) 때문이다. 만약 질적 연구가 재원 조달 제안서 내용에 상응하기 상당히 어렵다면, 그리고/또는 질적 연구에 재원이 지급된 기록이 없는 경우라면, 이는 질적 연구가 아마도 그 연구비 제공자가 생각하는 연구 방식이 아니라는 것을 명확하게 말해준다. 적어도 이러한 경우에는 질적 연구에 관해 다른 재원 제공자를 찾아나서야 한다는 것을 의미한다.

연구 제안서를 심사할 위원들의 구성과 그들이 따르는 절차는 이런 면에서 좀 더 유용한 정보를 제공해줄 수 있다. 그 심사위원들 중에 누가 질적 연구에 대해 전문성과 경험을 가지고 있는가? 그리고 만약 그렇다면, 이는 정확히 무엇을 의미하는가? 만약 이들이 그런 면을 구비했다면, 그들은 상당한 경험을 갖춘 질적 연구자이거나, 질적 연구에 대해 "친밀감"을 가지고 있는 사람, 즉 "학술대회에서 질적 연구 방법의 발표를 참관한 사람이어서 이를 핵심 심사 기준으로 활용할 수도 있다"(Morse, 2003a, p.740). 다른 한편으로, 만약 그렇지 않다면, 심사위원들이 그들의 집단 전문성 밖에 존재하는 외부 전문가에게 조언을 구할 가능성이 있는가? 그런데 만약 질적 연구 전문성이 있는 사람이 심사위원들 중에 전혀 없고 심사 절차에 심사위원 외의 외부 전문가의 자문을 구하는 규정이 없다면, 질적 연구 제안서가 채택될 가능성은 거의 없다. 이러한 전문성을 구하는 방법이 때로는 즉흥적으로 이루어질 수도 있다 (Morse, 2003a).

솔직히 말해서, 위에서 언급했듯이 외부 전문가의 의견을 심사에 반영한다면, 비록 이런 것이 심사 절차에서 긍정적일지는 몰라도, 모든 경우에 상당한 변화를 가져올 수 있는지에 대해서는 확신이 서지 않는다. 일례로, 나는 어느 연구 재원 수여 심사위원으로 참여해서, 100점 만점에 0.5점 차로 재원 제공 여부가 결정나는 것을 목격하였다. 이런 경우 심사위원 각각의 점수가 무척 중요하다. 그런데 비록 한 사람의 심사위원만이 질적 연구에 대해 우호적일지라도, 그 위원의 점수가 실제로 재원 수급 경쟁에서 질적 연구 제안서를 무능력하게 만들 수밖에 없는 것이 애초에 성공 확률이 20% 미만이기 때문이다. 그러므로 특정 제안서에 대해 심사위원 점수 전체를 단순 평균 내는 전통은 질적 연구가 채택될 찬스와 정반대로 가는 것이다.

만약 위에서 제기된 연구비 제공자의 실제와 절차에 부합하여, 비록 질적 연구가 연구비 지원을 받게 될 진정한 기회를 얻게 되더라도, 재원을 받는 다음 단계는 연구비 담당자와 개별적으로 접촉하는 것이다. 이러한 접근은 연구비 배정 심사 방식에 따라 접촉의 방법과 목적이 달라질 수 있다. 만약 재원 심사가 매년 정해진 시점에 이루어지는 형식이라면, 해당 연도 연구비와 다른 재원 조달을 요청할 수 없게 된다. 그리고 이렇게 하면, 재원 제공자의 집행 방식 관점에서는 질적 연구자가 기본적인 상황 파악도 못한다는 인상을 심어줄 수도 있다. 이러한 경우에 질적 연구 수행자는 재원 배정 심사의 관리 책임이 있는 담당자 그리고/또는 그 관리자와의 대화를 모색할 수도 있다. 이는 연구비 선정 과정에 대한 정보를 얻는 효과뿐만 아니라, 행정 차원에서 제안서를 처리하는 사람들에게 질적 연구자와 연구 방식 모두를 알리는 것을 의미한다. 이로 인해 연구비 담당자와 실제로 만나 얼굴을 익히고, 당신이 해당 질적 연구에 대해 그들과 업무 동반 관계를 형성함과 동시에 연구 개념에 대한 진정성을 보여주는 계기도 마련된다. 만약 잠재적 재원 제공자가 연구비 선정에 정해진 시점을 따로 두지 않았지만 제안서를 언제든 제출할 수 있거나, 재원 마련을 위해 어떻게 지원해야 하는지 완전히 불명확하다면, 당신의 연구 개념과 연구자로서의 당신에 대해 대화를 나눌 수 있는 적정한 사람을 찾아내는 것이 중요하다. 이는 어려운 일일 수 있기 때문에, 대화할 적정한 사람을 결국 찾아내기 전까지는, 그 조직에 들어갈 수 있게 되고 여러 경로의 접촉을 시도할 때 정중하면서도 끈기를 가지는 것이 필요하다.

만약 당신이 그런 사람과 약속 시간을 잡는 데 성공한다면, 그들이 마련해준 시간 측면에서 만반의 준비가 잘 되어 있어야 할 뿐만 아니라 당신의 연구 개념을 정확하게 이해시키도록 최선을 다해야 한다. 특히 그들의 관점에서 연구를 생각하여 말해주어야 한다. 그들이 이 연구에 대해 어떤 이유로 연구비를 지급해야 하는가? 당신은 그들에게 무엇을 제안하는가? 이에 대한 관건은 당신이 전달하려는 메시지와 당신이 설득하려는 연구 개념에서 분명하고 정확을 기하는 것이다. 연구 개념의 전체적인 윤곽, 원하는 재정 지원 방식, 지금까지 해온 예비 작업 결과 등을 소개한 한 쪽 분량의 개요서를 면담 시작 전에 보내는 것이 좋다. 이러한 개념서에는 프로젝트 수행 연구팀을 구성하고 있는 당신과 다른 연구자들에 대한 소개도 포함시켜야 한다. 이러한 연구자들의 이력은 잠재적 연구비 제공자의 마음에서 중요한 고려 사항일 수 있기 때문이다. 기존의 표준화된 양식, 여러 페이지, 다용도의 이력서 등의 제출은 금물이다. 더 정확히 말하면, 당신의 과거 경험을 기반으로 이 연구를 적시에 그리고 주어진 예산 내에 완수할 수 있는 전문성을 갖추었다는 것을 보여주어, 당신의 연구 경력에 주의를 집중시킬 수 있고 그 부분이 강조된 형식으로 수정되어 서술된 이력서를 제공하는 것이 더 좋다(Cheek, 2005). 만약 당신이 많은 연구 경력이 없다면, 연구 경험이 많은 연구자들을 포함시킨 연구팀의 일원으로 당신을 소개하는 것이 더 좋다. 그런 후에 당신은 팀의 일원으로 그들과 연구를 수행하고 그들로부터 학습하면서 자신만의 연구 경력을 쌓아나갈 수 있다. 연구 경력을 구축하는 또 다른 전략은, 경험이 일천한 초보 연구자들에게만 지급되는 연구 재원 조달 기회를 얻는 것이다. 이러한 체계에서는 적은 액수의 연구비가 초보 연구자들에게 지급되지만, 이를 통해 이들은 여기서 강조된 영속적 이슈를 극복할 수 있다: 어떻게 하면 연구 경력 없이 연구 경력을 쌓을 수 있을까!

14.2 재원 조달의 탐색: 특정 분야의 연구 수행에 대해 계약 맺기

질적 연구를 위한 잠재적 연구비를 찾아나서는 또 다른 전략은 구체적인 분야의 연구에 대해 지급하는 정부나 다른 기관들의 공고 또는 광고를 탐색하는 것이다. 여기서 구체적 내용에는 그런 연구에 대한 모든 형태의 현실적인 주제, 그런 주제가 선정되는 상황들, 또한 언제 그리고 어떻게 연구가 완수되고 서술되며 결과가 제공되어야 하는지 등이 포함된다. 항상 그렇지는 않지만, 연구의 기반이 되는 주제와 방법들은 연구자가 만들어 나가는 범위가 다양한 형태로 존재한다. 이러한 형태의 연구비 용역에 대한 광고는 신문의 계약자/보급자란에서 흔히 찾아낼 수 있다. 그들은 상업적인 기반을 두고, 관심 있는 연구자들이나 기관들이 특정 연구 과제 수행을 위한 제안서를 제출하라고 요청한다. 연구비를 주거나 계약할 때 재원 제공자가 추구하는 것은 그 연구 수행에 필요한 전문성과 시간이 없기 때문에 그것을 사들이는 것이다. 예를 들어 연구 발주자는 미리 정해진 특정 연구 목적을 달성하기 위해, 구체적인 차수의 워크숍, 초점집단 회의, 면담을 실시할 수 있는 연구자들을 원한다. 여기서 강조되는 것은 연구자가 시간제한을 둔 특정 연구 용역비의 기회에 자신과 자신의 연구를 부합시켜야 한다는 것이다.

이러한 연구 용역을 기획하고 의뢰하는 연구 발주자의 사고에서 당연시해야 할 부분은 그들이 원하는 전문지식과 연구 결과를 얻기 위해 그들이 사용할 필요가 있는 최소한의 금액이 얼마인가에 대한 질문이다. 여기에서 연구자의 전문성과 경험이 전체적인 연구 설계만큼 핵심 고려사항이기 때문에 가장 저렴한 제안서가

항상 용역비 수급에 성공한다는 의미는 아니다. 그보다는 들인 돈에 비해 얻는 가치에 대한 것으로, 즉 "연구에서 높은 기준을 충족시킬 뿐만 아니라 그러한 기준 달성을 위해 얼마나 많거나 적은 돈을 할당할 필요가 있느냐를 연구 발주자가 따지는 것을 의미하기도 한다"(Cheek, 2005, p. 394). 이러한 모든 것이 의미하는 바는 연구 예산이 전체 연구 용역비 수주 과정에서 핵심적인 역할을 할 것이라는 것이다. 또한 이는 아마도 이런 연구 과제에 책정되어 온 최대한도로 가능한 금액조차로도, 요청된 연구 목적을 달성할 수 있는 질적 연구를 수행하기에는 불가능하다는 것을 의미한다. 그리고 질적 연구 과제 수행에 필요한 시간과 관련 비용을 과소평가하기 쉽다. 거기에 더하여 연구 제안서 심사 과정에서 경쟁력을 높이기 위해, 연구자 전문성에 대한 대가, 연구 수행 비용, 그리고 연구 완수 소요 시간을 모두 터무니없이 과소하게 책정하는 우를 범하기도 한다. 이런 경우, 적정 프로젝트 비용 산정과 이행 가능 약속의 범위를 정하는 부분에서, 대학교나 연구 기관의 연구 및 비즈니스 개발 담당부서의 도움을 받을 수 있다.

용역 형태의 연구는 연구의 모든 부분에서 정상보다 짧은 시간 계획을 부과하는 특징을 보여준다. 제안서 작성에 며칠만을 주거나, 연구 완수에 불과 몇 주, 몇 개월만을 부여한다. 모든 질적 연구는 그런 짧은 시간 내에 완수되기 불가능하다. 이러한 문제는 연구비 제공자가 전체 연구 과정에서 중간 보고서를 요구하게 되면 더 심화되는데, 왜냐하면 단편적인 형태일 수밖에 없는 일부 조각을 중간 연구 결과화하는 것은 어렵거나 불가능한 일이기 때문이다.

이러한 중간 보고서에 들이는 시간과 노력은 연구의 더 큰 그림에 쏟아야 하는 시간과 집중력을 분산시켜서 연구자에게 많은 좌절을 가져올 수 있다. 이렇게 시한에 중점을 두는 위험성은 논리가 빈약하거나 혹은 최소한 편협하고 천박한 수준으로 질적 연구가 설계되고 결과가 도출되도록 촉진할 수도 있다. 질적 연구에 충분한 시간과 노력이 투입되지 못하게 되

면, Morse(2003b, p.846)는 "그 프로젝트를 망쳐놓거나, 아니면 실현 가능하며 반드시 이루어야 할 연구 결과를 내지 못하게 된다"고 지적하고 있다. 그녀의 주장은, 단기 속성의 체제 속에서 연구 결과를 도출하는 것은 실제로 연구의 근간인 이론적 토대를 박탈하는 것을 의미하며, 이는 연구 설계가 단순히 기법의 모음이나 일련의 따라야 하는 절차 정도의 수준에 머물게 된다는 점에서 우리에게 신중을 기하게 만든다.

몇몇 질적 연구 수행자들에게 연구 용역을 받는 것은 수년 동안 일상적인 현실이 되어왔다. 또 다른 연구자들에게, 용역 형태의 연구는 아주 최근에 점점 더 중요한 수입원이 되어왔다. 반면에 진정한 연구 과제를 위한 정부와 다른 재원 제공자들에 의한 금전적 그리고 여타 지원이 많은 나라들에서 상대적으로 지속적인 감소를 면치 못하고 있는 것이 최근의 연구 상황이다. 연구 용역을 받으려고 생각 중인 질적 연구자들은 연구 통제권 상실에 어떻게 대처해야 하는가와 그런 상실 속에서 어떻게 지내야 하는가에 대해 심도 있게 고민해야 한다. 이렇게 질적 연구의 시작 부분부터 "속도 지향의 자본주의적 상황"(Brennan, 2002, p.2)에 직면할 긴장상태(예컨대, 연구 결과를 "산출물"로, 그리고 연구 일정을 "이정표"로 변환)를 어떻게 헤쳐 나갈 것인가? 이는 단순히 의미론적인 문제가 아니다. 이는 연구에 지속적으로 꼬리를 물고 부과되는 메시지를 풀어나가야 하는 것을 의미한다. 하나의 메시지는, 연구가 여러 과제들을 해결하는 것으로 변질되거나 간주되는 것이다. 이러한 메시지 내에 도사리고 있는 또 다른 메시지는, 일단 이러한 과제들이 주어지면 연구팀의 성과와 연구의 질은 그들이 이러한 과제들을 해결했는가의 여부에 따라 평가받을 수 있다는 것이다.

예를 들어, 나는 한 연구팀의 일원으로, 호주 정부의 연구 용역을 수행하게 되었다(Cheek et al., 2002). 그 연구의 계약서의 한 부분에는 연구팀이 성취해야 할 과제들뿐만 아니라 이러한 과제 해결의 충족 차원에서 성공의 척도로 사용할 관련성과 기준도 요약되어 있다. 그 계약서의 "Standards and Best Practices" 조항에 약정된 과제들 중 하나는 "모든 연구 대상자들의 사전 동의"를 얻는 것이다. 이 계약서에 명시된 관련 성과 기준 척도는 "서명한 동의서"이다. 그러므로 모든 대상자의 사전 동의를 받는 것은 실제로, 서명한 동의서를 작성하는 것과 같은 의미로 바뀌었다. 우리 연구팀은 사전 동의, 그리고 사전 동의를 얻는 것 둘 다가 연구 현실에서 의미하는 바를 둘러싼 논쟁적이고 복잡한 이슈들에 대해 상당히 폭넓은 관점을 가지고 있었다. 이제 우리는 이 계약서에 서명했고, 서명한 동의서와 관련해서 연구비 제공자가 요구하는 것을 충족시킴으로써 (사실, 동의와 윤리적 고려사항들은 그 이상의 것을 포함한다고 확신하고 있었지만) 잠재적 긴장을 헤쳐 나갔다. 하지만 우리는 재원 제공자에게 이 사실을 말하지 않았다. 아마도 돌이켜보건대 이렇게 하게 된 배경에는, 대체 논리 차원에서, 이 부분에 큰 비중을 두지 않는 대신에 연구비 제공자의 요구사항을 충족시키는 데 집중한 실리적인 우선순위가 있었다. 물론 우리는 질적 연구에 대해서는 타협하지 않는 차원에서 연구를 수행해 나갔다. 이 연구는 그 당시 상황에서 중대한 과제를 집중적으로 다루었고, 연구 결과는 당시 해당 분야에서 정부의 선도 사업으로 활용될 계획이었다. 우리가 만약 그 연구를 하지 않았다면, 아마도 다른 연구자들도 마찬가지로 사전 동의를 얻는 작업과 관련한 문제에 노출되지 않을 것이다.

이런 종류의 이슈와 대체 논리에 쉬운 해답은 없었으며 현재도 없다. 거기에는 정답이나 오답이 존재하지 않는다. 더 정확히 말하자면, 우리가 포기하거나 대체 논리를 가지고 접근해야 할 것에 대해, 그리고 연구비 제공자에게 우리의 연구 개념과 시간 차원의 용역을 제공할 때 하지 말아야 할 것에 대해, 얼마나 심도 있게 생각해야 하느냐가 중요하다. 이전에 언급했듯이, 우리는 항상 연구를 판매해왔다. 그러므로 연구를 파는 개념 자체는 나에게 이슈가 되지 못한다. 하지만 나에게 진정한 (내가 여전히 고민하고 있는) 이슈는 내가 무엇을 판매해야 하는가, 이를 위해 어떻게 접근해야 하는가, 그리고 가장 중요한 것은 왜 판매하는가이다.

이와 관련해서 모든 질적 연구 수행자가 스스로에게 반문할 유용한 질문들은 다음과 같다: 우리는 연구 문제, 우리의 시간, 전문성, 또는 이 모든 것을 판매하고 있는가? 최소한 어느 정도는 타인의 연구에 우리의 시간과 전문성을 판매할 때 어떤 생각이 드는가? 연구 수행에서 대체 논리 차원에서 무엇을 해야 하고 하지 말아야 하는가? 이러한 질문들에 대한 성찰의 중요성은 이 장의 핵심 메시지들 중 하나이다.

14.3 연구 재원의 탐색: 연구비 수급 제안서 제출 전 고려사항

그러나 질적 연구 재원 조달처를 찾아내는 위의 모든 또는 몇몇 전략들을 활용하면서도, 제안서를 작성하기 전에 좀 더 해야 할 숙제가 남아있다. 잠재적 연구비 지급자를 발견할 가능성에 대한 설렘, 혹은 연구 제안서나 연구 용역 신청서에 대한 제출 기한의 압박감으로 인해, 연구가 채택될 때 연구 재원 제공자의 기대사항은 무엇인가라는 질문을 간과하기 쉽다. 예를 들어, 그들은 연구 과정에서 어느 정도로 개입하길 원하는가? 그들은 연구 과정의 어떤 부분에 대해 통제권을 가지려 하는가? 그들은 연구 자료 또는 연구 과정에 접근권을 가지길 바라는가? 연구가 진행되면서 연구 형태와 방향에 대해 의견을 제시할 대리인을 연구팀에 포함시키거나 팀 회의에 참석시키거나 혹은 자문위원회를 두기를 원하는가? 이러한 개입을 연구 설계에 어떻게 반영할 것인가? 이런 연구비 제공자의 참여가 연구자/재원 제공자/연구 대상자와의 관계에 어떤 영향을 미칠까, 그리고 이것이 문제가 되는가?

연구 제안서를 내는 시점에서 이런 사안들을 고려하는 것이 성공적인 제안서 작성에 집중하는 것만큼 중요하다. 연구 지원에 조급하게 접근하거나 또는 연구비 조달 가능성의 지루한 타진으로 합리성을 잃기 전에, 반드시 명심해야 할 것은 제안서를 내고 연구비를 수급받는 일이 감정을 자제하기 힘든 활동이라는 점이다(Cheek, 2005). 여기에는, 정해진 기간에 연구가 완수되도록 재원 관리자가 책임을 부과하는 것과 같이, 연구비 제공기관과 담당자와 지적이고 계약차원의 합의를 하는 행위가 포함된다. 연구비를 획득하는 데 급급해서 이런 부분을 나중에 따져보겠다는 식으로 등한시하는 것은 형편없고 위험한 전략이다. 연구 과정에서 재원 제공자와 연구자가 맡은 역할에 대한 상이한 기대사항으로 인해 연구가 계획대로 진행되지 못한다면, 연구비 수급은 별 의미가 없어진다. 지금까지 언급한 모든 것은 절망적 상태를 초래하자는 뜻이 아니다. 그보다는, 당신이 동반 관계와 합의를 통해 연구를 시작한다는 생각을 도외시하고 당신이 정말 원하는 연구인지 확인하지 않는 우를 범하지 말라는 경고의 의미를 담고 있다.

이런 합의 범위와 형식은 연구비 제공자마다 다르다. 모든 제공자들은 자신의 개입의 정도나 연구의 방향성에 대해 공식적인 기대사항을 가지고 있지 않다. 그럼에도 불구하고, 그 형식이나 비형식의 정도에 상관없이, 연구비 지원에 선정되기전에 연구자와 제공자는 연구 기대사항에 관한 중요한 내용에 대해 논의하고 합의에 도달하고 기록해 둬야 한다. 여기에는 연구에 대한 요구사항과, 그것을 누가 요청할 것인가도 포함된다. 계약상의 문제로 연구의 상당 부분을 연구자가 기술하거나 발행하지 못하는 상황에 직면한다면, 나를 포함해 질적 연구 수행자들은 상당히 불편할 것이다(Cheek, 2005). 그러므로 연구 결과를 어떻게/언제/어디서 출판; 연구 자료의 사용처와 소유주; 뿐만 아니라 학술지에 발표 가능한 내용 등에 대해 반드시 타협이 이루어져야 한다. 그런 합의에 도달하는 것이 서로의 관점에 대해 상호 존중하며 연구비 제공자와의 긍정적 업무 관계를 형성하는 핵심이다. 이런 개방적인 소통은 연구 과정 내내 지속되어야 한다. 만약 어떤 문제가 발생했을 때나, 어떤 이유로 연구 일정과 같이 연구 계획에서 변화가 필요할 때, 이런 소통 관계가 효과를 발휘하게 된다.

재원 제공자를 만나기 전에, 이러한 이슈들이 연구팀 내에서도 논의되고 타협에 이르는 것은 똑같이 중요하다. 이런 논의와 타협은 구체적으로 다루어야 할 논쟁의 여지가 자주 있기 때문에 항상 쉽지 않다. 그러나 확실한 것 하나는, 이러한 논쟁거리를 무시한다고 없어지는 것이 아니라는 점이다. 여기에 더해 연구팀은 각 연구진이 누릴 수 있는 지원과 혜택; 특히 연구에 들이는 시간과 연구 결과 작성과 같이 연구에 공헌하는 차원에서의 개별 책임 정도; 얼마나 자주 회의에 참석해야 하는가; 팀원 간의 의견 불일치를 어떻게 해소할 것인가; 그리고 매우 중요한 것인데, 팀원들 중 누가 어떤 식으로 연구비 지급자와 접촉할 것인가 등과 같은 사안들을 논의할 필요가 있다. 이러한 논의는 원활한 연구 진행을 위해 필수불가결한 부분이다. 이런 사안들이 충분히 고려되어 잘 관리되고, 연구 과정 내내 제대로 작동되면, 재원 제공자에게도 믿음을 주게 된다. 또한 이로 인해, 연구비 제공자가 연구팀에서 누구와 협의해 나갈지가 수월해지고, 연구에 대해 연구팀에게 전달하는 메시지가 명확해지고 일관성을 갖추게 된다.

연구자와 연구비 제공자 사이에 이루어져야 할 또 하나의 합의는, 연구자와 재원 제공자 간에 이룬 합의서 내용 중 어떤 부분을 연구 대상자에게 고지할 것이며 그것을 누가 할 것인가이다. 질적 연구는 연구 대상자와 연구자 간의 신뢰 속에서 성공적으로 추진될 수 있다. 이러한 신뢰의 핵심은, 누가 연구비 제공자인가에 대해, 그리고 연구와 연구 결과 중 무엇이 고지 가능하고 그렇지 않은가에 관해 합의된 사항에 대해, 투명하고 정직해야 하는 것이다. 그리고 그 연구로부터 도출된 자료를 정확히 누가 볼 것이며, 연구 대상자의 익명성은 어떻게 보장되는가에 대해서도 말해주어야 한다. 이는 특히 재원 제공자와 종속된 관계(예를 들어, 연구비 제공자의 임차인/하청업체/직원)일 수 있는 연구 대상자의 모든 불안감을 완화시켜 주는 면에서 중요하다. 이러한 배려는 실제적인 측면뿐만 아니라 윤리적인 면에서도 의미 있다.

그러므로 질적 연구를 위해 모든 형태의 연구비를 찾아나서는 일은 단순히 연구 재원을 탐색하는 이상의 것을 포괄한다. 질적 연구와 연구자가 해당 연구비를 찾고 획득하면서 어떤 식으로 영향을 받는가에 대해 항상 고려해야 한다. 모든 연구비에 대한 합의를 이루기 위해서는, 다소 정도의 차이는 있을지 몰라도, 해당 연구 과제의 수행과 결과 도출에서 어느 정도의 자유는 연구자가 포기해야 할 것이다. 즉, 연구자가 연구 재원과 그 시장을 탐색할 때, 얼마나 많이 연구 자유를 포기할 것인가를 결정하는 줄타기를 해야 한다(Cheek, 2008). 이러한 줄타기를 어떻게 해나갈까를, 연구비를 수급받아 연구가 실제로 진행되기 전에 반드시 생각해 봐야 한다.

14.4 매력적인 제안서의 작성: 연구비 수급을 위한 제안서 만들기

위에서 언급한 것을 모두 마쳤다면 그 다음 단계는 재원 수급을 위한 제안서를 작성하는 일이다. 여기서 내가 논의하고 싶은 것은, 질적 연구 설계에 관한 것이 아니며 질적 연구 제안서를 어떻게 작성하는가에 관한 것도 아니다. 이런 논의는 이미 많은 문헌에서 다루어졌다(예를 들어, Carey & Swanson, 2003; Morse, 2003b; Penrod, 2003 참고). 이러한 논의보다는, '훌륭한' 연구 혹은 보통 연구의 구성 요소에 대한 다양한 관계자들과 이해를 반영한 재원 조달 제안서를 작성할 때 봉착하는 난관을 어떻게 헤쳐 나갈 것인가가 여기서 논의할 중점 사항이다. 제안서에 다양한 집단의 관심사를 반영하면서도, 여전히 당신이 하고 싶은 연구 목적과 방법을 견지하는 방법은 무엇일까? 특정 관계자의 요구에 부응하도록 연구 개념을 설정하고 수정하는 것이 연구 조달이 가능한 제안서 작성의 핵심이다.

재원 마련 제안서를 작성할 때, 연구비 지급자의 지침에 부합해야 할 뿐만 아니라 연구 착수 전에 승인을 받아야 하는 윤리위원회와 같은 여러 관계자들의 요구사항도 반드시 감안해야 한다. 그러므로 각각의 제안서는, 동일 연구 프로젝트에 대한 것들이라도, 접촉할 관계자들의 특성과 요구사항에 따라 다양한 형식을 취할 것이다. 아래의 두 가지 이유로, 천편일률적인 제안서를 각각 다른 관심사를 가진 관계자들에게 제출하는 것은 좋은 전략일 수 없다. 첫째, 각 관계자는 한 곳 이상의 심사위원을 맡기 때문에, 예전에 이미 검토했던 제안서 내용이라는 생각이 들면 적확하지 못하고 재활용하는 제안서라는 인상을 받게 된다. 둘째, 제안서가 특정 잠재적 연구비 제공자를 고려하여 작성되면, 이는 특정인만이 원하는 연구 형식과 내용을 담은 제안서일 뿐이다. 따라서 각각의 관계자별 관심사가 반영된 연구 체계는 다양하게 나타날 수밖에 없다. 이전에 강조했듯이, 연구자는 그 연구의 관계자들과 그들의 기대사항에 대해 잘 알고 있어야 한다. 때로는, 예전에 연구비를 받는 데 성공한 제안서가, 얼마나 구체적으로 제안서에 기대사항을 반영할 것인가, 그리고 제안서 심사자들이 선호하는 표현 방식은 어떤 것인가를 파악하는 데 아주 좋은 참고가 될 수 있다.

제안서 작성의 핵심은 해당 지침서를 따르는 것이다. 가장 기본적으로는 각 제안서의 부분마다 그리고 전체적으로, 글과 페이지의 정해진 한도를 따르는 것을 의미한다. 또한 여기에는 그 지침서가 지정한 모든 강조사항들을 반영하는 것이 포함된다. 예를 들어, 만약 지침서에서, 제안서에 100단어의 요약이 있어야 하고, 10포인트 글씨의 10쪽 이하 분량으로 제한하며, 여기에 연구 목적, 연구 결과, 연구 결과 보급 전략, 해당 분야에서 기존의 연구와 관련해서 학문적 가치와 참신성, 연구 방법, 윤리적 고려사항, 예산과 예산의 정당성 등을 명시하고, 연구자의 경력 명세서를 제공하라고 요구한다면, 이것이 바로 제안서가 해야 할 일이다. 좋은 전략은, 지침서에서 반영을 요구하는 각 사항을 제안서의 각 해당 부분의 서술문에 제목으로 제시하는 것이다. 이는 제안서를 구조화시키는 데 도움을 줄 뿐만 아니라 당신이 지침서의 강조내용을 어디에 어떻게 제안서에 반영했는지를 명확화할 수 있다. 흔히 제안서를 심사위원이 채점할 때, 지침서의 각 주요 강조사항별로 점수가 배정된 심사표가 주어진 경우 당신이 그것을 제대로 반영했다고 인정받을 것이다.

뛰어난 연구 제안서는 명료하고 간결하다. 당신의 전문 분야와 일치하는 연구와 활동을 하지 않았을 수 있는 심사위원들에게 쉽게 읽히고 이해될 수 있는 친근한 언어를 사용하기를 권한다. 전문 용어로 꽉 찬 제안서는 좋은 인상을 주지 못한다. 연구가 제기하려는 과제/이슈/문제의 서술이 명확해야 하며, 과제/이슈/문제와 연관되어 기술된 내용들은 모두 각각 어떻게 직결되는지를 확실하게 제시해야 한다. 예를 들면 연구 방법의 설명에서는 그것이 연구 목적을 충족시키기 위해 어떻게 연관되는지 분명하게 밝혀야 한다. 또한 모든 이론적 배경에는 선행 연구와 현재 상황과 연관지어 제안서의 연구가 왜 필요한지를 설명하는 그 이상의 것이 명시되어야 한다. 제안서의 연구가 어떤 면에서 재원 제공자의 강조사항과 연구비의 취지에 부합하는지를 보여주어야 한다. 이러한 연결 고리는 논지와 문서를 통해 밝혀야 한다. 이런 것들을 심사위원들이 알아서 파악할 것이라고 기대해서는 안 되는데, 그 이유는 심사위원들이 많은 제안서를 다루기 때문에 그럴 시간이 충분하지 않기 때문이다. 제안서에서 예산과 같이 일상적이고 행정적인 것의 중요성을 결코 간과하지 말아야 한다.

제안서를 작성할 때 반드시 명심해야 할 것은 연구비 제공자에게 당신의 연구와 전문성을 판매하고 있다는 것이다. 왜 당신의 연구 경력 명세서가 매우 중요한지는 바로 이 때문이다. 이 부분에서 연구 실적은 다른 제안서의 연구자들보다 경쟁력을 높여주는 가장 큰 무기이다. 상당한 연구 실적 없이 연구비를 수급받기는 매우 어려울 것이다. 자료 수집과 처리가 용이할 것이라는 굉장히 편의적인 차원에서, 연구 실적은 점점 더 정량적인 잣대로 평가되는 경향이 늘고 있다. 여기서 가장 많이 반영되는 것이 논문 인용 지수이다. 비록 특정 학술지의 영향력과 관련성은 있지만(Cheek, Garnham & Quan, 2006), 점점 더 "논문 인용 지수"는 재원 제공자와 대학 행정가에게 공통 용어로 "영향력"과 동일시되고 있다. 이렇게 된 것은 많은 연구비 수급 체계에서 논문 인용 지수가 연구자의 질과 영향력을 평가할 때 활용되고 있어서이다. 그래서, 제안서 제출 지침은 연구자가 저술한 특정 학술지의 논문 인용 지수를 연구 경력 명세서에 표기하도록 요구하고 있다. 여기서의 오류는 논문 인용 지수가 높을수록 연구자의 연구물의 학문성과 질이 더 높다는 것이다. 그러므로 학술지의 영향력을 평가하는 척도가 특정 학술 논문의 영향력과 질을 평가하는 척도로 둔갑하게 되었다. 그리고 이는 결국 특정 연구자의 영향력과 질을 평가하는 척도가 되고 말았다(Cheek et al., 2006).

이런 현상은, 질적 연구 수행자들에게 심각한 도전에 직면하게 하고, 어느 학술지에 그리고 왜 논문이 게재되어야 하는가에 대한 논란의 여지를 끊임없이 제기하게 만들고 있다. 이러한 논란들 중에 가장 주요한 것은, 과연 제안서를 평가할 때 계량 기반이며 논문 인용 지수 중심의 연구 경력 명세서를 점점 더 강조하는 상황에서, 질적 연구자들은 "논문 인용 지수가 높은" 학술지에만 게재해야 하는가? 질적 연구에 익숙하지 않은 연구비 제공 관계자들에게 연구 경력 명세서를 제시할 때, 질적 연구자들은 이 핸드북과 같이 논문 인용 지수가 존재하지 않는 연구물의 영향력을 어떻게 입증할 수 있는가? 계량 기반의 연구물 평가 척도 중심으로 개발된 체제에 순응하느냐의 여부가 우리 질적 연구자들이 연구 재원을 탐색하고 수급받는 기회에 어떤 영향을 미치는가? 우리 연구를 어디에 그리고 왜 게재하는가는 질적 연구자들이 미묘한 차이에 대해 균형감을 가지고 접근해야할 또 하나의 사안이다.

14.5 재원 수급을 위한 연구 방법 기술: 미묘한 차이에 대한 균형감을 가지고 트레이드오프해야 할 것

연구비 조달을 위한 제안서 작성 중 한 부분은, 특정 관계자들을 위해 우리의 연구 방법을 어떻게 서술하느냐이다. 여기에는 어떤 연구 방법을 적용하느냐에 대한

것뿐만 아니라 이 방법에 대해 어느 정도의 구체성을 띠어야 하는가도 포함된다. 이와 관련해서, 연구 제안서에 연구 방법을 서술해본 내 경험을 바탕으로 세 가지 예를 제시하고자 한다. 첫째, 질적 연구 제안서의 연구 대상 표집수와 관련해서 세부적/정당한 예산이 필요하다는 설명을 제시할 때 내가 견지한 미묘한 차이에 대한 균형감, 내가 결정한 트레이드오프이다.

예 1: 연구 대상 표집수에 관해 어떤 부분을 서술할 것인가를 결정하는 일

충분히 숙고하고 정당화시킨 예산을 편성하는 것이 연구비 마련을 위한 제안서를 작성하는 데 중요한 부분을 차지한다. 연구비를 제공하는 사람들이, 제안서에서 그 연구비의 적정 사용을 적시했는가의 여부를 연구 책임자에게 묻는 것은 합리적이다. 또한 제안된 연구비의 정당성을 요구하는 것도 역시 합당하다. 이러한 연구비의 액수와 종류에도 합리적인 이유가 필요하다. 보통 여기서는 특정 연구비가 정확히 어디에 왜 지출되는지에 관해서 구체적인 수준의 예산 정확성과 정당성을 의미한다. 예를 들어, 내가 실제로 기술했던 제안서의 예산 정당성 부분의 일부를 발췌한 내용이 아래에 있다.

녹음된 인터뷰 내용을 글로 옮길 필사 전문가가 필요할 것이다. 한 시간 분량의 녹음 자료가 필사되는 데 3시간이 걸릴 것으로 추정된다. 우리는 최소 매 시간마다 소요된 50개의 면담 내용을 예상하며, 그래서 경험에 의하면 몇몇 피면담자에게는 1시간 이상이 소요되는 경우도 있기 때문에 최소 50시간에 추가로 10시간의 시급을 예상하고 있다. 그러므로, (60시간의 테이프)×(1시간의 테이프당 3시간의 필사 전문가 시간)=(180시간의 필사 전문가 시간)×(시간당 $17.50: 필사 전문가 회사인 L모 회사의 감정액). 180시간×$17.50=$3150.

이러한 예산 정당성으로부터, 면담 내용 필사 비용이 이 연구의 인터뷰 한 부분의 예산이라는 것이 명확해졌다. 그래서, 이러한 예산은 위에서 계산했듯이, 전체 면담 수만큼에 각 인터뷰별 필사 비용이 곱해져서 달러로 총비용이 산출되었다.

여기서는 하나의 예로 예산 작성을 명확하게 하면서 정당성이 부여되도록 표현된 반면에, 다른 예에서는 아직도 여전히 예산을 산출하는 데 있어 트레이드오프에 관한 질문들이 제기될 수 있다.

이러한 질문들 중에서, 연구가 진행되기 전에 정확한 인터뷰 횟수의 산정 여부가 초점이다. 즉, 귀납적인 질적 연구를 진행할 때, 우리는 연구에서 얼마나 많은 인터뷰를 진행할지 정확히 알 수가 없었다. 하지만, 인터뷰 필사 비용과 같은 각 면담별 비용은 우리가 수급받고 싶은 연구비의 주요 구성요소였다. 만약 인터뷰 비용이 연구비에서 상당 부분을 차지하고 있지만 정확히 얼마가 될지 알 수 없을 때, 우리는 예산을 어떻게 산정하고 정당성을 설득할 수 있을까? 그럼에도 결국 심사위원들이 우리에게 예산의 정당성을 설득하라고 요구하는 것은 당연하였다.

많은 숙고 끝에, 우리는 제안서에 특정 횟수의 면담을 진행한다고 명시하기로 결정하였다(비록 이렇게 하는 것이 마음 편한 일은 아니었지만). 우리는 50명의 표집수를 면담한다고 제시하였다. 이 횟수는 제안서의 이론적 배경에서 다룬 한 연구에서 실시한 표집수에서 추정한 것이다. 우리는 연구에서 예상되는 인터뷰 표집수가 총 50명이라고 제안서에 서술하였다(25명의 노인과 25명의 가족구성원). 다행히 우리는 연구비를 수급했고, 연구를 완수하여 결과를 학술지에 발표하였다. 이 논문에서, 우리는 우리가 사용한 표집수를 구체적으로 제시하였다(Cheek & Ballantyne, 2001). 그런 후에, 우리는 또다시 노인과 그 가족구성원들을 인터뷰할 관련 연구를 위해 새로운 재원 마련 제안서를 제출하였다. 이 제안서를 작성할 때, 우리가 발표한 이전 학술지를 언급했고, 이전 연구에서 추정하여 우리는 또 다른 25명의 노인과 25명의 가족구성원을 면담

하면 연구 목적을 달성할 수 있다고 밝혔다. 우리는 또 이 연구비를 수령했고, 연구를 수행한 후 그 결과를 학술지에 발표하였다. 더 많은 후속 연구가 나왔고 그 결과도 역시 학술지에 게재되었다(Cheek, Ballantyne, Byers & Quan, 2007; Cheek, Ballantyne, Gilham, et al., 2006; Cheek, Ballantyne, Byers, Roder-Allen & Jones, 2005). 여기까지 우리는 절대적인 불확실성 속에, 연구에서 수행할 인터뷰 횟수를 어떻게 명세화할 것인가 하는 문제를 극복하는 방법을 제공하였다.

이것을 하는 전체적인 과정을 통해, 우리는 트레이드오프를 하게 되었다. 우리가 수행할 면담의 정확한 횟수를 제시하지 못했다면, 그 연구의 제안서 제출조차 불가능했을 것이다. 왜냐하면 우리는 예산을 정확히 산정할 수 없었기 때문이며, 정말 솔직히 말해서, 거기에 더해 우리는 정확한 표집수 제시 없이는 우리가 지원하는 특정 연구비 조달 체제에서 연구 재원 수급이 불가능하다는 것을 알았기 때문이기도 하다. 여전히, 우리가 그 횟수를 명시했다는 것은, 우리가 확신할 수 없는 질적 연구 설계 부분인데도, 확실하게 제시 가능한 것 같은 인상을 심어준 우를 범한 것일 수도 있다. 제안서에 25개의 면담이 연구에 꼭 필요할 것으로 "예상된다"와 같은 용어를 쓴 것은, 그리고 실제 연구 보고서에는 25명의 노인과 가족구성원 모두들 면담하지 못한 이유를 서술한 것(Cheek & Ballantyne, 2001)은 우리가 사전에 염두에 두었던 트레이드오프 방법 중 하나이다. 게다가 그 연구에서 각 대상자 집단별(노인, 가족구성원)로 25명씩 인터뷰하는 것은 우리가 원했던 충분한 자료와 정보를 제공해 주었다. 그리고 우리는 우리 연구 결과가 관련된 현실에 영향을 미쳤으며, 이런 사람들을 위한 사회정의와 인권에 관한 이슈를 다루었다고 자부한다(Cheek, 2010a, 2010b; Cheek, Corlis & Radoslovich, 2009). 그럼에도 불구하고 이러한 결정을 내리는 데는 미묘한 차이에 대한 균형감을 가질 필요성이 있으며, 의심의 여지 없이 이 글의 독자 중에는 우리가 약간(또는 많이) 현실과 타협했다고 느

끼는 사람들이 아마도 있을 것이다.

Morse(2003a)는 예산이 명시되도록 대상 표집수를 확정할 필요가 있을 때, 그녀가 행한 트레이드오프에 대해 성찰하고 있다. 이 성찰은 그녀의 제안서가 심사위원들에게 거부당했을 때 겪은 경험담을 바탕으로 이루어졌다. 해당 연구의 근간인 질적 연구의 취지를 살리면서 이런 제안서를 작성할 때, "대상 표집은 모두 소진될 때까지 계속될 것이다"(Morse, 2003a, p.740)라고 쓰면서, 그녀의 성찰을 설명하고 있다. 그러나, 결국 그녀는 예산 작성을 위해 대상 표집의 실제 수가 필요했기 때문에 대체적으로 명시하였다. 선정된 그 수, 그리고 그 수에 대한 정당성은, 질적 연구를 수행한 그녀의 오랜 경험을 바탕으로 추정되었다. "내 경험에 의하면, 지침서의 요구대로 몇몇 수는 정확한 금액으로 계산해야 한다; 그리고 내 경험에 의하면, 대상 표집수를 최대화하는 것보다 최소화하는 것이 더 어리석은 것이다"(p.740). 하지만, 이런 경우, 수의 명시에 관해 트레이드오프하는 것은 문제가 되었다. 이에 대해 Morse는 이렇게 설명하고 있다: "그 수가 얼마인가는 별 문제가 아니었다. 나의 도덕적인 죄는 실제 수를 만들어낸 것이다: 심사위원들도 '질적 연구'에서는 표집수를 예측하기 불가능하다고 나에게 말하였다"(p.740). 그러나 이러한 관점에서는, 어떤 면에서 장점도 있지만, 그로 인해 수년 동안의 질적 연구를 수행한 전문성이 사실상 무시되면서 복합적인 연구 설계 이슈가 실제로 모든 이론적 이해를 도외시하는 단순 "규칙"으로 축소되어 버린다. 더 나아가, 이런 식의 사고는 질적 연구비 수급을 거의 불가능하게 만드는데, 왜냐하면 만약 연구에서 표집수에 대해 명시할 수 없다면, 해당 연구 예산을 편성할 수 없기 때문이다. 만약 예산을 명시할 수 없다면, 무슨 수로 원하는 연구비의 금액을 결정할 수 있겠는가?

Morse와 나 자신의 경험에 비추어보면, 제안서를 작성할 때 질적 연구자는 연구비 제공자의 편의라는 현실과 타협하지 않으면서도 경쟁력 있는 제안서를 작성하는 실리적 딜레마에 직면하게 된다. 제안서 작성은 실제 연구 활동만큼 상당히 정치적이다. 결과적으로, 제안서에 무엇을 담고 어떻게 작성해야 하는가와 마찬가지로 무엇을 생략하거나 서술하지 말아야 하는가가, 지침서에서 형식이나 항목 준수에 대해 결정하는 것 훨씬 그 이상을 의미한다. 더 정확히 말하면, 이는 제안서를 작성할 때 무엇을 방어하고 포기해야 하는가의 결정을 의미한다. 질적 연구의 어떤 면이, 공히 본질적으로 그리고 방법론적으로, 연구비 제공자와 같은 관계자들의 요구사항에 부합하도록 해야 하는가, 그에 반해 현실과 타협하지 말아야 하는 면은 어떤 것인가? 이는 모든 질적 연구자들이 직면하는 질문들이다. 나는 이러한 질문들, 결정 시 처하게 되는 미묘한 차이에 대한 균형감, 그리고 제안서 작성 시 선택한 방향에 대한 대화를, 윤리위원회를 위한 제안서 작성 부분에서 지속하길 바란다.

예 2: 연구비 수급을 위해, 윤리 준수사항을 제안서에 반영하거나 우리 연구 방법을 윤리 규범에 부합시킬 것인가?

연구비 수급을 위한 방법을 논의하는 일환으로, 윤리위원회(어떤 나라들에서는 기관윤리심의위원회 또는 IRBs로 불리는)를 위한 제안서 쓰기를 고려한다는 것은 몇몇 독자들에게 흔치 않은 일이거나 예상하지 못한 것일 수 있다. 그러나 연구 프로젝트가 연구비를 지급할 만한가를 의사결정할 때, 윤리위원회가 공식 심사위원회만큼 큰 부분을 자주 차지하는 것이 어떤 면에서는 사실이다. 그 이유는 대부분의 재원 제공자들이 연구비를 지급하거나 집행하기 전에, 해당 연구가 공식적으로 구성된 윤리위원회의 승인을 받도록 의무화할 것이기 때문이다. 비록 그런 승인이 특정 재원 제공자에게는 의무 사항이 아니더라도, 예를 들어, 호주에서는 대학 소속 연구원들이 연구를 수행하기 전에 관련 대학의 윤리위원회로부터 윤리 승인을 받아야 한다. 그래서 질적 연구를 위한 연구비 수급 과정에서 중요한 부분은 연구 윤리에 대한 공식 심사 과정을 거치고, 이를 위한 서술 내용이 제안서에 반영되는 것이다.

표면적으로는 질적 연구에 종사하는 모든 사람들이 이런 부분에 동의하는 것처럼 보인다. 하지만 한편으로는 윤리위원회의 역할과 기능과 다른 한편으로는 질적 연구와 연구자의 역할과 기능 사이에 불편한 긴장감이 여전히 존재한다. 그런 긴장감은 1990년대에 확연히 증가했으며, 21세기 들어 지난 20여 년 동안 지속되고 있다. 많은 긴장 상태는 연구의 어느 부분에 윤리 이슈가 있는가에 대한 의견 불일치에서 발생하며, 그래서 이 부분에서 윤리위원회가 개입할 소관 사항인가 아닌가 하는 논란이 생긴다. 이러한 것은, 연구 증거의 구성요인에 대한 편협한 사고를 구현하려는 증거의 정치역학 출현 배경(이 장 앞부분의 논의 참고)에 위배되는 연구 방법들에 관한 질문들과 특히 관련이 깊다. Lincoln과 Cannella는 상당한 통찰력으로 이러한 긴장 형태를 연구하였다(본서의 Cannella & Lincoln의 5장; Lincoln & Cannella, 2007). 여기서의 핵심 논지 중 하나는 윤리위원회가 윤리 권고사항들보다는 실제로 연구 방법론적 부분에 개입하려 했느냐의 여부이다.

윤리위원회는 형편없는 연구 설계로 야기된 비윤리성으로 인해 의미 있고 유용한 연구 결과를 내지 못하는 연구 수행을 방지하는 것이 자신들의 소임이라고 역설한다(Lacey, 2001). 그래서 연구의 이러한 위험성은 연구 결과 혜택보다 훨씬 더 중대하다. 한편으로 이런 주장은 윤리위원회가 채택할 필요가 있을 정도로 합리적이지만, 연구와 증거에 대한 이해를 다른 관점에서 보게 되면 합리적이지 못하다. 미국(Riesman, 2002), 영국(Ramcharan & Cutliffe, 2001), 호주(Cheek, 2005)에서 윤리위원회는 검증되지 않은 의료행위와 관련해서 제기된 이슈들을 주로 다루면서, 의료와 의과학에서 유래되었다. 의학과 과학의 연구 방법과 관례는 전통적인 양적 연구 방법에 치중하고(lacey, 1998), 연역적인 연구 접근에 기반을 두고 있다(van den Hoonaard, 2001). 그러므로 윤리위원회에서 부과된 지침서는 연구에 대한 이런 식의 사고를 반영하고

있다.

이는 우리가 연구 방법을 어떻게 기술해야 하는가에 대해 무엇을 의미하는가? 몇몇 질적 연구자들은 자신의 연구가 실험 연구이거나 연역적이지 않다는 이유로(어떤 윤리위원들은 모든 연구가 실험 연구이거나 연역적이어야 한다고 믿고 있다), 윤리위원회에 의해 자신의 연구들이 중단되거나 박탈당하는 경험을 해왔다(Denzin & Giardina 2007b; Lincoln & Cannella, 2002; Lincoln & Tierney, 2002). 그래서 이런 연구는 연구 패러다임 차원에서 비윤리적이라고 취급된다. 요즘 들어서, 윤리위원회가 질적 연구를 (최소한 일부분이라도) 인정하게 되면서 이런 사태가 어느 정도 완화되었지만, 긴장 상태는 여전하다. 예를 들어 질적 연구자들이, 윤리위원회가 요구하는 어떤 정보를 귀납적인 연구 초반에 제공하기 어려운 경우가 있다. 즉, 인터뷰 중에 연구 대상자가 받게 될 정확한 질문 내역을 요구하는 것이 그 한 예가 될 수 있다. 혹은 대상 표집수의 정확한 수를 명시하라는 요구를 하고, 그러면서 연구 예산을 편성할 때 대상 표집수를 명시하는 것에 관한 이슈(이 장의 앞부분에서 논의했던)를 다시 또 제기하기도 한다. 더 나아가 어떤 윤리위원회는 발생적 주제에 관해 혹은 처음 예상보다 더 많은 연구 대상자가 면담할 필요가 있을 때와 관련해서, 승인이 필요한 사항과 직결된 상투적인 질문을 추가해서, 질적 연구자들에게 더 큰 좌절을 가져온다.

때로는 윤리위원회들 사이에서의 비일관성으로 인해 긴장이 고조된다. 질적 연구가 여러 지역에서 수행될 때(예를 들어 다수의 병원들) 어떤 지역 소관 윤리위원회가 다른 지역 윤리위원회에서 승인한 사항을 수용하지 않게 되면, 질적 연구자들은 동일 연구에 대해 어떤 윤리위원회의 승인을 받았지만 다른 위원회의 승인은 받지 못한 상황에 처하게 된다.

이로 인해, 많은 문제점이 생기며, 연구를 진행할 수 없을 정도로 연구비 수급에도 악영향을 미치게 된다. 하나 이상의 윤리위원회 '지뢰밭'을 헤쳐 나가는 데 소요된 시간이 단기 용역이나 계약 형태의 연구 수행을

방해하며, 결과적으로, 경쟁력이 떨어진다는 인상을 연구 용역 제공자에게 심어주게 된다. 앞서 밝혔듯이 (Cheek, 2005), 이런 현상들이 은연중에 의미하는 것은, 윤리위원회가 연구비를 수급할 것인가의 여부와 연구를 계속 진행할 것인가에 대해 연구비 제공자보다 더 큰 영향력을 발휘한다는 사실이다. 때로는 연구비 제공자가 구성한 심사위원이 아니라, 윤리위원들이 연구 방법의 주요 서술 내용을 좌지우지한다.

여기에 어떻게 대처할 것인가? Lincoln과 Cannella (2007)가 제시한 윤리와 질적 연구에서의 두 가지 논의로 보완하는 것이 핵심 관건일 것이다. 첫째, 점증하는 윤리의 관료화로 인한 영향, 이와 더불어 수반된 엄격한 연구 규정에 관련된 것이다. 이는 질적 연구에 대해 전문성이 없고 아마도 지지하지도 않는 윤리위원회에게 제안서를 제출해야 하는 현실을 어떻게 헤쳐 나갈 것인가에 대한 논의이다. 이 장의 재원 조달의 탐색에 관한 내용에서 나는 연구비 제공자의 사고방식을 이해하려고 노력해야 한다는 것을 여러 번 강조하였다. 이는 윤리위원회에도 똑같이 적용된다. 전형적이길 권고한다. 윤리위원장과 당신의 프로젝트에 대해 토의해야 한다. 이들의 윤리 규정을 어느 정도 깊이로 어떻게 제안서에 반영할지에 대한 아이디어를 얻기 위해, 위원회에 예전에 제출한 제안서의 복사본을 입수할 수 있는지도 타진해 보아야 한다. 이러한 윤리 규정을 성공적으로 준수한 제안서가 되기 위해, 포기할 것과 타협하지 말아야 할 것에 대해 상당히 심도 있는 성찰이 있어야 한다.

그러나, 단순히 윤리 규정 준수나 윤리위원회에 부합하는 것에만 초점을 맞추는 것은, 윤리에 대한 이해를 행정 편의와 수단에만 중점을 두는 우를 범하게 된다. 이에 관해, Lincoln과 Cannella(2007)가 우리에게 상기시킨 또 하나의 논지가 있다. 이는 좀 더 폭넓은 논의이다. 이는 연구 윤리에는 무엇이 있는가에 대한 것이다. 이러한 논의에는 질적 연구 윤리에서 모범을 삼아야 할 부분에서 우리의 교육 기회를 넓히고, 연구를 수행하고, 연구 역량을 훈련하는 것이 포함된다(Lincoln & Cannella, 2007; Schwandt, 2007). 여기서는 윤리

관련 절차를 진행하는 기법에는 덜 초점을 두면서, 최우선적으로 윤리에 대해 설명하는 이유에 더 많은 비중을 두고 있다. 이 논의에서는, 윤리위원회가 윤리보다 연구 방법에 더 많이 개입한 부정적 영향에만 단순히 집착하기보다, 좀 더 긍정적이고 건설적인 면을 지향하고 있다. 왜냐하면, Hurdley가 우리에게 상기시킨(윤리의 관료화에 대해서도 성찰했지만), "이러한 제약 속에서 적극적인 성찰을 지속하면, 한계가 있는 시야가 통찰력의 깊이와 풍부함을 막지 못한다"(Hurdley, 2010, p. 518)는 차원의 가능성이 여전히 존재하기 때문이다.

예 3: 혼합 방법 적용 연구: 연구 설계를 위한 제안서 작성 및 연구비 수급을 위한 작성

연구 재원 마련을 위해 연구 방법을 작성할 때 직면하는 긴장상황을 탐구하는 데 내가 활용할 세 번째 예는, 우리 연구에서 어떤 연구 방법을 선택할 것인가, 그리고 사용할 연구 방법을 어떻게 선택할 것인가에 대해 논의의 중점을 맞추고 있다. 혼합 방법 적용 연구는 이런 논의에 흥미로운 실마리를 제공해준다. 최근에, 질적 연구 분야의 내·외부에서 혼합 방법 적용 연구에 관한 관심과 연구가 급증하고 있다. 현재 이 연구 방법론 전문 학술지, 저서(Creswell & Plano Clark, 2007; Greene, 2007; Hesse-Biber, 2010; Morse & Niehaus, 2009; Teddlie & Tashakkori, 2009), 그리고 핸드북(Tashakkori & Teddlie, 2003)이 있다. 혼합 방법 적용 연구의 옹호론자들은 이런 방식의 연구가 예전에 불가능했던 분석에 깊이와 다차원적 형식을 더해 주었다고 주장한다. 이는 아마도 사실인 반면에, 연구 방법으로서 혼합 방법 적용 연구는 그 개념이나 사용처 측면에서, 하나의 기법으로 취급되는 약점을 가지고 있으며, 연구 재원을 위한 제안서 작성은 이런 취약성을 가중시킨다. 여기서 나의 의도는 무엇이며, 왜 나는 이렇게 생각할까? 이 장의 나머지 부분에서 여기에 대한 내 생각을 개진하겠다.

혼합 방법 적용 연구 설계의 인기와 명성의 고조에도 불구하고, 이 방법은 여전히 정의하기 어려우며, 논쟁의 여지가 다소 있는 개념이다. 이것은 대체적으로, 무엇이 혼합이고, 어떻게 언제 혼합 방법 적용 연구를 서술하고 논의하는가에 관한 초점의 차이에서 기인한다. 흔히 혼합 방법 적용 연구는 동일 연구 또는 프로그램 혹은 일련의 연구들에서 질적 및 양적 연구를 사용하는 것을 의미한다(Creswell, 2003; Hesse-Biber, 2010; Morse & Niehaus, 2009). 비록 이러한 혼합 방법이 탁월한 결과를 내지 못하더라도, 동일 연구 패러다임에서 두 가지 연구 방법을 사용하는 것도 혼합 방법 적용 연구라고 할 수 있다. 혼합 방법에 대한 담화에서 양적 연구를 질적 연구보다 우위에 두는 전통적인 사고에 대한 응답으로, Hesse-Biber는 혼합 방법 적용 연구에서 질적 연구의 중심 잡기를 확립시켰고, "질적 차원의 혼합 방법 관점과 실제에 관한 좀 더 구체적인 이해를 연구자들에게"(2010, p. 9) 제공하였다(최근에 저술한 혼합 방법에 관한 저서에서 밝힌 네 가지 목적 중 두 가지).

Morse와 Niehaus(2009)는 혼합 방법 연구 설계의 주안점의 다양성을 인정하는 차원에서 다음과 같이 정의 내렸다. 그들은 "혼합 방법 적용 연구 설계는 귀납적이거나 연역적인 **이론적 기반**을 지향하며, 질적 또는 양적 접근을 **핵심 요소**로 하면서도 질적 또는 양적인 **보완 요소**를 구비한, 과학적으로 엄정한 연구 프로젝트이다"(2009, p. 14, 원문에 충실). 이 정의에서 역점을 둔 것은, 연구 방법이 한 연구에서 "혼재"되었다는 사실 그리고/또는 사용된 연구 방법들의 특정 혼합 방식보다는 이론적으로 알려진 전체 연구 설계 측면이다. 이러한 정의는 "혼합 방법 적용 연구 설계의 구성에 주로 초점을 두고 있는, 혼합 방법 적용 연구 분야의 '방법-중심' 개념과 극명한 대조를 보이며, 사실 이런 면은 혼합 방법이 연구 문제를 다루는 데 종종 방해가 된다"(Hesse-Bober, 2010, p. vi). 이것은 혼합 방법 적용 연구로 연구비 수급 제안서를 작성할 때 시사점을 주면서, 나중에 다시 논의할 필요가 있는 중요한 부분이다.

실제로 이런 연구 방식은, 혼합 방법에 대한 관심이 최근에 고조되는 면에서, 새로운 것이 아니라는 점이 흥미롭다. 수년 동안 이 방법은 질적 연구에서 활용되면서 다양한 형태로 나타나고 있었다. 예를 들어, 문화기술에 사용되는 관찰, 인터뷰, 그리고 다른 방식의 자료 수집이 이에 해당한다(Morse & Niehaus, 2009). 이 연구에서 새로운 것은 이 접근 방법이 특히 지난 10년 동안 누렸던 명성이다. 이런 인기는 부분적으로, Morse와 Niehaus(2009), Hesse-Biber(2010), Creswell과 Plano Clark(2007), Mertens(2005) 그리고 다른 학자들의 연구 결과로 생성된 새로운 학문영역 때문이다. 그러나 이것 자체로 인해, 혼합 방법의 고조된 관심의 정도, 그리고 학생과 경력이 많은 연구자들도 수업과 워크숍을 이수하는 열정적 긴급성 전부가 생겨났다고 할 수는 없다. 아마도, 연구 시장의 정치역학 및 실제가 이런 고조된 관심을 설명하는 또 하나의 가능성 있는 요인이 될 것이다.

2004년의 인터뷰에서(Hesse-Biber & Leavy, 2006, p. 335), Morse는 요즘 출현하고 있는 "다중 방법"이라는 용어에 대해 어떻게 생각하느냐는 질문에 흥미로운 발언을 하였다: "나는 이런 방법이 끔찍한 혼란을 가져올 것이지만, 결국은 퇴출될 것이라고 생각한다." 그게 의미하는 바가 무엇이냐는 질문에 그녀는 다음과 같이 대답했다: "나는 연구비 수급을 위해 혼합 방법을 사용하는 압박은 질적 연구의 본래 목적에서 크게 벗어나는 것이라고 생각한다. 나는 연구비 제공자가 혼합 방법을 사용할 질적 연구에만 연구비를 지급하겠다고 주장한다고 생각한다. 여전히 이것은 질적 연구를 열등한 위치에 처하게 만든다"(p. 335). 여기서 Morse는 연구비 마련을 위한 제안서 작성은 선정한 연구 방법뿐만 아니라 연구 방법을 선택하는 방식에도 영향을 준다고 지적하고 있다. 이것의 한 예로, 나는 작은 부분의 질적 연구가 연구비 수급에 경쟁력을 주는, 대형 양적 연구 재원 제안서에 참여해줄 것을 요청받았다. 이러한 제안을 하게 된 인식은, 예전에 많은 혼합 방법 적용 연구 제안서들이 연구비 수급에 성공했다는 사실에서 기인한다. 여기서의 가설은, 연구 설계의 이론적 기반과 그러한 기반하에 연구 방법을 혼합하는 일치 적합성을 무시하고, 성공적인 제안서에 경쟁력을 주는 다양한 형태의 혼합 방법이 존재한다는 사실에만 치중하는 것이다.

이런 접근 방법에 어떻게 대처해야 하는가는 질적 연구자에게 딜레마에 빠지게 한다. 한편으로는, 문제 소지가 있지만, 비록 양적 연구 기반 프로젝트에서 나중에 착상한 차원에서 질적 "조각"이 추가됐지만, 연구에서 그런 질적 요소를 수행하는 것은 연구 결과를 향상시켜 줄 수도 있다. 그런 연구팀에 참여한다는 것은, 그 팀원들의 질적 연구에 대한 이해를 높이는 기회일 수도 있다. 수준 높은 연구팀과의 협업은 질적 연구자 개인에게는 연구 경력을 쌓는 데도 도움이 될 수 있다. 하지만 다른 한편으로 그런 초대에 응하는 것은 자신의 연구 기반이 박탈된 연구 방법으로 질적 연구를 수행하는 위험성을 내포하고 있다. 유사하게, 혼합 방법 적용 연구 설계의 도구적 활용은 전체적으로 논리정연하고 이론적 기반을 갖춘 설계라기보다는 다른 연구 방법 활용 그 자체를 설계에 반영하는 데 비중을 둔 사고방식이다. 그렇게 하게 되면, 혼합 방법 설계 자체를 이론적 기반이 탄탄한 연구 설계가 아닌 단순 기법에 지나지 않도록 만드는 것이다. Morse와 Niehaus(2009), Hesse-Biber(2010)가 강조했듯이, 혼합 방법은 이론적 기반이 탄탄한 연구 설계이지, 단순히 한 연구에서 방법의 혼합에 동원하는 삽입물이 아니다.

지금까지 언급한 모든 것은 특정 연구비 수급 제안서에서 연구 방법을 기술할 때 갖게 될 동기화에 관해 질적 연구자들을 성찰하게 만드는 중요한 관점을 제기하고 있다. 그러한 성찰에서 하나의 출발점은 혼란스럽고 도발적인 질문이다. 우리가 연구비 마련 제안서를 작성할 때, 혼합 방법 적용 연구 설계(또는 다른 연구 설계)를 선정한 이유가 이 연구로 연구 문제를 더 잘 해결할 것 같아서인가, 아니면 온전한 질적 연구 설계에 반하는 그런 접근방법을 택하여 연구비 수급 확률을 높이기 위해서인가? 또 다른 출발점은 왜 혼합 방법 체계 내의

질적 연구가 순수한 질적 연구보다 연구비 제공자에게 더 잘 수용될 것 같은가에 대해 성찰하는 것일 수도 있다. 이런 현상은 아마도 혼합 방법이 "1990년대에 팽배한 저비용 고효율의 전 세계 경제 강제사항 및 증거 기반 실행 운동에 익숙한 연구비 제공자의 마음에 부합하기 때문이다"(Giddings, 2006, p.196).

또한 이런 현상은 아마도 혼합 방법 서술이 많은 재원 제공자와 심사위원들에게 익숙하기 때문에 그럴 수도 있다. Morse(1991)가 개발한 'The QUAN → qual, QUAN + qual, QUAL → quan, QUAL + quan'이라는 심벌들은 과학이 어떤 모습이어야 하는가와 상당히 유사해 보인다. 혼합 방법 내에서 활용하는 몇몇 이러한 전략들을 묘사한 다음의 발췌문에서 이것들을 설명하고 있다: "순차적 삼각화(QUAL → quan) 또는 동시적 삼각화(QUAL + quan)의 질적/양적 요소를 위한 표집 선정은 독립적이다"(Morse, 1991, p.122). Morse가 혼합 방법 전략들을 시각적으로 표현한 심벌들은 과학의 전통적 표현 방식과 상당히 유사하다. 이러한 표현 자체는 문제가 될 수 없는 반면에, 만약 그러한 유사성이, 연구비 제공자와 다른 관계자들에게, 이 심벌들이 표현하고 전달하려는 것 이상으로 연구가 흠이 없고 방법들이 신뢰성 있다는 확신을 준다면 문제가 된다. 여전히 여기서의 트레이드오프는 이런 방식의 개념화와 표현 없이 혼합 방법에 임하는 것이며, 또한 이러한 접근 방식에 대한 이해가 혼동스럽고 불명확할 수 있다는 위험성이 있다는 것이다.

여기서 나는 혼합 방법이 질적 연구에서 가치 없고 중요하지 않은 분야라고 제안하려는 것이 아니다. 혼합 방법 적용 연구 설계가 다른 어떤 연구 방법보다, 질적 연구와 연구 재원 조달의 접점에서 나타나는 긴장과 불화 측면에서 문제가 많다는 인상을 심어주려는 것도 결코 아니다. 그보다는 혼합 방법이, 우리가 연구비 조달을 위한 연구 방법을 작성할 때, 타협할 것과 타협하지 말아야 할 것 사이의 미묘한 차이에서 균형감을 가질 수 있는 탁월한 예시를 제공해 준다는 것을 제안하고 싶다. 연구비 제공자의 선호에만 따르는 측면에서 연구

방법과 설계 영역에서 명성을 얻는 것이, 혼합 방법 적용 연구 설계의 관심 분야가 되어서는 안 된다. Hesse-Biber와 Leavy가 방법 측면에서 "더 많은 것이 반드시 더 좋은 것은 아니다"(2006, p.334)라고 지적했듯이, 연구가 제기하려는 문제 또는 질문을 탐구할 합당한 이유에 대해 온당한 연구 설계가 이루어지는 것이 중요하다.

14.6 재원의 조달: 연구 시장에서 수완 발휘하기

질적 연구에서 연구비 조달의 정치역학과 실제에 대한 우리의 담화는 연구비를 어떻게 탐색할 것인가, 그런 연구 재원에는 어떤 것이 있는가, 연구 재원 수급을 위한 제안서 작성에 대해 어떻게 사고해야 하는가, 연구비 조달이 현실에서는 어떤 의미가 있는가 등과 같은 다양한 이슈들을 폭넓게 넘나들었다. 이런 담화를 통해 다양한 관점에서, 우리는 연구가 매매되는 연구 시장의 관점을 다루어왔다. 이러한 연구 시장에서 질적 연구를 위한 재원 마련은 특정 연구 프로젝트를 지원하는 것 그 이상을 의미한다. 재원 수급은 필수품이며 교환의 대상이다. 예를 들어, 개별 연구자가 자신의 연구를, 자신의 연구 업적에 기반한 취직, 승진, 종신 보장을 위해 팔 수 있다. 기관들 또한 기관의 연구 성과를, 정부 출원 연구 인프라 재원뿐만 아니라 연구 시장에서의 경쟁 순위와 같은 보상과 교환하기 위해, 연구 시장에 나선다. 이후에 하게 될 논의는 연구 시장에서 "수완 발휘하기"라는 화두와 관련된 개념들을 탐구해 나가는 것이다. 질적 연구 재원 조달의 정치역학과 실제에 관한 우리 논제의 초점을, 좀 더 미시적 수준의 특정 프로젝트/연구비 제공자/연구 방법에서 좀 더 거시적이고 폭넓은 사회적 상황으로 전환하면서, 여기서의 논지는 말 그대로 이 장에서 가장 정치적으로 공공연한 부분이다.

1990년대 말에 대두되어, 2000년대 첫 10년 동안 지속되었고, 2008년과 2009년 세계 금융 위기에 의해 더 악화되면서, 대부분의 서양 국가들에서 경제 위기와 정부 재정 삭감의 시기를 맞이하고 있다. 그 결과 대부분의 대학과 연구 기관들은 그들의 재원에서 일부는 정부 지원을 받고 다른 부분은 조직 구성원들의 활동에 의한 수입 창출에 의존하는 "혼합 경제"를 꾸려 나가야만 한다. 이로 인해 기관의 구성원들이 돈에 쪼들리는 조직을 위해 수입을 창출하는 것이 의무이자 기대사항이 되었다. 이런 수입을 창출하는 데 구성원들이 할 수 있는 유일한 방법은 연구비를 조달하는 것이며, 연구비 수급은 여러 가지 방법으로 기관에게 수입을 가져다주었다. 첫째는 수행한 연구에서 직접 나오는 이익으로부터이다. 이런 경우에는 계약이나 용역 연구가 상당히 흥미롭고 매력적이다. 보통 이와 같은 종류의 연구비 산정에서는 연구팀의 시간, 연구 비용, 간접 비용 모두에 대해 컨설팅 시장의 요율을 부과하는 것이 가능하다. 이는 연구 비용과 간접 비용에 제한이 있고 이미 대학에 고용된 연구원 같은 경우에는 시간에 대해 지불하지 않는 기존의 연구비 체제와 대비된다. 이런 이유로, 대학과 대학의 연구원들은 계약이나 용역 연구 수급에 점점 더 중점을 두는 것처럼 보인다. 하지만 이것은 그리 간단한 사안이 아니다. 여기에는 끊임없는 연속선의 메시지가 존재한다.

이러한 메시지들 속에는 대학과 연구 기관의 연구 성과 평가를 위해 정부가 개발하고 활용하는 체제에서 연구 수입은 여러 변인들 중에 하나라는 사실이 있다. 많은 나라들에서 지속적으로 변하는 복잡한 형태의 공식이 개별 연구 문제 및 고용된 연구원들의 프로젝트를 기관의 집단적 연구 성과로 전환시키는 방법으로 사용되어 왔다(Cheek, 2006; Torrance, 2006). 예를 들어 호주에는 연구의 질과 탁월성을 측정하고 인증하기 위해 제시된 방법들이 여러 가지 버전으로 존재한다. 이 모든 것은 호주의 대학에서 수행된 연구 탁월성을 정부/산업/비즈니스/지역사회에서 인증할 수 있게 설계되었으며, 그 책임성 부분은 회계감사를 기반으로 작성되어 왔다. 이 장을 저술하고 있는 이 시점에서 적용되고 있는 현 인증체제는 Excellence in Research for Australia(ERA)라고 칭한다. ERA는 수많은 예전 버전처럼 점점 더 복잡성이 더해지는 복합적인 체제이다. ERA 웹사이트(2010년 7월)에 수록된 2010년의 12개 핵심 문서들은 53쪽의 평가 지침서 책자 및 89쪽의 제안서 세부지침서 책자를 포함하고 있었다. "보상"은 이 ERA 체제의 공식으로 산출한 연구 성과를 바탕으로 호주 정부에서 대학 기관에게 수여된다. 최고 등급을 받은 대학은 정해진 예산 가운데 가장 큰 배당금을 받게 된다.

하지만, 이것이 이야기의 끝이 아니다. ERA 평가 결과는 전국적/기관별로 발표되고 출판된다. 이로 인해, 대학별뿐만 아니라 대학 내 학과별로 연구 성과 비교가 가능하다. 이러한 공식으로 결정된 기관들의 연구 성과가 스포츠 리그 순위표처럼 출간되고 공표된다. 이런 표에서 높은 순위를 차지한 호주의 대학은 연구 시장에서 스스로를 "최고", "유일", "상위 8대" 등으로 상품화한다. 이러한 상품화는 최고 등급을 받아 탁월한 연구 기관으로 평가받은 대학과 연계하고 싶은 연구비 제공자의 지원을 유인하는 데 활용된다. 그런 후에 이런 체제는 연구생들이 완수한 프로젝트와 학술 논문의 형태로 더 많은 연구 결과를 만들어내며, 연이어 연구 수입, 연구생이 완수한 연구 수, ERA 평가 지수와 직결된 학술 논문을 활용하는 평가 작업을 통해 다시 더 많은 수익을 창출한다. 이런 식으로, ERA 같은 체제에서 연구 성과에 대해 "보상"을 받게 되고, 또한 이런 체제는 이런 식의 "보상" 체계가 악순환으로 구조화되는 데 지속적으로 공헌한다. 그래서 이런 현상이 계속 겹겹이 층을 이루는 형상이 연구 시장의 모습으로 나타나고 있다.

그러나 여기에는 여전히 메시지가 담겨 있다. 이런 연구 시장의 모습에서 모든 연구 수입이 한결같이 동일하지는 않다. 이러한 평가 작업/체제/공식을 통해 연구비가 나오지만, 원하는 만큼의 절대 금액에 못 미치는 경우가 많다. 이로 인해, 연구 재원을 여러 분류로 구분해놓은 시스템이 있다. 이 장을 저술하고 있는 지

금 이 시점에서 호주의 예를 들면, 연구 재원을 그 제공처에 따라 여러 범주로 구분해 놓았다. 인기 있고 명성이 높은 재원은 Australian Competitive Grant Register(2010)에 있다. 여기서 특정 대학에서 수급한 Australian Competitive Grant(ACG)의 수뿐만 아니라 그들의 연구비 액수가 그 대학 기관 및 개인 연구자들 모두의 수준과 연구 활동의 평가 척도로 활용되어 왔다.

아직도, 개진해야 할 연속선상의 메시지들이 있다. 왜냐하면 호주의 연구 재원들 중에 National Health and Medical Research Council(NH&MRC)과 Australian Competitive Grant(ACG)가 가장 명성이 높다. 역사적으로, 이러한 재원 체제들은 정부로부터 금전/명망 차원에서 좀 더 많은 "보상"을 수급해왔다. 실제로, 대학들이 때로는 NH&MRC와 ARC에서만 수급한 연구 재원 수량 및 연구비 액수 관련 전국적 순위표를 작성한다. 이것은 특히 그런 순위가 전국 연구 성과 순위표보다 나은 위치에 있다고 여기기 때문이다. 이런 식의 선별적인 연구 성과 평가는 전국적/국제적 연구 시장에서 수완을 발휘해야 하는 부분이 되었다. 이 장을 기술할 당시 시드니대학은 웹사이트(2010)에서 "우리 시드니의 연구자들이 NH&MRC와 ACG의 2009년 발주 연구 프로젝트의 수량과 금액 가치 측면에서 최고 등급의 점수를 받았다"고 크게 자랑하였다. 그리고 계속해서 "우리 시드니는 국내 선두일 뿐만 아니라, 2009년 ARC와 NH&MRC로부터 공히 수주받은 연구 프로젝트에서 1인 연구자로서 최고 기록의 연구비를 수급하는 성과를 냈다."고 홍보하였다. 여기서 "최고 등급", "1인 연구자로서 최고"와 같은 경쟁 시장의 용어들이 공공연해졌다. 연구비 수급 액수와 유형으로 계산하고 평가받는 것, 바로 이것이 연구 시장의 현실이다!

이러한 수완 발휘하기, 그리고 연구비 수급을 다른 형태의 연구비 조달로 해석하는 파급 효과는 개인 연구자에게까지 미치게 되었다. 해당 연구자가 수급한 연구비 액수 및 그 재원 제공처가 개인 연구 성과와 영향력을 평가하는 잣대로 사용된다. 이런 연구비가 어디에

활용되는가를 따지는 것이 정말 필요함에도 불구하고, 이런 상황에서는 논의 초점이 되지 못한다. 예를 들어 어떤 분야의 연구에서는 연구비가 대형 기자재를 위한 것일 수 있다. 그런 경우에는 연구비 금액이 그 기자재 구입 비용만큼 들어야 해당 기관에서의 연구의 질과 몰입도를 보장할 수 있다. 소속 기관에 추가적인 수입을 가져다줘야 하는 연구비 수급에 점점 더 초점을 두면서 개별 연구자들에게 미친 영향은, 이런 연구 수입이 없는 연구자나 학문 영역은 상당한 금액의 연구비를 수급한 연구자나 학과만큼 연구-생산성이나 연구-몰입도가 부족하다고 점차로 인식되고 있다는 것이다. 원래 지급된 연구비보다 매주 30시간 이상을 일해서 연구비를 수급했다고 연구 경력서에 밝히는 것이, 지난 2년 동안 수십만 달러의 연구비를 수급했다고 서술하는 것만큼, 시장 주도의 연구 상황에서는 가치가 없다(비록 그 연구비가 고가의 기자재를 구입하거나, 실험실을 구비하는 데 소비되더라도). 이런 현상은 많은 질적 연구자들에게 불리한데, 왜냐하면 그들의 연구를 위한 주요 지원이나 연구비 형태가 그들 자신의 연구 시간, 즉 자신들의 인건비 비율, 주말이나 저녁 시간에 연구한 시간 또는 유사한 방식의 다른 활동 비율 등이기 때문이다.

연구에 대해 상이한 보상 방식으로 연구비를 조달하면서 나타난 파급 효과로, 연구비 마련이 특정 연구를 지원하는 수단이기보다는 특정 범주의 연구비 수급이 목적 그 자체가 되는 현상이 벌어지고 있다. 이런 현상의 위험성은 명망이 높은 재원 제공처의 요구와 기대사항에 의해 연구 설계가 전도되고 만들어지는 것이다. 예를 들어, 만약 세칭 "gold star"라는 연구체계처럼 역사적으로 대부분의 질적 연구 또는 어떤 방식의 질적 연구에 대해 부정적이라면, 어떻게 질적 연구자들이 이런 경우와 관련해서 스스로 자신의 위치를 찾을 수 있을까? 이것은 우리가 이런 재원 제공처를 포기해야 한다는 의미인가, 아니면 우리 질적 연구를 버리고 연구비 제공자가 지원할 것 같은 접근 방법이나 기법을 제시해야 하는가?

만약 우리가 합심해서 질적 연구를 포기하지 않기로

한다면, 우리는 질적 연구를 이런 연구비 제공자나 의사결정할 심사위원들이 기대하고 이해하는 방식의 연구와 좀 더 비슷하게 변화시켜야 하는가? 우리는 우리 연구를 이런 체제에 부응하도록 변화시킬 준비가 어느 정도 되어 있는가? 이런 연구 시장에 참여하거나 관여하지 않는 것 중 어느 편이 더 나은가?

그러나 이는 그렇게 간단하지가 않다. 참여 여부와 그에 따른 각각의 파급 효과에는 양면성이 존재한다. 이런 시장에 적극 참여하고 그래서 통용되면, 아마도 질적 연구를 진흥시키고 발전시키는 기회를 역설적으로 제공할 수도 있다. 어쩌면 외부 조달 연구비로 인해, 해당 기관이 연구비 수급 심사위원들에게 영향을 주는 힘과 지위를 가지게 할 수도 있으며, 거기서 질적 연구에 불리하게 작용하는 내부 현실을 질적 연구자들이 변화시킬 수도 있다. 더 나아가 많은 기관들에서 이런 방식의 "명망 있는" 연구 재원을 수급하는 것이 연구 인재 집단을 형성하고 연구센터를 설립할 수 있는 인프라 기금과 현물 지원이라는 "보상"을 받게 만든다. 결국 이로 인해, 그렇지 않으면 연구비나 다른 형태의 연구 지원을 받을 수 없었던 질적 연구 방식이 연구비를 조달하는 기회를 넓혀주는 계기가 되며, 그럼으로써 질적 연구의 잠재적 축소와 균질화를 방지하면서 외부 연구비 제공처에게 수용될 수 있는 형태로 발전할 수 있다. 그래서 역설적으로는, 비록 연구 시장에 참여하는 것이 언제나 질적 연구를 발전시킨다고 할 수는 없겠지만, 그럴 수도 있을 것이다. 여전히 이런 가능성이 생긴다고 해도, 내 마음 속에 남아있는 한 질문은, 이것이 연구 시장의 과잉에 저항하는 방법(연구 시장 자체를 망치는 것 또는 타협하는 것)을 (최소한 부분적으로) 되돌리는 한 예가 될 수 있는가의 여부이다. 의도하지는 않았지만 새로운 이진법으로 인해 두 계층의 질적 연구자들("가진 자들" 즉 연구 시장에서 명망 있는 연구비를 받은 탁월하고 우월적인 범주의 "가진 자들" 및 이런 가진 자들의 가난한 사촌이며 그들에게 의존하는 시장의 "못 가진 자들")이 출현하는 것에는 위험성이 없는가?

Denzin과 Lincoln은 "정치적인 성격이 짙고 도전적인 미래로 나아가면서 우리 모두는 과거에 대항하면서 현재의 수렁에 빠져 있다"(2005, p. xv)고 우리에게 상기시켰다. 과거에 맞서면서 현재의 수렁에 빠져 있다는 느낌은 때로는 피로와 좌절감을 가져온다. 예를 들어, 나는 다음의 연구 생산성 개혁 혹은 회계감사는 어디서 나타날 것이며 어떤 모습일까에 대해 궁금하다. 정부의 변화로 연구 시장의 모든 것이 변하는 것을 보기 위해, 내 연구의 영향력/질/결과물(또는 연구 시장을 대변하는 또 다른 형태)에 관해 제한된 형식의 증거를 보여달라는 끊임없는 요구에 응답하는 데 나는 얼마나 많은 시간을 들여야 하는가? 지난 10년을 생각해보면, 이런 회계감사와 심의가 서로 뒤엉키고 불분명하게 나타났다. 그것들은 예전과 동일한 미사여구의 새로운 버전일 뿐이었으며, 부질없는 아이디어의 연속이었고, 연구와 증거에 관해 실증주의 영향을 받은 가설들의 반석 위에 하릴없이 켜켜이 쌓여진 것일 뿐이다.

이런 모든 면에서, 내 연구가 처해 있는 공간을 비판하는 것과, 좋으나 싫으나 내 연구가 한 부분을 차지하는 연구 시장 공간에서 생존하는 것 사이의 긴장상태를 헤쳐 나가는 것은 나에게 쉽지도 편안하지도 않다(Cheek, 2007). 가끔 나는 내 연구를 위해 어떤 외부 연구 재원에 지원하는 나의 동기에 대해 반문해왔다. 외부 재원을 마련하려는 나의 동기는 내가 열과 성을 다할 연구를 하고 싶어서인가?, 아니면 연구 시장 성적표에 내 점수를 높이는 것이 필요해서인가? 만약 당신의 대답이 위의 양쪽 입장 모두에 해당된다고 한다면, 어느 쪽에 더 관심이 있는가? 모두 이런 시장에서 수완을 발휘할 때, 그리고 이런 시장을 통해 내가 "살 수 있는" 특권과 물질(종신 보장, 승진, 연구 인프라)을 누릴 때, 나는 내가 언급하지 않는 게 더 좋겠다고 (즉, "맞아요. 하지만"과 같은 생각)한 것을 해야만 했던 적이 있는가? 20년 전 쯤에 Stronach와 Torrance(1995)가 말한, 나의 전문 분야 활동을 다양한 차원에서 영위하면서도 급진적인 작은 사적 공간을 유지하라는 것을 나는 실천해 왔는가? 그리고 만약 그렇다면, 이 장에서 내가 한 것에 대해 너무 많이 말했다고, 그리고 내가 한

것에 대해 말하지 않은 것이 충분하지 않다고, 나는 비난을 받을 수 있을까?(Cheek, 2010a)

다른 많은 질적 연구들과 같이, 나는 여전히 위의 모든 사안들에 관해 어떤 형태의 중도를 찾고 있다. 나는 그런 중도가 (우리들에게 각각 다양한 형태일 수 있기 때문에) 어떤 것인가를 정확히 설명할 수는 없다. 하지만 내가 찾고 있는 중도는 타인이 아닌 '나 자신의 목소리'를 가지고 질적 연구와 연구 시장의 정치역학과 실제에 적극 참여하는 것이라고 말할 수 있다. 내가 이런 정치역학과 실제에 적극 참여하는 이유는 의무감이 아닌 내가 자발적으로 그렇게 하기를 선택했기 때문이며, 그렇게 하지 않는다면 이런 정치역학과 실제가 파괴적으로 나의 시간과 에너지에 계속 관여할 것이기 때문이다(Cheek, 2008). 이런 중도에서, 나는 내가 만들지 않은 정치역학에 어떻게 적극 참여할 것인가를 선택할 수 있다.

14.7 결여: 지속적 담화로서의 연구 재원 수급의 정치역학과 실제

독자 여러분, 어떻게 결론을 내릴까요? 이 장에서 확대 논의에 대한 마지막 부분을 결론이라고 부르는 것이 관례일 것이다. 그러나 여기서 "결론"이라는 말은 지금까지의 논의와 앞으로 해야 할 것을 보면 적합하지 않은 것 같다. 기껏해야 이 장은 단지 "지속적 논의 내에서 하나의 언급"이 되길 희망할 뿐이다(Maxey, 1999, p. 206). 여기서의 지속적 논의는 연구비 제공자의 요구 사항, 증거의 정치역학, 혹은 질적 연구의 내부 비판 등의 관점에 대한 반사적 위치를 탈피하는 것이다. 즉, 이 것은 질적 연구자로서 우리 자신이 만든 공간, 그리고 우리가 참여를 선택한 공간에 대한 지속적 논의이다. 그런 공간으로부터, 우리는 연구 재원에 지원할 수 있고, 무엇이 타협 가능하고 무엇이 타협 가능하지 않은지에 대해 확고한 결정을 내릴 수 있고, 이런 결정을 타

인이 아닌 우리가 내려왔다고 자부할 수 있다. 그러한 공간에서 우리는, 우리가 이런 지위를 차지하고 내린 생각과 성찰이 질적 연구의 지속적 발전과 강점에 공헌하리라는 확신이 서게 된다. 왜냐하면 이는 우리가 무엇에 근거를 두고 이런 결정을 내렸는가에 대해 분명하게 설명해야만 할 때, 무엇이 진정 "질적"이고 "연구"인

가에 대한 우리의 이해를 더 발전시키기 때문이다. 그리고 중요하게도, 이런 발전은 외부에서 부과되는 것이 아니라, 질적 연구 자체에서 나오는 것이다. 다시 말해서 이로 인해 우리는 우리가 받아들여야 하거나 아니면 무시해야 할 연속된 메시지들을 선택할 수 있게 된다.

참고문헌

Atkinson, P., & Delamont, S. (2006). In the roiling smoke: Qualitative inquiry and contested fields. *International Journal of Qualitative Studies in Education, 19*(6), 747–755.

Australian Competitive Grants Register (ACGR). (2010). Available at http://www.innovation.gov.au/Section/Research/Pages/Australian CompetitiveGrantsRegister(ACGR).aspx

Bochner, A. P. (2009). Warm ideas and chilling consequences. *International Review of Qualitative Research, 2*(3), 357–370.

Brennan, M. (2002). *The politics and practicalities of grassroots research in education.* Available at http://www.staff.vu.edu.au/alnarc/forum/marie_brennan.html

Cannella, G. S., & Lincoln, Y. S. (2004). Dangerous discourses II: Comprehending and countering the redeployment of discourses (and resources) in the generation of liberatory inquiry. *Qualitative Inquiry, 10*(2), 165–174.

Carey, M. A., & Swanson, J. (2003). Pearls, pith, and provocation: Funding for qualitative research. *Qualitative Health Research, 13*(6), 852–856.

Cheek, J. (2005). The practice and politics of funded qualitative research. In N. K. Denzin & Y. S. Lincoln (Eds.), *The SAGE handbook of qualitative research* (3rd ed., pp. 387–409). Thousand Oaks, CA: Sage.

Cheek, J. (2006). The challenge of tailor-made research quality: The RQF in Australia. In N. K. Denzin & M. D. Giardina (Eds.), *Qualitative inquiry and the conservative challenge* (pp. 109–126). Walnut Creek, CA: Left Coast Press.

Cheek, J. (2007). Qualitative inquiry, ethics, and the politics of evidence: Working within these spaces rather than being worked over by them. In N. K. Denzin & M. D. Giardina (Eds.), *Ethical futures in qualitative research: Decolonizing the politics of knowledge* (pp. 9–43). Walnut Creek, CA: Left Coast Press.

Cheek, J. (2008). A fine line: Positioning qualitative inquiry in

the wake of the politics of evidence. *International Review of Qualitative Research, 1*(1). Walnut Creek, CA: Left Coast Press.

Cheek, J. (2010a). Human rights, social justice, and qualitative research: Questions and hesitations about what we say about what we do. In N. K. Denzin & M. D. Giardina (Eds.), *Qualitative inquiry and human rights* (pp. 100–111). Walnut Creek, CA: Left Coast Press.

Cheek, J. (2010b). A potent mix: Older people, transitions, practice development and research. *Journal of Research in Nursing, 15*, 2.

Cheek, J., & Ballantyne, A. (2001). Moving them on and in: The process of searching for and selecting an aged care facility. *Qualitative Health Research, 11*(2), 221–237.

Cheek, J., Ballantyne, A., Byers, L., & Quan, J. (2007). From retirement village to residential aged care: What older people and their families say. *Health and Social Care in the Community, 15*(1), 8–17.

Cheek, J., Ballantyne, A., Gilham, D., Mussared, J., Flett, P., Lewin, G., et al. (2006). Improving care transitions of older people: Challenges for today and tomorrow. *Quality in Aging, 7*(4), 18–25.

Cheek, J., Ballantyne, A., Roder-Allen, G., & Jones, J. (2005). Making choices: How older people living in independent living units decide to enter the acute care system. *International Journal of Nursing Practice, 11*(2), 52–57.

Cheek, J., Corlis, M., & Radoslovich, H. (2009). Connecting what we do with what we know: Building a community of research and practice. *International Journal of Older People Nursing, 4*(3), 233–238.

Cheek, J., Garnham, B., & Quan, J. (2006). "What's in a number": Issues in providing evidence of impact and quality of research(ers). *Qualitative Health Research, 16*(3), 423–435.

Cheek, J., Price, K., Dawson, A., Mott, K., Beilby, J., &

Wilkinson, D. (2002). *Consumer perceptions of nursing and nurses in general practice*. Available at http://www.health.gov.au/internet/main/publishing.nsf/Content/work-pr-nigp-res-cons-rept

Creswell, J. W. (2003). *Research design: Qualitative, quantitative and mixed methods approaches* (2nd ed.). Thousand Oaks, CA: Sage.

Creswell, J. W., & Plano Clark, V. L. (2007). *Designing and conducting mixed methods research*. Thousand Oaks, CA: Sage.

Denzin, N. K. (2009). The elephant in the living room: Or extending the conversation about the politics of evidence. *Qualitative Research, 9*, 139–160.

Denzin, N. K., & Giardina, M. D. (2006). *Qualitative inquiry and the conservative challenge*. Walnut Creek, CA: Left Coast Press.

Denzin, N. K., & Giardina, M. D. (2007a). *Ethical futures in qualitative research: Decolonizing the politics of knowledge*. Walnut Creek, CA: Left Coast Press.

Denzin, N. K., & Giardina, M. D. (2007b). Introduction. In N. K. Denzin & M. D. Giardina (Eds.), *Ethical futures in qualitative research: Decolonizing the politics of knowledge* (pp. 9–43). Walnut Creek, CA: Left Coast Press.

Denzin, N. K., & Giardina, M. D. (2008). *Qualitative inquiry and the politics of evidence*. Walnut Creek, CA: Left Coast Press.

Denzin, N. K., & Giardina, M. D. (2009). *Qualitative inquiry and social justice*. Walnut Creek, CA: Left Coast Press.

Denzin, N. K., & Lincoln, Y. S. (2005). Preface. In N. K. Denzin & Y. S. Lincoln (Eds.), *The SAGE handbook of qualitative research* (3rd ed., pp. ix–xix). Thousand Oaks, CA: Sage.

Excellence in Research for Australia. (2010). *Key 2010 documents*. Available at http://www.arc.gov.au/era/key_docs10.htm

Giddings, L. S. (2006). Mixed-methods research: Positivism dressed in drag? *Journal of Research in Nursing, 11*(3), 195–203.

GrantSearch Register of Australian Funding. (2010). *Funding at your fingertips*. Available at http://www.grantsearch.com.au/

Greene, J. C. (2007). *Mixed methods in social inquiry*. San Francisco: Jossey-Bass.

Hammersley, M. (2005). Close encounters of a political kind: The threat from the evidence-based policy-making and practice movement. *Qualitative Researcher, 1*, 2–4.

Hesse-Biber, S. N. (2010). *Mixed methods research: Merging theory with practice*. New York: Guilford.

Hesse-Biber, S. N., & Leavy, P. (2006). *The practice of qualitative research*. Thousand Oaks, CA: Sage.

Holmes, D., Murray, S. J., Perron, A., & Rail, G. (2006).

Deconstructing the evidence-based discourse in health sciences: Truth, power, and fascism. *International Journal of Evidence-Based Healthcare, 4*(3), 180–186.

Hurdley, R. (2010). In the picture or off the wall? Ethical regulation, research habitus, and unpeopled ethnography. *Qualitative Inquiry, 16*(6), 517–528.

Kvale, S. (2008). Qualitative inquiry between scientistic evidentialism, ethical subjectivism and the free market. International Review of *Qualitative Research, 1*(1), 5–18.

Lacey, E. A. (1998). Social and medical research ethics: Is there a difference? *Social Sciences in Health, 4*(4), 211–217.

Lincoln, Y. S., & Cannella, G. S. (2002, April). *Qualitative research and the radical right: Cats and dogs and other natural enemies*. Paper presented at the 66th annual meeting of the American Educational Research Association, New Orleans, LA.

Lincoln, Y. S., & Cannella, G. S. (2007). Ethics and the broader rethinking/reconceptualization of research as construct. In N. K. Denzin & M. D. Giardina (Eds.), *Ethical futures in qualitative research: Decolonizing the politics of knowledge* (pp. 67–84). Walnut Creek, CA: Left Coast Press.

Lincoln, Y. S., & Tierney, W. G. (2002, April). *"What we have here is a failure to communicate . . .": Qualitative research and institutional review boards (IRBs)*. Paper presented at the 66th annual meeting of the American Educational Research Association, New Orleans, LA.

Long, B. (2010). [Review of the book *Qualitative inquiry and the politics of evidence*]. *Qualitative Health Research, 20*(3), 432–434.

Maxey, I. (1999). Beyond boundaries? Activism, academia, reflexivity and research. *Area, 31*(3), 199–208.

Mertens, D. (2005). *Research and evaluation in education and psychology: Integrating diversity with quantitative, qualitative, and mixed methods*. Thousand Oaks, CA: Sage.

Morse, J. M. (1991). Approaches to qualitative-quantitative methodological triangulation. *Methodology Corner, 40*(2), 120–123.

Morse, J. M. (2002). Myth #53: Qualitative research is cheap. *Qualitative Health Research, 12*(10), 1307–1308.

Morse, J. M. (2003a). The adjudication of qualitative proposals. *Qualitative Health Research, 13*(6), 739–742.

Morse, J. M. (2003b). A review committee's guide for evaluating qualitative proposals. *Qualitative Health Research, 13*(6), 833–851.

Morse, J. M. (2006a). The politics of evidence. *Qualitative Health Research, 16*(3), 395–404.

Morse, J. M. (2006b). Reconceptualizing qualitative inquiry. *Qualitative Health Research, 16*(3), 415–422.

Morse, J. M. (2008). Deceptive simplicity. *Qualitative Health*

Research, 18(10), 1311.

Morse, J. M., & Niehaus, L. (2009). *Mixed method design: Principles and procedures.* Walnut Creek, CA: Left Coast Press.

Penrod, J. (2003). Getting funded: Writing a successful qualitative smallproject proposal. *Qualitative Health Research, 13*(6), 821–832.

Ramcharan, P., & Cutcliffe, J. R. (2001). Judging the ethics of qualitative research: Considering the "ethics as process" model. Health and *Social Care in the Community, 9*(6), 358–366.

Riesman, D. (2002, November/December). Reviewing social research. *Change*, 9–10.

Schwandt, T. (2007). The pressing need for ethical education: A commen-tary on the growing IRB controversy. In N. K. Denzin & M. D. Giardina (Eds.), *Ethical futures in qualitative research: Decolonizing the politics of knowledge* (pp.85–98). Walnut Creek, CA: Left Coast Press.

Stronach, I. (2006). Enlightenment and the "heart of darkness": (Neo) imperialism in the Congo, and elsewhere. *International Journal of Qualitative Studies in Education, 19*(6), 757–768.

Stronach, I., & Torrance, H. (1995). The future of evaluation: A retrospective. *Cambridge Journal of Education, 25*(3),

283–300.

Tashakkori, A., & Teddlie, C. (Eds.). (2003). *Handbook of mixed methods in social and behavioral research.* Thousand Oaks, CA: Sage.

Teddlie, C., & Tashakkori, A. (2009). *Foundations of mixed methods research: Integrating quantitative and qualitative approaches in the behavioral and social sciences.* Thousand Oaks, CA: Sage.

Torrance, H. (2006). Research quality and research governance in the United Kingdom. In N. K. Denzin & M. D. Giardina (Eds.), *Qualitative inquiry and the conservative challenge* (pp. 127–148). Walnut Creek, CA: Left Coast Press.

Torres, C. A. (2002). The state, privatization and educational policy: A critique of neo-liberalism in Latin America and some ethical and political implications. *Comparative Education, 38*(4), 365–385.

University of Sydney. (2010). *Research achievements.* Available at http://www.usyd.edu.au/research/about/major_achievements.shtml

van den Hoonaard,W.C.(2001).Is research-ethics review a moral panic? *Canadian Review of Sociology and Anthropology, 38*(1), 19–36.

15.

혼합 방법 연구의 쟁점

김민정_ 단국대학교 교직교육과 교수

혼합 방법은 최근 몇 년간 많은 분야 및 국가에서 매우 인기 있는 연구 방법으로 사용되고 있고, 이에 대한 연구 기금 지원도 많이 이루어지고 있다. 혼합 방법의 성장과 함께 이 방법에 대한 비판적 논의들이 학회 발표나 학회지를 통해서 많이 등장하고 있는 것은 당연한 일이다. 이러한 비판적 논의는 혼합 방법을 사용하는 분야 내부(예, Greene, 2008; Morse, 2005; Creswell, Plano Clark, & Garrett, 2008) 혹은 외부(Denzin & Lincoln, 2005; Howe, 2004)에서 나타나고 있다. 혼합 방법에 관한 많은 우려들이 있으나, 대부분의 것들은 사회과학자나 혼합 방법 공동체에서는 별로 신경 쓰지 않는 것이다.

이 장은 혼합 방법의 주요 논쟁점에 초점을 둔다. 이 장에서는 가장 기본적인 혼합 방법의 정의부터 철학적 논쟁 및 연구 수행의 절차까지 약 11개의 쟁점을 다룰 것이다.

각각의 쟁점에 대해서 비판적 질문, 다양한 관점, 여전히 해결되지 않은 문제 등을 다룰 것이다. 이 장의 마지막에서는 이러한 쟁점들이 가지는 의의를 성찰해볼 것이다. 이러한 논의는 혼합 방법 연구를 하는 연구자나 학생 그리고 정책 결정자들이 여전히 해결되지 않은 문제를 인정하고, 새롭게 등장하는 다양한 관점을 이해하고, 혼합 연구 분야가 해야 하는 새로운 역할을 성찰하는 데 도움이 될 것이다. 나는 이러한 성찰이 질적 연구자들에게는 질적 연구가 혼합 방법에서 중요한 역할을 해왔고 앞으로도 계속 그럴 것이라고 독려하는 차원이 되었으면 한다.

나는 이 장에서 지난 20년간 내 글을 성찰하고, 그에 대한 자기 성찰적 비판을 동시에 수행할 것이다. 나의 방법론적 발달은 1970년대에는 후기실증주의자로서 형식적인 훈련을 했고, 1980년대에는 구성주의자로서 질적 수업을 가르치며 자기 교육을 했고, 1990년대부터 현재까지는 글과 수업을 통해 혼합 방법에 대한 옹호를 하는 것으로 나타난다고 볼 수 있다. 혼합 방법의 대변인의 한 사람인 나의 주목을 끈 많은 논쟁점들이 학회에서 발표되기도 하고, 내가 지난 5년간 「혼합 연구 방법론 학회지(Journal of Mixed Methods Research」(JMMR)의 공동 편집자로 있을 때 접수했던 글에도 많이 나타나있다. 나는 이런 다양한 쟁점들을 많이 봐왔기 때문에, 현재 진행 중인 쟁점들을 소개하고 학자들이 그에 대해 하고자 하는 답변을 그들을 대신해 얘기해줄 수 있다고 생각한다.

15.1 최근의 의문점들

2009년 3월에 이루어진 대표적인 쟁점을 소개하고자 한다. 내가 스코틀랜드 Aberdeen 대학의 보건 서비스 연구회의 후원으로 열리는 경제사회 연구 위원회의 시리즈 세미나에 참여해서 발표를 할 때였다. 나는 보건 과학 분야의 50명의 학자 앞에서 혼합 방법에 관한 개요 발표를 마쳤다. 그들은 고전적이고 높은 아치형 지붕과 과거의 저명한 학자들의 사진이 걸린 오크 패널 벽이 있는 엘핀스톤 홀에 모여 있었다. 놀랍게도 학회 조직위원은 모인 학자들에게 소그룹을 만들어 혼합 연구 방법론의 장점과 단점에 대한 질문을 적으라고 하였다.

나는 그들의 비판적인 생각을 놓치고 싶지 않아서 필기를 하였다. 그들은 혼합 방법의 가치에 대한 질문(혼합 방법은 모든 것에 대한 답을 할 수 있다고 생각하는가? 혼합 방법이 충족시킬 수 없는 과도한 기대가 있는가?)과 철학적 이론적 질문(다수의 기존 관점을 가진 사람들이 혼합 방법에 대해 가지는 반감이 있는가? 혼합 방법에는 지배적인 패러다임이 있는가? 혼합 방법에서 질적 연구는 양적 연구와 같은 정도의 영향력을 가지는가?), 그리고 연구의 과정과 절차에 관한 질문(연구 문제와 혼합 방법은 잘 들어맞는가? 연구자들은 양적/질적 전문성을 모두 가지고 있는가?)을 하였다.

오래된 엘핀스톤 홀에서 제기된 혼합 방법에 관한 새

표 15.1 혼합 방법에 관한 11개의 주요 쟁점과 질문

쟁점	질문
1. 혼합 방법 연구에 대한 정의의 변화와 확장	혼합 방법 연구란 무엇인가? 그것은 어떻게 정의되는가? 혼합 방법의 정의에서는 어떠한 변화를 발견할 수 있는가?
2. 양적/질적이라는 용어 사용의 어색함	"질적" "양적"이라는 용어는 유용한 기술어인가? 이 용어의 사용은 어떤 것을 유추하게 하는가? 실제에서는 일어나지 않는 이분법적인 구분이 여기에 존재하는 것은 아닌가?
3. 혼합 방법은 연구를 위한 "새로운" 접근법인가?	혼합 방법에 대한 개념화는 언제 시작되었는가? 혼합 방법은 실제 시작되었다고 여겨지는 시기보다 훨씬 더 먼저 이루어진 것은 아닌가? 1980년대 후반보다 훨씬 전에 혼합 방법의 시작점이 될 만한 것은 무엇인가?
4. 혼합 방법이 흥미로운 이유는 무엇인가?	혼합 방법에 대한 관심은 어떻게 증대되었는가? 혼합 방법의 발단에서 기금 단체는 어떤 역할을 하였는가?
5. 여전히 패러다임 논쟁이 일어나고 있는가?	패러다임은 혼합될 수 있는 것인가? 혼합 방법에서 패러다임의 사용에 관한 입장은 어떻게 발달되었는가? 혼합 방법을 위한 패러다임은 학문적 공동체에 기반해야 하는 것인가?
6. 혼합 방법은 실증주의의 속성을 가지는가?	혼합 방법에 있는 후기실증주의의 관점은 질적 및 해석적 접근을 축소시키고 부수적인 것으로 강등시키는가?
7. 혼합 방법에는 고착화된 담화가 있는가?	혼합 방법에 관한 담화는 누가 통제하는가? 혼합 방법은 상위기술적(metanarrative)인가?
8. 혼합 방법은 그 용어 때문에 두 가지 언어를 채택해야 하는가?	혼합 방법에서 언어란 무엇인가? 그 언어는 양적/질적 용어를 의미하는가?
9. 혼합 방법 절차를 위한 무수히 많은 혼란스러운 연구 설계들이 있는가?	혼합 방법 연구자들은 주로 어떤 연구 설계를 사용하는가? 현재의 설계는 실제 수행을 반영할 만큼 충분히 복합적인가? 전적으로 새로운 설계에 관한 생각이 필요한가?
10. 혼합 방법 연구는 연구를 위한 다른 접근으로부터 나온 설계 및 절차에는 부적절한가?	(연구를 위한 다른 접근의 부적절성 때문에) 혼합 방법에 대한 비판은 과장된 것이 아닌가? 혼합 방법은 보다 큰 틀(예, 문화기술지) 내에서 하나의 접근법으로 간주될 수 있는가?
11. 혼합 방법은 질적/양적 연구를 통합한다는 것 이외에 어떤 다른 가치를 가지는가?	혼합 방법은 질적이나 양적 방법을 단독으로 사용하는 방법보다 연구 문제에 대한 이해를 증진시킬 수 있는 방법인가? 혼합 방법 연구의 가치는 학자적 호기심을 통하여 어떻게 입증될 수 있는가?

로운 의문거리들은 나의 관심을 끌기에 충분하였다. 회상해보면, 그러한 쟁점들은 놀라운 것이 아니었다. 그들이 지적한 것들은 최근에 저널(Giddings, 2006; Howe, 2004)이나 핸드북 3판(Denzin & Lincoln, 2005)에 실리거나 학회(Holmes, 2006)에서 발표된 이슈에 관한 것이었다. 2006년 나는 혼합 방법에서 질적 연구의 역할이라는 논문(Creswell, Shope, Plano, Clark, & Green, 2006)을 발표한 적이 있고, 2007년에는 국제 질적 연구 협회에서 패널 발표(Creswell, 2007)를 한 적이 있다. 따라서 지금이 이러한 쟁점을 얘기하기에 적절한 때라고 생각한다. 이 장에서 나는 [표 15.1]에 11개의 쟁점과 질문을 정리하고 있다. 그 쟁점들은 Kuhn(1970)이 몇 년 전에 연구의 변화기에 관해 말한 것과 유사하다.

> 쟁점에 대한 정교화 증가, 새로운 것에 대한 시도, 불만에 대한 표현, 철학에 의존, 기본에 관한 논쟁, 이 모든 것은 평범한 연구로부터 특별한 연구로 가는 변화의 과정에 나타나는 증상들이다. (p.91)

15.2 정의의 변화와 확장

앞에서 언급된 논쟁점 중 가장 기본적인 것은 혼합 방법은 무엇인가, 그것은 어떻게 정의될 수 있는가에 관한 것이다. 이것에 답하기 위해서는 수년간 이루어진 혼합 방법 정의의 변화를 살펴볼 필요가 있다. 예를 들어, 혼합 방법의 초기 정의는 평가 영역의 Greene, Caracelli, Graham(1989) 등에 의해 이루어졌다. 그들은 혼합 방법을 강조하고, 방법과 패러다임의 분리를 강조하였다.

> 이 연구에서 우리는 혼합 방법을 적어도 하나의 양적 방법(숫자를 수집하기 위해 설계된 것)과 질적 방법(말을 수집하기 위해 설계된 것)을 가진 것으로 정의하며, 어떤

방법도 특정 패러다임과 본질적으로 연결된 것은 아니라고 정의한다. (p.256)

10년 후에 그 정의는 단지 두 방법을 혼합한다는 것에서 연구 방법의 모든 과정을 혼합하는 것으로 바뀌었고, 혼합 방법은 **방법론**(methodology)으로 간주되었다(Tashakkori & Teddlie, 1998). 모든 과정이라고 함은 철학적 관점에서부터 마지막 참고문헌과 결과의 해석까지를 포함하는 것이다. 따라서 Tashakkori와 Teddlie는 혼합 방법을 "연구의 방법론으로서의 양적/질적 접근의 혼합"이라고 정의하였다(p.ix). 이들은 『사회 실행 연구의 혼합 연구 방법론 핸드북』의 서문에 "혼합 방법은 독자적인 세계관, 용어, 기술을 가진 하나의 독립된 방법론이다"라고 언급함으로써 혼합 방법의 방법론적 관점을 강조하였다(Tashakkori & Teddlie, 2003, p.x).

몇 년 후 Plano Clark와 나는 입문서(Creswell & Plano Clark, 2007)에 혼합 방법의 정의를 또다시 정의하였다. 우리는 방법(method)과 방법론(methodology)의 관점을 섞어서 이러한 종류 연구들의 주요 가정을 정리하였다.

> 혼합 방법 연구는 문제해결을 위한 방법론뿐만 아니라 철학적 가정을 가진 연구 설계이다. 방법론(methodology)으로서 이것은 연구의 모든 과정에서 자료의 수집과 분석의 방향 및 양적/질적 접근의 혼합을 안내할 수 있는 철학적 가정을 포함하고 있다. 방법(method)으로서 이것은 하나의 연구나 일련의 연구에서 양적/질적 자료를 수집하고 분석하고 혼합하는 것에 초점을 둔다. 이것의 주요 핵심은 양적/질적 접근을 혼합함으로써 한 가지 방법으로 연구를 했을 때보다 연구 문제를 보다 잘 이해할 수 있도록 하는 것에 있다. (p.5)

사례 연구의 정의가 Stake(1995)에 의해 정립된 것처럼, 우리의 이 정의는 다양한 의미를 사용하여 혼합 방법을 정의함으로써 혼합 방법 정의의 모범이 되었다. 혼

합 방법에 관한 우리의 정의는 철학과 방법의 관점을 둘 다 포함하고 있으며, 혼합 방법의 핵심 특성 요소를 포함하고 있다(예를 들어, Creswell, 2009a 참고). 혼합 방법에서 연구자는

- 질적/양적 자료를 연구 문제에 기반하여 설득력 있고 엄격하게 수집하고 분석한다.
- 두 형태의 자료를 통합하여 하나로 하거나, 하나에 우선순위를 두어 두 개를 순서대로 나열하든지 하는 방식으로 혼합한다.
- 혼합 방법 절차를 하나의 연구에서 수행하든지, 한 연구의 많은 단계에서 수행하든지 한다.
- 혼합 방법을 철학적 세계관과 이론적 틀 내에서 형성한다.
- 혼합 방법의 절차를 연구 수행에 있어서 계획에 해당하는 구체적 연구 설계와 통합한다.

이러한 핵심 특성은 혼합 방법 연구가 가져야 할 일반적 특징을 제안한다. 수년간 혼합 방법에 관한 논문들을 검토하고 연구자들이 양적/질적 방법을 어떻게 사용하는가를 살펴보다 보면, 혼합 방법의 일반적 특징이 진화하고 있음을 알 수 있다.

이런 일반적 특징에 대한 생각은 나 혼자만의 것이 아니다. JMMR에서 매우 자주 인용되는 논문인 Johnson, Onwuegbuzie, Turner(2007)의 논문에서는 혼합 방법을 주로 사용하는 21명 연구자들의 19개 정의에 기초하여 혼합 방법의 복합적 정의를 내렸다. 이 많은 정의들이 공유된 이후에 연구자들은 무엇이 혼합되었는지(예, 방법, 방법론, 연구의 종류), 연구에서 혼합이 일어난 부분은 무엇인지(예, 자료 수집, 자료 분석), 혼합의 범위는 어떠한지(예, 자료에서 세계관에 이르기까지), 혼합의 목적과 근거는 무엇인지(예, 범위를 넓히려는 것인지 문제를 확증하려는 것인지) 등의 혼합 방법 정의에 나타난 차이에 주목하기 시작하였다. 이런 다양한 관점들을 통합해서 그들이 내린 복합적 정의는 다음과 같다.

> 혼합 방법 연구는 연구자가 연구 문제에 대해 깊이 있는 이해와 확증을 하기 위해 양적/질적 연구 접근의 요소(예, 관점, 자료 수집과 분석, 유추 기술 등의 양적/질적 측면)를 통합하는 연구의 종류이다. (p.123)

이 관점에서 저자들은 혼합 방법을 단순히 방법을 혼합한 것이라고 보기보다는 관점이나 유추 등을 포함한 방법론으로 보았다. 그들은 혼합 방법을 단지 자료 수집 방법으로 본 것이 아니라 양적 연구와 질적 연구의 통합으로 보았다. 그들은 다양한 관점을 통합하였지만 특정 패러다임(Greene et al., 1989 정의에서처럼)이나 철학(Creswell, Plano, & Clark, 2007의 정의에서처럼)을 언급하지는 않았다. 그들이 혼합 방법을 사용하는 목적—이해와 확증의 깊이와 넓이—은 억지로 연구를 양적/질적 접근으로 끼워 맞추려고 하기보다는 연구 문제가 어떻게 혼합 방법을 제안하는가를 말하려는 것이다. 아마 가장 중요한 것은 그들이 사용되어야 하는 일반적 정의가 있다고 제안한 것이다.

다른 정의는 Greene(2007)에 의해 제안된 것으로 혼합 연구 방법은 사회를 바라보는 관점이라는 것이다.

> 혼합 연구 방법은 우리에게 다양한 방법으로 사회를 보고 듣고 이해하게 하고, 무엇이 중요하고 가치 있는지에 대한 다양한 관점을 가지게 해준다. (p.20)

이 정의는 혼합 방법을 유용하고도 전적으로 새로운 개념화 영역에 이르게 하였다. 혼합 방법을 '다양한 관점'이라고 보는 정의는 혼합 방법을 단지 연구 방법으로 보는 것 이상으로 그 범위를 확장하는 것이었다. 예를 들어, 그것은 다큐멘터리를 기획하는 생각에 대한 접근으로도 사용될 수 있고(Creswell & McCoy, in press), 남아프리아 이스턴 케이프에 있는 HIV 감염자에 대한 참여 관찰적 접근을 위한 수단으로도 사용될 수 있다(Oliver, de Lange, Creswell, & Wood, 2009). 최근에 나는 내 워크숍에서 우리 사회에는 혼합 방법의 예가 많음을 지적하였다. 나는 El Gore의

다큐멘터리 필름, 지구 온난화를 다루는 '불편한 진실'을 가지고 워크숍을 시작하였는데, 이 다큐멘터리는 통계적 경향과 개인적 스토리를 혼합한 혼합 방법을 사용하고 있다(David, Bender, Burns, & Guggenheim, 2006). 혼합 방법을 하나의 관점이라고 보는 이 정의는 이와 같이 사회생활의 많은 측면에서 혼합 연구가 활용될 수 있는 가능성을 열어준다.

그러나 이렇게 다양한 혼합 방법의 정의를 검토하면서도 나는 여전히 풀리지 않는 의문이 있다. 공통된 정의 및 공통된 핵심 특징은 필요한 것인가? 이러한 공통된 특징은 오히려 혼합 방법의 범위를 제한하지 않을까? 우리는 다양한 정의가 필요한가? 개인 연구자들은 남들에게 그들의 연구 접근을 합법화하기 위해 공통적으로 수용되는 정의를 사용할 필요가 있는가?

15.3 양적/질적이라는 용어의 어색한 사용

연구자들은 "양적" 혹은 "질적"이라는 설명어를 사용하여 혼합 방법에 대해 논한다. El Gore의 영화에서 통계와 스토리의 사용은 양적/질적 연구를 보다 명확하게 이분화한다. "양적" "질적"이라는 말은 사용하기에 적절한 용어인가? 이 용어를 사용할 때는 어떤 추론이 가능한가? 이 논쟁은 그것을 자료 수집과 분석을 위한 방법론이라고 보기보다는 "양적"과 "질적"을 설계와 패러다임과 혼합되어 있는 것이라고 보는 집단을 만들어 내었다. 또한 이 논쟁은 방법론의 다양성을 축소화하는 이분법적 구분을 수용하지 않는 집단도 만들어 내었다.

Giddings(2006)는 "양적"과 "질적"이라는 용어는 1970년대와 1980년대 연구 패러다임을 위한 규범적인 설명이라고 여겼고, "질적"이라는 용어는 비실증주의 연구자들이 "위치해야 하는 곳"이라고 여겼다(p. 199). 작가들이 "질적 패러다임"이라고 쓸 때는 평가나 사회과학에서 질적/양적 논쟁의 맥락에서 주로 사용되었다

(Greene, 2007). Greene은 광범위한 철학적 이슈로부터 "양적" "질적" 연구 방법을 분리하는 것은 유용한 것이고, 이것은 철학과 방법론이 혼재되는 것을 방지하는 것이라고 지적하였다. 또 다른 혼재는 설계 단계에서 발생한다. Vogt(2008)은 "양적/질적 설계라는 용어를 생각하는 것은 분류상의 오류라고 본다"는 강경한 입장을 취하였다. 그는 설문, 문헌 분석, 실험, 준실험 등의 모든 연구 설계는 숫자와 말로 된 자료로 수용 가능하다고 하였다.

"양적" "질적"이란 말의 사용은 현장에서는 사용되지 않는 이분법적 구분을 만들어내기 때문에 더욱더 사용이 자제된다. 작가들은 종종 "질적"이라는 용어를 말과 동일시하고, "양적"이라는 말을 숫자와 동일시한다. JMMR에 실린 최근 논문에서 Sandelowski, Voils, Knafl(2009)은 계산에는 종종 질적 판단이 포함되고, 숫자는 종종 맥락에 관련되어 있음을 지적함으로써 이런 이분법적 사고를 반박하였다. 게다가 질적 자료는 자료 분석에서 종종 범주적 자료로 변형되기도 하고, 그룹 내 유사성(질적)과 그룹 간 유사성(양적 및 질적)을 간과한 이분법적 배열로 분류되기도 한다. 이러한 것에 대해 Giddings(2006)는 이분법적 구분은 방법론적 다양성을 무시하는 것이라고 지적하였다.

혼합 방법을 "양적" "질적" 자료 모두를 수집하는 것이라고 보기보다 하나의 방법들을 모아둔 것[복수의 질적 자료나 복수의 양적 자료(Shank, 2007; Vogt, 2008)]이라고 보던 자들에게 "양적" "질적"이라는 의미는 혼란을 가져다주었다. 일부 작가는 한 종류의 다수 자료원을 보다 명확하게 정의하기 위해서는 혼합 방법(mixed methods)이 아닌 다중 방법들(multiple methods)이라고 불러야 한다고 하였다(Morse & Niehaus, 2009, 부록1). 혼합 방법이 어떻게 보이건 간에, 이 두 관점은 그들의 입장을 군건히 하기 위하여 "양적" "질적"이라는 규범적이고 이분법적인 구분에 의존하고 있다.

"질적" "양적"이 방법으로 간주되어야 하는 분명한 사례가 있다. 인식론, 이론적 관점(예, 페미니스

트 이론), 방법론, 방법에 관한 개념적 틀을 제공한 Crotty(1998)에 의해 중요한 도식이 발전되었다. "양적" "질적"이라는 용어를 없애버리는 것은 사회과학, 행동과학, 보건과학 분야에서 오래전부터 만들어진 의사소통의 유형을 방해하는 것처럼 보인다. 용어가 바뀔 때까지 담화의 수단으로 그 용어는 여러 분야에서 유용하게 사용되겠지만, 사용할 때 주의하여 사용할 필요는 있다. 혼합 방법 작가들은 이분법적 구분을 무시하고, 양적/질적 차이 제시를 위한 연속체의 활용을 찬성하는 경향이 있다(Creswell, 2008; Tashakkori & Teddie, 2003). 또한 혼합 방법 작가들은 다수의 양적(또는 질적) 자료를 수집하는 다중 방법 연구(multi-method studies)와 **양적/질적** 자료를 함께 모으는 혼합 연구 방법(mixed methods)을 구분하는데 신경을 쓴다(Creswell & Plano Clark, 2007 참고). 비록 국립보건부의 기금으로 진행된 한 프로젝트에서 Plano Clark(2009)는 최근 시행된 연구 중 64%가 다중 방법 연구이고 36%가 혼합 방법 연구라고 되어있다고 밝혔지만, 보건과학에서는 전통적으로 양적/질적 형태의 자료를 수집한 연구를 다중 연구라고 한다(예, Stange, Crabtree, & Miller, 2006).

혼재냐 이분법이냐 하는 이러한 논의에 비추어, 우리는 "양적"이다 "질적"이다 하는 용어의 사용을 자제해야 하는가? 왜 혼합 방법 작가들은 방법, 설계, 패러다임을 분명하게 구분하지 않는 것인가? 혼합 방법은 다수의 양적/질적 방법 혹은 두 가지를 혼합해야 하는 것인가?

15.4 새로운 것과 오래된 것

역사적으로 연구자들은 양적/질적 연구 방법 모두를 활용해왔다. 이것은 또 다른 쟁점을 낳는다. 혼합 방법은 "새로운" 접근인가 아니면 오래된 것에 단지 새로운 아이디어를 도입한 것인가? 새로운 것이라고 보는

측면에서 최근 작가들은 혼합 방법을 양적/질적에 이은 제3의 방법론적 "운동"이라고 하거나(Tashakkori & Teddlie, 2003, p. 5), "제3의 연구 패러다임"이라고 하거나(Johnson & Onwuegbuzie, 2004, p. 15), "사회과학이라는 하늘의 새로운 별"(Mayring, 2007, p. 1)이라고 한다. 이러한 주장은 혼합 방법에서 정확히 새것이란 무엇인가 하는 의문을 불러일으킨다. 다수의 지지자들은 이에 대해 그들이 개발한 것은 연구를 하는 새로운 방법이라고 주장한다(Holmes, 2006, p. 2).

나는 혼합 방법의 시작은 1980년대 후반에서 1990년대 초 몇몇 출판물이 혼합 방법의 정의가 무엇인지를 기술하던 때라고 생각한다. 이들 작가들은 영국(Brewer & Hunter, 1989) 및 미국(Fielding & Fielding, 1986)의 사회학 분야, 미국의 평가 분야(Greene et al., 1989), 영국의 관리 분야(Bryman, 1988), 캐나다의 간호 분야(Morse, 1991), 영국의 교육학 분야(Creswell, 1994)의 학자들로서 모두 독립적으로 연구를 수행하던 사람들이다. 연구를 위해 양적/질적 접근을 명백히 구분해서 쓰던 방법이 아닌 이들을 혼합하여 사용하는 많은 연구들이 짧은 유사 시기에 쏟아져 나왔다. 이 시기는 질적 연구가 사회과학에서 합법적인 방법론으로 받아들여져 "뭔가 불분명한 영역"으로 옮겨가던 시기였다(Denzin & Lincoln, 2005). 양적/질적 연구의 철학적 논쟁이 여전하던 때였지만(Reicharolt & Rallis, 1994) 좀 수그러진 때였고, 사회의 복합적인 문제를 다룰 수 있는 새로운 방법론이 필요하던 시대였다.

회고해보면, 나는 이 작가들이 실제로 양적/질적 자료의 혼합을 의미한 첫 번째 사람들인가 하는 의문이 든다. 내 워크숍에 참석한 사람들은 혼합 방법이 새로운 것이 아니라고 얘기한다. Holmes(2006)는 이러한 의문을 제기하였다.

혼합연구를 지지하는 다수의 지지자들은 그들이 개발한 것은 양적/질적 연구의 대안으로 연구를 위한 새로운 방법의 개발이라고 한다. 하지만 무엇이 새롭다는 것인가?

문화기술지 학자들과 다른 사회 분야 연구자들은 1920년대부터 혼합 방법에 의해 자료를 수집해왔고, 사례 연구자들과 삼각측정을 사용하는 사람들도 혼합 방법을 사용하고 있다. (p. 2)

이것이 새로운 것인지 아닌지를 증명하기 위해서 사회학, 평가, 실행 연구 분야의 역사적 문서를 좀 살펴볼 필요가 있다. 어떻게 해서 1980년대 논의가 오늘날 혼합 방법에 관한 것과 일치하는가? 1980년대의 세 가지 생각의 실타래가 이에 대한 통찰력을 제공한다: 중다 방법의 사용, 양적 연구가 팽배하던 시절에 질적 연구의 사용에 관한 논의, 혼합 방법으로의 비공식적 움직임.

먼저, 중다 방법의 사용에 대해서 보자면, 1959년에 Campbell과 Fiske가 심리학적 특성의 수렴 타당도와 판별 타당도를 보기 위해 중다특성 중다방법 접근 매트릭스를 사용하였다. 그들은 하나 이상의 방법과 특성이 타당화의 과정에서 사용되어야 한다고 생각하였다. 그러나 그들의 논의는 복수의 양적 자료 소스만을 활용했다는 제한점이 있다. 1970년대에 Denzin(1978)은 그의 연구에서 다양한 자료 소스의 활용이라는 삼각측정(triangulation)에 관한 그의 아이디어를 통해 다양한 유형의 방법론적 혼합을 정의하였다. 그는 "나는 다중 방법은 모든 연구에서 사용되어야 하는 것이라는 최종적인 방법론적 규칙을 제안한다"(Denzin, 1978, p. 28)고 하였다.

1970년대와 1980년대에 일부 학자들은 질적 연구를 양적 실험 연구 방법과 대등하게 사용해야 한다고 주장하였다(Patton, 1980). Campbell(1974)은 "실행 연구에서의 질적 인식"이란 주제로 개최된 미국심리학회에서 주목할 만한 발표를 하였다. 그는 진정한 과학적 접근은 양적/질적 연구의 극단적, 권위적 위치에 관한 의문을 없애는 것이라고 제안하면서, 질적 연구의 중요성을 재확립하였다. Cronbach(1975)는 자신의 잘 알려진 "과학적 심리학의 두 원리를 넘어서"라는 논문에서 사회과학이 자연과학의 모델이 될 수 있다는 아이디어에 의문을 제기하였다. Campbell과 Cronbach는 양

적 연구자였으나, 나중에는 질적 또는 자연적 연구 방법을 포용하였다.

다른 작가들은 비공식적으로 방법들을 혼합했는데, 이들이 오늘날 혼합 방법의 선구자들로 여겨지는 사람들이다. 사회학의 Sieber(1973)는 현장 연구와 설문법의 '상호작용'에 대해 논의했으며 이 두 방법을 혼합하는 절차에 대해 정의하였다. Sieber는 "일반적인 원리를 제시하기에는 너무 적은 예시들"(p. 1358)이 있는데, 이를 위해서는 "새로운 유형의 연구"(p. 1337)가 필요하다고 하였다. 그는 또한 두 방법론을 동시에 병행하거나 하나로 섞어서 혼합하는 것을 제안함으로써 방법의 순서에 대해서도 논하였다. 또한 그는 면접과 설문에 사용된 연구의 수도 중요하다고 했으며, 이런 방식을 따른 그의 프로젝트를 소개하였다(Sieber & Lazersfeld, 1966).

초기 혼합 방법의 또 다른 예는 평가 영역의 Patton이 주장한 방법론적 혼합이다(Patton, 1980, p. 108). 그는 평가 영역에서 전통적인 가설적 연역 접근을 보완하기 위해서 전체적이고 귀납적 패러다임에 바탕을 두는 인류학적이고 자연적 연구가 필요하다고 주장하였다. 그는 프로그램 평가를 위해 이러한 혼합에 기초한 몇 가지 모형을 제안하였다. 실험 설계, 양적 자료, 통계 분석 등을 하는 순수한 가설검정 연역 접근 또는 자연적 호기심, 질적 측정, 내용 분석 등의 순수 질적 접근 등이 그것이다. 그리고 그는 실험 설계와 자연적 설계, 양적 혹은 질적 측정, 질적 자료의 양적 변환 등과 같은 부분에서 다양한 혼합 모형도 네 가지 제안하였다(p. 112). 그의 이러한 도식은 최근의 작가들(예, Johnson & Onwuegbuzie, 2004; Tashakkori & Teddlie, 1998)에 의해 제시되는 혼합 방법 설계와 놀라울 만큼 유사하다.

이것들을 다 읽으면, 혼합 방법은 1980년대 후반보다 더 이전에 이미 시행되고 있었음을 알 수 있다. 이러한 초기 작가들은 양적(예, 설문지), 질적(예, 면담) 자료 모두를 포함한 다중 방법을 모으는 데 초점을 두었다. 그들은 상호작용(interplay), 동시적 스케줄

(concurrent scheduling)(Sieber, 1973, pp.1353, 1358) 등과 같은 말을 사용함으로써 혼합 연구라는 용어의 시작을 알렸다. 그들은 다중 방법을 사용한 연구의 예시들을 소개했고, 설계, 자료 수집, 자료 분석을 통해 상호작용에 관한 생각의 과정적 접근을 소개하였다. 또 그들은 자료의 변환에 관한 혼합 방법(Patton, 1980)과 하나의 방법이 다른 방법에 기반하여 이루어지는 혼합 방법(Sieber, 1973)을 다른 것으로 개념화하였다.

반면에, 초기 작가들은 양적과 질적 자료의 상호작용에는 관심이 있었지만, 어떻게 그 두 자료를 통합하고 왜 통합하는가에 관한 논의는 오늘날 작가들만큼 자세히 하고 있지 못하다(예, Bryman, 2006). 다양한 목적에 맞는 설계의 다양성에 대해서 초기 작가들은 언급하지 않았다(Creswell & Plano Clark, 2007, 2001). 비록 초기 작가들이 설계의 이름에 대해 일부 논했을지라도, 최근의 다양한 설계 목록(Creswell & Plano Clark, 2011 참고)에 비하면 그 수는 몇 개(예, concurrent scheduling) 되지 않았다. 그들은 플러스나 화살표와 같이 설계를 단순화해줄 수 있는 표기법이 없었다. 절차(예, 질적 자료에 기초한 도구 개발의 절차), 혼합 방법 질문의 사용(Creswell & Plano Clark, 2011)이나 철학적 이슈(Greene, 2007 참고) 또한 그들의 논의에는 빠져 있었다.

그러나 1980년대 후반 작가들은 혼합 방법의 기초를 다졌다. Tashakkori와 Teddlie(2003)의 말처럼, 이 초기의 작가들은 그들이 평범한 것에서 벗어난 것을 한다고 인식하지 못하였다(p.5). 그들은 비공식적이고, 상식적인 방법으로 연구를 수행하였다. 어떤 학자는 최근에 "놀라운 것은 오늘날의 작가들은 대부분 오랫동안 존재해온 생각을 가지고 있고 또 그것을 연구의 방법, 즉 방법론으로 생각하고 있다는 점이다"(Duane Shell, personal communication, August 17, 2009)라고 말하였다. 오늘날 우리는 혼합 방법 연구에 대해 매우 체계적이고, 구체적이고, 정의된 생각을 가지고 있다. 그러나 체계적인 접근이 초기의 직관적인 접근에 비해 더 나은 것인가? 왜 나를 포함한 최근의 혼합 방법 학자들은 오늘날과 유사한 아이디어를 가진 초기 연구자들에게 보다 많은 가치를 부여하지 않는가?

15.5 무엇이 실제로 혼합 방법을 만들었는가?

"새로운 움직임"이나 "새로운 별"이라는 생각은 방법론 영역에서 새로운 경향이 있음을 의미한다. 무엇이 혼합 방법에 대한 관심을 이렇게 증대시켰는가? 스코틀랜드 에버딘에서 지적된 것처럼, 혼합 방법은 단지 연구 기금 마련을 위한 하나의 계획일 뿐인가?

혼합 연구에 대한 관심은 8년 전 『사회 및 실행 연구에서의 혼합 방법 핸드북』(Tashakkori & Teddlie, 2003)이 나오면서 점점 증대되고 있다(Creswell, 2009b). 이 핸드북은 759페이지로 구성되었으며 네 개의 섹션(현재와 미래의 이슈, 방법론적 이슈, 분석적 이슈)으로 구분되어 있다. 2003년을 혼합 방법 벤치마크의 기준해라고 보고, 이 책은 국립 보건 기구 지원의 프로젝트에서 언급한 것처럼, 어떻게 혼합 연구라는 용어에 대한 관심이 발달되어 왔는지를 잘 기술하고 있다(Plano Clark, 2010). 혼합 방법 실험 연구와 방법론적 논의만을 주로 다룬 저널들이 다음과 같이 대거 발간되었다: 「혼합 방법 연구 저널(Journal of Mixed Method Research」(Sage)이 2007년에 발간되었고, 2008년에는 「국제 다중 연구 접근(International Multiple Research Approaches)」, 2009년에는 「응용 경영 및 정책 연구에서의 혼합 방법 연구에 관한 국제 저널(International Journal of Mixed Methods in Applied Business and Policy Research」(Academic Global)이 발간됨. 이 저널들과 더불어 나는 보다 오래된 「양적과 질적(Quality and Quantity」(1967, Springer), 「현장 방법(Field

Methods)」(1989, Sage), 「사회과학 연구 방법론 국제 저널(International Journal of Social Research Methodology)」(1998, Routledge) 등도 추가하고자 한다. 게다가 최근의 「Research in Schools」(2006), 「Annals of Family Medicine」(2004), 「Journal of Counseling Psychology」(2005) 등의 수많은 저널들은 혼합 연구에 관한 특별호를 내기도 하였다. 혼합 방법론에 대한 적어도 16권의 책이 Creswell과 Plano Clark(2011), Greene(2007), Plano Clark와 Creswell(2008), Teddlie와 Tashakkori(2009), Morse와 Niehaus(2009)에 의해 출판되었다. 혼합 방법론 책들은 간호학 및 보건학자들(Andrew & Halcomb, 2009)이나 심리학자들(Mayring, Huber, Gurtler, & Kiegelmann, 2007; Todd, Nerlich, McKeown, & Clarke, 2004)처럼 서로 다른 분야의 학자들에 의해 출판되었다. 또한 사회학(Engel & Schutt, 2005)이나 가정학 연구(Greenstein, 2006)에 관한 방법론 책의 한 챕터로도 소개되었다. 혼합 방법에 관한 국제 학술대회가 지난 5년간 영국에서 열렸고 전 세계적인 출판이 이루어졌다: 유럽의 심리학 영역에서(Mayring et al., 2007), 호주의 간호학 영역에서(Andrew & Halcomb, 2009), 일본의 언어학 영역에서(Heigham & Croker, 2009), 스위스의 사회과학에서(Bergman, 2008), 남아프리카 공화국의 교육학 영역에서(Creswell & Garrett, 2008).

이러한 발달에 비추어 나는 이러한 관심의 원인이 무엇인지 생각해본다. 어쩌면 1990년대부터 시작된 더 적은 비용으로 많은 효과를 얻고자 하는 세계 경제 원리에 의해 혼합 방법의 사용이 활발해지게 되었는지도 모른다(Giddings, 2006). 가족 입양을 다룬 Miall과 March(2005)의 혼합 연구에서 그들은 연구 기금 제공자들의 요구에 따라 연구 문제와 설계를 바꾸게 되었다고 하였다. Holmes(2006)는 혼합 방법이 연구자들을 다른 관점이나 신념에 대한 다양한 생각을 하게 만들기보다는 연구 기금 제공자가 원하는 한 가지의 답을 도출하는 몰개성적인 기술자로 만든다고 주장하였

였다.

반면에, 혼합 방법은 질적 연구를 명시적으로 합법화함으로써 연구자들로 하여금 다양한 사고를 할 수 있도록 하였다. 간학문적인 연구 문제는 복합적인 연구 문제 해결을 위해 다양한 접근법을 활용할 수 있는 양적/질적 방법에 모두 유능한 방법론자를 요구한다(Mayring et al., 2007). 혼합 방법이 연구 기금 제공자들의 요구에 부응하기 위한 것인지, 혼합 방법 연구자들에 의해 언급된 연구 문제가 진정으로 "혼합" 방법론에 어떠한 이점을 주는지에 대해서는 여전히 의문이 남는다. 철학적 관점에서 포스트모더니즘은 연구자들이 혼합 방법을 "무비판적으로" 수용하고 있다고 지적하였다(Freshwater, 2007, p. 145).

15.6 패러다임 논쟁의 지속

철학적 관점의 작가들은 혼합 방법이라는 것이 세계관이나 패러다임을 혼합한다는 것이므로 이것이 과연 가능한 것인지에 대해 계속 논쟁해오고 있다. 그들은 "패러다임(인식론 또는 실제론)이 섞일 수 있는 것인가"라는 질문을 한다. 어떤 작가는 패러다임이나 세계관은 확고한 경계선을 가진 것이므로 섞일 수 없는 것이라고 주장한다. Holmes(2006)는 "실제로 특정 관점을 가진 연구가 다른 관점을 가진 연구의 한 부분이 될 수 있는 것인가? 어떻게 다른 관점이 하나의 프로젝트 안에서 합의하고 논의해 나가는 것인가?"라는 질문을 던졌다(p. 5). 방법은 패러다임과 연계되어 있기 때문에 연구자들은 혼합 방법에서 패러다임을 섞는다는 논리인데 이러한 논리는 허점이 많다. 이러한 입장은 순수주의자들에 의해 취해졌는데(Rossman & Wilson, 1985 참고) 그들은 혼합 방법을 "양립할 수 없는 이론"(Howe, 2004)으로 보았으며, 혼합 방법 문헌에서 혼합 관점을 논의하였다(Johnson et al., 2007). 이 관점의 사람들은 패러다임이 확고한 경계를 가진다고 주

장하는 자들로서 그들은 혼합 방법의 패러다임은 다른 것과 구분되는 대안적 패러다임을 가지고 있다고 인식하고 있다(예, Guba & Lincoln의 세계관 표, 2005 또는 Creswell의 세계관 표, 2009c 참고). 2005년에 Guba와 Lincoln은 연구에서 혼합될 수도 있는 패러다임의 요소를 조심스럽게 밝힘으로써 이러한 인위적인 경계를 무너뜨렸다. 이러한 관점은 패러다임과 방법을 분리했다는 점에서 의의가 있다. 예를 들어, 특정 연구 방법은 특정 패러다임에 연결되어 있거나 패러다임의 정당성은 특정 자료 수집 및 분석 방법을 의미하는 것이 아니라는 뜻이다(Johnson & Onwuegbuzie, 2004).

이제 다중 패러다임의 사용에 관해 말해보면, 혼합 방법 작가들은 혼합 방법에 패러다임을 통합하는 데 있어 다양한 입장을 취하고 있다. 예를 들어, Greene과 Caracelli(1997)는 다중 패러다임은 혼합 방법 연구에서 사용될 수 있을지도 모르지만 각각의 패러다임은 각기 존중받아야 하며 건전한 긴장감과 새로운 통찰을 위해 사용될 필요가 있다고 하였다. 내 글에서 나는 비슷한 입장을 취했지만, 다중 패러다임은 연구 설계의 각기 다른 단계와 관련되어 있다고 제안하였다(Creswell & Plano Clark, 2007, 2011). 이것은 패러다임은 연구 설계와 연계되어 있음을 의미한다. 예를 들어, 연구자가 연구 초반에는 후기실증주의 패러다임을 가진 양적 설문법을 취하다가 후반부의 질적 연구에서는 초점 집단을 활용하여 구성주의 패러다임을 취한다면, 이는 패러다임과 연구 설계의 재구성이라고 볼 수 있다.

여전히 특정 하나의 패러다임이 혼합 연구와 부합한다고 주장하는 사람들이 있는데, 그들은 Charles Peirce, William James, John Dewey, Richard Rorty 등을 근간으로 하는 실용주의에서 그 패러다임을 찾는다(Johnson & Onwuegbuzie, 2004; Tashakkori & Teddlie, 2003). 실용주의는 연구 문제, 경험의 가치, 실천적 결과, 실천, 현 세계에 대한 이해 등을 중시한다. 이를 옹호하는 사람들은 실용주의가 혼합 방법 연구의 철학적 파트너라고 말

한다(Johnson & Onwuegbuzie, 2004, p.16). Mertens(2003, 2009)는 다른 패러다임을 제안하였는데, 그것은 변형 해방주의로서 연구 전반에 걸쳐 보다 공정하고 민주적인 사회를 만드는 목적을 위해 연구의 목적을 명시화하는 것에 초점을 두는 패러다임이다(Mertens, 2003, p.159). Mertens는 이와 같은 목적을 혼합 방법 연구의 설계와 연관시켰다.

혼합 방법을 위한 패러다임이 하나이건, 다중이건, 단계적으로 있건 간에, Morgan(2007)은 Kuhn(1970)의 패러다임의 정의를 혼합 연구 공동체에 상기시키는 역할을 하였다. 패러다임은 연구자들이 추구하는 지식이나 수집된 정보를 해석하는 데 영향을 주는 공유된 믿음 체계이다(Morgan, 2007, p.50). Morgan은 패러다임은 (1) 세계관이어야 하고, (2) 존재론, 방법론, 인식론과 같은 과학 철학을 통합하는 인식론이어야 하고, (3) 문제 해결을 위한 최선의 그리고 가장 전형적인 방법이어야 하고, (4) 연구 영역의 공동체 학자들의 공유된 믿음이어야 한다고 하였다. Morgan은 특수 영역에서 연구자들은 어떤 질문이 가장 의미 있고 그 문제 해결을 위해 어떤 절차가 가장 적절한가에 대한 합의를 어떻게 공유하는가를 논의했는데 이것이 패러다임이 마지막으로 갖추어야 하는 속성이다.

또 다른 혼합 방법 작가인 Denscombe(2008)은 이러한 관점에 동의하고, 하나 더 나아간 관점을 제안하였다. Denscombe은 "공동체"가 어떻게 정체성의 형성, 공통의 문제 연구, 네트워크의 형성, 지식을 추구하기 위한 협력, 비형식적 그룹의 형성 등을 해나가는지에 대해 제시하였다. 이러한 생각은 각기 다른 방식으로 채택된 규율을 가지고 그들만의 독특한 활용법을 만들고 그들만의 특화된 문헌을 창출해내던 혼합 방법 분야의 분열된 모습에 주목한 것이다. 예를 들어, 미시건 엔아버의 경력 행정 연구 센터의 연구자들은 혼합 방법을 형성적 또는 총괄적 평가 절차로 개념화하였다(Forman & Damschroder, 2007). 그러고는 혼합 방법을 경력 행정 보건 서비스 맥락의 중재 연구를 하는 데 사용하였다. 규율 중심의 혼합 연구 서적의 성장은

혼합 방법을 학문 공동체에 적용한 또 다른 예이다. 나는 여전히 혼합 연구의 규율 조각이 혼합 연구 내에서 다양한 철학적 차이를 만들어내는지에 대해서는 의문을 가지고 있다. 학문적 공동체는 이러한 일련의 생각을 계속할 것인가? 실재성을 혼합하는 것은 어렵다는 논쟁을 계속할 것인가? 혼합 연구에서 실재성을 혼합한다는 것은 하나의 패러다임이 다른 것보다 우선시되는 것이 있다는 말인가?

15.7 혼합 방법은 후기실증주의 성격을 가짐

혼합 방법이 해석적 접근보다는 후기실증주의적 생각을 가진다는 주장에 대한 비판이 있다. 혼합 방법은 후기실증주의적 생각을 옹호하고, 해석적 접근을 하찮게 여기는가? 몇몇 작가들은 이러한 입장을 취하고 있다. 이러한 입장은 질적 호기심에 대한 보수적 도전으로 여겨진다(Denzin & Giardina, 2006). Denzin과 Giardina는 보수적 제도는 연구의 과학적 기반 모형을 강요한다고 믿었다. 예를 들어, 2001년 'No Child Left Behind'라는 법안은 교육의 책무성을 강조하여 주단위의 시험을 통해 학생의 수행 점수를 강조하였다. 이 연구 모형은 확고하고 체계적이고 목표중심의 방법론을 적용하여 신뢰롭고 가치 있는 지식을 얻고자 하였다(Ryan & Hood, 2006, p.58). 이 맥락에서 질적 연구는 하찮게 여겨졌으며, 맥락의 복합성과 역동성, 성별, 인종, 언어, 계급, 지식의 종류 등에 의한 사회적 차이 등은 최소화되었다(Lincoln & Canella, 2004). NCLB의 1년 후에 NCLB 법이 발효되었는데, 국가 연구 위원회는 그들의 보고서에서 이에 대한 가이드라인을 제시하였다. '교육에서의 과학적 연구'라는 이 가이드라인에는 실증적으로 연구될 수 있는 중요한 연구 문제, 적절한 이론, 연구 문제와 부합하는 방법론, 논리적으로 도출한 연구 결과, 반복 연구, 일반화, 전문적

과학 공동체의 비판을 위한 전파 등을 안내하고 있다(Ryan & Hood, 2006; Shavelson & Towne, 2002). Howe(2004)는 국가 연구 위원회의 관점을 "혼합 방법 실험주의"(p.48)라고 했고, 그것은 주요 역할은 양적 실험 연구에 주어져 있고 보다 작은 역할이 질적 해석적 연구에 주어져 있는 것이라고 하였다. 게다가 이러한 접근은 양적 실험 방법이 방법론 위계의 상위에 있고, 질적 방법은 무엇이 효과를 발휘하는가를 알아보기 위한 기술적(technocratic) 목적의 보조 역할만을 수행하는 것으로 제한되어 있음을 의미하였다(Howe, 2004, pp.53-54). 그는 "질적 방법은 이러한 방법으로는 절대 유용하고 적절하게 사용될 수 없고, 질적 연구는 해석학적 틀에서 내부자의 관점에 대한 소리나 이해를 추구하는 민주적 목적으로 사용되어야 한다"고 주장하였다(p.54). 이러한 해석학적 목적은 다양한 이해관계자들에 의해 평가된 결과를 가치롭게 하고, 초점집단, 참여자 관찰, 면담 등과 같은 대화를 촉진시키는 자료 수집 절차를 가진다. 또한 여기서 이루어지는 대화에 대한 참가자들의 합리적 검증에 의한 비판적 관점이 필요하다.

Howe의 주장은 다음해 핸드북 3판에 의해 다시 한 번 주장되었다(Denzin & Lincoln, 2005). Denzin과 Lincoln은 비판적이고 해석적 틀을 가진 질적 방법을 취함으로써 직접적으로 "혼합 방법 운동"을 언급하였다(p.9). 마침내 Giddings(2006)는 "혼합 방법 연구: 실증주의를 표방한 방해물?"이라는 도전적인 논문을 내어 혼합 방법에 나타난 실증주의와 그것이 비실증주의 방법론을 저지하는 헤게모니를 이슈화하였다. 그녀는 특정한 사고는 연구의 방법론에 반영되어 있다고 믿었으며, 실증주의적 사고가 혼합 방법에 녹아있다고 생각하였다(p.200). Giddings는 혼합 방법에서의 사고라는 것은 분석과 처방적 성격, 연구 설계와 자료 수집을 위한 구조화된 접근, 그리고 그에 딱 맞는 질적 관점의 활용에 의해 표현된다고 생각하였다.

특정 연구에서 혼합 방법 연구자들이 질적 호기심을 이차적인 역할로 격하시키고 있다는 점에 대해서

는 의심할 여지가 없다. 실험 연구나 중재 연구에서 질적 방법이 부수적 목적으로 사용되는 내재된 연구 설계가 그것의 좋은 예이다(Creswell & Plano Clark, 2007). 전통적인 양적 연구에서 질적 방법의 **역할**이 무엇이건 간에 질적 접근을 사용하는 것은 질적 연구를 하나의 합법적 연구 방법으로 입지를 강화해주는 것이다. 이것이 구체화될지 아닐지는 논쟁거리이다. 우리의 글(Creswell & Plano Clark, 2007)에 언급된 혼합 방법 설계의 구조화된 방법은 Giddings의 구조화된 "사고"를 보다 강화해줄 것이다. 혼합 방법 자료 분석에서 Onwuegbuzie와 Teddlie(2003, p.356)에 의해 제안된 실제 효과 크기(manifest effect size)의 사용은 혼합 방법의 후기실증주의 성격을 강화하는 것이다.

이와 반대로, 혼합 방법의 많은 연구 중에는 질적 연구에 우선권을 준 연구도 많다. 일부 설계는 양적 방법을 질적 방법의 부수적인 것으로 설계하기도 한다(Creswell & Plano Clark, 2007의 탐색적 순서 설계 참고). 또한 변형 해방론 틀을 적용한 혼합 방법은 질적 연구를 강조한다(Mertens, 2009). 국가 연구 위원회의 교육을 위한 과학적 연구에 관한 최근 보고서에도 교육 연구를 위해 추천되는 문제 유형으로는 질적/양적 유형의 질문을 다 포함한다고 되어 있다. 비록 더 비판적인 해석학적 논문이 혼합 연구 분야에서 필요하지만, 최근에 질적 방법을 중심으로 한 많은 수의 논문들이 나타나고 있다. 최근의 한 논문(Sweetman, Badiee, & Creswell, 2010)은 Mertens의 변형 해방론 틀 내에서 실천 공동체의 대화를 잘 다룬 혼합 방법 연구들을 소개하였다. 이 논문은 이론적 관점으로 장애, 인종, 여성, 사회적 계급을 다루는 일부 논문과 연구자들이 이러한 관점을 혼합 방법 프로젝트로 통합하고 싶어 하는 새로운 방법을 소개하였다. 전형적인 질적 연구에서 발견되는 인식론적 증거가 최근 JMMR에 출판된 여성의 사회적 자본을 언급한 논문(Hodgkin, 2008)과 과학에서의 흑인 여성의 흥미(Buck, Cook, Quigley, Eastwood, & Lucas, 2009)를 다룬 논문에서 나타났다. 이러한 연구들이 있음에도 불구하고, 혼합 방법

연구가 여전히 해석학적 접근을 하찮게 여긴다는 증거가 있는가? 우리는 보다 많은 해석학적 접근을 하는 혼합 방법 연구가 필요한가? 중재 연구에서 부수적 역할을 하는 질적 연구의 사용은 질적 호기심을 감소시키는가? 전통적으로 실험 연구가 우세한 영역에서 질적 연구는 더 선진적인 것인가? Howe(2004)가 제안한 것처럼 질적 연구에서 양적 연구가 이차적 역할을 하는 "혼합 연구 해석학" 관점의 연구가 더 많이 필요한가?

15.8   혼합 방법에서의 고착화된 담화

혼합 연구에서 보다 해석적이고 이론적인 연구가 혼합 방법의 독자층과 담화를 더 확장할 것이라는 점은 분명한 사실이다. 이것은 혼합 방법의 담화에 관한 또 다른 논쟁거리를 제공한다. 일부는 "혼합 방법에서 주도적인 담화는 있는가?" "혼합 방법 내에서는 혼란이 허용되는 것인가?"라는 비판적 질문을 한다. 이러한 질문은 혼합 방법은 후기실증주의의 사고를 우선시한다는 이슈에 관한 것이다. 누가 혼합 방법 연구에서 사용되는 언어와 담화를 통제하는가? 몇몇 저자들은 이 이슈의 중요성을 언급하였다.

최근의 중요한 한 논문이 이 문제에 대해 다루었다(Freshwater, 2007). Freshwater는 간호 분야의 선두적인 연구자이자 편집자이고 포스트모던주의자이다. 그녀는 혼합 방법이 어떻게 "읽히고" 그에 따른 담화가 어떻게 이루어지는지를 걱정하였다. 혼합 방법에서 담화는 학문 영역의 주제를 해석하고 조직하기 위한 규칙이나 가정이라고 정의된다. 최근에 등장한 우세한 담화(이것이 거의 메타내러티브임. Freshwater, 2007, p.139)로서 혼합 방법의 무비판적 수용은 혼합 방법이 어떻게 위치하고 자리 잡고 표현되고 스며드는가에 영향을 미친다. 그녀는 혼합 방법 작가들에게 작가가 만드는 혼합 방법 글과 독자가 보는 혼합 방법 글 사이의 내적 힘겨루기를 명시화할 것을 요구하였다. 그녀

는 혼합 방법은 지나치게 의미의 확정에 초점을 두고 있다고 생각하였다(p. 137). 더 나아가 그녀는 혼합 방법이 제3자의 입장에서 객관적으로 글을 쓰고, 공존을 위한 해석 경쟁을 허가하지 않음으로써 불확실성과 논쟁의 여지를 남겨두지 않으려는 성격이 있다고 하였다(p. 137). 그녀는 혼합 방법 연구자들이 불완전성의 의미(p. 138)를 채택할 필요가 있다고 하면서 다음과 같이 제안하였다.

> 혼합된 형태, 장르, 관습, 매체 간의 급진적인 섞임의 가능성을 탐색할 필요가 있다. 표현에는 정해진 규칙이 없고, 연구자들은 결정된 것이 없는 실제 일 속에서 이러한 경험을 독자나 작가에게 가능하게 할 수 있다. (p. 144)

이러한 의견은 긍정적 비판주의 의견으로서 혼합 방법 작가들이 혼합 방법의 혼란스러움을 인정하고 그들의 분야가 사춘기 즈음의 위치에 있음을 알게 하기 위한 것이다(Tashakkori & Teddlie, 2003, p. x).

순차적인 발달을 따르는 혼합 방법 연구 절차를 가시화함으로써, Johnson과 Onwuegbuzie는 혼합 방법의 혼돈을 어느 정도 정리하였다. 연구자들은 연구 설계 수행 중 혼란스러움에 주목하지 않았고(예, Creswell et al., 2008 참고) 작가들은 정의에 대한 합의를 찾고 있었을 때(Johnson at al., 2007), 이러한 연구 설계를 명명하는 이름이 생겨서 혼합 연구의 혼란함은 다소 정돈되었다(예, 설명적 순서 설계 - Creswell & Plano Clark, 2007). 이러한 예들은 이 분야가 정해지고 있거나 이미 정해졌음을 보여주는 것이다. 그러나 이러한 점은 앞으로의 질문들에 대해서는 열려있다. 예를 들어, 어떻게 혼합 방법 작가들은 이 혼란스러움과 불분명한 경계와 그것의 문제점을 논의해야 하는가 등이다. 또한 비구조화된 혼합 방법은 경험 있는 연구자들뿐만 아니라 연구 초보자들에게도 잘 맞는 것일까?

15.9 이중 언어의 사용인가 아닌가

이와 연관된 또 하나의 이슈는 어떤 하나의 이데올로기 단체가 혼합 방법 연구의 언어를 독점할 수 있는가 아닌가 하는 것이다. Vygotsky와 Cole(1978)은 언어의 사회문화적 관점이 개인이 사회를 어떻게 의미 있게 만드는가를 결정하고 이 언어를 내면화하는 학습 과정을 결정한다고 하였다. 혼합 방법에서 언어란 무엇인가? 우리는 혼합 방법 연구에서 양적 및 질적 연구로 치우치지 않기 위해 "이중" 언어를 사용해야 하는가? 이것들이 하나의 논쟁거리이다. 이 질문은 1980년 초의 질적 연구의 타당도에 관한 논쟁을 떠올리게 한다. 그 논쟁에서는 어떻게 '믿음성(trustworthiness)' 또는 '진실성(authenticity)' 등의 용어가 타당도라는 말과 구별되는 새로운 용어로 자리매김하게 되는지를 다루었다(Lincoln & Guba, 1985).

혼합 방법의 언어가 발달함에 따라, 그것을 부르며 사용하는 명명법에도 혼란이 나타났다. 예를 들어, 타당도에 대해 쓸 때, Onwuegbuzie와 Johnson(2006)은 의도적으로 타당도를 합법적(legitimation)이란 말로 사용함으로써 혼합 방법 용어를 만들어내고자 하였다. 연구 설계 유형의 구체화에서, 우리는 질적 자료를 써서 처음의 의도를 탐색하고 그 이후에 양적 자료를 써서 그것을 설명하는 설계 방법을 "탐색적 순차 설계(exploratory sequential design)"라는 이름으로 명명하였다(Creswell & Plano Clark, 2007). 이중 언어 용어의 예를 도식화하기 위하여 작가들은 최근의 심리학 문헌에서 "질적양적론(qualiquantology)"이라는 용어를 사용하여 질적/양적 방법론의 불편한 혼재를 드러냈다(Stenner & Rogers, 2004).

혼합 방법 영역의 또 다른 작가들은 이중 언어를 좀 덜 쓰는 편이다. 양적 언어를 좀 더 사용하는 Teddlie와 Tashakkori(2009) 같은 학자는 연구 문제에 답하기 위해서는 결과가 논리적 개념 틀에 꼭 들어맞음을 표현하기 위해 "추론(inference)"이나 "상위추론(metainference)"이라는 용어를 썼다. 비록 "추론"이라는 것은 질적/양적 연구에 다 쓰이기는 하지만, 양적 연구에서 표집을 중심으로 전체의 결과를 추론할 때 더 많이 쓰이는 말이다. 또 다른 예는 Leech, Dellinger, Brannagan, Ranaka(2010)가 사용한 "구인 타당도"라는 말인데, 그들은 이 말을 혼합 방법 연구의 중요한 타당도 개념으로 사용하였다. 이 용어는 양적 연구인 측정으로부터 나온 개념이다. 질적 연구 차원에서 보면, Mertens(2009)에 의한 개인의 변형에 관한 아이디어는 분명히 질적 뿌리를 두고 있는 것이다. 언어는 양적/질적 두 연구를 반영하는 이중 언어이든지 아니면 어느 하나의 접근을 반영한 것이다. 최근 혼합 방법 책들의 용어 정리는 공통된 용어 사용의 필요성을 지적하고 있다(Morse & Niehaus, 2009; Teddlie & Tashakkori, 2009). 그러나 이 예들은 혼합 연구 방법의 언어를 누가 통제하는가, 어떻게 전달하는가, 그 언어는 무엇이어야 하는가와 같은 어려운 문제를 야기한다. 그것은 또한 혼합 방법 연구 및 프로젝트 제안서가 어떻게 승인되고 연구 기금을 모으고 출판되는지에 대해 소개하고 있다.

15.10 설계의 복잡함

혼합 방법 담화에서 복잡한 것은 용어뿐만이 아니다. 연구 설계와 같이 이름을 배열하거나 연구를 하는 방법에 대한 부분도 혼돈스러운 부분이다. 혼합 방법 연구자들은 혼합 방법 연구를 어떻게 수행하는가? 나와 Vicki Plano Clark가 혼합 방법 연구 입문자를 위해 쓴 글(Creswell & Plano Clark, 2007)에서 우리는 평가, 간호, 보건, 교육 분야에서 나온 12개의 다른 연구 설계 유형을 제시하였다.

설계의 혼란을 배제하기 위하여, 우리는 설계의 간소화를 제안하였다. 삼각측정(convergent라고도 불림) 설계는 양적/질적 자료의 수집이 한 단계에서 동시에 일어나는 경우를 말한다. 설명적 또는 탐색적 설계에는

두 단계의 자료 수집이 있어야 하는데, 양적 접근이 먼저 오고 질적 접근이 오든지 그 반대이든지 순차적으로 자료 수집이 이루어지는 형태를 말한다. 내재적 설계는 한 유형의 자료가 다른 유형에 포함된 형태를 말하는데, 자료 수집이 동시적으로 한 단계에 걸쳐 일어날 수도 있고 순차적으로 두 단계에 걸쳐 일어날 수도 있다. 이러한 설계에서 우리가 초점을 두는 것은 양적/질적 자료, 자료를 수집하는 시기, 연구 과정에서 자료를 혼합하는 방법 등이다. 이러한 연구 설계를 분류하기 위하여 우리는 Morse(1991)가 처음으로 개발한 수정 표기법을 사용하여 절차를 대강 도식화했고 각 설계에 대한 안내를 문헌을 조사하여 찾아 넣었다(Creswell & Stick, 2006).

처음 혼합 방법 연구를 수행하는 연구자들에게는 이런 설계도 어렵게 생각되겠지만, 이러한 설계는 실제 연구를 잘 반영할 수 있을 정도로 충분히 복합적이지 않다는 것을 우리는 알고 있다. 최근 문헌에서는 보다 더 복잡한 설계들이 보고되는 것을 볼 수 있다. 예를 들어, Nastasi와 그의 동료들은 다중 단계 및 동시 설계와 연속 설계의 혼합 설계를 가진 복합 평가 설계에 대해 보고하였다(Nastasi, et al., 2007). 저널에 보고된 설계는 양적/질적 종단 자료를 섞거나 설문 자료를 가지고 담화 분석을 하거나, 질적 후속 자료를 가진 이차 자료를 사용하거나, 새로운 변인을 생성해내기 위해 설문 자료를 가진 질적 주제를 혼합하는 등 다양한 방법론을 독특하게 혼합하는 모습을 보이고 있다(Creswell, 2011). 표에 양적/질적 자료를 동시 배열하여 설계를 하기도 하고, 질적 자료를 위한 소프트웨어를 활용한 표 등을 사용하여 연구 설계를 하기도 한다(Kuckartz, 2009 참고).

이러한 설계와 분류는 혼합 방법 설계가 유형학적 접근 방식의 성격을 띠게 한다. 이것에 반론을 표하기 위해서 우리는 분류학을 대신할 수 있는 대안이 필요하다. Maxwell과 Loomis(2003)는 연구 목적, 개념적 틀, 연구 문제, 연구 방법, 타당도 등 체제 접근의 다섯 가지 측면을 개념화하였다. 이 접근법을 가지고 그들

은 보다 포괄적인 관점으로 혼합 방법 설계를 개념화하였다. 또 다른 접근은 Hall과 Howard(2008)의 비판적 사고로부터 나왔다. 그들은 시너지의 관점을 제안하였는데, 두 개 이상이 상호작용하면 단순히 개개의 것을 합한 것 이상의 효과를 나타냄을 지적하였다. 그들은 혼합 방법을 특정 하나의 방법이 다른 것보다 우수하다고 보는 관점에서 보기보다는 그것들의 가치를 대등한 것으로 봐야 한다고 하였다. 또 그들은 "양적"과 "질적"은 결국 같은 것이며, 다양한 관점을 가진 하나의 이데올로기라고 했으며, 객관성과 주관성의 조화라고 하였다. 그러므로 하나의 연구팀에는 동등한 양적/질적 방법의 전문성이 구성되어 협력되어야 한다고 하였다.

이러한 시너지 관점은 분류학적 관점과 달리 양적/질적 연구의 차이를 완화했고, 어떤 방법이 어떤 것보다 우수한가라는 질문에 대한 답을 했고, 다양한 전문성을 가진 연구팀을 형성하는 데 많은 기여를 하였다. 그렇다면, 연구 설계에 대한 분류학은 시대에 뒤진 사고방식인가? 보다 새롭고, 보다 자유로운 설계가 혼합 방법 연구 설계를 증진시키는 것인가?

15.11 부적절한 설계

또 다른 설계에 관한 절차적 질문은 혼합 방법이 다른 분야에는 맞지 않는가 하는 것이다. 혼합 방법의 활용이 증가함에 따라, 전통적 설계가 맞지 않는 영역 중 혼합 방법이라 불리는 것이 있는가?(그렇게 함으로써 혼합 방법의 가치가 과장되는 것) 몇몇 예가 이에 해당된다. 척도의 개발(DeVellis, 1991)은 오랫동안 양적 연구 연구자들이 매우 자주 사용하던 방법이다. 척도 개발의 초기에는 초점집단 등의 질적 방법으로 깊이 있는 자료를 수집하기보다는 문헌 고찰을 통한 탐색을 중심으로 개발이 이루어진다(Vogt, King, & King, 2004). 하나의 논쟁점은 척도 개발이 혼합 방법 연구와는 확연히 구분된다는 것인데, 혼합 방법 문헌에 의하면 혼합 방법 설계에서도 척도 개발 연구가 가능하다고 한다(예, Myers & Oetzel, 2003).

또 다른 예는 내용 분석이다. 내용 분석은 질적 자료를 수집하고 그것을 양적으로 변형하는 절차를 취한다. 이 접근에서 질적/양적 자료 수집은 다 이루어지는 것이 아니고, 질적으로 수집된 자료를 양적으로 분석하는 것이다. 만약 혼합 연구가 양적 자료와 질적 자료 수집이 둘 다 이루어져야 한다는 관점을 가지고 내용 분석을 본다면, 내용 분석은 혼합 방법이 아니다. 내용 분석은 혼합 방법과는 구별되는 접근인가, 아니면 Sandelowski와 그의 동료들(2009)이 제안한 것처럼 자료의 변형은 혼합 방법 설계의 한 부분인가? 혼합 방법 연구의 적절한 경계는 무엇인가?

아마 혼합 방법은 수많은 연구 설계에서 사용되는 하나의 하위 절차일지 모른다. 나는 이러한 절차를 혼합 방법 절차를 수행하기 위한 "틀(framework)"의 사용이라고 부른다. 이 틀은 연구자들이 양적/질적 자료를 모으는 하나의 플레이스 홀더이다. 워크숍에서 "문화기술지는 혼합 방법 연구인가요?"라는 질문을 처음 받았을 때 이 생각은 표면적이었다. 이 질문의 의미는 문화기술지 연구자들이 전통적으로 양적/질적 자료를 수집하고 묘사와 문화 공유 집단의 분석을 사용해 왔다는 것이다. Morse와 Niehaus(2009)는 이 질문에 대해 논의하고, 다음과 같은 결론을 내렸다. 많은 문화기술지 학자들은 그들의 방법론을 하나의 독특한 접근으로 보았고 문화기술지는 혼합 방법과는 독립된 것으로 볼 필요가 있다.

그러나 나는 만약에 혼합 방법을 문화기술지의 한 하위 절차로 본다면 그것도 맞는 것이라고 여겨진다. 연구자들은 혼합 연구를 많은 유형의 큰 틀 내에서 사용하는 것처럼 보인다. 내러티브 연구(Elliot, 2005)나 실험 연구(Sandelowski, 1996)나 사례 연구(Luck, Jackson, & Usher, 2006)에서 혼합 방법 절차를 사용하는 것들이 이 예에 해당된다. 또한 사회연결망 분석(Quinlin, 2010)이나 매우 중요한 연구 문제(Yin,

2006)나 여성학의 관점(Hesse-Biber & Leavy, 2007)이나 실행 연구(Christ, 2009)에서도 혼합 방법을 사용하고 있다. 만약 혼합 방법 설계가 이런 다른 틀을 포함할 수 있도록 확장된다면, 혼합 방법의 사용 확장을 위한 잠재력은 무한할 것이다. 그러나 혼합 방법과 다른 연구 설계의 경계는 어디 있는 것인가? 경계가 필요하기는 한 것인가? 만약 혼합 방법 연구자들이 그들의 연구를 위해 다른 설계를 내세운다면 그것은 정당화될 수 있는 것인가?

15.12 가치 부여?

그 설계가 적절하든 적절하지 않든 혼합 방법 연구의 유용성(실용주의적 관점)은 그것이 가치로운가 아닌가에 달려있다. 혼합 방법에 대한 우리의 초기 정의(Creswell & Plano Clark, 2007)에서 우리는 방법의 혼합은 양적 접근이나 질적 접근을 하나만 했을 때보다 더 나은 이해를 제공한다는 것을 기본 가정으로 설정하였다. 이 가정은 입증될 수 있는가? 혼합 방법의 최근 역사를 추적해보면, 나는 Sage 출판사 회장과의 오찬 모임에서 회장이 나에게 한 질문을 떠올릴 수 있다. 그는 나에게 "혼합 방법은 양적/질적 연구 하나만 했을 때보다 연구 문제를 더 잘 이해할 수 있는 방법입니까?"라고 질문하였다(Creswell, 2009b, p. 22). 이 질문은 혼합 방법이 정당하고 합법적인지를 알려주는 핵심 질문이다. 불행히도 이 질문은 혼합 방법 공동체에서는 여전히 해결되지 않은 문제로 남아 있다.

이 질문에 답이 될지도 모르는 몇 가지 연구를 소개하고자 한다. 하나의 접근은 주로 초기에 수행된 연구들인데, 참여 관찰과 설문지의 결과를 비교(Vidich & Shapiro, 1955)하거나 면담과 설문의 결과를 비교

(Sieber, 1973)하거나 연구 문제를 이해하는 데 있어서 두 개의 자료가 어떻게 유사하고 다른가를 보여주는 것들이 이에 해당된다. 두 번째 접근은 독자를 양적, 질적, 혼합 방법 연구의 세 그룹으로 나누어 실험을 하는 방식이다. 이 실험에서 결과는 해석의 질, 보다 많은 증거의 포함, 연구의 엄격성, 연구의 설득력 측면에서 세 집단을 비교 분석하는 것으로 이루어진다. 세 번째 접근은 혼합 방법 연구자들이 제안할 결과를 검증하는 방법이다. O'Cathain, Murphy, Nicholl(2007)은 출판물의 수와 혼합 방법 연구자들이 실제로 자료를 통합했는가를 검증하였다. 또 다른 결과는 질적 문헌 분석을 통하여 분석될 수도 있고, 실증 연구와 방법론 연구의 연구자들이 제안한 가치 진술문의 주제 분석도 가능하다. 예를 들어, 의사소통 분야의 작가들은 혼합 방법의 가치는 하나의 방법으로부터 나온 한계를 언급하는 것에 있다고 하였다.

> 이 질문에 대해 보다 철저하게 답하고 한 가지 방법의 연구가 가지는 한계점을 설명하기 위해서는 간문화적 의사소통 과정에서의 학생 참여에 대한 평가를 보다 광범위하게 해야 한다. (Corrigan, Pennington, & McCroskey, 2006, pp. 15-16)

또 다른 방법이 있을지도 모른다. 혼합 방법 공동체는 이 쟁점에 대해서는 적절한 응답을 하고 있지 않다. 그래서 나는 이에 대해 이렇게 질문해본다: 언제 어떻게 이 질문에 대해 우리는 답하기 시작할 것인가? 혼합 방법은 단독으로 이루어지는 양적 및 질적 연구보다 더 핵심적인 연구 문제를 언급하기에 좋은 방법인가? 이것을 평가하려면 어떤 준거를 써야 하는가? 왜 혼합 방법 연구자들은 이 문제에 대해 적극적으로 답하려고 하지 않는가?

15.13 결론

혼합 방법의 심장부를 공격하는 비판적 조언은 혼합 방법의 의미와 정의에 대한 것이다. 이러한 논쟁은 혼합 방법이 하나의 방법이냐 방법론이냐, 방법과 방법론의 혼합이냐, 아니면 관점이냐는 것이다. 이것이 새로운 연구 방법이냐는 것은 이 용어를 편파적으로 사용하게 하고 양적/질적 자료의 잘못된 이분법적 구분을 하게 한다.

혼합 방법 연구자들은 혼합 방법이 패러다임이라고 가정하지만, 나는 이러한 패러다임 논쟁을 혼합 방법 문헌에서 발견되는 하나의 중요한 논쟁이라고 여긴다. 실용주의와 변형 해방주의처럼 하나의 패러다임으로부터 나온 다양한 관점들이 변증법적 접근에서 패러다임을 다중화하고 패러다임을 연구 설계와 연결하기 위해 등장하였다. 많은 논의가 처음에는 어떤 패러다임이냐 얼마나 많은 사용을 위한 것이냐 등을 논하다가 이후에는 학자 공동체 내에서의 패러다임 논쟁으로 옮겨갔다. 그러나 여전히 후기실증주의 사고가 혼합 방법의 근간이 되는지, 혼합 방법의 혼란한 내용을 고착화하는 담화를 만들어 내는지에 대한 비판의 여지는 있다.

혼합 방법 문헌에서는 그것의 설계와 방법에 대해서는 많이 논의되고 있지 않다. 방법에 대한 강조는 때로는 학문적 호기심을 담은 연구 문제의 중요성을 축소하면서까지 이루어진다(Gurtler, Huber, & Kiegelmann, 2007). 혼합 방법 문헌에 대한 또 다른 비판은 이상한 이름을 가진 다양한 설계 유형의 난립과 혼합 방법의 다양성 이상으로 많은 설계의 잠재성과 그것의 의문스러운 결과에 관한 것이다.

이상의 논쟁점들이 주는 함의는 이들이 서로 연관되어 있어 이를 억지로 분류하는 것은 좀 억지스럽다는 것이다. 많은 저자들이 이러한 쟁점들에 대해 논할 때 나는 그들의 논의가 특정 하나의 논쟁을 깊이 분석하려고 하기보다는 많은 주제들을 두루 언급하고 있음을 알 수 있었다. 또한 그 논의는 꽤 광범위하여 아주 기본적인 혼합 방법의 의미 및 합법성에서 기저 철학, 실용주의까지를 다루고 있음을 알 수 있었다. 기본적으로 나의 입장은 혼합 방법 공동체는 이러한 논쟁을 표로 정리하고 자신의 존재를 존중할 필요가 있다는 것이다.

일부 독자들은 내가 연구 문제와 방법, 타당성, 혼합 방법의 평가의 관계와 같은 결정적인 논쟁을 간과하고 있다고 말할지 모르겠으나, 혼합 방법에서의 가장 일반적인 질문은 "누가 방법에 대해서 감히 신경이나 쓰느냐?"는 것이다. 다른 독자들은 나의 관점을 "관습을 거스르는 것"(Richardson, 1997)이라고 할 것이다. 나는 혼합 연구를 옹호하기보다는 도전적인 입장을 취하고 있다. 또 다른 사람들은 내가 「혼합 방법 연구 저널」의 작가, 공동 연구원, 편집자로서 혼합 방법을 옹호한 것처럼 여기서도 혼합 연구에 대해 옹호하는 담화를 시도하려고 한다고 생각할 것이다. 또 일부 사람들은 나의 이런 장단점에 관한 견해를 후기실증주의의 예라고 간주할 것이다. 이 모든 것이 맞을 수도 있고 아닐 수도 있다. 실용주의자로서 나는 이러한 논쟁들의 결과에 관심이 있다고 자신 있게 말할 수 있다. 스코틀랜드 알핀스톤 홀의 아이러니를 찾는 대신 나는 그 벽면이 주조된 긴 그림자를 봤었어야 하였다. 마지막으로, 나는 혼합 방법에 대한 이러한 관심이 혼합 방법에 대한 논쟁을 다시 한 번 평가해보는 데 활용되기를 바란다. Kuhn(1970)은 "나에게 있어 혁명이란 집단에서 이미 합의된 것을 재구조화해서 변화시켜 보는 것을 말한다"고 하였다(p. 181).

참고문헌

Andrew, S., & Halcomb, E. J. (Eds.). (2009). *Mixed methods research for nursing and the health sciences.* Chichester, UK: Blackwell.

Bergman, M. M. (2008). *Advances in mixed methods research.* London: Sage.

Brewer, J., & Hunter, A. (1989). *Multimethod research: A synthesis of styles.* Newbury Park, CA: Sage.

Bryman, A. (1988). *Quantity and quality in social research.* London and New York: Routledge.

Bryman, A. (2006). Integrating quantitative and qualitative research: How is it done? *Qualitative Research, 6*(1), 97–113.

Buck, G., Cook, K., Quigley, C., Eastwood, J., & Lucas, Y. (2009). Profiles of urban, low SES, African-American girls' attitudes toward science: A sequential explanatory mixed methods study. *Journal of Mixed Methods Research, 3*(4), 386–410.

Campbell, D. T. (1974). *Qualitative knowing in action research.* Paper presented at the annual meeting of the American Psychological Association, New Orleans, LA.

Campbell, D. T., & Fiske, D. W. (1959). Convergent and discriminant validation by the multitrait-multimethod matrix. *Psychological Bulletin, 56,* 81–105.

Christ, T. (2009). Designing, teaching, and evaluating two complementary mixed methods research courses. *Journal of Mixed Methods Research, 3*(4), 292–325.

Corrigan, M. W., Pennington, B., & McCroskey, J. C. (2006). Are we making a difference? A mixed methods assessment of the impact of intercultural communication instruction on American students. *Ohio Communication Journal, 44,* 1–32.

Creswell, J. W. (1994). *Research design: Qualitative, quantitative, and mixed methods approaches.* Thousand Oaks, CA: Sage.

Creswell, J. W. (2007, May). *Concerns voiced about mixed methods research.* Paper presented at the International Qualitative Inquiry Congress, University of Illinois, Champaign.

Creswell, J. W. (2008). *Educational research: Planning, conducting, and evaluating quantitative and qualitative research* (3rd ed.). Upper Saddle River, NJ: Pearson Education.

Creswell, J. W. (2009a, October). *The design of mixed methods research in occupational therapy.* Presentation to the Society for the Study of Occupation, New Haven, CT.

Creswell, J. W. (2009b). *How SAGE has shaped research methods: A 40-year history.* London: Sage.

Creswell, J. W. (2009c). *Research design: Qualitative,* *quantitative, and mixed methods approaches* (3rd ed.). Thousand Oaks, CA: Sage.

Creswell, J. W. (2009d, March). *What qualitative evidence means for mixed methods intervention trials in the health sciences.* Paper presented at the Economic & Social Research Council (ESRC) Research Seminar hosted by the Health Services Research Unit, Kings College, University of Aberdeen, Scotland.

Creswell, J. W. (2010). Mapping the developing landscape of mixed methods research. In A. Tashakkori & C. Teddlie (Eds.), *SAGE handbook of mixed methods in social & behavioral research* (2nd ed., pp. 45–68). Thousand Oaks, CA: Sage.

Creswell, J. W., & Garrett, A. L. (2008). The "movement" of mixed methods research and the role of educators. *South African Journal of Education, 28,* 321–333.

Creswell, J. W., & McCoy, B. R. (in press). The use of mixed methods thinking in documentary development. In S. N. Hesse-Biber (Ed.), *The handbook of emergent technologies in social research.* Oxford, UK: Oxford University Press.

Creswell, J. W., & Plano Clark, V. L. (2007). *Designing and conducting mixed methods research.* Thousand Oaks, CA: Sage.

Creswell, J. W., & Plano Clark, V. L. (2011). *Designing and conducting mixed methods research* (2nd ed.). Thousand Oaks, CA: Sage.

Creswell, J. W., Plano Clark, V. L., & Garrett, A. L. (2008). Methodological issues in conducting mixed methods research designs. In M. M. Bergman (Ed.), *Advances in mixed methods research* (pp. 66–83). London: Sage.

Creswell, J. W., Shope, R., Plano Clark, V. L., & Green, D. O. (2006). How interpretive qualitative research extends mixed methods research. *Research in the Schools, 13,* 1–11.

Cronbach, L. J. (1975). Beyond the two disciplines of scientific psychology. *American Psychologist, 30,* 116–127.

Crotty, M. (1998). *The foundations of social research: Meaning and perspective in the research process.* London: Sage.

David, L., Bender, L., Burns, S. (Producers), & Guggenheim, D. (Director). (2006). *An inconvenient truth* [Motion picture]. United States: Paramount Classics.

Denscombe, M. (2008). Communities of practice: A research paradigm for the mixed methods approach. *Journal of Mixed Methods Research, 2,* 270–283.

Denzin, N. K. (1978). *The research act: A theoretical introduction to sociological methods.* New York: McGraw-Hill.

Denzin, N. K., & Giardina, M. D. (2006). Introduction: Qualitative inquiry and the conservative challenge. In N.

K. Denzin & M. D. Giardina (Eds.), *Qualitative inquiry and the conservative challenges* (pp. ix–xxxi). Walnut Creek, CA: Left Coast Press.

Denzin, N. K., & Lincoln, Y. S. (Eds.). (2005). *The SAGE handbook of qualitative research* (3rd ed.). Thousand Oaks, CA: Sage.

DeVellis, R. F. (1991). *Scale development: Theory and application*. Newbury Park, CA: Sage.

Elliot, J. (2005). *Using narrative in social research: Qualitative and quantitative approaches*. London: Sage.

Engel, R. J., & Schutt, R. K. (2005). *The practice of research in social work*. Thousand Oaks, CA: Sage.

Fielding, N. G., & Fielding, J. L. (1986). *Linking data*. Beverly Hills, CA: Sage.

Forman, J., & Damschroder, L. (2007, February). *Using mixed methods in evaluating intervention studies*. Presentation at the Mixed Methodology Workshop at the national meeting of the Veterans Administration Health Services Research & Development, Arlington, VA.

Freshwater, D. (2007). Reading mixed methods research: Contexts for criticism. *Journal of Mixed Methods Research, 1*(2), 134–145.

Giddings, L. S. (2006). Mixed-methods research: Positivism dressed in drag? *Journal of Research in Nursing, 11*(3), 195–203.

Greene, J. C. (2007). *Mixed methods in social inquiry*. San Francisco, CA: John Wiley.

Greene, J. C. (2008). Is mixed methods social inquiry a distinctive methodology? *Journal of Mixed Methods Research, 2*(1), 7–22.

Greene, J. C., & Caracelli, V. J. (Eds.). (1997). Advances in mixed-method evaluation: The challenges and benefits of integrating diverse paradigms. *New Directions for Evaluation, 74*. San Francisco: Jossey-Bass.

Greene, J. C., Caracelli, V. J., & Graham, W. F. (1989). Toward a conceptual framework for mixed-method evaluation designs. *Educational Evaluation and Policy Analysis, 11*(3), 255–274.

Greenstein, T. N. (2006). *Methods of family research* (2nd ed.). Thou-sand Oaks, CA: Sage.

Guba, E. G., & Lincoln, Y. S. (2005). Paradigmatic controversies, contradictions, and emerging confluences. In N. K. Denzin & Y. S. Lincoln (Eds.), *The SAGE handbook of qualitative research* (3rd ed., pp. 191–215). Thousand Oaks, CA: Sage.

Gurtler, L., Huber, L., & Kiegelmann, M. (2007). Conclusions: The reflective use of combined methods—a vision of mixed methodology. In P. Mayring, G. L. Huber, L. Gurtler, & M. Kiegelmann (Eds.), *Mixed methodology in psychological research* (pp. 243–245). Rotterdam/Taipei:

Sense Publishers.

Hall, B., & Howard, K. (2008). A synergistic approach: Conducting mixed methods research with typological and systemic design considerations. *Journal of Mixed Methods Research, 2*(3), 248–269.

Heigham, J., & Croker, R. A. (2009). *Qualitative research in applied linguistics: A practical introduction*. London: Palgrave Macmillan.

Hesse-Biber, S. N., & Leavy, P. L. (2007). *Feminist research practice: A primer*. Thousand Oaks, CA: Sage.

Hodgkin, S. (2008). Telling it all: A story of women's social capital using a mixed methods approach. *Journal of Mixed Methods Research, 2*(4), 296–316.

Holmes, C. A. (2006, July). Mixed (up) methods, methodology and interpretive frameworks. Paper presented at the Mixed Methods Conference, Cambridge, UK.

Howe, K. R. (2004). A critique of experimentalism. *Qualitative Inquiry, 10*, 42–61.

Ivankova, N. V., Creswell, J. W., & Stick, S. L. (2006). Using mixed methods sequential explanatory design: From theory to practice. *Field Methods, 18*(1), 3–20.

Johnson, R. B., & Onwuegbuzie, A. J. (2004). Mixed methods research: A research paradigm whose time has come. *Educational Researcher, 33*, 14–26.

Johnson, R. B., Onwuegbuzie, A. J., & Turner, L. A. (2007). Toward a definition of mixed methods research. *Journal of Mixed Methods Research, 1*(2), 112–133.

Kuckartz, U. (2009). *Realizing mixed-methods approaches with MAX-QDA*. Unpublished manuscript, Department of Education, Phillipps-Universitaet, Marburg, Germany. Available at http://maxqda.com/download/ MixMethMAXQDA-Nov01-2010.pdf

Kuhn, T. S. (1970). *The structure of scientific revolutions* (2nd ed.). Chicago: University of Chicago Press.

Leech, N. L, Dellinger, A. B., Brannagan, K. B., & Tanaka, H. (2010). Evaluating mixed research studies: A mixed methods approach. *Journal of Mixed Methods Research, 4*(1), 17–31.

Lincoln, Y. S., & Cannella, G. S. (2004). Qualitative research, power, and the radical right. *Qualitative Inquiry, 10*(2), 175–201.

Lincoln, Y. S., & Guba, E. G. (1985). *Naturalistic inquiry*. Beverly Hills, CA: Sage.

Luck, L., Jackson, D., & Usher, K. (2006). Case study: A bridge across the paradigms. *Nursing Inquiry, 13*(2), 103–109.

Maxwell, J., & Loomis, D. (2003). Mixed methods design: An alternative approach. In A. Tashakkori & C. Teddlie (Eds.), *Handbook of mixed methods in social & behavioral research* (pp. 241–272). Thousand Oaks, CA: Sage.

Mayring, P. (2007). Introduction: Arguments for mixed

methodology. In P. Mayring, G. L. Huber, L. Gurtler, & M. Kiegelmann (Eds.), *Mixed methodology in psychological research* (pp. 1–4). Rotterdam/Taipei: Sense Publishers.

Mayring, P., Huber, G. L., Gurtler, L., & Kiegelmann, M. (Eds.). (2007). *Mixed methodology in psychological research.* Rotterdam/Taipei: Sense Publishers.

Mertens, D. M. (2003). Mixed methods and the politics of human research: The transformative-emancipatory perspective. In A. Tashakkori & C. Teddlie (Eds.), *Handbook of mixed methods in social & behavioral research* (pp. 135–164). Thousand Oaks, CA: Sage.

Mertens, D. M. (2009). *Transformative research and evaluation.* New York: Guilford.

Miall, C. E., & March, K. (2005). Community attitudes toward birth fathers' motives for adoption placement and single parenting. *Journal of Family Issues, 26,* 380–410.

Morgan, D. L. (2007). Paradigms lost and pragmatism regained: Methodological implications of combining qualitative and quantitative methods. *Journal of Mixed Methods Research, 1*(1), 48–76.

Morse, J. M. (1991). Approaches to qualitative-quantitative methodological triangulation. *Nursing Research, 40,* 120–123.

Morse, J. M. (2005). Evolving trends in qualitative research: Advances in mixed methods designs. *Qualitative Health Research, 15,* 583–585.

Morse, J. M., & Niehaus, L. (2009). *Mixed method design: Principles and procedures.* Walnut Creek, CA: Left Coast Press.

Myers, K. K., & Oetzel, J. G. (2003). Exploring the dimensions of orga-nizational assimilation: Creating and validating a measure. *Communication Quarterly, 51*(4), 438–457.

Nastasi, B. K., Hitchcock, J., Sarkar, S., Burkholder, G., Varjas, K., & Jayasena, A. (2007). Mixed methods in intervention research: Theory to adaptation. *Journal of Mixed Methods Research, 1*(2), 164–182.

No Child Left Behind Act of 2001, Pub. L. No. 107–110, 115 Stat. 1425 (2002).

O'Cathain, A., Murphy, E., & Nicholl, J. (2007). Integration and publications as indicators of "yield" from mixed methods studies. *Journal of Mixed Methods Research, 1*(2), 147–163.

Olivier, T., de Lange, N., Creswell, J. W., & Wood, L. (2009, July). *Teachers as video producers and agents of change: A transformative mixed methods approach.* Paper presented at the fifth annual Mixed Methods Conference, Harrogate, UK.

Onwuegbuzie, A. J., & Johnson, R. B. (2006). Types of legitimation (validity) in mixed methods research. *Research in the Schools, 13*(1), 48–63.

Onwuegbuzie, A. J., & Teddlie, C. (2003). A framework for analyzing data in mixed methods research. In A. Tashakkori & C. Teddlie (Eds.), *Handbook of mixed methods in social & behavioral research* (pp. 351–383). Thousand Oaks, CA: Sage.

Patton, M. Q. (1980). *Qualitative evaluation methods.* Beverly Hills, CA: Sage.

Plano Clark, V. L. (2010). The adoption and practice of mixed methods: U.S. trends in federally funded health-related research. *Qualitative Inquiry, 16*(6), 428–440.

Plano Clark, V. L., & Creswell, J. W. (2008). *The mixed methods reader.* Thousand Oaks, CA: Sage.

Quinlin, E. (2010). Representations of rape: Transcending methodological divides. *Journal of Mixed Methods Research, 4*(2), 127–143.

Reichardt, C. S., & Rallis, S. F. (Eds.). (1994). *The qualitative-quantitative debate: New perspectives.* San Francisco: Jossey-Bass.

Richardson, L. (1997). *Fields of play: Constructing an academic life.* New Brunswick, NJ: Rutgers University Press.

Rossman, G. B., & Wilson, B. L. (1985). Numbers and words: Combining quantitative and qualitative methods in a single largescale evaluation study. *Evaluation Review, 9*(5), 627–643.

Ryan, K. E., & Hood, L. K. (2006). Guarding the castle and opening the gates. In N. K. Denzin & M. D. Giardina (Eds.), *Qualitative inquiry and the conservative challenge* (pp. 57–77). Walnut Creek, CA: Left Coast Press.

Sale, J. E. M., Lohfeld, L. H., & Brazil, K. (2002). Revisiting the quantitative-qualitative debate: Implications for mixed-methods research. *Quality and Quantity, 36,* 43–53.

Sandelowski, M. (1996). Using qualitative methods in intervention studies. *Research in Nursing & Health, 19*(4), 359–364.

Sandelowski, M., Voils, C. I., & Knafl, G. (2009). On quantitizing. *Journal of Mixed Methods Research, 3*(3), 208–222.

Shank, G. (2007). How to tap the full potential of qualitative research by applying qualitative methods. In P. Mayring, G. L. Huber, L. Gurtler, & M. Kiegelmann (Eds.), *Mixed methodology in psychological research* (pp. 7–13). Rotterdam/Taipei: Sense Publishers.

Shavelson, R. J., & Towne, L. (Eds.) (2002). *Scientific research in education.* Washington, DC: National Research Council, National Academy Press.

Sieber, S. D. (1973). The integration of fieldwork and survey methods. *American Journal of Sociology, 78,* 1335–1359.

Sieber, S. D., & Lazarsfeld, P. F. (1966). *The organization of educational research* (USOE Cooperative Research Project No. 1974). New York: Columbia University, Bureau of

Applied Social Research.

Stake, R. (1995). *The art of case study research*. Thousand Oaks, CA: Sage.

Stange, K. C., Crabtree, B. F., & Miller, W. L. (2006). Publishing multimethod research. *Annals of Family Medicine, 4,* 292–294.

Stenner, P., & Rogers, R. S. (2004). Q methodology and qualiquantology. In Z. Todd, B. Nerlich, S. McKeown, & D. D. Clarke (Eds.), *Mixing methods in psychology: The integration of qualitative and quantitative methods in theory and practice* (pp. 101–120). Hove and New York: Psychology Press.

Sweetman, D., Badiee, M., & Creswell, J. W. (2010). Use of the transformative framework in mixed methods studies. *Qualitative Inquiry, 16*(6), 441–454.

Tashakkori, A., & Teddlie, C. (1998). *Mixed methodology: Combining qualitative and quantitative approaches.* Thousand Oaks, CA: Sage.

Tashakkori, A., & Teddlie, C. (Eds.). (2003). *Handbook of mixed methods in social & behavioral research.* Thousand Oaks, CA: Sage.

Tashakkori, A., & Teddlie, C. (2003). The past and future of mixed methods research: From data triangulation to mixed model designs. In A. Tashakkori & C. Teddlie (Eds.), *Handbook of mixed methods in social & behavioral*

research (pp. 671–701). Thousand Oaks, CA: Sage.

Teddlie, C., & Tashakkori, A. (2009). *Foundations of mixed methods research: Integrating quantitative and qualitative approaches in the social and behavioral sciences.* Thousand Oaks, CA: Sage.

Todd, Z., Nerlich, B., McKeown, S., & Clarke, D. D. (2004). *Mixing methods in psychology: The integration of qualitative and quantitative methods in theory and practice.* Hove and New York: Psychology Press.

Vidich, A. J., & Shapiro, G. (1955). A comparison of participant observation and survey data. *American Sociological Review, 20*(1), 28–33.

Vogt, D. S., King, D. W., & King, L. A. (2004). Focus groups in psychological assessment: Enhancing content validity by consulting members of the target population. *Psychological Assessment, 16,* 231–243.

Vogt, P. W. (2008). Quantitative versus qualitative is a distraction: Variations on a theme by Brewer & Hunter (2006). *Methodological Innovations Online, 3,* 1–10.

Vygotsky, L. S., & Cole, M. (1978). *Mind in society the development of higher psychological processes.* Cambridge, MA: Harvard University Press.

Yin, R. K. (2006). Mixed methods research: Are the methods genuinely integrated or merely parallel? *Research in the Schools, 13*(1), 41–47.

Charles Teddlie, Abbas Tashakkori[1]

16.

혼합 방법 연구
_ 신흥 분야의 최근 쟁점들

김현진_ 한국교원대학교 교육학과 교수

혼합 방법 연구(mixed methods research, 이하 MMR) 분야는 "제3의 방법론적 운동"이라고 불리며, 사회과학과 행동과학에서 최소한 30년 동안 연구 방법과 패러다임에 대한 논의의 결과로서 진화하고 있다. 양적 지향적인 연구자들과 질적 지향적인 연구자들 사이의 "패러다임 논쟁"은 인식론, 존재론, 방법론 사이의 맞물리는 가정들에 기초하고 있다. MMR은 실용주의(pragmatism)에 기초하여 제3의 대안을 제시하며, 두 개의 방법론적 접근은 조화될 수 있으며, 상호 협력하여 효과적으로 사용될 수 있다고 주장한다(예, Howe, 1988; Tashakkori & Teddlie, 1998).

이 장에서는 최신 MMR의 몇 가지 중요한 쟁점들인 MMR의 정의, 이론과 개념적 쟁점, MMR의 수행시의 쟁점, 그리고 제3의 방법론적 운동에 대한 비판점에 대해서 간단히 다루도록 하겠다. 우리는 독자들에게 이 것을 MMR과 관련된 최신의 쟁점 중 몇 가지의 "맛보기(sampler)"라고 여기고, 관심이 있다면, 인용된 많은 참고문헌을 보고 이 분야를 계속 탐구하라고 조언하고자 한다.

16.1 혼합 방법 연구의 정의와 기원

혼합 방법 연구의 정의

MMR 분야의 연구가 보다 정교해지면서, 몇몇 연구자들이 혼합 방법 연구가 무엇인지 살펴보고 정의 내리는 노력을 하고 있다(예, Creswell, 2010; Greene, 2007, 2008; Johnson, Onwuegbuzie, & Turner, 2007; Tashakkori & Teddlie, 1998, 2003a). 다양한 명칭은 MMR에 국한되지 않고, 다중방법 연구(multimethod research), 혼합 방법(mixed methods), 혼합 방법론(mixed methodology), 혼합 연구(mixed research), 통합 연구(integrated research) 등으로 이 분야를 어떻게 지칭해야 하는지에 대한 논쟁이 계속되어 왔다.

다행스럽게도, "혼합 방법 연구"가 공통된 사용(예, 이 분야의 선두 학회지와 핸드북 2판에서의 이름) 덕분에 사실상의 용어로 어느 정도 의견일치를 보인다. 우리는 이 용어가 사회과학과 행동과학 전반에 널리 보급되어 온 "상표(brand name)"가 되었기 때문에, 지속될 것이라고 생각한다.

MMR의 정의에 대해서, Johnson 등(2007)은 이 분야의 지도자들이 언급하였던 19가지의 대안적인 의미들을 제시하였다. 이러한 의미는 특수성의 차원에 따라 다양한 가운데, 이 분석을 실시한 연구자들이 다음의 "합성된(composite)" 정의로 정리를 하였다.

> 혼합 방법 연구란 연구자나 연구팀이 넓고 깊은 이해와 확증의 광범위한 목적을 위해 질적 연구와 양적 연구의 접근(예, 질적 및 양적 관점, 자료 수집, 분석 및 해석 기법의 사용)의 요소를 결합한 연구 유형이다(Johnson et al., 2007, p. 123).

우리의 관점은 이 정의가 유효하다고 보는데, 이는 우리가 믿는 MMR의 핵심적인 특성을 포함하고 있기 때문이다. 즉, **방법론적 절충주의(methodological eclecticism)**라는 용어는 가끔 사용되어 왔다(예, Hammersley, 1996; Yanchar & Williams, 2006). Hammersley는 다음과 같이 처음으로 이러한 특성을 진술하였다.

> 여기에서 의미하는 바는 방법론적 절충주의의 형태이다. 참으로 양적 방법과 질적 방법의 결합(combination)은 각 방법의 약점이 서로 상쇄될 것이라는 이유로 자주 제안되고 있다(Hammersley, 1996, p. 167, 원문에서 이탤릭체).

방법론적 절충주의에 대한 우리의 정의는 질적(QUAL) 방법과 양적(QUAN) 방법의 상호 약점을 상쇄하기 위해 단순히 결합하는 것 이상을 의미한다. 절충주의에 뿌리를 두고 있는, **절충적(eclectic)**이란 "다양한 자료, 체제나 스타일에서 최고라고 보이는 것을 선택함"[2]을 의미한다. 우리에게 **방법론적 절충주의**는 관심이 된 현상을 보다 철저히 조사하기 위해, 무수한 질적, 양적 및 혼합 방법으로부터 가장 적합한 기법을 선택한 후, 상승작용에 의해 **통합**시키는 것을 포함한다. 방법론적 절충주의를 채택한 연구자는 조사 중[3]에 빈번히 진화되는 연구 문제들에 대한 답을 구하기 위해 사용 가능한 최고의 기법을 잘 알고(그리고 종종 직감적으로) 선택하는 방법의 전문가(connoisseur of methods)[4]이다.

질적 방법에 강조점을 둔 혼합 방법 연구의 기원

MMR은 1970년대 후반에 평가, 간호학 및 교육학과 같은 사회과학과 행동과학의 응용 분야에서부터 명확한 지향점을 가지고 출현하였다(예, Greene, Caracelli, & Graham, 1989; Miles & Huberman, 1984, 1994; Morse, 1991; Patton, 1980, 1990, 2002; Reichardt & Cook, 1979; Rossman & Wilson, 1985). 이 같은 기원이 순수보다는 응용된 인문과학에서 나온 것이 우연이 아닌데, 이러한 학문분야는 종종 실제적인 질문에 대답이 가능한 모든 자료원을 사용하는 실용적인 광각 렌즈가 필요하기 때문이다.

이 같은 초기 MMR의 수많은 연구에서는 연구자가 수치적 결과를 더 많이 이해하고자 애초 양적 방법만의 프로젝트였던 연구에 질적 방법의 요소들을 추가하였었다. 평가 연구에서는 이러한 형성적 요소(어떻게 또는 왜 프로그램이 성공하거나 실패하였는가)가 총괄적 요소(프로그램이 효과가 있었는가)에 추가되었다. 인문과학에서 이러한 구별은 발생원인(causal mechanism)(즉, 어떻게 X가 Y를 야기하였는가)과 대조적인 인과효과(causal effects)(즉, X가 Y를 야기하였는가)와 관계가 있다(예, Shadish, Cook, & Campbell, 2002).[5]

우리는 연구에서, 참여자와 연구자의 이야기(narratives)로부터 수집된 정보가 복잡한 현상을 이해하는 데 가장 귀중한 자료임을 발견하였다. 예를 들면, 상이한 효과가 있는 학교들에 대한 질적 지향적인 사례 연구는 수량적 지표에 의한 통계적 요약보다 이러한 기관들의 맥락과 행동 양식의 진화의 복잡성에 대해서 더욱 철저하게 표현한다(Teddlie & Stringfield, 1993). 간단히 말하면, 이야기(스토리)는 많은 연구자들, 연구의 참여자들 및 독자들에게 숫자보다 본질적

으로 흥미롭다(그리고 자주 더 잘 깨우쳐준다). 몇몇
MMR 선구자들(예, Creswell, Miles와 Huberman,
Morse, Patton)이 질적 방법 교재를 집필하였다는 것
도 우연이 아니다.

　우리는 SAGE사의 『질적 연구 핸드북』 제4판에서 질
적 방법에 대한 강력한 기여에 관심 있음을 분명히 표현
하고자 하는데, 이는 몇몇 학자들이 MMR은 질적 방법
을 양적 방법의 부차적인 역할로 종속시킨다는 표현 때
문이다(예, Denzin & Lincoln, 2005; Howe, 2004).
이는 우리가 과거 30년 이상 검토한 MMR 문헌을 해석
하는 방식이 아니다. 사실 인적 "자료 수집 도구(data-
gathering instruments)"와 결과에 대한 그들의 해석
에 대한 상세하고도 전반적인 인상에 의한 지각을 강조
하는 질적 연구 + 양적 연구가 모든 현존 MMR 문헌에
서 가장 귀중한 것들이다.

　또한, 우리는 MMR이 중요한 차원(dimension)을
양적 연구에 보탤 수 있다고 믿는다. 사회과학과 행
동과학에서 무선 통제 실험(randomized controlled
trials: RCTs)의 중요성에 대해서 논의가 많이 있어
왔다(예, Mosteller & Boruch, 2002; Shavelson
& Towne, 2002). RCT가 인과효과를 증명하기 위
한 "훌륭한 기준(gold standard)"으로 대표될 것이
지만, 이 연구 설계에 질적 요소(예, 사례 연구)를 더
하면 연구자에게 발생원인도 논의할 수 있도록 해

준다. MMR 문헌에는 이러한 몇몇 사례가 있는데,
(1) 보건학에서 처방 프로그램에 대한 혼합 방법 연
구(Song, Sandelowski, & Happ, 2010), (2) 몇
몇 학문분야에서의 집단-사례 방법(실험적 문화기
술지(experimental ethnography)라고도 알려진)
(예, Teddlie, Tashakkori, & Johnson, 2008)이
다. MMR은 연구자에게 전통적인 양적 방법만으로는
할 수 없는 방식으로 이 분야의 이슈들을 연구하게 해
준다.

16.2 혼합 방법 연구의 최근 특성

우리는 이 부분을 먼저 MMR 분야에 있는 다른 이들은
아래에 기술한 특성의 모두나 일부 또는 어떤 특성에
대한 우리의 해석에 동의하지 않을 것을 인정하면서 시
작하고자 한다. 그것은 연구 분야에서 가장 최근 생겨
난 분야의 본질인데, 새로운 개념은 그 주제에 매우 관
심이 높은 사람들에 의해 제안되고 경쟁되기 때문이다.
MMR은 특별히 이런 경우인데, 그것의 발전은 다양한
관점들의 제시에 의해 매우 강화되어 왔다([표 16.1]은
MMR의 여덟 가지 최근 특성을 보여준다).

　우리는 MMR의 첫 번째의 최근 특성을 이 장의 앞부

표 16.1 혼합 방법 연구의 여덟 가지 최근 특성

특성의 설명
1. 방법론적 절충주의
2. 패러다임 다원주의
3. 연구 작업의 모든 차원에서 다양성 강조
4. 이분화 설정보다는 연속체 강조
5. 연구에서 반복적, 순환적 접근
6. 어떠한 연구에서라도 채택할 연구 방법을 결정하기 위해서는 연구 질문(또는 연구 문제)에 초점
7. 일단의 기본 "특징적(signature)" 연구 설계와 분석적 과정
8. "제3의 방법론 공동체" 안에 내포되어 있는 균형과 타협하는 경향

분에서 방법론적 절충주의라고 이미 기술하였다. 이러한 특성은 두 방법과 관련된 패러다임 간에 인식론적 차이 때문에 같은 연구에서 질적 방법과 양적 방법을 혼합하는 것이 부적절하다고 하는 (연구 방법이) 양립될 수 없다는 논지(incompatibility thesis)에 대한 거부에서 비롯되었다. Howe(1988)는 이러한 관점에 양립할 수 있다는 논지(compatibility thesis)로 대응하였는데, "양적과 질적 방법을 결합하는 것은 좋은 것이다"와 "방법들의 그러한 결혼은 인식론적으로 모순된다는 것을 부인한다"(p. 10)라고 주장하였다. Howe는 다른 많은 사람들(예, Biesta, 2010; Johnson & Onwuegbuzie, 2004; Maxcy, 2003; Tashakkori & Teddlie, 1998)이 지지하며 제안한 실용주의를 대안적 패러다임으로 제시하였다.

방법론적 절충주의는 방법들을 자유롭게 결합하는 것만을 의미하는 것이 아니라 연구 문제에 답하기에 최고의 도구라고 믿는 것을 선택하여 결합하는 것을 의미한다. 우리는 연구 문제에 답하기에 "최고"의 방법을 선택하는 것을 "설계의 질(design quality)"[6]이라고 불렀으며, 이를 MMR의 추론의 질(inference quality)을 결정하는 틀(framework)의 중요한 부분으로 포함시켰다(Tashakkori & Teddlie, 2008). 더 나아가, 우리는 인문과학에서 어느 연구에서든 최고의 연구 방법은 아마도 순수한 질적 방법, 순수한 양적 방법, 또는(많은 사례에서) 혼합 방법일 것이라고 믿는다.

Schulenberg(2007)는 경찰의 의사결정 과정에 대한 혼합 방법 연구에서 방법론적 절충주의의 복잡한 예시를 제시하였다. 그녀의 자료원은 개인 경찰관과의 면담, 면담 대상자가 제공한 문서, 경찰부서의 웹사이트에서 모은 질적 자료, 지방 정부에서 얻은 문서, 실제 범죄 때문에 체포된 젊은이들의 비율을 나타내는 통계 자료 표를 포함하였다. 경찰관으로부터 얻은 면담 자료는 본래 (반구조화된 면담지) 질적 방법이지만, (양화된) 숫자로 변형하였다.

Schulenberg(2007)는 이러한 다양한 자료원을 연구 문제와 가설을 설명하고자 다섯 가지 다른 데이터

베이스를 만들기 위해 사용하였다. 그녀는 여덟 가지 유형의 질적 방법 기법과 여섯 가지 유형의 통계적인 양적 방법 기법을 사용하였는데, t-검증, chi-검증, 회귀 분석, 변량 분석, 명백하고 잠재된 내용 분석, 지속적 비교 방법(constant comparative method) 및 근거 이론 기법이었다. 이러한 범죄학자/사회학자의 **방법론적 절충주의**(전문가(connoisseurship))는 명백하다.

두 번째 혼합 방법 연구의 최근 특성은 **패러다임 다원주의(paradigm pluralism)**이거나 다양한 패러다임들이 혼합 방법을 사용하기 위한 근원적인 철학이라는 믿음이다. 물론, 이러한 특성은 (패러다임의) 같은 표준이 아니라는 논지를 거부하는 역할을 하는데, 이는 MMR 공동체에서 널리 받아들여지고 있다.

우리는 최근의 MMR이 일종의 "큰 텐트 방식(big tent)"이라고 믿는데, 이는 현재 혼합 방법을 사용하는 연구자들이 다양한 철학적 성향(예, 실용주의 비판 이론, 변증법적 방식)을 가지고 있기 때문이다. 우리는 지금 개념적 틀이 다르다는 이유로 사람들을 MMR 공동체에서 거부하는 것은 어리석고 불필요한 것이라고 믿는다. 우리는 Guba(1990)가 처음 언급하였던 주제에 대한 Denzin(2008, p. 322)의 재해석에 동의한다. 즉, "패러다임의 자세를 바꾸는 것은 개인의 긴 여정(odyssey)을 포함한다. 즉, 우리는 각자 우리에게 선호되는 패러다임과 명예롭게 여길 필요에 대한 개인의 역사를 가지고 있다."

패러다임의 다원주의는 많은 혼합 방법 학자들에게 널리 지지되지만, MMR과 관련된 이론적, 개념적 논의는 매우 중요하게 지속되어 왔고 앞으로도 지속될 것이다. 이 분야에서 이루어진 최근의 발전과 논란은 나중에 요약될 것이다.

세 번째 MMR의 최근 특성은 보다 폭넓은 개념적 차원에서부터 좁은 경험적 차원에 이르기까지 **연구 작업의 모든 차원에서 다양성을 경축한다**는 것이다. 이는 방법론적 절충주의와 패러다임의 다원주의에도 나타날 뿐만 아니라 다른 이슈들로도 연장된다. 예를 들어, MMR은 확증적이고 탐색적인 연구 문제[7]의 다양한 범위를 동시

에 설명할 수 있는 반면, 단일 접근방법의 연구는 종종 한 가지 또는 다른 것만을 설명한다. 또한 MMR은 자료원과 분석의 복잡성 때문에 결론과 추론에서 발산적 관점을 종합하는 기회를 준다.

MMR은 삼각측정법(triangulation)(예, Campbell & Fiske, 1959; Denzin, 1978; Patton, 2002)에 대한 문헌에서 일부 나왔으며 보통 다른 자료원에서 나온 결과들의 융합(convergence)과 관계있다. 그럼에도 불구하고, 발산(divergence)이나 차이(dissimilarity)란 다른 자료원에서 나온 정보를 결합함으로써 동등하게 중요한 결과라는 것에 대해 관심이 증가하고(예, Erzberger & Kelle, 2003; Greene, 2007; Johnson & Onwuegbuzie, 2004; Tashakkori & Teddlie, 2008) 있으며, 이는 같은 현상의 복잡한 면과(또는) 새로운 연구나 추가 조사 단계를 설계하는 데에 큰 통찰력을 제공할 수 있다.

네 번째 MMR의 최근 특성은 **이분화된 설정보다는 연속체를 강조한다**는 것이다. MMR의 고유한 특징은 "양자택일(either-or)"을 선택의 범위를 설명하는 연속체로 교체한 것이다(예, Newman, Ridenour, Newman, & DeMarco, 2003; Patton, 1980, 1990, 2002; Ridenour & Newman, 2008; Tashakkori & Teddlie, 2003c). 예를 들어, 우리는 다양한 연구 이슈들 즉, 연구 목적, 연구 문제, 설계, 표집, 자료 수집과 분석, 타당성과 추론의 질에 대해서 질적-혼합-양적(QUAL-MIXED-QUAN)이라고 칭하는 다차원적 연속체를 적용해왔다(Teddlie & Tashakkori, 2009). 양자택일의 이분법(예, 설명적과 탐색적 연구 문제, 통계적과 주제중심 분석)은 선택의 범위(통합된 연구 문제와 혼합된 자료 분석을 위한 혁신적인 방법을 포함하는)로 대체되어 왔다.

다섯 번째 MMR의 최근 특성은 **연구에서의 반복적, 순환적 접근**이다. MMR은 연구의 순환(cycle)에 의해 특성화되는데, 같은 연구(예, Krathwohl, 2004; Tashakkori & Teddlie, 1998)에서 연역적 논리와 귀납적 논리[8] 모두를 포함하는 것이다. 이러한 순환은 귀납적 논리에 의해 근거가 되는 결과(사실, 관찰)에서부터 일반적인 추론(추상적인 일반화나 이론)으로 옮겨가며, 그런 후 연역적 논리에 의한 일반적 추론(또는 이론)에서부터 특정 사건/결과에 대한 일시적인 가설이나 예측으로 옮겨가는 것으로 볼 수 있다. 연구는 이러한 순환 중 어떤 곳에서도 시작할 수 있다. 즉, 어떤 연구자는 이론이나 추상적인 일반화로부터 시작하지만, 다른 연구자는 관찰이나 다른 자료에서 시작한다. 이러한 순환은 연구자가 현상의 더 깊은 차원을 찾음에 따라 계속 반복될 것이다. 우리는 모든 연구 과제가 연구의 시작점과 상관없이, 전체 순환주기를 최소한 한 번은 거칠 것이라고 믿는다(예, Teddlie & Tashakkori, 2009).

이러한 연구에서의 순환적 접근은 아마도 다음의 두 가지를 구별하면서 개념화될 수 있을 것이다.

- 정당한 이유(justification)의 맥락이나 논리: 예측, 이론, 가설을 시험하는 것과 연계된 과정
- 발견(discovery)의 맥락이나 논리: 현상을 더 깊이, 이론과 가설의 일반화로 이해하는 것과 연계된 과정

MMR의 몇몇 연구자들은 정당한 이유를 연구의 핵심 부분이라고 인정하면서도 새로운 지식으로 이끄는 창의적 통찰력이 포함되는 **발견의 맥락**의 중요성을 인정한다(예, Hesse-Biber, 2010; Johnson & Gray, 2010; Teddlie & Johnson, 2009). MMR의 이러한 발견 요소는 항상은 아니지만 종종 질적 자료의 분석과 연계된 의외의 주제어(emergent themes)로부터 나온다.

또한 우리는 이러한 연구의 순환적 성격을 순차적인 연구 설계와 같은 **특징적 MMR 과정**(signature MMR process)이라고 특성화하는 일종의 "썰물과 밀물(ebb and flow)"이라고 개념화하였다. 특징적 MMR 과정에 대한 상세 설명은 뒷부분에 제시하였다.

여섯 번째 특성은 많은 MMR 연구자들에게 지지를 받는 것으로 어떠한 연구이든 채택할 연구 방법을 결정할 때 연구 질문(또는 연구 문제)에 초점을 둔다는 것이다(예,

Bryman, 2006; Johnson & Onwuegbuzie, 2004; Tashakkori & Teddlie, 1998). 연구 문제가 갖는 중심성은 초기 연구자들(특히 신참 연구자들)이 패러다임 논쟁과 관련된 다루기 힘든 철학적 이슈들을 넘어서 연구에 가장 적합한 방법을 선택하도록 의도하는 데 있었다.

많은 사람들이 연구의 출발점에 대해 언급해왔다. 즉, 연구자는 세계관이나 개념의 문제, 연구 수행의 일반적인 목적, 연구 문제 또는 그러한 것의 어떠한 결합으로 시작해야 하는가? Newman 등(2003)은 과거 40년 동안 연구 목적이 연구 문제와 연계되어 중요하게 여겨졌다고 설득력 있게 주장하였다. 그러나 우리는 일단 연구자가 연구에 관심을 갖게 되는 것(예, 무엇이 연구, 목적, 개인적/정치적 안건 등을 움직이는가)을 결정하면, 연구 문제의 상세한 내용은 사용할 가장 좋은 도구를 선택하고 어떻게 사용할지에 대해 결정할 것이라고 본다. 경험 있는 연구자는 연구 문제가 (종종 작은) 수정을 거치게 되고, 연구 중에 초점을 다시 맞춘다는 사실을 잘 알고 있다. 그럼에도 불구하고 연구 문제는 일반적으로 연구 과제의 경로를 인도한다.

MMR 연구 문제는 보통 광범위하여, 깊이 있는 의외의 질적 자료와 집중되고 미리 계획된 양적 자료 모두를 필요로 한다. 이러한 폭넓은 "상위(umbrella)" 연구 문제들에는 종종 보다 구체적인 하위문제들이 따라온다. 그러나 몇몇 (순차적인) MMR 과제에서는 혼합된 연구 문제들이 초기 "상위" 연구 문제로서 언급되는 것이 아니라 자료가 수집되고 분석된 이후에 발생한다. 예를 들면, 보다 광범위한 의외의 연구 문제는 아마 질적 자료를 수집하고 분석함으로써 질문이 되고 대답이 되는 것이며, 뒤이어 보다 넓은 맥락이나 많은 대상에 대한 일반화를 고려하며 넘치는 연구 결과를 고려하여 연구 문제가 따라올 것이다. 이러한 MMR 연구에서 그러한 의외의(때로는 미리 계획된) 순서에도 불구하고, 연구 결과는 보다 광범위한 이해와 통합되어야 한다.

일곱 번째 MMR의 최근 특성은 일단의 기본의 "특징적(signature)" 연구 설계와 분석적 과정인데, 비록 다른 이름과 도해가 있지만 대부분 여기에 동의하고 있다. 예를 들면, 우리는 다음 내용을 유사 혼합 설계(parallel mixed designs)(Teddlie & Tashakkori, 2009, p.341, 원문에서 이탤릭체)라고 칭한다.

> MM 설계와 뿌리가 같지만 혼합은 동시에 또는 어느 정도 시차를 두고 독립적인 방식으로 일어난다. 질적과 양적 가닥은 같은 연구 문제와 관련된 측면들에 답하기 위해 계획되고 실행된다.

이러한 설계는 공존하는, 동시적, **삼각측정법 설계**라고도 하지만(Creswell & Plano-Clark, 2007, p.85), 정의들 사이에는 많은 공통점이 있다.

앞부분에서 우리는 그러한 순차적 혼합 설계나 전환 절차를 **특징적 MMR 설계와 분석 과정**이라고 하였다. 우리는 이러한 설계와 분석 과정에 대해 "특징적(signature)"이라는 용어를 사용하였는데 이 용어가 양적 또는 질적 방법과 관련된 MMR을 정의하는 데 도움을 주기 때문이다. 즉, 이는 MMR에 특별하며 다른 두 가지 방법에서부터 분리된 접근을 하도록 한다. 이러한 특징적 설계와 분석 과정은 다음을 포함한다.

> - **순차적**(sequential) 혼합 설계란 "MMR 설계와 뿌리가 같지만 혼합은 연구의 시간적 순서의 단계(질적, 양적)에 따라 일어난다. 즉, 하나의 가닥에서 나온 연구 문제나 절차는 그 이전 가닥에서 나오거나 독립된 것이다. 연구 문제는 서로를 기반으로 하며 연구가 진행됨에 따라 진화될 것이다"(Teddlie & Tashakkori, 2009, p.345, 원문에서 이탤릭체)
> - **정량화하기**(quantitizing)란 질적 자료를 통계적으로 분석할 수 있는 수량화된 코드로 변환하는 과정을 말한다(예, Miles & Huberman, 1994; Sandelowski, Voils, & Knafl, 2009).
> - **정성화하기**(qualitizing)[9]란 양적 자료를 질적으로 분석할 수 있는 자료로 변환하는 과정을 말한다(예, Tashakkori & Teddlie, 1998)

MMR에 고유한 보다 특정적인 설계와 분석 절차는 나중에 논의하도록 한다. 이러한 고유한 MMR 설계와 분석 과정에 대해서 일반적으로 동의하는 반면, 용어나 정의에 대해서는 상당한 의견충돌이 있으며, 보다 복잡한 유형들이 나오면서 이러한 의견충돌은 가중되고 있다. 예를 들면, 많은 사람이 MMR 설계의 완전한 유형은 연구의 질적 요소의 의외적 성격과 MMR 설계의 돌연변이적 특성 때문에 가능하지 않다고 믿는 반면, 다른 사람은 단순함과 교육을 위해서 정해진 기본 설계에 대해 동의한다.

여덟 번째 MMR의 최근 특성은 "제3의 방법론 공동체" 안에 내포되어 있는 균형과 타협하는 경향성이다. MMR은 양립될 수 없다는 논지의 양자택일을 거부하는 데 기초를 두고 있다. 따라서 공동체로서 우리는 MMR의 고유한 정체성을 구축하면서 질적과 양적 성향의 양극단 사이에서 균형을 만들고자 하는 경향이 있다. 이러한 균형은 철학적 이원론과 겉보기에 해결 불가능한 개념적 분쟁과 해결 가능한 결과 사이에 타협점을 찾고자 하는 Johnson과 Onwuegbuzie(2004)의 패러다임에 대한 묘사에서 찾을 수 있다.

이러한 맥락에서 우리는 다시 패러다임에 대한 Guba(1990)의 세 가지 주제에 대해 Denzin(2008)이 재해석한 것을 언급하고자 한다.

- "대안적 패러다임의 지지자들에 의해 대치주의가 감소될 필요가 있다"
- "패러다임 사이와 패러다임을 걸친 생산적인 대화의 방법을 탐색할 필요가 있다"
- "세 개의 주요 해석적 공동체는 … 서로 어떻게 협력하고 연구할지 배워야 한다(Denzin, 2008, p.322).

우리는 대부분 혼합 방법 연구자들이 세 가지 방법론 공동체 사이의 대화에서 타협이 요청되는 이러한 주제들에 대해 합의할 것이라고 믿는다.

16.3 혼합 방법 연구의 이론적, 개념적 이슈

MMR의 일부 광범위한 특성에 대해서는 동의가 이루어진 반면, MMR 안에서 기초 이론과 개념의 이슈들에 대해서는 대화가 지속적으로 진행되고 있다. 우리는 다음 두 가지 초점에 집중하였다. (1) 패러다임과 관련된 이슈로서, 이는 입장, 접근, 틀, 관점, 정신모형 등과 같은 몇 가지 용어로 불릴 수 있는 것이다. (2) 그리고 MMR의 언어와 관련된 이슈이다.

패러다임과 관련된 이슈 (또는 개념적 틀이나 정신모형)

여기서 우리는 먼저 패러다임의 다원주의에 대한 개념을 상세하게 설명할 것이다. 다음 MMR의 세 가지 대안적인 패러다임 위치를 제시하고, 지속되는 패러다임 이슈들에 초점을 두는 것에 반대하는 몇몇 논쟁에 대해 논의하도록 하겠다.

우리는 앞서 패러다임의 다원주의가 MMR의 최근 특성 중 하나라고 하였다. 다원적 패러다임이 MMR에 대한 기초적 개념 틀이 될지 모른다는 믿음은 어느 정도 골치 아픈 철학적, 개념적 이슈들에 대한 실제적인 해결책이 된다. 즉, 연구자들이 그들의 특정한 "지적인 여정(intellectual odyssey)"에 가장 잘 맞는 철학적 틀을 그저 사용하는 것이다.

대부분 MMR 학자들은 패러다임의 다원주의가 시작점이라는 것에 동의하지만, 그후 (1) 대안적 패러다임의 입장을 고려해야 하고, (2) 그들 자신의 관점과 가장 밀접히 관련된 입장이 어떤 것인지 확인해야 한다. 다음 세 가지 패러다임의 입장[10]은 최근 MMR에서 가장 널리 받아들여지는 것이다.

- 패러다임과 그것의 해석
- 가치론적 가정(axiological assumption)(Mertens,

2007)과 연계된 틀

- 같은 연구 안에서 다양한 가정의 틀을 사용하는 변증법적 입장(예, Greene, 2007; Greene & Caracelli, 2003)

이러한 입장들을 더 조사하기 전에, 우리는 단일 패러다임-단일 방법(예, 신기능주의와 양적 방법, 구성주의와 질적 방법)의 논지에 반대되는 위치에 있는 패러다임의 다원주의 영향에 대해 잠시 재고할 필요가 있다. Denzin(2008, p.317)은 단일 패러다임-단일 방법의 논지에 대한 거부를 다음과 같이 역사적인 일이라고 여겼다.

이 분야가 단일에서 다양한 인식론적 패러다임으로 옮겨갔을 때, 많은 사람들은 단지 기능주의와 그것의 비판적인 구성주의 … 만이 아닌 패러다임 간과 패러다임을 망라하여 양립될 수 없다고 주장하였다. 역설적이게도, 이러한 대화가 진행될수록, 상호보완적인 힘의 논지가 발생하고, 이것이 혼합 방법 공동체에서 많은 사람들에게 지금은 받아들여지고 있다는 것이다. 이것이 역사가 다시 쓰여 지기 시작한 것이다. 다양한 패러다임이 같은 혼합 방법의 탐구에 사용될 수 있는 것이다. … 따라서 단일 이론적 그리고/또는 방법론적 패러다임의 종말은 축하를 받았다.

Denzin이 패러다임의 다원주의뿐만 아니라 최근 입장 중 한 가지 입장(변증법적 입장)에 의해 지지를 받는, **같은 연구에서도 다양한 틀을 사용할 수 있다**고 강조함을 아는 것은 중요하다. 실용주의나 가치론적 가정에 기초를 두는 틀에 처방을 내리는 연구자들은 전형적으로 그 관점만을 연구에 사용한다.

패러다임과 그 해석들

많은 혼합 방법론자들(예, Tashakkori & Teddlie,

1998)에게 선택된 패러다임으로 실용주의는 친밀하게 여겨진다. 이러한 친밀감은 Howe(1988)의 실용주의에 기초한 양립한다는 논지에 대한 가정으로 돌아가는 역사적인 것이다. 철학적 이슈에 대한 실용주의적 접근은 연구와 평가의 문제를 해결하는 데 일종의 "일상의 실용주의(everyday pragmatism)"(Biesta, 2010)를 사용하는 많은 응용과학자들에게 설득력이 있다.

좀 더 **철학적 어감의 실용주의**는 최근에 발생하였다(예, Biesta, 2010; Greene & Hall, 2010; Johnson & Onwuegbuzie, 2004; Maxcy, 2003; Teddlie & Tashakkori, 2009). 이러한 실용주의는 "양자택일에 대한 거부를 제외하고, 실용주의가 MMR을 위해 의미하는 것이 무엇인가?"라고 묻는다. 우리는 대화의 진전을 보이는 실용주의에 대한 세 가지 최근 해석들(Johnson과 동료들; Biesta, 2010; Greene, 2007)에 대해서 잠시 서술하였다.

Johnson과 그 동료들은 **철학적 실용주의**에 대해서 일종의 "패러다임이나 체제 구축"이라고 하였다. Johnson과 Onwuegbuzie(2004)는 실용주의 철학적 원리와 그것이 어떻게 MMR과 관련되는지 보다 자세히 설명하고자 실용주의의 21개 특성을 제시하였다.

Johnson 등(2007)은 세 가지 패러다임인 오른쪽(of the right), 왼쪽(of the left), 중앙(of the center)(고전적 실용주의)으로 세 가지 실용주의를 정의하였다. Johnson(2009, p.456)은 더 나아가 **변증법적 실용주의**(dialectical pragmatism)를 "혼합 방법 연구에 지지되는 철학"이라고 정의 내렸는데, 이는 전통적 실용주의와 Greene(2007)의 변증법적 접근을 결합한 것이다. Johnson과 동료들의 누적된 연구의 기여로 우리는 이제 MMR과 관련된 실용주의에 대해 좀 더 명확하고 자세한 설명을 볼 수 있다.

반대로, Biesta(2010, p.97)는 "실용주의는 다른 것들 가운데 하나인 철학적 입장으로 이해되어서는 안 되며, 문제를 언급하는 데 사용될 수 있는 일단의 철학적 도구로 이해되어야 한다"고 주장하였다. Biesta는 John Dewey가 철학적 체제 구축을 경고하였다는 것을 강조하였다. Biesta는 Dewey의 실용주의는 객관주의/주관주의라는 인식론적 이원론을 해체하는 데 기여하였다고 결론을 내렸다.

> Dewey의 주요한 기여는 다른 출발점에서부터 논의를 시작해서 객관주의와 주관주의라는 양자택일의 의미를 없앴다는 것이다. … 이것은 혼합 방법 연구 분야에서 대단히 중요한 것으로 다른 접근들 사이에서 주장된 위계성을 없애고, 오히려 다른 접근들이 다른 결과, 수행과 경험 간 및 행위와 결과 간에 다른 연계로 이끄는 사례를 만드는 것을 도와준다. 이로써 우리는 지식의 주장을 항상 실용적으로 판단할 필요가 있는데, 이는 지식이 생성되는 과정과 절차와 관계있다(Biesta, 2010, p.113, 원문에서 이탤릭체).

Biesta는 철학적 실용주의가 우리에게 지식 생성에 있어서 어느 방법론적 접근이 다른 것보다 내재적으로 더 좋은 것은 아님을 이해하도록 해준다고 결론을 내렸다. 우리는 사용 가능한 모든 방법론적 도구들을 얼마나 잘 선택, 사용, 통합하였는지에 의해 우리의 연구 결과를 평가해야 한다. **방법론적 절충주의에서의 우리의 노력은 성공하였는가?**

Greene(2007)은 실용주의를 연구 방법을 적극적으로 혼합하고 연구 결과를 통합하는 데 기여하는 대안적 패러다임(우세하는 전통적인 것에 대해서)이라고 하였다. Greene과 Hall(2010)은 더 나아가 실용적 사고가 혼합 연구자들이 연구를 수행할 때 어떠한 방식으로 영향을 주는지 설명하였다. Greene과 Hall 그리고 다른 사람들(예, Biesta, 2010; Johnson & Onwuegbuzie, 2004)에게 있어 실용주의는 민주적인 가치와 진행의 약속에 기초한 문제 해결 및 행위 지향적 탐구 과정을 야기하는 것이다.

가치론적 가정과 연계된 틀

Mertens(2007)는 Guba와 Lincoln(2005)에 의해 묘사된 패러다임과 연계된 가치론적, 인식론적, 존재론적, 방법론적이라는 네 가지 기본 가정을 설명하였다. Mertens, Bledsoe, Sullivan과 Wilson(2010, p.195)은 또한 가치론적 가정은 "우선권을 가지며 다른 세 가지 신념 체계를 명확하게 하는 기초 역할을 하는데, 이는 변혁적인 패러다임(transformative paradigm)은 연구자들이 사회정의에 대한 이슈를 어떻게 다룰 수 있는지에 대해 보다 명쾌해야 한다는 필요성에서 나왔기 때문이다"라고 설명하였다. 가치론적 가정은 소외 그룹과 다른 그룹 사이의 "차이에서 비롯된 권력차와 윤리적 시사점"에 기초한다(Mertens et al., p.195).

실용주의에 대한 논의에서, 강조되는 철학적 이슈들은 지식이 무엇이며, 지식이 어떻게 얻어지며, 아는 자와 "알려진 것(known)" 사이의 관계와 같은 이슈들을 고려하는 사실상 인식론적인 것이다. 반면, 변혁적이거나 비판적인 틀(예, 페미니즘) 안에서 연구하는 학자들은 가치판단의 성격이 중심인 가치론적 고려를 우선으로 여긴다. 이러한 가치론적 가정은 변혁적/비판적 틀 안에서 연구하는 학자들이 연구 방법에 대한 다른 시각을 가진다는 것을 의미한다.

변증법적 입장 또는 사고방식

변증법적 사고는 모든 패러다임이 저마다 제안하는 것이 있으며, 다수의 패러다임을 사용하는 것은 연구에서 현상을 더 크게 이해하는 데 기여한다고 가정한다. 실용주의와 가치론적으로 지향된 틀이 하나의 관점을 배타적으로 사용하는 것에 반해, 변증법적 입장은 같은 연구 안에서 다수의 가정 틀을 동등하게 사용할 것을 요구한다. Greene(2007, p.114)은 이를 다음과 같이 표현하였다.

나는 연구 방법이 연구자의 세상과 지식에 대한 가정, 연구자의 이론적 성향, 경력 등으로부터 분리될 수 없다는 입장을 채택하였다. … 그래서 연구자가 연구 방법을 혼합한다는 것은, 연구의 방법론적 광범위한 특징뿐만 아니라 패러다임과 정신모형의 가정도 혼합하는 것일 것이다.

Greene의 변증법적 입장은 소위 패러다임의 비교할 수 없는 특성에 대한 관심에서는 멀어지고 원사-근사, 외부자-내부자, 에믹(emic)과 에틱(etic), 특수성과 일반성 등과 같은 다르고 구별되는(그러나 원천적으로는 양립될 수 없는 것이 아닌) 속성에 대한 관심으로 향하였다. Greene과 Hill(2010)의 변증법적 입장은 Biesta(2010)의 실용주의와 뜻이 맞는데, 이러한 철학적 체제가 철학적 가정이나 신념이 서로 맞물리는 "패러다임 패키지(paradigm packages)"가 아니기 때문이다.

"패러다임"에 관한 지속적인 초점에 반대하는 논증

"패러다임"이라는 용어는 Kuhn(1962)의 『과학혁명의 구조(The Structure of Scienfic Revolutions)』 초판이 나온 이래 세 개의 방법론 공동체가 발전하는 데 중요한 역할을 하였다. 최근 연구자들은 MMR에서 패러다임 이슈에 계속적으로 초점을 두는 것이 유용한가에 대해 점점 회의적이 되어간다고 말한다. 예를 들어, Bazeley(2009, p.203)는 "비록 '패러다임 전쟁'에 대한 인식론적 논쟁이 혼합 방법론과 관련된 이슈들에 우리의 사고를 선명하게 한다고 해도, 그들의 남아있는 유산은 방법적 통합의 진전을 더디게 하고 있다."라고 말하였다.

Morgan(2007)은 "패러다임" 용어를 다음 네 가지 가능한(서로 배타적이지는 않은) 입장으로 분해하였다.

- 세계관으로서의 패러다임(세계를 지각하고 경험하는 방식)

- 인식론적 입장으로서의 패러다임(Morgan이 형이상학적 패러다임이라고 하는)
- 모형 예시로서의 패러다임(즉, 연구가 어떻게 수행되는지를 보여주는 "전형(exemplars)")
- 학자들의 공동체 간 또는 연구 분야 안에서의 연구 문제의 유형, 연구 방법(등)에 대한 공유된 신념으로서의 패러다임

Morgan은 Guba와 Lincoln(예, Lincoln & Guba, 1985; Guba & Lincoln, 1994, 2005)이 형이상학적 패러다임을 양적 연구의 대안으로서 질적 연구에 관심을 끌기 위해 사용하였다고 주장하였다. 이러한 형이상학적 패러다임은 인식론적 고려를 특히 강조하고, 패러다임 전쟁을 유발하는 질적, 양적 관점 간의 핵심적, 비교될 수 없는 차이를 끌어내면서, 앞서 언급하였던 기본 가정이나 신념에 초점을 두었다.

Morgan은 더 나아가 이제는 형이상학적 패러다임[11]이라는 시대에 뒤진 개념을 고려하는 것에서 나와, 전자의 입장(예, 양립될 수 없다는 강한 입장)과의 개념적 문제 때문에 연구 분야에서는 공유된 신념으로서의 패러다임과 후자의 입장이 Kuhn이 사용한 용어[12]에 더 정확한 해석이라는 사실로 옮겨갈 시기라고 주장하였다. Morgan의 연구 분야에서의 공유된 신념에 대한 초점은 학자들 공동체(community of scholars)의 관점(예, Creswell, 2010; Tashakkori & Creswell, 2008)을 점점 더 강조하는 데 기여하였는데, 공동체가 취할지 모를 성격에 대한 Denscombe(2008)의 논의는 이 관점을 더 강화하였다.

혼합 방법 연구의 언어

우리는 앞서 MMR의 주요 이슈 중 하나가 혼합 방법에 대한 언어라고 하였다(Teddlie & Tashakkori, 2003). 당시, 우리는 MMR이 질적, 양적 용어를 결합한 이중 언어(bilingual language)를 사용하는 것과 이 분야에서

고유한 용어인 새로운 언어(new language)를 생성하는 것을 구별하였다. 그 이후, 두 가지 모두의 성향이 담긴 현상들이 있어 왔다.

예를 들면, 우리(Teddlie & Tashakkori, 2009, p. 282)는 최근 이중 언어의 예시가 되는, 질적, 양적 연구 모두에서 사용된 공통된 분석 과정들의 리스트를 만들었다. 이러한 분석 과정들은, 비록 한 연구자가 숫자를 사용하고 다른 연구자가 자료로 단어를 사용한다고 해도, 인지적으로 상호교환이 가능하다. 예를 들면, 이중적 혼합 연구 방법 연구자는 군집 분석이 지속적인 비교방법의 범주화의 과정과 같이 동일한 방식(modus operandi)을 사용한다는 것을 안다. 즉, 집단 간에 편차를 최대화하고 집단 내에서 편차를 최소화하는 것이다. 또 다른 예에는 한 표본의 하나의 부분에 대한 분석을 같은 표본의 다른 부분에 대한 분석과 비교하기, 실제 결과와 예측 결과를 비교하기, 연구 설계의 요소나 차이점을 찾기 위한 요소를 대조시키기가 포함된다.

이러한 공통 과정에 대한 인정은 방법론적 선을 넘나드는 언어를 개발하고자 하는 방향으로 진보하는 것이다. 반면, [박스 16.1]은 1990년대 이래 나온 혼합 방법의 자료 분석과 관련된 고유한 용어 리스트를 일부 제시한 것이다. 새로운 분석 과정의 출현은 MMR에서 가장 창의적인 영역 중 하나이며, 종종 사용 가능한 질적, 양적 자료를 활용하여 연구 문제의 답에 대한 실용적인 해결책을 연구하는 연구자들에 의해 도출된다. 하나의 예시로써 혼합된 자료의 분석을 사용하는 것은 MMR에서 사용되는 언어가 이중 언어 용어나 고유한 혼합 용어 모두를 포함한다는 것을 보여 주고 있다(예, [박스 16.1] 참고).

16.4 혼합 방법 연구 수행의 이슈

MMR을 수행하는 방법과 관련된 이슈들은 최근의 이론적, 개념적 논의와 연계되며 중요하게 여겨지는 것처럼 보

박스 16.1

혼합 방법 연구에 특화된 자료 분석 용어의 리스트 일부

MMR의 자료 분석 용어의 리스트는 다음을 포함한다.

- 교차 추적 분석(crossover track analysis)
- 자료 변환 또는 변형(data conversion or transformation)
- 자료 가져오기(data importation)
- 완전히 통합된 혼합 자료 분석(fully integrated mixed data analysis)
- 융해된 자료 분석(fused data analysis)
- 본질적 혼합 자료 분석(inherently mixed data analysis)
- 통합 자료 제시(integrated data display)
- 통합 자료 감축(integrated data reduction)
- 반복적이고 순차적인 혼합 분석(iterative sequential mixed analysis)
- 변형된 자료 분석(morphed data analysis)
- 다층적 혼합 자료 분석(multilevel mixed data analysis)
- 이야기 프로필 형성(narrative profile formation)
- 평행 혼합 자료 분석(parallel mixed data analysis)
- 평행 추적 분석(parallel track analysis)
- 정성화하기(qualitizing)
- 정량화하기(quantitizing)
- 순차적 혼합 자료 분석(sequential mixed data analysis)
- 단일 추적 분석(single track analysis)
- 유형 분류 체계 개발(typology development)
- 보증된 주장 분석(warranted assertion analysis)

이러한 용어들은 Bazeley, 2003; Caracelli & Greene, 1993; Greene, 2007; Greene, Caracelli, & Graham, 1989; Li, Marquart, & Zercher, 2000; Onwuegbuzie & Combs, 2010; Onwuebuzie, Johnson, & Collins, 2007; Onwuegbuzie & Teddlie, 2003; Tashakkori & Teddlie, 1998; Teddlie & Tashakkori, 2003, 2009를 포함한 몇몇 연구자들에 의해 생성되거나 사용되었다.

인다. 이러한 경향은 아마도 MMR이 구별되는 방법론적 성향으로서 점점 받아들여지는 것을 반영하며 정확히 어떻게 그러한 연구가 수행되고, 전파되고, 활용되는지에 대한 세부내용에 대한 호기심을 증가시킨다.

SAGE사의 『사회과학과 행동과학에서의 혼합 연구 방법 핸드북(SAGE Handbook of Mixed Methods in Social & Behavioral Research)』 제2판에서는 MMR의 수행 방법뿐만 아니라 연구자의 세계관이 어떻게 연구를 수행하는 방식에 영향을 주는지에 대해서도

연구자들의 세계관이 연구를 수행하는 방식에 영향을 준다는 것에 일반적인 합의가 있지만, 어떻게 MMR에서 나타나는지에 대한 명확한 논의는 거의 없다. 최근에 출판된 SAGE사의 『사회과학과 행동과학에서의 혼합 연구 방법 핸드북』 제2판의 몇몇 장에서 실제 또는 가상 연구자의 상세한 버전과 어떻게 그들이 특정한 세계관(또는 가정의 틀이나 정신모형) 안에서 MMR을 수행하였는지를 보여주고 있다. 여기에서는 다음을 포함하였다.

■ Greene과 Hall(2010)은 Michelle(가상의 연구자)이 중학교 학생들의 일상을 경험하면서 그들의 상호작용에 대한 연구를 수행하는 것을 기술하였다. Michelle의 관점은 연구를 안내할 가치관을 다수의 철학적 틀(구성주의적 인식론, 페미니즘적 이념)에 기초시키려는 변증법적 연구자(dialectic inquirer)의 것이다.

■ Greene과 Hall(2010)은 Juan(다른 가상의 연구자)의 관점이 학교가 다양한 공부의 집단(bodies)의 요구를 채우고 동시에 NCLB(No Child Left Behind)법에 따른 책임 권한에 부합하는 것을 연구하는 실용적 연구자(pragmatic inquirer)라고 하였다.

■ Hesse-Biber(2010)의 연구에 대한 설명은 네팔의 삼림지 사용과 티후아나의 성매매 업처럼 다양한 연구를 포함하는 페미니스트 전통(feminist tradition) 안에서 수행되었다.

■ Mertens와 동료들(2010)의 연구의 설명은 변혁적 패러다임 전통(transformative paradigm tradition)에서 수행되었는데, 뉴질랜드의 장애인들을 위한 통합교육과 르완다에서의 빈곤퇴치와 같은 연구들을 포함한다.

다루고 있다. [박스 16.2]에는 이 장에서 앞서 요약한 다른 패러다임의 성향들이 어떻게 MMR 방식에 영향을 주는지에 대한 정보를 제시하였다.

　MMR 수행(연구 문제 생성에서부터 통합된 자료 분석을 통한 추론 만들기에 이르기까지)시 몇 가지 광범위한 이슈들이 있지만, 우리는 여기에서 두 가지만을 논의하고자 한다. 즉, 우리는 이 분야에서 많은 연구가 이루어져 왔기 때문에 연구 설계 이슈를 선택하였고, 상당히 창의적인 에너지가 현재 확장되고 있는 분야이기 때문에 자료 분석 이슈를 선택하였다.

혼합 방법 연구의 설계: 선택의 다양성

설계 유형 분류 체계(design typologies)는 평가분야에서 Greene 등(1989)과 간호학에서 Morse(1991)가 시작하면서 오래도록 중요한 특징이 되어 왔다. MMR의 설계 유형 분류 체계가 중요한 이유는 이 분야의 공통된 언어를 구축하고, MMR 설계를 채택하기 원하는 연구자들에게 가능한 청사진을 제공하며, 양적 연구나 질적 연구에서 분명하게 구별되는 설계를 소개함으로써 MMR을 합법화하고 교육적 목적으로도 유용한 도구를 제공하는 역할을 하기 때문이다.

　최근 몇몇 연구자들은 다른 영역(예, 자료 분석)이 좀 더 강조되어야 한다고 주장하면서, 연구 설계 유형 분류 체계가 지나치게 강조되어 왔었다고 주장하고 있다(예, Adamson, 2004; Bazeley, 2009). 그러한 설계 유형 분류 체계는 이 분야에서 앞으로 광범위하게 다뤄지는 특징은 아니겠지만, MMR의 핵심 요소로 지속될 것이다. 이는 MMR에서 많이 소개된 자료 분석 절차가 실제 설계에 연결되었다는 사실 때문이다. 즉, 설계의 특정 유형(또는 족보)과 관련이 있는 것이다(예, 순차적 혼합 방법 설계에서의 순차적 자료 분석).

　몇몇 연구자들이 일단의 미리 명시된 설계를 주장한 반면, 다른 이들은 MMR 설계 유형 분류 체계가 MMR 연구 과제의 반복적인 성격(즉, 새로운 요소나 입장이 연구 중에 추가될지 모른다) 때문에 결코 완전할 수 없다고 주장한다. 이는 많은 미숙련 연구자들이 양적 연구에서 제시되는 것과 비슷하게, "맞는(correct)" 설계를 고르기 위해 설계 "메뉴"를 원한다는 점에서 매우 중요하다고 하겠다(예, Shadish et al., 2002). 반대로, 혼합 방법을 사용하는 연구자들은 연구의 한 가지 입장에서 나온 결과를 다른 입장의 결과와 비교함으로써 계속적으로 재조사하여, 그 결과 설계와 자료 수집 절차 모두를 바꾸도록 권하고 있다.

　그들 자신의 MMR 설계 족보(design family)를 찾는 연구자들은 현재의 "연구 시장(marketplace)"에서 사용 가능한 다양한 선택권을 가지고 있다(예, Creswell

& Plano-Clark, 2007; Greene, 2007; Leech & Onwuegbuzie, 2009; Maxwell & Loomis, 2003; Morse, 1991, 2003; Teddlie & Tashakkori, 2009). Nastasi, Hitchcock과 Brown(2010)은 최근 다양한 설계 유형 분류 체계[13]에 대해서 조사하였는데, 이를 기본과 복잡한 범주로 나누고, 9가지 다른 기준과 차원으로 구별하고자 하였다.

몇몇 사람은 설계에 대한 수와 유형에 대해서 합의점을 찾지 못하였지만, 우리는 이러한 것이 건강하다는 징조이며, 가장 유용한 분류 체계가 살아남을 것이라고 믿는다. 이러한 유형 분류 체계의 궁극적인 가치는 연구자들이 MMR 연구를 계획하거나 수행할 때, 선택하고 기반이 되는(즉, 수정, 확장, 결합하기) 사용 가능한 설계의 선택들을 제공한다는 데 있다. 설계 유형 분류 체계의 다양성은 Jennifer와 Greene의 관점과 우리의 관점인 두 개의 관점을 간단히 조사함으로써 가장 잘 나타낼 수 있으며, 처음 소개된 이래 계속 변화되고 있다. 다른 관점들도 모두 가치 있지만, 우리는 이 두 관점이 특히 흥미로운 대조를 보여주기 때문에 이들을 선택하였다.

Greene은 연구자들이 MMR 연구를 수행할 때 "가정의 틀"과 연구 방법을 분리시킬 수 없다고 주장하였다. 따라서 그녀는 단일 연구에서 이러한 틀들을 혼합할 것을 권장하였다. 그녀의 설계는 Greene 등(1989)에서 나온 다섯 가지 근본 목적인 삼각측정(triangulation), 상호보완(complementarity), 개발(development), 착수(initiation), 확장(expansion)을 위한 혼합 방법에 뿌리를 두었다. Caracelli와 Greene(1993)은 연구 방법이 추론의 차원에서만 연계, 혼합되는 **요소 설계**(component design)와 연구 방법이 연구 과정 전체에서 통합되는 **통합 설계**(integrated design)로 구분하였다.

Greene(2007)은 두 가지 요소 설계 예시(융합, 확장)와 네 가지 통합 설계 예시(반복하기, 혼합하기, 품기 또는 내재화시키기, 실체나 가치의 이유를 혼합하기)를 제시하였다. MMR 설계의 이러한 여섯 가지 예시

는 다섯 가지 근본 목적에 연결되었는데 하나의 예시가 한두 가지의 본래의 목적에 일관되도록 하기 위함이다. Greene(2007, p.129)은 MMR 연구를 설계하는 것은 공식이나 일단의 처방책을 따르는 것이 아니라 "가까이 있는 실용적인 자원과 맥락 안에서 혼합을 위한 의도된 목적을 가장 잘 수행할 수 있는 혼합의 미학적인 제조 기술이다."라고 하였다.

MMR에 대한 우리의 접근에서, 우리는 항상 연구의 목적과 별개로 설계를 다루어왔다. 그것은 연구 목적의 중요성을 부정하는 것이 아니다. 분명하게도, 연구 수행시 연구 목적이 없다면, 연구는 수행될 수 없을 것이다. 우리는 목적이 복잡한, 심리-사회-정치적 개념이라고 생각하며, 개개인은 연구 수행시 "자신의 경력을 증진시키기"부터 "복잡한 현상을 이해하기"에 이르기까지 다양한 목적을 가진다고 믿는다. 이러한 목적은 시간이 지남에 따라 뒤엉키고 종종 변한다.

우리의 설계 유형 분류 체계는 MMR의 지난 십 년의 발전과 함께 변해왔다(Tashakkori & Teddlie, 1998, 2003c; Teddlie & Tashakkori, 2009). 우리 체계의 근본은 Patton(2002, p.252)의 연구 수행을 위한 "순수하고 혼합된 전략들"로부터 발전한 연구 과정의 세 가지 단계 모형이다. 이러한 세 개의 단계는 개념화(연구 과제에 특화된 연구 문제 공식화), 경험적(방법론적 조작, 자료 생성, 분석 등), 추론적(의외의 이론, 설명, 추론 등)의 단계이다. 혼합 설계는 세 가지 단계를 넘나들며 질적, 양적 접근으로 통합되고 있다. (현재) 우리의 유형 분류 체계에는 평행적, 순차적, 변환적, 완전 통합적이라는 네 가지 혼합 방법의 설계 족보가 있다. 이러한 족보들은 "수행 과정의 유형"이라고 불리는 것에 기초를 두는데, 이는 어떻게 양적, 질적 입장이 연구 수행 중에 실제 어떻게 통합되어 나타나는지를 보여준다. MMR 연구는 종종 다수의 자료 유형과 출처를 포함한 완전히 통합된 설계가 되는, 근본 형태를 점점 결합하는 것처럼 보인다.

Greene의 관점과 비슷하게, 우리는 통합이 연구 과정의 한 단계(우리에게는 경험적 단계)에서만 일어나는

지, 연구 전체에서 일어나는지 구별하였다. 이러한 골치 아픈 이슈들에 대한 가장 최신의 해결책은 혼합 설계와 **준혼합 설계**(quasi-mixed designs)를 구별하는 것이다. 전자는 앞 문단에서 정의된 것이며, 후자는 자료의 두 가지 유형이 수집되는 설계이지만 연구에서 얻어진 결과나 **추론**의 통합은 거의 없거나 아예 없다고 정의된다.

MMR 설계에 대한 이러한 관점 모두는

—

- 논리적이고 내적으로 일관된 관점을 반영한다.
- 이 분야의 변화와 관련되어 흥미로운 방식으로 계속적으로 변하기 때문에 현재 사용 가능하다.
- MMR 학위논문과 다른 연구 과제들을 안내함에 있어서 발견적(heuistic)이다.
- 시간이 지남에 따라 MMR 설계에 대한 문헌들이 발전한다(그리고 결과적으로 그들도 발전한다).

MMR 설계에 대한 우리의 입장과 Greene의 입장을 비교함에 있어서, Greene(2007, p.117)은 다음과 같이 결론을 내렸다.

—

혼합 방법 설계에 대한 나 자신의 생각의 매우 중요한 지적 공간을 Tashakkori와 Teddlie와 공유하지만, 어느 정도 차이도 있다. … 이러한 상호보완적인 그러나 구별된 일단의 개념들에 대한 최근 혼합 방법의 대화에는 확실히 충분한 공간이 있다.

혼합 방법 연구의 분석

혼합 방법의 자료 분석은 연구에서 양적, 질적 자료 분석 전략이 결합, 연계, 통합되는 과정이다(Teddlie & Tashakkori, 2009). 많은 창의적인 에너지가 현재 MMR 자료 분석과 관련된 주제로 확장되고 있는데, 특히 컴퓨터 생성 응용프로그램을 통합하고 있다(예, Bazeley, 2010). Bazeley(2009, p.206)는 최근

MMR의 성숙지표는 그것이 "토대와 설계 유형 분류 체계에서 지배적인 문헌"으로부터 "통합을 지원하는 개념화의 발전과 분석 기법에서 나오는 돌파구" 분야로 옮겨갈 때 나타난다고 하였다.

우리는 분석 이슈들에 대한 논의를 혼합 방법의 언어를 설명한 앞부분에서 이미 암시한 두 가지 주제, 즉 (1) 질적, 양적 연구에서 유사한 분석 과정을 명세화, (2) 이 영역에 특화된 MMR의 분석 절차에 대한 고유한 어휘 생성으로 국한하도록 하겠다. 이러한 유사한 과정은 Greene(2007, p.155)이 말한 "다른 방법론적 전통으로부터 얻은 자료의 분석 내에서 하나의 방법론적 전통의 분석 틀의 측면을 이용"하는 것을 말한다.

Miles와 Huberman(1984/1994)은 이러한 과정에 대한 초기 소개에서 양적 연구의 전통(예, Chi 검증에서 비롯된 숫자와 %로 가득한 분할표)에서 나온 매트릭스를 사용하였으며, 두 차원을 망라하여, 질적 연구의 전통에 그 틀을 적용한 후, 이야기 형태로 표의 칸을 완성하였다. 한 예로, Miles와 Huberman(1994)은 장기적인 학교 개선 과제를 수행하면서 가로 줄에는 연도를, 세로 열에는 처치의 수준을 사용한 것을 보여주었다. 학교들 사이의 사례 간(cross-case) 비교는 더 성공적이고, 덜 성공적인 학교 간에 혁신 수행에서 차이가 있었을 경우에 제시하였다.

비슷하게, Onwuegbuzie(2003)는 양적 연구의 효과 크기의 개념을 질적 연구의 유사한 분류 체계를 생성하는 데 사용하였는데, 세 가지 광범위한 범주(명백한, 조정된, 잠재된 질적 효과크기)를 포함한다. 양적 연구에서의 효과크기란 통계 지표로 산출되는 두 개의 수적 변수 간의 관계의 크기를 말한다. 질적 연구에서의 효과크기는 이야기 변수 사이의 관계의 크기로 이러한 변수들이 양화된 후에 계산되는 분석 과정에서 생성된다.

향후, 우리는 MMR 연구자들이 다른 전통 안에서 유사한 기법을 개발하기 위해 질적 또는 양적 전통에서 사용할 분석 틀을 점점 더 많이 사용할 것이라고 믿는다. 이것은 양적, 질적 접근에서의 적절한 훈련과 혼합 방법의 관점에서 유사한 과정을 창의적으로 볼 수 있는

능력 모두를 필요로 한다.

비슷하게 다양한 연구자들의 창의적인 통찰력은 [박스 16.1]에 나온 MMR에 특화된 자료 분석 용어의 긴 리스트를 만들게 될 것이다. 이러한 용어는 일반적인 분석 과정(예, 자료 변환), 보다 일반적인 분석 과정에서의 특정 기법(예, 병행적 혼합 자료 분석 안에서의 교차 추적 분석), 그리고 다수의 컴퓨터 프로그램을 활용한 복잡하고 반복적인 혼합 자료 분석을 말한다. Bazeley(2003, p.385, 이탤릭체 추가됨)는 후반의 과정을 **융해된 자료 분석**(fused data analysis)이라고 칭하며, 이를 다음과 같이 설명하였다.

> 소프트웨어 프로그램은 … 양적 자료를 질적 분석에 통합하고, 질적 코딩에서 만들어진 질적 코딩과 표를 통계 분석이 가능한 포맷으로 변형시키는 질적 자료 분석(QDA) 소프트웨어의 능력을 … 제공한다. … 그런 후, 분석의 "융해하기(fusing)"는 연구자가 다른 자료원을 혼합시키는 이상을 넘어서, 주제를 쉽게 더 충분히 이해할 수 있도록 같은 자료원을 다른 그러나 상호의존적인 방식으로 사용하도록 하는 수준까지 인도한다.

혼합 방법의 자료 분석에서 또 다른 주목할 만한 경향은 MMR의 세 번째 최근 특성인 "연구 작업의 모든 차원에서 다양성을 경축함"에서 논의하였다. 이러한 특성은 질적, 양적 입장이 넘나드는 결과와 추론의 다양성이 융합과 동일하게(또는 심지어 더욱) 유용한 정보를 준다는 인식이 증가하면서 보여진다. 왜냐하면, 다양성은 연구자들에게 더욱 복잡한 이해를 주며, 향후의 연구로 이끌기 때문이다.

16.5 혼합 방법 연구에 대한 비판

21세기가 된 이래, MMR 분야가 보다 가시적이 되면서, 몇몇 비판이 있어 왔다. 우리는 여기에서 이러한 비판점 중 가장 핵심적인 것 몇 가지를 잠시 살펴보도록 하겠다. 역사적 관점에서 볼 때, MMR에 대한 가장 공통된 비판점은 양립할 수 없다는 논지로, 패러다임 간의 인식론적 차이 때문에 질적과 양적 연구 방법을 같은 연구에서 혼합하는 것이 부적절하다는 것이다(예, Howe, 1988). 이러한 이슈는 MMR의 첫 번째 최근 특성인, **방법론적 다원주의**에서 언급하였는데, 우리는 연구 문제에 대한 답을 하기에 최고의 방법론적 도구를 결합하는 데 자유롭다고 주장하였다. 방법론적 다원주의에 대한 철학적 정당성이 중요한 반면, 양립할 수 없다는 논지에 대항하는 역사적 논쟁은 더욱 주목할 만하다. 즉, 연구자들은 질적 연구나 양적 연구 단독에서 구별된 다층적 연구가 되도록 사회과학과 행동과학의 역사를 통틀어 질적 방법과 양적 방법을 생산적으로 결합시켜 왔다.

질적 연구와 포스트모더니즘 공동체(예, Denzin & Lincoln, 2005; Howe, 2004; Sale, Lohfeld & Brazil, 2002)의 MMR에 대한 비판은 몇 가지 이슈를 포함하는데, 이는 MMR 공동체에 의해서도 다시 언급되었던 것이다(예, Creswell, Shope, Plano-Clark, & Green, 2006; Teddlie et al., 2008). 가장 핵심적인 이슈는 아마도 MMR이 질적 연구 방법을 양적 연구 방법의 부차적 위치에 종속시킨다는 염려이다. 이 장의 첫 절에서 언급하였듯이, 우리는 질적 방법의 강력한 기여에 대해서 분명히 언급하였고, 진정한 혼합 연구의 압도적인 다수가 두 가지 방법을 모두 통합시킨다고 하였다. 다행히도, 최근 문헌(예, Creswell et al., 2006; Denzin, 2008)은 질적 연구와 MMR 공동체가 다양한 관점을 존중하며 합의의 많은 점을 인식하는 생산적인 대화를 하였다고 언급하였다.

MMR의 귀중한 비판은 실행(logistical)(즉, 실제 연구를 수행하는 것)에 대한 염려를 포함하는데, 연구 비용이나 누가 수행할 것인가(예, 연구팀, 단독 연구자)에 대한 것이다. 우리는 어느 연구이든지 질적, 양적, 또는 MMR 접근을 채택하는 것은 설명되어야 할 연구 문제에 달려 있고, 많은 이슈들은 질적 또는 양적 접근

단독을 사용하여 최고의, 가장 효율적인 답을 할 것이라고 믿는다. MMR 기법은 연구 문제에 적절하게 답할 필요가 있을 경우에만 사용해야 한다, 왜냐하면 혼합 접근법은 본래 질적 또는 양적 단독보다는 비용이 많이 들기 때문이다. 혼합연구는 수행 기간이 더 길며, 이는 연구자들이 계약된 연구를 완성해야 하는 긴박한 시간을 사용해야 할 뿐만 아니라, 박사과정생들에게는 중요한 문제가 된다. 연구자들이 MMR을 사용하여 계약에 입찰하였다면 연구, 특별히 시간이 드는 문화기술지를 포함하는 질적 요소를 포괄적으로 수행하기 위해 정확한 예산을 신중하게 산정해야 한다. 설계의 모든 요소를 완성하는 데 필요한 시간과 비용의 과소평가된 MMR 과제는 약속하였던 것이 전달되지 못하는 "가벼운 질적 연구(QUAL-light)"가 되기 쉬울 것이다.

연구자에게는 "최소한의 역량 모형 또는 방법론적" 이중 언어주의가 "얄팍한, 아마도 실시도 불가능하게" 될 것이라는 염려가 있다(Denzin, 2008, p. 322). 혼합 방법의 교육적인 이슈는 이 장의 논의 범위를 넘어서지만, 이 영역에 대한 적극적인 문헌들이 개발되고 있는데(예, Christ, 2009, 2010; Creswell, Tashakkori, Jensen, & Shapley, 2003; Tashakkori & Teddlie, 2003b), 현재의 MMR 교육과정의 상세 내용과 어떻게 시간에 따라 변화하였는지(Christ, 2010)에 대한 내용이 포함되었다. MMR에 대한 협력적인 접근은 Shulha와 Wilson(2003)에 의해 설명되었으며, 성공적인 예시가 문헌에 나와 있다(예, Day, Sammons, & Qu, 2008).

"방법론적 전문가(methodological connoisseur-ship)"의 논의에서, 우리는 혼합 방법론자들이 연구 과제 중에 변할지 모를 연구 문제에 답하기 위해 사용 가능한 최고의 기법을 능숙하게(종종 직감적으로) 선택한다고 하였다. 문제는 여기에 있다. 즉, 그러한 경험과 판단은 다양한 방법들 가운데 어떻게 개발되는가, 특별히 질적 연구 영역에서? 이 질문에 대한 단일의 정답은 없지만, 우리는 수강 경험(coursework)과 연구 경험의 결합이 "방법론적 전문가"의 여정을 시작하

는 데 필수라고 믿는다. 연구 경험은 중요하며, 우리는 혼합 방법론자들인 교수들과 그들의 대학원생들과의 적극적인 멘토링을 지지한다. 오히려, 이러한 멘토링은 교수가 연구 책임자가 되는 연구 과제 그리고/또는 학생이 조사할 연구 문제의 다른 부분에 답하기 위해 대규모 질적, 양적 연구를 수행하는 데 필요한 논문의 연구 경험을 포함한다. 우리는 학생들이 성공적인 MMR 과제를 완성하고 그들이 "방법론적 전문가"가 되는 여정을 시작하는 몇몇 학위논문의 심사위원으로 참석하였었다(혼합 방법 학위논문에 기초한 연구 논문의 예로 Schulenburg[2007]와 Ivankova, Creswell, & Stick[2007] 참고).

또 다른 MMR에 대한 비판은 이 분야의 많은 논문과 책을 집필하는 질(quality)을 염려하는 것이다. Leech(2010)는 이 분야의 초기 개발자들과 면담을 실시하였는데, 연구자들은 (1) 그들의 연구가 현재의 MMR 문헌에 더 잘 맞도록 표현하기, (2) 그들 자신의 MMR 정의를 제시하기, (3) 방법이 연구의 어디에서, 어떻게 혼합되었는지 나타내기, (4) 철학 성향을 분명하게 명시하기에 대해서 좀 더 잘 집필해야 한다고 결론을 내렸다. Creswell(2009)은 최근 연구자들이 MMR 분야에서 자신의 "위치 정하기(locating)"를 도와주도록 MMR의 하위 영역을 자세히 설명한 예비 "지도(map)"를 제시하였다. Johnson 등(2007)에 의해 제시된 MMR의 다수의 정의는 연구자들의 관점을 설명하는 데 도움이 되어야 하는 반면, 다양한 설계 유형 분류 체계는 연구자들이 연구 과제에서 어떻게 방법을 혼합할 수 있는지에 대한 선택을 제시해야 한다. 더 나아가, 이 분야의 최소한 세 가지 철학적 성향(실용주의, 가치론적 가정에 연계된 틀, 변증법적 입장)과 발생한 다른 대안들(예, 비판적인 현실주의)에 대한 명확한 설명은 연구자들에게 연구에서 선택되고, 분명하게 드러나는 대안적인 철학적 성향을 제시해줘야 한다.

마지막으로, Freshwater(2007), Greene(2007), Greene과 Hall(2010) 및 다른 이들은 MMR이 사회 연구에서 다양한 접근법에 대한 고려와 존중을 막는 어

느 정도 "고착화된(fixed)" 연합 또는 합의로 미성숙하게 가고 있다고 염려하였다. 예를 들면, Freshwater (2007, p.141)는 "간호학과 보건학 문헌에서 도처에 만연한" 것으로 보이는 "통합과 일관성의 우상숭배"를 비판하였다. 이러한 염려는 Smith와 Heshusius(1986)가 양적-질적 논쟁에 대한 "대화를 닫는 것"에 대해 말한 우려와 비슷하다. 우리는 이러한 염려를 지적으로 이해할 수 있는데, MMR의 한 가지 특성이 "균형과 타협하려는 경향"이기 때문이다. 그러나 우리는 MMR을 다양한 관점을 막을 사회 연구에 대한 정체된 하나의 접근으로 보지 않는다.

아마도 MMR이 "연구 작업의 모든 차원에서 다양성에 대한 경축"을 야기한다는 우리의 확신은 SAGE사의 『사회과학과 행동과학에서의 혼합 연구 방법』 핸드북을 편집하였던 경험에서 나왔는데, 다음에 잘 나타나 있다.

- MMR를 위한 철학적, 개념적 모형의 광범위한 다양성
- 통합된 연구, 특히 자료 분석과 추론의 과정과 관련된 모든 측면들에서 사용될 수 있는 증가하는 다양한 방법론적 도구들의 묶음
- 학문분야의 틀을 넘나들며, 연구의 특정한 선 안에서 MMR의 다양한 응용

MMR이 일상적 이해의 연장이라는 우리의 생각은 MMR에 내재된 다양성에 대한 이러한 관점과 매우 관련이 있다. 즉, 매일의 문제 해결자(순진한 연구자)는 동시에 또는 순서적으로 다수의 접근법을 사용하며, 의사결정(또는 심지어 인상을 형성하는 데)에서 다양한 증거를 조사하고, 그들의 인상, 결론, 의사결정의 신뢰성에 질문을 한다. 비록 다른 유형의 자료, 보다 정교화된 분석 방법, 보다 엄격한 표준의 증거와 추론을 사용한다 해도, 혼합 방법 연구자(앞서 언급한 **방법론적 전문가**)는 다양한 출처의 증거에 의존함으로써 특징지어지는 똑같은 일반적인 길을 따를 것이다.

16.6　10년 안에 우리는 어디에 있을까?

미래를 예측하는 것은 항상 어려운 일이며, 특히 과거 15~20년 안에 막 공식적으로 생겨난 분야에 대한 경우는 더욱 그렇다. 따라서 다음의 논평은 이 분야의 궤도로서 우리가 본 것에 기초한 최고의 추측이며, 미래의 역사적 사건들은 MMR의 과정을 급진적으로 변화시킬 수 있다고 인정함을 보여주는 것이다.

1. 마치 구성주의가 질적 연구와 연계되고, 신기능주의가 양적 방법과 연계되는 것처럼, 실용주의가 MMR과 연계되는 주된 철학적 성향이라고 점진적으로 수용될 것이다. MMR과 연계되는 철학적 실용주의는 보다 정확하게 정의될 것이다. 다른 철학적 관점은 MMR의 기초로서 실용주의와 함께 존재할 것이며, 이는 패러다임의 다원주의에 대한 대부분의 혼합 방법론자의 신념 때문에 받아들여질 수 있을 것이다. 이론적이고 개념적인 이슈들에 대한 논의는 상대적으로 덜 강조될 것이다.

2. MMR 설계에 대한 포괄적인 묶음이 시간이 지남에 따라 나타날 것이며, 교과서에 널리 알려질 것이다. 이러한 설계들은 새롭게 나타날 다른 설계들과 함께 "특징적(signature)" 설계를 포함할 것이다. 유형 분류 체계(6개나 대부분 잘 알려진 것 들 중에)에 대한 논쟁은 이러한 원형적인 설계들의 포괄적인 묶음이 널리 알려지면서 진정될 것이다. MMR의 설계 이슈에 대한 논의는 상대적으로 덜 강조될 것이다.

3. 분석 이슈들은 혼합 방법의 자료에 대한 컴퓨터 활용 분석의 발전에 힘입어 더욱 중요해질 것이다 (Bazeley, 2009, 2010). MMR 안에서, 자료는 "단어나 숫자에 의해서는 저조하게, 정보의 변형 가능한 단위에 의해서는 보다 많이" 개념화될 것이다(Teddlie & Tashakkori, 2009, p.283). 혼합 방법론자들은 널리 받아들여지는 혼합 방법의 자료 분석 원리들을 개발할 것인데 이는 현재 존재하는 유형 분류 체계를 교체할 것이다. 혼합 방법의 자료 분석 원리의 개발은 분리된 방법론의 운동으로서 MMR의 지속에 중요한 것이다.

4. MMR은 사회과학과 행동과학을 통틀어서 계속해서 받아들일 것이다. 특정 학문 분야에서 받아들이는 형태는 이러한 분야에서의 현존하는 개념적, 방법론적 성향에 따라 달라질 것이다. 혼합 방법론자에게 도전은 학문분야 경계선을 넘는 "핵심적 정체성"을 개발하고 유지하는 일일 것이다(예, 공통적으로 이해되는 일단의 방법론적 원칙들).

5. 대안적인 미래는 MMR이 인문과학이 보다 포괄적이고(절충적인), 연구 문제 지향적인 길을 계속적으로 닦는다는 것이다. 순수 질적 연구 또는 양적 연구라고 하는 연구 과제는 더 적어질 것이며 단지 "연구 과제들"(MMR이라고 특별히 부르지 않고)이라고 더욱 많이 불릴 것이다. 혼합 방법론자들이 공통적으로 이해하는 방법론적 원리에 대한 핵심적 정체성을 개발하지 않는다면, 연구 방법론의 절충적인 혼합으로 단순하게 흡수될지 모른다.

주석

1. 우리는 Norman Denzin, Yvonna Lincoln, Harry Torrance의 이전 버전에 대한 매우 유익한 의견과 제안에 감사를 표하고 싶다.

2. 이 정의는 『American Heritage Dictionary of the English Language』(1969, p. 412)에서 가져왔다.

3. (3과 4의 주석 번호 바뀜) 우리는 독자들이 "방법의 전문가"라는 용어 사용이 Eisner(1998)의 잘 알려진 "교육 전문가"라는 용어와 혼동하지 않길 바란다. 후자는 감상의 예술을 포함하며 "질적, 심미적으로 교육 평가에 대한 근거가 되는 것"(Eisner, 1979, p. 11)을 포함한다.

4. (3과 4의 주석 번호 바뀜) Denzin과 Lincoln(2005, p. 4)은 비슷하게 질적 연구자를 브리콜라주를 하는 사람(bricoeurs)이라고 하였는데, 이러한 사람은 다양한 질적 방법론적 실천을 창의적으로 사용한다.

5. 우리는 인과효과를 양적 연구나 질적 연구에서의 발생원인으로만 독점적으로 조사하는 것을 말하지 않는다. 서술적으로 사용된 양적 연구 결과의 많은 예시와 현상의 원인을 조사하고자 질적 결과를 채택한 많은 예시가 있다(예, Maxwell, 2004; Yin, 2003).

6. 설계의 질은 연구 문제에 답하기 위해 가장 적절한 절차를 활용하고 효과적으로 수행하는 정도이다. 이는 설계 적합성, 충실도, 설계 내의 일관성 및 분석의 적합성으로 구성된다(Tashakkori & Teddlie, 2008).

7. 우리는 연구 문제의 유형에 기초한 질적 접근과 양적 접근의 이분법을 믿지 않는다. 탐구적이고도 확증적인 질문 모두 아마도 양적 연구와 질적 연구에서 찾아볼 수 있을 것이다.

8. 외전 논리(Abductive logic)는 제3 유형의 논리이며, 연구자가 예측하지 못한(surprising) 사건을 관찰한 후, 무엇이 이것을 유발했는지 판단하려 할 때 일어난다(예, Erzberger & Kelle, 2003; Peirce, 1974). 이것은 가설이 생성됨에 따른 과정이며 예측하지 못한 사건은 설명될 것이다.

9. 정량화하기와 정성화하기는 양적만 있거나 질적만 있는 연구를 MMR 연구로 변환하는 기법을 말한다. 질적 공동체(예, 후기구조주의)의 몇몇 연구자들은 이러한 기법을 활용하지 않으려 한다.

10. 비판적 현실주의(Maxwell & Mittapalli, 2010)는 최근 혼합 방법의 사용을 위한 또 다른 틀을 제안하였지만, 이 논의는 이 책의 범위를 벗어난다.

11. 형이상학적 패러다임에 대한 비판에서, Morgan(2007, p. 68)은 방법에 대한 형이상학적 염려에서부터 보다 큰 철학적, 개념적 이슈들로 논의를 옮겨가도록 한 것에 대해 가치 있는 기여라고 인정하였다.

12. 그런 후 이러한 논쟁은 Morgan(2007, p. 68)을 대안적인 입장으로 이끌었는데, 그는 이를 **실용적인 접근법**(pragmatic approach)이라고 하였다. 이는 "인식론의 추상적 차원과 실제적 방법의 기계적 차원에서의 이슈들을 연계하는 영역으로서의 방법론"이라고 강조하는 것이다. Morgan의 접근은 외전(abduction), 상호주관성(intersubjectivity), 이동성(transferability)과 같은 이슈들이 전통적인 이분법(예, 귀납/연역)을 교체할 것이라고 강조한다.

13. Maxewell과 Loomis(2003)은 MMR의 연구 설계에 대해서, 성격상 비분류체계적인 체제적 관점(systemic perspective)을 제시하였다. 이러한 설계의 상호작용적 모형은 다섯 가지 요소로 구성되어 있다(즉, 목적, 개념적 틀, 연구 문제, 방법, 타당성).

참고문헌

Adamson, J. (2004). [Review of the book *Handbook of mixed methods in social & behavioral research*]. *International Journal of Epidemiology, 33*(6), 1414–1415.

Bazeley, P. (2003). Computerized data analysis for mixed methods research. In A. Tashakkori & C. Teddlie (Eds.), *Handbook of mixed methods in social & behavioral research* (pp. 385–422). Thousand Oaks, CA: Sage.

Bazeley, P. (2009). Integrating data analyses in mixed methods research. *Journal of Mixed Methods Research, 3*(3), 203–207.

Bazeley, P. (2010). Computer assisted integration of mixed methods data sources and analysis. In A. Tashakkori & C. Teddlie (Eds.), *SAGE handbook of mixed methods in social & behavioral research* (2nd ed., pp. 431–467). Thousand Oaks, CA: Sage.

Biesta, G. (2010). Pragmatism and the philosophical foundations of mixed methods research. In A. Tashakkori & C. Teddlie (Eds.), *SAGE handbook of mixed methods in social & behavioral research* (2nd ed., pp. 95–117). Thousand Oaks, CA: Sage.

Bryman, A. (2006). Paradigm peace and the implications for quality. *International Journal of Social Research Methodology Theory and Practice, 9*(2), 111–126.

Campbell, D. T., & Fiske, D. W. (1959). Convergent and discriminant validation by the multitrait-multimethod matrix. *Psychological Bulletin, 56*, 81–105.

Caracelli,V.J.,& Greene,J.C.(1993).Data analysis strategies for mixed-method evaluation designs. *Educational Evaluation and Policy Analysis, 15*(2), 195–207.

Christ, T. W. (2009). Designing, teaching, and evaluating two comple-mentary mixed methods research courses. *Journal of Mixed Methods Research, 3*(4), 292–325.

Christ,T.W.(2010).Teaching mixed methods and action research: Pedagogical, practical, and evaluative considerations. In A. Tashakkori & C. Teddlie (Eds.), *SAGE handbook of mixed methods in social & behavioral research* (2nd ed., pp. 643–676). Thousand Oaks, CA: Sage.

Creswell, J. W. (2009). Mapping the field of mixed methods research. *Journal of Mixed Methods Research, 3*(2), 95–108.

Creswell, J. W. (2010). Mapping the developing landscape of mixed methods research. In A. Tashakkori & C. Teddlie (Eds.), *SAGE handbook of mixed methods in social & behavioral research* (2nd ed., pp. 45–68). Thousand Oaks, CA: Sage.

Creswell, J. W., & Plano Clark, V. L. (2007). *Designing and conducting mixed methods research*. Thousand Oaks, CA: Sage.

Creswell, J., Shope, R., Plano-Clark, V., & Green, D. (2006). How interpretive qualitative research extends mixed methods research. *Research in the Schools, 13*(1), 1–11.

Creswell, J., Tashakkori, A., Jensen, K., & Shapley, K. (2003). Teaching mixed methods research: Practice, dilemmas and challenges. In A. Tashakkori & C. Teddlie (Eds.), *Handbook of mixed methods in social & behavioral research* (pp. 619–638). Thousand Oaks, CA: Sage.

Day, C., Sammons, P., & Qu, Q. (2008). Combining qualitative and quantitative methodologies in research on teachers' lives, work, and effectiveness: From integration to synergy. *Educational Researcher, 37*(6), 330–342.

Denscombe, M. (2008). Communities of practice: A research paradigm for the mixed methods approach. *Journal of Mixed Methods Research, 2*, 270–283.

Denzin, N. K. (1978). *The research act: A theoretical introduction to sociological method* (2nd ed.). New York: McGraw-Hill.

Denzin, N. K. (2008). The new paradigm dialogs and qualitative inquiry. *International Journal of Qualitative Studies in Education, 21*, 315–325.

Denzin, N. K., & Lincoln, Y. S. (2005). Introduction: The discipline and practice of qualitative research. In N. K. Denzin & Y. S. Lincoln(Eds.), *The SAGE handbook of qualitative research* (3rd ed., pp. 1–32). Thousand Oaks, CA: Sage.

Eisner, E. W. (1979). The use of qualitative forms of evaluation for improving educational practice. *Educational Evaluation and Policy Analysis, 1*(6), 11–19.

Eisner, E. W. (1998). *The enlightened eye: Qualitative inquiry and the enhancement of educational practice*. Upper Saddle River, NJ: Merrill.

Erzberger, C., & Kelle, U. (2003). Making inferences in mixed methods: The rules of integration. In A. Tashakkori & C. Teddlie (Eds.), *Handbook of mixed methods in social & behavioral research* (pp. 457–490). Thousand Oaks, CA: Sage.

Freshwater, D. (2007). Reading mixed methods research: Contexts for criticism. *Journal of Mixed Methods Research, 1*(2), 134–146.

Greene, J. C. (2007). *Mixing methods in social inquiry*. San Francisco: Jossey-Bass.

Greene, J. C. (2008). Is mixed methods social inquiry a distinctive methodology? *Journal of Mixed Methods Research, 2*(1), 7–22.

Greene, J. C., & Caracelli, V. J. (2003). Making paradigmatic sense of mixed-method practice. In A. Tashakkori & C.

Teddlie (Eds.), *Handbook of mixed methods in social & behavioral research* (pp. 91–110). Thousand Oaks, CA: Sage.

Greene, J. C., Caracelli, V. J., & Graham, W. F. (1989). Toward a conceptual framework for mixed-method evaluation designs. *Educational Evaluation and Policy Analysis, 11,* 255–274.

Greene, J. C., & Hall, J. (2010). Dialectics and pragmatism: Being of consequence. In A. Tashakkori & C. Teddlie (Eds.), *SAGE handbook of mixed methods in social & behavioral research* (2nd ed., pp. 119–143). Thousand Oaks, CA: Sage.

Guba, E. G. (1990). Carrying on the dialog. In E. G. Guba (Ed.), *The paradigm dialog* (pp. 368–378). Thousand Oaks, CA: Sage.

Guba, E. G., & Lincoln, Y. S. (1994). Competing paradigms in qualitative research. In N. K. Denzin & Y. S. Lincoln (Eds.), *Handbook of qualitative research* (pp. 105–117). Thousand Oaks, CA: Sage.

Guba, E. G., & Lincoln, Y. S. (2005). Paradigmatic controversies, contra-dictions, and emerging confluences. In N. K. Denzin & Y. S. Lincoln (Eds.), *The SAGE handbook of qualitative research* (3rd ed., pp. 191–215). Thousand Oaks, CA: Sage.

Hammersley, M. (1996). The relationship between qualitative and quantitative research: Paradigm loyalty versus methodological eclecticism. In J. T. E. Richardson (Ed.), *Handbook of qualitative research methods for psychology and the social sciences* (pp. 159–174). Leicester, UK: BPS Books.

Hesse-Biber, S. (2010). Feminist approaches to mixed methods research: Linking theory and praxis. In A. Tashakkori & C. Teddlie (Eds.), *SAGE handbook of mixed methods in social & behavioral research* (2nd ed., pp. 169–192). Thousand Oaks, CA: Sage.

Howe, K. R. (1988). Against the quantitative-qualitative incompatibility thesis or dogmas die hard. *Educational Researcher, 17,* 10–16.

Howe, K. R. (2004). A critique of experimentalism. *Qualitative Inquiry, 10*(1), 42–61.

Ivankova, N. V., Creswell, J. W., & Stick, S. (2006). Using mixed methods sequential explanatory design: From theory to practice. *Field Methods, 18*(1), 3–20.

Johnson, R. B. (2009). Comments on Howe: Toward a more inclusive "Scientific Research in Education." *Educational Researcher, 38,* 449–457.

Johnson, R. B., & Gray, R. (2010). A history of philosophical and theoretical issues for mixed methods research. In A. Tashakkori & C. Teddlie (Eds.), *SAGE handbook of mixed methods in social & behavioral research* (2nd ed., pp.

69–94). Thousand Oaks, CA: Sage.

Johnson, R. B., & Onwuegbuzie, A. (2004). Mixed methods research: A research paradigm whose time has come. *Educational Researcher, 33*(7), 14–26.

Johnson, R. B., Onwuegbuzie, A. J., & Turner, L. A. (2007). Toward a definition of mixed methods research. *Journal of Mixed Methods Research, 1*(2), 112–133.

Krathwohl, D. R. (2004). *Methods of educational and social science research: An integrated approach* (2nd ed.). Long Grove, IL: Waveland Press.

Kuhn, T. S. (1962). *The structure of scientific revolutions.* Chicago: University of Chicago Press.

Leech, N. L. (2010). Interviews with the early developers of mixed methods research. In A. Tashakkori & C. Teddlie (Eds.), *SAGE handbook of mixed methods in social & behavioral research* (2nd ed., pp. 253–272). Thousand Oaks, CA: Sage.

Leech, N. L., & Onwuegbuzie, A. J. (2009). A typology of mixed methods research designs. *Quality and Quantity, 43,* 265–275.

Li, S., Marquart, J. M., & Zercher, C. (2000). Conceptual issues and analytic strategies in mixed-method studies of preschool inclusion. *Journal of Early Intervention, 23,* 116–132.

Lincoln, Y. S., & Guba, E. G. (1985). *Naturalistic inquiry.* Beverly Hills, CA: Sage.

Maxcy, S. (2003). Pragmatic threads in mixed methods research in the social sciences: The search for multiple modes of inquiry and the end of the philosophy of formalism. In A. Tashakkori & C. Teddlie (Eds.), *Handbook of mixed methods in social & behavioral research* (pp. 51–90). Thousand Oaks, CA: Sage.

Maxwell, J. A. (2004). Causal explanation, qualitative research, and scientific inquiry in education. *Educational Researcher, 33*(2), 3–11.

Maxwell, J. A., & Loomis, D. (2003). Mixed methods design: An alternative approach. In A. Tashakkori & C. Teddlie (Eds.), *Handbook of mixed methods in social & behavioral research* (pp. 241–272). Thousand Oaks, CA: Sage.

Maxwell, J. A., & Mittapalli, K. (2010). Realism as a stance for mixed method research. In A. Tashakkori & C. Teddlie (Eds.), *SAGE handbook of mixed methods in social & behavioral research* (2nd ed., pp. 145–167). Thousand Oaks, CA: Sage.

Mertens, D. M. (2007). Transformative paradigm: Mixed methods and social justice. *Journal of Mixed Methods Research, (1)*3, 212–225.

Mertens, D. M., Bledsoe, K. L., Sullivan, M., & Wilson, A. (2010). Utilization of mixed methods for transformative purposes. In A. Tashakkori & C. Teddlie (Eds.), *SAGE handbook of mixed methods in social & behavioral research* (2nd ed., pp. 193–214). Thousand Oaks, CA: Sage.

Miles, M. B., & Huberman, M. A. (1984). *Qualitative data analysis: A sourcebook for new methods.* Thousand Oaks, CA: Sage.

Miles, M. B., & Huberman, M. A. (1994). *Qualitative data analysis: An expanded sourcebook.* (2nd ed.). Thousand Oaks, CA: Sage.

Morgan, D. (2007). Paradigms lost and pragmatism regained: Methodological implications of combining qualitative and quantitative methods. *Journal of Mixed Methods Research, (1)*1, 48–76.

Morse, J. M. (1991). Approaches to qualitative-quantitative methodological triangulation. *Nursing Research, 40*(2), 120–123.

Morse, J. M. (2003). Principles of mixed methods and multimethod research design. In A. Tashakkori & C. Teddlie (Eds.), *Handbook of mixed methods in social & behavioral research* (pp. 189–208). Thousand Oaks, CA: Sage.

Mosteller, F., & Boruch, R. (Eds.). (2002). *Evidence matters: Randomized trials in education research.* Washington, DC: Brookings Institution Press.

Nastasi, B. K., Hitchcock, J. H., & Brown, L. (2010). An inclusive framework for conceptualizing mixed methods design typologies: Moving toward fully integrated synergistic research models. In A. Tashakkori & C. Teddlie (Eds.), *SAGE handbook of mixed methods in social & behavioral research* (2nd ed., pp. 305–338). Thousand Oaks, CA: Sage.

Newman, I., Ridenour, C., Newman, C., & DeMarco, G. M. P., Jr. (2003). A typology of research purposes and its relationship to mixed methods research. In A. Tashakkori & C. Teddlie (Eds.), *Handbook of mixed methods in social & behavioral research* (pp. 167–188). Thousand Oaks, CA: Sage.

Onwuegbuzie, A. J. (2003). Effect sizes in qualitative research: A prolegomenon. *Quality & Quantity: International Journal of Methodology, 37*, 393–409.

Onwuegbuzie, A., & Combs, J. (2010). Emergent data analysis techniques in mixed methods research: A synthesis. In A. Tashakkori & C. Teddlie (Eds.), *SAGE handbook of mixed methods in social & behavioral research* (2nd ed., pp. 397–430). Thousand Oaks, CA: Sage.

Onwuegbuzie, A. J., Johnson, R. B., & Collins, K. M. T. (2007). Conducting mixed analysis: A general typology. *International Journal of Multiple Research Approaches, 1*(1), 4–17.

Onwuegbuzie, A. J., & Teddlie, C. (2003). A framework for analyzing data in mixed methods research. In A.

Tashakkori & C. Teddlie (Eds.), *Handbook of mixed methods in social & behavioral research* (pp. 351–384). Thousand Oaks, CA: Sage.

Patton, M. Q. (1980). *Qualitative evaluation methods.* Thousand Oaks, CA: Sage.

Patton, M. Q. (1990). *Qualitative research and evaluation methods* (2nd ed.). Thousand Oaks, CA: Sage.

Patton, M. Q. (2002). *Qualitative research and evaluation methods* (3rd ed.). Thousand Oaks, CA: Sage.

Peirce, C. S. (1974). *Collected papers* (C. Hartshore, P. Weiss, & A. Burks, Eds.). Cambridge, MA: Harvard University Press.

Reichardt, C. S., & Cook, T. D. (1979). Beyond qualitative versus quantitative methods. In T. D. Cook & C. S. Reichardt (Eds.), *Qualitative and quantitative methods in program evaluation* (pp. 7–32). Thousand Oaks CA: Sage.

Ridenour, C. S., & Newman, I. (2008). *Mixed methods research: Exploring the interactive continuum.* Carbondale: Southern Illinois University Press.

Rossman, G., & Wilson, B. (1985). Numbers and words: Combining quantitative and qualitative methods in a single large scale evaluation study. *Evaluation Review, 9*, 627–643.

Sale, J., Lohfeld, L., & Brazil, K. (2002). Revisiting the qualitative-quantitative debate: Implications for mixed-methods research. *Quality and Quantity, 36*, 43–53.

Sandelowski, M., Voils, C. I., & Knafl, G. (2009). On quantitizing. *Journal of Mixed Methods Research, 3*(3), 208–222.

Schulenberg, J. L. (2007). Analyzing police decision-making: Assessing the application of a mixed-method/mixed-model research design. *International Journal of Social Research Methodology, 10*, 99–119.

Shadish, W., Cook, T., & Campbell, D. (2002). *Experimental and quasi-experimental designs for general causal inference.* Boston: Houghton Mifflin.

Shavelson, R. J., & Towne, L. (Eds.). (2002). *Scientific research in education.* Washington, DC: National Research Council, National Academy Press.

Shulha, L., & Wilson, R. (2003). Collaborative mixed methods research. In A. Tashakkori & C. Teddlie (Eds.), *Handbook of mixed methods in social & behavioral research* (pp. 639–670). Thousand Oaks, CA: Sage.

Smith, J. K., & Heshusius, L. (1986). Closing down the conversation: The end of the quantitative-qualitative debate among educational researchers. *Educational Researcher, 15*, 4–12.

Song, M., Sandelowski, M., & Happ, M. B. (2010). Current practices and emerging trends in conducting mixed methods intervention studies. In A. Tashakkori & C.

Teddlie (Eds.), *SAGE handbook of mixed methods in social & behavioral research* (2nd ed., pp. 725–747). Thousand Oaks, CA: Sage.

Tashakkori, A., & Creswell, J. (2008). Envisioning the future stewards of the social-behavioral research enterprise. *Journal of Mixed Methods Research, 2*(4), 291–295.

Tashakkori, A., & Teddlie, C. (1998). *Mixed methodology: Combining the qualitative and quantitative approaches.* Thousand Oaks, CA: Sage.

Tashakkori, A., & Teddlie, C. (Eds.). (2003a). *Handbook of mixed methods in social & behavioral research.* Thousand Oaks, CA: Sage.

Tashakkori, A., & Teddlie, C. (2003b). Issues and dilemmas in teaching research methods courses in social and behavioral sciences: US perspective. *International Journal of Social Research Methodol-ogy, 6*, 61–77.

Tashakkori, A., & Teddlie, C. (2003c). The past and future of mixed methods research: From data triangulation to mixed model designs. In A. Tashakkori & C. Teddlie (Eds.), *Handbook of mixed methods in social & behavioral research* (pp. 671–702). Thousand Oaks, CA: Sage.

Tashakkori, A., & Teddlie, C. (2008). Quality of inference in mixed methods research: Calling for an integrative framework. In M. M. Bergman (Ed.), *Advances in mixed methods research: Theories and applications* (pp. 101–119). London: Sage.

Teddlie, C., & Johnson, B. (2009). Methodological thought before the twentieth century. In C. Teddlie & A. Tashakkori (Eds.), *The foundations of mixed methods research: Integrating quantitative and qualitative techniques in the social and behavioral sciences* (pp. 40–61). Thousand Oaks, CA: Sage.

Teddlie, C., & Stringfield, S. (1993). *Schools make a difference: Lessons learned from a 10-year study of school effects.* New York: Teachers College Press.

Teddlie, C., & Tashakkori, A. (2003). Major issues and controversies in the use of mixed methods in the social and behavioral sciences. In A. Tashakkori & C. Teddlie (Eds.), *Handbook of mixed methods in social & behavioral research* (pp. 3–50). Thousand Oaks, CA: Sage.

Teddlie, C., & Tashakkori, A. (2009). *The foundations of mixed methods research: Integrating quantitative and qualitative techniques in the social and behavioral sciences.* Thousand Oaks, CA: Sage.

Teddlie, C., Tashakkori, A., & Johnson, B. (2008). Emergent techniques in the gathering and analysis of mixed methods data. In S. Hesse-Biber & P. Leavy (Eds.), *Handbook of emergent methods in social research* (pp. 389–413). New York: Guilford.

Yanchar, S. C., & Williams, D. D. (2006). Reconsidering the compatibility thesis and eclecticism: Five proposed guidelines for method use. *Educational Researcher, 35*(9), 3–12.

Yin, R. K. (2003). *Case study research: Design and methods* (3rd ed.). Thousand Oaks, CA: Sage.

Bent Flyvbjerg[1]

17.

사례 연구

이명석_ 성균관대학교 행정학과 교수

행위는 특정 상황에서 나름대로의 영역을 갖는다. 이것이 이론적인 지식을 갖지 않은 사람이 이론적인 지식을 가진 사람보다(특히 경험이 있는 경우) 더 효과적인 행동을 하는 이유이다. 예를 들어, 밝은 색의 육류가 소화도 더 잘되고 건강에도 더 좋다는 것은 알지만 어떤 종류의 고기가 밝은 색인지 모르는 사람을 가정하자; 그 사람은 닭고기가 건강에 좋다는 것을 아는 사람보다 더 건강할 가능성이 낮다.

— 아리스토텔레스

17.1 사례 연구는 무엇인가?

"사례 연구"에 대한 정의는 다양하다. 어떤 정의는 유용하지만, 그렇지 못한 정의도 있다. 메리암-웹스터사전(2009)은 사례 연구를 다음과 같이 명쾌하게 정의한다.

—
사례 연구: 환경과 관련된 발달의 요인을 강조하는, (사람이나 공동체와 같은) 개별 단위에 대한 심층적 분석.

이러한 정의에 따르면, 사례 연구는 Robert Stake(2008, pp. 119-120)가 "기능 특정적인" 또는 "제한된 체계"라고 부르는 "개별 단위"에 초점을 맞춘다. 어떤 연구를 사례 연구라고 정의할 수 있는 결정적인 요인은 연구에서 개별 단위의 선택, 즉 Charles Ragin(1992,

p. 217)의 멋진 표현인 "사례 만들기(casing)"에 해당하는 개별 단위 경계의 설정이다. 그러므로 만일 사례 연구를 하기로 선택한다면, 방법론적 선택은 무엇을 연구할 것인가에 대한 선택처럼 크게 중요한 문제가 아니다. 개별 단위는 질적 방법 또는 계량적 방법, 분석적 방법 또는 해석적 방법, 혹은 여러 가지 방법의 혼합 등 다양한 방법으로 연구될 수 있다. 그러므로 사례 연구는 방법론이 아니라 단위의 경계 구분에 의해 결정된다. 둘째, 이 정의는 사례 연구가 "철저하다"는 것을 규정한다. 사례 연구는 단위비교 연구보다 연구단위에 대한 더 상세하고, 더 풍부하고, 더 완전하고, 더 많은 변화를 다루는, 즉 심층적 분석을 수행한다. 셋째, 사례 연구는 "발달적 요인"을 강조한다. 이는 사례가 전형적으로 시간이 흐름에 따라 진화하고, 때때로 "특정 시간, 특정 장소에서" 발생하는 구체적이고 상호연계된 일련

의 사건을 구성하고, 이러한 모든 것들이 전체로 볼 때 하나의 사례를 구성하게 된다는 것을 의미한다. 마지막으로, 사례 연구는 "환경과의 관계", 즉 맥락에 초점을 맞춘다. 개별 단위의 경계를 그리는 것은 사례로 간주될 것과 사례의 맥락으로 간주될 것을 결정한다.

웹스터 사전의 사례 연구에 대한 상식적인 정의와 달리, 펭귄사의 『사회학사전』(Abercronbie, Hill, & Turner, 1984, p. 34; 그리고 1994년과 2006년판의 단어집)은 매우 문제가 있지만 불행하게도 일반적으로 널리 통용되는 사례 연구에 대한 다음과 같은 정의를 수십 년간 게재하고 있다.

> 사례 연구: 어떤 종류의 현상의 단일 사례에 대한 상세한 조사, 사례 연구는 광범위한 집단에 대한 신뢰할 수 있는 정보를 제공하지 못하지만, 다수의 사례를 활용하여 체계적으로 검증될 수 있는 가정을 제공한다는 점에서 연구의 초기단계에서 유용하다.

이 정의가 직접적으로 잘못된 것은 아니지만, 사례 연구 조사에 대한 지극히 전통적인 지혜로서 지나치게 단순화되어 매우 큰 오해를 불러일으킬 수 있다. 이 정의는 사례 연구가 하나의 독립된 방법론이 될 수 없으며, 큰 표본에 대한 조사의 부속물에 불과하다는 잘못된 관점을 확산시킨다. 사례 연구가 "하나의 사례에 대한 상세한 조사"인 것은 사실이나, 사례 연구가 "광범위한 집단에 대한 신뢰할 수 있는 정보를 제공하지 못한다."는 것은 옳지 않다. 또한 사례 연구가 "연구의 초기단계에서" 활용될 수 있다는 것이 사실이나, 사례 연구를 실제 연구의 대규모 조사와 체계적인 가설 검증 및 이론 구축을 위한 준비단계에서만 사용되는 시험적인 방법으로 간주하는 것은 잘못이다. 펭귄사 사전의 정의는 우리가 앞으로 발견하게 될 두 가지 방법론의 생산적인 상보성(相補性)을 도출하지 못하고 오히려 차단하는 불행한 방법으로 사례 연구를 대규모 표본을 사용하는 통계적 방법론과 나란히 놓고 비교한다.

John Gerring(2004, p. 342)은 사례 연구의 의미를

밝히려는 많은 학문적 시도가 오히려 '정의의 곤경'을 초래하였으며, 이러한 혼란스러운 정의를 정리하려고 노력할 때마다 상황은 점점 더 악화될 뿐이라고 적절하게 지적한다. 그러므로 만일 사례 연구에 대한 정의가 필요하다면, 펭귄사의 『사회학사전』과 같은 학술적 정의보다는 웹스터사의 정의처럼 상식적 정의에 만족하는 것이 더 적절하다.

17.2 사례 연구의 역설

사례 연구는 기록된 역사만큼이나 오래전부터 존재해 왔으며, 오늘날 심리학, 인류학, 사회학, 역사학, 정치학, 교육학, 경제학, 경영학, 생물학, 의학 등 학문분야의 저서와 논문에서 큰 부분을 차지하고 있다. 예를 들어, Alexander George와 Andrew Bennett(2005, pp. 4-5)에 의하면 최근 정치학 최고 학술지에 게재된 모든 논문의 대략 절반은 사례 연구를 활용하고 있다고 한다. 경험세계에 대하여 우리가 알고 있는 거의 대부분이 사례조사 연구를 통해 생산되었으며, 대부분 학문분야의 가장 가치 있는 고전적 연구의 상당수도 사례 연구이다.

그러나 여기에 역설이 존재한다. 사례 연구가 광범위하게 사용되며 권위 있는 저술을 생산하는 것과 동시에, 방법론으로서의 사례 연구는 학계에서 일반적으로 저평가되거나 무시되는 현상이 발견된다. 예를 들어, 미국의 상위 30위 이내의 정치학 대학원 프로그램 중 단지 2개만이 사례 연구나 질적 연구 방법론을 대학원 과정의 필수과목으로 요구하고 있으며, 심지어 이들 대학원 중 1/3은 이와 같은 과목을 제공하고 있지도 않은 실정이다. 이와는 대조적으로, 30개 대학원 모두가 계량적 방법론 과목을 제공하고 있으며, 대부분의 프로그램이 흔히 다수의 계량적 방법론 과목의 수강을 요구하고 있다(Goerge and Bennett, 2005, p. 10). 사례 연구의 광범위한 활용과 저평가의 역설을 확인하면서

Gerring(2004, p.341)은 사례 연구가 "기이한 방법론적 변방"에서 살아남고 있는데 이것은 사례 연구에 대한 이해가 부족하기 때문이라고 정확하게 지적한다.

이하의 내용에서 Gerring의 역설을 해결하고, 사례조사 연구가 더욱 광범위하게 사용되고 인정받을 수 있도록 하기 위하여 사례 연구의 신뢰성과 유용성을 체계적으로 손상시키는 다섯 가지의 오해를 밝히기로 한다. 다섯 가지 오해는 다음과 같다.

오해 1	일반적으로, 이론적인 지식이 사례에 대한 구체적인 지식보다 가치 있다.
오해 2	개별 사례를 토대로 일반화할 수 없다; 그러므로, 사례 연구는 과학 발전에 기여할 수 없다.
오해 3	사례 연구는 전체 연구 과정 초기단계의 가설 형성에 가장 유용하다; 반면에 다른 방법론들은 가설 검증과 이론 구축에 더 적합하다.
오해 4	사례 연구는 검증에 대한 편향, 즉, 연구자의 선입견을 확증하는 경향을 갖는다.
오해 5	특정적인 사례 연구를 요약하여 일반적인 명제나 이론을 도출하는 것은 어렵다.

이상의 다섯 가지 오해가 사례 연구에 대한 전통적인 견해나 정설을 구성한다고 할 수 있다. 사례 연구의 이론, 신뢰성, 타당성 즉, 사례 연구의 과학적 방법으로서의 지위 자체가 문제가 된다. 이하의 내용에서 다섯 가지 오해를 하나하나씩 고쳐나가고, 오해가 아니라 이해에 근거하는 사회과학에서의 사례조사 연구의 활용 기반을 분명히 밝히고자 한다.

17.3 오해 1

> 일반적으로, 이론적인 지식이 사례에 대한 구체적인 지식보다 가치 있다.

사례 연구에 대한 전통적인 견해가 왜 문제 되는지를 이해하기 위해서, 인간의 학습에서 사례와 이론이 차지하는 역할을 파악할 필요가 있다. 두 가지 논점을 생각해 볼 수 있다. 첫째, 사례 연구는 인간이 규칙에 의존하는 초보자에서 명인 수준의 전문가로 발전하기 위해 필요한 지식인 것으로 학습에 대한 연구에 의해 밝혀진 구체적이고 맥락의존적 유형의 지식을 생산한다. 둘째, 인간의 문제에 관한 연구에는 오직 맥락의존적 지식만이 존재하며, 이것은 필연적으로 사회과학이 자연과학을 모방하여 인식적 이론, 즉 설명적이고 예측적인 이론을 개발할 가능성을 배제한다. 이상의 두 가지 논점에 대한 심층적인 논의는 Flyvbjerg(2001, 2~4장)에서 찾아볼 수 있다. 지면관계상 여기에서는 논의의 개요만을 소개한다. 그러나 일단 이 두 가지 논점이 옳은 경우, 연구와 교육에서 사례 연구에 대한 전통적인 견해에 대해 매우 충격적인 결과를 초래할 것이라고 주장할 수 있다. 전통적인 견해는 많은 문제를 갖고 있다.

인간의 학습에 대한 현상학적 연구는 성인의 경우 초보자 시절의 분석적 합리성에 대한 규칙지배적 활용에서 Pierre Bourdieu(1977)가 '명인'이라 부르고 Hubert와 Stuart Dreyfus(1986)가 '진정한 인간 전문가'라고 부르는 암묵적인 기술의 유려한 실행으로의 질적 도약이 학습과정에 존재한다고 지적한다. 여기에서 선물 주기, 자전거 타기, 또는 텔레비전 화면 이미지 해석하기 등 일상적인 사회적, 기술적, 지적 기술 분야에서는 대부분의 사람이 전문가인 반면, 체스경기, 교향곡 작곡, 비행기 조종 등 좀 더 전문화된 기술 분야에서는 극히 소수만이 진정한 전문가 수준에 도달한다는 것을 알 수 있다.

그러나 자신의 전문 영역에서 수천 가지의 구체적인 사례에 대한 개인적인 지식에 근거하여 자신의 업무를 수행한다는 것이 모든 전문가들이 갖는 공통점이다. 맥락의존적 지식과 경험이 전문적 행동의 핵심인 것이다. 또한 이러한 지식과 전문성이 연구와 교육방법, 또는 좀 더 일반적으로 말해서 학습방법으로서의 사례 연구의 핵심이라고 할 수 있다. 그러므로 학습과정에 대한 현상학적 연구는 사례 연구나 이와 유사한 연구의 중요성을 강조하는데, 이것은 사례에 대한 경험을 통해서만 인간이 초보자에서 전문가로 발전할 수 있기 때문이다. 만일 인간이 교과서의 기본이 되는 맥락독립적 지식과 규칙만을 배타적으로 교육받는다면, 학습과정에서 초보자 수준을 벗어나지 못할 것이다. 이것이 분석적 합리성의 한계이며, 분석적 합리성은 학생, 연구자 또는 실무자로서의 직업 수행에서 최선의 결과를 얻기에 부적절하다.

교육상황에서, 잘 선별된 사례 연구는 학생들이 숙련된 지식을 얻는 것을 돕는 반면, 맥락독립적 사실과 규칙은 학생들을 초보자 수준에 도달하게 할 수 있을 뿐이다. 단지 소수의 고등교육기관만이 사례 연구의 중요성을 받아들인다. 하버드대학교가 그 중 하나이다. 하버드대학교에서는 사례 연구가 인간학습의 핵심이라는 이해에 근거하여 전문대학원 교육과 연구가 이루어지고 있다(Christensen & Hansen, 1987; Cragg, 1940).

규칙에 근거한 지식이 평가절하되어야 하는 것은 아니다. 이러한 지식은 모든 영역에서 중요하며, 특히 초보자들에게 중요하다. 그러나 규칙에 근거한 지식을 학습의 궁극적인 목표로 삼는 것은 주객이 전도된 것이다. 두 가지 접근 모두 필요하다. 적절한 기술 실무자로서의 개인의 직접적인 경험을 통해서만 학습과정의 가장 높은 수준, 즉 명인과 진정한 전문가의 수준에 도달하는 것이 가능하다. 그러므로 사례 연구나 다른 실험적 교육방법을 활용하는 것 이상으로 교사가 전문직업 프로그램의 학생을 위해 할 수 있는 최선의 방법은 취업 알선, 인턴십, 여름 일자리 등과 같은 방법을 통하여 학생들이 스스로 진정한 실습경험을 체험하게 하는 것이다.

사례 연구의 실제상황과의 유사성과 풍부한 상세성은 두 가지 관점에서 연구자들에게 중요하다. 첫째, 현실에 대한 미묘한 관점의 차이를 발전시키는 데 중요하다. 여기에는 대부분의 이론과 학습과정의 가장 낮은 단계에서 발견되는 단순히 규칙지배적 행동으로는 적절하게 이해될 수 없는 인간의 행태에 대한 관점이 포함

된다. 둘째, 사례는 훌륭한 연구를 하기 위해 요구되는 자신의 기술을 개발하는 연구자 자신의 학습과정을 위해서도 중요하다. 연구자가 자신의 연구기술을 높은 수준까지 개발하기를 원한다면, 다른 어떤 전문적인 기술을 습득하는 것만큼이나 구체적이고 맥락의존적 경험이 중요하다. 구체적인 경험은 연구되는 현실과 지속적으로 친밀성을 유지하고 연구 대상으로부터 환류를 함으로써 얻어질 수 있다. 연구 대상으로부터 너무 멀리 떨어지거나 환류가 부족하면 학습과정은 무의미하게 되고, 연구의 결과나 유용성이 불분명하고 검증되지 않는 의례적인 학문적 막다른 골목에 봉착하게 된다. 조사방법으로서의 사례 연구는 이러한 경향을 방지하는 효과적인 처방이 될 수 있다.

학습과정과 관련된 두 번째 핵심은 사회과학에는 예측 이론이 존재하지 않으며, 아마도 존재할 수 없을 것이라는 사실이다. 사회과학은 일반적이고 맥락의존적이지 않은 이론의 개발에 실패해왔고, 결과적으로 구체적이고 맥락의존적인 이론 이외에는 아무 것도 제시하지 못하였다. 그리고 사례 연구는 이러한 이론의 생산에 매우 적합하다. 최근 연구에서 Donald Campbell(1977, p.179)은 이와 유사한 결론에 도달하였다. 젊은 시절에 Campbell(Campbell and Stanley, 1996, pp.6-7)은 "통제가 전혀 이루어지지 않은 연구는 과학적인 가치가 전혀 없다."라고 말하면서 사례 연구에 대해 신랄하게 비판하였다. 현재 그는 자신의 저술이 "사례 연구에 대한 나의 초기의 독단적인 경멸로부터 매우 멀리 이탈"하였다고 설명한다. 인간학습의 현상학에서 사용하는 논리와 매우 유사한 논리를 사용하면서, Campbell은 다음과 같이 설명한다.

결국, 인간은 대체로 잘 이해하는 능력을 갖고 있고, 상식수준의 질적 이해는 계량적 이해에 의해 대체되지 않는다. … 상식수준의 자연과학적 관찰이 객관적이고, 믿을 만하고, 편견이 없다는 말은 아니다. 그러나 이것이 우리가 가진 전부이다. 비록 소란스럽고, 틀리기 쉽고 편협하지만 이것이 지식으로 가는 유일한 길인 것이

다. (1975, pp.179, 191)

Campbell은 사례 연구의 가치에 대한 견해를 바꾼 유일한 연구자가 아니다. 초기에는 사례 연구를 개인적인 진술이나 일화를 생산하는 방법으로밖에 보지 않던 Hans Eysenck(1976, p.9)는 후에 "가끔 우리는 무엇인가를 증명하려는 희망보다는 무엇인가를 배우려는 희망으로 눈을 크게 뜨고 개별적인 사례를 그저 주의 깊게 관찰할 필요가 있다!"는 사실을 깨닫는다. "견고한" 이론의 부재로 사회과학에서 최종적인 증명은 좀처럼 어려운 반면, 학습은 확실하게 가능하다. 좀 더 최근에 사회과학 연구에서 사례 연구는 무엇이며 또한 무엇이 될 수 있는지를 탐구한 Charles Ragin과 Howard Becker 그리고 그의 동료들 또한 비슷한 견해를 피력하였다(Ragin & Becker, 1992).

지금까지 사회과학은 예측 이론, 일반적 원리, 과학주의를 제공하는 데 실패해왔다. 본질적으로, 사회과학에는 특정적인 사례와 맥락의존적 지식만이 존재한다. 그러므로 사례 연구에 관한 다섯 가지의 오해 중 첫 번째 오해—일반이론적(맥락독립적) 지식이 구체적(맥락의존적) 사례에 대한 지식보다 더 가치 있다—는 다음과 같이 수정되어야 한다.

인간 문제에 관한 연구에서 예측 이론과 일반적인 원리는 불가능하다. 그러므로 예측 이론과 일반원리를 부질없이 추구하는 것보다 구체적인 사례에 대한 지식이 더 가치 있다.

17.4 오해 2

개별 사례를 토대로 일반화할 수 없다; 그러므로, 사례 연구는 과학 발전에 기여할 수 없다.

단일 사례에 근거한 일반화가 불가능하다는 견해는 흔히 과학적인 방법으로서의 사례 연구를 부정하는 것으로 받아들여진다. 이와 같은 사례 연구에 대한 두 번째 오해는 사회과학 분야에서 자연과학적 이상을 신봉하는 사람들 사이에서 흔히 발견된다. 심지어 자연과학적 이상과 관련이 없는 사람들까지도 이러한 견해를 갖는 경우도 발견된다. 예를 들어, Anthony Giddens에 의하면,

해석적인 문제를 주로 다루는 연구는 다양한 행위의 맥락 범위 내에서의 행위자의 앎의 본질, 그리고 행위의 이유를 설명하는 데 얼마나 기여할 수 있는가에 따라 일반화될 수 있는 중요성을 갖게 된다. 예를 들어 현장 인류학의 소규모 전통 공동체 연구와 같은 문화기술적 연구는 본질적으로 일반화를 지향하는 연구가 아니다. 그러나 이러한 연구가 반복적으로 수행되면 쉽게 일반화를 지향하는 연구가 될 수 있고, 이러한 연구의 특성에 대한 정당한 판단이 가능하게 된다. (1984, p.328)

Giddens가 묘사하는 방법으로 일반화를 할 수 있으며, 이 방법이 일반적으로 적절하고 가치 있는 방법이라는 것은 옳다. 그러나 마치 단일 사례에 근거한 일반화가 불가능하다는 말이 옳지 않은 것과 마찬가지로, 이것이 유일한 연구 방법이라는 말은 옳지 않다. 어떤 사례를 다루는지, 어떻게 사례를 선택하였는지에 따라 상황은 달라진다. 이는 인간 문제에 대한 연구뿐만 아니라 자연과학에서도 마찬가지이다(Platt, 1992; Ragin & Becker, 1992).

예를 들어, 아리스토텔레스의 중력의 법칙을 부정하는 갈릴레오의 연구는 "많은 경우의 수"에 대한 관찰에 근거하지도 않고, 관찰이 "여러 차례 반복적으로" 이루어지지도 않았다. 갈릴레오의 연구는 주로 개념적인 실험으로 이루어졌고, 후에 실제 실험에 의해 뒷받침되었다. 나중에 깨닫게 되면 이러한 실험은 자명하다. 그럼에도 불구하고 아리스토텔레스의 중력에 대한 견해는 반증되기 전까지 거의 2000년 동안 과학적 탐구를 지배하였다. 실험적 사고에서 갈릴레오는 다음과 같이 추

론하였다: 만일 같은 질량을 가진 두 물체가 같은 높이에서 동시에 투하된다면, 두 물체는 같은 속도로 낙하하여 동시에 지면에 닿게 될 것이다. 만일 두 물체가 하나의 물체로 합쳐진다면 질량은 두 배로 증가하고, 따라서 아리스토텔레스의 견해에 따르면 합쳐지기 이전의 두 물체보다 빠르게 낙하할 것이다. 갈릴레오는 이러한 결론이 상식에 어긋난다는 것을 발견하였다. 이러한 모순을 벗어날 수 있는 유일한 방법은 자유낙하 가속도를 결정하는 요인에서 무게를 배제하는 것이었다. 그리고 바로 이것이 갈릴레오가 생각한 것이었다. 과학사학자들은 갈릴레오가 정말로 피사의 사탑에서 실제로 유명한 실험을 실시했는지, 아니면 이 유명한 실험은 신화에 불과한 것인지에 대해 지속적으로 논쟁을 벌인다. 어쨌든, 분명한 사실은 갈릴레오의 실험은 Campbell의 초기 견해나 Giddens의 견해에서 요구되는 것처럼 다양한 기상조건, 무작위로 선정된 다양한 높이 … 등 다양한 조건하에서 낙하된 물체라는 대규모 무작위 선정 표본을 활용하지 않았다는 것이다. 오히려, 만일 실험이 이루어졌다면 그것은 단 한 번의 실험, 즉 사례 연구였던 것이다. (사례 연구, 실험, 일반화의 관계에 대해서는 Bailey, 1992; Griffin, Botsko, Wahl, & Issac, 1991; Lee, 1989; Wilson, 1987 참고) 그러나 갈릴레오의 생각은 계속 의심을 받았고, 아리스토텔레스의 견해는 150년이 지나 공기펌프가 발명되기까지 기각되지 않았다. 이제는 모든 학생들이 다 알고 있는 진공관 안에서 동전 또는 납덩어리가 깃털과 같은 속도로 낙하하는 것을 보여주는 결정적인 실험이 공기펌프의 발명으로 가능하게 된 것이다. 이 실험 이후로 더 이상은 아무도 아리스토텔레스의 견해를 받아들이지 않게 되었다. 그러나 이러한 논의에서 놓치지 말아야 할 매우 중요한 사실은 극단적으로 대조되는 물질인 금속과 깃털이라는 물체를 현명하게 선택하였기 때문에 하나의 사례로 논란이 해결될 수 있었다는 것이다. 이러한 것을 결정적인 사례라고 부를 수 있다: 왜냐하면 만일 이 두 물체에서 갈릴레오의 명제가 성립한다면 다른 모든 또는 많은 물체에서도 명제가 성립할 것이라고 기대할 수

있기 때문이다. 대규모 무작위 표본은 단 한 번도 중요한 역할을 차지한 적이 없다. 대부분의 창의적인 과학자들은 이와 같은 문제를 해결하기 위해서 이런 방법을 전혀 사용하지 않는다.

찰스 다윈의 연구에서 사례 연구가 핵심적인 위치를 차지하는 것과 마찬가지로, 조심스럽게 선별된 실험, 사례, 경험은 아이작 뉴튼, 알버트 아인슈타인, 닐스 보어 등의 물리학 발전에서도 결정적인 역할을 담당하였다. 사회과학에서 또한 사례에 대한 전략적인 선택은 사례 연구의 일반화 가능성을 높이는 데 크게 기여할 수 있다. John Goldthorpe, David Lockwood, Frank Beckhofer, Jennifer Platt(1968~1969)은 "풍요로운 노동자"에 대한 그들의 고전적 연구에서, 중산층의 지위에 도달하면 노동자계급이 계급 정체성과 갈등 없이 사회에 녹아들게 된다는 명제를 뒷받침할 수 있는 가장 유리한 사례를 의도적으로 찾았다 (Wieviorka, 1992도 참고). 만일 어떤 명제가 유리한 사례에서도 반증된다면, 다른 사례에서 반증될 가능성은 훨씬 더 크다. 높은 임금을 지불하는 기업과 사회적 안정성을 갖춘 런던 외곽의 그 당시 번성하는 산업중심지였던 루턴—중산층 정체성의 산실—이 사례로 선정되었다. 연구자들은 심층적인 현장연구를 통하여 심지어 이곳에서도 자생적인 노동자 계급의 문화가 널리 퍼져 있다는 사실을 발견하였고, 계급정체성 지속성의 명제에 대한 일반적인 신뢰를 제고할 수 있었다. 다음에서 이러한 유형의 전략적인 표본추출에 대하여 보다 체계적으로 설명하기로 한다.

사회과학에서 계량적인 연구의 비약적인 발전이 이루어지기 직전에 William Beveridge(1951; Kuper & Kuper, 1985에서 재인용)는 사례 연구, 대규모 표본 그리고 발견의 관계에 관해서 "대규모 집단에 적용되는 통계보다 [개별 사례에 대한] 심층적인 관찰을 통해서 더 많은 발견이 이루어진다."는 사실을 발견하였다. 이것이 사례 연구가 언제나 적절하고 타당한 연구 방법이라거나 또는 대규모 무작위 표본이 가치 없다는 것을 의미하지는 않는다. 연구 방법은 반드시 연구 대상과

상황에 분명하게 근거해야 한다.

　마지막으로, 대규모 표본 또는 개별 사례 어느 것에 근거하든 상관없이 형식논리를 활용하는 일반화가 갖고 있는 과학적 진보의 주요 원천으로서의 가치가 과대평가되고 있다는 것을 언급할 필요가 있다. 스스로를 가설－연역적 과학모형의 신봉자라고 밝히는 경제학자 Mark Blaug(1980)는 경제학자들이 말로는 가설－연역적인 모형과 일반화를 강조하지만 실제 연구에서는 그들이 강조하는 방법을 거의 사용하지 않는다는 것을 보여주었다. 더 일반적으로, Thomas Kuhn은 과학의 가장 중요한 전제조건은 연구자들이 과학적 작업에 필요한 다양한 실천적인 기술을 보유하는 것임을 보여주었다. 일반화는 단지 이 많은 실천적 기술 중 하나일 뿐이다. 독일어에서 "과학"(wissenschaft)이라는 단어는 문자 그대로 "지식을 얻는 것"을 의미한다. 그리고 형식논리를 활용하는 일반화는 인간이 지식을 습득하고 축적하는 많은 방법 중의 하나일 뿐이다. 지식이 형식논리를 통하여 일반화될 수 없다는 것이 형식논리를 활용하는 일반화가 주어진 연구분야나 사회에서의 지식축적의 집합적 과정에 편입될 수 없다는 것을 의미하는 것은 아니다. 지식은 형식논리를 통한 일반화가 불가능한 경우에도 얼마든지 전달될 수 있다. 일반화를 전혀 의도하지 않는 순수하게 기술적이고 해석주의적인 사례 연구도 지식축적 과정에서 가치 있는 역할을 할 수 있고, 과학혁신을 위한 선구적인 연구에 큰 도움이 될 수 있는 경우가 많다. 이러한 주장이 형식논리를 활용한 일반화를 비판하는 것은 아니다. 일반화를 위한 노력은 과학발전에 필수적이고 효과적인 수단이기 때문이다. 단지 형식논리를 활용한 일반화가 과학적 탐구의 유일한 방법으로 받아들여지는 경우 발생할 수 있는 한계를 강조하는 것뿐이다.

　가설검증을 통한 일반화에서 사례 연구가 차지하는 역할에 대한 균형감 있는 견해를 Harry Eckstein은 다음과 같이 설명한다.

　　비교 연구와 사례 연구는 이론을 검증하는 두 개의 대안적인

방법으로, 두 방법에 대한 선택은 논리적인 고려가 아니라 임의적이고 실천적인 고려에 의해 이루어진다. 사례 연구는 문제가 자주 발생하기 때문에 의심받고 비교 연구는 문제가 없기 때문에 의심받지 않아야 한다는 입장을 진지하게 취하는 것은 불가능하다. (1975, pp. 116, 131, 저자의 강조; Barzelay, 1993도 참고)

　Eckstein은 여기에서 "이론"을 설명과 예측이라는 "엄격한" 의미로 사용한다. 이러한 이유로, 사례 연구가 이론검증이나 일반화를 위해 사용될 수 없다는 견해에 대한 Eckstein의 반박이 "이론"의 검증을 명제나 가설의 검증을 나타내는 "부드러운" 의미로 제한하는 나의 견해보다 더 강력하다고 할 수 있다. Eckstein은 만일 사회과학에 예측 이론이 존재할 수 있다면, 사례 연구가 다른 방법과 마찬가지로 예측 이론을 검증하는 방법으로 사용될 수 있다는 것을 보여준다.

　좀 더 최근에는, George와 Bennett(2005)가 비정상적인 사례를 연구하여 사례 연구와 이론개발 사이의 강력한 연계를 보여주었고, John Walton(1992, p. 129) 또한 유사한 맥락에서 "사례 연구가 최선의 이론을 만들어낼 가능성이 크다."는 것을 발견하였다. 그러나 이미 Eckstein은 자신의 연구분야인 정치학에서 진정한 이론이 놀랄 만큼 적다는 사실을 발견하였다. 하지만 그는 그 이유를 알지 못한 것이 분명하다.

　　잘 훈련된 방법으로 이론을 사례에 적용하기 위해서는 그렇지 않은 경우보다 이론을 보다 엄밀하게 진술해야 한다. 여기에는 이론의 적용이 진실로 "잘 훈련되었다는" 전제조건이 필요하다. 즉, 정당한 이론은 특정한 사례해석을 강제하고 다른 해석은 배제한다는 것을 입증할 수 있도록 이론의 적용이 설계되어야 한다. 이미 언급한 대로 불행히도 정치학 연구에서 이러한 경우는 (설령 존재한다 하더라도) 매우 드물다. 그 이유 중 한 가지는 강력한 이론이 존재하지 않기 때문이다. (1975, pp. 103-104)

사례 연구는 Karl Popper가 "반증"이라고 명명하는 검증 유형을 활용하는 이상적인 일반화 방법으로, 사회과학의 핵심적인 자기 성찰성(self reflexivity)의 일부를 형성한다. 반증은 과학적인 명제에 대한 가장 엄격한 검증의 하나이다: 만일 단지 하나의 관측이라도 명제에 부합하지 않는다면, 명제는 일반적으로 타당하지 않은 것으로 간주되고 따라서 수정되거나 기각되어야 한다. Popper는 스스로 지금은 유명해진 "모든 백조는 하얗다."는 명제를 예로 들면서 비정상적인 사례 즉, 단 한 마리의 검은 백조의 관찰로 이 명제는 반증될 수 있으며, 이처럼 비정상적인 사례가 일반적으로 중요하고 또한 추가적인 연구와 이론구축을 촉발한다고 제안한다. 심층적인 접근을 특징으로 하는 사례 연구는 "검은 백조"를 찾아내는 데 매우 적절한 방법이다: "흰 백조"가 종종 면밀한 관찰을 통해 "검은 백조"로 판명되기도 한다. 비정상적인 사례, 그리고 비정상적인 사례의 유사 사례를 설명하기 위해서는 새로운 개념, 변수, 인과기제를 개발해야 하므로 비정상적 사례와 이에 수반되는 반증은 이론발전의 주요 원천이다.

사례에 대한 네 번째 오해에 대한 논의에서 반증에 대해서 다시 논의하기로 한다. 여기에서는 두 번째 오해—개별적인 사례를 토대로 일반화할 수 없고, 사례 연구는 과학발전에 기여할 수 없다—를 다음과 같이 수정한다.

> 단일 사례를 근거로 하는 일반화가 가능하다. 다른 방법을 보완하는 방법이나 대안적인 방법으로 사례 연구는 일반화를 통한 과학발전에 중요한 역할을 한다. 그러나 "사례의 힘"과 전달 가능성이 과소평가된 반면, 형식논리를 활용한 일반화는 과학발전의 원천으로서의 가치가 과대평가되어 있다.

17.5 오해 3

> 사례 연구는 전체 연구 과정 초기단계의 가설 형성에 가장 유용한 반면, 다른 방법론들은 가설 검증과 이론 구축에 더 적합하다.

사례 연구에 대한 세 번째 오해는 이 장의 도입부에서 소개된 펭귄사의 사례 연구 정의가 규정하고 있는 것처럼 가설 검증이나 이론 구축은 연구 과정의 후반부에서 다른 방법에 의해 잘 수행될 수 있고, 사례 연구는 전체 연구 과정의 첫 번째 단계에서의 가설 형성에 가장 유용하다는 주장이다. 이 오해는 개별적인 사례로부터의 일반화가 불가능하다는 두 번째 오해에서 파생된다. 두 번째 오해가 수정되었으므로 세 번째 오해도 다음과 같이 수정할 수 있다.

> 사례 연구는 가설 검증과 형성에 모두 유용하며, 이 중 어느 한 가지 연구 활동에만 제한되는 것은 아니다.

이 분야의 전통적인 지식을 반박하는 Eckstein은 심지어 사례 연구가 가설 형성보다 가설 검증에 더 적합하다고까지 주장한다. Eckstein(1975, p.80)은 사례 연구가 "이론 구축 과정의 모든 단계에서 유용하나, 흔히 사례 연구가 가장 유용하지 않다고 여겨지는 이론 구축 과정, 즉 후보이론들이 검증되는 단계에서 가장 유용하다."고 주장한다. 사례 연구가 연구 과정에서 다음과 같은 과업을 다른 방법보다 잘 수행할 수 있으므로 사례 연구가 이론 개발에 특히 적합하다는 것을 발견한 후 George와 Bennett(2005, pp.6-9)는 Eckstein의 주장을 확인하고 확장하였다. 사례 연구가 잘 수행할 수 있는 과제는 다음과 같다.

- 원인과 결과를 연결하는 과정 추적([박스 17.1] 참고)
- 가설화된 인과기제에 대한 상세한 탐구
- 역사적 설명의 개발 및 검증

- 개념의 맥락에 대한 민감도 이해
- 비정상적인 사례로부터 촉발되는 새로운 가설과 연구 질문 형성

심지어 합리적 선택이론가들도 이론과 가설을 검증하기 위하여 사례 연구를 활용하기 시작하였다. 이는 사례 연구에 대한 질적 연구와 양적 연구의 수십 년 묵은 반목을 완화시키는 데 도움이 될 수 있다 (Bates, Grief, Levi, Rosenthal, & Weingast, 1998; Flyvbjerg, 2006).

가설 검증은 "일반화 가능성" 문제와 직접 관련되고, 이 문제는 다시 사례 선택 문제와 연결된다. 전략적인 사례 선택을 통해서 사례 연구의 일반화 가능성을 높일 수 있다(사례 선택에 대한 추가적인 논의는 Ragin,

1992; Rosch, 1978 참고). 주어진 문제나 현상에 대한 정보를 가능한 한 많이 확보하는 것이 목적이라면 대표적인 사례나 무작위 표본은 적절한 전략이 아닐 수 있다. 전형적이거나 평균적인 사례는 흔히 풍부한 정보를 제공하지 못하기 때문이다. 비전형적이거나 극단적 사례는 더 많은 행위자와 더 근본적 기제를 활성화시키기 때문에 더욱 풍부한 정보를 제공하는 경우가 많다. 또한 이해-지향적 관점이나 행동-지향적 관점 어느 관점에서도 문제의 증상과 빈도를 기술하는 것보다 주어진 문제와 그 결과의 심층적 원인을 밝히는 것이 훨씬 더 중요하다. 대표성을 강조하는 무작위 표본은 이와 같은 통찰력을 절대로 제공할 수 없다; 타당성을 위해서는 몇 가지 사례를 선택하는 것이 더 적절하다.

다양한 표본의 유형이 [표 17.1]에 정리되어 있다.

박스 17.1
과정 추적을 통한 노벨상 수상 이론 반증

몇 년 전, 하버드 비즈니스 리뷰 편집장이 나에게 연락을 해서 그의 잡지에 실린 프린스톤 대학교의 심리학자인 다니엘 카네만 교수의 논문에 대한 논평을 부탁하였다. 편집장은 불확실성하에서의 의사결정에 관한 카네만의 노벨상 수상 이론은 실무적인 결정 실패를 선천적인 낙관주의로 설명하는 반면 (Lovallo & Kahneman, 2003), 나와 동료들이 유사한 현상을 전략적 허위진술, 즉 주인–대리인 관계의 거짓말로 설명한다는 사실(Flyvbjerg, Holm, & Buhl, 2002)에 당혹해하였다. 누가 옳은지 편집장이 물었다. 낙관주의는 비의도적인 자기 기만인 반면, 거짓말은 의도적으로 타인을 속이는 행동이다. 그러므로 문제는 모두가 동의하는 실패를 야기하는 기만이 의도적인지 아닌지의 여부로 귀착된다. 나와 카네만이 기만에 관한 연구에서 모두 사용한 통계적인 방법은 이 문제에 대한 해답을 제공하지 못한다. 의도가 있었는지 없었는지를 이해하기 위해서는 사람의 머릿속까지 이르는 과정추적이 필요하다. 많은 사례 연구와 인터뷰를 통하여, 나와 동료들은 기만이 많은 경우 의도적이며, 특히 정치적이고 조직적인 압박하에서 매우 중요하고 값비싼 결정을 내리는 경우 그러하다는 사실을 입증하였다. 이렇게 우리는 실무적인 결정 실패에 대한 일반적인 설명으로서의 낙관주의이론을 반증하고 낙관주의와 전략적 허위진술을 통합하는 미묘한 차이를 더욱 적절하게 설명할 수 있는 새로운 이론을 개발하였다(Flyvbjerg, 2007).

표 17.1 표본 및 사례 선택 전략

선택 유형	목적
A. 무작위 선택	표본의 체계적 편향 회피. 표본크기가 일반화에 결정적임.
1. 무작위 표본	전체 모집단에서의 일반화를 가능하게 할 수 있는 대표성 있는 표본 획득
2. 층화 표본	모집단내에서 특별하게 선별된 하위집단에서의 일반화
B. 정보–지향적 선택	작은 표본이나 단일 사례로부터 얻어지는 정보의 효용 극대화. 정보의 내용에 관한 기대를 근거로 사례 선택
1. 극단적/비정상적 사례	좀 더 엄밀하게 정의된 의미에서 특별히 문제가 되거나 바람직한 사례가 될 수 있는 이례적인 사례에 대한 정보 획득. 기존 이론의 한계에 대한 이해. 비정상적인 사례를 설명할 수 있는 새로운 개념, 변수 및 이론의 개발
2. 최대편차 사례	사례의 과정과 결과의 다양한 상황의 의미에 대한 정보 획득. 즉, 크기, 조직형태, 위치, 예산 등의 차원 중 한 가지에서 매우 상이한 서너 가지 사례.
3. 결정적 사례	"만일 주어진 사례에서 타당하(지 않)다면, 모든 (어떤) 사례에도 적용될 수 있(없)다"와 같은 유형의 논리적 연역을 가능하게 할 수 있는 정보 획득
4. 범례적 사례	은유나 사례와 관련된 영역의 유형(집단) 구축

극단적 혹은 비정상적 사례는 Sigmund Freud의 "늑대인간"이나 Michel Foucault의 "원형교도소"와 같은 유명한 사례 연구에서 나타난 아주 극적인 방법으로 논점을 전달하는 데 적절하게 사용될 수 있다. 또한 기존 이론의 한계에 대한 연구자들의 이해, 그리고 이전에는 예외로 간주되던 현상을 설명하는 데 필요한 새로운 개념, 변수, 그리고 이론의 개발을 도울 수 있는 비정상적 사례는 이론 개발에 특히 유용하다.

반면에, **결정적 사례**는 일반적인 문제와 연관된 전략적 중요성을 갖는 것으로 정의될 수 있다. 앞서 언급된 다른 물체가 동일한 속도로 낙하하는가를 알아보기 위한 실험에서 이루어진 납과 깃털의 전략적 선택은 결정적 사례 선택의 전형적인 예다. 물체에 대한 이와 같은 선택은 결정적 사례의 특징인 일반화, 즉 "만일 이 사례에서 타당하다면, 모든(또는 많은) 사례에서 타당하다"는 유형의 일반화를 형성할 수 있는 가능성을 제공한다. 또한 부정적인 형태의 일반화는 "만일 이 사례에서 타당하지 않다면, 어떤(또는 단지 소수의) 사례에서도 타당하지 않다"가 될 것이다([박스 17.2] 참고).

박스 17.2
뇌손상의 결정적 사례

한 직업병 의학 클리닉은 유기용매를 가지고 작업하는 근로자들이 뇌손상으로 고통받는지를 조사하려 하였다. 클리닉이 위치한 지역의 유기용매를 사용하는 모든 기업에서 대표적인 표본을 선택하는 대신에 클리닉은 청결성과 대기질 등 모든 안전규제를 충족시키는 단일 작업장을 선정하였다. 이 모델 작업장이 결정적 사례가 되었다: 만일 이 시설에서 유기용매와 관련된 뇌손상이 발견된다면, 유기용매에 대한 안전규제에 주의를 덜 기울이는 다른 기업에서도 같은 문제가 발생할 가능성이 크다. 이와 같은 전략적인 선택을 통하여 주어진 문제를 조사하는 데 필요한 시간과 비용을 절약할 수 있고, 결정적 사례를 통하여 "만일 이 사례에서 타당하다면, 모든(또는 많은) 사례에서 타당하다"는 유형의 일반화를 할 수 있다. 부정적인 형태의 일반화는 "만일 이 사례에서 타당하지 않다면, 어떤(또는 단지 소수의) 사례에서도 타당하지 않다"가 된다. 이 사례에서 직업병 의학 클리닉은 모델 기업에서 유기용매와 관련된 뇌손상을 발견했고, 관할구역의 모든 기업에서 문제에 대한 대책이 필요하다는 결론을 내렸다.

"결정적 사례를 어떻게 확인할 수 있는가?" 이 질문은 무엇이 결정적 사례인가에 대한 질문보다 더 어렵다. 결정적 사례를 찾는 데는 경험이 요구되며, 누구나 확실하게 결정적 사례를 확인할 수 있도록 할 수 있는 일반적인 방법론적 원칙은 존재하지 않는다. 결정적 사례를 찾을 때는 "가장 가능성이 높은" 또는 "가장 가능성이 낮은" 사례, 즉 명제나 가설을 명확하게 확증하거나 또는 이론의 여지 없이 반증할 수 있는 사례를 찾는 것이 좋다는 것이 유일한 일반적인 조언이다. "가장 가능성이 낮은" 사례의 전형적인 예는 조직의 과두제에 대한 Robert Michels(1962)의 고전적 연구이다. 강력한 민주주의적 이상을 가진 수평적으로 구조화된 풀뿌리 조직, 즉 과두제가 될 확률이 낮은 유형의 조직을 선택함으로써 Michels는 "이 조직이 과두제라면, 다른 모든 조직도 마찬가지이다"라는 과두제 보편성의 명제를 검증할 수 있었다. 이와 대응되는 "가장 가능성이 높은" 사례의 전형적인 예는 Whyte(1943)의 보스턴 빈민지역 연구이다. 기존의 이론에 의하면 보스턴 빈민지역은 사회적 해체 현상이 나타났어야 하지만, 실제로는 정반대의 현상이 나타났다(1992년 4월 「Journal of Contemporary Ethnography에 실린 Whyte의 논문 또한 참고).

"가장 가능성이 높은" 유형의 사례는 명제의 반증에 특히 더 적합한 반면, "가장 가능성이 낮은" 사례는 명제의 증명에 가장 적합하다. 어떤 명제에 대한 가장 가능성이 높은 사례는 그 명제의 부정에 대한 가장 가능성이 낮은 사례가 된다. 예를 들어, White의 슬럼 지구는 사회조직의 보편성을 지지하는 가설의 가장 가능성이 낮은 사례가 될 수 있다. 그러므로 사례를 가장 가능성이 높은 또는 가장 가능성이 낮은 사례로 확인하는 것은 실제 사례의 특성뿐만 아니라 조사설계와 밀접하게 관련된다.

사례 선택의 마지막 전략은 **범례(範例)적 사례**(paradigmatic case)의 선택이다. Thomas Kuhn은 자연과학자들의 기본적 기술 또는 배경 관행이 "예증(exampler)"에 의해 조직화되며, 예증의 역할이 과학사학자의 연구 대상이 될 수 있다는 것을 보여주었다. 마찬가지로, Clifford Geertz나 Michel Foucault와 같은 학자들은 종종 그들의 연구를 특정한 문화적 패러다임을 기초로 조직화한다: 예를 들어, Geertz의 패러다임은 발리섬 닭싸움의 "심오한 놀이"인 반면, Michel Foucault에게는 유럽의 감옥과 "원형교도소"가 범례이다. 두 경우는 모두 범례적 사례, 즉 연구 대상인 사회의 좀 더 일반적인 특성을 강조하는 사례의 예이다. Kuhn은 과학적 패러다임이 규칙이나 이론처럼 표현될 수 없다고 설명한다. 어떻게 예측 이론이 도출될 수 있는가를 예측하는 예측 이론은 존재하지 않는다. 과학적 활동은 그것이 얼마나 하나 혹은 그 이상의 범례, 즉 좋은 과학적 활동의 실용적인 원형(原型)에 근접한가 하는 기준에 의해 좋은 과학으로서의 위상이 인정되기도 하고 기각되기도 한다. 과학자들이 어떻게 과학적 활동을 수행하는가를 보여주는 범례적 사례가 정확히 이와 같은 원형이다. 이것은 평가 기준이 되고 또한 사상과 학파 구축의 초점 역할을 수행한다.

결정적 사례의 경우에서처럼, "어떻게 범례적 사례를 확인할 수 있는가?" 하는 문제가 존재한다. 어떤 사례가 은유적이고 원형적인 가치를 갖고 있는가를 어떻게 결정할 수 있는가? 이 문제는 결정적 사례의 경우보다 훨씬 더 어렵다. 범례적 사례는 어떤 종류의 규칙에 근거하는 기준도 초월하기 때문이다. 범례적 사례 자체가 기준을 설정하기 때문에 범례적 사례를 판별하는 어떤 기준도 존재하지 않는다. Hubert Dreyfus와 Stuart Dreyfus는 범례적 사례와 사례 연구를 인간 학습의 핵심적인 요소로 보았다. Hubert Dreyfus와의 인터뷰에서(저자 자료) 나는 무엇이 범례적 사례를 구성하고 어떻게 이것을 확인할 수 있는지 물어보았다. Stuart Dreyfus는 다음과 같이 대답하였다.

Heidegger는 범례적 사례가 스스로 빛나기 때문에 쉽게 발견할 수 있다고 말하지만, 나는 이것이 큰 도움이 되지 않는다고 생각한다. 필요한 것은 통찰력이다. 예를 들면, 우리는 모두 세잔의 그림을 보고 어느 것이 좋은

사례인지 또는 나쁜 사례인지 말할 수 있다. 그러나 무엇이 세잔을 근대 화가의 범례로 만들 수 있는가를 결정하는 데 도움이 되는 어떠한 규칙도 존재할 수 없다. … 시민들이 자신들의 직관이 무엇인지를 정당화할 수 있는 민주사회에서 이것은 매우 중요한 문제이다. 사실, 어느 누구도 자기 직관의 실체를 정당화할 수 없다. 그러므로 이유를 만들어내야 하는데, 이것은 절대 진정한 이유가 될 수 없다.

직관이 범례적 사례의 판별에 핵심적이라는 것에는 동의할 수 있다. 그러나 자신의 직관을 정당화해야만 하는 것이 문제라는 것에는 선뜻 동의하기 어렵다. 문화기술 방법론적 연구는 대부분의 과학적 연구 활동이 당연한 것으로 받아들여지며 직관적으로 이해할 수 있는 절차에 의해 이루어진다는 것을 보여준다. 그러나 다른 과학자들에게도 사리에 맞는 것으로 인식되거나 또는 당장 사리에 맞는 것으로 받아들여지지는 않더라도 설명될 수 있는 것이라는 의미에서, 이러한 직관적인 결정은 책임 있는 결정인 것이다. 범례적 사례의 결정과 관련해서 이러한 일들이 많이 나타난다. 당연한 것으로 여겨지는 직관적인 절차를 통해서 어떤 사례를 선택하는 경우, 종종 이러한 선택의 이유를 설명하라는 요구를 받는다. 설명은 학술공동체의 다른 구성원들에게 사리에 맞는 것으로 받아들여져야 한다. 이것은 범례적인 사회과학 사례 연구에서의 선택 문제에만 국한된 것이 아니라, 과학 또는 다른 분야까지 포함하는 학계의 고유한 특성이라고 할 수 있다. 예를 들어, 어떤 연구가 수행되어야만 한다는 것이 자신의 직관이라는 진술만으로는 연구기금 지원신청을 충분히 정당화할 수 없다. 비록 연구자의 직관이 연구자가 연구를 수행하고자 하는 진정하고 가장 중요한 이유라 할지라도 연구자가 다수의 사람이 납득할 만한 방법으로 자신의 직관을 설명할 수 있는지 여부에 대한 사회적인 검사를 수행하는 것이 연구위원회의 이상적인 역할이다.

어떤 사례, 예를 들면 Geertz의 발리섬 닭싸움과 같은 사례가 범례적 사례인지 여부를 사전에 결정하는 것

은 거의 불가능하다. 사례에 대한 전략적인 선택 이외에도, 연구자 공동체, 조사대상 집단, 그리고 경우에 따라서는 일반대중의 연구에 대한 반응과 사례 연구의 실행 방법 또한 중요한 역할을 한다. 연구자가 주장할 수 있는 연구의 타당성, 그리고 연구가 기여할 수 있는 담론에서 이루어지는 타당성 논의과정에서 인정되는 연구의 타당성에 의해서 사례 연구의 가치가 결정된다. 다른 훌륭한 장인들처럼, 연구자들이 할 수 있는 최선은 자신들의 경험과 직관을 활용하여 선택한 사례가 범례적 맥락에서 흥미 있는 것인지, 그리고 사례 선택을 정당화할 수 있는 일반적으로 납득될 수 있는 이유를 제시할 수 있는지를 평가하는 것이다.

사례 선택 전략에 대한 고려와 관련하여, 다양한 전략

박스 17.3
결정적 사례에서 극단적 사례로의 예기치 못한 변화

Flyvbjerg(1998a)에 포함된 덴마크 알보그의 도시 정책 및 계획과정의 합리성과 권력에 대한 사례 연구를 계획할 때, 나는 다음과 같은 방법으로 "가장 가능성이 높은" 결정적 사례를 활용한 조사설계를 시도하였다: 도시 정책 및 계획의 합리성이 가장 잘 구축된 알보그의 권력구도에서 도시 정책 및 계획의 합리성이 취약하다면, 적어도 덴마크 내에서는 다른 어떤 곳에서도 마찬가지로 취약할 것이다. 그러나 이 논리는 틀렸다. 왜냐하면 지역의 권력 관계에 대한 나의 연구가 알보그의 가장 영향력 있는 "권력의 얼굴"의 하나인 상공회의소가 다른 도시의 상공회의소들보다 훨씬 더 막강한 권력을 갖고 있다는 것을 밝혀냈기 때문이다. 지방 권력관계에 대한 연구가 지방 계획에 대한 연구보다 훨씬 적게 이루어졌기 때문에, 연구초기에는 이러한 사실이 명확하지 않았다. 따라서 알보그가 합리성과 권력이 모두 강력한 사례라는 의미에서 나의 사례는 예기치 못하게 결정적 사례 대신 극단적 사례 연구가 되었다. 결과적으로 내 연구는 도시 정책 및 계획 분야에서 강력한 합리성과 강력한 권력이 충돌하는 경우 어떤 일이 발생하는가에 대한 연구의 하나가 되었다. 그러나 의도적으로 알보그를 극단적 사례로 선택한 것이 아니었다. 선택은 우연하게 이루어졌다. 나는 매우 좌절하였다. 특히 결정적 사례가 존재하지 않는다는 것을 깨달은 후 다른 사례로서의 가능성이 있으므로 모든 것을 잃게 된 것은 아님을 알게 될 때까지 몇 개월 동안 나는 무척 좌절했다. 새로운 영역을 개척하고 계획하는 연구자는 이러한 사건에 대해 항상 대비하고 있어야 한다고 생각한다.

이 상호 배타적이지 않다는 것을 언급할 필요가 있다. 예를 들어, 한 사례가 동시에 극단적이고, 결정적이며 또한 범례적일 수 있다. 이러한 사례에 대한 해석을 통하여 고유하고 풍부한 정보를 얻을 수 있다. 왜냐하면 사례를 어떤 유형으로 접근하고 해석하는가에 따라 사례에 대한 다양한 관점과 결론을 도출하는 것이 가능하기 때문이다. 마지막으로, 연구자가 특정 유형의 사례라고 생각한 사례가 좀 더 정밀한 연구를 통하여 다른 유형의 사례로 판명되기도 한다([박스 17.3] 참고).

17.6 오해 4

> 사례 연구는 검증에 대한 편향, 즉, 연구자의 선입견을 확증하는 경향을 갖는다.

사례 연구에 대한 다섯 가지 오해 중 네 번째 오해는 사례 연구가 검증에 대한 편향을 갖고 있고 연구자의 선입견을 확증하는 경향을 갖고 있으므로, 연구의 과학적인 가치가 의문시된다는 것이다. 예를 들어, Jared Diamond(1996, p.6)는 이와 같은 견해를 갖고 있다. 그는 사례 연구가 "연구자가 자신의 기존의 해석을 축적된 데이터에 낙인찍는 경향을 제어하는 데" 유용한 방법인 "과학적인 방법"을 사용하지 않기 때문에 "막대한 지장을 초래할 정도의 약점"을 갖는다고 설명한다.

Francis Bacon(1953, p.xlvi)은 이러한 검증 편향을 단순히 사례 연구와 연관된 현상이 아니라 근본적인 인간의 본성이라고 보았다. Bacon은 다음과 같이 말하였다.

—

인간의 독특한 특성에서 비롯되는 인간의 이해는 사물에 대하여 현실에서 실재하는 것보다 훨씬 더 높은 수준의 질서와 평등성을 쉽게 가정한다. 어떤 명제가 제기되면, 인간의 이해는 다른 모든 것들을 강제하여 명제에 대한 지지와 확증을 추가한다. 부정적인 증거보다 긍정적인 증거에 의해 훨씬 더 많이 동기부여되고 흥분하는 것이 인간 이해의 독특하고 영속적인 실수이다.

Bacon은 확실히 모든 연구자가 어떤 방법으로든 다루어야 하는 근본적인 문제를 다루고 있다. Charles Darwin(Barlow, 1958, p. 123)은 그의 자서전에서 검증 편향성을 회피하기 위하여 그가 개발한 방법에 대하여 다음과 같이 서술하고 있다.

—
나는 나의 일반적인 연구 결과에 배치되는 출판된 사실, 새로운 관찰 또는 생각이 떠오르면 언제나 실수 없이 그리고 즉각적으로 메모를 하였다. 이것이 내가 오랫동안 지켜온 나의 황금률이다. 왜냐하면 나는 이러한 관찰이나 생각이 내 연구 결과에 부합하는 관찰이나 생각보다 훨씬 쉽게 망각된다는 것을 경험을 통하여 알고 있었기 때문이다. 이러한 습관 덕분에 최소한 내가 자각하지 못하였거나 해답을 제공하려고 노력하지 않았던 나의 견해에 대한 반론은 거의 없었다.

검증 편향성은 일반적인 현상이다. 그러나 다른 방법에 비하여 연구자들의 주관적이고 자의적인 판단의 여지를 표면적으로 훨씬 더 많이 허용한다는 것이 사례 연구와 같은 질적 연구 방법의 단점으로 근거 없이 추정된다: 질적 연구 방법은 흔히 계량적이고, 가설-연역적인 방법에 비하여 덜 엄밀한 방법으로 간주된다. 이러한 비판 때문에 우리가 중요한 문제에 더 민감해질 수 있으므로 이러한 비판이 유용하다 하더라도, 경험 많은 사례조사 연구자들에게 이러한 비판은 사례조사 연구의 본질에 대한 지식의 부족을 나타내는 것 이상의 아무것도 아니다. Donald Campbell과 그의 동료들은 사례 연구가 확신하기는 어렵지만 고유의 엄격성을 가지며, 이 엄격성은 계량적인 방법의 엄격성보다 절대 느슨하지 않기 때문에 이러한 비판이 오류라는 사실을 보여주었다. 실제 상황에 "근접할 수 있다"는 것과 현상이 실제로 전개되는 과정에서 직접적으로 견해를 시험

해볼 수 있다는 것이 사례 연구의 장점이다.

Campbell, Ragin, Geertz, Wieviorka, Flyvbjerg와 기타 학자들에 의하면 철저하고 심층적인 사례 연구를 실시해본 연구자들은 대부분 그들이 미리 가지고 있던 견해, 가정, 개념, 가정은 오류였으며, 중요한 논점에 대한 가정은 사례 연구 자료에 의해서 수정될 수밖에 없었다고 보고하고 있다. 사례 연구는 연구자들에게 위에서 설명된 유형의 반증을 강제한다. Ragin(1992, p. 225)은 이를 "작은 표본 연구의 독특한 특징"이라고 명명하면서, 단일 사례를 대상으로 하는 사례 연구가 많은 사례를 대상으로 하는 사례 연구보다 열등하다는 비판은 잘못된 것이라고 설명한다. 단일 사례를 대상으로 하는 사례 연구도 "아이디어와 증거가 다양하고 상이한 방법으로 연결되어 있기 때문에 대부분의 연구 노력은 실질적으로 복수의 사례를 다루는 것과 마찬가지"라는 것이다.

Geertz(1995, p. 119)는 대부분의 심층적인 사례 연구를 포함하는 현장연구의 경우 "현장" 자체가 단정적이고, 많은 요구를 하고, 심지어 강제적인 "강력한 규율적인 힘"이이라고 언급한다. 다른 힘과 같이, 이 힘 또한 과소평가될 수는 있지만 회피될 수는 없다. "회피하기에는 너무 집요하다"는 것이 Geertz의 표현이다. 그가 말하는 것이 일반적인 현상이라는 것을 Eckstein(1975), Campbell(1975), 그리고 Wieviorka(1992) 등의 연구와 같은 사례 연구를 통해서 쉽게 알 수 있다. Campbell(1975, pp. 181-182)은 이러한 현상의 원인을 다음과 같이 설명한다.

—
현장에 대한 면밀한 지식을 갖고 있는 빈틈없는 사회과학자에 의해 이루어진 사례 연구에서, 핵심적인 차이점을 설명하기 위해서 사용된 이론을 통하여 문화의 많은 다른 측면에 대한 설명 또는 기대를 도출할 수 있다. 그리고 연구자는 대부분의 설명과 기대가 확증되지 않는 한 이론을 계속 유지하지 않는다. … 사회과학자들의 경험을 통하여 이러한 사실을 확증할 수 있다. 하나의 질적 사례 연구에서조차 양심적인 사회과학자는 만족스러운

설명을 발견하지 못하는 경우가 흔하다. 만일 단일 사례 연구가 그려내는 현실에 대한 묘사가 … 옳다면 이런 결과는 불가능하다—대신에, 이러한 사례 연구는 주관적으로 이해를 강요하는 이론으로 가득 차 있을 것이다.

위에서 인용된 사례에 따르면 사례 연구의 특징은 검증이 아니라 반증이다. 또한 주관론과 검증 편향성에 대한 의문은 사례 연구와 다른 질적 연구에만 국한되는 것이 아니라 모든 연구 방법에 다 해당된다. 예를 들어, 대규모 표본을 대상으로 하는 구조화된 설문조사와 같이 구조화된 연구나 계량적인 연구에서 이루어지는 범주나 변수의 선택에서도 자의적인 주관론의 요소가 매우 심각한 문제이다. (1) 연구과정에서 주관론이 철저하게 교정되지 않고 살아남고, (2) 계량적이고 구조화된 연구를 수행하는 연구자들은 사례 연구를 하는 연구자들처럼 연구 대상에 가깝게 다가가지 않아 "반응하는" 연구 대상자에 의해 잘못을 지적받을 가능성이 낮기 때문에 주관론이 연구 결과에 영향을 주게 될 가능성이 높다. George와 Bennett(2005, p.20)는 사례 연구의 가장 중요한 특징을 다음과 같이 묘사한다.

> 사례 연구자가 연구 대상인 참여자에게 "Y라는 행동을 할 때 당신은 X를 생각하십니까"라고 물어보고, "아니오, 나는 Z를 생각하였습니다"라는 대답을 들었을 때, 만일 연구자가 Z가 인과적으로 적절한 변수라는 사실을 미리 생각해보지 못하였다면 그는 관심을 가질 필요가 있는 새로운 변수를 갖게 된다.

통계적인 방법으로도 새로운 가설을 도출하는 비정상적 사례를 확인할 수 있지만, 이러한 방법 단독으로는 새로운 가설을 실질적으로 확인할 수 있는 분명한 수단을 취하지 못한다. 기존의 통계자료를 사용하거나 미리 정의된 표준화된 설문지를 사용하여 설문조사 자료를 수집한 모든 연구에서 이러한 한계가 존재한다. 사례 연구자들처럼 인터뷰나 개방형 설문으로 이루어지는 대면접촉 조사와 같은 자신만의 기록수집 작업

을 하지 않는 한, 통계조사 연구자들은 누락된 변수를 확인할 수 있는 어떤 수단도 갖지 못한다(George & Bennett, 2005, p.21). Ragin(1992, p.225; Ragin, 1987, pp.164-171 또한 참고)에 의하면

> 이러한 특징이 이론발전의 최첨단에 서 있는 연구의 대부분이 소규모-N 질적 연구인 이유를 잘 설명해준다. N이 큰 경우 사례선정을 수정할 [즉, 사례의 범위를 한정할] 기회가 거의 주어지지 않는다. 분석 시작 단계에서 사례는 변수로 분해되고, 거의 모든 아이디어와 증거의 소통은 변수를 통하여 이루어진다. 사례의 다양성과 잠재적인 이질성에 민감해질 수 있다면 대규모-N 연구가 사회과학 연구의 발전에서 더 중요한 역할을 수행할 수 있을 것이라는 것이 이러한 논의의 함의이다.

앞서 언급된 인간 학습에 대한 현상학적 설명을 통하여 대규모 표본과 단일 사례의 차이점을 이해할 수 있다. 연구자의 작업 목적이 연구 대상인 현상을 이해하고 배우는 것이라고 가정할 수 있다면, 연구는 간단히 말해서 일종의 학습이다. 만일 다른 학습과정과 마찬가지로 연구도 인간 학습에 대한 현상학적 설명으로 묘사될 수 있다고 가정한다면, 연구자가 연구 대상 맥락 속에 직접 들어갈 때 가장 높은 차원의 이해가 가능하다는 사실이 명백해진다. 이와 같은 방법을 통해서만 연구자들은 사회적 행위자들을 특징짓는 관점과 행태를 이해할 수 있다. 같은 맥락에서 Giddens는 사회적 활동에 대한 타당한 묘사는 연구자가 묘사되는 활동에 참여하는 데 필요한 기술을 갖추고 있다는 것을 가정한다고 설명한다.

> 사회적 활동에 대한 설명의 전제조건은 연구자가 원칙적으로 사회적 활동에 참여할 수 있는 능력을 갖추는 것이라고 말하는 것이 옳다는 사실을 인정한다. 여기에는 사회적 세계를 구성하고 또 재구성하는 참여자와 관찰자에 의해서 공유되는 "양방향적 지식"이 포함된다.(1982, p.15)

이런 관점에서 볼 때, 사례 연구가 필연적으로 수반하는 현실 근접성과 이로 인해 가능해지는 연구자의 학습과정이 높은 수준의 이해의 전제조건인 경우가 많다. 이러한 맥락에서 대규모 집단을 대상으로 하는 통계분석보다 단일 사례에 대한 심층적인 관찰을 통해서 더 많은 발견이 이루어진다는 Beveridge의 결론을 이해할 수 있다. 학습과정의 관점에서 보면 왜 사례 연구를 실시하는 연구자들이 사전에 갖고 있던 관념이나 이론을 버리게 되는지 명백해진다. 이러한 활동은 단순히 새로운 통찰력의 획득과 학습의 중심적인 요소이다. 초보자에서 전문가로 변해가면서 단순한 형태의 이해에서 좀 더 복잡한 이해를 이끌어낼 수 있게 된다.

이러한 사실에 근거하여 네 번째 오해—사례 연구는 검증에 대한 편향, 즉, 연구자의 선입견을 확증하는 경향을 갖는다—는 다음과 같이 수정된다.

> 사례 연구는 연구자의 선입관을 검증하는 편향성을 다른 조사방법보다 더 많이 갖고 있지 않다. 오히려 정반대로 사례 연구는 선입견을 검증하기보다는 반증하려는 편향성을 갖는다는 것을 경험을 통해 알 수 있다.

17.7 오해 5

특정적인 사례 연구를 요약하여 일반적인 명제나 이론을 도출하는 것은 어렵다.

사례 연구는 종종 상당히 많은 담론적인 요소를 포함하고 있다. 오늘날 사회과학에서 담론에 대하여 말하는 것은 끔찍하게 위험한 함정에 빠지게 될 수 있다 (담론적인 연구에 대한 훌륭한 개요로 이 책의 25장인 Susan Chase의 글과 출간 예정인 Todd Landman의 글 참고). 담론 이론의 한 분파에서 모든 텍스트가 담론이고 모든 것이 텍스트라고 정의한 이후 담론은 모든 것을 의미하게 되었다. 그러나 어떤 것이 모든 것이라면, 그것은 아무 것도 아닌 것이고 논의는 원점으로 돌아오게 된다. 그러나 사례 연구와 질적 연구와 관련해서 담론이라는 주제를 완벽하게 회피하는 것은 어렵다. 연구에서 담론에 대해서 생각할 때 나는 담론 이론이 아니라 재즈의 아이콘인 Miles Davis를 떠올린다. 40년이라는 긴 경력 동안 어떻게 계속 좋은 곡을 쓸 수 있었느냐는 질문에 대하여 그는 "먼저 도입부를 쓰고, 그 다음에 중반부를 쓰고, 마지막으로 마무리를 씁니다."라고 대답하였다. 담론은 사건의 순서와 관계를 의미하는 줄거리에 대한 질문을 연상시키는데, Davis는 꾸밈없는 최소한의 줄거리만을 설계하였다. 담론과 줄거리가 여러 가지 방법으로 연결될 수 있다는 것은 명백하다. 그러나 만일 Davis가 말하는 것과 같이 도입부, 중반부, 마무리를 가지는 고전적인 이야기를 쓰는 경우, 일반적으로 가장 먼저 독자를 본론으로 유도하는 매우 매력적인 사건이나 문제 등의 미끼를 활용하여 독자의 관심을 끌기 위한 시도를 한다. 다음으로 문제를 제시하고 누가 관련되어 있는지, 그리고 그들 사이의 관계는 어떤지를 설명한다. 그리고 나서 점차 돌아올 수 없는 지점으로 독자들을 얽어맨다. 이 지점부터 주인공—사례 연구에서는 사람일 필요는 없으며, 경우에 따라서 공동체, 프로그램, 또는 기업 등이 될 수 있는—은 선택의 여지 없이 현안을 처리해야 하고, 이러한 의미에서 시험 당하게 된다. 이 단계에서는 전형적으로 갈등이 존재하고, 또 증폭된다. 마침내 갈등이 해소되거나 최소한 설명되면서 조화가 회복되는데, 이것이 사회과학 담론의 적절한 업적이라 할 수 있다.

Alasdair MacIntyre(1984, pp.214, 216)에게 인간은 "이야기를 말하는 동물"이고, 역사에 대한 이해는 행동에 대한 이해만큼이나 본질적 인간에 대한 이해이다. 다른 관찰자들 또한 담론이 현대와 고대의 모든 인간사회에 존재하며, 경험을 이해하는 아마도 가장 근본적인 방법이라는 사실을 언급한다(Mattingly, 1999, p.237; Novak, 1975, p.175; 또한 Abbott, 1992; Arendt, 1958; Bal, 1997; Carr, 1986; Fehn,

Hoestery, & Tatar, 1992; Rasmussen, 1995; Ricoeur, 1984 참고). 그러므로 담론은 이야기작가의 창작물일 뿐 아니라 우리가 담론을 구성하여 세상을 설명하기 위해 사용하는 인간 마음속의 본유적인 관계의 표현인 것이다.

그러나 담론을 좋아하는 인간의 성향은 소위 담론오류라고 불리는 위험을 내포하고 있다. 이 오류는 복잡한 자료보다 단순한 이야기에 대한 선호와 과잉해석을 통하여 자료와 정보를 단순화하려는 경향을 특징으로 한다(Taleb, 2010, p.63). "무의미한" 자료의 나열을 기억하는 것보다 "의미 있는" 이야기를 기억하고 이를 근거로 의사결정을 하는 것이 훨씬 더 쉽다. 이런 이유로 우리는 자료에 의미를 부여하고, 심지어 근거가 없는 경우에도 이야기를 만들어낸다. 이러한 관점과 관련된 사례로, 인터넷이 어떻게 생산성이 주식가격과 분리되는 "신경제"를 가져오게 되는지에 대한 영감을 제공하는 설명 또는 국가의 경제성장을 지속하기 위해서는 부동산 가격을 인상하기만 하면 된다는 동화 등을 생각해볼 수 있다. 시민, 정책결정자, 학자들의 입장에서 이러한 이야기는 이해하기 쉽고 또한 행동에 옮기기도 쉽다. 그러나 이 이야기들은 오류이며 따라서 믿을 수 없다. 사회과학에서 담론오류를 회피하기 위한 수단은 다른 과오를 회피하기 위한 수단과 다르지 않다. 자료가 수집되고 활용되는 방법의 타당성과 신뢰성에 대한 일상적이고 체계적인 점검이 주로 사용된다.

상세한 묘사에 근거한 치밀한 담론은 담론오류에 대한 보호방안을 제공할 수 있다. 이런 담론은 전형적으로 실제 생활의 복잡성과 모순성을 다룬다. 따라서 깔끔한 산식이나 일반화된 명제, 또는 이론으로 요약하는 것이 어렵거나 불가능하다(Benhabib, 1990; Mitchell & Charmaz, 1996; Roth, 1989; Rouse, 1990; White, 1990). 이것이 사례 연구를 비판하는 사람들에게는 약점으로 여겨지는 경향이 있다. 그러나 사례조사 연구자에게는 특별하게 "상세하고" 요약하기 어려운 담론은 문제가 되지 않는다. 오히려, 이는 연구가 매우 풍부하고 문제가 되는 특별한 무엇을 발견

했다는 징조로 간주된다. 그러므로 문제는 비평가들이 이상적인 것으로 간주하는 요약과 일반화가 언제나 바람직한가 하는 것이다. Friedrich Nietzsche(1974, p.335; 단락 373)는 이 질문에 대한 답변에서 자신의 입장을 분명하게 밝힌다. 그는 과학을 하는 것에 대하여 "무엇보다도 중요한 것은 **풍부한 모호성**의 존재를 다른 것으로 바꾸려고 하면 안 된다는 것이다"라고 말한다(원저의 강조).

Lisa Peattie(2001, p.260)는 치밀한 사례 연구를 요약하는 것에 대하여 다음과 같이 경고한다: "사례 연구를 크고 상호배타적인 개념들로 요약하면, 사례 연구의 본질적 가치, 즉 설명력의 맥락적이고 해석적인 본질은 사라진다." Peattie에 의하면, 치밀한 사례 연구는 사실 "발견" 또는 높은 수준의 이론 일반화보다 실무자들에게 더 유용하고 사회이론으로 더 흥미롭다.

사례 연구를 요약하고 "가두는 것"의 반대는 사례 연구를 개방하는 것이다. 개방성을 유지하는 데 유용한 두 가지 전략이 있다. 첫째, 사례 연구를 기술할 때 저자들은 전지전능한 화자나 요약자의 역할에서 이의를 제기할 수 있다. 대신에 행위자들이 연구자들에게 전해주는 다면적이고, 복잡하고, 때로는 상충되는 일화들로부터 이야기가 자연스럽게 풀려나올 수 있도록 이야기를 다양한 관점에서 써나갈 수도 있다. 둘째, 사례 연구 저자들은 자신의 연구를 어떤 단일 학술 전문분야의 이론과 연결시키지 않으려고 할 수 있다. 대신에 전문분야를 초월하는 더욱 광범위한 철학적 입장과 사례를 연결시킬 수도 있다. 이와 같은 방법으로, 저자들은 다양한 배경을 가진 독자들에게 사례의 본질과 관련된 질문에 대한 상이한 해석과 다양한 결론을 도출할 수 있도록 하기 위한 여유를 남겨둘 수 있다. 목적은 사례 연구가 모든 사람에게 모든 것이 되지 않도록 하는 것이다. 즉, 목적은 사례 연구가 다른 사람들에게 다른 것이 되도록 하는 것이다. 사례에 포함된 다양한 것들로 다양한 독자들을 매혹시키거나 혹은 쫓을 수 있는 아주 다양한 양상—마치 삶 그 자체처럼—을 가진 사례를 묘사하는 것이 유용하다. 독자를 어떤 특

정한 이론적 경로로 유도하거나, 혹은 독자에게 이 경로 끝에 진실이 있을 수 있다는 인상을 주지 않아야 한다. 독자는 사례 안에서 자신만의 경로와 진실을 발견해야만 한다. 그러므로 사례의 행위자와 화자의 해석뿐만 아니라, 모든 사례 연구의 범주적인 질문인 "이 사례는 무엇의 사례인가?"라는 질문에 대답하기 위해서 독자는 사례의 의미를 결정하고 행위자와 화자의 해석을 심문하는 역할에 초대되어야 한다.

이와 같이, 사례 이야기는 간략하게 재구성되거나 몇 가지의 주요 결과로 요약될 수 없다. 사례 이야기는 그 자체가 결과이다. 말하자면 "가상현실"인 것이다. 현실에 들어와서 안팎을 탐험하고자 하는 독자들에게 주어지는 보상은 이론을 통해서는 얻을 수 없는 현안에 대한 감성이다. 학생들은 이러한 현실에서 안전하게 자신들을 해방시킬 수 있고, 이는 학술적인 훈련에서는 배우기 어려운 실제 상황에 대한 통찰력을 제공하는 유용한 훈련의 장을 제공한다.

인간 학습의 현상학으로 잠시 돌아간다면, 사례 연구를 요약하는 것이 언제나 유용하지 않고 경우에 따라서는 비생산적인 이유를 이해할 수 있을 것이다. 초보자 수준의 지식은 정확하게 이론을 특징짓는 단순화된 산식으로 이루어지는 반면, 진정한 전문지식은 산식이나 모범 사례로 정제되지 않은 모든 미묘한 차이와 상황을 구별할 수 있는 능력과 수천 가지의 개별적인 사례와 관련된 직접 경험에 근거한다. 이 문제는 심지어 시스템의 작동규칙을 고안한 전문가와 비견될 만한 발견적인 컴퓨터 기반 전문가 시스템이 거장의 인간 전문성을 다루는 능력을 갖지 못하는 것과 마찬가지이다. 왜냐하면 인간 전문가는 작동규칙이 아니라 사례에 대한 상세한 경험에 근거하여 작업하기 때문이다. 이것이 **진정한** 전문성이다. 전문가 시스템의 작동원리는 시스템이 이러한 작동규칙을 필요로 하기 때문에 고안되었다; 작동규칙은 전문가 **시스템**의 특징이지, 진짜 인간 전문가의 특징이 아니다.

동일한 방법으로, 연구자가 자신의 작업을 이론으로 정리할 때 나타나는 규칙의 형성이 연구 활동, 연구자

그리고 이론적인 활동의 문화적 특징이라고 할 수 있지만, 이러한 규칙이 반드시 Bourdieu(1977, pp. 8, 15)가 말하는 "거장 사회 행위자"에 의해 구축되는 연구된 현실의 일부인 것은 아니다. 사례 연구를 요약하면 무엇인가 대단히 중요한 것—즉, Bourdieu가 보여준 것처럼 이론적인 산식으로 정제될 수 없는 거장의 사회 행위를 이해할 수 있는 가능성—을 잃게 된다. 그리고 바로 이러한 "무엇인가"를 잃게 될 것에 대한 두려움으로 사례 연구자는 매우 조심스럽게 자신의 연구를 요약한다. 따라서 사례 연구자는 개념적 마무리를 위해서 사례의 현상학적인 세부사항을 삭제하는 것에 대해 회의적인 태도를 갖는 경향이 있다.

Ludwig Wittgenstein도 이와 같은 회의주의를 공유한다. Gasking과 Jackson에 의하면 Wittgenstein은 그의 철학에서 사례 연구를 활용하는 방법에 대하여 다음과 같은 비유를 하고 있다.

> 철학을 가르칠 때 나는 런던을 여행하는 당신에게 길을 가르쳐주는 가이드와 같은 역할을 한다. 나는 당신에게 북쪽에서 남쪽으로, 동쪽에서 서쪽으로, 유스톤역에서 탑승장까지, 그리고 피카딜리 광장에서 마블 아치까지 런던을 샅샅이 보여주어야 한다. 모든 방향의 시내여행을 마치고 나서는 그때 그때 거리를 건너뛰면서 런던을 여행하게 된다—매번 다른 여행인 것처럼 거리 구석구석을 다니면서 여행을 한다. 여행을 마치고 나면 당신은 런던을 알게 된다: 런던 토박이처럼 길을 잘 찾을 수 있게 된다. 물론, 좋은 가이드라면 당신을 시시한 거리가 아니라 중요한 명소가 있는 거리로 안내할 곳이고, 나쁜 가이드라면 그 반대일 것이다. 철학에 있어서 나는 나쁜 가이드이다. (1967, p. 51)

이러한 접근은 지도를 보는 대신에 먼저 현상을 탐험한다는 것을 의미한다. 규칙보다 실제 행동을 먼저 조사하고, 모든 사람에게 개방된 실제 행동의 일부분만을 통하여 학습하는 것에 만족하지 않는다; Wittgenstein이 말하는 런던의 골목길처럼, Erving

Goffman(1963)이 사회현상의 "무대 뒤편"이라고 부르는 것에 대한 조사 또한 필요하다.

정치·사회 현상에 대한 개입과 관련하여, Andrew Abbott(1992, p. 79)는 전형적인 사례담론으로 표현되는 사회과학 이론이 "현재의 변수를 다루는 사회과학보다 훨씬 더 훌륭한 정치적인 개입 접근방법"을 제공할 것이라고 논평한다. Alasdair MacIntyre(1984, p. 216)도 "나는 '내가 어떤 이야기 또는 이야기들의 일부분인가?'라는 선행 질문에 대답할 수 있을 때에만 '내가 무엇을 해야만 하는가?'라는 질문에 대답할 수 있다."라고 비슷한 논조로 말하고 있다. 유사한 맥락에서 Cheryl Mattingly(1991, p. 237)는 아직 경험해보지 못한 상황을 예상하고 대안적인 미래를 계획해볼 수 있게 도와준다는 점에서, 담론은 우리가 이미 살아온 경험을 해석하는 의미 있는 수단을 제공할 뿐만 아니라 미래를 미리 살펴볼 수 있는 기회를 제공한다고 지적한다. 담론적 연구는 명시적인 이론적 가정에서 출발하지 않으며, 사실 출발할 수도 없다. 대신에 담론적인 방법으로 가장 잘 이해될 수 있는 특정적인 현상에 대한 관심에서 출발한다. 그리고 나서 담론적인 연구는 참여자, 연구자, 그리고 관련된 다른 사람들의 관점에서 현상에 대한 묘사와 해석을 개발한다.

William Labov와 Joshua Waletzky(1966, pp. 37-39)는 좋은 담론이 끝난 후 "방관자가 '그래서 어떻다는 말이야?'라고 말하는 것은 상상할 수 없는 일이 되어야만 한다."고 쓰고 있다. 모든 훌륭한 이야기꾼들은 끊임없이 이 질문과 싸우고 이 질문을 극복한다. 독립적이고 간결하게 표현될 수 있는 교훈이 결핍된 담론이 반드시 무의미한 것은 아니다. 간결한 교훈을 줄 수 있어야만 담론이 성공할 수 있는 것은 아니다. 성공적인 담론은 어떤 종류의 질문도 제기되는 것을 전혀 허락하지 않는다. 담론은 질문이 제기되기도 전에 이미 대답을 제공한다. 담론 자체가 대답이다(Nehamas, 1985, pp. 163-164).

특정적인 사례 연구를 요약하여 일반적인 명제나 이론을 도출하는 것은 어렵다는 다섯 번째 오해를 재구성하면 다음과 같다.

—
사례 연구를 요약하는 것이 곤란한 경우가 많다는 것이 사실이다. 이것은 사례 연구 과정의 경우 특히 사실이며, 사례 연구 결과의 경우 반드시 그런 것은 아니다. 그러나 사례 연구를 요약하기가 어려운 이유는 조사방법으로서의 사례 연구 자체 때문이 아니라 연구 대상인 현실의 특성 때문이다. 사례 연구를 정리하고 일반화하는 것은 바람직하지 못한 경우가 많다. 좋은 연구는 온전히 담론 자체로 읽혀야 한다.

특정한 사례 연구를 요약하는 것이 곤란하거나 혹은 바람직하지 못한 것이 사실이지만, 이러한 특성에도 불구하고 사례 연구는 누적적인 지식의 발전에 분명히 기여할 수 있으며, 예를 들어 두 번째와 세 번째 오해에서 논의된 명제를 검증하기 위해 원칙을 적용하는 등의 방법으로 누적적인 지식의 발전에 기여할 수 있다는 사실을 강조할 필요가 있다.

17.8 사례 연구의 현재 경향

비록 사례 연구가 사회과학에서 광범위하게 활용되고, 또 많은 고전적인 업적을 내고 있더라도 학계의 다수, 주류 학자들은 사례 연구의 연구 방법으로서의 위상을 일반적으로 낮게 평가하거나 무시하는 경향이 있다는 사례 연구의 역설로 이 장이 시작되었다. 이러한 현상이 놀랄 만큼 오래 지속되고 있다는 사실이 입증되었다.

그러나 George와 Bennett(2005, pp. 4-5)의 지적처럼, 이러한 입장이 완화되는 경향이 최근 분명히 나타나고 있다. 좀 더 협업적인 접근이 확고한 기반을 확보하게 되면서, 학자들은 상이한 방법론적 접근이 각각 상이한 장점과 단점을 갖고 있으므로 필연적으로 상호 보완적이라는 것을 인식하기 시작하였다. 두 연구 모두 훈련을 받은 새로운 세대의 학자들의 출현으로 질적 연구와 양적 연구 간의 오랜 그리고 반목하는 분파는 점차 그 기반을 상실하고 있다. 이들에게 연구는 문제 -주도적인 것이지 방법론-주도적인 것이 아니다. 즉, 연구 문제에 대한 해답을 제공할 수 있는 최선의 방법이기 때문에 방법론은 채택되는 것이다. 양적 방법과 질적 방법을 결합하여 사용하는 것이 최선의 방법인 경우도 많다. 마침내 어떻게 계량주의 혁명이 사회과학의 설명·예측 능력을 자연과학과 대등한 수준으로 높일 수 있었는지에 대한 가장 야심적인 주장이 축소됨에 따라, 사회과학이 무엇을 할 수 있으며 또 무엇을 할 수 없는지에 대한 좀 더 현실적이고 균형감 있는 태도가 출현할 수 있는 여유가 생기게 되었다. John Creswell(15장), Charles Teddlie와 Abbas Tashakkori(16장) 등 혼합 방법론에 관한 이 책의 장들이 입장 완화와 좀

더 균형감 있는 태도의 전형적인 사례이다.

만일 일반적으로 받아들여지는 것처럼 사회과학에서의 계량주의 혁명의 시점이 실증주의적인 것이라면, 오늘날 우리는 후기실증주의 그리고 아마도 후기-패러다임적 시점에 살고 있는 것이다(Schram, 2006). 현재의 특정 시점에 적합한 사회과학을 발전시키기 위한 나 자신의 노력은 실천적 지혜, 또는 상식을 의미하는 고대 그리스 단어인 프로네시스를 따라 내가 명명한 "프로네틱 사회과학"에 집중되어 있다(Flyvbjerg, 2001; Schram & Caterino, 2006). 그리고 이것, 즉 상식적인 것이 새로운 사회과학의 본질이다. 질적 방법과 양적 방법 사이의 방법론적 전쟁, 그리고 사회과학과 자연과학을 싸움 붙이는 과학 전쟁 등과 같은 이길 수 없는 전쟁은 포기하는 것이 상식이다. 사례 연구와 통계

박스 17.4
작동 중인 상보성: 사례 연구에서 통계분석 방법으로, 그리고 그 반대

초대형 프로젝트에 관한 나의 최근 연구는 원래 영국과 프랑스를 연결하는 영국해협 터널과 스칸디나비아와 유럽대륙을 연결하는 덴마크 대벨트 터널에서 일어난 사고에 의해 시작되었다. 이 두 터널은 유럽에서 가장 긴 해저 철도용 터널로, 건설에 각각 수천만 달러의 비용이 소요되었다. 해협터널의 건설이 시작된 직후, 비용은 급상승하였다. 그리고 터널이 개통된 1994년에는 실질가격 비용은 두 배가 되었고, 사업은 심각한 재정 문제에 직면하게 되었다. 영국과 프랑스는 단순히 불운했던 것일까? 그렇지 않다. 현재 비용초과는 실질가격 단위로 120%로 더 증가했고, 계획보다 수년 늦게 1997년 통행이 개시되기 이전부터 이미 터널은 재정적으로 생존이 불가능하다는 것이 판명되었다. 계획과 집행과정의 명백한 무능력을 이해하고 기록하기 위해 나는 막대한 비용이 소요된 두 가지 프로젝트에 관한 사례 연구를 실시하였다(Flyvbjerg, Bruzelius, & Rothengatter, 2003). 내 연구는 영국해협과 대벨트 터널의 비용초과와 타당성의 측면에서 비정상적으로 극단적인 사례가 아닌지, 혹은 예산에 맞게 건설할 수 있는 능력이 극단적으로 부족한 것이 대규모 기간시설의 경우 보편적인 현상인지 등의 문제에 대한 피할 수 없는 의문을 제기하였다. 전 세계의 도서관을 검색하고 동료 학자들의 자문을 받아본 후, 나는 현존하는 어떤 연구도 이 문제에 대해서 통계적으로 타당한 방법으로 대답을 제공하고 있지 못하다는 것을 발견하였다. 놀랍게도, 우리 연구는 영국해협과 대벨트 터널은 비정상적으로 극단적인 사례가 아니며, 지극히 정상

적인 사례라는 것을 입증하였다. 이 결과는 통계적 유의도 역시 매우 높은 것으로 나타났다. 더욱 놀라운 사실은, 과거의 자료를 더 조사해본 결과 통계자료가 입수 가능한 지난 70년간 정확한 비용예측과 예산규모 내의 사업수행 성과는 전혀 개선되지 않았다는 사실을 발견하였다. 비용 과소예측과 비용초과라는 명백한 동일 실수가 수십 년간 반복되었다. 우리는 고도로 훈련된 전문가들에 의해 수십 년간 반복되어온 실수가 정말로 단순한 실수였는지, 혹은 다른 어떤 일이 진행되고 있는 것인지에 대한 논의를 시작하였다. 이 질문에 대답하기 위해서 우리는 사례 연구로 돌아가서 과정 추적을 실시하였다([박스 17.1] 참고). 우리 연구진은 단순한 실수가 아니라 더욱 사악하고 마키아벨리적인 무엇, 즉 프로젝트 자금과 건설을 목적으로 평가과정에서 이루어진 비용과 편익의 전략인 조작이 비용초과와 타당성 결핍을 더 잘 설명할 수 있다는 것을 발견하였다. 영국해협 터널과 대벨트 터널의 결과에 대한 사례에 근거한 나의 초기의 호기심에서 출발하여―그리고 사례 연구와 통계분석 방법을 번갈아 사용하여―우리 연구진은 대규모 기간시설 계획과 관리 과정의 뿌리 깊은 기만의 문화를 발견하였다(Flyvbjerg, 2007). 최근 이 연구에서 파생된 연구로 우리 연구진은 현재 우리의 통계분석 연구에서 정리된 예산범위를 초과하지 않는 10개 프로젝트 중 한 프로젝트의 성공이 되풀이될 수 있는지 아니면 단순히 운이 좋았던 것인지 조사하고 있다. 우리는 지금 다시 성공을 비정상적인 사례로 연구하는 사례 조사 연구를 수행하고 있다.

표 17.2 사례 연구와 통계분석 연구의 상보성

	사례 연구	통계분석 연구
장점	깊이	폭
	높은 개념적 타당성	현상이 얼마나 광범위하게 모집단 전체에 분포하는지 이해
	맥락과 과정에 대한 이해	사례 모집단에서의 상관관계 측정
	원인과 결과 연계를 통한 현상의 원인 이해	확률적인 신뢰도 확립
	새로운 가설과 연구 문제 촉진	
단점	관계를 줄이거나 부풀려서 언급하는 선별 편의	대규모 표본을 확보하기 위하여 유사하지 않은 사례를 한 집단으로 분류하는 개념적 확장
	연구 대상인 현상의 모집단에서 발생하는 사례에 대한 이해의 부족	맥락, 과정, 그리고 인과 기제에 대한 이해의 부족
	불확실하고 알 수 없는 통계적 유의성	인과관계를 의미하지 않는 상관관계
		새로운 가설을 촉발시킬 수 있는 기재의 부족

분석 방법이 상충되는 것이 아니라 상호 보완적이라는 사실을 인정하는 것 또한 상식이다([박스 17.4] 참고).

사례 연구와 통계분석 연구의 상보성은 [표 17.2]와 같이 정리될 수 있다. 사례 연구의 중요한 장점은 깊이—상세함, 풍부함, 완벽함, 사례 내의 편차—인 반면, 통계분석 연구의 장점은 폭이다. 만일 가정에서의 아동학대 또는 도시재생사업에서의 비용초과 등에 대해 현상의 본질은 무엇인지, 원인은 무엇인지, 어떻게 방지할 수 있는지 등에 대해 철저하게 이해하고 싶다면 사례 연구가 필요하다. 현상이 어느 정도 광범위하게 분포되어 있는지, 다른 모집단의 다른 현상과 어떻게 연결되어 있는지, 어떤 차이가 존재하는지, 그리고 통계적 유의성은 어떤 수준인지 등을 이해하고 싶다면 통계분석 연구가 필요하다. 만일 두 가지를 모두 이해하고 싶다면, 이는 연구하는 현상에 대하여 무게 있는 진술을 하고 싶다면 권할 만한 것인데, 사례 연구와 통계분석 연구 모두가 필요하다. 두 연구 방법의 상보성은 이처럼 간단하고, 이처럼 훌륭하다.

이와 관련하여 생각해보면, 문헌과 대학교 학과에서 흔히 나타나는 질적 방법과 양적 방법 간의 분리와 반목이 이토록 오랫동안 지속되었다는 사실은 매우 놀랍다. 이것은 이성과 규칙 대신에 동종의식과 권력이 학계를 지배할 때 나타난 현상이다. 이는 학자들도 모두 인간이라는 사실에 대한 증거일 뿐, 다른 사실에 대한 증거가 아니다. 분리는 대학원생과 학자들이 좋은 연구를 하기 위하여 알아야 하는 것의 논리적인 결과가 아니다; 오히려 정반대이다. 좋은 사회과학은 양적 연구와 질적 연구의 관계와 관련하여 '둘 중의 하나' 라는 입장에 반대하고, '양자 모두'라는 입장을 지지한다. 사례 연구와 통계분석 연구는 "각각 독립적일 때보다 함께일 때 훨씬 더 많은 과학적 진보를 달성"할 수 있다는 사실에 대한 『세계사회·행태과학백과사전』 (Smelser & Baltes, 2001, p. 1513)의 지적은 분명히 옳은 것이다.

한편, 그럼에도 사회과학에서는 아직도 사례 연구와 통계분석 연구의 균형이 여전히 후자에 치우쳐 있고, 따라서 대부분의 학문분야에서 사례 연구 조사가 불이익을 당하고 있다는 사실을 추가적으로 언급할 필요가 있다. 그러므로 당분간 사례 연구가 너무 오랫동안 머물러 있었던 방법론적 변방을 없애기 위하여 사례 연구의 본질과 다른 사회과학 방법론과의 관계를 방법론적으로 해명하기 위한 작업을 지속할 필요가 있다. 이 장은 이와 같은 해명을 위해 계획되었다.

주석

1. 초기 원고 개선작업에 도움을 준 Maria Flyvbjerg Bo에게 감사를 전한다.

참고문헌

Abbott, A. (1992). What do cases do? Some notes on activity in socio-logical analysis. In C. C. Ragin & H. S. Becker (Eds.), What is a case? *Exploring the foundations of social inquiry* (pp. 53–82). Cambridge, UK: Cambridge University Press.

Abercrombie, N., Hill, S., & Turner, B. S. (1984). *Dictionary of sociology.* Harmondsworth, UK: Penguin.

Arendt, H. (1958). *The human condition.* Chicago: University of Chicago Press.

Bacon, F. (1853). Novum organum. In *Physical and metaphysical works of Lord Bacon* (Vol. 1). London: H. G. Bohn.

Bailey, M. T. (1992). Do physicists use case studies? Thoughts on public administration research. *Public Administration Review, 52*(1), 47–54.

Bal, M. (1997). *Narratology: Introduction to the theory of narrative* (2nd ed.). Toronto: University of Toronto Press.

Barlow, N. (Ed.). (1958). *The autobiography of Charles Darwin.* New York: Norton.

Barzelay, M. (1993). The single case study as intellectually ambitious inquiry. *Journal of Public Administration Research and Theory, 3*(3), 305–318.

Bates, R., Greif, A., Levi, M., Rosenthal, J.-L., & Weingast, B. (1998). *Analytic narratives.* Princeton, NJ: Princeton University Press.

Benhabib, S. (1990). Hannah Arendt and the redemptive power of narrative. *Social Research, 57*(1), 167–196.

Beveridge, W. I. B. (1951). *The art of scientific investigation.* London: Heinemann.

Blaug, M. (1980). *The methodology of economics: Or how economists explain.* Cambridge, UK: Cambridge University Press.

Bourdieu, P. (1977). *Outline of a theory of practice.* Cambridge, UK: Cambridge University Press.

Campbell, D. T. (1975). Degrees of freedom and the case study. *Comparative Political Studies, 8*(1), 178–191.

Campbell, D. T., & Stanley, J. C. (1966). *Experimental and quasi-experimental designs for research.* Chicago: Rand McNally.

Carr, D. (1986). *Time, narrative, and history.* Bloomington: Indiana University Press.

Christensen, C. R., & Hansen, A. J. (Eds.). (1987). *Teaching and the case method.* Boston, MA: Harvard Business School Press.

Cragg, C. I. (1940). Because wisdom can't be told (Harvard Business School Reprint 451–005). *Harvard Alumni Bulletin,* 1–6.

Diamond, J. (1996, November 14). The roots of radicalism. *The New York Review of Books,* pp. 4–6.

Dreyfus, H., & Dreyfus, S. (with Athanasiou, T.). (1986). *Mind over machine: The power of human intuition and expertise in the era of the computer.* New York: Free Press.

Eckstein, H. (1975). Case study and theory in political science. In F. J. Greenstein & N. W. Polsby (Eds.), *Handbook of political science* (Vol. 7, pp. 79–137). Reading, MA: Addison-Wesley.

Eysenck, H. J. (1976). Introduction. In H. J. Eysenck (Ed.), *Case studies in behaviour therapy.* London: Routledge and Kegan Paul.

Fehn, A., Hoestery, I., & Tatar, M. (Eds.). (1992). *Neverending stories: To ward a critical narratology.* Princeton, NJ: Princeton University Press.

Flyvbjerg, B. (2001). *Making social science matter: Why social inquiry fails and how it can succeed again.* Cambridge, UK: Cambridge University Press.

Flyvbjerg, B. (2006). A perestroikan straw man answers back: David Laitin and phronetic political science. In S. F. Schram & B. Caterino (Eds.), *Making political science matter: Debating knowledge, research, and method* (pp. 56–85). New York and London: New York University Press.

Flyvbjerg, B. (2007). Policy and planning for large-infrastructure projects: Problems, causes, cures. *Environment and Planning B: Planning and Design, 34*(4), 578–597.

Flyvbjerg, B., Bruzelius, N., & Rothengatter, W. (2003). *Megaprojects and risk: An anatomy of ambition.* Cambridge, UK: Cambridge University Press.

Flyvbjerg, B., Holm, M. K. S., & Buhl, S. L. (2002). Underestimating costs in public works projects: Error or lie? *Journal of the American Planning Association, 68*(3), 279–295.

Gasking, D. A. T., & Jackson, A. C. (1967). Wittgenstein as

a teacher. In K. T. Fann (Ed.), *Ludwig Wittgenstein: The man and his philosophy* (pp. 49–55). Sussex, UK: Harvester Press.

Geertz, C. (1995). *After the fact: Two countries, four decades, one anthropologist*. Cambridge, MA: Harvard University Press.

George, A. L., & Bennett, A. (2005). *Case studies and theory development in the social sciences*. Cambridge, MA: MIT Press.

Gerring, J. (2004). What is a case study and what is it good for? *The American Political Science Review, 98*(2), 341–354.

Giddens, A. (1982). *Profiles and critiques in social theory*. Berkeley: University of California Press.

Giddens, A. (1984). *The constitution of society: Outline of the theory of structuration*. Cambridge, UK: Polity Press.

Goffman, E. (1963). *Behavior in public places: Notes on the social organization of gatherings*. New York: Free Press.

Goldthorpe, J. H., Lockwood, D., Beckhofer, F., & Platt, J. (1968–1969). *The affluent worker* (Vols. 1–3). Cambridge, UK: Cambridge University Press.

Griffin, L. J., Botsko, C., Wahl, A.-M., & Isaac, L. W. (1991). Theoretical generality, case particularity: Qualitative comparative analysis of trade union growth and decline. In C. C. Ragin (Ed.), *Issues and alternatives in comparative social research* (pp. 110–136). Leiden, The Netherlands: E. J. Brill.

Kuper, A., & Kuper, J. (Eds.). (1985). *The social science encyclopedia*. London: Routledge and Kegan Paul.

Labov, W., & Waletzky, J. (1966). Narrative analysis: Oral versions of personal experience. In *Essays on the verbal and visual arts: Proceedings of the American Ethnological Society* (pp. 12–44). Seattle, WA: American Ethnological Society.

Landman, T. (in press). Phronesis and narrative analysis. In B. Flyvbjerg, T. Landman, & S. Schram (Eds.), *Real social science: Applied phronesis*. Cambridge, UK: Cambridge University Press.

Lee, A. S. (1989). Case studies as natural experiments. *Human Relations, 42*(2), 117–137.

Lovallo, D., & Kahneman, D. (2003, July). Delusions of success: How optimism undermines executives' decisions. *Harvard Business Review*, 56–63.

MacIntyre, A. (1984). *After virtue: A study in moral theory* (2nd ed.). Notre Dame, IN: University of Notre Dame Press.

Mattingly, C. (1991). Narrative reflections on practical actions: Two learning experiments in reflective storytelling. In D. A. Schön (Ed.), *The reflective turn: Case studies in and on educational practice* (pp. 235–257). New York: Teachers College Press.

Merriam-Webster Online Dictionary. (2009). *Case study*.

Available at http://www.merriam-webster.com/dictionary/case%20study

Michels, R. (1962). *Political parties: A study of the oligarchical tendencies of modern democracy*. New York: Collier.

Mitchell, R. G., Jr., & Charmaz, K. (1996). Telling tales, writing stories: Postmodernist visions and realist images in ethnographic writing. *Journal of Contemporary Ethnography, 25*(1), 144–166.

Nehamas, A. (1985). *Nietzsche: Life as literature*. Cambridge, MA: Harvard University Press.

Nietzsche, F. (1974). *The gay science*. New York: Vintage.

Novak, M. (1975). "Story" and experience. In J. B. Wiggins (Ed.), *Religion as story*. Lanham, MD: University Press of America.

Peattie, L. (2001). Theorizing planning: Some comments on Flyvbjerg's *Rationality and power*. *International Planning Studies, 6*(3), 257–262.

Platt, F. (1992). "Case study" in American methodological thought. *Current Sociology, 40*(1), 17–48.

Ragin, C. C. (1987). *The comparative method: Moving beyond qualitative and quantitative strategies*. Berkeley: University of California Press.

Ragin, C. C. (1992). "Casing" and the process of social inquiry. In C. C. Ragin & H. S. Becker (Eds.), *What is a case? Exploring the foundations of social inquiry* (pp. 217–226). Cambridge, UK: Cambridge University Press.

Ragin, C. C., & Becker, H. S. (Eds.). (1992). *What is a case? Exploring the foundations of social inquiry*. Cambridge, UK: Cambridge University Press.

Rasmussen, D. (1995). Rethinking subjectivity: Narrative identity and the self. *Philosophy and Social Criticism, 21*(5–6), 159–172.

Ricoeur, P. (1984). *Time and narrative*. Chicago: University of Chicago Press.

Rosch, E. (1978). Principles of categorization. In E. Rosch & B. B. Lloyd (Eds.), *Cognition and categorization* (pp. 27–48). Hillsdale, NJ: Lawrence Erlbaum.

Roth, P. A. (1989). How narratives explain. *Social Research, 56*(2), 449–478.

Rouse, J. (1990). The narrative reconstruction of science. *Inquiry, 33*(2), 179–196.

Schram, S. F. (2006). Return to politics: Perestroika, phronesis, and post-paradigmatic political science. In S. F. Schram & B. Caterino (Eds.), *Making political science matter: Debating knowledge, research, and method* (pp. 17–32). New York and London: New York University Press.

Schram, S. F., & Caterino, B. (Eds.). (2006). *Making political science matter: Debating knowledge, research, and method*. New York and London: New York University Press.

Smelser, N. J., & Baltes, P. B. (Eds.). (2001). *International encyclopedia of social & behavioral sciences.* Elmsford, NY: Pergamon.

Stake, R. E. (2008). Qualitative case studies. In N. K. Denzin & Y. S. Lincoln (Eds.), *Strategies of qualitative inquiry* (3rd ed., pp. 119–150). Thousand Oaks, CA: Sage.

Taleb, N. N. (2007). *The black swan: The impact of the highly improbable* (2nd ed.). London and New York: Penguin.

Walton, J. (1992). Making the theoretical case. In C. C. Ragin & H. S. Becker (Eds.), *What is a case? Exploring the foundations of social inquiry* (pp. 121–137). Cambridge, UK: Cambridge University Press.

White, H. (1990). *The content of the form: Narrative discourse and historical representation.* Baltimore: Johns Hopkins University Press.

Whyte, W. F. (1943). *Street corner society: The social structure of an Italian slum.* Chicago: University of Chicago Press.

Wieviorka, M. (1992). Case studies: History or sociology? In C. C. Ragin & H. S. Becker (Eds.), *What is a case? Exploring the foundations of social inquiry* (pp. 159–172). Cambridge, UK: Cambridge University Press.

Wilson, B. (1987). Single-case experimental designs in neuropsychological rehabilitation. *Journal of Clinical and Experimental Neuropsychology, 9*(5), 527–544.

Judith Hamera

18.
공연 문화기술지

이호규_ 동국대학교 신문방송학과 교수

학생들은 자신의 부모님이 생존자 신분이 되기까지의 끔찍했던 과정에 대해 보인 샌디[1] 반응을 이해하지 못하였다. 또한 샌디의 부모님의 신분과 선생님이 내준 과제의 관계도 이해할 수 없었다. 샌디의 어머니와 아버지는 1975년에서 1979년 사이 캄보디아 크메르 루주 정권의 대량학살의 희생자이자 생존자이다. 그들이 경험한 이 잔혹한 사건은 캘리포니아 롱비치에서의 난민으로서의 새로운 삶에서도 그들을 괴롭혔다. 내가 크메르 가족의 전통춤 활용(Hamera, 2007, pp.138-171)에 대한 분석에서 관찰한 바와 같이 샌디의 부모들은 그들의 고난에 대하여 자세한 이야기를 하려 하지 않았고 그들의 삶에 관해서조차도 많이 이야기하지 않았다. 샌디 또한 그들을 압박하지 않았다. 회고나 자신에 대해 털어놓는 것을 찬양하는 문화적 배경에서 길러진 학생들(그들의 뿌리와 가족 전통의 문화에 대해 응당한 자부심을 가진)은—진심으로든 그저 생각 없이 막무가내로 하든 상관없이—개인적으로 또는 사회적으로 과거에 대한 성찰로서 하는 증언에 대한 개념의 추종자들이다. 따라서 이들은 내가 보여준 나의 현장기록에 기술되어 있는 샌디의 논리를 쉽게 받아들이지 못했던 것이다.

샌디: 학교에서 할머니와 할아버지에 대한 이야기 같은 각자의 문화와 가족에 관하여 발표하는 과제가 있었다. 하지만 부모님들께 그런 걸 물어볼 수는 없다. 특히 아버지에게는 말이다. 그는 화를 낼 것이기 때문이다. 게다가 선생님은, "하긴, 선생님이 그걸 퍽이나 믿어주시겠지." 그냥 앞에 나가서 "음, 우리 가족은 캄보디아에서 왔고 모두 전쟁으로 죽었거나 여기 어딘가에 살고 있을 거야. 하지만 아무도 거기에 관해선 이야기하지 않아"라고 말할 수는 없어서 난 이야기를 지어내서 말해야 했어.

어쩌면 그런 거짓말을 지어낼 수 있을까? 어째서 그녀는 진실을 말해 달라고 부모님을 좀 더 설득하지 않은 것일까? 그들과 샌디는 조국에 대해서 모든 것을 알고 또 이를 사람들과 공유해야 하는 의무가 있지 않단 말인가? 지어낸 이야기에서 사람들이 무엇을 배울 수 있단 말인가? 사람들이 배울 수 있도록 돕는 일은 중요한 일이지 않은가? 그들의 교수인 나는, 면밀한 조사에 대한 의무를 강조해오던 사람으로서 왜 그들 부모에게 진실을 말하도록 압박하지 않았는가? 이러한 것이 바람직한 비판적인 학자가 해야 할 일 아닌가?

우리는 왜 샌디의 반응이 유용하거나, 필요한 일이었

거나, 옳은 일인가에 대한 공통적인 이해에 도달하지 못하였다. "샌디의 상황을 공간적으로 해석해보는 것은 어떤가?"라고 내가 제안하였다. "그녀가 어디에 앉을까?" 그녀가 그녀 부모님을 바라보고 앉을까? 또 다른 누가 여기에 있지? 그리고 그들은 어디에 있을까? 책상이 옮겨지면서 문자 그대로, 그리고 개념적인 면에서의 공간이 열렸다. 샌디의 위치는 한 명이 아니라 두 명의 학생에 의해 구체화되었다. 한 명은 관객을 향해 앉아서 펼쳐놓은 빈 공책을 내려다보았다. '문화기술자'는 그녀의 공책을 들고 한쪽에 섰고 '선생님'은 교과서를 들고 다른 한쪽에 섰다. 또 다른 샌디는 첫 번째 샌디와 등을 맞대고 반대 방향을 바라보며 앉았다. 그 방향으로부터 대각선으로 떨어져서 마치 소실점처럼 보이는 곳에 부모님들이 있었다. 등을 맞대고 가끔씩 지친 한숨이나 고통에 찬듯한 숨소리 외에는 소리를 내지 않았다. 더 멀리는 "타인"들과 "조상들"이 있었다. 이들은 움직이며 때때로 둥글게 모였다가 무작위로 공간을 가로지르기도 하였다. 그들의 중얼거림은 거의 들리지 않는다.

바로 여기, 고통과 체념의 준언어학적인 표현인 중얼거림과 공책과 교과서의 무능력 사이에 "샌디의" 반응에 대한 논리가 있었다. "타인"과 "조상"은 너무 멀리 가 있었다. "문화기술자"와 "교사"는 그녀를 이해하기에는 너무 동떨어져 있었다. "샌디"의 논리는 언어적 행간의 의미 파악과 이보다 더 중요한 언어 이상, 즉 그녀 가정, 부모님의 인생, 그리고 그들 역사를 순환하는 에너지 흐름의 산물인 것이다. 그녀는 그녀 개인적으로나, 가족적, 문화적인 과거에서 시간과 공간이(여기 이곳과 그때의 그곳) 겹치는 부분을 뛰어넘어야만 했고 이렇게 학생들이 가장 잘 이해할 수 있도록 만들어진 환경에서 직접 참여하고 구체화시키면서 겨우 이해할 수 있는 결정을 내리게 된 것이다.

그들은 선생님의 가족에 대해 말하도록 하는 과제에 대하여 교묘히 저항하는 샌디의 방식도 이해할 수 있었다. 아무리 좋은 의도라 해도, 더 큰 정치적 환경과 상업적인 환경에서의 증언은 권리를 빼앗긴 이들의 '진실'

이 영향력 있는 거대 미디어에 의해 문화를 짓밟는 폭로 상품으로서 마음대로 사용될 여지가 있고 그렇게 되기가 너무 쉽기 때문이다. 이러한 진실 남용의 예로 단순한 선정주의, 지리멸렬한 장식으로 이용되는 민족색과 정치적으로는 무관심하지만 값싼 동정에 대한 평계 등이 있다.

이것은 Jon McKenzie(2001b)가 "수행하든지 아니면 말든지(perform or else)"에서 적절히 규명한 중요한 형태이다. 이러한 환경에서는 침묵과 속임수는 개인적인 면에서는 신중하며, 사회적으로 생산적이고 유용하다. 심지어 샌디는 중요한 공연의 개입으로 인해 존중을 요구할 수 있는 힘을 부여받았다. 공연 개입으로 나타난 이 존중은 샌디와 그들의 것이었다. 이들은 비록 불완전하고 비대칭적이기는 하지만 한편으로 생각하면 매우 중요한 방법으로 서로의 생각을 공유한 것이다. 학생들은 그들이 얼마나 평면적으로만 샌디의 입장을 해석했는지를 실감하였다. 한 학생은 이는 마치 Victor Turner가 "흉내 내는 것이 아닌 제작하는 것으로서의 공연"에서 그가 의도한 바와 같다고 지적하였다.

18.1 연구 전략으로서의 공연 문화기술지

이 예는 교육학적인 공연 문화기술지의 용례를 보여준다. 하지만 이 방법에는 교육 테크닉 이상의 의미가 있다. 사실상 공연 문화기술지는 없어선 안 될 매우 중요한 교육적 도구이다. 이 방법은 매우 강력하게 개념을 구상할 수 있고 조직적이기 때문이다(Alexander, 2006; Denzine 2003, 2006 참고). 이는 매우 역동적인 권력, 정치, 문학 간의 상호작용을 보여주며(Madison, 2008, p.392), 학자들에게 의미 있는 개입을 하기 위해서 이러한 상호작용을 대변하도록 촉구한다. 이 의미 있는 개입이라 함은, 새로운 이해를 만들고 이러한 이해가 더욱 정의로운 상황을 초래하도록 하는

개입을 말한다.[2]

공연 문화기술지가 연구자에게 문화의 표현적 요소를 탐험하는 데 필요한 용어 범주를 제공한다. 문화적 분석의 필수 요소로서 형상화에 초점을 맞추고 학자적 개입과 시행되고 있는 방법론에 대한 비판적 개입자의 도구로 사용된다. 몇몇 상황에서 공연 문화기술지는 공연 그 자체를 연구의 목적으로 삼는다. 혹은 공연이라는 개념을 현상들을 세분화하기 위해 사용하기도 한다. 일부 공연 문화기술자들은 우리가 샌디와의 경우에 했던 것처럼 그들의 연구 내용의 해석이나 발표의 수단으로 공연을 하기도 한다. 또 어떤 이들은 극적인 기술 방법을 이용하여 연구 형태를 재현한다. 이러한 방법은 여기서 다루어진 것과 특히 D. Soyini Madison (2006c)의 「Water Rites」 사례 연구에서 말하는 것처럼 상호 배타적이지 않고 보완해주는 관계이다.

이 장에서는 공연 문화기술지의 기본적, 인식론적, 역사적, 방법론적 기본에 대해 설명하고 공연 문화기술지의 혁신적인 새로운 가능성에 대해 알아보기로 한다. 이 학문은 반드시 선택적, 부분적일 수밖에 없다. 이 방법 자체가 사실상 완성되었다는 것에 회의적이며 그보다는 Bakhtinian(1984)의 비완결적 개념에 가깝다. 이 비완결성은 가장 마지막으로 결정적인 단어가 있을 수 없으며 끝에서 두 번째인 단어들만 존재할 수 있다는 개념이다. 이 이론적인 약속에 추가로 공연 문화기술지로 전향하는 지식인 전체가 이 방식의 구조적 불완결성과 공연 문화기술지의 생명력에 대해 논하고 있다. 이 연구는 다른 학문 분야와 상호 제휴하는 특성인, 즉 간학제성(interdisciplinary)을 지니고 있으며 동시에 다양한 학문이 중합된 성질(polydisciplinary)을 띤다. 학제적인 이유는 다양한 커뮤니케이션과 영화학, 음악이나 민간전승 등에 의지하고 있으며 동시에 이러한 분야와 접점을 만들어내고 있기 때문이다. 또한 다양한 학문이 중합된 성질을 가지는 이유는 너무나 다양한 학문 분야가 여기에 기여하기 때문이다. 예를 들면, 인류학, 커뮤니케이션, 무용, 음악 인류학, 민속, 행동학, 영화학 등이다.

정확히 열거한다면 인문학 전반과, 질적 사회학 등이며 이중 많은 분야들이 그 자체로 중합적 성질을 가지고 있다. 공연 문화기술지는 공연 자체가 학제적, 중합적 연구를 요구하기 때문에 이러한 특성을 가질 수밖에 없다. 플라톤은 이를 공연의 중대한 약점으로 여겼는데, 이는 서로 다른 분야의 지식을 포장해서 개별적인 분야에서 만들어낸 산물이라고 주장할 수 없기 때문이다. 반면에 영화와 공연 예술가들은 새로운 창출은 다양한 전문 분야들에 대한 완전한 이해(전문 지식), 다방면의 지식(구체적 지식), 비판(정치적 개념), 실제적 지식(노하우)이 필요하다고 주장한다.

공연 문화기술지의 학문적 위치는 다른 학문들 사이에 놓여있다. 이 관계의 개념은 방법과 방법론을 함께 묶어둔다. 공연 문화기술지의 관계성은 구체적 학문들 사이의 복잡한 교류와 더 방대한 배경을 요구하며 그럼으로써 광범위하게 구성되어야 한다. 이는 "언제, 어디서, 어떻게"와 같은 일반적 기준뿐만 아니라 권력과 여기에 흡수되어 있는 특혜의 차별성, 그리고 이를 구성하는 역사적 관계, 어떤 것이 말로 표현될지 되지 않아야 할지 또한 이들이 어떻게 표현되어야 할지를 이해해야 한다. 공연 문화기술자는 맥락을 조성하는 서로 생기를 주고받는 관계들을 탐구해야 한다. 예를 들면, 샌디 가족들의 인생에 스며있는 "지금, 이곳"과 "그때의 그곳" 사이의 혼란을 만들어내는 요동치는 관계를 말한다. 역사와 관련이 없는 현재란 없으며, 인류, 자원, 자본의 세계적인 흐름에서 전적으로 동떨어진 지역은 존재하지 않는다(Alexander, 2008 참고).

Dwight Conquergood(2006b)이 수사학적 성찰을 요구하는 것과 같이, 일반적 공연 문화기술지와 여기서의 나의 관점은 명백하게 비판적이다. 이는 공연 문화기술지가 태생적으로 Soyini Madison이 요구하는 '비판 이론의 실행 혹은 공연'(2005, p. 15)을 학문의 연구 전략으로 택함을 의미한다.[3]

첫째로, 이는 이론과 방식의 분리가 아닌 일치를 가정하고 있다. 방법론은 이론적인 규칙들에서 생겨나는 것이며 이론은 방법론을 통해서 구체화되는 것이다. Madison이 비판 이론을 강조함은 실제 사용되고 있는 비판 이론의 행위-지향적 성향을 지지하고자 함이다. "실행"은 움직임을 만들고 비판과 관계를 맺으면서 변화를 위한 촉진제이자 틀에 박힌 의미에 과감하게 도전하는 행위주의가 된다(Denzin, 2003, 2006; Madison, 2008 참고). 공연 문화기술지를 비판 이론의 실행이라고 간주함은 이 연구(여기서 이 연구는 종종 전통적인 상식으로 여기는 것을 따져 묻는 것을 말한다)의 특징인 "지적 반란"과 맥을 같이한다(Madison, 2005, p.13). 비판 이론을 행하는 행위는 우리의 연구 대상, 연구 방식, 동기와, 학문적 표현의 전략을 조사하는 것과 적나라하게 "누가 이익을 보는가?" "누가 결정하는가?" 또 "누가 결정하는가 하는 질문을 누가 결정하는가?"를 질문하는 것을 의미한다. 이 방법으로 해야만 하는가? 그러면 대안은 무엇인가? Jill Dolan(2005), Raymond Williams(1981)와 그 외 학자들이 지적한 바와 같이, 공연 문화기술지의 비판적 프로젝트에서 보여진 공연들에는 유토피아적인 측면들이 있다. 이 유토피아 모습은 금지하지도 않으며, 그림의 떡도 아니면서 "만약 ~라면"이라는 가능성을 추구하는 과정에서의 기준이 된다(Dolan, p.13). 앞에서 언급한 공연의 가정적 차원은 문화기술자들이 정의와 참여적 시민정신, 생산적인 공론, 변화시킬 수 있는 정치적 산물이 무엇인지 조사하고 상상하며 영감을 줄 수 있도록 한다.

18.2 방법론적 인프라(기반)

우리는 보통 인프라가 비가시적이지만, 예를 들어 도로, 전화나 데이터 네트워크, 장치 등의 커뮤니티가 잘 작동하는 데 필수적인 지원 장치라고 생각한다. 이러한 것들은 기본적으로 공공재이다. 이러한 인프라가 소홀한 관리로 인해 소수의 이익을 위해 사유화된다면 사회적 교류의 가능성은 줄어들게 된다. 공연 문화기술지에

도 인프라가 존재하는데 여기에는 키워드, 형태를 부여하는 공식, 중요한 질문 등이 있으며 이들은 공연 문화기술지라는 커뮤니티를 가능하게 하는 인프라이다.[4]

학자들은 그들의 연구 궤적에 따라 각자가 다른 지점에서 시작하면서 이 모든 것 혹은 일부들을 이용한다. 공연 문화기술지와 같은 간학제적, 중합적 학문에서는 개념적 인프라가 다양하고 경쟁적이지만 공유하는 영역을 제공한다. 이는 계속적으로 풍부하게 제공되지만 우리가 의지하고 우리 자신의 연구를 규정하고 정제하기 위한 보편적인 지적 유산이다.

키워드

Raymond Williams(1983)는 변화하는 사회, 역사, 정치적 가치관을 알아보기 위해 "키워드"라는 유명한 개념을 이용했으며 특히 '문화' '산업' '민주주의' 같은 용어를 충실히 관찰하였다. 이 역사적인 의미론(p.23)은 이러한 단어들의 변이성과 정치적 용도를 밝혀냈을 뿐 아니라 그들의 의미 변화를 파악하고자 하였다. 공연 문화기술지 또한 그 분야만의 키워드가 있으며 앞서 다루었던 "비판적"은 물론 그 키워드들 중 하나이기도 하다. 공연 문화기술지에서 '정의(definitions)'와 '윤리(ethics)'의 경계는 모호하다. 정의는 필연적인 윤리적 해명을 강조하며, 윤리는 정의를 다듬는 역할을 한다. 키워드를 정의함으로써 윤리적이고 엄격한 연구에 대한 연구자들의 책임을 제대로 할 수 있도록 한다. 공연 문화기술지에서 중요한 모든 키워드를 이 장의 범위 내에서 조명하는 것은 어렵지만 아래 설명할 네 가지 키워드는 이 분야의 개념적 인프라와 윤리적, 생산적 특성을 나타내는 규정적 조건을 이해하는 데 꼭 필요하다. 이 네 가지 키워드는 공연(performances), 문화기술지(ethnography), 공연가능성(performativity), 미학(aesthetics)이다.

공연은 융통성이 있는 용어로, 계속해서 변화되고 있다(Conquergood, 1995). 『서막(Opening Acts)』

(Hamera, 1991b, 2006b)에서 나는 공연을 문화의 관념적이고 재현적인 요소를 드러내게 하는 이벤트이자 자기 발견적 수단으로 정의하였다(p. 5). 공연은 일련의 것들을 실질적이고 정서적으로 만들며 상상력을 자극한다. 학자들이 공연을 연구 방법으로 사용하려면 이벤트의 정서적 요소를 표현하는 것에 대단한 주의를 기울여야 한다. 이러한 요소에는 어떻게 보이는지, 들리는지, 냄새가 어떤지, 또 이런 정서적 요소가 시간의 흐름에 따라 어떻게 변화하는지 등이 있다. 또한 사건의 정서적인 역학관계를 기술하는 것도 포함된다. 예를 들어, 어떠한 감정이 '용인' 되고 '고무' 되는지, 또 어떤 감정의 표현이 금지되는지, 또 이들이 어떻게 표현되고 억제되는지, 어떤 방식으로 감정과 행동이 교차되어 의미를 만들어 내는지 등이다. 연구 전략으로서의 공연은 또한 학자들이 진행되고 있는 역사, 정치, 지적, 미학적으로 더 광범위한 논의에 자신의 연구 대상을 위치시켜야 함을 요구한다. 이는 연구자와 연구 대상 모두에게 문화적 연구를 필요로 하는데, 이는 엄밀한 의미에서 상상적 접근 방법이다. 커뮤니티 내부와 사이에서 발생되어야 하며, 표현적이고 의미 있어야 한다. 비록 각자의 해석에 따라 다른 두 가지의 해석이 나타날지라도 이는 시간과 장소의 구체성에 근거를 두어야 한다.

공연 문화기술자들은 '공연'을 문화의 표현성에 초점을 맞춤으로써 광범위하게 간주한다. 그럼으로써, 연구 행위 자체를 특징짓는 요소들과 더불어 특정한 표현들의 사회, 수사학적 영향력을 연구할 수 있다. 이러한 관점에서 실제 이벤트와 만들어진 이벤트는 모두 '공연'에 속한다. 중요한 관객들이 주목하는 연극적 표현과 흔해 빠지고 우리가 거의 의식하지 못하는 일상 모두 공연이다(Bauman, 1977; Berger & del Negro, 2004; Hamera, 2006b, pp. 12-21; Hamera, 2007). 'Sand Sem'이 보여준 것처럼 침묵하는 것 자체도 공연이다. 사형집행, 민방위 훈련, 민간 운동의 배치 등과 같은 국가 권력과 관련한 의식과 시민 폭동과 같은 그 권력에 저항하는 것 모두가 공연에 속한다(Afary, 2009; Alexander Craft, 2008; Conquergood,

2002a; Davis, 2007) 사람들 사이에서 이루어지는 대화도 물론 공연이라고 할 수 있다(Hawes, 2006).

"참여적 관찰"인 문화기술지는 표현적 영역에서 "공연"과 만난다. 전통적인 문화기술지가 "왜 그리고 어떻게 그들의 연구 대상자들이 그들의 행동을 표현하는가?"라는 의문을 가지는 반면에, 공연 문화기술지는 그 사건의 배경과 이 배경 안에서 벌어지는 일들을 조사함으로써 보다 복합적이고 비판적인 접근을 시도한다. 그러기 위해서는 단지 표현을 관습적으로 정확히 기록하고 해석하는 것뿐만 아니라, 이 표현을 대변하는 정치적 관계에 깊이 주목할 필요가 있다. 공연 문화기술지는 이미 항상 당연한 것으로 받아들여져 오던 기법을 더욱 발전시켰다. 이는 아래에서 설명할 복잡하게 얽혀 있는 계보에서 볼 수 있는 것처럼, 텍스트와 공연 사이의 이분법보다 훨씬 더 복잡하다. 오히려 공연은 문화기술지에 다음의 사항들을 상기시킨다. 위치의 구체화와 정치성이 연구자들이 그곳에 참여하면서 현장조사에서 마주치는 것들을 연구하는 데 있어서 매우 중요하다. 공연은 "비판적", "페미니스트", "토속의" 같은 수식어들처럼 문화기술지에 영향을 미친다. 이러한 영향은 사회생활을 구성하는 표현의 문화와 중요한 사건과 무대에 관한 연구 행위 혹은 두 곳 모두의 연구에 미친다.

공연가능성은 공연이 무언가를 생산하고 행하는 방법 중 하나이다. 공연적인 발화는 발설되는 순간 세상에 개입하게 된다. 발화는 반복을 통하여 단어의 영향력을 일상화시키며 나아가서는 권위와 권력을 떠받드는 관습을 당연하게 만든다. Judith Butler(1993)는 J. L. Austin의 공식을 변형하여 정체성의 안정된 특성을 명료하게 설명하였다. 여기서 안정성은 태생적이기 때문에, 바뀌지 않는 중요한 특징들이 아니라고 그녀는 주장한다. 이는 오히려 재현을 통해 생겨난 결과이다. 공연 이론가들은 공연가능성을 다양한 차원의 정체성과 특정한 종류의 재현을 억제하거나 가능하게 하는 물질적, 이데올로기적 요구에 대한 이론을 정립하는 데 사용하였다. Elin Diamond(1996)는 공연가능성의 이론적 개념에서 구체적 상연의 분석으로 이행하는 과정에서 방법론적 유용성을 다음과 같이 설명한다. "공연가능성이 하나의 공연에 머무른다면(공연가능성이 더 이상 개념으로서 작동하지 않을 때), 구체성, 사회적 관계, 이데올로기적 호명, 감정적이고 정치적인 효과들에 관한 모든 질문에 대한 논란이 생기고"(p. 5) 마침내 방해를 받는다. 학자들은 사회 통합을 가능하게 하는 수사학의 역할 혹은 사람들 간의 관계적인 면, 심지어 사람들 간의 불안정성을 첨가하여 공연가능성의 수사학적 영향력을 조사함으로써 앞에서 언급한 방해를 탐구하고 연구한다(Alexander, 2006; Dolan, 2005; Hamera, 2007; Johnson, 2003; Muñoz, 2006; Pollock, 2006, 2007 참고).

미학은 어떻게 공연과 공연적 재현이 받아들여지고 이해되는지를 규정하는 기준이자 내재된 사회 계약이다. 앞으로 논의될 계보에서 나타나는 것처럼 공연 문화기술지의 깊은 근원적 배경은 창조적 예술과 비평에 있다. 이는 공연 문화기술지의 개념적 인프라에서 미학이 필수적인 요소라는 것을 의미한다. 미학은 맥락에서 절대로 제외되지 않는다. 그것은 항상 "페미니스트", "흑인의", "부토(butoh)", "백인 유럽의", "동성애", "15세기" 등과 같은 수식어들을 요구한다.

소위 순수예술의 형식적인 특성에 대한 연구로 축소되어 불리는 미학은 단지 엘리트들의 문제만이 아니라 매우 심오한 수준에서 공동체적이고 정치적이다. 문화의 생산과 소비에 내재된 특성과 전제 조건들은 커뮤니티 구성원을 하나로 묶어주는 통용되는 표현이다. 정치는 어떤 것이 아름답거나 창조적이라고 여겨지는지, 또 어떤 제도가 이러한 관점을 만들고 집행할지와 같은 미학적 판단에 영향을 미친다. 미학은 현장의 연구 대상뿐만 아니라 우리의 무대와 중요한 사건에서도 우리의 판단에 영향을 준다.

공연 문화기술자들은 미학을 "예술"의 유일한 특징으로 간주하지 않는다. 그보다는 삶의 경험에서 떼어놓을 수 없는 것이며 의미를 창출하는 상상의 작업으로 간주한다. 연구하는 과정 자체가 양적으로나 질적으로 미학적 관습으로 이루어져 있다. 물리학자나 공연

문화기술자 모두 "멋진 이론"에 대하여 논의한다는 것은 미학이 중요한 지적 기준이라는 것을 시사한다. 비록 '멋진'이라는 단어가 맥락에 따라 다르긴 하지만 말이다. 공연 문화기술지에서 미학을 조사하고 배치하며 저항하는 데 필요한 일련의 설명적, 표현적 전략이라고 생각하는 것은 매우 유용하다. 연구자들은 각 전략이 가지는 역사와 구체적인 이데올로기적 의미를 반드시 유념해야 한다. 이들은 그들 현장에의 특이한 관습이나 일반적 상태, 순환 기법을 잘 이해해야 한다. 이는 정밀성을 요구하며, 따라서 미학적 자각은 정확한 공연 문화기술지를 위해 중요한 해석적 기준이다. Harris Berger(1999)의 소위 미국에서 사양 공업 지대(rust belt: 일리노이, 미시건, 오하이오 등)로 불리는 도시의 헤비메탈, 재즈, 락 음악가들에 관한 보고서를 한번 보자.

예를 들면, 공격성과 결합된 하나의 음악은 참가자들의 경험을 우리들이 표현하는 데 있어서 출발점이다. 단지 맥락적이고 육체적인 면들을 첨가함이 충분하지 않다. … 미국 기독교의 메탈 밴드들과 영국의 강경한 집단의 복장의 정의로운 분노는 같지 않다. (pp. 251-252)

Berger는 이 음악가들에게 세부적인 장르 특성은 매우 의미 있는 것이라고 지적한다. 그리고 이들은 그들의 음악적 신택스에 관해서는 수고로운 설명을 마다하지 않는다. 여기서 미학은 매우 깊은 의미를 가진다. 여기서 미학은 음악가와 연구자 모두에게 의사소통과 지역 정체성 자각에 영향을 준다. 더불어 문화기술지에서의 연구들을 촉진시키고, 이러한 집단들의 음악의 기술적 요소들을 광범위하고 두껍게 묘사하는 데 적합한 표현을 가능하게 한다. 또한 현장에 몰입하는 것을 가능하게 하고, 다양한 현장의 커뮤니티들을 서로 비교할 수 있도록 한다.

또한 미학은 공연 문화기술자들이 어떻게 그들의 작업을 상연할지도 조직한다. 관객이 그들 연구 대상과 공감하게 하도록 노력할 것인가, 아니면 관객을 소외시

키고 방관자로 전환시킬 것인가?[5]

다음의 「Water Rites」(Madison, 2006c)의 분석이 예시하듯이, 공연에서의/으로써의 연구를 신중하게 설계함은 리듬, 다이나믹, 금속의 성질, 재즈, 락이 Berger의 음악가들에게 커다란 의미가 있는 만큼 사회적인 영향력을 위해 매우 중요하다.

계보

공연 문화기술지가 연구를 지향하는 방법으로서의 강점과 복잡성은 복잡한 계보에서 선택된 몇 가지 예를 통하여 효율적으로 검증할 수 있다. 이는 때때로 과거로 거슬러 올라가, 구체적인 학문과 제휴를 하지 않으며, 공연 문화기술지의 중심적인 방법과 규칙을 수행한 연구들을 지적할 필요가 있다. 몇몇의 경우에는 인류학, 민간 전승학, 문학의 구술적 해석, 발화소통, 그리고 무엇보다 연극 등의 다양한 학문 전반에 걸친 '공연'의 구심력을 이해해야 한다. 아래의 계보는 선형적으로 해석되어서는 절대 안 된다. 이는 어떤 학문이 다른 학문보다 월등한가에 대한 목록이 아니다. 공연, 문화기술지, 미학 등의 인류학적인 지식을 바탕으로 한 협상으로 인해 구술 해석 및 커뮤니케이션 학자들이 이러한 동일한 용어들을 탐구하는 것이 가능하지 않다. 이는 복잡한 계보이며, 키워드와 전략 사이의 관계는 논의 중이며 앞으로도 그럴 것이다. 부제에서 '~로부터'라고 함은 방법론적 합의에 대한 궁극적 수렴을 의미하기보다는 계속 진행되어야 하는 학문적 논의의 시작이다.

인류학으로부터

Zora Neale Hurston(1990)의 『Mules and Men』은 공연 문화기술지의 매우 좋은 예이다. 그녀의 책 서문에서 남부 흑인의 민속 문화를 "내가 직접 볼 수는 없지만 나에게 꼭 들어맞는 얇은 슈미즈 같다"라고 묘사한다(p.1). 그녀는 참여적 관찰의 도전을 제대로 수행할 수 있는 "문화기술지의 은밀함(spy-glass)"에 감사하였다. 하지만 사실상 시작부터 그녀의 작품은 서문의 관찰 중심적인 은유와 대조를 이룬다. 대신에 Hurston은 지금은 구전문학(orature)으로 불리는 "입에서 입으로 전해지는 작품"(Madison, 1998; Pollock, 1990)을 선보인다. Ngugi wa Thiong'o(1998, 2007)가 실현한 것과 같이 구전문학은 텍스트와 공연을 단순하게 구분하기보다는 담화, 쓰기, 음악, 춤, 심지어 영화적 요소들의 상호작용을 의미한다.

감독, 안무가, 소설가, 극작가이자 인류학자로서 Hurston은 그녀가 수집한 이야기들의 과장된 연극성에 매우 익숙해졌다. 그녀는 전후관계가 있는 사건 배경과, 공연의 획기적 발전에 도움이 된 교류에 초점을 두었다. 어떤 이야기도 단지 민간 설화에만 국한되지 않고 사회적 공연으로서의 넓은 의미를 가지는 것에 그녀는 집중하였다(Hymes, 1981). 놀리기, 농담, 명백한 거짓말뿐만 아니라 문학적이고 드라마적인 요소를 가미하여 그녀의 연구 내용의 연극적 요소를 독자들과 나눌 수 있도록 하였다. 그리하여 독자들은 사건들의 목소리의 결, 숨결, 흐름까지도 느낄 수 있는 것이다. 그녀의 각주도 현장의 목소리를 반영하였기 때문에, 작품의 텍스트에서 연구자와 연구자의 쓰기 행위의 위치 그리고 연구 대상과 연구 대상의 말하는 행위의 구분이 어렵다.[6]

Victor Turner(1982) 또한 공연과 문화기술지 모두에 관심을 두었다. 그는 공연 자체를 "경계(liminal)"의 경험으로 규정하였다. 다시 말하면 현실과 허구가 공존하며 단순히 여기나 저기가 아닌 것이다. 그에게 공연은 구성적이다. 플라톤 시절부터 서양의 인식론을 억제해왔던 반연극적인 편견에 대하여 깊이 고찰한 그는 공연은 사회생활을 위조하는 것이 아니라 만드는 것이라고 주장하였다. 감독이자 공연 이론가였던 Richard Schechner(1985)와 긴밀히 협조하여 Turner는 공연 패러다임을 문화기술적 연구 계획에 적용하였다. Schechner는 연극과 문화기술지 사이에 공연 문화기술지가 명확하게 자리 잡도록 하였다. 이러한 작업에서 중요한 사항은 정신분석 학자인 D. W.

Winnicott의 전이되는 사물의 아이디어를 대상을 이용하는 연기자들과 문화기술자들이 공유하는 경계 경험을 Schechner가 밝히는 것이다. 연기자가 그 등장 인물이 아닌 것처럼 문화기술자 또한 원주민이 아닌 것이다. 하지만 그는 원주민/등장 인물이 전혀 아닌 것은 아니다. 이러한 문턱에 있는 경계에 존재하기 때문에, 매우 생산적이다. 왜냐하면 이 상태는 정체성이 불변의 대상이 아니라 유동적, 사회적, 맥락적이라는 인식과 함께 자기 성찰을 독려하기 때문이다. 그리고 이것은 허구적이며 심지어 시적이기까지 한 문화 과정에 존재하고 있는 정체성에 개념적 공간들을 가능하게 한다.

구술적 해석과 커뮤니케이션으로부터

발성법 움직임에 기반을 둔 문학의 구술적 해석은 공연이 체화된 해석학적 도구라는 전제를 바탕으로 한다. 이는 상연을 위해 적혀 있는 것 이상을 분석하는 방법 중 하나이다.[7] Wallace Bacon(1979)의 타인에 관한 이해가 공연을 중요한 연구 방법으로 이용하였다. 타인에 관한 이해는 세밀한 분석을 통해 구성된 공연을 구체화함으로써, 문학작품에 대한 다각도의 비판적 통찰을 가질 수 있다. Dwight Conquergood은 구술적 해석에 혁신을 가져왔다. 그는 "직접 재현하는 실체(body to bodyness)"(Olomo/Jones, 2006, p.341)를 요구하는 공연 문화기술지를 받아들였고 이는 학자들이 현장에서 단편적으로 마주치거나 책에 기술된 내용 이상에 대한 고찰을 요구하는 것이다.[8] 그의 에세이 『문화기술지 재조명(rethinking ethnography)』(1991/2006b)에서 그는 몸으로의 귀환의 중요성을 명확하게 논의하고 있다. Hmong족의 난민캠프(1988)와 시카고 갱단들(1997) 사이에 수행한 그의 연구는 행동이 총체성이 되는 과정, 역사와 문화의 조화로서의 진행성과 같은 문화의 물질성을 매우 중요시하고 있다. 이런 관점에서 연구 방법들은 경험과 다르게 분류되지 않는다. 이것들 또한 문화의 유형적 재현인 것이다. Conquergood은 문화기술적 기술에서 문화기술적 재현으로의 변화를 일으켰고 단지 문화를 기술

하는 것에서 수행하는 것으로 발전시켰다. 공연기반의 연구는 혁신적 연구 방법의 장을 열었다(2002b). Conquergood(1991/2006b)은 문화와 권력의 상호관계에 관한 논란의 여지가 있는 질문을 제기함으로써, 수사학적 성찰을 주장하며 능숙하게 이를 증명하였다. 그는 이러한 질문들의 범위를 학문적 경계를 넘어서는 범위까지 확장하여 새로운 학문 분야를 열었다. 그의 지식 창출 도구로서의 공연에 대한 심도 있는 열정은 그들의 영역 밖에 존재하는 연구들을 무시하는 문자중심의 학문에 도전장을 던졌다. 그는 실용적 지식과(방법에 대한 지식), 실질적 지식(무언가를 아는 것), 그리고 정치적인 실제 지식(누구, 언제, 장소에 대한 지식) 등의 관계를 재활시키는 공연기반의 방법을 주장하였다(Conquergood, 2002b, p.153). D. Soyini Madison은 공동 공연으로서의 공연 문화기술지를 새롭게 조명하면서 그들의 공헌을 다음과 같이 요약하였다.

> 대화성 공연으로서의 공동 공연은 당신이 연구 대상자들이 무엇을 하는 것을 연구할 뿐만 아니라 당신이 욕망을 갖고 그들을 경험함으로써 그들이 상징을 만드는 과정에 지적으로 관계를 갖고 참여함을 의미한다. Conquergood에게 있어서 공동 공연은 무엇과 더불어 하는 심오한 약속이다(2005, p.168).

도덕적 지도(Moral Maps)

Conquergood(1982)은 그의 에세이 『Performing as a Moral Act』에서 공연 문화기술지의 도덕적 함정을 진단하는 결정적 방법을 제시하였다. 문화기술자의 목적은 다음 부분에 열거하는 무엇인가를 생각하게 하는 중요한 질문들을 계속적으로 던짐으로써 변증법적으로 수행하는 공동의 공연이다. 연구가 진행되는 무대의 배경, 무대 위, 연구 노트의 미적인 측면에 대한 두터운 기술과 체계적인 접근, 자아 성찰, 비판 이론 실

행에 대한 언급 등의 질문들이 연구자로 하여금 다음의 네 가지의 윤리적인 실수를 범하지 않도록 도와준다. 첫째, 현장의 미적인 측면을 기술하고자 하는 **큐레이터의 과시**(curator's exhibitionism)는 미학의 오류이다. 이는 이국적인 것을 전시하고자 하는 외설적 욕망을 표현적 행동이 실질적으로 어떻게 이루어지는지에 관한 면밀한 이해와 혼동하여 범하는 실수이다. 샌디가 침묵으로 전복시킨 "나서서 보여주기" 충동("show and tell" impulse)이 여기에 속한다. 둘째, **연구 관리자의 속임수**로 인해 공동 공연에 기저하고 있는 근본적인 관계성 구축이 어렵게 된다. 연구가 진행되는 현장의 모습과 커뮤니케이션하는 사람들을 마치 연구자가 자신이 천재인 것처럼 자신의 지적인 산물로 기록하는 표절 행위를 한다. 셋째, **연구자가 연구에 너무 몰두한 나머지**, 연구자가 비판적인 시각에서 연구를 수행하기가 어렵다. 앞에서 제시한 큐레이터의 과시와 연구 관리자의 속임수는 연구가 진행되는 현장의 연구 대상인 대화를 하는 사람들이 연구를 위한 데이터로 기록되어야 함에도 불구하고 연구자의 취향과 자신의 지위를 제고하는 데 필요한 연구 대상자로 전락된다. 연구자의 지나친 몰두는 연구가 진행되는 현장의 연구 대상자들 각각의 질적으로 다른 특성들을 낭만적으로 단순하게 취급할 수 있으며 나아가 연구자 자신과 별 다른 점이 없다고 볼 수 있다. 절대적으로 다른 특성들이 간과되면서 매우 까다로운 문제들이 두루뭉술하게 취급되고 아예 무시된다. 마지막으로 **냉소적인 책임 회피**로 인해 연구자가 연구 대상자들의 다른 특성들을 파악하기가 매우 어렵고, 문화기술지 연구에서 불가피하게 마주칠 수밖에 없는 연구자와 연구 대상자의 거리를 극복할 수 없다. 이로 인해, 비판적으로 접근해야 하는 지속적인 노력에 필요한 공연 감각이 상실되면서 연구자들은 고립되는 상태가 된다.

공연 연구자들은 인류학과 구술적인 해석의 이론들에 의지하다 보니 공연 연구를 하는 학자들이 계속해서 "공연", "문화기술지", "공연가능성", "미학"이 서로에게 영향을 주는 방식을 취하게 된다. 공연 연구자들은 공연이 어떻게 수행되는지에 대한 질문을 계속해서 제기하고 원 자료와 텍스트가 현장에서 혹은 연구 행위에서 서로 배타적으로 연구 현장을 재현한다는 전제에 도전한다. 춤의 실천 현장이 바람직한 사례이다. 사례를 춤으로 한정하는 이유는 춤이 글로 번역될 수 없을 만큼 몸에 체화되어 있기 때문이다. 로스앤젤레스에서의 춤 동호인 연구(Hamera, 2007)에서, 춤이 다음 세대를 훈련시키고자 하는 스토리의 언어에 사로잡혀 있다고 주장하였다. 춤의 움직임이 어떻게 보이고 느껴지는지를 기술하는 은유의 부정확성의 스토리이다. 더불어 춤을 가능하게 하고 제한하는 법, 강의 계획서, 언론 장치, 구전과 같은 제도적인 언어이기도 하다. 춤이 다양한 공동체를 구성하는 방법에 대한 분석이 나에게 있어서 내 연구 대상자들과 춤을 추는 것과 같다. 그것은 바로 그들의 말에 주의를 기울이고 그들에 대해 글을 쓰는 것과 같다. "그들과 춤을" 추고 "그들에 대해 글을 쓰기"라는 것에 대한 나의 약속은 헤게모니적인 전제에 도전하는 기회를 열어준다. 발레와 현대의 춤은 엘리트의 "고급 문화"의 허가를 의미한다. 그러나 고급 문화를 창조한 예술가들의 대부분의 물리적 환경과 고급 문화는 대조를 이룬다. 아마추어와 전문적으로 춤을 추는 사람들과의 나의 경험으로 인해 서로 간의 매우 다른 삶의 모습을 볼 수 있다. 다양한 분야에 종사하고 있는 공연자들이 서로 모여 서로 견고하게 단결하거나 혹은 차이점을 유지하면서 가끔 혹은 오랜 기간 동안 의식을 공유하면서 자신들이 고향과 같은 의식을 갖고 있다.

중요한 질문

공연 문화기술지를 수행하는 데 있어서 정해진 방법이 있는 것은 아니다. 연구 환경, 연구자들의 구체화된 특성, 장소와 역사에 있어서의 연구 현장 등의 복잡성 때문에 연구자들은 자신들의 고유한 방법으로 타협하기 마련이다. 그렇다고 해서, 훌륭한 연구 실천을 전혀 모르거나 방만하게 적용하는 것은 아니다. 전 연구 과정을 통해서 제기되는 몇 가지 공연 인류학에 관한 질문들은 우리의 미학적, 윤리적, 지적 책무를 상기시켜 준다. Madison은 공연의 연구 방식이 회자되는 이유에 대해, "내가 아는 모든 사람과 또 모르는 사람들이 공연적 언어로 생각하고 말하고 글을 쓰거나 쓰려고 한다"(2006b, p.243)라고 비꼬듯 지적하였다. 이러한 학문의 다양성과 담화는 인식론적이고 방법론적인 관습과 더불어 창의적이고 생산적인 공연을 가능하게 한다. 그렇다고 해서 공연 문화기술지가 책임감이나 역사적 자각 없이 단지 유희를 즐기는 분야는 아니다. 오히려 공연의 생산적인 유연성과 다양한 학문의 중합성으로 인해 연구자들이 자신의 연구 계획에 대한 기본적 질문에 답하면서 자신들의 개념들을 명확히 할 수 있다. 이는 현장조사의 방법론적이고 윤리적인 면이다. 이는 공연이 특수한 연구 현장을 어떻게 인구학적이고 논변적으로 상세하게 드러낼 수 있는지에 대한 주의 깊은 계산이다. 현장조사와 같이, 이러한 질문들로 인해 연구자들이 그들의 독특한 학문적이고 학제적인 시각에서 "공연을 모르는 척"함이 무엇을 의미하는지에 대한 미묘한 차이를 이해하게 한다(Jackson, 2004).[9] 이 질문들에 답함으로써, 공연 문화기술지의 관계적인, 그리고 그 이상의 특성이 나타난다. 왜냐하면 공연 문화기술지는 연구자들이 비슷한 어휘를 사용하는 다른 방법론자들과 마주할 수 있게 해주기 때문이다.

1. 어떤 식으로 내 연구 현장에서 공연이 발생하는가? 공연은 이벤트와 스스로 아는 도구라는 두 가지 모두를 의미하기 때문에 연구의 특정한 맥락에서 사용될 때에는 비판적 성찰과 정확성을 요구한다. 남을 의식한 과장된 행동을 통하여 공연이 스스로 드러나는가? 내가 사용하는 "공연"이라는 용어는 표현적인 효과를 말하는가, 표현 테크닉을 말하는가? 아니면 두 가지 모두 해당하거나 둘 다 아닌가? 내 연구 대상자들이 그들이 하는 행동을 공연이라고 생각하는가? 아니면 이것은 내가 내 연구의 독자들에게 연구 대상자들에 관해 무언가를 이야기하고자 할 때 사용하는 용어인가? 연구자로서의 나에게 공연이 어떠한 개념적 가능성을 열어주는가? 여기에는 어떤 위험이 있는가? 내가 용어에 어떠한 편견을 부여했는가? 나는 공연이 본질적으로 창조적이고, 파생적이고, 살아있으며, 저항적인 반작용이라고 간주하고 있는가?

2. 시간과 공간적으로 내 공연은 어디에 위치하며, 이 시간과 공간은 역사, 다른 시간, 공간과 어떤 식으로 교차하는가? 어떠한 세계적 관점에서의 매트릭스가 내 연구 현장의 지역성을 구성하는가? 어떤 역사적 요소가 여기와 지금을 뒷받침하는가?

3. 내가 공연을 사용하는 데 있어서 저변에 깔려 있는 내 가정들을 성찰해보면 비록 매우 은연중에 일어나는 것이라도 어떤 학술적인 의사소통을 하고 있는가? 이 소통에 관여하는 것은 어떤 책임을 부가하는가? 내가 특별한 테크닉이나 어휘, 참고문헌을 습득해야 할 필요가 있는가? 내가 이 대화를 자극하고 국면을 전환시킬 때 공연을 활용하는 것이 어떤 식으로 도움이 되는가?

4. 어떻게 하면 조사 행위 자체를 공연의 개념으로 바꿀 수 있는가? 단순히 기술-관료적 용어인 능력 있는 실행을 수행하는 단순한 개념을 넘어서? 나는 어떤 식으로 연구 대상과 관계를 가졌는가? 공동 공연자로서인가? 아니면 엑스트라나 소품으로서 관여했는가? 나는 연구 대상과의 서로 간의 감각과 사회적 복잡성의 교환을 어떻게 나타낼 것인가? 단순한 언어 간 혹은 언어 대 비언어 간의 의사소통에 대한 해석을 넘어 어느 범위까지 공연을 해석하고 있는가? 이중 특히 물질성과 문서의 고정성과 같은 다른 표현 방법을 어디까지 해석하였는가? 미학, 윤리, 정치, 수사학적 요소, 선택과 책임에 관해서 연구 내용 전체를 어떻게 이해하고 관철시킬 것인가?

5. 내 연구가 어디서 어떤 식으로 의미 있는 개입을 하는가? 내 연구로 인해서 무엇이 바뀌는가? 어떤 성과를 내며 이 성과는 어디에 혜택을 주며 이 성과는 연구의 맥락상 어떤 의미를 가지는가? 이 연구는 누구를 위

한 것인가? 내 연구에 나와 있는 대상자들과 연구 내용을 어떤 식으로 공유할 것인가? 그들이 어떤 영향을 받았는가? 내 연구를 접한 독자들에게서 내가 원하는 것은 무엇인가?

이 다섯 군의 질문들은 공연적 연구 방법 핵심에 있는 과정적 원리를 담고 있으며 주의해야 할 점도 설명하고 있다. 널리 해석했을 때 우리 연구계의 의무를 상기시켜 준다고 할 수 있겠다.[10] 이 질문들은 학자들의 공연이 그들 학문에 스며 있는 형태를 성찰할 수 있도록 유도한다.

18.3 사례 연구

「Water Rites」는 D. Soyini Madison(2006c)이 고안, 연출하고 Chapel Hill의 노스 캐롤라이나 대학생들에 의해 공연되었다. 「Water Rites」는 공연 문화기술지에서 윤리적이고 공연적인 표현 전략과 민간 정치에 대한 비판적 개입 그리고 잘 통제된 미학적 배치가 어떻게 실제로 작용하는지 보여주는 모범적인 예이다. 이 혼합적 매체의 생산은 내용뿐만 아니라 형식의 유동성에 근거를 두고 있다. 이 작품에서 언급되고 있는 공공재로서의 물을 보는 관점과 같이 작품 또한 장르를 넘나든다. 여기에는 회고, 개인적 이야기체, 움직임, 문화기술적 현장기록, 사운드, 영사(파워포인트 슬라이드와 기록 사진), 악토(actos)가 있다. 악토란 정치색이 강하며 종종 풍자적 형태를 띠는 짧은 촌극을 말한다.[11] 결과적으로 이는 공연 문화기술지의 본보기가 되는 것이다. 이 공연 자체는 물의 의식(water rite)이다. 하지만 여기에는 의식/권리(rite/right) 두 단어의 음성적 관계의 의미도 있다. 물의 의식은 우리가 공유하는 인간성과 양도할 수 없는 신분에서 생겨나는 권리를 공고히 하는 의식이다. 이 공연은 관객들에게 물의 정치, 산업적 이익과 인류의 희생에 주목하도록 요구한다. 또한

그들의 기억과, 소비, 물을 너무나도 당연하게 여겼던 사실, 또 무엇이 변화되어야만 하는지에 대하여 주목하게 한다.[12] 작품의 전반적인 분석은 여기에서 다루기 어렵지만 비판적 전략으로서 공연 문화기술지의 미학적 효용을 보여주는 세 가지 중요한 순간들에 대하여 설명하겠다.

「Water Rites」는 물에 관한 정치(water politics)의 두 가지 특성인 유동성과 제한성의 긴밀한 관계를 구현하면서 시작한다. 그리고 이 긴밀한 연결을 개인적, 세계적 사건으로 확장한다.

—
기록 1

1998년 10월 12일, 서아프리카, Legon Accra의 가나 대학. 지금 우리 집에는 물이 없다. 모든 수도관은 말라 버렸다. 물탱크에도 마찬가지로 물이 남아있지 않다. 여기, Legon 지역 어디에도 물이 없다. 물을 찾을 수가 없고 나는 이 사실에 겁이 난다. 그들이 수도관이 말라버릴 것에 관해서 경고하기는 했지만 사태가 이렇게 오래 지속될 거라고는 생각하지 않았다. 어떻게 물이 없을 수 있단 말인가?

—
기록 2

2006년 1월 런던, 잉글랜드. 아래 말할 내용은 현실이다. 10억 이상의 인구가 맑고 적당한 가격의 물을 구하기 어렵다. 20억 이상이 하수시설의 혜택을 받지 못하고 …

—
기록 1

Kweku는 자신이 물을 찾겠다고 말하였다. 그는 물탱크를 가득 채울 만한 물을 어디서 구할 수 있는지를 안다고 말하였다. 난 단지 그가 빨리 여기 오기만을 기다릴 뿐이다. 물이 없다는 건 정말 너무 무서운 일이다. … 너무 이상하고 무서운 일이다. 나는 이곳 학생들이 어떻게 버티고 있는지 걱정이 된다.

—
기록 2

가나의 도시지역은 인구의 40퍼센트 가량만이 수도시설

을 보유하고 있다. 게다가 도시 빈민지역의 78퍼센트는 수돗물이 없다.

이 기록은 Madison의 연구와 경험을 말해주고 있지만 문화기술적 권위를 내포하고 있는 단순한 수치는 아니다. 이 기록들은 개인적으로 미치는 영향, 인구통계학적 맥락, 더 큰 범위의 세계의 물의 정치 현실을 기록하고 있다. 이 기록들의 진술 자체가 발화로서 매체와 매체 장소에서 장소로 이동하는 흐름임을 주목할 필요가 있다. 고정된 지표이고 쓰여진 효과인 "Dear Journal"(일기 시작에 상용적으로 쓰는 문구)은 말을 통해 그 의미가 희석되면서, 이는 결국 "어떻게 물이 없을 수가 있는가?"라는 원초적 공포의 높은 물결에서 벗어나려고 애쓰는 노력인 것이다. 순환의 고리와 반복은 이러한 불안함을 강조하는 역할을 하며 이러한 상태를 완전히 담을 수 없는 언어적 한계를 나타낸다. "물이 없다는 건 정말 너무 무서운 일이다. … 너무 이상하고 무서운 일이다". 역시 마찬가지로 말을 하면서 서아프리카 Legon-Accra의 가나대학에서 영국 런던까지의 거리를 무색하게 한다. 첫 번째 장소는 두 번째 경우에서 부분적으로 날조된 정책의 결과를 보여주고, 두 번째는 첫 번째 경우의 정책과는 무관하지만, 그러한 경험을 강조하고 확대할 수 있는 사실들의 원천이다. 글쓰기와 정보는 혜택을 받고 있는 서구 주체들을 위해 국경과 장르를 자유로이 넘나들지만 생명유지에 필수적인 물은 그렇지 않다.

「Water Rites」에서 개인적, 사실적 요소들은 담화의 생기를 부여하는 기능을 한다. 하지만 이것이 전부가 아니다. 「Water Rites」는 말하는 것 못지않게 보여주기도 한다. 가장 강력한 보기 중의 하나는 빈 물통의 사용이다. 수십 개의 물통들로 만들어진 강, 물통으로 둘러싸여 있는 이 강은 여전히 매우 독립적이기도 하다. 이것들은 공연 전반에 걸쳐 시각적 일관성을 만들어내고 관객들로 하여금 개인이 소유하고 있는 물의 대가에 대하여 생각해보게 한다. 빈 물통의 바닥을 때리는 소리, 물통의 투명성, 물통이 구르는 모양새 등, 이

모든 요소들은 물의 유동성과 제한성을 음향, 시각, 촉각적으로 나타내고 있다. Madison의 문화기술지 연구에서 이 작품을 구성하는 드라마적 요소들 중 하나는 연기자 각각의 물에 관한 기억과 국제적인 사유화와 이익 등을 통하여 표현되는·물의 다양한 가치이다.

—
물이 차오르는 소리와 "나귀와 물을 긷는 장면" 이 스크린에 나타난다. 물을 긷는 장면이 스크린에 나오면서 물소리가 매우 높게 올라간다. 동시에 배우들도 섬에서 일어나며 이들은 마치 물속을 지나는 것처럼 보인다. 그들은 자신들의 박스들을 섬에 남기고 떠난다. 물의 반작용을 느끼면서 물통들 중에서 그들이 원하는 특별한 물을 찾아나선다. 그들은 여러 가지 상표들을 읽고 원하는 물을 찾을 때까지 각 물통의 크기와 모양을 검사한다. 그들이 마침내 원하는 물통을 찾으면 물의 반작용을 거쳐 바닥으로 가 다양한 태아의 형태를 하고 관객들을 등지고 눕는다.

물소리가 잦아들지만 여전히 들린다.

앞에서 언급한 비언어적 작은 순간은 사실 그 자체로 물의 의식이다. 물의 힘은 여러 형태로 구현된다. 예를 들어 끊임없이 가혹하게 물을 긷는 모습을 기록하는 장면에서는 거대한 물줄기가 흐르는 소리와, 물의 흐름에 맞서는 연기자들의 역동적인 모습 등이 보인다. 물의 힘은 상표 선택과 같은 하찮은 것과 병치되어 표현된다. 즉 특별한(맑고 안전한) 종류의 물을 가질 수 있는 곳에서 선택받은 자들의 물을 구하는 방식과 병치된다. 물통 안에 들어있는 부수적 존재로 줄어들었을 때도 여전히 물소리가 들려온다. 연기자들이 거의 태아의 모양을 하고 있는 것은 어떻게 해석해야 할까? 어쩌면 사유화의 이데올로기와 자연 파괴가 "누가 물을 먹을 것인지를 정하는가? 누가 결정해야 하는지를 누가 결정하는가?" 하는 의문을 제기하지 않는 소비자들을 아기처럼 무력화시킨다는 것을 풍자하는 것일지 모른다. 혹은 관객이 우리 모두는 물에서 왔다는 것, 즉 태아적 진화론에 근거하여, 우리의 고향은 물의 세상이었다는

것을 상기시키는 것일지도 모른다. 아마 그들은 너무 지쳐서 세계 자본과 이를 전달하는 제도들의 권력에 맞서 더 이상 헤엄칠 수 없었을 것이다.

「Water Rites」는 고갈과 촉진 둘 다를 논한다. 서아프리카에서부터, 인도, 영국, 볼리비아까지를 모두 아우르는 이야기이다. 이 이야기들은 두 가지 면에서 영향이 있다. Sara Ahmed(2004)의 정의에 따르면 개인적이고 내적인 일이기보다는 사회적이고 수사학적인 문화정치의 한 형태로서 이는 매우 효과적인 작품이다. 이는 관객에게 단지 동정심이나 개인적 공감 그 이상의 반응을 요구한다. 지역적이고 국제적 차원에서의 물을 옹호하는 운동가들과 기업들의 대리인들이, 가끔은 거절될 수 있지만, 무언가를 해야만 한다는 데 동의하고 있다. 그러나 이 특별한 자극은 관객을 공연의 도구적 관점 이상으로 변화시키며 그들이 가진 혜택을 사실과 국제적 이동성에 접근하기 위해서 사용하도록 작품의 서막에서 볼 수 있듯이 부추긴다.

—
MADELINE
때때로 당신들은 당신들 중 하나는 징징대거나 소리치겠지. "왜 말을 안 듣는 거야"라고. 그러면 나는 항상 내가 해오던 것처럼 답할 거야. 당신은 구걸하는 사람(beggar)이거나 선택하는(chooser) 사람이야. 그리고 만약 거기에 불만이 있다면 거리로 나가서, 마로 만든 당신들 옷을 벗어던지고, 도발적 문구가 새겨진 티셔츠도 벗어버려. 그리고 항상 무엇이 잘못됐는지 계속해서 떠들어 대기만 하던 교실에서도 벗어나라고. 세계적인 시스템에서 그만 시끄럽게 떠들어대고, 그 작은 존재로 무엇 하나라도 바꿀 수 있다는 생각은 버려. 특히, 당신, 크게 태어난 당신, 혜택과 돈을 가지고 미국인이라는 낙인을 달고 태어난 당신. 그 낙인은 당신이 아무리 문질러 지우려 해도, 그 위에 아무리 많은 문신을 한다 해도 안 지워질 거야. 네가 작은 존재라고 떠들어 대기만 하는 걸로는 아무것도 할 수 없어. 그리고 내가 너에게 해주고 싶은 말은 딱 한 가지 충고뿐이야. 선택하는 사람이 되라는 거지. 그렇게 하면 너도 어쩌면 좀 더 잘 알

아들을 수 있겠지. 그러면 아마 새로운 생각을 가질 수 있겠지. 그렇게 될 때까지 난 해줄 수 있는 게 아무것도 없어.

Madeline은 누구인가? 세계은행이나 IMF의 관리들 중 한 사람일까? 아니면 혜택받고 영향력 있는 일반인으로서 동정심의 감퇴를 겪는 사람일까? 관객들이 각자 가지고 있지만 없어졌으면 하는 마음의 소리일지도 모른다. 그녀가 누구든 간에, 그녀는 관객들에게 자신의 신념에 따라 행동할 것을 촉구한다. 이는 Gayatri Spivak(1990)의 "타고난 혜택을 버리라"(p. 42)는 지령을 넘어서는 것을 요구한다. 이는 우리 자신이 공모하고 있음을 인지하고 이를 비판적으로 생각하여, 그 시도를 책임 있게 수행하도록 하는 요구이다(Alexander Craft, McNeal, Mwangola,& Zabriskie, 2007, p. 56 참고).

「Water Rites」는 어떤 식으로 공연 문화기술지가 물의 사유화 문제를 대변하는 것 이상의 일을 할 수 있는지 보여준다. 이 방법은 문제 내부에 관여하며 그런 와중에 전략과 새로운 연구의 핵심인 열정을 제시한다. 문화기술적 담화를 이야기로 만들며, 대상의 공연적 가능성을 탐구한다. 그리고 현재와 과거, 지역과 세계의 불가분 관계를 속속들이 조사한다.

18.4 떠오르는 패러다임과 공연 문화기술지의 새로운 방향

공연 문화기술지는 많은 가능성을 지닌다. 이 방식의 분석적, 정치적, 재현적 도구로서의 효율성은 표현적 문화와, 구체화, 미학, 비판 이론 등을 탐구하려는 학자들의 관심을 끌었다. 이 혁신적인 과업은 과거와 미래를 동시에 지향하고 있다. 공연 문화기술지는 새로운 계보를 추구하는데, 즉 새로운 방식의 공연이나 공연가능성, 새로운 형태의 학문적 설명을 구상한다.

공연 문화기술지의 새로운 궤적 중 하나는 역사적인 것으로, 이는 공연과 옛 기록의 교차점에 있다. 학자들은 Diana Taylor(2003)의 통찰과 그녀의 "옛 기록(the archive)"과 "레퍼토리(the repertoire)"에 관한 그녀의 논술과 비슷한 교차점에 주목한다. "문서, 지도, 문학, 텍스트, 서찰, 고고학적 유물, 뼈, 비디오, 필름, 디스크 등의 형태로 존재하는 옛 기록은 변화하지 않는"(p. 19) 반면에, 레퍼토리는 "구체화된 기억을 재현하는 것으로 공연, 제스처, 구술적인 것, 춤, 노래 등으로 이것들은 영원히 존재하지 않으며 재생 불가능한 지식으로 간주된다"(p. 20). Taylor는 이 두 가지를 이원화하는 관습적 오류를 답습할 생각은 없었다. 대신 그는 이 두 가지가 완벽하게 서로 관통하는 것임을 보여준다. 두 가지 모두 중개된 것이며, 매우 선택적이며, 기억을 돕는 자원이다(Roach, 1996, p. 26). 학자들은 매우 활발하게 공연 문화기술지에서/으로서의 옛 기록과 레퍼토리의 상호 활력을 주는 관계를 조사하고 있다. 또한 춤에 관한 연구는 매우 설득력이 있는 예시이다.

Anthea Kraut(2008)는 『Choreographing the Folk』에서 감독이자 안무가로서 Zora Neale Hurston의 작품을 연구하였다. 더불어, 그녀의 콘서트인 「The Great Day」를 세밀하게 조사하면서, 그 중에서도 공연의 핵심인 'Bahamanian fire dance'에 관하여 진단하였다. Kraut는 Hurston이 그녀의 공연, 공연 보조 자료, 광고 책자와 보도자료, 관객과의 서신에서 사용한 민속적 관용구를 어떻게 배치하였는지를 논의하였다. 여기서 특히 중요한 부분은 Hurston의 무대 위에서의 문화기술적 이론이 그녀의 책에서의 이론과 다르다는 것이다. Kraut는 Hurston이 그녀의 관객, 공동 제작자들, 흑인의 토속 무용이 그 고유한 장르라는 그녀의 주장, 그리고 그녀만의 미학적 문화기술적 영향력에 대한 주장 사이에서 종종 발생하는 곤란한 문제를 어떻게 협상하는가를 분석하였다. 이 분석에서 특히 주목할 점은 공연 문화기술적 상품이 매우 인종차별적인 오락 시장을 겨냥한 것인데, 1930년대에 '민속(folk)'이라는 용어로 포장되었다는 점이다. 공연 문화기술지

의 간학제적, 중합적 분야인 것과 같은 이유로 Kraut의 저서는 흑인으로서의 미국인과 미국에 대한 연구뿐만 아니라 공연과 무용 분야에 기여하였다. 많은 기여들 중에서, 공연 문화기술지의 역사를 위해 춤을 재생시켰고, 문화기술자가 그녀의 연구 결과를 무대에 올릴 수 있는 경쟁적이고 상업적인 물길을 가능하게 하였다.

공연 문화기술지는 마치 직관적이지 않은 방법으로 공연 개념을 이용하여 새로운 분야를 제시할 수 있다. 예를 들어, 상품화 과정, 물질의 유통, 그리고 만들어진 상상의 공동체들이 공연으로서 생산적으로 간주될 수 있다. 공연을 통하여 사물과 사회적 과정을 분석하는 것이 필수적 요건인 구체화를 생략할 수 있게 해주지는 않는다. 오히려 초점을 더 넓게 확장하여 그 구체화 과정을 포함하거나 특정한 시장이나 요구사항을 연출해 낸다. Ngugi wa Thiong'o(1999)는 "공연이 우주, 건축, 조각에도 존재한다."고 밝혔다. 공간과 사물들이 이국적인 것, 다름, 시장성과 연결되었을 때, 공연 개념은 상품의 상황을 규정하는 권력과 쾌락의 흐름을 설명할 수 있다.

미국 토착 예술의 장르는 매우 좋은 예이다. 공연 문화기술자들은 이 대상들의 구체적 상황에서의 흐름을 살피기 위해 소비를 뒷받침하는 복잡한 쾌락과 판타지를 면밀히 조사한다. 나(Hamera, 2006a, 2006c)는 Navajo족 토속 예술의 경우는 눈에 띄지는 않지만, 사라져 간다고 믿어지는 부족에 생명을 부여하고, 표면적으로는 정치적으로 순수하며, 시대를 초월한 것을 특징으로 하는 아직은 그들의 개성을 음미하지는 않고 있지만, 우리들과 같은 '부족'으로 주장하였다. 더욱이, 예술품은 수집가에게는 수집과 그들의 안목으로서의 공연 기능을 한다. 또한 예술가보다 상대적으로 더 혜택받은 위치에 있는 수집가의 면죄부 역할까지도 한다. 백인으로서 떳떳하지 못한 역사에 대한 면죄부를 바라는 욕구가 인디언 물품에 대한 욕망과 인디언 물건에 대한 디자인을 부추긴다. 또한 다양한 문화적 미학이 풍부한 안목을 가졌다는 평가를 받기 위함이기도 하다. '진품'이라는 수식어로 묘사되는 물품들은 수집가

들에게 토착 문화에 침잠하고 있다는 대리만족을 느끼게 해준다.

마지막으로, 가장 논란이 될 만한 의견을 말하자면, 공연 문화기술자들이 공연과 미학을 소설적 개념으로 엮을 수도 있다는 "이야기화(novelizing)"는 Mikhail Bakhtin의 소설의 사회적 위치에 관한 관점에서부터 출발한다. Michael Bowman(1995)은 '이야기화'를 아래와 같이 정리하였다.

> 구술적, 텍스트적 기호성의 혼란에 개입하려는 의지이다. 이는 Bakhtin이 의미론적으로 열린 결말이라고 표현하는 '불확실성'을 가져온다. 이는 공연과 텍스트의 규범적 관념을 흔들리게 할 가능성이 있다. 뿐만 아니라 어쩌면 공연 과정과 공연과 관객의 관계에도 영향을 줄지 모른다. 비록 이야기적 구상이 나름의 의미와 가치 혹은 정치문화적 의도를 가지고 있을 수 있지만, 선호하는 가치와 목소리에 반대되는 가치를 지니고 있을 수도 있다(p.15).

「Water Rites」에서 이미 공연 문화기술자가 무대에서 상반되는 목소리(토착 운동가, 기록, Madeline, 거만한 여피족)와 다양한 매체(사진, 음향, 움직임, 악토)를 넣으면서 이야기화하는 것을 보여주었다. 때로는 이 목소리와 매체들이 서로 도움을 주는 역할을 하기도 하지만 주로 서로 충돌하여 문제를 만들어내고 헷갈리게 하여 관객들에게 해석에 대한 부담을 부가한다. 이들은 심지어 무대를 이야기화하는 과정에서 문화기술적 관점을 넘어서기까지 한다(Goldman, 2006 참고).

이야기화는 문화기술적 프로젝트 전체에 적용될 수 있다. 이는 한 명의 작가가 역사적 문화기술적 영웅이 되도록 시험하는 것과 비슷하다. 이러한 관점에서 이야기화를 퀼트에 비교할 수 있다. 하지만 여기서 퀼트는 모든 종류의 천 조각을 모아 하나의 큰 그림을 만드는 종류의 퀼트를 말하는 것은 아니고 때때로 미학적이나 신념적으로 모순되는 조각을 이어 붙이는 것을 말한다.

Renee Alexander Craft(2007)가 주장하기를, 상호 간의 만남이 마음들 간의 균열이 없는 모임은 아니다.

> 퀼트예술가이자 나의 누이가 퀼트 패턴에 첨가하기 위해 천 조각을 들었다. 나는 인상을 썼다. 그녀의 헝겊더미에 많고 많은 예쁜 조각들을 두고 왜 그 조각을 골랐는지 궁금하였다. 내가 누이에게 물어보기 위해 고개를 들었을 때 누이의 눈은 내 손에 들려 있는 헝겊 조각을 보고 있었다. 내가 했던 표정과 똑같이 누이는 눈썹을 찌푸렸다 풀었고 우리는 서로의 시선을 마주치며 웃었고 놀려대고 계속해서 바느질을 이어나갔다(p.78).

Alexander Craft의 '퀼트 자매들'은 흑인 여성의 공연 문화기술지를 선보이기 위하여 다양한 분야에서 모인 공연 문화기술자들을 의미한다. 이 공연 문화기술지는 문화적 관행 안에서 흑인 여성에 대한 전통적인 관념을 이야기화하기 위하여 노력한다. 이러한 시도를 하기 위해서 공연 문화기술자들은 아프리카에 관한 담화에서 흑인으로 사는 것에 대한 실태, 흑인으로 사는 것에 대한 담화에서 아프리카가 가지는 의미와 그 외 모든 복잡한 요소들을 분석한다(Alexander Craft et al., 2007, p.62). 또한 이들은 서로 간의 '차이점(gap)'에 대해서도 잊지 않았다(p.70).

이야기화는 자신의 경계를 넘을 수 있다. 현장조사의 내용이 말 그대로 '소설'로 전달될 수도 있다. 이는 처음에 그렇게 보이는 것처럼 우려할 만한 일은 아니라고 Kamala Visweswaran(1994)은 말한다. 허구와 문화기술지가 별개의 담화인 적은 지금껏 없었다. 두 가지 모두 장치나 문체를 이용하여 다른 것들을 주장한다. 내가 "샌디(Sandy Sem)"라는 가명을 사용하여 설명했던 부분도 소설을 문화기술지에 끌어들인 흥미로운 경우가 될 수 있는 것이다. 실명이 아닌 가명임을 나타내기 위해 이름 앞뒤에 자리하는 따옴표를 이용하여 '진실'이라는 것은 결코 간단하지 않으며 그 전체를 파악하기도 어렵다는 것을 상기시켜 준다. 또한 문화기술적 텍스트를 이야기화한다고 하여도 연구자의 정치성, 윤리, 엄격함이 저해되는 것은 아니다. 연구자는 여전히 위에서 논의하였던 '중요한 질문'들을 해야 할 것이고, 비판 이론을 수행한다는 신념을 지켜야할 것이다. 아마도 마르티니크 출신의 작가 Patrick Chamoiseau만큼 이런 책무를 실제로 잘 경험한 사람도 없을 것이다. 그는 『Texaco』라는 작품으로 널리 알려졌지만 그의 초기작인 『Solibo Magnificent』(1997)는 완전히 이야기화된 문화기술적 작품을 선보인다. 이 작품에서 그의 구전문학에 대한 감수성과 공연이 무엇을 변화시키며 변화시킬 수 없는지, 조국의 식민지 독립 이후의 복잡한 정치사정에 대한 깊은 통찰은 아주 놀라운 것이다. 아름답지만 신랄한 소설은 문화기술지 작가들에게 주의할 점 또한 시사하고 있다. 재치 있게도, Chamoiseau는 중심 화자인 Solibo에 의해서 "Oiseau de Cham"(이는 성경에 나오는 셈처럼 들리기도 하며, 말 그대로 하면 '초원의 새'가 된다)으로 이름 붙여짐으로써 문화기술지 프로젝트의 궁극적인 한계를 상기시킨다. 이는 단어가 가지고 있는 문화적 공연으로서의 풍부하지만 단순화할 수 없는 단어들의 한계를 보여주고 있다.

> (Solibo Magnificent는 나에게 이런 말을 하곤 하였다: "Oiseau de Cham, 당신은 정말 멋졌어. 나, Solibo가 말하느니, 너는 이 거리가 보이는가? … 너는 너의 글에 있는 말들을 잡고 싶어하지. 네가 그 말들에 넣으려고 하는 리듬을, 그래서 그 단어가 네 입 안에서 울리게 되기를 얼마나 원하는지 나는 이해한단다. 네가 나에게 '제가 잘하고 있는 걸까요, 아버지?'라고 물으면 나는 답하겠지. "사람은 그가 말했어야 할 그 한마디를 하지 않고, 오히려 그 한마디를 제외한 말들을 쓰지. 글을 쓴다는 것은 바다에서 고동을 하나 골라내어 '여기, 고동이다!'라고 외치는 것과 같아. 그 때 반문하기를 '바다는 어디에 있는가?'라고 반문한다. 하지만 그게 제일 중요한 것은 아니야. 나는 떠날 거고 너는 남아 있을 거야. 나는 말했고 넌, 넌 단어에서 왔다고 선언하며 글을 쓰고 있어. 넌 멀리 손을 뻗어보고 있어. 뭐 물론 좋은 일이

기는 하지만 결국 네가 느끼는 건 그 사이에 있는 거리일 뿐이야")(pp. 28-29)

Chamoiseau는 공연 문화기술자로서 우리 모두는 경험의 흐름으로부터 글과 말이라는 언어의 선형성을 분리하고자 하는 거리를 가로지르려 함을 상기시킨다. 때로는 문화기술지를 소설화하여 그러한 거리를 체험하는 것이 우리가 할 수 있는 최선의 방법이다. 우리가 조우하는 공연을 말로 하든, 글로, 춤으로 표현하든, 그림을 그리든 방법에 관계없이, 문화기술지의 이야기화를 통하여 단지 이 거리 자체를 체험하는 것이 우리가 할 수 있는 최선인 경우도 있다. 이러한 공연 문화기술지의 새로운 방향들은 공통적인 주제를 가지고 있으며 이 공통점은 공연 문화기술지가 발생했을 때부터 그 특성으로 여겨지던 요소이다. 이 새로운 방향성은 국가를 초월한 일들(일상적 신식민적 관계, 예를 들어 나바호 토속 예술품을 소유함으로써 토착 문화에 개입한다고 착각하는 행위)에 대하여 염려하고 있다. 그들은 커뮤니티를 구성하는 구조를 연구한다. 단, 이 구조는 허구의 여성 인류학자들의 모임인 "the folk"의 구조이든 관객과 배우의 결속이나 분리의 구조이든 상관없다(Alexander Craft et al., 2007; Chamoiseau, 1997; Hamera, 2006a, 2006c; Kraut, 2008). 공연들의, 혹은 공연 내에서 차이점의 다양한 측면과 차이점들이 서로 일맥상통하는 것 모두가 이들 각각의 명백한 특징이다.

18.5 결론

9·11 테러사건 이후, 앞에서 명시된 주제들 중에서, 특히 차별성, 연관성, 초국가성 등은 억압의 구조를 분석하기 위한 노력과 맞물려 더욱 시급한 현안이 되었다. Norman Denzin과 Michael Giardina(2007)가 주장하는 바와 같이, 이 상황은 예술가와 학자들에게 "어

떤 일이 일어나고 있는지를 이해하고, 문화를 소중히 여기고, 인권과 종교적 신성을 존중하는 평화적 정권을 촉구하도록 한다. 또한 보호하고, 저항하고 우리가 유토피아적 공간을 표현하게 도와줄 비판적 방법론을 찾을 것을 촉구하고 있다."(p. 10). 공연 문화기술지가 바로 비판적 개입에 구체적 형태를 부여하는 방식이다. 이는 비판적 개입이 무대나 책에서뿐만 아니라 실제로도 구현될 수 있도록 한다. 하지만 우리는 계속해서 공연과 유토피아적 세계를 동일시하려는 유혹을 참아내야 할 것이다. Jon McKenzie(2001a)가 말하는 것처럼, 공연 자체가 세계화와 그로 인한 불만의 대리인

이다. Denzin과 Giardina의 "Jenny Sem"과 "Solibo Magnificent"의 스크립트는, 연구 현장에서 우리가 무엇을 말할 수 있고, 말해야 하며, 무엇을 말할 수 있고 무엇을 논할 수 없는지에 대하여 해석하고 표현하도록 요구한다. 우리는 이 요구를 받아들여야 한다. 왜냐하면 공연의 패러다임과 우리가 공유하고 있는 물질성으로서의 영향력은 우리에게 근본적 희망을 가능하게 하고, 이 희망은 생성의 행위를 통해 우리로 하여금 생산적으로 세계를 이해할 수 있게 하며, 세계 내부에서의 우리 생각에 효과적으로 개입할 수 있음을 의미한다.

주석

1. "Sem"과 "Sandy"는 모두 가명이다. 예시에서 나온 것처럼 그들 가족이 겪어온 일들은 이들의 입을 매우 무겁게 만들었고 나는 이 벽을 넘기가 어려웠다. 자세한 내용은 Hamera(2007) 참고.

2. Madison의 방식은 Dwight Conquergood의 공연 연구 자체를 잘 구성된 창의성(예술성), 의사소통(분석), 시민의식(액티비즘)의 조합으로 보는 관점과 상통한다.

3. 비판 이론은 권력의 복잡한 구도를 규명함으로써 구체적인 역사적 배경 안에서 자리 잡고 있는 사회적 구도에 접근한다. 그럼으로써, 더 공정하고 자유로운 규칙을 추구할 수 있다. 포괄적으로 볼 때 비판 이론은 비판 인종 이론, 장애 연구, 페미니즘, 토착적 지식, 마르크시즘, 후기구조심리학 그리고 지배적 구조와 관행을 조사하는 방법들을 모두 포함한다. 문학의 구체적 형태로서의 비판 이론은 프랑크푸르트 학파의 일원들에 의해 마르크시즘의 보다 급진적인 해석으로 정의되었다. 비판 이론이 넓게 해석되었을 때 어떤 식으로 공연 연구에 포함되는지에 관한 예시는 Madison과 Hamera(2006, pp. 1-64)를 참고한다.

4. 인프라에 관한 내 관점은 Shannon Jackson의 미학과 유형성을 생산적인 방향으로 연결하는 복합적 개념인 "인프라적 기억(infrastructural memory)"과 상통한다. 이 에세이의 마지막 장에서 논한 바와 같이 새로이 각광받고 있는 공연과 옛 기록(performance and the archive)의 관계를 이해하는 데 '인프라적 기억'은 매우 유용하다.

5. '관객(spect-actors)'은 Augusto Boal이 고안한 활성화된 관객을 지칭하기 위한 용어이다. 이들은 단순히 수동적으로 이벤트를 감상하거나, 나아가서 현재 상황에 대하여 아무런 행동을 취하지 않는 대신에 정의를 구현하기 위해서 연극적 경험에 개입하도록 독려된 사람들을 말한다. 그의 "억압된 자들을 위한 공연"(『Theatre of the Oppressed』)에서 관객을 활성화시키는 것이 필수적인 요소이다.

6. Hurston, 1990, p. 94에서 예시 참고.

7. 학문적 형태로의 공연에서 구술적 해석의 역사는 Jackson(2004) 참고. 웅변술(elocution)로부터 구술적 해석으로의 변화에 대해서는 Edwards(1999)를 참고한다. 웅변술 비평은 Conquergood(2006a) 참고.

8. Jackson(2009)의 구술적 해설과 문화기술지의 관계에 대한 이론 참고.

9. Jackson의 저서는 공연 학설로서의 확립의 역사에 관한 귀중한 자료를 제시한다. 이 책은 공연의 다양한 분야를 관통하는 유연성과 학문적 책임과 근거, 공연에서 쓰이는 용어에 대하여 이해하기를 원하는 사람들에게 매우 중요한 배경 지식을 제공한다.

10. 국제적, 합동적, 침잠, 정부 간섭을 주장하는 질문들에 관한 특성을 알아보기 위해서 Pollock(2006) 참고.

11. Luis Valdez는 El Teatro Campesino와 농민 총 연합과 합동하여 그의 작품 중 일부인 acto를 개발하였다. 많은 정보를 위해서는 그의 저서 『Actos』(1971)와 Eugène van Erven의 『Radical People's Theatre』 참고.

12. Madison은 그녀의 논문 "The Dialogic Performative in Performance Ethnography"(2006a)에서 주의를 기울이는 것에 대한 문화기술적 윤리의 개념에 대하여 명시하였다.

참고문헌

Afary, K. (2009). *Performance and activism: Grassroots discourse after the Los Angeles rebellion of 1992*. Lanham, MD: Lexington Books.

Ahmed, S. (2004). *The cultural politics of emotion*. New York: Routledge.

Alexander, B. K. (2006). *Performing Black masculinity: Race, culture, and queer identity*. Lanham, MD: AltaMira Press.

Alexander, B. K. (2008). Queer(y)ing the postcolonial through the West(ern). In N. K. Denzin, Y. S. Lincoln, & L. T. Smith (Eds.), *Handbook of critical and indigenous methodologies* (pp. 101–131). Thousand Oaks, CA: Sage.

Alexander Craft, R. (2008). "Una raza, dos etnias": The politics of be(com)ing/performing "Afropanameño." *Latin American and Caribbean Ethnic Studies, 3*(2), 123–149.

Alexander Craft, R., McNeal, M., Mwangola, M., & Zabriskie, Q. M. (2007). The quilt: Towards a twenty-first-century Black feminist ethnography. *Performance Research, 12*(3), 54–83.

Bacon, W. (1979). *The art of interpretation* (3rd ed.). New York: Holt, Rinehart & Winston.

Bakhtin, M. (1984). *Problems of Dostoevsky's poetics* (C. Emerson, Ed. & Trans.). Minneapolis: University of Minnesota Press.

Bauman, R. (1977). *Verbal art as performance*. Rowley, MA: Newbury House.

Berger, H. M. (1999). *Metal, rock, and jazz: Perception and the phenomenology of musical experience*. Hanover, NH: Wesleyan University Press.

Berger, H. M., & del Negro, G. (2004). *Identity and everyday life: Essays in the study of folklore, music, and popular culture*. Middletown, CT: Wesleyan University Press.

Boal, A. (1979). *Theatre of the oppressed*(C. A. McBride & M.O.L. McBride, Trans.). New York: Theatre Communications Group.

Bowman, M. S. (1995). "Novelizing" the stage: Chamber theatre after Breen and Bakhtin. *Text and Performance Quarterly, 15*(1), 1–23.

Butler, J. (1993). *Bodies that matter: On the discursive limits of sex*. New York: Routledge.

Chamoiseau, P. (1997). *Solibo magnificent* (R. M. Réjouis & V.Vinkurov, Trans.). New York: Vintage.

Conquergood, D. (1982). Performing as a moral act: Ethical dimensions of the ethnography of performance. *Literature in Performance, 5*(2), 1–13.

Conquergood, D. (1988). Health theatre in a Hmong refugee camp. *TDR: The Drama Review, 32*(3), 174–208.

Conquergood, D. (1995). Of caravans and carnivals: Performance studies in motion. *TDR: The Drama Review, 39*(4), 137–141.

Conquergood, D. (1997). Street literacy. In J. Flood, S. B. Heath, & D. Lapp (Eds.), *Handbook of research on teaching literacy through the communicative and visual arts* (pp. 334–375). New York: Macmillan.

Conquergood, D. (2002a). Lethal theatre: Performance, punishment, and the death penalty. *Theatre Journal, 54*(3), 339–367.

Conquergood, D. (2002b). Performance studies: Interventions and radical research. *TDR: The Drama Review, 46*(2), 145–156.

Conquergood, D. (2006a). Rethinking elocution: The trope of the talking book and other figures of speech. In J. Hamera (Ed.), *Opening acts: Performance in/as communication and cultural studies* (pp. 141–160). Thousand Oaks, CA: Sage.

Conquergood, D. (2006b). Rethinking ethnography. In D. S. Madison & J. Hamera (Eds.), *Handbook of performance studies* (pp. 351–365). Thousand Oaks, CA: Sage. (Original work published 1991)

Davis, T. (2007). *Stages of emergency: Cold war nuclear civil defense*. Durham, NC: Duke University Press.

Denzin, N. K. (2003). *Performance ethnography: Critical pedagogy and the politics of culture*. Thousand Oaks, CA: Sage.

Denzin, N. K. (2006). The politics and ethics of performance pedagogy: Toward a pedagogy of hope. In D. S. Madison & J. Hamera (Eds.), *Handbook of performance studies* (pp. 325–338). Thousand Oaks, CA: Sage.

Denzin, N. K., & Giardina, M. D. (2007). Introduction: Cultural studies after 9/11. In N. K. Denzin & M. D. Giardina (Eds.), *Contesting empire, globalizing dissent: Cultural studies after 9/11* (pp. 1–19). Boulder, CO: Paradigm.

Diamond, E. (1996). *Performance and cultural politics*. New York: Routledge.

Dolan, J. (2005). *Utopia in performance: Finding hope at the theatre*. Ann Arbor: University of Michigan Press.

Edwards, P. (1999). Unstoried: Teaching literature in the age of performance studies. *Theatre Annual, 52*, 1–147.

Goldman, D. (2006). Ethnography and the politics of adaptation: Leon Forrest's Divine Days. In D. S. Madison & J. Hamera (Eds.), *Handbook of performance studies* (pp. 366–384). Thousand Oaks, CA: Sage.

Hamera, J. (2006a). Disruption, continuity, and the social lives of things: Navajo folk art and/as performance. *TDR: The Drama Review, 46*(4), 146–160.

Hamera, J. (Ed.). (2006b). *Opening acts: Performance in/as communication and cultural studies*. Thousand Oaks, CA: Sage.

Hamera, J. (2006c). Performance, performativity, and cultural poiesis in practices of everyday life. In D. S. Madison & J. Hamera (Eds.), *Handbook of performance studies* (pp. 46–64). Thousand Oaks, CA: Sage.

Hamera, J. (2007). *Dancing communities: Performance, difference and connection in the global city*. Basingstoke, UK: Palgrave Macmillan.

Hawes, L. C. (2006). Becoming other-wise: Conversational performance and the politics of experience. In J. Hamera (Ed.), *Opening acts: Performance in/as communication and cultural studies* (pp. 23–48). Thousand Oaks, CA: Sage.

Hurston, Z. N. (1990). *Mules and men*. New York: Harper & Row.

Hymes, D. (1981). *"In vain I tried to tell you": Essays in Native American ethnopoetics*. Philadelphia: University of Pennsylvania Press.

Jackson, S. (2004). *Professing performance: Theatre in the academy from philology to performativity*. Cambridge, UK: Cambridge University Press.

Jackson, S. (2005). *Touchable stories* and the performance of infrastructural memory. In D. Pollock (Ed.), *Remembering: Oral history performance*(pp.46–66). New York: Palgrave Macmillan.

Jackson, S. (2009). Rhetoric in ruins: Performing literature and performance studies. *Performance Research, 14*(1), 4–15.

Johnson, E. P. (2003). *Appropriating blackness: Performance and the politics of authenticity*. Durham, NC: Duke University Press.

Kraut, A. (2008). *Choreographing the folk: The dance stagings of Zora Neale Hurston*. Minneapolis: University of Minnesota Press.

Madison, D. S. (1998). That was my occupation: Oral narrative, performance, and Black feminist thought. In D. Pollock (Ed.), *Exceptional spaces: Essays in performance and history* (pp. 319–342). Chapel Hill: University of North Carolina Press.

Madison, D. S. (2005). *Critical ethnography: Methods, ethics, and performance*. Thousand Oaks, CA: Sage.

Madison, D. S. (2006a). The dialogic performative in performance ethnography. *Text and Performance Quarterly, 26*(4), 320–324.

Madison, D. S. (2006b). Performing theory/embodied writing. In J. Hamera (Ed.), *Opening acts: Performance in/as communication and cultural studies* (pp. 243–265). Thousand Oaks, CA: Sage.

Madison, D. S. (2006c, March 2–6). *Water rites* [Multimedia performance]. Chapel Hill: University of North Carolina.

Madison, D. S. (2008). Narrative poetics and performative interventions. In N. K. Denzin, Y. S. Lincoln, & L. T. Smith (Eds.), *Handbook of critical and indigenous methodologies* (pp. 391–405). Thousand Oaks, CA: Sage.

Madison, D. S., & Hamera, J. (Eds.). (2006). *Handbook of performance studies*. Thousand Oaks, CA: Sage.

McKenzie, J. (2001a). Performance and global transference. *TDR: The Drama Review, 45*(3), 5–7.

McKenzie, J. (2001b). *Perform or else: From discipline to performance*. New York: Routledge.

Muñoz, J. E. (2006). Stages: Queers, punks, and the utopian performative. In D. S. Madison & J. Hamera (Eds.), *Handbook of performance studies* (pp. 9–20). Thousand Oaks, CA: Sage.

Olomo, O. O. O./Jones, J. L. (2006). Performance and ethnography, performing ethnography, performance ethnography. In D. S. Madison & J. Hamera (Eds.), *Handbook of performance studies* (pp. 339–345). Thousand Oaks, CA: Sage.

Pollock, D. (1990). Telling the told: Performing like a family. *The Oral History Review, 18*(2), 1–35.

Pollock, D. (2006). Marking new directions in performance ethnography. *Text and Performance Quarterly, 26*(4), 325–320.

Pollock, D. (2007). The performative "I." *Cultural Studies <=> Critical Methodologies, 7*(3), 239–255.

Roach, J. (1996). *Cities of the dead: Circum-Atlantic performance*. New York: Columbia University Press.

Schechner, R. (1985). *Between theatre and anthropology*. Philadelphia: University of Pennsylvania Press.

Spivak, G. C. (1990). *The post-colonial critic: Interviews, strategies, dialogues*. New York: Routledge.

Taylor, D. (2003). *The archive and the repertoire: Performing cultural memory in the Americas*. Durham, NC: Duke University Press.

Turner, V. (1982). *From ritual to theatre*. New York: PAJ.

Visweswaran, K. (1994). *Fictions of feminist ethnography*. Minneapolis: University of Minnesota Press.

wa Thiong'o, N. (1998). Oral power and Europhone glory: Orature, literature, and stolen legacies. In P*enpoints, gunpoints, and dreams: Towards a critical theory of the arts and the state in Africa* (pp. 103–128). Oxford, UK: Clarendon.

wa Thiong'o, N. (1999). Penpoints, gunpoints, and dreams: An interview by Charles Cantalupo. *Left Curve, 23*. Available at http://www.leftcurve.org/LC23webPages/ngugu.html

wa Thiong'o, N. (2007). Notes toward a performance theory of orature. *Performance Research, 12*(3), 4–7.

Valdez, L. (1971). *Actos*. San Juan Bautista, CA, Cucuracha Press.

van Erven, E. (1988). *Radical people's theatre*. Bloomington: Indiana University Press.

Williams, R. (1981). *Politics and letters: Interviews with* New Left Review. London: Verso.

Williams, R. (1983). *Keywords: A vocabulary of culture and society*. New York: Oxford University Press.

Barbara Tedlock

19.

내러티브 문화기술지와 회고록 및 창조적 논픽션의 결합

박승현_ 한림대학교 언론정보학부 교수

어떤 공간에서 나는 보고 듣고 숙고하고 있다. 또 다른 공간에서 나는 꿈꾸고 기억하고 기록하고 있다. 나는 그렇게 오랫동안 인류학자로서 많은 이야기들을 기록해왔다. 꽥꽥거리며 소리치는 칠면조를 바구니에 담고 시장에서 돌아오는 마야 지역 여인들과의 대화 속에 묻어나던 이야기, 맨해튼 섬을 순회하는 배에서 만난 나이지리아 요르바족 여인과 핑크빛 콜라 견과를 함께 먹으면서 나눈 이야기, 푸에블로 주니족 거주 지역에서 지내며 목재난로 위에 붉은 칠리소스를 뿌린 사슴고기를 굽는 광경에 담긴 이야기, 붉고 황금색으로 옻칠한 나무 상자와 중국풍의 청동 거울 그리고 순록의 가죽으로 만들어진 탬버린 크기의 드럼 등으로 가득한 몽고전통의 집에 머물렀던 이야기. 내가 어떻게 그런 흔하지 않은 살아있는 이야기들을 담아낼 수 있었을까? 오디오테이프, 비디오테이프, 메모, 스케치, 지도, 사진 같은 자료들은 강박감을 안겨주면서 평범하지 않은 실재(實在)들을 보존하도록 재촉하는 물건들이다. 그러나 나를 더 집착하게 만든 것은 내가 걸어온 인류학적 탐구에 대한 고민이었다. 나는 하나의 특별한 접근방법에 집착하여 탐구의 여정을 보내지 않고 다양한 대안적 접근방식들과 더불어 탐구를 진행해왔다.

글을 쓴다는 것은 또 다른 글을 쓰게 하고 거울은 다른 자아들을 반영하도록 한다. Diego Velázquez의 그림 〈왕실 가족: 시녀들(The Ladies in Waiting)〉은 스페인 왕위계승자인 공주 마가리타를 포함한 왕실 사람들의 모습을 담고 있다. 이 그림에서 공주의 시선은 그림 밖을 보는 것처럼 주어져 있다. 이와 같은 공주의 시선은 그림을 보는 우리를 관찰자의 역할과 관찰대상의 역할로 이중화시키는 역할을 하게 만든다. 공주 마가리타의 오른쪽 어깨 뒤편의 벽에 걸린 거울은 그녀의 부모님인 왕과 왕비의 모습을 비추고 있는 것처럼 보인다. 그리고 스페인 마드리드의 프라도 미술관에는 그림을 전시하는 작은 방에 거울이 비치되어 있다. 거울은 우리가 캔버스의 비어있는 중앙에 비쳐진 우리 자신을 보는 것 같은 환각을 불러일으키는 역할을 한다. 이것은 자아와 타자, 내부와 외부, 사유와 감정, 실재와 환각 사이에 존재하는 제3의 변칙적인 공간을 창출해낸다. 매혹적인 신성한 공간을 발생시키면서, 우리는 각각의 순간이 두 개의 순간이 되게 하는 상호작용을, 또는 각각의 순간이 역사와 우리의 의식 속에서 일시 정지되었던 기억으로 전환하게 만드는 상호작용을 북돋우게 된다. 이처럼 이중으로 중첩된 의식은 단선적 흐름으로 짜여진 역사의 통제를 거부한다. 이런 거부는 차분한 상태의 호기심, 비인격화된 자긍심, 문화적 완전성,

민족적 순수성, 이성 본질주의, 이국적 경향에 의해 이루어진다.

인류학자는 발굴할 때 붓이나 카메라를 필요로 한다. 하지만 그런 도구를 든 인류학자는 정말 실재라고 여기는 리얼리티(a really Real reality)가 아니라 자신의 관점에서 리얼리티라고 간주하는 거울 속에 비친 리얼리티(mirror reality)를 추구할 따름이다. 인도 남부 출신의 소설가이자 사회 인류학자인 Amitav Ghosh는 사람들의 실제 삶은 글쓰기가 서술하는 존재를 드러내게끔 만드는 글쓰기라는 공연장 내에서 펼쳐지는 퍼포먼스로만 제대로 통찰될 수 있다고 표현한 바 있다. 그렇다면 왜 우리는 글로 작성된 중얼거림 따위만 창출하는 데 바쁘게 보내는 것을 인정하지 않을까? 우리가 붓과 카메라로 이루어낸 리얼리티는 사람들이 만나고 괴담들이 일어나며 관점들이 서로 용해되는 접촉 공간을 창조해낸다. 마돈나와 브리트니 스피어스 같은 팝 스타들은 아랍풍의 헤나 밴드 디자인 장식을 걸치고 숨겨진 지혜의 자리라고 칭해지는 여섯 군데의 신체 부위에 인도풍의 이마 점 장식을 붙여서 이국적 이미지를 창출한다. 우리의 포스트모던 감성에 의해서, 우리는 이런 장식품으로 이국적 이미지를 창출한 팝 스타에게 환호를 보낸다. 그들이 자신들의 주거 지역으로부터 얻지 못하는 이런 이국적 취향의 문화 상징물은 심오한 이질성을 생성하기 때문이다.

현장의 문화기술자들은 거리의 사진사처럼 회색과 자줏빛의 천둥번개 속에서 포착된 레몬빛을 띤 노란 꽃과 같은 일상에서 매혹적이고 경이로운 순간의 포착을 추구한다. 인도의 저명한 문화기술지 사진가 Raghubir Singh은 그의 작업 여정에서 일상적 삶에서 포착할 수 있는 도드라지는 순간들을 잘 이끌어낸 사람이다.

〈색채의 강(River of Colour)〉(1998)은 Singh과 관찰대상의 교감을 부드럽지만 뚜렷하게 잘 부각시킨 작품이다. 다채롭고 풍성하게 진행된 그의 작업은 보통 사람들의 삶을 경험하게끔 만드는 문화적 몰입을 제공한다. 일례로, Singh의 작업은 아침 햇살아래 건조되는 소똥 케이크, 마을 우물가에 모인 사람들, 좁쌀을 쪼아 먹는 울퉁불퉁한 벼슬을 가진 공작새, 아버지들이 수레를 밀고 운송용 상자에 상표를 붙이는 동안 주변에서 구슬치기하는 아이들의 모습을 담고 있다. 인도 캘커타 빈민가의 비참한 삶의 이미지에 천착하는 서구의 사진작가와는 달리, Singh의 사진들은 농촌의 우아함과 울림 있는 색조를 경쾌하게 담아낸다. Walter Benjamin이 만약 Singh의 사진들을 봤더라면, 그가 가장 높은 예술적 발전단계를 보여준다는 "어린이의 색채에 대한 관점(a child's view of color)"을 Singh에게서 포착했을 것이다(Benjamin, 1996, p.50). 어른과 아이들, 타인과 우리 자신은 별개의 다른 세상에 살고 있는 것이 아니라 같은 세상에서 다르게 살아갈 뿐이다. 같은 세상에서 다르게 살아가는 사람들은 삶의 방식을 문화적 공동 참여, 연대의식, 우정 등에서 다르게 음미할 뿐이다.

19.1 포스트모던 곤조 저널리즘과 문화기술지

곤조(Gonzo)는 밤새도록 술 마시는 대회 때 마지막에 홀로 남겨진 사람을 지칭하는 남부 보스턴의 아일랜드계 미국인의 속어이다. 곤조는 또한 헤로인 중독과 어쿠스틱 음악 연주로 유명한 화려한 뉴올리언스 리듬앤블루스 키보드 연주자인 James Booker에 의해 만들어진 1960년대 히트송의 타이틀이다. 「보스턴 글로브(Boston Globe)」의 편집자였던 Bill Cardoso는 "곤조 저널리즘(Gonzo Journalism)"이란 용어를 고안하고, 이를 Hunter Thompson의 유명한 에세이인 "컨터키 더비는 타락하고 있다"에 적용하였다. Tompson은 더비 우승자의 명예를 드러내는 서술방식이 아니라 Tompson 자신에게 초점을 맞추어서 컨터키 더비에 대한 기사를 작성하였다. 그는 에세이에서 그 자신이 엄청난 과음과 무질서로 상징화되는 군중 속에서 지루함을 느끼지만 동시에 전율에 싸이는 경험을 서술하였다.

곤조 저널리즘처럼 곤조 문화기술지는 하나의 포스트모던 현장기록 스타일이다. 포스트모던 현장기록 스타일은 관찰과 참여의 혼합, 그리고 이성과 의식의 변성(變性) 상태(altered states of consciousness)를 북돋우는 방식이다. 그렇게 함으로써 연구자들은 생동감 넘치는 미지의 퍼포먼스 공간에 사는 사람들과 연대감을 생성하면서 진정한 의미의 리얼리티(the Real)를 기록하게 된다. 여기에 해당되는 하나의 사례는 문화 인류학자인 Bruce Grindal이 경험한 아프리카 초혼(招魂) 의식이다. Grindal은 아프리카 가나에서 겪은 본인의 경험을 서술하였다. 그는 어떤 공간 내부에서 벽에 기댄 채 가부좌 자세로 앉아있는 시체에게 행해진 죽음의 점술 의식을 목격하였다. 그 때, 의식을 주관하는 고카(goka; praise singer)는 시체 주위를 돌면서 춤추고 노래하였다.

—

나는 높낮이가 뚜렷한 리듬의 노래와 철로 된 괭이모양 도구의 드럼 연주, 그리고 몸과 발의 움직임 속에서 의식이 진행될 때 고카와 시체가 함께 묶여있는 걸 보기 시작하였다. 그 때, 나는 고카의 움직임과 대비를 이루며 시체가 갑자기 덜컥거리고 때때로 진동치는 걸 목격하였다. 처음에 나는 눈속임을 불러일으키는 어떤 트릭에 의해서 나 스스로 그렇게 느낀다고 생각하였다. 나는 본 것을 믿지 않았기 때문에 첫 번째 경험에서 목격한 것에 대해서 아무 것도 말할 게 없었다. 그러나 이것은 곧 기대와 전율의 순간으로 시작되었다. 내가 마치 이전에는 생각할 수조차 없었던 어떤 것이 곧 일어날 것임을 아는 것처럼. 그런 예감 때문에 나는 제대로 숨도 쉬지 못하였고, 겨우 허공을 향해 한 줌의 숨을 뱉어내야만 하였다. 나는 나의 위장 내부에서 갑자기 물컹거리고 팽팽해지는 감각을 느꼈다. 이것은 내 눈을 통해 목격하는 시각적 인지가 만들어지는 순간과 부합해서 일어났다.

의식이 벌어지는 순간에 내가 본 것은 정상적 인지 영역의 밖에서만 설명 가능한 것이었다. 시체와 고카, 두 존재 모두로부터 나온 섬광은 너무나도 찰나적 순간에 발생했기 때문에 나는 이것이 어디에서 나왔는지를 말할 수 없다. 고카는 손을 움직여 철로 된 괭이 모양의 도구를 계속 두드리면서 침을 뱉었고, 한 줄기 섬광은 난로에서 불꽃이 튀는 것처럼 순식간에 날아가 버렸다.

그러고 난 다음 나는 내 몸이 경직되는 걸 느꼈다. 나의 턱은 굳어버렸고 내 머리는 척추로부터 탈구된 것처럼 덜컹거리는 걸 느꼈다. 전율에 젖어있으면서 동시에 경이로울 수밖에 없는 광경이 내 앞에 갑자기 펼쳐졌다. 고카의 놀랍도록 섬세한 손가락과 입에서 뻗어 나온 한 가닥의 빛줄기는 시체의 머리와 손가락, 그리고 발가락 위를 비추었다. 경련으로 흔들리던 시체는 갑자기 일어섰고 광란 속에서 원을 그리며 춤을 추었다. 내가 그것을 목격했을 때, 내 위장 내부에서 발생한 경련은 내 눈뿐만 아니라 나 자신 전체를 이상한 힘의 소용돌이로 내몰아 갔다. 공간 내 마루와 벽은 빛과 위엄을 발하며 생기를 가지게 되었고 댄서들을 이리저리 이끌어갔다. 그리곤 가장 놀라운 순간이 벌어졌다. 죽은 이의 집 지붕위에 놓여 있던 말하는 드럼(talking drums; 여러 가지 다른 북소리를 통해서 다양한 메시지를 전달하는 데 쓰이는 서아프리카의 북)이 빛을 뿜기 시작하였다. 그 빛의 강력함은 댄서들을 지붕위로 이끌어낼 정도였다. 시체가 드럼 스틱을 들고 연주를 시작하였다(Grindal, 1983, p.68).

이것은 열정적인 문화기술자의 회고록이다. 회고록은 매직 리얼리즘과 공연자가 마치 지금 벌어진 일을 말하는 것 같은 강력한 내러티브 라인을 혼합한다. 여기에서 저자는 단순히 관찰자가 아니라 스토리의 역동적인 한 부분을 담당하는 존재이다. 저자 자신의 목소리를 듣고 타인이 말하는 이야기를 듣는 것에 매혹된 상태에서, 저자는 스스로를 내러티브로부터 배제할 수 없다. 이런 회고록과 유사한 형태는 미리 구성하지 않은 상태에서 웃음을 자아내는 상황을 보여주는 다큐드라마, 생방송으로 운영되는 인터넷 라디오, 제 정신이 아닌 것 같은 사람들이 출연하는 일본의 버라이어티 프로그램인 'Gakino Tsukai' 등에서 찾을 수 있다. 이런 형태들은 공연자와 관객 사이를 연결하는 접촉 지대를 창조한다. 이 접촉 지대는 우리가 살고 있는 세상에서 기대하지 못한 생성과 인식에 대해 또 다른 마법적 방식으로 이끄는 적나라한 현실적 퍼포먼스 공간이자 신성한 퍼포먼스 공간이 된다.

과거 식민주의 제도하에서 인류학의 현장은 두 개의 독립적 접근방법을 만들어냈다. 첫 번째는 공표할 수 있는 방식의 비참여 형태의 관찰, 두 번째는 공표할 수 없는 완전한 참여 형태의 접근방법이다. 문화기술자들은 극단적으로 분리된 두 가지 접근방법에서 하나만을 인정하도록 유도되어 왔다. 그래서 그들은 우정이 아닌 연구자와 대상이라는 관계, 감정이입이 아닌 연민, 믿음이 아닌 동경, 연대의식이 아닌 타자의 입장에서의 이해, 사랑이 아닌 칭송을 개발해갔다. 우리 문화기술자들은 그렇게 연구를 진행하였다. 왜냐하면 만약 우리가 우정, 감정이입, 믿음, 연대의식, 사랑을 개발해 갔다면, 우리는 역사와 기억을 분리하지 못하고 결합시키면서, 그리고 연대의식과 객관성을 분리하지 못하고 결합시키면서 모든 것을 잃어버릴지 모른다고 생각했기 때문이었다. 모든 것을 잃어버리고 자연 상태로 되돌아갈지 모른다고 생각했기 때문이다. 또는 우리가 그렇게 연구를 진행한 이유는 문화기술지를 연구한 선배들이 우리를 그렇게 생각하도록 불안감을 주었기 때문이다.

이와 같은 막다른 지점에서 벗어날 하나의 방식은 호주인들이 "미친 상태로(Go Crazy)"라고 말하는 것처럼 전혀 예상하지 못한 행로를 선택하는 도박을 자행하는 것이다. 비틀즈의 멤버였던 George Harrison은 1982년 그의 앨범 'Gone Troppo'를 출시했으나 아무런 관심도 받지 못하였다. 2004년 Harrison의 아들 Dhani Harrison은 그의 앨범을 다시 출시하였다. 재출시된 앨범은 실패한 이전의 경험 때문에 관심이 없을 것이라고 예상되었지만 1982년도와 달리 국제적으로 많은 관심을 받게 되었다. 여기에서 주목할 점은 동일한 앨범의 실패와 성공을 결정짓는 요소로 타이밍, 즉 적절한 시점이다. 이것은 참된 문화기술지 연구에도 적용될 수 있다. 나는 지금 나의 동료인 Timothy Knab을 떠올린다. 그는 1980년대에 멕시코의 쿠에잘란(Cuetzalan) 지역에서 언어학자로서 나와틀족(Nahuatl) 언어에 대한 연구를 수행하였다. Timothy는 연구를 진행하면서 원래 계획했던 것과 다르게 나와틀족 주술사 집단의 도제로 활동하기도 하였다. 그는 1980년대 초반 박사학위 논문 작성을 완료했지만 한동안 이를 책으로 발간해줄 출판사를 찾지 못하였다. 그의 창조적 탐구서는 마침내 1995년 『마녀의 전쟁: 현대 아즈텍족의 다른 세계로의 여행(The War of the Witches: A Journey Into the Underworld of the Contemporary Aztecs)』이란 제목으로 샌프란시스코의 Harper 출판사에 의해서 출간되었다.

Timothy Knab은 그의 문화기술지 연구 여정에서 스스로가 어떻게 문화적으로 인식될 수 있는 방식으로 이야기와 꿈을 듣고 말하는 방식을 배우게 되었는지를 드러내었다. 후에 그는 내러티브 문화기술지의 접근방법을 바탕으로 이전의 책에서 다룬 나와틀족에 대한 정보의 상당 부분을 재사용해서 2004년 또 다른 책을 출간하였다. 애리조나 대학 출판부에 의해 출간된 책의 제목은 『땅과 하늘의 대화: 꿈, 영혼, 치유, 그리고 현대 아즈텍 사람의 또 다른 세계(The Dialogue of Earth and Sky: Dreams, Souls, Curing, and the Modern Aztec Underworld)』이다. 그의 책들은 그의 문화기술지 연구 여정을 보여준다. 언어학자로서 사멸화된 언어에 대한 초창기 연구 관심이 어떻게 점차 현존하는 문화에 대한 도제 과정으로 전환되었는지를 보여주는 것이다. 또한 그의 책들은 다른 문화적 환경에서 살면서 그것에 대해 작성하는 법을 터득한 문화적 유랑인의 수행성(performativity)과 주권(sovereignty)의 기묘한 조합을 드러낸다.

19.2 유목민적 사고와 존재의 생성

자신의 거주 지역과 멀리 떨어진 장소에서 현장기록 연구를 수행하는 것은 연구자에게 충격과 경외감의 조합이 빚어지는 완전히 새로운 경험을 하게 만든다. 이런 경험들은 새로운 통찰력이나 리얼리티에 대한 인식의 갑작스런 변화를 창출한다. 그리고 이런 경험들은 우리를 자신의 관점 또는 세계관을 타인에게 강요하거나 부과하면 안 된다는 깨달음으로 인도한다. 만약 우리 스스로가 자국 문화중심의 배타주의 또는 이질적 문화의 안이한 수용을 피할 수만 있다면, 우리는 자신의 문화와 타인의 문화 양자를 두 가지 문화 사이에 놓여 있는 제3의 공간에서 재설정하게 될 것이다. 이런 공간은 어느 한 쪽의 특정 문화에만 함몰된 개인이 아니라 다양한 문화와 인종적 정체성을 보유한 다중화된 개인을 수용하는 공간이다. 다양한 문화와 인종적 정체성을 내재한 사람들은 그들의 고유한 정체성 중 어떤 특성을 유지하면서도 다른 정체성과 상호작용을 할 수 있는 존재이고, 그렇게 함으로써 변화를 이끌어내는 존재이다. 문화기술자들이 제3의 공간을 점유하거나 정복하는 방식을 택하지 않는다면 유목민적 사고는 그들로 하여금 이질성을 자신의 정체성과 극단의 반대지점에 놓여있는 대립된 요소로 구별하지 않게 할 것이다. 이것은 **존재의 생성**(becoming)에 근거하여 교집합처럼 서로 겹쳐진 영역이 있음을 받아들이는 대화를 창조한다.

존재의 생성은 동일한 상태를 지속하는 고정된 상태에 대립되는 개념이다. 정체성의 관점에서 보면 이것은 어떤 사람이 장기간의 해외 체류 중에 경험하는 다양한 역동적 상호작용의 형태에서 비롯될 수 있는 진행 상태에 놓인 변형 과정을 지칭한다. 리투아니아 출신의 프랑스 철학자 Emmanuel Levínas는 1969년 출간된 『전체성과 무한(Totality and Infinity)』에서 여행에서 타인과의 교류 경험이 여행자의 태도에 실질적 변화를 일으키지 않음을 강조하면서 여행을 자아로의 회귀로 설명한 바 있다. 여행이 필연적인 문화기술자의 작업은 이질성을 동일화의 논리에 함몰시키지 않고 타자의 존재를 서술하는 데 달려 있다. Levínas의 스승인 Edmund Husserl은 의식이란 **지향성**(intentionality)에 의해서 특징지어진다고 강조한 바 있다. 지향성이란 내부와 외부의 심리 체계뿐만 아니라 외부의 대상 또한 자신의 의식 내에서 판단하려는 경향을 의미한다. Levínas는 이와 같은 지향성 개념을 폭력의 형태로 규정하면서 거부한다. 그래서 그는 의식이란 세계를 객관화하여 세계를 정복하려는 욕망의 형태임을 강조하며 비판한다. Jacques Derrida와 마찬가지로 Levínas는 타자를 동질화하려는 관념을 비판한다. 대신 의식의 영역 안에 아무리 들으려고 해도 결코 이해되지 않는 완전히 이질적 형이상학적 요소가 있음을 인정한다. Michell Foucault(1977)는 우리에게 동일화보다는 이질화, 통일성보다는 흐름, 고정된 체계보다는 유동적 형태를 더 선호하도록 충고한 바 있다.

후에 『천의 고원(A Thousand Plateaus)』(1987)에서 Gilles Deleuze와 Félix Guattari는 실재인 것(what is real)은 바로 **존재의 생성**임을 역설한 바 있다. 존재의 생성은 그들의 리좀(rhizome) 이론의 발전에서 핵심적 역할을 한 개념이다. 그들의 입장에서 리좀은 동시에 모든 방향으로 퍼져나감을 의미화하려는 인식론적 비유이다. 리좀이란 하나 또는 많다는 것으로 환원될 수 있는 것이 아니다. 이것은 시작이나 끝을 언급하고자 사용한 것이 아니라 항상 생성이 진행되는 중간 단계임을 의미하고자 사용된 개념이다. 계층화의 사다리를 배격한 채 이루어지는 리좀적 사고의 발전은 궁극적으로 유목민적 공간을 만들어낼 수밖에 없다. 이 공간에서 개인은 새로운 경험과 정체성에 의해서 형성되어 가며, 이는 이중 의식(double consciousness)의 발전으로 진행된다. 이와 같은 존재의 유목민적 상태는 하나의 통일된 정체성이란 상념을 초월하는 것이며, 사람과 사람 사이에는 독특한 이질성이 항상 존재함을 일깨워준다(Deleuze & Guattari, 1986).

19.3 이중 의식

이중 의식은 Friedrich Hegel(1807/1952)에 의해 처음 유럽 철학계에 도입된 용어이다. 미국 학계에는 W.

E. B. Du Bois의 글을 통해서 본격적으로 소개되었다. Du Bois는 그의 책『흑인의 영혼(The Souls of Black Folk』(1903/1989)에서 아프리카계 미국인들은 미국인이란 존재와 흑인이라는 존재, 이 두 가지의 모순적 정체성 속에서 산다면서 아프리카계 미국인의 저주와 축복을 논의하였다. "미국인이라는 것과 흑인인 것, 두 개의 영혼, 두 개의 상념, 두 개의 결코 화합되지 않는 투쟁, 어느 하나가 다른 것을 산산이 찢어내지 못하게 할 정도로 완강한 힘을 내재한 채 흑인의 몸속에서 충돌되는 두 개의 이상"(Du Bois, 1903, p.215). 최근의 논의를 보면 이중 의식은 백인과 갈색인종(the Browns)의 세계관을 논의하는 데 적용되기도 하였다. 백인은 이중화된 인종적 삶을 살아간다. 하나는 인종에 구애받지 않는 것이며 다른 하나는 인종을 의식하는 것이다. 반면 갈색인종은 백인성과 타자의 결합 속에서 유예된 삶을 살아갈 뿐이다(Bonilla-Silva, 2003).

이중 의식의 논의에 나타나듯이, 이것은 유목민적 주체의 수행성을 강조하는 정체성의 유동적 상태로의 정립을 의미한다. 우리를 둘러싼 인간 사회의 관습을 끊임없이 인용하면서, 우리는 언어와 제스처가 결합된 언어행위(speech act)를 통해서 우리 스스로의 리얼리티를 만들어낸다. 나의 이러한 분석은 Victor Turner와 Edith Turner(1982) 그리고 다른 많은 문화기술자들에 의해서 주창된 경험론적 문화기술지의 접근방법에 근거한다. Turner 부부는 감정과 의지, 사고가 문화적 경험 구조를 구성한다고 지적하였다. Turner 부부는 세상 사람들이 어떻게 그들이 살고 있는 지역적 삶의 풍부함을 경험하는지에 대해 학생들의 이해를 돕기 위한 일환으로 문화기술지를 교육용 연극의 형태로 만들어서 실험하였다. 그들은 시카고 대학과 버지니아 대학, 뉴욕 대학에서 워크숍을 운영할 때 워크숍 참여자들이 다른 문화에 대한 본질적 이해를 이끌어내는 데 초점을 맞추었다. Turner 부부는 그들이 진행했던 아프리카 중부지역의 현장연구에 바탕을 둔 사회 드라마(social drama)를 가지고 다른 문화에 대한 본질적 이해의 창출에 대한 실험을 하였다. 그리고 다른 문

화기술자들 또한 현장연구에서 얻은 것을 바탕으로 드라마를 구성하여 시연하도록 격려하였다. 일례로, 북서부 해안지역의 미국 인디언 문화기술자인 Stanley Walens는 그의 비망록인『식인종과의 향연(Feasting with Cannibals)』(2001)으로부터 일련의 의식행위를 기록하고 서술하며 시연해 나갔다.

경험론적 문화기술자는 그들이 연구하는 세계 내부로 들어가서 문화적응의 과정을 부분적으로 겪는다. 다른 문화에 대한 현장 연구를 진행하면서 그들은 행위자가 되기도 하며, 그들 스스로 그 지역의 문화를 체내화하기도 한다. 일본계 미국 문화기술자 겸 타코 드럼 연주 민속 음악연구자인 Deborah Wong(2008)은 문화기술자에게 현장은 어느 곳이나 될 수 있지만, 동시에 어디에도 없다고 말한 바 있다. 그러므로 누구나 어떤 의미에서 내부자가 될 수밖에 없다. 민속음악 연구자들이 특히 퍼포먼스 접근방법에 적합한 존재로 간주되지만, 다른 문화 영역 연구자 또한 퍼포먼스 접근방법에 적합한 존재로 간주될 수 있다. 프랑스 문화기술자 Jeanne Favret-Saada는 저서『치명적 언어: 보케이지에서의 마법(Deadly Words: Witchcraft in the Bocage)』에서 "마법이란 담론을 이해하려면 본인이 그것을 실행하고, 스스로가 그것의 정보제공자가 되고, 이를 기억상실의 영역으로 들어가게 하고, 자신의 내부 속에서 표명되지 않은 무언가를 명확하게 만들어가는 방식을 제외한 어떤 방식으로도 이해를 하게끔 만들 수 없다"고 주장한 바 있다(Favret-Saada, 1980, p.22).

19.4 문화기술지 연구의 공연화

문화기술지란 인간의 경험을 점검하고 반영하고 형상화하는 것으로 이루어지는 작업이다. 상처받기 쉽고 연대의식이 강한 타인과 함께 작업하고 말하면서 다른 삶의 양식을 경험하는 것은 오늘날 인문과학에서 핵심적 요소이다(Tedlock, 2009). 참여적 경험을 기억과

퍼포먼스로 결합하는 형태는 급속하게 부각된 사회적 실천 행위이다. 문화기술지 연구의 공연화는 개인의 정체성과 사회적 리얼리티를 탐구, 서술, 칭송, 작성, 재작성하기 위한 대안 전략이다. Milton Singer의 문화적 퍼포먼스(1972), Victor Turner와 Edith Turner의 퍼포먼스 문화기술지(1982), 그리고 Richard Schechner의 문화 간 퍼포먼스(1989)는 우리가 사회과학의 영역에서 퍼포먼스로의 전환이라고 부르는 것으로 융합된 대표적 작업들이다(Conquergood, 1989).

1980년대부터 21세기의 초반부까지, Turner 부부와 Dwight Conquergood는 문화기술자들을 해석 연구로부터 퍼포먼스 연구의 경향으로 전환시키는 데 큰 역할을 하였다. Conquergood는 그의 문화기술지 작업을 태국과 가자 지구의 난민촌뿐만 아니라 시카고의 몽족 난민 사이에서, 그리고 텍사스와 인디애나에서 사형 집행이 진행될 때 공연의 형태로 보여주었다(Conquergood, 1985, 1992, 1998, 2002). 그와 다른 연구자들은 사회적 의례는 그것이 반복적으로 재실행되게끔 만드는 전통으로부터 의미와 정서적 울림을 이끌어내는 관습이라고 주장하였다. 이러한 의례는 결코 단순히 반복되는 것이 아니며, 오히려 전통 내에서 울림을 통해서 반향을 일으키는 것이다(Schechner, 1985, pp. 36-37). 이들 학자들은 공연으로 구현된 퍼포먼스 연구를 통해 텍스트의 의미는 보다 더 확장된다고 주장하면서 퍼포먼스를 경계선의 학문분야(border discipline)라고 옹호한다.

문화기술지 연구의 공연화는 마음속에 내재된 것을 사람들에게 목격하게 만드는 방식을 통해서 리얼리티에 대한 모방을 병행하는 형태 또는 대체 사례를 만들어낸다. 그렇게 하면서 문화기술지 연구의 공연화는 참여를 통한 관찰(Tedlock, 1991)이라는 새로운 가능성이 펼쳐지는 역설적인 공간을, 또는 어떤 세상을 표상화하면서 그 속에 살고 있는 사람들의 삶이 그대로 묻어나게 하는 역설적인 공간을 창조한다. 최근 여러 문화기술자들은 그들의 연구와 실행을 비판 교육학(critical pedagogy)과 구현화하는 문화 연구의 진보

정치에 중점을 두는 경향을 보이고 있다(Alexander, 1992, 2002; Allen & Garner, 1995; Denzin, 2003; Kondo, 1997; Laughlin, 1995; Madison, 2005). 그런 문화기술자들의 작업들은 대화, 수행적 글쓰기, 저항과 통섭의 퍼포먼스 행위, 무대장치의 배치, 공연자, 그리고 관객을 직접 연루시키는 극의 상연을 이용한다(Garoian, 1999; Schutz, 2001).

19.5 수행성과 문화적 기억

수행성은 그것이 규범화하고 제한하는 현상을 창조하고 생산하게 하는 담화의 서술적 힘을 말한다. 개념은 원래 John Austin(1962, 1970)의 언어 행위론(speech act theory)에서 개발된 것이다. "나는 약속한다", "나는 맹세한다", 또는 "나는 (무엇을) 한다"라는 언술 자체는 어떤 현상을 묘사할 뿐만 아니라 실제적으로 그것이 행위로 발화하도록 만든다. 이 개념은 Judith Butler(1990, 1997)가 페미니즘 연구에 적용하면서 좀 더 확장된 의미를 갖게 되었다. Butler는 젠더, 이성애, 동성애를 사람들이 수행하고 있는 하나의 행위로 이론화하였다. Butler에게 성과 관련된 정체성은 사람들이 어떤 존재인지를 표현하는 것이라기보다는 그 사람이 실행하는 어떤 행위로 간주된 것이다.

1960년대 캘리포니아에서 베트남 반전 운동이 고조되던 시기에, "빵과 꼭두각시(Bread and Puppet)"와 "농장 노동자 극단(El Teatro Campesino/the Farmworkers' Theater)"과 같은 풀뿌리 연극 집단들은 캘리포니아 전역을 돌면서 공연을 진행하였다. 이들 진보적 집단은 일반 대중들을 대상으로 자유로운 거리 공연물을 만들어 보여주었다. 매번 공연이 끝난 후 "빵과 꼭두각시" 공연자들은 빵과 마늘향의 소스를 관객들에게 제공하였다. 그들의 이런 행동은 커뮤니티를 창조하려는 일환이었다. "농장 노동자 극단"은 캘리포니아의 델라노 근처의 포도밭에 주차한 평상형 트럭에서

공연을 하였다. 대부분 멕시코 이민 노동자들로 구성된 공연자들은 거기에서 그들이 겪은 삶의 경험과 관객들의 삶에서 벌어졌던 일들을 공연 레퍼토리로 하였다. 샌프란시스코 마임 극단의 일원인 Luis Valdez는 갤로 포도원에서 벌어진 농장 노동자들의 파업 현장에서 파업 노동자들이 멕시코계 미국인의 정체성을 분출해낼 때 이 노동자들을 위한 촌극을 만들어 공연하면서 그들의 파업을 지지하기도 하였다(Montejano, 1999).

멕시코계 미국인의 퍼포먼스 문화는 대중 공연의 연극풍과 1967년 뉴 멕시코 티에라 아마릴라 지역에서 진행된 Reies Lopez Tijerina의 법정 난입 사건과 같은 역사적 사건의 퍼포먼스 특성이 혼재되어 있다. 1916년 Pancho Villa의 뉴 멕시코의 콜럼버스 지역 급습 사건 때와 마찬가지로 1967년에 Tijerina는 미국 남서부를 멕시코계 미국인이 소유해야 한다고 다시 주장하였다. 미국 군대의 추격을 교묘하게 피한 Villa는 민담의 일부가 되었다. 이것은 미국 정부 당국으로부터 Tijerina의 이후 도피에서도 수사적으로 반복되었다.

> Tijerina와 그의 소규모 추종자 집단은 뉴 멕시코 역사상 가장 광범위하게 진행된 추적전의 대상이 되었다. 뉴 멕시코 주방위군의 호송대, 주 경찰, 지역의 보안관, 비공식 민병대, 지카리라 인디언 경찰, 그리고 농수산물 검역대 등 치안과 직간접적으로 관련된 단체들은 Tijerina와 그의 추종자들을 추적하는 데 동참하였다. 추적자들은 두 대의 탱크, 헬리콥터들, 감시용 비행기들, 병원용 밴, 그리고 순찰 지프차 등의 장비를 갖추고서 대담하게 대낮에 법정 난입을 실행한 무리들을 쫓기 위해서 작은 마을부터 배수로와 목초지 등 모든 지역을 구석구석 검색하였다(Nabokov, 1970, p.12).

여기에서 우리는 50여 년 전 Pancho Villa의 행위를 다시 수행하는 Tijerina를 보게 된다.

> 이와 같은 퍼포먼스 스타일은 멕시코 퍼포먼스 예술가인 Guillermo Gómez-Peña가 반전의 인류학(reverse anthropology)이라고 부르는 전략을 사용한다. Gómez-Peña는 Eduardo Mendieta와의 인터뷰에서 인류학은 변방의 타인을 연구하기 위해서 지배 문화의 권위와 지식만을 이용한다고 설명하면서, 반전의 인류학은 역설적으로 변방에 속한 사람들이 상상화된 공간을 점유하여 지배 문화를 이질적이고 친근하지 않게 설정하면서 변방으로 밀어내는 것이라고 설명하였다(Mendieta & Gómez-Peña, 2001, p.543).

풀뿌리 참여 공연의 힘을 느끼게 하는 또 다른 대표적 사례는 자메이카의 연극 집단 시스트렌(Sisteren)의 작업이다. 대표작인 〈사자의 심장을 가진 여성: 자메이카 여성들의 삶 이야기(Lionheart Gal: Life Stories of Jamaican Women)〉(1987)는 극단이 공동으로 이야기를 구성하여 공연한 작품이다. 그들이 구성한 여성 억압에 대한 드라마는 그들 본인이 경험한 이야기를 바탕으로 하였다. 극단 감독인 Honor Ford-Smith는 외부 연구자이자 감독의 역할을 수행하는 존재이기보다는 극단 구성원 중 한 명이라는 제한된 역할을 수행하였다. 시스트렌은 공동의 체험으로 여겨지는 자메이카 여성의 삶에 대한 많은 이야기들을 기록하고 자료로 남기고 편집해 나갔다. 그리고 그런 이야기들을 농장 노동자 또는 빈민가의 사람들과 함께 진행한 극단 워크숍에서 공개적으로 실행하였다(Sisteren, 1987, pp.14-16).

북미 지역에서 인디언 원주민들은 폭력, 법규, 조약 등에 의해서 권리를 박탈당한 채 오랜 시간을 지내왔다. 이런 현실에 직면하기 위해서, 토착 신화에 근거를 둔 무용 드라마(dance-drama)가 창조되었고 생존자들은 이를 공연하였다. Leslie Marmon Silko가 그의 소설 『망자의 연감(Almanac of the Dead)』에 쓴 것처럼,

> 유령 댄스(the Ghost Dance)는 결코 끝나지 않는다. 이것은 계속 진행될 것이며 사람들은 결코 춤추는 걸 멈추지 않는다. 유령 댄스는 부르는 사람에 따라서 각기

다른 별개의 이름으로 불릴지 모른다. 하지만 그들이 춤을 출 때 그들의 심장은 존경의 대상인 조상들의 영혼과 전투에서 최근에 잃어버린 사랑하는 사람들의 영혼과 다시 하나가 된다. 칠레에서부터 캐나다에 이르는 아메리카 대륙 전역에서 그들은 결코 춤추는 걸 멈추지 않는다. 춤 자체가 살아있는 것처럼 그들은 우리의 조상들과 다시 합쳐지고 있다. 그들은 울부짖고, 정의를 열망하고, 아메리카 대륙을 다시 되찾기를 요구하는 사람들이다(1991, p.1).

북미 치페와(Chippewa) 인디언 부족 내 크리(Cree)족 무용가인 Rosalie Jones가 뉴 멕시코 주의 산타페에 있는 미국 인디언 예술 협회의 교수진으로 왔을 때, 그녀는 동물 이야기에 바탕을 둔 무용 안무를 시작하였다. 1980년 그녀는 미국 인디언의 고전적 무용 드라마를 다루는 "데이스타(Daystar)"라는 현대 무용단을 결성하였다. 그것의 설립 목적은 미국 인디언 원주민의 무용 문화에 깔려있는 영적인 요소를 실연하고 탐구하려는 것이었다(Magill, 1998). 그녀는 무용을 통해서 미국 인디언 원주민의 영적 관행과 연결되고 소통할 수 있는 공간을 마련하였다. "늑대로의 변환(Wolf: A Transformation)"이라 불리는 가면극 형태의 주술사 무용(shamanic dance)에서, 그녀는 인류로 첫발을 내딛은 사람의 동반자인 늑대를 얘기하는 아니쉬나비(Anishinaabe) 부족의 창조 이야기를 안무로 구성하였다. 공연이 진행될 때 한 남자 무용수는 늑대의 머리와 가죽을 걸친 채 관객들 앞에 웅크리고 있다. 늑대 탈을 쓴 그의 머리가 천천히 돌아갈 때 그는 인간과 늑대라는 존재를 모두 표상화한다. 그리고 난 다음 그는 늑대 탈을 벗어버린다. 이런 일련의 과정은 인간성이 내재된 늑대라는 상징적 존재를 각인시키기 위한 목적에서 이루어진다. 인디언 원주민이 아닌 일반 관객들은 그들의 인지가 변화하는 과정을 겪으면서 단순히 수동적 여행자가 아니라 능동적 목격자가 되어버렸다. 이런 반응은 신성화된 의식 행위가 진행되는 동안 인디언 원주민에게 일어난 반응과 유사하다.

19.6 내러티브 문화기술지와 창조적 논픽션

내러티브는 무작위로 펼쳐져 있는, 연결되지 않고 흩어져있는 사건들과 경험들을 하나의 체계로 묶어내는 장치이다. 내러티브가 담론으로 구성되고 경험에 체계를 부여하면서 이야기 구성과 자아는 서로 밀접하게 연관된다. 우리가 자신의 살아있는 경험에서 비롯된 사건들을 우리의 삶이 담긴 이야기라는 플롯으로 엮어가는 동안, 내러티브 정체성은 우리 자신의 연관성이 내포된 주관적 감성을 북돋워낸다. 내러티브가 주는 즐거움은 알고 있는 것을 그것이 실제 발생된 방식에 대해서 이야기하는 것으로 전환시키는 데 있다.

내러티브 형태는 다양하게 존재한다. 이런 다양한 내러티브 형태에는 역사물, 드라마, 전기물, 자서전, 창조적 논픽션, 내러티브 문화기술지 등이 포함된다. 내러티브 문화기술지와 창조적 논픽션은 모두 캐릭터, 행위, 변화하는 관점을 가지고 있다. 이 두 가지 형태는 공통적으로 시작과 중간, 마지막 단계로 엮어진 내러티브 궤적을 갖고 있다. 또한 이들은 모두 긴장과 폭로의 순간을 포함한 극적 전개과정이 설정된 내러티브 궤적을 갖고 있다. 내러티브 문화기술지와 창조적 논픽션은 또한 내러티브의 궤적과 맞물린 채 진행되는 내적 갈등으로 구성된 감정의 궤적을 지니고 있다. 따라서 모범적인 내러티브 문화기술지 작업에서, 여자 주인공이 중요한 결단의 순간이나 위협에 직면한 경우, 또는 그녀의 가족이나 사회 내 다른 구성원으로부터 감정적으로 고조된 비난에 직면했을 경우 우리는 곧 그녀의 내적 감정 상태를 간접적으로 포착할 수 있다.

내러티브 문화기술지와 창조적 논픽션의 특성들을 펼치기 전에, 나는 사회과학 영역에 최근 등장한 내러티브 문화기술지(Gubrium & Holstein, 2008)에 대한 올바른 이해를 위해 몇 가지를 언급하려 한다. 이것은 내가 논의하는 내러티브 문화기술지와는 확연히 다르다. 사회학자인 Gubrium과 Holstein이 제시한 방법에서 내러티브 재료, 환경, 배태성, 통제와 같은 일련의 방법론적 개념은 새로운 연구 문제를 촉진하기 위해서 중요하게 적용되는 개념이다. 이를 실현하기 위해서 문화기술지 행위와 최종 산출물은 하나의 추상화된 수사학 영역으로 환원되며, 인식론과 방법론적, 분석적 감수성을 결합하여 새롭게 등장한 하나의 방법으로 구체화된다. 그렇게 하면서 Gubrium과 Holstein이 제시한 접근방법은 내러티브 문화기술지에 내재된 글쓰기 장르의 본질을 거의 사라지게 한다.

글쓰기 장르의 하나인 내러티브 문화기술지의 뿌리는 역사와 회고록 사이의 교차점에 있다. Vincent Crapanzano는 그의 책 『투하미: 모로코인의 초상(Tuhami: Portrait of a Moroccan)』(1980)에서 이야기 대상인 투하미라는 모로코인의 삶뿐만 아니라 그와 함께 작업을 진행하면서 저자 스스로가 갖게 된 반응을 모두 기록하였다. 시간이 흐르면서 이야기의 주체와 객체인 저자와 인물 양자는 점차 서로를 대상화하는 전이 과정으로 진화해갔다. 투하미는 원래 이야기의 핵심 인물이다. 책의 저자인 Crapanzano는 이야기가 진행되면 될수록 두 번째 중요한 등장인물로 부각되었다. 이런 예상하지 못한 결과 때문에 책은 이중화된 초상화처럼 심리적으로 풍성함을 보여주는 내용으로 채워졌다. Crapanzano의 작업과 유사한 방식으로 문화기술자의 작업과 전기물이 맞물린 사례는 Laurel Kendall이 1988년에 출간한 『한국 무당의 삶과 곤경의 여정(The Life and Hard Times of a Korean Sharman)』이다. 여기에서 기억과 녹음된 테이프로부터 재생산되는 일련의 교환 과정 속에서 Kendall은 그녀와 그녀의 현장 조수를 한국의 여성 무당에게 호의적인 태도를 가진 학생들로 표상화해 버렸다. 책의 부록 부분에서 우리는 여성 주술사가 여성 문화기술자와 그녀의 조수, 더 나아가 책의 독자들과 능동적으로 소통함을 발견할 수 있다.

또한 전기물과 개인의 비망록이 중첩된 형태는 Ruth Behar의 『번역된 여성(Translated Women)』(1993)에도 잘 나타난다. 그녀는 식민지 여성이 그들을 연구하는 사람들에게 말하는 것을 연구하는 데 거의 3년을 보내면서 해당 지역의 많은 여성들과 관계를 형성하고 발전시켰다. 그리고 그 중 한 명의 여성에게 자신의 연구를 계승하게 하였다. Behar는 이와 같은 결정을 한 순간에 대한 고백을 하면서 그때 한편으로는 걱정을, 또 다른 한편으로는 안도감을 가졌다고 하였다. Behar는 책 전반에 걸쳐서 이탤릭 서체[역서에서는 고딕체를 이용—역주]를 이용해서 그녀의 내적 감정을 그대로 서술하였다. 나는 며칠 전 경험에서 느꼈던 상처를 기억한다. 내가 반쯤 열린 문간에 앉은 채 무언가를 읽고 있는 동안 한 소년이 나를 보면서 복도를 가로질러 갔다. 그 소년은 나를 살짝 엿보면서 분노를 담은 목소리로 외국 여성을 비하하는 속어로 쓰이는 단어인 그링거(Gringa!)를 내뱉는 듯하였다(Behar, 1993, p. 250). Behar는 자신이 쿠바계 미국인이기 때문에, 같은 남미계의 사람으로부터 욕설을 들을 것이라곤 전혀 예상하지 못하였다. 그래서 이것은 그녀에게 한층 더 상처로 남게 되었다.

이와 같이 심리적으로 풍성한 상호 주관적 기록물(intersubjective documents)은 한 개인이 타인을 연구하는 데 한때 중심 주제로 여겼던 경계(boundary)라는 개념의 불안정성을 드러내는 데 공헌하였다. 대신 이런 경계 구역의 문화적 공동작업 형태는 문화기술지 연구에서 연구자와 연구 대상자의 상호교류라는 새로운 방향성을 태동시켰고 문화적 기록 작업은 창조적 논픽션의 형태로 태동되었다. 창조적 논픽션은 내러티브 문화기술지와 마찬가지로 구술된 내용의 사실성에는 정확성을 띠었지만, 내러티브 문화기술지보다는 문화적 스타일에 보다 중점을 둔 방식이다. 그러나 스토리 자체는 저자의 목소리와 연구 대상인 타인의 목소리가 함께 어우러져 구성되기 때문에 다성의 속성을 가진다. 창조적 논픽션에서 스토리는 설명이라기보는 풍경 또는 배경의 이미지를 내포한 상태로 전달된다. 내러티브 문화기술지와 마찬가지로 창조적 논픽션에서 저자는 글 속의 등장인물 중 한 명으로 위치 지어진다. 하지만 저자는 스토리의 중심인물이 전혀 아니며 의식을 관장하는 중심인물도 아닌 존재이다. 이처럼 기교적인 감정이 내재된 현장기록에 대한 담론은 하나의 강력한 문학 장르로 대두하고 있다. 이것은 수사법, 은유, 그리고 다른 비유적 장치들과 결합된 문학 장르란 평가를 받는다. 창조적 논픽션에서 표출되는 비유적 장치들은 서정시와 픽션 형태의 소설 등의 영역에서도 더불어 이용되는 것이다. 따라서 창조적 논픽션에 내재된 문학적 본질은 내러티브 문화기술지와 차별성을 갖게 한다.

내러티브 문화기술자들은 전통적 내러티브 기법에 보다 집착하기 때문에 설명 투 글쓰기의 주요 원칙, 접두모음의 이용 및 적절한 인용의 사용을 내재한다. 창조적 논픽션 저자들 중 일부는 이런 전통적 내러티브 기법과 적절한 인용에 충실하기도 하다. 하지만 창조적 논픽션의 또 다른 저자들은 경험에 대한 심오한 반영, 운율 형태 또는 콜라주 형태를 자유롭게 사용하면서 전통적 내러티브 기법에 관심을 두지 않는다. 창조적 논픽션의 자유로운 글쓰기 작업은 Susan Krieger가 쓴 『미러 댄스(The Mirror Dance)』(1983)에서 찾아볼 수 있다. 이 책은 다중성이 내재된 한 명의 의식적 흐름을 따라가면서 스토리가 전개되는 정교한 문학적 결합물이다. Krieger는 이를 제대로 다루기 위해서 자신의 인터뷰와 자료들을 문학적 글쓰기 형태로 바꾸어 작성하는 방식을 택하였다. 만약 그녀가 내러티브 문화기술지에 초점을 맞춘 저자였다면, 글을 쓸 때 중요하게 고려되는 분석적 논평이나 인용 같은 장치들을 이용했을 것이다. 하지만 그녀는 글쓰기에서 분석적 논평이나 인용을 전혀 이용하지 않았다. 창조적 논픽션 영역의 다른 여러 작가들 또한 객관성을 이끌어내는 익명성과 저자의 권위를 배격하는 방식을 구사한다(Eber, 1995; Tedlock, 1992). 대신 그들은 연결, 친근성, 열정과 같은 요소들을 추구한다. 보다 최근의 작업에서 창조적 논픽션은 법의 영역 밖에서 일하는 사람들의 작업 장소나 신분을 드러내지 않으면서 그들의 삶을 탐구하기 위한 방법으로 도입되었다(Nordstrom, 2004, 2007).

19.7 인류 문화기

현재 파리에 있는 사회과학대학원의 북극권 인류학과 생태학 전공 교수인 Jean Malaurie는 55년 전 문집 형태로 『인류 문화기(Terre Humaine/ Human Earth)』의 출판을 시도하였다. 이는 글자 그대로 땅에 발을 딛고 사는 사람들의 이야기를 의미한다. 자유, 평등, 박애로 상징되는 프랑스 혁명의 유토피안 매력을 따라서, Malaurie는 저자들에게 직접 개인적 경험과 헌신을 바탕으로 글을 쓰도록 북돋웠다. 그는 당시 프랑스에서 두 번째로 큰 출판사였던 플론 출판사(Editions Plon)와 함께 시리즈 형태로 출간할 책을 선정하였다(Balandier, 1987). 이 시리즈는 지금까지 85권 이상이 출간되었고 전 세계에서 1천1백만 부의 판매고를 보여주었다. 그 중 최고의 베스트셀러는 1975년에 출간된 Pierre J. Hélias의 『퐁라베 지역의 브르타뉴 사람들의 기억(Le cheval d'orgueil: Memoires d'un Breton du pays bigouden)』이다. Hélias는 이 책을 처음에는 프랑스 브르타뉴 지방에서 사용하는 켈틱어의 일종인 브르타뉴어로 출간하였다. 그는 시리즈로 출판하기 위해서 자신이 직접 프랑스어로 이를 다시 번역하였다.

『인류 문화기』 시리즈에 나타난 글쓰기의 특징은 주로 창조적 논픽션 영역의 작업들과 유사하다. 창조적 논픽션은 전 세계의 작법 강좌에서 시, 소설, 드라마와 더불어 제4의 장르로 불리고 있다. 창조적 논픽션 작업은 인간 삶의 조건에 초점을 맞추며, 각각의 저자들이 보고 경험하고 이해한 것을 증언 형태의 서술에 담고 있다. 해당 영역의 초기 저자들 중 한 사람인 문화기술자 겸 민담연구가인 Bruce Jackson은 "인류 문화기의 강력한 비전은 이해(understanding)에 있다고 밝힌 바 있다. 이해는 타자의 입장에서 가질 수 있는 것이 아니라 항상 공동의 사업이며, 공동 작업은 관찰하는 사람과 관찰받는 사람, 구술하는 사람과 구술을 받아 적는 사람, 글을 쓰는 사람과 그것을 읽는 사람 사이에서 일어난다"라고 말하였다(Jackson, 1999, p.141).

『인류 문화기』 시리즈의 초기 저술로 명성을 얻은 저서는 Malaurie의 북극 에스키모 사람들에 대한 여행기인 『툴레 지역의 마지막 왕들(Les Derniers Rois de Thule)』(1955)과 Claude Lévi-Strauss의 아마존 여행기인 『슬픈 열대(Tristes Tropiques)』(1955)였다. 시리즈 초창기 두 저서의 성공적인 출발 이후 Malaurie는 그가 실재(實在) 문학(la litterature du reel/the literature of reality)이라고 언급한 많은 사례들을 찾아내고 번역하고 이를 다시 출판하는 작업을 진행하였다. 실재 문학이란 여행기, 인생사, 회고록, 자서전 등을 모두 총괄하는 의미로 쓰이고 있다. Malaurie는 1956년 Victor Segalen의 탁월한 다큐멘터리 소설인 『태고(Les Immémoriaux/The Immemorial)』(1907, 1956)를 출판하였다. 해양 의사, 탐험가, 브레턴 지역의 문화기술자 등으로 다방면의 활동을 한 Segalen은 책을 통해 오세아니아 지역의 부족 문명의 소멸에 대한 우려를 표현하였다. 그는 스스로의 작업을 고대의 토착 구비 전통을 문화기술적으로 다시 서술하는 일련의 작업이라고 설명하였다. 이것은 누구를 비난하거나 기분을 상하게 할 의도를 전혀 내포하지 않은 작업이었다. 하지만 그의 현장기록 소설은 프랑스 제국주의와 기독교 선교주의가 해당 지역에서 행한 그릇된 일처리, 매독, 마약 등이 타히티 원주민의 고유문화를 거의 파괴하였음을 규명하였다. 그런 사실을 규명하였기 때문에, Segalen의 저서는 의도와 무관하게 프랑스 제국주의와 기독교 선교주의에 대한 고발이라는 기능을 수행하였다.

Malaurie는 『툴레 지역의 마지막 왕들』을 다섯 번이나 재출간되었다. 그는 책 속에서 원주민의 존엄성, 복잡성, 인간성에 대한 자신의 감정적 관여를 완전히 표출시켰다. 1955년 첫 인쇄판은 텍스트와 삽화, 지도 등을 포함해서 328쪽이었지만 1989년 제5판에서는 854쪽에 이를 정도로 책의 분량이나 내용의 구성이 꾸준하게 확대되었다. Malaurie는 『태양의 족장: 호피 인디언의 자서전(Sun Chief: The Autobiography of a Hopi Indian)』을 번역하면서 그 자신의 윤리적 입장을

밝힌 바 있다. 이 책은 어린 시절 호피 인디언으로 자라다가 백인의 삶을 살게 된 Don Talayesva란 사람이 20세 이후 다시 호피 인디언의 삶을 살게 된 인생 이야기를 다루고 있다. 원래 이 책은 미국인 문화기술자 Leo Simmons에 의해 1942년 출간되었다. Malaurie는 이를 프랑스어로 번역 출판하면서 원래 저자로 표기되었던 Simmons란 이름을 지우고 자서전의 실제 주인공인 Don Talayesva란 이름으로 저자를 표기하였다. 이는 누가 실질적 저자인지를 제대로 복원하기 위한 작업이기도 하였고 호피 인디언에 대한 Malaurie의 진정성을 표현한 것이기도 하였다.

『인류 문화기』 시리즈의 또 다른 대중적인 저서는 1972년에 출간된 Pierre Clastres의 『과야키 인디언의 연대기(Chronique des indians Guayaki/Chronicle of the Guayaki Indians)』이다. 이 저서는 1960년대 중반 남미에서의 현장연구를 바탕으로 작성된 것이다. 저자 Clastres는 당시 파라과이의 한 토착 원주민 집단과 함께 살면서 현장 수행하였다. 그는 유사한 방언을 말할 수 있었기 때문에 토착민의 언어를 이해하는 데 문제가 없었다. 하지만 원주민들은 Clastres와 그들의 언어로 대화하기를 거부하였다. 그는 "그들은 아직 그들의 생활을 영위하고 있다", "그들은 우리 문명의 영향을 좀처럼 받지 않았고 오염되지도 않았다", "그들 집단은 너무 건강해서 다른 세상의 일원인 나와 대화를 허용하지 않았다"란 표현으로 당시 상황을 심란하게 묘사하였다(Clastres, 1972, pp. 96-97). 그의 책을 영어로 번역한 시인 겸 노벨문학상을 수상한 소설가인 Paul Auster는 Clastres의 책을 한 사람이 경험한 것에 대한 진솔한 이야기일 뿐만 아니라 소설가의 기교를 가지고 작성한 Clastres의 자서전 같은 작품이라고 평가하였다(Auster, 1998, pp. 7-9).

또한 Malaurie는 1941년에 영어로 출간된 James Agee와 Walker Evans의 유명한 책인 『이제 우리 모두 위인들을 칭송하자(Let Us Now Praise Famous Men)』를 1972년에 불어판(Trois familles de metayers en 1936 en Alabama)으로 번역하였다.

1930년대 중반 작가 Agee와 사진작가 Evans는 농업 안정국(the Farm Security Administration)에 고용된 상태에서 그들의 연구를 수행하고 있었다. 그들이 앨라배마 주 헤일 카운티를 방문했을 때 소작농인 백인 세 가족과 친하게 지냈다. 8주간의 기간 동안 두 사람은 대공황의 여파가 남아있는 시기에 생존을 위해 고투하는 이들 세 가족들의 삶을 기록하는 작업을 진행하였다. 따라서 그들의 작업은 현장기록 작업이었지만, 또 다른 한편으로는 미국 남부의 암울한 거주환경과 부족한 농지를 상기시키는 문학적 서술이었다.

『인류 문화기』 시리즈에 참여한 또 다른 작가들로 Georges Balandier(1957), Margaret Mead(1963), Theodora Kroeber(1968), Guwa Baba(1969), Mary Smith(1969), Bruce Jackson(1975), Alexander Alland(1984), Eric Rosny(1981), Colin Turnbull(1987), Robert Murphy(1990), Philippe Descola(1994), Roger Bastide(2000), Darcy Ribeiro(2002), Barbara Glowczewski(2004), 그리고 Barbara Tedlock(2004) 등을 꼽을 수 있다. 이와 같은 저자들의 작업에서 드러난 주요한 특징은 직접 체험, 두터운 묘사, 캐릭터 전개, 시점, 연구 대상자의 목소리였다. 저자들은 "다음과 같이 결론짓는다"와 같은 실험실 보고서 형태의 수동적 목소리는 철저히 배제하였다. 대신 저자 스스로 보여준 목소리는 능동적이고 열정적이며, 심지어 극적이기도 하였다. 그들은 스스로를 자신들의 경험과 역사적 순간의 목격자로 그렸다. 그들 스스로 저서에서 영웅, 희생자, 또는 증인과 같은 중요한 역할을 수행하였기 때문에, 그들은 저술 작업에 대한 동기 부여가 타인에 의해서만 주어진 것이 아니라 그들 자신으로부터도 발현된 것임을 알려주었다. 단어 배열, 시제, 대명사, 증거 자료를 포함한 언어적 표현이나 구성에 대한 그들의 선택은 명백하게 그들의 시점을 보여주었고, 그들의 화자들, 주인공들, 독자들을 윤리적 관여 상태의 수행방식으로 던져놓았다.

Bruce Jackson이 지적한 것처럼 이들 저자들은 다른 세계로 들어가서 잠시 머물고 목격한 것을 가슴에 담고 우리 세계로 다시 돌아왔다. "그들은 우리에게 단순히 경험의 보고서일 뿐만 아니라 경험 그 자체로 승화할 수 있는 방식으로 그들의 여정을 서술하였다. 그들의 작업은 Malaurie가 내게 쓴 편지 글로 표현하자면 "다큐멘터리를 다시 기록하는 작업"(plus un document qu'un documentaire)이었다(Jackson, 2005, p.15). 연구자들의 개별적인 작업은 현장기록이라기보다는 문학적 구성을 띤 구술 작업 이상의 것이었다. 각각의 저서는 저마다의 복합성을 띤 작업이자 개별적인 독특성을 내재한 작업이며, 연대기 순으로 쓰인 일기가 아니라 저술이라는 공연장 내에서 구현된 삼차원적 예술 형태를 띤 작업이었다.

※※※

어릴 때 나는 북부 서스캐처원(Saskatchewan)의 평원 지역에 있는 할머니의 통나무집에서 여름과 휴일 시즌의 대부분을 보냈다. 할머니와 함께 강가의 오솔길을 뛰어다닐 때 할머니는 수많은 살아있는 바위 이야기와 블랙베리, 백자단열매, 월귤나무, 제비꽃, 민트, 청나래고사리, 석죽과의 별꽃과 야생 버섯 등 식용 식물에 대해 얘기해 주셨다. 바위에 앉아 제비꽃과 민트를 씹으면서 할머니는 세상에 대한 이야기를 들려주셨다. 그 속에서 모든 사람이 인간이라는 가치에 부합하는 행동을 하지 않으며 일부의 사람들만 그렇게 인간 가치에 부합하는 행동을 한다는 말씀을 해주셨다. 내가 좋아하는 이야기들은 바위와 관련된 사람들과 충고, 사슴, 오소리, 그리고 치료를 담당하는 곰 인간을 세상에 보내준 뭉게구름 이야기였다.

할머니 노코미스(Nokomis)는 인디언 혼혈인 내가 그녀의 언어를 생생히 기억하게 하기 위해서 그녀의 이야기에 자주 사용되는 아니시나베(Anishinaabe)족 언어의 주요 단어들을 설명해 주었다. 예를 들면, 바위는 단수형일 때는 아신(asin), 복수형일 때는 아시닝(asining)이다. 복수형에 붙는 어미 "-ing"은 살아있는 생명체에게만 사용된다. 그렇기 때문에, 바위를 지칭하는 복수형이 있음은 바위라는 사물이 살아있는 존재라는 의미를 내포한다. 할머니는 바위가 움직이고 바위가 말하고 노래하는 것을 들었기 때문에 바위가 살아있는 생물체라는 점을 전혀 의심하지 않았다. 만약 내가 북부 지역에서 홀로 시간을 보낼 수만 있다면, 내가 집으로 돌아가 학교를 다닐지라도 자연 세계의 마법을 잊어버리진 않을 거라고 얘기해 주셨다. 천족(Angelian) 원주민 설교자이자 전통적 오지브웨(objiwe) 약초 재배인, 산파, 이야기꾼으로서 할머니는 내게 기독교 세계와 인디언 원주민 세계의 유사함과 상이점을 설명해 주었다. 예를 들면, 유사함은 기독교가 수호천사를 얘기할 때, 인디언 원주민은 수호영령을 얘기함에 있다. 그녀는 수호영령은 "우리의 형제이며 자매이자 살아있는 동물"이라고 주장하셨다. 할머니에게 두 세계는 거의 비슷한 것으로 간주되기 때문에, 할머니는 나에게 다른 하나를 버리면서 하나를 선택하는 어리석음을 범하지 말라고 충고하셨다. 대신 내가 균형감을 갖추고 두 세계의 경계 지점을 따라 걸어가야 한다고 말하셨다. "함께 어울려져 있을 때 비로소 아름다움과 강인함은 존재한다. 이것은 이중 호명(a double calling)이고 이중

사랑(a double love)인 것이다."

문화기술자가 된다는 것은 특히 대부분의 북미 인디언 원주민 공동체 내에서는 매우 우려하는 일이다. 하지만 문화기술지를 연구하는 사람이 되면서 역설적으로 이것은 나에게 할머니의 기대를 충족시키게 하였다. 문화기술자로서 나는 타인의 이야기를 전달하는 것에 중점을 두면서 더불어 내 자신의 이야기를 전달한다. 그러면서 나는 많은 내러티브 조각들이 신기루이면서도 내가 사진을 찍고 서술하는 매혹적인 실제 현상임을 깨닫게 되었다. 이와 같은 현상은 삶에 대한 내 상상력의 무대에 근거하고 있다. 나는 단순히 이를 발견하기 위해서 사진을 찍고 글을 쓰는 것이다. 마치 하늘의 무지개 바퀴와 바퀴살처럼, 다른 내러티브 조각들은 곧 사라져 버린다. 이는 우리가 만들어낸 그림자 또는 다른 사람들이 목격하는 그림자들이 우리가 정말 누구인지, 과거에 누구였는지, 미래에 누구일지에 대한 정확한 반영체가 아니기 때문이다. 마치 우리 삶의 드림캐처를 짜는 거미처럼 우리가 숨겨둔 기억은 결국 우리를 잡을 것이고, 우리를 따라올 것이다.

참고문헌

Agee, J., & Evans, W. (1972). *Louons maintenant les grands hommes: Trois familles de métayers en 1936 en Alabama*. Paris: Editions Plon, Collection Terre Humaine. (Translated into French from *Let Us Now Praise Famous Men* [1941])

Alexander, B. K. (1999). Performing culture in the classroom: An instructional (auto)ethnography. *Text and Performance Quarterly, 19*, 307–331.

Alexander, B. K. (2002). Performing culture and cultural performance in Japan: A critical (auto)ethnographic travelogue. *Theatre Annual: A Journal of Performance Studies, 55*, 1–28.

Alland, A. (1984). *La danse de l'araignée: Un ethnologue Américain chez les Abron (Côte-d'Ivoire)*. Paris: Editions Plon, Collection Terre Humaine. (Translated into French from *When the Spider Danced: Notes From an African Village* [1975])

Allen, C. J., & Garner, N. (1995). Condor qatay: Anthropology in performance. *American Anthropologist, 97*(1), 69–82.

Auster, P. (1998). Translator's note. In *Chronicle of the Guayaki Indians* (pp. 7–13). New York: Zone Books.

Austin, J. L. (1962). *How to do things with words*. London: Oxford University Press.

Austin, J. L. (1970). Performative utterances. In *Philosophical papers* (pp. 233–252). London: Oxford University Press.

Baba, G., & Smith, M. F. (1969). *Baba de Karo: L'autobiographie d'une musulmane haoussa du Nigeria*. Paris: Editions Plon, Collection Terre Humaine. (Translated from the English version *Baba of Karo: A Woman of Muslim Hausa* [1954])

Balandier, G. (1957). *L'Afrique ambiquë*. Paris: Editions Plon, Collection Terre Humaine. (Translated into English as *Ambiguous Africa: Cultures in Collision* [1966])

Balandier, G. (1987). "Terre Humaine" as a literary movement. *Anthropology Today, 3,* 1–2.

Bastide, R. (2000). *Le condomblé de Bahia (Brésil).* Paris: Editions Plon, Collection Terre Humaine.

Behar, R. (1993). *Translated woman.* Boston: Beacon.

Benjamin, W. (1996). A child's view of color (1913). In M. Bullock & M. W. Jennings (Eds.), *Walter Benjamin selected writings: Vol. 1. 1913–1926.* Cambridge, MA: Harvard University Press.

Bonilla-Silva, E. (2003). *The double consciousness of Black, White, and Brown folks in the 21st century.* Paper presented at the meeting of the American Sociological Association, Atlanta, GA.

Butler, J. (1990). *Gender trouble.* New York: Routledge.

Butler, J. (1997). *Excitable speech: A politics of the performative.* London: Routledge.

Clastres, P. (1972). *Chronique des Indiens Guayaki: Ce que savent les Aché, chasseurs nomads du Paraguay.* Paris: Editions Plon, Collection Terre Humaine. (Translated into English as *Chronicle of the Guayaki Indians* [1998])

Conquergood, D. (1985). Performing as a moral act: Ethical dimensions of the ethnography of performance. *Literature in Performance, 5,* 1–13.

Conquergood, D. (1989). Poetics, play, process and power: The performance turn in anthropology. *Text and Performance Quarterly, 9,* 81–88.

Conquergood, D. (1992). Fabricating culture: The textile art of Hmong refugee women. In E. C. Fine & J. H. Speer (Eds.), *Performance, culture, and identity* (pp. 206–248). Westport, CT: Praeger.

Conquergood, D. (1998). Beyond the text: Toward a performative cultural politics. In S. J. Dailey (Ed.), *The future of performance studies: Visions and revisions* (pp. 25–36). Annandale, VA: National Communication Association.

Conquergood, D. (2002). Lethal theatre: Performance, punishment, and the death penalty. *Theatre Journal, 54,* 339–367.

Crapanzano, V. (1980). *Tuhami: Portrait of a Moroccan.* Chicago: University of Chicago Press.

Deleuze, G., & Guattari, F. (1986). *Nomadology: The war machine.* New York: Semiotext(e).

Deleuze, G., & Guattari, F. (1987). *A thousand plateaus* (B. Massumi, Trans.). Minneapolis: University of Minnesota.

Denzin, N. K. (2003). *Performance ethnography: Critical pedagogy and the politics of culture.* Thousand Oaks, CA: Sage.

Descola, P. (1994). *Les lances du crépuscule: Relations Jivaros, Haute-Amazonie.* Paris: Editions Plon, Collection Terre Humaine. (Translated into English as *The Spears of Twilight: Life and Death With the Last Free Tribe of the Amazon* [1996])

Du Bois, W. E. B. (1989). *The souls of Black folk: Essays and sketches.* New York: Penguin. (Original work published 1903)

Eber, C. (1995). *Women and alcohol in a highland Maya town.* Austin: University of Texas Press.

Favret-Saada, J. (1980). *Deadly words: Witchcraft in the Bocage.* Cambridge, UK: Cambridge University Press.

Foucault, M. (1977). Preface (R. Hurley, M. Seem & H. Lane, Trans.). In G. Deleuze & F. Guattari, *Anti-Oedipus: capitalism and schizophrenia.* New York: Viking.

Garoian, C. R. (1999). *Performing pedagogy: Toward an art of politics.* Albany: State University of New York Press.

Glowczewski, B. (2004). *Rêves en colère: La pensée en réseau des aborigènes d'Australie.* Paris: Editions Plon, Collection Terre Humaine. (Translated into English and published by Editions Plon as *Dreams in Anger* [2004])

Grindal, B. (1983). Into the heart of Sisala experience: Witnessing death divination. *Journal of Anthropological Research, 39*(1), 60–80.

Gubrium, J. F., & Holstein, J. A. (2008). Narrative ethnography. In N. Hesse-Biber & P. Leavy (Eds.), *Handbook of emergent methods* (pp. 241–264). New York: Guilford.

Hegel, G.W.F. (1952). *Phenomenology of the spirit* (A. V. Miller, Trans.). Oxford, UK: Oxford University Press. (Original work published 1807)

Hélias, P. J. (1975). *Le cheval d'orgueil: Mémoires d'un Breton du pays bigouden.* Paris: Editions Plon, Collection Terre Humaine. (Translated into English as *Horse of Pride: Life in a Breton Village* [1978])

Jackson, B. (1975). *Leurs prisons: Autobiographies de prisonniers et d'ex-détenus Américains.* Paris: Editions Plon, Collection Terre Humaine. (Translated into French from *In the Life: Versions of the Criminal Experience* [1972])

Jackson, B. (1999, October). The ethnographic voice. *Il Polo,* 139–141. Available at http://www.acsu.buffalo.edu/~bjackson/ETHNOG-RAPHY.HTM

Jackson, B. (2005). "Plus un document qu'un documentaire": The voices of Terre Humaine. In M. Berne & J.-M. Terrace (Eds.), *Terre humaine: Cinquante ans d'une collection* (pp. 14–23). Paris: Bibliothèque Nationale de France.

Kendall, L. (1988). *The life and hard times of a Korean shaman: Of tales and the telling of tales.* Honolulu: University of Hawaii Press.

Knab, T. J. (1995). *The war of the witches: A journey into the underworld of the contemporary Aztecs.* San Francisco: Harper.

Knab, T. J. (2004). *The dialogue of earth and sky: Dreams, souls, curing, and the modern Aztec underworld.* Tucson:

University of Arizona Press.

Kondo, D. K. (1997). *About face: Performing race in fashion and theater*. New York: Routledge.

Krieger, S. (1983). *The mirror dance: Identity in a women's community*. Philadelphia: Temple University Press.

Kroeber, T. (1968). *Ishi: Testament du dernier Indien sauvage de l'Amérique du Nord*. Paris: Editions Plon, Collection Terre Humaine. (Translated from *The Last Testament of a Wild Indian of North America* [1961])

Laughlin, R. M. (1995)."From all for all": A Tzotzil-Tzeltal tragicomedy. *American Anthropologist, 97*, 528–542.

Levínas, E. (1969). *Totality and infinity: An essay on exteriority* (A. Lingis, Trans.). Pittsburgh: Duquesne University Press.

Lévi-Strauss, C. (1955). *Tristes tropiques*. Paris: Editions Plon, Collection Terre Humaine. (Translated into English with the same title [1973])

Madison, D. S. (2005). Critical ethnography as street performance: Reflections of home, race, murder, and justice. In N. K. Denzin & Y. S. Lincoln (Eds.), *The SAGE handbook of qualitative research* (3rd ed., pp. 537–546). Thousand Oaks, CA: Sage.

Magill, G. L. (1998, August). Rosalie Jones: Guiding light of Daystar—Native American choreographer. *Dance Magazine*, 1–3.

Malaurie, J. (1955). *Les derniers rois de Thulé*. Paris: Editions Plon, Collection Terre Humaine. (Translated into English as *The Last Kings of Thule: With the Polar Eskimos, as They Face Their Destiny* [1982])

Mead, M. (1963). *Moeurs et sexualité en Océanie*. Paris: Editions Plon, Collection Terre Humaine. (Translated from the English *Manners and Sexuality in Oceania*, combining materials from her earlier books *Coming of Age in Samoa* [1928] and *Sex and Temperament in Three Primitive Societies* [1935])

Mendieta, E., & Gómez-Peña, G. (2001). A Latino philosopher interviews a Chicano performance artist. *Napantla: Views from South, 2*(3), 539–554.

Montejano, D. (1999). On the question of inclusion. In D. Montejano (Ed.), *Chicano politics and society in the late twentieth century* (pp. xi–xxvi). Austin: University of Texas Press.

Murphy, R. F. (1990). *Vivre à corps perdu: Le témoignage et le combat d'un anthropologue paralysé*. Paris: Editions Plon, Collection Terrie Humaine. (Translated into French from *The Body Silent* [1987])

Nabokov, P. (1970). *Tijerina and the courthouse raid*. Berkeley, CA: Ramparts.

Nordstrom, C. (2004). *Shadows of war: Violence, power, and international profiteering in the twenty-first century*.
Berkeley: University of California Press.

Nordstrom, C. (2007). *Global outlaws: Crime, money, and power in the contemporary world*. Berkeley: University of California Press.

Ribeiro, D. (2002). *Carnets indiens: Avec les Indiens Urubus-Kaapor, Brésil*. Paris: Editions Plon, Collection Terre Humaine. (Translated from the Portuguese version, *Diarios Indios—os Urubus-Kaapor* [1996])

Rosny, E. (1981). *Les yeux de ma chèvre: Sur les pas des maîtres de la nuit en pays Douala (Cameroun)*. Paris: Editions Plon, Collection Terre Humaine. (Translated into English as *Healers in the night* [1985])

Schechner, R. (1985). *Between theater and anthropology*. Philadelphia: University of Pennsylvania Press.

Schechner, R. (1989). Intercultural themes. *Performing Arts Journal, 33/34*, 151–162.

Schutz, A. (2001). Theory as performative pedagogy: Three masks of Hannah Arendt. *Educational Theory, 51*, 127–150.

Segalen, V. (1956). *Les immémoriaux*. Paris: Editions Plon, Collection Terre Humaine. (Translated into English as *A Lapse of Memory* [1995])

Silko, L. M. (1991). *Almanac of the dead*. New York: Simon & Schuster.

Singer, M. (1972). *When a great tradition modernizes*. New York: Praeger.

Singh, R. (1998). *River of colour: The India of Raghubir Singh*. London: Phaidon.

Sistren (with Ford-Smith, H.). (1987). *Lionheart gal: Life stories of Jamaican women*. Toronto: Sister Vision.

Talayesva, D. (1959). *Soleil Hopi: L'autobiographie d'un Indien Hopi*. Paris: Editions Plon, Collection Terre Humaine. (Translated into French from *Sun Chief: The Autobiography of a Hopi Indian* [1942])

Tedlock, B. (1991). From participant observation to the observation of participation: The emergence of narrative ethnography. *Journal of Anthropological Research, 47*, 69–94.

Tedlock, B. (1992). *The beautiful and the dangerous: Encounters with the Zuni Indians*. New York: Viking.

Tedlock, B. (2004). *Rituels et pouvoirs: Les Indiens Zuñis Nouveau-Mexique*. Paris: Editions Plon, Collection Terre Humaine. (Translated into French from *The Beautiful and the Dangerous: Encounters with the Zuni Indians* [1992])

Tedlock, B. (2009). Writing a storied life: Nomadism and double consciousness in transcultural ethnography. *Etnofoor, 21*(1), 21–38.

Thompson, H. S. (1970/1979). The Kentucky Derby is decadent and depraved. In *The great shark hunt: Gonzo papers: Vol. 1. Strange tales from a strange time*. New York: Summit

Books.

Turnbull, C. M. (1987). *Les Iks: Survivre par la cruauté: Nord-Ouganda*. Paris: Editions Plon, Collection Terre Humaine. (Translated into French from *The Mountain People* [1972])

Turner, V., & Turner, E. (1982). Performing ethnography. *The Drama Review, 26*(2), 33–50.

Walens, S. (2001). *Feasting with cannibals: An essay on Kwakiutl cosmology*. Princeton, NJ: Princeton University Press.

Wong, D. (2008). Moving: From performance to performative ethnography and back again. In G. Barz & T. J. Cooley (Eds.), *Shadows in the field: New perspectives for fieldwork in ethnomusicology* (pp. 76–89). New York: Oxford University Press.

James A. Holstein, Jaber F. Gubrium

20.

해석주의적 연구 수행의 구성주의적 분석론

이명석_ 성균관대학교 행정학과 교수

지난 반세기 동안 사회적으로 구성된 생활 현실의 특성에 대한 질적 연구의 관심은 지속적으로 증가해왔다(Densin & Lincoln, 2005; Holstein & Gubrium, 2008 참고). 이 연구의 대부분은 일상생활이 갖는 의미의 상호작용적 구성에 초점을 맞추고 있는데, 우리가 살고 있는 세상과 세상에서의 우리의 위치는 그저 분명하게 "거기에" 있는 것이라기보다는 다양한 모습으로 만들어진다는 것을 주요 원칙으로 하고 있다. 일상의 현실은 사회적 행동의 형태 안에서, 그리고 사회적 행동의 형태를 통해서 능동적으로 구성된다. 이 원칙은 학문분야를 초월하는 경험적 연구 관점인 동시에 지적 운동(movement)인 질적 연구에 대한 구성주의적 관점의 기초를 제공한다.

그러나 인기가 증가함에 따라 구성주의적 접근은 매우 포괄적이고 모호한 것으로 변화하였다. "구성주의"라는 용어는 흔히 실질적으로 상상할 수 있는 모든 연구에 적용될 수 있는 것처럼 보일 때가 많다. 예를 들어, James Jasper와 Jeff Goodwin(2005)은 "우리는 모두가 거의 사회적 구성주의자이다"(p. 3)라고 비꼬아 말한다. 그러나 이러한 인기에는 단점이 있다. 왜냐하면 Michael Lynch(2008)가 주장하는 바와 같이, 이 관점은 너무 지나치게 다양하고 분산되어 적절하게 정의하거나 평가하는 것이 불가능하기 때문이다. 이 과정에서 구성주의는 이따금 개념적 방향감을 상실하기도 한다.

다른 연구에서(Holstein & Gubrium, 2008) 우리는 구성주의가 하나의 모습으로 그려지는 것은 적절하지 않고, 다양한(그러나 공유된) 철학적, 이론적, 방법론적, 경험적 토대를 갖는 연구의 **모자이크로** 이해되는 것이 더 적절하다고 주장하였다. 그러나 모든 것이 구성주의라는 항목으로 분류될 수 있다는 것을 의미하는 것은 아니다. 우리는 구성주의를 다른 현대적이거나 포스트모던한 유형의 질적 연구와 구분하지 않으려는 유혹에 빠지지 말아야 한다. 예를 들면, 비록 사회적 상호작용의 동태성에 대한 지속적인 관심을 공유하더라도 구성주의는 상징적 상호작용주의, 사회현상학, 또는 문화기술 방법론과 동의어가 아니다.

Darin Weinberg(2008)는 구성주의적 사고의 모자이크를 구성하는 두 가지 중요한 가닥으로 반근본주의적 감성과 물화(物化; reification)에 대한 저항을 제시한다. 물론 이들 두 가닥은 분석철학, 비판 이론, 실용주의, 그리고 해석적 전통의 초기 내러티브에서도 발견된다(Weinberg, 2008 참고). Joel Best(2008)는 사회학에서 "사회적 구성주의"라는 용어의 기원을 20세기 초로 추적하여 밝히고 있다. 그는 20세기 초의 인류학, 사학, 정치학 등 다양한 사회과학 분야에서 이 용어가 여러 차례 사용되고 있음에 주목한다. 동시에, W. I. Thomas(1931), George Herbert Mead(1934), Alfred Schutz(1962, 1964, 1967, 1970), Herbert Blumer(1969) 등을 포함한 많은 학자들의 저서에서 초기 구성주의적 감성을 분명하게 확인할 수 있다. 그러나 Best는 이 관점 또는 이 용어의 폭발적인 인기는 1966년 Peter Berger와 Thomas Luckmann의 저서 『현실의 사회적 구성: 지식 사회학 소고(The Social Construction of Reality: A Treatise in the Sociology of Knowledge)』의 출간과 함께 갑자기 나타나게 되었다고 설명한다.

이 장에서는 구성주의적 연구의 특정 분파인 해석주의적 연구 수행의 구성주의적 분석론의 발전을 개관한다. 활기차고 쉽게 식별되는 연구 프로그램을 구성하는 충분한 공통요소들이 접근방법을 통해 통합될 수 있다는 것이 우리의 견해이다. 연구 프로그램은 사회적 상호작용의 식별 가능한 맥락 내에 존재하는 살아있는 현실의 상호작용적 구성에 초점을 맞춘다. 우리는 "분석론(analytics)"이라는 용어를 사용한다. 그 이유는 접근방법과 그 분파가 독특한 분석적 어휘를 통해 구성과정에 대한 이해를 제공하기 때문이다. Blumer(1969)는 이 독특한 분석적 어휘를 경험적 사실을 뒤덮지 않을 정도로 충분히 여유 있는, 그러나 구성주의적인 독특한 윤곽을 드러낼 만큼 충분히 탄탄한 "감각을 예민하게 만드는 개념"의 체계적으로 연결된 세트라고 부르기도 한다. 우리의 해석주의적 연구 수행에 대한 분석론은 분명하게 이론적인 것으로, 단순히 서술적인 것이 아니라 최소주의를 개념적 핵심으로 한다. 이 장의 목적은 역사적이거나 종합적인 기술이 아니다. 대신에 이 장에서는 보다 좁은 관점에서 사회현상학, 문화기술 방법론, 일상 언어철학, 푸코주의적 담론분석 등의 전통으로부터 심지어 잡다할 정도로 자유롭게 아이디어를 차용해온 구성주의적 연구의 특정 분파를 다룬다.

20.1 개념적 자원

해석주의적 연구 수행의 구성주의적 분석론은 다양한 자원을 갖는다. 몇 십 년 동안 구성주의 연구자들은 사회현실이 구성되고, 관리되고, 유지되는 작동과정인 "어떻게"의 문제를 기록하기 위해 노력해왔다. Alfred Schutz(1962, 1964, 1967, 1970)의 사회현상학, Berger와 Luckmann(1966)의 사회구성주의, 상징적 상호작용주의의 과정지향적 분파(예, Blumer, 1969; Hewitt, 1997; Weigert, 1981)는 이러한 구성주의 연구 과제에 핵심적인 요소를 제공해왔다. 최근에는 문화기술 방법론과 대화 분석(CA)이 사회질서가 형성되는 상호작용 과정을 명시함으로써 좀 더 상세한 의사소통 차원을 확실히 제공하였다(Buckholt & Gubrium, 1979; Garfinkel, 1967, 2002, 2006; Heritage, 1984; Holstein, 1993; Lynch, 1993; Maynard & Clayman, 1991; Mehan & Wood, 1975; Pollner, 1978, 1991 참고).[1] 또한 CA와 강한 유사성을 갖는 담론 분석의 분파인 담론적 구성주의(Potter & Hepburn, 2008 참고)가 출현하여 사회질서의 구성과 유지에 기여하는 일상적인 서술, 주장, 보고서, 단언, 언명 등을 조사하기 시작하였다.

사회행동과 사회질서가 어떻게 이루어지는가에 관한 문화기술 방법론의 전통적인 관심과 함께, 지금까지 유예되어 온 어떤 자원으로, 어떤 조건하에서 어떤—것이 이루어지는가의 문제에 대한 관심이 나타나게 되었다. 이와 같은 전통적으로 자연과학주의적인 질문이 재조명되면서, 풍부하고, 다양하고, 중요한 사회적 구성의 맥락에 대한 관점과 높은 수준의 분석적 정교함을 갖추게 되었다. 현실 구성에 대한 분석은 이제 사회질서와 의미부여의 광범위한 문화적, 제도적 맥락에 관한 새롭게 주목받는 문제이다. 비록 아직은 사회적 성취과정에 초점을 맞추고 있기는 하지만, 경험적 지평은 점점 더 우리가 "해석주의적 연구 수행"—즉 일상생활에서 현실이 파악되고, 이해되고, 조직되고, 전달되는 과정, 조건, 그리고 자원의 집합체—이라고 부르는 것의 측면에서 이해된다(Gubrium & Holstein, 1997; Holstein, 1993; Holstein & Gubrium, 2000b). 해석주의적 연구 수행의 아이디어는 사회현실의 어떻게와 어떤-것의 문제로 우리의 관심을 환기시킨다; 이것의 경험적 시계(視界)는 사람들이 자신의 경험과 세계를 어떻게 체계적으로 구성하는가, 그리고 현실을 구성하는 행동에 필요한 정보를 제공하고 이러한 행동을 형성하는 의미와 제도적 생활의 맥락적 형태와 관련이 있다. 사회적 구성의 어떻게의 문제와 어떤-것의 문제 모두에 대한 이러한 관심은 사람의 행동이 그들의 세계를 구성하나, 자신들의 생각대로 완벽하게 구성되지는 않는다는 Karl Marx(1956)의 격언을 상기시킨다.

맥락 속에서의 구성적 행동에 대한 관심은 구성과정에 대한 보다 충실한 이해를 가능하게 할 뿐만 아니라, 구성과정에 진입하고 구성과정에 의해 성찰적으로 생성되는 현실 자체를 강조한다. 구성과정의 어떻게의 문제에 대한 보다 면밀한 관심은 우리에게 일상생활에서 사회적 형태가 나타나게 되는 기제에 대한 정보를 제공하나, 이러한 현실의 본래의 형태와 분포를 무시할 수 있다. 사회현실 구성의 어떻게의 문제만을 배타적으로 강조하는 연구에서 사회현실의 어떤-것의 문제는 등한시되는 경향이 있다. 우리는 구체적인, 그러나 구성되는 현실의 정확한 위치를 알려주는 어떤-것, 언제, 어디서의 중요한 문제를 놓치고 있다.

문화기술 방법론적 감성

문화기술 방법론은 어떻게의 문제를 분석하는 질적 연구의 전형적인 활동이라고 할 수 있다. Edmund Husserl(1970)의 철학적 현상학과 Schutz의 사회적 현상학에 빛을 지고 있기는 하지만(Holstein & Gubrium, 1994 참고), "현상학적 감성"(Maynard & Clayman, 1991)을 실천적 행동의 기제에 대한 중요한 연구 관심과 결합시킴으로써 문화기술 방법론은 질서의 문제를 다루는 새로운 과정을 개척하였다

(Garfinkel, 1967; Lynch, 2008). 문화기술 방법론의 관점에서 사회세계의 사실성은 구성원들의 식별 가능한 상호작용적 작업, 즉 그들의 삶의 설명 가능한 상황을 생성하고 유지하는 기제에 의해 이루어진다.[2] 문화기술 방법론자들은 구성원들이 생활세계의 목적과 외관을 구체적으로 구성하고 유지하는 뚜렷한 과정을 기록하기 위한 분명한 목적을 가지고 구성원들이 어떻게 사회생활을 "하는지"에 초점을 맞춘다. 현장의 체화된(embodied) 활동과 설명의 실제적인 생성이 관심의 핵심 현상이다(Maynard, 2003). 이는 성별에 따른 행동하기(Garfinkel, 1967), 사람과 물건 세기(Martin & Lynch, 2009 참고), 좋거나 나쁜 소식 전하기(Maynard, 2003 참고) 등과 같은 일상적인 행동이 어떻게 실제로 이루어지는지에 관한 질문으로 이어진다.

"문화기술 방법론적 무관심"(Garfinkel & Sacks, 1970) 정책이 문화기술 방법론자들을 선험적이고 특별한 형태의 사회세계에 대한 모든 논평을 잠정적으로 유예하도록 유도한다. 그 결과, 연구자들의 관심은 구성원들이 어떻게 사회질서의 감각을 획득하는가로 전환된다. 범죄나 정신질환과 같은 사회현실은 당연한 것으로 받아들여지지 않는다; 대신에 이들이 어떻게 관련된 사람들에게 현실이 되는가를 가시적으로 나타내기 위하여 이들에 대한 믿음은 잠정적으로 유예된다. 이는 사정을 잘 아는 사람들이 모두 인정하는 안정적인 현실의 모습을 만들어내는 일상적인 구성주의적 작업을 가시화한다. 이 정책은 구성원의 행동의 옳고 그름에 대한 판단적 특성화를 맹렬하게 반대한다(Lynch, 2008 참고). 명백하게 옳은 사회학적 이해의 관점에서 상식의 형성을 비꼬아 말하고 비판하는 보편적인 사회학의 경향과는 대조적으로, 문화기술 방법론은 구성원의 실천적 추론을 있는 그대로, 즉 사람과 사람 사이에서 주어진 세상을 구성하는 상황적으로 적절한 방법으로 받아들인다. 이와 같은 강력한 지침이 "구성원들과 논쟁하지 말라!"는 Melvin Pollner의 말로 명료하게 요약된다(개인적 대화; Gubrium & Holstein, 2011

참고).

　문화기술 방법론적 연구는 자연적으로 이루어지는 대화와 사회적 작용에 매우 민감하게 반응하도록 조율되어 있고, 연구되는 환경의 구성요소로 이들을 강조한다(Atkinson & Drew, 1979; Maynard, 1984, 1989, 2003; Mehan & Wood, 1975; Sacks, 1972 참고). 문화기술 방법론적 연구는 상이한 경험적 방향을 취하는데, 이는 사회적 행동과 실천적 추론의 역동성과 대화의 구조 중 어느 것이 강조되는가에 따라 부분적으로 좌우된다. 문화기술적 연구는 지역적으로 설명 가능한 사회적 행동과 사회적 상호작용이 논의되고 있는 실천적 현실을 구성하는 상황을 강조하는 경향이 있다. 이러한 연구는 현지적인 의미구조와의 관계에서 대화의 상황적 맥락을 고려한다(Gubrium, 1992; Holstein, 1993; Lynch & Bogen, 1996; Miller, 1991; Pollner, 1987; Wieder, 1988 참고). 이들은 일상의 의사소통에서 어떻게 사회적 행동과 질서가 구축되는지에 대한 관심과, 사회적 상호작용 과정에서 언급된 것의 의미를 조율하는 데 사용되는 현지적 이해와 관점 그리고 환경으로서의 장소적 환경에 대한 상세한 묘사를 결합한다. 이러한 분석론에 의해 생성된 텍스트는 일상생활을 매우 상세하게 묘사하는데, 여기에는 주어진 환경에서 이루어진 대화에 대한 정확한 묘사와 논의되고 있는 주제에 대한 체계적인 설명을 전달하기 위해 사용되는 문화기술적 설명이 활용된다. 사회적 상호작용과 환경의 관계에서 대화가 분석된다는 점에서 이러한 분석은 이야기, 대화, 그리고 다른 형태의 의사소통 과정이 어떻게 사회적 행동을 조직하는가에 다소 비판적으로 관심을 갖는(푸코주의적이 아닌) 담론 분석의 형태를 갖는 경향이 있다. 또한 문화기술 방법론과 CA와 많은 유사점을 갖지만, 좀 더 인식론과 지식 구성주의 지향적인 담론적 구성주의의 형태로 이런 분석론의 분파들이 출현하고 있다(Potter & Hepburn, 2008; Nikander, 2008; Potter, 1996, 1997; Potter & Wetherell, 1987; Wodak, 2004; Wooffitt, 2005 등도 참고).

　대화 자체의 구조를 강조하는 연구는 대화 "기구(machinery)"에 초점을 맞추는데, 이 대화 기구를 통해서 사회적 행동이 나타난다. 여기에서의 초점은 대화 또는 대화 분석 문헌에서 사용되는 친숙한 용어인 "상호작용 과정의 대화(talk-in-interaction)"가 공통적으로 갖는 특징인 순차적이고, 표현마다 나타나고, 그리고 개념을 사회적으로 구성하는 특성이다(Heritage, 1984; Sacks, Schegloff, & Jefferson, 1974; Silverman, 1998; Zimmerman, 1988 참고). 화자(話者)가 실제 대화에서 자신의 관심을 체계적이고 순차적으로 구성하는 데 활용한 의사소통 과정에 대한 상세한 설명이 이러한 연구에서 생성된 분석이다. 비록 소위 "제도적 대화" 또는 "작동 중인 대화(talk at work)"에 대한 분석이 장소적 환경에 대한 균형감을 부여하더라도, 장소적 환경을 묘사하는 간략한 도입부를 제외하고는 문화기술적 세부묘사가 전무하다는 사실은 종종 신상기록과 사회적 특성에 대한 상세한 정보가 대화 기구 전개의 인위적 결과로 이해될 수 있다는 분석적 느낌을 받게 된다(예, Drew & Heritage, 1992 참고). 이와 같은 문화기술적 세부묘사에 대한 관심 부족 때문에 CA의 문화기술 방법론과의 연관성이 미약하다는 주장이 있기는 하나(Atkinson, 1988; Lynch, 1993; Lynch & Bogen, 1994; 반대 주장으로는 Maynard & Clayman, 1991과 ten Have, 1990 참고), CA는 사회적 행동의 현지적이고 체계적인 구성에 대한 문화기술 방법론의 관심을 분명하게 공유한다(Maynard & Clayman, 1991).

　최근 들어 Garfinkel, Lynch, 그리고 그의 동료들은 사회적 상호작용의 지속적인 구조 또는 기구에 대한 보편적인 일반화를 크게 강조하지 않는 소위 "탈분석적(postanalytic)" 문화기술 방법론을 발전시키고 있다(Garfinkel, 2002, 2006; Lynch, 1993; Lynch & Bogen, 1996 참고). 이러한 연구 프로그램은 일상적인 "작업", 특히 천문학자(Garfinkel, Lynch, & Livingston, 1981), 생물학자와 신경학자(Lynch, 1985), 법의학자(Lynch, Cole, McNally, & Jenkins,

2008), 수학자(Livingston, 1986) 등의 (작업대에서 이루어지는) 작업의 특정 영역을 구성하는 고도의 현지화된 작업역량을 강조한다. 이들의 목적은 지식과 행동의 국한된 영역 내에서 이루어지는 사회적 실천의 "개별성의 특성"―"'이것'임(the just thisness)"―을 상세하게 기록하는 것이다(Lynch, 1993). 이러한 행동의 실시간 작업과 관련된 실천적인 세부사항은 그들이 만들어내는 지식의 인간의 모습(incarnate)을 한 특성으로 간주한다. 지식을 고도로 특정화된 지식생산 상황 자체와 분리하는 것은 불가능하다. 이러한 접근은 질서를 드러내고 또한 이러한 질서를 설명 가능한 것으로 만드는 특정적이고 현지적인 실천적 행위를 세부적으로 묘사하는 연구를 옹호하기는 한다. 그러나 선험적인 개념화나 범주화, 특히 역사적 시기구분을 거부한다는 점에서 이러한 접근은 이론적으로 최소주의적이다(Bogen & Lynch, 1993).

많은 사회적 생산의 실천을 보여주는 데 성공하였음에도 불구하고, CA와 탈분석적 문화기술 방법론은 Garfinkel의 초기 연구와 대화의 실천에 관한 Harvey Sacks(1992)의 선구적인 강연이 명백하게 보여주는 대화, 환경, 그리고 사회적 상호작용 개념화의 중요한 균형을 각기 상이한 방법으로 무시하는 경향이 있다(Silverman, 1998 참고). Garfinkel이나 Sacks는 모두 대화 기구를 식별 가능한 사회적 형태 자체를 생산하는 것으로 상정하지 않았다. 사회적 현실의 구성주의적 어떻게의 문제에 대한 관심과 의미 있는 어떤―것의 문제에 대한 관점 사이의 균형이 이루어졌다. '환경/문화적 이해/일상적인 사색'은 '대화/사회적 상호작용'과 성찰적으로 복잡하게 얽혀있는 것으로 인식되었다. 특히, Sacks는 문화를 '발언과 교환의 가능한 연결을 판별하는 기초를 제공하는 그 무엇'인 실천의 문제로 이해하였다.(Garfinkel의 표현인) "훌륭한 조직적 이유" 또는 (Sacks의 표현인) "구성원 범주화 장치"에 대한 기술 여부와 무관하게, CA와 탈분석적 문화기술 방법론은 모두 처음부터 사회적 실천을 고도로 현지화된, 또는 일시적인 개별성의 어떤 특성으로도 환원하려 하

지 않았다.

CA와 탈분석적 문화기술 방법론이 자신들의 연구를 사회적 실천과 이러한 실천에 대한 즉각적인 설명의 관계로 제한함에 따라, 문화기술 방법론의 몇몇 원래의 약속은 단명하게 되었다(Pollner, 2011a, 2011b, 2011c 참고). 보다 광범위한 구성주의적 분석론은 문화기술 방법론의 상호작용적 감성을 계속 유지하는 것을 추구하면서, 동시에 구성하기도 하고 구성되기도 하는 일상생활의 어떤―것의 문제로 연구의 범위를 확장한다. 많은 학자들 중에서 특히 Michel Foucault는 이러한 연구 과제의 소중한 자산이다.

푸코주의적 영감

만일 문화기술 방법론이 상호작용 수준에서 일어나는 일상생활의 성취를 상세하게 기록했다면, Foucault는 다른 경험적 분야에서 이와 유사한 작업을 수행하였다. 1960년대 초 문화기술 방법론과 같은 시기에 분석무대에 나타난 Foucault는 역사적, 문화적으로 입지하는 권력/지식 체계가 어떻게 연구 대상(subjects)과 그들의 세계를 구성하는가에 관심을 가졌다. 이러한 체계가 단순한 생각이나 이념, 또는 다른 상징의 모음이 아니라, 사회적 실천으로 퍼져드는 실제 작동하는 태도, 연설유형, 위임사항, 행동의 과정이라는 사실을 강조하면서, 푸코주의자는 이러한 체계를 "담론"이라고 부른다. Foucault(1972, p.48)는 스스로 담론이 "단순한 사물과 단어의 교차지점, 즉 모호한 사물의 연결망, 그리고 분명하고, 가시적이고, 다채로운 단어의 연결"이 아니라고 설명한다. 대신에, 담론은 "그들이 이야기하는 대상(object)(그리고 연구 대상)을 체계적으로 형성하는 실천"이라는 것이다(p.49). 심지어 감옥과 같은 건물의 디자인도 사람과 그가 차지하는 물리적, 사회적 풍경을 해석하는 방법을 구체적으로 표현하는 사회적 논리를 드러낸다(Foucault, 1979).

사회적 상호작용의 성찰성(reflexivity)에 대한 문화

기술 방법론의 관점과 유사하게, Foucault는 담론을 성찰적으로 작용하는 것, 즉 세상과 세상의 연구 대상을 구성하는 동시에 의미 있는 방법으로 설명하는 것으로 간주한다. 그러나 Foucault는 대화기술의 어떻게의 문제를 강조하는 것과 동일한 정도로 대화가 구성하는 어떤—것의 문제 또한 강조한다. 이러한 사실이 문화적으로 "자연스러운" 것에 대한 분석적 강조를 의미하는 반면, Foucault가 담론을 사회적 실천으로 간주한다는 것은 주관성의 실천에 대한 이해의 중요성을 나타낸다. 만일 그가 담론을 통해서 구성되는 연구 대상과 대상의 비전을 제공한다면, 그는 담론을 형성하고 활용하여 우리의 내적 삶과 사회적 세계를 구성하는 활동을 하는 자신도 모르게 능동적인 연구 대상을 허용하는 셈이다(Best & Kellner, 1991; Foucault, 1988).

Foucault는 특히 정신병원, 병원, 감옥 등과 같이 특정 주체의 대화와 생활경험의 구성을 연결하는 특정 담론의 운영을 구체적으로 명시하는 사회적 장소 또는 제도적 입지에 관심을 가졌다. 문화기술 방법론과 마찬가지로, 담론체계의 구성적 질에 대한 관심이 존재한다; 이것은 삶의 경험과 주관성이 언제나 이미 담론적 관습에 배태되고 구현되어 있다고 간주하는 연구 수행한 추구하는 성향이라 할 수 있다.

일부 논평가들은 Foucault(1980)가 "권력/지식"(또는 담론)의 체계라고 부르는 것과 언어사용의 구성적 힘에 대한 문화기술 방법론의 진술의 유사성을 지적해 왔다(Atkinson, 1995; Gubrium & Holstein, 1997; Heritage, 1997; Miller, 1997b; Potter, 1996; Prior, 1997; Silverman, 1993). 이러한 유사성은, Foucault의 분석론이 다양한 제도적, 문화적 장소에서 이루어지는 "수행되는 담론(discource-in-practice)"으로 기록한 것이 다양한 유형의 사회적 상호작용에서 나타나는 "담론적 연구 수행(discursive practice)"이라고 문화기술 방법론의 분석론이 설명하는 것과 일맥상통함을 시사한다(Holstein & Gubrium, 2000b, 2003).[3] 이러한 관심의 유사성을 강조하기 위하여, 우리는 이 장에서 두 가지 용어—'수행되는 담론'과 담론적 연구 수

행—를 계속 사용하기로 한다.

문화기술 방법론과 푸코주의가 각기 다른 경험적 연구영역에서 상이한 지적 전통과 저술에 근거하고 있음에도 불구하고, 이들이 사회적 실천에 관해서 유사한 관심을 갖고 있다는 점은 명백하다; 이들은 모두 담론의 구성적 성찰성에 관심을 갖는다. 수행되는 담론과 담론적 연구 수행 어느 것도 외부적인 사회적 힘이나 내적 동기에 의해 유발되거나 설명되지 않는다. 대신에, 이들은 실시간에 구체적인 장소에서 실제로 알려지거나 행해지는 사회생활 자체의 작동 기제로 간주된다. 두 가지 접근 모두에 있어 "권력"은, 다른 사람의 삶에 영향을 주기 위하여 누군가에 의해 사용되는 특정한 자원이 아니라, 있는 그대로 사회생활 자체의 독특한 형태의 표현 속에 존재한다. 수행되는 담론이 "양생법(養生法)/체제" 또는 지지자의 세상을 광범위하게(역사적, 제도적으로) "규율"하고 "통치"하는 행동의 생활패턴으로 묘사되는 반면, 담론적 연구 수행은 일상생활을 구조화하는 대화와 상호작용의 역동성 안에서 명백하게 나타난다. 그러나 이러한 차이에도 불구하고, 두 가지 접근에서 연구 수행은 공통적으로 살아있는 "행동" 또는 사회의 지속적인 성취를 지칭한다.

만일 문화기술 방법론이 자신들의 행동과 세계를 설명하기 위해서 구성원들이 일상의 방법을 사용하는가와 관련된 어떻게의 문제를 강조한다면, Foucault(1979)는 어떤 결과가 나타날 것인가 하는 가능성의 관련 조건을 우리에게 알려준다. 예를 들면, 서구 후기산업사회에서 의학과 부두교를 동일한 수준의 질병과 치료 패러다임이라고 진지하게 고려하는 것은 대부분의 평범한 상황에서 터무니없는 것은 아닐지 몰라도 매우 특이한 일이다. 다른 가능성이 얼마든지 존재함에도 불구하고 유일무이한 가능성으로 보이도록 하는 능력과, "보이지만 주목받지 않고 넘어가게" 할 수 있는 능력이 의학적 담론이 갖는 권력의 원천 중 일부이다.

실증 자료에 대한 문화기술 방법론과 푸코주의 접근은 모두 인과적인 의미의 설명적 이론이 아니라 분석론

이라는 점을 반복해서 강조할 필요가 있다. 통상적으로 이해되기로는, 이론의 목적은 논의되고 있는 사안의 상태를 설명하는 것이다. 이론은 왜 자살률이 증가하는지 또는 왜 개인이 우울증으로 고생하는지 등과 같은 왜라는 관심에 대한 대답이다. 이와는 대조적으로, 문화기술 방법론과 푸코주의 연구 과제의 목적은 이와 같은 특정한 상황에서 개인의 경험이 어떻게 이해될 수 있는가 하는 문제에 답하는 것이다. 이런 의미에서 이들은 선(先)이론적(pretheoretical)이다—먼저 이론의 연구 대상이 어떻게 존재하게 되었는가를 이해하기 위해 노력하고, 이론의 대상이 어떻게 변할 것인가를 이해하기 위해 노력한다. 현실의 실천적 요소를 상세하게 기록하는 공통의 목적을 갖는다는 점이 이들의 유사성이다.

그러나, 이 점은 여전히 유사성일 뿐 공유되는 특성은 아니다. 왜냐하면 Foucault의 연구(그리고 대부분의 푸코주의 연구 과제)는 역사적인 영역에서 이루어지므로, 연구 대상인 실증자료에 실시간 대화나 사회적 상호작용은 당연하게 포함되지 않기 때문이다(그러나, 예를 들어 Kendall & Wickham, 1999 등 참고). 비록 Foucault 자신이 새로운 사회 형태의 "탄생"을 기존의 사회 형태와 대비시키면서, 다양한 제도적 영역에서 변화하는 현실을 형성하고 정보를 제공하는 담론의 갑작스러운 변화를 지적하고 있더라도, 그는 이러한 변화를 유발하는 일상적인 상호작용의 기술에 대한 설명은 거의 제시하지 않는다(Atkinson, 1995; Holstein & Gubrium, 2000b 참고). 분명하게 그는 의학분야의 새로운 감시 레짐의 출현이나 현대적 형사사법제도와 같은 새로운 기술의 광범위한 탄생의 개념을 발전시키고 있으나(Foucault, 1975; 1979), 이들이 현장에서 어떻게 작동하는가에 대해 설명하고 있지 않다. 다시 말하자면, 일상의 **어떻게**의 문제가 푸코주의적 분석에는 대부분 빠져있다.

이와는 반대로, 사회적 행동과 질서를 가시적이고 설명 가능하게 만드는 실시간으로 이루어지는 상호작용 과정을 상세히 기록하기 위한 문화기술 방법론의 노력은 구성적 자원, 가능성 및 한계에 대한 광범위한 실질적 관점을 갖는 것을 불가능하게 한다. 이러한 어떤–것의 문제가 문화기술 방법론적 연구에는 주로 빠져있다. 우리가 매일매일 현실과 조우하는 것이 지속적인 성취라는 것을 상호작용에 대한 상세한 묘사를 통하여 보여주는 것과, 일상적인 조우의 일반적인 변수에 대한 이해를 도출하는 것은 전혀 별개의 문제이다. '상호작용 과정의 대화'의 기제는 실천의 중요한 구성요소인 대화의 작동을 안내하고 대화의 작동에 대규모로 사용되는 대규모 자원, 또는 특정 결과를 초래한 일에 대하여 거의 아무 것도 언급하지 않는다. 구성원들은 자신들의 세계와 주관성을 이야기한다. 그러나 그들은 또한 이 과정에서 특정한 형태의 삶을 정확하게 표현한다. 푸코주의 고찰은 대화와 사회적 상호작용에서 작동하는 담론적 기회와 가능성을 사회질서의 일상적인 생산의 외부 본보기로 묘사하지 않고, 이들에 대한 분석적 감성을 문화기술 방법론에 제공한다.

20.2 구성주의적 분석론의 차원

해석주의적 연구 수행의 구성주의적 분석론은 문화기술 방법론과 푸코주의적 자극을 모두 반영한다. 구성주의적 분석론은 이들의 유사한 연구 과제의 중요한 감성을 활용하지만, 소위 '미시–거시 격차'를 해소하기 위한 또 하나의 시도에 머물지는 않는다. 논의는 주로 기존의 대규모와 소규모 사회 형태 간의 관계를 어떻게 정의할 것인가 하는 문제를 중심으로 이루어지는데, 여기에는 이들이 범주적으로 고유한 것이며 구분 가능하다는 가정이 주어진다. 이러한 논의에서 제기된 이슈들이 사회체계와 사회적 상호작용 사이의 구분을 영속화시킨다.

이와는 대조적으로, 문화기술 방법론과 푸코주의를 유사한 활동으로 간주하는 학자들은, 사정에 따라, 사회적으로 구성된 '수행되는 담론' 또는 담론적 연구 수행의 상호작용적, 제도적, 문화적 가변성에 관심을 둔다. 그들의 목적은 일상생활의 다양한 영역에서 어떻게 사회적 구성 과정이 형성되는지를 상세하게 기록하는 것이지, 어떻게 거시와 미시 영역의 개별적 이론이 연계되어 사회조직에 대한 충분한 설명을 제공하는 것인가 하는 문제에는 관심이 없다. Garfinkel, Sacks, Foucault 그리고 이외의 다수 학자들의 교조적인 설명은 독특한 연구 과제의 한 분파로 지속될 수 있을 것이다. 그러나 이들 연구 과제는 서로 정보를 제공해주지 못할 가능성이 크고, 자신들이 서로 다른 분석적 언어를 말한다고 주장하는 독단적인 전문가들 사이의 유익한 대화로 발전될 가능성이 없다. 우리의 견해로는, 우리에게 필요한 것은 제도, 문화, 그리고 사회적 상호작용의 교차로에서 이루어지는 현실 구성에 대한 새롭고, 아마도 혼합물인 분석론에 대한 열린 자세이다.

문화기술 방법론을 넘어서

문화기술 방법론의 영향을 받은 CA의 일부 분파는 사회적 삶의 어떤-것의 문제에 지대한 관심을 기울이고 '상호작용 과정의 대화'의 순차적 기구를 제도적 맥락에 의해 형성되는 것으로 분석함으로써 이러한 방향으로 변화하였다. 문화기술 방법론의 감성을 지닌 일부 현장연구는 사회적 상호작용의 협소한 어떻게의 문제를 넘어서, 어떤 사회적 조건에 대응하여 상호작용을 통하여 어떤-것이 생산되는지에 광범위한 관심을 갖는다. 또한 유사한 맥락에서 담론 분석의 다른 유형은 상황특정적인 사회적 상호작용, 또는 상호작용을 통하여 구성되는 대상과 연구 대상의 유형과 연관성을 갖는 담론적 자원에 관심을 갖는다(Wooffitt, 2005 참고). 이런 경향은 경험적이고 분석적인 이해의 범위를 넓혀 왔다.

예를 들어, "작동하는 대화(talk at work)"에 대한 CA의 연구는 일상적인 대화의 "가장 단순한 분류법"(Sacks, Schegloff, & Jefferson, 1974)이 어떻게 성찰

적으로 구성된 특정 상호작용 체제의 언어환경에 의해서 다양한 방법으로 형성되는가를 명확하게 설명하는 것을 목적으로 한다(Boden & Zimmerman, 1991; Drew & Heritage, 1992 참고). 문화기술 방법론적 성향을 갖는 문화기술자는 제도와 이들이 갖는 각각의 주체성이 구성원들의 상호작용(또는 "현실 작업(reality work)") 속에서 어떻게 출현하고, 관리되고, 유지되는가를 질문함으로써 이러한 문제를 다른 방향에서 접근한다(Atkinson, 1995; Dingwall, Eekelaar, & Murray, 1983; Emerson, 1969; Emerson & Messinger, 1977; Gubrium, 1992; Holstein, 1993; Mehan, 1979; Miller, 1991, 1997a). 연구자들이 정신과의사의 진료기록 또는 검시관의 보고서와 같은 일상적인 유형의 텍스트가 어떻게 제도적인 담론을 재생산하는가를 현지 수준의 상세한 묘사로 상세하게 기록하기 위하여 일상적인 담론적 연구 수행과 '수행되는 담론' 간의 연결을 이끌어냄에 따라(Prior, 1997 참고), 논의에서 Foucault가 심지어 명시적으로 다루어지기도 한다. 이와 관련된 노선을 택한 다른 연구자들은 문화적, 제도적으로 위치된 담론이 상호작용을 통하여 어떻게 사회적 대상과 제도화된 대인관계의 실천을 생성하는가 하는 문제에 주목한다(Hepburn, 1997; Gubrium & Holstein, 2001).

이러한 노력은 현실구성의 어떻게와 어떤-것의 문제 모두를 자신만의 방식으로 고려한다. 그러나 이것은 분석적으로 매우 위험한 작업이다. 어떤-것의 문제를 다룰 분석적 도구를 확보할 수 있는 통합적인 방법 없이 어떻게의 문제를 다루면, 어떤-것의 문제에 대한 관심은 자의적인 것이 된다. 작동하는 대화가 Garfinkel(1967)의 표현대로 논리적으로 "교묘"하기는 하지만, 무엇이든 다 허용되는 것은 아니다. 반면에, 만일 맥락적이고 문화적인 결정론의 방향으로 너무 과도하게 분석의 방향을 선호한다면, 우리는 결국 Garfinkel(1967)이 매도하는 문화적, 제도적, 판단적 "중독"에 빠지게 된다.

분석적 상호작용 강조하기

문화기술 방법론의 분석 범위와 연구 목록을 넓히고 풍부하게 만들기 위해서 연구자들은 문화기술 방법론의 시야를 사회적 상호작용에서 나타나는 제도적이고 문화적인 어떤-것의 문제로까지 확장하였다. 그러나 비록 가능성이 완전히 배제된 것은 아니더라도, Foucault의 시도와 같은 역사적인 연구로 확장되지 않았다. 우리 자신의 구성주의적 분석학에서 우리는 실천적이고 장소특정적인 일상생활의 생산을 언급하는 일종의 "신중한"(남의 시선을 의식하는) 자연과학주의를 부활시켜 왔다(Gubrium, 1993a). 당연한 것으로 받아들여지는 현실에 대한 보다 단호한 구성주의자의 관심은 어떻게와 어떤-것의 문제에 대한 관심의 균형을 잡고, 각각의 입장의 분석적 자극을 풍부하게 한다. 이런 분석론은 문화기술 방법론과 푸코주의 담론 분석의 양대 과제인 담론적 연구 수행과 '수행되는 담론'의 (종합이 아닌) 상호작용을 강조한다. 이렇게 함으로써, 이러한 형태의 구성과 연관된 담론적 연구 수행이 당연한 것으로 받아들여지지 않도록 하기 위하여 분석론은 사회규범의 이론화를 강력하게 회피한다. 같은 이유로, 제도적 또는 문화적 담론이 현지화된 실천적 추론이나 '상호작용 과정의 대화'를 위한 순차적 조직의 형태로 분해되지 않도록 하기 위해서, 이런 분석론은 제도적 또는 문화적 담론을 함께 주목한다. 다른 무엇보다, 해석주의적 연구 수행의 구성주의적 분석론은 우리를 실시간으로 Everett Hughes(1984)가 사회제도라고 부르길 좋아했던 일상생활의 "진행 중인 관심사"로 이끈다. 이런 접근은 구성원들이 자신의 사회적 세계를 구성하는 과정에서 어떻게 기교 있게 독특한 담론을 작동시키는지에 관심을 갖는다.

상호작용은 해석주의적 연구 수행의 어떻게의 문제와 어떤-것의 문제 사이의(해결되어야 할 긴장관계가 아니라) 역동적인 관계를 인정한다는 것을 의미한다. 우리는 의도적으로 '수행되는 담론'이나 담론적 연구 수행에 분석적으로 특권을 부여하기를 회피해왔다. 문화기술 방법론의 표현으로 말하자면, 우리의 관점에서 볼 때 구성주의적 분석론의 목적은 한편으로는 일상생활 현실의 감성을 구성하는 과정에 수반되는 실천적 추론과 상호작용 기제 사이의 상호작용을, 그리고 다른 한편으로는 상호작용을 해석주의적으로 중재하고 실질적으로 키우는 제도적 조건, 자원 그리고 관련된 담론을 기술하는 것이다. 푸코주의의 표현으로 말하자면, 구성주의적 분석론의 목적은 현지적 주관성과 그들의 경험적 영역을 구성하는 "분리적 연구 수행(dividing practice)"과 제도적 담론 사이의 상호작용을 묘사하는 것이다(Foucault, 1965). 현실세계 실천의 대칭성은 명확한 과제와 실질적 과제를 동등하게 취급하도록 촉진해왔다.

구성주의 연구자는 해석주의적 연구 수행의 두 가지 측면의 상호작용을 지속적으로 강조해왔다. 비록 다차원적인 분석론에 얼마나 전념하는지 표면적으로 나타나지는 않았지만, 그들은 의미 만들기와 사회질서의 기교적인 과정과 실질적 조건 모두를 면밀히 관찰해왔다. 예를 들어, Douglas Maynard(1989)의 설명에 의하면, 문화기술 방법론을 숙지하고 있는 담론 분석이 "참여자들이 어떻게 행동하는가?"라는 질문을 하는 반면, 문화기술자들은 전통적으로 "참여자들이 어떻게 사물을 보는가?"라는 질문을 해왔다. 비록 자신의 연구가 전형적으로 후자의 질문으로 시작하고 있음에도 불구하고, Maynard는 전자의 질문을 무시하지 말라고 경고한다. 문화기술 방법론 연구는 구성원들이 어떻게 행동하는가를 연구하기 위한 관심에서 그들의 행동을 조건 짓는 요인을 경시하려는 경향이 있다는 것이 그의 설명이다. "외적 사회구조 내에서 사회적 상호작용이 구성되는 동시에, 외적 사회구조가 사회적 상호작용의 자원으로 사용된다."(p. 139)는 사실을 인식하고, Maynard는 문화기술지와 담론 연구가 서로 정보를 제공해 줄 수 있으며, 따라서 연구자들이 "비록 현상에서 일어나는 상호작용이기는 하지만 이러한 상호작용의 구조를 통하여 외부적 자극으로 유발된 사건들이 동시에 이루어지는"(p. 139) 방법을 상세하게 기록

할 수 있도록 한다고 설명한다. 연구자들은 "사람들이 어떻게 자신들의 평범한 일상세계를 '보는가'에 대해 아는 것은 물론", 사람들이 어떻게 "이러한 세상의 특징을 발견하고 드러내 보여 이들이 '보여질' 수 있도록" 하는가를 이해하기 위해 노력해야 한다는 것이 Maynard의 설명이다(p. 144).

나아가 Maynard(2003)는 사회과정에 대한 보다 자연과학주의적이고 문화기술적인 접근과 대화 분석론이 일반적으로 대화와 상호작용을 다루는 방법의 중요한 차이에 주목한다. 유사한 근거를 갖는 많은 CA 연구와 마찬가지로, 그 자신의 연구는 CA의 관심 및 방법론과 보다 현장중심적인 문화기술적 기법 및 감성 사이의 "제한된 관련성(limited affinity)"을 최대한 활용하는데, 제한된 관련성은 Maynard 자신이 명명한 개념이다(Maynard, 2003, 3장 참고). 광범위한 근거를 갖는 구성주의적 분석론이 사회적 실천의 어떻게의 문제와 어떤−것의 문제를 묘사하기 위한 시도 사이의 보다 심오하고 "상호적 관련성(mutual affinity)"을 주장하기는 하지만(Maynard, 2003), 차이점의 대부분은 강조점이나 분석의 출발점 차이의 문제이고 둘 사이에는 분명한 공통의 근거가 존재한다.

이와 유사한 흥미와 관심을 보이면서 Hugh Mehan 은 "구조화 작업으로부터 출현하는 세계의 사회적 요인이 어떻게 외부적이고 제약을 가하는 존재가 되는가를 보여줌으로써 구조와 구조화 활동을 대등하게" 묘사하는 "구성주의적 문화기술지"의 담론지향적 프로그램을 개발하였다(1979, p. 18, 원문의 강조임). Mehan 은 "제도적, 문화적, 역사적 맥락 속에서" 사람들이 행하는 현실−구성 작업의 "멀고" "가까운" 특성을 모두 묘사하기 위해서 해석의 "대조적인" 사례를 관찰하였다(1991, pp. 73, 81).

이와 유사하게 문화기술 방법론과 담론 분석의 입장에서 출발하여, David Silverman(1993)은 대화와 사회적 상호작용의 제도적 장소에 관심을 갖는다(Silverman, 1995, 1997). 구성주의적이고 맥락적인

관심을 갖는 질적 연구 유형을 추구하면서, 그는 대화의 다양한 제도적 맥락을 고려하는 담론 연구가 질적 연구에 새로운 관점을 제공한다고 설명한다. 같은 맥락에서, Gale Miller(1994, 1997b)는 "상황 구성원이 자신의 실천적 행동을 조직하는 과정에서 담론적 자원을 사용하는 방법, 그리고 주어진 상황에서 가용한 자원에 의해 구성원들의 행동이 제약되는 방법"을 상세히 기록하는 데 도움을 주는 "제도적 담론의 문화기술지"를 제안한다(Miller, 1994, p. 280). 이 접근은 분석론적 상호작용의 보다 엄격한 실증적 입증을 위하여, 대화 분석과 푸코주의 담론 분석(Miller, 1997a; Weinberg, 2005 참고) 모두에게 분명한 제안을 제시한다.

Dorothy Smith(1987, 1990a, 1990b) 또한 남녀평등주의적 관점에서 사회적 삶의 **어떤−것**의 문제와 **어떻게**의 문제 사이의 상호작용 문제에 대한 명백한 견해를 제시하고, 이러한 관점을 통해서 가능한 비판 의식을 지적한다. 그녀의 견해는 초기에는 문화기술 방법론, 그리고 점차 푸코주의 감성의 영향을 받은 분석론이다. 문화기술 방법론을 초월하여, 그녀는 자신이 "담론과 일상생활의 변증법"이라고 부르는 것의 필요성을 강조한다(Smith, 1990a, p. 202).

그러나 상호작용에 대한 관심이 담론적 연구 수행의 분석론과 '수행되는 담론'의 분석론의 통합으로 귀결되어서는 안 된다. 하나를 다른 하나와 통합하는 것은 유사한 활동의 실증적 범위를 축소하는 것이 된다. '수행되는 담론'의 분석론을 담론적 연구 수행으로 축소하는 것은, 제도적 차이와 문화적 맥락을 사회적 상호작용을 통하여 "단순히 이야기되고 나타나는 것"으로 보지 않고, 이들이 사회적 상호작용을 중재하는 과정에 관심을 가짐으로써 얻을 수 있는 교훈을 잃게 될 위험이 있다. 반대로, 담론적 연구 수행을 단순한 제도적 담론의 나머지로 간주하는 것은 현지의 교묘함을 전체주의적으로 소외시킬 위험이 있다.

분석적 괄호묶기

종합이나 통합을 기피하는 구성주의적 분석론은 경전이나 산식의 기계적인 적용으로는 포착할 수 없는 절차적 유연성과 교묘함을 필요로 한다. 분석론적 절차는 차라리 무수히 많은 일상생활의 어떻게의 문제와 어떤-것의 문제에 번갈아가며 집중하는 숙련된 저글링과 같은 특성을 갖는다. 여기에는 '수행되는 담론'과 '담론적 연구 수행' 사이의 상호작용을 포착하기 위한 새로운 형태의 괄호묶기가 요구된다. 일상생활의 현실과 구성물에 대해 번갈아가며 무관심한 기법을 우리는 "분석적 괄호묶기(bracketing)"라 부른다(Gubrium & Holstein, 1997 참고). 우리가 이런 이름을 붙여준 반면, 이 기법은 다른 구성주의적 분석론에서 '이름 없는 기법'으로 반향을 일으키고 있다.

현실이 생성되는 어떻게의 문제에 대한 문화기술 방법론의 관심이 현실에 대한 연구된, 잠정적인 무관심을 필요로 한다는 사실을 상기하자. 문화기술 방법론자는 흔히 연구 대상, 대상, 사건이 관측 가능하고, 합리적이고, 질서 있는 존재로 이해되고 설명될 수 있게 하는 일상생활의 실천에 대한 새로운 시각을 갖기 위하여 객관적인 현실에 대한 믿음을 고려하지 않고 분석을 시작하곤 한다. 문화기술 방법론의 연구 과제는 여기에서부터 출발하여, 작동하는 상호작용 기제를 통하여 어떻게 담론적 연구 수행이 특정 사회 행동과 질서를 구성하는지를 상세하게 기록하면서 진행된다. 일반적으로는 주로 묘사하기만 하는 언어가 어떻게 대상을 만들어 내는지를 분명하게 보여주기 위하여 언어를 "사용하지 않는 것"을 옹호하는 Ludwig Wittgenstein(1953, p. 19)의 경우가 매우 유익한 사례이다.

분석론 괄호묶기는 다소 다르게 작동한다. 시작단계에서만이 아니라 분석과정 전체에서 적용된다. 분석이 진행됨에 따라, 연구자는 구성원들의 현실-구성 절차의 산물로서, 그리고 현실이 성찰적으로 구성되게 하는 자원으로서 일상생활을 간헐적으로 지향한다. 한 순간 연구자는 담론적 연구 수행을 통하여 일상생활의 구조를 상세하게 기록하기 위하여 일상생활의 구조에 무관심할 수 있다. 분석의 다음 단계에서, 현실 구성을 위한 현장 가용성, 유통성, 그리고/또는 자원 규정을 확보하기 위하여 연구자는 담론적 연구 수행을 괄호로 묶는다. Wittgenstein의 표현에 의하면, 이는 '작동하는 언어(language-at-work)'와 '휴식 중인 언어(language-on-holiday)' 모두를 고려하는 것으로 나타나, 일상생활에서, 특히 제도적 담론에서 어떻게 언어게임이 운영되는지, 그리고 특정한 시간과 장소에서 어떤 게임이 이루어지기 쉬운지를 번갈아 고려하게 된다, 푸코주의의 표현에 의하면, 이는 한편으로는 '수행되는 담론'을, 그리고 다른 한편으로는 관련된 '담론적 연구 수행'에 대한 세밀한 현장정보를 번갈아 고려하는 것으로 나타나게 된다.

분석적 괄호묶기는 일상생활의 '사용되는 언어(language-in-use)'의 맥락적인 장면과 맥락적인 구성 묘사 모두를 모으기 위하여 해석주의적 연구 수행의 어떤-것의 문제와 어떻게의 문제(혹은 반대의 순서로)를 번갈아 강조하는 지향절차에 해당된다. 양자를 번갈아가며 문서화하고 그 과정에서 다른 것에 대하여 정보를 제공할 수 있는 언급을 함으로써, '수행되는 담론'과 '담론적 연구 수행' 사이를 반복적으로 오가는 것이 목적이다. 다른 것에 대한 관심이 잊혀지지는 않더라도 잠정적으로 연기되는 한, 담론적 기제나 활용 가능한 담론, 그리고/또는 한계가 잠정적인 현상이 된다. 해석주의적 연구 수행의 어떤-것의 문제와 어떻게의 문제 사이의 끊임없이 거듭되는 상호작용에 대한 분석은 사회적 상호작용과 그것의 인근 환경, 자원, 제약, 지속적인 관심사 등의 상호작용을 반영한다.

'담론적 연구 수행'과 '수행되는 담론'이 상호 구성적이므로, 비록 이런 관점에서의 강력한 선호가 존재하더라도, 분석이 둘 중의 하나로 시작하거나 끝나야 한다고는 절대로 주장할 수 없다. 예를 들어, Smith(1987, 1990a, 1990b)는 "사람들이 있는 곳"에서 시작할 것을 옹호한다; 여기에서 사람들이 있는 곳이란 일상생활의 제도적 풍경에 구체적으로 위치하고 있는 장소를 말하도록 한다. 반대로, 대화 분석가들은 비록 분석되지 않는 다양한 어떤-것의 문제가 일반적으로 그들의 노력에 영향을 주더라도, 담론적 연구 수행(즉, 일상 대화)으로부터 분석을 시작할 것을 주장한다.

어디에서 분석을 시작하든 상관없이, 담론의 문화적, 제도적 세부사항이나 사회적 상호작용에 대한 담론의 실시간 개입, 그 어느 것도 다른 것을 미리 결정하지 못한다. 만일 어느 것이 먼저인지 혹은 나중인지, 또는 어느 것이 우선사항인지의 문제에 대한 명백한 해결책의 필요성을 제쳐둔다면, 해석주의적 연구 수행 내부의 상호작용이 다양한 측면을 이리저리 왔다 갔다 하는 반복적인 분석을 필요로 한다는 사실을 마음속 깊이 기억하는 한, 우리는 적절한 출발점을 지정하고 그곳으로부터 분석을 진행할 수 있다. 구성요소를 구체화하지 않으려는 노력의 일환으로, 연구자는 분석론적 과제가 하나에 의해서 이루어지는 또 다른 하나의 재생산이 아니라 두 작용분야의 **변증법**에 초점을 맞춘다는 사실을 스스로 끊임없이 상기시킨다.

비록 우리가 출발점에 대한 규칙을 인정하지 않더라도, 전반적인 과제가 불가능하다거나 논리적으로 일관성이 없다고 조바심 낼 필요는 없다. 예를 들면, Maynard(1998, p.344)는 분석적 괄호묶기를 "처음에는 한 기차에 탔다가 어떤 이유에선지 다른 기차로 갈아타면서, 다른 방향으로 가는 기차에 탑승하기를 원하는 것"에 비교한다. 그는 "두 기차가 서로 다른 방향으로 가고 있는데 어떻게 한 기차에서 다른 기차로 갈아탈 수 있는가?" 라고 묻는다. 사실 이 질문은 어떻게 처음에 괄호묶기를 할 것인가 하는 문제의 정교화에 불과한데, 이는 물론 Maynard와 다른 문화기술 방법론자, 대화 분석가들이 추진하는 연구 과제의 기초이다. 대답은 간단하다: 괄호묶기의 **원칙**에 대한 지식을 통해 이러한 과제가 가능하게 된다. 생활세계를 괄호묶기 하거나 무관심하게 다루는 사람들은, 경우에 따라, 경험자료 각각의 언어자료에 관한 작업을 할 때면 언제나 사회적 현실의 측면을 쉽게 제쳐둔다. 이러한 일은 아침에 일어나서 아침밥을 먹고 출근하는 것만큼이나

일상적인 일이 되었다.[4] 반면에, 분석적 괄호묶기를 포함하는 모든 괄호묶기를 명시적으로 코드화되고 순차화된 절차적 행동으로 조작화하려는 소망은 괄호묶기를(분명하게 기피되어야 할 것인) 조리법 같은 분석적 명령의 모음으로 변질시켰다. 가장 완고한 조작화주의자를 제외하고는 아무도 조리법책이 분석을 대체하는 것을 원하지 않는다고 추정할 수 있다.[5]

'수행되는 담론'과 담론적 연구 수행에 대한 반복적인 강조는 두 가지 중 하나를 순진하게 분석에 차용하지 말 것을 우리에게 상기시킨다. 이는 구성원의 자원과 우리 자신의 자원을 구분하고자 하는 문화기술 방법론의 중요한 목적을 유지하는 데 도움이 된다. 분석적 괄호묶기는 언제나 매우 잠정적이다. 실제 생활 경험에서 어떻게 작용하는지와 별개로 이루어지는 권력/지식 체계로서의 담론에 대한 완전한 관심을 거부한다. 또한, 담론의 일상적인 운영을 더 말할 것도 없는 상황의 진실로 당연하게 받아들이지 않는다는 점에서 지속적으로 경험적이다.[6]

전체주의화에 저항하기

'수행되는 담론'과 '담론적 연구 수행'의 교차로에 위치하는 구성주의적 분석론은 분석적 전체주의화(totalization)나 분석적 축소화에 반대한다. 구조와 과정의 상호작용을 포착하는 분석적 유연성을 허용하면서, 선택과 행동의 경험적 현실을 수용한다. 모든 해석을 권력/지식의 특정 체제의 인위적 결과로 간주하는 푸코주의 분석론적 경향을 억제한다. "현재의 역사"에 대한 광범위한 천착에 관하여 내러티브하면서, Foucault는 특정 시간과 장소에서의 의미의 지평을 구성하는 담론의 우월한 영향력을 과장되게 강조하는 경향이 있다. 이는 담론이 일상생활의 미묘한 의미차이를 충분히 상세하게 기술한다는 의미를 내포한다. 담론적 연구 수행의 관점과 연계하여 이루어지는 좀 더 상호작용적으로 민감한 담론 분석은 이러한 경향을 거

부한다.

　해석주의적 연구 수행이 제도적 목적과 기능을 통해 이루어지는 담론에 의해 중재되므로, 무수히 많은 일상 생활의 계속되는 관심 속에서도 권력/지식의 운용은 식별될 수 있다. 그러나 하나의 제도적 위치가 영향을 미치는 문제가 언제나 다른 제도적 위치에서 실천되는 것은 아니다. 제도는 구별되는, 그러나 때로는 중복되는 현실을 구성한다. 예를 들면, 하나의 조직화된 상황이 개인에게 작용주체(agency)나 주관성(subjectivity)을 부여하는 시선을 제공하는 반면, 다른 상황은 상이한 맥락에서 주관성을 구성할 수 있다(예, Gubrium, 1992; Miller, 1997a; Weinberg, 2005 참고).

　만일 해석주의적 연구 수행이 복잡하고 유동적이라도, 사회적으로 자의적이지는 않다. 일상생활의 실천에서, 담론은 무수히 많은 장소에서 분명하게 표현되고 사회적으로 다양화된다; 행위자는 다양하고, 현장의 미묘한 차이를 반영하고, 전기(傳記)적인 정보를 반영하는 방법으로 자신의 간주관적 현실을 질서정연하게 구축한다. 이는 담론이 업무를 수행하는 방법에서 발생하는 상당한 수준의 실수를 감안한다; 몇몇 푸코주의 저작에서 나타나는 권력/지식의 명백하게 획일적이고 지배적인 체제와는 크게 다르다. 그럼에도 불구하고, 식별 가능한 사회조직은 참여자에 의해 언급되는 지속적인 관심 속에서 분명하게 드러난다. 참여자들은 자신의 대화와 상호작용을 통하여 지속적인 관심에 대해 책임을 진다.

　따라서, 구성주의적 분석론은 일상생활의 수많은 위치에서 어떤 현실 그리고/또는 주관성이 구성되는가 하는 영원히 반복되는 문제를 다룬다(Hacking, 1999 참고). 실제로, 다양한 담론의 표현은 공통적이고 획일적인 주체, 대리인, 그리고 사회 현실의 구성물과 교차하고, 충돌하고, 역작용한다. 해석은 그들이 언급하는, 그리고 사회적 상호작용이 전개되는 다양한 상황에 따라 요동치는 제도적이고 문화적인 표식과 관련하여 변화한다. '수행되는 담론'은 실천적인 긴급사태에 질서정연하게 적용하는 과정에서 서로를 굴절시킨다. 현장의

'담론적 연구 수행'은 전체주의화를 불가능하게 하고, 대신에 혁신, 다양화, 변형을 제공한다(Abu-Lughod, 1991, 1993; Chase, 1995; Narayan & George, 2002 참고).

20.3 다양한 방향

다양한 분석론적 차원을 고려하고 강조하면서, 해석주의적 연구 수행의 구성주의적 분석론의 분파는 혁신적인 방향으로 지속적으로 발전하고 있다. Dorothy Smith와 그녀의 동료들이 개척해온 "제도적 문화기술지"(IE)와 같은 몇몇 분파는 "성숙"해가고 있으며 지속적으로 영역을 확장하고 있다. 담론적 구성주의나 Gubrium과 Holstein(2009)이 발전시킨 내러티브적 연구 수행을 위한 구성주의적 분석론과 같은 다른 분파의 경우 좀 더 역사가 짧다. 오래된 분파와 새로운 분파 모두 일상생활의 어떤–것의 문제와 어떻게의 문제를 다양하게 강조하면서 자신들만의 방법으로 '수행되는 담론'과 담론적 연구 수행 사이의 상호작용을 다루고 있다.

내러티브 연구 수행의 문화기술지

내러티브(narrative)와 이야기하기(storytelling)와 관련된 해석주의적 연구 수행을 어떻게 분석할 것인가를 중심으로 이루어진 최근의 발전으로 이야기를 시작하자. 지난 20년 동안 내러티브 분석은 인기 있는 질적 연구 유형이 되었다. 만일 (거의) 모두가 구성주의자라면, 오늘날 거의 모든 사람이 또한 내러티브 분석이라고 불리는 것을 수행하고 있을 것이다. 내러티브 분석의 새로운 물결이 보다 정교하고 통찰력 있게 됨에 따라, 이런 연구의 대부분이 대화의 텍스트를 집중적으로 강조한다(예, Riessman, 1993). 연구자들은 사회생

활의 무수히 많은 측면에 대한 인터뷰에서 이야기를 수집하고, 수집된 이야기는 기존의 구성에 통합되고, 주제에 따라 조직화되고, 그렇지 않으면 그들에 관한 것을 구성하는 방법으로 기록되고 분석된다.

내러티브 분석을 위한 시도가 출발부터 구성주의적 감성을 분명히 밝히고 있는 반면, 사회적으로 위치하고 전개되는 내러티브 과정의 적극성은 공정한 대우를 받지 못해왔다. 이야기의 기록된 텍스트에 대한 강조는 내러티브를 사회적 과정이 아니라 사회적 산물로 묘사하면서 내러티브에서 사회 조직과 상호작용의 역동성을 박탈하는 경향이 있다. 내러티브 생산의 어떻게의 문제보다 텍스트에 기반하는 이야기의 어떤-것의 문제와 이야기가 어떻게 조직되는가의 문제가 더 강조된다. Paul Atkinson(1997)은 강조점의 변화를 촉진하는 많은 사람 중 하나이다.

> 내러티브의 편재성과 중요성은 … 단지 이러한 형식에 특권을 주는 면허가 아니다. 이러한 내러티브를 조사하고 다른 형식의 분석과 동일한 분석의 대상으로 삼는 것은 인류학자와 사회학자의 연구이다. 우리는 행위자들이 사용하고 있는 구성, 즉 어떻게 이들이 자신의 내러티브를 즉흥적으로 지어내는가 하는 문제에 적절한 관심을 기울일 필요가 있다. … 우리는 수사와 내러티브의 사회적으로 공유되는 자원이 어떻게 식별 가능하고, 이치에 맞고, 문화적으로 사정에 정통한 설명을 제공할 수 있도록 효율적으로 사용될 수 있는지 하는 문제에 주의를 기울여야 한다. (p.341)

이러한 방향전환은 연구자로 하여금 내러티브의 상황, 조건, 그리고 목적, 즉 어떻게 이야기꾼이 작업을 하고 그들이 만들어낸 설명으로 일을 성취할 수 있는지에 대해 고려해 보도록 한다. 다시 한 번 Wittgenstein(1953, 1958)을 원용하여 표현하자면, 이야기꾼은 단순히 이야기를 말하는 것이 아니라, 이야기를 가지고 무엇인가를 한다.

Paul Atkinson과 다른 학자들의 제안을 활용하

여, 우리는 최근 우리만의 구성주의적 분석론을 내러티브 생산의 문제로 전환하였다(Gubrium & Holstein, 2009 참고). 이야기의 텍스트에서 벗어나 이야기 구성과 이야기하기의 시기와 실천적 행동으로 이동함으로써 내러티브의 활동적이고 사회적으로 위치하는 측면을 포착하는 것이 도전과제이다. 내러티브 연구 수행(narrative practice) 영역으로의 모험을 통하여 우리는 설명의 내용과 내부 조직에 대한 접근, 내러티브가 어떻게 조립되고, 전달되고, 받아들여지는지에 대한 의사소통 조건과 자원에 대한 접근, 그리고 이야기하기의 일상적 결과에 대한 접근을 확보할 수 있다.

실천에 대한 초점은 '수행되는 담론'과 '담론적 연구 수행' 사이의 성찰적인 상호작용을 강조한다. 이야기 대본에 대한 내러티브 분석은 이야기의 내부적 역동성과 조직을 포착하는 데 완벽하게 적절할 수 있으나, 상호작용적이고 제도적인 정박장으로부터 이야기를 격리시킨다. 예를 들면, 주어진 조건하에서 일반적으로 어떤 것에 대해 이야기가 이루어지는지, 기피되는지, 혹은 반대되지는 등과 같은 상황의 담론적 관습을 이야기 대본은 밝히지 못한다. 특별한 방법으로 말해진 특정 내러티브의 결과도 밝히지 못한다. 일상생활에서 어떻게 내러티브가 운영되는가를 이해하기 위해서 내러티브 상황의 세부사항과 매개조건을 알아야 한다. 우리가 "내러티브 작업(narrative work)"과 "내러티브 환경(narrative environment)"이라고 부르는 것들 사이의 상호 구성적인 상호작용에 대한 직접적인 고려를 통해서만 이러한 세부사항이 식별될 수 있다.

내러티브 작업은 내러티브가 구성되고, 전달되고, 유지되거나 변경되는 상호작용적 활동을 의미한다. "설명을 구성하는 과정이 어떻게 개념화되는가?" 그리고 "경험적 과정이 어떻게 분석될 수 있는가?" 하는 것이 여기에서 가장 중요한 질문이다. 이들 중 몇몇은 이야기 대본에서 찾아볼 수 있다. 그러나 일반적으로 내러티브 분석가들은 이러한 이야기 대본에서 상호작용적이고 제도적인 텍스트와 대화의 특징을 박탈하는 경향이 있다. 그 결과, 일반적으로 기록된 내러티브는 거의 완결되고

자족적인 산물로 보이게 된다. 대화의 상호작용의 흐름 속에서 내러티브를 생산하는 현장작업은 사라진다.

이러한 내러티브 행동을 되찾기 위하여 우리는 내러티브가 활성화되거나 고무되는 방법을 찾아 내러티브 연구 수행을 연구하였다(Holstein & Gubrium, 1995, 2000b 참고). 분석론적 괄호묶기 방법을 활용하여, 이러한 연구들은 보다 광범위한 맥락적 문제에 대한 감성을 유지하면서(많은 전통적인 CA 관심인) 대화적 역동성, 기구, 그리고 새롭게 나타나는 순차적 환경에 집중한다. 다른 연구는 내러티브 연계와 구성, 즉 의미의 시야가 내러티브적으로 구성되는 방법을 강조한다(Gubrium, 1993b; Gubrium & Holstein, 2009 참고). 내러티브의 수행성에 대한 연구는 특정 상황에서 특정 상황과 청중(독자)을 위해 내러티브가 생산되고 전달되는 방법을 상세하게 기록한다(Bauman, 1986; Abu-Lughod, 1993; Ochs & Capps, 2001 참고). 공동작업과 통제가 내러티브 연구 수행을 분석하는 데 있어서 또 하나의 핵심적인 관심이다(Holstein & Gubrium, 1995, 2000b; Norrick, 2000; Young, 1995 참고). 상호작용적으로 생산되기 때문에, 내러티브는 매우 사회적인 성과이다.

우리의 내러티브 연구 수행의 분석론의 다른 측면은 내러티브 환경, 즉 내러티브 구성의 작업이 이루어지는 맥락에 초점을 둔다. 내러티브는 조립되어 어느 곳, 어떤 시점에 누군가에게 이야기되고, 관련된 사람들에게 다양한 결과를 초래한다. (CA와는 대조적으로, 우리는 내러티브 환경을 담론 교환의 기구에만 한정하지 않는다.) 이 모든 것이 어떻게 이야기에 나타나는지, 어떤 것이 어떤 목적을 위해서 전달되는지에 식별 가능한 영향을 준다. 내부적인 일이 이야기꾼으로서의 개인의 역할에 영향을 줄 수 있는 것과 마찬가지로, 이야기하기의 환경은 설명의 내용과 내부조직을 형성한다. 되풀이하건대, 비록 분석적 괄호묶기가 **어떤–것**의 문제를 배타적인 초점이 아니라 잠정적인 강조의 문제로 간주하기는 하나, 내러티브 환경의 경우 **어떻게**의 문제보다 내러티브 현실의 **어떤–것**의 문제가 더 분석론적으로 강조

된다. 여기에서 한 가지 중요한 질문은 "다른 환경과는 다른 특정한 이해, 관심, 자원을 갖는, 그래서 다른 환경을 갖는 내러티브가 생산되는 특정 환경에 의해 어떻게 내러티브의 의미가 영향을 받는가?"이다. 두 번째 질문은 "경험을 특정 방법으로 서술하는 목적과 결과는 무엇인가?" 하는 것이다. 설명을 제공하거나 설명에 특별한 방법으로 대응하는 과정에서 이야기꾼과 청취자에게 진정으로 중요한 것이 무엇인가를 이해하는 데 매우 중요한 것은 이야기하기의 내러티브 환경에 의존하는 것이다.

가족에서부터 우정 네트워크, 전문직, 직업에 이르기까지 공식적 및 비공식적 환경이나 조직과 관련하여 이 문제를 다루는 연구가 증가하는 추세이다(Gubrium & Holstein, 2009 참고). 이러한 관점에서 Miller(1997a)와 Weinberg(2005)에 의해 이루어진 치료조직에 대한 비교 문화기술지 연구는 좋은 사례이다. 내러티브 환경의 영향은 뚜렷하게 차별화되는 가족치료기관의 내러티브 생산을 묘사한 『통제불능: 가족 치료와 가족장애(Out of Contral: Family Therapy and Domestic Disordr)』(Gubrium, 1992)에서 한층 더 두드러지게 묘사되고 있다. 삶과 삶의 도전에 대한 매우 차별화되는 설명을 구성하기 위하여 이루어진 환경적으로 민감한 내러티브 작업을 강조함으로써, Susan Chase(1992)의 저서인 『모호한 권한부여: 여학교 교장의 작업 내러티브(Ambiguous Empowerment: The Work Narratives of Women School Superintendents)』와 Amir Marvasti(2003)의 저서인 『노숙자 되기: 문서 구성과 내러티브 구성(Being Homeless: Textual and Narrative Constructions)』은 가장 성공한 사회구성원과 가장 실패한 사회구성원에 관련된 설명의 미묘한 차이에 대한 연구를 제공한다.

기술된 텍스트를 초월하기 위하여, 내러티브 분석은 광범위하고 다양한 종류로 이루어진 내러티브 연구 수행의 풍경을 포착할 수 있는 방법을 필요로 한다. 본질적으로, 연구자들은 이야기 자체를 벗어나서, 이야기하

기의 내러티브 문화기술지에 참여하면서 내러티브 생산의 상호작용적이고, 문화적이고, 제도적인 분야로 빨리 이동해야 한다(Gubrium & Holstein, 2008, 1009 참고).[7] 이야기하기에 적용되면서, 문화기술적 접근은 담론적 역동성과 내러티브 연구 수행의 특징에 잘 조화되었다. 문화기술적 접근은 설명을 구성하는 과정에서 내러티브 상황, 행위자, 행동에 대하여 철저한 조사를 할 수 있는 기회를 제공한다. 이러한 사실은 의사소통에 대한 문화기술적 연구에서 수행되는 맥락적으로 풍부한 연구(Hymes, 1964), 구연 내러티브 연구(Bauman, 1986; Briggs & Bauman, 1992; Ochs & Capps, 2001), 설화 내러티브에 대한 문화기술적 근거 이론 연구(Glassie, 1995, 2006)를 분명하게 연상시킨다.

사회에서 이야기를 생산하고, 분배하고, 유통시키는 것에 대한 관심은 우리로 하여금 내러티브의 텍스트에서 벗어나, 누가 특정 유형의 이야기를 만들어내는지, 이들을 어디서 만나기 쉬운지, 이들의 목적과 결과는 무엇인지, 누가 청취자인지, 어떤 조건하에서 특정 내러티브가 대략 믿을 만한지, 어떻게 이들이 받아들여지는지, 그리고 어떻게 이들이 도전받는지 등과 같은 질문을 고려하도록 요구한다. 문화기술적 현장연구는 이러한 문제에 대한 대답을 제공하는 데 도움이 된다. 내러티브의 구성, 활용, 그리고 승인을 체계적으로 관찰하는 과정에서 우리는 이들의 내부 조직을 발견한다. 비록 내러티브 그 자체를 이해함에 있어 중요하기는 하지만, 내부조직은 사회에서 이야기가 어떻게 작동되는가에 대해서는 많은 것을 말해주지 않는다. 이러한 사실이 텍스트에 기반하는 내러티브 분석의 설명력을 감소시키지는 않지만, 대신에 우리가 내러티브 연구 수행에 관심을 기울인다면 이러한 접근에 추가되어야 할 것이 무엇인지를 강조한다.

제도적 문화기술지

'담론적 연구 수행'과 '수행되는 담론'에 관련된 또

하나의 접근은 Smith의 "제도적 문화기술지(IE: institutional ethnography)" 연구 프로그램이다.[8] IE는 겉보기에는 중립적이고 일반적이지만, 성, 인종, 계층에 묶여있는 특정 관점을 숨기고 있는 지배적인 지식 유형과 여성의 일상생활 경험 사이의 불화에 관한 Smith(1989, 1990a, 1999, 2005)의 여성학적 연구에서 유래한 것이다(McCoy, 2008). 이 접근은 일상생활의 세계를 출발점인 동시에 문제점으로 간주한다. 연구는 진행 중인 실제 사람들의 행동에서부터 시작한다. Smith가 특징적으로 표현한 바와 같이, "사람들이 있는 곳에서 시작"하는 것이다. 지배관계의 연계에 의해 생활과 환경을 형성하는 행정과 통치의 지역횡단적 과정을 보여주는 것이 목적이다. 텍스트에 의해 중재되는 사회조직이라 불리는 것에 의해 이러한 연결이 주로 이루어진다는 인식에 근거하여, IE는 다양한 환경에서 "사용되는 텍스트"에 초점을 맞춘다. 사람들의 일상생활의 관심과 전문직업적, 행정적, 관리적 실천을 담아내면서, IE 연구는 지역의 범위를 가로질러 상호연결된 장소를 조정하는 실제 활동을 조사한다(DeVault & McCoy, 2002 참고).

Smith가 명명한 "지배관계(ruling relation)", 즉 "우리 생활의 지역적이고 특정한 행위를 추상화되고 일반적인 형태로 끊임없이 번역하여 표기하는 것 … 그리고 텍스트로 표현된 세계를 행동의 장소로 창조하는 것"(Smith, 1987, p.3)을 포함하는 지식 유형이 지배적인 조정양식이다. IE에서 "텍스트"는 분석가로 하여금 체화된 의식으로부터 물질적으로 분리되어 존재하는 표현 유형(서면, 구술, 시각, 디지털, 또는 수(數)적 유형)을 지향하게 한다. 이러한 텍스트는 시간과 공간을 초월하여 사람들을 연계하는 연결장치를 제공하여, 이러한 지식을 보유하고 있는 개인으로부터 분리된 지식의 생성을 가능하게 한다. 빠르게 확산되고, 일반화되는 동시에 일반화를 가능하게 하는 텍스트 기반의 지식 유형을 통하여 현대적인 통치와 대규모 조정이 이루어진다. 이러한 텍스트는 "특정한 사람과 장소의 외부에서 구성된다는 의미에서 객관화된 의식과 조직 유형을 [생성하는] 지배관계"를 촉진한다(Smith, 2005, p.13). 그러나 텍스트가 어떻게 조정의 역할을 수행하는가를 이해하기 위해서, 연구자는 "작동하는", 즉 지속적이고 제도적인 행동과정에서 특정한 사람에 의해 텍스트가 생산되고, 사용되고, 지향되는 상태로 텍스트를 인식해야 한다(DeVault & McCoy, 2002; McCoy, 2008 참고).

여기에 이 접근의 제도적이고 문화기술지적인 측면이 존재한다. IE에서 "제도"는 조정되고 교차하는 작업과정과 행동방침을 의미한다. "문화기술지"는 이러한 행동을 발견하고 설명하는 데 사용되는 구체적인 연구 방식을 적용한다. IE 연구자의 목적은 연구 대상인 사람들에 대한 일반화가 아니라, 일반화하는 영향을 갖는 사회과정을 확인하고 설명하는 것이다. IE 분석가는 특유의 비판적이거나 해방적인 목적을 갖는다. 이 목적에 대해서는 곧 상세히 설명하기로 한다. 이들은 지배와 복종의 경험을 생산하는 이념적, 사회적 과정을 해명하기 위하여 연구를 수행한다. Smith와 동료들이 종종 지적하는 것처럼, 제도적 문화기술지는 사람에 대한 사회학이 아니라 사람을 위한 사회학을 제공한다(DeVault & McCoy, 2002; McCoy, 2008; Smith, 2005 참고).

IE가 일반적으로 구성주의의 분파로 분류되지 않는 반면(McCoy, 2008), IE의 개념적 선조와 경험적 관심은, 특히 담론적 자원과 제약이 사회생활과 사회적 유형에 영향을 주는 방법에 대한 관점에서, 일반적인 구성주의적 연구 과제와 일치하곤 한다. 텍스트로(담론적으로) 중재된 사회적 관계를 강조하면서, IE 연구는 의식과 조직의 유형이 마치 특정 사람과 장소 외부에 존재하는 것처럼 어떻게 객관화되거나 구성되는가에 대하여 연구한다. 그러나 동시에 IE 분석은 표면적으로 완고해 보이는 사회생활 유형이 일치된 행위, 즉 지속적이고 제도적인 행동과정에서 실제 사람에 의해 생산되고, 사용되고, 지향되는 행위로 나타난다는 사실을 보여주기 위해 노력한다(McCoy, 2008; Smith, 2005). IE의 관점에서 볼 때, 구조와 작용주체 사이의 상호작용이 생활경험 사회조직의 핵심이다.

대안적인 "사람을 위한 사회학"으로서 IE는 교육학, 사회복지학, 간호학과 다른 보건학 관련 학문, 그리고 사회학 등 다양한 학문분야와 환경에서 일하는 연구자들에 의해서 받아들여지고 있다(McCoy, 2008; Smith, 2006 참고). 일반적인 의미에서 IE는 일상생활의 다양한 영역에서 이루어지는 사회적으로 조직되고, 동시에 사회적으로 조직하는 "작업(work)"을 다룬다. 작업은 매우 넓은 의미에서 육체노동과 의사소통 행위뿐만 아니라 정서적이고 사고적인 작업을 포함하는, 의식적인 의도와 후천적으로 습득된 기술을 요구하는 활동으로 이해된다. 비록 직업적 고용이 분석에 적합한 것은 사실이지만, 직업적 고용에만 국한된 것이 아니다. 예를 들어, Marjorie DeVault(1991)는 가족을 부양하는 작업을 연구하였으며, 몇몇 IE 연구는 다양한 가정적·조직적 환경에서 이루어진 어머니로서의 경험과 여성에 의해 이루어진 매우 중요한 어머니로서의 작업의 다양한 측면에 대한 연구를 수행하였다(Brown, 2006; Griffith & Smith, 2004; Weight, 2006 참고). 다른 연구들로는, HIV 감염자 생활의 상황적 경험(Mykhalovskiy & McCoy, 2002), 아동양육과 주택문제(Luken & Vaughan, 2006), 양로원 간호사업(Diamond, 1992), 그리고 직업훈련과 이주노동자(Grahame, 1998) 등을 다룬 연구를 들 수 있다. 또한 보다 공식적인(직업적인) 작업환경에서 수행된 IE 연구로는 교사들(Manicom, 1995), 경호원(Walby, 2005), 사회복지사(De Montigny, 1995), 간호사(Campbell & Jackson, 1992; Rankin & Campbell, 2006) 등에 의해 수행된 작업과 동성애자 공동체의 치안유지활동(G. Smith, 1988)에 관한 연구 등이 있다. 이러한 IE 연구 전체에 걸쳐 나타나는 공통점은, 연구의 목적이 어떻게 생활이 조직화되고 조정되는가를 발견하는 것이라는 사실이다. 모든 연구 과제의 분석론적 기초는 제도적 실천(관행)과 개인적 행동의 상호작용을 보여주는 것이다. 구성주의적이라는 명칭을 거부한다 하더라도, IE는 구성주의적 분석론에 담겨 있는 많은 감성들을 공유한다.

담론적 구성주의

또 다른 혁신적 접근이 담론적 구성주의(discursive constructionism), 즉 DC 또는 담론 분석, 즉 DA로 크게 분류된다(Potter, 1996; Potter & Hepburn, 2008 참고). 이들의 구성주의적 분석론 또한 해석주의적 연구 수행의 상호작용에 초점을 맞추고 있다. Jonathan Potter와 Alexa Hepburn(2008)이 지적하는 것처럼, DC라는 표식 자체가 대략적으로 연계된 작업의 모음에 특별한 응집성을 부여한다는 의미에서 구성(construction)을 나타낸다. 만일 매우 계획적이지 않다 하더라도, DC는 사회적 상호작용의 성찰적 복잡성을 다루는 설득력 있는 분석론적 관점이라 할 수 있다.

사람들이 상호작용하는 일상생활의 대화, 논쟁, "작업에서 나눈 이야기" 그리고 기타의 상황에 관심을 집중하면서, DC는 언어 구조가 아니라 행동과 실천을 강조한다. 사회심리학에서 발전된 보다 광범위한 관점(예, Potter & Wetherell, 1987; Hepburn, 2003 참고)과 과학적 지식을 연구하는 사회학(예, Gilbert & Mulkay, 1984)의 담론 분석 전통에서 이 접근의 유래를 찾을 수 있다. 또한, 이 접근은 여러 가지 측면에서 문화기술 방법론(특히, Harvey Sacks의 연구)에 빚을 지고 있으며, CA 방법론과 연구 결과에 크게 의존하고 있다. 그러나 사회적 구성의 실질적 문제를 명시적으로 전면에 내세운다는 점에서 DC는 CA와 차별화된다; DC는 사회적 상호작용의 어떤-것의 문제에 CA가 일반적으로 보이는 관심보다 더 큰 관심을 기울인다. 이외에도 더 많은 미묘한 차이가 존재하지만, 중복되는 영역도 상당히 크고(Wooffitt, 2005), 최근에는 DC와 CA가 수렴하는 영역이 증가하고 있다(Potter & Hepburn, 2008).

DC는 사회적 구성을 두 가지 방법으로 접근한다. 첫째, 다양한 구조적 조직 정도를 가진 다양한 자원으로

조립된다는 의미에서, 담론이 어떻게 구성되는가를 기술하는 것이 연구의 목적이다. 가장 기본적인 수준에서, 이러한 자원은 단어와 문법구조이지만 범주, 은유, 숙어, 수사적 관습, 해석주의적 레퍼토리 등과 같은 광범위한 요소들 또한 포함할 수 있다. 두 번째 접근은, 단어, 레퍼토리, 범주 등의 집합체가 안정화된 형태의 세계 및 세계의 행동과 사건을 조립하고 생산한다는 의미에서, 담론의 구성주의적 측면을 강조한다. 담론은 사건의 객관적인 상태를 묘사하는 것보다 훨씬 더 많은 것을 수행한다는 생각이 DC의 핵심이다. DC는 특별한 목적을 위해 조직되는 세계에 관한 해석을 구성하는 역할을 수행한다(Potter & Hepburn, 2008).

이러한 책무에 따라, DC는 모든 담론을 상황적인 것으로 간주한다. 한 수준에서, DC는 순차적인 대화 환경(Sacks, Schegloff, & Jefferson, 1974 참고)에 위치하고 있으며, 중재된 상호작용의 또 다른 유형이라 할 수 있다(예, 사법 또는 의료 과정의 순번 할당, 또는 컴퓨터 화면의 프롬프트). 다른 수준에서, 담론은 제도적으로 배태되어 있다. 예컨대 가족대화, 쇼핑 거래, '중독치료 만남'과 같은 일상적이고 지속적인 관행에서 담론이 발생하고, 동시에 이들에게 의미와 구조를 부여한다. 세 번째 수준에서, 특정 형태를 옹호하고 가능한 대안을 반박하기 위해 담론적 구성이 생산된다는 점에서 담론은 수사적으로 상황지어진다(Potter & Hepburn, 2008). 이런 관점에서, 이해관계와 관련되고 중요한 담론적 구성의 어떤-것의 문제를 분석하는 것이 반드시 필요하다.

DC가 '수행되는 담론'의 관점을 포함하는 반면, 몇몇 Foucault의 연구에서 사용된 확장된 담론의 개념에는 미치지 못한다. 일상생활의 관행에서의 사용을 강조한다는 점에서, 담론에 대한 DC의 견해는 보다 제한적이다. 그럼에도 불구하고 DC는 푸코주의 분석이 고려하였음직한 현상을 잠재적으로 언급하거나, 또는 제도, 관행, 주관성의 본질에 대한 Foucault의 직관을 분석을 위해 활용할 수 있을 정도로 충분히 역동적이고 유연하다(Potter & Hepburn, 2008). 예를 들어,

Margret Wetherell(1998)은 정체성이 생산되는 주관적 위치를 제공하는 담론에 대한 고려 없이 사회적 정체성은 이해될 수 없다고 주장한다.

DC는 "일관성 있고 밀폐된 체계"가 아니다(Potter & Hepburn, 2008, p.291). DC의 관심분야는 매우 넓어, 논변심리학과 사회심리학(예, Edwards, 2005; Edwards & Potter, 1992; Hepburn, 2003; Potter, 2003; Potter & Wetherell, 1987), 인지(예, Potter & Molder, 2005), 인종과 인종차별(예, Wetherell & Potter, 1992), 성(Speer & Stokoe, 인쇄 중 참고), 연령(예, Nikander, 2002), 사실(Wooffitt, 1992), 감정(Edwards, 1999) 등에 대한 연구를 포함한다. 그러나 이들 주제에만 국한된 것은 아니다.

DC에 분석론적 긴장이 없는 것은 아니다. 예를 들어, 사회 구조와 맥락의 문제는 여전히 논란의 대상으로 남아있다. 초월적인 담론, 주관적 지위, 또는 래퍼토리를 확인하는 것을 목적으로 하는 연구자가 어떻게 대화의 발언을 분석할 수 있는가의 문제에 대한 많은 논쟁이 존재한다. 푸코주의 담론 분석이나 비판적 담론 분석에 나타나있는 것과 같이(예, Fairclough, 1995; Van Dijk, 1993; Wodak & Meyer, 2009 참고), 상호작용적 역동성과 이들을 구성하는 상황에 관심을 기울이는 동시에 사회적 구성의 구체적인 어떤-것의 문제를 어떻게 비판적으로 다룰 것인가 하는 것이 문제의 핵심이다(Wooffitt, 2005). 초월적 담론에 대한 연구에(확실하게) 지나치게 집중하는 것의 위험요인은 담론적 연구 수행에 관련된 작용주체와 교묘한 인간 행동을 부당하게 무시할 가능성이 존재한다는 것이다(Wooffitt, 2005).

20.4 비판의식 유지하기

이상의 논의를 통하여 우리는 괄호묶기의 중립적인 입장을 옹호하는 동시에 어떻게 구성주의적 연구에서 비

판의식을 유지할 것인가 하는 결론적 문제에 도달하게 된다. 이것이 DC와 IE 모두가 원하는 것이라는 사실을 조금 전 언급하였다. 그러나 이는 두 가지 경쟁적인 목표를 설정한다. 즉, 한편으로는 현실의 사회구성을 상세하게 기록하는 것을 목표로 하는 동시에, 다른 한편으로는 지배적이고 소외된 담론과 이들 담론이 우리 생활에 미치는 영향에 주목하는 것을 목표로 한다. 해석주의적 연구 수행의 구성주의적인 어떻게의 문제에 대한 배타적인 관심만으로는 스스로 비판의식을 유지할 수 없다.

분석적 괄호묶기를 활용해서 우리는 이 문제에 접근할 수 있다. 구성주의적 분석론을 통하여 우리는 '수행되는 담론'과 담론적 연구 수행의 상호작용의 비판적 잠재력을 최대한 활용하여 비판의식을 유지할 수 있다. 구성주의적인 어떻게의 문제와 구체적인 어떤-것의 문제에 동시에 주목함으로써 우리는 비판을 위한 두 가지 토대를 확보할 수 있다. 현상학적 괄호묶기와는 달리 지속적인 분석적 괄호묶기 노력은 우리로 하여금 경험의 생활현실에 대한 무관심의 영역에서 이루어지는 연구 과정 내내 편안하게 자리 잡고 앉아 있게 해주지 못한다. 또한 분석적 괄호묶기는 우리가 일상생활의 세계가 마치 완전히 객관적이고 변하지 않는 것처럼 상세하게 기록하고도 수치스러운 줄 모르는 자연주의에 사로잡혀 있도록 하지도 못한다. 오히려 분석적 괄호묶기는 이러한 두 가지 노력의 무기력 상태에 빠지지 않도록 우리에게 지속적으로 경고한다.

'수행되는 담론'의 문제가 논의의 중심이 되면, 그렇지 않은 경우 사회적으로 혹은 개인적으로 구성되고, 관리되고, 유지되는 것으로 너무 안이하게 보일 수 있는 것을 문제화하거나 정치적 논쟁거리화하기 위한 근거가 확실해진다. 어떤-것의 문제의 지속적인 긴급성은 우리로 하여금 작용주체, 교묘함, 또는 사회적 상호작용의 장치가 이야기의 전체인 것으로 가정하지 않도록 경고한다. 긴급성은 우리에게 시간과 환경을 관통하여 담론적 연구 수행에 축적된 광범위한 환경과 가능성을 탐구할 것을 촉구한다. 이것이 구성과정, 그리고

세계를 특별한 방법으로 구성한 개인적이고 대인관계적인 결과에 영향을 주고, 또한 이들을 형성하는 동시발생 조건이다. 해석주의적 연구 수행에 대한 구성주의적 관점이 "현실세계" 자체를 자연주의적으로 지향하고 있지 않지만, 일상생활을 모든 의사소통 상황의 '상호작용 내의 대화'를 통하여 축적된 것으로 간주하지도 않는다. 분석론이 우리를 당면한 상호작용 이상을 함의하는 사회 조직과 통제의 문제로 유도할 수 있으므로, 명백하게 정치적인 관찰이 가능하다. 행동, 통제, 변화, 또는 안정성의 근원을 탐구하는 과정에서, 분석론은 우리를(그들이 구성될 수 있는 한) 보다 넓은 맥락으로 안내한다.

'담론적 연구 수행'이 분석론적 강조점을 장악할 때, '당연한 것으로 받아들여지는' 현실의 대표적 헤게모니에 비판적으로 도전할 수 있는 근거가 마련된다. 연구자들은 '당연한 것으로 받아들여지는' 현실을 생산하고 유지하는 구성적 절차를 밝히기 위해 이들의 구성을 탐구하는 과정에서 '당연한 것으로 받아들여지는' 현실을 동요시키고 해체한다. 비판적으로 표현하자면, 집요한 어떻게의 문제는 우리로 하여금 우리 생활의 일상의 현실—정상적이거나, 비정상적이거나, 법을 준수하거나, 범죄를 저지르거나, 남자이거나, 여자이거나, 젊거나,

늙었거나 간에—이 우리가 **행동**하는 현실이라는 사실을 기억하도록 상기시킨다. 이러한 일을 하고 나면, 우리는 이러한 일을 되돌릴 수도 있다. 우리는 계속해서 현실을 해체하고 재조립하고, 우리가 사는 세계를 반복적으로 생산하고 재생산할 수 있다. 비록 상식적으로는 이해하는 것이 불가능하지만, 이는 정치적으로 우리의 생활세계에서 우리가 대안적인 가능성, 또는 대안적인 방향을 강구할 수 있다는 사실을 의미한다. 만일 우리가 사회규범의 구성주의적 가변성과 유연성을 가시화할 수 있다면, 우리는 변화의 잠재력 또한 보여줄 수 있을 것이다(Gubrium & Holstein, 1990, 1995; Holstein & Gubrium, 1994, 2000b, 2004, 2008).

담론 또는 담론적 연구 수행 중 하나가 연구에서 중시되거나 또는 일상생활에서 외견상 완고해 보이는 경우, 구성주의적 분석론의 비판의식은 담론 또는 담론적 연구 수행에 이의를 제기할 것을 지속적으로 강제한다. 이런 의미에서 분석적 괄호묶기는 비판의식 자체의 한 형태이다. 정치적으로 표현한다면, '수행되는 담론'과 '담론적 연구 수행'의 상호작용은 분석적 괄호묶기를 비판적 괄호묶기로 변화시키고, 해석주의적 연구 수행의 상세한 기록뿐만 아니라 자체의 구성에 대한 비판적인 논평의 기반을 제공한다.

주석

1. 그러나 몇몇 자칭 문화기술 방법론자들은 문화기술 방법론이 어떤 의미에서 "구성주의적" 또는 "구성주의적" 작업이라는 생각을 거부할 수 있다(Lynch, 1993, 2008 참고). 몇몇 문화기술 방법론의 주요문헌 검토 또한 문화기술 방법론 연구 과제는 구성주의를 절대 반대한다는 사실을 분명하게 밝히고 있다(Maynard, 1998; Maynard & Clayman, 1991 참고).

2. Garfinkel의 선구적 기여를 분명하게 반영하는 반면, 문화기술 방법론 연구 과제에 대한 이러한 특징화는 아마도 최근의 "암층해부적인(postanalytic)" 또는 대화 분석적인 형태의 문화기술 방법론보다 Melvin Pollner(1987, 1991)와 D. Lawrence Wieder(1988)의 저술에 나타난 견해에 더 가깝다. 사실, Garfinkel(1988, 2002), Lynch(1993), 그리고 몇몇 학자들은 어떻게 우리가 스스로를 문화기술 방법론으로 묘사하는지에 대해 반대할 것이다. 그러나 우리는 Garfinkel 스스로가 보다 일반적인 사회학 고전을 위해서 옹호하였던 관행인, 문화기술 방법론의 "고전들"을 연구하여 "잘못 읽는 것"(Lynch, 1993 참고)으로부터 많은 것을 얻을 수 있다고 주장한다. 비유적인 "작가의 죽음"(Barthes, 1977)과 함께, 주요 저술에 대한 교조적인 독해

와 관련된 것들은 주장의 근거가 거의 없다.

3. 다른 문화기술 방법론자들은 Foucault에 의존하나, 반드시 이러한 연관성이나 유사성을 지지하는 것은 아니다. 예를 들어, Lynch(1993)는 Foucault의 연구가 문화기술 방법론적 조사에 "제한적인 그리고 '문자 그대로의' 방법으로" 적절할 수 있고(p. 131), 또한 모든 적절한 기회의 "언어게임"에서의 담론적 체제의 일반화에 반대한다. 푸코주의적인 통찰력의 문화기술 방법론적 활용 사례를 위해서는 McHoul(1986)과 Lynch와 Bogen(1996) 참고.

4. 분석적 괄호묶기가 어떻게 '수행되는 담론'에서 '담론적 연구 수행'으로 초점을 변화시키는가를 설명하는 데 유용한 또 다른 비유가 있다. 수동변속기를 장착한 자동차를 운전하면서 기어를 변경하는 경우이다. 분석의 한 유형이 매우 생산적인 것으로 밝혀질 수 있으나, 궁극적으로 자신의 잠정적인 분석 정향에 의해 위험해진 저항을 극복하기 위해서 무리하게 된다. 분석적 엔진이 현재 달성할 수 있도록 조정된 것의 제한 때문에 힘겹게 작동하고 있다는 것을 발견했을 때, 연구자는 이전에 괄호로 묶였던 해석주의적 상호작용을 좀 더 확보하기 위하여 가상적으로 분석적 기어를 바꿀 것을 결정할 수 있다. 주행 중 기어를 바꾸는 것에 대한 처방이 없는 것과 마찬가지로(즉, 어느 누구도 미리 어떤 속도에서 기어를 높이거나 낮추어야 하는지 구체적으로 명시할 수 없는 것과 같이), 분석적 괄호를 변경하는 것은 우연히 마주치게 되는 경험적 상황을 기다리는 예술적 작업으로 항상 남아 있다. 시기선택은 사전에 명시될 수 없다. 주행 중의 기어변속과 마찬가지로 변화는 제멋대로이거나 규율이 없지 않다. 대신에, 변화는 미리 정해지지는 않지만 원칙에 입각한 방법으로 당면한 분석적 도전에 대응한다.

5. 이것이 아마도 CA를 "과학" 분야의 하나로 공식화하고 전문직업화하려고 시도한 대화 분석론자와 관련하여 Lynch(1993)가 말한 바로 그것일 것이다.

6. 몇몇 비평가(Denzin, 1998 참고)는 분석적 괄호묶기가 "존재론적 게리멘더링"의 한 유형인 선택적 객관주의가 될 것을 우려한다. 물론, 이것은 구성주의자 사이에서 트집을 잡기 위한 말이 되었다. 그러나 우리는 일종의 분석적인 기반을 제거하는 것이 사회학적 논의의 만연하고 불가피한 특성이라는 Steve Woolgar와 Dorothy Pawluch(1985)의 주장을 냉정하게 상기해야 한다. '수행되는 담론'과 담론적 연구 수행의 상호작용에 대한 우리 자신의 지속적인 관심은 이들

의 성찰적인 관계를 언제나 상기시켜 준다. 자신에게 유리하게 선거구를 지정하는, 즉 게리멘더링을 하는 사람들은 자신들의 독립된 입장에 근거하여 비성찰적으로 해체한다; 이와는 대조적으로 분석적 괄호묶기는 경험적인 근거 자체의 지속적이고 체계적인 해체를 권면한다. 이것은 아마도 '덜 깔끔한' 상황을 도출할 것이지만, 실체화를 저지하고 근거 없는 의미화를 통제하기 위하여 고안된 것이다.

7. 내러티브에 대한 문화기술적 접근에 대한 적절한 명칭인 "내러티브적 문화기술지"라는 용어는 질적 연구의 또 다른 접근과 관련이 있다. 일부 연구자들은 이 용어를 문화기술지 분야의 구상적 연구 수행(representational practices)의 비판적 분석에 적용해왔다. 그들의 목적은 문화기술적 묘사를 객관화하는 것에 반대하는 것이다. 이 유형의 내러티브적 문화기술지 전문가들은 문화기술적 설명을 세심하게 만들어가는 과정에서 이루어지는 연구자들의 연구 수행을 강조하기 위해서 이 용어를 사용한다. 그들은 문화기술자들 자신의 주관성과 생활과 세계가 관찰되는 사람들의 주관성 사이의 상호작용을 특징으로 한다. 그들의 문화기술적 텍스트는 흔히 참여관찰에서 도출되나, 연구자 자신의 참여, 관점, 목소리, 그리고 특히 연구자의 감정적 경험을 특별히 반영하기 때문에 매우 독특하다. 인류학자인 Barbara Tedlock(1991, 1992, 2004), Ruth Behar(1993, 1996), Kirin Narayan(1989), 그리고 사회학자인 Carolyn Ellis(1991), Laurel Richardson(1990a, 1990b), 그리고 다른 학자들(Ellis & Flaherty, 1992; Ellis & Bochner, 1996)은 이러한 장르의 중요한 지지자들이다. 현장에서의 우연한 만남의 성찰적이고 표현적인 관여/참여에 대해서는 H. L. Goodal(2000)의 저서인 『새로운 문화기술지 쓰기』에 상세하게 논의되어 있고, Carolyn Ellis(2004)는 내러티브에 대한 '자문화기술적(autoethnographic)' 접근에 대한 설명을 제공한다.

8. McCoy(2008)에 의하면, 제도적 문화기술자들은 일반적으로 구성주의 우산아래 포함되는 것에 반대하는 경향이 있다. 그녀에 의하면, IE는 구성주의와 제휴하지 않음으로써 구성주의적 대화에 있는 그대로의 모습으로 자유롭게 참여해왔다. 이론적으로 유리한 관점이 아니라 사람들의 생활의 현실에서 출발하는 것을 목적으로 하는 IE 연구 과제를 위해서 이러한 독립적인 자리매김은 중요하다.

참고문헌

Abu-Lughod, L. (1991). Writing against culture. In R. Fox (Ed.), *Recapturing anthropology* (pp. 137–162). Santa Fe, NM: SAR Press.

Abu-Lughod, L. (1993). *Writing women's worlds: Bedouin stories*. Berkeley: University of California Press.

Atkinson, J. M., & Drew, P. (1979). *Order in court*. Atlantic Highlands, NJ: Humanities Press.

Atkinson, P. (1988). Ethnomethodology: A critical review. *Annual Review of Sociology, 14*, 441–465.

Atkinson, P. (1995). *Medical talk and medical work*. London: Sage.

Atkinson, P. (1997). Narrative turn or blind alley? *Qualitative Health Research, 7*, 325–344.

Barthes, R. (1977). *Image, music, text*. New York: Hill & Wang.

Bauman, R. (1986). *Story, performance, and event: Contextual studies of oral narrative*. Cambridge, UK: Cambridge University Press.

Behar, R. (1993). *Translated woman: Crossing the border with Esperanza's story*. Boston: Beacon.

Behar, R. (1996). *The vulnerable observer: Anthropology that breaks your heart*. Boston: Beacon.

Berger, P. L., & Luckmann, T. (1966). *The social construction of reality*. New York: Doubleday.

Best, J. (2008). Historical development and defining issues of constructionist inquiry. In J. Holstein & J. Gubrium (Eds.), *Handbook of constructionist research* (pp. 41–64). New York: Guilford.

Best, S., & Kellner, D. (1991). *Postmodern theory: Critical interrogations*. New York: Guilford.

Blumer, H. (1969). *Symbolic interactionism*. Englewood Cliffs, NJ: Prentice Hall.

Boden, D., & Zimmerman, D. (Eds.). (1991). *Talk and social structure*. Cambridge, UK: Polity.

Bogen, D., & Lynch, M. (1993). Do we need a general theory of social problems? In J. Holstein & G. Miller (Eds.), *Reconsidering social constructionism: Debates in social problems theory* (pp. 213–237). Hawthorne, NY: Aldine de Gruyter.

Briggs, C. L., & Bauman, R. (1992). Genre, intertextuality, and social power. *Journal of Linguistic Anthropology, 2*, 131–172.

Brown, D. (2006). Working the system: Re-thinking the role of mothers and the reduction of "risk" in child protection work. *Social Problems, 53*, 352–370.

Buckholdt, D. R., & Gubrium, J. F. (1979). *Caretakers: Treating emotionally disturbed children*. Beverly Hills, CA: Sage.

Campbell, M., & Jackson, N. (1992). Learning to nurse: Plans, accounts, and actions. *Qualitative Health Research, 2*, 475–496.

Chase, S. E. (1995). *Ambiguous empowerment: The work narratives of women school superintendents*. Amherst: University of Massachusetts Press.

De Montigny, G. A. J. (1995). *Social working: An ethnography of frontline practice*. Toronto: University of Toronto Press.

Denzin, N. K. (1998). The new ethnography. *Journal of Contemporary Ethnography, 27*, 405–415.

Denzin, N. K., & Lincoln, Y. S. (Eds.). (2005). *The SAGE handbook of qualitative research* (3rd ed.). Thousand Oaks, CA: Sage.

DeVault, M. L. (1991). *Feeding the family: The social organization of caring as gendered work*. Chicago: University of Chicago Press.

DeVault, M. L., & McCoy, L. (2002). Institutional ethnography: Using interviews to investigate ruling relations. In J. F. Gubrium & J. A. Holstein (Eds.), *Handbook of interview research: Context and method* (pp. 751–776). Thousand Oaks, CA: Sage.

Diamond, T. (1992). *Making gray gold: Narratives of nursing home care*. Chicago: University of Chicago Press.

Dingwall, R., Eekelaar, J., & Murray, T. (1983). *The protection of children: State intervention and family life*. Oxford, UK: Blackwell.

Drew, P., & Heritage, J. (Eds.). (1992). *Talk at work*. Cambridge, UK: Cambridge University Press.

Edwards, D. (1999). Shared knowledge as a performative and rhetoricalcategory. In J. Verschueren(Ed.), *Pragmatics in 1998: Selected papers from the 6th International Pragmatics Conference* (Vol. 2, pp. 130–141). Antwerp, Belgium: International Pragmatics Association.

Edwards, D. (2005). Discursive psychology. In K. L. Fitch & R. E. Sanders (Eds.), *Handbook of language and social interaction* (pp. 257–273). Hillsdale, NJ: Lawrence Erlbaum.

Edwards, D., & Potter, J. (1992). *Discursive psychology*. London: Sage.

Ellis, C. (1991). Sociological introspection and emotional experience. *Symbolic Interaction, 14*, 23–50.

Ellis, C. (2004). *The ethnographic I: A methodological novel about autoethnography*. Walnut Creek, CA: AltaMira.

Ellis, C., & Bochner A. P. (Eds.). (1996). *Composing ethnography: Alternative forms of qualitative writing*. Walnut Creek, CA: AltaMira.

Ellis, C., & Flaherty, M. (Eds.). (1992). *Investigating subjectivity*. Newbury Park, CA: Sage.

Emerson, R. M. (1969). *Judging delinquents*. Chicago: Aldine de Gruyter.

Emerson, R. M., & Messinger, S. (1977). The micro-politics of trouble. *Social Problems, 25,* 121–134.

Fairclough, N. (1995). *Critical discourse analysis.* London: Longman.

Foucault, M. (1965). *Madness and civilization.* New York: Random House.

Foucault, M. (1972). *The archaeology of knowledge.* New York: Pantheon.

Foucault, M. (1975). *The birth of the clinic.* New York: Vintage.

Foucault, M. (1979). *Discipline and punish.* New York: Vintage.

Foucault, M. (1980). *Power/knowledge.* New York. Pantheon.

Foucault, M. (1988). The ethic of care for the self as a practice of freedom. In J. Bernauer & G. Rasmussen (Eds.), *The final Foucault* (pp. 1–20). Cambridge: MIT Press.

Garfinkel, H. (1967). *Studies in ethnomethodology.* Englewood Cliffs, NJ: Prentice Hall.

Garfinkel, H. (1988). Evidence for locally produced, naturally accountable phenomena of order, logic, reason, meaning, method, etc. in and as of the essential quiddity of immortal ordinary society: Vol. 1. An announcement of studies. *Sociological Theory, 6,* 103–109.

Garfinkel, H. (2002). *Ethnomethodology's program: Working out Durkheim's aphorism.* Lanham, MD: Rowman & Littlefield.

Garfinkel, H. (2006). *Seeing sociologically: The routine grounds of social action.* Boulder, CO: Paradigm Publishers.

Garfinkel, H., Lynch, M., & Livingston, E. (1981). The work of a discovering science construed with materials from the optically discovered pulsar. *Philosophy of the Social Sciences, 11,* 131–158.

Garfinkel, H., & Sacks, H. (1970). On the formal structures of practical actions. In J. C. McKinney & E. A. Tiryakian (Eds.), *Theoretical sociology*(pp.338–366). New York: Appleton-Century-Crofts.

Gilbert, G. N., & Mulkay, M. (1984). *Opening Pandora's box: A sociological analysis of scientists' discourse.* Cambridge, UK: Cambridge University Press.

Glassie, H. H. (1995). *Passing the time in Ballymenone: Culture and history of an Ulster community.* Bloomington: Indiana University Press.

Glassie, H. H. (2006). *The stars of Ballymenone.* Bloomington: Indiana University Press.

Goodall, H. L., Jr. (2000). *Writing the new ethnography.* Walnut Creek, CA: AltaMira.

Grahame, K. M. (1998). Asian women, job training, and the social organization of immigrant labor markets. *Qualitative Sociology, 53,* 75–90.

Griffith, A. I., & Smith, D. E. (2004). *Mothering for schooling.* New York: Routledge Falmer.

Gubrium, J. F. (1992). *Out of control: Family therapy and domestic disorder.* Newbury Park, CA: Sage.

Gubrium, J. F. (1993a). For a cautious naturalism. In J. Holstein & G. Miller (Eds.), *Reconsidering social constructionism* (pp. 89–101). New York: Aldine de Gruyter.

Gubrium, J. F. (1993b). *Speaking of life: Horizons of meaning for nursing home residents.* Hawthorne, NY: Aldine de Gruyter.

Gubrium, J. F., & Holstein, J. A. (1990). *What is family?* Mountain View, CA: Mayfield.

Gubrium, J. F., & Holstein, J. A. (1995). Life course malleability: Biographical work and deprivatization. *Sociological Inquiry, 53,* 207–223.

Gubrium, J. F., & Holstein, J. A. (1997). *The new language of qualitative method.* New York: Oxford University Press.

Gubrium, J. F., & Holstein, J. A. (Eds.). (2001). *Institutional selves: Troubled identities in a postmodern world.* New York: Oxford University Press.

Gubrium, J. F., & Holstein, J. A. (2008). Narrative ethnography. In S. Hesse-Biber & P. Leavy (Eds.), *Handbook of emergent methods* (pp. 241–264). New York: Guilford.

Gubrium, J. F., & Holstein, J. A. (2009). *Analyzing narrative reality* Thousand Oaks, CA: Sage.

Gubrium,J. F., & Holstein, J. A.(2011)."Don't argue with the members." *The American Sociologist, 42.*

Hacking, I. (1999). *The social construction of what?* Cambridge, MA: Harvard University Press.

Hepburn, A. (1997). Teachers and secondary school bullying: A postmodern discourse analysis. *Discourse and Society, 8,* 27–48.

Hepburn, A. (2003). *An introduction to critical social psychology.* London: Sage.

Heritage, J. (1984). *Garfinkel and ethnomethodology.* Cambridge, UK: Polity.

Heritage, J. (1997). Conversation analysis and institutional talk: Analyzing data. In D. Silverman (Ed.), *Qualitative research: Theory, method and practice* (pp. 161–182). London: Sage.

Hewitt, J. P. (1997). *Self and society.* Boston: Allyn & Bacon.

Holstein, J. A. (1993). *Court-ordered insanity: Interpretive practice and involuntary commitment.* Hawthorne, NY: Aldine de Gruyter.

Holstein, J. A., & Gubrium, J. F. (1994). Phenomenology, ethnomethodology, and interpretive practice. In N. K. Denzin & Y. S. Lincoln (Eds.), *Handbook of qualitative research* (pp. 262–272). Newbury Park, CA: Sage.

Holstein, J. A., & Gubrium, J. F. (1995). *The active interview.* Thousand Oaks, CA: Sage.

Holstein, J. A., & Gubrium, J. F. (2000a). *Constructing the life course* (2nd ed.). Dix Hills, NY: General Hall.

Holstein, J. A., & Gubrium, J. F. (2000b). *The self we live by:*

Narrative identity in a postmodern world. New York: Oxford University Press.

Holstein, J. A., & Gubrium, J. F. (2003). A constructionist analytics for social problems. In *Challenges and choices: Constructionist perspectives on social problems* (pp. 187–208). Hawthorne, NY: Aldine de Gruyter.

Holstein, J. A., & Gubrium, J. F. (2004). Context: Working it up, down, and across. In C. Seale, G. Gobo, J. F. Gubrium, & D. Silverman (Eds.), *Qualitative research practice* (pp. 297–343. London: Sage.

Holstein, J. A., & Gubrium, J. F (Eds.). (2008). *Handbook of constructionist research.* New York: Guilford.

Hughes, E. C. (1984). Going concerns: The study of American institutions. In D. Riesman & H. Becker (Eds.), *The sociological eye* (pp. 52–64). New Brunswick, NJ: Transaction Books.

Husserl, E. (1970). *Logical investigations.* New York: Humanities Press.

Hymes, D. (1964). The ethnography of communication. *American Anthropologist, 66,* 6–56.

Jasper, J. M., & Goodwin, J. (2005). From the editors. *Contexts, 4*(3), 3.

Kendall, G., & Wickham, G. (1999). *Using Foucault's methods.* London: Sage.

Livingston, E. (1986). *The ethnomethodological foundations of mathematics.* London: Routledge & Kegan Paul.

Luken, P. C., & Vaughan, S. (2006). Standardizing childrearing through housing. *Social Problems, 53,* 299–331.

Lynch, M. (1985). *Art and artifact in laboratory science.* London: Routledge & Kegan Paul.

Lynch, M. (1993). *Scientific practice and ordinary action.* Cambridge, UK: Cambridge University Press.

Lynch, M. (2008). Ethnomethodology as a provocation to constructionism. In J. A. Holstein & J. F. Gubrium (Eds.), *Handbook of constructionist research* (pp. 715–733). New York: Guilford.

Lynch, M., & Bogen, D. (1994). Harvey Sacks' primitive natural science. *Theory, Culture, and Society, 11,* 65–104.

Lynch, M., & Bogen, D. (1996). *The spectacle of history.* Durham, NC: Duke University Press.

Lynch, M., Cole, S., McNally, R., & Jenkins, K. (2008). *Truth machine: The contentious history of DNA fingerprinting.* Chicago: University of Chicago Press.

Manicom, A. (1995). What's class got to do with it? Class, gender, and teachers' work. In M. Campbell & A. Manicom (Eds.), *Knowledge, experience, and ruling relations: Studies in the social organization of knowledge* (pp. 135–148). Toronto: University of Toronto Press.

Martin, A., & Lynch, M. (2009). Counting things and people: The practices and politics of counting. *Social Problems,* 56, 243–266.

Marvasti, A. (2003). *Being homeless: Textual and narrative constructions.* Lanham, MD: Lexington Books.

Marx, K. (1956). *Selected writings in sociology and social philosophy*(T. Bottomore, Ed.). New York: McGraw-Hill.

Maynard, D. W. (1984). *Inside plea bargaining.* New York: Plenum.

Maynard, D. W. (1989). On the ethnography and analysis of discourse in institutional settings. In J. Holstein & G. Miller (Eds.), *Perspectives on social problems* (Vol. 1, pp. 127–146). Greenwich, CT: JAI.

Maynard, D. W. (1998). On qualitative inquiry and extra-modernity. *Contemporary Sociology, 27,* 343–345.

Maynard, D. W. (2003). *Bad news, good news: Conversational order in everyday talk and clinical settings.* Chicago: University of Chicago Press.

Maynard, D. W., & Clayman, S. E. (1991). The diversity of ethnomethodology. *Annual Review of Sociology, 17,* 385–418.

McCoy, L. (2008). Institutional ethnography and constructionism. In J. A. Holstein & J. F. Gubrium (Eds.), *Handbook of constructionist research* (pp. 701–714). New York: Guilford.

McHoul, A. (1986). The getting of sexuality: Foucault, Garfinkel, and the analysis of sexual discourse. *Theory, Culture, and Society, 3,* 65–79.

Mead, G. H. (1934). *Mind, self, and society.* Chicago: University of Chicago Press.

Mehan, H. (1979). *Learning lessons: Social organization in the classroom.* Cambridge, MA: Harvard University Press.

Mehan, H. (1991). The school's work of sorting students. In D. Zimmerman & D. Boden (Eds.), *Talk and social structure* (pp. 71–90). Cambridge, UK: Polity.

Mehan, H., & Wood, H. (1975). *The reality of ethnomethodology.* New York: Wiley.

Miller, G. (1991). *Enforcing the work ethic.* Albany: SUNY Press.

Miller, G. (1994). Toward ethnographies of institutional discourse. *Journal of Contemporary Ethnography, 23,* 280–306.

Miller, G. (1997a). *Becoming miracle workers: Language and meaning in brief therapy.* Hawthorne, NY: Aldine de Gruyter.

Miller, G. (1997b). Building bridges: The possibility of analytic dialogue between ethnography, conversation analysis, and Foucault. In D. Silverman (Ed.), *Qualitative research: Theory, method and practice* (pp. 24–44). London: Sage.

Mykhalovskiy, E., & McCoy, L. (2002). Troubling ruling discourses of health: Using institutional ethnography in community-based research. *Critical Public Health, 12,*

17–37.

Narayan, K. (1989). *Storytellers, saints, and scoundrels: Folk narrative in Hindu religious teaching*. Philadelphia: University of Pennsylvania Press.

Narayan, K., & George, K. N. (2002). Personal and folk narrative as culture representation. In J. F. Gubrium & J. A. Holstein (Eds.), *Handbook of interview research* (pp. 815–832). Thousand Oaks, CA: Sage.

Nikander, P. (2002). *Age in action: Membership work and stages of life categories in talk*. Helsinki, Finland: Academia Scientarum Fennica.

Nikander, P. (2008). Constructionism and discourse analysis. In J. A. Holstein & J. F. Gubrium (Eds.), *Handbook of constructionist research* (pp. 413–428). New York: Guilford.

Norrick, N. R. (2000). *Conversational narrative: Storytelling in everyday talk*. Amsterdam: John Benjamins Publishing.

Ochs, E., & Capps, L. (2001). *Living narrative: Creating lives in everyday storytelling*. Cambridge, MA: Harvard University Press.

Pollner, M. (1987). *Mundane reason*. Cambridge, UK: Cambridge University Press.

Pollner, M. (1991). Left of ethnomethodology: The rise and decline of radical reflexivity. *American Sociological Review, 56*, 370–380.

Pollner, M. (2011a). The end(s) of ethnomethodology. *The American Sociologist, 42*.

Pollner, M. (2011b). Ethnomethodology from/as/to business. *The American Sociologist, 42*.

Pollner, M. (2011c). Reflections on Garfinkel and ethnomethodology's program. *The American Sociologist, 42*.

Potter, J. (1996). *Representing reality: Discourse, rhetoric, and social construction*. London: Sage.

Potter, J. (1997). Discourse analysis as a way of analyzing naturally-occurring talk. In D. Silverman (Ed.), *Qualitative research* (pp. 144–160). London: Sage.

Potter, J. (2003). Discursive psychology: Between method and paradigm. *Discourse & Society, 14*, 783–794.

Potter, J., & Hepburn, A. (2008). Discursive constructionism. In J. A. Holstein & J. F. Gubrium (Eds.), *Handbook of constructionist research* (pp. 275–294). New York: Guilford.

Potter, J., & te Molder, H. (2005). Talking cognition: Mapping and making the terrain. In H. te Molder & J. Potter (Eds.), *Conversation and cognition* (pp. 1–54). Cambridge, MA: Cambridge University Press.

Potter, J., & Wetherell, M. (1987). *Discourse and social psychology*. London: Sage.

Prior, L. (1997). Following in Foucault's footsteps: Text and context in qualitative research. In D. Silverman (Ed.), *Qualitative research: Theory, method and practice* (pp. 63–79). London: Sage.

Rankin, J. M., & Campbell, M. L. (2006.) *Managing to nurse: Inside Canada's health care reform*. Toronto: University of Toronto Press.

Richardson, L. (1990a). Narrative and sociology. *Journal of Contemporary Ethnography, 9*, 116–136.

Richardson, L. (1990b). *Writing strategies: Reaching diverse audiences*. Newbury Park, CA: Sage.

Riessman, C. K. (1993). *Narrative analysis*. Thousand Oaks, CA: Sage.

Sacks, H. (1972). An initial investigation of the usability of conversa-tional data for doing sociology. In D. Sudnow (Ed.), *Studies in social interaction* (pp. 31–74). New York: Free Press.

Sacks, H. (1992). *Lectures on conversation* (Vols. 1 and 2). Oxford, UK: Blackwell.

Sacks, H., Schegloff, E., & Jefferson, G. (1974). A simplest systematics for the organization of turn-taking for conversation. *Language, 50*, 696–735.

Schutz, A. (1962). *The problem of social reality*. The Hague, the Netherlands: Martinus Nijhoff.

Schutz, A. (1964). *Studies in social theory*. The Hague, the Netherlands: Martinus Nijhoff.

Schutz, A. (1967). *The phenomenology of the social world*. Evanston, IL: Northwestern University Press.

Schutz, A. (1970). *On phenomenology and social relations*. Chicago: University of Chicago Press.

Silverman, D. (1985). *Qualitative methodology and sociology*. Aldershot, UK: Grower.

Silverman, D. (1993). *Interpretive qualitative data*. London: Sage.

Silverman, D. (Ed.). (1997). *Qualitative research*. London: Sage.

Silverman, D. (1998). *Harvey Sacks: Conversation analysis and social science*. New York: Oxford University Press.

Smith, D. E. (1987). *The everyday world as problematic*. Boston: Northeastern University Press.

Smith, D. E. (1990a). *The conceptual practices of power: A feminist sociology of knowledge*. Toronto: University of Toronto Press.

Smith, D. E. (1990b). *Texts, facts, and femininity*. London: Routledge.

Smith, D. E. (1999). *Writing the social: Critique, theory, and investigations*. Toronto: University of Toronto Press.

Smith, D. E. (2005). *Institutional ethnography: A sociology for people*. Lanham, MD: AltaMira.

Smith, D. E. (Ed.). (2006). *Institutional ethnography as practice*. Lanham, MD: AltaMira.

Smith, G. W. (1988). Policing the gay community: An inquiry into textually mediated relations. *International Journal of*

Sociology and the Law, 16, 163–183.

Speer, S.A., & Stokoe, E. (Eds.). (in press). *Conversation and gender*. Cambridge, UK: Cambridge University Press.

Tedlock, B. (1991). From participant observation to the observation of participation: The emergence of narrative ethnography. *Journal of Anthropological Research, 47*, 69–94.

Tedlock, B. (1992). *The beautiful and the dangerous: Encounters with the Zuni Indians*. New York: Viking.

Tedlock, B. (2004). Narrative ethnography as social science discourse. *Studies in Symbolic Interaction, 27*, 23–31.

ten Have, P. (1990). Methodological issues in conversation analysis. *Bulletin de Methodolgie Sociologique, 27*, 23–51.

Thomas, W. I. (1931). *The unadjusted girl*. Boston: Little, Brown.

Van Djik, T. A. (1993). Principles of critical discourse analysis. *Discourse and Society, 4*, 249–283.

Walby, K. (2005). How closed-circuit television surveillance organizes the social: An institutional ethnography. *Canadian Journal of Sociology, 30*, 189–214.

Weigert, A. J. (1981). *Sociology of everyday life*. New York: Longman.

Weigt, J. (2006). Compromises to carework: The social organization of mothers' experiences in the low-wage labor market after welfare reform. *Social Problems, 53*, 332–351.

Weinberg, D. (2005). *Of others inside: Insanity, addiction, and belonging in America*. Philadelphia: Temple University Press.

Weinberg, D. (2008). The philosophical foundations of constructionist research. In J. A. Holstein & J. F. Gubrium (Eds.), *Handbook of constructionist research* (pp. 13–39).

New York: Guilford.

Wetherell, M. (1998). Positioning and interpretive repertoires: Conversation analysis and post-structuralism in dialogue. *Discourse and Society, 9*, 387–412.

Wetherell, M., & Potter, J. (1992) *Mapping the language of racism: Discourse and the legitimation of exploitation*. New York: Columbia University Press.

Wieder, D. L. (1988). *Language and social reality*. Washington, DC: University Press of America.

Wittgenstein, L. (1953). *Philosophical investigations*. New York: Macmillan.

Wittgenstein, L. (1958). *Philosophical investigations*. New York: Macmillan.

Wodak, R. (2004). Critical discourse analysis. In C. Seale, G. Gobo, J. F. Gubrium, & D. Silverman (Eds.), *Qualitative research practice*. London: Sage.

Wodak, R., & Meyer, M. (Eds.). (2009). *Methods of critical discourse analysis*. London: Sage.

Wooffitt, R. (1992). *Telling tales of the unexpected: The organization of factual discourse*. London: Harvester/Wheatsheaf.

Wooffitt, R. (2005). *Conversation analysis and discourse analysis: A comparative and critical introduction*. London: Sage.

Woolgar, S., & Pawluch, D. (1985). Ontological gerrymandering. *Social Problems, 32*, 214–227.

Young, A. (1995). *The harmony of illusions*. Princeton, NJ: Princeton University Press.

Zimmerman, D. H. (1988). On conversation: The conversation analytic perspective. In J. A. Anderson (Ed.), *Communication yearbook* (Vol. 2, pp. 406–432). Newbury Park, CA: Sage.

Kathy Charmaz[1]

21.
사회정의 연구에서의 근거 이론 분석법

도승이_ 성균관대학교 교육학과 교수

질적 연구는 자신의 연구가 학문 분야뿐 아니라 공적 분야에서도 중요해지기를 바라는 연구자들의 마음을 오랫동안 매혹시켜 왔다. 그러나 많은 질적 연구들은 불평등을 야기하는 사회정의나 정책과 관련하여 분명한 질문 없이 단지 호기심을 유발하는 질문을 제기하거나, 홍미로운 집단을 다루거나, 잘 연구되지 않았던 현상을 탐구하였다. 이러한 연구 중 많은 연구는 한 단계 더 나아가 사회정의의 이슈를 설명하고 결과적으로 연구된 현상에 대한 논의를 재구성할 수 있을 것이다. 사회정의 연구는 무엇을 수반하는가? 어떻게 질적 연구자들이 이 방향으로 움직일 수 있는가? 그들에게는 어떠한 도구가 필요한가?

내가 말하는 사회정의 연구는 불평등과 평등, 장벽과 접근, 빈곤과 특권, 개인 권리와 공공선, 그리고 이것들이 고통에 미치는 영향을 알아보는 연구를 의미한다. 사회정의 연구는 개인적, 집단적 삶을 형성하는 사회구조와 과정에 대해 취하는 비판적 입장 역시 포함한다. 나는 사회정의에 관해 발생하는 질문의 분석에서 전 수준과 전 영역에 걸쳐 생각해 보고자 한다. 극소, 중간, 거시 수준, 지역과 세계, 이뿐만 아니라 이 수준들 간 관계까지 분석에 포함한다. 과거에는 많은 사회정의 연구자들이 반드시 거시적 구조관계에 초점을 맞춰야 한

다고 가정했지만, 사회정의 관련 이슈는 거대한 세계와 거시적 과정뿐 아니라 미세한 상황과 중간의 맥락에서도 일어난다. 사회과학자는 거시가 미시에 어떻게 영향을 미치는지, 미시적 과정이 더 큰 사회 독립체에 어떤 영향을 미치는지에 대해 연구할 수 있다. 세계, 국가, 지역사회와 경제 조건들은, 집단적이며 개인적 의미와 행동을 형성하거나 이것들에 의해 형성되기도 한다. 그러나 아직 특정한 집단과 개인에게 이러한 조건들이 언제, 어떻게, 어느 정도까지 영향을 미치는지에 대해서는 완벽하게 이해되지 못하였다.

본 장은 SAGE의 『질적 연구 핸드북(The SAGE Handbook of Qualitative Research)』(Denzin & Lincoln, 2005) 제3판에서 내가 제기한 주장에 기반한다. 즉, 질적 연구자들은 사회정의 연구의 발전을 위해 근거 이론 분석법을 사용할 수 있다. 근거 이론 분석법은 귀납적 논리로 시작하고, 새로운 전략을 사용하며, 비교를 통한 탐구가 필요하고, 명백하게 분석적이다. 이 모든 특성들이 사회정의 연구자들에게 그들의 분석을 더 분명히 하고 구체화하는 도구를 제공하는데, 이는 연구 과정을 신속히 처리하는 동시에 그들 연구의 분석적 힘과 영향을 증진할 것이다. 근거 이론 분석법은 사회정의 연구자들에게 혁신적인 분석을 발전시

킬 수 있는 도구를 제공할 뿐 아니라 기존의 개념을 새롭게 조사할 수 있도록 한다. 사회정의 연구를 수행하기 위한 근거 이론 분석법에서 아직 많이 개발되지 않은 잠재성을 조사하기 위하여, 사회정의 연구자들은 근거 이론 방법의 논리, 다른 버전의 개발, 이것의 인식론적인 뿌리, 그것을 어떻게 사용할 수 있는가를 이해할 필요가 있다.

사회정의 분야의 연구는 민족 간 그리고 개인들 간 권력, 명성, 자원, 고통에서의 차이를 다룬다. 사회정의 연구는 균등한 자원, 공정성, 차별의 근절에 초점을 맞추고 발전시킨다(Feagin, 1999).[2] 사회정의 연구를 다룬 어떤 보고서들은 명백한 가치에 대한 입장과 변화를 위한 어젠더로 시작하였다(다음의 근거 이론 분석 연구를 참고하라: 예, Karabanow, 2008; Nack, 2008; Sakamoto, Chin, Chapra, & Ricciar, 2009; Ullman & Townsend, 2008).[3] 다른 연구 결과들은 종종 사회정의에 대해 누구도 반박할 수 없는 당연한 관심사를 전한다(예, Dumit, 2006; Foote-Ardah, 2003; Frohmann, 1991, 1998; Gagné, 1996; Hyde & Kammerer, 2009; Jiménez, 2008; Lio, Melzer, & Reese, 2008; Lutgen-Sandvik, 2008; Mevorach, 2008; Moore, 2005; Swahnberg, Thapar-Björkert, & Berterö, 2007; Tuason, 2008; Veale & Stavrou, 2007). 여전히 다른 연구자들은 이론적 문제를 밝힐 수 있기 때문에 사회정의 면에서 함의를 가지는 논란이 많은 주제를 선택한다고 설명한다(Einwohner & Spencer, 2005; Ogle, Eckman & Leslie, 2003; Spencer & Triche, 1994).[4] 하지만 연구자들은 사회적 이슈에 대해 변화시키고자 열정적으로 헌신하기보다 단지 그 이슈에 대한 흥미로 연구를 시작할 수도 있다(Wasserman & Clair, 2010). 여전히 연구 대상의 삶을 목격하고 그들의 자료를 분석하는 과정 자체가, 연구자들이 이전에 이해하지 못했거나 기대하지 못했던 사회정의에 대한 관심을 이끌어낼 수 있다.

많은 연구자들은 좋은 사회와 더 나은 세계를 만들고자 하는 이상을 가지며 그리하여 자신의 아이디어

를 더 발전시키고자 경험적 연구를 계속한다. 스스로를 사회정의 연구자라고 여기는 연구자들에게 "그래야 한다(should)"와 "반드시 그래야 한다(ought)"는 연구의 과정과 결과의 일부분이다. 명시적 가치를 주장하고 논란의 여지가 있는 주제를 연구할 때 자신의 연구에 대해 반대에 부딪히는 결과를 맞이하기도 한다. 이런 이유로 어떤 연구자들은 자신의 가치의 헌신에는 침묵을 지키고 사회정의에 대한 관심 대신에 자신의 연구를 개념적 용어의 틀에 맞추는 것을 선택한다.

근거 이론은 자료 수집과 자료 분석이 발생적으로 서서히 모습이 드러나도록 반복하는 과정을 통해 상호적으로 정보를 제공하고 서로를 형성하는 질적 연구 방법이다.[5] "근거 이론"이라는 용어는 방법과 이 방법의 결과물 모두를 지칭하는데, 즉 자료의 개념에 대한 지속적인 분석으로부터 발전된 이론이다. 연구자들은 다양한 자료 수집 방법을 사용하면서 동시에 근거 이론의 분석 전략을 채택할 수 있다. 근거 이론 연구는 주로 인터뷰 연구였고, 몇몇 연구는 문서(Clarke, 1998; Einwohner & Spencer, 2005; Mulcahy, 1995; Star, 1989) 또는 문화기술적 자료(예, Casper, 1998; Thornberg, 2007; Wasserman & Clair, 2010; Wolkomir, 2001, 2006)를 사용하였다. 그러나 대체로 연구자들이 근거 이론 전략을 어느 정도까지 사용하였는지를 알아내기는 어렵다(Charmaz, 2007, 2010; Timmermans & Tavory, 2007).

근거 이론 전략은 사회정의 연구자들이 활용할 수 있는 유용한 도구들을 제공한다. 근거 이론의 수행은 사회정의 연구에 특정하게 적합하도록 드러나는 연구의 결정과 행동으로 구성될 수 있다. 근거 이론은 경험적으로 철저한 검토를 강조하고, 연구자들이 연구에서 명백한 이론을 발전시키든 아니든 상관없이 분석에서의 정확성은 어떻게 사회적이고 경제적인 조건이 특정한 상황에서 작용하는지에 대한 미묘한 분석이 가능하도록 한다(예, Ball, Perkins, Hollingsworth, Whittington, & King, 2009; Dixon, 2007; Jackson-Jacobs, 2004; Lazzari, Ford, & Haughey,

1996; Sixsmith, 1999; Speed & Luker, 2006). 이러한 분석은 지식에 기여할 뿐 아니라 사회정의 연구자들이 변화시키고자 하는 실행과 정책에 정보를 제공할 수 있다.

연구자들은 근거 이론의 지침에 대한 사용법을 배울 수 있고, 이것을 사회정의와 관련한 문제에 대한 조사를 포함하여 다양한 연구 목표를 위해 사용할 수 있다. 지금까지 사회정의 영역의 근거 이론 연구들 중 이론의 구축을 보여준 연구는 거의 없다. 그러나 많은 연구에서 근거 이론의 지침이 주제의 분석을 더 분명하게 보이도록 하는 방법들을 보여주었다. 본 장의 목표는 근거 이론 분석방법과 이것이 어떻게 발전해 왔는지를 명확히 설명하고, 어떻게 연구자들이 특정 근거 이론 지침을 사용해 왔는지, 그리고 어떻게 이 방법이 사회정의 연구가 발전하도록 보완하는지를 설명하는 것이다.

Glaser와 Strauss(1967)의 근거 이론에 대한 고전적 주장을 구성주의적 관점에서 검토하자면, 그것은 사람들이 그들의 행동을 통해 연구된 현상과 연구의 과정 양쪽을 모두 구성한다는 점일 것이다. 이 접근은 역사적, 사회적, 상황적 조건이 사람들의 행동에 영향을 미친다는 제약을 인식하고 자료의 형성과 분석에서 연구자의 적극적인 역할을 인정한다. 구성주의적 관점은 특히 사회정의 연구에서 유용하다. 왜냐하면 그것은 (1) 객관성의 주장을 거부하고, (2) 연구자의 일반화를 찾아내며, (3) 연구자와 참여자의 상대적 태도와 입장을 고려하고, (4) 성찰을 강조하고, (5) 권력, 특권, 평등, 억압과 같은 민감한 개념을 선택하고, (6) 계속해서 변화와 차이를 의식하기 때문이다(Bryant & Charmaz, 2007; Charmaz, 2006, 2009b; Clarke, 2005; Clarke & Friese, 2007).

그럼에도 불구하고, 근거 이론의 모든 관점에서 공통이 되는 전략을 채택하는 것은 사회정의 연구들을 발전시킬 것이다. 그러므로 나는 근거 이론의 여러 다른 관점을 사용한 연구들을 모두 포함하여 논의할 것이다.

나는 논의에서 사회정의 연구에서 근거 이론 방법을 수행한 연구를 선택적으로 리뷰할 것이다. 그 이유는 관련 연구의 급증으로 인해 학문분야와 전문직종 전체에 걸쳐 종합적 리뷰가 불가능하기 때문이다. 리뷰를 위해 선택된 연구들은 (1) 사회정의 연구와 근거 이론 간 연계성을 보이고, (2) 근거 이론에 연관된 논쟁을 드러내며, (3) 근거 이론법을 사용하는 방식을 보여준다. 다른 질적 연구 프로젝트와 같이, 많은 사회정의 연구들은 단지 코딩을 위해 근거 이론 전략들을 사용하고 이론적 범주화를 위한 주제들을 발전시키는 데에는 혼란을 겪고 있다. 이 장의 목적 중 하나는 연구자들이 근거 이론의 논리와 전략을 언제, 어떻게, 어느 정도로 채택할 것인지에 대한 정보를 제공하여 이들의 선택을 돕는 것이다. 학자들은 반드시 근거 이론을 개발하지 않더라도 근거 이론 전략을 사용하면서 다양한 활동에서 도움을 받을 수 있다.[6] 요지는 명확한 의사결정을 하고 그것의 시사점과 함의를 인식하는 데 도움을 받을 수 있다.

21.1 근거 이론의 논리

근거 이론은 사회과학 이론을 구축하는 하나의 방법을 의미한다. Glaser와 Strauss(1967)가 처음으로 언급한 것처럼, 근거 이론 분석법은 연구자에게 자료 수집에서 초점을 맞추도록 하고, 중범위의 이론을 구축하도록 하는 융통성 있는 분석 지침들로 이루어져 있다. 이 지침들은 현장 상황에서 배우는 과정을 강조하고, 자료의 수집과 동시에 분석을 실시할지, 어떤 비교 방법을 선택할지, 그리고 우리가 설정한 잠정적 범주들을 점검하고 정교화하는 것의 중요성을 강조한다. 우리 근거 이론가들은 연구에 대해 체계적인(자료에서 이론을 구축하는) 귀납적 접근으로 시작했으나, 귀납법에서 멈추지 않고 우리가 발견한 결과와 잠정적 범주에 대해 엄격하게 시험한다.

기본적으로 근거 이론은 반복적이고, 비교를 통하고, 상호적이며, 증거에 기반하여 타당성을 밝혀가는 방법이다(Bryant & Charmaz, 2007; Charmaz, 2006, 2007, 2008e; Charmaz & Henwood, 2008). 근거 이론 분석법은 연구자로 하여금 분석과 자료 수집 사이를 오가게 만드는데, 그 이유는 분석과 자료 수집 각각이 서로에게 정보를 제공하며 발전하도록 돕기 때문이다. 연구자는 반복하는 과정의 각 단계에서 분석적인 질문을 함으로써 분석의 추상적 수준을 높이고, 이것의 힘을 강화시킨다. 연구자는 분석과 서술하는 과정을 통한 자료를 비교하는 방법을 사용하여 새로 만들어지는 분석을 더욱 분명히 한다. 더욱이, 근거 이론가들은 자료를 상호적으로 비교하는 방법의 사용을 통하여 자료와 발생된 분석들에 대해 분석적 질문을 던짐으로써 자료와 지속적으로 상호작용한다. 그러므로 근거 이론의 견고성은 비교를 통한 방법뿐 아니라 '상호작용의' 본질에도 존재한다(Charmaz, 2006, 2007, 2008a, 2008e, 2009b).

근거 이론 분석법은 연구자로 하여금 행동하고 몰두하는 분석가가 되도록 격려한다. 귀추법(abductive reasoning)[최선의 설명으로의 추론, 관계있는 증거를 가장 잘 설명할 것 같은 가정을 선택하는 방법—역쥐]은 연구자에게 지속적으로 몰두하도록 한다. 귀납적인 자료 수집 동안 놀랄 만한 발견과 마주할 때, 근거 이론가로서 우리는 귀추법을 사용한다. 그리고 나서 우리는 그 결과에 대한 가능한 모든 이론적 설명을 고려하고, 그것에 대한 가설 또는 질문을 형성하고, 이후에 새로운 자료로 이 설명들을 검증한다(Peirce, 1958; Reichert, 2007; Rosenthal, 2004). 귀추법은 이론의 구축이 진전되도록 돕는다.

근거 이론 분석법의 사용은 어떤 과정을 수반하는가? 근거 이론은 분석에서 비교의 수준 사이로 옮겨 다니면서 자료를 조사하고 자료와 상호작용하도록 돕는다. 먼저, 우리는 자료와 자료를 비교하면서 코드들(codes)을 발전시킨다. 다음으로 자료와 코드를 비교한다. 그 후에 우리는 코드를 비교하면서 거기에서 중요한 코드를 범주들(categories)로 잠정적으로 선택한다. 그리고 나서 우리는 이 범주들과 자료와 코드들

을 비교한다. 그 다음에 우리는 우리의 주요 범주(들)을 개념(들)(concept(s))로 취급한다. 마지막으로, 우리는 개념과 개념을 비교한다. 여기에는 우리의 개념과 학문영역에서의 개념과 비교하는 과정도 포함될 수 있다. 우리가 현재 연구 단계 동안 수행하는 분석적인 비교는, 이 다음 단계에서 우리가 할 것을 결정짓지만 이것을 사전에 알 수는 없다. 이러한 방법으로 인해 우리는 연구 참가자들, 자료들, 코드들, 잠정적 범주들과 상호작용하게 된다. 이 상호작용을 통해서 초기의 분석들이 나타나고 형태를 갖추기 시작한다(Charmaz, 2006, 2007, 2008b, 2008c, 2008e). 이러한 연구의 비교하고 상호적인 과정은 자료 수집과 분석이 서로에 대해 유용한 정보를 제공함에 따라 우리로 하여금 이들 사이를 서로 오갈 수 있도록 한다(Charmaz & Henwood, 2008). 근거 이론이 이론의 구축에 초점을 둘 경우, 이것은 우리와 연구 참여자들, 우리와 경험의 세계로 우리가 가져가는 질문과 상호작용하는 방식에 영향을 미친다(Charmaz, 2009a, 2009b).

비교는 우리의 분석을 명확히 하고, 반복적인 자료 수집은 우리에게 우리의 아이디어를 시험하도록 허용하고 우리가 만들어내는 이론적 개념들을 점검하도록 허용한다. 자료에서 이론을 구축하는 과정인 근거 이론화(grounded theorizing)는 자료와 초기의 분석들에 상상력을 가미하여 해석하고, 엄격하게 조사하고, 검토하는 과정을 수반한다(Charmaz, 2006; Kearney, 2007; Locke, 2007). 체계적인 정밀한 조사는 분석의 정확성을 향상시킬 뿐 아니라 우리에게 자료에 가까이 있게 하여 자료에 대한 우리의 주장을 더 견고하게 한다. 이러한 접근으로 인해 사회정의 연구자들은 자신의 연구를 알아볼 수 있도록 가시화하고 그들의 목소리가 들리도록 할 수 있다.

요약하면, 근거 이론의 논리는 코딩을 통해 경험적 자료를 세분화하고, 그 결과로 생긴 코드로 추상적인 범주를 구성하는데, 이 범주는 자료에 적합하게 들어맞고 그 범주에 대해 개념적 분석을 가능하도록 해야 한다(Charmaz, 2006; Glaser, 1978, 1998). 근거 이론

가들은 경험적인 구체적 자료로 시작하여, 그들이 만들어낸 범주들, 그리고 범주들 간의 관계에 대한 일반적인 서술을 추출한다. 이 접근은 사회정의 연구자들에게 구체적인 경험적 세계에 존재하는 문제들을 제기하고, 그들이 발전시킨 범주들이 다른 상황과 다른 부당성에 어떻게 적용될 수 있는지에 대한 이론화를 가능하게 한다(Dixon, 2007; Lutgen-Sandvik, 2008; Rivera, 2008; Shelley, 2001; Wolkomir, 2001).

21.2 사회정의 연구에서의 근거 이론 전략

근거 이론 분석 능력은 질적 연구자에게 사회정의 연구를 추진하는 데 확실한 이점을 제공한다. 근거 이론에서 다음의 다섯 가지 강점이 특히 사회정의 연구자에게 유용하다. 첫째, 근거 이론 분석법은 분석 과정과 특정 상황에 놓는 과정을 다루는 도구를 포함하고 있다. 따라서 근거 이론의 논리는 (1) 관련된 과정을 정의하고, (2) 그 과정의 맥락을 보여주고, (3) 이 과정이 일어나는 조건을 구체적으로 명시하고, (4) 그 과정의 단계들을 개념화하며, (5) 그 과정의 안정성 그리고/또는 변화가 일어나는 데 기여하는 요인들을 설명하고, (6) 그 과정의 결과들에 대한 윤곽을 보여준다. 사회정의 연구자들은 근거 이론의 논리를 채택함으로써 불평등의 개념이 어떻게 구축되고 사람들이 이 불평등에 대해 어떻게 행동하는가를 다루는 데 도움을 받을 수 있다. 그러므로 근거 이론의 논리는 연구자들에게 경험적 세계에서 일어나는 일에 대해 분명하게 해석하고, 그것이 어떻게 그리고 왜 일어나는가를 묘사하는 분석을 제공하도록 해준다.

둘째, 근거 이론은 연구자들에게 연구 참여자들이 암묵적으로 내포하는 의미와 행동을 설명하도록 도울 수 있다(예, McPhail & DiNitto, 2005). 사회정의 연구자에게는 눈에 보이는 명백한 것을 넘어서서 볼 수 있어야 한다는 과제가 있다. 현장에서 가장 중요한 의미와 행동은 많은 경우 암묵적으로 내포되어 있다. 연속적이고 정교한 근거 이론 분석은 연구자에게 암묵적인 언어의 의미와 행동을 정의하고, 이들에 대한 잠정적이지만 타당한 설명을 제시하는 이론을 구축할 수 있도록 한다. 따라서 근거 이론의 지침은 연구자들에게 자신의 예감과 추측도 점검하도록 하여 그들의 잠정적인 아이디어를 엄격하게 조사하도록 하고 보다 탄탄한 분석을 발전시키도록 돕는다.

셋째, 근거 이론의 목적은 자료로부터 중범위의 이론을 구축하는 것이다. 따라서 근거 이론은 사회정의 연구자에게 자신이 수행한 분석들에서 개념화의 추상적 수준을 높이도록 도울 수 있다. 그리고 나서 사회정의 연구자들은 범주들이 발전되는 조건을 찾아내고, 범주들 간 관계를 구체적으로 명시하고, 결과를 정의할 수 있다. 그리하여 그들은 연구된 현상에 대한 전통적인 설명에 도전하는 자신의 분석에 복잡성을 추가하여 도입할 수 있다.

넷째, 근거 이론에 대한 구성주의적 관점은 맥락, 위치, 담론, 의미와 행동을 다룬다. 이로 인해 권력, 억압, 불평등이 어떻게 개인, 집단, 국민이나 민족에게 차별적으로 영향을 미치는가에 대해 이해할 수 있도록 돕는다. 마지막으로 매우 중요한 것은, 근거 이론 분석법은 인간의 실제적인 고통과 사회구조, 문화, 사회적 관행 또는 정책 간의 연결을 드러내는 도구를 제공한다는 점이다(Charmaz, 2007; Choi & Holroyd, 2007; Einwohner & Spencer, 2005; Rier, 2007; Sandstrom, 1990, 1998).

지금까지 사회정의 연구에 기여하거나 사회정의 이슈를 주요 초점으로 둔 연구 중에서 명백하게 근거 이론 분석법을 분석의 틀로 사용한 연구는 그리 많지 않다(Mitchell & McCusker, 2008; Sakamoto et al., 2009; Tuason, 2008). 그러나 정의에 대한 암묵적인 관심은 수많은 근거 이론 연구들의 눈에 보이지 않는 기본 골격이 되었다. 많은 연구에서 사회정의라는 목표의 중요성을 가정하고 있다(예, Carter,

2003; Ciambrone, 2007; Hyde & Kammerer, 2009; Jones, 2003; Karabanow, 2008; Mcintyre, 2002; Roxas, 2008; Scott, 2005; Scott, London, & Gross, 2007; Wasserman & Clair, 2010). 그리고 다른 연구들은 그들이 분석한 내용을 통해 사회정의 목표를 발전시킨다(Frohmann, 1988; Quint, 1965; Sakamoto et al., 2009; Sixsmith, 1999; Swahnberg et al., 2007; Ullman & Townsend, 2008; Valdez & Flores, 2005; Veale & Stavrou, 2007). 사회정의 이슈들은 자료 수집 동안에 생기는 일에서 배우거나 사회정의를 추구하는 분명한 관점으로부터 시작될 수 있다. 뿐만 아니라 자료를 '분석'하면서 고심하는 가운데에서도 발생할 수 있으며, 이것은 근거 이론의 논리에 부합한다.

사회정의라는 목표를 추구하는 연구자들은 근거 이론 분석법의 발전에 크게 기여한다. 이들이 맥락, 제약, 권력, 불평등에 대해 몰두하는 행동은, 일반적으로 질적 연구에서, 구체적으로 근거 이론 연구에서 구조적, 시간적, 상황적 맥락을 다루는 것을 발전시킨다. 사회정의 연구자들은 구조와 권력이 소리없이 작용하는 것을 알고 있다. 사회정의 연구자는 역사적 조건과 더 큰 사회적 조건이 현재 상황을 형성하는 방식의 중요성에 대해서 근거 이론가에서 다시 한 번 상기시켜 준다.

구조에 초점을 두었으면서 비판적 입장을 취하는 사회정의 연구는 근거 이론가들이 더 큰 구조들 속에서 주관적이고 집단적인 경험의 적절한 위치를 찾고 이 구조들이 어떻게 작용하는지에 대한 이해를 증진하는 데 도움이 될 수 있다(Charmaz, 2005; Clarke, 2003, 2005; Maines, 2001; Rivera, 2008). 많은 근거 이론 연구들이 가진 편협한 초점과 작은 규모로 인해 연구자들이 자신의 자료에서 다양성을 찾고 구조와 역사의 과정이 자료와 분석에 어떻게 영향을 미치는지를 확인하는 데 방해를 받는다. 수많은 질적 연구자들이 지난 50년 동안 해온 것과 마찬가지로, 근거 이론가들은 종종 눈에 보이는 명시적인 과정과 진술에 집중해왔다. 사회정의라는 관점은 비판적 연구를 가려진 과정과 눈

에 보이지 않는 구조에 관심을 가지도록 이끌었다. 그리하여 우리는 수사법과 현실, 목적과 수단, 목표와 결과 간의 모순을 발견할 수 있었다. 이러한 입장은 갈등의 잠재된 원인과 같이, 그렇지 않았다면 보이지 않고 무시될 수 있는, 암묵적인, 한계적인, 소외된 것에 대한 이해를 높였다. 사회정의 연구의 비판적 칼날은 우리로 하여금 자료를 새롭게 조사하도록 하고 우리가 구축한 이론 속에서 새로운 연결을 만들어 내도록 한다(Charmaz, 2005).

최근 근거 이론 연구에서 사회정의 이슈와 관련된 연구가 증가되었다. 이 연구들은 다양한 수준으로 사회정의 이슈와 사회구조 간의 관계를 조사하는 문제를 분석한다(Gunter, 2005; McDermott, 2007; Mitchell & McCusker, 2008). 이것은 지금까지는 주로 긴급한 이슈나 다수의 누적된 불평등의 영향으로 고통받는 소수자들에 대한 연구에서 볼 수 있다(예, Dixon, 2007; Jimenez, 2008; Valadez, 2008; Wasserman & Clair, 2010; Wolkomir, 2001, 2006; Zieghan & Hinchman, 1999). 이뿐 아니라, 권력, 단체, 구조적 제약, 자원을 설명하고, 가난하고, 억압되고, 낙인찍히고, 권리를 박탈당한 사람들의 구체적인 문제를 포함하는 광범위한 질문을 분석한다(Choi & Holriyd, 2007; Ciambrone, 2007; Hyde & Kammerman, 2009; Mevorach, 2008; Ryder, 2007; Scott et al., 2007; Sixsmith,, 1999; Tuason, 2008; Ullman & Townsend, 2008; Veale & Stavrou, 2007; Wilson & Luker, 2006; Wolkomir, 2001). 질적 연구의 다른 접근을 사용하는 연구자들과 마찬가지로, 다양한 학문영역과 직종의 연구자들은 주로 개인적 행동을 알아보는 작은 단위의 연구를 위해 근거 이론 분석법을 사용해왔다. 그러나 이것은 조직관련 연구와 구조관련 연구 분야에서 근거 이론을 채택하는 것을 배제해 왔다는 의미는 아니다. 이미 조직관련 연구(O'Connor, Rice, Peters, & Veryzer, 2003; Scott, 2005; Vandenburgh, 2001), 과학사회학 연구(Casper, 1998; Clarke, 1998; Star,

1989)에서 근거 이론을 채택하였다. 근거 이론 분석법은 참여적 실행 연구(participatory action research: PAR)에서 발판을 마련하였는데(Dick, 2007; Foster-Fishman, Nowell, Deacon, Nievar, & McCann, 2005; Kemmis & McTaggart, 2005; McIntyre, 2002; Poonamallee, 2009; Sakamoto et al., 2009; Teram, Schachhter, & Stalker, 2005), 이 분석법은 삶을 다시 상상하고 그로 인해 해방으로의 변화를 이루어내는 강력한 잠재력을 가지고 있다.

21.3 근거 이론의 재구성

구체적, 일반적, 일반화된 방법으로서의 근거 이론

근거 이론은 구체적인 전략을 적용하는 동시에 질적 연구에 대해 알려주는 지침이 있는 일반적 방법이고, 전략들이 일반화되고 재구조화되고 경쟁되는 일반화된 방법이다. 15년 전에 Strauss와 Corbin(1994)은 근거 이론이 일반적 질적 연구 방법이 된 것을 알았다. 자료 수집과 분석, 귀납적 코딩, 메모작성을 동시에 진행하는 근거 이론법의 방법론적 전략들은 현재 질적 연구에 널리 퍼져있다. 그러나 근거 이론을 사용하고자 하는 연구자들은 더 일반적인 형태의 질적 연구를 수행할 수 있다. 어떤 연구자들에게 근거 이론의 사용은 귀납적인 질적 연구를 정당화하기 위한 노력이다. 다른 연구자들은 근거 이론 방법에 대해 그저 읽어보고 이 방법을 사용한다. 초기의 근거 이론 교재에서 설명된 추상적인 지침과 난해한 글로 인해 이 방법에 대한 오해와 독자의 혼란이 야기되었다(Piantanida, Tananis & Grubs, 2004).

근거 이론이 일반적 방법이 됨에 따라, 연구자들은 한두 개 정도의 근거 이론 전략을 사용할 수도 있다(Foster-Fishman et al., 2005; Mitakidou, Tressou, & Karagianni, 2008). 어떤 연구자들은 더 많은 전략들을 선택할 수도 있지만 이것을 잘못 이해하고 사용할 수도 있다. 그리고 Virginia Olesen(2007)이 자신의 연구에 대해 주장한 바와 같이, 어떤 연구자들은 근거 이론 전략을 이해한다 해도 자신의 연구 문제와 목적의 특성으로 인해 근거 이론 전략과 다른 질적 접근의 전략을 조합하게 된다고 언급하였다. 특히 연구자들은 흔히 근거 이론 전략인 코딩과, 내러티브 분석(narrative analysis)과, 주제별 분석(thematic analysis)을 혼합하여 사용한다(예, Cohn, Dyson, & Wessley, 2008; Hansen, Walters, & Baker, 2007; Harry, Sturges, & Klingner, 2005; Mathieson & Stam, 1995; Moreno, 2008; Salander, 2002;, Sakamoto et al., 2009; Somerville, Featherstone, Hemingway, Timmis, & Feder, 2008; Tuason, 2008, Williamson, 2006; Wilson & Luker, 2006).

근거 이론에 대한 지식이 부족한 연구자들은 근거 이론 전략의 분석의 힘을 잘 깨닫지 못한다. 간단히 말해서, 근거 이론에 대한 잘못된 이해는 세 가지 주요 영역, 즉 코딩(coding), 이론적 표집(theoretical sampling),[7] 이론의 구축(theory construction)에서 발생한다. 필자가 이러한 오해에 대한 윤곽을 제시하고 근거 이론의 코딩 원리에 대해 설명하겠지만, 이에 대한 더 철저한 논의는 인용된 다른 출처를 참고하기 바란다(Charmaz, 2006, 2007, 2008b, 2008c). Cathy Urquhart(2003)는 근거 이론이 본질적으로 코딩 기술이라고 문제를 제기한다. 코딩은 중요하지만 근거 이론은 코딩 기술 이상의 것이다. 그러나 많은 연구자들이 근거 이론을 단지 코딩을 위해 사용하고, 코딩을 위해 CAQDAS(Computer Assisted Qualitative Data Analysis Software, 질적 자료 분석을 돕는 컴퓨터 소프트웨어)에 의존하는 것으로 보인다(Bong(2007)의 CAQDAS를 사용한 근거 이론 코딩에서의 문제들 섹션 참고).

근거 이론의 코딩 전략들은 자료를 분류하고, 통합하고, 요약하는 전략을 포함하지만, 나아가 이러한 자료 관리 방식을 능가하는 전략이다. 오히려 근거 이론 코딩의 근본적 특징은 자료를 조각들로 해체하고, 이 조각들이 어떻게 구성되어 있는지를 밝히는 과정을 수반한다. 자료의 작은 조각들을 다루면서 무엇이 일어나는지를 질문하고 각 조각이 어떤 이론적 범주를 나타내는지를 조사하는 과정을 통해, 근거 이론가는 자신의 자료를 새롭게 바라보고 혁신적인 분석을 이끄는 코드들을 만들어낼 수 있다. 이와 동시에 사회정의 연구자들은 권력과 더 큰 사회 단위와의 관련성을 질문함으로써 대부분의 근거 이론가들이 찾아내지 못하는 방식으로 구성된 자료 구성의 방식을 보여줄 수 있다.

초창기 근거 이론 연구(Glaser, 1978; Glaser & Strauss, 1967)에서는 이론적 표집이 무엇인지, 이를 위해 어떻게 해야 하는지에 대해 명확하지 않았다. 이 명확함의 부족과 "표집"이라는 용어에 대해 연구자들이 이미 가진 선입견이 결합하여 자주 오해가 일어났다. 이론적 표집은 초기의 자료 수집과 자료 분석 '이후에' 일어난다. 이론적 표집은 새로 만들어지는 개념적 범주의 속성(properties)들이 완성되도록 채우기 위해 자료를 표집한다는 의미이다(Charmaz, 2006; Glaser, 1978, 1998; Morse, 2007). 이 전략은 또한 연구자들이 범주의 다양성과 범주들 간의 차이를 발견하도록 돕는다. 따라서 근거 이론가들은 자료 수집을 시작하기 '이전이 아닌' 자료에서 잠정적 범주들을 발전시킨 '이후에' 이론적 표집을 수행한다.

이론적 표집의 목적은 이론의 구축이다. Jane Hood(2007)는 근거 이론 교재를 집필하는 저자들이 초기 자료 수집을 계획할 때 주요 속성을 드러내기 위해 기준들을 설정하는 의도적 표집(purposive sampling)과 이론적 표집을 자주 혼동하여 서술한다고 주장한다. Sharon Nepstad(2007) 연구의 방법론에 나온 다음의 설명은 이 공통적인 오해를 보여준다. "그러고 나서 나는 이 결속 조직들에서 일하는 직원들과 접촉했고, 그들이 제공한 자료를 가지고 지리적 지역, 연령, 범위, 성별, 이 운동에 참여하는 수준의 다양성에 대한 대표성을 확보하기 위해 의도적인 이론적 표집을 수행하였다"(Glaser & Strauss, 1967, p.474).

공통의 오해를 불러일으키는 또 다른 영역으로, 많은 근거 이론가들이 이론을 구축했다고 주장하지만 이들은 이론이 무엇을 포함한다고 가정하는지를 분명하게 설명하지 않는다. 내가 지금까지 주장해온 것처럼(Charmaz, 2006, p.133), 이론을 구성하는 것에 대한 그들의 가정은 (1) 서술, (2) 경험에 근거한 일반화, (3) 변수들 간의 관계, (4) 개념들 간 관계에 대한 추상적 이해를 포함하는 다양한 의미를 제안한다. 만약 우리가 개념들 간의 관계를 설명하거나 이것에 대한 추상적 이해를 제공하는 것으로 이론을 정의한다면, 이론을 구축했다고 주장하는 대부분의 연구들은 실제로 이론을 구축한 것이 아니다. 이 연구자들은 이론을 구축했다고 주장하지만, 그들의 분석은 자료를 통합하고 주제들로 응축하고자 노력했다는 것을 증명할 뿐이다. 반대자들의 강한 의견이 있지만, 몇몇 이론가들이 이론을 구축하는 방향으로 이동한다 해도, 대부분의 근거 이론가들은 이론을 구축하지 않는다. 그리고 수많은 연구자들이 근거 이론으로 작업한다고 가장하여 평범하고 흔한 서술들을 만들어낸다. 이론 구축을 위한 근거 이론의 잠재성이 완전히 탐색되고 개척되지 않은 상태인 것이다.

구체적 방법으로서의 근거 이론

우리는 근거 이론 분야를 견고하게 받치고 있는 유명한 근거 이론가들이 공통적으로 사용하는 접근들을 근거 이론의 구체적 방법으로 간주할 수 있다. 행동과 과정 대신에 주제와 구조를 연구하는 다른 질적 연구자들과 비교하여 근거 이론가들이 사용하는 방법론적 전략은 '어떠한' 차이가 있는가. 중요한 것은 우리가 어떻게 자료를 수집하고 그 자료를 가지고 무엇을 하느냐이다. 근거 이론과 다른 종류의 질적 연구를 구별하는 것은 연구에서 하는 '행동들(actions)'이다(Charmaz, 2010). 각각의 관점을 대표하는 근거 이론가들은 다음과 같은 행동을 한다.

1. 자료의 수집과 분석을 동시에 수행하며 반복적으로 수행한다.
2. 주제와 구조보다는 행동과 과정을 분석한다.
3. 비교하는 방법을 사용한다.
4. 새로운 개념적 범주를 개발하기까지 계속해서 자료(예, 내러티브, 기술)를 활용한다.
5. 체계적인 자료 분석을 통해 귀납적으로 발전된 범주들을 개발한다.
6. 현재의 이론들에 대한 설명이나 적용보다는 이론의 구축을 강조한다.
7. 이론적 표집을 한다.
8. 연구된 범주들과 과정들에서 변화(variation)를 조사한다.
9. 구체적인 경험에 근거한 주제를 다루기보다 범주의 개발을 추구한다(Charmaz, 2010).

처음 다섯 가지 행동을 선택한 연구자들은 다른 질적 연구들와는 구별되는 뚜렷한 분석의 틀을 자신의 연구에 제공하며, 특히 서술만 하는 질적 연구자와는 분명하게 구별된다. 근거 이론가들에 의해 연구된 연구들은 개인과 사건을 넘어 공통으로 분석된 이야기를 드러낸다. 개념의 범주를 상세히 알려주는 과정이 참여자의 기술과 자료의 요약보다 더 중요하다. 근거 이론가들은 자료와 범주 간의 연관성을 입증하고, 범주의 견고함을 보여주는 증거를 제공하기 위해 자료의 발췌와 요약을 제시한다. 훨씬 더 적은 수의 연구자들이 여섯 번째부터 아홉 번째까지 행동을 선택하는데, 이들은 자신의 분석을 통하여 이론을 구축한다(Charmaz, 2010).

위의 아홉 가지 행동에 대한 합의에도 불구하고, 무엇이 진정한 근거 이론 연구의 전략인지는 여전히 애매모호하다(Charmaz, 2008e, 2010; Timmermans & Tavory, 2007). 출판된 연구물들 중에, 연구에 사용된 분석 전략이 연구 방법에 거의 언급되지 않고 이에 대한 상세한 설명은 훨씬 더 적게 언급되어 있다.[8] Qin과 Lykes(2006), Roschelle과 Kaufman(2004),

Wolkomir(2001)와 같은 연구에서는 다른 질적 연구와 차별화된 근거 이론 논리를 실제로 설명하고 있다. 이들은 문제의 과정들을 개념화하고, 귀납적이고 비교를 통한 자료의 코딩으로부터 분석적 범주들(analytic categories)을 구성하고, 범주들의 속성을 정의하고, 범주들 사이의 관계를 구체적으로 설명하고, 과정들에 의해 나온 결과들에 대해 윤곽을 보여준다.

만약 독자들이 뚜렷한 근거 이론의 논리를 분석에서 파악할 수 없다면, 연구자가 근거 이론 분석법을 사용하였다는 주장이 잘못되었는지 또는 귀납적인 질적 연구를 정당화하기 위한 목적인지를 밝혀내기가 어려워진다. 그럼에도 불구하고, 어떤 연구자들의 분석은 근거 이론 접근을 사용하였다고 설명하지는 않지만, 방법론에 대한 설명에서 근거 이론법에 대해 높은 수준으로 이해하고 있다는 것을 나타낸다. Henry Vandenburgh(2001)의 조직 일탈 관련 연구에서 언급한 다음 내용을 고려해보자.

나는 Turner(1981)가 Strauss를 해석하여 제시한 단계들을 따랐다. 우선, 자료에 밀접하게 적절한 이름을 붙이는 과정을 통해 분류하고자 가용할 수 있는 자료를 사용하여 범주들을 개발하였다. 그리고 나서 나는 각 범주에 부합하는 모든 예시들을 인터뷰 자료로부터 모아 축적하는 방식으로 각 범주를 포화(saturation)하였다. 다음으로, 나는 현상에 대한 이러한 구체적 형태의 부가적인 사례를 범주에 추가하는 기준들을 서술하는 방식으로 각 범주에 대한 정의를 추출하였다. 나는 몇 가지 질문을 기반으로 후속 질문들을 하는 방식으로 계속해서 범주를 사용하였다. 그후에 나는 범주들로 인해 추가적 범주들이 제안되거나, 더 일반적 또는 구체적인 사례들이 제안되거나, 또는 이 범주들과 반대되는 것을 시사하는지 알아보고자 범주들을 조사하는 방식을 통해 범주들을 더 개발하였다. 나는 범주들 간에 특정한 형태로 형성된 연관성을 알아내고 이 연관성에 대한 가설을 발전시키는 방식으로 범주들 사이의 관계에 주목하여 이들을 발전시켰다. 마지막으로, 나는 이 관계들과 관계들에 영향

을 미치는 맥락들에 대해 이론화하는 방식으로 관계들이 유지되는 조건들을 고려하였다. 그러고 나서, 나는 현재 여기에서 제안하는 이론의 조건들을 만들었다.(2001, p.62)

Vandenburgh와 같이, 다른 근거 이론가들은 방법론적 논의 부분에서보다 분석과정 부분에서 자신이 사용한 방법을 설명할 수도 있다. Monica Casper(1997, 2007)와 Robert Thornberg(Thornberg & Charmaz, 인쇄 중)에서는 독자가 이해하기 쉽게 설명한 방법론적 논의를 찾을 수 있다(Casper, 1998; Thornberg, 2007, 2009).

내부로부터 경쟁하는 근거 이론

근거 이론은 내부와 외부 모두에서 경쟁하여 살아남은 방법이다(Boychuk, Duchscher, & Morgan, 2004; Charmaz, 2006, 2009a; Kelle, 2005).[9] 경쟁을 통해 획득된 지위는 오늘날 근거 이론 연구가 무엇인지에 대해 더욱 복잡하게 만들었다. 1967년 시작된 이후로, 근거 이론 분석법에 대한 모든 주요 지지자들이 이것을 더 명확하게 설명하고 변화시켰다. 근거 이론은 세 가지 관점으로 발달하는 '일반적' 질적 연구 방법이 되었는데, 이 세 관점은 구성주의자, 객관주의자, 후기실증주의자이다. 독자들에게 근거 이론 사용법을 가르치는 주요 교재들에는 근거 이론의 각 관점이 설명되어 있다(Bryant & Charmaz, 2007; Charmaz, 2006; Corbin & Strauss, 2008; Glaser, 1978, 1998; Strauss & Corbin, 1990, 1998).

구성주의적 근거 이론(constructivist grounded theory)은 방법론적 전략에 대한 Glaser와 Strauss의 고전적인 설명을 채택하지만, 연구의 전 과정에서 상대성과 성찰(reflexivity)을 통합시킨다. 그런 방식으로, 이 관점은 근거 이론이 기존에 가졌던 실증주의와 객관주의의 뿌리로부터 근거 이론을 멀어지게 하고, 연

구자의 역할과 행동에 초점을 맞춘다. 구성주의적 근거 이론에서 사용하는 방법론적 전략들은 객관주의적 근거 이론(objectivist grounded theory)의 대변인인 Barney Glaser에 의해 개발되었으나, Anselm Strauss의 상징적 상호작용 관점에 내재된 사회적 구성주의를 기반으로 한다(Charmaz, 2006, 2007, 2008). 구성주의적 근거 이론은 지식이 시간, 공간, 상황에 놓여있다고 보며, 드러나는 개념들을 연구자들이 구성한다는 사실을 고려한다.

객관주의적 근거 이론에서는 드러나는 개념들의 구성을 강조하는 점은 공유하지만 시간, 공간, 구체적인 사람들과는 독립적인 추상적인 일반화를 목표로 하면서, 연구자 중립성과 함께 실증주의적 경험주의를 강조한다(Glaser, 1978, 1998, 2001). 그러나 과거의 많은 실증주의자와는 달리, Glaser는 자료 수집의 준거나 자료 수집의 질적 평가를 위한 준거의 설정에 대해서는 거의 관심이 없다고 피력한다. 그는 "모든 것은 자료다"(2001, p.145)라는 입장을 유지하였다. 그러나 연구자들이 무엇을 "모든 것"이라고 정의할지에 대해서는 조사하지 않은 채로 남겨두었다. Glaser에게 있어 자료에 대한 우려는 "걱정스러운 정확성"(Glaser, 2002, 두 번째 문단)을 반영하며, 이는 그가 반대하는 전통적인 질적 연구의 특징을 나타낸다. Glaser 방식의 근거 이론의 주요 지지자인 Phyllis Noerager Stern(2007)은 적은 수의 사례로도 충분히 연구자가 만들어내는 분석적 범주들을 포화한다는 사실을 발견하였다. Glaser는 비교의 과정을 통해 많은 사례를 검토하는 것이 자료를 객관적으로 만든다는 점에 반대한다. 연구 참여자들이 환경에서 무엇이 일어나는지에 대한 그들의 주요 관심을 연구자에게 말할 것이라는 그의 이전의 관점(Glaser, 1992)이 이론이 단지 거기에 있었던 것처럼 자료로부터 이론을 발견한다는 설명에 기여했을 가능성이 높다.[10] 나는 우리가 참여자들이 말한 공공연한 서술들이 가장 중요한 자료를 대변한다고 가정할 수 없다는 점을 오랫동안 주장해왔다(Charmaz, 1990, 1995, 2000). 오히려 이들은 자신의 생활을 형

성하는 근본적인 과정을 너무 당연하게 여겨 말하지 않거나, 좋은 인상을 남기고자 전략적 미사여구를 사용하여 말할 수 있다(Charmaz, 1990, 2000, 2008f). 내가 앞서 설명하고 이후에 요약하는 바와 같이, 구성주의적 근거 이론은 몇 가지 근본적인 방식에서 전임자인 객관주의적 근거 이론과 뚜렷한 차이를 보인다. 후기실증주의적 근거 이론(postpositivist grounded theory)(Corbin & Strauss, 2008; Strauss & Corbin, 1990, 1998)은 객관주의적 근거 이론과 구성주의적 근거 이론의 두 가지 관점 사이의 중간 영역에 존재한다. 이 관점은 객관주의적 근거 이론과 구성주의적 근거 이론 관점보다 자료로부터 드러나는 것을 덜 강조하고, 자료에 적용하도록 사전에 만들어진 코딩과 분석의 틀을 제공한다. 그런데도 후기실증주의적 근거 이론은 현실을 유동적이고, 진화하며, 언제라도 바뀔 수 있는 것으로 간주한다. Strauss와 Corbin의 초기의 책에서는 근거 이론을 획기적인 사상이라기보다 적용할 수 있는 하나의 방법으로 만들었다(Charmaz, 2007).

그러나 Juliet Corbin(2009)은 최근의 설명에서 어떻게 자신의 연구에 대한 관점이 변화되었는지에 대해 개요를 제시하였다. 그녀는 『질적 연구의 기초(Basics of Qualitative Research)』 제2판까지는 초창기의 방법론적 방안들로 채워져 있다고 서술하였다(Strauss & Corbin, 1990, 1998). 이 방안들은 질적 연구자들로 하여금 (1) 내포된 이론을 찾기 위해 자료를 연구하고, (2) 객관성을 유지하고, (3) "원주민화되기"를 방지하고, (4) 자료 속에서 "현실"의 외형을 발견하고 그것을 "이론적 결과물"로 제시하는 동시에 하나의 진실만이 존재하지 않는다고 믿게 한다(Corbin, 2009, pp. 36-37). Strauss와 Corbin(1990, 1998)의 『질적 연구의 기초』에 제시되어 있는 기술적 절차와 통합된 Corbin의 리스트는 이 초창기 판이 객관주의자 전통을 따른다는 앞서 언급한 나의 주장을 확증한다(Charmaz, 2000, 2002). 그러나 지금의 Corbin(2009)은 성찰을 수행하는 것을 인정하고, 사회정의를 발전시키는 관점을 받아들이고, 다수의 현실을 믿고, 기술적 절차의 엄격한 적용을 부인한다. 이러한 변화는 개정된 『질적 연구의 기초』 제3판에 나타나있고(Corbin & Strauss, 2008), 제3판은 구성주의적 근거 이론에 더 가까워졌다.

근거 이론의 세 가지 관점은 자료를 분석하고, 이론적 분석을 구성하고, 주요한 근거 이론 전략을 채택함으로써, 질적 자료를 개념화하는 공통적인 책무를 공유한다. 각 관점은 명백한 전략을 사용한 체계적인 연구를 강조하고, 귀납적 논리로 시작하고, 이론의 구축을 강조하고, 연구 참여자들, 정책 수립자들, 관련 실행가들을 위한 유용한 분석을 하는 것을 목표로 한다(Charmaz, 2009b). 각 관점이 어떤 전략을 선택하고, 만들고, 또는 버리는지는 종종 어느 기법이 더 선호되거나 선호되지 않는지를 넘어 보다 더 결정적 방식에서 차이를 보인다. 그 차이는 인식론과 존재론에서의 차이다.

근거 이론의 관점 간 인식론 차이

근거 이론은 그 시작부터 다양성의 씨앗을 내포하고 있었다. Glaser가 재직한 콜롬비아 대학의 실증주의, 구조적 기능주의의 이론적인 배경,[11] Strauss가 재직한 시카고 대학의 실용주의[12]는 현실의 본질, 연구의 목적, 연구의 과정과 수행에 대해 서로 갈등되는 철학적, 방법론적인 추정을 끌어들인다. Anselm Strauss의 업적은 실용주의에 있고 상징적 상호작용주의 속에서 실용주의를 발전시킨 데 있다(Charmax, 2008d). 실증주의가 영향을 미친 근거 이론과 실용주의가 영향을 미친 근거 이론 사이의 차이점은 본 핸드북의 제2판에 소개된 객관주의적 근거 이론과 구성주의적 근거 이론 간의 비교에서 정교하게 설명되어 있다(Charmaz, 2000; Bryant, 2002; Bryant & Charmaz, 2007; Charmaz, 2002, 2006, 2007, 2008e, 2009b; Charmaz & Bryant, 2011; Charmaz & Henwood, 2008).

객관주의적 근거 이론의 가정은 중립적인 관찰자가 단일한 외부 세계에서 자료를 발견하는 것이다. 이 관점에서 연구자는 이 세계에 존재하는 "사실"로부터 자신의 가치를 분리할 수 있는데, Kelle(2007)는 이를 "인식론적 근본주의"로 명명한다(p. 205). 이 관점에서는, 자료를 수집할 때 연구자의 암묵적 추정, 연구자가 가진 특권이 있는 지위, 또는 연구자가 연구하는 개인을 바라보는 특정한 위치에 대해 의문을 제기하지 않는다. 연구자는 연구된 현상 바깥에 서 있다. 자료는 구성되기보다 "거기에" 있는 것이다. 연구자는 원할 경우 자료 수집과 자신의 역할에 대해 성찰을 추가할 수 있다. 그러나 보통은 중립적이지만 수동적 관찰자가 자료를 모으기만 하며, 권위 있는 전문가이며 적극적인 분석가로서 분석한다. 객관주의 논리에 의하면, 사례의 수가 연구자에게서 나타날 수 있는 오류들을 바로잡아 준다. 이러한 접근은 연구자의 목소리와 분석에 우선권을 주고, 연구자의 연구 참여자들에 대한 설명을 본질적으로 문제가 없는 확실한 것으로 간주한다. 위험 요소는 연구자가 연구 과정과 결과물에 자신이 인식하지 못한 추정을 불러들일 수 있다는 점이다. 객관주의적 근거 이론은 경험적 현상을 설명하는 변인들 간의 관계에서 일반화를 추출함에 있어 최소한의 노력을 투자하는 것을 목표로 한다. 그리고 이 일반화는 연구된 현상을 설명하는 중범위 이론을 구성한다.

구성주의적 근거 이론은 존재론적, 인식론적 기반을 바꾸어서 객관주의와 대비되는 상대주의적 관점을 택하며(Charmaz, 2009b), Anselm Strauss의 실용주의적 전통과 맥을 같이한다(Charmaz, 2008a, 2008d, 2009b; Reichert, 2007; Strubing, 2007). 여기에서는 다수의 현실이 존재하며 관찰자는 보여지는 것의 일부이다. 주관성이 중요하다. 가치가 나타난 사실을 형성한다. 가능한 범위에서, 구성주의적 근거 이론가들은 연구된 현상으로 들어가서 그것을 내부로부터 바라보고자 노력한다. 연구자와 연구 참여자는 상호작용을 통해 자료를 함께 구성한다. 자료는 참여자들의 역사적, 사회적, 상황적 위치를 반영하며, 연구자들의 이와 같은 위치를 반영하기도 한다(Charmaz, 2009a, 2009b). 자료에 대한 설명은 본질적으로 문제가 있고 편파적이다. 이러한 우려로 인해 구성주의적 근거 이론가들은 연구 내내 연구과정의 필수적인 부분인 성찰에 몰두한다(Mruck & Mey, 2007; Neill, 2006). 구성주의적 근거 이론은 이론적 일반화를 목표로 하는 대신에 해석적 이해를 목표로 한다. 일반화를 추구할 때에는 차이점을 없애고 다양성을 숨긴다(Clarke, 2003, 2005, 2006; Clarke & Friese, 2007). 구성주의자들에게 일반화는 여전히 편파적이고, 조건적이고, 특정 상황에 놓인 것이다. 더욱이 일반화는 중립적이지 않다. Norman Denzin(2007)은 해석은 본질적으로 정치적이라고 공언한다.

이 모든 차이점은 연구의 과정과 결과물을 바꾸어 버리며 근거 이론의 수행에서도 차이를 보인다. 예를 들어, 근거 이론에서는 문헌연구를 경쟁의 장으로 본다. Glaser(1978, 1998, 2003)는 독립적인 분석을 실시한 후 문헌연구를 수행할 것을 주장하는데, 이는 연구자가 사전에 형성한 범주와 이론으로 자료를 왜곡하는 것을 방지하기 위해서이다. 그러나 박사 과정 학생과 전문 연구자 중 자기 분야에 대한 지식 없이 연구를 시작하는 사람은 거의 없다(Charmaz, 2006; Lempert, 2007). 이들은 자신의 논문 계획서, 연구비 지원 계획서에 철두철미한 이론적 배경을 포함하며, 요즘에는 사람을 연구 대상으로 하는 IRB(institutional review board: 기관윤리심의위원회) 몇몇 제안서에도 철저한 문헌연구를 포함해야 한다. Karen Henwood와 Nick Pidgeon(2003)의 이론적 불가지론[사물의 본질이나 궁극적 실재의 참 모습은 사람의 경험으로 결코 인식할 수 없다는 이론—역주] 개념은 이론적 결백성보다 이치에 더 맞는다. 이들은 문헌이건 분석이건 간에 현상에 대한 모든 가능한 이론적 설명들에 대해 연구자는 엄격한 조사를 해야 한다고 주장한다. 아마도 가장 중요한 차이점은, 구성주의적 근거 이론가들은 연구자들의 출발점과 연구 전반에 걸쳐 일어나는 연구자들의 관점들이 연구 과정과 결과에 영향을 미친다는 주장일 것이다.

21.4 사회정의 통합 연구 방법에서의 근거 이론

연구자들은 통합 연구 방법(mixed methods research) 연구에 적용할 수 있는 유용한 질적 연구 방법이 근거 이론이라고 밝혀왔다. 통합 연구 방법에서 연구 주제에 대한 지식을 증진하기 위해 근거 이론의 사용이 증가하고 있지만, 명백하게 사회정의에 초점을 맞춘 연구는 거의 없다. 통합 연구 방법을 사용하는 사회정의 영역에서 근거 이론의 위치는 아직 개발되지 못하였다. 따라서 나는 여기에서 근거 이론을 사용하는 사회정의 연구자들이 고려할 만한 통합 연구 방법을 간단히 언급하고자 한다.

통합방법은 보통 연구 문제에 대해 더 많은 분석과 더 미묘한 분석을 얻기 위해 양적 방법과 질적 방법을 모두 사용하는 것을 의미한다. 그러나 통합방법의 정의와 연구에서의 의미에는 논란이 있으며 다양하다. 통합방법의 전문가들에게 있어(Cameron, 2009; Creswell, 2003; Morgan, 2007), 통합방법의 빠른 성장은 Denzin과 Lincoln이 1994년에 선언한 질적 혁명과 유사한 패러다임 변화를 예고하는 조짐이다. 이 방법을 채택하고, 결과를 분석하고, 추후 분석에서 각 분석을 사용할지, 사용한다면 어느 정도까지 사용할지에 대한 논리와 상관이 없이, 많은 연구자들에게 통합 연구 방법은 결과를 산출하는 도구이다. 소수 연구자들에게는 통합 연구 방법은 단순히 한 가지 이상의 방법을 사용하는 것을 의미하며, 이들에게 이 방법이 양적 연구와 질적 연구를 혼합한 방법인지는 상관이 없다.[13] R. Burke Johnson, Anthony J. Onwuegbuzie, Lisa A. Turner(2007)는 통합 연구 방법을 양적 접근과 질적 접근의 결합으로 보는데, 이것은 각각의 관점, 분석, 추론 방식을 포함한다. 이들이 지적했듯이, 통합방법이란 "이해의 넓이와 깊이, 확증"을 위해 방법들의 요소들을 결합하는 것을 의미한다(p. 123).

통합방법의 논의는 Norman Denzin(1970)이 일찍이 명명한 삼각검증(triangulation)의 가능성을 감안한다(Greene, 2006; Morse, 1991; Tashakkori & Teddlie, 2003). 많은 연구자들이 방법론적 다원성을 옹호한다. 다른 연구자들은 보다 회의적인 관점을 취하여 양적 자료와 분석이 통합 연구 방법을 지배할 뿐 아니라, 질적 자료를 숫자로 변형하여 질적 자료의 "수량화"가 일어난다고 본다(Sandelowski, Voils, & Knafl, 2009).[14] 그러나 Creswell, Shope, Plano Clark, Greene(2006)과 Creswell, Plano Clark(2007)은 질적 방법이 통합방법의 수행을 확장하고, 통합 연구 방법에서 우선적인 권한을 가질 수 있다고 주장한다. 실제로 연구자들은 (1) 도구를 구성하고, (2) 결과를 확증하고, (3) 문화와 연구자의 오류를 줄이고, (4) 임상실험을 개선하고, (5) 연구 참여자의 경험을 설명하고, (6) 신뢰성을 보여주고, (7) 일반화 가능성을 높이고, (8) 전문직종의 일 그리고/또는 공공정책에 정보를 제공하는 목적과 같이 다양한 목적을 위해 통합방법을 사용한다.

통합 연구 방법을 사용한 연구에서 결과와 분석을 통합하는 데 있어 의문이 제기된다. 양적 연구와 질적 연구 결과를 어느 정도로 통합하는 것이 주요한 방법론적 목표가 되어야 하는가? 양적 자료와 질적 자료가 상반된 결과를 가져올 경우 어떻게 해야 하는가? Bryman(2007)은 통합방법을 사용하는 연구자들이 종종 질적 분석을 간과하여 지나친다는 것을 발견하였다. 그는 "통합방법의 연구이건 아니건 간에, 결과물은 각각의 양적 부분과 질적 부분을 합한 것 이상이라는 것이 핵심이다"라고 주장한다(p.8). Bryman이 관찰한 것처럼, 실제로 이것은 일어나지 않거나, 연구자들의 의도한 바가 아닐 수 있다.

통합방법을 사용한 설계는 대체로 복잡한 절차로 이루어져 있으므로 팀의 노력을 필요로 한다. 근거 이론을 사용한 통합방법의 연구는 팀 연구에 연구비 지원이 많은 교육과 건강 분야에서 꾸준하게 증가하고 있다. 사회정의 연구는, 특히 그것이 명확히 사회정의 연구일 경우, 서로 다른 그러나 서로 보완적인 기술을 가진 방법론적 전문가들의 집합으로 구성원을 꾸린 연구비 지원을 받은 팀 프로젝트일 가능성은 낮다. 한 연구자가 양적, 질적 두 방법 모두에서 동등하게 숙련될 가능성은 거의 없다. 사회정의 연구는 연구비 지원 없이 개인이 진행하거나, 지역사회의 구성원이자 지역사회를 이끄는 사람인 연구자가 직접 참여하는 실행 연구 프로젝트(a participatory action research project)인 경우가 많다. Tomas W. Christ(2009)는 통합방법을 사용한 연구의 목표가 사회정의 목표가 우세한 변형적 연구의 목표와 일반적으로 차이를 보인다는 점을 정확하게 관찰한다. 그의 주장에 따르면, 연구자들은 "대표성 없는 표본에서 나온 결과를 더 큰 집단으로 일반화하는 것이 아니라, 지역사회를 개선하거나 억압을 줄이기 위해" 비판적이고 변형적인 연구를 수행한다(p. 293). 그러나 Donna Mertens(2007, 2010)는 변형적 패러다임(transformative paradigm) 속에서 통합방법의 사용은 사회정의를 발전시킨다고 유려한 언어로 주장하였고, Deborah K. Padgett(2009)은 "사회정의 가치가 열외로 취급될 필요는 없다."고 언급하였다(p. 101). 이들의 목적은 "공공사회학"이란 용어같이 단조롭고 배타적인 용어 속에 감추어지지 않고, 분명하다(Burawoy, 2004).

사회정의 연구자들이 의심 많은 독자들을 대할 수 있기 때문에, 통합적인 분석을 사용하여 여러 형태의 자료를 제시하는 것은 이들의 보고에 힘을 실어준다. 통합방법에 대해 최근 생겨난 철학적 기초는 사회정의 연구자들의 노력을 뒷받침할 것이다. 실용주의에서 통합방법이 차지하는 위치에 대한 논의가 일어나고, 그로 인해 사회정의에서 근거 이론 연구가 적합하다는 논의가 진행되고 있다(예, Duemer & Zebidi, 2009; Feilzer, 2010; Morgan, 2007).

교육 분야의 연구자들은 사회정의 목표하에 진행된 통합방법 연구에서 근거 이론을 사용하는 데 가장 숙련되어 있다. 그러나 다른 연구에서 분명히 나타나는 것처럼, 그 연구자들은 연구물에 사회정의 목표를 명시하지 않고 이를 가정하고, 근거 이론을 제한적이거나 너무 광범위한 방식으로 사용하고 있을지도 모른다.

한 가지 흥미로운 예를 들자면, Sahin-Hodoglugil 외(2009)는 적은 비용으로 에이즈 바이러스(HIV)를 예방하는 방법인 페서리(여성용 피임기구)의 효과를 알아보고자 무작위로 통제된 임상실험에서 통합방법을 사용하였다. 이 방법은 상대 남자가 이것을 모르고 있더라도 사용할 수 있기 때문에 여성에게 통제권을 준다. 연구자들은 양적 자료와 질적 결과가 서로 정보를 제공하면서 반복되는 과정을 사용하였다. Sahin-Hodoglugil과 연구자들은 질적 자료로부터 페서리를 비밀리에 사용하는 행동에 대한 통찰력을 얻고, 이를 양적 자료를 위한 분석의 틀에 정보를 제공한 후에, 양적 연구 결과의 한 부분을 더 탐색하기 위해 질적 자료를 수집하였다. 연구자들은 페서리를 비밀리에 사용하는 행동은 예상보다 더 복잡했으며 상대 남자에게 알리는 정도에 따라 달라진다는 점을 발견하였다.

요약하면, 사회정의 연구자들은 다양한 형태의 견고한 자료를 분석할 수 있다면 그들의 연구는 무시하기 어렵다는 것이다. 통합방법 연구의 검증은 연구 문제에 답하고, 연구 목표를 달성하고, 연구의 중요성을 관련된 독자에게 설득시키기 위해 선택한 모든 방법을 사용하여 신뢰로운 작업을 하는 데 달려있다.

21.5 사회정의 연구에서 근거 이론 전략의 사용

이 절에서 필자는 실제로 수행된 근거 이론의 몇 가지 구체적인 예시를 들고자 한다. 코딩, 메모하기, 이론적 표집과 포화, 메모의 분류 모두가 이 절차의 일부분이다. 이 근거 이론 전략들은 다른 연구에서도 자세히 다뤄졌으므로(Charmaz, 1990, 2001, 2002, 2005, 2006; Corbin & Strauss, 2008; Glaser, 1978, 1998, 2001, 2003; Strauss, 1987; Strauss & Corbin, 1990, 1998), 필자는 여기에서 근거 이론 분석을 구축하는 과정이 어떻게 사회정의 연구에 생명을 불어넣는지를 보여주는 몇 가지 예를 간단히 소개하고자 한다.

코딩 절차

행동을 코딩하는 데 현재진행형 동사를 사용함으로써, 근거 이론 연구자들은 개인 또는 집단 행동과 절차를 가시적이고 실재하도록 한다.[해석상 -ing 형태의 현재진행형 번역의 어려움으로 본문에는 -하기, -함 등으로 동사표현을 살려 번역하였음—역주] 사회정의 연구자들은 사람들이 불의와 불평등에 대해 어떻게 행동하는지를 보여주기 위해 근거 이론 코딩 전략을 사용할 수 있다.[15] 현재진행형은 행동을 정의하고, 근거 이론 학자들로 하여금 암묵적 행동들을 상상하고, 그것들이 어떻게 연결되어 있는지를 발견하도록 한다(Schwalbe, 2005; Schwalbe, Godwin, Schrock, Thompson & Wolkomir, 2000).

행동 자료를 코딩하고 자료와 코드 모두에서 이론적 잠재성을 개발하는 과정은 근거 이론의 독특한 특징이다(Charmaz, 2006, 2008b, 2008c). 현재진행형으로 코딩하는 것은 행동을 정확히 찾아내고, 따라서 근거 이론가들로 하여금 자료의 조각이나 사건의 서술에서 무슨 일이 일어나고 있는지 정의하도록 돕는다. 현재진행형은 근거 이론 학자들에게 암묵적 절차를 보도록 하고, 코드 간의 연관을 만들고, 자신의 분석이 계속 활발하게 진행되도록 한다. 대조적으로, 주제와 테마를 코딩하는 것은 연구자들에게 자료를 분류하고 통합하도록 돕는다. 하지만 행동에 대한 근거 이론 코딩만큼, 주제들과 테마들을 해체하려고 준비된 전략도 없으며 주제들과 테마들 간 암묵적 관계를 볼 수 있는 데 도움이 되는 전략은 없다.

한 줄씩 코딩하는 것, 즉 근거 이론 초기에 발전된 현재진행형을 사용하여 코딩하는 이 코딩 전략은 연구자로 하여금 자료에 접근하도록 하고, 자료와 상호작용하고, 각각의 조각을 연구하도록 하는 단순화된 장치이다([박스 21.1 a.b] 참고). 이런 종류의 코딩은 암묵

적 의미와 행동을 정의하는 것을 돕고, 연구자에게 앞으로 탐색할 연구의 방향을 제시하며, 자료 간 비교를 하도록 자극하고, 자료에서 과정들 간에 나타나는 연결들을 계속해서 찾고 점검하도록 제안한다. 박스에 발췌한 자료는 홍반성 낭창에 걸린 한 중년 부인과 그녀의 친구들이 그녀의 약을 재검사하도록 의사에게 서둘러 데리고 가는 이야기이다. 이 약은 종종 정신의 혼란, 우울, 흐릿한 시야, 부적절한 감정적 대응 등의 부작용을 야기한다. 2회에 걸쳐 병원을 옮긴 후에야 이 부인의 의학적 위기는 정신적 위기로 재정의되었다. 그후에 신체적 증상이 있다는 그녀의 주장은 들려지지 않았고 홍반성 낭창의 약을 요구한 것은 무시되었다. 또한 다른 사람에게 알리지 말고 그녀 혼자서 해야 하는 약물섭취 관련 설문조사를 다른 환자의 도움으로 완성해서 의사는 그녀에게 매우 화가 나 있다. 다른 사람이 설문조사를 하는 것을 돕는 것은 병원 규칙을 어기는 것이지만, 의사가 다른 사람에게 그녀를 돕지 못하도록 한 후에 이 부인은 시야 문제로 설문지를 읽을 수 없었기 때문에 설문조사에서 무작위로 원을 채웠다. 그녀가 처한 상황을 보면, 그녀가 연달아 행한 행동은 상식적이지만 병원의 규칙이나 자신의 치료 프로그램에는 맞지 않다. 그럼에도 불구하고, 그녀는 병세가 악화되는 동안 자신의 의견을 표현하고 스스로를 옹호하려고 하였다. 그녀의 병력을 몰랐거나 무시했던 정신과 의사는 자신의 치료적 접근이 맞다고 정당화하기 위해 어떤 사건을 일으킬 수 있다. 이 경우, 근거 이론 코드는 여성이 자신의 삶과 질병에 대한 통제권을 점진적으로 상실함이라고 기록된다. 따라서 발췌한 자료에서 이 자료 분석의 초창기에 코딩된 코드들은 좀 더 일반적 코드인 "점차 심해지는 무기력함에 대해 저항함"을 입증하는 세부 내용이 된다.

박스들 속 코드들을 비교하는 과정은 근거 이론 코드들이 자료의 특성을 유지하고, 자료를 정확하게 다루어 제공하고, 좀 더 설명이 필요한 곳을 지적하여 보여준다. 코딩은 연구자에게 추후의 자료 수집을 주도하도록 한다. 체험 코드(in vivo code)는 그 의미

박스 21.1 a
주제와 테마를 위한 초기 코딩

코드 예시	코딩될 내러티브 자료
친구의 지지 입원	P: 그들이 병원으로 전화를 걸어서 나를 볼 수 있는지, 내 약이나 다른 것을 재평가할 수 있는지를 물었고, 그들은 "아, 네."라고 말했어요. 내가 병원에 갔을 때, 그들은 나를 받아들일지 먼 곳 어디에 보내거나 할 것인지 결정했어요. 그리고 나는 결국 나쁜 의사를 만났어요. 정말 나쁜 의사요. 나는 심지어 그를 고소했지만, 지고 말았죠.
의사와의 갈등	I: 그가 어떻게 했는데요?
병원 이동 의사 선택권 없음 의사와의 갈등 의사(내과 의사)의 통제 위협 무력함 신체적 보살핌의 결여	P: 그들은 어떤 곳에 나를 있게 하더니 그 다음날 저를 West Valley 병원[60마일 떨어진 병원]으로 보냈는데, 거기엔 여의사가 한 명도 없고, 모두 남자 의사였죠. 그래서 선택권이 없었어요. 의사 한 명에게 배당되고 내가 거기 있는 동아 계속 한 명만 봤어요. 무슨 이유에선지 그는 내가 그를 싫어한다고 생각한 거 같아요. 저는 그 의사에게 제 낭창 등의 문제를 설명하려고 했는데 그는 화가 났어요. [그는 그녀에게 선글라스를 벗으라고 하였다.] 그리고 나는 계속 안경[선글라스]을 쓰고 있었어요. 그가 형광등을 끈다면 나는 선글라스를 벗을 거라고 얘기하려 했어요. 그는 내가 단지 고집을 부린다고 생각했어요. 저는 그에게 그 안경을 만든 의사의 이름과 번호를 주었지만 그는 그것을 제가 보는 앞에서 찢어 버렸어요. 그리고 거기에 있는 동안 집단 상담 세션에 계속 가야 한대요. 가긴 갔는데 아무와도 이야기하지 않았어요. 그렇지만 저는 갔어요. 저는 그들이 말하는 제가 해야 한다는 모든 것을 했어요. 그리고 날마다 그 의사는 저를 다시 감금하겠다고 말하곤 했어요. 10일 후에 감금을 했어요. 그는 나를 이런 작은 방에 오라고 불렀는데 거기에는 두 명의 덩치 큰 사람들이 있었고, 그 사람들이 저를 붙잡아 들것 위에 놓고 묶어버렸어요. 그리고 그는 나를 유치장 병동에 보내어 아무에게 전화도 못하게 하고, 아무것도 하지 못하게 했어요. 그리고 제 칼륨 수준은 너무 떨어졌는데 그것은 제가 정말 아프다는 것이었어요. 그들은 저에게 제가 필요한 아무런 약도 주지 않고 있었고, 제가 낭창이 있다는 것을 인정하지 않았어요. 절망적이었어요.

를 발견하고 발생하는 행동들을 이해하고자 연구 참가자가 사용한 언어를 그대로 사용한다. Zieghan과 Hinchman(1999)의 연구에서 "처음 만났을 때 어색함 없애기", "돕는 법 생각해냄", "이해하려 노력함" 등의 체험 코드는 성인 학습자를 가르치는 대학생들에 대한 그들의 연구에 형태를 부여하였다. 그들은 현재진행형으로 코딩했고 그래서 주어진 상황에 대처하려고 애쓰는 대학생 교사의 행동을 묘사했다는 점을 기억하라. 대학생 교사들이 가난과 기회의 부족을 점점 더 인식했음에도 불구하고, 연구자들은 "캠퍼스 생활과 성인 문명사회의 경계는 변형보다는 재창조다"라는 것을 배웠다(p.99).

현재진행형으로 코딩하는 것이 그렇게 생산적이라면, 왜 좀 더 많은 연구자들이 그것을 사용하지 않을

까? 내 생각에는, 영어라는 언어는 행동과 절차 안에서 생각하기보다는 구조, 주제, 테마 안에서 생각하기를 선호하기 때문이다. 게다가 Strauss와 Corbin(1990, 1998)의 책이 수많은 연구자들을 가르쳐 왔지만, Charmaz(1990, 2006, 2008c)와 Glaser(1978, 1998)의 연구보다는 현재진행형을 덜 강조하였다. 많은 연구자들이 개방 코딩(open coding)으로 코딩을 시작한다고 보고하는데, 개방 코딩은 연구자가 자료를 조사하고 범주화하는 초기의 코딩 기법이다. 다음으로, 일부 연구자들은 축 코딩(axial coding)을 시작한다. 축 코딩은 범주들을 각각의 하위 범주들과 연결하거나 범주들을 주제의 코딩(thematic coding)과 연결하여 코딩하는 기법이다. 그러나 축 코딩은 새

박스 21.1 b
근거 이론 초기 코딩

코드 예시	코딩될 초기 내러티브 자료
보호시설을 구하는 데 친구들의 도움 받기 식이요법 재평가 요청하기 병원에 입원함 "나쁜" 의사를 만남 의사에 대항하여 고소함 멀리 보내짐 여의사 선호 선택권 상실; 통제력 감소함 의사로부터 싫은 일을 강요당함 의사의 행동 설명함 발언권을 가지려 함–증상 설명함 아무도 귀 기울이지 않은 상태에 있음 자신에 대한 주장함 협상 시도하기 잘못 판단됨 판단을 반대함 증거 제공, 무시당함 강제출석에 직면함 침묵을 유지함 지시에 "따름" 날마다 위협받음 의사의 위협 실제 행사함 제압당함 신체적 제약을 당함 즉각적 통제력 상실의 경험 자신의 상태 악화를 목격함 의학적 처방을 거부당함 의사가 질병이 있다는 주장을 거부함	P: 그들[그녀의 친구들]은 병원으로 전화를 걸어서 나를 볼 수 있는지, 내 약이나 다른 것을 재평가할 수 있는지를 물었고, 그들은 "아, 네."라고 말했어요. 내가 병원에 갔을 때, 그들은 나를 받아들일지 먼 곳 어디에 보내거나 할 것인지 결정했어요. 그리고 나는 결국 나쁜 의사를 만났어요. 정말 나쁜 의사요. 나는 심지어 그를 고소했지만, 지고 말았죠. I: 그가 어떻게 했는데요? P: 그들은 어떤 곳에 나를 있게 하더니 그 다음날 저를 West Valley 병원[60마일 떨어진 병원]으로 보냈는데, 거기엔 여의사가 한 명도 없고, 모두 남자 의사였죠. 그래서 선택권이 없었어요. 의사 한 명에게 배당되고 내가 거기 있는 동안 계속 한 명만 봤어요. 무슨 이유에선지 그는 내가 그를 싫어한다고 생각한 거 같아요. 저는 그 의사에게 제 낭창 등의 문제를 설명하려고 했는데 그는 화가 났어요. [그는 그녀에게 선글라스를 벗으라고 하였다.] 그리고 나는 계속 안경[선글라스]을 쓰고 있었어요. 그가 형광등을 끈다면 나는 선글라스를 벗을 거라고 얘기하려 했어요. 그는 내가 단지 고집을 부린다고 생각했어요. 저는 그에게 그 안경을 만든 의사의 이름과 번호를 주었지만 그는 그것을 제가 보는 앞에서 찢어버렸어요. 그리고 거기에 있는 동안 집단 상담 세션에 계속 가야 한대요. 가긴 갔는데 아무와도 이야기하지 않았어요. 그렇지만 저는 갔어요. 저는 그들이 말하는 제가 해야 한다는 모든 것을 했어요. 그리고 날마다 그 의사는 저를 다시 감금하겠다고 말하곤 했어요. 10일 후에 감금을 했어요. 그는 나를 이런 작은 방에 오라고 불렀는데 거기에는 두 명의 덩치 큰 사람들이 있었고, 그 사람들이 저를 붙잡아 들것 위에 놓고 묶어버렸어요. 그리고 그는 나를 유치장 병동에 보내어 아무에게 전화도 못하게 하고, 아무것도 하지 못하게 했어요. 그리고 제 칼륨 수준은 너무 떨어졌는데 그것은 제가 정말 아프다는 것이었어요. 그들은 저에게 제가 필요한 아무런 약도 주지 않고 있었고, 제가 낭창이 있다는 것을 인정하지 않았어요. 절망적이었어요.

로운 개념적 범주들을 만들지는 않는다. Strauss와 Corbin(1990, 1998)을 따르는 연구자들은 종종 주제를 생성하기 위해 복잡한 코딩 절차를 채택한다(Ball et al., 2009; Morrow & Smith, 1995; Sakamoto et al., 2009; Ullman & Townsend, 2008). Ullman과 Townsend(2008)는 코딩 절차를 거쳐 "페미니스트/임파워먼트 접근의 정의" "통제의 중요성" "임파워먼트 증진 기술" "지지자 대 행위자 지향"과 같은 주제들을 만

들어냈다. 많은 학자들이 Strauss와 Corbin의 코딩 절차가 유용하다고 생각했지만, Judy Kendall(1999) 같은 일부 학자들은 그렇게 생각하지 않았다. 그녀는 다음과 같이 언급하였다. "나는 모델이 자연스러운 결론을 가지도록 작업하는 데 너무 주의를 빼앗겨서 연구 질문에 대해 자료가 나에게 말해주는 것이 무엇인지에 대해 생각을 할 수 없었다"(p. 753).

　근거 이론 코딩은 복잡할 필요가 없다. 연구 절차의

초창기에 철저하게 코딩하고, 자료와 코드를 철저하게 비교하는 방법을 통하여, 연구자는 잠정적 범주를 위해 어떤 코드를 더 탐색할지 알아낼 수 있다. 결과적으로, 범주들을 선택하는 것은 연구를 더 신속하게 처리하도록 돕는다. 그 이유는 그러고 나서 연구자가 자료의 큰 덩어리를 분류하는 데 이 범주들을 사용하기 때문이다. 이 접근은 사회적 이슈와 정책에 압박을 가하는 사회정의 연구 프로젝트에 특히 유용하다. 근거 이론 코딩은 경험적인 세부사항을 보존하는 동시에 연구를 완성으로 향하도록 한다.

CAQDAS 고려하기

점차로 근거 이론가들은 자료 코딩을 위한 CAQDAS (computer assisted qualitative data analysis software)[질적 자료 분석을 돕는 컴퓨터 소프트웨어—역주] 프로그램들 중 하나로 눈을 돌리고 있다. 이 중에서 몇 개의 CAQDAS 프로그램은 근거 이론의 논리에 부합하는 목적을 가지며, 근거 이론이나 프로그램에 있는 근거 이론의 개념과 교환할 수 있게 질적 연구를 다루는 것이 목적이다. 소프트웨어 개발자는 주로 근거 이론에 의존한 것으로 인해 비난받을 수도 있다. 그러나 아이러니하게도, 이들의 소프트웨어는 절차를 위한 코딩을 하고 비교 분석을 하는 것보다는 주제와 테마를 위해 코딩하는 일반적 질적 코딩에 더 적합할 수 있다. 비록 많은 연구자들이 깨닫지 못하지만, 근거 이론 코딩은 단지 이름을 붙이는 것, 주제를 분류하는 것, 주제에 이름을 붙이는 것 이상을 포함한다.

근거 이론가들의 기술과 목표에 따라, CAQDAS 사용은 다음의 장점을 가질 수 있다. (1) 자료와 코드를 조사, 검색, 분류, 분리, 범주화하는 데 상대적으로 용이하고, (2) 여러 수준의 분석을 동시에 작업할 수 있고, (3) 자료와 분석 과정 모두를 눈으로 볼 수 있고, (4) 팀 연구를 할 때 기록을 공유할 수 있고, (5) 자료와 생성되는 분석을 관리하고 체계적으로 정리

할 수 있다. CAQDAS의 출현 이래로, 많은 연구자들이 CAQDAS를 사용하는 데 있어 생각할 수 있는 이점과 관련하여 다양한 의문을 가져왔다(예, Fieding & Lee, 1998; Glaser, 2003; Weitzman, 2000). 이들은 사용자가 자료에 너무 가까워지거나 너무 멀어지고, 소프트웨어 설계에 따라 분석이 만들어지고, 사용자가 분석 절차에 대한 이해와 분석적 접근의 범위에 대한 이해 없이 결과물을 산출할 수 있다는 점을 우려한다. 초기 이후에 CAQDAS는 보다 폭넓은 독자를 얻었고, 소프트웨어가 더 복잡한 기능을 지원할 수 있게 되었다. 소프트웨어가 점점 더 정교해짐에 따라, 그 소프트웨어의 지식 생산에 미치는 영향도 변화될 것이다. Bringer, Johnston, Brackenridge(2006)는 근거 이론 분석법을 효과적으로 사용하는 것이 소프트웨어의 사용 여부보다 더 중요하다고 주장한다. Konopasek(2008)은 "소프트웨어는 … 조직하고, 기억하고, 체계화하는 연구자의 정신 능력을 확장시킨다. 그러나 그렇게 하는 동안 그것은 본질적으로 멍청한 기기로 존재한다"(2번째 문단). 반면, Konopasek에게 소프트웨어는 도구로뿐 아니라, 일련의 중재가 일어나고 실제 구현되고 실행을 기반한 지식이 생산되는 가상의 환경이다.

Udo Kelle(2004)는 CAQDAS가 사용자로 하여금 자료의 관리 전략을 확실히 하고 그 이후에 방법론적 의미와 인식론적 중요성을 생각하도록 한다고 주장한다. 과연 정말 그러한가? 어느 정도까지 그러한가? Kelle는 CAQDAS가 사소한 결과를 만들어내는 질적 연구에 대한 합리화와 기계화의 하나의 단계로 보일 수 있다는 점을 인정한다. 간단한 CAQDAS를 사용하여 쓰여진 근거 이론으로 가장한 수많은 보고서들은 이러한 문제가 존재한다는 것을 보여주는 확실한 증거이다. 그러나 Kelle는 CAQDAS이 사용자가 이론 구축과 연관된 과정들을 명확하게 알도록 도와준다고 주장한다. 여전히 많은 연구자들이 이론을 구축하지는 않고 주로 코딩을 위해 CAQDAS와 근거 이론을 사용한다. 그럼에도 Kelle는 가치 있는 목표를 제시한다. 그러나 먼저 연구자들은 그 방법의 사용법을 배워야 한다.

자료 분석을 통해 나온 개념 정의하기

사회정의 연구자들은 구조적 합의와 집단의 강한 영향을 반영한 개념을 사용한다. 이들은 자신이 경험한 속성을 사용하여 개념들을 제련하고 재정의하기 위해 근거 이론 전략을 적용할 수 있다. 이러한 의미에서, 사회정의 연구자들은 개념을 민감하게 함으로써 철저한 **경험적**(empirical) 분석이 되도록 할 수 있다. 다음 예에서, 나는 질병 경험에 관한 자료를 조사하였고, 소외를 민감화한 개념으로 사용하여 분석을 시작하였다(Blumer, 1969; van den Hoonaard, 1997). 내가 마릴린이라고 가명을 붙인 46세의 여성(Charmaz, 2008f)은 만성 피로 증후군과 환경 관련 질환에 걸렸고, 이것으로 장애를 가지게 되었다고 말하였다.

마릴린은 자신의 이제는 끝나지 않는 질병의 대하소설과 과거의 성공스토리를 비교하고 대조한다.

> 나는 많은 일을 했고, 그것은 굉장히 도전적인 일들이었습니다. 그러니까 나는 일주일에 50~60시간을 일했고, 월급도 괜찮았고 수당도 많이 받았습니다. 내게는 인생이 있었어요. 그런데 일 년 만에, 정말 일 년 만에 갑자기, 완전히 바뀌었어요. 그 이후로 모든 것, 경제적인 부분부터 기억까지, 그리고 그 사이에 있는 모든 것이 사라졌습니다. (p.7)

나무를 태우면 사람들에게 폐질환, 천식, 화학물질 과민증 같은 병을 앓고 있는 사람들에게 엄청난 피해를 주기 때문에, 마릴린은 시 의회 회의에서 나무소각을 제한하는 법안을 다룰 때 증언하려고 계획하였다. 사람이 많고 폐쇄된 방의 악취로 불쾌함을 느낄수 있다고 예상해서 지역사회 구성원이 진술하는 정해진 시간 15분 전에 도착하였지만, 그녀는 훨씬 더 오래 기다리게 되었다. 마릴린은 이야기하였다.

> 나는 마스크를 써야 했고 두 시간 후에는 숯[마스크 안에 있는 필터]이 완전히 망가지고, 한 시간 후에는 내 목소리가 안 나오고, 정신이 혼미해지고, 단어를 생각하기도 어려웠어요. 그래서, 그러니까, 내가 마스크를 썼을 때, 물론 언제나 그렇듯이 사람들은, 엄마들은 아이들을 자신 가까이로 끌어당기는 것을 보게 됩니다. (pp.8-9)

첫 번째 문장에서 마릴린은 과거 자신의 모습에 대해 확실하게 주장하고 있다. 그녀의 두 번째 문장에서 시간이 지남에 따라 통제력 상실과 외적 영향에 대해서 밝혔다. 그 후에 마릴린의 다른 사람과는 다르다는 차이가 눈에 보이게 증가하였고, 그로 인해 그녀에 대해 명예가 떨어지고, 평가절하되었으며, 타인화되었다. 필자가 자료를 코딩하고 사건을 비교하였을 때, 눈에 보이는 이 차이로 인해 질병과 장애를 가진 사람들이 소외되었다는 사실이 명백하였다. 그런데 여기에서 소외감을 느꼈다는 것이 무엇일까? 자료를 코딩하면서, 나는 소외의 사회적 기원과 주관적 경험이 연관되는 소외감의 속성을 밝혀내고 다음과 같이 언급하였다. "소외감이란 경계나 장벽, 거리감이나 분리, 구분이나 차이를 의미한다. 단절, 평가절하, 차별과 박탈은 소외감 경험의 예시가 될 수 있다"(Charmaz, 2008f, p.9). 더욱이, 필자는 어떻게 사람들이 소외감을 느끼게 되는지를 보여주었다.

근거 이론 전략을 이와 비슷한 방식으로 사용하면, 사회정의 연구자들이 당연히 생각하던 어떤 개념에 특정한 의미를 부여하는 데 도움이 될 수 있다.[16] 나아가, 연구자들이 규정 짓고, 대상화하고, 시험해보지 않고 일반화하는 행동을 하지 않도록 도울 수 있다.

범주 발전시키기와 의미 발견하기

오랫동안 근거 이론은 자료와 이론을 발견하는 방법으로서 강점이 부각되어 왔다. 구성주의자를 비판하는 사람들은 그러한 "발견들"은 공간, 시간, 상황속에 위치한 구성물일 뿐이라고 반박한다. 그러나 근거 이론은 새로운 이해를 구축할 수 있는 도구를 제공할 수 있다. 참여자가 어떻게 자신의 상황을 정의하는지를 배우고, 그들이 무엇을 가정하는지를 파악하고자 노력하고, 그들에게 닥친 문제들을 이해하는 것이 우리의 "발견들"의 주요 원천이 되며, 이 발견들을 개념화한 범주들의 원천이 된다. Jeff Karabanow(2008)는 그의 연구에서 연구 참여자인 청년들에게 거리를 떠난다는 것이 무엇을 의미하는지 발견하였다. 그는 거리를 떠난다의 범주와 절차의 결정적인 부분으로 "거리와의 유대감 단절하기"를 설명한다.

> ─
> 거리와의 유대감 단절하기는 친구들, 대리가족, 도심의 중심부와 연결된 문화를 떠난다는 것을 의미한다. 많은 청년들에게, 친구들과 대리가족은 스트레스가 매우 높은 생존 상황의 결과나 과정으로 형성되어 있다. (p.781)

Karabanow의 범주는 현재와 미래의 의미뿐 아니라 과거의 의미들을 말해주고 있다. 거리와의 유대감 단절은 단지 거리를 떠난다는 것만을 의미하지 않는다. 거리 떠남은, 쉼터를 가지는 것보다 거리가 청년들에게 훨씬 더 호소하는 힘이 있다는 복잡한 맥락에서 일어났다. Karabanow의 분석은 그의 명확한 분석뿐 아니라 그가 수집한 자료의 강점으로 인해 반향을 불러일으키는 힘을 가지고 있다. 그는 거리의 청년 128명, 서비스 제공자 50명과 인터뷰를 실시하였고, 그 주제에 대해 오랜 경험이 있었으며 노숙하는 두 연구 보조원의 도움을 받았다.

Karabanow의 분류에서 주목할 점은, 거리와의 유대감 단절은 거리를 떠남이라는 더 큰 과정을 위한 전제조건이라는 것이다. 근거 이론 분석은 연구된 과정이나 현상이 일어나는 조건을 설명하기 위해 연구자가 자료를 면밀히 조사함으로써 이러한 구체성을 얻는다. 어린 시절의 성폭력 경험으로 고통받는 여성에 대한 연구에서, Susan L. Morrow와 Mary Lee Smith(1995)는 학대로 이어지는 원인이 되는 조건을 알아보았다. 이 연구자들은 연구 참여자가 자주 사용한 학대에 대

처하는 두 가지 전략을 밝혀냈는데, 그것은 "위협적이거나 위험한 감정에 계속 압도당하지 않는 것", "무기력함, 무력감, 통제력 상실을 조절하는 것"이다(pp.27-28). Morrow와 Smith는 이러한 여성들이 도움을 받을 만한 자원이 없다는 것을 알게 되었고, 이들은 심리 전략을 사용하여 연구 참여자들을 도왔다. 이들은 괴로운 감정, 감정 회피나 감정 도피의 강도를 줄이거나, 감정적 고통을 잊기 위해 스스로에게 신체적 고통을 가하는 정도를 줄이도록 하는 등의 방법을 통해 초점을 안으로 향하게 하여 자기 자신과 감정에 집중하도록 하는 심리 전략을 적용하였다.

Morrow와 Smith는 이 여성들이 학대에 대처하는 전략을 알아낸 것처럼 이 여성들이 학대에 부여하던 의미들을 배우게 되었다. 사회정의 연구는 종종 참혹한 강압과 억압을 경험하는 사람들에게 초점을 맞춘다. 그들이 만든 범주들에서 그들이 관찰한 납득하기 힘든 상황이 나타나는 것은 당연하다. Angela Veale과 Aki Stavrou(2007)는 납치된 후 자신의 동족인 우간다 인민수비대(the Uganda People's Defense Force: UPDF)에 대항하여 싸우도록 강요받았던 아이들이 동족에 재통합되는 것에 대해 연구하였다. Veale과 Stavrou는 납치된 아이들은 반란군의 병사이기도 하고, 자신의 마을 어린이이지만 "외부의 어떤 사람, 즉 공격자"이기도 하다고 설명하였다(p.284). 이 정체성의 갈등을 묘사하는 Veale과 Stavrou의 범주는 "모순 관리하기"이다.

Veale과 Stavrou는 다음과 같이 언급한다.

> ─
> UPDF는 우간다 사람이고 UPDF와의 싸움은 슬픔의 근원이다. 왜냐하면 그들은 살아남기 위해서 적들을 죽이며 싸웠기 때문이다. 빅터는 다음과 같이 갈등을 표현하였다:
>
> 빅터: 우간다 군대와 싸울 때, 나는 일부는 그 군대의 군인으로, 일부는 민간인으로 느꼈어요.
> 인터뷰어: 당신은 우간다 가족에게서 음식을 훔치곤 했지

요. 음식을 훔칠 때 어떤 감정을 느꼈나요?

빅터: 기분이 매우 안 좋아요. 왜냐하면 내가 훔치려는 음식이 제 아버지나 대부, 제 형제나 자매의 대부에게서 훔치는 것이니까요.

이 청년들에게, 군인이자 납치자로서 이런 이중적 역할은 해결될 수 없었다. (p. 285)

Veale과 Stavrou가 개발한 범주의 아이러니는 바로 해결 불가능이다. 다시 말해, 이 모순은 눈앞에 닥친 현실을 능가하지만 여전히 바로 이 극명한 모순이 현실이다.

앞에서 논의된 각 범주는 연구된 경험에 매우 가깝고 자료에서 무슨 일이 일어나는지 설명하고 있다. 이와 대조적으로, 근거 이론가들이 이론적 범주를 구축할 때에는 그 자료가 어떠한 이론적 문제와 개념을 가리키는지에 대해 질문하면서 이론을 구축한다. 이 과정은 아래의 Michelle Wolkomir(2001)의 분석에 잘 나타나 있다.

과정 개념화하기

동사 형태로 코딩하는 것을 강조하는 것은 근거 이론가들로 하여금 과정(process)을 알아낼 수 있도록 한다. 그렇지 않다면 과정은 눈에 보이지 않을 것이다. 과정에 대해 면밀히 조사함으로써 사회정의 연구자들이 개념을 정제하고, 미묘한 분석을 해내고, 얼마나 문화의 스크립트가 강력하게 인간의 행동에 영향을 미치는지를 알아보고, 변화의 가능성에 민감해진다. Michelle Wolkomir(2001)는 현재 동성애자 기독교 신자와 과거에 동성애자였던 기독교 신자들에 대한 지지그룹 연구를 실시하였다. 그녀는 어떻게 이들이 "신념적 책략 쓰기"(p. 407)를 사용하는지에 대한 윤곽을 보여주었다. 이 남성들은 이들의 성적 취향을 규탄하고 이들을 "지독한 죄인"(p. 408)으로 바라보는 기독교

적 신념을 방지하고 변경하고자 이 책략을 사용한다. 그녀는 이 신념을 변경하는 데는 지속적인 노력이 필요하며, 특히 힘없이 소외된 그룹에 의해서 수행되었을 때 더 그러하다고 주장하였다.

근거 이론이 사회 과정과 사회심리 과정의 분석을 강조한 것과 일관되게, Wolkomir의 주요 개념적 범주인 신념적 책략 쓰기는 절차이다. 그녀는 이 남성들의 행동을 연구하고 이들의 관점으로 이들이 직면하는 긴장과 갈등을 관찰하면서, 신념적 책략 쓰기 절차에 대한 분석을 발전시켰다. 그들은 어떻게 낙인을 피하면서 도덕적인 기독교인의 정체성을 주장할 수 있을까? Wolkomir(2001)가 연구논문에서 설명한 분석적 질문은 다음과 같다. "어떤 조건에서 그러한 변화[신념의 변화]가 일어날 가능성이 높은가, 그리고 그것은 어떻게 성취되는가?"(p. 407). 그러한 의문을 제기하고 조건들을 정의함으로써, Wolkomir는 자신의 분석에서 정확성을 기할 수 있다. 나아가, 그녀의 연구는 전파될 수 있고 다른 실증적 연구에서 검증될 수 있는 이론적 개념을 제공한다.

Wolkomir의 논문은 그녀의 근거 이론 분석의 기반을 드러내는 동시에 주요한 개념적 범주와 전반적 과정에 대해 통찰력 있는 분석을 제공한다. Wolkomir는 신념적 책략 쓰기 과정이 세 가지 하위과정을 거친다고 설명하였다. (1) "새로운 해석의 여지를 열어두기 위해 현재 신념을 선택적으로 분해하기, (2) 새로이 주장된 신념 구성하기, (3) 새로운 자신에 대한 의미 증명하기"(p. 408). 그녀는 이 하위과정들을 분석적 범주들로 다루고 나서 각 하위과정을 구성하는 행동들을 설명한다. 유의할 점은 Wolkomir의 범주들은 행동적이고, 구체적이며, 자료에 근거하고 있다는 점이다. 그녀의 범주들은 이 남성들이 자신을 비난하고 소외시키는 기독교 신념을 어떻게 다루었는지를 묘사한다. Wolkomir는 한 지지그룹의 경우 기존 신념을 분해한다는 것은 솔직하게 터놓고 "원죄를 재정의하는"(p. 413) 행동을 포함한다는 것을 발견하였다. 이들은 동성애 원죄의 의미가 과장되어 왔다고 믿을 수 있는 성서의 근거를 찾

아냈고, "그들의 동성애 원죄가 이기심과 험담보다 더 나쁠 것은 없다고 결론내렸다"(p. 414).

Wolkomir는 이 남성들이 어떻게 기존에 우세하던 신념과 계급 관계에 도전하고 이를 바꾸었는지를 보여주었을 뿐 아니라, 이 변화들이 일어나는 조건들을 구체적으로 명시한다. Wolkomir의 분석은 성공적인 신념적 책략 쓰기로 끝나지 않았다. 대신 그녀는 자신의 분석을 자신의 연구의 보다 더 큰 시사점과 연결되도록 설명하였다. Wolkomir는 불평등이 그러한 신념의 변화를 제한하고, 결국 더 큰 억압적인 신념이 분해되지 않은 채로 있기 때문에 신념적 책략 쓰기는 불평등을 재생산하게 된다고 결론을 내렸다. 요약하면, Wolkomir의 근거 이론 분석은 어떻게 신념적 변화가 일어나는지에 대한 이해를 높이는 동시에 그것의 한계를 구체적으로 제시하였다.

Wolkomir가 실시한 절차의 분석은 실제로 수행된 근거 이론을 보여준다. 그녀의 접근은 사람들이 자신의 상황에 어떻게 의미를 부여하고, 사람들이 어떻게 신념적 입장을 취하는지를 보여준다. Wolkomir의 분석은 그 이상도 보여준다. 그것은 자세한 문화기술적 묘사, 실제적인 절차를 나타내는 범주들, 신념적 책략 쓰기라는 이론적 개념의 발달 간에 강한 연계를 포함한다. 그러고 나서 Wolkomir는 신념에 대한 더 큰 이론적 담론하에 자신이 발전시킨 개념을 놓고 자신의 논문의 틀을 잡았다. 이렇게 함으로써 그녀는 행위자와 구조 간의 관계에 대한 역동적 분석을 제공하였다. Wolkomir의 미묘한 것까지 설명된 이론적 설명은 실제적 영역의 지식과, 그녀의 학문영역에서 이론적 아이디어에 기여하고, 사회정의 연구자와 행동가들이 이해하여 활용할 수 있도록 하는 데 공헌한다.

변화 정의하기

근거 이론의 목표는 과정이나 현상의 변화(variation)를 정의하는 것이다. 이는 후기실증주의자와 구성주의

자 관점에서 특히 중요하다. 연구자가 철저하게 연구를 수행한다면 자신의 연구 결과와 추후의 분석에서 변화를 밝혀낼 수 있을 것이다. 분석적으로 변화를 다루는 방법과 그에 대해 서술하는 방법을 익히는 것은 분석의 정확성과 근거 이론의 유용성을 높여준다.

근거 이론가들은 자신의 분석을 기존 문헌과 비교하는데, 기존 문헌이 발생하는 범주들의 속성을 설명해주는 자료로 사용될 수 있기 때문이다. 근거 이론가들은 처음에는 자신의 분석을 발전시키고, 그 후에 비교를 통한 분석을 할 때 주로 관련 문헌을 사용한다. 그러나 연구 참여자와 현장에 친숙해짐으로써 지식을 얻은 연구자들은 연구 초기의 문헌과는 뚜렷한 차이점을 정의할지도 모른다. 그렇다면 이들은 차이가 있다는 이 입장으로부터 분석을 구축할 것이다. Wasserman과 Clair(2010), Roschelle과 Kaufman(2004)은 노숙자가 획일적이지 않다는 것을 발견하고 자신들이 찾아낸 변화를 설명하고자 노력하였다. Roschelle과 Kaufman은 노숙자 가족에게 음식과 거처를 제공하는 단체에 속한 노숙 아이들을 대상으로 한 문화기술적 연구를 실시하였다. 그들은 노숙 아이들에 대해 이들이 발달상의 문제와 정신질환 문제를 가지고 있다는 기존에 내려졌던 결론에 도전하는 새로운 해석을 제시하였다. 비슷한 논리로, Wasserman과 Clair는 거리에 관계 네트워크를 가진 노숙 남성들은 쉼터에 있는 사람들보다 더 안전하다고 주장하였다.

행동과 사건은 연구되는 현상의 환경과 맥락의 특성들로 인해 형성된다. Curtis Jackson-Jacobs(2004)은 크렉 코카인의 사용 및 그쪽 세계에 대해 형성된 기존의 지식에 도전하는 전략적 장소를 발견하였다. 그는 전략적 장소로서 네 명의 대학생들이 크렉 코카인을 흡입하는 장소와 맥락을 분석하였고, 이 분석과 이전에 보고된 크렉 코카인 사용을 체계적으로 비교하였다.

Glaser와 Strauss(1967)의 지침을 따라, Jackson-Jacobs(2004)은 인과적 일반화를 달성하기 위하여 전략적 장소의 변화를 분석하는 자료로 문헌을 다루었고, 이론을 발전시켰다. Jackson-Jacobs은 자신의 연

구에서 두 가지 조건을 밝혔는데, 이 조건은 크랙 코카인 사용에 대한 기존 연구와 뚜렷하게 대비되어서 이에 대한 우리의 지식을 바꾸어 버렸다. 첫째로, 크랙 코카인을 사용하는 대학생들은 마약 사용을 지속할 수 있었다. 왜냐하면 그들은 (1) 재원이 있고, (2) 크랙 코카인 사용자로서의 정체가 들통나는 것을 원치 않고, (3) 유흥의 목적으로 마약을 피웠으며, (4) 친구로부터 크랙을 구입하고, (5) 자신이 관례에 의해 참여한다는 점에 더 높은 우선순위를 두었다.[17] 둘째로, 이 학생들은 마약 판매자나 사용자들이 판치는 곳이 아니라 대학생들이 사는 "안전한" 지역에서 주거지를 자주 옮길 수 있었다. 주거 위치는 이 남학생들에게 마약을 많이 사용하는 자신을 숨길 수 있는 온화한 환경을 제공해 주었다. 기동성은 긴장 상황이 고조되거나 자신이 탄로될까 봐 두려울 때 이사 갈 수 있도록 해준다.

그들을 따라 다니면서, Jackson-Jacobs은 그가 명시한 두 가지 조건의 설명력을 찾게 되었다. 한 학생은 마약 사용에 대해 통제력을 잃고, 친구들이 실패자로 낙인찍고, 어머니가 자신의 마약하는 습관을 발견한 것으로 인해 고통받았다. 다른 학생은 상황으로 인해 이사하였다. 위치는 중요하다. 이 학생은 더 이상 이웃으로부터 안정성과 상대적 익명성을 보장받을 수 없었다. 이 두 학생은 이제 크랙 코카인을 도시 빈민가에서 구입하여야 하며 이것은 조건들, 의미들, 마약 사용의 결과들을 바꾸었다. 그들은 마약 판매자와 경찰과의 사이에서 문제를 일으켰고 이들로부터 폭력을 경험하였다.

21.6 기존 문헌과의 비교 분석

앞에서 언급한 문화기술적 연구에서 보면, 연구자들은 연구한 현상에 대해 문헌에 나와 있는 설명과 이후에 그들이 수행한 관찰 간에 차이가 있는 것을 보고 놀란다. 자신의 연구의 위치를 찾기 위해서건 또는 문헌을

자료로 사용하건 간에, 전통적인 근거 이론을 수행할 때, 연구자는 먼저 분석을 하고 나서 문헌으로 돌아간다. Roz Dixon(2007)은 성인 청각 장애인 35명의 학령기 초기 경험과 또래 관계에 대한 탐색적 연구에서 어떻게 분석을 발전시켰는지에 대해 기술하였다. 초기의 코딩에서 그는 청각 장애아동의 또래들이 이들을 대상으로 했던 심리적 신체적 공격에 대해 밝혔다. Dixon의 초기 코딩에는 "보청기 빼기", "보청기 망가뜨리기", "귀 때리기"와 같은 사건이 있었다. 다음 설명이 보여주듯이, 아이들은 청각 장애우를 괴롭힐 뿐 아니라, 서로 결탁해서 이 아이가 집단 규범을 깨도록 하였다.

브로니: 많이 시끄러우면 나는 아무것도 들을 수 없어요. 그리고 자주 일이 진행되고 (선생님이) 말씀하시려고 할 때, 학생들은 책상을 치기 시작해요. (그녀는 테이블 위를 부드럽게 두드리면서 소리 내는 것을 보여주었다)

인터뷰어: 그래서 들을 수 없었어요?

브로니: 네, 그래서 들을 수가 없었어요.… 나는 (무슨 말을 하셨는지) 알 수가 없었어요. … 그리고 선생님께서는 여러 번 반복해야 하는 것에 화가 나세요. 그러니까 "얼마나 많이 말해줘야 하겠니." 같은 말을 하시죠. 그럼 저는 "죄송해요. 못 들었어요." "흠, 지난 30분 동안 네가 들었다는 것이 신기하구나" … 그러니까, 선생님이 저를 많이 못 미더워 하셨다고 생각해요." (Dixon, 2007, p.12)

겉보기에 브로니는 학교에서 친구들과 별 문제가 없었지만 그녀가 청각장애가 된 후 친구들은 그녀를 따돌렸다. Dixon은 선생님의 짜증섞인 반응이 그와 동시에 진행된 따돌림과 괴롭힘에 어떻게 영향을 미쳤는지 구체적으로 설명하지 않았다. 선생님은 학생들에게 교실에서의 행동 규범을 깨도록 권한을 부여하였고 이것이 나아가 브로니를 괴롭히도록 했을 공산이 크다.[18] 브로니의 인터뷰에서 나타난 것과 같이, Dixon이 인터뷰 자료에 대해 세심하게 근거 이론 코딩을 했기 때문

에 따돌림의 징후가 드러났다. 이후에 Dixon은 문헌을 자료로 사용하여 따돌림의 일반적 속성들, 일시적인 강압적 따돌림(ostracism)의 속성들, 실제적인 배척(exclusion)의 속성들을 밝혀냈다. 그녀는 다음과 같이 언급한다.

> 추후에 코드를 배열하는 동안 몇몇 코드는 특별히 따돌림을 제안하는 것으로 보였다. 이 가설을 입증하기 위해 문헌을 리뷰하였고, 따돌림의 본질, 기능, 매개하는 변수를 명확히 하였다. 따돌림이 실제로 일어났다면 인터뷰 자료에서 보여졌을 수 있는 행동과 맥락의 요소들을 묘사하는 일련의 코드들을 개발하였다. 모든 자료는 재분석되었다. (2007, p.9)

전통적 근거 이론의 수행과 일관되게, Dixon은 먼저 자신의 자료를 코딩하였고 코드들을 연구하였다. 그 다음에 그녀는 다른 연구자들은 어떻게 따돌림을 논의하고 있는지 조사하고 이를 코딩하였다. 이 코딩으로 인해 연구자에게 자신의 자료에서 증명된 "따돌림의 일반적 특징"(pp.13-14)뿐 아니라 따돌림의 유형에 대한 정의를 내릴 수 있었다. Dixon은 과거에 이루어진 설명의 내재적 제한점을 인정하면서, 따돌림과 왕따가 연관되는 조건들을 밝혔고 따돌림 개념이 더 바람직하게 적용되는 조건들을 구체적으로 설명하였다.[19] Dixon은 자신이 발전시킨 근거 이론 분석을 통해 아이들이 행하는 따돌림과 관련한 문제와, 따돌림에 대처하기 위한 이전에 없던 중재안을 모두 정의할 수 있었다.

21.7 요약 및 결론

본 장에서 논의된 내용은 다섯 가지 시사점으로 나눌 수 있다. 첫째, 근거 이론에 대한 리뷰는 근거 이론 학자들이 공유하고 있는 전략과 접근을 명확하게 한다. 이 전략과 접근들은 다른 유형의 질적 연구와 차별되는 방법이다. 동시에 질적 방법의 발달에 근거 이론이 미치는 영향이 더욱 명백해진다.

둘째, 근거 이론의 관점들 간에 유사점들을 설명하고 이들 간의 차이점들을 나란히 놓고 비교하는 것은 기본 가정에 대한 방법론적 설명과 연구의 수행에 대한 방법론적 설명을 가능하게 한다. 근거 이론 연구는 객관주의자 관점에서 구성주의자 관점까지의 범위를 가지며, 종종 이 두 가지 관점의 요소를 모두 포함한다. 게다가 기본 가정과 연구의 수행 모두에 주의를 기울이는 것은 중심축의 전환을 일으켜 성찰에 몰두하도록 작용한다. 그리고 이것은 연구에 대한 우리의 선택권과 우리의 행동에 대한 인식을 높일 수 있다. 나아가 연구 참여자들을 새로운 시각에서 보기 때문에, 이들의 상황을 더 깊이 이해할 수 있게 한다.

셋째, 구성주의자 관점은 근거 이론의 위치를 기존의 적용을 위한 방법으로부터 혁신의 방법으로 복구하였다. Wolkomir(2001)의 분석은 적용과 혁신 간의 차이를 보여주는 전형적 예시이다. 그녀는 자신의 자료에 일련의 규칙을 적용하고자 한 것이 아니라, 연구 참여자의 관점과 관심사에 대해 알아보고자 근거 이론 방법을 사용하였다. 이러한 조건하에서, 근거 이론은 여전히 드러내는(emergent) 방법이다. 연구자가 눈앞의 문제를 고심하며 해결해감에 따라 방법의 형태와 방법의 특정한 내용 모두가 드러난다. 그러므로 이 방법의 드러나는 특성으로 인해 이 방법은 융통성이 있다. 이 융통성으로 인해 사회정의 연구자들은 자신의 연구 문제와 현재 싹트고 있는 분석에 맞도록 조정할 수 있는 변형 가능한 연구의 틀을 가질 수 있다.

넷째, 구성주의적 근거 이론은 그것의 결과물의 근본을 인식하고, 새로운 토양위에서 방법의 재생산을 요구하며, 연구를 눈에 보이는 명시적이고 명백한 것 이상으로 발전하게 한다. 이 방법들로 인해, 구성주의적 근거 이론은, 질적 방법론자뿐만 아니라 여성주의 학자들(Olesen, 2007), 포스트모더니즘, 공연, 해석적 문화기술 연구(Denzin, 2007)로부터 초창기에 쏟아져 나오던 객관주의적 근거 이론에 대한 비판에 해답을 제공한다.[20] 구성주의적 근거 이론은, 성찰을 무시하고 윤리적 이슈를 간과하고 대표성의 이슈를 무시하는 실증주의자의 요소들에 도전하고, 연구자가 행위주체가 되어 자료를 구축하고 해석하는 데 관심을 가지지 않는다(Olesen, 2007).

다섯째, 구성주의적 근거 이론은 실증주의와 실용주의 방법의 뿌리를 모두 인정하고 실용주의에 대한 강조를 발전시키고자 하였다. 실용주의와 일관되게, 구성주의적 근거 이론은 다수의 관점과 다수의 지식 형태를 인정한다. 구성주의적 근거 이론 실행자들은 경험적 세상에서 미묘한 차이들에 초점을 맞추게 된다. 연구자가 단일 방법과 단일 지식을 가정한다면, 결국 반대자의 들려지지 않는 목소리와 고통으로 인한 침묵과 같은 미묘한 차이들을 알기에는 부족하다. 연구자들이 객관주의적 근거 이론을 사용하거나 이 문제에 대해서 전통

적인 연구 방법을 사용할 경우, 이 두 가지의 차이는 여전히 감지하지 못한 채로 남아 있을 수 있다. 고전적 근거 이론은 이론적 민감성을 발전시키기 위한 도구들을 처음으로 개발하였다. 구성주의적 근거 이론은 비판적 민감성을 증진하는 도구들을 추가하여 사회정의 연구를 수행할 수 있는 잠재력을 상당히 높였다.

구성주의적 근거 이론은 고전적으로 설명한 전략들을 명확히 하고 그 방법에 대한 흥미가 다시 일어나도록 하였다. Adele E. Clarke(2005)의 상황적 분석과 같은 새로운 발전이 이를 보완하며 방법론적 발전에 기여하였다. 이것은 통합방법을 사용하는 연구자들에게 일련의 유용한 도구들을 제공하고 유익한 소프트웨어 개발을 촉진한다. 구성주의적 근거 이론은 21세기를 위한 방법이며 미래에 그렇게 될 것이다.

주석

1. 나는 Adele E. Clarke, Norman K. Denzin, 그리고 Sonoma State University의 Faculty Writing Program의 Sheila Katz, Lena McQuade, Suzanne Rivoire, Tom Rosin, Fichard Senghas이 제공한 이 장의 이전 판에 대한 유익한 조언에 감사드린다.

2. 이러한 강조점은 종종 사회 문제, 집단적 관심사, 간절한 목소리를 역설하면서 시작된다. 대조적으로, Rawls(1971)가 강조한 공정성은 개인 권리들의 이론화로부터 거리를 둔 위치에서 시작하였고, 가상적 조건하에 이성적으로 행동하는 인간의 관점으로부터 과감히 위험을 무릅썼다. 집단의 이익과 개인적 이익을 설명할 때 사회정의는 고려되어야 하며, 합리성의 정의뿐 아니라 "이성적"으로 행동하는 사람의 정의도 시간, 공간, 문화라는 상황속에 놓여 있다는 사실을, 그리고 이 두 가지 모두 변할 수 있다는 사실을 인식해야 한다. 정의를 발전시키기 위해서, Nussbaum(2000, p.234)은 집단 이익을 증진하기 위해, 어떤 개인의 목적을 다른 사람보다 경시하지 않아야 한다고 주장한다. 그녀의 관찰에 의하면, 집단 내에서 내적 권력과 기회의 불균형이 고려되지 않은 채 집단 이익이 추구될 때 여성은 고통받는다.

3. 나의 논의에서, 나는 근거 이론을 자신의 연구 방법이라고

언급한 연구들에 초점을 맞추었다.

4. 그들의 접근은 사회정의 입장을 나타내기보다는, 학문적 소비를 위한 연구에 틀을 제공하는 전통을 따를지도 모른다.

5. 근거 이론의 창시자 중 한 명인 Barney Glaser는, 연구자는 이 방법을 질적 연구뿐 아니라 양적 연구에서도 사용할 수 있는 방법이라고 지속적으로 주장하였고, 그의 최근 저서(2008)에서 이 주장을 재차 확인하였다. 지금까지 이 주장을 실제로 행한 연구자는 거의 없다.

6. 그러나 이전에 많은 논쟁을 불러왔던 방법론에서의 순수주의를 참고하라(Glaser, 1992; Greckhamer & Koro-Ljungberg, 2005; May, 1996; Stern, 1994; Wilson & Hutchinson, 1996).

7. 이론적 표집은 모집단을 대표하기 위해 표집하는 것이 아니라 이론적 범주의 속성들을 발전시키기 위하여 표집한다는 의미이다.

8. 본 핸드북과 같이 방법론적으로 논의를 하는 과업은 다른 장소에서 제공되었다. 발행인의 질적 방법 목록들, 「Qualitative inquiry」와 「International Journal of Social Research Methods」와 같은 학술지들, 중요한 학술지에서 다루는 방법론적 논문들은 방법론의 본질적 성향과

실제 수행에 대해 세심하게 검토한다. 한때는 방법론의 고백 이야기가 연구 현장에서 어떤 일이 벌어졌는지에 초점을 맞추었다면, 현재 Wasserman과 Clair(2010), Suddaby와 Greenwood(2005), Harry, Sturges, Klingner(2005) 같은 연구자들은 놀랍도록 허심탄회하게 자신의 분석적 전략들을 투명하게 보여준다. 이들은 분석적 작업의 무대 뒤편을 뒤집어서 그것을 논의의 앞무대로 가져온다. 비록 나는 각 논의를 부분적으로만 근거 이론이라고 바라보지만(그러나 Suddaby[2006]가 지적한 무엇이 근거 이론이 아닌지에 대한 날카로운 묘사를 참고하라), 그들이 허심탄회하게 그리고 기꺼이 제기하는 방법론적 논쟁을 존중한다.

9. 나는 제3판에서 어느 정도 자세하게 근거 이론에 대한 비판을 하였으므로 여기에는 근거 이론 내부에서의 비판만을 제시할 것이다.

10. Glaser(2001, 2003)는 수년간 자신의 관점을 변화시켜 왔고, 현재 연구자가 연구 참여자들의 주요 관심사를 개념화한다고 주장한다.

11. 구조적 기능주의는 1950년대를 장악한 이론이었다. 그것은 생물학적인 비유를 사용하였고, 사회 기관의 구조를 기술하였으며, 아이들의 사회화와 범죄 통제와 같은 주요 사회적 과업을 얼마나 잘 달성했는지를 평가하였다. 구조적 기능주의는 개인들과 사회의 부분들 간의 합의를 가정하며, 사회 체제를 연구하고, 기관 속에서 사회적 역할을 강조한다(Merton, 1957; Parsons, 1951).

12. 실용주의는 Strauss의 연구에 영향을 미쳤을 뿐 아니라, 그는 실용주의 속에 남아있으면서 상징적 상호작용을 통해 실용주의 전통을 발전시켰다. 상징적 상호작용론의 관점은 상호작용, 언어, 문화가 의미와 행동이 구성되도록 형태를 잡는다고 강조한다. 실용주의는 주체적이고 성찰하는 행위자와 사회 간에 역동적인 관계가 있다고 추정하고, 그리하여 사회제도와 사회를 바라볼 때 그것은 주어진 것이 아니라 구성된 것으로 바라본다(Blumer, 1969; Reynolds & Herman, 2003; Strauss, 1959/1969, 1993).

13. 혁신적인 통합방법적 접근으로, Fielding과 Cisneros-Puevla(2010)는 CAQDAS와 GIS(지정학적 정보체계: geographic information system) 방법을 통합시켰다.

14. 이 연구자들은 "질적화"된 양적 자료 역시 발생한다고 단언한다.

15. Schwalbe 외(2000)의 논문과 Harris(2001, 2006a, 2006b)의 연구는 어떻게 불평등이 일어나는지에 대한 전형적 예시이다.

16. 내가 이 분석을 할 때, 문헌에는 소외감 느낌을 중요한 개념으로서 사용한 많은 연구들이 있었다. 그러나 연구자들은 그것을 문제가 있다고 여기지 않고 그 의미를 암묵적으로 남겨 두었으며 이해하지 않고 넘어갔다.

17. 다섯 번째인 마지막 관점은 헤로인 사용으로부터의 자연적 회복에 대한 연구를 한 Patrick Biernacki(1986)의 근거 이론에서 많이 나타난다. Biernacki는 자신의 연구 결과에 기초하여 정체성에 대한 분석을 구성하였다. 치료 없이 헤로인을 끊는 것은 자신의 기존 정체성을 계속 유지하는 것이 그 개인에게 얼마나 중요한지에 달려있었다.

18. 어떻게 학교 규칙이 시행되는가에 대한 근거 이론은 Thornberg(2007)를 참고하라.

19. 여기에 상호작용적 역학의 상보적 효과가 작용한다. 배척된 모든 아이들이 왕따를 당하는 것은 아니다. Dixon은 또래로부터의 일시적인 배척이 어떤 아이들이 분노의 폭발을 억제하거나 관리하도록 한다는 것을 발견하였다.

20. 이에 대한 비판이나 나의 반응이 궁금하다면 Charmaz(2005)를 참고하라.

참고문헌

Ball, M. M., Perkins, M. M., Hollingsworth, C., Whittington, F. J., & King, S. V. (2009). Pathways to assisted living: The influence of race and class. *Journal of Applied Gerontology, 28*, 81–108.

Biernacki, P. L. (1986). *Pathways from heroin addition: Recovery without treatment.* Philadelphia: Temple University Press.

Blumer, H. (1969). *Symbolic interactionism.* Englewood Cliffs, NJ: Prentice Hall.

Bong, S. A. (2007). Debunking myths in CAQDAS use and coding in qualitative data analysis: Experiences with and reflections on grounded theory methodology. *Historical Social Research, 32*(Suppl. 19), 258–275.

Boychuk Duchscher, J. E., & Morgan, D. (2004). Grounded theory: Reflections on the emergence vs. forcing debate. *Journal of Advanced Nursing, 48*(6), 605–612.

Bringer, J. D., Johnston, L. H., & Brackenridge, C. H. (2006). Using computer-assisted qualitative data analysis software to develop a grounded theory project. *Field Methods, 18*(3), 245–266.

Bryant, A. (2002). Re-grounding grounded theory. *The Journal of Information Technology Theory and Application, 4*, 25–42.

Bryant, A., & Charmaz, K. (2007). Grounded theory in historical perspective: An epistemological account. In

A. Bryant & K. Charmaz (Eds.), *The SAGE handbook of grounded theory* (pp. 31–57). London: Sage.

Bryant, A., & Charmaz, K. (in press). Grounded theory. In P. Vogt & M. Williams (Eds.), *The SAGE handbook of methodological innovations in the social sciences*. London: Sage.

Bryman, A. (2007). Barriers to integrating quantitative and qualitative research. *Journal of Mixed Methods Research, 1*(1), 8–22.

Burawoy, M. (2004). For public sociology. *American Sociological Review, 70*(1), 4–28.

Cameron, R. (2009). A sequential mixed model research design: Design, analytical and display issues. *International Journal of Multiple Research Approaches, 3*(2), 140–152.

Carter, P. L. (2003). Black cultural capital, status positioning, and schooling conflicts for low-income African-American youth. *Social Problems, 50*(1), 136–155.

Casper, M. J. (1997). Feminist politics and fetal surgery: Adventures of a research cowgirl on the reproductive frontier. *Feminist Studies, 23*(2), 232–262.

Casper, M. J. (1998). *The making of the unborn patient: A social anatomy of fetal surgery*. New Brunswick, NJ: Rutgers University Press.

Casper, M. J. (2007). Fetal surgery then and now. *Conscience 28*(3), 24–28.

Charmaz, K. (1990). "Discovering" chronic illness: Using grounded theory. *Social Science and Medicine, 30*(11), 1161–1172.

Charmaz, K. (1995). Between positivism and postmodernism: Implications for methods. In N. K. Denzin (Ed.), *Studies in symbolic interaction, 17*, 43–72.

Charmaz, K. (2000). Constructivist and objectivist grounded theory. In N. K. Denzin & Y. S. Lincoln (Eds.), *The SAGE handbook of qualitative research* (2nd ed., pp. 509–535). Thousand Oaks CA: Sage.

Charmaz, K. (2002). Grounded theory analysis. In J. F. Gubrium & J. A. Holstein (Eds.), *The SAGE handbook of interview research* (pp. 675–694). Thousand Oaks, CA: Sage.

Charmaz, K. (2005). Grounded theory in the 21st century: Applications for advancing social justice studies. In N. K. Denzin & Y. S. Lincoln (Eds.), *The SAGE handbook of qualitative research* (3rd ed., pp. 507–535). Thousand Oaks, CA: Sage.

Charmaz, K. (2006). *Constructing grounded theory: A practical guide through qualitative analysis*. London: Sage.

Charmaz, K. (2007). Constructionism and grounded theory. In J. A. Holstein & J. F. Gubrium (Eds.), *Handbook of constructionist research* (pp. 319–412). New York: Guilford.

Charmaz, K. (2008a). A future for symbolic interactionism. In N. K. Denzin (Ed.), *Studies in symbolic interaction, 32*, 51–59.

Charmaz, K. (2008b). Grounded theory. In J. A. Smith (Ed.), *Qualitative psychology: A practical guide to research methods* (2nd ed., pp. 81–110). London: Sage. (Revised and updated version of the 2003 chapter)

Charmaz, K. (2008c). Grounded theory as an emergent method. In S. N. Hesse-Biber & P. Leavy (Eds.), *The handbook of emergent methods* (pp. 155–170). New York: Guilford.

Charmaz, K. (2008d). The legacy of Anselm Strauss for constructivist grounded theory. In N. K. Denzin (ed.), *Studies in symbolic interaction, 32*, 127–141.

Charmaz, K. (2008e). Reconstructing grounded theory. In L. Bickman, P. Alasuutari, & J. Brannen (Eds.), *The SAGE handbook of social research methods* (pp. 461–478). London: Sage.

Charmaz, K. (2008f). Views from the margins: Voices, silences, and suffering. *Qualitative Research in Psychology, 5*(1), 7–18.

Charmaz, K. (2009a). Recollecting good and bad days. In W. Shaffir, A. Puddephatt, & S. Kleinknecht (Eds.), *Ethnographies revisited: The stories behind the story*. New York: Routledge.

Charmaz, K. (2009b). Shifting the grounds: Constructivist grounded theory methods for the twenty-first century. In J. M. Morse, P. N. Stern, J. Corbin, B. Bowers, K. Charmaz, & A. E. Clarke, *Developing grounded theory: The second generation* (pp. 127–154). Walnut Creek, CA: Left Coast Press.

Charmaz, K. (2010). Studying the experience of chronic illness through grounded theory. In G. Scambler & S. Scambler (Eds.), *New directions in the sociology of chronic and disabling conditions: Assaults on the lifeworld* (pp. 8–36). London: Palgrave.

Charmaz, K., & Bryant, A. (2010). Grounded theory. In B. McGaw, E. Baker, & P. P. Peterson (Eds.), *The international encyclopedia of education* (pp. 401–406). Oxford, UK, Elsevier.

Charmaz, K., & Henwood, K. (2008). Grounded theory in psychology. In C. Willig & W. Stainton-Rogers (Eds.), *The SAGE handbook of qualitative research in psychology* (pp. 240–260). London: Sage.

Choi, S. Y. P., & Holroyd, E. (2007). The influence of power, poverty and agency in the negotiation of condom use for female sex workers in Mainland China. *Culture, Health and Sexuality, 9*(5), 489–503.

Christ, T. W. (2009). Designing, teaching, and evaluating two complementary mixed methods research courses. *Journal of Mixed Methods Research, 3*(4), 292–325.

Ciambrone, D. (2007). Illness and other assaults on self: The relative impact of HIV/AIDS on women's lives. *Sociology of Health & Illness, 23*(4), 517–540.

Clarke, A. E. (1998). *Disciplining reproduction: Modernity, American life sciences and the "problem of sex."* Berkeley: University of California Press.

Clarke, A. E. (2003). Situational analyses: Grounded theory mapping after the postmodern turn. *Symbolic Interaction 26*, 553–576.

Clarke, A. E. (2005). *Situational analysis: Grounded theory after the postmodern turn.* Thousand Oaks, CA: Sage.

Clarke, A. E. (2006). Feminisms, grounded theory, and situational analysis. In S. Hess-Biber & D. Leckenby (Eds.), *The SAGE handbook of feminist research methods* (pp. 345–370). Thousand Oaks, CA: Sage.

Clarke, A. E., & Friese, C. (2007). Situational analysis: Going beyond traditional grounded theory. In K. Charmaz & A. Bryant (Eds.), *The SAGE handbook of grounded theory* (pp. 694–743). London: Sage.

Cohn, S., Dyson, C., & Wessley, S. (2008). Early accounts of Gulf War illness and the construction of narratives in UK service personnel. *Social Science & Medicine, 67*, 1641–1649.

Corbin, J. (2009). Taking an analytic journey. In J. M. Morse, P. N. Stern, J. Corbin, B. Bowers, K. Charmaz, & A. E. Clarke, *Developing grounded theory: The second generation* (pp. 35–53). Walnut Creek, CA: Left Coast Press.

Corbin, J., & Strauss, A. (2008). *Basics of qualitative research* (3rd ed.). Thousand Oaks, CA: Sage.

Creswell, J. W. (2003). *Research design: Qualitative, quantitative, and mixed methods design* (2nd ed.). Thousand Oaks, CA: Sage.

Creswell, J. W., & Plano Clark, V. L. (2007). *Designing and conducting mixed methods research.* Thousand Oaks, CA: Sage.

Creswell, J. W., Shope, R., Plano Clark, V. L., & Green, D. O. (2006). How interpretive qualitative research extends mixed methods research. *Research in the Schools, 13*(1), 1–11.

Denzin, N. K. (1970). *The research act: A theoretical introduction to sociological methods.* Chicago: Aldine.

Denzin, N. K. (2007). Grounded theory and the politics of interpretation. In A. Bryant & K. Charmaz (Eds.), *The SAGE handbook of grounded theory* (pp. 454–471). London: Sage.

Denzin, N. K., & Lincoln, Y. S. (1994). Preface. In N. K. Denzin & Y. S. Lincoln (Eds.), *Handbook of qualitative research* (pp. ix–xii). Thousand Oaks, CA: Sage.

Denzin, N. K., & Lincoln, Y. S. (2005). *The SAGE handbook of qualitative research* (3rd ed.). Thousand Parks, CA: Sage.

Dick, B. (2007). What can grounded theorists and action researchers learn from each other? In A. Bryant & K. Charmaz (Eds.), *The SAGE handbook of grounded theory* (pp. 398–416). London: Sage.

Dixon, R. (2007). Ostracism: One of the many causes of bullying in groups? *Journal of School Violence, 6*(3), 3–26.

Duemer, L S., & Zebidi, A. (2009). The pragmatic paradigm: An epistemological framework for mixed methods research. *Journal of Philosophy and History of Education, 59*, 164–168.

Dumit, Joseph. (2006). Illnesses you have to fight to get: Facts as forces in uncertain, emergent illnesses. *Social Science & Medicine, 62*(3), 577–590.

Einwohner, R. L., & Spencer, J. W. (2005). That's how we do things here: The construction of sweatshops and anti-sweatshop activism in two campus communities. *Sociological Inquiry, 75*(2), 249–272.

Feagin, J. R. (1999). Social justice and sociology: Agendas for the twenty-first century. *American Sociological Review, 66*(1), 1–20.

Feilzer, M. V. (2010). Doing mixed methods research pragmatically: Implications for the rediscovery of pragmatism as a research paradigm. *Journal of Mixed Methods Research, 4*(4), 6–16.

Fielding, N., & Cisneros-Puebla, C. (2010). CAQDAS-GIS convergence: Toward a new integrated mixed method research practice. *Journal of Mixed Methods Research, 3*(4), 349–370.

Fielding, N., & Lee, R. M. (1998). *Computer analysis and qualitative field research.* London: Sage.

Fielding, N., & Lee, R. M. (2002). New patterns in the adoption and use of qualitative software. *Field Methods, 14*(2), 197–216.

Foote-Ardah, C. E. (2003). The meaning of complementary and alternative medicine practices among people with HIV in the United States: Strategies for managing everyday life. *Sociology of Health & Illness, 25*(5), 481–500.

Foster-Fishman, P., Nowell, B., Deacon, Z., Nievar, M. A., & McCann, P. (2005). Using methods that matter: The impact of reflection, dialogue, and voice. *American Journal of Community Psychology, 36*(3/4), 275–291.

Frohmann, L. (1991). Discrediting victims' allegations of sexual assault: Prosecutorial accounts of case rejections. *Social Problems, 38*(2), 213–226.

Frohmann, L. (1998). Constituting power in sexual assault cases: Prosecutorial strategies for victim management. *Social Problems, 45*(3), 393–407.

Gagné. P. (1996). Identity, strategy and feminist politics: Clemency for women who kill. *Social Problems, 43*(1),

77–93.

Glaser, B. G. (1978). *Theoretical sensitivity*. Mill Valley, CA: Sociology Press.

Glaser, B. G. (1992). *Basics of grounded theory analysis*. Mill Valley, CA: Sociology Press.

Glaser, B. G. (1998). *Doing grounded theory: Issues and discussions*. Mill Valley, CA: Sociology Press.

Glaser, B. G. (2001). *The grounded theory perspective: Conceptualization contrasted with description*. Mill Valley, CA: Sociology Press.

Glaser, B. G. (2002). Constructivist grounded theory? *Forum: Qualitative Sozialforschung/Qualitative Social Research, 3*(3). Available at http://www.qualitative-research.net/index.php/fqs/article/view/825

Glaser, B. G. (2003). *The grounded theory perspective II: Description's remodeling of grounded theory methodology*. Mill Valley, CA: Sociology Press.

Glaser, B. G. (2008). *Doing quantitative grounded theory*. Mill Valley, CA: Sociology Press.

Glaser, B. G., & Strauss, A. L. (1967). *The discovery of grounded theory*. Chicago: Aldine.

Greckhamer, T., & Koro-Ljungberg, M. (2005). The erosion of a method: Examples from grounded theory. *International Journal of Qualitative Studies in Education, 18*(6), 729–750.

Greene, J. C. (2006). Toward a methodology of mixed methods social inquiry. *Research in the Schools, 13*(1), 94–99.

Gunter, V. J. (2005). News media and technological risks: The case of pesticides after *Silent Spring*. *The Sociological Quarterly, 46*(4), 671–698.

Hansen, E. C., Walters, J., & Baker, R. W. (2007). Explaining chronic obstructive pulmonary disease (COPD): Perceptions of the role played by smoking. *Sociology of Health & Illness, 29*(5), 730–749.

Harris, S. R. (2001). What can interactionism contribute to the study of inequality? The case of marriage and beyond. *Symbolic Interaction, 24*(4), 455–480.

Harris, S. R. (2006a). *The meanings of marital equality*. Albany: State University of New York Press.

Harris, S. R. (2006b). Social constructionism and social inequality: An introduction to a special issue of JCE. *Journal of Contemporary Ethnography, 35*(3), 223–235.

Harry, B., Sturges, K. M., & Klingner, J. K. (2005). Mapping the process: An exemplar of process and challenge in grounded theory analysis. *Educational Researcher, 34*(2), 3–13.

Henwood, K., & Pidgeon, N. (2003). Grounded theory in psychological research. In P. M. Camic, J. E. Rhodes, & L. Yardley (Eds.), *Qualitative research in psychology: Expanding perspectives in methodology and design* (pp.

131–155). Washington, DC: American Psychological Association.

Hood, J. (2007). Orthodoxy vs. power: The defining traits of grounded theory. In A. Bryant & K. Charmaz (Eds.), *The SAGE handbook of grounded theory* (pp. 151–164). London: Sage.

Hyde, J., & Kammerer, N. (2009). Adolescents' perspectives on placement moves and congregate settings: Complex and cumulative instabilities in out-of-home care. *Children and Youth Services Review, 31*, 265–273.

Jackson-Jacobs, C. (2004). Hard drugs in a soft context: Managing trouble and crack use on a college campus. *Sociological Quarterly, 45*(4), 835–856.

Jiménez, T. R. (2008). Mexican immigrant replenishment and the continuing significance of ethnicity and race. *American Journal of Sociology, 113*(6), 1527–1567.

Johnson, R. B., Onwuegbuzie, A. J., & Turner, L. A. (2007). Toward a definition of mixed methods research. *Journal of Mixed Methods Research, 1*, 112–133.

Jones, S. J. (2003). Complex subjectivities: Class, ethnicity, and race in women's narratives of upward mobility. *Journal of Social Issues, 50*(4), 804–820.

Karabanow, J. (2008). Getting off the street: Exploring the processes of young people's street exits. *American Behavioral Scientist, 51*(6), 772–788.

Kearney, M. H. (2007). From the sublime to the meticulous: The continuing evolution of grounded formal theory. In A. Bryant & K. Charmaz (Eds.), *The SAGE handbook of grounded theory* (pp. 127–150). London: Sage.

Kelle, U. (2004). Computer-assisted qualitative data analysis. In C. Seale, G. Gobo, J. F. Gubrium, & D. Silverman (Eds.), *Qualitative research practice* (pp. 473–489). London: Sage.

Kelle, U. (2005, May). Emergence vs. forcing: A crucial problem of "grounded theory" reconsidered. Forum: *Qualitative Sozialforsung/Qualitative Sociology, 6*(2). Available at http://www.qualitative-research.net/index.php/fqs/article/view/467

Kelle, U. (2007). The development of categories: Different approaches of grounded theory. In A. Bryant & K. Charmaz (Eds.), *The SAGE handbook of grounded theory* (pp. 191–213). London: Sage.

Kemmis, S., & McTaggart, R. (2005). Participatory action research: Communicative action and the public sphere. In N. K. Denzin & Y. S. Lincoln (Eds.), *The SAGE handbook of qualitative research* (3rd ed., pp. 559–603). Thousand Oaks, CA: Sage.

Kendall, J. (1999). Axial coding and the grounded theory controversy. *Western Journal of Nursing Research, 21*(6), 743–757.

Konopásek, Z. (2008). Making thinking visible with Atlas.ti:

Computer assisted qualitative analysis as textual practices. *Forum: Qualitative Sozialforschung/Qualitative Social Research, 9*(2). Available at http://nbn-resolving.de/urn:nbn:de:0114-fqs0802124

Lazzari, M. M., Ford, H. R., & Haughey, K. J. (1996). Making a difference: Women of action in the community. *Social Work, 41*(2), 197–205.

Lempert, L. B. (2007). Asking questions of the data: Memo writing in the grounded theory tradition. In A. Bryant & K. Charmaz (Eds.), *The SAGE handbook of grounded theory* (pp. 245–264). London: Sage.

Lio, S., Melzer, S., & Reese, E. (2008). Constructing threat and appropriating "civil rights": Rhetorical strategies of gun rights and English only leaders. *Symbolic Interaction, 31*(1), 5–31.

Locke, K. (2007). Rational control and irrational free-play: Dualthinking modes as necessary tension in grounded theorizing. In A. Bryant & K. Charmaz (Eds.), *The SAGE handbook of grounded theory*(pp.565–579). London:Sage.

Lutgen-Sandvik, P. (2008). Intensive remedial identity work: Responses to workplace bullying trauma and stigmatization. *Organization, 15*(1) 97–119.

Maines, D. R. (2001). *The faultline of consciousness: A view of interactionism in sociology*. New York: Aldine.

Mathieson, C., & Stam, H. (1995). Renegotiating identity: Cancer narratives. *Sociology of Health & Illness, 17*(3): 283–306.

May, K. (1996). Diffusion, dilution or distillation? The case of grounded theory method. *Qualitative Health Research, 6*(3), 309–311.

McDermott, K. A. (2007). "Expanding the moral community" or "blaming the victim"? *American Education Research Association Journal, 44*(1), 77–111.

Mcintyre, A. (2002). Women researching their lives: Exploring violence and identity in Belfast, the North of Ireland. *Qualitative Research, 2*(3), 387–409.

McPhail, B. A., & DiNitto, D. M. (2005). Prosecutorial perspectives on gender-bias hate crimes. *Violence Against Women, 11*(9), 1162–1185.

Mertens, D. M. (2007). Transformative paradigm: Mixed methods and social justice. *Journal of Mixed Methods Research, 1*(3), 212–235.

Mertens, D. M. (2010). *Research and evaluation in education and psychology: Integrating diversity with quantitative, qualitative, and mixed methods*. Thousand Oaks, CA: Sage.

Merton, R. K. (1957). *Social theory and social structure*. Glencoe, IL: Free Press.

Mevorach, M. (2008). Do preschool teachers perceive young children from immigrant families differently? *Journal of Early Childhood Teacher Education, 29*, 146–156.

Mitakidou, S., Tressou, E., & Karagianni, P. (2008). Students' reflections on social exclusion. *The International Journal of Diversity in Organisations, Communities and Nations, 8*(5), 191–198.

Mitchell, R. C., & McCusker, S. (2008). Theorising the UN convention on the rights of the child within Canadian post-secondary education: A grounded theory approach. *International Journal of Children's Rights, 16*, 159–176.

Moore, D. L. (2005). Expanding the view: The lives of women with severe work disabilities in context. *Journal of Counseling and Development, 83*(3), 343–348.

Moreno, M. (2008). Lessons of belonging and citizenship among hijas/os de inmigrantes Mexicanos. *Social Justice, 35*(1), 50–75.

Morgan, D. (2007). Paradigms lost and pragmatism regained: Methodological implications of combining qualitative and quantitative research. *Journal of Mixed Methods Research 1*(1): 48-76.

Morrow, S. L., & Smith, M. L. (1995). Constructions of survival and coping by women who have survived childhood sexual abuse. *Journal of Counseling Psychology, 42*(1), 24–33.

Morse, J. M. (1991). Approaches to qualitative-quantitative methodological triangulation. *Nursing Research, 40*(2), 120–123.

Morse, J. M. (2007). Sampling in grounded theory. In A. Bryant & K. Charmaz (Eds.), *The SAGE handbook of grounded theory* (pp. 229–254). London: Sage.

Mruck, K., & Mey, G. (2007). Grounded theory and reflexivity. In A. Bryant & K. Charmaz (Eds.), *The SAGE handbook of grounded theory* (pp. 515–538). London: Sage.

Mulcahy, A. (1995). Claims-making and the construction of legitimacy: Press coverage of the 1981 Northern Irish hunger strike. *Social Problems, 42*(4), 449–467.

Nack, A. (2008). *Damaged goods? Women living with incurable sexually transmitted diseases*. Philadelphia: Temple University Press.

Neill, S. J. (2006). Grounded theory sampling: The contribution of reflexivity. *Journal of Research in Nursing, 11*(3), 253–260.

Nepstad, S. E. (2007). Oppositional consciousness among the privileged: Remaking religion in the Central America solidarity movement. *Critical Sociology, 33*(4), 661–688.

Nussbaum, M. C. (2000). Women's capabilities and social justice. *Journal of Human Development, 1*, 219–247.

O'Connor, G. C., Rice, M. P., Peters, L., & Veryzer, R. W. (2003). Managing interdisciplinary, longitudinal research teams: Extending grounded theory-building methodologies. *Organization Science, 14*(4), 353–373.

Ogle, J. P., Eckman, M., & Leslie, C. A. (2003). Appearance cues and the shootings at Columbine High: Construction of a social problem in the print media. *Sociological Inquiry, 73*(1), 1–27.

Olesen, V. (2007). Feminist qualitative research and grounded theory.In A. Bryant & K. Charmaz (Eds.), *The SAGE handbook of grounded theory* (pp. 417–435). London: Sage.

Padgett, D. K. (2009). Qualitative and mixed methods in social work knowledge development. *Social Work, 54*(1), 101–105.

Parsons, T. (1951). *The social system.* Glencoe, IL: Free Press.

Peirce, C. S. (1958). *Collected papers.* Cambridge, MA: Harvard University Press.

Piantanida, M., Tananis, C. A., & Grubs, R. E. (2004). Generating grounded theory of/for educational practice: The journey of three epistemorphs. *International Journal of Qualitative Studies in Education, 17*(3), 325–346.

Poonamallee, L. (2009). Building grounded theory in action research through the interplay of subjective ontology and objective epistemology. *Action Research, 7*(1), 69–83.

Qin, D., & Lykes, M. B. (2006). Reweaving a fragmented self: A grounded theory of self-understanding among Chinese women students in the United States of America. *International Journal of Qualitative Studies in Education, 19*(2), 177–200.

Quint, J. C. (1965). Institutionalized practices of information control. *Psychiatry, 28*(May), 119–132.

Rawls, J. (1971). *A theory of justice.* Cambridge, MA: Belknap.

Reichert, J. (2007). Abduction: The logic of discovery in grounded theory. In A. Bryant & K. Charmaz (Eds.), *The SAGE handbook of grounded theory* (pp. 214–228). London: Sage.

Reynolds, L. T., & Herman, N. J. (Eds.). (2003). *Handbook of symbolic interaction.* Walnut Creek, CA: AltaMira.

Rier, D. (2007). Internet social support groups as moral agents: The ethical dynamics of HIV+ status disclosure. *Sociology of Health & Illness, 29*(7), 1–16.

Rivera, L. A. (2008). Managing "spoiled" national identity: War, tourism, and memory in Croatia. *American Sociological Review, 73*(4), 613–634.

Roschelle, A. R., & Kaufman, P. (2004). Fitting in and fighting back: Stigma management strategies among homeless kids. *Symbolic Interaction, 27*(1), 23–46.

Rosenthal, G. (2004). Biographical research. In C. Seale, G. Gobo, J. F. Gubrium, & D. Silverman (Eds.), *Qualitative research practice* (pp. 48–64). London: Sage.

Roxas, K. (2008). Who dares to dream the American dream? *Multicultural Education, 16*(2), 2–9.

Ryder, J. A. (2007). "I wasn't really bonded with my family":

Attachment, loss and violence among adolescent female offenders. *Critical Criminology, 15*(1), 19–40.

Sahin-Hodoglugil, N. N., vander Straten, A., Cheng, H., Montgomery, E. T., Kcanek, D., Mtetewa, S., et al. (2009). A study of women's covert use of the diaphragm in an HIV prevention trial in sub-Saharan Africa. *Social Science & Medicine, 69*, 1547–1555.

Sakamoto, I., Chin, M., Chapra, A., & Ricciar, J. (2009). A "normative" homeless woman? Marginalisation, emotional injury and social support of transwomen experiencing homelessness. *Gay and Lesbian Issues and Psychology Review, 5*(1), 2–19.

Salander, P. (2002). Bad news from the patient's perspective: An analysis of the written narratives of newly diagnosed cancer patients. *Social Science & Medicine, 55*, 721–732.

Sandelowski, M., Voils, C. I., & Knafl, G. (2009). On quantitizing. *Journal of Mixed Methods Research, 3*, 208–222.

Sandstrom, K. L. (1990). Confronting deadly disease: The drama of identity construction among gay men with AIDS. *Journal of Contemporary Ethnography, 19*, 271–294.

Sandstrom, K. L. (1998). Preserving a vital and valued self in the face of AIDS. *Sociological Inquiry, 68*(3), 354–371.

Schwalbe, M. (2005). Identity stakes, manhood acts, and the dynamics of accountability. In N. K. Denzin (Ed.), *Studies in symbolic interaction 28*, 65–81. Bingley, UK: Emerald Publishing Group.

Schwalbe, M., Godwin, S., Holden, D., Schrock, D., Thompson, S., & Wolkomir, M. (2000). Generic processes in the reproduction of inequality: An interactionist analysis. *Social Forces, 79*, 419–452.

Scott, E. K. (2005). Beyond tokenism: The making of racially diverse feminist organizations. *Social Problems, 52*(2), 232–254.

Scott, E. K., London, A. S., & Gross, G. (2007). "I try not to depend on anyone but me": Welfare-reliant women's perspectives on self-sufficiency, work, and marriage. *Sociological Inquiry, 77*(4), 601–625.

Shelley, N. M. (2001). Building community from "scratch": Forces at work among urban Vietnamese refugees in Milwaukee. *Sociological Inquiry, 71*(4), 473–492.

Sixsmith, J. A. (1999). Working in the hidden economy: The experience of unemployed men in the UK. *Community, Work and Family, 2*(3), 257–277.

Somerville,C.,Featherstone,K.,Hemingway,H.,Timmis,A.,& Feder,G.S. (2008). Performing stable angina pectoris: An ethnographic study. *Social Science & Medicine, 66*(7), 1497–1508.

Speed, S., & Luker, K. A. (2006). Getting a visit: How district nurses and general practitioners "organise" each other in primary care. *Sociology of Health & Illness, 28*(7), 883–

902.

Spencer, J. W., & Triche, E. (1994). Media constructions of risk and safety: Differential framings of hazard events. *Sociological Inquiry, 64*(2), 199–213.

Star, S. L. (1989). *Regions of the mind: Brain research and the quest for scientific certainty.* Stanford, CA: Stanford University Press.

Stern, P. N. (1994). Eroding grounded theory. In J. Morse (Ed.), *Critical issues in qualitative research methods* (pp. 212–223). Thousand Oaks, CA: Sage.

Stern, P. N. (2007). On solid ground: Essential properties for growing grounded theory. In A. Bryant & K. Charmaz (Eds.), *The SAGE handbook of grounded theory* (pp. 114–126). London: Sage.

Stern, P. N. (2009). Glaserian grounded theory. In J. M. Morse, P. N. Stern, J. Corbin, B. Bowers, K. Charmaz, & A. E. Clarke, *Developing grounded theory: The second generation* (pp. 23–29). Walnut Creek, CA: Left Coast Press.

Strauss, A. L. (1969). *Mirrors and masks: The search for identity.* Mill Valley, CA: Sociology Press. (Original work published 1959)

Strauss, A. L. (1987). *Qualitative analysis for social scientists.* New York: Cambridge University Press.

Strauss, A. L. (1993). *Continual permutations of action.* New York: Aldine.

Strauss, A., & Corbin, J. (1990). *Basics of qualitative research: Grounded theory procedures and techniques.* Newbury Park, CA: Sage.

Strauss, A., & Corbin, J. (1994). Grounded theory methodology: An overview. In N. K. Denzin & Y. S. Lincoln (Eds.), *Handbook of qualitative research* (pp. 273–285). Thousand Oaks, CA: Sage.

Strauss, A., & Corbin, J. (1998). *Basics of qualitative research: Grounded theory procedures and techniques* (2nd ed.). Thousand Oaks, CA: Sage.

Strübing, J. (2007). Research as pragmatic problem-solving: The pragmatist roots of empirically grounded theorizing. In A. Bryant & K. Charmaz (Eds.), *The SAGE handbook of grounded theory* (pp. 580–601). London: Sage.

Suddaby, R. (2006). From the editors: What grounded theory is not. *Academy of Management Journal, 49*(4), 633–642.

Suddaby, R., & Greenwood, R. (2005). Rhetorical strategies of legitimacy. *Administrative Science Quarterly, 50*(1), 35–67.

Swahnberg, K., Thapar-Björkert, S., & Berterö, C. (2007). Nullified: Women's perceptions of being abused in health care. *Journal of Psychosomatic Obstetrics and Gynecology, 28*(3), 161–167.

Tashakkori, A., & Teddlie, C. (2003). The past and future of mixed methods research: From data triangulation to mixed model designs. In A. Tashakkori & C. Teddlie (Eds.), *Handbook of mixed methods in social & behavioral research* (pp. 671–701). Thousand Oaks, CA: Sage.

Teram, E., Schachter, C. L., & Stalker, C. A. (2005). The case for integrating grounded theory and participatory action research: Empowering clients to inform professional practice. *Qualitative Health Research, 15*(8), 1129–1140.

Thornberg, R. (2007). Inconsistencies in everyday patterns of school rules. *Ethnography and Education, 2*(3), 401–416.

Thornberg, R. (2009). The moral construction of the good pupil embedded in school rules. *Education, Citizenship and Social Justice, 4*(3), 245–261.

Thornberg, R., & Charmaz, K. (in press). Grounded theory. In S. Lapan, M. Quartaroli, & F. Riemer (Eds.), *Qualitative research: An introduction to methods and designs.* San Francisco: Jossey-Bass.

Timmermans, S., & Tavory, I. (2007). Advancing ethnographic research through grounded theory practice. In A. Bryant & K. Charmaz (Eds.), *The SAGE handbook of grounded theory* (pp. 493–512). London:Sage.

Tuason, M. T. G. (2008). Those who were born poor: A qualitative study of Philippine poverty. *Journal of Counseling Psychology, 55*(2), 158–171.

Turner, B. A. (1981). Some practical aspects of qualitative data analysis: One way of organizing the cognitive processes associated with the generation of grounded theory. *Quantity and Quality, 15*, 225–247.

Ullman, S. E., & Townsend, S. M. (2008). What is an empowerment approach to working with sexual assault survivors? *Journal of Community Psychology, 36*(3), 299–312.

Urquhart C. (2003). Re-grounding grounded theory-or reinforcing old prejudices? A brief response to Bryant. *Journal of Information Technology Theory and Application, 4*(3), 43–54.

Valadez, J. R. (2008). Shaping the educational decisions of Mexican immigrant high school students. *American Educational Research Journal, 45*(4), 834–860.

Valdez, A., & Flores, R. (2005). A situational analysis of dating violence among Mexican American females associated with street gangs. *Sociological Focus, 38*(2), 95–114.

Vandenburgh, H. (2001). Physician stipends as organizational deviance in for-profit psychiatric hospitals. *Critical Sociology, 27*(1), 56–76.

van den Hoonaard, W. C. (1997). *Working with sensitizing concepts: Analytical field research.* Thousand Oaks, CA: Sage.

Veale, A., & Stavrou, A. (2007). Former Lord's Resistance Army child soldier abductees: Explorations of identity in reintegration and reconciliation. *Peace and Conflict: Journal of Peace Psychology, 13*(3): 273–292.

Wasserman, J. A., & Claire, J. M. (2010). *At home on the street:*

People, poverty, and a hidden culture of homelessness. New York: Lynne Rienner.

Weitzman, E. A. (2000). Software and qualitative research. In N. K. Denzin & Y. S. Lincoln (Eds.), *The SAGE handbook of qualitative research* (2nd ed., pp. 803–820). Thousand Oaks, CA: Sage.

Williamson, K. (2006). Research in constructivist frameworks using ethnographic techniques. *Library Trends, 55*(1), 83–101.

Wilson, H. S., & Hutchinson, S. A. (1996). Methodologic mistakes in grounded theory. *Nursing Research, 45*(2), 122–124.

Wilson, K., & Luker, K. A. (2006). At home in hospital? Interaction and stigma in people affected by cancer. *Social Science & Medicine, 62,* 1616–1627.

Wolkomir, M. (2001). Wrestling with the angels of meaning: The revisionist ideological work of gay and ex-gay Christian men. *Symbolic Interaction, 24*(4), 407–424.

Wolkomir. M. (2006). *Be not deceived: The sacred and sexual struggles of gay and ex-gay Christian men*. New Brunswick, NJ: Rutgers University Press.

Ziegahn, L., & Hinchman, K. A. (1999). Liberation or reproduction: Exploring meaning in college students' adult literacy tutoring. *Qualitative Studies in Education, 12*(1), 85–101.

Antjie Krog

22.

인권의 이름으로
_ (내가 귀 기울이기 전에) 당신은 (이렇게) 목소리를 내야 합니다.[1]

변호승_ 충북대학교 교육학과 교수

때는 1872년. //카보(/는 혀차는 소리인 영어의 tsk 발음에 해당함)라고 불리는 부시맨 주술사가 아프리카 케이프타운에서 독일인 문헌학자인 빌헬름 블리크에게 한 사건을 이야기한다. 블리크가 4월 13일부터 9월 19일까지 이를 녹음하고 캄(/Xam)어[남아프리카 사어(死語)인 코이어의 하나—역주]에서 영어로 번역한 이 이야기에는 어떻게 한 젊은 여성이 자신의 유목민 가족을 추적해 내는지를 설명하는 다음과 같은 두 문단이 등장한다.

그(젊은 과부)는 자녀들과 함께 물웅덩이에 도착한다. 그 물가에서 그는 남동생의 발자국을 발견한다. 물가에서 어머니의 발자국도 발견한다. 물가에서 남동생 부인의 발자국도 발견한다.

그는 자녀들에게 말한다: "할아버지쪽 사람들의 발자국이 여기 있다. 이분들은 물가로 죽은 스프링복[영양의 일종—역주]을 가져왔고, 사람들이 사냥감을 가지고 돌아가는 길에 물을 마실 수 있었다. 집이 가깝다. 발자국이 신선하기 때문에 우리는 발자국을 따라갈 것이다. 집을 찾아야 한다. 발자국을 따라가야 한다. 사람들의 발자국이 오늘 만들어진 것이기 때문이다. 우리가 도착하기 얼마 전에 여기에서 물을 길어 갔다."(Lewis-Williams, 2002, p.61)

연구자인 Louis Liebenberg가 현대 부시맨들과 생활하러 들어가기 전까지 100년 이상 이러한 이야기는 부시맨의 또 하나의 오래된 흥미로운 일화로 여겨졌다. 그의 저서 『The Art of Tracking: The Origin of Science』(1990)에서 Liebenberg는 본능적 능력으로 보이는 발자국 추적이 사실 부시맨이 가설을 생성하기 위한 복잡한 해독과 맥락적 기호 분석의 결과라고 주장한다.

Liebenberg는 부시맨의 추적을 세 가지 수준으로 구분한다: 첫째, 발자국만을 쫓는 간단한 추적. 둘째, 행동에 대한 자세한 징후가 축적될 때까지 정보를 모으는 체계적인 추적. 셋째, (1) 초기 기호에 대한 해석, (2) 행동에 대한 지식, (3) 지형에 대한 지식에 기초하여 작업가설 생성을 포함하는 추리적 추적.

Liebenberg에 따르면, 이러한 추적의 기술은 서구의 지적 분석과 유사하며, 모든 과학이 사실상 추적에서 비롯되었다고 제안한다(Brown, 2006, p. 25).

앞서 인용한 첫 두 문단으로 돌아가보면, 젊은 과부는 Liebenberg가 규명한 세 가지 종류의 추적을 손쉽게 수행하는 것을 볼 수 있다. 그녀는 발자국을 만든 사람들, 그들이 오고 간 사실들, 그들이 피흘리고 있는 무거운 대상을 운반하고 있었고, 목말랐으며, 사냥하고 돌아가는 길에 물을 마셨다는 것을 알아냈다. 사냥감이 스프링복이었고, 흔적이 언제 생겼는지 밝혔으며, 그들이 무엇을 하였는지, 그리고 바로 그날 가족을 어디서 어떻게 찾을지에 대한 가설을 설정하였다.

내가 여기서 제기하고 싶은 문제는 다음과 같은 것이다. Wilhelm Bleek(이야기의 녹음자로서), Louis Liebenberg(추적의 학자로서), 그리고 나 자신(이야기에 추적의 이론을 적용한 사람으로서)을 학자/학계 종사자로, 반면에 //카보(부시맨 화자)와 이야기 속의 여자(발자국을 읽는)를 "원재료(raw material)"로 여기는 것은 과연 정당한가?

이 구분은 국제연합(UN)의 세계인권신인 제19조에 과연 부합하는가?

> 모든 사람은 의사와 표현의 자유에 대한 권리를 가진다. 이 권리는 간섭 없이 의견을 가질 자유와 어떤 매체를 이용하거나 국경의 제한 없이 정보와 사상을 추구하고, 입수하고, 전달하는 자유를 포함한다(이탤릭은 필자에 의해 추가됨; http://www.un.org/en/documents/udhr/ 참고).

누가 담론에 참여할 수 있는가?

이 글에서는 두 집단의 권리에 대해서 논의할 것이다. 첫째, 주변부에 거주하지만, 사실상 매일 생존을 위한 복잡한 지식시스템을 생산하는 사람들의 권리이다. 둘째, 주변부에서 오지만, 모국어가 아닌 외래적이고 생경한 구조를 가지고 담론 안에서만 인정된 지식의 세계에 들어갈 수 있는 학자들의 권리이다.

비록 Gayatri Spivak은 한 집단만을 하위주체(subaltern)로 묘사하고 있지만, 그녀의 유명한 에세이 『하위주체는 말할 수 있는가?(Can the Subaltern Speak?)』에서는 두 집단을 모두 다루고 있다. 이 에세이에서 그녀는 "하위주체가 자신의 목소리를 낼 수 있는 환경에 놓이는 순간 "하위주체로서 그녀의 지위는 완전히 바뀌며, 더 이상 하위주체이기를 멈추게 된다"고 언급하고 있다(Williams & Chrisman, 1994, p. 190).

하위주체로서 "코넬레 부인"

남아프리카 진실과 화해 위원회(Truth and Reconciliation Commission: TRC)에 의해 진행된 2년간의 청문회에서는 2천 건의 증언이 공개적으로 이루어졌다. 유명 활동가의 인상적인 이야기를 듣는 것보다, 위원회는 일부러 시골지역의 토착언어로 된 가장 주변화된 담론을 위한 포럼을 마련하였다. 이렇게 함으로써, 이 사람들의 삶과 이전에는 인정받지 못했던 담론이 들리게 되었으며, 번역을 통해서 남아공의 정신세계에 최초로 편입하게 되었다. 이를 Spivak은 저서인 『하위주체학―사서(史書)의 해체(Subaltern Studies―Deconstructing Historiography)』에서 "하위주체의 의식(意識)에 대한 뉴스(news of the consciousness of the subaltern)"라는 너무도 적절한 말로 불렀던 것이다(Williams & Chrisman, 1994, p. 203).

국영 라디오 방송을 위하여 진실위원회의 청문회를 취재하던 나에게, 한 여자의 증언은 내가 보고한 것 중 가장 일관성 없는 증언이 되었다. 나는 특수한 도구가 있어야 내용을 이해할 수 있지 않을까 생각하였고, 코사 원어에서 그 해답을 얻을 수 있지 않을까, 또는 그 여자가 정신이상이 있는 것은 아닌지, 또는 나에게 "문화적 우월성"에 대한 흔적이 남아있어 그녀의 말을 이해하는 데 방해를 받고 있지 않는가 하는 의심이 들었다.

나중에 그녀의 이름을 진실위원회의 홈페이지에서 찾

으려는 노력은 헛되었다. 목록 어디에도 그녀의 이름은 없었다. 구굴레투 세븐(Gugulethu Seven) 사건이라는 제목 밑에 그녀의 성은 "코넬레(Khonele)"라고 잘못 표기되어 있었고, 그녀는 이 그룹에서 유일하게 이름이 없는 어머니였다. 그녀의 진짜 이름은 노트로세 노봄부 코닐레(Notrose Nobomvu Konile)였는데, 나는 나중에 그녀의 공식 신분증명서에도 중간 이름이 "Nobovu"라고 잘못 표기된 것을 발견하였다. (노트로세 코닐레의 진실과 화해 위원회 증언은 http://www.justice.gov.za/trc/hrvtrans/heide/ct00100.htm에서 볼 수 있다.)

사람들은 다음과 같은 의문이 들 수 있다: 이렇게 관심 밖의, 신원확인도 잘못된, 이름 표기도 틀린, 또 일관성 없이 증언되고, 번역되고, 그리고 정성 없이 구술하는 남아프리카의 외딴 시골 여인을 어떻게 청문회에 세울 수 있는가?

나는 웨스턴케이프 대학의 두 동료인 코사 학과(Xhosa Department)의 Nosisi Mpolweni와 심리학과와 여성 및 성연구의 Kopano Ratele 교수에게 함께 증언을 판독해 보자고 요청하였다. Mpoloweni와 Ratele는 즉시 관심을 보였다. 우리는 코사어 녹음 원본을 이용하여 전사하고 다시 번역하기 시작하였다. 이어 우리는 다른 이론적 틀을 적용하여(Elaine Scarry, Cathy Garuth, Soshana Felman, Dori Laub, G. Benington 등) 글을 해석하기 시작하였다. 마지막으로 코닐레를 방문하여 다시 인터뷰하였다. 차를 마시면서 시작하였던 우발적인 논의가 2년 반짜리 프로젝트가 되었고, 드디어 책으로 출간되었다: 『한 염소가 있었다—노트로세 노봄부 코닐레에 대한 진실위원회의 증언에 대한 조사(There Was This Goat—Investigating the Truth Commission Testimony of Notrose Nobomvu Konile』(Krog, Mpolweni, & Ratele, 2009).

그러나 먼저, 하위주체의 목소리가 들리게 되는 순간 그 역할을 시작하게 되는 몇 가지 개념을 소개해야 한다.

"원재료"의 요행

나는 인종차별 기간 동안 특권을 가진 백인 학자들의 요구를 단호히 묵살하고 대학 주변의 억압받는 사람들을 대변했던 대학에 임명된 것이 자랑스러웠다. 이 대학은 스스로 좌파 대학임을 자랑스러워했고, 또 그럴 만한 충분한 자격이 있었으며, 가난한 사람들을 위해 모든 지원을 아끼지 않았다.

1994년의 첫 민주 선거 이후 남아프리카는 때때로 불렸던 "정상 체제"의 한 부분이 되려고 노력하였다. 내가 임용된 후 몇 개월이 지난 5년 전, 나는 내가 그해 출간한 저술의 목록을 제출하라는 요구를 받았다. 나는 논픽션 저서, 시집, 논란이 되는 신문 기고문 등 상당히 많은 활동을 했었기 때문에 다행스럽다고 생각하고 있었다. 그러니 내가 보낸 목록 중에서 아무 것도 "해당사항"이 없다는 이메일을 받고 내가 얼마나 놀랐는지 짐작할 것이다. 나는 연구처장을 만났고, 대화는 다음과 같이 진행되었다.

"왜 저의 연구업적이 인정되지 않지요?"
"동료평가를 받지 않았기 때문입니다."
"모든 신문에 서평이 실렸습니다."
"동료가 한 것은 아니잖아요."

왜 문학을 가르치는 교수들이 내 동료로 인정되지 않는가 생각하며, 나는 "그러면 누가 내 동료입니까?"라고 물었다.

"당연히 당신에게는 동료가 없지요."라고 다소 무례하게 내뱉었고, 이어 말하였다. "당신 분야의 사람들말입니다."

"그러면, 내 분야는 뭐지요?"

"당신이 글을 쓰는 분야에…" 그리고 그의 손이 사르르 떨렸고, "… 종사하는 사람들말입니다."

나는 "저, 그 사람들의 연구물을 읽어보면, 모두 나를 인용합니다."라고 말하였다.

그의 얼굴은 갑자기 빛을 발하였다. "거 봐요. 당신이 원재료네요!"

처음 나는 이 말에 대해서 아무런 생각을 하지 않았다. 그러나 점차 "원재료(raw material)"라는 말이 얼마나 논란거리가 되고, 비판을 받으며, 배타적인지를 알게 되었다. 누가 누구를 원재료라고 결정하는가? 코닐레와 //카보, 부시맨 여인이 "원재료"인가? 우리 프로젝트에 대해서 회상해볼 때, 나는 왜 우리 세 사람은 그렇게도 쉽게 코닐레를 "원재료"라고만 생각했지 공동저자라고는 생각하지 못했나 하는 질문을 스스로에게 반문하게 되는 것을 발견한다. 그녀가 구성하고, 분석하고, 추론하고, 결론을 맺은 증언 두 개와 인터뷰 하나가 우리가 이룬 학문적 업적보다 왜 덜한가? 비명에 아들을 잃은 후의 생존전략은 그녀 입장에서 보면 우연히 언급된 것이 아니고, 면밀하게 계산되고 경험적으로 검증된 것이다. 우리는 인터뷰하는 중 그녀에게 자신의 텍스트를 해석하라고까지 하였다. 왜 그녀가 우리의 책과 학문영역에 원재료로 등장해야 하는가? 우리 세 사람처럼 문건의 공동 작성자로서 표지에 표기되면 안 되는가?

나는 생각하게 되었다. 코닐레에게 다른 구굴레투 엄마는 무엇을 물어볼까? 다른 영역에서 본다면: 한 목동은 다른 목동을 어떻게 인터뷰할까? 한 목동은 다른 동료 목동의 말을 어떻게 분석하고 평가할까? 그러한 인터뷰는 내가 그 목동을 인터뷰하는 것과 어떻게 다를까? 그리고 마지막으로 이러한 경험들이 선의의 학자를 **통하지** 않고 어떻게 학문적 담론에 등장할 수 있을까? 모든 정보는 우리를 위해 우리가 처리해야 한다고 고집할 때 우리는 어떻게 새 영역에 진입할 수 있을 것인가?

학문의 요행

"원재료"로 격하된 뒤 나는 읽히지는 않지만 공인된 학술지를 통해 동료들을 만나기 위하여 "원재료가 아닌" 것을 작성하는 법에 관한 워크숍에 정식으로 등록하였다. 이 워크숍은 우리 대학이 주관한 것으로, 새 민주정부가 각 대학들에게 지원할 가치가 있는 연구 계획안을 제출하기를 원한다는 사실이 분명해지자 이루어진 것이었다. 우리는 이미 탄탄하고 풍부한 자원을 갖춘 기존 백인 대학의 화려한 연구 역사와 경쟁해야 하였다.

나는 이 워크숍에 입장하였다. 그곳에는 40명 정도가 있었고, 나는 유일한 백인이었다. 흡연 시간에는 많은 이야기가 오갔다. 수학과 교수가 다음과 같이 말하였다.

어느 일요일, 교회 신도 한 사람이 자기가 새 남아프리카의 여러 학교에 과학 실험실을 설치하고 있다고 밝혔는데, 학교마다 상황이 달랐기 때문에 매우 흥미로웠다고 하였습니다. 그는 매주 일요일마다 이야기를 하였고, 나는 그에게 이것을 기록으로 남기라고 말하게 되었습니다. 내가 이 일에 대해서 까맣게 잊고 있을 즈음 그는 두꺼운[4인치] 원고를 들고 나타나 나에게 농담하였습니다. 이 정도면 석사논문 아닌가요? 제가 보니, 정말로 그것은 신선하였고, 방법론적으로 잘 연구되었으며, 체계적으로 정리되었으며, 읽기에도 흥미로웠습니다. 그러면 그 다음은 어디로 가야 할까요? 나는 이건 수학이 아니므로 과학과로 가져가라고 하였습니다. 과학과에서는 과학보다는 역사에 가깝다고 하였습니다. 역사과에서는 아니라고 하였습니다 … 등으로 이어졌습니다.

그 워크숍에 참석하였던 그룹은 결코 하위주체가 아니었고, 인종차별 남아프리카에서 불이익을 당하던 지역의 교육받은 제1세대 사람들이었다. 우리가 학술 논문 작성을 위한 후속 워크숍에서 알게 된 것은, 질 좋은 "현장 경험"이 어색한 영어와 학술 논문이라는 특수한 형식을 통해 혼이 없는 공허함으로 짓이겨지고 있는 것이었다. 우리는 중요한 이야기가 학술논문의 코르셋 안에서 얼마나 쉽게 죽어버렸고, 이론 없이는 중요한 관찰이 아무것도 아니며, 귀중한 경험이 학문 영역 밖에서 어떻게 녹아 없어져 버리는지를 알게 되었다.

이론의 요행

마지막 이야기는 검은 몸(Black body)[전 세계에 디아스포라된 흑인의 인종, 성, 계급 문제를 사회, 문화, 정치, 경제, 문학 등 여러 측면에 걸쳐 논의하면서 탄생하게 된 개념임—역주]에 대한 세미나에 참석했을 때에 관한 것이다. 세미나를 개최하면서 담당 교수는 자신이 초청되었을 때는 자신이 준비하고 있던 논문이 공인된 학술지에 게재되는 것이 확정되어 세미나 토론이 동료평가와 함께 이루어질 것으로 생각했었다고 하였다. 하지만 그 학술지는 게재를 불허하였고, 토론은 백지상태에서 출발해야 할지도 모르는 모호한 상황이었다.

그가 선보인 논문은 역시나 허술하였다. 그가 말하는 것을 들어보면, 작은 배가 사력을 다해 파도와 물고기와 함대와 큰 배들과 펄럭이는 돛을 지나 헤겔이라는 작은 섬을 향해 노를 저어가고 있는 것 같은 확연한 느낌을 받았다. 노는 높이 치켜 들려져서 있다가 우여곡절 끝에 드디어 헤겔에 닿았다. 그리고 나서도 노가 프로이드나 푸코라는 섬에 가까스로, 가까스로 닿을 때까지 노젓기가 필사적으로 계속되었다. 그러는 동안, 사람들은 이 섬에 대해서는 신경 쓰지 말고 '당신 보트 안에 무엇이 있는지 보여주시오. 당신이 알고 있는 물고기를 가리켜 보시오. 저 큰 배를 어떻게 피할 수 있었습니까? 이렇게 좋은 돛은 어디서 구했습니까?'를 묻고 싶었을 것이다.

그 이후의 토론은 대단하였다. 갑자기 그 교수는 자기 논문으로부터 자유로워졌고, 흑인 학생들과 강사들은 자신의 목소리를 찾아, 환상적인 남아프리카 분석이 되었다. 그 뒤 나는 그 교수에게 물었다. "왜 방금 말한 내용으로 글을 쓰지 않으셨습니까?" 그는 "내가 아는 것과 기존 문헌의 관계를 찾을 수 없습니다. 아주 난감한 상황입니다. 내 어머니의 생각과 북미나 스웨덴 사람들의 평균 생각에 차이가 없다는 가정을 한다면, 나는 내 시골어머니를 분석할 수 없습니다. 반면에, 북미나 스웨덴 사람들의 사고에 기초하여 제시하지 않으면 내 시골어머니에 대한 나의 분석이 전달되거나 이해되지 않을 것입니다."

22.1 주변화된 지역에서 온 학자들

내가 네 대째 대학교육을 받은 여자인 반면, 나의 두 동료인 노시시(Nosisi Mpolweni)와 라텔레(Kopano Ratele)는 가족 중 자신들이 처음 고등교육을 받은 사람들이었다. 코닐레의 증언에 대한 집단통역분석을 실시하자마자 곧바로 우리의 역학관계가 달라졌다. 프로젝트는 나의 주도하에 시작되었지만, 나는 곧바로 가장 아는 것이 없는 사람이 되어버렸다. 라텔레는 우리 셋 중에서 가장 교육을 많이 받았고 이미 출간된 학술 논문을 가지고 있었다. 노시시는 번역과 코사 문화에 대한 지식으로 귀중한 기여를 하고 있었다. 나는 글은 잘 썼지만, 학술적으로는 잘 쓰지 못하였다. 영어는 우리가 사용하는 언어였지만, 라텔레만 적절하게 구사할 수 있었다. 코닐레를 인터뷰하기 위한 출장에서는 힘의 추가 노시시에게로 완전하게 쏠렸다. 나는 코사언어를 알아듣지 못했기 때문에 현장방문에서는 아무런 영향력을 행사하지 못하였다.

그러나 토론 중에 내가 알게 된 것은, 대화 중에 내 동료들은 완전한 어구를 표현하게 되는—일종의 모든 것을 한마디로 응축적으로 말해주는 문장을 만들어내는—상황에 종종 이르게 되는 경우가 있다는 사실이다. 우리는 '바로 이것이야' 하며 멈추곤 하였다. 이러한 목표를 성취하기 위해 우리가 노력하고 있었는데, 막상 정리된 문건을 마주했을 때는 그 어디에도 이러한 핵심 문장은 보이지 않았다.

한 세션을 위해 나는 녹음기를 가져온 적이 있었다. 우리는 왜 코닐레가 자신의 집단적 시골 세계관에 대해 말할 때 그렇게도 "나(I)"라는 용어에 집착하였는지 토론하고 있었다. 내가 대화를 필사하여 각자에게 보냈고, 라텔레는 다음과 같은 글을 나에게 보내왔다.

코닐레 부인은 자기 아들이 죽임을 당했다는 사실을 알게 된 전 날 밤 염소에 대한 꿈을 꾸었다. 그러나 TRC는 꿈에 관한 토론장이 아니고, 인권 침해의 진실에 관한 곳이다. 내 생각에 코닐레 부인은 꿈에 대한 언급을 통하여 TRC에게 조상들의 세계와 자기의 연관성에 대해서 시사하고 있는 것 같다.

그 꿈은 그녀가 아직 온전하며, 산 자와 죽은 자를 연결하고 있고, 명백히 실존적 고독은 별로 느끼지 못하고 있음을 나타내고 있다. … 아들의 죽음은 그녀를 고독으로 안내하여 "나"가 되었다. 그녀는 아들의 죽음을 통하여 개인이 되었고—개인으로 예정된 것처럼 선택, 단절되었다. 그녀는 "내가 고통당하는 것은 강제적으로 나를 개인이 되도록 했기 때문이다." "나"라는 용어는 정말로 그녀의 심리적 개인성을 의미하는 것은 아니었다. 코닐레 부인은 "나"를 불평의 한 형태로 사용하고 있었다. 나는 나가 되고 싶지 않다. 나는 우리가 되고 싶지만, 내 아들의 죽임은 '나'가 되도록 하였다"고 말하고 있었다(Krog et al., 2009, pp. 61-62).

개인주의에 깊이 빠져있는 백인으로서, 처음에 나는 "나"라는 용어의 빈도에 대해서 인식하지 못하였다. 그러나 내가 그것을 인식하였을 때도, 비록 그것이 넬슨만델라나 데스먼드 투투 주교 등으로부터 강조되었음에도 불구하고, 아프리카의 집단주의가 과장되었다는 확신만 들게 하였다. 라텔레가 도달한 결론은 그 반대였고, 그것은 내가 혼자 도달할 수 없었던 것이었다. 그리고 지금까지도 그 어떤 백인 TRC 분석가도 도달하지 못한 것이었다. 나로서 이것은 우리 책을 위해서, TRC 분석을 위해서뿐 아니라 일하는 방식에 있어서 획기적인 진전이었다. 말하는 톤에서 오는 자신감, 어떤 사람이 자기가 속속들이 아는 세상의 안과 밖에서 이야기한다는 사실에서 기인되는 자신감이 성공적으로 논문에 옮겨졌다. 라텔레는 교육, 인종, 배경, 구조, 언어, 학문적 영역 등에 내재되어 있는 장애물을 극복하기 위해서, "경계"를 넘어 자신의 세계를 후기식민지, 포스트모던한 과거와 인종의식으로부터 타당한 자신감을

가지고 배타적이고 처방적 프레임워크와 그것을 뛰어넘는 해석을 하려고 하였다.

추측컨대 내 동료는 이 특정한 어구를 먼저 말로 해보지 않고, 또 우리—그를 이해하는 흑인 여성과, 이해하지 못하는 백인 여성—에게 말하지 않고, 글로 작성하기란 불가능했을 것이다.

우리는 세 가지 다른 목소리로 코닐레의 꿈에 대한 에세이를 작성하였으나, 남아프리카 학술지로부터 모순되는 시각이 에세이에 "있게" 했고, 구어체 같은 톤을 가졌으며, 코닐레가 다른 인간들과 어떻게든지 다르다는 것을 입증하는 이론을 만들어내지 못했다는 등의 이유로 게재 불가되었다. 그러나 이 글은 Norman Denzin, Yvonna Lincoln, 그리고 Linda Smith의 토착의 방법론(indigenous methodologies)에 관한 저서에 게재되어서 다행이라고 말하고 싶다.

22.2 결론: 조화로운 변화로서의 연구

부시맨 주술사에서부터 흑인 심리학 교수까지 포함한 이러한 사례는 분열된 역사와 문화로부터 탄생한 나라에서 연구를 진행할 때의 복잡성을 드러낸다. 또한 학문적 담론에 입문하는 사람들을 위해 제시하는 조건에 관한 윤리적 질문을 던진다. Spivak은 윤리는 지식이 아닌 관계의 문제라고 강조한다(Williams & Chrisman, 1994, p. 190). 그녀가 하위주체는 "말할 수 없다(cannot speak)"라고 주장하는 것은 제1 또는 제2세계의 특권자들에게 있는 그대로의 하위주체의 목소리는 들리지 않을 것이라는 뜻이다. 만일 하위주체가 자기 목소리를 들리도록 한다면, 하위주체로서의 지위는 완전히 바뀌게 될 것이다. 그는 더 이상 하위주체이기를 멈출 것이다. 그러나 "가장 억압받고 보이지 않는 그런 구성원인 하위주체가 존재하기를 멈출지 모른다는 것"이 우리 연구의 목적이 아닌가?(Williams & Chrisman, 1994, p. 5)

프랑스 철학자 Deleuze는 소수자들의 힘은 "다수자 체제에 들어가서 자신의 존재감을 알리는 능력에 의해서 측정되지 않는다"(Deleuze & Quattari, 1987, p. 520)고 정확하게 언급한다. 동시에 Deleuze는 이러한 다른 형태의 소수자되기(minority-becoming)야 말로 변화의 자극을 제공한다고 지적한다. 그러나 그는 이 변화는 표준 또는 다수자가 변이 또는 소수자 쪽으로 적응과 편입을 어느 정도 이루어 내는가에 의해서만 가능하다고 말한다.

우리는 주변인들이 자신의 장르와 용어를 가지고 우리 담론에 진입하여 그들을 들을 수 있는 법을 배울 수 있는 방안을 찾아야 한다. 그들은 어떤 매체를 이용하거나 국경의 제한 없이 정보와 아이디어를 제공할 보편적 권리를 가지고 있고, 우리는 새로운 되기(becoming)에 참여함으로써 그들의 목소리를 경청하고 이해해야 하는 의무가 있다.

주석

1. 이 장은 John Beverley의 글인 "Testimonio[증언, 공술이라는 뜻을 가진 스페인 말로, 역사적 사건을 문학적 요소인 담론, 시, 은유 등을 이용하여 증인의 관점에서 서술하는 문학 장르이다—역주], Subalternity and Narrative Authority"(Denzin & Lincoln, 2005, pp. 547-558)에서 제시되었던 testimonio에 대한 논의를 확장하고 또, 그 안에 포함된다.

참고문헌

Brown, D. (2006). *To speak of this land—Identity and belonging in South Africa and beyond*. Scottsville, South Africa: University of KwaZulu-Natal Press.

A thousand., & Quattari, F. (1987). *Thousand plateaus: Capitalism and schizophrenia* (B. Massumi, Trans.). Minneapolis: University of Minnesota Press.

Denzin, N. K., & Lincoln, Y. S. (Eds.). (2005). *The SAGE handbook of qualitative research* (3rd ed.). Thousand Oaks, CA: Sage.

Denzin, N. K., Lincoln, Y. S., & Smith, L. T. (Eds.). (2008). *Handbook of critical and indigenous methodologies*. Thousand Oaks, CA: Sage.

Krog, A., Mpolweni, N., & Ratele, K. (2009). *There was this goat—Investigating the truth commission testimony of Notrose Nobomvu Konile*. Scottsville, South Africa: University of KwaZulu-Natal Press.

Lewis-Williams, J. D. (Ed.). (2000). *Stories that float from afar—Ancestral folklore of the San of Southern Africa*. Cape Town, South Africa: David Philip.

Liebenberg, L. (1990). *The art of tracking: The origin of science*. Cape Town, South Africa: David Philip.

Spivak, G. C. (1988). Can the subaltern speak? In C. Nelson & L. Grossberg (Eds.), *Marxism and the interpretation of culture*. New York: Macmillan.

Williams, P., & Chrisman, L. (Eds.). (1994). *Colonial discourse and postcolonial theory: A reader*. New York: Harvester Wheatsheaf.

Mary Brydon-Miller, Michael Kral, Patricia Maguire, Susan Noffke, Anu Sabhlok[1]

23.

재즈와 반얀 나무
_ 참여 실행 연구의 기원과 지역민

김민정_ 단국대학교 교직교육과 교수

Charles Mingus, Charlie Parker, Dizzy Gillespie, Max Roach와 Bud Powell은 1953년 메시홀에서 페르디오를 연구하고 있었다. 이것은 마치 음악이 분해되어 무대로부터 청중에게로 전파되는 것 같아 매우 수월한 것처럼 보였다. 그러나 실상 동시적 화음을 내는 완벽한 음악은 혹독한 연습(음악이론과 실기 연습을 통합한 연습)의 결과이다. 천재적인 즉흥연주는 연주가가 각각의 소리가 전체 중 일부로서 어떤 주요한 요소인지를 잘 이해할 때만 가능한 것이다. 훌륭한 재즈 음악의 핵심인 혁신과 탐험 의지는 음악가 개인의 전문성과 다른 부분을 담당하는 사람들을 존중할 때 만들어질 수 있다.

참여 실행 연구(PAR)는 재즈[2]와 같다. 참여 실행 연구는 지식 형성이 협력적 과정이라는 인식을 토대로 한다. 그리고 그 협력과정에서 개별 참여자의 다양한 경험과 기술이 그들의 산출물에 결정적인 역할을 한다. 참여 실행 연구는 공동체 문제를 형성하게 한 사회적, 경제적, 정치적 힘을 이해함과 동시에 문제 해결을 위한 실천과 성찰의 과정에 이론과 연습을 혼합하고 있다. 그리고 참여 실행 연구는 공동체의 요구에 부응하기 위하여 환경을 바꾸고, 방법론을 채택하고, 모든 참여자로부터 자원을 끌어내고자 한다.

참여 실행 연구는 반얀 나무와 같다. 인도의 시인 타고르는 힌두교도와 불교도의 전통을 통해 "머리를 늘어뜨린 반얀 나무"를 학습, 명상, 성찰, 계몽의 상징으로 간주하였다. 그러나 반얀 나무는 일반 사람들이 모이는 장소나 공동체가 토론을 하거나 의사결정을 하는 장소에도 있다. 반얀 나무는 가지를 길게 뻗고 뿌리를 깊이 내리면서 삶과 학습을 위한 새로운 공간을 창조한다. 이와 유사하게 참여 실행 연구도 공동체 파트너가 당면한 이슈에 대해 비판적으로 살펴볼 수 있게 하고, 해당 이슈에 관한 지식을 생산하거나 어떤 입장을 취할 수 있게 하는 것이다.

이 장에서는, 새로운 독자들에게는 참여 실행 연구의 틀과 활용의 이점을 알리기 위해서 그리고 이미 참여 실행 연구가 무엇인지 알고 있는 독자들에게는 참여 실행 연구에 대해 기대하지 못했던 통찰을 주기 위해서 은유와 묘사를 활용할 것이다. 우리는 참여 실행 연구를 정의하고, 실행 연구(action research)의 맥락에서 이에 대한 설명을 시작하고자 한다. 그런 다음 참여 실행 연구의 역사적 개요를 간단히 설명하고 주요 기여자를 언급하고자 한다. 그리고 참여 실행 연구의 이론적 틀과 이론을 보다 깊이 있게 이해하고 성찰하게 하는 방법 간의 관계를 다룬다. 연구 윤리를 개념화하는 새로운 틀에 대한 논의도 포함한다. 그런 후 참여 실행 연구가 어떻게 실제로 활용되는지를 3가지 프로젝트를 통해 보여줄 것이고 이 과정에서 나타나는 공통의 주제와 문제점을 다루도록 한다. 우리는 연구의 묘사(narrative)를 강조한다. 그 이유는 참여 실행 연구, 다양한 이슈, 공동체 내에서 새로운 지식을 창조하거나 의미 변화를 이루려는 풍부한 접근을 기술하기에는 묘사가 가장 적절하기 때문이다. 그리고 이러한 묘사는 참여 실행 연구의 가장 중요한 요소인 사람들이 포함되어 있는 삶을 수반하기 때문이다. 이 장의 마지막에서는 교실이나 현장에서의 실천을 증진시키고 이해를 돕기 위한 교육 전략을 논의하고, 우리가 사용한 은유와 미래를 위한 함의를 재고할 것이다.

23.1 참여 실행 연구의 정의

참여 실행 연구는 특정한 가정이나 과정의 합일뿐만 아니라 다수의 혼합과 의미를 가진 개별적 용어들의 합이다. 이 장에서 가장 중요한 것은 그 용어가 담고 있는 역사적 동시대적 의미뿐만 아니라 의미 뒤에 숨은 의도이다. 이것은 단지 협력의 의미가 아니라 모든 사람이 하나의 특정 맥락(인식론적이건 정치적이건)에 있어야 함을 의미한다. 정의롭지 못한 상황으로부터 보다 나은 삶으로의 변화가 주요 목적이므로 실천은 과정과 결합되어 있다. 연구는 지식을 모으고 지혜는 모든 사람에게 있는 것이라고 주장하는 사회적 과정이며 보다 좋은 사회와 경제적 정의를 위한 몸부림이다. 참여 실행 연구는, 변화 창조 활동을 설계하는 성찰을 통해서 지식이 만들어진다는 점은 실행 연구와 유사하지만(Reason & Bradbury, 2008), 협력, 정치적 참여, 명백한 사회정의에의 헌신이라는 점에서는 구분된다.

23.2 참여 실행 연구의 기원 탐색

반얀 나무의 뿌리처럼 깊고 넓은 참여 실행 연구의 뿌리, 즉 역사를 구성하는 것은 어려운 일이다. 참여 실행 연구는 협력 정신이 다른 것과 구분되는 가장 큰 특징이므로, 참여 실행 연구의 기원이 어떤 특정한 중요한 개인의 작품에 의해 나왔다고 보기는 어렵다. McDermott(2007)은 참여 실행 연구의 이론적 토대와 실천적 방법론은 전문가의 지식에 주안점을 두던 지식 형성의 전통적 모형과는 대치된다고 하였다(p. 405). 그래서 우리는 참여 실행 연구 개발에 기여한 몇몇을 거론하면서, 참여 실행 연구의 역사를 학계 내외부의 세계적, 사회적, 정치적 맥락에서 찾고자 한다.

지식 생산이나 탐구를 위한 접근 방식은 역사적 맥락에 의해 만들어진다. 참여 실행 연구의 근원은 20세기 초 사회과학의 새로운 학문이 나타났을 때로 추정된다. 흑인들과 페미니스트의 발언권(DuBois, 1973; Lengerman & Niebrugge-Brantley, 1998; Reinharz, 1992)이 사회정의를 추구하는 집단 활동과 연계된 연구 형성을 위한 광범위한 노력의 일부가 되었다(Greenwood, 개인적 담화; Messer-Davidow, 2002; Price, 2004 참고). 참여 실행 연구는 실증주의 사회과학 연구가 객관성과 일반화를 주장하고 무가치 지식을 생성해 낸다고 비판하면서 보다 정치적이고 사회적인 지식 창조의 토대를 세웠다(Fay, 1975; Kuhn, 1970; Mills, 1961). 참여 실행 연구는 지식 창조에 참여하는 사람들의 정체성과 지위가 지식 창조의 과정과 결과에 영향을 미친다는 지식의 사회적 구성에 관한 페미니스트들의 비평에 많은 영향을 받았다(Calloway, 1981; Maguire, 1987, 2001a; Mies, 1982; Reid & Frisby, 2007; Reinharz, 1992; Smith, 1989).

보통 사람들은 연구, 교육, 활동 등을 통해 그들의 삶에 대한 이해와 변화를 이룰 수 있기 때문에, 참여 실행 연구는 사회 문제에 대해 보다 참여적이고 민주적 해결책의 개발 기회를 증대시킴으로써 현존하는 권력 구조에 도전을 야기하고자 한다. 참여 실행 연구는 노동자 운동(Adams, 1975), 여성 운동(Maguire, 2001b), 인권 및 평화 운동(Tandon, 1996)과 같은 사회 운동에 의해 개발되어 왔다. 이러한 영향의 한 예가 1960년대와 1970년대에 실패한 개발 정치에 대응해서 나온 국제 개발 협력의 후식민지적 재개념화이다(Frank, 1973; Furtado, 1973).

참여 실행 연구의 많은 초기 개발은 전통적 학계 외부, 특히 유럽이나 북미와 거리가 있는 "남반구"나 제 3 세계에서 이루어졌다. 1970년대 초기에 핀란드 사회과학자, Marja-Liis Swantz는 탄자니아 토지 사용 및 생산국 그리고 Dar es Salaam 대학의 그녀의 학생들과 함께 수행한 탄자니아 지방에 관한 연구를 기술하기 위해 "참여 연구(participant research)"라는 말을 사용하였다(Swantz, 1974, 2008; Hall, 1993 참고). 같은 시기에 Orlando Fals Borda와 다른 남미 사회학자들이 "변화를 위해 실제를 탐구하는 관련 연구"를 기술하기 위해 참여 실행 연구라는 용어를 사용하였다(de Souza, 1988, p.35에서 인용; Fals Borda, 1977, 1979 참고).

참여 실행 연구의 또 다른 주요 기여점은 전통적이고 식민지적 교육의 대안인 성인 교육의 재구성에 있다(Freire, 1970; Horton & Freire, 1990; Kindervatter, 1979; Nyerere, 1969). 성인 교육의 철학과 연구 방법론 활용 간에는 모순이 있기 때문에(Tandon, 1988, p.5) 성인 교육학자들은 그들의 교육이 추구하는 것과 같은 민주적이고 협력적 가치를 반영하는 연구 접근법을 개발하고자 하였다. 브라질의 Paulo Freire(1970)의 문해 교육, 스칸디나비아인들의 민족 학교 운동, 마일즈 홀턴 기금과 하이랜더 연구 교육 센터의 다른 창립자들(Horton & Freire, 1990; Lewis, 2001), 그리고 Budd Hall의 지휘하에서 참여 연구 프로젝트 후원을 받는 국제 성인 교육 위원회에서 발전한 아시아 참여 연구 학회와 같은 지역 참여 연구 네트워크(Tandon, 2005 참고) 모두가 비판적 교육학과 참여 실행 연구의 성장에 기여하였다.

이러한 형식 혹은 비형식의 국제 관계 및 네트워크

는 교육에서의 실행 연구의 오랜 전통과 다른 사회 연구 영역을 연결해주는 중요한 기회를 제공한다. 예를 들어, 1980년대 중반 호주에서 실행 연구가 막 수행될 때 Giovanna di Chiro의 제안으로 Kemmis와 McTaggart는 자신들의 연구를 참여 실행 연구라고 지칭함으로써 Fals Borda의 작업과 연결고리를 만들었다. 활동 연구에 대한 이러한 명백한 사회 비판적 관점은 Marie Brennan과 Lynton Brown의 연구에서 개발된 참여적 준거에 기초한다(Kemmis & McTaggart, 개인적 서신; Kemmis & Mc Taggart, 2005 참고).

아동에게 영향을 주는 프로젝트에 아동이 참여할 수 있는 권리를 인정한 미국의 아동 권리(1989)에 관한 협의회 후, 연구의 객체로서가 아닌 연구 행위자로서의 아동을 포함하는 참여 관찰 연구가 급성장하였다(Fine & Torre, 2005). 지역 공동체 기반의 조직이나 학교 관련 프로젝트에서 아동은 종종 어른들과 다른 방식으로 문제를 만들기도 하고 해결책을 만들기도 한다(Cammarota & Fine, 2008; Fernández, 2002; Groundwater-Smith & Downes, 1999; Guishard, 2009; Hulzel, 2007; Lewis, 2007; McIntyre, 2000; Morgan et al., 2004; Tuck, 2009).

이러한 참여 실행 연구의 다양한 기원은 다른 것과 구분되는 특징을 보여준다. 그 한 예는 비지배적인 집단을 외부인으로 보고 지식을 형성하는 것에 대해 끊임없이 이의를 제기한다는 것이다. 대중적 지식 생성은 참여 실행 연구의 핵심 요소이다. 그러나 가장 중요한 것은 참여 실행 연구는 사회 운동으로부터 나타났고, 사회 운동과 함께 성장한 것이다(Mies, 1982). 학문 분야에서 참여 실행 연구는 학문 영역 구체적 실천 학파들에 나타났다. 문해와 노동자 개발, 페미니스트, 노동 운동, 시민 권리 노동자, 학문 실천파 등의 사회적 투쟁은 참여 실행 연구의 기원이 되었고, 동시대의 사회 연구에서 참여 실행 연구의 사용을 고려하는 중요한 요소가 되었다.

이론적 및 방법론적 틀

참여 실행 연구에서 이론과 방법은, 이론은 활동에 의해 정해지고 활동은 이론의 반영이라는 가정에 위배된다. 자료를 수집, 분석, 이해, 분배하기 위한 방법은 인식론, 사회 이론, 윤리와 분리될 수 없다.

참여 실행 연구에서 이론, 방법, 방법론은 매우 다양하고 맥락에 따라 다르지만, 참여 실행 연구가 지역 지식에 대한 협력과 존중이고, 사회정의에 대한 헌신이며, 긍정적 개인 조직 공동체의 변화를 이끄는 민주적 과정이라는 믿음에서는 같다. 참여 실행 연구는 지식이 다양할 수 있으며, 지식 생성 과정에서 체계적으로 배제되던 자들이 활발한 참여자가 될 필요가 있음을 이해하는 것에서부터 출발한다. 참여 실행 연구에서 자료 수집의 속성, 분석 방법, 결과 해석과 성찰은 종종 공동체와 파트너인 학문적 연구자의 협력으로부터 나온다. 참여 실행 연구의 원리를 제대로 알기 위해서 학문적 연구자는 그들의 다양한 정체성이 어떻게 형성되고 그것이 공동체 구성원에게 어떻게 연계되는지를 탐구하는 어려운 작업을 기꺼이 할 수 있어야 한다.

정체성 문제의 비판적 검토를 위해서는 권력과 특권의 역학을 분석할 줄 알아야 한다. 처음부터 이런 관점에 관한 성찰은 참여 실행 연구의 실행에 영향을 미쳤다. 초기 Gramscian(이탈리아 마르크스주의)과 페미니스트 관련 참여 실행 연구는 정치적 목적이나 그 시대의 사회적 맥락 때문에 개발되었다. 이러한 일들에 내재되어 있는 식민주의에 대한 비판(Fals Borda & Mora-Osejo, 2003)과 사회 재건 노력을 위한 여성 단체의 역할(Mies, 1982)은 권력 관계를 이론화하는 노력으로 보일 것이다. 동시대의 맥락에서 이러한 것들은 후식민주의 이론화의 한 부분으로 인식될 수도 있고, 참여 실행 연구자들은 이것을 억압체제에 관한 Freire의 분석(1970)으로 인식했을 것이다. 다른 사회 이론들도 참여 실행 연구에 많이 관여해 있기는 하지만, 사회 이론과 사회 실천의 통합적 연결은 참여 실행 연구 전략의 핵심 부분이다. 권력을 조사할 때만이 아니라 참

여할 때도, 이론적 틀은 정치와 통합적으로 연결되어 있는 것처럼 보인다. 사회 투쟁과 사회 연구 간의 최근 공감을 일으킨 한 예는 참여 실행 연구에서의 묘사(narrative) 사용과 비판적 인종주의 이론(Brydon-Miller, 2004; Ladson Billings & Tate, 1995)에서의 반대적 묘사(counter narrative)의 사용에 기인한 것이다. Delgado는 "이야기는 현재의 하는 상태를 산산이 무너뜨리며 도전하는 데 사용될 수 있다"(2000, p.61)라고 했는데, 참여 실행 연구 과정의 주 목적 또한 이야기에 의해 좌우될 수 있다. 또 다른 현존하는 이론적 틀과 참여 실행 연구의 교점은 국경지방 학자(Anzaldúa, 2007; Torre & Ayala, 2009a)들이 참여 관찰 연구를 어떻게 더 깊이 있게 했는가를 조사해보는 것에 있다. 참여 실행 연구가 비판적 관점을 분명히 하고 사회정의 요구를 위한 분명한 전략을 제공한다는 점에서, 비판적 인종주의 이론과 국경지방 학자 모두의 관계에는 호혜라는 중요한 요소가 있음을 알 수 있다(Brydon-Miller, 2004; Torre & Ayala, 2009b).

최근 사회 이론은 주체, 주체성, 실용주의를 강조한다. Toulmin(1988)은 최근의 철학은 우주적이고 일반적이고 시간초월적 사고에서 구두(oral)적이고 특정하고 지역적이고 시간한정적인 조사로 바뀐다고 하였다. 후기 프랑크프루트 학파는 연구 방법론과 연결될 필요가 있는 도덕적, 역사적, 정치적 실체뿐만 아니라 지역 및 맥락적 의미도 살핌으로써 실증주의자들의 탐구에 도전장을 내놓았다(Rabinow & Sullivan, 1985). Ortner(2006)는 주체성, 주체, 권력이 사회 연구에 포함되어야 한다고 주장했고, Burke(2005)는 이를 연기자의 귀환이라고 불렀다. 참여 실행 연구에서 연구 주체는 연기자가 되어야 한다. 그래서 그것의 맥락과 공동체는 연구의 직물처럼 함께 직조되어야 한다. 참여 실행 연구는 이 과정에 다양한 연기자들이 참여하기를 요구한다. 그것은 연구가 현지화되고 캐나다의 호주 원주민 보건 기구(NAHO) 같은 토착민 조직이 연구 프로젝트의 모든 부분에서 소유권을 공유하고, 깊이 있는 참여를 요구하는 윤리적 원칙들을 개발하였다

(NAHO, 2007; Riyal Commission on Aboriginal Peoples, 1993; Smith, 1999). 많은 토착민 공동체에서 연구자들은 자신들에게 나쁜 이름을 붙여주었다. Linda Tuhiwai Smith(1999)는 연구는 "아마 현지화된 세계의 언어 중 가장 더러운 단어 중 하나일 것"이라고 하였다(p.1). 그 이유는 연구자들은 식민지 개척자들처럼 토착민 공동체에 매우 자주 와서 자신들의 이야기를 수집해가고 다시 오겠다는 말이나 어떠한 이점도 이들에게 주지 않고 돌아가 버리기 때문이다. 이것은 많은 토착민 공동체가 경험하는 것으로서 강탈의 또 다른 유형이다. 일부 연구자들은 문화기술자(ethnographers)로 오는데 이 또한 나중에 "정보유출자" 스파이처럼 보인다(Deloria, 1997 참고). 원주민 얘기로 돌아가서, 그들의 삶을 스스로 조절하려는 탈식민주의와 빼앗긴 것을 찾는 탈환 등은 일종의 자기 표현이며 지금은 토속주의라고 불린다(Niezen, 2003).

Asad(1993)는 이러한 움직임을 식민지화된 주체성의 재구성이라고 하였다. 협력, 호혜, 협의, 공동 참여 또한 사회 연구의 아젠다가 되었다. 공공 인류학은 성장했고, 이는 공공의 참여와 세상의 문제를 해결하는 데 연구가 힘을 쏟을 수 있는 바탕이 되었다(Lamphere, 2004; Rylko-Bauer, Singer, & Van Willigen, 2006). 이러한 실천과 실용에 대한 강조는 방법론에 관한 문서에도 나타난다(Creswell & Plano CLark, 2007; Maxwell, 2005).

참여 실행 연구는 복수의 지식을 허용하고, 실증주의적 세계관 및 비판적 성찰을 강조하는 가정에 반대하며, 기존에 사용하던 방법이나 완전히 새로운 혁신적인 방법을 절충적으로 사용하는 것에도 개방되어 있다. 참여 실행 연구의 방법은 그들이 당면한 공동체의 이슈와 이 이슈를 해결하기 위한 연구 문제에 달려 있다고 보기 때문에 양적, 질적 접근을 다 사용한다(Krzywkowski-Mohn, 2008; Merrifield, 1993; Schulz et al., 1998). 그러나 대부분의 경우는 상호작용을 통하여 대화를 만들어내고 지식을 생성하는 것에 초점을 둔다. 참여 실행 연구는 종종 "실제 체험" 속성을 가진 의사소통 전략이나 방법론을 사용하는데(Kindon, Pain, & Kesby, 2007), 이것은 소수 공동체와 함께 작업을 할 때 더 많이 활용되는 경향이 있다.

주목할 만한 것은 참여 실행 연구의 과정을 생성하고 기록하는 방법으로 예술을 사용한다는 점이다. 참여 실행 연구는 예술에 기반한 방법론을 활용하여 실험과 혁신을 위한 비옥한 토대를 만드는 다수의 방법들을 강조한다. 예술은 표현의 수단이기도 하고 도전과 변화의 잠재력이 되기도 한다. 예술 기반 방법은 스토리텔링(Sangtin Writers & Nagar, 2006), 시각 예술(Bastos & Brydon-Miller, 2004; Hutzel, 2007), 사진(McIntyre & Lykes, 2004; Wang, 1999), 퍼포먼스(Boal, 1985; Guhathakurta, 2008; Pratt, 2004), 섬유 예술, 토속 예술(Lykes, 2001), 새로운 형태의 미디어 예술 등으로 다양하다. 또한 환경적 위험, 보건 결과물, 수입, 교육적 격차, 특정 지역의 범죄 사건(Mapedza, Wright, & Fawcett, 2003) 등을 수집하고 종합하고 분석할 수 있게 해주는 지형정보시스템(GIS)과 같은 새로운 기술은 공동체 변화의 재구상을 도울 수 있는 혁신적인 참여 실행 연구의 방법이 된다. 이러한 혁신적인 자료 수집 기술은 연구 전략에 있어서의 인식론적 변화라고 볼 수 있다. 예술, 시각조직자, 그 외 다양한 기술의 사용은 "외부" 연구자가 정보에 접근을 잘 할 수 있도록 하기 위해 개발된 것은 아니다. 참여 실행 연구 내의 "방법"은 보다 깊이 있는 이해를 하기 위한 목적일 뿐만 아니라, 사회 정치적 국면에서 어떤 실천을 생성하는 것을 목적으로 하고 있다(Cammarota & Fine, 2008). 중요한 것은 참여 실행 연구에서 "실천"이라는 것은 억압적 사회 상황을 변화시킬 수 있는 전략일 뿐만 아니라 참여자 사이에서는 주체성과 희망의 의미로도 여겨진다는 점이다(Mies, 1996).

참여 실행 연구 과정을 수행하는 데는 다양한 접근이 가능하다. 그러나 어떤 구체적인 방법이 선택되더라도 그것은 맥락 즉 "외부"와 공동체 지식, 질문, 활동

의 속성, 프로젝트 전개 방법의 상호작용에서 도출되는
것이다. 연구의 결과는 매우 중요하지만, 참여 실행 연
구에서 과정은 결과만큼이나 중요하다. 참여 실행 연
구 연구자들은 연구 과정을 통해 공동체 참여자의 역
량과 기술을 향상시키는 데 많은 노력을 한다(Kesby,
Kindon, & Pain, 2005; Maguire, 1987).

참여 실행 연구의 이론과 방법은 연구 윤리에 대한 기
본적인 재고를 요구한다. 현재의 제도는 사전 동의서
와 학문 연구자의 자료 소유와 통제에 대한 강조를 주
로 다루고 있는 연구 윤리의 계약 모형에 의존하고 있
다. 이 모형은 학문 연구자의 권위와 권력을 강화하고,
Newkirk(1996)가 말한 것처럼 참여자를 홀려 그들
삶의 친숙한 측면을 연구자의 해석과 표상으로 대중들
에게 드러내도록 하는 배신 또는 유혹 행위에 가깝다.
현재의 연구 윤리 모형은 잠재적으로 강압이 있을 수
있는 이러한 관계들을 재설정함으로써 참여 실행 연구
의 핵심인 돌봄과 헌신이라는 원리를 다시 한 번 돌이켜
보게 한다.

하나의 대안적 모형은 계약적 윤리라는 개념에 바탕
을 두고 만들어졌는데, 이는 "다른 사람에게 선이 되는
일에 대한 헌신과 관계를 통해 정해진 윤리"(Brydon-
Miller, 2009, p.244; Hilsen, 2006; May, 2000 참
고)를 의미한다. 참여 실행 연구의 윤리적 바탕은 상
호 책임, 협력적 의사결정, 권력 공유 등의 관계에 의해
형성되는 공동체 계약 윤리 체제에 가장 잘 배어 있다
(Brydon-Miller, 2007). 이 틀은 페미니스트 연구 윤
리(Brabeck, 2000)로부터 나왔으며, 연구 윤리 가이
드라인을 공동체 기반 체제로 만들어 내려는 많은 토속
공동체 내의 노력과도 일치한다(Battiste, 2007). 캐나
다 호주 원주민 국립 위원회(1993)는 참여자가 주가
되는 연구의 윤리적 가이드라인을 만들어냈다: "연구
자들은 공동체 대표가 연구의 계획, 집행, 결과의 평가
에까지 참여할 수 있는 협력적 절차를 만들어야 한다"
(p.39). 국가 호주 원주민 보건 협회(NAHO, 2007)
또한 "모든 파트너는 연구의 계획, 실행, 자료 분석과
보고의 과정 등 연구의 전 단계에 참여해야 한다고 하

였다"(p.2). 이제 우리 앞에 놓인 도전은 연구 윤리를
재개념화하기 위한 이러한 다양한 노력을 종합하고,
참여 실행 연구 윤리를 평가할 준거를 정교화하는 일
이다.

23.3 참여 실행 연구 주제의 다양성

아래에 인용한 예는 참여 실행 연구가 지구상의 공동체
마다 청소년 자살, 국가적 재앙에 대한 반응이나 그것
으로부터의 회복, 학생들의 건강 증진을 위한 지역적 지
식 재건 등으로 매우 다양함을 보여준다. 또한 이러한
연구들에서 사용된 방법들은 참여 실행 연구가 어떻게
활용될 수 있는지에 대한 방법을 보여준다. 그러나 이
것들은 참여 실행 연구의 가장 중요한 세 가지인 공동
체 파트너들과 신뢰 형성, 긍정적 사회 변화를 위한 공
유된 헌신, 참여 실행 연구의 모순이나 도전에 대한 성
찰을 보여준다.

23.4 초대되지 않은 손님에 대한 환영: 참여 실행 연구와 SEWA (여성 자영업자 협회)

Anu Sabhlok

내가 단점이라고 생각했던 점은 (특히 내가 임신했을 때) 연구자인
나에게 예상치 못한 장점을 제공하였다. 나는 환영받고, 거의 강
제적으로 어떤 집에 들어가게 되었다. 많은 여성들이 나를 에워쌌
다. 나는 피험자를 구하기 위해 많은 노력을 하지 않아도 되겠다고
생각하였다. 그러나 다시 한 번 나는 놀랐다. 내가 질문을 하기도
전에, 그들이 질문을 하였다. "임신한 채로 여기는 왜 왔느냐? 남편
은 어디 있고, 당신 가족들은 당신이 여기에 오는 것을 어떻게 허락
했느냐? 당신은 왜 코에 피어싱을 하지 않았느냐?" 이것은 완전히

뒤바뀐 것이었다. 내가 피험자가 되었고, 그들이 연구자였다. 그러나 내가 내 얘기를 공유했기 때문에 연구는 한쪽 방향의 질문이 아닌 대화가 되는 공간을 만들어낼 수 있었고 끈끈한 유대를 형성할 수 있었다.

— 나의 현장노트에서 발췌, 2001, Anu Sabhlok

논문은 대개 매우 개인적인 모험이다. 그것은 당신의 문제, 당신의 연구, 당신의 수준이다. 그러나 참여 이상의 역학이었던 Gujarat에서의 나의 논문 작성 경험은 공동체 중심의 연구가 진행되는 과정 동안 예측하기 어려웠고 놀라운 일이 종종 발생하였다. 서부 인도의 Gujarat라는 지역에서 2001년 대형 지진이 발생했고, 나는 지진 후 재건에 관한 박사 논문을 쓰기 시작하였다. 2002년 힌두-무슬림 폭동이 발생하자 5만 명 이상의 사람들이 주로 소수의 무슬림 공동체를 나와 구호 캠프로 도망가려고 하였다.

건축 및 지리학과 학생으로서 나의 초기 연구 계획은 지진 후 구조물과 임시 구호 주택에 관한 것이었다. 그러나 수많은 지역민들과의 대화 후에 집의 수나 구호로부터 받는 돈의 액수보다는 접근, 부패, 경제적 자유, 종교적 이데올로기, 권력 등이 더 중요함을 알게 되었다. 이와 같이 연구의 초점은 구호를 수행하거나 받는 사람의 관점으로부터 구호 작업의 다양한 의미를 이해하는 것으로 바뀌었다.

가끔 참여 실행 연구를 수행하기 위해 "전문가"가 개발 주체에 의해 초대되기도 하지만, 다른 경우에는 학계와 공동체의 협력 조직이 만들어진다. 나는 사회정의에 관한 문제의식이 있었고 연구자가 연구한 위계를 해체하는 참여 연구를 하기 원하였다. 이러한 바람은 나의 페미니스트적 인식론과 훈련에 기인한 것이다. 협력은 자연스럽게 일어나는 것이 아니었고, 나는 초대받지 못하였다. 그런데 내가 어떻게 공동체의 한 부분이 되었고 공통의 연구 문제를 그들과 협력적으로 수행할 수 있었는가?

지리적이거나 사회적 거리에 대한 질문을 짚고 넘어가는 것이 중요하다. 만 마일이나 떨어져 있는데 어떻게 참여 실행 연구가 가능했는가? 나는 내가 좋아하는 기구 SEWA(여성 자영업자 협회)와 이메일로 계약을 맺었다. 막시즘과 간디의 저항에 근거를 둔 SEWA는 비공식 여성 근로자 부문에서 가장 큰 빈민 무역 기구이다. SEWA는 5개의 구호 캠프를 두고 있으며, 다양한 종교 공동체의 대화를 조성하기 위해 Shantipath Kendras(평화의 장소)를 운영하고 있다. 나는 논문을 통해서 SEWA와의 결속을 보이고 싶었다. 아이러니하게도, SEWA의 여성들은 초기에는 그들의 공동체 사람들의 일에 바빠서 나를 환영하지 않았다. SEWA의 노동자 계층의 여자들과 가까워지는 것은 쉽지 않았다. 그러나 나는 보다 공정하고, 보다 평화롭고, 보다 민주적인 나라를 건설하기 위한 우리의 공유된 헌신이 협력적 과정으로 가는 길을 닦아준다고 믿었다.

SEWA를 방문한 지 두 달 후 나는 SEWA 학교의 자원봉사자로 허가를 받았다. SEWA 학교는 SEWA의 연구 파트로서 지난 30년간 민초에 관한 연구를 수행해 왔다. SEWA 학교는 빈민자, 문맹인, 여성을 훈련하고 그들이 "맨발의 연구자"로 불리는 사람들과 팀을 맺도록 도와준다. 이러한 팀들은 도시나 시골의 가정으로 돌아가 비공식 부문의 빈민 여성과 관련된 이슈들을 정의하고 문서화한다. SEWA 여성들은 참여 비디오를 만드는데 이것은 공적으로 그들의 목소리를 알리기 위한 것이다. 가장 먼저 우리는 초점 집단을 만들어서 구호 활동에 관한 개인적 혹은 단체의 경험을 공유하였다. 그런 다음 1~2명의 SEWA 여성들과 심층 면담을 실시하여 개별적으로 인생 이야기를 나누는 시간을 가졌다. 매주의 마지막에는 SEWA 학교에서 "공유 세션"을 가졌는데, 이때 나는 면담 분석 결과를 보고했고, SEWA 팀은 그들이 수행한 설문 연구 결과를 공유하였다. 내가 미국으로 오기 하루 전 SEWA 학교는 "경험 공유" 세션을 가졌는데, 우리는 협력적 경험에 대해 성찰했고 자료의 의미 만들기를 하였다. 구호 노력에 대한 상호 이해를 하고 의견을 교환하는 과정에서 우리는 구호에 대해 개인적 차원 또는 공동체 차원에서 더 깊이 있게 이해하게 되었다. 논의를 통하여, 구호 과정 분석에 대해 수집된 결과는 단지 영향을 주거나 배분된 자원의 수만을 나타내는 것이 아니라 어떻게 권력(국제적, 국가적, 지역적 수준의 권력)과 정체성 문제(특히, 종교, 성, 계급 문제)가 구호 과정에서 나타나는가를 알려주었다.

2005년 미국으로 돌아와서 나는 면담과 논의 자료를 전사하고 번역하고 재분석하여 300페이지짜리 논문을 썼다. 논문을 쓰는 동안 나는 SEWA와 간간이 연락을 유지하며 협력적인 관계에 있었다. 그리고 2007년 나는 펜실베니아 주립대의 지리와 여성 전공으로 박사 학위를 수여하였다(Sabhlok, 2007). 나는 이 절을 쓰면서 많은 고민을 하였다: 참여 실행 연구의 확장은 어디까지인가? 연구 문제가 대화로부터 나오고 우리는 공동의 연구 문제를 가지고 자료를 수집하고 협력하였지만, 출판물에 관한 작업은 나 혼자의 분석이고 나의 작문이다. 나는 이 질문에 답하기 위해 고민하였다. 나는 때로는 내부자로 인정되고(우리는 유사한 헌신을 공유하였다), 또 다른 경우에는 외부자(다른 계급이나 교육적 배경을 가진 사람)로 여겨진다. 내 논문에서 이론적 분석은 SEWA 여성들에게는 소용없을지 모르지만, 나는 이것이 일상적인 것으로 보이는 구호 활동에 대한 그들이나 나의 관점을 풍부하게 하는 협력적 연구, 공유, 성찰의 과정이라고 생각한다. 이 예는 학계가 참여 실행 연구의 과정에서 독자적으로 깊이 있게 탐구할 때 부딪히게 되는 어려움에 해답을 줄 수 있을 것이다.

SEWA의 웹사이트에는 반얀 나무가 있다. 나무의 꼭대기에는 그들의 구성원을 나타내는 수많은 나뭇잎이 있고, 나무의 뿌리는 수많은 갈래로 이루어져 있는데, 이 갈래는 협력, 사회 보장 조직, SEWA 학교, 기타 다양한 SEWA 조직을 의미한다. 뿌리의 상호 얽힘은 뿌리의 강도를 나타내고, 새로운 줄기와 뿌리는 SEWA의 공동 활동이 새롭게 시작되기 위한 공간이 만들어짐을 의미한다. 돌이켜보면, 나는 나 자신이 독립적으로 성장해 나가지만 여전히 그 나무와 연결되어 있는 새로운 뿌리의 한 부분임을 깨닫게 된다. 앞서서 나는 그 연결이 점차 강해지고 있음을 가시적으로 설명하였다. 이

논문은 SEWA에 속한 여성들과의 장기적 연결을 위한 시작점이라 생각한다.

23.5 "걱정마세요. 우리가 평생 농사일을 다 할게요": 학교에서 청소년 참여 실행 연구

Patricia Maguire, Alicia Fitzpatrick과 그의 학생들의 연구로부터

이 예는 고등학교 교사 Alicia Fitzpatrick이 학교에서 학습과 생활을 위한 새로운 공간을 창출하기 위해 15명의 학생들을 데리고 참여 실행 연구를 수행한 것에 관한 것이다(Eriacho et al., 2007; Fitzpatrick et al., 2007). 전직 평화 봉사단의 자원봉사자인 Alicia는 미국 남서부 인디언 공동체의 대안 고등학교에서 3년 동안 과학을 가르쳤다. 또한 그녀는 변형 의도를 가진 실행 연구와 비판적 성찰을 강조하는 대학원 교사 교육 프로그램에서 석사과정을 공부하는 학생이었다. 석사과정 동안, 교사들은 실행 연구에 참여하여 미국 학교를 구성하는 부적절한 권력의 배분과 관계에 대해 연습하고 깊은 이해를 증진하도록 되어 있었다(Maguire & Horwitz, 2005).

이것은 내가 우리 교수의 수업을 들으면서 Alicia와 그의 학생들의 대화에 관한 참여 실행 연구 프로젝트를 할 때의 일이다. Alicia는 자신의 교수 활동 변화에 대해 이미 성찰했기 때문에 자신의 실험 수업 활동에 대해 이렇게 메모하였다. "학생들은 이미 내가 해결한 문제에 대해 해결책을 찾고 있기 때문에 나는 마음이 불편하였다"(Eriacho et al, 2007, p.6). 그녀가 참여 연구를 통해 교수 활동을 증진시키려고 노력하고 있을 때, 학생 중 Alex라는 학생이 그녀에게 학교 점심 급식의 질에 대한 얘기를 하였다. 당뇨와 비만에 대한 관심으로 그는 학교 급식이 보다 신선한 음식과 채식주의자

식단을 제공해야 한다고 하였다. 이 대화를 보고할 때, Alex는 두 가지를 주목했는데 첫째는 Fitzpatrick 선생님이 듣고 있었다는 사실과 둘째는 선생님이 그에게 "그럼 너는 이 문제에 대해 어떤 해결책이 있다고 생각하니?"라고 질문한 것(Eriacho, et al., 2007, p.7)이라고 하였다. 그는 참여 실행 연구를 통하여 학생과 교사가 언급한 이 문제를 해결하기 위해서는 학교가 소비하는 식품을 길러야 한다고 하였다.

농사 선택 관리를 개발하자는 Alex의 제안으로, 15명의 학생(Fitzpatrick의 지원과 자원으로서 공동체 구성원이 대거 참여)은 그들이 계획하고 만들고 조작할 수 있는 비닐하우스와 텃밭에서 이루어질 수 있는 농사 관련 수업을 개발하기 위해 일련의 연구-실천 사이클을 활용하였다. 9명의 남학생과 5명의 여학생으로 이루어진 핵심 집단에는 십대 부모, 다른 학교로부터 퇴학당해 전학 온 학생, 특수 아동 등이 포함되었다. 처음에 Richell이라는 학생은 "이 공동체는 대안학교에서 온 학생들을 절대 졸업할 수 없을 것 같은 '나쁜 애들'로 보았다"라고 기록하였다(Eriacho et al., 2007, p.14). 이 프로젝트에서 학생들은 공동체 구성원과 상호작용을 하는 동안 리더십을 발휘함으로써 이러한 인식을 조금씩 없애나갔다.

Alicia와 학생들은 협력하여 농사 수업, 학교 비닐하우스와 텃밭 등을 만들었으므로, 자신들에게 어떤 일이 일어났는지를 공부하게 되었다. 그들은 성찰 일지를 썼으며 포토보이스 프로토콜(Wang, 1999)을 활용하여 사진을 분석하였다. Alicia와 학생들은 그녀가 졸업하기 위한 수업의 마지막 보고서도 함께 썼다(Eriacho et al., 2007). 그리고 그들은 뉴멕시코에서 열린 교사 실행 연구 학회에서 발표한 최초의 학생-교사 팀이었다(Fitzpatrick et al., 2007).

청소년들과 함께하는 참여 실행 연구가 공동체 기관, 프로젝트, 방과 후 프로그램 등에서 증가하고 있는 반면(Fernandez, 2002; Hutzel, 2007; McIntyre, 2000; Nain, Higgins, & Sligo, 2007), 학교에서 교사-학생의 참여 실행 연구는 드물다. Groundwater-Smith와 Downes(1999)는 연구자로서의 교사 운동을 비판했는데, 그 이유는 교사가 실행 연구를 하면서 학생들을 교실 내의 협력자라고 보기보다는 자신의 연구를 위한 객체로 보기 때문이라고 하였다. 학교 비닐하우스와 텃밭 프로젝트에서 Fitzpatrick은 의도적으로 유의미한 학생 리더십과 의사결정 과정을 만들어냈다. 교사들의 실행 연구 문헌에서 학생들은 공동 연구자로서 잘 나타나지 않는다는 것이 학생을 지원해야 하는 실행 연구 구조의 문제점이다(Brydon-Miller & Maguire, 2009). 농사 수업에서, Alicia는 지속적으로 다른 교사들과 대화하면서 어떻게 학생들에게 프로젝트와 농사 수업을 잘 통제할 수 있는 과정과 공간을 만들어줄 수 있을지를 논의하였다.

Fitzpatrick과 그녀의 학생들은 토큰 등의 보상 도구로 간신히 학생 참여를 유도하던 것을 학생들이 자발적으로 참여하는 수준으로 바꾸는 Hart의 '어린이 참여 사다리'(Hart, 1997; Arnstein, 1969) 운동을 실현하였다. 이 운동은 교사의 권한을 학생들과 공동체에 나눠줄 것을 요구하는데, 이는 No Child Left Behind 정책이 지향하는 것과는 다른 것이다. 초기에, Alicia는 자신이 농사에 대해 잘 모른다며 농사 수업을 만드는 것을 싫어하였다. 그러자 Alex가 "걱정마세요. 우리가 평생 다 할 테니"라며 그녀를 설득하였다. 학생들은 주어진 기본 틀, 즉 건조한 남서부 지역의 전통 농사 방법에 대해 방대하고 오래된 지식을 알고 있었다. 학생들은 교과과정을 개발하기 위해 그들이 익숙한 곳에서만 활동하는 것이 아니라 공동체 자원과 연락, 관공서 직원들 앞에서 연설, 정규 수업에도 지속적 출석을 하는 것으로 활동을 확장하였다.

교사와 학생들은 그 프로젝트를 수행하면서 성 역할의 배분에서 부적절한 권력이 활용되는 것을 경험했을 때 또 다른 불편한 입장에 처하게 되었다. Alicia는 학생들이 일을 배분했을 때 남학생들은 주로 비닐하우스 공사를 맡고 여학생들은 프로젝트 웹사이트를 담당하는 것을 발견하였다. 그녀는 또한 교실에서도 남학생들의 목소리가 지배적이라는 사실을 알았다. "나는 여

학생들이 좀 더 소리 내어 말하게 하기 위해 브레인스 토밍을 하려고 하였다. 그러나 그것은 남학생들을 진지한 청취자로 만드는 데는 크게 도움이 되지 못하였다." 그녀는 교사가 침묵하고 있는 것이 남학생들의 독재를 묵인하는 것임을 깨달았고, 그녀가 개입하는 것이 "여학생들을 변화"시키는 것으로 작용하였다는 것에 놀랐다. 인종, 계급, 성별에 대한 지능적 이해에도 불구하고(Maguire & Berge, 2009), 공동체의 외부인인 Alicia는 프로젝트에서의 성별에 관한 이슈를 거론하기 꺼려 하였다. 그러나 주어진 공간과 구조 속에서 학생들은 포토보이스를 통하여 자신들의 얘기를 잘 풀어나갔다. 예를 들어, Farrah는 사진을 분석할 때 남학생들끼리 혹은 여학생들끼리만 찍은 사진들이 있다고 기록하였다. "일단 이것이 거론되면, Fitzpatrick은 왜 그런지 물었다. 나는 남학생들 팀에 합류하는 것이 좋다. 그런데 나밖에 여학생이 없는 경우에는 그 팀에서 나온다"(Eriacho et al., 2007, p. 23). Alicia는 지속적으로 묘사하였다. "Farrah가 그녀의 생각을 공유한 후에 그녀 옆에 앉아 있던 한 남학생이 그녀에게 질문하였다. '뭐? 넌 그렇게 생각하냐?' 그녀는 그를 바라보며 '그래'라고 대답하였다." 단지 그 여학생들만이 성별을 정확히 구분하고 있었다. 성별이란 것은 여성들에게만 부여된 질적 기준이지 남성들에게는 그렇지 않고, 일에서 성별 이슈는 무시된다(Maguire, 2001b). 논의 후에 두 명의 여성들은 완전히 남학생들만 있던 비닐하우스 공사 팀으로 합류하였다.

비닐하우스와 텃밭 프로젝트는 학교 경관을 "학습 경관"(Lewis, 2007)으로 바꾸기 위한 참여 실행 연구와 녹지화 프로젝트의 합작의 예이다. Lewis(2004)는 그 학교의 땅은 실행 연구와 교육 프로젝트의 뿌리를 가진 매우 이례적인 자치적 제3의 공간을 제공한다고 하였다.

23.6 "나는 이것을 진심으로 하는 거예요": 캐나다 누나부트 지역 이누잇족 자살 예방과 재활

Michael Kral

북극지방 토착민 청소년의 자살이 급속히 늘고 있다. 캐나다 이누잇족의 자살률이 세계 최고이다. 왜 자살하는지를 이해하려면 간단한 역사적 배경을 알아야 한다. 캐나다의 중앙과 동쪽 극지방에 자리 잡은 누나부트는 1999년에 설정된 이누잇족의 정치적 영역이다. 이곳은 약 인도만한 크기로 26개의 공동체와 2만 7천 여 명의 인구가 있다. 이 공동체의 대부분은 이누잇족으로서 이누잇어나 영어를 사용한다. 이 종족이 외부와 주요한 접촉을 하기 시작한 때는 19세기 후반에서 20세기 초반 스코틀랜드와 미국 포경선과의 접촉이었고, 그것은 모피 무역, 선교, 치안 등의 접촉으로 이어졌다. 이들에게 가장 큰 역사적 변화는 1950년대 이누잇족에 기아와 결핵이 유행할 때 캐나다 정부가 지원을 시작한 일로부터 시작된다. 이누잇족은 가족이 있는 캠프를 떠나 집단 수용소로 이사를 했고, 어린이들은 자신들의 언어를 사용할 수 없는 기숙사 학교로 보내졌다. Qullunaat라는 북극 서비스 기구가 그 수용소를 운영했고, 외국 선거 제도를 설립하였다. 사람들의 역할이 바뀌었으며(특히 남자), 그 새로운 복지 주에서는 재산의 개념이 나타났고 사회 조직에서 혈연관계가 가장 중요한 종족에게 세대 분리를 강제하였다. 많은 아이들이 적절한 육아 기술이나 전통적 방법 없이 길러졌으며, 1980년에 이르러서는 이누잇족 어린이의 자살률이 증가하기 시작하였다(Brody, 2000; Condon, 1988; Kral & Idlout, 2009; Wenzel, 1991 참고).

나는 1994년에 지금의 누나부트의 수도인 아이콸루이트에서 열린 자살 예방 학회에 참석하였다. 이것이 내가 극지방을 가본 첫 방문이었다. 나는 패널 좌장에게 그 학회의 주체인 캐나다 자살 방지 협회의 연구에 대해 질문을 하였다. 나는 그 패널의 유일한 외부인이었고 대부분은 이누잇족이었으며, 논의는 이누잇어와 영어가 동시에 통역되면서 이루어졌다. 이 세션에 있던 많은 공동체로부터 온 이누잇족은 청소년의 자살을 막기 위해 알아야 하는 것이 무엇인지를 얘기하였다. 한 명의 여자 노인이 일어나 이누잇어로 얘기하기 시작하였다. "우리 공동체에서 많은 자살이 있다. 나의 친척은 다른 공동체에 사는데 거기에는 자살이 없다. 우리는 그 공동체로부터 배우고 싶다. 우리는 복지에 대해 묻고 싶다." 이누잇족은 또한 어떻게 이러한 정보를 수집할 수 있는지에 대해서도 얘기하였다. 이러한 지식의 수집은 이누잇족의 문화를 이해하면서 구두로 그리고 다각도로 이루어져야 하였다. 공유가 강조되었다. 노인과 젊은이가 다른 공동체 구성원과 어울릴 필요가 있었다. 학회의 마지막 날 테이블에 둘러앉아 있던 구성원들에게 나는 이것을 프로젝트로 하자고 제안하였다.

나는 또 다른 한 명의 식민지 연구자가 이점을 취하려는 것처럼 보이지 않을까 하는 불안한 마음 때문에 외부자로서 매우 긴장되었다. 나는 통역을 통해서 이누잇족 어른에게 내가 그들에게 포함되어 그 프로젝트를 하겠다는 말을 전하였다. 그 어른은 그것이 진심이면 좋다고 허락하였다. 우리는 그 후 3년간 그 프로젝트를 진행하였다. 이누잇족 운영 위원회는 누나부트에 사는 한 명의 이누잇족인 Eva Adams에 의해 조직되었고 나는 학술적 연구팀을 동원하였다. 우리는 학회에서 이누잇족이 제안한 연구 문제와 방법론에 기초하여 함께 일을 하였다. 우리는 연구 기금을 지원받아 두 개의 누나부트 공동체의 청소년과 함께 첫 번째 연구를 진행했고, 그들은 연구 문제를 어떻게 만들어야 하고 연구를 어떻게 진행해야 하는지에 대해 많이 도와주었다. 어른들은 개방형 면담 문항을 만들었는데, Anthony Qrunnut가 시범 면접의 대상자로 자발적으로 참여해 주었다. 그가 한참의 공백 후에 그 문항들은 물어봐도 좋겠다고 말한 다음 나는 안도할 수 있었다. 이누잇 운영위원회는 연구 계획, 자료 수집 동안 대부분의 방향을 제공하였다. 우리는 2003년에 연구 보고서를 마무리했고, 연구 기금은 그보다 먼저 고갈되었다.

그렇지만 그 시간은 매우 의미 있는 시간이었다. 이 일은 서둘러 할 수 있는 일이 아니었다. 이것이 내가 처음 토속민들의 방법론을 활용한 참여 실행 연구를 경험한 것이다.

많은 이누잇족이 우리의 참여 실행 연구에 참여했고, 나와 4명의 이누잇족은 핵심 집단이 되어 연구를 진행하였다. 나는 여전히 누나부트 연구 집단의 유일한 외부 연구인이고, 그렇게 허락된 것이 영광스럽다. 모든 이누잇 공동체가 나를 수용한 것은 아니다. 이것이 현실이다. 그러나 나의 이누잇족 친구는 내가 도움이 되는 외부인의 시각을 제공할 수 있다고 인정하였다. 나의 주 파트너는 누나부트에서 자살을 방지하고 공동체의 건강을 담당하는 Embrace Life Council의 총책임자인 Lori Idlout였다. Lori는 이누잇족과 함께 일하면서, "참여 실행 연구는 사회과학 중 가장 문화적으로 민감한 형태의 학문적 연구"라고 하였다. "방법론은 의사결정처럼 연구자와 공동체의 협력에 의한 것"이다 (Idlout, 개인적 담화, 2010년 6월). 우리 연구에서 참여 과정은 이누잇족에 의해 그들의 지식과 전문성을 토대로 정해졌다. 이것이 연구에서 가장 중요한 과정이며, 과정이 곧 결과가 될 수도 있다.

누나부트의 이글루익에 있는 우리의 공동 연구자 Natar Ungalaq는 그의 공동체에서 오랫동안 청소년들을 돕기 위해 일하고 있다. 그는 연구 기금을 받는 사람들과 논의를 할 때 돈은 그가 가장 중요시하는 것이 아니라고 말한다. "나는 마음으로 이 일을 한다." 이것은 지금은 개인적으로나 공동체적으로 성공적인 이야기가 되었지만 어려운 협력 주제에 대해 협력 연구를 수행할 때 필요한 영속적 정신이다. 이누잇족은 탈식민화되고 있으며, 그들의 삶을 스스로 통제하려는 움직임을 보이고 있고, 우리의 연구는 이와 같은 맥락에 있다 (Kral, Wiebe, Nisbet, Dallas, Okalik, Enuaraq, & Cinotta, 2009). 우리 연구는 기본적으로는 이누잇족이 이끌고 가는 것이지만, 삶, 사람, 공동체, 이누잇의 자긍심에 대한 사랑을 가진 마음과 문화와의 진정한 협력이 우리 연구의 동기원이다.

23.7 지역민들의 공통 주제

앞의 예들은 참여 실행 연구와 관련된 수많은 이슈들을 강조하는 것들이다. 연구자와 공동체 구성원의 관계와 역할에 관한 질문은 연구 과정 중에 종종 내부자냐 외부자냐 하는 문제를 만들어낸다. 그러나 이것을 이분법적으로 바라보는 것은 연구자가 다수의 지위를 동시에 맡을 수 있다는 가능성과 관계의 복잡한 속성을 간과하는 것이다. 젊은 인디언 여성으로서 Anu의 지위를 보면 공동체 구성원으로서 그녀를 인식하는 것이 되지만, 반대로 그녀의 계급, 교육적 지위 등은 고려하지 않는 것이 된다. Alicia의 외부인으로서의 지위는 교사로서의 지위가 교육 활동에 속해 있는 권력과 권위의 전통적 체제에 도전하는 학생의 역할로 바뀐 것임을 알 필요가 있다. Michael은 공동체 구성원이 분명히 그의 참여에 대해 의문을 품은 분명한 외부인으로 구분되지만, 공동체를 위한 그의 오랜 헌신은 그로 하여금 효과적인 방법을 만들어내게 했을 뿐만 아니라 따뜻한 우정도 우러나게 하였다(Humphrey, 2007; Johns, 2008 참고).

공동체 지식과 전문성의 중요성과 누가 그 지식을 소유하고 통제하며, 누가 그 지식으로부터 이익을 보는가는 참여 실행 연구의 중요한 부분이다. Alex는 공동체에 이미 존재하는 지식이 있다는 것을 알고 그것을 존중하며 공동체를 위해 자신의 기술과 자원을 활용하겠다고 기꺼이 나서면서 Alicia를 확신시켰는데, 이러한 진정한 파트너십이 참여 실행 연구의 핵심이다. Michael의 예에서도 그의 연구 파트너인 Lori는 참여 실행 연구가 사회 연구의 다른 많은 형태에 비해 지역 문화를 가장 잘 공감하는 방법이라고 하였다. 참여 실행 연구는 관계가 핵심이라는 토속적 우주론을 가진 연구의 한 형태로서 "참여자가 개발한 준거에 의해 평가"되는 연구이다(Denzin & Lincoln, 2008, p. 11). 그리고 이것은 공유와 상호존중에 초점을 두면서 권력을 재분배한다는 점에서 학계나 정치적 입장으로부터 독립되는 방법론이다. Fine, Tuck, Zeller-Berkman(2008)은 "참여 방법은 연구 문제, 연구 설계, 연구 방법을 계획하고 결과를 해석하는 사람과 감시하는 사람을 의도적으로 바꿈으로써 정치적인 어려움에 대응한다"고 하였다(pp. 160-161).

참여 실행 연구에서 실천이라는 것은 결과를 유의미하게 만드는 것으로서, 이 프로젝트에 참여한 공동체에 분명한 이점이 있어야 한다.

이누잇 공동체의 청소년 자살률을 줄여준다는 것이 참여 실행 연구가 긍정적인 변화를 만들어내는 능력이 있음을 보여주는 증거인데 이것이 공동체기반 프로그램의 효과이다. Alicia의 학생들은 건강에 보다 좋은 음식을 먹을 수 있게 되었을 뿐만 아니라, 학업 능력도 좋아지고 공동체에 기여하는 구성원이라는 자긍심도 가지게 되었다. Anu 또한 그녀가 변화를 가져올 수 있을지를 의심했지만, 그녀의 파트너들은 새로운 기술과 이해를 얻게 되었다는 점과, 긍정적 사회 변화를 위한 그녀의 헌신이 그 공동체에 지속적인 이점으로 작용할 것이라는 분명한 사실을 지적한다.

이와 동시에 참여 실행 연구의 광범위한 의의를 인정하는 것은 중요하고, 지식이 다른 연구자, 공동체 및 환경으로 전이된다는 점 역시 중요하다. 학자들에 의해 소개된 각각의 연구 사례는 (학계 기반이건 공동체 기반이건 간에) 중요한 이슈에 대한 우리의 이해를 증진시키고, 다른 이들이 유사한 문제에 접했을 때 해결책을 끌어낼 수 있는 전략을 제공한다. Michael의 프로젝트는 이미 북극지방의 다른 공동체에 확대되었고, Alicia의 프로젝트는 다른 교사들에게 이미 공동체에 있는 지식을 교실로 가져와 그들의 학생들이 학습 경험을 더 풍부하게 할 수 있는 기회를 제공하였다. Anu의 프로젝트는 구호를 제공하는 직접적인 노력을 수행하는 사람과의 파트너십 설정이라는 점에서 재앙 극복에 관하여 정부나 국제 NGO 연구에 대안적인 묘사(narrative)를 제공할 수 있다.

이런 각각의 예는 앞서 언급한 공동체 계약 윤리 체제의 준거(예, 상호 책임, 협력적 의사결정, 권력의 분배 등)를 반영한다. Michael의 프로젝트는 명시적으로 토속 연구 윤리를 만들었는데 이는 연구 윤리에 관한 정보를 제공하기 위한 것이다. SEWA와의 파트너십에서도 Anu는 공동체의 걱정과 질문에 답하였는데, 이는 이러한 가치를 보여주는 것이다. Alicia가 학생들과 권력을 나누고 함께 일하며 과정에 관한 의사결정을 하게 하는 것은 학생들 개인적으로나 문화적으로 그들에게 의미 있는 것을 창조해내게 하기 위해서였다. 이러한 예들은 향후 공동체 계약 윤리와 이것이 어떻게 실천으로 연결되는지에 대한 분명한 모형을 제공한다.

23.8 활용시 실천적, 교육적 이슈

재즈는 음악이 무엇이고, 어떤 작용을 하며, 무엇이 재즈를 아름답게 만드는지에 대한 기본 상식을 깬 음악이다. 참여 실행 연구를 가르칠 때도 재즈처럼 첫 단계에서 실증 연구의 지배적 아름다움이나 전통적 교수 방법을 깨야 한다. 이는 집단 작업이나 협력 과정에서 나오는 다양한 의견이나 예측하지 못한 산출물이나 아름다움을 발견하기 위해서이다. 졸업생 중 Beverly Eby라는 학생은 일 년간의 참여 실행 연구 수업을 마무리한 후 이렇게 말하였다, "이제 이것을 수행해도 괜찮겠다고 생각하는 데 한 분기가 걸렸다."

참여 실행 연구는 그들의 악기가 무엇이건 연주 수준이 어떻든 간에 함께 음악을 만들어가는 공간과 구체적인 과정을 제공한다. 참여자들은 전문가든지 초보자든지 자신들의 정체성, 권력과 특권의 지위, 상호작용 유형뿐만 아니라 어떻게 연구 과정에 지속적으로 영향을 줄 수 있을지에 대해 중요한 자기 성찰을 해야 한다. 참여 실행 연구의 교육학은 이와 같은 내재적 가치와 자발적인 초대, 기여 고무, 다양한 학습자 간의 대화 등의 측면에서 일관된다(Maguire, 2001b). 이것은 교실에서 학생들에 대한 통제권을 내주고 학생들이 리더가 될 수 있도록 해주는 것이므로 잠재적으로 두려운 것일지는 모르겠지만 매우 흥미로운 것이다.

참여 실행 연구는 긍정적인 사회 변화를 추구하는 대중 교육, 공동체 연구, 협력적 실천의 교차점이 된다고 표현할 수 있다(Brydon-Miller, 2001; Hall, 1993). 참여 실행 연구는 비형식 경험적 교육과 공동체 참여 고무 기술로부터 시작될 수 있다(Chambers, 1980; Kindervatter, 1979). 대학에서 가르치든지 공동체 학습 센터와 같은 비공식 교육 기관에서 가르치든지 상관없이 위의 세 가지를 잘 혼합하여 가르쳐야 한다. 전통적 "금융 교육"(Freire, 1970)과 같은 형태는 친절하게 이러한 접근법의 이론적, 방법론적 기초를 알려주고 있으므로, 참여 실행 연구를 탐색해보고, 발견해보고, 실제 해보기에 좋은 방법을 알려주는 예가 된다. 교육적 실천에 대한 도전은 교육의 기본 구조에 대한 "구성적 붕괴"(Cochran-Smith & Lytle, 2009, p.86)를 만들어내는데, 이는 권력이 교사로부터 시스템으로 전환됨을 의미하고 이때의 시스템은 참여를 고무하고 참여자(학생이건 공동체 파트너이건)가 소유권을 가지는 체제를 말한다.

23.9 결론

만약 무비판적으로 받아들였다면, 은유를 사용하여 참여 실행 연구를 설명한 것은 단지 난해하기만 했을 것이다. 마지막으로 재즈와 반얀 나무의 은유적 표현의 몇 가지 제한점을 얘기하자면, 참여 실행 연구의 핵심인 권력과 특권에 관한 이슈를 이해하는 데는 이 은유가 명쾌하지 않았을 것이다. 반얀 나무 밑에서 돈 벌 궁리를 하던 한 명의 인도 장사꾼 반야는 소작농들로부터 부당한 이윤을 취했다고 고발되었다(Kumar, 1983). 반얀 나무는 그늘만 제공했을 뿐 아무런 잘못을 하지 않았다. 은유의 피상적인 표면만 파는 것은 잘못 사용하는 문제를 야기한다. 반얀 나무 그늘에 자리를 잡을 때는 무엇을 위해서 그리고 누구를 위해서인지 분명히 정해야 한다. 같은 맥락에서, 우리는 참여 실행 연구 방법의 잠재력에 대한 우려를 가지고 있다. 학문 분야뿐만 아니라 정치, 경제 분야에서 그들의 이윤을 극대화해 가는 과정에서 참여를 강조하기 위해 협력과 공동체 통제라는 말을 함부로 사용할 것이 우려된다.

재즈는 초기에는 남성 위주의 음악이라고 비판을 받았는데, 이러한 문화적, 성적 제약은 여성을 그것으로부터 배제시키는 결과를 가져왔고 여성 연주자들을 저평가하는 결과를 가져왔다. 인종의 단일화가 성 차별을 널리 소문 내지 않았다. Tucker는 "만약 여성들이 모두 함께 재즈를 연주하게 된다면, 왜 우리가 그들에 대해 더 많은 것을 알고 싶어하지 않겠습니까?"라고 하였다. 흑인, 성별이나 재즈 세계에서의 여성의 기여에 대한 우리의 제한적인 지식은 우리가 초기 참여 실행 연구에서 여성의 기여에 대해 잘 모르던 것과 유사하다. 규범이 된 역사적 기록은 주로 남성에 의해 남성에 관한 내용으로 다른 남성들의 글을 인용하면서 작성되었다(Maguire, Brydon-Miller, & McIntyre, 2004). 남성 사회과학자나 프로젝트 책임자가 성장하는 페미니스트 학문이나 여성에 관한 프로젝트를 잘 할 것이라고 기대하지는 않는다.

훌륭한 재즈 음악이나 반얀 나무가 되기 위해서는 성장하고 변화해야 한다. 반얀 나무는 어린 순을 내리고 그것이 뿌리를 내려서 새로운 나무가 된다. 예를 들어, Charles Mingus와 같은 음악가들도 무대에서 신세대 재즈 음악가들이나 완전히 다른 음악 형태를 환영해야 하였다. 참여 실행 연구는 성장하고, 변화하고, 새로운 실천가 집단으로 확장된다. Anu, Michael, Alicia와 그들의 학생 그리고 이 분야의 젊은 학자들은 참여 실행 연구에서 그들의 새로운 형태와 목소리를 표현한다. 이 개인들이 보여주는 공동체에 대한 헌신과 어려운 문제 제기, 유의미한 사회 변화를 추구하는 헌신에는 선조들의 가치와 영향이 투영되어 있다. 더불어 기술에 접근이 용이해지고 국제 대회 기회가 증가하고 경험과 연습의 교환이 가능해지면서 그들의 이론적, 방법론적 혁신이 일어났는데, 이것은 이 분야를 더욱 풍요롭게 하는 토대가 될 것이다. 따라서 다음에 할 일은 세계적 또는 지역적 사회 투쟁의 증거를 통합적으로 연결하는 것과 지역 수준에서의 연구 방법을 어떻게 세계를 이해하고 변화시키는 데 활용할 수 있을지 탐구하는 것이다.

우리는 참여 실행 연구의 힘은 현존하는 권력이나 특권 구조에 도전하고, 지식이나 지혜를 나누기 힘든 사람들에게 공유의 기회를 제공하고, 긍정적 사회 변화나 보다 합당한 정치적, 사회적 제도를 만들어내기 위해 일하는 사람들의 협력을 돕는 데 있다고 굳게 믿고 있다.

주석

1. 참고문헌의 저자는 알파벳순이며, 이 글의 작성에 기여한 바는 모두 동일하다.
2. 우리는 처음으로 재즈 은유를 사용한 졸업생 Mary에게 감사의 마음을 표한다. 우리가 이글에서 재즈의 역사를 언급했는데 이는 신시네티 대학의 음대 Rick VanMatre의 말 "최고의 현대 재즈 음악가는 여전히 Mingus, Parker와 그 외 몇몇인데 이들은 Massey 홀 콘서트에서 최고 수준의 예술적 재능과 협력을 보인다. 열심히 하게 하는 방법은 공부하고, 분석하고, 개인적으로 최고의 수준에 도달하고 그런 후에 다른 사람들과 협력하는 것인데, 여기에서 중요한 것은 협력해서 무엇을 하는 것은 단순한 부분의 합이 아닌 그 이상이라는 것이다. 이것이 모든 재즈의 공통사항이며 위대한 협력 연구의 속성이기도 하다"(개인적 담화). 참여 실행 연구 방법처럼 재즈의 형태도 예술적 재능이나 협력과 같이 핵심적인 부분만을 제외하고는 진화한다. 우리는 재즈의 역사와 재즈와 참여 실행 연구의 관계에 관한 통찰과 성찰을 가져다준 Norman Denzin과 Rick VanMatre에게 감사한 마음을 표한다.

참고문헌

Adams, F. (1975). *Unearthing seeds of fire: The idea of Highlander*. Winston-Salem, NC: John F. Blair.

Anzaldúa, G. (2007). *Borderlands/La Frontera: The new Mestiza* (3rd ed.). San Francisco: Aunt Lute Books.

Arnstein, S. R. (1969). A ladder of citizen participation. *Journal of the American Planning Association, 35*(4), 216–224.

Asad, T. (1993). Afterword: From the history of colonial anthropology to the anthropology of Western hegemony. In G. W. Stocking (Ed.), *Colonial situations: Essays on the contextualization of ethnographic knowledge* (pp. 314–324). Madison: University of Wisconsin Press.

Bastos, F., & Brydon-Miller, M. (2004). Speaking through art: Subalternity and refugee women artists. In B. M. Lucas & A. B. Lopez (Eds.), *Global neo-imperialism and national resistance: Approaches from postcolonial studies* (pp. 107–118). Vigo, Spain: Universidade de Vigo.

Battiste, M. (2007). Research ethics for protecting indigenous knowledge and heritage: Institutional and researcher responsibilities. In N. K. Denzin & M. D. Giardina (Eds.), *Ethical futures in qualitative research: Decolonizing the politics of knowledge* (pp. 111–132). Walnut Creek, CA: Left Coast Press.

Boal, A. (1985). *Theatre of the oppressed*. London: Pluto.

Brabeck, M. M. (Ed.). (2000). *Practicing feminist ethics in psychology*. Washington, DC: American Psychological Association.

Brody, H. (2000). *The other side of Eden: Hunters, farmers, and the shaping of the world*. New York: North Point Press/Farrar, Straus & Giroux.

Brydon-Miller, M. (2001). Education, research, and action: Theory and methods of participatory action research. In D. L. Tolman & M. Brydon-Miller (Eds.), *From subjects to subjectivities: A handbook of interpretive and participatory methods* (pp. 76–89). New York: New York University Press.

Brydon-Miller, M. (2004). The terrifying truth: Interrogating systems of power and privilege and choosing to act. In M. Brydon-Miller, P. Maguire, & A. McIntyre (Eds.), *Traveling companions: Feminism, teaching, and action research* (pp. 3–19). Westport, CT: Praeger.

Brydon-Miller, M. (2007, September). *The community covenant: Understanding the ethical challenges of participatory action research*. Paper presented at Arbeidsforskningsinstituttet/Work Research Institute, Oslo, Norway.

Brydon-Miller, M. (2009). Covenantal ethics and action research: Exploring a common foundation for social research. In D. Mertens & P. Ginsberg (Eds.), *Handbook of social research ethics* (pp. 243–258). Thousand Oaks, CA: Sage.

Brydon-Miller, M., Greenwood, D., & Maguire, P. (2003). Why action research? *Action Research, 1*(1), 9–28.

Brydon-Miller, M., & Maguire, P. (2009). Participatory action research: Contributions to the development of practitioner inquiry in education. *Educational Action Research, 17*(1), 79–93.

Burke, P. (2005). *History and social theory*. Ithaca, NY: Cornell University Press.

Calloway, H. (1981). Women's perspective: Research as re-vision. In P. Reason & J. Rowan (Eds.), *Human Inquiry* (pp. 457–472). New York: John Wiley.

Cammarota, J., & Fine, M. (Eds.). (2008). *Revolutionizing education: Youth participatory action research in motion*. New York: Routledge.

Chambers, R. (1980). *Rapid rural appraisal: Rationale and repertoire* (IDS Discussion Paper No. 155). Brighton, UK: University of Sussex, Institute of Development Studies.

Cochran-Smith, M., & Lytle, S. (2009). *Inquiry as stance: Practitioner research for the next generation*. New York: Teachers College Press.

Condon, R. G. (1988). *Inuit youth: Growth and change in the Canadian Arctic*. New Brunswick, NJ: Rutgers University Press.

Creswell, J. W., & Plano Clark, V. L. (2007). *Designing and conducting mixed methods research*. Thousand Oaks, CA: Sage.

Delgado, R. (2000). Storytelling for oppositionists and others: A plea for narrative. In R. Delgado & J. Stefancic (Eds.), *Critical race theory: The cutting edge* (pp. 60–70). Philadelphia: Temple University Press.

Deloria, V., Jr. (1997). Anthros, Indians, and planetary reality. In T. Biolsi & L. J. Zimmerman (Eds.), *Indians and anthropologists: Vine Deloria Jr. and the critique of anthropology* (pp. 209–221). Tucson: University of Arizona Press.

Denzin, N. K., & Lincoln, Y. S. (2008). Introduction: Critical methodologies and indigenous inquiry. In N. K. Denzin, Y. S. Lincoln, & L. T. Smith (Eds.), *Handbook of critical & indigenous methodologies* (pp. 1–20). Thousand Oaks, CA: Sage.

de Souza, J. F. (1988). A perspective of participatory research in Latin America. *Convergence, 21*(2/3), 29–38.

DuBois, W. E. B. (1973). *The education of Black people: Ten critiques*. Amherst: University of Massachusetts Press.

Eriacho, R., Fitzpatrick, A., Jamon, A., Lahaleon, T., LaRue, F., Lewis, K., Poncho, G., Quam, R., & Tsethlikai, G., & Tsethlikai, S. (2007). *A student initiative to improve school lunch by practicing traditional agricultural and modern greenhouse management practices.* Unpublished manuscript, Western New Mexico University, Gallup Graduate Studies Center, Silver City, NM.

Fals Borda, O. (1977). *For praxis: The problem of how to investigate reality in order to transform it.* Paper presented at the Cartagena Symposium on Action Research and Scientific Analysis, Cartagena, Colombia.

Fals Borda, O. (1979). Investigating reality in order to transform it. *Dialectical Anthropology, 4*(1), 33–55.

Fals Borda, O., & Mora-Osejo, L. (2003) Context and diffusion of knowledge: A critique of Eurocentrism. *Action Research, 1*(1), 20–37.

Fay, B. (1975). *Social theory and political practice.* London: George Allen and Unwin.

Fernández, M. (2002). *Creating community change: Challenges and tensions in community youth research* (JGC Issues Brief). Stanford, CA: John W. Gardner Center for Youth and Their Communities.

Fine, M., & Torre, M. (2005). Resisting and researching: Youth participatory action research. In S. Ginwright, J. Cammarota, & P. Noguera (Eds.), *Social justice, youth, and their communities* (pp. 269–285). New York: Routledge.

Fine, M., Tuck, E., & Zeller-Berkman, S. (2008). Do you believe in Geneva? Methods and ethics at the global-local nexus. In N. K. Denzin, Y. S. Lincoln, & L. T. Smith (Eds.), *Handbook of critical & indigenous methodologies* (pp. 157–180). Thousand Oaks, CA: Sage.

Fitzpatrick, A., Concho, G., Jamon, A., Lahaleon, T., LaRue, F., Tsethlikai, G., & Tsethlikai, S. (2007, June 8). *Youth action research for sustainable agriculture in a rural Southwest USA schoolyard.* Paper presented at the Center for Teaching Excellence Fifteenth Annual Action Research Conference at Eastern New Mexico University, Portales, NM.

Frank, A. (1973). The development of underdevelopment. In C. K. Wilber (Ed.), *The political economy of development and underdevelopment* (pp.94–103). New York: Random House.

Freire, P. (1970). *Pedagogy of the oppressed.* New York: Seabury.

Furtado, C. (1973). The concept of external dependence. In C. K. Wilber (Ed.), *The political economy of development and underdevelopment* (pp. 118–123). New York: Random House.

Groundwater-Smith, S., & Downes, T. (1999). *Students: From informants to co-researchers.* Paper presented at the Australian Association of Research in Education Annual Conference, Melbourne, Australia. Available at http://www.aare.edu.au/99pap/gro99031.htm

Guhathakurta, M. (2008). Theatre in participatory action research: Experiences from Bangladesh. In P. Reason & H. Bradbury (Eds.), *The SAGE handbook of action research: Participative inquiry and practice* (2nd ed., pp. 510–521). London: Sage.

Guishard, M. (2009). The false paths, the endless labors, the turns now this way and now that: Participatory action research, mutual vulnerability, and the politics of inquiry. *Urban Review, 41*, 85–105.

Hall, B. (1993). Introduction. In P. Park, M. Brydon-Miller, B. Hall, & T. Jackson (Eds.), *Voices of change: Participatory research in the United States and Canada* (pp. xiii-xxii). Westport, CT: Bergin and Garvey.

Hall, B. (2001, December 5). *In from the cold? Reflections on participatory research from 1970–2002.* Inaugural Professorial Lecture, University of Victoria, Victoria, British Columbia, Canada.

Hart, R. (1997). *Children's participation: The theory and practice of involving young citizens in community development and environmental care.* New York: UNICEF/Earthscan.

Hilsen, A. I. (2006). And they shall be known by their deeds: Ethics and politics in action research. *Action Research, 4*(1), 23–36.

Horton, M., & Freire, P. (1990). *We make the road by walking: Conversations on education and social change.* Philadelphia: Temple University Press.

Humphrey, C. (2007). Insider-outsider: Activating the hyphen. *Action Research, 5*(1), 11–26.

Hutzel, K. (2007). Reconstructing a community, reclaiming a playground: A participatory action research study. *Studies in Art Education, 48*(3), 299–320.

Johns, T. (2008). Learning to love our black selves: Healing from internalized oppressions. In P. Reason & H. Bradbury (Eds.), *The SAGE handbook of action research: Participative inquiry and practice* (2nd ed., pp. 473–486). London: Sage.

Kemmis, S., & McTaggart, R. (2005). Participatory action research: Communicative action and the public sphere. In N. K. Denzin & Y. S. Lincoln (Eds.), *The SAGE handbook of qualitative research* (3rd ed., pp. 559–603). Thousand Oaks, CA: Sage.

Kesby, M., Kindon, S., & Pain, R. (2005). "Participatory" approaches and diagramming techniques. In R. Flowerdew & D. Martin (Eds.), *Methods in human geography: A guide for students doing a research project* (pp. 144–166). London: Pearson Prentice Hall.

Kindervatter, S. (1979). *Nonformal education as an empowering process.* Amherst: University of Massachusetts, Center for International Education.

Kindon, S., Pain, R., & Kesby, M. (Eds.). (2007). *Participatory action research approaches and methods.* London: Routledge.

Kral, M. J., & Idlout, L. (2009). Community wellness and social action in the Canadian Arctic: Collective agency as subjective well-being. In L. J. Kirmayer & G. G. Valaskakis (Eds.), *Healing traditions: The mental health of aboriginal peoples in Canada* (pp. 315–334). Vancouver: University of British Columbia Press.

Kral, M. J., Wiebe, P., Nisbet, K., Dallas, C., Okalik, L., Enuaraq, N., & Cinotta, J. (2009). Canadian Inuit community engagement in suicide prevention. *International Journal of Circumpolar Health, 68*, 91–107.

Krzywkowski-Mohn, S. (2008). *Diabetic control and patient perception of the Scheduled in Group Medical Appointment at the Cincinnati Veterans Administration Medical Center.* Unpublished doctoral dissertation, University of Cincinnati, OH.

Kuhn, T. (1970). *The structures of scientific revolutions* (2nd ed.). Chicago: University of Chicago Press.

Kumar, K. (1983). Peasants' perception of Gandhi and his program: Oudh, 1920–1922. *Social Scientist, 11*(5), 16–30.

Ladson-Billings, G., & Tate, W. F. (1995). Towards a critical race theory of education. *Teachers College Record, 97*(1), 47–69.

Lamphere, L. (2004). The convergence of applied, practicing, and public anthropology in the 21st century. *Human Organization, 63*, 431–443.

Lengermann, P., & Niebrugge-Brantley, J. (1998). *The women founders: Sociology and social theory: 1830–1930.* Boston: McGraw-Hill.

Lewis, H. (2001). Participatory research and education for social change: Highlander Research and Education Center. In P. Reason & H. Bradbury (Eds.), *Handbook of action research: Participative inquiry and practice* (pp. 356–362). London: Sage.

Lewis, M. E. (2004). A teacher's schoolyard tale: Illuminating the vagaries of practicing participatory action research (PAR) pedagogy. *Environmental Education Research, 10*(1), 89–115.

Lewis, M. E. (2007, April). *Developing and practicing participatory action research (PAR) pedagogy in a NYC high school greenhouse project: An insider's narrative inquiry.* Presentation at the annual meeting of the American Educational Research Association, Chicago, IL.

Lykes, M. B. (in collaboration with the Association of Maya Ixil women—New Dawn, Chajul, Guatemala). (2001). *Creative arts and photography in participatory action research in Guatemala.* In P. Reason & H. Bradbury (Eds.), *Handbook of action research: Participative inquiry and practice* (pp. 363–371). Thousand Oaks, CA:Sage.

Maguire, P. (1987). *Doing participatory research: A feminist approach.* Amherst: University of Massachusetts, Center for International Education.

Maguire, P. (2001a). The congruency thing: Transforming psychological research and pedagogy. In D. Tolman & M. Brydon-Miller (Eds.), *From subjects to subjectivities: A handbook of interpretive and participatory methods* (pp. 276–289). New York: New York University Press.

Maguire, P. (2001b). Uneven ground: Feminisms and action research. In P. Reason & H. Bradbury (Eds.), *Handbook of action research: Participative inquiry and practice* (pp. 59–69). London: Sage.

Maguire, P., & Berge, B.-M. (2009). Elbows out, arms linked: Claiming spaces for feminisms and gender equity in educational action research. In B. Somekh & S. Noffke (Eds.), *Handbook of educa- tional action research* (pp. 398–408). London: Sage.

Maguire, P., Brydon-Miller, M., & McIntyre, A. (2004). Introduction. In M. Brydon-Miller, P. Maguire, & A. McIntyre (Eds.), *Traveling companions: Feminism, teaching, and action research* (pp. ix–xix). Westport, CT: Praeger.

Maguire, P., & Horwitz, J. (2005, April 11). *Nurturing transformative teacher action research in a teacher education program: Possibilities and tension.* Paper presented at the annual meeting of the American Education Research Association, Montreal, Canada.

Mapedza, E., Wright, J., & Fawcett, R. (2003). An investigation of land cover change in Mafungautsi Forest, Zimbabwe, using GIS and participatory mapping. *Applied Geography, 23*(1), 1–21.

Maxwell, J. A. (2005). *Qualitative research design: An interactive approach* (2nd ed.). Thousand Oaks, CA: Sage.

May, W. F. (2000). *The physician's covenant: Images of the healer in medical ethics* (2nd ed.). Louisville, KY: Westminster John Knox Press.

McDermott, C. (2007, June 6–9). Teaching to be radical: The women activist educators of Highlander. In L. Servage & T. Fenwick (Eds.), *Proceedings of the joint international conference of the Adult Education Research Conference and the Canadian Association for the Study of Adult Education* (pp. 403–408), Mount Saint Vincent University, Halifax, Nova Scotia, Canada.

McIntyre, A. (2000). *Innercity kids: Adolescents confront life and violence in an urban community.* New York: New York University Press.

McIntyre, A., & Lykes, M. B. (2004). Weaving words and pictures in/ through feminist participatory action research. In M. Brydon Miller, P. Maguire, & A. McIntyre (Eds.), *Traveling companions: Feminism, teaching, and action research* (pp. 57–77). Westport, CT: Praeger.

Merrifield, J. (1993). Putting scientists in their place: Participatory research in environmental and occupational health. In P. Park, M. Brydon-Miller, B. Hall, & T. Jackson (Eds.), *Voices of change: Participatory research in the United States and Canada* (pp. 65–84). Westport, CT: Bergin and Garvey.

Messer-Davidow, E. (2002). *Feminism: From social activism to academic discourse.* Durham, NC: Duke University Press.

Mies, M. (1982). *Fighting on two fronts: Women's struggles and research.* The Hague, the Netherlands: Institute of Social Studies.

Mies, M. (1996). Liberating women, liberating knowledge: Reflections on two decades of feminist action research. *Atlantis, 21*(6), 10–24.

Mills, C. W. (1961). *The sociological imagination.* New York: Grove.

Morgan, D., Pacheco, V., Rodriguez, C., Vazquez, E., Berg, M., & Schensul, J. (2004). Youth participatory action research on hustling and its consequences: A report from the field. *Children, Youth, and Environments, 14*(2), 201–228. Available at http://www.colorado.edu/journals/cye

Nairn, K., Higgins, J., & Sligo, J. (2007, June 9). Youth researching youth: "Trading on" subcultural capital in peer research methodologies. *Teachers College Record.* Available at http://www.tcrecord.org/ content. asp?contentid=14515

National Aboriginal Health Organization (NAHO). (2007). *Considerations and templates for ethical research practices.* Ottawa, Ontario, Canada: Author.

Newkirk, T. (1996). Seduction and betrayal in qualitative research. In P. Mortensen & G. Kirsch (Eds.), *Ethics and representation in qualitative studies of literacy* (pp. 3–16). Urbana, IL: National Council of Teachers of English.

Niezen, R. (2003). *The origins of indigenism.* Berkeley: University of California Press.

Nyerere, J. (1969). Education for self-reliance. *Convergence, 3*(1), 3–7.

Ortner, S. B. (2006). *Anthropology and social theory: Culture, power, and the acting subject.* Durham, NC: Duke University Press.

Pratt, G. (2004). *Working feminism.* Philadelphia: Temple University Press.

Price, D. (2004). *Threatening anthropology.* Durham, NC: Duke University Press.

Rabinow, P., & Sullivan, W. M. (1985). *Interpretive social science: A second look.* Berkeley: University of California Press.

Reason, P., & Bradbury, H. (2008). *The SAGE handbook of action research: Participative inquiry and practice* (2nd ed.). Thousand Oaks, CA: Sage.

Reid, C., & Frisby, W. (2007). Continuing the journey: Articulating dimensions of feminist participatory action research (FPAR). In P. Reason & H. Bradbury (Eds.), *The SAGE handbook of action research: Par- ticipative inquiry and practice* (2nd ed., pp. 93–105). London: Sage.

Reinharz, S. (1992). *Feminist methods in social research.* New York: Oxford University Press.

Royal Commission on Aboriginal Peoples. (1993). *Integrated research plan: Appendix B. Ethical guidelines for research.* Ottawa, Ontario, Canada: Office of the Solicitor General.

Rylko-Bauer, B., Singer, M., & Van Willigen, J. (2006). Reclaiming applied anthropology: Its past, present, and future. *American Anthropologist, 108,* 178–190.

Sabhlok, A. (2007). *SEWA in relief: Gendered geographies of disaster relief in Gujarat, India.* Unpublished doctoral dissertation, Pennsylvania State University, State College.

Sangtin Writers, & Nagar, R. (2006). *Playing with fire: Feminist thought and activism through seven lives in India.* Minneapolis: University of Minnesota Press.

Schulz, A. J., Parker, E. A., Israel, B. A., Becker, A. B., Maciak, B. J., & Hollis, R. (1998). Conducting a participatory community-based survey for a community health intervention on Detroit's East Side. *Journal of Public Health Management and Practice, 4*(2), 10–24.

Smith, D. E. (1989). *The everyday world as problematic: A feminist sociology.* Boston: Northeastern University Press.

Smith, L. T. (1999). *Decolonizing methodologies: Research and indigenous people.* London: Zed.

Swantz, M. L. (1974). *Participant role of research in development.* Unpublished manuscript, Bureau of Resource Assessment and Land Usc Planning, University of Dar es Salaam, Tanzania.

Swantz, M. L. (2008). Participatory action research as practice. In P. Reason & H. Bradbury (Eds.), *The SAGE handbook of action research: Participative inquiry and practice* (2nd ed., pp. 31–48). London: Sage.

Tandon, R. (1988). Social transformation and participatory research. *Convergence, 21*(2/3), 5–18.

Tandon, R. (1996). The historical roots and contemporary tendencies in participatory research. In K. de Koning & M. Martin (Eds.), *Participatory research in health* (pp. 19–26). Johannesburg, South Africa: Zed.

Tandon, R. (2005). *Participatory research: Revisiting the roots.* New Delhi, India: Mosaic Books.

Torre, M., & Ayala, J. (2009a). Envisioning participatory action research entremundos. *Feminism and Psychology, 19*(3), 387–393.

Torre, M., & Ayala, J. (2009b, August). *Participatory echoes of Chataway: A symposium reflecting on the social change legacy of Cynthia Joy Chataway.* Paper presented at the annual meeting of the American Psychological Association, Toronto, Ontario, Canada.

Toulmin, S. (1988). The recovery of practical philosophy. *The*

American Scholar, 57, 337–352.

Tuck, E. (2009). Re-visioning action: Participatory action research and indigenous theories of change. *Urban Review, 41*, 47–65.

Tucker, S. (n.d.). *Women in jazz.* Available at http://www.pbs.org/jazz/ time/time_women.htm

United Nations. (1989). *Convention on the rights of the child.* New York: Author.

Wang, C. (1999). Photovoice: A participatory action research strategy applied to women's health. *Journal of Women's Health, 8*, 185–192.

Wenzel, G. W. (1991). *Animal rights, human rights: Ecology, economy and ideology in the Canadian Arctic.* Toronto, Ontario, Canada: University of Toronto Press.

Janice M. Morse

24.

건강에 대한 연구를 질적으로 한다는 것은 무엇인가

문경숙_ 원광대학교 교육학과 교수

건강에 대한 연구를 질적으로 한다는 것은 무엇인가? 그리고 건강에 대한 연구를 질적으로 하는 사람들은 왜 자신들만의 교과과정을 필요로 하고, 자신들만의 학술지를 고집하며, 특별한 방법론 교과서를 필요로 하는가? 질적 연구를 확실하게 알고 질적 방법에 능숙한 것만이 건강에 대한 질적 연구를 훌륭하게 해내기 위해 필요한 것인가? 아닌가?

나는 이번 장에서 건강에 대한 질적 연구자들이 당면하고 있는 복잡함, 즉 헬스케어의 맥락, 연구 참가자들의 심각한 상태, 그들이 연구하는 주제인 삶과 죽음의 문제, 연구 결과의 의학적 의미 등은 건강에 대한 질적 연구자들을 여타의 질적 연구자들과 대비되고 그들의 연구 결과를 여타의 연구 결과와 대비되도록 만들고 있다고 주장한다. 나는 이 장에서 건강에 대한 질적 연구의 기원, 내용, 범위에 대해서 생각해 보고자 한다. 그런 다음, 「Qualitative Health Research」의 2009년 판(19호, 142개의 논문)에 실린 모든 논문에 대하여 내용 분석을 실시하여, 현재 부각되고 있는 분야, 의학적인 적용, 이 논문들이 의학과 기타 헬스케어 분야에 한 공헌을 짚어보고자 한다. 마지막 절에서는 질적 방법이 환자를 다루거나 의학 현장에서 왜 그리고 어떻게 사용되는지 설명할 것이고, 건강에 대한 질적 연구가 그 자체로 매우 중요한 학문분야가 되고 있음을 언급하며 이 장을 끝내려고 한다.

24.1 고전적인 근본

질적 탐구는(주로 사회학자들에 의해서 수행된) 문화기술지(ethnography)가 나타난 1950년대부터 병원과 헬스케어 기관, 의원 등에서 수행되고 있었다. 이때의 연구 중 몇 개는 고전처럼 여겨지고 있다. 여기에는 의대학생들의 사회화에 관한 연구인 『Boys in Whites』(Becker, Geer, Hughes, & Strauss, 1961); 워싱턴에 있는 "정신병 환자와 다른 입원환자"에 대한 연구인 Erving Goffman의 『Asylums』(1961), Barney Glaser와 Anselm Strauss의 『Awareness of Dying』(1965), Jeanne Quint(1967)의 『The Nurse and the Dying Patient』, Talcott Parsons의 『The Sick Role and the Role of the Physician Reconsidered』(1975)가 있다. 1970년대에 샌프란시스코에 소재한 캘리포니아 대학에서 Glaser와 Strauss의 학생들—Julie Corbin, Shizuko Fagerhaugh,

David Maines, Barbara Suczek, Carolyn Weiner—은 『Chronic Illness and the Quality of Life』(Strauss et al., 1975)를 출판함으로써 건강에 대한 질적 연구의 중요한 틀을 다졌다. 간호학에 있어서 질적 연구는 인류학이나 사회학과 같은 분야에서 나온 방법론 교재에 의존하고 있었다. 1980년대 중반에 질적 연구 방법론 교재가 나오기 시작했고 다른 학문분야에서 떨어져 나와 간호학의 중심부에 자리 잡기 시작하였다. 간호학 분야에서는 건강 문제와 관련된 훌륭한 질적 탐구들이 수행되었다. 그중 Carole Germain의 『The Cancer Unit』(1979)과 Patricia Benner의 『From Novice to Expert』(1984)는 매우 중요한 영향을 미쳤다. 의학분야에서는 Arthur Kleinman(『Patients and Healers in the Context of Culture』, 1980)의 연구가 매우 고무적이었다. 이 연구들의 대부분은 문화기술지를 사용한 연구였고, Barney Glaser와 Anslem Strauss(1967)가 근거 이론(grounded theory)을 만들어내고 있었던 샌프란시스코 대학에서는 "2세대"의 학생들—Phyllis Stern, Julie Corbin, Barbara Stevens, Kathy Charmaz, Adele Clarke—을 통한 질적 연구가 계속되고 있었다(Morse et al., 2009).

한편 현상학에서는 Jan van den Berg의 「The Psychology of the Sick Bed」(1960)가 중요한 영향을 미쳤다. 그러고 난 후 주로 Max van Manen의 저술—자신의 방법론에 관한 책인 『Human Science Conferences』(1990)와 학술지인 「Phenomenology and Pedagogy」(1~10권, 1983~1992)—을 통해 현상학은 북미에서 확고한 위치를 차지하였다. 간호학과 학생들과 함께 van Manen은 환자에 대한 현상학을 중요한 분야로 발전시켰고 질병을 지니는 것의 의미를 탐구하였다.

Ben Crabtree와 Will Miller의 『Doing Qualitative Research』(1992)와 Family Practice Qualitative Interest Group의 연례 학술대회와 서적 출판은 질적 연구가 의학에서 자리 잡는 데 중요한 역할을 하였다.

Arthur Kleinman의 『The Illness Narratives』(1986)와 Howard Brody의 『Stories of Sickness』(1987)로 출발한 의학에서의 내러티브 연구는 환자의 경험을 의학 분야로 가져왔고(Engel, Zarconi, Pethtel & Missimi, 2008 참고) 돌봄(care)에 대한 평가가 이루어지도록 하였다. 1990년대 후반 이후, 포커스 집단은 그 한 가지 방법으로(지금은 혼합 방법(mixed method) 설계가) 정신병리학이나 가족의학에서 특히 중요하게 인식되었다.

연구에 접근하는 한 가지 방법으로서의 질적 연구는 처음에는 간호사이면서 인류학자였던 사람들에 의해 헬스케어 분야로 흘러들어 왔다. 그들 중에 눈에 띄는 사람은 Madeleine Leininger, Pamela Brink, Margarita Kay, Eleanor Bowens, Noel Chrisman 등인데, 이들은 American Anthropological Associations's Council of Nurse-Anthropologists(CONAA)라는 단체를 통해 질적 연구를 지지하는 포럼을 개최하곤 하였다. 1980년대 중반, 질적 연구 교재가 등장하기 시작했고(Field & Morse, 1985; Leininger, 1985), 대학원에서 과목이 개설되기 시작했으며, National Institutes of Health's National Center for Nursing Research(현재의 NINR, National Institute for Nursing Research)는 질적 연구에 대한 연구비 지원을 주장하였다. 질적 접근을 시도한 건강에 관한 연구물들이 이런저런 학술지에서 출판되기 시작했는데, 「Social Science in Medicine」 같은 학술지나 학문분야가 더 전문화된 「Medical Anthropology Symbolic Interaction」 같은 학술지가 그것이다. 1991년 「Qualitative Health Research」(QHR)가 1년에 4번 출간하는 학술지로 출범했고 현재 해마다 12호가 발간될 정도로 계속 성장하고 있다.

이러한 대접을 받는 것은 질적 연구자에게는 쉽지 않은 일이었다. 헬스케어 연구는 이전에도 그랬고 지금도 여전히 질적 방법을 사용한 주관적인 시도보다는, 실험적인 임상 방법을 사용하여 처치나 치료에 중점을 두는 의학연구가 중점을 이루고 있다. 의학 연구자들은 사람보다는 질병에 관심이 많고, 현장에서 환자와의 제한된 접촉 때문에 "환자의 경험"으로부터 뒤로 물러서 있곤 하였다. 게다가, 의학 연구에 연구비를 대는 단체들도 질적 연구의 원리를 이해하지 못하는 양적 연구자들에 의하여 활동이 이루어졌기 때문에 인지도를 넓히는 데 속도가 나지 않았다.

심지어 오늘날에도 의학에서는 질적 연구의 가치가 계속 하락하고 있다. 영국에서는 의학에서 증거를 평가하기 위해서 Cochrane 기준(Cochrane, 1972/1989; Sackett, 1993)이 사용되고 있다. 이 시스템은 가장 큰 가치는 임상 실험에, 가장 낮은 가치는 "단순한 의견"에 두는 증거의 위계를 만들어내고 있다. Cochrane은 이 위계에 질적 연구를 포함시킬 의도가 없다는 것을 알고 있는데, 연구자들은 질적 연구를 "단순한 의견"으로 분류함으로써 가장 낮은 등급을 주는 경향이 있었다. 이러한 분류 결과 질적 연구는 무가치하거나 가치를 둘 필요가 없는 것으로 강등되었다. 예를 들어, 1990년대에 호주의 National Health and Medical Research Council(NHMRC)이 연구비 지급에 대한 결정을 할 때 Cochrane 시스템을 사용하였는데, 질적 연구는 경쟁력이 없는 것으로 평가받았고 이것을 역행시키기 위해서 엄청난 양의 에너지가 소비되었다. 오늘날, NHMRC는 질적 연구에 연구비를 대고 있고, 워크숍을 지원하며, 질적 연구를 후원하고 있다. 이와 비슷하게 1990년대에 영국에서는 질적 방법은 일반화가 불가능한 것으로 간주되어 Cochrane 검토에는 부적절한 것이었다. 연구비에 대한 증거를 엄격히 판단하기 위해서 질적 연구를 포함시켜야 된다는 인식을 갖기 위해서(Jennie Popay가 주도하는) 위원회를 개최해야만 했었다. 「British Medical Journal」(BMJ)은 현재 질적 연구에 대한 고정 칼럼을 싣고 있고, 미국에서는 질적 연구물이 「New England Journal of Medicine」, 「JAMA」, 「Journal of the American Medical Association」에 등장하고 있다.

질적 연구의 발달을 지원하기 위해서 1997년 캐나다의 앨버타 대학에서 International Institute of Qualitative Methodology(IIQM)가 설립되었고, 이 기관은 Alberta Heritage Foundation for Medical Research[1]로부터 연구비를 지원받고 있다. 질적 연구를 학문분야로 구축하기 위해서 IIQM은 매년 북미를 포함한 국제 학술대회인 Qualitative Health and Advances in Qualitative Methods를 후원하고 있고, ('Thinking Qualitatively'라고 불리는) 이 학술대회는 강의와 워크숍을 개최하여 건강에 대한 질적 연구자를 훈련하고 있다. IIQM은 다언어적이며 누구나 접근 가능한 「International Journal of Qualitative Methods」(IJQM)라는 온라인 학술지를 후원하였고, 「Qualitative Health Research」(Sage에서 매월 출판되는 국제 학술지)를 후원하였으며, 「Qual Press」(모노그래프를 출판함)를 시작했고, 박사 후(postdoc)와 박사 전(predoc) 프로그램(EQUIPP: Enhancing Qualitative Understanding of Illness Process and Prevention)을 통해 국제적인 인턴십을 제공하였다. 국내외의 아웃리치는 국제적으로 8개의 허브를 통해 115개 대학과 연결되어 있었고, 더 많은 연구, 센터, 학술대회, 조직 등이 생겨나게 되었다.

2011년 현재 우리는 어디쯤 와 있는가? 질적 건강 연구는, 비록 주류가 아니더라도, 주요 의학 학술지에서 출판되고 있다. 질적 방법은 비록 양적 방법과 똑같은 베이스 위에 있는 것은 아니지만, 많은 대학의 대학원 프로그램에서 핵심적인 부분으로 간주되고 있다. 그러나 여전히 우리가 가야 될 길은 멀다. 2008년에 있었던 캐나다의 비뇨기학회 학술대회에서는 질적 연구가 배제되었다(Morse, 2008). 새로운 질적 연구자들을 지지해줄 수 있는 멘토나 수퍼바이저의 부족과 같은 초기의 위기는 확신과 함께 사라지고 있고 더 많은 연구자들이 질적 방법을 시도하고 있으며, 질과 표준에 대한 이슈들은 해결되었다. 질적 연구가 무르익고 있는 것은 확실하다. 시간이 걸릴 뿐이다.

24.2 질적 건강 연구는 무엇을 하는가?

현재 질적 건강 연구는 헬스케어가 운영되는 모든 영역에서 행해지고 있다: 병원, 양로원, 의원, 학교, 직장, 지역사회-거리, 공원, 집. 이 연구들은 질병에 대한 경험, 환자의 상태와 행동, 건강과 질병 등에 대하여 이루어지고 있다. 이 연구에는 사고, 급성질환, 만성질환 등이 포함된다. 환자를 돌보는 사람—평범한 사람이든 전문적인 간병인이든—의 경험과 이들이 환자와 상호작용하는 경험은 중요한 연구 주제이다. 질적 탐구는 질병에 대한 인식과 반응의 문화적 차이를 다루었다. 주로 개인, 가족, 혹은 집단이 관심 대상이었다. 질적 건강 연구는 헬스케어 전문가들에 대한 교육과 환자와 가족에게 제공된 헬스케어 정보까지 포괄하고 있다.

질적 건강 연구의 특성을 더 자세하게 제시하기 위하여 다음 장에 2009년 「Qualitative Health Research」의 19권 1~12호에 실린 예를 제시하였다. [2]

24.3 「Qualitative Health Research」의 공헌

질적 방법을 사용한 건강 연구는 몇 가지 방법으로 유형화될 수 있다. 한 가지 방법은 환자를 연령, 인종, 의학분류, 질병에 따라 유목화하거나 연구 방법의 행동적 개념 혹은 유형에 따라 분류하는 것이다. 그러나 나는 이 장에서는 가장 폭넓은 시스템 즉 용도—의학에의 적용, 교육적 주제, 추후 연구에의 사용—에 따라 분류하고자 한다. 이 분류에는 헬스케어의 필요, 헬스케어의 장애물과 접근성, 헬스케어를 의뢰하는 형태, 질병에 대한 반응, 질병이 있다는 것에 대한 적응, 처치에 대한 반응, 전문적인 헬스케어 제공자의 행위와 경험, 비전문적인 헬스케어 제공자의 행위와 경험, 전문적인 헬스케어 제공자의 시각, 전문적이기도 하고 비전문적이기도 한 헬스케어 제공자의 경험이 포함되어 있다. 질병

에 대한 지지 시스템과 질병으로부터의 회복을 다루는 연구도 상당수 있다. 의학과 간호학, 기타 건강 관련 직종에 대한 연구는 질환에 대한 기술을 도와주기 때문에 이 또한 매우 중요하다. 마지막으로 나는 헬스케어에 대한 평가, 환자에게 헬스케어를 가르치는 것, 건강과 관련된 직종을 가진 사람들을 교육하는 것에 대한 문제를 짚어보고자 한다.

누군가 아프다는 것을 알게 되는 과정(혹은 급성질환이나 사고에 대한 반응), 헬스케어를 구하고 받는 과정, 회복의 과정은 [표 24.1]에 제시되어 있다.

1. 헬스케어의 필요 알아차리기

이 분류에 해당하는 연구는 현재 제기되지 않았거나 혹은 잘 제기되지 못했던, 그러나 시스템 안에서 조용하게 떠오르고 있는 헬스케어의 문제를 제기하고 있다. 이러한 문제는 건강을 위협하는 공통적인 요인을 고려하여 다음과 같은 하위 분류로 유형화될 수 있다: 헬스케어 시스템이 간과하고 있는 문제들, 건강에 해로운 환경적 요인들. 이러한 연구에서 저자들은 문화기술적인 방법이나 면접 방법을 사용함으로써 불평등과 건강의 문제를 지적하고 있다. 예를 들어, De Marco, Thorburn, 그리고 Kue(2009)의 연구에서 영양실조에 걸린 환자는 "미국과 같은 풍요로운 나라에서는 사람들은 먹어야만 한다"고 말하고 있다. 건강이 안 좋고, 임금이 낮으며, 취직이 안 되면 영양이 부족할 수밖에 없기 때문에, 이러한 연구들은 영양보조 프로그램, 또 다른 식품 자원, 보충 식단에 대한 사회적 지지("횡재(godsends)") 등의 중요성을 언급하고 있다. 저자들은 영양실조를 예방하기 위해서는 정책이 인적자본을 늘리는 것에 초점을 맞추어야 한다고 주장하고 있다.

이러한 제언이 분명한 것으로 들리는가? 비교의 한 방법으로, 폐경기를 경험하고 있는 호주 여성에 대한 기술(Kafanelis, Kostanski, Komesaroff, & Stojanovska, 2009)을 검토해보자. 이 저자들은 다음과 같이 기술하고 있다: 여성들의 반응은 "심한 부침(surged and ebbed)"을 보였다. 연속된 사건을 경험

표 24.1 「Qualitative Health Research」(2009)에 실린 연구물의 분류와 예

논문 제목	저자	인용
헬스케어의 필요 알아차라기		
오레곤 주에 거주하는 도농인의 음식 불안전성에 대한 인식	De Marco 등	19, 1010-1024
폐경: 복잡한 대응전략에 대한 길 찾기	Kafanelis 등	19, 30-41
헬스케어를 구하는 형태에 대한 연구		
암환자가 여러 가지 치료 중 선택하는 방법	Broom	19, 1050-1059
사모아와 뉴질랜드에 있는 사모아인이 처치를 구하는 방법	Norris 등	19, 1466-1475
네덜란드에 거주하는 무자녀 터키 이민자의 경험	Van Rooij 등	19, 621-632
질병에 대한 경험을 기술하는 연구		
가족과 친구에게 암 진단 알려주기	Hilton 등	19, 744-754
헬스케어에서 존엄성의 상실	Jacobson	19, 1536-1547
HIV에 걸린 여성에게 에이즈의 의미	Scott	19, 454-465
말기 소아암 환자의 문화	Davies 등	19, 5-16
질병에 적응하기/질병과 함께 살아가기		
식도 제거 후 삶에 적응하기	McCorry 등	19, 1485-1494
죽음의 그림자와 함께 사는 삶에 대한 이해	Kenne Sarenmalm 등	19, 1116-1130
양극성장애 온라인 포럼에 나타난 사회적 지지와 조언	Vayreda & Antaki	19, 931-842
항레트로바이러스의 결함에 노출되기 쉬운 HIV 감염 여성의 입장에서 본 약물 복용	Stevens & Hildebrandt	19, 593-604
HIV에 감염된 우간다 여성의 질병 폭로 후 나타난 결과, 대응 전략, 삶의 변화	Medley 등	19, 1744-1754
유방암 환자의 외부 광선 방사능치료 경험	Schnur 등	19, 668-676
신장이식 실패라는 경험	Ouelette 등	19, 1131-1138
전문적인 헬스케어 제공자의 경험과 실행		
2단계 분만에 대한 이야기	Bergstrom 등	19, 954-964
정신질환 인터뷰 동안 행해지는 의사의 질문에 대한 자리매김	Ziółkowska	19, 1621-1631
비전문적인 헬스케어 제공자의 경험과 실행		
말기암 배우자를 돌본 경험이 있는 고령여성이 사별 후 경험하는 희망	Holtslander & Duggleby	19, 388-400
전문적이기도 하고 비전문적이기도 한 헬스케어 제공자의 시각		
인생 말기에 비전문적인 케어와 전문적인 케어에 대한 경험	James 등	19, 258-271
환자 경험이 있는 헬스케어 제공자의 공감과 역량	Fox 등	19, 1580-1588
지지 시스템에 대한 확인과 분석		
심각한 정신질환자를 위해 그 옆에 있어주기	Champlin	19, 1525-1535
질병의 호전과 재발 과정 중 가족의 임재: 간호사의 입장에서	Miller & Stiles	19, 1431-1442
질병 경험에 대한 숙고		
소아암 생존의 파라독스	Cantrell & Conte	19, 312-322
천식 있는 아동이 평범한 아동이 되려는 전략	Protudjer 등	19, 94-104
내 딸의 꿈: 자궁외 임신	Lahman	19, 272-278

하면서 이 여성들은 넘어지고, 무너지고, 흔들리고, 잠잠해지고, 유유히 흘러갔다. … 이러한 흐름으로 인해 여성들은 자신들의 경험을 만들어내고, 발견하고, 재해석하게 되었고 이것은 이 여성들로 하여금 다양한 적응 전략을 유지하고, 병합하고, 안정화시킬 수 있도록 만들었다"(p. 39). Kafanelis 등은 이러한 혼동 속에서 나타내는 반응을 세 가지로 요약하였다: 새로운 방법의 고안(효과적으로 대응하고 경험을 이겨냄), 괴로워함(불안, 부정적 느낌, 혼동으로 반응함), 대응책을 강구함(단호하고, 능동적이고, 정보에 밝고, 낙관적임). 이 연구는 질적 연구의 힘이 삶을 반영하고, 숨겨진 것을 드러내며, 헬스케어를 제공하는 사람들에게 유용한 것이 되는 것임을 보여주고 있다.

2. 헬스케어를 구하는 형태에 대한 연구

헬스케어를 제공하는 것에 대한 서구식 모형은 간단하다: 환자는 자신에게 건강상의 문제가 있다고 의문을 품게 되고 의사를 찾아가 도움을 구한다. 의사는 문제를 진단한 후 환자에게 처치 방법을 알려주면, 환자는 치료가 되고 회복하게 된다. 그러나 이러한 모델은 헬스케어를 방해하는 장애물이 나타나면 문제가 발생한다.

뉴질랜드와 사모아의 연구자들은, 사모아인들이 서구(palagi)의 헬스케어와 치료제를 사용할 것인지, 전통적인 사모아식의 헬스케어와 치료제를 사용할 것인지, 아니면 이 둘을 다 사용할 것인지에 대해 어떻게 결정을 내리는가를 설명하면서, 질병 그 자체나 증상에 대한 해석, 가족구성원의 지원 효과 등에 대하여 다른 과정과 선택이 있다는 것을 설명하였다. 사람이 한 가지의 행동을 선택하지만 여전히 가족에 의하여 지배될 수 있다는 사실은, 가족이 처치를 결정하는 기본 단위인 모든 문화에 대해 중요한 시사점을 던져준다(Norris, Fa'alau, Va'ai, Churchward, & Arroll, 2009). 이 모델은 환자가 의사에게 갔을 때도 무너질 수 있다. 미국에서는 환자가 선호하는 치료를 선택할 수 있고, 각 선택의 장점, 효과, 부작용 등에 대해서 설명을 듣는다. 다양한 처치 방법이 있다는 것도 놀랍지만, 서구의 시스템은 환자가 처치를 선택하는 의사결정에 참여하도록 되어 있다. 여러 치료방법들을 혼합하면 가능한 대체의학의 수가 늘어나게 된다. Broom(2009)은 환자들이 "직관적인" 과학 지식과 "객관적인" 과학 지식을 사용함으로써, 그리고 치료의 효과를 나름대로 판단함으로써, 서구와 대체의학 둘 다에서 "조각들을 모으고 있다(piecing together)"고 묘사하였다.

3. 질병 경험

이 분류는 질적 건강 연구를 하위전공 분야로 만들어주는 주요 부분이다(「QHR」에 실린 연구물의 대다수가 해당된다). 여기에는 질병에 대한 반응, 질병에의 적응, 질병과 함께 살아가기 등이 포함되어 있다.

연구자들은 급성과 만성질환의 세계를 다루면서 개인의 삶에서 일어난 급격한 변화, 개인의 라이프 스타일, 개인의 존재 그 자체에 매료되고 있다. 질병은 자아의 핵심에 영향을 미치고 자아를 바꾸어 버린다(Jacobson, 2009). 질병에 걸린다는 것은 사랑하는 사람들에게는 비극적인 소식을 터트리는 것이 되고(Hilton, Emslie, Hunt, Chapple & Ziebland, 2009), 그 사람들의 깊은 고통은 질병에 걸린 사람을 힘들게 하는 것으로 되돌아간다.

Uganda, Medley, Kennedy, Lynyolo, 그리고 Sweat(2009)의 연구에서는 HIV에 걸린 여성이 진단을 받은 후에 일어난 변화에 어떻게 대처하고 있는지를 보여주고 있다. Stevens와 Hildebrandt(2009)는 항레트로바이러스 약을 복용하는 여성이 "겪는 어려움"에 대하여 흥미로운 시각을 제시하고 있다. 이 약을 복용한다는 것은 "존재론적 분노를 만들어냈고, 자아의 기능을 방해하거나 자아의 상실을 가져왔다." 이 여성들은 약을 복용할 때마다 자신이 HIV에 걸렸다는 것을 상기해야 했고—실제로 약을 복용하지 않는 것을 "긍정적인 것으로 보고 있었다—약을 복용하지 않음으로써 완전한 인간으로서의 존엄성을 느낄 수 있었고", "어떤 경우에는 자신의 약물 복용을 조절할 수 있다는 것을 즐거워하였다"(p. 601).

암이 재발했다는 것을 들었을 때 나타나는 복잡한 심정은 Kenne Sarenmalm, Thorén-Jönsson, Gaston-Johansson, 그리고 Öhlén(2009)에 의해서 생생하게 묘사되었다. "충격, 공포, 불안, 슬픔과 우울, 무기력과 무덤덤"한 감정들이 이 여성들을 사로잡고 있었다. 이 여성들은 여성성의 상실, 외모의 쇠락, 매력의 상실로 자신을 "아무것도 아닌 것처럼" 느끼는 극명한 상실감을 경험하고 있었다. "난 내 다리가 '물건(it)'이라고 느끼곤 합니다." 이 여성들은 자아의 상실, 통제력의 상실, 상황에 영향을 미칠 수 있는 힘의 상실, 독립성의 상실, 타인에게 의존해야 하는 존재라는 느낌을 경험하고 있었다.

Schnur, Ouellette, Bovbjerg, 그리고 Montgomery(2009)는 체외 방사선 치료를 받고 있는 유방암 여성의 경험을 기술하였다. 이 여성들이 경험하고 있는 부작용은 "단순한" 부작용이 아니었다. "치료에 문제가 있는" 사람으로 받아들여지는 것에 더하여, 부작용들을 "앞으로 다가올 증상에 대한 조짐" 혹은 "자신의 무가치함에 대한 징표"로 평가하고 있었다. 예를 들어, 피곤함은 "의사들에게는 정상적인 행동으로 여겨지지만", 이 여성들에게는 "나약함"의 사인이었다. 피부가 독성으로 변해 가는 것은 다른 사람들에게는 "햇빛에 탄 것"으로 보이겠지만, 이 여성들에게는 "끔찍한" 것일 수 있다. 이 여성들은 자기 비판적("자기 침체적(self-drowning)")이었고 자신에게 "여유롭게 생각할 수 있는" 자유를 허용하는 것이 무척 힘들었다. 이 여성들은 "무자비했고" 자기 비판은 도를 지나쳤고, 자신이 "의식 있는 직장인, 훌륭한 부모, 훌륭한 환자, 매력적인 여성이라는 자기 정체성"(p.673)에 사로잡혀 있었다.

Ouelette, Achille, 그리고 Pâquet(2009)가 지적한 것처럼 치료가 항상 "성공적"이었던 것은 아니다. 신장이식에 실패하고 신장투석을 다시 하게 된 환자들은 자신을 "현실의 재투영(representation)"이라고 규정하였다. 그들이 얼마나 훌륭하게 회복이 되었는가 하는 것은 타인과의 비교에 달려있었고, 그들이 어떻게 정상이라는 것을 찾아가는가에 따라 달라졌다. 어떻게 그들이 자신의 삶을 컨트롤할 수 있다는 느낌을 되찾는가 하는 것은 각 개인의 특성과 신장이식이 실패한 후에 얼마만큼의 시간이 흘렀느냐에 따라 달랐다.

이 연구물들은 질병을 지닌다는 것의 뉘앙스를 드러내고 있으며, 상호작용과 개입의 필요성과 기회에 대해서 재조명하고 있다.

4. 전문적인 헬스케어 제공자의 경험과 실행

질병에 걸리면 의존성, 즉 타인에게 아주 친밀하고 사적인 기능 수행에 도움을 받아야 한다. 환자의 입장에서는 자녀에게 이런 것들을 부탁하는 것보다 전문적인 헬스케어 서비스를 받는 것이 더 편하다. 그러나 전문적인 헬스케어를 받는다는 것은 단순히 육체적 헬스케어를 받는다는 것 이상의 것을 의미한다. Bergstrom, Richards, Proctor, Bohrer, Morse, 그리고 Roberts(2009)는 "대화를 끝까지 하는 것(talking through)"—분만 2단계에 있는 여성에게 "안심시키는 이야기(comfort talk)"를 하는 것—이 어떻게 분만의 공포를 극복하게 하고, 다시 컨트롤을 되찾게 하며, 돌보는 사람과 협응하게 할 수 있는지를 기술하고 있다. 헬스케어를 제공하는 사람이 자신을 치료 목적으로 사용하는 것은 이 여성들로 하여금 안전한 분만을 하게 하는 데 매우 중요하다.

환자의 경험이 헬스케어 제공자에게 미치는 영향은 지대한 것이기 때문에 환자가 사망하고 난 이후에도 그 영향력은 지속된다. Holtslander와 Duggleby(2009)는 말기암 환자였다가 사망한 배우자를 돌보았던 여성들의 희망에 대해서 연구하였다. 배우자가 암이라는 진단을 받게 되면, 자신감의 상실, 안전한 미래에 대한 상실, 상실감의 압도 때문에 절망하게 된다. 희망이 없이는 "더 이상 계속하고 싶지 않은데, 이런 것은 아무 문제가 되지 않는다." "이 사람들은 전혀 신경 쓰지 않는다." 한 가지 방법은 허망함을 채워줄 수 있는 "새로운 희망을 찾는 것"이고 이것이 이 사람들을 "계속하게" 만들어줄 수 있다.

전문적인 헬스케어 제공자와 평범한 헬스케어 제공자

이 두 사람과의 인터뷰를 통해서 우리는 두 가지의 관점을 찾아낼 수 있었다: (1) 전문적인 헬스케어 제공자와 평범한 헬스케어 제공자를 비교하는 것과 (2) 예전에 환자 경험이 있는 전문적인 헬스케어 제공자에 대한 연구. 환자였던 경험은 의사가 환자와 상호작용하는 방식을 바꾸어준다—공감, 자기 노출, 환자의 "무력감(disempowering)"이라는 측면에서. Fox 등(2009)은 이러한 것들이 의과대학생의 교육과정에 포함되어야 한다고 주장하였다.

헬스케어를 제공하는 가족은 특별한 지식을 가지고 있다. 이들은 전문가이면서 보호자이고 사랑하는 가족을 위한 "최상의 돌봄"(혹은 "가장 덜 해로운 돌봄")에 대한 실제적인 지식을 가지고 있다. 그러나, 사랑하는 가족이 병원으로 이송되면, 이들은 옆으로 비켜나게 되고 뒤에서 돌봄을 관찰하면서 사망을 기다리고 있게 된다(James, Andershed, & Ternestedt, 2009).

5. 질병에서 회복하기

재활의 과정은 다양하다: 빠르고 완벽하게, 부분적이거나 오래 걸리거나. 재활 환자는 결국 장애자로서의 삶을 살게 된다. Champlin(2009, p.1525)은 정신 질병을 앓고 있는 환자를 계속 돌보야 되는 과정을, 변화된 개인을 받아들이거나 애도하는 것, 돌봄이라는 숙제를 받아들이는 것, 돌봄은 끝이 없는 것이고 예견할 수 없는 것이라는 것을 인식하는 것, 돌봄을 도맡아서 해야 된다는 것에 대한 불확실함과 외로움, 상대방을 알아가고 책임을 받아들이는 것으로 기술하였다.

회복은 완벽할 수 있을까? Cantrell과 Conte(2009)는 소아암의 경험을 기술하면서 청소년은 현재 자신의 기능의 수준을 앎과 동시에 치료를 받고 소생하고 싶은 역설적인 경험을 이야기하고 있다. 청소년들은 질병과 치료가 주는 불확실성에서 눈을 돌려 꿈을 꾸고, 희망을 품고, 계획을 세울 수 있다는 사실을 알아야 했고, "잃어버린 기회와 상실로부터 미래의 성취와 경험으로" 방향을 틀어야 된다는 것을 배워야만 하였다(p.320).

6. 간호학을 포함한 여러 직종의 탐구에 기여한 연구

의학에서 이야기하는 질병의 신호와 증상에 대한 요약집은 원래 한 명의 환자에 대한 질적 관찰에서 온 것이다. 이러한 관찰은 의학의 기초가 되었고 이런 식으로 증상을 찾아내는 것은 현재도 계속되고 있다. 질적 탐구는 질병을 정확하게 기술할 때도 사용되고 새로운 질병을 찾아낼 때도 사용된다.

그러나 진단, 특히 정신병리적 진단의 어려움은 여전하다. PTSD(post-traumatic stress disorder, 외상 후 스트레스 장애)에 대한 믿음과 느낌, 증상을 검토하는 연구에서 Spoont 등(2009)은 재향군인의 외상후 고통과 그들이 자신의 고통에 PTSD라는 딱지를 붙이는 과정을 살펴보기 위하여 내러티브 방식을 사용하고 있다. 몇몇 재향군인의 경험은 확실하고 믿을 만하지만(그리고 치료가 가능하지만), 몇몇 재향군인의 경험은 모호하며, 재향군인들은 자신의 질병에 대한 진단과 치료에 대해서 잘 모른다. 진단에 대한 불확실성 때문에 재향군인들은 자신의 질병을 PTSD로 명명하는 데 의아해했고, 어떤 도움을 받을 수 있을지 막막해했으며, "심지어는 고통을 부인하기까지 하였다." 이 저자들은 PTSD라는 진단을 내리는 것은 "외상과 관련된 고통을 경험하는 사람들에게 이유나 구실을 제공하지만, (개인적인 이득을 위해서 질병을 가장하는) 꾀병이 존재하기도 한다"(p.1463)고 결론 내리고 있다.

7. "환자를 안다는 것"

이 분류는 중요한데, 그 이유는 환자에 대한 평가(assessment)와 그에 따른 처치에 사용될 특별한 정보를 과녁으로 하는 질적 연구와 관련이 있기 때문이다. [표 24.2]에 제시되어 있는 것처럼, 이러한 평가는 정례적인 평가 기록에는 포함되지 않고 신호나 증상을 더 깊게 이해하기 위하여(예, Spoont 등(2009)의 PTSD의 경우), 평가도구를 개발하기 위한 기초작업으로 사용하기 위하여(예, Forgeron 등(2009)의 태국 북부에 있는 아동의 고통에 대한 연구 참고), 혹은 관절

표 24.2 2009년도 「Qualitative Health Research」에 실린 논문 중 의학과 간호학의 발전에 중대한 영향을 미친 논문의 예

논문 제목(축약형)	저자	인용
태국 북부 지역 아동의 고통에 대한 평가	Forgeron 등	19, 71–81
복지 전환 프로그램에 있는 여성을 위한 건강검진 질문지 개발	Lutz 등	19, 105–115
신경심리학적 검사에 대한 생태학적 타당도	Gioia	19, 1495–1503
만성질환과 류마티스성 관절염을 위한 몸과 마음 전략	Shariff 등	19, 1037–1049
PTSD: 느낌, 증상, 정신질환에 대한 믿음	Spoont 등	19, 1456–1465
결장검사 중 의사와 환자 간의 의사소통에 대한 문화적 고려	Gao 등	19, 778–789
섭생과 예방 프로그램에 대한 결핵환자의 집착에 대한 연구	Naidoo 등	19, 55–70
직간접적 테러 희생자 돕기: 이스라엘 사회복지사의 경험	Shamai & Ron	19, 42–54

염의 고통을 다스리는 연구에 대한 Shariff 등(2009)의 연구에서처럼 모델을 개발하기 위하여 사용되고 있다.

이 논문들은 임상 현장에서 사용될 수 있는 그리고 양적인 도구의 개발에 직접적인 도움이 될 수 있는 매우 중요한 정보를 담고 있다. 예를 들어, 의학은 18세기부터 신호와 증상에 대한 요약집을 만들기 위해서 세밀한 관찰을 사용하였고, 이러한 노력은 지금도 계속되고 있다. 외상후 스트레스성 장애에 대한 Spoont 등(2009)의 연구는 장애가 있다는 판정을 받은 재향군인을 면담함으로써 장애에 대한 논쟁(극단의 트라우마에 대한 반응이 정상적인 것인가 아니면 정신적 장애인가?) 속으로 바로 뛰어들고 있다. 참여자 40명 중의 약 절반이 그 당시 정신건강 치료를 받고 있었고 모든 사람은 군 복무 기간을 거쳤다. 표집에는 남자와 여자가 포함되었다. 표집에 있는 모든 사람들은 극단의 스트레스를 받고 있었다. 이들의 증상이 전형적인 PTSD의 증상과 일치하는지, 혹은 이들이 다른 증상을 보이면서 애매한 예후를 보여주고 있는 것인지에 대한 결정은 결국 증상에 대한 자기 인식과 진단의 어려움으로 귀결되었다. 맥락을 고려해보면, 재향군인들은 평균적인 증상과 정신병리적 예후 사이에서 우왕좌왕하고 있었던 것이다. 이처럼 증상이 가진 모호성은 재향군인을 돕기도, 방해하기도 하였다. Spoont 등(2009)은 이러한 모호성이 한 편으로는 재향군인의 고통을 증명해 주기도 했지만 또 다른 한편으로는 치료를 받아야 되는지 안 받아야 되는지를 결정하는 진단의 정확성을 떨어뜨리기도 했다고 주장하였다.

8. 헬스케어 평가

질적 탐구는 평가를 위해서 아주 탁월한데, 지역사회의 건강에서부터, 헬스케어 기관에 대한 평가, 헬스케어에 대한 환자 자신의 평가까지 평가의 범위는 넓다([표 24.3] 참고). 이 논문들은 환자의 증상보다는 헬스케어 시스템에 대한 것들이다. Pylypa(2009)는 태국 북부에서 어머니가 자녀의 설사병을 지각하는 방법에 대한 지역적인 설명 모델을 결정하기 위하여 사용된 문화기술적 방법에 대해서 실었다. 어머니들은 유아가 앉거나, 서거나, 걷는 것과 같은 발달 단계를 성취하기 위해서 설사(thai su)는 "몸을 가볍게" 하기 위한 필연적인 것이라고 믿었다. 따라서 "어머니들은 예방에 많이 신경 쓰지도 않았고, 생명의학에서 추천하는 방식대로 설사병을 다루지 않았"(p.965)고, "건강교육은 견고하게 붙들고 있는 민속의학적(ethnomedical) 믿음을 불식시키려는 노력을 거의 하지 않았다"(p.974)고 저자는 결론지었다. 저자는 이러한 정보를 "설사병에 대한 태국의 연구들이 놓치고 있었던 심층면담 방법을 사용한 결과 얻을 수 있었던"(p.974) 것임을 주장하고 있다는 것이 중요하다.

표 24.3 2009년도 「Qualitative Health Research」에 실린 논문 중 헬스케어 평가에 대한 논문의 예

논문 제목(축약형)	저자	인용
성(gender)과 우울에 대한 대화에서 환자, 미디어, 의학 사이의 차이	Johanson 등	19, 633–644
질적 향상에 대한 대화: 헬스케어 질을 향상시키기 위해 최전선의 스태프와 매니저, 전문가의 지식을 사용하기	Parker 등	19, 229–242
태국 북동부 지역의 나이 든 사람들의 권위와 정상적인 유아 발달로서의 설사병에 대한 상황적 진단	Pylypa	19, 965–975
트라우마에서 PTSD로: 느낌, 증상, 정신질환에 대한 믿음	Spoont 등	19, 1456–1465

표 24.4 2009년도 「Qualitative Health Research」에 실린 논문 중 교육과 모델에 대한 논문의 예

논문 제목(축약형)	저자	인용
의학 교육		
병원 침상 교육과 환자의 참여	Monrouxe 등	19, 918–930
의학 프로그램		
피지 수련의 전문직에 대한 만족과 불만족: 이민 예방에 주는 교훈은 무엇인가?	Oman 등	19, 1246–1258
내과에서의 의사소통 채널: 전문자 간 협응의 개선	Gotlib Conn 등	19, 943–953
건강 교육		
이민자의 체중 관련 문제 예방을 위한 건강 자료와 책략들	Ferrari 등	19, 1259–1272
간호학 모델		
지역사회 간호 모듈에서의 현장학습과 실습 개발에 대한 상호 협응 조사	Jenkins 등	19, 1303–1320

Parker 등(2009)은 질적 향상에 대한 종합적인 의견을 제시하기 위하여 지역과 "전문가"의 접근을 통합하였다. 이 연구자들은 대화는 최전선에 있는 매니저와 스태프가 함께 해야 하는데, 이러한 대화를 위한 최선의 방법은 얼굴과 얼굴을 맞대고 하는 것이라고 제안하였다. 그러나 때때로 논의의 초점은 달라지기도 한다(예, 일의 부하 대 비용). 이 연구에 참여한 사람들은 이 연구가 시간과 노력을 들일 가치가 있다고 생각하였다. 심지어, 헬스케어 기관들은 환자에게 헬스케어를 제공하는 스태프에게 급여를 줄 뿐만 아니라 헬스케어의 질을 높이기 위한 준비가 되어 있어야 한다.

9. 환자에게 헬스케어를 가르치는 것과 헬스 전문가에 대한 교육

여기에 해당하는 논문들([표 24.4] 참고)은 헬스 전문가들이 사용하고 있는 교수법과 방법을 담고 있는데, 독특한 프로그램(Oman, Moulds, & Usher, 2009)과 교수모델의 개발(Jenkins, Mabbett, Surridge, Warring, & Gwynn, 2009)을 포함하고 있다. 의학과 간호학 교수는 몇 가지 독특한 특징을 가지고 있다. 교수에는 회진이 사용되는데 여기에는 필연적으로 환자가 개입되게 된다. 개별 환자에 대한 케어는 다양한 의사와 전문가에 의해 실시되는데, 이 사람들은 서로 다른 케어를 책임지게 된다. 질적 탐구는 이러한 독특한 교수의 사용과 평가, 개선에 담겨 있는 강점과 약점을 보여준다.

위에서 언급한 다양한 맥락들, 관점들, 상황들에서부터 우리는 이제 헬스케어 연구에 질적 방법을 적용하는 문제로 옮겨가보자.

24.4 의학에서 질적 건강 연구 수행하기

질병, 장애, 죽음의 세계로 "들어가려는" 노력은 윤리적으로 방법론적으로 특수한 문제를 야기한다: 윤리적이라 말한 것은 질병의 충격은 연구가 끼어들 여지를 거의 남겨주지 않기 때문이며, 방법론적이라 말한 것은 병을 앓는 과정이 지닌 제한 때문이다. 이 두 가지 측면에 대해 살펴보자.

QHR과 IRB 문제

질적 연구는 환자의 삶에 대한 간섭이고 침략이다. IRB(Institutional Review Boards, 기관윤리심의위원회)는 심의 기간 동안 이 부분을 고려하기 위해서, 때로는 환자는 질적 연구에 참여할 에너지도, 의향도, 시간도 없다고 주장하며 환자를 보호하려고 노력한다 (McIntosh & Morse, 2009). 예를 들어 환자가 고통 속에 있거나 숨을 쉬는 것조차도 힘들어하는 경우, 연구를 위해서, 동의서를 받기 위해서, 혹은 인터뷰를 하기 위해서 환자를 "방해해서는" 안 되며, 관찰자의 참여로 인해 프라이버시를 침해해서도 안 된다고 IRB는 주장한다. 환자가 죽어갈 경우, 질적 연구자는 환자가 가족과 보낼 소중한 시간을 뺏는 것이거나 환자가 살아있는 동안 연구를 완성하기 위하여 환자의 시간을 최대한 이용하고 있는 것이다. 만약 연구 결과의 일반화 가능성에 의심이 생긴다면, 연구는 환자와 환자의 가족에게도 별 도움이 안 되는 것이고, 질적 연구에 참여할 그 이후의 환자에게도 별 "도움"이 안 되는 것이다. 따라서 IRB는 환자와 일하는 것이 매우 익숙한 간호원이 인터뷰를 할 때조차도 환자에게 접근 요청을 해올 때는 침묵하게 되는 것이다(Morse, 2002).

그러나, 연구자들은 환자가 연구에 참여하기를 원치 않는다고 생각하는 것은 오산이라고 주장하고 있고, 환자는 연구자의 지지와 자신이 이야기를 할 수 있고 또 자신의 이야기를 들어주는 기회를 준 것을 고마워하고 있으며, 관찰자가 인터뷰 현장에 있는 것을 받아들인다고 주장하고 있다. 환자들은 질적 연구가 다른 사람들에게 도움이 된다고 생각하고 있고, 연구 과정을 프라이버시의 침해로 보지 않는다고 말하고 있다. 만약 IRB의 염려가 맞는 것이고, 어떤 환자가 연구에 참여하기를 원하지 않는다면, 연구에 참여하기를 원하는 환자가 참여하면 되는 것이기 때문에, 환자의 시간을 빼앗고 있다는 이유로 IRB가 연구 승인을 거부하면 안 된다. 연구에 참여하고 싶은지 참여하고 싶지 않은지를 선택할 기회는 환자에게 있는 것이다.

충분히 연구되지 않은 한 분야는 응급실 치료인데, 응급실에서는 동의서를 받는 과정에 앞서 치료가 이루어진다. 약물 투여와 관련된 임상연구는, 의사 두 명의 동의서로 환자의 동의서를 대체 가능하도록 함으로써 동의서 없이 연구를 계속 진행시킬 수 있도록 하는 특수한 조항을 가지고 있다. 질적 연구가 치료나 효과 관리(impact care)와 관련된 것이 아닐지라도 질적 연구에서 이러한 조치는 받아들여진 적이 없다.

수많은 사람들. 복잡한 헬스케어에 직간접적으로 관여된 많은 사람들, 심지어 8시간 혹은 12시간 교대를 하는 헬스케어 제공자들은 비디오를 이용해 관찰 연구를 수행하기 위한 동의서를 얻는 것을 매우 어렵게 만든다. 만약 연구의 초점이 환자라면, 환자와 상호작용하는 모든 사람들, 즉 환자와 접촉하는 모든 사람들—의사, 청소부, 신문배달부—로부터 동의서를 받아야 한다. 왜냐하면 이 모든 사람들이 다 비디오테이프에 등장하기 때문이다. 비디오로 촬영하는 것에 트라우마가 있었던 환자를 돌보는 프로젝트에서 우리는 프로젝트가 시작되기 전에 가능한 한 많은 동의서를 얻었다. 여기에는 EMTs(emergency medical technicians, 응급치료 기술자), 의학 전문가, 참여를 희망하는 모든 스태프, 방사능 전문가에서부터 청소부까지 모든 보조 스태프가 포함되어 있다. 그러고 난 후, 우리가 실제로 녹음을 할 때, 우리는 출입문에 연구 목적을 위해 녹음을 하는 중이라고 써 붙였고, 문 옆에 서서 우리가 연구

자료를 모으는 곳으로 오는 사람들에게 이것을 상기시켰다. 환자를 비롯한 어떤 사람도 언제든지 비디오 녹음기를 꺼줄 것을 요청할 수 있었다. 환자가 동의서를 주거나 혹은 연구 참여를 거절할 때까지 그 테이프는 안전한 곳에 보관되어 있었고, 환자가 연구 참여를 거부했을 경우에는 즉시 테이프를 삭제하였다. 이것은 이러한 연구가 이루어질 수는 있지만 쉽지는 않은 일이라는 것을 보여준다.

취약한 참여자. 기관에 수용된 환자를 대상으로 수행된 연구는 환자가 **취약하기** 때문에 위험하다. 따라서, 기관에서 이루어지는 모든 연구는 IRB의 승인 대상이 되며, 임상 분야에 대한 IRB의 검토는 연구로 인한 부담이라는 측면을 고려하게 된다. 즉, 똑같은 영역에서 너무 많은 프로젝트가 수행되고 이로 인해 환자가 해야 되는 "일"이 너무 많고 병원 스태프가 많은 시간을 할애해야 하는 것은 아닌가?

환자의 취약성은 환자가 인지적 장애가 있거나(동의서를 제공할 수 없을 때, 그러나 승낙서가 필요하고 보호자의 **동의서**가 필요할 때), 혹은 약할 때(아동이 승낙서를 제공하고, 부모가 동의서를 제공해야 할 때) 명확하게 드러난다.

동의서는 기관에 수용된 환자에게 문제가 된다. 연구를 수행하는 사람이 바로 헬스케어를 제공하는 사람일 경우 환자가 위협을 느끼기도 한다. 연구 참여가 예정되어 있는 사람이 "제가 참여하지 않아서 헬스케어가 중단되면 어떡하죠?"라고 물어볼 수도 있다. 따라서, 연구 혹은 동의서에 대하여 설명하는 것은 주로 환자의 헬스케어에 직접적으로 관여하고 있지 않은 사람들로부터 얻어지게 되며, 아무런 불이익 없이 언제든지 환자가 연구 참여를 철회할 수 있다는 사실은 연구 수행자에게는 부담이 된다. 병원 스태프는 누가 연구에 참여하고 있는지 알아야만 하고 동의서 양식의 복사본이 환자의 파일에 보관되어 있어야 한다. 많은 기관들은 연구 프로젝트를 체크하고 질문사항이나 불만사항을 관리하는 옴부즈맨을 두고 있다.

프라이버시 관련 법. 일단 병원에서 연구를 수행해도 된다는 승인을 받게 되면, 환자를 필요한 특성으로 분류하는 것이 관건이 된다. 미국에서는 주정부의 프라이버시 법안인 HIPPA(1966년의 Health Insurance Portability and Accountability Act, http://www.hhs.gov/ocr/privacy/에서 볼 수 있음)에 의해 접근을 금지당할 수 있다. 캐나다는 두 개의 연방 법안인 Privacy Act와 Personal Information Protection and Electronic Documents Act(PIPEDA; http://www.priv.gc.ca/fs-fi/02_05_d_15_e.cfm#contenttop에서 볼 수 있음)와 각 지역의 자체적인 프라이버시 법안을 가지고 있다. 예를 들어, 앨버타는 FOIP(Freedom of Information and Protection of Privacy Act Canada; http://foip.alberta.ca/legislation/index.cfm에서 볼 수 있음)를 가지고 있는데, 이 법안은 환자의 허락 없이는 병원 스태프가 환자의 이름이나 어떤 개인정보도 스태프가 아닌 사람들에게 노출시키는 것을 금지하고 있다. 이것은 곧, 연구에 참여하는 환자에게 연구에 대해서 들어보기를 원하는지, 그리고 연구에 참여할 의향이 있는지를 물어보기 위해서 병원 스태프가 먼저 환자를 접촉하거나 병원이 환자에게 편지를 보내야 한다는 것을 의미한다.

접근/문지기(gatekeepers)/"들어가기". 불행하게도, 행정적인 승인을 받았다고 해서 연구자가 환자에게 접근할 수 있는 것은 아니다. 몇몇 기관은 의사와 전문진료과로부터 "행정적인 승인"을 요구하고 있다. 첫째, 의사: 비록 당신의 연구가 처치를 포함하고 있지는 않지만, 의사에게 당신의 프로젝트에 대해서 설명하는 것이 맞다. 만약 연구가 처치를 포함하고 있다면—혹은 예전에 환자였던 사람을 찾아내는 것이라면—당신의 연구에 관심 있는 의사를 찾아내고 그를 공동 협력자로 참여시킬 수도 있다. 의사의 승인은 환자를 당신의 연구로 초대하기 전에 반드시 필요한 것이다.

수간호사의 승인을 얻는 것도 중요하다. 간호사는 당신이 편안하게 연구 현장에 적응하도록 돕게 될 것이고 "동아줄이 누구인지 알 수 있도록" 도와줄 것이며, 환자를 찾아내고 스태프의 협조를 구할 때 도움을 줄 것이다. 간호사는 당신의 연구를 설명하고 그들의 관심을 끌 수 있도록 스태프와의 미팅을 주선하게 될 것이다. 간호사들이 연구에 참여하든지 안 하든지 간호사들은 당신이 누구인지, 당신이 왜 그곳에 와 있는지, 당신이 언제 현장에 있을 것인지(혹은 없을 것인지)를 알아야 된다. 가능한 한 모든 스태프의 이름을 알도록 노력하라. 스태프 미팅에는 도넛도 가져가고—그들이 병원의 대세이다—특별한 일이 있을 때는 색다른 케이크를 스태프에게 선물함으로써 고마움을 표현하라 (Kayser-Jones, 2003).

환자에 대한 통제가 이양된 경우.   때로 당신은 환자에 대한 관리가 매우 중요하고 강력하게 요구되는 장기 관리시설에 있을 수도 있다. 이런 경우에는 연구를 진행시키기 전에 환자의 관리를 책임지고 있는 주체의 승인을 얻어두어야 한다. 이러한 회의에는 당신의 연구를 설명하고 그들이 당신의 연구에 관심을 가지게 하기 위한 고위관리단과의 회의가 포함되기도 한다. 그들이 당신을 초대해서 당신의 연구를 설명하게 하고, 질문에 답하게 하고, 승인을 얻어 가도록 할 것이다. 다시 한 번 말하건대, 이러한 집단은 당신의 진입을 허락하는 승인을 주거나 차단할 수 있는 힘을 가지고 있다.

서류 작업에 대한 두려움.   병원 스태프의 임상 작업을 서류 작업하는 데 있어서 가장 큰 두려움은 평가에 대한 두려움이다. 이것은 비공식적인 불편함(스태프는 "카메라를 모니터하기 위해서 간호사가 아닌 사람을 채용해 주세요"라는 요구를 하기도 하였다)에서부터 당신의 연구 자료에서 스태프가 누구인지 밝혀지는 것, 창피함을 당하거나 "잘못한 것"에 대한 질책을 받는 것까지, 그리고 자료가 소환되어 스태프에게 불리한 방향으로 사용되는 것까지를 포함한다. 이것은 임상 자료를 "매우 민감하게" 만들고, 신뢰와 비밀, 익명성 등을 매우 중요한 이슈로 만들어 버린다.

이것은 또 다른 이슈를 가져온다: 만약 연구자가 최상이 아닌 헬스케어를 관찰할 경우에는 어떤 일이 벌어지는가? 이럴 때 연구자는 내부 고발자가 되어야 하는가? 어떤 시점에서 연구자가 개입해야 하는가?

개입의 대가는 매우 비싸다—연구자는 아마도, 아주 유력하게, 연구 현장을 놓칠 수도 있다. 물론, 문제가 무엇이냐에 따라 다르다: 연구자의 첫 번째 책무는 환자에게 있음을 기억하라. 이 부분에 대한 탁월한 논의는 Kayser-Jones(2003)의 현장연구를 참고하라. 요양시설에 있는 알츠하이머 환자에 대한 수분공급과 영양에 대한 연구를 수행할 때, 연구팀의 멤버는 시설에 있는 사람들의 음식물 섭취, 환자의 체중, 음식 공급시간을 꼼꼼하게 기록하였다. 그러나 이와 동시에 연구자들은 환자가 원할 경우 서슴없이 음식과 물을 제공하였고, 이것을 자료의 일부분으로 취급하였다. 그들은 또한 요양시설 관리자들과 함께 배고픔과 갈증에 대해서 논의하며 변화를 꾀하였다—그리고 그들의 발견을 출판한 것 외에, 정부를 상대로 증언을 하기도 하였다.

자료에 대한 주인의식.   만약 당신이 임상현장에서 연구를 수행하고 있다면 그 자료는 누구에게 속한 것일까? 만약 그 연구가 외부 기금에 의해서 수행되는 것이라면, 그 자료는 대학(연구 기금을 받은 당사자)에 소속된다: 연구를 수행하기 위한 승인을 받는 과정에서 연구가 수행되는 기관은 자료에 대한 권리를 포기하게 된다. 자료는 항상 민감하다—자료와 관련된 문서에서 이름을 제거해야 하고 자료에는 코드 번호를 가짜 이름으로 입력해야 한다. 데이터는 사례별로 보고되어서는 안 된다. 자료를 식별하기 위한 태그가 붙여지면, 개별 참여자를 알아내기가 더 쉬워지기 때문이다. 자료는 보안이 확실한 곳의 캐비넷에 넣어두고 잠금장치를 해야 한다. 연구 장소도 외부로 알려지면 안 되며, 연구가 수행된 도시 이름조차도 알려지면 안 된다. 어떤 기관은 연구물이 출판되기 전에 연구물을 미리 보자고 요청할 수도 있는데—이런 경우는 아주 황당하다—이런 요청에 응해서는 안 된다. 왜냐하면, 당신에게 원고를 수정해줄 것을 요구할 수도 있는데, 이것은 일종의 검열과정에 해당하기 때문이다.

당신의 자료가 민감한 문제를 다루고 있다면, 자료는 소환될 수도 있다―환자들이 자신을 돌보아 주었던 사람을 고소하기 위해서 정보를 사용하기 원할 수도 있고, 제3자가 일종의 증거로 자료를 요구할 수도 있다. 연구자는 NIH 기밀 확인서(NIH Certificate of Confidentiality, http://grants.nih.gov/grants/policy/coc/background.htm에서 볼 수 있음)를 신청함으로써 자신의 자료를 보호할 수 있다. 이 확인서는 NIH(National Institute of Health)로부터 연구기금을 받지 않는 연구자도 이용할 수 있다.

치명적 질병으로 죽어가고 있는 환자를 대상으로 연구를 수행할 때 겪는 어려움

질적 연구는 헬스케어가 제공되는 영역에 의해 구분되기도 한다: 병원(때로는 하나의 부서, 환자 단위, 의사의 사무실, 병실), 지역사회 클리닉, 학교 사무실, 환자의 집. 이러한 연구들은 문화기술적이거나 참여 관찰로 대부분 이루어진다. 연구가 환자를 중심으로 이루어진다고 하더라도 환자의 가족, 헬스케어 제공자, 환자와 헬스케어 제공자 간의 상호작용 같은 것들이 포함되는 것이 다반사이다. 병원은 같은 여건에 있는 환자들이 같은 공간을 사용하도록 조직되어 있기 때문에―예를 들어 심장 질환 센터, 신장투석 혹은 항암치료가 진행 중인 곳―인터뷰를 진행하기 위한 사적인 공간을 가지는 것은 어렵다.

질병에 의한 침묵. 환자는 질병 때문에 침묵하게 된다. 환자들은 의식이 없거나 호흡기를 착용하여 말을 할 수 없을 수도 있고, 구강 수술을 받았다거나, 입이 건조해서, 혹은 자세하게 설명하는 것이 불가능할 수 있다. 이들은 혼란스럽거나 정신적인 질병이 있을 수

있고, 자기 자신을 응집력 있게 표현하는 것이 불가능할 수도 있다. 이들은 너무 고통스러운 나머지 인터뷰에 집중하는 것이 불가능할 수 있고 너무 피곤해서 혹은 너무 졸려서 참여하지 못할 수도 있다. 처치가 환자를 침묵하게 할 수도 있다―환자는 구강 교정기를 착용했을 수도 있고, 수술을 했을 수도 있으며, 의치가 없어서 말하는 것이 힘들 수도 있다. 환자들은 약을 복용해서 졸립거나 호흡이 곤란하거나 대화 의지가 줄었을 수도 있다. 때로 환자는 쇼크나 고통으로 기절했을 수도 있고, 화를 내는 것 외에는 어떤 것도 할 수 없는 상황에 있을 수 있다.

신체적으로 불안정한 상태에서 환자들은 심리적으로 자신들의 상처와 질병을 이겨내려고 노력한다. 환자들은 너무 당황한 나머지 자신에게 일어나고 있는 일이 무엇인지 알지 못한 채 연구자에게 그런 것들을 말해야 하는 처지에 놓이게 된다.

불안정성/급격한 변화/접근 불가능성. 환자의 상태가 안정적이지 못하면, 즉 급격하게 악화되면, 간호사와 의사는 환자를 회복시키기 위해서 노력해야 한다. 회복이 이루어지는 과정에 있는 환자를 인터뷰하는 동안 투여된 약물로 인해 환자의 기억이 지워질 수도 있다. 환자 자신에게 무슨 일이 일어나고 있는지 파악하면서 타인에게 그 변화를 이야기하는 것은 불가능한 경우가 많다.

이처럼 치료가 다급하고 헬스케어에 많은 사람이 관여해야 되는 상황에서는 연구자가 환자를 만나는 것이 어렵고, 연구자 혼자서 자료를 수집해야 한다. 환자는 사망할 수도 있고, 다른 병원으로 이송될 수도 있고, 갑자기 악화되거나 퇴원할 수도 있다. 자료 수집이 시작됨과 동시에 인터뷰가 힘들어질 수 있다. 환자가 시간이 없거나, 프라이버시를 확보하기 어렵거나, 인터뷰를 진행할 만한 조용하고 방해받지 않는 공간이 없을 수도 있다. 마지막으로, 몸에서 나는 냄새, 불만의 토로, 상처의 징후 등이 연구자를 지절할 것처럼 어지럽게 만들고 자료 수집을 계속하는 것을 불가능하게 만들

기도 한다. 이런 느낌이 들면, 스태프가 돌보아야 되는 또 한 사람이 되기 전에 현장을 떠나는 것이 좋다.

24.5 질적 연구는 방법의 수정을 요구하는가?

질적 연구는 정통적인 질적 방법을 사용해왔고, 1970년대와 1980년대에 질적 건강 연구자들은 인류학, 사회학, 교육학 연구자들이 사용했던 것과 똑같은 교재를 사용하였다. 단 하나의 예외는 샌프란시스코에 있는 캘리포니아 대학의 간호대학에서 개발된 근거 이론이었고, 이는 후에 다른 학문 분야에서 사용되기 시작하였다. 따라서, 1980년대 중반까지, 여러 학문분야들 간의 방법론적인 일관성은 있어 왔다.

환자나 기관이 본질적으로 자료 수집을 방해할 수밖에 없지만, 어떤 질적 연구도 병원에서 수행되지 않았다는 것은 놀라운 일이다. 인터뷰를 이용한 연구가 어려운 것은 분명하다. 우리가 환자를 실제로 볼 수 있다면 관찰 연구가 더 쉽다. 그러나 관찰 방법 한 가지만 사용할 경우, 연구자는 환자의 경험을 해석하는 데 어려움을 겪게 된다. 환자가 허공에 손을 흔드는 것이 정말로 의미하는 것은 무엇일까?

이러한 한계점과 어려움을 극복하고, 질적 임상 연구를 가능하게(혹은 가능하도록 가깝게) 만드는 방법이 몇 가지 있다.

1. 회고적 인터뷰를 하라: 재미있게도, 환자들은 중요한 사건을 결코 잊어버리지 않는다(혹은 천천히 잊어버린다). 병을 앓거나 입원을 하는 것은 잊어버리기 어려운 사건 중의 하나이다. 사실, 환자에게 사건이 벌어진 후에 회상하라고 요구하는 것은 사건을 겪으면서 인터뷰하는 것보다 더 효과적이다. 환자가 질병을 되돌아보고 그것이 자신들의 삶에 어떤 영향을 미쳤는지를 알게 되며, 참기 위해 감정을 억눌렀던 것에서 감정을 삭히는 것으로 옮겨갈 수 있는 시간을 가지게 되면, 인터뷰의 질은 훨씬 좋아진다. 환자는 훌륭한 질적 진술에 필요한 감정적인 경험을 하게 된다. 사건을 회상할 때의 감정은 그 사건을 경험할 당시의 감정을 반영하게 되고 따라서, 인터뷰는 타당도를 유지하게 된다는 것을 기억하라. 게다가, "회고적" 방법은 사건을 순서대로 배열함으로써 근거 이론과도 잘 어울린다.

2. 프라이버시나 처치 규제로 환자에게 접근하는 데 어려움이 있으면, 자료 수집을 더 짧고 정확한 기간에 하도록 하고 주제를 상황에 맞게 수정하라. 예를 들어, "나쁜 소식을 알려주기"와 같은 주제는 음성 혹은 영상 녹음으로 이루어질 수 있다. 이 녹음 자료는 대화 분석법을 사용하여 분석할 수 있고, 추후에 더 폭넓은 시각을 원하면 인터뷰를 진행하면 된다.

3. 또 다른 시각은 참여적 실행 연구(participatory action research: PAR)의 일종으로 헬스케어 제공자를 공동 연구자로 포함시키는 것이다. 헬스케어 제공자는 다른 케이스나 다른 사건의 이야기를 가지고 있기 때문에 현재 진행 중인 자료 수집의 보충 자료가 될 수 있고, 당신의 자료는 더 풍부해지게 된다. 이와 비슷한 방식으로 환자의 친척이나 헬스케어 제공자는 훌륭한 관찰 자료원이 될 수 있다.

4. 가장 중요한 충고는 "천천히 하라"는 것이다. 임상 현장에서 시간을 보내면서 병원진과 환자를 알아가는 노력을 하라.

24.6 결론

나는 다음과 같은 질문을 던지면서 이 장을 시작하였다: 질적 건강 연구는 질적 연구의 영역 안에 있는 하위분야인가? 질적 건강 연구를 차별화하는 특성에는 무엇이 있는가?

질병 그 자체가 지니는 속성은 사람들로 하여금 인생을 다른 시각에서 보게 한다는 것이다. 환자는 고통,

움직이지 못함, 자아(self)의 변화를 경험한다. 사회적으로 환자는 실직, 경제적 어려움, 타인에 대한 의존성(심지어는 아주 사적인 기능까지도), 일상생활에 대한 제약, 심지어는 도움 없이 먹지도 숨 쉬지도 못하는 무능함을 경험할 수 있다. 치료와 병원 예약에 시간이 필요하다는 것과 생명이 얼마 남지 않았다는 불안은, 외부 연구자의 인터뷰나 관찰보다는 개인적인 시간을 갖는 것에 더 우선순위를 두게 한다. 질병은 연구자에게 남다른 일상이 있는 '외부' 세계를 보여준다. 출생과 사망, 고통, 고생, 살아 있음에 대한 깊은 기쁨 등을 보여준다. 연구자는 이러한 세상에 대한 우선권이 없으며, 환자의 처치/치료를 앞세우고 본인은 뒷좌석으로 물러나야 한다. 게다가, 이러한 연구는 또 다른 기술과 전문 지식을 요구한다. 연구자는 병원에서의 공식적인 행동 강령을 알아야 하고, 환자를 공감할 수 있어야 하며, 사망에 대한 이야기나 병원에서 본 광경이나 풍기는 냄새에 당황해서는 안 된다. 연구자는 극심한 고통 중에 있는 환자를 이해하고, 환자의 피로를 방지하기 위하여, 혹은 고통이라는 감정을 통제하기 위해 필요한 지식과 기술을 보유해야 한다.

Julianne Cheek(2010, 사적인 대화)는 흥미로운 질문을 던졌다: 질병 경험과 헬스케어 환경의 특성은 질적 연구와 양적 연구에서 똑같은가? 만약 그렇다면, 질적 연구와 양적 연구 이 둘이, 교육학 연구에서처럼 대비되기보다는, 공통점이 있다는 의미인가? 다른 말로 이야기하면, 연구 방법 그 자체에 있는 차이보다는 환경이나 주제가 연구를 구분한다는 것인가?

나는 "전적으로 그렇지는 않다"고 결론짓고 싶다. 왜냐하면, 양적 연구는 연구 대상자로부터 더 쉽게 떨어져 있을 수 있고—그리고 그렇게 하도록 기대되고—주제에 대한 접근을 "객관화"할 수 있다는 것을 염두에 두어야 하기 때문이다. 이것은 곧 양적 연구자들은 연구 참여자나 연구 주제에 감정적으로 관여하고 있지 않다는 것을 의미하며, 이런 이유로 양적 연구는 질적 방법으로 분류될 수 없다.

미래에 이 분야는 어디로 갈 것인가? 질적 건강 연구를 수행하는 학생 수가 늘어나고, 이 학생들이 졸업을 하면, 현재 우리가 가지고 있는 슈퍼바이저나 멘토의 수가 부족한 현상은 없어질 것이며, 그러면 이 분야는 더 강성해질 것이다. 교재와 강좌, 워크숍의 수가 증가하고 있고 질적 건강 연구는 주류가 되어 가고 있다. 이러한 추진은 기대하지 못했던 곳에서 올 것이다—예를 들면, 평가에 대한 압력과 혼합 방법에 대한 압력은 질적 연구가 자리를 확보하는 데 도움이 될 것이다.

따라서, 나는 질적 건강 연구가 질적 연구의 특수한 형태라는 입장을 견지한다. 질적 건강 연구의 정서적 측면은 매우 다른 것이며, 윤리적 이슈 또한 매우 다른 것이어서, 질적 연구는 그 자체만의 교육, 훈련, 방법, 지식의 전파 필요성을 가지고 있다. 기관의 상황과 환자의 특성은 질적 건강 연구가 "특수성"을 지녔고, 특수한 지식, 연구 설계, 방법의 변형을 요구한다는 것을 받아들이기에 충분하다.

주석

1. AHFMR은 Janice Morse에게 그랜트를 주었다.
2. 「QHR」은 매월 출판되며, 한 호에 12~14개의 논문이 실린다. 여기에 언급된 내용 분석은 2009년 19권에 실린 142개의 논문에서 추출한 것이다.

참고문헌

Becker, H. S., Geer, B., Hughes, E. C., & Strauss, A. L. (1961). *Boys in white: Student culture in medical school*. Chicago: University of Chicago Press.

Benner, P. (1984). *From novice to expert: Excellence and power in clinical nursing practice*. Englewood Cliffs, NJ: Prentice Hall.

Bergstrom, L., Richards, L., Proctor, A., Bohrer Avila, L., Morse, J. M., & Roberts, J. E. (2009). Birth talk in second stage labor. *Qualitative Health Research, 19*, 954–964.

Brody, H. (1987). *Stories of sickness*. New York: Oxford University Press.

Broom, A. (2009). Intuition, subjectivity, and le bricoleur: Cancer patients' accounts of negotiating a plurality of therapeutic options. *Qualitative Health Research, 19*, 1050–1059.

Cantrell, M. A., & Conte, T. M. (2009). Between being cured and being healed: The paradox of childhood cancer survivorship. *Qualitative Health Research, 19*, 312–322.

Champlin, B. E. (2009). Being there for another with a serious mental illness. *Qualitative Health Research, 19*, 1525–1535.

Cochrane, A. L. (1972/1989). *Effectiveness and efficiency: Random reflections on health services*. London: British Medical Journal. [Original publication London: Nuffield Provincial Hospitals Trust, 1972]

Crabtree, B. F., & Miller, W. L. (1992). *Doing qualitative research*. Thousand Oaks, CA: Sage.

Davies, B., Larson, J., Contro, N., Reyes-Hailey, C., Ablin, A. R., Chesla, C. A., et al. (2009). Conducting a qualitative culture study of pediatric palliative care. *Qualitative Health Research, 19*, 5–16.

De Marco, M., Thorburn, S., & Kue, J. (2009). "In a country as affluent as America, people should be eating": Experiences with and perceptions of food insecurity among rural and urban Oregonians. *Qualitative Health Research, 19*(7), 1010–1024.

Engel, J. D., Zarconi, J., Pethtel, L. L., & Missimi, S. A. (2008). *Narrative in health care: Healing patients, practitioners, profession, and community*. Oxford, UK: Radcliffe.

Ferrari, M., Tweed, S., Rummens, J. A., Skinner, H. A., & McVey, G. (2009). Health materials and strategies for the prevention of immigrants' weight-related problems. *Qualitative Health Research, 19*, 1259–1272.

Field, P. A., & Morse, J. M. (1985). *Nursing research: The application of qualitative approaches*. London: Croom Helm.

Forgeron, P. A., Jongudomkarn, D., Evans, J., Finley, G. A., Thienthong, S., Siripul, P., et al. (2009). Children's pain assessment in North eastern Thailand: Perspectives of health professionals. *Qualitative Health Research, 19*, 71–81.

Fox, F. E., Rodham, K. J., Harris, M. F., Taylor, G. J., Sutton, J., Scott, J., et al. (2009). Experiencing "The other side": A study of empathy and empowerment in general practitioners who have been patients. *Qualitative Health Research, 19*, 1580–1588.

Gao, G., Burke, N., Somkin, C. P., & Pasick, R. (2009). Considering culture in physician-patient communication during colorectal cancer screening. *Qualitative Health Research, 19*, 778–789.

Germain, C. P. (1979). *The cancer unit: An ethnography*. Wakefield, MA: Nursing Resources.

Gioia, D. (2009). Understanding the ecological validity of neuropsy-chological testing using an ethnographic approach. *Qualitative Health Research, 19*, 1495–1503.

Glaser, B. G., & Strauss, A. (1965). *Awareness of dying*. Chicago: Aldine.

Glaser, B. G., & Strauss, A. (1967). *Discovery of grounded theory*. Chicago: Aldine.

Goffman, E. (1961). *Asylums: Essays on the social situation of mental patients and other inmates*. New York: Anchor Books, Doubleday.

Gotlib Conn, L., Lingard, L., Reeves, S., Miller, K., Russell, A., & Zwarenstein, M. (2009). Communication channels in general internal medicine: A description of baseline patterns for improved interprofessional collaboration. *Qualitative Health Research, 19*, 943–953.

Hilton, S., Emslie, C., Hunt, K., Chapple, A., & Ziebland, S. (2009). Disclosing a cancer diagnosis to friends and family: A gendered analysis of young men's and women's experiences. *Qualitative Health Research, 19*, 744–754.

Holtslander, L. F., & Duggleby, W. D. (2009). The hope experience of older bereaved women who cared for a spouse with terminal cancer. *Qualitative Health Research, 19*, 388–400.

Jacobson, N. (2009). Dignity violation in health care. *Qualitative Health Research, 19*, 1536–1547.

James, I., Andershed, B., & Ternestedt, B.-M. (2009). The encounter between informal and professional care at the end of life. Qualitative *Health Research, 19*, 258–271.

Jenkins, E. R., Mabbett, G. M., Surridge, A. G., Warring, J., & Gwynn, E. D. (2009). A cooperative inquiry into action learning and praxis development in a community nursing module. *Qualitative Health Research, 19*, 1303–1320.

Johansson, E. E., Bengs, C., Danielsson, U., Lehti, A., & Hammarström, A. (2009). Gaps between patients, media, and academic medicine in discourses on gender and depression: A metasynthesis. *Qualitative Health Research, 19,* 633–644.

Kafanelis, B. E., Kostanski, M., Komesaroff, P. A., & Stojanovska, L. (2009). Being in the script of menopause: Mapping the complexities of coping strategies. *Qualitative Health Research, 19,* 30–41.

Kayser-Jones, J. (2002). Malnutrition, dehydration, and starvation in the midst of plenty: The political impact of qualitative inquiry. *Qualitative Health Research, 12,* 1391–1405.

Kayser-Jones, J. (2003). Continuing to conduct research in nursing homes despite controversial findings: Reflections by a research scientist. *Qualitative Health Research, 13,* 114–128.

Kenne Sarenmalm, E., Thorén-Jönsson, A.-L., Gaston-Johansson, F., & Öhlén, J. (2009). Making sense of living under the shadow of death: Adjusting to a recurrent breast cancer illness. *Qualitative Health Research, 19,* 1116–1130.

Kleinman, A. (1980). *Patients and healers in the context of culture.* Berkeley: University of California Press.

Kleinman, A. (1986). *The illness narratives.* New York: Basic Books.

Lahman, M. K. E. (2009). Dreams of my daughter: An ectopic pregnancy. *Qualitative Health Research, 19,* 272–278.

Leininger, M. M. (1985). *Qualitative research methods in nursing.* New York: Grune & Stratton.

Lutz, B. J., Kneipp, S., & Means, D. (2009). Development of a health screening questionnaire for women in welfare transition programs in the United States. *Qualitative Health Research, 19,* 105–115.

McCorry, N. K., Dempster, M., Clarke, C., & Doyle, R. (2009). Adjusting to life after esophagectomy: The experience of survivors and carers. *Qualitative Health Research, 19,* 1485–1494.

McIntosh, M., & Morse, J. M. (2009). Institutional review boards and the ethics of emotion. In N. K. Denzin & M. D. Gardina (Eds.), *Qualitative inquiry and social justice* (pp. 81–107). Walnut Creek, CA: Left Coast Press.

Medley, A. M., Kennedy, C. E., Lynyolo, S., & Sweat, M. D. (2009). Disclosure outcomes, coping strategies, and life changes among women living with HIV in Uganda. *Qualitative Health Research, 19,* 1744–1754.

Miller, J. H., & Stiles, A. (2009). Family presence during resuscitation and invasive procedures: The nurse experience. *Qualitative Health Research, 19,* 1431–1442.

Monrouxe, L. V., Rees, C. E., & Bradley, P. (2009). The construction of patients' involvement in hospital bedside teaching encounters. *Qualitative Health Research, 19,* 918–930.

Morse, J. M. (2002). Interviewing the ill. In J. Gubrium & J. Holstein (Eds.), *Handbook of interview research* (pp. 317–330). Thousand Oaks, CA: Sage.

Morse, J. M. (2008). Excluding qualitative inquiry: An open letter to the Canadian Urological Association [Editorial]. *Qualitative Health Research, 18*(6), 583.

Morse, J. M., Stern, P. N., Corbin, J., Bowers, B., Charmaz, K., & Clarke, A. (2009) *Grounded theory: The second generation.* Walnut Creek, CA: Left Coast Press.

Naidoo, P., Dick, J., & Cooper, D. (2009). Exploring tuberculosis patients' adherence to treatment regimens and prevention programs at a public health site. *Qualitative Health Research, 19,* 55–70.

Norris, P., Fa'alau, F., Va'ai, C., Churchward, M., & Arroll, B. (2009). Navigating between illness paradigms: Treatment seeking by Samoan people in Samoa and New Zealand. *Qualitative Health Research, 19,* 1466–1475.

Oman, K. M., Moulds, R., & Usher, K. (2009). Professional satisfaction and dissatisfaction among Fiji specialist trainees: What are the implications for preventing migration? *Qualitative Health Research, 19,* 1246–1258.

Ouellette, A., Achille, M., & Pâquet, M. (2009). The experience of kidney graft failure: Patients' perspectives. *Qualitative Health Research, 19,* 1131–1138.

Parker, L. E., Kirchner, J. E., Bonner, L., Fickel, J. J., Ritchie, M. J., Simons, C. E., et al. (2009). Creating a quality improvement dialogue: Utilizing knowledge from frontline staff, managers, and experts to foster health care quality improvement. *Qualitative Health Research, 19,* 229–242.

Parsons, T. (1975). The sick role and the role of the physician reconsidered. *The Millbank Memorial Fund Quarterly. Health and Society, 53*(3), 257–278.

Protudjer, J. L. P., Kozyrskyj, A. L., Becker, A. B., & Marchessault, G. (2009). Normalization strategies of children with asthma. *Qualitative Health Research, 19,* 94–104.

Pylypa, J. (2009). Elder authority and situational diagnosis of diarrheal diseases as normal infant development in Northeast Thailand. *Qualitative Health Research, 19,* 965–975.

Quint, J. (1967). *The nurse and the dying patient.* New York: Macmillan.

Sackett, D. L. (1993). Rules of evidence and clinical recommendations. *Canadian Journal of Cardiology, 9*(6), 487–489.

Schnur, J. B., Ouellette, S. C., Bovbjerg, D. H., & Montgomery, G. H. (2009). Breast cancer patients' experiences of external-beam radiotherapy. *Qualitative Health Research, 19,* 668–676.

Scott, A. (2009). Illness meanings of AIDS among women with HIV: Merging immunology and life experience. *Qualitative Health Research, 19*, 454–465.

Shamai, M., & Ron, P. (2009). Helping direct and indirect victims of national terror: Experiences of Israeli social workers. *Qualitative Health Research, 19*, 42–54.

Shariff, F., Carter, J., Dow, C., Polley, M., Salinas, M., & Ridge, D. (2009). Mind and body management strategies for chronic pain and rheumatoid arthritis. *Qualitative Health Research, 19*, 1037–1049.

Spoont, M. R., Sayer, N., Friedemann-Sanchez, G., Parker, L. E., Murdoch, M., & Chiros, C. (2009). From trauma to PTSD: Beliefs about sensations, symptoms, and mental illness. *Qualitative Health Research, 19*, 1456–1465.

Stevens, P. E., & Hildebrandt, E. (2009). Pill taking from the perspective of HIV-infected women who are vulnerable to antiretroviral treatment failure. *Qualitative Health Research, 19*, 593–604.

Strauss, A., Corbin, J. S., Fagerhaugh, S., Glaser, B., Maines, D., Suczek, B., & Weiner, C. (1975). *Chronic illness and the quality of life*. St. Louis, MO: Mosby.

van den Berg, J. H. (1960). *The psychology of the sick bed*. Pittsburgh, PA: Duquesne University Press.

van Manen, M. (1990). *Researching the lived experience*. London, Ontario, Canada: Althouse Press.

Van Rooij, F. B., van Balen, F., & Hermanns, J. M. A. (2009). The experiences of involuntarily childless Turkish immigrants in the Netherlands. *Qualitative Health Research, 19*, 621–632.

Vayreda, A., & Antaki, C. (2009). Social support and unsolicited advice in a bipolar disorder online forum. *Qualitative Health Research, 19*, 931–942.

Ziółkowska, J. (2009). Positions in doctors' questions during psychiatric interviews. *Qualitative Health Research, 19*, 1621–1631.

Part 04.

경험적 자료 수집과 분석 방법

이영민_ 숙명여자대학교 여성인적자원개발대학원 교수

━━━━━ 그 무엇도 표현을 능가할 수 없다. 연구는 복잡한 표현의 정치학을 포함하고 있다. 이 세계는 직접적으로 포착될 수 있는 것이 아니다. 우리는 단지 그것의 표현을 연구할 뿐이다. 우리는 사람들이 어떤 방식으로 자신의 경험을 그들과 다른 사람들에게 표현하는지를 연구한다. 경험은 의식, 신화, 이야기, 퍼포먼스, 영화, 음악, 실록, 자서전, 이야기 쓰기, 민속학 등을 포함하여 다양한 방식으로 표현된다. 우리 모두는 스토리텔러, 통계학자, 문화기술자와 같다.

사회적으로 저명한 연구자들은 상호작용과 감각적인 행동을 통해 탐구의 주제가 되는 현실과 표현들을 창조한다. 이러한 위치에서, 질적 연구의 해석적인 행동들이 실행된다. 이러한 방법론적인 행동들은 일상 세계에 내재된 채 경험적인 자료들을 생성하고 표현하는 서로 다른 방식들을 보여준다. 제4부에서는 방법론적으로는 브리콜라주를 실행하는 사람처럼 질적 연구들이 채택하는 다양한 실행 방법들과 분석 방법들을 탐색할 것이다.

1. 내러티브 탐구

오늘날 내러티브 탐구는 활발하다. 어디서나 이루어지고 있다. 우리는 세상에 대해 들은 이야기를 통해 세계를 알아간다. 그렇다고 할지라도, Susan Chase가 우리에게 상기시킨 것처럼, 질적 탐구의 독특한 유형으로서 내러티브 탐구는 만들어져 가는 영역이다. Chase는 자신이 초기에 회고적인 의미 생성에 집중한 내러티브를 형성한 것을 수정하면서, Jaber Gubrium과 James

Holstein 사후에 내러티브를 "경험의 형태화와 순서화를 통한 의미 생성"이라고 정의하였다. 그녀는 내러티브에 대한 다양한 접근법을 논의하면서, 이 분야에 대한 최상의 개념화를 제시하였다. 다양한 접근법은 스토리텔링을 살아있는 경험, 내러티브 활동, 내러티브 환경으로, 연구자와 이야기, 자문화기술지, 퍼포먼스 내러티브, 방법론적이면서 윤리적인 이슈, 크고 작은 이야기의 내용 분석, 문서 작성과 구술 뛰어넘기, 내러티브와 사회 변화, 라틴 아메리카인이 추천한 이야기, 공적인 대화, 내러티브 연구의 거대한 배열에 관한 메타연구의 필요성 등이다.

내러티브는 행동, 사회적으로 저명한 수행가, 세계를 이해하기 위한 행동의 방식들에 관해 사회적으로 규정된 형태들이다. 내러티브 연구자들은 종종 최초로 작성한 사람들이라서 "자기 자신의 내러티브 행동을 강조"하고 있다. 내러티브 탐구는 사회 변화 의제를 발전시킬 수 있다. 상처받은 스토리텔러들은 다른 사람들에게 자기 자신의 이야기를 하여 힘을 북돋을 수 있다. 긴급한 내러티브인 증거(testimonous)는 사회적인 불평등, 억업, 폭력에 대항하여 국가를 움직일 수 있다. 수집된 이야기는 사회 운동의 기본적인 토대를 형성한다. 양극화된 사람들의 이야기를 하는 것은 다른 사람들이 듣지 않으려고 하는 것을 듣도록 공적인 공간을 제공하는 데 도움을 줄 수 있다.

2. 비판적 예술 기반 탐구

비판적 예술 기반 탐구는 연구자로서의 예술가를 민주

적, 윤리적 의제에 헌신하는 연구 패러다임에 놓이도록 한다. 참여적 실행 연구와 같이, 비판적 예술 기반 탐구는 탐구 자체에 행동주의자적인 접근방법을 제시하였다. 예술 기반 탐구는 미학, 문학, 퍼포먼스, 시각 예술뿐만 아니라 댄스, 연극, 드라마, 필름, 콜라주, 비디오, 사진의 방법과 실행법을 활용한다. 예술 기반 탐구는 텍스트 간 관계에 바탕을 두고 있다. 예술과 연구의 경계를 넘나든다. Susan Finley는 후기식민주의와 포스트모던 맥락에서 이 방법론의 역사를 기술하였다. 동시에 그녀는 사회정의에 기반한 프로젝트를 중시하는 신자유주의 추세를 비판하였다. 그녀는 급진적인 윤리적 미학을 실행한 사람들의 교육학으로 옮겨 가면서 질적 탐구에서 주요한 위치를 점하였다. 그녀는 공동체의 참여자들이 정치적, 자기 표현적 행동을 하도록 하는 것을 포함하여 실행주의자의 예술이 정치적으로 중요한 이슈들을 제시하는 데 활용될 수 있는지 보여주었다.

비판적인 실행 교육학에 내재된, 예술 기반 작품들은 사회적인 불평등의 이슈를 제기할 수 있는 급진적인 정치적 안건을 발전시키는 데 사용될 수 있다. 그래서 연구자들은 그들의 "펜, 카메라, 붓, 육체" 그리고 목소리를 사회정의 프로젝트란 이름으로 향유하고 있다. 이러한 작품들은 억압을 표현하고, 저항 지점을 겨냥하고, 저항 텍스트를 실행하는 변환적 관계들의 윤곽을 제시하고 있다. Finley는 연구가 타고난 기술을 제시하는 것인지, 권세 구조에 개방적으로 적응하는지, 유용한 공공 서비스를 수행하는지, 억압된 사람들의 목소리를 전달하는지, 신보수주의 담화를 비판하는지, 사람들을 긍정적인 사회 행동으로 움직이도록 하는지에 관해 질문하면서 비판적 예술 기반 연구를 평가하는 규정으로 선정하였다.

3. 구술사

Linda Shopes는 지식과 인간의 품위를 고양하기 위해 서 인간의 기억을 수집하고 해석하는 방법으로 도덕적인 역사를 논의하였다. 왜냐하면 그들은 사람들을 면담하기 때문에 구술사 연구자들은 개방형 질문을 사회적인 연구의 한 형태로 실행하고 있다.

Chase가 관찰한 바에 따르면, 우리는 면담(혹은 스토리)이 살아 있는 경험과 의미에 관해서 유용한 정보를 생성한다는 믿음을 가진 사회 구성원들로 이루어진 내러티브, 스토리텔링, 면담의 사회에 살고 있다. 면담과 삶의 이야기를 다룬 내러티브는 우리들의 중재된, 대중 문화 속의 단면들을 당연하게 받아들이도록 하였다. 그러나 삶의 이야기, 구술사, 개인적 내러티브는 협의된 텍스트, 권력, 젠더, 인종, 계층이 상호작용하는 지역이다.

Andrea Fontana와 James H. Frey(2005)는 세 가지 형태(구조화된, 비구조화된, 개방형 형태)의 인터뷰 도구들이 사용되는 동안 어떻게 수정되고, 변화하는지를 보여주면서 사회과학에서 인터뷰의 역사를 고찰하였다. 그들은 또한 구술사 인터뷰, 창의적 인터뷰, 젠더화된, 페미니스트적, 포스트모던적 또는 다양한 목소리를 담은 인터뷰를 제시하였다. Shopes는 Fontana와 Frey가 구술사를 끝마친 곳을 이어받았다.

구술사는 기록을 위해 보호되고, 다른 사람들이 접근 가능한 기록된 인터뷰이다. 구술사 인터뷰는 의도적인 면(개인의 이력을 통해 과거에 대한 새로운 지식을 구하는 것)에서 역사적이다. 구술사는 기억의 행위이자 본래 과거에 대한 주관적인 설명이다. 구술사 인터뷰를 통해 해석하지 못한 정보들을 이끌어낼 수 있다. 구술사 인터뷰는 심층적인 탐구 방법이다.

구술사 연구자들은 Chase, Holstein, Gubrium과 같은 해석적 사회주의자, 인류학자들이 참여한 프로젝트와 밀접하게 관련이 있다. Shopes는 19세기부터 현재까지, 노예 내러티브에서 사회 지도층 인터뷰까지, 그리고 표현되지 않은 그룹들의 구술사까지 구술사법의 역사를 검토하였다. 그래서 이 방법은 디지털 미디어에서 최근 발전하고 있으며 역사를 민주화하는 데 도움을 주고 있다.

도입부에 제시된 바와 같이 구술사들은 질적 연구에 포함된 법적, 윤리적 이슈들을 다루는 데 주도적인 역할을 해왔다. 구술사 연구자들은 윤리적 주도권 면에서 현재 기관윤리심의위원회(Institutional Review Board: IRB)의 연구 진실성 구조에 기여하였다. 이들은 "몽사가들은 무엇인가가 어떻게 되어가는지 진정으로 알기 위해 그리고 이러한 것들이 어떻게 되어갈지도 모르는 것을 알기 위해"라는 사명문을 작성하였다. Shopes는 이러한 담론의 리더 역할을 해왔다.

4. 관찰 방법의 탈맥락화

사회 현상으로 들어가서 바라본다는 것은 세상에 대한 자료들을 수집하기 위한 또 다른 주요한 방법이다. 기존의 논쟁들을 이어받아(Angrosino & Mays de Pérez, 2000) Michael Angrosino와 Judith Rosenberg는 자연적 관찰의 방법과 실행에 관해 재기술하였다. 모든 관찰은 연구되고 있는 세계에 참여하는 것을 전제로 한다. 순수하고, 객관적이고, 분리된 관찰은 없다. 다시 말해, 관찰자가 나타나는 것의 효과는 삭제될 수 없는 것이다. 게다가 오래된 주관성 개념(관찰자 측정의 객관성)은 더 이상 적절하지 않다. 관찰자들은 이제 실행 탐구 상황에서 협력적 참여자로서 역할을 한다. Angrosino와 Rosenberg는 관찰적 상호작용은 일시적이고 상황적인 과정이라고 주장한다. 이 과정은 젠더화된 정체성으로 이동하거나 현재의 권력 구조로 이동함으로써 형성된다. 이러한 관계가 전개되면서, 관찰자들은 다른 사람들에 의해 생성된 단서들을 타당화하게 된다. 마지막으로, 관찰 과정에서 사람들은 상황적 정체성은 사회적으로 혹은 문화적으로 규범적이지 않다고 가정하게 된다.

Clifford Christians, Linda Shopes, Angrosino, Rosenberg는 실증주의적 사화과학자들은 관찰주의적 인류학자들의 요구를 거의 인지하지 못한다는 점에 주목하면서 기관윤리심의위원회를 강하게 비판하였다. 많은 학교들에서 공식적인 기관윤리심의위원회는 실험적, 가설 검증적, 소위 과학적 패러다임에 밀접하게 연관되어 있다. 이러한 패러다임은 포스트모던 관찰자들, 연구하는 세계의 일원이 되고자 하는 연구자들에게 문제가 되고 있다. 연구 승인을 받기 위해서, 연구자들은 IRB를 기만해야 할지도 모른다. 이러한 상황하에서 일부 인류학자들은 그들이 연구 과정에 개입하는 것이 아니고 문제를 일으키지도 않을 것이라고 주장한다. 그러나 상호작용적인 관찰자들은 명백하게도 개입하는 것이다. 협력적 연구가 진행될 때, 관찰 대상은 연구 그 자체를 형성하는 이해당사자나 사람이 된다. 이러한 것이 동의서(더 넓게는 참여 연구의 형태에서)에서 어떤 의미를 가지는지는 명확하지 않다. 인류학적 글쓰기의 대안적인 형태는 가상의 이야기를 활용하는 것과 더불어 윤리적인 곤경 상황을 열거하는 것이다.

5. 시각적 연구 방법: 눈으로 보는 연구

Jon Prosser의 장에서는 현대 시각적 연구 방식의 주요 측면을 서술하며, 앞으로의 과제/문제점을 제시하며 끝을 맺는다. 시각 연구자들은 "시각(visual)"이라는 단어를 눈에 보이고 의미를 부여할 수 있는 현상을 언급할 때 사용한다. 1960년대부터 연구자들은 시각적 이미지들을 현실을 기록하기 위한 실증적인 목적 또는 시각적 문화에 의해 생산된 이미지의 의미를 연구하기 위한 상징적인 목적을 위해 사용해왔다. 오늘날 질적 연구자들에게 시각적 유창성(visual fluency)은 당연한 자질로 여겨지고 있다.

오늘날 시각적 사회학자들과 인류학자들은 디지털 사진술, 영화, 월드와이드웹(World Wide Web), 상호적 CD, CD-ROM, 가상현실을 인간 존재와 시각적 인식을 연결하는 방식들로써 사용하고 있다. 이러한 시각적 표현의 형식들은 사회 생활로 여겨지는 것들을 기록하는 다양한 방식을 대표한다. 흔히 기억 장치를 가진 '거울'이라고도 불리는 사진술은 연구자를 관찰자의 정체, 대상의 시점, 그리고 무엇을 찍을지의 사안들이 문제가 되는 일상 세계로 이끈다.

Prosser는 진화하는 시각적 방법론 분야의 네 가지 현 추세와 쟁점들인 (1) 시각적 연구의 표현, (2) 기술과 시각적 방법들, (3) 참여적인 시각적 방법, (4) 시각적 방법론의 훈련에 대하여 논의한다. 우리는 현재 데이터(실험적 자료)가 더욱 효과적으로 시각화될 수 있는 세상으로 이동하고 있다. 디지털 카메라, 대용량의 이미지를 저장할 수 있는 소프트웨어, 그리고 시각적으로 부응하는 소프트웨어—ATLAS.ti, NVivo, Transana, Observer XT—는 연구자들로 하여금 복잡한 인간 상호작용과 의사소통 구조를 저장, 분석, 작성, 측정, 표현할 수 있게 도와준다. 새로운 참여적 시각적 방법들은 사진 면담 방식(photo-elicitation methods), 광음성(photovoice), 영상 일기, 사진 묘사 그리고 다른 다양한 하이퍼미디어 기술들을 사용한다. 시각적 방법론에서의 훈련은 급성장하고 있다. 영국의 경제, 사회 조사 위원회(ESRC)는 대표적인 질적 연구원들을 교육시키기 위한 목적의 전국적인 훈련 프로그램을 후원하였다.

Prosser는 오는 10년 내에 시각적 방법론들과 예술 기반 연구 사이의 연계가 더욱 긴밀해질 것이라고 예측한다. 이 연계는 시각적 사회학, 시각적 문화기술지, 그리고 장애 연구에서의 혁신으로 이어질 것이다. (Prosser는 현재 자신의 연구에서 영상 사례를 이용하여 의사소통 능력이 제한된 장애인들의 인식을 탐구한다.) 그는 끝으로 윤리적 검토 위원회의 시각적 연구에 대한 경고에 대하여 논의한다. 그는 보살핌의 윤리 모델을 지지한다. 생물의학의 규제적 윤리학에 대한 집착은 시각적 방식의 발전을 늦출 것이다. 기관윤리심의 위원회는 비밀이 유지되며, 실험 대상의 익명성이 보장될 것을 강조한다. 하지만 많은 경우 실험 대상자들은 신원을 밝히는 것에 만족하며 적극적이다. 또한 많은 경우, 신원이 밝혀지는 것이 연구 과제에 있어서 대단히 중요하다. 이러한 경우, 연구자에게는 실험 대상과의

윤리적 계약을 통해 서로가 동의한 자료만을 공개하도록 한다.

우리는 시각적(그리고 비시각적) 사고방식을 이용한 실험 방식을 익혀야 한다. 우리는 성적 특징을 반영한 물질세계를 다룰 수 있는 비판적인 시각적 감성을 다양한 방향으로 발달시켜야 한다. 우리는 또한 사이버 공간과 가상현실의 논리를 비판적으로 추궁해야 한다. 진실을 실시하고 이러한 세계들을 하나로 유지시키는 규칙과 방식들 또한 더 잘 이해해야 한다.

6. 자문화기술지: '개인적' 이야기를 '정치적' 이야기로

개인적인 경험은 개개인이 당장의 상황에서 가지는 생각과 의미의 흐름을 반영한다. 이러한 경험들은 일상적일 수도 있고 문제가 될 수도 있다. 개인적인 경험들은 한 사람의 삶 안에서 일어난다. 말로 전해지는 순간적 경험은 이야기 또는 서술의 형태를 갖춘다. 실제 경험 그 자체는 직접적으로 연구될 수 없다. 이는 언어, 이야기, 담론의 체계들이 개인이 설명하려고 하는 바로 그 경험을 조정하고 정의하기 때문이다. 우리는 경험의 묘사를 연구할 뿐, 경험 자체를 연구하지는 못한다. 우리는 사람들이 서로에게 설명하는 자신들의 경험이 담긴 이야기를 조사한다. 이러한 이야기들은 개인적인 경험의 서술일 수도, 개인이 만들어낸 해석일 수도 있다.

오늘날 많은 사람들은 자기 자신의 경험만을 연구할 수 있다고 주장한다. 연구자 자신이 연구 대상이 되는 것이다. 이것이 자문화기술지의 핵심 주제이다. Tami Spry의 장(이 책의 제30장)에서는 성찰적인 개인적 이야기를 쓰는 것에 대한 주장을 제시한다. 그 자체만의 서술적 자기 인식을 행하는 Spry의 다중 음성의 글은 확실히 이러한 글쓰기의 예이다. 그녀는 비판적 실행 연구의 담론에 글의 기반을 두어 능숙하게 개인적 경험 서술 연구에 대한 주장을 평가한다.

Spry는 진보적인 저항의 정치를 일으키는 전략을 구현함과 동시에 이러한 글쓰기 형식의 역사와 그에 대한 주장, 작가의 인생에서 펼쳐지는 글을 창조하는 도전을 검토한다. 이와 같은 글이 작성되었을 때(글쓰기는 수행의 일종이다) 가능성의 정치가 구현된다. 이러한 글들은 비판 의식을 형성하고, 현 상태를 되짚어보고, 정체성에 의문을 갖게 한다. Spry는 이 방식을 통해 그녀 자신의 역사에서부터 글을 쓰며, 그렇게 함으로써 독자를 Judith Hamera(이 책의 18장)와 Barbara Tedlock(이 책의 19장)의 퍼포먼스와 내러티브의 문화기술지의 장들로 안내한다.

Spry는 수행적 자문화기술지가 비판적인 재귀 용법론으로써 어떻게 9·11 테러 이후 세상의 공간들에서 개인적인 경험을 정치적으로 바꾸는 체계를 제시하는지를 보여준다. 그녀는 아프고, 치유되고, 비통해하는 사람들의 공간에서부터 글을 쓰고 행동한다. 그녀는 분만 과정에서 아들을 잃은 것, 아버지의 죽음 그리고 9·11 폭탄 테러에 대한 그녀 자신의 슬픔에서부터 글을 작성하는 것이다. 그녀는 희망의 교육학, 비판적·토속적 문화기술지를 제시한다. 그녀의 에세이는 부당함의 문제에 대한 대화와 토론의 장을 조성하기 위한 정치적 관행, 즉 철저히 저항적인 민주적 관행으로서의 자문화기술지를 다루고 있다. 그녀의 장에서는 행동의 파편, 사라진 역사, 구현된 가능성, 그리고 이야기하고 수행하는 '나'를 보여줌으로써 말하고자 하는 바를 전달한다. 자서전은 문화 및 구조와 충돌하여 역사적 담론을 통해서 바라보도록 한다. 그녀의 '수행하는 나'는 구현되어 있고, 한계점에 서있으며, 책임이 있고, 야생적이고 또한 도덕적이다.

Spry는 글쓰기 연습, 실행 연습 그리고 서로에 대한 지역적이면서도 세계적인 존경, 사랑, 보살핌을 낳을 수 있다는 믿음에 기반을 둔 협력적인 성과에의 외침으로 끝을 맺는다.

7. 온라인 문화기술지/참여 관찰

Sarah Gatson(이 책의 31장)은 온라인 문화기술지의 두 가지 중요한 견해에 대하여 토론하고자 한다. 전통적인 협력의 확장과 다양한 측면/확장의 경우에 관한 문화기술지이며, 또 다른 면으로는 자문화기술지의 연구자가 땅의 지도를 온라인으로 확장시키는 것이다. Gatson은 온라인 사이트에 이미 등록되어 수행적인 이 장르들의 우수한 작품을 검토한다. 그녀는 자기 자신, 기타, 사회구조의 컴퓨터를 활용한 연구의 고유 현상에 대해 연구하는 것을 제안한다. 오프라인에 존재하는 그 인체는 다른 그 무엇들에 반응할 수 있는데, 주된 방법은 개개인에 위치해 있는 대면 프로세스이다. 대조적으로 온라인에서는 본문은 부재하고 상호작용은 컴퓨터 기술 및 문어 담화 생산의 영향을 받는다. Gatson은 인터넷 매개상황의 질적 연구에서 발생할 수 있는 많은 문제를 검토한다. 이러한 문자 또는 그 경계선을 구성하는 것에 대한 정의이며 경험적 자료를 계산한 것이다. 다른 방법으로의 해석과 주어진 의미에 달린 설명에도 의문점이 있겠으나, 이것은 복잡한 윤리적 문제이다.

인터넷 연구의 윤리지침은 학문과 국가에 걸쳐 많이 다르다. 그녀는 가상세계가 연구 현장일 때 Judith Davidson과 Slivana di Gergorio(이 책의 38장)와 함께 윤리적으로 복잡하다는 것을 인정한다. Gatson은 누군가의 연구 현장이 공공장소일 경우, 누군가는 무엇을 위해 그에 대한 권한을 부여하고, 사전동의에 대한 문제를 제기한다. 물론 공동체, 여성 윤리적 상황에서 연구자들은 온라인과 도덕적 공동체에서 상호작용을 한다. 사생활에 대한 이해와 재료의 원 소유권 그리고 실명 이용에 대한 정의가 필요하며 그에 따른 선 합의를 도출한다.

Gatson은 여러 온라인의 다발성 문화기술지의 특정한 자료가 있다고 주장하며, 우리는 새로운 공간에서—문화기술지 2.0—온라인 과목을 다시 얘기하고 있는 곳, 우리와 상호작용하고, 자료를 읽고, 일을 비판하고 있는 곳이다. 우리는 대상이 되어가고 있다. 이 지구상에서 우리는 우리의 연구에 영향을 미치는 윤리적 문제에 신중하게 반응하는 것이 반드시 필요하다.

8. 대화 및 텍스트 분석

질적 연구자들은 사람들의 경험, 영화, 소설 그리고 사진을 서면과 음성으로 연구한다. 면담은 현재 연구되고 있는 문제에 대해 공부하고 있는 사람들에게 제공된다. 인터뷰 자체가 연구의 주제가 될 수 없다. 연구는 자연스럽게 일상생활에서 일어나는 경험적 물질과 일상적인 상호작용의 녹음테이프와 같은 그들 자신의 권한 내에서 질적 주제를 구성한다. 이것은 Anssi Peräkylä와 Johanna Ruusuvuori의 주제이다(22장).

Chase, Shopes, Gubrium, Holestein, Peräkylä 그리고 Ruusuvuori는 인터뷰 자료를 사진의 현실감보다 서술적 면담 자료를 보다 많이 이용한다. 텍스트는 인터뷰 내용과 다른 대화 양식을 기반으로 한다. 이 텍스트는 사회적 사실이며 생산, 공유, 사회적 구성방식에 사용된다.

Peräkylä와 Ruusuvuori는 Michel Foucault 이후 기호학, 담화 분석(DA), 비판적 담화 분석(CDA), 역사적인 비판적 담화 분석(HAD)에 대하여 토론한다. 그들은 담화 분석의 이러한 유형의 각각에 대하여 검토한다.

Peräkylä와 Ruusuvuori는 또한 내러티브 분석으로부터 조금 덜 친숙한 형태의 구성원 분류 분석(MCA)에 대하여 설명하려 한다. Harvey Sacks(see Silverman, 1998)가 소개하는 MCA 논리에서는 사람들이 다른 사람들에게 매일 매일 어떠한 상호작용을 하고 구분되는지 그 방법을 묻는다.

Peräkylä와 Ruusuvuori는 그 분석에 대하여 이야기하는 것에 많이 의지한다. 두 가지 중요한 사회과학의 전통은 전사, 대화 분석(CA) 및 DA의 분석을 알려주는 것이다. Peräkylä와 Ruusuvuori는 위 두 가지

의 전통에 대하여 검토하였고, 사회적 행동 부분에 대하여 논쟁한다. 그것은 구조적으로 체계화되어 있으며, 엄밀하게 다시 말하자면 주관적인 현실에서 그것을 만들고 유지하는 것이다. 그들의 작품은 정치와 사회정의 문제에 대한 직접적인 관련성을 가지고 방법을 보여준다. 많은 CA 연구들은 이러한 예를 보여주며 특정한 상호작용에서의 젠더 시스템의 변화와 유지에 관해 많은 기여를 한다.

요약하자면, 경험의 텍스트에 기반한 문서는 매우 복잡하다. 만약 우리가 구성하는 이야기의 내용이 너무 많다면, Peräkylä와 Ruusuvuori가 시사하는 세계와 언어의 뚜렷한 분석은 중요한 자료가 될 것이다.

9. 포커스 그룹, 교육학, 정치학, 연구

George Kamberelis와 Greg Dimitriadis(33장)는 포커스 그룹 방법론에 대한 토론을 진행하는 것이 의미 있다고 한다. 사전 핸드북 논술법 초판에서 이미 그들의 포커스 그룹이 군사 연구, 해방된 교육학 그리고 일세대, 이세대, 삼세대 페미니스트 연구에서 어떻게 쓰였는지 보여준다. Kimberelis와 Dimitriadis는 현재의 정치적 풍토와 포커스 그룹 연구에 의해 직면한 새로운 위험들을 탐험하면서 세 가지에 대한 계보를 얘기한다. 그들은 수행적으로 포커스 그룹을 다시 상상하며 항상 경험에 의거한 교육적, 정치적인 여러 기능을 언급한다. 우리가 갖고 있는 강하거나 약한 증거를 제시하여 정치를 변경할 수 있다. 그들은 반대되는 대화를 통해 그들의 선전 및 시장조사에 중요한 이론 접근 방식으로 다가간다. 마케팅의 맥락에서, 포커스 그룹은 주어진 주제에 대하여 사람들로부터 정보를 추출하는 데 사용된다. 이 정보는 보다 효율적으로 사람을 조작하는 데 사용된다. 비판적 교육학 이론, Paulo Freire와 Jonathan Kozol과 같은 비판 이론가들은 공동저작물의 정치적 해방 가능성을 상상하거나 제정하기 위해 포

커스 그룹을 이용한다.

그들은 여성 탐구에 관한 포커스 그룹의 역사에 대하여 접근하는 두 가지 방법에 대조를 보인다. 일세대, 이세대, 삼세대의 페미니스트 의식화 형성의 목적에는 아무것도 사용할 수 없다. 그들은 Esther Madriz의 포커스 그룹 인터뷰가 제공하는 페미니스트의 도덕적 권한부여, 도덕적 사회, 정서적 참여, 장기간 관계 발전의 신뢰를 강조한다. 이 방법은 오랫동안 침묵했던 유색인종 여성을 대변한다. 포커스 그룹은 여성이 문화를 같이 쓰는 것을 촉진케 한다; 라틴계 페미니스트, Madriz처럼 퍼실리테이터에 의해 수집된 증거의 맥락 내. 포커스 그룹은 연구자와 이미 연구를 했던 사람 간의 거리를 좁힌다. 참여자의 복합성은 연구자의 연구 과정을 제한한다.

이 역사 안에서, 포커스 그룹은 어느 누군가의 이전의 삶의 경험을 공유하기 위한 안전한 공간을 만들어 침묵의 음성을 제공하는 증거를 끌어내고 검증하는 데 사용되었다. 중요한 통찰력과 예의 바른 의식화 그룹은 우리가 일곱 번, 여덟 번의 실천 지향적으로 더 깊숙이 들어가도록 도왔다. 이러한 경우, Janice Radwayd, Patricia Lather, Chris Smithies의 문서 작업으로서 포커스 그룹은 참여자들이 스스로 연구하고 점검하는 수단이 될 수 있다. 이 같은 방법으로, 포커스 그룹은 교육학, 정치학 그리고 해석적 연구로 서로 교차하여 알리는 사이트가 된다.

이 경우, 이런 연구는 정치 행동 및 정책 결정의 복잡성을 포함하고 있다. IRB 지역사무소와는 자주 충돌한다. 그들은 이런 일이 어떻게 일어나는지를 보여주는 몇 개의 사이트로부터 예시를 제공한다.

Virginia Olesen의 경우(이 책의 7장), 유색 인종 여성이 계급, 인종, 성별 억압에 기반하여 몇 배로 가해지는 정복의 경험을 우리에게 상기시켜 준다. Kamberelis와 Dimitriadis에 의해 논의된 대로, 중요한 포커스 그룹은 중요한 민족의식, 사회적 변화에 중점을 둔 의식의 출현을 위한 조건을 만든다. 그것은 중요한 포커스 그룹으로 중요한 민족이론과 진보정치가 그들의 방법을 발견한 것과 같다.

10. 결론

방법론적 브리콜라주로서의 연구자는 이 책의 일부에서 제시된 경험적 자료를 수집하고 분석하는 각각의 친숙한 방법을 가지고 연구해야 한다. 이 친숙함은 각 방법과 기술의 역사를 이해할 뿐 아니라 현장 경험을 포함한다. 오로지 이 방법에 의해 한계점과 강점이 완전하게 평가될 수 있다. 동시에, 연구자들은 각 주제를 어떻게 구성하고, 어떻게 해석하고, 자료화하는지 좀 더 명확하게 볼 수 있을 것이다.

제2부에 제시된 것에 덧붙여, 각각의 패러다임과 관점은 이러한 연구 방법을 통한 뚜렷한 역사로 이해되어야 한다. 비록 도구로서 방법이 다소 널리 사용되기는 하나, 모든 패러다임에서 연구자들에 의해 균일하게 사용되는 것은 아니며, 사용 시 그것은 논의되고 있는 특별한 패러다임으로 적용될 수 있다. 그러나 모든 패러다임과 관점으로부터 연구자들이 경험적 자료를 수집하고 분석하는 각각의 방법을 사용하도록 돕는다.

참고문헌

Angrosino, M. V., & Mays de Pérez, K. A. (2000). Rethinking observation: From method to context. In N. K. Denzin & Y. S. Lincoln (Eds.), *Handbook of qualitative research* (2nd ed., pp. 673–702). Thousand Oaks: Sage.

Fontana, A., & Frey, J. H. (2005). The interview: From neutral stance to political involvement. In N. K. Denzin & Y. S. Lincoln (Eds.), *The SAGE handbook of qualitative research* (3rd ed., pp. 695–728). Thousand Oaks: Sage.

Madriz, E. (2000). Focus groups in feminist research. In N. K. Denzin & Y. S. Lincoln (Eds.), *Handbook of qualitative research* (2nd ed., pp. 835–850). Thousand Oaks: Sage.

Silverman, D. (1998). *Harvey Sacks: Social science & conversation analysis.* Oxford, UK: Polity Press.

Susan E. Chase

25.

내러티브 연구
_ 계속 형성 중인 분야

진성미_ 중앙대학교 교육학과 교수

『핸드북』 제3판 이후로 내러티브 연구 분야에 많은 일들이 일어났다. 그동안 출판된 책들로는 Michael Bamberg의 『Narrative—State of the Art』(2007), D. J. Clandinin의 『Handbook of Narrative Inquiry』(2007), J. Gubrium과 J. Holstein의 『Analyzing Narrative Reality』(2009), M. J. Maynes, J. Pierce, B. Leslett의 『Telling Stories: The Use of Personal Narratives in the Social Sciences and History』(2008), D. McAdams, R. Josselson, A. Lieblich의 『Identity and Story: Creating Self in Narrative』(2006), C. H. Riessman의 『Narrative Methods for the Human Sciences』(2008) 등이 있다. 저널 「Narrative Inquiry」뿐 아니라, 내러티브 연구 관련 연구기관들도 발전하고 있다: Southern Maine 대학의 〈Life Story Center〉, Emory 대학의 〈Center for Myth and Ritual in American Life〉, Toronto의 내러티브 테라피 센터, 영국 Sheffield의 내러티브 실습 센터, 호주 Adelaide의 Dulwich 센터 등. 미국 국영 라디오 방송의 StoryCorps 프로젝트, 9·11 디지털 아카이브, Voice of the Holocaust 프로젝트와 같은 문서, 오디오, 비디오 내러티브들에 대한 디지털 컬렉션도 확대되고 있다.

내러티브 연구는 계속 번성하고 있으며 또한 진화하고 있다. 이 장은 이전 판의 개정판으로서 내러티브 연구에 대한 다양한 접근들을 소개하며, 방법론상의 이슈들을 설명하고, 내러티브와 내러티브 연구가 개인 및 사회 변화를 가져오는지에 대해 탐색함으로써 최근의 공헌들에 중심을 두고자 한다. 또한 내러티브 연구의 미래에 대한 견해도 제시하고자 한다.

25.1 다양한 접근들

내러티브 연구는 질적 연구의 특정한 유형—하위 유형—이다.[1] 내러티브 연구는 Mills(1959)에서 제시한 유명한 3부작—전기, 역사, 사회—의 전기적 특성에서 시작한다. 내러티브 연구는 생애 경험에 대한 관심을 중심으로 형성된다. 내러티브 이론가들은 내러티브를 담론(discourse)과 구별되는 형식으로 정의한다: 내러티브는 경험을 형성하고 질서화함을 통해 의미를 형성하는 것인데 이를 통해 자신이나 타인의 행위를 이해하며, 사건과 대상들을 의미 있는 전체로 조직하고,

행위와 사건들의 시간에 따른 결과를 연결하고 인식하는 방식이다. 내러티브 연구자들은 내러티브화된 생애에 주목함으로써 우리가 학습할 수 있는 모든 것—생애 경험뿐 아니라 역사와 사회—을 강조한다.

그러나 이러한 개념틀 안에서 연구자들의 관심은 상당히 다양하다. 종합적이거나 완결적이지는 않지만 현재 내러티브 연구 내에서 이루어지는 여러 접근들을 간략히 설명하고자 한다.[2]

이야기와 생애

일군의 연구자들은 사람들의 생애 이야기와 그들의 생애 경험의 특성(qualtity)들 간의 관계에 중심을 둔다. 이들은 사람들의 이야기가 무엇(what)—이야기의 구조, 성격, 또는 내용의 구조나 배열 등—에 관한 것인지를 중시한다.[3] 이런 접근을 설명함에 있어 Clandinin 과 Rosiek(2007)은 일상 경험—우리가 지속적으로 몰두하는 당연하고, 즉각적이고 몰입하게 하는 매일의 현실—자체는 바로 내러티브 연구가 시작하고 끝나는 지점이라고 주장하였다. 그들은 연구자들에게 사람들의 일상 경험 이야기들을 "그 경험 안에서의 새로운 가능성들을 확인하는 것에 주목하면서"(p.50) 듣도록 요청한다. 경험에서 시작하고 경험에서 끝난다는 것은 사람들의 이야기에 대해 구체적 이야기로부터 광범한 개념을 일반화하거나 이론적 개념(허위 의식과 같은)들을 부여하려는 학문적 충동을 제어함을 의미한다. 오히려, 이 접근의 목적은 연구 참여자들과 그들의 일상 경험의 특성들을 개선하기 위해 함께 연구하는 데 있다.[4] 이 접근은 일종의 실용적, 응용적 사고 유형이라고 하겠다.

이와 유사한 관점에서 사람들의 이야기와 그들의 정체성 발달이나 개인적 안녕(well-being) 간의 관계에 중심을 두는 심리학자들도 있다.[5] 『Identity and Story: Creating Self in Narrative』를 통해 편집자들인 McAdams, Josselson, Lieblich(2006)는 E. Erikson의 정체성 발달에 대한 고전적 이론을 요약하고 정체성을 이해하는 데 있어 내러티브가 어떻게 기여하는지를 보여준다. 그들은 내러티브 정체성(narrative identity)을 "내면화되고 지속되는 생애 이야기들"(p. 5)로 정의하고, 3가지 질문들에 중심을 둔 연구를 제시한다: 스토리텔링을 통한 정체성 구성이 자아의 통합성이나 다중성을 드러내는지; 자아와 사회가 내러티브 정체성 구성에 기여하는지; 그리고 사람들의 이야기가 그들의 정체성에 있어 안정성이나 성장을 드러내는지이다.[6]

내러티브가 어떻게 개인의 성장을 가능하게 하는가는 내러티브 치료 분야를 구축하였다(Adler & McAdams, 2007; Baddeley & Singer, 2007; Cohler, 2008; Josselson, 1996; McAdams, 2006; White & Epston, 1990). 전기적, 사회적, 문화적, 역사적 환경이 개인들의 자신의 삶에 대한 이야기들을 조건화함을 인정함과 동시에, 내러티브 치료 학자들은 사람들의 이야기가 어떻게 그들의 삶을 살아가는지에 영향을 준다고 말한다. 내러티브 치료의 목적은 "개인들이 자신의 상황에 대해 새로운 방식으로 이야기함으로써 문제들을 해결하도록 돕는 것"에 있다(Lock, Epston, & Maisel, 2004, p. 278).[7]

생애 경험으로서의 스토리텔링

어떤 연구자들은 내러티브를 생애 경험으로, 즉 사회적 행위 그 자체로서 연구한다. 이들은 사람들 이야기의 내용만이 아니라 그들이 자신의 경험을 어떻게 말하는가에 관심을 가진다. 이들은 스토리텔링의 실천행위가 내레이터가 소통하려는 것을 이해하는 데 본질적이라고 본다. 이 접근에서 내레이션은 의미 있는 자아, 정체성, 실재를 구성하는 실천이다.

많은 연구자들이 내러티브 자료를 수집하는 방법으로서 심층면담을 이용한다. 일부는 그들의 인터뷰의 상세한 녹취를 만들고 내레이터의 언어 습관들(언어 선택, 반복, 주저함, 웃음, 대명사의 사용 등)에 주목하고 어떻게 스토리텔링이 연구자와 내레이터 간의 상호작용 안에 내재하는지에 주목한다(Bell, 2009; Chase, 1995, 2010; Riessman, 1990, 2002a, 2002b, 2008). 하지만 자세한 녹취록을 내건, 내지 않건 이 연구자들은 내레이터가 어떻게 개인적 경험을 문화적 담론과 연결하여 이해하는지에 관심을 둔다.[8] 이 연구자들은 내러티브를 우리가 안정적이고 획일적인 힘으로 당연시하는 헤게모니적 담론과 관련하여 내레이터들이 어떻게 개인 경험을 연결하고 있는지 드러내는 창으로 다룬다. 실용적 접근으로 이론적 추상화를 거부한 Clandinin과 Rosiek과는 달리, 이 접근의 연구자들은 억압적 담론을 확인하고 내레이터가 그것을 교란시키는 방식을 확인하는 것을 내러티브 연구의 유의미한 목적으로 간주한다. 이들은 개인들이 문화적 담론과 대응하여 일련의 내러티브 전략들을 만들어내고 개인들의 이야기는 이러한 담론들에 의해 제한되기는 하지만 지배되지는 않는다는 것을 보여준다.

이 접근의 내러티브 연구는 광범위한 주제들을 탐구하는 데 사용되어 왔다. Rachelle Hole(2007)은 청각장애 여성이 차이, 정상, 통과, 청각장애인 문화 등에 대한 문화 담론에 저항하고 통합함으로써 자신들의 정체성을 구성하는 방식을 연구하였다. Helena Austin과 Lorelei Carpenter(2008)는 ADHD 자녀를 둔 어머니들이 친구나 전문가들이 그들을 고통스럽고 문제에 쌓인 어머니라고 판단하는 어머니양육(mothering)에 대한 지배적 문화담론에 어떻게 저항하는지를 탐구하였다. Sunil Bhatia(2008)는 2001년 9·11 테러사건 이후의 1세대 인도 이민 세대들의 삶의 이야기를 통해 인종, 지역, 안전에 대한 미국적 관점에 대해 그들이 어떻게 혼란스러워하는지를 보여주면서, 선형적 과정으로서의 심리학에서의 문화적 동화 개념에 도전한다. Alexandra Adame과 Roger Knudson(2007)은 정신병동 생존자 운동에 참여한 사람들이 화학적 불균형, "broken brains"라는 지배적인 정신치료 담론에 저항하고 개인의 정상성에 저항하고 대안적 담론을 제공한다. 이 대안은 "공동 지원과 정치적 활동주의라는 집단

적 여정"(p.175)을 통한 좋은 생을 살아가기 위한 노력에 대한 것이다.

내러티브 실제와 내러티브 환경

일부 연구자들은 사람들의 내러티브 실제에서 그들의 지역적인 내러티브 환경과의 관계에만 중점을 두기도 한다. Gubrium과 Holstein(2009)은 개인들의 내러티브 실제가 그들의 내러티브 환경에 의해 형성되고 형성하는 것을 성찰적 상호작용(reflexive interplay)이라는 관계로 기술하였다. 이들은 개인들의 이야기 그 자체보다 무엇이 얘기되고 얘기되지 않는지, 왜, 어떻게, 누구에게 얘기되고 있는지에 대한 지역적 맥락의 내러티브 현실(narrative reality)을 이해하는 것에 더 관심을 두었다. 그들은 어떠한 내러티브도 그 환경과 실천 모두에 주목해야 내러티브 현실을 이해할 수 있다고 주장한다. 그래서 이 접근은 "문화기술적 민감성", 즉 "내러티브를 생산하는 의사소통의 구조, 환경, 목적, 전략 및 자원들"(pp.7-8)을 체계적으로 고려하는 것에 의존한다. Gubrium과 Holstein은 심층면담의 이용이나 넓은 문화적 담론을 거부하지는 않지만, 이야기되는 것을 이해하기 위해서는 지역적 맥락과 상호작용적 환경을 이해해야 한다고 주장한다.

Gubrium과 Holstein은 내러티브 환경은 친밀한 관계, 지역 문화, 직업, 조직 등과 같은 다양한 실체(entity)들을 포함한다고 보았다. 이 환경들 각각은 사람들의 이야기들에 영향을 미치지만 결정하지는 않는 무수한 환경과 자원들을 제공한다. 문화기술적 민감성은 내러티브 환경을 이해하는 데 필요하지만 또한 내러티브 실제를 이해하는 것, 즉 어떻게 이야기가 시작되는지, 어떻게 스토리텔러들이 서로간 상호작용을 통해 의미를 형성하고 창조하는지, 화자들이 내러티브 의미를 통제하기 위해 어떻게 협력하고 투쟁하는지, 어떻게 화자가 특정 관객과 특정(꼭 의도하지는 않더라도) 결과들을 위해 자신의 정체성들을 수행하는지에 대

한 구조들을 이해하는 데에도 필요하다. Gubrium과 Holstein은 "좋은 이야기"를 언어학적 기준이 아니라 단어이건 몸짓이건 사람들이 "우연하게든 결과적이든 상호작용을 유연하게 촉진하는 기능을 하는, 환경에 내러티브적으로 적합한 것"(2009, p. 201)으로 간주하는 의사소통으로서 정의하였다.

비교 문화기술지는 이런 접근에 적합하다. 예를 들어 중독과 정신적 질병을 연구한 Darlin Weinberg (2005)는 동일한 처치 모델을 사용한 두 센터에서 현장연구를 수행하였다. 두 센터는 "환자들이 자신의 회복을 직접 수행하는 주체로 서게 하는 것"을 목표로 하였다. 하지만 각 센터는 상이한 치료 방침을 개발하였다. 한 프로그램에서는 정신이상과 중독을 환자의 과거 문제를 이해하는 자원이라 주장하는 한편, 다른 프로그램에서는 정신이상과 중독을 환자들이 그들의 즉각적 미래를 위한 계획의 관점에서 언급하였다. 비교 문화기술지는 내러티브 실재가 시간과 장소에 따라 어떻게 달라지는지를 탐구할 수 있게 해준다.[9]

연구자와 이야기

어떤 연구자들은 생애 경험(생애 경험으로서의 연구 자체를 포함하여)에 관한 자신들의 이야기를 내러티브 연구의 중요하고 필요한 중심으로 간주한다. 때로 그들의 목표는 연구자와 연구 대상 간의 관계를 피연구자와 연구자로 분석적 관점으로 바라보며 좀 더 동등한 관계를 만들어 내기도 한다. 그리고 주제나 연구 문제에 대한 연구자의 경험을 포함함으로써 그것에 대해 더 충실히 탐구하는 것을 목표로 한다.

Barbara Myerhoff는 캘리포니아의 이민 유태인 공동체의 문화기술지인 『Number our days』(1979/1994)를 통해 이 접근의 선구자가 되었다. Myerhoff의 기념비적 연구 이후 많은 연구자들이 다른 이들의 목소리, 생애, 문화를 이해하는 데 있어 자신들의 경험에 대해 더 명확하게 드러내게 되었다. 멕시코 여성들의 생애 이야기를 연구한 Ruth Behar(1993/2003)는 자신이 인류학자가 되면서 그들과의 동료적 관계로 인해 겪게 된 딜레마에 대해 기술하였다. Behar(2007)는 쿠바의 유태인 공동체를 그리면서 유태인 쿠바 문화에 자신의 뿌리가 있음을 논하고 고향에 대한 자신의 탐구를 논하였다. 여성들의 거식증과의 투쟁과 치료 담론을 탐구하면서 Paula Saukko(2008)는 자신의 그 질병과의 사투를 설명하였다. C. J. Pascoe(2007)는 고등학교에서 십대의 성적 정체성에 대한 문화기술지 연구를 수행하는 젊은 여성으로서 자신을 성 정체성이 매우 낮은 사람으로 거론하였다. Kris Paap(2006)은 건설 현장에 대한 문화적 분석의 기초로서 자신이 목수 견습생으로서 일했던 당시의 일기를 사용하였다. 그녀는 건설 현장의 구조적 불안전성이 백인 남성에게조차 해를 끼치는 계급적, 인종적, 성적 노동 행위를 발생시킨다고 주장하는데, 여기에서 동료들, 상관, 일 자체에 대한 그녀의 경험들이 상당히 등장한다.

자문화기술지 연구자들은 이 접근을 다른 양상으로 발전시킨다. 그들은 문화적으로 유의미한 자신들의 경험에 대한 내러티브를 기술, 해석하거나 수행함으로써 분석 틀을 전적으로 그리고 구체적으로 자기 자신들에게 둔다. 해석적 전기(Denzin, 2008)로 불리기도 하는 자문화기술지에서는 연구자와 연구 대상이 하나이고 동일하다(Ellis, 2004, 2009; Jones, 2005). 최근 사례로는 아동기 이야기(Denzin, 2008)를 포함하기도 하고, 2011년 9·11 테러사건에 대한 이야기들(Scott-Hoy & Ellis, 2008)도 있다. 자문화기술지 연구자들은 자신들의 내러티브를 연극, 시, 소설로 나타내기도 한다(Denzin, 1997, 2000, 2003, 2008; Ellis, 2004, 2009; Madison, 2006; Richardson, 2002; Saldaña, 2008). Scott-Hoy와 Ellis(2008)는 페인팅을 자문화기술지로 실험하기도 하였다. 자문화기술지의 목적은 많은 내러티브 방식 중에서도 **말하기**보다는 **보여주기**에 목적을 두며(Denzin, 2003, p. 203; Saldaña, 2008, p. 21), 대상에 대한 전통적인 연구 관계와 제시 형식, 전통적 사회과학적 지향성의 정체를 무너뜨린다(Langellier & Peterson, 2006; Miller & Taylor, 2006).

25.2 방법론적 문제

내러티브 연구자들은 어떤 접근을 취하는가에 관계없이 개인들과 그들의 이야기에 밀접하게 연구를 수행한다. 따라서 내러티브 연구는 연구 관계, 윤리, 해석과 타당도에 있어 특정한 문제들을 수반하게 된다. 이에 대해 간단하게 논하고 나서 최근 전면에 부상한 두 가지 주제—내러티브 자료로서 면담의 한계와 자료와 연구 제시 형태로서 시각적 내러티브의 사용—에 대해 언급하고자 한다.

심층면담을 통한 자료 수집의 과정에서 내러티브 연구자들은 피면담자－면담자 관계를 화자(내레이터)와 청자의 관계로 전환하게 된다. 이것은 (대개 질적 연구자들이 그렇듯이) 연구 참여자들로 하여금 그들의 경험을 일반화하도록 질문을 던지는 기존 방식에서, 화자의 특정 이야기를 초대하는 방식으로의 변화를 요구한다(Chase, 2005). 또한 면담 일정을 면담을 구조화하거나 반구조화하는 것으로 보던 관례로부터 화자의 이야기를 따라갈 때 유용할 수도 있고 유용하지 않을 수도 있는 가이드로서 다루게 된다. Amia Lieblich(in Clandinin & Murphy, 2007)는 내러티브 면담은 정서적 성숙과 민감성, 생애 경험을 요구하는데, 이는 개발하는 데 수년이 걸린다고 하였다(p. 642). Don Polkinghorne(in Clandinin & Murphy, 2007) 또한 내러티브 면담은 내레이터와의 긴밀한 상호작용을 수반하며, 내레이터들로 하여금 그들의 경험을 심층적으로 이해하고 기억을 탐구해 내도록 격려하는 인내심을 수반한다고 주장하였다(p. 644). 질적 연구 방법에 대한 학부 수업에서 나는 학생들에게 면담을 준비할 때 만약 피면담자가 울게 되면 어떻게 할 것인지 질문하였다. 어떤 학생은 주제를 바꾸겠다고 대답하기도 하였

는데, 이는 이 학생이 내러티브 면담에 대한 준비가 되지 못했음을 의미하였다. 인내심을 가진다는 것은 연구자가 다양한 감정들을 지켜볼 수 있어야 함을 의미한다.

내러티브 연구에서는 윤리적 문제들도 발생한다. 면담이나 현장연구에서의 짧은 인용문을 다루는 일반적인 질적 연구자들과 달리, 내러티브 연구자들은 개인들의 내러티브로부터 긴 분량의 이야기를 출판하거나 작업하게 된다. 이것은 화자들을 내러티브 작업에 의해 노출되게 할 위험을 높인다. Lieblich(in Clandinin & Murphy, 2007)는 내러티브 연구자들이 미리 수집한 내러티브들을 어떻게 사용하게 될지 알지 못하기 때문에, 화자들로 하여금 연구자들이 어떻게 작업을 수행하고 출판하며 수행하게 될 것인지 알게 될 때 다시 한 번 그들의 이야기를 사용하는 것에 대한 허가를 받도록 안내해야 한다고 주장하였다.

Josselson(2007b)의 논문, "내러티브 연구의 윤리적 태도"는 내러티브 연구의 윤리적 이슈를 가장 종합적으로 논의한 글이다. 그녀는 참여자들에게 내러티브 연구를 설명할 필요, (내레이터가 알아야 할 모든 것을 연구자가 미리 말할 수 있다고 가정할 때) 참여자 동의시 발생하는 문제들, 기관윤리심의위원회 심사 방법과 연구 보고서 작성법 등을 설명하고 있다. 그녀는 윤리적 실천에 대한 규칙들을 나열하기보다는 연구자들이 "윤리적 태도"를 개발해야 하며, 이것은 연구의 각 상황에서 면밀하게 개발되어야 한다고 요청한다.

내러티브 연구자들은 인터뷰를 들으면서 화자의 목소리와 이야기들로부터 내러티브의 해석을 시작하게 된다. 그리고 화자－청자 관계와 능동적 청취 행위를 해석적인 과정으로 확장시키게 된다(Chase, 2005). 이것은 질적 자료를 분석하는 주제중심의 전통적 방법에서 벗어나는 것이다. 내러티브 연구자들은 특정 주제들을 면담들에 걸쳐 두기보다는 각 내러티브 내에 있는 목소리들에 먼저 귀 기울이게 된다(Riessman, 2008, p. 12). Polkinghorne은 이것이 내러티브 연구를 다른 질적 연구와 구별하게 하는 점이라고 하였다(in

Clandinin & Murphy, 2007, pp. 633-634).

Martyn Hammersley(2008)는 모든 질적 연구는 타당성의 관점에서 평가되어야 하는데, 이것은 연구자의 주장이 증거에 의해 충분하게 지지되고 있는지를 평가하는 것이다(2008, pp. 162-163). 하지만 내러티브 연구에서 타당성의 문제는 특별한 형식을 취한다. Polkinghorne(2007)은 내러티브 연구는 "생애 사건이 사람들에게 가지는 의미에 대해 주장하는 것이며, 이것은 사람들이 상황과 타인들, 그리고 자신들에 대해 어떻게 이해하는지에 대해 주장하는 것이라고 하였다"(2007, p. 476). 연구자들의 주 목적은 화자의 설명이 실제 사건을 정확하게 반영하는지를 발견하는 것이 아니라 사람들이 그 사건들에 대해 가지고 있는 의미들을 이해하는 것에 있다(p. 479). 그럼에도 불구하고 그는 화자가 이야기하는 의미들이 선택적이며, 맥락과 청자(즉, 면담 상황)가 표현되는 의미들을 형성하기 때문에 단어들이 의미를 보여주기에는 충분하지 않다고 하였다. 내러티브 연구자들은 그들의 해석이 하나의 가능성일 뿐이라고 주장할 필요는 없지만, 그들이 "조합된 텍스트들에 근거하여 가능성 있는 해석을 한 것임을 설득력 있게 주장할 필요는 있다"(p. 484)고 보았다.

화자의 이야기의 타당성—혹은 그들의 이야기의 신실성—을 논하면서 Riessman(2008)은 "기왕의 '진실'로부터 벗어나는 이야기들이 때로는 가장 흥미롭고 침묵의 목소리와 종속된 지식을 잘 설명해준다"고 보았다(p. 186). 마찬가지로 Josselson(2007a)도 내러티브 연구는 "사람들의 생애를 체험한 것으로, 또 평균치를 탐구하고자 하는 과정에서 잃어버리게 된 사람들의 생애 경험"을 연구하도록 해준다고 주장하였다(p. 8). 또한 내러티브 연구자들은 그 주장에 적합하지 않은 사례들을 논하고 대안적 해석들을 고려함으로써 자신들의 주장들을 강화할 수 있다(p. 191). 연구자들은 자료를 수집하고 해석하는 과정도 기록해야 한다(p. 193).

면담을 넘어서

내러티브 연구자들이 일기, 편지, 자서전, 대화도중 작성된 현장노트 등과 같은 많은 자료들을 사용하지만 그 중 심층면담은 가장 일반적인 내러티브 자료원이다(Bell, 2009, p. 171; Riessman 2008, p. 26; Hammersley, 2008, p. 89). 그런데 면담의 이러한 독점적 지위는 근래에 논쟁의 주제가 되어왔다.

큰 이야기와 작은 이야기

Mark Freeman(2006)은 면담을 통해 수집된 내러티브 자료를 큰 이야기(big stories)로 명명하였다. 그는 그것이 자료로서 가진 가치는 그것이 화자로 하여금 유의미한 생애 사건으로부터 거리를 두고 성찰할 기회를 제공한다는 데 있다고 주장한다. 내러티브 연구자들은 면담 외부의 내러티브 환경에 제공하는 창—대개 메타포로 이용되듯—으로서 면담에 가치를 둔다. 연구자는 화자의 이야기 내용과 그들의 말하는 방식—예를 들어 무의식적인지, 주저하는 것인지, 방어적인지 등—에 주목함으로써 내러티브 환경이 내러티브 실제에 미치는 영향을 듣게 된다. 유사한 상황에 처한 사람들과의 면담들에서 나타난 패턴을 분석하면 개인의 내러티브들에 대한 이러한 영향을 더욱 확실하게 알 수 있다. 하지만 창의 메타포는 제한점도 가진다. 내러티브 내부에서 외부의 내러티브 환경을 바라봄으로써 내러티브는 내러티브 환경이 어떻게 보여지는지를 제한하게 된다.

이러한 제한점에 대해 Riessman(2008)은 면담에서 얘기된 이야기들을 포함하여, 참여자들의 환경에 대한 문화기술지 연구가 참여자들의 이야기를 더 잘 이해하도록 도와준다고 주장하였다(p. 26). 그녀는 이것을 대화적/행위(dialogic/performance) 접근이라 기술하면서 이는 "발화가 '누구'를 향하고 있으며, '언제' '어떻게' '왜', 즉 무슨 목적을 가지는지"(p. 105) 강조한다고 보았다. 즉, "연구자가 화자의 발화—내용과 방식—에 대해 주목하던 것에서 모든 복합성을 포함한 대화 환경에 대해 주목하는 것으로 확대된다"(pp. 136-137).

일군의 내러티브 이론가들은 작은 이야기(small stories)에 주목함으로써 면담에서 얻어진 큰 이야기의 특권적 지위에 대해 부정한다. Alexandra Georgakopoulou (2007)는 작은 이야기를 일상 생활의 즉각적이고도 자연스러운 특징으로 정의하면서, 여기에 가장 최근의 사건들—예를 들어 오늘 아침에 무슨 일이 있었는지, 가까운 미래에 어떤 일이 일어날지—에 대한 이야기를 포함한다(2007, p. 150). 더욱이 "작은 이야기 관점에서 보면 분석의 부분이 되는 것은 이야기하기(telling) 혹은 다시 이야기하기(retelling)뿐만은 아니다. 참여자가 특정 환경에 적절한 말하기 방식에 어떻게 적응하는지, 이야기하기와 이야기 가능성에 대한 규준들은 무엇인지의 관점에서 보면 참여자가 이야기하기를 거부하거나 지연시키는 것 또한 동등하게 중요한 것이다" (p. 151). 이는 Gubrium과 Holstein(2009)이 내러티브 환경과 내러티브 실제 간의 성찰적 상호작용에 대해 강조한 것과 같다. 사회에서 어떻게 이야기가 생산되고 수용되는지에 대한 관심은 "누가 특정 종류의 이야기들을 생산하며, 그것들이 어디에서 조우하게 되며, 그들의 목적과 결과는 무엇인지, 누가 청자가 되는지, 어떤 환경에서 특정 내러티브가 더 혹은 덜 설명력을 가지는지, 어떻게 그들은 수용되며, 또 어떻게 도전받는지"를 묻기 위해 "우리가 내러티브 텍스트들의 바깥으로 비켜설 것을 요구한다"(p. 23).

내용 분석

나의 내러티브 연구는 심층면담에 깊이 의존해왔다 (예, Chase, 1995). 하지만 최근 들어서는 면담의 한계에 대한 논의에 영향을 받아 그것에 대한 의존에서 벗어날 방법을 찾게 되었다. 나의 책 『Learning to Speak, Learning to Listen: How Diversity Works on Campus』(Chase, 2010)는 장기간에 걸친 문화기술지와 이에 따른 작은 이야기들에 대한 지속적인 주목이 어려울 때 이것이 어떻게 가능한지를 보여주는 실례이다.

나는 백인이 다수인 사립대학, City Univerisity(가칭)의 학생들이 어떻게 인종, 계급, 성, 능력, 성적 지향과 같은 주제들에 참여하는지에 대한 사례 연구를 수행하였다. 최근 대부분의 미국 대학들은 그들의 사명 진술서 등을 통해 다양성에 대한 책무를 강조한다. 하지만 다양성 보장을 제도화했다고 해서 캠퍼스에서 일어나는 다양성 문제를 항상 심각하게 다루는 것은 아니다. 내가 City University(CU)에 관심을 갖게 된 것은 상당수의 학생, 교수, 운영자들이 수년에 걸쳐 유색인종, 여성, 동성애자(GLBT) 학생들을 강력하게 지지하는 조직과 문화적 변화를 이루는 데 성공했다는 점이었다. 상당수의 이들이 다양성 이슈를 내러티브 환경의 중요한 부분으로 만드는 데 성공하였다. 하나의 결과는 CU의 유색인종과 GLBT(gay, lesbian, bisexual, transgender) 학생들이 교내에서 불평등함을 느끼게 될 때 이에 대해 목소리를 낼 수 있다는 것이었다. 또 다른 결과는 일부 CU 학생들은 자신들과 사회적 정체성과 사회적 위치가 다른 학생들에게 귀 기울이는 법을 배우게 되었다는 것이다. 나는 사회적 차이들에 대한 학생들의 말하기와 듣기가 CU의 내러티브 환경에 의해 형성되었으며 그것에 기여한다고 주장한다.

내 연구에서 나는 대학 측이 인종 문제에 대해 심각하게 주목하지 않음을 느끼고 좌절한 유색인종 학생들의 공공 시위를 이끌게 된 사건들에 집중하였다. 나의 주 자료원은 다양한 범주의 개별 학생들과 여러 캠퍼스 조직에 소속된 학생들, 교수, 교직원, 관리자들이었다. 나는 CU의 내러티브 환경에 대한 다른 견해들(혹은 창들)을 가질 수 있었다.

하지만 나는 내러티브 환경에 좀 더 직접적으로 접근하고자 하였다. 나는 제한된 문화기술적 관찰을 수행하였지만 장기 문화기술지는 내게 현실적인 선택지가 아니었다. 대신 나는 학생 신문과 학생 조직의 회의록뿐 아니라 CU의 교육과정, 주요 일정 및 웹사이트 등 광범위한 주요 문서들에 대한 양적, 질적 내용 분석을 실시하였다.

내용 분석으로부터 얻게 된 CU의 내러티브 환경에

대한 좀 더 넓은 이해 덕분에 나는 면담들에서 나타난 복잡함들을 해석할 수 있었다. 예를 들어 나는 학내 시위 주도자 중 한 사람인 Rachelle을 면담할 때 모종의 침묵이 있음을 알았다. Rachelle이 나에게 대학에서의 개인적 성장에 대해 얘기할 때 그녀는 자신이 어떻게 GLBT 사람들에게 더 개방적으로 되었는지 얘기하였다. 펜테코스트파 전통에서 자란 아프리카계 미국인 그녀에게 그것은 중요한 변화였다. 그녀는 성장기에 성적 취향에 대해 말하는 것조차 터부시되었으며 동성애자와 어울린다는 것은 상상도 못했다고 얘기하였다. 그녀는 CU에서 자신의 신념을 버리지 않고서도 GLBT 학생들과 어울리고 친구가 될 수 있음을 알게 해준 아프리카계 미국인 친구들의 도움으로 개방적으로 변할 수 있었다고 얘기하였다.

비록 Rachelle은 자신이 좀 더 개방적이고 관용적이 되었다는 이 이야기를 내게 말할 수 있었지만, 그녀는 관계된 주제에 대해 거의 얘기하지 않았다. 내가 그녀에게 현재의 종교적 믿음에 대해 묻자 그녀는 "[동성애]는 내가 옳지 않다고 생각하는 것뿐이에요. 하지만 그것은 나의 개인적 믿음 때문이에요."하고 대답하였다. 만약 내 연구가 오로지 면담에만 의존했다면 나는 Rachelle이 이 이야기를 계속하여 동성애가 옳지 않다는 자신의 종교적 관점을 계속해서 수용하는 것에까지 확대하지 않았다고 생각했을 것이다. 하지만 나는 왜 그녀가 이것에 대해 더 말하지 않았는지 이해하지 못했을 것이다. 내용 분석을 통해 나는 동성애가 잘못된 것이라는 믿음에 대한 Rachelle의 상대적 침묵이 CU의 내러티브 환경에 의해 형성된 것임을 알게 되었다. 내용 분석은 CU에서는 GLBT 사람들과 GLBT 권리에 대한 무조건적 수용이 성 정체성에 대해 **선호되는 이야기**(Gubrium & Holstein, 2009; Riessman, 2008)가 됨을 보여주었다. 이 선호되는 이야기는 학생 신문의 기사, 사설, 레터들에서 그리고 GLBT 학생과 권리를 지지하는 학생 조직의 비논쟁적인 문구에서 표현되었다. 만약 그것이 CU의 내러티브 환경에서 선호된 이야기라면 Rachelle이 어떻게 GLBT 문제에 대해 더

개방적이 되었는지와 자신은 동성애가 잘못되었다고 여전히 믿고 있다는 것에 대한 상대적인 침묵은 이해가 된다.

내용 분석은 또한 CU의 환경에서 인종 문제는 성 정체성 문제보다 훨씬 더 논쟁적임을 보여주었다. 학생 신문, 학생회와 운영진은 학내에서 발생한 익명의 동성애혐오증 사건에 대해 적극적이고 지지적이었다. 대조적으로 이들의 인종 문제에 대한 대응은 유색인종 학생들의 해석에 의하면 느리고 비지지적이었다. CU 내러티브 환경에 존재하는 성적 지향에 대한 비논쟁성과 인종에 대한 논쟁성 간의 차이는 나로 하여금 유색인종 학생들의 좌절과 시위를 이해할 수 있게 하였다. 면담과 함께 이루어진 내용 분석은 나에게 CU의 내러티브 환경과 학생들의 내러티브 실제들—Rachelle의 종교적 신념에 대한 상대적 침묵과 유색인종 학생들의 공공 시위와 같은—간의 성찰적 상호작용을 볼 수 있게 해주었다.

문자와 구술 텍스트를 넘어

내러티브 연구자들이 면담 이외의 방법들을 사용한다 하더라도, 그들의 주된 자료원은 대화중에 자연스럽게 작성되는 현장노트나 내가 사용했던 종류의 문서들 같은 구술 혹은 문자로 된 텍스트이다. 하지만 어떤 연구자들은 내러티브가 일차적으로 구술되거나 쓰여진 형식에서 얻어질 수 있다는 가정에 도전하기도 한다. Riessman(2008)은 시각적 이미지가 우리 일상 생활에 매우 중요하며 사회과학자들은 사람들이 의미를 소통하는 것을 더 잘 이해하기 위해서는 시각적 이미지들에 주목해야만 한다고 주장하였다(Bach, 2007; Harper, 2005; Weber, 2008 참고). 시각적 이미지를 다루는 내러티브 연구자들은 그것을 해석을 요구하는 사회적 맥락하에 있는 내러티브 텍스트로서 간주한다.[10]

어떤 내러티브 연구자들은 이미 다른 사람들이 만들어둔 시각 이미지, 즉 사진이나 필름, 그림과 같은

것에 중심을 두기도 한다(Riessman, 2008, p.141; Weber, 2008, p.48). Susan Bell(2002)은 여성 유방암 운동의 전개 이전에 유방암을 진단받은 영국의 페미니스트 사진작가인 Jo Spence의 사진들을 분석하였다. Bell은 Spence가 찍은 수백 장의 사진 중 세 장을 골라 그녀가 자신의 병 경험에 대해 무엇을 소통하였는지 해석하였다. 한 장의 사진은 Spence가 맘모그램 검사받는 사진, 또 하나는 수술 전날 그녀의 가슴을 찍은 것, 그리고 세 번째 사진은 그녀가 사망한 직후 침상에 있는 그녀의 모습이다. Bell은 세 장의 사진을 자세하게 해석하였는데, 특히 Spence의 얼굴, 자세, 몸에 집중하면서, 또 그녀가 있던 병실들, 병실에 있던 물체들(의료 장비들), 그리고 Spence가 사진 속에 이미지로 구도화한 방식과 그것에 대한 텍스트 설명들에 집중하였다. Bell은 그녀의 해석을 통해 Spence가 의료계에 의해 정의된 자신의 질병 경험에 대해 어떻게 저항했는지를 보여준다(Bell, 2002, 2006; Riessman, 2008, pp.153-159).

또 다른 연구자들은 시각적 이미지들을 구성하는 데 있어 연구 대상들과 협력한다(Riessman, 2008, p.141; Weber, 2008, p.47). 의사이자 영화제작자인 Grechen Berland는 휠체어를 이용하는 세 명의 성인 장애인들에게 비디오 장비를 주었고, 2년 동안 이들은 자신의 일상생활을 녹화하고 코멘트하였다. Berland는 'Rolling'이라는 영화를 제작하고 거기에 간혹 등장하기도 하였지만, 영화는 세 사람의 이야기를 전면에 부각시킨다(http://www.thirteen.org/rolling/thefilm; Riessman, 2008, p.143).

임신한 십대를 위한 학교 프로그램에 대한 문화기술지에서 Wendy Luttrell(2003)은 십대들이 심층면담 형식에서 자신들의 경험을 이야기하는 것에 무관심함을 발견하였다. 그래서 그녀는 십대들이 자기 표현을 하도록 유도하기 위해 자화상이나 콜라주 같은 것을 만들어 보도록 제안하였다. 그들이 작업을 하는 동안 Luttrell은 소녀들이 자신들이 만드는 이미지들에 대해 서로 얘기하는 것을 들었다. 그 작업이 완성되었을 때 소녀들은 이미지들을 서로 보여주고 그것에 대한 이후 토론에 참여하였다. 연말에 Luttrell은 이미지들을 책 형태로 만들어서 소녀들이 사본을 가질 수 있게 하였다. Luttrell의 자료에는 그녀가 교실에서의 상호작용과 학교와 지역사회에서 이루어지는 상호작용에 대한 광범한 문화기술지뿐 아니라, 시각 이미지들, 소녀들이 이미지에 부여한 어휘들, 이미지에 대한 그룹 대화들도 포함되었다. 그녀는 소녀 개개인이 자신들의 투쟁을 고통스럽고 어렵게 만드는 내러티브 환경(학교와 전반적 미국 문화) 내에서의 임신한 십대에 대한 모욕적인 이미지에 대항하여 자신의 방식으로 투쟁하고 있음을 보여주었다(Riessman, 2008, pp.164-172 참고).

2011년 9월 11일 테러공격 직후 미국에서의 이슬람 여성의 경험에 대한 연구에서 Mei-Po Kwan(2008)은 시각적 내러티브를 다른 방식으로 이용하였다. 그녀는 오하이오 주 콜럼버스에 거주하는 37명 여성들에게 어느 특정한 하루 자신들이 집 밖에 나가서의 여정과 활동 경험을 세세하게 녹화하도록 요청하였다. 그리고 그들의 활동과 안전감이 9·11 테러사건 이후 어떻게 변화했는지에 대한 면담을 수행하였다. 그녀는 또한 그들에게 그들이 일상생활 중에 다니는 곳들 중 9·11 테러사건 이전에 안전하다고 느낀 곳, 불안하게 느낀 곳을 표시하게 하고 그 지역들에 대한 감정이 그 이후 어떻게 변했는지 질문하였다. Kwan은 다양한 자료들을 이용하여 9·11 테러사건 이전과 이후에 공포와 안전에 대한 이슬람 여성들의 감정에 있어 시간과 장소의 변화를 보여주기 위해 시각적 내러티브를 구성하였다. Kwan은 "이슬람에 증오하는 반이슬람 공포의 영향이 이슬람 여성들의 일상생활에 미친 영향을 보여주고 그들의 9·11 테러사건 이후 정서적 지형을 파악할 수 있도록"(p.653) 3차원 지리정보시스템(GIS)을 이용하였다. Kwan의 연구에서 시각적 내러티브는 자료가 아니라 9·11 테러사건 이후 이슬람 여성들의 내러티브를 보여주는 강력한 수단이었다.

25.3 내러티브 연구, 개인 변화와 사회 변화

다른 질적 연구자들과 마찬가지로 내러티브 연구자들은 그들의 연구와 변화와 사회정의를 위한 가능성 간의 관계에 대해 계속 고민한다. 어떻게 내러티브가 변화를 가져오는지 연구한 것도 있고, 변화를 이루기 위해 내러티브를 모으고 제시한 연구들도 있다. 어떤 경우이든 여기에는 개인과 사회 변화의 요구에 대한 **절박함**이 존재한다. 여기서 나는 이러한 절박함을 여러 방식으로 다루고자 한다; 말하기의 절박함, 들려지기의 절박함, 집단적 이야기의 절박함, 공적 대화의 절박함이다. 내러티브 연구가 개인과 사회의 변화에 중심을 둘 때 화자와 청자 간의 관계는 중요해진다.

말하기의 절박함

때로는 유의미한 생애 사건을 이야기하는 것 자체가 긍정적 변화를 촉진한다. 유방암 생존자의 내러티브를 논하면서 Kristen Langellier(2001)는 "병에 걸린 화자는 질병의 공식적 이야기로서의 의료 차트에 따르는 내러티브 대신 자신의 이야기를 말하고 주장할 수 있는 능력을 되찾았다"고 적고 있다(p. 146; Bell, 2002, 2009; Capps & Ochs, 1995; Frank, 1995; Lieblish, McAdams, & Josselson, 2004 참고). 이와 비슷하게 George Rosenwald와 Richard Ochberg(1992)도 자신에 대한 이야기는 개인의 해방, 즉 삶의 고난들이나 트라우마의 "더 좋은" 이야기들로 이끈다고 주장하였다. 이런 경우들에서 화자는 자신의 청중이며 동시에 자신의 정체성 혹은 생애 사건의 다른 버전에 귀 기울일 필요가 있는 사람이고, 내러티브에서의 변화가 실제 생에서의 "변화를 불러일으킬 수" 있는 사람이다(p. 8).

내러티브 치료의 연구자들과 실천가들은 자신이나 자신의 생에 대한 대안적 내러티브를 창조하는 것

이 매우 어렵다고 주장한다. 예를 들어, 절식(切食)으로 수차례 입원한 여성에 대한 글에서 Andrew Lock, David Epston, Richard Maisel(2004)은 그 여성이 "거식증의 목소리"에 당당하게 저항하는 목소리를 얻게 된 것은 그녀가 "거식증"과 자기 자신을 분리해서 다루게 될 줄 알았을 때였다는 것을 보여주었다. 이 경우 거식증에 대한 그 여성의 외재화는 치료 세션을 통해 이루어졌는데, 여기서는 한 치료사가 "거식증"에 대해 가혹하게 말하고, 그녀는 자신의 어휘들로 그 목소리를 거부하고, 두 번째 치료사는 그러한 그녀를 지지하는 과정을 통해 이루어졌다.

트라우마 경험에 대한 말하기가 어떻게 어떤 조건에서 치료와 정서적 안녕을 촉진하게 되는지의 문제는 내러티브 연구자들에게 중요한 주제이다(Naples, 2003). 예를 들어, 2차 세계대전 직후 홀로코스트의 성인 생존자들은 아동 생존자들의 증언을 모으고 출판하는 데 역점을 두었다. 당시 어떤 이들은 아이들의 증언이 아이들을 위해 치료의 가치가 있다고 주장하였지만 그 주장에 대한 증거를 제시하지는 못하였다(Cohen, 2007). 생애 경로 관점에서 Bertram Cohler(2008)는 생존자들의 생애 경로 중 언제 그들의 이야기를 말했느냐가 그 생존자들에 대한 의미와 생존자의 삶에 있어서의 이야기의 역할을 규정한다고 주장한다. 그는 두 명의 홀로코스트 생존자의 이야기를 분석하였는데, 한 명은 전쟁 직후 그녀의 기억을 적었다. 그녀는 목격했던 잔혹행위들을 설명하였지만, 그것들을 자신의 생애 이야기에 통합하지 못한 듯, 그녀 자신의 경험은 대개 제외하였다. 다른 여성은 미국 이민자로서 2차 세계대전 이후 반세기에 걸친 자신의 기억을 적었다. 그녀는 전쟁 이전, 전쟁 동안, 그 이후의 단계로 나누어 "역경을 성공적으로 극복하는 특징적인 미국식의 구원적 서술"로 자신의 경험을 형성해냈다(Cohler, 2008, p. 1).

홀로코스트 생존자들을 다룬 내러티브 치료사들 중 일부는 트라우마를 당사자의 생애 이야기에 통합하기보다는 트라우마 내러티브를 "인생의 다른 부분과 분리된 캡슐"에 둠으로써 성공적인 치료가 이루어진

다는 것을 밝힌다(Shamai & Levin-Megged, 2006, p.692). 이 연구자들은 성공적 치료를 트라우마 이야기와 생애 이야기의 분리로 정의함으로써 치료 성공에 대한 전통적 견해를 반박한다. 이러한 차이는 적어도 부분적으로는 트라우마의 강도에 기인한다.

들려지기의 절박함

어떤 개인이나 집단들에게 이야기의 절박함은 자신의 이야기를 타인들이 들어야 할 필요나 듣게 하려는 욕구에서 비롯된다. Rene Jara를 인용하면서 John Beverly(2005)는 라틴 아메리카의 증언들을 "억압과 빈곤, 소외, 착취 혹은 단순한 생존의 문제를 포함한 "긴급" 내러티브로 서술한다. 텍스트를 통해 독자에게 전달되는 목소리는 우리의 주목을 받고 싶고 받을 필요가 있는, 인식될 필요가 있는 '나'라는 형식을 [취한다]"(p.548).

물론, 이 절박한 목소리에는 라틴 아메리카의 증언들 이상의 것이 있다. 소외되고 억압된 다수 사람들의 이야기는 현대 내러티브 지형을 형성한다. 그 예를 들자면, 성 전환자(Girshick, 2008); 장애아의 부모들(Goodley & Tregaskis, 2006); 베트남전쟁 이후 몽족 이민자들(Faderman, 2005); 백인위주의 대학 캠퍼스에 있는 라틴계와 아시아계 미국인 학생들(Garrod & Kilkenny, 2007; Garrod, Kilkenny, & Gómez, 2007); 그리고 성, 인종, 민족, 성적 폭력의 희생자들과 생존자들(Bales & Trodd, 2008; Deer, Clairmont, Martel, & While Eagle, 2008)이다. 소외된 사람들에게 "침묵의 삶에 이름을 붙이는 것"과 "목소리를 부여하는 것", 혹은 Riessman(2008)이 좀 더 협동적 어휘로 표현하듯, 타인들의 목소리를 "확성하는 것"은 수십 년 동안 내러티브 연구의 주된 목적이었다(McLaughlin & Tierney, 1993; Personal Narrative Group, 1989).

말하기와 들려지기의 절박함으로 인해 다양한 형식의 사회 불평등에 대한 내러티브들이 수집되고 출판되었다. 일례로, 보스니아와 크로아티아 전쟁의 망명자들의 개인 내러티브(Mertus, Tesanovic, Metikos, & Boric, 1997); 9·11 테러사건 생존자들의 이야기(http://www.911digitalarchive.org); 르완다 학살에 대한 증언들(http://www.voicesofrwanda.org/); 홀로코스트 생존자들의 이야기(the Voices of the Holocaust Project, http://www.iit.edu); 예일대학의 홀로코스트 증언들의 Fortunoff Video Archive(http://www.library.yale.edu/testimonies); Voice/Vision: 홀로코스트 생존자 구술사 아카이브(http://holocaust.umd.umich.edu/interview.php); University of Southern California의 Shoah Foundation Institute's Archive(http://college.usc.edu/vhi/).[11]

들려지는 것의 절박함의 또 다른 사례로 프랑스 가톨릭 신부인 Patrick Desbois 신부(2008)의 작업이 있는데, 그는 우크라이나를 여행하던 중 2차 대전 당시 나치에 의해 살해된 150만 명의 무명 무덤들을 발견하였다. 장례식과 함께 희생자들을 추모함과 아울러 그는 당시 어린이였던 증언자들의 증언을 영상으로 제작하였다. 이 집단 학살은 잘 알려지지 않았지만, 증언자들은 그들의 경험에 대해 그 이전에는 한 번도 공개적으로 얘기해본 적이 없었다.[12]

들려지기 위해 말하는 행위는 귀 기울이고 주의를 기울일 필요가 있는 '타인'을 참고로 한다. Mary Gergen과 Kenneth Gergen(2007)은 이렇게 주장한다. "증언자의 이야기를 듣는 청중들은 그들 자신이 제2의 증언자가 되어야 한다. 그들은 증언자들을 위해 시각적 이미지, 소리, 본능적 반응들을 만들어야 한다. 그들이 화자와 함께 느끼게 된다는 점에서 공감적 청취를 한다고도 할 수 있다"(p.139). 이야기가 고통, 트라우마, 불평등에 대한 것이면 듣기 자체가 고통스러울 수 있다. 듣기란 다른 이의 이야기를 기꺼이 자신의 주의 한가운데 두고, 방어적 행위를 하지 않고, 타인의 입장이 되어보는 능력의 한계를 인정하는 것이라고 할 수 있다(Chase, 2010).

집단적 이야기의 절박함

불평등에 대한 이야기는 개인적 이야기보다 더 많다. Laurel Richardson은 집단적 이야기를 개인의 이야기를 소외받은 사회 집단의 광범위한 이야기에 연결시키는 이야기로 정의한다(Richardson, 1990). 성폭력 경험자와 동성애자의 집단적 이야기를 다루면서 Kenneth Plummer(1995)는 이렇고 적고 있다; "이야기가 많으려면 이야기할 커뮤니티가 있어야 한다. 이야기할 커뮤니티에는 그들의 역사, 정체성, 정치를 함께 엮을 이야기들이 있어야 한다. 커뮤니티는 이야기를 필요로 하고 또 다른 이야기를 가져온다"(p.87).

생존자나 소외자, 피억압 집단이 그들의 집단적 이야기들을 말할 때 그들은 사회 변화를 요구한다. 사람들이 과거의 잔혹 행위를 절대 망각하지 않아야 함을 요구하기도 한다. 젊은이들로 하여금 이전 세대가 겪은 고통을 예방하는 것을 배울 수 있도록 교육과정이 개혁될 것을 요구하기도 한다. 그것은 정의 실현을 위해 법적, 문화적, 또는 다른 형태의 권력을 가져야 함을 요구하기도 한다. 따라서 집단적 이야기는 사회 운동에 필수적이다(Davies, 2002 참고).

동일한 의미에서 Bell(2009)은 출생전에 DES(희귀 난소암과 저난소증에 관련된 약품)에 노출된 여성들에 대한 전통적 의료 치료에 대해 여성들의 개인적 내러티브들이 어떻게 성공적으로 도전하는지를 보여준다. Bell은 (「DES Action Voice」에 수집, 출판된) 다양한 언론매체에 기고하는 편집자들에게 보내는 편지와 DES 여성들과의 심층면담을 통해 내러티브를 수집하였다. 어떻게 DES 여성들이 그들의 경험을 얘기하는지 유심히 관찰함으로써 Bell은 그들 중 일부가 어떻게 여성운동가가 되고 보건운동을 체화하는지를 보여준다. 그리고 NIH에서 후원하는 워크숍 자료집을 면밀히 분석하여 DES 여성들과 의과학자들이 어떻게 협력적으로 "일상적인 것으로서의 과학담론을 해체하는지"(p.10)를 보여준다.

『To Plead Our Own Cause』에서 Kevin Bales와 Zoe Trodd(2008)는 전 세계에 걸쳐 군인, 포로, 일터에서 그리고 성적 대상으로서 노예화되었던 남성, 여성, 아동들의 구술과 기록 내러티브를 그들의 언어 그대로 제시하고 있다. 이 화자들 중 일부는 그들의 이야기를 들려주기 위하여 다양한 조직들과 함께 일하는 활동가가 되었다. 그 책의 많은 내러티브들은 원래 노예제 폐지론자와 인권 조직들, 인식 개선을 위한 캠페인, 노예 관련 법안에 대한 의회 세션들을 위해 공개되고 쓰여진 것이었다. 실제 이러한 증언들은 2000년 미국에서 '밀매와 폭력 희생자 보호법(Victims of Trafficking and Violence Protection Act)'이 통과되는 데 중요한 역할을 하였다.

공적 대화의 절박함

William Gamson(2002)은 "내러티브 모드에서 심사 숙고함과 대화는 … [추상적 대화보다는] 도덕적 복잡성을 더 쉽게 표현할 수 있게 해준다."고 적고 있다. 이런 의미에서 "이야기하기는 건강하고 민주적인 공적 생활"(p.197)을 촉진한다.[13] 많은 내러티브 연구자들은 그들의 연구가 복잡한 도덕적 문제들과 사회 변화의 요구에 대한 대화를 촉진하기를 희망한다. 그리고 그들은 자신들의 연구를 대중들에게 제시하는 데 있어 창의적인 방법들을 모색한다(Barone, 2007; Knowles & Cole, 2008; Madison & Hamera, 2006; Mattingly, 2007)

어떤 연구자들은 문화극(ethonotheather)—내러티브 자료를 무대 실연으로 바꾼 것—을 이 목적을 위해 사용한다. Anna Deavere Smith(1993, 1994, 2004)는 이 부분의 주도자이다. 그녀의 솔로 무대 공연에서, Smith는 그녀가 면담한 사람들의 어휘들로 Rodney King을 구타한 경찰관의 무죄방면 후 발생한 LA 폭동과, Guyana에서 온 7세 흑인 소년을 살해한 하디시즘 영적 지도자 납치 후 브루클린 Crown Heights 폭동과 같은 사건들을 탐구하였다. Smith는 최근 1인극 'Let Me Down Easy'에서 "인간의 신체의 유약함과 탄력성"(Isherwood, 2008)을 언급하는 다양한 사람들의 내러티브를 공연하였다. 이런 실연들을 통해 Smith는 다양한 층의 목소리들을 보여주고, 이를 통해 정서적이고 정치적인 이슈와 사건들에 대한 공공의 대화를 창출하고자 시도한다.

Soyini Madison(2006)은 가나에서 3년 동안의 문화 현장연구를 수행하면서 가족에서 (주로 남성) 구성원이 저지른 범죄에 대한 속죄를 위해 소녀들을 마을의 사당에 수년간 혹은 평생동안 보내는 전통에 대한 논쟁을 연구하였다. 그 지역 인권단체 활동가들은 그 행위가 소녀들의 노예화와 마찬가지라고 보았다. 전통주의자들은 그것을 도덕적, 문화적 교육의 문제로 보며 소녀들을 그 가족 구성원 행위에 대한 수치심으로부터 보호해야 하는 문제로 보았다. 전통주의자들은 그 소녀들이 "특별한 힘을 가진 '여왕들'처럼 존중받았다"고 주장한다(p.398). 자신의 현장노트에 기초해 Madison(2006)은 이렇게 적고 있다. "그것은 한 인간인가, 한 소녀인가?", 이 연극은 세 가지 주된 주제를 가진다: 인권 운동가들과 전통주의자들 간의 논쟁; 전통적 실천에 내재한 가난을 가져온 기업의 세계화에 대한 비판; 그리고 자신의 문화기술지적 관심을 이루었던 아프리카계 미국인으로서 Madison 자신의 사회적 지형. 그녀의 연극에서 다섯 명의 주인공들은 그녀가 수집한 심층면담에 기초하여 다양한 목소리를 낸다. Madison이 자신의 현장연구를 문화극 형태로 제시한 것은 도덕적 문제에 대한 지역 공동체에서의 공적 대화를 촉진하기 위해서였다.

문화극의 선두적 옹호자이자 실천가인 Moisés Kaufman은 다음과 같이 말한다.

> 특정한 어떤 사건이 그 문화에 존재하는 다양한 이데올로기와 신념들에 특히 주목하게 하는 역사의 순간들이 있다. 이 시점들에 그 사건은 그 철학들과 신념들을 분류하고 유도하며 확산하는 피뢰침이 된다. 이런 순간에 사람들의 말에 특별하게 주목함으로써 우리는 그런 일

반적 견해들이 개인의 삶뿐 아니라 문화 전반에 영향을 미치는 방식을 들어볼 수 있다. (2001, p.v)

Kaufman의 연극, 'The Laramie Project'는 역사의 그런 순간—1998년 Matthew Shepard 살인 사건—에 기초해있다. 살해 4주 후에 Kaufman의 Tectonic Theater Project 멤버들은 와이오밍 주 라라미(Laramie)에 가서 다른 마을과 그 마을의 많은 주민들을 면담하였다. 1년 반에 걸친 200건의 면담 이후, Tectonic Theater Project는 첫 번째 연극을 공연하였는데, 여기서 주연들은 그들이 면담한 사람들 역을 맡았고, 그들의 언어 그대로를 표현하였다.

십 년 후 Kaufman과 동료들은 라라미에 돌아와서 동일한 사람들을 다시 면담하였다. 한 사람은 Aaron McKinney를 면담하였는데, 그는 현재 Matthew Shepard 살인죄로 두 가지 종신형을 살고 있었다. Kaufman과 동료들은 이 면담들을 또 다른 연극으로 하여 Shepherd의 사망 11주년이 되는 2009년 10월 12일에 미국과 다른 나라의 수십 군데 극장에서 상연하였다. 라라미로 돌아온 Tectonic Theater의 목표는 지난 10년 동안 그 공동체에서 변화한 것과 변화하지 않은 것을 확인하기 위해서였다. 새 연극은 많은 라라미 주민들이 "라라미는 그런 커뮤니티가 아니기 때문에" "넘어가기"를 원했다는 것을 보여준다.[14] 흥미롭게도 와이오밍의 증오성 범죄 법안은 여전히 성적 취향을 배제하고 있다. 하지만 2009년 10월 28일 Obama 대통령은 'Matthew Shephard와 James Byrd, Jr. 증오 범죄 예방 조항'을 인준하였다. 인권 단체 운동에 따르면,

> [이 법은] 사법부(DOJ)로 하여금 범법자가 개인의 실제 혹은 인식된 인종, 색, 지역, 출신국가, 성, 성적 취향, 성 정체성 혹은 장애 등을 이유로 희생자를 선택한 폭력 범죄에 대한 사법권을 제공함으로써 사법부가 편견에 의한 폭력을 조사하고 기소할 수 있도록 한다.[15]

'The Laramie Project'가 연방 입법에 직접적 영향을 미쳤는지 여부에 관계없이 분명히 그 프로젝트는 미국과 전 세계의 극장 상연 지역에서 공적 대화를 창출하였다.

25.4 아직도 형성 중인 분야

『핸드북』 제3판에 이 부분의 추가 보완 작업을 하는 동안, 나는 내러티브 연구 분야의 공통성을 확인하는 것보다 복잡성과 다양성을 확인하는 것이 더 수월함을 깨닫게 되었다. 이 분야의 미래에 대해 생각해 보건대 이런 경향은 계속될 것이다.

내가 내러티브의 정의를 수정하게 된 것은 복잡성과 다양성이 증대되었음을 소소하지만 뚜렷하게 보여준다. 원래 장에서 나는 "내러티브는 회고적인 의미의 구성—과거 경험을 형성하거나 조직하는 것—이다"[강조는 추가함]라고 적었다. 그러나 이 개정판에서는 내러티브는 "경험의 형성과 조직을 통한 의미의 구성"이라고 적었다. 나는 최근 이 분야의 발전에 따라 "회고적"과 "과거"라는 말을 삭제하였다. 앞서 적었듯이 최근 몇 년 동안 어떤 연구자들은 일상 상호작용에 근거한 "작은 이야기들"에 중심을 두어왔고(Bamberg, 2006; Georgakopoulou, 2007), 작은 이야기들이 어떻게 사회적 상호작용에서 발생하고 또 그것을 조직하는지 이해하기 위해 문화기술지적 민감성이 필요함을 주장해왔다(Gubrium & Holstein, 2009). 이 연구자들은 회고적인 의미의 구성이라는 내러티브의 정의가 부분적임을 보여주었다. 그들은 내가 내러티브의 정의를 확대하는 데 영향을 주었다.

나는 또한 무엇이 내러티브 연구인가에 대한 개념들에 있어 복잡성과 다양성이 계속 존재할 것이라 생각한다. 많은 연구자들이 내러티브 연구의 관심, 목적, 방법과 관련하여 분야 내의 차이점과 개관을 제시하고 있다(Bamberg, 2007; Clandinin & Rosiek, 2007; Gubrium & Holstein, 2009; Polkinghorne, in Clandinin & Murphy, 2007; Riessman, 2008). 나는 이들의 범주들에 영향을 받아왔지만 여전히 나 자신의 것을 갖고 있다. Clandinin과 Murphy(2007)는 내러티브 연구의 미래에 관한 Elliott Mishler와의 대담을 요약하며 이렇게 적고 있다. "Elliott은 우리가 내러티브 연구의 영역을 방어할 수는 없다고 하였다. 그에게 이 분야는 … 다양한 공동체의 내러티브 연구자들이 그들에게 그들 자신의 연구 문제에 고유한 이슈들을 다루도록 돕는 서로의 연구를 선택함으로써 그 안에서 정의될 것이다"(p.636). 이러한 다양한 내러티브 연구 공동체에 대한 강조는 지금 이 분야에서 일어나고 있는 것과 앞으로 일어날 것을 정확하게 설명해주고 있다.

내러티브 연구 공동체의 경계는 아직도 유동적이다. Lieblich(in Clandinin & Murphy, 2007, pp.640-641)는 내러티브 연구에 관심을 갖고 있는 대학원생들이 아직도 그들의 연구를 지원받는 데 어려움이 있다고 말한다. Michler(in Clandinin & Murphy, 2007, p.641)는 저명한 내러티브 연구자들 또한 학과 내에서 고립감을 종종 느낀다고 말한다. 내러티브 연구자들이 그들과 관심을 공유하는 동료들을 찾기 위해 소속 학과, 학문, 그리고 국가 경계를 넘나들게 되면서 내러티브 연구 공동체는 변화하고 진화할 것이다.

더욱이 어떤 공동체에 우리가 속해야 하는지, 어떤 동료들과 대화를 나누어야 하는지, 어떤 대화를 발전시켜야 하는지에 대해서는 명확하지 않다. 나는 아직도 누가 나의 동료들인지 때로 의문을 가진다. 방법상 같은 내러티브 방법을 사용하지만 연구 주제가 다른 동료들인가? 같은 주제를 다루고 있지만 내러티브 방법을 사용하지 않는, 질적 방법마저 사용하지 않는 동료들인가? 내 연구를 통해 유용한 통찰을 얻을 현장의 실천가들인가? 물론 이상적으로는 나는 이 모든 동료들과 대화할 것이다. 하지만 때로 우리는 선택해야 한다. 아직도 내러티브 연구는 형성 중에 있는 분야이므로 나는 내러티브 연구자들이 동료, 대화, 공동체에 대해 이러한 질문들을 계속해야 한다고 생각한다.

앞서 논한 바와 같이 지난 수년 동안 내러티브 연구자들이 연구에서 사용한 자료의 종류는 확대되어 왔다. 이것은 아마도 계속될 것이다. 이 장에서 제시된 복수 자료들의 가치에 대한 예들은 다음과 같다: 면담과 문화기술지적 관찰(Riessman, 2008); 사진과 자서전적 글들(Bell, 2002, 2006; Behar, 2007); 면담, 편집자에게 보낸 서한, 자서전적 영화와 워크숍 자료집(Bell, 2009); 문화기술지와 참여자들의 콜라주와 자화상(Luttrell, 2003); 활동 일지, 심층면담, 지도와 지리정보시스템(GIS)(Kwan, 2008); 면담과 문서들에 대한 내용 분석(Chase, 2010). 다양한 자료원의 사용은 어떤 견해이든 부분적이며 내러티브 환경은 복합적이고 다층적이라는 점을 강조한다. 새로운 기술의 발전과 함께 내러티브 연구자들은 새로운 자료원을 모색하게 될 것이며, 이것은 내러티브 연구의 복잡성과 다양성을 배가시킬 것이다. 그리고 이러한 새로운 자료원과 함께 새로운 윤리적 문제들도 발생할 것이다. Michler(in Clandinin & Murphy, 2007, p.649)는 시각적 내러티브 사용의 증가는 우리가 사용하는 이미지 주체들의 권리를 어떻게 보호할 것인가의 문제를 제기한다고 지적한다. 그 예로 사람들의 얼굴이 있는 사진들을 출판하는 것은 그들의 정체성을 감추지 못하게 한다.

나에게 중요하게 여겨지는 또 다른 이슈는 내러티브 연구의 일반적인 비판적 특성과 관련된다. 일반적으로 질적 연구가 그러하듯이, 내러티브 연구는 종종 사회 불평등을 발생시키는 문화 담론, 제도, 조직, 상호작용을 비판한다. 내러티브 연구자들은 화자들이 그들의 내러티브 환경의 제한점들에 대하여 형성하게 된 유착 전략 혹은 저항 전략들을 모색하게 된다. Plummer(1995)가 주장하듯, 사회운동 연구는 활동가 집단에서 개발된 저항적 내러티브를 드러낸다. 내러티브 연구자들은 이러한 저항적 내러티브들이 타인의 신념, 태도와 행위를 변화시킨다고 주장한다. 하지만 내러티브 연구자들은 이러한 내러티브 과정의 **청자** 측면을 덜 연구하게 된다. 말하기, 들려주기, 집단적 내러티브를 개발하고 공적 대화를 창출하는 것의 절박함—이 모든 것은 청자에게 영향을 주기 위해 필요한 것이다. 청자가 **영향받게** 될 때 그것은 어떠할 것인가. 청자의 **듣기**는 어떠할 것인가? 이 질문들에 대한 강조는 내러티브 연구의 희망을 가져올 것이다.

이와 같은 맥락에서 나는 자아, 정체성, 공동체와 실재의 창조적 탐구를 고무시킬 내러티브 환경에 대해 더 이해해야 한다고 생각한다. 이 맥락에서 어떤 연구자들은 치료의 친밀한 환경을 연구하고 어떤 이들은 사회운동의 거대 환경을 연구한다. 나는 또한 일상 생활의 세속적 환경에 대한 연구들도 보고 싶다. 비록 제한적이지만, 어떤 가족, 우정, 교실, 일터, 조직이든 그 구성원들에게 강한 관계와 역동적 공동체를 만들기 위한 내러티브 자원들을 제공한다.

달리 말하자면, 우리는 불평등이 지배하는 환경에 대한 탐구로부터 배우듯이 무엇인가가 작동하는 환경에 대한 내러티브 연구로부터도 배워야 한다. 이런 질문들에 대한 지적 회의론을 포기할 필요는 없다. 뭔가가 작용할 때—개인, 집단 혹은 공동체가 그들의 일상 생활에서 그들의 관계와 공동체를 강화하기 위해 일상적 자원들을 결집시킬 때—, 이 환경들에서 내러티브적으로 무엇이 이루어지고 있는가? Karen Gallas(1994)는 그 예를 보여준다. 교사로서 그녀는 1학년 교실에서 이루어지는 sharing time[아동이 주제에 대한 자기 생각을 먼저 표현하게 하는 것—역주]에 대한 문화기술지 연구를 수행하였다. 그녀는 어떤 sharing time은 무주택 학생들의 사회와 언어 발달을 방해하는 반면, 어떤 sharing time은 그것을 도와준다는 것을 발견하였다(Riessman, 2008, pp.125-136, Gallas 연구에 대한 분석 참고). 이런 연구는 사회과학에 이론적으로 공헌할 뿐 아니라 교육 분야에 실천적으로 기여하기도 한다. 동료들과 상호작용하는 아동에 대한 듣기와 관찰은 그 아동의 효과적 말하기와 다른 학생들의 듣기를 촉진한 것이 무엇인지 파악하게 해주었다. 무엇이 작용하는가에 대한 관심은 듣는다는 것이 무엇인가에 대한 집중뿐 아니라 말하기의 절박함과 들려주기의 절박함에 대한 주목을 요구한다. 여기에는 실제의 청자, 즉 이야기의 수혜자에 대한 주목이 포함된다.

내러티브 연구의 복잡성과 다양성은 신참 연구자와 숙련된 연구자들에게 그들이 추구할 주제와 관심, 사용할 방법에 있어 상당한 자유를 제공한다. 동시에 어느 누구도 이 분야 전체에 정통할 수도 없다. Josselson(2007a)은 내러티브 연구의 확산을 이렇게 표현한다. "환상적이고 생생하게 생활을 풍부하고 세세하게 제시하는 것, 인간 생활의 복잡성에 맞는 뉘앙스와 통찰로 가득한 잘 해석된 연구들이 많아지고 있다"(p.8). 또한 그녀는 내가 관찰한 바와 같이, 수년 동안 이루어진 이 분야의 발전을 따르기 위해서 그것들을 모두 읽는 것은 불가능하다고 말한다. 이 상황에서 Josselson(2007a)은 현대 내러티브 연구의 중요한 이슈가 "지식 축적이라는 과업"이라고 주장한다. 그녀는 다양한 층위의 내러티브 연구에 대한 메타분석이 필요함을 주장한다(pp.7-8).

Josselson(2007a)에 의하면, 메타분석에는 내레이터의 언어 구조들의 비교, 동일 주제에 대한 연구들에서 유형과 차이에 대한 탐색, 유형이나 차이를 결정하는 준거들의 창출, 동일 현상에 대한 연구 결과가 동일한지에 대한 평가, 경험적으로 다른 현상들에 대한 연구에서 나타난 일정한 유형에 대한 고찰, 그리고 연구자들이 아직 이해하지 못하고 있는 "무지의 경계"에 대한 분석이 포함된다. 끝으로, 메타분석은 내러티브 연구의 실천적 시사점, 즉 우리 연구의 결과가 사람들이 사회에서 어떻게 행동하는지, 그리고 어떤 종류의 사회를 우리가 만들고 있는지에 대해 무엇을 말해주고 있는지를 주목한다(pp.13-14).

나는 특히 메타분석이 내러티브 연구자들 간의 대화를 필요로 한다는 Josselson의 견해에 동의한다. 그것은 새로운 동료들과 새로운 공동체를 요구한다.

주석

1. 『핸드북』제3판에서는 현재의 내러티브 연구를 이루는 중요한 용어들, 역사적 배경과 분석 틀 등을 다루었다.

2. Bamberg(2007), Michler(1995), Polkinghorne(1995), Riessman(2008) 또한 사회과학에서의 내러티브 연구 유형을 구분하고 있다. 하지만 그들은 내가 포함하고자 하는 일련의 연구들을 제외하였다. 따라서 이 장에서 나는 별도의 범주들을 구성하고자 한다.

3. Riessman(2008)은 이렇게 무엇(what)에 대한 질문들에 중심을 두는 것을 내러티브 분석에 있어 주제적 접근이라고 칭하였다.

4. Clandinin과 Rosiek(2007)은 내러티브 연구의 접근을 설명하는 데 있어 경험에 대한 듀이(Dewey)식의 정의에 의존하고 이에 대해 자세히 설명한다. 그들은 그들의 접근과 다른 주요 이론적 패러다임들(후기실증주의, 맑스주의나 비판이론, 후기구조주의 등)과의 구분점들을 설명한다.

5. 심리학에서는 양적 연구 방법이 지배적이어서 일부 심리학자들은 내러티브 분석을 질적 연구와 동의어로 간주한다. 하지만 내가 여기서 인용하는 심리학자들은 독특하게 내러티브 접근을 구축하는 이들이다.

6. Josselson, Lieblich, McAdams는 APA(미국심리학회) 시리즈, 『The Narrative Study of Lives』(Josselson, Lieblich, & McAdams, 2003, 2007), Lieblich, McAdams, & Josselson(2004); McAdams, Josselson, & Lieblich(2001)의 4권의 저서를 편집하였다.

7. 토론토의 National Therapy Center, 영국 셰필드의 Centre for Narrative Practice, 호주 아들레이드의 Dulwich Center 등 내러티브 치료에 특화된 연구소도 많다.

8. Riessman(2008)의 용어를 빌자면, 이 접근은 진단/수행 분석 측면뿐 아니라 구조적 내러티브 분석이라는 측면을 포함한다.

9. 비교 문화기술지의 사례들은 Gubrium과 Holstein(2001), Holstein과 Gubrium(2000)을 참고할 것

10. 이 다음의 세 문단은 Riessman(2008)의 6장, "Visual Analysis"에 주로 의거해 있다.

11. 이 내러티브들은 온라인으로 공개되어 연구자들뿐 아니라 일반인들에게도 제공된다. 일부 웹사이트들에서는 사람들이 자신들의 이야기를 덧붙일 수 있도록 하고 있다.

12. 미국 홀로코스트 추모 뮤지엄 웹사이트에 있는 Patrick

Desbois 신부의 보고서를 참고할 것(http://www.ushmm.org/exhibit/focus/desbois/)

13. Gamson은 특히 낙태문제에 대한 미디어 담론에 대해 쓰고 있다. 하지만 그의 주장은 다른 주제들이나 맥락에도 유용한 것이다.

14. 인용 출처: http://austinist.com/2009/10/14/the_laramie_project_ten_years_later.php. http://community.laramieproject.org/content/About/과 http://artsbeat.blogs.nytimes.com/2009/10/15/the-laramie-project-10-years-later-drawm-50000-thertergoers/를 참고할 것

15. http://www.hrc.org/laws_and_elections/5660.htm.

참고문헌

Adame, A. L., & Knudson, R. M. (2007). Beyond the counter-narrative: Exploring alternative narratives of recovery from the psychiatric survivor movement. *Narrative Inquiry, 17*, 157–178.

Adler, J. M., & McAdams, D. P. (2007). The narrative reconstruction of psychotherapy. *Narrative Inquiry, 17*, 179–202.

Austin, H., & Carpenter, L. (2008). Troubled, troublesome, troubling mothers: The dilemma of difference in women's personal moth- erhood narratives. *Narrative Inquiry, 18*, 378–392.

Bach, H. (2007). Composing a visual narrative inquiry. In D. J. Clandinin (Ed.), *Handbook of narrative inquiry: Mapping a methodology* (pp. 280–307). Thousand Oaks, CA: Sage.

Baddeley, J., & Singer, J. A. (2007). Charting the life story's path: Narra- tive identity across the life span. In D. J. Clandinin (Ed.), *Handbook of narrative inquiry: Mapping a methodology* (pp. 177–202). Thousand Oaks, CA: Sage.

Bales, K., & Trodd, Z. (Eds.). (2008). *To plead our own cause: Personal stories by today's slaves*. Ithaca, NY: Cornell University Press.

Bamberg, M. (2006). *Stories: Big or small: Why do we care? Narrative Inquiry, 16*, 139–147.

Bamberg, M. (Ed.). (2007). *Narrative—State of the art*. Philadelphia: John Benjamins.

Barone, T. (2007). A return to the gold standard? Questioning the future of narrative construction as educational research. *Qualitative Inquiry, 13*, 454–470.

Behar, R. (2003). *Translated woman: Crossing the border with Esperanza's story*. Boston: Beacon. (Original work published in 1993)

Behar, R. (2007). *An island called home: Returning to Jewish Cuba*. New Brunswick, NJ: Rutgers University Press.

Bell, S. E. (2002). Photo images: Jo Spence's narratives of living with illness. *Health: An Interdisciplinary Journal for the Social Study of Health, Illness and Medicine, 6*, 5–30.

Bell, S. E. (2006). Living with breast cancer in text and image: Making art to make sense. *Qualitative Research in Psychology, 3*, 31–44.

Bell, S. E. (2009). DES *daughters: Embodied knowledge and the transformation of women's health politics*. Philadelphia: Temple University Press.

Beverly, J. (2005). Testimonio, subalternity, and narrative authority. In N. K. Denzin & Y. S. Lincoln (Eds.), *The SAGE handbook of qualitative research* (3rd ed., pp. 547–557). Thousand Oaks, CA: Sage.

Bhatia, S. (2008). 9/11 and the Indian diaspora: Narratives of race, place, and immigrant identity. *Journal of Intercultural Studies, 29*, 21–39.

Capps, L., & Ochs, E. (1995). *Constructing panic: The discourse of agoraphobia*. Cambridge, MA: Harvard University Press.

Chase, S. E. (1995). *Ambiguous empowerment: The work narratives of women school superintendents*. Amherst: University of Massachusetts Press.

Chase, S. (2005). Narrative inquiry: Multiple lenses, approaches, voices. In N. K. Denzin & Y. S. Lincoln (Eds.), *The SAGE handbook of qualitative research* (3rd ed., pp. 651–679). Thousand Oaks, CA: Sage.

Chase, S. E. (2010). *Learning to speak, learning to listen: How diversity works on campus*. Ithaca, NY: Cornell University Press.

Clandinin, D. J. (Ed.). (2007). *Handbook of narrative inquiry: Mapping a methodology*. Thousand Oaks, CA: Sage.

Clandinin, D. J., & Murphy, M. S. (2007). Looking ahead: Conversa- tions with Elliot Mishler, Don Polkinghorne, and Amia Lieblich. In D. J. Clandinin (Ed.), *Handbook of narrative inquiry: Mapping a methodology* (pp. 632–650). Thousand Oaks, CA: Sage.

Clandinin, D. J., & Rosiek, J. (2007). Mapping a landscape of narrative inquiry: Borderland spaces and tensions. In D. J. Clandinin (Ed.), *Handbook of narrative inquiry: Mapping a methodology* (pp.35–75). Thousand Oaks, CA: Sage.

Cohen, B. (2007). The children's voice: Postwar collection of testimonies from child survivors of the Holocaust. *Holocaust and Genocide Studies, 21*, 73–95.

Cohler, B. J. (2008). Two lives, two times: Life-writing after Shoah. *Narrative Inquiry, 18*, 1–28.

Davis, J. E. (Ed.). (2002). *Stories of change: Narrative and social movements*. Albany: SUNY Press.

Deer, S., Clairmont, B., Martel, C. A., & White Eagle, M. L. (Eds.). (2008). *Sharing our stories of survival: Native women surviving violence*. Lanham, MD: AltaMira Press.

Denzin, N. K. (1997). *Interpretive ethnography: Ethnographic practices for the 21st century*. Thousand Oaks, CA: Sage.

Denzin, N. K. (2000). The practices and politics of interpretation. In N. K. Denzin & Y. S. Lincoln (Eds.), *Handbook of qualitative research* (2nd ed., pp. 897–922). Thousand Oaks, CA: Sage.

Denzin, N. K. (2003). The call to performance. *Symbolic Interaction, 26*, 187–207.

Denzin, N. K. (2008). Interpretive biography. In J. G. Knowles & A. L. Cole (Eds.), *Handbook of the arts in qualitative research* (pp. 117–125). Thousand Oaks, CA: Sage.

Desbois, Father P. (2008). *The Holocaust by bullets: A priest's journey to uncover the truth behind the murder of 1.5 million Jews*. New York: Palgrave Macmillan.

Ellis, C. (2004). *The ethnographic I: A methodological novel about auto ethnography*. Walnut Creek, CA: AltaMira Press.

Ellis, C. (2009). *Revision: Autoethnographic reflections on life and work*. Walnut Creek, CA: Left Coast Press.

Faderman, L., with Xiong, G. (2005). *I begin my life all over: The Hmong and the American immigrant experience*. Boston: Beacon.

Frank, A. W. (1995). *The wounded storyteller: Body, illness, and ethics*. Chicago: University of Chicago Press.

Freeman, M. (2006). Life "on holiday"? In defense of big stories. *Narrative Inquiry, 16*, 131–138.

Gallas, K. (1994). *The languages of learning: How children talk, write, dance, draw, and sing their understanding of the world*. New York: Teachers College Press.

Gamson, W. A. (2002). How storytelling can be empowering. In K. A. Cerulo (Ed.), *Culture in mind: Toward a sociology of culture and cognition* (pp. 187–198). New York: Routledge.

Garrod, A., & Kilkenny, R. (Eds.). (2007). *Balancing two worlds: Asian American college students tell their life stories*. Ithaca, NY: Cornell University Press.

Garrod, A., Kilkenny, R., & Gómez, C. (Eds.). (2007). *Mi voz, mi vida: Latino college students tell their life stories*. Ithaca, NY: Cornell University Press.

Georgakopoulou, A. (2007). Thinking big with small stories in narrative and identity analysis. In M. Bamberg (Ed.), *Narrative—State of the art* (pp. 145–154). Philadelphia: John Benjamins.

Gergen, M. M., & Gergen, K. J. (2007). Narratives in action. In M. Bamberg (Ed.), *Narrative—State of the art* (pp. 133–143). Philadelphia: John Benjamins.

Girshick, L. B. (2008). *Transgender voices: Beyond men and women*. Hanover, NH: University Press of New England.

Goodley, D., & Tregaskis, C. (2006). Storying disability and impairment: Retrospective accounts of disabled family life. *Qualitative Health Research, 16*, 630–646.

Gubrium, J. F., & Holstein, J. A. (Eds.). (2001). *Institutional selves: Troubled identities in a postmodern world*. New York: Oxford University Press.

Gubrium, J. F., & Holstein, J. A. (2009). *Analyzing narrative reality*. Thousand Oaks, CA: Sage.

Hammersley, M. (2008). *Questioning qualitative inquiry: Critical essays*. Thousand Oaks, CA: Sage.

Harper, D. (2005). What's new visually? In N. K. Denzin & Y. S. Lincoln (Eds.), *The SAGE handbook of qualitative research* (3rd ed., pp. 747–762). Thousand Oaks, CA: Sage.

Hole, R. (2007). Narratives of identity: A poststructural analysis of three Deaf women's life stories. *Narrative Inquiry, 17*, 259–278.

Holstein, J. A., & Gubrium, J. F. (2000). *The self we live by: Narrative identity in a postmodern world*. New York: Oxford University Press.

Isherwood, C. (2008). The body of her work: Hearing questions of life and death. *The New York Times*, January 22. Available at http://www.nytimes.com/2008/01/22/theater/reviews/22easy.html

Jones, S. H. (2005). Autoethnography: Making the personal political. In N. K. Denzin & Y. S. Lincoln (Eds.), *The SAGE handbook of qualitative research* (3rd ed., pp. 763–791). Thousand Oaks, CA: Sage.

Josselson, R. (1996). *Revising herself: The story of women's identity from college to midlife*. New York: Oxford University Press.

Josselson, R. (2007a). Narrative research and the challenge of accumulating knowledge. In M. Bamberg (Ed.), *Narrative—State of the art* (pp. 7–15). Philadelphia: John Benjamins.

Josselson, R. (2007b). The ethical attitude in narrative research: Principles and practicalities. In D. J. Clandinin (Ed.), *Handbook of narrative inquiry: Mapping a methodology* (pp. 537–566). Thousand Oaks, CA: Sage.

Josselson, R., Lieblich, A., & McAdams, D. P. (Eds.). (2003). *Up close and personal: The teaching and learning of narrative research*. Washington, DC: American Psychological Association.

Josselson, R., Lieblich, A., & McAdams, D. P. (Eds.). (2007). *The meaning of others: Narrative studies of relationships*. Washington, DC: American Psychological Association.

Kaufman, M., & the members of the Tectonic Theater Project. (2001). *The Laramie project*. New York: Vintage.

Knowles, J. G., & Cole, A. L. (Eds.). (2008). *Handbook of the arts in qualitative research: Perspectives, methodologies, examples, and issues.* Thousand Oaks, CA: Sage.

Kwan, M-P. (2008). From oral histories to visual narratives: Re-presenting the post–September 11 experiences of the Muslim women in the USA. *Social & Cultural Geography, 9,* 653–669.

Langellier, K. M. (2001). You're marked: Breast cancer, tattoo, and the narrative performance of identity. In J. Brockmeier & D. Carbaugh (Eds.), *Narrative and identity: Studies in autobiography, self, and culture* (pp. 145–184). Amsterdam: John Benjamins.

Langellier, K. M., & Peterson, E. E. (2006). Shifting contexts in personal narrative performance. In D. S. Madison & J. Hamera (Eds.), *The SAGE handbook of performance studies* (pp. 151–168). Thousand Oaks, CA: Sage.

Lieblich, A., McAdams, D. P., & Josselson, R. (Eds.). (2004). *Healing plots: The narrative basis of psychotherapy.* Washington, DC: American Psychological Association.

Lock, A., Epston, D., & Maisel, R. (2004). Countering that which is called anorexia. *Narrative Inquiry, 14,* 275–301.

Luttrell. W. (2003). *Pregnant bodies, fertile minds: Gender, race, and the schooling of pregnant teens.* New York: Routledge.

Madison, D. S. (2006). Staging fieldwork/performing human rights. In D. S. Madison & J. Hamera (Eds.), *The SAGE handbook of performance studies* (pp. 397–418). Thousand Oaks, CA: Sage.

Madison, D. S., & Hamera, J. (Eds.). (2006). *The SAGE handbook of performance studies.* Thousand Oaks, CA: Sage.

Mattingly, C. F. (2007). Acted narratives: From storytelling to emergent dramas. In D. J. Clandinin (Ed.), *Handbook of narrative inquiry: Mapping a methodology* (pp. 405–425). Thousand Oaks, CA: Sage.

Maynes, M. J., Pierce, J. L., & Laslett, B. (2008). *Telling stories: The use of personal narratives in the social sciences and history.* Ithaca, NY: Cornell University Press.

McAdams, D. P. (2006). *The redemptive self: Stories Americans live by.* New York: Oxford University Press.

McAdams, D. P., Josselson, R., & Lieblich, A. (Eds.). (2001). *Turns in the road: Narrative studies of lives in transition.* Washington, DC: American Psychological Association.

McAdams, D. P., Josselson, R., & Lieblich, A. (Eds.). (2006). *Identity and story: Creating self in narrative.* Washington, DC: American Psychological Association.

McLaughlin, D., & Tierney, W. G. (Eds.). (1993). *Naming silenced lives: Personal narratives and processes of educational change.* New York: Routledge.

Mertus, J., Tesanovic, J., Metikos, H., & Boric, R. (Eds.). (1997). *The suitcase: Refugee voices from Bosnia and Croatia.* Berkeley: University of California Press.

Miller, L. C., & Taylor, J. (2006). The constructed self: Strategic and aesthetic choices in autobiographical performance. In D. S. Madison & J. Hamera (Eds.), *The SAGE handbook of performance studies* (pp. 169–187). Thousand Oaks, CA: Sage.

Mills, C. W. (1959). *The sociological imagination.* London: Oxford University Press.

Mishler, E. G. (1995). Models of narrative analysis: A typology. *Journal of Narrative and Life History, 5,* 87–123.

Myerhoff, B. (1994). *Number our days: Culture and community among elderly Jews in an American ghetto.* New York: Meridian/Penguin. (Original work published in 1979)

Naples, N. (2003). Deconstructing and locating survivor discourse: Dynamics of narrative, empowerment, and resistance for survivors of childhood sexual abuse. *Signs: Journal of Women in Culture and Society, 28,* 1151–1185.

Paap, K. (2006). *Working construction: Why white working-class men put themselves—and the labor movement—in harm's way.* Ithaca, NY: ILR/Cornell University Press.

Pascoe, C. J. (2007). *Dude, you're a fag: Masculinity and sexuality in high school.* Berkeley: University of California Press.

Personal Narratives Group. (Eds.). (1989). *Interpreting women's lives: Feminist theory and personal narratives.* Bloomington: Indiana University Press.

Plummer, K. (1995). *Telling sexual stories: Power, change, and social worlds.* London: Routledge.

Polkinghorne, D. E. (1995). Narrative configuration in qualitative analysis. In J. A. Hatch & R. Wisniewski (Eds.), *Life history and narrative* (pp. 5–23). London: Falmer.

Polkinghorne, D. E. (2007). Validity issues in narrative research. *Qualitative Inquiry, 13,* 471–486.

Richardson, L. (1990). Narrative and sociology. *Journal of Contemporary Ethnography, 19,* 116–135.

Richardson, L. (2002). Poetic representation of interviews. In J. F. Gubrium & J. A. Holstein (Eds.), *Handbook of interview research: Context and method* (pp. 877–892). Thousand Oaks, CA: Sage.

Riessman, C. K. (1990). *Divorce talk: Women and men make sense of personal relationships.* New Brunswick, NJ: Rutgers University Press.

Riessman, C. K. (2002a). Analysis of personal narratives. In J. F. Gubrium & J. A. Holstein(Eds.), *Handbook of interview research: Contextand method* (pp. 695–710). Thousand Oaks, CA: Sage.

Riessman, C. K. (2002b). Positioning gender identity in narratives of infertility: South Indian women's lives in context. In M. C. Inhorn & F. van Balen (Eds.), *Infertility around the globe: New thinking on childlessness, gender, and reproductive technologies* (pp. 152–170). Berkeley: University of California Press.

Riessman, C. K. (2008). *Narrative methods for the human sciences*. Thousand Oaks, CA: Sage.

Rosenwald, G. C., & Ochberg, R. L. (Eds.). (1992). *Storied lives: The cultural politics of self-understanding*. New Haven, CT: Yale University Press.

Saldaña, J. (2008). Ethnodrama and ethnotheatre. In J. G. Knowles & A. L. Cole (Eds.), *Handbook of the arts in qualitative research* (pp. 195–207). Thousand Oaks, CA: Sage.

Saukko, P. (2008). *The anorexic self: A personal, political analysis of a diagnostic discourse*. Albany: SUNY Press.

Schneider, R. (2006). Never, again. In D. S. Madison & J. Hamera (Eds.), *The SAGE handbook of performance studies* (pp. 21–32). Thousand Oaks, CA: Sage.

Scott-Hoy, K., & Ellis, C. (2008). Wording pictures: Discovering heartful autoethnography. In J. G. Knowles & A. L. Cole (Eds.), *Handbook of the arts in qualitative research* (pp. 127–140). Thousand Oaks, CA: Sage.

Shamai, M., & Levin-Megged, O. (2006). The myth of creating an integrative story: The therapeutic experience of Holocaust survivors. *Qualitative Health Research, 16,* 692–712.

Smith, A. D. (1993). *Fires in the mirror: Crown Heights, Brooklyn and other identities*. New York: Anchor.

Smith, A. D. (1994). *Twilight—Los Angeles, 1992 on the road: A search for American character*. New York: Anchor.

Smith, A. D. (2004). *House arrest: A search for American character in and around the White House, past and present*. New York: Anchor.

Weber, S. (2008). Visual images in research. In J. G. Knowles & A. L. Cole (Eds.), *Handbook of the arts in qualitative research* (pp. 41–53). Thousand Oaks, CA: Sage.

Weinberg, D. (2005). *Of others inside: Insanity, addiction and belonging in America*. Philadelphia: Temple University Press.

White, M., & Epston, D. (1990). *Narrative means to therapeutic ends*. New York: W. W. Norton.

Susan Finley

26.

비판적 예술 기반의 탐구
_ 급진적 윤리적 미학의 교육과 수행

정종원_ 울산대학교 교육학과 교수

비판적 예술 기반의 탐구는 예술가로서의 연구자(혹은 연구자로서의 예술가)들은 민주적이고, 윤리적이며 올바른 연구 방법론에 전념하는 질적 연구 수행자들의 새로운 연구 패러다임으로 안내한다. 또한 비판적 예술 기반의 탐구는 연구의 궁극적인 가치는 결국 연구가 벌어지는 공동체에 기여하는 유용성에서 도출된다는 연구에 대한 행동가적 접근도 보여주고 있다.

최근에 일어난 일련의 두 가지 경험을 통해 예술 기반 연구에 대한 나의 논의를 진행하려고 한다. 첫 번째 사례에서 나는 어떤 도시 지역의 교육에 대한 미래를 고민하는 "상상 위원회"에 참여하자는 제안을 받았다. 위원회에 참여한 사람들은 하나의 학교구(school district) 내에서 문화적으로 다양한 공동체들을 모아보려는 의도를 가지고 성실하게 문화적 다원주의에 접근하고 있었다. 우리는 우선 하나의 큰 그룹으로 모인 다음 다시 특정한 주제(예를 들면 학습자 정체성, 과학기술, 교육과정 등)를 탐구하는 작은 학습 집단으로 나누어져 각각의 소집단이 논의한 내용을 전체가 다시 모여 보고하기로 하였다. 각각의 소집단이 활동하는 시간은 세 시간 정도로 정해졌다.

소집단 활동을 할 때는 참여자들의 대화를 문자로 기록하는 것뿐만 아니라 시각적으로 표현하도록 하였다. 우리가 소집단에 모여 논의에 참여하고 있을 때, 한 명의 예술가는 회의장소를 돌아다니면서 각각의 집단에서 논의하고 있는 다양한 대화를 경청하고, 참여자들과 이야기를 하면서 우리의 모습을 커다란 연습장에 스케치하고 있었다. 이 예술가로서의 연구자는 아침부터 시작해서, 점심식사를 위한 휴식시간에 이르러 이 지역의 맥락 안에서 교육의 미래 모습을 어떻게 만들어갈 것인가에 대한 우리의 이상적인 통찰에 대해 참여자 전체가 모여 논의하기까지 경청자-관찰자의 역할을 지속하였다. 전체 모임이 열릴 때 그 예술가로서의 연구자는 우리가 보낸 하루의 모습을 그린 그의 묘사를 커다란 화면으로 보여주었다. 그는 만화로 된 소설과 같이 일련의 패널들을 보여주는 연재만화를 만들어냈다. 그의 그림 중에는 협력적인 활동이 진행되는 와중에 포함된 복잡성에 대한 인상을 드러내고 있었는데, 이것은 그의 예술적 기교가 갖는 뉘앙스—그의 그림에 나타난 동작의 표현, 개인 참여자들의 캐리커처로 된 초상, 그리스 합창—로 전달되었다. 그의 그림들이 전시되고(몇몇은 소그룹 모임에서 만든 그림들과 콜라주되어 표현된), 토론 중재자의 도움을 받자 회의장 안은 열정적인 대화, 그림과 그것이 전달하는 메시지에 대한 대중의 응답, 몇몇 표현에 대해 동의하지 않는 의견(그러자 예술가 연구자는 재빠르게 스케치를 보완하기도 하였다) 등 여러 가지 논의들로 와자지껄해졌다.

두 번째 사례는 약 일 년 후에 벌어진 일이었는데 첫 번째와는 성격이 매우 달랐다—이번에 참여한 사람들은 자원봉사자들과 함께 일하는 조직의 대표자나 자원봉사자, 또는 교육적 접근으로써 봉사학습에 헌신하는 사람들이었다. 이 모임에서는 한 명의 시각 예술가가 큰 벽화—빌딩, 공원, 호수, 강과 같은 그 지역의 지리적 중심지를 표현한—앞에 서 있었다. 전체 토론과 소집단 토론이 하루 종일 진행되었고, 그 예술가는 서서히 색연필로 지역사회를 위한 봉사학습의 미래에 대한 역동적인 시각적 묘사를 완성해 나갔다.

위에서 언급한 내용들이 바로 비판적, 질적 예술 기반 연구의 사례들이다. 비판적, 질적 예술 기반 연구는 하나의 연구 장르로서 그 연구 방법론들은 새롭게 출현한 것이며, 평등주의적이며, 지역적이고 공동의 성찰적인 논의에 기반을 두고 있다. 이것들은 지식 창조 행위이며, 복잡한 조건들의 맥락 속에서 구체화되고, 지역의 사회경제적 체제, 인종적, 문화적 간극, 그리고 공동의 논의가 이루어질 수 있는 공간의 구성 가능성에 대한 서로간의 시각을 보고 듣기 위한 형태와 메커니즘을 예술이 제공함으로써 구체화된다. 사례에 등장한 시각 예술가들은 역동적인 대화 속에서 드러난 이미지들을 기록하였다. 그들의 시각은 다른 참가자들과 함께 성찰적 대화에 참여한 사람들과 특정한 장소에 기초하고 있다. 예술 기반의 탐구는 스토리텔링의 과정을 분명하게 해주고 때로는 조화롭고 때로는 갈등도 있는 참여자들의 함께 사는 경험에 대한 공유된 표현을 가능하도록 촉진해준다. 삶의 행위에 있어 예술을 접목함으로써 이러한 연구 활동은 청중과 연구자를 대화와 표현, 성찰과 발언, 발언과 경청에 있어 상호성(reciprocity)을 경험할 수 있는 장소로 불러들인다. 각각의 사례에 있어 예술은 참여와 대화를 증진시키거나 활기차게 만들어 주었다. 청중은 주제에 대해 감정적으로 연결되었으며 동시에 그들 대화의 특징이라고 할 수 있는 정서적, 성찰적 대화의 진실성을 확인할 수 있었다. 예술가들은

진실에 대한 주장을 펼치지 않았다. 그들은 미래의 가능성에 대한 탐구와 성찰적 대화를 표현하는 일에 집중했을 뿐이다.

나의 경험에서부터 도출된 위와 같은 사례들은 공동체의 담화를 촉진시키는 새로운 접근을 소개하고 있다. 이것은 또한 많은 예술 기반 연구 방법론의 짧은 수명에 대해서도 이야기하고 있다. 예술과 연구는 매우 국지적이어서 "순간에 머무는" 것과 같다. 창조의 의도는 복제하거나 배포하기 위함이 아니고, 위에서 언급한 사례에서와 같이 지역에서 이루어진 논의에 대한 시각적인 표현은 그것이 창조된 바로 그 공동체의 밖에서는 이해되기가 어렵다. 지역 공동체의 맥락에서 이루어진 예술 기반 연구에 대한 위와 같은 사례들은 개인적으로는 나에게 예술 기반의 연구가 지역 공동체에 터한 활동주의를 수행하는 데 있어 지역사회가 활용할 수 있는 하나의 도구가 될 수 있다는 희망을 갖도록 해주었다.

26.1 비판적 예술 기반의 탐구

SAGE사가 발행한 『질적 연구 핸드북』의 제3판에서 비판적 예술 기반의 탐구에 대한 나의 논의는 "혁명적인 교육학의 실천"과 "정치적 활동주의가 질적 탐구를 수행하는 목적일 때" 비판적 예술 기반의 연구가 갖는 유용성을 밝히는 데 초점을 두었다(S. Finley, 2005, p.681). 비판적 예술 기반의 연구는 인류학과 사회학 분야의 질적 연구자들이 본질상 국지적이고 돌봄의 윤리에 기반하고 있는 이전과는 다른 새로운 연구의 흐름을 어떤 방식으로 표현할 것인가와 씨름하던 "표현의 위기"라는 역사적 순간에 처음으로 발전하기 시작하였다(Denzin & Lincoln, 2000; Geertz, 1988; Guba, 1967; Hammersley, 1992). 예술과 인문학 장르에 속한 연구들이 지속적으로 증가하여 "후기실험주의(post-experimental)"의 위치에 이르렀으며(Denzin & Lincoln, 2000), 사회과학 분야에 있어 시적 형태를

떤 연구의 증가는 Zali Gurevitch(2002)가 질적 연구에 있어 "시적 순간"(p.403)이라고 선언할 정도가 되었다. 최근에는 예술 기반 연구에 있어서 "행위적 전환"이 이루어져 "연구의 발표 형태"(Denzin, 2003, p.13; Conquergood, 1988 참고)로 그 초점이 텍스트에서 행위로 옮겨졌다. 행위 예술로서의 비판적 탐구는 특별히 문화적 저항의 경험(Garoian, 1999)을 기대하거나, 학습자/참여자/연구자의 공동체 속에서 생성된 포괄적이고 감정적인 이해를 통해 긍정적인 사회 변화를 기대하는 연구자들에게 잘 맞을 수 있다.

『질적 연구 핸드북』의 이전 내용을 수정하고 보완하기 위해 나는 비판적 예술 기반의 연구자들을 위해 다음 세 가지 상호연결된 주제들을 중심으로 논의를 구조화하고자 한다.

- 첫째, 나는 연구와 교육과정에 있어서의 신자유주의와 신보수주의적 흐름에 대해 고찰하고자 한다. 이러한 흐름은 사회적 분열을 재확인하거나 제도화하고, 특정 집단이 창조적 참여와 표현에 접근하는 것을 막고, 후기식민주의적(post-colonizing) 연구 전략을 방해하고 있다(Cannella & Lincoln, 2004a, 2004b, Lincoln & Cannella, 2004a, 2004b).
- 둘째, 나는 질적 연구에 있어서의 행위적 전환과 어떻게 행위적 전환이 비판적 예술 중심의 연구가 혁명적이고, 활동주의적이며 미학적인 교육으로서의 잠재력을 강화하였는지에 대해 논의하고자 한다.
- 마지막으로 이 장에서는 (몇몇 사례들을 통해) 비판적 예술 기반의 연구 활동이 "급진적 윤리적 미학"(Denzin, 2000, p.261)을 실천하고, "일상의 삶에 있어서의 퇴행적 구조"(Denzin, 1999, pp.568, 572)에 대한 저항을 시도하는 민중교육(people's pedagogy)의 중심에서 이루어지는 비판적 예술 기반 연구 활동에 대한 논의를 진행하고자 한다.

나는 연구를 통해 정치적 문제들에 저항하는 것을 성취하는 일은 새로운 긴급성과 헌신, 그리고 민주주의,정의, 정치적으로 억압된 사람들의 일상에서 터져나오는 정치적 목소리를 증폭시켜 주는 해석적 연구를 지원할 수 있는 지속적인 연구 방법론의 발전을 요구한다고 믿는다. 그동안 돌봄의 윤리(ethics of care)에 기반을 두고 인간의 조건을 향상시키려 했던 신세대 연구자들에 의해 이룩된 진보에 체계적으로 반대했던 신자유주의적, 신보수주의적 정치적 권력의 행태를 되돌리기 위한 정치적 저항이 지금 이 시대에 요구되고 있다(Lincoln, 1995).

비판적 예술 기반의 연구에 있어 예술은 연구의 방식이자 사회적 행동주의의 실천을 위한 방법론이다. 비록 많은 질적 연구자들이 예술과 인문학을 의사 전달의 힘으로는 유용한 인식론적 요소로 삼아왔지만, 모든 예술 기반의 연구 수행자들이 급진적이고 혁명적인 미학의 실천을 고양하려는 나의 의도에 함께하지는 않을 것이다. 예술 기반의 연구자들은 그들 모두가 사회 변화를 그들의 노력에 있어 가장 중요한 목적으로 고려하지는 않았지만 대신 "사회과학 연구에 있어서 예술이 가질 수 있는 많고도 다양한 역할들"을 발견해왔다(Knowles & Cole, 2008, p.xiii).

9·11 테러사건을 통해 신보수주의 정치집단이 미국을 장악하였다. 세계적인 경제 위기와 맞물려 새로운 보수주의에 직면하는 것은 질적 연구자들에게 정치적 저항을 요구하고 있다. 진보적인 사회 활동을 고양하고 촉진할 수 있는 연구 방법론을 개발하고 실행하는 것은 학계에 있는 정치 활동가들에게 있어서는 그 어느 때보다도 중요한 권리이다. 문화적 혁명(비록 작고, 국지적인 노력이라 할지라도)의 의도를 가진 연구 활동을 진행하라는 요구에 동의하지 않는 예술 기반의 연구자들이라 하더라도, 그들이 이미 정치적 싸움터 안에 들어와 있다는 사실을 확실하게 부정할 수 없을 것이다. "예술 기반의 연구자들에게 있어 '예술 활동을 한다'와 '연구를 한다'고 말하는 것은 정치적 저항 활동을 의미하는 것이다. … 예술과 연구가 동의어가 될 수 있다는 입장을 고수하는 것은 정치적 선언이다."(S, Finley, 2003a, p.290; 2005, p.685). 연구 방법론을 통해 정

치적 흐름을 만들어내는 일은 비단 질적 연구자나 예술 기반의 연구자들에게 국한되는 것은 아니다. 모든 연구는 정치적이다. Kenneth Howe(2009)는 연구 방법에 있어서 신보수주의적 퇴행은 "새로운 과학적 정설"이 되었다고 선언하였으며, 더 나아가 "어떤 연구 방법을 사용하건 간에 사회과학 연구의 설계와 실행에 있어서 어떠한 요소들을 수정해야 하는가에 대한 의사결정은 피할 수 없는 일이고, 불가피하게 정치적인 결정이다"(p.428)라고 주장하였다. Norman Denzin과 Yvonna Linclon(2005; Smith, 1999 참고)은 "불행하게도 모든 질적 연구의 형태(관찰, 참여, 면담, 문화기술지)가 그렇지는 않지만 많은 부분들이 식민주의적 지식과 권력, 진실에 대한 은유로 사용되었다"(p.1)고 기술하고 있다. 따라서 예술 기반의 연구자들이 가져야 할 핵심 질문은 "타인의 삶의 맥락에서 포괄적이고 다원론적인 미학으로 전진하기 위해서 어떻게 하면 우리가 식민주의적 사회적 순응의 복잡한 장벽을 돌파할 수 있을 것인가?"이다.

26.2 연구와 교육에 있어서 되살아난 팔레오콘[역주1], 네오콘[역주2], 신자유주의적 정치적 전통이 끼치는 비판적 예술 기반 탐구에 대한 위협

John Leanos와 Anthony Villarreal(2007)이 묘사한 바와 같이, "유대 – 기독교도, 백인 패권주의자, 이성주의(동성애에 반대하는) 자본주의자, 가부장주의자, 군사, 산업, 연예계, 감옥, 대학 복합체"(p.1)의 사회적 조건에서 윤리적이고 사회 참여적인 예술 기반의 연구 전통이 출현할 가능성은 매우 낮다. 예술 기반 탐구에 장애가 되는 요인들의 뿌리는 초등교육의 교육과정에 대한 이슈에서부터 시작해서 고등교육 분야, 그리고 인간에 대한 학문의 연구비 지원과 실행과정에 대한 공공정책에까지 걸쳐있다. 비록 예술적 연구가 후기식민주

의적이고, 다원주의적이며 윤리적이고 긍정적인 방향으로 변혁적인 새로운 연구의 전통을 만들 수 있을 것이라는 기대를 가지고 있을지라도, 신보수주의 정치집단이 지닌 권력이 제시하는 안건들은 이러한 연구의 실행을 위협하고 있다. 구체적인 기예에 기반을 두고 적극적인 상상을 자극하며 비판적인 비평과 대화에 참여할 수 있는 능력을 기르는 자유로운 예술 교육은, 예술 기반의 탐구를 위한 연구자를 양성하기 위한 교육과정과 교육활동의 핵심적 특성이다(Seidel, 2001). '낙오방지법(No Child Left Behind)'의 제정을 통해 강조된 보수적인 학교교육과 결합된 자본주의적이고 기업 전략적인 방향으로의 교육 조직과 교육 전달에 있어서의 근본적 변화는 과학 분야의 이익 가치 중심의 논리에 따라 적은 지원금을 타내기 위한 경쟁 구도를 형성함으로써 예술과 인문교육의 가치를 억압해왔다. 미국 교육에 있어 평가중심의 표준화된 책무성에 대한 논리는 예술 기반의 수업과 학습활동을 제대로 지원하고 있지 않다. Richard Siegesmund(1998)가 말한 대로 "교육 성과를 매우 협소하게 규정 짓는 시대에 있어 예술은 제대로 가르쳐지고 있지 않다"(p.199). 드라마 속 주인공[역주3]이 비꼬듯이 아이들은 "학교가 더 많은 지원금을 받기 위해서 어떻게 하면 표준화된 시험을 통과할 수 있을까"를 배우기 위해 학교에 간다(Benabib & Salsberg, 2009).

창의적 교육을 위한 교육과정에서는 비판적 분석과 사회적 행동에 필요한 기술과 기회 역시 사라졌다. Leaños와 Villarreal(2007)은 이 점에 대해 "일반적인 비판적 교육, 특히 비판적 예술 교육이 미국 전역의 교육과정에서 거의 사라져 버렸다"라고 말하였다(p.1).[1] 더욱 경종을 울리는 사실은 보수주의적 교육 정책과 그것의 제도화로 인한 장기적 영향이 사회적 행위로 유지된다는 점이다. Henry Giroux와 Susan Giroux(2008)는 "문화의 교육적 힘은 실제적으로 신자유주의적 이데올로기, 가치, 그것에 대한 공감과 동의를 교육적으로 재생산하는 방식으로 작동한다"고 서술하고 있다. Elliot Eisner(2001b)는 이 점을 "예술의

모습이 학교와 같기보다는 학교에서 이루어지는 교육의 모습이 좀 더 예술 같아야 한다."(p.9)고 표현하였다.

이러한 볼썽사나운 역설적 상황 속에서, 예술교육에 대한 표준화가 공적인 학교 기반의 예술교육에 대한 심각한 예산 삼각을 용인하는 세태를 뒷받침하는 해결책으로 제시되었다. 단일한 형태의 예술에 대한 표준이 공립학교에서 예술교육의 지속성을 보장해줄 수 있다는 주장의 진위 여부는 논외로 하더라도, 예술교육에 대한 표준을 제시하는 것은 문화적 다원주의를 위협할 뿐만 아니라 오히려 문화적 재생산을 약속하는 셈이다 (Eisner, 2001a). 예술교육을 표준화하는 것은 신자유주의적 교육정책을 재확인하는 것이며, 더 나아가 예술교육을 시장모형에 진입시키도록 강요하는 것이다. 반면에 문화적으로 호응해야 하는 예술교육은 직접적으로 학업 성취도와 연계되었고, 교육적 권한부여의 부재를 가져왔다(Hanley & Noblit, 2009).

표준화된 예술교육을 위한 과정설계의 요소들은 예술에 대한 이해와 미적 경험에의 참여에 대한 전략들을 학교 학생들에게 가르치려는 미학 교육의 전통에서 추출되었다. 이 모형의 기본적인 학습목표는 아이들에게 어떻게 하면 예술에 대한 좋은 청중이 될 수 있는지를 가르치는 것이지 예술을 창작하거나 비판하는 것이 아니었다. 예술교육에 있어서의 표준화를 지지하는 입장에서 Laura Zakaras와 Julia Lowell(2008)은 표준화된 예술 교육과정이 모든 학생들에게 갖는 보편적인 적용 가능성을 다음과 같이 주장하였다. "학생들의 예술적 재능과 상관없이 (표준화된 예술 교육과정은) 학생들에게 현재와 미래에 있어 예술 작품을 대할 때 좀 더 만족스러운 경험을 가능토록 해준다"(p. 20). 신자유주의적 관점에서 보자면 예술적 경험은 모든 학생들에게 표준화될 수 있을 것이다. 하지만 포괄적 다원주의에 대한 민주적 목적의 전진을 위한 상황에서는 이것은 사실이 아니다. 학생들을 가르치기에 적합한 "질 좋은" 예술 작품에 대한 선택은 "거장"들에 의해서 만들어진 매우 제한된 예술에 대한 분류기준을 따를 것이다. 자 Zakaras와 Lowell의 기술에 따르면

일반적으로 이러한 미적 인식의 기술들은 세심한 주의와 전체적인 미학적 기술을 사용하여 감상할 때 보상을 줄 수 있는 예술의 대표적인 걸작을 접할 때 가장 잘 학습될 수 있다. 이상적으로는 이러한 작품들이 다양한 역사적 시대와 세계의 지역들 그리고 민속문화, 대중문화, 고전문화와 인종문화를 포함하는 여러 예술 형태의 다양한 장르들을 나타내준다(2008, p. 21).

이러한 교육과정에서는 예술가와 지역, 기법, 예술 형태와 같은 것을 확인하는 일이 객관식 문제를 푸는 일로 치환될 수 있다는 점을 이야기하지 않을 수 없다. 나아가 걸작을 선택하는 것은 정치적 의미를 내포하는 일이다. Zakaras와 Lowell은 학생을 청중으로 여기는 관점에서 한발 더 나아가 위와 같은 걸작들과의 경험이 기예 중심의 예술교육과 이해로 전이될 수 있다고 생각하였다. "예를 들어 음악에 있어서 난이도가 있는 작품을 연주하도록 배우는 것은 작품의 요소들에 주의를 기울일 것을 요구하며, 이러한 주의집중은 종종 미적 인식과 이해를 개발시켜 준다"(Zakaras & Lowell, 2008, p. 22). 나는 이들의 주장에 대해 예술가이자 교사인 Twila Tharp의 주장을 소개하고 싶다. Tharp는 학생들에게 예술 창작의 고유하고 창의적인 탐색 기회가 주어져야 함을 다음과 같이 말하였다.

만약 반복이 우리가 과거의 성공에 집착하도록 강요한다면 문제가 있다. 무언가 성공적으로 완수되었던 것들을 지속적으로 상기하는 것은 우리가 과감하고 새로운 무언가를 시도하는 것에 제약을 가한다. 우리가 처음 대단한 무언가를 이루었을 당시 특정한 공식을 찾으려고 했던 것은 아니라는 사실을 잊어버린다. 우리는 우리의 본능과 열정이 우리를 어디로 이끌건 간에 그것을 좇아 탐험되지 않은 영역에 서있다(2003, p. 217).

본능과 열정은 표준화되고 공식화된 예술 창작의 가능성 영역 너머에 있다. 표준화된 교육과정은, 비록 어떤 작품이 학습 대상으로서 그리고 복제할 만한 가치

를 갖는 지정된 걸작과는 다른 기법들을 사용하였을 지라도, 문화적으로나 역사적으로 잇닿아 있는 열정적인 예술가의 작품을 포함하지 않을 가능성이 높다. 거장들의 작품 속에 드러난 한 획 한 획을 이해하고 그것을 복제하는 형태의 예술교육의 표준화는 절박한 문화적 다원주의를 배제하고 있다.

"누구의 예술인가?"가 중요한 질문이다. 토착적이고 반체제적이고 외부자적(outsider) 성격을 지닌 예술의 형태는 표준화된 예술 이해의 교육과정 속에서는 잘 드러나지 않을 것이라는 점은 생각해볼 문제이다. 다원주의를 대신해서 사전에 결정된 가치에 대한 정의가 관례적으로 추앙받는 사회적 세계를 구체화한다. 그래피티(graffiti) 예술의 거장, 컴퓨터 게임을 개발한 그래픽 디자이너, 그리고 제대로 된 교육을 받지 않은 예술가의 작품이 걸작의 반열에 포함될 것인가? 다원주의가 에로티시즘과 포르노미저리(pornomiseria)에 나타난 착취에 길을 내줄 것인가?(Faguet, 2009)[2] 예술적 규범이 급진적인 정치적 표현을 검열하기 위해 표준화될 것인가? Leaños와 Villarreal(2007)이 동의하는 바와 같이 "예술에 대한 검열은 정치적인 반대에 대한 검열과 직접적으로 연결되어 있다"(p.1). Tharp는 "분노한 상태는 예술가들의 가장 가치 있는 조건 중의 하나이다"라고도 말하였다. "창의성은 **저항**의 활동이다. 당신은 현재의 상태에 도전하고 있다. 당신은 현재 받아들여지고 있는 진실과 원리에 의문을 제기하는 것이다"(Tharp, 2003, p.133). 무언가에 분노한 상태는 Denzin이 질적 연구자들이 현재의 연구 상황에 저항하는 "게릴라전"에 참가하도록 촉구한 것과 일맥상통한다. Leaños와 Villarreal은 다음과 같이 묘사한다.

> 요약하자면, 예술 활동의 모든 영역은 "문화적 독재"안에서 일어난다(Bourdieu and Passeron, 1977). 문화적 독재는 특권층의 미학을 규준으로 삼고, 이러한 규준은 "아름다움", "양식", "천재"에게 특권을 부여하는 예술교육의 일상을 통해 구체화되고 강요된다. 이러한 높은 예술적 미학이 미국에서 이루어진 전통적인 예술교육

의 문화적 독재의 핵심이며, 비판적이고 정치적으로 연계된 예술 활동과 같이 전통적인 규준의 협소한 잣대에서 탈락된 예술적 공헌은 역사적으로 무시되어 왔으며, 실제적으로도 공식적인 학교 교육과정에서 제외되어 왔다(2007, p.2).

재능, 천재, 질과 같은 단어들은 예술에 있어서 문화적 보수주의를 드러내는 코드이다. 이러한 용어들에 의해 규정되는 정통성을 구성하는 협소한 영역은 바로 "수준 높은 예술"을 정의하며, 사회경제적, 인종적, 성별 구분에 대한 제도화를 촉진하고 있다. 이와 마찬가지로, 전문가주의(그리고 천재, 천부적 재능)는 교육적 엘리트주의와 연계되어 있다. Tharp는 모차르트(Morzart)에 대한 분석을 통해 천부적 재능이라는 것이 잘못된 것임을 다음과 같이 밝히고 있다. "누구도 모차르트만큼 노력하지 않았다. 그가 28세가 되던 해에 그의 손은 이미 기형적으로 변해 있었는데, 이는 그가 작곡을 위해 깃털로 된 펜을 잡고, 연주하고, 연습하는 데 엄청난 시간을 썼기 때문이다"(2003, p.7). 그러나 모차르트는 영재가 될 수 있는 환경에서 태어났다. "모차르트가 가진 첫 번째 행운은 그의 아버지가 작곡가이자 바이올린의 거장이었으며, 건반악기를 능숙하게 다룰 수 있는 사람이었다는 것이다. Tharp는 다음과 같이 결론을 맺고 있다.

> 모차르트는 그의 아버지의 아들이었다. 레오폴드 모차르트(Leopold Mozart)는 음악뿐만 아니라 철학과 종교에 있어서도 고된 교육을 받은 사람이었다. 그는 교양 있고, 폭넓은 사고를 가지고 있었고, 작곡가이자 교육자로서 전 유럽에 걸쳐 유명한 사람이었다. … 레오폴드는 어린 볼프강에게 대위법(counterpoint)과 화성(harmony)을 포함하여 음악에 대한 모든 것을 가르쳤다. 그는 당시 유럽에서 이름난 작곡가나 볼프강의 음악 발전에 도움이 될 수 있는 사람이라면 누구라도 찾아다녔다. 많은 경우 운명은 단호한 부모에 의해 결정된다. 모차르트는 단지 건반 앞에 앉아 신이 들려주는 목소리

를 들으며 손끝으로 자연스럽게 음악을 연주하는 그런 천진난만한 영재는 아니었다(2003, pp. 7-8).

모차르트는 음악 이론과 기법에 대한 교육에 있어 이점을 가지고 있었다. Pierre Bourdieu는 예술가들 사이의 정통성 문제는 오랜 기간 동안 이미 정의된 미학 영역에 자리 잡고 있는 특정한 일련의 기교에 대한 전문성에 의존해 왔음을 강조하였다. 모차르트는 음악이라는 언어의 거장이 되기 위해 필요한 기교를 잘 배운 것이다. Tharp는 계속해서

—
기술은 무슨 일이 당신에게 일어나건 간에 목적을 달성할 수 있는 수단을 제공한다. 기술 없이는 당신은 그저 완성되지 못한 아이디어의 끄적거림에 불과하다. 기술은 당신이 마음의 눈으로 볼 수 있는 것과 당신이 실제로 만들어낼 수 있는 것 사이의 간극을 어떻게 줄이는가를 의미한다. 더 많은 기술을 가질수록 당신의 생각은 더 많이 성취되고 더 세련되어질 것이다. 완벽한 기술은 완벽한 자신감에서 나오고 이러한 자신감은 당신을 단순하게 해준다. 피카소(Picasso)가 어린이들의 미술 전시회를 보면서 말하길 "내가 이 아이들 또래 즈음에 나는 라파엘(Raphael)처럼 그릴 수 있었다. 하지만 아이처럼 그림을 그리는 데 평생의 시간이 필요하였다"(2003, p. 163).

아이들에게 자신 있게 놀고, 자신 있게 그리고, 자신 있게 창조하는 기술을 가르치도록 하자—그들의 손이 펜의 모양, 붓의 모양 혹은 건반의 모양이 되도록 하자. 만약 아이들에게 기술을 배울 수 있는 기회를 주지 않는다면 더 이상 새로운 거장은 없을 것이고—아마 핵심이 되겠지만—사회적 변화는 문화적 재생산과 함께 일어나지는 않을 것이다.

예술에 있어서의 기술교육을 제한하는 재정적인 규제와 더불어 비판적 예술교육을 가르치는 일은 의도적으로 배제되어 왔다. 예술에 대해서 아는 것이나 특정한 고전적 형태의 예술을 이해하는 것만으로는 충분하지 않다. 도덕적이고 윤리적이며 미학적인 행위자로서의 목표는 지식과 이해를 행동으로 옮기는 것이다. 예술의 가치가 표준화된 사회적 관습과 전통에 의존하게 되면, 예술 영역에 있어서 예술가(연주자)와 청중(경험 속의 연주자)에 의한 정치적이고 미학적인 참여는 비어 있는 상태가 될 것이다. 더군다나 비판적인 질문과 해석으로부터 관습을 분리시키는 것은 역동적이고 진보적인 인간 활동의 창의적 구성을 제한한다. 간단하게 말하자면 21세기 대부분의 시기에 공립학교에 다닌 학생들은 적극적인 시민으로서 세계를 대하는 교육을 받지 못하는 것이다. 신보수주의적 교육정책은, 학생들이 기예를 배울 수 있는 기회를 제한하는 방식과 동일하게, 비판적인 대화, 희망을 향한 행위, 더 나은 내일에 대해 시민들이 창조해낸 이미지를 공유하는 것을 배척하고 있다. Henry Giroux와 Susan Giroux(2006)는 "횡행하는 신자유주의 담론이 공공의 상력력을 억압하면 할수록 진보적인 사회적 변화, 민주적인 영감을 드러내는 비전, 사회적 기구나 조직에 대한 비판, 또는 민주적인 공공의 삶의 의미와 목적을 확장시켜줄 수 있는 목소리가 설 자리가 없어지고 있다"(p. 25)고 말한다.

예술 교육을 위협하는 보수주의의 팽창은 그 내용이나 형식면에서 인간에 대한 연구영역에서도 반복되고 있다. 정치적 보수주의의 힘은 인간에 대한 학문을 "과학"이라고 부르는 주장에 힘을 실어주었고, 사회적 현상에 대한 이해에 과학적 엄격성을 덧대었다. 보수주의에 새로운 생명이 주어졌다. (증거, 진실, 개별화, 경쟁에 기초한) 전통주의적이고 자본주의적 교육이 인간에 대한 학문 연구자들의 공동체를 피곤할 정도로 계속해서 압박함에 따라 학습과 앎에 대한 대안적인 방식은 사라져 버렸다. 이렇게 이데올로기적으로 형성된 예술에 대한 잘못된 교육과 연구는 "사회적 예술행위가 민주적 참여의 중요한 형태로 그 가치를 인정받는 것을 가로막고 있다"(Leaños & Villarreal, 2007, p. 2).

Howe(2009)는 실증주의자들의 신조(dogma)가 미국의 국가연구위원회(National Research Council)의 선언문인 "교육에 있어서의 과학적 연구(Scientific

Research in Education"(2002)에 "성문화(codified) 되어 있고, 미국교육학회(American Educational Research Association)의 "AERA 출판물에 실증적 사회과학 연구를 보고하기 위한 규범(Standards for Reporting on Empirical Social Science Research in AERA Publications"(2006)을 "강화"시키고 있다 고 비판하였다. Howe는 "교육과학과 민주적 정치 사 이의 관계성"에 대해서는 대부분 침묵으로 일관하는 기술관료적(technocratic) 어투로 쓰인 연구의 정의 에 대해 심란해하였다. 이러한 정의는 마치 과학과 정 치가 "분리된 영역"(p. x)에 존재하는 것처럼 보이게 하 는 이분법적 관계를 성립하려는 가슴 아픈 침묵이다. "열정적인 민주주의"(Gutmann & Thompson, 2004; Young 2004의 저작들을 이 지점에서 참고하면)의 개 념적 틀에서 출발한 그의 비판에 따르면 "교육학 연구 에서 정치적 가치를 도태시킬 가능성—그리고 열망— 은 소멸 직전에 있는 실증주의자들의 원리에 근거하고 있다"(p. 432).

SRE 보고서를 따라, 미국교육학회의 특별위원회는 "AERA 출판물에 실증적 사회과학 연구를 보고하기 위한 규범"에 유사한 실증주의적 신조를 반영하였다. SRE의 가이드라인과 마찬가지로, AERA는 학회가 발 간하는 출판물의 초점을 "실증적인 사회과학 연구"로 국한시켰다(AERA, 2006). AERA 가이드라인은 "학 문활동의 기타 형태"와 "연구 방법"을 차별화하였다. 연구 범주에서 배제되는 접근에는 연구의 전통과 실천 에 대한 비평이나 비판; 이론적, 개념적, 방법론적 연구; 역사적 연구 저작들이 포함된다. 뿐만 아니라 AERA는 국가연구위원회가 철학과 역사학을 연구 영역에서 제외 하는 구체적인 배제성을 확대시켰는데, 이는 이러한 학 문들이 실증적인 실험에 기반하고 있지 않기 때문이다. AERA는 구체적으로 배제되는 연구 방법론에 "인문학 에 근거한 학문(예, 역사학, 철학, 문학 분석, **예술 기반 의 탐구**[저자의 강조])"가 포함되어야 하며, 가이드라인 의 저자들은 이러한 접근법들이 "이 보고서의 범위를 넘 어서기 때문"이라고 주장하였다.

인문학 지향적인(Humanities-oriented) 연구 규 범은 "AERA 출판물에 있어서 인문학 지향적인 연구 를 보고하기 위한 규범(Standards for Reporting on Humanities-oriented Research in AERA Publications)"(2009)의 두 번째 위원회 보고서의 주 제였다. Howe는 이 위원회의 회원이었으며 다음과 같 이 AERA를 비판하였다.

> AERA는 교육과학과 인문학을 이분법적으로 나누는 실 증적 사회과학 연구에 대한 환원주의적 개념을 강화하였 다. Howe는 과학은 실증적이지만 인문학은 그렇지 않 기 때문에 인문학에 기반을 둔 연구는 과학적 연구와 같 지 않다고 결론내린 AERA 특별위원회 저자들의 결론에 저항하였다. 두 학문영역의 방법론은 모두 실증적이다. 다만 양자의 차이점은 "흐릿한 경계와 … 중첩과 상보성 을 갖는" 연속선상에서의 정도의 차이일 뿐이다(Howe, 2009, p. 432).

AERA의 인문학 연구에 대한 특별위원회와 "AERA 출판물에 있어서 인문학 지향적인 연구를 보고하기 위 한 규범"의 저자들은 그들의 보고서에서 Howe의 중 첩과 상보성에 대한 분석에 대한 답변을 포함하였다. 더 나아가 Howe는 과학적 연구가 비정치적이며 객관 적이라는 인식에 대해 비판하였다. "내가 제안하는 의 미에서 과학을 수사적으로 특징화하는 것을 Kuhn, Harding, Code, 그리고 Hacking에게 적용하는 것은 과학이 '근본적으로 강력한 탐구의 형태'(Lessl, 2005, p. 2)라는 것을 부정하는 것을 요구하지는 않는다" (Howe, 2009, p. 437).

> 그것은 단지 과학적 주장이 설득적인 논쟁 이상의 것이 라는 것을 부정하는 것을 요구하고, 편협한 시각이나 자 아의 개입, 새로운 것에 대한 저항, 봉급이 얼마나 되는 지에 대한 관심과 같은 과학자들의 약점이 연구 수행에 포함된다는 것을 부정하는 것을 요구할 뿐이다(Howe, 2009, p. 437).

21세기 들어 첫 10여 년간의 맥락에서 예술교육이 신보수주의적, 자본주의적, 기업적인 이데올로기에 의해서 위태롭게 된 방식과 마찬가지로, 대학에서의 연구 문화도 위태로운 상황을 맞게 되었다. Giroux(2009)는 이러한 문화적 변동(예술과 인문학의 영역에서 사회과학을 분리하려는 반작용적 변동)은 대학의 교수와 학생들에게서 민주적 언어, 가치, 작업을 앗아갔다. 결과적으로 교육적 우선순위가 "전쟁상황 혹은 기업상황" (Giroux, p.671)을 뒷받침하는 것이 될 때, 대학은 민주적 지배의 실천 속에서 학생들을 교육하는 목적에 다다르지 못하게 된다. 이러한 환경에서는 "매우 핵심적인 공공의 영역이며 직업세계를 위해 학생들을 교육할 뿐만 아니라 학생들에게 민주주의를 심화시키고 확대시킬 수 있는 비판적인 대화와 해석, 판단, 상상력, 경험의 방식을 제공할 책무를 지닌"(Giroux, p.671) 대학은 더 이상 존재하지 않는다.

26.3　예술 영역에 형성된 비판적 연구에 대한 장애물, 게이트키퍼, 그 외 이슈

퍼포먼스 페다고지와 정치적 해방을 위한 포럼으로서 예술 기반의 연구를 수용하는 것을 방해하는 조건들은 예술가-연구자 공동체 내부에서도 찾을 수 있고, 과학을 다른 지식 생산의 형태보다 우선시하는 실증주의 구조의 우세 속에서도 찾을 수 있다. Cathy Coulter와 Mary Lee Smith(2009)는 목적, 방법, 윤리, 타당성이 소설에 기반한 내러티브 탐구의 복잡한 영역을 구성한다고 보았다. 내 견해로는 이보다 더한 분열을 초래하는 논쟁들이 예술 기반 연구의 질을 정하는 규범과 관련된 이슈들 주변을 맴돌고 있다. 이러한 논의는 그동안 탐구의 형태로 활용되고 예술을 통해 탐구를 표현하고자 할 때 사용되어 왔던 소설적 내러티브, 시, 춤, 영화 그리고 다른 모든 예술 영역에 적용될 수 있다. Eisner(2008)는 다음과 같이 말하고 있다.

예술에 입각한 연구(arts-informed research)에 있어 가장 무시무시한 장애물 가운데 하나는 매우 높은 수준의 기예를 가진, 예술적으로 세련된 방식으로 이미지와 언어, 동작을 어떻게 사용해야 하는지를 알고 있는, 예술적 뿌리가 있는 실천가들을 찾기 어렵다는 점이다. 예를 들어 교육관련 대학원에서는 박사과정 학생들에게 이러한 기술들을 개발할 수 있는 강좌나 워크숍조차도 제공하고 있지 못하다. 결과적으로 매체가 갖는 가능성을 알고 있는 사람들에게 있어서 이러한 종류의 연구가 아마추어적으로 보이는 것은 흔한 일이 되어버렸다(p.9).

(고전적으로 훈련받은 안무가이자 예술 기반의 연구자인) Donald Blumenfeld-Jones(2008)도 위의 의견에 동의하였다. 그는 안무나 춤을 통해 연구를 수행하려고 하는 예술 기반 연구자들에게는 "춤에 대한 활발한 교육"이 필요하다고 주장하였다. "춤은 원초적이면서도 가장 중요한 예술의 형태이다"(p.183).

예술은 행위를 필요로 한다. … 예술 형태로서 춤을 통해 발견되는 통찰은 오로지 그 행위를 통해서만 얻을 수 있고, 그 행위는 이해하는 데 초점을 두는 것이 아니라 예술을 창조하는 데 초점을 두어야 한다. 춤을 연구의 가장 주요한 방식으로 사용하기를 고려한다면 우선 개인은 예술가로서의 자신을 개발해야 한다. 여러 가지 방식에서 예술을 한다는 것은 연구를 한다는 것과 다를 바 없다는 점을 이해해야 한다(Blumenfeld-Jones, 2002, 2004a, 2004b). 사회 연구자이면서 잘 교육받은 춤 예술가는 그리 많지 않고, 그러한 토대가 없는 상황에서의 근심거리는 앞으로 출현하게 될 예술이 조악하고 어떠한 중요한 것도 얻을 수 없게 될 것이라는 점이다(2008, p.184).

Johnny Saldaña(2008)는 예술적 전문성과 관련하여 조금 다른 입장을 취하고 있다. 그는 희곡 교육을 받지 않은 연구자들이 작성한 문화기술극(ethnotheater)에 있어서 교훈적 내용이 과도하게 포함되어 있는 것과 같은 질적 문제들이 있음을 지적하였다. 그는 또한 연구를 표현하기 위해 문화기술극이 사용될 때 그것이 효과적이고 매력적이기 위해서는 연출자, 디자이너, 배우들이 좋은 기예를 지녀야 한다고 언급하였다. 그러나 그는 희곡 작업에 영감을 얻은 연구자들을 낙담시키려고 하는 것은 아니라는 점을 분명히 하였다. 다만 다른 희곡 작가와 마찬가지로 희곡을 쓰는 연구자들은 그들의 작품에 대해 공개적인 비판적 피드백 기회를 찾아야 한다고 말하였다.

Eisner(2008)는 예술적 전문성에 대한 딜레마에 한 가지 해결책을 제안하였으며, 나는 이 방법을 시도해 보았다. 그가 제안한 해결책은 사회과학 연구자들과 예술가들이 팀을 구성하도록 하는 것이었다. "그러한 협력관계는 이론적으로 세련된 이해와 예술적으로 고양된 이미지를 결합하는 방식을 제공하는 하나의 사례가 될 수 있을 것이다"(Eisner, 2008, p.9). 예를 들어 Macklin Finley와 나는 (희곡 교수이자 문화기술극 작가인) Saldaña와 함께 독자 연극(reader's theater)을 위한 대본(S. Finley & M. Finley, 1998), 시집(M. Finley, 2000), 여러 다른 시(詩)들(예를 들면 S. Finley, 2000), 그리고 단편소설(S. Finley & M. Finley, 1999)을 비롯해서 우리가 거리의 청소년들에 대해 실시했던 연구를 여러 가지 형태의 예술적 표현들로 제시한 것을 하나의 극본으로 압축하는 작업을 진행하였다. Saldaña는 이러한 형태로 이루어지는 공동 각색 작업의 목적은 작품을 "원래의 것보다 더 낫게" 만드는 데 있다는 의견을 제시하였다(Saldaña, 2008, p.197). 내가 이러한 격언을 '거리의 쥐'라는 희곡으로 각색하는 데 적용했을 때를 떠올리면 조금은 동의하지 못하는 측면이 있다. 예를 들어 독자 연극을 위한 대본의 경우에는 각색을 통해 매우 커다란 진전이 있었다. 그러나 단편소설이나 시의 경우에는 제시 형태가 달라지기는 했지만 진전이 있었던 것은 아니었다. 극본에 제시된 모든 대화내용은 우리(S. Finley와 M. Finley)가 이전에 연구 결과로 출간한 시의 내용에서 인용되었다. 비록 내가 '거리의 쥐'를 위한 무대의 예술성을 인

정하고, Saldaña에게 우리와 함께 원래의 표현작들을 하나로 통합하는 일을 계속하자고 요구했더라도, 나는 새로운 대본이 지역의 청중들에게 접근성을 제공할지 의문스러웠다. 우리(S.Finley와 M. Finley)가 이전에 행해왔던 방식은 청중과 함께 시를 읽으면서 상호작용하는 것이었다. 시를 함께 읽는 것은 빈곤에 대한 사회적 이슈, 학생들의 중도탈락, 길거리 삶 속에서의 예술과 같은 주제들을 다루는 우리의 작품에 대한 청중의 견해를 통해 일련의 주제에 대한 대화를 촉진하기 위함이었다(M. Finley, 2003, p.604). 마찬가지로 독자 연극도 몇 군데 장소에서 진행되었고, 학자, 사회복지사, 학교에 다니는 청소년들, 그리고 거리의 청소년들(그 중 몇몇은 우리 텍스트에 등장하는)과 같은 다양한 청중과 대화를 촉발하는 데 충분할 정도로 성공적이었다. 그러나 희곡을 상연하기 위해서는 리허설 과정에서 해당 장소의 책임자나, 무대를 지지할 받침대, 심지어는 무대로 사용할 만한 공간을 찾아야만 했고 이러한 것들을 조율하는 것이 훨씬 어려운 일이었다.

희곡 전문가에 의해 구성된 완전한 대본은 희곡과 연극에 대한 전통을 이해할 수 있는 수준 높은 청중을 필요로 한다. 만약 사회과학 연구를 위해 예술에 있어서의 심오한 교육적 기반이 필요하다면, 그리고 (본 장의 앞선 내용에서 설명한 바와 같은) 예술교육에 대한 신보수주의적 퇴행을 고려한다면, 예술 기반의 연구의 미래는 매우 불투명한 것이다.

학계의 전통적인 구성원들이 우리의 작업을 비하할 것(예를 들면 Mayer, 2000)이라는 두려움은 질 관리에 대한 예술 기반 연구자들의 걱정을 부채질한다. 이러한 두려움 대신에 우리는 억압을 드러내고 실천을 변화시킨다는 두 가지 목적에 임하고 있다는 사실을 항상 먼저 인식해야 한다. 많은 사회과학 영역(예, 교육, 간호, 사회과학)에서 일어나고 있는 예술과 연구를 혼합하려는 움직임에도 불구하고, 많은 연구자들은 연구에 대한 영감으로나 형태로서 자신들의 연구가 "예술 기반"이라는 사실을 발견하고 있지 못하다. 나는 "여전히 많은 연구자들이 예술 기반 연구가 문학이나, 시각예술,

공연예술 영역에서 어떠한 모습을 갖는가에 대한 사례들을 보여주기보다는 예술 기반 연구의 규준에 관해서 논하고 있다"(Cahnmann-Taylor & Siegesmund, 2008, p.12)는 Melissa Cahnmann-Talyor의 진술에 대해 다른 견해를 가지고 있다. 첫째, 나는 질적 연구의 매우 광범위한 영역들에서 예술적 사례들을 목격하고 있다. 그러나 나는 여전히 질적 연구로서 분명하게 예술을 경험한 많은 연구자들이 그들의 작업을 "예술 기반"이라고 기술하는 것을 왜 선택하지 않는지 이해하기 어렵다. 이러한 현상에 대한 한 가지 부정적인 가능성은 몇몇 예술에 입각한 질적 연구들이 예술 기반의 연구로 규정되지 않기 때문일 수 있다. 왜냐하면 예술에 입각한 연구는 Tom Barone(2008)이 언급한 것처럼 질적 연구에 있어서 "연구 방법론의 블랙리스트(실험에 기반을 두지 않은 모든 형태를 폄하하는)"에 올라있기 때문이다.

내가 관심을 갖고 있는 다른 하나의 대안적인 설명은 질적 연구에 있어서 예술과 관련된 많은 용어들이 혼란스럽다는 점이다―그것이 예술 기반의 연구(arts-based research), 예술 기반의 탐구(arts-based inquiry), 예술에 입각한 연구(arts-informed research), 아니면 A/R/Tography(이 용어에 대한 의미와 역사에 대해서는 Sinner et al., 2006 참고)인가? 이와 유사하게 연구 수행을 위해 광범위하며, 지역공동체 중심의 청중에게 예술을 활용하는 것과 관련된 많은 용어들 사이의 미세한 차이점들이 대중이 더욱 쉽게 이해할 수 있도록 하는 노력에 반하는 것인가? 이러한 용어들이 갖는 장황함에 둔감하기 때문에 연구가 실시되는 공동체에 속한 청중보다는 학자, 연구자, 정책통(policy wonks)들과 같은 청중에게 더 이해되기 쉬운 것인가? 아니면 대중 참여적이고 국지적인 연구 결과를 명확하게 표현하는 목적이 예술 기반의 연구 사례를 찾는 학자들의 전문적인 공론의 장이나 학술지에 소개되는 것을 가로막고 있는 것인가? 많은 연구들은 일시성을 가지고 있고 학계의 독자들이 바라보지 못하고 경험하지 못한 것들에 대한 분석적인 토론과 기술을 담아

내고 있다. 비록 멀티미디어 기술들이 예술 기반 탐구의 실천에 대한 대중적 인식의 확산 가능성을 제공할지라도 Karl Bagley(2008)가 직시한 바와 같이 그러한 표현들은 여전히 "실제 수행된 것에 대한 (재)읽기와 (재)표현의 구성이다"(p.54).

인간에 관한 연구영역에서 무엇이 가능할지에 대한 새로운 발전들은 이러한 연구영역이 형성된 시기부터 Eisner, Baron, Denzin을 비롯한 연구자들에게 행동하기 위한 예술 기반 연구자의 소명에 대한 동기를 부여하였다. 그러나 만일 연구자의 역할과 연구의 질을 측정하기 위한 규범들이 전통과 양보될 수 없는 "연구"와 "예술"에 대한 정의에 의해서 편협하게 규정된다면, 예술을 통해 변혁적인 탐구를 수행하고자 하는 이러한 소명은 이루어지기 어려울 것이다. 전통에서 탈피하는 것은 교육과 실천에 있어서 중대한 변혁이 될 것이다―예술은 인간의 조건과 경험의 다양한 방식을 이해하기 위한 방법으로서 가르쳐질 필요가 있다.

예술 기반의 연구자들을 준비시키기 위하여 Eisner(1991/1998)는 학생들의 상상력과 인식, 그리고 대상의 질에 대한 해석과 관련된 기술을 함양하고 예술적 표현에 대한 완벽한 기술을 가르치는 대학원 교육과정을 제안하였다. "미술, 음악, 춤, 산문, 시와 같은 것들이 이러한 기능을 수행하기 위해서 그동안 고안된 장르들이다"(Eisner, 1991/1998, p.235). Cleve Seale(1999)은 "예술가들이 그리고, 칠하고, 조각하는 것을 배우는 방식과 동일한 방식으로"(p.476) 연구 기술들을 가르치기 위한 스튜디오 도제 모형(studio apprenticeship model)을 제안하였다. "실용적 지식"(Harper, 1987)은 소재에 대한 깊은 이해와 소재를 다룰 수 있는 기술, 그리고 직감적이고 창의적이며 성찰적인 사고를 필요로 한다(S. Finley, 2001). 실용적 지식에는 "운동감각적 정확성 … 이론적인 것과 경험적인 것의 상호작용, 실제적인 문제를 해결하는 과정에서의 손과 마음의 결합"이 존재한다(Harper, 1987, pp.117-118). 실용적 지식을 통해 공들여 만들어진 산출물은 작업에 있어서의 정신적, 문화적 경험의 부차적 산물이

다. "이러한 사례에 포함되는 작업은 명사이면서 동시에 동사이다—이것은 [존재와 행위]라는 두 가지 목적을 수행한다."(S. Finley, 2001, p. 20; Sullivan, 2005, p. 241 참고). 창의적 작업은 대화의 장이며 추가적인 행위의 근원이다.

Michel Foucault는 "담화는 불잡아야 할 힘이다"라고 말하였다(1984, p. 110). "신보수주의에 대한 가장 큰 도전은 신자유주의적 질서의 영향을 파헤칠 수 있는 권력, 사회적 운동, 정치, 윤리에 대한 언어를 되찾는 것이다"(Giroux & Polychroniou, 2008, p. 1). "고등교육은 민주적이고 공공적인 삶의 종말에 대한 윤리적, 정치적 대응으로서 복원되어야 한다"고 Giroux와 Polychroniou는 결론 맺는다. 이러한 이론의 여지가 있는 상황에서, 예술은 대화를 이끌어낼 수 있는 힘을 행사하며, 언어를 되찾는 데 촉매가 될 수 있으며, 희망의 비전에 대한 사회적 상상을 되살릴 수 있다. Leaños와 Villarreal(2007)이 단언한 바와 같이 "변화를 공고히하는 데 있어 예술이 지닌 가장 위대한 가능성은 사회적 미시 수준에서 '정규화된(normalizing)' 권력의 작용 속에서 우리가 연루되어 있는 방식을 드러내고, 지식 생산의 새로운 방식과 반식민주의적 담화를 확산할 수 있는 공간을 열어줌으로써 권력의 작용형태에 대한 전술적 방해를 진행하는 것이다"(p. 2).

Katheleen Casey(1995)는 연구에 대한 접근에 있어서 방법론적인 변화는 사회적, 역사적 환경에 의해 촉발된 정치적이거나 이론적인 교차(intersect)와 연결되어 있음을 설명하였다. 예를 들어 내러티브 연구에 있어서 새로운 패러다임에 속한 연구자들은 "소외, 아노미(anomie), 소멸(annihilation), 권위주의, 분열, 상업화, 비하, 강탈의 권력에 적극적으로 대항하는" 입장을 취한다(p. 213). 바로 지난 몇 십 년간 목도해왔던 위와 같은 권력에 대해 저항하는 것이 중요하다면—그리고 이 시기에 학계는 인간에 대한 연구영역에 있어서 (전부는 아니지만) 많은 분야에서 예술 기반 탐구가 등장하는 것을 목격하였다—, 자유로운 언론의 권리를 잃어버리고, 자본주의에 의해서 교육적 사업들이 상품

화되는, 퇴행하는 보수주의와 직면한 오늘날에 있어서 이러한 저항은 더욱 중요하다.

26.4 수행적 전환: 혁명적, 비판적, 미적 교육으로서의 예술 기반 연구

Denzin은 "만약 비판적 질적 연구자들이 지속되고 있는 정치적으로 인종적으로 보수적인 후기실증주의의 한계와 제한을 뛰어넘을 수 있는 연구 방법론을 채택할 수 없다면, 후기근대사회의 민주주의는 지속될 수 없다"(2008a, p. x)고 주장하였다. 그는 연구자들이(특히 교육 연구자들이) 비판적, 질적 탐구와 낙오방지법과 유사한 정치적, 인종적으로 보수적인 후기실증주의적 교육 틀과 교육과정 틀을 연결 짓는 고리를 끊어야 함을 간절히 호소하고 있다(Denzin, 2008a). 이미 오래전부터 Denzin(1999)은 "연구자들이 그들의 펜을(카메라와, 붓, 신체와 목소리를) 들어 우리의 일상에 존재하는 억압적인 구조에 대항하는 우리 자신들의 게릴라전을 수행해야 하는"(pp. 568, 572) 질적 연구의 새로운 움직임을 촉구하였다. 이것이 질적 연구에 있어서의 수행적 전환(performative turn)이다.

저항이란 헤게모니적 텍스트가 특권을 가진 이야기가 되어 지속적으로 확대되는 것에 대해 비판을 수행하는 것이다. 이것은 "정체성을 구성하고 정치적 대리인을 갖게 되는 지배적인 문화적 가정들에 대해 비판하는"(Garoian, 1999, p. 2) 수행이다. 수행성(perfomativity)은 거대담론(meta-narratives)의 권위를 지속적으로 무너뜨리는 역동적이고 열린 대화를 창출해낼 수 있는 의미를 계속해서 서술하고 또 서술하는 것이다. Eisner(2001a)는 예술가는 "우리가 미처 알아차리지 못했던 세계의 단면들을 보여주는 참신한 방식을 발명해내고; 익숙한 것에 함몰되어 있는 우리를 해방시켜 준다"(p. 136)고 말하였다. 행위 예술가인 Suzanne Lacy를 언급하면서 Charls Garoian(1999)

은 행위 예술이 공동체에 비판적 담화에 몰입할 수 있는 경계적(liminal)이고 일시적인 공간을 개방해 준다는 점을 밝혔다. Lacy의 작업에 있어서 공동체적 성격은 다양한 공동체 참여자들을 그들의 억압된 경험에 대해 공동체 내부의 삶의 경험으로 충족되는 전문성을 지닌 전문가와 연기자의 역할로 참여시킴으로써 달성될 수 있었다. 그녀의 작업에 있어 참여자는 공동 연구자로서 그들 자신의 공동체를 이해하기 위해 스스로를 비판하고 도전하며, 그 안에서 일어나는 문화적 억압을 극복하려 하였다. 따라서 예술, 정치, 교육, 탐구가 수행에 모두 포함되었다.

Denzin(2008a)과 Charles Garoian, Yvonne Gaudelius(2008) 등의 연구자들은 인간의 존엄과 사회정의에 대한 신보수주의적/신자유의적 제한을 드러내고 비판함으로써 9·11 테러사건 이후 세계 속의 "일상적인 삶"을 변혁하기 위해서 **퍼포먼스 페다고지**(performance pedagogy)가 갖는 잠재력을 주장하였다(Denzin, 2008a, p.x). 수행에 있어서 강조점은 **행함**(Dewey, 1934/1958; Giroux, 2001; Grossberg, 1996 참고)이다. Denzin이 말한 바와 같이, 수행에 대한 연구 패러다임에서 "탐구는 정치적 행동주의의 형태이다. … 이것은 사람들이 그들의 이상주의적 충동에 따라 행동하도록 고양하고 힘을 불어넣어 주는 것이다"(2008a, p.x). 저항적 수행은 "질적 연구를 수행하는 연구자 그룹이 공공 보건, 사회복지, 교육 문제에 대한 해결책으로 그들의 연구를 수행할 수 있는 역량을 강화시켜줄 수 있는" 창조적인 구성이다(Denzin, 2008a, p.x).

9월 11일의 테러공격과 이라크전의 발발이라는 맥락 속에서 Garoian과 Gaudelius(2008)는 대중매체의 시각적 이미지들은 "스펙타클 페다고지(spectacle pedagogy)"[스펙타클 페다고지는 펜실베니아 주립대학의 교수인 Charles Garoian과 Yvonne Gaudelius가 2008년에 펴낸 동명의 책 제목에서 소개된 개념이다. 9·11 테러사건, 이라크전쟁, 아프간전쟁 등 흔히 볼 수 없는 사건들(spectacle)에 대해 대중매체가 전달하는 다양한 시각적 표현속에는 미술뿐만 아니라 정치, 문화, 종교와 같은 요소들이 복잡하게 얽혀있으며, 인간의 행동과 생각에 영향을 주고 있음 주장하고, 이에 대한 성찰과 비판이 교육적 기회를 제공할 수 있다는 의미로 사용되었다. ―역주](p.24)로 규정될 수 있고, 참여적 민주주의를 위한 공간을 열어줄 수 있다고 주장하였다. 구체적으로 콜라주(collage), 몽타주(montage), 아상블라주(assemblage), 설치 예술, 행위 예술과 같은 전략들은 성찰과 비평에 근거를 두고 있기 때문에 예술가/연구자/교사/학생이 대중매체를 통해 전달되는 복잡한 정치적, 사회적, 윤리적 이데올로기들을 의미 있게 이해하고 이에 대해 자신의 의견을 표출할 수 있는 교육 수단을 제공해준다(p.37). 이러한 과정에 참여하는 학습자이자 사건에 대한 비평가는(Garoian과 Gaudelius는 "학생들"에 초점을 두었다) 민주적이고 사회정의에 대한 정치적 절차에 문화 시민으로서 그리고 참여자로서 행동하게 된다. Garoian과 Gaudelius는 이에 대해 다음과 같이 부연하고 있다.

―

우리는 시각적 문화에 대한 스펙타클 페다고지를 두 가지 정반대의 방식으로 특징짓고자 한다: 첫째는 보편적인 표현의 형태이다. 이는 우리의 욕망을 생산해내고, 선택에 대한 결정에 영향을 미치도록 대중매체적 문화와 기업중심의 자본주의에서 교육적인 목적을 구성하는 것이다. 둘째는 민주적 실천의 형태이다. 이는 사회정의에 저항하는 시각적 문화에 담겨진 코드와 이데올로기들을 비판적으로 검토하게 하는 것을 가능하게 해준다. 전자의 경우 문화적 제국주의의 수행에 있어 은밀하고도 항상 존재하는 정치적 선전(propaganda)의 형태로 기능해왔다. 반면 후자의 경우는 문화적 민주주의를 고양하는 비판적 시민의식을 대변하고 있다(2008, p.24).

스펙타클 페다고지의 창조물 가운데 첫 번째 사안―정치적 선전―는 뉴스, 광고, 그리고 다른 형태의 대중매체에서 제공하는 시각적 표현들이 "진실"을 전달한다는 미신을 드러낸다. Garoian과 Gaudelius가 스펙타클 페다고지에 대한 분석을 수행하고 있었던 당시의 역사적 맥락은 자본주의적이고 식민주의적 네오콘 집단의 정치적 어젠더에 공고히 자리잡은 시각적 문화 코드들의 범람을 강조하고 있다. 따라서 "비판적 퍼포먼스 페다고지는 억압을 재생산하는 그러한 문화적 행위들에 대해 무차별적인 비판을 가하였다"(Denzin, 2008a). "비판적 퍼포먼스 페다고지는 세계적인 범주에서 지역적 범주로, 정치에서 개인으로, 교육에서 수행으로 이동하고 있다"(Denzin, 2008b, p.62).

Denzin은 "문화기술극(ethnodrama)과 급진적 교육을 통해 청중은 소비자/소비/오락의 장에서 벗어나 대화 구조, 협력적 교육적 아상블라주—Garoian의 용어를 사용하자면 "스펙타클 페다고지"의 일부인—로 변모한다(Denzin, 개인적인 서신교환, 2009년 10월 29일). 수행은 그 자체로 열린 텍스트를 창조해내며 "그 의미는 공간의 사회학 안에서 출현하며, 사람들과 정치적이고 역동적인 장소의 특성 사이에 존재하는 상보적 관계성 안에서 연결된다"(S. Finley, 2003a, p.288; 2005, p.689). 따라서 수행은 특별한 (개방되고 대화가 있는) 공간을 만들어내고 동시에 이 공간은 탐구와 표현을 확고히 한다. 이러한 경계적 공간에서 사적 영역과 공적 영역 사이의 구분이 만들어지고 따라서 이러한 공간에서 개인적인 정체성을 확립하는 것과 문화적, 사회적 질서는 불안정하고, 규정할 수 없으며, 미완성이며, 변화를 받아들이게 된다. Giroux(1995)는 "문화적 작업이 이론화되고 수행적으로 변모하는 것은 소위 말하는 정체성 형성에 있어서의 트라우마와 공공의 삶에 대한 요구 사이의 긴장관계 안에서 일어난다"고 하였다(p.5, Garoian, 1999, pp.40-41에서 재인용). 예술 기반 탐구의 실천과 수행을 통해 만들어지는 작은 틈새에서부터 참여자로서의 일반인과 연구자들은 존엄, 돌봄, 민주주의 그리고 세계에 존재하는 다양한 반식민화의 방식들에 대한 새로운 비전을 꿈꿀 수 있다. 일단 이러한 비전을 꿈꾸게 된다면 그것은 실천될 수 있다. Denzin(2003)은 혁명적인 연구 방법론의 주요한 영역으로서 수행의 진화가 어떻게 이루어졌는지를 다음과 같이 설명하고 있다.

문화기술지는 순전한 방법론적 틀의 영역에서 분리되어 수행의 영역과 교육적인 것은 언제나 정치적인 것이라는 사실을 이해하고 있는 교육의 영역에 위치해야 한다. 우리는 해석적 문화기술지의 주제가 변증법적 교육에 의해서 설정된다는 점을 볼 수 있다. 변증법적 교육은 자본주의의 경계적이고 일시적인 공간에서 억압자와 피억압자를 연결시켜 주고 있다(p.31; "연출기법의 전환"과 관련한 종합적인 논의에 대해서는 Denzin, 1997, 2003; Garoian, 1999 참고).

Gregory Ulmer(1994) 역시 혁명적 교육에 대해서 비슷한 주장을 하고 있다. 혁명적 교육은 기관의 변혁을 교육의 과제로 삼고 있으며, 기관 자체의 공식화된 구조를 사용하여 비판적 효과를 위해 실험적으로 현실을 재배열한다. 그는 자신의 사례가 가능성을 즐기는 "혁명적" 중재주의자의 작업에 속한다는 점을 Umberto Eco(1984, p.409)를 들어 언급하며, 이상적인 "게릴라"가 진행하는 기호학 수업에서 "수신자가 자신의 고유한 독서코드를 선택하게 한 덕분에 상황이 변했고 … 이러한 기호적 자각이 갖는 실용적 에너지는 어떻게 기술적인 학문이 활동적 프로젝트가 될 수 있는지를 보여준다(Ulmer, 1994, p.86l; Ulmer, 1989 참고).

26.5 민중교육의 중심에 위치하는 예술 기반 탐구

혁명적 교육의 패러다임 내부에 위치한 예술 기반 연구에서는 우리의 일상적인 삶에서 발견되는 예술성이 미학을 구성한다(Barone, 2001a; Barone & Eisner, 1997; Dewey, 1934/1958; Tolsttoy, 1946/1996). 지역적인 활동을 위한 연구에서는 일상적으로 사용되고, 지역성을 드러내며, 개인적인 언어를 통해서, 그리고 모호하고 해석의 여지가 있는 텍스트에 기반해서,

예술 기반 연구가 청중들을 대화로 이끌고 그들에게 사회적 구조에 대한 비판적 비평의 가능성을 열어준다 (Barone, 2001a, 2001b). Denzin(2000)과 다른 연구자들은 예술가로서의 연구자들에게 연구 결과를 나타낼 때 토착어에 초점을 두고, 일상적인 삶에서 벌어지는 감동적인 찰나의 순간을 포착도록 권유한다. 대중매체—라디오, 텔레비전, 영화—가 휩쓸고 있는 문화적 맥락에서 지역의 정서를 드러내는 표현을 통해 "평범함 속의 비범함"을 교류하는 것은 단순히 대화를 소개하는 것이 아니라 "자동적으로 우리를 몰입하게 하고, 집중하게 하며, 심지어 해방시켜 주기까지 한다" (Jensen, 2002, p. 198). "대신에 이러한 문화적 형태들은 우리가 참여함으로써 만들어 나가는 현실에 대한 현재진행형의 인간미가 드러나도록 구성된 대화의 일부분이다"(p. 198). 따라서 지역적이고, 풍부한 표현력으로 맥락을 드러내는 언어의 형태는 공감과 돌봄을 고양할 수 있는 내러티브를 제공하며(Barone, 2001b), 또한 토착어의 사용이 장려되는 이유는 연구의 표현에 있어서 더욱 포괄적으로 청중/참여자의 목소리를 전달할 수 있는 방법이기 때문이다.

예술 영역에 있어 교육은 사회적 특권으로 둘러싸여 있다. 나는 이전에 다음과 같이 언급하였다. "훈련받지 않은 예술가의 교육받지 않은 마음이 예술이라는 매체를 통해 아이디어를 구성할 수 있고, 표현할 수 있는 가능성은 언제나 열려있다. … 나는 지역의 거리에서 발견되는 시, 낙서, 불춤(fire dance)까지도 잠재적인 의미를 갖는" 탐구의 경험이다(S. Finley, 2003a, p. 292). 만일 우리가 예술 교육을 기관에서 제공하는 시스템을 통해서가 아니라 거리와 공동체의 비공식적인 경로에서 이루어지는 것이라고 정의한다면, 예술 기반 연구자들은 민중교육을 수행할 수 있게 된다.

Barone(2001a)은 예술 기반 탐구에 있어 표현적 매체는 "경험적인 내용의 형태를 변형하여 (때로는 깊이 뿌리박힌) 믿음과 가치에 도전하는 데 있어서 얼마나 유용한가에 의해 선택된다"(p. 26)고 말하였다. 정치적 저항, 교육, 해석적 수행, 예술 기반의 방법론적 접근들

이 가지고 있는 힘 사이의 연결성은 미적인 동시에 사회적 구조의 해석과 변혁적 행동의 고양을 용이하게 해주는 이해의 방식을 확고히 해준다.

예술 기반 연구는 감정적인 경험, 감각, 정서를 활용한다. 예술 기반 연구의 실천가들은 인간의 몸이 경험속의 의미를 수집하고 탐색하기 위한 도구로 사용되는 장소와 공간의 경계를 탐색한다. Karl Bagley와 Mary Beth Cancienne(2002)는 예술가이자 연구자들이 학습자들의 공동체에 관여하도록 감정적, 정서적 경험, 다중 감각, 그리고 몸짓을 지성과 조화를 이루어 세상에 응답하는 방식으로 활용하는 방법에 대한 탐색을 위한 경험을 만들어냈다. 『댄싱 더 데이터 (Dancing the Data)』(Bagley & Cancienne, 2002)는 수행 연구(performance research) 모음집으로 연구자가 공동체 상황에서 수행한 그들의 해석적 작업을 CD롬으로 담아냈다. Denzin은 신화적이고 헤게모니적 텍스트와 미국 인디언 남녀에 대한 이상적인 관점에 도전함으로써 퍼포먼스 텍스트가 갖는 힘을 보여주었다(Searching for Yellowstone, 2008a 참고). 가족들과 함께 한 사진, 어린 시절에 대한 회상담 (reminiscence), 가족들과 함께 떠난 휴가여행에 대한 묘사를 활용하여 그는 매체와 예술이 전달하고 있는 정치적, 사회적, 윤리적 이데올로기의 복잡성에 자신의 경험을 위치시켰다. "이러한 표현들에 포함되어 있는 나 자신을 발견하는 것"(p. 16)을 통해 그는 이러한 이야기들을 "21세기를 위해 좀 더 현실적으로 유토피아적이고, 더욱 공정하며, 더욱 급진적으로 민주적인 사회적 세계를 찾기 위해"(p. 17) 인종과 성별에 대한 현재의 역사적 상황에 위치시켰다. 이 텍스트를 구성함에 있어 Denzin은 Garoian이 스펙타클 페다고지와 연결시켜 언급하였던 아상블라주(assemblage)의 전략을 사용하였다. 사진 몽타주, 개인 일기, 극본, 시, 예술 비평이 한곳에 포개지고 융화되어 학술 작업에 대한 기대에 저항하는 실험적인 텍스트로 만들어졌다. 연구에 대한 텍스트로서 그것은 우리가 인식하고, 읽고, 쓰고, 데이터를 다루는 방식을 바꾸어 놓았으며, 결과적으로 회

다는 것(whiteness)과 인종에 대해 새롭게 구성된 표현을 통해 이전의 인종적 전형에 도전하였다. 개인적인 경험에서 세계적이고 정치적인 이슈로 이동하는 이러한 Denzin의 연구는 퍼포먼스 텍스트의 전형이라 할 수 있다.

예술 기반 연구와 퍼포먼스 페다고지의 결합에 대한 다른 사례들은 독자 연극(Donmoyer & Yennie-Donmoyer, 2008; 1995, 1998), 문화기술극(Mienczakowski, 2000; Mienczakowski, Smith, & Sinclair, 1996; Saldaña, Finley, & Finley, 2005)에서 살펴볼 수 있다.

교육적 실천 혹은 "민중교육"을 지향하는 예술 기반 연구의 경우들은 나 자신의 연구에서 살펴볼 수 있다. 예술 기반 연구자의 한 사람으로서 나는 지역 공동체에서 나의 연구를 위치시킬 수 있는 기회를 원했으며, 참여자들의 일상적이고 지역색이 드러나는 대화에 참여하였다. 지역의 맥락과 맞닿아 있는 예술 기반 연구는 다양한 참여자들의 공동체에 의해서 개인적이고 공동적인 성찰을 촉진시켜 주었다. 일반적으로 이러한 종류의 연구를 수행하는 연구자들은 평범한 시민들의 삶을 지배하고 제한하는 정치적으로 보수적이고 후기실증주의적인 억압적 권력을 이해하고 이에 대항하는 실천을 추구한다. 내 작업에서 나는 지역적 수준에서 변혁적 수행을 경험할 수 있는 미적 공간을 창조할 의도를 가지고 있었다. Marcelo Diversi와 Claudio Moreeia(2009)와 마찬가지로, 나는 "로티주의자(Rortyan)의 언급처럼 억압의 현실이 무엇인가에 대한 끊임없는 토론은 우리 모두에게 의미 있다는 사실을 다시금 확인하였다"(p.184). 민중교육의 하나의 특징으로서 사회적 세계에서 탐구를 수행하게 하는 예술 기반 연구의 잠재력은 존재한다(S. Finley, 2003b, 2005). 연구의 참여자를 대상화하는(그들을 주제로 선정하는 것) 식민화되어 버린 인간에 대한 연구로부터 해방되는 것은 연구가 민주화되지 않고, 일상의 삶을 살아가는 사람들에 의해 통제되지 않으면 가능할 수 없다.

학문 기관―대학의 강의실, 학술지, 전문적인 학술 대회―은 민중교육의 실행을 위한 하나의 경쟁적인 장소이다. 다른 작업들은 더욱 적절하게 일상의 사람들을 불러들이는 거리와 회합장소로 이동되었다. 이러한 예술 기반 연구의 장르에서는 연구자는 사람들을 그들의 삶에 있어서의 전문가로 참여시키고자 하며, 학술적인 장소를 벗어난 장소에서 지역사회를 위한 포럼을 만들어내길 시도한다(Woo, 2008).

「질적 탐구(Qualitative Inquiry)」[3], 「문화 연구 ⇔ 비판적 방법론(Cultural Studies ⇔ Critical Methodologies)」과 같은 학술지들이 현재의 학계의 상황에 도전하는 예술 기반 연구를 위한 유일한 공간을 제공하고 시작하였다(그리고 몇몇 다른 학술지에서 학계 내부의 다소 격렬한 반대에도 불구하고 예술 기반 작업을 포함하도록 포괄성을 띠게 되었다). 최근 「문화 연구 ⇔ 비판적 방법론」의 특별호는 "심각한 노숙상황(critical homelessness)"에 대해 다루었으며, 여기에는 거리의 청소년, 노숙자 지원 활동가, 디그니티 빌리지(Dignity Village)―오리건 주의 포틀랜드 시에 위치한 텐트촌―거주자들의 산문과 시들이 수록되었다. 노숙자가 보낸 두 개의 이메일은 학술지 원고로 재탄생하였다.

역사적으로 볼 때, 이 특집호는 거리의 저자를 포함시킴으로써―그리고 다른 학술지들이 학술적 기여자를 인정하듯 그들의 작업을 인정함으로써―학술 연구의 출판에 대한 규준에 도전한 것이다. 내가 노숙자 공동체와 함께 진행한 예술 기반의 거리 연구에서 시를 투고한 사람의 이름도 등재되었다. 그들 자신의 의견을 담은 그들 자신의 작품에 대한 저자로 시민을 포함시키는 것과 학문적인 의견을 담은 관점을 서술하기 위해 대표적인 의견이 인용되는 것 사이의 차이점을 확대하기 위해서, 학술지는 내가 시를 쓰는 공동 작업에 참여한 거리의 소녀 그룹과 함께 경험했던 바에 관한 논문을 수록하였다(S. Finley, 2010).

협동조합(co-op) 형태의 구조를 따라서 거리의 소녀들은 그들이 쓴 시와 거리생활 경험에 대한 성찰을 서로 간에 그리고 나와 함께 공유하였다. 청소년들의 즉시

성과 잘 맞는 이메일을 통해 우리는 서로 쓴 글을 교환하였다. 이 그룹은 내가 이전에 거리 청소년들의 삶에 대한 다른 방식으로 연구를 하고 있을 때 함께했던 참여자들 가운데 구성된 것이다. 전체적인 프로젝트에 있어 현 단계 속에 숨어있는 아이디어는 일종의 "거리 교육"을 형성해보는 것이었다. 거리교육에서는—내가 문학에 관련된 기법들을 가르쳐주면, 아이들은 나에게 거리생활에 대해서 가르쳐주는—모든 참여자들이 학생이자 교사가 된다. 나는 동시에 더욱 원대한 목적을 마음에 품고 있었는데, 그것은 예술 기반 탐구의 경험을 활용해서 이 소녀들에게 그들의 리더십을 실천해보고, 거리의 청소년들 속에 있는 남성 지배성에 맞설 수 있도록 그들의 거리의 삶을 재구조화하도록 도전시키는 것이다. 이러한 방식을 통해 "탐구의 경험을 포함해서 경험들은 내러티브적으로 조사되었다. 이러한 경험들은 연구자에게는—만약 다른 사람이 경험적 내러티브를 읽거나 듣는다면 역시 청중에게도—교육과정의 경험이 되었다(Conle, 2003, p.4).

시 또한 포함되긴 하였는데, 시는 연구논문 속에 나의 주관적인 목적을 달성하기 위해서 삽입된 것이다. 이러한 학문적인 대화에 있어서 조금 더 전통적인 형태에서는 비록 논문 속에 청소년들의 코멘트가 포함되어 있을지라도, 연구자인 나의 목소리가 지배적으로 드러나 있다. 노숙상황을 다루었던 학술지 특별호의 두 가지 사례를 통해 연구를 수행하기 위한 목적과 종합적이고 예술적인 표현을 만들어내기 위한 공헌의 아상블라주 이면에 담긴 두 가지 목적은 믿음과 가치에 도전하고 변혁적인 행동을 북돋우는 "저항적인 수행"을 위한 미적 공간을 창조해내는 것이었다.

예술 기반 연구의 퍼포먼스는 공동체 외부의 청중들(연구 참여자 혹은 공동체의 경험을 공유하는 사람들을 제외한)에게 그들을 행동하도록 움직여주는—아니면 최소한 억압자들과 피억압자들의 역할에 대해서 곰곰이 생각해볼 수 있도록 하는—공감적 이해를 종종 이끌어낸다. 어떤 면에서 비판적 연구 퍼포먼스의 청중들은 감각적인 자극들—소리, 색상, 움직임, 그리고 이

것들의 조합—에 반응한다. 예술적인 퍼포먼스를 통해 공감은 이해로 이끄는 또 하나의 길을 제공한다. "우리는 예술이 제공하는 날개에 올라타기 위해서 예술을 갈망한다"(Eisner, 2008, p.3). 미적 경험을 하게 될 청중들에 대한 계획을 수립하는 것이 연구의 표현에 대한 연구자들의 접근방식을 만들어낸다(Woo, 2008).

'거리의 쥐'(M.Finley, 2000; Saldaña, Finley, & Finley, 2005에서 희곡화된)는 연구기록과 전사기록을 토대로 구성되었으며, 뉴올리언즈의 버번가에서 거리의 청소년들, 관광객들, 장사하는 사람들—잠시 멈춰 우리의 공연에 귀 기울이고자 하는 누구나—과 같이 다양한 청중들 앞에서 공연되었다(M. Finley, 2003, p.603). "공연은 시 속에 묘사된 청소년들과 계속되는 대화를 만들어냈다. 그리고 그러한 대화는 노숙과 거리생활에 대해 관광객들, 장사하는 사람들, 그리고 다른 구경꾼들 사이의 새로운 대화를 만들어냈다. 공연을 통해 나타난 것은 대차적 퍼포먼스에 시가 응대하고 다시 대화가 이어지는 것과 같은 대화를 중심으로 한 순환적 과정이었다". 이것이 참여한 청중들과 참여자에 대한 관찰자들을 위한—거리의 청소년들에 대해 그들이 이해하고 그들과 대화하는 데 있어서 관찰자들이 가질 수 있는 경멸적인 정형들(선입관)에 도전할 수 있는 잠재력을 가진—일상 속의 퍼포먼스 페다고지였다.

'앳홈 앳스쿨(At Home At School: AHAS)'⁴ 프로그램의 부분적 활동으로, 나는 20명의 청소년들(빈곤, 노숙, 위탁시설 생활을 경험하거나 몇몇은 청각장애를 가지고 있는)과 '거리의 쥐'에 대한 새로운 형태의 대화적 퍼포먼스를 포함하는 새로운 연구 프로젝트를 계획하였다. 프로젝트를 통해 내가 제안한 바는, 먼저 청소년들이 (연극 담당 선생님의 지도를 받으면서) 시를 읽고, 시의 내용에 대해서 토론하고 이를 바탕으로 자신들의 이야기가 담긴 내용으로 기존의 시의 구문과 문장을 바꾸어 나감으로써 새로운 버전의 시/희곡을 창작하도록 하는 것이었다. 실제적으로 청소년들은 시를 함께 읽고 그것에 대해 토론하고 난 뒤, '나의 질문:

최근 10대들이 직면하는 어려움들(All I Ask: A Look Into the Hardships Modern Teenagers Face)'(AHAS, Not AT-Risk Theater Company, 2009)이란 그들 자신들의 극본을 쓰는 일에 집중하였다. Carola와 Conle(2003)가 말한 것처럼 "예술 기반 연구자들은 탐구를 촉진하기 위해서 또한 연구의 발견점을 표현하기 위해서 예술적 방식을 사용한다"(p. 10). Julia Colyar(2009)도 질적 연구에 대한 기술은 "창조의 과정, 기술, 형태이자 자아 발견의 도구"가 되는 것이라고 말하였다(p. 421). "글을 쓰는 것은 결과이자 과정이며, 명사이자 동사이다"(p. 423). Colyar(2009, p. 424)는 Denzin과 Lincoln의 다음과 같은 어구를 인용하였다: "현장작업과 글쓰기는 서로 경계가 모호해진다. 최종적인 분석 단계에 있어서는 현장작업과 글쓰기 사이의 차이점이 존재하지 않는다."(Denzin & Lincoln, 2000, p. 16). "글쓰기는 탐구이다. 글쓰기는 일종의 자료 수집이다"(Colyar, p. 424; Furman, 2006 참고). AHAS 극단의 경우, 탐구와 표현이 지니는 과정과 결과의 이중성은 자기 성찰적 탐구와 공동체 내에서의 성찰(그리고 재진술)로 증명되었고, 최종적으로 토론을 이끌어내기 위한 목적을 가지고 청중들 앞에서 공연되었다(극단은 그해 AHAS 하계 프로그램에 참여한 150명의 청소년 앞에서 그들의 창작물을 공연하였다).

'거리의 쥐'는 연극계에 속한 사람들에게 탐구적 접근 방식으로서 예술 기반 연구가 갖는 잠재력을 보여주었다. 시를 읽는 것(종종 서로에게 큰 소리로 낭독하는 것)은 청소년들에게 있어서 그들의 예술적 과정을 시작하는 촉매재로 작용하였다. 그들의 낭독에 대한 서로 간의 대화는 행동을 위한 힘을 불어넣어 주었으며, 시에 대한 일종의 "면허(license)"를 취득하도록 격려하였고, 자신만의 예술적 프로젝트를 수행하도록 해주었다. 극단의 구성원들은—그들 자신의 삶의 경험에 대해 소통하기 위해 그들이 선택한 주제를 가지고—자신들의 희곡을 쓰고, 공연하였다. 그들의 모임 명칭 역시 "AHAS 극단"에서 "위험에 처하지 않은 극단(Not at Risk Theatre Company)"으로 변경하였다. 이렇게 명칭을 바꾼 이유는 모임에 속한 구성원 각자가 엄청난 체제적인 장애물을 경험하였지만, 그들 스스로 그리고 집합적으로 자신들을 "위험에 처하지 않았다"라고 인식하고 있음을 다른 사람들에게 보여주기 위해서였다. 그들의 집합적 경험에 대한 퍼포먼스는 연기자/저자들과 다수의 프로그램(벽화 그리기와 예술적이고 '환경적인' 야외교실 만들기와 같은 다양한 예술 탐구 프로젝트에 참여하고 있는 청소년들로 구성된) 참여자들 사이의 집단 토의로 마무리된다. 이러한 청중들과 함께 작가-연기자들은 "위험에 처한" 것이란 개념이 무엇인지를 탐색하였고, 교육 상황에서 학생들의 체면을 깎아내리거나, 체계적인 어려움의 경험을 강화시키는 다른 용어들에 대해서 논의하였다. 글쓰기를 통해 이들은 "그들의 현실에 이름을 붙였고", 그들 자신에 대한 의미에 대해 소통하기 위한 결과물을 만들었다(Osterman & Kottkamp, 1993; Colyar, 2009 참고). 이어지는 청중과의 대화를 통해 그들은 "위험에 처하다"라는 용어에 문제를 제기하였고, 어떻게 하면 그들이 장래에 "위험에 처하지 않은" 삶을 살아갈 수 있을 것인가에 대한 공동 토론에 참여하였다. "우리가 살고 싶어하는 세상에서 우리가 살고 있는 세상을 구별하도록 도와주는 것은 우리의 상상에 대한 내러티브적 레파토리이다"(Conle, 2003, p. 4). 퍼포먼스 페다고지는 쓰기와 연극을 통해 실천되었으며, 청소년들의 개인적인 위엄에 대한 비난의 용어를 드러내고 비판하는 과정을 통해 이러한 청소년들의 "일상적인 삶"의 모습을 바꾸어 놓았다. 퍼포먼스를 통해 청소년들은 사회정의를 갈망하였다. 정치적 활동주의의 형태를 가진 탐구는 존재를 사회적으로 정의하는 방식을 변화시키고자 하는 작가들의 유토피아적 열망을 구체화하도록 힘을 불어넣어 준다. 그들은 실제 세계의 교육 문제에 대한 해결책으로 질적 연구를 수행하는데, 이것은 곧 저항의 퍼포먼스이다. 청소년을 대상으로 한 예술 기반 연구는 억압적인 사회 구조를 뛰어넘고, 참여적 민주주의 사회의 적극적인 시민 역할에 대한 청소년들의 꿈과 열망, 목표를 포함하도록 그들의 꿈을 다시 쓰도록 하는 적극적인 수단이었다.

예술적인 경험을 통해 흘러나오는 의미 있고 생산적인 논의는 전형적인 규정에 도전하는 과정과 사회 변화를 위한 과정에서 출발점에 불과하다. 더욱 강력한 점은 청소년들이 모두 자신의 교육 목적(학교를 다시 다니고, 대안 교육의 기회를 찾는 것 등)을 지속적으로 추구하게 되었고, 몸동작, 얼굴 표정과 같은 주제들에 대한 워크숍에 참여함으로써 그들의 연기 기술을 향상시키려는 노력을 학창시절 동안 함께 진행하였다는 점이다. 그리고 이 가운데 한 명은 그들의 극단에서 상연된 작품을 쓰기도 하였다.

민주주의가 쇠퇴해가는 맥락에서 새로운 종류의 연구와 교육이 필요하다. 예술 기반 연구를 통해 시민 - 연구자들이 시민의 삶을 만들어 감으로써 모든 이들에게 민주적 가능성을 확대해줄 수 있는 창조적 역할의 수행을 통해 예술적 기술들을 발휘할 수 있다. 예술 기반의 연구자들이 지닌 기술들에는 매체를 다룰 줄 아는 것, 상상력을 발휘하는 것과 같은 것뿐만 아니라 "모든 형태의 근본주의자들이 가지고 있는 위험에 직접적으로 대응하는" 것을 포함하고 있다. 일터에서의 불평등에 대응하기 위하여, 민주적으로 구조화된 일의 모습들을 떠올리고, 자유와 평등, 그리고 세계라는 공동체를 구성하고 있는 모든 사람들을 존중하는 것에 대한 가장 근본적인 원칙들을 훼손하고 냉해하는 정의롭지 않은 것들을 밝혀내고 맞서는 것이다(Giroux & Giroux, 2009, p.29).

지금은 예술 기반 탐구가 갖는 사회적으로 책임 있는 정치적 목적을 다시 확인해야 할 시점이다. 예술 기반 탐구는 신보수주의적 정치 행태에 저항하기 위한 전략적 도구이다. 예술 기반 탐구는 문화적 저항의 형태이며, 담론의 지배와 지식의 통제에 대항하는 싸움에 참여할 수 있는 대화적이고 비판적인 공간을 창조하기 위한 방식이다. 사회적으로 책임 있고, 지역적으로 유용하여, 공적인 비판에 참여토록 하고, 사회정의를 위협하는 한편 비판적 인종, 토착성, 동성애, 페미니스트,

경계성에 대한 연구들을 촉진하는 수행적인 연구 윤리에 대한 우리의 노력을 막아섰던 신보수주의적 담론들에 저항하는 예술 기반적 연구를 통한 "혁명적 페다고지의 수행"을 실천할 시간이 도래하였다.

정치적 인과성에 대한 열정이나 개인들에 대한 열정은 단지 예술에 있어서의 참여적 교육보다 질적으로 수준 높은 예술 기반의 탐구를 만들어내는 데 도움이 될 수 있다. 예를 들면, Woo(2008)는 예술가로서의 연구자가 갖는 중요한 자질들에 대해서 "열린 마음, 비판에 대한 인내, 그리고 [예술적인 테크닉들에 대해] 배우고자 하는 자발성"(p.326)을 들었다. 만일 연구의 목적이 경험으로부터 의미를 이끌어내고, 의미에 대한 동기를 부여하고, 의미를 만들어내는 것이라면, 그러한 연구는 근본적인 정치적 어젠더를 끌어내는 데 사용될 수 있다.

예술 기반 연구자들이 수행할 수 있는 하나의 목적은 참여자들에게 역동적인 토착적 공간에서 발견할 수 있는 문화를 보존하고, 생성하며, 재구성할 수 있고, 그들의 퍼포먼스에 대해서 성찰하고, 탐구할 수 있는 기회와 도구를 제공해주는 것이다. 따라서 비판적 예술 기반 탐구에 있어 연구가 수행되는 장소는 동떨어진 실험실의 보호구역에서 벗어나 학교, 노숙자 쉼터, 이웃집과 같이 사람들이 서로 만나는 구성되고 울타리진 환경이다. 사회적으로 책임이 있는 "사람"에 의한 그리고 "사람"을 위한 연구는 학문을 위한 기관의 외로운 장벽 안에 머물 수 없다(S.Finley, 2008, p.73-74).

민중교육의 실천과정에 있어서 연구는 비판적 인종 이론을 진전시킬 수 있는 도구가 되고, 예술가로서의 연구자들과 이전에는 연구 장소에서 배제되었던 억압받던 그룹에 속한 참여자이자 관찰자들에게 미적인 공간을 열어준다.

다른 맥락에서 나는 예술 기반 연구자들에 대한 전문가로서의 문제 혹은 질적 문제에 대한 세부적인 논의를 진행하였다. 나는 아직까지도 질적으로 수준 높은

예술 기반 탐구(청중들의 참여와 응답에 대한 잠재성을 갖는 것으로 정의된 Knowles & Cole, 2008, p.67 참고)의 수행 조건으로서 전문적인 예술교육이 필요하다는 점에는 동의할 수 없다. 그러나 이것이 내가 예술에 있어서 집중적인 교육을 찬성하지 않는다는 것은 아니다.(AHAS 프로그램은 예술과 예술 통합을 별도의 교육과정으로 구성한 특징을 지니고 있으며 13살인 내 딸은 현재 밴쿠버 공립 예술학교에 재학 중이다.) 더군다나 나는 모든 어린 학생들이 교육을 통해 깊은 미적 경험을 가져야 한다는 주장에 적극 동의한다. 청소년이 직접 작성했던 내가 원하는 것의 극본을 예로 들자면, 내가 생각하기에 그 작업에 참여했던 모든 청소년들은 연극을 위한 연습, 극본을 읽는 것, 그리고 그들의 연극담당 교사였던 Anne Averre이 이끌었던 토론활동을 통해 많은 유익한 경험을 했으리라고 믿는다. 비록 그 극본이 청소년들의 삶을 묘사하고 동료 청중들과의 토론을 만들어주는 역동적인 힘이었긴 했어도, 극본 자체가 수준이 높거나 작문 상을 받을 정도의 수준은 아니었다. 그것이 "걸작"은 아니었지만, 우리를 전통과 헤게모니, 억압에 맞서게 해준 비판적 대화에 대한 창의적이고 지역적인 퍼포먼스였음은 분명하다.

26.6 결론

'제6회 국제 질적 연구 학술대회(The Sixth International Congress of Qualitative Inquiry)'(2006)에서는 참여자 전체가 모이는 세션에서 "예술 기반 연구의 엄격성(On Rigor in Arts-Based Research)"에 대해 토론하고 있었다. 여전히 질문은 계속되고 있다: 어떻게 예술 기반 탐구의 과정과 결과에 대한 수준을 결정할 수 있을 것인가? 비판적 예술 기반 탐구에 대한 기대는 다른 예술과 연구가 연계된 부분에 대한 기대와 상이한가?

나(S. Finley, 2003a)는 예술 기반 연구에 대해 어떻게 등급을 매길 수 있을 것인가? 연구물을 학술지에 발표하기 위한 동료 평가의 과정에서 내가 어떻게 추천할 만한 예술 기반 연구물들을 결정하는가? 나는 이러한 질문들에 대해서 예술 기반의 탐구를 평가하는 데 사용할 수 있는 기준을 「질적 연구(Qualitative Inquiry)」에 제안하였다. 또한 본 책인 『질적 연구 핸드북』의 제3판을 통해 나(S. Finley, 2005)는 활동주의자들의 예술이 갖는 6가지 특성, 예술 기반 연구를 정의하는 7가지 기본전제, 혁명적 교육의 틀을 구성하는 7가지 핵심사항을 제시하였다. 이러한 시도들은 비판적 예술 기반의 연구를 위한 근본적인 움직임이고, 이러한 노력들은 각각의 기대와 기준을 가지고 있다. 하지만 내가 질문해야만 하는 것은 예술 기반 연구에 대해 생각할 때 "엄격성"이라는 용어가 적절한가에 대한 것이다. 예술 기반의 연구에 있어서 엄격성을 찾는 것은 9·11 테러사건 이후 교육 분야에 있어서 규준이 드리워진 용어의 재생산을 위한 신보수주의적 교육의 또 다른 암시가 아닌가?

엄격성에 대한 정의와 유사어는 새롭게 출현했고, 포괄적이며, 문화적으로 민감한 연구 방법론과는 모순되는 점이 있다. 대신에, 엄격성은 고집이 세고, 유연하지 않으며, 근엄하고, 융통성 없는 상태에서 결국에는 **사후경직**(rigor mortis)이라는 극단에 이르는 일을 묘사하는 말로 쓰였다(S. Finley, 2007). 그렇다면 나에게 있어서 엄격성이란 특정한 인식론적, 윤리적 기초에 의해서 예술과 연구를 활용하는 것을 막는 것을 의미한다. 나에게 있어 방법론적 엄격성이란 어떻게 하면 우리가 식민주의적인 사회적 순응의 복잡한 장벽들을 부수고 타인의 삶에 대해 포괄적이고 다원주의적인 미적 상황으로 이끌 수 있을 것인가에 대한 질문에 어떠한 실마리도 제공해주지 못한다.

신보수주의적 교육과 그 구성요소들을 대체하는 민중교육이 비판적 예술 기반 연구에 있어서 "무엇이" 좋은 것인지 규정해야 한다. 따라서 나는 내가 제시하였던 평가기준을 신보수주의가 갖는 사회역사적 구성요소를 고려하여 수정하였다.

다음에 이어지는 내용은 9·11 테러사건 이후의 신보수주의적 가치에 반대하고, 민중교육의 진전을 위한 비판적 예술 기반 연구의 평가기준이다.

- 연구가 토속적이고 문화적으로 관계있는 기술이나 실천을 보여주고 있는가?
- 연구는 문화적 지배와 인종, 역사, 정치, 권력에 대한 거대담론에 공개적으로 저항하는가?
- 연구자는 유용하고, 지역적이며 공동체적인 서비스를 수행하고 있는가? 연구자가 어떤 방식으로든 공동체의 참여자들에게 해를 가할 가능성은 없는가?
- 누가 이야기하고 있는가? 참여자들은 불협화음(cacophony), 브리콜라주(bricolage), 콜라주(collage), 퍼포먼스(performance) 등 다원주의가 갖는 장점들을 적용한 과정에 참여하고 있는가?
- 연구자는 신보수주의적 연구 담론이 갖는 헤게모니에 의해 설정된 제한들에 저항하고 있는가?
- 연구는 열정적이고 지역적인 교감적 퍼포먼스인가?
- 독자/관객/참여자가 긍정적인 사회 활동에 참여할 수 있는 가능성은 얼마나 되는가?

주석

1 Zakaras와 Lowell(2008)의 저작을 참고하라. 월레스 재단(Wallace Foundation)의 지원으로 수행된 이 RAND 리포트는 1960년대와 1970년대에서 1990년대와 그 이후의 상황속에서 공공 예술교육에 대한 쇠퇴하는 낙관주의가 예술교육에 있어서 심대하고도 지속적인 예산삭감을 이끌었음을 묘사하고 있다(p. xiii). 이 보고서의 목적은 "예술적 작품들을 경험할 수 있는 개인적인 능력의 개발"(p. 14)을 위한 중요한 조건들을 밝히는 데 있다.

2 '포르노미저리(pornomiseria)'는 관음증적(voyeuristic)이고, 착취적이며, 다큐멘터리 스타일의 영화이다. 이러한 장르의 영화는 라틴 아메리카 국가들을 배경으로 빈곤과 인간의 고통을 오락의 형태로 묘사하였다. Michele Faguet의 "Pornmiseria: or How Not to Make a Documentary Film" in *Afterall, 21*, Summer, 2009, pp. 5-15를 참고.

3 「Qualitative Inquiry」지가 예술 기반 연구의 진전에 기여한 역할에 대해서는 S. Finley 2003a의 논문을 참고.

4. At Home At School 프로그램에 대한 상세한 정보는 http://AtHomeAtSchool.org를 참고.

역주 1 팔레오콘(paleocon)이란 강성 보수주의자들 가운데서도 자유무역을 지지하는 그룹을 의미한다.

역주 2 네오콘(neocon)이란 신보수주의자(neoconservative)의 줄임말로 도덕적 우월주의를 바탕으로 미국제일주의를 내세운다. 부시 행정부의 외교정책과 군사정책에 많은 영향력을 행사하였다.

역주 3 원문에는 Shane Botin으로 표기되어 있으나, 2006년 미국에서 방영된 TV 드라마 "weeds" 속 등장인물인 Shane Botwin의 오기로 보이며 극중 언급된 대화가 등장한다(참고: http://www.tv.com/shows/weeds/crush-girl-love-panic-762098/).

참고문헌

Alexander, B. K. (2005). Performance ethnography: The reenacting and inciting of culture. In N. K. Denzin & Y. S. Lincoln (Eds.), *The SAGE handbook of qualitative research* (3rd. ed., pp. 411–441). Thousand Oaks, CA: Sage.

American Educational Research Association. (2006). Standards for reporting on empirical social science research in AERA publications. *Educational Researcher, 35*(6), 33–40.

American Educational Research Association. (2009). Standards for reporting on humanities-oriented research in AERA publications. *Educational Researcher, 38*(6), 481–486.

At Home At School (AHAS) Not-At-Risk Theatre Company. (2009, August). *All I ask: A look into the hardships modern teenagers face.* [drama]. Unpublished script, At Home At School Program, Washington State University, Vancouver, WA.

Bagley, C. (2008). Educational ethnography as performance

art: Towards a sensuous feeling and knowing. *Qualitative Research, 8*, 53–72.

Bagley, C., & Cancienne, M. B. (Eds.) (2002). *Dancing the data.* New York: Peter Lang.

Barone, T. (2001a). Science, art, and the predispositions of educational researchers. *Educational Researcher, 30*(7), 24–28.

Barone, T. (2001b). *Teaching eternity: The enduring outcomes of teaching.* New York: Columbia University, Teachers College Press.

Barone, T. (2008). How arts-based research can change minds. In M. Cahnmann-Taylor & R. Siegesmund (Eds.), *Arts-based research in education* (pp. 28–49). New York: Routledge.

Barone, T., & Eisner, E. (1997). Arts-based educational research. Section II of *Complementary Methods for Research in Education* (pp.75–116, 2nd ed., R. M. Jaeger, Ed.). Washington, DC: American Educational Research Association.

Benabib, R., & Salsberg, M. (2009, July 20). *Weeds: Where the sidewalk ends.* [Television broadcast]. Showtime.

Blumenfeld-Jones, D. (2008). Dance, choreography, and social science research. In J. G. Knowles & A. L. Cole (Eds.), Handbook of arts in *qualitative research* (pp. 175–184). Thousand Oaks, CA: Sage.

Cahnmann-Taylor, M., & Siegesmund, R. (2008). *Arts-based research in education: Foundations for practice.* New York: Routledge.

Cannella, G. S., & Lincoln, Y. S. (2004a). Dangerous discourses II: Comprehending and countering the redeployment discourses (and resources) in the generation of liberatory inquiry. *Qualitative Inquiry, 10*, 165–174.

Cannella, G. S., & Lincoln, Y. S. (2004b). Epilogue: Claiming a critical public social science—Reconceptualizing and redeploying research. *Qualitative Inquiry, 10*, 298–309.

Casey, K. (1995). The new narrative research in education. *Review of Research in Education, 21*, 211–253.

Colyar, J. (2009). Becoming writing, becoming writers. *Qualitative Inquiry, 15*(2), 421–436.

Conle, C. (2003). An anatomy of narrative curricula. *Educational Researcher, 32*(3), 3–15.

Conquergood, D. (1988). Beyond the text: Toward a performance cultural politics. In S. J. Dailey (Ed.), *The future of performance studies: Visions and revisions* (pp. 25–36). Washington, DC: National Communication Association.

Coulter, C. A., & Smith, M. L. (2009). The construction zone: Literary elements in narrative research. *Educational Researcher, 38*(8), 577–590.

Denzin, N. K. (1997). Performance texts. In W. G. Tierney & Y. S. Lincoln (Eds.), *Representation and the text: Re-framing the narrative voice* (pp. 179–217). Albany: SUNY Press.

Denzin, N. K. (1999). Two-stepping in the 90s. *Qualitative Inquiry, 5*, 568–572.

Denzin, N. K. (2000). Aesthetics and the practices of qualitative inquiry. *Qualitative Inquiry, 6*, 256–265.

Denzin, N. K. (2003). *Performance ethnography: Critical pedagogy and the politics of culture.* Thousand Oaks, CA: Sage.

Denzin, N. K. (2004). *The First International Congress of Qualitative Inquiry.* Available at http://www.icqi.org/

Denzin, N. K. (2008a). *Searching for Yellowstone: Race, gender, family and memory in the postmodern west.* Walnut Creek, CA: Left Coast Press.

Denzin, N. K. (2008b). A critical performance pedagogy that matters. In J. A. Sandlin, B. D. Schultz, & J. Burdick. *Handbook of public pedagogy* (pp. 56–70). Thousand Oaks, CA: Sage.

Denzin, N. K., & Lincoln, Y. S. (2000). The discipline and practice of qualitative research. In N. K. Denzin & Y. S. Lincoln (Eds.), *Handbook of qualitative research* (2nd ed., pp. 1–28). Thousand Oaks, CA: Sage.

Denzin, N. K., & Lincoln, Y. S. (Eds.). (2005). *The SAGE handbook of qualitative research* (3rd ed.). Thousand Oaks, CA: Sage.

Dewey, J. (1958). *Art as experience.* New York: Capricorn. (Original work published in 1934)

Dissanayake, E. (1988). *What is art for?* Seattle: University of Washington Press.

Diversi, M., & Finley, S. (2010). Special issue on critical homelessness. *Cultural Studies<=>Critical Methodologies, 10*(1).

Diversi, M., & Moreira, C. (2009). *Betweener talk: Decolonizing knowledge production, pedagogy, and praxis.* Walnut Creek, CA: Left Coast Press.

Donmoyer, R., & Yennie-Donmoyer, J. (1995). Data as drama: Reflections on the use of readers' theater as a mode of qualitative data display. *Qualitative Inquiry, 20*(1), 74–83.

Donmoyer, R., & Yennie-Donmoyer, J. (1998). Reader's theater and educational research—Give me a for-instance: A commentary on Womentalkin'. *Qualitative Studies in Education, 11*(3), 397–402.

Donmoyer, R., & Yennie-Donmoyer, J. (2008). Readers' theater as a data display strategy. In J. G. Knowles & A. L. Cole (Eds.), *Handbook of arts in qualitative research* (pp. 209–224). Thousand Oaks, CA: Sage.

Eco, U. (1984). *La structure absente: Introduction a la reserche' semioteque* (U. Esposito-Torrigiani, Trans.). Paris: Mercured de France.

Eisner, E. (1998). *The enlightened eye: Qualitative inquiry and the enhancement of educational practice.* Upper Saddle

River, NJ: Prentice Hall. (Original work published in 1991)

Eisner, E. (2001a). Concerns and aspirations for qualitative research in the new millennium. *Qualitative Research, 1,* 135–145.

Eisner, E. (2001b). Should we create new aims for art education? *National Art Education Association, 54*(5), 6–10.

Eisner, E. (2008). Arts and knowledge. In J. G. Knowles & A. L. Cole (Eds.), *Handbook of arts in qualitative research* (pp. 3–12). Thou- sand Oaks, CA: Sage.

Faguet, M. (2009). Pornomiseria: Or how not to make a documentary film. *Afterall, 21*(Summer), 5–15.

Finley, M. (2000). *Street rat.* Detroit: University of Detroit Press.

Finley, M. (2003). Fugue of the street rat: Writing research poetry. *Qualitative Studies in Education, 16*(4), 603–604.

Finley, S. (2000). "Dream child": The role of poetic dialogue in homeless research. *Qualitative Inquiry, 6,* 432–434.

Finley, S. (2001). Painting life histories. *Journal of Curriculum Theorizing, 17*(2), 13–26.

Finley S. (2003a). Arts-based inquiry in QI: Seven years from crisis to guerrilla warfare. *Qualitative Inquiry, 9,* 281–296.

Finley S. (2003b). The faces of dignity: Rethinking the politics of homelessness and poverty in America. *Qualitative Studies in Education, 16,* 509–531.

Finley, S. (2005). Arts-based inquiry: Performing revolutionary pedagogy. In N. K. Denzin & Y. S. Lincoln (Eds.), *The SAGE handbook of qualitative research* (3rd ed., pp. 681–694). Thousand Oaks, CA: Sage.

Finley, S. (2007). *Methodological rigor: Intellectual rigor mortis?* Paper presented at International Congress of Qualitative Inquiry, Urbana-Champaign, IL.

Finley, S. (2008). Arts-based research. In J. G. Knowles & A. L. Cole (Eds.), *Handbook of arts in qualitative research* (pp. 71–81). Thousand Oaks, CA: Sage.

Finley, S. (2010). "Freedom's just another word for nothin' left to lose": The power of poetry for young, nomadic women of the streets. *Cultural Studies<=>Critical Methodologies, 10,* 58–63.

Finley, S., & Finley, M. (1998). *Traveling through the cracks: Homeless youth speak out.* Paper presented at the American Educational Research Association, San Diego, CA.

Finley, S., & Finley, M. (1999). Sp'ange: A research story. *Qualitative Inquiry, 5,* 313–337.

Foucault, M. (1984). The order of discourse. In M. Shapiro (Ed.), *Language and politics* (pp. 108–138). London: Blackwell.

Furman, R. (2006). Poetic forms and structures in qualitative health research. *Qualitative Health Research, 16*(4), 560–566.

Garoian, C. R. (1999). *Performing pedagogy: Toward an art of politics.* Albany: SUNY Press.

Garoian, C. R., & Gaudelius, Y. M. (2008). *Spectacle pedagogy: Arts, politics, and visual culture.* Albany: SUNY Press.

Geertz, C. (1988). *Works and lives.* Cambridge, UK: Polity Press.

Giroux, H. A. (1995). Borderline artists, cultural workers, and the crisis of democracy. In C. Becker (Ed.), *The artist in society: Rights, rules, and responsibilities* (pp. 4–14). Chicago: New Art Examiner.

Giroux, H. A. (2001). Cultural studies as performative politics. *Cultural Studies<=>Critical Methodologies, 1,* 5–23.

Giroux, H. A. (2009). Democracy's nemesis: The rise of the corporate university. *Cultural Studies<=>Critical Methodologies, 9,* 669–695.

Giroux, H. A., & Giroux, S. S. (2006). Challenging neoliberalism's new world order: The promise of critical pedagogy. *Cultural Studies<=>Critical Methodologies, 6,* 21–32.

Giroux, H. A., & Giroux, S. S. (2008, December). Beyond bailouts: On the politics of education after neoliberalism. *Truthout.* Retrieved February 11, 2010, from http://www.truthout.org/123108A

Giroux, H. A., & Polychroniou, C. (2008, February). The scourge of global neoliberalism and the need to reclaim democracy. Retrieved January 19, 2011, from http://onlinejournal.com/artman/publish/article_2959.shtml

Grossberg, L. (1996). Toward a genealogy of the state of cultural studies. In C. Nelson & D. P. Gaonkar (Eds.), *Disciplinarity and dissent in cultural studies* (pp. 87–107). New York: Routledge.

Guba, E. (1967). The expanding concept of research. *Theory Into Practice, 6*(2), 57–65.

Gurevitch, Z. (2002). Writing through: The poetics of transfiguration. *Cultural Studies<=>Critical Methodologies, 2*(3), 403–413.

Gutmann, A., & Thompson, D. (2004). *Why deliberative democracy?* Princeton, NJ: Princeton University Press.

Hammersley, M. (1992). *What's wrong with ethnography?* London: Routledge.

Hanley, M. S., & Noblit, G. W. (2009). Cultural responsiveness, *racial identity and academic success: A review of the literature.* Pittsburgh, PA: Heinz Endowments.

Harper, D. (1987). *Working knowledge: Skill and community in a small shop.* Berkeley: University of California Press.

Howe, K. R. (2009). Positivist dogmas, rhetoric, and the education science question. *Educational Researcher, 38*(6), 428–440.

Jensen, J. (2002). *Is art good for us? Beliefs about high culture in*

American life. Lanham, MD: Rowman & Littlefield.

Knowles, J. G., & Cole, A. L. (Eds.). (2008). *Handbook of the arts in qualitative research: Perspectives, methodologies, examples, and issues.* Thousand Oaks, CA: Sage.

Leaños, J. J., & Villarreal, A. J. (2007). Art education. In D. Gabbard (Ed.), *Knowledge and power in the global economy: The effects of school reform in a neoliberal/ neoconservative age.* Available at http://www.leanos.net/ Arts%20Education.html

Lincoln, Y. S. (1995). Emerging criteria for quality in qualitative and interpretative research. *Qualitative Inquiry, 1,* 275–289.

Lincoln, Y. S. (2005). Institutional review boards and methodological conservatism: The challenge to and from phenomenological paradigms. In N. K. Denzin & Y. S. Lincoln (Eds.), *The SAGE handbook of qualitative research* (3rd ed., pp. 165–181). Thou- sand Oaks, CA: Sage.

Lincoln, Y. S., & Cannella, G. S. (2004a). Dangerous discourses: Methodological conservatism and governmental regimes of truth. *Qualitative Inquiry, 10,* 5–14.

Lincoln, Y. S., & Cannella, G. S. (2004b). Qualitative research, power, and the radical right. *Qualitative Inquiry, 10,* 175–201.

Mayer, R. E. (2000). What is the place of science in education research? *Educational Researcher, 29*(6), 38–39.

Mienczakowski, J. (2000). Ethnodrama: Performed research—limitations and potential. In P. Atkinson, S. Delamont, & A. Coffey (Eds.), *Handbook of ethnography* (pp. 468–476). Thousand Oaks, CA: Sage.

Mienczakowski, J., Smith, R., & Sinclair, M. (1996). On the road to catharsis: A theoretical framework for change. *Qualitative Inquiry, 2*(4), 439–462.

National Research Council. (2002). *Scientific research in education.* Washington, DC: National Academy Press.

Osterman, K. F., & Kottkamp, R. B. (1993). *Reflective practice for educators: Improving schooling through professional development.* Newbury Park, CA: Corwin Press.

Program of the Sixth International Congress of Qualitative Inquiry (2010). University of Illinois at Urbana-Champaign. Retrieved January 20, 2011, from http:// www.icqi.org/

Saldaña, J. (2008). Ethnodrama and ethnotheatre. In J. G. Knowles & A. L. Cole (Eds.), *Handbook of arts in qualitative research* (pp. 195–207). Thousand Oaks, CA: Sage.

Saldaña, J., Finley, S., & Finley, M. (2005). Street rat. In J. Saldaña (Ed.), *Ethnodrama: An anthology of reality theatre* (pp. 139–179). Walnut Creek, CA: AltaMira Press.

Seale, C. (1999). Quality in arts-based research. *Qualitative Inquiry, 5,* 465–478.

Seidel, K. (2001). Many issues, few answers—The role of research in K–12 arts education. *Arts Education Policy Review, 103*(2), 19–22.

Siegesmund, R. (1998). Why do we teach art today? Conceptions of art education and their justification. *Studies in Art Education, 39*(3), 197–214.

Sinner, A., Leggo, C., Irwin, R. L., Gouzouasis, P., & Grauer, K. (2006). Arts-based educational research dissertations: Reviewing the practices of new scholars. *Canadian Journal of Education, 29*(4), 1223–1270.

Smith, L. T. (1999). *Decolonizing methodologies: Research and indigenous peoples.* Dunedin, New Zealand: University of Otago Press.

Sullivan, G. (2005). *Art practice as research: Inquiry in the visual arts.* Thousand Oaks, CA: Sage.

Tharp, T. (2003). *The creative habit: Learn it and use it for life.* New York: Simon & Schuster.

Tolstoy, L. (1996). *What is art?* (A. Maude, Trans.). New York: Penguin. (Original work published in 1946)

Ulmer, G. (1989). *Teletheory.* New York: Routledge.

Ulmer, G. (1994). The heretics of deconstruction. In P. Brunette & D. Wills (Eds.), *Deconstruction and the visual arts: Art, media, architecture* (pp. 80–96). New York: Cambridge University Press.

Woo, Y. Y. J. (2008). Engaging new audiences: Translating research into popular media. *Educational Researcher, 37*(6), 321–329.

Young, I. M. (2004). *Inclusion and democracy.* New York: Oxford University Press.

Zakaras, L., & Lowell, J. F. (2008). *Cultivating demand for the arts: Arts learning, arts engagement, and state arts policy.* Santa Monica, CA: RAND Corporation.

Linda Shopes

27.
구술 역사

김평국_ 경인교육대학교 교육학과 교수

27.1 구술 역사란 무엇인가?

구술 역사(oral history)라고 하는 것은 한마디로 정의하기 어려운 용어이다. 일상의 어법 안에서 그것은 온갖 종류의 녹음된 연설 혹은 가족, 이웃, 직장 동료 사이에서 일어나는 가벼운 회상으로부터 공식적인 장면에서 문화적으로 인정받은 전통의 소유자가 발표하는 의례적인 설명에 이르기까지 여러 방식으로 과거에 대해 이야기하는 것을 가리킨다. 가장 전형적으로, 이 용어는 민속학자(folklorist)들이 개인적 경험의 내러티브라고 부르는 것, 즉 다른 사람들에게 의미나 가치 있는 것을 의사소통하기 위하여 만들어져서 구술로 전해지는 자서전적인 이야기들을 가리킨다(Dolby, 1989). 이런 의미의 구술 역사는 Studs Terkel(1967, 1970, 1974, 1984)의 저서들에서 극명하게 나타나며, 이들은 그 용어를 대중화하는 데 크게 기여하였다. 최근에는 David Isay(2007)의 저서에서도 나타난다. 그의 StoryCorps 프로젝트는 일상생활의 이야기적인 속성에 대한 관심을 재점화하였다. 전형적으로 이 용어는 어떤 민주주의적이거나 대중적인 의미를 그 안에 포함한다. **구술 역사**는 일상생활에서의 영웅적 이야기의 인정, 일상적인 일의 축하, 본능적인 것에 대한 호소를 함의한다.[1]

그러나 전문가들은 구술 역사에 좀 더 정확한 의미를 부여한다. 구술역사학회(2010)는 구술 역사를 "지식의 발전과 인간 존엄성의 제고를 위하여 인간의 기억을 수집하고 해석하는 하나의 방법"으로 정의한다. Donald Ritchie(2003)는 『구술 역사 방법론(Doing Oral History)』이라는 그의 안내서에서 그것을 "역사적 가치가 있는 기억과 개인적 코멘트를 면담의 녹음을 통해 수집하는 것"으로 기술한다. 그는 계속하여, "구술 역사 면담은 일반적으로 잘 준비된 면담자가 피면담자에게 질문하고 그들의 대화를 녹음하거나 녹화하는 것으로 구성된다. 면담의 녹음은 전사되고, 요약되고, 혹은 범주화되고 그리고 도서관이나 서고에 보관된다. 이 면담들은 연구를 위해 사용되기도 하고 출판물, 라디오 혹은 비디오 다큐멘터리, 박물관 전시, 드라마 제작, 그 외 다른 형식의 공개적인 발표에 인용될 수도 있다"(p. 19). Valerie Yow(2005)는 『구술 역사의 기록(Recording Oral History)』이라는 저서에서 "구술 역사는 구술 형식으로 전달되는 개인적 증언의 기록이다."라고 말한다. 구술 역사를 메모와 구분하면서 그녀는 구술 역사에서 "누군가 다른 사람이 주제를 선정하고, 화자로 하여금 기억이라는 행동을 시작하게 하고, 기록하고, 화자의 말을 발표한다"고 언급한다. 이 동일한 활동을 기술하는 데 다양한 용어들이 사용된다는 것을 인식하면서 그녀는 "**구술 역사**는 심도 있는 면담의 녹음을 가리키는 데 가장 빈번하게 사용되는 용어인 것 같다"고 결론짓는다(pp.3-4).

이런 정의들은 하나의 전문적이고 정련된 실천 활동으로서의 구술 역사의 여섯 가지 특징을 시사한다. 첫째, 그것은 하나의 면담, 즉 질문을 던지는 사람 혹은 면담자와 이에 답변하는 사람, 즉 피면담자, 화자, 혹은 정보제공자로 불리는 사람 사이의 언어적 교환이다. 그것은 단지 한 사람이 이야기를 말하는 것이 아니다. 그것은 누군가의 발문에 대한 반응으로 다른 사람이 이야기를 말하는 것이다. 면담을 구성하는 것은 바로 이런 대화이다. 더욱이, 일반적으로 구술 역사는 이 두 사람만을 포함한다. 비록 구술 역사가들이 가끔 집단 면담을 수행하기도 하지만 이것들은 일반적으로 개별적인 면담을 위한 준비 혹은 후속 작업으로서 행해진다. 구술 역사가들은 일대일의 언어 교환에 나타나는 친밀성을 가치롭게 여긴다. 둘째, 구술 역사는 녹음되고, 기록으로 보존되고, 다른 사람이 여러 가지 용도에 사용하도록 허용된다. Ritchie(2003)는 "면담은 그것이 기록되고 어떻게든 처리되고 서고나 도서관이나 다른 보관소에 보관되고 혹은 출판을 위해 비교적 원문 그대로 재생산될 때에만 구술 역사가 된다. 연구, 재해석, 검증을 위한 대중적인 개방이 구술 역사를 정의한다"라고까지 말한다(p.24). 이런 매우 기초적인 구술 역사의 특징 두 가지는 그것을 (면담하는 행동이라는) 과정과 (면담의 결과에 따라 나오는 기록이라는) 산물 모두를 일컫는 것으로 이해해야 할 것을 시사한다.

셋째, 구술 역사 면담은 의도 면에서 역사적이다. 즉 그것은 개인적인 자서전을 통해 과거에 대한 새로운 지식과 통찰력을 추구한다. 비록 그것이 항상 과거와 현재 그리고 개인과 사회 사이의 상호작용을 나타내더라도, 구술 역사는 역사적 질문에 토대를 두고 있어서 면담자로 하여금 직면한 주제와 피면담자의 주제와의 관련 모두에 대한 지식을 갖출 것을 요구한다. 넷째, 구술 역사는 기억이라는 행동이면서 과거에 대한 주관적인 설명인 것으로 이해된다. 면담은 면담자가 끄집어내

는 것과 피면담자가 기억해내는 것, 피면담자가 말하기를 선택하는 것, 그리고 과거에 일어난 일에 대한 중립적인 사실이 아닌 피면담자가 과거에 일어난 일에 대해 이해하는 방식을 기록한다. 따라서, 면담은 과거에 대한 해석을 낳으며 이 자체는 다시 재해석을 요구한다. 다섯째, 구술 역사 면담은 심도 깊은 탐구이다. 일상적이고 우연적인 대화가 아니며, 계획되고 일정에 따르며 심각하고 탐색하는, 즉 과거에 대한 상세하고 광범위하며, 반성적인 설명을 추구하는 언어적 교환이다. 비록 광범위한 질문 혹은 탐구 영역에 의해 그 틀이 형성되더라도, 구술 역사 면담은 높은 수준의 융통성을 인정하고, 화자로 하여금 자신이 말하고 싶은 것을 자신이 원하는 방식으로 말하게 한다. 마지막으로 구술 역사는 근본적으로 구술적이어서 구어의 관습과 역동성을 반영한다. 이것은 지극히 자명한 것으로 보일 수 있지만, 말해진 것을 완벽하게 나타내지 못하는 전사 자료에 수십 년 동안 의존해오는 동안 이 사실은 그리 두드러지지 않았다. 디지털 기술이 광범위하게 도입된 이후에나 구술 역사가들은 구술 역사의 구술성에 대해 심각하게 다루기 시작하였다.

구술 역사는 일반적으로 생애 이야기와 주제별 면담을 구분 짓는다. 종종 지방 혹은 지역 사회의 맥락에서 이루어지는 생애 이야기 면담은 화자의 자서전을 기록하는데, 이때 가족생활, 교육 배경, 직업적 경험, 사회적, 정치적, 종교적 활동, 더 나아가 개인적 역사와 더 넓은 역사적 사건 및 사회적 테마의 관계와 같은 주제를 다룬다. 전형적으로 생애 역사 면담은 특정한 맥락 안에서의 일상생활의 기록을 겨냥한다. 주제별 면담은, 큰 규모의 연구 프로젝트의 일부로 자주 행해지는데, 개인의 자서전의 특정한 요소들, 예를 들면, 구술 역사에 의해 자료가 충분하게 수집된 미국 민권 운동에의 참여와 같은 것에 초점을 둔다. 실제로, 많은 면담들은 생애 이야기와 주제별 요소들을 모두 포함한다. 이는 생애라는 것이 결국 쉽게 분절되지 않기 때문이다.

생애 이야기나 주제별 면담 혹은 이 둘의 결합이든, 최선의 면담은 정연함과 소리 내어 사고하기의 특질

을 보여주는데, 이는 정밀한 질문들을 통해 특정 주제를 다듬고 또 다듬는 동안 화자를 격려하여 세밀한 것들을 기억하게 하고, 얽힌 것들을 풀거나, 겉으로 보기에 서로 별개인 회상들을 연결 지으면서, 갈등에 도전하고, 평가를 유도하는 과정에서 나타난다. 최선의 면담자는 화자가 어디에 도달하려고 시도하는지를 식별해내기 위해, 또한 자신 있게 어려운 질문들을 제기하기 위해 화자가 말하는 이야기의 행간을 주의 깊게 듣는다. 그럼에도 불구하고, 모든 면담은 그것이 수행되는 맥락, 그리고 면담자와 피면담자 사이의 상호적인 역동성의 영향을 받는다. 면담은 하나의 역사 강의, 고해, 언어적 주고받기, 향수에 젖기, 도덕적인 이야기 하기, 혹은 사람들이 그들의 경험에 대하여 말하는 다른 어떤 방식이 될 수 있다.

비록 면담이라는 행위가 구술 역사의 중심에 놓이더라도, 최선의 실천 사례들은 구술 역사 과정이 훨씬 더 광범위하다는 것을 보여준다(Larson, 2006; MacKay, 2007; Ritchie, 2003; Yow, 2005). 면담을 하기 전에는 주의 깊은 준비 단계로서, 탐구의 초점을 정하는 것부터 일차와 이차 자료에서 배경 탐구하기, 면담 방법에 관련된 기능과 녹음 기술 사용법 배우기, 화자를 발굴하고 섭외하기, 래포 형성하기, 예비 면담 수행하기, 면담 개요 세우기와 같은 활동이 전개된다. 그리고 면담 뒤에는 보존과 열람을 촉진하기 위한 여러 단계가 있다. 이들은 법에 따른 공개(legal release)로 부르는 수단에 의해 다른 사람들이 면담 자료를 사용하도록 허용하기, 녹음 원본의 한 부 혹은 그 이상을 복사하기, 이들을 안전하면서도 대중이 접근 가능한 서고에 보관하기, 면담 자료의 목록화 혹은 검색 수단의 개발, 면담 자료 전체를 모두 듣지 않으면서 면담 자료를 전사하거나 요약하면서 열람할 수단 개발, 혹은 좀 더 최근에 등장한 것으로 온라인 검색 방법의 개발 등이다. 만약 면담이 대규모 프로젝트나 프로그램의 일부라면 프로젝트 계획과 설계, 관리와 직원 확보, 사무실 공간 확보, 작업 흐름, 예산과 재정, 그리고 산물이나 결과물의 생산 등 추가적인 활동이 전개된다.

따라서 구술 역사는 다른 종류의 면담과 구별된다. 그것의 개방적이고, 주관적이고, 역사적인 경향을 띠는 접근은 사회학자, 정치학자, 그리고 시장 조사자들이 수행하는 현재의 행위와 태도에 대한 매우 고도로 구조화된 여론 조사나 설문 조사와는 매우 다르다. 또한 그것은 화자가 역사적인 기록을 위해 자신의 이야기의 플롯을 결정하도록 하기보다는 자신들이 오늘 창작하고 있는 이야기에 부합하는 인용을 찾는 저널리스트와 다큐멘터리 제작자들이 수행하는 면담과도 다르다. (그러나 이것은 둘 사이의 경계선이 흐리다는 것을 부정하는 것은 아니다. 어떤 저널리스트와 다큐멘터리 제작자들은 자신들을 그렇게 부르지 않을 수 있지만 탁월한 구술 역사가들이다[Coles, 1997].) 구술 역사는 또한 임상적이고 치료적인 상황에서 이루어지는 면담과 다르다. 비록 둘 다 심층적으로 이루어지고 상호주관성과 개인적 자서전을 인정하지만—그리고 하나의 구술 역사 면담이 종종 화자와 면담자 모두에게 긍정적인 효과를 가져옴에도 불구하고—임상적 면담은 기능 장애를 가정하고, 때때로 내러티브 심리학에서처럼(Bruner, 1990; Polkinghorne, 1988; Spence, 1982), 그 사람의 이야기를 재구조화함으로써 한 사람을 도와 개인적인 문제를 해결하게 한다. 그러나 구술 역사는 화자의 변화를 추구하지 않는다. 그것은 화자가 자신의 삶과 생애 이야기의 구성에서 주도적인 역할을 한다는 가정으로부터 출발한다.

구술 역사가는 면담에 접근하는 방식에서 아마도 인류학자와 질적 사회학자와 가장 가까운 것 같다. 자주 인용되는 Clifford Geertz(1974)의 구절에 따르면, 모두 "원주민의 관점(the native's point of view)"을 추구한다. 구술 역사가는, 특히 특정한 사회적 환경을 공유하는 개인들을 대상으로 면담하는 사람들은, 종종 인류학자들이 수행하는 참여 관찰에 종사하게 될 것이다. 그리고 인류학자들과 사회학자들은, 비록 일반적으로 문화기술적인 현재에 초점을 두더라도, 때때로 다루고 있는 주제의 역사적 차원을 인식한다(Atkinson, Coffey, & Delamont, 2003; di Leonardo, 1987;

Mintz, 1979; Silverman, 1997; Vansina, 1985). 구술 역사가는 또한 민속학자들과 어떤 접근들과 실천 방식들을 공유한다. 비록 민속학자들이 전통적인 내러티브의 형식적이고 심미적인 특질에 초점을 두더라도, 그들과 구술 역사가들은 피면담자의 일차적 이야기를 한 문화의 집단적인 자료의 일부로 기록한다. 그리고 현대에 이르러, 둘 다 구술적인 자료를, 그 의미를 이해하기 위해 일정 수준의 재해석이 필요한 주관적인 텍스트, 즉 언어와 마음의 구성물로 본다(Abrahams, 1981; Davis, 1988; Jackson, 2007; Joyner, 1979).

비록 구술 역사가 다른 종류의 면담과 방법이나 목적 면에서 다르고 역사학의 가정과 의도와 가장 가깝고 유사하더라도, 그것이 면담을 이해하려는 방식은 매우 강하게 간학문적일 수 있다. 구술 역사가는 면담의 감정적 바탕을 이해하기 위하여 심리학에, 면담에 나타난 언어적 교환의 구조와 역동성을 이해하기 위해 커뮤니케이션학에, 면담의 이야기적 특질을 이해하기 위해 민속학과 도서관학에, 내러티브 안에서 두 개의 서로 다른 정신 구조(mentalities)가 충돌할 때 종종 발생하는 문화 충돌을 이해하기 위해 인류학에, 화자와 면담자 모두의 사회적 지위가 구술되는—혹은 구술되지 않는—것에 영향을 미치는 방식을 이해하기 위해 문화적 연구와 인종과 성별에 대한 비판적 연구에, 노화라는 숙명적 현상이 면담에 어떤 영향을 미치는지 이해하기 위해 노인학에 의존해왔다. 진실로 구술 역사에 대한 가장 창의적인 사고의 대부분은 역사학을 제외한 다른 영역에서 훈련받고 활동하는 전문가들로부터 나온다.

이 글은 위에서 구술 역사를 현 시대에 대한 문화기술과 같은 형태로 나타냈다. 이는 실제로 정적이지 않으면서 수십 년에 걸쳐 진화한 학술적 활동에 대한 광범위한 서술을 제시하였다는 말이다. 일반적으로—보편적으로는 아니지만—합의된 구술 역사의 몇몇 특징들을 나열하는 데, 어떤 경계선을 설정하는 데, 그리고 매우 다의적인 이 용어의 의미를 고정하는 것을 돕는 데 유용하지만, 그럼에도 불구하고, 이 토의에서는 구술

역사 자신의 역사적인 발전 부분을 배제하였다. 그래서 이어지는 절들에서는 하나의 연구 방법이면서 과거를 이해하는 하나의 양식이기도 한 구술 역사의 시간적 흐름에 따른 발전에 대하여 토의할 것이다(Gluck, 1999; Grele, 2007; Thomson, 2007). 이 절들에서는 구술 역사라는 학술적 활동의 변화를 다룰 것이며 이들을 학문 세계 그리고 사회에서의 좀 더 광범위한 변화에 연결지을 것이고, 지적이고 사회적인 실천으로서의 구술 역사의 정치적 측면을 검토할 것이며, 구술 역사의 제도적 발전을 요약할 것이다. 이 장은 구술 역사의, 기관윤리 심의위원회와의 관계를 포함하여, 법률적·윤리적 쟁점들에 대하여 토의하면서 마칠 것이다.

27.2 초기 발전: 기록보관 활동으로서의 구술 역사

역사가들은 오랫동안 자신들이 직접 면담을 수행하거나 다른 사람들이 기록하고 보관한 일차적인 자료에 의존하면서 구술적 자료들을 사용하여 저술 활동을 해왔다(Sharpless, 2006). 이는 고대 역사가인 Thucydides가 그의 저술『펠로폰네소스 전쟁(The Peloponnesian War)』역사를 위해 참여자를 대상으로 면담을 수행한 것과 다르지 않다. 그는 서로 다른 증인들은, 불완전한 기억으로 인하여 이쪽 혹은 저쪽으로 치우친 편파적인 말을 하면서, 동일한 사건에 대하여 서로 다른 설명들을 제공한다고 말하였다(Ritchie, 2003, p.20). 16세기 스페인 연대기 기술자(chroniclers)들에 의한 아즈텍과 잉카인의 삶에 대한 서술과 Hubert Howe Bancroft와 그의 동료들이 기록한 캘리포니아에 정착한 멕시코인과 아메리카인들에 대한 서술은 오늘날의 역사가들에게 매우 가치로운 자료이다. 비슷하게 Henry Mayhew의 19세기 중엽 런던의 노동 계급의 생활과 근무 조건에 대한 탐구는 탐구 대상과의 대화를 통해 얻은 증거에 크게 의존한 많

은 탐구들의 첫 사례이다. 이 사회적 연구들은 개혁을 부추기기도 하였고 역사학에 기여하기도 하였다.

그럼에도 불구하고, 구술 자료에 대한 의존은 19세기 후반과 20세기 동안에 역사라는 학문 활동이 점점 전문화되고 실증주의가 지배적인 학문적 패러다임이 되면서 인기를 잃었다. 역사학의 목표는 "그것이[역사적 사건이—역주] 진실로 어떻게 그렇게 [전개—역주]되었는지"(wie es eigentlich gewesen) 다시 말하는 것이라는 독일 역사가 Leopold von Ranke의 격언은 (서면 형태의) 다큐멘터리 기록에 점점 더 의존하게 된 하나의 학문을 잘 대변하였다. 그리고 두 명의 프랑스 역사가인 C.-V. Langlois와 Charles Seignobos가 말하였듯이, "문서를 대신할 만한 것은 없다. 즉 문서가 없다면 역사는 없다"(Thompson, 1988, p.51). 과거에 한때 종종 사람들과 대화를 나누는 비형식적 활동에 의존하였는데 이것이 이제 의심을 받게 되었다. 실제로, 과거에 대한 일차적인 진술을 기록하려는 초기의 노력은 종종 특별하거나 즉흥적인 사건이었고, 주어진 특정 사례에 대해 그리 엄격하지 않은 방법에 따라 수행된 것이었고, 영구적인 기록보관 수집물을 확보할 의도는 없는 것이었다. 더욱이, 기계적인—혹은 디지털—녹음 기기들의 부재 때문에 인간 노트 기록자에게 의존할 필요가 있었으나, 이들의 정확성과 신뢰도는 의심을 받았다.

미국에서 구술 역사의 기원을 찾는 것은 잘해야 돈키호테적인 일이다. 어떤 이들은 그 기원을 대공황 시기 연방 작가 프로젝트(Federal Writers Project)에서 찾는다. 이는 1930년대 후반과 1940년대 초반의 다양한 지역, 직업, 그리고 인종 집단 출신의 수천의 개인들의 생애 역사를 기록하였다(Hirsh, 2006, 2007). FWP 면담 중에서 가장 잘 알려진 것은 노예생활을 직접 경험한 나이 많은 남자와 여자들의 이야기들, 즉 이들이 제공한 노예 내러티브이다. 1970년대에 학자들이 재발견한 이 내러티브들은 미국 노예 제도에 대한 역사 편찬의 방향 재설정, 즉 노예들을 주로 희생자로 보는 것에서 속박의 체제 안에서 노예들의 능동적인 행위를 인

식하는 것으로 재설정하기 위한 중요한 자료가 되었다(Blassingame, 1972; Genovese, 1974; Rawick, 1972). 그러나 1890년 미국의 사우스 다코타 주의 Wounded Knee 지역에서 발생한 인디언 대학살의 생존자들을 대상으로 James McGregor가 1940년에 수행한 면담은 어떠한가? 혹은 Bancroft와 그의 동료들이 수행한 면담은 어떠한가?

그럼에도 불구하고, 1940년대 후반에 콜롬비아 역사가인 Allan Nevins가 세운 콜롬비아 대학교(Columbia University)의 구술역사연구사무소(OHRO)는 일반적으로 미국에서 첫 번째 구술 역사 프로그램으로 인정된다. 이는 현대적인 재탄생 과정에서 구술 역사의 틀을 세우고 전문화하는 데서 보여준 OHRO의 두드러진 역할과 관련된 금자탑인 것으로 보인다(Starr, 1984). 공적인 업무의 관료화가 문서 더미를 표준화하는 경향이 있었다는 것과 전화가 개인적 편지 왕래를 대체하고 있었다는 것을 인식하면서, Nevins는 문서 기록을 보완하기 위하여 최근의 역사에 참여한 사람들과 면담을 수행한다는 아이디어를 생각해냈다. 그는 "한때 정치, 기업, 전문직, 그리고 다른 영역에서 유명했던 사람들에게서 신선하게 그리고 직접 나올 수 있는 좀 더 최근의 미국의 과거—지난 과거의 반 세기—에 대한 방대한 정보, 모든 부고 칼럼이 보여주듯이, 사라져가는 그 정보 중의 일부를 얻을" 필요성에 대하여 서술하였다(Starr, 1984, p.8). 이 아이디어는 10년 후 열매를 맺었다. 즉 Nevins와 그의 서기는—이들 때문에 초기 면담은 속기가 아닌 보통의 쓰기로 기록되었다—1948년에 뉴욕의 민간인 지도자 George McAneny와 그들의 첫 면담을 수행하였다.

여러 대학들이 곧 콜롬비아의 뒤를 따랐고, 자신들의 구술 역사 프로그램들을 출범시켰다. 텍사스 대학(the University of Texas)이 1952년에, 캘리포니아 버클리 대학(the University of California at Berkeley)이 1954년에, 캘리포니아 로스앤젤레스 대학(the University of California at Los Angeles)과 미시건 대학(the University of Michigan)이 1959

년에 출범시켰다. Harry S. Truman Library and Museum은 1961년에 구술 역사 프로젝트를 출범시키면서 Truman의 가족, 친구, 동료들을 대상으로 면담을 하였고, 이에 따라 대통령 도서관에서의 구술 역사라는 학술적 활동을 시작하였다. 콜롬비아의 1965년 연례 보고서는 전국적으로 89개의 프로젝트를 나열하였고, 이는 부분적으로 기록 기술의 발전에 의해 촉진되었다.[2] 1960년대 중반까지 구술 역사는 그 기반을 확립하여 1967년에는 구술역사학회(Oral History Association)가 창설되었다. 연례 발표물을 5년 동안 출판한 이후 1973년에 구술역사학회는 「Oral History Review」라는 연례 학술지를 발간하기 시작하였다. 1987년에 이 Review는 격년에 한 번씩 출판되었다. 구술 역사의 기준을 설정할 필요성을 인식하여 학회는 1968년에 『Principles and Best Practices for Oral History』(2009)의 초판을 발간하여 현재까지 이어오고 있다. 이 문서는 일반적으로 최선의 활동 지침을 규정하는 것으로 여겨지고 있다.[3]

이전의 초기 면담 활동과는 달리, 이들 구술 역사 프로그램들은 그들의 영구성과 면담에 대한 체계적이고 정련된 접근이라는 점에서 그 차이를 보여준다. 연구원들은 프로젝트들을 개발하였는데, 이들은 하나의 주제에 대한 여러 많은 면담을 포함하며 이미 주어진 기록의 빈 곳을 채우기 위해 고안되었다. 그들은 두드러지게 문서보관적이었다. 중요한 것은 역사적인 의미가 있는 것으로 판정되는 회상들을 테이프에 기록하고, 보관하고, 장래 연구를 위해 사용될 수 있게 준비하는 것이었다. 이에 따라 기록보관이라는 절박성이 나중에 구술 역사의 근본적인 특징으로 여겨지게 된 것에 그리고 구술 역사를 위한 최선의 활동으로 성문화된 것에 영향을 미쳤다. 이와 관련하여 두 가지에 관심을 기울일 만하다. 첫째는 권리 이양 문제이다. 면담은 창조적인 작업으로 이해되기 때문에 저작권의 보호를 받는다. 그리고 이 법들은 면담의 저자(author)로서의 피면담자를 저작권의 소유자로 인정한다. 이러한 법률적 권리 이양이라는 수단의 형식을 통해 피면담자가 후원 기관—

혹은 개인 연구자나 완성된 면담 자료를 수용하는 보관소—에 면담에 대한 권리를 이양하고, 만약 피면담자가 원한다면 접근에 일정 정도의 제한을 둔다. 이는 문서보관소가 전형적으로 기부자에게서 자료를 획득하는 기부의 행위와 유사하다. 실제로 어떤 구술 역사 면담은 기부 행위에 의해 문서보관소에 전달된다(Neuenschwander, 2009). 면담자의 법률적 지위는 불명확하지만, 실제로 그들은 종종 면담의 공동 창조자로 여겨지고 따라서 권리 이양의 공동 서명자로 여겨진다.

둘째는 전사의 문제이다. 면담을 전사하는 것은, 즉 녹음된 내용을 문서로 바꾸는 것은, 전사된 원고는 이에 대한 접근을 상당히 높인다는 가정에 따라, 오랫동안 구술 역사 과정의 하나의 필수적인 부분으로 받아들여져 왔다. 문서보관소와 이들을 활용하는 학자들은 역사적으로 문서에 크게 의존하여 왔다는 것을 고려할 때, 이 가정은 이해하기 어렵지 않다. 오디오나 비디오 매체와 달리 종이는 익숙하고 편안한 형식이다. 종이를 대하는 것은 면담을 듣거나 보는 것보다 더 쉽고 더 빠르다. 단어와 문장들이 문서에 기록되어 있을 때 그것을 다른 출판물에도 더 정확하게 인용할 수 있다. 이에 따라 문서화된 자료는 오래가지 못할 것으로 생각되는 오디오나 비디오 형식에 일종의 지식적인 권위를 부여한다. 여러 해 동안, 구술 역사가들은 전사된 원고를, 그것의 불가피한 왜곡에도 불구하고, 구술 역사 면담의 일차적인 문서로 수용하였으며, 초기에 어떤 프로그램들은 오디오테이프를 파괴하기도 하고 재사용하기도 하였다(Allen, 1982; Baum, 1977; Mazé, 2006; Samuel, 1971). 최근에서야 일차적인 문서로 전사된 원고를 인정한다는 일반적인 합의에서 녹음된 면담—**구술 내러티브**—을 인정한다는 일반적인 합의로 이동하였다. 디지털 매체의 발달로 전사된 원고를 디지털 접근으로 보완—혹은 대체—하는 것에 대한 관심이 증가하였다. 이 주제에 대해서는 이 장의 뒷부분에서 다룰 것이다.

전문가가 수행할 수 있는 최선의 활동은 전사된 면담

을 화자에게 되돌려주어 정정, 부연, 교정을 거쳐서 완전하고도 가장 정확한 서술을 얻는 것이다. 이런 활동 속에서 전문가는, 권리 이양의 필요와 함께, 화자의 권리와 특권을 학문적 규범에 비추어 판단할 수 있다. 법률과 관습은 화자에게 자신의 이야기의 발표에 대해 엄청난 통제권을 부여한다. 그런 사례가 많이 있듯이, 화자가 법률과 관습의 도움을 받지 않고서는 자신의 삶의 상황에 대해 통제권을 거의 지니지 못할 때, 이는 분명 정당하다. 또한, 추가적으로, 화자는 권리 이양의 수단을 통해 면담에 제한을 부과할 수 있고, 또한 전사한 원고에서, 중요하지만 노골적이고, 당황하게 만들며, 심지어 범죄의 폭로 가능성이 있는 정보를, 역사적 기록의 부실을 가져올지라도, 삭제할 수 있다.

이들 초기의 구술 역사가들이 당대의 랑케적인 문서와 사실 기반의 역사학의 영향을 받으면서 배웠기 때문에, 그들은 면담을 좀 더 완전한 과거에 대한 서술로 이끌 새로운 사실을 창조하는 수단으로 여겼다. 피면담자는 실제로 무엇이 발생하였는지에 대한(what actually happened) 정보의 저장고로 여겨졌다. 면담자는 이런 사실들을 단순히 기록하기만 하는 중립적인 존재로 여겨졌고, 면담은, 다른 자료와 마찬가지로, 그 신뢰도와 실증도(verifiability)에 대한 평가를 받을 문서로 여겨졌다. Michael Frisch(1990a, p.160)는 이것을 구술 역사에 대한 "좀 더 역사적인(more history)" 접근으로 불렀으며, 구술 역사를 "역사가의 통제 공장과 같은 것을 통과해야 하는 또 다른 하나의 증거로 환원하였다." 구술 역사는 일종의 격려된 활동이었고 대부분의 역사가들이 신뢰할 수 없는 이단, 일화나 겉치레의 원천 이외의 어느 것도 아닌 것으로 치부하였기 때문에, 초기 전문가들 사이에서 어느 정도의 방어적인 모습과 면담의 타당도, 신뢰도, 그리고 대표성을 확인하고 평가할 체계적인 수단을 상술하려는 집요한 노력이 나타났다(Moss, 1977).

27.3 사회적 역사와 구술 역사의 민주화

1960년대, 1970년대, 그리고 그 이후 나타난 사회적 운동과 지성적인 영역에서의 대변혁은 구술 역사에 엄청난 영향을 미쳤으며, 이를 좀 더 완곡하게 표현하면 그 반대의 현상도 나타났다. 이 시기에 누가 면담 대상이었는가, 누가 그들을 대상으로 면담하였는가, 무엇에 대한 면담이 이루어졌는가, 면담의 목적은 무엇이었는가 등에 관련된 것들에 심각하고 중요한 변화가 나타났다. 이 변화는 이전의 문서보관적인 접근을 대체한다기보다 그 위에 추가하거나 혹은 동시에 평행선을 그으며 나타났다. 초기 구술 역사 프로그램들이 엘리트들―즉 전문직, 예술, 그리고 관련된 영역에서의 저명한 개인들뿐만 아니라 상업, 산업, 정치 영역의 지도자들―을 대상으로 면담한 것에 비하여, 전후 시기 역사학의 지배적인 흐름과 동일한 맥락에서, 비엘리트 혹은 보통 사람들―때때로 그렇게 불리듯이 무명의 미국인들―에 대한 학자들의 관심 증대에 반응하면서, 1970년대까지 구술 역사의 범위는 상당히 확대되었다. 사회적 역사―즉 일반적으로 불평등한 그리고 종종 경쟁하는 집단들 사이에서의 사회적 관계의 역사―가 역사학의 지배적인 패러다임이 되었고, 구술 역사는 역사가들이 이제 관심을 기울이기 시작하던 사람들의 경험을 회복하기 위한 필수적인 도구가 되었다. Ronald Grele(2007, p.12)이 서술하였듯이, "현재까지 역사가들이 무시해온 부류의 사람들, 특히 노동자 계급, 그리고 인종적, 민족적으로 소수집단, 여성, 성적이고 정치적인 소수집단의 삶과 과거 행동들을 문서화하는 것이 목표였다. 이들은 전통적으로 무시되어 온 혹은 의도적으로 잊혀져 온 사람들로서, 연구 대상에서 제외되었던 사람들이 제공하는 문서를 검토하여 그 역사를 이해할 수 있었던, 대부분 상류 계층의 주석자였던 사람들, 언론 종사자, 사회적 그리고 다른 서비스업자, 혹은 문서를 남긴 다른 사람들을 포함하였다." 그래서 면담자들은 노동자 계급 공동체에서의 일상생활에 대하여, 가정 안에서 남자와 여자의 서로 다른 경험에 대하여, 소수집단이 매우 억압적인 환경 속에서 유목적적인 삶을 창조한 방식에 대하여 묻기 시작하였다. 면담자들은 "무엇이 일어났는지"뿐만 아니라 "그것은 어떤 것과 같았는지", "당신이 무엇을 하였는지", "당신은 어떻게 이해하는지"를 묻기 시작하였다.

동시에, 구술 역사는 전적으로 문서보관 목적만을 위해 수행되기보다 점점 더 개별 학자들이 그들 자신의 연구 프로젝트를 위해 면담을 수행하는 활동이 되었다. 어떤 경우에는 학자적인 관심이 Chapel Hill의 노스 캐롤라이나 대학(the University of North Carolina)의 남부 구술 역사 프로그램(Southern Oral History Program)과 같은 지속적이고 다면적인 구술 역사 프로그램의 개발을 촉진시켰다. 이 프로그램에서는 1973년부터 학술적 탐구와 문서 수집이 함께 진행되었다. 그러나 제도권 속의 구술 역사 문서보관소와 무관하게 활동하면서 어떤 학자 겸 면담자들은 과거의 구술 역사 프로젝트들에 나타난 것과 같은 똑같은 엄격성을 가지고 설정된 기준을 준수하지는 않았다. 혹자들은 그들의 즉각적인 관심 밖에 놓인 주제를 적극적으로 다룰 의도가 없었다. 이로 인하여 다른 사람이 느낄 수 있는 면담의 유용성은 낮아졌다. 종종 진행 중인 프로젝트보다 적은 자원을 가지고 활동하던 다른 사람들은 면담의 미래 활용에 대해서는 별다른 관심을 기울이지 않아, 권리 이양 양식을 확보하지 못하거나, 면담을 전사하지 못하거나, 심지어 공적인 문서보관소에 기부하지도 못하였다.[4] 이 마지막 항목은 특별히 우려의 대상인데, 이는 그것이 자료에 대한 공개적인 접근에 대해 지녀야 할 역사가의 전문가적 헌신 정신에 위배되기 때문이다.

이런 단점들에도 불구하고, 구술 역사는 우리의 과거에 대한 집단적인 이해를 민주화하는 데 매우 중요한 역할을 수행하였다. 면담은 과거에 배제되거나 문서 자료가 축적되지 않았던 집단에 대한 새로운 지식을 축적하게 하였고, 현존의 자료 속에서 종종 객관화되어 나타나는 사람들에게 목소리와 주체성을 되돌려주었다. 하나의 예를 든다면, John Bodnar의 『The Transplanted』(1985)를 들 수 있는데, 그 타이틀은 의도적으로 Oscar Handlin의 『The Uprooted』(1951)를 패러디한 것 같고, 그 해석은 많은 피면담자들의 자서전적 내러티브들의 도움을 크게 받았다. 이 책자는 미국에 온 동유럽과 남유럽의 이민자들을 새로운 세계에서 정착할 수 없는, 왜곡되고 말살된, 이름 없는 개인들로가 아니라, 그 세계의 이주자로서 새로운 삶을 형성하기 위해 창의적인 전략들을 능동적으로 전개하는 남자와 여자로 나타냈다. 전체적으로, 사회적 역사의 패러다임 안에서 수행된 면담들은 과거의 지배적인, 하향식 내러티브들에 도전하였고, 굴복과 주체성 사이의 관계를 다루었다. 좀 더 최근에 이런 종류의 구술 역사는 학자들이 정체성이라는 개념을 탐구하고, 오랫동안 유지된 침묵을 깨뜨리면서, 역사에서 누가 중요한가에 대한 우리의 이해를 확장하는 과정에서, 인종적, 동성애적 연구의 맥락 안에서 이루어졌다.

구술 역사는 피면담자로 봉사하는 것 이외에 추가로 자신들의 역사에 대한 생산자이면서 해석자의 역할을 수행한, 상아탑과 기존의 문서보관소 밖의 사람들을 끌어들이면서 역사적 기록뿐만 아니라 역사라는 실제 활동을 민주화하였다. 1970년대부터 현재까지 점점 더 지역의 조직과 집단들—역사학회, 박물관, 도서관, 교회, 노동자 조합, 노인회관, 그리고 다른 풀뿌리 집단—은 그들 자신의 역사를 문서화하기 위하여, 종종 면담의 범위를 확대하기 위하여 공연, 전시회, 매체 제작, 그리고 다른 창의적인 작품 활동들을 전개하면서, 구술 역사 프로젝트들을 수행하였다. 아마도 숫적으로 1970년대 중반부터 학계 안에서와 같은 정도의 구술 역사 프로젝트들이 학계 밖에서도 수행되었다고 말하는 것이 정확할 것이다. 1973년에 작성된 목록표는 미국 구술 역사 센터들의 절반 정도가 전문대학과 종합대학교 소속이 아님을 보여주었다(Starr, 1984, p. 12).

더불어, 학자들은 종종 조직자로서, 워크숍 지도자로서, 컨설턴트로서, 협조자로서, 그리고 면담자로서 그들 자신이 연구하는 중인 지역사회와의 관계 형성을 위해 자발적인 노력의 일환으로 이들 프로젝트들에 참여하였다. 근래에 지역사회의 구술 역사 프로젝트들에의 학술적인 참여는, 학생과 교수가 지역의 과거에 대한 여러 가지 측면들을 문서화하고 발표하기 위하여 지역 사회 협조자들과 함께 작업하면서, 시민 참여(civic engagement) 혹은 공공의 역사(public history)라는 타이틀 아래 이루어졌다. Frisch(1990b)는 면담자와 피면담자 사이에 권위를 공유하게 하는, 구술 역사와 공공의 역사의 능력에 대하여 서술하였다. 이는 "지식의 심도 있는 공유, 즉 역사의 모양, 의미, 그리고 함의에 관한 다양한 관점에서의 암묵적이고 때때로 숨김 없는 대화"를 위한 기회를 창출하였다(p.xxii). 학술적인 훈련을 받고 공적인 활동을 하는 구술 역사가들과 그들의 지역 협조자들은, 역사를 해석적인 활동으로 이해하는 학술적인 접근과 스토리텔링에 대한 상식적인 관점의 차이, 과거에 대해 비판적으로 접근하고자 하는 학자적인 관심과 긍정적인 이미지를 고양하거나 과거의 불미스런 측면을 회피하고자 하는 지역 사회의 관심 사이의 차이, 그리고 학술적인 언어 및 작업 스타일과 덜 형식적인 실천적 활동 사이의 차이에 직면하면서, 자주 그런 공유의 함의를 둘러싸고 고민한다. 이 차이들은 좁히기 어렵지만, 계급과 인종, 세대, 교육, 사회적·정치적 관점 등 좀 더 광범위한 사회적 차이를 가리키며, 그리고 그 맥락에서 종종 매우 힘겹게 혹은 부분적으로 해소된다(Diaz & Russell, 1999; Lewis, Waller, & Hinsdale, 1995; Shopes, 1986, 2002a).

지역 사회 역사보다는 캠페인에 더 관련되는 활동을 하면서 어떤 이들은 구술 역사를 좀 더 광범위한 인본주의적이고 시민적인 관심에 연결하였다. 구술 역사가들은, 예를 들어, 나이 많은 노인들을 대상으로 한 삶의 재음미라는 통합적인 과정(Bornat, 1993; Butler, 1963), 과거 적대자들 사이의 화해를 위해 마련된 "진실 말하기 프로젝트"(truth telling projects)(Lundy & McGrovern, 2006; Minkley & Rassool, 1998)와 같은 회상 작업에 종사하였다. 그들은 세계 제2차 대전 기간 동안 일본계 미국인들의 억류(Densho, 2010; Dubrow, 2008), 혹은 좀 더 최근에는 미국에서 의심

가는 이슬람 테러리스트들을 대상으로 한 재판 없는 긴 기간 동안의 구류(Shiekh, 2010)와 같은 인권 침해를 문서화하기도 하고 그에 대한 배상을 지지하기도 하는 프로젝트들을 수행하였다. 구술 역사가들은 광범위한 활동가 어젠더(Kerr, 2008)를 형성하고 정교화하기 위한 수단으로 추방되거나 집 없는 사람들을 대상으로 면담을 수행하였고, 전 세계적으로 개발 프로젝트에 도움을 주기 위하여(Cross & Barker, 2006; Slim & Thompson, 1993) 면담에서 획득한 지역의 지식을 활용하였으며, 그 밖에 다른 여러 방법을 통해 구술 역사와 사회 변화를 위한 활동을 연결하였다.

학계의 내부에서 이루어지든 외부에서 이루어지든 혹은 그 사이 어디에서 이루어지든, 이러한 민주적인 방식의 구술 역사는 종종 좀 더 넓은 의미에서 무엇이 역사이고 누가 역사가인지에 대한 관심에 토대를 두고 있을 뿐만 아니라, 진보적 정치, 즉 평등과 정의를 위한 운동에 도움을 주고 때때로 개입하기 위해 역사를 활용하는 것에 대한 관심에 토대를 두고 있다. 다른 영역에서와 마찬가지로, 정치적 목적을 지니는 구술 역사에서 가장 강력한 힘을 발휘한 집단은 바로 여성주의 학자 겸 활동가들이었다. 여성 운동의 에너지에서 힘을 부여받은 그들은 일찍부터 "여성의 구술 역사는 단지 여성에 대한 것이 아니었다. 그것은 여성에 의한 여성을 위한 것이기도 하였다"고 주장하였다(Gluck, 2006, p.360). 개인적인 것이 정치적인 것이라는 것을 인식하면서, 면담자는 여성의 경험을 찾아내기 위하여 열심히 노력하였다. 그런 경험의 본질을 잘 아는 여성들은 "그들의 자매들"을 면담하는 것에 특별한 감정을 이입하였다는 주장도 있었다. 때때로, 새로운 지식을 생산하는 것 못지않게, 의식화, 권한부여, 그리고 변화의 수단으로서 구술 역사를 활용하는 것이 목표였다. 진정, 여성의 역사라는 새로운 영역의 개척에 고무되어, 면담자들은 화자들이 말하는 것을 곧이곧대로 받아들이는 경향을 보였다. 역사적으로 너무 자주 침묵하였고 혹은 침묵을 강요당했던 사람들임을 고려할 때, 이를 전적으로 부적절한 반응이라고 말할 수는 없을 것이다(Anderson &

Jack, 1991; Bloom, 1977; Gluck, 1977; Oakley, 1981).

실제 활동을 하면서 그리고 반성을 통해 이런 순진한 모습에는 한계가 있음을 알게 되었다(Armitage, 1983; Armitage & Gluck, 1998; Gluck & Patai, 1991). 즉 "여성의 경험"을 문서화하는 작업은 종종 사회적이고 이데올로기적인 차이를 설명하는 데 실패하였다(Geiger, 1990). 감정이입은 조작적인 책략이 될 수 있었고, 이에 따라 나중에 후회하게 되는 적절한 방어 없는 폭로가 되기도 하였고, 면담자와의 관계가 지속될 것이라는 비현실적인 기대를 낳기도 하였다(Stacey, 1991). 누군가의 의식을 제고하려는 노력은 애국심에 불타 다른 사람의 관점을 듣지 않으려는 거부로 이어질 수 있었다. 화자의 설명에 대해 비판적 분석을 수행하지 못하는 것은 Frisch(1990a)가 "반역사(antihistory)"라고 부른 것—이는 앞서 언급한 "보다 많은 역사"에 대비되는 것—이다. 이는 그가 "그것의 인접성과 감정적인 공감 때문에 구술 역사적 증거를 거의 해석이나 책무성을 초월하는 어떤 것으로, 과거의 경험에 대한 느낌과 … [그래서] 그 의미를 들여다보는"(p.160) 직접적인 창으로 본다는 것을 의미한다.

구술 역사가들은 종종 그들이 면담하는 사람들에 대해 폭넓은 동정심을 느끼고 면담 중에 친밀감을 느낀다는 것을 인식하면서, Yow(1997)는 피면담자를 너무 많이 좋아하는 것에 대해 경고하였다. 그렇게 하는 것은 탐구적인 면담보다 미리 짜여진 틀에 따른 면담이 되게 할 수 있어서, 주저함, 갈등, 침묵은 탐구되지 않는다. 매우 고통스런 기억들은 치료적인 단어들을 통해 누락된다. 면담자의 화자에 대한 긍정적인 관점을 뒤흔들 정보에 대한 실마리들은 무시된다. 도전적인 질문들은 존경 때문에 제기되지 않거나 상호적인 존중에 불편한 침해를 주지 않기 위해 회피된다. 이런 경향에 반하기 위해, Yow는 화자에 대한 자기 자신의 감정적 반응을 관리하고, 자기 자신의 이해관계와 이데올로기적인 편파성을 경계하고, 자신이 질문하고자 한 것을 넘어 사고하고, 대안적인 탐구 방향을 개발해내는 비

판적인 반성을 주창한다.

비록 여성주의자들만의 관심은 아니지만, 여성주의 구술 역사가들은 처음으로 구술 역사라는 활동 안에서 권력 관계를 고려하였으며, 계급과 인종을 다루는 동료들과 함께 그것들에 가장 많은 관심을 기울이는 사람들이 되었다(Coles, 1997; Gluck & Patai, 1991). 그들은 구술 역사에서 지식 생산과 그 지식의 활용이 불평등한 사회적 관계를 재생산하는지 질문하였다. 비록 "아랫사람들"에 대한 연구에 대한 의문이 시간이 지나면서 다소 경감될지라도, 상대적으로 특권을 누리는 면담자들의 가정들, 질문들, 언어, 비언어적 단서들, 그리고 발표 모드들이 어떻게 낮은 권한을 지닌 화자들을 제약하는지를 질문하는 것은 여전히 유효하다. 만약 학자들이 다른 사람들의 생애 이야기를 기록하고 발표하는 데 토대를 두고 경력을 쌓는다면, 그들이 아무리 주의 깊고 의식적으로 작업을 수행하더라도, 그들이 자신들의 활동을 수행하면서 얻는, 눈에 보이는 보상을 어떻게 화자들과 지역 사회와 함께 공유할 수 있는가를 질문하는 것은 여전히 적절하다. 만약 "목소리를 부여"한다는 구술 역사의 자랑스런 능력을 믿고 순진하게도 화자들이 자신들의 목소리를 찾기 위하여 구술 역사가들을 필요로 한다고 가정한다면, 구술 역사가인 Alessandro Portelli(1997, p.69)의 말처럼, 우리가 어떻게 책임감을 가지고 공공의 장소에서 "그들의 목소리를 확대"할 수 있을 것인가를 고려하는 것은 여전히 유용하다. 종종 실제 활동에서 나타나듯이, 부족한 형태로라도 평등이 면담이라는 제한된 공간 안에 존재할 수 있고, 만약 진정 피면담자들이 무엇을 말할지, 무엇을 말하지 않을지 결정하면서 권력의 균형을 유지할 수 있다면, 자유롭게 그리고 좋은 믿음을 가지고 자신들의 삶을 우리와 공유한 사람들의 삶을 발표하고 해석하는 데 우리가 어떻게 권력을 발휘할 것인가를 고려하는 것은 여전히 유용하다. 화자와의 불편한 타협을 시도하면서, 그들 자신의 해석적인 목소리와 화자의 목소리를 번갈아 내면서, 때때로 코멘트를 제공하지 않고 화자로 하여금 자신의 말을 하게 하면서, 때때로 그들

자신의 내러티브의 맥락 안에서 면담을 전개하면서 구술 역사가들(James, 2000a; Kerr, 2003; Rouverol, 2003; Sitzia, 2003)은 계속하여 이 질문들에 직면한다.

1960년대 이래로 구술 역사의 활동 범위가 넓어지고 심도가 깊어진 결과, 그것은 그들에게 초기에 부족하였던 광범위한 수용과 신뢰성을 획득하였다. 물론, 구술 역사의 증거적인 가치에 대해서는 비판하는 사람들이 많다. 역사가인 Louise Tilly(1985, p.41)는, 정량적인 증거를 선호하는 편향을 가지고, 개인적인 진술을, 개인을 강조하는 "비역사적이고 비과학적(ahistorical and unscientific)"인 것이라고 말하였다.[5] 구술 역사 또한 사회적 역사가 일상생활의 평범하고 사소한 일들에 대해 지나치게 관심을 가지며 개인적인 주체성을 지나치게 추켜세운다고 비판하고, 권력 구조와 불평등의 관계가 행동을 통제하는 방식에는 관심을 충분히 기울이지 않는다고 비판하였다. 그리고 지역의 구술 역사 활동은 편협할 수 있고 향수에 젖을 수 있다는 비판도 있었다(Shopes, 1986, 2002a). 그럼에도 불구하고, 1970년대와 1980년대에 사회적 역사가 지배하면서 초기의 비판은 많이 누그러졌으며, 우리는 민주적 모드의 구술 역사의 두드러진 성취 두 가지를—역사학적인 의미에서는 아닐지라도—역사적 사료 편찬의 의미에서, 침묵을 지켰던 사람들의 목소리가 우리의 과거에 대한 집단적인 기록에 회복되게 해준 것과 학계와 지역 사회 사이의 상호 교류의 매개체를 제공한 것으로 요약할 수 있다.

비록 구술 역사 면담의 의도와 주제가 1970년대에 이르기까지 변하였을지라도 그리고 활동의 장소가 확장되었을지라도, 일반적으로 과거에도 항상 그랬던 것처럼 그들은 하나의 자료로 즉 실증주의적인 전통에 따른 어떤 투명한 문서로 이해되었으며, 혹은 진실이나 거짓으로 판명된 어떤 사실의 전달자로 이해되었다. 그러나 어떤 구술 역사가들은 면담에 무엇인가가 더 있다는 것, 즉 화자가 말한 것은 제기된 질문과 관계있고, 화자와 면담자 모두의 정신 구조와 관련이 있으며, 그

들 사이의 관계와 관련이 있다는 것, 화자는 언어와 문화에 따라 정의된 내러티브 전통에 의해 형성된 어떤 양식으로 축약하면서 여러 해 동안의 삶을 이야기하고 있었다는 것, 기억과 관련하여 개인의 회상의 정확성이 중요하다기보다는 사람들이 자신들이 기억한 것을 어떻게, 왜 기억했는지가 더 중요하다는 것, 그리고 면담은 여러 다양한 관점에서 우리의 도덕적인 관심을 요구하는 하나의 행위라는 것을 점점 더 이해하기 시작하였다.

27.4 문서에서 텍스트로: 구술 역사의 해석적 복잡성으로의 이동

구술 역사를 이해하는 방식에서 단 한 가지의 전환점을 확인하기는 불가능하다. 변화는 다양한 지적인 맥락에서 활동하는 실천가에게서 왔고 광범위한 이론적 흐름을 반영하였다. 미국에서 Frisch(1990c)는 1972년에 나타난 Studs Terkel의 『어려운 시기(Hard Times appearing)』 서평에서 구술 역사가 제공하는 특정한 종류의 증거에 대해 아마도 처음으로 질문을 제기한 사람이라고 할 수 있다. 그 서적을 사람들의 순수한 목소리를 담은 것으로 떠받든 다른 서평자들과 달리, Frisch는 개인적 실패와 집단적 생존의 이야기에 문제가 있다는 것을 발견하였고, "어느 정도 떨어진 거리에서, 어떤 방식으로, 어떤 이유로, 어떤 패턴으로 사람들은 경험을 일반화하고 설명하고, 해석하는가"라는 질문을 자신에게 던졌다(p.11). 이런 종류의 질문을 제기하면서, Frisch는 "구술 역사는 … 우리로 하여금 그들의 작용을 관찰하기 위하여 어느 정도 문화적 형식의 외부에 설 것을" 권장한다. 그래서 "그것은 우리에게 그 안에서는 불가능한 방식으로 포착하기 어려운 의식과 문화의 고동소리를 추적하게 한다"고 말하였다(p.13). Grele(1991a)은 1970년대에 처음 출판되었던 여러 수필에서 구술 역사에 비슷한 종류의 혜안을 추가하였다. 면담은 세 가지—언어적, 수행적, 인

지적—구조를 포함하는 대화적인 내러티브라는 것 그리고 이 구조들의 분석을 통해 명백한 정보의 전달 이외에 면담에 무엇이 작동하고 있는가에 대해 상당히 많은 것을 얻을 수 있다는 것은 그의 통찰력 중에서 특히 보배로운 것이다. 구술 역사 문헌 중 아마도 가장 인용이 많이 되는 논문에서, Portelli(1991)는 1949년 NATO에 항의하는 노동자의 시위에서 사살된 이탈리아 철강 노동자 Luigi Trastulli의 죽음에 대한 구술은 왜 반복적으로 그의 사망 날짜, 장소, 원인에 대해 오류를 범하고, 1953년이라고 하고, 2000명 이상의 철강 노동자에 대한 사격 개시 명령 직후 전개된 거리 투쟁 동안이라고 하는 오류를 범하는가를 분석하였다. 그는 화자들이 Trastulli의 죽음을 둘러싼 사실을 그들에게 좀 덜 어리석은 것, 좀 더 복합적인 것, 정치적으로 의미 있는 것이 되게 하기 위해 조작하였다고 주장하고, "오류, 날조, 신화는 우리로 하여금 사실을 통과하고 사실을 넘어 사실의 의미로 다가가게 한다고 결론지었다"(p. 2).

이들 세 개의 초기 작품들과 그 외 것들(Passerini, 1990, 1987; Tonkin, 1992)은 구술 역사가들이 그들의 활동에 대해 생각하는 방식에 점진적인 변화를 가져오게 하였다. 그들은 구술 역사의 방법—누가 면담의 대상자가 되는지, 그들을 대상으로 어떤 내용을 다루는지, 혹은 면담이 어떻게 활용되는지—을 변경하지 않았다. 이 구술 역사의 요소들은 전반적으로 넓은 의미에서 계속적으로 민주적이었다. 오히려, 이 작품들은 실천가들을 좀 더 이론적인 영역으로 끌어들였고, 화자가 말한 것의 내용에 대한 관심을 줄이고, 단어에 내재된 혹은 그 아래 놓인 의미에 더 초점을 두도록 하였다. 면담하기와 대비되는 면담에 대한 이 접근은 산출된 내러티브에 대한 지속적인 탐구에서뿐만 아니라, 면담의 중심에 놓인 대화적인 의견 교환에 대한 깊은 관심에서 도출되었다. 이 접근은 또한 기호와 상징에 대한 관심이 실증주의적인 패러다임에 도전을 주었던 학문 활동에서의 "언어적 전환"이라고 불렸던 것을 포함한 20세기 말의 광범위한 지적 동향을 반영하였다. 구술 역사에 대한 해석적 접근은 점점 성장하고 있었던 구술 역사

의 세계화에 따라 더 많은 자극을 받았으며, 이는 미국 구술 역사가들로 하여금 좀 더 이론적으로 기운 유럽의 동료들의 작품들을 접하게 하였다. 1979년부터 시작하여, 전 세계의 구술 역사가들은 1989년에 공식적으로 세계구술역사학회(International Oral History Association)가 된 조직의 후원 아래 2년에 한 번씩 모임을 가져왔다. 1980년부터 이 학회에서 발표되는 작품들은 1980년부터 1990년까지 출간된 영향력 있는 「세계 구술 역사 학술지(International Journal of Oral History)」를 포함하여, 연속적으로 간행된 학술지와 연례 간행물들에 게재되었다.

다양하고 복잡하고 때때로 이해하기 어려운 문헌들을 요약하기는 어려우나, 그 바탕에는 면담은 시간 속에 놓인 발견적인 행동이라는 관점이 놓여 있다. 의미는 언어를 통해 전달되고, 언어는 다시 기억, 신화, 이데올로기의 영향을 받고, 언어적 교환에 즉각성과 감정적인 깊이를 제공할 뿐만 아니라 청자의 관심을 끄는 비언어적 표현과 몸동작의 영향을 받는다. 그래서 면담은 화자의 주관성, 혹은 좀 더 정확하게, 화자와 면담자 사이의 간주관성에 해당하는 주관성의 활동에 대한 실마리를 제공한다. 이렇게 이해되는 면담은 전통적인 의미에서의 사실을 찾기 위해 조사해야 할 문서가 아니며, 화자가 그들의 삶을 그들의 역사에서의 장소를, 그리고 역사가 작동하는 방식을 이해하는—그리고 다른 사람들이 이해하기를 원하는—방식으로 해석해야 할 텍스트이다.

이 구술 역사에 대한 좀 더 이론적인 접근들에 대해서는 출판된 작품들과 실제 면담 모두에서 나온 여러 사례들을 고려하면서 검토하는 것이 필요할 것 같다. 면담의 대화적 본질을 고려하고 그것이 대화하는 두 사람의 산출물—혹은 표현—이라는 점을 고려해보라. Thomas Dublin이라는 역사가(1998)는 그가 이전에 펜실베이니아 무연탄 산업의 몰락에 대하여 면담하였던 남편과 아내를 담은 가족 사진을 검토하고 있을 때 이를 매우 적절하게 이해하게 되었다. "나는 [Tommy]가 친구들과 함께 했던 사냥 여행 중 촬영한 그렇

게 많은 사진들을 보고 놀라움을 표현하였다. 내가 Tommy의 삶에서 사냥이 얼마나 중요했는지 깨닫지 못하였다고 말하였을 때, 그는 '어, 당신이 결코 질문하지 않았습니다'(p.21)라고 정중하게 대답하였다". Eva McMahan(1989, 2006)은 "질문하기"—그리고 대답하기—라는 것의 의미를, 면담 중 화자와 면담자 사이에서 의미가 활발하게 교섭되는 방식을 이해하기 위한 '대화 분석 틀'을 제안하면서 장황하게 설명한다. 대화가 전개되는 방식과 그것을 통제하는 규칙을 면밀하게 검토하면서, McMahan은 우리가 "구술 역사 면담의 상호작용이 어떻게 단지 사실의 기록이 아니며 의미로 구성되는지"(p.2006, p.348)를 알 수 있다고 주장한다. 그녀의 작품은 면담의 역동성에 대한 엄격한 분석에 대해 많은 가능성을 열어준다. 좀 더 실제적으로, 그녀의 작품은 면담하기에 대한 좀 더 자의식적이고, 훈련된 접근에 많이 기여하였다.

면담은 의사소통적인 사건이기 때문에, 의사소통이 가끔 어려워지거나 혹은 실패하는데, 이는 인지적이고 사회적인 부조화의 쟁점들을 제기한다. Julie Cruikshank(1990)와 David Neufeld(2008)는 그들과 알래스카 원주민과 초기 캐나다인들과의 면담이 어떻게 연대기적, 자기중심적인 내러티브로서의 서양식의 자서전에 부합하지 않는 삶의 이야기, 오히려 신화적이고 매우 비유적인 이야기들을 지닌 혼합된 개인적 역사로 귀결되었는지를 서술한다. Cruikshank에게는 무엇이 진정한 삶의 역사인지에 대한 문화적 차이를 이해하는 것이 과제였다. Neufeld에게 그것은 이 수평적 내러티브들을 캐나다 국립공원청(Parks Canada)을 위한 역사적 프로그램으로 통합하는 것이었다. Daniel James(2000b)는 면담자가 적합하지 않은 기대를 지녀서, 학대받은 화자가 자신이 각색한 페론주의(Peronism)[아르헨티나의 정치 운동으로 정의주의라고도 부른다—역주]를 말하기를 원하여서, 그리고 James 자신이 자기의 관점을 숨기면서 화자의 혼란스러움을 꿰뚫고 들어가서, 실망스런 의사소통에 이른 사례들과 그가 무엇을 상징적 폭행으로 보았는지를 서술한다.

때때로, 말해지지 않은 것으로부터 혹은 면담에서의 침묵으로부터 의미를 도출해 내기도 한다. Luisa Passerini(1980, 1987)는 말이 없는 것이 "질문이 전혀 없었던" 결과라기보다는 광범위한 문화적 의미를 지닌 것의 결과일 수 있음을 보여주었다. 이탈리아의 노동자 계급인 Turin 구성원의 생애 역사를 기록하면서, 그녀는 화자들은 자주 파시즘에 대해 언급하지 않았으나, 그럼에도 불구하고 파시즘의 억압적인 체제는 불가피하게 그들의 삶에 영향을 미쳤다. 심지어 직접 질문을 던졌을 때에도, 화자들은 1920년대 파시즘의 등장에서 곧바로 제2차 세계 대전의 멸망으로 도약하면서, 파시즘 통치 기간에 대해 언급하는 것을 회피하는 경향이 있었다. Passerini는 이를 한편으로 "상처, 즉 여러 해 동안의 인간 삶의 폭력적인 말살, 광범위하게 연루된 사람들의 일상생활에서의 뿌리 깊은 상처", 다른 한편으로 심하게 파괴적인 상황에서도 일상생활에서의 사건들—"직업, 결혼, 자녀"—에 대한 사람들의 집착을 보여주는 증거로 해석한다(1980, p.9).

구술 역사의 내러티브적인 특징을 다루면서, Mary Chamberlain(2006)은 한 명의 구술 역사 피면담자(혹은 화자)가, 자신의 삶의 경험을, 당연하게도 매우 선택적인 방식으로 기술하고, 구조화하고, 이해하기 위하여 광범위하고 다양한 문화적 도구들의 목록에 의존하면서, 언어를 통해 경험을 나타내는 방식을 평가하였다. 예를 들면, 서양 사회에서 구술 역사 면담을 구조화하기 위하여 연대기학(처음에는 이것, 다음에는 저것)과 인과관계(이것 → 저것)가 종종 활용된다. 비슷하게, 화자들은 자주 자신들을 자신의 이야기의 영웅(혹은 반영웅, antihero)으로 만든다. 이는 부분적으로 구술 역사의 근본적으로 자기 중심적인 본질에 기인한다고 말할 수 있으며, 또한 개인, 목적 있는 삶, 불화의 극복(혹은 비극복), 삶에서의 진보(혹은 아님), 해결의 성취(혹은 아님) 등에 대한 현대적 평가를 나타낸다.

구술 역사를 내러티브로 해석하는 것은 면담 안에 내재된 의미 패턴을 찾는 것을 의미한다. Karen Fields(1994)는, 그녀의 할머니를 대상으로 수행한 면담에 대해 반성하면서, 할머니가 일화, 이야기, 코멘트 등을 통해 자신에게 전달하려고 시도한 것은, Jim Crow South에 거주하는 흑인 여성으로서의 삶에 대한 지식이라기보다는, Felds가 어떻게 하면 현재 자신의 삶을 명예롭게 살아갈 수 있을지에 대한 지혜와 조언이었다는 것을 발견하였다. 비슷하게 Linda Shopes(2002b)는 우상 이야기—면담 안에 내재되어 있으면서 화자가 생각하기에 매우 중요한 어떤 것을 나타내거나 요약하는 구체적이고, 특수한 이야기들—라는 단어를 만들었다. 비록 민속담 혹은 대중 문화에서 흔히 발견되는 수사적 어구를 포함하더라도, 이들은 종종 그 개인의 이야기에서 독특하거나 종교적인 사건으로 나타내어진다. Grele(1991b)은 뉴욕에 온 유대인 이민자와의 면담에 존재하는 대조적인 "의식 구조"를 면밀하게 분석하였고, 이 과정에서 "[각] 면담에 나타난 특별한 역사의 비전"을 확인하였다(p. 213). 그가 관심을 기울이게 된 것은 면담의 내용이 아니었고, 구술된 것이 화자들의 개인적인 과거에 대한 이해의 배경이 되는 광범위한 이데올로기적인 토대를 전달하는 방식이었다.

그래서 구술 역사 내러티브는 개인의 이야기를 말하기 위하여 문화적으로 합의된 (혹은 논쟁의 여지가 있는) 정신적 틀 혹은 표현 모드에 의존하면서, 개인과 사회를 연결한다. 이들 틀과 모드는 그 자체가 문화에 깊이 스며들어 있다. Portelli(1997b)는 남자들이 전쟁 이야기를, 여자들이 병원 이야기를 어떻게 말하는지에 주목했는데, 이 두 경우 모두 그들의 삶을 성별로 차이가 있는 사회적 경험에 연결하면서 말하였다. 오클라호마 툴사에서 일어난 인종 폭동에 대하여 서술하면서, Scott Ellsworth(1982)는 흑인과 백인이 이 잔인하고 잔혹한 사건, 그리고 그것에 대한 그들의 인종화된, 경험의 결과를 기억하는 정반대되는 방식을 기술하기 위하여 "기억의 차별(segregation of memory)"이라는 단어를 만들어 내었다. Alistair Thomson(1990)은 자아와 사회 사이의 좀 더 복잡한 관계가 면담에 상세하게 나타난다는 것을 나타내기 위하여 창작

(composure)이라는 애매한 용어를 사용한다. "어떤 의미에서 우리는 우리 문화의 공적인 언어와 의미를 사용하여 기억을 창작 혹은 구성한다. 다른 의미에서, 우리는 우리에게 평정의 느낌(feeling of composure)을 주는, 즉 우리의 과거, 현재, 미래 삶의 정렬을 보여주는 기억을 창작한다. 두 가지 창작의 의미를 묶어서 표현하면, 겉으로 보아 안전한 기억의 창작이라는 사적인 과정은 사실상 매우 공적이다. 우리는 우리의 기억을 공적으로 수용한 것이 되도록 창작하거나 혹은 만약 우리가 공적인 수용으로부터 배제된다면 우리는 우리의 정체성을 인정하는 특정한 집단을 찾고 우리가 우리의 삶을 기억하고 싶은 방식을 찾는다"(p. 25).

Thomson이 구술 역사에서 내러티브의 구성을 나타내기 위하여 "기억"이라는 용어를 사용한 것은 기억이라는 것이 유기적이고 사회적인 의미에서 구술 역사에 얼마나 깊이 연루되어 있는가를 시사한다. 구술 역사는 과거에 대한 서술을 기록하지만, 기록은 현재에 일어난다. 기억은 둘 사이를 연결하는 다리이다. 해석적 전환과 맥을 같이하여, 구술 역사가들은 이 기억들의 증거적인 가치에 대하여 덜 방어적이 되었고, 심리학자들의 연구에 의존하면서, 화자들은 잘못 기억한다는 것을 인식하게 되었다. "그들은 사건들을 분해하고, 연대기를 왜곡하고, 망각하며, 그리고 세부 사항들에 대하여 오류를 범한다. 그들은 사실상 다른 사람들이 그들에게 말한 것을 그들이 직접적으로 경험한 것으로 기억하고, 자신들이 그렇게 원하기 때문에 거짓을 진실로 회상한다. 더욱이, Frisch와 Portelli의 연구 결과에 따라, 구술 역사가들이, 내러티브와 같이 기억도 매우 사회적이며, 또한 현재가 화자의 과거에 대한 회상을 중재하는 방식을 표현한다는 것과 이데올로기적인 그리고 종종 정치적인 맥락에서 산출된다는 것을 인식하였고, 이에 따라 정확성에 대한 관심을 구술 역사가 자신들에게 돌리면서 개인적 기억의 신뢰도와 타당도에 대한 관심은 최근에 좀 덜 중요한 것이 되었다. Kim Lacy Rogers(2006)는 미국 민권 운동 참여자들을 대상으로 그들 활동의 전성기 이후 수십 년이 지난 후에

면담을 실시하였는데, 이 면담의 내용은 평등이라는 그 운동의 약속이 오직 부분적으로 실현되고, 경제적이고 사회적인 고난이 그들의 지역 사회를 계속하여 괴롭히는 가운데 느끼게 된 이들의 팽배한 실망감과 비통함을 보여준다. Portelli(2003)의 로마에서의 나치 학살에 대한 연구와 Susana Kaiser(2005)의 아르헨티나에서의 군사 독재의 사후 기억에 대한 연구는 공식적인 역사 속에서 사건들이 삭제되고 왜곡되고 혹은 조작되면서 결국 거짓된 합의가 형성되는 상황에서도 이 사건들에 대해 구술 역사가 대항 기억으로 작용하는 방식을 보여준다.

민속 연구와 의사소통 연구에서 도출된 수행 이론들 또한 구술 역사 내러티브에 대한 해석에 기여하였다. 매우 명백하게, 하나의 면담은 면담자에게 하나의 수행이다. 이때 피면담자는 단어를 통해서 하는 만큼 또한 구체화된 움직임—몸동작, 얼굴 표정 등—을 통해 자신을 나타낸다. 이런 사실 때문에 면담할 때 비디오를 활용할 필요성이 제기된다. Samuel Schrager(1983)가 주장하였듯이, 면담이라는 것은 또한 화자가 과거에 대해 자주 반복하여 말하였기 때문에 매우 연습이 잘된 이야기를 늘어놓으면서 어떤 버전의 사건들을 창조해갈 때 뒤돌아보는 문화적 수행이기도 하고, 또한 그가 자의식적으로 면담자를 통해 "역사"에게, 그리고 그가 정보를 제공하고 설득하고 영감을 주는 미래의 사용자들로서의 청자들에게 말할 때 앞으로 나아가는 문화적인 수행이기도 하다. Jeff Friedman(2003), Della Pollock(2005), 그리고 다른 사람들(Bauman, 1986; Denzin, 2003)은 구술 역사를 이중의 의미를 지닌 수행으로 더욱 이론화하였다. 내러티브 만남 자체가 어떤 가치로운 것을 창출하기 위하여 서로에게 주의를 집중하는 두 사람 사이의 긴장된 혹은 한계 지어진 공간에서 작동한다. 그것은 또한 청자들에게, 즉 첫째는 면담자에게, 그러나 그 후에는 면담 내용을 듣는 모든 이에게 주의를 집중하고, 증언하고, 또한 말하는 사람의 이야기에 반응하는 방식으로 행동하도록 요구하는데, 때때로 실제의 행동을 통해 즉 면담에 토대를 둔

극적인 작품을 관중 앞에서 공연하도록, 때때로 그가 들은 이야기에서 영감을 얻은 도덕적 비전을 가지고 이 세계에서 행동하도록 요구한다.

면담 자료에 대한 해석적 접근이 최근 구술 역사에 관한 토론을 지배하였으나, 면담을 수행하거나 활용하는 모두가 그것을 수용한 것은 아니라는 사실을 이해해야 한다. 사실상, 대부분은 여전히 구술 역사를 전통적인 문서라는 의미에서 여러 자료 중의 하나로 이해하거나 혹은 과거에 대한 우리의 집단적인 이해에서 간과하였던 목소리를 강조한다. 어떤 이들은 면담의 주관적이고, 텍스트적인 본질에 초점을 둘 때, 이를 다른 자료와 대조하면서 검증하고 그 진실성을 평가할 필요가 없어질 것이라고 우려한다. 다른 이들은 구술 역사가 이전처럼 지적으로 사회적으로 광범위한 활동으로 남기보다 자기참고적이 될 것이라고 우려한다. 그리고 다른 이들은 면담 텍스트에 대한 비판적인 분석이 화자를 자신의 말로부터 멀리하면서 객관화하는 학술적인 산물을 창출하는 것에 대해 불편해한다. 이들은 구술 역사 영역에서 아직 답변되지 않은 질문들이다.

27.5 디지털 혁명

15세기에 발명된 각종 기계들과 마찬가지로, 디지털 매체가, 우리가 정보를 받고 기록하는 방식, 학술 활동과 사회적 상호작용의 패턴과 여가 활동, 그리고 혹자들이 주장하듯이, 우리의 두뇌가 작동하는 방식을 바꾸면서, 문화를 변혁하고 있다. 15세기에 살았던 사람들과 마찬가지로, 우리는 디지털 혁명이 우리를 어디로 이끌어갈지, 그것이 일으키고 있는 변화가 글로벌한 경제적, 사회적, 정치적 환경뿐만 아니라, 우리의 일상생활과 사고 양식에 어떤 영향을 미칠지 알지 못한다.

의심의 여지 없이, 디지털 매체는 면담이 기록되고, 보전되고, 접근되는 방식에 혁명을 가져오고 있다. 디지털은 청각적 면담을 기록하기 위해 선호하는 포맷이

며, 기록과 보존을 위한 기준에 대한 어떤 공감대가 형성되어 있다. 그러나, 상대적으로 사용하기 용이하고 비싸지 않은 시각적 기록 도구의 급속한 발달을 두고 볼 때, 시각적 면담은, 비록 기준이 명확하게 설정되어 있지는 않지만, 급격하게 확산되고 있다. 사람들은 디지털 매체라는 도구에 대한 광범위한 접근이 모든 사람을 문서기록자로 만들고 있다고 말하는데, 이는 구술 역사에 해당한다고 볼 수 있는 것에 어떤 융통성을 부여하며, 질에 대한 정당한 질문을 제기하고, 어떤 종류의 자료가 기부자로부터 수용할 필요가 있을 정도로 지속적으로 중요성을 지닐 가능성이 있을 것인지에 대해 문서보관자들에게 새롭게 생각하기를 요구한다. 아날로그 방식의 녹음에서 디지털 양식으로의 이동과 디지털 면담의 목록화에 필요한 메타 자료를 위한 기준의 부재는 모두 문서보관소의 문서들을 관리, 감독하는 사람들에게 관심과 걱정거리이다.

　아마도 지금까지 새로운 기술이 구술 역사에 미친 가장 중요한 영향은 면담 자료에 대해 인터넷이 제공하는 놀라울 정도의 접근이다(Grele, 2007; Thomson, 2007). 가끔 일부 연구자들만이 사용했었고, 문서보관소에서 한가롭게 지내던 면담 자료들에 학문 공동체뿐만 아니라 광범위하게 학생과 관심을 가진 대중들도 이제는 접근한다. 비록 일반적으로 긍정적인 발전으로 환영받았지만, 구술 역사 안에 항상 어느 정도 존재하는 오용, 저작권 위반, 광범위한 청중에의 달갑지 않은 개방 등은 인터넷 접근과 함께 기하급수적으로 증가하였다. 마찬가지로, 디지털 시기 이전에 기록되었고 화자가 미래의 활용에 대하여 그렇게 명백하게 허락하지 않은 면담을 온라인에 탑재하는 것에 대한 윤리는 지속적으로 관심거리이다.

　그러나, 구술 역사에 미치는 새로운 매체의 영향은 기술적인 것을 훨씬 뛰어넘는 데까지 미친다. 디지털 기술은 구술 역사 활동이 지난 60년간 이루어져 온 영역을 바꾸고 있다는 주장이 제기되고 있다. 근본적으로, 일차적인 자료—면담의 기록물—에 대한 직접적인 접근을 허용하면서, 새로운 매체는 구술적인 것과 운동

감각적인 것을, 그리하여 음색, 음량, 속도, 중지, 그리고 말하는 사람의 다른 비언어적 요소들에 의해 전달되는 여러 층의 의미를 복원할 기회를 구술 역사에 제공한다. 비록 구술 역사가들이 전사를 자동적으로 수행하는 정교한 음성 인식 소프트웨어의 발달을 여전히 기대하지만, 어떤 이들은 디지털 시청각적 기록에 대한 직접적인 접근과 온라인 출판의 지속적인 성장은 전사의 필요 자체를 무의미하게 할 수 있다고 주장한다. 더욱이, 구술 역사 면담의 청각적, 시각적 특질은 청감각과 시감각에 토대를 두고 있으며, 이들은 또한 감정을 자극하는 신경생리학적인 수용기관들에 연결된다. 간단히 말하여, 구술 역사 면담을 듣고 보는 것은 전사된 문서를 읽는 것보다 사용자에게 감정적인 반응을 더 유발한다. 이 사실은 구술 역사의 문화적 힘을 드높이고 그것을 인간성의 상상 가능한 영역에 좀 더 깊게 연결하고, 합리적이고 비판적인 탐구라는 역사에 대한 전통적 관점을 뒤흔든다.

　현재, 구술 역사에서 좀 더 창의적인 일은, "시청각 자료 그 자체—전사되지 않은 버전—들을 매우 특별하게 활용하기 위해 찾아다니고, 검색하고, 접근하고, 연구하고, 선택하기 위한 수단으로서 디지털 도구를 발전시키는 것이다(Frisch, 2006, p.103). 그 시사점은 단지 다양한 면담에 대한 좀 더 확대된 접근뿐만 아니라, "후문서기록 민감성(post-documentary sensibility)", 즉 "매개하는 지능의 권위 혹은 문서기록의 저작권을, 지속적이고 맥락 의존적이고 유연한 의미를 구성하면서 면담 자료를 탐색하고, 선택하고, 순서를 정하고, 해석하는, 공유 가능하고 대화적인 능력"으로 대체하는 것이다(p.113). 다르게 말하면, 구술 역사가 활용될 수 있는 방법의 급진적인 민주화이다. 이런 면담 활용에 대한 비권위적인 접근은 사용자 주도의 꼬리표 붙이기를 통한 색인 만들기라는 새롭게 나타나고 있는 양식에 의해 더 향상될 수 있다. Steven High와 David Sworn(2009, pp.2-3)은, 디지털 구술 역사의 옹호자들인데, 그럼에도 불구하고 "색인 만들기는 또한 구술 역사 탐구의 기풍과 갈등을 일으킬

수 있다. 색인 만들기는 피면담자에게 목소리를 주기보다는 그들의 삶의 이야기를 분리하고 탈맥락화할 위험이 있고 모든 면담에 공통적인 제목과 테마들이 제공하는 교차 검토하기를 선호하면서 이름 없는 것과 특수한 것을 무시할 위험이 있다"는 것을 인식한다. 다시, 이런 종류의 구술 역사의 오용은 디지털 시대에 처음 등장한 것이 아니다. 디지털 도구들은 단지 그렇게 할 가능성을 크게 확대할 뿐이다.

이런 방식으로, 새로운 매체는 구술 역사를 문서보관적 그리고 연구 중심의 활동으로부터 발표적인 활동으로 변혁하고 있다. 면담은 점점 더 공식적인 문서보관소를 창출하거나 연구 프로젝트에 정보를 제공하기 위하여 수행되기보다는, 특정 주제에 헌신된 웹사이트의 토대를 형성하기 위해 수행되고 있다. 종종 이것은 여러 학문 영역들과 기관들에 걸친 파트너들 사이의 협력을 동반하며, 이와 동등하게 디지털 스토리텔링과 같은 연합 활동들은 시민들의 적극적인 참여를 동반한다. 비록 이런 변화들이 이미 민주적인 활동들을 좀 더 민주화되게 할 수 있을지라도, 면담자들이 음성 한마디 한마디에 예민한 귀를 가지고 면담하고, 피면담자들이 그들의 단어들이 더 이상 문서보관소의 문지기의 보호를 받을 수 없다는 것을 알고 좀 더 방어적으로 말하면서, 이런 변화들은 문서보관적인 구술 역사의 깊이, 범위, 그리고 특히 비판적인 경향을 위협하고 뒤흔든다. 이런 염려들 역시 새로운 것이 아니며, 구술 역사에만 국한된 것들도 아니다. 또한 구술 역사가들이 디지털 환경에서의 민주주의와 권위에 대한 더 넓은 범위의 논쟁에서 이들을 공유하지만, 여전히, 새로운 매체가 야기한 이런 문제들은 자신들의 활동에서 큰 골칫거리들이다.

27.6 구술 역사에서의 법률적·윤리적 쟁점

구술 역사에서 법률적 쟁점은 특정한 세부 활동들을 위

한 국가의 재가를 받은 규칙들과 관련지어 이해할 수 있지만, 윤리는 면담이나 프로젝트의 광범위한 맥락 안에서의 올바른 관계 유지를 통제하는 매우 높은 기준을 일컫는다. 『구술 역사와 법률 안내서(A Guide to Oral History and the Law)』에서, 역사가이자 변호사인 John A. Neuenschwander(2009)는 구술 역사에서의 주요 법률적 쟁점들, 즉 면담의 소유권과 저작권에 관련되는 저작권 이양 규칙, 소환장과 면담의 이양을 강제하는 정보 자유법에 따른 요구, 명예 훼손, 그리고 사생활 보호에 대하여 서술한다. 이 모든 것이 구술 역사에 중요한 함의를 지니지만, 가장 빈번하게 마주치는 두 가지 쟁점은, 앞서 문서보관적 구술 역사의 필수 조건으로 논의된 저작권과 "한 사람에 대해 잘못된 진술이 인쇄되고 방송되어 그 사람의 이익을 손상하는 경향이 있는 것"으로 정의되는 명예 훼손이다 (p. 32). "명예 훼손적인 내용을 반복하거나 혹은 출판하는 사람이 그것을 최초로 출판하였다는 책임을 면하기 어려운 한"(p. 33), 명예 훼손적인 내용을 담고 있는 면담을 접근 가능하게 하는 어떤 구술 역사 프로젝트나 프로그램도 최초의 진술을 하는 당사자로서 동일하게 책임을 진다. 그래서 명예 훼손은 구술 역사에서 매우 심각한 쟁점이지만, 그것은 또한 여러 제약을 받기도 하며 증명하기 어렵기도 하다. 한편으로, 피해자는 살아 있어야 한다. 사망한 사람의 명예를 훼손할 수는 없다. 다른 한편으로, "추측이나 소문 이외에 아무 것도 아닌" 의견으로 해석되는 진술은 명예 훼손으로 생각되지 않는다. 명예 훼손적인 진술일 가능성이 있는 것을 직면하여, 구술 역사가는 여러 행동 경로를 선택할 수 있다. 첫째, 그 진술이, 아무리 극단적일지라도, 진실인지를 결정하려는 시도에서 다른 자료를 검토한다. 만약 그것이 진실이라면 그것은 명예 훼손이 아니다. 둘째, 명예가 훼손된 사람이 사망할 때까지 면담의 명예 훼손적인 부분을 폐쇄한다. 셋째, 그 진술을 주의 깊게 편집하되, 그 기록을 심각하게 왜곡하지 않을 정도로 명예 훼손적인 부분을 제거한다. 넷째, 명예 훼손적인 문서 전체를 삭제한다. 이는 학문의 자유라는 규범을 어기는 문제를 지닌 행동이다.

법률적인 쟁점들은, 때때로 복잡하지만, 양식 있는 실천가들의 판단을 요구하고 그들이 합리적인 이유를 가지고 동의하지 않을 문제들도 포함하는 윤리적인 쟁점들과 비교하여 상대적으로 단순명료하다. 구술 역사 안에 생생한 윤리적인 내러티브가 있지만(Blee, 1993; K'Meyer & Crothers, 2007; Shopes, 2006), 근본적인 윤리적 원리들과 몇몇 뉘앙스들을 이해하기 위한 출발점으로 삼을 가장 좋은 문서는 구술역사학회의 『구술 역사의 원리와 모범 사례(Principles and Best Practices for Oral History)』(2009)일 것이다. 일반화한다면, 이 문서는 구술 역사가들의 화자와의 관계, 역사와 관련된 학문들을 위한 학술적 기준과의 관계, 그리고 면담의 현재와 미래의 사용자들과의 관계를 통제하는 기준을 보여준다. 앞의 두 원리들이 우리가 관심을 기울일 것들이다. 면담자와 피면담자 사이의 관계에 근본적인 것은 명백한 상호 동의이다. 즉 피면담자는 면담의 목적, 범위, 가치에 대해, 그것이 어떻게 진행될지, 그것이 지니게 될 최종적인 성향과 활용 방식, 그리고 저작권의 쟁점—다르게 말하여, 피면담자가 면담에 응할지 그러지 않을지에 대하여 사려 깊은 결정을 내리기 위하여 알아야 할 필요가 있는 모든 것—에 대해 충분하게 들어야 한다는 것이다. 그 문서는 또한, 두 번째 관계에 관련되는 학문 탐구의 권리를 인식하면서 "면담자들은 면담의 해석과 발표에 대한 통제의 보장과 같은 지킬 수 없는 약속을 하지 않도록 주의해야 한다."고 말한다(n.p.).

『구술 역사의 원리와 모범 사례』는 또한 이들 이중적인 관계의 대화적인 특질을 인식하며 적어도 갈등에 대한 가능성을 암시한다. "구술 역사가들은 연구의 정직성뿐만 아니라 화자들도 존경해야 한다. 면담자들은 역사적으로 중요한 질문을 던져야 한다. … 그리고 면담에서 화자의 동등한 권위를 존중해야 하고 그들이 그 질문들에 자신의 스타일과 언어에 따라 반응할 권리를 존중해야 한다. 면담을 활용할 때, 구술 역사가들은 지적인 정직과 그들의 학문적 탐구 기능들을 가장 잘 적용

하기 위해 노력하면서, 선입견, 허위 진술, 혹은 화자의 단어 조작을 피해야 한다"(2009, n.p.).

화자에 대한 책임이 학문적인 규범, 그리고 광범위한 일반 대중의 행복과 갈등을 일으킬 때 문제가 발생한다. 우리는 화자를 당황하게 하고, 의도하였거나 그러지 않았거나, 화자나 다른 사람들에게 해로운 것으로 해석될 수 있는 폭로로 이끄는 탐구의 과정을 쉽게 상상할 수 있다. 우리는 의도적으로 어떤 상황에 대한 사실을 왜곡하여 허위 진술을 하는 화자, 지적인 정직을 가치롭게 여기지 않는 그런 화자를 마찬가지로 쉽게 상상할 수 있다. 혹은 몰래 카메라를 가지고 나치 학살 가해자들을 영화에 담으면서—구술 역사와 다른 현장 중심의 활동에서 금지된—노출하고 그들의 증언을 그의 서사적인 영화 'Shoah'에 담은 영화감독 Claude Lanzmann의 예를 고려해보라. 전쟁 범죄자들에게 책임을 묻는 대중의 권리가 Lanzmann의 동의 확보 실패를 정당화할 수 있는가? 혹은 그렇지 않은가? 개별 화자의 권리를 특히 강조하는 표준적인 전문적 활동을 수행하는 사람들은 Lanzmann이 비윤리적으로 행동하였다고 주장할 것이다. 좀 더 광범위한 안목에 따른 시민적 혹은 도덕적 주장들은 그렇지 않을 것이다.

비록 극단적인 예시이지만, Lanzmann의 사례는 많은 구술 역사가들이 그들의 활동과 연방 정부의 법률 사이의 근본적인 불일치라고 믿는 것을 보여준다. 이 법률은 Title 45 Public Welfare, Part 46 Protection of Human Subjects(45 CFR 46 혹은 기본 규칙으로 불리는)로 명명된 것이며, 인간을 연구 대상으로 하는 연구의 윤리를 규제한다. 이 법률의 집행 권한은 미국의 보건사회복지부(Health and Human Services)의 인간연구보호국(Human Research Protections)에 속하며, 지역의, 종종 대학의, 기관윤리심의위원회(IRB)에 위임되어 있다(Schrag, 2010; Shopes, 2009). 간단히 말하여, 45 CFR 46은 IRB의 윤리 심사를 받아야 하는 연구 유형의 하나인, 연구 대상으로서의 인간과의 상호 작용에 관련된 연구를 규제하며, 따라서 이는 구

술 역사에도 적용되어 왔다. 비록 45 CFR 46의 조항들에 따라 대부분의 면담이 IRB의 심사를 면제받지만, IRB만이 그 면제를 승인할 수 있으며, IRB는 실제로 심사를 위해 연구자에게 연구 계획서를 제출하도록 요구한다.

그러나 가장 문제가 되는 것은 기본 규칙의 내용 중, "연구 대상으로서의 인간의 반응을 연구 밖으로 유출하는 것은 그 연구 대상을 상당히 형사적, 민사적 책임을 질 위험에 빠뜨릴 수 있거나 혹은 연구 대상의 재정적 상태나 고용가능성, 혹은 명예에 손상을 미칠 위험이 있는"(46.101[b][2]) 면담의 경우 심사를 면제하지 않는다는 규칙으로 이는 심각한 우려를 낳는다. IRB는 이 규칙에 따라 구술 역사가들에게 어떤 면담이든지 이에 앞서 상세한 질문지를 미리 제출하도록, 민감하고 당혹스럽고, 혹은 범죄의 가능성이 있는 주제를 피하고, 피면담자가 자신의 신분이 알려지기를 원한다고 하여도 화자의 익명성을 유지하기 위해, 그리고 연구 프로젝트가 종료된 후에 면담과 전사물을 보유하거나 파기하도록—이들은 모두 구술 역사의 기본적인 활동과 원리들에 배치된다—요청하였다. 때때로, 면담에 담긴 정보가 만약 유출된다면, 이는 실제로 한 사람을 형사적, 민사적 책임을 질 위험에 놓이게 할 수 있고, 그 사람의 재정적 상태나, 고용가능성과 명예에 손상을 미칠

수 있다. 많은 구술 역사가들은 그런 탐구를 사전에 차단하는 것은 연구의 정직성을 손상하고 학문의 자유를 침해한다고 주장한다. 구술역사학회는, 미국 역사학회와 함께, 구술 역사가 IRB의 심사를 대부분 면제받을 수 있도록 하기 위한 교섭을 시도하였으나, 현재까지의 노력은 일반적으로 성공적이지 않았다. 기껏해야 그들은 대학의 구술 역사가들과 (상당한 정도의 자율성을 구가하는) 그들의 IRB에게 갈등이 발생할 수 있음을 경고하고 사려 깊은 대화와 상호 간의 조정을 권장하는 정도에 그쳤다.

아마 이 글을 구술 역사의 많은 활동 아래에 깔린, 동시에 인간적이고, 학술적이고, 정치적인 추진력을 적절하게 요약하는, 법률과 윤리에 대한 Portelli(1997a, p.55)의 관점을 제시하면서 결론 짓는 것이 적절할 것이다. "궁극적으로, 윤리적이고 법률적인 가이드라인들은 정직과 진리에 대한 개인적이고 정치적인 헌신에 대한 광범위하고 깊은 진리 감각을 외적으로 표현하였을 때에만 의미를 지닌다. 정직에 대한 헌신을 나는 우리가 상대하는 사람들에 대한 개인적인 존경과 우리가 받는 자료에 대한 지적인 존중으로 본다. 진리에 대한 헌신을 나는 '실재란 어떤 것인가' 알고자 하는 유토피아적인 욕망 및 분투와 '실재란 어떤 것일 수 있는가'의 다양한 가능성에 대한 개방 사이의 균형이라고 본다."

주석

* 이 원고를 작성하면서 저자는 민속담(folklore), 민속음악학(ethnomusicology)과 구술 역사에 대한 Mellon 프로젝트를 위해 자신이 구술 역사에 대하여 작성한 배경 원고에 부분적으로 의존하였다. 그리고 보고서의 저작권을 지닌 미국 민속지학회가 그녀에게 이를 허락한 것에 대해 감사하게 생각한다. 그 보고서의 전문은 다음의 사이트 http://www.oralhistory.org/about/association-business/에서 열람할 수 있다.

1. 과거 사건에의 참여자를 대상으로 하는 면담 활동을 기술하기 위하여 **구술 역사**라는 용어를 처음으로 사용한 사람

은 일반적으로 콜롬비아 대학교의 구술역사연구소 창시자인 Allen Nevins로 인정된다. 구술 역사가들은 구술역사학회의 초기 활동 기간에 그 용어가 지독하게 부정확하다고 생각하고 그 유용성에 대하여 논쟁하였다. Nevins의 후계자인 Louis Starr는 1974년에 "아마도 **살아있는 역사**(living history) 혹은 **구술 문서화**(oral documentation) 같은 좀 더 현혹하는 대체물과 다른 갖가지의 다양한 명칭들은 무시되지만, 구술 역사는 매우 나쁘면서도 4반세기 동안 그 사용이 인정받아 왔다는 것을 하늘은 안다. 구술 역사는 분명 잘못된 이름이다. 사회 안전 혹은 성스러운 로마제국과 같

이 그 용어는 이제 언어 속에 어찌할 도리 없이 포함되어 있다는 사실, 이미 널리 퍼져 있다는 것을 기쁘게 받아들이자"고 하였다(Morrissey, 1980, p. 40).

2. 제2차 세계 대전 중에 획득한 독일 마그네토폰에 토대를 둔 무선 기록 장치는 1948년에 처음으로 등장하였다. 콜롬비아는 1949년에 면담을 기록하기 위하여 그들을 사용하기 시작하였다. 그들은 테이프 기록 장치로 대체되었고, 1960년대 중반에 카세트테이프 녹음기로 대체되었고, 이는 20세기 말의 디지털 혁명이 일어나기까지 구술 역사의 표준이 되었다.

3. 『목표와 가이드라인(Goals and Guidelines)』이라는 제목의 1968년 문서(구술역사학회, 1969)는 상당히 확대되어 1979년에 평가 가이드라인의 체크리스트가 되었고, 1990년에 개정되었으며, 다시 1998년에 새로운 기술과 구술 역사의 점점 더 다양한 사용을 포함하여 여러 새로운 쟁점들과 관심 사항들을 고려하여 개정되었다. 2008~2009년에 점차 누적되고 축적된 귀찮을 정도로 많은 분량의 문서들을 단순화하고 통합 정리하기 위하여 전면 개정이 이루어졌다.

4. 두 개의 구술 역사 시리즈의 편집자들은 그들이 검토한 원고에 사용된 아마도 절반에 해당하는 면담의 권리 이양은 이루어지지 않았다고 추정하였다.

5. 논쟁의 전체를 확인하기 위해 Tilly의 "민중의 역사와 사회과학 역사"(1983), Thompson 등의 "사회과학자들 사이에서: Tilly에 대한 답변"(1985), 그리고 Tilly의 "Louise Tilly의 Thompson, Passerini, Bertaux-Wiame, and Portelli에 대한 답변"(1985)을 참고하기 바란다.

참고문헌

Abrahams, R. D. (1981). Story and history: A folklorist's view. *Oral History Review, 9,* 1–11.

Allen, S. E. (1982). Resisting the editorial ego: Editing oral history. *Oral History Review, 10,* 33–45.

Anderson, K., & Jack, D. C. (1991). Learning to listen: Interview techniques and analyses. In S. B. Gluck & D. Patai (Eds.), *Women's words: The feminist practice of oral history* (pp. 11–26). New York: Routledge.

Armitage, S. H. (1983). The next step. *Frontiers: Journal of Women's Studies, 7*(1), 3–8.

Armitage, S. H., & Gluck, S. B. (1998). Reflections on women's oral history: An exchange. *Frontiers: Journal of Women's Studies, 19*(3), 1–11.

Atkinson, P., Coffey, A., & Delamont, S. (2003). *Key themes in qualitative research:Continuities and change.* Walnut Creek, CA: AltaMira Press.

Baum, W. K. (1977). *Transcribing and editing oral history.* Nashville, TN: American Association for State and Local History.

Bauman, R. (1986). *Story, performance, and event: Contextual studies of oral narratives.* Cambridge, UK: Cambridge University Press.

Blassingame, J. (1972). *The slave community: Plantation life in the antebellum South.* New York: Oxford University Press.

Blee, K. M. (1993). Evidence, empathy, and ethics: Lessons from oral histories of the Klan. *Journal of American History, 80,* 596–606.

Bloom, L. Z. (1977). Listen! Women speaking. Frontiers: *Journal of Women's Studies, 2*(1), 1–3.

Bodnar, J. (1985). *The transplanted: A history of immigrants in urban America.* Bloomington: Indiana University Press.

Bornat, J. (Ed.). (1993). *Reminiscence reviewed: Perspectives, evaluations, achievements.* Buckingham, UK: Open University Press.

Bruner, J. (1990). *Acts of meaning.* Cambridge, MA: Harvard University Press.

Butler, R. N. (1963). The life review: An interpretation of reminiscence in the aged. *Psychiatry, 26,* 65–76.

Chamberlain, M. (2006). Narrative theory. In T. L. Charlton, L. E. Myers, & R. Sharpless (Eds.), *Handbook of oral history* (pp. 384–407). Lanham, MD: AltaMira Press.

Coles, R. (1997). *Doing documentary work.* New York: Oxford University Press.

Cross, N., & Barker, R. (2006). The Sahel Oral History Project. In R. Perks & A. Thomson (Eds.), *The oral history reader* (2nd ed., pp. 538–548). London: Routledge.

Cruikshank, J. (1990). *Life lived like a story: Life stories of three Yukon native elders.* Lincoln: University of Nebraska Press.

Davis, S. G. (1988). Review essay: Storytelling rights. *Oral History Review, 16,* 109–116.

Densho: The Japanese American Legacy Project. (2010). Available from http://densho.org

Denzin, N. K. (2003). The call to performance. *Symbolic Interaction, 26,* 187–208.

Diaz, R. T., & Russell, A. B. (1999). Oral historians: Community oral history and the cooperative ideal. In J. B. Gardner & P. S. LaPaglia(Eds.), *Public history: Essays from the field* (pp. 203–216). Malabar, FL: Kreiger Publishing.

di Leonardo, M. (1987). Oral history as ethnographic encounter. *Oral History Review, 15,* 1–20.

Dolby, S. S. (1989). *Literary folkloristics and the personal narrative.* Bloomington: Indiana University Press.

Dublin, T. With photographs by G. Harvan. (1998). *When the mines closed: Stories of struggles in hard times*. Ithaca, NY: Cornell University Press.

Dubrow, G. L. (2008). Contested places in public memory: Reflections on personal testimony and oral history in Japanese American heritage. In P. Hamilton & L. Shopes (Eds.), *Oral history and public memories* (pp. 125–143). Philadelphia: Temple University Press.

Ellsworth, S. (1982). *Death in a promised land: The Tulsa race riot of 1921*. Baton Rouge: Louisiana State University Press.

Fields, K. E. (1994). What one cannot remember mistakenly. In J. Jeffrey & G. Edwall (Eds.), *Memory and history: Essays on recalling and interpreting experience* (pp.89–104). Lanham, MD: University Press of America.

Friedman, J. (2003). Muscle memory: Performing embodied knowledge. In R. C. Smith (Ed.), *The art and performance of memory: Sounds and gestures of recollection* (pp. 156–80). London: Routledge.

Frisch, M. (1990a). Oral history, documentary, and the mystification of power: A critique of *Vietnam: A Television History*. In M. Frisch, *A shared authority: Essays on the craft and meaning of oral and public history* (pp. 159–178). Albany: SUNY Press.

Frisch, M. (1990b). *A shared authority: Essays on the craft and meaning of oral and public history*. Albany: SUNY Press.

Frisch, M. (1990c). Oral history and *Hard Times*: A review essay. In M. Frisch, *A shared authority: Essays on the craft and meaning of oral and public history* (pp. 5–13). Albany: SUNY Press.

Frisch, M. (2006). Oral history and the digital revolution: Toward a post-documentary sensibility. In R. Perks & A. Thomson (Eds.), *The oral history reader* (2nd ed., pp. 102–114). London: Routledge.

Geertz, C. (1974). "From the native's point of view": On the nature of anthropological understanding. *Bulletin of the American Academy of Arts and Sciences, 28*(1), 26–45.

Geiger, S. (1990). What's so feminist about women's oral history? *Journal of Women's History, 2*(1), 169–182.

Genovese, E. (1974). *Roll, Jordon, roll: The world the slaves made*. New York: Pantheon.

Gluck, S. B. (1977). What's so special about women? Women's oral history. *Frontiers: Journal of Women's Studies, 2*(1), 3–13.

Gluck, S. B. (1999). From first generation oral historians to fourth and beyond. *Oral History Review, 26*(2), 1–9. Printed as part of Gluck, S. B., Ritchie, D. A., & Eynon, B. (1999). Reflections on oral history in the new millennium. *Oral History Review, 26*(2), 1–27.

Gluck, S. B. (2006). Women's oral history. Is it so special? In T. L. Charlton, L. E. Myers, & R. Sharpless (Eds.), *Handbook of oral history* (pp. 357–383). Lanham, MD: AltaMira Press.

Gluck, S. B., & Patai, D. (Eds.). (1991). Introduction. In S. B. Gluck & D. Patai (Eds.), *Women's words: The feminist practice of oral history* (pp. 1–5). New York: Routledge.

Grele, R. J. (1991a). *Envelopes of sound: The art of oral history* (2nd ed.). New York: Praeger.

Grele, R. J. (1991b). Listen to their voices: Two case studies in the interpretation of oral history interviews. In R. J. Grele, *Envelopes of sound: The art of oral history* (2nd ed., pp. 212–241). New York: Praeger.

Grele, R. J. (2007). Reflections on the practice of oral history: Retrieving what we can from an earlier critique. *Suomen Antropologi, 4*, 11–23.

Handlin, O. (1951). *The uprooted: The epic story of the great migrations that made the American people*. Boston: Little, Brown.

High, S. & Sworn, D. (2009). After the interview: The interpretive challenges of oral history video indexing. *Digital Studies Le champ numerique, 1*(2), 1–24.

Hirsch, J. (2006). *Portrait of America: A cultural history of the Federal Writers' Project*. Chapel Hill: University of North Carolina Press.

Hirsch, J. (2007). Before Columbia: The FWP and American oral history research. *Oral History Review, 34*, 1–16.

Isay, D. (2007). *Listening is an act of love*. New York: Penguin.

Jackson, B. (2007). *The story is true: The art and meaning of telling stories*. Philadelphia: Temple University Press.

James, D. (2000a). *Doña Maria's story: Life history, memory, and political identity*. Durham, NC: Duke University Press.

James, D. (2000b). Listening in the cold: The practice of oral history in an Argentine meatpacking community. In D. James, *Doña Maria's story: Life history, memory, and political identity* (pp. 119–156). Durham, NC: Duke University Press.

Joyner, C. W. (1979). Oral history as communicative event: A folkloristic perspective. *Oral History Review, 7*, 47–52.

Kaiser. S. (2005). *Postmemories of terror: A new generation copes with the legacy of the "dirty war."* New York: Palgrave Macmillan.

Kerr, D. (2003). "We know what the problem is": Using oral history to develop a collaborative analysis of homelessness from the bottom up. *Oral History Review, 30*(1), 27–46.

Kerr, D. (2008). Countering corporate narratives from the streets: The Cleveland Homeless Oral History Project. In P. Hamilton & L. Shopes (Eds.), *Oral history and public memories* (pp. 231–251). Philadelphia: Temple University Press.

K'Meyer, T. E., & Crothers, A. G. (2007). "If I see some of this in writing, I'm going to shoot you": Reluctant narrators, taboo topics, and the ethical dilemmas of the oral historian. *Oral History Review, 34,* 71–93.

Larson, M. A. (2006). Research design and strategies. In T. L. Charlton, L. E. Myers, & R. Sharpless (Eds.), *Handbook of oral history* (pp. 105–134). Lanham, MD: AltaMira Press.

Lewis, H. M., Waller, S. M., & Hinsdale, M. A. (1995). *It comes from the people: Community development and local theology.* Philadelphia: Temple University Press.

Lundy, P., & McGovern, M. (2006). "You understand again": Testimony and post-conflict transition in the North of Ireland. In R. Perks & A. Thomson (Eds.), *The oral history reader* (2nd ed., pp. 531–537). London: Routledge.

MacKay, N. (2007). *Curating oral histories: From interview to archive.* Walnut Creek, CA: Left Coast Press.

Mazé, E. A. (2006). The uneasy page: Transcribing and editing oral history. In T. L. Charlton, L. E. Myers, & R. Sharpless (Eds.), *Handbook of oral history* (pp. 237–271). Lanham, MD: AltaMira Press.

McMahan, E. M. (1989). *Elite oral history discourse: A study of cooperation and coherence.* Tuscaloosa: University of Alabama Press.

McMahan, E. M. (2006). A conversation analytic approach to oral history interviewing. In T. L. Charlton, L. E. Myers, & R. Sharpless (Eds.), *Handbook of oral history* (pp. 336–356). Lanham, MD: AltaMira Press.

Minkley, G., & Rassool, C. (1998). Orality, memory, and social history in South Africa. In S. Nuttall & C. Coetzee (Eds.), *Negotiating the past: The making of memory in South Africa* (pp. 89–99). Oxford, UK: Oxford University Press.

Mintz, S. W. (1979). The anthropological interview and the life history. *Oral History Review, 7,* 18–26.

Morrissey, C. T. (1980). Why call it "oral history"? Searching for early usage of a generic term. *Oral History Review, 8,* 20–48.

Moss, W. (1977). Oral history: An appreciation. *American Archivist, 40*(4), 429–439.

Neuenschwander, J. A. (2009). *A guide to oral history and the law.* New York: Oxford University Press.

Neufeld, D. (2008). Parks Canada, the commemoration of Canada, and northern Aboriginal oral history. In P. Hamilton & L. Shopes (Eds.), *Oral history and public memories* (pp. 3–29). Philadelphia: Temple University Press.

Oakley, A. (1981). Interviewing women: A contradiction in terms. In H. Roberts (Ed.), *Doing feminist research* (pp. 30–61). London: Routledge & Kegan Paul.

Oral History Association. (1969). Oral History Association adopts statement about goals and guidelines during Nebraska Colloquium. *Oral History Association Newsletter, 3*(1), 4.

Oral History Association. (2009). *Principles and best practices for oral history.* Available at http://www.oralhistory.org/do-oral-history/principles-and-practices

Oral History Association. (2010). Available at www.oralhistory.org

Passerini, L. (1980). Italian working-class culture between the wars: Consensus for fascism and work ideology. *International Journal of oral History, 1,* 1–27.

Passerini, L. (1987). *Fascism in popular memory: The cultural experience of the Turin working class.* (R. Lumley & J. Bloomfield, Trans.). Cambridge, UK: Cambridge University Press.

Polkinghorne, D. (1988). *Narrative knowing and the human sciences.* Albany: SUNY Press.

Pollock, D. (2005). Introduction: Remembering. In D. Pollock (Ed.), *Remembering: Oral history performance* (pp. 1–17). New York: Palgrave Macmillan.

Portelli, A. (1991). The death of Luigi Trastulli: Memory and the event. In A. Portelli, *The death of Luigi Trastulli and other stories: Form and meaning in oral history* (pp. 1–26). Albany: SUNY Press.

Portelli, A. (1997a). Tryin' to gather a little knowledge: Some thoughts on the ethics of oral history. In A. Portelli, *The battle of Valle Giulia: Oral history and the art of dialogue* (pp. 55–71). Madison: University of Wisconsin Press.

Portelli, A. (1997b). Oral history as genre. In A. Portelli, *The battle of Valle Giulia: Oral history and the art of dialogue* (pp. 3–23). Madison: University of Wisconsin Press.

Portelli, A. (2003). *The order has been carried out: History, memory, and meaning of a Nazi massacre in Rome.* New York: Palgrave Macmillan.

Rawick, G. P. (1972). *From sundown to sunup: The making of the Black community.* Westport, CT: Greenwood Press.

Ritchie, D. A. (2003). *Doing oral history: A practical guide* (2nd ed.). New York: Oxford University Press.

Rogers, K. L. (2006). *Life and death in the Delta: African American narratives of violence, resilience, and social change.* New York: Palgrave Macmillan.

Rouverol, A. J. (2003). Collaborative oral history in a correctional setting: Promise and pitfalls. *Oral History Review, 30*(1), 61–86.

Samuel, R. (1971). Perils of the transcript. *Oral History: Journal of the Oral History Society, 1*(2), 19–22.

Schrag, Z. (2010). *Ethical imperialism: Institutional review boards and the social sciences, 1965–2009.* Baltimore: Johns Hopkins University Press.

Schrager, S. (1983). What is social in oral history? *International Journal of Oral History, 4*(2), 76–98.

Sharpless, R. (2006). The history of oral history. In T. L. Charlton, L. E. Myers, & R. Sharpless (Eds.), *Handbook of oral history* (pp. 19–42). Lanham, MD: AltaMira Press.

Shiekh, I. (2010). *Being Muslim in America.* New York: Palgrave Macmillan.

Shopes, L. (1986). The Baltimore Neighborhood Heritage Project: Oral history and community involvement. In S. Benson, S. Brier, & R. Rosenzweig (Eds.), *Presenting the past: Critical perspectives on history and the public* (pp. 249–263). Philadelphia: Temple University Press.

Shopes, L. (2002a). Oral history and the study of communities: Prob- lems, paradoxes, and possibilities. *Journal of American History, 69*(2), 588–598.

Shopes, L. (2002b). Making sense of oral history. *History matters: The U.S. survey course on the web.* Available from http://historymatters.gmu.edu/mse/oral/

Shopes, L. (2006). Legal and ethical issues in oral history. T. L. Charlton, L. E. Myers, & R. Sharpless (Eds.), *Handbook of oral history* (pp. 135–169). Lanham, MD: AltaMira Press.

Shopes, L. (2009). Human subjects and IRB review (2009). Available at http://www.oralhistory.org/do-oral-history/ oral-history-and-irb-review

Silverman, D. (Ed.). (1997). *Qualitative research: Theory, method and practice.* London: Sage.

Sitzia, L. (2003). Shared authority: An impossible goal? *Oral History Review, 30*(1), 87–102.

Slim, H., & Thompson, P. (Eds.) (1993). *Listening for a change: Oral history and development.* London: Panos.

Spence, D. (1982). *Narrative truth and historical truth: Meaning and interpretation in psychoanalysis.* New York: W. W. Norton.

Stacey, J. (1991). Can there be a feminist ethnography? In S. B. Gluck & D. Patai (Eds.), *Women's words: The feminist practice of oral history*(pp.111–119). New York: Routledge.

Starr, L. (1984). Oral history. In D. K. Dunn & W. K. Baum (Eds.), *Oral history: An interdisciplinary anthology* (pp. 3–26). Nashville, TN: American Association of State and Local History.

Terkel, S. (1967). *Division Street: America.* New York: Pantheon Books.

Terkel, S. (1970). *Hard times: An oral history of the Great Depression.* New York: New Press.

Terkel, S. (1974). *Working: People talk about what they do all day and how they feel about what they do.* New York: New Press.

Terkel, S. (1984). *The good war.* New York: Pantheon Books.

Thompson, P. (1988). *The voice of the past: Oral history.* New York: Oxford University Press.

Thompson, P., Passerini, L., Bertaux-Wiame, I., & Portelli, A. (1985). Between social scientists: Reponses to Tilly. *International Journal of Oral History, 6*(1), 19–40.

Thomson, A. (1990). Anzac memories: Putting popular memory theory into practice in Australia. *Oral History, 18*(2), 25–31.

Thomson, A. (2007). Four paradigm transformations in oral history. *Oral History Review, 34*(1), 49–70.

Tilly, L. (1983). People's history and social science history. *Social Science History, 7*(4), 457–474.

Tilly, L. (1985). Louise Tilly's response to Thompson, Passerini, Bertaux-Wiame, and Portelli with a concluding comment by Ronald J. Grele. *International Journal of Oral History, 6*(1), 40–47.

Tonkin, E. (1992). *Narrating our pasts: The social construction of oral history.* Cambridge, UK: Cambridge University Press.

Vansina, J. (1985). *Oral tradition as history.* Madison: University of Wisconsin Press.

Yow, V. R. (1997)."Do I like them too much?" Effects of the oral history interview on the interviewer and vice versa. *Oral History Review, 24,* 55–79.

Yow, V. R. (2005). *Recording oral history: A guide for the humanities and social sciences* (2nd ed.). Walnut Creek, CA: AltaMira Press.

Michael Angrosino, Judith Rosenberg

28.

관찰 기반 연구
_ 지속과 도전

김평국_ 경인교육대학교 교육학과 교수

관찰은 사회과학과 행동과학 영역에서 모든 연구 방법들의 근본적인 토대이자(Adler & Adler, 1994, p. 389) 문화기술적인 연구의 중심으로(Werner & Schoepfle, 1987, p. 257) 인정되어 왔다. 질적 연구를 수행하는 사회과학자들은 인간 활동과 그런 활동들이 벌어지는 물리적 장소 모두에 대해 관찰한다. 질적 연구에서 관찰은 전형적으로 활동의 자연적인 소재지에서 이루어진다. 따라서 그런 자연주의적인 관찰은 문화기술적 현장연구와 뗄레야 뗄 수 없는 통합된 일부이다.

자연주의적인 관찰은 적어도 이상적으로는 가능한 한 상대를 방해하지 않는 자료 수집의 기법이다. 자신을 참여 관찰자[제보자의 행위에 개입할 때 참여 관찰, 제보자의 행위에 개입하지 않을 때 비참여 관찰로 구분하기도 한다—역주]로 생각하는 현장연구자들도 유사 내부자라는 신분에도 불구하고 대개 그 과정에서 가능한 한 객관적으로 관찰하기 위해 노력한다. 그러나, 방해하지 않고 객관적으로 관찰한다는 개념은 논쟁의 대상이 되었다. 선견지명이 있으며, 여러 학문 간을 오가는 학자 Gregory Bateson(1972)은 관찰자가 불가피하게 관찰되는 것에 연결되어 있다는 인공두뇌학적인 이론을 개발하였다. 좀 더 최근에는 여러 학문 영역에 속한 포스트모더니스트들(후현대주의자들 혹은 탈근대주의자들)이 연구자들의 연구 결과 해석에 연구자들의 "상황"(예, 그들의 성, 사회 계층, 인종)이 반영된다는 것을 이해할 필요가 있음을 강조하였다.

탈근대주의자들이 객관성에 대한 전통적인 가정을 비판하면서 설득력을 얻고 그 비판이 광범위하게 확산되면서 어떤 질적 연구자들은 관찰 방법에 대한 접근을 다시 생각하고 이를 수정하였다. 이제 연구자는 협동적 연구의 맥락에서 활동하며, 더 이상 관찰되는 대상자들과 분리되어 있지 않다고 우리가 생각하는 것은 매우 중요한 의미를 지닌다. 후자는 더 이상 연구에서 실험 대상으로 불리지 않고 연구의 목표를 이해하고 연구자로 하여금 연구 계획을 수립하고 실행하도록 돕는 능동적인 파트너로 불린다. 예를 들어, Judith Friedenberg(1998, p. 169)는 면담에서 상황에 대한 연구자의 통제를 최소화하고 지적인 대화를 제고하는 기법들을 활용하면서 연구 참여자(혹은 제보자)들에게 문화기술적인 자료 해석에 대한 피드백을 요청할 것을 강조하였다. Valerie Matsumoto(1996)는 그녀의 구술 역사 프로젝트를 위해 면담하고자 한 사람들에게 일련의 준비된 질문 세트를 보냈다. 그녀는 그들이 반대하는 질문은 모두 제거될 것임을 그들에게 분명하게 밝혔다. 응답 예정자들은 연구 계획에 이런 식으로 참여하는 것에 대해 매우 호의적으로 반응하였다.

그런 상황이 일반화되면서, Michael Angrosino와 Kimberly Mays de Pérez(2000)는 관찰을 경직되게 자료 수집 기법으로만 생각하는 데서 벗어날 것을 주장하였다. 그것은 오히려 협동적인 연구에 관련된 사람들이 상호작용할 수 있는 맥락을 제공한다고 하였다.

자연주의적인 관찰이라는 과거 전통, 그리고 최근의 학술적인 측면의 도전(예, 탈근대주의자들의 비판)과 우리가 연구하고자 하는 사회의 도전에 응하면서 협동적 연구를 위해 개발한 좀 더 맥락화된 관찰적 연구, 둘 다를 간단하게 검토하는 것이 이런 변화를 이해하는 데 도움을 줄 것이다.

28.1 관찰 기반의 연구: 과거 전통

관찰 기반 연구의 고전적 전통의 강령은 R. L. Gold (1997, p.397)가 설명하였는데, 그는 연구자들이 "관찰 효율성을 극대화할 수 있고, 연구자 오류를 최소화할 수 있는" 표준화된 절차를 개발하는 것이 가능하고 바람직하다고 믿는다는 점을 지적하였다. 그는 이 표준화된 절차를 통해 어떤 연구자가 동료들에 의해 객관적인 연구 결과로 인정받을 수 있는 타당하고 신뢰로운 자료를 생산하였는지를 확인하기 위한 반복과 검증을 할 수도 있다고 말하였다. 문화기술자들은 적절하고 적합한 표집 절차, 자료 수집과 분석의 체계적인 기법, 관찰자 오류의 회피, 그리고 결과의 문서화를 포함하는 자기 교정적인 탐구 과정에 충실할 것을 요구받았다(Clifford, 1983, p.129; Gold, 1997, p.399).

Gold(1958)에 따르면, 20세기 전반 사회학적인 문화기술자들이 종종 자연주의적인 연구를 특징지을 수 있는 관찰자의 서로 다른 역할들을 암묵적으로 언급하곤 하였다. 이들은 전적인 참여자(이는 매우 주관적인 입장이어서 그 과학적인 타당도가 자동적으로 의심의 대상이 되는), 관찰자로서의 참여자(문제점이 단지 조금만 덜한), 참여자로서의 관찰자(전형적으로 인

류학자들과 더 관련 있는), 그리고 전적인(비방해적, unobtrusive) 관찰자이다. 현장에서는 물론이고, 철저하게 통제되는 실험실에서도 달성하기 어려운 후자의 순수성은, 비방해적인 연구자들이 동의 없이 자신의 일을 처리하는 경향, 즉 우리가 지금 알 수 있는 것처럼, 더 이상 인내할 수 없는 윤리적인 실책으로 볼 수 있는 것에 의해 오염되었다. 사전 동의를 얻는 것을 윤리적인 의무로 삼은 것이, 이제는 표준이 된 협동적인 연구로 가는 길을 열었다고 볼 수 있다. 이는 그런 동의를 얻는 과정에서 연구 대상이 되는 사람들이 불가피하게 처음부터 연구 활동에 관련되기 때문이다. 어쨌든, 관찰 기반 연구의 표준은 탈근대주의자들의 비판이 등장하기 오래 전에, 연구 대상이 되는 공동체 안에서 연구자의 구성원으로서의 다양한 지위(membership)가 지각되고 논의되면서, 변경되었다(Adler & Adler, 1987). 그럼에도 불구하고, 적극적인 "구성원"이었던 연구자들도 여전히 "그 상호작용의 흐름을 부자연스럽게 변경하지 않도록" 주의해야 하였다(Adler & Adler, 1994, p.380). 그러나 사회적 삶의 자연적인 흐름은 그것을 연구하는 연구자들의 노력과 독립적으로 존재할 수 있다는 가정은 변하지 않았다.

인류학적인 문화기술자들은 사회학적인 문화기술자들에 비하여 방해와 그것에 따르는 불법 행위인 연구자 오류에 대해 덜 걱정하였다. 그러나, 인류학적인 문화기술자들에게는 그들에게 인정된 연구 공동체에의 주관적인 몰입 중에도 여전히 객관성을 추구할 것이 권장되었다. 그리고 그들은 세 단계의 관찰 과정에 종사함으로써 이를 실현하고자 하였다. 첫째, "기술적 관찰"이 있었는데, 이는 어느 면으로 보나 그 상황의 모든 인식 가능한 측면의 관찰을 의미하였다. 이 시점에 인류학자들은 어린아이처럼 그들이 아무것도 모르고 어떤 것도 당연하다고 생각할 수 없다고 가정해야 하였다. 사실상, 현장에 옮겨진 가정들에 토대를 두고 사소한 것으로부터 중요한 것을 추출해내는 일은 없어야 하였다. 그러나, 연구자들이 현장에 더 친밀해지면서 그들은 두 번째 단계인 "집중 관찰"로 나아갈 수 있었고, 이 시

점에서 그들은 상당한 자신감을 가지고 관련 있는 것과 관련 없는 것을 구분할 수 있었다. 집중 관찰은 거의 항상 면담을 포함하였는데, 이는 연구자들이 자신의 직관에 의존하여 그런 변별을 해낼 수는 없었기 때문이다. 집중 관찰은 대개 매우 잘 정의된 집단 활동들(예, 종교적인 의례, 교실 수업, 정치적 캠페인)에 치중되었다. 세 번째인 마지막 단계는 "선택적 관찰"이라는 가장 체계적인 것이었다. 이 단계에서는 인류학자들이, 아마도 자연인(native)의 관점을 가지고, 가장 두드러진 사회적 행동의 요소들에 집중할 수 있었다(Werner & Schoepfle, 1987, pp. 262-264).

28.2 관찰 기반 연구와 최근의 관심

최근의 현장연구에는 세 가지 주요 특징이 있다. (1) 인류학자들 사이에서, 자신들이 연구하는 공동체에서 주변적인 구성원 이상의 역할을 수용하려 하거나 이를 확대해 나가려는 의욕이 증가하였다. (2) 관찰자 관점과 내부자 관점의 조화가 쉽지도, 가능하지도 않아 "문화기술적 진실"에 대한 객관적인 합의에 도달하기 어렵다는 것을 인식하였다. (3) 이전의 실험 대상자를 연구에서의 협동적인 파트너로 인식하는 전환이 이루어졌다(예, Angrosino, 2007a; Creswell, 2007). 최근의 관찰적 연구의 목표는 순수한 객관성이라는 고전적 이상을 일종의 전적인 구성원 지위 중심의 감정이입으로 대체하는 것이 아니다. 이 두 가지 접근 모두 관찰 기반의 연구 과정에서 여전히 구성 요소로 남는다. 그러나, 그들은 연구 활동의 연속선상에서 극단적인 반대 지점을 나타낸다. 두 극단의 문제점은 그들이 문화와 사회를 서술하거나 해석하는 것이 쉬우면서도 바람직하다는 것으로 가정하되, 문화기술자들이 그런 서술하는 행동에 개입하지 않고도 마치 그런 서술이 존재할 수 있는 것처럼 가정한다는 것이다. 관찰 기반 연구에서는 요즘 문화기술자 자신들의 특성들과 활동들을 분명히 고려해

야 한다. 따라서, 그것은 고전적 전통의 문화기술자들이 묵인했었을 것보다 훨씬 더 주관적이다. 그러나 그것은 관찰 방법의 엄격함, 즉 주의 깊게 실행되고, 명쾌하게 기록되고, 합리적으로 해석된다는 것이 사라질 정도로 완전히 주관적이 될 수는 없다. 문화기술지는 평이한 관찰 결과에 대한 의견을 제시하는 것 그 이상이다.

Angrosino와 Mays de Pérez(2000, pp. 678-690)는 이런 내용들이 현재의 문화기술지 문헌들에서 확립되게 된 과정과 이 변화들이 관찰 기반의 연구 수행과 해석에 주는 시사점을 논의한다. 그들에 따르면, 고전적인 문화기술지 연구자들이 "순수한 관찰"의 윤리가 의문시되었을 때 그들의 객관성을 주장하면서 제한된 참여적 역할을 수용하였지만, 후기 연구자들은 의식적으로 그들이 연구하는 공동체에서 상황적인 정체성을 추구하고 수용하였으며, 이 정체성으로 인하여 그들은 공동체가 정의한 구성원 역할을 수행할 수 있었다. 문화기술자들은 자신들의 구성원 역할이 강화되면서 공동체 구성원들의 실제적 삶의 과정에 알맞게 자신을 조율해 가야 하는데, 이는 그들이 연구 공동체에서의 잠재적인 협동자들이 연구되기를 원하는 방식에 좀 더 주의를 기울여야 함을 의미한다. 미리 정해진 "과학적" 어젠더(이 자체가 이제는 종종 서구 엘리트의 오류의 산물로 여겨진다)를 부과하는 과거의 관점은 고전적인 기간에 추구한 객관적인 목표에 연결되어 있던 것으로 이제는 파기되었다. 비록 당시에는 좀처럼 인정되지 않았더라도, 고전적 접근은 권력이 (연구 주제를 정하고 엘리트 기관들의 좀 더 일반화된 권력을 암암리에 대변한) 문화기술자에게 있다는 상호작용 모형에 토대를 두었다. 그러나 권력은 이제 분명하게 공유된다. 어떤 응용 혹은 자칭 사회과학자들의 경우에 권력은 실제로 연구 공동체에 양도된다. 이런 경향의 연구자들이 한때 자신들을 학술적인 기관들이나 기금후원 조직의 연장선으로 생각하였던 것과 같은 방식으로 이제 자신들을 그런 공동체들의 후원자로 보는 것이 매우 당연한 일이다.

공동체의 연구에서 권력의 이동을 인정해야 하는 당위성은, 요즘 종종 그러하듯이, "특정한 민족을 언급하

지 않고" 문화기술적 연구를 수행할 때 특별한 의미를 지닌다(Gupta & Ferguson, 1996b, p.2). 다른 말로, 고전적인 시대의 관찰적 연구의 개념적인 틀에 매우 선명하게 드러나있는, 문화나 사회에 일관성을 부여하는 한정된 공동체 안에서 활동하는 문화기술자는 이제 거의 없다. "문화적인 연구 대상은 특정한 장소에서 충분하게 접근 가능하다"고 가정하는 것이 이제는 더 이상 가능하지 않다(Marcus, 1997, p.96). 연구 활동이 수행되는 현재의 대부분의 현장은 문화 지역들 사이의 경계에 거주하는 사람들과, 다양한 행동과 태도의 패턴을 보여주는 지역들, 후식민주의적 하이브리드 문화, "서로 연결된 공간 안에서" 전형적으로 발견되는 사회적 변화와 문화적 변형들로 구성된다(Gupta & Ferguson, 1996a, p.35). 고전적 관찰 연구 시기에는 사람들이 공유된 공간에서 살아가므로 그들은 사회적 제도들과 문화적 가정들을 공유하게 되었다고 가정하였다. 요즘에는, 특히 인터넷에서 아마도 하룻밤 사이에 등장하고 번창하고 퇴진하는 가상의 공동체의 경우에, "일어나는 사건이 우발적이라기보다는 공동체가 우발적이다"(Malkki, 1996, p.92). 그러므로 문화기술자들은 더 이상 그들이 관찰하는 어떤 지역의 장면이 다소간 어떤 하나의 문화 혹은 사회의 전형적이거나 대표적인 모습이라고 가정하는 사치를 즐기지 않는다. 오히려, 어떤 관찰된 공동체도 간극성(interstitiality)과 조합성(hybridity)에 따라 정의된 상호작용의 결합체로 이해될 가능성이 높다(Gupta & Ferguson, 1996a, p.48). 따라서 관찰에 의존하는 연구자들은 실제적이고 가상적인 공간 모두에서 사람들이 다양한 집단들과 상호작용하고 이 상호작용이 변해 가는 것을 보고, 마치 그들이 오래전부터 독립적인 공동체들인 것처럼 여기지 않도록 점점 더 주의해야 한다. 그런 산만한 상황에서 명쾌하게 진술된 구성원 역할을 떠맡기 위해서, 연구자는 자신의 성, 성 정체성, 연령, 계층, 인종에 대해서 기꺼이 개방적일 필요가 있는데, 이는 단지 하나의 한정된 공간에서 어슬렁거린다는 사실보다는 그런 요인들이 장차 연구 협력자와의 유대를 위한 토대를 형성하기 때문이다. 이

런 상황적인 요인들은 연구 프로젝트에 따라 달라질 수 있으므로, 문화기술자들은 다양한 장소에서 자신을 재창조해야 할 입장에 놓여 있다(Giroux, 1995, p.197). Norman Denzin(1997, p.46)은 "자신과 지속적으로 변화하는 외부 세계의 관계"를 알고 있는 문화기술자들의 "움직이는 의식(mobile consciousness)"에 대하여 논의한다.

관찰자의 정체성의 형성, 유지, 진화에 관련된 최근의 많은 문헌은 여성과 동성애자들에게 특별히 관련된 쟁점들을 다루었다(이 문헌은 방대하지만, 사회문화적 세부사항들의 관찰과 개인적 "상황들"의 분석을 혼합한 몇몇 대표적인 연구들에는 Behar(1993), Blackwood(1995), Lang(1996), Walters(1996), D. Wolf(1996)가 있다). 그러나 정치적 소요의 상황들을 연구하고 정치적으로 추방된 집단과 동일시되는 연구자들(Hammond, 1996; Mahmood, 1996; Sluka, 1990), 혹은 불법 이민자들처럼 기만적 은폐의 요구를 지닌 집단을 상대하는 연구자들(Chavez, Flores, & Lopez-Garza, 1990; Stepick & Stepick, 1990), 혹은 범죄에 연루된 사람들을 대하는 연구자들(Agar & Feldman, 1980; Brewer, 1992; Dembo et al., 1993; Koester, 1994; van Gelder & Kaplan, 1992)이 관심을 갖는 다른 정체성 쟁점들이 있다는 것을 언급할 가치는 있다. 미국 9·11 테러사건 이후에, 이슬람계 미국인 집단에서 문화기술적인 연구, 특히 젊은 사람들을 다루는 연구를 수행하기는 더 어려워졌다(Sirin & Fine, 2008).

28.3 맥락의 문제: 관찰 기반 연구자들의 다양한 역할

고전적 관찰 연구 시기에, 문화기술자들은 학문(과학) 공동체라는 오직 하나의 독자 집단에 관심을 기울여야 하였다. 그 공동체가 하나의 목소리만을 냈다고 보

기 어렵지만, 이 공동체는 적절한 연구 보고서가 어떻게 보이고 어떻게 들려야 하는지에 대한 일련의 가정들을 분명히 공유하였다. 그러나, 현 시대에는 문화기술자들이 상대하는 집단의 수만큼 다양한 보고서의 전달 양식이 있을 것 같다. 그러므로 연구자들은 그들의 관찰이 다양한 청자들에게 적절한 여러 다른 목소리들로 번역되는 방식에 관심을 기울여야 한다. 전통적인 연구 보고서들은 전지한 화자(omniscient narrator)에게서 나오는 객관적인 제3자의 목소리로 여겨졌던 것을 선호하였다(Tierney, 1997, p.27). 협동적인 연구로의 전환으로 인하여 문화기술자들은 그들 자신의 존재를 인정받을 수 있게 되었다. 주관적인 경험이 전면에 부각되면서 한때 금지된 "나"가 이제는 자주 사용되는데, 이는 학문 세계와 그것이 객관성을 중시하는 경향 때문에 종종 주변인이 된 듯한 느낌을 받았던 여성주의(feminist) 연구자들의 노력에 힘입었다(M. Wolf, 1992, p.52). 이런 변화는 더 이상 스타일에 대한 선호의 문제가 아니며, 그것은 문화기술자들의 계속 발전하는 자기 이미지와, 관찰자와 피관찰자(명백히 허락을 받은) 사이의 관계 변화, 그리고 문화기술적인 연구가 상대하는 매우 다양하고 심지어 서로 양립하지 않는 청자들에 대한 새로운 인식을 반영한다.

문화기술자들은 이제 더 이상 그들이 대변한다고 생각하는 사람들에게 자신들의 연구 결과물을 읽고 논박하게 하는 입장에 놓여 있다고 하여, 그들이 연구하는 사회와 문화에 대한 지식의 유일한 결정권자라고 주장할 수 없다(Bell & Jankowiak, 1992). 사실상, 하나의 사회나 문화에 대한 객관적인 진리가 성립될 수 없는데, 이는 어떤 일이 일어났는지에 대해 불가피하게 양립하지 않는 버전들이 있을 것이기 때문이다. 매우 많은 다른 협력자들이 연구에 참여할 준비가 되어 있고 그들이 연구자에게 도전할 수 있을 때, 연구자들은 이제 더 이상 권위적인 지식의 소유자라는 특권을 주장할 수 없다. Margery Wolf(1992, p.5)는 초보 문화기술자로서 "내가 생각하기에 내가 보고 들은 것을 가능한 한 정확하게 기술하는 것에 만족하면서 정보제공자들

의 의견 차이를 해소하기 위해 노력하는 정도에 머물렀다"고 주장한다. 그녀는 결국 "서로 경쟁하는 의미들을 유지하는 것의 중요성"을 깨닫게 되었다. 그녀는 연구 공동체의 어느 구성원도 "옥스퍼드 대학교 학위와 당신의 저서를 손에 들고 여러분의 문 앞에 등장할 수 있다"고 씁쓸한 결론을 짓는다(1992, p.137). 요약하면, 관찰적인 연구의 결과는 "문화기술자 혼자의 독백적인 목소리를 중심으로 하나의 덩어리로 묶일 수 있는 지식 형태로 결코 환원될 수 없다"(Marcus, 1997, p.92). 분명하게 말하여, 문화기술적 연구의 확산을 위한, 출판을 포함하는 여러 발표 양식들의 복잡성을 고려할 때, 연구자는 보고서의 눈에 보이는 "저자"라는 점에는 거의 이견이 없다. 그러나 모든 협력자들의 실제 목소리들을 출판된 보고서에 옮기려는 시도는 그리 많지 않았다.

관찰 기반 연구는 단지 자료 수집 기법이 아니다. 그것은 하나의 맥락을 형성하며, 문화기술적 현장연구자들은 그 맥락 안에서 그들이 연구하기를 원하는 공동체 안에서의 구성원 역할을 떠맡는다. 연구자들은 이미 공동체의 구성원이면서 또한 연구 과정에 협력자로 참여할 수 있는 사람들과의 교섭 과정에서 그렇게 한다. 그들은 협상 테이블에 그들 자신의 특징들(situations)(예, 성, 성적 취향, 연령, 사회적 계층, 인종)을 가져온다. 이 모두는 그들이 맡을 수 있는 역할들에, 그리고 기존의 구성원들과의 관계에서 그들에게 허용될 상호작용 방식에 반드시 반영된다. 이런 이유 때문에, 자연주의적 관찰은 이해관계의 (아마도 임시적인) 소재지를 나타내는 특정한 맥락에서 이루어진 특정한 상호적인 교섭의 결과에 비추어 이해될 수 있을 뿐이다. 문화들이나 사회적 기관들이 각각 독립적으로 존재한다는 오래된 관점은 무시된다. 같은 기준에 따라, 문화들도 사회적 기관들도 그들을 관찰하는 사람들의 경험으로 환원될 수 없다. 관찰은 그것이 연구 과정에 유용하려면, 고전적인 기간에 그랬던 것처럼 엄격하게 수행되어야 한다. 그러나, 관찰이 지닌 사회과학적 힘은, 만약 우리가 사회 문화적 과정을 충분하게 이해하려면, 우리

자신에게, 그리고 같은 맥락에 놓인 다른 사람들의 경험과 우리의 경험이 상호작용하는 방식에 관심을 기울이는 데서 나온다. 과거의 연구 세대들이 분명 이런 경험적인 요인들을 알지 못한 것은 아니었다. 그들은 항상 자신들을 최소화하기 위해 그리고 문화기술적인 진리에 비추어 자신들은 변하지 않도록 하기 위해 자신들에 대해 알아야 한다고 배웠다.

그러나, 문화는 자율적이고 지속적이며, 시공을 초월하는 자신의 진리를 담고 있다는 관점은 이제 더 이상 유효하지 않다고 할 수 있다. 결국, 한 연구자는 "자신이 부재한 상황에서 발생했을 행동적인 사건을 관찰하지 않으며, 같은 화자가 다른 사람에게 주었을 것과 같은 동일한 설명을 듣지도 않는다"(Behar, 1996, p.6). 그렇다면 우리는 어떻게 그렇게 탈맥락화된 문화의 실재를 확신할 수 있겠는가? 연구자로서 우리가 모래알처럼 다양하고 변화무쌍한 상호작용과 교섭하는 방식이야말로, 우리가 그들을 주의 깊게 관찰하고 분석하면, 사회와 문화가 형성되고, 유지되고, 결국 해체되는 방식을 이해하는 데 중요한 단서를 제공한다. 다르게 말하여, 맥락은 일시적일 수 있으나, 그 맥락들이 형성되는 방식은 곧 인간의 지속적인 상호작용의 과정을 보여줄 수 있다.

28.4 관찰 기반 연구자들을 위한 현재의 도전

현재의 관찰 기반 연구의 맥락은, 연구자 당사자들과 그들의 장래 협력자들이 처한 상황적 특징, 일반적인 지적인 분위기와 학술적인 문화, 그리고 점점 더 글로벌화되고 국경의 구분이 약해지고 있는 사회의 여러 중요한 변화의 영향을 받는다. 이런 쟁점들은 Angrosino (2007a, 2007b)가 다른 곳에서 다루었는데, 이들 중 몇몇 흐름만, 관찰 기반 연구에 가장 직접적인 관련을 맺는 것들만 여기에서 요약할 것이다.

윤리적, 규범적 제한

순수하게 객관적인 관찰이라는 오래된 이상은 새로운 윤리적 분위기와 충돌을 일으킨다는 것이 확인되었다. 이 새로운 분위기는 사전 동의와 비밀 보장을 특히 중시하는데, 이에 따라 이 원리들은 공적인 재정 지원을 받는 연구 활동을 통제하는 가이드라인과 제도적 구조에 반영되었다. 오늘날 이런 것들은 다른 모든 것들을 통제할 정도의 힘을 지닌다. 연구 윤리의 초기 역사는 Murray Lionel Wax와 Joan Cassell(1979)이 다루었다. 오늘날의 장면은 Carolyn Fluehr-Lobban(2003)이 다루었는데, 그것의 중요한 몇 가지에 대해서 여기에서 논의한다.

우리 시대의 거의 모든 연구는 기관윤리심의위원회 (institutional review boards: IRBs)라는 구조에 의해 통제된다. 이는 1960년대에 연방 정부의 재정 지원을 받는 연구에 참여하는 모든 사람들에게 사전 동의를 얻을 것을 의무화한 연방 정부의 규정에 토대를 두고 성립되었다. 당시에 "침입적(intrusive)"(대개 생의학적인) 연구에서 위험이 인지되었고, 그 안에의 참여는 자신에게 무슨 일이 벌어질지 알아야 할 권리와 연구의 모든 조건에 공식적으로 동의할지 여부에 대한 권리를 지닌 실험 대상자의 통제 아래에 놓여야 하였다. 그들은 연구에 수반되는 직접적인 혜택과 잠재적인 위험 (사생활에 대한 침범 포함)에 대해 충분하게 통보받아야 하였다(생의학과 실행 연구에서 인간 연구 대상자의 보호를 위한 국가위원회, 1979 참고). 동의의 권리, 그리고 그것을 연방 정부의 재정 지원을 받는 각 기관에서 집행하기 위하여 마침내 창설한 기관윤리심의위원회는 연구자와 연구 대상 사이의 권력 관계를 획기적으로 바꾸어 놓았고, 양자가 연구의 수행과 그 특징의 결정에 영향을 미칠 수 있도록 허용하였다.

그러나 문화기술적 연구자는 처음에 이런 상황에 대해 불편해하였다. 물론 그들이 은밀하고 해로운 연구를 수행하기를 원하였기 때문이 아니라 그들의 연구가 "침입적"이라는 것을 믿지 않았기 때문이다. 그런 주장은 참여자로서의 관찰자 역할에 전형적으로 관련된 가정들을 지닌 것이었다. 문화기술자들은 그들이 좀 더 참여적인 역할에 편안함을 느끼게 되면서 그들의 존재 자체가 무엇인가에 변화를 가져올 수 있다는 것에 동의하게 되었으나, 그들의 침입이 본래 해롭다는 주장에는 계속 반대하였다. 문화기술자들은 또한 기관윤리심의위원회에 보내진 계획서는, 해로움을 끼칠 수 있는 모든 가능성들이 적절하게 평가될 수 있도록 상당히 완성도가 높아야 한다는 것에 우려를 표명하였다. 그들의 연구가 종종 진행되면서 발전하기도 하고 변하기도 하였으며, 항상 법률적 전문가들이 기대하는 것만큼의 사전에 정해진 (그리고 그것은 항상 생의학적 그리고 다른 임상적 혹은 실험적 연구에서 적절하였다는) 구체성을 지니고 시작될 수 없다는 것을 그들은 주장하였다.

1980년대에, 사회과학자들은 연방 정부 건강복지부에게서, 아동, 장애인, 그리고 취약 집단으로 분류되는 사람들에 대한 연구를 제외하고, 모든 사회적 연구에 대한 심사의 면제를 얻어냈다. 그럼에도 불구하고, (두 저자 모두가 근무하는 사우스 플로리다(South Florida) 대학을 포함하여) 여러 대학에 근무하는 법률 자문위원들은 신중을 기하였고 이런 획일적 면제가 적용되는 것을 허용하는 것을 매우 주저하였다. 그 결과, 사우스 플로리다 대학에서 하나의 연구 계획서가 만약 면제를 위한 연방 정부 기준을 총족하면 속성(혹은 부분) 심사를 받을 수 있으나, 공식적인 계획서는 여전히 제출해야 한다. 이런 행위는 2005년 연방 정부의 건강복지부가 제시한 가이드라인에 따라 요구되는 것이다(연방 정부 지침, 45장, 46절; 연방 정부 법제처, 2009 참고).

사우스 플로리다 대학에는 이제 두 개의 기관윤리심의위원회가 있다. 하나는 생의학적인 연구를 담당하고 다른 하나는 실행 연구를 담당한다. 후자는 심리학자들(이들이 속한 학과는 과학 및 예술 대학에서 규모가 가장 크다)이 주도하기 때문에, 이 구분된 위원회 체제는 질적 연구자들에게 결코 만족스럽게 기능하지 않는다. 가설 검증 연구, 실험적 연구, 임상적 혹은 실험실 기반 연구를 다루던 심리학자들은 관찰적인 연구 설계라는 하위 범주를 인정하기를 꺼려하였다. 그 결과, 실행 연구 기관윤리심의위원회가 요구하는 현재의 계획서 양식은 전집이나 공동체보다는 개별 피험자를 중심으로 구성되어 있다. 그리고 그것은 검증할 가설의 진술과 실험을 위한 설계를 의무로 요구한다. 질적 연구자들의 특수한 요구에 좀 더 부응하는 양식은 사우스 플로리다 대학에서 충분히 탐색되지 않았으며 채택되지도 않았다. 아마도 질적 연구는 진정 인문학의 일종이며, 사회과학이든 혹은 그 밖의 다른 것이든 전혀 '과학'이 아니라고 주장하는 것이 타당한 것 같다. 만약 질적 연구가 과학적 연구라는 의미에서 연구가 아니라면, 그것은 자동적으로 기관윤리심의위원회의 감독으로부터 면제를 받아야 한다. 그러나 이 관점은 많은 지지를 받지 못하였다. 한편으로, 질적 연구자들은 전체적으로 그들의 과학적 지위를 포기하지 않으려고 한다. 더욱이, 그들은 그들이 윤리적인 책임을 회피하려 한다는 의심을 더 키우고 싶어하지 않는다. 이를 해결하는 방법은 질적 연구의 원칙들을 훼손하지 않으면서 현재 수용되는 윤리적 기준들을 따르는 것이다. 그러나 현재 이루어지고 있는 바와 같은 그런 형태의 연구는 과학적 연구에 대한 전통적인 정의를 훼손하거나 거기에서 벗어난다. 한편으로, 현재 질적 연구자들 사이에 즐겨 활용되는 협동적인 연구는 참여자 사전 동의를 위한 가이드라인에 대한 엄격한 준수를 더욱더 약화시킨다. 협동적인 연구에서 문화기술자는 연구 계획을 장차의 연구 참여 공동체의 구성원들과 논의해야 하는데, 이 예비적 논의 또한 참여자 사전 동의의 규범을 준수해야 하는가, 혹은 참여자 사전 동의는 궁극적으로 협동적인 논의에서 도출되는 공식적인 연구 계획에만 적용되어야 하는가?

현재 광범위하게 확산된 순수한 관찰적 연구에 대한 윤리적 의심을 두고 볼 때, 사우스 플로리다 대학에서 분명하게 언급되고 관습적으로 면제 범주에 놓이는 사회적 연구가 공공의 장소에서의 행동 관찰에 대한 것이라는 것은 아이러니이다. 그러나 참여자 사전 동의 없이 연구를 수행하는 것의 적절성에 대한 질문으로 이끈

것은 무엇보다 이런 종류의 비방해적인 관찰이다. 윤리적인 문제 때문에 이런 공적인 연구의 장르를 전반적으로 포기하였던 문화기술자들이 단지 기관윤리심의위원회 구조가 그들의 연구에 대하여 제기한 철학적이고 법률적인 혼란을 회피하기 위하여 그것으로 되돌아가야 할 것인가?

일반적으로 연구 윤리에 대한 과거의 확립된 패러다임을 잘 보여준다는 평가를 받은 의학연구소가 최근 발행한 보고서(IOM, 2002)는 모든 학문 영역의 연구자들에게 연구 윤리의 근본적인 것들에 대하여 다시 심사숙고해볼 것을 제안하였다. 그 보고서는 우리가 부정적인 질문(예, 무엇이 비행(misconduct)인가? 그것을 어떻게 예방할 수 있는가?)을 제기하는 것에 익숙해져 있다는 점을 지적하였다. 그보다는 긍정적으로, "정직이란 무엇인가?", "우리가 그것을 지녔다는 것을 어떻게 알 수 있는가?", "우리가 어떻게 그것을 권장할 수 있는가?"와 같은 질문을 제기하는 것이 더 바람직할 것이다. 연구자 정직의 진흥이라는 사안은 개인적인 요소와 기관적인 요소를 모두 지니고 있고, 전문가의 윤리를 감시하는 책임을 지고 있는 사람은 개인이 자신의 일에서 지적으로 정직할 것과 책임감 있게 행동할 것을 권장해야 하고, 연구 기관으로 하여금 그런 행동이 지지를 받고 확산될 환경을 제공하도록 권장해야 한다 (Grinnell, 2002, p. B15). 이 목표를 달성할 하나의 방안은 "균형 잡힌 이성"이라는 철학에 토대를 두고 구성된 것으로서 Angrosino와 Mays de Perez(2000)가 탐색하였다. 더욱이 IOM은 질적인 사회 연구자들이 개인의 연구와 대규모 사회 기관의 연구 모두에서 정직에 영향을 미치는 요인들을 확인하고 평가하는 연구를 수행하는 데 특별한 적임자이므로 연구 윤리 구조의 발전에 중심 역할을 수행할 것을 제안하기까지 하였다.

변화하는 연구 맥락: 기술

참여 관찰은 한때 격리된 공동체에서 활동하며, 오직 노트북과 펜, 그리고 아마도 스케치북과 간단한 카메라를 갖춘, 외로운 연구자를 의미하였다. 그러다 음성녹음기, 영화카메라, 그리고 나중에 영상녹음기의 도입에 따라 관찰 기반 연구에서의 기기 사용이 활성화되었다. 노트 필기는 노트북 컴퓨터와 내러티브 자료의 분석을 위한 소프트웨어 프로그램의 등장에 따라 큰 변화를 겪게 되었다. 우리의 기술적 수준이 향상되면서, 문화기술자들은 현장연구자로서의 우리가 일상생활에서 경험하는 것과는 다소 다른 방식으로 우리의 현실을 포착하고 수정하는 것에 기술이 도움을 준다는 사실을 깨닫기 시작하였다. 자연주의적인 관찰의 가장 큰 가치는 항상 우리가 실제 상황에서 실제 사람들이 살아가는 삶의 부침과 모호함에 깊이 잠겨든다는 것이다. 그런 전통적인 인식에 더하여 우리는 이제 지속적으로 변화를 거듭하는 상호작용적인 맥락에서 우리 자신의 존재를 점점 더 인식하게 되었다. 그러나 그런 삶의 일면들(스냅샷)을 고정시키면 시킬수록, 그리고 그런 저런 이미지를 전 세계적으로 그리고 일시에 확산할 능력을 가지면 가질수록, 우리는 실제 삶을 그렇게 특별하게 만들고 따라서 끊임없이 매력적이게 만드는 것들을 점점 더 놓치는 실수를 범하게 된다. 사진 촬영이나 동영상 녹화는 사생활 보호와 비밀 보장이라는 윤리적 규범에 대한 명백한 도전을 제기한다. 이 쟁점은 Lauren Clark와 Oswald Werner(1997), 그리고 Werner와 Clark(1998)가 다룰 것이다.

아마도, 우리의 관찰력을 관찰 과정에 집중하고, 우리 자신을 기술의 활용자로 이해하는 것이 필요할지 모른다. 기술적 변화는 결코 단지 부가적이지 않으며, 항상 해오던 것을 하기 위한 보조 수단이 아니다. 그것은 오히려 행동의 한 측면에서의 변화가 그 행동이 속한 전체의 시스템에 걸쳐 영향을 미친다는 의미에서 생태학적(ecological)이다. 그래서 우리의 기술이 정교해질수록 우리가 일하는 방식은 더욱더 변한다. 우리는 "우리"가 "그들[연구 협력자들—역주]"을 만날 때 어떤 일이 벌어지는지뿐만 아니라, "우리"가 어떤 특정의 강력한 기술을 가지고 그들을 만날 때 어떤 일이 벌어질

지 이해하기 시작할 필요가 있다. 우리가 만날 장래의 연구 협력자들과 달리, 우리가 이런 기술(그리고 그것을 사용하는 수단)을 보유한다는 것은 권력 차이—협력적 연구로의 전환이 이를 약화시킬 것이지만—가 심화되었다는 것을 의미한다(이 점에 대한 자세한 설명은 Nardi & O'Day, 1999 참고).

변화하는 연구 맥락: 글로벌화

글로벌화는 자본, 상품, 용역, 노동, 아이디어, 그리고 다른 형태의 문화적 요소들이 국가 간 경계를 자유롭게 넘나드는 과정이다. 한때 어느 정도 격리된 곳에 존재하였던 공동체들이 우리 시대에 전 지구적으로 확대된 상호 의존 관계 속으로 들어왔다. 글로벌화는 정보 기술의 발달로 촉진되었다. 전 세계 곳곳의 뉴스가 실시간으로 전해진다. 한때, 우리가 특정 공동체에서 관찰하고 문의하였던 행동들과 아이디어들이 다소 그 공동체에 고유한 것으로 가정하였으나, 이제는 우리가 글자 그대로 세상 어디에서 그들이 유래하였는지를 물어야 한다. Aihwa Ong과 Stephen Collier(2005)는 사회적 연구 일반에서 그리고 특별히 문화기술적 연구에서 글로벌화가 지니는 의미를 상세하게 다루었다. 몇몇 핵심 내용을 여기에 요약한다.

공동체들은 더 이상 반드시 장소의 제약을 받지 않고, 지리, 지형, 기후라는 전통적인 영향들은 과거에 비하여 그리 고정적이지 않다. 점점 더 많은 사람들이 이제 직장이나 학업을 위해 모국에서 타국으로 이동하면서 명백하게 탈국가적인 경향을 보이지만, 모국과의 관계는 유지한다. 과거의 교통과 의사소통 방식에 소요되었던 높은 비용과 상대적인 비효율은 부유한 일부 사람들을 제외하고 대부분의 사람들에게는 제약 요인으로 작용하였으므로, 그런 끊임없는 이동은 과거 이주 세대들에게는 매우 어려운 것이었다. 탈국가적인 공동체에서 관찰 기반 연구를 수행하는 것은 곧 새로운 도전이다. 물론, 우리는 전 세계적으로 사람들을 따라다

니는 것을 계획할 수 있으나, 그렇게 하는 것은 대부분의 경우 결코 실제적인 것 같지 않다. 아마도 우리는 계속적으로 장소의 제약을 받는 연구자일 것이다. 그러나 우리가 참여하고 있고 관찰하는 "장소"라는 것이, 공동체와 어떤 방식으로든 연결된 모든 사람들에게 더 이상 전체적인 사회적 혹은 문화적 실재가 아닐 수 있다는 것을 우리는 지속적으로 상기해야 할 것이다.

우리는 관찰적 연구가 발달했던 작고 전통적인 공동체를 넘어서서 우리의 관찰 연구 범위를 확대하는 데 도움을 줄 수 있는 현대 세계의 여러 측면들을 확인할 수 있다. 한편으로, 우리는 국가들이 이제 정치적, 경제적으로 상호 의존적인 세계를 형성하고 있다는 측면에서 말할 수 있다. 이런 글로벌 체제 안에서의 단위들 사이의 관계는 국내적인 수요의 충족에 몰두하기보다는 이윤의 극대화에 몰두하는 글로벌 자본주의 경제에 의해 주로 형성된다. 글로벌 체제에 대한 우리의 이해를 제고하기 위하여 관찰적 방법에 따라 연구할 수 있는 사건들이나 장소들에는 노동력 이동의 본질(Zuniga & Hernandez-Léon, 2001); 외주(outsourcing)의 출현과 그것이 전통적인 사회의 지배적인 권력 세계로의 편입 과정에 미치는 영향(Saltzinger, 2003); 구소련 연방 세력권의 변혁(Wedel, 2002); 문화적 다양성, 다문화주의, 문화 접촉의 역동성(Maybury-Lewis, 2002) 등이 있다. 현대 세계에서, 사람들은 상위 문화(high culture)의 전통에 의해 규정되기보다는 대중 문화에 의해 더 큰 영향을 받고 또한 글로벌 공동체로 결집된다. 대중 문화에 대한 연구는 한동안 문화 연구의 주축이 되어왔고, 이제는 주류의 학문 세계 안에도 잘 구축되어 있다(Bird, 2003; Fiske & Hartley, 2003).

변화하는 연구 맥락: 가상 세계

문화기술자들은, 마음만 먹으면, 인터넷(현대에 이르러 가장 흥미로운 공동체들 중 매우 많은 것들을 위한 장소)이라는 수단을 통해 "장소"에 얽매이지 않고 자유롭

게 연구할 수 있다. 가상적인 공동체들은 지리적 근접성이나 오랜 기간의 전통에 의해 확립된 결속이 아니라 컴퓨터를 매개로 하는 의사소통과 온라인상의 상호작용에 따라 특징지을 수 있다. 그들은 관심의 공동체이지 거주의 공동체가 아니다. 비록 어떤 것은 상당한 기간 동안 지속되지만, 그들은 대부분 본질적으로 단명하고 때때로 의도적으로 단명한다.

온라인상에서의 문화기술지는, 비록 관찰의 본질이 필연적으로 다소 변화되었지만, 명시적으로 수행되어 왔다(Jordan, 2009). 온라인상으로 살아가는 것은 21세기에 흔한 현상이며, 문화기술지는 분명 기술에 힘입어 가상공간으로 진입할 수 있다. 그러나, 주의할 점이 몇 가지 있다. 첫째, 전자적인 의사소통은 거의 전적으로 기록된 언어 혹은 의도적으로 선택된 이미지에 토대를 두고 있다. 따라서 몸동작의 뉘앙스, 얼굴 표정, 그리고 목소리의 음조를 통해 행동을 읽는 데 익숙한 문화기술자들은 다소 불리한 위치에 놓인다. 더욱이, 사람들은 온라인상에서 그들의 정체를 위장하기 쉽다. 때때로 하나의 온라인 집단에 참여하는 주된 목적이 하나의 새로운 정체를 획득하는 것이다. 이것은 가상 공동체에서 발견될 수 있는 모든 사람들이 속이고 있다는 것을 의미하지는 않는다. 사실상 그런 공동체들의 구성원들은 모두 비가상적인 인간 조직의 구성원들이다. Brigitte Jordan(2009)은 하이브리드 공간이라는 새로운 패러다임을 주장하는데, 그 안에서는 온라인 공동체 구성원들의 실제적인 페르소나와 가상적인 페르소나가 모두 고려된다.

질적 연구의 수단으로 인터넷을 활용하는 것의 잠재적인 장점은 직접적으로 의사소통하기 꺼려하는 사람들에 대한 접근 가능성의 제고이다. Russel Ayling과 Avril Mewes(2009)는 동성애 남자들을 대상으로 인터넷 면담하기를 이런 접근의 한 사례로 기술하는데, 비밀을 요구하거나 선호하는 다른 집단에도 이를 적용할 수 있다.

그러나, 온라인 상호작용을 관찰의 원천(대상)으로 사용하는 것은 새로운 도전에도 직면하게 한다. 예

를 들어, 온라인 대화는 타이핑된 단어의 피상적인 의미에서 크게 벗어난 깊은 뉘앙스를 지닌 서브텍스트(subtexts)를 지닐 수도 있다. 면대면 대화에서는, 몸동작, 신체 언어, 공간 사용, 그리고 억양 패턴 등이 담론의 표면 아래에 깔려 있는 것을 연구자가 관찰할 수 있다. 이와 다른 실마리들이 거의 확실하게 온라인 집단(in-groups)에서 확인될 수 있으므로, 가상 공동체 구성원들에게 적용될 의사소통 전략에 대한 이해를 높여 연구자들이 단어에만 의존하지 않도록 하는 것이 필수적이다. Angela Garcia 외(2009)는 스킨헤드족에 대한 온라인 연구 사례를 인용하였는데, 그 연구에서 신체 상태, 감정, 느낌을 전달하기 위한 기법들을 참여자들이 개발한 것을 확인하였다.

그러나 가상 공동체는 정말 전통적인 공동체 혹은 사회적 네트워크와 그리 유사한가? 전자적 의사소통은, 지리적으로 흩어져 있으나 유구한 역사를 지닌 기존의 공동체들이 서로 교류할 수 있는 방식을 향상시키면서도, 어떻게 새로운 공동체가 생겨나게 하였는가? 이런 질문들은 사람들이 그들의 삶을 정의하는 더 큰 과정에 대한 연구뿐만 아니라 특정한 사람들과 그들의 삶에 대한 연구 가능성을 열어준다.

가상 공동체에 대한 문화기술지는 또한 전통적인 공동체에서 활동하는 현장연구자들이 만나는 문제들과 전적으로 동일하지는 않으나 유사한 윤리적 문제를 제기한다. 비록 우리가 면대면으로 마주하지 않는 사람들을 다룬다고 할지라도, 사전 동의와 사생활 보호와 비밀 보장이라는 확립된 규범은 지속적으로 중요하다. 비록 인터넷이 일종의 공적인 공간이지만(이는 적어도 이론적으로 기관윤리심의위원회 규정의 제재를 받지 않을 수 있다는 것을 의미한다), 그 안에 거주하는 사람들은 여전히 전통적인 공간에 위치한 사람들과 마찬가지로 같은 권한을 지닌다. 아직은 온라인 연구에 적용 가능한 종합적인 윤리적 가이드라인이 존재하지 않지만, 몇몇 원리가 합의에 따라 나타나고 있는 것 같다. 첫째, 공적인 웹사이트의 내용 분석에 토대를 둔 연구에 대해 윤리적 문제를 제기할 필요가 없으며, 공적인 메시지 보드

에 탑재된 문장들을 인용하는 것은, 그것이 확인 가능한 게시자의 문장임을 확인하기 어렵다면, '아마도' 수용가능할 것이다. 둘째, 온라인 공동체의 구성원들은, 만약 어떤 문화기술자가 연구를 목적으로 온라인으로 그들의 활동을 지켜보고 있다면, 그것에 대한 정보를 제공받아야 한다. 만약 가능하다면, 연구자는 그 사이트에서 지속적으로 관찰하기 이전에 구성원에게서 서명된 사전 동의서를 획득해야 한다. 만약에 그 사이트가 일시적인 방문객들을 수용한다면 그렇게 하는 일이 불가능할 것이며, 웹 관리자에게만 알리는 것이 충분한지 판단하는 것은 당장은 어려우므로 향후에 해결해야 할 것이다. 관찰 대상인 가상 공동체의 구성원들은 연구에 토대를 둔 어떤 출판물에서도 연구자가 실명(혹은 확인 가능한 가명), 이메일 주소, 혹은 다른 확인 가능한 표시를 사용하지 않을 것이라는 약속을 받아야 한다. 만약 온라인 집단이 가입과 참여의 규정을 탑재하였다면, 연구자가 참여 관찰자로 활동하려고 하는 다른 공동체의 가치와 기대를 존중하는 것과 마찬가지로 그 규정들을 존중하여야 한다. 탑재된 규정들을 따름으로써, 연구자는 사실상, 구성원들을 협동적인 공간으로 끌어들인다. 연구는 연구자의 어젠더인 것 못지않게 공동체 활동의 산물이다. 또한 어떤 온라인 문화기술자들은 코멘트를 받기 위해 연구 보고서 초안을 가상 공동체 구성원들과 공유하기로 결정하였다. 그들의 온라인상의 발언들을 어떻게 활용할지 결정하는 데 구성원들이 도움을 주게 허용함으로써 연구자는 공동 연구라는 목표에 더 근접하게 된다. 사이버 공간에서 활동하는 연구자들은 실제로 존재하는 공동체처럼 존재할 가능성이 있는(즉 영원히 "생성과 변화와 소멸을 반복하는 〈under construction〉") 사회 조직을 다루고 있으므로, 이런 연구자들에게는 이전 연구 형식들이 보여준 본질적으로 반응적인(reactive) 윤리와 대조적으로, 능동적이고 선행적인(active and anticipatory) 윤리적 입장이 필요하다(Hakken, 2003).[1]

28.5 사회정의의 추구

지금까지 논의된 바와 같은 우리 시대의 관찰 연구를 위한 새로운 맥락과 도전은 연구자가 학술적인 담론을 넘어 그들의 연구 결과를 활용하여 가시적인 변화를 세상에 가져오고자 할 때 특별히 새로운 의미를 지닌다. Norman Denzin과 Michael Giardina(2009, p. 11)가 주장하듯이, 이것은 "해방자의 비전, 변혁을 위한 탐구를 촉구하는 비전, 그리고 사람들에게 투쟁하고 억압에 항거하게 할 도덕적인 권위를 제공할 수 있는 탐구를 호소하는 역사적인 것이면서 현재에 해당하는 것(historical present)"이다. 관찰 기반 연구는 분명, 상황(이 논문의 전반부에서 검토된 것과 같은)에 대한 생생하며 주의를 환기하는 기술적 분석을 제공하여 의식을 제고하는 데 기여할 수 있다면, 인권 중심의 사회정의라는 어젠더의 추구에서 하나의 역할을 수행할 수 있다. 관찰 연구가 참여적이고 협동적인 방식으로 수행되는 정도만큼, 그것은 과거에 목소리를 내지 못하였던 사람들이나 공동체들에게 권한을 부여할 수 있다. 그런 연구의 결과가 본질적으로 다양한 목소리가 작용하는 연구 과정을 표현하는 방식으로 다양한 매체(단지 전통적인 학술적 통로만이 아니라)를 통하여 광범위하게 확산되는 정도만큼, 과거에 목소리를 내지 못한 공동체들은 그들 비주류의 입장들이 효과적으로 표출될 수 있는 다양한 포럼에 참여할 수 있다.

Angrosino(2005, p.739)는 **사회정의**를 위해 모든 사람들이 도덕적 원리들을 사회의 체제와 기관들에 적용해야 할 의무를 지닌다고 말하였다. 즉 사회정의를 추구하는 개인과 집단은 사회적, 경제적 개혁에 적극적인 관심을 기울여야 한다. 그 목적을 염두에 두고, 나는 연구자들이 사회정의의 추구에 기여할 수 있는 세 가지 방안을 제시한다.

첫째, 연구자는 주류 사회가 주변화한 사람들과 직접적으로 연결되어야 한다. 즉, 연구자들은 연구 대상과 일종의 동질감(정치적이든 경제적이든)을 느껴야 하고, 그들을 단지 인격이 배제된 연구 대상으로 상대해서는 안 된다. 그런데 분명 주변화되는 것이 타당하다고 볼 수 있는 사람들의 집단이 있으며, 문화기술자들이, 예를 들어, 백인 극단주의자들 혹은 아동 포르노의 유포자들과 직접적으로 연결되어서는 분명 사회정의가 세워지지 않는다. (우리는 연구자에게 어떤 집단에 그들이 동조할 수 있고 동조할 수 없는지 말할 수 없다고 주장하는 것이 분명 가능하다. 그러나 여러 사회과학 영역들과 관련된 전문가 윤리 강령은 모두 인권의 기준 준수를 강조하므로, 명백하게 타인의 권리를 침해하기 위해 존재하는 집단과 연구자들이 교류한다면, 그들은 윤리적으로 수용된 전문가 활동의 범위 밖에서 그것을 한다고 결론짓는 것이 타당하다.) 그러나, 현재 경제적, 정치적 세계의 체제에 내재된 억압 구조 때문에 주변화된 사람들의 집단은 대단히 많다. 그들을 돕기 위해 권력 엘리트에 대한 집중적인 연구가 필요하겠지만, 연구자가 엘리트들과 자신들을 동일시하고 주변화된 사람들을 단지 위에서 정해진 정책과 프로그램의 '적용 대상(target population)'으로 본다면, 진보적인 어젠더는 실현되지 않는다. 직접적인 연결을 위해서는 주변화된 공동체의 일상생활에 직접 참여할 필요가 있다. 진보적인 어젠더에 기여하는 연구는, 객관적인 거리를 유지하고자 노력하는 사람들이 보여주지 않는 어느 정도의 공감(empathy)(단지 전통적인 문화기술자가 정의한 것과 같은 래포만이 아니라)에 토대를 두고 이루어지는 것이다.[2]

둘째, 연구자는 질문하고 답을 찾아야 한다. 이것은 매우 명백한 조언이어서 논의할 가치가 없는 것처럼 보일 수 있다. 그러나 우리는 주로 당장에 처한 상황에 대해 학술적(즉, 거리가 먼) 지식에 토대를 두고 질문하는 습관을 가지고 있다. 그런데 우리가 연구 중인 공동체 내에서 전개되는 우리의 생활의 경험에 토대를 두고 질문하기 시작하면 좀 더 생산적인 방향으로 나아갈 수 있다. 같은 기준에 따라, 우리는 가난과 억압이 마치 자동적으로 지혜와 선견지명을 제공하기라도 하는 것처럼, "그 사람들"이 모든 답을 지니고 있다는 감정적인 결론을 내리지 말아야 한다. 유의미하고 관련성이 있는 질문을 던짐으로써 우리에게 공동체 안을 들여다보고 과거에 다루지 않은(그리고 아마도 인식하지 않은) 자원에 의존하는 답을 찾게 하거나, 혹은 공동체의 범위를 넘어 다른 가능성을 탐색하게 할 수 있다. 헌신적인 협동적 연구자는 연구 공동체에 속한 사람들을, 이런 기회가 아니면 만나기 어려운 관심 있는 다른 집단의 사람들과 접촉하게 하는 문화 중재자의 역할을 매우 효과적으로 수행할 수 있다.

셋째, 연구자는 옹호자가 되어야 한다는 것으로 이는 공동체가 이미 정해놓은 쟁점들과 주장들을 위한 대변인이 되는 것을 의미할 수 있다. 그것은 또한 그때까지 언급되지 않았거나 해결되지 않은 쟁점들을 공동체의 구성원들이 변별하고 구체화하도록 돕는 것일 수 있다. 옹호한다는 것은 종종 일종의(공동체 안의 소집단들 사이의 혹은 공동체와 권력자 사이의) 갈등을 다루는 일에 종사하는 것을 의미한다. 그것은 또한 공동체를 통합할 가능성을 지닌 쟁점에 대한 합의에 도달하는 길을 찾는 것을 의미할 수 있다. 어느 경우이든, 그들은 공동체를 '위하여' 연구하기(이는 좀 더 거리가 있는 입장을 함의한다)보다, 공동체와 '함께' 연구하는 데에 귀결한다.

이 과정의 전반적인 목표는 공동체에 권한을 부여하여 자신의 운명을 책임지게 하는 것—자신의 목적을 위해 연구를 활용하고 권력자들과의 관계 속에서 자기 자신의 입장을 주장하는 것—이다. 연구자는 개인적 어젠더(예, 학위논문을 작성하기 위하여 자료를 수집하기)를 보유할 수 있으나, 연구자의 주된 목표는 공동체를 좀 더 정의로운 상태로 변화시킨다는 공유된 목표를 달성하기 위하여 공동체와 함께 작업하는 것이어야 한다. 그런 철학은 학생이나 다른 초보 연구자들에게 전달하기 어려울 수 있다. 그래서 비록 이 목표를 위해 특별히 고안된 것은 아닐지라도, 이런 목표를 달성하기 위한 교수법을 고려하는 것은 유익할 수 있다.

서비스 학습(service learning)은 기본적으로 자발적인 지역 사회 서비스와 능동적이고 안내된 반성이 통합된 것이다. 학생들에게 자원하라고 권장하는 것 그 자체가 분명 칭찬할 만하며, 학생들이 서비스 학습 프로그램에 참여할 때, 이들은 사회적 쟁점을 사회과학적 관점에서 탐구할 기회를 얻어 그들이 활동하고 있는 기관들 내부에서 무슨 일이 진행되고 있는지를 이해할 수 있게 된다. 이론과 실천의 조합은 때때로 프락시스(praxis)라고 불리는데, 그것은 몰입하고 헌신하고 옹호적인 형식의 사회과학을 실행하는 한 가지 방법이다. 학생들은 단지 기관이 설정해 놓은, 그 자체로 특별히 의미 있는 것처럼 보이지 않는 일련의 과제들을 수행하지 않고, 학생들이 장면, 사람들, 상호작용, 간단히 말하여, 그런 과제들이 수행되는 전체 맥락을 매우 주의 깊게 관찰할 때 매우 분명한 의미를 지니는 그런 과제를 수행한다. 학술적 학습과 지역 사회 서비스를 결합함으로써 학생들은 프락시스―이론과 실제의 결합―를 직접 경험한다(Roschelle, Turpin, & Elias, 2000, p.840). 서비스 학습은 1960년대에 캠퍼스에 활력을 불어넣었던 실천주의(activism) 정신을 재촉발하기 위한 것이다. 이런 도전을 수용한 기관들은 서비스 학습을 교수 전략으로 발전시키고 촉진하기 위하여 지원 체제(Campus Compact)를 구성하였다. 이제 서비스 학습은 클린턴 글로벌 선도 대학(Clinton Global Initiative University)의 형태로 최근 새롭게 각광받은 국가적인 운동이다. 빌 클린턴 전 대통령이 창립한 이 초당파적인 프로젝트는 여러 대학에 걸쳐 학생들로 하여금 시급한 글로벌 쟁점들의 도전에 직면해 보도록 하기 위한 것이다(Clinton, 2008). 앞서 논의한 사회정의 어젠더의 세 가지 측면을 지닌 서비스 학습을 학생들이 경험하게 하는 것은 관련된 교수들의 책임이다.

서비스 학습의 철학적, 학술적 전신은 학습자가 연구하는 현상에 직접적으로 몰입하는 것에 토대를 둔 경험적 학습(예, 협동 교육, 인턴십, 현장 실습)이다. 서비스 학습을 뚜렷하게 구별 짓는 특징은 지역 사회를 부흥시키면서 학생이 의미 있는 학습을 하게 한다는 점이다. 그런 목표를 위해, 서비스 학습은 코스의 일부로 지역 사회의 실제적인 요구를 다루는 활동에 학생이 참여하게 한다. 지역 사회의 기관들에는 자신들의 실제적

요구를 정의하는 데, 그리고 교수의 지도를 받는 학생 집단이 지역 사회의 목표를 달성하도록 돕는 데 관심이 있는지를 확인하기 위하여 캠퍼스 대표들을 접촉하는 데 주도권을 행사할 것을 권장한다. 코스 자료와 활동(예, 교과서, 강의, 토론, 반성)들은 학생들의 서비스 활동에 관련된 정보를 제공하며, 서비스 경험은 교실에서 이루어지는 학술적 논의에 정보를 제공하고 실제적 지식에 대한 갈증 해소에 도움을 제공한다. 이 상호적인 과정은 경험과 지식 사이의 논리적인 연속성에 토대를 두고 있다. Anne Roschelle, Jennifer Turpin, Robert Elias(2000)는 학생들에게는 생산적인 학습 경험을 보장하고 지역 사회에는 가치로운 결과를 보장하기 위한 사후 평가의 중요성을 지적한다. Elizabeth Paul(2006)은 제한된 자원이 가장 효과적으로 활용될 수 있도록 보장하기 위하여 지역 사회 관련 활동 이전에 심도 있는 평가(혹은 좀 더 구체적으로 요구 조사)가 이루어져야 한다고 주장한다.

서비스 학습의 교수법은 연구 결과에 토대를 두는데, 그 연구 결과는 우리가 몸으로 행할 때 60%를 파지하고, 우리가 적극적이고 안내된 반성과 함께 몸으로 행할 때 80%를 파지하고, 우리가 다른 사람에게 가르치거나 전달해줄 때 90%를 파지한다는 것이다. 그 교수법은 또한 정보의 단순한 축적보다는 정보 처리 기술의 교수에 토대를 둔다. 지금과 같이 복잡한 사회에서, 특정한 문제들, 특히 제어하기 힘든 사회적 불평등에 관련된 문제들을 해결하기 위해 어떤 정보가 필요하게 될 것인지를 결정하는 것은 거의 불가능하다. 학생들이 강의실에서 배우는 것은 그들이 학위를 받을 때 쯤이면 이미 시대에 뒤진 것이 되는 경우가 많다. 서비스 학습 옹호자들은 자기주도적 학습(lighting the fire)(즉, 학생들이 스스로 사고하게 가르치기)의 중요성을 강조한다. 학습은 예측 가능한 선형적인 과정이 아니다. 학습은 사이클의 어느 시점에서든 시작할 수 있으며, 학생들은 일련의 사실들을 배우고 이해하는 활동을 의식적으로 시작하기도 전에, 혹은 미래에 활용할 수 있는 개인적 이론이 점진적으로 발달하기 이전에, 그들의 제한

된 지식을 어떤 서비스 상황에 적용해야 할 수도 있다. 그러나 이런 종류의 학습이 발생하게 하려면 그런 경험에 대해 반성할 수 있도록 체계적인 안내가 제공되어야 한다. 학생들에게 구체적으로 경험할 기회를 제공함으로써 그리고 그런 경험의 지적인 처리 과정을 지원함으로써, 서비스 학습은 자연적인 학습 사이클을 최대한 활용하고 학생이 지역 사회에 의미 있는 공헌을 하도록 돕는다(Marullo & Edwards, 2000).

학생의 경험을 좌지우지할 프로젝트를 대학 교수가 아니라 지역 사회의 기관들이나 집단들이 개발한다는 점을 강조할 필요가 있다. 이 프로젝트들은 특정한 일회성의 활동에 그치거나(예, 해비타트(Habitat for Humanity)의 집짓기 활동), 장기적 활동(예, 도시 내 지역 사회 센터에서 이루어지는 방과후학교 레크리에이션 및 튜터링 프로그램)일 수 있다. 그런 모든 활동은 관찰 연구의 토대 위에 이루어진다. 학생 자원봉사자들은 점진적으로 지역 사회의 구성원으로서의 정체성을 수용하면서, 선정된 프로젝트들의 요구 사항들을 수행하기 위하여 그리고 효과적인 변화 매개자로서 활동하기 위하여 익숙하지 않은 상호작용의 관찰자로서의 자신의 기능들을 향상시켜 가야 한다. 이런 방식으로, 심지어 사회과학 이외의 영역에 속한 코스들과 연결된 서비스 학습 프로젝트들도 학생들에게 관찰 연구 방법의 실행가가 될 것을 요구한다. 사우스 플로리다 대학에서 서비스 학습은 다양한 여러 코스들의 하나의 핵심적인 특징이었는데, 이 코스들은 지역 사회 발전에 대한 문화인류학 세미나, 글로벌화의 효과에 대한 사회학 코스, 농부와 다른 농촌의 쟁점들에 대한 간학문적 사회과학 코스, HIV/AIDS 질병에 대한 반응들에 관련된 심리학 코스, 인종 관계와 민족 관계에 대한 사회 복지 코스, 그리고 직장 내 의사소통과 문화적 다양성에 관련된 쟁점들에 대한 경영학 세미나이다.

요약하면, 서비스 학습은 초보자 혹은 학생뿐만 아니라 전문적인 교육자에게도 영향을 미친다. 서비스 학습은 종종 지역 사회를 위하여 무엇인가를 한다는 특징을 지녔던 전통적인 응용 사회과학 그 이상이다. 서비스 학습은 구성원으로서의 정체성을 수용하는 헌신적인 학생이 지역 사회에 대해 주의 깊게 관찰하는 것과 함께 시작한다. 그(녀)는 사회정의를 향한 진보적인 정치적, 사회적 어젠더의 목표 달성에 기여하는 방식으로 적극적으로 지역 사회 활동에 참여하고 그 공동체와 더불어 살아가게 된다.

28.6 관찰 기반 연구의 전망: 우리는 탈근대주의의 후기에 살고 있는가?

Patricia Adler와 Peter Adler(1994, p.389)는 사회과학 연구 방법의 홍망에 대해 예측하는 것은 항상 어렵다고 주장하였다. "그럼에도 불구하고, 아마도 관찰 기반 연구는 Lila Abu-Lughod(1991, p.154)가 "특수한 것에 대한 문화기술지"라고 부른 것에 대해 점점 더 헌신할 것이라고 말하는 것이 안전할 것이다. 관찰 기반 연구자는 한 집단의 종합적인 문화를 기술하려고 혹은 사회를 구성하는 것으로 보이는 모든 기관들을 분석하려고 시도하기보다는 특정한 사람들의 실제 생활 경험과 그들의 지속적으로 변하는 인간관계에 초점을 두면서, 특정한 사람들의 삶에 대한 잘 다듬어진 설명을 제공할 수 있을 것이다. Angrosino(2005, p.741)는 관찰 기반 연구와 좀 더 실증주의적인 형식의 사회과학 사이의 결합의 안정성에 대하여 의문을 표명하였으나, 우리는 최소한 사회정의 어젠더를 둘러싼 공감대가 형성되고 있어서 의견불일치가 연구의 목적보다는 수단에 대한 것이라고 본다는 점에 비추어 더 이상 결별이 임박하였다고 확신할 수 없다.

또한 관찰 기반 연구는, 사회적 연구의 다른 어떤 장르에 못지않게, 변화하는 기술과 함께 이와 병행하는 온라인상으로 존재하는 세계의 영향을 받을 수밖에 없을 것이라는 점을 예측해도 좋을 것이다. 가상 세계에서든 실제 세계에서든, 관찰 기반 연구자는 자신들의 작업에 수반되는 윤리적 요구와 계속 씨름할 것이다.

가이드라인의 면제를 원하는 사람들은 매우 적을 것이다. 다른 한편으로, 헌신적으로 사회정의를 지향하는 어젠더의 등장은 점점 더 복잡하고 까다로운 본질을 지닌 윤리적 질문들이 계속 나타날 것임을 의미한다. IOM이 제안한 것과 같은, 연구 윤리의 이해를 위해 새롭게 개정된 틀은 이 쟁점을 다루는 데 도움을 줄 것이다.

한때 관찰과 같은 명백하게 인문학적인 연구 방법까지 포괄하였던 실증주의적인 인식론이 누렸던 절대적인 헤게모니는 여러 요인들 중에서도 탈근대주의자들의 비판에 따라 그 뿌리까지 흔들렸다는 것이 분명한 것 같다. 그러나 그 비판 너머에는 무엇이 있는가? 탈근대주의자들은 절대적인 진리는 불가능하므로 연구자나 장래 개혁자가 취하려는 어떤 행동도 그들이 처한 상황적 요인들에 따라 크게 흔들릴 수밖에 없다고 종종 주장하는 것 같다. 그러나 서비스 학습 실험이 보여주는 바와 같이, 연구자와 연구 협력자들은 조건적인 진리에 따라 절충된 맥락을 창출하며, 건전한 개혁주의자들은 이 조건적인 진리의 기반 위에서 행동할 수 있다. IOM 스타일의 연구 윤리 개혁(IOM, 2002와 이에 대한 이 장의 초반에서 이루어진 논의 참고) 또한 조건적이고, 절충되고, (위로부터의 절대주의자의 칙령보다는) 수평적인 상호 합의에 토대를 두고 있다. 반성적으로 되돌아볼 때, 탈근대주의자들의 비판이 우리의 연구 전통의 가정들을 재고하는 데 도움을 주었다는 것이 명백하다. 또한 우리가 이제 우리의 재사고의 열매를 가지고 앞으로 나아갈 수단을 가지고 있다는 것—만약 우리가 그렇게 할 정치적인 의지를 가지고 있다면—도 명백하다.

주석

1. 인터넷 연구자 학회는 이런 종류의 연구를 추구하는 사람들을 위해 유용한 가이드가 될, 윤리적 행위에 대한 책자(Ess & the AoIR Ethics Working Group, 2002)를 출판하였다. Bruckman(2002)도 참고하기 바란다.
2. 이 글을 작성하는 시점에서, 공감이라는 용어는 복잡하면서 놀랄 만한 정치적인 논쟁의 중심에 놓여 있다. 우리는 여기에서 이 용어를 매우 제한된 의미로, 즉 연구 중인 지역 사회의 어젠더에 대한 연구자 내부에서의 헌신의 발생을 가리키는 것으로 사용한다.

참고문헌

Abu-Lughod, L. (1991). Writing against culture. In R. G. Fox (Ed.), *Recapturing anthropology: Working in the present* (pp. 137–162). Santa Fe, NM: School of American Research.

Adler, P. A., & Adler, P. (1987). *Membership roles in field research*. Newbury Park, CA: Sage.

Adler, P. A., & Adler, P. (1994). Observational techniques. In N. K. Denzin & Y. S. Lincoln (Eds.), *Handbook of qualitative research* (pp. 377–392). Thousand Oaks, CA: Sage.

Agar, M., & Feldman, H. (1980). A four-city study of PCP users: Methodology and findings. In C. Akins & G. Beschner (Eds.), *Ethnography: A research tool for policymakers in the drug and alcohol fields* (pp. 80–146). Rockville, MD: National Institute on Drug Abuse.

Angrosino, M. V. (2005). Recontextualizing observation: Ethnography, pedagogy, and the prospects for a progressive political agenda. In N. K. Denzin & Y. S. Lincoln (Eds.), *The SAGE handbook of qualitative research* (3rd ed., pp. 729–745). Thousand Oaks, CA: Sage.

Angrosino, M. V. (2007a). *Doing ethnographic and observational research*. Thousand Oaks, CA: Sage.

Angrosino, M. V. (2007b). *Naturalistic observation*. Walnut Creek, CA: Left Coast Press.

Angrosino, M. V., & Mays de Pérez, K. A. (2000). Rethinking observation: From method to context. In N. K. Denzin & Y. S. Lincoln (Eds.), *Handbook of qualitative research* (2nd ed., pp. 673–702). Thousand Oaks, CA: Sage.

Ayling, R., & Mewes, A. J. (2009). Evaluating Internet interviews with gay men. *Qualitative Health Research, 19*, 566–576.

Bateson, G. (1972). *Steps to an ecology of mind: Collected essays in anthropology, psychiatry, evolution, and epistemology.* San Francisco: Chandler.

Behar, R. (1993). *Translated woman: Crossing the border with Esperanza's story.* Boston: Beacon Press.

Behar, R. (1996). *The vulnerable observer: Anthropology that breaks your heart.* Boston: Beacon Press.

Bell, J., & Jankowiak, W. R. (1992). The ethnographer vs. the folk expert: Pitfalls of contract ethnography. *Human Organization, 51,* 412–417.

Bird, S. E. (2003). *The audience in everyday life: Living in a media world.* New York: Routledge.

Blackwood. E. (1995). Falling in love with an-Other lesbian: Reflections on identity in fieldwork. In D. Kulick & M. Willson (Eds.), *Taboo: Sex, identity and erotic subjectivity in anthropological fieldwork* (pp. 51–75). London: Routledge.

Brewer, D. D. (1992). Hip hop graffiti writers' evaluations of strategies to control illegal graffiti. *Human Organization, 51,* 188–196.

Bruckman, A. (2002). *Ethical guidelines for research online.* Available at http://www.cc.gatech.edu/~asb/ethics

Chavez, L. R., Flores, E. T., & Lopez-Garza, M. (1990). Here today, gone tomorrow? Undocumented settlers and immigration reform. *Human Organization, 49,* 193–205.

Clark, L., & Werner, O. (1997). Protection of human subjects and ethnographic photography. *Cultural Anthropology Methods, 9,* 18–20.

Clifford, J. (1983). Power and dialogue in ethnography: Marcel Griaule's initiation. In G. W. Stocking, Jr. (Ed.), *Observers observed: Essays on ethnographic fieldwork* (pp. 121–156). Madison: University of Wisconsin Press.

Clinton, W. J. (2008). A new way for students and colleges to bring about global change. *Chronicle of Higher Education, 54*(25), A40.

Creswell, J. W. (2007). *Qualitative inquiry and research design: Choosing among five approaches* (2nd ed.). Thousand Oaks, CA: Sage.

Dembo, R., Hughes, P., Jackson, L., & Mieczkowski, T. (1993). Crack cocaine dealing by adolescents in two public housing projects: A pilot study. *Human Organization, 52,* 89–96.

Denzin, N. K. (1997). *Interpretive ethnography: Ethnographic practices for the 21st century.* Thousand Oaks, CA: Sage.

Denzin, N. K., & Giardina, M. D. (2009). Qualitative inquiry and social justice: Toward a politics of hope. In N. K. Denzin & M. D. Giardina (Eds.), *Qualitative inquiry and social justice* (pp. 11–52). Walnut Creek, CA: Left Coast Press.

Ess, C., & the Association of Internet Researchers (AoIR)

Ethics Working Group. (2002). *Ethical decision-making and Internet research: Recommendations from the AoIR Ethics Working Group.* Available at http://www.aoir.org/reports/ethics.pdf

Fiske, J., & Hartley, J. (2003). *Reading television* (2nd ed.). New York: Routledge.

Fluehr-Lobban, C. (2003). Informed consent in anthropological research: We are not exempt. In C. Fluehr-Lobban (Ed.), *Ethics and the profession of anthropology* (2nd ed., pp. 159–178). Walnut Creek, CA: AltaMira Press.

Friedenberg, J. (1998). The social construction and reconstruction of the other: Fieldwork in El Barrio. *Anthropological Quarterly, 71,* 169–185.

Garcia, A. C., Standlee, A. J., Bechkoff, J., & Cui, Y. (2009). Ethnographic approaches to the Internet and computer-mediated communication. *Journal of Contemporary Ethnography, 38,* 52–84.

Giroux, H. A. (1995). Writing the space of the public intellectual. In G. A. Olson & E. Hirsh (Eds.), *Women writing culture* (pp. 195–198). Albany: SUNY Press.

Gold, R. L. (1958). Roles in sociological field observation. *Social Forces, 36,* 217–223.

Gold, R. L. (1997). The ethnographic method in sociology. *Qualitative Inquiry, 3,* 388–402.

Grinnell, F. (2002). *The impact of ethics on research.* Washington, DC: Institute of Medicine.

Gupta, A., & Ferguson, J. (1996a). Beyond "culture": Space, identity, and the politics of difference. In A. Gupta & J. Ferguson (Eds.), *Culture, power, place: Explorations in critical anthropology* (pp. 33–52). Durham, NC: Duke University Press.

Gupta, A., & Ferguson, J. (1996b). Culture, power, place: Ethnography at the end of an era. In A. Gupta & J. Ferguson (Eds.), *Culture, power, place: Explorations in critical anthropology* (pp. 1–32). Durham, NC: Duke University Press.

Hakken, D. (2003). An ethics for an anthropology in and of cyberspace. In C. Fluehr-Lobban (Ed.), *Ethics and the profession of anthropology* (2nd ed., pp.179–195). Walnut Creek, CA: AltaMira Press.

Hammond, J. L. (1996). Popular education in the Salvadoran guerilla army. *Human Organization, 55,* 436–445.

Institute of Medicine. (2002). *Responsible research: A systems approach to protecting research participants.* Washington, DC: Institute of Medicine.

Jordan, B. (2009). Blurring boundaries: The "real" and the "virtual" in hybrid spaces. *Human Organization, 68,* 181–193.

Koester, S. K. (1994). Copping, running, and paraphernalia laws: Contextual variables and needle risk behavior among injection drug users in Denver. *Human Organization, 53,* 287–295.

Lang, S. (1996). Traveling woman: Conducting a fieldwork project on gender variance and homosexuality among North American Indians. In E. Lewin & W. L. Leap (Eds.), *Out in the field: Reflections on lesbian and gay anthropologists* (pp. 86–110). Urbana: University of Illinois Press.

Mahmood, C. K. (1996). Why Sikhs fight. In A. Wolfe & H. Yang (Eds.), *Anthropological contributions to conflict resolution* (pp. 7–30). Athens: University of Georgia Press.

Malkki, L. H. (1996). News and culture: Transitory phenomena and the fieldwork tradition. In A. Gupta & J. Ferguson (Eds.), *Anthropological locations: Boundaries and grounds of a field science* (pp. 86–101). Berkeley: University of California Press.

Marcus, G. E. (1997). The uses of complicity in the changing mise-en-scene of anthropological fieldwork. *Reflections, 59,* 85–108.

Marullo, S., & Edwards, B. (2000). The potential of university-community collaborations for social change. *American Behavioral Scientist, 43,* 895–912.

Matsumoto, V. (1996). Reflections on oral history: Research in a Japanese-American community. In D. L. Wolf (Ed.), *Feminist dilemmas in fieldwork* (pp. 160–169). Boulder, CO: Westview Press.

Maybury-Lewis, D. (2002). *Indigenous people, ethnic groups, and the state* (2nd ed.). Boston: Allyn & Bacon.

Nardi, B., & O'Day, V. (1999). *Information ecologies: Using technology with heart.* Cambridge: MIT Press.

National Commission for the Protection of Human Subjects of Bio- medical and Behavioral Research (1979). *The Belmont report: Ethical principles and guidelines for the protection of human subjects of research.* Washington, DC: U.S. Department of Health, Education, and Welfare.

Office of the Federal Register, National Archives and Records Administration, and U.S. Government Printing Office (2009). *Code of federal regulations.* Available from http:www.gpoaccess.gov/cfr

Ong, A., & Collier, S. J. (2005). *Global assemblages: Technology, politics and ethics as anthropological problems.* Malden, MA: Blackwell.

Paul, E. L. (2006). Community-based research as scientific and civic pedagogy. *Peer Review, 8,* 12–16.

Roschelle, A. R., Turpin, J., & Elias, R. (2000). Who learns from social learning? *American Behavioral Scientist, 43,* 839–847.

Saltzinger, L. (2003). *Genders in production: Making workers in Mexico's global factories.* Berkeley: University of California Press.

Sirin, S. R., & Fine, M. (2008). *Muslim American youth: Understanding hyphenated identities through multiple methods.* New York: New York University Press.

Sluka, J. A. (1990). Participant observation in violent social contexts. *Human Organization, 49,* 114–126.

Stepick, A., & Stepick, C. D. (1990). People in the shadows: Survey research among Haitians in Miami. *Human Organization, 49,* 64–77.

Tierney, W. G. (1997). Lost in translation: Time and voice in qualitative research. In W. G. Tierney & Y. S. Lincoln (Eds.), *Representation and the text: Re-framing the narrative voice* (pp. 23–36). Albany: SUNY Press.

van Gelder, P. J., & Kaplan, C. D. (1992). The finishing moment: Temporal and spatial features of sexual interactions between streetwalkers and car clients. *Human Organization, 51,* 253–263.

Walters, D. M. (1996). Cast among outcastes: Interpreting sexual orientation, racial, and gender identity in the Yemen Arab Republic. In E. Lewin & W. L. Leap (Eds.), *Out in the field: Reflections of lesbian and gay anthropologists* (pp. 58–69). Urbana: University of Illinois Press.

Wax, M. L., & Cassell, J. (1979). *Federal regulations: Ethical issues and social research.* Boulder, CO: Westview Press.

Wedel, J. (2002). *Blurring the boundaries of the state-private divide: Implications for corruption.* Available at http://www.anthrobase. com/Txt/W/Wedel_J_01.htm

Werner, O., & Clark, L. (1998). Ethnographic photographs converted to line drawings. *Cultural Anthropology Methods, 10,* 54–56.

Werner, O., & Schoepfle, G. M. (1987). Systematic *fieldwork: Vol. 1. Foundations of ethnography and interviewing.* Newbury Park, CA: Sage.

Wolf, D. L. (1996). Situating feminist dilemmas in fieldwork. In D. L. Wolf (Ed.), *Feminist dilemmas in fieldwork* (pp. 1–55). Boulder, CO: Westview Press.

Wolf, M. A. (1992). *A thrice-told tale: Feminism, postmodernism, and ethnographic responsibility.* Palo Alto, CA: Stanford University Press.

Zuniga, V., & Hernandez-Léon, R. (2001). A new destination for an old migration: Origins, trajectories, and labor market incorporation of LatinosinDalton,Georgia.InA. D.Murphy,C.Blanchard,&J.A.Hill (Eds.), *Latino workers in the contemporary South* (pp. 126–146). Athens: University of Georgia Press.

Jon Prosser

29.

시각적 방법론
_ 조금 더 눈으로 볼 수 있는 연구를 위하여

김종백_ 홍익대학교 교육학과 교수

지난 세대에 시각적 연구의 충격적 현상은 겉으로 볼 수 없었다는 사실이다. 시각적 사물의 불편함은 현재 삶에 대해 어디서든 존재하는 시각적 이미지의 중요성에 대한 일깨움으로 대치되었다. 시각은 공적이며 사적인 영역 그리고 일의 영역에 침투해 있으며 우리는 불가피하게 볼 수밖에 없다. 질적 연구자들은 언어적, 문자적 문화보다는 점차로 시각에 의해 지배되는 사회를 이해해야 하는 도전에 직면해 있다.

시각적 연구는 무엇이 보여질 수 있는가에 초점을 둔다. 인간이 어떻게 보는가 하는 것은 생리학, 문화, 역사에 의해 매개되는 지각에 지배되며 이것은 일부분 천성이자 일부분 환경의 문제이다. 시각 연구자들은 "보이는"이라는 용어를 사용할 때 시대적으로 의미 혹은 유의미성을 무시하고 물리적 현상에 강조점을 두며 시각적 이미지와 자연 상황에서 일어나며 시각적으로 볼 수 있는 것에 초점을 둔다. 그러나 '시각적'이라는 말은 이미지 혹은 대상 그 자체에 있는 것이 아니라 그것에 부여된 지각과 의미와 관련되어 있는 것이다. 그렇기 때문에 **시각화하다**(visualize) 혹은 **시각화**(visualization)라는 말은 인식론에 바탕을 두고 개념 형성, 분석 과정, 표상 양식 등을 포함하는 의미 만들기의 특징을 가지고 있다(Grady 1996; Wagner, 2006).

최근의 이슈들은 현대의 시각 연구를 형성했던 근래의 논쟁들에 의해서 가장 잘 이해될 수 있다. 1960년대 이래로 미디어의 형태, 생산의 형식, 시각적 자료가 만들어지는 맥락 등이 시각적 이미지가 나타내는 의미를 결정하는 데 매우 중요하다는 데 광범위한 동의가 있다. 간략하게 말해서, 연구자들과 다른 사람들이 어떻게 이미지를 구축하고 그것을 만들어내는 데 어떤 기술을 활용하는지가 본질적으로 그들이 표현하고자 하는 현상들에 대한 해석이라고 할 수 있다. 1970년에서 2000년 사이에 경험적 목표를 위해서 이미지들을 만들어냈던 연구자들과 시각 문화가 만들어내는 이미지들의 의미를 연구하고자 했던 사람들로 대표되는 두 개 패러다임의 차이가 존재하였다(1998년에 Harper가 '머리가 두 개 달린 괴물'로 표현했듯이). **경험적**(empirical) 혹은 **상징적**(symbolic)이라는 용어는 이 기간 동안 이들 간 상대적인 관점의 차이를 보여주는 데 사용되었다. 경험 지향적 연구자들은 이론의 구축과 이미지 창출을 강조했고 시각적 자료들 사이의 관계에 대해 기술하고 그것의 신뢰성, 맥락을 지적하였다. 반면 상징적 경향을 띤 연구자들은 일상의 대중적 시각 문화에 대한 비판적 분석에 초점을 두었다. 그러므로 이 시기 상징적 이미지들을 읽는 연구자들과 연구 목적을 위해 이미지들을 만들어 냈던 사회과학자들 사이에는 항상 지적 긴장감이 존재하였다. 2000년까지 시각적 방법은 사회학, 인류학, 지리학, 보건학, 역사학, 예술, 심지어 전통적으로 양적 분야로 불렸던 심리학이나 의학에서도 대중적으로 자리 잡게 되었다. 점증적으로 시각적 세계가 확산되고 있는 오늘날 시각적 관점을 채용하는 연구자들의 영향에서 벗어난 분야나 연구 영역을 찾아볼 수 없다. 21세기 사회에서 가장 중요한 역량 중 하나는 시각적 유창성이며 질적 연구자들은 그러한 현상을 연구하기 위해서 시각적 방법론을 개발하고 있다.

이 장에서는 현대 시각적 연구의 여러 핵심적 측면들을 개략적으로 설명한다. 그리고 관련된 영역이나 미래 가능성에 초점에 둔 현장연구에 강조점을 두고 있다. 나는 **현재의 경향**에 대한 설명으로 시작하여 **미래의 도전**에 대한 논의로 이 장의 결론을 맺겠다.

29.1 현재의 경향

이 장에서 네 가지 부제를 달고 나는 어떻게 과학과 예술이 시각적 연구를 수행하는 과정에서 진화해가고 있는지 보여주기 위해 여러 방법들과 연구들을 절충적으로 혼합할 것이다. **시각적 연구의 표상**(representation of visual research)은 시각적 연구자들에게는 중요하지만 비시각적 질적 연구에 의해서는 아직까지 무시되고 있는, 오래되었을 뿐 아니라 논쟁적인 이슈들을 다루고 있다. 예를 들어, **기술과 시각적 방법**(technology and visual methods)은 메타자료 분석과 관련된 복잡하고 전체적 연구 질문들에 해답을 제시하는 강력한 전략이기 때문에 현재 상승세를 타고 있다. **참여적 시각 방법들**은 시각적 방법에서 가장 대중적인 장르를 보여주기 때문에 잘 정립되어 있다. 그리고 **시각적 방법들**에서 훈련은 사치가 아니라 긴급히 요구되기 때문에 시각적 연구에서 눈부신 발전이 일어나고 있다.

시각적 연구의 표상

Tim Berners-Lee는 1990년대 초에 웹(World Wide Web)을 만들었다. 그의 시각적 포인트 앤 클릭(point and click) 브라우저 World Wide Web은 전 세계 복수의 사람들이 동시에 접근 가능하도록 한 것의 선구자였다. 이후 표, 막대그림, 그래프, 파이그림 등을 만들 수 있는 표준적인 시각적 패키지(Excel과 Adobe)들은 대부분 양적 자료에서는 적절하지만 "하나로 모든 것을 해결하려는 단순한 접근(one size fits all)"과 제한된 표상범위 때문에 질적 연구자들이 자료를 효과적으로 표상하기에는 제한점이 있었다. 과학자들과 사회과학자들은 표상 도전의 새로운 세계를 Luc Pauwels(2006, p.x)의 말을 빌려 다음과 같이 표현하고 있다.

> 사회 모든 영역에서 시각적 기술이 빠르게 보급됨으로써 시각적 문식성이나 역량이 자동적으로 증진될 것이라는 내재적 믿음이 지속되고 있지만 표상의 대상이 되는 대상물(referent)과 표상의 역할을 수행해야 하는 기능(functions) 간 약한 연결(link)이 문제가 될 수 있다는 믿음은 적어도 합리적이다.

현재 자료의 요약, 자료 디스플레이, 분석의 제공을 위한 자료 시각화로 점차적으로 관심이 이동하고 있다. 그들의 기본 형태를 보면 상호작용이 가능한 그래프는 스크린에서 커서가 돌아다닐 때 추가 자료를 제공한다. 「뉴욕 타임즈(New York Times)」는 2008년 미국인의 시간 사용 조사(American Time Use Survey)의 결과를 포함해서 훌륭한 예들을 가지고 있다. 이 조사연구에서 수천 명의 미국인들은 하루에 무엇에 얼만큼의 시간을 보내는지 기억하였다(인터넷에 "How different groups spend their day interactive graphic"으로 검색해보라). 특히 큰 수를 다루는 통계학은 인간 개개인 수준까지 다가가기가 매우 어렵다. Chris Jordan에 의해 개발된 「계산해보기(Running the Numbers)」라는 프로젝트는 큰 수를 좀 더 접근적이고 의미 있게 만들기 위해 창의적인 접근을 시도하였다. 일련의 사진들로 구성된 이미지들은 구체적인 양을 나타낸다. 1,500만 장의 사무용지(미국에서 5분 안에 사용되는 종이의 양), 106,000개의 알루미늄 캔(미국에서 30초당 소비되는 캔의 양), 혹은 미국에서 매달 시술되는 32,000명의 가슴성형수술 등이 그 예이다. 그러나 이것은 아직 시각화의 초기라고 말할 수 있으며, 사회과학과 시각적 표상에서 진보가 무엇이며 무엇이 그냥 보기 좋은 것인지를 구분하고 결정하는 비판적 숙고가 필요하다.

시각적 연구에 대한 표상은, 주류 학문세계의 의사소통 방식이 주로 인쇄된 문서에 의존하는 텍스트 기반이며 동시에 보수적이기 때문에, 우울하게도 침체되어 있는 상태이다. 감각적 경험으로서 책의 "물성(thingness)"으로 대변되는 인쇄된 종이에 대한 열정은 지속되고 있고 시각적 연구의 결과를 보여주는 곳으로서 스크린은 그 존재감을 매우 서서히 드러내고 있다.

질적 시각 연구자들은, 현재 그들의 연구를 디지털 분배체제가 시각 연구를 보여주는 방식을 변화시키려 노력하고 있음에도 불구하고, 전통적인 인쇄 형태를 벗어난 형태로 발표하는 데 어려움을 가지고 있다(Banks, 2007; Pink, 2008; Ruby, 2005). 웹상에서 발표되는 몇몇 멀티미디어들은 인쇄매체를 통해 발표되는 일상적인 순차적 텍스트(sequential text)와는 거의 다를 바가 없다. 반면에 다른 멀티미디어들은 다른 매체들과 함께 작동하며 클릭 가능한 하이퍼미디어 링크나 팟캐스트(podcast) 혹은 사운드 에세이와 같이 디지털 비디오를 통해서 다른 온라인 프레젠테이션과 연결되어 있다. 시각 연구자들의 스크린 기반 저작이나 블로그들은 연구나 방법을 출판하고 배포하는 장소로 점차 이해되고 있다(예, David Gauntlett의 http://www.artlab.org.uk/ 사이트 참고). 텍스트, 이미지, 블로그, 트위터, 비디오로그(vlogging)와 디지털 하이퍼미디어의 조합은 미래 시각 연구 방향의 길잡이로서 오늘날 시각 연구의 중요한 용어로 자리 잡고 있다.

기대하지 못했던 표상의 형식에 있어 반전은 연구 자체에 대한 표상이 좀 더 시각적 표상으로서 사진의 재등장이다. 기대하지 않았던 지속적인 "사진적 진리의 신화"에 대한 논쟁이 그것이다. Barry Goldstein의 "모든 사진은 거짓이다(All Photos Lie)"(2007)는 이 논쟁의 또 다른 방식의 재진술인 것이다. 이것은 사진가들이나 시각 연구자들에게 있어서는 전혀 새로운 것이 아니다. 말을 능숙하게 다루는 사람들이 문장의 잘못된 구조, 어휘, 표현의 톤에 대해 아는 것과 같은 방식으로, 사진가들은 그들의 사진이 다소 주관적이며 경험적 진실을 전달하고 있으며 실세계의 극소수의 선택된 표집을 나타낸다는 사실을 잘 알고 있다(Becker, 1986; Fox Talbot,[2] 1844; Ruby, 2005).

사회과학자들은 다른 형태의 탐구를 적용하거나 그것을 설명하는 방식에 대해 숙고할 때 그들 자신의 인식론에 너무 매몰되어 있다는 것은 논쟁할 여지가 있다. Jon Wagner(2007)는 『문화와 사회적 삶 관찰하기: 다큐멘터리 사진, 현장연구, 그리고 사회 연구(Observing Culture and Social Life: Documentary Photography, Fieldwork and Social Research)』라는 에세이에서 말 – 이미지 인터페이스에서 인식론의 유사성을 보여줌으로써 좀 더 강력한 시각적 연구의 예를 제공하였다. 시각 연구나 이미지와 관련된 결과에 대한 이해에서 중심이 되는 것은 말과 언어 간 관계이다. 공간을 차지하고 있는 것이 언어인가 아니면 이미지인가? 어느 것이 더 영향력이 있는가? 이미지를 언어로 변형할 필요가 있는가? 이미지에 대한 설명을 제공할 필요가 있는가? Marcus Banks(2007)는 인터뷰에서 인용하듯이 텍스트를 맥락화하기 위한 인용으로 사진을 사용한다. Elizabeth Chaplin(2006)은 "설명 붙이기의 형식(The Convention of Captioning)"에서 부분적으로 예술가이면서 또한 부분적으로 사회학자로서 이미지에 설명을 붙이는 것에 대해 독자가 이미지에 대한 설명을 읽기보다는 이미지와 텍스트를 연결하여 해석하기 위해 열심히 노력해야 한다는 언급을 하면서 이미지에 설명을 다는 행위에 부정적 견해를 나타내기 전에 그러

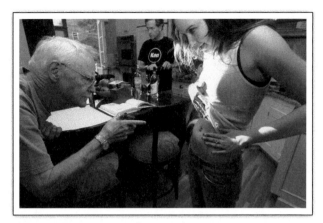

그림 29.1 "Inspector, 2005," 부엌에서(2009a, p.143, Dona Schwartz의 배려)

한 이미지에 설명을 다는 행위에 대해 찬성하거나 반대하는 논쟁에 균형적 시각을 가지고 접근하고 있다.

가장 중요한 다음 단계는 언어보다는 시각을 강조하는 사례를 이해하기 위해 시각 문화기술지(visual ethnography)의 인식론 안에서 연구를 하는 사람들을 위한 것이다. Dona Schwartz(2009a)의 사례 연구『부엌에서(In the Kitchen)』는 이것이 어떤 모습일지를 보여주는 하나의 예이다([그림 29. 1] 참고). 2009년도 제1회 국제 시각 방법론 학회(International Visual Methods Conference)[3]의 사진작가를 위한 기조연설에서 그녀는 "만일 백문이 불여일견이 사실이라면 왜 여러분은 이 논문을 읽는가?"라는 도전적 주제로 발표하였다. 그녀는 여기서 사진은 사물에 대한 해석이며 그 자체가 본질이 아니라고 주장한다. Schwartz는 사진이 흘러가는 시간과 공간에 대한 요약 혹은 추상이라고 이해한다. Schwartz는 그녀의 청중들이 해석에 조금 더 노력하도록 도전한다. Schwartz가 전략적 결정을 하고 사회과학자로서 역할을 하지만 중요한 단서는 다음과 같다.

그림의 활용 가치에 대해 논의함에 있어 나는 그림은 재진술되거나 언어적 용어로 변경될 수 없는 환원불가한 경험과 아이디어들을 우리에게 제공한다고 주장한다. 사진을 통해서 생산된 표현은 공간과 사물의 배열과 관

련된 통찰과 함께 분위기와 정서를 함께 전달한다. 그들은 고유한 아이디어나 추론들을 만들어낸다. … 과학에서 반복적인 읽기(이해)의 노력과 관계있는 "생산적 모호성"이라는 아이디어는 복수의 읽기(이해)가 없었다면 상상하지 못했던 혁신을 유도한다(2009b).

Schwartz가 언급한 것은 Banks와 Chaplin이 언어의 바다를 맥락화하기 위해 시각적 인용을 두자는 생각에 반하는 것으로 "나는 수천 개의 단어를 쓰는 데 노력을 기울이기보다 그림에 최우선을 둘 것이며 이미지가 제시되는 방식에 따라서 그것이 무엇을 말하는지 보는 사람들로 하여금 읽도록 해야 한다고 주장한다"(Schwartz, 2007, p.320). 이 반박의 핵심은 시각적 문식성(visual literacy)이 시각 문화가 일반적으로 퍼져있기 때문에 어떻게든 자동적으로 개선될 것이라는 상식적 믿음에 대한 반기이다. 정말로 그녀는 이미지를 보는 것이 언어와는 다른 학습된 기술 기반 활동이며 기본적으로 다른 의사소통 체계를 가지고 있어 맥락 없는 기호학적 분석(semiotic analysis)이 가능하지 않다. 『부엌에서』는 박식한 단어들의 조합을 가지고 있다. 서문은 문화기술적 혹은 시각적 의사소통 방법을 사용하는 학자들이 이해하고 수용할 수 있는 Schwartz 자신의 근거와 방법론적 통찰을 제시한 다음, Alison Nordstrom(사진과 관련해서는 세계 최대인 뉴욕에 있는 George Eastman House의 사진 큐레이터)의 가족 환경에 대한 다큐멘터리 사진에 대한 리뷰를 제시하고 있다. 그 다음에 제시된 170여 장의 사진은 시(시인 Marion Winik)와 함께 여기저기 산재해 있다. 그것은 강력한 마음 속 심상을 유발하고 독자들로 하여금 자신의 기억창고를 찾아 탐색하고 그들의 일상, 가족, 삶에 관한 가치와 믿음을 검토하도록 권고한다.

이 책에서 역사, 문화기술지, 인본주의의 조합은 학문적 기반 위에 서로 융통성 있게 상대방의 통찰을 수용하는 팀이 함께 연구를 수행할 때 간학문적 연구가 얼마나 강력할 수 있는지 보여주고 있다.

기술과 시각적 방법

보다 많이 그리고 다르게 보기 위해서 도구와 기술들은 시각 연구에서 단계적인 변화를 가져오는 데 기여하는 중요한 요인이다. 망원경, 현미경, 엑스레이, 초음파, MRI 스캐너, 사진, 컴퓨터의 발전은 우리의 본능적인 지식을 보거나, 저장, 조직, 표상할 수 있는 능력을 반영한다. 현재 다큐멘터리와 참여적 시각 방법들은 상당 부분 Steven Sasson의 1975년 디지털 카메라의 발명 덕택이다. 자주 연구에서 변화는 기술의 변화를 반영하고 혹은 그 반대이기도 하다. 그리고 질적 시각 연구자들은 기술이 무엇을 어떻게 연구할 것인가에 영향을 미친다는 사실을 잘 알고 있다. 저장, 조직, 분석, 의사소통 그리고 연구를 표현하는 새로운 기술의 도래로 질적-양적 인터페이스가 확장되고, 정제되며, 형태 변화가 일어나고 있다. 낮은 비용이나 다양한 이미지를 만들 수 있는 기술은 사진을 만들고 공유하는 행동을 일상적인 활동으로 만들었다. 여전히 사진은 참여적 시각 연구자들이 선호하고 있으며, 비디오는 복잡한 사회적 상호작용에 대한 미세한 분석을 지원하기 때문에 교육자, 인류학자, 문화기술자, 그리고 문화기술 방법론자들이 광범위하게 사용했었다(Goldman et al., 2007; Heath, Hindmarsh, & Luff, 2010).

거대한 양의 이미지를 조직하고 해석하기 위한 소프트웨어는 점차적으로 정교해지고 있다. 영국에서 경제 사회 연구회(Economic and Social Research Council: ESRC)가 세운 국립 e-사회과학센터(National Centre for e-Social Science: NCeSS)에서는 컴퓨터 보조 질적자료 분석 소프트웨어(Computer Aided Qualitative Data Analsysis Software: CAQDAS)[4]에 관심을 보이고 있다. 결과적으로 ATLAS.ti, NVivo, Transana(오디오/비디오 분석이 주요 기능)와 같은 시각 자료를 활용한 분석에 중점을 둔 소프트웨어의 발전이 이루어졌다. 그리고 Observer XT, the ESRC National Centre for Research Methods(NCRM), Research Development Initiative(RDI)와 같은 프로그램들은 디지털 자료를 분석하기 위한 소프트웨어를 개발하고 그들의 적용을 위해 국가수준의 훈련코스를 제공하였다.

개선된 소프트웨어와 소프트웨어 역량 개발을 위한 훈련의 조합은 인간과 다른 상호 연계된 체계들과의 복잡한 의사소통과 같이 메타자료를 연구자가 저장, 분석, 매핑, 측정, 표상하도록 도왔다.

혁신적 디지털 기술과 소프트웨어는 시각 연구자들을 위해 새로운 방법론적 가능성을 열었다. 동료와 나는 교육 패러독스에 관심이 있다—비록 시각 문화가 교사와 학생들의 개인적, 사회적 삶의 많은 영역들을 점차적으로 더 많이 지배하게 되었지만 학습과 교수에서 시각 문화의 중요성에 대해서는 거의 알려진 바가 없다. 우리 연구의 목적은 교육학적 결과를 이해하기 위해서 사회적 시각 문화와 교실의 시각 문화 간 역동적 관계에 대한 이론적 모델을 만드는 것이다. 시발점으로서 이론적 모델이 거의 없고 현재의 지식이 부분적이면서도 파편화된 조건에서 우리는 교실의 시각 문화를 이해하기 위해 중심이 되는 요소들을 확인할 것이며, 어떻게 그러한 요소들이 [그림 29.2]에 제시된 잠정적인 틀을 활용하여 역동적으로 상호 연관되어 있는지 탐색할 것이다.

우리는 (여덟 명의 교사들은 학교 시각 문화의 각기 다른 영역에서 전문성을 갖추고 있다) 질적 기반, 시각 지향, 혼합 방법, 간학문적, 참여적 접근을 활용하여 모델을 개발할 것이다. 자료는 정통적 시각 방법들과 다른 미디어를 이용하여 수집될 것이다. 예를 들면 다음과 같다.

- 참여적 시각 방법들, 예를 들어, 그래픽 도출, 사진 도출, 비디오 일기, 비디오 도출, 사진-목소리, 타임라인, 그리고 예술-기반 방법들
- 이중카메라로 수집된 비디오 자료는 대화, 신체적 의사소통(예, 몸동작, 얼굴표정, 공간의 변화 및 운동 자료)과 컴퓨터 스크린, 교과서, 인터랙션 화이트보드, 교실 벽, 그리고 학습 공간과 같은 물체의 변화 자

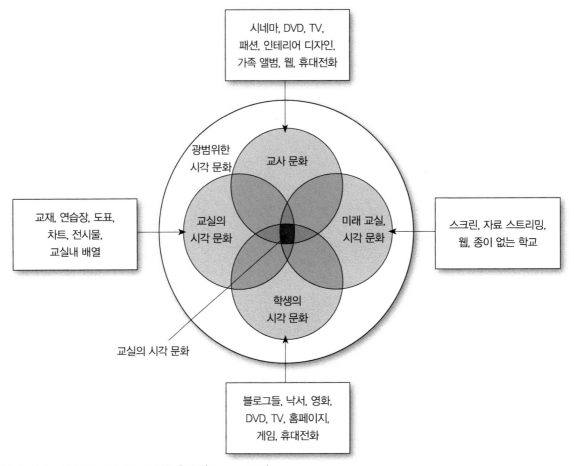

그림 29.2 교실에서 시각 문화의 모형화를 위한 출발점(Prosser, 2007)

료들을 기록함
• 눈의 움직임을 추적하기 위한 소프트웨어를 활용하여
교실에 있는 스크린과 교재가 어떻게 보여지거나 읽혀
지는지에 대한 자료를 수집하고 CAQDAS의 기능을
활용해서 교실의 물리적 공간이 어떻게 활용되는 지
코딩을 하거나, 주석을 달고, 분석을 함

우리는 두 가지 주요 문제에 직면해 있다: 첫째는 분
석, 대조, 그리고 다양한 범주의 자료와 미디어들을 어
떻게 연결하느냐 하는 것이고, 둘째는 여덟 명의 교사들
과 참여자들 사이에 서로의 아이디어들이 교환되는 과
정에서 어떻게 긍정적이고 우호적인 분위기를 만들어 내
느냐 하는 것이다. 사례 연구 대상 학교의 디지털 자
료는 두 문제 모두를 해결하기 위해 디지털 재생 체제

(Digital Replay System: DRS)를 경유해서 저장, 재
생된다. DRS(학교 자료는 아니지만 예를 참고하기
위해 [그림 29.3] 참고)는 ESRC e-사회과학(Social
Science) 프로그램을 통한 다음 세대 CAQDAS 도구
이다. DRS는 동기화, 재생, 그리고 오디오와 비디오
기록 분석을 가능하도록 한다. 특이하게 DRS는 전통
적인 비디오 기록 형태들과 시스템 로그나 컴퓨터 환
경 안에서 상호작용을 녹음하는 "원천 디지털(born
digital)" 자료와 통합하는 것을 가능하게 하며 분석
을 위해서 양적 기술을 활용할 수 있게 한다. 이러한 고
유한 형태의 디지털 자료는 위치추적시스템(GPS)이나
무선인터넷(WiFi) 로그, 시스템 관리 서버(systems
management server: SMS) 로그, 네트워크 트래픽
로그, 혹은 시각 인지 소프트웨어에 의해 만들어진 로

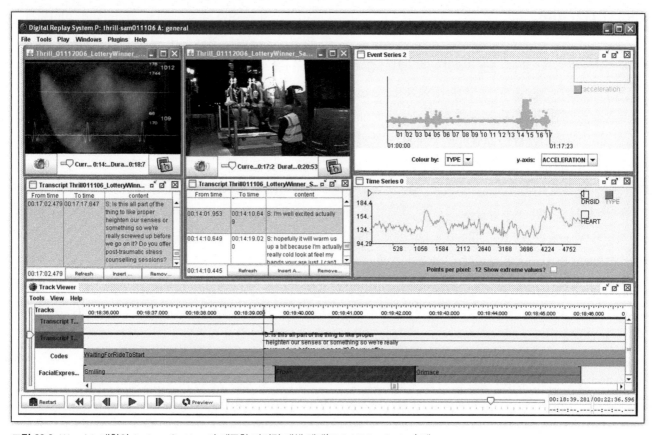

그림 29.3 Warwick 대학의 Andrew Crabtree가 제공한 디지털 재생 체제(Digital Relay System) 예

그 등을 포함할 수 있다. 시스템 로그들은 비디오 전사된 자료 혹은 다른 전통적인 자료들과 함께 로그 보기를 통해서 시각화, 동기화, 재생될 수 있다.

DRS가 사회와 교실 시각 문화의 상호 연관된 요소들을 포함하고 있는 복합적 형태의 디지털 자료를 저장하고 비교할 수 있는 역량을 제공한다는 사실은 매우 중요하다. 그러나 DRS가 여러 연구자들이나 참여자들이 함께 볼 수 있도록 흰 벽이나 스크린에 정보를 보여주는 역량 또한 중요하다. 그래서 중층 모델로 진화할 수 있는 확장 가능성이 상당하다. 예를 들어, 시간에 따라 다른 디지털 매체를 비교하고([그림 29.2]의 수평으로 중복되는 원들을 참고), 학생과 교사 간 시각 하위문화([그림 29.2]의 수직으로 중복되는 원과 박스들을 참고)를 대조하고 비교하는 것이 가능해진다. 이론 생성의 흥미로운 가능성이 연구자들과 참여자들이 협력할 때 일어난다. 우리는 심리역동 이론과 학습과 수업의 질 개선을 위한 궁극적 목표를 성취하기 위한 연구에서 창의적 역할을 자극하기 위해 전환적인 공간으로서 DRS 스크린을 활용하려는 개념을 적용하고 심리역동 이론을 찾아내고자 의도한다. 게다가 국제적으로 탐색 가능한 DRS 자료 보관체제(archive)를 구축하여 미래 다른 연구의 시너지 기회를 열고자 한다. 우리는 영국 내 여러 지역에 있는 우리 팀 멤버들 간에 다른 종류의 디지털 자료들을 공유할 수 있고 다른 나라에 있는 다른 연구 팀들이 교실 시각 문화의 모형들을 국제적으로 비교할 수 있도록 우리 자료에 접근하는 것을 허용하고 있다. 국제적으로 경기가 하락하고 메타자료 수집의 비용이 높아서 연구 기금이 제한될 때 다른 사람들이 2차 분석을 할 수 있도록 DRS로 자료를 축적하는 작업을 하는 것은 경제적으로 의미 있는 일이다.

참여적 시각 방법

시각 연구 진화의 전 과정을 보면, 연구자들은 연구 과정에서 선구자, 설계자, 수집가, 해석자, 생산자의 역할을 수행한다. 후기 1960년부터 외부의 서사들(external narratives)을 포함하고 연구자와 참여자의 통찰을 결합하는 것으로 주의가 확장되었다. 시각 연구에서 이 장르의 초기 예들은, 1950년대 중반에 면담을 반복하는 동안 피면담자의 사고를 자극하기 위해 사진을 활용했던 John Collier(Collier & Collier, 1967/1986)나 1960년대 중반에 나바호와 함께 수행되었던 Sol Worth, John Adair, Richard Chalfen의 프로젝트(1972/1997)에 의해 만들어졌다. 그들은 현대 시각 연구에서 가장 많이 사용되었고 영향력이 있었던 방법의 선두주자들이다. 사회과학 안에서 광범위하게 수용되는 참여적 방법은 점차로 다양해지면서도 논쟁거리가 되고 있다. 현재 기술의 역할과 참여적 확산의 잠정적 손익과 이에 따른 윤리적 이슈들은 주요 도전들이다. 참여적 시각 연구자들은 현재 도전들을 극복하기 위해 노력하고 있다.

시각적 유도(visual elicitation)는 연구를 위한 인터뷰에서 반응을 자극하기 위해 사진, 그림, 혹은 도표를 활용하는 것과 관계있으며 참여 시각 연구에서 가장 인기 있고 흔한 방법으로 남아있다. 사진 유도는 "분위기 전환용"이나 연구자-연구 대상 간 권력의 차이가 클 때 중립적 제삼자로 활용된다. 다른 참여적 시각 방법들처럼 서로 동의하는 프로토콜이란 매우 드물다. 방법은 연구자의 영향력으로부터 완전히 벗어난다는 것이 불가능하며(Packard, 2008; Warren, 2005), 자유로움의 가장 큰 위험은 연구자들이 관점, 과정, 방향성 등 너무나 많은 것을 미리 가지고 연구 테이블에 앉을 때 발생한다. 50년간의 적용 후에 심지어 경험 있는 실천가들도 면담 대상자와 이미지 혹은 대상들의 의미를 탐색하기 전에 주의 깊게 생각한다(Harper, 2002).

연구 참여자는 민감한 주제를 토론할 때 어떤 매개물을 통해서 덜 민감해진다. 그들은 자신이 취약하다고 생각하는 어떤 주제에 관해 직접적으로 이야기하지 않지만 사물(예, 인형, 장난감, 선그리기, 휴대전화, 기념품)을 활용할 수 있기 때문에, 자신의 힘들었던 기억이나 강렬한 감정을 더 잘 표현할 수 있다. 이 접근은 연구자들이 전환물(transitional objects)이 신체에 내재된 기억(corporeal embodied memories)들의 소재가 될 수 있는 가능성을 가지고 있다고 믿는다.

오래도록 인정되어 온 이미지/인공물의 정보 유도라는 강점은 무엇인가를 촉발할 수 있는 능력뿐 아니라 집단적이고 사적인 기억을 만들어낼 수 있다는 것을 의미한다. 어떻게 다른 문화의 가족들이 가족의 기억을 만들기 위해 사진앨범과 시각적 매체를 만들어내고 활용하는지에 대한 Chalfen(1998)의 고전적 연구는 일시적이고 상황적 차원들을 고려하는 것이 매우 중요하다는 것을 보여주었다. 플라스틱 앨범 속 자연스러운 순간을 포착한 가족사진을 통해서 개인의 삶을 들여다보는 것으로부터 인터넷에 반공개적(semi-public)으로 올려진 멀티미디어 가족의 기록들을 브라우징(browsing)하는 것으로의 전환은 시각 문화의 변화와 그 어떠한 기억 연구에서도 생활방식을 고려하는 것이 중요하다는 것을 의미한다. 인터넷에 올려진 가족 사진들을 이해하는 것이 상대적으로 새로운 것이지만 빠르게 성장하고 있는 연구 영역이다. Pauwels(2008)는 역사적 관점, 현장연구, 그리고 방법론적 문제들을 확인하는 것을 결합함으로써 이러한 연구들에 대한 통찰적 개관을 제공한 바 있다. 사진과 기억 사이에 존재하는 관계에 대한 현재의 연구들은 가족 사진들, 공적인 자료, 박물관, 신문, 미술관으로부터 획득한 원자료들을 활용한다(Kuhn & McAllister, 2006 참고).

Marisol Clark-Ibanez(2007)는 연구에서 명백한 관음증을 숨기려는 도시 내부 빈민가 아이들로 하여금 그 아이와 관련된 주제가 연구 문제에 중심이 되도록 참여자의 사진을 활용해서 사진유도(그녀는 '자동운전'이라는 용어를 사용하였다)를 시도하였다. Clark-Ibanez는 연구 참여자가 자신의 삶에 전문가이고 연구, 연구 주제와 연구 과정을 정의하거나 재정의할 수 있는 능력을 가지고 있다고 믿었기 때문에 강력한 사진 유도의 예를 보여주었다. 연구 참여자가 가지고 있는 가치, 믿음, 생활 유형, 문화에 민감해야 한다는 것과 같은 분명한 기본규칙이 서서히 드러난다. 그러나 몇몇 시각 연구자들은 이 방법을 왜 혹은 어떻게 사용해야 하는지에 대한 고민 없이 무비판적으로 수용한다.

'소리사진(photovoice)'과 그의 유사형태들(참여적 비디오, 비디오 다이어리, 사진-서사, 사진-소설)은 연구 참여자와 협력자들에게 디지털 비디오 혹은 정지 카메라를 제공하는 것으로 사회과학 연구에서 가장 통상적인 방법이다. 정치적 의도를 가진다면 참여자의 카메라는 권한 부여의 행위로서 참여자 자신이나 지역사회의 삶과 생활을 변화시키고 정책에 직접적으로 영향을 미친다. 사진의 결과물들은 인터넷에 회자되는데, 해당 지역이나 지방 혹은 국가 차원에서 게시될 수 있고 설득력 있는 증거로서 국가기관에 제출될 수도 있다. 그러한 연구는 소외된 목소리에 대한 억압을 통해서 위기를 만들고 가난과 불평등을 유지하는 권력의 불평등에 대한 문제제기를 한다. 이러한 전략을 적용하는 연구자들은 함께 일하는 민중의 삶을 개선하는 데 깊게 헌신한다. 예를 들어, Claudia Mitchell은 사진 목소리와 같은 시각적 방법을 사용해서 아프리카 사하라 지역에 번지고 있는 HIV와 AIDS의 전염 문제를 제기하였다. Mitchell은 남아프리카, 잠비아, 말라위, 스와질랜드, 이디오피아, 르완다 등에서 살면서 연구하는 동안 지역사회의 요구를 충족시키기 위해 노력했고 다양한 국가부서에서 자문활동을 하였다. 그녀는 청년, 연구자, 비정부조직들을 규합하여 소외와 무시의 문제들을 제기하기 위해서 참여적인 시각적이고 예술 기반 방법들을 활용하였다. 그 연구는 HIV/AIDS가 사하라 지역의 발전, 빈곤 완화, 기대수명 제고 등에 주요 위협이 되기 때문에 중요하다. 이 지역에서 HIV에 감염되는 젊은 사람들은 분당 다섯 명이며, 하루에 7,000명, 일 년에 2백60만 명에 이른다. 전 세계적으로 보자면 15세에서 25세 사이의 HIV와 AIDS 감염률이 일 년에 새롭게 감염되는 전체사례에서 40퍼센트를 차지하

며 특히 여성에게 더 큰 영향을 미친다. 시각적 실행 연구(action research)는 삶을 인정하고 구하기 위해 보고서 등의 출판을 요구하지 않는다.

참여적 비디오는 그들이 반응하는 대상이 소통하고자 하는 방식대로 내용을 전달하는 서사적 성격을 가진다. Ruth Holliday(2007, p.257)는 동성애적 정체감이 몸에 쓰여진 텍스트로서 구성될 수 있다는 반사적이지만 통찰적인 설명을 비디오 일기를 활용하여 제공하였다. 그녀는 참여자들이 그들 자신의 정체성을 적극적으로 표현하도록 방법을 구사하였다. 서로 다른 세 곳의 공간(일하는 공간, 쉬는 공간(집), 노는 공간(동성애 상황))에서 15개의 일지를 볼 때 그들 자신의 동성애적 정체성을 탐색하도록 지시하였다. 그 과정에서 정체성 수행에서 유사성과 상이성을 보고하도록 하였다. 연구 참여자들은 또한 각각의 상황 혹은 장소에서 적절하다고 생각되는 복장을 선택하도록 하고 카메라 앞에서 옷, 헤어스타일, 장신구와 다른 여러 신체 부위를 어떻게 보여줄지에 대해 설명하도록 하였다. 그러나 영국이라는 나라가 자신의 정체성을 숨기며 대부분 이성애적 문화로 대변되는 제약 때문에 게이클럽(게이들이 만나는 상황)에서 사진이나 영상을 찍는다는 것이 불가능하였다. 일하는 장소에서의 영화 촬영 역시 어려웠지만 업무가 종료된 후 시작되어 공간의 확보에는 문제가 없었지만 사람들이 없는 상태에서 촬영이 이루어졌다. 그래서 대부분의 촬영은 집에서 이루어졌다.

흥미롭게도 Holliday는 객관주의와 연구에서 남성적 경향성에 대한 비판에서 페미니즘을 수용하기도 하고 기각하기도 하며 그만의 독특한 퀴어 방법론을 발전시켰다. 그녀는 비디오 다이어리 선택의 정당성을 부분적으로 확보하기 위해 Judith Halberstam의 연구를 활용하였다.

퀴어 방법론은 인간행동에 대한 전통적 연구로부터 우연적으로나 의도적으로 배제된 연구 대상에 대한 정보를 수집하거나 생산하기 위해 다른 방법들을 이용하는 일종의 보물찾기이다(Holliday, 2007, p.260).

이론을 만들어내기 위하여, Holliday는 "자기-촬영(self-filming)"은 시각 표상에서 퀴어 방법론과 맥을 같이하고 있다는 입장을 취하고, 퀴어 텍스트에 대한 약호화와 해독, 비디오들에 대한 일방적(oneway) 사회-기호론적(socio-semiotic) 이해의 수용이 가능하다는 입장을 취하였다. 비디오 다이어리들은 제출하기 전에 다이어리들을 보거나 기록하고 편집하는 과정을 통해서 다른 방법들을 좀 더 돌아보거나 통제하는 것이 가능해진다. 그러나 추후 비디오 인터뷰에서 분명하게 Holliday가 다이어리들을 만든 사람들이 언급했던 점들에 대해 함께 탐구하기를 원했으나 그러지 못했던 경우가 있었다.

연구 참여자들은 비디오 작업에 관해 최초 구체적 지시 외에 그 어떤 지시도 받지 않았다는 점이 흥미롭다. 그들은 이미 텔레비전에서 많이 보았기 때문에 카메라 앞에서 어떻게 행동해야 하는지 알고 있었고 그들에게 기대되는 것이 무엇인지도 이해하고 있었다. 이것은 시각 방법과 시각 문화가 어떻게 복잡하게 서로 얽혀 있는가를 보여주는 예이다. 왜 그런가? 1993년에 영국의 국영방송국인 BBC에서 전국에 방영될 프로그램을 기획했는데, 이 프로그램은 사람들이 스스로 자신의 삶을 비디오로 기록하는 프로젝트였다. 그 기획 결과는 '비디오 국가(Video Nation)'[5]라는 프로그램으로 비디오 블로깅이 있기 8년 전인 2001년까지 방영되었다. 그 프로그램은 독특하게 2분 정도의 분량으로 심각한 것에서부터 아주 사소한 것까지 모든 것을 다루고 있었다(내가 가장 좋아했던 것은 스코틀랜드 지방 부족의 족장이 핀란드에서 꽃으로 가득한 화장실 변기를 찍은 것이다). 그 프로그램은 영국에서 대단한 인기를 누렸고 시각 연구에서 비디오 다이어리가 유행되도록 기여했고 Holliday의 연구에서처럼 많은 사람들이 진지하게 따라하는 장르가 되도록 도왔다.

Holliday의 다이어리를 만든 사람들은 'Big Brother'의 도움으로 매우 정교한 수준으로까지 발전하였다. 이 'Big Brother'는 영국에서 인기를 얻었던 또 다른 프로그램이었다. Holliday 논의의 중심에는 지금은 포스트모던 미디어와 리얼리티 TV에서 당연한 것으로 받아들여지는 고백(confession)이라는 아이디어가 있다. Big Brother에서 같이 살고 있는 동료에 대한 밀착 촬영은 자기 양심을 어떻게 다양한 방식으로 수행하는지를 보여주는 데 도움이 되었다. 그러나 방음이 되는 "다이어리 룸(diary room)"은 사적인 공간으로 남겨두어 Big Brother와 직접 말할 수 있도록 하였다. 시청자들은 비록 그것이 대중을 위해서 의식적으로 보여주기 위한 것이라는 것을 알지만, 뻔뻔스러운 "진실들"이 그런 다이어리 고백을 통해서 밝혀지기를 기대한다. Holliday 연구에서 연구 참여자들은 순진하기보다는 오히려 미디어를 잘 알고 있다고 이해하는 것이 맞다. 그래서 비디오 다이어리가 요구하는 것들을 어떻게 보여주어야 할지 문화적 코드들을 잘 유도해낼 수 있다.

> 비디오 다이어리에서 자기 이야기는 중재된 고백이 매체와 고백의 영향이 가득한 문화 안에서 연구 참여자가 알면서 반사적으로, 의도적으로 참여하는 일종의 보여주기 위한 것이라는 사실을 보여준다. 이것은 이 방법의 가치를 입증하는 동시에 부분적으로 중재된 이해가 일어나는 곳으로서 고백의 문화적 작동을 온전히 이해하는 데 필요하다는 것을 제안한다(Holliday, 2007, p. 278).

이상하지만 매우 중요한 Holliday의 방법론적 반전은 연구 참여자들이 카메라 앞에서 어떻게 행동해야 하는지를 알고 있고 그들에게 기대되는 것이 무엇인지 알고 있으며 방법을 통제할 수 있다는 데 있다.

Holliday는 자료와 결과의 표상에 관련하여 친숙한 시각 연구자의 슬픔을 다음과 같이 언급하며 끝맺고 있다.

> 이 장에서 자료의 시각적 본질에도 불구하고 나는 단지 텍스트와 몇 장의 사진만을 활용할 수밖에 없었다. 텍스트에 있는 일기들의 내용과 의미의 다양성을 담아내는 것이 정말 힘들고 상당한 정도의 글을 써야 하는 공간이 필요하다. … 시청각 텍스트에 가용한 여러 뉘앙스

들은 여러 가지 해석이 동시에 가능하다. … 다이어리를 만들어내는 사람들과 그들의 생각들은 표상에서 전경에 해당하며 청중은 자신들의 실제 삶에서 많이 사용하고 리얼리티 TV에서 빈번하게 보기 때문에 유사하게 비디오 다이어리들을 읽어내는 기술이 있다(정말로 청중은 다이어리의 심층적 의미를 찾아낸다)(Holliday, 2007, p.276).

그녀는 글 중심의 방식을 넘어서서 좀 더 넓은 표상방식을 학문적 공동체가 잘 수용하지 못한다는 것에 대해 탄식한다. 비디오 다이어리를 자주 경험하면서 나는 다이어리들이 매우 유용한 정보이기 때문에 이 입장을 이해할 수 있다. 그 정보는 연구 참여자 자신들의 퀴어 수행(queer performance)에 대한 이해를 여러 가지로 세밀하게 보여주는 풍부한 자료에 기반해 있다. Holliday의 언급은 Peter Biella의 1993년『민속지적 영화를 넘어서: 하이퍼미디어와 학자정신』이라는 책에서 여러 매체와 관련된 연구가 텍스트에 근거한 표현에 지나치게 얽매여 있다고 언급한 관점과 맞닿아 있다. 주요 방법론적 텍스트에 빠져 있는 것은 시각 연구에서 주요 표상 형태인 색, 운동, 소리인 것이다.

시각적 방법 훈련하기

북미, 호주, 스칸디나비아, 이탈리아, 그리고 영국에서 시각 연구는 오랫동안 지속되어 왔으며 무엇보다 이제는 성장하고 있다는 것이다. 이토록 빠른 성장의 요체는 지적 교환을 가능하게 하는 생명력, 다양성, 영역의 확장이다. 그러나 인기가 증가하는 것과 함께 시각방법에 익숙하지 않은 사람에 대한 지원이 필요하다. 이 방법을 새롭게 시도하는 사람들은 시각 인류학 사이트(visualanthropology.net)와 같은 온라인 자료에 접근하거나 국제 시각 사회학 학회(International Visual Sociology Association: IVSA)에 가입하거나 학회나 워크숍에 참여함과 동시에 「시각 연구(Visual Studies)」와 같은 학회지에서 지식을 즉흥적으로 얻어낸다. 또한 많은 사람들은 서적에서 시사점을 얻기도 한다. 최근에 최고로 각광받은 것은 Gregory Stanczak(2007)가 편집한『시각 연구 방법: 이미지, 사회, 그리고 표상(Visual Research Methods: Image, Society, and Representation)』이라는 책이다. 상당히 감각적인 텍스트를 포함하고 있는 이 책은 사진에서부터 가상공간에 대한 연구에 이르기까지 사회학에서 종교와 정치학에 이르는 여러 다른 시각 방법들과 분석적 접근을 다루고 있다. J. Gary Knowles 와 Ardra Cole에 의해 편집된『예술 분야 질적 연구 핸드북(The Handbook of the Arts in Qualitative Research)』(2008)은 54개 장으로 이루어졌는데, 개념들, 과정들, 예술의 표상적 형태들을 다루고 있으며 창의적 관점에서 보고자 하는 시각 연구자들에게는 소장해야 하는 필수 서적이다. 또 다른 간결하고도 박식한 텍스트는 Banks의『질적 연구에서 시각 자료의 활용(Using Visual Data in Qualitative Research)』(2007)이라는 책으로 인류학적 전통으로부터 표본이 되는 예들을 소개하고 있다. Gauntlett(2007)는『창의적 탐구: 정체성과 청중에 대한 새로운 접근(Creative Explorations: New Approaches to Identities and Audiences)』이라는 책에서 정체성과 개인들의 외부 세계와 관계를 맺고 있는지를 이해하기 위해 어떻게 창의적 방법들이 활용될 수 있는지 탐색하기 위해 신경과학과 철학을 포함한 절충적 학문영역들의 여러 관점들을 유용하게 제시하고 있다. Pauwel(2006)이 편집한『과학의 시각 문화(Visual Cultures of Science)』는 과학에서 이루어지는 상호작용 및 의사소통에서 표상과 시각적 관행(practices)을 다시 생각해 봄으로써 문헌에서 볼 수 있는 간극을 메워주는 최상의 에세이들을 포함하고 있다. 마지막으로 Paula Reavey(2011)가 편집한『심리학에서 시각 방법: 질적 연구에서 이미지의 활용과 해석(Visual Methods in Psychology: Using and Interpreting Images in Qualitative Research)』이라는 책은 질적 방법에 관심이 있는 심리학자들 사이에서 각광받고 있다.

다른 나라에서처럼 영국에서는 2005년 이전까지 훈련의 제공은 대부분 사후(ad hoc)에 이루어졌다. ESRC는 전 세계적으로 경험적이고 상징 연구를 수행하는 연구자들을 함께 모이게 한 '시각적 증거: 사회 문화 연구에서 이미지의 활용(Visual Evidence: The Use of Images in Social Cultural Research)'(2000~2002)이라는 국제세미나에서 시각 방법에 관한 훈련을 하면서 관여하기 시작하였다. 그러나 '시각 방법에서 역량 강화(the Building Capacity in Visual Methods'(2006~2009)라는 프로그램은 ESRC 연구자 개발 계획의 일부로서 국가차원에서 제공된 최초의 통합 프로그램이었는데 처음에는 여러 다양한 분야의 질적 연구자들에게 시각 방법을 가르치는 데 목적이 있었다. 그 프로그램은 영국에 있는 사회과학 분야 현재 및 미래 시각 연구자들의 훈련을 위한 요구에 부응하기 위해 전략적 역량 개발 계획을 제공하였다. 그 목표는 다음 같이 세 가지를 포함하고 있다.

- ―
  - 방법론을 가르치는 사람, 연구를 활용하는 사람, 시각 연구에는 익숙하지 않지만 능동적인 연구자들에게 핵심적 기술과 자원을 제공함으로써 시각 연구 방법에 대한 깊이 있는 이해를 도모하기 위함
  - 연구자들에게 최고의 실천 사례에 근거한 자극적이고 도전적인 경험과 같은 시각 방법 자원들을 지속적으로 제공하기 위함
  - 연구자 공동체의 지속적인 요구에 부응하기 위해서 자기 충족적이고 발달적인 국가기반을 설립하기 위함

진보적이면서 서로 관련된 두 개의 수준들이 있다. 그 첫째 수준은 사회과학 학문영역의 광범위한 스펙트럼으로부터 학문영역 안과 밖에서 활동하는 새로운 시각 연구자들이다. 이 훈련 프로그램은 3년간 이루어지며 일년에 6개월 간격으로 2회에 걸쳐 영국 내 다른 장소에서 진행하는 2일간 시각 방법 워크숍을 포함하고 있다. 둘째 수준은 첫째 수준을 기반으로 구성된 워크숍들로

서 시각 연구에 좀 더 경험이 있는 중간 수준 시각 연구자들을 대상으로 한 프로그램이다. 특정 영역이나 방법보다는 여러 사회과학 영역에 일반적이고 전이 가능한 접근들에 강조점을 두고 있다. 둘째 수준의 훈련 프로그램은 역시 3년간 이루어지며 매년 6개월 간격으로 2회 하루 동안 시각 방법 심포지엄을 가지게 된다. 프로그램의 최고 절정이 된 사건은 2009년 University of Leeds에서 전 세계 약 300명의 대표자들이 참가한 '제1회 국제 시각 방법 학회(the 1st International Visual Methods Conference)'였다.

시각 방법에서 역량 제고의 교육적 차원은 국가적 차원으로 무엇인가를 전파하려는 모델을 구상하는 사람들에게 고려할 만한 가치가 있는 것이다. 첫째 수준―시각 방법의 소개―은 특정한 독립적 형태라기보다는 워크숍의 형태로 제시되어 방법론적으로 그리고 이론적으로 다양하고 광범위한 질적 연구자들의 요구에 순응하기 위한 것이었다. 고립된 어떤 특정한 기법에 초점을 두기보다는 특정한 방법이 전체로서 연구 과정과 어떠한 관계가 있는지가 특별히 고려되었다. 그러므로 시각 방법들은 다른 시각 패러다임, 시각 매체, 분석적 관점들과 관련지어 상대적으로 논의되었고 광범위한 주제에 대한 연구들에 응용되었다.

수준 1에서 2일 동안 이루어지는 워크숍은 시각 프레임워크(예, 시각 민속학), 연구자 생성 자료(예, 대상/사진 유도와 기록/다큐멘터리 기술), 참여자 생성 자료(예, CAQDAS 소프트웨어 기반 분석과 안구추적 기술), 분석 양식(예, 시각 사회-기호학, 이미지에 대한 내적, 외적 서사), 표상 형태(예, 그래픽, 혼합 매체, 사진, 필름), 시각 윤리(예, 법적 요구사항, 기관윤리심의위원회 요구사항, 익명성과 비밀보장 문제) 등을 개관하고 있다. 일반적 기술과 지식은 전이 가능한 것으로 볼 수 있고 여러 분야의 연구자들이 모인 워크숍은 서로로부터 학습할 것을 권장한다. 워크숍은 집중 경험과 전부참여와 기여가 기대되도록 설계되었다. 14명의 튜터로 구성된 팀(프로그램을 설계했음)은 영국에서 가장 유능한 시각 방법론자들 중에서 선택된 자들로

서 Marcus Banks, Sarah Pink, Steve Higgins, Rob Walker, Gillian Rose, David Gauntlet, 그리고 내가 포함되었다. 각각의 2일 동안의 워크숍은 영국을 순회하며 반복되었고 12개의 짧은 발표와 8개의 토론 세션, 4개의 실제 실습 활동으로 구성되었다. 그리고 각각의 참여자는 이해를 돕기 위해 여러 정보가 정리되어 있는 수업자료를 함께 받았고 인터넷 자료를 통해 지속적인 지원이 제공되었다.

실습 활동은 사진 유도, 시각 분석, 복잡한 사건들의 기록, 그리고 연구 설계와 관련된 짧은 연습활동으로 구성되었다. 이것은 첫 번째 원리를 강조하기 위해 설계되었다. 이 요소는 학생들에게 실제 경험을 제공함으로써 기술을 활용할 때 자신감을 가지도록 하며 잠재적 함정을 이해하는 데 도움을 주기 위한 것이다(Wiles, et al., 2005).

수업자료 인쇄본과 부가적 기본 교재(예, Prosser & Loxley, 2008)는 면대면 활동을 보완하기 위해 설계되었다. 자료는 참여자의 학문적 요구만을 수용하기보다는 교육적 요구에 부응하기 위해 설계되었다. 그러므로 논문들은 "내가 만일 시각 연구 초보자라면 나 자신의 영역에 시각 연구를 응용하기 위해 기본적으로 알아야 할 자료가 어떤 것일까?"라는 질문에 답하는 방식으로 저자들(튜터들)에 의해 제작되었다. 각각의 논문에는 간략한 역사, 시각 프레임워크, 그리고 어떻게 시각 연구 방법이 실제에 적용될 수 있고, 방법에 적절한 분석 접근은 무엇이며, 실제 연구의 모범 사례를 포함한 규칙체계(protocol)를 포함하여 시각 방법의 기초와 같은 기본 배경 정보가 포함되었다. 인쇄물에는 전문용어를 피하고 기술적 언어를 설명했으며 가장 유용한 자료들이 간략한 참고문헌으로 제공되었다.

면대면 활동과 실제 인쇄물과 더불어 의도적으로 설계된 이러닝(e-learning) 자료가 지원되었다. 튜터들은 여러 표준에서 사용될 수 있는 오픈소스 소프트웨어를 활용하여 역동적이며 진화하는 전용 온라인 학습환경을 만들었다. 그 환경은 상호작용이 가능한 연습, 문서, 정지 및 움직이는 이미지 뱅크를 포함하고 있

고 학생들 사이에서 토론과 그들 자신의 연구 스토리를 서로 공유하는 것이 가능하였다. 이러한 식으로 학생들은 이러닝 자원을 구성하거나 그것으로부터 도움을 얻었으며 결국 여러 삶의 장면을 지원하는 실천 공동체의 일원이 되었다. 더 나아가 이러닝 미디어와 자원의 융통성은 높은 수준의 개별화를 가능하게 했고, 사는 지역, 신체 장애, 생활 장애 등으로 훈련에 참여하지 못했을 사람들의 참여를 가능하게 하였다. 닝(Ning)(www.ning.com)을 이용한 프로젝트는 온라인 공동체를 위한 공간으로 마련되었는데, 닝이 제공하는 사이트 도구들을 이용하여 이미지와 비디오 보내기, 플레이, 모든 사용자에게 이메일 보내기, 블로그, 그리고 사적인 프로파일을 만들 수 있다. 각각의 훈련 워크숍이 종료된 후에 모든 참여자들은 닝의 시각 방법 공동체에 참여하도록 초대되었다. 또한 그 사이트는 온라인 의사소통을 위한 공간을 제공하기 위해 프로젝트가 진행되는 동안 5~6개의 온라인 이벤트를 주최하였다. 이들 이벤트 각각에서 튜터들 중 한 명은, 예를 들어 "시각 윤리학"과 같은 주제를 정한 전문가 세미나를 하루 동안 개최하였다. 이 세미나가 개최되는 동안 공동체의 구성원들은 토론 게시판을 활용하여 세션의 주제에 대해 질문을 올리고 세미나에 초대된 전문 시각 연구자들과 함께 이러한 질문들에 대해 토론하였다.

놀라울 정도로 많은 기관들과 훈련시설들이 시각 방법에 대해 높은 관심을 보이고 있다. 시각 연구가 처음이거나 제한된 경험을 가지고 있는 사람들이라 할지라도 저널을 찾아보거나, 온라인 자료에 접근하거나, 단체에 가입하거나, 학회나 워크숍에 참여하거나, 시각 방법 관련 책을 읽을 수 있겠지만, 그 어떤 것도 교육적으로 잘 조직된 훈련을 대체할 수는 없다. 가장 효과적이고 효율적인 시각 연구자들을 위한 교육 방법은 국가에서 국가 수준의 프로그램을 설계해서 연구자들을 훈련시키는 것이다.

29.2 미래의 도전

Douglas Harper(2005, p.760)는 저서의 제3판에서 시각 연구 방법을 요약하며 미래에 대한 전망으로 두려움과 희망을 함께 묘사하고 있다.

> 내 희망은 시각 방법이 자리를 잡기 시작하고 있는 다양한 연구 분야에서 더욱더 중요하게 되는 것이다. … 나는 다음 십 년간 시각 연구가 세계적인 대세가 될 것이라고 기대해본다.

Harper의 희망은 이루어졌고 시각 방법은 모든 분야와 주제에 스며들고 있다. 다음 십 년간 내 희망은 시각 연구 방법이 강점을 강화하고 창의적 요소들을 개발하고 당면 문제들을 해결함으로써 사회과학 전체에서 좀 더 강력한 영향력을 발휘하는 것이다. 그러므로 이 장의 마지막에서는 잠재적 성장과 한계에 대해 논의하고자 한다.

- 시각 연구 방법의 강점: 창조와 혁신 역량
- 시각 연구 방법의 기회: 위기로부터 가능성
- 시각 연구 방법의 위협 요소: 윤리적 제약

시각적 방법의 강점—창의와 혁신 역량

언어적 인터뷰의 제한요인은 반응의 범위가 좁고 말로 설명해야 한다는 점이다. 시각 연구의 장점 중 하나는 광범위한 반응 가능성과 함께 연구자와 참여자가 창의적 능력을 효과적으로 이끌어낼 수 있도록 조건을 만들어주는 역량이다. 학문적 논의에는 더 많은 생각과 상상력이 필요하다. 그래서 예술이 시각 연구에서 매우 중요하다. 예술은 논문에서의 논쟁과 달리 복잡성, 모순성을 내포하고 있으며 선형적일 필요가 없다. 예술은 무미건조한 사실과, 그림과 선명한 논리에서는 잘 드러나지 않는 감정을 묘사하고, 반영하고, 유발할 수 있다. 예술은

자주 청중이 공감할 수 있는 사람들의 삶과 인성, 이야기와 관련되어 있다. 무엇보다 예술은 우리(연구자, 참여자, 관련 공동체들)가 그 삶을 살았다면 어땠을까를 상상하도록 돕는다. 예술은 언급하는 것이 분명하지 않을 수 있으며 예술가는 자신에 대해서나 언어적으로 어떻게 의사소통하는지 모를 수 있다. 예술은 사고를 위한 도구이자 표현과 논의를 촉진하기 위한 강력한 수단이다. 예술 기반 접근은 전통적인 텍스트 기반 방법으로는 언급할 수 없거나 볼 수 없는 감각적 현상에 효과적으로 접근하기 위해 텍스트를 넘어서는 감각을 요구한다. 예술 기반 접근은 생동적이고 빠르게 진화하는데, Shaun McNiff(2008, p.29)는 다음과 같이 정의하였다.

> 연구자와 연구에 관련된 사람들 모두가 경험을 이해하고 탐구하기 위한 기본 방법으로서 예술 과정의 체계적 이용, 다른 여러 형태의 예술로 예술적 언급을 하는 것

Elliot Eisner(2008, p.7)는 질적 연구에서 예술 기반 접근의 유래에 대해서 다음과 같이 주장하고 있다.

> Langer(1957)에 의하면 산만한 언어는 인간이 만들어낸 가장 유용한 과학적 장치이다. 그러나 예술은 문자적 언어가 드러내기 어려운 삶의 질에 접근하도록 한다.

현재 부상하고 있는 시각적 패러다임 중에서 예술 기반은 상상력의 관점에서 혁신적이며 통찰력을 갖게 될 가장 큰 잠재력이 있다. Sandra Weber(2008, pp.44-46)는 왜 그러한지 예를 들고 있다.

> 이미지는 사물에 대해 새로운 관점과 방법으로 주의를 기울이게 한다. … 이미지는 기억하기 쉽다. … 이미지들은 좀 더 전체적으로 의사소통하기 유용하고 여러 층의 아이디어를 통합하고 이야기나 질문을 유발한다; 이미지는 공감적 이해와 일반화를 촉진한다. … 은유와 상징을 통해서 예술적 이미지는 이론을 유려하게 보여줄 수 있다. … 이미지는 체화된 지식을 강조한다. … 이미지는

다른 형태의 학문적 담론보다 더 접근 가능하다. 이미지는 사회정의를 위한 행위를 유발한다.

물론 예술 기반 연구 안에는 다양한 이론적 관점이 있다. 예를 들어, Graeme Sullivan(2005)은 전통적 사회학에 지나치게 근접해 있으며 연구자와 연구 대상자 간 상호 협력을 강조하는 방법론적 사고를 보이는 시각 사회학과 시각 문화기술지를 비판하였다. Sullivan의 위계적 프레임워크는 예술가의 스튜디오가 중심이 되는 실천 기반 연구이며 예술가가 연구자로서 단독 내지 중심 역할을 하는 장면에서 예술가가 최상의 위치를 점한다. 아이러니하게도 다양한 예술 기반 참여 연구를 수행했던 시각 문화기술자인 Pink가 Sullivan의 예술 기반 탐구에서 제한된 반사성(reflexivity)에 대해 비판을 받고 있다.

> Pink의 텍스트는 대부분 비판적이고 시각 문화 탐구 연구에서 볼 수 있는 통상적 전략을 따르고 있다. 즉, 비평과 현상에 대한 분석을 강조하지만 연구 관점 내에서 선택되는 시각적 수단을 이용한 새로운 지식의 창조에 대해서는 거의 언급하지 않고 있다(Sullivan, 2005, p.xv).

Sullivan은 자극적이면서도 "연구자로서의 예술가"를 협소하게 해석함으로써 Pink가 다양한 청중과 함께 연구하고 여러 방식으로 대상을 연구에 참여하도록 하는 역량을 과소평가하고 있다. 혁신적 가능성의 암시로 예술 기반 접근의 에너지와 통찰 가능성은 앞서 언급한 Knowles와 Cole(2008)의 『질적 예술 연구 핸드북(Handbook of the Arts in Qualitative Research)』에 잘 드러나있다. 이 책은 예술 관련 그리고 예술 기반 모든 영역을 다루고 있고, 각각이 구별되는 방법론을 포함하고 있으며, 예술이 단순히 인간 경험의 장신구적 산물이 아니라 지식의 한 형태로 간주되어야 한다는 아이디어를 촉진하고 있다. 전체 54개의 장으로 이루어진 이 책은 복합 감각 양식, 매체, 방법론, 표상 등을 다루고 있다. 예를 들어, "탐구로서 콜라주"(Butler-Kisber, 2008), "탐구로서 전시"(Church, 2008), "연구로서 설치예술"(Cole & McIntyre, 2008), "심리학: 예술을 통해서 자신 알기"(Higgs, 2008), "문화기술극(Ethnodrama)과 문화기술연극(Ethnotheatre)"(Saldaña, 2008) 등을 포함하고 있다.

시각 방법의 창의적 가능성의 예

시각 방법의 독특한 역량은 참여자 자신의 능력과 재능을 활용함으로써 자료의 질과 신뢰, 연구 결과를 개선할 수 있다는 점이다. 그러나 혁신적 시각 탐구의 모습은 어떠한 것일까? Gauntlett는 『창의적 탐색(Creative Explorations)』(2007)에서 방법이 빈약한 포스트모던과 언어가 지배적이며 사고와 방법이 제한적인 문화적 연구들 사이의 중간적 입장을 취하면서 어떻게 인간 경험에 대한 신선한 통찰이 획득될 수 있는 지 설명하고 있다. 그는 그의 "새로운 창조적 방법들"을 세상과 상호작용하기 위해 사람들이 요구하는 것으로부터 추출하였다. 연구 참여자들로 하여금 그들 자신의 삶에 대해 은유적이거나 상징적인 어떤 것을 만들어보고 만든 것에 대해 생각해 보도록 권장하였다. 간단한 실험들을 통해서 참여자들에게 "창의적 설명"이라는 개념을 소개하였다. 예를 들어, "생명체를 만들어라" 그리고 "앞으로 2분 동안 월요일 아침이나 금요일 오후에 여러분이 어떻게 느끼는지를 생명체를 통해서 표현해보라"는 과제를 주었다. 참여자들에게 이 아이디어를 가지고 가볍게 표현해 보도록 하였는데, 어떤 참여자는 바다코끼리 모양의 생명체에 금요일 오후에는 흔들 수 있는 꼬리를 달고 재미있고 생기 있는 헤어스타일을 만들거나 바퀴들을 달아서 외관상 주말이 기다려지는 분명한 흥분 상태를 보였다([그림 29.4] 참고).

그 다음 진짜 연구가 시작되는데, 연구 참여자들은 그들에게 중요한 영향을 미친 요소들을 포함해서 자신의 정체성을 구성하도록 요구되었다. Gauntlett는 그의 최근 연구에서 건축가, 실업자, 사회복지사 등 다양

그림 29.4 생명체를 만들어 금요일 오후 느낌 표현하기(David Gauntlett의 게재 동의)

그림 29.5 LEGO 진지한 놀이—각각의 부분은 의미 있는 어떤 것을 표상한다(David Gauntlett의 게재 동의)

한 집단들을 대상으로 레고블록을 활용해서 정체성을 표현하도록 하였다. 그는 좀 더 직접적인 참여자의 상호작용을 포함하거나 생각을 요구하는 접근이 진실된 연구 결과를 위해서 중요하다고 보았다([그림 29.5]와 www.artlab.org.uk 참고).

Gauntlett는 그의 방법에 대한 이론적 중요성과 정당성을 확보하기 위해서 신경과학에서 철학에 이르는 여러 이론과 학문 분야들 간의 절충점을 찾기 위해 노력하였다. 그의 접근은 무엇인가를 만들게 하고 진단 매뉴얼을 활용해서 내담자가 만든 것이 "실제로 무엇을 의미하는지"를 전문가 통찰을 통해서 밝히는 과거 심리치료사들이나 미술치료사들의 접근과 많이 다르다. Gauntlett는 현상학자인 Maurice Merleau-Ponty가 체화된 경험인 정체성을 만들어내는 과정이 중요하다는 전제를 수용하여, 언어에만 의존하는 인터뷰에 의해 자료를 얻는 것보다 좀 더 연구 참여자가 실제적 반응을 제공하도록 하기 위해 참여자의 역량을 활용하는 것이 중요하다고 보았다. 게다가 그는 Paul Ricoeur의 『은유의 법칙(The Rule of the Metaphor)』(2003)을 활용했고 담론의 수준에서 은유라는 개념과 좀 더 중요하게 서사와 정체성에 대한 그의 연구를 인용하였다.

Gauntlett는 레고세트를 참여자들에게 제공함으로써 상징을 활용할 수 있는 인간의 역량을 활용하였다. 그래서 호랑이가 야망을 상징, 자부심, 추진력 등을 상징하는 모델이 될 수 있었고 다리가 다양한 도전들, 사람들 간의 관계, 혹은 더 높은 위치로 올라가는 기회로 표상될 수 있었다. 그는 사회에 대한 지식을 구축하기 위해 그의 창의적 탐색 접근이 긍정적으로 활용될 수 있음을 강력하게 주장하고 있다.

> 그림이나 실제 사물은 그것들을 강제로 줄을 맞추거나 위계적으로 만들지 않고도 우리로 하여금 정보, 아이디어, 혹은 느낌을 동시에 표상하도록 허용한다. 시각적인 것을 설명하기 위해 언어가 필요할지도 모른다. 그러나 이미지는 기본적인 지위를 가지며 부분들이 어떠한 관계가 있는지 효과적으로 보여준다(Gauntlett, 2007, p.15).

Gauntlett의 정통적인 언어 인터뷰에 대한 비평은 인터뷰를 하는 사람들이 인터뷰를 당하는 사람에게 비합리적인 기대를 한다는 믿음에 의존한다. 그는 사람들의 뇌는 정체성과 같은 주제에 대해 "내가 생각하고 있는 것"을 열거한 목록을 가지고 있는 것이 아니다. 따라서 사람들은 즉각적인 대답을 내놓는데, 그것들이 부정확하다고 믿는다. 정체성에 대한 레고 지도는 참여자들이 빠르게 그들을 표현하는 데 적절하다고 여겨지는 언어와 아이디어를 찾아내도록 돕는다. 진지한 레고 접근(The serious LEGO approach)은 시각 연구자들이 연구 참여자의 창의적 역량을 활용하는 혁신적 예이다.

그림 29.6 Lester Magoogan의 그림들(Lester Magoogan에게 저작권이 있음, www.lestermagoogan.co.uk)

시각적 방법의 기회-위기에서 온 희망의 카드

언어적인 자료에 가치를 두는 반구조화된 인터뷰와 표집조사에서는 일상적인 상황에서(Mason,[6] 2002) 의사소통, 학습, 혹은 다른 장애가 있어 연구에 참여하기 어려운 사람들이 연구에서 배제되는 경우가 많다. 모두가 연구에 참여해야 하며 연구 참여자 위에 군림하거나 대상으로 보기보다는 함께 해야 한다는 오랜 연구 전통에도 불구하고, 특정 능력이 결여된 사람들의 목소리를 직접이든 간접적이든 들을 수 있는 기회가 자주 외면되고 있다.

장애를 가지고 있는 사람들을 존중하는 것이 중요하며 그들이 강하고, 아름다우며, 매력적일 수 있다는 것을 수용해야 한다. 시각 방법론자들은 여기서 가장 취약하고, 소외되고, 가장 덜 연구되거나 이해가 부족한 사회의 일원을 연구하여 평등주의자적 입장을 취함으로써 중요한 기여를 할 수 있다. 존재론적이고 인식론적 어려움뿐만 아니라 현재 전 세계의 재정적 난관이나 비용 대비 효과를 보여주는 연구에 대한 열망은 아마도 연구의 도덕적 나침반을 흐트릴 것이다. 사회과학적 연구 주제에 대해 연구 기금을 조성하는 것은 쉬운 일이지만 사람들의 삶을 개선하거나 사회정의를 실천하는 것은 매우 힘든 일이다.

영국에서는 현재 850,000명이 치매를 앓고 있고 500,000명이 자폐증을 앓고 있다. 이들뿐만 아니라 그 외 지적 장애를 가진 사람들은 인터뷰나 표집조사에서 언어적 의사소통에 어려움이 있을 것이라는 전제하에 체계적으로 연구에서 배제되고 있다. 그러므로 학교를 떠난 후 자폐증을 가지고 있는 사람들이 어떻게 살고 있는지 그들의 삶의 질에 대해 아는 바가 거의 없다. 치매를 앓고 있는 사람들에 대한 연구도 매우 제한적이며 두 가지 이상의 장애를 진단받은 장애인의 삶의 질에 대한 연구도 거의 없는 실정이다(예, 다운증후군을 앓고 있는 50대들은 통상적으로 30년 더 빨리 치매를 경험하게 된다). 그리고 학습이나 의사소통에 어려움을 가지고 있는 장애인의 주관적인 안녕에 관해서는 알려진 것이 거의 없다.

그들은 말하고 쓰는 데 어려움이 있을지라도 장애자들의 공동체에서는 자신과 삶에 관한 통찰을 소통한다.[7] 예를 들어, Lester Magoogan은 다운증후군을 앓고 있는데 단순하지만 강한 인상을 주는 그림([그림 29.6] 참고)을 통해서 그의 명랑한 성격과 생에 관한 독특한 관점을 표현하는 젊은이다. 그의 이미지는 언어로는 표현할 수 없는 내용을 "두 개의 얼굴을 가진 사람들", "하늘에서 떨어진" 그리고 "바람이 많이 부는" 이미지들을 통해서 그의 인지적 이해와 정서적 통찰을 전달하고 있다.

여기에 나는 장애인을 대상으로 소박하지만 방법론

적으로 중요한 메시지를 담고 있는 감각적 방법을 활용한 세 가지 예들을 제시하고자 한다. 첫째는 장애를 가진 두 명의 사람들에게 단순히 함께 일해보라는 지시를 담고 있는 단순한 전략이다. 둘째는 시각 중심주의의 위험을 보여주는 것으로 참여자는 말하고 연구자는 듣는 것 같지만 주의 깊게 듣지 않았다. 셋째는 이전에는 의사소통 불가자로 다루어졌던 사람들과의 의사소통을 위하여 기술이 시각 연구의 협력도구로서 얼마나 큰 잠재력을 가지고 있는지 보여주는 것이다.

"위기로부터 희망의 카드"는 한편으로는 피상적이며 간결한 메시지를, 또 다른 한편으로는 간결한 시각 진술을 담고 있으며, 보내는 사람이 동떨어져 있기 때문에(연구 가능성의 경계) 이 절에서 적절한 은유라 생각한다.

1. 어린이면서 동시에 장애가 되기 위해서는 목소리의 측면에서 두 가지 이상의 불리함을 가지고 있어야 한다. 잘 알려진 "그리고 쓰기" 방법은 불에 대한 공포를 가지고 있으며 밤마다 불과 관련된 주제로 악몽을 꾸는 Jane과 같은 어린 소녀를 돕기 위한 것이다. Jane은 학습곤란, 다른 사람과의 관계 이해 문제와 함께 자폐증, 운동장애, 실어증을 가지고 있으며 자신의 생각을 말하거나 쓸 수 없었다. 나는 Janed에게 악몽을 그려보라고 하고, 동시에 장애를 가지고 있지만 조금 더 능력을 가지고 있는 그녀의 친구에게 함께 지내며 획득한 언어수단을 활용하여 그녀를 도와 이미지에 잘 어울리는 기도문을 쓰도록 하였다([그림 29.7] 참고).

시간이 지나면서 그림과 단어들은 Jane이 9·11 테러 사건에 관한 텔레비전 프로그램에서 본 장면이었다는 것이 분명해졌다. 그녀는 사람들이 불을 피해서 건물에서 뛰어내리는 장면을 보고 깊은 충격을 받았다(땅 위에 있는 시체들을 봄). 이후에 시각적 정보에 근거한 상담을 받고 Jane은 밤마다 재생되어 악몽으로 나타나던 영상에서 벗어나게 되었다.

그리고 쓰는 기술과 다른 시각 방법들(Thomson, 2008 참고)은 "정상적" 아이들을 대상으로 자주 사용

그림 29.7 "하나님 저를 도와주세요. 저는 정말 슬퍼요." (허가하에 게재)

된다. Jane과 그녀의 친구들은 그들의 생각을 나와 의사소통할 수 있도록 서로의 강점을 결합할 수 있었다. 항상 그러한 것은 아닌데, 여기서 잠재된 가정은 정신장애나 학습장애를 가지고 있는 아이들이 무엇을 해야 하는지도 모를 뿐 아니라 충분하게 연구에 기여할 수도 없다는 것이다. 이것은 그들의 관점을 알려 하거나 수용하지 않는 것을 정당화할 뿐 아니라 연구자들이 너무 빨리 전문가, 학부모, 혹은 돌보는 사람을 활용하여 대신 그들의 생각을 알아보기로 결정하는 것을 당연시한다. 그들이 전문가인 연구에 참여하여 이야기할 수 있도록 하는 것은 모든 인간에게 동등하게 주어져야 할 권리이다.

나는 현재 "감각탈출(sensescape)" 접근을 통해서 제한된 의사소통 기술을 가진 장애인의 주관적 안녕에 대한 자신의 지각을 탐색하기 위한 연구를 수행하고 있다.

2. Andrew는 이 프로젝트에 참여하고 있으며 나는 그를 안 지 8년 정도 되었다. 그는 42세이며 12세 때

에 있었던 뇌출혈로 인해 고생하고 있다. 그의 육체적, 정신적 장애는 심각한 상태이다. 시력과 운동기능이 매우 낮은 상태임에도 불구하고 그의 정서적 상태에 대한 그림은 기술적이며 통찰적이다. 그러나 오랫동안 나는 그의 제한된 의사소통 능력 때문에 이미지 추출 접근 (image elicitation approach)의 한 부분으로서 그의 그러한 능력을 활용할 수 없었다. 그는 그림을 내게 보여주면서 그가 12살일 때 유행했던 대부분 그림과 무관한 노래들을 불렀다. 나는 인내심을 갖고 들으려고 노력했지만 그가 나에 대해 점점 참지 못한다는 사실을 알게 되었다. 그런데 문득 나는 그가 내 질문에 노래로 답하고 있다는 것을 깨달았다. 내가 인터뷰를 시작하면서 느낌이 어떠한지 물었을 때 그는 비틀즈의 "아주 힘든 나날이에요…"라는 노래를 불렀다. 그러나 내가 "슬픔"이라고 명명된 그림에 관해 물었을 때는 셰익스피어의 인용인 "사느냐 죽느냐, 그것이 문제로다" (Andrew의 강조)라고 대답하였다. 이 대답을 나는 그의 그림에 대한 언급과 마음 상태로 해석하였다(사는 게 나을까 아니면 죽는 게 나을까?). 이후 미팅에서도 그는 아프기 전에 기억했던 노래를 계속 불렀고 억양이나 강조하는 것을 바꾸거나 가사를 가지고 미묘한 단어게임을 함으로써 자신의 관점을 의사소통하였다. 지금 우리는 인터뷰를 노래로 진행하고 나의 일은 그가 의도하는 의미를 내가 알 수 있을 때까지 그가 노래 선택을 변경하게 하거나 말하는 스타일을 바꾸도록 하는 것이었다.

Andrew의 사례에서처럼 어떤 사람이 뇌의 트라우마로 고통받거나 선천적인 정신장애를 가지고 있을 때, 인지적 요소들의 능력은 소멸되거나 저하된다. 잔여의 요소들은 뇌의 역량을 활용하기 위해 재조직되고, 이로 인해 하나 혹은 그 이상의 감각들의 역량이 증진된다. Andrew는 그의 관점에 대해 기억에 저장된 것을 그림, 노래, 시 등 두 가지 감각 형태로 소통한다. 다른 시각 연구자들처럼 나에게는 사진(예, 심상)이 주요 기억장치(예, 가족사진 앨범)이지만, Andrew는 그의 기억 은

행을 이미지로 저장한 것이 아니라 자신의 목적을 달성하기 위해 조작 가능한 멜로디, 가사, 문장으로 저장하고 있는 것이다. 내가 시각과 청각을 연결하고 그들의 관점에서 이해했을 때만이 Andrew와 나는 서로 이해하고 소통할 수 있었다. 시각 연구자들은 시각이 다른 감각들에 비해서 우선한다거나 기본이라거나 하는 가정을 해서는 안 되며, 오히려 다른 감각들이 전부가 아니라 부분으로서 우리가 세상에 참여할 때 활용되며, 그러므로 사회를 이해하기 위해서 중요하다는 사실을 유념해야 한다(Mason & Davies, 2009).

예전에는 의사소통이 불가능하다고 믿었던 생각이 이제는 의사소통이 가능한 것으로 변화되고 있다. 집중치료 분야의 발달은 심각한 뇌손상 후 생존하는 환자의 수를 증가시키고 있다. 이들 환자들 중 몇몇은 빠른 회복을 보이지만 다른 사람들은 응급의 의식불명 상태에서 깨어나 어떠한 지각 증상도 보이지 않는 경우가 있다. 어떠한 의도적 감각 반응도 보이지 않는 사람들은 식물 상태로 진단된다.

3. Martin Monti와 동료들(2010)은 「The New England Journal of Medicine」에 게재한 연구 논문에서 식물 상태에 있는 환자들 중에는 의식이 있는 사람들이 있으며 그 중 몇몇은 소통할 수 있다고 주장한다. 연구자들은 fMRI(functional magnetic resonance imaging)를 활용해서 의사의 언어적 지시나 질문에 따라 일어나는 54명의 뇌 활동을 기록하였다. 그들은 다섯 명의 환자에게서 의식 징후를 발견하였다. 그들에게 주어진 두 개의 심적 심상과제는 "예" 아니면 "아니오"라는 대답을 요구하는 것이었는데, 그들은 의사가 지시한 대로 뇌의 다른 영역을 활성화시키는 의지적이고, 신경해부학적으로 구체적인 반응을 보여주었다. 결론적으로 Monti와 동료들은 다음과 같이 진술하고 있다.

이러한 결과들은 식물 상태에 있거나 의식이 거의 없는 환자들의 일부가 지각과 인지를 반영하는 뇌 활성화를 보여주었다. 세심한 임상검사로 이러한 환자들의 일

부는 의식 상태를 재분류해야 할 것이다. 이러한 기술은 외관상 아무런 반응이 없는 환자들과 기초적 소통을 하는 데 유용하게 활용될 것이다(Monti et al., 2010, p.579).

이 결과는 시각 방법과 감각 의식에 대해서 우리가 배워야 할 것이 많다는 것을 시사한다. 연구자들은 잠재적으로 청각이나 다른 감각 자극을 통해서 식물 상태에 있는 환자들과 의사소통할 수 있고 이들의 반응을 시각적으로 fMRI를 통해서 기록하고, "예" 혹은 "아니오"라는 반응을 요구하는 단순한 질문을 할 수 있다. 만일 의사가 좀 더 큰 질문들, 예를 들면 "살고 싶으냐" 아니면 "죽고 싶으냐"라고 물어본다면 윤리적 문제가 발생할 것이다. 이러한 발전은 감각적으로 어려움을 가지고 있는 환자들과 소통하는 것을 재고하려는 감각 질적 연구자들을 자극해야 한다. 이 연구는 또한 참여 연구에서 가능한 것이 무엇인가와 관련된 가정들에 대해 우리들이 가지고 있었던 의문들을 해결하는 데 있어 응용기술의 힘을 보여주었다.

장애를 가지고 있는 사람들의 감각적 경험은 안녕 (well-being)이라는 개념이 재현되고 묘사되는 매체와 문화적 표현의 핵심적 영역이기 때문에 중요하다. 감각적 관계는 사회적 관계이다. 사람들이 어떻게 지적 장애를 가지고 감각을 통해서 변화하는 사회와 문화 지평을 헤쳐 나가는지 이해하는 것은 어떻게 미시적이고 거시적인 맥락이 행복과 안녕 같은 것에 영향을 미치는지 이해하는 데 기초적인 것이다. 장애인은 담론을 통해서 접근 가능하지 않으며 그들의 감각 관계들이 함께 작동함으로써 그들의 삶을 이해하는 것이다. 텍스트와 언어 기반 접근은 당연하게 받아들여졌던, 체화된, 감각적 삶을 드러내기 위한 내적 심리신체적 (psychophysical) 특징들을 넘어서는 것에 실패했다는 면에서 제한적이다.

시각 연구에 대한 위협—윤리적 규제

좀 더 많은 "보는(seeing)" 연구에 찬성하기 위한 나의 주장들에서 나는 주요 학문영역, 패러다임, 그리고 실천에서 시각 방법들이 보편화되는 것이 중요하다고 강조하였다. 나는 여기서 시각 방법의 협력적이고 발달적 가능성을 위협하는 것들에 대해 기술하면서 이 장을 맺고자 한다.

윤리적 검토 과정에서 강화되고 있는 규제와 관료화는 특히 유럽, 미국, 캐나다, 호주, 뉴질랜드, 그리고 다른 개발도상국가에서 현저하게 나타나고 있다 (van den Hoonaard, 2002). 연구자들, 기관들, 연구 기금 제공자들은 제한된 가치 근거들에 의존해서 윤리적 규제의 촘촘한 그물망으로 서로 얽혀 있다. 미국에서 윤리적 규제들은 Norman Denzin과 Yvonna Lincoln(2005, p.1123)에 의하면 "질적 연구자들의 목적을 위해서는 이미 낡았으며 문화적, 인종적, 윤리적으로 민감한 방법의 개발을 위해서는 완전히 쓸모없는 것"으로 비쳐지고 있다. 불행하게도 미국 연구 윤리에 대한 규제/의료 모형은 영국(Tinker & Coomber, 2004)이나 그 밖에 유럽 본토에서 광범위하게 수용되고 있다. Rose Wiles와 동료들(2010, p.2)은 영국에서 연구자들의 경험에 대한 실증적 연구와 시각윤리에 대한 이해를 다음과 같이 결론 맺고 있다.

사회과학 연구를 위한 윤리 승인 과정에 대한 비평은 다음과 같은 고려 사항들을 포함한다: (1) 윤리위원회는 특별하거나 전문적 지식을 포함해서 광범위한 영역의 연구 접근과 맥락들에 대한 윤리적 판단을 할 수 있는 역량이 있어야 한다. (2) 규제 모형은 상대적으로 잠재적 위험에 있어서 불균형적 수준에 있는 사회과학 연구의 특성을 무시하고 연구 참여자를 실제적 신체 위험에 노출시킬 수 있는 생리의학 연구에 근거해 있다. (3) 어떤 연구 접근이나 주제를 활용하는 것을 포함한 사회과학 연구 실천에 대한 윤리적 규제의 결과는 연구자와 참여자 간 긍정적 관계 형성에 장애가 되거나 불가능하게 만들며 연구자들로 하여금 윤리적 승인에 있어서 "반쪽 진실(half truths)"을 말하도록 한다(Atkinson, 2009). 그리고 연구 과제 전체를 포괄하여 고려해야 할 일련의 윤리적 이슈들이 무엇인가 고민하기보다는 특정 상황에서 해야 하는가 아니면 하지 말아야 하는가에 연구자들이 몰두하게 한다. 그러므로 역설적으로 새로운 윤리적 승인 체제는 연구자들로 하여금 윤리적 사고를 하지 못하도록 한다는 주장이 설득력 있다.

질적 패러다임 안에서 연구하는 시각 연구자들은 시각 방법들이 다양한 접근과 매체들을 포함하고 있어서 추가적인 부담을 지고 있다. 그래서 그러한 것들이 특별히 윤리면에서 보수적이고, 규제적/의료 접근을 채택하는 윤리위원회에서는 도전이 되고 있다. 비밀보장, 법적 이슈(예, 저작권), 시각 자료의 배포는 시각 방법에 대해 지식이 제한적인 윤리위원회를 대면해야 하는 시각 연구자들에게는 문제가 아닐 수 없다. 예를 들어, 윤리적 연구에서 익명성은 핵심인데, 윤리위원회는 연구가 출판될 계획이 있을 경우 사람들을 분별할 수 있는 이미지들이 포함되어 있는 시각 연구에서 일단 제약적인 "안전 우선" 입장을 취할 수 있다. 시각 연구자들의 중요한 주장은 시각 방법이 텍스트와 언어 기반 방법들이 할 수 없는 중요한 정보를 드러낼 수 있다는 것이다. 그러므로 주의 깊은 추론이나 생각 없이 연구에 참여한 사람들을 숨기려는 모든 시도는 자료의 가장 중요한 측면을 제거할 수 있고 자신의 목소리를 들려주고자 하는 참여자의 도덕적 권리를 무시할 수 있다.

관료주의적 규제와 검토과정의 현 체제가 가지고 있는 주요 위험은 윤리적 승인을 얻는 데 몰두한다는 것이다. 진정으로 민감한 시각 윤리 딜레마들에 대한 논의는 차치하고 윤리위원회에서 법적 규정에 신경 쓰는 위원들을 위해서 연구가 안전하고 수용 가능하다는 것을 보여주기 위해 노력할 가능성이 많다. 시각 연구를 권장하기 위해서는 윤리위원회의 눈에 그럴듯해 보여야 하는데, 이는 앞으로 잠재적으로 중요한 윤리적 주제들이 논의되는 것을 막거나 줄어들게 하여 미래의 좋은 연구 관행이나 시각과 관련된 윤리적 주제의 논의에 부정적 영향을 줄 것이다. 질적 시각 연구자들은 민감한 도덕적 결정을 하기 위해서 연구를 통해 문화, 사회, 혹은 지역사회에 대해 충분히 알아야 한다. 어떠한 윤리적 규제 체제도 그 목표는 시각 연구자들의 도덕성과 지식기반을 개발하는 방향으로 나아가야 한다.

윤리적 반사성(ethical reflexivity)은 지각과 민감성의 문제이며 다른 것들을 다루면서 정직성과 진실성의 정도로 반영된다. 이러한 가치들은 연구자의 도덕성과 전문성의 정도를 보여주며 연구 기관들과 연구 기금을 제공하는 주체의 우수성을 담보하기 위해서 점차 더 많이 요구되고 있다. 윤리적으로 행동하는 것은 도덕성, 포괄성, 개인의 안전, 비밀, 존엄에 가치를 두는 것이다. 시각 연구자에게 윤리적 지침과 실천 강령은 중요한 원칙들을 포함하지만 "시각" 연구는 이외에도 잠재적으로 분명히 다른 윤리적 난제들을 만들어낸다.

"돌봄의 윤리(ethics of care)" 접근은 질적 시각 연구자들에게 중요하지만 생의학 윤리의 도덕적 책무에 도전을 하는 아직은 일반적이지는 않지만 선호되는 모델이다. 여기서 윤리적 결정들은 돌봄에 근거하여 행해진다. 그리고 행위하고자 하는 욕구는 윤리적 의사결정을 지배하는 보편적 원리 혹은 절대적 규범이나 규칙을 따르는 것이 아니라 연구에 참여하는 개인이나 집단의 이익을 추구하는 방식으로 결정되는 것이 연구의 초점이다. 경험 있는 질적 시각 연구자들(예, Banks, 2007; Harper, 1998; Pink, 2008; Rose, 2007)은 돌봄의 윤리 접근을 공유하고 있다는 공통점으로 학문적 관계에서 협력 관계를 서로 모색한다. 현재의 생의학 규제 윤리 경향은, 시각 방법의 발전을 늦추게 할지는 모르지만, 시각 방법이 21세기의 가장 중요한 질적 연구 방법론 하나로 자리매김하게 되는 것을 막지는 못할 것이다.

주석

1. Chris Jordan의 업적을 찾기 위해 "Running the numbers"라는 검색어로 인터넷을 검색해 보시오. http://www.chrisjordan.com/current_set2.php

2. Stanczak(2007, p.8)는 Paper-Process Photography의 설립자인 William Fox Talbot가 "이런 일이 자주 일어난다. 당시에는 몰랐던 것들을 사진을 보고 시간이 흐르고 난 후에야 많은 사실들을 말할 수 있었다. 이것이 바로 사진의 아름다움이다."라고 말했다고 지적한다.

3. Jon Prosser의 도움하에 영국의 Leeds 대학에서 개최된 제1회 국제 시각 방법 학회는 경제 사회 연구 위원회(ESRC) 연구개발 프로그램인 "시각 방법의 역량 제고"의 일부로서 개최되었다. 두 번째 학회는 영국의 Open University에서 2011년에 개최되었다.

4. Surrey 대학의 CAQDAS 네트워크 프로젝트: http://caqdas.soc.surrey.ac.uk/. 이 프로젝트는 UK ESRC로부터 7년 연속 연구기금을 받았다. CAQDAS(QUIC)의 질적

혁신 프로젝트는 현재 ESRC 국립 연구 방법 센터(NCRM)에서 연구기금을 받고 있다.

5. http://www.bbc.co.uk에 가서 BBC '비디오 네이션(video nation)' 영상을 참고하시오.

6. 맨체스터 대학의 Jennifer Mason이 이끄는 Realities와 Real Life Methods 프로젝트 모두는 ESRC 국립 연구 방법 센터(NCRM) 프로젝트로서 질적 연구에서 가장 최신의 창의적 방법을 적용하고 있다. Morgan센터는 영국에서 혁신적 질적 연구 방법을 위한 핵심 연구센터이다. http://www.socialsciences.manchester.ac.uk/realities/ 혹은 "Realities Manchester UK"를 인터넷에서 찾아보시오.

7. Lester Magoogan은 런던에 있는 Tate Modern과 Lowry 갤러리에서 전시회를 가졌고 영국과 외국에서 텔레비전 프로그램에 출연하고 있다. Lester Magoogan의 작품은 www.lestermagoogan.co.uk에서 볼 수 있다.

참고문헌

Atkinson, P. (2009). Ethics and ethnography. 21st *Century Society: Journal of the Academy of Social Sciences, 4*(1), 17–30.

Banks, M. (2007). *Using visual data in qualitative research.* London: Sage. Becker, H. (1986). *Doing things together.* Evanston, IL: Northwestern University Press.

Biella, P. (1993). Beyond ethnographic film: Hypermedia and scholarship. In J. Rollwagen (Ed.), *Anthropological film and video in the 1990s.* New York: Institute Press.

Butler-Kisber, L. (2008). Collage as inquiry. In J. G. Knowles & A. L. Cole (Eds.), *Handbook of the arts in qualitative research* (pp. 265–276). Thousand Oaks, CA: Sage.

Cancienne, M. B. (2008). From research to performance. In J. G. Knowles & A. L. Cole (Eds.), *Handbook of the arts in qualitative research* (pp. 397–406). Thousand Oaks, CA: Sage.

Chalfen, R. (1998). Interpreting family photography as a pictorial communication. In J. Prosser (Ed.), *Image-based research: A sourcebook for qualitative researchers* (pp. 214–234). London: Falmer Press.

Chaplin, E. (2006). The convention of captioning: W. G. Sebald and the release of the captive image. *Visual Sociology, 21*(1), 42–54.

Church, K. (2008). Exhibiting as inquiry. In J. G. Knowles & A. L. Cole (Eds.), *Handbook of the arts in qualitative research*

(pp. 421–434). Thousand Oaks, CA: Sage.

Clark, A., Prosser, J., & Wiles, R. (2010). Ethical issues in image-based research. *Arts & Health, 2*(1), 81–93. Available at http://dx.doi.org/10.1080/17533010903495298

Clark-Ibanez, M. (2007). Inner-city children in sharper focus: Sociology of childhood and photo-elicitation interviews. In G. Stanczak (Ed.), *Visual research methods: Image, society, and representation* (pp. 167–196). Thousand Oaks, CA: Sage.

Cole, A. L., & McIntyre, M. (2008). Installation art-as-research. In J. G. Knowles & A. L. Cole (Eds.), *Handbook of the arts in qualita- tive research* (pp. 287–298). Thousand Oaks, CA: Sage.

Collier, J., & Collier, M. (1986). *Visual anthropology: Photography as a research method.* Albuquerque: University of New Mexico Press. (Original work by J. Collier published in 1967)

Denzin, N. K., & Lincoln, Y. S. (Eds.). (2005). Epilogue. The eighth and ninth moments—Qualitative research in/and the fractured future. In *The SAGE handbook of qualitative research* (3rd ed., pp. 1115–1126). Thousand Oaks, CA: Sage.

Duchowski, A. T. (2003). *Eye tracking methodology: Theory and practice.* London: Springer.

Eisner, E. (2008). Art and knowledge. In J. G. Knowles & A. L.

Cole (Eds.), *Handbook of the arts in qualitative research* (pp. 3–12). Thousand Oaks, CA: Sage.

Fox Talbot, W. H. (1844). *The pencil of nature.* Cambridge, MA: Capo Press. (Original published in a series 1844–1846)

Gauntlett, D. (2007). *Creative explorations: New approaches to identities and audiences.* New York: Routledge.

Goldman, R., Pea, R., Barron, B., & Derry, S. (Eds.). (2007). *Video research in the learning sciences.* Mahwah, NJ: Lawrence Erlbaum.

Goldstein, B. M. (2007). All photos lie: Images as data. In G. Stanczak (Ed.), *Visual research methods: Image, society, and representation.* Thousand Oaks, CA: Sage.

Grady, J. (1996). The scope of visual sociology. *Visual Sociology, 11*(1), 10–24.

Harper, D. (1998). An argument for visual sociology. In J. Prosser (Ed.), *Image-based research: A sourcebook for qualitative researchers*(pp. 20–35). London: Falmer Press.

Harper, D. (2002). Talking about pictures: A case for photo-elicitation. *Visual Studies, 17*(1), 13–26.

Harper, D. (2005). What's new visually? In N. K. Denzin & Y. S. Lincoln (Eds.), *The SAGE handbook of qualitative research* (3rd ed., pp. 747–762). Thousand Oaks, CA: Sage.

Heath, C., Hindmarsh, J., & Luff, P. (2010). V*ideo in qualitative research.* London: Sage.

Higgs, G. E. (2008). Psychology: Knowing the self through arts. In J. G. Knowles & A. L. Cole (Eds.), *Handbook of the arts in qualitative research* (pp. 545–556). Thousand Oaks, CA: Sage.

Holliday, R. (2007). Performances, confessions, and identities: Using video diaries to research sexualities. In G. Stanczak (Ed.), *Visual research methods: Image, society, and representation* (pp. 255–280). Thousand Oaks, CA: Sage.

Knowles, J. G., & Cole, A. L. (Eds.). (2008). *Handbook of the arts in qualitative research.* Thousand Oaks, CA: Sage.

Kuhn, A., & McAllister, K. E. (2006). *Locating memory: Photographic acts.* New York: Berghahn Books.

Langer, S. K. (1957). *Problems of art: Ten philosophical lectures.* New York: Scribner.

Mason, J. (2002). *Qualitative researching.* Thousand Oaks, CA: Sage.

Mason, J. (2008). Tangible affinities and the real life fascination of kinship. *Sociology, 42*(1), 29–45.

Mason, J., & Davies, K. (2009). Coming to our senses? A critical approach to sensory methodology. *Qualitative Research, 9*(5), 587–603.

McNiff, S. (2008). Art-based research. In J. G. Knowles & A. L. Cole (Eds.), *Handbook of the arts in qualitative research* (pp. 29–40). Thousand Oaks, CA: Sage.

Monti, M. M., Vanhaudenhuyse, A., Coleman, M. R., Boly, M., Pickard, J., D., Tshibanda, L., et al. (2010). Willful modulation of brain activity in disorders of consciousness. *New England Medical Journal, 362*(7), 579–589.

Packard, J. (2008). "I'm gonna show you what it's really like out here": The power and limitation of participatory visual methods. *Visual Studies, 23*(1, April), 63–77.

Pauwels, L. (Ed.). (2006). *Visual cultures of science.* Hanover, NH: Dartmouth College Press.

Pauwels, L. (2008). A private practice going public? Social functions and sociological research opportunities of web-based family photography. *Visual Studies, 23*(1, April), 34–49.

Pink, S. (2008). *Doing visual ethnography* (2nd ed.). Thousand Oaks, CA: Sage.

Prosser, J. (2007). Visual methods and the visual culture of schools. *Visual Studies, 22*(1), 13–30.

Prosser, J., & Loxley. A. (2008). *Introducing visual methods.* ESRC National Centre for Research Methods. NCRM/010 Review papers. Available at http://eprints.ncrm.ac.uk/420/

Reavey, P. (2011). *Visual methods in psychology: Using and interpreting images in qualitative research.* London: Routledge.

Rose, G. (2007). *Visual methodologies* (2nd ed.). London: Sage.

Ricoeur, P. (2003). *The rule of the metaphor: Multi-disciplinary studies of the creation of meaning in language.* Toronto, ON: University of Toronto. Toronto.

Ruby, J. (2005). The last 20 years of visual anthropology. *Visual Studies, 20*(2), 159–170.

Saldaña, J. (2008). Ethnodrama and ethnotheatre. In J. G. Knowles & A. L. Cole (Eds.), *Handbook of the arts in qualitative research* (pp. 195–208). Thousand Oaks, CA: Sage.

Schwartz, D. (2007). If a picture is worth a thousand words, why are you reading this essay? *Social Psychology Quarterly, 70*(4), 319–321.

Schwartz, D. (2009a). *In the kitchen.* Heidelberg, Germany: Kehrer Verlag.

Schwartz, D. (2009b). *Visual art meets visual methods: Making a case for making pictures.* Keynote photographer's address, 1st International Visual Methods Conference, Clothworkers' Hall, University of Leeds, Leeds, UK.

Stanczak, G. (Ed.). (2007). *Visual research methods: Image, society, and representation.* Thousand Oaks, CA: Sage.

Sullivan, G. (2005). *Art practice as research: Inquiry in the visual arts.* Thousand Oaks, CA: Sage.

Tai, R. H., Loehr, J. F., & Brigham, F. J. (2006). An exploration of the use of eye-gaze tracking to study problem-solving on standardized science assessments. *International Journal of Research and Method in Education, 29*(2), 185–208.

Thomson, P. (Ed.). (2008). *Doing visual research with children and young people.* New York: Routledge.

Tinker, A., & Coomber, V. (2004). *University research ethics committees: Their role, remit and conduct.* London: King's College.

Van den Hoonaard, W. C. (2002). *Walking the tightrope: Ethical issues for qualitative researchers.* Toronto, ON: University of Toronto Press.

Wagner, J. (2006). Visible materials, visualised theory and images of social research. *Visual Studies, 21*(1), 55–69.

Wagner. J. (2007). Observing culture and social life: Documentary photography, fieldwork and social research. In G. Stanczak (Ed.), *Visual research methods: Image, society, and representation.* Thousand Oaks, CA: Sage.

Warren, S. (2005). Photography and voice in critical qualitative management research. *Accounting, Auditing and Accountability Journal, 18*, 861–882.

Weber, S. (2008). Visual images in research. In J. G. Knowles & A. L. Cole (Eds.), *Handbook of the arts in qualitative research* (pp. 44–45). Thousand Oaks, CA: Sage.

Wiles, R., Coffey, A., Robison, J., & Prosser, J. (2010). Ethical regulation and visual methods: Making visual research impossible or developing good practice? *Sociological Research Online.* Retrieved February 2011 from http://www.socresonline.org.uk/

Wiles, R., Durrant, G., De Broe, S., & Powell. J., (2005). *Assessment of the needs for training in research methods in the UK social science community.* ESRC National Centre for Research Methods. Available at http://www.ncrm.ac.uk/research/outputs/publications/reports.php

Worth, S., Adair, J., & Chalfen, R. (1997). *Through Navajo eyes: An exploration in film communication and anthropology.* Albuquerque: University of New Mexico Press. (Original work published in 1972)

30.
수행 자문화기술지
_ 주요 육화와 가능성

최욱_ 경인교육대학교 교육학과 교수

"나"라는 것이 스스로에 대해 설명하려 할 때, 즉 자신이 출현한 조건을 포함해야만 하는 설명을 시도할
때, "나"라는 것은 반드시 사회 이론가가 되어야 한다.

– Judith Butler(2005, p.8)

글 쓰는 사람은 불확실성 속에서, 때로는 필요성 속에서 집필한다. 그리고 글쓴이는 그렇게 할 것인가 말
것인가에 대해 허락을 받았는지의 여부를 묻지 않는다.

– Trinh T. Minh–ha(1989, p.8)

수행은 때로 글쓰기에서의 제약과 구속에(을) 저항하고, 초월하고, 압도한다.

– Dwight Conquergood(1991, p.193)

이 장은 조화와 통일의 단편(斷片)이다. … 이 장은 수행(performance)을, 즉 우리의 자문화기술지의 글쓰
기가 고독한 작업이 아니라는 것을 알게 될 것을 요구한다.

– Stacy Holman Jones(2005, p.764)

이 장에서는, 상처받고 치료받는 '몸'으로, "분명히 표현하는 '몸'"으로(Pineau, 2000), 그리고 필연적으로 불분명한 '몸'으로, 즉 이러한 '몸과 몸들'(연구자와 연구 대상자)로 이루어지는 적극적인 관계를 탐구한다; 또한 이 장에서는 "나"를 설명하는 (타인과) 얽힘 속에서의 수행뿐만 아니라, 글의 제약을 크게 넘어서는 수행의 불협화음과 희열 속에서의 수행이 동시에 이루어지는 것을 연구한다. 이 장은 "부조화 목소리들의 합창" 속에서 타인과의 공존을 탐구한다(Denzin, 2008). 이 장에서는 파괴적 변화 대화(disruptive dialogue)와 변혁 교육학에 같이 노력하는 사람들과의 사회적 이론화를 위해, 그리고 미국 9·11 테러 이후의/탈현대주의적/탈식민주의적/탈정치적 독백 모두를 함께 아우르는 우리들의 삶의 현장을 위해, 자문화기술적 통일과 조화를 지향한다.

상실에서의 비판적 성찰과 희망의 발달이, 이 장의 자

문화기술지의 근간을 이룰 것이다. 9·11 테러의 식민주의적 내러티브, 그리고 희망과 가능성의 수행 교육학을 향한 개인적/정치적/지역적/세계적 이슈들을 차단하기 위한 상징으로서 몸/이야기의 단장(斷章)/해체/전달이 실행될 것이다. 수행 자문화기술지 형태에서는 "글쓰기의 제약 및 구속"(Conquergood, 1991)과 때로는 엉망진창이면서/저항적이고/인식론적으로 압도적인 수행하는 몸 사이에서 밀고 당기기를 하는 중에 에세이가 자문화기술지 이론/방법론의 실천을 명백히 표현하면서 자문화기술지를 실행해야 한다.

자문화기술지의 분실물 보관소

자문화기술지는 몸이며 운문이다.

이것은 자아이면서도 타인이며 하나이면서도 다수이다.

이것은 통일과 조화, 아 카펠라, 그리고 반주이다.

자문화기술지는 장소이고 공간이자 시대이다.

이것은 개인적, 정치적이면서도, 명백하다.

이것은 예술이며 기술이다. 이것은 재즈이자 블루스이다.

이것은 엉망이고, 지독하고, 제멋대로이다.

이것은 위험이고 문제이자 고통이다.

이것은 중요하고, 성찰적이며, 수행적이면서도 종종 너그럽다.

이것은 능력/열등의 직물에 영원히 짜이는 고통과 특권의 끈 이론(string theories)들이다.

이것은 보호와 폭력의 성별 색조에 있는 색소와 몸들의 겉껍질/부싯돌이다.

이것은 패권체제의 저변에 깔린 종속집단의 내러티브이다.

이것은 회의적이면서도 복원적이다.

이것은 증거에 대한 해석적 몸이다.

이것은 개별적으로 책임감이 있다.

이것은 전체적으로는 어떤 것도 아니지만, 각각의 단장(斷章)들이다.

이것은 가능성의 수행이다.

수행 자문화기술지는, 특정 사회문화적 상황에서 연구자가 타인과의 적극적 관계 속에 행한 것을 내러티브로 나타낸, 상당히 성찰적인 방법론이다. 수행 자문화기술지는 개인을 본질적으로 정치적인 존재로 여기며, 지식을 해석할 때 동시 수행하는 대리인으로서 상황에 처한 몸에 초점을 두고, 표현에서 윤리적 의무사항인 연구의 심미적 기법을 견지한다. 이 연구 방법은 상실과 희망의 사회문화적 상황에 처한 타인과 고통스럽고도 편안한 연계성을 찾기 위해서는 개인적이고 개별적인 감정을 멀리하는 것이다.

출산 중에 아들을 잃은 과정에 자문화기술지 차원에서 살게 되면 내 몸이 직접 그것을 경험하는 것처럼 느껴져서, 마치 경험에 대한 묘사 각각이 내가 몸에서 직접 뚝 잘라내서 땅에 내려놓은 버거운 팔다리인 것 같은 생각이 든다. 이렇게 절단되고 조각나는 감정을 인정하고 묘사하는 데서 기괴하고 엄청난 편안함도 존재한다. 나는 비탄에 관한 문화 내러티브를 집중적으로 작업한 적이 있었다. 이를 "5개 국면"으로 수행해 나갔는데, 이때 비어있는 몸체로부터 그리고 잿더미의 'Twin Towers'로부터 느낀 엄청난 통곡을 몇 번이고 계속해서 참아내려고 노력하였다. 이 18개월 동안 "5개 국면"으로, 자식 하나를 가슴에 묻었고, 9·11 테러가 발생했으며, 친한 동료가 암으로 사망했고, 우리의 사랑스런 미네소타의 연방 상원의원인 Paul Wellstone을 잃었으며, 내 부친을 여의었다. 나는 생생한 경험을 육화 이론을 통해 바라보게 해준 학문적 지혜에 감사하게 생각한다. 왜냐하면 오직 육화된 지식에 대한 믿음 속에서 "나는 육화를 느끼는 과정 속에서 비로소 탈학습/학습하는 몸이며", 비로소 내가 치유되기 시작하는 것이기 때문이다(Madison, 2006, p.245). 내 아들과 함께 살았던 오직 그 공간에서 다시 사는 것이, 이런 비통의 내러티브적 특성을 심도 있게 육화된 이론으로 만드는 동기부여가 된다(Spry, 2006). 나는 그렇게 상처받은 자아와 장소에 대해, 마치 내가 이전의 내 몸(아들의 출산과 그 후의 죽음으로 버려진 몸)에 다시 들어온 것처럼 느껴지는, 깊은 신체적 연대감을 느꼈다. 'bell hooks(Gloria

Jean Watkins의 필명)'처럼, "나는 내 속과 주변에서 무엇이 벌어지고 있는가를 파악하길 바라면서 필사적으로 이론을 찾았다. 무엇보다 중요하게, 나는 그 상처가 치유되길 원하였다. 그래서 나는 이론에서 치유할 수 있는 곳을 알아냈다"(hooks, 1994, p.59).

펜과 종이로 고통을 몇 년 동안 헤쳐나간 후에는 내 아이를 잃은 다음 날 아침에도 내가 간호사에게 이런 도구들을 요청한 것이 내가 육화시킬 수 있었던 유일한 일이었다. 비록 그날 내 팔이 마치 발목까지 축 내려앉아 뻣뻣해지면서 엉거주춤해지는 것같이 느껴졌지만, 몸의 언어는 육화되어 쏟아져 나왔다.

그러나, 그렇게 해서 나온 수행 자문화기술지, "Paper and Skin: Bodies of Loss and Life"(Spry, 2004)는 비탄에 빠진 내 몸의 머리맡에서 서술된 것이 결코 아니었다. 그렇다고 믿어야, 비탄과 수행 자문화기술지 과정들을 '낭만적'으로 묘사하는 것이 된다. 나 자신의 개인적인 비탄을 명확히 표현하는 것이 자문화기술지라고 할 수는 없다. 이에 관해서, 소설가 David Foster Wallace는 다음과 같이 제안하는데, "당신이 독자로부터 얻어야만 하는 주의집중/관계/일은 당신을 위한 혜택이 될 수 없다; 그것은 그녀의 혜택이 되어야만 한다"(Max, 2008, p.48에서 인용). 수행 자문화기술지, 정치역학 및 타인의 희열과 고통 같은 폭넓은 사회 이슈에 관한 내러티브의 국제적이며 성찰적인 연결 고리이다. 이런 특성으로 인해 수행 자문화기술지는 권력 구조의 불평등성을 해체하고 개혁하기 위해 타인들과 지식을 만들어 나가는 데 기반을 둔 방법론으로 뚜렷한 위상을 차지하고 있다.

Stacy Homan Jones는 "Autoethnography: Making the Personal Political"에서 자문화기술지를 "우리 개인의 이야기들을 어떻게 헤아려줄 수 있는가에 대해 묻는 수행"(2005, p.764)이라고 묘사하고 있다. 나도 역시 Jones처럼, 자문화기술지와 연구를 수행 연구로부터 접하게 되었는데, 특히 문화기술지를 지향하는 수행 연구 및 수행 연구를 지향하는 문화기술지와 같은 학문적 전환으로부터; 수행 자문화기술지는 이런 학문적/예술적 영역에서 출발한다. 내가 다른 데서 주장해온 "표현의 위기"는 이를 잘 아는 사람들이 인식할 만큼 수행 연구 예술가/학자들에게는 해당하지 않는다(Spry, 2006). 우리의 학문적 뿌리는 해석에 두고 있는데, 이는 표현의 위기와 복합성을 초래한 과정을 의미한다. 이런 문화기술지에서의 "수행적 전환"(Turner, 1986)은 수행 연구의 문화적/정치적 함의에 관한 범위와 인식을 확장시켜 왔다(Spry, 2006). 이와 유사하게 육화 및 문장 해석에 관한 수행 연구 이론들로 인해, 문화기술적 연구 방법에 윤리학, 연구 정체성, 문화적 수행, 현장연구 개념이 도입되었다(Conquergood, 1985, 1991; Schechner, 1985). Mary Strine은 수행 연구에서의 "문화적 전환"을 면밀히 연구하여 제시한 "문화-수행 매트릭스"가 어떤 식으로 수행의 형식과 실제가 권력 및 지배구조를 창출/유지/변혁하기 위해 작용해 왔는가에 대한 관점을 재조명하였고, 덜 전통적인 글(개인 내러티브, 구전 역사, 행위예술)을 지향하게 만들었다고 주장하였다(1998, pp.6-7). Strine은 Conquergood과 함께, 이런 문화-수행 매트릭스가 "문화의 독특한 예술로서의 수행으로부터 문화의 통합 대리인으로서의 수행"(Strine, 1998, p.7)으로의 패러다임 전환을 촉발했다고 역설하였다.

수행과 문화기술지는 참여적 시민 사회 운동의 실천을 지속적으로 전개해왔다(Alexander, 2006; Denzin, 2006, 2008; Jones, 2005; Madison & Hamera, 2006; Pelias, 2004). Madison은 『Critical Ethnography: Method, Ethics, and Performance』 (2005)에서, 이러한 실천의 복합성/유용성/윤리적 함의를 명료하게 설명하고 있다. 지금까지는 이 연구가 비판적/수행적/교육적 자문화기술지의 발전에 있어 자문화기술적 수행학을 제시해준 핵심 연구로 인정받고 있다. 수행 자문화기술지는 우리의 역사적, 사회문화적 발생에 관한 비판을 견지하면서 인식론적 발전을 거듭하고 있다. 이러한 학문적 유산으로부터, 나는 자문화기술지에 있는 타인과의 상실을 통해 희망을 발견한다.

그래서 수행 자문화기술지는 개인적/정치적/사회적

실천으로서, 비판적으로 성찰적인 방법론 차원에서, 그리고 패권적 문화 구성의 대안으로, 우리의 개인 삶이 서로 교차하고, 부딪히고, 공감하는 길을 비판적으로 성찰할 수 있는 체계를 제공할 수 있다. 자문화기술지는 우리 인류의 삶에 있는 질문들을 제기하고 관계를 맺는 장치를 마련해준다.

이 장은, 상실과 곤궁이 우리의 소외된 계층, 수백만의 'No Children Left Behind', 전쟁터로 끌려가고 그 전쟁으로 치료받고 있는 형제자매들에게, 상실과 곤궁이 나타나는 그 시점을 글로 표현한 "가능성의 수행"이다 (Densin, 2006; Madison, 2005). Norman Denzin 과 Michael Giardina는 다음과 같이 주장하였다.

> ──
> 갈등/테러/죽음에서 자유로운 세상을 꿈꾸게 도와주는, 행동파적인 이상향에 대한 요구가 요즘처럼 이렇게 크게 대두된 적이 없었다; 배려하고, 사랑하고, 연민 어린 세상; 치유를 중시하는 세상. 비판적 문화 학자들이 기존의 정치적으로 급진적으로 보수적인 탈실증주의의 제약과 속박을 뛰어넘는 방법론을 채택하지 않으면, 탈현대적 민주주의는 성공할 수 없다(2007, p.12).

언론 혐오꾼에 의해 선동된 폭력적 민병대의 출현에 대한 반발로(Keller, 2009), 수행 자문화기술지는 "기존의(아마도 성장하고 있는) 정치적으로 급진적으로 신보수적인 탈실증주의"의 제약과 속박을 뛰어넘을 수 있는 방법론이다. 이것은 개인적/정치적 실천이고, 심미적/인식론적 수행이며, 그리고 불의를 없애고 저항하는 연민 어리면서도 용맹한 의지로부터 작동하는 비판적/토착적/옹호적 문화기술지이다.

그러므로, 이 장에서 앞으로 논의될 내용은, Jones 가 2005년에 주장한, 동시수행적으로 "파괴적인 변화를 하고, 만들고, 꿈꾸는"(p.763) 것에 대한 응답이다. 이 글은 대표적 역사를 되짚어보며("Fragmented Histories Absent and Present"), 해석 기준을 제시하고("Performative Fragments and Embodied Possibilities"), 교육적 발달을 논하며("Critical Fragments of Craft"), 자문화기술지의 미래 방향을 제안해본다("Concluding Fragments"). 각 분야별 내용을 통해, 직접 행위하는 연구자의 개념과 수행 자문화기술지의 관계성이 더 개발될 것이다(Spry, 2006).

그래서 나는 결핍 이후에 무엇이 가능한 것을 알고 싶은 열망에, 그리고 상실 이후의 삶, 9·11 이후, 무지와 따돌림의 비미국/미국 정치역학을 육화하고 싶은 열망에 자문화기술지를 연구해왔다. 나/우리의 몸/체제는 일이 결실을 맺지 못하고 노력의 대가가 없는 어둡고/공허하며/은밀한 공간이다. 그러나 이런 암흑기에 타인과 함께 수행 및 자문화기술지 차원에서 글을 쓰는 것은 공허에서 희망을, 그리고 채움에서 가능성을, 무의미에서 정화를 찾는 일이다.

30.1 실종된 그리고 구현된 단장(斷章)적 역사

우리가 역사라고 부르는 것은 각 문화 환경 속에 촘촘히 짜여있다. 그러므로 역사화하는 것은 "지역적 지식(local knowledge)"에 달려 있다.

– Antonis Liakos(2008, p.139)

과거, 즉 본향은 완전한 기억이 아니다—그것은 우리를 담아내지 못할 것이다.

– Elizabeth Adams St. Pierre(2008, p.122)

자문화기술지의 역사를 살펴보면 역사 자체에 대한 논쟁이, 특정 지역의 종속 집단을 통해 역사의 규범을 깨고 다시 만들 수 있는 자문화기술의 가능성을 보여주는 방법론으로서, 자문화기술지의 기폭제가 되어왔다. 많은 자문화기술지 연구는 어떤 과거의 사건이나 역사적 신기원에도 존재하는 역사의 다양성을 인식하고 표명하는 일에 관한 것이다. 또한 이 연구는 군림하는 사고/기억/상상을 주입/형성시키는 'H'istory의 지배적 내러티브가 어떻게 인종차별/계급차별/성차별을 부추기고 고착화시키는가를 점검하는 것이다(Grande, 2008; Liakos, 2008; St. Pierre, 2008). Norman K. Denzin은 자신의 Yellowstone에서의 어린 시절에 대한 자문화기술지『Searching Yellowstone: Race, Gender, Family, and Memory in the Postmodern West』(2008)에서 "과거의 새로운 버전인 새로운 역사를 창조"하기 위해 대중적 표현 방법이며 학문적 담화인 비판적 성찰 방법을 적용하였다. 이에 대해 그가 말하기를 "나는 Yellowstone 공원뿐만 아니라 우리의 집단 상상력 속에 있는 미국 원주민과 그들의 공간에 관한, 부조화 목소리(이미지)들의 합창을 창조하고 싶었다"(p.18). 여기서 한 사람의 개인적 경험이 어떻게 패권적 역사와 충돌하는가에 대한 비판적 성찰은, 역사적 기억과 상상을 깨고 재구성하도록 육화시켰다. 또한 이러한 성찰은, 도전과 변화 지향의 비판적, 협력적 의미 만들기를 실현시킨, 수행 자문화기술지의 위력을 부각시키는 육화도 가능케 한다. 자문화기술지는 인종/계층/타 정치체제에서 행위하는 자아와 타인 사이에서 불가분인 협력과 충돌에 관해 비판적으로 성찰하면서, 역사 만들기를 민주화할 수 있다. Denzin은 "서부 시대를 공연하는 '흑인으로 분장하고 흑인 가곡 등을 부르는 백인의 쇼(minstrel show)'"를 비판하면서, "오랜 고정관념을 새로운 이해로 바꾸려고 노력하였다. 나는 어떻게 하면 역사적 담론이 실제로 제자리를 찾을 수 있을까를 보여주고 싶다. 그리고 나는 과거에 대한 관점을 수정하여, 문화적 차이에 대한 새롭고 진보적인 표현을 수행하고 싶다"(p.23)고 주장하였다. 수행 자문화기술지는 실종되었던 다양하고/토착적이고/종속집단의 역사들을 구현하게 해준다. 그러면서 수행 자문화기술지는 정치적 기득권자들에 의해 서술된 일인극 같은 역사의 인종적 편견과 '백인의 쇼'를 떨쳐버리는, 표현들의 다양성(비록 서로 도전/주장/반박하기도 하지만)을 제공해준다.

좀 더 구체적으로, 토착 학자들의 연구는 식민지화를 종속시키기 위해, 기존의 역사를 현대의 패권적이며 서구화된 결과물이라고 비판한다(Azuldúa, 2007; Grande, 2008; MutuaKombo, 2009; Smith 1999; Swadener & Mutua, 2008). 기존의 역사화에서의 규범과 배제의 과정을 연구하면서, Liakos는 "18세기부터 유럽에서 역사를 기술하는 전통은 과거를 묘사했을 뿐만 아니라 유럽을 최상위에 올려놓은 위계적 세계관을 주입시키려 하였다"(2008, p.143)라고 썼다. 그리고 "표현의 위기" 이전의 문화기술지 형식에서, 역사가들은 서양과 유럽이 아닌 부분은 모두 비천/비정상/이색적/미개한 것으로 정의 내렸다. 그러나 여기서 "제자리를 실제로 찾아가는 역사적 담론"을 위한다면서, 이런 문화기술지는 이러한 "위기"를 단지 식민주의자에게만 국한된 위기로 보았다; 모두 도덕적이고 선한 범주로, 단순히 'H'istory와 연구의 'H'istory에 의해 식민지화된 사람들에게만 해당하는 현상으로 표현하였다. 혜택받은 백인들에 의한 연구에서, 때때로 마치 그들이 인종차별주의의 비극과 불평등을 "발견해낸" 것처럼 인식되고 있다. 그런데 그들은 유색인종들을 지성적인 대화 상대라기보다는 자신들 "발견"의 목격자로 취급하고 있다. 탈식민화 연구 구조를 논의하면서, Beth Blue Swadener와 Kagendo Mutua는 역설하기를,

　비서양 지식 형태는 규범적인 연구 패러다임에서 배제되거나 주변으로 밀려났다. 그렇게 되면서, 비서양/토착적 목소리와 인식론들은 침묵을 강요당했고, 주체성을 잃었다. 더 나아가 탈식민화 연구는 침묵하고/불분명하며/하찮은 토착적 주제를 표현/암호화하는 데에서 그리고 얼마나 그런 표현이 억압을 정당화하는가에서 탈식민화의 역할을 인정한다(2008, pp.33-44).

비록 토착 연구 방법에 근거한 광범위하고 효과적인 방식들 중에서 유일할지라도, 수행 자문화기술지는 침묵을 주체적 형태로 재정의하고 또한 지역적 지식을 인식론과 존재론의 중심에 배치하면서, 지식으로 규정된 식민화 암호문을 깨트렸다(Spry, 2008; Visweswaran, 2006). 수행 자문화기술지는 역사의

구성요소들에 개입해서 개방시킴으로써, "위기"가 무엇인가라는 것을, 그리고 누가 그 위기를 정의할 담론 권한을 가지고 있는가에 대해서도 재구성하였다.

역사, 시대, 그리고 타인

수행 자문화기술지의 과정은 몸으로, 공간에서, 그리고 어떤 시대 속에서 시작한다. 나의 초창기 연구에서, 자문화기술지를 Clifford Geertz의 "여기 존재"와 "저기 존재"라는 개념의 적용을 통한 육화된 실천이라고 생각했었다(Spry, 2001a). 비록 Geertz의 구성 체계는 문화기술지에서 시대를 효과적인 요소로 인정하지만 그 중요성이 당연한 요소인 것처럼 여겨져서, Johannes Fabian의 주장대로, "다름을 구성하는 데 시대가 활용되는 많은 방법들을 무시"하게 만들 수 있다(2007, p.49). 우리가 어떻게 문화기술적인 몸을 "지금" 그리고 "그 다음에" 표현하느냐는 "여기"와 "저기" 개념만큼 중요하다. "시대의 정치역학에 대해 우리가 알고 있는 것은 인식론적 결과물을 반드시 가지고 있다"고 Fabian이 서술하였다(p.49). 시대와 역사의 개념들은 타인에 관한 표현을 불분명하고 하찮은 것으로 여기는 것을 같이 제휴해서 주도하고 확산시켰었다(Swadener & Mutua, 2008). '제3세계', '개발도상', '저개발', 그리고 '원시적' 등과 같은 서구화된 용어들은 타인을 진기하며 '낭만적'인 일화로 여기며 항상 그리고 지금도 "시대에 뒤떨어진" 것으로 구체화하면서, 그 타인을 과거 속에 갇혀 있는 현세의 구성체로 규정하려고 지배 권력 체제가 시도한 일례이다. '고귀한 야만인(Noble Savage)'과 같이, 타인은 현대적인 사람으로 표현되지 않고, 대신에 도덕적으로 불운하며 지적으로는 열등한 이방인으로 취급받았다. Fabian은 언어를 통한 시대의 표현이, 타인들을 지식의 동시수행자이자 지식 창출의 시점과 과정에서 같이 **존재하는(co-present)** 사람으로 여기기보다는 연구 대상으로 취급하면서, (자)문화기술지가 연구자 자신을 타인과 격리

시키게 만들었다고 주장하였다.

이런 현상은 "원주민"들이 "그들 과거의 풍요로움"이라는 주제하의 연구 대상이었던 토착민 연구와 밀접한 관계가 있는데, 여기에서 그들은 인식론의 현대적 대리인으로서 대우받지 못하였다(Denzin, 2008; Fabian, 1983; Grande, 2008; Liakos, 2008; Smith, 1999). Linda Tuhiwai Smith는 "research"라는 단어 그 자체가 토착민 세계의 어휘에서 가장 더러운 용어들 중에 하나라고(이해할 만하며 자주 인용되는 관찰을 통해) 설명하면서, 연구에서의 제국주의와 식민주의의 전통을 명백히 밝히고 있다(1999, p.1). 게다가, 문화들은 시대를 똑같이 순환/과거/현재인 것으로 여기며, 또한 역사를 다른 현세의 구성체들 중 여전히 생생한 경험의 공간으로 바라본다.

그 시대의 타인과 같이 사는 것 그리고 잠재적으로 식민화된 조직체를 그 시대에서 이해하는 것은 자문화기술지 연구와 다를 바 없다. "인디오주의(Indianismo)"의 연구 구성체에 대한 논의에서, Sandy Grande가 설명하기를, "인디오주의 개념은 본질주의와 탈현대주의의 양극화된 토론 대상이지만, 세월이 흘러도 변하지 않는 것과 현세적인 것은 공히 토착적 실체의 복합성을 이론화하는 데 본질적이라는 점을 인정한다"(2008, p.241). 수행 자문화기술지에서 시대는, 문화적 장소/공간/정체성과 같이, 모두 다양한 개념의 현세성과 역사에 영향을 주고/받는, 정치적으로 이론의 여지가 있고 우발적인 것으로 여긴다.

수행 자문화기술자에게 있어 '수행하는 몸'을 중시하는 입장은 시대와 장소를 통한 증거와 분석의 실천을 의미한다. 우리는 우리의 수행하는 몸을 주요 문화 스토리의 원자료로 제시한다. Guillermo Gómez-Peña의 수행 연구는 이국적이고 성애화된 "멕시코" 남자 '몸'을 아주 명료하게 그려냈다. Gómez-Peña는 그것을 육화했고, 그런 다음에 "고귀한 야만인"을 관찰할 관객들을 위한 틀에 자신을 배치함으로써 이러한 이미지를 반전시켰다. Liakos가 쓰기를, "사회가 스스로를 보는 방법은, 역사적 관점을 결정하고 거꾸로도 또한 같

다: 문화는 시대 속에서의 문화 형성 때문일 뿐만 아니라 오랜 세월 동안 문화의 씨줄과 날줄을 구성해온 인식으로 인해 역사적으로 결정된다(2008, p.139). 역사에 관한 자문화기술지 차원의 구성과 육화는, 문화적 탄압을 고려할 때, "얼마나 멀리까지 우리가 왔으며 혹은 그렇지 않은가?"라는 우리들의 인식에 혼란을 불러올 수 있다.

수행 자문화기술지는 우리가 누구이며 어디에 언제 존재하는가로 되돌아가는 비판적 성찰에 의한 지속적인 지식의 창조/재창조를 통해, "그 시대에 고착화된" 거대 서사(master narratives)를 차단할 수 있다. 이런 류의 성찰은 시간이 지나면서 우리 모두를 동시대의 관계 속에서 생각하면서, 현세성과 그러한 현세성의 사회문화적 표현에 대해 지속적인 개방을 가능하게 한다.

다른 이름으로 불리는 기시감

「Journal of Contemporary Ethnography」의 2006년 특별호에서 편집위원장인 Scott Hunt와 Natalia Junco는 Leon Anderson이 "분석적 자문화기술지"라는 논문에서 문화기술지 연구자들은 "연구 집단과 환경에서 완전한 회원"이며 "폭넓은 사회 현상의 이론적 이해를 높이는 데 중점을 둔 연구 의제에 헌신하고 있다"(Anderson, 2006, p.375)는 주장에 대한 응답 글들을 발표하였다. 내가 여기서 이 특별호를 언급하는 이유는, 자문화기술지의 역사적 발전에 대해 상당히 다양한 개념을 제시하고 있기 때문이다. Anderson은 자기의 글에서, "암시적 혹은 정서적 문화기술지"(Anderson, 2006, p.374)에 관한 Caroline Ellis와 Arthur Bochner의 연구(2006)는 사실주의/분석적 문화기술지의 인식론적 가정을 거부하게 만들며, 그래서 아마도 "자문화기술지가 될 수 있는 다른 버전들을 잃게 만들 수 있다"(377, p.374)고 규정하고 있다. Anderson의 글에서 확연하게 나타난 것은 수행 자문화기술지라고 할 수 있고 또한 이미 인정받은 상당수 버전들로 구성된, 자문화기술지 연구의 큰 틀을 보지 못했다는 사실이다. 그리고 이러한 버전들에 대한 여러 연구들은 다음과 같다: Bryant Alexander(2006), Ken Gale and Jonathan Wyatt(2008), Craig Gingrich-Philbrook(2001), H. Lloyd Goodall(2008), Stacy Holman Jones(2005), Ronald Pelias(2004), Elyse Lamm Pineau(2000), Chris Poulos(2009), Larry Russell(2004), Jonathan Wyatt(2008), 그 외 다수의 연구들. 또한 Anderson의 주장에 대한 반응으로 Denzin이 서술하기를, "분석적 자문화기술지 혹은 그가 주장하기 전의 또 다른 연구들과 같이 또다시 반복되는 기시감 차원에서, Anderson은 (자)문화기술지의 분석적 학파와 암시적 학파 사이에서 해왔던 토론을 검토하길 원치 않는 것 같다"(2006a, pp.420-421).

그들의 반응에서, Ellis와 Bochner는, 그 특별호에 시리즈로 수록된 다른 글들과 일치된 사고로, "사실주의" 문화기술지에 대한 Anderson의 옹호는 인류학 및 학문 담화에 전반적으로 존재하는 패권적 사유/논리/분석 차원의 거대 서사에 대한 대응 논리로 성장한 자문화기술지의 급진적/자유분방한/창조적 요소들을, 망치고 통제하려는 의도를 보이고 있다고 주장하였다. 이 특별호가 아닌 다른 곳에 게재된 논문인 "'Real Anthropology' and Other Nostalgias"에서 Kath Weston은 "그대로 존치된 인류학자들의 권위, 보장된 그들의 정체성 … 이러한 것들이 최근에도 들먹거릴 때, 그리고 우아함에서 휘청대는 인류학, 바로 그런 학문 분야의 영역을 감시하는 몇몇 사람들이 연구 주제나 방법이 수용 가능한가의 여부를 가리기 위해 필요할 때"(2008, pp.128-129), 진정한 문화기술지는 "특정 역사의식을 표현한다고 주장하였다. 분명히, 협력적 활력적 비평은 이론과 연구 방법을 발전시킨다; 그러나, 앞서 Weston이 제안했듯이, 무엇이 수용 가능한가를 감시하는 것은 우리로 하여금 휴리스틱(heuristic)/교육적 과정과 가능성으로부터 멀어지게 만든다.

Anderson은 Denzin으로부터, 자문화기술지와 비판적 문화기술지에는 엄청난 범주의 수행 연구 학문 영역을 접해보기를 추천받았다. 수행 자문화기술지는 그것의 인식론적 잠재성과 심미적 의무성 사이의 존재론적 긴장, 즉 심미적/인식론적 이중 속박 내에 자리매김하고 있다(Gingrich-Phibrook, 2005). "다른 학자들은, 분석적 문화기술지 전통 수립 운동으로 자문화기술지를 재천명하고 다듬는 작업에 나와 동참할 것이다"(2006, p.392)라는 Anderson의 항변에 대해, 굳이 말하자면, 수행 자문화기술지 저자들은 단지 연구에 착수할 때부터 당연히 이론적으로 탄탄한 자문화기술지를 추구하며, 과정과 결과에서 연구 방법론적으로 휴리스틱하고, 수행적인 차원으로 분석하는 연구를 실천하여 스스로를 발전시켜 나가는 수많은 학자들의 대표일 뿐이다.

그러나 궁극적으로, 「Journal of Contemporary Ethnography」의 특별호에서 판명되었듯이, 불협화음이 나는 우리 목소리는 아마도 자문화기술지의 서술에서 나타날 것이다(Hunt & Junco, 2006). 우리의 역사, 즉 연구자로서 우리의 역사적 선물은, 우리가 무엇을 하고 왜 하는가에 대한 지속적 대화에 의해 풍성해질 것이다. 『Ethnographica Moralia: Experiments in Interpretive Anthropology』에 대한 소개에서 Neni Panourgia와 George Marcus는 우리에게 "우리의 가설, 즉 우리의 학문적 영역에서 편안하게 안주해선 안되고 … 대신에 명확성을 심문하고 잘못된 내러티브를 차단해야 한다"(2008, p.3)고 경고하였다.

나는 문화기술지를 수행적(즉, Turner가 실천한 "삶 그 자체의 설명과 해석"(1986, p.21))으로 보는 James Clifford, Dwight Conquergood, Craig Gingrich-Philbrook, D. Soyini Madison, George Marcus, Della Pollock, Mary Strine, Victor Turner 그리고 이들과 같은 생각을 가진 다른 학자들의 연구에 의존한다. 타인과 의미 만들기의 동시수행성(co-performativity of meaning with others)에서 나는 자문화기술지 연구자로서, 항상 발생적/우연적이면서 권력으로 가득한 역사적 상황 속에서 타인과 표현에 대해 지속적으로 타협하는 나 자신을 스스로 발견한다.

위에서 언급한 특별호에 수록된 Denzin의 응답에서, 나는 학문적인 욕구와 교육적 목적을 발견하였다.

문화기술지는 순진한 실제가 아니다. 우리 연구 실제는 수행적, 교육적이며 정치적이다. 우리의 글과 담화를 통해, 우리는 우리가 연구하는 세상들을 규정한다. 이러한 수행들은 엉망진창이면서도 교육적이다. 이런 수행들은 우리 독자들에게, 이 세상에 대해서 그리고 우리가 그 세상을 어떻게 볼 것인가에 대해서도 가르쳐준다. 이런 교육적인 면은 항상 도덕적이면서도 정치적이다; 문화기술지는, 인식하고 존재하는 방법을 규정하면서, 타인을 인식하고 표현하는 공식적/패권적 방법에(을) 도전하거나 맥락 속에서 바라보거나 또는 지지한다(2006a, p.422).

만약 자문화기술지가 학문 영역의 감시/통제 없이 협력적으로 구축된 지식이라면, 그것은 결국 우리의 역사가 될 뿐 아니라 우리에게 모든 면을 아우르고 갖추게 해줄 것이다. "문명화" 혹은 "개발도상"이라는 역사적 정형화 대신에 수행 자문화기술지는 Fabian의 주장대로 "이론이 생성되는 실제 세계에서"(2001, p.5), 그리고 연구자가 '타자성(otherness)'을 "원주민 전통"에 대한 지지로 대체할 수 없어 결국 누가 그리고 무엇이 '미개'인가의 여부를 규정짓는 특권의 정치적 불평등성이 존재하는 현실에서, 수행한 연구를 통해 학문을 급진적으로 변화시킨다. Fabian이 서술하기를, '이론'은 시대상이 없으면 설 곳이 없다"(p.5). 9·11 테러 이후 미국에서 자문화기술지의 지역적 지식(local knowledge)은 시대와 역사를 본질적으로 중요한 도구로 생각한다.

30.2 수행적 단장(斷章)과 육화된 가능성

나는 흑인 밴드와 백인 밴드를 구분해낼 수 있다. 그것이 내 몸에서 느껴지지 않기 때문에 그저 말할 수 있다.

– Mile Davis(2001)

변혁적 힘으로써 언어를 경험하는 것은 글을 통해 내가 도달했다는 의식이 아니었다. 나는 수행을 통해 그것을 발견해냈다.

– bell hooks(1999, p.35)

위에서 언급한 Davis의 말은 지식의 신체적 배태성을 잘 그려내고 있다. 그의 말은, 무엇이든 어디서 시작되고 끝나는지를 우리가 말할 수 없다는 차원에서, 개인과 정치역학의 고유성/연결완전성/물질성을 나타낸다. 또한 그의 말은 다른 것들(즉, 인종) 중에 육화된 지식을 이론화하면서 육화 이론을 얘기하고 있다. 그는 그저 자신의 몸이 말하는 것을 "말한다". 즉, 특정 연주가 "내 몸에서 느껴지지 않는"다고 말하는 그 몸은, 그가 그 음악을 모르거나 이해하지 못한다는 뜻이 아니라, 그가 그 소리를 아주 잘 알고 있었으며, 잘 알아야만 했으며, 권력의 음경(soundscapes)에 있는 인종적으로 충동적인 운문으로 이미 알아내기 때문이다. 말하는 대리주체, 즉 말하는 몸의 대리주체에서, 구체적으로는 경험에 대해 언어를 비판적으로 배정하는 데서 수행 자문화기술지는 만들어진다. 이런 면이 자문화기술지의 근본 토대이며(Pelias, 2004), 마음에 대한 이런 방법론의 생명줄이자, 당신의 마음을 아프게 할 이러한 인류학의 위험 인자이기도 하다(Behar, 1997). 육화된 지식은, 의미론(언어, 즉 내 몸에서 느껴지는 것과 그렇지 않은 것 그리고 왜 그런지를 언어적으로 표명하고 말하는 것)을 통해 표현되는 신체적(문화와 몸의 상호작용)인 것이다(Spry, 1988).

수행적인–'나'의 육화: 상실, 공존, 그리고 (재차) 자리매김

그런데 누구의 몸인가? 누구의 말인가? 그 말은 어디에서 그리고 누구로부터 왔는가? 자문화기술자의 사회문화적/현세적 위상과 시사점은 무엇인가? 육화 이론과

방법론을 고려/적용할 때, 자문화기술자와 타인 간의 관계는 무엇인가? 자문화기술지에서 육화 이론의 영향은 Jones에 의해 훌륭하게 표현되어 있다; 그녀는 "몸과 목소리가 마음과 사고와 불가분의 관계라는 것뿐만 아니라 몸과 목소리가 어떻게 아주 특정적이고 정치적인 방법으로 움직이고 혜택을 받는지(그리고 제한되고 뚜렷한지)"(2005, p.767) 밝혀냈다. 몸의 정치역학은 수행 문화기술지에서 핵심이다; Madison이 서술하기를,

수행 연구에서, 우리는 몸에 관해 많이 언급해왔다. 수행 문화기술자에게, 이는 우리가 그런 몸을 수용해야 할 뿐만 아니라 우리 존재의 느낌/감각의 본향(우리 숨의 보금자리)도 받아들여야 한다는 의미이다. 그러나 우리 수행 문화기술자들은 지식/실현/발견을 위해 어떻게 우리 몸이 타인의 공간과 시대에 파고들어야 하는가(우리의 바로 그 존재와 숨을 옮기는 것)에서 취약하다는 점도 수용해야 한다(2009, p.191).

육화된 지식은 연구의 본향이며, 방법론의 도구이고, 수행 자문화기술자의 "호흡(breath)"이기도 하다. 이 지식은 연구자로 하여금 수많은 방법으로 성찰하게 만든다. 예를 들어, 위의 Miles Davis의 말은, 인종의 정치역학, 즉, 그의 존재의 본향인 그의 몸의 정치역학으로 가득 차 있다. 이것은, 다른 것들 중에서, 그와 독자인 우리가 그의 말에 의미부여를 하는 바로 그 방법으로 육화한, 탁월한 음악가로서, 아프리카계 미국인(Afro-American) 남자로서, 그리고 재정적 혜택을 받고 자란 한 인간으로서, 그의 사회적/문화적/현세적으로 육화된 위상을 의미한다.

타인과 관련해서 연구자 위치에 대한 고려는 자문화기술지의 현재 발달 상태에서 마찬가지인 것처럼 보인다. 나는 다원적/수행적 연구자 육화를 "수행적인–나(performative-I)"라고 명명하면서, 연구자 위상을 지속적으로 발전시키는 데 계속 관심을 가지고 있다(Spry, 2006). 수행적인–나의 특성은 비판적 문화기술

지, 비판적 문화 이론, 정체성의 정치역학, 수행 연구 등에서 연원하는데, 이러한 분야들에서 연구자는 사회 변화와 사회정의를 위한 개인과 집단의 접근과 능력을 제한하는 권력 구조들을 해체시키기 위해 자신의 정치적 입장과 사회문화적 위치구성성의 비판을 전개해 나간다. Madison이 기술하기를, "표현은 권력 스펙트럼에 따라 다른 곳에서 발생한다—우리는 모두 권력의 전염과 편재의 '도구이자 표적'이다"(2009, p.193). 수행적인-나의 특성은, 어떻게 우리(연구자와 타인)가 도구이자 표적으로서 공히 효과적으로 타협하고 권력의 전염을 변혁시킬 수 있는가를 이해하기 위해, 타인과의 관계에서 스스로의 위치를 찾도록 연구자를 격려해준다.

자문화기술지에서 수행적인-나의 위치는 사회문화적/정치적/역사적으로 **구성된** 정체성으로부터 벗어나서, 의미 만들기에서 이러한 주관성의 **타협**에 좀 더 초점을 맞추고 있다. 이러한 타협의 과정(이 경우에는 남성적 주관성)은 Gale과 Wyatt의 저서 『Between the Two: A Nomadic Inquiry Into Collaborative Writing and Subjectivity』(2009)에서 아주 심도 있게 다루고 있다. 더 나아가, 『Performing Black Masculinity』(2006)에서 Bryant Alexander가 서술하기를, "정체성 정치역학은 그런 몸에 위치해 있지 않고, 다만 이상에 대해 문화적으로 타협할 때 향수/추억/회한의 형태로 여러 가지 자원들이 된다"(p.xiv). 이런 "여러 가지 (사회문화적) 자원들"은 수행적인-나의 특성에서 중심이 되어, 맥락들 속에서 연구자와 타인 사이에서 복합적 타협을 그려나가기 위해 그리고 문화적 내러티브의 다양성을 반영하는 의미를 (재)창출하기 위해, 어떻게 우리가 특정 사회문화적/정치적/역사적 맥락에서 **공동 수행 형태로 기능**(co-performatively function)할 수 있느냐를 검토하게 해준다. 이러한 수행적인-나의 연구 위치는 사회문화적 맥락들에서 협력적으로 동시 수행해서 의미 만들기를 하는 연구자의 다원적 감각을 육화시켜 준다. 자문화기술지 학자는 타인과 함께, 지역 사회 효용성을 위해, 문화/역사, 그리고 권력과 특혜의 차별성에 대해 권력-도발적인 비판적

성찰을 같이 만들어가는 것을 추구한다.

분명히, "문화기술적인-나"라는 용어는 자문화기술지 연구에서 제안되었고 상당히 발전되었다는 것을 여기서 독자들에게 상기시켜 주고 있다(Ellis, 2004). 문화기술적인-나라는 개념화는 자문화기술지의 개념화와 구성을 위해 유용한 정의(규정) 지침으로서의 역할을 톡톡히 해왔다(Ellis, 2009; Goodall, 2000; Richardson, 2007). 사실주의적 문화기술지에서의 의도적인 거리두기에서, Ellis와 Bochner(2006)는 생생한 경험에서 자기 성찰의 정서적 차원을 설명하는 자문화기술지를 옹호한다. "새로운 문화기술지"에 대한 Goodall의 연구는, 한편으로는 문화적 맥락들에서 타인들과 심도 있는 의사소통 관계를 맺으며 겪게 되는 엉망인 예측불허성을 아우르면서도, 기반이 될 수 있는 수사적/문헌적 입장을 구축하였다(2000, 2008).

그러나 육화에 대한 수행적인-나의 위치와 특성은, 수행성/수행(embodiment) 연구/문화기술지와 기존의 자문화기술지 연구와의 근본적인 이본합성(conflation) 때문에, 자문화기술지에서 다른 연구자의 위치성과 관점을 제안하고 있다. 하지만 자문화기술지의 방법론적 형태에서 수행적인-나의 출현은 심도 있고 상당한 노력을 들인 상실 및 죽음 뒤에 내 삶을 구하려는 필요성의 결과였다.

연구와 삶에 대한 모든 이해들은 내 자식을 잃은 후에 나에게는 크고/작은/날카로운/미성숙 단계의/복원 불가능한 조각으로 부숴졌었다. 글쓰기만이 내가 유일하게 스스로 할 수 있는 일이었다. 내 팔은 내 아이의 부재로 너무 아팠다. 나는, 아이를 팔로 안고 있는 유령의 환영을 보기도 하면서, 정신적으로 육체적으로 해체되는 느낌이었다. 나의 주체 위치는 불안정한 "나(me)"에서 혼란스럽지만 이상하게도 편안한 "우리"로 전환되었다. 그리고 hooks가 제안한 대로, 이론이 치유해줬기 때문에, Sidonie Smith의 말은 다음과 같이 치료 연고가 되어 주었다.

———
그래서 이렇게 심도 있고/통일되고/일관성 있고/자율적

인 "자아"가 되라는 문화적 명령은 필연적인 실패를 불러온다. 왜냐하면, 그런 자서전의 주체는 기억상실증적이며, 일관성이 없고, 잡다하고, 상호작용적이기 때문이다. 바로 그러한 실패는, 수행성으로서의 자서전적 스토리텔링의 매력이기도 하다(1998, p.108).

내 글 "Paper and Skin"은 일관성 있고 통일된 자아의 "필연적 실패"였다. Smith의 자문화기술적 수행성의 개념에서, 자서전의 주체는 언어를 통해 기록되는 몸속에서 대기하고 있는 온전하고 일관성 있는 자아가 아니다; 그보다 이 자서전의 주체인 그녀는 개인별 일관성의 개념을 거부하는 비판적 화법의 수행 과정을 통해 창조된 "여러 가지 자원들", 즉 영향들의 이본합성이다; 여기서 수행적인-나의 특성은 이런 주관적 비일관성 감각을 비판적 문화기술지 차원의 성찰과 결합시키는 것이다.

비탄에 대한 지배적인 문화의 내러티브뿐만 아니라 그 당시 나 자신의 글쓰기 과정으로 인해, 많은 좌절을 겪으면서 나는 드디어 '파열'을 받아들였다. Alecia Jackson과 Lisa Mazzei는 "파괴적 자문화기술지"에 대한 그들의 주장에서 중재된 진실을 통한 일관성/편안함/지속성이 목적인, 자문화기술지에서의 "나"에 대한 패권적 방법론의 세태를 제대로 비판하였다(2008, p.300). 여기서 그들은 "경험을 진실을 위한 기반으로 보기보다는 의문투성이고/문제 있고/불완전한 것"(p.304)으로 여기고 반박하는 "나"에게 찬성한다. 비일관성과 불완전성의 편안함 속에서 나는 수행 자문화기술지의 표현 방식과 기능으로서 파괴와 파편을 경험하기 시작하였다. 상당히 감동적인 Della Pollock는 저서 『Telling Bodies Performing Birth』에서 출산에 대한 이야기로 그런 파괴를 제시한 여성들과 담화하였다. 여기서 그녀가 서술하기를,

> 각 사례에서 나온 이야기들은, 그들의 진실성을 거부하고 침묵/순응/비가시성을 선호하는 기존 규범에 반기를 들고 있다. 수행의 신체성 차원에서, 이 이야기들은 규범

적 중첩성을 깨트리고 신나는 가능성을 위협하는 시대-공간에 파고들었다. 그들은 출산의 스토리텔링에 대한 기존의 희극 주인공 같은 규범을 완벽히 깨트렸다. 여기서 그들은 이야기가 수행 즉 다름에 대한 수행에 대해, (여기에서의 다름은) 원래 부재와 침묵 속에 있던 다름 그리고 또한 전혀 알려고 하지도 않고 알려지지도 않아 경험하지 못한 미지의 광활한 사각지대에 남아있던 다름에 대해, 응답하게 만들었다(1999, p.27-28).

내가 스스로에게 부서지게 하니까, 나 자신이 그 조각들을 볼 수 있게 되었다. 여기서 나는 스스로 부재의 존재화로, 그리고 "미지의 경험하지 못한 광활한 지대"로 빠져들었다. 지식의 다양성과 편파성에 대한 나의 경험은, 내 몸에 깊숙이 육화되었다; 나는 이것을 자문화기술지 접근 방법이라고 이해한다. 또한 나는 이것을, 내 연구에서 예전 "나"의 특성과는 상당히 다른 방법들로, 자아/타인/몸들/언어/문화/역사들 사이의 상호관계를 헤쳐 나가고 타협하는, 자아의 구성이라고 이해한다. Butler가 기술하기를,

> 나는 "나"로서 말을 한다. 하지만 내가 그런 식으로 말했을 때 내가 행동한 모든 것을 정확히 알고 있다고 생각하는 실수를 범하지 않는다. 나는 나 자신의 바로 그 형태가 내 안에 있는 타인을 암시한다는 것을 알았으며, 나 자신에게 존재하는 외래성은 역설적으로 타인과 나의 윤리적 연계성의 원천이라는 것도 알았다(2005, p.84).

Butler(2005)는 자문화기술지의 글에서 "나" 속에 있는 인식론적 권위를 탈중심화하기를 권하고 있다. 이러한 권위의 탈중심화는 개인적으로는 내 가족의 상실 그리고 국가적으로는 9·11 테러사건의 상실의 파편과 돌무더기 속으로 들어가는 것이 타당하다고 느끼게 해준다. Pollock은 수행적인 자아가 "단순히 다원적이지만은 않으며 스스로를 전진시켜 준다. … 그리고 자아/구조들 사이에서"(1998, p.87)라고 묘사하였다. 나 자신의 몸 영역 안에서 확실히 자리 잡은 어떤 지

식의 느낌은 사라졌고, 나는 수행성과 공존의 개념(즉, "나"에게 중심을 더 이상 두지 않는 문화에서 타인과의 관계) 내에서 느끼기 시작하였다. Conqeurgood가 믿고 있듯이, 수행은 고정된/정지된/희망 없는 듯 보이는 것을 밀어내기 위한 갈등에 관한 것이다. 나의 비어 있는 몸은 "자기 동일시 또는 자제를 요구하지 않고 의미/자아/내러티브의 불가결정성"(Jackson & Mazzei, 2008, p.305)을 육화하기 위해 부재를 그리고 여기/지금/누구에 대한 비일관성을 말할 필요가 있었다. 수행적인 글쓰기는 "부재를 존재감 있게 만들 수 있으며, 아직도 시를 위한 구조적/사실주의적 모방으로부터의 존재를 극복하게 만들어준다"(Pollock, 1998, p.81). "깊게 자리 잡은 자율적 자아"에 대한 모방에서 벗어나 공허한 팔들의 추락에 관한 파괴적인 운동성의 비전으로 전환하면서, 나는 시작했고, "Paper and Skin: Bodies of Loss and Life"의 단편적인 형태를 구성하였다.

비탄에 관해 수행적인 전환을 육화하는 것은 비탄의 지배적인 문화의 수행에 대한 해결책을 작동시켰다. 그리고 나는 여기와 다른 영역의 연구 내에서, 참가자-관찰자 차원의 행위자로부터 벗어나 연구 맥락 내에서 동시 수행하는 대리인으로의 방법론적 전환을, 내 위치성 차원에서 느낄 수 있었다: 이러한 경험 내에서 "지식을 목적으로 그리고 실현과 발견을 목적으로, 나는 어떻게 우리 몸이 타인의 시대와 공간을 통해 움직여야 하는가(우리의 바로 그 존재와 숨을 옮기기)의 취약성"(Madison, 2009, p.191)에 대해 더욱 확실하게 이해하게 되었다. 상실에서 타인과의 이런 육화된 타협으로부터 수행적인-나의 특성이 나타난다. 내가 읽어본 연구들의 말과 삶에서의 마음과 정신은 더욱 깊이 육화되고 불확실한 "체감"을 만들기 시작하였다.

Dwight Conquergood, Norman Denzin, Kristen Langellier, Soyini Madison, Della Pollock과 다른 학자들의 연구는 수행성을 억압적/패권적/침묵하는 퇴적된 사회적 의미와 규범적 행위에 반기를 들고 차단하는 능력을 보유한 것으로 여긴다. Madison과 Hamera가 기술하기를, "수행성은 정체, 경험, 사회적 관계가 서로 연계된 삼위일체이다. 수행성은 우리 모두가 권력 관계에서 모두 주체라는 것을 본질적으로 강조한다"(2006, p.xix). 탈식민주의적 비평가인 Homi Bhabha(1003)는 수행성을, 인종과 제국주의의 패권적 구성요소를 파괴하고 몰아내며 탈퇴시키는 것이라고 주장하였다. 수행 자문화기술지는 사회문화적 기대에 대해 반응하고 경험할 수 있는, 그리고 인류에 관한 규범적 구성요소 및 기존의 권력 구조에 저항하고 개입할 수 있는 대안과 옵션을 제시한다. 이런 방식의 수행성에서 수행적인-나는 문화의 행위자라기보다는 문화의 대리인으로 기능하는 특성을 가지고 있다(Strine, 1998).

수행성을 기반으로, 수행적인-나의 위치는 비판적 대리인과 개인적/정치적 책무성 사이의 타협점에 있다.

'수행적인-나'의 비판적 대리인

수행적인-나는 수행성과 담화로, 협력적이며 동시수행적 의미 만들기 및 비판적 대리인 역할을 동시에 실행해야 한다. 여기서 자문화기술지는 자아에 대한 다원적 감각을 가지고 타인과 함께 조합한 지식의 표현 조각들을 모아놓은 것, 즉 몸들이 다양한 문화/권력의 맥락들에서 어떻게 해석되는가를 연구하는 영역에서 타인과 공존하는 변증법이다. Grande는 자신의 Red Pedagogy(Native American 자주 교육학) 연구에서 연구 수행 시 협력적 비판 대리인에 대해 다음과 같이 명료하게 설명하고 있는데, "Red Pedagogy는 관계의 공간이다. 또한 이 교육학은 토착/비토착민 학자들이 서로 조우해서, 기존 식민주의자들의 '조우'로 만들어진 유린/폐허를 기억/재정의/되돌리기 위해, 공동 작업하는 역치적/지성적 경계선이다"(2008, p.234). 이런 조우들로 이루어진 식민주의적 역사성은 자아에 대한 다원적 감각, 즉 자아와 타인들이 사회/권력과 공동체이거나 갈등관계일 수도 있는 그들의 "중첩된 문화 정체성"(p.234)에 도전하고 올바로 인식한 공존의 변증법으로부터 비판받고 변화되고 재구성되었다. Vershawn Ashanti Young은 자신의 저서인 『Your

Average Nigga: Performing Race, Literacy, and Masculinity』에서 공존의 변증법에서 그런 중첩의 문제를 명쾌하게 설명하고 있다. 그는 여기서 "인종적 행위(racial performance)의 '무거운 책임'이라고 명명한 것과, 나와 그리고 다른 아프리카계 미국인들이 빈민지역에서, 학교에서, 특히 대학에서 겪는 문제들 사이의 접점을 탐구하였다"(2007, p. 12). 이런 종류의 수행적인-나의 변증법적 동일시는 협력을 낭만화하지 않거나, 자문화기술지가 자아와 타인 간의 동의, 합의, 해결책 또는 정서적 관계의 표명도 아니라고 생각한다. 복잡한 사회문화적 권력으로 가득한 맥락들에서, 자아와 타인 간의 복합적인 상호작용/타협을 이루면서 자기 성찰을 표현하는 윤리 의식이 비판적 대리인에게 있어야 한다.

예를 들어, 「Congress of Qualitative Inquiry」의 최근 학회 모임에서, 즉 심도 있는 비판적 질적 연구를 위한 국제적/간학문적 공동체 공간을 제공하는 기반 조성 학술대회에서, 나는 수행과 은유라는 주제 발표에 토론자로 참가하였다. 그 발표는, 수행 연구 방법론의 인식론적 효용성을 지속적으로 보여주는 논의를 만들어가는 도발적이고 휴리스틱한 것이었다. 여기서 담화의 주제는 자문화기술지 연구에서의 은유 사용으로 전환되어, 참가자들은 어떻게 자문화기술자들이 비판적 성찰을 목적으로 사용한 은유를 타인에게 이해시킬 수 있는가를 질문했었다. 이것은 나에게 수행적인-나 연구 특성과 관련해서 상징적인 순간이었다. 비록 그 젊은이가 진중하고 선의였겠지만, 내가 느끼기에 그 질문은 타인과 함께 이해하려 하기보다는 "다른 사람이 이해하게 만드는" 제국주의자의 충동을 그려내고 있었다. Alison Jones와 Kuni Jenkins는 'Working the Indigene-Colonizer Hyphen'라는 글에서 서술하기를, "나는 협력을 거부하라고 주장하지 않는다. 그보다 타인에 대해 학습하는 것보다 타인으로부터 (다름에 대해) 배운다는 생각을 기반으로, 타인과 대화가 부족하고 불편하며 불확실한 관계를 갖게 되는 난관을 헤쳐 나간다"(2008, p. 471). 비록 내가 대화 관계가 원래 불편하고 불확실하다고 개념화했을지라도, Jones와 Jenkins의 논지는, 연구자 자신의 권력 역학이 경솔하고 무비판적으로 방치되었을 때, 그런 연구의 제국주의적 잠재성에 대해서는 필수적이다.

수행 자문화기술지의 위치성은 연구자가 타인의 은유 사용을 이해하도록 노력하길, 그리고 이해하는 능력/무능력의 존재론적 상황에서의 미묘한 차이와 어려움을 비판적으로 성찰하도록 격려한다. 또는 Jackson과 Mazzei가 쓰기를, "수행적인-나를 구성하는 과정을 심의하는 것은 경험을 제거하는 것이며, '내'가 될 수도 있는 '누구'의 불확실성을 노출시키는 것이고, 그리고 '나'에 대해 알려질 수 있는 것을 공개하는 것이다"(2008, p. 305).

이런 수행적인-나를 자문화기술지에서 (재)위치화하는 것을 통해, 독자는 문화적 상호작용의 복잡성, 즉 연구자의 지배적 담화 사용이 어떻게 이런 상호작용에 영향을 미치는가, 또한 Madison이 제안하기를, 어떻게 우리 모두가 "권력의 전염/편재의 도구이자 표적이 되는가"(2009, p. 193)에 대해 배우게 될 것이다. 이런 수행적인-나의 특성은 개인적인 몸과 정치적인 몸 간의 대화를 불러일으킨다.

'수행적인-나'의 책무성

재즈 대가 Wynton Marsalis가 심오한 재즈 스윙에 대해 쓰기를, "사물이 당신에게 무엇을 의미하는지 이해하는 것이 무엇보다 중요하다. 그런 후에 비록 그 의미가 당신 자신을 냉혹한 시선으로 보더라도, 그것을 헌신적으로 연주하는 것이 성공의 관건이다"(2005, p. 59). Marsalis는 대리인의 필요성과 책무성을 분명히 말하는 데 있어 수행적인-나의 실천을 정확히 지적하였다. 연구 상황에서 확연히 특권을 누리게 될 수도 있는 자문화기술자는 표현에서 개입될 권력 역학을 예리하게 인식해야만 한다; 자문화기술자는 자신의 사회적 위치화에 대한 성찰적 비판에 적극적으로 참여해야 하며, "그것이 작동하도록 헌신"해야만 하고, Butler가 호소한 "사회 이론가"가 될 필요성을 인식해야만 한다.

Butler가 서술하기를, "'나'라는 것이 스스로를 설명하려고 할 때, 그 자신으로 시작할 수 있지만, 이러한 자아는 자신의 묘사 능력을 초월하는 사회 현실에 처해 있다. … 그 자체의 출현 조건을 반드시 포함한 설명"(2005, pp. 5-9). 수행적인-나인 연구자의 특성은 자문화기술지에서 책무의 본태성을 의미한다. Butler가 기술하기를, "그것이 출현하는 사회적 조건들과 동떨어진 입장을 가진 '나'는 존재하지 않는다"(2005, p. 7). 수행성은 문화적 수행에 대해 끊임없이 계속되는 비판을 필요로 한다. 그뿐만 아니라 수행성은 퇴적된 억압의 지배적 양태에 개입해야만 한다(Denzin, 2003, 2005; Madison & Hamera, 2006).

혼혈(mestizaje)에 대한 탈식민주의 개념을 논의할 때, 비판적으로 다원적인 주관성을 가진 한 토착민 연구에서 Grande가 기술하기를, "주관성의 자유주의적 개념과 달리, 이것(mestizaje)은 또한 권력의 담화 속에서 정체성의 뿌리가 있다"(2008, p. 239). 일상의 삶의 경험에서 항상 존재하는 권력으로 가득한 구조를 비판해야 한다는 개념, 그리고 연구자는 자신이 출현한 "사회 조건들에서 동떨어진 입장"을 취해선 안 된다는 개념은 '체제파괴적'인 수행성과 Butler의 '나'에 대한 설명을 기반으로 한 것이다.

수행 자문화기술자들은 자신의 사회문화적 출현과 상황의 복잡성이 자신의 묘사 능력을 초월한다고 여긴다. 그래서 만약 내가 '대리인'이 되길 자청한다면, 나는 또한 나 자신과 나와 함께 일하는 사람들을 위해 나의 사회문화적 소재와 그것의 시사점을 설명할 책임이 있다; 앞의 재즈 대가가 말했듯이, 나는 "헌신적으로 연주"를, 즉 절대로 충분하지 않고 절대로 완전하지 않으며 절대로 끝나지 않았다는 것을 인식하면서 지속적인 성찰을 헌신적으로 해야 한다.

수행적 육화

나는 내가 수행에 착수했을 때, 즉 '뻔뻔스럽게도' 그것이 내가 가

야만 하는 험한 공간을(생소하고, 무섭고, 살기 힘든 그러나 필요한 곳) 가로질러 가도록 불러낼 때, 특히 수행을 가장 좋아한다. 나는 나 자신과 당신을 더 잘 알기 위해 거기에 가야만 한다.

– Soyini Madison(2006, p.244)

지식은 지속적으로 육화된다. 이 육화는 과거/현재/미래의 실제를 통해 진행되며, 사람들/사물들/기관들과 감각적/정서적으로 공유하면서—실제적 또는 상상의, 보아왔거나 보지 않아왔던, 절대로 보이지 않았던 것들을 통해 진행된다.

– Eleni Papagaroufali(2008, p.121)

수행적인-나 특성의 개념화를 논의하면서, 나는 수행적인-나와 수행 자문화기술지에서의 육화의 발달에 더 초점을 맞추고 싶은데, 왜냐하면 육화된 몸의 중심성(centrality)은 수행 연구를 특징짓는 것이며, 결과적으로 수행 자문화기술지를 특징짓는 것이기 때문이다(Jones, 2005). Papagaroufali의 연구와 Madison의 연구는 내가 왜 상실 연구부터 같이 해온 자문화기술지 연구에서 "나"라는 개념화에 불편했는지에 대해 성찰하고 있다. 비록 담화와 수행성은 자문화기술지의 묘사에서 주요 요소가 되었지만, 나 자신의 육화 경험에 의하면 이론적 설명 부분에서 서로 연계되는 이슈들이 없었다. 그러나 수행 연구, 자문화기술지, 비판적 문화기술지 등의 이본합성을 통해 이 장을 서술하는 데 있어, 나는 수행적인-나에게서 다양성과 책무성을 발견했고, 역치, 순환성, 그리고 Papagaroufali의 연구와 Madison의 연구에서 언급한 중간자성(inbetweeness)의, 체감(felt-sense)도 알아낸다. 타인들과 어떤 육화된 교감(즐겁고도 어려운)에서 "보아왔거나 보지 않아왔던 그리고 절대로 보이지 않았던", 또 다른 사람들과 "육화를 진행"하면서, 나는 수행 자문화기술지에서 육화된 존재를 발견한다. "문화기술적-나"에서와는 달리, 이것은 커뮤니터스(communitas)의 말썽 많고, 감각적이며, 우연발생적인 육화를 의미한다.

커뮤니터스를 위해, Burke의 동질성을 위해, 그리고 누구에게는 혜택을 주기도 하지만 또 다른 사람들

에게는 영향력을 박탈하는, 변덕스럽고/불공정/불평등한 시스템 내에서, 내가 타인에게 가하기도 하고 반대로 내가 당하기도 하는, 개인적으로 정치적인 고통의 표현/차단을 위해. 이것이, 이단이건 아니건, 나에게 인종/성별/특혜에 대해 타인과 얽힌 관계로 들어가도록 용기를 심어주어 왔던, 그래서 결국 다양한 종류의 지식을 창출하게 만드는, 자문화기술지 연구에서 사랑의 특성이다. 분명히, 이것은 사랑의 특성을 통해서만, 그리고 인식론적 가능성인 사랑을 통해서만, 또한 우리 아이의 언어적 존재감으로 상실의 부재를 내가 채울 수 있었던 마음의 방법론을 통해서만 가능하다.

그래서 연구와 보고서에서 자문화기술지의 육화에 대해 언급하면서, 나는 육화된 특성, 즉 연구를 개념화하는 시점에서, 비판적 수행 자문화기술지의 서술 과정에서, 또한 육화된 수행적인-나의 서술과정에서 나타난 육화된 공존의 역치적 공간에서 가장 편안하다. 역치적 특성과 관계를 맺고 그런 후에 수행 자문화기술지를 수행하는 것은, 나를 자문화기술적인-나 또는 "문화기술적인-나"에서 **벗어나게 해준다**. 이런 수행이 타인의 몸들로 나를 이동시켜 주지는 못한다; 내가 타인이 경험한 것을 그대로 경험할 수는 없으며 그들의 눈을 그대로 가지고 세상을 볼 수는 없다. 나는 자문화기술지 수행을 통해 '타인 그 자체'를 알 수도 없다. 수행은 그렇게 순수하지도 않다. 그보다 이런 수행을 통해 나는 지식이 탐색/결부되고 연구에 참여한 "사람들과 분리되지 않고 구축되는" 곳, 즉 Frederick Douglas의 글과 연계해서 Conquergood이 묘사한 "경험/재배치/공존/겸손/취약성의 해석학"의 익숙한 차이를 표현하기 위해 어떤 고통스러우면서도 해방감을 주는 과정이 있는지를 좀 더 확실하게 알아내려 한다(Spry, 2006, p.315). 물론 이것은 사람들이 함께 지식을 구축하려는 욕구가 있다는 것을 의미하지만, 만약 그렇지 않다면 자문화기술자는 협력에 대한 저항을 인정하는 **겸손함**이 있어야 하고, 왜 그런 반대에 부딪히게 되었는가를 비판적으로 성찰하는 용기가 있어야 한다.

타인과 육화된 역치성을 통해 육화된 지식을 탐구하는 것은 나 자신(단일의 자아)으로부터 나를 끄집어내왔다; 이것은 내 몸에서 나를 빼내서, 나를 타인과의 의미 만들기의 역치적 중간자 위치로 밀고 당겼다. 그리고 이것은 내가 아니며 당신도 아닌 곳으로, 그러나 (우리의 문화적 상황성에 대한 다양하고도 분명히 대립적인 문헌들뿐만 아니라 우리가 동시수행적으로 함께 만든 의미로 정의한) 공간과 시대에서 우리(we)가 우리(us)가 되는 곳으로 나를 밀고 당겼다. 수행적인-나의 육화된 특성은 나를, 문화적 존재를 맥락 속에서 우리 몸들이 함께 만들어가는(수행 연구 학자 Leland Roloff가 묘사(1973)) 곳인, 대화/논쟁/교감/분노 그리고 엄청난 신비 속에서 우리가 서로 만나는, 우리(연구자와 타인)의 물질성 사이에 있는 공허 속으로 이동시켰다.

수행적인-나의 자문화기술지의 역치적으로 육화된 특성은 개인적/정치적 위험과 취약성에 노출되게 한다. 수행적인-나의 육화는 내 몸에서 나를 끌어내고, "나"의 "안전성"을 확보하지 못한, 즉 뭐가 뭔지에 관한 그리고 주요 문헌들과 몸들의 표현들에 관한 타인과의 논쟁에 취약한 역치 공간으로 이동시킨다. 틀림없이 그리고 의심할 여지도 없이, 수행적인-나의 특성 내에서, 나는 어떻게 역치적으로 내가 내 몸에서 빠져나왔든지 상관없이, 그것은 인종적/경제적으로 특혜받은 바로 내가 살고 있는 몸이라는 것을 비판적이면서 현실적으로 인식한다. 이런 물질적 사실성 때문에, 비판적 상상력의 이유와 필요성이 대두된다(Denzin, 2005). 이 비판적 상상력은, 그런 몸에서 빠져나와, 권력시스템을 축적한 지배적 내러티브를 밝혀내고 변화시키는, "수행감각이 뛰어난(performance sensitive)"(Congquergood, 1991) 앎(knowing)의 방법에서 경험하는, 황홀경과 얽히는 관계 속으로, 이동하기 위해 필요한 것이다.

우리는 이러한 공간에 경솔하게 들어오지도 않으며, 혹은 전략 없이, 방법론 없이, 실제적 능력 없이 과정 속에서 더듬거리지 않는다. 여기서 수행적인-나의 특성은, 육화된 몸이 한꺼번에 주인공이고 대리인이며 글이 되는, 수행적 육화에 따라 전적으로 달라진다. 여기에서 우리의 세계관이 공간과 시대에서 물질적인 몸의 타협을 통해 시험/반박/표현된다. 이것은 비판적 사회 이론화로 "몸이 앞장서는 것"을 의미하며, 이로 인한 결과의 글은 지배적인 내러티브에 대해 차단/거부/개입을 하게 만든다.

30.3 기법에 대한 비판적 단장(斷章)들: 수행 자문화기술지에서 미학의 윤리

그녀의 어휘는 상당한 안목이 있어서, 각 단어를 생성할 때 복합적 자기 심사를 거친 것으로 보인다.

— Carmine Starnino(2008, p.149)

나는 해당 자서전의 패러다임이 사회와 문화의 더 큰 이슈들과 잘 연계되었다는 완전한 확신이 들 때만 글을 쓰거나 스스로에 대해 예술을 만든다.

— Guillermo Gómez-Peña(200, p.7)

자문화기술지의 경우, 두 가닥의 철조망이, 즉 지식을 창출하라는 요구(인식론적)와 예술을 창조하라는 요구(심미적)가 명백히 존재한다. 우리는 이러한 요구들을 완전히 반대 혹은 동일한 입장으로 볼 필요는 없는 반면에, 어떤 경우에서든 우리는 그들 간의 관계를 위험을 무릅쓰고 대수롭지 않게 생각한다.

— Craig Gingrich-Philbrook(2005, p.303)

수행 자문화기술지는 비판적 도덕 담화이다(Conquergood, 1985, 1991; Denzin, 2003, 2008; Jones, 2005). 이것은 특별한/참여적/역동적/친밀한/불안정한/육화된 경험의 혜택을 받는 수행 패러다임에 기반을 두고 있으며, 여기서의 경험은 역사적 과정, 우연성, 이념에 기반을 두고 있다(Conquergood, 1991, p.187). 결과적으로, 도덕적 담화로서 자문화기술지의 궤적과 발전에서, 수행 자문화기술지는 근본적으로 인식론적이어야 한다. 수행 자문화기술지에

서 육화된 모든 잠재성과 가능성은, 그 보고서의 질, 그 언어와 미적 구성의 질, 수행적인 글을 만들어내는 능력의 질에 달려있다(Alexander, 2996; Denzin, 2003, 2006b; Gingrich-Philbrook, 2001, 2005; Goodall, 2000, 2008; Hamera, 2006; Pelias, 2004; Pollock, 1998; Spry, 2008, 2009; Trinh T. Minh-ha, 1989).

그리고 자문화기술지의 도덕적 의무는, 인식론적 잠재성에서 요구되는 만큼, 심미적 기법에서도 요구된다. 수행 자문화기술지에 의해 생성된 지식의 깊이(인식론)는 미적 감각과 직접적으로 관계있으며, 자문화기술지가 비판적 도덕 담화인 것처럼, 자문화기술지의 미적 기법은 사회문화적이며 정치적 행위이다. Judith Hamera가 기술하기를, "수행은 미학의 사회 사업을, 매일의 삶에서의 육화된/절차적/수사적/정치적 그리고 특히 일상적인 실제로 드러낸다."(2006a, p.47). 여기서 수행적인-나의 특성을 가진 수행 자문화기술지는 권력의 표현과 무기력의 표현 사이/내에서 만들어진 인식론적으로 육화된 예술 운동으로 작동한다. 그리고 수행 자문화기술지는 어떻게 불평등한 권력 시스템을 상기/호출/해체/재개념화/변경시킬 것인가에 대한 지역적으로 육화된 지식을 위한 욕구에 의해 동기화된다.

이 시점에서 자문화기술지 글쓰기의 발전에서 우리의 욕구는 집필에 대해 특히 그것의 정치역학/권력/특혜에 대해, 그리고 그것의 다양한 양식, 형태, 육화, 미적 기능들에 대해, 다시 말해서 어떻게 몸이 사회정치적 맥락 속에서 타인과 공동 수행하는가를 심미적으로 표현한 것에 초점을 맞추어 더 많은 글을 쓰는 것이다.

신기원을 이룬 책인 『Writing Culture』를 James Clifford와 공저한 이래, George Marcus는 자신의 2008년 글인 "Contemporary Fieldwork Aesthetics in Art and Anthropology"에서 "지식의 규범과 양식의 다양성"이 존재하기 때문에 "문화기술지에 관한 심미적 방법론을 확실하게 재표명"(p.32)할 것을 촉구하였다.

우리는 타인과 공존하면서 공동 수행하는 '몸으로부터/과/의' 집필을 전개해 나가야 한다. 여기서의 몸은 인식론적으로 중심이며, 휴리스틱 차원에서는 고무적이

며, 정치적으로는 촉매작용적이다. Madison이 서술하기를, "수행적인 글쓰기에서 우리는 그 **몸**이 집필한다는 것을 인정해야 한다. 비판적 문화기술지는 근본적 경험주의를 고수한다: 움직임과 공간에서 몸들의 교차" (2005, p.195). 우리는 공존의 얽힘 그 안으로부터, 교감의 황홀감으로부터, 대화의 (불)편한 위기와 친밀감으로부터, 자아/타인/맥락의 취약한/역치적 중간자성으로부터, 글을 써야만 한다.

그러나 그 몸이 "알고 있는" 것을 해석하고 표현하는 데 우리가 "몸을 앞장서게 하는" 것은 물론 **언어를 통해서**이다. 탈현대적 연구에서 우리는 때때로, 언어가 구성한 것을 몸이 인식한다는 것을 부인하고, 사물을 그냥 "아는 것"을 몸으로 생각하려 한다(Spry, 2009). 수행적 집을 개념화하는 데서, Gingrich-Philbrook는 말하기를, "몸-언어-몸-언어(body-language-body-language) 속에서 살고 있다. 내 몸은 언어를 만든다. 이것은 머리카락처럼 언어를 만든다"(2001, p.3). 육화된 지식은 몸-언어의 황홀경/의기양양/이본합성으로부터 생성되며, 또한 서로 영향을 미치면서(그리고 때로는 비굴하면서) 생긴다.

나는 언어의 심미적 기법이 자문화기술지에, 역치성 차원의 수행적인-나의 특성 내에서 만들어진 육화된 예술의 운동으로, 정착되길 바란다. 한 기초 학술 논문인 "Autoethnography's Family Values: Easy Access to Compulsory Experiences"(2005)에서, Gingrich-Philbrook은 자문화기술지에 있는 심미성과 인식론의 이중 구속에 대한 설명을 대안 이론, 심미적 실제, 그리고 자문화기술지의 인식론적 결과물들의 발전을 저해하는, 자문화기술지에서의 규제적 가치화와 의무적인 패권적 정서성의 안정화에 대한 응답의 일환으로, 능숙하게 표명하고 있다. 그가 말하기를, "자문화기술지의 예술적/사회적 취지가 아무리 많이 칭송을 받더라도, 이들의 취지만으로는 예술적 결과물을 보장받지 못한다"(p.308). 수행 연구 전문가들은 지식 창출에서 정서의 육화에 대해 항상 많은 연구를 해왔으며, 미적 감각을 위해 연구에서 대리인에게 정서의 표현을 기대할 때

의 잠재적 위험성을 잘 알고 있다. 정서는 원래 인식론적이지 않다. 나는 출산 시에 상실의 정서적 혼란을 표현한 많은 글을 가지고 있다; 그 글만큼이나 나 자신의 개인적인 비탄의 과정에도 의미 있지만, 그것은 수행 자문화기술지가 아니다. Hamera가 이 부분을 다음과 같이 명쾌하게 설명하고 있다.

> 경험은 학문이 아니다. … 수행은 경험 및 이론 그리고 문화적 생산/소비에 관한 정확한 분석을 요청하는 비평을 모두 연결시켜 준다. 또한 수행은 어떻게 문화 및 우리의 요청 모두 스스로가 구조화된 사물, 즉 마음/영혼/정신/소유의 산물인가를 드러낸다(2006a, p.241).

나 자신의 개인적 비탄의 많은 양상은 어떻게 이 경험이 개인적으로 사회정치학의 한 부분이며, 문화적 산물의 한 부분인가에 대해 아직 비판적으로 성찰되지 못하였다. 여기서 Butler가 말하기를 "이는 내가 그런 논제를 말할 수 없다는 의미가 아니다. 하지만 내가 그것을 하게 될 때는 내가 할 수 있는 것의 한계들(관련된 모든/어떤 조건이든지 해당되는 한계들)을 이해하면서 매우 신중해야 한다. 이런 식으로 나는 비판적이 되어야 한다"(2005, p.82). 비평에 대한 나 자신의 심미적 산출물에서, 마음/영혼/정신/소유의 관계 속에서 나는 비탄의 지배적인 패권적 구조들에 관한 인식론을 제안할 때 내 자신 조건의 한계들을 이해한다.

이 시점에서 나는 우리 자문화기술지의 발전을 생각해본다. 우리는 인식론적 차원을 좀 더 사회정치적이고 학문적인 관련성이 있는 것으로 보며, 반면에 심미적인 부분은 부가 학문적인 보너스 또는 더 최악으로는 이념적으로 온건한 것으로 치부한다. Gingrich-Philbrook은 다음과 같이 주장한 Murray Krieger(1992)의 연구를 인용하면서, 심미론은 "우리에게 착각하며 제멋대로 사실에 대해 요구하는 것(권위주의적 담화가 우리에게 강요하는)에 경고를 보낸다. 그리고 심미론은 그 '사실'이 원래 있었던 그대로의 모습대로 제자리를 찾게 해준다"(Gingrich-Philbrook의 2005년 논문에서 인

용, p.310). 수행 자문화기술지는 그것의 인식론적 잠재성과 그것의 심미적 책무성 사이의 존재론적 긴장 속에서 구축된다. 수행 자문화기술지는 결국 "우리가 스스로에 대해 설명을 부여하는" 언어를 통해서 이루어진다. 언어의 제국주의화 경향, 그리고 "사실에 대해 단순히 제멋대로 요구하는" 언어의 경향은 이러한 '설명'이 도덕적 헌신과 윤리적 의무감을 가지게 만든다.

혜택받은 사람들은, 자신들의 말이 권력에 의해 구성되기 때문에, 심미학의 제국주의화에 관심을 가질 필요가 없다. 연구 상황에서 특혜를 누릴 수도 있는 자문화기술자가 수행 자문화기술지의 심미학에서 개입될 수 있는 권력 역학에 대해 예리하게 인식하고 있어야 하는 것이 윤리적인 의무이다. 표현은 위험 요소를 안고 있다(Denzin, 2003, 2006a, 2008; Denzin & Lincoln, 2007; Grande, 2008; Madison, 2005, 2009; Poulos, 2009; Smith 1999; Spry, 2008). 심미학은 이념적으로 온건하지 않다. 이러한 위험들은 심미적 표현을 위한 배려의 윤리로 타협 가능하다.

심미적 표현의 윤리는 Mindy Fenske가 "응답 가능성의 윤리"라고 칭한 것을 통해 묘사될 수 있다. 여기서 자문화기술자는 맥락 속에서 자아를 타인과 함께 보간(補間)하여 언어적으로 표현할 책무가 있으며 윤리적으로도 책임이 있다(2004, p.8). Fenske는 어떤 위계도, 기법과 정서 사이에서, 형식과 산출물 사이에서, 이론과 실제 사이에서, 예술과 삶 사이에서, 존재하지 않는다고 주장하고 있다. 여기서 Fenske는 "대신에 그러한 관계들은 통합적이며 대화적이다. … 예술과 삶은 연계되어 있으며, 하나가 다른 것을 초월한다는 의미는 그들 사이에서 존재하지 않는다. 내용과 경험, 형식과 산출물 모두는 … 통일된 법칙 안에서 지속적 상호작용을 하며 존재한다"(p.9). 이러한 배려의 대화적 윤리에서, 정서는 사실주의에 대한 학문적 치유로써 내세워지지 않으며, 또한 심미적 기법은 경험과 정서의 원래 본질을 속박하는 기계적인 기술로 여기지 않는다: 이보다, 그들은 상호의존적이며, 서로 책무성이 있고, 권력으로 가득한 사회 구조들에서 자아와 타인 사이에서

의미의 복잡한 타협을 서로 표현한다. 여기서 예술은 삶의 성찰이 아니다: 이보다 그들은 서로 응답 가능한 존재이다. Fenske가 쓰기를, "형식은 봉쇄적인 대화라기보다는 도발적인 위치가 된다"(p.11). 정서 위에 기법, 그리고 이론 위에 실제와 같은 이진법적인 주장을 약화시키는 방법은 Fenske의 위의 주장을 통해 기를 꺾는 것이다. 왜냐하면, Fenske가 주장한 요소들은 상호간에 응답 가능하기 때문이다; 지식은 실천방안, 윤리적 조합, 위계에 대한 저항 등을 제시하는 그들의 대화적 관계를 통해 찾아낼 수 있다. 자아에서 타인으로의, 이론에서 실제로의, 정서에서 기법으로의 등과 같은 단선형 경로보다, 수행적인-나의 역치성은 경험과 글이 서로 영향을 주고받는 대화의 공간이다.

확실히, 육화는 이런 심미학의 윤리에서 정말 중요하다. 정서와 경험이 원래 인식론인 것만이 아니듯이, Fenske가 우리에게 상기시켜 주기를, "단순히 육화됐다는 이유만으로 행사들을 윤리적이라고 할 수는 없다. … 응답 가능성을 이룩하기 위해, 육화된 행위는 자체 의미에 책임을 져야 할 뿐만 아니라 의미에 영향을 쉽게 받아야 한다"(2004, p.12). 물질적 몸은 자문화기술지를 단순히 서술하는 데서 삭제되지 않는다; 이보다 그런 신체적 몸은 수행에서 완전한 모습으로 나타나며, 몸의 사회적 구성에 대한 비판적 성찰을 통해 표현된다. "Driving White Black"이라는 최근 한 학생의 수행 자문화기술지에서, Anthony의 삶의 진실은 심미적 기법만으로는 타협될 수 없으며, 그보다는 삶을 표현하고 만드는 비판적 대화 과정 속에서, Anthony는 파괴적/교육적/휴리스틱 지식을 구성하고 육화한다. 정치적으로 문제가 있는 심미학은 Anthony로 하여금, 자신의 사회적 몸을 초월적인 글로 읽고 재/진술하게 만든다. 예술 또는 삶에, 기법 또는 정서에, 이론 또는 실제에 위계가 있는 것처럼 연구하는 것은, Fenske가 주장한 바와 같이, 심미적 글쓰기에서 육화된 경험을 단순히 "순수"("비정치적"이라고 읽음) 개념으로 제시하려는 의도하에, "윤리적 속박에서 예술가를 풀어주는"(2004, p.13) 심미학 방식을 적용하는 것

이다. 사회문화적 시스템과 권력에 대한 담화를 본질적으로 취하지 않은 어떤 방법론도 (심미적이건 아니건) 비판적 성찰을, 타인의 눈으로 "세상"을 보기 위해 다른 문화 모자를 쓰고 거울 앞에 자아가 서있는 정체성 구축의 실내 게임으로 정당화하거나 제국주의화한다. 인식론적으로, 협력을 적극적으로 수용하는 이러한 변증법은 비판적 담화와 실행의 깊이와 범위를 확대시킨다. 자문화기술지는 진정한 경험에 여전히 회의적인 "나"를 정치적으로 구축할 책임을 지고 있다(Jackson & Mazzei, 2008, p.314). 그렇게 한다면, 나는 심미적 순수함을 옹호할 것이다.

글쓰기를 수행화하는 것. 이야기를 그것의 사회문화적 출현에, 그 자체의 수행에, 그리고 예술로서 그 자체의 삶에 응답 가능하게 만드는 것. Pelias가 쓰기를, "언어는 나를 가장 잘 대변해주는 친구이자 나의 가장 사나운 적이다. … 권력은 항상 도사리고 있다가 나의 모든 행적에서 나를 붙잡을 것이다. 나는 이것과의 눈싸움에서 이겨야 하며, 그것을 글로 써야 한다"(2007, p.193). 권력은 인식론적 구축에서만큼 심미적 구축에서도 항상 도사리고 있는데, 왜냐하면 이 둘은 불가분의 관계에 있기 때문이다. 그리고 비록 서로 응답 가능하더라도, 그 응답은 서로 배제하지 않는다. 수행 자문화기술지 글은 기법을 통해, 마음을 통해, 능수능란한 몸을 통해 이루어지는 지속적인 질문하기에 대한 것이며, 경험을 명명/재명명/무명화하기에 대한 것이다.

30.4 결론 단장들: 얽힌 관계, 황홀, 그리고 글

내가 그것을 향해,
(가장 사랑스럽고 거친 희망의 소멸과 같은—
그 담화에 대한 모든 이유가 되는 그 이야기의 중심인)
추락하는 낙원을 향해

실제로 내 팔을 뻗었는가?

— Mary Oliver(1986, p.2)

지식과 담화 사이에 있는 나에게 긴 시간이 존재한다.

— Grace Paley(1974, p.127)

나 자신의 수행에 길잡이가 되어준 사람들을 수행한 나 스스로를 표현하기 위해 글을 쓴다. 나-당신: 하나가 아니며, 둘도 아니다. 사실과 허구를 만드는 이렇게 특이한 광경에서, 즉 증대된 이미지가 형성되고 개조되는 곳, 여기서는 너와 내가 누구든 가장 먼저라고 할 수 없다.

— Trinh T. Minh-ha(1989, p.22)

Oliver, Paley, Trinh T. Minh-ha는 열정적인 역치성, 초보단계의 물질성, 지속적인 증대 등을 글로 표현했는데, 이런 면에서 당신과 나는 협력적일 때 존재하지만 단독으로는 존재하지 않는다.

어디서 시작되고 끝나는지 알 수 없는 그런 욕구를 가지고,
서로 조우하는 미학과 인식론.
그것은 우리가 한꺼번에 느끼고/말하고/들을 수 있는,
우리가 피 흘릴 수 있고, 피 흘리면서도 죽지 않을 수 있는,
우리가 죽을 수 있고 부활될 수 있는—또는 그렇지 않은,
이상하고 엇갈리는 곳이다.
하지만 수행을 통해, 이야기들이 그 몸을 이룬 것(성경 인용)은 다행스러운 일이다.

참고문헌

Alexander, B. (2006). *Performing Black masculinity: Race, culture, and queer identity*. Lanham, MD: AltaMira Press.

Anderson, L. (2006). Analytic autoethnography. *Journal of Contemporary Ethnography, 35*(4), 373–395.

Anzuldúa, G. (2007). *Borderlands/La Frontera: The new mestiza* (3rd ed.). San Francisco: Aunt Lute Books.

Behar, R. (1997). *The vulnerable observer: Anthropology that breaks your heart*. Boston: Beacon Press.

Bhabha, H. (1993). *The location of culture*. New York: Routledge.

Butler, J. (2005). *Giving an account of oneself*. New York: Fordham University Press.

Clifford, J., & Marcus, G. E. (1986). *Writing culture: The poetics and politics of ethnography*. Berkeley: University of California Press.

Conquergood, D. (1985). Performing as a moral act: Ethical dimensions of the ethnography of performance. *Literature in Performance, 5*, 1–13.

Conquergood, D. (1991). Rethinking ethnography: Towards a critical cultural politics. *Communication Monographs, 58*, 179–194.

Davis, M., & Dibbs, M. (Producer/Director). (2001). *The Miles Davis story* [TV documentary]. New York: Columbia Music Video.

Denzin, N. K. (2003). *Performance ethnography: Critical pedagogy and the politics of culture*. Thousand Oaks, CA: Sage.

Denzin, N. K. (2005). Politics and ethics of performance pedagogy: Toward a pedagogy of hope. In D. S. Madison & J. Hamera (Eds.), *The SAGE handbook of performance studies* (pp. 325–338). Thousand Oaks, CA: Sage.

Denzin, N. K. (2006). Analytic autoethnography, or déjà vu all over again. *Journal of Contemporary Ethnography, 35*(4), 419–428.

Denzin, N. K. (2008). *Searching for Yellowstone: Race, gender, family, and memory in the postmodern West*. Walnut Creek, CA: Left Coast Press.

Denzin, N. K., & Giardina, M. D. (2007). Introduction: Ethical futures in qualitative research. In N. K. Denzin & M. D. Giardina (Eds.), *Ethical futures in qualitative research* (pp. 9–39). Walnut Creek, CA: Left Coast Press.

Denzin, N. K., & Lincoln, Y. S. (2007). *The landscape of qualitative research* (3rd ed.). Thousand Oaks, CA: Sage.

Ellis, C. (2004). *The ethnographic-I: A methodological novel about autoethnography*. Walnut Creek, CA: AltaMira Press.

Ellis, C. (2009). *Revision: Autoethnographic reflections on life and work*. Walnut Creek, CA: Left Coast Press.

Ellis, C., & Bochner, A. P. (2006). Analyzing analytic autoethnography: An autopsy. *Journal of Contemporary Ethnography, 35*, 429–449.

Fabian, J. (1983). *Time and the Other: How anthropology makes its objects*. New York: Columbia University Press.

Fabian, J. (2001). *Anthropology with an attitude*. Palo Alto, CA: Stanford University Press.

Fabian, J. (2007). *Memory against culture: Arguments and reminders*. Durham, NC: Duke University Press.

Fenske, M. (2004). The aesthetic of the unfinished: Ethics and performance. *Text and Performance Quarterly, 24*(1), 1–19.

Gale, K., & Wyatt, J. (2008). Becoming men, becoming-men? A collec- tive biography. *International Review of Qualitative Research, 1*(2), 235–253.

Gale, K., & Wyatt, J. (2009). *Between the two: A nomadic inquiry into collaborative writing and subjectivity*. Newcastle upon Tyne, UK: Cambridge Scholars.

Gingrich-Philbrook, C. (2001). Bite your tongue: Four songs of body and language. In R. J. Pelias & L. C. Miller (Eds.), *The green win- dow: Proceedings of the Giant City Conference on Performative Writing* (pp. 1–7). Carbondale: Southern Illinois University Press.

Gingrich-Philbrook, C. (2005). Autoethnography's family values: Easy access to compulsory experiences. *Text and Performance Quarterly, 25*(4), 297–314.

Gómez-Peña, G. (2000). *Dangerous border crossers: The artist talks back*. New York: Routledge.

Goodall, H. L. (2000). *Writing the new ethnography*. Walnut Creek, CA: AltaMira Press.

Goodall, H. L. (2008). Writing qualitative inquiry: Self, stories, and academic life. Walnut Creek, CA: Left Coast Press.

Grande, S. (2008). Red pedagogy: The un-methodology. In N. K. Denzin, Y. S. Lincoln, & L. T. Smith (Eds.), *Handbook of critical and indigenous methodologies* (pp. 233–254). Thousand Oaks, CA: Sage.

Hamera, J. (2006). Performance, performativity, and cultural poesies in practices of everyday life. In D. S. Madison & J. Hamera (Eds.), *The SAGE handbook of performance studies* (pp. 49–64). Thou- sand Oaks, CA: Sage.

hooks, b. (1994). *Teaching to transgress: Education as the practice of freedom*. New York: Routledge.

hooks, b. (1999). *Remembered rapture: The writer at work*. New York: Henry Holt.

Hunt, S. A., & Junco, N. R. (Eds.). (2006). Introduction to two thematic issues: Defective memory and analytical autoethnography. *Journal of Contemporary Ethnography, 35*(4), 1–3.

Jackson, A. Y., & Mazzei, L. A. (2008). Experience and "I" in autoethnography: A deconstruction. *International Review of Qualitative Research, 1*(3), 299–317.

Jones, A., & Jenkins, K. (2008). Rethinking collaboration: Working the indigene-colonizer hyphen. In N. K. Denzin, Y. S. Lincoln, & L. T. Smith (Eds.), *The handbook of critical and indigenous methodologies*. Thousand Oaks, CA: Sage.

Jones, S. H. (2005). Autoethnography: Making the personal political. In N. K. Denzin & Y. S. Lincoln (Eds.), *The SAGE handbook of qualitative research* (pp. 763–792). Thousand Oaks, CA: Sage.

Keller, L. (2009). The second wave: Return of the militias. Montgomery, AL: Southern Poverty Law Center. Retrieved August 8, 2009, from http://www.splcenter.org

Krieger, M. (1992). *Words about words about words: Theory, criticism, and the literary text*. Baltimore: Johns Hopkins University Press.

Langellier, K. (1999). Personal narrative, performance, performativity: Two or three things I know for sure. *Text and Performance Quarterly, 19*, 125–144.

Liakos, A. (2008). Canonical and anticanonical histories. In N. Pan- ourgia & G. Marcus (Eds.), *Ethnographic moralia: Experiments in interpretive anthropology* (pp. 138–156). New York: Fordham University Press.

Madison, D. S. (2005). *Critical ethnography: Method, ethics, and performance*. Thousand Oaks, CA: Sage.

Madison, D. S. (2006). Performing theory/embodied writing. In J. Hamera (Ed.), *Opening acts: Performance in/ as communication and cultural studies* (pp. 243–266). Thousand Oaks, CA: Sage.

Madison, D. S. (2009). Dangerous ethnography. In N. K. Denzin & M. Giardina (Eds.), *Qualitative inquiry and social justice* (pp. 187–197). Walnut Creek, CA: Left Coast Press.

Madison, D. S., & Hamera, J. (Eds.). (2006). *The SAGE handbook of performance studies*. Thousand Oaks, CA: Sage.

Marcus, G. E. (2008). Contemporary fieldwork aesthetics in art and anthropology: Experiments in collaboration and intervention. In N. Panourgia & G. Marcus (Eds.), *Ethnographic moralia: Experiments in interpretive anthropology* (pp. 29–44). New York: Fordham University Press.

Marsalis, W., with Hinds, S. S. (2005). *To a young jazz musician: Letters from the road*. New York: Random House.

Max, D. T. (2009, March 9). The unfinished. *The New Yorker.*

Mutua-Kombo, E. (2009). Their words, actions, and meaning: A researcher's reflection on Rwandan women's experience of genocide. *Qualitative Inquiry, 15*, 308–323.

Oliver, M. (1986). The chance to love everything. *In Dream work* (pp. 8–9). Boston: Atlantic Monthly Press.

Paley, G. (1974). Debts. In *Enormous changes at the last minute* (pp. 15–23). New York: Farrar, Straus & Giroux.

Panourgia, N., & Marcus, G. (Eds.) (2008). *Ethnographic moralia: Experiments in interpretive anthropology*. New York: Fordham University Press.

Papagaroufali, E. (2008). Carnal hermeneutics: From "concepts" and "circles" to "dispositions" and "suspense." In N. Panourgia & G. Marcus (Eds.), *Ethnographic moralia: Experiments in interpretive anthropology* (pp. 113–125). New York: Fordham University Press.

Pelias, R. (2004). *A methodology of the heart: Evoking academic and daily life*. Walnut Creek, CA: AltaMira Press.

Pelias, R. (2007). Performative writing: The ethics of representation in form and body. In N. K. Denzin & M. Giardina (Eds.), *Ethical futures in qualitative research* (pp. 181–196). Walnut Creek, CA: Left Coast Press.

Pineau, E. L. (2000). Nursing mother and articulating absence. *Text and Performance Quarterly, 20*(1), 1–19.

Pollock, D. (1998). Performing writing. In P. Phelan & J. Lane (Eds.), *The ends of performance* (pp. 73–103). New York: New York University Press, 73–103.

Pollock, D. (1999). *Telling bodies performing birth*. New York: Columbia University Press.

Poulos, C. (2009). *Accidental ethnography: An inquiry into family secrecy*. Walnut Creek, CA: Left Coast Press.

Richardson, L. (2007). *Last writes: A daybook for a dying friend*. Walnut Creek, CA: Left Coast Press.

Roloff, L. (1973). *The perception and evocation of literature*. New York: Scott Foresman.

Russell, L. (2004). A long way toward compassion. *Text and Performance Quarterly, 24*(3 & 4), 233–254.

Schechner, R. (1985). *Between theater and anthropology*. Philadelphia: University of Pennsylvania Press.

Smith, L. T. (1999). *Decolonizing methodologies: Research and indigenous peoples*. New York: St. Martin's Press.

Smith, S. (1998). Performativity, autobiographical practice, resis- tance. In S. Smith & J. Watson (Eds.), *Women, autobiography, theory: A reader* (pp. 108–115). Madison: University of Wisconsin Press.

Spry, T. (1998). Performative autobiography: Presence and privacy. In S. J. Dailey (Ed.), *The future of performance studies: Visions and revisions* (pp. 254–259). Annandale, VA: National Communication Association.

Spry, T. (2001a). Performing autoethnography: An embodied methodological praxis. *Qualitative Inquiry, 7*, 706–732.

Spry, T. (2001b). From Goldilocks to dreadlocks: Racializing bodies. In R. J. Pelias & L. C. Miller (Eds.), *The green window: Proceedings of the Giant City Conference on*

Performative Writing (pp. 52–65). Carbondale, IL: Southern Illinois University Press.

Spry, T. (2003). Illustrated woman: Autoperformance in "Skins: A daughter's (re)construction of cancer" and "Tattoo stories: A postscript to 'Skins.'" In L. C. Miller, J. Taylor, & M. H. Carver (Eds.), *Voices made flesh: Performing women's autobiography* (pp. 167–191). Madison: University of Wisconsin Press.

Spry, T. (2004). Paper and skin: Bodies of loss and life. An autoethnography performed in various venues across the country.

Spry, T. (2006). A performance-I copresence: Embodying the ethno- graphic turn in performance and the performative turn in ethnography. *Text and Performance Quarterly, 26*(4), 339–346.

Spry, T. (2008). Systems of silence: Word/less fragments of race in autoethnography. *International Review of Qualitative Research, 1*(1),75–80.

Spry, T. (2009). *Bodies of/and evidence*. Paper performed at the 2008 Congress of Qualitative Inquiry, University of Illinois, Champagne-Urbana, IL.

St. Pierre, E. A. (2008). Home as a site of theory. *International Review of Qualitative Research, 1*(2), 119–124.

Starnino, C. (2008). Five from Ireland. *Poetry* (November), 149–161.

Strine, M. S. (1998). Mapping the "cultural turn" in performance studies. In S. J. Dailey (Ed.), *The future of performance studies: Visions and revisions* (pp. 3–9). Annandale, VA: National Communication Association.

Swadener, B. B., & Mutua, K. (2008). Decolonizing performances: Deconstructing the global postcolonial. In N. K. Denzin, Y. S. Lincoln, & L. T. Smith (Eds.), *Handbook of critical and indigenous methodologies* (pp. 31–43). Thousand Oaks, CA: Sage.

Trinh, T. Minh-Ha. (1989). *Woman, native, other*. Bloomington: Indiana University Press.

Turner, V. (1986). *The anthropology of performance*. New York: PAJ Publications.

Visweswaran, K. (2006). Betrayal: An analysis in three acts. In I. Grewal & C. Kaplan (Eds.), *Scattered hegemonies: Postmodernity and transnational feminist practices*. Minneapolis: University of Minnesota Press.

Weston, K. (2008). "Real anthropology" and other nostalgias. In N. Panourgia & G. Marcus (Eds.), *Ethnographic moralia: Experiments in interpretive anthropology* (pp. 126–137). New York: Fordham University Press.

Wyatt, J. (2008). No longer loss: Autoethnographic stammering. *Qualitative Inquiry, 14*, 955–967.

Young, V. A. (2007). *Your average Nigga: Performing race, literacy, and masculinity*. Detroit, MI: Wayne State University Press.

Sarah N. Gatson

31.

온라인 문화기술지에서
표현의 방법, 정치학, 윤리학

이영민_ 숙명여자대학교 여성인적자원개발대학원 교수

31.1 문화기술지와 인터넷의 경계

인터넷 상호작용에 관한 연구는 인터넷의 동시적이고 혼잡한 상호관계성 및 네트워크와 커뮤니케이션 간의 일반적인 경계 때문에 도전적이다. 더구나 온라인 공동체 개발은 내재적으로 다양한 측면의 방법이고, 확인된 네트워크와 네트워크의 상호작용들로부터 각 현장을 철저하게 조사하여 현장의 두드러진 경계를 잘 밝혀내야 한다. 이 장에서는 문화기술지를 통하여 이러한 복잡한 영역들을 표현하는 방법, 정치학, 윤리학을 소개하였다. 나는 온라인 문화기술지의 역사와 형태를 간략하게 살펴볼 것이다. 온라인 문화기술지 작업들에 대한 이러한 설명 및 노력의 미래에 관한 고찰을 근거로 온라인 윤리학이 계획하는 두 가지 방법의 가치에 대해서 설명하였다. 이 방법이란 (1) 참가자의 네트워크가 오프라인 실험실이나 네트워크에서 관찰하고 온라인에서 함께 노력하여 (때로는 모르는 사이에) 문화기술지를 생산하는 전통적인 협조적 문화기술지에 근거를 두고 있다. 이 고찰의 근거는 온라인 공동체 즉, 텔레비전 시청자들에 뿌리를 둔 공동체[1], 약물 사용 논의에 관한 조사에 뿌리를 둔 공동체[2], 연구, 훈련, 교육 목적으로 인터넷을 사용하는 공동체[3]에 관한 나의 경험이다.

(2) 이러한 경험에서 출발하여 연구자는 온라인 네트워크 지도의 기초인 자문화기술적(autoethnographic) 네트워크 매핑(network mapping)을 설명하였다. 나는 특히 이 방법은 미디어 독해력/시민권이 특별한 목표인 교육적, 공공 사회적 프로젝트에 유용하리라 생각한다. 이 장에서는 이러한 종류의 문화기술적 실천은 사회과학의 실천에서 "실증적" 의미 대 "객관적" 의미를 명확하게 조사하여 경험주의자들이 하는 비판(empiricist critique) 이슈를 소개하면서 또 그러한 실천의 기초를 방법의 전통에 두고 있다는 결론을 내렸다.

내가 방법, 윤리학, 정치학을 이해하는 방법으로 이들 각 개념은 힘의 분배와 관계하고 있기에 서로 중첩된다. 비록 윤리학과 정치학이 힘의 부수적인 아이디어를 내포하고 있는 개념이기는 하지만, 방법은 그럴 수 없다. 정확하게 어떤 사람의 방법론적 키트에서 어떤 도구를 사용하는가에 관한 결정은 때때로 힘에 따른다. 아마도 이는 특히 문화기술지의 조밀한 상호작용적 방법에서 시간을 두고 둘 사이에 이동하는 힘의 관계, 피연구자, 연구자들의 힘이다(Ferguson, 1991, pp. 130-132; Kurzman, 1991, p. 261). 방법에서 힘은 타인을 표현하는 힘이다(Markham, 2005a). 그것은 기본적인 힘이다—우리는 현장(field)의 경계 및 질문을 선택해야 하고, 내러티브를 쓴다. 온라인 문화기술지에 포함된 사회학적 관계는 궁극적으로 축어적(textual) 현실의 중재자로서 나의 입장은 차라리 불확실성을 드러낸다(Marcus, 1998, p. 97).

31.2 온라인 문화기술지 방법론: 고전의 연장

일반적으로 문화기술지 방법론은 세 가지 영역으로 분류할 수 있고, 각 영역 및 이들의 익히 알려진 역학과 방법론은 온라인 환경에서 시작하며, 이런 환경과 통합하고 마감되는 연구 사이트에 쉽게 적용할 수 있다.

전통적인 현장 방법. 여기에서 단일 연구자가 현장으로 진입하면 참여 관찰자의 은신처가 된다. 이 전통적인 타입의 하위군이 협조적 윤리학이고, 여기에서는 쌍이나 팀으로 된 연구자들, 때로는 멘토와 현장 작업자나 학생이 연구 장소에 관여한다(Anderson, 1990; Burawoy, 1979; Drake & Cayton, 1945; Duneier, 1992; Geertz, 1973/2000; Hartigan, 1999; Kanter, 1977; Lynd & Lynd, 1927/1956; May & Patillo, 2000; Shostak, 1981; Tulloch & Jenkins, 1995).

자문화기술지. 여기에서 연구자들은 특정한 현장이나 사회적 상황/상태에 분명하게 근거를 둔 토착인이 된다(Bochner & Ellis, 2002; Ellis, 2004; Gatson, 2003; Hancock, 2007; Markham, 2005a; May, 2003).

다현지적/연장된 경우의(multisited/extended-case) 문화기술지. 여기에서는 목표가 맥락을 이론과 현장 간의 대화 내에 위치시키고, 미시적 일반세계 대 이러한 세계들을 조직화하는 거시적 체계로 두는 것이다. 여기에서 "실증적으로 문화적 과정 자체의 맥락을 따르

면 다현지적 문화기술지로 나아가게 된다"(Marcus, 1998. p. 80; 시카고 학파와 같이 문화기술지 양산지인 Center for Middletown Studies 참고).

이런 각각의 유형은 연구자들의 자문화기술지 자체를 캐어서 알아내고, 문화기술지 사이트의 거시적 체계들 내에서의 위치를 찾아내 강조할 수 있으므로 주로 데이터의 표현에 관한 것이라고 말할 수 있다.

설명한 문화기술적 방법의 어느 것을 사용하든지 인터넷은 이상적으로 문화기술지의 도달거리를 연장시키는 역할을 한다. 비록 인터넷 사이트의 경계들이 내재적으로 오프라인 사이트보다 더 투과성이 있으며 (만약 그래프로 나타내거나 인식적으로 그 정도의 경계가 있다면) 물리적으로 경계가 낮긴 하지만, 이런 대부분의 출판물들을 세 범주 전부에 놓을 수 있고 모두를 적어도 두 범주에 놓을 수 있다 하더라도, 저자들이 특정 온라인 문화기술지를 나타내는 주도적인 방법 및 모두를 적어도 동시에 두 범주 안에 놓을 수 있다. 범주들 간의 통합은 이런 문화기술지의 온라인 환경에 반드시 독특할 필요는 없으나 이러한 범주들 그리고 우리가 이 것들 내에 특별한 분석을 놓을 수 있는 어떤 것도 동시대 문화기술자의 윤리학적, 정치학적 입장에 대해 알려주지 않는다.

비록 최근 20여 년 동안 나타나긴 했으나, 고전은 약 15년 전이고 온라인 문화기술지가 바람직한 것인가 아니면 가능한 것인가에 대한 질문에도 불구하고 온라인 문화기술지는 이미 오랜 전통을 지니고 있다(Ashton & Thorns, 2007; Derteano, 2006; Ethnobase, n. d.; Holström, 2005; Howard, 2001; Nieckarz, 2005; Watson, 1997/2003).

전통적인 현장 방법 온라인

논란이 있기는 하나 가장 빨리 출판된 온라인 문화기술지는 Howard Rheingold의 『The Virtual

Community』(1993/2000)인데, 여기에서 사이버공간의 "국경(frontier)"의 "입주(homesteading)" 은유가 뿌리를 내렸다(이 은유의 비평은 De Saille, 2006 참고). 비록 Rheingold는 온라인 공동체의 창시자 중 일인으로서, 자신의 공동체가 궁극적으로 존재하고 있는 복수의, 그리고 연결된 온라인과 오프라인 장소와 공간을 연구한 분석에서 자신의 개인적 경험에 근거를 두고자 했으나, 그의 표현은 공식적으로 문화기술지의 도구를 사용하지 않은(Rheingold, 2000, pp.54-55 참고) 초기의 온라인 공동체 상태에 관한 풍부하고 유용한 이야기이다. 이러한 맥락에서, 그 외에도 Ali(2009a, 2009b), Baumle(2009), Baym(l995a; 1995b, 1998, 2000), Davis(2008), DiSalvo and Bruckman(2009), Gatson and Zweerink(2000, 2004a, 2004b), Harmon and Boeringer(2004), Kendall(2002), Lu(2009), Markham(1998), Millard(1997), Mizrach(1996), Nieckarz(2005), O'Blrien(1997, 1999), Parpart(2003), Sharf(1997), Shaw(1997/2002). Stivale(1997), Turkle(1995)이 포함된다.

자문화기술지 온라인

고전적 문화기술지 전통에서의 수많은 연구와 달리, 온라인 문화기술지는 때때로 이익공동체 내부의 완벽하고 일반적으로 인정 받은 내부자에 의해, 때로는 학생으로 출발한 개인들 즉, 완전히 비학문적 분야의 개인들에 의해서 기록되기도 한다. Rheingold로부터 시작된 연구는 저자들이 무엇보다 이익공동체 구성원(때로는 설계자)의 바탕이 된다. 여기에는 Asim Ali(2009a, 2009b), Sarah Gatson과 Amanda Zweerink(2004a, 2004b), Stacy Horn(1998), Jeffrey Ow(2000), Latoya Peterson(2009a, 2009b), Lisa Richards(2003), John Seabrook(1997), Sherry Turkle(1995), Stephanie Tuszynski(2006)가 포함된다.

다현지적 문화기술지

사람들은 한 개 이상의 온라인 사이트를 연구하거나, 온라인과 오프라인 사이트를 모두 포함시키거나, 연구중인 공동체의 더 큰 사회적 맥락을 발전시키는 다층적인 (multilayered) 내러티브를 구축하여 이런 종류의 온라인 문화기술지에 참여한다(Marcus, 1998, pp.84-88, 117-118, 241-242). 온라인 환경에서 직설적인 문화기술지에 대한 적절성의 부재와 관련한 Philip Howard의 이전 제안은 본질적으로 "현실" 대 "가상"이 아니라 좀 더 구체적으로 말해서 현장 사이트의 물리적 이상(ideal)에 따라서 대부분의 온라인 사이트들은 어떤 식으로든 비물리적으로 경계를 이루고 있으면서, 또 "더 큰 사회적 맥락 속에서는 … 정착하기 힘들다."(2001, p.565; Derteano, 2006; Nieckarz, 2005 참고). 그러나 이러한 입장은 다현지적(multisited)인 입장으로 바뀌었고(Celeste, Howard, & Hart, 2009), 여기에는 Ashton과 Thorns(2007), Bakardjieva(2005), Bandy(2007), Blasingame(2006), Christian(2009), Connery(1997), Gatson(2007a, 2007b), Gatson과 Zweerink(2004a, 2004b), Goodsell과 Williamson(2008), Hampton과 Wellman(2002, 2003), Heinecken(2004), Hine(2000), Islam(2008), Ito(1997), Kendall(2002), Knapp(1997), Komaki(2009), Leurs(2009), Mallapragada(2009), McPherson(2000), Mitchell(1999), Nakamura(2009), Ow(2000), Reid(2009), Richards(2003), Salaff(2002), Schmitz(1997/2002), Silver(2000), Stenger(2006), Stern과 Dillman(2006), Tepper(1997), Tuszynski(2006), Watson(1997/2003), Williams(2004), Zickmund(1997/2002)가 포함된다.

온라인 문화기술지를 범주화하는 어려움에 대해 다시 언급하는 것은 가치가 있다. 어떤 연구팀이 발표한 텍스트 세트를 함께 본다면(Busher & James, 2007a, 2007b; James, 2007; James & Busher, 2006, 2007), 이들 연구는 이들의 기술된 주요 방법인 온라인 면담 기법만이 아닌 다른 어떤 것을 나타낸다. 대신 우리는 저자들이 연구에서 자신들이 회원으로 있고, 이곳의 많은 참여자들에 대한 사전 지식을 갖고 있는 학계 내에서 설정한다는 점에서 자문화기술지, 다현지적 문화기술지로 재분류할 수도 있을 것이다. 두 번째 세트의 예는 『사이버 공간에서의 인종(Race in Cyberspace)』에서 발생한다. 몇몇 장은 전혀 '문화기술지'로 불리지 않으며, 논증할 수 있는 일이지만 다현지적이다. Nakamura는 "상업적 사이버공간의 인기 있는 미디어 내러티브"인 광고 텍스트를 분석한다(Kolko, Nakamura, & Rodman, 2000, p.9). Jennifer González(2000)는 자신의 사이트를 주로 그래픽에 관한 텍스트로 제시하면서 사용자들이 아바타를 구매할 수 있는 사이트들을 설명한다. 이번 편집된 판(Porter(1997)의 『Internet Culture』)에 있는 몇 개의 다른 사이트들 중에서 이들 사이트는 주로 텍스트로 취급되며, 기관윤리심의위원회(IRB)와 방법론적 고려사항들은 분명하게 설명되지 않았다. 마찬가지로 2009 Texas A&M University Race and Ethnic Studies Institute Symposium에서 Henry Bial의 기조연설은 저자를 여러 온라인 영역에서 배우 연기를 분석하고 영화 연구에서 유대인과 동질화하였다. 마지막으로 Jeffrey Ow의 연설이 가장 유익하다.

> 나는 나의 정당한 자격으로 아시아의 남성 사이보그로서, Shadoll' Warrior 논쟁과 내 자신의 지적 게임을 하기로 선택하면서 논쟁의 대립되는 읽을거리를 엮어내는 비뚤어진 즐거움을 인정하고, 컴퓨터 화면의 디지털 실체보다도 게임 대중 및 게임 디자이너의 훨씬 더 무시무시한 창조물을 창조한다. 내 게임의 각 레벨에서 Yellowfaced Cyborg Terminator는 개별 게이머에서 회사 대표로, 서로 다른 실체로 변화하고, 법인 실체로 마감한다(2000, p.54).

따라서 Ow는 자신의 참가에서 게임과 인종주의자 문화 모두에 근거하지만, George Marcus를 반영하여

"문화적 논리는 … 항상 다양하게 생산되고, 이런 논리의 문화기술적 계정은 이들이 적어도 소위 시스템(예, 미디어, 시장, 국가, 산업 등의 현대 연동 기관들)의 사이트 내에서 부분적으로 구성되어 있음을 발견할 수 있다"(Marcus, 1998, p.81).

31.3 온라인 현장 사이트에서 정치화 방법론 및 윤리학

앞 단락에서 설명했듯이 스스로를 문화기술자라 칭했던 저자들은 태생적으로 문제가 있다. Max Travers(2009)는 온라인 문화기술지의 새로움과 혁신 주장은 주로 정치적인 것이라고 주장한다(Hine, 2008 참고). 문화기술지가 하는 일(장소에 가고, 위치와 상호작용, 경계를 관찰하고, 거주자들과 대화를 하고, 그들을 관찰하고, 이러한 모든 관찰 및 상호작용을 기록하거나 복사하고, 다른 사람의 복사본을 읽고, 더 많이 관찰하고 대화하고, 더 복사하고, 최종적으로 이론이 나오거나 검사되는 어떤 내러티브를 준비하는 것)이 무엇인지에 관한 구조에 대한 기본 개념에서는 그가 옳다.[4] 그러나 온라인 문화기술지의 새로운 **방법**에 대한 Travers의 거부는—현장 사이트의 개념에서—온라인 문화기술지의 새로운 현장의 가능성을 이해하지 못하였다. 온라인 문화기술지의 사이트는 필수적으로 일반적으로 인정되는 자아, 공동체, 사생활, 텍스트와 같은 개념들의 정의적 경계에 영향을 미친다.

Gary Fine은 "문화기술지는 감각적 경험이 텍스트가 되다라고 작성될 때까지는 아무것도 아니다."(1993, p.288)라고 했다. 온라인 사이트는 이미 텍스트이고, 이미 작성되어 있다(유튜브와 같은 더 많은 그래픽 사이트들에서조차 텍스트가 있다). 대상으로부터 연구자의 답변 유도가 때로는 불필요하다. 이것은 Travers가 온라인 문화기술지를 "항상 '더 얇은' 수준의 기술을 야기하는"(2009, p.173) 것으로 거부하게

된 한 가지 이유인 것 같다. Travers가 이런 주장을 입증하기 위해 인용한 소수의 예에도 불구하고—이들 예에서 그의 느낌은 온라인 문화기술자들은 "대상별 게시글"을 읽는다는 느낌임—연구자들이 수년에 걸쳐 동일한 장소의 참여자들에 의한 수백 개 또는 수천 개의 게시 글을 읽거나 또는 기록보관소를 통해 읽는다는 10여 개의 예가 무시되었다. 온라인 연구는 일 회, 한 시간 면담과 동일한 수준의 깊이를 또는 일상적으로 참여하는 일반적인 오프라인 문화기술자들이 생산하는 것과 동일한 수준의 깊이를 제공할 수 있다. 이 연구는 또 역사학적 또는 비교역사학적 텍스트 기반 분석과 동일한 수준의 심층 분석을 제공할 수 있으며, 여기에서 텍스트는 기록보관소의 자료에서 조금씩 수집할 수 있다(Marcus, 1998, p.84 참고).

아마도 입력 현장은 그렇게 가끔은 (가정이나 사무실, 사적으로 소유한 온라인 계정 등) 개인 공간이기 때문에 (그러리라 짐작됨) 온라인 현장은 특별한 윤리적 경계를 갖고 있다는 생각을 당연히 받아들이기도 한다. 그러나 스스로를 문화기술적이라고 내세운 연구들에 관한 윤리학 섹션을 읽을 때 우리는 설명했던 동일한 종류의 경계가 설정된 행동을 발견한다. 사실 이들은 내재적으로 오프라인 문화기술지에서 발견하는 것과 다른 것은 아니다. 나는 인터넷 연구자협회(Association of Internet Researchers: AoIR)의 "윤리적 의사결정과 인터넷 연구"(2002) 지침이 작성되기 전에 처음으로 온라인 문화기술지 프로젝트를 시작했었다. 처음부터 나는 거기에서 관행을 따랐고, 어떻게 단일 공동체의 지형에 걸쳐 다양한 인터넷 행위지가 자체적인 윤리적 기대치를 설정하는지에 대해 특별한 주의를 기울였다(AoIR, 2002, pp.4-5; Gatson & Zweerink, 2004a, pp.17-19). 나는 인터넷 연구자협회(AoIR)에서 윤리적 경계에 관한 나의 의미를 찾은 것이 아니라, 사회학적 연구 방법론에서 훈련을 받으면서 그 의미를 찾았다.

온라인 문화기술지를 위한 윤리적 지침: 개요

Dorothy Smith는 "비참여 관찰과 같은 것은 존재하지 않는다"고 단언하였다(1990, pp.87). Judith Davidson과 Silvana di Gregorio(이 책의 38장)가 인정한 것과 같이 IRB의 감시와 감독이 높을수록 "일반인들은 … 가상 세계에서 고유의 양질의 연구자들로서 적극적으로 개입한다"는 사실과 맞물려 상세한 정보를 갖춘 승인(informed consent), 참여, 관찰, 권위 있는 내러티브, 담화, 학위에 대한 다소 곤란하며 전문적으로 이미 정의된 이해가 더 복잡해진다. 그래서 온라인 무대는 내부자와 외부자를 정의하는 것이 전통적으로 이해하는 문화기술적 현장 사이트의 개념에서 좀더 분명하게 복잡한 분야이다.

Annette Markham의 단언과 반대되게 온라인 환경에서의 첫 단계는 읽기이다(2005a, p.794 참고). 또 Hugh Busher와 Nalita James(2007)와 반대로 학문은 연구 사이트가 온라인 상호작용(Turkle, 1995, pp.29-30 참고)에 토대를 두고 있을 때 연구 대상이 되고 있는 청중이나 집단 안에 이미 존재한다고 주장할 수 있다. 인터넷 자체는 인터넷 연구자들의 압도적 다수가 이미 적어도 기계적인 의미에서 (우리는 읽는다, 우리는 게시한다, 우리는 전자우편을 한다 등) 긴밀하게 친숙해져 있고 유일하게 정의 가능한 분야 중 하나이다. 인터넷 내부에 있는 특정 서브필드 사이트의 내용은 낯선 것일 수도 있으나, 신규 가입자가 되는 방법은 그렇지 않을 것이다. 다시 말해서 숨어 있거나, 읽고 있는 온라인 내용, 주제넘지 않은 관찰은 오프라인 문화기술적 상황에 있지 않다는 방식에서 참여 관찰이다. 만약 우리가 온라인 공간의 독자라면 우리는 이미 실제적인 방식에서 "안에" 있다. 왜냐하면 대부분의 온라인 내용은 필연적으로 독자 자신의 포스트를 더해 상호작용을 할 필요 없이 읽혀지는(해석되는) 것이기 때문이다. 그러나 그것이 항상 수행을 위해 IRB의 승인이 필요한 참여 관찰인가? 언제 읽기가 생각하기가 되고, 자료 수집이 되고, 자료 분석이 되는가? 언제 우리가 공동체 회원이나 시민, 학자인가? 우리는 읽는 데 아니면 단지 게시를 하거나 온라인에서 타인과 대화를 하기 위해 허가가 필요한가? 만약 인터넷에서 경험이 이미 기재되었고, 이미 수행되었고, 학문적인 게시를 통해 그것을 확인하는 데 문화기술자가 필요하지 않다면, 우리는 다시 적당한 상호작용의 경계의 정의를 중재하는 의사결정권자로서 노출된다.

어떤 의미에서 모든 온라인 문화기술지는 "위장된 관찰"이지만 반드시 기술적 관찰일 필요도 없다. 동시대에 공개적으로 접속 가능한 웹사이트는 어떤 수준 및 종류의 관찰하에 있으리라는 기대감을 갖고 있으며, 이러한 사이트에 참여한 자가 관찰을 당하지 않는다는 또는 사실 관찰자의 의도나 그러한 관찰의 용도를 통제할 수 있다는 합리적인 기대감이나 방어적인 기대감을 갖고 있는지 의심스럽다. 그러나 문화기술적 윤리학의 패권적 기반은 상세한 정보를 갖춘 동의서와 힘의 차별에 대한 인식 모두가 포함되며, 이 둘은 인간 대상 연구 및 IRB 자체의 역사적 과잉 안에 심어져 있다. 그러나 다시 읽기는 그 자체의 상호작용의 형태이며, 자신의 텍스트를 온라인으로 게시, 제출, 출판하는 행위는 비록 공동체는 아닐지라도 독자와 청중의 초대이다. 연구자의 "연구의 발표에서 권위[또는 권한]의 손실과 사회적 생활의 관찰자/해석자/기록보관자로서 우리의 학문적 역할의 축소"에 관한 Markham의 우려는 일상적인 온라인 저자들이 표현하고 게시하고, 제출하고 출판할 때 겪는 통제의 상실을 반영한다(2005a, p.800; Marcus, 1998, p.97 참고).

Fine은 "문화기술지의 10가지 거짓말"을 언급할 때, 힘과 정보 통제의 긍정적인 면을 설명하면서 문화기술자는 더 많은 두드러진 힘과 통제권을 소유한다고 가정하였다(1993, p.276). 비록 온라인 환경이지만 연구자는 고립되었거나 과거에 알려지지 않았던/보통 알 수 없었던 공동체의 표현 및 정보의 흐름을 통제하는(Fine이 비난하여 공격한 문화기술적 특성인) 외로운 순찰병은 아니다. 여기에서 다시 오프라인 문화기술지의 이러한 "거짓말"이 온라인에서 증폭된다. 누군가의

동료들이 그의 연구에 대해 공개적으로 제기된 비평에 관여할 수 있으나, 그의 대상도 그럴 수 있으며, 우리들의 대상은 거의 우리 자신들만의 것은 아니다.

연구자들이 말하는 인간 대상을 위하여 필요한 온라인 훈련 매뉴얼, "연구자들은 연구, 특히 인간 대상자가 포함된 연구를 실시할 권한이 없다. 사회는 연구자들에게 연구를 수행할 특권을 인정한다. 이러한 특권의 인정은 연구가 책임감 있게 실행될 것이라는 대중의 믿음에 기반한다. 이러한 믿음이 손상되면 이런 특권은 취소될 수 있다." 나는 여러 곳에서 누군가의 연구 사이트는 잠긴 문이 하나도 없고, 문이 열리면 특정한 기본적인 수준의 진입이 공표되고 기껏해야 특정한 종류의 참여를 차단하는 약간 불투명한 유리창만 있는 공공의 장일 때 누가 누구에게 그리고 무엇을 위해 승인을 주는지에 관한 복잡한 역학을 설명하였다. 이러한 역학에는 Clifford Geertz([1973/2000] 또는 심지어 Joshua Gamson[1998])와 같은 고전적인 오프라인 문화기술자들이 직면할 필요도 없었던 방식으로 또 다른 대상인 연구자의 "특권"이 포함된다. 또 Fine은 Jack Douglas를 인용하여 문화기술자도 권리가 있다고 주장한다. 대부분의 온라인 문화기술지의 매우 공적인 성격을 볼 때, 이러한 권리는 생물 의학적이거나 50년이 된 사회행동의 모델과는 다른 모델로 평가해야 한다(Stark, 2007). 차라리 이것은 (온라인 문화기술자 자신들을 포함해) 미디어 독해력이 있는 시민을 고려한 것이어야 한다(Fine, 1993, p.271; Bassett & O'Riordan, 2002; Dingwall, 2007; Elm, Buchanan, & Stern, 2009; Feely, 2007a, pp.766-770; 2007b; Johns, Hall, & Crowell, 2004; Katz, 2007; Kendall, 2004; Smith, 2004; Thomas, 2004 참고). 온라인 문화기술지들은 특정 분야 사이트와 관련한 우리의 특정 위치의 연구에 개입해야 하며, 그것은 어느 정도 경계가 있는, 쉽게 파악이 가능한, 문화적 또는 하위문화적 오프라인 문화기술지 위치에 대한 외부인으로서 우리의 처지를 연구하는 것과는 근본적으로 그리고 질적으로 다른 미디어를 읽는 관중에서 우리의 처

지를 연구하는 일에 개입해야 한다. 따라서 어떤 의미에서 우리는 우리가 하고자 선택했던 각 온라인 문화기술지에 대한 우리의 지침을 다시 만들어야 하며, 동시에 우리가 작업할 때 따를 전문가적 그리고 사회 법률적 윤리학과 우리와의 관계를 포기하지 않도록 해야한다.

31.4 인종의 가장자리 찾기: 온라인 위치 및 경험 표현

그렇다면 사람들은 온라인 문화기술자로서 자신이 갖고 있는 정치적 힘을 어떻게 사용하고 다닐까? 온라인 사이트 및 그것의 참석자 정체성과 경계의 대표적인 내러티브를 만들 때 무엇이 유용하면서 또 윤리적일까? 나는 앞에서 사람은 단체 및 네트워크에서 우리 멤버십의 경계를 정하는 늘 타이트한 서클 및 더 큰 공동체 안에서 자신의 위치를 이해하고, 그래서 자신의 다중적 입장, 정체성, 힘/자원, 그리고 이들을 윤리적으로 사용하는 방법을 이해해야 한다고 제시했었다.

온라인에서 공동체 경계들의 상호침투

다음은 'stina의 말이다.
(1998년, 9월 14일 월요일, 10시 27분 21초)

─
질문: 이것은 몇 달 전에 나의 지역 신문에서 "편지(letters)" 섹션에 나왔었다.

고등학교 여학생으로 내 연령대가 레오나르도 디카프리오가 "정말로 정말로 귀여워서" 타이타닉을 18번이나 관람했고, 뱀파이어 해결사나 도슨의 청춘 일기처럼 쓰레기 같은 천박한 프로그램을 보는 단순한 정형적 타입의 아동으로 전락했다고 생각하니 그것은 내게 문제이다.

나는 짧은 치마를 입고, 중고품가게에서 쇼핑을 하고, 거품 머리를 한 뱀파이어와 같은 롤 모델이 있어 다행이라는 말을 들으니 불쾌하다. … 섹시하지만 머리가 없고 탈색한 젊은 소녀들을 그리면 우리 진짜 10대 소녀들에게 세상을 사로잡을 권리를 줄 것이라고 미디어가 생각한다면, 여성의 권한부여는 요원한 이야기다. 나는 젊음과 아무 문제없다─나는 젊다. 나는 섹시한 것에 아무 문제없다─그건 쿨하지. 머리 염색에도 아무 문제없다─그건 소녀와 미용사 간의 일이니. 하지만 신경 쓰이는 건 머리가 없다는 거다. "걸 파워"를 가지려면 먼저 우리 자신 및 타인을 존중하는 법을 배워야 한다. 만약 우리가 보는 유일한 이미지가 두뇌가 없는 여주인공의 이미지라면 어떻게 우리가 뱀파이어 해결사 Buffy 이상의 뭔가 중요한 것이 될 수 있다고 믿을 정도로 우리 스스로를 존중할 수 있겠는가?

Courtenay B. Symonds, 휴스턴[5]

왜 우리는 젊은 여성이 끊임없이 주변에서 Buffy나 Ally [McBeal]을 롤 모델로 삼는 게 "굉장하다"라는 말을 듣는다고 생각하나? 시트콤이 아니고 남성 대신에 여성에 초점을 맞춘 두 번째 시리즈가 나와 우리 모두 이 여자의 리드를 따라야 한다는 것은 여성에게 롤 모델이 너무 없어서이기 때문인가?

이 아이 말에 일리가 있는가?

'stina─Joss Whedon의 Buffy Summers보다는 훨씬 더 Chris Carter의 Dana Scully와 같은 아이이다.

내가 회원으로 10년 이상 그리고 자문화기술지에 거의 6년 이상 시간을 보냈던 온라인 공동체, Buffy Summers의 성에 따른 롤 모델의 적합성에 관하여 한 시간 정도의 분석적 대화가 나오게 했던 이 공동체에서의 이 본문 발췌문은 온라인 문화기술지에서 표현의 방법론, 정치학, 윤리학의 토론을 위한 이상적인 프레임워크 방법론을 제공한다.[6] 첫째, 사실 'stina는 문화기술적 기법을 모사한 일반적인 전략을 사용하였다—이 여성은 자기가 어디에선가 들었거나 읽었던 대화나 본문의 일부를 참고하여 공동체 및 공동체 일원으로서 자신에게 관심 주제에 주의를 돌리게 하였다. 둘째, 이 여성은 누군가의 말을 그대로 인용했는데, 그의 원래 텍스트는 그녀 자신의 목적을 위해 새로운 비문의 장소에서 벗어난 것으로 보여, 다시 문화기술자의 기술을 모방하였다. 마지막으로 이러한 텍스트들을 다시 공개된 형식으로 복제하여 (Ms. Symonds의 경우에는 두 번째이고 'stina의 경우에는 첫 번째) 나 자신은 방법론, 정치학, 윤리학을 강조한다—왜 이들 텍스트인가? 왜 이들 대상인가? 그리고 누구의 허락을 받았는가?

Reuben May(2003)는 스스로를 개인 저널리스트이자 학구적인 문화기술자라고 소개한 한 기사에서 이러한 이슈들을 탐구하였다. 그의 분석은 "참여자－관찰자로써 자기 자신의 행동은 사회적 또는 행정적, 법적 경계를 경시하거나, 짜증을 내거나 건너뛰기 때문에 공식적으로 수학하는 대학 학생들의 사회적 행동의 생존력을 그의 신분은 부정하기에(부정했기에)" 현장 노트가 아니라 스스로가 그 자체로, 기록적 문서 증거(archival textual evidence)로 취급되는 개인 저널의 하나이다. May는 "사람들과 어울리고 그들의 성적 풍자인 말장난을 공유하고자 하는 나의 내면 깊숙한 충동 때문에 동네 선술집에 관한 내 첫 책을 쓰기까지 한" 어떤 익명의 학생 참여자－관찰자가 되는 것과 자신의 익명도 아닌 과다하게 노출된 Black 교수인 한 대학가의 밤놀이를 연구할 때 같은 기법을 사용하는 게 부적당하다고 알게 된 자 간의 차이를 탐구하면서 우리에게 왜 그가 그것을 공부하지 않기로 했는지를 말하여 자신이 공부했던 것을 말한다. May의 결정과 반대로 Markham(2005b)은 성/젠더와 계층/인종 긴장 및 권력역학에 관한 비슷한 맥락의 논문에서 자신의 내러티브를 그럼에도 공식적으로 정의된 문화기술적 연구 프로젝트에서 나온 발견들을 제시하는 복잡한 방법론적 내러티브로 표현하는 선택을 하였다. 이들 저자는 모두 설명한 배경의 회원들이었으나, 각각 합법적인 연구 프로젝트로 규정할 수 있는 것은 무엇인가에 관해 다른 선택을 하였지만 같은 저널에 각자의 이야기를 발표하였다.

대부분 World Wide Web 사이트의 매우 공적인 성격 때문에 (전자우편부터 뉴스그룹과 게시판까지 좀 더 많이 통제되는 접근 및 개인 영역이 포함된 온라인 사이트와 인터넷, 인터넷 업무 및 교육 기반 온라인 장과 반대됨) 어디에 윤리적 경계가 있느냐에 대한 논쟁성은 아마도 IRB 프로세스의 형식을 따르는 한 그것들은 이미 해결되었다고 생각하는 이슈들을 제기하기 때문에 특별히 문제를 내포한 것이다. 블로그를 인용하는 게 기록상의 아카이브에서 발견한 편지나 신문에서의 인용과 같은 것인가? 일대일의 대화나 사적인 대화의 인용의 재구성은 즉각적인 메시지나 게시판을 통해 일어나는 어떤 대화나 그룹 토의의 인용이나 재구성과 같은 것인가? 자신의 신분을 밝힌 모든 온라인 문화기술자들은 이들의 오프라인 상대방들과 같이 이런 종류의 이슈들을 논의하고 반드시 오프라인의, 아마도 해결된 상황에 관하여 이들의 특별한 온라인 장들이 무엇을 복제했는지 찾아내 자신들의 윤리적 선택을 방어할 수 있어야 한다(Barnes, 2004; Bassett and O'Riordan, 2002; Elm, Buchanan, & Stern, 2009; Sharf, 1999).

Jan Fernback은 온라인 공간은 "사회적으로 구성되었고 재구성되었다. … [그리고] 집단적 문화적 기억을 위한 창고이다—우리에게 우리가 누구인지를 일깨워주는 대중문화이고, 그것은 거기 거주자들이 만들어낸 내러티브이고, 그것은 픽셀과 가상 텍스트들로 살아나고 복사된 생활이다. … 사이버공간은 본질적으로 사회, 정치, 경제, 문화적 상호작용을 위한 재창설된 공적 영역이다. … [그것의] 사용자들은 … 저자, 웅변가, 정치인, 대학자들이다."(1997/2002, p.37)라고 주장하였다. 따라서 여러 목소리의 즉 대화적 텍스트 환경이 어떤 공동체의 합의된 그림이나 현재 또는 과거에 전체로써 공동체에 중요한 것에 대한 파편적 의식, 공동체 자체의 복제 또는 사실 그 연속성을 만드는 것인가? 문화기술적 내러티브 비문은 어떤 민족이나 그들의 장소, 동질성에 대한 전체론적인 그리고 때로는 직선적인 이야기를 대표한다. 이 직선적 구조는 일관성 있는 표현 기준의 준수라는 필요성이 될 수도 있다(Markham, 2005b 참고). 그러나 공동체, 정체성, 장소는 경쟁을 거친 실체들이다. 이들은 또 시간이 가면 변한다. 한 (심지어는 두) 문화기술자가 공동체의 모든 면을 다룰 수는 없고, 일관성 있는 내러티브의 생산에는 선택결정이 요구된다. 비록 우리 문화기술자들이 한 공동체의 연속적인 (또는 동시적인) 다중초점의 내러티브를 만들 수 있고 또 만들고 있지만, 우리는 지금도 필기사이자 해석가이며 권위자이다. 누군가의 연구 분야에 다른 학문적 필기사가 있고 비문이 적어도 자기 자신의 것만큼 분석적인 "비전문가" 필기사가 있을 때 무슨 일이 일어나는가? (이 책 38장의 Davidson과 di Gregorio 참고) 한 가지 결과는 문화기술적 방법론의 세 주요 영역 각각의 관습을 혼합한 협업적 다의적 문화기술지가 될 수 있다는 것이다. 이것이 **대형 문화기술지**(macro-ethnography)가 된다.

Kate Millet의 「매춘 논문(Prostitution Papers)」은 우리에게 다의적인 문화기술지의 한 예를 보여준다(1973; Davis & Ellis, 2008 참고). 비록 Millet가 이 책의 저자로 표시되었지만, 그녀는 사실 편집자로 자기 자신을 포함한 네 여성 간의 대화를 유도하고 구성하였다. Millet는 각 저자의 접근법을 자신들의 이니셜로만 신분을 밝힌 여성들이 저술한 수필 형태로 표현하였다. 그녀 자신은 K였고, 학문 활동가 J는 과거 성 산업 종사자이고 현재는 심리학자이며, M은 과거 성 산업 종사자이고 현재는 박사과정 학생이고, L은 매춘부의 관리를 옹호하는 정책옹호자이자 변호사였다. 비록 저자들이 제공한 무엇보다 중요한 합의, 즉 성 산업 노동은 노동이라는 합의가 있었지만 성 산업 노동자들은 가부장제에 의해서 위치가 정해지고 있고, 자신들이 봉사하는 남성이 아니라 (또는 거의 아니라) 매춘을 처벌하려고 하는 형사사법제도에 의해서 다시 피해자가 된다―각 여성은 다양한 형태의 신분 출신이므로 이들의

다현지적으로는 서로 크게 다르다.

Millet는 이 작업을 "솔직한 대화"라고 불렀고, 이 프로젝트는 실제로 책과 영화로 만들어졌다. Millet는 분명히 초보 문화기술자임이 분명하였다. 그녀는 관찰, 기술, 해석이라는 문화기술자의 시간표를 따랐다. 그녀는 그들 자신이 개발한 Bronzer에 대한 공간을 제공하여 자신의 표면상의 대상들을 초대하여 함께 문화기술자, 특히 자문화기술자가 되게 하였다. 그래서 Millet의 책은 문화기술자의 경험으로써 문화기술지와 그들의 대상이 공동으로 창작하는 텍스트가 혼합된 책이다. 온라인 문화기술지에서는 절대 그냥 "하나의 시작 [또는] 하나의 끝"이란 없고, 또 어떠한 한 가지 위치의 명백한 힘도 없다(Bochner & Ellis, 2002, p.11). James와 Busher는 면담에 이메일을 사용할 때, 오는 힘의 균형의 이동에서도 "연구자들은 자신들이 행사하는 힘을 과정의 규칙을 조직화하는 것으로부터 벗어날 수 없다"고 걱정하였다. James와 Busher는 또 현장에 내재된 사생활의 부재와 불안전환 환경에 대해서도 염려하였다. [그러나 이들은 이것이 연구자들에게도 사실로 간주하지 않는다. Stevienna De Saille가 언급한 바와 같이 인터넷을 유토피아로 만들지 않고는 힘과 접근은 온라인에서 매우 다르며, "과거에 권리를 빼앗긴 사람들이 점점 자신들의 게시판, 페이지, 블로그를 설치하여 자신들의 이질적인 주관성을 세상에 규정하고 있는데, 웹의 기술이 사실 지위가 아래인 사람에게 발언권을 준다는 점을 무시할 수 있을까?" (2006, p.7)

텔레비전이며 인터넷인 "engagement medi[a](참여미디어)"(Askwith, 2007)는 잠재적으로 우리를 팀에 기반한 협력적 문화기술지 너머로 멀리 데려왔고, 우리로 하여금 텔레비전 시청자와 이들 시청자 내에 포함된 공동체의 윤리적이거나 기타 등등의 경계를 더 세밀히 분석할 수 있게 해준다(Bandy, 2007; Islam, 2008; Lotz & Ross, 2004; Shirky, 2002; Whiteman, 2009). 내가 공식적으로 The Bronze, the book, 'Bite Me!' 경우를 연구하기로 결정하고 있던 바로 그

때에 『An Unofficial Guide to the World of Buffy the Vampire Slayer』가 출판되었다. 이 책에는 곧 있을 Posting Board Party인 공동체 최초의 중요한 오프라인 수집에 관한 섹션이 담겨 있었고, 이들의 Bronze 게시명과 이들의 오프라인의 일상적인 이름이 캡션으로 나온 Bronzer들의 사진이 포함되었다. 이 책의 2002년 판에는 심지어 몇몇 개인 Bronzer들에 관한 간단하게 확인 가능한 더 많은 정보가 실렸고, 웹사이트로 'The Bronze'에 관하여 철저하게 밝히는 정보 및 회원들과의 몇 가지 인터뷰도 실렸다(Stafford, 2002, pp. 113-156). 또 이 사이트는 광고가 잘 되었고, 저널리스트들이 수시로 들락거렸으며, The Bronze의 Who's Who 및 What's What과 같이 연결된 웹사이트를 통해 (여기에서 Bronzer 자신들은 "Web 2.0"의 주류 담화가 출현하기 훨씬 전에 간편한 사회관계망을 위해 pre-Friendster/MySpace/Facebook을 만들었다) 공동사회의 장소가 나아갈 바로 self-promote되었다.

The Bronze의 청중-저자 피드백 루프(Koci-emba, 2006)는 항상 복잡하고 다차원적이었다—그것은 저자가 되어야만 했던 Joss Whedon이 아니었고, 그는 그의 청중과 공동체로부터 말을 듣는 유일한 자가 아니었다. 결국 제작팀의 일원인 Jane Espenson은 언어학 대학원생으로 시작하여 Michael Adams의 『Slayer Slang』(2004)에 대한 입문서를 제공하였다. Meredyth Smith(~mere~)는 처음에는 Bronzer에서 그 다음 Whedonverse 작가로 다른 방향으로 갔다.[7] 다른 사람들은 지켜보고 있고, 게시를 하고, Bronzer가 된다는 것의 의미에 대해서 곰곰이 생각하고 있었다. elusio는 영국의 한 대학에서 대학과정으로 두 개의 논문을 썼고, Kenickie는 연구 시절 대부분 영국에 있는 대학에서 사회학을 전공하였고, Psyche와 seraphim은 각각 대학원에서 심리학과 인류학을 전공했는데 이들은 다른 acafan들처럼 The Bronze에서 어떠한 공식적인 연구도 하지 않고 있으면서도 Tamerlane이 수년 동안의 잠복생활에서 나와 공동체의 눈에 띄는 인물이 되었을 때 그랬던 것처럼 자신들의 지적 관심을 자신들의 오프라인과 온라인 팬 활동에 쏟았다.

다음은 Tamerlane의 말이다.
(2000년 4월 11일 화요일 17시 10분 39초)

—
'stina, Jaan Quidam, Closet Buffyholic, Sarah Nicole 기타 등등: 이곳이 정말 내 마음에 든다. '쇼 이상의 것'이라는 생각이다. 그가 했던 형식을 마련한 데에 대해, TV James에게 정말 큰 공을 돌려야 한다고 생각한다. 나의 장기적인 학문적 관심 두 가지 중 하나가 생물학이다(또 하나는 물론 역사). 그것은 항상 나에게 어떤 분야 또는 단지 상호작용적인 랩실을 갖춘 생물학과 평균적인 대학 강의 수업에 흥미를 갖도록 하였다. 세 시간짜리 개방형 실험을 위해 한 주에 두 번씩 사람들 사이를 배회하고, 거기에서 사물들을 배회하며 쳐다보고 그것들에 대해 다른 사람들과 토론하면서 시간을 보내면 (심지어 세 시간짜리 강의와 비교해도) 상당히 증대된 연결성으로 나아간다고 생각한다. 긴 야외견학에서 발생하는 결합은 말할 것도 없다(평생 좋아하는 캠핑 여행의 하나는 지금도 1주일짜리 화재 생태학(Fire Ecology) 현장학습이다). 비록 나는 공동체가 내가 방문하는 모든 게시판에서 발전하고 있는 걸 보지만 (나는 두어 개의 초창기에 있었다) 도처에 복제된 Bronze의 결집력은 한 번도 보지 못하였다. 이 "인터넷 토론방" 형식은 적어도 그것이 진화된 방식으로 IMHO에게 채팅방의 최고의 품질 일체를 제공하고 … 게시판에는 몇 가지 결점들이 걸려 있다. 한 주 내의 기간에 어떤 지점이든 차분하게 스크롤할 수 있는 광범위하고 자유롭게 흐르는 대화를 수용할 수 있는 능력은 매우 독창적이다. 유즈넷도 물론 유사하다. 그러나 상당히 높은 수준이라 생각되는 익명성 및 훨씬 넓은 집단의 우연한 사용자들은 사회적 상호작용을 제한하는 것처럼 보인다.

여기에서 우리는 방관자/독자가 온라인 공동체—그리고 청중—의 회원으로 어떻게 인정된 장소를 갖고,

언제든지 눈에 띄게 등장할 수 있으며, 이들의 관찰/표현이 다시 공동체 간에 생산된 텍스트의 일부가 되는지 한 예를 본다. 덜 공식적인 사진에 의한 그리고 작성된 관찰 범위에 걸쳐 쉽게 접근 가능한 (Claris의 사이트인 www.NoDignity.com 등의) 웹사이트에 자신들의 경험에 관한 글을 쓰는 Bronzer들이 있는데, 여기에서 문화기술지는 대상이 되었고, 때때로 어떤 인용문이나 사진을 게시하기 전에 내가 알고 있는 승인을 요청받기도 한다.

다른 Bronzer들(Ali, 2009a,[8] 2009b; Tuszynski, 2006) 역시 문화기술지를 작성하는 반면에 Allyson Beatrice(2007)는 The Bronze에 그녀의 온라인 공동의 경험이 기반한 회고록을 썼다. Bronzer라고 밝히지 않았지만 이런저런 정도로 'Buffy, the Vampire Slayer'(BtVS)의 aca-fans로서 (aca-fans는 자신들의 팬을 연구하거나 또는 팬이면서 학자라고 밝힌 학자들을 말함) 학자들은 Buffy fandom에 관해 글을 작성하며 때로는 The Bronze와 Bronzer들을 데이터로 사용한다(Adams, 2004; Askwith, 2007; Bandy, 2007; Blasingame, 2006; Busse, 2002; Heinecken, 2004; Kem, 2005; Kociemba, 2006; Larbelestier, 2002; Parpart, 2003; Parrish, 2007; Richards, 2003; Stenger, 2006; Williams, 2004; Kirby-Diaz, 2009 참고). Dawn Heinecken과 Michael Adams는 가장 분명하게 Bronzer들을 청중 회원들의 예로 사용하고, Adams는 우리/그들을 fandom heap의 위계질서상 최상단으로 인정하는 반면에 Heinecken은 그들 주변에 공동체로 어떤 경계를 긋지 않고 차라리 팬들의 구역을 표현하여 일부 Bronzer들은 이들 대중이 Bronzer 토템 폴에서 어디에 있었는지 주목하지 않은 일종의—Spike/Buffy shipper들("relationshippers"의 단음절—실제로 쇼/텍스트에 나타나거나 아니면 바라는 자로 특별한 로맨틱 커플들)의 일부였다. 이러한 단편들이나 그 외의 대다수는 방법 즉, 기관윤리심의위원회 이슈에 대한 설명을 포함하고 있지 않다. 이들 저자는 일반적으로 자신들을 문화기술자라고 간주하지 않는다(Ali, Tuszynski, Richards는 예외). Adams의 경우 그는 언어학자로 이 fandom을 구성하는 공동체(들) 주변에 실제로 경계를 긋지 않고 그리고 자신의 데이터를 공표된 텍스트, 발전하고 있는 언어의 공적인 흐름의 일부로 보면서 특별한 쇼와 쇼의 팬층(fandom)에서 파생된 대중적으로 이용 가능한 슬랭(Slang)의 발달에 접근한다.

미디어 지식을 갖춘 시민의 교육학 및 네트워크의 자아

내가 여러 곳에서 언급한 바와 같이(Gaston & Zwee-rink, 2004a), 어떻게 익명의 문화기술적 사이트들이 존재하고 있는지는 의심의 여지가 있다. 따라서 이 장에서 나의 언급은 주로 공공의 장인 현장 사이트에 집중할 것이다—이것은 뒷무대가 없기 때문이 아니라 누군가 접근권을 얻기 위하여 "전문가"가 될 필요가 없는 뒷무대이기 때문이다. 온라인 문화기술지(모든 문화기술지?)의 (아마도 더러운) 비밀은—다른 대중매체지? 연구, 특히 텔레비전 연구와 같이—그것이 그것을 하는 데 필요한 특별한 지식의 결여를 노출한다는 것이다. 그것은 강력하다. 그러나 그것의 구조는 매우 단순하다. 그리고 그것들은 우리와 우리 학생들이 매일 관계하고 있는 것들이다. 필요한 모든 것은 내가 온라인 공동체에서 하는 읽기와 게시 행위를 공식화하도록 사회학적 상상력을 적용하는 것이며, 이 공동체에서 나의 회원자격은 일상적인 방관자에서부터 간헐적인 게시자, 일상적인 공헌자까지 다양하며, 여기에서 Sarah Nicole이라는 나의 온라인 정체성은 근접한 실체로 남아 있다. 나는 최소한 이들 공동체에서 내 포스트의 하나는 이미 이 시점에 누군가의 논문이나 논설에 포함되었을 것이라고 분명히 확신한다. 두 가지 예가 인터넷의 이런 경험의 일면들을 입증하고 대학생들에게 책임 있는 연구 방법과 미디어 지식/시민권을 동시에 지도하는 추론을 불러일으킨다.

2007년에 나는 학자들에게 일반적인 어떤 일을 하였다. 내 논문에 대한 리뷰를 읽었다. 아마 이례적이었고 점점 더 일반적이었던 것은 내가 나의 연구 인용문을 검색하면서, "나를 구글링"하면서 온라인에서 이 리뷰를 만났다는 것이다(거짓말하지 마라. 여러분 모두도 그것을 한다). 정말 이례적이었던 것은 그 리뷰를 연구 대상들 중 몇 명이 썼다는 것이었다. 이 연구는 약물남용연구소(National Institute on Drug Abuse: NIDA)의 결과였고, 기금을 받은 이 연구는 "클럽 약물"의 유행과 사용에 관한 것으로, 우리의 사례는 이들 주제와 관련된 온라인 담론에 초점을 맞추었다. 초기에 나의 공동 연구 책임자가 약물남용연구소 회의에 참석해서 Fire와 Earth Erowid를 만났다. Fire와 Earth는 Erowid를 운영하는 사람들의 가명이었다. Erowid는 우리가 연구하고 있었던 네트워크에서 중요한 노드였던 대안의 하위문화이며, 약물 사용에 관한 온라인 정보교환소였고, 그래서 거의 그것의 시초부터 연구 대상들이 이전에는 대다수 연구팀에 익숙하지 않았던 방식으로 연구에 참여하였다. 이들의 리뷰에서 Fire는 Erowid의 연구 특성을 다음과 같이 말하였다.

> 비록 우리의 일차적 역할이 우리가 고수하는 현대 인류학 전통에서 약물 사용 하위문화의 참가자가 아닌 문화 다큐멘터리 작가의 역할이지만, 문화나 공동체에 대한 우리 이해의 정당성은 우리가 이 문화나 공동체의 일원인지 여부가 기준이다. 만약 인류학자나 연구자, 다큐멘터리 작가와 이들의 대상들 간에 연결점이 너무 희박하다면, 연구 결과가 부정확할 가능성이 크다. Erowid는 심리행동학(psychoactive)에 대한 우리의 개인적이고 학구적인 관심에서 출발했으나, 우리는 단지 이 분야의 수많은 면에서 주변적으로만 참여하고 있다. 우리는 다양한 공동체의 욕구를 충족시키고, 이들의 활동과 관점을 대표하고, 이들이 신뢰하는 기록자 및 기록보관자(archivist)로 더 잘 활동하기 위하여 이들과의 연결 및 참여를 유지한다 (2007).

이들 저자/대상은 권위적으로 합법화된 전문가들만 읽는 현실적으로 접근이 제한된 저널에서의 출판을 뛰어넘는 방법으로, 이러한 연결을 홍보하는 학자와 대상들의 "contexting [of] the network"(Jones, 2004)에 관여한다.

인터넷은 여기 대중이 있고 그래서 대중이 있고(다른 학자들이 저널의 편집자, 토론회/대화에 보내는 서신, Denzin, 2004 참고), 여기 반응(talking back)이 있고 그래서 반응이 있다는 사실을 드러낸다(Borland, 2004; Chen, Hall, & Johns, 2004; Gatson & Zweerink, 2004b). 경주 및 팝 문화 웹사이트 Racialicious.com과 여기에서 탄생한 일부 반응은 언제 대상들이 반응을 하는지에 대한 예의 역할을 한다. Racialicious는 거기가 인종/민족성, 인종주의와 관련된 이슈들을 토론하는 데 안전한 장소임을 부분적으로 의미하기 때문에 수많은 뉴스의 발언 섹션보다 더 온건하나(http://www.racialicious.com/comment-moderation-policy/ 참고), 많은 문화기술자들이 낯설 수 있는 반응을 일으키는 이곳의 능력은 우리가 연구 네트워크에서 학자들의 위치와 어떤 교육 도구인 플랫폼을 찾을 수 있다고 내가 생각하는 현상의 실례이다.

2009년에 나는 우리 대학의 인종윤리학연구소의 이사로서 인종, 민족성, (새) 미디어에 관한 토론회를 개최하였다. Racialicious의 여성 편집자인 Latoya Peterson이 기조연사(2009b) 및 연구 발표자(2009a)로 참석하였다. Peterson은 각 발표에서 상당히 많은 발언을 했고, Racialicious에 그녀의 몇 가지 개요를 발표하였다. Lisa Nakamura의 기조연설 및 그 연설의 출처가 되었던 논문의 개요는 때때로 World of Warcraft 게임 팬들로부터 분노에 찬 논평을 받았는데, 이 게임은 (게임에 나온 이미지를 사용한 애니메이션 뮤직비디오인) 머시니마를 창작하는 게임 관행과 함께 Nakamura 작업의 주요 특징이었다. 또 danah boyd(2009)는 Racialicious에 MySpace와 Facebook 사용자들 간의 사회경제적 차이점을 살펴본 연구의 일부를 다시 공개했고, 이들 사회관계망 사이트의 일부 사용자들은 boyd

의 결론에 대해 비평할 것이 많았다.[9]

이러한 예들은 내 자신의 Erowid와의 경험과 함께 정보와 사람은 둘 다 비록 이론적으로 새롭게 경로를 열긴 했어도 역시 물질적으로 그리고 이념적으로 투과성이 부족한 경계를 지닌 상단이 잘라진 네트워크 안에 내포되어 있음을 입증한다(Van Maanen, 2004; MacKinnon, 1997/2002 참고). 인터넷으로 가능해진 응답은 우리를 우리의 문화기술지 과거의 전문적 해체비평 너머로 이끌고 있으며, 우리를 학자 및 교사로서 우리의 "분배된 학습 공동체"(Haythornthwaite, 2002)와 "사용자 전문성의 사회적 맥락"(Hargittai, 2004)을 연구하도록 밀고 있다. 문화기술적 연구 과정에서 연구자 및 대상들을 찾고 이들 간의 연결을 노출시키는 게 중요하다면, 특정 연구 프로젝트의 자문화기술지 네트워크 매핑은 미디어 지식 및 온라인 시민권이 특별한 목적인 교육학과 공공 사회조직의 프로젝트에서 유용할 것이다. 인터넷 사회학에 관한 학부과정을 개발할 때, 나는 내 자신의 온라인 네트워크 지도를 학습의 주요 프로젝트에 관한 소재로 사용한다. 학생들은 자신들의 오프라인 및 온라인 네트워크 안에 자리잡아야 하는데, 학생들은 어디로 가서 무엇을 읽고, 관찰하고, 토론하고, 발표하는가? 이들의 경험이 자신들이 네트워크로 연결된 세계에 관하여 발표한 연구를 반영하는가? 왜 그렇고 왜 그렇지 않은가?

여기에서 우리는 학문을 위한 인터넷 환경의 내재된 자문화기술적 성격을 갖는다─온라인 상태라는 것은 항상 우리의 가정 또는 우리의 제3의 공간이 아니라면 아마 틀림없이 우리의 연구 환경(의 대부분)이다. 인터넷은 우리의 "오염되지 않은 진실"에 대한 탐구에서 다시 우리를 노출시킨다(Fine, 1993, p.274)─만약 우리가 거시체계의 밖에 있는 분리된 "원시 시대의 것"들을 찾고 있었다면, 우리는 분명히 지금은 아니다. 참여하고 있는 모든 온라인 상호작용에서, 기록된 모든 온라인 관찰에서 어느 다른 관찰자가 우리의 행동을 기록하고 있을 것이며, 우리를 관찰하고 있을 수 있다. 따라서 우리는 매우 특별하게 "Erving Goffman의 사

회적 행위자들과 조금도 다르지 않으며"(Fine, 1993, p.282) 점점 더 우리 학생들은 신진 연구가들이라는 그들의 정체성을 뛰어넘어, 그들이 참여하고 촌평을 할 권리를 갖고 있는 사회적 세계의 좀 더 전문가적인 구성원들이 될 가능성이 매우 높다. 우리는 그런 촌평에 대해 분석적이며 실증적이 될 수 있도록 도구를 제공해야 하고, 그래서 그들과 우리 모두 우리의 방법론과 윤리학의 정치적 경계를 알고 있다. Media saturation은 미디어 문학과 같은 것이 아니며, 비록 우리가 이러한 미디어와의 상당한 상호작용에서 벗어나려고 선택한다 하더라도 매스미디어의 장을 가로질러 표현을 통한 항해는 중요한 기술이다.

다음 10년 동안 그리고 미래에 문화기술지가 면대면(face-to-face)에서 온라인 텍스트와 그래픽 커뮤니케이션으로, Second Life의 공간으로(Boellstorff, 2008), 그리고 World of Warcraft의 게임으로 이동했다 다시 오프라인 환경으로 되돌아올 때, 여기에서 설명했던 문화기술적 경험들은 방법의 전통에 근거를 두며 또 사회과학의 관습에서 "실증적" 의미 대 "객체적" 의미를 명백하게 탐구하는 생성이다. 우리는 온라인에서 인간 행동에 관한 실증에 기반하여 믿을 만한 이야기들을 말할 수 있는데, 아마도 이야기를 말하는 다수의 발언자 중 단 하나의 발언자만큼 특히 문화기술자로서 우리가 현저하게 노출 가능하기 때문이고, 우리는 이러한 이야기의 제거 불가능한 대상들이고, 아마도 누군가가 우리를 위하여 우리 이야기를 말해주길 기다리기 때문이다. 우리는 문화기술지를 실행하는 이런 방식이 "… 수동적인 [대상들이] 되는 것과는 반대로, 그것의 [실행자들이] 다른 사람[들]과 상호작용하거나 내용을 … 변경시킬 수 있게 하는" 방법을 인정하여 이것을 Ethnography 2.0이라고 부른다.[10] 이 가시적이고 경험적인 현실은 우리의 윤리적 책임감을 면제해주지 않으나, 특별히 투과성이 있는 표면상 객관적인 외부인들(연구자, 외로운 학자) 주변에 경계를 만든다. 그것은 "누구나 문화기술자가 될 수 있는가?" "만약 그렇다면 누가 관찰자를 관찰하는가?"라는 질문을 제기한다.

주석

1. Gatson and Zweerink, 2000, 2004a, 2004b; Zweerink and Gatson, 2002. 이들 연구는 비록 나의 사회학적 연구 의제에서 출발했지만, 내가 연구를 끝냈던 공동체 내에서 온라인으로 만난 "비전공" 문화기술자인 Amanda Zweerink 가 공저였다. 우리가 함께 일을 시작했을 때, 그녀는 광고계에 있었지만 지금은 CurrentTV의 커뮤니티 이사이다.

2. Gatson, 2007a, 2007b. 이것들은 내가 온라인에서 약물사용 토론을 지켜보던 약물남용연구소에 등장했던 편집판을 위해 썼던 세 장 중 둘이다.

3. Coughlin, Greenstein, Widmer, Meisner. Nordt, Young, Gatson, et al.. 2007; Coughlin, Greenstein, Widmer, Meisner, Nonlt. Young, Quick, and Bowden, 2007; Desai et aI.. 2008; Gatson et al.. 200S; Gatson et aI., 2009; Nordt et aI., 2007. 이것들은 연구가, 학생, 교사 등이 함께 과학의 생산 및 이용에서 패러다임 변화에 관하여 연구한 방법들을 탐구하는 다층 프로젝트에서 나온 몇 가지 연구를 대표한다. 이 접근법에서는 옛 동물 모델들의 재등장을 새롭게 떠올리는 기술, 공식적, 비공식적 네트워크의 발전을 포함했던 새로운 온라인/오프라인 공동체의 발달과 혼합시켜 연구, 교수, 서비스를 통합시키려 하였다—대학 시스템 내에서 문학에 대한 평가의 전통적 3개조 (triumvirate).

4. 온라인 문화기술지 프로세스의 특별한 방법론적 토론에 관해서는 Chen, Hall, and Jobns, 1004; Dicks and Mason, 2008; Dicks, So)rinka, and Coffey, 2006; Gatson and Zweerink, 2004b; Hine, 1000; 2008; Hine, Kendall, and boyd, 2009 Kendall, 1999,2004; LeBesco, 1004 Mann and Stewart, 2004; Markham. 1004; Markham and Baym, 1009; Walstrom, 2004을 참고한다.

5. 여기에서 사용한 이탤릭체[역서에서는 고딕체—역주]는 게시자가 직접 다른 출처에서 인용했다는 것을 의미하는데, 이 경우에는 「Houston Chronicle」의 편집부로 보낸 편지이다.

6. 나의 현장 사이트는 The Bronze로, TV시리즈 'Buffy the Vampire Slayer'(BtVS)의 공식 웹사이트에 있는 1차원 형식의 게시판이었다(원래 답문을 게시할 수 있는 게시판과 채팅방도 있었음). 이것은 주인공들이 가끔 어슬렁거려서 The Bronze라고 불렸으며, 온라인 공동체 주민들은 자신들을 Bronzer라고 불렀다.

7. 두 여성 모두 지금은 Whedon verse 외부에서 신용거래를 하면서 제작 중이다.

8. Jaan Quidam은 초기에 Tamerlane에 의해 소개되었고, 나는 초기에 Sarah Nicole로 불렸다.

9. http://www. Vl. rw. racialicious. com/2009/05/ll/dont-hate-the-player-hate-the-game-the-racialization-of-labor-in-worid-of-warcraft-conference-notes/ and http://www. racialicious. com/2009/07/09/the-not-so-hidden-politics-of-class-online/ 참고. 이러한 연구가/연구된 관련의 또 다른 예제는 Boellstorf의 Second Life의 문화기술지에 대한 설명을 참고한다. 여기에서 문화기술자가 참가한 곳: http://savageminds. orgl1008/06/12/ethnography-of-thevirtual/#comment-392629

10. 나는 실제로 Web 3.0의 개념을 내가 여기에서 해설하고 있는 온라인 문화기술지의 개념에 적용하는 게 적당하다고 생각하지 않는다, 왜냐하면 어떤 개념으로써 이것이 심지어 의미하는 것에도 너무나 다양한 정의가 존재하기 때문이다(Wikipedia, http:en. wikipedia. org/wiki/Web_2.0 에서 2010년 2월 8일에 발췌한 "Web 2.0"과 Wikipedia, http:en. wikipedia. org/wikiISemantic_Web에서 2010년 2월 8일에 발췌한 "Semantic Web" 참고). 그러나 특히 일부는 Web 3.0을 "전문가들과 권위자들의 웹으로의 복귀로" ("Web 2.0") 간주하고, 나는 인터넷(기술과 최종 사용자들 모두)이 온라인 문화기술적 프로젝트를 본질적으로 비전문가 참여에 너무 개방된 것으로 만들었다고 생각한다. 비록 우리가 우리의 특별히 문화기술적인 프로젝트와 관련된 기준 그룹을 계속 쉽게 분리할 수 있고(예, 우리의 학문적 대상들 대 우리의 학문적 사용자들) 우리가 선택한다면, 어느 정도 우리가 우리의 완성된 생산물을 주로 학문 분야 청중들에게 유지시킬 수 있겠지만 우리는 우리의 표면상의 대상으로써 온라인상의 노력에서 더 이상 꼭 전문가가 될 필요가 없다는 상황을 다뤄야 한다고 생각하고, 나는 이 현실이 "Web 3.0"이 하지 않는 방식으로 참가 관찰의 전통적인 문화기술적 개념을 두드러지게 하고 복잡하게 만든다고 생각한다.

참고문헌

Adams, M. (2004). *Slayer slang: A Buffy the Vampire Slayer lexicon*. Oxford, UK: Oxford University Press.

Ali, A. (2009a). "In the world, but not of it": An ethnographic analysis of an online *Buffy the Vampire Slayer* fan community. In M. K. Diaz (Ed.), *Buffy and Angel conquer the Internet: Essays on online fandom* (pp. 87–106). Jefferson, NC: McFarland.

Ali, A. (2009b). Community, language, and postmodernism at the mouth of hell. In M. Kirby-Diaz (Ed.), *Buffy and Angel conquer the Internet: Essays on online fandom* (pp. 107–126). Jefferson, NC: McFarland. (Original publication, 2000; available at http://terpconnect.umd.edu/~aali/buffnog.html)

Anderson, E. (1990). *Streetwise: Race, class, and change in an urban community*. Chicago: University of Chicago Press.

Ashton, H., & Thorns, D. C. (2007). The role of information communications technology in retrieving local community. *City & Community, 6*(3), 211–230.

Askwith, I. D. (2007). *Television 2.0: Reconceptualizing TV as an Engagement Medium*. Master's thesis, Massachusetts Institute of Technology, Boston, MA. Available at cms.mit.edu/research/theses/IvanAskwith2007.pdf

Association of Internet Researchers. (2002). Ethical decision-making and Internet research. Available at http://aoir.org/reports/ethics.pdf

Bakardjieva, M. (2005). *Internet society: The Internet in everyday life*. Thousand Oaks, CA: Sage.

Bandy, E. (2007, May 23). *From Dawson's Creek to "Dawson's Desktop": TV-web synergy in a multimedia world*. Paper presented at the annual meeting of the International Communication Association, San Francisco, CA. Available at http://www.allacademic.com/meta/p172730_index.html

Barnes, S. B. (2004). Issues of attribution and identification in online social research. In M. D. Johns, S. S. Chen, & G. J. Hall (Eds.), *Online social research: Methods, issues, ethics* (pp. 203–222). New York: Peter Lang.

Bassett, E. H., & O'Riordan, K (2002). Ethics of Internet research: Contesting the human subjects research model. *Ethics and Information Technology, 4*(3), 233.

Baumle, A. K. (2009). *Sex discrimination and law firm culture on the Internet*. New York: Palgrave Macmillan.

Baym, N. K. (1995a). The emergence of community in CMC. In S. G. Jones (Ed.), *CyberSociety: Computer-mediated communication and community* (pp. 138–163). Thousand Oaks, CA: Sage.

Baym, N. K. (1995b). From practice to culture on Usenet. In S. L. Star (Ed.), *The cultures of computing* (pp. 29–52). Oxford, UK: Blackwell/Sociological Review.

Baym, N. K. (1998). The emergence of online community. In S. G. Jones (Ed.), *CyberSociety 2.0: Revisiting computer-mediated communication and community* (pp. 35–63). Thousand Oaks, CA: Sage.

Baym, N. K. (2000). *Tune in, log on: Soaps, fandom, and online community*. Thousand Oaks, CA: Sage.

Beatrice, A. (2007). *Will the vampire people please leave the lobby?: True adventures in cult fandom*. Naperville, IL: Sourcebooks.

Bial, H. (2009, April 30–May). *Jew media: Performance and technology in the 58th century*. Paper presented at the Texas A&M University Race & Ethnic Studies Institute Symposium: Race, Ethnicity, and (New) Media, Texas A&M University, College Station, TX.

Blasingame, K. S. (2006). "I can't believe I'm saying it twice in the same century … but 'Duh … '": The evolution of the *Buffy the Vampire Slayer* sub-culture language through the medium of fanfiction in *Buffy the Vampire Slayer*. *Slayage: The Online Journal of Buffy Studies, 20*. Available at http://slayageonline.com/essays/slayage20/Blasingame.htm

Bochner, A. P., & Ellis, C. (2002). *Ethnographically speaking: Autoethnography, literature, and aesthetics*. Walnut Creek, CA: AltaMira Press.

Boellstorff, T. (2008). *Coming of age in Second Life: An anthropologist explores the virtually human*. Princeton, NJ: Princeton University Press.

Borland, K. (2004). "That's not what I said": Interpretive conflict in oral narrative research. In S. N. Hesse-Biber & P. Leavy (Eds.), *Approaches to qualitative research: A reader on theory and practice* (pp. 522–534). New York: Oxford University Press.

boyd, d. (2009). The not-so-hidden politics of class online. Racialicious.com. Available at http://www.racialicious.com/2009/07/09/the-not-so-hidden-politics-of-class-online/

Burawoy, M. (1979). *Manufacturing consent: Changes in the labor process under monopoly capitalism*. Chicago: University of Chicago Press.

Burawoy, M. (1991). *Ethnography unbound: Power and resistance in the modern metropolis*. Berkeley: University of California Press.

Burawoy, M. (2000). *Global ethnography: Forces, connections, and imaginations in a postmodern world*. Berkeley: University of California Press.

Busher, H., & James, N. (2007a, April 12–14). *Email communication as a technology of oppression: Attenuating identity in online research*. Paper presented at the Annual

Conference of the British Sociological Association, University of London Available at http://hdl. handle. net/2381/439

Busher, H., & James, N. (2007b, September 5–8). *Building castles in the air: Colonising the social space in online qualitative research*. Paper presented at the British Educational Research Association Annual Conference, Institute of Education, University of London. Available at http://www.leeds.ac.uk/educol/documents/165971.htm

Busse, K. (2002). Crossing the final taboo: Family, sexuality, and incest in Buffyverse fan fiction. In R. Wilcox & D. Lavery (Eds.), *Fighting the forces: What's at stake in Buffy the Vampire Slayer* (pp. 207–217). Lanham, MD: Rowman & Littlefield.

Celeste, M., Howard, P. N., & T. Hart (2009, April 30–May 2). *(Con)Testing identities: Haitian and Indian women's use of social networking platforms*. Paper presented at the Texas A&M University Race & Ethnic Studies Institute Symposium: Race, Ethnicity, and (New) Media, Texas A&M University, College Station, Texas.

Center for Middletown Studies. Available at http://cms.bsu. edu/Academics/CentersandInstitutes/Middletown.aspx

Chen, S. S., Hall, G. J., & Johns, M. D. (2004). Research paparazzi in cyberspace: The voices of the researched. In M. D. Johns, S. S. Chen, & G. J. Hall (Eds.), *Online social research: Methods, issues, ethics* (pp. 157–173). New York: Peter Lang.

Christian, A. J. (2009, April 30–May 2). *YouTube: Black existentialism and network participation*. Paper presented at the Texas A&M University Race & Ethnic Studies Institute Symposium: Race, Ethnicity, and (New) Media, Texas A&M University, College Station, Texas.

Connery, B. (1997). IMHO: Authority and egalitarian rhetoric in the virtual coffeehouse. In D. Porter (Ed.), *Internet culture* (pp. 161–180). New York: Routledge.

Coughlin, D. J., Greenstein, E. E., Widmer, R. J. Meisner, J., Nordt, M. Young, M. F., Gatson, S. N., et al. (2007, April 29). *e-Research: A novel use of the Internet to perform live animal research from a laboratory distant from the site of animal care technicians and facilities*. Federation of American Societies for Experimental Biology meetings, Computers in Research and Teaching II poster session.

Coughlin, D. J., Greenstein, E. E., Widmer, R. J., Meisner, J., Nordt, M., Young, M. F., Quick, C. M., & Bowden, R. A. (2007). Characterization of an inflammatory response and hematology of the Pallid bat using "e-Research." *The FASEB Journal, 21*, 742.11.

Davis, J. L. (2008). *Presentation of self and the personal interactive homepage: An ethnography of MySpace*. Master's thesis, Texas A&M University, College Station, Texas.

Davis, C., & Ellis, C. (2008). Emergent methods in autoethnographic research: Autoethnographic narrative and the multiethnographic turn. In S. N. Hesse-Biber & P. Leavy (Eds.), *Handbook of emergent methods* (pp. 283–302). New York: Guilford Press.

Davis, J. L. (2008). *Presentation of self and the personal interactive homepage: An ethnography of MySpace*. Master's thesis, Texas A&M University, College Station, Texas.

Denzin, N. K. (2004). The art and politics of interpretation. In S. N. Hesse-Biber & P. Leavy (Eds.), *Approaches to qualitative research: A reader on theory and practice* (pp. 447–473). New York: Oxford University Press.

Derteano, P. F. M. (2006). Reflexiones para la reflexividad del investigador: Un acercamiento a través del estudio del fenómeno pornográfico (Reflections on the reflexivity of the investigator: An approach through the study of the pornographic phenom- enon). Retrieved June 2006 from http://www.perio.unlp.edu. ar/question/nive12/articulos/ensayos/molinaderteano_1_ensayos_12primavera06.htm

Desai K. V., Gatson, S. N., Stiles, T., Laine, G. A., Stewart, R. H., & Quick, C. M. (2008). Integrating research and education at research-intensive universities with research-intensive communities. *Advances in Physiological Education, 32*(2), 136–141.

De Saille, S. (2006). A cyberian in the multiverse: Towards a feminist subject position for cyberspace. *Conference proceedings—Thinking gender—the NEXT generation*. UK Postgraduate Conference in Gender Studies, June 21–22, University of Leeds, UK, e-paper no. 19.

Dicks, B., & Mason, B. (2008). Hypermedia methods for qualitative research. In S. N. Hesse-Biber & P. Leavy (Eds.), *Handbook of emergent methods* (pp. 571–600). New York: Guilford Press.

Dicks, B., Soyinka, B., & Coffey, A. (2006). Multimodal ethnography. *Qualitative Research, 6*(1), 77–96.

Dingwall, R. (2007). "Turn off the oxygen ...' *Law & Society Review, 41*(4), 787–796.

DiSalvo, B. J., & Bruckman, A. (2009, April 30–May 2). *Gaming manhood in African American culture*. Paper presented at the Texas A&M University Race & Ethnic Studies Institute Symposium: Race, Ethnicity, and (New) Media, Texas A&M University, College Station, Texas.

Douglas, J. (1976). *Investigative social research*. Beverly Hills, CA: Sage.

Drake, S., & Cayton, H. R. (1945). *Black metropolis: A study of Negro life in a northern city*. New York: Harcourt, Brace.

Duneier, M. (1992). *Slim's table: Race, respectability, and masculinity*. Chicago: University of Chicago Press.

Ellis, C. (2004). *The ethnographic I: A methodological novel about autoethnography.* Walnut Creek, CA: AltaMira Press. Elm, M. S., Buchanan, E. A., & Stern, S. A. (2009). How do various notions of privacy influence decisions in qualitative Internet research? In A. N. Markham & N. K. Baym (Eds.), Internet inquiry: Conversations about method (pp. 69–98). Thousand Oaks, CA: Sage.

Ethnobase. (n.d.). Available at http://webdb.lse.ac.uk/ethnobase/bibli-ography.asp

Feely, M. M. (2007a). Legality, social research, and the challenge of institutional review boards. *Law & Society Review, 41*(4) 757–776.

Feely, M. M. (2007b). Response to comments. *Law & Society Review, 41*(4), 811–818.

Ferguson, A. A. (1991). Managing without managers: Crisis and resolution in a collective bakery. In M. Burawoy (Ed.), *Ethnography unbound: Power and resistance in the modern metropolis* (pp. 108–132). Berkeley: University of California Press.

Fernback, J. (2002). The individual within the collective: Virtual ideology and the realization of collective principles. In S. G. Jones (Ed.), *Virtual culture: Identity and communication in cyber-society* (pp. 36–54). Thousand Oaks, CA: Sage. (Original work published 1997)

Fine, G. A. (1993). Ten lies of ethnography: Moral dilemmas of field research. *Journal of Contemporary Ethnography, 22*(3), 267–294.

Fire Erowid. (2002). Face to face with NIDA: A conference on drugs, youth and the Internet. *Erowid Extracts, 3*(2).

Fire Erowid. (2007). Review of *Real Drugs in a Virtual World. Erowid Newsletter, 13.* Available at http://www.erowid.org/library/review/ review.php?p=265

Gamson, J. (1998). *Freaks talk back: Tabloid talk shows and sexual nonconformity.* Chicago: University of Chicago Press.

Gatson, S. N. (2003). On being amorphous: Autoethnography, genealogy, and a multiracial identity. *Qualitative Inquiry, 9*(1), 20–48.

Gatson, S. N. (2007a). Assessing the likelihood of Internet information-seeking leading to offline drug use by youth. In E. Murguía, M. Tackett-Gibson, & A. Lessem (Eds.), *Real drugs in a virtual world: Drug discourse and community online* (pp. 99–120). Lanham, MD: Lexington Books.

Gatson, S. N. (2007b). Illegal behavior and legal speech: Internet communities' discourse about drug use. In E. Murguía, M. Tackett-Gibson, & A. Lessem (Eds.), *Real drugs in a virtual world: Drug discourse and community online* (pp. 135–159). Lanham, MD: Lexington Books.

Gatson, S. N., Meisner, J. K., Young, M. F., Dongaonkar, R., &

Quick, C. M. (2005). The eBat project: A novel model for live-animal distance learning labs. *FASEB Journal, 19*(5), A1352.

Gatson, S. N., Stewart, R. H., Laine, G. A., & Quick, C. M. (2009). A case for centralizing undergraduate summer research programs: The DeBakey research-intensive community. *FASEB Journal, 633,* 8.

Gatson, S. N., & Zweerink. A. (2000). Choosing community: Rejecting anonymity in cyberspace. In D. A. Chekki (Ed.), *Community structure and dynamics at the dawn of the new millennium* (pp. 105–137). Stamford, CT: JAI.

Gatson, S. N., & Zweerink. A. (2004a). *Interpersonal culture on the Internet: Television, the Internet, and the making of a community.* Studies in Sociology Series, no. 40. Lewiston, NY: Edwin Mellen Press.

Gatson,S.N.,& Zweerink.A.(2004b)."Natives"practicing and inscribing community: Ethnography online. *Qualitative Research, 4*(2), 179–200.

Geertz, C. (2000). *The interpretation of cultures.* New York: Basic Books. (Original work published in 1973)

González, J. (2000). The appended subject: Race and identity as digital assemblage. In B. E. Kolko, L. Nakamura, & G. B Rodman (Eds.), *Race in cyberspace* (pp. 27–50). New York: Routledge.

Goodsell, T. L., & Williamson, O. (2008). The case of the brick huggers: The practice of an online community. *City & Community, 7*(3), 251–272.

Hampton, K., & Wellman, B. (2002). The not so global village of Net- ville. In B. Wellman & C. Haythornthwaite (Eds.), *The Internet in everyday life* (pp. 345–371). Malden, MA: Blackwell.

Hampton, K., & Wellman, B. (2003). Neighboring in Netville: How the Internet supports community and social capital in a wired suburb. *City & Community, 2*(4), 277–312.

Hancock, B. H. (2007). Learning how to make life swing. *Qualitative Sociology, 30*(2), 113–133.

Hargittai, E. (2004). Informed web surfing: The social context of user sophistication. In P. N. Howard & S. Jones (Eds.), *Society online: The Internet in context* (pp. 256–274). Thousand Oaks, CA: Sage.

Harmon, D., & Boeringer, S. B. (2004). A content analysis of Internet- accessible written pornographic depictions. In S. N. Hesse-Biber & P. Leavy (Eds.), *Approaches to qualitative research: Areaderon theory and practice* (pp. 402–408). New York: Oxford University Press.

Hartigan, J. (1999). *Racial situations: Class predicaments of whiteness in Detroit.* Princeton, NJ: Princeton University Press.

Haythornthwaite, C. (2002). Building social networks via computer networks: Creating and sustaining distributed learning communities. In K. A. Renninger & W. Shumar, *Building virtual communities: Learning and change in cyberspace* (pp. 159–190). Cambridge, UK: Cambridge University Press.

Heinecken, D. (2004). Fan readings of sex and violence in *Buffy the Vampire Slayer. Slayage, 11–12.* Available at http://slayageonline.com/Numbers/slayage11_12.htm

Hine, C. (2000). *Virtual ethnography.* Thousand Oaks, CA: Sage.

Hine, C. (2008). Internet research as emergent practice. In S. N. Hesse-Biber & P. Leavy (Eds.), *Handbook of emergent methods* (pp. 525–542). New York: Guilford Press.

Hine, C., Kendall, L., & boyd, d. (2009). How can qualitative researchers define the boundaries of their projects? In A. N. Markham & N. K. Baym (Eds.), *Internet inquiry: Conversations about method* (pp. 1–32). Thousand Oaks, CA: Sage.

Holström, J. (2005, retrieved). Virtuell etnografi—vad är det? (Virtual ethnography—What is it?). Retrieved 2005 from http://www.hanken.fi/portals/studymaterial/2005–2006/helsingfors/fore-tagsledningochorganisation/2235/material/handouts/virtuell_etnografi.pdf

Horn, S. (1998). *Cyberville: Clicks, culture, and the creation of an online town.* New York: Warner Books.

Howard, P. N. (2001). Network ethnography and the hypermedia orga- nization: New organizations, new media, new methods. *New Media & Society, 4*(4), 551–575.

Howard, P. N. (2004). Embedded media: Who we know, what we know, and society online. In P. N. Howard & S. Jones (Eds.), *Society online: The Internet in context* (pp. 1–28). Thousand Oaks, CA: Sage.

Islam, A. (2008). *Television and the Internet: Enabling global communities and its international implications on society and technology.* Master's thesis, Communication and Leadership Studies, School of Professional Studies, Gonzaga University, Spokane, WA.

Ito, M. (1997). Virtually embodied: The reality of fantasy in a multiuser dungeon. In D. Porter (Ed.), *Internet culture* (pp. 87–110). New York: Routledge.

James, N. (2007). The use of email interviewing as a qualitative method of inquiry in educational research. *British Educational Research Journal, 33*(6), 963–976.

James, N., & Busher, H. (2006). Credibility, authenticity and voice: Dilemmas in online interviewing. *Qualitative Research, 6*(3), 403–420.

James, N., & Busher, H. (2007). Ethical issues in online educational research: protecting privacy, establishing authenticity in email interviewing. *International Journal of Research & Method in Education, 30*(1), 101–113.

Johns, M. D., Hall, G. J., & Crowell, T. L. (2004). Surviving the IRB review: Institutional guidelines and research strategies. In M. D. Johns, S. S. Chen, & G. J. Hall (Eds.), *Online social research: Methods, issues, ethics* (pp. 105–124). New York: Peter Lang.

Jones, S. (2004). Contexting the network. In P. N. Howard & S. Jones (Eds.), *Society online: The Internet in context* (pp. 325–334). Thousand Oaks, CA: Sage.

Kanter, R .M. (1977). *Men and women of the corporation.* New York: Basic Books.

Katz, J. (2007). Toward a natural history of ethical censorship. *Law & Society Review, 41*(4), 797–810.

Kem, J. F. (2005). *Cataloging the Whedonverse: Potential roles for librarians in online fan fiction.* Master's thesis, School of Information and Library Science of the University of North Carolina at Chapel Hill.

Kendall, L. (1999). Recontextualizing "cyberspace": Methodological considerations for online research. In S. G. Jones (Ed.), *Doing Internet research: Critical issues and methods for examining the Net* (pp. 57–74). Thousand Oaks, CA: Sage.

Kendall, L. (2002). *Hanging out in the virtual pub: Masculinities and relationships online.* Berkeley: University of California Press.

Kendall, L. (2004). Participants and observers in online ethnography: Five stories about identity. In M. D. Johns, S. S. Chen, & G. J. Hall (Eds.), *Online social research: Methods, issues, ethics* (pp. 125–140). New York: Peter Lang.

Kirby-Diaz, M. (Ed.) (2009). *Buffy and Angel conquer the Internet: Essays on online fandom.* Jefferson, NC: McFarland.

Knapp, J. A. (1997). Essayistic messages: Internet newsgroups as electronic public sphere. In D. Porter (Ed.), *Internet culture* (pp. 181–200). New York: Routledge.

Kociemba, D. (2006). "Over-identify much?": Passion, "passion," and the author-audience feedback loop in *Buffy the Vampire Slayer. Slayage: The Online Journal of Buffy Studies, 19.* Available at http://slayageonline.com/essays/slayage19/Kociemba.htm

Kolko, B. E., Nakamura, L., & Rodman, G. G. (2000). *Race in cyberspace.* New York: Routledge.

Komaki, R. (2009, April 30–May 2). *A Japanese social network site mixi and the imagined boundary of "Japan."* Paper presented at the Texas A&M University Race & Ethnic Studies Institute Symposium: Race, Ethnicity, and (New) Media, Texas A&M University, College Station, TX.

Kurzman, C. (1991). Convincing sociologists: Values and interests in the sociology of knowledge. In M.Burawoy (Ed.), *Ethnography unbound: Power and resistance in the modern metropolis* (pp. 250–270). Berkeley: University of California Press.

Larbelestier, J. (2002). *Buffy's* Mary Sue is Jonathan: *Buffy* acknowledges the fans. In R. Wilcox & D.Lavery (Eds.), *Fighting the forces: What's at stake in* Buffy the Vampire Slayer (pp. 227–238). Lanham, MD: Rowman & Little-field.

LeBosco, K. (2004). Managing visibility, intimacy, and focus in online critical ethnography. In M. D. Johns, S. S. Chen, & G. J. Hall (Eds.), *Online social research: Methods, issues, ethics* (pp. 63–80). New York: Peter Lang.

Leurs, K. (2009, April 30–May 2). *Be(com)ing cyber Mocro's: Digital media, migration and glocalized youth cultures.* Paper presented at the Texas A&M University Race & Ethnic Studies Institute Symposium: Race, Ethnicity, and (New) Media, Texas A&M University, College Station, TX.

Lotz, A. D., & Ross, S. M. (2004). Toward ethical cyberspace audience research: Strategies for using the Internet for television audience studies. *Journal of Broadcasting & Electronic Media Studies, 48*(3), 501–512.

Lu, J. (2009). *Software copyright and piracy in China.* Dissertation, Texas A&M University, College Station.

Lynd, R. S., & Lynd, H. M. (1956). *Middletown: A study in American culture.* New York: Harcourt, Brace. (Original work published in 1927)

MacKinnon, R.C. (2002). Punish the persona: Correctional strategies for the virtual offender. In S. G. Jones (Ed.), *Virtual culture: Identity and communication in cybersociety* (pp. 206–235). Thousand Oaks, CA: Sage. (Original work published 1997)

Mallapragada, M. (2009, April 30–May 2). *Desi webs: South Asian America, online cultures and the politics of race.* Paper presented at the Texas A&M University Race & Ethnic Studies Institute Symposium: Race, Ethnicity, and (New) Media, Texas A&M University, College Station, TX.

Mann, C., & Stewart, F. (2004). Introducing online methods. In S. N. Hesse-Biber & P. Leavy (Eds.), *Approaches to qualitative research: A reader on theory and practice* (pp. 367–401). New York: Oxford University Press.

Marcus, G. (1998). *Ethnography through thick and thin.* Princeton, NJ: Princeton University Press.

Markham, A. (1998). *Life online: Researching real experience in virtual space* (*Ethnographic Alternatives*, No. 6). Walnut Creek, CA: AltaMira Press.

Markham, A. (2004). Representation in online ethnographies: A matter of context sensitivity. In M. D. Johns, S. S. Chen, & G. J. Hall (Eds.), *Online social research: Methods, issues, ethics* (pp. 141–156). New York: Peter Lang.

Markham, A. (2005a). The methods, politics, and ethics of representation in online ethnography. In N. K. Denzin & Y. S. Lincoln (Eds.), *The SAGE handbook of qualitative methods* (3rd ed., pp. 793–820). Thousand Oaks, CA: Sage.

Markham, A. (2005b). "Go ugly early": Fragmented narrative and bricolage as interpretive method. *Qualitative Inquiry, 11*(6), 813–839.

Markham, A. N., & Baym, N. K. (2009). *Internet inquiry: Conversations about method.* Thousand Oaks, CA: Sage.

May,R.B.A.(2003)."Flirting with boundaries":A professor's narrative tale contemplating research of the wild side. *Qualitative Inquiry, 9*(3), 442–465.

May, R. B. A., & Patillo, M. (2000). Do you see what I see? Examining a collaborative ethnography. *Qualitative Inquiry, 6*(1), 65–87.

McPherson, T. (2000). I'll take my stand in Dixie-Net: White guys, the South, and cyberspace. In B. E. Kolko, L. Nakamura, & G. B. Rodman (Eds.), *Race in cyberspace* (pp. 117–132). New York: Routledge.

Millard, W. B. (1997). I flamed Freud: A case study in teletextual incendiarism. In D. Porter (Ed.), *Internet culture* (pp.145–160). NewYork: Routledge.

Millet, K. (1973). *The prostitution papers.* New York: Avon.

Mitchell, W. J. (1999). *E-Topia: "Urban Life Jim, But Not as We Know It."* Cambridge: MIT Press.

Mizrach, S. (1996). Cyberanthropology. Retrieved August 18, 1999, from http://www.lastplace.com/page205.htm

Murguía, E., Tackett-Gibson, M., & Lessem, A. (Eds.). (2007). *Real drugs in a virtual world: Drug discourse and community online.* Lanham, MD: Lexington Books.

Nakamura, L. (2002). *Cyber types: Race, ethnicity, and identity on the Internet.* New York: Routledge.

Nakamura, L. (2009). Don't hate the player, hate the game: The racialization of labor in world of warcraft. *Critical Studies in Media Communication, 26*(2), 128–144.

Nieckarz, P. P., Jr. (2005). Community in cyber space?: The role of the Internet in facilitating and maintaining a community of live music collecting and trading. *City & Community, 4*(4), 403–424.

Nordt, M., Meisner, J., Dongaonkar, R., Quick, C. M., Gatson, S. N., Karadkar, U. P., & Furuta, R. (2007). eBat: A technology-enriched life sciences research community. *Proceedings of the American Society for Information Science & Technology, 43*, 1–25. Available at http://www3.interscience.wiley.com/journal/116327865/issue

Norris, P. (2004). The bridging and bonding role of online communities. In P. N. Howard & S. Jones (Eds.), *Society online: The Internet in context* (pp. 31–42). Thousand Oaks, CA: Sage.

O'Brien, J. (1997). Changing the subject. *Women and Performance: A Journal of Feminist Theory, 17.* Available at http://www.echonyc. com/~women/Issue17/

O'Brien, J. (1999). Writing in the body: Gender (re)production in online interaction. In M. A. Smith & P. Kollock (Eds.), *Communities in cyberspace* (pp. 76–104). New York: Routledge.

Ow, J. A. (2000). The revenge of the yellowfaced cyborg: The rape of digital geishas and the colonization of cyber-coolies in 3D realms' *Shadow warrior.* In B. E. Kolko, L. Nakamura, & G. B. Rodman, (Eds.), Race in cyberspace (pp. 51–68). New York: Routledge.

Parpart, L. (2003)."Action, chicks, everything": Online interviews with male fans of *Buffy the Vampire Slayer.* In F. Early & K. Kennedy (Eds.), *Athena's daughters: Television's new women warriors* (pp. 78–91). Syracuse, NY: Syracuse University Press.

Parrish, J. J. (2007). *Inventing a universe: Reading and writing Internet fan fiction.* PhD dissertation, University of Pittsburgh, Pittsburgh, PA.

Peterson, L. (2009a, April 30–May 2.). *Ewww—You got your social justice in my video game!* Paper presented at the Texas A&M University Race & Ethnic Studies Institute Symposium: Race, Ethnicity, and (New) Media, Texas A&M University, College Station, Texas.

Peterson, L. (2009b, April 30–May 2). *Talking about race in digital space.* Paper presented at the Texas A&M University Race & Ethnic Studies Institute Symposium: Race, Ethnicity, and (New) Media, Texas A&M University, College Station, Texas.

Porter, D. (1997). *Internet culture.* New York: Routledge.

Reid, R.A. (2009, April 30–May 2). *Harshin ur squeez: Visual rhetorics of anti-racist work in livejournal fandoms.* Paper presented at the Texas A&M University Race & Ethnic Studies Institute Symposium: Race, Ethnicity, and (New) Media, Texas A&M University, College Station, TX.

Rheingold, H. (2000). *The virtual community: Homesteading on the electronic frontier.* Reading, MA: Addison-Wesley. (Original work published 1993)

Richards, L. (2003). Fandom and ethnography. Available at http://www.searingidolatry.co.uk/lond/index2.html

Salaff, J. W. (2002). Where home is the office: The new form of flexible work. In B. Wellman & C. Haythornthwaite (Eds.), *The Internet in everyday life* (pp. 464–495). Malden, MA: Blackwell.

Seabrook, J. (1997). *Deeper: Adventures on the Net.* New York: Touchstone (Simon & Schuster).

Schmitz, J. (2002). Structural relations, electronic media, and social change: The public electronic network and the homeless. In S. Jones (Ed.), *Virtual culture: Identity &*

communication in cybersociety (pp. 80–101). Thousand Oaks, CA: Sage. (Original work published 1997)

Sharf, B. (1997). Communicating breast cancer online: Support and empowerment on the Internet. *Women and Health, 26,* 65–84.

Sharf, B. (1999). Beyond netiquette: The ethics of doing naturalistic discourse research on the Internet. In S. G. Jones (Ed.), *Doing Internet research: Critical issues and methods for examining the Net* (pp. 57–74). Thousand Oaks, CA: Sage.

Shaw, D. F. (2002). Gay men and computer communication: A discourse of sex and identity in cyberspace. In S. G. Jones (Ed.), *Virtual culture: Identity and communication in cybersociety* (pp. 133–145). Thousand Oaks, CA: Sage. (Original work published 1997)

Shirky, C. (2002). Communities, audiences, and scale. Available at http://shirky.com/writings/community_scale.html

Shostak, M. (1981). *Nisa: The life and words of !Kung woman.* Cambridge, MA: Harvard University Press.

Silver, D. (2000). Margins in the wires: Looking for race, gender, and sexuality in the Blacksburg Electronic Village. In B. E. Kolko, L. Nakamura, & G. B. Rodman (Eds.) *Race in cyberspace* (pp. 133–150). New York: Routledge.

Smith, D. (1990). *Texts, facts, and femininity: Exploring the relations of ruling.* New York: Routledge.

Smith, K. M. C. (2004). "Electronic eavesdropping": The ethical issues involved in conducting a virtual ethnography. In M. D. Johns, S. S. Chen, & G. J. Hall (Eds.), *Online social research: Methods, issues, ethics* (pp. 223–238). New York: Peter Lang.

Stafford, N. (2002). *Bite me! An unofficial guide to the world of Buffy the vampire slayer.* Toronto, ON: ECW Press. (Original work published in 1998)

Stark, L. (2007). Victims in our own minds?: IRBs in myth and practice. *Law & Society Review, 41*(4), 777–786.

Stenger, J. (2006). The clothes make the fan: Fashion and online fandom when *Buffy the Vampire Slayer* goes to eBay. *Cinema Journal, 45*(4), 26–44.

Stern, M. J., & Dillman, D. A. (2006). Community participation, social ties, and use of the Internet. *City & Community, 5*(4), 409–424.

Stivale, C. J. (1997). Spam: Heteroglossia and harassment in cyberspace. In D. Porter (Ed.), *Internet culture* (pp. 133–144). New York: Routledge.

Tepper, M. (1997). Usenet communities and the cultural politics of information. In D. Porter (Ed.), *Internet culture* (pp. 39–54). New York: Routledge.

Thomas, J. (2004). Reexamining the ethics of Internet research: Facing the challenge of overzealous oversight. M. D. Johns, S. S. Chen, & G. J. Hall (Eds.), *Online social research: Methods, issues, ethics* (pp. 187–202). New York: Peter Lang.

Travers, A. (2000). *Writing the public in cyberspace: Redefining inclusion on the net.* Garland studies in American popular history and culture. New York: Garland Press.

Travers, M. (2009). New methods, old problems: A sceptical view of innovation in qualitative research. *Qualitative Research, 9*(2), 161–179.

Tulloch, J., & Jenkins, H. (1995). *Science fiction audiences: Watching Doctor Who and Star Trek.* New York: Routledge.

Turkle, S. (1995). *Life on the screen: Identity in the age of the Internet.* New York: Simon & Schuster.

Tuszynski, S. (2006). *IRL (in real life): Breaking down the binary of online versus offline social interaction.* PhD dissertation, Bowling Green State University, Bowling Green, OH.

Van Maanen, J. (2004). An end to innocence: The ethnography of ethnography. In S. N. Hesse-Biber & P. Leavy (Eds.), *Approaches to qualitative research: A reader on theory and practice* (pp. 427–446). New York: Oxford University Press.

Walstrom, M. K. (2004). "Seeing and sensing" online interaction: An interpretive interactionist approach to USENET support group research. In M. D. Johns, S. S. Chen, & G. J. Hall (Eds.), *Online social research: Methods, issues, ethics* (pp. 81–100). New York: Peter Lang.

Watson, N. (2003). Why we argue about virtual community: A case study of the Phish.Net fan community. In S. G. Jones (Ed.), *Virtual culture: Identity and communication in cybersociety* (pp. 102–132). Thousand Oaks, CA: Sage. (Original work published in 1997)

Whiteman, N. (2009). The de/stabilization of identity in online fan communities. *Convergence: The International Journal of Research into New Media Technologies, 15*(4), 391–410.

Williams, R. (2004). "It's about power": Executive fans, spoiler whores and capital in the *Buffy the Vampire Slayer* online fan community. *Slayage: The Online Journal of Buffy Studies,* 11–12.

Zickmund, S. (2002). Approaching the radical other: The discursive culture of cyberhate. In S. Jones *Virtual culture: Identity and communication in cybersociety* (pp. 185–205). Thousand Oaks, CA: Sage. (Original work published 1997)

Zweerink, A., & S. N. Gatson (2002). www.buffy.com:Cliques, boundaries, and hierarchies in an Internet community. In R. Wilcox & D. Lavery (Eds.), *Fighting the forces: What's at stake in Buffy the Vampire Slayer* (pp. 239–249). Lanham, MD: Rowman & Littlefield, pp. 239–249.

Anssi Peräkylä, Johanna Ruusuvuori

32.

대화와 텍스트 분석

박용호_ 인천대학교 창의인재개발학과 교수

질적 연구에서 가장 많지만 서로 특징적으로 구분되는 경험적 자료의 종류를 크게 두 가지 들 수 있는데, "인터뷰(interview)"와 "자연스럽게 오고 가는 대화(naturally occurring)"라고 할 수 있다. 인터뷰는 연구자가 관심을 갖고 있는 문제와 관련된 질문에 답하는 것으로 구성된다. 여기에서는 인터뷰 자체보다는 인터뷰 중에 논의된 쟁점이 연구 주제가 된다. 이러한 점에서, 연구자가 경험적 자료로서 자연스럽게 오고 가는 대화를 사용하는 것은 조금 다른 특징을 지니고 있다. 이와 같은 형태의 연구에서는 경험적 자료 자체(예, 일상적인 상호작용에 대한 녹음, 기록된 텍스트)가 연구 주제의 표본이 된다. 결론적으로, 연구자는 본인이 조사하는 분야에 대한 바로 그 대상에 직접적으로 접근하게 되는 것이다.

아마도 대부분의 질적 연구는 인터뷰를 토대로 이루어질 것이다. 여기에는 몇 가지 중요한 이유가 있다. 인터뷰를 함으로써 연구자는 사람들의 주관적인 경험과 태도와 같은 접근하기 어려운 실제 영역에 도달할 수 있다. 또한 인터뷰는 시간적, 공간적 거리감을 극복하게 해주는 편리한 방법이기도 하다. 즉, 과거의 사건이나 오래전 경험들도 인터뷰에 참여한 사람들을 통해 연구 가능하기 때문이다.

한편, 자연스럽게 발생하는 경험적 자료를 활용함으로써 연구자는 연구 대상에게 직접 다가갈 수 있다(Silverman, 2001). 가령, 연구자가 정치가를 인터뷰하는 저널리스트가 사용하는 전략에 관심이 있다면(예, Clayman & Heritage, 2002a), 저널리스트에게 직접 질문하기보다는 녹화된 인터뷰를 가지고 연구하는 것이 바람직한 방법일 것이다. 혹은 연구자가 죽음과 죽음의 과정에 관한 의학적 개념(medical conceptions)의 흐름에 대해서 연구하고 싶다면, 이와 관련된 것들에 대해 의사가 무엇을 알고 있는지를 질문하기보다는 의학 서적을 연구하는 것이 바람직할 것이다.

그러나 인터뷰와 자연스럽게 발생한 대화에서 확보된 자료 사이의 차이점이 과장되어서는 안 된다(Potter, 2004; Speer, 2002 참고). 이 두 가지 방식 사이에도 여러 형태의 연구 자료가 있다. 예를 들어, 문화기술적 현장연구의 일부로서 진행되는 비형식적 인터뷰와 초점 집단(focus groups) 방법에서 사람들은 전통적인 연구를 위한 인터뷰 방식보다는 훨씬 자연스러운 대화 방식으로 연구자에게 자신들의 행위와 생각을 보여준다. 특히 보통의 인터뷰는 그 상황을 벗어난 사실이나 생각을 표현한다기보다는 상호작용이나 추론의 결과로 분석되고 있으며 또한 분석될 수 있다. Susan Speer(2002, p. 513)는 최근 "연구자들의 의도에 따라 대체적으로 데이터는 자연스러울 수도, 그렇지 않을 수도 있다"고 지적한다. 반면에, David Silverman(2001, p. 159)은 어떤 데이터—심지어 녹음된 자료라 할지라도—라고 할지라도 "연구자의 손길이 닿지 않은 것은 없다"라고 주장하였다(Speer, 2002, p. 516 참고). 왜냐하면 연구 참여자로부터 사전 동의서를 받는 등의 연구자의 행위가 반드시 필요하기 때문이다. 따라서 연구자가 관여하여 수집한 정보와 자연스럽게 얻은 정보를 구분할 때에는 이 둘이 서로 양분되어 있다기보다는 연속선상에 위치하고 있다고 이해해야 할 것이다.

이 장에서는 이 연속선의 한쪽 끝에 초점을 맞추고자 한다. 즉, "자연스럽게 오고 가는 대화"에 최대한 근접하도록 수집된 녹음 자료나 테스트를 가지고 분석하고 해석하는 방법들을 제시할 것이다.

32.1 텍스트 분석

텍스트 활용과 다양한 텍스트 분석 방법

Dorothy Smith(1974, 1990)와 Paul Atkinson 그리고 Amanda Coffey(1997)는 현대 사회의 많은 사회생활은 다양한 종류의 기록된 텍스트로 매개되고 있다고 지적하였다. 예를 들어, 현대의 보건의료는 환자 기록 없이는 불가능하며, 법체계 역시 법 조항과 법률 문서 없이 불가능하다. 전문가 양성도 매뉴얼이나 전문 학술지 없이는 불가능하며, 레저생활도 뉴스나 잡지 혹은 광고가 없다면 불가능하다고 할 수 있다. 이러한 텍스트들은 질적 연구자들에게 풍부한 연구 자료를 제공해주고 있다.

많은 경우 기록된 텍스트를 연구 자료로 사용하는 질적 연구자들은 분석을 실행하는 데 있어 사전에 정의된 특정 프로토콜을 따르려고 하지 않는다. 그들은 경험적 자료들을 반복적으로 읽음으로써 중요한 주제를 찾고자 하는데, 이를 통해 연구 표본인 텍스트화된 자료에 나타난 문화를 구성하는 전제와 의미들을 찾아낸다. 이러한 비형식적 접근방법의 사례로는 영국의 극작가인 Dennis Potter와의 방송 인터뷰(p. 127-131)를 토대로 구성된 Clive Seale(1998)의 연구를 들 수 있다. 인터뷰 대상자는 죽음을 앞둔 말기의 환자였다. Seale은 인터뷰가 죽음과 죽음의 과정에 관한 특정한 개념을 어떻게 전달하는지를 보여주고 있는데, 임박한 죽음에 대한 명확한 인식과 그러한 상황에서 생겨난 특별한 창조성을 특징적으로 묘사하고 있다.

많은 경우, 이러한 비형식적 접근은 기록된 텍스트에 초점을 둔 연구에 대해서는 최선의 선택이 될 수 있을 것이다. 특히 연구 설계에서 질적 연구 텍스트가 연구의 핵심에 있는 것이 아니라 부수적이고 보완적인 역할을 담당할 경우, 복잡하고 정교한 텍스트 분석 방법은 필요하지 않을 수 있다. Seale(1998)의 연구도 그러한 경우인데, 질적 텍스트 분석은 이론적 분석뿐만 아니라 인터뷰나 질문지에 초점을 맞춘 큰 연구를 보완하는 역할을 한다. 그러나 경험적 자료로써 전적으로 텍스트만을 활용하는 연구 프로젝트에서는 다른 분석 과정을 고려하여야 할 것이다.

연구자들은 다양한 텍스트 분석방법 중에서 선택할 수 있을 것이다. 연구자들이 미리 연구의 과정을 정하는 데 관여하는 정도는 각기 다를 수 있다. 어떤 연구자들은 광범위하게 텍스트 분석과정을 미리 설정하는 것에 관여할 수도 있지만, 어떤 연구자들은 텍스트가 속한 문화적, 사회적 환경에 관한 이론적 가정에 초점을 맞추기도 할 것이다. 또한 이러한 텍스트 분석방법이 문어적 담화(written discourse)와 구어적 담화(spoken discourse)에 모두 사용될 수도 있고, 경우에 따라서는 기록된 텍스트에만 적용될 수도 있을 것이다. 다음에서 우리는 간단히 몇 가지 텍스트 분석 방법에 대해 언급하고, 이어 다른 두 가지 논점을 자세히 소개하고자 한다.

기호학(semiotics)은 기호와 기호의 이용에 대해 연구하는 폭넓은 학문이다. 텍스트를 분석하는 많은 도구들이 이 분야에서 개발되었다. 그 중에서 가장 잘 알려져 있는 방법은 아마도 **기호학적 내러티브 분석**일 것이다. 러시아의 문화기술자인 Vladimir Propp(1968)과 프랑스의 사회학자인 Algirdas Julien Greimas(1966)는 내러티브의 구조를 분석하는 체계를 수립하였다. 처음 두 학자들의 이러한 체계는 동화에서 개발된 것이지만, 추후 다른 종류의 텍스트에도 적용되었다. 예를 들어, Greimas의 체계를 통해 기본 구조 관계(주체 대 객체, 송신자 대 수신자, 조력자 대 적대자)가 텍스트들에서 도출될 수 있었다. Jukka Törrönen(2000, 2003)은 Greimas의 이러한 방법을 이용하고 발전시켜 음주 정책을 논하는 신문사설을 분석하였다. 여기서 그는 텍스트가 특정 정치적 목적을 달성하기 위해 독자들을 고무시키는 구조의 관계를 어떻게 만드는지 보여주었다.

보다 최근의 내러티브 분석의 다른 경향은 확인 가능한 구조를 지닌 텍스트보다는 **사회적 상호관계 속에서의 실천(practice)**으로서의 내러티브에 관심을 가진다. 상호작용과 관련된 부분을 본 장의 후반부에서 다룰 것이기 때문에 여기에서는 간략하게 내러티브에 대한 새로운 접근방식을 소개하고자 한다. 내러티브 분석에 대한 새로운 접근은 다양하다는 점과 파편적이라는 내러티브가 지닌 본질을 강조한다(Hyvärinen et al., 2010). 이 새로운 접근방법은 이야기와 스토리텔링이 사회적 맥락 속에서 이뤄지고 있는 것으로 이해하고 이를 분석한다. 이러한 경향 속에서, 상황적 맥락은 고정적인 것이 아니라 다차원적으로 연계되어 있는 프로세스로 이해되는데, 이러한 맥락은 대화 속에서 일종의 재료(resource)로 활용된다(De Fina & Georgakopoulou, 2008). 전통적으로 내러티브 연구에서는 연구되는 내러티브는 인터뷰를 통해 확보된다(Bamberg & Georgakopoulou, 2008). 전통적인 연구의 초점은 내러티브의 **내적 구조(internal organization)**에 맞춰져 있는데, 예를 들어 성별(gender)과 같은 요인에 연결되어 있는 내러티브 구조의 특정한 유형을 파악해내

는 것에 초점이 맞추어져 있다고 할 수 있다. 새로운 경향에서는 기존의 접근과 달리 환경 속에서 내러티브가 발생시키는 결과물, 즉 내러티브의 **외적 구조(external organization)**로 관심을 돌리게 되었다(Gubrium & Holstein, 2009, pp.vii-ix, 1-2). 내러티브는 다양한 맥락 속에서 대화 관계(talk-in-interaction)로서 분석된다. 즉, 한편으로는 다른 사람들과 상황적 맥락에 의해 이야기가 어떻게 전해지고 형성되는지에 관심을 기울이면서, 또 다른 한편으로는 내러티브가 이러한 환경을 어떻게 형성해 나가고 있는지에 관심을 기울이고 있다(De Fina & Georgakopoulou 2008; Ochs & Capps 2001, p.2). 예를 들면, Michael Bamberg와 Alexandra Georgakopoulou(2008)는 정체성을 확인하기 위한 도구로 활용된 그룹 토론에 참여한 10세 남자 아이들의 스토리텔링을 분석하였다. 두 학자는 이 연구를 내러티브가 대화 참여자들에게 상대적으로 공간 속에서의 성격과 위치를 구성하는 도구로 사용될 수 있다는 점에서 출발하였다(Sacks, 1974b 참고). 따라서 특정 언어학적 선택은 더 넓은 사회적 정체성과 연결될 수 있다고 바라보았다(Georgakopoulou, 2007, p.13). Bamberg와 Georgakopoulou(2008)는 10세 남자 아이들이 다른 세 명의 다른 아이들과 인터뷰 진행자가 함께하는 상황 속에서 대조적인 이야기(여자 아이들에게 관심을 갖는 것과 그렇지 않은 것)를 가지고 어떻게 말장난을 하는지를 보여주었다. 그들은 그 나이의 아이들에게서 매우 보편적이고 중요한 두 가지 내러티브 사이에서 아이들의 두서없는 행동 등에 초점을 맞추었으며, 이러한 과정 속에서 자아의식의 개발에 초점을 맞추었다. 연구자들은 변화하는 환경 속에서 들려지는 이야기들이 점차 삶의 경험을 조직화한다는 것과 자신이 누구인지와 관련된 의식을 형성하는 삶의 이야기를 만들어 낸다는 점을 지적하였다.

맥락 의존적인 담화 분석(discourse analysis: DA)은 구어 담화뿐만 아니라 기록된 텍스트에 대한 다양한 접근방법과도 관련이 있다. 언어학적 측면에서 담화 분석은 주로 문장보다는 큰 단위로 일관성을 유지

하려는 텍스트의 특징을 발견하는 것을 목적으로 하고 있다(Brown & Yule 1983). 사회 심리학에서 담화 분석(최근에는 '담론 심리학[discursive psychology]'으로 일컬어지는)은 인지와 감정 같은 정신의 실체를 뒷받침하는 언어 사용(구어와 문어)을 조사하는 것으로 연구들이 진행되고 있다. 여기에서 중요한 이론적 전제는 정신적인 실체가 개개인의 내부에 내재되어 있는 것이 아니라 언어적으로 구조화되어 있다는 사실이다(Edwards, 1997; Potter, 2006; Potter & te Molder, 2005). Norman Fairclough(1989, 1995)가 발전시킨 비판적 담화 분석(critical discourse analysis: CDA)은 언어학적이고 비판적인 사회 연구가 결합된 또 다른 담화 분석적 접근으로 구성된다. 비판적 담화 분석은 사회적 불평등과 권력의 재생산을 텍스트가 어떻게 만들어 내는지에 관심을 갖는다(Wodak & Meyer, 2009). Liisa Tainio(1999)는 결혼한 사람을 위한 의사소통 가이드북의 언어를 분석하였는데, 이 연구는 비판적 담화 분석 연구의 한 예로 볼 수 있다. 예를 들어, Tainio는 텍스트에서 여성은 의사소통 문제를 해결하기 위해 변화할 것으로 기대하였으나, 남성은 절대 변화하지 않을 것으로 보았다.

종종 역사적 담화 분석(historical discourse analysis: HDA)으로 불리는 텍스트 분석에 대한 푸코식의(Foucauldian) 접근방법은 인간의 관습과 사고방식이 등장하는 역사적 과정을 연구함에 있어서 지식과 힘의 상호관련성을 추적하는 것에 초점을 맞추고 있다. '지배구조 분석(analytics of government)'(Dean, 1999, Meskus, 2009a; Rose, 1999)이란 용어는 이러한 형태의 접근법이 사용된 분석방법을 일컫는다. 다음에는 이 접근방법의 사례를 소개하고자 한다.

인간의 유전 지배구조 분석: 연구 사례

기록된 텍스트를 연구하는 학자들은 Michel Foucault의 연구에서 통찰력과 영감을 얻었다(그의 연구를 보고

자 하면 Foucault, 1973, 1977, 1978 참고. 그의 이론 및 방법론에 관한 설명은 Dean, 1999; Kendall & Wickham, 1999; McHoul & Grace, 1993; Rose, 1999 참고). Foucault는 텍스트를 분석하는 방법을 정확하게 제안하지 않았다. 따라서 그로부터 영감을 받은 학자들이 사용하는 텍스트 분석 및 해석 방법은 다양하다. 그러나 무엇보다 주 관심사는 Potter(2004)가 지적한 것처럼 일련의 진술(statement)들이 어떻게 주체와 객체를 구성하는가와 관련된 문제였다. 객관과 주관을 결정하는 진술을 어떻게 설정하는가였다. 주체와 객체의 구성은 역사적 맥락에서 연구되었고, Foucault의 용어를 빌리자면 고고학(archeology)과 계보학(genealogy)으로 탐색되었다고 할 수 있다.

역사적 접근방식에 대한 최근의 사례는 핀란드의 의료보건 분야에서 유전에 관한 이론과 기술을 연구한 Mianna Meskus(2009b)의 연구에서 찾아볼 수 있다. Meskus는 20세기 초부터 우생학(eugenics)과 인종 위생(racial hygiene)과 같은 개념이 위험(risk)과, 유전과 재생산을 통제하는 기술을 어떻게 발전시킬 것인가 하는 논의로 점차 대체되어 왔다는 것에 초점을 두었다.

Meskus(2009b)는 전문적이고 정치적이며 일상 담화(의료 기사, 정책 자료, 위원회 보고서, 안내서, 건강 잡지)의 영역에서 발표된 텍스트를 조사하였다. 그 연구는 유전학의 발전과 국가 인구 정책의 변화, 의료 분야에서의 실행 간의 상호관계를 추적하였다. 그녀는 특히 태아 사전 선별 검사와 모든 임산부를 둘러싼 의사 주도의 의료 발전 기술에 관심을 두었다.

Meskus는 인간의 유전적 특징에 대한 행정을 크게 세 단계 또는 국면으로 구분한다. 첫 번째 시기는 20세기 초에서 1960년대까지이다. 그 기간 동안 사람들은 정신적 문제와 인지 장애를 가진 사람들은 인류의 질(the quality of population)을 높이기 위해 살균(sterilized)되어야 하는 부류라고 생각하였다. 두 번째 단계인 1970년대부터 1980년대까지는 정책의 초점이 인간사회의 질에서 의료보건으로 이동하게 된다. 이

기간 동안 국가들은 예방 의료보건에 투자했고, 전국적인 의료 상담 시스템을 구축하였다. 동시에 염색체 이상으로 인한 유전적 질환에 대한 치료가 이루어지게 되었다. 이 단계에서, 위험에 대한 인식이 임산부에게 적용되었는데, 40세 이상 산모와 같이 특정 위험군에 대한 태아의 이상 기형 가능성 진단이 실행되었다. 만일 기형이 발견되고 부모가 결정할 경우 낙태가 실시되기도 하였다. 1990년대 이후의 세 번째 시기에는 유전학의 발전으로 치료행위가 상대적으로 수월해지면서 새로운 테스트가 가능해졌다. Meskus는 특히 이 시기에 사전 선별 검사(prenatal screening)가 핀란드에서는 모든 임산부들에게 일반적인 절차로서 채택되었지만 스웨덴에서는 단지 위험 그룹만을 대상으로 채택된 과정임을 소개하였다. 그녀는 그 차이의 기준이 태어날 아기의 건강에 대한 결정권을 '부모가 선택할 수 있는 여부'였다고 밝히고 있다. 즉, 핀란드에서는 모든 산모들이 절차상 일반적으로 행해지기 때문에 묻지 않는 것을, 스웨덴에서는 선천적 질환에 대해 정보를 제공받을 수 있고 결정을 필요로 할 때에는 테스트를 요청할 수 있기 때문에 "예/아니오" 사이에서 선택해야 하고 이것이 가장 큰 차이였다는 것이다.

Meskus는 진보가 어떻게 개인의 선택을 지지하게 되었는지, 그리고 동시에 사전 선별 검사가 관행으로 자리잡게 된 사회경제적 맥락을 어떻게 다루어 왔는지를 지적하였다. 이 세 단계를 통해서 임신이나 출생과 관련된 인류의 "질"이나 전체 인구의 건강을 관리하는 과정은 사회적 혹은 의료 보건의 비용을 절감하고자 하는 보건 정책과 서로 연결된다. 하지만 사전 선별 검사가 모든 임산부를 대상으로 해야 한다는 의견을 지지하는 의사와 유전학자들의 주장은 자신들의 미래 자녀의 건강을 알 수 있다는 가능성과 장애를 가진 아이에 대해 결정권을 가질 수 있다는 가능성에 바탕을 두고 있다.

Meskus는 "선택할 수 있는 자유"로부터 생겨난 새로운 윤리적 문제들을 언급하면서 결론을 내린다. 대중에게 건강상 위험을 인식하기 시작하고 선택할 수 있는 폭을 넓혀줌에 따라, 부모는 앞으로 태어날 아기의 건강에 대해 기대를 갖게 되었고, 때론 의학도 그 기대에 부응하였다. 하지만, 현실은 장애를 가진 아이를 낳을 것인지 낙태를 할 것인지의 선택 사이에서 매우 어려운 결정을 하는 것 역시 부모에게 남겨 주었다는 것이다. 이 선택의 자유는 아기에게 이상이 발견되었을 때 산모와 보호자의 어깨에 무거운 책임의 짐을 올려놓는다. 따라서 Meskus는 사전 선별 검사와 같은 중립적 성격의 의학 기술의 채택이 다양한 역사적, 사회적, 정치적 토대의 결과이며, 이는 예상치 못한 윤리적 딜레마를 야기할 수 있다는 점을 보여주었다.

Meskus의 방법론은 푸코식 접근 방법을 택하였다. 즉, 그녀는 해당기간 텍스트에 관한 전형적인 개념들을 통해 사고방식과 역사적(텍스트적) 실체를 검증하고자 하였다(Meskus, 2009b, p.232). 문화기술적 방법을 통해 그녀는 다양하고 변화하는 맥락에서 연구 대상을 기술하였으며, 전체를 종합하기 위해 다른 여러 기간 동안에 다른 종류들의 텍스트를 활용하였다. 그녀가 활용한 다양한 데이터에는 의학 기사나 정부 문서, 메모 및 안내서까지도 포함되었다. 그리고 이런 데이터는 문제시되는 상황이나 이 문제들을 둘러싼 주위의 관심이나 논쟁에 초점을 맞추고 있다. Meskus는 주제에 따라 데이터를 분류하면서 전문적인 텍스트를 특정한 측면에서 검증하고자 하였다. 다시 말해, 어떻게 관심이 가는 객체(유전에 관한 과학적 사실)들을 정의하고 서술하는지, 관점과 논쟁(어떻게 유전이 문제가 되는지와 그 문제에 대해 어떤 해결책이 제시되는지)의 스타일은 무엇인지, 그리고 어떻게 대상 그룹(전체 인구의 특정 대상들)이 정해지는지가 논의되었다. 이런 분석은 관심 영역(유전)에 대해서 연속성과 터닝 포인트를 추적하는 역사적 접근방식을 바탕으로 한다. 여기서 중요한 점은 텍스트와 관행은 얽혀있다는 것이다. Meskus의 연구는 유전에 대한 의학적 측면이 어떻게 특정 정책 사상, 가치, 요구가 제시되는 사회적 풍토 속에서 생산되는가를 효율적으로 보여준다. 이것은 각 기간 동안 유전을 지배하는 현실을 반영한 것이다.

텍스트를 분석하고 해석하는 Meskus의 역사적, 푸코식 방법은 질적 텍스트 분석의 한 가지 대안을 제시한다. 다음으로 질적 연구에서 텍스트를 읽는 다른 방식, 구성원 분류 분석(membership categorization analysis: MCA)에 대해 알아보고자 한다.

구성원 분류 분석

Meskus의 역사적 분석이 텍스트에서 쟁점들이 어떻게 문제로 정의되고 여러 종류의 데이터에 어떻게 추론의 방식이 형식화되고 안정화되는지에 관심을 가졌다면, 구성원 분류 분석(MCA)은 기술적 장치들(descriptive apparatus)과 관련이 있다.

구성원 분류 분석을 논하기에 앞서, 우리는 독자들이 이 접근 방식이 가지고 있는 광범위한 적용 범위를 기억하길 원한다. 기록된 텍스트 분석뿐만 아니라 구성원 분류 분석은 인터뷰 분석(예, Nikander, 2002; Roca-Cuerbes, 2008)과 자연스럽게 오고 가는 대화 분석(예, Butler & Weatherall, 2006; Stokoe, 2003)에 이용할 수 있다. 그러나 다음에서는 텍스트 분석과 관련된 적용에 초점을 맞추어 논하기로 한다.

구성원 분류와 관련된 아이디어는 미국의 사회학자인 Harvey Sacks(1974b, 1992)가 처음으로 제시하였다. Sacks에게 기술(description)은 주요한 분석적 질문이었다. 그는 기술의 조건에 관심을 가지고 있었고, 사람들과 그들의 행동을 생산하고 이해하는 기술을 무엇이 가능하게 하는지에 초점을 맞추었다. Silverman(2001)이 말했던 것처럼, Sacks는 구성원의 기술을 적절하게 생산하게 만드는 장치(apparatus)에 관심을 가졌다. 그리고 이런 관심은 분류화로 이어졌다.

사람들은 주로 그 사람이 속한 분류에 따라 언급된다. 구성원 분류 분석은 사람이 어떤 시점에 다양한 대안적 분류를 사용함으로써 언급된다는 것을 인지하는 점에서 출발하게 된다. 이 장의 저자들인 우리는

핀란드 사람으로, 부모로, 사회학자로, 유럽인으로, Tampre 대학의 동문 등으로 언급될 수 있을 것이다. 구성원 분류 분석은 바로 이와 같은 분류 선택에 대한 것이며, 이 선택의 조건과 결과에 대한 것이다.

Sacks(1974b)가 제시한 유명한 사례로 한 아이가 쓴 이야기('The baby cried. The mommy picked it up')의 도입부를 들 수 있다. 이 이야기에서는 두 가지 중요한 분류인 "아기(baby)"와 "엄마(mommy)"를 찾을 수 있다. 왜 이런 분류를 사용하였으며 이를 통해 얻고자 하는 바는 무엇인가? 만일 엄마가 생물학자라는 직업을 가지고 있었다면, 이야기는 'The baby cried. The scientist picked it up'으로 바뀌지 않았을까?(Jayyusi, 1991, p.238) 왜 우리들은 일반적인 아기와 일반적인 엄마가 아닌 그 아기와 그 엄마가 나오는 이야기를 듣고자 하는가? 구성원 분류 분석은 이것에 대한 해답과 다양한 종류의 텍스트를 분석하는 도구를 제공한다.

Sacks(1992)는 분류가 집합체를 형성하며, 따라서 집합체는 곧 분류의 집합(collection)이라고 말하였다. 가족은 하나의 집합으로, 아기, 엄마, 아빠는 그 집합 속의 분류이다. "삶의 단계"는 또 다른 집합이라고 할 수 있다. 아기, 유아, 아동, 성인으로 분류할 수 있을 것이다. 이제 아기는 이론상으로 위에서 언급한 두 집합 모두에 속한다고 할 수 있을 것이다. 그러나 앞에서 나온 짧은 이야기에서는 "가족" 집합에 속한다는 것을 알 수 있다. 두 가지 이상의 분류가 사용된 듣기(또는 읽기) 기술에서 정말로 들렸다면 우리는 같은 모음에서 들었던 규칙에 맞춰 가기 때문이다. 따라서 이 경우, 우리는 "아기"와 "엄마"를 "가족"이라는 장치를 통해 듣게 되는 것이다(p.247).

각 분류들은 구체적인 **행동들**(activities)과 함께 움직인다. Sacks는 **분류에 의한 활동들**(category-bound activities)이라는 용어를 사용하는데, 이는 문화 구성원들이 사람들의 "전형적인" 분류로 나타나는 행동을 취하는 것을 일컫는다. 우는 것은 아기들에게는 분류에 의한 활동이다. 마찬가지로 (우는) 아이를 안는

것 역시 어머니의 분류에 의한 활동이다. 같은 방식으로, 강의하는 것은 교수의 분류에 의한 활동이다. 이런 활동들은 규범적이다. 아기가 우는 것은 적절한 것이고, 어머니가 그 아이를 안는 것도 적절하다. 하지만 어른이 아기와 같이 울거나 어머니가 우는 아기를 안지 않는 것은 적절하지 못하다. **규격화된 상관관계의 쌍**(standardized relational pairs)은 두 개의 분류를 가지고 있는데, "남편과 아내", "의사와 환자"처럼 그 분류 사이에는 서로에게 규격화된 권리와 의미가 요구된다. 무엇보다 묘사된 내용을 받아들이는 사람은 행동으로부터 분류를 추론할 수 있고 그 역도 가능하다고 할 수 있다. 행위를 앎으로 말미암아 우리는 행위 주체의 분류를 유추할 수 있고, 행위 주체의 분류를 구분하는 것에서 그들이 무엇을 하는지 유추할 수 있는 것이다.

Sacks가 제시한 개념(더 상세한 설명은 Lepper, 2000; Schegloff, 2007b; Silverman, 1998 참고)의 한 단면을 통해서도 독자는 이런 설명이 텍스트 분석에 도움이 되리라는 생각을 할 수 있을 것이다. Sacks의 개념은 사회적, 도덕적, 정치적 질서의 생산과 재생산을 위한 거점으로써 텍스트 분석을 위한 재료가 된다. 어떤 한 사람에 대한 묘사에는 한 가지 이상의 분류가 가능하다는 생각을 머릿속에 담아두는 것만으로도 분석가는 항상 "왜 이 시점에 이 분류가 쓰이지?"라는 질문이 가능하다.

이제 구성원 분류 분석의 간단한 예를 찾아보자. Marc Rapley, David McCarthy, 그리고 Alec McHoul(2003)은 1996년 Tasmania에서 발생했던 대략 학살 사건에 대한 신문 보도를 사회 심리학적으로 분석하였다(비슷한 예로는 Eglin & Hester, 2003 참고). Rapley 등은 일반인들과 전문가들이 본 범인의 공공 분류에 초점을 맞추고, 일반인들과 전문가들의 사건에 대한 설명 속에서 범인에게 부여된 각기 다른 분류 구성에서 비롯된 긴장감에 관심을 가졌다.

필자들은 분류 방법에 있어 Sacks가 제시한 개념을 사용하였다. 이 개념에는 활동들에 대한 도덕적 책임을 포함하여 인간 분류와 그들의 분류에 의한 활동 사이에서 유추할 수 있는 특정한 유대가 있다. 필자들은 일반 사람들이 그 사건을 설명할 때 어떻게 범인이 '미치광이'나 '정신 분열증 환자'로 표현되는지와 이와 동시에 '비극적인 삶을 산 한 젊은 청년'으로 표현되는지 관찰한다. '정신 질환'의 분류로 구분될 경우 그 남성은 현실감을 잃고 생각지도 못한 비정상적인 행동을 할 수 있는 것으로 고려된다. 즉 그는 그의 행동에 책임질 필요가 없다. 반대로, 사회의 일원으로 '젊은 청년'은 잘못되고 비도덕적인 행위를 했다고 판단할 수 있다. 따라서 한편으로 그의 행동은 행동에 책임을 지지 않는 미친 사람의 괴이함으로 설명될 수도 있고, 다른 한편으로는 사회 질서를 공유하는 한 구성원으로서 도덕적으로 그의 행동에 책임을 져야 한다고 할 수도 있다.

흥미롭게도, 필자들은 같은 사건에 대한 전문가들의 설명이 같지 않다는 것을 발견한다. 어떤 전문가들은 그 살인자가 지적 능력이 떨어지며 정신 이상이 아니라고 말하는 반면, 어떤 전문가들은 그가 정신 분열증 환자일 가능성이 높다고 말하였다. 이런 방법으로 범인의 행동에서 비롯된 도덕적 책임과 비책임 사이에서 비롯된 긴장감은 앞서 설명한 일반 사람들에게처럼 생기기 마련이다. 그 범인을 진찰한 정신과 의사와 심리학자들은 마침내 그가 인격 장애를 겪고 있고, 지적 불능과 "둔하긴 하지만 정상적인 사람"의 경계선에 위치하고 있다고 결론 내렸다. 하지만 그가 옳고 그름을 구분할 수 없을 정도로 심각한 정신적인 질환을 겪은 적은 없다고 전하였다. 따라서 전문가의 설명은 그 범인을 미친 것과 미치지 않은 것 사이에서, 비정상과 정상 사이에서, "우리가 아닌"과 "우리" 사이에 위치시키는 일반 범주를 제시하였고, 결국 이는 범인이 그의 행동에 도덕적(그리고 법적) 책임을 져야 한다는 것을 말해주었다.

Sacks의 뒤를 이어 Rapley 등은 우리가 사람들을 분류하는 방법이 어떻게 말이 되는지 그리고 이 분류 작업이 전문가들에 의해 결정된다 할지라도 어떻게 본질적으로 도덕적인지를 언급하였다. Rapley 등의 분석에 의하면, 언론에서 사용하는 분류는 범인이 도덕적이고 책임감 있는 배우와 같은 지위에 있다는 점을 설명하기 위해 구성되었다. 앞서 제시한 사례에서 정신과적(전문가) 분류 또한 이 가능성을 달성하기 위해 이용되었다. 구성원 분류에 따르면 배우의 분류는 현실적인 도덕적 판단을 이행할 수 있는 도덕적 종류와 관련되어 있다. 특정한 분류를 선택하기 위해 필요한 실제 과학적 근거는 제쳐두는 것이다. Rapley 등은 분류는 (또한 정신질환 분류) 사람들이 일을 성취할 수 있는 재료로, 이 경우 중립적인 과학적 사실보다는 도덕적인 판결로 고려되어야 한다고 결론지었다. 즉, 사건을 기술하는 방법으로써 분류이며, 도덕적 설명이 선행되고 다른 "기술적"이고 "의학적"이며 또는 "과학적"인 판단에 근거해야 한다.

모든 묘사가 분류에서 시작되므로, 구성원 분류 분석은 텍스트 분석에 있어 많은 적용 가능성을 열어두고 있다. 분류 분석은 연구자가 텍스트가 가지고 있는 문화적 세계와 도덕적 질서에 한 발짝 다가갈 수 있게 해준다. 그러나 무엇보다 중요한 것은 분류 분석이 특정 문화나 도덕성에 관한 것이 아니라는 것이다. Sacks의 개념이 발전함에 따라 그는 분류의 "내용"보다는 오히려 우리가 그것을 사용하는 방법에 관심을 가졌다(Atkinson, 1978, p.194). 따라서 결국 구성원 분류 분석에서 가장 중요한 것은 질적 연구자가 묘사 행위의 조건 그 자체를 탐구하게 한다는 것이다.

32.2 말하기 분석

면대면(face-to-face)의 사회적 상호작용(또는 전화나 다른 기술적인 매체를 통해 이루어지는 상호작용)은 사람들이 가장 직접적이고 가장 빈번하게 경험하는 사회적 현실이라고 할 수 있다. 우리의 사회적, 개인적 존재의 중심에는 다른 인간과의 직접적인 접촉이 있다. 직접적인 사회적 상호관계에 대한 문화기술적 관찰은 사회학자들과 사회심리학자들에 의해서 성공적으로 이루

어져 왔지만, 최근에는 대화(talk)나 상호관계에 대해 연구하는 데 있어 비디오나 오디오가 가장 풍부한 자료를 제공하고 있다. 이러한 녹음 자료들은 앞서 설명한 것과 같이 작성된 텍스트를 해석하는 것과 같은 방법으로 분석된다. CDA, MCA, 심지어는 푸코식의 담화 분석이 녹화된 비디오나 테이프를 바탕으로 한 연구 기록물에 적용할 수 있는 방법론이다. 하지만 Erving Goffman(1983)은 면대면의 사회적 상호작용도 나름의 특정한 연구 방법을 필요로 한다고 지적하였다. 사회적 상호작용 속의 발화(utterance)와 행위의 상호작용은 기록된 텍스트에서는 발견될 수 없는 복잡한 구조를 포함한다. 대화 분석(conversation analysis: CA)은 이러한 구조를 분석하는 특수화된 방법으로 제시될 수 있다.

대화 분석의 기원

대화 분석(CA)은 사람들 사이의 사회적 상호작용의 구조와 과정을 조사하는 하나의 방법이라고 할 수 있다. 경험적 자료로서 대화 분석 연구는 자연스럽게 발생한 상호작용에서 얻을 수 있는 비디오나 오디오 녹음 자료를 활용한다. 그 결과 이런 연구는 상호작용의 구조(예, 번갈아가며 말하기, 인접한 발화들 간의 관계)와 현상(예, 새로운 소식 주고받기, 평가하기)에 대해 질적(때로는 양적) 묘사를 제시한다.

대화 분석은 Sacks와 그의 동료 학자들(주로 Emanuel Schegloff와 Gail Jefferson[1997])에 의해 1960년대 캘리포니아 대학에서 처음으로 활용되기 시작하였다. 당시에 이러한 분석 방법은 다른 사회과학의 접근방법과는 꽤 다른 것이었다. 당시 인간의 상호작용을 분석하는 가장 주된 방법은, 이론적으로 정의된 특징적인 행위를 부호화하고 계량화하는 것에 근거한 정량분석이었다(특히 Bales[1950] 참고). Erving Goffman(예, 1955)과 Harold Garfinkel(1967)은 사회적 상호작용의 도덕적이며 추론적인 토대에 초점을

맞추는 연구를 진행함으로써 기존의 상호작용을 이해하는 방식에 도전하기 시작하였다. 이 두 학자에게 영감을 받은 Sacks는 행위의 실제의 시간적인 순서를 질적으로 연구하기 시작하였는데, 순차적으로 일어나는 행위 사이에서 규칙이나 패턴, 구조를 분석하기 시작하였다(Silverman, 1998). Schegloff(1992a)는 Sacks가 사회적 상호작용에 대해 던진 사회과학적 질문이 매우 급진적 변화를 가져왔다고 주장하였다. 다시 말해, Sacks는 사회적 상호작용을 다른 과정들이 단순히 투영되는 화면으로 인식하지 않았으며, 행위 자체의 구조를 연구하기 시작하였다(Schegloff, 1992a, p.xviii).

기본적인 이론적 가정

먼저, 대화 분석은 이론적이라기보다는 오히려 매우 구체적인 실증적 작업이라고 할 수 있다. 대화 분석을 하기 위해 연구자들은 자연스럽게 오고 가는 대화를 녹화한 비디오나 오디오 자료를 만들고, 이러한 자료를 일정한 기록 절차를 활용하여 전사(transcribe)한다(부록 참고). 연구자들은 자료 속에서 반복적으로 나타나는 상호작용의 실체를 확인하는데 이는 곧 그들의 연구 주제가 된다. 이러한 상호작용의 실체에는 구체적인 일련의 행위(예, '새로운 소식의 발표(news announcement)', '이에 대한 반응(announcement response)', '정교화(elaboration)', '평가(assessment)' 등으로 구성되는 새로운 소식의 전달과정[Maynard, 2003]) 또는 발화를 설계하는 구체적인 방법(예, 답변 전에 "아~"라고 말하는 것[Haritage, 1998]) 등이 있다. 그런 후에는 조심스럽게 청취해 보거나, 사례를 비교하거나 혹은 대화 상황을 살펴봄으로써, 연구자들은 그 실체가 가지고 있는 특성(properties)과 과제(tasks)를 기술한다(예, 화자의 인식 상태에 변화를 주기 위해 하는 답변 전에 "아~"라고 말하는 것, 이와 관련해서는 Haritage[1998] 참고).

하지만 경험적 연구들을 통해 대화 구조에 대한 이론적 지식이 축적되어 왔다. 대화 분석을 수행하는 실제 기술은 오로지 이러한 CA의 이론적 가정에 대한 배경에 반하여 이해되고 평가될 수 있다. 아래에서는 이러한 경험적 연구들에서 제기된 대화의 구조화와 관련된 몇 가지 기본적인 가정을 설명하고자 한다. 가정은 크게 세 가지로 구분되는데(Heritage, 1984, Chapter 8; Hutchby & Wooffitt, 1998 참고), (a) 말하는 것은 행위(action)이며, (b) 행위는 구조적으로 조직되고, (c) 말하기는 상호주관적인 실체(reality)를 창조하고 유지한다는 점이라고 할 수 있다.

말하는 것은 행위이다

다른 철학적이고 사회과학적인 접근방법에서와 같이, 대화 분석은 주로 인간 행위의 수단으로 여겨진다(Schegloff, 1991). 생각을 전달하는 언어 능력은 더 근본적인 이러한 인간 행위의 하나로 여겨질 수 있다. 행위를 완성하는 데 있어, 말하기는 응시와 제스처와 같은 의미를 가진 행동과 연계되게 된다(Goodwin, 1981). 어떤 대화 분석 연구는 지역적 관점에서도 특징적으로 드러나는 행위의 조직화를 연구 주제로 삼고 있다. 따라서 대화 분석을 활용하는 학자들은, 예를 들면 대화의 시작과 맺음말(Schegloff & Sacks 1973), 평가나 응답자가 동의하거나 동의하지 않는 방식(Goodwin & Goodwin, 1992; Pomerantz, 1984), 스토리텔링(Mandelbaum, 1992; Sacks 1974a), 불평(Drew & Holt, 1988), 뉴스의 전달(Maynard, 2003), 웃음(Glenn, 2003; Haakana, 2001; Jefferson, 1984) 같은 것들을 연구해왔다. 많은 대화 분석 연구는 제도적 환경에서의 특정 행위를 주제로 삼고 있다. 그 예로는 의학적 조언이 이루어지는 상황 속에서의 진단(Heath, 1992; Maynard, 1991, 1992; Peräkylä, 1998, 2002; ten Have, 1995)이나 신체검사(Heritage & Stivers, 1999) 등이 포함되며, 증인에 대한 반대심문(cross examination)에서의 질의와 응답(Drew, 1992), 뉴스 인터뷰 중 반대를 극복하는 방법(Greatbatch, 1992), 다양한 상황에서 조언해주는 상황(Heritage & Sefi, 1992; Silverman, 1997; Vehviläinen, 2001) 등을 포함한다. 마지막으로 많은 중요한 대화 분석 연구는 행위를 가능케 하는 대화 구조의 근본적인 측면에 집중한다. 여기에는 순서 바꾸기(Sacks, Schegloff, & Jefferson, 1974), 수정하기(Schegloff, 1992c; Schegloff, Jefferson, & Sacks, 1977), 행동 순서가 결정되는 일반적인 방법 등이 포함된다(Schegloff, 2007a).

행위는 구조적으로 조직된다

대화 분석에서 사회적 삶의 핵심을 구성하는 실제 행위는 철저하게 구조화되고 조직화된다. 목표를 추구하는 행위자는 자신의 행위를 가능하게 하는 규칙이나 구조에 집중해야 한다. 이런 규칙과 구조는 주로 행위 사이의 관계에 관심을 갖는다. 하나의 행위는 더 크고 구조적으로 조직화된 실체의 부분이라고 할 수 있다. 이러한 실체들이 아마도 '일련의 사건(sequence)'으로 불릴 수 있다(Schegloff, 2007a).

가장 기본적이면서도 중요한 '일련의 사건'은 아마도 '근접상(adjacency pair)'이다(Schegloff & Sacks, 1973). 근접상은 두 행위의 연속인데, 상호작용하는 한 사람의 첫 번째 행위(first pair part)가 다른 사람의 두 번째 행위(second pair part)를 불러일으키는 것을 말한다. 근접상의 전형적인 예로는 질의응답, 인사, 요청에 대한 수락이나 거절, 초대에 대한 수락이나 거절 등이 있다. 첫 번째와 두 번째 행위 사이의 응답 관계는 엄격하고 규범적이다. 만약 두 번째 행위가 제대로 일어나지 않는다면, 첫 번째 화자는 첫 번째 행동을 반복하거나 두 번째 행동이 이루어지지 않았다는 사실을 설명하게 된다(Atkinson & Drew, 1979, pp. 52-57; Merritt, 1976, p. 329).

근접상은 종종 더 광범위한 일련의 사건들에서 중심적인 역할을 한다(Schegloff, 2007a). 예를 들면, '예비 확장(pre-expansion)'은 근접상보다 우선하는데 그러한 예는 화자가 먼저 다른 사람의 저녁 계획에 대해 물어보고(그 사람이 다른 약속을 하지 않았다면), 초대를 하는 경우이다. '삽입 확장(insert expansion)'은 행위가 첫 번째 행위(first pair part)와 두 번째 행위(second pair part) 사이에서 발생하는 것을 말하는데, 예를 들어 응답하기 전에 제안이나 요청에 대해 구체적으로 말해주기를 요구하는 것이 포함된다. 마지막으로, '후기 확장(post-expansion)'은 화자가 "괜찮아요"나 "감사합니다"와 같이 기본적인 근접상을 가진 행위를 생산하는 것인데, 이는 질문의 연속이나 요청에 대한 답을 마무리하기 위해 사용된다(Schegloff, 2007a).

말하는 행위는 상호주관적 실체를 창조 및 유지한다

대화 분석은 때로는 말하기의 "형식"에 치중한 나머지 말하기의 "의미"를 무시한다는 비판을 받아왔다(Alexander, 1988, p. 243; Taylor & Cameron, 1987, pp. 99-107). 그러나 이것은 대화 분석 연구가 가진 기술적인 정확성이 주는 인상 때문에 생긴 오해이다. 대화 분석 연구를 자세히 접해보면 이야기와 상호작용은 참가자의 의도에 대한 상호주관적인 이해가 생성되고 유지되는 장(site)으로써 연구된다(Heritage & Atkinson, 1984, p. 11). 즉, 대화 분석은 실시간으로 의미의 형성을 가능하게 하는데, 이러한 의미구성을 가능하게 하는 방법이나 수단은 의미가 형성된 것과 분리될 수 없다(MCA의 예 참고). 그러나 대화 분석적 "응시하기"는 대화적 행동을 통해 공적으로 변화시키는 의미와 이해에만 초점을 맞추고 있다는 점과, 사람들의 내부 심리학적 경험에 따라 "문외한"인 상태로 남는다는 점을 아는 것이 중요하다(Heritage, 1984).

상호주관성 이해의 가장 근본적인 단계는 현재의 화자에게서 나타나는 이전 순서(the preceding turn displayed by the current speaker)를 이해하는 것과 관련이 있는데, 이는 어떤 형태의 상호주관적 이해에도 모두 적용될 수 있는 기초라고 할 수 있다. 말하는 행위가 이전 순서에서 형성된 맥락 속에 생성되는 것과 같이, 그것은 또한 이전 순서에 대한 화자의 이해를 나타내기도 한다(Atkinson & Drew, 1979, p.48). 간단한 사례를 살펴보면, 답변으로 들릴 만한 말하는 행위가 이루어질 때, 화자는 질문을 함으로써 이전 순서를 이해한다는 것을 보여주기도 한다. 때때로 이런 선택은 상호작용을 만들어내고 참여자들이 사회적 관계를 형성하는 데 중요한 요소가 된다. 예를 들어, 말하는 행위가 두 가지 형태로 들릴 수 있으며(예, 발표 혹은 요청으로 들리거나, 정보의 제공 혹은 불평으로 들릴 때), 이어서 수신자가 다음 순서에서 선택하게 되는 경우가 이에 속한다. 두 번째 화자가 말한 것에서 드러난 바대로 첫 번째 화자가 자신의 말에 문제가 있거나 정확하지 않다고 생각하는 경우, 첫 번째 화자는 '제삼자의 입장'에서 이를 수정할 기회를 가지게 된다. 즉, "비판하려고 했던 건 아니야" 혹은 "문제가 있다고 말하려고 했던 건 아니야"와 같은 말로 정정할 수 있는 기회를 얻을 수도 있다.

상호주관성 이해에 있어 중요한 다른 단계는 말하기의 맥락과 관련이 있다. 이는 특히 조직 속에서의 상호작용에서 명백히 나타난다. 즉, 조직의 측면에서 참가자들에게 주어지는 과제를 달성하기 위해 발생하는 상호작용(예, 심리치료, 의료 상담, 뉴스 인터뷰) 속에서 명백히 드러난다(Arminen, 2005; Drew & Heritage, 1992; Heritage, 2004). 참여자들이 갖게 되는 자신들의 이야기에 대한 조직적 맥락에서의 이해는 그들의 행동 속에서 문서화된다. Emmanuel Schegloff(1991, 1992b), Paul Drew와 John Heritage(1992)는 만약 "조직적 맥락"이 상호작용과 연관이 있다면 그 맥락은 참가자들의 행동에서 자세히 관찰된다고 언급하였다. 여기에는 정보를 주고받는 방식, 질문에 묻고 답하기, 논점을 제시하는 것 등이 포함된다. 조직적 상호작용에 초점을 두는 대화 분석 연구는 다른 조직의 과제를 가진 행위자들이 그들의 목표를 달성하기 위해 그들의 행동을 조직하는 방법을 탐구하곤 한다.

연구 사례

추상적인 논의에 이어서 대화 분석의 구체적인 사례를 살펴보고자 한다. John Heritage와 Geoffrey Raymond(2005)의 최근 연구는 대화 참여자의 지적 지위를 정하는 상호관계, 즉 참여자들이 논하고 있는 대화의 주제나 대상에 대한 알 권리에 초점을 맞추고 있다. 지금까지 대화 분석 연구에서는 사건을 기술함에 있어 사람들은 지금 말하고 있는 그 사건에 대해 그들이 어떻게 알고 있는지, 어떻게 그 사건에 접근하게 되었는지 명확하게 언급할 수 있는 것으로 알려져 왔다(Sacks, 1992; Whalen & Zimmerman, 1990). 이와 유사하게, 사람들은 이야기를 하거나 뉴스를 전달하면서 그 사건을 직접 경험한 사람에게 그 사건을 말할 권리를 먼저 주게 된다(Maynard, 2003; Peräkylä, 1995; Pomerantz, 1984; Sacks, 1984). Heritage와 Raymond(2005)의 연구에서, 두 학자는 어떻게 권위와 종속성이 지속적으로 일상의 대화 속에서 일반적인 대상을 평가하는 데 나타나는지와 이미 일어난 미묘한 방법들을 보여주고 있다.

대화 분석의 용어로 보자면, Heritage와 Raymond의 조사는 대화 속의 평가 연속(assessment sequences)과 관련이 있다고 할 수 있다. 평가는 주로 근접상 안에서 이루어지는데, 한 명의 화자가 대화의 대상을 평가하면, 다른 화자는 적절한 관련성을 갖는 두 번째 평가를 위해 첫 번째 평가에 유의하게 된다. Heritage와 Raymond는 첫 번째 평가를 함으로써 화자는 곧 대상을 평가하는 첫 권리를 요구할 수 있게 된다고 주장하였다. 따라서 첫 번째 평가를 하면서 화자들은 다른 참가자가 접근하기 더 좋거나 더 친근함을 느끼도록 하는 가능성에 초점을 맞추게 되는 것이다. Heritage와 Raymond는 화자들이 이런 지적 권리를 규정하는 다양한 사례들을 제시하는데, 처음 평가하면서 그 권리를 낮추거나 두 번째 평가하면서 그 권리를 높이는 것이 그러한 예가 될 수 있다. 그러므로 합의에 도달하는 것은 참여자의 지적 수준을 조심스럽게 조정하는 것을 필요로 한다. 여기에는 본질적으로 지적 권리, 권위 및 종속에 관한 협상이 수반된다.

다음 예시들은 Heritage와 Raymond의 논문에서 발췌된 것으로 두 대화 참여자는 대상을 평가하고자 하는 자신들의 권리를 지향하고 있다.

```
(1) [VIYMC 1:4]
1 J: Let's feel the water. Oh, it...
2 R: -> It's wonderful. It's just right.
3    It's like bathtub water.

(2) [NB:IV.7:-44]
1 A: -> Adeline's such a swell [gal
2 P:                          [Oh God, whadda
3    gal. You know
```

사례에서 보면, 평가 연속에서 두 화자는 모두 비슷하게 그들이 평가하는 대상에 접근하고 있으며, 동등하게 대상을 평가할 수 있는 권리를 행사하는 모습을 보여주고 있다. 만일 그렇지 않다고 한다면, 화자들은 이러한 권한을 분명히 하고자 하는 여러 가지 방법들을 갖게 된다. 다음의 두 일련의 대화는 첫 번째 평가를 한 화자가 우월한 지적 지위를 추구하는 것을 보여준다. 다음의 세 번째 예시에서는 화자가 부가의문문(tag question)을 통해 본인의 지적 권리를 낮추는 것을 볼 수 있다.

```
(3) [Rah 14:2]
1 Jen: Mm [I: bet they proud o:f the fam'ly.=
2 Ver:    [Ye:s.
3 Jen:-> =They're [a luvly family now ar'n't [they.
4 Ver:           [°Mm:.°                     [They
5         are: yes ye[s.
6 Jen:               [eeYe[s::,
7 Ver:                    [Yes,
8 Jen: Mm: All they need now is a little girl
9      tih complete i:t.
```

이 연속문에서 첫 두 줄은 베라(Vera)가 가족에 대해 묻는 제니(Jennie)의 질문에 답함으로써 가족에 대한 더 많은 정보를 가지고 있다는 점을 명백하게 보여준다. 셋째 줄에서 제니는 가족을 사랑스럽다고 평가하고 있으며, "그렇지 않나요?(aren't they?)"라는 부가

의문문으로 자신의 평가를 낮추고 있다. 이러한 방법으로 제니는 가족을 더 잘 알고 있는 것이 자신임에도 불구하고 대화 참여자에게 가족을 평가할 수 있는 우선권을 부여하고 있음을 보여주고 있다.

대상을 평가하는 주 권리를 강조하는 방법도 있다. 그 중 하나는 바로 다음 예에서 볼 수 있듯이 부정의문문(negative interrogative)을 사용하는 것이다.

```
(4) [SBL:2-1-8:5]
1 Bea: Wz las'night th'firs'time you met Missiz Kelly?
2      (1.0)
3 Nor: Me:t who:m?
4 Bea: Missiz Kelly?
5 Nor: ^Ye:s. hh[Yih kno] :w what<]
6 Bea:          [ Isn't ]she a cu]te little thi:ng?
```

이 예에서 여섯째 줄에서 비(Bea)가 첫 번째 평가에서 진술한 질문 형태의 언급은 대답속에서 비의 언급과 유사한 대답을 유도하고, 예-아니오 질문의 구조를 통해서는 언어적 반응을 사용하게 하여, 동의하는 답변을 끌어내고 있다. 이 모든 순서의 특징을 통해 비는 켈리(Kelly) 씨에 대한 그녀의 평가가 안정되었음을 보여주고, 그녀는 켈리 씨와 지인으로서의 관계를 확립했으며, 노만(Norman)이 좀 더 켈리 씨를 평가할 수 있는 강한 권리를 가지고 있다는 것을 보여준다.

비슷하게도 화자는 두 번째 평가에서 바로 "아-(oh-preface)"와 같은 화법으로 자신들의 지적 위치를 관리할 수 있다. 다음 예에서는 일레인(Ilene)과 노만(Norman)이 노만의 개 트릭시(Trixie)에 대해 이야기하고 있다. 아홉째 줄과 열째 줄에서 첫 번째 평가를, 열한째 줄에서 두 번째 평가를 찾을 수 있다.

```
(5) [Heritage 1:11:4]
1 Ile: No well she's still a bit young though
2      isn't [she<ah me]an:=uh[:
3 Nor:       [She : :]        [She wz a year:
      la:st wee:k.
5 Ile: Ah yes. Oh well any time no:w [then.]
6 Nor:                               [Uh: : :] : [m
7 Ile:                                           [Ye: s.=
8 Nor: =But she[:'s ( )            ]
9 Ile:         [Cuz Trixie started] so
10      early [didn't sh[e,
11 Nor:       [°O h : : [ye:s.°=
12 Ile: =°Ye:h°=
```

열한째 줄에서 우리는 어떻게 두 번째 평가의 "아 – " 화법이 화자의 대상에 대한 독립적 접근을 순서대로 나열하는지를 볼 수 있다. 이 특징은 상태변화로 얻어지는 결과이며, 대상에 선험적으로 존재하는 경험을 노만이 되돌아보는 것과 관련성을 보인다는 것을 알려준다 (Heritage, 2002 참고).

다양한 방법들은 대화 중에 특정한 대상을 평가하도록 하는 1차적 혹은 2차적 권리를 주장하도록 효율적으로 사용될 수 있다. Heritage와 Raymond는 이러한 방법들을 통해 평가에 대해 동의하거나 반대하는 동안 참여자들도 평가 대상을 누가 더 잘 알고 있는지 어떻게 타협하는 것인지를 보여준다. 이러한 일은 때로는 미묘한 참여자들 사이에 상호 지지 관계를 형성하기도 하지만 경쟁이나 심지어는 충돌까지 불러일으킨다. 그래서 Heritage와 Raymond는 "동의 연속성의 중심에 위치한 딜레마(a dilemma at the heart of agreement sequence)"라고 자신들의 연구 결과를 설명한다. 사람들은 특정 대상에 대해 다른 사람들이 어떻게 생각하는지를 알고 싶어하지만 동시에 각 상대방의 지적 권리에 집중해야 한다. 특히 개인적인 질문(예, 다른 사람의 손자들이나 애완동물을 평가하는 것)에 대해, 사람들은 이 기초적인 딜레마를 해결하기 위해 복잡한 체면치레를 하게 된다. 이런 분석은 사회적 관계와의 연관 또는 분리가 어떻게 우리의 일상생활에서 정말 실질적이고 쉽게 볼 수 있는 문제가 될 수 있는지를 보여준다. 즉, 이것은 바로 우리가 대상을 평가하는 행위를 할 때마다 어느 정도 관리해야 하는 문제인 것이다.

Heritage와 Raymond의 연구 결과들은 직접적인 상호 관계에 대한 잘 조절된 논리를 드러내고, 사회적 관계를 조정하는 당사자들로부터 지향된 행동의 내재된 규범들을 보여주는 좋은 사례라고 할 수 있다. 그들의 논문은 사람들이 상호작용 속에서 자신의 지적 상태를 부호화하고 주장하는 몇 가지 방식을 설명하고 있다. 하지만 그 두 학자의 연구 결과는 매일 일어나는 상호작용의 측면을 뛰어넘어 관련성을 가진다. 다른 지위를 가진 사람들 간의 지적 관계는 의학이나 교육 분야와 같은 많은 다양한 기관에서는 핵심이라고 할 수 있다. Heritage와 Raymond의 연구는 많은 기관의 접촉에서 지적 권리가 어떻게 정해지는지를 분석 가능하게 만드는 기준점을 제공한다.

정신적 실체 재고하기

몇 년 전 Martyn Hammersley(2003)는 대화 분석에 필요한 방법론적 기초에 대한 쟁점을 연구하였다. 특히, 그는 대화 분석이 대상의 공적인 활동이나 즉각적인 상황에서의 행동 중에서 다양한 심리적 특징들이 관찰 불가능하다는 것을 인정하지 않는다고 비판하였다. Hammersley는 상호적인 의사 표현과 상황의 외부에 존재하는 심리학적이고 사회적인 요소들 모두를 인식할 것을 요청한다. 대화 분석이 사회적인 요소를 나타내는 방법은 이 장의 결론에서 다룰 것이다. 심리학적 실재와 관련해서는 N. J. Enfield와 Stephen C. Levinson(2006)의 최근 연구가 매우 흥미롭다. Levinson과 그의 동료들은 마음 이론(theory of mind)에 대한 심리학적인 현대의 중요한 논의들과 대화 분석의 결과들을 종합하였다. 결과적으로, 그들은 사회적 상호작용의 기본 원리는 서로 상호작용(co-interaction)하는 정신 상태에서 상호 "읽기" 과정과 연관되어 있다는 것을 제시한다.

대화 분석이 전통적으로 대화에 참여하는 사람들의 정신 상태를 언급하는 것을 피했다고 할지라도, Enfield와 Levinson(2006, p. 1)에게는 상호작용을 하는 참여자들이 정신세계를 공유하고 있는 것으로 인식되었다. 정신세계를 공유하는 것은 다른 대화 참여자의 인식, 의도, 동기에 대한 이해와 서로의 행동에 대한 세분화된 기대가 따르는 것이다. 이 정신세계는 순서적으로 조직된 행위를 통해 그리고 그 속에서 형성되고 유지된다.

마음 이론은 Enfield와 Levinson의 개념화의 기본 원리가 된다. 이것은 단지 어느 연구자의 이론이 아니라, 인간이 공유하는 사회적인 세계를 이해하는 기본적인 능력이라고 할 수 있다. 외부 세상과 관찰자의 경험으로부터 독립적인 내부 경험의 세계를 다른 사람에게 베푸는 능력으로, 그 세계는 믿음, 열의, 의도와 같은 상태들로 구성되어 있다(Premack, 1976).

두 학자에 의하면, 마음 이론은 끊임없는 사회적 상호관계 속에 있다. 또한 이 이론을 사용하는 것은 자동적이며 무의식적인 활동이라고 할 수 있다. 상호 참여자들은 다른 사람의 의사소통의 의도를 파악하고 그에 따라 답한다(Enfield & Levinson, 2006, p. 5; Levinson 2006a, p. 45). 상호 참여자는 상대방의 행동에는 응답하지 않는다. 다만 상호작용은 상대방의 행동을 해석할 것을 요구받는다. 이를 "의도나 목표를 행위로 지도화하기"라고 말할 수 있는데, 여기서 행위는 의도된 행동으로 이해될 수 있다(Levinson, 2006a, p. 45). Levinson은 이런 해석의 과정이 "상대방의 정신세계에서 오는 자극의 한 종류"와 관련되어 있다고 언급하였다.

Levinson(2006a, 2006b)과 Enfield(Enfield & Levinson, 2006) 그리고 최근 연구(특히, Schegloff, 2006)를 보면, 인접쌍, 사전 연속 사건, 수용 설계, 수정과 같은 대화 분석으로부터 확인된 원리들이 어떻게 참여자의 정신상태의 상호적이고 반응적인 자극과 관련되어 있는지를 알 수 있다. Enfield와 Levinson이 다루었던 대화 분석의 통합과 마음 이론에 관한 전통적 연구들은 상호작용의 개념을 이해하게 해주지만, 정신세계의 과정과 관련된 관련성에 대해서는 질문을 제기하지는 않는다.

마음 이론을 토대로 한 심리학적 연구의 전통 측면에서 바라본 대화 분석적 결과물들에 대한 재해석은 사회적 상호작용에서는 새로운 추세로 받아들여지고 있다. 대화 분석에서 이 신선한 개념은 앞으로 새로운 종류의 경험적 연구 설계와 그 결과들을 이끌 것이다.

32.3 결론

이 장에서 우리는 데이터로서 텍스트나 대화 등 언어를 사용한 다양한 질적 연구 방법들에 대해 소개하였다. 우리가 소개했던 몇몇 접근법들은 때로는 협소한 관점이라고 비판받기도 했는데, 넓은 사회 문제를 다루지 않는 텍스트의 한 조각 또는 이야기의 한 부분과 같이 현실의 일부 파편들을 연구했기 때문이다(예, Hammersley, 2003). 우리가 만약 언어를 공부한다면 적어도 사회적이고 정치적인 용어 속에서 더 중요할지도 모르는 것들을 무시할 수 있을까? 이야기와 텍스트를 질적 연구하는 것이 단순히 언어와 관계있는 것인가 아니면 이런 접근법이 폭넓은 사회 문제들을 다룰 수 있는 것인가? 이 장을 마무리하기 위해 우리는 **권력**과 **사회 변화** 문제와의 관련성을 다룬 몇 가지 방법들을 비교해 보겠다. 우리는 역사적 담화 분석, 구성원 분류 분석, 대화 분석에 초점을 맞추고자 한다. 결론부터 이야기하자면 이런 방법들은 폭넓은 사회 현상을 다룰 수 있는 가능성을 가지고 있다.

구성원 분류 분석의 가능성은 권력과 사회 변화에 관한 질문을 다루는 것에서 찾을 수 있으며, 이는 Rapley 등(2003)에 잘 나타나있다. 이 연구에서 연구자들은 표면상 중립적인 분류 사용이 가지고 있는 도덕적 문제를 다루었다. 텍스트에서뿐만 아니라 사회 상황 속에서도 특정 분류의 사용과 채택은 선택한 분류에 따라 특정한 의무를 지니기도 하고 반박을 피할 수 없게 되기도 한다. 따라서 사람들은 의문을 가지게 된다. Rapley 등에서 제시했던 것처럼 범인의 분류에 대해 언론이 논쟁을 벌였던 것이 한 예이다. 구성원 분류분석은 겉보기에는 무심한 언어 사용이 가지고 있는 미묘한 문제를 표면에 드러낼 수 있는 방법을 제시한다. 다시 말해 사회 속의 구성원이나 단체의 분류가 행동을 평가하는 어떤 도덕적 장소 내에 그들의 위치와 어떤 관계가 있는지 보여준다.

폭넓은 사회 문제와 대화 분석의 관계는 더 복잡하다. 일상적인 대화의 구조나 일반적인 원리에 관심을 가지는 대화 분석의 경우, 권력과 사회 변화와는 무관해 보인다. 우리가 제시했던 연구 사례는 일상의 평범한 대화이며, 사회, 경제, 정치적 구조 속에서 큰 스케일을 가진 변화에 관한 질문에서 많이 동떨어진 실재일지도 모른다. Michael Billig(1998)은 이런 무관함이 실제로는 정치적으로 보수적인 선택을 내포할지도 모른다고 주장하였다. 기관의 상호작용을 연구할 때에도 대화 분석가들이 비디오나 오디오로 녹음된 대화의 상세한 부분에 관심을 가진다는 사실은 대화 속에 드러나지는 않지만 사회적 관계와 과정을 분석할 때 중요한 것으로 보여진다(Hak, 1999 참고).

대화 분석의 관점에서 두 가지 반응이 비판을 받을 수 있다. 먼저, 모든 사회생활에서 면대면(다른 말로, 생생한) 상호작용이 차례로 조직되어 있다는 점이 다시 진술되어야 한다. "스케일이 큰" 어떤 기관도 상호작용의 질서를 기본으로 하지 않고서는 운영될 수 없다. 이런 기관들은 대개 질문, 답, 평가, 비난, 설명, 해석과 같은 방법을 통해 운영된다. 따라서 사회적, 정치적 쟁점들에 관심을 가지지 않는다고 해도 대화 분석은 이런 문제를 만드는 사회생활의 기본적인 조직에 대한 지식과 그에 대한 해결책과 논쟁점도 제공하고 있다. 예를 들어, Heritage와 Raymond가 사회적 상호작용에서의 동의 조건에 대해 관찰했는데, 이 연구를 통해 잘 조절된 지적 권리의 관리가 직업적인 만남 등과 같이 직장 속에서 힘이나 지위를 향한 다양한 방법의 투쟁 뒤에 숨어 있다는 것을 알 수 있었다. 더군다나 힘이나 지위 문제를 외부적으로 드러내지 않는 대화 분석의 경우, 오히려 이런 주제를 토론하는 것과 관계있을지도 모른다. 예를 들어, 전문적인 관행을 분석하는 것에는 목표를 달성하기 위해 고객들을 감동시키는 것이 포함될지도 모른다. 그리고 이는 이런 관행들이 가지고 있는 적법성이나 잠재 효과를 논의하는 데 근거가 될 수도 있다(Clark, Drew, & Pinch, 2003, on sales encounters; Ruusuvuori, 2007, on homeopathic consultations).

어떤 대화 분석의 연구는 좀 더 직접적으로 정치적, 사회적 문제와 관련이 있다. 예를 들어, 대화 분석 연구는 특정한 상호작용적인 관행이 성(性) 정체성 변화나 유지에 기여하는 방식을 우리가 이해할 수 있게 도와준다. 이런 연구에서 성(性)과 성 정체성은 "사실"이 아니라 실제적 성과로 취급된다. Candace West(1979)와 Don Zimmerman(Zimmerman & West, 1975)이 진행한 남성과 여성의 대화 단절 연구는 널리 인용되고 있다. 최근 Celia Kitzinger(2005)는 양성애자인 화자가 그들의 대화에서 알 수 있는 양성성을 어떻게 계속해서 드러내는지 그리고 어떻게 "이성애규범성(heteronormativity)을 반영하고 구성하는지" 보여주었다(p. 222; Kitzinger, 2000; Kitzinger & Kitzinger, 2007 참고). 좀 더 언어학적인 대화 분석 연구에서 살펴보면, Tainio(2002)는 발화가 가진 통사적, 의미론적 특성이 성인 커플의 대화 속에서 어떻게 양성적인 정체성을 구성하는 데 쓰이는지 살펴보았다. 이런(전반적인 내용은 McIlvenny, 2002 참고) 연구는 대화 분석이 가지고 있는 중대한 가능성을 시사하는 것이라 볼 수 있다. 사회 변화를 다룬 대화 분석 연구로는 Steven Clayman과 John Heritage(2002b)의 연구를 들 수 있다. 그들은 미국 대선 후보자 토론회에서의 질문 설계를 연구하였다. Clayman과 Heritage는 질적 기법과 양적 기법을 통합하여 저널리스트의 질문에서 각기 다른 적대감의 정도를 보이는 서로 다른 유형의 분포가 시간이 지남에 따라 어떻게 변화하는지를 보여주었다. 그들은 또한 미국 선거관리위원회와 언론의 역사적 변화를 연구하기도 하였다. 대화 분석과 통계적 방법을 접목시킨 또 다른 의미 있는 연구로는 Tanya Stivers와 Asifa Majid(2007)의 연구를 꼽을 수 있다. 그들은 소아과 상담 중 질문에서 드러난 인종 편견에 대해 연구했는데, 부모의 인종과 교육은 의사가 질문에 답할 때 중요한 영향을 미친다는 사실을 밝혔다. 따라서 일상 세계를 분석하는 대화 분석이나 구성원 분류 분석은 학자들에게 적어도 사회생활에서 가질 수 있는 질문에 대해 심오한 관점을 제시해준다.

Dorothy Smith는 사회적 상호작용을 그 자체로 충분한 연구 대상으로 본 Goffman식 접근법(대화 분석과 구성원 분류 분석에 적용된)에 대해 비판하였다. 그녀는 사회적 상호작용이 일어나는 일상의 세계를 단순히 객체로 취급하는 것은 조직의 넓은 형태의 맥락에서 벗어나는 것이라고 주장하였다(Grahame, 1998). Smith(1987, pp.152-154)는 지방 사회 조직은 지역 환경이 외적인 사회적 상호작용에 의해 생성되며, 이런 사회적 관계는 지역 환경을 조사하는 것만으로는 적절하지 않다고 주장하였다. 그러나 대화 분석이 사회적 상호작용의 세계가 가지고 있는 조직의 상세한 기술(예를 들면 동의 조건 등)을 제공하는 방법은 사회적 관계가 작동하는 메커니즘을 공개하는 데 한 단계 나아간

것처럼 보인다. 더 나아가 Kitzinger가 진행한 페미니스트 대화 분석(2000, 2005)이나 Stivers와 Majid의 소아 상담에서 나타난 인종 편견 분석과 같은 최근 연구 추세는 원칙적으로 더 종합적인 관점을 유지하기 위해 그 결과를 다른 방법들과 연구 대상의 철저한 조사와 함께 결합하는 것을 막을 어떤 방법도 없다는 것을 말하고 있다.

따라서 우리의 결론은 텍스트와 대화를 분석하는 질적 연구는 단순히 언어에 대한 것이 아니라는 점이다. 텍스트와 대화를 분석하는 방법들로 이루어진 관찰은 개개인의 행동뿐만 아니라 사회 구조를 이해하는 하나의 장을 제공하고 있다.

부록 대화 분석의 표기 부호

기호	의미	기호	의미
[	대화가 겹치는 부분이 시작되는 지점	>word<	다른 대화보다 빨리 이야기된 부분
]	대화가 겹치는 부분이 끝나는 지점	<word>	다른 대화보다 느리게 이야기된 부분
(2.4)	초 단위로 측정된 침묵	(word)	잘 들리지 않으나 전사(transcription)된 것과 같이 표기될 수 있는 부분
(.)	0.2초보다 짧은 대화 중단		
↑	어조가 높아지는 변화	( )	들리지 않는 단어
↓	어조가 낮아지는 변화	.hhh	숨을 들이쉼
word	강조	hhh	숨을 내쉼
wo:rd	음성의 연장	.	발언 마지막에서 억양이 떨어짐
°word°	다른 대화보다 더 작은 소리로 이루어진 대화부분	?	발언 마지막에서 억양이 상승함
WORD	다른 대화보다 더 큰 소리로 이루어진 대화부분	,	발언 마지막에서 억양의 변화 없음
		word.=word	단어 사이에 시간 간격 없이 새로운 발언으로 들어감
w#ord#	잡음과 같은 목소리		
£word£	웃는 목소리	((word))	전사자의 주석
wo(h)rd	단어 속에 들어가 있는 웃음 요소		
wo-	단어 중간 잘림		
word<	갑작스런 단어 완성		

출처: Adapted from Drew & Heritage (Eds.). (1992). *Talk at work: Interaction in institutional settings*. Cambridge, UK: Cambridge University Press.

참고문헌

Alexander, J. (1988). *Action and its environments: Toward a new synthesis*. New York: Columbia University Press.

Arminen, I. (2005). *Institutional interaction: Studies of talk at work*. Aldershot, UK: Ashgate.

Atkinson, J. M. (1978). *Discovering suicide: Studies in the social organization of sudden death*. London: Macmillan.

Atkinson, P., & Coffey, A. (1997). Analysing documentary realities. In D. Silverman (Ed.), *Qualitative research: Theory, method, and practice* (pp. 45–62). London: Sage.

Atkinson, J. M., & Drew, P. (1979). *Order in court: The organization of verbal interaction in judicial settings*. London: Macmilllan.

Bales, R. F. (1950). *Interaction process analysis: A method for the study of small groups*. Reading, MA: Addison-Wesley.

Bamberg, M., & Georgakopoulou, A. (2008). Small stories as a new perspective in narrative and identity analysis. *Text & Talk, 28*(3), 377–396.

Billig, M. (1998). Whose terms? Whose ordinariness? Rhetoric and ideology in conversation analysis. *Discourse & Society, 10*, 543–558.

Brown, G., & Yule, G. (1983). *Discourse analysis*. Cambridge, UK: Cambridge University Press.

Butler, C., & Weatherall, A. (2006). "No, we're not playing families": Membership categorization in children's play. *Research on Language and Social Interaction, 39*(4), 441–470.

Clark, C., Drew, P., & Pinch, T. (2003). Managing prospect affiliation and rapport in real-life sales encounters. *Discourse Studies, 5*(1), 5–31.

Clayman, S., & Heritage, J. (2002a). *The news interview: Journalists and public figures on the air*. Cambridge, UK: Cambridge University Press.

Clayman, S., & Heritage, J. (2002b). Questioning presidents: Journalistic deference and adversarialness in the press conferences of Eisenhower and Reagan. *Journal of Communication, 52*, 749–775.

De Fina, A., & Georgakopoulou, A. (2008). Introduction: Narrative analysis in the shift from texts to practices. *Text & Talk, 23*(3), 275–281.

Dean, M. (1999). *Governmentality: Power and rule in modern society*. London: Sage.

Drew, P. (1992). Contested evidence in courtroom cross-examination: The case of a trial for rape. In P. Drew & J. Heritage (Eds.), *Talk at work: Interaction in institutional settings* (pp. 470–520). Cambridge, UK: Cambridge University Press.

Drew, P., & Heritage, J. (1992). Analyzing talk at work: An introduction. In P. Drew & J. Heritage (Eds.), *Talk at work: Interaction in institutional settings* (pp. 3–65). Cambridge, UK: Cambridge University Press.

Drew, P., & Holt, E. (1988). Complainable matters: The use of idiomatic expression in making complaints. *Social Problems, 35*, 398–417.

Edwards, D. (1997). *Discourse and cognition*. London: Sage.

Eglin, P., & Hester, S. (2003). *The Montreal massacre: A story of membership categorization analysis*. Waterloo, ON: Wilfred Laurier University Press.

Enfield, N. J., & Levinson, S. (2006). Introduction: Human sociality as a new interdisciplinary field. In N. J. Enfield & S. C. Levinson (Eds.), *Roots of human sociality: Culture, cognition and interaction* (pp. 1–34). New York: Berg.

Fairclough, N. (1989). *Language and power*. London: Longman.

Fairclough, N. (1995). *Media discourse*. London: Edward Arnold.

Foucault, M. (1973). *The birth of the clinic: An archaeology of medical perception*. New York: Pantheon.

Foucault, M. (1977). *Discipline and punish: The birth of the prison*. London: Allen Lane.

Foucault, M. (1978). *The history of sexuality: Vol. 1. An introduction*. New York: Pantheon.

Garfinkel, H. (1967). *Studies in ethnomethodology*. Englewood Cliffs, NJ: Prentice Hall.

Georgakopoulou, A. (2007). *Small stories, interaction and identities*. Amsterdam: John Benjamins.

Glenn, P. (2003). *Laughter in interaction*. Cambridge, UK: Cambridge University Press.

Goffman, E. (1955). On face work. Psychiatry, 18, 213–231.

Goffman, E. (1983). The interaction order. *American Sociological Review, 48*, 1–17.

Goodwin, C. (1981). *Conversational organization: Interaction between speakers and hearers*. New York: Academic Press.

Goodwin, C., & Goodwin, M. H. (1992). Assessments and the construction of context. In A. Duranti & C. Goodwin (Eds.), *Rethinking context: Language as interactive phenomenon* (pp. 147–190). Cambridge, UK: Cambridge University Press.

Grahame, P. R. (1998). Ethnography, institutions, and the problematic of the everyday world. *Human Studies, 21*, 347–360.

Greatbatch, D. (1992). On the management of disagreement between news interviewees. In P. Drew & J. Heritage (Eds.), *Talk at work: Interaction in institutional settings* (pp. 268–302). Cambridge, UK: Cambridge University Press.

Greimas, A. J. (1966). *Semantique structurale*. Paris: Larousse.

Gubrium, J., & Holstein, J. (2009). *Analyzing narrative reality*. Thousand Oaks, CA: Sage.

Haakana, M. (2001). Laughter as a patient's resource: Dealing with delicate aspects of medical interaction. *Text, 21,* 187–219.

Hak, T. (1999). "Text" and "con-text": Talk bias in studies of health care work. In S. Sarangi & C. Roberts (Eds.), *Talk, work, and institutional order* (pp. 427–452). Berlin, Germany: Mouton de Gruyter.

Hammersley, M. (2003). Conversation analysis and discourse analysis: Methods or paradigms. *Discourse and Society, 14*(6), 751–781.

Heath, C. (1992). The delivery and reception of diagnosis in the generalpractice consultation. In P. Drew & J. Heritage (Eds.), *Talk at work: Interaction in institutional settings* (pp. 235–267). Cambridge, UK: Cambridge University Press.

Heritage, J. (1984). *Garfinkel and ethnomethodology.* Cambridge, UK: Polity Press.

Heritage, J. (1998). Oh-prefaced responses to inquiry. *Language in Society, 27*(3), 291–334.

Heritage, J. (2002). Oh-prefaced responses to assessments: A method of modifying agreement/disagreement. In C. Ford, B. Fox, & S. Thompson (Eds.), *The language of turn and sequence* (pp.196–224). New York: Oxford University Press.

Heritage, J. (2004). Conversation analysis and institutional talk. In R. Sanders & K. Fitch (Eds.), *Handbook of language and social interaction* (pp. 103–146). Mahwah, NJ: Lawrence Erlbaum.

Heritage, J., & Atkinson, J. M. (1984). Introduction. In J. M. Atkinson & J. Heritage (Eds.), *Structures of social action* (pp. 1–15). Cambridge, UK: Cambridge University Press.

Heritage, J., & Raymond, G. (2005). The terms of agreement: Indexing epistemic authority and subordination in talk-in-interaction. *Social Psychology Quarterly, 68*(1), 15–38.

Heritage, J., & Sefi, S. (1992). Dilemmas of advice: Aspects of the delivery and reception of advice in interactions between health visitors and first-time mothers. In P. Drew & J. Heritage (Eds.), *Talk at work: Interaction in institutional settings* (pp. 359–417). Cambridge, UK: Cambridge University Press.

Heritage, J., & Stivers, T. (1999). Online commentary in acute medical visits: A method for shaping patient expectations. *Social Science and Medicine, 49,* 1501–1517.

Hutchby, I., & Wooffitt, R. (1998). *Conversation analysis: Principles, practices, and applications.* Cambridge, UK: Polity Press.

Hyvärinen, M., Hydén, L-C., Saarenheimo, M., & Tamboukou, M. (2010). Beyond narrative coherence: An introduction. In M. Hyvärinen, L-C. Hydén, M. Saarenheimo, & M. Tamboukou (Eds.) *Beyond narrative coherence: Studies in narrative 11.* Amsterdam: John Benjamins.

Jayyusi, L. (1991). Values and moral judgment: Communicative praxis as moral order. In G. Button (Ed.), *Ethnomethodology and the human sciences* (pp. 227–251). Cambridge, UK: Cambridge University Press.

Jefferson, G. (1984). On the organization of laughter in talk about troubles. In J. M. Atkinson & J. Heritage (Eds.), *Structures of social action* (pp. 346–369). Cambridge, UK: Cambridge University Press.

Kendall, G., & Wickham, G. (1999). *Using Foucault's methods.* London: Sage.

Kitzinger, C. (2000). Doing feminist conversation analysis. *Feminism & Psychology, 10,* 163–193.

Kitzinger, C. (2005). Speaking as a heterosexual: (How) does sexuality matter for talk-in-interaction. *Research on Language and Social Interaction, 38*(3), 221–265.

Kitzinger, C., & Kitzinger, S. (2007). Birth trauma: Talking with women and the value of conversation analysis. *British Journal of Midwifery, 15*(5), 256–264.

Lepper, G. (2000). Categories in text and talk. *A practical introduction to categorization analysis.* Introducing Qualitative Methods Series. London: Sage.

Levinson, S. (2006a). On the human "interaction engine." In N. J. Enfield & S. C. Levinson (Eds.), *Roots of human sociality: Culture, cognition and interaction* (pp. 39–69). New York: Berg.

Levinson, S. (2006b). Cognition at the heart of human interaction. *Discourse Studies, 8*(1), 85–93.

Mandelbaum, J. (1992). Assigning responsibility in conversational storytelling: The interactional construction of reality. *Text, 13,* 247–266.

Maynard, D. W. (1991). Interaction and asymmetry in clinical dis- course. *American Journal of Sociology, 97,* 448–495.

Maynard, D. W. (1992). On clinicians co-implicating recipients' perspec- tive in the delivery of diagnostic news. In P. Drew & J. Heritage (Eds.), *Talk at work: Interaction in institutional settings* (pp. 331–358). Cambridge, UK: Cambridge University Press.

Maynard, D. W. (2003). *Bad news, good news: Conversational order in everyday talk and clinical settings.* Chicago: University of Chicago Press.

McHoul, A. W., & Grace, A. (1993). *A Foucault primer: Discourse, power, and the subject.* Melbourne, Australia: Melbourne University Press.

McIlvenny, P. (2002). *Talking gender and sex.* Amsterdam: John Benjamins.

Merritt, M. (1976). On questions following questions (in service encounters). *Language in Society, 5,* 315–357.

Meskus, M. (2009a). Governing risk through informed choice: Prenatal testing in welfarist maternity care. In S. Bauer & A. Wahlberg (Eds.), *Contested categories: Life sciences in society* (pp. 49–68). Farnham, UK: Ashgate.

Meskus, M. (2009b). *Elämän tiede*. Tampere, Finland: Vastapaino.

Nikander, P. (2002). *Age in action: Membership work and stage of life categories in talk*. Helsinki: Finnish Academy of Science and Letters.

Ochs, E., & Capps, L. (2001). *Living narrative. Creating lives in everyday storytelling*. Cambridge, MA: Harvard University Press.

Peräkylä, A. (1995). *AIDS counselling; Institutional interaction and clinical practice*. Cambridge, UK: Cambridge University Press.

Peräkylä, A. (1998). Authority and accountability: The delivery of diagnosis in primary health care. *Social Psychology Quarterly, 61*, 301–320.

Peräkylä, A. (2002). Agency and authority: Extended responses to diagnostic statements in primary care encounters. *Research on Language and Social Interaction, 35*, 219–247.

Pomerantz, A. (1984). Agreeing and disagreeing with assessments: Some features of preferred/dispreferred turn shapes. In J. M. Atkinson & J. Heritage (Eds.), *Structures of social action: Studies in conversation analysis* (pp. 67–101). Cambridge, UK: Cambridge University Press.

Potter, J. (2004). Discourse analysis as a way of analysing naturally occurring talk. In D. Silverman (Ed.), *Qualitative research: Theory, method, and practice* (2nd ed., pp. 200–201). London: Sage.

Potter, J. (2006). Cognition and conversation. *Discourse Studies, 8*(1), 131–140.

Potter, J., & te Molder, H. (2005). Talking cognition: Mapping and mak- ing the terrain. In H. te Molder & J. Potter (Eds.), *Conversation and cognition* (pp. 1–54). Cambridge, UK: Cambridge University Press.

Premack, D. (1976). Language and intelligence in ape and man. *American Scientist, 64*(4) 674–683.

Propp, V. I. (1968). *Morphology of the folktale* (rev. ed., L. A. Wagner, Ed.). Austin: University of Texas Press.

Rapley, M., McCarthy, D., & McHoul, A. (2003). Mentality or morality? Membership categorization, multiple meanings and mass murder. *British Journal of Social Psychology, 42*, 427–444.

Roca-Cuerbes, C. (2008). Membership categorization and professional insanity ascription. *Discourse Studies, 10*(4), 543–570.

Rose, N. (1999). *Powers of freedom: Reframing political thought*. Cambridge, UK: Cambridge University Press.

Ruusuvuori, J. (2007). Managing affect: Integration of empathy and problem-solving in health care encounters. *Discourse Studies, 9*(5), 597–622.

Sacks, H. (1974a). An analysis of the course of a joke's telling in conversation. In R. Bauman & J. Sherzer (Eds.), *Explorations in the ethnography of speaking* (pp. 337–353). Cambridge, UK: Cambridge University Press.

Sacks, H. (1974b). On the analysability of stories by children. In R. Turner (Ed.), *Ethnomethodology* (pp. 216–232). Harmondsworth, UK: Penguin.

Sacks, H. (1992). *Lectures on conversation* (Vol. 1, G. Jefferson, Ed., with an introduction by E. Schegloff). Oxford, UK: Blackwell.

Sacks, H., Schegloff, E., & Jefferson, G. (1974). A simplest systematics for the organization of turn-taking for conversation. *Language, 50*, 696–735.

Schegloff, E. A. (1968). Sequencing in conversational openings. *American Anthropologist, 70*, 1075–1095.

Schegloff, E. A. (1991). Reflection on talk and social structure. In D. Boden & D. Zimmerman (Eds.), *Talk and social structure* (pp. 44–70). Cambridge, UK: Polity Press.

Schegloff, E. A. (1992a). Introduction. In G. Jefferson (Ed.), *Harvey Sacks: Lectures on conversation: Vol. 1. Fall 1964– Spring 1968*. Oxford, UK: Blackwell.

Schegloff, E. A. (1992b). On talk and its institutional occasion. In P. Drew & J. Heritage (Eds.), *Talk at work: Interaction in institu- tional settings* (pp. 101–134). Cambridge, UK: Cambridge University Press.

Schegloff, E. A. (1992c). Repair after next turn: The last structurally provided defense of intersubjectivity in conversation. *American Journal of Sociology, 98*, 1295–1345.

Schegloff, E. A. (2006). Interaction: The infrastructure for social institutions, the natural ecological niche for language, and the arena in which culture is enacted. In N. J. Enfield & S. C. Levinson (Eds.), *Roots of human sociality: Culture, cognition and interaction*(pp.70–98). New York: Berg.

Schegloff, E. A. (2007a). *Sequence organization*. Cambridge, UK: Cambridge University Press.

Schegloff, E. A. (2007b). A tutorial on membership categori- zation. *Journal of Pragmatics, 39*, 462–482.

Schegloff, E. A., Jefferson, G., & Sacks, H. (1977). The preference for self-correction in the organization of repair in conversation. *Language, 53*, 361–382.

Schegloff, E. A., & Sacks, H. (1973). Opening up closings. *Semiotica, 8*, 289–327.

Seale, C. (1998). *Constructing death: The sociology of dying and bereavement*. Cambridge, UK: Cambridge University Press.

Silverman, D. (1997). *Discourses of counselling*. London: Sage.

Silverman, D. (1998). *Harvey Sacks: Social science and conversation analysis*. Cambridge, UK: Polity Press.

Silverman, D. (2001). *Interpreting qualitative data: Methods for analyzing talk, text, and interaction* (2nd ed.). London: Sage.

Smith, D. (1974). The social construction of documentary reality. *Sociological Inquiry, 44,* 257–268.

Smith, D. (1987). *The everyday world as problematic: A feminist sociology.* Toronto, ON: University of Toronto Press.

Smith, D. (1990). *The conceptual practices of power.* Toronto: University of Toronto Press.

Speer, S. (2002). "Natural" and "contrived" data: A sustainable distinction. *Discourse Studies, 4,* 511–525.

Stivers, T., & Majid, A. (2007). Questioning children: Interactional evidence of implicit bias in medical interviews. *Social Psychology Quarterly, 70*(4), 424–441.

Stokoe, E. (2003). Mothers, single women and sluts: Gender, morality and membership categorization in neighbour disputes. *Feminism & Psychology, 13*(3), 317–344.

Tainio, L. (1999). Opaskirjojen kieli ikkunana suomalaiseen parisuhteeseen. *Naistutkimus, 12*(1), 2–26.

Tainio, L. (2002). Negotiating gender identities and sexual agency in elderly couples' talk. In P. McIlvenny (Ed.), *Talking gender and sexuality* (pp. 181–206). Amsterdam: John Benjamins.

Taylor, T. J., & Cameron, D. (1987). *Analyzing conversation: Rules and units in the structure of talk.* Oxford, UK: Pergamon.

Törrönen, J. (2000). The passionate text: The pending narrative as a macrostructure of persuasion. *Social Semiotics, 10*(1), 81–98.

Törrönen, J. (2003). The Finnish press' political position on alcohol between 1993 and 2000. *Addiction, 98*(3), 281–290.

ten Have, P. (1995). Disposal negotiations in general practice consultations. In A. Firth (Ed.), *The discourse of negotiation: Studies of language in the workplace* (pp. 319–344). Oxford, UK: Pergamon.

Vehviläinen, S. (2001). Evaluative advice in educational counseling: The use of disagreement in the "stepwise entry" to advice. *Research on Language and Social Interaction, 34,* 371–398.

West, C. (1979). Against our will: Male interruption of females in cross-sex conversation. *Annals of the New York Academy of Science, 327,* 81–97.

Wetherell, M. (1998). Positioning and interpretative repertoires: Conversation analysis and post-structuralism in dialogue. *Discourse & Society, 9,* 387–412.

Wetherell, M., & Potter, J. (1992). *Mapping the language of racism: Discourse and the legitimation of exploitation.* London: Harvester.

Whalen, M., & Zimmerman, D. (1990). Describing trouble: Practical epistemology in citizen calls to the police. *Language in Society, 19,* 465–492.

Wodak, R., & Meyer, M. (2009). Critical discourse analysis: History, agenda, theory and methodology. In R. Wodak & C. Meyer (Eds.), *Methods of critical discourse analysis* (pp. 1–33). London: Sage.

Zimmerman, D. H., & West, C. (1975). Sex roles, interruptions, and silences in conversation. In B. Thorne & N. Henley (Eds.), *Language and sex: Difference and dominance* (pp. 105–129). Rowley, MA: Newbury House.

George Kamberelis, Greg Dimitriadis

33.

포커스 집단
_ 교육, 정치적 실천, 탐구 영역에 대한 이해

김한별_ 한국교원대학교 교육학과 교수

전통적인 연구의 경계가 붕괴되고 새로운 문제와 쟁점이 부각되면서 포커스 집단은 오늘날 질적 연구를 "충분히 생각"할 수 있는 유용하면서도 독특한 방법을 제공해준다. 기본적으로 포커스 집단은 집합적 대화 혹은 집단 면담이라고 할 수 있다. 포커스 집단은 규모가 작을 수도, 클 수도 있으며, 지시적일 수도 있으며, 또는 비지시적으로 이루어질 수도 있다. 포커스 집단은 지난 세기 동안 다양한 목적으로 사용되어 온 방법이다. 여러 가지 많은 예들 가운데에서 미군(예, Robert Merton), 다국적 기업(예, Proctor & Gamble), 마르크스 혁명(예, Paulo Freire), 문해 운동가(예, Jonathan Kozol), 여성주의의 제3물결(예, Esther Madriz) 등은 자신들의 관심사에 대한 논의를 발전시켜 가는 과정에서 포커스 집단을 활용하였다.

『핸드북』의 2판에서 우리는 포커스 집단이 페다고지, 즉 교육과 사회실천운동, 그리고 해석적 탐구의 교집합 부분에서 기능한다는 점을 강조하였으며, 이러한 모습이 드러나는 과정이 대체로 전략적으로 수행된다는 점도 함께 지적하였다. 이 장에서는 (a) 교육, 사회실천운동, 그리고 해석적 탐구의 교차점에서 포커스 집단을 구성하는 것이 항상, 혹은 기본적으로 전략적이라는 입장에 대한 반론을 제기하고, (b) 특히 근거의 정치성을

둘러싼 논쟁들과 관련한 최근 사회, 정치적 풍토에서 포커스 집단이 갖는 새로운 가능성과 새로운 위험들을 살펴봄으로써 2판에서 강조하였던 논의를 확장하고자 한다. 그래서 실용적/수사적 움직임들에 터해서 이러한 목적의 달성을 추구하고자 한다. 첫째, 포커스 집단 활동은 거의 언제나 다면적 기능을 갖는 작업으로 재개념화할 것이며, 둘째, 포커스 집단을 수행활동의 관용구로 맥락화할 것이다. 포커스 집단 활동에 대한 논의를 본격적으로 전개하기 이전에 먼저 이러한 두 가지 움직임들에 대해서 서술한다.

33.1 다기능성과 포커스 집단

다기능성(multifunctionality)은 다양한 영역에서 복잡성과 잠정성을 설명하는 데 중요한 구인으로 사용되어 왔다. 예를 들어서, 언어학 분야에서는 많은 다양한 언어적 기능들이 거의 언제나 동시적으로 작동하는 것으로 알려져 왔다(예, Jakobson, 1960). 현대 농업 연구에서 다기능성은 농업정책으로 인한 곡류생산과 거래를 넘어서는 이윤을 언급하는 개념으로 다루어져 왔

다. 이러한 이유에는 농촌풍경의 보호라든가 농촌지역 고용기회 확대와 같은 것들이 있다.

Laurel Richardson(2000)은 "크리스탈"의 이미지로써 사회학자로서 자신의 삶과 자신의 연구 참여자들의 삶에 있어서 끊임없이 변화하는 복잡성을 도식화한 바 있다. 이에 착안하여, 포커스 집단 활동의 기본적 기능—교육 기능(pedagogy), 정치적 기능(politics), 탐구 기능(inquiry)—과, 이들 작업요소 간의 관계성을 다시 정리하는 데 있어서 "프리즘"의 이미지가 적절할 것으로 보인다. 프리즘은 평평한 그 표면에서 반사와 굴절이 동시에 이루어지는 투명한 광학 요소이다. 프리즘 가운데 가장 일반적으로 다루어지는 것이 사각형 모양의 세 면으로 이루어진 삼각 프리즘이다. 이 프리즘을 다른 각도에서 들여다보면 다른 면들을 전체적으로 혹은 부분적으로 볼 수 있다. 그래서 어떤 각도에서는 한 면이 완전히 다 보이지만, 나머지 면들은 부분적으로만 보이기도 하며, 또 어떤 각도에서 보면 두 면이 다 보이지만, 한 면은 부분적으로만 보이기도 한다. 여기에서 중요한 것은 어떤 각도에서든지 모든 면의 일부는 다 보인다는 점이다. 그리고 프리즘은 어떤 각도에서는 빛을 굴절시키기도 하지만, 어떤 각도에서는 빛을 거울처럼 그대로 반사하기도 한다. 이와 비슷하게 포커스 집단의 세 가지 기능은 언제나 동시에 이루어지며, 어느 정도 연구자가 인지하는 경우가 많으며, 포커스 집단의 활동의 실제를 다양한 방식으로 굴절하거나 반사한다.

포커스 집단 활동의 세 가지 기능—비록 세 기능의 의미가 자성적(self-explanatory)이기는 해도—의 복잡한 관계성에 대해서 논의하기 전에 우선 세 가지 기능을 어떻게 정의하는지 밝힐 필요가 있을 것이다. 교육 기능은 기본적으로 대화를 촉진함으로써 특정한 집단이 가지고 있는 이해와 함께 그 집단의 존재의 조건과 현실에 대한 고차원적이고 비판적 이해를 위한 집합적 개입과 관련된다. 예를 들면 Paulo Freire(1970/1993)의 『억눌린 자를 위한 교육』은 세상을 좀 더 잘 이해하기 위하여 문자 해득 교육의 중요성을 강조한다. 교육 기능은 다음과 같은 방식으로 질문하고 답하는 것을 의미한다. 메시지에 마치 "자연스럽고" "정상적인 것"으로 묘사되고 담겨지는 사회적 사실은 무엇인가, 누구의 지위, 이해, 가치가 메시지에 내포되어 있는가, 누구의 역할, 이해, 가치가 배제되거나 소외되었는가, 특정한 역할, 이해, 가치가 비하되거나 왜곡되어 나타나고 있지는 않은가, 메시지를 접하는 독자에게 어떻게 받아들여지는가, 그리고 어떠한 텍스트의 구성과 제시방식에 의해서 메시지의 이러한 은폐된 효과가 나타나는가?

비록 충분하지는 않지만, 포커스 집단 활동의 정치적 기능은 교육 기능을 전제로 한다. 정치적 기능의 일차적인 목표는 특정한 이해관계자 집단의 존재의 조건을 변화시키는 것이다. 사회적 실천과 행동(activism) 또는 정치적 기능의 실행은 다양한 정치적 지향성을 바탕으로 이루어진다. 그래서 일반적으로 소외나 억압의 조건에 대하여 반응함으로써 기존의 소외나 억압의 상황을 변혁시키고 좀 더 민주적인 조건을 만드는 것을 목표로 한다. 그래서 의식적 각성을 돕는 활동, 자기 고백적 글쓰기, 각종 정치적 행사와 집회에 참여하기, 파업, 정부단체 로비하기, 또는 단순하게 자신의 요구를 조정하거나 생활방식을 변화시키기 등의 다양한 활동을 수행한다. 최근의 한 인터뷰(Kreisler, 2002)에서 언어학자이자, 정치적 실천가인 Noam Chomsky는 정치적 저항의 역사 가운데 미국의 노동운동으로 승화된 1850년대 로웰 공장의 여종업원들의 저항, 반전운동, 민권운동, 1960년대의 여성주의 운동, 그리고 최근 일상의 전문적인 업무수행에서 시민 불복종 운동을 전개함으로써 검열제도에 대해서 저항하는 터키의 언론인, 예술인, 지성인들의 활동 등을 언급하면서 이러한 노력이 말 그대로 세상을 바꾸었다고 주장하였다. 뿐만 아니라, 이러한 정치적 저항보다는 상대적으로 덜 뚜렷하게 나타나지만, 지역사회, 학교, 일터 등과 같은 지역적 수준에서도 끊임없이 다양한 실천과 행동이 전개되고 있다. 정치적 기능의 특성과 중요성을 부각하면서 Chomsky는 다음과 같이 설명하였다. 효과적인 모든 정치적 성취는 "투쟁을 통해서 얻어지며, 그 투쟁은 타인들의 삶에 관심을 갖고 헌신하려는 지극히 평범한 사람들에 의해서 이루어진다. 왜냐하면 누구도 혼자서 할 수 없으며, 투쟁을 통하여 좀 더 문명화된 국가를 만들어내기 때문이다. 이런 모습은 최근에 처음 나타난 것이 절대 아니며 과거에도 있었으며 앞으로도 계속해서 나타날 것이다 (2002, 사회적 실천에 관한 인터뷰 중).

연구 혹은 탐구는 아마도 포커스 집단 활동과 가장 밀접하게 관련되는 기능일 것이다. 탐구는 오랫동안 논쟁이 되어왔던 용어이다. 계몽주의 시대 이후로만 보더라도, 연구 혹은 탐구는 소위 경성과학(hard sciences)으로 일컬어지는 자연과학적 접근과 밀접하게 관련되어 사용되었다. 자연과학의 접근 관점에서 볼 때, 우리가 지각하는 현실과 그에 대한 지식은 우리의 지각 이전에 선험적으로 주어지는 것이었다. 이때 탐구의 핵심적 목적은 자연과 사회현상을 설명, 예측, 통제하는 것이 되었다. 이러한 탐구는 현실의 실재와 개념 간의 일대일 고정불변적 연결을 가정하고 접근하는 진리에 관한 대응 이론(correspondence theory of truth)에 터해서 이루어졌다. 그러다가 현실을 사회적으로 구성된 실체이기 때문에 가변적인 것으로 파악하는 "해석주의 전환(interpretive turn)"에 따라서 이후로 탐구의 본질과 범위는 확장된다. 이러한 전통에서 지식은 부분적이고 잠정적인 성격의 것이라고 본다. 그래서 탐구의 일차적 목적은 가변적이고 복잡다단하기 그지없는 현실을 좀 더 상세하고 풍부하게 이해하는 데 있다. 그리고 탐구는 실제에서 수집할 수 있는 구체적 근거에 의해서 가장 잘 뒷받침될 수 있는 입장을 채택한다는 논리에 따라서 이루어진다. 최근 들어서 탐구는 지금까지 어지럽고 추잡한 것으로 비춰져 왔고, 철저하게 식민주의와 신식민주의의 영향을 받아왔기 때문에 근본적 수준에서부터 사회개혁적 실천과 민주화에 대한 지향성을 강화하는 성격으로 변화의 필요성에 직면하게 되었다(Denzin & Lincoln, 2005). 실증주의적 양적 연구 방법에 의해서는 여전히 흡족할 만한 답을 찾을 수 없었던 '어떻게'와 '왜'라는 물음에 대한 답을 찾기 위한 방법으로서 포커스 집단 연구가 출현한

점을 바탕으로, 이 글에서는 탐구 기능을 "해석주의 전환", 특히 시카고 학파의 입장과 밀접하게 연관하여 조작적으로 정의한다. 이런 입장에서 탐구 기능의 핵심적 기능은 사람들이 자신들의 실제 경험을 어떻게 해석하고 의미를 부여하는지에 대한 풍부하고 복잡하며, 미묘한, 그리고 때로는 모순적일 수도 있는 설명을 산출하는 것이다. 이러한 경험에 대한 의미해석의 양상은 결과적으로 사회정책과 사회 변화에 영향을 미치게 된다. 그러나 교육 기능, 정치적 기능, 탐구 기능으로 분류한 포커스 집단 활동의 기능들은 분명하게 구분되는 것이라기보다는 상호 영향을 주고받는 성격의 것임을 분명히 짚고 넘어가고자 한다.

부연하면 이러한 세 가지 기능은 아무런 문제없이 단순하게 관련된 것이 아니다. 가령, 정치적 개입은 반드시 탐구 활동을 필요로 하지는 않는다. 그리고 설사 탐구 활동이 이루어진다고 하더라도 사전에 계획한 바와 상관없이 이루어지는 경우가 많다. 마찬가지로 교육은 대체적으로 핵심적 요소가 되는 경우가 많기는 하지만, 항상 사회적 실천과 행동의 중심적 역할을 하는 것은 아니다. 일정한 프로젝트에서 포커스 집단 활동의 이러한 기능들은 상황에 따라서 서로 구별되는 방식으로 작용함으로써 안정적인 상호작용의 양상을 창출하게 된다. 이 장의 마무리 부분에서 우리는 세 가지 가운데 하나 혹은 그 이상의 기능이 분리되어 나타날 수 있다는 입장을 우리들과 학생들의 포커스 집단 활동 수행 본질에 대해서 이야기할 때 좀 더 자세하게 언급할 것이다.

33.2 포커스 집단과 수행에 대한 개념적 전환

공연, 웅변 등과 같이 오랫동안 사용되어 익숙해지기는 했지만, 최근 들어서 무엇인가를 수행한다는 것은 기본적이며, 존재론적이며, 논쟁의 여지를 내포하는 개념으로 다시 부각되고 있다. "수행이란 개념은 논란의 여지

가 많은 개념이라고 할 수 있다. 왜냐하면 수행이란 개념을 연극이나 공연의 맥락을 벗어나서 이해하거나 우리의 삶과 문화에 내재되어 있는 기본적인 요소로 파악하게 되면, 공간과 상황에 따라서 매우 다양하고 규정하기 쉽지 않은 모호함이 있기 때문이다"(Madison & Hamera, 2006, p. xii). 수행에 대한 이러한 개념적 전환은 텍스트, 실천, 정체성, 문화에 대해서 기존에 가지고 있던 우리의 이해에 새로운 문제의식을 제기한다. 또한 수행에 대한 개념 전환을 통해서 세상을 끊임없는 활동과 운동으로 가득 찬 곳으로 파악하게 된다. 이러한 수행의 개념은 우리가 벌이는 일상적 활동에 대한 우리 자신의 책임이 어디에서도 숨겨질 수 없는 것임을 지적하는 것이다. 좀 더 구체적으로 표현하면, 일련의 수행이라고 할 수 있는 일상적 행위들은 확정되지 않은 의미를 가지며, 이색적인 것으로 해석될 수 있으며, 끊임없는 의미해석의 갈등과 경쟁의 과정에 놓인 것이다.

수행과 관련한 이러한 전환은 "실증적 연구를 수행함에 있어서 연구자의 인식론적 가정과, 연구 방법론, 구체적인 연구 수행 기법이 상호 관련되어 있다"는 점(Hesse-Biber & Leavy, 2006, pp. xi-xii)을 인정한 상태에서 지식의 구성과정을 탐색하려는 새로운 형식과 구조로서 방법론을 고민하는 기회를 제공한다. 이런 관점에서 탐구, 특히 질적인 탐구는 더 이상 **선험적 대상**으로 정의되는 문제의 해결 방법이 될 수 없다. 오히려 연구 방법의 구체화를 시도하면서 질적 연구 방법을 초학문적(transdisciplinary) 탐구 영역으로 인식하는 것이 필요하다(Kamberelis & Dimitriadis, 2005).

33.3 포커스 집단 활동에 있어서 새로운 도전

지금까지 포커스 집단 활동의 다기능성과 수행에 대한 개념 전환과 관련하여 살펴본 이 장의 가장 핵심적인 목표는 질적 탐구의 전통에서 포커스 집단 활동에

대한 근본적 수준에서의 재조명이라고 할 수 있다. 이러한 접근은 개념적이면서 동시에 초학문적이다. 그렇기 때문에 포커스 집단 구성원의 선정, 포커스 집단에서의 토론의 촉진, 포커스 집단 면담내용에 대한 분석 등과 같이 절차적이고 실제적인 문제들에 대해서는 대체로 그냥 넘어갔다. 이러한 포커스 집단 활동의 절차와 실제적 문제를 다루는 훌륭한 서적들도 충분히 있기 때문에 관심 있는 독자들은 이에 대해서 다른 서적을 참고하면 좋을 것이다(예, Barbour, 2008; Bloor et al., 2001; Krueger & Casey, 2008; Morgan, 1998; Schensul et al., 1999; Stewart, Shamdasani, & Rook, 2006). 여기에서는 포커스 집단 활동을 질적 연구에서 활용할 수 있는 하나의 "도구(instruments)"로 간주하는 전통적 흐름을 넘어서서 살펴본다. 그럼으로써 포커스 집단이 사용되는 질적 연구의 맥락과 목적과 독립적으로 어떻게 포커스 집단이 교육 활동, 정치적 실천, 실증적 탐구의 장면에서 거의 항상 잠정적이면서 다양한 가치를 가지는지 설명하고자 한다. 결국 포커스 집단은 경제적, 문화적, 사회적 자본의 비대칭적 배분이 존재하고 있는 실제 현실 속의 구체적 문제에 대해서 숙고적, 대화적, 민주적 실천 접근을 취하는 비판적 탐구의 가능성을 열어줄 수 있는 독특한 통찰을 제공하게 된다(예, Bourdieu & Wacquant, 1992).

수행에 대한 개념적 전환으로 인하여 연구 행위를 다른 행위들과 분명히 구분하거나 연구 활동과 다른 활동 간의 분명한 경계 짓기를 하는 것이 더 이상 의미가 없기 때문에, 질적 연구 방법은 최종적으로 단언할 수 있는 형태의 답을 반드시 요구하지는 않는 형식의 문제와 물음에 천착하는 일련의 활동으로 재인식하게 된다. 비록 서로 다른 방식과 실천을 엮어서 좀 더 효과적이고 생산적인 방식으로 바뀌는 것에 대한 논의를 하지만, "어떻게 해도 상관없다"는 식의 입장을 취하지는 않는다. 다차원적인 포커스 집단 활동에 대한 심층적 논의와 더불어서 포커스 집단 활동의 각 하위 기능의 수행에 필요한 역량은 구체적인 기술들을 필요로 하는데, 이들 기술들은 기능 영역을 넘어서 호환적으로 활용되

는 것이 쉽지 않다.

한편 이 글을 통하여 우리는 독자들이 포커스 집단 활동에 대해서 생산적 도전을 시도하며, 근거의 정치성(politics of evidence)에 대해서 새로운 비전을 가질 수 있기를 희망한다. 지식 사회학, 지식과 권력의 복잡한 공존성, 근거의 새로운 정치성 등의 강력한 자극에 유념하면서 근거의 구체성과 자율성을 새롭게 고려해야 한다는 점을 분명히 명심해야 할 것이다. 근거는 결코 스스로 말하지 않는다는 것을 분명히 인식한다면, 어떻게 연구자의 해석과 연구 수행의 전반적 실천을 맥락적으로 이해하고 새로운 방식으로 안내하는 데 있어 근거를 효과적으로 사용할 것인지에 대해서 모색하는 작업이 오늘날 우리가 다루어야 할 핵심적 과제가 된다. 수행에 대한 새로운 이해를 바탕으로 포커스 집단 활동을 교육 기능, 정치적 기능, 탐구 기능의 교차점에 자리매김함으로써, 포커스 집단 활동을 수행하는 연구자는 어떤 "알리바이"도 가질 수 없게 된다. 즉, 예를 들면, 우리는 전통적인 연구 영역과 함께 정치적 기능 영역을 동시에 수행하게 되며, 또한 이 두 가지 기능 영역은 교육 기능, 즉 포커스 집단 활동에 내포되어 있는 교육적 효과와도 분리되어 나타날 수 없는 것이다. 그러므로 포커스 집단 활동을 어떤 면으로 들여다본다고 하더라도 어느 정도는 모든 면이 다 보이는 삼면의 프리즘으로 이해하는 것은 그리 어렵지 않다.

Jean-Paul Sartre의 "그릇된 믿음(bad faith)"은 근거의 정치성을 이해하는 데 도움이 된다. "그릇된 믿음"이란 수동적이고 고정적인 생각과 신념, 역할에 의지함으로써 기본적인 인간의 자유를 거부하는 모든 방식들을 말한다. Sartre는 "그릇된 믿음이란 한마디로 요약하면 **단일한 의식의 통합**을 의미하는 것"이라고 썼다(2001, p. 208). 그릇된 믿음으로 인하여 "우리는 위선적으로 사회적 역할을 담당하고 무력한 가치체계를 가지고 살아가는 고정된 실존인 것처럼 가장하게 된다"(Sartre, 2001, p. 204). 그릇된 믿음을 가지고 있다는 것은 단순하게 사실성이나 초월성 어느 한쪽에 빠져서 곤경에 처한 상태이다. 즉, 우리가 경험하는 세계는 보

이는 그대로일 뿐이어서 그 이상을 넘어서지 못한다고 믿거나 단순히 우리의 의지나 상상만으로도 우리의 환경을 손쉽게 넘어설 수 있다고 믿는 것이다. 어떤 쪽으로든지 구체적인 실제와 환경을 인식하여 그를 다루는 것을 어렵게 하고, 단순히 상상으로만 현실을 넘어 좀 더 광범위한 인간 자유의 상태를 지향하게끔 한다. 즉, 어떤 쪽이든지 인간 존재로서 갖는 기본적 책임을 박탈하게 된다.

근거의 정치성을 다루는 방식에 대한 시사점은 여기에서 중요하다. David Denter(2008)가 지적하였듯이, 그릇된 믿음의 초석은 "취약한 근거에 의해서 설득되려는 의향"이다(p. 84). 즉, 일정한 결론에 도달하기 위하여 선험적 사실과 그 결론을 뒷받침하는 근거를 찾게 되는데, 이는 자신이 이미 입증하려는 주장이나 결론을 정당화하는 근거를 포용할 수 있도록 본래 가지고 있던 타당한 "근거수준"을 낮추는 것을 의미한다(p. 84). Sartre의 표현을 빌면, 근거에 대한 이러한 접근은 결코 "많은 것을 요구하는 것"이 아닐뿐더러, "간신히 설득될 상황에서 그 결론 자체를 만족스러운 것으로 간주하도록 하며 불확실한 진리에 기초해서 판단을 내리는 해결책이 될 뿐"이다(Sartre, Denter, 2008, p. 85에서 재인용). 이와 같이 오랫동안 익숙해진 역할에 따라서 근거를 수용하려는 태도는 빠르고 손쉽게 결론에 도달하려는 충동으로 이어지며, 결과적으로 "그릇된 믿음"의 초석이 된다.

근거의 새로운 정치성은 선험적 가정을 지지하는 방식으로 사용하는 초월적 접근이나 실증 근거에만 맹목적으로 의존하는 환원주의적 접근 모두를 지양해야만 한다. 우리는 지난 수십 년 동안 신보수주의 혹은 진보주의 이데올로기를 호응적으로 지지해주지 못하는 근거를 의미 없는 것으로 단정하고 폐기하는 모습과 "근거에 기반한" 학문적 성과만을 지나치게 격려하고 지원하고 또 출판하는 모습처럼 두 가지 접근의 극단적인 형태를 이미 익숙히 보아왔다. 결과적으로 포커스 집단은 연구자와 참여자의 대화를 통하여 자료를 수집하는 형태를 취함으로써 충분히 성숙되지 않은 확신에 빠

지거나 대상에 대한 성급한 이해와 설명을 피할 수 있도록 한다. 이런 점에서 포커스 집단은 연구자로 하여금 근거에 대해서 비교적 중립적인 입장을 견지할 수 있도록 유도하는 독특한 특성을 가지고 있다고 볼 수 있다. 이 점이 바로 근거의 특수성과 자율성을 보장하는 근거에 대한 새로운 접근의 출발점이 된다.

요컨대, 이 장에서 논의하고 있는 포커스 집단 활동에 대한 광의적 개념은 근거에 대한 논쟁에 있어서 유용한 시사점을 제공해준다. 일단 포커스 집단에서 벌이는 토론과 대화의 집합적 성격은 취약한 근거에 기반하여 성급하게 결론을 내리는 것을 방지해줄 수 있다. 설령 집단적 활동을 통해서 쉽게 합의에 도달한다고 하더라도, 포커스 집단의 토론과 대화의 과정은 부족한 근거에 따른 왜곡된 결론 도출의 위험을 감소할 수 있는 장치가 된다. 또 다른 한편으로 포커스 집단에 대한 이러한 세심한 이해는 연구자가 연구의 방법론적 전략 한계에 봉착하고 있음을 보여주는 것이다. 즉, 기존의 이해를 넘어 교육, 연구, 정치적 실천이라는 세 영역이 잠정적으로 동시에 교차하고 있는 실체로서 포커스 집단의 의미를 새롭게 정리함으로써 구체적인 방법론적 전략을 모색하는 것에만 치중하는 경향성을 지양할 수 있다. 포커스 집단에 대한 이러한 접근방식은 정교한 자료에 대한 관점과 자료의 해석 가능성을 제공하는 동시에 실증적, 경험적 자료들이 거의 언제나 다양한 측면의 성격을 내포하고 있음을 시사해준다.

33.4 교육, 정치적 실천, 연구 활동으로서 포커스 집단

포커스 집단 활동의 교육적 성격: Paulo Freire를 중심으로

이 절에서는 포커스 집단이 역사적으로 어떻게 교육적으로 중요한 장면이자, 도구로 부각되었는지 살펴보고자 한다. 역사적으로 볼 때 기원전 5세기 무렵 고대 그리스 아테네 광장에서 시민들이 참여하던 대화에서부터 초창기 미국 흑인들의 독서클럽, 노동조합이 후원하였던 "스터디 서클", 그리고 대학생들의 학습동아리에 이르기까지 포커스 집단의 형식이 교육적으로 유용하게 사용된 예는 풍부하다. 이 가운데 여기서는 브라질의 Freire가 발전시키고 운영하였던 포커스 집단의 교육 영역을 자세히 살펴보기로 한다. Freire가 운영했던 포커스 집단들에 대한 분석을 통하여 비판적 문해교육 실천이 지역의 정치적 맥락과 사회정의의 이슈들과 관련하여 어떻게 활용되었는지 이해할 수 있을 것이다. 여러 가지 사항들 가운데 Freire가 민중들을 대상으로 교육을 한 것이 아니라, 민중들과 함께 교육을 한 방법을 특히 부각함으로써 오늘날 교육자들과 질적 연구자들에게 중요한 프랙시스(praxis) 모델을 제시하고자 한다(예, Barbour & Kitzinger, 1999). Freire의 활동 가운데 교육은 포커스 집단의 가장 지배적인 기능이었다. 그러나 언제나 교육은 탐구에 의해서 심화, 발전되며, 사회개혁의 실천 동력으로 연결될 때에 비로소 의미 있는 것으로 간주될 수 있다.

Freire의 작업은 철학적으로 깊이 있는 작업인 동시에 실천적으로도 매우 강력하였다. 그의 유명한 책 『억눌린 자들을 위한 교육(Pedagogy of the Oppressed)』 (1970/1993)은 사회이론, 철학, 교육방법 등 다양한 방면에서 폭넓게 읽히고 있다. Freire는 자신의 기독교적 신념과 마르크스주의 가치에 따라서 교육을 사회의 가장 기본으로 주장하였다. Freire는 『억눌린 자들을 위한 교육』을 통하여 교육의 목적은 우리가 살고 있는 세계를 이해하고 그것이 무엇인지 말할 수 있도록 하며, 우리 자신이 우리의 삶의 조건과 삶에 관한 이야기 속에서 "객체"가 아닌 "주체"적 존재라는 점을 스스로 분명히 인식할 수 있도록 하는 것이라고 보았다. 즉, 인간으로서 우리 자신이 바로 능동적으로 세상을 만들어가고 또 변화시켜 나가는 존재임을 분명히 인식해야 한다는 것이다. 이러한 점을 분명히 인식하지 못하는 존재들은 일종의 폭력적 상황에 놓이게 된다고 주장하였다.

Freire는 억압적 상황을 민중들이 스스로를 현실적 제약을 넘어서 돌아보거나 꿈꿀 수 없도록 하는 한계 상황(limit situations)이라고 지칭하곤 하였다. 한계 상황은 억압에 대한 민중들의 감각을 무디게 만들고 억압적 상황을 아무런 문제 없이 자연스러운 것으로 보게 한다. 강력한 이념적 국가기구로서 학교는 이러한 억압적 상황을 자연스러운 상황으로 받아들이게 만드는 핵심적 역할을 담당한다. 바로 Freire는 학교에서 이루어지는 교육이 교육자가 주체로서 주도적 역할을 담당하며 교육의 내용으로서 지식은 객체로서 존재하는 학생들에게 일방적으로 전수되는 은행예금식 모델(banking model)에 기초하여 이루어진다고 비판하였다. 이러한 교육 실천은 주체와 객체를 선험적으로 상호 독립적인 것으로 보며, 주체가 객체화됨으로써 비인간화 현상이 나타나는 것을 문제 없이 바라보는 계몽주의적 세계관을 반영하는 것이다. 무엇보다도 은행예금식 모델은 "교사는 모든 것을 알고 가르치는 존재인 반면, 학생들은 아무것도 모르고 배우기만 하는 존재"라는 가정을 깔고 있다(1970/1993, p.54). 은행예금식 모델은 또한 현재 기득권 계층의 이해를 그대로 따르는 한편, 근본적인 사회 변화보다는 소소한 일상속의 부분적 개선만을 촉진하는 단편적 논리에 입각해서 운영된다. 그 자체로 문제점을 배태하고 있음에도 불구하고, 은행예금식 모델은 오늘날 많은 교육기관의 운영과 실천에 있어서 인식론적 기반을 제공하고 있다.

은행예금식 교육을 비판하는 맥락의 연장선상에서 Freire는 교육 대상의 삶과 밀접하게 관련되고 또 중요하게 쓰이는 단어와 그에 수반하는 개념과 의미를 끌어내는 것을 기본 원리로 하는 대안적 교육 모델을 제안하였다. 그는 이런 단어를 생성적 단어(generative words)라고 하였다. Freire는 생성적 단어군을 끄집어내기 위하여 브라질 민중들이 살고 있는 지역사회에 오랫동안 머물면서 그들의 이해, 관심, 노력 등을 이해하고자 하였다. 생성적 단어들은 사회개혁을 위한 정치적 실천의 일환으로서 이루어진 문해학습의 시작단계에서 기본자료로 사용되었다. 좀 더 구체적으로 이러한 생성적 단어들은 학습자들의 삶의 모습을 보여주고 은폐된 자본주의 사회체제의 실상을 인식할 수 있는 그림들과 함께 연결되어 제시된다. Freire는 민중들에게 단어들의 의미와 용법이 어떻게 그들의 삶에 영향을 미치는지 돌이켜볼 뿐만 아니라, 이러한 단어들의 의미와 용법이 상이한 정치, 사회적 맥락에서 어떻게 다른 효과를 창출하는지에 대해서 지속적으로 탐구할 것을 주문하였다. 이러한 활동의 궁극적 목표는 민중들이 스스로 단어를 편하게 사용할 수 있도록 도와줌으로써 자신들의 삶을 은연중에 구속하는 물질적, 이념적 조건을 넘어설 수 있는 힘을 행사할 수 있는 가능성을 길러주는 데 있는 것이다. 따라서 Freire의 문해교육 프로그램은 단순히 기능적 문자해득을 지향하는 데 머무는 것이 아니라, 민중의 비판적 의식 각성, 즉 의식화(conscientization)를 도모함으로써 이들이 필연적으로 정치적 실천행위로서 의미를 갖는 "프랙시스"를 적극적으로 실행할 수 있도록 이끌어주는 데 있는 것이다. 물론 프랙시스의 실천이 결코 쉬운 것이 아님을 분명히 강조하였으며, 그 실천은 항상 폭력적인 모습을 보이는 권력투쟁의 성격을 가진다는 점을 부각하였다.

프랙시스에 의해서 전개되는 끊임없는 민중 해방의 과정이 반드시 집단적 노력에 기초해야 한다는 Freire의 주장은 결코 사사롭게 넘어갈 수 없는 부분이다. 집단적 노력의 과정으로서 민중 해방의 중심에는 바로 대화의 힘에 대한 신념이 깔려있는 것이다. Freire에게 있어서 대화란 집단적 성찰과 행동으로 정의된다. 그래서 그는 대화, 동료의식, 연대감 등이 인간이란 존재를 진정으로 자유롭게 하고 변혁시키는 데 핵심적 요소라고 믿었다. "억압의 과정에서는 누군가가 다른 누군가를 억압하는 것을 분명히 말할 수 있다. 그러나 해방의 과정에서는 누군가가 다른 누군가를 해방시키는 것이라고는 반드시 장담할 수 없기도 하거니와, 누군가가 자기 자신을 해방시키는 것이라고도 확언할 수 없다. 그보다 소통을 통해서 사람들은 서로를 해방시킨다는 점을 더욱 분명히 이야기할 수 있다"(1970/1993,

p.103). 오직 대화만이 비판적 각성과 프랙시스를 가능하게 할 수 있다. 따라서 모든 교육 프로그램—특히 모든 언어교육, 문해교육 프로그램—은 반드시 대화적이어야 한다. 이러한 교육 프로그램은 "주체로서 동등하게"(p.31) 서로를 아는 존재들이 함께 자신들과 자신들이 살고 있는 세계를 변혁시키기 위하여 집단적인 투쟁과 노력에 참여하는 공간인 것이다.

Freire의 교육적 접근에 있어서 생성적 단어와 구절들을 사용하고 발전시키며, 의식화를 지원하는 시도는 특정 인원들의 구체적 상황에서 조직, 운영되는 "스터디 서클"이나 포커스 집단 차원에서 실행해볼 수 있다. 스터디 서클에서 교육자의 목적은 참여자들과 더불어 이들의 구체적 현실 삶의 맥락에서 실제 삶의 모습을 개선하고 바꾸는 것이다. 다시 강조하면, Freire가 주목하는 이러한 활동은 철학적 신념과 거대한 사회개혁 프로젝트 비전에 근거한 문자해득 과정의 일환인 것이다. 이러한 스터디 서클 운영의 차원에서 교육자는 자신의 교육대상 집단에 몰입하고 깊이 빠져드는 것이 필요하다. 그럼으로써 교육 참여자들과 대화를 하게 되며, 참여자들과 함께 협력적으로 생성적 단어와 구절을 추출할 수 있게 되며, 이런 생성적 단어와 구절에 대한 깊이 있는 성찰을 유도할 수 있게 된다. 그리고 그 결과로 학습자들이 자신들의 삶 가운데 은폐되어 작동하던 모순을 발견하고 구원에 이를 수 있는 것이다.

참여자들의 생생한 삶의 현실과 그 속의 모순들을 중심으로 이루어지는 이러한 문제제기식 형태의 교육(problem-posing education)을 예시적으로 보여주기 위하여, Freire는 알코올 중독 문제 등과 같은 주제로 참여자들과 함께 수행하는 다양한 연구 프로그램을 개발하였다. 가령, 알코올 중독이 도시지역에서 매우 심각한 문제였기 때문에, 알코올 중독과 관련한 문제로서 연구자는 술에 취한 한 남자가 구석에서 이야기를 나누고 있는 다른 세 남자 앞을 지나쳐 걸어가는 사진을 참여자들에게 보여주면서 사진에서 어떤 일이 일어났을 것으로 보이는지 생각하고 토의해 보라고 시킨다. 참여자들은 술에 취한 사람은 강도 높은 육체노동을 하는 노동자라고 대답하였으나, 육체노동에 종사하는 한 참여자는 사진 속 술에 취한 사람이 낮은 임금과 가족에 대한 부양의무로 힘들어하고 있는 것 같다고 대답하였다. 참여자들의 표현을 빌면 "그는 평범한 노동자이며, 우리처럼 술주정뱅이이다"(1970/1993, p.99). 스터디 서클의 참여자들은 그들 자신을 술주정뱅이이자 술을 마시게 된 맥락을 이해하면서 사진 속의 인물과 같은 범주로 분류하였다. 알코올 중독은 억압과 착취에 대한 대응으로 "읽혀진" 것이다. 참여자들은 문제에 대해서 좀 더 심층적인 토론을 하였다. 예에서 보는 바와 같은 이러한 문제제기식 교육은 학습자들이 자신이 실패한 것, 잘못한 것들을 고백하고 그에 대한 설교나 훈계를 듣는 인격교육(character education)과 같은 기존의 문답식 교육과는 분명히 다른 접근이다. 문제제기식 교육은 사전 대비적 성격(proactive)이 강하며 참여자 스스로 자신들이 봉착하고 있는 현실 속의 문제를 인식하고 그 해결책을 탐색하고 도출할 수 있도록 설계된다. 여기서는 참여자들이 기존 현실의 물적, 사회적 조건에 대해서 문제를 제기하고 그를 변혁하려는 시도를 할 수 있도록 문제를 표현하는 이미지와 용어를 새롭게 풀어내는 것이 관건이다. Freire는 동일한 사건에 대해서 서로 다르게 기사화한 뉴스를 참여자들에게 보여주고 그에 대해서 토의하는 또 다른 예시도 보여주고 있다. 이 예시에서도 마찬가지로 문제제기식 교육의 목적은 참여자들이 자신들의 삶 속의 모순을 이해하고 그러한 이해를 바탕으로 살아가는 현실을 개혁하도록 돕는 데 있다.

요약하면, 포커스 집단은 Freire를 비롯한 많은 지식인들이 지지하였던 급진적 교육실천에서 중추적 역할을 차지한다(예, Henry Girous, Joe Kincheloe, Jonathan Kozol, Peter McLaren). 생성적 단어와 구절들을 중심으로 활동이 이루어지고, 주로 비공식적 공간에서 진행됨으로써 포커스 집단은 집단적 투쟁과 사회개혁의 의미 있는 장면이 된다. 문제제기식 형태를 취하는 포커스 집단은 보이지 않는 헤게모니적 권력과 진리체제의 영향으로 나타난 현실 속 모순들을 분명히 발견하고, 분석하며, 바꾸게 된다. 포커스 집단의 활동은 헤게모니 갈등 가운데 내재되어 있는 권력을 재배분하는 기능을 하며, 더 나아가 권력 자체의 의미와 그 작동 과정 자체를 바꿀 수 있다. 아마도 여기서 가장 중요한 것은 교육적 실천으로서 포커스 집단 활동을 파악하고 활용하려는 시도는 포커스 집단을 질적 연구의 "효과적인 역사(effective histories)"를 구성하는 자원으로 새롭게 인식할 수 있음을 시사해주는 것이라고 할 것이다.

지금까지 Freire의 스터디 서클이 갖는 교육적 역할을 살펴보았지만, 교육이라고 하는 것은 상황에 따라서 잠정적으로 발휘되는 기능일 뿐이다. 다시 말하면, 앞서 언급한 세 가지 기능 모두가 서로 관련되는 것이다. Freire의 스터디 서클 예시는 이 점을 보여주는 매우 훌륭한 사례이다. 비록 교육적 활동을 위해서 구안되었지만, 스터디 서클은 사회개혁 실천과 탐구적 활동과 밀접하게 연관된다. 애초에 Freire가 처음 출발할 때 관심을 가졌던 작업이 그가 활동하였던 브라질 민중들이 거주하는 지역사회에 상존하고 있던 사회적 문제와 현안을 진술하는 생성적 단어, 구절을 조사하고 드러내는 것이었으며, 이것이 탐구적 성격의 것임을 다시 한 번 상기해보자. 뿐만 아니라, 그의 교육적 실천은 전적으로 도시 외곽 지역에 살고 있는 브라질 민중들이 자신들의 세계에 구조적으로 내재되어 있는 억압을 스스로 인식하고 사회를 변화시키려고 함으로써 사회개혁을 구현한다는 거시적 어젠더를 바탕으로 이루어진 작업이었다.

덧붙여서 포커스 집단의 교육적 활용을 다루면서 이 장에서 다룰 내용들 가운데 근거의 정치성과 같이 일부 사항을 언급하였다. 은행예금식 교육은 선험적 가정과 사실만을 확인하려는 입장을 가지려는 태도, 즉 Sartre가 표현한 "그릇된 믿음"을 양산해낸다. Freire가 반복적으로 강조한 것처럼 은행예금식 교육은 참된 대화의 가능성을 열어주는 인간의 자유를 거부한다. 인간의 자유를 거부하고 주어진 고정된 역할에만 매몰된다면 세계를 변혁시킬 수 있는 가능성을 놓치는 것이 된다.

반대로 교육적으로 활용되는 포커스 집단은 세계를 다룰 수 있는 기회를 제공하는 동시에 좋은 신념을 가지고 있는 개인들의 참여를 촉진하는 기회가 된다.

포커스 집단 활동의 정치적 성격: 의식화 집단을 중심으로

이 절에서는 사회정의의 실현을 위하여 구상되는 급진적인 정치적 실천의 맥락에서 포커스 집단 활동에 대한 설명과 해석을 다루고자 한다. 특히 제2세대, 제3세대 여성주의 흐름에서 여성의 임파워먼트와 사회개혁을 위하여 부각된 의식화 집단(consciousness-raising groups: CRGs)에 초점을 맞출 것이다. 정치적 성격의 포커스 집단 활동은 지역공동체의 임파워먼트와 구성원들의 프랙시스를 촉진하려는 적극적인 노력이라는 점에서 교육적 성격을 보완하고 또 확장한 것이다. 뿐만 아니라 질적 연구의 맥락에서 포커스 집단 활동을 재규정할 수 있는 가능성을 열어줌으로써 구체적인 자료 수집의 방법이자 전략으로서 의미 있는 시사점을 제공해준다. Freire가 억압받는 민중들이 프랙시스를 통하여 억압에 대항하는 것을 적극적으로 추동하기 위하여 문해 교육을 실시하였던 것처럼, 제2세대, 제3세대 여성주의 맥락에서 의식화 집단은 여성 해방에 기여할 수 있는 이론을 여성의 생생한 삶의 경험으로부터 도출하는 데 핵심적인 목적을 둔다.

의식화 집단에 대한 논의를 하면서 제2세대 여성주의에 대한 Esther Madriz의 회고적 분석(retrospective analysis)과 그녀의 제3세대 여성주의 연구 활동 성과를 참고하였다. Madriz는 기본적으로 질적 연구를 수행함에 있어서 포커스 집단이 여성주의 운동의 역사 안에서 보여왔던 의식적 각성과 사회개혁 어젠더의 구체화에 공헌한 기여를 부각하면서 포커스 집단이 갖는 정치적 성격을 적극적으로 이용하였다. 특히 집단적 증언과 경험의 공유 형식으로서 포커스 집단에의 참여는 여성, 특히 유색인종 여성의 권익을 강화하는 데 많은 영향을 미쳤다(2000, p.843). 이러한 효과가 가능할 수 있었던 것에는 몇 가지 이유가 있다. 먼저 포커스 집단은 연구자의 권위를 해체함으로써 여성 참여자들이 자신들의 삶의 모습과 갈등을 솔직하고 편안하게 털어놓을 수 있는 장면이 되었다. 그리고 포커스 집단은 참여한 여성들로 하여금 경험을 서로 공유하고, 우호적인 분위기에서 "자신들의 존엄성을 다시 주장"할 수 있도록 함으로써 참여자들의 상호연대와 교류를 매개하는 역할을 하였다. Madriz는 참여하는 여성들이 스스로 이러한 포커스 집단의 의미를 가장 근본적인 수준에서 간명하게 재규정하였으며, 그러면서도 정치적, 실제적 성과를 놓치지 않았다고 지적한다. 이런 맥락에서 Madriz는 "포커스 집단은 여성의 사회개혁 어젠더를 실현하는 데 있어 중요한 요소가 될 수 있다. 왜냐하면 여성들이 일상에서 겪는 억압과 예속의 경험을 고스란히 드러내는 동시에 갈등에 대한 저항과 대응 노력의 타당성을 점검할 수 있기 때문이다"(p.836). "집단 면담은 참여 여성들의 다양한 이야기를 공유하는 문화적 상징, 용어, 기호, 이념적 체계에 터해서 엮어낼 수 있는 방법이기 때문에 이들의 일상을 드러낼 수 있으며, 그 일상을 규율하는 권력과 억압을 성찰하는 데 특히 유용하다"(p.839). 이처럼 포커스 집단은 집단적 "증언들(testimonies)"을 생성해내는 장면이 되며, 이러한 증언은 개인적 차원과 집단적 차원 모두에 있어서 여성이 자신의 고유한 "목소리"를 표출하는 것을 지원한다.

Madriz와 다른 학자들이 지적하였듯이, 포커스 집단은 여성주의 전통에서 다층적인 역사를 가지고 있다. 미국의 예를 보면, 노예제도가 폐지된 이후로 여성 기독교 신자들과 교사들이 남부 지방에서 정치적 활동을 시도하는 계기가 되었다(예, Gilkes, 1994). 그리고 20세기 초반 "독서클럽(book clubs)"은 여성들의 지적 성숙과 정치적 활동역량을 배양하는 핵심적 공간이 되었다(예, Gere, 1997). 멕시코 여성들은 가족 모임이 있을 때면 언제나 부엌에 함께 모여서 좀 더 나은 삶을 실현하기 위하여 서로 위로하고, 또 함께 활동할 것에 대해서 이야기를 나누었다(예, Behar, 1993; Dill,

1994). 또한 샌프란시스코에서 의류제조업에 종사하면서 거주하던 중국 여성들이 자신들에 대한 착취에 저항하기 위하여 포커스 집단 토론을 하였으며, 이는 결과적으로 1927년 성공적인 파업으로 이어지기도 하였다(예, Espiritu, 1997). 비록 다른 많은 역사적 경험들을 이 장에서 다 기술하지는 못하지만, 이러한 예시는 미국에서 전개되었던 제2세대, 제3세대 여성주의 운동에서 포커스 집단이 가졌던 기능과 성격에 대한 일반적 수준의 설명은 될 수 있을 것이다. 미국 예에 대한 설명은 당시의 여성운동 가운데 만들어졌던 선언문 원본 자료에 대한 검토를 바탕으로 하였으며, 이러한 예시를 통하여 여성주의 운동의 매우 풍부하고 복잡하며, 또한 정치적으로 "성공적"이었던 역사의 전반적 맥락을 부분적으로나마 이해할 수 있을 것이다.

아마도 제2세대 여성주의에 관한 자료를 검토하면서 가장 충격적인 것은 여성들이 스스로 포커스 집단을 여성의 일상적 경험에 관한 "이론"을 생성해내기 위한 "연구"의 목적으로 의식적으로 사용했으며, 이러한 이론을 사회개혁을 위한 정치적 행위와 연계하였다는 사실이다. 흥미로운 것은—그리 놀랄 만한 것은 아니지만—이러한 프랙시스적 실천이 당시의 남성 급진주의자들에 의해서 "커피를 마시면서 나누는 잡담"에서 나올 법한 "가십"거리조차로도 인정받지 못하였다는 사실이다. 역설적이게도 이러한 무시는 질적 탐구가 주기적으로 "얄팍하고" "주관적"이며, 혹은 "비과학적"인 접근이라고 오해를 받던 방식과도 많이 닮아있다. 그럼에도 불구하고 제2세대 여성주의는 여성의 생생한 삶의 경험이라는 입장에서 이론을 도출하는 작업을 계속해 나갔으며, 결과적으로 이러한 노력에 힘입어 여성의 평등권을 쟁취해가는 강력한 사회적 힘을 얻을 수 있게 되었다.

여러 가지 면에서 제2세대 여성주의의 의식화 집단은 다음 세대 여성주의 운동의 어젠더 설정에 많은 기여를 하였다. Hester Eisenstein(1984)이 지적했듯이, 이러한 의식화 집단은 여성 개인의 삶의 문제와 경험을 정치적 담론으로 끄집어낼 수 있도록 하였다. 예를 들면, 낙태, 근친상간, 성폭행, 가정폭력과 학대 등은 의식화 집단의 활동을 통하여 사회적으로 정책적으로 개입이 필요한 주제로 부각되었다. 특히 이런 문제들은 직업이 정치인이든, 학자이든, 사회운동가이든 상관없이 당대의 남성들에 의해서 지극히 개인적 차원의 문제이며 개별적으로 특수한 상황에 기인한 문제로 다루어져 왔다는 점에 주목할 필요가 있다. 의식화 집단은 여성의 삶의 조건을 억누르던 문제들이 무엇이었는지 발견해 냄으로써 이제까지 어떤 문제들이 개인적, 심리적, 사적 문제로 간주되어 왔는지 통찰할 수 있는 기회를 가질 수 있었으며, 결과적으로 지역과 국가 수준의 사회적, 정치적 어젠더로 발전시킬 수 있었다.

제3세대 여성주의 운동을 통하여 Madriz는 포커스 집단을 매우 요긴하게 활용하였는데, 그 활용의 양상은 그녀의 1997년 저서 『좋은 여성에겐 나쁜 일이 일어나지 않는다: 여성의 삶에서 나타나는 범죄에 대한 두려움(Nothing Bad Happens to Good Girls: Fear of Crime in Women's Lives)』에 자세하게 소개된 바 있다. 이 책에서 Madriz는 범죄에 대한 두려움이 어떻게 여성의 삶을 은연중에 통제하게 되는지 논의하였다. 범죄에 대한 공포는 여성으로 하여금 스스로를 보호하기 위하여 무엇을 "해야만 하고", 또는 무엇을 "해서는 안 되는지"에 대한 일종의 생각을 내면화하게 하고 그에 따라서 행동하는 경향을 창출한다. 그래서 소위 "좋은" 여성과 "나쁜" 여성을 구분하는 특성들에 대한 인식을 은폐한 채 여성들이 일상적 생활 가운데 자신의 행동 범위를 스스로 제한하고 축소하도록 한다.

연구 방법의 맥락에서 Madriz는 여성의 범죄에 대한 두려움에 관한 대부분의 연구 결과들이 남성과 여성 모두를 대상으로 한 설문조사를 통해서 산출되었다는 점에 주목하였다. 이러한 접근은 연구 참여자들이 가지고 있는 생각과 경험이 공유될 수 있는 가능성을 심각하게 제한함으로써 결과적으로 현상에 대한 부정확하고 부분적인 설명만을 해줄 수 있을 뿐이라고 비판하였다. 다시 말하면, 사회과학자로서 연구자와 직접 대면하면서 이루어지는 면담이나 설문조사를 통해서 수행되는 연구에서 폭력이나 강간 등에 대한 두려움과 같은 민감한 사안에 대해서 솔직하게 이야기하는 참여자, 특히 여성 참여자를 만나기란 매우 어렵다. 이러한 일반적인 문제점은 연구자와 참여자의 나이, 사회계층, 직업, 언어적 유창성, 인종 등과 같은 요소에 나타나는 권력관계에 의해서 더욱 복잡해지게 된다.

조사연구에 내재된 소외적 효과를 극복하는 동시에 좀 더 풍부하고 복잡한 참여자들의 경험과 설명을 확보하기 위해서 Madriz는 참여자들이 자신들이 가지고 있는 범죄에 대한 두려움과 다양한 관심사들을 서로 응원하고 지원하는 분위기에서 논의하는 포커스 집단 방법을 사용하였다. 실제로 포커스 집단 활동은 참여자들이 면대면 개별 면담의 장면에서 느끼는 일종의 위협, 두려움, 의심과 같은 감정을 감소시킨다. Madriz의 연구 참여자는 다음과 같이 언급한 바 있다. "면담자와 단 둘이 있을 때, 위협감이나 두려움 같은 것을 느꼈습니다. 그리고 면담자가 전화로 질문을 할 때는 결코 어떤 대답도 하지 않았습니다. 그들이 누구이며 무엇을 원하는 것인지 제가 어떻게 알 수 있겠습니까?"(1997, p. 165). 이와는 대조적으로 포커스 집단에서는 자신의 생생한 경험과 그러한 경험의 결과들을 이성적으로나 정서적으로, 그리고 본능적으로 이해할 수 있는 다른 참여자들이 있기 때문에 좀 더 우호적이고 호응적인 분위기에서 토론을 할 수 있다.

우호적이고 호응적인 장면이라는 아이디어는 제3세대 여성주의 연구의 맥락에서 포커스 집단 활동의 다른 중요한 측면, 즉 소위 소외감의 감소, 연대감의 형성, 공동체 형성 강화의 방향으로 집단을 구성하는 것의 중요성을 부각한다. Madriz는 인종, 계급, 나이, 독특한 생애경험 등과 같은 요소에서 동질적인 집단을 구성함으로써 이러한 목적을 달성할 수 있다고 주장하였다.

이 점과 관련하여 제2세대 여성주의의 의식화 집단은 서로 이질적이고 또는 모순적이기까지 한 수많은 여성과 집단들의 목소리와 경험을 동질적인 "여성"의 개념으로 대표될 수 있도록 묶어내고 정리하려는 경향으로 난관에 봉착하였다. 뿐만 아니라, 더욱 문제가 되었던 중요한 사실은 동질적인 여성의 경험으로 구성하려는 이러한 시도가 주로 백인 중산층 여성의 경험을 중심으로 이루어졌다는 점이다. 여성 안의 다양성을 인식하고 이를 포괄할 필요성에 기초해서 제3세대 여성주의 연구자들은 다양한 목소리와 경험에 내재되어 있는 상이한 입장들을 고스란히 살리고자 하였다. 비록 많은 연구자들이 여전히 다양한 여성들의 생생한 경험으로부터 객관적이고 보편적 설명을 제공하는 "이론을 도출"하려는 후기실증주의적 경향을 가지고 있었지만, Madriz와 같은 학자들은 다양한 사회적 범주들(인종, 민족성, 국적, 계급, 성별, 연령, 성적 취향 등) 간의 차이에서 기인하는 권력관계를 전제로 나타나는 개별적이고 복잡한 개인들의 미묘한 삶의 경험의 차이를 충분히 설명할 수 있는 이론 생성을 지지하였다. 결과적으로 제3세대 여성주의 맥락에서 포커스 집단 활동의 핵심적인 목적은 처방적이고 지시적인 결론을 제안하는 것이라기보다 처방적 설명이 미처 다루지 못하는 구체적인 사회적 맥락 속에 잠재되어 있는 억압적 혹은 해방적 가능성을 부각하는 것이었다. 이런 점에서 Madriz의 활동은 Dorinne Kondo, Smadar Lavie, Ruth Behar, Aiwa Ong, 그리고 Lila Abu-Bughod 등과 같은 유색 여성들의 활동까지 광범위하게 포함하는 제3세대 여성주의 활동을 대변해 준다고 볼 수 있다.

제2세대, 제3세대 여성주의 운동에 있어서 의식화 집단의 본질과 기능은 포커스 집단 활동의 가능성과 의미 있는 통찰을 제공한다. 포커스 집단에 관한 Madriz의 업적은 특히 증거(testimony)와 목소리(voice)라는 구인(construct)에 기초하여, 포커스 집단 활동의 가능성을 심도 있게 생각하는 데 많은 기여를 하였다. 여성주의 운동에서 포커스 집단의 핵심적 목적 중의 하나는 다양한 증거의 집합들과 집단적 저항의 내러티브를 정교화하고 타당화하는 것이었다. 이러한 증거와 내러티브는 억압받는 여성들의 "독특하며 충분히 연구되지 못한 일상 생활 속의 느낌, 태도, 희망, 꿈을 드러낼 수 있도록" 사용되었다(Madriz, 2000, p.836). 여성주의 전통에서 포커스 집단의 또 다른 중요성은 여성 자신들의 목소리의 발견 혹은 생성에 있다. 포커스 집단은 기본적으로 일상에서 겪는 각종 폭력, 갈등, 강간 등과 같은 서로 가지고 있는 비슷한 경험들을 나누고 공감하는 경우가 많기 때문에, 평소에 개별적으로 가지고 있던 생각과 목소리들, 즉, 기존의 주류 입장에서 현명하지 못하고, 이기적이고, 심지어 나쁘기까지 한 것으로 보여지던 목소리들을 드러내고 정당화할 수 있게 된다. 증거와 목소리의 효과를 깊이 받아들이고, 또 전면에 부각함으로써 포커스 집단은 집단적 정체성을 형성하는 데 충분하기 그지없는 장이 된다. 또한 이러한 집단적 정체성의 형성은 가시적 연대감을 형성한 비판적 대중을 만드는 전략적, 정치적 실천으로서 함의를 가지고 있다.

여성주의 전통에서 포커스 집단은 사고와 감정을 분리하는 서양의 경향을 감소시킴으로써 지식의 분배적, 관계적, 체감적(embodied), 감각적(sensuous)인 성격을 다시금 인식할 수 있는 가능성을 열어주었다. 그래서 이러한 방식으로 지식을 바라봄으로써 현장 활동에 내포되어 있는 복잡다단함과 모순들을 극복할 수 있게 된다. 또한 이러한 지식에 대한 접근을 통하여 권력과 지식 간의 관계를 파악할 수 있게 되며, 그럼으로써 질적 연구는 언제나 사회 변화와 비판의 성격을 가지고 있는 정치적 성격의 것임을 강조하게 된다.

전략적 이유에서이든, 필요에 의해서이든, 여성주의 운동은 **공간**(space)의 권력적 효과를 설명하고자 하였다. 비대칭적인 권력관계와 "타자화(othering)"의 과정에 대항하여 활동을 지속하기 위하여 포커스 집단 활동은 거의 언제나 여성들이 편안하게 느끼고, 중요한 존재로 대우받으며, 정당한 존재로 자리매김할 수 있는 안전한 공간에서 열렸다. 이 점은 불법 이민자, 약물 중독자, 혹은 탈선 청소년과 같이 사회적 약자의 위치에 있는 여성들이 참여하는 포커스 집단 활동일 때 특히 중요한 고려사항이 되었다.

마지막으로, 여성주의 전통은 제2세대 여성주의 운동을 넘어서 제3세대 여성주의 운동으로 이행해 감으로써 여성 안의 다양성을 무시한 채, 단순히 "여성"이라는 이름으로 동질화하고 포섭하려 했던 제2세대 여성주의 운동의 한계점을 비판하게 될 뿐 아니라, 포커스 집단을 개인의 인생사, 인식하고 있는 요구, 욕망, 인종, 사회계급, 종교, 연령 등의 기준에서 볼 때 비교적 동질적인 집단으로 구성하는 것의 중요성을 부각하게 된다. 왜냐하면 이러한 집단구성은 "효과적인 역사"를 창출하는 데 중요한 연대감과 집단적 정체성을 형성할 가능성이 훨씬 용이하기 때문이다(Foucault, 1984). 이질적인 여성 집단들을 서로 연합하고 묶어내는 것이 중요하기는 하지만, 비슷한 요구와 욕망, 갈등을 가지고 활동하는 사람들이 활발히 움직일 때, 분명한 목표의식을 갖춘 지적, 정치적 활동이 가장 성공적으로 전개될 수 있는 것이다.

이러한 작업은 정의를 실현하는 또 하나의 독특한 방법이며, 종종 억압받는 집단 구성원들에게 매우 복잡한 출구가 되기도 한다. 예를 들어서 Patricia Hill Collins(1991)에 의하면, 미국의 흑인 여성들은 대부분의 경우 여성으로서, 혹은 흑인으로서 이야기할 것으로 기대된다고 한다. 역사적으로 미국 흑인 여성의 이러한 사회적 위치는 백인 여성과 흑인 남성의 기대와 요구에 의해서 만들어지고 호명된 것이다. 그래서 Collins는 흑인 여성들이 자신들만의 고유한 요구와 관심, 경험이 있음을 자각하고 그 구체적 양상들을 스스로 정당화하는 것이 매우 중요하다고 보았다. 이런 이유에서, Collins는 그녀가 "관점의 인식틀(standpoint epistemologies)"이라고 부르던 개념, 혹은 특정 유리한 입장에서 만들어진 지식 틀(knowledge framework)에 대해서 강하게 비판하였다. Madriz와 다른 제3세대 여성주의 학자들에 의해서 구체화되고 조명받았던 포커스 집단 활동은 이렇듯 지식의 틀을 구상하고, 작동하게 하며, 구성하는 데 오래도록 깊이 관련되었다.

포커스 집단은 이런 지식관의 한계에 도전하고 넘어설 수 있는 가능성을 시사해준다. 관점의 인식틀에 있어서 환원적인 입장은 일정한 주체가 가지고 있는 지식관의 핵심을 드러내는 동시에 가시적으로 확인할 수 있는 모종의 집단 경험에 주목한다. 또한 환원적 입장에서 상황적 성격을 띠는 개인의 경험을 주목하는 시도는 곧 무비판적 상대주의, 즉 어떤 경험이든지 상관없다는 식의 접근으로 변질되어 버린다. 결국 각 개인의 독특한 배경과 역사를 강조함으로써 지식관에 대한 문제를 개인의 경험과 배경에 기초하여 나타나는 권력의 문제로 축소하는 문제점을 보이게 된다. 포커스 집단은 각 주체의 고유한 위치에서의 다양한 생각들을 소통할 수 있도록 함으로써 이런 문제에 대하여 중요한 해결책을 제공해준다. 다시 말하면, 포커스 집단은 전통적으로 사회적 소외집단의 구성원들이 그들 자신의 특수한 경험에 대해서 충분히 생각하고 분명히 표현할 수 있는 공간을 창출함으로써 참여자들로 하여금 집단의 일원으로서뿐만 아니라, 개별적 존재로서 이야기할 수 있도록 한다. 이렇듯 우호적인 논의의 장면이 되는 포커스 집단에서 참여자들은 서로의 경험에 대해서 자유롭게 토론함으로써 궁극적으로 Michelle Fine이 언급한 "강한 객관성(strong objectivity)"을 형성하고 내재화할 수 있다.

아마도 포커스 집단 활동의 정치적 성격은 다양한 참여적 실행 연구(participatory action research: PAR)를 통해서 구체적으로 확인할 수 있다. 미국에서 Fine은 지난 수년간 City University of New York(CUNY)의 대학원 센터에서 청소년들의 다양한 "연구 집단(research collectives)"을 형성하는 것을 지원하였다(Cammarota & Fine, 2008). 예를 들어서 Fine은 '브라운의 메아리(Echoes of Brown)'라는 도심지역과 교외지역 고등학생들의 다인종 연구 집단을 구성하여, '브라운 대 교육위원회 소송 사건(Brown v. Board of Education)'의 교훈에 대하여 연구하였다. 원래는 "학업성취의 격차(achievement gap)"에 대하여 탐구하려고 하였으나, 참여자들이 함께 하는 포커스 집단 활동으로 인하여 집단의 초점이 변화하게 되었다. "첫 미팅에서 교외지역의 여섯 고등학교와 도심지역 세 고등학교 학생들이 연구의 틀에 대해서 이의를 제기하였다"(Torre & Fine, 2006, p. 273). 토론을 거쳐서 당초의 학업성취의 격차에 대해 탐구하려던 연구는 "학업기회의 격차(opportunity gap)"에 대한 탐구로 초점이 바뀌었다.

이러한 연구 집단에서 참여하는 청소년들은 이어지는 대화와 토론 가운데에서 끊임없이 자신의 의견을 개진하는 동시에 타인의 의견을 경청하고 논박하는 기회―포커스 집단 활동의 핵심―를 가지게 되었다. "포커스 집단 활동이 전개되어 가면서 청소년들은 현상을 좀 더 깊이 있게 이해할 수 있게 되었으며, 평소에 가졌던 불편한 경험의 기억들을 벗어버리고 자신과 다른 입장과 자신을 연관 지을 수 있게 되었다"(Torre & Fine, 2006, p.276). 궁극적으로 이들 청소년들은 "퇴학률(push out rates)"에 관한 실증 프로젝트를 수행하면서 학교에서 연구훈련 기회를 가지게 될 뿐만 아니라, 브라운 소송사건 이후 50년 동안의 학교경험에 관한 나름대로의 관점의 타당성을 입증하는 개별적, 집단적 증거들을 생성해내게 되었다. 여기에서 핵심은 바로 의견, 생각, 신념, 실천이 끊임없이 변화하고 성장한다는 참여적 실행 연구의 "현재진행적 구성(under construction)" 원리이다(Torre & Fine, 2006, p.274). 이 원리에 대한 좀 더 상세한 정보와 예시에 관심을 가지고 있다면 Julio Cammarota와 Michelle Fine(2008)을 참고하면 좋을 것이다.

Fine과 동료들은 미국의 경험과 사례를 중심으로 폭넓게 작업하였으나, Torre와 Fine은 참여적 실행 연구를 전 세계의 정치적 투쟁과 갈등의 역사와 관련 지어 수행하였다. "라틴계열의 실천 이론 학자들의 이론과 실천경험을 바탕으로 하여, 참여적 실행 연구 학자들은 신마르크스주의, 여성주의, 동성애이론, 비판적 인종 이론으로부터 개념과 아이디어를 끌고 옴으로써, … 억압과 저항에 관한 세계적인 목소리까지 확대하여 수용하는 방법과 윤리를 심도 있게 고민하였다"(2006, p.271). 이들은 특히 콜롬비아 사회학자로서 참여적 실행 연구의 창시자로 인정받고 있는 Fals Borda에 대해서 주목하였다. 그렇게 함으로써 Torre와 Fine은 특히 정치적 활용이란 측면에서 놓고 볼 때, 포커스 집단 활동의 의미와 성격을 세계적 차원으로 확장하였다.

세계 여러 각국에서 펼쳐지는 활동들을 살펴보면, 여성주의자들이 의도했던 의식화 노력의 영향이 각국의 참여적 실행 연구 활동에서 의도하는 목적들을 달성하는 데 있어 다양한 방식으로 변형되어 사용되고 있음을 확인할 수 있다. 그래서 가령, 호주의 경우, Thomas Cooper와 Annette Barturo에 의해서 조직된 "치명적 수학 컨소시엄(Deadly Maths Consortium)"이 호주 원주민들의 수학학습을 효과적으로 지원하는 목적의 참여적 실행 연구의 좋은 예가 된다(예, Cooper et al., 2008). 뉴질랜드에서는 Russell Bishop이 교실수업, 교육과정, 학교, 교육정책에 이르기까지의 주제들에서 긍정적 변화를 유도하는 참여적 실행 연구를 참여자들의 권한이 공평하게 분배되어 상호 우호적이고 수평적인 관계를 형성하고 유지하면서 꾸준히, 성공적으로 수행하였다. Bishop의 참여적 실행 연구의 포커스 집단은 참여자들의 문화적 배경이 존중되었으며, 대화적 방식으로 학습이 이루어졌으며, 주로 마오리 부족 학생들의 교육적 성취와 관련되는 교육적 수월성이 무엇으로 이루어져야 하는지에 대한 공동의 비전을 형성하는 과정을 통해서 서로 밀접한 관계를 맺어 나갔다(예, Bishop et al., 2006). 그리고 미국의 토착 원주민 계열 학자들도 식민화의 효과와 자신들의 해방을 집단적으로, 그리고 체계적으로 쟁취하기 위하여 다양한 형태의 협력적, 참여적 실행 연구를 운영하였다(예, Grand, 2004; Wilson & Yellow Bird, 2005).

지금까지 참여자들이 주요 문제에 대해서 함께 협력하여 자신들의 환경에 대한 지식과 전략을 공동으로 창출하는 포커스 집단의 정치적 기능에 대해서 살펴보았다. 그러나 지금까지 논의하였던 것처럼 다른 기능들역시 포커스 집단의 정치적 기능과 활동에 내재되어 있음을 부정할 수 없다. 예를 들면, 일종의 비판적, 교육적 실천으로서 포커스 집단 활동과 관련되는 이론의 생성은 포커스 집단의 정치적 기능을 강조한 Freire의 작업과 관련된다. (Torre와 Fine은 참여적 실행 연구가 Freire의 업적과 밀접하게 관련되어 있음을 분명히 인정한다.) 예를 들면 의식화 과정에 참여하는 구성원들과 다른 여성주의 집단 참여자들 간의 상호작용은 지식을 일정한 상황적 맥락에서 대화의 방법으로 함께 창출한다는 점에서 교육적이라고 할 수 있다. 이같이 포커스 집단 활동에 참여하는 다양한 집단은 여러 가지 방식으로 차별을 받는 여성들이 놓이게 되는 불평등한 권력관계를 분명히 이해하는 탐구의 과정에 개입하게 된다. 물론 포커스 집단 참여자들은 비판의식이 결여된 존재로 그려지기도 하지만, 의식화 집단 참여자나 여성주의 집단 참여자들은 자신들이 경험하는 폭력이나 강간, 일터에서의 소외 등과 같은 문제들에 적용될 수 있는 새롭고 유용한 지식—대체로 "공식적 지식"의 범위에서 배제되는 내용들—을 생성해내는 데 지대한 관심을 가진다. 그리고 참여적 실행 연구 활동은 포커스 집단 활동이 갖는 교육, 정치, 탐구의 기능을 연계하고 계속해서 확장하는 역할을 감당한다.

　Fine이 언급한 "강한 객관성(strong objectivity)"의 개념은 이 부분에서 도움이 될 만하다. Fine에 의하면, 모든 지식은 "상황적(situatedness)"이라는 입장을 취하는 비판적 학자의 통찰과 설명에 따라서 새로운 형태의 객관성을 추구해야만 하는 것으로 간주된다. Fine은 이러한 식의 성찰과 접근이 포커스 집단 활동이 좀 더 개선되고, 좀 더 솔직하고, 좀 더 "객관적"인 설명이 되는 자원이 될 수 있다고 본다. Sandra Harding의 업적으로부터 Fine은 "강한 객관성은 연구자가 자신의 입장과 가치, 기질을 바탕으로 좀 더 적극적으로 노력함으로써 자신의 입장과 구별되는 여러 다른 측면에서 가능한 한 충분히 많은 근거를 수집함으로써 얻어질 수 있는 것"이라고 보았다(Fine, 2006, p.89). 이와 같은 접근을 통해서 연구자들은 자신들이 새롭게 가지게 되는 잠재적 "맹점"을 좀 더 잘 인식할 수 있게 된다. "강한 객관성"을 확보하려는 시도는 경험적 자료들이 함께 다루어지고 논의됨으로써 미처 "명확하게 인식하지 못한 주체성"을 적절히 다루어 가면서 포커스 집단 활동을 전개해가는 데 매우 유용한 편이라고 할 수 있다. 결국 이러한 시도는 참여자들이 새로운 이해에 도달하며, 성급히 결론 내리는 것을 막는다는 점에서 포커스

집단 활동과 일맥상통한다.

　요약하면, 제2세대, 제3세대 여성주의자들의 통찰과 참여적 실행 연구의 지지자의 실천 활동 경험은 다음과 같은 다섯 가지 차원, 즉 (a) 도덕적으로 건강한 프랙시스적 성격의 연구, (b) 다채로운 이론과 연구 방법, 연구 수행 전략들을 절충한 전략적 활용, (c) 현장에서의 대화적 관계의 형성, (d) 편파적이지 않은 다양한 텍스트의 생산, 그리고 (e) 삶과 다양한 텍스트에 있어서 소중하게 다루어져야 할 것인지에 대한 진정성 있는 탐구의 수행 등을 좀 더 심층적으로 구상하고 실행할 수 있도록 안내해준다.

33.5 포커스 집단 활동의 탐구적 성격: 실증주의부터 포스트구조주의까지, 그리고 그 너머

사회과학에 있어서 포커스 집단에 대한 관심은 지난 60여 년간 계속되어 왔다. 사회과학 분야의 연구를 수행함에 있어서 사실상 포커스 집단을 처음 사용한 예는 Paul Lazarsfeld와 Robert Merton의 활동으로 거슬러 올라간다. 이들은 1941년 미국의 제2차 세계대전 개입에 대한 국민들의 태도형성에 있어서 매체가 미친 영향을 조사하는 정부 지원 연구의 일환으로 포커스 집단 접근을 하였다. 컬럼비아 대학교의 라디오 연구실(Office of Radio Research)에서 활동하면서, 전쟁에 대한 "사기"를 북돋우려는 라디오 프로그램을 청취한 사람들의 반응을 듣기 위하여 포커스 집단을 구성하였다(예, Merton, 1987, p.552). 본래 두 사람은 참여자들에게 라디오 프로그램의 내용을 청취하면서 만족스러운 내용과 불만족스러운 내용에 대해서 버튼을 누르도록 부탁하였다. 그러나 이러한 활동을 통해서는 어떤 내용이 만족스러운 것인지 불만족스러운 것인지에 대한 답은 얻을 수 있었지만, 왜 참여자들이 그렇게 버튼을 눌렀는지에 대해서는 알기가 어려웠기 때문에, 포

럼의 이름으로 포커스 집단을 운영하여 참여자들이 모종의 반응을 보인 이유가 무엇인지 설명할 수 있도록 하였다. 또한 Lazarsfeld와 Merton은 양적 자료 수집을 주 자료원으로 삼았으며, 포커스 집단은 부차적인 자료원이 되었다. 다시 말하면, 이들은 다량의 설문조사 결과를 기초로 한 양적 분석을 정교화하기 위하여 추가적으로 살펴볼 문제나 이슈의 존재 여부를 탐색할 필요를 가지고 그에 따라서 포커스 집단을 사용하였던 것이다.

과학철학의 측면에서 볼 때, 연구를 위한 자료 수집의 일환으로 포커스 집단을 이용하는 것은 본질적으로 매우 보수적인 성격을 갖는다. 이 점은 Lazarsfeld와 Merton의 작업이 군의 재정 지원을 바탕으로 이루어졌으며, "소위 전의를 되살리는 군사훈련 영상물에 대한 미 육군 병사들의 반응을 인터뷰했다"는 점을 고려한다면, 크게 놀랄 만한 사실은 아니다(Merton, 1987, p. 554). 이들의 연구는 매체의 수용에 관한 다른 연구들, 가령 왜 사람들은 전쟁 채권 담보금을 지불하는지, 혹은 관영 홍보에 대해서 어떻게 생각하는지 등에 대해서도 다루고 있다. 이러한 작업의 목적은 정치적인 가치를 효과적으로 전달하는 정치적 선전을 하는 사람들의 신념과 의사결정 과정에 관한 지식을 탐구하는 것이었다.

비록 Lazarsfeld와 Merton의 목적과 기법이 많은 비판을 받기는 하지만(특히 진보적, 급진적 입장에서), 질적 연구의 전통에서 포커스 집단을 사용할 때 두 가지 중요한 핵심 사항을 시사해준다. 즉, (a) 참여자들과의 구체적인 시간과 공간에서 직접 면대면으로 만나는 가운데 반응을 획득한다는 점과 (b) 연구자가 중요하게 관심을 갖는 주제나 면대면 상호작용에서 부각되는 주제에 "초점"을 맞추어 전략적으로 진행한다는 점을 강조하였다.

Lazarsfeld와 Merton처럼 학자들에 의해서 이루어지는 포커스 집단 연구는 기업이 후원하는 시장 연구에서도 강력한 영향을 미쳤으나, 사회학 분야에서는 20세기 중반 이후로 자취를 감추었다가 "청중분석

(audience analysis)"이라는 이름으로 1980년대 초반에 다시 등장하기 시작하였다. 포커스 집단 연구가 다시 등장하는 이때부터는 이제 더 이상 양적 연구 결과를 보완하는 수준의 자료획득 수단으로만 활용되지 않았다. 즉, Merton이 "포커스 집단 연구를 통해서 획득한 자료를 연구의 타당성을 간편하게 뒷받침할 수 있는 수단으로 잘못 사용해도 된다는 생각이 팽배해 있다"고 한탄한 것처럼 포커스 집단 연구는 양적 연구 결과를 검증하고 확인하는 수단이 되지 않았다(Merton, 1987, p. 557).

이러한 비판이 있어왔지만, 청중분석 연구는 기본적으로 해석적 성격을 띠었으며, 점진적으로 대화적, 해방적 성격을 강화해왔다. 청중분석의 일차적 목적은 사람들이 매체로 전달되는 텍스트를 어떻게 이해하고 해석하는가와 관련한 복잡한 양상을 이해하는 것이다. 그리고 거의 전적으로 질적 연구 방법의 접근을 통해 이루어진다. 주로 명시적으로 표현되는 내용에 주목하였던 Lazarsfeld와 Merton의 분석과는 대조적으로 청중분석 연구자들은 주로 집단역학(group dynamics)에 주목하였는데, 그 이유는 집단적으로 합의, 구성되는 모종의 의미는 대체로 사회적 상호작용의 양상에 따라 구성된다고 생각했기 때문이다. 예를 들어서 David Morley(1980)의 청중분석 연구에서는 서로 다른 사회경제적 배경을 가지는 시청자들의 'Nationwide'라는 텔레비전 쇼에 대한 다양한 반응을 도표화하였다. 그는 텔레비전 쇼의 각 회별 에피소드에 대한 내용 분석을 하였으며, 쇼를 시청한 사람들을 대상으로 포커스 집단 면담을 실시하고 그로부터 도출된 내용을 자신의 내용 분석 결과와 비교하였다. 사회적 구성주의 접근을 하는 Morley의 포커스 집단 활용은 전략적이라고 할 수 있다: "개인보다는 집단으로 면담을 하기로 결정함으로써 사회적 맥락의 작용 가능성을 간과한 채 개인의 독특한 조건에 영향을 받는 경험을 수집하는 것을 막을 수 있는 기반을 마련할 수 있었다"(1980, p. 97). 청중들의 반응에 관심을 가졌던 Morley와 그 밖의 여러 학자들에게 있어서 포커스 집단은 너무나도 가치 있는

접근으로 인식되었다. 포커스 집단은 구체적인 상황에서 어떻게 의미가 구성되는지에 대한 통찰을 제공하기 때문에 결과적으로 연구자들이 "개인이 사회적 맥락과 영향에 무관하게 자신만의 고유한 의견을 가지는 자율적이고 독립적인 존재라고 간주하기보다는 집단의 구체적 상황에서 참여자들 간의 대화와 상호작용을 매개로 각자의 경험과 의견을 조정함으로써 집합적으로 해석을 구성하는 것으로 파악하면서, 해석의 구성과정을 살펴볼 수 있다"(p. 97).

또한 포커스 집단은 1984년에 『연애소설 읽기(Reading the Romance)』라는 책으로 출간되기도 한 연애소설(romance novel)에 매료된 사람들의 독서 양상에 관한 Janice Radway의 선구적 연구에서도 많은 기여를 하였다. 이 연구는 한 지역 서점을 중심으로 이루어졌으며, 서점주인과 서점에 자주 들러서 연애소설을 찾는 42명의 여성들을 연구 참여자로 하였다. Morley처럼 Radway도 문서자료 분석과 포커스 집단 면담을 함께 사용하는 혼합적 방법으로 연구를 설계하였으며, 서점주인의 도움을 받아서 연애소설을 열심히 읽는 여성들의 네트워크와 이들의 역동관계를 파악하였다. 이들 연구 참여자 여성들은 새로 출간된 연애소설을 놓고 서점주인과, 그리고 자신들끼리 주기적으로 교류하였다. Radway는 이러한 지속적 교류를 "정식화(formalize)"하였는데, 이런 작업을 통하여 다양한 사회적 환경, 독서습관, 태도, 독서성향, 그리고 연애소설 독서의 다중적이고 모순적인 기능에 대해서 체계적이고 풍부한 정보를 산출하고자 하였다. 그리고 그녀는 읽어야 할 책은 무엇이며, 포커스 집단 논의에서 핵심적으로 다루어야 할 주제는 무엇인지 등에 대한 단서를 서점주인과 참여자들로부터 찾으려고 하였다. 그래서 그녀는 연구 참여자들이 읽은 책들을 본인도 모두 읽었으며, 연구 참여자들이 서점을 찾을 때면 언제나 일정한 격식에 구애받지 않고 수시로 이야기를 나누었다. 그런 다음에 공식적인 포커스 집단 면담을 실시하였다.

Radway는 자신의 연구에서 무엇보다도 서로 다른 연애소설들이 어떻게 해석되고 읽히는지를 이해하는 데 집단역학의 중요성을 강조하였다. 비록 참여자들이 연애소설을 각자 읽기는 하지만, 읽고 난 소감을 자유로운 대화나 공식적인 포커스 집단 면담을 통해서 나누는 것은 이들 참여자들에게 매우 중요한 영향을 미쳤다. Radway는 또한 참여자들이 독서집단에 소속됨으로써 참여자 자신들이 연애소설을 좋아하고 또 읽는다는 사실 때문에 가지게 되는 일종의 낙인 효과를 감소할 수 있으며, 이것이 얼마나 중요한지에 대해서 이해하였다. "나는 지금껏 많은 여성들이 자신이 연애소설을 선호한다는 사실 때문에 비도덕적인 사람으로 오해받을까봐 두려워한다고 생각했었기 때문에, 많은 참여자들이 자신의 독서경험에 대해서 내켜하지 않으면서 억지로 이야기하는 것은 아닌지 의심했었다."(1984, p. 252). 또한 마지막으로 독서집단에서 Radway의 역할도 중요하다. Radway는 자신이 부드럽게 격려하거나 자신의 개입을 정당화할 때 "대화를 통해서 접하게 되는 참여자들이 서로 다른 입장을 논박도 하고, 많은 부분에 대해서 동의하는 과정이 좀 더 자연스럽게 진행될 수 있었다"(p. 48).

Radway가 사용한 다양한 자료 수집 전략은 참여자 집단의 집합적 에너지를 극대화하는 데 기여하였으며, 개별면담과 관찰을 통해서는 수집하기 어려운 유형의 자료를 충분히 확보하는 데 많은 기여를 하였다. 뿐만 아니라, 이러한 전략들은 최소한 지역 수준에서나마 참여자들의 정치적 힘을 결집하고 강화하는 데 기여하였다. Radway는 연애소설을 읽는 참여자들의 포커스 집단 활동에 대하여 희망적인, 그러나 아직 미완인 프랙시스라고 언급하며 다음과 같은 지적을 하였다. "사회 개혁에 헌신하려는 우리들이 저항의 합법적 형태를 알게 되고 … 그 열매를 거두기 위하여 어떻게 촉진하는 것이 최선인지를 아는 것이야말로 절대적으로 중요하다"(1984, p. 222).

Radway가 질적 연구에 있어서 포커스 집단의 정치적, 윤리적, 실천적 가능성을 조망하였다면, Patti Lather는 포커스 집단 활동의 "제한 조건(limit conditions)"을 넘어서려고 시도하였다. Lather와 Chris Smithies(1997)

는『천사들의 고난(Troubling the Angels)』이란 책에서 HIV/AIDS 여성환자 25명의 삶과 경험, 내러티브를 탐색하였다. 이 책에는 미국 오하이오 주의 5개 도시에서 활동하고 있는 각 "후원 그룹(support group)"에서 이루어진 5년간의 포커스 집단 면담을 통해서 도출된 서로 겹치기도 하고 때로는 모순적이기도 한 여러 참여자들의 경험들이 소개되어 있다. Lather와 Smithies는 병실이나 장례식장, 출산 축하파티나 생일파티, 그리고 추수감사절이나 성탄절과 같은 명절 모임 등에서 참여자들과 만나 이야기를 나누었다. 이들 참여자들은 감정적으로 많은 영향을 받으며, 예측하기 어려운, 그래서 연구기간 내내 끊임없이 변화하는 집단 역동 모습을 보이고 있었다. Lather(2001, p. 210)는 "우편 서적(postbook)"이라고 거명하면서 여성 참여자들의 경험과 이야기에는 최소한 두 가지의 분절 국면이 있다는 점을 인식하였다. "분절(breakdown)"이라고 하는 것이 인간의 이해 과정에서 중심적 현상이라고 하는 것처럼(Heidegger, 1927/1967), 연구 과정에서 연구 참여자와 연구자 모두에게서 분절적 양상이 표면에 드러났다.

"전략적" 방식과 "발견적" 방식 모두에 있어서 조직적인 자료 수집 활동은 일관적으로 "일상생활 속의 삶"과 분명하게 구분할 수 없었다(deCerteau, 1984). 무엇보다도 서로가 깊고 친밀한 관계 속에서 서로를 돌보고 많은 대화를 나누는 참여자들의 이러한 사회적 사실은 포커스 집단 면담의 본질을 변화시키는 데 많은 영향을 미쳤다. Lather와 Smithies는 자신들의 역할을 민감하게 받아들이고 지나치게 낭만적으로 묘사하는 경향에 대해서 Lather(2001, p. 212)가 "저항적 수사(recalcitrant rhetoric)"라고 표현하였던 이해와 동정적 성향에 대한 거부를 통하여 조심스레 우려감을 표현하였다. Lather와 Smithies는 포커스 집단 면담을 수행하는 연구 프로젝트에 있어서 연구자로서 자신들의 목적과 기대가 연구 참여자들이 갖는 목적과 기대와 매우 다르다는 점을 분명히 인식하려고 노력하였다. 구체적으로 연구 참여자들은 자전적 글이나 자신들의 생생한 체험에 대한 자문화기술지(autoethnography)를 모은 "K-마트"[미국의 체인형 대형 마트─역주] 책을 만들기를 원하였다. 그러나 Lather와 Smithies는 참여자들의 경험을 이론화하고 이들의 경험의 정치적 성격과 효과를 부각하는 것에 좀 더 많은 관심을 가졌다. Lather는 이러한 목적과 기대의 차이가 포커스 집단 활동을 통하여 지속적으로 조정되고 협상되었다고 이야기하였다. 결과적으로 일련의 교육적, 정치적 활동으로서 의미를 갖는 포커스 집단 활동을 통하여 만들어진 책은 서로 충돌하는 목적 간의 긴장을 구체적으로 반영하는 산물이라고 할 수 있다.

비록 책의 대부분이 문화기술지적 재현의 문제점에 주목하고 있지만, 포커스 집단 활동으로 주로 수행된 현장활동 경험의 문제에 대해서도 역시 언급되어 있다. 이런 점에서 Lather와 Smithies는 사회학적, 정치적, 역사적, 심리학적, 교육학적 실천과 담론을 통합하려고 하였다고 볼 수 있다. 예를 들면, Lather는 지속적으로 "여성주의 문화기술지의 실천을 안내하는 데 유용한 지식을 산출할 수 있는 방법론적 실행절차와 형식의 불일치와 단절된 모습을 보고자 노력"하는 것이 중요하다는 점을 부각하였다(2001, pp. 200-201).

포커스 집단에 관한 이 장의 관심과 관련하였을 때, 이들의 책에서 가장 흥미로운 부분은 "유실의 방법론(methodology to getting lost)"이라고 지칭하면서 상술하는 부분이다.

> 어떤 점에서 보면, 책은 다양한 수준의 독자들을 놓치는 것에 관한 책인 동시에, 일상적인 이해방식을 잃어버리는 것에 관한 책이다. 여기에서는 우리의 여성, 연구자, 독자 등을 모두 놓쳐버리면서 지금 우리가 가지고 있는 앎의 방식을 해체시킨다. (Lather & Smithies, 1997, p. 52)

이런 성찰은 연구를 수행하는 과정 자체에 대한 것보다 책 자체에 대한 것이기는 하지만, 모든 이론과 실천의 정치적, 교육적, 윤리적 차원에 관한 것을 아우르는 성찰이라는 점에서 현장에서 연구 참여자들과 함께 활동하는 과정에 대해서도 똑같이 적용될 수 있다. 예를 들면 Lather와 Smithies는 자신들을 거대이론가(grand theorists)로 분류하는 것을 거부할 뿐만 아니라, 책에서 언급된 여성들의 삶이 자신들의 삶으로 해석되는 것을 경계하였다. Lather와 Smithies는 "연구자와 연구 대상자 모두로서 맥락화함으로써 진리의 담론, 이성의 형식, 지식의 효과, 권력관계 등과 밀접하게 관련하여 생생한 체험과 실제적 각성에 좀 더 많은 의미가 부여될 수 있도록 하였다"(Lather, 2001, p.215). 이들의 전략적 위치를 통하여 Lather와 Smithies는 참여자들이 자신들의 경험을 순수한 문화기술적 사실주의에 입각하여 손쉽게 진술―가령 AIDS를 신의 뜻에 의해서 감염되었다고 진술하는 것―하지 못하도록 함으로써 타인의 경험을 알고 이해할 수 있는 연구자의 권한에 문제를 제기하였다. 뿐만 아니라, Lather와 Smithies는 자신들의 책임을 인식하고, 다른 종류의 책―K-마트 책―에 대하여 참여자들이 더 만족스러워할 것이라는 점을 수긍하였다. 그러나 그러한 책은 Lather와 Smithies를 외부적인 존재로 처리하고 있으며, 이들의 과업내용을 실제로 수행한 것보다 쉬운 것으로 묘사함으로써 이들이 가지고 있는 연구자의 역량을 과소평가한 것으로 보인다. 『K-마트』 책은 처음 출판한 이후 다시는 쓰여지지 않았으며, 대신에 Lather(2007)의 후속 작품이라고 할 수 있는 『천사들의 고난』을 통해서 다양한 해석 작업과 다양한 목소리를 구체적으로 드러내는 과정의 어려움을 좀 더 이론적으로 부각하였다.

Lather와 Smithies가 사용한 다양한 관계적, 수사적 전략은 매우 복잡하면서도, 때로는 질적 연구의 전통에서 문제가 되기도 하는 미시적 정치학(micropolitics)의 중요성―연구자가 이것을 확인하고 활용할 것인지에 대한 의도와 상관없이―을 부각하였다(Denzin & Lincoln, 2005). Lather와 Smithies는 "연구자"와 "연구 대상" 간을 간단명료하게 분리할 수 없음을 지속적으로 환기해준다. 또한 연구 자체는 언제나 관계적이고, 정치적이며, 교육적인 동시에, 윤리적 활동임을 강조하였을 뿐만 아니라, 따르지 않을 경우 잘못된 신념에 매몰될 수 있는 그런 보편적인 사고와 행동이란 것은 없음을 강조하였다. 덧붙여서 경험을 객관적으로 인식하고 보고할 수 있는 특별한 별도의 위치가 있는 것은 아니며, 오직 대화 과정에서의 위치만이 있다고 주장한다. 그리고 누구의 위치를 두드러지게 하며, 누구의 위치를 덜 주목할 것인지에 관한 문제는 언제나 대화의 과정과 명료함의 추구, 그리고 자기 성찰에 있어서의 한계를 지적할 때 답하기 어려운 문제점으로 남게 된다고 보며, 이러한 문제점은 대부분 은폐된 채로 나타나는 "그릇된 신념"의 위협을 받게 된다. 이러한 비평에도 불구하고, Lather와 Smithies는 생생한 체험과 이론 모두를 포착할 수 있는 그 밖의 연구들을 통하여 포커스 집단 활용의 다양한 잠재성을 확장시키고 변화할 것에 대한 안내와 더불어서 연구 실행에 있어서 윤리적 측면을 상기시키고, 좀 더 영성적(spiritual) 측면에 초점을 맞춘 현장활동을 강조하였다. 그리고 Lather와 Smithies의 연구 업적이 갖는 한계와 약점은 제7, 8, 9의 질적 탐구(Denzin & Lincoln, 2005)를 하는 데 있어 우리가 봉착하게 되는 경험적, 인식론적, 윤리적, 이론적 문제점, 그리고 모든 연구자에게 해당될 수 있는 문제를 가지고 있다는 점이다. 이런 점에서 볼 때, 포커스 집단은 자체로 대화의 가능성을 내포하고 있기는 하지만, 일상적 삶과 연구 활동의 맥락에서 방해를 받는 모습을 보이기도 한다. 포커스 집단의 활동은 윤리와 프랙시스의 형태로 지성적/경험적 겸손함의 중요함과 개인적 성찰의 한계를 보여주고, 그럼으로써 현상의 이해와 설명에 투입되는 연구자의 미성숙한 논리를 보완한다. 이러한 겸손함은 연구자들로 하여금 다른 사람의 삶의 맥락에서 합리적으로 부각되는 의견을 경청하는 동시에, "대서사(grand narrative)"(Lather, 2001, p.218)에 의하여 경험이 구성되는 방식을 인식하고 환기함으로써 개인의 "의견"과 "신념"을 "너무나도 손쉽게" 구성하고 판단하는 오류를 범하지 않도록 하는 "이중 실천(doubled practices)"을 부분적으로나마 수행할 수 있도록 해준다. 탐구의 대상이 되는 삶 자체를 제외하고는 그 어느 것도 사회과학의 실행을 보장해줄 수 없는 것이다.

33.6 잠정적이고 잠재적인 시너지 효과를 갖는 포커스 집단

이제 포커스 집단 활동의 수행이 갖는 좀 더 생산적인 가능성과 심각한 위험성을 심층적으로 조명해 보도록 하자. 이를 위해서 포커스 집단 활동을 교육, 정치적 실천, 연구 활동이라는 세 가지 차원의 잠정적 시너지(synergistic) 효과를 파악하는 것이 두 가지 측면을 이해하는 데 좀 더 명쾌할 것이다.

첫째, 포커스 집단을 재개념화함으로써 이를 운영하는 제도적 수준에서의 미성숙한 논의와 결론을 방지할 수 있을 것이다. 앞선 논의에서처럼, 만약 "그릇된 믿음"에 의해서 너무 일찍 결론을 내려버리는 것처럼 포커스 집단이 운영된다면, 잘못된 이해와 결정을 공식화하고 산출하는 집단사고의 함정에 빠질 수 있다. 예를 들어 포커스 집단 활동을 협의로 해석하면 다양성이 결여된 맹목적인 추종을 정당화하는 군중집회로도 이해될 수 있는 것이다. 2008년 CNN의 대통령 선거 토론 기간 중에 다양한 반응들을 즉각적으로 확인하기 위하여 포커스 집단을 활용했던 방식을 상기해보자. 포커스 집단에서의 논의과정에서 나온 반응들은 바로바로 수집이 되어 각 반응별 수치가 계산되었는데, CNN은 이러한 실증적 접근을 통하여 후보자에 대한 미국인들의 생각으로 간주될 수 있는 사항을 산출하였다. 이런 방법은 결과적으로 포커스 집단이 충분한 의견교환이 이루어지지 않은 채 결론을 너무 일찍 내려버리는 집단이 되게 하였으며, 무수한 정치적 의견과 결론들을 안이하게 다루는 집단이 되도록 하였다. 이런 점에서 포커스 집단의 잠정적이면서 잠재적인 시너지 효과를 이해하는 것은 이러한 부정적 문제점을 감소시키는 역할을 한다.

뿐만 아니라, 좀 더 체계적으로 조직된 포커스 집단은 지엽적이고 특정 입장에 의존한 결론 도출 가능성을 방지할 수 있다. 여성주의의 구체성에 대한 원고를 쓰면서, Ellen Messer-Davidow(2002)는 "연구의 맥락이든, 실천의 맥락이든 여성주의 연구가 실행되기 위해서 각 개인들은 집단 행동을 해야 하며, 이러한 집단 행동을 하기 위해서는 집단적 정체성(collective identity)을 형성해야 한다. 집단적 정체성은 개별적으로 작성하고 실행하는 직무내용의 기술처럼 개념적인 성격의 것이 아니다. 집단적 정체성은 개인들이 함께 여성주의 연구의 주제와 내용, 목적, 전략 등을 협상해내는 가운데 개인 간의 연결망을 만들어내는 실제적 성격의 것이다"(p.124). 개인 간 연결망을 창출하고 조정하는 실제적 작업으로서 집단적 정체성 형성은 제2세대 여성주의 운동의 한 흐름으로 부각되었던 의식화 집단의 활동을 통해서 분명히 확인할 수 있다. 그러나 여성주의의 학문적 협력은 여성주의 운동을 좀 더 유화된 형태로 만들고 자체의 고유한 문제와 규범, 피드백을 지속적으로 확산하는 가운데 달성될 수 있다(p.207). 교육, 연구, 사회적 실천 등과 같이 포커스 집단이 가지고 있는 계보학적 다중성은 지엽적인 수준에서 성급하게 결론을 내리는 것을 방지하고 좀 더 생산적인 의의를 갖는 정치적 근거를 창출하는 데 기여한다는 점을 시사해준다.

둘째, 포커스 집단이 대중적 담론에서 좀 더 중요한 부분을 차지하게 되지만, 학문적 맥락에서 이들은 기관윤리심의위원회(IRB)나 연구비 지원 기관 등으로부터 점차 좀 더 엄밀한 윤리적 검증과 모니터링을 받게 된다. 역설적으로, 포커스 집단을 대중적으로 활성화하면 할수록 익명성(anonymity)이라는 부분에 있어서의 문제점은 더욱 커질 수밖에 없다. 익명성은 연구 참여자들이 자신의 신분과 개인적 정보가 노출되지 않도록 하는 장치로서 학문적 연구에 있어서 오랜 고민이 되어온 사항이다. 익명성은 흔히 사전에 주어진 면담 가이드에 따라서 이루어지는 개별 면담의 형태로 자료 수집을 함으로써 보호된다. 그러나 집단 면담의 상황에서, 비밀

보장을 위한 노력과 믿음은 연구자 개인의 몫에만 국한되지 않고 참여자 모두에게 요구된다. 따라서 지식과 경험뿐만 아니라 신뢰라는 점에 있어서 상호호혜성을 구축해야 한다는 것은 포커스 집단을 구성하는 강력한 힘이 되는 동시에 포커스 집단이 갖는 약점이 된다. 이러한 모순은 포커스 집단 활동에서 반복적으로 계속해서 나타난다.

구체적으로 포커스 집단 활동을 중추적인 자료 수집 방법으로 활용하여 논문을 쓴 두 명의 박사과정 대학원생의 논문 지도교수였던 Greg Dimitriadis의 예를 들어보자. 그의 대학원생 가운데 Getnet Tizazu Fetene 박사는 에티오피아의 대학졸업 청년들이 가지고 있는 HIV/AIDS에 대한 태도를 연구하였으며, 또 다른 학생이었던 Touorouzou Some 박사는 부르기나파소의 대학졸업 청년들의 대학의 비용부담 노력에 대한 태도를 연구하였다. 두 박사의 연구 모두 기관윤리심의위원회(IRB)의 심의에서 잠재적으로 "고도 위험성"을 내포한 윤리적 결함이 있는 것으로 판정받았다. 물론 두 사람 모두 자신들의 주제가 일상적으로 논의될 수 있는 주제로서 참여자들에게 어떠한 예상치 못한 스트레스를 주지 않을 것이라고 설명하였으나, 기관윤리심의위원회의 입장에서는 익명성의 문제가 가장 핵심적으로 걸렸던 것이다. 그래서 포커스 집단 활동을 대신하여 개별 면담을 실시할 것을 권장하였다. 아무리 연구자가 연구 참여자들에게 포커스 집단 활동을 통해서 나온 모든 이야기와 정보는 반드시 비밀이 보장되어야 한다고 설명하더라도 익명성과 비밀의 유지가 보장되는 것이 아니라는 것이다. 그럼에도 불구하고 왜 이러한 위험을 감수하려는가?

문제가 된 사항은 Dimitriadis가 기관 윤리심의위원회 담당자와 의견을 나누면서 좀 더 명확해졌다. 포커스 집단 활동에 대해서 친숙하지 않은 일부 기관 윤리심의위원회 위원들은 포커스 집단 활동을 연구자가 여러 참여자들을 대상으로 하는 개별 면담을 동시에 실시함으로써 시간 절약이 가능한 간편한 자료 수집 활동으로 생각하였던 것이다. Dimitriadis는 일반적으로 연구 참여자들은 집단으로 있을 때 편안함을 느끼기 때문에 개인의 심리적 위축이나 경계심을 감소할 수 있다는 점을 포함하여 포커스 집단 활동의 특징에 대하여 소상히 설명하였다. 또한 성(性)과 관련한 주제처럼 개별 면담보다는 포커스 집단 활동을 통하여 다룰 때 좀 더 효과적으로 수집할 수 있는 정보들이 있음도 이야기하였다. 비록 익명성에 관한 문제는 여전히 기관윤리심의위원회 위원들에게 남아있기는 하였지만, 위원회는 포커스 집단 활동으로 인한 참여자들의 익명성을 침해하는 잠재적 위험보다 포커스 집단 활동을 통해서만 획득할 수 있는 정보의 가치가 더 크다는 재심의 소견을 내고 연구를 허락하였다. 이러한 경험에서 중요한 것은 방법론적 측면에서 충분히 익숙하지 않은 행정 관리자에게 포커스 집단 활동의 독특한 장점에 대한 교육과 설득의 노력이 요구된다는 점이다.

이 점은 다시 한 번 강조될 필요가 있다. 보통 실증주의적 성격의 연구나 의학분야의 연구에 초점을 맞추고 있는 기관윤리심의위원회는 질적 연구자에게 매우 까다롭고 걸림돌 같은 존재처럼 느껴질 수 있다. 그러나 위원회의 심의를 통해서 연구 활동이 갖는 잠재적인 "위험/이익" 비율을 적절히 조정하게 된다는 점을 기억하는 것이 중요하다. 예를 들어서 새로운 의약품을 임상 테스트하는 상황에서 위험과 이익의 상대적 비율과 가치를 확인할 필요성은 매우 명확해진다. 질적 연구자들은 흔히 기관 윤리심의위원회가 제시하는 연구 활동에 대한 윤리적 심의를 "길 위의 요철(road bump)"처럼 생각한다. 질적 연구자들은 이러한 위원회 구성원들에게 자료 수집에 관한 다양한 기법과 이러한 기법이 갖는 연구와 실제 분야 모두에 있어서 갖는 잠재적 강점에 대해서 충분히 그리고 지속적으로 설명하고 이해를 도울 필요가 있다. 이러한 시도는 위원회 위원들이 일방적으로 판단을 내리는 것보다 훨씬 더 가치로울 뿐 아니라, 그 자체로 서로 다른 전문분야 간의 소통을 이끄는 작업이다.

포커스 집단 활동을 승인받은 에티오피아의 HIV/AIDS에 관한 연구는 많은 문제들에 있어서 깊이 있는 내용을 다룰 수 있었다. 우선 Fetene의 연구 참여자들은 개별 면담을 통해서 필요한 정보를 충분히 제공하기 어려웠다. 많은 연구 참여자들은 연구 주제와 같이 민감한 내용에 대하여 어느 정도 낯선 존재라고 할 수 있는 연구자와 개인적으로 밀접한 상황에서 이야기하는 것을 꺼려하였다. 이러한 참여자들의 반응은 개별 면담이 참여자들에게 훨씬 더 편안함을 제공할 것이라고 생각했던 기관윤리심의위원회로 전해지기도 하였다. 그러나 무엇보다도 중요한 것은 포커스 집단 활동을 통하여 Fetene가 수집한 자료는 매우 깊이 있는 이야기를 솔직하게 담아내고 있었으며, 연구자 자신과 여성 참여자들을 대상으로 포커스 활동을 진행한 Muluemebet Zenebe 박사에게 많은 고민거리를 던져주었다. 연구 참여자들, 특히 자신들의 연애관계에 대해서 열린 마음으로 이야기를 해준 여성 참여자들 덕분에 연구진은 매우 놀라기도 하였으며, 스스로 성장해 오면서 가지게 된 문화적 가정과 틀이 참된 것인지를 다시 돌아볼 수 있는 계기를 갖기도 하였다. 즉 전통적으로 보수적인 문화의 관점에서 Fetene는 연구에 참여한 에티오피아 여성들이 성(性)에 대해서 이야기하는 데 있어 얼마나 개방적인지 놀라지 않을 수 없었던 것이다. 그의 여성 공동 연구자인 Zenebe도 참여자들이 포커스 집단 활동에 그냥 "앉아만 있다(show-off)"가는 정도로 참여할 것이라고 예상하였다. 이런 "증거"로 인해서 두 연구자는 자신들의 문화와 사회에 대해서 오랫동안 가지고 있던 신념과 가정을 다시 생각하게 되었다.

여기서 "그릇된 믿음"과 근거의 정치성에 관한 논의를 다시 상기해 보도록 하자. 포커스 집단은 매우 취약한 근거나 선험적인 믿음에 좌우되어 판단하려는 경직된 입장을 넘어서고 흔드는 강력한 장소이자 도구가 된다. 이런 점에서 포커스 집단은 연구자들이 연구 참여자인 에티오피아 청년들과 연구 주제인 성(性), 그리고 자신들이 가지고 있는 문화적 가치들을 넘어서는 변혁적 성격을 가지고 있는 것으로 볼 수 있다. 뿐만 아니라, 이러한 논의는 포커스 집단에서의 열띤 논의들은

HIV/AIDS에 대한 세계적 담론의 전개양상을 따르는 내용과 형식으로만 이루어지지 않았다. 대부분의 세계적 수준에서 전개되는 담론에서는 소위 안전한 성관계에 관한 "지식"의 부족이 가장 핵심적 사안으로 부각되기는 하였지만, 포커스 집단 활동에서 참여자들은 이러한 담론이 지지하는 사항을 넘어서 콘돔의 적절한 사용법을 아는 것이야말로 진정으로 중요한 것임을 반복적으로 강조하였다. 또한 포커스 집단에 참여한 청년들은 과거와 달리 최근 새롭게 변하고 있는 성에 관한 윤리 등과 같은 사항들을 새롭게 제기하기도 하였다. 이처럼 포커스 집단 활동을 통하여 공개적으로 다루기 민감한 이러한 주제에 대한 지식을 산출하고, 각자가 가지고 있는 생각과 의견을 공유함으로써 "상식적인 수준(commonsense)"에서의 결론 도출에 머무르지 않도록 하는 것은 면담이 이루어지는 맥락에 좌우된다. 여기서 짚고 넘어갈 사실은 애초에 순수한 탐구(inquiry)만을 목적으로 시작한 연구가 포커스 집단 활동이 진행됨에 따라서 연구자와 연구 참여자 모두에게 의사소통, 정치적 성격, 교육적 가치를 갖는 활동으로서 면모를 보여준다는 점이다.

마지막으로 포커스 집단 활동이 갖는 잠재적 시너지 효과에 대해서 좀 더 이야기해 보자. 잠재적 시너지 효과는 George Kamberelis의 학생인 Graciana Astazarian이 수행한 연구에서 잘 드러나고 있다. 그녀의 연구는 미국 중서부 지역의 작은 도시에 이주해 온 멕시코계 미국인들의 경험과 요구에 관한 것이다. 이 지역에는 제조업 분야에 비교적 좋은 일자리들이 많았기 때문에 많은 수의 멕시코계 미국인들이 정착해 살게 되었다. 그러나 이러한 이주민의 수가 급격하게 증가함에 비하여, 보건, 교육, 교통, 복지, 언어, 그리고 이들의 문화적 요구에 대한 지원 기반은 그만큼의 속도로 확충되지 못하였다. Astazarian 연구의 핵심은 이들의 요구를 파악하는 것이었으며, 이를 위하여 멕시코계 미국 여성들을 대상으로 집, 커뮤니티 센터, 교회 등의 장소에서, 혹은 심지어 라틴인 연대(Latino Coalition) 사무소에서 줄서서 대기하는 시간에 포커스 집단 활동

을 수행하였다. 포커스 집단에 참여한 여성들과의 면담을 통하여 특히 영어 학습, 교통, 학교와 병원 등지에서 겪는 언어적 한계, 일터에서의 차별 등이 중요한 사항이란 사실을 확인할 수 있었다. Astazarian의 연구 결과 가운데 포커스 집단 활동이 갖는 잠재적 시너지 효과를 이해하기 위해서, 이 장에서는 영어 학습과 교통과 관련한 문제들에 초점을 맞추어 논의해 보도록 하겠다. 우선 이 두 가지 문제에 대한 논의는 자체로 매우 복잡하고 미묘하고 모순적인 성격을 가지고 있음을 주지할 필요가 있다.

학습장애와 같은 생물학적 요소, 부정적인 학교경험과 같은 생애사적 요소, 언어, 문화적 측면의 편견과 같은 사회적 요소, 열악한 강사진과 교재수준과 같은 교육적 요소, 교육비 부담과 같은 경제적 요소 등의 다양한 요소가 이들 새로운 이민자들이 영어 학습에 어려움을 겪는 데 영향을 미쳤다. 이러한 요소들에 대한 논의는 참여자들 사이에 매우 강력한 유대감을 형성하였다. 또한 포커스 집단 활동을 통해서 언어적, 문화적 편견과 차별과 같은 잠재적이고 거시적 수준의 요소도 인식하면서 참여자들은 스스로 놀라기도 하고 또 매우 만족스러워하기도 하였다.

Astazarian의 포커스 집단 활동은 영어라는 언어학습과 관련한 정치적 측면에서의 시너지 효과를 분명히 보여준다. 참여자 일부는 스스로 영어학습의 필요와 요구에 관한 선언문을 작성하기도 하였는데, 여기에는 다음과 같은 사항이 포함되어 있다. (a) 좀 더 충분한 성인교육의 기회를 요구한다; (b) 영어강습반에 대한 좀 더 충분한 재정적 지원을 요구한다; (c) 낮시간뿐만 아니라 저녁시간에도 ESL 클래스가 개설되기를 요구한다; (d) 일상에서의 의사소통에 도움이 될 수 있는 재미있고 역동적인 ESL 클래스 운영을 요구한다; (e) 학습자들의 다양한 수준에 충족될 수 있도록 수준별 분반 개설을 요구한다; (f) 입국신고가 이루어지지 않은 불법체류 이민자들의 사면을 요구한다; (g) 많은 지역사회기관에서 이중언어 사용가능 노동자를 배치할 것을 요구한다.

이들은 또한 좀 더 많은 통역자가 병원, 보건소, 상담소 등에 배치될 수 있도록 라틴인 연대와 다른 지역사회 이익단체를 대상으로 로비활동을 전개하였다. 포커스 집단 구성원들은 지역신문사 편집장에게 자신들이 거주하는 지역의 교통편의시설 현황에 대한 편지를 보내기도 하였다. 그리고 이들은 지역내 은행에 계좌를 개설하는 데 필요한 절차에 대한 안내를 담은 전단지를 작성하여 배포하기도 하였다. 포커스 집단 활동에 많은 긍정적 영향을 받은 약 2년에 걸친 노력을 통해서 이들이 살고 있는 지역사회에는 긍정적인 변화들이 나타나기 시작하였다. 지역에서 이들이 참여할 수 있는 ESL 클래스들이 이들이 요구하였던 사항에 부합하는 형태로 운영되기 시작하였으며, 지역 보건소는 세 명의 이중언어 사용가능 사무원을 채용하였다. 그리고 산업연방 신용조합(Industrial Federal Credit Union)은 5명의 이중언어 금전출납 직원을 채용하였다.

직장, 학교, 보건시설 등에 가는 데 이용할 수 있는 교통편 역시 이민자들이 갖는 또 다른 문제점이었다. 이들이 이용할 수 있는 대중교통은 운행 편수가 부족하기도 하였거니와 그나마도 매우 불규칙적으로 운행되었던 것이다. 멕시코계 미국인 기업가가 운영하는 교통서비스가 있기는 하였지만 비싸고 운행이 불규칙적이었다. 이런 문제에 대해서 토의하면서, 참여자들은 멕시코계 미국인 공동체에 내재되어 있는 성차별주의나 경제적 착취와 같은 심각한 문제점을 인식하기 시작하였다. 그러면서 이러한 문제들이 가지고 있는 공동체 연대를 깨뜨리는 힘에 대한 사항으로 화제를 발전시켜 나갔다. 이들은 포커스 집단 활동 초반에는 주로 자신들이 직면하고 있는 대중교통과 관련한 문제점에 집중하여 이야기를 나누면서, 일부 참여자들은 공동으로 차량이동을 하는 일종의 조합을 결성하였다. 이런 조합체제는 시간이 지나면서 점차 효율적인 체제로 정착되어 갔으며, 교통서비스를 제공하는 개인 운전자들로 하여금 교통운임을 인하하도록 영향을 미쳤다.

참여자들은 또한 많은 남편들이 아내가 운전면허를 취득하는 것을 방해하거나 원치 않는 모습에서부터 아내들의 억압적 상황을 인식하게 되고, 이를 성차별주의에 관한 토의로 발전시켜 나갔다. 그래서 1년 정도 지난 후에는 이미 운전면허를 가지고 있는 여성들이 면허를 취득하려는 다른 여성을 가르치고 또 운전면허 시험 응시를 도와주었다.

이러한 예시들에서 볼 수 있는 것처럼, 포커스 집단 활동은 예측이 쉽지 않은 잠재적인 시너지 효과를 내포하고 있다. 잠재적 시너지 효과는 "생생한 체험" 가운데 내재되어 있는 복잡성, 민감성, 모순 등과 같은 "조각(breakdowns)"들로 구성된다(Heidegger, 1927/1962). 잠재적 시너지 효과는 일정한 문화적 논리에 따라서 정당화되는 언어적 편견, 경제적 착취, 성차별 등과 같은 사회적, 경제적 영향을 보여주는 동시에 "그릇된 믿음"(Sartre, 2001)의 효과를 감소하고 연구자와 연구 참여자 어느 누구도 자신의 행위를 정당화할 수 없는 새로운 근거의 정치성의 가능성을 보여준다. 물론 이런 긍정적 측면의 잠재성은 일정한 위험과 한계를 함께 수반한다. 참여자들이 놓이게 되는 지배와 억압의 관계에서 작용하는 권력의 영향은 문화적 편견과 성 차별 등으로 표출되어 시너지 효과를 창출하는 데 매우 부정적인 결과를 초래한다. 실제로 연구에 참여한 멕시코계 미국 여성들은 자신들의 가정, 직장, 공동체, 그리고 전체 미국 사회에서의 삶 가운데 이러한 경험을 하고 있었다. 마지막으로, 이러한 위험성에도 불구하고, 시너지 효과는 (a) 사회과학과 사회적 목적의 연계; (b) 지역적, 개별적 수준의 사회과학에 대한 강조, (c) 오늘날 질적 연구의 전통에서 학문의 종속성을 방지할 수 있는 정치적, 교육적 활동을 촉진하는 데 긍정적 기여를 한다(Denzin & Lincoln, 2005, pp.117-124).

33.7 결론을 대신하여

포커스 집단 연구는 교육, 정치성, 탐구의 의미가 서로 교차하는 핵심적인 장면이다. 포커스 집단이 갖는 잠재적 시너지 효과로 인하여, 개별적인 면담과 관찰을 통해서 확보하기 어려운 자료들을 수집할 수 있으며, 결과적으로 독특한 성격의 지식과 통찰을 도출할 수 있다. 특히 동질적 구성원으로 이루어진 포커스 집단의 역동과 시너지 효과는 사전에 충분히 짐작하지 못한 내재된 규범과 규범적 가정을 드러낼 수 있도록 한다. 그리고 포커스 집단에서는 역사적으로 축적되어온 집합적 기억과 욕망을 표출하도록 개인의 기억과 표현력을 넘어선 해석의 과정이 가능하다.

포커스 집단 연구만의 독특한 가능성은 포커스 집단이 갖는 다기능성을 이해하고 이를 적극적으로 구현하려는 노력 가운데 충분히 실현될 수 있다. 이 장의 도입 부분에서 언급하였던 비유로 돌아가서, 포커스 집단의 다기능성은 프리즘으로 묘사될 수 있다. 즉, 포커스 집단이라는 프리즘이 가지고 있는 교육 기능, 정치적 기능, 탐구 기능은 언제나 상호 보조적인 의미를 가진다. 프리즘의 한 특정한 표면을 통해서 무엇인가가 잘 보여지는 그 순간에 나머지 표면들은 다양한 각도와 방식으로 굴절되어 무엇인가를 보여준다. 이러한 프리즘 비유를 유지함으로써 우리 스스로가 무엇을 보는지와 우리가 본 것을 바탕으로 무엇을 하는지에 대한 판단을 할 수 있다.

질적 연구를 통해서 산출되는 다양하고 풍부한 실증적 연구 수행을 지원하는 것과 더불어서, 복잡다단한 집단역학을 강조함으로써 포커스 집단 활동은 내용과 표현 두 가지 모두 중요하다는 점을 부각한다. 포커스 집단 활동은 일종의 확대거울처럼 일상에서의 사회적 교류와 비슷한 방식의 상호작용을, 그러나 좀 더 밀도 있는 상호작용을 필요로 한다. 그렇기 때문에 연구자는 포커스 집단 활동을 할 때, 단순 관찰이나 개별 면담을 통해서 획득하기 어려운 특정 집단 개인들의 독특한 기억, 지위, 이데올로기, 실천, 욕망 등을 고스란히 드러낼 수 있는 사회적 상호작용의 역동을 효과적으로 다룰 수 있어야 한다. 연구자는 포커스 집단을 통하여 참여자들이 서로를 인식하고 형성하는 모종의 관계에 따라서 자신을 규정하고, 그에 따라서 문제나 논의거리 등을 처리해가는 복잡한 과정들을 확인할 수 있다. 이러한 역동은 그 자체가 연구의 중요한 "분석거리 (units of analyses)"가 된다.

이런 역동은 탐구하려는 주제에 대한 연구자와 연구 참여자의 성급한 단정을 효과적으로 방지함으로써, 부족한 근거를 바탕으로 성급하게 의견을 내거나, 단정적으로 결론짓지 않도록 한다. 비록 이러한 접근이 복잡하기 그지 없는 근거의 정치성 문제를 간단히 해결할 수 있는 유용한 대책이라고 보기는 어렵지만, 포커스 집단을 새롭게 재개념화하는 시도를 통하여 연구자나 참여자가 너무 손쉽게 판단하여 잘못된 결론을 선뜻 수용해 버리는 우를 어느 정도 막을 수는 있을 것이다. 포커스 집단과 그 역동과정을 다양한 관점에서 이해함으로써 세계를 늘 새롭고 예상할 수 없는 방식으로 볼 수 있게 된다. 그리고 포커스 집단은 연구자와 연구 참여자들로 하여금 세계를 단순하게 이해하려는 유혹에 빠지지 않고, 늘 새롭고 좀 더 확실한 경험 자료들을 추구할 수 있게끔 이끌어준다.

뿐만 아니라, 포커스 집단은 연구자의 주도적 역할을 해체하는 기능을 한다. 포커스 집단은 연구에 대한 참여자들의 소속감과 주인의식을 고양하고 좀 더 자유로운 대화 같은 소통을 촉진하며, 그럼으로써 좀 더 다양한 목소리가 입체적으로 반영되는 결과의 구성을 가능하게 함으로써 민주적인 연구과정을 촉진하는 역할을 한다. 이러한 사실은 앞서 살펴본 Madriz, Radway, Lather와 Smithies 등에 의해서 수행된 여성주의 연구에 의해서 뒷받침되고 있다. 집단적 정체성을 강화하고 정치적 활동을 조장하는 장면으로서 역할을 하기도 하지만, 포커스 집단은 참여자 간의 상호작용을 촉진할 뿐만 아니라, 다양한 관점과 의미가 풍부하게 생산될 수 있는 자양분이 된다. 포커스 집단은 기본적으로 다양한 관점이 함께 공존하는 자리이기 때문에, 연구자와 연구 참여자 모두 개인적, 집단적 수준 모두에서 이루어지는 해석이 본질적으로 상황적이며, 잠정적이며, 불안정적이며, 가소성이 있는 것임을 인식할 수 있게 된다. 이런 점에서 볼 때, 포커스 집단은 "유실의 방

법론(methodology of getting lost)"이며 "이중 실천 (doubled practices)"을 촉진하는 의미를 갖는다고 볼 수 있다(Lather, 2001).

한편 Antonio Gramsci의 주장의 연장선상에서, 포커스 집단 활동에 참여함으로써 형성되는 "우리(we)"라는 존재의 부각이 보장될 수 없다는 점을 유의해야 한다. "우리"를 장담할 수 없다는 점에서, Clifford는 취약성의 해석학에 의해서 포커스 집단이 운영될 필요가 있음을 주장한다(Clifford, 1988). Clifford는 연구자와 연구 참여자 관계가 갖는 연구의 과정과 결과를 구성해내는 효과에 대한 논의를 위하여 "취약성의 해석학(hermeneutics of vulnerability)"이라는 개념을 제안하였다. 취약성의 해석학은 언제나 의도한 바대로 이루어지지 못하는 현장활동, 연구 참여자의 다중적이면서 때로는 모순적인 역할, 연구자의 불완전한 통제력, 지식의 부분성과 편파성 등에 주목한다. Clifford는 취약성의 해석학을 해결하기 위하여 가장 우선시되는 전략으로 대략 두 가지 맥락에서 이해될 수 있는 자기 성찰(self-reflexivity) 전략을 제안한다. 우선, 자기 성찰은 연구 주제를 제시하는 데 있어 연구자가 사용하는 수사적, 시적 표현의 의미를 좀 더 명료하게 이해할 수 있도록 한다. 그리고 또 다른 맥락에서―필자들이 보기에 더 중요한 사항이라고 판단된다―자기 성찰은 연구자와 연구 참여자가 자신들이 형성하고 있는 밀접한 관계성 속에서 끊임없는 낯설게 하기의 노력을 뜻하는 것이다. 이 점과 관련하여 Elspeth Probyn(1993)은 연구자와 연구 참여자가 서로 모순적인 의도를 가지고 함께 참여하는 상황에서도 긴밀한 관계를 만들어가는 현장활동의 경험이 어떻게 연구자와 연구 참여자 모두의 정체성 변화를 야기하는지에 대해서 설명한 바 있다. 이러한 내용은 이론적으로 매우 중요한 사항이라고 할 수 있는데, 왜냐하면 취약하기는 하지만, 연구자와 연구 참여자가 함께 상호호혜적 기반을 구성할 수 있는 가능성을 분명히 보여주기 때문이다. 두 번째 사항과 관련한 자기 성찰에 대한 이해는 성찰이란 요소가 지식의 획득이란 점과 더불어, 자기

반성과 상호 반성의 과정을 통한 자기 변혁이 함께 이루어지는 이중적 실천으로서 의미를 갖는 해석적 연구를 지원한다는 점을 시사해 준다는 점에서 또한 중요하다. 하지만 끝으로, Lather(2001, 2007)가 지적하였던 것처럼, 성찰을 자기 성찰의 과정과 산물을 제시하고, 정당화하며, 또 구체적으로 실행하는 세 가지 측면에서의 어려움이 여전히 있다는 점에서 중요한 제한

점이 있다. 불확정성이 언제나 존재하기 때문이다. 이러한 불확정성—진정으로 연구할 만한 가치가 있는 연구 대상의 분절적 본질(prismatic nature)—을 감내하고 또 인정하는 것은 질적 연구 방법의 이론화라는 역사적 흐름 속에서 중요한 분기점이라고 할 수 있는 현 시점에서 연구 수행의 여정을 계속해서 나아갈 수 있는 최선의 방법이 될 것이다.

참고문헌

Barbour, R. (2008). *Doing focus groups.* Thousand Oaks, CA: Sage.

Barbour, R., & Kitsinger, J. (1999). *Developing focus group research.* Thousand Oaks, CA: Sage.

Behar, R. (1993). *Translated woman: Crossing the border with Esperanza's story.* Boston: Beacon Press.

Berger, P., & Luckmann, T. (1966). *The social construction of reality.* New York: Doubleday.

Bishop, R., Berryman, M., Cavanagh, T., Teddy, L., & Clapham, S. (2006). *Te Kotahitanga Phase 3 Whakawhanaungatanga: Establishing a culturally responsive pedagogy of relations in mainstream secondary school classrooms.* Wellington: New Zealand Ministry of Education.

Bloor, M., Frankland, J., Thomas, M., & Robson, K. (2001). *Focus groups in social research.* Thousand Oaks, CA: Sage.

Bourdieu, P., & Wacquant, L. J. D. (1992). *An invitation to reflexive sociology.* Chicago: University of Chicago Press.

Cammarota, J., & Fine, M. (Eds.). (2008). *Revolutionizing education.* New York: Routledge.

Chomsky, N. (2002). Activism, anarchy, and power: Noam Chomsky interviewed by Harry Kreisler. *Conversations with history*, March 22, 2002. Retrieved from http://www.chomsky.info/interviews/20020 322.htm

Clifford, J. (1988). *The predicament of culture.* Cambridge, MA: Harvard University Press.

Collins, P. H. (1991). *Black feminist thought: Knowledge, consciousness and the politics of empowerment.* New York: Routledge.

Cooper, T. J., Baturo, A. R., Duus, E. A., & Moore, K. M. (2008). Indigenous vocational students, culturally effective communities of practice and mathematics understanding. In O. Figueras, J. L. Cortina, S. Alatorre, T. Rojano, & A. Sepulveda (Eds.), *Proceedings of the 32nd Annual Conference of the International Group for the Psychology of Mathematics Education* (pp. 378–384). Morelia, Mexico: PME.

deCerteau, M. (1984). *The practice of everyday life* (S. F. Rendall, Trans.). Berkeley: University of California Press.

Denter, D. (2008). *Sartre explained.* Chicago: Open Court.

Denzin, N. K., & Lincoln, Y. S. (2005). Epilogue: The eighth and ninth moments—qualitative research in/and the fractured future. In N. K. Denzin & Y. S. Lincoln (Eds.), *The SAGE handbook of qualitative research* (3rd ed., pp. 1115–1126). Thousand Oaks, CA: Sage.

Dill, B. T. (1994). Fictive kin, paper sons, and compadrazgo: Women of color and the struggle for family survival. In M. B. Zinn & B. T. Dill (Eds.), *Women of color in U.S. society* (pp. 149–169). Philadelphia: Temple University Press.

Eisenstein, H. (1984). *Contemporary feminist thought.* New York: Macmillan.

Espiritu, Y. L. (1997). *Asian women and men: Labor, laws, and love.* Thousand Oaks, CA: Sage.

Fine, M. (2006). Bearing witness: Methods for researching oppression and resistance. *Social Justice Research, 19*(1), 83–108.

Foucault, M. (1984). Nietzsche, genealogy, and history. In P. Rabinow (Ed.), *The Foucault reader* (pp. 76–100). New York: Pantheon Books.

Freire, P. (1993). *Pedagogy of the oppressed.* New York: Continuum. (Original work published in 1970)

Gere, A. R. (1997). *Writing groups: History, theory, and implications.* Carbondale: Southern Illinois University Press.

Gilkes, C. T. (1994). "If it wasn't for the women …": African American women, community work, and social change. In M. B. Zinn & B. T. Dill (Eds.), *Women of color in U.S. society* (pp. 229–246). Philadelphia: Temple University Press.

Grand, S. (2004). *Red pedagogy: Native America social and political thought.* Lanham, MD: Rowman & Littlefield.

Heidegger, M. (1962). *Being and time* (J. Macquarrie & E. Robinson, Trans.). San Francisco: HarperSanFrancisco. (Original work published in 1927)

Hesse-Biber, S., & Leavy, P. (Eds.). (2006). *Handbook of emergent methods.* Thousand Oaks, CA: Sage.

Jakobson, R. (1960). Concluding statement: Linguistics and poetics. In T. A. Sebeok (Ed.), *Style in language.* Cambridge: MIT Press.

Kamberelis, G., & Dimitriadis, G. (2005). *On qualitative inquiry: Approaches to language and literacy research.* New York: Teachers College Press.

Kreisler, H. (2002). Activism, anarchism, and power: Conversation with Noam Chomsky, linguist and political activist. University of California at Berkeley, Institute of International Studies, Conversation with History Series. Retrieved August 1, 2009, from http:// globetrotter. berkeley.edu/people2/Chomsky/chomsky-con0.html

Kreuger, R. A., & Casey, M. A. (2008). *Focus groups: A practical guide for applied research* (4th ed.). Thousand Oaks, CA: Sage.

Lather, P. (2001). Postbook: Working the ruins of feminist ethnography. *Signs: Journal of Women in Culture and Society, 27*(1), 199–227.

Lather, P. (2007). *Getting lost: Feminist efforts toward a double (d) science.* Albany: SUNY Press.

Lather, P., & Smithies, C. (1997). *Troubling the angels: Women living with HIV/AIDS.* Boulder, CO: Westview Press.

Madison, D., & Hamera, J. (2006). Introduction. In D. Madison & J. Hamera (Eds.), *The SAGE handbook of performance studies* (pp. xi–xxv). Thousand Oaks, CA: Sage.

Madriz, E. (1997). *Nothing bad happens to good girls: Fear of crime in women's lives.* Berkeley: University of California Press.

Madriz, E. (2000). Focus groups in feminist research. In N. K. Denzin & Y. S. Lincoln (Eds.), *Handbook of qualitative research* (2nd ed., pp. 835–850). Thousand Oaks, CA: Sage.

Merton, R. (1987). The focused group interview and focus groups: Continuities and discontinuities. *Public Opinion Quarterly, 51,* 550–566.

Messer-Davidow, E. (2002). *Disciplining feminism.* Durham, NC: Duke University Press.

Morgan, D. L. (1998). *The focus group guidebook.* Thousand Oaks, CA: Sage.

Morley, D. (1980). *The Nationwide audience.* London: British Film Institute.

Probyn, E. (1993). *Sexing the self: Gendered positions in cultural studies.* London: Routledge.

Radway, J. (1984). *Reading the romance: Women, patriarchy, and popular literature.* Durham, NC: University of North Carolina Press.

Richardson, L. (2000). Writing: A method of inquiry. In N. K. Denzin & Y. S. Lincoln (Eds.), *Handbook of qualitative research* (2nd ed., pp. 923–948). Thousand Oaks, CA: Sage.

Sartre, J. (2001). *Basic writings.* New York: Routledge.

Schensul, J. J., LeCompte, M. D., Nastasi, B. K., & Borgatti, S. P. (1999). *Enhanced ethnographic methods: Audiovisual techniques, focused group interviews, and elicitation techniques.* Walnut Creek, CA: AltaMira Press.

Solomon, R. (2006). *Dark feelings, grim thoughts: Experience and reflection in Camus and Sartre.* New York: Oxford University Press.

Stewart, D. W., Shamdasani, P. N., & Rook, D. (2006). *Focus groups: Theory and practice.* Thousand Oaks, CA: Sage.

Torre, M., & Fine, M. (2006). Researching and resisting. In S. Ginwright, P. Nogurea, & J. Cammarota (Eds.), *Beyond resistance* (pp. 269–283). New York: Routledge.

Wilson, W. A., & Yellow Bird, M. (2005). *For indigenous eyes only: A decolonization handbook.* Santa Fe, NM: School of American Research Press.

Part 05.

해석, 평가, 묘사의
기법과 실제

최희준_ 홍익대학교 교육학과 교수

전통적 의미로, 『질적 연구 핸드북』의 제5부
는 질적 연구의 최종 단계에 이르렀음을 시사한다. 연
구자와 평가자는 이제 수집된 경험적 자료를 평가하
고, 분석하고, 해석한다. 전통적으로 이 단계에서는 하
나의 이론으로 통합되는 해석을 생산하거나 다양한 정
책적 제언을 제시하는 일련의 분석적 절차들을 실행한
다. 결과적으로 제시된 해석은 타당성, 신뢰성, 객관성
등과 같이 실증주의적 또는 후기실증주의적 전통에 근
거한 일련의 준거들에 의해 평가된다. 철저한 검토과정
을 통과한 해석들은 연구의 결과물로 제시된다.

제5부의 기고자들은 해석, 평가, 묘사의 기법, 실
제, 그리고 정치성을 탐색한다. 이러한 탐색을 통해, 질
적 연구에 대한 담론들이 자유 민주주의 사회를 창조하고 그
려나가는 데 어떻게 도움을 주고 활용될 수 있는지를 묻는,
즉 제1부의 주제로 회귀한다. 이러한 질문으로 돌아
갈 때, 분석, 평가, 해석의 과정들이 최종적이거나 기계
적이지 않다는 것을 이해할 수 있다. 분석, 평가, 해석
의 과정들은 마치 춤을 추는 것과 같다. 이는 Valerie
Janesick(2010)에 의해 사용된 은유를 상기시키는데,
여기서 춤은 시민의 안건(의제)에 대한 헌신에 의해 모
든 단계(스텝, 국면)가 알려진 춤을 의미한다. 해석과
묘사의 실제를 정의하는 과정들은 항상 현재진행형이
며, 새로 발생하고, 예측 불가능하고, 끝이 없다. 이러
한 과정들은 항상 역사적, 정치적 맥락에 내재되어 있
다. 이 책의 여러 장에 제시하였듯이 미국 교육현장의 신
보수주의적 담론들(No Child Left Behind, National
Research Council)은 과학적 연구를 지원하고, 실행하
고, 평가하는 데 있어 실증적인 준거에 특혜를 주고 있
다. 이 책의 많은 저자들은 이것이 질적 연구에 대한 냉
담한 풍토를 만들고 있음을 주지하고 있다.

우리는 질적 연구의 적합성을 판단하기 위해 전통적
으로 (또한 최근에) 이용되고 있는 수많은 준거들을 평
가하는 작업으로 시작하고자 한다. 이러한 준거들은
정부 기관들에 의해 정해진 기준으로부터뿐만 아니라,
현재 질적 연구분야에서 주류를 이루고 있는 주요 인식
체계로부터 나온 것이다.

1. 증거, 준거, 정책, 그리고 정치역학

이 책 34장의 저자인 Torrance는 영국, 미국, 호주, 뉴
질랜드에서의 질적 연구와 사회 정책을 둘러싼 논쟁들
을 검토하였다. 이러한 논쟁들은 과학적 연구에서 실험
설계를 선호하고 질적 연구는 질이 낮다고 주장하면서,
질적 연구를 하찮은 존재로 만들었다. 세계적으로 정책
수립을 위한 증거를 만들어낼 수 있는 경험주의적, 기술
주의적 접근법의 중요성을 재차 강조하고자 하는 움직
임이 있다. 이러한 움직임은 대학을 중심으로 하는 과
학적 연구에 대한 재정 지원의 불간섭주의적 접근방식
을 지지했던 이전의 정책들을 약화시키고 있다. 오늘날
많은 지역에서 사회과학은 단기적 정부 정책, 경제 개
발, 교육적 성취 등에 기여할 것으로 기대된다.

Torrance는 실험 설계와 무선 할당 실험(RCT:
randomized controlled trial) 모형에 대한 주요 비
판을 검토하였다. 많은 경우, 연구 결과나 효과가 실
험 처지 조건에 의해 도출되었음을 확신하기 어렵다. 이
러한 문제를 해결하기 위해 일부 연구자들은 혼합 방법
설계를 사용하며, 또 다른 일부 연구자들은 정책 결정
을 위한 증거물들을 관련 연구 결과의 축적을 통해 찾

아야 한다고 주장하면서 메타 분석에 의존한다. 메타 분석은 연구의 질을 판단하는 준거에 대해 문제 제기를 하며, 연구의 질을 평가하는 데 활용될 수 있는 체크리스트의 대안들이 많이 있다.

이러한 정부의 새로운 계획에 대응하여, 다양한 전문가 협회들이 스스로의 준거를 개발하였다(이 책의 39장 참고). 연구의 질을 평가하기 위한 이러한 논의는 참여, 심사숙고, 윤리, 비평적 연구를 민주적 과정들에 다시 연결시키고자 하는 갈망을 중심으로 이루어지고 있다.

우리는 상대주의 시대에 살고 있다. 오늘날 사회과학에서 완벽하게 방법론적 확실성을 보장하는 절대적 관점은 없다. 이러한 절대성을 주장하면 곤란한 상황을 자초하게 된다. 실제로 질적 연구에서 좋은 해석을 구성하는 것이 무엇인가에 대한 논쟁이 활발히 진행되고 있다. 그럼에도 불구하고, 모든 연구들이 연구자의 관점을 반영하고 있고, 모든 관찰은 특정 이론을 기반으로 하고 있으며, 이론에 구속받지 않는 지식이 거의 없다는 것에 대해 서로 합의한 것으로 보인다. 우리는 더 이상 우리 스스로를 사회로부터 중립적인 관중으로 간주할 수 없다.

결과적으로, 근본주의에 입각해 말하는 사람은 거의 없다. 방법론적 보수주의의 공격이 시작되기 전에, 상대주의자들은 어떤 방법도 연구에 대한 중립적인 도구가 아니고, 이런 이유로 절차적인 객관성에 대한 생각은 뒷받침될 수 없다고 차분히 주장했을 것이다. 반근본주의자들은 순진한 사실주의와 실증주의의 시대가 끝났다고 생각하였다. 그들의 입장에서는 비판적, 역사적 사실주의와 다양한 형태의 상대주의가 있다. 연구를 평가하기 위한 준거는 상대적이고, 도덕적이고, 정치적이다.

연구를 평가하는 준거의 문제에 대해 세 가지 기본적인 입장, 즉 근본적인, 준-근본적인, 비-근본적인 입장이 있다. 여전히 **근본적인** 인식론 측면에서 생각하는 사람들이 있는데, 그들은 질적 연구에만 해당하는 특별한 평가 준거를 적용할 필요성이 없다고 주장하면서, 양적 연구에 적용시켰던 것과 같은 준거를 질적 연구에 적용하고자 한다. 제2부의 서론 부분에서 지적하였듯이,

실증주의와 후기실증주의 패러다임들은 학문적 연구를 평가하는 데 네 가지 준거, 즉 내적 타당도, 외적 타당도, 신뢰도, 객관성을 적용한다. 이러한 준거의 이용은 근본주의자들의 입장과 일치한다.

반면, **준-근본주의자들**은 단순하지 않고, 새로운, 또는 미세한 사실주의의 관점에 기반해 준거의 문제에 접근한다. 그들은 준거에 대한 논의가 존재론적인 신사실주의와 구성주의적 인식론의 맥락 내에서 이루어져야 한다고 주장한다. 그들은 실제 세상에 대한 우리의 지식이 틀릴 수 있으며, 우리가 알고 있는 잘못된 지식과는 별개로 실제 세상이 존재한다는 것을 믿는다. 구성주의는 이론에 얽매이지 않는 지식은 없다는 입장에 충실한다. 준-근본주의 지지자들은 질적 연구 특유의 일련의 준거가 개발될 필요가 있다고 주장하고 있다. Hammersley(1992, p.64; 1995, p.18; 2008; Wolcott, 1999, p.194)는 이 입장의 선두적인 지지자이다. 그는 진실에 대한 대응이론을 유지하기 원하면서, (1) 포괄적/형식적 이론을 생성할 수 있는 능력, (2) 실증적이고 과학적으로 신뢰할 수 있는 능력, (3) 일반화될 수 있거나 다른 상황에 전이될 수 있는 능력, (4) 연구자와 연구 전략이 연구 결과에 영향을 미칠 수 있다는 점을 반영하여 내적으로 반사적으로 사고할 수 있는 능력의 측면에서 연구자들이 연구물을 평가해야 함을 주장한다.

Hammersley(2008)는 그의 준거를 세 가지 핵심적인 용어로 요약하는데, 그럴듯함(주장이 그럴듯한지), 신뢰성(주장이 신뢰할 수 있는 증거에 기초되었는지), 관련성(주장이 세상에 대한 지식과 관련되어 있는지) 등이 그것이다. 물론, 이러한 용어들에 대한 사회적 판단이 필요하다. 이러한 용어들은 어떤 일련의 외적인 또는 근본적인 준거에서 평가될 수 없다. 그 의미는 학문 공동체 내에서의 합의와 논의를 통해 도출될 수 있다. Hammersley의 모형 내에서, 실증적인 주장을 어떻게 평가할 것인가의 문제를 해결할 수 있는 만족스러운 방법은 없다.

비-근본주의자들에게 상대주의는 논쟁거리가 아니

다. 그들은 이론에 구속되지 않는 지식은 없다는 주장을 인정한다. 상대주의, 또는 불확실성은 인간으로서 우리가 자기 자신과 자신이 살고 있는 세계에 대해 한정된 지식을 갖고 있다는 사실로부터 도출된 불가피한 결론이다. 비-근본주의자들은 지식을 탐구하고자 하는 명령이 인식론과 관련된 것이 아니라 오히려 도덕적이고 정치적이라고 주장한다.

따라서 질적 연구를 평가하기 위한 준거 또한 도덕과 관련되어 있고, 구체적인 상황들에 대해 실제적, 윤리적, 정치적으로 만약에 일어날 수 있는 사태에 맞춰져 있다. 어떤 주어진 맥락에서 해당 연구가 좋거나 나쁘거나를 판단하는 것은 남녀평등주의자, 권한부여에 대한 공산주의자의 도덕적 윤리, 공동체, 도덕적인 연대 등으로부터 도출되는 준거에 의해 가능하다. Clifford Christians에 의해 쓰인 4장을 돌이켜보면, 이러한 도덕적 윤리는 보살핌, 공유된 통치, 친밀한 이웃관계, 사랑, 친절 등의 개념에 기반한 연구를 요구하고 있다. 게다가 이러한 연구는 사회 비판과 사회개혁을 목표로 하는 조직적 활동을 위한 기초를 제공해야 한다.

이상적인 세계에서, 비-근본주의적 기술은 논란의 여지가 없다. 그러나 실정은 그렇지 못하다. 우리는 암흑기를 지내고 있다.

2. 질적 연구에서 해석의 적절성

Altheide와 Johnson(35장)은 해석의 적절성에 대한 그들의 접근법을 "분석적 사실주의"라고 칭하였다. 즉, 상호작용하는 실제 세계가 존재하며, 우리는 상호작용을 통해 이 세계의 의미를 창조한다. Altheide와 Johnson은 어떻게 분석적 사실주의가 질적 연구 방법과 해석 자료들의 신뢰성, 관련성, 중요성을 향상시키기 위해 이용될 수 있는지 논의하고 있다. 모든 지식은 맥락적이고 불완전하다. 증거는 의사소통 과정의 한 부분이다. 이 상호작용적 과정은 "배우, 관객, 관점 등

을 상징적으로 연결하고 … 두 가지 이상의 현상들의 관계를 주장한다." 증거를 의사소통 과정의 한 부분으로 파악하는 이 관점은 "증거의 구성요소를 갖춘 서술(evidentiary narrative)"이라고 칭해진다. 이러한 관점은 "분명한 인식 공동체를 포함하는 상징적 여과장치나 승인된 행위를 지배하는 집단적 의미, 기준, 준거 등에 의해 형상화된다."

그들은 증거에 대한 이러한 관점이 어떻게 임상 및 정책 연구, 실행 연구, 수행 문화기술지 및 자문화기술지 속에서 기틀을 마련하게 되었는지 논의하고 있다. 다양한 형태의 타당성—연속 타당성, 촉진 타당성, 심문 타당성, 초월 타당성, 제국적 타당성, 모순 타당성, 상황 타당성—이 논의된다. 그들은 다양한 용어를 연결하여 새로운 개념의 타당성을 제안한다. 문화적 타당성, 이데올로기적 타당성, 성적 타당성, 언어적 타당성, 연관성에 대한 타당성, 준거 타당성, 반사적 설명으로서의 타당성, 시장성이 있는 적법성으로의 타당성 등이다.

증거의 구성요소를 갖춘 서술에 대한 그들의 모형은 과학적 증거라는 것이 사실에 대한 것이 아니라 서술에 대한 것인지를 보여주고 있다. 그들의 문화기술적 윤리는 관찰자, 피관찰자, 환경, 독자, 기술된 내용 사이의 관계를 연결시키면서 증거에 대한 이 모형을 실현한다. 그들의 목적은 연구의 질이나 타당성을 평가하기 위한 점검표를 제공하는 것이 아니다. 그들은 화가인 Paul Klee의 글, 즉 "하나의 선은 산책하러 갔던 한 점이다"를 인용하면서 자신들의 글을 시작하고 있다. 그들의 과제는 "인간애와 의사소통하는 세계를 조명하기 위해 새로운 방향으로 선을 지속적으로 긋는 것"이라고 주장한다.

3. 분석과 묘사

Laura Ellingson(36장)은 질적 자료의 분석과 표현에

대한 연속적—오른쪽, 왼쪽, 중간—접근법을 제공하고 있다. 오른쪽 끝에는 진리를 만들기 위해 엄격한 방법론을 이용하는 중립적인 연구자들에 의해 만들어진 타당한, 신뢰할 수 있는 지식에 대한 강조가 있다. 이것은 후기실증주의를 위한 공간이다. 연속체의 왼쪽 끝에서는 연구자들이 인본주의적, 공공연히 주관적인 지식—자문화기술지, 시, 비디오, 이야기, 내러티브, 사진, 드라마, 그림—등을 소중히 여긴다. 진리는 복합적이고, 여러 가지로 해석할 수 있다. 진실에 대한 실증주의의 기준들이 문학적 표준에 의해 대체된다. 연속체의 중간에는 기술, 설명, 분석, 통찰, 이론 등을 제공하고, 예술과 과학을 혼합하거나 이러한 범주들을 초월하는 연구들이 있다. 일인칭 표현이 이용되고, 학자들은 그들의 문헌에 대한 조예 깊은 친숙함을 추구하고, 근거 이론과 다양한 방법론이 이용될 것이다.

Ellingson은 "의구심을 갖는 것"이라고 부르는 과정인 일련의 글쓰기 훈련을 제공한다. 이러한 과정은 연구자들로 하여금 실증 자료, 연구 주제, 연구 결과물에 관심 있어 하는 독자, 연구로부터 얻게 될 기쁨, 작가로서의 정체성, 자신이 가장 편안하게 느끼는 글쓰기 장르 등에 대해 심각하고 자유롭게 생각하도록 요구한다.

다양한 장르의 결정화는 포스트모더니즘의 영향을 받은 Ellingson식 삼각기법(triangulation)이다. 이러한 결정화는 다양한 형태의 분석과 표현 장르를 일관된 글로 결합한다. 결정화는 두껍고 복잡한 해석을 만드는 것을 추구하여, 하나 이상의 글쓰기 장르를 활용한다. 결정화는 다양한 형태의 분석을 효율적으로 사용하고, 연구 과정에 연구자 자신을 반성적으로 내재화하고, 객관성에 대한 실증주의적 주장을 피한다. 결정화에는 두 가지 형태가 있다. 하나의 글에 다양한 방법으로부터 습득된 자료를 **통합하는 형태**와 다양한 문장 형태들을 **수상돌기처럼 포함하는 형태**이다. 게릴라 학문은 두 가지 형태의 결정화를 자유롭게 오고 가는 형태이며, 사회정의라는 명목으로 다양한 방법론, 장르, 패러다임, 사상에 연계되어 있다.

Ellingson은 향후 십 년간 사회적으로 연계되어 있

는 프로그램을 추구함에 있어, 질적 연속체에 대한 그녀의 관점을 받아들이는 연구자가 급격히 증가할 것이라고 예측하였다. 우리도 그렇게 예측한다.

4. 후기 질적 연구

St. Pierre(37장)는 과학에 기반한 연구(Scientifically Based forms of Research: SBR)에 대한 요구를 거부할 수 있는, 철학적으로 알려진 연구 방법으로서 포스트모더니즘의 부활을 요청한다. 그녀는 또한 전통적인 인본주의적 질적 방법론에 대한 강력한 포스트모던적 비판을 제공하고 있다(St. Pierre는 SBR 담론에 대한 탐구를 통해 Torrance의 견해를 보완하고 있다).

그녀는 질적 연구가 지금까지 성취해왔던 모든 것을 버리고, 완전히 새로운 모습으로 재탄생할 시기가 도래했다고 주장한다. 이렇게 함으로써 완전히 다른 어떤 것, 즉 "사전에 정의될 수 없는 그리고 결코 똑같은 것이 반복될 수 없는 포괄적인 과학에 대한 엄격한 새로운 상상"을 할 수 있다는 것이다. 그래서 그녀는 각 담론에 대한 의미 있는 역사를 제공함으로써 "후기사조들(포스트모더니즘과 후기구조주의)"을 지속하고 있다. 그녀는 인간에 대한 인본주의적 개념을 해체하기 위해서 개별성의 원리, 집합체, 복잡하게 얽힌 관계에 대한 개념들을 소개하고 있다. 그럼에도 불구하고 그녀는 "나"에 대한 개념을 피하는 것이 어렵다는 것을 언급하고 있다.

자신이 수행했던 연구를 바탕으로, 글쓰기는 언제나 분석의 과정이라는 사실을 이해하기 위해 관습으로부터 벗어나는 자료를 통해 어떻게 해체과정이 작용하는지를 보여주고 있다. 글 쓰는 사람들은 자신들이 쓰면서 해석하게 된다. 따라서 글쓰기는 세상을 이해하는 한 방법이자 연구의 한 형태인 것이다. 연구의 한 방법으로서 글쓰기는 윤리적 자아의 개발과 연관되어 있다. St. Pierre는 윤리에 대한 전통적인 이해 방식에 도전하

고 있다. Derrida와 Deleuze를 참고로, 그녀는 윤리를 해체시키고 있다. "우리가 규칙을 적용할 수 없을 때 어떤 일이 발생하는가?" 우리는 우리에게 발생하는 일들을 가질 자격, 가치가 있어야 한다. 우리는 가치 있기 위해, 기꺼이 가치 있도록 하기 위해 투쟁하고 있다. 우리는 미래에 다다르기 위해 "후기 사조들"을 넘어서는 글쓰기 작업을 해야 한다.

5. 질적 연구와 테크놀로지

Davidson과 di Gregorio(38장)는 1980년대 들어 질적 연구자들이 컴퓨터가 지니고 있는 잠재 가능성에 대해 고심하기 시작하였고, 소수의 혁신적인 연구자들이 제1세대 컴퓨터 보조 질적 자료 분석 소프트웨어(CAQDAS) 또는 질적 자료 분석 소프트웨어(QDAS)라고 불리는 것들을 만들었음을 언급하고 있다. 초기에 이러한 소프트웨어들은 단순한 문자 검색 작업을 위해 사용되었고, 점차 질적 자료들을 저장하고, 조직화하고, 분석하고, 묘사하고, 이동시키기 위해 사용될 수 있는 포괄적인 일체형 패키지로 확장되었다.

30년이 지난 후, 인터넷의 폭발적인 증가와 웹2.0 또는 웹3.0으로 알려진 웹기반 도구의 출현과 함께, QDAS는 새롭게 개발되고 있다. 이렇게 새롭게 개발된 도구들은 다양한 양식으로 구성되어 있고, 시각적으로 매력적이며, 배우기 쉽고, 덜 비싸고, 사회적으로 더욱 긴밀하게 연결되어 있다. 그러나 이러한 사실에도 불구하고, QDAS는 극소수의 질적 연구자들에 의해 사용되고 있다. 그 도구들을 사용하는 데 있어 기관들의 이해와 지원이 여전히 부족하다. 질적 연구의 추세가 이러한 테크놀로지를 받아들이지 않았다.

그러나 질적 연구와 컴퓨터 테크놀로지는 변화의 한가운데에 서 있다. 이 장은 이러한 변화와 발전을 이해하기 위한 역사적 맥락을 제공한다. 그들이 제시한 QDAS 개발의 6단계 모형은 전통적, 근대적 구분이 모호해진 장르들, 묘사의 위기, 포스트모더니즘, 후기실험주의, 방법론적으로 쟁점이 있는 현재, 분열된 미래 등으로 구성된 우리의 8단계 모형에 잘 맞아떨어진다. 각 여섯 단계에서의 근거 이론과 QDAS가 확실히 파악되었다.

질적 연구에서 컴퓨터를 사용하는 것에 대한 첫 국제 학회가 1989년 영국 Surrey 대학에서 개최되었다. 1994년에는 영국에 있는 경제와 사회 연구 협의회(ESRC)가 CAQDAS 네트워킹 프로젝트에 연구비를 지원하였다. 1995년에는 Sage 출판사에서 QSR(Qualitative Social Research) International's NUD*IST 패키지를 내놓는 데 동의하였다. 1990년대 말까지, 세 개의 주요 QDAS 패키지, 즉 ATLAS.ti, MAXQDA, NVivo가 시장을 장악하게 되었다.

최근에는 주요 관심사가 QDAS를 활용하여 가르치는 것, E-프로젝트의 개발, 웹2.0의 새로운 분야를 탐색하는 국제학회로 전환되었다. 이러한 새로운 분야는 인터넷상의 미디어와 소셜 네트워킹 테크놀로지, 즉 wikis, YouTube, Flickr, Twitter, Facebook 등의 급속한 성장을 포함하고 있다. 31장에서 Gatson이 논의했듯이, 인터넷 연구자들의 협회에서 언급하였던 많은 윤리적인 문제들은 지속되고 있다. QDAS 2.0을 이용하게 되었을 때, 이러한 웹기반 저장 시스템이 안전하다는 것을 어떻게 확신할 수 있을까?

6. 증거의 정치역학

Denzin의 39장은 지금쯤 매우 친숙하게 되었을 SBR(과학적으로 기반한 연구), 증거의 정치성에 대한 문제들을 검토하였다. 그는 질적 연구물에 대한 정부 그리고 학문 분야에서 후원하는 기준과 준거를 검토하였다. 그는 미국교육학회에서 인문학 중심의 연구 보고서 작성에 대한 일련의 기준들을 제공하기 위해 기울이고 있는 최근의 노력들을 비판하고 있다. 그는 질적 연구 공동체 내에서 벌어지고 있는 다양한 갈등상황을 주목하고 있다. 해석학자들은 후기실증주의자들을 묵살하고 있다. 후기구조주의자들은 해석학자들을 묵살하고 있다. 그리고 후기해석주의자들은 해석주의자들을 묵살하고 있다. 비판적 사회과학 연구에 대해 새로운 정설을 도입하고자 하는 세계적인 노력들은 거부되어야 한다.

7. 글쓰기 단계

Pelias(40장)는 뜻을 만들어 나가는 모습(자아)이 연기(퍼포먼스)라고 주장하고 있다. 작문하는 단계에 이르렀을 때, 바로 내가 존재하게 된다. 연구에서 글쓰기는 탐구와 자아실현의 한 형태이다. 글쓰기는 개인을 시적이고 서술적인 공간으로 전진시키는 한 방법으로써 기능한다. 생각을 상기시키고, 반성적이고, 체화된 글쓰기 활동은 내가 그 또는 그녀 자신을 편파적인 장소에 위치시키는 것을 허용한다. Pelias가 집필한 장의 세 개의 주요 영역은 작문과 평가를 위한 이러한 전략들을 검토하고 있다. 각각의 글쓰기 입장, 각각의 글쓰기 전략은 연구자 자신을 시적으로 표현하고, 우리가 가진 모든 것인 이야기 속에 포함시킨다. 반사적으로 반응하는 작가들은 다른 사람들로 하여금 자신의 행위에 대해 생각해보게 하고, 매우 새롭고 이상적인 민주적 공간을 추구하도록 하면서, 자신들이 탐구하고 있는 문제들의 복잡성에 대해 쓴다. 질적 연구자들은 자신이 스스로 위치하고 있는 곳으로부터 글을 쓴다. Spry가 30장에서 주장하고 있듯이, 그들은 자신의 신체가 위치하고 있는 곳, 그것이 고통을 가진 신체이건 학대된 신체이건 손상된 신체이건 그로부터 글을 쓴다. 그들은 세상을 더 좋은 장소로 만들기 위해 글을 쓴다. 그들은 대화와 새로운 가능성의 희망을 갖고 글을 쓴다. 우리는 고군분투하며 책상에 앉아 있다.

8. 정책과 질적 평가

응용과학으로서 프로그램 평가는 질적 연구의 주요 영역이다. 평가자들은 해석자들이고, 사회정치적인 맥락에서 자신의 일을 하고 있다. 그들이 작성한 글은 줄거리가 있는 이야기이다. 이러한 이야기들은 본질적으로 도덕적이고 정치적이며, 상호 관련되어 있다. Abma와 Widdershoven(41장)에게 있어 평가는 상호간에 책임이 있는 실습이다. 그들의 연구물에서 평가자들은 평가자가 된다는 것과 평가 임무를 수행한다는 것이 무엇을 의미하는지에 대한 공유된 이해를 바탕으로 직무를 수행한다.

그들은 House(2005)의 글을 보완하여 프로그램 평가 분야의 역사를 보여주고 있다. 이 분야는 일시적으로 유행하였던 실험 연구, 사회과학 연구, 양적 평가 연구(1960년대)로부터 소규모의 질적 연구, 메타분석과 프로그램 이론으로 옮겨 갔다. 가치 중립적인 연구의 모형에서 헌신적인 사회정의 프로젝트로의 이동, 그리고 다시 가치 중립적인 연구로의 이동은 이 분야가 거쳐온 역사의 한 부분이다. 1980년대에, 평가는 양적 방법과 몰가치 연구로부터 떠나 이해당사자들, 사회정의, 참여적 기법 등에 초점이 맞추어진 질적 연구를 향해 이동하였다.

질적 평가자는 가치, 윤리, 방법론, 이해당사자의 설명, 맥락적 이해에 기초하여 판단을 내린다. 평가자는 옹호와 비판 사이에 있고, "반감과 공감 사이의 중간 … 아리스토텔레스의 합의점"에 있는 평가를 개발한다. Abma와 Widdershoven에 의하면 평가자는 평가가 정치적 활동이라는 것을 이해하는 현명한 판단자이다. "정치적 활동은 평가에서 다양한 이해당사자를 위해 불공평한 결론을 갖고 있다." 사람들에게 권한을 부여하고자 하는 요구가 있다. 그러한 요구를 갖는 이들은 페미니스트, 변혁적, 민주적, 참여적, 비판적, 사회정의, 그리고 이러한 입장들을 증진시키고 있는 네 번째와 다섯 번째 평가 전통—이해를 위한 평가와 사회 비판과 변혁을 위한 평가—등을 검토한다.

질적 평가는 전체적이고, 대화에 기반하고 있으며, 늘 새로운 것들이 발생된다. 질적 평가는 밀접하게 연결된 단계 또는 국면을 통해 진화한다. 질적 평가는 소외된 목소리를 듣는 것으로 시작하고, 이후에 이러한 목소리들이 서로 대화하고 의사소통하도록 한다. 평가자는 듣는 사람들에게 권한을 부여하고 대화와 포함을 위한 안전한 공간을 창조한다. 저자들은 "상호작용 평가"라고 불리는 그들의 생각을 구체적으로 제시하기 위해 정신의학 분야의 사례 연구를 제시하고 있다. 긍정적인 문화적 변화가 지속되고 있다는 것을 확신할 수 있어야 한다는 문제는 여전히 남아있다.

9. 결론

제5부에 포함된 내용들은 질적 연구가 많이 성숙되었다는 것을 보여주고 있다. 실증주의와 후기실증주의 인식론의 손아귀에 놓여있던 주제들이 지금은 다양한 담론에 둘러싸여 있다. 지금 질적 연구물을 쓰고, 읽고, 평가하고, 적용할 수 있는 다양한 방법들이 있다. 그럼에도 불구하고 여전히 이전 상태로 돌아가는 것에 대한 압력이 존재한다. 이 복잡한 상황이 스스로에 대한 반사적인 평가, 즉 제6부의 주제인 "질적 연구의 미래"의 필요성을 제기한다.

참고문헌

Hammersley, M. (1992). *What's wrong with ethnography?* London: Routledge.

Hammersley, M. (1995). *The politics of social research.* London: Sage.

Hammersley, M. (2008). *Questioning qualitative inquiry: Critical essays.* London: Sage.

House, E. (2005). Qualitative evaluation and changing social policy. In N. K. Denzin & Y. S. Lincoln (Eds.), *The SAGE handbook of qualitative research* (3rd ed., pp. 1069–1082). Thousand Oaks, CA: Sage.

Janesick, V. (2010). *"Stretching" exercises for qualitative researchers.* Thousand Oaks, CA: Sage.

Wolcott, H. F. (1999). *Ethnography: A way of seeing.* Walnut Creek, CA: AltaMira Press.

34.

질적 연구, 과학, 정부
_ 증거, 기준, 정책, 정치

임걸_ 건국대학교 교육공학과 교수

지난 십여 년 이상 교육 연구(educational research) 또는 좀 더 일반적인 관점에서 사회 연구(social research)가 정책 수행에 도움을 줄 수 있는 방법에 대한 논의가 지속되고 있다. 이러한 논의는 교육 연구 및 사회 연구가 대학 기반의 활동이 되면서부터 끊임없이 제기되어 왔다(예, Lagemann, 2000; Nisbet & Broadfoot, 1980; Weiss, 1972, 1980). 그런데 1990년대 후반부터 미국이나 영국 등의 정부에서는 투자비용의 가치를 제고시키고 정책수행 기반을 지원하기 위한 연구의 새로운 역할을 도모하기 시작하였다. 이러한 추세는 기존에 소위 과학적 접근이라고 불리며 경험을 기반으로 한 인과관계의 설명과 일반화에 초점을 두었던 방식보다 우수한 특징이 있는 질적 연구 분야에 관심을 갖게 만들었다(예, National Research Council, 2002). 질적 연구는 그동안 그 가치를 상대적으로 덜 인정받아 왔었다. 이와 같은 논의는 과학이 정책을 위해 지원해 주어야 할 것들을 지칭하는 이른바 "교역조건"에 대한 장기적 변화와 단기적으로는 특정한 사안에 대한 연구자와 정부관료 간의 주도권 경쟁을 반영하는 것이기도 하다. 본 장에서는 이러한 논쟁의 배경을 요약하고, 이러한 영역에서 질적 연구의 주요한 요소 및 질적 연구와 정책 간의 관계성에 대해 살펴

볼 것이다.

오늘날의 논쟁은 1996년 당시 영국 Cambridge 대학 교육학과 교수였던 Hargreaves가 교원교육기관인 TTA(Teacher Training Agency)에서 한 연설로부터 촉발되었다. Hargreaves(1996)는 당시 연구들이 주로 '수업을 X방식에서 Y방식으로 바꾸면 교수학습에서 유의미하고 지속적인 향상이 있을 것이다'와 같이 교사들에게 특정 지식과 방법을 권유하는 역할을 수행하는 당시 연구행태의 질과 유용성을 비판하였다. 정부가 지원했던 여러 연구들 역시 교육 연구로서는 질이 낮은 주요한 정책수행을 지지하는 것과 관련성이 있었으며, 소규모 대상의 질적 방식으로 "해야만 했던" 연구들만이 주로 수행되었다(Hillage, Pearson, Anderson, & Tamkin, 1998; Tooley & Darby, 1998; Woodhead, 1998). 이와 같은 주장은 논쟁이 지속되어 왔다(Hammersley, 1997, 2005; MacLure, 2003 참고). 영국교육 연구협회의 주요 저널인 「British Educational Research Journal」에서 출판된 논문들과 영국 경제사회 연구위원회(Economic and Social Research Council: ESRC)의 교육 연구 프로젝트들을 분석해보면, 영국의 교육 연구에서는 대규모의 양적 분석, 실험 연구, 혼합 연구 등 다양한 방법론들이 채택되

어 왔다(Gorard & Taylor, 2004; Torrance, 2008).

Hargreaves와 유사한 비평이 미국의 국가연구위원회에서 발간한 보고서 '교육에서의 과학적 연구'(2002)에서도 제기되고 있다. 다만 이 보고서는 정부 주도 "연구", 특히 1999년의 "Reading Excellence"와 2001년의 "No Child Left Behind" 법규로 정의되는 정책적 논쟁의 결과물과 법제화를 위한 목적으로 생성되었다(본 법규의 이해를 위해서 Baez & Boyles, 2009, pp. 5 참고). 이 법규를 위해 방대한 문헌조사가 이루어졌으며, "교육에서의 과학적 연구"의 영역을 확인하기 위한 후속 조치 및 이에 대한 대답을 얻기 위한 시도가 있었다. 이와 관련된 자세한 내용은 다음에서 확인할 수 있다(*Educational Researcher*, 2002, Vol. 31, no. 8; *Qualitative Inquiry*, 2004, vol. 10, no. 1; *Teachers College Record*, 2005, vol. 107, no. 1 참고). 이러한 논쟁과 관련되어 주목할 만한 한 연구는 단순한 양적 경험 연구가 아닌 구체적인 실험 설계에 대한 사례를 제공하여 "과학적 사례"를 설명하고 있다. 미국의 저명한 과학 연구 방법론자이자 영국의 York 대학교 교육효과성연구 소장인 Robert Slavin(2002)은 "실험은 특히 교육혁신의 효과측정을 목적으로 인과적 결론을 작성하기 위한 연구 방법을 설계하는 것이다"(p. 18)라고 하였다. 또한 Hargreaves(1996)의 연설을 떠올리게 하는 "만약 우리가 프로그램 Y나 현재 프로그램 대신 프로그램 X를 실행하면 아이들에게 어떠한 결과를 가져와줄 것인가?"(p. 18)와 같이 정책입안자들이 귀 기울이기 원하는 발언을 하였다.

최근 논쟁을 정리하면 다음과 같다. 즉, 교육 연구 특히 교육 연구에서의 질적 접근은 교육정책 및 실행의 발전에 있어 충분하게 축적된 경험과 신뢰로운 결과를 제공해오지 못하고 있으며, 특히 정책입안자들이 정책을 평가할 수 있는 충분한 실험 자료를 생성해내지 못하였다.

그러나 중요한 것은 이러한 비판이 미국이나 영국의 정책이나 교육 연구에만 국한되는 것이 아니라는 점이다. 교육 연구의 질, 특히 질적 교육 연구의 질에 대한

평가와 공격은 호주와 뉴질랜드에서도 논쟁이 있어왔으며(Cheek, 2007; Middleton, 2009; Yates, 2004) 유럽연합에서도 시작되었다(Besley, 2009; Bridges, 2005, 2009; Brown, 2003). 전체적으로 이 논쟁은 교육 연구가 지나치게 가내수공업과 같은 형태라고 인식되어 수행되어 왔다는 점이다. 즉, 척도가 너무 많고, 현장과 유리되고, 축적되지도 않은 연구가 수행되어 교육 현상을 제대로 설명해주지 못하며 교수학습을 어떻게 개발해야 할지에 대해서도 대답해주지 않았다는 것이다. 이 영역에서는 누적되거나 정보적인 지식 기반은 없으며, 낮은 질과 제한된 유용성으로 특징지어져 왔다. 이와 유사한 비평이 2000년 ESRC의 "영향과 비관련성"이란 주제의 주 교육부 장관인 David Blunkett(2000)의 연설에서도 언급되었다.

> 현실영역에서 문제해결을 위한 최근 연구에 대해 우리가 최근 자주 당황하는 이유는 이들이 정치적이거나 정책적 논쟁과 직접적으로 관련이 없다는 점이다. … 많은 이들은 지나치게 많은 사회과학 연구들은 내향적이고 단편적이어서 지식을 축적하는 데 도움을 주지 못하며, 정책입안자나 현업인(practitioner), 대중, 특히 부모들이 가진 주요한 이슈들에 초점을 못 맞추고 있다. (p. 1)

이와 같은 정책적 우려를 해결하기 위해 의학 연구 기관인 Cochrane Collaboration의 자매기관인 Campbell Collaboration은 "체계적 문헌고찰(systematic reviews)"을 통해 정책입안자들을 위한 사회과학 지식을 성찰하고 보급할 수 있는 방법을 모색하고 있다(Daview & Boruch, 2001; Wade, Turner, Rothstein, & Lavenberg, 2006). 체계적 문헌고찰에 관한 내용은 차후에 다시 논의될 것이다. 한편, "교육에서의 과학적 연구"를 촉진시키기 위한 정부의 관심은 특히 실험 설계와 관련된 미국에서의 주요한 현상이었지만, 최근에는 사회과학의 본질과 목적, 정책과의 연계성과 관련지어서 좀 더 많은 나라들에서 관심을 보이고 있다. 교육 연구, 특히 교육 연구에 대한 질

적 접근과 사회 연구에 대한 질적 접근은 모두 비판을 받고 있는데, 질적 연구가 정책결정에 도움을 주는 사회과학적 증거를 생성하고 축적하기 위해 새로운 경험적, 기술적 접근을 시도하는 것과 관련된 세계적인 움직임에 당면하고 있다. 이러한 추세의 초점은 정책결정에 도움을 주는 증거, 특히 실제적이고 의미 있는 결과를 생성해내는 데 있다. 그러한 운동의 요소는 그 기원이나 방향, 국가별 목표에 따라 다를 것이다. 그러나 그들은 복잡하고 불확실한 사회세계에 대응하기 위해 과학적 확실성을 부여하는 중심-주변, 연구, 개발, 확산 체제 운영을 추진하고 있다.

34.1 장기적 전망: 방향/과학과 정부는 어디로 가는가?

최근 논쟁과 관련된 배경 중 하나는 오늘날 정부가 과학에 대해 지속적으로 불확실한 태도를 갖고 있었기 때문이다. 과학과 과학적 연구의 역할과 목적, 유용성은 과거만큼 합의되거나 안정적이지 못하다. 이와 관련해서는 마치 교육 연구가 사회 연구와 관련된 폭넓은 논쟁과 연관이 있는 것처럼, 사회 연구는 과학적 연구와 과학의 사회에 대한 역할에 대한 좀 더 큰 논쟁과 관련이 있다. 영국에서 20세기 대부분 동안 과학과 정부의 관계는 위원회 의장 출신의 영향력 있는 자유주의 정치가인 Viscount Haldane이 1918년 명문화한 이른바 "Haldane 원리"를 따르고 있다. 대학 기반의 과학이 정부로부터 연구비를 받아 기초연구를 수행하고, 이는 장기적인 관점에서 볼 때 예측력이 부족할 지라도 본질적으로 중요한 과학적, 기술적 이윤을 생산한다. 예를 들어 기초연구는 시간이 흐르면서 좀 더 응용적인 기술개발과 이윤을 추구하는 플랫폼을 생산해준다. 이는 Michael Polyani(1962; Boden, Cox, Nedeva, & Barker, 2004에서 인용)가 주장한 "독립적 과학공화국"에서 수행하는 창조와 운영활동

으로 특징지어진다. 미국에서도 이와 유사한 내용을 담은 Vannevar Bush의 "과학: 끝없는 한계"(1945)가 출간되었다. 여기에서는 2차 세계대전 이후 과학적 성공을 설명하는 근거로서 연방정부가 과학연구에서의 "기초" 연구가 궁극적으로 과학적 이윤을 가져오게 한 것과 같이 지원은 하되 "일정한 거리를 두고 간섭하지 않는(arms length)" 모형을 설명하고 있다(예, Greenberg, 2001의 3장). 그러나 최근의 세계적인 추세는 정부가 좀 더 단기적인 해답을 요구하며, 정책논쟁이나 포부의 유용성이 주요한 의제로 떠오른 것이다. 예를 들어 Clinton은 1990년대에 과학 및 기술정책에 집중하였으며, 영국정부는 연구사정활동(Research Assessment Exercise)을 잇는 새로운 연구 수월성 기준(Research Excellence Framework)(Department for Business, Innovations, and Skills[DBIS], 2009; Higher Education Funding Council for England[HEFCE], 2009)을 통해 연구의 영향력을 문서화하고 평가하는 데 관심을 갖고 있다. 일반적으로 말하면 과학, 특히 구체적으로 사회과학은 정부정책과 경제개발에 매우 직접적으로 도움을 줄 것으로 기대된다. 이는 연구의 양과 질을 어떻게 정의하느냐에 따라 많은 질문의 여지를 안고 있다.

그러나 마찬가지로 정부는 공공정책 분야에 연구 결과를 "배달"해야 하는 압력을 받고 있다. 1970년대의 1차 석유위기 이후 특히 영국에서는 공공부문의 재정집행에 관한 심각한 압력이 있었고, 1980년대에는 정부재정의 수립과 집행에 대한 통화주의자들의 비평이 있었으며, 1989년도에는 소비에트 연방이 붕괴되면서 정부의 역할, 특히 공공서비스 제공에 대한 신뢰와 정당성에 심각한 위기가 도래하였다. 만약 그것이 필요하다면 "다른 기제와 관련자에 의해 좀 더 효율적으로 제공될 수는 없을 것인가?", "일반 시민의 삶에 영향을 미치는 주 정부의 개입 이유는 무엇인가?" 등의 관점에서 정부가 존립의 정당성을 입증하기 위해 정책들을 평가하기 위한 근거로서 연구 결과의 신뢰로운 "증거"를 요구하게 되었다. 정책 개입의 정당성 자체가 위태로워진 것이다.

34.2 실험주의: 문제해결이냐 문제냐

실험 설계 주창자들은 그들 스스로 불확실성을 자초하였다. 이러한 측면에서 불확실성을 해결하고자 정부와 정책입안자들의 연구에 도움을 요청하는 것은 이해할 만하다. 연구 또는 좀 더 일반적인 의미로서 "과학"은 여전히 정부로부터 독립적인 것으로 여겨지고 있다. 따라서 최근의 움직임은 정책이 좀 더 실용주의적인 개발기조를 보이고 있음에도 불구하고, 과학은 최소한 원리상 정책 개발 및 평가와는 독립된 결과를 제공해줄 것으로 기대되는 것이다. 반복하지만 실용주의적인 예들은 다음과 같은 것이다: "만약 우리가 프로그램 Y나 현재 프로그램 대신 프로그램 X를 실행하면 아이들에게 어떤 결과를 가져다줄 것인가?"(Slavin, 2002, p.18). Hargreaves(1996)나 Slavin이 비판하는 이와 같이 매력적인 결과물은 손쉽게 평가할 수 있다. 왜냐하면 결과물들은 매우 단순하기 때문이다. 만약 특정한 프로그램과 이를 지원하는 연구 시행을 위해 대규모의 세금이 투입된다는 비판이 있을 때, 정책입안자들이 지나치게 급진적이지 않고도 비용 소요가 적은 이러한 종류의 응답을 좋아할 것이라는 것을 우리는 이해할 수 있을 것이다.

그러나 공공정책 및 프로그램 평가와 관련된 질문들에 대한 대답은 종종 명확하지 않다는 문제가 있으며, 심지어 질문 자체가 명확하지 않은 경우도 있다. 실험방법, 특히 무선통제실험(randomized controlled trials: RCT)에 대해 신중한 지지자들은 협의의 RCT 하에서도 인과관계가 성립하기 위해서는 매우 구체적인 연구 문제를 수립해야 한다고 생각한다. 예를 들어 Judith Gueron(2002)은 "이 방법이 차이가 있는가?'에 대답하기 위해서는 RCT가 효과적인 대안이다"(p.15)라고는 하면서도 "대규모의 연구에서 중요한 점은 몇 개의 주요 질문에 대답할 수 있어야 한다"(p.40)라고 하였다. 해당 연구는 "교육 연구에서의 무선통제실험"을 주제로 개최된 한 컨퍼런스 저널에 수록되었는데, 해당 저널에 수록된 Thomas Cook과 Monique Payne(2002)은 자신들의 연구에 다음과 같은 기술을 하였다.

> 대부분의 무선 실험은 결과의 잠재적 원인을 측정하기 위해 소수에 미친 영향력을 테스트한다. 심지어 그 부분은 하나의 사례일수도 있다. 때로는 가장 광범위한 사례들일지라도 실험은 처치들 간에 제한된 수의 상호작용만을 검증하게 될 수도 있다. 따라서 실험은 인과관계에 대한 연구 문제가 매우 소수의 변인들을 포함시켜 이에 집중되었을 때 가장 효과적이다. (p.152)

RCT에서 관찰은 특정 연구 문제에 대해 통계 기술이 가능한 방식으로 원인을 설명할 때 좋은 방법이다. 관찰이 할 수 없는 것은 처음에 연구 문제를 생성해내는 것이다. 이는 좀 더 선행된 조사나 질적 자료에서 유의미한 것에 대한 가치 판단, 특정한 프로그램 효과에 대해 해결될 수 있는 문제에 대한 숙고 등을 통해 이루어진다. RCT 역시 왜 어떠한 일이 발생하였는가, 즉 인과관계에 대한 명확한 설명을 해줄 수는 없다. 마찬가지로 이러한 과정은 많은 선행 조사가 필요하며, 가능하다면 현상을 이해하기 위한 질적 조사를 동시에 수행하여 연구자가 판단하기에 발생 가능한 일을 예측함으로써 이론을 개발하는 데 유용한 정보를 제공할 수 있다. 특정한 결과에 대한 원인을 논리적으로 이해하지 못하고, 의도하지 않은 결과들을 맞게 된다면, 그러한 결과들을 일반화하고 혁신을 위해 다른 영역에 적용하는 것이 매우 어렵게 될 것이다. 이러한 문제의 좋은 예는 테네시 주에서 실시했던 "STAR" 평가가 성공적인 것을 보고 캘리포니아 주가 소규모 학급들에 적용해 보고자 했던 데서 찾아볼 수 있다. 테네시 주의 실험은 소규모를 대상으로 했지만, 캘리포니아 주는 주 전역에 확대 적용하여 그 결과 해결한 문제보다 새로운 문제점들이 더 많아졌다. 캘리포니아 주에서는 빈민지역에서 교사 부족 문제가 발생하였다. 그 원인은 학급 규모 축소 과정에서 양질의 교사가 부족했기 때문이었는데, 그들은 경제적으로 부유한 지역으로 근무지를 옮기고자 했었다(Grissmer, Subotnik, & Orland, 2009).

이과 관련되어 Cook과 Payne(2002)은 다음과 같이 언급하였다.

사례 연구 방법의 장점은 상당하다. 사례 연구 방법은 실험의 부속물과 같은 가치가 있다. 사례 연구 방법은 성공적인 프로그램 실행이 어떻게 이루어질지, 왜 실패사례들이 발견되는지, 예상치 않은 결과들은 어떤 것들이 있을 수 있는지, 연구 참가자들은 질문들을 어떻게 해석할지, 인과관계 중재과정은 무엇인지 등에 대한 해답이 명확하지 않을 때 실험방법을 보완해준다. 즉, 질적 방법은 실험 연구에서 중추적인 역할을 수행한다. (p.169)

누군가가 "왜 이리 야단법석인가?"라고 물을 수 있을 것이다. 왜 일부 RCT 옹호자들은 그렇게 단호하고 배타적인가? 물론, 연구자들은 질적 방법의 중요성에 대해 다양한 견해를 갖고 있겠지만, 질적 방법이 실험 연구의 "부가적"이거나 "보충적" 방법으로, 그리고 "실제" 과학적 작업 이전에 수행되는 것 등으로 폄하되는 것은 옳지 않다(Shavelson, Phillips, Towne, & Feuer, 2003, p.28). 그러나 실제로 사회과학 실험을 수행하는 연구자들은 실험의 한계를 알고 질적 연구의 강점을 잘 이해하기도 한다. 이들은 질적 연구에 대한 지식이 별로 없으면서도 비판만 하고 RCT를 옹호하는 연구자들과는 다르다.[1]

본 장에서 실험 연구가 아닌 학교나 학습 환경의 자연스러운 연구 상황에서 RCT를 수행하는 것에 대한 문제를 더 나열하기에는 지면이 부족하다. 사회적 상호작용 및 복지서비스 평가 영역에서 인과관계의 속성과 RCT에 관한 철학적, 실제적 비평은 Erickson과 Gutierrez(2002), Howe(2004), Maxwell(2004) 등의 연구에서 확인할 수 있다. 상기에서 인용되었던 Gueron(2002)이나 Cook과 Payne(2002) 등과 같은 현업인들은 현장에서 실험 연구를 수행하는 것의 한계점에 대해 종합적인 설명을 하고 있다. 그러나 실험방법의 본질적인 문제는 만약 실험이 효과적으로 이루어졌다 할지라도 "이것이 차이가 있는가?"에 대한 대답을 사실상 해주지 못하는 경우가 많다는 것이다. 이와 관련된 실망스러운 결과들이 이미 보고되고 있다.

마치 누수되는 수도꼭지에서 계속 물이 떨어지는 것처럼 연방 교육과학연구소에 의해 올해 실시된 실험 연구들이 대부분 비슷한 결론을 도출하고 있다: "효과 없음", "효과 없음", "효과 없음".

이러한 실망스러운 결과는 복잡한 교육현장에 아무리 적합하게 방법론이 이루어지고, 프로젝트들이 많은 돈을 투자할 가치가 있었다 할지라도(한 연구에 1,440만 달러를 투자한 경우도 있다) 연구자, 제품개발자, 또는 전문가들로 하여금 연구 설계에 대해 의문을 갖게 한다. (Viadero, 2009. p.1)

이 같은 결과에 대해 놀랄 필요는 없다. 이러한 결과는 1960년대의 교육과정 평가 연구의 맥락속에서 수행 및 상호작용 평가를 통해 나타난 수많은 "유의미한 차이 없음" 결과를 양산했던 당황스러운 결과와도 같다. 그러한 결과의 반성으로 평가 연구에서 질적 방법의 개발과 사용이 1970년대와 1980년대에 일어났다(Cronbach, 1975; Cronbach & Associates, 1980; Guba & Lincoln, 1981, 1989; Hamilton, Jenkins, King, MacDonald, & Parlett, 1976; Stake, 1967, 1978; Stenhouse, 1975; Stenhouse, Verma, Wild, & Nixon, 1982). "인종 간의 관계를 주제로 한 수업의 문제와 효과"를 내용으로 한 혼합 연구에서는 연구 처치 프로그램을 수강한 이후 측정한 태도 검사에서 60%의 연구 참가자 학생들이 인종에 대한 선입관을 덜 갖게 된 것으로 나타났으나, 40%는 선입관이 증가한 것으로 나타났다. 나 자신도 고민한 것처럼 이러한 결과를 가지고 무엇을 해야 할 것인가?(Stenhouse et al., 1982).

34.3 단일 연구를 넘어: 체계적 문헌고찰

앞서 논의된 종류의 딜레마를 해결하는 데 관심이 있는 학자들은 시행되는 정책에 대해 좀 더 구체적인 연구를 수행할 수 있는 방법을 모색한다. Stenhouse와 그 동료들(Stenhouse et al., 1982)은 실행 연구(action research) 방법을 활용한 정책개발 관련 조사를 수행하였다. 영국에서는 지역학교나 교장, 교육감 등이 특정한 정책의 효과를 단일 연구를 통해 "효과가 있느냐 없느냐"(예, Somekh et al., 2007)의 방식을 탈피하여, 좀 더 종합적으로 최대한의 정보를 얻고자 하는 데 관심을 기울이고 있으며, 이에 따라 혼합 방법 평가 연구에 대한 지원이 증가하고 있다.

한편, 실험 연구를 수행하면서도 단일 연구에 의존하는 것의 위험성을 인지하고 있는 연구자들이 "체계적 문헌고찰" 방법을 통한 새로운 접근을 시도하고 있다. 체계적 문헌고찰 주장자들은 정책에 대한 정보는 질적으로 우수한 여러 연구들이 축적되어 제공되어야 한다고 생각한다. 그런데, 질적으로 우수한 연구들을 선별하기 위해서 최근까지는 대규모의 샘플과 실험 설계가 활용되어 왔다(Gough & Elbourne, 2002; Oakley, 2000, 2003). 체계적 문헌고찰은 문헌고찰을 위해 포함시키거나 그렇지 않을 연구를 결정하는 데 있어, 투명한 절차와 명백한 기준을 갖고 있다. 이러한 방식은 주로 특정한 주장에만 관계된 결과들을 요약하는 방식에 초점을 맞추어왔던 "내러티브 문헌고찰"을 비판하면서 발달하게 되었는데, 전체 영역을 공정하고 체계적으로 고찰하여 독자들이 해당영역의 선행지식들이 적절하게 반영됨을 확인할 수 있게 한다. 체계적 문헌고찰은 또한 이전의 사회 및 교육 연구들이 받아왔던 비판인 연구 결과들의 규모가 지나치게 작고, 결과가 비축적되며, 실용성이 부족하다는 등의 비판을 극복하고자 한다. 체계적 문헌고찰 연구자들은 의학 및 보건학 분야의 Cochrane Collaboration, 사회과학 분야의 Campbell Collaboration과 연계되어 무선통제실험을

기반으로 하는 과학적 연구 방법론의 축적과 배포를 추구한다. 따라서 체계적 문헌고찰은 세계적인 "증거 기반 정책 및 수행" 운동의 경향과 밀접한 관련이 있다(Davies, 2004; Davies & Boruch, 2001. 본 운동과 밀접한 네트워크는 Mosteller & Boruch, 2002, p.2 참고).

체계적 문헌고찰에서 채택한 질적 기준은 의학 모형에서 유래했지만, RCT 기반의 의학 모형이 교육이나 사회 연구에 적절할 것인지에 대한 논의가 영국에서 시작되면서, 이에 대한 비판적 관점이 의학 분야에서도 일고 있다. 의학 연구자들은 환자 처치 및 간호와 관련된 다양한 이슈에 양적 연구뿐 아니라 질적 연구가 요구된다고 생각하고 있고, 질적 연구의 결과를 체계적 문헌고찰과 통합하고자 한다(예, Barbour & Barbour, 2003; Dixon-Woods, Booth, & Sutton, 2007; Dixon-Woods, Fitzpatrick, & Roberts, 2001).

때로는 이러한 접근이 잘못 인식되어 베이지안 통계를 잘못 활용한 질적 자료를 양적 효과추정치에 통합시키는 오류를 범하기도 한다. 이를테면 연구자의 질적 판단을 숫자체계로 변환하는 행동인데, 예를 들어 질적 연구와는 구분되는 주요한 변인들의 중요성을 순위화시키는 것이다. 질에 대한 전문가의 판단을 순위화시키는 것은 '어떠한 변인이 가장 중요한가'와 같은 확률로 해석되어 질적 메타분석의 범주로 포함되는데, 이러한 방식은 전문가의 판단을 수치의 정확성이 의심되는 표현으로 변환시킨 것에 지나지 않는다(Roberts, Dixon-Woods, Fitzpatrick, Abrams, & Jones, 2002). 우리는 사실상 질적 연구 환경에서 최선의 방법인 내러티브 형태로 표현되는 전문가의 판단에도 비판적이다. 그럼에도 불구하고, 이러한 개발은 의학 과정 및 처치의 수행과 영향을 이해하는 데 있어 질적 자료가 중요하게 다루어진다는 것을 의미하고 있다.

사회 연구에서 체계적 문헌고찰은 지난 10년간 영국에서 상당한 비평을 받으며 의미 있게 수정되어 왔다(Hammersley, 2001; MacLure, 2005; Oakley, 2006; Hammersley, 2008 참고). 오늘날은 질적 연

구를 포함한 다양한 연구 결과가 통합되어 체계적 문헌고찰이 이루어지고 있다. 즉 이러한 시도들은 질적 연구와 그 결과의 질을 보장해주는 역할을 하게 되는데, 이들 과정이 과연 체계적 문헌고찰의 범주에 포함될 것인가를 고민해볼 필요가 있다. 다시 말하지만, 이 같은 즉각적인 평가방식은 질적 연구의 복잡성을 의미 있게 통합한다고 보기 어렵다. 예를 들어, Attree와 Milton(2006)은 "질적 연구의 질적 평가를 위한 '질적 평가 체크리스트'"(p. 125)를 작성하였는데 다음과 같은 4점 척도를 갖고 있다.

> ─
> A. 흠결이 전혀 없거나 거의 없는
> B. 일부 흠결이 있는
> C. 상당한 흠결이 있으나 여전히 연구 가치가 있는
> D. 연구의 타당성을 저해할 만큼 심각한 흠결이 있는
> (p. 125)

이 범주에 따르면 A나 B로 평가받은 연구만이 체계적 문헌고찰에 포함되는데, 필자들은 이러한 범주들이 어떤 의미를 가지고 있는지 연구 내에서 상술하였다. 하지만 그들의 기술방식은 해결이라기보다는 더 많은 질문을 던지게 한다. 기술된 척도들은 평범한 환원적 체크리스트를 제공하고 있는데, 아무리 뛰어난 질적 연구라 할지라도 척도 내에서는 단지 "흠결이 전혀 없거나 거의 없는" 범주에 포함될 수밖에 없다.

그들은 필자들에게 공정할 목적으로 다음과 같이 기술하였다.

> ─
> 이 체크리스트는 기본적으로 질적 연구 우수성의 개요를 제공할 뿐 아니라, 엄격한 연구체계를 통해 지식을 개발하고 정책 및 정책수행을 안내하기 위한 것이다. (Attree & Milton, 2006, p. 119)

그러나 정책을 안내한다는 목적에는 논란의 여지가 있다. 기준이나 체크리스트는 엄격한 연구체계가 정책에 얼마나 기여할 수 있을지에 대한 균형을 맞출 때 활용할 수 있는 근거가 되지 못한다. 이것은 연구자나 정책가들에게 있어 '판단'의 문제이다.

34.4 질적 연구의 질 관리를 위한 기준 설정

체계적 문헌고찰에 대해서는 질적 증거를 제대로 평가하지 못한다는 것 이외에도 다른 여러 비판들이 있다. 예를 들어 체계적 문헌고찰은 매우 드물게 실질적인 결과를 도출해내는 것에 비해, 적지 않은 비용이 들고 시간이나 자원 활용이 비효율적이다. 체계적 문헌고찰의 결과를 도출하기 위해서는 비교적 장기간인 수개월이 소요되기도 하는데, 영국의 정책입안자들은 전문가 세미나 등을 포함한 제반 과정을 며칠 또는 몇주 내에 완료시키기를 요구한다(Boaz, Solesbury, & Sullivan, 2004, 2007). 다만, 이 장의 좀 더 중요한 이슈는 "과학적 증거운동"이 질적 연구에 미치는 영향인데, 질적 연구자들이 Attree와 Milton(2006)이 개발한 체크리스트와 같은 과학적 증거운동의 경향을 따르기 위해 연구의 가시성을 유지하기 위한 고충을 겪고 있다는 것이다.

과학적 증거운동에 따라 연구기관에서는 질적 연구 및 좀 더 일반적으로는 전체적인 교육 연구에서 "기준 설정"을 하기 시작함으로써, 정책가들에게 질적 연구의 질을 확인시키고 질적 연구가 정부 프로젝트에 확신과 근거를 제공해줄 수 있다는 것을 보여주려 한다. 그러나 질적 연구의 범주는 매우 넓어서 다양한 나라의 다수 연구자들이 다양한 분야(인류학, 심리학, 사회학 등) 및 응용 연구(교육, 사회복지, 보건 등)를 수행하고 있으며, 여러 국가적 환경하에서 정책수행 과정 및 사회경제적 맥락을 갖고 있다. 따라서 이러한 영역을 가로질러 하나의 합의를 이룬다는 것이 만약 가능할지라도 바람직하지 않다. 상이한 학문분야와 맥락은 동일한 연구 문제에 대해서도 서로 다른 견해를 내놓을 수 있는 것이다. 즉, 다양한 영역을 가로질러 비교, 대

조함으로써 우리가 처한 상황속에서 연구 문제를 이해할 수 있다. 다각도의 접근과 해석, 그리고 다양한 목소리를 수용하는 것이 질적 연구의 질을 유지하기 위한 기본인데, 이러한 방식은 과학 영역에서 논란의 여지가 있을 수 있다. 중요한 점은 다양한 영역을 가로질러 연구의 질을 살피고 탐색하는 것이며, 그럼으로써 지속적으로 연구 문제를 해결하는 것이 아니라 개발해 나가는 것이다.

그럼에도 불구하고 "기준 설정"을 위한 시도가 이루어지고 있으며, "남들이 우리를 재단하기 전에 우리 스스로의 기준을 만들자"(Cheek, 2007; Moss et al., 2009 논의 참고)는 기조로 기준 설정의 정당성을 찾으려 하고 있다. 영국에서는 내각전략위원회(Strategy Unit of the UK Government Cabinet Office) 산하의 비영리조직인 국가사회 연구센터(National Centre for Social Research) 소속 학자들이 '질적 평가의 질: 연구 증거 사정을 위한 체계'(Cabinet Office, 2003a)를 출간하였다. 영국 정부는 증거중심의 정책과 수행을 선호하여 정책평가를 실시하고 있으며, 질적 연구의 질 관리가 필요성에 따라 가이드라인을 설정한 것으로 볼 수 있다. 이 보고서는 "질 체계"(Cabinet Office, 2003a)가 포함된 17페이지로 구성된 요약본과, 다양한 이슈들이 다루어진 167페이지의 전체본(Cabinet Office, 2003b) 두 종류가 있다. 연구 체계는 연구 위원들이 문서를 쓰거나 읽을 때 필요한 가이드이지만, 사회과학 연구자들의 연구 수행과 관리, 훈련에 영향을 미칠 목적도 있었다(Cabinet Office, 2003a, p.6). 그런데 "질 체계"의 내용에는 많은 의문점이 있으며, 전체본 역시 질적 연구 방법론 교재의 입문서 같다. 여러 패러다임과 이슈들이 제기되기는 하였으나, 해결방안들이 기술적이고 낡은 방식으로 이루어져 있다. 질적 연구의 수행과 평가는 실제로 정치적 압력이 상존하는 가운데 다양한 상황들을 고려해야 하는데, 보고서에는 이러한 내용들이 들어있지 않다. 따라서 "결과 및 결론이 자료와 증거들로 이루어지는"(Cabinet Office, 2003b, p.22) 것뿐 아니라, 질적 보고서는 다음과 같은 것들이 포함되어야 한다.

> 연구가 수행되는 맥락을 상술하라;(p.23)
> 현장연구 방법과 환경이 어떻게 자료 수집에 영향을 주었는지 기술하라;(p.25)
> 연구 대상 및 현장의 배경이나 역사, 사회, 조직적 특성을 기술하라;(p.25)
> 다양성, 복합적 시각, 대안적 상황 등을 기술하라; (p.26)
> 사상적 관점, 가치, 연구팀의 철학을 논의하라;(p.27)

또한 그 보고서에는 6페이지에 걸쳐 17개의 질 평가 문항이 수록되었다.

사회 연구자들에게 이러한 이슈들은 중요하며, 설계, 수행, 연구 보고서를 위해 고려해야 할 사항이다. 그러나 평이하고 실행 불가능한 방식으로 단순히 목록들을 나열하는 것은 질적 연구분야의 수행과 저술을 위해 필요한 주요한 문제들에 대해 해답을 줄 수 없다. 또한 모든 문제를 해결하는 것은 현실적으로 불가능하므로, '선택'과 집중이 필요하다. 즉, "어떻게 그것들이 구성되고, 타당화될 것인가"와 같은 질문과 이에 대한 해답이 요구된다.

기준을 수립하는 것이 긍정적인 효과를 줄 수 있는 사례는 다음과 같다. 즉, 질적 사회 및 교육 연구가 수행될 때 일련의 기준을 수립하는 것은 부적절하거나 재정부족을 겪는 사업을 피할 수 있는 방법 중 하나이다. 또한 이들이 제대로 조직된다면 질적 연구가 공무원들에게 가이드북이 되어 중요한 역할을 수행할 수 있다. 만약 그렇다면 질적 연구는 질적 연구 수행을 원하는 공무원들에게 정당성을 부여할 수 있으며, 질적 사회 연구자들이 질적 연구를 수행할 수 있도록 도와주고, 특히 양적 자연과학 모형 탐구를 선호해왔던 지역 연구윤리위원회(Research Ethics Committee: REC, 미국의 경우 IRB)를 상대해야 하는 사회 연구자들의 활동에도 도움을 준다. 그러나 한편으로는 다음을 생각해볼 필요가 있다. 우리는 진정으로 '정당성'을 필요로 하는가? 이러한 논의의 다른 위험한 측면은 사회과학자가 정부에서 제시한 질적 기준에 응해야 하는가이다. 이 같은 관점에서 질적 연구에 대한 정부의 승인은 RCT에 대한 입장과 다르지 않다는 것이다.

미국에서는 이와 유사한 가이드라인과 체크리스트가 등장하고 있다. 예를 들어 Ragin, Nagel과 White(2004)는 '질적 연구의 과학적 기준 워크숍'을 국가과학재단(National Science Foundation)의 지원을 통해 출간하였는데, "질적 연구와 양적 연구는 연구기금 지원 기관이나 대학원생 훈련 프로그램 영역 등에서 동일한 기반을 갖고 있다"(p. 9)는 것을 주장하고자 하였다. 이 보고서는 질적 연구의 중요성을 강조하였고, 이에 따라 질적 연구에 대한 지원을 요구하였다. 하지만 이와 마찬가지로 "과학적 기초"를 강조함으로써, 단순히 질적 연구에 대한 지원이 아닌 "적절한" 질적 연구에 대한 지원을 주장한 것이다. 예를 들어 그들은 다음과 같이 주장하고 있다.

> 질적 연구의 과학적 기초에 대한 고려는 "사례"에 대한 연구 결과를 수용하는 것에 근거를 두고 있다. 그런데 사례들이 어떻게 정의되고 구조화되더라도 질적 연구에서 사례들은 매우 깊은 수준으로 연구된다. 따라서 사례들의 수가 많을 수 없다. (pp. 9-10)

이러한 입장은 매우 흥미롭고도 도발적인데, 기준 설정과 관련되어 부적절하거나 지원금을 적게 주어야 하는 연구들에 대한 가이드라인을 정하고 있기 때문이다. 즉, 신속하고 비용이 적게 드는 전화 인터뷰 같은 조사는 질 높은 "과학적" 질적 연구의 범주에 포함되지 않게 될 것이다. 그러나 질적 연구의 기본적인 구조를 고려했을 때 Ragin 등(2004)의 연구는 보조적 수단으로서의 질적 방법을 주장하는 것에 그쳤다.

> 인과관계 구조가 전통적인 양적 연구에서는 명확하게 드러나지 않아서, 대신 추론의 과정을 거쳐야 하였다. 질적 연구는 이러한 추론 구조의 신뢰성을 평가하는 데 도움이 될 수 있다. (p. 15)

결국 Ragin 등(2004)의 "질적 연구 설계 및 평가연구"는 다음과 같은 조언으로 결론을 맺고 있다.

> 이러한 가이드라인들은 이상적인 질적 연구 제안을 구체화하기 위한 것들이다. 좋은 제안을 위해서는 본 연구에서 제시한 요소들이 실행 가능한 형태로 포함되어야 한다. (p. 17)

"실행 가능하다(feasible)"는 것은 이상적인 것이 아니라 중요한 것이다. 그러한 결정은 어떻게 이루어지는가? 즉, "가이드라인"이나 "추천"은 실제로 도움이 되지 못하고, 오히려 질적 연구 제안이나 보고서의 부족함을 드러내는 문제의 빌미를 제공하게 된다.

이러한 경향의 사례는 미국교육학회(American Educational Research Association: AERA)에서 출간한 『경험적 사회과학 연구분야 출판을 위한 AERA 출판기준(Standards for Reporting on Empirical Social Science Research in AERA Publications)』(2006)에서도 찾아볼 수 있다. 여기에서 기준은 총 8페이지에 걸쳐 빼곡하게 이단 편집되어 수록되었는데, "8개 일반영역"(p. 33) 사항이 총 40개의 세부영역으로, 그리고 일부는 더 깊게 세분화되어 있다. 그러나 단지 "문제 형성" 한 영역에서만 연구 결과가 흥미롭고 새롭거나 유의미해야 한다고 "왜 연구 공동체가 흥미로워하는 연구 결과를 생성해야 하는가?"(p. 34)에 대한 응답으로 제시되어 있다. 질적 연구 결과가 정책 공동체에서 흥미로워야 한다는 것은 언급되지 않았다.

기준에 대한 내용이 서문에 다음과 같이 포함되어 있다.

> 한 연구 보고서를 얼마나 수용할 수 있느냐의 문제는 모든 기준을 언어적으로 만족시켰는가를 살펴보는 것이 아니다. 주어진 사례를 통해 왜 특정 기준이 적용 불가한지에 대한 전문적인 시각의 이유가 있을 수 있다. (p. 33)

그러나 다시 말하지만, 이는 문제를 해결하는 것이

아니라 재진술하는 것에 불과하다. 기준은 책 한 권의 두께가 될 만큼의 연구 논문을 기술함으로써 도움이 될 수는 있지만, 5,000자에 이르는 저널 출판물이라도 모든 기준을 만족시킬 수는 없다. 또한 만약 한 연구가 모든 기준을 만족시켰다 할지라도, 여전이 읽을 만한 가치가 없는 글일 수도 있는 것이다. 서문에 언급한 바와 같이 "보장받고" "명백한" 기준이라 할지라도, 여전히 지루하고 중요하지 않을 수 있다.

보장이나 **명백함** 같은 단어들이 신뢰 문제를 이야기하고 있다는 것을 생각해보자. 그 단어들은 결론을 뒷받침하기 위한 목적, 그리고 실질적인 자료들의 존재에 관심이 있다는 것을 나타낸다. 그러나 신뢰와 관련된 내용은 기준을 논하는 장에서 "질적 방법"을 언급할 때 단 한 번 등장한다: "독자들이 연구물을 신뢰하도록 하는 것은 연구자의 의무이다"(AERA, 2006, p. 38). 그런데 "양적 방법"(p. 38) 영역에서는 이와 같은 언급이 전혀 없다. 이는 양적 방법은 이러한 이슈를 제공할 필요가 없을 만큼 이미 신뢰롭지만, 질적 방법은 그렇다 않다는 의미를 내포하고 있다. 질적 접근을 할 때에는 연구의 정직성에 대한 기준만이 관심의 대상이다.

34.5 역량 구축, 전문화, '과학' 의존

상기에 논의된 기준 및 가이드라인에 대한 한 가지 대응방법은 그들을 액면 그대로 받아들이는 것이다. 이미 논의된 것처럼 그들은 여러 점에서 주목할 만하지 않은데, 주요한 약점 중 하나는 수업자료로 활용하여도 될 만한 것이다. 예를 들어 학생들에게 특정한 연구를 설계할 때 현실적으로 더 중요한 것과 덜 중요한 것을 규명하라고 해보는 것이다. 이들을 문서화하는 것은 더욱 중요한데, 질적 연구와 관련된 특정한 내용을 정리하고 논의들을 조정한다. 이 과정에 윤리위원회나 정부의 연구 활동 규제와 관련된 내용을 반영하면서 (Department of Health, 2005; Lincoln & Tierney,

2004; Torrance, 2006), 연구의 사회적 관계를 변화시키고, 연구의 질에 관한 이슈를 해결하기 위한 방식을 변화시킨다. 질적 연구에서는 질을 추구하고 개발하기 위해서 설계와 연구 수행의 관점에서 주요한 자원을 반복적이고 비판적으로 탐독하고, 질 연구의 함의와 결과를 관리자, 동료, 자문집단 등과 토론해오고 있다. 그러나 질적 연구에서의 기준 설정은 이와는 다른 측면이 있다. 기준을 설정하는 것은 보편적으로 적절하고 적용 가능한 절차를 규명함으로써 문서상으로나 실제적으로 조직이 이를 이해하고 준수하도록 하는 데 있다.

이러한 일련의 활동은 영국에서 "역량 구축"과 관련되어 진행되고 있다. 영국 정부가 연구 자원을 소수의 대학에 집중하여 최대한의 경제적, 사회적 가치를 추출하고자 하면서 "수월성 센터"가 설립, 촉진되었고, 기준을 만족하지 못한 연구자들을 대상으로 기준 절차에 대한 훈련을 시키고 있다(Department for Business, Innovations, and Skills, 2009; ESRC, 2005, 2009; National Centre for Research Methods, n. d.; Torrance, 2006). 이와 비슷한 현상이 미국에서도 일어나고 있다(Eisenhart & DeHaan, 2005; NRC, 2005). 이제 여기에서 발생하는 문제들은 사회 연구의 정치경제 및 관료 제도에 대한 논쟁이다. 정부는 사회 연구 과정을 통제하고 질적 보장을 추구하고 있으며, 연구자들을 지식 생산을 위한 국가산업에 직접 소속된 근로자같이 대하고 있다. 이는 결과적으로 연구자들이 독립적이고 자유로운 연구를 통해 중립적(과학적) 조언을 하는 데 위협과 기회를 동시에 주고 있는 것이다. 그럼에도 불구하고 믿을 만한 전문가들은 관심 있는 정책에 초점을 맞추어 양질의 결과를 생산해낸다.

따라서 일부 연구자들은 정책과 증거주의 운동이 주는 압력에 대해 이들을 만족시키는 방어적 문서를 생산하고, 전문적 기준과 자기 규제에 대한 필요성을 강조한다(예, AERA 『기준』 참고). 그럼으로써 그들은 과학과 자기 규제적 집단으로서 과학 공동체의 독립성을 강조한다. 과학 공동체는 포괄적이지만 명확한 범위를 규정하고 있으며, 기준을 정의하고 보고할 수 있을 뿐 아니라 그럴 의지도 가지고 있다. 또 다른 연구자들은 연구 영역을 재정의하고 자신들을 그 안에 위치시킨다 (예, 연구자의 위치, 연구 지원금액 접근). 즉, 이와 같은 방법들이 과학에 호소함으로써 추구되고 있으나, 사실은 좀 더 배타적이고, 엘리트적이며, 정적인 방식으로 과학을 해석하는 것이다. 즉 광의적 접근이 아닌 방법론적 접근을 하며, 심리학, 정치학, 경제학 등과 같은 사회과학 영역과 연계되어 있다. 그러나 이들 영역은 정부가 요구하는 실용성(즉, "효과 없음"을 보여줌으로써 생성되는 문제들)과는 거리가 있기 때문에, 정부의 요청에 직접적으로 응답한다기보다는 과학이라는 미사여구를 통해 연구자들 간의 논쟁을 전개시키는 방식을 택하고 있다(이러한 사례의 장기분석에 대해서는 Baez & Boyles, 2009 참고).

34.6 불충분한 과학: 새로운 접근

흥미롭게도, 1960년대 및 1970년대에 지속적으로 "유의미한 차이가 없음"으로 대변되던 연구 결과에 환멸을 느낀 것과 마찬가지로, 지금은 연구 공동체가 주장하는 반응을 마주하고 있다. Barry MacDonald (1974/1987)는 교육혁신을 평가해야 하는 연구 공동체의 역할에 유사한 긴장관계가 있음을 밝혔다. 그는 평가에 접근하는 세 가지 방식을 주장하였다: 전제적(autocratic), 관료적(bureaucratic), 민주적(democratic) 방식. 전제적 방법은 과학적 연구, 관료적 방법은 은밀한 기술적 협력, 그리고 민주적 방법은 좀 더 많은 사람들에게 정보를 주는 것과 관련이 있다.

> 전제적 평가는 정부에 제공하는 조건적 서비스이다. … 이 방법은 단순히 추천을 함으로써 따르는 것 대신 정책에 외적 타당성을 부여해준다. 평가자는 전문적 조언가처럼 활동을 한다. …
>
> 관료적 평가는 정부에 무조건적인 서비스를 제공한

다. 평가자는 경영 컨설턴트와 같이 행동하고, 연구 결과는 관료가 파일 형태로 소유, 보관한다. … 민주적 평가는 교육 프로그램의 특성에 대해 전체 공동체에 정보를 제공하는 서비스이다. … 민주적 평가자는 가치의 다양성을 인식하여 일련의 관심을 표현하고자 한다. 자료 수집 기법과 논문은 비전문가들도 이해할 수 있도록 작성된다. (pp. 44-45)

물론, 시간이 흐르면서 논쟁도 변화한다. 특히 선호되고 있는 민주적 평가의 기조는 연구를 위한 자료들은 수집 가능하고, 관심 내용들은 직관적이고도 현실적인 방식으로 표현될 수 있다고 가정한다. 이러한 열망을 달성하는 것은 오늘날 더욱 어려워지고 있다. 그러나 그러한 방식은 관련자들의 참여와 목소리, 그리고 더 넓은 공동체가 포함되어 어떠한 연구 문제가 중요하고 어떻게 최선의 결과를 이끌어낼 것인가를 고민하는 것으로 가득 차 있다.

연구 주제의 강화를 위한 목적이나, 정책의 적절성 및 사회적 유용성 등의 다양한 측면으로 인식되어 온 과학적 중립과 독립의 가정은 더 이상 지속 가능하지 않다. 과학적 질과 장점에 관련된 논쟁은 특히 교육 영역과 같이 응용적이고 정책지향적 분야의 목소리에 귀 기울일 필요가 있다. Gibbons 외(1994)는 지식을 모드 1과 모드 2로 분류하였는데, 모드 1 지식은 전통적인 학문영역의 내용을 의미하고, 모드 2 지식은 "응용의 맥락"에서 운용되는 지식을 뜻한다.

> 모드 1의 문제는 대규모의 학문적인 특정 공동체 관심사의 맥락속에서 규정, 해결된다. 이에 비해 모드 2 지식은 응용의 맥락속에서 수행된다. (p. 3)

이러한 지식은 "간학문적이고, 지식 생산의 과정을 통해 다양한 연구자들의 밀접한 상호작용이 있다" (p. vii). 따라서 질은 "리뷰체제의 사회적 구성요소를 확장시키는 것을 반영한 광범위한 일련의 기준을 통해 결정"(p. 8)된다.

Gibbons 외(1994)가 채택한 언어와 현실의 맥락은 공학/기술이전 형태의 활동을 반영하지만, 연구의 타당성과 사회적 유용성을 재정의하는 것과 관련된 일련의 관심을 반영하기도 한다. 지식의 공동 창출 방식은 "전문가"의 실험 조사를 통해 주변의 "현업인"들에게 배포되는 중앙집권적인 지식 발견 방식과는 그 방향성에 명확한 차이가 존재한다. 지식의 공동 창출은 숙고적이고 권한을 부여하는 평가 모형과 관련이 있는데(Fetterman, 2001; House & Howe, 1999), 이는 MacDonald(1974/1987)의 "민주적 평가" 개념의 영향을 받았다(House & Howe, 1999 참고). "모드 2 지식"의 개념은 맥락 지식(Smith, 2005)과 관련된 주장을 반영하고, 연구에서 상이한 "목소리들"을 어떻게 규명하고 표현할 것인가와 관련된 설명과 질문으로 구성되어 있다(예, Alcoff, 1991; Fielding, 2004; Goodley, 1999; Jackson & Mazzei, 2009).

이러한 논의는 좀 더 다양하고 경쟁적이나 고도로 도발적이고 전망이 밝은 이슈들로 발전하고 있다. 이 이슈들은 특히 사회 연구의 타당성, 유용성, 윤리와 관련된 것이며, 이들은 우리에게 과학, 정책, 민주주의와 관련된 질적 문제들 중 무엇이 고려 가능한지에 대한 경계를 명확하게 해준다. 우리가 당면하고 있는 도전과제는 우리 사회가 지속적으로 안고 있는 사회적, 정치적 이슈들을 신속히 해결해야 하는 것과 더불어, 새로운 문제들을 탐구하고 재개념화하는 것 사이의 긴장관계를 어떻게 유지하는가에 있다. 이 이슈는 복잡함을 탐구하고 이해하는 방법에 대한 연구와 이를 단순화하고 실행하는 정책을 어떻게 조화시키느냐의 문제이다. Marx의 주장과 비슷하게 정책가는 세상을 변화시키기 원하지만, 그들은 우선 세상을 이해하고 다른 사람들을 이 과정에 참여시키도록 해야 한다.

사회정의나 책무성이라는 광의의 접근이 아닌 이론적, 방법론적 기준과 관련된 질적 연구의 과학적 장점을 정의하기 위한 학문적 노력은 학문 공동체의 기개를 잃고 방어적 성향을 드러낸 것처럼 보인다. 우리는 우리가 하는 것에 대한 불완전성을 인정하고 이에 대해 토론을 해야 하지, 규정을 만들어 불완전성을 제거할 수는 없다. 우리는 학문적 질을 보장하기 위해 위원회 등의 조직에 떠넘기는 대신 연구 참여자 간의 협력을 바탕으로 사려 깊은 행동을 구체화하여 실행해야 한다. 연구의 질을 보장하고, 특히 질적 연구의 질을 보장하기 위해서는 이들이 더 깊은 연구와 논쟁을 할 수 있도록 역동적이고 생명력 있도록 개념화해야 한다. 이러한 과정은 단일한 연구 방법이나 하나의 기준에 의지해서는 안 된다. 나아가 이 과정은 위험을 감수하고 새로운 지식을 생산하여 새로운 문제들을 생성해야 하며 (연구 참여자와 정책가들의 적극적 참여로부터 생성되는 문제들), 간청하거나 위험을 피하고, 또는 체제 유지를 위한 중심-주변 모델의 효과성에 대한 제한된 자료만을 생성해내는 등의 행동을 피해야 한다.

이러한 사항들은 비록 중장기적인 추세는 아니더라는 영국에서 관련 사례들이 발표되는 등 최근 일부 질적 연구를 포함한 사회 연구의 경향성을 나타내고 있다. 예를 들어, 연구 변수들을 연구자가 미리 설정하는 대신 연구 스폰서와 연구 참여자의 협력을 통해 구성하기도 하는데, 정책입안자와 해당 정책의 수혜를 받는 대상들이 연구의 타당로, 근거, 초점, 결과의 신뢰성 등을 상호협의하는 것과 같은 경우들이다(James, 2006; Pollard, 2005; Somekh & Saunders, 2007; Somekh et al., 2007; Torrance et al., 2005; Torrance & Coultas, 2004). 이는 또한 연구 결과를 단순히 보고하는 것 대신 새로운 형태의 연구 확산과 참여자의 지적 참여를 의미한다(MacLure, Homes, MacRae, & Jones, 2010).

이 과정에서는 지나치게 밀접하게 정의된 관료 행태에 문제나 비평이 존재한다. 예를 들어 정책가나 스폰서들은 대체적으로 연구 참여자에 비해 좀 더 강한 권한을 가진다. 그러나 본질적으로 이 주장은 만약 연구가 비평적으로 정책과 수행을 참여시키고자 한다면 연구와 정책은 이론적으로나 연대순으로 상호 진보해야 한다. 연구는 단순히 정책을 보좌하는 것이 아니며, 마찬가지로 정책은 단순히 연구 결과를 기다리고 있어서는 안

된다. 또한 연구 참여자 또는 정책의 "최종 사용자"로 일컬어지는 현업인들의 시각이 연구자들이 추구하는 연구 의제를 규정하기 위해 활용되는 것처럼, 정책에 대한 비평의 목적으로도 활용될 수 있다. 연구자들은 단순히 정책과 관련된 결과만을 생산해내는 것 이상으로 결과물을 창출해낼 수 있으며, 정책은 단순히 연구 결과를 보급하거나 실천하는 것 이상을 할 수 있다. 연구와 정책이 일관성이 있으려면 그 관계는 상호간에 양자에게 도움이 될 수 있는 것이어야 한다.

최종적으로 이 이슈는 연구의 질이 특정한 기준을 준수하고, 열린 민주적 참여와 논쟁 과정을 거침으로써 보장되고 촉진될 수 있느냐의 문제이다. 정부와 연구공동체는 교육 연구를 기술로 전환시켜 단기적인 교육 문제를 해결할 수 있도록 하고, 그럼으로써 정부와 협력하여 전문가로서의 힘을 공고히 해야 한다. 현업인과 정책가들에게 그들이 당면한 문제의 본질과 그것이 어떻게 해결될 수 있을지 등에 대해 생산적으로 생각할 수 있도록 연구를 반성적이고 참여적인 질문체제로 제안하는 대안적 시각이 존재한다. 그리고 사실상, 마지막 과정은 연구에도 그리고 정책에도 이로울 것이다. 연구 결과를 생성해내는 데는 시간이 소요되고, 앞서

다룬 바와 같이 연구 결과들은 대체로 분명하지 않다. 정책가와 현업인들이 이러한 이슈를 위한 토론에 같이 참여하는 것은 연구 문제와 연구 설계의 질을 향상시키는 데 도움이 될 것이며, 이는 또한 그들에게 최고의 해결책이 항상 분명하게 제시되지는 않는다는 것을 이해하도록 한다. 연구 결과는 판단을 하기 위한 정보를 주는 것이지 판단 자체를 대체해주지 않으며, 그래서도 안 된다.

과학과 정부의 개념 및 실천이 현재 많은 압력을 받고 있으며, 아이러니하게도 최근의 질적 연구에 대한 모든 비평에도 불구하고, 질적 연구가 연구 대상의 직접적인 참여를 통해 이루어지므로 이 연구 방법이 새로운 형태의 과학과 정부를 회복하고 이끄는 데 최고의 방법이 된다. 최근의 여러 질적 연구에서의 질에 관한 논의에서는 당면 주제는 물론 특정한 지식 권력에 대해서도 비판적 관점을 유지해야 한다는 필요성에 따라 참여, 숙고, 윤리과정, 참여 의제에 대한 응대들이 다루어지고 있다(Lincoln, 1995; Schwandt, 1996; Lather, 2004; Smith, 2005). 연구 사업을 재활성화시키고 그것을 민주적 과정으로 연계하는 것이 질적 접근에 요구된다.

주석

1. Grissmer, Subotnik, 그리고 Orland(2009)의 주택 공급과 관련된 실험 연구에서 연구 문제 및 실험 연구 분석의 수 정과 관련된 질적 자료의 중요성에 관한 설명이 제공되고 있다.

참고문헌

Alcoff, L. (1991, Winter). The problem of speaking for others. *Cultural Critique*, 5–32.

American Educational Research Association. (2006). Standards for reporting on empirical social science research in AERA publications. *Educational Researcher, 35*(6), 33–40.

Attree, P., & Milton, B. (2006). Critically appraising qualitative research for systematic reviews: Defusing the methodological cluster bombs. *Evidence and Policy, 2*(1), 109–126.

Baez, B., & Boyles, D. (2009). *The politics of inquiry: Education research and the "culture of science."* Albany: State University of New York Press.

Barbour, R., & Barbour, M. (2003). Evaluating and synthesizing qualitative research: The need to develop a distinctive approach. *Journal of Evaluation in Clinical Practice, 9*(2), 179–185.

Besley, T. (Ed.). (2009). *Assessing the quality of educational research in higher education: International perspectives.* Rotterdam, The Netherlands: Sense Publishers.

Blunkett, D. (2000). Influence or irrelevance: Can social science improve government? Speech to the Economic and Social Research Council (ESRC). (Reprinted in *Research Intelligence, 71,* British Educational Research Association, and *Times Higher Education* 2000, February 4, 2000.) Available at http://www. timeshighereducation.co.uk/ story.asp?storyCode=150012&secti oncode=26

Boaz, A., Solesbury, W., & Sullivan, F. (2004). *The practice of research reviewing 1: An assessment of 28 review reports.* London: UK Centre for Evidence-Based Policy and Practice, Queen Mary College.

Boaz, A., Solesbury, W., & Sullivan, F. (2007). *The practice of research reviewing 2: Ten case studies of reviews.* London: UK Centre for Evidence-Based Policy and Practice, Queen Mary College.

Boden, R., Cox, D., Nedeva, M., & Barker, K. (2004) *Scrutinising science: The Changing UK government of science.* London: Palgrave.

Bridges, D. (2005, December 16). *The international and the excellent in educational research.* Paper prepared for the Challenges of the Knowledge Society for Higher Education Conference, Kaunas, Lithuania.

Bridges, D. (2009). Research quality assessment in education: Impossible science, possible art? *British Educational Research Journal, 35*(4), 497–517.

Brown, S. (2003, September 17). *Assessment of research quality: What hope of success?* Keynote address to European Educational Research Association annual conference, Hamburg, Germany.

Bush, V. (1945, July). *Science: The endless frontier.* A report to the president by Vannevar Bush, Director of the Office of Scientific Research and Development. Washington, DC: U.S. Government Printing Office. Available at http:// www.nsf.gov/od/lpa/nsf50/vbush1945.htm

Cabinet Office. (2003a). *Quality in qualitative evaluation: A framework for assessing research evidence* [Summary]. London: Author.

Cabinet Office. (2003b). *Quality in qualitative evaluation: A framework for assessing research evidence* [Full report]. London: Author.

Cheek J. (2007). *Qualitative inquiry, ethics, and the politics of evidence. Qualitative Inquiry, 13*(8), 1051–1059.

Cook, T., & Payne, M. (2002). Objecting to the objections to using random assignment in educational research. In F. Mosteller & R. Boruch (Eds.), *Evidence matters: Randomized trials in education research* (pp. 150–178). Washington, DC: Brookings Institution Press.

Cronbach, L. (1975). Beyond the two disciplines of scientific psychology. *American Psychologist, 30,* 116–127.

Cronbach, L., & Associates. (1980). *Toward reform of program evaluation.* San Francisco: Jossey-Bass.

Davies, P. (2004). Systematic reviews and the Campbell Collaboration. In G. Thomas & R. Pring (Eds.), *Evidence-based practice in education* (pp. 21–33). Maidenhead, UK: Open University Press.

Davies, P., & Boruch, R. (2001). The Campbell Collaboration. *British Medical Journal, 323,* 294–295.

Department for Business, Innovations, and Skills. (2009). *Higher ambitions: The future of universities in a knowledge economy.* Available at http://www.bis.gov.uk/policies/ higher-ambitions

Department of Health. (2005). *Research governance framework for health and social care* (2nd ed.). London: Author.

Dixon-Woods, M., Booth, A., & Sutton, A. (2007). Synthesizing qualitative research: A review of published reports. *Qualitative Research, 7*(3), 375–422.

Dixon-Woods, M., Fitzpatrick, R., & Roberts, K. (2001). Including qualitative research in systematic reviews: Opportunities and problems. *Journal of Evaluation in Clinical Practice, 7*(2), 125–133.

Economic and Social Research Council. (2005). *Postgraduate training guidelines.* Available at http://www. esrcsocietytoday.ac.uk/ESR-CInfoCentre/Images/ Postgraduate_Training_Guidelines_2005_ tcm6-9062.pdf

Economic and Social Research Council. (2009). *Capacity building clusters.* Available at http://www. esrcsocietytoday.ac.uk/ESRCInfoCentre/research/ CapacityBuildingClusters/index.aspx

Eisenhart, M., & DeHaan, R. (2005). Doctoral preparation of scientifically based education researchers. *Educational Researcher, 34*(4), 3–13.

Erickson, F., & Gutierrez, K. (2002). Culture, rigor, and science in educational research. *Educational Researcher, 31*(8), 21–24.

Fetterman, D. (2001). *Foundations of empowerment evaluation.* Thousand Oaks, CA: Sage.

Fielding, M. (2004). Transformative approaches to student voice: Theoretical underpinnings, recalcitrant realities. *British Educational Research Journal, 30*(2), 295–311.

Gibbons, M., Limoges, C., Nowotny, H., Schwartzman, S., Scott, P., & Trow, M. (1994). *The new production of knowledge.* Thousand Oaks, CA: Sage.

Goodley, D. (1999). Disability research and the "researcher template": Reflections on grounded subjectivity in ethnographic research. *Qualitative Inquiry, 5*(1), 24–46.

Gorard, S., & Taylor, C. (2004). *Combining methods in educational and social research.* Maidenhead, UK: Open University Press.

Gough, D., & Elbourne, D. (2002) Systematic research synthesis to inform policy, practice, and democratic debate. *Social Policy and Society, 1*(3), 225–236.

Greenberg, D. (2001). *Science, money, and politics.* Chicago: University of Chicago Press.

Grissmer, D., Subotnik, R., & Orland, M. (2009). *A guide to incorporating multiple methods in randomized controlled trials to assess intervention effects.* Available at http://www.apa.org/ed/schools/cpse/activities/mixed-methods.aspx

Guba, E., & Lincoln, Y. (1981). *Effective evaluation: Improving the usefulness of evaluation results through responsive and naturalistic approaches.* San Francisco: Jossey-Bass.

Guba, E., & Lincoln, Y. (1989). *Fourth generation evaluation.* Newbury Park, CA: Sage.

Gueron, J. (2002). The politics of random assignment: Implementing studies and affecting policy. In F. Mosteller & R. Boruch (Eds.), *Evidence matters: randomized trials in education research* (pp. 15–49). Washington, DC: Brookings Institution Press.

Hamilton, D., Jenkins, D., King, C., MacDonald, B., & Parlett, M. (1976). *Beyond the numbers game.* London: Macmillan.

Hammersley, M. (1997). Educational research and teaching: A response to David Hargreaves' TTA lecture. *British Educational Research Journal, 23*(2), 141–161.

Hammersley, M. (2001). On systematic reviews of research literature: A narrative response. *British Educational Research Journal 27*(4), 543–554.

Hammersley, M. (2005). The myth of research-based practice: The critical case of educational inquiry. *International Journal of Social Research Methodology, 8*(4), 317–330.

Hammersley, M. (2008). Paradigm war revived? On the diagnosis of resistance to randomized controlled trials and systematic review in education. *International Journal of Research and Method in Education, 31*(1), 3–10.

Hargreaves, D. (1996). *Teaching as a research-based profession.* Teacher Training Agency 1996 Annual Lecture. London: Teacher Training Agency.

Higher Education Funding Council for England. (2009). *Research Excellence Framework.* Bristol, UK: Author.

Hillage, J., Pearson, R., Anderson, A., & Tamkin, P. (1998). *Excellence in research on schools* (DfEE Research Report 74). London, Department for Education and Employment.

House, E., & Howe, K. (1999). *Values in evaluation and social research.* Thousand Oaks, CA: Sage.

Howe, K. (2004). A critique of experimentalism. *Qualitative Inquiry, 10*(1), 42–61.

Jackson, A., & Mazzei, L. (Eds.). (2009). *Voice in qualitative inquiry.* London: Routledge.

James, M. (2006). Balancing rigor and responsiveness in a shifting context: Meeting the challenges of educational research. *Research Papers in Education, 21*(4), 365–380.

Lagemann, E. (2000). *An elusive science: The troubling history of education research.* Chicago: University of Chicago Press.

Lather, P. (2004). This IS your father's paradigm: Government intrusion and the case of qualitative research in education. *Qualitative Inquiry, 10*(1), 15–34.

Lincoln, Y. (1995). Emerging criteria for quality in qualitative and interpretive research. *Qualitative Inquiry, 1*(3), 275–289.

Lincoln, Y., & Tierney, W. (2004). Qualitative research and institutional review boards. *Qualitative Inquiry, 10*(2), 219–234.

MacDonald, B. (1987). Evaluation and the control of education. In R. Murphy & H. Torrance (Eds.), *Evaluating education: Issues and methods.* London: Harper & Row. (Reprinted from *Innovation, evaluation, research and the problem of control,* pp. 9–22 [SAFARI Interim Papers], by B. MacDonald & R. Walker, Eds., 1974, Norwich: UK: University of East Anglia, Centre for Applied Research in Education.

MacLure, M. (2003). *Discourse in education and social research.* Maidenhead, UK: Open University Press.

MacLure, M. (2005). Clarity bordering on stupidity: Where's the quality in systematic review? *Journal of Education Policy, 20*(4), 393–416.

MacLure, M., Holmes, R., MacRae, C., & Jones, L. (2010). Animating classroom ethnography: Overcoming video-fear. In L. Mazzei & K. McCoy (Eds.), Thinking with Deleuze in qualitative research [Special issue]. *International Journal of Qualitative Studies in Education, 23*(5), 543–556.

Maxwell, J. (2004). Causal explanation, qualitative research, and scien-tific enquiry in education. *Educational Researcher, 33*(2), 3–11.

Middleton, S. (2009). Becoming PBRF-able: Research assessment and education in New Zealand. In T. Besley (Ed.), *Assessing the quality of educational research in higher education: International perspectives* (pp. 193–208). Rotterdam, The Netherlands: Sense Publishers.

Moss, P., Phillips, D., Erickson, F., Floden, R., Lather, P., & Schneider, B. (2009). Learning from our differences: A dialogue across perspectives on quality in education research. *Educational Researcher, 38*(7), 501–517.

Mosteller, F., & Boruch, R. (Eds.). (2002). *Evidence matters: Randomized trials in education research.* Washington, DC: Brookings Institution Press.

National Centre for Research Methods. (n.d.). *A strategic framework for capacity building within the ESRC National*

Centre for Research Methods (NCRM). Available at http://www.ncrm.ac.uk/TandE/ capacity/documents/NCRMStrategicFrameworkForCapacityBuildingMain.pdf

National Research Council. (2002). *Scientific research in education*. Washington, DC: Author.

National Research Council. (2005). *Advancing scientific research in education*. Washington, DC: Author.

Nisbet, J., & Broadfoot, P. (1980). *The impact of research on policy and practice in education*. Aberdeen, Scotland: Aberdeen University Press.

Oakley, A. (2000). *Experiments in knowing*. Cambridge, UK: Polity Press.

Oakley A. (2003). Research evidence, knowledge management and educational practice: Early lessons from a systematic approach. *London Review of Education, 1*(1), 21–33.

Oakley, A. (2006). Resistances to new technologies of evaluation: Education research in the UK as a case study. *Evidence and Policy, 2*(1), 63–88.

Pollard, A. (2005). Challenges facing educational research. *Educational Review, 58*(3), 251–267.

Ragin, C., Nagel, J., & White, P. (2004). *Workshop on scientific foundations of qualitative research*. Available at http://www.nsf.gov/pubs/2004/nsf04219/start.htm

Roberts, K., Dixon-Woods, M., Fitzpatrick, R., Abrams, K., & Jones, D. (2002). Factors affecting uptake of childhood immunization: A Bayesian synthesis of qualitative and quantitative evidence. *The Lancet, 360*, 1596–1599.

Schwandt, T. (1996). Farewell to criteriology. *Qualitative Inquiry, 2*(1), 58–72.

Shavelson, R., Phillips, D., Towne, L., & Feuer, M. (2003). On the science of education design studies. *Educational Researcher, 32*(1), 25–28.

Slavin, R. (2002). Evidence-based education policies: Transforming educational practice and research. *Educational Researcher, 31*(7), 15–21.

Smith, L. (2005). On tricky ground: Researching the native in the age of uncertainty. In N. K. Denzin & Y. S. Lincoln (Eds.), *The SAGE handbook of qualitative research* (3rd ed., pp. 85–107). Thousand Oaks, CA: Sage.

Somekh, B., & Saunders, L. (2007). Developing knowledge through intervention: Meaning and definition of "Quality" in research into change. *Research Papers in Education, 22*(2), 183–197.

Somekh, B., Underwood, J., Convery, A., Dillon, G., Jarvis, J., Lewin, C., et al. (2007). *Final report of the evaluation of the ICT Test Bed Project*. Coventry, UK: Becta.

Stake, R. (1967). The countenance of educational evaluation. *Teachers' College Record, 68*, 523–540.

Stake, R. (1978). The case study method in social inquiry. *Educational Researcher, 7*(2), 5–8.

Stenhouse, L. (1975). *An introduction to curriculum research and development*. London: Heineman.

Stenhouse, L., Verma, G., Wild, R., & Nixon, J. (1982). *Teaching about race relations: Problems and effects*. London: Routledge.

Tooley, J., & Darby, D. (1998). *Educational research: A critique*. London: Office for Standards in Education.

Torrance, H. (2006). Research quality and research governance in the United Kingdom: From methodology to management. In N. K. Denzin & M. Giardina (Eds.), *Qualitative inquiry and the conservative challenge* (pp. 127–148). Walnut Creek, CA: Left Coast Press.

Torrance, H. (2008). *Overview of ESRC research in education: A consultancy commissioned by ESRC: Final report*. Available at http:// www.sfre.ac.uk/uk/

Torrance, H., Colley, H., Ecclestone, K., Garratt, D., James, D., & Piper, H. (2005). *The impact of different modes of assessment on achievement and progress in the learning and skills sector*. London: Learning and Skills Research Centre.

Torrance, H., & Coultas, J. (2004). *Do summative assessment and testing have a positive or negative effect on post-16 learners' motivation for learning in the learning and skills sector?* London: Learning and Skills Research Centre.

Viadero, D. (2009, April 1). "No effects" studies raising eyebrows. *Education Week*. Available at http://www.projectcriss.com/newslinks/Research/MPR_EdWk--NoEffectsArticle.pdf

Wade, C., Turner, H., Rothstein, H., & Lavenberg, J. (2006). Information retrieval and the role of the information specialist in producing high-quality systematic reviews in the social, behavioral, and education sciences. *Evidence and Policy, 2*(1), 89–108.

Weiss, C. (1972). *Evaluating action programs*. Boston: Allyn & Bacon.

Weiss, C. (1980). *Social science research and decision-making*. New York: Columbia University Press.

Woodhead, C. (1998, March 20). Academia gone to seed. *New Statesman*, pp. 51–52.

Yates, L. (2004). *What is quality in educational research?* Buckingham, UK: Open University Press.

David L. Altheide, John M. Johnson

35.

질적 연구의
해석적 적절성에 대한 고찰

임철일_ 서울대학교 교육학과 교수

선이란 하나의 점이 지나간 곳이다.

– Paul Klee

지난 15년 전에 우리는 "질적 연구의 해석적 타당성 평가 기준"이라는 논문 한편을 썼다(Altheide & Johnson, 1994). 이 연구를 통하여 질적 연구에 대한 우리들의 관점을 계속 발전시켰는데, 이 중 대부분은 1980년대에 이루어진 일련의 전문적 회합으로부터 나타난 것이다. 우리의 끊임없는 의문은 '어떻게 지식이 습득되고, 정리되며, 해석되고, 드러나는가 하는 점이 지식의 내용과도 관련이 있다'는 관점을 지닌 독자들(또는 청자들)이 해석학적 방법의 연구를 어떻게 판단하는가였다. 어떻게 하면 독자들이 질적 연구에 대한 이론과 담화들을 좀 더 신뢰할 만하게 만들 수 있는가에 대한 우리의 의견을 밝혔다. 성찰적이고 해석적인 방법들이 자체의 진실성, 관련성, 중요성을 높이기 위해서는 어떻게 제시될 수 있는가를 보여주기 위하여 우리들의 접근을 '분석적 실재론(analytic realism)'이라고 별도로 이름 붙였다. 지난 20년 동안, 질적 연구 분야에서는 많은 일들이 일어났다. 중요한 질문들과 논쟁들은 이제 새로운 학문, 대상, 영역, 관점, 이론, 문

제 분야까지 퍼져 있다. 한때 소수의 인류학자들과 사회학자들만 관련 있다고 생각되었던 방법론적인 논쟁들이 이제는 다른 분야, 특히 교육학, 정책학, 의료 과학, 성(性) 관련 학문, 커뮤니케이션, 문화연구학, 법학 및 다른 학문 분야에서도 논의되고(그리고 논쟁되고) 있다. 이 기간 동안 새로운 설명과 해석 모형들이 등장하였다. 해석적 연구를 사법적 가치, 논쟁, 논의 사안들과 관련시키려는 지지자들의 생각이 여기에 포함되었다. 수행적 글쓰기(performative writing)와 수행 문화기술지(performance ethnography)는 새로운 관점으로 등장하였고, 관점 인식론(standpoint epistemologies)을 지닌 사람들이 학문 간의 장벽을 뛰어넘고 있다. 연구를 위해 사이버 공간을 이용할 것인지에 대한 엄격한 토론으로 인하여 새로운 논쟁들과 관점들이 나타나고 있다. 이러한 창의적인 흐름의 맥락에서, 현실의 실제와 평가를 표준화하거나 정상화하려는 보수적인 반대 세력도 등장하였다. 미국에서는 과학에 기반한 연구(SBR), 또는 과학적 탐구 교육(SIE)

이라고도 불리는 반대운동이 등장하였다. 영국의 연구 평가 실습(RAE) 또는 호주의 연구의 질적 프레임(RQF)이라고 불리는 학문적 경향 또한 등장하여 미국의 기류에 가세하였다. 미국의 국립 과학 재단에서 출간된 두 개의 보고서가 당시 미국의 학자들에게 큰 학문적 이슈로 등장하였다(2009년의 Lamont와 White의 보고서와 2004년의 Ragin, Nagel, White의 보고서). 이러한 운동들이 "증거의 정치학"에 관한 뜨거운 논쟁을 낳았고, 과학적 탐구에 대한 기준을 통제하고 억제하려는 국가 차원의 지원 노력으로 인하여 질적 탐구가 "비판"받는 것에 대한 논쟁을 불러일으켰다(Denzin, 2009).

1994년에 발간된 논문에서 우리가 '분석적 실재론'을 주장한 이유는 수십 년 동안 사회과학 분야에서 우세한 철학적 위치를 차지하고 있다고 주장할 수 있는 '철학적 실재론'과 우리의 노력을 연결시키려는 의도가 있었기 때문이었다. 실재론의 기본적인 아이디어는 우리가 활동하고 상호작용하는 대상으로 실제 세계(George Herbert Mead의 말을 빌리자면 '완고한' 사회)가 존재한다는 것과 개인들과 집단들이 이 사회에서 의미를 창조해 낸다는 것, 그리고 우리의 이론들, 개념들, 관점들이 실재에 대하여 모종의 타당한 이해를 가져오기는 하지만, 우리가 관심을 갖고 있는 현상들을 완전하게 다루지도 못하며 또한 다룰 수도 없다는 것이다.

모든 이론, 개념, 그리고 발견된 것들은 모종의 가치들과 관점들에 바탕을 두고 있다. 모든 지식들은 맥락적으로 판단되어야 하며 불완전하고, 부분적이다. 그리고 다른 개념적 도식들과 관점들 또한 언제든 생겨날 수 있다. 다른 많은 학자들이 이러한 관점(분석적 실재론을 철학적 실재론과 연관시키려 시도했던 노력)과 어느 정도 관련 있는 일들을 진행하였다는 점이 우리에게 격려가 되었다. "비판적 실재론"(Bhaskar, 1979; Harré & Madden 1975; Manicas & ebrary, Inc., 2006; Maxwell, 2008), "실험적 실재론"(Lakoff, 1987), "미묘한 실재론"(Emerson, Fretz, & Shaw,

1995; Hammersley, 1992), "문화기술적 실재론"(Lofland, 1995), "순수 실재론"(Haak, 2003), "자연적 실재론"(Putnam, 1999), "창발적 실재론"(Henry, Julnes, & Mark, 1998) 등이 바로 그것들이다. 이 다른 형태의 실재론들은 특정의 기본적인 생각들을 공유한다. 인간의 사회적 삶은 의미 있으며, 이러한 의미를 가지고 우리의 개념, 이론 모두를 설명하는 것이 매우 중요하며, 더 나아가서 문화적 구성원들의 가치, 감정, 신념, 그리고 다른 의미들의 중요성을 파악하고 이해하기 위해 우리의 과학적, 이론적 연구에 있어서 해석학자다운 접근법을 포용하는 것이 매우 필요하다는 것이다. Maxwell(2008)에 의하면, 이러한 변형된 종류의 실재론들은 존재론적 실재론을 반영함과 동시에 인식론적 구성주의, 상대주의 형태를 취하고 있다. 그들은 우리의 현실에 대한 구성과 떨어져 있는 현실의 존재 자체를 인정하지 않는 급진적 구성주의 관점은 거부한다. 이러한 종류의 실재론적 관점은 특정 문화권 구성원들의 의미와 관점들, 그리고 그들이 속한 공동체의 사회적 맥락 사이의 관련성을 파악하는 데 매우 가치 있는 것으로 확인되었다. 그리고 특히 동일한 상황 또는 맥락에 처한 주체들의 갈등과 차이점들을 이해하는 데 많은 도움이 되었다.

지식과 증거들을 상징적 상호작용론자들의 관점에 비추어볼 때, 증거들은 행위의 주체자, 독자, 관점, 가정들, 그리고 두 개 또는 그 이상의 현상들 사이의 관계에 대한 주장들을 상징적으로 결합시키는 의사소통 과정의 일부라고 볼 수 있다. 증거를 하나의 과정으로 보는 이 관점은 "증거에 의한 서술(evidentiary narrative)"이라고 불리며, 믿을 만한 정보들과 지식들이 상징적 필터들에 의하여 검토받게 된다. 여기서 상징적 필터들은 승인된 행동을 통제하는 "인식 공동체" 즉, 집단적인 의미, 표준, 기준들을 포함하고 있다(Altheide, 2008 참고). 이러한 수많은 인식 공동체들에서 많은 질적 연구자들이 그들 고유의 관점들을 가지고 타당성 문제에 대한 인상적인 진전을 만들어 왔다는 것, 그리고 다른 독자들과 공유될 만한 신뢰성 있는 지식을 생산하기 위한 실용적인 생각들을 많이 만들고 발전시켜 왔다는 것을 알게 되는 것은 매우 고무적인 일이다. 이제 이러한 발전들이 어떤 것인지 간단하게 돌이켜보고, 이러한 발전들이 최근 몇 년간 우리의 생각을 어떻게 바꿔왔는지에 대해 이야기해보려 한다.

35.1 해석적 연구에 있어서 타당성 문제의 틀 구성하기

질적 연구를 사용하고, 실행하고, 증진시키고, 주장하는 데에는 많은 방법들이 있다. 그리고 각 방법에는 인간 경험의 분야, 설명의 형태, 독자 사이의 관계가 제안되거나 주장되어 있다. 각 분야의 연구자들과 학자들은 진실성, 타당성, 신빙성(verisimilitude), 확실성, 신뢰성(dependability), 일치성(confirmability) 등의 문제에 대해 논쟁을 벌여 왔다. 임상 연구 또는 정책 연구에 타당한 방법이 문화기술지(ethnography), 자문화기술지(autoethnography) 또는 수행 문화기술지(performance ethnography)에는 적합 혹은 적절하지 않을 수도 있다. 이 문제에 대해서는 후에 다시 언급하기로 한다.

임상 연구

최근 몇 년간 몇몇 임상 학계의 연구자들은 임상 환경에 있어서 보이지 않는 또는 자신들이 경험하고 있는 당연시되어 오던 현실을 좀 더 명확하게 파악하기 위해 질적 방법을 이용해왔다. Miller와 Crabtree(2005)는 다음과 같이 서술하고 있다.

질적 임상 연구자들은 보이지 않던 것과 들리지 않던 것을 드러내는 동시에 이미 드러나 있는 것에는 깊이를 더하는 몇몇 지배적 관점을 임상 분야에 들여왔다. 이러한

것들은 질병을 문화적 구성으로 이해하는 것과 생리심리사회학(biopsychosocia)과 인본주의적 모형, 동종 요법, 그리고 전통적인 중국, 힌두교의(Ayurevedic), 샤머니즘과 같은 비서구적인 모형에 관한 지식을 소유하는 것, 그리고 인간의 생애에 있어서 영성 또는 정신적인 것의 중요성을 직면하고 깨닫는 것을 포함한다. (p.612)

관찰 및 내러티브, 담화 방법을 이용하는 임상 실천가들은 그들 분야의 다른 사람들과도 공유할 수 있는 타당성(혹은 진실성)의 기준을 명확하게 하기 위한 방법을 모색하고 있다. 더 나아가 그들은 독립적인 실험과 검증을 중요시한다. 이러한 노력에 대해 Rolfe(2004)는 이렇게 기술한다.

[임상 연구에 있어서] [몇몇에게는] 타당성과 신빙성은 연구자가 연구 과정에서 수많은 검증 전략들을 정밀하고 철저하게 채택함으로써 얻어진다. "이 모든 검증 전략은 신빙성과 타당성을 획득해내는 데 굉장한 기여를 하기에 엄격성이 요구되어 마땅하다. 그러므로 질적 탐구에 있어서 엄격성은 필수적인 것이며, 계속적으로 발전하는 우리의 지적 체계에 포함되어야만 하는 실용적, 과학적 증거를 제공해준다."(Morse et al., 2002, Rolfe가 강조한 부분) 연구자들의 의지에 대한 이 표현은 몇몇 질적 연구자들이 가치들, 접근법들, 용어들, 더 나아가 "경성" 과학("hard" science)의 확실성에 대해 매우 강한 열망을 가졌음을 보여주는 좋은 예가 된다. 엄격성은 분명하게 성공의 핵심적 요소이다. [그러나 다른 이들은] 질적 연구에 있어서 타당성의 문제는 실증주의자들이 말하는 것과 같은 "진실" 혹은 "가치"와 관련된 것이 아니라, "신뢰할 만한가(trustworthiness)"에 달려있다고 주장한다. 신뢰성은 일종의 설득 문제인데, 설득을 통하여 과학자들은 어떤 실제들을 분명하게 그래서 검사가 가능하게 만드는 사람들로 간주된다. (p.305)

위와 같은 의견은 임상 연구에 있어서 **증거 기반 실천 운동**(evidence based practice movement)의 끊

임없는 논쟁을 묘사하고 있는데, 이 논쟁에서 지난 몇 년간 질적 실천가들과 연구자들은 진실성, 타당성, 신 빙성, 신뢰성 등과 같은 개념들의 적용 가능성에 대하 여 논의해오고 있다. 질적 연구를 하는 많은 인류학자 들 또는 사회학자들은 자신들 학문분야의 기본적인 지 식에 대하여 근본적인 기여를 하려는 동기가 있는 반면 에, 임상 연구에서 질적 연구 방법을 실천하고 있는 사 람들은 효과적인 임상 실천 방법의 증진에 관심이 있는 독자들을 염두에 두고 있다. 이러한 생각은 다양한 목 적들이 질적 연구를 활성화하는 요인이 되고 있음을 보 여주며, 연구의 유용성 준거는 이러한 실제적인 목적들 과 학문적/직업적 가치가 연결되어 있음을 알려준다.

정책 연구

질적 연구는 다양한 행위 주체자들이 실제로 구체적인 상황에서 어떻게 의미를 만들어 내는지, 또 이러한 행동 들의 결과는 어떤지를 연구하는 목적의 정책 연구에도 점점 더 많이 이용되고 있다. Hammersley(2005)는 이러한 연구의 목적에 대해 다음과 같이 기술한다. "질 적 정책 연구는 현재 프로그램들과 실천들에 영향을 주 는 것에 목표를 두고 있다"(p. 3). 여기서의 초점은 정책 의 영향과 결과일 수 있지만, 공식적인 법 또는 정책들 의 과정이 시작단계에서부터 실행의 순간, 즉 실제 삶에 서 적용되는 단계에 이르기까지 어떻게 설명되고 해석 되는가에도 부가적으로 초점을 두고 있음을 알 수 있 다. 질적 연구가 기존의 양적 연구에 비해 훨씬 더 융 통성이 있다는 것, 그리고 학계의 변화하는 요구를 만 족시킬 만한 연구 목록을 조정할 수 있는 잠재력을 지 녔다는 사실은 의심할 여지가 없다. 기존의 양적 연구 의 초점이 대부분 "결과적으로 드러나는 성과" 또는 측 정 지표들에 있었던 것에 반해, 질적 연구는 법과 정책 들이 실제로 실행되는 사회에서의 복잡한 사회적, 관 료적 과정들을 연구할 잠재력을 지니고 있다. 영국에 서 중앙정부 정책 입안자들은 정책 입안 분야에서 질적

연구에 기대하고 있는 자신들의 기준들을 제시하였다 (Cabinet Office, 2003). 이 기준들은 실제 연구가 이 루어진 맥락에 대한 설명, 현장 연구 상황과 방법들이 자료 수집에 미치게 될 영향에 대한 논의, 연구가 행해 지는 장소에 대한 배경 또는 역사적 발전, 사회/조직적 특징, 연구자들 또는 연구팀을 지도할 다양성/다양한 관점/가치/철학에 대한 묘사와 조명을 포함해야 한다 (Torrance, 2007, pp. 55-79 참고).

정책 연구에 흐르는 긴장과 논쟁은 다른 분야와 흡 사하다. 어떤 사람들은 연구 기준들을 (위의 영국 내각 에서 제공한 것들처럼) 확실히 정함으로써 진실성 혹은 타당성이 더 잘 확보될 수 있다고 생각한다. 반면에 다 른 이들은 시간에 따른 연구들 또는 다양한 환경을 상 대적으로 평가함으로써 진실이라는 것을 더 잘 도출해 낼 수 있다고 생각한다. Harry Torrance(2007)는 다 음과 같이 말하였다.

> 연구의 질을 보장하는 것, 특히 정책 입안의 맥락에서 질 적 연구의 질을 보장하는 것은 향후 정밀한 검토와 논쟁 을 받아들일 수 있는 강하면서 역동적인 과정으로 규정 되어야 한다. 이 과정은 단순히 하나의 연구 방법으로 단 정지어질 수 없으며, 고정불변의 기준으로 한정될 수 없 다.(p.73)

정책 학계의 몇몇 다른 사람들도 연구 보고서들 을 이전의 보고서들과 비교하거나 연구 설정을 다 른 설정과 비교하는 것이 필요하다는 것에 동의한다 (Hamersley, 1992). 이것은 현재 "신공공관리 운동" 이라 불리는 것과 유사한 주제이며, 여기서는 정책 입안 과 정책 실행 과정의 투명성과 명료성을 제고하기 위한 방법을 모색하려고 한다. 이것은 타당성 문제에 대해 이원론적 접근을 제시한다. 한편으로는 연구자와 연구 팀이 자신들의 연구 결과가 믿을 만하다는 것을 독자 들에게 보여줄 것을 기대하면서, 동시에 다른 한편으로 는 독자들의 측정 가능하며 실제적인 회의론에 입각하 여 모종의 연구 결과의 주장을 다른 연구 보고서의 맥

락 혹은 심지어 특정인의 삶의 경험 속에 위치시키는 것이다.

실행 연구

실행 연구(action research) 또는 참여적 실행 연구(participatory action research)는 연구 현장에서 한 명의 연구자 또는 연구팀이, 사회 구성원들이 사회적 변화를 만들어 내거나, 사회 문제에 대하여 정책 또는 조직화된 반응을 실현하는 것에 참여하는 형태의 새로운 질적 연구라고 볼 수 있다. Kemmis와 McTaggart(2005)는 이러한 종류의 연구에 대한 그들의 전망을 제안한다.

> 참여적 실행 연구를 통해서, 사람들은 자신들의 사회적, 교육적 실제가 특정한 물질적, 사회적, 역사적 환경 속에서 어떻게 위치하는지 그리고 동시에 그것들의 영향을 받은 산물임을 이해할 수 있게 되며, 사회적, 교육적 실제가 매일매일의 삶 속에서 일어나는 특정 상황에서의 사회적 상호작용을 통해 생산(produce)된다는 것을 알게 된다. 참여적 실행 연구자들은 자신들이 경험하고 있는 실제가 특정한 환경의 산물이라는 것을 이해함으로써, 그들이 현재 일하고 있는 방법을 통해 생산하며 재생산해 내고 있는 실제들을 어떻게 하면 변형(tranform)시킬 수 있을까에 대한 실마리를 찾는 데 주의를 집중하게 된다. (p. 565, 강조는 원저자)

사회적 실행 연구자들은 기초적이거나 기본적인 지식의 관련성 또는 중요성에 대해서 부정하지 않지만 경험적인 지식 또한 추구해야 한다고 역설한다. 동시에 이론과 실용성이 합쳐졌을 때 부분의 합 이상의 전체를 얻을 수 있다는 기대를 보여주고 있다. 참여적 실행 연구에 대한 신뢰의 근거를 제공하기 위해, Ladkin(2004)은 이러한 방식으로 행해진 연구에는 실천 혹은 정책의 효과와 지속적인 결과를 보여주는 설명

이 포함되어야 한다고 주장한다. 또한 연구가 어떻게 실제와 실제가 형성되는 것에 대한 실용적인 문제를 다루었는지를 설명해야 하며, 연구가 의미의 문제들에 대해서는 어떻게 다루고 있는지, 그리고 연구가 어떻게 수많은 다른 지식 습득의 방법을 고려하고 있는지에 대한 자세한 설명이 포함되어야만 한다고 주장한다.

Ladkin의 제안이 매우 추상적이고 실제적이지 않다거나, 연구자 또는 연구팀의 통제 밖에 존재하는 요인(결과와 같은)을 강조하고 있는 것에 대해 쉽게 비판할 수도 있다. 그러나 지금 여기서 우리가 중점을 두어야 할 것은 이러한 방법으로 연구를 하고 있는 사람들이 신뢰성과 타당성의 문제로 논쟁하고 있다는 것과 이 논쟁을 전문적인 범주 내에 안고 가고자 노력하고 있다는 것이다.

자문화기술지와 표현적 틀

다양한 방식의 현재 연구들은 기존의 주체와 객체, 인식하는 주체와 인식되는 대상, 자아와 사회, 정신적인 것과 경험적인 것, 저자와 독자 사이의 장벽을 무너뜨리려는 방법을 모색하고 있다. 자문화기술지(autoethnography)는 이렇게 생겨나고 있는 흐름에 붙여지는 여러 이름들 중 하나에 불과하며, 자문화기술지를 따르는 학자들은 보통 화자와 이야기 자체를 통합하는 것을 추구한다. Laurel Richardson(1997)은 "우리의 '텍스트'에 대해 이야기를 쓰는 것이 우리의 삶을 이해하고 변화하게 만드는 방법이다."(p. 5)라고 말한다. Carolyn Ellis(2009)는 "낭만적 관계와 가족적인 관계의 감정에 대한 대화를 열려고"(p. 17) 노력한다. 또한 그녀는 말한다.

> 그러므로 이전에 우리의 삶 속에서 우리가 겪어온 일들과 그들에게 말했던 이야기들을 재조명하는 것은 우리가 살아온 삶과, 우리가 속해 살아온 문화와, 우리가 해왔던 일들에 대한 이해를 넓고 깊게 하는 데 도움이 되었

다. 이러한 되돌아보기는 스스로에 대한 이해의 새로운 가능성을 제시하며, 우리가 과거에 묶여있던 해석(또는 판단)에 계속 얽매여 있는 것을 방지해준다. (p. 13)

많은 사건들을 다룰 때 문화기술자들은 "기억"이라는 문제와 씨름한다. 또한, 오래전에 일어난 일들과 사람들의 이야기를 짜맞추고 또다시 재배열할지에 대한 문제로 고민을 한다. 이 문제는 많은 해석과 관점의 문제를 또한 포함하기 때문에 그저 과거에 일어난 경험적인 사실들을 기억하느냐 못하느냐 하는 문제에 그치는 것이 아니다. 이러한 연구의 기준들에 대해서, Bochner(2007)는 다음과 같이 말한다.

—
물론, 나의 가장 큰 책임은 거짓을 말하지 않는 것이다. 그러나 거짓과 사실을 말하는 것의 간극이 꽤 클 수도 있다. 만약, 사실을 말하는 것이 단순히 내가 기억하는 것을 이야기하는 것이라면, 나는 책임의 기준을 매우 낮게 잡는 것이 된다. 한때 과거에는 그 곳에 존재했지만, 이제는 사라지고 없다. 나는 과거에 충실하기를 원하지만, 내가 나의 과거에 대해 기억하는 것은 지금 내가 무엇을 기억하기를 바라는지 요구하는 무언가에 달려 있다. 그리고 나의 기억은, 부분적으로 내가 과거를 회상하게 만드는 어떤 것에 대한 반응일 뿐이다. (p. 198, 강조는 원저자에 의함)

자문화기술지의 실천가들에게 자문화기술지는 스스로의 기억을 확인하는 일종의 학문적 방법이 되고 있다. 또한 새로운 방식으로 의미를 부여할 수 있는 모종의 해석과 관점 내에 있는 경험적 사실 혹은 기억에 맥락을 부여하거나 재부여하는 학문적 방법이기도 하다. 이 연구들 중 대부분은 친한 사람들 또는 가족 관계를 다루며, 흔히 우리가 이러한 관계 속에서 당연하게 받아들이던 것들, 보이지만 굳이 언급되지 않는 또는 알고는 있지만 의식하고 있지 않은, 우리 삶의 복합적인 것들을 명백하게 드러내기 위한 방법을 모색하고 있다. 몇몇 자문화기술지 연구는 보통 시작하는 때와 최종 보고가 이루어지는 때까지 10년 정도 되는 전통적 관찰 위주의 문화기술지보다 더 긴 시간의 단위가 관심거리가 된다. 많은 자문화기술자들은 몇 년 심지어 수십 년의 긴 세월이 흐르는 동안 시간 스스로가 과거의 "사실들"에 대하여 새롭거나 변화된 이해를 만들어내는 의미 혹은 관점에 있어서의 변화를 설명하고자 노력한다. 수행 문화기술지(performance ethnography)와 표현 예술가들은 종종 지극히 개인적인 것들이나 당연시되는 사람이나 일상의 측면들을 탐구하고, 또 그것과 소통하고 싶어하는 자문화기술자(autoethnographer)들과 같은 욕망을 가지고 있다. 그러나 종종 자신들의 청중을 좀 더 직접적인 방법으로 참여시키고자 하며 감정적 반향을 불러일으키기 위해 노력한다. 이것은 연극 공연, 시, 사진, 멀티미디어 콜라주, 또는 독서 자료 등을 통해서 이루어질 수 있다. Szto, Furman, Langer(2005)는 다음과 같이 쓰고 있다.

—
사진가는 인식 주체의 현실을 포착하려고 노력한다는 점에서 문화기술자(ethnographer)라고 할 수 있다. 그는 맥락을 포착하려고 노력한다. 그는 시적인 승인을 받아야 하며 맥락을 선택해야 한다. … 연구자의 역할 측면에서 볼 때 시인은 의식적, 지속적인 자아 탐구를 해나가야 한다. 그(또는 그녀)가 자신 앞에서 주체에 대해서 글을 쓸 때 또는 담화의 자료를 줄여나갈 때, 그(또는 그녀)는 자료의 진실성에 충실하기 위해 분명함을 보여주어야 한다. 그(또는 그녀)의 메모들은 이후 사용하게 될 자료이기도 하며 동시에 그들의 반응을 탐구할 문화기술적 메모들이기도 하다. 독자들이 자신들 스스로 시를 어떻게 해석하는지 결정할 수 있도록 이러한 편견이 자주 제시되어야 한다. 시인으로서 연구자가 전념해야 할 첫 번째 목표는 주체의 경험이어야 할 것이다. 어떤 의미에서 연구자에게는 두 가지 유형의 시가 존재한다. 단순히 주체의 경험을 가능한 한 정확하게 주어진 단어들로 잘 나타내는 시들이 있을 수 있고, 다른 하나는 해석적인 시들, 즉 경험의 의미를 해체하면서 해석의 가능성을 열어놓는 시들이 있을 수 있다. (p. 139)

질적 연구에는 상당한 다양성이 존재하며, 앞에서 언급한 접근들을 증명하고 정당화하는 방법들도 다양하다. 이러한 접근들이 상이할 수 있지만, 이들은 자신들의 주장을 공론화하면서 왜 자신들의 주장이 어떠한 현상들에 대한 믿을 만한 설명으로 신뢰할 수 있는가를 독자, 청자, 또는 소비자들에게 보여주어야 할 윤리적 의무감을 공유한다. 더욱이 이런 접근들 각각은 의뢰인을 포함하여 실천가들과 독자들의 맥락과 목적을 반영한다. "현재의 의도와 목적에 맞는" 것으로 타당성을 간주하는 실용적 유용성 관점이 모든 방법론적 접근들과 권위 있는 주장들에도 해당된다. 다시 말해 그것이 정확하게 믿을 만한지 등을 판단하는 것은 이 방법을 사용하는 우리의 실천과 의도 그리고 궁극적으로 이 방법을 사용하는 것에 대한 "우리의 정당화"에 연결되어 있는 지식의 생태계에 의해 영향을 받는다. 이러한 접근들에 있어서 공통적인 것과 이러한 접근들이 시사하는 탐구의 모든 형태들이 지니고 있는 것은 정보를 획득하고, 자료로서 그것을 조직화하며, 이러한 자료를 굴절렌즈(개념적, 이론적, 아마 정치적인 것도)를 통해 분석하고 해석하는 과정이라고 할 수 있다.

우리는 지금까지 타당성이 연속 타당성(successor validity), 촉진 타당성(catalytic validity), 심문 타당성(interrogated validity), 초월 타당성(transgressive validity), 제국적 타당(imperial validity), 유사/모순 타당성(simulacra/ironic validity), 상황 타당성(situated validity), 직감적 타당성(voluptuous validity) 등 여러 방식으로 언급되어 왔음을 알고 있다(예, Atkinson, 1990; Atkinson, 1992; Guba, 1990; Hammersley, 1990, 1992; Lather, 1993; Wolcott, 1990 참고). 많은 질적 연구자의 실용적 논리를 명확히 하려는 우리의 노력은 다음에 제시되는 각종 "하이픈으로 연결된 타당성"에 대한

직관적 관점이 당시의(1990년대 초반) 방법론적 담화를 분명히 하는 데 도움을 줄 수 있었다.

타당성의 유형

문화로서 타당성을 파악하는(validity-as-culture: VAC) 관점은 사회과학을 전공하는 학생들에게 잘 알려져 있다. 여기서 기본적으로 주장하는 바는 문화기술자들이 "타인"에 대한 자신들의 문화적 관점을 숙고하고, 의미를 부여하며, 생산하고, 저술하며, 읽어낸다는 것이다. 관점은 타당성과 관련된 문제를 일으키는 장본인이다. 이 문제의 해결책은 좀 더 많은 관점들을 포함하는 것인데, 여기에는 연구자가 연구의 목표와 주제를 어떻게 보는가를 재평가하는 것이 추가된다. Atkinson은 문화기술지가 신화화될 수 있다고 말한다(1992, p. 34 참고). "그러나 계급 연속성에 대한 감각이 지위에 대한 감각에 사로잡힌 미국의 장르보다 영국의 장르에 있어서 놀랍게도 거의 강하지 않다."

이데올로기로서의 타당성(validity-as-ideology: VAI)은 VAC와 매우 비슷하지만, 초점이 어떤 특정한 문화적 특징들(사회적 힘, 정통성, 하위와 상위 같은 사회 구조에 대한 가정)에 있다는 것이 다른 점이라고 할 수 있다.

성으로서의 타당성(validity-as-gender: VAG)은 앞의 두 가지와 같이, "유능한" 연구자들에 의해 아무 의심 없이 당연하게 받아들여졌던 사회적 상호작용에서의 권력과 지배에 대한 문제들을 포함한 자신들의 개념적 작업과 자료 수집 작업을 실행하는 과정에서 만들어진 가정들에 초점을 맞춘다. 한 가지 우려는 사회적 권력에 대한 이러한 비대칭적인 측면이 나중에는 정상화되고 더 나아가 정당화될 수 있다는 것이다.

언어/텍스트로서의 타당성(validity-as-language/text: VAL)은 앞의 타당성과 관련된 측면들을 포함하고 있으며, 사물들이 규정되는 방식에 의하여 어떻게 특히 언어 그리고 좀 더 크게 볼 때 "담화"에 함축된 세계에 대

한 문화적 범주와 관점들이 결정과 선택을 제한하는가를 보여준다.

적절성/옹호성으로서의 타당성(validity-as-relevance/advocacy: VAR)은 흔히 피실험자가 되는 가난한 계층 혹은 소작농들처럼 상대적으로 힘이 없는 소외 계층들에게 혜택을 주고 희망을 주는 연구의 권한 부여 및 유용성을 강조한다.

표준으로서의 타당성(validity-as-standards: VAS)이 주장하는 바에 의하면 과학에 대한 분명한 권위에 관한 기대 그리고 이러한 "체면의 장막"에 의하여 합법화된 연구자가 바로 의심 자체가 되며, 진실에 대한 주장이 너무나 많아서 유일한 권위 혹은 절차를 피하게 된다. 극단적인 경우에는, 과학을 지식의 바람직한 모형으로 작용하는 것을 중단하기도 한다. 왜냐하면 과학은 사람들이 선호하는 형태의 부호화되었거나 지식처럼 이론적으로 통합된 정보에 대한 것이라기보다는 결국에는 이해에 대한 것이기 때문이다.(Alltheide & Johnson, 1994. p.488)

타당성에 대한 이러한 접근들은 비록 확정적이지는 않지만, 연구 접근법과 적용의 목적과 독자들을 반영하고 있다. 이것의 숨은 의미는 공개성과 참여이다. 실천가들 사이에서의 격렬한 논쟁에도 불구하고 분위기는 굉장히 포괄적이며 기본 정신은 중요한 부분, 즉 지식 생성의 의도하지 않은 한계 때문에 독자들이 제대로 도움을 받지 못하는 것을 간과하지 않은 것이었다. 우리는 사회적 세계는 있는 그대로의 세계가 아니라 일종의 해석이 이루어진 세계이며 항상 상징적 구성에 있다는 기본전제의 영향을 받는다는 것과 문화기술 작업 과정에 대한 인식을 강조하면서 다음과 같은 관점을 제시하였다. 바로 연구자, 연구 주제, 의미 도출 과정을 상호작용의 관계에 두는 성찰적 설명으로서 타당성(validity-as-reflexive-accounting: VARA)이다.

우리는 이렇게 하이픈으로 연결된 앞의 타당성들을 "타당성의 문제"가 직면한 일련의 관심들에 대한 예시로서 제시하였다. 그러나 타당성에 대한 또 다른 기준

이 등장하였다. 앞에서 언급된 SBR, SIE, RAE 움직임은 전통적인 의사소통과 규제 형태에 부합하면서 그리고 보다 실증주의적 방법론과 연계된 최고의 합법성을 가진 채로 질적 연구를 모아 규제하는 데 있어서 간과된 관심을 가진 별도의 청중을 포함하는 확장된 통제 맥락의 사례들을 보여준다. 이로 인하여 새로운 버전의 타당성, 즉 시장성 있는 합법성으로서 타당성(validity-as-marketable-legitimacy: VAML)이 나타나게 되는데, 이는 사회적으로 승인된(그리고 존경받을 만한) 연구 방법론들의 타협이 이루어진 질서를 의미한다.

이 최신 유형의 타당성은 관료적, 합리적, 조직적 목적을 위해 추진되고 있다. 또한 탐구, 창의성 또는 발견을 제고하는 것보다 오히려 책임을 제고하는 데 더 관심이 많다고 볼 수 있다. 우리의 "지침"에 의하면 이것을 재정적으로 지원하는 것은 보장을 받는다. 따라서 어떠한 개인도 어떠한 오류 등에 대해서 책임지지 않을 것이다(Denzin, 2010; Kvale & Brinkmann, 2008). VAML의 예상치 못한 결과는 진리의 다양한 형식을 찾아보려던 창의적이고 의미 있는 탐구를 약화시킨다. 역설적이게도 여러 분야를 가로지르는 질적 연구에 대한 다양한 접근을 탐색하는 것의 개방성과 획기적 성공은 유용성과 사용에는 긍정적 결과를 가져왔지만, 실제적 목적에 대해서는 제한을 가하였다. 최근 몇 년 사이에 질적 연구에 투자할 가치가 있음이 분명해지고, "실용적인(practical)" 적용, 예컨대 정책 연구와 관련된 것에 적합하다는 점이 인정됨에 따라 논쟁이 더 강해지고 변경되기도 하였다. 한 가지 해석은 이제는 질적 연구가 아이디어 시장에 자리를 잡고 있는데, 그곳에서 신조어를 만드는 것이 단지 지적 기량이 아니라 실질적인 주화로서 나타나고 있는 것이다. 우리가 설명했던 타당성에 대한 접근은 진실의 추구 및 발견의 논리와 일관성을 가지고 있었다. 하지만 질적 연구에 대한 다양한 접근의 성공은 시장의 가능성을 출판이나 교육에 국한하지 않고 재정 지원과 후원을 받는 프로젝트에도 열려 있는데, 이 재정 지원과 프로젝트는 다른 과학적, 정

치적 후원자들에게 대답을 해야 할 기관과 조직의 행정가와 관리자들의 책임하에 있다. 일련의 접근들을 표준화하고 규격화함으로써 날카로운 모서리가 다듬어지는 것 이상의 결과가 나타났다. 내용 영역들은 규격화된 어휘, 수사학, 그리고 권위 있는 지식에 의한 담화들로 침범당하여, 궁극적으로는 "객관적인" 것이 되고 말았다. 일차원적인 기준과 의사 결정을 위한 노력은— Klee가 언급한 "선이란 하나의 점이 지나간 곳이다"를 떠올려보라!—수용 가능성과 표준화 문제에 대한 승인된 기준과 체크리스트를 의미한다.

이 문제에 대해서는, 현실의 사회적 구조를 이해하는 데 있어서 증거와 암묵적 지식의 복잡성에 대해 논의한 다음에 다시 언급하기로 하자. 우리는 단지 질적 연구를 규격화하는 것은 일종의 위험 회피이며, 연구를 평가하는 문제를 해결하기 위한 "위험한 사회(risk society)" 접근법을 증명하는 것이라는 점을 강조하고 싶다(Erickson & Doyle, 2003). 그러나 증거란 것은 그렇게 간단한 것이 아니다.

증거의 문제

앞선 논의의 대부분은 "증거"에 대한 이해에 기반을 두고 있다. 혹은 모종의 기초나 토대로서 역할을 하는, 동의하였거나 동의가 가능한 이해에 기반을 두고 있다. 증거의 정치학(Altheide, 2008; Denzin & Giardina, 2008)뿐만 아니라 정보, 연구 주제, 화제의 통제(Van den Hoonaard, 2002)와 관련되어 많은 연구들이 존재한다. 증거와 사실은 비슷하지만 똑같지는 않다. 우리는 종종 사실에는 동의한다. 예를 들면, '돌이 하나 있다. 그 돌은 솜사탕보다 단단하다'라는 것들 말이다. 증거는 어떠한 사실들이 특정 관계에 대한 주장이나 논점과 관련이 있다는 입장을 포함한다. 어떤 논점의 입장이 이념적이거나 인식론적 입장과도 연관되어 있을 가능성이 높기 때문에, 증거는 사실로만 얽매이지는 않으며, 오히려 문젯거리가 되고, 동의하지 않을 수

도 있다. 실제로 1990년대까지 대부분의 질적 연구는 많은 사회학자들에게 진지하게 받아들여지지 않았으며, 이류 사회과학으로 치부되곤 하였다. 사회학의 주요한 간행물들을 다루는 편집자들과 평가자들은 질적 연구 보고서들을 거의 출판하지 않았다. 물론, 기본적인 문제는 질적 연구가 예외가 있기는 하나 자료에 기반하였다고 간주되지 않은 것에 있었다. 인용문들과 관찰은 특히 숫자 즉 "N"이 충분하지 않을 경우에는 적절한 증거로 인정받지 못하였다. 그래서 결국 질적인 주장을 양적인 추정과 유사한 것으로 만들어 버렸다. 그러한 상황이 너무도 심했기에 몇몇 질적 연구자들의 모임은 스스로 자신들의 정기학술지들을 출판해내기 시작하였다. 「Urban life」(나중에 「Journal of Contemporary Ethnography」로 개정됨)와 「Symbolic Interaction」, 「Qualitative Sociology」가 그것들이다. 2011년에는—이 책이 말해주고 있듯이—상황이 많이 호전됨에 따라, 질적 연구 방법, 자료, "증거"들이 좀 더 받아들여지게 되었다. 그러나 앞서 등장한 논의에서 보여주듯이, 광범위한 인식론에 대해서 모종의 조바심이 여전히 있어서 특정 이해 집단의 사람들은 구분 짓고 통제하려고 한다.

사회학자들이 증거와 관련하여 겪고 있는 갈등 문제는 실상 비학문적 상황과 비교해볼 때 지극히 작은 것이라고 할 수 있다. 미국 대통령이 이라크가 대량살상무기(WMD)를 가지고 있으며 세계를 구하기 위해 침공이 마땅히 이루어져야 한다는 것을 증명하고/보이기 위해 수사적 표현과 사진을 사용했을 때와 그리고 이 "증거"가 거짓인 것으로 판명되었을 때, 증거들이 철저히 검사받아야 하는 것과 비판적으로 분석되어야 한다는 점이 더 중요시되었다. 그런 까닭에, 질적 연구자들은 증거와 그것의 사회적 맥락에 관심을 두었다(Denzin & Giardina, 2008).

우리는 의사소통의 전략, 형식, 그리고 패러다임의 장벽이 우리의 시야를 흐리게 할 수 있음을 말하고 싶다. 통용되는 상징적 의미를 여과하는 장치들은 다양한 구성원들로부터 나온다. 궁극적으로 증거는 특정 상황에

속해 있는 우리의 정체성과 관련되어 있다. 다양한 인식론적 공동체에서 우리가 지니는 다수의 신원들은 특정한 목적(예, 어떤 가정이나 가치들이 도전받거나 의심받을 때)을 위해 섞이고 합쳐지는 등 재구성된다. "증거적 담화"는 어떻게 일상 속의 지식과 신념체계들이 상징적인 사회적, 도덕적 규칙들에 대한 관점, 시나리오, 설명을 제공하는 인식론적 공동체에 연관되어 있는가에 대한 검토로부터 비롯된다.

> "증거적 담화"는 행동하는 주체, 청자, 어떤 관점의 가정들(특정 상황의 정의), 그리고 두 개 또는 그 이상의 현상들 사이의 관계에 대한 주장들을 상징적으로 이어준다. 만약 이러한 구성 요소들 중에 한 개라도 주장의 맥락상 의미에 들어맞지 않게 되면 해당 주장은 인정받지 못할 것이며, 증거로서 인정받지 못할 것이다. 더욱이 주장 자체가 산만해지면서, 잠재적으로 문제가 생길 여지가 있는데, 반드시 그렇게 될 필요는 없다. (Altheide, 2009, p.65)

요점은 다음과 같다. 증거는 사실 그 자체에 대한 것이라기보다는 논점에 관한 것이다. 즉 현재의 목적에 적절한 담화로 볼 수 있다. 이것은 증거라는 것이 반드시 전후 맥락을 참고해서 판단해야 하는 것이며, 함께 수반되는 가정들, 기준들, 구성원의 규칙, 참여 등의 것들과 함께 주어진 프로젝트의 한 요소라는 것을 알려준다.

지식사회학의 관점에서 볼 때, "정보"의 요점을 적극적으로 수용하는지 여부는 정보의 출처와 정보가 전달되는 기술, 매체, 양식과 논리의 합법성(수용가능성)의 "매체 논리"에 따라 결정된다(Altheide & Snow, 1979). "증거"라는 것이 실제로 의미하는 것은 "공동체의 구성원들과 양립할 수 있는 다양한 상징적 필터들에 의해 걸러진 정보들과 특정 뉘앙스를 담고 있는 의미들"이라고 볼 수 있다(Altheide, 2009, p.65). 그럴 때에만 정보는 특정의 논쟁, 문제, 주장과 병치되어 있는 증거로서 해석된다. 역으로, 적절하게 설정되지 않

고 제시되지 않은 정보들은 우세한 담론들 사이에서 묵살되지는 않더라도 반대에 직면하게 될 가능성이 높다.

이전에 우리는 거대한 문화기술지 연구 사업이 문화기술지가 발생한 과정을 고려하게 될 것이라고 주장했었다(Altheide & Johnson, 1994). 그 과정은 당면한 상황의 맥락, 연구자, 연구 방법, 설정, 그리고 주체자들 사이의 상호작용을 고려하여 명백하게 기술되어야 한다. 우리가 제시했던 넓은 의미의 "분석적 실재론"은 사회적 세계가 있는 그대로 보여지는 세상이 아니며, 항상 상징적 구성(심지어 해체까지도!)의 영향을 받는 해석된 세상이라는 관점에 기초하고 있다. 우리는 이러한 관점을 어떻게 일상의 상황들이 사회적 맥락과 증거의 사용들로부터 영향을 받는지에 대한 이해를 돕는 데에도 적용할 수 있다. 이러한 적용은 어떻게 증거가 구성되는가에 대한 과정을 명백히 밝혀준다. 우리는 이제 질적 연구 기준을 표준화하고 한정하려는 어떠한 노력도 실패하게 될 것임을 알게 되었다. 질적 연구의 핵심 가치가 더 특정한 청중과 사용법을 향해 확장되는 한 타당성에 대한 기준 또한 특정한 선호 또는 사용법에 적합한 증거와 연관되어 다양해질 것이다. 어떤 상황에서 증거가 언급되거나 제시될 때, 우리가 "문화기술적 윤리"라고 명명하였던 다음과 같은 구성요소(Altheide & Johnson, 1994, p.489)들을 고려해보는 것이 도움이 될 것이다.

> (1) 관찰되는 것들(행동들, 의식들, 의미들)과 그것들이 만들어지는 더 큰 문화적, 역사적, 조직적 맥락 사이의 관계(실체)
> (2) 관찰자와 피관찰자, 설정 간의 관계(관찰자)
> (3) 그것이 관찰자의 것이든 구성원의 것이든, 주어진 문화기술지 자료를 해석하는 데 사용되는 관점의 문제(해석)
> (4) 최종 산물에 대한 독자(또는 청자)의 역할
> (5) 저자가 묘사 또는 해석을 할 때 사용하는 표상물적인, 수사적인 또는 스타일과 관련된 문제

위의 각각의 과정들은 연구자가 관찰자로서 그들 스스로의 연구를 해 나가는 과정에 있어서 반드시 언급되어야 하고 실질적으로 해결되어야만 하는 문제나 쟁점을 포함하고 있다. 애초에 만들어질 때, 이 다섯 가지의 관점은 타당성과 관련한 난제들을 포함하고 있었다. 우리는 이 "문화기술적 윤리"를 통해 문화기술자들이 자신들과 자신들이 수행한 연구 과정에 대한 성찰적 설명을 통해 자신들의 해석과 발견을 입증해야 한다고 생각하였다(Altheide & Johnson, 1993).

증거적 담화들은 여러 의미들의 집합체 위에서 생성되었다. 우리가 알고 있는 것, 우리가 누구인지, 그리고 우리가 가장 기본적이라고 여기는 가정(가령, 이 세계에는 질서가 존재한다고 믿는 것)이나 그러한 질서에 대한 특정한 주장(가령, 나의 신념은 합당하고 믿을 만하다는 것)의 증거들로 간주하는 것 등이 그것이다. 해결책을 찾아 나서기에 앞서, 그 문제에 대해 개괄적으로 살펴보자. 우리는 사회적 존재로 살아가고 있으며, 어떤 이들은 책임을 져야 할 의무가 있으며 다른 이들에게는 그러한 의무가 없다. 왜 우리는 특정 주장을 받아들이지만 다른 것들은 내치는 것일까? 그리고 무엇이 우리의 마음을 움직이게 하는 것일까? 현대는 증거로서의 "자료"나 사실에 근거한 증거에 기반하고 있는 특정의 경험적 믿음에 대한 과학적 권위가 우리의 마음을 움직이는 것들에 포함되어 있다. 현대인들의 프로젝트는 사물에 대한 객관적인 관점에 근거한 형식적인 논리 원칙을 포함하고 있는 합리성에 의존하고 있다. 이러한 관점은 다음과 같은 광범위한 연구와 논문을 통하여 심각하게 도전받고 있다. 문화기술 방법론(ethnomethodology), 현상학(phenomenology), 실존적 사회학(existential sociology), 사회적 상호작용론(social interactionism), 여성학(feminism), 문학 비평(literary criticism), 수행 연구(performance studies), 자문화기술지(autoethnography) 등이 여기에 속한다(Denzin & Lincoln, 1994). 이러한 접근들은 사회과학에 있어서 "성찰적 전환(reflexive turn)"에 공헌하였다. 또한 "글쓰기 행위"를 포함하여

연구 과정이 어떻게 되는가를 검토함으로써 연구 결과가 부분적으로 나타난다(Marcus & Clifford, 1986; Van Maanen, 1988).

성찰적 전환이 증거 문제의 중심에 있다. 왜 사람들이 "이상한 것"을 믿으며 그러한 신념을 거부할만한 증거들을 고려하지 않는지가 아니라, 더 기본으로 돌아가 왜 그리고 어떻게 연구자와 과학자들이 특정 문제에 대한 증거로 정보를 받아들이냐의 문제인 것이다. 탐구 주제는 여전히 중요하다. 하지만 대개 사회적으로 구성되는 "생산물(product)"로서 중요한 것이다.

앞에서 언급한 SBR과 SIE와 같은 노력들은 준거와 체크리스트의 측면에서 질적 연구가 어떠해야 하는지를 형성하려고 노력하는데, 그러한 노력들은 위험하다. 그러한 노력들은 우선 혁신을 위한 과정의 구성요소라기보다는 그것을 위한 규제가 되어버리기 쉽기 때문이다. 이러한 것의 결말은 문화기술지와 질적 연구를 시장에서 사고파는 단지 하나의 물품, 즉 제품으로 취급하는 것이다. 그러나 이 시장은 다른 모든 시장들처럼 모든 시장들을 생기게 하는 과정과 이해관계를 반영하고 있다. Nico Stehr(2008)는 지식 시장에 관하여 다음과 같이 말하고 있는데 매우 시사적이다.

> 현대 사회학적 관점에서 본다면—이는 훨씬 더 일반적이면서 발전된 비판이다—시장은 부유함을 널리 퍼뜨리는 데에는 크게 책임이 없다. 오히려, 시장은 실제로 구현된 혹독하며 비개인화된 제도를 대변하고 있으며, 이는 주요 고전적 사회학 이론가들이 예상하였으며 동시에 당연히 두려워했던 것이다. 이 관점에서 시장 관계는 권력 관계에 불과하다. 시장 관계는 순수한 권력 관계의 형태이다. 생산 수단의 소유자들을 노동력의 소유자들과 겨루게 한 것이다. (p.85)

적합한 방법론을 인가하는 연구 지원 단체와 규제위원회에 포함되어 있는 권력 관계는 어쩌면 의도치 않게 질적 연구로부터 앞서 언급된 미묘하지만 중요한 차이를 제거할 수도 있다.

질적 탐구와 개발의 많은 부분을 차지하였던 과학적 발견의 창의적인 논리들이 옆으로 밀려나 버렸다. 왜냐하면 질적 연구가 "전문성"으로 재구성되며, 다양한 타당성을 포함한 질적 연구의 복잡성을 제한적으로 이해(관심)하는 다양한 독자들과 실용적 목적으로 질적 연구를 사용하려는 지식 생산자들을 위한 자원이 되기 때문이다. Steven Fuller(2008)는 역사적으로 과학과 전문성은 정반대의 지식 형태였으며, 전자(과학)는 창의성과 성찰과 관련이 있고 일부분 자연과 질서, 그리고 가능성의 영역에 대한 탐구를 하는 것인 반면에, 후자는 응용 그리고 현실적인 것을 "하는 것"과 더 관련이 있다고 주장하였다. 과학 기술 연구(STS)에 초점을 맞추어 그는,

> 과학과 전문성은 역사적으로 상반되는 아이디어였다: 전자는 일상생활에 추구되어야 할 보편적인 이상을 환기시키는 것인 반면 후자는 생계를 유지하기 위한 특정 과제들로 구성된다. 그러나, 전문성은 이러한 보편적 이상의 타당성에 의문을 던질 수 있는 다른 전문가들의 권위를 손상시킴으로써 과학의 보편적 이상의 역할을 할 수 있다. 직설적으로 말하자면, 전문성은 헤겔 변증법의 두 번째 순간의 역할을 할 때에만 진보적일 수 있다는 것이다. … 나는 현대의 대학을—구체적으로는 대학의 교수 기능을—이러한 순간이 생기는 장소로 보고 있다(p.115).

Fuller의 관심사는 미묘함을 유용한 결과와 절차로 평범하게 만드는 강압적인 논변과 조직의 압력으로부터 과정으로서의 탐구, 탐험, 발견을 구출해내는 것이다.

35.2 과정으로서의 증거적 내러티브

이 글을 시작할 때 하나의 점이 지나간 것에 대한 Klee의 문구를 인용하였는데, 우리가 알아차리기도 전에 이미 선 하나가 있다. 그 질적 연구자는 의미를 가시화하기 위하여 의미를 설명하고 말함으로써 하나의 "선"을 보여준다. 모든 연구의 성찰성과 모든 의사소통의 지시성 때문에 이런 설명은 종종 문제가 되기도 한다. 개인이 가지는 경험의 특성과 의미는 그 경험에 대한 연구자의 해석과 같은 형태가 아니다. Schutz(1967)가 언급한 바와 같이 생활세계는 사회적인 행위자들에 의해 해석되는 세계이다. 이것들은 일차적 인식이며 구성물이다. 사회과학자나 질적 연구자들은 행위자의 의미를 해석해야 하며 이차적 구성물과 해석을 제공해야 한다. 앞서 언급한 바와 같이, 이러한 이차적 구성물은 사회적/문화적/역사적 맥락 안에서 의도된 사람들과 함께 만들어진다. 여기서 강조하는 바는 대상 구성원들이 자신들이 가지고 있는 타당성, 적합성, 신뢰성의 기준을 비판적으로 적용하기 위하여 연구 보고서 또는 다른 표상물들을 비판적으로 평가하는 방식이다. 여기서 살펴보게 될 측면 중 일부는 기본적인 것이지만, 이것들은 질적 연구를 평가하는 것을 돕는 도구를 제공한다. 이것은 질적 연구의 투명성 문제를 제기하는데, 이는 연구자들이 착수에서부터 최종 보고와 표상물에 이르기까지 "점들을 잇기 위해" 노력하는 방식을 의미한다. 무결점의 투명성을 갖는 것이란 불가능하다. 다시 말하자면 이는 연구 과정 자체에 내재된 성찰성과 지시성 때문이다. 그러나 대부분의 질적 연구 보고서들은 관찰이나 발견, 주장, 설명, 또는 결론의 관련성에 대한 안내를 포함한다.

질적 방법론을 실천하는 사람들은 자신의 관찰, 경험 또는 연구를 수행할 때 일상적으로 특정의 문제와 난제들에 직면하게 된다. 이 문제들과 난제들의 대부분은 전통적인 사회과학 문화기술지에서는 전설적(아주 오래된)이기 때문에, 우리는 전통적인 관찰 연구에서 잘 알려진 예시에 의존하기보다는 예외적으로 최근의 자문화기술지에서의 일례를 사용할 것이다. H. Lloyd (Bud) Goodall이 비밀과 편집증에 사로잡힌 가정에서 자란 자신의 어린 시절 경험과 미국 정부의 감시를 받으며 살았던 경험을 담은 책『A Need to Know: The Clandestine History of a CIA Family』(2006)가 그

것이다. Goodall은 자신의 아버지가 죽고 나서야 아버지가 CIA 정보원이었다는 것을 알게 되었다. 아버지의 일과 삶, 헌신에 대한 답을 찾기 위한 Bud의 간절한 탐색은 실제 가족 행사와 개인적인 삶, 어린 소년의 두려움과 불안에 대한 기관 차원의 조직적인 맥락을 기록하였을 뿐만 아니라 가족의 역사와, 어머니의 질병, 그리고 숱하게 이사했던 것들에 대해 설명해 주었다. 내러티브를 통하여 형성된 기억들을 재생하고, 이것들을 자신의 성경, 일기, CIA의 암호책으로 사용되었던 『위대한 개츠비』를 포함해 자신의 가족 역사에 관한 다양한 문서로부터 찾아 모은 새로운 해석과 비교하며 해석해 봄으로써 Bud Goodall의 문제는 해결되었다.

우리는 질적 연구 측면의 순환적인 경로를 때때로 보여주기 위해 앞에서 언급한 독특한 프로젝트에 의존하였다.

질적 연구, 특히 문화기술지는 어떠한 형태로든지 모종의 자료 수집, 분석, 해석을 포함하고 있다. 그러나 이런 방법들이 독자들이 바라는 만큼 항상 분명하고 투명한 것은 아니다. 실제로 살아 있는 경험으로부터 나오는 질적 연구 설계의 두드러지는 특징 중 하나는 자료 수집과 분석의 경계가 모호하다는 것이다. 왜냐하면 분석은 종종 어떤 새로운 자료와 예시/비교 대상을 찾아내고 설명하고 비교해야 할지를 알려주기 때문이다. 예를 들어 Goodall(2006) 교수는 그의 개인적인 경험으로부터 출발했지만, 더 많은 정보를 위해서 사진, 가족 기록, 군 기록 등을 포함한 다양한 문서에 점점 의존하게 되었다. 모든 연구들은 자료를 수집하고, 조직하고, 분석하고 해석하는 것을 포함하고 있다. 때때로 이는 우리가 가지고 있는 무언가가 가치 있다는 것을 깨닫게 해주며, 그로 인해 결국 그것이 무엇인지 알게 된다. 가장 기본적인 관심사는 인식론적인 것이다. 즉, 우리는 어떻게 아는가? 하지만 이것들은 우리가 안다는 것이 무엇이며, 우리가 어떻게 학습하게 되었는지 또는 어떻게 우리가 그것을 납득하게 되었는지와 같은 "알아가는 과정"에 대한 몇몇 특성들을 포함한다. 우리는 이러한 활동들을 위한 특정한 접근, 유형,

표상물이 있다는 점을 제안하는 것이 아니다. 우리는 단지 이러한 것들이 사회과학의 "말하기(telling)" 또는 "설명하기(accounting)"가 다른 장르의 것들과는 구분될 수 있도록 도와준다는 점을 제안하려는 것이다.

질적 연구는 비판적 읽기를 위한 창을 제공해야 한다. 그렇지 못한다 할지라도 최소한은 상황을 잘 알고 있는 독자들이 지금 읽거나 보거나 듣고 있는 것이 무엇인가를 의심하도록 허용해야 한다. 우리의 입장은 진실성, 타당성, 적합성, 신뢰성에 대한 어떠한 주장이든 이 네 가지 측면들의 투명성과 대상 구성원(예컨대, 독자, 청취자, 관찰자)들을 위한 이 네 가지 측면들의 개인적 관련성, 적절성, 중요성에 달려 있다는 것이다. 투명성으로 인해 저자와 독자 사이의 공감적이며 동정적인 이해와 참여가 증가하게 된다. 그래서 우리가 강조하려는 것은 연구의 설명과 내러티브 "같은(like)" 것으로는 충분하지 않으며, 사회과학의 목적을 위해서는 이런 측면들과 "같은(liking)" 것이 연결될 수 있다는 점이다.

개인이 경험하고 있는 일상생활에 대하여 폭넓게 관여하는 것의 힘 또한 언론에 명백하게 드러난다. 저널리스트들은 그냥 말하는 방법을 가지고 있지 않다. 그들은 이야기될 만한 것을 묻고 찾는다. 이들이 실재론과 연결하는 방법은 다른 이들에게서 "사실 확인"을 받는 것이다. 실제로 어떤 사람이 저널리스트에게 무언가를 말했는지는 이러한 "사실 확인"에 종종 포함되지만, 그 사람이 저널리스트에게 진실을 말했는지의 여부는 포함되지 않는다. 사회과학자는 자료 수집과 해석으로 이끄는 이론적 방향을 가지고 활동하지만 자료에 근접한 실제적인 경험이 이해하는 데 결정적으로 작용한다. 저널리스트는 대개 행동에 더 가까우며, 그들의 묘사는 큰 통찰력을 제공한다. 비록 이러한 이야기가 이론적으로 안내를 덜 받으며 정보가 부족한 것일지라도 말이다. 이것은 저널리스트인 Roberto Saviano(2007)가 이탈리아 남부의 상업을 장악한 잔인한 범죄 조직인 카모라(Camorra)의 몰락에 대해 어떻게 알게 되었는가를 말한 부분에서 잘 드러난다. 시

멘트 산업에 대하여 어떻게 불법적인 통제를 하는지를 잘 알게 된 것을 설명할 때 Saviano는 다음과 같이 말한다.

—

나는 그것을 알며 또한 증명할 수 있다. 나는 어떻게 경제가 발생하고, 경제가 어디에서 체취를 묻혀 오는지 안다. 그것은 성공과 승리의 체취이다. 나는 이익의 땀이 무엇인지 안다. 나는 안다. 전쟁의 진실은 어떤 사람도 생포하지 않는다는 것이다. 왜냐하면 전쟁은 모든 것을 집어삼켜 버리고 모든 것을 증거로 바꾸기 때문이다. 서로 확인을 한다거나 조사에 착수하기 위해 시간을 질질 끌 필요는 없다. 관찰하고 고려하고 바라보고 듣는다. 증거들이 땅 밑 구덩이 속에 플래시 드라이버에 담겨 있는 것은 아니다. 찾아가기도 힘든 산속 마을 안의 차고에 숨겨져 있는 유력한 비디오 영상 같은 것도 없고, 비밀 서비스 문서 복사본을 내가 가지고 있는 것도 아니다. 증거들은 부분적인 것이며 내 눈으로 본 것이며, 글로 풀어낸 것이었으며 철과 나무에 메아리 치는 감정으로 누그러뜨려진 것이기 때문에 반박할 수 없는 것이다. 나는 보고, 듣고, 직관적으로 파악하고, 말한다. 그리고 나는 이런 방식으로 힘있는 자들의 운율있는 자장가를 들든 사람들의 귓가에 "진실이 아니다"라고 속삭일 때 여전히 유용한 천박한 말을 증언한다. 진실은 부분적인 것이다. 결국, 객관적인 공식으로 줄인다면, 그것은 아마 화학이 될 것이다. 나는 그것을 알고 있고 증명할 수 있다. 그러니 그렇게 말한다. 이러한 진실에 관하여. (p. 213)

우리는 특정 프로젝트, 주장, 설명의 기본이 되는 그러한 경험의 일부분들이 사용 가능할 필요가 있으며, 적어도 청자나 독자가 참고할 수 있는 것이어야 함을 강조하고 싶다. 예를 들어, 우리가 몰두하고 있는 것과 관련된 이론이나 설명, 또는 해석이나 내러티브의 기본을 이루는 것은 무엇인가? 그것은 개인적 경험(가령, 자전적인 성격의)인가? 다른 이와 공유하고 있는 결정적인 사건/경험인 것인가? 관찰인가? 또는 확장된 문화기술지, 공식적이거나 비공식적인 면담, 문서상의 "증거"나 설명에 관한 성찰과 같은 일련의 관찰 결과들인가? 비판적인 통찰력이 창의적인 의식으로부터 나온 개인적인 것이라고 하더라도 어떠한 의미에서든 대상물은 실제적인가? 만약 아니라면, 어떤 방식으로 독자와 시청자와 청자들과 공유하고 있는 일상생활과 연결되어 있는가? 한 가지 사례는 삶의 메타포에 관한 통찰 또는 어떻게 자아 정체가 대중문화에 의해 형성되는가이다. Saviano(2007)는 카모라(Camorra)의 주요 리더들이 어떻게 자신의 지배와 통제의 방식을 할리우드 악당을 보면서 따라하는가를 보고한 바 있다.

—

카모라의 별장은 시골길에 숨겨져 있는 시멘트 진주로 되어 있으며, 벽과 비디오카메라로 보호받고 있다. 그런 별장들이 수십 개가 있었다. 그것들은 대리석과 고급 세공을 한 마루, 지붕을 떠받들고 있는 돌기둥, 계단들, 두목의 이니셜을 새겨 넣은 화강암 벽난로를 갖춘 집들이었다. 그 중 가장 호화로운 한 별장이 특히 유명했는데, 아마도 그 별장이 대부분의 전설을 낳은 것 같다. 모두가 그 집을 할리우드라고 불렀다. 단지 할리우드라는 단어를 말하는 것만으로도 왜 그렇게 불렀는지를 이해할 수 있을 것이다. Walter Schiavone의 별장은 정말로 할리우드와 관련이 있었다. Casal di Principe에 있는 사람들은 그 두목이 'Scarface'라는 영화에 등장한 쿠바 출신의 마이애미 갱스터인 Tony Montata의 별장과 같은 것을 원한다고 말하였다고 하였다. 그는 Al Pacino가 연기한 그 인물과 자신을 동일시하는 지경에 이르기까지 그 영화를 셀 수 없이 여러 번 보았고, 그것들이 그에게 강한 인상을 남긴 것이었다. 상상력을 조금 발휘해 본다면 Schiavone의 홀쭉한 얼굴이 Al Pacino와 겹치기도 하였다. 그 이야기는 전설을 만들기 위한 내용들을 포함하고 있다. 사람들은 심지어 Schiavone이 건축가에게 그 영화의 복사본을 주었다고 말한다. 영화에 나온 것과 똑같이 생긴 Scarface 별장을 가지고 싶어하였다. (pp. 344-345)

질적 연구에서 발견된 많은 통찰력은 연구자의 개인적 경험에 기인한 것이다. 이 장의 뒷부분에서 암묵적 지식의 중요성에 대해 논하게 될 것이다. 통찰이나 예감으로부터 더 엄격한 이론을 만들어내는 과정에 어떻게 사례들을 선정하는가에 관한 표집의 문제에 부딪히게 된다. 질적 연구자들은 심지어 단지 하나의 사례일지라도 소집단의 사례를 무시하지 않는다. 그렇지만, 만약 그 정보가 확보 가능한 것이라면 도움이 될 것이다. 실제로, 대부분의 아이디어가―그 아이디어를 발전시키기 위해 어떤 방법이 사용되었든지 간에―개인적인 경험과 무관하지 않다고 말할 수 있다. 하지만 여기에는 그 이상의 무언가가 있다. 제안되고 있는 설명이 완전히 기이하거나 독특하지 않다면, 다른 사례들을 살펴본 바가 있는지, 비교를 하였는지, 그렇지 않다면 그 외 연구들이 시사점들을 제시하거나 제안되었는지와 아울러 어떻게 "사례"가 선정되어야 하는지에 대해서도 알고자 할 것이다. 바꾸어 말하자면 질적 연구자들은 어떻게 사물들이 조직되고 그러한 행동의 결과가 무엇인지와 같은 경험의 세계에 대한 설명을 하고자 애를 쓰고 있다. 연구자가 연구하고 있는 것이 어떤 대상, 어떤 상황, 맥락, 적용, 그리고 그 비슷한 것들과 관련이 없다고 단언하는 연구에 대해서는 들어보지 못하였다. 관련은 제한적일 수 있으나 연구가 검토되거나, 언급되며, 면밀한 조사를 받고 있는 사례를 넘어서서 특정 또는 연관된 문제를 조명한다는 점에서 중요하다. 다시 한 번 두려움과 협박의 진부함에 대한 Roberto Saviano(2007)의 설명은 카모라가 설정한 당연시되는 도덕적 질서를 예시적으로 보여준다. 여기서 그는 길거리 살인을 목격하고 증인으로 서고자 했던 목격자에 의해 깨어진 도덕적 규약 이야기를 하고 있다. 그리고 이 용감한 여인의 결말이 제시되어 있다.

그러한 두려움을 야기하는 것은 증언하는 것 그 자체가 아니었다. 혹은 추문을 야기하는 것은 그녀가 살인자를 확인하는 것이 아니었다. 침묵의 계율(Omerta)이 지닌 논리는 그렇게 단순하지 않다. 젊은 여교사의 몸짓을 스캔들로 만드는 것은 그녀가 무언가 자연스럽고, 본능적이고 필수적인 것을 증언할 수 있다고 여겨지기 때문이었다. [거짓]으로 당신이 무언가를 얻을 수 있고 [진실]은 무언가를 잃게 한다고 여겨지는 땅 위에서는 마치 진실이 존재할 수 있다고 믿는 듯 살아가는 것은 납득하기 힘든 일이다. 그러니 당신 주변 사람들은 자신들이 완전히 받아들였던 삶의 규칙 자체를 무시해버린 사람의 시선으로 인하여 불편하고 벌거벗은 듯한 기분을 느끼게 된 것이다. (pp. 279-280)

Saviano가 자신의 이야기를 위해 다양한 사례를 수집했던 것은 다른 범죄 및 사회학적 연구자들에게 자료를 제공해 주었다.

다른 유형의 자료로 초점을 넓혀나가는 점이 Goodall (2006)의 경험에서 잘 드러난다. 그는 그의 가족으로부터 시작해서 곧이어 어떻게 정부에 의해 CIA 정보원이 다루어졌는지 그리고 그들의 가족은 어떤 대우를 받았는지에 대한 이야기로 가지를 넓혀나갔다.

나는 아버지의 은밀한 직업이나 심지어 우리 가족에게 냉전시대의 삶의 의미와 같은 "진실"을 발견하게 되리라고 믿으면서 연구를 시작한 것은 아니었다. 나는 좀 더 작은 것을 바랐다. 나는 부분적이라고 할지라도, 우리에게 무엇이 그리고 그것이 왜 일어난 것인지에 대한 적절한 설명을 찾길 바랐다. (p. 24)

이 연구에서는 면담, 역사적 기록과 다른 문서들, 심지어는 다른 사회과학 문헌들과의 연결 등이 포함되었다. 하지만 그는 그의 가족이라는 독특한 사례를 다른 사례들과 연결할 수 있었으며, 어떻게 CIA의 독특한 문화를 포함하여 조직적인 관행과 문화가 한편으로는 가족의 기능을 마비시키고 다른 한편으로는 외교 정책을 실패하게 하였는가를 추적할 수 있었다.

게다가 Goodall(2006)의 탁월한 논문은 자료의 또 다른 근원이 무엇이며, 어떻게 그것들이 서로 연결되어 있는지를 보여주었다. 그리고 독자들은 그의 추가적인 해석과 결론이 다양한 자료와 어느 정도 관련이 있다는 것을 잘 이해하게 된 반면 다른 사항들은 다소간 사변적이며 자료에 의존하는 것이 아니라는 것을 잘 알게 되었다.

Saviano(2007)는 일반 문화기술자만큼은 이해하고 있다. 그러나 그가 아는 방식은 투명하지 않다. 왜냐하면 그는 기자로서 상이한 인식론적 원칙에 답하고 있기에 부분적으로 그러하다. 그러나, 그가 아는 만큼 다른 연구자들이 알아야 하며, 우리가 주장하는 것을 어떻게 아는가를 설명하는 것을 제공하기 위하여 다른 연구자들을 동기화하는 것은 충분한 설득력을 가지고 있다. 관심을 사로잡는 그의 책 맨 마지막 페이지에 있는 확실성의 증거에 귀 기울여 보자.

나는 카모라의 땅에서 태어났고, 그곳은 유럽에서 가장 많은 살인사건이 발생하는 곳이자 온갖 흉악범죄가 돈과 얽혀 있는 곳이다. 이곳에서는 권력을 만들어내지 못하는 모든 것들이 가치 없으며 마치 모든 것들이 최후의 전쟁을 치르는 것 같은 곳이었다. 평화의 순간이 오는 것은 불가능한 것처럼 보였다. 모든 몸짓은 항복일 뿐이었고, 무언가가 필요하다는 것은 곧 힘을 잃는다는 것이며, 모든 것들은 사력을 다해 싸워야만 얻을 수 있을 뿐이다. 이런 Camorra의 땅에서, 그 무리들에게 대항하는 것은 계급 투쟁도 아니었고, 권리의 확인도 아니었으며, 시민의 의무를 다하는 것도 아니었다. 이는 영광스럽거나 자존심을 지키는 것이 아니다. 그 무리들에게 대항하는 것은 생존을 위한 전쟁이었다. 이는 삶의 의미를 찾는 것이 아니라, 마치 당신이 먹고 있는 음식, 키스를 할 수 있는 입술, 듣고 있는 음악, 읽고 있는 책과 같은 존재 그 자체가 생존을 위한 투쟁인 것 같았다. 그러므로 안다는 것은 더 이상 도덕적 약속의 신호가 아니다. 안다는 것—이해한다는 것—은 필요가 되었다. (pp. 300-301)

우리가 이해하는 사이에 문화기술지는 권위를 유지하기 위해 추가적인 것들을 제공해야 한다.

우리는 지금까지 주로 개인적인 경험과 매우 면밀한 관찰과 기억들을—그것이 자서전적인 것이 아닐지라도—다뤄왔다. 하지만 보고의 진실성과 관련성에 대한 동일한 논리는 다양한 종류의 면담과 추가적인 관찰, 심지어 문서 기록에서도 많이 찾아볼 수 있다. 반복하건대, 우리가 이 부분에서 말하고자 하는 것은 어떤 것이 더 좋은 것이며 어떤 것을 다른 것보다 더 신뢰해야 하는지에 대한 것이 아니다. 우리는 그저 독자/청자/관찰자들이 특정한 사례뿐만 아니라 일반적으로도 이용되고 있는 것을 구분할 수 있어야 한다는 것을 강조하고 싶을 뿐이다. 어떤 독자라도 보고되는 것과 공언된 출처와의 관계를 "설득력" 있거나 "회의적"인 것으로 나누는 기준을 구분할 수 있을 것이다. 그러나 가장 주요한 문제는 그 연결고리가 가능하고 투명한 범위 내에서 명백해야 한다는 것이다. 이는 연구 과정의 일부분을 기술하고 있는 방법론적 부록을 추가함으로써 도움을 받을 수 있다. 이 부분은 다음에서 간단히 다룰 것이며, 몇몇 주석에서도 언급될 것이다.

투명성에 대한 이러한 일반적인 원칙들은 자료 분석에도 적용될 수 있다. 자료 분석은 어떤 일인칭 시점의 질적 보고서에서는 자기 증언적이지만, 보여지는 것처럼 간단한 경우는 드물다. "근거 이론(grounded theory)의 가장 대중적인 적용은 부호화와 비교에 대한 이론적 근거를 제공해주는 것이지만, 비교의 다른 유형들이 또한 존재한다. 숙련된 연구자는 일반적으로 질적 연구 보고에 포함되는 자료 탐구와 비교, 삼각기법(triangulation)과 같은 창의적인 과정들을 잘 엮어낼 수 있다. 반면에 다른 사례들에서는 "연구자가 무엇을 했으며," "어떻게 결과에 도달하게 되었는지"를 설명해주는 별도의 항목(예, 주석과 같은)을 마련하는 것이 도움이 된다. 다시 Goodall(2006)의 사례를 보자면, 그는 그의 아버지의 위장 직무 기술에 대한 정부의 공식적인 기록을 사용하여 만연했던 관료주의적인 이중성과 거짓, 그리고 그가 돌아가신 아버지의 삶과 문제, 관점을 이해하려고 시도했던 그 때를 이해하기 쉽게 그려내었다. 그가 이러한 자료들을 사용함으로써 기관의 관료적 과정의 이중성이 더 가시적으로 드러날 수 있었다. 우리의 연구 접근을 더 가시적으로 만들고자 하는 도전에는 타당성 문제가 놓여 있다.

35.3 암묵적 지식과 이해의 생태학

훌륭한 문화기술지들은 암묵적 지식을 보여준다. 우리는 "이해의 생태학"의 측면들에 초점을 맞추었다. 맥락적인 성격의 "암묵적 지식(tacit knowledge)"은 의미를 제공하는 데 구성적인 역할을 한다. Goodall (2006)은 그의 아버지가 생계를 위해 하는 일에 대하여 어린 시절에 혼란스러워했음을 보여주었는데, 아버지는 때때로 일을 위해 몇 주씩 사라지곤 했었다. 그의 부모님이 "복잡한 일이란다"라고 답해준 것은 몇 년에 걸쳐 더 많은 의문을 가지게 만들었다. 사회생활이란 공간적 경계로 환원될 수 없는 공간적, 시간적 순서로 배열된 경험이다. 왜냐하면 다양한 형태의 의사소통이 문자와 직선적인 은유에 기반을 둔 것이기 때문이다.

더 구체적으로 말하자면 경험은 경험에 관한 언어나 상징과는 다르다는 것이다. 말이라는 것은 순간적이고 그때 그때마다 감정을 유발시키는 생활세계를 표상하기에는 미흡하다. 말이나 문자는 Schutz(1967)가 "자연적 태도"라고 부른 대부분의 행위자의 존재적 순간의 주요한 대상들이 아니다. 그것들은 그런 경험을 대변한다고 주장하는 말하기꾼이나 지식인들에게 매우 의미 있다. 그러나 말로 일을 하는 사람들이 말에 의존하게 되고, 그리고 실제 경험을 위해 말과 다른 문장에 의존하고 대신하게 됨에 따라, 실제 경험을 나타내기 위해서 분석의 절차가 구체화되었다. 그 속에 어떤 이들이 "표상물의 위기"라고 부르게 된 문제들이 있다.

문화기술지를 위하여 사람들의 말을 포착해내는 것 자체로는 충분하지 않다. 그것이 만약 충분했더라면, 문화기술지는 면담으로 대체되었을 것이다. Goodall(2006)은 면담자에게 그의 이야기를 간단하게 말할 수만은 없었다. 왜냐하면 이야기의 일부분은 그가 자신의 과거에 대해 더 성찰하고 다른 정보원을 찾아보고 사건의 다른 부분과 비교해보며 의미 조각들을 하나의 담화로 이어 붙이기 전까지는 자신에게조차 분명하지 못한 것이었기 때문이다. 바꾸어 말하자면, 그의 책은 그의 이야기의 근간은 아니었지만 실제로 그가 경험을 발견하고 선별하며 해석하는 데 있어 사용한 방법의 한 부분이었다. Goodall의 결과와 같은 훌륭한 문화기술지는 끄덕임, 침묵, 유머, 무례한 뉘앙스 등에서 드러나는 암묵적 지식과 완전히 날이 서지 않은 논리, 맥락적 이해 등을 반영한다. 이것은 문화기술지에 있어 가장 어려운 부분이고, 구성원들의 관점의 핵심에 가까운 것이다. 또는 그 문제와 관련하여 구성원들의 미묘함 그 자체에 근접한 것이다. Laura Nader(1993)가 말한 바와 같이, 이것은 문화기술지의 대상이 된다. "인류학은 분석과 공감의 위업이다"(p. 7). 그러나 Nader 교수의 지혜를 의심하지 않는다면, 어떻게 우리가 아는지와 경험적 자료, 즉 경험으로 간주하는 것에 대한 설명이 필요하다. 이를 통하여 실제 발생했던 것을 이차적(혹은 삼차적)으로 설명하게 된다.

35.4 사물에 대한 성찰적 설명

우리가 위계적 조직과 같이 중대하면서도 본질적으로 변치 않는 환경의 측면에 대해 더 많이 알게 되면서 밑의 예시들이 덧붙여진다. 문화기술지 윤리의 기본 요소를 충족시키기 위해서는 다음과 같은 "포괄적인" 주제들이 반드시 문화기술지 보고서에 포함되어야 한다. Goodall(2006)이 그의 어머니가 세련되어 보이기 위해 연습을 한 것과 이 때문에 생긴 긴장과 문제들을 묘사한 부분은 적절한 설명들이다. 그의 어머니는 웨스트버지니아에서 소박한 유년기를 보냈기에, 이탈리아 대사인 Clare Boothe Luce의 비판적인 눈앞에서 부영사의 아내로서의 의무나 문화적인 일들에 대해서는 그녀가 거의 준비되어 있지 않다는 것이 확인된 이후, 우리는 다음과 같은 글을 읽게 된다.

> 대사관의 사회적 모임은 일종의 미국의 문화적 행사였다. 그들은 승인된 인식의 형태가 부여하는 외양과 신중한 교양에 상당히 의존하였다. 나의 어머니는 배우자로서 국무부 오리엔테이션에 참석하는 동안 사교파티에서의 적절한 행동에 대해 매우 세부적인 지시를 받았다. 그녀는 또한 대화 지도도 받았다. 그녀는 관심 없는 주제에 대해 이야기할 때 어떻게 해야 관심 있어 보이는지를 알았고 지루하거나 따분한 질문을 받을 때나 대답하기 싫은 질문을 받게 되었을 때 어떻게 거절해야 하는지를, 피곤하고 불행할 때도 어떻게 해야 힘이 넘쳐 보이는 지와 필요한 경우에는 문제를 벗어나기 위해 힘없고 아무 것도 모르는 것처럼 보이는 방법을 알았다. (p.141)

흥미롭고, 자극적이며, 통찰력을 주는 문화기술지 연구의 설명과 최고 수준의 문화기술지 작업 사이에는 차이가 있다. 사회생활의 성찰적 특성에 대한 강조를 고려할 때, 문화기술지를 읽는 사람들을 연구자와 상징적으로 연관시키고 투명성(그리고 기회)이라는 연구의 창을 통하여 들어갈 수 있도록 만드는 연구들을 우리가 선호한다는 사실에 독자들이 놀라지 않을 것이다. 그 누구도 "단어 그대로의" 설명을 하고 있지 않지만, 문화기술지 작업을 조정하게 하는 일상적인 일단의 문제들에 관해서 보다 많은 독자들이 상징적인 대화를 저자와 더 많이 나눌수록, 우리의 자신감이 커질 수 있다는 것을 우리의 연구와 많은 다른 이들의 연구가 말하고 있다.

35.5 우리 자신에 대한 설명

문화기술지 윤리에 관한 가장 중요한 부분은 우리가 어떻게 우리 자신을 설명하는가이다. 훌륭한 질적 연구—구체적으로는 문화기술지—는 문화기술자의 영

향력을 보여준다. 노력이 항상 성공적이지는 못하지만, 그러한 시도가 만들어진 분명한 "궤적(tracks)"은 있어야 할 것이다. 우리는 사회 현실이 특정 상황과 의미 맥락에서 문화적 범주와 언어를 사용하는 인간 행위자, 심지어는 사회과학자들에 의해 구성된다는 것을 재발견하는 중이다. 이 문제에 관심을 가지는 것은 실제로 환영받고 있는데 이는 실제로 그렇게 할 수 있는 권한을 주기 때문이며 "안다는 것의 개념"에 대해 또 다른 설명을 향후 제공해줄 수 있기 때문이다.

다양한 주제와 프로젝트를 따라 50년이 넘게 계속되어 온 문헌 읽기에 있어서 우리의 공동 경험은 대부분의 연구 영역에서 공통적으로 부딪히게 될 최소한의 문제 영역이 있다는 것을 보여준다. 우리는 뒤따라 나타날 문제들에 대한 해결을 제안하지는 않는다. 다만 우리는 이것들이 성찰적 과정(어떤 것들을 이 과정을 통해 이해할 수 있다)에 대해 더 넓고 더 완전한 설명을 제시하기 위한 초점을 제공할 수 있다고 제안할 뿐이다(Altheide, 1976; Denzin, 1991; Douglas, 1976; Johnson, 1975). 이러한 정보들은 독자들이 보다 많은 정보를 찾고, 발견한 것들을 맥락에 위치시키고, 연구자, 대상, 연구 주제 간의 상호작용을 드러내는 보고서를 되새기는 연구의 상호작용 과정에 보다 참여하게 한다.

문화기술지를 비판적으로 읽는 독자들을 위한 제안은 자료 수집과 분석의 기본적인 문제들 중 어떤 것이 문제화되었는지, 연구자에 의하여 그러한 문제들이 분명하게 다루어졌는지, 그리고 만약 그렇다면 그런 문제들이 어떻게 다루어지고, 해결되고, 절충이 이루어지고, 피하였는지와 같은 것들을 물어보는 것이다.

문화기술지 연구의 이러한 측면은 신뢰할 만한 설명을 듣기 위해 너무도 중요하고 널리 퍼진 것이기 때문에 보고서에 이 점이 명시적으로나 암묵적으로 다루어져야 한다. 그러한 기준에 의존함으로써 문화기술지 독자들은 문화기술지에 상호작용적이며 비판적으로 접근할 수 있으며, 무엇을 했으며, 어떻게 되었는지, 어떤 일이 일어날 것 같은지, 그리고 특정 연구 문제에 예상

되는 결과가 무엇이며 그것이 연구자들에 의해 어떻게 다뤄지는지를 물어볼 수 있다. 이러한 측면들은 문화기술자가 직면할 수 있는 잠재적인 문제들의 범위를 나타내고 있다.

비록 소수의 연구자들만이 자신들의 연구 문제와 경험에 대한 성찰적인 설명을 제공한다 하더라도, 어떤 연구이든 이러한 문제들을 피할 수는 없다. 가장 주요한 문제는 우리의 관심이라는 현상은 여러 가지 관점을 반영한다는 것이다. 심지어 하나의 환경에서도 대개는 의미의 유형, 관점, 행위에 있어 다양성이 있다. 실제로, 이러한 다양성은 동일 환경의 많은 공식적인 구성원들에게도 종종 알려져 있지 않다. 따라서 현대 사회에서 사람들이 "현상이 되기"란 쉬운 일이 아니다. 우리가 우리 자신과 활동, 주장을 보다 설명 가능하게 만들려고 할 때, 핵심적인 특성은 어떤 행동과 관련되어 있는 모든 측면들을 적절하게 이해하는 것을 실제로 지연시키거나 방해할지도 모르는 모종의 과정에 대하여 우리의 인식을 확인하는 것이다.

우리의 경험에 비추어볼 때 문화기술적 연구의 주제는 항상 시간적으로나 공간적으로 제한되어 있다. 연구 중인 활동의 범위가 시공간(의미가 부여되면 "장소"가 되는)에서 발생하는 점은 많은 것 중에서 해석학적인 원을 꿰뚫어보기 위한 닻을 제공해준다. 물론 이러한 지식의 한 가지 특성은 불완전성, 함축성, 암묵적인 측면이 있다는 것이다. 질적 연구자들은 의미를 만들어내고 질서를 더 뚜렷하게 또는 어떤 점에서는 가시적으로 보여주기 위해서 암묵적인 측면에 의존하는 것을 지향한다. 우리의 주제들은 언제나 그것들이 우리에게 말해주는 이상의 것을 알고 있으며, 대개는 그들이 우리에게 보여주는 것 그 이상을 보게 한다. 마찬가지로 우리는 종종 우리가 분명하게 말할 수 있는 것 이상의 것을 알고 있다. 가장 열정적인 사회과학계의 말하기꾼이라 할지라도 뉘앙스와 미묘함 그리고 절묘한 감각을 상징으로 바꾸는 경우에 대해서는 어쩔할 바를 모르지 않는가! 이런 이유로 우리는 암묵적인 지식의 영역과 암시적인 진실을 인정한다. 그런데 그것들을 말로 표현하기

힘든데, 왜냐하면 그것들이 행동과 의미의 중간에 있기 때문이다. 암묵적인 지식은 일종의 접착제인데, 이것은 인간의 의도성을 분리한 후 실제에 대한 보다 구체적으로 초점이 맞추어진 상징에 합치는 일을 한다. 우리가 강조해왔던 바와 같이, 중요한 문제는 정보 제공자의 목소리를 보여주는 것이 아니라, 주체가 행동을 할 때 행동의 맥락에서 주체에 의하여 보여지는 경험을 분명하게 설명하는 것이다. Harper(1987)가 지역의 장인에 대한 연구를 할 때 어떻게 사진들을 사용했는지를 설명하는 것은 이와 같은 의미들 간의 교차점을 잘 보여준다.

> 내가 생각하기에 핵심은 모든 문화기술지의 기본을 구성하고 있는 하나의 단순한 아이디어이다. Whillie가 나에게 설명해준 바와 같은 방식으로 나도 설명을 하고 싶다. 나는 대부분의 사람들이라면 매우 자세히 들여다보지 않을 것 같은 작은 사회적인 세상을 보여주고 싶다. 그 과정 중에 나는 모든 사회학의 뿌리에는 우리와 마찬가지로 서로 연결하고자 하는 사람들이 많이 있다고 생각하면서, Willie와 내가 가졌던 시간들에 대해 말하고자 한다. (p.14)

우리들 스스로를 더 이해하기 쉽게 그리하여 우리의 경험과 통찰력을 더 완벽하게 독자와 나누기 위한 하나의 접근법은 실제적인 인간 경험의 맥락과 과정 속에 연구를 위치시키는 것이다. 우리의 경험을 통해서 볼 때 모든 진술들은 성찰적이며, 모든 연구 행위는 사회적 행위라는 것을 연구자들은 어쩔 수 없이 받아들여야 한다. 실제로, 연구의 접근을 위한 본질적 합리성은 자신들의 상황이나 영역에 정말로 속해 있는 사람들의 경험의 맥락에 뿌리를 내리고 있다.

대중문화 연구와 상징적 실재 구성에 대한 연구는 어떤 이들에게는 문화기술적 측면에서 가장 최전선에 놓여 있다. 연구의 대상이 되는 생활 세계는 경험적이지만, 오락 위주의 매체에 비친 모습과 스타일은 대표적인 것이다. 강제와 저항을 포함하는 일상생활의 학문, 언어,

행위에서와 같이, 상징적인 것을 사실적인 것 혹은 실제적인 것에 연결하는 과정, 이해의 맥락, 사회적 관계와 같은 것을 보여주는 데 상당한 주의가 필요하다.

"질적 문서 분석"(또는 "문화기술적 내용 분석"이라고 불림)을 실시한 최근의 연구들은 문화기술지의 윤리와 암묵적 지식의 적용에 대해 잘 설명하였다. 이 연구들에서는 두 가지 이상의 변수들 사이의 수적 관계나 양보다는 맥락이나 숨겨진 의미, 패턴, 과정에 대한 연구를 포함한 발견과 서술이 중요하게 다뤄진다는 점이 강조되었다. Michael Coyle(2007)의 "정의의 언어"에 대한 연구에서는 '희생자'(특히 '무고한 희생자')와 '악'이라는 용어의 어원을 추적하기 위해서 사전을 포함한 다양한 문헌을 조사하였다. 그가 하고자 했던 바는 시민들이 범죄에 대해서 이야기할 때, 특히 도덕적인 기업가나 정치인들이 자주 쓰는 엄단과 같은 말을 포함하여, 이것들이 어떻게 사용되는지를 꿰뚫어보고자 하였다.

Chris Schneider(2008)는 디지털 및 내장형 기술들이 권위와 사회적 통제에 어떻게 저항함과 동시에 이를 돕고 있는가를 추적하기 위하여 대중음악 연구에 평생을 바쳤다. 그는 학교가 학생들의 이동 가능한 상호작용적 기술(예, 휴대폰이나 iPod 등) 사용을 통제하는 것의 맥락뿐만 아니라, 일련의 문서 특히 대중음악(예, 랩 음악)의 문서들을 조사하였다. 이것들은 어떻게 통제의 의사소통이 오락 시장을 위한 제품에 포함되는가를 밝혀주었다.

이와 유사하게, Tim Rowlands(2010)는 능수능란하게 가상 경험의 세계와 현실을 조사할 수 있고, 묘사할 수 있으며 가상공간에서의 현장연구가 될 수 있다는 것을 보여주었다. Coyle과 Schneider의 연구와 마찬가지로, Rowlands의 개인적인 경험이 자료를 드러내기 위한 질문과 자원을 제공하는 데 매우 중요한 역할을 하였다. 그는 다른 게이머들과 함께 할 수 있는 다양한 "컴퓨터 게임"에 몇 년 동안 매우 열중했고, 그런 경험이 있었기에 "EverQuest"(개념적으로 볼 때 가상의 유토피아를 찾아 탐험하는)와 같은 기호론적인 시나리오를 설명할 수 있는 비공식적 면담 기회를 제공

할 수 있었다. Rowlands는 무엇이 규칙이며, 또 무엇이 질서 속에 있는 가정인지에 대해 물었다. 그리고 무엇보다도 가상 세계에서의 정의는 어떻게 생겼는지를 물어보았다. 그는 폭력과 폭력의 도해를 발견해 내었을 뿐만 아니라, 게이머들이 지루함, 즐거움, 일 대신에 하는 것으로 인식하며 추구하는 역할 수행을 위한 과제 완수와 자본주의적 질서를 반영하는 컴퓨터 환경에서 어쩔 수 없이 나타나는 기술적으로 구현된 소외된 대립의 우주를 발견하였다. 해석적 타당성이 제시하는 한계 내에서 증거들을 살펴보는 것은 "EverQuest"와 같은 다중접속게임(massive multiplayer online games: MMOs)이 가상현실 세계에 대한 최근의 우리의 이해를 형성하는 데 중요한 역할을 하고 있다"(p. 369)고 제안한다.

여러 주장들의 부분들을 합쳐보자. 증거는 독자와, 주장, 그리고 일상생활의 실제적 인식론과의 상호작용의 한 가지 특성을 보여준다. 증거가 신빙성이 있는지는 동일한 방식을 따른다. 그 증거들은 "충분히 좋은"가? 또는 주제와 특별한 관련이 있는 충분한 증거가 있는가? 핵심적인 질문은 연구하고 있는 것의 주제나 질문과 관련된 것이 무엇인가이다. 무엇이 "증거"인지에 대한 독자(혹은 청자)들의 관점은 개인 전기, 문화 등의 영향을 받는다.

35.6 결론

"선이란 하나의 점이 지나간 곳이다"라고 언급한 위대한 예술가 Paul Klee는 셀 수 없이 많은 점들의 시작점이며 각기 다른 방향을 향하는 많은 선들의 교차점을 포착하려는 시도를 즐겼을 것이다. 우리는 여러 가지 가운데서, 한편으로는 사회적 상호작용의 본질, 과정, 결과를 이해하려고 하고, 또 다른 한편으로는 이러한 것이 어떻게 하나의 상황에 대한 정의를 개인적으로 그리고 공동으로 설정하는 것을 촉진하는가를 이해하려

한다. 타당성에 관한 실증주의적 관점은 다양한 견해가 없거나, 연구하는 데 필요한 광범위한 방법이나 자료도 없으며, 무수히 많은 사용과 독자들이 없는 사회적 세계에서는 잘 작동한다. 그러나 그것은 우리의 사회적 연구 세계가 아니다. 사회적 세계와 그곳의 사람들은 사회적 현실을 구성하고, 구체화하며, 이에 저항하는 데 기여하는 상호작용 과정을 통해 의미를 만들고 해석한다. 어떠한 방법이라도 발생, 협상, 암묵적 지식의 핵심적인 역할을 지워 버린다면 타당하지 못할 것이다. 이 세계가 하나의 이상적인 모형에 순응해야 한다고 말하는 노력들은 어리석으며, 곧 신뢰성을 잃고 실패할 수밖에 없는 운명이다. 문화기술적 연구에 초점을 맞춰서 지금까지 살펴본 질적 연구에서의 타당성에 관한 개괄은 타당성을 평가하기 위한 적절한 한 세트의 표준이나 기준은 연구자, 주제(조사되어야 하는 현상), 의도된 효과 또는 유용성, 그리고 프로젝트를 평가할 독자들 사이의 상호작용 과정에 있어서 증거의 위치를 고려하는 것을 수반해야 한다고 제안한다. 우리는 계속해서 조사의 과정에 집중하고 그 과정을 전달하며, 우리 능력의 최선을 다해 자료에 접근하고, 수집하고, 분석하고, 해석하는 것이 분석적 실제주의 혹은 사회적 세계가 해석된 것이라는 일반적인 사고와 매우 일관된다는 입장을 유지할 것이다. 우리는 증거를 사용하는 데 반대하지는 않지만, 증거에 의한 서술 정신이 고려되는 것을 선호한다.

타당성의 문제를 완전히 개방적인 것으로 두려는 의도를 가지고 있는 것은 아니다. 거기에는 한계가 있고, 준거와 과정은 특정한 방법론과 준거를 취하는 학자들의 집단 안에서 더욱 엄격할 수 있다. 우리는 "요리법" 방법을 추천하지 않고, 대신 주어진 프로젝트 안에서 연구 문제들과 해결책을 제시할 때 고려해야 할 "목록"을 계속해서 제공하였다(Altheide & Johnson, 1994). 예를 들어, 면담(예, 초점이 있는 생활이야기 등), 문화기술지(예, 근거 이론), 문서 분석(질적 내용 분석)에 대한 많은 접근들은 최적화된 작업을 위한 기준과 절차를 발전시켜 왔다. 그러나 우리의 과제는 엄격성과 효율성이라는 이미 지나가버린 과거의 사고에 빠져 우리의 경험으로부터 새로움과 풍부함을 다듬고 쥐어짜는 것이 아니며, 또한 창의적 문제 해결과 발견이 최종적인 편집을 위해서 타협을 하는 것도 아니다. 우리는 더 많은 점들이 풍성해지고 창의적인 통찰력으로 진화해가는 것을 보고 싶다. 우리의 과제는 우리의 인간성과 의사소통의 세계를 밝히기 위한 새로운 방향으로 계속해서 선을 확장하는 것이다.

참고문헌

Altheide, D. L. (1976). *Creating reality: How TV news distorts events.* Beverly Hills, CA: Sage.

Altheide, D. L. (2008). The evidentiary narrative: Notes toward a symbolic interactionist perspective about evidence. In N. K. Denzin & M. D. Giardina (Eds.), *Qualitative inquiry and the politics of evidence* (pp. 137–162). Walnut Creek, CA: Left Coast Press.

Altheide, D. L. (2009). *Terror post 9/11 and the media.* New York: Peter Lang.

Altheide, D. L., & Johnson, J. M. (1993). The ethnographic ethic. In N. K. Denzin (Ed.), *Studies in symbolic interaction* (pp. 95–107). Greenwich, CT: JAI Press.

Altheide, D. L., & Johnson, J. M. (1994). Criteria for assessing interpretive validity in qualitative research. In N. K. Denzin & Y. S. Lincoln (Eds.), *Handbook of qualitative research* (pp. 485–499). Newbury Park, CA: Sage.

Altheide, D. L., & Snow, R. S. (1979). *Media logic.* Beverly Hills, CA: Sage.

Atkinson, P. (1990). *The ethnographic imagination: Textual constructs of reality.* New York: Routledge.

Bhaskar, R. (1979). *The possibility of naturalism: A philosophical critique of the human sciences.* Brighton, UK: Harvester.

Bochner, A. P. (2007). Notes toward an ethics of memory in autoethnographic inquiry. In N. K. Denzin & M. D. Giardina (Eds.), *Ethical futures in qualitative research: Decolonizing the politics of knowledge* (pp. 197–208).

Walnut Creek, CA: Left Coast Press.

Cabinet Office. (2003). *Quality in qualitative evaluation: A framework for assessing research evidence* [Full report]. London: Author.

Coyle, M. J. (2007). *The language of justice: Exposing social and criminal justice discourse*. Unpublished doctoral dissertation, School of Justice and Social Inquiry, Arizona State University, Tempe.

Denzin, N. K. (2009). *Qualitative inquiry under fire*. Walnut Creek, CA: Left Coast Press.

Denzin, N. K. (2010). A qualitative stance: Remembering Steinar Kvale (1938–2008). *International Journal of Qualitative Studies in Education, 23*(2), 125–127.

Denzin, N. K., & Giardina, M. D. (Eds.). (2008). *Qualitative inquiry and the politics of evidence*. Walnut Creek, CA: Left Coast Press.

Denzin, N. K., & Lincoln, Y. S. (Eds.). (1994). *Handbook of qualitative research*. Newbury Park, CA: Sage.

Douglas, J. D. (1976). *Investigative social research: Individual and team field research*. Beverly Hills, CA: Sage.

Ellis, C. (2004). *The ethnographic I*. Walnut Creek, CA: AltaMira Press.

Ellis, C. (2009). *Revision: Autoethnographic reflections on life and work*. Walnut Creek, CA: Left Coast Press.

Emerson, R. M., Fretz, R. I., & Shaw, L. L. (1995). *Writing ethnographic fieldnotes*. Chicago: University of Chicago Press.

Erikson, R. V., & Doyle, A. (2003). *Risk and morality*. Toronto, ON, Canada: University of Toronto Press.

Fuller, S. (2008). Science democratized—Expertise decommissioned. In N. Stehr (Ed.), *Knowledge and democracy* (pp. 105–117). New Brunswick, NJ: Transaction.

Goodall, H. L., Jr. (2006). *A need to know: The clandestine history of a CIA family*. Walnut Creek, CA: Left Coast Press.

Guba, E. G. (1990). Subjectivity and objectivity. In E. W. Eisner & A. Peshkin (Eds.), *Qualitative inquiry in education* (pp. 74–91). New York: Teachers College Press.

Haak, S. (2003). *Defending science—within reason*. Amherst, NY: Prometheus.

Hammersley, M. (1990). *Reading ethnographic research*. London: Longman.

Hammersley, M. (1992). *What's wrong with ethnography? Methodological explorations*. London & New York: Routledge.

Hammersley, M. (2005). The myth of research-based practice: The critical case of educational inquiry. *International Journal of Social Research Methodology, 8*(4), 317–330.

Harper, D. (1987). *Working knowledge: Skill and community in a small shop*. Berkeley: University of California Press.

Harré, R., & Madden, E. (1975). *Causal powers*. Oxford, UK: Basil Blackwell.

Henry, G., Julnes, G. J., & Mark, M. (Eds.). (1998). *Realist evaluation*. San Francisco: Jossey-Bass.

Johnson, J. M. (1975). *Doing field research*. New York: Free Press.

Kemmis, S., & McTaggart, R. (2005). Participatory action research: Communicative action in the public sphere. In N. K. Denzin & Y. S. Lincoln (Eds.), *The SAGE handbook of qualitative research* (3rd ed., pp. 599–603). Thousand Oaks, CA: Sage.

Kvale, S., & Brinkmann, S. (2008). *InterViews: Learning the craft of qualitative research interviewing*. Thousand Oaks, CA: Sage.

Ladkin, D. (2004). Action research. In C. Sale, G. Gobo, J. F. Gubrium, & D. Silverman (Eds.), *Qualitative research practice* (pp. 536–48). New York: Routledge.

Lakoff, G. (1987). *Women, fire, and other dangerous things: What categories reveal about the mind*. Chicago: University of Chicago Press.

Lamont, M., & White, P. (2009). *Workshop on interdisciplinary standards for systematic qualitative research*. Washington, DC: National Science Foundation.

Lather, P. (1993). Fertile obsession: Validity after poststructuralism. *Sociological Quarterly, 34*, 673-93.

Lofland, J. (1995). Analytic ethnography. *Journal of Contemporary Ethnography, 24*(1), 30–67.

Mancias, P. T., & ebrary, Inc., 2006. *A realist philosophy of social science explanation*. Cambridge, UK: Cambridge University Press.

Marcus, G. E., & Clifford, J. (1986). *Writing culture: The poetics and politics of ethnography*. Berkeley: University of California Press.

Maxwell, J. A. (2008). The value of a realist understanding of causality for qualitative research. In N. K. Denzin & G. D. Giardina (Eds.), *Qualitative inquiry and the politics of evidence* (pp. 163–181). Walnut Creek, CA: Left Coast Press.

Miller, W. L., & Crabtree, B. F. (2005). Clinical research: Participatory action research. In N. K. Denzin & Y. S. Lincoln (Eds.), *The SAGE handbook of qualitative research* (3rd ed., pp. 605–639). Thousand Oaks, CA: Sage.

Nader, L. (1993). Paradigm busting and vertical linkage. *Contemporary Sociology, 33*, 6–7.

Putnam, H. (1999). *The threefold cord: Mind, body, and the world*. New York: Columbia University Press.

Ragin, C., Nagel, J., & White, P. (2004). *Workshop on scientific foundations of qualitative research*. Washington, DC: National Science Foundation.

Richardson, L. (1997). *Fields of play*. New Brunswick, NJ: Rutgers University Press.

Rolfe, G. (2004). Validity, trustworthiness, and rigor: Quality and the idea of qualitative research. *Journal of Advanced Nursing, 53*(3), 304–310.

Rowlands, T. E. (2010). *Empire of the hyperreal*. Unpublished doctoral dissertation, School of Social Transformation, Arizona State University, Tempe.

Saviano, R. (2007). *Gomorrah*. New York: Farrar, Straus and Giroux.

Schneider, C. J. (2008). *Mass media, popular culture and technology: Communication and information formats as emergent features of social control*. Unpublished doctoral dissertation, School of Justice and Social Inquiry, Arizona State University, Tempe.

Schutz, A. (1967). *The phenomenology of the social world*. Evanston, IL: Northwestern University Press.

Stehr, N. (2008). *Moral markets*. Boulder, CO: Paradigm.

Szto, P., Furman, R., & Langer, C. (2005). Qualitative research in sociology in Germany and the U.S. Focus: Qualitative *Social Work, 4*(2), 135–156.

Torrance, H. (2007). Building confidence in qualitative research: Engaging the demands of policy. In N. K. Denzin & M. D. Giardina (Eds.), *Qualitative inquiry and the politics of evidence* (pp. 55–79). Walnut Creek, CA: Left Coast Press.

Van den Hoonaard, W. C. (2002). *Walking the tightrope: Ethical issues for qualitative researchers*. Toronto, ON, Canada: University of Toronto Press.

Van Maanen, J. (1988). *Tales of the field: On writing ethnography*. Chicago: University of Chicago Press.

Wolcott, H. F. (1990). On seeking—and rejecting—validity in qualitative research. In E. W. Eisner & A. Peshkin (Eds.), *Qualitative in quiryin education: The continuing debate* (pp. 121–152). New York: Teachers College Press.

Laura L. Ellingson

36.

질적 연속체 분석 및 표현

임걸_ 건국대학교 교육공학과 교수

연구자들은 관습을 뛰어넘어 메타분석적 영역을 넘나드나, 불행하게도 주요한 패러다임이 부여하는 "정의"로 인해 우리의 연구들은 제약을 받고 있다. 이러한 제약을 완화시키기 위해 여러 연구 방법을 넘나들며 다양한 모색이 가능한 활동이 이루어지기를 희망한다.

— K. I. Miller(2000, p.48)

K. I. Miller(2000)가 제시한 것과 같이 비생산적인 방법론적 제약을 완화하는 것과 관련하여 질적 연구론자들이 질적 연구 방법론의 제 영역에 걸쳐 다양한 관점들을 진지하고 적극적이며 창의적으로 고찰해볼 필요가 있다. 대규모의 양적 연구는 논리적, 예술적, 설명적, 사회과학적 방식의 글쓰기와 다양한 매체를 동원한 일련의 분석 및 해석을 수행함으로써 연구 결과를 세밀히 분석한다. 그러나 이들은 일정하게 정해진 전략과 기존의 방법론적 틀에 의존하는 경향이 있다. 이러한 안주는 전형적이고 사회과학적인 질적 연구, 예를 들어 자문화기술지, 내러티브 등 특정한 질적 연구만 한정해서 수행하는 연구자들에게도 적용된다. 본 장에서는 예술적이고도 과학적인 인식론에 기반하여 다양한 방법론적 전략을 활용한 분석 및 결과도출 방안에 대해 논의하고자 한다.

이 장의 목적을 위해 데이터 및 기타 경험적 내용을 분석하는 것은 구두, 문자, 시각 등으로 이루어진 종합적인 자료들을 면밀한 숙고, 반성, 해석을 위해 분절 단위로 분리하는 과정이 될 것이다. 표현(representation)한다는 것은 주제 또는 유형을 구성하거나, 논문의 순서나 내용을 내러티브화하거나, 특정한 이론적 관점을 사용하여 개인의 속성을 설명하는 등 분석의 대상을 설명할 수 있는 속성으로 나타내는 것을 의미한다. 물론, 분석 및 표현은 질적 연구의 과정에서 분리되지 않고 동시에 수행되기도 하는 과정이다. 예를 들어, 문화기술지 연구에서 연구 노트를 제작하는 것은 경험 및 분석 내용을 기재하는 것일 뿐 아니라, 이 내용을 표현하는 것을 포함한다.

본 장에서는 예술, 설명, 사회과학적 방법을 혼합하여 분석 및 표현에 대한 무한한 가능성을 구체화한 장을 형성함으로써, 예술 및 과학에 입각한 하나의 연속체로서의 질적 연구를 개념화하였다(Ellis &

Ellingson, 2000; Potter, 1996). 이러한 접근은 예술과 과학을 상호배타적이거나 적대적 관계로 규정하는 이분법적 경향을 초월하여, 이 두 양극단의 사이에 놓인 연구와 표현의 방법들을 조망한다. 우선, 연구 내에서 연속체의 양쪽에 걸쳐있는 과거와 현재의 관점들을 분석하였다. 그 이후 연구 방법과 유형을 선정하는 해석적 과정을 안내하고, 질적 연속체를 횡단하는 세 가지 전략을 소개하였다.

36.1 연속체적 접근

연속체 아우르기

이분법적 사고는 방법론과 관련된 논의에서 여전히 널리 퍼져있다. "차이는 이분화에 의해 발생한다. … 모든 것들은 그들인 것과 그들이 아닌 것으로 구분하게 된다." (Gergen, 1994, p.9). 질적 연구와 양적 연구만큼 양분화가 이루어져 있는 영역을 찾아보기는 힘들다. 더욱이 질적 연구 영역 내에서도 해석주의와 실재주의에 차이가 있다(Anderson, 2006; Atkinson, 2006; Ellis & Bochner, 2006). 한편 질적 연구 사회과학자들은 지식을 습득하는 과정에서 "한쪽만 파고드는" 주관적이고 복잡하며 일반화하기 어려운 질적 연구 방법을 폄하하기 위해, "유연" 것보다 "엄격한" 지식이 우수하다고 설명하며 권위적 전통에 호소하기도 한다. 다른 한편으로, 창조적 접근을 통한 분석과 표현을 선호하는 예술적/해석적 연구자들은 전통적 사회과학자들을 객관주의, 타당성, 신뢰성 등의 신화에 파묻힌 실증주의자로 생각한다(Richardson, 2000). 예술적 접근을 "비과학적", 사회과학을 "비예술적"이라 정의하는 것을 넘어서기 위해서는 생성적 사고가 필요하다. 대부분은 아니더라도 적지 않은 질적 연구자들은 예술과 과학을 양분된 두 개라기보다는 연속체의 양 끝에 있다고 생각한다. 그러나 현실적으로 특정한 또는 선호되는 방법

의 활용을 정당화하기 위해 "다른" (질적) 방법론을 활용하는 것은 결과적으로 질적 연구를 수행하는 데 있어 개념화나 연구 집필과정을 이분화시키게 된다.

질적 연구 방법론의 영역을 규정하기 위한 연속체적 접근은 예술 대 과학, 유연한 연구 대 엄격한 연구, 질적 연구 대 양적 연구 등과 같이 사회적으로 구성된 이분적 방식을 좀 더 넓은 범위로 설명하고 있다(Potter, 1996). 이 연속체는 중앙에 거대하고 다양한 절충 지점이 있으며, 예술과 과학은 이 지점을 양분하고 있는 것이 아니라 방법론적 또는 표현상 단지 양 극단에 위치하고 있는 것이다. 이러한 방식의 접근은 예술 및 과학적 기준을 폄하하거나 절충할 필요가 없으며, 오히려 의미화나 표현을 위한 혁신적 접근을 시사해줄 수 있다.

예술과 과학과 같은 두 극단의 질적 연속체를 주장한 Ellis(2004)나, 연속체의 분석적 위치화를 개발한 Ellis와 Ellingson(2000)에 기반하여 본 연구에서는 세 가지 주요한 영역과 이들의 혼합 및 이동의 무한한 가능성을 탐구하기 위한 연속체를 구현하였다(Ellingson, 2009). [그림 36.1]에 설명된 바와 같이 우측 끝단의 현실/실증주의에 기반한 사회과학적 관점으로부터 사회 구성주의적 절충, 그리고 좌측의 예술/해석적 패러다임으로 이동하면서 목표, 질문, 방법, 글쓰기, 어휘, 연구자 역할, 평가 기준 등이 기술되었다.

모든 방법론들은 각각의 장단점을 지니고 있으며, 이들은 상호배타적이지 않다. 더욱이 좌/중/우 유형은 개념적으로만 존재하며 이들을 구분 짓는 명확한 경계는 존재하지 않는다. 나아가, '해석적, 실증적' 같은 연속체에서 사용되는 구분이나 용어들은 논쟁의 가능성이 있다; 질적 연구에서 사용되는 주요한 용어들은 학문분야, 패러다임, 방법론 공동체에 따라 상이하며 지속적으로 새로운 용어들이 생성된다(Gubrium & Holstein, 1997). 질적 연속체 선상에서 인식론적 가정이 주변의 경험자료를 취사선택하거나 분석방법을 결정하는 데 영향을 주며, 이것이 특정한 표현형태를 구성하게 된다.

그림 36.1 질적 연속체

	예술/인상주의	절충 접근	과학/현실주의
목표	• 주어진 사실을 해명한다 • 개인적 진실을 구성한다 • 세부적인 것을 탐험한다 • 예술을 생성한다	• 상황적 지식을 구성한다 • 전형적인 것을 탐험한다 • 기술과 이해를 생성한다 • 당연하게 받아들여져 왔던 것을 재검토한다 • 현업인들에게 유용한 실용적 함의를 생성한다	• 객관적 사실을 발견한다 • 일반화시킨다 • 현실을 설명한다 • 과학적 지식을 생성한다 • 행동을 예상하고 통제한다
질문	• 어떻게 삶에 대처할 수 있는가? • 어떠한 다른 방식을 상상할 수 있는가? • 나 또는 다른 이의 경험에서 독특한 것은 무엇인가?	• 참가자들은 그들의 세계를 어떻게 이해하고 있는가? • 참가자와 저자는 세계를 어떻게 같이 구성하고 있는가? • 연구의 실용적 가치는 무엇인가?	• 연구자의 관점은 무엇을 의미하는가? • 요인들 간의 관계는 무엇인가? • 어떠한 행동이 예측 가능한가?
방법	• 자문화기술지 • 상호인터뷰 • 참여자 관찰 • 수행 • 사회학적 성찰 • 시각예술	• 반구조화된 인터뷰 • 초점집단 • 참여자 관찰/문화기술지 • 주제, 은유, 내러티브 분석 • 근거 이론 • 사례 연구 • 참여적 실행 연구 • 역사/기록 연구	• 텍스트 자료 코딩 • 무선표집 • 행동빈도 • 측정 • 설문 • 구조화된 인터뷰
글쓰기	• 1인칭 시점 사용 • 문학 기법 • 이야기 • 시적 표현 • 다의적, 다영역적 텍스트 • 다중적 의미 • 경험적 형태 • 개인적 성찰 • 다양한 해석 가능성	• 1인칭 시점 사용 • 연구 보고시 압축된 내러티브의 구체화 • 연구 참여자 발언의 단편 정보화 • 부분적, 위치적 단일 해석 • 연구자의 관점 고려	• 수동적 시점 사용 • "중립적 관점"(Haraway, 1998) • 단일한 권위적 해석 주장 • 표와 그림을 통한 요약된 의미 • 객관성과 편견의 최소화
연구자	• 연구자는 참여자 수준 또는 그 이상의 주요 대상	• 참여자가 주요한 대상이나 연구자는 결과 작성의 주요한 인물	• 연구자는 결과에 개입하지 않음
어휘	• 예술적. 해석적: 귀납적, 개인적, 모호성, 변화, 모험, 즉흥, 과정, 세부사항, 환기적 경험, 창의성, 미학	• 사회적 구성주의/후기실증주의: 귀납적인, 발생의, 상호주관성, 과정, 주제, 영역, 자세한 설명, 의미의 상호창조, 의미의 사회적 구성주의, 관점, 이데올로기(페미니즘, 포스트모더니즘, 맑시즘)	• 실증주의: 연역적, 검증된, 공리, 측정, 변인, 조건의 조정, 통제, 판정, 일반화 가능성, 타당도, 신뢰도, 이론중심
평가 기준	• 이야기가 진실되고, 반향이 있고, 참여적이고, 감동적인가? • 일관적이고, 타당하고, 흥겹고, 미적으로 수려한가?	• 유연한 기준 • 과정의 명료성과 개방성 • 명확한 근거와 자원의 활용 • 연구자의 성찰 증거	• 권위적 규칙 • 양적 연구와 같이 자료에 대한 특정한 기준 적용 • 금지된 방법론적 과정

다음에는 전통적 및 현대적 방식의 접근을 통해 좌, 우, 중앙 영역의 연속체를 구체적으로 설명하였다.

우측/과학

질적 연속체의 우측([그림 36.1] 참고)은 과학적 기법을 활용하는 중립적인 연구자들이 의미 있고 신뢰로운 지식을 강조하고 일반적 사실을 발견하기 위한 실증주의적 인식론을 반영하고 있다(Warren & Karner, 2010). 역사적으로 사회과학자들은 실증주의를 "현실적 존재론, 객관적 인식론, 몰가치론"(K. I. Miller, 2000, p.57)이 반영된 것으로 이해하고 있다. 그러나 오늘날 실증주의를 절대적으로 신뢰하는 질적 연구자들은 거의 없다. 대부분의 후기실증주의자들은 현실적 방법론과 연구자의 편견 배제를 통해 일반화 가능한 지식 생성을 목표로 삼고 있음에도 불구하고, 연구의 객관성을 확보하거나 가치 중립적 탐구를 수행하는 것은 "규제적 이상(regulatory ideal)"이지 도달 가능한 목표라고는 생각하지 않는다(Guba & Lincoln, 1994). 다시 말해 후기실증주의는 순수한 과학적 사실을 믿는 대신, 엄격한 후기구조주의 전통하에 수행된 질적 연구가 정밀하고 규정된 절차를 활용하여 사회과학적 의견을 생성함으로써, 연구자들이 특정한 실험 환경 속의 참여자들에게 적용 가능한 사회 현상에 대해 일반화된 주장을 할 수 있다고 생각한다.

후기실증주의자들은 일반적으로 양적 방법이 가미된 질적 연구를 수행한다. 즉, 주어진 자료들을 바탕으로 귀납적 분석을 수행하여 유형을 형성하며, 생성된 유형을 바탕으로 자료들을 영역별로 분류하고, 해당 주제나 영역에 해당하는 자료들의 빈도를 계산한다. 이러한 연구는 대체로 코딩기법, 평정자 간 신뢰도, 연구 절차 기술, 표집 방법 등에 대한 타당도를 강조한다. 미디어 내용 분석은 이러한 접근방법의 대표적인 사례이다. 예를 들어 Feng과 Wu(2009)는 1980년도부터 2002년에 이르기까지 중국 공산당 기관지 광고에 표현된 가치들을 분류하였다. 그들은 "향락적(hedonistic)"으로 분류되는 가치를 반영한 메시지들의 빈도를 '실용적' 메시지들의 빈도와 비교하여 신문의 전반적인 기조를 평가하는 연구를 수행하였다(Kuperberg & Stone, 2008 참고). 이러한 분석은 연구자와 참가자가 인터뷰, 집단면담, 일지 등을 통해 생성해낸 자료들을 활용하기도 한다. Bruess와 Pearson(1997)의 연구에서는 기혼집단과 교우집단 간의 대인관계 의례적 행동을 비교하였다. 인터뷰와 서면으로 수집된 자료들을 통해 연구자들은 참여자들이 유의미한 타자와의 유대관계를 확인하는 일상생활에서의 의례적 행동을 분석하였고, 이들의 빈도를 계산 후 카이스 쿼어 분석을 통해 기혼집단과 교우집단 간의 차이를 비교하였다(Cousineau, Rancourt, & Green, 2006; Güven, 2008).

후기실증주의의 질적 연구들은 주제나 영역을 생성하는 과정을 계량화하지는 않았지만, 대체로 상기와 같은 과정을 갖는다. Glaser와 Strauss(1967)는 수집된 자료로부터 도출되는 귀납적 주제들을 다루는 실증주의적 방법을 바탕으로 타당도를 보장하는 자신들의 근거 이론 방법론을 구성하였다. 그들은 주제를 일일이 나열하는 대신 과학적 개념들을 도입함으로써 마치 통계 결과 보고서와도 같이 세부적인 분석절차와 객관적, 학문적 논지를 갖는 연구 결과를 기술하였다(예, Kwok & Sullivan, 2007).

실증주의 연구자들이 객관성의 이상을 보여주는 또 다른 방법은 세밀한 분석방법을 주석을 통해 설명하거나 의미화 과정에서 연구자 역할에 대한 명시를 삭제하는 것이다. 이러한 접근방법은 자료 분석 절차에 대한 이해가 공유되었다고 가정하는 것을 비롯하여, 공정한 연구자 역할에 대한 상정 역시 가정하고 있기 때문이다. 현대적 현실주의 문화기술자들은 이러한 방식의 모형을 활용하여 그들의 분석과정을 보고하기도 하는데, 세부사항을 나열하는 대신 결과에 대한 문서화를 선호한다. 이에 대한 사례는 Brooks와 Bowker(2002)의 일터에서의 놀이에 대한 연구를 참고할 수 있다(Meyer, 2004 역시 참고 가능).

좌측

연속체의 좌측 끝단에 위치한 성향의 연구자들은 이야기, 시, 사진, 그림 등에 체화된 인간적이고 주관적인 지식의 가치를 존중한다(Ellis, 2004). 연구자들은 자신을 연구 대상으로 할 수도 있고, 친구, 주변 사람, 또는 전혀 낯선 이를 대상으로 연구할 수도 있다. 예술주의/해석학자들에게 진리란 여러 가지이며, 변화하며, 또한 모호하다. 자문화기술자나 수행 연구 학자 등 연속체의 좌측에 해당하는 연구자들은 미학을 수용하고, 그 어떤 특정한 주제에 대해 다루는 것만큼이나 감정과 자신의 세계를 분출하는 것을 중요하게 여긴다(Richardson, 2000). 예를 들어, 그들에게는 스토리텔링에서의 진실성에 대한 문학 기준이 사회과학에서의 사실에 대한 기준만큼 의미 있는 것이다(Ellis, 2004). 다른 모든 예술과 마찬가지로, 한 개인이나 집단의 독특한 시각을 통해 현실을 감동적이고 미적인 의미로 그려내는 창조적인 사회과학적 표현은 우리 스스로뿐 아니라 나아가 사회와 세계를 배우게 해 준다. 예술은 사람들로 하여금 공감을 일으켜 스스로와 사회, 세계를 풍부하게 한다.

경험에 근거한 분석과 표현이 결합하여 예술이 탄생한다. 다양한 예술적 행동들이 존재하고, 이들은 새로운 형태를 지속적으로 발생시킨다. 대표적인 사례를 들면 다음과 같다. **자문화기술지**는 연구이자 글쓰기, 연구 방법으로서, 자전적인 내용을 문화, 사회, 정치와 연계시킨다. 이는 개인이 속해있는 문화나 현상에 대한 연구를 통해 이루어지는데, 이들은 관계적이고 개인적인 경험을 통해 표출된다(Ellington & Ellis, 2008). 자문화기술지는 대부분 감정적으로 기억을 상기시키는 기제를 활용하는데, Lee(2006)는 사랑하는 이의 자살을 기억해내는 슬픔의 자전적 이야기를 쓰기도 하였다(Defenbauch, 2008; Kiesinger, 2002; Lindemann, 2009; Rambo, 2005, 2007; Secklin, 2001 참고). 내러티브는 노트, 인터뷰 자료, 개인적 경험 또는 기타 경험자료 등을 바탕으로 구성되는데, 독자들로 하여금

명시적으로 의미를 분석하도록 하는 대신 이야기를 생각하고 느끼게끔 한다(Frank, 1995). Parry(2006)는 여성 참가자들과의 인터뷰를 통해 임신, 출산, 산파 등에 관한 짧은 이야기들을 구성하였다(Abu-Lughod, 1993; Drew, 2001; Tillmann-Healy, 2001; Trujillo, 2004). 연구 결과물을 **시적 표현**을 통해 창조적으로 분석해내는 과정은 연구의 예술적 표현을 위해 좀 더 풍부한 기제를 제공한다(Fraulkner, 2007, 2010; Richardson, 1992a, 1992b, 1993, 2000). 다양한 연구들 중에는 인도에서의 경험을 표현한 시도 있으며(Chawla, 2006), 미국의 감옥-공장단지를 비평한 글이 있고(Hartnett, 2003), 문화와 정체성을 탐구한 시도 있다(Prendergast, 2007; Austin, 1996 및 González 참고). 비디오를 통해 경험 연구들을 표현한 것 중에는 참여적 방법론을 활용한 연구가 있는데, 참여자들이 원하는 대로 행동하도록 하여 헤드스타트 프로그램에 참여한 아동들의 부모가 내는 목소리들을 강조하여 나타낼 수 있도록 하였다(McAllister, Wilson, Green, & Baldwin, 2005; Carlson, Engebretson, & Chamberlain, 2006; Nowell, Berkowitz, Deacon, & Foster-Fishman, 2006; Singhal, Harter, Chitnis, & Sharma, 2007; White, 2003 참고). 많은 연구자들은 자문화기술지, 문화기술적 현장 노트, 인터뷰 등을 통해 라이브 **공연**(live performances)을 하기도 하는데, 이들은 관객들을 참여시키고, 그들을 타인과 연계하거나 공감하도록 만들어준다(Spry, 2001). 한 연구팀은 치매환자들의 인간성을 탐구하는 연구를 통해 의대학생들의 수업 자료로 활용하도록 하기도 하였다(Kontos & Naglie, 2007; Gray & Sinding, 2002; Mienczakowski, 1996, 2001 참고).

중앙

질적 연속체의 중앙부분을 확대, 조명하고 북돋는 것은

질적 방법론자로서 내가 강조하는 부분이다. 나는 개인적으로 중앙에 위치하는 것이 가장 편안하다. 이것은 "예술도 아닌" 또는 "과학도 아닌" 상태가 아니라 과학과 예술의 혼합 또는 이러한 범주를 초월하는 것으로서 기술, 분석, 통찰, 이론, 비평이 이루어지는 영역이다.

질적 연구자들은 중앙지점을 사회적 구성주의나 포스트모더니즘 기반 시각으로 이해하여 의미를 간주관적이거나 상호창조적인 것으로 이해한다. 또한 분석대상의 공통성이나 연계성의 중요성을 강조한다(Ellingson, 2009). 중앙지점의 연구는 주제, 범위, 묘사 등의 유형을 구성하는 것에 관심을 두거나, 응용 연구, 행동 제안, 소외계층 향상안 등 실현 가능성에 대한 것에 관심을 두기도 한다(Ellis & Ellingson, 2000). 1인칭 시점의 목소리는 실증주의적 연구의 특징인 수동적 목소리를 탈피한다. 또한 객관성이나 완전한 주관성 대신 상호주관성을 강조한다. 연구자들은 연구의 정책적 목적에 따라 진리가 가변하며, 연구자들이 주장하는 언어에 불확실성이 있으며, 인간의 지각에 오류가 있음을 인지한다. 연구자들은 주관성을 사과하거나 발견한 결과를 무시하기보다는, 자신의 인종, 계급, 성별, 장애 및 기타 성향이나 경험이 연구의 과정과 결과를 생성하게 된다고 생각한다(Ellingson, 1998). 엄격함, 분석의 깊이, 유연성이 중앙지점에 있는 질적 연구의 질을 평가하는 중요한 기준이 된다(Fitch, 1994).

연구자들은 텍스트 자료를 반복해서 읽고, 주요한 경향을 노트하며, 문화적 관점과 관련된 주제와 유형을 구조화시킴으로써 자료와 친숙하게 된다(Strauss & Corbin, 1998; Warren & Karner, 2010). Charmaz(2000, 2005, 2006)는 근거 이론 방법론을 사회적 구성주의 이론에 위치시켜서 모든 지식을 통해 구성된 본질은 관계로부터 형성된 것으로 보아서, 의미가 사람이나 텍스트 안에 있는 것이 아니라 그 둘 사이에 존재하는 것으로 보았다. 이러한 예는 암환자 간호로부터 오는 정신적 부담의 의미를 분석한 연구에서 찾아볼 수 있다(Sandgren, Thulesius, Fridlund,

& Petersson, 2006; Bergen, Kirby, & McBride, 2007; Ellingson, 2007; Larsen, 2005; Low, 2004; Miller-Day & Dodd, 2004; Montemurro, 2005; Sacks & Nelson, 2007; Wilson, Hutchinson, & Holzemer, 2002; Zoller, 2003). 이와 유사한 중앙지점에 근거한 연구 분석 유형은 "주제 추론(deriving themes)"(Apker, 2001; Meyer & O'hara, 2004)이나 내러티브 분석(Goodier & Arrington, 2007; Riessman, 2008; Vnaderford, Smith, & Olive 1995)이다. 이러한 분석 형태는 대부분 표현에 대한 전통적인 연구 유형에 의존하지만 어떠한 연구자들은 창조적이고 분석적인 방식으로 표현을 분류하기 위해 독특한 방식을 시작하기도 하였다.

연속체 가로지르기: 전통적 접근

전통적으로 연구자들은 사회적 현상을 좀 더 효과적으로 인식하기 위해 복수의 양적, 질적 방법론을 채택하여 삼각기법(triangulation)을 수행해왔다(Lindlof & Taylor, 2002). 실증주의 및 일부 후기실증주의 연구에서의 삼각화나 복수의 연구 방법 설계는 다양한 형태로 자료를 해석하고 분석함으로써 현상에 대해 좀 더 명확하고 풍부한 해석을 하여 진실에 더욱 가까워지기 위한 시도이다(예, Creswell & Clark, 2006). 따라서 방법론에 있어 절차상 일부 방법이 추가되거나 대조되는 경우(예, 인터뷰와 설문지) 등이 있을 수 있지만, 이 방법론의 인식론적 기저는 모두 일반화와 예측이라는 실증주의 및 후기실증주의의 목적을 달성하기 위한 것이다. 이러한 작업은 때로 양적 자료와 질적 자료 모두를 포함하거나 일련의 상이한 양적 자료 또는 통계적 측정치를 단일한 결과로 보고하게 되는데, 결과 영역은 전통적인 글쓰기 전통을 따르게 되며 예술적이거나 창의적 방식을 가미시키지 않는다. 예를 들어 Scott와 Sutton(2009)은 개방적 설문, 양적 설문, 인터뷰를 활용하여 교원연수 참여 중과 후의 감정 및 행동 변화를 탐구하였다(Castle, Fox, & Souder, 2006; Hodgkin, 2008; O'Donnell, Lutfey, Marceau, & McKinlay, 2007 참고).

연속체 가로지르기: 현대적 접근

경험적 자료, 분석, 표현을 활용한 질적 연구에서 수많은 혁신적인 방법들이 예술과 과학을 혼합하거나 그 경계를 넘어 개발되어 왔다. 혼합 방법은 귀납적/근거 이론 분석을 다른 방법들과 통합해 왔는데, 예를 들어 흑인 유방암 생존자들의 삶의 질 연구에서의 사진이나(López, Eng, Randall-David, & Robinson, 2005), 여성 아동 성적 학대 생존자들의 물리치료 경험 연구를 위한 참여적 실행 연구 기법(Teram, Schachter, & Stalker, 2005) 등이다. 예술과 과학을 결합할 수 있는 또 다른 방법은 그 둘을 단일 표현으로 혼합하는 것이다. **다층 설명**(layered accounts)은 학문적 산문, 내러티브, 시 등의 사이를 선회하며 사회과학 및 예술적 앎의 방법을 병치시킴으로써 구성된 본질을 드러내는 것이다(Ronai, 1995). 다층 설명은 때로는 개인적 경험을 이론, 연구, 문화적 비평이나 방법론적 문제와 관련된 사항과 연계시킨다. 그러한 측면에서 Jago(2006)의 에세이는 내러티브를 구체화시켜 아버지가 없는 성장 경험을 설명하기도 하였다(Markham, 2005; Saarnivaara, 2003; Tracy, 2004 참고).

또 다른 중립적 현대적 접근은 연구 결과를 학계 이외의 다양한 사람들과 공유하는 것이다(Fine, Weis, Weseen, & Wong, 2000) 예를 들어, Hecht와 Miller-Day(2007)는 청소년들의 약물남용 경험에 대한 내러티브를 수집하여 체계적 분석을 수행하고, 그 결과가 연구 학술지에 수록됨과 동시에 드라마 공연과 약물남용 방지를 위한 교육과정에 적용되기도 하였다. 이는 학문적 결과가 예술과 교육적 표현의 형태로 별도 반영된 사례라 하겠다. 본 장에서 이와 관련된 사례들이 다시 논의될 것이다. 다음에서는 질적 연구의 연속체에서 분석과 표현을 위한 기회와 관련된 의사결정 과정을 소개한다.

36.2 해석적 과정 참여: 성공적 연속체 항해 전략

지금까지 연속체 선상에서 질적 연구 방법론을 구성하는 방안들에 대해 논의하고, 연구자들이 유동적이고 다양한 방법으로 분석과 해석의 가능성을 탐험할 것을 촉구하였다. 다음으로는 질적 연구 프로젝트를 어떻게 고민하고 헤쳐나가야 할지에 대해 살펴볼 것이다. 학생이나 연구자들이 방대하고도 흥미로운 경험 자료들을 수집해놓은 이후에 제기하는 흔한 질문은 "이 자료들을 다 어떻게 해야 하는가?"이다. 질적 연구 해석의 과정을 대신 해줄 대체물은 없으며, 모든 연구 과제에는 독특한 기회뿐 아니라 제약이 상존하고 있다. 질적 연구자들과 학생들은 연구 과제를 진행하면서 많은 공통적 경험, 장애물, 결정사항들에 직면한다. 질적 연속체의 특정한 부분의 연구 방법을 고집하는 것이 아니라, 이를 아우르고자 하는 연구자는 단일 또는 여러 연구를 수행할 때의 방법론에 대한 조언이 요구된다. 이러한 방법론들은 여러 학자들이 제기한 반사적 연습(reflexive exercises)과 관련이 있다(Janesick(2006)의 "연습 확장(stretching exercises)"이나 Richardson(2000)의 글쓰기 연습 참고). 나는 이러한 방법론에 착안하여 위협과 동시에 기회가 될 수도 있는 하나 이상의 인식론적, 분석적, 표현적 방법을 질적 연속체 내에서 의도적으로 선택하는 것을 제언한다(Ellingson, 2009). 이들 순서는 연구의 특성에 따라 바뀔 수 있으며, 특정한 연구에 부합하는 것으로 판단될 경우 자유롭게 선택될 수 있다. 나는 연구자들이 앞으로 전개될 일련의 과정을 숙지하여 자신의 것으로 만들기를 바란다.

생각하기

올바른 방법론적, 이론적, 그리고 주제와 관련된 자료를 읽는 것에 덧붙여 연구자들은 "생각하기(wondering)"로 불리는 과정을 통해 목표를 탐구하기 바란다. 연구 과제 내에서 연속체의 특정 지점을 결정하기 위해 다음의 질문들에 대한 당신의 대답을 고민해보라. 다양한 가능성을 열어 놓기 위해 다음의 질문들에 대해 자유롭게 생각해보기 바란다(Richardson, 2000).

경험적 자료/분석(empirical materials/analysis)

- 내 자료나 다른 경험적 자료에 대해 생각할 때 어떠한 사례, 사건, 이야기나 세부적인 내용이 바로 마음에 떠오르는가?
- 내가 가진 자료의 내용에 몰입하였을 때 무엇을 배웠는가?
- 모순이나 불일치, 또는 예외적인 것들이 내 경험 자료 안에 있는가?
- 내 작업에 대한 나의 정체성은 무엇인가? 내 나이, 성별, 인종, 국적, 능력과 무능함, 재능, 형성적 경험 등이 내 참여자들을 이해하는 방식을 어떻게 만들어 가는가?
- 내 연구 참여자들이 나를 어떻게 인식한다고 생각하는가?
- 내 연구 참여자들은 그들의 세계를 어떻게 이해시켰는가? 나의 세계는 어떤가?
- 내 경험적 자료에 힘과 권력은 어떻게 드러나고 또 감추어져 있는가?
- 내가 작업한 예비 분석과 자료에서 빠져있는 진실은 무엇인가?

주제(topics)

- 내가 원하는 주제의 주요 내용은 무엇인가?
- 어떠한 유형을 탐구하기 바라는가?
- 이 연구의 주제는 무엇인가?
- 어떠한 정책적 함의점을 원하는가?

- 세계를 개선하기 위해 내가 개발한 실용적 제안은 무엇인가? 또는 내 연구에서 강조하게 된 개선이 필요한 부분은 무엇인가?
- 나의 환경, 참여자, 과정에 대해 여전히 제기되는 의문은 무엇인가?

관객(audience)

- 어떠한 학문적 관객을 대상으로 연구하고 싶은가?
- 내 연구 결과가 어떤 공동체나 독자에게 도움이 될 것인가?
- 내 지인들은 연구 주제의 어느 부분을 좋아할까?

연구자 의지(researcher desire)

- 내가 가진 경험적 자료 중에 가장 마음에 드는 것은 무엇인가? 어떤 내용이 웃음 짓게 하고 울게 하거나 화나게 하는가?
- 어떤 내용을 쓰고 싶은가?
- 어떤 이슈나 아이디어들이 흥미로운가?
- 연구 참여자나 그들의 이야기, 관계에 대해 어떤 감정이 생기는가?
- 어떤 연구를 왜 하고 싶은가?
- 나를 당황하게 하거나 부끄럽게 만드는 연구는 무엇인가?
- 내 경험적 자료 중에 가장 자랑스럽게 생각하는 것은 무엇인가?
- 나의 멘토가 연구 프로젝트에 대해 묻는다면 무엇을 얘기해주고 싶은가?

장르(genres)

- 어떠한 형태의 새로운 실험을 하고 싶은가?
- 어떤 종류의 글쓰기에 능숙한가?
- 경험 자료를 수집하거나 표현하기 위한 서술 이외의 방식은 무엇인가?
- 어떤 장르의 글을 왜 읽기 좋아하는가?
- 어떤 장르를 내 연구 참여자가 가장 선호하고 편하게 느끼는가?

- 나의 연구 참여자에게 이득이 될 만한 종류의 글쓰기 방식은 무엇인가?
- 현장노트, 전사본, 사진, 이메일, 메모 등은 상호간에 어떻게 형성되는가?

(Ellingson, 2009, pp. 75-77 참고)

어떠한 연구나 표현을 할 때에든 수많은 내용, 언어, 문체 등에 대한 수많은 결정을 해야 한다. 단일한 표현 방법이나 형태를 넘어 그 이상을 고려할 때에는 더욱 복잡한 과정이 요구되지만, 연구 내용에 활력을 주게 된다. '생각하기'의 과정은 질적 연구 수행 기간 동안 연구자들이 새로운 기회와 통찰력, 관계성 등을 개발하게 하는 좋은 기회이다. 따라서 연구자들은 자료를 수집하고, 분석하고, 글을 쓰고 생산물을 만들어내는 과정에 있어 시간을 내어 생각을 하고 그에 대한 해답을 찾아야 한다(Fine et al., 2000).

독자

연구 결과들을 연속체 선상의 어떠한 관점을 활용하여 해석할 것인가를 결정하는 한 가지 방법은 연구가 어떠한 독자(audiences)를 대상으로 하고 있는가를 결정하는 것이다. 질적 연구자들은 독자를 연구 방법론, 주제, 분야, 출판물 종류(학술지, 뉴스레터, 웹사이트, 신문 등)에 따라 정책입안자, 현업인, 지역기관 또는 기타 영역의 전문가 등으로 분류할 수 있다. 예를 들어 「Qualitative Inquiry」에는 사회학, 커뮤니케이션, 인류학, 교육학 영역의 문화기술자나 해석적 질적 연구자들을 위해 예술적, 환기적, 다층 설명 방식으로 글을 집필할 수 있다. 또한 「Journal of Applied Communication Research」에는 조직학, 상호 및 그룹 의사소통 관련 학자들을 대상으로 근거 이론 분석을 실시할 수 있다. 「Qualitative Health Research」에는 간호학, 의학, 사회복지학, 의학사회학, 의학인류학, 보건학 영역의 학자들을 대상으로 내용 분석이나 사례 분석을 수행할 수 있다. 서평이나 추천 등은 현업인들을 위해 뉴스레터나 잡지에 실을 수 있다.

전략적 자료 선택

풍부한 경험 자료를 확보하고 있는 연구자는 어떠한 이론과 연구를 인용할지, 분석을 위해 어떠한 사례를 선택할지, 내러티브를 구성하기 위해 어떠한 사례들을 골라낼지 등에 대한 결정을 해야 한다. 이를 위해서는 첫째, 연구 문제와 이슈, 그리고 연구에서 사용할 장르를 고려해야 한다. 사례나 사건이 주요 내용이나 연구 주제를 구체화시켜 줄 수 있는 것인지를 생각한다. 둘째, 내러티브를 더욱 풍부하게 하거나 시적 글쓰기를 가능하게 해주는 특별히 중요한 순간, 인용, 사례들을 골라내고, 분석적 설명을 위해 좀 더 작은 단편으로 나누어질 수 있는 좋은 사례들을 선택한다. 이들이 예술적이거나 좀 더 사회과학적인 표현을 하는 데 있어 지루하거나 별로 도움이 되지 않는 반복적인 이야기가 되는 사례들은 아닌지 확인한다. 다음으로는 독자들이 이해하기에 충분한 설명이 가능한 자료들을 선택하라. 때때로 질적 연구자들은 자신의 글 속에서 내러티브나 장면을 제대로 풀어내지 못하는데, 이는 독자들로 하여금 내용에 친숙하지 못하게 하거나 맥락을 이해하는 데 불충분하게 만든다. 또한 특정한 맥락으로부터 발췌되어 극히 일부의 독자들만 이해할 수 있는 글은 일반 독자들에게 도움이 되지 않을 것이다. 따라서 포괄적이고 독자들에게 전달하여 이해 가능한 사례를 선택하는 것이 필요하다. 마지막으로, 체계적인 질적 분석을 할 때에는 다양한 자료들(전사자료, 현장노트, 조직화된 자료 등)과 연구 참여자들이 제공하는 사례들을 활용하여 연구 주제를 설명해야 한다. 가능한 이러한 방식으로 다양성을 구체화하는 것이 연구에 풍부함을 더해주고 결과를 흥미롭게 만들어준다.

포맷의 고려

연속체의 연구 방법들을 포괄하여 기술하고자 하는 연구자들에게 있어 주요한 관심사 중 하나는 선택한 포맷이 글이나 표현하고자 하는 것의 목적에 부합하는지를 확인하는 것이다. 즉, 포맷은 연구자의 주장을 뒷받침해줄 증거를 제시하거나 연구 문제에 답해줌으로써 글의 내용을 강화해준다. 포맷과 관련된 두 번째 관심사는 특정한 현상을 효과적으로 보여주고 말할 수 있도록 하는 구조를 결정하는 것이다. 이 둘은 상호배타적인 것이 아니다. 즉, 이야기는 말할 수 있으며, 분석은 설명의 과정을 통해 보여주기도 하기 때문이다. 그러나 질적 연속체에서 하나 이상의 접근을 선택하여 설명하는 경우에는 균형 잡힌 표현이 필요하다. 즉, 보여주기와 말하기, 말하기와 듣기, 앞으로 나아가기와 뒤로 가기, 개인적 묘사나 정치적 묘사 등의 설명은 균형이 요구된다. 일련의 글을 여러 시각을 나열하는 것이 아닌 범주화된 시각, 즉 집단, 사회, 개인, 상호관계, 비판적, 평가적 등을 기준으로 형성하는 것이 필요하다. 추상적이거나 보편적 공정성, 평등과 같은 사상에 함몰되지 않고, 어떠한 형태로 균형을 잡아 글을 쓰는 것이 연구 목적에 부합하는지 고려해야 한다.

최근 많은 학자들이 내러티브나 학술산문을 대신하는 제반 형태의 다층 설명에 의존하여 구성주의(연속체의 중앙)나 예술적 인식론을 모두 포괄하고자 시도한다(Ronai, 1995). 최상의 다층 설명은 이론이나 연구에 대한 분석적 주장을 하면서도 환기적 설명을 통해 세계를 보여준다. 예를 들어 Magnet(2006)은 그녀의 인생에 대한 이야기를 내러티브 대신 이론적 기반으로 형성된 비평으로 대체하였는데, 그 내용은 인종탄압을 통해 특징지어진 백인 중심의 특권사회에 관한 비평이었다. Magnet은 보여주기와 말하기 분량을 인위적으로 동일하게 하는 대신, 글의 핵심을 설명하기 위한 문체들 간의 공생 관계를 유지함으로써 균형 잡힌 글을 써냈다. 포맷과 관련된 마지막 논의는 연구자들이 독자들의 피로를 고려해야 한다는 것이다. 매우 파편화되거나 지나치게 복합한 글로 구성된 포맷은 아무리 글에 대한 동기수준이 높은 독자라 하더라도 길고 지루한 글을 읽어 나가면서 글 읽기의 즐거움을 상실하게 할 것이다. 새로운 포맷을 구성하려고 하는 대신에 독자들이 최대한 자료를 이해하고 흥미를 갖도록 해야 한다.

나무와 숲을 동시에 보기

연구자가 질적 연속체의 어느 영역에서 글을 쓸 것인지, 어떠한 형태로 쓸 것인지, 연구의 목적은 무엇인지 등을 결정할 때에는 연구의 좀 더 큰 그림을 보는 것이 필요하다. 그러나 현실적으로 내러티브의 구체적인 전후를 살피거나 유형을 구성하기 위해 분석적 시각을 갖거나 패러다임이나 이데올로기적 목표를 갖는 등의 작업을 하면서 큰 그림을 보는 것은 매우 어렵다. 하지만 큰 그림을 그린다는 것은 다양한 인식론을 포괄하는 의미 있는 연구를 수행하기 위해서는 매우 중요하다. 예를 들어 필자의 '신장투석'에 대한 문화기술적 탐구에 나타난 큰 그림의 관점들을 살펴보자(Ellingson, 2007, 2008). 여기에는 나의 사회적 구성주의, 여성주의, 권력비판 등을 포함하여 의학적 성취를 좀 더 인간적이고 노동자나 환자 등을 위한 환경에 적용하고자 하는 실질적인 목표 등이 두루 포함되어 있다. 이 모든 것들을 융합하여 내 연구의 큰 그림을 그리게 되며, 내가 생산해내는 각각의 부분들이 미학적, 개념적, 도덕적으로 어우러져 그림을 완성하게 된다.

상호 영향의 인식

나는 연구자들이 질적 연속체를 횡단하면서 한 장르에서의 글쓰기와 창조 작업이 다른 장르의 표현에 어떠한 영향을 주는지에 대해 지속적으로 숙고하도록 권유한다. 즉, 각각의 장르마다 주제에 대한 접근 방식이 상이하므로 융합적 사고가 일어나게 된다. 예를 들어, 내러티브를 구성하면서 개인적 반성을 작성하고 귀납적으로 분석적 유형과 과정을 이끌어내는 등의 작업을 하면서, 다양한 장르와 인식론들이 서로에게 영향을 주고 형성시키는 과정을 경험하게 된다. 즉, 우리는 사고와 글쓰기의 과정을 상호간의 대화과정으로 관계시킨다. 내러티브를 작성하고 나면, 연구자는 주제의 유형으로 돌아가서 내러티브가 해당 유형에 해당하는지 여부를 재고하게 된다. 내러티브는 또한 특정 사건이나 타인으로부터의 관심에 집중한다. 사건을 순서화하는 것은 의미를 구성하는 것이고, 이러한 연속적인 의미들이 분석적 과정에 영향을 미치게 된다. 다양한 유형의 분석과 예술적 표현의 상호관계는 연속체상에서 다양한 시점을 탐험하는 혜택 중의 하나이며, 따라서 나는 글쓰기, 영화, 미술, 공연 등의 표현적 행동과 분석과정이 상호 영향을 주는지를 탐험해 보기를 권한다.

개별 자료의 중요성

질적 연속체를 횡단하는 또 다른 유용한 방법은 질적 연구의 개별 단위들이 풍부한 자료와 독특한 주장을 담고 있음을 확인하는 것이다. 이는 연구자들이 하나 이상의 표현을 할 때 동일한 아이디어나 문학, 방법, 이론을 언급해서는 안 된다는 의미가 아니라, 개별 단위들이 각각의 기여를 한다는 것을 의미한다. 나아가, 연구자들은 각 장르, 방식, 매체의 기회와 제약을 충분히 활용하기 위해 어떠한 형태를 선택하여 글을 작성할 것인지를 결정해야 한다. 예를 들어, 개인의 고난을 보여주기 위해서는 전통적인 학술지의 글쓰기 방법을 따르는 대신 행위나 일련의 시적 형태로 내용을 작성할 수도 있을 것이다. Tracy(2000)의 의사소통 및 감정에 관한 연구에서 이와 관련된 좋은 설명을 하고 있다: 그녀는 크루즈 여행선 책임자의 감정 노동에 대한 학문적 분석에 관한 글을 주요 저널에 출판하였다. 이 내용이 조직 의사소통 과목에서 조직의 사례를 설명하기 위해 활용되었는데(Tracy, 2006), 그녀는 스크립트를 작성해서

문화기술극을 통해 그 책임자의 컨설턴트 역할을 수행하여, 책임자의 개인적이고 전문인으로서 갖는 보상과 비용을 표현하였다(Tracy, 2003). 이와 같이 상이한 형태들은 질적 연속체에서 서로 다른 점을 표현하였고, 그들의 내용을 수월하게 반영하였으며, 감정 노동에 대한 지식 전달을 효과적으로 하였다.

실용성

다양한 질적 연속체의 방법론을 적용한 연구들을 완수하기 위해서는 전략적일 필요가 있다. 즉, 적절한 시간에 연구를 종료할 수 있도록 연구 자료들을 분류하는 것이다. 아무리 좋은 아이디어라도 그것이 독자들이 볼 수 없으면 무의미한 것이 된다. 논문제출 마감일이 다가오게 되면 연구자들은 급하게 작업을 완료해야 하는 압박을 느끼게 된다. 나는 연구자들이 그들의 연구물들을 책의 한 부분이나 학술대회, 저널, 포럼 등에 적절한 형태로 분류하여 제출해 보기를 권한다. 이럴 경우 작업을 반복해서 하거나 논문 심사자나 타인들과 의미 없는 논쟁을 지속할 수도 있지만 그 가능성은 매우 낮다. 연구자들 대부분은 오랫동안 수집하고 연구해온 풍부한 자료들을 바탕으로 분석하고 기술해낸 결과물들을 분류하여 다양한 독자들에게 나누어 배분해왔다. 연구자들은 경험 자료들이 소진되기를 바라지 않아서 새로운 아이디어를 지속적으로 생성하여 매우 의미 있는 학문 성과들을 내곤 한다. 실용주의는 생산적인 질적 연구자들과 그들이 가진 이러한 가치가 질적 연속체의 다양한 관점들을 반영한 자료들을 완료하는 데 도움을 줄 것이라는 것에 근거하고 있다.

연구 과정의 공유

질적 연속체를 가로지르기 위한 마지막 제안은 연구자로서 연구 과정에서 무엇을 수행했고 수행하지 않

았는지를 명확하게 해야 한다는 것이다. 이는 경험 자료, 분석기법, 표현의 구성방법 선택 등의 내용을 포함한다. 동일한 학문영역이라 할지라도 질적 연구의 방법론에 따라 용어나 수행방법이 상이할 수 있으므로, 방법론을 세부적으로 설명하는 것이 중요하다(Potter, 1996). 예를 들어 간학문적 노인종양학 클리닉 연구에서 문화기술적 내러티브를 사용한 "하루의 구성"에 대한 나의 설명을 보자.

> 하루의 구성을 설명하기 위해 필자는 현장연구 기간 동인 사실상 여러 시점을 통해 발생한 사건들을 하루의 일로 압축하여 설명하였다. 이는 독자들을 좀 더 명확하게 이해시키기 위해 전통적인 내러티브의 시간 구성 방법을 활용한 것이다. 이를 위해 필자가 관찰한 여러 상호작용을 충실하게 표현하면서도 세부적인 내용을 명료하고 알기 쉽게 재구성하였다. 연대기적 구성을 바꾼 것 이외에 두 가지 정도의 내용을 추가로 바꾸기도 하였다. (Ellingson, 2005, p. 16)

상기와 같이 나의 기술과정을 설명함으로써, 불명확한 표현에 대한 의심을 경감시키고자 하였다. 일부 학자들은 특정한 방법이나 장르를 선호하지 않지만, 분석적으로 과정을 표현함으로써 간결하고 명확하게 설명해주는 것이 부주의한 선택을 방지해준다. 연구 과정의 각 요소들을 설명하는 것은 방법론을 체계화하기 위해 매우 중요하다. 창조적이거나 연구의 영역이 모호한 연구들조차 연구 방법이 비체계적이거나 부정확해서는 안 되며, 누구나 평가할 수 있도록 기준을 제공해 주어야 한다(예, Denzin & Lincoln, 2005).

더욱이 방법론적 절차를 기술하는 것은 후속 연구자들에게 중요한 도움이 된다. 내가 항상 강조하는 것들 중 하나는 일부 질적 연구자들이 실제 연구에서 실수를 하거나 올바른 방향을 잡지 못한 것에 대해 표현하지 않거나 못한다는 것이다. 이러한 것들은 시정되어야 한다. 의도적으로 거짓말을 하는 연구자는 거의 없겠지만, 사실을 누락하는 경우는 있다. 특히 학생들이

나 특정한 연구 방법론 및 장르에 익숙하지 않은 독자들이 이러한 사례를 발견하여 놀라거나 인터뷰 등을 할 때 중요한 절차들이 자연스럽게 진행되지 않는 등의 경우에 문제가 될 수 있다. 이러한 과정들은 사실 연구자의 개성이나 환경 등을 반영하여 작성되기는 하지만, 질적 연구 공동체의 일반인들이 보고 쉽게 이해할 수 있도록 해야 할 것이다. 연구자들은 글쓰기를 할 때 본인들에게는 불편할 수 있는 환경이나 제약을 어떻게 극복할 것인지에 대해 고민해야 한다.

36.3 발전 방향 및 전망

나는 질적 연구 방법론들 사이에서 영역을 뛰어넘거나 넘나들거나 (영역의 경계를) 느슨하게 하는 것은 매우 중요하다고 생각한다. 창조적인 방법으로 연속체를 넘나드는 것은 질적 연구의 가능성과 영향력을 제고시키는 방안이다. 본 장의 마지막 부분에서는 다음의 세 가지 흥미로운 내용들에 대해 다룰 것이다. 다중장르 수정화(Ellingson, 2009), 사회정의의 추구(Denzin & Giardina, 2009), 학문영역의 확장을 위한 게릴라 학문의 수용(Rawlins, 2007)이다. 마지막으로 질적 연구 연속체를 뛰어넘는 다음 세대의 연구에 대한 전망과 관련된 결론을 제시한다.

다중장르 결정화 가능성

질적 연속체의 영역을 넘나드는 연구를 촉진시키기 위해 필자는 포스트모더니즘의 영향을 받은 삼각기법으로 Richardson(2000)의 연구를 참고한 **결정화**(crystallization)가 필요함을 주장한다. Richardson은 이분법적 연구에 대한 대안의 은유적 언어로 수정이라는 용어를 제시했는데, 이는 방법론적인 근거와 타당성의 근거가 되는 삼각기법의 실증적 이미지를 차용한

것이다. 나는 여기에서 더 나아가 삼각기법의 대안으로서 다음과 같이 결정화를 정의한다.

> 결정화는 다양한 분석방법과 다양한 장르의 표현방법을 융합한 일련의 일관적인 글쓰기이다. 이는 현상에 대해 풍부하고 개방된 설명을 하여 사회적으로 이미 구성된 의미에 대해 문제제기를 하며, 지식의 불확정성을 드러낸다. (Ellingson, 2009, p. 4)

결정화는 따라서 주제에 대한 다양한 시각을 갖는 것을 촉진시키고 포스트모던한 타당성을 구성한다(Janesick, 2000, p. 392; Saukko, 2004, p. 25 참고). 결정화의 개념을 명확하게 하기 위해 다음의 원리들이 제시된다.

첫째, 다른 질적 접근처럼 결정화는 **특정한 현상에 대해 깊고 복잡한 해석을 통해 지식을 생산하는 것을 추구한다.** 모든 양질의 질적 연구는 "제시한 설명"(Geertz, 1973)을 통해 주제를 깊은 수준으로 이해할 수 있도록 해야 한다. 나아가 결정화는 단지 많은 구체적인 내용들을 축적하는 것뿐 아니라 드러난 구체적인 내용들을 조직하고, 분석하고, 표현하는 대조적 방법을 활용, 병치시킴으로써 깊은 수준의 이해를 추구한다. 둘째, 결정화는 질적 연속체의 여러 부분을 아우르는 것을 통해 지식을 생산하는 분석방법을 활용한다. 특히 적어도 하나의 중앙(구성주의)이나 중앙에서 우측(후기실증주의) 방법, 그리고 해석적, 예술적, 수행적 또는 기타 창의적 접근을 수용한다. 셋째, 결정화는 하나 **이상의 글쓰기 또는 표현방법을 갖는다.** 결정화는 두 개 이상의 장르나 매체 또는 결과물들을 구획화하거나 서로 엮거나 혼합시킨다. 일반적인 장르를 혼합함으로써 결정화는 인식론적 영역을 가로질러 더욱 공고해진다. 네 번째 원리는 결정화가 연구 설계나 경험적 자료 수집, 표현에 있어 **연구자의 사고를 반영한다는 것이다.** 연구자의 목적에 따라 저자가 제시하는 자료가 미묘하거나 명시적이거나 또는 창조적으로 진술될 수도 있다. 다섯째, 결정화는 **실증주의가 선호하는 객관성 및 단일하고 발견 가능한 진실**을 추구하는 것을 따르지 않고, 지식을 상황적, 부분적, 구성적, 다중적, 구체적인 것으로 이해하고 드러내거나 표현하는 것을 추구한다. 결정화는 다양한 방법이나 장르를 동시에 수용하여 결과를 풍부하게 하고 지식이 가진 속성적 한계를 기술한다. 모든 부분적 설명은 완전하지 않은 지식의 조각을 제공하고 완전한 이미지의 부재를 표현하면서 다른 설명들을 보완하게 된다. 우리는 객관성이나 단일한 진실을 추구하지는 않지만, 여전히 지식을 추구하며, 행동을 위한 추천을 하고, 개선을 위한 실용적 제안을 한다. 결정화라는 개념이 널리 사용되지는 않지만, 일부 연구자들은 이러한 원리를 이미 반영하여 연구에서 활용하고 있다.

결정화는 통합형과 분산형 두 가지로 그 유형을 구분할 수 있다. **통합형 결정화**(integrated crystallization)는 상기 원리들을 반영한 다양한 장르의 글쓰기가 단일하고 일관적인 표현(예, 단일한 책이나 수행)을 통해 발현되고 두 가지 유형 중 하나의 기본 형태를 갖는다. 첫째는 짜임새 형태인데, 두 개나 그 이상의 장르들이 복합 형태로 혼합되어 층화를 이룬 것이다. 둘째는 덧붙인 형태인데, 두 개 이상의 장르가 병치되어 구분된 연속물의 형태를 지닌다. 짜임새 형태의 결정화는 Thorp(2006)의 책이 좋은 예이다. 여기에서는 참여적 실천 프로젝트가 다루어지는데, 가난한 도시지역의 아이들이 재학하고 있는 한 초등학교에서 정원을 만들고 가꾸는 것에 관련된 이야기이다. 이 책은 연구자가 생성한 사진, 현장 노트, 시, 분석적 산문 등이 디지털화된 이미지인 아이들의 이야기, 그림, 다이어그램 등과 혼합되어 구성되었다. 다음으로, 간학문적으로 노인종양학을 연구하는 팀의 팀워크를 설명한 연구에서, 나는 덧붙인 형태의 결정화에 대한 예에 주목하였는데, 여기에서는 일련의 챕터를 통해 장르를 구성하였다. 즉, 문화기술적 내러티브, 근거 이론 분석, 자문화기술지, 페미니즘적 비판 등이 나열되어 이 모든 설명들이 작가의 역량을 드러내주고 있었다(Ellingson, 2005; Bach, 2007; Lather & Smithies, 1997; D. L. Miller, Creswell, & Olander, 1998 참고).

분산형 결정화(Dendritic Crystallization)는 의미의 구성을 단일한 장르로 묶지 않고 다양한 형태의 분석과 장르를 지속적으로 분산시켜 표현하는 방법이다. 각각의 표현을 일련의 생산물로 개념화하는 분산형 결정화는 학문영역 안팎의 다양한 독자들을 대하면서도 하나의 독특한 연구 방법으로서 학문적으로도 인정을 받는 전통을 가지고 있다. 분산형 결정화의 예는 Miller-Day(2008)의 연구에서 찾아볼 수 있는데, 저임금의 노동자 어머니들이 가난한 삶을 살면서 직면하는 개인적, 가정적 위협을 표현한 것이다. 이 논문에서는 학문적 형태의 결과 표현방법만큼이나 설득적인 공동체의 수행이 기술되어 있다(Lieblich, 2006 참고).

질적 연속체를 통한 사회정의 촉진

문화기술학을 포함한 다른 질적 연구들은 사회의 불공평을 드러내고 이를 해결하고자 하는 열정에 그 뿌리가 있으며, 이는 시카고 학파(Chicago School)의 전통이기도 하다. 그들 학파는 도시환경에서 소외된 이들에 대한 연구를 수행해왔다(Lindlof & Taylor, 2002; Warren & Karner, 2010 참고). Conquergood (1995)은 연구는 항상 정치적이며, 잠재적으로 혁명적이고, 절대로 중립적이지 않다고 하였다. 그는 연구자들은 "참여적(engaged)"이거나 "공모적(complicit)" 둘 중 하나의 위치를 선택해야 한다고 한다. "참여적"이라는 의미는 "통찰력 있는 시각과 자기 비평적 사상을 가지고 인식론적으로 무지하지 않은 연구를 수행하는 것"(p.85)을 의미한다. 연구자는 개입되지 않을 수 없다. 연구자는 중립에 있는 것이 아니라 현존하는 권력관계를 옹호하거나 지원하는 것을 거부해야 한다. 사회적으로 참여적인 연구를 수행해야 한다는 요청은 사회과학 분야에서 성행하고 있다(예, Denzin & Giardina, 2009; Denzin & Lincoln, 2005; Frey & Carragee, 2007; Harter, Dutta, & Cole, 2009). 또한 응용(Frey & Cissna, 2009), 해석(Zerhouni,

2005), 참여적 실행(Wang, 1999), 여성주의(Hesse-Biber, 2007) 분야 등의 연구도 진행되고 있다. 따라서 나는 독자들이 질적 연구물을 볼 때 항상 그 실행과 함의에 정치성이 포함되어 있는 것을 이해하여, 다양한 분석과 표현방식을 활용하여 연구 주제와 연구 결과의 사상적 함의를 이해하기 바란다.

풍부한 경험적 자료를 최대한 활용하여 질적 연속체를 의식적으로 탐험함으로써, 다양한 독자들의 요구와 흥미에 부합하는 문자, 구두, 시각, 멀티미디어 등을 활용한 설명이 가능하다. 현업인, 정책입안자, 사회비평가 등 다양한 영역에 있는 사람들의 요구를 만족시키기 위해 연구자들은 의미 있는 대화에 참여해야 하는데, 이 과정은 연구자가 말하는 만큼 또는 그 이상 타인의 말을 경청할 것을 필요로 한다. 연구자들은 자신의 아이디어를 다양한 학문 영역(Parrott, 2008)이나 일반대중과 협력하기를 원할 때, 학자로서뿐 아니라 "도덕적 지도성을 구체화하고 실천하는"(Papa & Singhal, 2007, pp. 126-127) 대중적 지식인이 되어야 한다(Brouwer & Squires, 2003; Giroux, 2004 참고). 연구자들이 목소리를 낼 때, 지식을 창출하고 이론을 수립하는 것을 넘어서 학문적 자원이 대중에게 좀 더 직접적인 혜택을 줄 수 있도록 이끌 수 있다. 연구의 방법론을 다양화할수록 좀 더 창조적으로 사회적 불평등을 해소하고 긍정적 변화를 이끌 수 있는 기회가 증가한다. 다양한 연구 방법론은, 예를 들어 혼합 연구 설계(Mertens, 2007; Sosulski & Lawrence, 2008), 음성사진(photovoice)과 같은 시각적 참여 방법(Singhal et al., 2007), 혼합 장르 표현 연구(Ellingson, 2009) 등과 같은 것들이다.

연구 영역의 확대: 게릴라 학문의 실천

우리의 연구가 대중을 돕고, 사회정의를 촉진하며, 복잡한 문제들의 해결책을 제시하고, 학문영역에 주요한 영향을 미치고 있다고 생각하는 열정적인 연구자들은 이러한 목표를 달성하기 위한 연구 결과물들이 생성, 공유되어야 한다는 것을 인식해야 한다. 그러한 목표가 좀 더 미묘하다면 그에 맞추어야 한다. 독자들에게 다가가기 위해서는 경우에 따라 포스트모더니즘이나 여성주의, 또는 내러티브 등에서 추구하는 바와 다소 맞지 않더라도 요구되는 바를 적절히 수용할 필요가 있다. Rawlins(2007)는 사회과학 연구의 전통에 자신의 연구를 다음과 같이 부합시켰다.

> ─
> (나는) 심각한 학자로 보이는 것을 피하기 위해 전략, 글쓰기 방식, 세분화 등을 그들의 스타일대로 따라 하였다. 나는 이러한 행동을 게릴라 학문이라 부른다. 이러한 방식은 특정한 형태의 지식이 배척되거나 다른 이들을 고려하지 않을 때 수행할 필요가 있다. 언급되었건 그렇지 않건 특정한 저널의 제국들에 대해서는 이러한 종류의 장비를 갖출 필요가 있다. (p.59, 원문 강조)

한편, (후기)실증주의의 전통을 따른 연구는 예술적/해석적 또는 "창조적 분석" 작업(Richardson, 2000)을 요구하는 특정한 저널들에는 그들의 전통을 따르지 않았다는 이유로 게재 탈락 판정을 받을 수도 있다. 이와 마찬가지로 현업인들은 그들만의 용어나 의사소통의 규준들이 있어서 해당 영역의 출판을 위해서는 그것들을 준수해야 하며, 또한 어떤 공동체 조직은 모든 이론, 개념, 결론을 일상적 용어로 치환해 쓸 것을 주문할 수도 있다. 특정한 장르나 매체에서 중립적 기술방식을 허용하지 않는다면, 질적 연속체 내의 다양한 서술기준을 활용하여 윤리적으로 건전한 범위 내에서 해당 기준을 만족시킬 수 있다. 그러한 기준을 거부하는 것은 연구자의 성실성 측면에서 매우 거만한 처사일 수 있다.

또 다른 형태의 게릴라 학문은 하나의 논문에서 다양한 방법과 표현장르, 이데올로기나 패러다임을 인용하는 것이다(Ellingson, 2009). 예를 들어, Harter, Norander, 그리고 Quinlan(2007)은 대중의 지성과 실천에 관한 학문적 논문을 비영리기구의 웹사이트에 게시된 내용을 인용하거나(Harter, Norander, & Young, 2005) 신문기사를 인용하여(Novak & Harter, 2005) 출판하기도 하였다. 의심 없이 글을 읽는 독자들은 자신의 지평을 확장시킬 수 있는 새로운 실천의 숲을 경험하게 되는 것이다. 물론 참고문헌이 이러한 역할을 수행하지만 주석이나 인용문, 삽입문, 또는 기타 파괴적 형식의 대화들은 방법론적, 표현적 새로움을 불러일으키고, 독자들을 새로운 영역의 놀이에 초대한다. 방법론 영역도 새로움을 제공해줄 수 있다; 나는 분석에 대해 논의할 때 이따금 좀 더 규모가 큰 다른 연구에서 활용한 방법론이 본 논문과 주고 받는 상호 영향에 대해 거론하는 등의 게릴라 학문을 하기도 한다. 나는 질적 연구학자들이 질적 연구 연속체에 속해 있지 않은 전혀 다른 영역의 것들을 공유해보기 바란다. 즉, 귀납적 유형의 연구 생산물 과정을 기술할 때 광고전단지의 내용과 같은 형태로 진술해보는 방법 등이다. 연구자들은 또한 주석을 통해 도발적이거나 창의적인 내용을 진술하는 등 출판물의 전통적인 기준에 도전하여 학문영역의 지평을 확장시킬 수도 있다.

36.4 결론

질적 연구 영역에 대한 나의 열정은 사회과학, 교육학, 보건학 등의 영역에서 우수한 연구 결과를 접하거나 새로운 영역에 나의 역량과 관심을 지속적으로 확장시키면서 매해 성장하고 있다. 다음 세대에는 사회 문제 등 주요 연구 영역에서 다양한 질적 연구 방법론을 적용하여 문제를 해결하고자 하는 학자들이 급격히 늘어날 것으로 예상된다. 이때에는 고도로 구조화된 질적 내용분석에 양적 방법을 가미한다든지, 수행연구 중심에 내러티브를 추가하는 등의 방식이 아니라, 양적 및 질적 방법론이 유기적으로 조화된 방식이 될 것이다. 이러한 경향은 보편적이지는 않더라도 드물지 않게 나타날 것이다. 다만, 조직과 기관의 변화속도가 느리기 때문에, 이를테면 박사학위 논문을 작성하기 위한 과정에서 급격한 인식론적 변화를 일으켜 이 같은 변화가 바로 이루어지리라고는 생각하지 않는다. 그러나 긍정적 사회 변화 추구의 과정에서 질적 방법론의 모색이 확대될 것으로 확신할 수 있다.

　모든 연구자들이 질적 분석만으로 우수한 성과를 낼 것이라고는 생각하지 않는다. 연구들은 모두 장단점을 가지고 있으며 개인의 입장과 선호하는 방법론이 다르다. 나는 모든 개별적인 연구 방법론이 존중받아야 한

다고 생각하지만, 학문적 전통이라는 선입견에 붙잡혀 새로운 방법론을 모색하지 않는 것에 대해서는 반대한다. K. I. Miller(2000)는 연구자나 그들의 연구 방식을 지나치게 범주화시키면, 연구자들이 주요한 연구 문제를 다양한 방법론을 통해 해결해나갈 수 있는 사고와 행동이 제한될 수 있다고 주장하였다. 따라서 본문에서는 비생산적인 제약을 타파하고자 하는 연구자들에게 필요한 유용한 질문과 전략에 대해 논의하였다.

참고문헌

Abu-Lughod, J. L. (1993). *Writing women's worlds: Bedouin stories*. Berkeley: University of California Press.

Anderson, L. (2006). Analytic autoethnography. *Journal of Contemporary Ethnography, 35*(4), 373–395.

Apker, J. (2001). Role development in the managed care era: A case of hospital-based nursing. *Journal of Applied Communication Research, 29*, 117–136.

Atkinson, P. (2006). Rescuing autoethnography. *Journal of Contemporary Ethnography, 35*, 400–404.

Austin, D. A. (1996). Kaleidoscope: The same and different. In C. Ellis & A. P. Bochner (Eds.), *Composing ethnography* (pp. 206–230). Walnut Creek, CA: AltaMira Press.

Bach, H. (2007). *A visual narrative concerning curriculum, girls, photography, etc.* Walnut Creek, CA: Left Coast Press.

Bergen, K. M., Kirby, E., & McBride, M. C. (2007). "How do you get two houses cleaned?" Accomplishing family caregiving in commuter marriages. *Journal of Family Communication, 7*, 287–307.

Brooks, L. J., & Bowker, G. (2002). Playing at work: Understanding the future of work practices at the Institute for the Future. *Information, Communication & Society, 5*, 109–136.

Brouwer, D. C., & Squires, C. R. (2003). Public intellectuals, public life, and the university. *Argumentation and Advocacy, 39*, 201–213.

Bruess, C. J. S., & Pearson, J. C. (1997). Interpersonal rituals in marriage and adult friendship. *Communication Monographs, 64*, 25–45.

Carlson, E. D., Engebretson, J., & Chamberlain, R. M. (2006). Photovoice as a social process of critical consciousness. *Qualitative Health Research, 16*, 836–852.

Castle, S., Fox, R. K., & Souder, K. O. (2006). Do professional development schools (PDSS) make a difference? A comparative study of PDS and non-PDS teacher candidates. *Journal of Teacher Education, 57*, 65–80.

Charmaz, K. (2000). Grounded theory: Objectivist and constructivist methods. In N. K. Denzin, & Y. S. Lincoln (Eds.), *The SAGE handbook of qualitative research* (2nd ed., pp. 509–535). Thousand Oaks, CA: Sage.

Charmaz, K. (2005). Grounded theory in the 21st century: A qualitative method for advancing social justice research. In N. K. Denzin & Y. S. Lincoln (Eds.), *The SAGE handbook of qualitative research* (3rd ed., pp. 507–535). Thousand Oaks, CA: Sage.

Charmaz, K. (2006). *Constructing grounded theory: A practical guide through qualitative analysis*. Thousand Oaks, CA: Sage.

Chawla. D. (2006). The bangle seller of Meena Bazaar. *Qualitative Inquiry, 12*(6), 1135–1138.

Conquergood, D. (1995). Between rigor and relevance: Rethinking applied communication. In K. N. Cissna (Ed.), *Applied communication in the 21st century* (pp. 79–96). Mahwah, NJ: Lawrence Erlbaum.

Cousineau, T. M., Rancourt, D., & Green, T. C. (2006). Web chatter before and after the Women's Health Initiative results: A content analysis of on-line menopause message boards. *Journal of Health Communication, 11*, 133–147.

Creswell, J. W., & Clark, V. L. P. (2006). *Designing and conducting mixed methods research*. Thousand Oaks, CA: Sage.

Defenbaugh, N. (2008)."Under erasure": The absent "ill" body in doctor– patient dialogue. *Qualitative Inquiry, 14*, 1402–1424.

Denzin, N. K., & Giardina, M. D. (2009). *Qualitative inquiry and social justice*. Walnut Creek, CA: Left Coast Press.

Denzin, N. K., & Lincoln, Y. S. (2005). Introduction: The

discipline and practice of qualitative research. In N. K. Denzin & Y. S. Lincoln (Eds.), *The SAGE handbook of qualitative research* (3rd ed., pp. 1–32). Thousand Oaks, CA: Sage.

Drew, R. (2001). *Karaoke nights: An ethnographic rhapsody.* Walnut Creek, CA: AltaMira Press.

Ellingson, L. L. (1998)."Then you know how I feel": Empathy, identification, and reflexivity in fieldwork. *Qualitative Inquiry, 4,* 492–514.

Ellingson, L. L. (2005). *Communicating in the clinic: Negotiating frontstage and backstage teamwork.* Cresskill, NJ: Hampton Press.

Ellingson, L. L. (2007). The performance of dialysis care: Routinization and adaptation on the floor. *Health Communication, 22,* 103–114.

Ellingson, L. L. (2008). Patients' inclusion of spirituality within the comprehensive geriatric assessment process. In M. Wills (Ed.), *Spirituality and health communication* (pp. 67–85). Cresskill, NJ: Hampton Press.

Ellingson, L. L. (2009). *Engaging crystallization in qualitative research: An introduction.* Thousand Oaks, CA: Sage.

Ellingson, L. L., & Ellis, C. (2008). Autoethnography as constructionist project. In J. A. Holstein, & J. F. Gubrium (Eds.), *Handbook of constructionist research* (pp. 445–465). New York: Guilford Press.

Ellis, C. (2004). *The ethnographic I: A methodological novel about auto-ethnography.* Walnut Creek, CA: AltaMira.

Ellis, C., & Bochner, A. P. (2006). Analyzing analytic autoethnography: An autopsy. *Journal of Contemporary Ethnography, 35*(4), 429–449.

Ellis, C., & Ellingson, L. L. (2000). Qualitative methods. In E. F. Borgatta & R. J. V. Montgomery (Eds.), *Encyclopedia of Sociology* (2nd ed., Vol. 4, pp. 2287–2296). New York: Macmillan Library Reference.

Faulkner, S. L. (2007). Concern with craft: Using Ars Poetica as criteria for reading research poetry. *Qualitative Inquiry, 13*(2), 218–234.

Faulkner, S. L. (2010). *Poetry as method: Reporting research through verse.* Walnut Creek, CA: Left Coast Press.

Feng, J., & Wu, D. D. (2009). Changing ideologies and advertising discourses in China: A case study of *Nanfang Daily. Journal of Asian Pacific Communication, 19,* 218–238.

Fine, M., Weis, L., Weseen, S., & Wong, L. (2000). For whom? Qualitative research, representation, and social responsibilities. In N. K. Denzin, & Y. S. Lincoln (Eds.), *Handbook of qualitative research* (2nd ed., pp. 107–132). Thousand Oaks, CA: Sage.

Fitch, K. L. (1994). Criteria for evidence in qualitative research. *Western Journal of Communication, 58,* 32–38.

Frank, A. W. (1995). *The wounded storyteller: Body, illness, and ethics.* Chicago: University of Chicago Press.

Frey, L. R., & Carragee, K. M.. (2007). *Communication activism, vol. 1: Communication for social change.* Cresskill, NJ: Hampton Press.

Frey, L. R., & Cissna, K. (Eds.). (2009). *Handbook of applied communication research.* New York: Routledge.

Geertz. C. (1973). *The interpretation of cultures.* New York: Basic Books.

Gergen, K. J. (1994). *Realities and relationships: Soundings in social construction.* Cambridge, MA: Harvard University Press.

Giroux, H. A. (2004). Cultural studies, public pedagogy, and the responsibility of intellectuals. *Communication and Critical/Cultural Studies, 1*(1), 59–79.

Glaser, B., & Strauss, B. (1967). *The discovery of grounded theory: Strat-egies for qualitative research.* Chicago: Aldine.

González, M. C. (1998). Painting the white face red: Intercultural contact presented through poetic ethnography. In J. Martin, T. Nakayama, & L. Flores (Eds.), *Readings in cultural contexts* (pp. 485–495). Mountain View, CA: Mayfield.

Goodier, B. C., & Arrington, M. I. (2007). Physicians, patients, and medical dialogue in the NYPD Blue prostate cancer story. *Journal of Medical Humanities, 28*(1), 45–58.

Gray, R., & Sinding, C. (2002). *Standing ovation: Performing social science research about cancer.* Walnut Creek, CA: AltaMira Press.

Guba, E. G., & Lincoln, Y. S. (1994). Competing paradigms in qualitative research. In N. K. Denzin & Y. S. Lincoln (Eds.), *Handbook of qualitative research* (pp. 105–117). Thousand Oaks, CA: Sage.

Gubrium, J. F., & Holstein, J. A. (1997). *The new language of qualitative method.* New York: Oxford University Press.

Güven, B. (2008). Experience, instruction, and social environment: Fourth and fifth grade students' use of metaphor. *Social Behavior and Personality, 36,* 743–752.

Harter, L. M., Dutta, M., & Cole, C. (Eds.). (2009). *Communicating for social impact.* Cresskill, NJ: Hampton Press.

Harter, L. M., Japp, P. M., & Beck, C. (Eds.). (2005). *Narratives, health, and healing: Communication theory, research, and practice.* Mahwah, NJ: Lawrence Erlbaum.

Harter, L. M., Norander, S., & Quinlan, M. M. (2007). Imaginative renderings in the service of renewal and reconstruction. *Management Communication Quarterly, 21,* 105.

Harter, L. M., Norander, S., & Young, S. (2005). *Collaborative art: Cultivating connections between self and other.* Available at http:// www.passionworks.org/articles

Hartnett, S. J. (2003). *Incarceration nation: Investigative prison poems of hope and terror*. Walnut Creek, CA: AltaMira Press.

Hecht, M. L., & Miller-Day, M. (2007). The Drug Resistance Strategies Project as translational research. *Journal of Applied Communication Research, 35*, 343–349.

Hesse-Biber, S. N. (Ed.). (2007). *Handbook of feminist research: Theory and praxis*. Thousand Oaks, CA: Sage.

Hodgkin, S. (2008). Telling it all: A story of women's social capital using a mixed methods approach. *Journal of Mixed Methods Research, 2*(3), 296–316.

Jago, B. (2006). A primary act of imagination: An autoethnography of father-absence. *Qualitative Inquiry, 12*, 398–426.

Janesick, V. J. (2000). The choreography of qualitative research design: Minuets, improvisations, and crystallization. In N. K. Denzin & Y. S. Lincoln (Eds.), *Handbook of qualitative research* (2nd ed., pp. 379–399). Thousand Oaks, CA: Sage.

Kiesinger, C. (2002). My father's shoes: The therapeutic value of narrative reframing. In A. Bochner & C. Ellis (Eds.), *Ethnographically speaking: Autoethnography, literature, and aesthetics* (pp. 95–114). Walnut Creek, CA: AltaMira Press.

Kontos, P. C., & Naglie, G. (2007). Expressions of personhood in Alzheimer's disease: An evaluation of research-based theatre as a pedagogical tool. *Qualitative Health Research, 17*(6), 799–811.

Kuperberg, A., & Stone, P. (2008). The media depiction of women who opt out. *Gender & Society, 22*, 497–517.

Kwok, C., & Sullivan, G. (2007). The concepts of health and preventive health practices of Chinese-Australian women in relation to cancer screening. *Journal of Transcultural Nursing, 18*(2), 118–126.

Larsen,E.A.(2006).A vicious oval. *Journal of Contemporary Ethnography, 35*, 119–147.

Lather, P., & Smithies, C. (1997). *Troubling the angels: Women living with HIV/AIDS*. Boulder, CO: Westview Press.

Lee, K. V. (2006). A fugue about grief. *Qualitative Inquiry, 12*, 1154–1159.

Lieblich, A. (2006). Vicissitudes: A study, a book, a play: Lessons from the work of a narrative scholar. *Qualitative Inquiry, 12*, 60–80.

Lindemann, K. (2009). Cleaning up my (father's) mess: Narrative containments of "leaky" masculinities. *Qualitative Inquiry, 16*, 29–38.

Lindlof, T. R., & Taylor, B. C. (2002). *Qualitative communication research methods* (2nd ed.). Thousand Oaks, CA: Sage.

López, E., Eng, E., Randall-David, E., & Robinson, N. (2005). Quality-of-life concerns of African American breast cancer survivors within rural North Carolina: Blending the techniques of photovoice and grounded theory. *Qualitative Health Research, 15*, 99–115.

Low, J. (2004). Managing safety and risk: The experiences of people with Parkinson's disease who use alternative and complementary therapies. *Health, 8*, 445–463.

Magnet, S. (2006). Protesting privilege: An autoethnographic look at whiteness. *Qualitative Inquiry, 12*, 736–749.

Markham, A. N. (2005). "Go ugly early": Fragmented narrative and bri-colage as interpretive method. *Qualitative Inquiry, 11*(6), 813–839.

McAllister, C. L., Wilson, P. C., Green, B. L., & Baldwin, J. L. (2005). "Come and take a walk": Listening to Early Head Start parents on school-readiness as a matter of child, family, and community health. *American Journal of Public Health, 95*, 617–625.

Mertens, D. M. (2007). Transformative paradigm: Mixed methods and social justice. *Journal of Mixed Methods Research, 1*, 212–225.

Meyer, M. (2004). From transgression to transformation: Negotiating the opportunities and tensions of engaged pedagogy in the feminist organizational communication classroom. In P. M. Buzzanell, H. Sterk, & L. H. Turner (Eds.), *Gender in applied communication contexts* (pp. 195–213). Thousand Oaks, CA: Sage.

Meyer, M., & O'Hara, L. S. (2004). When they know who we are: The National Women's Music Festival comes to Ball State University. In P. M. Buzzanell, H. Sterk, & L. H. Turner (Eds.), *Gender in applied communication contexts* (pp. 3–23). Thousand Oaks, CA: Sage.

Mienczakowski, J. (1996). An ethnographic act: The construction of consensual theatre. In C. Ellis & A. P. Bochner (Eds.), *Composing ethnography: Alternative forms of qualitative writing* (pp. 244–264). Walnut Creek, CA: AltaMira.

Mienczakowski, J. (2001). Ethnodrama: Performed research— Limitations and potential. In P. Atkinson, A. Coffey, S. Delamont, J. Lofland, & L. Lofland (Eds.), *Handbook of ethnography* (pp. 468–476). Thousand Oaks, CA: Sage.

Miller, D. L., Creswell, J. W., & Olander, L. S. (1998). Writing and retelling multiple ethnographic tales of a soup kitchen for the homeless. *Qualitative Inquiry, 4*(4), 469–491.

Miller, K. I. (2000). Common ground from the post-positivist perspective: From "straw-person" argument to collaborative coexistence. In S. R. Corman & M. S. Poole (Eds.), *Perspectives on organizational communication: Finding common ground* (pp. 47–67). New York: Guilford Press.

Miller-Day, M. A. (2008). Performance matters. *Qualitative Inquiry, 14*(8), 1458–1470.

Miller-Day, M. A., & Dodd, A. H. (2004). Toward a descriptive model of parent–offspring communication about alcohol and other drugs. *Journal of Social and Personal Relationships, 21*(1), 69–91.

Montemurro, B. (2005). Add men, don't stir. *Journal of Contemporary Ethnography, 34,* 6–35.

Novak, D. R., & Harter, L. M. (2005, June 14–18). Blues fest showcase world's best. *StreetWise,* pp. 1–2.

Nowell, B. L., Berkowitz, S. L., Deacon, Z., & Foster-Fishman, P. (2006). Revealing the cues within community places: Stories of identity, history, and possibility. *American Journal of Community Psychology, 37,* 29–46.

O'Donnell, A. B., Lutfey, K. E., Marceau, L. D., & McKinlay, J. B. (2007). Using focus groups to improve the validity of cross-national survey research: A study of physician decision making. *Qualitative Health Research, 17,* 971–981.

Papa, M. J., & Singhal, A. (2007). Intellectuals searching for publics: Who is out there? *Management Communication Quarterly, 21,* 126–136.

Parrott, R. (2008). A multiple discourse approach to health communication: Translational research and ethical practice. *Journal of Applied Communication Research, 36,* 1–7.

Parry, D. C. (2006). Women's lived experiences with pregnancy and midwifery in a medicalized and fetocentric context: Six short stories. *Qualitative Inquiry, 12,* 459–471.

Potter, W. J. (1996). *An analysis of thinking and research about qualitative methods.* Mahwah, NJ: Lawrence Erlbaum.

Prendergast, M. (2007). Thinking narrative (on the Vancouver Island ferry): A hybrid poem. *Qualitative Inquiry, 13,* 743.

Rambo, C. (2005). Impressions of Grandmother: An autoethnographic portrait. *Journal of Contemporary Ethnography, 34,* 560–585.

Rambo, C. (2007). Handing IRB an unloaded gun. *Qualitative Inquiry, 13,* 353–416.

Rawlins, W. K. (2007). Living scholarship: A field report. *Communication Methods and Measures, 1,* 55–63.

Richardson, L. (1992a). The consequences of poetic representation: Writing the other, rewriting the self. In C. Ellis & M. G. Flaherty (Eds.), *Investigating subjectivity: Research on lived experience* (pp. 125–140). Thousand Oaks, CA: Sage.

Richardson, L. (1992b). The poetic representation of lives: Writing a postmodern sociology. *Studies in Symbolic Interaction, 13,* 19–29.

Richardson, L. (1993). Poetics, dramatics, and transgressive validity: The case of the skipped line. *Sociological Quarterly, 35,* 695–710.

Richardson, L. (2000). Writing: A method of inquiry. In N. K. Denzin & Y. S. Lincoln (Eds.), *Handbook of qualitative research* (2nd ed., pp. 923–943). Thousand Oaks, CA: Sage.

Riessman, C. K. (2008). *Narrative methods for the human sciences.* Thousand Oaks, CA: Sage.

Ronai, C. R. (1995). Multiple reflections on childhood sex abuse: An argument for a layered account. *Journal of Contemporary Ethnography, 23,* 395–426.

Saarnivaara, M. (2003). Art as inquiry: The autopsy of an [art] experience. *Qualitative Inquiry, 9*(4), 580–602.

Sacks, J. L., & Nelson, J. P. (2007). A theory of nonphysical suffering and trust in hospice patients. *Qualitative Health Research, 17,* 675–689.

Sandgren, A., Thulesius, H., Fridlund, B., & Petersson, K. (2006). Striving for emotional survival in palliative cancer nursing. *Qualitative Health Research, 16*(1), 79–96.

Saukko, P. (2004). *Doing research in cultural studies: An introduction to classical and new methodological approaches.* Thousand Oaks, CA: Sage.

Scott, C., & Sutton, R. E. (2009). Emotions and change during professional development for teachers. *Journal of Mixed Methods Research, 3*(2), 151–171.

Secklin, P. L. (2001). Multiple fractures in time: Reflections on a car crash. *Journal of Loss and Trauma, 6*(4), 323–333.

Singhal, A., Harter, L. M., Chitnis, K., & Sharma, D. (2007). Participatory photography as theory, method, and praxis: Analyzing an entertainment-education project in India. *Critical Arts, 21*(1), 212–227.

Sosulski, M. R., & Lawrence, C. (2008). Mixing methods for full-strength results. *Journal of Mixed Methods Research, 2*(2), 121–148.

Spry, T. (2001). Performing autoethnography: An embodied methodological praxis. *Qualitative Inquiry, 7*(6), 706–732.

Strauss, A., & Corbin, J. (1998). *Basics of qualitative research: Techniques and procedures for developing grounded theory* (2nd ed.). Thousand Oaks, CA: Sage.

Teram, E., Schachter, C. L., & Stalker, C. A. (2005). The case for integrating grounded theory in participatory action research: Empowering clients to inform professional practice. *Qualitative Health Research, 15,* 1129–1140.

Thorp, L. (2006). *Pull of the earth: Participatory ethnography in the school garden.* Walnut Creek, CA: AltaMira Press.

Tillmann-Healy, L. (2001). *Between gay and straight: Understanding friendship across sexual orientation.* Walnut Creek, CA: AltaMira Press.

Tracy, S. J. (2000). Becoming a character for commerce: Emotion labor, self subordination, and discursive construction of identity in a total institution. *Management Communication Quarterly, 14,* 90–128.

Tracy, S. J. (2003). *Navigating the cruise—A trigger script ethnodrama.* Tempe: The Hugh Downs School of Human

Communication's Empty Space Theater, Arizona State University.

Tracy, S. J. (2004). The construction of correctional officers: Layers of emotionality behind bars. *Qualitative Inquiry, 10*(4), 509–533.

Tracy, S. J. (2006). Navigating the limits of a smile: Emotion labor and concertive control on a cruise ship. In J. Keyton & P. Shockley-Zalabak (Eds.), *Case studies for organizational communication: Understanding communication processes* (2nd ed., pp. 394–407). Los Angeles: Roxbury.

Trujillo, N. (2004). *In search of Naunny's grave: Age, class, gender, and ethnicity in an American family*. Walnut Creek, CA: AltaMira Press.

Vanderford, M. L., Smith, D. H., & Olive, T. (1995). The image of plastic surgeons in news media coverage of the silicone breast implant controversy. *Plastic and Reconstructive Surgery, 96*(3), 521–538.

Wang, C. C. (1999). Photovoice: A participatory action research strategy applied to women's health. *Journal of Women's Health, 8*(2), 185–192.

Warren, C. A. B., & Karner, T. X. (2010). *Discovering qualitative methods: Field research, interviews, and analysis* (2nd ed.). Los Angeles: Roxbury.

White, S. A. (2003). Introduction: Video power. In S. A. White (Ed.), *Participatory video: Images that transform and empower* (pp. 17–30). Thousand Oaks, CA: Sage.

Wilson, H. S., Hutchinson, S. A., & Holzemer, W. L. (2002). Reconciling incompatibilities: A grounded theory of HIV medication adherence and symptom management. *Qualitative Health Research, 12*(10), 1309–1322.

Zerhouni, E. A. (2005). Translational and clinical science: Time for a new vision. *New England Journal of Medicine, 353*, 1621–1623.

Zoller, H. M. (2003). Health on the line: Identity and disciplinary control in employee occupational health and safety discourse. *Journal of Applied Communication Research, 31*(2), 118–139.

Elizabeth Adams St. Pierre

37.

포스트 질적 연구
_ 비판과 그후

진성미_ 중앙대학교 교육학과 교수

포스트 질적 연구에 대한 이 장은 너무 늦기도 하고 이르기도 하다. 20년 전 나의 첫 번째 질적 연구 보고서인 내 학위논문(St. Pierre, 1995)에서 쓰기 시작했다는 점에서는 매우 늦은 것이다. 하지만 질적 연구가 21세기 들어서 아직도 의도적이고 나이브하고 원색적인 비판을 받고 있기 때문에 나의 이 글이 너무 이르다고 본다. 이런 점에서 나는 내 비판의 난감한 정치학을 인정한다. 하지만 나는 더욱 제한적으로 보이는 과도한 질적 연구에 대한 방어도, "차이에 대해 말하기"(예, Moss et al., 2009)에 실패한 로맨스도 모두 소모적이라고 느낀다. 후자에서의 차이란 질적 연구를 따라잡지 못하는 사람들, "후진적 패러다임"(Patton, 2008, p.269), 반세기동안 언어적 전환, 문화적 전환, 해석적 전환, 내러티브 전환, 역사적 전환, 비판적 전환, 성찰적 전환, 수사적 전환, 포스트모던적 전환 등을 이루지 못한 사람들과의 차이를 의미한다. Spivak(1993)이 말한 것처럼 나는 왜 "학습할 시간이 없는 사람들이 세상을 구조화해야 하는지"(p.187) 알 수 없다.

내가 이 장에서 **전통적인 인본주의 질적 방법론**이라 부르는 것에 대한 포스트모던적 비판을 제시하기 전에, 이 장이 쓰여진 정치적 맥락—포스트모더니즘과 질적

방법론 모두 "과학"에 의해 거부되는—을 간략하게 적고자 한다.

과학에 근거한 연구의 맥락

미국 NCLB(No Child Left Behind) 법이 진행되고 National Research Council(NRC)(2002)이 『Scientific Research in Education(교육에서의 과학적 연구: SRE)』이라는 보고서를 발표한 2002년 이후 미국에서는 교육에서의 질적 연구가 공격을 받아왔다. 실험 연구의 확립, 특히 높은 질의 연구를 위한 황금률로 무작위 통제 실험을 선호함으로써 이 두 문서—그 중 하나는 연구 방법론을 명하는 연방법임—는 대규모 평가에서 실증주의와 보수의 부활, 그리고 "무엇이 효과적인지"를 측정하는 도구적이고 엔지니어링적 사회과학을 특권화하는 책임 문화를 보여주고 있다. 포괄성과 새로운 과학주의의 열정에도 불구하고 질적 연구는 높은 수준의 과학으로 여겨지지 않고 거부되었다.

시간이 지나면서 포스트모더니즘 역시, 앞서 나열된 "전환들"에 의해 제기된 실증주의적 경향들의 비판에 대해서, 그리고 구체적으로는 페미니스트, 인종 이론, 막

시즘, 퀴어 이론, 포스트식민지이론 등에 의한 비판에 대해서, 하나의 **코드**(codeword)가 되었다. 포스트모더니즘이 어떻게 비실험적이고 비실증주의를 대표하는 말로 사용되고 있는지는 2002 NRC 보고서의 다음 내용에서 살펴볼 수 있다.

> ―
> 우리는 물리적이고 사회적인 세계를 기술하는 것이 가능하며, 여러 관찰자가 그들이 본 것에 대해 동의할 수 있다고 생각한다. 따라서 우리는 사회과학 연구가 객관적이고 신뢰할 만한 지식을 결코 생산해내지 못한다는 포스트모더니스트들을 거부한다. (p. 25)

위 진술에 적힌 각주는 더 당황스럽다.

> ―
> 이 설명은 과학적 작업의 합리성을 모두 의문시하고 모든 지식은 권력, 영향, 경제적 요인들과 같은 사회학적 요인들에 기반한다고 믿는 극단적 인식론적 관점에 해당된다. (p. 25)

두 진술 모두 포스트모더니즘뿐 아니라 모든 "전환들"이 실재와 추론에 대해 회의적이라는 것을 가정한다. 하지만 경찰들조차도 증인들이 그들이 "본" 것을 기술/구성하는 데 있어 다를 때 사회적 구성주의를 경험하게 되며, 또 많은 사회과학자들과 자연과학자들이 권력, 정치, 경제적 요인들이 과학에서의 지식 생산에 영향을 준다고 인정하고 있다.

NRC 보고서는 포스트모더니즘을 거부하는 두 진술문에 대한 정당성을 Phillips(NRC 위원)와 Burbules(2000)의 저서에서 인용하고 있다. 하지만 내가 그 책을 유심히 읽어본바, 거기에는 Lyotard 이외의 포스트모더니즘 학자들에 대한 논의가 거의 없어, 포스트모더니즘에 대한 위원회의 비판은 경고로 받아들일 만한 것이 아니다. 그럼에도 불구하고 Phillips(2006)는 포스트모더니즘 학자들을 인용함 없이 포스트모더니즘을 "극단적"이고 어떤 "연속선"상에서 "좌익이나 극단에" 있는 것이라고 계속하여 비판

하고, 자신을 중립적이고 온건한 입장에 두고 있다. 이후 Phillips(2009)는 연구자들이 과학에 근거한 연구(SBR) 논쟁에서 정통 실증주의가 만연한 것에 반대한 것에 놀라서, SBR에 저항하는 이들―"병적 상태"(p. 164)에 있는 이들―에게 제멋대로이며, 반항적이고, 불평하며, 격하고 "오만한 포스트모더니스트"(p. 193)라며 훈계하였다.

포스트모더니즘에 대한 비실제적이고 근거 불충분한 비판의 예는 전 미국 교육과학연구소(Institute of Education Sciences: IES) 소장이었던 Grover Whitehurst에게서 특히 나타나는데, 그는 특별히 포스트모더니즘을 겨냥하면서, 우리에게 이론은 덜 필요하며 "무엇이 효과적인지" 더 알아야 한다고 주장하였다. Whitehurst(IES, 2008)는 계속하여 2008년 의회 최종보고서에서도 포스트모더니즘을 공격하였는데, 그의 IES 재임 동안 "포스트모더니즘에 근거한 질적 연구와 방법론적으로 취약한 양적 연구라는 20세기 후반부의 교육 연구의 지배적 형식들로부터"(p. 5) 연구소의 연구를 구분해 내야만 했었다고 보고하고 있다. 보고서에서 그는 "교육 연구에서 포스트모더니즘 접근의 상승세"(p. 6)에 대해 언급하였다. 도대체 무슨 말인가? 나는 포스트모던한 질적 연구가 어떤 분야에서도 지배적인 적이 없었다고 생각한다. Whitehurst는 어떤 경우에도 포스트모더니즘 학자나 글을 이용하지 않고 있으며 포스트모더니즘과 질적 연구 간의 관련은 그들의 반대 주장에서 이루어진 것이다.

영국의 Whitehurst격인 런던대학 교육 연구소의 사회과학연구소 소장인 Anne Oakley는 포스트모더니즘을 상당 기간 반대해왔다. 그녀는 과학에 기반한 연구에 대한 비판을 "저항 텍스트"와 "'새로운' 기술[무선 통제 실험과 체계적 평가(SR); SR에 대한 포스트모던적 비판은 MacLure, 2005 참고]과 이전에 감추어졌던 학술 연구의 특징들을 드러내는 그 기술의 능력을 포함하여 실재하고 예상되는 위협에 대한 보수적 대응"(Oakley, 2006; p. 64, 강조는 추가됨)이라고 칭하였다. Oakley는 Whitehurst처럼 주요 포스트모더니

학자들은 아무도 인용하지 않으면서도 포스트모더니즘을 "유행 같은 넌센스이자 어휘 게임"이라고 비난하면서, 낮은 수준의 사회과학 연구가 포스트모더니즘 때문이라고 비판하였다.

실증주의 연구가 아닌 것에 대한 실증주의자의 우려를 잘 드러낸 것은 Henig(2008)이다. 그는 교육 연구가 "지나치게 추상적이고(예, 네오막시스트, 포스트구조주의, 성 정체성, 혹은 비판적 인종 연구) 엄밀함이 부족한—양적 연구보다는 질적 연구에 치우고 확실한 이야기를 말하는 것보다 인과관계에 덜 관심을 가지는"(p.51) 분야로 분절되었다고 말한다. 물론 비추상적이고 객관적이고 이론 및 가치 중립적이라 주장하는 것은 실증주의뿐이다. 질적 연구는 언제나 삶—전혀 중립적이지 않은 영역인—한가운데 있는 사람들의 체험 경험을 탐구함에 있어 이론, 가치, 권력, 정치적인 탐구들을 수행해왔다. 과학이 그것을 생산하는 인간들로부터 분리될 수 있다는 주장은 어디에도 없다.

앞서 제시된 예들은 SBR 논쟁에서 포스트모더니즘이 어떻게 인용의 근거도 없이 실증주의적이지 않은 모든 철학적 접근들에 대한 코드가 되었는지를 보여준다. 실험 연구가 아니란 이유로 결코 엄밀할 수 없다고 하는 질적 방법론과 연계되면서, 포스트모더니즘은 이중으로 비난받았다. 심오한 포스트모던 이론가인 Derrida의 글에 대한 저항을 기술하면서, Lamont(1987)은 다음과 같이 적었다.

> 이러한 대규모 반박은 인본주의 전통과 해석 행위의 기본 원리에 대한 Derrida의 공격과 관련되었다. 이런 폭력적인 공격은 해체의 제도화에 기여하였고 그것은 Derrida가 논쟁할 만한 주장이 되었음을 나타냈다.(p.162)

Hodkinson(2004)은 교육 연구에서 정초주의에 대한 포스트모더니즘의 비판이 "목표 설정, 성취 측정, 목적이나 가치보다는 효율성과 효과성을 강조하는 경향의 증가"(p.17)에 따른 새로운 평가 문화에서 무시되고 거부되기는 하지만, 실제 의의가 있다고 주장하였다. 하지만 사회과학 연구 방법론에서 보수적, 실증주의적 회귀는 확신되지 못한 반면, 포스트모던과 다른 접근들은 확장되고 융성해갔다.

포스트모더니즘의 부활

교육에서 수많은 "효과 없음" 연구 결과들에 따라 "무엇이 효과적인지"라는 IES 주장이 실패한 것에서 보듯(Viadero, 2009), 실증주의는 사회과학에서도 흔들리고 있다. 사회과학 중 가장 과학적인 학문인 경제학에서도 합리적인 자유 시장과 소비자들의 실패(Cullenberg, Amariglio, & Ruccio, 2001 참고)에 의해 그러한 흔들림이 나타난다. 이 장에서는 이러한 시기에 특히 유용한 비판으로서 포스트모더니즘의 부활을 다루고자 한다. 다른 "전환들" 주창자와 함께 포스트모던적 비판들은 실증주의의 과도함에 대한 대응으로 반 세기 전에 등장하였다. 이는 사회과학과 인문학에 지각 변화를 일으켰으며, 훈육되고 규율되며 정상화되는 구조들을 개방하기 위해 다시 필요하게 되었다.

나는 여기서 "포스트(posts)"(예, 포스트식민주의, 포스트비판이론, 포스트인문주의, 포스트포디즘, 포스트실증주의, 포스트페미니즘, 포스트해방주의, 포스트기억, 포스트주체주의, 포스트-모든 것)라는 표현이 절대 대안적 구조를 제공하지 않았으며, 내가 대안적 방법론을 제시하지도 제시할 수도 없다는 것을 분명히 하고자 한다. 여기서 대안적 방법론이란 포스트 질적 연구를 위한 구체적 방법 개요, 구조 등을 말하며, 자신의 연구에 안전하게 사용할 수 있는 간편한 "연구 설계"를 말한다. "포스트"라는 표현이 교정과 수정을 제공하는 것은 아니다.

대신 나는 이 장에서 내가 전통적 인본주의적 질적 탐구라 부른 것에 대한 염려를 요약하고 확장시키기 위해, 그리고 현재의 실증주의 정통성에도 불구하고 포스트모더니즘에 의해 가능한 사회과학 탐구의 재상상화에 대한 기여를 요청하고자 한다. 나의 비판은 질적 연구가 비과학적이라는 것이 아니다. 나의 비판은 질적 연구가—특히 최근의 SBR의 공격에 의해—매우 규율화되었고, 매우 정상화되었으며, 매우 중심화되었다는 것에 있다. 이에 따라 질적 연구가 때로는 인습적이고, 환원주의적이며, 헤게모니적이며, 억압적이어서 "다른 지식을 생산하고 지식을 다르게 생산하는"(St. Pierre, 1997, p.175) 급진적 가능성을 상실했다는 것에 있다. "질적 연구"란 명칭으로 수행된 연구가 급진적이고 비인습적이고 흥미롭다는 점은 나도 잘 알고 있다. 하지만 대개의 교재에서 서술되고 대부분의 대학 교재들에서 가르쳐지는 질적 연구가 그렇다고는 생각하지 않는다. 이에 따라 나는 이제는 중심부의 방어적 자세로부터 벗어나 과학의 창조로 나아갈 때라고 생각한다.

나는 전통적이고 인본주의적인 질적 연구를 구조화하는 개념/범주들이 Lincoln과 Guba의 질적 연구 저서 『Naturalistic Inquiry』가 집필된 1985년부터 증가되었다고 본다. 지금 우리에겐 책마다 같은 장 제목을 되풀이하며 **질적 방법론**을 뒷받침해온 수천 가지의 교재, 핸드북, 학술 논문이 있고, 이렇게 해서 우리는 그것이 사실이고 실재한다고 믿게 되었다. 우리는 우리가 그것을 만들어 냈다는 것을 망각하였다.

이 장 제목에 있는 "포스트"는 연대기적—전통적 인본주의적 질적 연구 다음에 오는 것으로서—으로, 그리고 더 중요하게는 해체적으로 모두 의미 있다. 이 장의 후반부에서 해체에 대해 자세히 논할 것이지만 여기서 나는 최소한 두 가지 해체적 접근을 그려보고자 한다. 첫 번째는 구조를 'sous rature'[under erasure: 썼다가 지우는 것—역주]에 둠으로써 Derrida를 따른다. 이 접근에서 우리는 질적 연구 방법론의 구조—그것을 구조화하는 개념들과 범주들—를 보유한다. 왜냐하면 그것이 필요하고 동시에 부정확하기 때문에 줄을 그어 지우게 된다. 그래서 우리는 구조의 가능성—반대가 아니라—을 나타내기 위해 질적 연구 방법론이라고 적을 수 있다. "해체적 입장이란 서식할 수 없는 구조를

지속적으로 비판하는 것이다"(Spivak, 1997, p.284). 전통적 인본주의적 질적 연구라는 울타리 안에서의 연구를 통해 내가 지난 20년 동안 해온 것에 대한 곤란을 겪으면서도, 난 이 접근에 더 이상 만족하지 않는다.

지난 수십 년 동안 우리는 많은 질적 방법론의 개념들과 범주들을 해체해왔다: 예, 면담(Scheurich, 1995), 타당성(Lather, 1993), **자료**(St. Pierre, 1997), **목소리**(Jackson & Mazzei, 2009), **성찰성**(Pillow, 2003). 나중에 설명하듯이 어떤 한 개념/범주의 해체는 관련된 구조적 개념/범주를 분열시키고, 방법론의 중앙을 붕괴시키고 "포스트"를 깨우는 데 실패한다. 포스트구조주의 연구자들의 난점은 그것의 기초를 정당화한 이론적 이동 이후에 구조의 폐허에서 기능하려는 데 있다. 그 구조는 의문시되었으며 그 한계는 깊이 균열되어 그 중심을 더 이상 지탱하지 못하고 있다.

물론 구조는 언제나 이미 단절되고 붕괴되었었다. 어떤 저자들은 교재에서 연구자들로 하여금 그들 연구가 갖고 있지 않더라도 부적절한 기존 개념들(예, **연구 설계, 자료, 자료 수집, 자료 분석, 면담, 관찰, 묘사**)로 그들의 연구를 조직화하도록 요청하였다. 따라서 상당수가 이해할 수 없게 되었고, 이에 따라 과학은 피폐화되었다.

두 번째 해체적 접근은 여기서 도움이 된다. Derrida는 해체가 구조에 대한 것, 구조에 대항한 것 이상이라고 설명하였다. 이것은 또한 다른 무언가가 사고되고 행해질 수 있는 구조의 전복(overturning)과 변위(displacement)이기도 하다. 이 두 번째 접근에서 우리는 더 이상 "구조의 폐쇄된 장 안에 정주하지(residing) 않고 이에 따라 그것을 확신하지도(confirming) 않게 되고"(Derrida, 1971/1982, p.329), "개념적 질서가 분절화된 비개념적 질서뿐만 아니라 개념적 질서 또한 전복하고 변위시키는 것이다"(Derrida, 1971/1982, p.329). 이러한 변위 후에 우리는 우리가 당연시했던 것을 근본적으로 탈중성화하게 된다. 여기서 우리는 대안들을 거부하며, **대리 보충**(supplement)을 추구하는데, 이것은 언제나 이미 구조를 이탈한 것이다.

이것은 매력적으로 보이는 과학이다—이것은 유인이다. 그리고 이것은 미리 정의할 수 없고 결코 동일할 수 없는 넓은 과학을 엄밀하게 재상상하는 것에 있어 결정체인 해체이다. 이 과학은 반복이 아닌 차연(différance)이다. Deleuze와 Guattari(1980/1987) 개념을 빌자면, 이것은 존재이기(is)가 아니라 되기(becoming)이다. 우리는 존재론적 결정주의라는 플라톤의 독 든 선물, 정체성과 예측의 논리—과학은 이것이다. 과학은 그것이 아니다—로부터, "그리고"의 논리—이것과 이것과 이것과 이것 …—으로 나아가야 한다. 그 과학을 사고하고 행하는 것이 바로 우리가 과감하게 받아들여야 할 일이다.

이론 읽기

누구든 포스트모더니즘이나 어떤 이론적 접근을 다루기 위해서는 그 전에 그것에 대해 읽고 연구해야 한다. 나와 다른 이들은 SBR 논쟁에서 "차이에 대해 말하는 것"의 불가능성을 경험한 바가 있지만, 나는 철학 연구가 연구 방법론 연구에 선행되어야 한다고 믿는다. 왜냐하면 전형적 사회과학 연구자들은 사회과학에서의 실증주의, 해석적, 비판적, 포스트모던, 기타 방법론들을 구조화하는 인식론적이고 존재론적 가정들을 이해해야 하기 때문이다. 과학과 철학을 분리하려는 시도는 늘 위험한 것이다.

그런 연구가 규준이라면, 2002 NRC 보고서, 『교육에서의 과학적 연구(SRE)』의 독자들은 다음 예의 진술들로도 그것이 실증주의적임을 알 수 있다: "축적적 지식"(p.1), "그 핵심에서 보면 과학적 탐구는 모든 분야에서 동일하다"(p.2), "연구들 간에 복제되고 일반화한다"(p.4), "다수 관찰자가 그들이 본 것에 동의할 수 있다"(p.25). 2002 NRC 보고서의 많은 독자들이 이렇게 하지 못한다면 그것은 잘못 가르쳐서가 아니라 잘못 읽어서의 결과이다. 실증주의나 사회구성주의, 비판적 인종 이론이나 포스트모더니즘을 읽고 공부하기 위

해, 비록 박사과정이 연구자들로 하여금 과학이란 단일한 것이 아니며 여러 철학적 접근들과 역사, 정치적 순간들을 가로지르는 의미와 실천이 경쟁하는 장임을 이해하도록 돕긴 하겠지만, 학생들이 모두 박사과정을 이수해야 하는 것은 아니다.

불행하게도 우리는 안락한 영역 밖의 것을 읽는 것을 주저하고 읽기에 난해한 텍스트들을 지나치게 무심하게 거부해 버린다. 우리가 고급 물리학 책을 빨리 이해하기는 어렵지만, 철학 책은 개방적이고 읽을 만하다. 왜 우리는 Derrida나 Foucault, Deleuze와 Guattari 등의 글을 한 번 읽고 이해하려고 기대하는가? 아마도 그들의 개념들, 지식, 진실, 이성, 실재, 권력, 언어와 같은 오래되고 논쟁적 역사를 가진 개념들과 차연(différance), 리좀(rhizome), Foucault의 고고학(archaeology)과 같은 새로운 개념들을 쉽게 이해해야 한다고 생각하는 것은 오만한 일일 것이다.

하지만 언어는 분명해야 한다는 견해가 우리의 반지성적인 문화뿐 아니라 실증주의에도 깊이 내재되어 있다. 예를 들어, 논리실증주의자인 Ayer(1936)는 20대 중반의 나이에 다음과 같이 말하였다.

> 모든 감각: 경험의 한계를 초월하는 "실재"에 관한 어떤 진술문도 정확한 의미를 가질 수 없다고 주장하려면, 그런 실재를 설명하기 위해 노력한 이들의 노고가 넌센스를 만드는 데 모두 바쳐진 것이라고 하는 것이다. (p.17)

이러한 언어적 견해는 숙고적이면서, 경험적 증거에 의해 증명될 수 없는 개념들, Ayer에 따르면 무의미한(senseless) 것을 다루는 형이상학을 회피하는 실증주의적 결정론과 같은 것이다. 그것은 또한 명확한 언어를 요구하는 실증주의의 '확실성의 탐구'(Reichenbach, 1951)를 나타내기도 한다. Ayer에 따르자면, Maxwell(2010)은 Deleuze와 Guattari를 잘못 이해했을 수도 있다. 그들은 새로운 실재를 가능하게 하는 새로운 언어를 도입했고, 그들이 "단지 '말

만 늘어놓을 뿐"(p.6)이라고 주장할 수 있다. 물론 Maxwell을 포함하여 Ayer, Carnap, Reichenbach, Husserl, Marx, Einstein, Neils Bohr, Grigori, Perelman을 비롯한 많은 학자들에 대해서도 그렇게 말할 수 있다.

나는 학생들에게 Lacan(Ulmer, 1985에서 인용)의 충고, "읽는다는 것은 꼭 이해해야 하는 것은 아니다. 너무 빨리 이해하려 하지 않으면서 읽는 것이 필요하다"(p.196)는 말을 심각하게 받아들이도록 조언한다. 나는 난해한 글들을 읽지 않으려는 변명에는 일고의 동정심도 갖고 있지 않으며, 학생들에게 글이 난해하면 더 열심히 읽고, 새로운 언어가 익숙해질 때까지 반복해서 읽도록 한다. 나는 예컨대 그들에게 그들이 이해하지 못한 개념들의 사전들과 같은 "읽기 관리 전략"을 개발하도록 한다. 내가 박사과정 때 시작한 사전은 지금은 700쪽이 넘는다. 나의 연구 주제인 **주관성**(subjectivity) 항목은 30쪽이 넘는다. 아직도 나는 주관성의 의미를 알지 못한다.

만약 우리가 이론과 철학 문헌들을 읽지 않는다면 우리는 사물을 거의 설명하지 않는 정상화된 담론을 제외하고는 분석하는 동안에 사고할 것이 많지 않다. 하지만 우리가 다양한 복잡하고 모순된 이론들을 연구하게 되면, 나는 이것이 박사과정의 목적이라고 믿고 있는데, Fay(1987)가 말하듯, 우리가 **이론화되었다는 것**을 깨닫고 되고, 우리와 세계는 실천뿐 아니라 이론의 산물이며, 다른 이론들을 작동하게 함으로써 세계를 변화시킬 수 있다는 것을 깨닫게 된다. 역사는 이것을 우리에게 말해준다.

나는 학생들이 포스트모던적 전환이나 다른 전환을 이루는지에는 관심이 없다. 내가 기대하는 것은 그들이 숙독하는 것이다. 그들이 박사논문 계획서를 쓸 때까지 높은 수준의 여러 이론들(예, 페미니즘 이론, 인종 이론, 현상학, 포스트모더니즘, 사회구성주의)을 공부하고, 그런 이론들이 적용된 그들의 분과학문 이론들(예, 영어교육에서 사회구성주의에 의한 독자 응답이론(reader response theory))과 방법론 문헌들을 공부

하기를 기대한다.

이 모든 것과 관련하여 나는 준비성(readiness)에 더욱 관심을 갖게 되고, "우리가 어떻게 우리 존재에 대한 전환과 우리 자신을 다시 생각하게 하는 논쟁, 우리의 '위치'와 '근거'에 대한 재정립을 가능하게 할 것인가?"에 대한 Butler(1995)의 질문에 대한 답을 발견하다. 우리는 특정한 관심에 경도되어 있지만, 그것은 취향으로서의 경험과 교육의 문제에 다름아니다.

분명히 내가 여기서 서술하는 것은 자연과학의 "훈련 모델"이 아니다. 나는 학생들이 현장 연구와 분석에서 조우하게 될 복잡하고 모순된 특성을 풍부하게 설명할 복잡하고 모순적인 이론들의 연구에 전념하기를 바란다. 그들에게는 자료 수집의 여러 적절한 방법들보다는 자료 분석을 위한 해석적 틀로서의 이론이 절실하게 필요하다. 질적 연구의 교수(teaching)에 대한 연구에서 Hurworth(2008)는 이론과 실천을 함께 가르쳐야 한다고 주장하였다. Neumann, Pallas, Peterson(2008)은 연구 준비 단계에서 "연구에서 인식론적 다양성의 관리와 사용"(p.1478)에 중점을 두어야 한다고 한다. 이 장의 다음 세 절은 내가 특별히 도움이 된다고 여기는 포스트구조주의 이론에 대한 설명이며, 이것을 읽고 탐구하고 적용해보면 우리가 세계를 읽는 방식을 바꾸게 될 것이다.

포스트모더니즘과 포스트구조주의("포스트들")

포스트모더니즘과 포스트구조주의(또는 후기구조주의) 분석은 어떠한 구조의 형성에도 저항하고 전복하고 거부하는 다양하고 상반된 비판들을 포함한다. Rajchman(1987)은 포스트모더니즘을 "하나의 학과를 형성하고 있는 것이 아니라" "잡다하고 탄력적인 범위의 것들"을 지칭하는 것이라고 하였다(p.49). 이 장에서 언급된 "전환들"을 생각해볼 때, "포스트"란 서양의 계몽주의 사고와 실천에 있어 인본주의, 근대주의, 제국주의, 재현주의, 객관주의, 이성주의, 인식론적, 존

재론적, 방법론적 가정들과의 근본적인 단절을 의미한다.

"포스트"에서 "철학의 인식론적 출발점은 적절하지 않으며"(Butler, 1992, p.8), 일부가 주장하듯 그것은 비교불가능하다. **인식론**—무엇이 지식으로 간주되고 지식 주장이 어떻게 참으로 정당화되는지와 관련된 철학 조류—은 앎보다 더 앞서 주체, 독립적 존재, 담보된 인식 주체를 가정하고 언제나 그것—지식과 역사를 발생시키는 주체—을 구별해왔다. "포스트"는 이 장의 후반부에서 논하는 것처럼 그 주체를 해체한다. **존재론**은 무엇이 존재하는가(what "is"), 존재와 실재에 대해, 그리고 어떻게 전체가 조직화되는지에 대한 형이상학이다. "포스트"에서 존재론적 출발점 역시 적절하지 않다. 전통 철학에서는 인식론과 존재론의 문제들을 분리시키는 것이 중요하며, 이것이 혼동될 때 이것을 "범주 오류"라고 한다. 하지만 포스트모던 이론은 인식론과 존재론 간의 구별을 무너뜨리는데, 이것은 물리학에서 "해석적 문제들에 따른 양자이론의 등장이 실체적/인식적 구분에 대한 최초의 주된 도전이었던"(Atmanspacher, 2002, p.50) 것과 같다.

포스트모더니즘과 포스트구조주의는 종종 같은 의미로 사용되기도 하지만 그 뜻에는 차이가 있다. 비록 나의 연구는 **포스트구조주의적**이라고 하겠지만, 나는 이 장에서 **포스트모던**이라는 용어를 사용하였다. Lather(1993)는 두 용어를 이렇게 구분한다. 포스트모더니즘은 "연대학(chronology), 경제학(예, 포스트포디즘), 미학 등의 이슈들을 제기하는 반면 포스트구조주의는 주로 '구조주의 이후'의 학문적 이론화와 관련되어 사용된다"(p.688).

포스트모더니즘은 "고급 문화와 소위 대중 혹은 민중 문화 간 낡은 구분의 붕괴"(Jameson, 1988, p.14)로서 예술계의 전위적 흐름뿐 아니라, "다국적, 거대기업적 소비 자본주의와 그로 인한 모든 기술들의 새로운 단계"(Kaplan, 1988, p.4)를 지칭해왔다. Flax(1990)는 이렇게 말한다.

> 포스트모던 담론은 우리로 하여금 현대 서양 문화의 정당화로 간주되는 진리, 지식, 권력, 자아와 언어에 대한 믿음에 대해 거리를 두게 하고 회의하도록 한다는 점에서 모두 해체적인 것이다. (p.41)

포스트구조주의는 유럽, 특히 프랑스에서의 비판 이론의 전위 운동을 대표하는 프랑스 용어이다. Peter(1999)는 포스트구조주의는 니체에 의해 영감을 받았으며, 표면적으로는 "구조주의가 주장하고 있는 과학적 지위에 대한 특히 철학에서의 대응"(p.1)이라고 설명하였다. Harvey(1989)는 이렇게 적고 있다.

> (철학에서) 미국식 실용주의의 부활과 1968년 이후 파리를 강타한 포스트맑스주의과 포스트구조주의의 혼합은 Bernstein이 "인본주의와 계몽주의 유산에 대한 분노"라고 말한 것을 태동시켰다. 이것은 추상적 이성을 비판하고, 기술, 과학, 이성에 의한 힘을 추동시킴으로써 인류의 보편적 해방을 추구한 모든 운동에 대한 뿌리 깊은 혐오로 이어졌다. (p.41)

포스트구조주의는 모든 학문—언어학, 인류학, 심리학, 경제학 등—에서 구조주의 경향들이 과학인양 행세하는 것을 비판한다.

흥미롭게도 **포스트모더니즘**이란 용어는 공간에 대한 새로운 사고방식을 반영하는 것으로서 건축에서 처음 등장한다: Harvey(1989)는 Jameson이 그것을 "작위적인 깊이 없음"(p.58)이라 칭한 것이 시초라고 한다. 이것은 인간의 일상 행위를 지탱하는 절대 진리가 있다는 정초주의에 대한 일반적인 포스트모던 비판과 일치한다. 고전적 정초주의는 모든 지식은 감각 경험으로부터 온다는 경험주의를 고무시킨다. 포스트모더니즘에 대한 소개에서 Harvey(1989)는 1987년 포스트모더니즘을 꽤 우아하게 요약한 건축 저널 「PRECIS」의 편집자들의 포스트모던한 입장을 다음과 같이 인용하고 있다.

보편적 모더니즘 세계관의 "단일성"에 대한 정당한 대응으로서 포스트모더니즘이다. "실증주의, 기술중심주의, 이성주의, 보편적 모더니즘 등으로 여겨져온 것들은 선형적 진보, 절대적 진리, 이상적 사회 질서의 이성적 기획, 지식과 생산의 표준화 등에 대한 신념과 동일시된다." 반대로 포스트모더니즘은 "문화 담론을 재정의함에 있어 자유주의 운동으로서의 이질성과 차이"를 중시한다. 파편화, 불확정성, 그리고 모든 보편적 혹은 (애용되는 문구를 빌자면) "총체적" 담론에 대한 광범한 불신이 포스트모더니즘 사고의 특징이다. 철학에서 실용주의의 재발견(예, Rorty, 1979), Kuhn(1962)과 Fayerabend(1975)에 의한 과학철학에 대한 개념 전환과, 역사의 단절과 차이에 대한 Foucault의 강조와 "단순 혹은 복잡 인과관계 대신 다형성의 상관관계"에 대한 그의 특권, 불확정성(재앙 및 혼돈 이론, 프랙탈 기하학)을 강조하는 수학의 새로운 발달, "타자"의 타당성과 위엄에 대한 윤리학, 정치학, 인류학에 대한 우려, 이 모든 것이 광범하고 심오한 전환을 의미한다. (p.9)

Eagleton(1987)이 공언하듯, "우리는 조작된 이성과 전제성의 숭배에 대한 모더니티의 악몽에서 깨어나는 과정에 있다"(p.9). 이 모더니티는 과학을 종교화하고 "증거, 논리, 공리, 외연성에 대한 표면적 합리성"(McCloskey, 2001, p.103)에 호소한다.

포스트모더니즘은 모더니즘에서 제시한 것—"역사, 진보, 자유, 이성, 초월과 인간"(Finn, 1993, p.134)—처럼 계몽주의적 인본주의의 가치, 실천과 목적에 대해 반대한다. 그러한 총체적 담론은 "그것을 통해 모든 사물이 연관되고 재현될 수 있는"(Harvey, 1989, p.45) 메타이론이며, 이것은 과학의 단일 이론(실증주의자의 주장), 혹은 물리학의 거대 연합이론(GUT), 혹은 맑스주의의 사회계급과 같이 모든 것을 포괄하는 결정적 원리와 같은 주장을 포함한다. Lyotard(1979/1984)는 과학적 지식에 대한 보고서에서 포스트모더니즘을 "조건"으로 서술하고 그것을 미국에서 발견했다고 하면서, 그것을 Harvey가 앞서 열

거한 거대하고 전체주의적인 이론들인 "메타내러티브에 대한 불신"(p.xxiv)으로 정의하였다.

2차 세계대전이라는 비극적 사건은 수세기에 걸친 서구의 전통을 단절시켰다. Spivak(1993)은 프랑스의 대응을 다음처럼 설명한다.

프랑스에서 인본주의의 비판은 전쟁후 유럽의 윤리적 주체의 실패와 관련되었다. 1960년대 중반 알제리 혁명의 시작과 함께 등장한 제2의 물결은 인문학과 사회과학의 학문적 실천이라는 관점에서 더욱 공고해졌다. 왜냐하면 역사학자, 철학자, 사회학자, 심리학자들로서 운동 참여자들이 그들의 실천이 단지 지식의 객관적 추구가 아니라, 인류의 형성에 기여하는 일임을 느꼈기 때문이다. 그들이 미탐구된 인간 경험을 의미의 원천으로서 인정하지 않고 의미화를 의심의 여지가 없는 것으로 받아들이지 않은 것은 이 때문이었다. 그들 각각은 학문의 경계에 도전하는 방법을 제공하였다: 고고학(Foucault), 계보학(Foucault), 권력/지식 읽기(Foucault), 분열 분석(Deleuze & Guattari), 리좀 분석(Deleuze & Guattari), 비주체적 정신분석(Lacan), 긍정적 해체(Derrida), 배리적 정당화(Lyotard). (p.274)

위의 것들과 또 다른 "포스트"적 방법들에 대해 읽을 것이 많지만, 여기서 나는 Derrida의 긍정적 해체에 대해 간략히 설명하고자 한다. 내가 일찍이 어떤 개념/범주도 의미를 포함하고 차단하려는 구조이며 동시에 개념/범주는 단절되고 재고될 수 있음을 깨닫도록 한 것이 바로 해체이다.

Derrida의 해체 개념

Derrida(1988)는 "해체는 방법이 아니다"라고 했으며, "어떤 방법론적 도구성이나 일련의 규칙, 치환될 수 있는 과정으로 환원될 수" 없다고 분명히 주장하였다

(p. 4). 그는 "'해체는 x이다'거나 '해체는 x가 아니다'라는 문장들은 핵심을 놓치고 있는 것이며, 이것은 그들이 오류임을 보여주는 것이다"(p. 4)라고 경고하였다. 계속하여 그는 이렇게 적는다.

> 해체는 이론도 아니고 철학도 아니다. 그것은 학파도 아니고 방법도 아니다. 그것은 심지어 담론도 아니고, 행위나 실천도 아니다. 그것은 일어나고 있는 것이다[강조는 추가된 것임], 오늘날 우리 사회, 정치, 민주주의, 경제, 역사적 현실 등에서 일어나고 있는 것이다. (Derrida, 1990, p. 85)

해체의 윤리적 성격을 인정하기 위해 Derrida(Caputo, 1993에서 재인용)는 "해체는 정의(justice)이다"라고 적었다. Spivak(1989)은 Derrida가 말한 해체 아닌 것들의 목록에 덧붙여, "해체는 본질이 아니다. 그것은 특정한 학파가 아니다; 그것은 읽기의 방식이다"(p. 135)라고 하였다. 하지만 Derrida(1989/2002)는 해체가 텍스트에 대한 무언가가 아니라고 하였다: "이 해체는 그런 텍스트에 적용되는 것이 아니다. 그것은 외부의 어떤 것에도 적용되지 않는다. 그것은 어떤 작동 방식이거나, 혹은 이 텍스트가 그 자체였다가, 그것에 의해, 그것에 대해 하는 경험 같은 것이다"(p. 264). 말하자면, 해체는 텍스트나 다른 구조에 대해 행해지는 무언가가 아니다; **텍스트, 개념, 구조는 그 자체를 되돌린다.** 더 일반적으로 Spivak(1993)은 "해체는 인식론의 한계에 대한 것이다"(p. 123)라고 주장하며, 특히 "현전(presense)"에 대한 서양의 형이상학에 대항한 주장이라고 보았다.

해체가 무엇인지, 어떤 의미인지를 이해하기 불가능하다면, 그것이 바로 Derrida의 핵심이며, 어떤 기표들—해체, 이성, 진리, 과학—의 의미도 담보될 수 없고 **현전(present)**될 수 없으며, 그것은 계속 지연되고 부재한 것이다. 따라서 우리는 더 이상 "무엇이 과학인가? 그것의 정확한 의미는 무엇인가"라는 질문을 할 수 없다. 왜냐하면 기호(예, 과학)는 시간과 모든 그 사용

예를 관통하는 중심, 지속성, 본질적 의미를 갖고 있지 않기 때문이다. 과학은 늘 그 자신과는 다른 것이다.

해체적 담론은 본질주의를 비판하는데, 그것은 플라톤, 아리스토텔레스, 스피노자, 라이프니츠, 칸트, 후설과 같은 학자들의 업적을 특징화하는 존재론적 개념이다. Fuss(1989)에 의하면, "본질주의는 환원할 수 없고, 불변적이며, 따라서 사람과 사물을 구성하는 참된 본질에 대한 신념으로 정의된다"(p. 2). 인본주의적 사고에서는 사물에 의미를 부여하는 독특하고 불변의 핵심, 본질—**중심**—이 없다면 사물은 존재하지 않는다고 본다. 본질주의는 서양의 사고에 만연해있다. 예를 들어 Derrida(1972/1981)는 "순수 의미의 층위, 순수 기의, 선언어적 혹은 선의미론적(Husserl이 말하는 선표현적) 의미의 층위"(p. 31)와 같은 **선험적인 현상학**의 관념(idea), 언어가 드러내고, 현전하고 표현하는 선존재적 의미에 대해 의문시한다.

같은 예로서 플라톤이나 이후 칸트에서 다루어졌듯이, 그 외양에 반대되는 것으로서의 "물자체"라는 문구도 그러한 예이다. 니체(1987/1967)는 그 자체인 사물은 없으므로 "칸트는 더 이상 '외양'과 '물자체'를 구별할 권한이 없다"(p. 300)라고 주장하였다. "만약 우리가 사물의 모든 관계와 행위를 제거한다면 사물은 존재하지 않는다"(p. 302). 사물—사람이라고 할 수도 있다—은 그 자체로 존재하는 것이 아니라 관계에서 존재한다. 해체에서는 "사물은 언제나 그 자신을 벗어난다"(Derrida, Spivak, 1974, p. lxix에서 인용). 의미는 부유할 뿐이며 그것이 언어 게임에서 불발되고 재형성됨에 따라 사멸하기 시작한다. 따라서 기호는 정체성과 현전의 구조가 아니며, 차연과 부재의 근본 구조이다. Derrida는 기호의 의미가 계속 다르고 지연된다는 것을 설명하기 위해 **차연**["다르다(differ)"와 "지연되다(defer)"를 함께 의미하는] 개념을 사용하였다. 이 때문에 언어 체계는 총체화될 수 없고, 언어는 "태어나는 것"이며 "이미" 그리고 "아직" 사이에서 존재하는 것이다(Derrida, 1967/1974, p. 244); 의미는 늘 '미래형'(avenir)이다.

해체에 대한 초기 강의에서 Derrida(1966/1970)는 중심화된 구조로 추정되는 본질의 문제에 대해 다음과 같이 조심스럽게 설명한다.

—
따라서 중심—의미상 독특한—은 구조를 지배함과 동시에 구조성을 벗어나는 구조 내의 바로 그것을 구성한다고 간주되어 왔다. 이것이 바로 구조에 관한 고전적 사고가 중심이란 역설적으로 구조 안에 있고 또 구조 밖에 있다고 말할 수 있는 이유이다. 중심은 전체의 중심이다. 하지만 중심은 전체에 속하지 않는다(전체의 부분이 아니다). 전체는 다른 어딘가에 그 중심을 가진다. 중심은 중심이 아니다. 중심된 구조라는 개념은—비록 그 자체로서 과학철학의 인식 조건인 일관성을 나타내지만—모순적으로 일관된다. 모순적인 일관성은 욕망의 힘을 표현한다. 중심화된 구조 개념은 사실상 근본적 부동성과 고무적인 확신에 기초한 프리플레이(freeplay) 개념이다. 그것은 프리플레이의 범위를 넘어선다. 이런 확신으로 불안은 극복될 수 있다. (p. 248)

따라서 중심화된 구조(현전, 본질, 핵심)라는 개념은 서구 형이상학과 실증주의 과학철학의 환상이고, 위선, 속임수이자 근본적 오류이다. 순수한 중심, 현전은 없기 때문에, "기호의 구조는 영원히 부재하는 그 타자의 흔적과 자취에 의해 결정된다"(Spivak, 1974, p. xvii). 구조의 일관성에 대한 권위는 구조(현전)의 내부, 그 중심에 있는 것이 아니라 다른 곳—외부(부재)—에 있다. 구조는 결코 그 자신을 인정할 수 없고 해체되게 된다(늘 해체된 것이다).

하지만 해체는 관념—현전, 본질—이란 우리를 인간 존재의 모호함과 우연성을 다뤄야 하는 의무와 그를 위한 지적, 정치적, 윤리적 투쟁으로부터 해방시키려는, 세계에 대한 서술일 뿐이다. Keenan(1997)이 적고 있듯, 의무란 확실성을 따르는 것이 아니라 "근거의 제거, 우리가 의사 결정을 위해 의존하는 규칙이나 지식의 제거를 따른다. 근거가 없다는 것은 알리바이(구실)가 없다는 것을 의미하며, 어디서도 우

리 결정의 예를 참고할 것이 없다는 것을 의미한다"(p. 1). 우리가 근본적/초월적 진리, 본질, 본래적(보편적이고, 항구적인) 의미에 대한 관심을 포기하면, 의무(responsibility)와 정의(justice)는 최고의 중요성을 가진다. Mouffe(1996)의 설명대로, "근본의 부재는 Wittgenstein이 말하듯, '모든 것을 있는 그대로' 두게 하고, 우리에게 동일한 질문을 새로운 방식으로 질문하도록 촉구한다"(p. 38). 같은 맥락에서, Scott(1988)은 우리는 "그것이 무슨 의미인가?"라는 질문을 멈추고 대신 "의미들이 어떻게 변하는가? 어떤 의미들이 규범적인 것으로 드러나며 다른 것들은 어떻게 소멸되고 사라지는가? 이 과정은 권력이 구성되고 작동하는 네 내해 무엇을 드러내고 있는가?"라는 질문들을 제기해야 한다(p. 35)고 말한다.

해체는 근본적/초월적 의미를 가정하는 구조를 탈중심화시킬 뿐 아니라, 현전에 의해 조직된 이항 대립(자신/타자, 정체성/차연)의 구조 또한 해체한다. 이항의 첫째 항은 "현전과 의미; 열성 항이 그 지위를 정의하고 실추를 보여주는 것"(Spivak, 1974, p. lxix)을 나타낸다. 이항 중 특권화된 항은 오직 다른 항의 반대로만 사고될 수 있으며, 즉 무표 항은 그 뜻에 있어 유표 항에 의존한다. 예를 들어, Said(1989)는 서양(Occident)은 자신을 정의하기 위해, 자신을 더 우월한 것으로 정의하기 위해 동양(Orient)을 창조해야 했다고 설명한다.

Derrida는 형이상학의 이항 대립은 이항 중 오류인 항에 있는 것들이 그들의 차이로 인해 매도될 수 있기 때문에 잔인한 위계라고 하였다. 이 이유로, 이항은 중성화될 수 없다. 그것은 먼저 역치—"폭력으로 폭력과 투쟁하는"(Spivak, 1974, p. lxxvii)—되어야만 한다. 따라서 해체의 첫 단계는 이항을 역치하는 것이다. 예를 들어 heterosexual/homosexual이란 이항에서 heterosexual이 비정상적, 이탈적, 죄악으로 불리는 폭력을 느낄 수 있도록 homosexual이 특권적 지위를 가져야 한다. 다음 단계는, 승리한 항이 기존 구조 관점에서 이해될 수 없는 새로운 개념에 여지를 두기 위해

대체되는 것이다. 새로운 개념은 이항을 되돌리는 것이고 또한 섹슈얼리티(sexuality)에 대한 완전히 다른 사고를 촉진한다. 이것이 바로 해체의 긍정적 이동, 즉 다른 것이 발생하도록 하기 위한 폭력적 구조의 전복과 개시이다.

어떤 이들은 해체와 다른 포스트구조주의적 "방법들"을 허무주의적, 상대주의적, 무정부주의적, 반정치적, 의도적으로 모호화하는 것이라고 칭한다. 하지만 다수에게는, Culler(1982)가 다음과 같이 서술한 것처럼, 그것들은 자유의 윤리적 실천이다.

> "앉아있는 의자를 절단하는 것"이 보통 사람에게 무모하게 보이겠지만, 니체, 프로이드, 하이데거와 데리다에게는 그렇지 않다; 그들은 만약 그들이 떨어지게 되면 그들은 부딪힐 "바닥"이 없는지, 가장 분명히 보인 행위가 어떤 부주의한 톱질, 인간이 수천 년 동안 의지해온 대성당 같은 나무들을 절단하거나 해체하는 것인지 의심하기 때문이다. (p.149)

만약 이항의 오류 항에 있고 의미와 생활을 통제하고 폐쇄하는 본질주의적 구조에 갇혀있다면 그들이 기반한 폭력에 대한 지속적인 해체 비평은 해방적일 수 있다. 결론적으로, 해체는 언어에 대한 집중이 아니라 우리가 언어와 사회적 실천을 통해 창조하는 물적 구조에 대한 것이며, 우리가 '인간 존재'라고 부르는 물적 구조를 포함한다.

얽힘/특개성/배치

나는 계몽 인본주의의 강력한 유산들—인간 존재, 개인, 자아, 사람—을 해체하기 위해 내 글에서 Deleuze와 Guattari의 특개성(特個性, haecceity), 배치(assemblage) 개념과 양자역학의 얽힘(entanglement) 개념을 사용하였다. 그 주 개념이 깨어지면, 모든 개개의 관련구조는 우리 인간이 모든 것의 중심에 있기 때

문에 실패하게 되거나 아니면 적어도 우리는 우리이도록 믿게 된다. 이 절에서는 다음에 대해 간략히 서술한다: 인간 존재에 대한 인본주의의 서술, 양자역학의 얽힘, Deleuze/Guattari의 인간 존재에 대한 재개념화. 나중에 설명하겠지만 인본주의적 주체의 실패는 인본주의 방법론의 실패를 가져왔다.

계몽 인본주의는 인간 존재—인식론적 주체—라는 특별한 설명을 제공하였다. Decartes(1637/1993)의 정초주의는 인간 존재, 주로 이성적 추론을 통해 인식하는 인식 주체에 대한 하나의 설명, "나는 생각한다. 고로 나는 존재한다"(p.18)를 제공한다. 이후 Locke는 이성은 아무 관념을 가지지 않은 백지 상태라고 주장하며 Decartes를 반박하고 의식에 기초한 개인적 정체성으로 "자아"와 "개인"을 설명한다. 영국 경험학자의 시조인 Locke는 지식은 감각으로부터 도출된 경험에 의해서만 결정된다는 경험주의의 주 원리를 믿었다. 특히 계몽 인본주의의 이 두 학자들이 서술한(창조한) 인간 존재는 모더니즘과 전통적 사회과학에서 막강한 힘을 가져왔다.

다른 글(St. Pierre, 2000)에서 나는 계몽 인본주의의 자유 개인—"의지, 자유, 목적성을 가지며 따라서 언어, 행위, 공공 영역에서 "표현되는"(Butler, 1995, p.136), 자주적인, 투명한, 자유로운, 주체적인, 자족적인, 이성적인, 인식하는, 의미를 부여하는, 의식적인, 안정된, 일관된, 단일한, 자아정체성을 가진, 성찰적인, 자율적인, 의도적이고 비역사적인 개인—에 대한 포스트모던적 비판을 논했으며 여기서는 반복하지 않겠다. 하지만 Decartes와 Locke의 신념, 그들의 인간에 대한 서술은 인문과학에 퍼져있으며, 우리는 인간이 실제로 다른 모든 것과 독립되어 있고 우주의 주인이라고 믿고 있다. 다수의 이항 대립들은 그 가정을 따른다: 자아/타자, 주체/객체, 인식자/인식 대상, 인간/자연 등.

우리가 정체성에 대해 차연되지 않도록 조직하고, 하나가 끝나고 다른 것이 시작하는 것을 결정하고, 나누고 분리하게 하는 것은 바로 정체성의 준거인 개별화의

법칙(principle of individuation)이다. 전형적으로 우리는 본질을 수립함으로써 개별화되고, 본질을 가진 모든 것은 동일하다고 주장한다. 어떤 지점에서는 한 인간 존재가 다른 인간 존재들로부터 개별화/분리될 수 있다—각 개인은 중심, 정체성("내적 자아", "내부 목소리")을 가진다—고 생각할 수 있게 되었다. 우리는 인간을 다른 모든 것, 인간이 아닌 모든 것으로부터 개별화하였다. 분명하게 개별화(인간과 자연이라는 범주의 생성)는 권력 행위이다.

하지만 포스트모더니즘의 목표는 탈개별화하는 것이고, 우리가 실재한다고 믿는 개별화를 단절시키는 것인데, 이를 위해서 Deleuze와 Guattari가 도움이 된다. 그들은 Duns Scotus[신학 철학자—역주]로부터 오래된 개념인 **특개성**을 차용했으며, 인간, 시간, 공간, 물질 객체 등의 비주체적 배치를 설명하기 위해 아리스토텔레스로부터 차용하였다: "특개성은 단순히 주체를 위치 짓는 장식이나 배경이 아니다. 특개성이란 개인 총체에 있는 전체적 배치이며 … 당신의 있는 그대로이고 … 당신이 다름 아닌 바로 그것인 그것이다"(Deleuze & Guattari, 1980/1987, p.262). Rajchman(2000)은 이러한 비개인적(impersonal) 배치에 대한 예를 이렇게 든다: "하루중 한 시간, 강, 기후, 연주회 동안의 기이한 순간과 같은 것—한 종류가 아니고 어떤 종류에도 속하지 않는 어떤 것의 개별화"(Deleuze & Guattari, 1980/1987, p.85). Deleuze(1990/1995)는 인간 존재의 관념을 **배치**(assemblage)로서 재고하였다: "Felix(Guattari)와 나는 우리가 정확하게 개인들이라고 느끼지 않는다. 우리의 개별성은 오히려 사건[강조 추가]의 것이고 … 철학적 개념, '~이기(to be)' 동사와 그 속성들을 내버릴 수 있는 유일한 것이다"(p.141). 특개성은 안정된 것이 아니라 계속되고 있는 상태이다. 그것은 is가 아니라 and이다. "특개성은 시작도 끝도 없는 것이며, 기원과 목적지도 없는 것이다; 그것은 항상 과정에 있는 것이다. 그것은 점들로 되어 있지 않고 선들로만 이루어져 있다. 그것은 리좀(rhizome)이다"(Deleuze & Guattari, 1980/1987,

p.263).

따라서 나는 특개성을, Benjamin(1999)의 **무리**(constellation) 혹은 **얽힘** 개념과도 같이 혼합, 배치로, 관계로, 되기(becoming)로 간주한다. 양자역학에서는, 두 개체가 상호작용하면, 그것들은 얽히고, 그들이 아무리 멀리 떨어져 있어도 하나가 비틀리고, 측정되고, 관찰되면 다른 하나도 동시에 반응한다. 그리고 어떻게 그러는지는 아무도 모른다(Gilder, 2008, p.3). Barad(2007)는 양자이론의 얽힘 개념을 다음과 같이 설명한다.

> 얽혀있다는 것은 분리된 개체들이 결합된 것처럼 단지 서로 꼬여있다는 것이 아니다. 그것은 독립적, 자족적 존재가 없다는 것이다. 존재는 개별적 행위가 아니다. 개인들은 그들의 상호작용 이전에는 존재하지 않는다; 오히려 개인들은 그들의 얽혀있는 내적 관계의 부분을 통해 그것으로서 드러난다. 등장이 일단 사건으로서, 혹은 어떤 공간과 시간의 외적 수단에 따라 발생하는 과정으로서 발생한다는 것이 아니라, 시간과 공간이, 물질과 의미처럼 존재에 이르게 된다는 것이고 각 내적 작용을 통해 반복해서 재구조화된다는 것이다. 이에 따라 창조와 재생, 시작과 회귀, 연속성과 불연속성, 여기와 저기, 과거와 미래 간의 어떠한 절대적 감각도 차별화하는 것을 불가능하게 한다. (p.ix)

양자물리학은 상당히 니체적 및 들뢰즈적이고, 이로써 우리는 과학과 철학이 서로 조화롭지 못할 수가 없다는 것을 알게 된다.

공간과 시간에 대한 우리의 전통적 이해 방식은 사물이나 사람은 시간을 통해 이동하는 안정된 공간에 존재하므로, 시간과 변화, 진보, 혹은 "발달"을 통과하면서 우리는 동일한 현상을 관찰할 수 있다는 선형성에 기초한다. 실험물리학은 이러한 전통적 이해 방식의 단절을 가져왔다. 얽힘에 대해 Massey(1994)는 이렇게 말한다: "그것은 공간과 시간에서 일어나는 사물들의 상호관계가 아니다; 이것은 공간과 시간을 창조하고 정의하는 관계들이다". 따라서 "사회적 관계들이 공간으로 확장된다"(p. 263). 시간이 명확한 관계를 가지게 된 것은 오직 인간이 만든 역사뿐이다. 수직적인 것(역사, 깊이)에서 수평적인 것(동시성, 표면)으로의 변화는 모더니즘에서 포스트모더니즘으로의 변화를 규정 짓는다.

물리학의 공간－시간은 동적이고, 균열되고, 다공적이고, 역설적이며 비개인적인 공간－시간 관계들이다. 이것은 동시에, 리좀적으로, 중첩되면서, 서로 간섭하면서 존재한다. "플로우(시간)와 즉시적 관계의 표면(공간) 간에 선택은 없다"(Massey, 1994, p. 265). 왜냐하면 시간은 선형적이지 않으며 공간은 평평하지 않기 때문이다. 모든 것을 측정하고 통제하려는 인간의 욕구는 시간 그 자체로 확장된다(우리가 시계를 발명하였다). 하지만 시간은 어긋나있고 늘 그래왔다. Hawking(1988)은 이렇게 말한다. "상대성 이론에서는 절대적 시간이란 없다. 각 관찰자는 자신의 시간 단위를 가진다"(p. 87), 따라서 우리는 모두 다른 시간을 살고 있다.

그렇다 하더라도, 어떤 설명들은 사회과학, 특히 자연과학에서 더 이상 지지되지 않는 관념을 모사하는 실증주의적 접근들에는 상당한 영향력을 행사한다. 절대 시간, 선형성, 순차적 진보라는 관념들은 원인과 결과, 지식의 축적과 같은 실증주의 주장들을 가능하게 한다. 하지만 "사람들은 어디서나 다른 공간성을 개념화하고 행위화하기 때문에"(Massey, 1994, p. 4), 그러한 선형성은 공간－시간에서 이해할 수 없는 것이다. 따라서 고정된 개별화가 다른 시점의 고정된 개별화를 관찰할 수 있는 그런 고정된 시점은 있을 수 없다. 그리고 2002 NRC 보고서의 실증주의적 주장, "다수의 관찰자가 그들이 본 것에 동의할 수 있기에"(p. 25) 세계는 설명될 수 있다는 주장은 공간－시간에서는 생각할 수 없다. 모든 것은 얽혀있고, 언제나 중첩되고, 역동적이며 경쟁적, 다수이고, 적대적이며, 되어가는 것이기 때문이다.

따라서 복제와 일반화 가능성이라는 실증주의 사회과학의 개념들은 공간－시간에서는 가능하지 않으며,

주관성/객관성 구분이나, 편견과 강한(brute) 사실/자료 같은 관련 개념들도 마찬가지이다. 유사하게 해석적이고 비판적인 사회과학 관념, 예, 문화—공간과 시간을 함께 여행하는 일련의 사람들—역시 가능하지 않다. 이 모든 예들에서 우리는 "공간－시간의 특정한 외피의 의미를 안정화하기를"(Massey, 1994, p. 5) 시도한다.

양자물리학의 얽힘과 공간－시간은 인간 존재에 대한 다른 서술을 필요로 한다. 한편으로는 우리에게 친숙한 "나" 개념을 포기하기 어렵다. 또 다른 한편으로는, 왜 우리가 Decartes의 "I"와 Locke의 "self"(모두 만들어진 개념임)를 Deleuze와 Guattari의 "배치" 혹은 "특개성"(이것 또한 만들어진 개념임)보다 더 우월시해야 하는지, 혹은 "인간"에 대한 다른 설명을 우리가 잊고 있었던 것은 아닌지 생각해볼 수 있다.

분명히 언어는 여기서 한계를 가진다. 비록 내가 더 이상 생계를 위해 그것들을 필요로 하지 않더라도. 아직도 나는 "I", "me", "myself", "one", "oneself"라고 말하지 않고 쉽게 쓰는 법을 익히지 못하였다. 하지만 Deleuze와 Guattari(1980/1987)가 설명하듯, "I 라고 더 이상 말하지 않는 지점에 이르는 것이 아니라, I 라고 말한 것이 더 이상 의미가 없는 지점에 이르는 것"이 목표이다(p. 3). 그들은 주관화에 저항하기 위해서는 "우리는 유기체를 각각의 시작을 개혁하기 위해 충분히 유지해야 하며, 의미와 주관화의 작은 부산물들도 유지해야 한다. 이것은 단지 그것들을 환경이 요구할 때 그들 자신의 시스템으로부터 돌아서게 하기 위해서이다"(p. 160)라고 충고한다. 그것이 정치학 연구이며, "우리 자신을 거부하는 것"(Foucault, 1982, p. 216)이다.

얽힘의 시사점은 놀랄 만하다. 우리가 우리 자신을 "I"로서 간주하지 않고 모든 이들, 모든 사물들과 얽힌 것—특개성으로서, 배치로서—으로서 간주한다면 "I"에 기반한 사회과학 연구 개념들은 어떻게 될 것인가?: 연구자, 참여자, 정체성, 현전, 목소리, 렌즈, 경험, 입장, 주관성, 객관성, 편견, 합리성, 의식, 경험, 소외, 성찰성, 자유, 변형, 대화. 공간－시간에서, 우리는 어떻게 연구 설계, 연

구 과정, 추진 일정, 내러티브, 원인과 결과, 지식의 축적, 일반화 가능성, 복제 가능성, 예측 가능성, 보정과 같은 개념들을 생각할 수 있을까? 얽힘에서 어떻게 면담과 관찰과 같은 "면대면" 방법, Derrida의 골칫거리인 현전을 특권화하는 방법들을 생각할 수 있을까?

"I"를 벗어나기란 정말 어려운 일이다. "포스트"를 연구한 이들에게도, 특히 주관성에 대한 포스트구조주의 이론에서도 인본주의적 인간 존재를 기술하지 않는 것은 불가능해 보인다. 예를 들어, 비록 "포스트"에서의 주관성이 그 행위와 양립할 수 없다 하더라도, 그들은 그들 자신을 시술하기 위해 "주관성 진술"을 포함할 수 있다. 그들은 그들이 가명을 부여한 개별 참여자들을 자율적이고 일관되고, 의도적이고, 알고, 말하는 주체로 만들면서, 길고 풍부한 두터운 서술을 할 수 있다. 하지만 포스트에서는, 참여자들은 "인식론적 최후 보루(dead-end)"(Sommer, 1994, p.32)이며, 지식의 객체가 아니다. 오히려 우리가 가는 여정에서 선동가로서의 참여자들을 만나게 되는 것이다. 만약 우리가 해체된 인본주의적 자아, 개인, 사람을 더 이상 신봉하지 않는다면, 우리는 인본주의적 재현뿐 아니라 인간 존재에 근거해있는 질적 방법(면담과 관찰)에 대해 재고해야 할 것이다.

해체의 발생

해체와 얽힘을 전통적인 인본주의 질적 방법론과 병치하는 것은 불가능할 뿐 아니라, 연구 전 계획서에서 서술되거나 재현의 후반부에 포착될 수 있는 대안이 없게 하는 것이다. "포스트"를 염두에 둔 연구자는 선험적이고, 불가피한, 필수적인, 안정적이거나 반복 가능한 것이 아니라, 과업에서 자발적으로 창조되고 언제나 이미 ~과 ~과 ~과인 상태인 연구의 다른 **분절화**(articulation)(Hall, 1986/1996; Laclau & Mouffe, 1985), **리믹스, 매시업**(mash-up)[두 개의 소스로부터 나온 자료들을 합해서 만든 것—역주], 배치, 되어가기를 창

조할 것이다. 상황이 이러한데도 연구자들은 지금까지 "질적 방법론"의 구조, "설계"와 "방법들"이라는 고안되었지만 정상화된 이미 주어진 개념/범주들을 믿도록 훈련받아 왔고, 그것에 의해 제한받아 왔다. 그것은 실증주의자들이 자신들이 해석적이라고 말하는 것과 같다.

일반적으로, 특히 SBR 이후, 질적 탐구는 엄밀성이 불가능할 듯한 수많은 지시문들와 한계들을 수반하고 있다. 여기서 엄밀성이란 Foucault가 "사물의 질서"(1966/1970)라고 칭했던 기존 구조의 제한으로부터 자신을 해방시키고, 사고되지 않았던 것을 사고할 수 있도록 하는 것을 의미한다. 엄밀성은 반복이 아닌 차연의 연구이고, bell hooks(1989)가 "매우 심오한" 것이라고 칭하고 시인 릴케가 "매우 큰" 것이라 말한 연구이다. 비록 내가 공간에 있다 해도 그 공간을 생각하기 어렵고, 내가 쓰는 동안에 대부분, 그 쓰기—플라톤이 두려워했던 낡은 기술(부재)—가 "사고를 고요하게 사고하는 것에서부터 해방시키고, 다르게 사고할 수 있도록 하기"(Foucault, 1984/1985, p.9) 때문이다.

내가 바라는 엄밀한 연구가 일련의 연구 과목으로 가르쳐지거나 교재에서 설명될 수 있다고 생각하지는 않는다. 하지만 나는 연구자가 어떻게 해체적 작업을 할 수 있고 전환을 가져올 수 있는지에 대해 많은 것을 생각해왔다. 어떻게 해체가 일어나는지를 설명할 수는 없지만 우리가 충분히 읽고 연구로 실천한다면 가능할 것이다.

나는 다른 글(St. Pierre, 2001)에서 내 박사과정 프로그램에서 어떻게 이론에 다다르게 되었는지를 쓴 적이 있다. 간단히 말하면, 나는 내 분야, 영어교육 분야에서의 중간수준 이론들을 자세히 살펴보았는데, 그 이론들은 대개 교사양성과정에 중점을 두고 있었고, 더 큰 이론적 틀에 두지는 않았으므로 태생이 없는 것처럼 보였다. 나는 "전환들"이 가르쳐지고 쓰여졌던 학부시절에 철학을 공부했지만, 고등학교 영어교사가 된 직후, 그리고 이후 사서가 된 후에는 전적으로 잊고 있었다. 아직도 나는 내가 박사과정 학생으로서 놓쳤던 더 광범위한 대화들이 있었음을 깨닫고 있다.

나는 가능한 한 많은 질적 연구 수업을 수강했고 포스트모던적 전환을 이룬 교육과 사회학의 페미니즘 교수들과 함께 방법론을 학습하였다. 그들이 수업에서 자주 참고했던 Foucault, Butler, Trinh, Said, Derrida, Omi와 Winant, Habermas 등과 다른 이론가들의 저작은 나의 "전환들"에 대한 유일한 지침서였다.

나의 박사과정에서 이론 수업은 없었다; 대신 수세기 동안 학자들이 그렇게 해왔듯, 나는 이 글에서 저 글로 인용을 되풀이했고, 페미니즘, 프랑크푸르트 학파의 비판 이론, 해석 인류학, 탈식민주의, 비판 인종 이론, 사회구성주의, 포스트구조주의, 포스트모더니즘과 공간－시간 및 기억 이론들과 같은 이론들을 스스로 찾아 읽었다. 나는 일부 동료 학생들보다 훨씬 더 뒤처져 있음을 느꼈고 그들을 따라잡기 위해 더 열심히 탐독하였다. 내가 읽은 글들 중 다수는 내가 살고 있는 동안 쓰여진 것이었고 그것은 내게 호소력 있게 들렸다. 언어를 사랑하는 이로서 나는 Butler와 Derrida의 풍부하고 복잡하고 완벽하게 형성된 문장들에 심취하였다. Deleuze와 Guattari의 새로운 개념들(예, 기관 없는 신체, 동물 되기, 유연한 우주)은 나를 매료시켰고 유용한 것이었다. 나는 내가 읽었던 학자들과 그들의 이론들에 애착을 가졌고, 그러한 변화들은 다른 책 어딘가에 내 인생에 또 다른 충격을 줄 문장이 있을 것이라는 것을 가르쳐 주었다. 확실한 전환을 읽으면서도 나는 충분하지 못하였다.

나는 이론이 사람들을 생산한다는 것을 이해하게 되었다. 이론은 더 이상 추상적이고 때론 관통할 수 없는 담론은 아니었지만, 내가 나 자신을 위해 연구하기 위한 강력하고 개인적인 도구였다. 나는 나와 우리 문화가 여성에게는 우호적이지 않은 계몽적 인본주의에 의해 이론화되었다는 것을 깨달았다. 특히 다른 이론들과 결합하여 "포스트 이론들"은 인본주의의 억압적 구조에 저항하고, 특히 그 기초 구조인 인간 존재에 저항하는 많은 분석들을 제공하였다.

주관성(나 자신의 것을 포함하여)의 구성을 탐구하기 위해, 나는 내 고향에 살았던 노년 여성들에 대한 면담 연구와 그들 공동체의 문화기술지를 결합한 질적 연구를 설계하고 수행하였다. 내가 학위논문을 시작할 때까지 내가 열심히 공부한 두 가지 이론들—이론과 질적 연구 방법론—은 대개 분리되어 있었다. 하지만 논문을 작성해 가면서 나는 명확하게도 인본주의(와 실증주의)에 기반해 있었던 질적 방법론을 더 이상 필요로 하지 않게 되었다.

분명히 내 연구의 성격은 그런 단절을 강화시켰다. 나는 나에게 어떻게 여성이 되는지를 가르쳐준 여성들을 연구하기 위하여, 내가 떠난 후에도 나의 가족이 20년 동안 더 거주했던 Essex 카운티의 내 고향으로 돌아갔다. 그들을 면담하면서, 그들은 박사과정에 있는 고향 소녀를 기쁘게 도와주는 노년 여성인 동시에, 또한 내가 어릴 적 기억하고 있는 사랑스럽고 만만찮은 젊은 여성들이었다. 나는 현장 연구를 수행하는 동안 누가/언제/어디서였는지를 알지 못하였다. 주관성, 공간－시간, "실재"는 폭발하고 나를 압도하였다. 그것은 단지 내가 "여러 주관성을 가졌다"거나 "주관적 위치들 간을 이동하였다"는 것이 아니고, 나는 항상 이미 인간과 비인간(내가 더 이상 그 분류를 생각할 수 없는) 간의 관계들의 동시적인 관계들: 모든 시간과 공간들에 있는 "여성들"과 "me"; 오래전에 돌아가셨던 나를 사랑하셨던 아버지; 마을의 거리와 가게들; 여름밤 반딧불이를 잡던 사촌들; Essex 카운티의 붉은 흙으로 된 담배 농장; 만나는 모든 이들에게 미소를 지었던 이모; 우리 모두, 모든 것, 탈개체화되고, 탈동일화된, 탈개별화된 존재였다. 리좀, 배치, 특개성, 내 인생. 하나의 인생. 이론은 나를 다른 방식으로 생산해냈고, 나는 동일한 존재가 아니었다. 내가 그런 적은 없었다.

하지만 나는 이런 생각들을 혼자의 생각에 의해 할 수는 없었다. 주관성(부적절한 개념)에 대한 연구는 동시에 삶, 독서, 쓰기를 요구하였다. 나는 인본주의적 개별화가 더 이상 작동하지 않는 삶(경험들은 부적절하다)이 필요하였다; 다르게 살아가는 것을 생각할 언어를 제공한 이론들(포스트들과 공간－시간과 기억 이론들)이 필요했고, 단절을 가져오고 내가 나아가도록 요구한

쓰기의 착수가 필요하였다. 다음 단어와 다음 문장을 쓰는 것이 우리가 관리할 수 있는 것 이상일 때, 쓰기를 계속해야 할 때, 읽고 살아온 것, 그것은 가르쳐질 수 없는 생각하기(thinking)였다. 그것이 분석이다.

따라서 쓰기는 연구가 일어나는 공연 현장, Essex 카운티만큼 중요한 공간(단순한 원문적인 것이 결코 아닌 것)이 되었다. 쓰기를 생산하는 사고에 있어, 인본주의적 주체는 실패한 최초의 인본주의적 개념/범주이지만, 다른 것들 또한 그러하였다.

여기서 나는 또 다른 주요 개념인 **자료**(와 자료 수집, 자료 분석 등)의 실패에 대해 논하고자 한다. 자료에 대한 어려움에 대해서는 나의 다른 글(St. Pierre, 1997)에서도 자세히 논하고 있다. 분석—쓰기가 가능하게 하는 생각하기—을 시작할 때까지 나는 질적 자료에 대한 교과서적 정의를 믿고 있었다: 그것은 면담 녹취록과 현장노트에 텍스트화되고, 고정되어 있고, 단어들로 보여진 것이다. 우리가 단어들을 강한 (brute)—투명하고, 중성적이고, 이론과 독립적인 것으로서, 분석되기를 기다리는—자료로 다루게 하는 것은 정초주의적 서술이다. 하지만 단어들은 특정한 이해도(intelligibility) 망에서만, 대개는 지배적이고, 정상화된 논변적인 구성 내에서만 항상 (면담과 현장노트에서) 사고 가능하고, 말하기 가능하고, 쓰기 가능하다. 이는 곧 우리가 면담과 관찰들에서 수집하는 단어들—자료—이 항상 이미 이론의 산물이라는 것을 의미한다.

연구자의 첫 과업은 면담에서 타인들의 단어들을 가능하게 하는 것이 이론(들)임을 깨닫는 것이며, 그것은 이론을 탐구할 때에만 가능하다. 그 다음은 "경험들"을 반영하는 이미 이론화된 단어들을 이론화하는 작업이다. 단어들(혹은 다른 것)이란 이론이 그것을 자료로서 인정할 때만이 자료가 되는 것이기 때문에, 물론 연구자가 사용하는 이론(들)은 그 단어들이 자료로 간주될 수 있는가를 결정한다. 같은 방식으로 이론은 자료라는 개념과 모든 관련 개념(예, 자료 수집의 "방법들", 자료 분석)에 깊숙이 중첩되어 있다. 나는 전통적 인본

주의 질적 방법론에서 자료에 대한 이해가 SBR의 강력한 영향으로 더욱 실증주의적적으로 되었다고 생각한다. 첫째, 그것은 언어로 고정되고 보여져야 하기 때문이고, 둘째는 우리가 단어들을 우리가 설명해야 할 이미 해석된 자료로서가 아니라, 강력하고 미해석된 자료로서 다루기 때문이다. 그래서 포스트구조주의 언어 이론을 취하는 연구자는 인본주의 질적 방법론에서 설명하는 자료 개념에 대해 어려움을 겪을 수밖에 없다.

해체가 어떻게 나에게 일어났는지를 간략히 설명해보겠다. 내가 주관성에 대해 쓰면서 나는 내가 면담 녹취록과 현장노트에 있는 텍스트화(문자화)된 자료들뿐 아니라 문자화되지 않은 자료들도 생각하고 쓰고 있다는 것을 깨달았다. 따라서 나는 그 다른 자료들이 설명될 수 있도록 주장하고 명명하고자 하였다. 한 예로, 나는 만약 주관성에 대한 참여자의 단어들이 자료로 간주된다면, 내가 읽었던 책들에서 이론가들이 말한 주관성에 대한 단어들도 그러하다고 생각하였다. 왜 그들의 전문성을 무시하는가? 나는 내가 썼던 모든 이들의 단어들—Foucault의 것, 나의 예전 라틴어 선생님의 것—로 사고하였고, 그 자료들은 "문헌 고찰"과 "해석"이라는 별도의 장으로 독립될 이유가 없었다. 내게는 그러한 인공적 분리가 연구자들로 하여금 면담과 관찰에서 얻은 자료를 이론화하지 않게 하는 것으로 여겨졌다.

또한 나는 내 연구에서 분명하게 작용하는 소위 "초월적 자료"—감정적 자료, 꿈 자료, 감각적 자료, 기억 자료와 응답 자료—, 가시적이지 않고, 선형성, 의식성, 이성/신체 이분법을 와해시키는 자료들을 확인하였다. (최근 나의 다수 학생들은 각자의 연구를 모른 채 유령 자료(spectral data)를 확인하였다.) 많은 자료들—우리가 주제에 대해 시작할 때 사고하게 되는—이 분석 도중에 확인되며 그 전에 확인되지는 않는다. 생각하기를 시작할 때에야 우리는 무엇을 생각하는지를 알게 된다. 이런 의미에서 자료는 생각하기 도중에 수집되며, 특히 내게는 쓰기 도중에 수집된다.

이 장 앞부분과 다른 글(Richardson & St. Pierre,

2005)에서 말했듯이, 나에게 쓰기는 분석과 같은 것이다. 20년 전에 나는 자료 코딩이 분석이라고 생각하지 않았고 그 생각에 변함이 없었다. 그것은 분명 우리가 자료를 가지고 할 수 있는 일─명명과 분류(와 셈)─이지만, 나는 그것에 대해 들어보지 않고서 그것을 하리라고는 생각하지 않는다. "자료에 밀접하기"(전통적 자료)에는 여러 방법들, 예컨대 녹취록과 현장노트를 읽고 녹음된 테이프를 반복해서 듣기 방법들이 있다. 하지만 그런 자료들이 우리가 사고할 때, 분석에서 사용하는 자료 중 단지 일부일 뿐이라면 코딩이란 적절하지 않은 것이다. 예컨대 우리는 어떻게/왜 감각적 자료를 분석하는가?

나는 박사과정 학생들에게 자료를 코딩하지 말라고 권고한다. 왜냐하면 학생들이 이론들을 숙독했음에도 불구하고 수개월에 걸친 지루한 코딩에 지치고, 그들이 할 수 있었던 이론 분석을 하지 않은 경우가 상당히 많았기 때문이다. 그들의 연구 결과는 상상력이 없고, 생산된 주제들은 낮은 수준의 무의미한 것들이었다; 미이론화된 이야기들; 혹은 왜 그것들이 그러한지에 대한 지적 문제에 이르지 못한 확대된 서술들. 하지만 나는 그들에게 그들이 "분석하는" 동안 그들이 생각할 때 그들이 무엇을 했는지 설명하도록 요청하였다. 그리고 그들은 다양한 활동들─세차하기와 잔디깎기(이론화의 물리성), 차트와 웹 만들기, 친구들과의 담소, 쓰기, 음악 청취, 녹취록 읽기, 이론 읽기, 소파에서 졸기 등등─을 서술한다. 질적 연구에 배태된 실증주의는 순식간에 실패한다─기록 추적(audit trail)은 그 작업을 포착할 수 없으며, 그것은 삼각검증될 수도 없고, 결코 포화되지도 않는다.

만약 언어가 의미를 포함하거나 차단할 수 없고 사람들에게 의미를 전달할 수 없다는 Derrida와 다른 학자들의 주장에 동의한다면, 왜 단어나 일군의 단어들(chunk)과 다른 단어(code)들을 고립시키고 명명하는 것이 과학적 혹은 엄밀하거나 "분석"이 되는지 이해하기는 어렵다. 비록 그 과정이 객관적이고 체계적이고 좀 더 과학적인 것처럼 보이는, 컴퓨터 프로그램을 이용한 작업이라고 해도 말이다. 단어가 자료라면 코드도 자료 아닌가? 우리는 코드들을 코딩하는가? 나는 코딩에 대한 책들을 읽고 수퍼코드(supercodes)라는 개념을 발견했는데, 이렇게 보면 어떤 코드들은 자료일 수 있다. 가장 중요한 자료는 한 번만 발생한다는 것을 알면서도 어떤 이들은 코드의 빈도를 세기도 하고, 가장 빈번하게 등장한 코드들에 가중치를 두기도 한다. 코딩은 실증주의적 행위이며, 1920년대와 1930년대 실증주의 사회과학의 유산이다. 그 당시에는 질적 자료가 유사-통계적 방식으로 다루어졌고, 단어들이 **강한 자료**(brute data)로 간주되고, 단어들을 숫자처럼 대하는 것이 최선이어서 오히려 과학적 분석─양화의 병리학─을 위해, 명료성과 단순성을 위해 단어들을 숫자로 바꾸기도 하던 시절이었다.

나는 우리가 생각하기를 어떻게 가르칠지를 알지 못해 코딩을 가르치는 것이라 생각한다. 하지만 만약 우리가 계속 읽고 읽고 또 읽는다면, 다른 이들이 생각하고 쓴 것에 대해 생각하지 않는다는 것은 거의 불가능한 일이라 믿는다. (만약 충분히 읽지 않는다면 코딩이 필요할 것이다.) 나는 우리가 수집할 수 있는 모든 것─이론가, 참여자, 학회 청중, 벗들과 연인들, 우리 연구를 사로잡은 유령들, 소설, 영화와 꿈의 주인공들의 어휘들─으로 주제에 대해 사고함에 따라 소용돌이치는 불협화음을 그려본다. 그것들은 또한 우리의 신체와, 모든 타인들의 신체와 지구, 우리 삶의 모든 사물과 객체들과 함께 있는 ～과 ～과 ～과를 생각하는 하나의 **생애**인 전체적 배치이다. 이 모든 자료들은 우리의 사고 속에서 작용하며, 우리는 사고하고, 사고의 어딘가에서 우리의 방식을 작동시킨다. 무엇이든지 읽어라. 그러면 분석이 이루어진다. (당신이 생각할 때 무엇에 대해 **생각한다고 생각하는지 말하라─당신의 자료는 무엇인가? 당신이 생각할 때 당신이 무엇을 한다고 생각하는지 말하라─언제 분석을 하는가? 그것을 하라.**) 결국 **자료, 자료 수집, 자료 분석**을 분리하는 것은 불가능하다. 그러한 개별화는 이치에 맞지 않으며, 우리는 그것을 포기할 수 있을 뿐이다.

어떤 개념/범주도 내가 여기서 자료들을 해체함에 따라 해체될 수 있다. 이 작업은 Derrida의 관점에서도 그렇고 우리가 다르게 사고하기를 가로막는 구조로부터 벗어나기 위해서도 필요하다. 같은 일을 반복하지 않는다—이 작업이 반복이 아닌 **차연**이다.

철학으로의 회귀

이 장의 말미에서 무엇을 말할 수 있을까? 지금까지 나는 포스트구조주의 이론들을 살펴보았고, 그것을 사용하려면 그 이론들을 탐구할 필요가 있다고 강조하였다. 그리고 그것들을 전통적 인본주의 질적 탐구의 기초가 되는 여러 개념//범주들—언어, 인간 존재, 자료, 관련된 구조화 개념들—을 해체하는 데 사용하였다. 익숙하고 자연스러운 개념이 모든 연구에서 곤란한 개념이 된다. 하지만 해체는 곤란함을 억누르거나 무시하는 대신 우리가 "매우 심각하게, 문자 그대로 심각하게 받아들이고, 그것 자체를 변형하도록"(Spivak, 1989, p.129) 하고, 그것이 조직화한 구조를 전복하게 한다. 다음에 무엇이 일어날지 예측할 수 없고, 따라서 "포스트들"은 대안적 방법론도 아니고 그것을 제공하지도 않는다.

우리가 두려워하거나 혼란해하지 않으면서, 과학을 보호하고 우리를 구제할 것이라 보장하는 실증주의의 부활이나 다른 정초주의적 정당화에 굴종하지 않는 순간이 바로 해체적 순간이고 그것은 언제나 이미 정체적 순간이었다. 새로운 안락함의 구조를 창조하고자 하는 욕구를 해결하기는 어렵지만, 우리는 다가올 미래, "역사적인 것이 아니고 영원한 것도 아닌: 불시의 것이며, 항상 불시의 것인"(Deleuze, 1995/2001, p.72) 시간을 위해 현재의 보수적 재건에 대항해야만 한다.

"포스트들"과 해석적 비판적 이론들은 불구가 된 정초주의, 특히 실증주의 도그마에 대한 대응으로 반 세기 전에 설명되었다. 교재들에 서술된 전통적 인본주의 질적 탐구—자연과학의 복제품을 흉내 낸 "연구 설계"와 "방법들"을 가진 "방법론"이라 칭하는 구조—는 해석적 전환, 실증주의 사회과학의 비판으로 등장했으며, 그것은 비엔나 학파의 논리 실증주의와 논리 경험주의와 함께 1920년대에 시작해서 2차 세계대전 후 사회과학에까지 지속되었다. 하지만 비판을 피하기는 어렵고, 질적 탐구는 해석주의만큼이나 실증주의적으로 조직화되어 왔다. 그것의 잠재적 실증주의성은 과학중심, 증거중심 운동에 대응하여 즉각적으로 견고해졌으며, 인식론적 존재론적으로 양립 불가능한 "혼합 방법"의 절충안을 만들었다. 어떤 경우에도 그것은 전적으로 인본주의적이다.

전통적 인본주의 질적 탐구는 우리가 그것이 실재한다고 믿도록 하는 출판물의 범람을 통해 조직화되고 구축되었다. 하지만 산재해있는 포스트 비평가들은 경쟁 출판물로 잘 조직화되지 않았지만, 그럼에도 불구하고 사회과학을 통해, 심지어 경제학을 통해 그것을 잠식하고 알아볼 수 없을 정도로 분절하고 파괴하였다. 그러한 해체적 파괴(구조 내에서/대항하여 작업하는 것)를 하는 연구자들은 실증주의의 부활로부터 질적 탐구를 방어하기를 잠시—나는 꽤 오랫동안이라 생각하지만—멈추었지만, 이제 그들의 작업은 포스트모더니즘의 부활로 대응하는 것이고, 1960년대에 시작한 작업을 계승하도록 요청하고 있다.

질적 탐구는 실증주의 성향을 제거하고 나면 비판에 더욱 취약해질 것이다. 더 중요하게, 우리는 파괴된 구조 내에서/대항하여 오랫동안 연구해 왔다고 생각한다. 이제 우리는 원한다면, 전통적 인본주의 질적 탐구와 그것의 구조화된 개념과 범주들을 포기하고 그냥 내버려둘 수 있다.

우리는 이제 시작부터 다른 것을 할 수 있다. "무엇이든 괜찮다"라고 말하는 것인가? 그렇다. 경계를 긋는 권력을 가진 누군가가 있기 전까지는 무엇이든 언제나 괜찮은 것이다. 하지만 우리 중 다수는 오늘날 사회과학 탐구를 둘러싼 모든 경계들에 대해 염려하고 있다. 나는 탐구란 도발적이고, 위험스럽고, 놀라운 것이어야 한다고 믿는다. 그것은 우리를 숨가쁘게 해야 한다.

탐구란 우리의 기본적 가정에 도전하고 세계를 변혁하는 것이어야 한다. 우리는 인간 발명의 결과와 그것이 끊임없이 창조하는 구조들을 분석하는 데 깨어있어야만 한다. "전환들"이 반 세기 전에 확인한 바와 같이 인본주의 프로젝트는 극적인 실패를 보여주었다. 왜 다른 것을 시도하면 안되겠는가?

하지만 다음에 무엇이 일어나고 지금 무엇이 일어나는가, 그리고 무엇이 항상 일어났었는가는 예측되거나 통제될 수 없다. 도처에서 사람들은 항상 다시 생각하고, 해체하고, 발명하고, 우리 이론가들과 연구자들은 항상 그들의 작업을 이해하기 위해 그것을 파악하고 있다. 우리가 개별화하고, 우리가 명령하고, 우리가 이름 붙이며, 우리가 통제하려 하며, 우리가 경계를 긋는다. 그럼에도 불구하고 그들은 처음에는 부조화스럽게 보일 수 있는 얽힘을 창조하면서 구조적 한계들에 저항한다. 나는 우리가 지리멸렬한 구조를 포기하고 지금 일어나는 것에 주목한다면 무엇이 일어날지에 대해 걱정을 줄여야 한다고 본다. 해체는 항상 일어나왔다; 그것은 지금도 도처에서 일어나고 있다.

포스트 탐구가 우리의 다양한 프로젝트에서 발생하는 얽힘의 상황에서 다른 분절화, 배치, 되기, 탐구의 매쉬업을 창조하면서 불안정하게 있는 것이 내 바람이다. 그것이 "과학"이라 불리는 것은 그런 결정을 할 권력을 누가 갖는가의 문제이다. 누군가는 과학을 넓게 만들기 위해 연구할 것이고, 누군가는 그렇지 않을 것이며, 여전히 또 누군가는 전혀 그것에 개의치 않을 것이다.

주관성에 대한 Foucault(1984)의 질문들이 여기 마지막에서 떠오른다. 우리 각자가 변혁적 탐구에 가능하며, 그것은 훨씬 우리 자신("I")과 우리 세계의 것이며, 항상 이미 개인적이고 철학적인 것이다: "우리 자신의 지식의 주체로 우리가 어떻게 구성되는가? 권력 관계를 만들고 따르는 주체로서 우리는 어떻게 구성되는가? 우리 자신의 행위의 도덕적 주체로서 우리는 어떻게 구성되는가?(p.49). Foucault의 프로젝트는, 비록 때로는 매우 실재적이고 물질적인 결과를 가진 강력한 서술이기도 하지만, 유일한 서술인 담론적 형성 내에서 어떻게 권력 관계가 인간 존재를 구성하는지에 초점을 두었다. Rorty(1986)는 그 서술이 반드시 합리적, 의도적, 윤리적, 혹은 진보적인 것은 아니라고 설명한다.

> 만약 우리가 우리는 서술하에서만 세계와 우리 자신을 알 수 있다는 견해를 심각하게 받아들인다면, 진보, 성숙, 통합의 이야기를 말하도록 촉구하는 것은 극복될 수 있다. 그렇게 한다는 것은 우리는 단지 그 서술─자연이 우리에게 적용하도록 한 서술이거나 다수의 이전 서술들을 가장 잘 통합한 것도 아니며, 단지 우리가 지금 우연히 입수한 그것─에 대한 것에 우연히 있게 되었다는 가능성을 진지하게 받아들인다는 것을 의미한다. (p.48)

바로 지금, 우리는 우리와 세계를 생산한 서술에 붙잡혀 있고, 그 서술들은 시간이 지남에 따라 더 분명해지고, 당연시되며, 우리가 그것이 허구임을 잊는 실재적인 것이 된다. 우리는 그것들을 진실인 것으로 수용한다.

철학, "포스트들"이 할 수 있는 것은 "우리의 현재 이해를 넘어서지만, 그럼에도 불구하고 우리의 미래일 추측 가능성들"(Rorty, 1986, p.48)에 이르는 것이다. SBR에서 보여주듯 실증주의의 부활은 실증주의가 늘 그랬던 것처럼 과학을 철학과 분리시키려 하고; 지식을 과학에 의해 산출된 것에 제한하려 하고; 과학을 체계적 절차와 프로토콜, 기계적 테크닉, 통계적 조작과 인과 구조로 환원하려 한다. 이 장에서 포스트모더니즘의 부활을 요청하는 것은 물론 철학을 읽고 탐구한 연구자들에 의해 수행된 철학적 기반이 있는 탐구에 대한 요청이다. 우리는 철학과 과학이 개별화되지 않으며 항상 이미 얽혀있음을 계속 알아가야만 한다. 포스트 질적 탐구의 가장 중요한 과업은 그러한 허위의 개탄스러운 구별에 주목하는 것이다.

참고문헌

Atmanspacher, H. (2002). Determinism is ontic, determinability is epistemic. In H. Atmanspacher & R. Bishop (Eds.), *Between chance and choice: Interdisciplinary perspectives on determinism* (pp. 49-74). Thoveton, UK: Imprint Academic.

Ayer, A. J. (1936). *Language, truth, and logic*. London: Victor Gollancz.

Barad, K. (2007). *Meeting the universe halfway: Quantum physics and the entanglement of matter and meaning*. Durham, NC: Duke University Press.

Benjamin, W. (1999). *The arcades project* (H. Eiland & K. McLaughlin, Trans.). Cambridge, MA: Harvard University Press.

Butler, J. (1992). Contingent foundations: Feminism and the question of "postmodernism." In J. Butler & J. W. Scott (Eds.), *Feminists theorize the political* (pp. 3-21). New York: Routledge.

Butler, J. (1995). For a careful reading. In S. Benhabib, J. Butler, D. Cornell, & N. Fraser (Eds.), *Feminist contentions: A philosophical exchange* (pp. 127-143). New York: Routledge.

Caputo, J. D. (1993). *Against ethics: Contributions to a poetics of obligation with constant reference to deconstruction*. Bloomington: Indiana University Press.

Cullenberg, S., Amariglio, J., & Ruccio, D. F. (Eds.). (2001). *Postmodernism, economics and knowledge*. London: Routledge.

Culler, J. (1982). *On deconstruction: Theory and criticism after structuralism*. Ithaca, NY: Cornell University Press.

Deleuze, G. (1995). *Negotiations: 1972-1990* (M. Joughin, Trans.). New York: Columbia University Press. (Original work published 1990)

Deleuze, G. (2001). *Pure immanence: Essays on a life* (A. Boyman, Trans.). New York: Zone Books. (Original work published 1995)

Deleuze, G., & Guattari, F. (1987). *A thousand plateaus: Capitalism and schizophrenia* (B. Massumi, Trans.). Minneapolis: University of Minnesota Press. (Original work published 1980)

Derrida, J. (1970). Structure, sign, and play in the discourse of the human sciences. In R. Macksey & E. Donato (Eds. & Trans.), *The structuralist controversy: The languages of criticism and the sciences of man* (pp. 247-272). Baltimore: Johns Hopkins University Press. (Lecture delivered 1966)

Derrida, J. (1974). *Of grammatology* (G. C. Spivak, Trans.). Baltimore: Johns Hopkins University Press. (Original work published 1967)

Derrida, J. (1981). *Positions* (A. Bass, Trans.). Chicago: University of Chicago Press. (Original work published 1972)

Derrida, J. (1982). Signature, event, context. In J. Derrida, *Margins of philosophy* (A. Bass, Trans.) (pp. 307-330). Chicago: University of Chicago Press. (Original work published 1971)

Derrida, J. (1988). Letter to a Japanese friend. In D. Wood & R. Bernasconi (Eds.), *Derrida and différance* (pp. 1-5). Evanston, IL: Northwestern University Press.

Derrida, J. (1990). Some statements and truisms about neologisms, newisms, positisms, parasitisms, and other small seismisms. (A. Tomiche, Trans.). In D. Caroll (Ed.), *The states of "theory": History, art, and critical discourse*. New York: Columbia University Press,

Derrida, J. (2002). Force of law: The "mystical foundation of authority." In J. Derrida, *Acts of religion* (G. Anidjar, Ed.)(pp.230-298). NewYork: Routledge. (Original work circulated 1989)

Descartes, R. (1993). *Discourse on method and Meditations on first philosophy* (4th ed., D. A. Cress, Trans.). Indianapolis, IN: Hackett Publishing Company. (*Discourse on Method* first published 1637 and *Meditations on First Philosophy* first published 1641)

Eagleton, T. (1987, February). Awakening from modernity. *Times Literary Supplement, 20*, 6-9.

Fay, B. (1987). *Critical social science: Liberation and its limits*. Ithaca, NY: Cornell University Press.

Feyerabend, P. K. (1975). *Against method* (3rd ed.). London: Verso.

Finn, G. (1993). Why are there no great women postmodernists? In I. Taylor (Ed.), *Relocating cultural studies: Developments in theory and research* (pp. 123-152). New York: Routledge.

Flax, J. (1990). Postmodernism and gender relations in feminist theory. In L. J. Nicholson (Ed.), *Feminism/Postmodernism* (pp. 39-62). New York: Routledge.

Foucault, M. (1970). *The order of things: An archaeology of the human sciences* (A. M. S. Smith, Trans.). New York: Vintage Books. (Original work published 1966)

Foucault, M. (1982). The subject and power. Critical *Inquiry, 8*(4), 777-795.

Foucault, M. (1984). What is enlightenment? (C. Porter, Trans.). In P. Rabinow (Ed.), *The Foucault reader* (pp. 32-50). New York: Pantheon Books.

Foucault, M. (1985). *The history of sexuality. Volume 2. The use of pleasure* (R. Hurley, Trans.). New York: Vintage Books. (Original work published 1984)

Fuss, D. (1989). *Essentially speaking: Feminism, nature &*

difference. New York: Routledge.

Gilder, L. (2008). *The age of entanglement*. New York: Knopf.

Hall, S. (1996). On postmodernism and articulation: An interview with Stuart Hall. In D. Morley & K.-H. Chen (Eds.), *Stuart Hall: Critical dialogues in cultural studies* (pp. 131–150). London: Routledge. (Reprinted from *Journal of Communication Inquiry, 10*(2), pp. 45–60, 1986)

Harvey, D. (1989). *The condition of postmodernity: An enquiry into the origins of cultural change*. Cambridge, MA: Blackwell.

Hawking, S. (1988). *A brief history of time: From the big bang to black holes*. New York: Bantam Books.

Henig, J. R. (2008). The evolving relationship between researchers and public policy. In F. M. Hess (Ed.), *When research matters: How scholarship influences education policy* (pp. 41–62). Cambridge, MA: Harvard Education Press.

Hodkinson, P. (2004). Research as a form of work: Expertise, community and methodological objectivity. *British Educational Research Journal, 30*(1), 9–26.

hooks, b. (1989). *Talking back: Thinking feminist, thinking black*. Boston: South End Press.

Hurworth, R. E. (2008). *Teaching qualitative research: Cases and issues*. Rotterdam, The Netherlands: Sense Publishers.

Institute of Education Sciences. U.S. Department of Education. (2008). *Rigor and relevance redux: Director's biennial report to Congress*(IES 2009–6010). Washington, DC.

Jackson, A. Y., & Mazzei, L. A. (2009). *Voice in qualitative inquiry: Chal-lenging conventional, interpretive, and critical conceptions in qualitative research*. New York: Routledge.

Jameson, F. (1988). Postmodernism and consumer society. In E. A. Kaplan (Ed.), *Postmodernism and its discontents: Theories, practices*(pp. 13–29). New York: Verso.

Kaplan, E. A. (1988). Introduction. In E. A. Kaplan (Ed.), *Postmodernism and its discontents: Theories, practices* (pp. 1–9). New York:

Verso. Keenan, T. (1997). *Fables of responsibility: Aberrations and predicaments in ethics and politics*. Stanford, CA: Stanford University Press.

Kuhn, T. S. (1970). *The structure of scientific revolutions* (2nd ed.). Chicago: University of Chicago Press. (Original work published 1962)

Laclau, E., & Mouffe, C. (1985). *Hegemony and socialist strategy: Towards a radical democratic politics*. London: Verso.

Lamont, M. (1987). How to become a dominant French philosopher: The case of Jacques Derrida. *American Journal of Sociology, 93*(3), 584–622.

Lather, P. (1993). Fertile obsession: Validity after

poststructuralism. *Sociological Quarterly, 34*(4), 673–693.

Lincoln, Y. S., & Guba, E. G. (1985). *Naturalistic inquiry*. Newbury Park, CA: Sage.

Locke, J. (1924). *An essay concerning human understanding*. Oxford, UK: Clarendon Press. (Original work published 1690)

Lyotard, J-F. (1984). *The postmodern condition: A report on knowledge* (G. Bennington & B. Massumi, Trans.). Minneapolis: University of Minnesota Press. (Original work published 1979)

MacLure, M. (2005). "Clarity bordering on stupidity": Where's the quality in systematic review? *Journal of Education Policy, 20*(4) 393–416.

Massey, D. (1994). *Space, place, and gender*. Minneapolis: University of Minnesota Press.

Maxwell, J. A. (2010, January 19). Review of the book, *Theory and Educational Research: Toward Critical Social Explanation*, by J. Anyon. Available at http://edrev.asu.edu/reviews/rev882.pdf

McCloskey, D. (2001). The genealogy of postmodernism: An economist's guide. In S. Cullenberg, J. Amariglio, & D. F. Ruccio (Eds.), *Postmodernism, economics, and knowledge* (pp. 102–128). London: Routledge.

Moss, P. A., Phillips, D. C., Erickson, F. D., Floden, R. E., Lather, P. A., & Schneider, B. L. (2009). Learning from our differences: A dialogue across perspectives on quality in educational research. *Educational Researcher, 38*(7), 501–517.

Mouffe, C. (1996). Radical democracy or liberal democracy? In D. Trend (Ed.), *Radical democracy: Identity, citizenship, and the state* (pp. 19–26). New York: Routledge.

National Research Council. (2002). *Scientific research in education* (R. J. Shavelson & L. Towne, Eds.). Committee on Scientific Principles for Education Research. Washington, DC: National Academies Press.

Neumann, A., Pallas, A. M., & Peterson, P. L. (2008). Exploring the investment: Four universities' experiences with the Spencer Foundation's research training grant program: A retrospective. *Teachers' College Record, 110*(7), 1477–1503.

Nietzsche, F. (1967). *The will to power* (W. Kaufman, Ed.; W. Kaufman & R. J. Hollingdale, Trans.). New York: Vintage Books. (Original work published 1887)

Oakley, A. (2006). Resistances to "new" technologies of evaluation: Education research in the UK as a case study. *Evidence and policy: A journal of research, debate and practice, 2*(1), 63–87.

Patton, C. (2008). Finding "fields" in the field: Normalcy, risk, and ethnographic inquiry. *International Review of Qualitative Research, 1*(2), 255–74.

Peters, M. (1999). (Posts-) modernism and structuralism:

Affinities and theoretical innovations. *Sociological Research Online, 4*(3). Available at http://www.socresonline.org.uk

Phillips, D. C. (2006). A guide for the perplexed: Scientific educational research, methodolatry, and the gold versus platinum standards. *Educational Research Review, 1,* 15–26.

Phillips, D. C. (2009). A quixotic quest? Philosophical issues in assessing the quality of education research. In P. B. Walters, A. Lareau, & S. H. Ranis (Eds.), *Education research on trial: Policy reform and the call for scientific rigor* (pp. 163–195). New York: Routledge.

Phillips, D. C., & Burbules, N. C. (2000). *Postpositivism and educational research.* Lanham: Rowman & Littlefield.

Pillow, W. S. (2003). Confession, catharsis, or cure? Rethinking the uses of reflexivity as methodological power in qualitative research. *International Journal of Qualitative Studies in Education, 16*(2), 175–196.

Rajchman, J. (1987, November/December). Postmodernism in a nom-inalist frame: The emergence and diffusion of a cultural category. *Flash Art, 137,* 49–51.

Rajchman, J. (2000). *The Deleuze connections.* Cambridge: MIT Press.

Reichenbach, H. (1951). *The rise of scientific philosophy.* Berkeley: University of California Press.

Richardson, L., & St.Pierre, E. A. (2005). Writing: A method of inquiry. In N. K. Denzin & Y. S. Lincoln (Eds.), *The SAGE handbook of qualitative research* (3rd ed., pp. 959–978). Thousand Oaks, CA: Sage.

Rorty, R. (1979). *Philosophy and the mirror of nature.* Princeton, NJ: Princeton University Press.

Rorty, R. (1986). Foucault and epistemology. In D. C. Hoy (Ed.), *Foucault: A critical reader* (pp. 41–49). Cambridge, MA: Basil Blackwell.

Said, E. W. (1978). *Orientalism.* New York: Vintage Books.

Scheurich, J. J. (1995). A postmodernist critique of research interviewing. *International Journal of Qualitative Studies in Education, 8*(3), 239–252.

Scott, J. (1988). Deconstructing equality-versus-difference: Or, the uses of poststructuralist theory for feminism. *Feminist Studies, 14*(1), 33–50.

Sommer, D. (1994). Resistant texts and incompetent readers. *Poetics Today, 15*(4), 523–551.

Spivak, G. C. (1974). Translator's preface. In J. Derrida *Of Grammatology* (G. C. Spivak, Trans.) (pp. ix–xc). Baltimore: Johns Hopkins University Press.

Spivak, G. C. (1989). In a word: Interview (E. Rooney, Interviewer). *Differences, 1*(2), 124–156.

Spivak, G. C. (1993). *Outside in the teaching machine.* New York: Routledge.

St.Pierre, E. A. (1995). *Arts of existence: The construction of subjectivity in older, white southern women.* Unpublished doctoral dissertation, The Ohio State University, Columbus.

St.Pierre, E. A. (1997). Methodology in the fold and the irruption of transgressive data. *International Journal of Qualitative Studies in Education, 10*(2), 175–189.

St.Pierre, E. A. (2000). Poststructural feminism in education: An over-view. *International Journal of Qualitative Studies in Education, 13*(5), 477–515.

St.Pierre, E. A. (2001). Coming to theory: Finding Foucault and Deleuze. In K. Weiler (Ed.), *Feminist engagements: Reading, resisting, and revisioning male theorists in education and cultural studies* (pp. 141–163). New York: Routledge.

Ulmer, G. L. (1985). *Applied grammatology: Post(e)-Pedagogy from Jacques Derrida to Joseph Beuys.* Baltimore: Johns Hopkins University Press.

Viadero, D. (2009). "No effect" studies raising eyebrows. *Education Week, 28*(27), 1 & 14.

Whitehurst, G. J. (2003). *The Institute of Education Sciences: New wine and new bottles.* Paper presented at the annual meeting of the American Educational Research Association, Chicago.

Judith Davidson, Silvana di Gregorio

38.

질적 연구와 과학 기술
_ 혁명의 중심에서

박종원_ 부경대학교 영어영문학과 교수

1980년도 초에 질적 연구자들이 컴퓨터가 줄 수 있는 밝은 전망과 문제점에 대해 고심한 결과로 일련의 혁신적인 연구자들이 CAQDAS(Computer Assisted Qualitative Data Analys Software: 컴퓨터를 활용한 질적 자료 분석 소프트웨어) 또는 본 논문에서는 QDAS(Qualitative Data Analysis Software: 질적 자료 분석 소프트웨어)라 부르는 1세대가 출현하게 되었다. 이러한 독립 소프트웨어 패키지는 초기에는 질적 연구의 노동 집약적인 작업에 컴퓨터의 위력을 활용하기 위하여 개발되었다. 이러한 도구들은 초기에는 문서를 검색하는 정도로 그 활용 범위가 제한되었으나, 질적 연구자들에게 다음과 같은 내용을 제공하는 포괄적이면서도 동시에 일체형의 패키지로 신속하게 확장되어 나갔다.

(1) 특정한 연구와 관련된 모든 자료를 정리해두는 편리한 디지털 공간

(2) 동일한 자료를 저장하고 정리할 뿐만 아니라 나누고, 병치하고, 해석하며 개조하는 것을 포함하는 한 벌의 서로 연결된 디지털 도구

(3) 휴대 용이성

(4) 연구자들이 서로 자료를 보고 심사숙고할 수 있는

기회를 가능하게 하는 주목할 만한 새로운 형태의 투명도(di Gregorio & Davidson, 2008)

질적 자료 분석 소프트웨어 패키지는 유연성이 뛰어나 다양한 학문 영역과 방법론적 관점을 가진 질적 연구자들이 사용할 수 있다(초기에는 사회학 전공자들이 주로 개발하고 사용하긴 하였다). 시간의 경과에 따른 과학 기술의 발달로 이러한 도구들은 여러 가지 모드의 자료뿐만 아니라 동일한 프로젝트로 여러 연구자들이 공동 작업을 할 수 있는 새로운 방법을 제공하는 가능성을 구체화하게 된 것이다. 질적 자료 분석 소프트웨어의 사용, 응용, 함축적 의미에 대해 담론을 탄탄하게 전개해 나가는 관련 문헌들은 그 수가 많지는 않으나 계속 성장하고 있다.

지난 30여 년 동안에, 질적 자료 분석 소프트웨어 패키지는 질적 연구 사회에 있는 많은 사람들에게 어마어마한 가치의 포괄적이고, 독특한 특징을 담은 도구로서 자리잡아 왔다. 그러나 인터넷과 웹 2.0과 같은 웹 기반 도구의 출현으로, 질적 연구 수행을 도와주는 학습용이성, 저렴한 비용과 접근 용이성, 여러 가지 모드의 증가, 매력적인 시각화, 더욱더 사회와 연결된 기술을 연구자들이 찾음에 따른 다양한 요구에 직면해있다

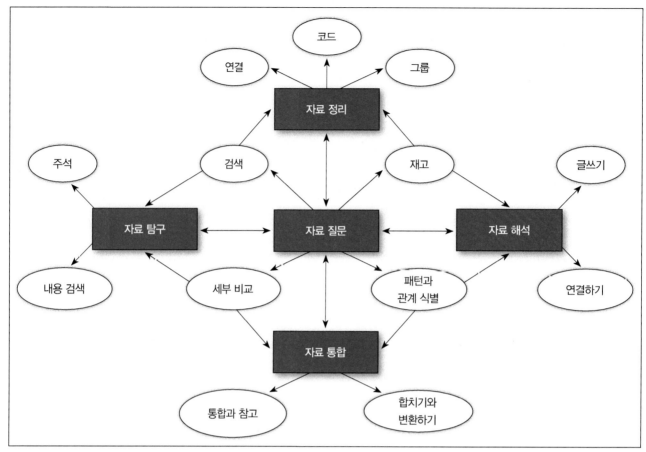

그림 38.1 질적 자료 분석 소프트웨어의 기본 아이디어
출처: Lewins, A. & Silver, C. (2007). Using Software in Qualitative Research: A Step-by-Step Guide. London: Sage.

(Anderson, 2007).

질적 연구와 과학 기술은 분명 혁명의 한가운데에 있다. 이 장의 목적은 질적 자료 분석 소프트웨어의 발달을 이해하기 위해서 역사적 맥락을 수립하고 질적 연구에서 방법론적 담론의 광범위한 흐름에 연계한 토론을 하고, 지금과 같이 매우 중요한 시기에 질적 연구자들이 직면하고 있는 어려운 문제들을 검토하고 질적 연구 영역에서 현재의 기술적인 딜레마를 어떻게 극복해 나갈지 예측해보는 것이다.

38.1 정의와 한계

이 장의 저자들의 주된 목표는 질적 연구 프로젝트를

정리하고 분석하는 데 있어 질적 연구자들을 도와주는 도구를 검토하는 것이다. Silver(2009)가 차용한 Lewins와 Silver(2007)의 모델이 이러한 기능들을 특히 견고하게 보여주고 있다.

위의 그림에서 알 수 있듯이 질적 분석은 연구 자료를 탐구, 정리, 해석, 통합하는 과정이다. 이러한 네 가지 구성요소는 연구자가 자료를 검색, 재고, 비교하고 자료 간의 패턴과 관계를 식별하는 것을 말한다. 다양한 질적 자료 분석 소프트웨어 패키지 프로그램의 특징은 연결과 그룹화, 주석 달기와 검색, 글쓰기와 연결하기, 참고 문헌을 불러오고 연구 결과를 합치고 바꾸는 분석 과업을 도와주는 데 있다.

이것은 연구자가 전통적인 방법으로 연구를 수행하는 것과 같은 종류의 과업으로, 컴퓨터를 사용하지 않는다면, 자료를 검색하기란 쉽지 않을 것이며, 세부 자료를 비교하고, 패턴을 식별하는 데 있어 제한이 될 것이다. 자료를 재고해보는 것도 또한 제한된 효과를 불러올 것이다.

이와 같은 소프트웨어의 초기 버전에서는 자료 준비가 매우 중요한 고려 사항이었다. 프로그램으로 불러오기 전에 연구 자료는 특별한 방법으로 준비되어 있어야만 하였다. 컴퓨터나 질적 자료 분석 소프트웨어이 정교하게 발달함에 따라, 자료를 특별한 방법으로 준비할 필요성도 줄어들었다. MS 워드 형식, jpeg, 비디오 형식 등을 쉽게 불러올 수 있게 되었다. 그러나, 자동 코딩 등과 같은 소프트웨어의 특정한 장점을 살리기 위해서는 자료를 특정한 방법으로 준비할 필요가 있다(준비는 성격상 간단하고 최소한의 시간을 요한다). 이러한 소프트웨어의 장점은 특히 초보 연구자의 경우 연구 질문이 아닌 소프트웨어의 특징에 초점을 두고 연구 프로젝트를 어떻게 설계할 것인가에 영향을 줄 수도 있다는 점에서 논란의 여지가 아직도 많다고 할 수 있다.

여기서는 Lewins와 Silver(2007) 모델에서 기술한 기능을 지원하는 도구에 초점을 두기로 하자. 질적 자료 분석 소프트웨어 프로그램은 과학 기술에 대해 잘 알고 있는 질적 연구자를 위해 일종의 원 스톱 쇼핑을 제공하는 포괄적인 독립 패키지이다. 여기서는 앞에서 기술한 기능을 수행하는 독립 소프트웨어 도구를 질적 자료 분석 소프트웨어로 정의하기로 하자. 인터넷과 웹 2.0의 폭발적 증가로 이러한 기능을 가진 도구들은 다양한 형태를 취하며(독립과 네트워크 기반) 질적 연구자들에게 미지의 영역을 열어주고 있다. 이러한 합성의 상태를 서술하기 위해 WAS 2.0이라는 용어를 소개하기로 한다.

이 장에서는 인터넷 자료 수집이나 인터넷을 사실상 연구 현장으로 하는 "인터넷 연구" 영역은 다루지 않기로 제한한다(Hine, 2008). 관심 있는 독자들은 본서의 Sarah Gatson의 논문 "온라인 문화기술지 발표의 방법, 정책, 윤리"(31장)를 참고하기 바란다.

주로 연구 결과 보고에 초점을 두고 있는 질적 연구자를 위한 과학 기술에 대한 논의 또한 논의의 대상에서 제외시켰다(Dicks & Mason, 2008).

38.2 질적 자료 분석 소프트웨어: 개관

질적 자료 분석 소프트웨어에 대한 논의의 범위는 질적 자료 분석 소프트웨어의 발달에 대한 이해나 도구의 본질에 대한 다양한 범위의 골격에 따라 달라진다(예, Fielding, 2008; Hesse-Biber & Crofts, 2008; Kelle, 1995; T. Richards & Richards, 1994; Tesch, 1990; Weitzman & Miles, 1995 등 참고). 이러한 논의는 대부분 과학 기술 발달 자체에 초점을 두고 있으며, 질적 연구의 변화하는 방법론에 무게 중심을 두지는 못하였다. 이러한 이유에서, 본 논문에서는 Denzin과 Lincoln(2003, 2008)이 말하는 질적 연구 연대기의 여덟 개의 중요한 시기를 바탕으로 질적 자료 분석 소프트웨어의 발달에 대해 논의를 시작해 보기로 하자. Denzin과 Lincoln의 연대기를 사용하는 데 있어 민족 중심적인 한계의 가능성이 있을 수도 있겠으나(Cisneros, 2008a, 2008b, 2009), 질적 연구자들에게는 널리 알려져 있는 단계라는 이유에서 논의의 대상에 포함시켰다. 질적 자료와 질적 자료 분석 소프트웨어에 대한 역사적인 접근 방법을 취하는 것은 어떻게 과학 기술이 질적 연구의 한 부분에 항상 자리 잡고 있었는지를 독자가 이해하는 데 매우 도움이 될 것이다(di Gregorio & Davidson, 2008; [표 38.1] 참고).

I단계: 질적 자료 분석 소프트웨어 이전

전통 시기: 1900년대 초반부터 세계 2차 대전	**I단계**: 질적 자료 분석 소프트웨어 이전: 수첩: 타자기와 카본지
모더니스트: 세계 2차 대전 후부터 1970년도	**I단계**: 질적 자료 분석 소프트웨어 전 단계 계속: McBee 키 정렬 카드, InDecks 정보 검색 카드, 수동에서 전동 휴대용 타자기, 사진 복사

I단계는 20세기의 반에 해당하는 시기로 고전적인 질적

표 38.1 Davidson과 di Gregorio의 질적 자료 분석 소프트웨어 발달의 단계와 Lincoln과 Denzin의 질적 연구 시기의 통합

질적 연구 시기	질적 자료 분석 소프트웨어 발달의 단계
1. 전통 시기: 1900년대 초반부터 세계 2차 대전	I 단계: 질적 자료 분석 소프트웨어 이전: 수첩: 타자기와 카본지
2. 모더니스트: 세계 2차 대전 후부터 1970년도	I 단계: 질적 자료 분석 소프트웨어 전 단계 계속: McBee 키 정렬 카드, InDecks 정보 검색 카드, 수동에서 전동 휴대용 타자기, 사진 복사
3. 불분명한 장르: 1970년부터 1986년	II 단계: 질적 자료 분석 소프트웨어의 시작
4. 표현의 위기: 1980년대 중반부터 1990년대 초반	III 단계: 형식론 시기: 프로그램을 프로젝트에 맞추기
5. 포스트모더니즘: 1990년대 초반부터 중반	IV 단계: 유사하거나 대립되는 자질 개발에 초점: 질적 연구 기능에 대한 도구의 포괄적인 실험
6. 후기 실험 탐구: 1995~2000년	IV 단계 계속
7. 방법론 경쟁 시기: 2000~2008년	V 단계: 질적 자료 분석 소프트웨어 사용에 대한 메타 관점의 발달
8. 미래의 분열	VI 단계: 웹 2.0/3.0의 발달. 네트워크 기술이 우선순위를 차지, 질적 자료 분석 소프트웨어 2.0 시대의 도래

연구 기술이 확립되었다. 질적 연구의 "전통적 시기"로 현장을 돌아다니는 인류학자는 손에 볼펜과 종이를 들고 있거나, 텐트에서 노트로 가득 찬 수첩이나 노트 카드 더미에서 한시도 눈을 떼지 않고 열심히 일하는 사람으로 그려지고 있다. 이 시기에 중요한 기술적인 발달은 카본지의 출현이었다. 카본지는 연구자가 인터뷰 전사본이나 관찰 노트를 여러 장 복사해서 타자를 칠 수 있게 해주었다. 복사본을 자르고 텍스트의 일부를 주제에 따라 정리할 수 있었다. McBee 키 정렬 카드나 InDecks 정보 검색 카드(Kelly, 2008), 꼬리표(Tenner, 2005)와 같은 색인 카드 등의 질적 자료 분석 소프트웨어 도구의 발달은 연구 현장에서 중요한 기술적 도약을 보여주고 있다. 각각의 색인 카드에는 인터뷰에 대해 메모를 한 노트가 있었다. 마스터 카드에는 주변에 구멍을 뚫고 관련된 키워드를 적어두었다.

각각의 카드는 카드 안에 적절한 구멍을 뚫어 부호화하였다. 카드 더미 안에 있는 구멍에 바늘을 삽입해서 특정한 키워드를 검색하였다. 바늘로 들어 올려지지 않은 카드가 검색하기에 적절한 것으로 바늘 두 개를 동시에 사용하면 연산자인 "그리고"를 수행하게 되는 것이다.

질적 연구의 모더니스트 시대 후반으로 가면서, 질적 자료 분석 소프트웨어를 가능하게 하는 컴퓨터 시대의 중요한 변화가 일어났다. 질적 내용 분석에 초점을 둔 초기 컴퓨터 본체가 개발된 것이다(1965). 1968년에 시카고 대학은 양적 분석 프로그램인 SPSS를 출시하였고, 1970년에 McGraw-Hill은 최초의 사용자 지침서를 발간하였다(http://www.spss.com/corpinfo/history.htm).

양적 연구자들은 연구 실행에 있어 소프트웨어를 신속하게 통합하였으나 질적 연구자들은 그렇게 하지 못하였다. 그것은 아마도 통계 패키지가 이미 존재하고 있는 연구 실행에 쉽게 지도를 그려나갈 수 있었기 때문인지도 모른다. 컴퓨터는 통계 분석과 일치하는 계산이나 수리적 계산과 관련이 있었다. 반면에 질적 연구자들은 컴퓨터를 분석한 내용을 수적으로 축소하는 데 기여하는 도구로만 인식하였다.

이 시기 후반에, Glaser와 Strauss는 『근거 이론의 발견(The Discovery of Grounded Theory)』(1967)이라는 책을 발간하였다. 이 책은 컴퓨터를 활용한 질적 자료 분석 소프트웨어와 질적 연구 분야 내의 위치에 있어 미래에 깊은 반향을 일으키는 효과를 가져왔다

(Fielding, 2008). 그들의 저서에서 Glaser와 Strauss 는 Talcott Parsons, Robert Merton, Peter Blau의 연구에 예시되어 있는 시간에 대한 지배적인 사회학적 관점에 대하여 이의를 제기하였다. Glaser와 Strauss 는 "사회학자들이 연구하는 의미, 해석, 과정의 본질 표출"을 포착하는 데 있어 질적 자료를 사용해야만 하는 논리적 근거를 제시하였다(Layder, 1993). 이들의 저서가 사회학에서 질적 자료의 사용에 대한 흥미를 증폭시키는 데 있어 고무적인 역할을 하였다.

컴퓨터를 사용하지 않는 질적 연구 기술은 질적 자료 분석 소프트웨어의 탄생과는 관련이 없게 보일 수도 있으나, 사실은 질적 자료 분석 소프트웨어의 도래에 중요한 역할을 하였다. 초기의 과학 기술과 질적 자료 분석 소프트웨어 사이의 관련성을 설명하는 데 있어 스큐모프(skeuomorph)의 개념은 매우 중요하다. "스큐모프는 그 자체로는 기능적이지 않은 디자인 자질이나 초기에는 기능적이었던 자질을 언급하는 것이다. … 스큐모프는 복제의 유혹을 받은 혁신에 대한 사회적, 심리적 필요성을 시각적으로 증명한다"(Hayles, 1999, p. 17).

I단계에 질적 연구자들은 연구 자료를 정리하고 분석하는 효과적인 방법을 찾기 위해 노력한다. 이 과정에서, 그들은 카드 분류와 색인에서부터 II단계 질적 자료 분석 소프트웨어의 구조와 형식을 알려주는 주석과 검색까지의 기술을 개발한다.

II단계: 질적 자료 분석 소프트웨어의 시작

불분명한 장르: 1970년부터 1986년	**II단계:** 질적 자료 분석 소프트웨어의 시작

질적 연구자들이 불분명한 장르와 씨름을 하고, 사회과학과 인문학 사이에 일종의 새로운 교차와 중복이 허용되면서 학제간 경계가 허물어짐에 따라 질적 자료 분

석 소프트웨어가 탄생하게 되었다(Denzin & Lincoln 2003). 질적 연구가 이와 같은 내부적 논쟁으로 열띤 토론을 하고 있는 동안에 대학이나 연구비 지원 단체 내에서 연구란 모름지기 과학적인 냄새가 나게 접근할 것을 강조하는 외부적 맥락에서의 논의 또한 만만치 않게 진행되었다.

Fielding과 Lee(1998)는 1980년대를 컴퓨터의 전반적인 실험의 시기로 묘사하고 있다. 이 즈음 1981년에 데이터베이스, 양적 내용 분석, 워드 프로세서, 질적 자료 분석 소프트웨어인 NUDIST(Non-Numerical Unstructured Data Indexing, Searching, and Theorizing)가 출시되었고, 1984년에 the Ethnograph가 출시되었는데, 이들 모두가 질적 자료 분석 소프트웨어의 형태를 갖추고 있었다.

Ethnograph의 개발자 Seidel(1998)은 질적 자료 분석 소프트웨어 도구의 구성요소를 개발하면서, 질적 자료 분석 소프트웨어 전 단계의 분석 과정을 자신이 어떻게 식별하였는지를 기술하였다. 그가 가장 중요한 분석 과정으로 식별한 주목과 수집은 컴퓨터 방법으로 번역된다. Ethnograph나 이와 유사한 도구에 대한 비판은 주목과 수집이 연구자 과업의 전부인 것으로 잘못 인식되고 있다는 것이다(Seidel, 1998). 일반적으로 컴퓨터가 매개가 되는 연구에서 거대하고 이동이 불가능한 본체 기계와 반대로 개인 컴퓨터에서 조작할 수 있는 프로그램을 개발하려는 것이 일반적인 추세 이었다.

질적 자료 분석 소프트웨어의 시작을 알리는 또 다른 특징은 다양한 프로그램의 개발자들이 서로 고립되어 있었다는 점이다. 여러 가지 소프트웨어를 개발하는 사람들이 관련된 해결책을 개발하기 위하여 무엇을 하는지를 전혀 알지 못한 채로 프로그램이 개발되었다. 초기의 질적 자료 분석 소프트웨어 프로그램은 사회과학도들 자신 또는 프로그래머와 공동 작업을 하는 사회과학도에 의해 비상업적 환경에서 개발되었다(Fielding, 2008).

III단계: 형식론 시기—프로그램을 프로젝트에 맞추기

표현의 위기: 1980년대 중반 부터 1990년대 초반	III단계: 형식론 시기: 프로그램을 프로젝트에 맞추기

질적 연구자들이 "연구와 글쓰기를 좀 더 내성적인 방향으로 만들었고 성, 계층, 인종에 대한 문제에 의문점을 제기"(Denzin & Lincoln, 2003, p.26) 함에 따라 1980년대 중반에 "표현의 위기"가 대두되었다.

질적 자료 분석 소프트웨어에 해당하는 발달로 우리는 이것을 "형식론 시대"라고 부르기로 하겠다. 이 시기는 프로그램 사용자가 도구와 프로젝트의 방법론적 제휴에 관심을 두었던 시기이다. 그 결과 프로그램 개발자의 전형적이거나 방법론적인 관점에 대해 깊이 생각하게 되었고, 이러한 관점들이 소프트웨어 디자인에 내포되어 있고 사용자의 의도와 관계없이 프로그램 개발자의 편견에 들어맞는 특정한 방향으로 작업의 모양새를 정할 것이라고 믿게 되었다.

Strauss와 Corbin(1990)이 근거 이론을 수행하는 데 있어 단계적인 지침서를 발간한 때와 같은 시기에 질적 자료 분석 소프트웨어가 전면에 등장하게 되었다. Glaser와 Strauss(1967)가 질적 분석의 이론적 토대와 실증 자료를 바탕으로 한 분석 이론을 제공하기는 하였으나, 이러한 분석을 어떻게 수행할 것인지에 대해서 자세한 설명을 제시하지는 못하였다. Strauss와 Corbin은 근거 이론을 고도의 구조화된 절차로 표현하는 텍스트를 제시한 것이다. 그들의 텍스트는 같은 분야 내의 많은 사람들에게 엄청난 영향을 주었고, 근거 이론의 가능성에 대해 대폭 논하게 된 것은 최근에 와서의 일이다(Bryant & Charmaz, 2010). 그 결과 Strauss와 Corbin의 책이 질적 분석을 수행하는 데 있어 자세한 설명서 정도로 머물렀기 때문에 전통적으로 질적 분야를 시작하는 초보 연구자들은 방법론에 대한 공격을 받게 되었다. 근거 이론에 대한 대안의 관점이 나타나있지 않다고 생각하는 동료 질적 연구자들에게

도 Strauss와 Corbin의 책은 커다란 반감을 불러왔다.

질적 자료 분석 소프트웨어는 이 시기에 출현하였고 신속하게 충돌에 휩쓸리었다. 질적 자료 분석 소프트웨어는 질적 연구자가 연구 과업을 수행하는 데 요구되는 컴퓨터의 도움을 통하여 비구조화된 자료를 분석하는 데 유용한 포괄적인 도구로 개발되었다. 질적 자료 분석 소프트웨어 개발자들은 자신들의 도구가 근거 이론의 접근 방법과 호환성이 있음을 곧바로 공표하였다. 근거 이론과 질적 자료 분석 소프트웨어 사이의 이와 같은 분명한 연합은 소프트웨어 개발자의 인식론과 그들의 방법론적 관점이 도구의 형태에 미칠 영향에 대한 우려를 가져왔다(Coffey, Holbrook, & Atkinson, 1996; 이러한 비판에 대한 응수는 Kelle, 1997; Lee & Fielding, 1996 참고). 그 결과 질적 자료 분석 소프트웨어는 전통적인(컴퓨터를 활용하지 않은) 질적 연구 방법보다 본질에 있어 더 규범적으로 인식되게 되었다. 이것이 질적 연구가 표현의 위기로 들어갈 무렵 질적 자료 분석 소프트웨어가 직면한 상황이었다.

1989년에 영국의 슈레이(Surrey) 대학의 사회학과에서 최초로 프로그램 개발자와 초기 사용자들 간의 모임이 이루어졌고 질적 자료 분석 컴퓨터에 관한 1차 국제 학술대회가 개최되었다(Fielding & Lee, 2007). 질적 자료 분석 소프트웨어에 열광하는 일군의 청중들은 질적 분석의 폭넓은 세계의 발달에 대해 귀를 기울이긴 하였으나, 질적 자료 분석 소프트웨어에 무게 중심을 두지 않는 질적 연구의 폭넓은 세계에 대해서는 그만큼의 열의를 보이지 않았다. 질적 자료 분석 소프트웨어 사용자들은 일종의 하위 문화의 움직임을 보였고, 그들에게 있어 질적 분석을 둘러싼 동시대의 논쟁에는 관심이 없어 보였다.

질적 분석과 소프트웨어 도구의 유형에 관한 개관을 제공하는 최초의 서적을 Renata Tesch가 발간했을 때인 1990년에 또 하나의 획기적인 사건이 있었다. Tesch가 46가지 브랜드로 식별하긴 했지만, 그렇다고 분석 접근 방식이 46가지로 국한되는 것은 아니라라는 것이다. 대신에 대부분의 질적 연구 형태에 공통된 10

가지 원칙을 기술하고 있다. Tesch는 **구조 분석**(이벤트 구조 분석, 담화 분석, 문화기술과학, 의사소통 문화기술지, 구조 문화기술지)와 해석학적 분석(대부분의 형태의 질적 분석; 이론 구축과 해석/기술 분석으로 세분화할 수 있다)으로 나누어서 설명하고 있다. 구조 분석적 접근 방법은 모델을 만드는 것이 목적이다—모든 접근법에 공통된 정리 체제는 목적에 대한 수단이 아니라 목적 바로 그 자체이다. 이러한 분석 방법으로 접근하려면 일반적으로 사용하는 도구인 문서 검색과 데이터베이스 관리를 사용할 것을 Tesch는 추천한다. 그러나, 당시에 ETHNO와 TAP과 같은, 특히 구조 분석을 지지하는 두 개의 도구가 있었다. 해석학적 분석과 관련해서 당시에 개발된 질적 분석 프로그램으로 QUALPRO, the Ethnograph, TEXTBASE ALPHA, HyperQual이 있었다. Tesch는 이론 구축과 관련해서는 AQUAD, NUD*IST, HyperResearch를 간단하게 언급하고 있다.

Tesch(1990)의 세미나에서 다음의 두 가지를 주목할 필요가 있다: (1) 근거 이론은 46가지 질적 분석 유형에서 한 가지로 특징 지을 수 있고, (2) 매킨토시를 바탕으로 한 여러 가지 프로그램과는 별도로 나머지는 도스 운영체제를 기반으로 한다는 것이다. 도스 운영체제는 곧바로 윈도우 운영체제로 교체되었다. 운영체제를 윈도우로 신속하게 바꾸지 못한 프로그램은 뒤처지게 되었고 다음 시기를 지배했던 소프트웨어는 신속한 전환을 하였다. NUD*IST(后에 NVivo), the Ethnograph, HyperResearch, Tesch가 평가하지 않은 몇 개의 소프트웨어, 즉 ATLAS.ti와 WinMax(后에 MAXQDA)가 관련 분야에서 유명해졌다.

Tesch의 책(1990)이 새로운 그룹의 질적 소프트웨어 사용자들에게 핵심적인 텍스트로 사용되었다. 그러나, Strauss와 Corbin(1990)과 달리 질적 연구 공동체에 이들 만큼의 영향력을 행사하지는 못하였다. 소프트웨어가 지지하는 질적 분석의 대부분의 접근에 대한 공통된 원칙이나 서로 다른 접근법에 대한 인식론적 토대에 대한 이론적 근거가 토론에서 배제되었다.

Tesch(1990)의 논점은 질적 자료 분석 소프트웨어의 역사를 Fielding과 Lee가 개관하는 발표를 하면서 더욱 확장되었다.

> 분석 과정을 둘러싼 특히 근거 이론과 관련한 일종의 관행을 확립하려고 하는 중이라는 전제도 있었다. 이것이 바로 우리가 강력하게 부인하는 전제인 것이다. 근거 이론과 연결된 많은 질적 자료 분석 프로그램에 찾은 부호화 특질의 식별은 프로그램 특질, 분석 과정, 방법론적 접근을 생략하려는 경향이 있었다(p.10).

IV단계: 유사성과 차이점—경쟁의 시대

포스트모더니즘: 1990년대 초반부터 중반	**IIV단계**: 유사하거나 대립되는 자질 개발에 초점: 질적 연구 기능에 대한 도구의 포괄적인 실험
후기 실험 탐구: 1995~2000년	IV단계 계속

질적 연구에서 포스트모던으로의 전환은 "인문학에서 표현, 합법성, 응용의 세 가지 위기…"(Denzin & Lincoln, 2003, p.28)를 말한다. 사회정의에 대한 우려가 격렬하게 밀려나온 때를 같이하여 질적 연구 분야에서 새로운 형태의 표현방법이 출현하게 되었다.

슈레이 대학의 질적 컴퓨터에 관한 학술대회의 끝을 이어서 IV 단계는 기본적인 질적 자료 분석 소프트웨어에서 기대되는 공통된 특질에 대한 폭넓은 관점을 소프트웨어와 프로젝트에 방법론적으로 제휴하는 급진적 전환의 시기로 대표되고 있다. 이 단계는 각각의 패키지가 가지고 있는 특성을 비판적인 시각으로 보는 기술과 지식, 특질 간의 비교, 유사점과 차이점을 살펴보는 등의 질적 자료 분석 소프트웨어를 정교하게 사용한 경험이 있는 사람들의 수적 증대를 보여준 시기이다. 질적 자료 분석 소프트웨어의 주제에 관한 핵심적인 텍스트의 출현이 이 시대를 대표하는데, Fielding

과 Lee(1991, 1998), Miles와 Weitzman(1994), Weitzman과 Miles(1995), Kelle(1995)에서 자세한 내용을 볼 수 있다.

Fielding과 Lee(2007)는 1991년 발간된 저서에서 다음과 같이 논평하고 있다. "출판사에서 출판하기로 결정하기까지는 세 차례의 제안 단계를 거쳤으나, 1989년 학술대회가 가장 좋은 평을 받았으며, 이를 토대로 이 책을 발간하게 되었다"(p.5). 1998년에 발간된 Fielding과 Lee의 책은 질적 자료 분석을 지원하는 소프트웨어를 질적 연구자가 어떻게 사용하는지를 보여주는 소수의 경험을 토대로 한 연구물 중의 하나이다.

Miles와 Weitzman(1994; Weitzman 2002; Weitzman & Miles, 1995)은 Tesch(1990)의 연구를 발판으로 소프트웨어의 서로 다른 유형 사이의 차이를 텍스트 검색, 텍스트 베이스 관리, 부호와 검색 프로그램, 이론 구축을 토대로 한 부호, 개념적 네트워크 구축 등으로 더욱 강화시켰다. 이들은 각각의 패키지에 대한 기술적 특징을 비교하는 데 초점을 두었고 이러한 프로그램들의 절차, 과학적 이미지에 대해 불행한 결과를 낳게 되었다. 이러한 이미지는 질적 분석 전통이 아닌 다른 학문 분야에서 사용자들을 유인하였으나 경험 있는 많은 질적 분석가들의 발길을 돌리게 하였다. 추가로, 애플 매킨토시 프로그램들이 1990년도 동안에 애플의 경제적 침체에 따라 사라졌듯이, 도스를 기반으로 한 많은 프로그램들이 윈도우 패키지로 전환하거나 사라지게 되었다.

Kelle(1995)가 Tesch에게 헌정하기 위해 편집한 저서에는 소프트웨어를 만들고 실질적인 연구 질문에 어떻게 적용할 것인지를 논하는 작지만 견고한 여러 논문이 풍부하게 실려있다. 기고자들은 프로그램 개발자와 학자들로 비교적 공평하게 섞여 있으며, 후기에 팽배한 상업적이며 소원한 관계와는 사뭇 다르다. 이 책은 질적 자료 분석 소프트웨어를 질적 연구 분야로 가져오는 데 있어 필요한 이론적 관점을 주었다는 점에서 매우 중요한 공헌을 하였다.

이 시기에 질적 자료 분석 소프트웨어에 대한 새로운 지식을 알려주고 개척하는 여러 가지 주목할 만한 중요한 발전이 있었다. 1994년에 영국의 경제 사회 연구 위원회에서는 질적 자료 분석 네트워크 프로젝트(1989년 학술대회에서 제기된 인식으로부터 발전)에 연구 지원금을 수여하였다. 슈레이 대학의 사회학과를 필두로 다양한 질적 자료 분석 소프트웨어에 관한 조언과 훈련을 지금까지 제공하고 있다(http://caqdas. soc. surreyac. uk1). 본 논문의 저자 중 한 명(di Gregorio)을 포함하여 질적 자료 분석 소프트웨어를 전문적으로 다루는 프리랜서 훈련자들도 이 시기에 등장하였다. 훈련자들 다수가 특정한 한 가시 도구에 전문적인 식견을 가지고 있었으며, 여러 가지 도구를 지원할 수 있는 훈련자들은 그리 많지 않았다.

1995년에 QSR에서 새롭게 만든 소프트웨어 패키지 NUD*IST를 시장에 출시하는 데 합의를 봄으로써 Sage 출판사는 이러한 패키지를 홍보하고 마케팅을 하는 데 있어 핵심적인 역할을 하였다. 이것을 시작으로 기타 다른 수많은 질적 패키지, 예를 들면, ATLAS. ti, Hyper Research, WinMAX(후에 MAXQDA)가 이어서 시장으로 쏟아져 나왔다. Sage 출판사가 질적 자료 분석 소프트웨어에 대해 중점적으로 관여한 것은 그리 오래가지 못했으나 잠깐 동안의 인연이 다량의 소프트웨어 패키지 출현에 중요한 역할을 하였다. QSR의 NVivo는 1999년에 출시되었고, 질적 자료 분석 소프트웨어 발달과 비교 시대의 마지막을 장식하게 되었다. NVivo는 개발자나 개별 연구자(Bazeley, 2007; Bazeley & Richards, 2000; Gibbs, 2002; L. Richards, 1999)가 내용을 밀도 있게 다룬다는 점에서 질적 자료 분석 소프트웨어의 역사에서 이례적인 일로 남아 있다.

질적 자료 분석 소프트웨어의 사용자들이 패키지를 서로 비교하는 동안에, 다른 질적 연구자들은 분석을 도와주는 도구로 워드나 엑셀과 같은 손쉽게 다가갈 수 있는 도구를 사용하였다. Hahn(2008)은 워드를 사용해서 질적 분석을 하는 방법을 보여준 반면에 Ritchie와 Lewis(2003)는 질적 분석에서의 엑셀의 유용성을 보고하고 있다. 사회과학국가 센터(Ritchie와 Lewis가 근무하던 곳)가 자신들만의 질적 자료 분석 소프트웨어인 FrameWork를 개발해왔다는 점은 매우 흥미롭게 주목할 필요가 있다(http://www.framework-natcen.co.uk/).

이 시기의 마지막에 ATLAS.ti(www.atlasti.com), MAXQDA(www.MAXQDA.com), NVivo(www.qsrinternational.com)와 같은 세 개의 주요한 질적 자료 분석 소프트웨어 패키지가 무대의 중심에 서게 되었다. 이 시기를 압도한 패키지는 포괄적인 도구인 반면에 다른 패키지들은 특수한 형태의 분석을 지원하는 향상된 특질을 제공하면서 등장하였는데, 비디오 분석의 Transana(http://www.transana.org/)나 혼합 방법 적용 연구의 QDAMiner(http://www.provalisresearch.com/QDAMiner/QDAMinerDesc.html)가 그 예가 될 수 있다.

이 시기에 질적 자료 분석 소프트웨어는 괄목할 성장을 이룬 반면에, 논쟁의 씨앗 또한 뿌려졌다. 질적 연구자들은 포스트모더니즘과 표현 이론에 대해 열띤 논쟁을 벌였고, 질적 자료 분석 소프트웨어 개발자나 그들의 동료인 질적 연구자들은 이러한 논쟁의 견지에서 프로그램 개발자들의 목소리를 듣고 그들이 개발한 도구를 검토하였다. 그러나 그 반대의 경우는 사실이라고 할 수 없다. 질적 자료 분석 소프트웨어를 긍정적으로 인식한 질적 연구자가 아닌 경우에는 이러한 도구를 사용하는 데 대항하여 소동을 일으키고 있다. 인식론적 문제에 대해서 자기네들이 들은 소문을 믿거나 도구를 사용해보지 않았거나 사용할 마음이 전혀 없는 경우도 있다. 또 다른 경우에는 이런 도구가 있는지 그 사실조차도 모르는 경우도 있다. 실제 연구에서 이러한 새로운 도구를 특히 고령의 연구자들이 쓰지 않으려고 하는 데는 기술에 대한 두려움도 분명 하나의 중요한 요소였다.

이 점에 대해 Fielding과 Lee(2007)는 다음과 같이 지적하고 있다. "질적 연구자들은 전통적으로 기술을 도제 양식으로 체득하기 때문에 우리가 제안하는 접근법(질적 자료 분석 소프트웨어)은 결과적으로 교사의 카리스마적 권위에 도전하면서 분석 과정의 신비를 적출하는 것으로 보일 수 있다"(p. 10).

V단계: 메타 관점의 발달

방법론 경쟁 시기: 2000~2008년	V단계: 질적 자료 분석 소프트웨어 사용에 대한 메타 관점의 발달

질적 연구의 일곱 번째 시기는 방법론적으로 경쟁을 벌이며 형식과 정의, 합법화, 표현의 문제를 계속해서 탐구한 시기이다.

일곱 번째 시기는 우리가 분류한 V단계, 질적 자료 분석 소프트웨어 사용에 대한 메타 관점의 발달과도 같은 시기를 말한다. V단계는 질적 자료 분석 소프트웨어에 대한 집약적 이론의 관점에 근거를 둔 연구 분석 전략 개발을 고수한 시기이다. 영국의 전략 학술회의(1999~2006), QSR International에서 개발한 두 개의 소프트웨어, NUD*IST와 NVivo가 이 과정에서 중요한 역할을 하였다(Fielding & Lee, 2007). 문헌 조사(di Gregorio, 2000), 팀 작업(di Gregorio, 2001; Gilbert & di Gregorio, 2004; L. Richards, 2006), 분석 관리 방법—전반적으로(di Gregorio, 2003a; L. Richards, 2004; T. Richards, 2004), 특별한 형태의 연구—이야기 분석(Gibbs, 2004)과 평가 연구(Kaczynski & Miller, 2004; Richter & Clary, 2004), 근거 이론(diGregorio, 2003b)에서 질적 자료 분석 소프트웨어의 사용을 다루는 소그룹의 헌신적인 사용자들이 이러한 패키지의 사용법을 학술회의에서 논의할 수 있는 기회를 제공해 주었다. 초점은 NUD*IST나 NVivo 사용법이었으나, 특정한 질적 자료 분석 소프트웨어의 사용과 상관없이 논의 대상이 되는 프로그램의 여러 가지 원칙이 모든 프로그램에 적용될 수 있다는 것은 명확하였다. 이 학술대회에서 발표된 논문은 www.qual-strategies.org에서 열람할 수 있다.

소프트웨어 패키지 MAXQDA는 2005년에 시작된 일련의 연간 학술대회에서 논의의 초점이 되었다 (Computer gestutzen Analyse Qualitatirer Daten, 또는 CAQD; http://www.cagd.de/ 참고).

메타 관점의 발달은 Lewins와 Silver(2007)에 의해 구체화되었는데, 이들의 저서는 당시 세 가지 주요한 패키지(ATLAS.ti, NVivo, MAXQDA)를 사용하는 단계별 안내를 포함할 뿐만 아니라 질적 분석과 관련된 과정과 과업을 정리하는 방법을 알려주고 있다. 여기서 각각의 소프트웨어의 특질과 기능을 다루지는 않았다.

Di Gregorio와 Davidson(2008)은 채택한 소프트웨어 패키지와 관계없이 질적 자료 분석 소프트웨어로 프로젝트를 수행할 때 질적 연구 설계를 대표하는 공통된 골격을 제안하는 소프트웨어 패키지들을 살펴보았다. 이 작업에서, 하나의 프로젝트와 관련된 모든 자료를 저장하고 정리하는 데 사용하는 전자 용기라는 의미의 **E-프로젝트**라는 용어가 도입되었다. E-프로젝트는 연구의 한 장르로 질적 자료 분석 소프트웨어에서 처음으로 기술되었으며, 개별적인 소프트웨어 패키지를 초월한 표준과 절차에 대한 담론을 적용할 수 있는 문학이나 사회과학 장르의 이론을 말한다(Davidson, 2005a, 2005b, 2003c, 2005d; Davidson & di Gregorio, 2007; di Gregorio, 2005, 2006a, 2006b, 2007; di Gregorio & Davidson, 2007 참고).

어떤 질적 자료 분석 소프트웨어라도 적용할 수 있는 질적 연구 프로젝트를 위한 포괄적인 용어로서의 E-프로젝트로 하나의 장르로 간주하는 것이야말로 연구 설계에 새롭게 접근하는 데 있어 토대 역할을 한다. 『소프트웨어 사용자를 위한 질적 연구 설계』(di Gregorio & Davidson, 2008)에서 서술된 접근법은 (1) 하나의 연구에서 연구 설계를 대표하는 하나의 소프트웨어 사용자 인터페이스, (2) 자료의 분해와 재개념화를 통한 해석 체제의 개발, (3) 기술과 방법론 사이의 대화를 유지하는 상호 실행에 대한 의존도를 구축하는 개념을 논

하고 있다. 초기에 질적 자료 분석 소프트웨어에 관한 글을 쓴 저자들은 연구자의 방법론적 관점에 도구가 방법론적으로 적합한지에 무게 중심을 두었으나, E-프로젝트에서는 모든 도구가 한계를 가지며, 연구 도구는 끊임없이 계속 흐르고 발달한다는 점을 전제한다. 따라서, 질적 연구자들은 연구에 적절한 적합성을 지닌 도구를 정교하게 만들기 위해서 방법론과 기술 사이에 능동적인 대화를 해야만 한다는 점을 강조한다.

이 시기를 특징 짓는 또 다른 발달은 다양한 학문 분야와 다양한 종류의 기관, 즉 대학, 비즈니스, 그 외 부문에서 질적 자료 분석 소프트웨어 사용이 확장되었다는 점이다. 질적 자료 분석 소프트웨어를 사용하기 시작한 분야는 시장 연구(di Gregorio, 2008b; Rettie, Robinson, Radke & Ye, 2007; Vince & Sweetman, 2006), 법학(Coia, 2006), 연구 단체와 대중 부문(di Gregorio & Davidson, 2008)이다. 질적 자료 분석 소프트웨어 사용의 확장은 이러한 도구와 함께 연구 설계에 걸맞은 방법에 관한 정보 수집을 증폭시켰다(di Gregorio, 2005; di Gregorio, 2006b; di Gregorio & Davidson, 2008). 그러나, 질적 자료 분석 소프트웨어가 양적 방법과 관련되어 있다는 의구심이나(Ereaut, 2002) 체제가 가지고 있는 가치를 시연하는 노력에도 불구하고(Ereaut & di Gregorio, 2002, 2003), 사용의 장점을 몰라서(di Gregorio, 2008b) 시장 연구나 상업 분야에서의 확장은 느리고 점진적으로 이루어졌다.

이 시기 동안에 질적 자료 분석 소프트웨어의 인식과 사용의 증대는 질적 자료 분석 소프트웨어를 사용한 질적 연구 교육에 대한 논의를 이끌 수밖에 없었다(Bringer, Johnston & Brackenridge, 2004; Davidson, 2004, 2005c; Davidson & Jacobs, 2008; Davidson, Siccama, Donohoe, Hardy-Gallagher & Robertson, 2008; di Gregorio & Davidson, 2008; Gilbert, 1999; Jackson, 2003; Kuhn & Davidson, 2007). 2003년과 2005년에 윈스콘신 대학에서 QSR 제품을 사용한 질적 연구 교육

에 관한 학술대회가 두 곳에서 개최되었다(Davidson, 2005b; di Gregorio 2003b). 2003년 학술대회에서는 QSR 소프트웨어로 질적 연구를 가르치는 것을 주제로 한 질적 연구 저널 특별호(「QSR 소프트웨어로 질적 연구 가르치기」, 2003)가 발간되었다. 질적 자료 분석 소프트웨어를 사용할 것을 고려하는 것은 소프트웨어 개발자를 훈련 활동을 증가시키고 대학교에 라이선스를 주는 인센티브뿐만 아니라 훈련자나 교사를 위한 자료 개발로 이끌게 되었다.

질적 자료 분석 소프트웨어를 사용하여 질적 연구를 가르치는 대부분의 논의는 고등교육에서 박사과정에 초점을 두었다. Di Gregorio와 Davidson(2008)은 질적 자료 분석 소프트웨어가 질적 연구 교육과 논문 지도와 관련된 교육학적 실제를 어떻게 변화시킬 것인가에 대하여 상당한 시간을 할애하였다. 예를 들면, 질적 자료 분석 소프트웨어가 제공하는 투명성과 휴대 용이성은 전에는 불가능했던 방법을 지원하여 새롭게 해석학적 작업을 수행할 수 있게 하였다. 텍스트, 부호 체제, 부호 그 자체를 파일에 첨부해서 프로젝트를 보내거나 수업 시간이나 강독 세션에 E-프로젝트를 함께 보면서 쉽게 공유할 수 있다. 이것은 E-프로젝트를 하나의 장르로 쓰고 읽는 것에 대한 새로운 준거 기준과 새로운 문어 형태에 있어 교수진 스스로가 유창성을 확보할 필요성을 낳았다.

기관 내외에서 질적 자료 분석 소프트웨어 사용의 증가와 관련된 문제는 V단계에서 더욱 폭넓게 논의하기 시작하였다. 예를 들면, 질적 자료 분석 소프트웨어로 수행된 질적 연구에 대한 표준을 정하는 데 있어 전문기관의 역할과 기관윤리심의위원회 시대에 질적 자료 분석 소프트웨어를 연구자가 사용하면서 야기되는 윤리적 문제 등이다(Davidson & Jacobs, 2007; Davidson et al., 2008; di Gregorio & Davidson, 2008, 2009; ESRC, 2005; 공공 부문 정보청, 1998; Strike et al., 2002). 윤리 문제와 관련해서는 본서의 다음 절을 참고하기 바란다.

유럽에서 V단계의 상승시기는 이 분야에서 13년간의

연구를 축하하기 위하여 'CAQDAS 네트워킹 프로젝트'에서 마련한 'CAQDAS 2007 학술대회'가 개최된 시기로 볼 수 있을 것이다. 다른 형태의 미디어와 소프트웨어 도구를 사용하여 실험한 것을 프로그램 개발자와 사용자가 함께 모여 국제 학술대회에서 토론하였다. Dario Da Re(2007)의 비디오, 멀티미디어, 웹을 새로운 형태로 질적으로 표현하기(www.raccontiditerra. it을 참고); Parmegianni(2007)의 시각 사회화; Tutt와 Shaukat(2007)의 원격 공동 비디오 분석(MiMeG)(학술대회 자료는 http://caqdas.soc. surreyac.ukiResources/Caqdas07conference/caqdas07conferenceintro.htm1 참고)을 포함한 혁신적인 논문들이 향후 발달의 방향을 제시하였다.

미국에서는 2008년 5월이 V단계의 종말의 시기라고 볼 수 있겠는데, "질적 연구 과학 기술의 날"이라는 제목의 '질적 탐구 4차 국제 학술대회' 예비 모임에서 국제 학자들이 질적 연구와 과학 기술의 사용에 관한 관점을 공유하였다. 질적 자료 분석 소프트웨어의 통합과 질적 연구의 지구 공간에 대한 관심(Cisneros, 2008a; Kwan, 2008)과 질적 연구 형태로 E-포트폴리오에 대한 논의(Arndt, 2008)에서부터 질적 자료 분석 소프트웨어 교육 QDAS(Davidson et al., 2008), 학제간 심도 있는 질적 자료 분석 소프트웨어의 통합(Gilbert et al., 2008), 새로운 평행을 이루는 방법으로서의 질적 자료 분석 소프트웨어의 적용(Lapadat, 2008)뿐만 아니라 위키스 사용을 포함한 질적 자료 분석 소프트웨어를 초월한 향후 방향에 대한 토론까지 학술대회 발표는 관련 분야의 새로운 영역에 대한 개척을 탐구해보는 기회를 제공하였다(Bhattacharya & McCullough, 2008).

이 단계가 끝나감에 따라 질적 연구의 주류와 질적 자료 분석 소프트웨어 사이의 분할이 더욱더 명확하게 되었다. 이 시기에 인문학과 예술의 형태를 토대로 한 질적 연구가 확산되었으나, 질적 자료 분석 소프트웨어를 적용한 질적 연구의 본질을 보여주는 예를 찾는 것은 거의 불가능하다(Davidson, 2009; Davidson et al., 2009). 질적 자료 분석 소프트웨어를 위한 새로운 가능성이 인터넷 세계에서 일어나고 있지만, 이것이 어떻게 독립 패키지에 영향을 줄지는 아직 명확하지가 않다(di Gregorio, 2009, 2010).

VI단계: 네트워크 도구의 우선순위

미래의 분열	VI단계: 웹 2.0/3.0의 발달. 네트워크 기술이 우선순위를 차지, 질적 자료 분석 소프트웨어 2.0 시대의 도래

VI단계로 들어가면서 자서전이나 자문화기술지에서부터 고유의 방법론과 혼합 방법 적용 연구에 대한 토론이 시작되는 등 질적 연구 내에서 강력하고도 새로운 움직임이 있었던 시기로 특징 지을 수 있는데, 질적 자료 분석 소프트웨어의 사용은 이 시기에 불편한 시점에 놓이게 된다. 질적 자료 분석 소프트웨어 개발자와 질적 연구자 내외부에서 고등교육 기관, 비영리 단체 및 상업 단체, 급격한 인터넷 발달의 세계와 같은 관심을 보였다.

질적 연구자들 사이에 질적 자료 분석 소프트웨어에 대하여 불편하게 느끼는 감정이 지속되어 왔고, 근거 이론과 질적 자료 분석 소프트웨어의 연관성에 대해 계속해서 의문점을 품어왔다(Fielding, 2008; Hesse-Biber & Crofts, 2008). 일부 학자들에게는 질적 자료 분석 소프트웨어가 질적 연구자들이 분류하려고 애를 써왔던 과학과 인문학 또는 예술적 접근 사이의 분할을 구체화하는 것 같아 보였고, 질적 자료 분석 소프트웨어가 과학적인 측면과 제휴하고 있다고 여겨졌다. 질적 연구를 인본적인 방식으로 수행하려고 노력하는 연구자들에게는 질적 자료 분석 소프트웨어가 제공하는 투명성에 대한 저항감이 있었고, 자신들의 해석학적 전략이 이런 식으로 대중 앞에서 도마에 올라가서는 안 된다는 무언의 믿음을 가지고 있었다(Jackson,

2009). 또한 기술을 사용할 때 겪을 수 있는 실패에 대한 두려움이 하나의 중요한 요소가 될 수 있을 것이다.

질적 자료 분석 소프트웨어를 채택하는 데 있어 몇 가지 어려운 점은 포괄적인 소프트웨어 패키지가 가지고 있는 복잡성과 관련이 있다. 초기의 질적 자료 분석 소프트웨어는 기능에 있어 제한이 많았으며, 적은 수의 메모와 드롭다운 메뉴 선택과 더불어 상당히 단순한 형태를 취하고 있었다. 프로그램이 강력해짐에 따라, 풍부한 특질과 함께, 메뉴나 드롭다운도 일반 사용자들에게 더욱더 다가갔고 복잡해졌다. 프로그램을 처음 사용해보는 사용자는 끝없는 선택 범위에 대해 쉽게 압도되었다(Mangabeira, Lee, & Fielding, 2004).

패키지를 사용하는 사람들이 매우 제한된 범위에서 프로그램을 이용하고 연구자들을 지원하는 특질을 충분히 파악하지 못하고 있다는 것은 전혀 놀라운 사실이 아니다. 일부 연구자들은 이미 이러한 패키지를 사용한 경험이 있으며, 충분한 지원이 부족해서 결국 프로그램을 사용해 보려는 시도는 실패로 돌아갔다. 이러한 도구들에 대한 기술적 지원의 부재는 시작 단계에서부터 계속 문제가 되어왔다. 그 결과, 질적 자료 분석 소프트웨어에 대한 좋지 않은 기억을 사용자들끼리 나누면서 잠재적인 사용자로서의 의지가 한풀 꺾였다. 새로 프로그램을 사용하기 시작하는 사람들은 직관적으로 찾을 수 있는 인터페이스가 없다고 생각하기 때문에 프로그램 사용을 미루거나, 일부 패키지의 경우에는 인터페이스가 시각적으로 전혀 흥미롭지 못하였다.

질적 연구 분야에서 고령의 연구자들이 연구 실제에 사용하지 않게 되었으며, 많은 초보 연구자들이 대학원 훈련 과정에서 질적 자료 분석 소프트웨어를 사용할 수 있는 기회가 매우 적은 것이 사실이다. 기술적으로 실무 지식이 있는 대학원생은 자신들의 연구에 질적 자료 분석 소프트웨어의 사용을 착실하게 추진해 나가겠으나, 충분한 기술 지원을 받지 못하고 진행해 나가야만 하는 경우도 있고, 질적 자료 분석 소프트웨어에 대해 충분한 지식이 없는 지도 교수를 만날 수도 있다. 질적 자료 분석 소프트웨어에 대한 지식을 갖춘 지도 교수와 논문 작업을 하는 대학원생들은 나머지 논문 위원회 구성원들이 이것에 대해 전혀 모르는 상황에 처할 수도 있다. 지금까지 공공 단체 수준에서 배울 수 있는 질적 자료 분석 소프트웨어의 통합을 이룬 본보기는 그리 많지 않다(Davidson & Jacobs, 2007; Davidson et al., 2008; di Gregorio & Davidson, 2008b). QSR의 최근 연구비 수혜 프로그램처럼(QSR International, 2009) 일부 개발자들은 이러한 환경을 바꾸기 위한 혁신적인 단계를 밟아나가고 있는 중이다.

고등교육에서 질적 자료 분석 소프트웨어의 제도적 지원이 없는 것은 중대한 문제이다. 특정한 단체에서 질적 자료 분석 소프트웨어에 대한 지원이 증대하고 있긴 하나, 단체 내와 단체 간의 총체적 지원은 여전히 문제로 남아있다. 국가적 맥락에서의 지원 또한 다양하다. 질적 자료 분석 소프트웨어의 제도적 능력을 구축하는 문제는 다양한 측면을 가지고 있다. 최근까지 제품의 라이선스를 가지고 있는 연구자를 제공하거나, 사용에 대한 기술 지원을 하거나, 이러한 도구들에 대해 탐구하는 연구자나 교사들에 대해 대학은 미온적인 반응을 보여왔다. 질적 자료 분석 지원에 있어서 많은 대학이 양적 연구의 기술적인 지원에 비해 뒤처져 있다. 게다가 질적 연구자가 이러한 기본적인 도구에 대해 요청하였을 때 행정 당국자로부터 많은 의심을 받고 양적 연구자가 요청할 때보다 더 큰 정당한 이유를 제시하라는 요청을 받게 된다(Davidson & Jacobs, 2007; Davidson et al., 2008). di Gregorio와 Davidson(2008)은 "사용자가 많지 않고 지식 배분의 적절한 통로가 없다는 이유로 질적 자료 분석 소프트웨어 사용자는 단체나 연구 분야에서 흔히 고립된다"(p.2)고 보고한다.

제도적 지원의 부재는 여러 가지 문제에 기인한다고 할 수 있다. 첫째로, 고령의 연구자들은 프로그램을 사용하기를 원하지 않기 때문에 프로그램을 사용할 것을 주장하지 않는다. 프로그램을 사용하는 신진 교수나 대학원생들은 질적 자료 분석 소프트웨어의 사용을 습득하고 시행할 제도적인 강한 영향력이 없다. 둘째로,

고등교육 교과과정의 요구에 대해 제한된 지식을 가지고 있음에도 불구하고 정보 기술관련 부서가 기술 구매에서 중요한 발언권을 갖는다는 것이다. 그들이 가지고 있는 기술적 배경으로 볼 때, 양적 도구는 질적 연구 도구보다 더 마음을 기울게 한다는 것이다. 셋째로, 질적 자료 분석 소프트웨어가 제도권으로 들어오는 것은 개인 교수일 경우가 흔한데, 제도권 내에서 개인 교수의 활동이 잘 파악되지 않는 질적 자료 분석 소프트웨어에 대한 여러 움직임이 있을 수 있다는 것이다. 다시 말하면, 질적 자료 분석 소프트웨어의 시행은 제도권 내에서 통일된 정책의 방향으로 가지 않는다는 것이다.

질적 자료 분석 소프트웨어에 대한 제도적 지원은 국가적 맥락을 근거로 해서 볼 때 매우 다르다. 영국은 질적 연구자를 위한 디지털 능력의 발달을 위한 국가적인 리더십을 제공하는 데 있어 선두적인 역할을 한다. 연구 방법론과 공동 정보 체제 위원회는 E-자원의 훈련과 발달을 제공하는 것을 포함하여 질적 연구 방법론의 개발을 위한 리더십과 자원을 제공해왔다.

많은 대학이 질적 자료 분석 소프트웨어에 반감을 표시해온 것과 동시에, 정부, 상업 단체, 그리고 다른 비영리 환경에서 질적 자료 분석 소프트웨어를 사용하는 것을 중요하게 확장해왔다(di Gregorio, 2006b; di Gregorio & Davidson, 2008). 확장 범위는 보건, 형사 사법, 법률, 사회 정책과 같은 다양한 분야를 포함한다. 비구조적 자료가 있고 소규모의 자료를 미세하게 연구할 필요가 있는 분야는 사실상 모두가 질적 자료 분석 소프트웨어가 짐을 덜어준다는 것을 알게 되었다. 이러한 많은 연구들이 평가나 평가와 유사한 연구 영역에 들어가는 데 비교적 과학적이지 못하고, 인본주의적 질적 연구를 지원하기 위한 질적 자료 분석 소프트웨어의 능력을 많이 사용하지 않는다. 어떤 경우에는 훈련이나 질적 연구의 경험 없이 질적 자료 분석 소프트웨어의 전환이 이루어지고, 참고 근거 없이 단지 양적 연구 훈련을 배경으로 질적 자료 분석 소프트웨어를 개발하기도 한다. 이러한 연구는 질적 자료 분석 소프트

웨어가 양적 연구를 위장하고 있다는 일부 질적 연구자들의 믿음을 단지 더할 뿐이다. 그리고, 질적이면서 동시에 양적인 자료를 통합하는 데 있어 컴퓨터의 능력을 이용할 수 있는 가능성에 대한 논의가 일어나기 시작하였다(Fielding, 2008; Nasukawa, 2006).

질적 자료 분석 소프트웨어 개발자들은 그들의 제품을 시장화시킬 수 있는 가능성을 밀접하게 접목시켰다. 학문 분야의 시장을 확장하는 것에 더하여 서로 다른 언어 형식으로 그들의 도구를 유용하게 만들어서 국제적으로 시장을 넓혀나갔다. 개발자들은 훈련과 교육학적 권릭을 확장하였고, 매력적인 라이선스 전략을 새롭게 개발하였다. 각각의 새로운 버전의 소프트웨어 패키지는 시각화, 지구 공간 작업, 그리고 다양한 미디어 양식에서부터 협동과 공동 작업, 양적 자료의 통합 등과 같은 사용자의 요구에 귀를 기울이고 있다는 것을 보여준다.

이러한 도구의 학술적이고 비학술적인 사용에 대한 논의는 지금까지 거의 없었다. 따라서, 청중들이 이러한 도구를 다르게 사용하는 방법, 그들이 접하게 된 도전 또는 서로 다른 영역에서 개발된 소프트웨어를 사용하는 표준 등에 대해서 우리가 아는 바는 없다. 그러나, 2006년에 설립된 독립 조직인 Merlien Institute는 소규모의 학술대회를 통하여 질적 연구와 질적 자료 분석 소프트웨어의 사용에 관심이 있는 다양한 공동체를 연결하는 독특한 플랫폼을 제공하고 있다(http://merlien.org/).

인터넷의 도전

질적 자료 분석 소프트웨어가 이러한 과정을 통과하던 것과 같은 시기에, 질적 연구자들은 또 다른 도전에 직면하게 되었다. 인터넷의 급속한 성장으로 단어, 이미지, 비디오, 심지어는 시각 자료와 같은 비구조화된 자료의 쇄도에 직면하게 된 것이다.

YouTube, Flickr, Twitter, Facebook과 같은 웹 2.0 응용도구의 발달로 누구라도 자신만의 자료(사진, 비디오, 잡담)를 다른 사람들과 공유하고, 코멘트를 달고, 정리하기 위해 인터넷에 쉽게 업로드할 수 있게 되었다.

이러한 기회는 질적 연구자들에게 다음과 같은 여러 가지 도전의식을 가지게 하였다. 이러한 정보를 어떻게 최적화해서 사용할 수 있겠는가? 질적 연구자들의 미래의 도구는 무엇인가? 질적 자료 분석 소프트웨어 2.0에서 질적 연구의 윤리 지침은 무엇인가? 온라인 환경에서 자료의 안전성을 어떻게 확보할 수 있겠는가?

소프트웨어 개발자는 질적 연구 세계와는 아무런 관련이 없으며 비구조화된 자료의 해석 분야의 풍부한 전통은 사용자가 실제 세상에서 얻는 비구조화된 정보를 정리하고 분석할 수 있도록 사용자를 도와주는 도구를 만들었다. 그렇게 하는 데 있어, 그들은 질적 연구자들 사이에 오랫동안 논의되어 왔던 같은 종류의 질문에 대해 묻고 답해야만 하였다: 여러 가지 형식의 비구조화된 자료를 우리는 어떻게 다루어야 하는가? 이러한 종류의 자료를 어떻게 가장 잘 정리하고, 분류하고, 패턴을 만들고, 조작할 것인가? 웹 문서에서 웹 자료로 옮겨가는 웹 3.0의 발달이 이 시기에 이루어진 최근 혁신의 한 가지 예가 될 수 있을 것이다(Berners-Lee, 2009).

이와 같은 놀라운 양의 비구조화된 자료의 특질은 누구나 어디에서나 사용 가능하다는 점이다. 텍스트, 이미지, 비디오 형식으로 자료를 사용할 수 있을 뿐만 아니라 자료로 작업할 수 있도록 도구나 서비스를 제공한다는 것이다. 이러한 형태의 비구조화된 자료를 해석하고 검색하는 기술은 괄목할 만한 성장을 하였다. 오늘날의 세상에서 디지털 문서 검색은 필수이고 소리나 이미지도 검색할 수 있다(di Gregorio, 2010).

다양한 종류의 사람들이 다양한 종류의 비구조화된 문서로 연구와 작업을 한다는 것은 점점 더 분명해지고 있다(Greif, 2009). 이들이 문서를 검토하는 것은(검색, 꼬리표 달기, 색인, 주석, 메모, 해석, 표현) 질적 연구자들이 오랫동안 비구조화된 자료로 작업해 온 것과 매우 유사하다. 고유하게 질적 연구자들이 해온 일을 실제 세상에서 보통의 평범한 사람들이 능동적으로 몰두해 하고 있는 것이다. 이러한 고유한 연구자의 예를 들면, YouTube 비디오에 꼬리표를 달고 정리를 하는 십대나 그들이 속한 공동체 내에서 모든 종류의 수공예에 몰두하는 사람들일 것이다(di Gregorio, 2009, 2010). 그들은 그들의 개인적인 연구 목적을 달성하기 위하여 여러 범위의 도구를 사용하고 웹에서 원하는 내용을 받아오기도 한다. 인터넷에서 꼬리표 항목의 현상을 분석하고 출현하는 개념별 분류 어휘집과 함께 사용자가 생성하는 상향식 범주 구조 개발 도구인 folksonomies(Vander Wal, 2007)는 도서관학, 정보 설계와 새로운 미디어에서 우세를 보이고 있다(di Gregorio, 2008a).

질적 자료 분석 소프트웨어가 제한된 것과 달리 새로 등장한 질적 자료 분석 소프트웨어와 유사한 웹 2.0 도구는 정보 공동체의 폭넓은 단면을 나타낸다. 인터넷 시대의 변화에서 살아남은 Microsoft, IBM, Xerox, Apple 과 같은 주요 컴퓨터 회사는 새로운 도구의 가능성을 이끄는 주요한 연구를 수행하고 있다. Google, Amazon, Apple iTunes와 같은 유명한 회사들을 포함하여 웹 2.0으로부터 출현한 웹 기반의 회사들이 있는데, 이들 또한 유사 질적 자료 분석 소프트웨어 도구 개발의 가능성에 중요한 공헌을 하였다. 새로운 형태의 전화/인터넷 제공 회사 또한 주요한 경쟁자들이다. iPhone과 Telenor를 만든 AT&T, Verizon, Apple은 이러한 시장의 몇몇 이름인 것이다. 정부 기관도 새로운 유사 질적 자료 분석 소프트웨어 도구의 발달에 있어 역할을 담당하고 있다. 영국에서 공동 정보 체제 위원회와 경제와 사회 연구 위원회가 질적 연구자들이 사용할 수 있는 새로운 디지털 도구와 훈련을 개발하는 프로젝트 연구 지원금을 수여하고 이 분야에서 특히 활발한 활동을 하고 있다. 마지막으로, 질적 자료 분석 소프트웨어가 해왔던 종류의 일을 할 수 있는 그들만의 새로운 제품을 만들려는 수많은 독립형 웹 2.0 개발자가 지구촌 여기저기 산재해있다. 새로운 제품의 수가 너무 많아 이 분야에서 가장 새로운 풍조에 동조하는

선두 그룹에 있는 사람들조차도 이러한 발달에 보조를 맞추기가 어렵다고 토로할 정도이다(Greif, 2009). 질적 시장 연구자를 위해 특별히 고안된 아이폰 응용프로그램의 출현이 한 예가 될 수 있겠다. 일상생활(www.everydaylives.com) 현장에서의 활동을 문서화하고, 문서, 오디오, 또는 시각 기록에 꼬리표를 달거나 부호화를 하고, 이동식 전화기를 통하여 다른 지역에 있는 연구자들과 정보를 공유하는 것을 가능하게 해준다.

질적 연구자들에게 있어 이러한 새로운 도구의 중요한 통로는 DiRT(the Digital Research Tools wiki)로 질적 자료 분석 소프트웨어와 웹 2.0 연구 도구에 대한 포괄적인 목록을 제공하고 있다(http://digitalresearchtools.pbworks.com). 질적 자료 분석 소프트웨어와 매우 유사한 능력을 보유하고 있는 기대가 되는 넷 기반 도구가 몇 개 있는데 이러한 발달의 좋은 예로 A.nnotate를 들 수 있다. 스코틀랜드 정부의 재정 지원을 받고 영국에서 만든 도구로, 연구자가 텍스트나 시각 자료에 주석을 달고 꼬리표를 부치고, 그 꼬리표를 가지고 색인을 하고 정리를 할 수 있다. 주석은 공동 작업을 하는 그룹이 보고 작업을 할 수 있다(A.nnotate.com).

또한 질적 연구자들은 그들의 작업에 잘 맞는 방식의 새로운 넷 기반 도구에 대한 실험을 시작하였다. 위키는 이 범주에서 매우 중요한 역할을 담당하고 있다. Dicks와 Mason(2008)은 그들의 문화기술지 하이퍼미디어 환경 프로젝트에서 질적 하이퍼링크를 시도하였다. StorySpace를 사용하긴 했으나 위키스를 이러한 종류의 분석을 쌍방향의 노력으로 바꾸는 하나의 방법으로 보았으며, "연구 참여자, 대학, 일반 대중이 참으로 기여하는 것으로, 시간의 경과에 따라 작업이 유기적으로 성장하고 발달하게 하는 것이다"라고 Dicks와 Mason(2008)은 말한다(p.584). 벤더빌트 대학의 Melanie Hundley(2009a)는 학생들이 모은 다양한 양식의 자료를 저장하기 위한 집합적인 E-프로젝트 장소로 자신이 진행하는 질적 연구 수업에서 위키스를 사용하였고 "이벤트로서의 자료"의 개념을 위키

표 38.2 웹 2.0과 질적 자료 분석 소프트웨어 도구의 비교

	웹 2.0	질적 자료 분석 소프트웨어
정리	꼬리표 달기	부호화
	그룹화, 하이퍼링크	세트, 집단, 하이퍼링크
회고 도구	블로그	메모
	주석 달기	주석 달기
	지도 제작	지도 제작
탐구 도구	시각화	모델, 지도, 네트워크
	검색	문서 검색, 부호 검색
통합 도구	하이퍼링크로 블로그 만들기	하이퍼링크로 메모하기
	위키스를 통한 공동 직업	프로젝트 합병

의 하이퍼텍스트 기능이 수용하는 방법을 탐구하였다. Hundley(2009b)는 자신의 자문화기술지 「디지털 문간에 서 있는 시인(The Bard on the Digital Porch)」을 웹사이트에 게시하였는데 여기서 자신이 구성한 하이퍼링크를 어떻게 교차할 것인지를 독자로 하여금 결정하게 함으로써 의미 해석을 상호 구축하게 하였다. Kakali Bhattacharya(2009)는 위키스로 질적 연구 교수의 가능성을 모색하였다; 이론적인 연구를 위한 위키스의 사용으로 방향을 설정하긴 하였으나 일반적으로 질적 연구를 위한 공동 작업 도구로서 위키에 대해 생각해보는 가능성을 제공한다. Di Gregorio는 Wetpaint wiki를 토대로 한 질적 분석에 관한 온라인 강좌를 개발했는데, 비디오, 분석에 대한 공동 작업, 토론 게시판, 채팅 영역을 합쳐놓았다(http://gdasol.wetpaint.com). 교육에 초점을 두고 있긴 하나 연구자들이 자신들의 작업에 대하여 어떻게 통찰력을 얻고 공유할지에 대한 방법을 보여준다. Bennett(2008)은 질적 자료 분석을 위한 위키스의 사용 방법에 대해 Youtube 비디오를 제작하였다(www.youtube.com/watch?v=Jwfce BwNmuk&feature=related). Davidson과 di Gregorio는 PBWorks wiki 장에 기고를 하였는데 여기서 장의 초기 개관을 협력해서 구성하였고 문서를 업로드하고 참고 자료와 연결할 수 있

는 자원 섹션을 만들고 생각의 발달을 기록하고 의사소통을 할 수 있는 코멘트 자질을 사용하였다. 질적 자료 분석 소프트웨어 E-프로젝트를 사용하는 방법과 위키에서 공동 글쓰기의 과정이 강력하게 일치하는 것을 보았고 이러한 이유에서 질적 연구 분석을 위한 디지털 도구의 개발과 관련된 질적 연구자들이 위키를 면밀하게 연구할 가치는 매우 크다고 확신한다.

Di Gregorio(2010)는 [표 38.2]에서 예시한 것처럼 질적 자료 분석 소프트웨어를 현존하는 웹 2.0 도구와 연결시켰다. 표에서 알 수 있듯이, 핵심적인 질적 자료 분석 소프트웨어와 동급의 웹 2.0 도구가 있다. 웹 2.0 도구는 하이퍼링크, 시각화, 공동 작업에 강한 반면에, 질적 자료 분석 소프트웨어 도구는 섬세한 부호화와 정교한 분석에 유리하다. Google, IBM, Microsoft와 같은 대기업이 웹 2.0 도구에 대해 상당한 투자를 하고 있기 때문에, 웹 2.0 도구의 섬세한 부호화와 검색 수행 능력은 질적 자료 분석 소프트웨어를 곧 앞지를 수 있을 것이다.

먼저 언급한 것처럼, 영국에서 JISC, ESRC와 제휴를 한 E-사회과학국가 센터(NCeSS)뿐만 아니라 국가연구 방법론 센터(NCRM)에서 연구 도구 개발의 필요성에 대한 강력한 목소리들이 나왔다. NCRM은 CAQDAS(QUIC)의 질적 혁신이라고 볼 수 있는 슈

레이 대학의 질적 연구 컴퓨팅을 혼합 방법 적용 연구, 시각화, 지구 공간, 대규모 공동 연구 분야로 확장하기 위하여 연구비를 지원하였다(http://cagdas.soc. surrey.ac.uk/QUIC/quicheader.html). 추가로 QUIC를 통하여 슈레이 대학은 상호 프로토콜과 소프트웨어 원본을 포함한 온라인 훈련 프로그램을 확장하려고 한다. NCeSS는 공동 비디오 분석 도구인 MiMeg과 멀티미디어 자료(오디오나 시각 자료)와 "차세대 CAQDAS"(http://cagdas.soc.surrey.ac.uk/PDF/ DRSdistinguishingfeatures.pdf)로 내정된 GPS와 지각 탐구 자료를 통합하는 DRS 개발을 재정적으로 지원하였다(www.ncess.ac.uk/toolsimimeg/). NCeSS는 2009년에 폐쇄되었고, 핵심적인 작업 내용은 맨체스터 E 연구 센터(MeRC)로 이관되었다(www. merc.ac.uk/).

질적 자료 분석 소프트웨어와 인터넷 사이의 교차점에서 출현한 새로운 발달은 질적 연구자들이 자신들의 연구에 도움이 되는 디지털 도구를 찾으려고 할 때 중요한 문제를 야기한다.

질적 자료 분석 소프트웨어에서 질적 자료 분석 소프트웨어 2.0으로의 이동

질적 연구의 기술 혁명에서 다음 이동은 인터넷에서 사용 가능한 질적 자료 분석 소프트웨어와 유사 질적 자료 분석 소프트웨어를 포함하는 것이다. 이러한 이유에서, 당분간 지속될지도 모르는 합성 상태를 지칭하는 것으로 질적 자료 분석 소프트웨어 2.0이라는 용어를 사용할 것을 제안한다. 이러한 새로운 움직임이 질적 연구자들의 연구와 질적 자료 분석 소프트웨어 2.0을 성공적으로 통합할 수 있다면, 사용자의 기본 요건을 만족시켜 주는 도구를 개발하고, 질적 자료 분석 소프트웨어 2.0을 우리가 가장 잘 사용할 수 있도록 질적 분석 과정을 공유하는 비전을 창출하고, 새로운 분야의 개발자들과 대화를 지속할 필요가 있다.

기본 요건

질적 자료 분석 소프트웨어나 질적 자료 분석 소프트웨어 2.0 모두가 발달하는 사용자 기준을 만족시켜 주어야 할 것이다. 자료 정리와 분석의 영역에서 한 가지나 그 이상의 질적 자료 분석 소프트웨어의 구성요소에 대한 기준을 만족 시켜 주는 것과 더불어 이러한 새로운 도구는 다음의 요소를 필수적으로 갖추어야 한다.

- 직관력 있고 시각적으로 매력적인 인터페이스를 가지고 있고
- 접근 용이성이 뛰어나고
- 강력하고 직관력이 있으며 맥락화된 검색 도구를 제공해야 하며
- 새로운 사용자에게 맞는 도구를 만들기 위해서 쉽게 결합할 수 있어야 하고
- 시각화와 특수화에 대한 기회를 제공하며
- 정량화 도구와 쉽게 통합되어야 하며
- 공동 작업을 위한 강력한 기능을 제공하여야 한다.

질적 자료 분석 소프트웨어 2.0이 발전하는 데 있어서 씨름을 해야 할 다른 문제는 웹 기반의 도구가 야기할 수 있는 프라이버시와 윤리적 문제이다. 예를 들면, 상업적인 이익을 가지고 통제하는 제삼의 서버가 자료를 취득하는 경우일 것이다(아래의 논의를 참고할 것).

질적 분석 과정의 공유된 비전 창출

질적 연구와 질적 자료 분석 소프트웨어 2.0 사이의 간극을 채우기 위해서는 질적 분석 과정의 본질과 관련 지어 질적 자료 분석 소프트웨어 2.0의 본질에 대하여 제기된 논의를 재논의하는 것이 필요하다. 질적 자료 분석 소프트웨어에 관한 기념비적 저서에서 Tesch(1990)는 다양한 소프트웨어 프로그램이 있으나, 질적 연구 분석을 수행하는 데 있어 유사한 범위의 특질을 제공한다고 하였다. 다시 말해서 연구자의 방법론적 접근과

상관없이 질적 분석 과정은 기본적으로 유사한 범위의 과업을 수행해야 한다. 세부적으로는 다양하다고 하나 전체적으로 볼 때 연구자가 분석에서 하는 일은 방법론적 접근에서 서로 유사하다. 따라서, 질적 자료 분석 소프트웨어는 질적 자료 분석에서 발생하는 기본적인 과업을 수행할 수 있도록 맞춘 포괄적인 도구인 것이다.

T. Richards와 Richards(1994)는 질적 자료 분석 도구로 작업을 할 때 연구자의 기술, 관점, 능력의 중요성을 지적하는 대목에서 이러한 결론을 지지한다. Morse와 Richards(2002)는 연구 프로젝트를 구체화하는 데 있어서 연구자의 인식론적 입장의 중요성을 강조하면서 이러한 담론을 더한다. 그들은 서로 다른 질문이 서로 다른 접근 방법을 결정하지만 분석 과정이 어떻게 유사한 범위의 가능성으로 구성되는지를 입증하였다. Lewins와 Silver(2007)는 본질적으로는 같은 논점을 말하고 있다. 즉, 연구 과정은 공통의 과업 범위로 이루어지며, 질적 자료 분석 소프트웨어는 연구자가 이러한 과업을 수행하도록 지원하기 위해 고안된 포괄적인 도구이다. 같은 맥락에서, Hesse-Biber와 Crofts(2008)는 질적 자료 분석 소프트웨어 패키지의 포괄적인 본질을 이해하기 위한 배경으로서 질적 연구 과정의 보편성에 대하여 논한다. Fielding(2008)은 사용자가 컴퓨터가 무엇을 할 것인지에 대해서 알고 결정을 해야 한다는 점을 강조하면서 이러한 소프트웨어 패키지가 질적 연구 방법의 범위와 함께 포괄적인 지원을 한다는 점을 지적한다. Di Gregorio와 Davidson(2008)은 기술과 방법 간의 지속적인 소통의 중요성을 규정한다. 우리가 믿기에는 기술이 소프트웨어 프로그램이든 노트 카드이든 간에 상관없이 연구자와 기술 간에는 항상 논리가 있다는 것이다. 연구를 이끌어갈 질문과 연구 방법론뿐만 아니라 성, 권력, 목소리에 대해 중요한 방법론적 입장을 결정하는 것은 기술이 아닌 바로 연구자인 것이다. L. Richards(2005)도 이와 같은 논점과 유사한 입장을 취하고 있다.

질적 자료 분석에서 기술의 사용을 반대하는 많은 논쟁(불필요한 상하구조를 강요하고, 다양하게 의존적이고, 가공적 이해를 이끌고, 객관적인 관찰자를 전제한다)은 기술 자체의 기능이 아니라 연구자의 영역이나 통제의 문제와 관련된 논쟁이다. 이러한 논쟁은 디지털의 문제가 아니라, 질적 연구자가 채택한 많은 기술에 적용되는 문제이다. Tesch(1990)의 뒤를 이어서, 분석 과정(반복적이고 유연성이 있으며 회고적), 과업의 특성(패턴 검색과 범주 비교를 통해서 이끌어내는 해체와 재통합), 연구자의 역할(방법과 본질을 통합해야 하는 의무)이라는 측면에서 볼 때, 우리는 질적 분석을 독특한 것으로 서술하고자 한다.

대화의 확장: 윤리적 관계에 대하여

최근까지 질적 연구에서 질적 자료 분석 소프트웨어는 윤리와 관련된 논의의 레이더를 벗어나지 못했다. 질적 자료 분석 소프트웨어는 단순히 컴퓨터에 자료를 저장하는 장소로 여겨졌고, 이러한 이유에서 독립 컴퓨터에 저장된 모든 전자 자료나 다를 바 없었다. 워드 프로세스 소프트웨어의 문서와 같은 제약이 질적 자료 분석 소프트웨어에 적용될 수 있다. 즉, 윤리 기관에서는 적절한 프라이버시의 보호 수단과 보안이 적재적소에 배치되어 있어서 정보가 부주의하게 공개되거나 호기심 어린 시선에 부적절하게 이용되지 않는다는 점을 확실하게 하여야 한다.

소프트웨어의 제약 때문에 E-프로젝트는 인터넷에 저장되지 못하였다. 그러나, 이러한 제약은 독립형 컴퓨터 환경과 달리 인터넷 환경에서 자료를 가지고 작업해야 할 사용자의 요구가 증대함에 따라 바야흐로 변화하려고 하고 있다. 기관윤리심의위원회도 또한 연구 참여자의 프라이버시를 침해하는 기술적인 문제에 대하여 점점 더 복잡한 규정을 제시하려고 하고 있고, 새로운 주기의 디지털 도구가 인간의 안전을 보호해주는 방식으로 사용되는 것을 확실하게 할 필요가 있다. 이러한 논의가 도전적이긴 하나, 관련된 문제가 해결될 수 있다는 점에 있어서는 믿어 의심의 여지가 없다.

그러나 질적 자료 분석 소프트웨어 2.0으로 작업을 하는 질적 연구자들에게 더 큰 윤리적 딜레마의 조짐이 보이기 시작한다. 인터넷 연구 윤리와 관련 지어서, Bassett와 O'Riordan(2002)은 아래와 같이 논한다.

> 인터넷을 서술하는 데 있어 공간 비유의 사용은 인간으로서의 참여자 연구 모델의 채택을 구체화하였다. 전자 우편 의사소통과 같은 인터넷 연구 분야에서는 이 모델이 적합할지 모르나, 인터넷 연구 윤리라고 하는 복잡한 지역을 돌아다닐 때는, 연구자들은 인터넷의 텍스트를 문화적 생산으로 고려해야 한다고 우리는 믿는다(p. 233).

이 책에서 Gatson(31장)은 인터넷 연구자들이 직면하고 있는 윤리적 복잡성을 논하고 정책을 계획할 때 초기에 인터넷 연구 협회의 지침을 따를 것을 권고한다 (http://aoir.org).

Buchanan, Delap, Mason(2010)은 연구와 새로운 디지털 기술과 관련하여 관심을 가속화시키는 일곱 가지 문제를 다음과 같이 파악하였다. 이것은 "기술의 유연성, 본질적으로 블랙박스 체제; 증가하는 체제의 복잡성; 영향의 잠재적 범위와 크기; 결과 예측의 어려움; 잠재적인 불가소성; 급격한 속도의 기술 발달 … 전례의 부재"이다(n. p.).

이러한 도전은 경우에 따라서는 창의적인 반응을 이끌어 내었다. 예를 들면, 워싱턴 정보 대학에서 VIBE 프로젝트(네트워크상의 정보 행위 환경)에 종사하는 연구자들은 그들이 연구를 진행하는 이중의 삶의 공간에서 연구 참여자들로부터 동의를 얻도록 도와주는 하베이라고 부르는 "동의 보트"(인터넷에서 정보 검색을 위해 다른 사이트의 페이지로 자동적으로 연달아 검색 수집하는 프로그램)를 개발하였다(Lin, Eisenberg, & Marino, 2010, n. p.).

질적 자료 분석 소프트웨어 2.0으로 작업을 하고 있는 연구자들이 직면하고 있는 윤리적 딜레마는 결코 과소 평가해서는 안 된다. 이러한 이슈는 질적 연구자와 정보 기술 전문가들의 특별한 관심이 요구된다.

38.3 결론

질적 자료 분석 소프트웨어 2.0은 질적 연구자들에게 무한한 가능성을 제공한다. 문서 검색 프로그램과 같은 초기 단계에서부터 종합적인 독립 패키지와 다양한 기능을 가진 웹 2.0의 출현이라는 현재의 상태에 이르기까지, 질적 연구자들에게 질적 자료 분석 소프트웨어는 논란의 여지가 많은 주제가 되어왔다. 우리가 디지털 시대로 한 걸음 더 다가감에 따라, 전에는 개인의 선택 사항이었던 질적 자료 분석 소프트웨어의 사용이 이제는 필수가 되었다.

질적 연구자들이 다양한 방법으로 연구 과제를 수행하고 있기는 하나, 분석 요소에 있어서는 공통점이 많다는 개념에 대해서 강한 저항이 있다는 것을 우리는 알게 되었다. 이러한 저항은 대학이나 다른 사회에서 질적 연구자들이 지위를 확보하기 위해 투쟁한 합법성에 대한 거친 전투의 잔재라고 우리는 믿는다. 그러나 이 문제에 대해서는 미루어 두기로 하자. 디지털 세계에서 참여에 대한 압력이 증가함에 따라, 질적 연구자들이 스스로 세운 인공적인 장애물을 초월하여 더 중요한 과업을 잘 수행하는 것이 매우 중요하다.

질적 자료 분석 소프트웨어 2.0의 가능성과 발달은 질적 자료 분석 소프트웨어와 웹 2.0에 대해 논의하는 질적 연구자의 능력에 상당부분 의존한다. 대학 동료나 질적 자료 분석 소프트웨어 개발자들뿐만 아니라 IBM이나 아마존과 같은 인터넷 대기업의 폭넓은 세계에서부터 모든 형태의 비구조화된 자료를 미세하게 분석하는 데 사용할 수 있는 자극적인 새로운 도구를 만드는 소규모의 컴퓨터를 잘 아는 개발자에 이르기까지 우리 분야에서 대화의 시작과 적극적인 참여가 무엇보다 필요한 시기에 우리는 살고 있다.

참고문헌

Anderson, P. (2007, February). What is Web 2.0? Ideas, technologies and implications for education. *JISC Technology and Standards Watch*. Available at: http://www.jisc.ac.uk/publications/reports/ 2007/twweb2.aspx

Arndt, A. (2008, May). *Artifacts and assemblages: Electronic portfolios in educational research*. Paper presented at "A Day in Technology in Qualitative Research," a preconference day of the Fourth International Congress on Qualitative Inquiry, University of Illinois, Urbana-Champaign.

Bassett, E., & O'Riordan, K. (2002). Ethics of Internet research: Contesting the human subjects research model. *Ethics and Information Technology, 4*(3), 233–247.

Bazeley, P. (2007). *Qualitative data analysis with NVivo*. Thousand Oaks, CA: Sage.

Bazeley, P., & Richards, L. (2000). *The NVivo qualitative project book*. Thousand Oaks, CA: Sage.

Bennett, N. (2008, April 5). *Using wikis to conduct qualitative research* [YouTube video], Available at http://www.youtube.com/watch?v=JwfceBwNmuk

Berners-Lee, T. (2009, March 13). The next web of open, linked data [YouTube video]. Available at http://www.youtube.com/watch?v=OM6XIICm_qo

Bhattacharya, K. (2009). *Portal to three wiki spaces developed by K. Battacharya's qualitative research classes*. Available at http://kakali.org/memphiswebsite/kakaliorg1/community.html

Bhattacharya, K., & McCullough, A. (2008, May). *De/colonizing democratic digital learning environments: Carving a space for wikiology in qualitative inquiry*. Paper presented at "A Day in Technology in Qualitative Research," a preconference day of the Fourth International Congress on Qualitative Inquiry, University of Illinois, Urbana-Champaign.

Bringer, J., Johnston, L., & Brackenridge, C. (2004). Maximizing transparency in a doctoral thesis: The complexities of writing about the use of QSR*NVIVO within a grounded theory study. *Qualitative Research, 4*(2), 247–265.

Bryant, A., & Charmaz, K. (2010). *The SAGE handbook of grounded theory*. Thousand Oaks, CA: Sage.

Buchanan, E., Delap, A., & Mason, R. (2010, January). *Ethical research and design in cyberspace*. Paper presented at the 43rd Hawaii International Conference on Systems Science, Koloa.

Cisneros, C. (2008a, May). *Emergent approaches on linking qualitative software to qualitative geography*. Paper presented at "A Day in Technology in Qualitative Research," a preconference day of the Fourth International Congress on Qualitative Inquiry, University of Illinois, Urbana-Champaign.

Cisneros, C. (2008b). On the roots of qualitative research. In J. Zelger, M. Raich, & P. Schober (Eds.), *Gabek III: Organisationen und ihre Wissensnetze* (pp. 53–75). Innsbruck, Austria: StudienVerlag.

Cisneros, C. (2009, May). *Qualitative data analysis software: Challenges from the periphery*. Paper presented as part of a panel titled Humanistic Issues Regarding Qualitative Data Analysis Software (QDAS): Teaching, Learning, and the Representation of Data in a Digital Age, at the Fifth International Congress on Qualitative Inquiry, University of Illinois, Urbana-Champaign.

Coffey, A., Holbrook, B., & Atkinson, P. (1996). Qualitative data analysis: Technologies and representations. *Sociological Research Online, 1*(1). Available at http://www.socresonline.org.uk/1/1/4.html

Coia, P. (2006, June). How a global law firm works with NVivo 7. *Nsight, 29*.

Da Re, D. (2007, April 18–20). *Research results showed by a video and by a website*. Paper presented at the CAQDAS 2007 Conference: Advances in Qualitative Computing, Royal Holloway, University of London, Egham, UK. (website for the project discussed in this paper is http://www.raccontiditerra.it/)

Davidson, J. (2004, September 1–3). *Grading NVivo: Making the shift from training to teaching with software for qualitative data analysis*. Paper presented at the Fifth International Conference on Strategies in Qualitative Research: Using QSR Nivo and NUD*IST, University of Durham, UK.

Davidson, J. (2005a, April). *Genre and qualitative research software: The role of "the project" in the post-electronic world of qualitative research*. Paper presented at the American Educational Research Association Annual Meeting, Montreal, Quebec, Canada.

Davidson, J. (2005b, April). *Learning to "read" NVivo projects: Implications for teaching qualitative research*. Paper presented at the Second Teaching Qualitative Research Using QSR Products Conference, University of Wisconsin, Madison.

Davidson, J. (2005c, Spring). Learning to think as a teacher within the NVivo container. *QSR Newsletter*.

Davidson, J. (2005d, April). *Reading "the project": Qualitative research software and the issue of genre in qualitative research*. Paper presented at the First International Congress of Qualitative Inquiry, University of Illinois, Urbana-Champaign.

Davidson, J. (2009, May). *Autoethnography/self-study/arts-*

based research/qualitative data analysis software: Mixing, shaking, and recombining qualitative research tools in the act of recreating oneself as qualitative researcher, instructor, and learner. Paper presented at the Fifth International Congress on Qualitative Inquiry, University of Illinois, Urbana-Champaign.

Davidson, J., & di Gregorio S. (2007, May). Research design in qualitative research software. Paper presented at the Third International Congress on Qualitative Inquiry, University of Illinois, Urbana-Champaign.

Davidson, J., Donohoe, K., Tello, S. Christensen, L., Steingisser, G., & Varoudakis, C. (2009, May). Initiating qualitative inquiry: Report on an experiment with a cluster of powerful tools—autoethnography, arts-based research, and qualitative data analysis software. Poster session presented at the Fifth International Congress on Qualitative Inquiry, University of Illinois, Urbana-Champaign.

Davidson, J., & Jacobs, C. (2007, May). The qualitative research network: Working cross-campus to support qualitative researchers at the University of Massachusetts-Lowell. Paper presented as part of a panel titled Institutionalizing Qualitative Research: Emerging Models, at the Third International Congress on Qualitative Inquiry, University of Illinois, Urbana-Champaign.

Davidson, J., & Jacobs, C. (2008). The implications of qualitative research software for doctoral work: Considering the individual and institutional context. Qualitative Research Journal, 8(2), 72–80.

Davidson, J., Siccama, C., Donohoe, K., Hardy-Gallagher, S., & Robertson, S. (2008, May). Teaching qualitative data analysis software (QDAS) in a virtual environment: Team curriculum development of an NVivo training workshop. Paper presented at the Fourth International Congress on Qualitative Inquiry, University of Illinois, Urbana-Champaign.

A Day in Technology in Qualitative Research. (2008, May 17–21). Preconference day at the Fourth International Congress on Qualitative Inquiry, University of Illinois, Urbana-Champaign.

Denzin, N. K., & Lincoln, Y. S. (2003). Introduction: The disciplineand practice of qualitative research. In N. K. Denzin & Y. S. Lincoln (Eds.), The landscape of qualitative research (2nd ed., pp. 1–46). Thousand Oaks, CA: Sage.

Denzin, N. K., & Lincoln, Y. S. (2008). Introduction: The discipline and practice of qualitative research. In N. K. Denzin & Y. S. Lincoln (Eds.), The landscape of qualitative research (3rd ed., pp. 1–44). Thousand Oaks, CA: Sage.

Dicks, B., & Mason, B. (2008). Hypermedia methods for qualitative research. In S. Hesse-Biber & P. Leavy (Eds.), Handbook of emergent methods (pp. 601–612). New York: Guilford Press.

di Gregorio, S. (2000, September 29–30). Using NVivo for your literature review. Paper presented at the Strategies in Qualitative Research: Issues and Results From Analysis Using QSR NVivo and NUD*IST conference, Institute of Education, London.

di Gregorio, S. (2001, November). Teamwork using QSR N5 software: An example from a large-scale national evaluation project. NSight Newsletter.

di Gregorio, S. (2003a, May 8–9). Analysis as cycling: Shifting between coding and memoing in using qualitative software. Paper presented at the Strategies in Qualitative Research: Methodological Issues and Practices Using QSR NVivo and NUD*IST conference, Institute of Education, London.

di Gregorio, S. (2003b). Teaching grounded theory with QSR NVivo [Special issue]. Qualitative Research Journal, 79–95. Available at http://www.latrobe.edu.au/aqr

di Gregorio, S. (2005, May 11–13). Software tools to support qualitative analysis and reporting. Paper presented at the Business Intelligence Group Conference, The New B2B: A Widening Horizon, Chepstow, UK.

di Gregorio, S. (2006a, June). The CMS Cameron McKenna Project—How it looks in NVivo 7. Nsight, 29.

di Gregorio, S. (2006b, September 13–15). Research design issues for software users. Paper presented at the Seventh International Strategies in Qualitative Research Conference, University of Durham, UK.

di Gregorio, S. (2007). Qualitative Analysesoftware. In R. Buber & H. Holzmuller (Eds.), Qualitative Marktforschung: Konzpete, Methoden, Analysen. Wiesbaden, Germany: Gabler.

di Gregorio, S. (2008a). Folksonomies: A tool to learn from others? [Online wiki]. Available at http://folksonomiesanddelicious. pbworks.com/

di Gregorio, S. (2008b, Fall). Is technophobia holding back advances in the analysis of qualitative data? QRCA Views, 7, 1.

di Gregorio, S. (2009, June 4–5). Qualitative analysis and Web 2.0. Paper presented at the Second International Workshop on ComputerAided Qualitative Research, Utrecht, The Netherlands.

di Gregorio, S. (2010, January 5–8). Using Web 2.0 tools for qualitative analysis: An exploration. Proceedings of the 43rd Annual Hawaii International Conference on System Sciences (CD-ROM). Washington, DC: IEEE Computer Society Press.

di Gregorio, S., & Davidson, J. (2007, February 13). Research design, units of analysis and software supporting qualitative analysis. Paper presented at the CAQDAS 2007 Conference: Advances in Qualitative Computing, Royal Holloway, University of London, Egham, UK.

di Gregorio, S., & Davidson, J. (2008). *Qualitative research design for software users.* London: Open University Press/McGraw-Hill.

di Gregorio, S., & Davidson, J. (2009, May 20–23). *Research design and ethical issues when working within an e-project.* Paper presented at the Fifth International Congress of Qualitative Inquiry at the University of Illinois, Urbana-Champaign.

Economic and Social Research Council. (2005). *Research ethics framework.* Available at http://www.esrcsocietytoday.ac.uk/ESRCInfo Centre/opportunities/research_ethics_framework

Economic and Social Research Council. (n.d.). *Our research.* Available at http://www.esrcsocietytoday.ac.uk/ESRCInfoCentre/research

Ereaut, G. (2002). *Analysis and interpretation in qualitative market research.* London: Sage.

Ereaut, G., & di Gregorio, S. (2002, June). *Qualitative data mining.* Presentation at Association for Qualitative Research Conference, London.

Ereaut, G., & di Gregorio, S. (2003, June 6). *Can computers help analyse qualitative data?* Presentation at Association for Qualitative Research Conference, London.

Fielding, N. (2008). The role of computer-assisted qualitative data analysis: Impact on emergent methods in qualitative research. In S. Hesse-Biber & P. Leavy (Eds.), *Handbook of emergent methods* (pp. 675–695). New York: Guilford Press.

Fielding, N., & Lee, R. (1991). *Using computers in qualitative research.* London: Sage.

Fielding, N., & Lee, R. (1998). *Computer analysis and qualitative research.* Thousand Oaks, CA: Sage.

Fielding, N., & Lee, R. (2007, April 18–20). *Honouring the past, scoping the future.* Plenary paper presented at CAQDAS 07: Advances in Qualitative Computing Conference, Royal Holloway, University of London, Egham, UK.

Gibbs, G. (2002). *Qualitative data analysis: Explorations with NVivo.* Buckingham, UK: Open University Press.

Gibbs, G. (2004, September 1–3). *Narrative analysis and NVivo.* Paper presented at the Fifth International Strategies in Qualitative Research Conference, University of Durham, UK.

Gilbert, L. (1999). *Reflections of qualitative researchers on the uses of qualitative data analysis software: An activity theory perspective.* Doctoral dissertation, University of Georgia: Athens, GA.

Gilbert, L., Boudreau, M., Coverdill, J., Freeman, M., Harklau, S. L., Joseph, C., et al. (2008, May). *Faculty learning community: Experiences with qualitative data analysis software.* Paper presented at "A Day in Technology in Qualitative Research," a preconference day of the Fourth International Congress on Qualitative Inquiry, University of Illinois, Urbana-Champaign.

Gilbert, L., & di Gregorio, S. (2004, September 1–3). *Team research with QDA software: Promises and pitfalls.* Paper presented at the Fifth International Strategies in Qualitative Research Conference, University of Durham, UK.

Glaser, B., & Strauss, A. (1967). *The discovery of grounded theory.* Chicago: Aldine.

Greif, I. (2009). *Web 2.0 Expo NY: Irene Greif (IBM), what ManyEyes knows* [YouTube video]. Available at http://www.youtube.com/watch?v=nXSOM7WUNaU

Hahn, C. (2008). *Doing qualitative research using your computer: A practical guide.* Thousand Oaks, CA: Sage.

Hayles, N. K. (1999). *How we became posthuman: Virtual bodies in cybernetics, literature, and informatics.* Chicago: University of Chicago Press.

Hesse-Biber, S., & Crofts, C. (2008). User-centered perspectives on qualitative data analysis software: Emergent technologies and future trends. In S. Hesse-Biber & P. Leavy (Eds.), *Handbook of emergent methods* (pp. 655–674). New York: Guilford Press.

Hesse-Biber, S. N., & Leavy, P. (2007). *The practice of qualitative research.* Thousand Oaks, CA: Sage.

Hine, C. (2008). Internet research as emergent practice. In S. Hesse-Biber & P. Leavy (Eds.), *Handbook of emergent methods* (pp. 525–541). New York: Guilford Press.

Hundley, M. (2009a, May). *Data as event.* Paper presented at the Fifth International Congress on Qualitative Inquiry, University of Illinois, Urbana-Champaign.

Hundley, M. (2009b, May). *Gilding the lily: Creating the Bard on the digital porch.* Paper presented at the Fifth International Congress on Qualitative Inquiry, University of Illinois, Urbana-Champaign.

Jackson, K. (2003). Blending technology and methodology: A shift toward creative instruction of qualitative methods with NVivo [Special issue]. *Qualitative Research Journal, 15.*

Jackson, K. (2009, May 20–23). *Troubling transparency: Qualitative data analysis software and the problems of representation.* Paper presented at the Fifth International Congress of Qualitative Inquiry, University of Illinois, Urbana-Champaign.

Kaczynski, D., & Miller, E. (2004, September 1–3). *Evaluation team design considerations using NVivo.* Paper presented at the Fifth International Strategies in Qualitative Research Conference, University of Durham, UK.

Kelle, U. (1995). Introduction: An overview of computer-aided methods in qualitative research. In U. Kelle (Ed.), *Computer-aided qualitative data analysis: Theory, methods and practice* (pp. 1–17). London: Sage.

Kelle, U. (1997). Theory building in qualitative research and computer programs for the management of textual data. *Sociological Research Online, 2*(2).

Kelly, K. (2008). One dead media. *The Technium Blog.* Available at http://www.kk.org/thetechnium/archives/2008/06/one_dead_media.php

Kuhn, S., & Davidson, J. (2007). Thinking with things, teaching with things: Enhancing student learning in qualitative research through reflective use of things. *Qualitative Research Journal. 7*(2), 63–75.

Kwan, M. (2008, May 17–21). *Geo-narrative: Extending Geographic Information Systems for narrative analysis in qualitative research.* Keynote presentation at "A Day in Technology in Qualitative Research," a preconference day of the Fourth International Congress on Qualitative Inquiry, University of Illinois, Urbana-Champaign.

Lapadat, J. (2008, May). *Liberatory technologies: Using multimodal literacies to connect, reframe, and build communities from the bottom up.* Paper presented at "A Day in Technology in Qualitative Research," a preconference day of the Fourth International Congress on Qualitative Inquiry, University of Illinois, UrbanaChampaign.

Layder, D. (1993). *New strategies in social research.* Cambridge, UK: Polity Press.

Lee, R., & Fielding, N. (1996). Qualitative data analysis: Representations of a technology: A comment on Coffey, Holbrook, and Atkinson. *Sociological Research Online, 1*(4).

Lewins, A., & Silver, C. (2007). *Using software in qualitative research: A step-by-step guide.* Thousand Oaks, CA: Sage.

Lin, P., Eisenberg, M., & Marino, J. (2010). *"Hi! I'm Harvey, a consent bot": How automating the consent process in SL addresses challenges of research online.* Poster session at the February 2010 iConference, University of Illinois, Urbana-Champaign.

Mangabeira, W., Lee, R. M., & Fielding, N. G. (2004). Computers and qualitative research: Adoption, use, and representation. *Social Science Computer Review, 22,* 167.

Miles, M., & Weitzman, E. (1994). Appendix: Choosing computer programs for qualitative data analysis. In M. B. Miles & M. A. Huberman (Eds.), *Qualitative data analysis* (2nd ed., pp. 311–317). Thousand Oaks, CA: Sage.

Morse, J. M., & Richards, L. (2002). *Readme first for a user's guide to qualitative methods.* Thousand Oaks, CA: Sage.

Nasukawa, T. (2006). *TAKMI (text analysis and knowledge mining) and sentiment analysis, IBM research, Tokyo Research Laboratory.* Paper presented at agenda-setting workshop, Bridging Quantitative and Qualitative Methods for Social Science Using Text Mining Techniques, at National Centre for e-Social Science, Manchester, UK.

Office of Public Sector Information. (1998). *Data Protections Act of 1998.* London: Her Majesty's Stationery Office.

Parmeggiani, P. (2007, April 18–20). *Using computer-assisted qualitative data analysis software for visual sociology.* Paper presented at the CAQDAS 2007 Conference: Advances in Qualitative Computing, Royal Holloway, University of London, Egham, UK.

QSR International. (2009, August 12). *What's new? Recipients of NVivo teaching grants announced.* Available at http://www.qsrinter national.com/news_whats-new_detail.aspx?view=168

Rettie, R., Robinson, H., Radke, A., & Ye, X. (2007, April 18–20). *The use of CAQDAS in the UK market research industry.* Paper presented at the CAQDAS 2007 Conference—Advances in Qualitative Computing, Royal Holloway, University of London, Egham, UK.

Richards, L. (1999). *Using NVivo in qualitative research.* Victoria, Australia: Qualitative Solutions and Research.

Richards, L. (2004, September 1–3). *Validity and reliability? Yes! Doing it in software.* Paper presented at the Fifth International Conference on Strategies in Qualitative Research: Using QSR NVivo and NUD*IST, University of Durham, UK.

Richards, L. (2005). *Handling qualitative data.* Thousand Oaks, CA: Sage.

Richards, L. (2006, September 13–15). *Farewell to the Lone Ranger? What happened to qualitative=small?* Paper presented at the Sixth International Strategies in Qualitative Research Conference, University of Durham, UK.

Richards, T. (2004, September 1–3). *Not just a pretty node system: What node hierarchies are really all about.* Paper presented at the Fifth International Conference on Strategies in Qualitative Research: Using QSR NVivo and NUD*IST, University of Durham, UK.

Richards, T., & Richards, L. (1994). Using computers in qualitative research. In N. K. Denzin & Y. S. Lincoln (Eds.), *Handbook of qualitative research* (pp. 445–462). Thousand Oaks, CA: Sage.

Richter, D., & Clary, L. (2004, September 1–3). *Using NVivo in the analysis of data from a site visit program.* Paper presented at the Fifth International Strategies in Qualitative Research Conference, University of Durham, UK.

Ritchie, J., & Lewis, J. (2003). *Qualitative research practice: A guide for social science students and researchers.* London:

Sage.

Seidel, J. (1998). *Qualitative data analysis*. Available at http://www.qualisresearch.com (originally published as Qualitative data analysis, in *The Ethnograph v5.0: A Users Guide*, Appendix E, 1998, Colorado Springs, CO: Qualis Research)

Silver, C. (2009). *Choosing the right software for your research study: An overview of leading CAQDAS packages*. Paper presented at the 2009 Computer Assisted Qualitative Research Conference, Utrecht, The Netherlands.

Strauss, A., & Corbin, J. (1990). *Basics of qualitative research: Grounded theory procedures and techniques*. Newbury Park, CA: Sage.

Strike, K., Anderson, M., Curren, R., van Geel, T., Pritchard, I., & Robertson, E. (2002). *Ethical standards of the American Educational Research Association: Cases and commentary*. Washington DC: American Educational Research Association.

Teaching qualitative research with QSR software. (2003). *The Journal of the Association for Qualitative Research* [Special issue].

Tenner, E. (2005, February). Keeping tabs: The history of an information age metaphor. *Technological Review*.

Tesch, R. (1990). *Qualitative research: Analysis types and software tools*. Basingstoke, UK: Falmer.

Tutt, D., & Shaukat, M. (2007, April 18–20). *Evaluation of MiMeG in use: Technical and social issues in remote collaborative video analysis*. Paper presented at the CAQDAS 2007 Conference: Advances in Qualitative Computing, Royal Holloway, University of London, Egham, UK.

Vander Wal, T. (2007, February 2). *Folksonomy coinage and definition*. Available at: http://www.vanderwal.net/folksonomy.html

Vince, J., & Sweetman, R. (2006, September 29). *Managing large scale qualitative research: Two case studies*. Paper presented at Words Instead of Numbers: The Status of Software in the Qualitative Research World, the Association for Survey Computing, Imperial College London.

Weitzman, E. (2000). Software and qualitative research. In N. K. Denzin & Y. S. Lincoln (Eds.), *Handbook of qualitative research* (2nd ed., pp. 803–820). Thousand Oaks, CA: Sage.

Weitzman, E., & Miles, M. (1995). *Computer programs for qualitative data analysis*. Thousand Oaks, CA: Sage.

Qualitative Data Analysis Software

ATLAS.ti. *ATLAS.ti home page*, http://www.atlasti.com/

MAXQDA. http://www.MAXQDA.com/

NVIVO. A product of QSR International, http://www.qsrinternational.com/

QDAMiner. http://www.provalisresearch.com/QDAMiner/QDAMiner Desc.html

QSR. *QSR International home page*, http://www.qsrinternational.com/Transana. http://www.transana.org/index.htm

Technologies, Technology Companies, and Research Resources

Amazon. *About Amazon*, http://www.amazon.com/Careers-Homepage/

A.nnotate. *About A.nnotate*, http://a.nnotate.com/about.html

Apple. *Apple science*, http://www.apple.com/science/

AT&T Labs, Inc. *Research*, http://www.research.att.com

CAQDAS. *CAQDAS Networking Project*, http://caqdas.soc.surrey.ac.uk/

DiRT. *Digital Research Tools wiki*, http://digitalresearchtools.pbworks.com

DReSS. http://www.esrcsocietytoday.ac.uk/esrcinfocentre/viewawardpage.aspx?awardnumber=RES-149-25-0035

EverydayLives. http://www.everydaylives.com

Google. *Google Labs*, http://www.googlelabs.com

IBM. *IBM Center for Social Research*, http://www.research.ibm.com/social/index.html

Microsoft. *Microsoft Live Labs*, http://livelabs.com

MiMeg. http://www.esrcsocietytoday.ac.uk/esrcinfocentre/viewawardpage.aspx?awardnumber=RES-149-25-0033

PARC (Palo Alto Research Center). http://www.parc.com

Telenor. *Telenor Research and Innovation*, http://www.telenor.com

39.
증거의 정치[1]

김현진_ 한국교원대학교 교육학과 교수

양적 연구와 질적 연구 사이에 진행되는 논쟁이 있다. 이것은 범국가적이며, 격론이 오가며, 일종의 신실 증주의(neopositivist)적 양적 연구에 귀환하기 위한 "서구사회에서의" 주정부가 지원하는 요소가 있다.

— I. Stronach(2006, p.758)

증거기반 정치수립을 위해서는 아마도 질적 연구에 대한 신화(myth)를 … 만들 필요가 있다. 즉, 우리도 명백한 가이드라인과 기준이 있으며, 무작위 통제 실험이 아니지만, 우리는 우리의 기준을 가지고 있다는 것이다.

— M. Hammersley(2005a, p.4)

질적 연구자들은 질적 연구를 수행하고 평가하기 위한 최신 기준과 가이드라인에 대한 범국가적 논의의 한가운데에 있다(St. Pierre, 2006). 이러한 논의는 증거의 정치 및 윤리와 평등과 사회정의 문제를 언급하는 질적 연구의 가치에 대한 이슈를 중심으로 하고 있다(Lather, 2006). 어떤 의미에서 이것은 새로운 병에 담은 오래된 와인 같은데, 즉 신세기에 진행되는 1980년대의 논쟁과 같다.

거실에 있는 코끼리처럼, 증거기반 모형은 그 존재를 더 이상 무시할 수 없는 불청객이다. 국제적인 감사(audit)의 문화[2] 속에서, Cochrane과 Campbell 기준[3]의 사용과 관련된 연구 계획서, 실험 연구 방법론, 무작위 통제 실험, 수의 행렬, 인용 분석, 공유된 데이터베이스, 학술지의 영향력 지수, 책무성에 대한 엄격한 개념, 자료의 투명성, 정당성, 엄격한 동료 검토의 평가 척도, 연구지에 대한 정해진 포맷은 현재 증거의 질적 기준에 대한 담론에서 지배력을 행사할 수 있는 위치를 얻고자 분투하며 경쟁하고 있다(Feuer, Towne, & Shavelson, 2002; Lather, 2004; NRC, 2002; Thomas, 2004).

해석주의 공동체(interpretive community)는 우리의 "집단 연구의 노력"(Atkinson & Delamont, 2006a, p.751; Freeman deMarrais, Preissle, Roulston, & St. Pierre, 2007)에 대한 이러한 외부적

인 위협에 대해서 명확한 비판을 시작해야 한다. 우리는 질적 연구에 대한 우리 자신의 표준과 기준을 만들어야 한다.

나는 비판적 교육학의 틀(crtitical pedagogical framework) 안에서 이러한 담화 안의 모순, 중복성, 그리고 그들 사이의 차이를 보여주면서 이 담화에 대한 쟁점을 읽기 원한다(Denzin, 2003). 양질의 연구를 평가하는 기준은 과학의 특정한 형태, 즉 초학문적, 범국가적, 후기식민주의 세계에서는 더 이상 실행 가능하지 않은 형태인 실천, 도덕, 윤리 및 정치 기구 장치들의 교육학이다. 참으로, 증거주의기반 공동체 안에서는 질적 연구가 무작위 통제 실험(RCT)을 포함하지 않는 한 연구가 아니라는 이해가 있다! 더욱이, 이러한 공동체하에서는 질적 연구에서 정보를 추출하는 합의된 절차, 방법이나 기준이 없다. 이러한 해석들을 반대해야 한다.

이러한 다양한 담화를 고찰하며, 나는 저항의 경로를 그리길 희망한다. 질적 연구 공동체가 단일 독립체가 아니기 때문에, 질적 연구의 가이드라인과 기준은 예를 들면, 근거 이론 연구 대 수행 문화기술지(performance ethnographies)와 같은 특정한 패러다임과 장르에서 주도되는 관심사에 맞춰져야 한다. 나는 양적 기준으로부터 주도되지 않는 유연한 가이드라인을 선호한다. 나는 질적 연구의 수행 모형(performative model) 즉, 여성주의(feminist), 공동체(communitarian) 가정에 기초한 수행 윤리를 재정하는 모형을 찾고 있다.

나는 이러한 가정을 토착 연구 윤리를 위해 제1세계 및 제4세계 국가 연구자들의 요청에 맞출 것이다(Bishop, 1998; Rains, Archibald, & Deyhle, 2000; L. T. Smith, 1999). 이러한 요청은 윤리, 과학, 인과관계 및 질적 연구를 평가하기 위한 도덕과 윤리의 기준에 대한 신뢰와 반복을 위한 논의의 공간을 열어놓았다(Denzin, 2003, 2007; Denzin, Lincoln, & Giardina, 2006). 나는 심사위원, 학회, 학회지 및 질적 연구에 대한 평가 기준에 대한 제언으로 결론을 내릴 것이다.

39.1 거실에 있는 코끼리

나는 Atkinson과 Delamont(2006)가 언급한 "우리는 해석적 연구가 과학적 연구라는 비적합한 정의를 확인시켜야 한다는 불합리한 제안에 깜짝 놀랐다. … 질적 연구가 이러한 기준을 맞추지 못하면 지원을 해서는 안 된다는 것도 동일하게 충격을 주는 것이다"(p. 175; Erickson & Gutierrez, 2002, p. 221)라는 것에 동의한다. Hammersley(2005a)는 차례로 "질적 연구는 양적 연구와 비교되며 시달리고 있는데, 이는 양적 연구자들은 정책결정자들이 사용 가능한 명확한 가이드라인을 가졌다는 신화가 있기 때문이다(그것이 무작위 통제 실험이었던가? 통제그룹이 있었던가?)"(p. 3)라는 것을 발견하였다.

Morse(2006a)는 이러한 논쟁을 연장하였다: "참으로, 질적 연구는 실증주의 기준선으로부터 떨어져 있다. 왜 이것은 Cochrane 척도에서 C등급을 간신히 얻는가? 더욱 악화되고 있다! 질적 연구는 "무엇이 효과가 있는가에 대한 정보센터(What Works Clearinghouse: WWC)의 척도"에서 '증거기준에 미치지 못함'을 받고 있다.

Feuer 외(2002)는 반론을 제기하였다.

> 과학적인 연구를 하나의 방법으로 축소시킨 무딘 연방정부의 권한에 우리가 강하게 반대하여도 … 또한 우리가 교육 연구에 이러한 도구를 현재보다 더욱 자주 사용해야 한다고 해도 … 지금은 이 분야가 특정한 관점 이상으로 옮겨가야 하는 시기이며 과학적인 원리들을 강조하기 위한 규범과 실천의 공유된 핵심을 세우는 것에 초점을 두어야 하는 시기이다. (p. 8)

'국가장애연구보급센터(National Center for Dissemination of Disability Research)'의 보고에서 "우리는 연구 방법과 연구 증거를 비교할 기준이 필요하며, 신뢰도(내적 타당도), 전이성(외적 타당도), 신뢰성(신뢰도), 입증성(객관성)과 같은 용어가 필요하다"

(n.p.)라고 하였다.

회의주의자들이라면 "누구의 과학인가? 누구의 과학적인 원칙들인가?"라고 물어봐야 할 것이다.

39.2　두 마리의 다른 코끼리

이 코끼리는 두 개의 다른 옷을 입고 있는데, 메타분석이라는 코트와 혼합 방법 적용 연구라는 변장이다. 메타분석이라는 변장은 질적 연구에 메타분석을 조합하여 체계적인 검토의 산출물을 들여왔다(Dixon-Woods et al., 2006). 혼합 방법이라는 변장은 삼각기법의 개념을 다시 생각하게 하며, 어떻게 질적과 양적 연구 방법이 동시에 효과를 가질 수 있는가에 대해 묻는다(Moran-Ellis et al., 2006).

이러한 두 가지 변장에는 문제가 있다. 출판된 논문에 대한 메타분석은 그것이 뜻하는 어떤 의미에서도 질적 연구라고 설명하기 힘들다. 혼합 방법 연구는 두 개의 패러다임이 모순이라는 사실 즉, 같은 표준으로 잴 수 없다는 이슈를 설명하는 데 실패하였다(Smith & Hodkinson, 2005). 이러한 충돌을 피해 가는 어떠한 노력 즉 상호보완적 힘, 단일 패러다임, 변증법적이거나 다중 패러다임을 통해서도 혼합 방법 적용 접근은 실패할 수밖에 없어 보인다(Teddlie & Tashakkori, 2003, pp.19-24).[4]

39.3　누구의 기준? 누구의 표준?

J. K. Smith와 Deemer(2000)를 확장하여, 질적 연구 공동체 내에서는 평가적 기준의 이슈를 다루는 세 가지 기본적인 입장이 있는데, 기초적인(foundational), 준기초적인(quasi-foundational), 비기초적인(non-foundational) 것이다(Creswell, 2007; Guba &

Lincoln, 1989, 2005; Lincoln & Guba, 1985; Spencer, Ritchie, Lewis, & Dillon 2003도 참고). 기초주의자(Foundationalists)는 Cochrane과 Campbell 협력 연구에 적용되는 것을 포함하며, 질적 연구이든 양적 연구이든 '연구는 연구이다'라고 주장하는 입장이다. 모든 연구는 일련의 공유된 기준(예, 내적, 외적 타당도, 신뢰도, 양도성, 입증성, 투명성, 보장성)이 확보되어야 한다(Dixon-Woods, Shaw, Agarwal, & Smith, 2004; Dixon-Woods et al., 2006; Teddlie & Tashakkori, 2003 참고).

준기초주의자(Quasi-foundationalists)는 일련의 기준이나 질적 연구를 독특하게 안내하는 틀이 개발될 필요가 있다는 것에 동의한다. 이러한 기준은 아마도 성찰, 이론적 기초, 영상적, 논리적, 리좀(rhizomatic) 및 풍부한 타당도와 같은 용어를 포함한다(Eisner, 1991; Lather, 1993; Lincoln & Guba, 1985). 반대로, 비기초주의자(non-foundationalists)는 예측과 반대로 이해의 중요성을 강조한다(Denzin, 1997; Wolcott, 1999). 이들은 관심, 사랑, 친절의 개념에 기초한 윤리성을 실행하는 도덕적인 틀 안에서 탐구를 개념화한다(Christians, 2005 참고).

39.4　정치와 실천

교육학적 실천으로서 평가 기준은 질적 연구와 사회적 정치 간에 적합한 관계로 여겨지는 것에 의해 형성되었다. 비판적 질적 연구 공동체 안에서 최소 4개의 교육적인 사례나 정체성은 그것만의 역사로 각각 구분될 수 있다: (1) 사회적 과정이나 제도에 대한 기초지식을 축적하는 데 초점을 두는 학문분야에 기초한 질적 연구; (2) 현재의 프로그램과 실천에 대한 영향력이 목적인 질적인 정책연구; (3) 현재의 공공 정책이나 사회적 담화를 방해하고 불안정하게 하는 비판적 질적 접근; 그리고 (4) 공공영역에서 현재의 이슈와 위기를 설명하기 위해 질적 연구와 해석적 연구를 사용하는 공공 지식인, 공공 사회과학자들 및 문화비평가들이다 (Hammersley, 2005a, p. 3).

Hammersley(2005a)는 "우리는 증거기반 정책수립의 개념이나 심지어 우리를 우리 자신과 연구에 대한 환상에 사로잡히도록 하는 '공공 사회과학'의 개념이 약속한 근접함을 허락하면 안 된다"(p. 5)고 경고하였다.

Torrance(2006)는 매우 적극적, 단정적이다.

> 이러한 새로운 정통은 단지 의학연구 … 와 같지 않은 교육 연구를 오로지 혹평만 하며, 고의로 우리가 사회과학에서 탐구를 수행하고 지식을 쌓는지, 그렇다면 어떤 방식으로 하였는지에 대한 수십 년의 논쟁을 무시하는 것처럼 보인다. (p. 127)

39.5 증거의 정치

증거의 정치(또는 윤리)라는 용어는 Morse(2006a)가 논평한 것처럼 여러모로 모순된다. 증거란 "구체적이고 반론의 여지가 없는 무엇인 반면, 정치는 '권위[권력]' (p. 395)를 훈련시키는 것과 관련된 활동"을 말한다. 셀 수 있거나 측정 가능한 증거는 모든 질적 연구자들이 의도하는 것이 아니다. 증거의 언어로 사고하는 비판적 문화기술자들은 많지 않다. 대신에, 그들은 경험, 정서, 사건, 과정, 수행, 내러티브, 시, 가능성의 정치에 대해 생각한다.

더욱이, 증거는 결코 도덕적으로나 윤리적으로 중립적이지 않다. 그러나 Larner(2004, p. 20)를 인용한 Morse(2006a)의 말을 바꾸어 말하면, 증거의 정치와 정치적 경제는 증거에 대한 질문도 아니지만 증거도 아니다. 그것은 오히려 증거의 정의를 통제하는 권력을 가진 사람의 질문인데, 그는 증거로서 셀 수 있는 물질의 종류를 정의하고, 증거의 최고 형태를 가장 잘 산출

하도록 만드는 방법이 무엇인지 정하고, 자신의 기준과 표준을 질적인 증거를 평가하기 위해 사용하곤 한다. 이에 대해, Morse는 매우 분명하다. 즉, "우리의 증거는 약하다고 여겨지며 … 유효하지 않고, 반복될 수 없고, 수용될 수 없다고 여겨진다! 우리는 질적 증거의 본질에 대해 더 큰 과학 공동체와 의사소통하는 데 실패하였다. … 우리는 스스로 그것을 진실하게 이해하는 것에 실패하였다."(pp. 415-416).

39.6 주정부와 학문분야가 지원하는 인식론

이러한 윤리적, 인식론적, 정치적 담화는 역사적으로나 정치적으로 상황적이다. (또는 역사적이고도 정치적인 상황에 놓여있다) 이는 각 국가의 맥락에 따라 다르게 작용한다(Atkinson & Delamont, 2006; Cheek, 2006; Gilgun, 2006; Morse, 2006a, 2006b; Preissle, 2006 참고). 미국, 영국, 유럽대륙, 뉴질랜드 및 오스트레일리아에서는 이러한 대화는 독립을 부여하는 추진력뿐만 아니라 감사 문화(audit cultures), 토착 문화, 규율, 패러다임과 인식론 사이에 걸쳐있다. 근대 국민 국가에 의해, 이러한 담화는 다양한 두음자어를 따른다. 미국에서는 SBR(scientifically based research, 과학적으로 근거한 연구)이나 SIE(scientific inquiry in education, 교육에서의 과학적 탐구)라고 불린다. 영국에서 이 모델은 글자 RAE(British research assessment exercise, 영국 연구평가운동)라고 하며, 오스트레일리아에서는 연구의 질적 틀을 위해 RQF(research quality framework)라고 한다. 이러한 모든 모델은 의료 연구가 성공하고 무작위 실험 설계가 의학에 사용되고 진가가 인정된 이래, 이것이 모든 좋은 연구에 청사진이 되어야 한다(그러나 Timmermans & Berg, 2003 참고)는 다소간의 가정에 기초한 것이다.

단독적인 담화는 없다. 후기실증주의, 근본주의자 및 준근본주의자인 미국 공동체에는 관심을 다투는 여러 단체와 (대화)가 있는데, (1) 미국 교육부 안에 있는 교육과학기구(Institute of Education Science: IES), (2) IES의 지원을 받고 있는 What Works Clearninghouse(WWC), (3) WWC와 계약을 한 Cochrane-Campbell Collaboration(CCC), (4) CCC와 WWC의 설명을 수행하는 National Research Council-SBR framework(2002), (5) 최근의 IES가 지원한($850,000) 교육효과에 관한 연구협회(Society for Research on Educational Effectiveness: SREE), 그리고 (6) 2006년 미국교육학회(American Education Research Association)에서 채택한 보고서의 기준을 포함하는데, 이는 질적 연구의 기준을 명백하게 언급하였고, 어떤 것은 Cochrane Qualitative Methods Group의 회원에 의해 작성된 문서가 포함되었다(Briggs, 2006).[5]

39.7 국가연구의회

연방정부에서 지원하는 국가연구의회(National Research Council: NRC)의 과학적인 근거 연구(SBR)나 증거기반 운동은 우리가 의학분야를 차용하고, 우리의 방법을 승격시키며, 증거를 평가하기 위해 새로운 황금 기준(gold standards)을 창출한다면 교육, 보건 및 다른 사회적 문제들을 더 잘 설명할 수 있을 것이라고 주장한다(NRC, 2002; NRC, 2005).

이러한 그룹에게는 양질의 연구(quality research)란 과학적이고, 경험적이며, 이론에 연계되는 것이다. 즉, 연구는 직접적인 조사를 위한 방법을 사용하며, 실험이나 준실험적 결과에 기초한 원인 추론의 일관된 추론을 생산하는 것인데, 이는 이론을 재현할 수 있고, 시험하고 정련하는 일반화를 제시한다(NRC, 2005).

미국에서는 그러한 연구는 과학적 탐구에 대한 인간을 대상으로 하는 연구에 대한 사무소(Office of Human Subject Research)의 정의에서도 확인된다. 이름하여, 과학적인 연구란

> 가설을 시험하기 위해 설계된 활동이며, 결론이 나도록 하며, 따라서 이론, 원리 및 관계의 설명을 표현하는 일반화된 지식을 개발하거나 기여하는 활동이다. 연구는 목표를 만드는 형식적인 프로토콜을 기술하고, 목적에 도달하기 위해 설계된 일련의 절차를 기술하는 것이다.(U. S. Code of Federal Regulations, Title 45, Part 46, 미국 대학교수협회[AAUP], 2001, p. 55에서 인용됨; AAUP, 1981, 2002, 2006도 참고)

윤리와 과학의 모형은 밀접한 관련을 맺으며 이제 서로를 유입하고 있다. IRB 패널은 윤리적으로 건전한 양질의 연구를 동시에 해결할 수 있다. 만약 이러한 가정이 허락된다면, 우리는 심지어 시작하기도 전에 우리의 주장을 잃을 것이다.

Cannella와 Lincoln(2004)은 이러한 점을 명확하게 말하였다.

> NRC 보고서는 미국 정부가 요청한 프로젝트로 양질이라고 불리는 연구의 본질을 분명히 정의하는 것을 의도하고 있다. … 정확하게 방법론적인 근본주의라고 불리는 … 현대 보수적인 연구 담화는 … 비판 이론, 인종/윤리 연구와 여성주의이론을 무시하고, 전통적으로 소외된 목소리와 삶의 조건을 침묵시켰다.(p. 165; Feuer 2006; Freeman et al., 2007; Hammersley, 2005a; St. Pierre, 2006; St. Pierre & Roulston, 2006도 참고)

39.8 NRC 모형 실행하기

NRC 모형을 실행하기 위한 13가지의 권고사항은 연방정부 기관, 전문 학회 및 학술지와 사법대학을 향한 것

이다. 이러한 권고사항은 다음을 말한다.

연구기관은 다음을 수행해야 한다.

- 동료 평가를 위해 더 나은 질의 기준을 정의하고 집행해야 한다.
- 동료 평가자의 전문성과 다양성을 보장해야 한다.
- 자료 공유를 위한 기반 구조를 창출해야 한다.

출판사와 전문 학회는 다음을 수행해야 한다.

- 자료 공유를 위해 분명한 기준을 개발해야 한다.
- 다른 연구자가 자료를 사용 가능하도록 저자에게 요청해야 한다.
- 자료 공유를 위해 기반 구조를 창출해야 한다.
- 구조화된 요약(abstracts)을 위한 기준을 개발해야 한다.
- 전문성 개발을 지원할 게재원고(manuscript) 심사 체제를 개발해야 한다.

사범대학과 대학교에서는 다음을 수행해야 한다.

- 연구의 역량이 가능하게 있도록 해야 한다.
- 학생들이 깊이 있는 방법론에 대한 지식을 개발하도록 해야 한다.
- 학생들에게 의미 있는 연구 경험을 제공해야 한다.

이러한 NRC 공식과 권고사항에는 몇 가지 문제점이 있다. 나는 Maxwell(2004a, 2004b)의 말로 먼저 시작하겠다. 그는 이 모델에서 중심에 연결되어 있는 가정들을 설명하며 비판하였다. 그의 여섯 가지 요점은 SBR에 대한 강력한 비판으로 구성되어 있다. 그는 이 모델이 원인에 대해서 협소하고, 규칙적인 시각을 가정한다고 주장한다. 즉, 연구에 대한 시각은 과정에 초점을 두는 것과 반대인 변수의 초점에 특혜를 주며, 인과관계와 해석적인 분석의 핵심 요소로서의 맥락, 의미 및 과정의 중요성을 무시하고, 질적 연구와 양적 연구

가 추론에 대해 같은 논리를 공유한다는 잘못된 주장을 하며, 실험 및 다른 양적 연구에 우선순위를 줌으로써 인과 관계를 조사하기 위한 방법들에 대해서 위계적인 순서를 제시한다고 하였다(2004b, p.3).

Feuer 외(2002)는 이러한 비판점을 교묘하게 처리하려고 하였는데, 질적 연구를 위한 특별한 공간을 창출하며, 이것이 교수, 학습, 학교교육에 있는 복잡성을 보여주는 데 이용될 수 있다고 제안하였다. 즉,

연구 문제가 이해하기 어렵고, 타당할 것 같은 가설이 부족할 때, 문화인류학과 같은 질적 연구는 … 복잡한 현상을 기술하고, 이론적 모형을 일반화하고 연구 문제를 재구성하는 데 필수적이다. … 우리는 명시적이길 바란다. … 우리는 무작위 현장 실험(randomized filed trials)에 대한 우리의 강한 지지와 맥락에 대한 친밀한 관심에 대한 강한 논증을 … 양립할 수 없는 것처럼 … 똑같이 보지 않는다. 상당한 대조는: 언제 적절하게 적용되어야 하는지, 양적과 질적 연구의 도구가 모두 철저하고도 함께 채택될 수 있는가이다. (p.8)

수완 좋게, NRC는 이러한 관점을 분명히 하였다. "무작위 실험은 예측된[인과관계] 효과에 대한 최고의 방법이다"(Feuer et al., 2002, p.8).

1926년의 데자뷰(Déjà vu)를 모두 회상해보라. 사회학의 최대실증주의(archposivist)인 Lundberg(1926)는 사례 연구 방법(the case method)을 사용하는 것에 대항하여 논증하였다.

사례 연구 방법 자체는 결코 과학적인 연구 방법이 아니며, 단지 과학적 연구 방법의 첫 단계이다. … 통계적인 연구 방법이 최고이다. … 만약 과학적인 연구 방법만이 아니라면, 다만 가능한 의문은 자료의 범주와 일반화가 무작위의, 질적인, 주관적인 연구 방법으로 가능할 수 있는가이다. … 또는 통계적인 연구 방법의 체계적이고, 양적이며, 객관적인 절차를 통해서나 … (p.61)

1966년, Howard S. Becker로 빠르게 가보자.

—
생애사적 연구 방법(life history method)은 현대 사회 학자들이 많이 사용하지 않았는데, 그러한 무시는 연구 자의 방법론적 입장에 온 변화를 반영한다. 엄격한, 양 적인, (빈번히) 실험 설계가 연구에 대한 수용된 방식이 되었던 것이다. 이러한 상황은 유감스러운데 생애사를 적절하게 품고 채택하는 경우 사회학자의 가장 강력한 관찰과 분석 도구 중 하나가 될 수 있기 때문이다. (p. xviii)

양적인 자료만이 인과관계를 확인하는 데 사용될 수 있다는 추정은 문제가 있다. Maxwell(2004b) 은 어떻게 SBR 모형이 의미, 맥락 및 과정을 무시하 는지 보여주고 있다. 그는 인과관계가 단일 사례에서 도 확인될 수 있다고(Hume 이후) 보여주었다. 즉, 복수의 사례와 변수 기반의 인과적 논증은 단지 인과 관계를 해석하는 하나의 형태일 뿐이라는 것이다. 다 른 인과관계나 준인과관계인 과정의 모형(models of course)들은 복수의 변이, 과정, 맥락, 상호작용주의 자가 기초하고 있는 가설에 토대를 둔다. 더욱이, 내 러티브의 한 형태로서의 인과관계는 단지 해석의 한 형태일 뿐이다. 자문화기술적(autoethnographic), 수행적(performative), 예술 기반의, 문화기술극 (ethnodramatic), 시적, 행위 기반의, 그리고 내러티브 재현의 다른 형태는 동일하게 분석과 해석을 위한 강력 한 방법과 전략이다.

Maxwell의 여섯 가지 기본적인 비판 외에 나는 다 음의 비판을 덧붙인다. 첫째, 놀랍게도 어떠한 증거가 자료로 변환되는지에 따른 과정은 거의 주목받지 못한 다. 이것은 간단한 과정이 아니며, 관찰의 대상에게 마 술 지팡이를 휘두른다고 성취되는 것이 아니다. 둘째, 어떻게 자료가 일반화를 만드는지, 이론을 정련하는지, 그리고 인과 추론을 허락하는지에 대한 자세한 논의 도 없다. 그러나 자료가 몇 가지의 것을 만드는 원료가 되는 것은 확실하다. 즉, 셋째, 자료로서 증거는 과학

적인 과정의 책임을 진다. 이러한 과정은 자기 충족적 (self-fulfilling)이고 스스로 타당성을 지닌 과정을 통 해 작용한다. 당신은 이론을 시험하고, 정련할 때 질적 자료가 과학적임을 안다. 당신이 실제 세계에서 어떻게 문제를 언급하는가는 미스터리로 남는다.

넷째, 자료 공유에 대한 초점은 중요하며, 본질이 다. 질적 자료는 쉽게 공유될 수 있다고 가정된다. 그 러나 복잡한 해석의 과정은 어떻게 증거가 자료로 변 환되는지, 반대로 어떻게 자료가 코딩되고, 범주화되 고, 라벨화되고, 자료은행에 통합되는지를 만들어간 다(Charmaz, 2005). 자료는 침묵하지 않는다. 자료 는 연구자가 생산하는 상품이며, 아마도 정부나 자금 을 지원한 기관이 소유하는 상품일 것이다. 나의 자료 를 공유한다는 것은 무엇을 의미할 것인가? 왜 나는 이 것을 원할 수도 있는가? 만약 내가 나의 자료를 소유 하였다면, 나는 그 자료가 어떻게 사용되는지, 그 자료 로부터 출판된 것을 포함하여 소유권을 갖기 원할 것 이다. 자료 공유에 참여하라는 명령은 확대를 요구한 다. 자료 공유는 코딩된 자료의 대상을 다른 동료에 게 보내는 것 이상의 복잡한 도덕적인 고려사항을 포함 한다.

다섯째, 감사 문화(audit culture)에서 나온 감사를 위한 자금과 염려는 이러한 과정을 주도하는 것처럼 보 인다. 자금 지원과 양질의 동료 검토를 강조하는 것은 명백하다. 만약 질적 자료가 생산되고 공유될 수 있다 면, 자금 지원기관들은 더 적은 자금으로 더 많은 과학 을 얻을 것이다. 그러나 더욱 위대한 자료를 공유시키 기 위해서는 보다 많은 질적 연구 과제를 지원해야 할 것이다. 이런 것이 일어나기 위해 기관의 승인은 보다 명확하게 정의된 척도 수준을 사용하는 더욱 잘 훈련 된 검토자와 동료 검토 시스템이 필요하다. 만약 연구 자가 엄격한 방법론과 매우 적합한 최고의 연구 설계를 사용하는 연구 계획서를 작성한다면 검토자에게 도움 이 될 것이다. 그러한 과제는 분명히 증거에 대한 높은 기준을 지닐 것이다. 따라서 자기 충족적인 과정도 그 자신을 재생산하는 것이다. 우리는 보다 높은 질서의

방법을 사용하기 때문에 보다 높은 질서의 질적인 과학 (quality science)을 하고 있다는 것을 안다. 검토자는 그러한 연구를 쉽게 구분할 것이다. 객관성의 가정에 기초한 익명 동료 검토(blind peer review)는 이러한 시스템에서 열쇠이다.[6]

이러한 동료 검토 시스템은 정치적인 영향력을 받는다. Kaplan(2004)은 George W. Bush 행정부가 조직적으로 연방자문위원 및 동료 평가 위원들과 줄기세포 연구에서부터 인체공학, 믿음 기반의 과학(faith-based science), AIDS, 성교육, 가족의 가치관, 지구 온난화 및 공원의 환경 문제에 이르기까지 대통령의 이슈들과 필적하는 관점을 가진 과학자들을 묶었다고 보여주었다(Monastersky, 2002 참고).

39.9   SREE

교육 효과성 연구 학회(Society for Research on Educational Effectiveness: SREE)는 연방정부의 지원을 받은 NRC 사안을 확장하였다. 이는 NRC 가이드라인을 누그러뜨린 AERA 내의 최근 노력에 반대되는 것처럼 보인다. 학회지(『Journal of Research on Educational Effectiveness』), 핸드북(『Handbook of Research on Educational Effectiveness』) 및 전자 저널(『Research Notes on Educational Effectiveness』)을 창안한 SREE의 암호 용어들은 엄격한 연구 설계와 무작위 통제 실험이다. SREE의 미션:

> 교육 처치, 실천, 프로그램 및 정책에 대한 인과 효과 연구를 발전시키고 확산시키는 것이다. 교육의 효과성과 관련된 연구 문제에 초점을 둔 연구자들을 위한 지원으로서, 이 학회는 1) 인과관계의 추론을 위한 강한 기반을 가진 조사를 설계하고 수행하는 능력을 키우고, 2) 교육에서 인과관계를 연구하는 사람들을 모으며, 3) 교육의 의사결정과 성과를 향상시키기 위해 과학적인 증

거에 대한 이해 및 활용을 활성화시키는 것이 목적이다. (www.sree-net.org; Viadero, 2006 참고)[7]

여기 SREE에는 질적 연구를 위한 자리가 없다. 이것은 강경한 SBR, 즉 증거 기반 연구이다. 과학적인 연구가 새로운 학회지에 팔리기 위한 상품이 되고, 이 상품은 매우 좁은 정의로 교육 연구에 대한 관심을 제공하고 구체화한다.

39.10   Cochrane, Campbell, 무엇이 효과가 있는가에 대한 정보센터 간의 협력

Cochrane과 Campbell, 그리고 What Works Clearing House Collaborations은 자신들을 질적 연구와의 대화에 참여시켰다. 세 가지 모두가 주정부 지원 과제를 대변한다. 세 가지 모두가 정책가가 사용할 수 있는 양질(증거 기반)의 연구에 대한, 소위 말하는 과학적인 동료 검토를 생산하는 데 전력을 다한다. Cochrane의 질적 연구 방법 그룹(Cochrane Qualitative Methods Group)은 질적 연구의 결과를 증거 기반 연구에 포함시킴에 따라 발생되는 방법론적 문제들에 초점을 두었다. Campbell 연구 방법 그룹(Campbell Methods Group)은 질적 연구 방법을 통해 수집된 증거를 포함하면서, 혼합 방법을 사용하는 과정 평가와 맞물린 방법론적 이슈들에 초점을 두었다. 질적 연구는 성공적인 실행을 방해할지 모를 요인에 대한 통찰력을 제공하면서도, 어떻게 처치가 경험되는지를 이해하는 데 도움 된다는 것이다.

무작위 통제 실험은 위 세 가지 모든 협력의 중심이 된다. 이런 이유로, 질적 증거는 실험 또는 준실험 연구에서 자료 수집 기법으로서 포함될 때에만 주요한 관심이 된다(Briggs, 2006). 이러한 점에 대한 몇 가지 논쟁이 있다. 즉, "관련 RCT 내에 있는 질적 연구만 포

함되어야 하는지"에 대한 논쟁이다(Briggs, 2006). Campbell Collaboration은 질적 자료를 통제된 관찰의 부분일 경우에만 포함시킨다(Davies, 2004). 그러나 이러한 연구에서 질적 증거를 어떻게 포함시켜야 하는지, 즉 어떻게 질적 연구에서 자료를 확인하고, 기록하고, 평가하고, 추출하는지에 대한 일관성은 없다.

39.11 평가 도구

Cochrane 질적 연구 방법 그룹(CQRMG)과 함께 개발된 CASP—비판적 평가 능력 프로그램(the Critical Appraisal Skills Program)(Briggs, 2006)—로 들어가보자. Cochrane 그룹(Briggs, 2006)은 질적 연구에 대해서 광범위하지만 전통적인 정의를 내리는데, 특정한 연구 방법(인터뷰, 참여적 및 비참여적 관찰, 포커스 그룹, 문화기술적 현장연구), 자료 종류(내러티브) 및 분석 형태(문화기술지, 근거 이론, 주제별 범주)를 아우른다.

다른 많은 체크리스트(Dixon-Woods et al., 2004; Jackson & Waters, 2005; Popay, Rogers, & Williams, 1998; Spencer et al., 2003)처럼, CASP는 질적 연구에 익숙지 않은 사람들을 위해 개발된 평가 도구이다. 이 도구는 세 가지 광범위한 이슈들에 초점을 둔 일련의 질문, 즉 엄격함, 신뢰성, 타당성을 드러낸다. 연구 목적, 방법론, 연구 설계, 연구 대상자 모집, 자료 수집, 연구자와 참여자의 관계, 윤리(IRBs), 자료 분석, 연구 결과 기술 및 연구의 가치에 대한 10가지 질문을 한다. 연구의 검토자들은 이러한 각각의 이슈에 대한 의견을 작성하였다.

CASP는 질적 연구에 대한 협소한 모형을 수행한다. 연구 방법은 해석적인 패러다임(예, 여성주의, 비판 이론)과 연계되지 않는다. 연구와 분석(사례나 수행 연구, 내러티브 연구, 비판적 문화기술지)에 대한 여러 가지 전략은 알 수 없다. 언급된 지적 연구를 평가하

는 해석적 전통 내에서 나온 복잡한 문헌들도 아니다(Christians, 2005 참고). 따라서, CASP는 질적 연구를 읽고 평가하기 위한 작고, 반역사적인 툴킷을 검토자에게 제공한다.

체크리스트

여기에서 Hammersley(2005a)와 다시 관련이 있다. 이것은 체크리스트에 대한 신화이고, 가이드라인에 대한 신화이다. 영국 국무조정실(The British Cabinet Office)을 위해 준비한 가이드라인(Spencer et al., 2003)을 생각해보라. 이것은 16개의 범주(범위, 시간표, 설계, 샘플, 자료 수집, 분석, 윤리, 입증성(confirmability), 일반화 가능성, 신뢰도 등), 80개의 특정한 기준(분명하게 언급된 가설, 성과, 분석방법의 정당성, 삼각측정 등), 35개의 광범위한 기준(명확한 연구 목적, 연구 방법의 적절한 사용, 신뢰성과 타당성에 대한 평가 등)으로 구성된 또 다른 체크리스트이다.

이것은 양적 연구의 체계(입증성, 가설, 신뢰도)를 질적 연구에 적용시키는 구시대적 후기실증주의이다. 그러나 더한 것이 있다. CASP처럼, Spencer 외(2003)의 툴킷은 신뢰도의 개념, 즉 연구 결과를 신뢰할 수 있는지에 대한 개념을 소개하였다. 만약 연구 결과를 신뢰할 수 있다면, 입증 가능하고, 타당하고, 믿을 만할 것이고, 이는 일반화할 수 있다는 뜻이다. 만약 연구 결과를 신뢰할 수 없다면, 사상누각은 무너질 것이다.

Torrance(2006)는 여기에서 진행 중에 있는 근본적인 이론을 다음과 같이 얘기하면서 폭로하였다, "이것은 전통적인 실증주의 모델, 즉 진리는 밖에 있으며 장차 발견된다는 것이다."(p. 128). 그러나 그는 "이러한 학자들은 여전히 인식론적으로 소통 불가능한 문제를 풀 수 없다. … 그러나 … 이것은 합의된 척도에 대한 질적인 증거를 '평가(rating)'하며 효과크기에 대한 메타분석을 포함할 수 있다는 전문가들보다 좀 더한 것이다."(p. 140).

39.12 AERA

미국교육학회(American Education Research Association[AERA], 2006)는 최근 NRC의 권고에서 출발하고 보충하면서 집단의 목소리를 대화에 추가하였다. 두 벌의 가이드라인으로, 하나는 경험적 연구(empirical research), 다른 것은 인문학 기반의 연구(humanities-based work)를 위한 제안을 하였다. 두 가지 모두 이러한 연구를 안내할 기대에는 익숙하지 못할 저자, 학회지 편집자 및 검토자들을 돕고자 한 것이다. 또한 높은 양질의 연구를 생산하는 수월성을 촉진하기 위해서이기도 하다.

경험적 사회과학 연구를 위한 기준

경험적 연구 보고를 위해 두 가지 국제적인 기준이 제시되었는데 보증성(warrantability)과 투명성(transparency)이다(AERA, 2006)[8, 9]. 연구의 보고서들은 보증되어야 하는데, 즉 신뢰(내적 타당도)할 수 있는 적합한 증거가 결론을 정당화하도록 제공되어야 한다. 연구 보고서들은 투명해야 하는데, 과제에서 사용된 탐색 논리는 명확해야 한다. 이 연구 방법은 외적 타당도를 갖는 자료를 만들어야 하는데, 즉 신뢰성, 입증성이나 객관성이다. NRC 가이드라인처럼, 이러한 기준들은 검토자, 학자, 학회지 출판업자 및 연구를 훈련하는 대학원 프로그램에서 사용될 것이다.

양적 연구의 절차에 대한 확장된 논의(AERA, 2006, pp.6-10)가 있었으나 신뢰(trust)는 이슈가 아니다.

신뢰

신뢰는 질적 연구자들에게 이슈이다. AERA(2006) 보고서에서는 분명하게 주장하고 있다

> 이것은 보고서를 신뢰할 수 있도록 독자에게 보여주기 위한 연구자의 의무이다. 이는 각 해석적인 주장을 지원하는 증거, 자료 및 분석에 대한 서술로 시작한다. 이러한 주장에 대한 보증은 삼각측정, 참여자들에게 패턴의 진술을 평가하도록 요청하기, 다른 분석자들이 같은 자료를 검사하도록 하기(독립적으로나 협력적으로), 그리고 증거를 비확실시하고 반대의 해석 찾기를 포함한 다양한 절차에 의해 수립될 수 있다. (p.11)

이 모든 것은 충분히 명확하지만 이러한 타당화의 절차와 기준은 양적 연구자들을 위한 것은 아니다. 질적 증거들이 수렴되지 않은 경우에, 이 보고서는 다음과 같이 추천한다.

> 연구자의 기존 관점, 시각이나 입장, 어떻게 이러한 것이 증거를 수집하고 분석하는 데 영향을 줄 수 있을까, 어떻게 자료 수집과 분석 과정 중에 문제가 있는가에 대한 비판적인 검사는 각 주장의 보증을 강화시키는 데 중요한 요소이다. (AERA, 2006, p.11)

여기에 문제의 중심이 있다. 질적 연구자의 관점은 연구 과정이 신뢰를 주지 못하는 방식으로 증거를 수집하는 데 영향을 줄 수 있다. 이는 연구 보고서의 신뢰성이나 보증성을 잠정적으로 약화시킨다. 그러나 왜 연구 과정에 대한 질적 연구자들의 영향은 양적 연구자들의 영향보다 더 크거나 덜할까? 양적 연구자는 무엇이 증거인지를 판단하는 것을 포함해서 증거의 수집, 분석 및 해석에 영향을 주지 않는가?

2006년 AERA의 권고는 준기초적인 도구(quasi-foundational tools)에 대한 책임 있는 사용을 요구하였다. 즉, 신뢰에 대한 위협은 극복될 수 있다. 투명성, 즉 신뢰는 해석의 과정을 분명하게 논의하기, 각 주장을 보장하기 위한 증거와 대안적인 해석을 강조하기, 각 주장에 대한 맥락적인 해설을 제공함으로써 증진될 수 있다. 일반화가 특정한 사례 이상으로 확장될 때, 연구자는 샘플링의 틀, 대상, 개인, 맥락, 활동 및 일반화를 적용하고자 하는 영역(외적 타당도)을 분명하게 표시해야 한다.

AERA 권고에는 교묘한 속임수(A sleight of hand)가 있다. 이 보고서의 의도는 현재 확실하다. 두 가지가 한 번에 진행 중인데 익숙한 패턴이다. 질적 연구는 중요하지 않은 과학, 이등시민의 상태로 격하되었다. 질적 연구가 신뢰성이 부족하기 때문에, 발견 목적으로 사용될 수 있지만, 입증(verification)이라는 과학의 실제 연구를 위한 것은 아니다. 단지 가장 엄격한 환경하에서 질적 연구는 과학적일 수 있는 질(qualities)을 나타낼 수 있는데, 심지어 그런데도 신뢰는 이슈가 될 것이다. 신뢰는 양질의 대리인(proxy)이 된다. 즉, 투명성과 보증된 증거는 객관성의 대리인으로 기능을 한다.

분명하게, AERA는 협소한 NRC의 실험 및 준실험 가이드라인에 의해 지배되지 않는 질적 연구의 자리를 원한다. 우리 모두는 이것을 원한다. 이를 위해서, AERA는 양질에 대해 광범위하고, 다양한 방법의 개념을 원한다. 그러나 그들은 경험적 연구의 보고서들은 보증되어야 하고 투명해야 한다고 주장하며 흔들리고 있다. 이러한 것은 평소에 하던 대로 하기 위한(doing business as usual) 기준이다. SREE가 탄생했다는 것은 놀라운 일이 아니다. AERA의 교육과학은 무작위 통제 실험을 요구하지 않는다. 그러나 SREE는 요구한다.

신뢰와 윤리 다시 읽기

이러한 담화에서 신뢰란 양질(quality) 이상에 대한 대리인으로 다시 드러난다. 이는 신뢰가 부족한 연구를 하는 연구자에게 여파를 준다. 신뢰롭지 못한 사람은 거짓, 잘못된 해석, 속이기, 속여서 사로잡거나 자료를 변형한다. 그들은 객관적이고, 왜곡 없는 측정과 통계적 절차에 지배되지 않는다. 그들은 수상한 인물이 아닐지 모른다. 즉, 그들은 선의의, 재능 있는 배우, 시인, 소설가나 연기자일지 모르지만 과학자는 아니다! 질적 연구자들은 그들의 입장이 그들이 공부하고 보고하는 것에 영향을 줄 수 있기 때문에 신뢰받지 못한다. 어느 정도 질적 연구자들은 이러한 영향에서 자유롭다. 물론 이것은 가짜이다!

암암리에 질적 연구자들은 그들의 자료를 잘못 해석한 사기로 기소되고 있다. 이러한 것은 많은 질적 연구자들이 자료와 결과, 표와 차트, 통계와 숫자를 가지지 못하기 때문일 것이다. 우리는 인터뷰로부터 이야기, 내러티브 및 인용을 가지고 있다. 우리는 해석을 하고, 관객들이 이러한 공연을 경험하도록 초대하며, 우리가 쓰고 얘기하는 현장, 순간 및 삶으로 들어가는 길로 살도록 한다. 우리의 경험적 자료는 그것들이 삶의 경험이기 때문에 속이고, 오보하고, 변경되거나 왜곡되지 않는다. 그것들은 문화기술극(ethnodramas)이다.

오렌지로 바뀐 사과: 해석을 자료로 바꾸기

NRC처럼, AERA의 윤리적 가이드라인도 연구 결과를 보고하는 것과 관련된 이슈에 초점을 둔다. 저자들은 어떻게 연구가 설계, 수행, 조직화되었는지를 포함하여 그들의 연구를 형성하는 윤리적 의사결정을 언급해야만 한다. 참여에 따른 보상, 동의서 면제 및 비밀 동의, 그리고 이해관계의 갈등은 나타나고 논의되어야 한다. 연구의 보고는 정확해야 하고, 표절이 없고, 다른 사람들이 완전 접근 가능하고, 자료와 결과에 변조나 가공이 없어야 한다. 자료는 어떠한 질적 연구자가 관련 자료의 복사본으로도 그 결과를 재생산할 수 있는 방식으로 표현되어야 한다.

이렇게 해석적 자료는 데이터로 변환된다. 해석적 과정은 오보나 가공(아래의 윤리에서 더 나옴)의 책임을 피하려고, 증거의 패턴을 찾고, 부분적인 독자에 대한 신뢰를 만드는 방식으로 증거를 보이는 훈련이 된다. 그러나 이는 질적 연구자들이 연구하는 방식이 아니다.

AERA 출판에서 인문학 지향 연구의 보고에 대한 기준[10]

인문학 지향 연구에 대한 기준의 2008년 안은 교육 연구에서 질적 연구의 자리를 확장하였다.[11] 그 문서는 경험적 연구에 대해서 전통적인 사회과학의 기준들은 자동적으로 인문학 지향의 연구에 적용될 수 없다는 것을 상기시켰다. 이 문서는 인문학과 연계된 연구의 다섯 가지 장르, 즉 철학, 역사, 예술 기반 교육 연구(art-based educational research: ABER), 문해 연구 및 지식의 정치학 연구[12]에 초점을 두었다. 다섯 가지 모든 장르를 논의하기에는 지면이 부족하다. 나는 질적 연구의 실험 형태와 중복되기 때문에 ABER에 초점을 둘 것이다(Barone, 2001; Cahnmann-Taylor & Siegesmund, 2008; Eisner, 1991; Finley, 2008; Leavy, 2009; Richardson, 2000a, 2000b 참고).

예술 기반 연구의 두 개의 갈래는 인본주의적(humanistic)이거나 전통적인 것과 활동가적(activist), 그리고 비판적 교육학이라고 말할 수 있다. AERA(2008) 보고서에서 강조한 전통적인 갈래는 질적 연구에 대해 경험적인 접근과 예술적인 접근을 대조시킨다. 춤, 영화, 시, 드라마 및 조형미술은 인간 조건의 다양한 면, 즉 이성과 감성의 관계, 윤리적 삶, 자아, 정체성과 의미(p. 3; Finley, 2008도 참고)를 탐색하기 위해 사용된다. 활동가적, 급진적, 수행적(performative), 윤리적, 예술 기반의 혁명적인 형태, 억압의 구조를 방해하고, 간섭하고 도전하는 과제들은 가지고 있지 않다(Finley, 2008 참고).

이 보고서는 경험적이며 텍스트, 텍스트의 유사체, 텍스트 산출물의 분석에 해석적 방법을 사용하는 인문학 지향 연구의 형태와 방법을 따른다(AERA, 2008, p. 4). 그러한 연구는 불가분하게 경험적이라고 주장하는데, 이는 셀 수 있고, 증거의 정치학에 의해 사정되고 평가될 수 있다는 의미이다. 이는 경험 지향적 연구와 인문 지향적 연구 간에 중복이 있다는 의미이다(p. 4).

이에 따라, 인문학적 연구를 평가하는 기준은 경험적 연구에 적용되는 기준과 중복된다. 주요한 각 기준을 정교화한 일련의 하위기준[13]을 가진, 7가지 기준이 다음과 같이 제안되었다: (1) 중요성, (2) 개념화, (3), 연구 방법, (4) 실증(substantiation), (5) 일관성, (6) 의사소통의 질, (7) 윤리[14]이다. (이는 2006년 경험적 연구 기준 자료에도 포함되었을 것이다.)

실증과 일관성은 중요한 기준이며 상호연관된다. 이

둘은 함께 텍스트에서 논증을 위한 보증, 해석의 정확성이나 신뢰성, 증거의 질과 사용, 증거의 투명성 및 비판적 자기 인식을 수립한다. 경험적 연구의 상대자처럼, 보증할 수 있는 인문학 기반의 텍스트는 결론을 정당화하는 증거를 사용한다. 그러한 텍스트는 내적, 외적 일관성을 보여주는데, 증거와 경쟁되는 외부적 관점에 대한 의식을 강력하게 사실임을 확인하고, 부당성을 밝히는 것을 제공한다.

연구가 고의적으로 경험적이지 않다면 어떻게 될까? 이것이 경험적 개념을 방해한다면. 이것이 텍스트의 개념을 인정하지 않고, 텍스트를 행위(performance)로 바꾸고, 다중적, 복수적, 분명하지 않은 의미의 장소로 바꾸면 어떻게 될까? 그러한 경우, 경험적-텍스트 모형(empirical-textual model)은 더 이상 적용되지 않고, 일관성과 실증의 기준도 더 이상 적용되지 않는다.

새로운 기준 읽기

질적 연구의 논의에서와 같이, AERA가 협소한 SBR 가이드라인에 지배받지 않는 인문학 기반의 연구를 위한 자리를 원하는 것은 분명하다. 그러나 연구의 이러한 형태를 위해 만들어진 창은 실로 협소하다. AERA는 인문학적 연구를 증거기반 기준의 변형된 세트로 지속시키기 원한다. 포괄성을 위한 주장하에, 투명성, 일관성, 증거, 신뢰 등과 같은 기준을 질적 연구가 적용되는 인문학에 가져온다.

예술 기반 교육 연구(ABER)에 대한 논의는, 질적 연구에 대한 논의에서 그러했듯, 권한부여 담화(empowerment discourse), 비판적 수행 문화기술지(performance ethnography), 사회적 행동을 목적으로 하는 예술(art-for-social-action purposes), 문답의 공간(dialogic spaces), 공공 예술, 검열 및 정부 규정의 신자유주의적 형태에 관한 거대한 방법론적, 해석적 문헌을 무시한다(Finley, 2003, 2005 참고). 이러한 문서는 규제하려는 의도를 가진 담화의 밖에서 생산해놓은 듯하다.

그러나 이 효과는 마음을 누그러뜨린다. 우리는 다

른 일을 하는 다른 사람들과 함께하는 하나의 행복한 대가족이라는 인상이다. 이것은 그러한 사례가 아니다. 사실, 우리는 "분열된 집안(house divided)"[15]이라고 말하는 것이 낫다. 따라서 우리는 "새로운 정통(new orthodoxy)"에 저항한다. 우리가 하는 모든 것은 불가분하게 경험적이라고 주장함으로써, AERA는 격전을 벌이는 구별을 모든 과학의 이름으로 만약 지울 수 없다면 줄이려고 한다!

※ ※ ※

마치 NRC, SREE, AERA 가이드라인은 시간왜곡(time warp)에서 작성된 듯하다. 지난 30년 동안, 질적 연구 분야는 본질적으로 간학문적 분야가 되었다. 그것의 다중적인 형태에서 해석적이고 비판적인 패러다임은 이러한 운동의 중심이다. 복잡한 문헌은 이제 연구 방법론, 연구 전략, 해석적 패러다임, 그 자신의 연구를 읽고 평가하는 기준에 부합되었다. 불행히도, 최근의 국가 문서에서 눈에 띄는 자료가 거의 없다는 것이다. 질적 연구 공동체가 모든 면에 둘러싸인 것 같다. 이러한 판단을 하기 전에, "누구를 위한"에 대한 질문이 제기되어야 한다. 즉, 높은 질의 과학이나 증거는 누구를 위한 것인가?(Cheek, 2006) NRC, AERA, SREE의 우산은 너무나 작다. 우리는 더 큰 텐트가 필요하다.

39.13   질적 연구 공동체

해석적 공동체 안에는 증거의 정치에 대한 긴장이 있다. 즉, (1) 해석주의자들(interpretivists)은 후기 실증주의자들을 묵살한다, (2) 후기구조주의자들(poststructuralists)은 해석주의자들을 묵살한다, 그리고 이제 (3) 후기해석주의자들은 해석주의자들을 묵살한다(Preissle, 2006, p.692; Hammersley, 2005b도 참고; Hodkinson, 2004; MacLure, 2006). 어떤

후기실증주의자들은 SBR 기준 운동에 접근하며, 연구의 질을 향상시키기 위한 새로운 요구들을 확신시킬 혼합 방법론이나 다중 방법론 전략을 개발하고자 한다. 다른 이들은 황금 기준(gold standard) 운동을 거부하며 해석적이거나 후기해석적인 전통에 대한 일련의 고유한 이해에 찬성한다(St. Pierre & Roulston, 2006). Atkinson과 Delamont(2006)는 시카고 학파의 전통으로 돌아가야 한다고 요구한다. 미국교육학회(2006)는 지나치게 후기실증주의도 아니고 해석주의도 아닌 중간 입장을 취하는 것을 목표로 한다.

이러한 대화의 즉각적인 효과는 박사를 배출하고 질적 연구 학자들을 위한 정년을 보장하는 학과와 대학원 교육 프로그램 내부에서 시작되었다. SBR의 요청에 대한 많은 두려움은 교육, 학문, 질적 연구 학파의 정년 보장을 도와주거나 해석적 연구의 좁은 브랜드들에 국한시킬 것이다(Eisenhart, 2006). 더 나쁜 것은 이것이 정통을 협조한 개념으로 이끌 수 있다는 것이다.[16]

39.14   저항

우리가 증거, 연구, 경험적으로 보증된 결론에 대한 대화를 지지하는 순간에도, 우리는 단일의 황금 기준에 대한 압력을 거부해야 한다(Lincoln & Cannella, 2004). 우리는 이러한 대화에서 하나의 그룹이 중요한 용어를 정의하도록 하면 안 된다. 그렇지 않으면 SBR 그룹이 우리가 기초하고 있는 도덕적, 인식론적 영토를 정의하도록 돕는 것이다. 그들과 정부 모두가 과학(word science)을 소유해서는 안 된다. Habermas(1972)는 약 40년 전에 이를 예언하였다.

경험주의, 실증주의와 국제적인 감사 문화 사이에 있는 연결은 우연이 아니며, 단지 기술적인 것 이상이다. 이러한 기술적인 접근은 가치와 목적의 보다 깊은 이슈들에서 주의를 바꾼다. 이것들은 급진적 비판들을 조직하기

에 더 어렵게 만들고 있다. … 이는 비판은 객관적인 질에 대한 것만이라고 하는 정치적으로 유용한 위장 아래 있는 연구에 대규모의 보이지 않은 파당적 접근을 제공한다. 이 과정 속에 인간의 요구와 권리는 짓밟히고, 우리가 필요로 하는 민주주의는 파괴된다(p. 122).

Bourdieu(1998)는 부연하였다.

> 우익과 좌익의 지배자, 테크노크라트(technocrats) 및 경험주의자들은 합리(reason)와 보편(universal)과 매우 친근하다. … 항상 객관성의 이름으로, 보다 더욱 합리적이고 과학적인 기술적 정당화를 의존한다. 이러한 방식으로 감사 문화는 그 자체를 영속화시킨다. (p. 90)

잘 훈련된, 엄격한 연구에는 한 가지 이상의 버전이 있는데, 반과학(counter-science), 소과학(little science), 다루기 힘든 과학(unruly science), 실용과학(practical science)이며, 이러한 연구는 과학이라는 이름을 따를 필요가 없다. 우리는 잘 훈련되고 엄격하며, 신중하고 성찰적인 연구 모델, 즉 "덜 천진하게 의미를 찾고, 덜 순수하게 자유를 찾는 … 후기해석주의 이해, 변화 및 정의를 향한다"(Preissle, 2006, p. 692)라는 모델을 가져야 한다. 어떤 이들이 제안한 대로 그것은 과학, 즉 이론이 있거나 또 다른 것이라고 불릴 필요가 없다(Eisenhart, 2006; Preissle, 2006; St. Pierre & Roulston, 2006).

Lather(2006)는 이러한 논증을 확장한다.

> 잘 훈련된 연구에 대한 헌신은 "부정확한 지식(inexact knowledge)"(p. 787), 즉 잘 훈련된 연구가 문제 되는 질적 연구를 적용하는 것을 추구하도록 한다. … 그것은 사회적인 정치에 대한 연구의 사용 제한과 가능성에 전략적으로 맞물릴 수 있다(p. 789). 이 목적은 이해, 성찰, 행위를 촉진하는 좋은 점을 당연히 받아들이는 것을 괴롭히는 비판적인 "반과학(counter-science)"이다 (p. 787). 우리는 과학, 자료, 증거, 분야, 연구 방법, 분

석, 지식, 진리와 같은 중요한 용어들이 더 이상 협소한 정치 지향적 실증주의적 틀 안에서 정의되지 않는, 보다 광범위한 틀이 필요하다. (pp. 787, 789)

39.15 새로운 영토: 코끼리와의 분쟁

거실에 사는 코끼리로 다시 돌아가보자. 장님과 코끼리 비유를 고려해보자. Lillian Quigley의 동화 『장님들과 코끼리』는 Rajah궁을 방문한 여섯 명의 장님들에 대한 오래된 우화를 개작한 것이다. 거기에서 장님들은 코끼리를 가장 먼저 만난다. 장님 각자가 돌아가며 코끼리를 만지고, 다른 사람에게 자신이 느낀 것을 보고한다.

> 첫 번째 장님은 코끼리의 옆면을 만지고 그것이 벽 같다고 느꼈다고 보고한다. 두 번째 사람은 코를 만지고 코끼리는 뱀과 같다고 말한다. 세 번째 사람은 상아를 만지고는 코끼리는 창과 같다고 말한다. 네 번째 사람은 다리를 만지고 그것을 나무처럼 느꼈다고 말한다. 다섯 번째 사람은 귀를 만지고 그것은 부채와 같을 것이라고 말하였는데, 여섯 번째 사람은 꼬리를 만지고는 코끼리가 밧줄과 같이 얼마나 얇은지 말하였다.

이 비유에는 코끼리의 다중적인 버전, 즉 다중적인 교훈이 있다. 우리는 결코 사물의 진실한 본질을 모른다. 우리 각자는 우리 자신의 관점에 의해 눈이 멀었다. 진리는 항상 부분적이다.

요약해보자.

첫 번째 진리: 코끼리는 하나의 것이 아니다. 만약 우리가 SBR을 코끼리라고 부른다면, 이 비유에 의하면, 우리는 단지 SBR의 한 가지 버전만 각자 알 수 있다. SBR 추종자들을 위해, 코끼리는 두 가지 것이다: 우리에게 말하는 모든 것을 아는 존재와 삶에 대한 진리를 생산하는 앎의 방식이다. 어떻게 하나의 사물은 동시에

두 가지일 수 있는가?

두 번째 진리: 회의론자들을 위해서, 우리는 이 비유의 장님들과 같다. 우리는 단지 부분적인 진리만 본다. 전체성에 대한 신의 관점은 없으며, 앎에 대한 획일된 방식도 없다.

세 번째 진리: 우리의 방법론적 도덕적 왜곡은 심각하게 우리를 눈 멀게 하여, 우리는 결코 다른 장님들의 입장을 이해할 수 없다. 심지어 코끼리를 SBR이라고 한다면, 우리의 편견은 그들의 얘기를 듣는 것을 막을지도 모른다. 반대로, 그들의 편견은 우리의 얘기를 듣는 것을 막는다.

네 번째 진리: 만약 우리 모두가 장님이라면, 신은 없다면, 코끼리의 다중적인 버전이 있다면, 우리는 우리가 할 수 있는 최선으로 세계를 더듬어 찾을 것이다.

39.16 두 가지 다른 버전의 코끼리

위의 버전은 코끼리에 대한 장님들의 버전이다. 우화 2.1과 2.2에는 최소한 두 가지 다른 버전이 있다. 두 버전 모두 위의 버전에서 나오지만, 이제는 코끼리가 삶의 공간에서 고통스럽게 문제 되는 상황, 사물이나 사람을 일컫는다. 사람들은 그에 맞서고 변화시키기보다 부정하는 것이 더 쉽고 코끼리가 거실에 없는 것처럼 행동하는 것이 더 쉽다는 것을 발견한다. 이 사물은 파괴적일 수 있기 때문에, 이 생각은 해롭다. 이것은 상호의존을 낳는다. 우리는 자신이 만족을 느끼기 위해 코끼리의 부정적인 존재가 필요하다.

이것은 즉시 두 가지 길을 단축하는데, 즉 2.1과 2.2 버전이다. 우화 2.1에서는 SBR 주창자들이 질적 연구를 마치 거실에 사는 코끼리인 것처럼 취급한다. 그들은 우리의 전통, 가치, 방법론을 무시한다. 즉, 그들은 우리의 학회지, 핸드북이나 단행본을 읽지 않는다. 그들은 심지어 SBR에 대한 우리의 담화에 참여하지도 않는다. 여섯 명의 장님들처럼, 그들은 그들의 눈에서 우리를 창조할 것처럼 취급하고 있다. 그들은 우리가 신뢰할 수 없는 연구 결과를 생산하고, 우리가 급진적 상대주의적이며, 우리가 무엇이든 상관없다는 생각을 한다고 말한다. 그들이 우리의 한 가지 버전만을 알 뿐이라고 우리가 얘기하는 것을 그들은 무시한다. 우리가 그들에게 우리의 하는 것에 대한 이해를 방해하는 그들의 편견을 얘기할 때, 그들은 우리가 틀렸고 그들이 옳다고 주장한다.

우화 2.2에서는 코끼리가 우리의 거실에 자리잡고 있다. 주목할 만한 예외를 가지고, 우리는 이 존재를 무시하려고 하였다. 부정은 상호의존을 키운다. 우리는 우리에 대한 정의를 내리기 위해 SBR의 부정적인 존재가 필요하다. 예를 들어, 우리는 정책가들에게 질적 연구와 실용과학에 대한 우리의 관점, 해석, 행위 윤리(performance ethics)가 정의 회복, 평등, 보다 나은 학교교육을 구현하는 과제들에 긍정적으로 기여할 수 있다고 보여주면서 그들을 더 잘 교육시키는 도전에 응하지 않고 있다(Preissle, 2006; Standfield, 2006). 우리는 정책가들을 질적 연구를 판단하고 평가하는 대안적인 방법에 대한 대화에 참여시키지 않고 있으며, SBR 주창자들도 이 같은 이슈들에 대한 대화에 참여시키고 있지 않다(그러나 St. Pierre, 2006 참고). 그리고 그들이 우리를 대화에 참여시키는 초대는 자주 감소되고 있다. 결과적으로 우리는 SBR 코끼리에게 이 대화의 기간을 정하도록(set the terms) 허락해왔다.

만약 우리가 긍정적으로 전진한다면, 우화 2.2, 코끼리, 장님들 및 부정의 구조를 넘어서야 한다. 우리는 새로운 내러티브, 즉 열정의 내러티브, 다른 사람들에게 앎의 방식은 항상 부분적, 도덕적, 정치적이라고 가르치는 내러티브를 창조해야 한다. 이러한 내러티브는 우리에게 코끼리에 대한 올바른 관점을 가지도록 할 것이다. 여기에서 우리는 새로운 우화를 만들 수 있는 몇 가지를 보여주도록 한다.

---

1. 우리는 방법론적인 법칙과 해석의 가이드라인을 충분히 공급받아야 한다.

2. 이러한 것들은 변화와 다른 해석에 개방적이고, 어떻게 되어야 하는 것이다.

3. 질적 연구에 대해 단일의 황금 기준은 더 이상 없다.

4. 우리는 학회지의 개방적인 동료 검토를 인정한다.

5. 우리의 경험적 자료들은 행위적이다. 그것들은 사고, 팔고, 소비되는 상품이 아니다.

6. 우리의 여성주의, 공동체 윤리는 IRB의 지배를 받지 않는다.

7. 우리의 과학은 개방적이고, 다루기 힘들고, 파열적(disruptive)이다(MacLure, 2006; Stronach, Garratt, Pearce, & Piper, 2007).

8. 연구는 항상 정치적이고 도덕적이다.

9. 객관성과 증거는 정치적이고 윤리적인 용어이다.

우리는 폭력적인 공간, 유색인종에 대한 끊임없는 전쟁, 억압, 증거의 위조, 비판적, 민주주의적 담화의 붕괴 및 공정한 객관성의 압도로 변장한, 억압적인 신자유주의로 우울해지는 역사적 순간에 살고 있다. 새로운 정통을 비판적인 사회과학 연구에 부과하려는 국제적 노력에 저항하여야 한다. 즉, 증거의 패권주의적 정치는 허락될 수 없다. 지나친 것은 위태롭다.

주석

1. 이 장은 Denzin(2009)의 논의를 수정하고 확장하였다.

2. 감사 문화는 시험 점수와 같은 소위 객관적인 기준에 의해 성과를 측정하고 질을 평가하는 계산 기술과 시스템을 말한다. 어떤 이들은 국제적인 감사 문화는 지배성의 보수적, 신자유주의적 개념을 실행시킨다고 주장한다(Bourdieu, 1998; Habermas, 1972; 2006).

3. Lather(2004)는 CC(Cochrane Collaboration), C2(Campbell Collaboration), AIR(American Institute of Research), WWC(What Works Clearinghouse), IES(Institute of Education Science)와 같은 두문자어들의 대단히 어려운 단어들에 대한 역사와 비판적 독해를 제시하였다. CC와 C2 내에서 최근 질적 연구를 평가할 프로토콜을 개발하려는 움직임이 있었다(Briggs, 2006; National CASP Collaboration, 2006 참고; Bell, 2006 및 하단 참고)

4. 지난 40년 동안, 삼각검증, 다각적인 조작, 혼합 방법 적용 모형이 매우 복잡하고 미묘한 차이가 되었다(Saukko, 2003과 Teddlie & Tashakkori, 2003을 검토하기 위해 참고). 10년마다 삼각검증을 하였으며, 인지된 요구에 부응하기 위해 그것을 재정의하였다.

5. WWC와 C2 사이에 존재하는 공통된 주제는 No Child Left Behind(NCLB)이고 Reading First Acts이다. 이 법안은 교육 프로그램을 설계하고 실행할 때 과학적으로 기반한 연구를 밝히고 사용하라는 초점을 요구한다(What Works Clearninghouse).

6. 아이러니하게도, 익명의 동료 검토(blind peer review) 권고는 최근 CC 연구에 역행하는데, 이 연구는 blind peer review가 연구의 질을 향상시킨다고 보여준 명확한 증거는 좀 어렵다고 주장한다(Jefferson, Rudin, Brodney Folse, & Daviddoff, 2003; White, 2003; Judson, 2004, pp. 244-286도 참고). 참으로, Cochrane Collection 연구자들은 이러한 가정된 효과를 검증할 연구가 적다는 것을 발견하였다.

7. 첫 번째 연차 학술대회(2008년 3월 2-4일)에서는 읽기, 쓰기, 언어능력, 수학과 과학 성취도, 사회적 및 행동 역량, 그리고 중도탈락 예방과 졸업률에 대한 성과 기반의, 엄격한 연구를 요청하였다.

8. 보증성과 투명성은 새로운 신관리주의(new managerialism)에서 중요한 용어인데, 증거 기반 및 감사 기반이다. 즉, 정책 결정은 정책의 추천을 보장하는 증거에 기반해야 하며, 연구 절차는 투명하게 설명될 수 있어야 한다(Hammersley, 2004). 투명성도 Cochrane 질적 연구 그룹에 의해 발전된 기준이다(Briggs, 2006).

9. 보고 기준은 여덟 가지 일반적인 영역으로 나뉘는데, 연구 문제 설정, 설계, 증거(자료원), 측정, 분석과 해석, 일반화, 윤리, 제목과 요약이다.

10. 나는 Kenneth Howe의 이 섹션에 대한 의견에 감사한다. 그는 AERA 위원회의 회원이다.

11. 이러한 기준의 수정된 최종 버전은 *Educational Researcher*, *38*(6), August/September 2009, 481-486에 게재되었다.

12. 이 보고서는 해석적 작업을 세 가지 생성적 범주나 객체의 종
류로 줄였는데, 텍스트, 텍스트 아날로그(보고서, 내러티브,
행위, 의식), 산출물(예술 작품)이다.

13. 예를 들어, 연구 중요성의 기준에는 주제(topic)와 학문적
기여를 포함한 4가지 수준이 있다. 연구 방법의 기준에는
3가지 수준이, 개념화에는 4가지 수준 등이 있다.

14. 윤리적으로, 인문학 연구는 경험적 연구와 마찬가지로 IRB

승인을 따라서 수행되어야 한다. 학자들은 그들의 가치를
말해야 하고, 그들의 분석에 영향을 줄 수 있는 이해관계의
어떠한 갈등도 논의해야 한다.

15. 나는 이 문단에 대해 Ken Howe에게 감사한다.

16. 질적 연구 전문 학회지는 지난 20년 동안 겨우 3개도 안 되
었었지만, 지금은 20개 이상이 있다(Chenail, 2007).

참고문헌

American Association of University Professors. (1981). Regulations governing research on human subjects: Academic freedom and the institutional review board. *Academe, 67*, 358–370.

American Association of University Professors. (2001). Protecting human beings: Institutional review boards and social science research. *Academe, 87*(3), 55–67.

American Association of University Professors. (2002). Should all disciplines be subject to the common rule? Human subjects of social science research. *Academe, 88*(1), 1–15.

American Association of University Professors, Committee A. (2006). *Report on human subjects: Academic freedom and the institutional review boards.* Available at http://www.aaup.org/AAUP/About/ committees/committee+repts/CommA/

American Education Research Association. (2006). *Standards for reporting on empirical social science research in AERA publications.* Available at http://www.aera.net/opportunities/?id =1480

American Education Research Association. (2008, August/September). Standards for reporting on humanities-oriented research in AERA publications. *Educational Researcher, 38*(6), 481–486.

Atkinson, P., & Delamont, S. (2006, November/December). In the roiling smoke: Qualitative inquiry and contested fields. *International Journal of Qualitative Studies in Education, (19)*6, 747–755.

Barone, T. (2001). *Touching eternity: The enduring outcomes of teaching.* New York: Teachers College Press.

Becker, H. S. (1966). Introduction. In C. Shaw, *The jack-roller* (pp. v–xviii). Chicago: University of Chicago Press.

Bell, V. (2006). *The Cochrane Qualitative Methods Group.* Available at http://www.lancs.ac.uk/fass/ihr/research/public/cochrane.htm

Bishop, R. (1998). Freeing ourselves from neo-colonial domination in research: A Maori approach to creating knowledge. *International Journal of Qualitative Studies in Education, 11*, 199–219.

Bourdieu, P. (1998). *Practical reason.* Cambridge, UK: Polity.

Briggs, J. (2006). *Cochrane Qualitative Research Methods Group.* Available at http://www.joannabriggs.eduau/cqrmg/role.html

Cahnmann-Taylor, M., & Siegesmund, R. (Eds.). (2008). *Arts-based research in education: Foundations for practice.* New York: Routledge.

Cannella, G. S., & Lincoln, Y. S. (2004, April). Dangerous discourses II: Comprehending and countering the redeployment of discourses (and resources) in the generation of liberatory inquiry. *Qualitative Inquiry, 10*(2), 165–174.

Charmaz, K. (2005). Grounded theory in the 21st century: A qualitative method for advancing social justice research. In N. K. Denzin & Y. S. Lincoln (Eds.), *The SAGE handbook of qualitative research* (3rd ed., pp. 507–535). Thousand Oaks, CA: Sage.

Cheek, J. (2005). The practice and politics of funded qualitative research. In N. K. Denzin & Y. S. Lincoln (Eds.), *The SAGE handbook of qualitative research* (3rd ed., pp. 387–410). Thousand Oaks, CA: Sage.

Cheek, J. (2006, March). What's in a number? Issues in providing evidence of impact and quality of research(ers). *Qualitative Health Research, 16*(3), 423–435.

Chenail, R. J. (2007). Qualitative research sites. *The Qualitative Report: An Online Journal.* Available at http://www.nova.edu/sss/QR/ web.html

Christians, C. (2005). Ethics and politics in qualitative research. In N. K. Denzin & Y. S. Lincoln (Eds.), *The SAGE handbook of qualitative research* (3rd ed., pp. 139–164). Thousand Oaks, CA: Sage.

Creswell, J. W. (2007). *Qualitative inquiry and research design: Choosing among five approaches* (2nd ed.). Thousand Oaks, CA: Sage.

Davies, P. (2004). Systematic reviews and the Campbell Collaboration. In G. Thomas & R. Pring (Eds.), *Evidence-based practice in education* (pp. 21–33). New York: Open University Press.

Denzin, N. K. (1997). *Interpretive ethnography*. Thousand Oaks, CA: Sage.

Denzin, N. K. (2003). *Performance ethnography: Critical pedagogy and the politics of culture*. Thousand Oaks, CA: Sage.

Denzin, N. K. (2007). The secret Downing Street memo, the one percent doctrine, and the politics of truth: A performance text. *Symbolic Interaction, 30*(4) 447–461.

Denzin, N. K. (2009). The elephant in the living room: Notes on the politics of inquiry. *Qualitative Research, 9*(1), 139–160.

Denzin, N. K., & Giardina, M. D. (2006). Qualitative inquiry and the conservative challenge. In N. K. Denzin & M. D. Giardina (Eds.), *Qualitative inquiry and the conservative challenge* (pp. ix–xxxi). Walnut Creek, CA: Left Coast Press.

Denzin, N. K., & Lincoln, Y. S. (2005). The discipline and practice of qualitative research. In N. K. Denzin & Y. S. Lincoln (Eds.), *The SAGE handbook of qualitative research* (3rd ed., pp. 1–32). Thousand Oaks, CA: Sage.

Denzin, N. K., Lincoln, Y. S., & Giardina, M. D. (2006, November/ December). Disciplining qualitative research. *International Journal of Qualitative Studies in Education, 19*(6), 769–782.

Dixon-Woods, M., Bonas, S., Booth, A., Jones, D. R., Miller, T., Sutton, A. J., et al. (2006, February). How can systematic reviews incorporate qualitative research? A critical perspective. *Qualitative Research, 6*(1), 27–44.

Dixon-Woods, M., Shaw, R. L., Agarwal, S., & Smith, J. A. (2004). The problem of appraising qualitative research. *Quality & Safety in Health Care, 13*, 223–225.

Eisenhart, M. (2006, November/December). Qualitative science in experimental time. *International Journal of Qualitative Studies in Education, 19*(6), 697–708.

Eisner, E. W. (1991). *The enlightened eye*. New York: Macmillan.

Erickson, F., & Gutierrez, K. (2002, November). Culture, rigor, and science in educational research. *Educational Researcher, 31*(8), 21–24.

Feuer, M. J. (2006). Response to Bettie St.Pierre's "Scientifically Based Research in Education: Epistemology and Ethics." *Adult Education Quarterly, 56*(3), 267–272.

Feuer, M. J., Towne, L., & Shavelson, R. J. (2002, November). Science, culture, and educational research. *Educational Researcher, 31*(8), 4–14.

Finley, S. (2008). Arts-based research. In J. G. Knowles & A. L. Cole (Eds.), *Handbook of the arts in qualitative research* (pp. 71–81). Thousand Oaks, CA: Sage.

Freeman, M., deMarrais, K., Preissle, J., Roulston, K., & St.Pierre, E. A. (2007). Standards of evidence in qualitative research: An incitement to discourse. *Educational Researcher, 36*(1), 1–8.

Gilgun, J. F. (2006, March). The four cornerstones of qualitative research. *Qualitative Health Research, 16*(3), 436–443.

Guba, E., & Lincoln, Y. S. (1989). *Fourth-generation evaluation*. Newbury Park, CA: Sage.

Guba, E., & Lincoln, Y. S. (2005). Paradigmatic controversies, contradictions, and emerging confluences. In N. K. Denzin & Y. S. Lincoln (Eds.), *The SAGE handbook of qualitative research* (3rd ed., pp. 191–216). Thousand Oaks, CA: Sage.

Habermas, J. (1972). *Knowledge and human interests* (2nd ed.). London: Heinemann.

Habermas, J. (2006). *The divided West*. Cambridge, UK: Polity.

Hammersley, M. (2004). Some questions about evidence-based practice in education. In G. Thomas & R. Pring (Eds.), *Evidence-based practice in education* (pp. 133–149). New York: Open University Press.

Hammersley, M. (2005a, December). Close encounters of a political kind: The threat from the evidence-based policy-making and practice movement. *Qualitative Researcher, 1*, 2–4.

Hammersley, M. (2005b, April). Countering the "New Orthodoxy" in educational research: A response to Phil Hodkinson. *British Educational Research Journal, 31*(2), 139–156.

Hodkinson, P. (2004, February). Research as a form of work: Expertise, community and methodological objectivity. *British Educational Research Journal, 30*(1), 9–26.

Jackson, N., & Waters, E. (2005). Criteria for the systematic review of health promotion and public health interventions. *Health Promotion International, 20*(4), 367–374.

Jefferson, T., Rudin, M., Brodney Folse, S., & Davidoff, F. (2006). Editorial peer review for improving the quality of reports of biomedical studies. *Cochrane Database of Methodology Reviews, 1*.

Judson, H. F. (2004). *The great betrayal: Fraud in science*. New York: Harcourt Brace.

Kaplan, E. (2004). *With God on their side: How the Christian fundamentalists trampled science, policy, and democracy in George W. Bush's White House*. New York: New Press.

Larner, G. (2004). Family therapy and the politics of evidence. *Journal of Family Therapy, 26*, 17–39.

Lather, P. (1993). *Getting smart: Feminist research and pedagogy with/in the postmodern*. New York: Routledge.

Lather, P. (2004). This is your father's paradigm: Government intrusion and the case of qualitative research in education. *Qualitative Inquiry, 10*(1), 15–34.

Lather, P. (2006, November/December). Foucauldian scientificity: Rethinking the nexus of qualitative research and educational policy analysis. *International Journal of Qualitative Studies in Education, 19*(6), 783–792.

Lather, P. (2007). *Getting lost: Feminist efforts toward a double(d) science.* Albany: SUNY Press.

Lincoln, Y. S., & Cannella, G. S. (2004, February). Dangerous discourses: Methodological conservatism and governmental regimes of truth. *Qualitative Inquiry, 10*(1), 5–10.

Lincoln, Y. S., & Guba, E. (1985). *Naturalistic inquiry.* Beverly Hills, CA: Sage.

Lundberg, G. (1926, October). Quantitative methods in sociology. *Social Forces, 39,* 19–24.

MacLure, M. (2006, November/December). The bone in the throat: Some uncertain thoughts on baroque method. *International Journal of Qualitative Studies in Education, 19*(6), 7239–7746.

Madison, D. S. (2005). *Critical ethnography: Methods, ethics, and performance.* Thousand Oaks, CA: Sage.

Maxwell, J. A. (2004a). Causal explanation, qualitative research, and scientific inquiry in education. *Educational Researcher, 23*(2), 3–11.

Maxwell, J. A. (2004b, August). Using qualitative methods for causal explanation. *Field Methods, 16*(3), 243–264.

Monastersky, R. (2002, November 25). Research groups accuse education department of using ideology in decisions about data. *Chronicle of Higher Education, 2.*

Moran-Ellis, J., Alexander, V. D., Cronin, A., Dickenson, M., Fielding, J., Sleney, J., et al. (2006, February). Triangulation and integration: Processes, claims, and implications. *Qualitative Research, 6*(1), 45–60.

Morse, J. M. (2006a, March). The politics of evidence. *Qualitative Health Research, 16*(3), 395–404.

Morse, J. M. (2006b, March). Reconceptualizing qualitative inquiry. *Qualitative Health Research, 16*(3), 415–422.

National CASP Collaboration. (2006). *10 questions to help you make sense of qualitative research, Critical Appraisal Skills Program (CASP).* Milton Keynes Primary Care Trust. Available at http://www.pdptoolkit.co.uk/Files/Critical%20Appraisal/casp.htm

National Center for Dissemination of Disability Research. (2007). Available at http://www.ncddr.org/kt/products.focus.focus9/

National Research Council. (2002). *Scientific research in education.* Committee on Scientific Principles for Education Research (R. J. Shavelson & L. Towne, Eds.). Washington, DC, National Academies Press.

National Research Council. (2005). *Advancing scientific research in education.* Committee on Scientific Principles for Education Research (L. Towne, L. Wise, & T. M. Winters, Eds.). Washington, DC, National Academies Press.

Popay, J., Rogers, A., & Williams, G. (1998). Rationale and standards for the systematic review of qualitative literature in health services research. *Qualitative Health Research, 8,* 341–351.

Preissle, J. (2006, November/December). Envisioning qualitative inquiry: A view across four decades. *International Journal of Qualitative Studies in Education, 19*(6), 685–696.

Quigley, L. (1996). *The blind men and the elephant.* New York: Scribner.

Rains, F. V., Archibald, J., & Deyhle, D. (2000). Introduction: Through our eyes and in our own words—The voices of indigenous scholars. *International Journal of Qualitative Studies in Education, 13*(4), 337–342.

Richardson, L. (2000a). Evaluating ethnography. *Qualitative Inquiry, 6*(2), 253–255.

Richardson, L. (2000b). Writing: A method of inquiry. In N. K. Denzin & Y. S. Lincoln (Eds.), *Handbook of qualitative research* (2nd ed., pp. 923–948). Thousand Oaks, CA: Sage.

Saukko, P. (2003). *Doing research in cultural studies: An introduction to classical and new methodological approaches.* London: Sage.

Smith, J. K., & Deemer, D. K. (2000). The problem of criteria in the age of relativism. In N. K. Denzin & Y. S. Lincoln (Eds.), *Handbook of qualitative research* (2nd ed., pp. 877–896). Thousand Oaks, CA: Sage.

Smith, J. K., & Hodkinson, P. (2005). Relativism, criteria and politics. In N. K. Denzin & Y. S. Lincoln (Eds.), *The SAGE handbook of qualitative research* (3rd ed., pp. 915–932). Thousand Oaks, CA: Sage.

Smith, L. T. (1999). *Decolonizing methodologies: Research and indigenous peoples.* Dunedin, NZ: University of Otago Press.

Spencer, L., Ritchie, J., Lewis, L., & Dillon, L. (2003). *Quality in qualitative evaluation: A framework for assessing research evidence.* London: Government Chief Social Researcher's Office, Crown Copyright.

Stanfield, J. H. (2006, November/December). The possible restorative justice functions of qualitative research. *International Journal of Qualitative Studies in Education, 19*(6), 723–728.

St.Pierre, E. A. (2006). Scientifically based research in education: Epistemology and ethics. *Adult Education Quarterly, 56*(3), 239–266.

St.Pierre, E. A., & Roulston, K. (2006, November/December). The state of qualitative inquiry: A contested science. *International Journal of Qualitative Studies in Education, 19*(6), 673–684.

Stronach, I. (2006, November/December). Enlightenment and

the "Heart of Darkness": (Neo) imperialism in the Congo, and elsewhere. *International Journal of Qualitative Studies in Education, 19*(6), 757–768.

Stronach, I., Garratt, D., Pearce, C., & Piper, H. (2007, March). Reflexivity, the picturing of selves, the forging of method. *Qualitative Inquiry, 13*(2), 179–203.

Teddlie, C., & Tashakkori, A. (2003). Major issues and controversies in the use of mixed methods in the social and behavioral sciences. In A Tashakkori & C. Teddlie (Eds.), *Handbook of mixed methods in social and behavioral research* (pp. 3–50). Thousand Oaks, CA: Sage.

Thomas, G. (2004). Introduction: Evidence: Practice. In G. Thomas & R. Pring (Eds.), *Evidence-based practice in education* (pp. 1–20). New York: Open University Press.

Timmermans, S., & Berg, M. (2003). *The gold standard: The challenge of evidence-based medicine and standardization in health care.* Philadelphia: Temple University Press.

Torrance, H. (2006). Research quality and research governance in the United Kingdom. In N. K. Denzin & M. Giardina (Eds.), *Qualitative inquiry and the conservative challenge* (pp. 127–148). Walnut Creek, CA: Left Coast Press.

Viadero, D. (2006). New group of researchers focuses on scientific study. *Education Week, 25*(21), 1 & 16.

White, C. (2003, February 1). Little evidence for effectiveness of scientific peer review. *British Medical Journal, 326*(7383), 241.

Wolcott, H. F. (1999). *Ethnography: A way of seeing.* Walnut Creek, CA: AltaMira Press.

Ronald J. Pelias

40.

입장이 담긴 글쓰기
_ 보고서 작성과 평가의 전략

홍원표_ 연세대학교 교육학과 교수

글을 쓸 때 나는 뼈를 깎는 듯한 느낌이다. 그것은 마치 나 자신의 얼굴이나 심장을 만드는 듯한 느낌이다.

— G. Anzaldúa(1999, p.5)

나는 책상에 앉아 어떻게 나 자신의 입장이 학문적 글로 나타나는지, 내가 논의의 중심이 아닐 때조차 어떻게 내가 초점을 결정하게 되는지를 생각하고 있다. 이 생각으로 머릿속이 복잡해지자, "나는 왜 쓰는가?"(2000)라는 에세이의 서문에 있는 Joan Didion의 말을 떠올리게 된다.

여러 면에서 글쓰기는 내가 말하는 것이자 내가 다른 사람을 대변하는 것, 내 말을 들어봐, 내 방식으로 바라봐, 생각을 바꾸어 보라고 하는 행위이다. 그것은 공격적이고, 심지어 적대적이기도 하다. 우리는 우리의 공격성을 가리기 위해 수동태나 수식어, 가정법, 생략, 얼버무리기 등, 직설적으로 이야기하기보다는 넌지시 언급하고, 직접 주장하기보다는 에둘러 말하는 모든 방법을 동원한다. 그러나 종이에 글을 쓴다는 것은 은밀한 폭력이자 침입이고, 저자의 이해 방식을 독자의 가장 내밀한 공간으로 침투시키는 행위라는 것을 가릴 수는 없다(pp.17-18).

나는 Didion의 논리에 빠져 그녀의 통찰에 공감한다. 그 글은 마치 내 글쓰기의 경험, 생산적인 공간(내가 글을 쓰고 있는 나를 바라볼지도 모르는 그 공간)에 나를 집어넣은 경험에 대해 쓰고 있는 것 같다. Didion에게 매료되어 나는 그녀의 언급을 다음과 같이 내 연구 일지에 적어 넣었다.

글을 쓸 때, 나는 내 말이 중요하다고 생각하면서 나를 내세운다. 일반적으로 말해, 글쓰기는 공간을 차지하려는 하나의 방식이다. 글쓰기는 저자의 글이 주목을 받을 만하다는 생각에서 떠나지 않는 것이다. 그러한 집착은 오만함과 유의미함의 신호이다. 연구는 그것의 중요성에 대한 믿음이 없이는 존재할 수 없다. 연구는 혼자에게만 중요하다는 생각으로는 진행될 수 없다. 연구는 가능성과 믿음을 통해 삶을 얻는다.

글을 쓰는 순간, 나는 내가 믿는 것을 보게 되며, 쓰기 전에는 몰랐던 것을 보게 된다. 나는 무언가를 명료화해야 하는 울림의 공간에 있다. 마치 로버트 프로스트가 자신의 시를 "혼동과 맞선 일순간의 정지"라고 했듯이, 나는 명료함으로 나아간다. 나는 나 자신의 존재를 실현하며, 언제나 정치적이고 실제적인 나의 주장을 통해/혹은 그 속에 현시한다. 나는 Laurel Richardson(2000; Richardson & St. Pierre, 2005 참고)이 "탐구 방법으로서의 글쓰기"라고 부를 법한 과정으로 들어간다(p. 20).

Richardson을 따라, 이 장에서 나는 글쓰기가 "탐구의 방법"이라는 전제 위에 논의를 전개해 나갈 것이다. 나는 글쓰기는 입장화라는 주장에 대해 내가 이해하고 있는 것들과 더불어 질적 글쓰기에 대해 현재 내가 갖고 있는 생각들을 중심으로 쓸 것이다. 이 장의 1부에서는 글쓰기가 깨달음과 기록의 기능을 동시에 수행한다는 점에 초점을 둘 것이다. 깨달음으로서의 글쓰기는 가능성과 확실성, 가정법과 직설법, 개인적 깨달음과 공적 논의의 연속선 어딘가에 위치한다. 깨달음이 기록이 될 때 시적이거나 내러티브적이거나 극적인 담화의 형태를 띠며, 서술적이거나 해체적이거나 비판적인 주장으로 나타난다. 2부에서는 흔히 질적 연구와 결부되어 있는 촉진적이고, 반성적이고, 체화되어 있고, 부분적이며, 정파적이고, 현실적인 특성들에 적합한 글쓰기 전략에 대해 논의할 것이다. 3부에서는 병치의 방법을 통해 어떻게 효과적인 글쓰기와 그렇지 않은 글쓰기가 만들어지는지를 논의하게 될 것이다.

40.1 1부: 입장 만들기, 입장이 있는 글쓰기

나는 책상에 앉아 내가 읽었던 창조적인 작가들, 특히 글쓰기는 탐구의 방법이라는 점을 일깨워 주었던 작가를 떠올리려 하고 있다. 일기를 펼쳐 보니 작가는 정확히 말해 "자기 스스로 정리하는 말을 누군가 듣는 것을 좋아하는 사람"이라는 Stephen Dunn(1993: ix)의 주장을 찾게 된다. 또 다른 장에서 Dunn의 주장을 떠올리게 하는 Lee Smith(2007)를 발견한다.

> 소설을 쓰든 비소설을 쓰든, 일지를 쓰든 출판될 책을 위해 쓰든 글쓰기는 본질적으로 치료적인 행위이다. 페이지 위에 단어들을 배열하는 행위는 없던 것에 일종의 질서를 만드는 것, 우리 삶의 슬픔과 혼동에 식별할 수 있는 형태를 부여하는 것이다(p. 41).

위의 인용문은 또 다른 페이지에서 찾은, 시는 "혼동 속에서 또 한 번의 승리"라는 Theodore Roethke (2001: 77)의 주장을 보완해주고 있다. 나의 찾기는 계속 이어져 "글쓰기는 당신 머릿속의 안개를 태우는 것"이라는 Natalie Goldberg(1986: 86)의 말로 이어진다. 이들을 포함하여 창조적인 작가들이 말하고 있는 것은 글쓰기가 순환의 전략, 언어에 주목하고 언어와 타협함으로써 자칫 사라져 버렸을 수도 있던 것들을 드러나게 하는 행위라는 것이다. 그것은 Marvin Bell(2002: 13)의 말대로, 작가가 "써내려 가면서" 쓰기를 "듣는" 것이다. 이 점에서 M. L. Rosenthal(1987: 5)이 이야기하고 있듯이, 글쓰기는 "깨달음을 드러내는 것, 정신의 내부 세계를 바깥으로 드러내고자 하는 욕망을 채우는 것"이다. Don Geiger(1967: 152)가 산문에 대해 이야기하고 있듯이, 글쓰기는 "화자의 깨달음을 기록하는 과정"이다. 이처럼 반복되는 이야기들을 고려해보면, 글쓰기의 방법론적 중요성에 대한 자신의 주장이 다른 사람들에 의해 받아들여질 것이라는 Richardson의 생각이 그리 놀라운 것은 아니다.

Richardson의 생각과 일치하는 사람들에게 공감하면서, 나는 글쓰기가 어떻게 깨달음과 기록의 기능을 동시에 수행할 수 있는지 생각해 보고자 한다. **깨달음** (realization)과 **기록**(record)은 각각 글쓰기의 과정과 최종 텍스트와 연결된다. 저자들은 글쓰기를 통해 자신의 생각이나 느낌을 가장 정확히 담아내는 언어를 찾아내는 과정에서 자신의 생각을 깨닫게 된다. 그것은 어떤 주제에 대한 "서술적 쓰기(write up)"가 아니라 "탐구적 쓰기(write into)"이다. 설명할 때에 저자들은 글쓰기가 시작되기 전에 이미 자신이 말하고자 하는 것에 대해 알고 있다. 그러나 탐구할 때에 저자들은 자신이 말하고자 하는 바를 쓰면서 찾게 된다. 그것은 언어를 통해 목하 대상이 되고 있는 경험을 바라보고, 그것에 기대어보고, 그것에 들어가는 절차이다. 이러한 "언어화"가 저자들의 현전을 드러낸다. 그것은 입장을 만들고 세상에 공간을 표시하는 것이다. 요컨대, 중요한 것은 언어인 것이다.

저자들이 쓰기를 진행함에 따라 그들의 깨달음은 직설법과 가정법 사이의 연속선상에서 움직이게 된다. 깨달음은 "그렇다"와 "아마도"의 언설로 불릴 수 있을 것이다. "그렇다"는 것은 "이것은 ~ 하다"는 주장인 반면, "아마도"는 "혹시나"하는 것이다. 그렇다면 저자들의 생각은 상당한 권위를 갖고, 의심 없이 구체화되고, 확실히 느껴질 수도 있고, 혹은 이와 반대로 잠정적이고, 여러 가능성 중 하나일 뿐이고, 상황에 따라 가변적인 것으로 느껴질 수도 있다. 깨달음은 서로 다른 방식으로 저자들에게 다가오면서, 목하 주제에 대한 저자들의 입장에 영향을 미친다. 확신과 의심, 확실한 증거를 갖고 있다는 믿음과 어쩌면 큰 그림의 작은 조각만 갖고 있을 뿐이라는 의심 사이를 왔다 갔다 하면서, 저자들은 자신의 생각 뒤에 서서, 때로는 이목을 끌 만큼 확실해 보이도록 그것을 밀고 나가기도 하고, 때로는 지나친 논란을 만들지 않도록 조심하기도 한다. "그렇다"의 측면에서 보면 저자의 주장이 확실해지고, 때로 남들의 지지를 받을 수 있을 것으로 보인다. "아마도" 관점에서 보면, 저자의 주장은 검토와 추가 연구와 검증을 필요로 한다.

"그렇다"이든 "아마도"이든, 깨달음은 개인적인 것과 공적인 것 사이의 연속선도 따르게 된다. 개인적 깨달음은 개인으로서의 저자 자신에 대한 것이다. 그렇기 때문에 이 차원에서 저자는 개인적 관계, 정치적 관점, 세계관에 따라 자신의 방식과 믿음과 느낌을 드러낸다. 그러한 글쓰기는 개인적 정체성에 대한 것(예, Alexander, 2006; Myers, 2008; Trujillo, 2004; Warren, 2001; Young, 2007)일 수도 있고, 트라우마나 질병, 상실에 대한 것(예, Defenbaugh, 2011; Ellis, 1995; Rambo Ronai, 1996; Richardson, 2007; Watt, 2005, 2008)일 수도 있고, 관계의 역동성에 대한 것(예, Adams, 2006; Poulos, 2009; Tillmann-Healy, 2001)일 수도 있다. 요컨대, 사적 깨달음은 저자들에게 자신을 어떻게 보아야 할지, 혹은 자신들의 경험을 어떻게 이해해야 할지를 알려준다. 자신의 통찰을 공유하고자 하면, 저자는 독자를 자신의 관점으로 초대하고 경우에 따라 자신과 동일시될 것을 요구한다. 그들의 글쓰기는 독자들이 판단하는 장이 된다.

공적 깨달음은 저자를 사회적 혹은 문화적 영역과 접촉하도록 한다. 저자는 구조가 어떻게 인간의 행동을 결정하는지, 어떻게 제도가 인간의 욕망과 지위를 통제하며, 어떻게 문화 체제가 특정 집단에 특권을 주는지 등에 주목함으로써, 사회적 실제가 어떻게 형성되고 있는지를 드러내고자 한다. 이러한 글쓰기는 식민주의 혹은 탈식민주의 논리에 주목할 수도 있고(예, Anzaldúa, 1999; Bhabha, 1994), 기업이나 정부의 행태(예, Goodall, 1989, 2006; Tracy, 2003)를 다룰 수도 있고, 사회정치적 불평등의 문제(예, Denzin, 2008; Lockford, 2008)를 다루기도 한다. 저자들은 암묵적으로 혹은 명시적으로 행동을 촉구한다. 이들의 깨달음은 유토피아적 꿈으로, 희망의 원천으로, 윤리적 의무감으로 제시된다. 저자들은 사회정의의 이름으로 사회의 재편을 촉구할 수도 있다. 때로 내부로부터의 변화가 불가능해 보이면, 저자들은 극단주의자, 심지어 무정부주의자처럼 보이기도 한다. 저자들은 흥분시키고, 고무시킨다.

개인은 정치적이라는 페미니스트들의 통찰은 사적인 것과 공적인 것을 분리하는 것의 위험을 일깨워준다. 사적 발화는 특히 그동안 침묵되었거나 외면당했을 때, 공적 영역에서 자신을 드러내며, 공적 체제와 규칙들은 개인들의 신체에 영향을 미침으로써 가장 분명하게 존재를 드러낸다. 개인 내로 침투함으로써 공적 깨달음이 나타나고, 공적 영역으로 나아감으로써 사적 깨달음은 남들의 눈에 띄게 된다. 그래도 여전히 한 작품의 토대를 이야기할 때에는 사적/공적 구분이 유용하기는 하다.

깨달음은 저자가 발견한 것의 기록이 됨으로써 형식을 지니게 된다. 이렇게 하여 깨달음은 시적인, 담화적인, 혹은 극적인 기록이라는 형태를 지닌다. 이들 형식이 널리 쓰이기는 하지만, 저자들은 하나 이상의 형식에 끌리는 경우가 많기 때문에, 실제 글쓰기는 개인별로 달라진다. 시적 기록은 자신의 통찰을 구조화하는 데 시적 장치(예, 형상적 언어, 운율, 연 나누기)를 활용함으로써 시의 형식을 지니게 된다. 자신들의 주장을 뒷받침하기 위해 자신의 경험을 쓰든, 타인의 경험에 의존하든, 연구자들은 목하 주제를 다루기 위하여 시적 표현이나 사려 깊은 표현으로 감정을 압축한다(예, Brady, 2003; Hartnett, 2003; Prendergast, Leggo & Sameshima, 2009). Hartnett(2003: 1)이 설명하고 있듯이, 시적 글쓰기는 "증거를 수집하는 학문적 활동을 감성을 자극하는 시적 힘"으로 통합하는 것이다. 이 점에서, 그러한 연구를 혹자는 "탐구적 시"라고 하기도 한다(예, Hartnett, 2003; Hartnett & Engels, 2005; Sanders, 1976).

담화적 기록은 학계에서 가장 자주 쓰이는 형식이다. 그것은 관점이나 구조, 성격을 활용하는 화자에 의해 수행되는 이야기의 모습을 지닌다. 대부분의 경우 학문적 글쓰기에서 화자는 믿음직한 인물, 즉 저자의 생각을 공유하는 사람이다. 이들 이야기를 들으면서, 독자들은 저자가 진실만을 말할 것이라는 계약을 지키고 있을 것이라 기대한다. 독자들은 물론 단 하나의 이야기만 있는 것은 아니라는 점을 인정하지만, 저자가 자신의 이야기를 가장 정직하게 하고 있을 것이라고 가정한다. "이야기하기"는 자신을 만들어 가는 과정이다. 그것은 저자가 세계관을 구성하고, 새로운 영역을 보고, 새로운 관점으로 살아가도록 한다. 이야기하기는 또한 문화를 만들어 가는 과정이기도 하다. 흔히 이야기는

사회적 책무 의식, 더 나은 사회정의에 대한 갈망을 담고 있다. 그러한 이야기는 다른 사람을 목격하고 그를 위해 대신 증언하는 형식을 갖는다. Ellis(2009a: 16)는 다음과 같이 이야기의 힘을 학자들에게 설득력 있게 제시하고 있다.

> 이야기는 우리가 갖고 있는 것, 우리가 정체성을 만들고, 삶을 조직하고 살아가고, 우리와 타인의 삶을 연결하고 비교하고, 어떻게 살아야 할지를 결정하도록 하는 좌표 같은 것이다. 이들 이야기는 우리 자신과 주변 세계로 우리의 눈과 마음을 열도록 하고, 우리의 삶과 세계를 더 나은 것으로 바꾸도록 도와준다.

극적인 기록은 갈등이나 대화를 두드러지게 하는 등과 같은 연극적인 기법을 활용한다. 그것은 대사로 인쇄되거나(예, Ellis & Bochner, 1992), 무대 대본으로 만들어질 수도 있다(예, Gray & Sinding, 2002; Pineau, 2000; Saldana, 2005). 극적 형식을 따르는 저자들은 공연과 관련된 미적 기법에 따라, 번갈아 이야기하는 복수의 등장인물이나 서로 다른 관점을 대변하는 복수의 대사들을 등장시킨다. 흔히 극적 기록과 관련된 용어로는 문화기술극(ethno-drama)(예, Mienczakowski, 2001; Saldana, 2005)이나 민속공연(ethno-performance)(예, Alexander, 2005; Denzin, 2003; Madison, 2005)이라는 말이 쓰인다. 이러한 형식을 선택하는 목적은 "희망의 문화정치학"에 동참하고자 하는 희망 속에서(Denzin, 2003: 24), 연구 결과들에 생명을 불어넣는 생생하고 구체적인 표현을 제공하는 것이다.

시적 형식을 지니든, 담화적 형식을 지니든, 극적 발화 형식을 지니든, 깨달음은 동시에 해석적이고 해체적이고 비판적인 발화의 형식을 갖는다. 해석적 형식을 지닐 때 깨달음은 주로 서술에, 그리고 해체적 형식에서는 가능성에 의존한다, 마지막으로, 비판적 형식에서는 연구가 사회적 실천으로 나아가라는 자극이 된다. 글쓰기를 주어진 형식에 기록된 깨달음이라고 보게 되면,

글쓰기를 실천적 행위로 보는 것이다. 글쓰기는 세계에 동참하는 발화 행위, 실질적인 의미를 갖는 구체적인 행위이다. 글쓰기는 단지 기존의 질서를 강화할 수도 있고, 세계를 바라보는 대안적 관점을 제시할 수도 있다. 글쓰기는 기본적으로 정치적이다. 좋은 의미에서든 나쁜 의미에서든, 화자는 항상 어떤 입장을 갖고 있을 수밖에 없다. 그러나 글쓰기는 탐구 방법의 하나로서, 정확히 말해 특정한 형식에 맞추어 기록된 깨달음이라고 하는 것이 실제 질적 연구자들이 주로 활용하는 전략까지 보여주지는 못한다. 다음은 이들 전략 가운데 일부를 다루고 있다.

40.2 2부: 글쓰기 전략

나는 지금 책상에 앉아 질적 연구자들이 어떻게 자신들의 주장을 전개하는지, 어떻게 글을 써나가는지, 어떻게 독자들이 자신의 글에 빠져들게 하는지 생각하고 있다. 나는 질적 작업의 대표적인 특성에 대한 설명들, 질적 작업에 대한 수많은 논의들이 따라왔던 유사한 방향의 설명들(예, Colyar, 2009; Denzin & Lincoln, 2005; Ellis, 2004; Goodall, 2000, 2008; Pollock, 1998)을 떠올린다. 나는 질적 연구자들이 어떻게 종종 자신들의 일을 촉진적(evocative)이고, 반성적이고, 체화되어 있고, 부분적이고 정파적이며, 현실적이라고 하는지, 그리고 각 측면이 어떤 전략들과 이어져 있는지부터 시작하고자 한다. 여기서는 설명을 위해 하나하나 분리되었지만, 실제로 저자들은 여러 가지 전략들을 하나의 글에서 사용하는 경우가 많다. 모든 글은 필연적으로 부분적이고 당파적이고, 현실적이다. 좋든 싫든 글쓰기는 사회적 행위이다. 서로 다른 글은 촉진성이나 반성적 성격, 체화성의 측면에서 그 정도가 다르다. 독자들은 흔히 하나의 글에서 특정한 전략(혹은 전략들)이 두드러지는 것을 보게 될 것이다.

촉진적 글쓰기

기존의 지배적인 이해를 보완하거나 해체하고자 하는 경우, 질적 연구자들은 촉진적 전략을 활용한다. 이들의 글은 문예적이거나 가능성을 여는 방향을 택한다. 문예적 글쓰기를 위해 연구자들은 문학적 기법(예, 형상적 언어, 대화, 운율 등)을 활용하여 독자들에게 읽기의 경험을 제공하고자 한다. 이 경우 연구자는 자신의 글을 미적 관점에서 보고, 감성적 글쓰기도 학문적 글쓰기에서 의미 있다는 믿음하에 여러 문학적 전통을 활용한다. 예를 들어 Tillmann-Healy(2003)는 환유법을 활용하여 상실의 시대에 겪었던 자신의 가족 관계를 훌륭하게 묘사하고 있다. 그녀는 자신과 가족의 손을 통해 그러한 상황이 가족들의 관계와 심리에 미치는 영향을 드러내고 있다. 특히 가슴 아팠던 순간 그녀는 할아버지의 손을 보면서, 독자들에게 그녀의 생각을 보여준다.

> 나는 80년의 세월이 박혀 있는 할아버지의 손을 본다. 2차 대전 중에 군인들을 먹여 살렸던 요리사의 손이다. 내 할머니의 검은 머리를 쓰다듬던 부드러운 손이다. 거친 미시시피 강으로 위협받던 댐을 보강하던 튼튼한 손이다. 어린 시절 아버지가 살았던 엘름가(街)의 집을 짓느라 굳은살이 배긴 손이다. 세 아이를 돌보고, 나중에는 8명의 손자를 돌보던 자랑스러운 손이다. 휴일에는 칠면조를 요리하던 가정적인 손이다. 봄이면 붓꽃과 수국이 만개한 정원의 흙을 다듬던 돌봄의 손이다. 차가운 물잔에 맺힌 물기로 달래던 지친 손이다. 한 번만 던져야 하는 야찌(Yahtzee) 보드게임에서 주사위를 너무 많이 던지던 망각의 손이다. 터진 혈관들이 부어 오른 늙은 손이다. 안락의자에 앉아 "레슬링"을 보면서 눈에 보이지 않는 피아노를 연주하는 파킨슨 환자의 고칠 수 없는 손이다(p.176).

이 단락의 힘은 반복의 운율과 주의 깊게 선택된 묘사와 그녀의 할아버지의 질병을 이야기하기 위한 연대기적 구성에 있다. 문학적 기법에 따라 독자들은 Tillmann-Healy를 통해 상실에 대해 배우게 된다.

가능성을 여는 글은 다양한 읽기와 대안적 행위들을 제시하고 독자로 하여금 생각하도록 하는 것이다. 이 것은 대표성의 위기, 대표하고자 하지만 결코 그 욕망을 채울 수 없다는 점을 너무나 잘 알기 때문에, 그것을 극복하고자 하는 것이다. 그것은 Derrida의 용어를 빌리면, 서로 다른 존재 형식과 대화의 공간을 열기 위해 글을 쓰는 것이다. Pollock(1998: 81)이 제안하고 있듯이, "촉진적이고 수행적인 글쓰기는 타당성이나 인과성보다는 가능성의 논리를 따름으로써, 비판적인 것과 창조적인 것(엄밀함과 탄력성, 진과 위, 남성성과 여성성) 사이의 구분을 파괴한다. Madison(2005)은 이점을 보다 자세히 설명하고 있다.

> 가능성들을 만드는 행위는 궁극적으로 창조와 변화를 지향하는 실천을 제안하는 것이다. 그것은 우리의 정신이 텍스트와 세계를 통합하며, 주변부와 중심부를 비판적으로 가로지르고, 관계와 공간에 생명을 불어넣도록 더 많고 다양한 통로를 열어주도록 하는, 삶의 문제에 좀 더 신경을 쓰도록 하는 적극적이고 창조적인 행위이다(p. 172).

가능성을 열고자 하는 연구자들은 하나의 사건에 대한 서로 다른 이야기들을 만들어내고, 특정한 일화에 대한 읽기를 증폭시키고, 가능한 여러 개의 행동 방안을 제시하고, 자신들의 부족함을 일깨워 주기도 한다. 이들은 언어의 헤게모니, 즉 자신들의 글이 또 다른 권력이 되는 것에 유의한다. 대신 이들은 가능성에 대해 쓰고자 한다.

문예적이거나 가능성을 열고자 하는 글쓰기는 흔히 복수의 화자들을 등장시킨다. 이 전략에 기대는 일부 연구자는 극적 대본의 미적 기준을 추구하기도 하고, 실제 연극 공연으로 자신들의 글을 완성하고자 하기도 한다. 흔히 이것들은 문화기술극이나 수행적 텍스트 혹은 수행적 문화기술지라고 불린다. Spry(2001a)

의 "금색으로 딴 머리에서 레게 머리까지: 신체의 인종화에 대한 무서운 이야기"나 Smith의 『거울속의 불』(2003)이나 『새벽: 로스앤젤레스, 1992』(2000), Kaufman(Kaufman & Members of the Tectonic Theater Project, 2001)의 『라라미 프로젝트』 등이 이 유형의 대표적인 작품들이다. 다른 연구자들은 다양한 관점의 병치와 협응을 위해 복수의 청자를 자신들의 원고에 등장시키는 것에 만족하기도 한다. Ellis의 "이웃에 대해 이야기하기: 두 목소리의 윤리"(2009b)나 Denzin의 『옐로스톤을 찾아서』(2008)라든가 Gale과 Wyatt의 "두 남자의 이야기: 공동 글쓰기를 위한 유목민적 탐구"(2008) 같은 것이 이에 해당하는 흥미로운 예들이다.

반성적 글쓰기

반성적(reflexive) 글쓰기 전략은 연구자들로 하여금 자기 자신으로 돌아가 자신의 존재나 입장이 다루고자 하는 주제와 어떻게 관련되어 있는지를 돌아보도록 한다. 반성적 연구자들은 자신의 윤리적, 정치적 입장을 의식하면서 스스로 연구의 일부가 된다. 반성적 글쓰기 전략에는 연구자 자신이 어떻게 오염원이 되었는지, 연구자의 내부자적 입장이 어떻게 은폐하거나 드러내는 데 영향을 미쳤는지, 어떻게 연구자 스스로 다루고 있는 문제와 연루되어 있는지를 밝히는 것 등이 있다. 스스로를 오염원이라고 생각하는 연구자들은 자신들의 입장이나 절차가 연구에 부정적으로 영향을 미쳤을 수도 있다는 점을 인정한다. 이 경우 연구자들은 자신들의 주장이 스스로에 의해 영향을 받았을 수도 있다는 점을 염두에 두고 읽혀야 한다는 점을 밝힌다. 이러한 표현 전략은 연구자가 이 점을 의식하고 자신의 논의를 전개했을 것이라고 독자들을 신뢰하게 하는 데 효과적이다.

내부자적 지위를 공표하는 연구자들은 자신이 연구 대상이 되는 집단과 같은 문화적 소속을 갖고 있다는 점을 밝힌다. 종종 내부자적 지위는 "미국에 살고 있는 일본 이민자로서" "세 아이를 키우는 편모로서" "암을 갖고 있는 사람으로서" 등과 같이 자연스럽게 드러나기도 한다. 다른 경우에는 내부자적 관점이 논의의 대상이 되기도 한다. 그러한 경우에는 연구자가 자신이 연구 대상과 충분한 시간을 보냈고, 내부자적 소속을 갖고 있는 것으로 인정받았다는 점을 밝히기 위해, 연구 대상과의 관계를 밝히게 된다. 내부자적 소속을 갖게 되면, 연구자들은 자신들의 내부자적 입장이 외부자들은 볼 수 없는 것들을 볼 수 있도록 해주었다거나, 반대로 그것 때문에 집단에서 작동하고 있는 문화적 기제들을 볼 수 없었을 수도 있다는 주장을 할 수 있게 된다.

Chawla(2003)의 경우가 흥미 있는 사례이다. 그녀는 인도 동부 주민들 사이의 중매결혼에 대해 매우 반성적인 연구를 보여주고 있다. 인도 여성으로서, Chalwa는 다른 인도 여성들의 이야기를 수집하기 전에 먼저 자신의 이야기를 쓰고 있다. 이어서 그녀는 스스로의 절차를 검토한다. "나는 참여자들의 이야기를 듣기 전에 왜 나의 이야기를 먼저 하는지 스스로에게 물어본다. 혹시 나에 대해 먼저 씀으로써 그들을 나의 이야기로 덮어씌운 것은 아닌지 되돌아본다"(p. 276). 나중에 그녀는 자신의 내부자적 지위를 스스로 문제시한다.

> 내 주변의 서로 다른 중매결혼에 대한 기억을 바탕으로 불확실한 이야기를 갖고 있지만, 이것은 나 자신에 대한 것이 아니라 다른 사람들에 대한 이야기이다. 나 자신에 대한 관찰자이지만, 이들 기억 속에서 나는 여전히 관찰자이다. 중매결혼에 직접 관여해본 적이 없다는 것은 이 연구를 수행하는 나의 자격을 의심하게 한다. 나는 여전히 본질로부터 너무 밖에 있으며, 지적으로 추방당한 것은 아닌지 걱정한다(p. 277. 강조는 원문).

이러한 논의는 연구자가 자신의 연구와 분리될 수 없고, 연구자와 연구 혹은 연구자와 연구 절차의 관계가

결과에 영향을 미칠 수도 있고, 자신의 입장을 의식하고 있는 연구자는 좀 더 믿을 수 있고 진실한 설명을 제공할 수 있다는 점에서 매우 효과적인 글쓰기 전략이다.

한편, 스스로 결부되어 있다고 생각하는 연구자들은 자신들이 다루고자 하는 문제와 어떻게 연루되어 있는지를 밝히고자 한다. 요컨대, 이들은 스스로를 문제를 악화시키는 원인으로 만드는 것이다. 예를 들어, 육식을 하는 사람으로서 산림파괴에 어느 정도 책임이 있다고 주장할 수 있으며, 비록 인종 평등을 주장하지만 인종주의적 이야기에 낀 적이 있으며, 스스로 지지하지 않는 전쟁에서 싸웠다고 할 수도 있는 것이다. 구조적으로 이러한 전략은 자신의 오류에 대한 인정에서 시작하여 다른 방향의 실천에 대한 약속으로 끝나는 경우가 많다. 이러한 전략은 손가락을 타인이 아닌 자신에게 겨누는 장점이 있다. 이렇게 함으로써 이러한 글쓰기는 유사한 "죄악"을 범했던 사람들로 하여금 연구자와 같은 깨달음을 얻고 다른 행동을 하도록 유도한다. Denzin(2008)의 경우가 매우 강력한 예이다. 그는 미국 원주민과 연관된 자신의 가족사를 추적하면서 자신을 연루시킨다. 서장에 이어 그는 자신의 논의를 다음과 같이 펴고 있다. "1950년대에 내 형제인 마크와 나는 여름을 함께 보냈는데, 우리가 10대 초반이 될 때까지 아이오와에 있는 아이오와시 남쪽에 있는 조부모들의 농장에서 그분들과 함께 보냈었다. 토요일 저녁이 특별하였다. 할아버지는 '카우보이와 인디언' 영화들을 좋아했는데, 나도 그랬다"(p. 25). 다음 문단에서 그는 "4학년 때 청교도들의 추수감사절에 대한 연극에서 나는 스콴토 인디언 역을 맡았다"(p. 25)라고 쓰고 있다. 이 책에서 Denzin은 "확실한 민주주의적 유토피아의 공간, 인종 간의 구분이 사라지고 모든 사람을 위한 정의가 살아 있는 공간을 만드는 것은 꿈에서 그치지 않는다"고 쓰면서, 자신의 과거 행위를 비판적으로 되돌아보고 있다(p. 23). 유사한 방법으로 Meyers(2008)는 치과에 갔던 이야기를 통해 이성애자로서, 백인으로서 자신의 특권을 드러내고 있다. "내가 열두 살이 되었

을 때 나와 나의 친구들에게, 그리고 거울을 볼 때마나 나 자신에게 내가 충분히 이성애적이지 않다는 것이 분명해졌다"(p.161)는 그의 말은 어떻게 그가 자신을 결부시키는지 보여주고 있다.

체화된 글쓰기

체화(embodiment)를 강조하는 질적 연구자들은 신체가 현전하는 지점으로부터 글을 쓴다. 이들은 우리의 몸을 학문적 주의를 요하는 지식의 원천으로 간주한다(Conquergood, 1991; Madison, 1999, 2005; Spry, 2001b, 2009). Spry(2001a)가 설명하고 있듯이, "지성의 그림자에서 신체를 끄집어내어 그것을 지식의 과정이나 결과와 결부시키는 것은 지식을 그것의 생산 원천인 신체의 맥락에서 검토할 필요성을 제기한다"(p.725). 이를 위해 연구자들은 **감각 기관과 신체 경험**에 의지하면서, 인지 활동의 위험을 교정하는 방안으로 **육체와 정신**의 이분법을 관통하는 글쓰기를 추구한다.

정신과 육체의 이분법을 관통하면서 연구자들은 자신의 몸을 드러낸다. 정신을 신체보다 우위에 두는 대신 이들은 메마르고 분절되어 있는 인지적 논의를 신체가 풍요롭게 한다고 주장한다. 이들에 의하면, 인간 행동에 대한 인지적인 설명은 풍부하고 섬세한 묘사를 제시할 수 없고, 일반화의 이름으로 개별성을 없애버리기 때문에 공명적 타당성을 가질 수 없다. 이와 밀접히 이어져 있는 것이 감관적 글쓰기이다. 글쓰기 전략으로서 감관적 글쓰기는 연구자들이 감각을 통해서 이야기하도록, 어떻게 신체가 주변 세상에 반응하는지를 의식하도록, 신체가 연구에서 살아있도록 할 것을 강조한다. Stoller(1997)에 의하면 감관적 연구는 "인지적인 것과 감각적인 것의 통합이 어떻게 학문 활동과 결과에 적용될 수 있는지를 보여줌으로써 연구자의 몸을 일깨우는 것이다"(p.xv). 이와 유사한 또 다른 전략이 신체 경험에 대한 글을 쓰는 것이다. 이 경우 연구자들은 어떤 사건에 대해 쓰되, 바로 자신의 신체가 발생 현장이

었던 사건에 대해 쓰는 것이다. 학자들은 질병, 트라우마, 폭력, 슬픔, 인종, 성, 성 정체성, 종족성 등에 대한 글을 쓸 때 이 전략을 활용해왔다. 이들 연구에서 공통적인 것은 우리의 몸이 지식의 소재, 즉 연구자가 느낀 경험으로부터, 신체가 겪은 것으로부터, 자아의 감각으로부터 이야기하는 장소가 된다는 것이다. 이 과정에서 역사와 생생한 현장성에 대한 주장을 통해 취약했던 우리의 몸이 주체가 된다. 이것은 피해자를 생존자로, 침묵하던 것을 문화 작업자로 변환시키는 것이다. 이것은 동감과 사회적 변화의 가능성을 내포하고 있다.

Spry(2001b)는 학문적 탐구 대신 어떻게 그녀의 신체가 활동하게 되었는지에 대한 흥미 있는 예를 제시하고 있다. 백인 여성으로서 레게머리를 하려고 하는 자신의 결심을 이야기하면서 그녀는,

> 그들의 시간이 왔다.
> 그리고 그들이 등장하면서, 다양한 사람들로부터 다양한 반응이 나타났다.
> 가장 흥미 있는 반응의 주제는 백인 여성에게서 나왔다.
> "태미, 구슬을 끼면 흑인들을 기분 나쁘게 할까봐 걱정되지 않아?"
> "그러니까 그들이 무슨 생각을 할까?"
> "구슬을 끼는 것이 흑인들로부터 무언가를 빼앗는 것 같지 않아?"
> 마치 내가 인종주의적 치장을 하는 것처럼,
> 하고 있는 것처럼.
> 마치 내가 인종주의의 경주를 본질화되고 동질화된 흑인성이라는 종착점으로 끌고 나가는 것처럼.
> 그러나 나에게 떠오르는 것은 본질화되고 동질화된 백인성의 이미지들이었다.
> 그리고 나는 지금까지 내 삶의 대부분을 백인으로 치장해 왔다는 사실을 깨닫게 되었다(p.724).

긴 작품에서 발췌한 위의 글귀에서 Spry는 자신의 몸에 대해, 그것으로부터 씀으로써, 독자들이 어떻게 미국 사회에서 백인의 특권이 혹은 좀 더 일반적으로 인

종이 작동하고 있는지를 생각해 보도록 하고 있다. 독자들은 인종을 본질화시키려는 사람들에게 반문하는 그녀의 저항을 이해하게 되고, 자신의 신체 역시 인종화되었음을 이해하기 위해 노력하는 그녀를 통해 자신들의 인종적 입장과 관점을 되돌아보게 된다. Spry는 독자들에게 감성적이고, 직접 체화되고 느낀 정직함을 통해 인종에 대한 직시를 보여주고 있다.

부분적이고 편파적인 글쓰기

연구자들은 자신들의 연구가 언제나 부분적이고 편파적이라는 것을 알면서 연구를 진행한다. 즉, 그들은 결코 어떤 것에 대해서도 모든 것을 말할 수 없으며(부분성), 자신들이 말하는 모든 것이 이념의 영향을 받는다(편파성)는 것을 이해하고 있는 것이다. 이러한 인식을 바탕으로 연구자들은 **언어적 한계**를 의식하고, 어떻게 하나의 논의가 **이념의 영향**을 받고 있는지를 보여줌으로써, 혹은 감추어져 있는 것을 **드러냄으로써** 사안의 핵심에 이르는 글을 쓸 수 있다. 언어적 한계를 인정하는 글쓰기 전략은 언어가 얼마나 제한적이며 드러내고자 하는 현상과 완전히 일치할 수 없는지를 인정하는 것이다. 언어의 제약을 인정하는 것은 모든 질적 연구에 불가피하게 따라다니는 잠정성과 표현 불가능성을 부각시킨다. 이것은 독자들에게 모든 연구가 갖고 있는 위험성을 일깨워주는 것이다. 연구자들은 단어 선택이 어떤 영향을 미치는지를 논의함으로써, 스스로의 표상 방식에 의문을 제시함으로써(예컨대 무엇이 누락되었으며, 왜 자신들의 글쓰기가 부적합한지를 설명함으로써), 동일한 사건에 대한 복수의 이야기를 제시함으로써, 혹은 이전의 해석에 계속해서 새로운 내용을 추가함으로써 이러한 전략을 보여줄 수 있다. 이러한 전략들은 독자들이 깨어 있도록, 모든 주장을 조심스럽게 받아들이도록, 그리고 언어가 인간의 경험을 전달하는 능력에 의심을 품도록 한다.

Holman Jones(2002)는 다음과 같이 예리한 통찰을 보여주고 있다.

가끔 나는 세미나실에서, 그리고 내 컴퓨터 앞에 앉아 글을 쓰던 그 모든 시간 끝에, 결국 내가 단어 목록이나 단절된 기록 따위나 만들어온 것은 아닌지 의심하게 된다. 억압의 불공평이나 해결의 아름다움을 깔끔한 언어로 표현할 수 없기 때문에, 나는 세상을 설명하기 위해 단어 목록을 만든다. 생각과 느낌을 폭발시키는 단어들을 말이다(p. 187).

이 순간 독자들은 Holman Jones가 그녀 자신을 만족시키기 위해 글을 쓴다는 사실을 엿볼 수 있다. 그녀는 학자로서의 자신의 지위와 작가로서의 단절이 그녀를 이렇게 만들고 있다는 암시를 주고 있다. 그녀는 자신이 바라는 것이 무엇인지를 설명할 수 있는 표현을 갖고 있지 않다. 그녀는 주제를 설명하기 위해 단절된 표현, 리스트를 갖고 있지만 그녀를 가장 괴롭히고 있는 것은 쓸 수 없다. 그녀의 글을 읽어 나가면서 독자들은 그녀가 단절된 기록이나 리스트를 통해 그녀 자신의 욕망을 쓰고 있다는 것을 알게 된다. 이러한 전환은 질적 연구에서 드문 것이 아니다. 독자들은 종종 언어의 한계를 탓하면서도 그것의 힘을 보여주는 연구자들을 만나기 때문이다.

모든 발화는 이념의 영향을 받는다는 사실을 의식하고 있기 때문에 연구자들은 언어 그 자체뿐만 아니라 언어를 쓰는 자신들의 행위도 의식한다. 언어 자체를 논의할 때 이들은 언어가 어떻게 다른 측면 대신 특정한 측면을 부각시키는지, 단어의 어원이 어떻게 관련도 없는 이해를 만들어내는지, 어떻게 언어가 드러내는 것만큼이나 은폐시키는지 보여줄 것이다. 이러한 글쓰기는 담론 체계로서 언어가 결코 편견 없이 순수할 수 없음을 보여준다. 자기 자신의 언어 행위에 주목하게 될 때, 연구자들은 자신들의 이념적 편향이나 가려진 믿음을 드러내게 된다. 이들은 자신의 개인적 신념을 드러내거나, 사적 관심을 명시하거나, 윤리적 입장을 분명히 함으로써 이렇게 한다. 이념적 성향을 분명하게 드러내는 전략과 밀접히 이어져 있는 것이 바로 탈은폐 전략이다. 탈은폐는 주어진 언명에 부재한 것을 드러내는 해체이다. 이것의 주요 접근은 때로 재구성을 목적으로 한 증식이나 지나침이다.

Russel y Rodriguez(2002)는 자신의 전공인 인류학이 스스로의 입장과 맞지 않게 "주제나 이론가들에 대한 정태적이고 일차원적인 체계"를 요구한다고 지적한다(p. 347).

> 페미니스트 가운데 멕시코 여성, 멕시코 여성 가운데 페미니스트. 유럽계 미국인들 가운데 멕시코인, 멕시코인들 사이의 교량. 절반은 미국인, 절반은 멕시코인. 학계에서는 드문 존재이지만, 가정에서는 교육을 가장 많이 받은. 주류 가운데 소수자, 멕시코 미국인 가운데 주류 (pp. 347-348).

Russel y Rodriguez는 이들 각각의 묘사들이 어떻게 그녀를 서로 다른 이념적 흐름 속에 두는지 인식하고 있는 것이다. 이들 흐름을 드러내고 각각의 영향력을 인식함으로써, 그녀는 "인류학에서 침묵의 행위를 만들어내고 있는 규범적인 동시에 저항적인 입장들"로부터 그녀와 다른 사람들을 해방시키고자 쓰고 있는 것이다.

현실적 글쓰기

내가 이 장의 서두에서 분명히 밝히고자 했듯이, 깨달음과 기록으로서의 글쓰기는 수행적 행위, 즉 작가의 노동과 믿음의 현실적 표현이자 사회적 실제에 대한 의미를 담고 있는 발화이다. 현실적 텍스트는 개인적, 학문적, 사회적 설명을 통해 무엇이 중요한 문제인지 보여주고자 한다. 현실적 글쓰기를 추구하는 연구자들이 이용할 수 있는 전략은 **치유적 글쓰기**, **인용을 통한 교정**(citational correctives), **사회적 결과를 만들어내는 글쓰기** 등이다. 치유적 글쓰기에서 연구자들은 자신과 다른 사람들의

상처를 낫게 하고자 하는 치료적 관심을 갖고 있다. 예를 들어 이들은 질병이나 대인관계의 갈등, 억압, 물리적 폭력 등을 끝내고자 노력할 수 있다. Poulos(2009)는 왜 연구자들이 치유에 관심을 갖고 있는지를 다음과 같이 매력적으로 설명하고 있다.

> 내가 가족이라는 비밀스런 세계의 심연과 교차로와 가능성들을 탐색해감에 따라, 나는 필연적으로 인간 영혼의 "어두운" 순간들과 마주치게 된다. 그러나 이와 함께 나는 이야기의 솟아남 속에서, 우연한 대화에 대한 부드러운 회상의 빛 속에서, 그리고 꼬리에 꼬리를 무는 추억의 폭발 속에서 희망의 세계를 본다(p. 15).

희망은 치유적 텍스트의 작가들뿐만 아니라 스스로 문제를 설명한다고 생각하는, 혹은 그 문제에 대한 이해가 깊다고 생각하는 작가들에게서도 찾아볼 수 있다.

성적 학대로 생긴 폭식과 구토를 "He touched, He took"라는 강력한 시로 담아내고 있는 Kiesinger (2003)가 이 예에 해당한다.

> 그녀는 이들이 접근해옴에 따라 이미지와 감각에 언어를 입힐 것이다.
> 그녀의 목에 뜨거운 그의 숨.
> 그의 냄새, 먼지와 소독제의 이상한 조합.
> 작고 부드러운 그녀의 손에 사탕을 두자.
> 느껴지는 그의 거칠고 굳은살 배긴 손. (p. 177)

시는 이어서 폭식과 구토—그가 떠난 빈자리를 메우려는 폭식과 그를 거부하려는 행위로서의 구토—에 대한 설명으로 이어진다. 시는 다음과 같이 끝난다. "그녀는 그가 더럽히고 가져간 것을 극복하려는 희망, 어떤 경우에도 그녀 자신의 것을 회복하려는 희망으로 자신의 기억으로부터 쓴다"(p. 184). Kiesinger의 시는 또 다른 배출이다. 그녀는 자신의 잔인한 경험, 다른 사람들도 불행하게 살아야 했던 경험을 토대로 쓴다. 그녀는 스스로 회복하고자 하는 희망으로, 그리고 유

사한 이야기를 갖고 있는 다른 사람들이 안식을 찾을 수 있는 공간을 만들기 위해 쓰는 것이다. 그녀는 우리 모두를 일깨우기 위해 쓴다.

인용을 통한 교정(citational correctives)을 글쓰기 전략으로 활용하는 연구자들은 기존의 이론적 주장에 대한 불만으로부터 시작한다. 이들은 인정받은 설명으로 자리 잡고 있는 것과 다른 방향으로 글을 전개한다. 이들은 이론적 주장과 자신들의 개인적 경험을 병치시키거나, 주변부로부터 이야기하거나, 인지적 설명에 정의적 차원을 더함으로써 기존의 논리에 도전한다. 예를 들어 나는 의사소통 불안에 대한 상당한 양의 연구에도 불구하고 그 어떤 것도 말하는 사람의 직접적인 경험을 드러낸 적은 없다는 문제의식에서 "불안한 대화자의 고백"(Pelias, 1999)을 쓰고자 하였다. 나는 이 글에서 어떻게 이론적 논의들이 나의 불안을 보여주지 못하는지, 그리고 그렇게 하는 순간 어떻게 이론적 논의가 사라져 버리는지 보여주기 위해 나 자신이 대화의 일부가 되도록 하였다. 이 글의 한 부분에서 나는 이 주제에 대한 학자들의 주장을 여러 개 인용하고, 도전적인 반응을 보이고 있다. 여기에 한 예가 있다.

Watson, Monroe, 그리고 Atterstrom:
사람들과 구두로 대화하는 것에 대한 두려움인 의사소통 불안은 대화의 양을 제한하고 효과적인 삶을 방해함으로써 개인들에게 부정적인 영향을 미친다(*Communication Quarterly*, 37, 1989, p.67).
　　헛소리(p.83)

내 목적은 다른 학자들을 무시하려는 것이 아니라 불안자로서 그들의 논의를 읽을 때 들었던 정서적 반응을 보여주고, 불안에 대한 연구자들은 그런 증상을 갖고 있는 개인들의 경험에 주의를 기울이는 것이 도움이 된다는 점을 보여주는 것이었다.

사회적 결과를 전면에 내세우는 글쓰기 전략은 대안적 사회 구성과 실제를 제시하는 것에 초점을 둔다. 연구는 일상적 삶에 영향을 미쳐야 한다고 믿는 연구자들은 새로운 삶의 양식을 구체화하는 것을 자신들의 일로 간주한다. 이들의 작업은 사명감으로 가득 차서 행동을 촉구하는 해방적 교육의 형태를 지닌다. 이들은 단순한 서술을 넘어 이상적 공간을 만드는 데 비판적으로 개입되어 있다. 이들은 사회정의를 위해 일하는 문화 사역자들이다. Denzin과 Giardina(2009)는 사회적 결과를 추구하는 글쓰기가 어떻게 전개될 수 있는지에 대해 다음과 같이 우아한 설명을 제시하고 있다.

비판적이고 내생적인 교육에 토대를 둔 연구는 복수의 준거를 추구한다. 그것은 윤리적이고, 실천적이고, 치유적이고, 변혁적이고, 탈식민주의적이고, 참여적이어야 한다. 그것은 대화와 공동체와 자기 결정과 문화적 자율성을 위해 헌신한다. 그것은 사람들의 지각된 요구 … 를 충족하고자 한다. 그것은 반항적이고, 해체적이고, 비판적이며 정의와 평등에 헌신한다(p.29).

나는 내 책상에 앉아 어떤 글쓰기 전략의 리스트도 불완전하다는 사실을 의식하고 있다. 언어는 그것의 제약에도 불구하고 너무나 풍부하고 생성적이기 때문에 몇 가지 범주로 단순화시키기 어렵다. 연구자들이 취하는 생산적 절차는 거의 무제한적이다. 성공적인 글쓰기의 단순한 공식 같은 것은 없다. 마찬가지로 글쓰기 전략은 정태적인 것이 아니라서 서로 중첩되고 비껴나가고 변한다. 한 연구에서 효과적인 전략이 다른 연구에서는 그렇지 않을 수도 있다. 하나의 논문을 "꼭 읽어야 하는" 작품으로 둔갑시키는 수리 수리 마수리 같은 마법의 기법은 존재하지 않는다. 그러나 수사학적 기법을 활용하고, 주어진 주제에 대한 민감성을 바탕으로 체화된 양식으로 촉진적이고 반성적인 글쓰기를 한다면, 그리고 언어의 부분적이고 편파적인 성격을 활용하고 현실적이고 사회정의를 위한 글쓰기를 한다면, 일부 글쓰기 전략들은 실제로 도움이 될 수도 있을 것이다.

40.3 3부: 평가에 대한 입장

나는 책상에 앉아서 어떤 질적 작품이 좋고 어떤 노력들이 부족한지에 대해 내가 어떻게 평가하는지 생각하고 있다. 왜 내가 어떤 작품에는 끌리는 반면 다른 작품에는 그렇지 않은지, 왜 좋은 작품들에는 몰두하는 반면 그렇지 못한 작품들에는 냉정한 반응을 보이게 되는지 궁금하다. 평가에 대한 나 자신의 입장을 강요하는 것은 아니지만, 그럼에도 불구하고 심사자로서, 교육자로서, 연구자로서 나를 인도하는 기준이 있다는 점을 인정하면서, 이 절에서는 내가 어떤 작품을 좋아하고 그렇지 않은지 논의하고자 한다. 평가에 대한 다른, 아마 더욱 생산적인 기준의 가능성은 인정하지만, 이하 논의는 다른 동료들의 학문적 가치 기준에 토대를 두고 있는 것 역시 사실이다(예, Bochner, 2000; Ellis, 2004; Goodall, 2000, 2008; Richardson, 2000). 나는 책상에 앉아 다른 논의들을 염두에 두기는 하지만, 나 자신의 평가 기준에 대해 이야기하기로 한다.

평범한 작품은 식어 버린 저녁처럼 먹기는 해야 하지만 즐거움이 없는 것이다. 감각이 뛰어난 요리사는 양념이 없이는 모든 것이 단조롭다는 것을 알 수 있다. 평범한 작품은 요리사의 열정이 없는 것이나 마찬가지이다. 재미있는 작품은 한입 가득 담을 수 있는 평을 만들어 내면서, 음미하고 맛을 보고 기억하도록 한다. 그런 것을 만나면 나는 내 동료와 학생들을 초대하여 맛을 보게 하고 싶다.

평범한 작품은 자신의 위치를 모른다. 그것은 마치 이전에는 아무도 그 주제를 다루지 않은 것처럼 이야기한다. 그것은 처음부터 새로 바퀴를 만들려는 것과 같다. 흥미로운 작품은 자신의 위치를 알고 있다. 대화의 순서를 이어가면서 전임자들에게 머리를 숙인다. 그것은 가식적 리뷰가 아니라 존경 어린 방식으로 다른 사람의 생각을 수용하고자 한다. 그것은 때로 파악하고자 하며 다른 사람에게 짐을 넘기기도 하지만, 언제나 인용하는 것들만큼이나 흥미롭다. 그것은 킬링필드를 만들지 않고 앞으로 나아간다.

평범한 작품은 종종 자신의 본질적 단순함을 감추기 위해 화려한 옷을 입는다. 흥미로운 작품은 아마도 자신을 낯설게 장식하지만, 모든 향내가 전체를 위한 표현의 일부라는 사실을 의식하면서 상황에 적절한 옷을 입을 줄 안다. 화려하게 꾸미는 대신 그것의 디자인은 계속적인 대화를 촉진한다.

평범한 작품은 인간의 위나 아래에 대해 이야기하기 때문에 추상적이다. 흥미로운 작품은 구체성 속에 존재한다. 그것은 벌거벗은 가지에 나뭇잎을 입히기는 하지만 과장하거나 요란 떨지는 않는다. 그것은 나무를 만들기 위해 어떤 잎사귀가 필요하지 않다. 그리고 나뭇잎이 두꺼워짐에 따라 각각의 설명이 풍요로워진다.

평범한 작품은 익숙한 모델에 따라 자신의 사고를 구조화한다. 그것은 영어 작문이나 과학적 추론에 대한 기초 수업에서 배운 것들에 너무 충실하다. 그것은 형식과 내용의 생동감 있는 관계를 살리지 못한 채, 그것을 진부한 양식에 묻어 버린다. 흥미로운 작품은 주어진 주제에 따라 구조를 창안해낸다. 형식이 만들어지면 작품도 만족한다. 그것은 내용의 중요성도 잘 알고 있다.

평범한 작품은 쉽고 예상할 수 있는 답을 제시한다. 그것은 이미 알려진 것에 대해 이야기하고, 결론이 서론을 넘어서지 못한다. 그것은 스스로 옳다는 것을 입증하는 데 매진한다. 흥미로운 작품은 갈등 속에 존재하며 스스로의 깨달음을 찾고 있다. 그것은 작고 불확실한 결론을 겸손하게 제시한다. 그것의 생각들은 한계를 분명히 하면서 의심의 대상이 된다.

평범한 작품에서 저자는 보이지 않거나 존재하지 않는다. 그것은 높은 곳에서 선언을 낭독하는 확성기이다. 흥미로운 작품에는 저자가 직접 등장한다. 모든 신체는 역사적으로, 문화적으로, 개인적으로 제약이 있다는 것을 알기 때문에, 독자들에게 읽기 맥락을 제공하고 어떻게 자신의 논의가 오염되었는지를 설명하기 위해 작품의 상황을 분명히 한다. 그것은 신체를 통해 독자들에게 이야기한다.

평범한 작품은 심장과 머리가 분리될 수 있다고 생각한다. 그것의 열정은 묻혀 버렸고 정치성은 부정된다. 그것은 메스를 들고 있는 의사이다. 흥미로운 작품은 심장과 두뇌를 통합하고 있다. 그것은 Decartes식의 이분법을 거부하지만, 굳이 따라야 한다면 "느낌"을 통해 "생각"한다. 비록 생생한 복잡성을 완전히 담아낼 수는 없지만, 인간의 경험을 설명하기 위한 구성물을 적극적으로 만들 때 나오는 힘과 열정을 통해 그것은 심장으로부터 이야기한다. 그것은 당신의 진료 일지를 옆에 끼고 편안하고 분명한 이야기를 해주는 간호사와 같다.

평범한 작품은 이미 있는 것만 받아들이고, 이미 구축되어 있는 것들을 신뢰한다. 그것은 이미 지어져 있는 것을 장식하고, 기존 상태를 꾸민다. 흥미로운 작품은 닫힌 문을 열고, 가려져 있던 통로를 찾고, 새로운 공간을 만든다. 그것은 말썽을 일으키고, 공상적이며, 말하기 힘들고, 금지되어 있고, 위험한 것을 말하고자 한다. 그것은 주인의 집을 다시 지어야 한다는 것을 안다. 그것은 주인이 없다고 믿는다.

평범한 작품은 진리를 갖고 있다고 생각함으로써 오류를 만든다. 그러한 작품은 스스로 바닥까지 드러냈으며, 모든 천사들을 찾아냈고, 모든 반박 가능성을 다루었다고 믿는다. 지면에는 그것의 우쭐함이 가득 차 있다. 흥미로운 작품은 언어가 한계를 갖고 있고, 오늘 확실한 것이 내일은 농담거리가 될 수 있고, 모든 작품은 저자의 입장을 반영하고 있다는 것을 알기 때문에 늘 잠정성 속에 자신을 자리매김한다.

평범한 작품은 정치성을 슬로건이나 진부한 표현으로 변질시킨다. 그것은 이미 알려진 적들을 비난하고 익숙한 방향으로 손가락질한다. 그것은 분노로 가득 차 있지만, 이들 분노는 흔히 자유주의 교육의 산물 그

이상이 아니다. 너무나 자주 이러한 작품은 교훈적이다. 흥미로운 작품은 정치성을 몸으로 녹여내고, 어떻게 정치가 한 개인의 삶에 영향을 미치는지 보여주며, 우리의 심장을 향해 이야기한다. 그것은 독자들을 다른 사람의 삶으로 이끌며, 그들의 공감 본능을 이끌어내고, 독자들이 사회정의를 위해 일하도록 하기 위해 때로 그들을 연루시키기도 한다.

평범한 작품은 윤리적 결과를 의식하지 못하고 쓰여진다. 그것은 다른 해석이 가능하다는 점은 생각하지 못한 채 서둘러 공간을 차지한다. 이것의 발산은 사회적 환경을 오염시킨다. 흥미로운 작품은 좌와 우를 모두 살펴본다. 그것은 다른 사람들과의 연대 속에서 윤리적 입장을 찾는다.

40.4 결론적 입장

나는 지금 내 책상에 앉아, 나의 입장 속에서, 어쩌면 내가 받은 부탁보다 훨씬 더 많은 질문을 독자들에게 하면서, 혹은 내 글쓰기가 의미 있을까 질문하면서 내 이야기를 길게 끌어왔다. 내 이야기는 물론 질적 글쓰기에 대해 가능한 하나의 이야기일 뿐이다. 나는 이 이야기가 평범한지 아니면 흥미로운지 결정하도록 독자들을 초대한다. 어떤 경우이든 이것은 내가 깨달은 것에 대한 기록이며, 공간을 확보하기 위한 진술이며, 사회적 세상에 대해 쓰는 노력, 사회적 세상이 좀 더 살 만하고 평등한 공간이 되도록 만드는 노력을 촉진하기 위해 만들어진 질적 연구를 대신한 구체적 설명이다. 나는 대화와 다른 가능성에 대한 희망을 갖고 내 이야기를 써왔다. 나는 책상에 앉아 애쓰고 있다.

참고문헌

Adams, T. (2006). Seeking father: Relationally reframing a troubled love story. *Qualitative Inquiry, 14*(4), 704–723.

Alexander, B. K. (2005). Performance ethnography: The reenacting and inciting of culture. In N. K. Denzin & Y. S. Lincoln (Eds.), *The SAGE handbook of qualitative research* (3rd ed., pp. 411–442). Thousand Oaks, CA: Sage.

Alexander, B. K. (2006). *Performing Black masculinity: Race, culture, and queer identity.* Walnut Creek, CA: AltaMira Press.

Anzaldúa, G. (1999). *Borderlands/la frontera: The new mestiza* (2nd ed.). San Francisco: Aunt Lute Books.

Bell, M. (2002). Thirty-two statements about writing poetry (work-inprogress). *The Writer's Chronicle, 13.* Available at http://www.cop percanyonpress.org/400_opportunities/430_gettingpub/bell.cfm

Bhabha, H. K. (1994). *The location of culture.* New York: Routledge.

Bochner, A. P. (2000). Criteria against ourselves. *Qualitative Inquiry, 6,* 266–272.

Brady, I. (2003). *The time at Darwin's reef. Poetic explorations in anthropology and history.* Walnut Creek, CA: AltaMira Press.

Chawla, D. (2003). Rhythms of dis-location: Family history, ethnographic spaces, and reflexivity. In R. P. Clair (Ed.), *Expressions of ethnography: Novel approaches to qualitative methods* (pp.271–279). Albany: State University of New York Press.

Colyar, J. (2009). Becoming writing, becoming writers. *Qualitative Inquiry, 15*(2), 421–436.

Conquergood, D. (1991). Rethinking ethnography: Towards a critical cultural poetics. *Communication Monographs, 58,* 179–194.

Defenbaugh, N. (2011). *Dirty tale: The chronically ill journey.* Creskill, NJ: Hampton Press.

Denzin, N. K. (2003). *Performance ethnography: Critical pedagogy and the politics of culture.* Thousand Oaks, CA: Sage.

Denzin, N. K. (2008). *Searching for Yellowstone: Race, gender, family and memory in the postmodern West.* WalnutCreek,CA:LeftCoastPress.

Denzin, N. K., & Giardina, M. D. (2009). Qualitative inquiry and social justice: Toward a politics of hope. In N. K. Denzin & M. D. Giardina (Eds.), *Qualitative inquiry and social justice* (pp. 11–50). Walnut Creek, CA: Left Coast Press.

Denzin, N. K., & Lincoln, Y. S. (Eds.). (2005). *The SAGE Handbook of qualitative research* (3rd ed.). Thousand Oaks, CA: Sage.

Didion, J. (2000). Why I write. In J. Sternburg (Ed.), *The writer on her work* (pp.17–25). New York: W. W. Norton.

Dunn, S. (1993). Walking light: Essays and memoirs. New York: W. W. Norton.

Ellis, C. (1995). *Final negotiations: A story of love, loss, and chronic illness.* Philadelphia: Temple University Press.

Ellis, C. (2004). *The ethnographic I: A methodological novel about autoethnography.* Walnut Creek, CA: AltaMira Press.

Ellis, C. (2009a). *Revision: Autoethnographic reflections on life and work.* Walnut Creek, CA: Left Coast Press.

Ellis, C. (2009b). Telling tales on neighbors: Ethics in two voices. *International Review of Qualitative Research, 2*(1), 3–28.

Ellis, C., & Bochner, A. P. (1992). Telling and performing personal stories. The constraints of choice in abortion. In C. Ellis & M. Flaherty (Eds.), *Investigating subjectivity: Research on lived experience* (pp. 79–101). Newbury Park, CA: Sage.

Frost, R. (1963). The figure a poem makes. In *Selected poems of Robert Frost* (pp. 1–4). New York: Holt, Rinehart & Winston.

Gale, K., & Wyatt, J. (2008). Two men talking: A nomadic inquiry into collaborative writing. *International Review of Qualitative Research, 1*(3), 361–380.

Geiger, D. (1967). *The dramatic impulse in modern poetics.* Baton Rouge: Louisiana State University Press.

Goldberg, N. (1986). *Writing down the bones: Freeing the writer within.* Boston: Shambhala.

Goodall, H. L. (1989). *Casing the promised land: The autobiography of an organizational detective.* Carbondale: Southern Illinois University Press.

Goodall, H. L. (2000). *Writing the new ethnography.* Walnut Creek, CA: AltaMira Press.

Goodall, H. L. (2006). *A need to know: The clandestine history of a CIA family.* Walnut Creek, CA: Left Coast Press.

Goodall, H. L. (2008). *Writing qualitative inquiry: Self, stories, and academic life.* Walnut Creek, CA: Left Coast Press.

Gray, R., & Sinding, C. (2002). *Standing ovation: Performing social science research about cancer.* Walnut Creek, CA: AltaMira Press.

Hartnett, S. J. (2003). *Incarceration nation: Investigative prison poems of hope and terror.* Walnut Creek, CA: AltaMira Press.

Hartnett, S. J., & Engels, J. D. (2005). "Aria in time of war": Investigative poetry and the politics of witnessing. In N.

K. Denzin & Y. S. Lincoln (Eds.), *The SAGE handbook of qualitative research* (3rd ed., pp. 1043–1068). Thousand Oaks, CA: Sage.

HolmanJones, S. (2002). Torch. In N. K. Denzin & Y. S. Lincoln (Eds.), *The qualitative inquiry reader* (pp. 185–215). Thousand Oaks, CA: Sage.

Kaufman, M., & Members of the Tectonic Theater Project. (2001). *The Laramie Project*. New York: Vintage Books.

Kiesinger, C. E. (2003). He touched, he took. In R. P. Clair (Ed.), *Expressions of ethnography: Novel approaches to qualitative methods* (pp. 177–184). Albany: State University of New York Press.

Lockford, L. (2008). Investing in the political beyond. *Qualitative Inquiry, 14*, 3–12.

Madison, D. S. (1999). Performing theory/embodied writing. *Text and Performance Quarterly, 19*, 107–124.

Madison, D. S. (2005). *Critical ethnography: Method, ethics, and performance*. Thousand Oaks, CA: Sage.

Mienczakowski, J. (2001). Ethnodrama: Performed research—limitations and potential. In P. Atkinson, A. Coffey, S. Delamont, J. Lofland, & L. Lofland (Eds.), *Handbook of ethnography* (pp. 468–476). Thousand Oaks, CA: Sage.

Myers, B. (2008). Straight and White: Talking with my mouth full. *Qualitative Inquiry, 14*, 160–171.

Pelias, R. J. (1999). *Writing performance: Poeticizing the researcher's body*. Carbondale: Southern Illinois University Press.

Pelias, R. J. (1999). Confessions of an apprehensive performer. In R. J. Pelias, *Writing performance: Poeticizing the researcher's body* (pp. 79–87). Carbondale: Southern Illinois University Press.

Pineau, E. (2000). Nursing mother and articulating absence. *Text and Performance Quarterly, 20*, 1–19.

Pollock, D. (1998). Performative writing. In P. Phelan & J. Lane (Eds.), *The ends of performance* (pp. 73–103). New York: New York University Press.

Poulos, C. (2009). *Accidental ethnography: An inquiry into family secrets*. Walnut Creek, CA: Left Coast Press.

Prendergast, M., Leggo, C., & Sameshima, P. (Eds.). (2009). *Poetic inquiry: Vibrant voices in the social sciences*. Rotterdam, The Netherlands: Sense Publishers.

Rambo Ronai, C. R. (1996). My mother is mentally retarded. In C. Ellis & A. Bochner (Eds.), *Composing ethnography: Alternative forms of qualitative writing* (pp. 109–310). Walnut Creek, CA: AltaMira Press.

Richardson, L. (2000). Writing: A method of inquiry. In N. K. Denzin & Y. S. Lincoln (Eds.), *Handbook of qualitative research* (2nd ed., pp. 923–948). Thousand Oaks, CA: Sage.

Richardson, L. (2007). *Last writes: A daybook for a dying friend*. Walnut Creek, CA: Left Coast Press.

Richardson, L., & St. Pierre, E. A. (2005).Writing: A method of inquiry. In N. K. Denzin & Y. S. Lincoln (Eds.), *The SAGE handbook of qualitative research* (3rd ed., pp. 959–978). Thousand Oaks, CA: Sage.

Roethke, T. (2001). *On poetry and craft*. Port Townsend, WA: Copper Canyon Press.

Rosenthal, M. L. (1987). *The poet's art*. New York: W. W. Norton.

Russel y Rodriguez, M. (2002). Confronting anthropology's silencing praxis: Speaking of/from Chicana consciousness. In N. K. Denzin & Y. S. Lincoln (Eds.), *The qualitative inquiry reader* (pp. 347–376). Thousand Oaks, CA: Sage.

Saldana, J. (2005). *Ethnodrama: An anthology of reality theatre*. Walnut Creek, CA: AltaMira Press.

Sanders, E. (1976). *Investigative poetry*. San Francisco: City Lights Books.

Smith, A. D. (1993). *Fires in the mirror*. New York: Doubleday.

Smith, A. D. (2000). *Twilight: Los Angeles, 1992*. New York: Random House.

Smith, L. (2007). A life in books. *The Writer's Chronicle, 40*(2), 37–41.

Spry, T. (2001a). From Goldilocks to dreadlocks: Hair-raising tales of racializing bodies. In L. C. Miller & R. J. Pelias (Eds.), *The green window: Proceedings of the Giant City Conference on Performative Writing* (pp. 52–65). Carbondale: Southern Illinois University.

Spry, T. (2001b). Performing autoethnography: An embodied methodological practice. *Qualitative Inquiry, 7*, 706–732.

Spry, T. (2009). Bodies of/as evidence in autoethnography. *International Review of Qualitative Research, 1*, 603–610.

Stoller, P. (1997). *Sensuous scholarship*. Philadelphia: University of Pennsylvania Press.

Tillmann-Healy, L. M. (2001). *Between gay and straight: Understanding friendship across sexual orientation*. Walnut Creek, CA: AltaMira Press.

Tillmann-Healy, L. M. (2003). Hands. In R. P. Clair (Ed.), *Expressions of ethnography: Novel approaches to qualitative methods* (pp. 175–176). Albany: State University of New York Press.

Tracy, S. J. (2003). Watching the watchers: Making sense of emotional constructions behind bars. In R. P. Clair (Ed.), *Expressions of ethnography: Novel approaches to qualitative methods* (pp. 159–172). Albany: State University of New York Press.

Trujillo, N. (2004). *In search of Naunny's grave: Age, class, gender, and ethnicity in an American family*. Walnut Creek, CA: AltaMira Press.

Warren, J. T. (2001). Absence for whom? An autoethnography of White subjectivity. *Cultural Studies <=> Critical Methodologies, 1*, 36–49.

Watt, J. (2005). A gentle going? An autoethnographic short story. *QualitativeInquiry, 11,* 724–732.

Watt, J. (2008). No longer loss: Autoethnographic stammering. *Qualitative Inquiry, 14,* 955–967.

Young, V. A. (2007). *Your average Nigga: Performing race, literacy, and masculinity.* Detroit, MI: Wayne State University Press.

Tineke A. Abma, Guy A. M. Widdershoven

41.

책임 있는
관계적 실천으로서 평가

김한별_ 한국교원대학교 교육학과 교수

평가는 응용과학이며, 평가자는 사회정치적 역동성 안에서 평가의 활동을 수행한다. 평가가 방법론적 단계를 요구한다고는 하지만, 이 장에서 필자들은 평가란 기본적으로 책임 있는 관계적 실천과정이자 여정임을 강조할 것이다. 그래서 평가자는 평가자가 된다는 것이 어떤 의미인지에 대한 공통된 이해를 바탕으로 평가의 업무를 수행한다는 점을 부각한다. 필자들은 평가자들이 일정한 세계에 관여하는 존재여야 한다는 점을 강조하며, 평가대상이 되는 실천에 관여하는 개인들과의 관계성을 충분히 설명해야 한다는 점을 드러낼 것이다. 이러한 관여와 개입은 형성하고 발전하는 참여자와의 관계성에 대한 책임뿐만 아니라, 사회적으로 정의로운 실천을 심화시키는 것에 대한 책임을 포함하는 것이다. 이 장에서는 정신의학 분야의 한 사례를 통하여 이런 취지의 이야기를 전개해나갈 것이다.

41.1 실행 및 교육과 관련한 실천으로서 평가

무엇보다도 평가는 평가자가 협상하기, 계약하기, 이야기 나누기, 인터뷰 내용 전사(全寫)하기, 보고서 작성하기 등과 같은 다양한 활동을 수행하는 일꾼이 되는 하나의 실천이다. 이러한 대부분의 활동은 평가자에 대한 공유된 이해를 바탕으로 이루어진다. 여기서 "공유"되었다는 말은 평가분야에서 합의되고 보편적인 것으로 간주되는 방식을 바탕으로 한다는 뜻이다. 또한 평가를 하나의 실천으로 정의하고 있는데, 이런 모습은 평가란 책에서 접할 수 있는 지식의 단순한 적용을 넘어서는 복잡다단한 활동임을 암시하는 것으로써, 평가자는 평가의 맥락에 상존하는 사회정치적 복잡성을 어떤 식으로든 다루어가야 한다(조급한 고객, 관료적 관리자, 드러나지 않는 사용자 등).

평가의 실천은 구체적인 현실에서부터 도래하는 문제에 근거하여 이루어진다. 평가는 실천에 유용해야 한다. 그렇기 때문에 실행은 언제나 현장에서 가지고 있는 관심사항과 밀접하게 관련된다. 평가의 시작단계부터 보더라도, 개인의 사고과정에 점진적으로 영향을 주든, 정책형성 과정의 하나의 정보원으로 활용되든, 매우 구체적인 수준에서의 의사결정에 직접 사용되든 간에 의사결정에 유용한 정보를 제공할 수 있어야 한다(Patton, 1988; Weiss, 1988). 따라서 평가는 사회정치적 과정이라고 할 수 있다(Abma &

Schwandt, 2005; Greene, 1994, 2000; House, 1981; Palumbo, 1987). 이러한 사회정치적 맥락은 복잡한 역동성을 창조하는데, 가령 종종 단기적 접근으로 이루어져야 할 필요성이 제기되거나, 프로그램 후원자가 자신의 독자적 이해를 표현할 수도 있으며, 특정 이해집단이 평가결과에 대해서 영향력을 행사하려고 시도하기도 한다. 그러므로 다양하고 또는 상충되는 이해가 존재하는 상황에서 평가자의 부담은 커질 수밖에 없다. 뿐만 아니라, 프로그램과 정책은 평가결과에 의해서 중단될 수도 있으며, 평가활동과 관련하는 사람들은 제재를 당할 수도 있다. 그러므로 실행은 평가자의 입장에서 정치적 감각과 인식을 좀 더 민감하게 할 필요가 있음을 시사한다.

평가의 실행과 관련한 중요한 영역은 교육적 영역이다. 평가는 학습과정을 다양한 방식으로 유발한다. 교훈적인 접근은 평가를 통해서 도출된 결과를 적용하는 과정에서 나타나는 학습과정에 주목한다. 이 과정은 지식의 확산－수용－적용이라는 지식생산의 선형적 과정을 밟아나가게 된다. 지식 정보의 처리에 관한 이러한 전달적 관점은 학습을 인지적 활동으로 이해하며, 구체적인 활동과 분리되는 개인 내적인 과정으로 이해한다. 즉 지식을 습득하는 것과 지식을 적용하는 것은 완전히 별개의 활동인 것이다. 그러나 학습에 대한 교육적 접근은 실천가들 간의 활동, 상호작용에서 나타나는 성격의 것임을 좀 더 부각한다. 학습은 사회적이고 집합적 과정이며, 참여자들의 실제 생활 맥락과 직접적으로 관련되어 있다. 평가과정은 참여자들로 하여금 자신들의 실천의 장점과 관련한 비판적 질문을 스스로 제기하여 성찰하도록 함으로써 그 자체로 학습경험을 촉진할 수 있는 요소를 내포하고 있다. 질적 평가는 이러한 과정을 면면 상호작용을 통하여 지원한다. 즉, 평가과정을 통해서 모종의 실천과 관련한 학습과정에 의도적으로 개입시킴으로써 실천의 개선을 가능하게 하는 공동 주인의식을 형성하며, 평가활동의 도입시기부터 학습가능성을 극대화하게 된다. 교육적 입장에서 고려할 때, 평가를 프로그램이나 처치가 이루어진 이

후에 부가적으로 이루어지는 활동으로 간주해서는 안된다. 교육적 입장에서 평가의 가치를 확인하기 위해서는 실천이 전개되는 가운데 이루어지는 성찰적 학습 과정으로 평가를 이해해야 한다. 실천, 반성, 평가는 깊이 혼합되는 것이다. 이러한 과정은 평가자만의 책임과 역할에만 의존해서 이루어지는 것이 아니며, 평가활동에 관련되는 모든 이들의 책임공유를 통해서 이루어지는 것이다. 평가자는 좀 더 수용적이고 통합적인 사회를 실현하기 위하여 신뢰로운 관계에 기초한 상호작용을 촉진하고 또 스스로 그러한 관계를 가져야 한다.

이 장의 목적은 평가의 관계적 실천 측면에 대해서 관계적 측면뿐만 아니라 사회정의의 비전 측면까지 함께 고려하면서 진지하게 논의해보는 것이다. 이를 위해서 우선 프로그램 평가 분야의 지적 전통, 특히 질적 평가와 관련한 배경과 통찰을 얻을 수 있도록 역사적 흐름을 조망할 것이다.

41.2 평가 분야의 역사

평가는 근대적이며 비교적 신생인 전문적인 학문분야이다. 미국에서 볼 때, 평가가 공식적으로 하나의 학문체계이자 독립적 영역으로 부각되고, 특히 교육과 밀접하게 관련하여 발전된 것은 2차 세계대전이 끝난 직후부터이다. 평가의 출발은 미국의 개척자 정신과 더불어서 소외된 계층의 여건을 개선하려는 연방정부의 노력에 고무되었으며, 특히 구소련의 스푸트니크 인공위성 발사를 계기로 학교교육의 획기적 개선을 시도하려는 노력과 병행하여 이루어졌다(Guba 개인면담, 1994년 여름). 방대한 교육 프로그램이 그 효과성에 대한 피평가 의무를 전제로 연방정부의 후원에 의해서 실행되었다. 그래서 평가자는 어떤 프로그램이 가장 효과적이었는지, 프로그램 효과를 발현하는 인과적 논리는 어떠하였는지에 대한 결과를 도출함으로써 프로그램을 다른 상황에서 운영할 수 있는 가능성과, 그랬을 경우 기

대할 수 있는 효과의 예측까지를 염두에 두어야 하였으며, 그럼으로써 좀 더 나은 사회건설에 기여할 수 있어야 하였다. 이처럼 평가의 실행은 사회공학적 접근과 밀접하게 관련되었다. 프로그램 평가가 그 이전에는 체계적으로 이루어진 적이 없었기 때문에, 많은 사회과학자와 전문가들은 일정한 실천 활동을 측정, 모니터링, 묘사, 조정, 판단할 수 있는 방법에 대해서 고민하였다. 그래서 초반에는 주로 유사실험 설계(quasi-experimental in design)와 같은 적절한 방법론 개발에 초점이 맞추어졌다. 이러한 설계에서 충분한 논의와 숙고를 통해서 구상한 정책목표와 가정이 먼저 만들어진 다음에 주로 양적 방법과 기법을 통해서 검증이 이루어졌다.

　질적 평가는 주로 내부자의 맥락적 지식에 기초하여 일련의 활동의 가치와 정당성을 가늠하는 탐구로 정의될 수 있다. 질적 평가의 등장은 1970년대 Cronbach가 프로그램 평가영역에 있어서 탁월한 사회 문화인류학자의 기여가 필요하다는 지적을 하던 때로 거슬러 올라간다(Cronbach et al., 1980). Cronbach의 이러한 지적은 많은 평가이론가 및 전문가들로 하여금 자연주의적 연구자로서 자질에 대해서 열망할 필요가 있음을 강조하는 것이었다(Stake, 1991; Stake 개인면담, 1994년 여름). 영국에서는 Parlett와 Hamilton(1972)이 사회 문화인류학자로서 평가자 은유를 심층적으로 분석하기도 하였다. 이들은 상황적합적인 평가접근을 제안하였는데, "일상 현실을 구성하는 복잡함을 풀어내기 위하여" 평가자 스스로가 일상 현실에 철저하게 익숙하게 녹아들어가는 것이 가장 핵심적 의미이다. 그렇기 때문에 현장에 직접 참여하여 관찰하는 것은 우선적으로 수행되어야 할 활동으로 간주되었다. 평가자는 참여자와의 대화나 참여자 간의 대화를 녹음함으로써, 다양한 실제 사용 언어와 은어, 은유의 의미를 이해하고, 그로부터 참여자들의 사회적 관계에 내재된 암묵적 가정에 대한 통찰을 얻을 수 있도록 하였다. 미국에서도 Stake는 사회적 상호작용을 평가의 중요한 양상으로 포함할 것을 강조한 바 있다

(Abma & Stake, 2001; Stake, 1967). 평가자들은 프로그램 투입과 산출요소에 대한 자료 수집뿐만 아니라, 프로그램의 맥락과 프로그램 운영에 관여하는 중재적 요소의 특성에 대한 판단도 함께 해야 하는 것이다. Guba와 Lincoln(1981)은 이러한 Stake의 업적이 프로그램 평가의 자연주의적 접근을 발전시키는 중요한 노력임을 분명히 강조하였다.

　평가에 대한 이러한 질적 접근은 공통적으로 프로그램 내부자와 관련 이해관계자의 관점에서 평가 대상이 되는 프로그램의 가치와 의미를 총체적으로 이해하는 것을 목적으로 한다. 이러한 총체적 이해는 평가자로 하여금 프로그램의 역사적, 조직적, 문화적 배경, 프로그램 운영에 관여하는 담당자, 정치적 영향, 이해관계자 간 사회적 관계성 등과 같은 프로그램의 운영에 개입하는 복잡다단한 '요소'들의 상호영향성에 대해 주목하게끔 한다. 이들은 프로그램의 효과성과 가치를 부분적, 혹은 전체적으로 구성하는 요소라는 점에서 이 모든 요소들이 평가에서 중요하다고 할 수 있다. Stake(1991)와 다른 학자들이 "프로그램 이해관계자들의 개성(personalities)이 결정적 요소"라고 언급하였으나, 프로그램 이해관계자들의 사회적 관계를 보여주는 다른 양상들, 가령 리더십, 카리스마, 보호와 존중, 호혜와 협력, 안정감, 학습과 성장을 위한 기회, 갈등, 질투, 의심과 불신 등과 같은 요소들도 중요하게 고려되어야 할 것이다. 이렇듯 이해관계자들의 사회적 관계성은 평가대상인 프로그램을 구성하는 중요한 속성이 되며, 이러한 속성으로부터 프로그램의 특성과 효과성을 확인할 수 있다. 그러므로 프로그램이나 정책은 사회적 실천으로 이해될 필요가 있다. 프로그램이나 정책은 단순한 처치로 환원되어서는 안 되며, 언제나 사회적, 역사적, 문화적으로 결정된 관계성, 상호작용, 가치가 개입하는 실천인 것이다. 미국의 한 도심지역 학교의 미술교육을 평가한 Mabry(1991)의 활동은 이러한 양상을 잘 보여주는 예이다.

Alexandre Dumas는 시카고 남부에 위치해있는 초등학교이다. 평가자는 이 초등학교에서 미술교육이 어떻게 이루어지는지 확인하고자 하였다. 평가는 Dumas 초등학교 미술교육의 한 부분으로서 수행되었다. 초등학교 현관 입구에 들어서자마자 평가자는 Dumas 초등학교가 저소득층 소외지역 학교의 일반적인 모습과 사뭇 다르다는 것을 느꼈다. 그리고 조심스런 흑인 학생들과 교직원들을 만나면서 평가자는 자신이 백인이란 사실을 깨닫게 되었다. 많은 교사들과의 면담과 몇몇 공개수업을 접하면서, 평가자는 Dumas 초등학교에서 미술은 학생들로 하여금 흑인임을 스스로 인정하고 긍정하는 동시에, 주류문화로의 편입기회, 그리고 삶에서 좋은 것들을 경험하는 해방구라고 판단하게 되었다. 그리고 어떤 의심의 여지도 없이, Dumas 초등학교의 성공은 Silvia Peters라는 교장선생님의 카리스마와 헌신덕분임을 확인할 수 있었다. 교장선생님의 리더십은 Dumas 초등학교가 수많은 시카고 지역의 흑인 공립학교들이 겪고 있는 어려움과 절망 가운데에서도 하나의 희망이 될 수 있도록 하였다. 평가자는 Silvia Peters 교장선생님이 어떤 사람인지, 그리고 이 선생님이 어떻게 학교를 경영했는지를 볼 수 있도록 충분한 설명을 하였다. Silvia 교장선생님은 미술을 재미있는 수업, 누구나 참여할 수 있는 수업, 그리고 중요한 수업으로 인식될 수 있도록 하였던 것이다.

질적 접근의 차원에서 볼 때, 프로그램에 참여하는 사람들과 관련한 다른 이해관계자들의 관심과 가치가 서로 다를 수 있으며, 이들이 공존하고 있다는 점을 분명히 인식하는 것이 중요하다. Stake(1975)는 프로그램 평가에 있어서 프로그램 목표에만 천착하던 단편적 접근을 지양할 것을 강조한 거의 최초의 학자라고 할 수 있다. 프로그램 목표에만 주목할 경우 관리지향적 편향이 나타날 수 있기 때문에, Stake는 모든 가능한 이해관계자의 관심이 평가에서 다루어져야 할 것을 주장하였다. 이런 주장은 이해관계자의 입장 차이에 따라서 하나의 현상이 다르게, 혹은 상충되게 해석될

수 있다는 점에 근거하고 있다(Abma & Stake, 2001; Stake & Abma, 2005). 이해관계자의 관심에 반응적이 된다는 것은 이들의 경험적 지식의 가치를 존중한다는 의미이다. 방법론적으로, 이러한 다원성의 인정은 "설계"가 이해관계자들 간의 대화를 통해서 점진적으로 도출된다는 의미이다. 이러한 평가설계의 과정은 즉흥 댄스를 추는 과정에 비유할 수 있다. 미뉴엣이 스텝과 턴, 그리고 손과 발의 동작이 어떠해야 하는지 어느 정도 규정하기는 하지만, 즉흥적으로 춤을 어떻게 구성하고, 추어야 하는지에 대한 아이디어도 동시에 담아낸다. 평가자는 이 과정에서 자신의 역할을 수행하면서 평가 진행상황을 점검하고 기록한다. 설계가 사전에 이루어지는 것이 아니기 때문에 중요한 어느 범위의 자료를 수집해야 하며 어느 수준까지 분석해야 하며, 어느 정도의 주제에 대한 평가가 필요한지 등에 대한 방법론적 결정은 언제나 평가가 진행되는 가운데 이루어지게 된다.

또한 이러한 접근을 취하는 평가자들은 평가활동에 내재된 해석적 특성을 충분히 인식하고 있다. 이해관계자의 관심은 언제나 발견하기 쉽거나 쉽게 취합할 수 있는 것이 아니다. 그러한 관심은 마치 평가자가 산파처럼 공을 들여야 도출될 수 있다. 의미의 발견은 결코 증명의 문제가 아니다. 평가자를 포함한 모든 인간들은 해석적 성향을 갖는다. 세상을 설명하고 우리의 경험에 의미를 부여하기 위하여 해석하는 우리 자신들이 가지고 있는 선행경험, 욕구, 관점, 사회경제적 배경 등을 고려해야 한다. 모든 서술은 해석에 의존한다. 그러면서 모든 질적 평가 연구들은 이해관계자들의 설명과 내러티브를 최대한 있는 그대로 해석하려는 대신, 자료의 왜곡과 축소를 방지하기 위하여 개념적 틀을 사용하는 것에 회의적인 입장을 취한다. 실천의 질을 부각하기 위하여 평가자는 자신의 기준에 따라서 판단해야 한다. 물론 기준에 따른 판단이 선험적이고 절대적 기준에 의해서 계산적으로 이루어지는 판단을 의미하는 것은 아니다. 질적 평가자들은 일련의 평가기준을 사전에 수립해 놓지 않으며, 이해관계자들의 관심사와 경험,

그리고 자신들이 직접 관찰한 자료를 프로그램의 가치를 판단하는 데 사용한다. Stake는 이러한 과정이 일정 부분 직관적 과정이라고 설명한다. 즉, 프로그램의 질에 대한 이해를 높인 다음, 무엇이 좋은 프로그램의 질인지 합리화한다(개인적 대화, 1994년 여름; Stake & Schwandt, 2006). Schwandt(2005)는 모종의 실천의 질을 평가한다는 것이 무엇을 의미하는지 지적하기 위하여 실천지(實踐知, phronesis), 혹은 현명한 판단을 언급하였다.

현명한 판단은 일종의 일상적, 실증적, 반심미적, 맥락적 앎을 의미한다. Berlin(Schwandt[2005]에서 재인용)은 정확히 다음과 같이 설명한다.

> 지속적으로 변화하면서 다양한 빛깔을 띠는, 그러면서 금방 사라지는 혼합체, 서로 중복적인 자료, 수많은 나비들처럼 포착하기에 너무 많은 의미와 너무 많이 혼재되어 있는 방대한 표상을 통합할 수 있는 능력 … 적절한 자료를 바탕으로 직접적으로 감각할 수 있는 가능성을 바탕으로 상황을 포착할 수 있는 능력, 그리고 단순히 일반적 속성만을 인식하는 것이 아닌, 유목화하고 추론하고, 분석하고, 혹은 그에 대한 결론을 도출하거나 이론을 형성할 수 있는 가능성을 말한다. (p. 325)

현명한 판단은 상황의 독특성에 주목하여 판별할 수 있으며, 상세한 사항들에 주목할 수 있는 능력을 필요로 한다. 평가자가 갖추어야 할 지혜의 한 부분으로서 모든 이해관계자들의 정의를 위하여 동정과 반감, 이성과 감성의 경계에서 균형을 잡는 것 또한 평가자가 갖추어야 할 미덕이다. 아리스토텔레스적 중용의 덕은 평가대상을 서술하는 데에도 중요하다. Stake(1982: 80)는 "평가자가 도출한 결과는 너무 날카로워도, 너무 무디어도 제대로 인정받기 어렵다."(p. 80)라고 언급하였다. 이러한 평가자의 덕목을 수양하는 것은 평가자로서 결코 학문적 수련과정에서 끝나지 않는다. 초심자의 시기부터 질적 연구 방법이나 기술에 대한 학습을 넘어선 부단한 수련과정을 통해서 길러진다. 이러한

과정이 이루어지기 위해서는 평가자로서 자신의 권위, 책임, 의무 등에 대해서 적극적으로 탐색하고 성찰할 수 있는 친화적 맥락이 전제되어야 한다.

41.3 새로운 해석적 패러다임

지금까지 언급한 질적 평가의 접근은 현명한 판단자로서 평가자의 맥락적 이해를 강조한다. 현명한 판단을 분리해서 생각해보면, 현명한 판단을 하는 평가자는 프로그램 참가자들의 시점에서 적절한 것뿐만 아니라 평가자에게 제공된 투입요소에 대한 고려를 배제한채 경험을 이해하려고 한다. 이는 평가자와 이해관계자 간의 관계가 핵심적인 상호작용적, 변증법적 평가 접근유형과 확연히 구별되는 점이다.

기존의 해석적 접근과 새로운 해석적 접근의 차이는 현상학적 철학자인 Gadamer(1960)의 작업에 의해서 명확하게 드러난다. Gadamer에 의하면, 세계를 이해하는 세 가지 접근이 있다고 한다. 첫째, 객관주의 입장이다. 앎의 주체는 외부 세계와 분리되어 있으며(최소한 그렇다고 주장함), 보편적 법칙에 근거하여 세계를 설명하려고 시도한다. 따라서 잘못된 관점을 가지고 있는 사람들의 주장은 그에 내포되어 있는 논리적 인과성과 동기에 따라서 설명될 수 있다. 객관주의적 판단은 양적 연구의 설계에 의해서 뒷받침된다. 두 번째 입장은 주관주의 입장이다. 앎의 주체는 프로그램 실천가들이 처해있는 구체적인 상황에 자신을 대입함으로써 현상을 이해하려고 하는 입장이다. 따라서 다른 사람의 관점은 틀린 것이 아니라 다른 것이 된다. 다른 사람의 독특함에 대한 공감적 이해는 앞서 언급한 질적 접근에서 확인할 수 있다. 이는 상대주의로 전개된다. 이러한 객관주의자와 주관주의자 모두는 Gadamer의 입장에서 볼 때 문제가 있다. 두 입장 모두 앎의 주체는 세계와 관련되어 있지 못하다. 앎의 주체의 관점에서 세계가 의미하는 바가 무엇인지에 대해서 고려하지 못하

며, 주체의 행위가 세계에 어떤 의미를 갖는지에 대해서도 고려하지 못하고 있다. 그래서 제3의 입장은 객관주의와 상대주의 양자의 입장을 넘어서 변증법적으로 접근한다(Bernstein, 1983). 이제 앎의 주체는 세계가 자신에게 어떤 의미인지, 세계에게 앎의 주체는 어떤 의미인지를 함께 충분히 고려하게 된다. 앎의 주체는 타인의 주장이나 의견을 자신에게도 적절한 것으로 간주하면서 수용할 태세를 갖추고 경청한다. 인식하는 사람과 인식되는 존재 모두 협력적 학습과정에 함께 참여하게 된다. 앎의 주체는 세계를 더 이상 관조만 하지 않으며, 세계의 변화 과정에 책임 있는 자세로 참여하며 상호작용한다. 이러한 간주관적 입장은 평가에 대한 상호작용적, 변증법적 입장에서 발견된다. 평가에 대한 이러한 접근은 평가자와 참여자가 서로 학습하며, 이러한 학습과정과 그 결과에 대해서 공동의 책임을 갖는다.

평가자가 평가대상과 관계를 맺으며, 그렇기 때문에 책임을 갖는다는 입장은 인간의 풍요와 성장이라는 관심에 의해서 변혁과 개선을 촉진하려는 여성주의적, 변혁적 평가(Mertens, 2002, 2009; Whitmore et al., 2006), 임파워먼트 평가(Fetterman, 1994), 민주적 평가(MacDonald, 1977; Murray, 2002), 참여적 평가(Greene, 1997, 2006; Suarez-Herrera, Spingett, & Kagan, 2009; Themessl-Huber & Grutsch, 2003), 비판적 평가(Segerholm, 2001), 사회정의 제고를 위한 평가(House, 1981, 1993), 그리고 제4, 제5세대 평가(Guba & Lincoln, 1989; Lincoln, 1993) 등을 포함한다. 평가자는 평가가 이루어지는 외적 맥락에서 평가자와 이해관계자 간의 타당한 사회적 관계—특히 권력의 측면에서—를 구성하게 된다. 평가라고 하는 것이 기본적으로 동등하고 공정한 관계를 구성함으로써 사회적 약자들의 권력을 지지하는 것이기 때문에, 평가에 개입하고, 참여하는 주인의식이 중요하다. 바람직한 변화에 가져오기 위해서 평가자는 의식적으로 평가의 관계적 측면을 활용해야 한다. 평가자는 수용적이고, 존중의 분위기가 포함되어 있으며, 그

리고 순환적인 관계를 형성함으로써 바람직한 사회 변화를 촉진할 수 있다.

그러므로 사회적으로 공헌하는 평가가 될 수 있도록 참여자 간 상호작용을 촉진하는 데 있어 평가자의 역할과 책임이 좀 더 강조된다. 적극적인 참여와 협력이 핵심이 된다. 전통적인 질적 연구의 입장에서, 평가자는 홀로 해석적, 판단적 활동을 전개해간다. 그러나 상호작용적 접근에서 이러한 활동은 다양한 이해관계자들의 협력에 의해서 수행되는 활동인 것이다. 상호작용적 평가에서 평가자와 관련 당사자들 간의 사회적 관계가 중심이 되는 것이다. 평가를 통해서 도출되는 지식이 형성된다는 점에서, 그리고 평가를 수행하는 데 관여하는 규범과 가치가 개입한다는 점에서 참여자 간 상호작용과 관계성은 언제나 중요한 관건이 된다. 예를 들면, 평가과정에서 형성된 관계가 공정하며, 수용적이어야 하기 때문에 정신병 증상을 가지고 있는 환자들에 대해서도 존중의 자세를 갖게 된다. 이러한 행위를 통하여 평가자와 참여하는 이해관계자들은 위계적이고 소원하며, 객관적인 관계를 지양하면서, 상호 존중과 참여의 가치를 공유하게 된다. 상호작용적 평가에서 사회적 관계는 단순히 평가대상에 대해서 합리적이고 객관적인 입장을 취하면서 맺어지는 것이 아니라, 좀 더 적극적으로 참여하고 자신의 의사를 개진하는 가운데 맺어진다. 이러한 관계는 사회적 불평등이나 부조리에 대해서 갖게 되는 비판의식과, 평가를 통해서 좀 더 자신의 사회적 책임을 다하려는 욕구에 의해서 개발될 수 있다.

이러한 입장에 내재되어 있는 존재론적 가정은 인간은 기본적으로 관계적이라는 점이다. 우리가 살고 있는 세계는 사회적 상호작용과 관계의 산물이라는 것이다. 사회적으로 구성된 세계를 이해하는 것은 오직 지금 이 세계를 살고 있는 행위자 간의 대화와 관계를 통해서만 이루어질 수 있다. 인식론적으로 이러한 전통은 대상과 주체가 상호 영향을 미친다는 사실에 근간하고 있다. 즉, 대화적 관계가 존재한다는 것이다. 서로 독립적인 두 실체가 병존하는 것이라기보다, 앎의

주체와 인식의 대상은 대화의 과정에서 상호 관련되는 것이다. 이런 대화의 과정에서 참여자들은 변화하게 된다. Mertens(2002)는 주체와 대상, 즉 인식자와 인식 대상 간의 관계를 다음과 같이 묘사하였다. "최소한의 권력차이를 바탕으로 상호작용적이고 예민하며, 그 관계에 속해있는 모든 주체와 대상이 함께 성장한다"(p.106). 다른 학자들도 평가자와 프로그램 참여자 간의 관계가 좀 더 민주적이 되어 간다고 지적한다. 다시 말하면, 평가과정에서 통제의 권한이 평가자에게만 독점되던 상황에서 평가과정에서 의사를 표명하는 이해관계자나 프로그램 참여자들로 분산된다는 것이다(Greene, 1997; McDonald, 1977; Murray, 2002; Themessl-Huber & Grutsch, 2003). 객관적이고 중립적인 존재이기보다, 평가자는 "다중적 부분성(multiple partiality)"을 보이게 된다. 평가자는 모든 참여자들을 다양한 자신들의 경험을 이야기해줄 수 있는 교사와 같은 역할을 할 수 있는 존재로 인식해야 한다. 동시에 참여자 상호간의 경험 공유를 통해서 학습이 이루어진다는 점을 알아야 한다.

이러한 전통에서 평가자는 정치적 실천으로서 평가를 파악하게 된다. 평가에 관여하는 이해관계자들은 평가를 통해서 불평등한 효과를 거두게 된다는 것이다. 평가자는 스스로 자신들이 누구의 관심과 이해에 주목하는가에 대해서 자문해야 한다(Schwandt, 1997; Segerholm, 2001). 사회적 관계와 사회구조는 늘 그렇게 당연한 것이 아니기 때문에 비판적으로 검토하고 바꿀 수 있다. 평가자는 권력의 비대칭성과 더불어, 현실에 당연한 것처럼 내포되어 있는 불평등을 비판적 관점에서 파악한다. 평가자는 지배, 억압, 착취, 폭력 등에 저항하는 사회적 비판의 작업을 수행하는 동시에(Segerholm, 2001; Mertens, 2002), 소외되어 침묵하고 있는 집단의 이해를 옹호하는 역할을 함으로써(Lincoln, 1993), 이들 집단의 목소리를 촉진하며, 전체적인 학습과정에서 평가에 동등하게 참여할 수 있도록 해야 한다. 이처럼 사회적 관계에 주목하려는 시도는 모든 인간의 권리를 보호하는 해방적, 민주적 가치

에 의해서 뒷받침된다(Mertens, 2009). 따라서 평가는 사람들이 자신들의 삶을 스스로 관장할 수 있는 가능성을 제고하는, 다시 말하면 임파워링하는 활동인 것이다. 개인적 차원에서, 임파워먼트는 자신의 목소리를 낼 수 있는 가능성을 신장하며, 자신이 처해있는 사회적 상황에서 의식적인 각성을 전제로 좀 더 창조적으로 상호작용을 수행할 수 있는 존재로 변화함을 말하는 것이다. 집단적 차원에서 볼 때, 임파워먼트는 조직에서 좀 더 많은 영향력과 권력을 획득하여, 결과적으로 조직과 제도의 맥락에서 수행되는 의사결정 과정에 좀 더 많은 영향력을 행사할 수 있게 됨을 말한다.

행위, 상호작용, 대화의 촉진

질적 평가는 내부자로서 다양한 이해관계자 집단이 가지고 있는 관점에서 사회적 실천의 복잡다단함을 심도 있고 통합적으로 이해하는 것을 목적으로 한다. 이러한 목적은 참여자 상호간의 이해를 증진하는 데 주목하는 상호작용적 평가에서 한걸음 더 나아가게 된다. 상호작용적 평가자는 참여자들이 자신들이 참여하는 프로그램이나 사회적 실천에서 접하게 되는 문제들을 다루는 좀 더 참신하고 유용한 방식을 개발할 수 있도록 돕는 역할을 한다. 이들은 실제 문제에 대한 대화에 참여하게 된다. 이 점은 대화가 단순히 이론적 논박과 분명히 구별되는 차이점이다. 대화적 접근은 행위, 경험, 그리고 학습에 중요한 의미를 갖는다. 대화는 참여자들이 이미 스스로 당면하고 있는 문제에 대한 통찰을 가지고 있음을 가정한다. 또한 각자의 시각과 의견 차이를 확인하고 조정해 가면서 자신들의 관심과 지식을 심화시켜 간다고 가정한다.

질적 평가에서 참여자들은 의미구성자로서 역할을 갖는다. 이들은 자신들의 경험을 평가자와 공유할 수 있도록 요청받게 된다. 상호작용적 평가는 정보공유의 과정을 평가자와 참여자 모두 적극적인 행위주체로 관계를 맺는 장면으로 바라본다. 참여자로서 실천가들의

역할은 단순한 정보제공자의 역할을 넘어선다. 상호작용적 접근에서 실천가들은 평가의 시작부터 끝까지 능동적으로 참여하게 된다. 실천가들이 평가에 개입하는 방식은 조언가 역할을 수행하는 형태부터 하나의 학습 공동체에서 함께 학습을 수행하는 일원으로서 완전한 평가팀의 합법적 구성원으로 역할하는 형태까지 다양하다. 실천가들과 상호작용을 수행할 때마다 평가자는 가장 최선의 참여방식을 탐색하게 된다. 이 점은 참여자에 대한 자료를 수집하는 것이 아니라, 참여하는 실천가들과 더불어 자료를 수집하는 것을 의미한다. 이처럼 자신의 입장에서 자료를 해석하는 것은 평가 대상이 되는 사회적 실천에 참여하는 실천가들과의 대화를 필요로 한다. 방법론적 의사결정 또한 실천가들과의 협상과 조정이 필요하다. 모든 것이 사전에 머리에서 구상되는 것이 아니라 실행 가운데 도출되는 창발적 아이디어는 참여하는 실천가들의 목소리와 참여를 증대하는 중요한 조건이 된다. 일반적으로 평가과정에 내포되어 있는 창발적 성격은 공동의 주인의식을 촉진한다.

실행과정의 단계

1단계.   이상적으로, 상호작용적 평가 과정은 소외 집단의 목소리가 균형적이고 공정하게 반영될 수 있도록 하는 데서부터 출발한다(Abma, Nierse, & Widdershoven, 2009; Baur, Abma, & Widdershoven, 2010). 이들의 의견은 배제되기 십상이기 때문에 주의를 기울여서 다루도록 해야 한다. 즉 평가에 있어서 중요한 이해가 걸려있는 당사자임에도 불구하고 충분히 그들의 의견이 반영되지 못하는 "희생자" 혹은 "소외된 의견"을 발견할 수 있도록 주의를 기울여야 한다(Lincoln, 1993). 이러한 의견들은 의견을 개진할 수 있는 당사자들이 모종의 두려움 때문에 평가의 실제에 등장하지 못하거나 또는 익명성을 지키려는 경우가 많기 때문에 발견하기 매우 어렵다. 이처

럼 배제되는 의견에 주목하고 이를 공정하게 평가과정에서 반영하는 것은 치밀한 노력이 필요하다. 평가자는 우선 신뢰로운 관계성을 구축해야 한다. 인내는 매우 중요한 미덕이며, 소외된 집단의 문화적 가치와 규범에 대한 민감성을 계발하여 친밀감을 줄 수 있는 평가자가 되기 위하여 때로는 "문화적 매개자(cultural brokers)"의 역할을 할 수 있는 사람과 함께 작업하는 것도 필요하다.

2단계.   소외된 집단의 평가 관련자들이 다른 집단의 사람들과 대화할 수 있도록 준비하는 것은 자신들의 친밀한 의견이 무엇인지 분명하게 인식하고 개발하며, 그를 바탕으로 동등하게 관심사를 공유할 수 있도록 하는 임파워먼트 과정을 수반하는 경우가 많다. 이때 비슷한 관심을 가지고 있는 사람들 간의 협력적 숙의는 친밀한 의견을 정치적 의견으로 전환하는 데 도움이 된다. 설문조사나 실험과 같은 방법은 소외된 집단의 의견을 개진하는 데 적절하지 않다(Mertens, 2002). 그러므로 평가자들은 이들의 경험을 좀 더 심층적으로 들여다볼 수 있는 방법, 예컨대, 심층면담, 집단면담, 이야기 나누기 워크숍 등을 모색해본다. 인터뷰를 통하여 사람들은 자신이 가지고 있는 개인적 경험을 인정받을 수 있는 기회를 가질 수 있다(Koch, 2000). 때로는 참여자 수에 따라서 집단면담과 같은 방법이 사용되기도 하는데, 이러한 유연성은 참여자들이 좀 더 자유롭고 편안한 분위기에서 이야기할 수 있는 물리적 조건(시간대, 장소, 교통비용 등)을 고민하고 구성하는 데 있어 필요하다. 일단 집단이 구성되면 평가의 대상과 주제는 훨씬 작업하기 수월해진다. 평가의 주제는 이미 문서화되고, 참여자들은 훨씬 더 많은 고민을 수행하며, 좀 더 핵심적인 정보에 집중할 수 있다. 결과적으로 좀 더 적은 시간과 에너지가 소요될 수 있다.

3단계.   이해관계자 집단들이 가지고 있는 다양한 관심과 의견을 확인한 다음의 단계는 서로 다른 의견을 가지고 있는 이해관계자 집단이 대화와 소통을 전개해

갈 수 있는 조건을 만드는 것이다. 이해관계자 간의 상호작용은 숙의적 과정이다. 숙의(deliberation)란 참여자들 간의 대화와 상호작용을 지칭하는 것이다. 숙의 과정에서 참여자들은 상대방의 가치와 주장을 단순히 받아들이기만 하지는 않는다. 숙의는 상대방의 가치와 주장을 경청하고 그것이 갖는 의미와 성격을 함께 탐구하게 된다. 숙의 과정은 대립된 의견을 가지고 경쟁하고, 논박하고 변론하는 활동이라기보다, 경청하고, 질문하고, 보충 설명과 질문을 주고받는 과정으로 그려볼 수 있다. 대화의 핵심적 요소는 개방성, 상호존중, 포섭성, 참여성이다(Abma et al., 2001; Greene, 2001). 대화는 합의를 이끌어낼 수 있다. 그러나 합의가 이루어지지 않은 것이 문제라고 단정짓기는 어렵다. 오히려 서로 다름은 학습의 과정을 촉진할 수 있다(Widdershoven, 2001). 대화의 조건으로서 이해관계자들이 스스로 참여하고 권력을 공유하며, 대화과정에서 변화하려는 의지를 갖는 것이 필요하다(Abma et al., 2001; Widdershoven & Abma, 2007).

대화는 상호존중과 개방성을 필요로 하며, 평가자는 참여와 이해관계자 간 의사소통을 촉진할 수 있는 사회적 기반을 구축해야만 한다. 그리고 권력관계에 대해서 의식적으로 주목할 필요가 있다(Koch, 2000; Mertens, 2009). 이해관계자 집단 간의 비대칭적 권력관계에서 면대면 소통이 불가능하다면, 참여자 간 상호학습을 촉진할 수 있는 가상공간에서의 소통을 지원할 수 있다(Widdershoven, 2001). 동질적 구성원들이 함께 소통하는 친밀하고 안전한 환경에서 공유되는 경험은 다른 이해관계자들도 고민해볼 필요가 있는 주제로 소개될 수 있다. 이러한 주제들이 자연스러운 이야기 형식으로 제시됨으로써 개방적인 대화와 토론의 분위기가 형성, 지속될 수 있다(Abma & Widdershoven, 2005). 가능한 많은 이해관계자 집단들의 적극적인 참여와 숙의 활동은 자신과 다른 집단의 의견과 주장에 대한 편견을 감소시키며, 특정 집단의 억압과 지배 가능성 역시 줄일 수 있다. 물론 사람들을 한데 모은다는 것이 모든 사람들의 의견이 개진될

수 있음을 자동적으로 보장하지는 않는다. 그러므로 대화의 촉진자는 배제가 이루어지는 미묘한 메커니즘에 주의를 기울여야 한다. 그 다음에 평가자들은 그러한 대화의 활동이 진실로 개방적이었는지 판단한다. 대화내용에 대한 전사자료를 정독하는 활동과 참여자들과의 숙의적 활동으로서 평가를 진행해가는 것은 대화의 가치를 판가름하는 데 의미 있는 통찰을 제공할 수 있다. 이 과정에서 평가자는 이미 평가과정에 참여하기로 되어있고, 많은 의견을 개진할 수 있는 가능성이 있는 주류 이해관계자 집단이 이러한 참여적 활동을 거부하려는 의사를 가지거나, 혹은 참여하더라도 다른 소외집단의 의견을 수용할 의사가 없을 수 있음에 대해서 대비해야 한다. 이런 맥락에서 소외집단은 평가과정에서 불확실성을 느끼거나 추가적인 지원을 필요로 할 수 있다.

대화와 숙의적 포럼은 자신들의 관심과 의견을 충분히 자각하지 못하고, 그래서 피력하지 못하는 프로그램 참여 집단의 적극적인 참여를 촉진하는 데 활용될 수 있다(House & Howe, 1999). 아마도 이런 경험은 평가 맥락의 외부에서의 정치적 권력 행사에 영향을 미칠 수 있을 것이다. 그러나 Segerholm(2001)은 이해관계자들을 포함시킨다는 것이 공정과 정의 같은 가치가 지배적으로 부각될 수 있도록 하는 것을 보장하지는 않는다고 지적한다. 언제나 유사적 참여(pseudo-participation)의 위험은 있기 마련이다. 따라서 평가자는 참여적 숙의과정을 통해서 누가 혜택을 누릴 수 있는지에 대해서 끊임없이 자문해야 한다.

평가자의 역할

상호작용적 활동을 수행하는 평가자는 촉진자, 교수자, 그리고 소크라테스식 문답법을 전개하는 가이드의 역할을 하며, 동등하고, 친화적이며, 우호적인 관계를 지향한다. 평가자는 평가상황에 존재하는 사람들과 긴밀히 교류해야만 한다(Kushner, 2000). 평가자

는 "관계성에 대한 책임"을 가지며, "탐구의 사회적 관계성"에 대해서 주의를 기울여야 한다(Greene, 2002). 이 점은 평가자가 평가의 참여자와 이해관계자들 모두가 "어떻게 동등하게 관계를 맺고 소통하는지에 대해서 학습"하는 데 "안전한 공간"을 창출하도록 노력해야 함을 강조하는 것이다. 여기서 안전한 공간이란 "평가의 외부적 조건과 역할의 차이로부터 자유로우며, 상호성, 존중성의 규범이 작동하는 공간"이다(Greene, 1997, p.176; Greene, 2001). 평가자는 배제의 미묘한 메커니즘에 대해서 예민하게 고려해야만 한다. 이 점은 Aristole(1997)이 현명한 판단으로 지칭한 것과 맥을 같이한다. 아리스토텔레스적 관점에서 이야기하는 현명한 판단이란 현상을 탈맥락적으로 인식하는 입장과는 다른 의미로서, 해석적 특성과 판단주체와 판단대상이 되는 세계 간의 대화적 관계를 인정하는 입장이다(Gadamer, 1960). 현명한 평가자는 실천에 대한 탁월한 직관력과 실천의 장면에서 적절한 도덕적 관계를 가질 수 있는 능력을 가질 뿐만 아니라, 실천이 공정하게 이루어질 수 있도록 권력관계에 대해서 민감하며, 실천의 맥락에 직접 관여하여 참여자들이 갖는 도덕적 문제를 풀어갈 수 있도록 도와준다.

41.4 예시 사례: 정신의학에서 억압의 감소

이 절에서는 사회적으로 책임 있는 실천으로서 평가라는 아이디어를 확인할 수 있는 구체적 예시를 소개한다. 소개하는 사례는 네덜란드의 정신의학 분야에서 억압과 통제를 감소하려는 움직임의 일환으로서 평가와 관련된다. 평가의 목적은 억압적 처치의 적용에 대한 대화를 이끌어내어 실천 전문가들을 위한 규범적 가이드라인을 제시하는 것이다. 프로젝트 1기(1999~2001) 때는 여섯 곳의 정신의학병원이 참여하여 가이드라인을 개발하는 데 주목하였다. 이후 2기(2002~2005) 때

에 12곳의 정신의학병원이 참여하였으며, 앞서 개발한 가이드라인을 실제로 적용하는 데 주안점을 두었다. 그리고 적극적인 학습과 실험결과의 공유를 촉진하기 위하여 프로젝트 조정자 간의 학습 공동체가 조직되었다.

포함, 의견, 학습 공동체, 그리고 주인의식

평가의 과정들은 반응적인 방식으로 구성되었다. 최소한의 영향력만을 갖는 집단들의 입장에서부터 시작해야 한다는 전제에 기초하여, 많은 시간과 에너지가 환자들과 접촉하여 이들의 억압적 경험들에 대한 통찰을 확보하는 데 소요되었다. 그러나 이들 환자들과 심층 면담을 진행하는 것이 거의 불가능에 가깝다는 것이 입증되었다. 왜냐하면 이들은 자신들의 경험을 외부의 평가 담당자에게 이야기하는 것을 불편해하였으며, 이야기의 주제 자체가 자신들의 삶 속에서 매우 예민한 시기에 일어난 것들이기 때문이다. 따라서 우리는 고객 대표자들과의 일련의 공동회의를 가지는 데 많은 도움을 준 후원자 그룹의 연구 협력진과 함께 작업을 시작하였다. 이들 집단의 참여자들은 자신들에게 어떤 일들이 있었는지 이야기하였다. 조울증을 겪고 있는 Jenny(가명)의 증언은 환자의 입장에서 억압에 대한 생각을 엿볼 수 있는 설명이었다. 그녀의 설명은 병원에서 벌어진 일들에 대한 다양한 증언들이 집합적인 증언 형태로 제시된 이야기라고 할 수 있다. 이야기는 갈등의 상호작용적 속성을 보여주는 동시에, 독자들이 직접 보지 않고서도 전문가들이 어떤 방식으로 문제 상황에 개입되어 있는지를 폭로한다. 환자들의 이야기를 공유함으로써 개별적인 사적 주제와 관심은 집단적 형태의 주제와 관심으로 변환되며, 환자들 스스로 자신들의 관심사에 대한 지지를 강화하게 된다.

Jenny의 증언 또는 정치적 의견의 개발
Jenny는 조울증 진단을 받고 정신의학병원에서 치료를 받

고 있다. 그녀는 스스로 무기력함을 느끼기 때문에 몹시 화가 나며, 조심하라는 경고를 들을 때면 언제나 분노가 치밀어 오른다고 이야기한다. 간호사가 "그 화분에 담뱃불을 끄지 마세요."라고 말하는 것을 받아들이기 어려워지고, 그럴수록 자신의 증상은 더 심해질 것이라고 이야기한다.

결과적으로 Jenny는 격리병실에서 자주 지내게 되며, 그럴 때마다 자신이 매우 비참하다고 느끼게 된다. 변기도 없는 격리병실에 혼자 있는 것은 인간으로서 할 짓이 아니에요. 요강에다가 일을 보는 것은 정말 말도 안되는 거예요.

얼마간 시간이 지나고 난 후, 의학적 처치가 효능을 보이기 시작하였다. 그녀는 치료로 인해서 자신의 감각이 상실될까봐 불안해하였다. 다행스럽게 그런 일은 나타나지 않았다. 이제는 더 이상 아무것도 느낄 수 없을까봐 정말 걱정을 많이 했어요. 물론 결과적으로 그렇게 되지는 않았지만.

그녀는 퇴원해서 집으로 돌아가는 것을 주저하였지만, 그녀는 퇴원해야만 하였다. 집에서 그녀는 언제나 기분이 처지고 외로움을 느꼈다. 병원에서 3년을 지내다가 집으로 돌아와야만 했어요. 그 이후로 다시는 병원으로 돌아가지 않았지만, 집에 있을 때는 종종 불안감과 외로움을 많이 느꼈습니다. 병원으로부터 버려진 느낌이랄까… 그러다보니 응급구조 요청 전화를 자주 하였어요.

계속해서 이해관계자 집단 간의 상호작용을 촉진하기 위해서는 이질적인 구성집단(병원관리자, 간호사, 의사, 환자, 그리고 환자가족)을 조직하여 토론을 전개해가는 것이 필요하다. 이러한 집단적 토론에서 억압과 관련한 윤리적 갈등과 문제에 초점이 모아졌다. 언제 억압이 정당화되는지에 대한 문제(법적인 문제)에는 별로 관심을 두지 않았다. 그보다는 억압이 어떤 방식으로 환자의 증상이 나타나는 것을 방지하는지, 그리고 얼마나 환자를 배려하여 다루는지에 대한 문제(윤리적 문제)에 더 큰 관심을 두었다. 다양한 자료를 검토하면서, 연구팀은 환자에 대한 억압과 통제가 갖는 윤리적 문제를 설정할 수 있었으며, 소위 질의 지표(quality criteria), 즉 구체적인 행동수칙에 관한 지침을 수립할 수 있었다. 지표들은 타당화의 일환이자, 참여자들의 상호작용과 상호학습의 활동차원에서 다시 논의되었다. 평가 지표는 이러한 반복적 활동을 통해서 정교화되어 갔다(몇 가지 핵심적인 지표를 확인하려면 [표 41.1] 참고). 질의 지표를 필요로 하는 실천분야 종사자들이 이것을 사용할 수 있도록 하기 위해서, 작은 책자의 형태로 제작하여 배포하였다. 뿐만 아니라, 질의 지표를 이해하는 데 보탬이 되는 구체적 예시와 이론적 근거를 담은 보고서 형태의 가이드라인 역시 함께 제작하였다(Berghmans, Elfahmi, Goldsteen, & Widdershoven, 2001).

가이드라인 작성을 마친 다음에 프로젝트의 2기가 시작하였다. 12곳의 병원에서 가이드라인을 직접 실행할 준비를 갖추었다. 병원이 있는 지역여건이나 전문성의 차이에 따라서 가이드라인에 따른 구체적인 활동은 서로 조금씩 달랐다. 평가자들이 지표에 따른 평가내용을 피드백하고, 동시에 각자의 경험과 생각을 교류하는 것을 조정하고 관리하는 데 중점을 두는 동안, 각 병원의 행정관리직 직원들이 전반적인 활동에 대한 지원을 제공하였다. 또한 프로젝트 지원자들 간의 학습 공동체도 조직되었다. 학습 공동체는 구체적인 상황과 무관한 자료에 제시된 일반적인 내용을 학습하는 것에 주목하기보다, 참여자들 간의 구체적 관계성에서 관건이

표 41.1 억압과 통제의 질 지표

• 억압의 상황을 다루는 과정에서 서로 모순적일 수 있는 책임을 인식하는가?
• 감정을 배려할 여지를 갖고, 감정들에 대해서 반성하고, 그에 대해서 환자들과 이야기하는가?
• 억압의 과정적 속성에 주목하는가: 일어날 수 있는 사건을 예측하고 가늠하는가?
• 의사소통에 주목하는가: 환자들에 대해서 수용적이고 배려적인 태도를 가지는가? 목적과 방법에 대해서 반성하는가?

되는 내용에 대한 "상황적 학습"에 초점을 두었다. 이는 획득하려는 지식은 사회적 관계성과 구체적인 행위들과 밀접하게 연관되어 학습될 수 있다는 가정에 바탕을 둔 것이다. 프로젝트 지원자들의 학습과정은 실제로 이들의 활동과 밀접하게 연결되어 있었다. 그래서 이들이 터득하는 지식은 구체적인 맥락의존성, 실천의존성, 경험의존성을 내포하며, 상호작용적 과정을 통해서 이끌어내진 것이다. 아래에 제시된 예는 프로젝트 지원자들이 함께 참여하였던 한 협력회의에서 제기되었던 문제 상황에 대한 토의과정에서 지식을 터득해가는 모습을 보여준다. 이 회의에서 프로젝트 지원자들은 추가적인 격리실을 마련해야 하는지 여부에 대해서 논의하였다. 문제를 제기한 사람은 프로젝트에 참여한 한 병원의 프로젝트 지원책임자인 Larry(가명)였다.

Larry의 문제 혹은 지원의 확대

질의 지표에 따른 실행과정을 지원하는 Larry는 자신이 근무하는 병원 이사회로부터 공격적인 행동을 보이는 젊은 환자 그룹이 늘어감에 따라서 추가적인 격리실 설치가 필요한 것은 아니냐라는 문의를 받았다. 특화된 격리공간은 당면한 문제를 해결하는 데 있어 선택할 수 있는 거의 유일한 대안으로 보였기 때문이었다.

이사회의 참여자들은 Larry가 이 문제에서 어느 정도 힘을 발휘할 수 있는지 물었다. 질문에 대해서 자신은 격리실의 배치와 격리실의 개수를 결정하는 데에만 최소한의 영향력을 행사할 수 있을 뿐이라고 이야기하였다. 이러한 계획을 실행함으로써 기대할 수 있는 효과와 비전에 관한 이야기가 있었느냐는 질문에 답하면서 Larry는 다음과 같이 이야기하였다. 관리의 입장에서 볼 때 벽돌들을 어떻게 쌓아올려야 하는지, 그리고 가장 합리적이고 저렴한 증설방식은 어떤 것인지가 관심이지, 환자를 돌보는 구체적인 상황과 비전에 대해서는 별로 고민하지 않습니다.

참여자들은 이것이 환자들의 입장에서 볼 때 또 다른 처벌의 공간이 생기고, 실제로 새로 생긴 격리실에서 지내는 것이 부정적 영향을 미칠 수 있는 사안임을 인식하였다. 환자를 관리해야 하는 병원의 입장에서 격리실은 일종의 내부질

서 관리수단으로서 필요한 수요인 셈이다. 한 참여자는 이를 "관리지원 실행차원의 이야기"일 뿐이라고 일축하면서 과연 돌봄의 질은 무엇인가에 대한 고민이 결여되어 있다고 주장하였다. 참여자들은 또한 새로운 격리실을 추가하는 재조정이 과연 필요한지에 대해서도 의문을 제기하였다. 이것은 도대체 누구를 위한 것인가요? 분명한 것은 환자와 직원들을 위한 것은 아니라는 겁니다! 이사회 참여자들은 "치유환경"을 조성하고 환자와의 의사소통을 좀 더 강화할 수 있는 방안을 모색함으로써 격리라는 방법을 사용하지 않을 수 있도록 좀 더 많은 주의를 기울일 것을 조언하였다.

Larry의 이야기는 학습 공동체에서 어떻게 경험이 공유되는지 보여준다. 참여자들은 실패의 이야기를 나누면서 그렇게 이야기되지 않으면 알기 어려운 소중한 지식을 얻어갔다. 이는 자신이 접했던 문제와 이사회 참여자들과의 논의를 통해서 도출한 대안적 해결책을 소개한 Larry에 의해서 사용된 이야기이다. 결과적으로 이사회는 당초 계획했던 6개의 격리실을 4개로 축소하여 짓기로 결정하였다.

평가자들과 각 병원 직원들은 프로젝트의 수행과정에서 접한 갈등과 프로젝트를 통해서 얻은 좋은 성과 모두와 관련한 자신들의 경험을 책으로 엮어내었다(Abma, Widdershoven, & Lendemijer, 2005). 질의 지표를 실행하는 동안, 가이드라인의 형태는 바뀌지 않았다. 그러나 가이드라인의 의미는 실천의 상황에서 좀 더 구체화되고 정교화되었으며, 소위 "좋은 실천사례(good practices)"의 발굴로 이어졌다.(당시에는 "좋은 실천사례"라는 표현을 사용해서는 안 된다는 합의가 있었다. 왜냐하면 병원들은 새로운 시도를 막 도입하던 초기였으며, "최고(best)"의 실천에 대한 합의된 이해를 가질 수 있을 것이라 예상하지 않았기 때문이다.)

관점, 경험적 지식, 대화, 이해의 공유

관점이라는 개념과 그러한 관점의 교환, Gadamer(1960)의 표현으로 시야의 융합(fusion of horizons)

은 상호작용적 평가의 핵심 가정 중의 하나이다. 질적 평가는 특정한 상황에 대한 다양한, 그래서 때로는 상호갈등적인 관점에 대해서 주목하고 탐색하는 것을 목적으로 한다. 그리고 이러한 관점들 간의 소통과 교류를 촉진하는 것에 관심을 갖는다.

Jenny와 Larry의 사례에서 언급한 프로젝트에서는 환자의 억압에 대한 이해관계자 집단들의 다양한 관점들을 심도 있게 고민하였다. 병원 관리자, 정신의학과 의사, 간호사, 환자, 환자 가족 등과 같은 이해관계자들은 각자의 입장에서 많은 이야기를 개진하였으며, 그 결과 억압에 대한 이들의 경험과 시각을 이해할 수 있었다. 그럼으로써 이들 간에 매우 다양한 시각이 존재한다는 것을 분명히 확인할 수 있었다. 조울증 환자였던 Jenny처럼 많은 정신의학 환자들은 비인간적인 대우를 받는다는 느낌, 무력감, 분노, 자제력의 상실, 공포 등과 같은 억압의 부정적 측면을 집중적으로 부각하였다. 이들은 네덜란드에서 가장 일반적으로 통용되는 억압의 방식인 배제가 환자들에게 처벌로서 받아들여진다는 점을 제기하였다. 뿐만 아니라, 배제로 인한 부정적 경험과 심리적 상태에 대해서 이후에 충분히 논의된 점이 없다는 것도 불만으로 제기하였다.

간호사들은 인력의 부족, 시간의 부족, 과도한 병원 행정업무, 다루어야 할 환자들의 서로 다른 상태 등과 같은 업무수행에서의 부담들에 주목하면서 환자들과는 조금 다른 입장을 취하고 있었다. 이들은 환자들의 질환이 갖는 잠재적 위험의 정도와 의사결정 과정에서 제기된 문제점의 정도를 가늠하는 데 있어 어려움을 강조하였다. 억압에 대한 대화는 간호사들로 하여금 자신들의 정체성을 되짚어보는 데 도움을 주었다. 즉, 단순한 "감시자"의 역할에만 머무르지 않고, 스스로의 역할을 환자의 "협력자"로 인식하면서 환자들과 좀 더 새롭고 우호적 관계를 맺어갔다(Landeweer, Abma, Widdershoven, 2010). 정신의학 의사들은 억압의 방법에 주로 관심을 가지면서, 배제를 대신해서 (강제적으로) 의학적 처치를 환자들에게 할 수 있는 법적인 규정이 없음을 부각하였다. 환자의 가족들은 전문가들과

의 의사소통이 언제나 만족스러운 것은 아니라고 느끼고 있었다. 즉 왜 자신들은 환자의 정확한 상태에 대해서 안내를 받지 못하며, 환자들을 치료하고 다루는 방식에 대해서도 충분한 설명을 들을 수 없는가에 대해서 불만을 피력하였다. 마지막으로 Larry와 같은 프로젝트 지원자와 관리자들은 자신들이 근무하고 있는 병원의 조직문화, 즉 협상보다는 명령과 통제의 문화에 대해서 이야기하였다. 이러한 각 입장들은 각자의 경험과 위치, 역할 등에 따라서 면밀히 검토되고 분석되었다. 다시 말하면, 각 입장에서 개진하는 이야기의 의미와 도덕적 판단은 이해관계자들의 상황과 위치와 밀접하게 관련되어 이루어진 것이다.

상호작용적 평가는 대화를 학습과정으로 간주한다. 이해관계자들은 참된 대화에 참여하였다. 억압에 대한 공식적인 논의 기회에서는 자유로운 대화를 하기보다는 서로 논박하고 전략적으로 자신의 입장을 변론하는 모습을 보였다는 점에서 이런 대화의 모습은 매우 특별하였다. 공식적인 자리에서 각 당사자들은 대화를 나누기보다는 자신들의 입장을 적극적으로 부각하는 데 치중했던 것이다. 그러나 프로젝트에서는 각자의 얼굴과 이름을 서로 익히고 자유롭게 이야기를 나누면서 관점의 교환이 이루어질 수 있었다.

한 예로서 환자의 병력이 억압을 처방하는 의사결정에 있어서 어떤 역할을 하는지에 대한 대화를 들 수 있다. 정신의학 전문가들은 환자가 과거에 수행한 행동의 패턴을 전반적으로 조망하는 가운데 환자들의 행동을 살펴봐야 한다고 강조하였다. 어떤 행동이 위험스러운 것인지 여부를 판단하기 위해서는 환자의 과거 경험과 행적을 고려해야 한다는 것이다. 이러한 시도의 필요성은 정신의학과 간호사들에 의해서 부각되었다. 반면, 환자들은 얼마든지 예전과는 다른 행동을 할 수 있다는 점을 강조하였다. 만약 간호사들이 과거의 행적과 이력을 바탕으로 행동의 문제성 여부를 예측하려고 한다면, 간호사들은 환자들이 지금의 상황을 좀 더 적절히 다룰 수 있을 것이라고 신뢰할 수 없을 것이다. 결과적으로, 환자들은 자신의 과거 삶의 역사와 행적에

"구속(locked up)"되는 셈이 된다. 환자와 간호사들은 이 문제가 간단히 해결될 수 있는 문제가 아니라는 점에 모두 동의하였다. 그래서 우선 환자의 이력을 고려하지 않음으로써 예방의 가능성을 축소할 수 있다는 점에서 문제가 있으며, 동시에 환자의 이력을 현재 상태를 판단하는 인과적 판단정보로 활용하는 것도 문제가 있다는 점을 함께 인식하는 것이 최선이 되었다. 이러한 예는 환자와 간호사가 서로로부터 배우게 되며, 새롭고 깊이 있는 통찰을 얻어갈 수 있는 기회가 된다는 점을 보여준다. 이들은 상대방이 가지고 있는 구체적인 관점을 접할 수 있었을 뿐만 아니라, 구체적인 상황이 다중적인 해석 가능성을 내포하고 있으며, 어떤 방법과 의사소통의 전략(대화와 같은 전략)을 구사하느냐에 따라서 다양한 해석 가능성이 열려있음을 깨닫게 되었다.

또한 예는 평가자와 모든 이해관계자가 함께 참여하는 상호작용적 질적 평가를 안내하는 실용적 합리성과 현명한 판단의 적절성을 시사해준다. 도덕적 지혜의 타당한 근거로서 참여자들의 의견과 경험을 인정하고 활용하는 가운데, 구체적인 실천 사례를 바탕으로 한 대화가 이루어질 수 있다. 참여자들의 실제적 지식은 대화의 과정을 통해서 정교화되고 심화되어 갔다. 이러한 과정을 통해서 참여자들은 질의 지표를 실제로 활용하는 구체적인 규칙과 상황에 대한 일반적 지식을 터득해갔다. 결과적으로 이들은 개인적 차원에서의 현명한 판단이 아닌, 집단 차원에서의 판단을 할 수 있게 된 것이다.

서로 다른 입장의 이해관계자 집단이 함께 합의된 이해를 할 수 있게 되면 이들이 가지고 있는 억압과 통제에 대한 경험과 의견을 서로 경청함으로써 불확실성과 걱정을 넘어설 수 있게 된다. 다양한 의견과 관점을 수용함으로써 정신의학과 환자들을 돌보는 데 있어서 도덕적 문제에 대한 통찰을 제고할 수 있게 되며, 억압과 돌봄의 수준을 환자들에게 친화적으로 개선하는 데 무엇이 필요한지에 대한 깊이 있는 식견을 얻을 수 있다. 예를 들어, 환자들이 개진하는 의견은 환자들과 병원 전문가들 간의 복잡한 문제를 풀어나가는 데 보탬이

된다. 앞서 언급하였다시피, 다양한 배경을 가지고 있는 사람들은 서로에게서 배울 것이 있다. 예컨대, 간호사와 정신의학과 의사들은 환자의 상황에 대한 각자의 입장을 인정하고 수용할 수 있다. 대화는 참여자들 간의 상호 이해를 도우며, 정책의 수립과정에서 충분히 의견을 피력할 수 없었던 참여자들에게 기회를 제공한다. 뿐만 아니라, 지속적인 대화와 보고서의 수정, 보완은 참여자들로 하여금 평가 과정에 영향을 미치며, 자신들의 기여를 스스로 존중할 수 있도록 한다.

이 과정에서 중요한 특성은 실천을 개선하고 변화를 창출하는 데 있어 평가자와 참여자 모두에게 책임과 헌신이 요구된다는 점이다. 모든 사람들이 환자를 억압하던 기존의 방식이 불만족스럽다는 점에 대해서는 확신을 가지고 있다. 그렇기 때문에 억압을 감소하고 환자를 돌보는 방식의 질적 개선을 도모하는 것은 시급하다는 것도 모두 공감한다. 따라서 프로젝트는 정치적 속성을 내포한다. 변화를 이끌어내고 개선을 도모하는 과정을 책임을 공유하는 과정으로 인식하면서, 개인적 관심에 따른 전략적 실행은 제어된다. 모든 참여자들은 개별적으로는 어떤 문제도 해결할 수 없다는 것을 인정하고, 서로가 필요한 존재임을 자각한다. 간단하면서도 불충분한 해결책에 대해서 누구도 충분히 만족할 수 없다 보니, 가끔은 절망이나 분노와 같은 감정이 표출되기도 한다. 이런 모습은 평가자들과 참여자들 모두 자신들의 부족한 점을 인정하고 보여주는 것이라고 할 것이다. 이런 솔직한 모습을 서로 존중함으로써 참여자들은 특별한 경험으로 기억될 수 있으면서, 문제를 실질적으로 해결할 수 있는 상호신뢰와 협력의 분위기를 조성할 수 있게 된다.

41.5 논의 및 결론

이 장에서는 평가에 대한 상호작용적 접근의 기본적 의미에 대해서 살펴보았다. 상호작용적 평가는 관계적이

며, 사회적 책임을 강조한다. 상호작용적 평가는 실천에 개입되어 있는 참여자들이 갖는 주관적 의미를 고려한다는 점에서 평가에 대한 객관적 입장과는 구분되는 접근이다. 이런 점에서 상호작용 평가는 평가의 질적 접근의 한 전통이라고 할 수 있다. 물론 평가자가 수행해야 할 역할로서 실천에 내재되어 있는 의미를 해석하거나 현명한 판단을 내리는 것보다는 참여자들과의 대화적 활동을 강조한다는 점에서 전통적인 질적 연구의 접근과는 차이점을 보인다. 상호작용 평가의 접근에서 평가자와 참여자들은 의미의 구성과 해석에서 공히 능동적인 역할을 함께 감당한다. 현명한 판단은 평가자와 참여자 모두가 관여하는 활동을 통해서 이루어진다. 상호작용적 평가는 평가자가 실천에 직접 개입하며, 참여자들 상호간의 교류와 소통, 관계성을 증진해가는 데 있어 촉진자로서 역할을 할 것을 강조함으로써 관계적 책임을 가질 것을 주장한다. 뿐만 아니라, 평가자는 좀 더 수용적인 사회가 지향할 이상적 규범을 실현할 수 있도록 참여자들과 협력하는 가운데 책임감을 가지고 개발하려고 노력한다. 이런 모습을 우리는 정신의학과 환자들이 경험하는 억압을 감소한 사례에서 엿볼 수 있다. 평가는 환자를 억압적으로 다루는 것이 반드시 개선되어야 한다는 정치적 입장을 바탕으로 이루어졌다. 이러한 기본 가정은 모든 참여자들에게서 공유되는 것이다. 평가자의 역할은 억압에 대한 경험을 대화하는 과정을 격려하는 것이며, 그러한 대화를 통하여 변화를 이끌어내는 데 있어 모든 참여자들이 적극적으로 기여할 수 있도록 자극하는 것이다.

혹자는 평가자가 특정한 입장—소외된 집단의 의견과 아이디어—을 지지함으로써 평가과정에 영향을 미칠 수 있지는 않을까 우려할 수 있다. 대화의 조건을 구성하기 위해서 평가자는 약자를 지원하여 이들이 자신들의 의견을 잘 내놓을 수 있도록 임파워링시켜야 한다. 하지만 이러한 임파워먼트 과정은 오직 평가자에 의해서만 설정되고 진행되는 것이 아니다. 소외집단의 참여자들은 다른 사람들의 이야기를 경청하면서, 동시에 자신들의 경험과 의견을 이야기하는 가운데 감정과

지식을 상호 이해하여, 자신감을 가져야 한다. Jenny의 사례가 이 점을 보여준다. Jenny의 사례는 다른 환자들과의 교류와 소통, 그리고 이들이 이야기하는 의견에 따라서 개발된 것이다. 사례에서 언급된 환자들은 분노를 공유하였으며, 집단 차원의 의식적 각성을 하게 되었다. 집단 차원의 소통은 Jenny로 하여금 자신이 가지고 있는 의견을 자각할 수 있도록 하였으며, 다른 집단 구성원들의 의견과 조화를 이루어 정치적 의견과 주제를 도출하는 데 관련될 수 있도록 기여하였다. 결과적으로 참여자들은 집단 구성원으로서 좀 더 적절하고 정당한 존재로서 대화를 할 수 있게 되었다. 마찬가지로 Larry 역시 평가자에 의해서라기보다는 함께 참여하는 동료 집단 구성원들의 영향을 받아서 성장하였다. 정치학 문헌에 의하면, 동일한 이해를 가지고 있는 집단 구성원들 안에서 자신의 의견을 개발하는 것을 "고립적 숙의(enclave deliberation)"라고 한다 (Karpowitz, Raphael, & Hammond, 2009). 고립적 숙의는 집단 구성원 간에 존재하고 있는 권력의 차이를 다루는 데 유용하며, 그럼으로써 구성원 사이의 관계에서 억압과 지배를 감소하는 데 긍정적 영향을 미친다. 이는 부분적 성찰과 반성의 대안으로써 다양한 이해를 가진 참여자들이 동등하게 참여하는 것을 지원해 줄 수 있다. 대화의 조건을 만들어주는 것은 결코 전략적 행위가 아니다. 대화의 조건은 참여자들을 신뢰하며, 이들이 자신과 동료들이 가지고 있는 능력을 존중하고 각자의 경험을 자유롭게 표현하도록 돕는 것이다. 평가자는 집단의 구성원들이 구체적인 문제와 관심에 대해서 상호 협력하고 도움을 주는 것에 책임을 공유할 수 있도록 함으로써 성장하게 되는 것이다.

상호작용적 평가를 강조하는 것은 관계에 있어서 책임을 부각하는 것이지만, 그렇다고 평가에 대한 다른 접근이 잘못되었다고 주장하는 것은 아니다. 객관적 접근은 타당한 방식으로 정확하게 결과를 측정하는 데 초점을 맞춘다. 이 또한 책임 있는 평가의 또 다른 모습이다. 상호작용적 접근은 평가자의 현명한 판단을 부각한다. 상호작용적 평가는 타당성과 지혜의

중요성을 바탕으로 하지만, 이들 개념을 좀 더 급진적인 방식으로 재해석한다. 상호작용적 평가에서 타당성과 지혜는 사회적, 관계적 산물로 간주된다. 소위 타당한 측정방식으로 지적되는 것은 평가에 참여하는 모든 집단의 입장에서 그렇게 동의되는 것이어야 하는 것이다. 실제적 지혜는 참여자들이 공유하는 것이어야 하며, 이들의 협력적 학습과정을 통해서 드러나는 산물이어야 한다. 상호작용적 평가를 실행하는 평가자로서 책임은 이러한 협력적 과정의 질적 수준을 담보할 수 있는 지표를 갖추는 것을 포함한다. 수년 전에 Guba와 Lincoln(1989)은 일련의 신빙성, 진정성, 공정성의 기준을 제안한 바 있다. 이들이 제안한 기준은 지금도 여전히 유효하다. 상호작용적 평가는 좀 더 깊고 정확한 이해를 결과로 지향할 때뿐만 아니라, 모든 참여자들의 통찰을 제고함으로써 자신들이 처한 여건 속에서 좀 더 창의적으로 소통할 수 있도록 할 때 긍정적인 가치를 갖는다. 이러한 이해와 책임의 공유를 지향하는 평가과정은 공정하고 정의로워야 한다. 특정한 방식으로 지정된 지표만을 추구하는 것은 결코 다양한 방식의 접근 가능성과 책임과 평가목적의 다양성을 인정하는 것이 될 수 없다.

그러면 사회적으로 책임 있는 실천으로서 상호작용적 평가가 갖는 문제점이나 한계점은 어떤 것이 있는가? 우선 지속가능한 문화 변화를 이끄는 방식과 관련해서 생각해볼 수 있다. 대화를 통해서 참여자들은 서로에 대해서 좀 더 개방적으로 소통함으로써 다양한 관점을 이해하고 전통적인 입장을 과감히 포기할 수 있도록 자극받을 수 있다. 이러한 개방성은 실천의 변화를 이끄는 선행조건이라고 할 수 있다. 그렇지만 상호 공유할 수 있는 이해에 도달하는 것만으로는 지속가능한 변화를 이끌어내는 데 충분하지 않다. 정신의학에서 억압을 감소하려는 사례에서 관점의 커다란 변화가 있음을 확인할 수 있다. 지금까지 억압은 정신의학적 처치에서 일반적 요소로 사용되었지만, 이제 이것은 문제가 있고 불확실한 처치로 인식된다. 많은 의료기관에서 억압을 줄이려는 시도가 이루어졌으며, 결과적으로 배제의 횟수와 시간이 감소하였다. 그러나 이러한 성공은 완전하다고 볼 수 없다. 많은 것이 이미 성취되었기 때문에 더 이상 새로운 아이디어를 얻는 것은 더 어려워질 수 있다. 따라서 새로운 투입과 자극이 지속적으로 요구될 수밖에 없다. 이 점은 프로젝트가 여전히 개별 참여자들의 성향과 관심에 상당부분 의존적일 수밖에 없음을 의미하며, 상대적으로 구조화된 실행체계는 취약하다는 것을 보여주는 것이다.

문화적 다양성을 지향하는 동향 역시 상호작용적 평가가 풀어야 할 과제가 된다. 여러 해를 걸쳐서, 보건정책에 대한 나름대로의 의견을 갖는 것은 간호사, 환자, 환자 가족들에게 당연한 것이 되었다. 그럼으로써 이들은 좀 더 임파워링되고, 동등한 입장에서 참여할 수 있게 되었다. 그렇지만, 여전히 비유럽 문화권의 환자나 그의 가족들은 정책의 수립과정에 적극적으로 참여하지 않고 있다. 정신의학 분야의 억압을 감소하려는 프로젝트 사례 참여자들도 대부분 백인계열이었다. 네덜란드의 정신의학 분야에 종사하는 사람들의 인구학적 특성은 다양해졌으며, 특히 환자들 가운데 다른 문화적 배경을 가지고 있는 계열의 비율이 늘어났다. 그렇기 때문에 상호작용적 평가에서 이들의 의견을 강조하고, 이들의 참여를 촉진하는 것은 향후 계속해서 고민해야 할 과제이다. 평가자들은 이렇게 다양성이 민감하게 고려되어야 하는 실천사항을 평가하는 기회를 더 이상 갖지 않을 수도 있다(Burlew, 2003). 하지만 다양성이 살아있는 글로벌 환경 맥락에서 활동함으로써 새로운 가치와 규범, 그리고 우리들이 가지고 있는 관점을 직접 대면하여 다룰 수 있게 됨으로써 좀 더 풍성한 실천이 가능할 것이다.

참고문헌

Abma, T. A., Greene, J., Karlsson, O., Ryan, K., Schwandt, T. S., & Widdershoven, G. (2001). Dialogue on dialogue. *Evaluation, 7*(2), 164–180.

Abma, T. A., Nierse, C., & Widdershoven, G. A. M. (2009). Patients as research partners in responsive research. Methodological notions for collaborations in research agenda setting. *Qualitative Health Research, 19*(3), 401–415.

Abma, T. A., & Schwandt, T. S. (2005). The practice and politics of sponsored evaluations. In B. Somekh & C. Lewis (Eds.), *Research methods in the social sciences* (pp. 105–112). London: Sage.

Abma, T. A., & Stake, R. (2001). Stake's responsive evaluation: Core ideas and evolution. *New Directions for Evaluation, 92*, 7–22.

Abma, T. A., & Widdershoven, G. A. M. (2005). Sharing stories: Narrative and dialogue in responsive nursing evaluation. *Evaluation and the Health Professions, 28*(1), 90–109.

Abma, T. A., Widdershoven, G. A. M., & Lendemeijer, B. (Eds.). (2005). *Dwang en drang in de psychiatrie, De kwaliteit van vrijheidsbeper-kende maatregelen*. Utrecht, The Netherlands, Lemma.

Aristotle. (1997). *Ethica Nicomachea* (Book IV). Amsterdam: Kallias.

Baur, V., Abma, T. A., & Widdershoven, G. A. M. (2010). Participation of older people in evaluation: Mission impossible? *Evaluation and Program Planning, 33*(3), 238–245.

Berghmans, R., Elfahmi, D., Goldsteen, M., & Widdershoven, G. A. M. (2001). *Kwaliteit van dwang en drang in de psychiatrie*. Utrecht/Maastricht: GGZ Netherlands/Universiteit Maastricht.

Bernstein, R. J. (1983). *Beyond objectivism and relativism*. Oxford, UK: Oxford University Press.

Burlew, A. K. (2003). Research with ethnic minorities: Conceptual, methodological, analysis issues. In G. Bernal, J. E., Trimble, A. K. Burlew, & F. T. L. Leong (Eds.), *Handbook of racial and ethnic minority psychology*. Thousand Oaks, CA: Sage.

Cronbach, L. J., et al. (1980). *Toward reform of program evaluation*. San Francisco: Jossey-Bass.

Fetterman, D. (1994). Empowerment evaluation. *Evaluation Practice, 15*, 1–6.

Gadamer, H. G. (1960). *Wahrheit und Methode*. Tübingen, Germany: J.C.B. Mohr.

Greene, J. C. (1994). Qualitative program evaluation: Practice and promise. In N. K. Denzin & Y. S. Lincoln (Eds.), *Handbook of qualitative research* (pp. 530–544). Thousand Oaks, CA: Sage.

Greene, J. C. (1997). Participatory evaluation. In L. Mabry (Ed.), *Evaluation and the post-modern dilemma. Advances in program evaluation* (Vol. 3, pp. 171–189). Greenwich, CT: JAI Press.

Greene, J. C. (2000). Understanding social programs through evaluation. In N. K. Denzin & Y. S. Lincoln (Eds.), *Handbook of qualita tive research* (2nd ed., pp. 981–1000). Thousand Oaks: Sage.

Greene, J. C. (2001). Dialogue in evaluation: A relational perspective. *Evaluation, 7*(2), 181–203.

Greene, J. C. (2002, October). *Evaluation as education*. Paper presented at the European Evaluation Society, Seville, Spain.

Greene, J. C. (2006). Evaluation, democracy, and social change. In I. F. Shaw, J. C. Greene, & M. M. Mark (Eds.), *The SAGE handbook of evaluation* (pp. 141–160). London: Sage.

Greene, J. C., & Abma, T. A. (Eds.). (2001). Responsive evaluation. *New Directions for Evaluation, 92*.

Guba, E. G., & Lincoln, Y. S. (1981). *Effective evaluation*. San Francisco: Jossey-Bass.

Guba, E. G., & Lincoln, Y. S. (1989). *Fourth-generation evaluation*. Newbury Park, CA: Sage.

House, E. R. (1981). *Evaluating with validity*. Beverly Hills, CA: Sage.

House, E. R. (1993). *Professional evaluation*. Newbury Park, CA: Sage.

House, E. R., & Howe, K. R. (1999). *Values in evaluation and social research*. Thousand Oaks, CA: Sage.

Janesick, V. J. (2000). The choreography of qualitative research design: Minuets, improvisations, and crystallization. In N. K. Denzin & Y. S. Lincoln (Eds.), *Handbook of qualitative research* (2nd ed., pp. 379–400). Thousand Oaks, CA: Sage.

Karpowitz, C. F., Raphael, C., & Hammond, A. S. (2009). Deliberative democracy and inequality: Two cheers for enclave deliberation among the disempowered. *Politics & Society, 37*, 576–615.

Koch, T. (2000). Having a say: Negotiation in fourth-generation evaluation. *Journal of Advanced Nursing, 31*, 117–125.

Kushner, S. (2000). *Personalizing evaluation*. London: Sage.

Landeweer, E. G. M., Abma, T.A., & Widdershoven, G. A. M. (2010). The essence of psychiatric nursing: Redefining nurses' identity through moral dialogue about reducing the use of coercion and restraint. *Advances of Nursing Science, 33*(4), E1–E12.

Lincoln, Y. S. (1993). I and thou: Method, voice, and roles

in research with the silenced. In D. McLaughlin & W. Tierney (Eds.), *Naming silenced lives* (pp. 29–47). London: Routledge.

Mabry, L. (1991). Alexandre Dumas Elementary School, Chicago, Illinois. In R. Stake, L. Bresler, & L. Mabry (Eds.), *Custom & cherishing: The arts in elementary schools* (pp. 137–176). Chicago: University of Illinois, National Arts Education Research Center.

MacDonald, B. (1977). A political classification of evaluation studies. In D. Hamilton, D. Jenkins, C. King, B. MacDonald, & M. Parlett (Eds.), *Beyond the numbers game* (pp. 224–227). London: Macmillan.

Mertens, D. (2002). The evaluator's role in the transformative context. In K. E. Ryan & T. S. Schwandt (Eds.), *Exploring evaluator role and identity* (pp.103–118). Greenwich, CT: IAP.

Mertens, D. M. (2009). *Transformative research and evaluation.* New York: Guilford Press.

Murray, R. (2002). Citizens' control of evaluations: Formulating and assessing alternatives. *Evaluation, 8*(1), 81–100.

Palumbo, D. J. (Ed.). (1987). *The politics of program evaluation.* Newbury Park, CA: Sage.

Parlett, M., & Hamilton, D. (1972). Evaluation as illumination: A new approach to the study of innovatory programs. In G. Glass (Ed.), *Evaluation review studies annual* (Vol. 1, pp. 140–157). Beverly Hills, CA: Sage.

Patton, M. Q. (1988). The evaluator's responsibility for utilization. *Evaluation Practice, 9,* 5–24.

Schwandt, T. S. (1997). Whose interests are being served? Program evaluation as conceptual practice of power. In L. Mabry (Ed.), *Evaluation and the post-modern dilemma: Advances in program evaluation* (Vol. 3, pp. 89–104). Greenwich, CT: JAI Press.

Schwandt, T. S. (2005). On modeling our understanding of the practice fields. *Pedagogy, Culture and Society, 13*(3), 313–332.

Segerholm, C. (2001). Evaluation as responsibility, conscience, and conviction. In K. E. Ryan & T. S. Schwandt (Eds.), *Exploring evaluator role and identity* (pp. 87–102). Greenwich, CT: IAP.

Stake, R. E. (1967). The countenance of evaluation. *Teachers College Record, 68,* 523–540.

Stake, R. E. (1975). To evaluate an arts program. In R. E. Stake (Ed.), *Evaluating the arts in education: A responsive approach* (pp. 13–31). Columbus, OH: Merrill.

Stake, R. E. (1982, August). How sharp should the evaluator's teeth be? *Evaluation News,* pp. 79–80.

Stake, R. E. (1991). Retrospective on "The Countenance of Educational Evaluation." In M. W. McLaughlin & D. C. Phillips (Eds.), *Evaluation and education: At quarter century, ninetieth yearbook of the National Society for the Study of Education (NSSE)* (pp. 67–88). Chicago: University of Chicago Press.

Stake, R. E., & Abma, T. A. (2005). Responsive evaluation. In S. Mathison (Ed.), *Encyclopedia of evaluation* (pp. 376–379). Thousand Oaks, CA: Sage.

Stake, R. E., & Schwandt, T. S. (2006). On discerning quality in evaluation. In I. F. Shaw, J. C. Greene, & M. M. Mark (Eds.), *The SAGE handbook of evaluation* (pp. 404–418). London: Sage.

Suarez-Herrera, J. C., Springett, J., & Kagan, C. (2009). Critical connections between participatory evaluation, organizational learning and intentional change in pluralistic organizations. *Evaluation, 15*(3), 321–342.

Themessl-Huber, M. T., & Grutsch, M. A. (2003). The shifting locus of control in participatory evaluations. *Evaluation, 9*(1), 92–111.

Weiss, C. (1988). If program decisions hinged only on information: A response to Patton. *Evaluation Practice, 9,* 15–28.

Whitmore, E., Gruijt, I., Mertens, D. M., Imm, P. S., Chinnan, M., & Wandersman, A. (2006). In I. F. Shaw, J. C. Greene, & M. M. Mark (Eds.), *The SAGE handbook of evaluation* (pp. 340–359). London: Sage.

Widdershoven, G. A. M. (2001). Dialogue in evaluation: A hermeneutic perspective. *Evaluation, 7*(2), 253–263.

Widdershoven, G. A. M., & Abma, T. A. (2007). Hermeneutic ethics between practice and theory. In R. E. Ashcroft, A. Dawson, H. Draper, & J. R. McMillan (Eds.), *Principles of health care ethics* (pp. 215–222). West Sussex, UK: Wiley.

Part 06.

질적 연구의 미래

최희준_ 홍익대학교 교육학과 교수

━━━━ 이제 우리는 이 책의 마지막 부분에 다다랐다. 그러나 이는 단지 치열하게 경쟁해야 할 미래를 위한 시작점일 뿐이다. 몇몇의 관찰과 그 결과로 인한 의견들이 지금까지 우리의 논지를 구조화하였다. 질적 연구 분야는 스스로를 지속적으로 변형시켜 왔다. 21세기 들어 첫 십 년 동안 구체화된 변화들은 다양한 형태의 저항에도 불구하고 활기를 띠고 있다. 새로운 세대는 질적 연구의 존재감을 느끼게 하고 있다. 포스트모던과 실험을 중시하는 시기에 훈련된 학자들은 초기 세대들이 체계를 갖추기 위해 싸웠던 일들을 당연한 것으로 받아들인다.

토착의, 성적 특징을 반영한, 서술 기법으로 전환되었다. Schwandt(2007)가 대문자 E로 쓰이는 인식론(Epistemologies)이라고 불렀던 기초적인 인식론들은 사회적 연구에 대한 후기구성주의, 해석학, 남녀평등주의, 후기구조주의, 실용주의, 비판적 인종주의, 동성애자 이론 접근법들에 의해 대체되었다. 윤리와 가치에 대한 담론들, 선(善)에 대한 대화, 공평하고 도덕적인 사회에 대한 담론들에 의해 대체된 소문자 e로 쓰이는 인식론(epistemology)은 규범적이게 되었다.

질적 연구는 세 편(측)으로부터 공격을 받고 있다. 첫째, 정치적으로 우측에 위치한, 신보수주의 정권과 연결된 방법론적 보수주의자들이다. 이러한 비평가들은 증거에 기초한 실험적 방법론, 또는 혼합(mixed) 방법론을 지지하고 있다. 이러한 관점은 질적 연구를 방법론적인 주변부에 둔다. 둘째, 인식론적으로 우측에 위치한, 질적 연구의 황금시대에 대한 향수에 찬 눈으로 보는 신전통주의 방법론자들이다. 이러한 비평가들은 현재 수행할 연구를 위해 필요한 모든 것을 과거에서 찾는다. 셋째, 윤리적으로 우측에 위치한, 인간 대상 연구를 위해 하나의

윤리적 모형을 적용하는 주류 생체 의과학자들과 전통적인 사회과학 연구자들이다. 이러한 관점을 가진 연구자들은 협력적이고, 다른 사람들의 의식을 함양하거나 권리를 부여하는 탐구에 몰두해 있는 연구자들의 주장에 동참하기를 거부한다.

7번째와 8번째 시기에 있는 질적 연구자들은 지난 삼십 년간 질적 연구에서 진보를 부정하려 위협하는 세력들 사이에서 길을 찾아 나가야 한다. 이러한 비판가들은 토착의, 남녀평등주의, 인종, 동성애자 연구들의 영향력을 인식하지 못하고 있다. 우리는 이러한 비판들로부터 우리 자신을 보호할 필요가 있다. 우리는 또한 이러한 문제들에 대한 대중의 학문적인 참여와 대화를 위한 공간을 창조할 필요가 있다.

이 책의 장들은 통합적으로 온정적, 비판적, 해석적, 공민적 사회과학에 대한 거대한 요구를 이야기하고 있다. 질적 연구는 경계와 장르 모두를 모호하게 만드는 해석적 사회과학이다. 이에 참여하는 사람들은 정치적으로 잘 알려진 실천연구, 활용지향적 연구, 사회 변화 등에 몰두하고 있다. 그러므로 질적 연구라는 이름의 개혁적인 운동이 번성할 때, 자유민주사회의 담론에서 질적 연구의 위치는 보다 분명해질 수 있다. 우리는 실천 연구자들과 함께 후기자본주의 시대의 공공영역과 민간영역에서 급격한 민주화를 유도할 엄격한 일련의 해석적 실천을 추구하고 있다. 질적 연구는 이러한 목적들을 달성하기 위한 수단이다. 그것은 다양한 해석적 공동체들을 연결하는 가교이다. 질적 연구는 공공영역과 민간영역, 신성함과 세속적인 것 사이를 오가며 다양한 영역까지 뻗어 있다.

패러다임 전환과 대화는 질적 연구와 사회과학 모두를 조직하는 이론적 틀 내에서 또한 이론적 틀 사이에

서 지속적으로 존재한다. 인식론 관점으로의 이동이 가속화되었다. 어느 누구도 더 이상 성적으로 단일화된 연구 대상자, 또는 어떤 측면으로든 단일화된 연구 대상자가 존재한다고 믿지 않는다. 인식론은 정체성을 드러내게 되었다. 자본주의가 전 세계적으로 확장됨에 따라 비판적이고, 다양한 목소리를 반영하는, 후기식민 시대의 문화기술지에 대한 갈망은 증가하고 있다.

우리는 이제 공공심을 가진 질적 연구자들이 세상을 움직이는 일련의 주목할 만한 관습을 이용한다는 것을 이해한다. 이러한 실습들은 중립적인 도구들이 아니다. 이러한 연구자는 일상생활에서 인종, 성, 계급을 잠재적으로 억압적 존재로 만드는 구조적 과정들을 역사적, 상호작용적으로 항상 유념해서 생각한다. 질적 연구에 대한 주목할 만한 관습은 연구자를 방법론적(그리고 인식론적) 도구들을 닥치는 대로 써서 만드는 브리콜러가 되게 한다. 브리콜러는 예술가, 퀼트 제작자, 숙련된 기능공, 짜깁기와 조각 모음의 제작자이다. 해석적으로 브리콜러는 면담할 수 있고; 관찰할 수 있고, 문화를 연구할 수 있고; 시각적 방법 내에서 그리고 시각적 방법을 넘어서 생각할 수 있고; 시, 소설, 자문화기술지를 쓸 수 있고; 설명하기 위한 스토리를 말할 수 있는 서술을 구성할 수 있고; 질적 연구용 컴퓨터 소프트웨어를 이용할 수 있고; 문자에 기초한 탐구를 할 수 있고; 포커스 그룹 인터뷰를 이용한 **증거**를 구성할 수 있고; 심지어 응용 문화기술지와 정책 입안에 참여할 수 있다.

끊임없이 변화하는 질적 연구 분야는 이 분야에 대해 도출된 이해뿐 아니라 일련의 긴장과 반박에 의해 정의된다. 이러한 긴장과 이해는 이 책의 모든 장에서 느껴진다. 이전처럼 이 개정판에서도 우리는 요약을 위해 다양한 긴장과 이해를 질문과 주장의 형태로 목록화하였다.

1. 질적 연구에서의 수행 방향전환이 이론을 자유롭게 하는 수행을 초래하고 그 전반적인 후기식민주의 상황을 해체할 것인가?

2. 비판적이고 토착의(원산의) 해석적 패러다임, 인식론, 그리고 교육이 여덟 번째 시기에 번성할 것인가?

3. 비판적, 토착의(원산의) 해석적 패러다임, 인식론, 그리고 교육이 대항서사(counternarrative), 자문화기술지, 문화적 시학(詩學), 예술에 기반을 둔 방법론들을 포함하는 새로운 연구 수행의 개발과 활용을 초래할 것인가?

4. 토착의(원산의) 질적 연구자들은 학교에 독립(자치)을 부여하는 데 솔선수범할 수 있는가?

5. 다양한 관점의 인식론과 도덕적 철학에 대한 강조는 시민사회, 공공의 담론, 비판적 인종 이론에 대한 질적 연구의 기여에 관하여 일련의 공유된 이해를 바탕으로 확고해질 것인가?

6. 방법론적, 정치적, 윤리적 보수주의자로부터의 비판이 이 분야를 억압할 것인가?

7. 문화기술지에서의 수행 방향전환이 의식의 흐름과 의식적 문제의 내적 의미의 세계를 나타내는 시도로부터의 변화를 생산할 것인가?

8. 남녀평등주의자, 공산주의자, 그리고 토착의 윤리적 규정이 어떻게 IRB(연구윤리위원회)를 변화시킬 것인가? 두 가지 트랙 혹은 세 가지 트랙 IRB 모형이 규범적이게 될 것인가?

9. 우리가 이 책에서 제시했던 많은 패러다임과 관점들 사이에 존재하는 상호작용을 통해 연구에 대한 새로운 방법과 전략을 가진 새로운 해석적 패러다임이 생겨날 것인가?

10. 새로운 패러다임이 생겨날 경우, 토착의, 윤리적, 동성애자, 후기식민주의, 그리고 남녀평등주의 패러다임이 이러한 새로운 종합에 어떻게 적합할 것인가?

11. 포스트모던, 반기초적(anti-foundational) 감성이 수행되어 글로 표현된 내용을 평가하기 위해 스스로 기본적인 준거를 형성하기 시작할 것인가?

12. 지엽적인 해석을 선호함으로써 포스트모던 세계관을 포함한 모든 보편적인 것들이 사라질 때, 우리는 어떻게 서로 지속적으로 대화하고 배울 수 있는가?

이러한 질문들에 대한 확정적인 답은 없다. 다른 각

도에서 본다면 열거된 12가지 질문들은 좀 더 포괄적으로 사회적 텍스트, 역사, 정치, 윤리, 해석적 패러다임에 초점을 맞추고 있다.

1. 미래

Judith Preissle가 쓴 42장은 질적 연구자와 교사로서 40년 이상 일하였던 경험을 바탕으로 질적 연구의 미래를 성찰하고 있다. (그녀는 QUALRS-L, 즉 질적 연구에 대한 토의 그룹 리스트서브를 1991년에 설립하였다.) 그녀는 논의나 대화가 자유롭게 다양한 방향으로 흐를 수 있다는 것을 묘사하기 위해 다양한 은유—검은 딸기나무 덤불, 태피스트리, 우산, 연맹—를 사용하고 있다. 담론은 검은 딸기나무 덤불처럼 다양한 뿌리를 가지고 있다. 담론은 많은 실 가닥, 색상, 양식을 가진 태피스트리와 같다. 담론은 다양한 전통을 포함시킨다는 점에서 우산과 같다. 담론은 또한 미국 인디언 이로쿼이족 방식 (시간과 공간을 가로질러 확장하고, 회원가입 여부가 유동적임)의 연맹과 같다.

그녀는 더욱 공정하고, 자유롭고, 대안이 되는 관점들에 개방적이며, 안정적인 미래를 보면서 이러한 은유들의 렌즈를 통해 질적 연구의 미래를 읽고 있다. 그녀는 젊은 학자들이 비판적 연구에 대한 새로운 이해를 강의실로 또한 글로 표현된 작품으로 가져올 것을 상상하고 있다.

2. 극우와 극좌 활동가 방법론[1]

Eisenhart와 Jurow(43장)는 질적 연구에 대한 교육적 공간으로 들어간다. 그들은 질적 연구 교육에 대한 현재의 문헌을 검토하고, Boulder에 있는 콜로라도 대학의 교육대학에 입학하는 모든 박사과정 학생들에게 필수적인 두 학기 질적 연구의 기초 과정의 확장된 토론을 제공하고 있다.

그들은 질적 연구를 가르치는 것에 대한 문헌이 1980년 패러다임 논쟁을 지속적으로 반영하고 있다는 주장을 강화하고 있다. Phillips(2006)와 함께 그들은 두 가지 교육 진영, 즉 연속체에서 두 가지 양극인 극우와 극좌를 본다. 극우에는 연구 방법을 객관적인 도구로 보는 전통주의자들이 있다. 전통주의자들은 가르칠 때 설계, 기법, 분석에 대한 질문에 초점을 맞춘다. 이것을 소문자로 쓰여진 "qi"라고 한다.

예상한 대로, 실험주의자들은 극좌에 있다. 이것은 대문자로 쓰여진 "QI"이다. 극좌에 있는 사람들은 더 전위적(avant garde)이고, 방법론과 교육에 대한 운동가 관점을 취하고 있다. 그들은 연구에 대해 주관적이고, 해석적인 접근법을 취하고 있다. 그들은 실천으로서의 방법론, 또는 사회적 행위를 위한 도구로서의 방법론에 집중하고 있다. 문화기술자, 실행 연구가, 공동체 조직자들은 모두 극좌 집단에 있다. 그들은 사람들을 실행으로 옮기게 하는 글을 창조하게 함으로써 세상을 변화시키기 원하고 있다. 그들은 개인 문제로부터 공공 제도로 옮겨가는 글을 원하고 있다. 그들은 학생들에게 이를 어떻게 할 것인가를 가르치고 싶어한다.

세 번째 극이 있다. 이것은 사회정의의 공간이다. 우측—그리고 좌측—극의 방법론자들은 사회 변화 문제들을 중심으로 통합될 수 있다. 극좌 활동가들과 같은 전통적 방법론자들은 학생들에게 기초 수준의 사회정의를 연구하는 방법을 가르칠 수 있다. 이것은 토착의(원산의), 협력적인, 그리고 공동체에 기반한 연구이다.

이러한 움직임은 다음을 위해 교육과 방법론을 결합한다.

- 사회 문제에 대해 다양한 정의들을 명백히 하는 것을 돕기 위하여;
- 공식적인 사상의 제한점을 폭로하고 위기 상황에 작동하는 부당함의 정도를 극적으로 표현하기 위해 서

술(묘사), 생활 이야기, 통계, 숫자, 사실을 수집하고 이용하기 위하여;

- 개입의 요지들을 분리시키기 위하여;
- 대안적인 도덕적 관점들을 제안하기 위하여;
- 문제가 왜 만들어졌는지가 아니라, 어떻게 만들어졌는지에 관한 질문들을 명확히 하기 위하여;
- 개인적 문제들을 공적 문제들로 연결시키기 위하여;
- 면담, 관찰, 기록, 개인적 경험을 통해 부당함에 대한 다양한 예시들을 확보하기 위하여;
- 노출된 상황을 극화하는 문화기술극을 생산하고 수행할 목적으로 공동체 구성원들과 협력하기 위하여;
- 독자들로부터 피드백을 해석하고 알리기 위하여

이와 같이 서로 다른 해석적 방법에서, 전통적인 그리고 경험적인 해석적 방법들은 사회정의 의제들을 발전시키는 데 몰두하는 프로젝트들에 통합될 수 있다. 아래에 설명된 것처럼 더 많은 것들이 포함된다.

3. 브리콜러를 위한 극좌로 가르치기

Eisenhart와 Jurow(43장)는 극좌로 가르치는 것이 기법 이상의 것을 포함한다고 주장한다. 그것은 객관성, 성과, 성찰, 일인칭 관점의 작문, 다른 사람들과의 공모, 윤리, 가치, 진실을 둘러싼 문제뿐만 아니라 포스트모던 인식론, 철학적 원리에 초점을 맞추고 있다. 실험에 기반한 글을 학습하고 이해하기 위해서 학생들은 전통적으로 방법론의 핵심이라고 인식되지 않았던 많은 문헌들을 분명히 학습해야 한다. 이러한 문헌들은 복잡하게 얽혀있고, 시적이고, 정치적이고, 성찰적인 질적 연구이다. 사회적 행위에 대한 요청에 의해, 억압의 교육을 무효로 만들기 위한 몰입에 의해 형성된 연구, 자문화기술적인 것이다.

이렇게 구상해보면, 행해져야 할 태도 혹은 추구되어야 할 목적이 세 가지 있다. 첫째, 비판적 교육(critical pedagogy)으로 이해되는 가르치는 일은 정치적이고 이상적인 것을 실제 수행을 통해 가시적으로 만드는 행위이다. 가르치는 것은 수행적인 행위이다. 둘째, 가르치는 행위는 학생들이 인종적, 성적, 계급적 억압의 구조에 저항하기 위한 수단으로서 그들 스스로의 경험을 사용하도록 하는 것이며, 그들 스스로 자신의 전기(傳記)를 쓸 수 있도록 하는 방법이다.

셋째, 앞의 두 가지 목적들을 실현하기 위해서, 학생들은 자문화기술자, 그들 스스로의 삶에 대한 드라마의 작가가 된다. 이러한 수행의 형태는 모든 극작가들을 민족중심의 극작가로 간주한다(Saldaña, 2005, p.33). 이것은 해방의 연극, 억압받는 자들을 위한 비판적 수행 문화기술지, 우리가 인종과 우리 스스로에 대해 서로에게 하는 거짓말을 폭로하는 연극이다.

동시에, 극좌에 있는 학생들은 극우의 방법론들에 대한 학습이 필요하다. 비판적 학자들은 경력상의 어떤 시점에 자신의 학문분야에서 방법론적인 고전에 깊게 빠져볼 필요가 있다. 그들은 면담하는 방법, 현장조사를 하는 방법, 기록물을 바탕으로 작업하는 방법, 참여 관찰하는 방법, 자문화기술지를 쓰는 방법, 사례 연구를 하는 방법, 다양한 형태의 참여적 실행 연구를 사용하는 방법, 초점 집단 기법을 사용하는 방법, 그리고 근거 이론을 만드는 방법을 알 필요가 있다. 도구를 닥치는 대로 만들어 쓰는 사람들로서, 다양한 방법론들을 모두 필요로 한다. 전통적인 질적 연구는 사회 변화를 불러일으키는 도구로써 이용될 수 있다. 이러한 변화는 참여, 실천, 경험, 탐구들이 비판적 방식하에서 연결될 때 발생할 수 있다.

언어가 핵심이다. 만약 새로운 형태의 사회적 텍스트가 만들어진다면, 새로운 목소리, 즉 변화의 목소리, 저항의 목소리 등을 들을 수 있고, 비로소 연구는 정치적인 행위로 연결된다. 언어의 체제와 안다는 것의 의미 및 패러다임은 변화하게 된다. 이러한 변화가 발생할 때, 세상은 변한다.

기본적인 인식론의 붕괴는 방법론에 새로운 혁신을 초래하였다. 이러한 혁신은 타당성의 의미를 재구성하고 있다. 텍스트에 대한 성찰의 증가, 원문 자기 노출의 증가, 다양한 목소리, 문해적 묘사의 정형화된 양식 등에 대한 요구를 불러일으켰다. 이러한 혁신들은 묘사를 둘러싼 다음 단계의 문제들을 제기한다.

묘사에 관한 이슈는 어떻게 다른 사람들이 텍스트에 표시될 것인가를 포함한다. 묘사 전략은 텍스트에서 정치 영역에 대한 관심으로 수렴된다. 우리는 더 이상 방법론으로부터의 사상과 정치적 견해를 분리할 수 없다. 방법들은 인식론에서 존재론까지 더 폭넓은 의미의 체제 내에서 그것의 의미를 획득한다. 이러한 체제들은 그들 스스로가 특정 해석적 공동체뿐만 아니라 윤리적 그리고 사상적 틀에 제한되어 있다. 우리의 방법들은 항상 우리의 정치적 견해에 접목되어 있다.

과학적 실습은 이데올로기 밖에 존재하는 것이 아니다. 초판 그리고 그 개정판에서 주장했듯이, 후기구조주의적 사회과학 프로젝트는 그 외적 기초를 과학에서가 아닌, 후기막시즘에 대한 헌신이나 해방적 남녀평등주의에서 추구한다. 좋은 텍스트는 이러한 헌신들을 불러일으킨다. 좋은 텍스트는 어떻게 인종, 계급, 성이 상호작용하는 개인들의 구체적 삶에 침투하는지를 드러낸다.

우리는 앞으로 연구가 더욱 관계적이 될 것이고, 두 관계 사이의 양측에 있는 연구자들이 두 관계 사이에서 작업하는 것이 더욱 쉽게도 더욱 어렵게도 될 것이라 예측한다. 우리는 또한 대중에 영합하는 테크놀로지의 양산을 보고 있다. 이러한 테크놀로지는 우리가 연구 대상이라고 알고 있는 것을 흔들어 놓음으로써 질적 연구를 훼손시키는 역할을 할 것이다. 새로운 정보기술은 시간과 공간을 초월한 대화와 소통의 가능성을 증가시키고 있다. 우리는 아마 사회과학의 재건에 참여하게 될지도 모른다. 만약 그렇다면, 질적 연구는 사회과학의 재건에서 지도적 역할을 하게 된다.

마지막으로, 우리는 일곱 번째와 여덟 번째 시기에 지배적인 형태의 질적 텍스트는 없을 것이라고 예측하고 있다. 오히려, 몇몇의 혼합 형태의 글들이 활용될 것이다. 첫 번째 형태는 후기구조주의적 용어로 재정의된

고전적이고 사실주의적인 문화기술적 글일 것이다. 우리는 이러한 글에서 직접 체험한 사람의 일인칭적 목소리를 들을 수 있을 것이다. 두 번째 혼합 텍스트의 형태는 시적, 소설적, 퍼포먼스 텍스트들을 비판적 간섭주의자의 글들과 뒤섞고 결합시킬 것이다. 세 번째 텍스트의 형태는 **증거**에 입각한 일인칭 자문화기술적 글을 포함할 것이다. 네 번째 형태는 일인칭 시점과 **증거**에 입각한 관점 사이를 왔다 갔다 하는 서술적인 평가 글일 것이다. 이러한 텍스트 형태들은 점점 더 정교한 일련의 지역적, 토착적, 반기초적, 도덕적, 윤리적 준거에 의해 평가될 것이다.

이러한 텍스트 형태의 변형은 반성적, 자기인식적 대상에 대한 비판적 사고에 기반하고 있다. 생생한 경험은 직접적으로 연구될 수 없다. 우리는 이야기, 내러티브, 퍼포먼스, 드라마 등과 같은 경험의 표현을 연구한다. 우리는 반성적 대상에 대한 내면의 심리와 내적 세계를 직접 접할 수 없다. 수행 문화기술지에서의 대상은 점차 행동하는 사람이 된다. 우리는 수행자와 수행, 의미를 같이 만드는 사람들, 공동 창조와 공동 퍼포먼스의 순간에 사람들을 연결하는 문화의 방법을 연구한다.

4. 역사, 패러다임, 정치, 윤리, 그리고 타인

우리가 글쓰기 문화에 대해 쓰고 있을 때 많은 것들이 변화하고 있고, 질적 연구의 여덟 번째 시기로 이동하고 있다. 전에는 몇 개밖에 안 되던 역사와 이론적 틀이 지금은 매우 다양하게 유포되고 있다. 오늘날 자본주의와 후기실증주의는 수많은 경쟁 패러다임과 관점들에 의해 도전받고 보완되고 있다. 많은 응용 실행 연구와 참여적 연구 안건들이 프로그램 평가와 분석에 영향을 미치고 있다.

우리는 지금 우리 스스로에 대해 배우기 위해 타인을

연구하는 것을 이해하고 있고, 그 과정에서 우리가 습득했던 교훈들이 썩 유쾌한 것은 아니다. 우리는 포스트모더니즘에 맞는 새로운 일련의 윤리적 지향성을 추구한다. 오래된 윤리적 규정들은 도덕적으로 관계된 프로젝트로써 연구를 검토하는 데 실패하였다. 그 규정들은 진지하게 연구자를 사회적 조직체 내에 위치시키지 않았다. 남녀평등주의자와 공동체 윤리 체제는 모든 단계에서 비판적 인종 이론, 후기식민주의, 퀴어 이론에 의해 정보를 제공받으며 지속적으로 진화할 것이다. 과학 또는 상황의 이름으로 다른 사람의 사생활을 지켜보기를 즐기는 노골적인 관음증은 지속적으로 도전받게 될 것이다.

수행기반의 문화 연구와 비판 이론적 관점들은 도덕적 비판에 대한 초점을 바탕으로 질적 연구에 대한 전통적인 경험적 기초를 변화시킬 것이다. 과학과 도덕 사이의 경계선은 점점 약해질 것이다. 포스트모던, 페미니스트, 후기구조주의, 공동체 과학은 도덕적 경험 세계의 성스러운 과학에 가까워질 것이다.

우리가 과거를 회고하면서 막스 베버의 은유를 빌리고, 21세기로 나아감에 따라, 어떻게 우리가 20세기의 이성과 합리성이라는 우리에 갇혀있는지 더 명백하게 이해하게 된다. 새장에 있는 새처럼, 우리는 너무 오랫동안 우리가 사로잡혀 있는 틀을 볼 수 없었다. 사회 세계의 세속적 과학에 동참하는 우리들이 문제의 일부가 되었다. 우리가 무효로 만들고 싶은 지배 기구들에 걸려들었기 때문에, 내면적으로 너무나 억압적이라는 것을 알았던 지식과 권력의 체제들을 오히려 영속화시켰다. 그 새장에서 나오는 것이 너무 늦은 것은 아니다. 오늘, 우리는 그 새장을 뒤에 남기고 떠난다.

차후에 우리는 불확실한 미래로 이동하면서 여덟 번째 순간에 들어가거나 또는 떠난다.

주석

1. 이 부분은 Denzin(2010, pp. 55-57)을 수정, 보완한 것이다.

참고문헌

Denzin, N. K. (2010). *The qualitative manifesto*. Walnut Creek, CA: Left Coast Press.

Phillips, D. C. (2006). A guide for the perplexed: Scientific educational research, methodolatry, and the gold versus platinum standards. *Educational Research Review, 1*(1), 15–26.

Saldaña, J. (2005). *Ethnodrama*. Walnut Creek, CA: AltaMira Press.

Schwandt, T. C. (2007). *Qualitative inquiry* (3rd ed.). Thousand Oaks, CA: Sage.

Judith Preissle[1]

42.

질적 연구의 미래
_ 미래 변화의 방향

손미_ 부산교육대학교 교육학과 교수

1980년대 초, 질적 연구 방법 관련 연구 논문들의 출판이 어느 정도 성공을 거둘 무렵, 동료인 MarK LeCompte와 나는 교육에서의 질적 연구 방법론 책을 구상하고 출판사 두 곳에 그 책의 견본을 보냈다. 그 중 한 출판사의 편집인이 관심을 표명했고 이를 계기로 두 권의 교재(Goetz & LeCompte, 1984; LeCompte & Preissle, 1993)를 집필했으며 그 중 한 권(Goetz & LeCompte, 1988)은 스페인어로 번역 출간되었다. 반면 다른 한 출판사는 더 이상 질적 연구는 이루어지지 않을 것이라는 신랄한 비평과 함께 우리 책의 출판을 정중하게 거절하였다. 그 비평의 내용은 이랬다. 질적 연구는 어리석은 노력이며 일시적인 현상으로 이미 관심의 대상이 아니며 책이 출간되어도 시장성이 없을 것이라는 것이다.

질적 연구에 대한 이런 혼계조의 비평에 대해 나는 질적 연구의 미래에 대하여 고찰하기 시작하였다. 왜냐하면 미래란 항상 불확실한 것이라 우리의 예상이 빗나갈 수도 있고, 또한 예측하지 못한 일들이 발생하기 때문이다. 비록 대학에서 학부 역사 강의를 준비하면서 현재와 미래는 과거를 반영한다는 것을 확신했지만, 반영 그 자체는 지난 시간에 기반을 두며, 또한 부분적으로는 예상치 못했던 것들로 나타난다. 더욱이 학자들은 과거에서 현재까지 자신들의 업적이 앞으로의 학문발전에 기여할 것이라는 확신을 가지고 교육, 연구, 저술활동을 하면서 그들의 학문세계를 만들어가고 있다. 연구와 출판의 본질은 1년 후, 5년 후, 혹은 50년 후의 미래를 위한 준비가 항상 현재에서 이루어진다는 점이다.

본 장에서 나는 다음의 세 가지 원천을 바탕으로 질적 연구의 미래를 예측하고 고찰할 것이다. 첫째는 질적 연구 활동 및 질적 연구 관련 교육에 대한 40년의 개인적 경험, 그리고 이러한 경험을 통해 획득한 질적 연구 방법 및 설계의 역사와 발전에 대한 관점, 마지막으로 질적 연구의 미래 예측에 대한 다른 전문가들 및 최근 학자들의 연구(예, Loseke & Cahill, 1999a, 1999b; 1994, 2000, 2005년의 핸드북에 대한 Denzin과 Lincoln의 코멘트 등)이다. 질적 연구의 미래에 대한 고찰 시 먼저 질적 연구 학문의 실제에서 변화하거나 변화하지 않을 것은 무엇이며, 또한 그 차이를 어떻게 인식할 것인가를 논의할 것이다. 그리고 글로벌화, 급격한 기술 발전, 문화 경쟁 등 미래의 주요 변화로 예측되는 요소나 미래의 광범위한 사회 경제적 변화 경향보다는 연구 실제 및 방법론의 미래를 중점적으로 논의하고자 한다.

나는 앞서 언급한 한 출판사의 비평처럼 미래 예측에 따르는 위험성도 신중히 고려하면서 미래에 대한 나의 견해 또한 양면성이 있음을 인정한다. 대체로 현재에 몰두하다 보면 다가올 미래 구상에 집중할 수가 없다. 따라서 나는 미국에서 질적 연구 방법 전문가로서 최절정의 시기에 있었던 몇 가지 관련된 "문헌서류들(presents)"을 검토하고자 한다. 개인의 구체적 경험에 기반하여 현재와 미래를 이해하는 전통은 질적 연구 학문세계에서 흔히 있어왔다. 예를 들면, 생애사 연구(예, R. Atkinson, 1998; Goodson & Sikes, 2001; Langness & Frank, 1981), 전기 및 자서전적 작업(예, Bertaux, 1981; Goodson & Walker, 1991; Kridel, 1998; Okely & Callaway, 1992), 경험의 내러티브 묘사(Hatch & Wisniewski, 1995; Hinchman & Hinchman, 1997; Josselson & Lieblich, 1993; Polkinghorne, 1988), 자문화기술지(Ellis, 2009; Reed-Danahay, 1997) 등이 그 예이다. 페미니스트들은 학자로서(Reinharz, 1979/1984; Richardson, 1997), 또한 20세기의 선구적 현장연구자인 Malinowski(1967/1989)와 Mead(1972)처럼 현장연구 실천가로서 자신들의 삶의 이야기를 조명하고 계몽하는 데 크게 기여해왔다. 다음에는 자문화기술지보다는 덜 구체적이며 생애사적 접근에 비해 덜 포괄적인 학문적 회고록으로부터의 일화들도 고찰할 것이다. 일화는 과거를 조명하고 미래를 예측하는 의도성이 있으며, 독자로 하여금 학자들의 경험과 자신들의 경험의 유사성과 차이점을 성찰하도록 한다.

42.1 Jude의 개인사

많은 어린이들은 장차 희망하는 직업을 가지고 되고 싶은 사람으로 성장할 수 있다는 자신감을 가지고 자라난다. 나 또한 자립적인 인간으로 성장하는 것이 나의 유일한 미래 희망이었다. 그러나 교육실천이 자립성취보다 더 중요하게 되자 그 누구보다 놀란 사람은 바로 나 자신이었다.

교육자가 되다

1962년 아이오와에 소재한 그린넬(Grinnell)대학 재학시절, 아버지는 내가 성인으로서 살아갈 생계수단을 위한 독립생활 계획을 은근히 강요하셨다. 아버지는 내가 공무원시험을 봐서 미연방정부에서 역량을 발휘하고 싶다는 내 생각은 별 도움이 안 된다고 확신하셨다. 아버지 말에 의하면 당시 많은 정책 분석가들은 가까운 장래에 정부공무원의 대규모 감원이 있을 것이라 예상하였다. 아버지와의 이런 대화는 존 케네디 대통령이 암살되기 전, 린든 존슨이 대통령 직위에 오르기 전, 존슨 대통령의 위대한 사회 프로그램이 연방정부 노동력으로 확장되기 전의 일이다. 그러나 아버지의 예상은 빗나갔으며, 아버지의 이런 오판으로 결국 나 자신은 물론 타인들의 질적 연구를 포함한 미래를 예측하는 능력에 회의적이게 되었다.

공무원이 아니라면 역사를 전공하는 대학생에게 의미 있는 진로란 무엇인가? 아버지는 내가 안정된 직업으로 교사자격증을 갖기를 원하였다. 그 당시 그린넬대학에는 인류학 학위과정이 개설되지 않았기 때문에 역사를 전공한 나는 심지어 교육은 문화 연구에 대한 내 관심과 더욱 거리가 멀다고 보았다. 그러나 당시 그린넬대학에서 교육학을 가르치던 듀이 연구자인 Reginald Archambault(1963)의 영향으로 나는 나의 길을 결정할 수 있었다. Archambault는 "아동과 교육과정"의 중재자로서의 교사가 되는 듀이방식의 교사로 학생들을 이끌어 주었다. 아동과 교육과정의 중재자로서의 교사는 아동이 세계를 학습할 수 있게 이끌어 주어야 하며 이를 위해 아동과 교과내용을 연구해야 한다. 이런 듀이방식의 교사는 내 인생의 변화를 가져올 뜻밖의 놀라운 이야기였다. 나 또한 내 인생에서 이런 교사를 만난 경험은 거의 없었다. 그때까지만 해도 나는 이런 능력 있는 교사는 선천적으로 그 재능을 타고난다고 생각하였다. 나는 그동안 우리가 듀이방식의 교사가 되는 것을 목적으로 학습을 하면 진보적 교육자가 될 수 있다는 것을 인식하지 못하였다. 이후 진보적 교육자가 되는 것이 바로 나의 목적이 되었다.

이를 계기로 그린넬대학에서 나는 영어 및 역사교육에 과학적 접근방법을 도입하였고, 또한 미네소타대학에서는 12세 아동에게 사회학과 국어교육을 하는 데 인류학 연구 방법을 적용하였다. 그린넬대학과 미네소타대학에서 내가 가르친 사회학은 연방정부 지원에 의해 수행된 사회학 프로젝트 프로그램(Project Social Studies programs)의 하나로 개발된 실험적인 인류학 교육과정이었다. 당시 미국정부는 수학, 과학, 국어, 사회 교과에 대한 대규모 예비대학 교육과정 개혁을 추진하고 있었으며, 사회학 프로젝트 프로그램은 이 개혁의 일환이었다. 대학에서의 인류학 연구와 내 수업을 듣는 아동에 대한 연구는 **이론적 틀**을 근간으로 **실재**를 깊이 있게 연구할 수 있는 방향을 제공해 주었다.

내가 배운 역사, 인류학, 사회학 교수자들은 그 분야의 연구 수행에 있어 과학적 접근과 인문학적 접근 간의 팽팽한 긴장에 주목할 것을 강요하였다. 그들은 새로운 통찰과 연구 방법을 촉진하는 창의적 사고의 다른 관점을 대표적으로 보여주었다. 그러나 내가 배운 교육과정들은 훨씬 더 좁은 학문적 견해를 제시했었다. 즉1966년에서 1975년까지 내가 대학원에서 학위과정을 공부할 때는 실험 설계와 조사 연구가 가장 이상적인 방법이었다. 이와 같은 학문에 적절한 연구 주제는 미국 공교육의 개선이었다. 내가 쓴 석사학위 논문은 미국의 소수민족을 대상으로 두 가지 교수법을 적용하여 비교하는 준실험 비교 연구였다. 비록 실험도구들을 적용한 결과 처치효과에 유의미한 차이가 나타났으나, 적용과정에서 두 가지 교수방법에 대한 관찰 결과가 회의적이었기 때문에 나는 이 연구를 학술지에 발표하지 않았다. 그 당시 나는 내가 관찰한 결과와 실험결과를 연구 보고서에 어떻게 결합해야 하는지를 몰랐다. 이후 대학원에서 3년 더 연구 활동을 한 후에야 이러한 문제를 다룰 수 있었다.

문화기술자가 되다

대학원 학생으로서 내가 이해한 문화기술 활동은 멀리 떨어진 어느 장소와 시간 속에서 이루어지는 어떤 것이었다. 나는, 내가 읽을 당시 이미 분야의 전문가가 된 학자들이 과거에 수행한, 문화인류학과 질적 사회학 연구문헌들을 폭넓게 탐독하였다. 학부시절의 역사교육 과정과 마찬가지로, 이들 현장 연구 문헌들은 구미 학자, 유럽 학자, 북미 학자들에 의해 이루어진 연구들이 압도적으로 많았으나, 그들의 이해 범위는 북대서양 중심이 아닌 전 세계적이었다. 비록 그렇다 하더라도 전 지구적 세계가 서구 중심의 관점에서 이해되고 있었다.

나는 Margaret Mead, Howard Becker와 그 동료들의 현장연구 보고서를 읽었으며, 교육분야에서 질적 분석을 적용한 연구자들(Elizabeth Eddy, Estelle Fuchs, Jules Henry, Lou Smith, George & Louise Spindler, Harry Wolcott)의 문헌이라면 대부분 읽었다. Jules Henry는 내가 중학교 교사를 하면서 대학원 석사과정에서 수학하던 1969년도에 이미 사망했지만, 당시 이들은 모두 각 분야에서 입지가 확고한 연구자들이었으며, 몇몇은 이미 이들보다 앞서 훌륭한 연구 활동을 하였다. 그럼에도 불구하고 이 연구자들은 1960년대 혹은 그 이전에 수행된 연구에 대하여 보고하고 있었으며, 이 중 몇몇 연구는 미국 밖에서 이루어졌으며, 대부분은 후에 내가 만난 연구자들이었다. 별다른 장학금 혜택도 없고 고등교육 경험이 많지 않은 나는 이와 같은 현장연구자들과의 직접적인 만남을 통해 현장연구를 접하고 또 현장연구를 할 수 있게 되었다.

내가 경험한 공식적인 질적 연구 경험은 시골지역 아동을 대상으로 도시생활에 대한 그들의 생각을 인터뷰한 것과, 내가 장학지도하는 초임교사들과 그들이 지도하는 아동들에 대한 참여 관찰이었다. 현장연구와 다양한 질적 방법을 내 연구에서 직접 시도해 보려고 상당히 노력하였다. 질적 연구와 관련해 내가 탐독한 것은 이미 과거에 수행되었다. 나를 지도한 교육학 교수자들은 여전히 조사 연구나 실험 연구 방법을 적용한 연구 프로젝트를 꾸준히 수행하고 있었다. 반면 내가 배웠던 인류학자와 질적 사회학자들은 늘 프로젝트 현장 속에서 활동했으며, 나는 박사과정 후반에 접어들면서 그들의 연구 현장에서 돌아온 학생들을 만날 수 있었다. 다른 사람들이 수행한 과거 연구를 통해 현재 나 자신의 질적 연구 학식을 쌓아가는 일이 대담하게 여겨졌다. 나 자신의 미래 혹은 질적 연구의 미래는 내 관심 밖의 일이었다. 물론 교육은 미래를 준비하기 위한 것이지만, 내가 대학원생으로서만 학문과 공부에 몰입하거나 즐거움을 느낄 수는 없었다.

그러나 1972년 나는 박사학위 논문으로 무엇을 연구해야 할지를 결정해야 하였다. 현재에서 미래를 소개해야 하는 것이다. 내가 준비한 것이 무엇이며 내가 무엇이 되고자 하는지를 알리는 것처럼 말이다. 그래서 나는 내가 미국 교육계의 Margaret Mead가 되기로 결정하였다. 비록 내가 읽은 많은 미국학교 교실연구들이 질적 연구 방법을 적용하긴 했지만, 서구 여러 나라에서 교사와 학생들의 교실에서의 일상을 충분히 이해하기엔 역부족인 단편적인 기록들이 대부분이었다. 내가 원하는 것은 교수-학습과정에서 교사와 학생 사이에 발생하는 복잡하고 다양한 상호작용 활동과 상황을 보다 풍부하게 드러내 보이는 것이다. 미국 민권운동이 한창인 시기(1950~1960년대)에 성숙하고 제2의 페미니즘 물결 속에 성장한 우리 시대의 많은 사람들은 보수 인습적 성격의 직업 세계에서 급진적으로 활동하기도 하였다(Lortie, 1975). 서두에서도 언급했지만 나는 1965년에서 1971년까지 중학교에서 아이들을 가르쳤으며, 이 6년 기간 중 마지막 4년간은 팀티칭을 하였다. 나와 동료교사들은 학생들에게 보다 훌륭한 학교 경험을 제공하기 위해 매년 새로운 시도를 했으나, 교사와 교육자로서의 나는 교육정책 입안자 및 혁신가들이 수립한 교육계획과 실제 교실 현장에서 일어나는 일 사이에 많은 불일치와 괴리가 있음을 보게 되었다. 이를 계기로 나는 내가 문화기술 연구 학자로서 대중, 정치인, 교육학자들에게 실제 교실에서 교사와 학생들 사이에 무슨 일들이 일어나는지를—"우호적 관계, 나쁜 관계, 험악한 관계"—알려주고 싶었다. 나는 교육개선을 위해 어떤 중재를 적용하기 전에 실제로 그것이 어떤 상황에 있는지를 먼저 알아야 한다고 생각한다. 현 상태를 개선하고자 내가 시도했던 좋은 노력의 결과들은 복합적이었다.

몇 차례의 잘못된 시도 끝에 나는 박사학위 논문으로 중서부 시골지역의 한 초등학교 3학년 학급을 대상으로, Burnett(1973) 이후, 이름하여 미시적 문화기술지를 적용한 연구를 수행하였다(Goetz, 1975). 문화기술지가 되기도 했고 또 아니기도 하였다. 나의 스승 Judith Friedman Hansen 교수는 그녀의 1979년 교육문화인류학 총론에 내 학위논문과 다른 교육문화기술지를 주로 넣었다. LeCompte와 나는 그로부터 약 10년 뒤에 교육문화기술지에 대해 한 챕터의 글을 썼다(1992). 그러나 무엇보다 중요한 것은 교육에서 질적 연구의 하위분야 전반에 걸친 학문적 발전으로 이제 더 이상 단일 문화기술지로 종합하기가 불가능하다는 점이다. 21세기의 첫 10년까지 우리가 시도해왔던 것은 매우 다양한 교육문화기술지의 가능성이었다. 이제 우리는 교사와 학생들이 어떻게 학교생활을 경험하고 있는가에 대한 풍부한 정보를 얻었을 뿐만 아니라 인종, 민족, 성별, 계급, 종교, 능력, 시민권, 성적 경향 등에 대한 경험들에서도 보다 풍부한 설명을 찾을 수 있게 되었다.

내게 있어 교사교육 및 교육 문화인류학에서의 프로젝트 경력은 다른 어떤 경력보다 다양하였다. 내가 무관심했던 다른 경력은 내가 초기에 탐독했던 문헌들에도 제시된 바와 같이 미국의 교육과 학교교육에 너무 몰두하는 성격의 것이었다. 그러나 내가 개발하고자 했던 경력은 미래와 양면 가치적 관계를 지속하는 성격의 것이다. 다음에 다가올 장애물에 대한 대비책을 마련하고, 단계적으로 다음 해를 위한 목적을 설정해야 한다는 당위론은 익히 알고 있다. 그러나 나는 현재를 향유하는 즐거움을 멈출 수 없기 때문에 장기적인 계획을 수립하는 것은 내게 도전이 아닐 수 없었다.

질적 연구 방법론 학자가 되다

1975년도에 나는 조지아(Georgia)대학교 초등사회교육과에 재직하게 되었다. 학과 교수들은 나의 박사학위 경험과 인류학에 대한 준비는 대학에서 처음으로 질적 연구 강좌를 개설하기에 충분하다고 믿었고 이것은 내가 맡을 업무의 일부분이 되었다. 40년이 지난 지금, 나는 사범대 대학원 자격증 과정에서 질적 연구를 전담으로 가르치고 있으나 이 프로그램들은 대학 전체에 제공되고 있다. 전 세계에서 온 학생들이 이 대학원 자격증 과정에 등록하고 있으며, 어떤 질적 연구 과목은 외국인 학생들이 압도적으로 많이 등록하고 있다. 이 기간 동안 일 년 내내 철학을 공부하고, 학생들의 관심사에 맞추기 위해 사회과학 및 자연과학 관련 서적을 두루 탐독하고, 다른 영역에서의 교육연구—예를 들면 영국의 남성 노동자를 대상으로 한 Willis(1977)의 비판적 문화기술 연구, Kessler와 그녀의 동료들이 수행한 오스트레일리아의 성 통치제도에 대한 인상 깊은 연구(Kessler, Ashendon, O'Connell & Dowsett, 1985), 독일 문화인류학자 Nieuwenhuys(1994)의 인도의 학교교육과 아동노동에 대한 연구 등—를 탐색하였다. 결과적으로 이러한 활동들을 통해 나의 교육 및 연구 활동은 더욱 풍부하게 발전하였다.

1980년대 중반까지 학생들의 요구에 따라 질적 연구 과목을 여러 강좌 개설하게 되면서 다른 동료교수들은 사회학 교사교육에서 내가 감당해야 할 책임감을 확신하게 되었다. 비록 내가 교육인류학 주제에 대한 연구와 저술을 계속하지만, 최근 내 교수과제는 조지아대학의 질적 연구 프로그램(Qualitative Research Program) 운영에 전념하는 것이었다. 아이러니한 점은 정작 나 자신은 질적 연구 방법 강좌를 한 번도 수강한 적이 없다는 것이다. 20세기 중반에 질적 연구 자료를 확보할 수 있는 곳은 대학으로는 인디애나(Indiana)대학교가 유일하였으며 그 외에는 대부분 연구소에서 확보할 수 있는 정도였다. 또한 내가 수강한 사회학 연구 방법과 같은 과목에서, 혹은 현지의 새로운 언어 습득 같은 혹독한 과제를 강조하는 문화인류학적 현장연구법 강좌에서 강의 주제의 하나로 질적 연구가 간략히 포함되어 있는 정도였다.

요약

질적 연구 실천가로서 우리의 미래는 부분적으로는 현재의 우리가 어떤 의사결정을 하는가에 달려있다. 비록 나와 동시대의 많은 연구 방법론자들은 다양한 과정을 통해 그들의 전문적 역량을 형성할 수 있었지만, 각각의 질적 연구 학자들은 대부분 오랫동안 특정한 경험을 바탕으로 나름의 독특한 학문적 역사를 발전시켜 왔다. 질적 연구에 대한 내 입장은 중학교 교사 경험을 통해 얻은 이론과 실재의 균형, 교양교육 환경에서 형성된 사회과학을 바탕으로 발전한 간학문적 태도를 반영하고 있다.

질적 연구 실천가로서 우리의 미래는 또한 우리가 성취하고 싶은 비전과 이유를 필요로 한다. 본 장의 앞부분에서 내가 희망하는 비전을 일부 정리하였다. 이런 희망들이 명료할 때 더 쉽게 이를 성취할 수 있을 것이다. 우리가 의도하고 기대하고 걱정하는 변화들은 무엇이며 또한 부동의 것들은 무엇인가? 이를 위해 우리와 함께 할 사람들은 누구인가? 현재는 물론 미래 창조를 위해 과거로부터 택해야 할 것들은 무엇인가? 다음 절에서는 질적 연구 활동의 과거에 대하여 보다 상세하게 고찰하고자 한다.

42.2 질적 연구의 역사

학문의 역사는 그 학문영역에서의 주제 발굴과 발전에 공헌한 사람들의 축적된 역사이다. 질적 연구의 다양한 역사들은 질적 연구 전통을 연구하고 이 분야에서 활동한 사람들의 실재에 그 기반을 두고 있다. 이러한 역사는 시대, 장소, 학문분야에 따라 특정적이다. 이러한 역사들은 자신들이 공부한 연구 방법 및 설계가 개념적으로 명확하고, 체계적이고 합리적이라고 생각하는 많은 사람들이 실재에서 경험하는 혼란과 도발을 야기한다.

본 절에서는 질적 연구자가 된다는 것이 무엇을 의미하며, 질적 연구를 한다는 것이 무엇인지에 대해 2006년 발표된 Preissle의 글을 중심으로 정리하고자 한다 요약의 방식은 전 세계의 학자들이 기여하고 있는 간학문적 특수성을 종합하면서 두 가지 비유를 들어 논의할 것인데, 그 이유는 질적 연구 방법론의 서로 다른 면에 주목하고 또한 그 복잡한 연구 분야를 이해하고자 함이다. 첫 번째 비유는 **질적 연구 동맹**(qualitative confederacy)으로 이는 질적 연구 실천가와 이론가들의 공동체를 의미한다. 두 번째 비유는 **질적 연구 태피스트리**(qualitative tapestry)로 질적 연구를 실천하고 이론화하면서 만들어내는 결과물을 의미한다. 이하에서는 연구 방법론 학자들은 누구인가에 대한 논의를 시작으로 두 가지 측면에서 질적 연구 역사를 논의하고자 한다.

질적 연구 동맹

지난 천 년 동안 사람들은 세상을 이해하고 해석하기 위해 중요하다고 생각하는 범위 안에서 자료를 보고 듣고 질문하고 수집하는 정도로(Wolcott, 1992) 질적 연구를 수행해왔다. 그리스시대의 Herodotus와 Thucydides, 중국의 Sima Qian도 세상을 연구하고 해석하고 심지어 그들이 수집한 정보의 특성을 평가할 목적으로 떠났다. 최근에는 여기에 더하여 이런 활동 기록을 더욱 풍부하게 기록하고, 이론적 개념틀에 기반한 사고행위와 실세계에서 작동하는 사고행위들을 연계하는 작업들로 발전되어 왔다. 만약 이런 행위와 활동들이 방법(methods)이라면, 그에 대한 성찰은 방법론(methodology)이다(Lather, 1992 참고). 질적 연구 방법론은 많은 주요 학문영역에서 창안, 재창안, 세상으로부터의 차용을 반복해왔다. 방법론은 세상에 대

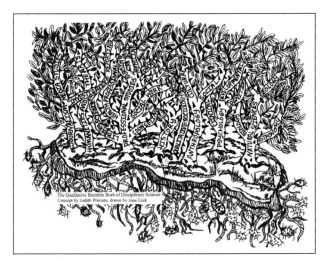

그림 42.1 질적 연구 학문 가시나무 관목 숲

한 직접적 감각적 경험들을 가능한 한 최대한 유지할 수 있도록 기록하는 개념적 틀을 기반으로 하고 있다. 질적 연구 방법은 교육, 사회복지, 임상연구, 법률, 도서관학, 건강 의료, 언론, 인문학 등 대부분의 사회과학과 행동과학에서 실행되고 있다. [그림 42.1]은 질적 연구 방법과 방법론에 기여하는 학문계통을 가시나무 관목 덤불의 뿌리, 줄기, 가지에 비유한 그림이다.

질적 연구에 대한 가시나무 관목 덤불 비유는 때론 관련된 다양한 전통을 둘러싸고 있어 우산이란 용어로 비유되기도 하지만, 내가 선호하는 비유는 질적 연구 방법과 방법론의 동맹(confederation)이다. 질적 연구 실행자들은 세상에서의 인간의 경험을 생생하게 기술하기 위해 이론적, 개념적 연대를 구성하는 데 그들의 의무와 책임을 공유한다. 이러한 동맹은 공동의 관심사를 논의하기 위해 대등한 사람들끼리 주기적 모임을 통해 장시간에 걸쳐 솔직하고 우호적인 논쟁을 하는 이로쿼이(Iroquois) 부족 미국 원주민의 방식이다. 동맹은 고대로부터 우리가 상상하는 미래에 이르기까지 시간적으로 공간적으로 확장된다. 동맹의 회원은 새로운 학자들이 참여하거나 이미 오래전에 죽었으나 질적 연구 방법론에 기여한 그들의 주장과 생각을 재조명함에 따라 매우 유동적이다. 가시나무 관목 덤불에 비유한 바와 같이 동맹은 서로 끌어당기며 차용하며 때론 서로 힘들게 약탈하면서 여러 연구 분야에서 응집하며 자라고 있다.

질적 연구 태피스트리

대부분의 사회과학과 전문 학문분야들은 좀 더 최근의 연구 방법론들이긴 하지만 어느 정도는 질적 연구 방법 전통을 가지고 있다. 학문의 출발부터 방법의 전통을 찾아볼 수 있는 사회학, 인류학, 역사학에서는 질적 연구 방법과 방법론은 그 내용과 깊이 통합되어 있다. 즉 대화의 **방식**(how)은 대화의 **내용**(what)과 밀접하게 얽혀있다. 주제와 연구 방법을 따로 떼어 놓기 어려울 정도로 서로 관련되어 있다. 예를 들면, 문화인류학자들은 문화기술지가 어느 한 집단의 문화를 연구하는 것이라고 당연히 생각한다. 반면, 다른 사회과학자들은 일반적으로 문화기술지를 현장연구 혹은 질적 연구와 동일한 용어로 사용할 수도 있다. 전문 학술지 「현대 문화기술지 연구(Journal of Contemporary Ethnography)」의 제목에 사용된 문화기술지는 바로 이런 의미이다. 심지어는 문화기술지를 면담과 같은 일반적인 접근법이라고 생각하는 많은 학자들은 자신들이 알고 싶어 하는 것에 대해 이미 다른 학자들은 어떻게 연구했는가를 찾기부터 한다. 이런 상황에서는 연구 문제, 연구 주제, 이론적 체계들이 연구 설계를 명확하게 지시한다.

내가 접한 가장 초기의 현장연구 매뉴얼은 프랑스 철학자 Degérando(1800/1969)가 프랑스 선원들을 위해 작성한 안내서로, 그들이 오스트리아 남부 연안 지역을 탐험하는 과정에서 만나게 될 토착민에 대한 적절한 연구를 위해 제작된 것이다(Pressle, 2004). 그러나 오늘날 질적 연구 방법론자들은 이런 고전 기록들도 마찬가지로 **무엇을 어떻게** 연구하는 것인가에 대한 것으로 생각하고 있다. 19세기 후반, 영국의 사회학자 Harriet Martineau(1838/1989)와 Beatrice Webb(1926)은 미국과 영국의 한 평범한 사람들의 사회생활을 기록하였다. 폴란드계 미국인 Florian Znaniecki가 1934년에 쓴 분석적 귀납에 대한 논문, Glaser와 Strauss가 1967년에 쓴 질적 연구 논문은 모두 사회학적 분류와 이론을 밝혀내는 데 초점을 두고 있다.

Powdermaker(1966), Williams(1967), Wax(1971)도 문화에 대한 인류학적 연구를 위한 현장연구 안내서를 제공하고 있다(Mead와 Métraux, 1953/2000 참고). 1940년대 독일 점령 하에 불어로 쓰인 Bloch의 관찰에 대한 논문(1953)은 다분히 역사적 관찰이며 또한 인류의 흔적을 연구하는 역사학자들을 위한 특별한 문제로서 제기될 만하다. Ressman(2008)이 강조한 바와 같이, 같은 시기에 언어학과 문학 분야에서는 내러티브 분석이 질적 연구 방법론으로 탐구되고 있었다. 여기서 내가 강조하고 싶은 것은 질적 연구의 역사는 부분적으로 특정 학문 영역에서 현장 연구를 실천하는 전 세계의 학자들과 연결되어 있다는 점이다.

그러나 간학문적 접근방법들은 질적 연구 방법론의 역사에서 비교적 초기부터 더 발전되었다. 생애사 접근방법에 대한 발전 방안을 논의한 John Dollard의 대표적 생애사 선집(1935)이 그 예이다. 그는 사회과학은 물론 인문학으로부터 그 논의를 펼치고 있다. 사회학을 전공하였고 인류학에서 많이 인용되는 Donalds는 이후에는 심리학으로 전향하여 철저하게 학제적인 경력을 가지게 되었다. 이와는 대조적으로 연구에 있어 개인적 기록물의 의미를 논의한 Gottschalk, Kluckhohn, Angell(1945)의 접근방법은 다르다. 그들은 각각 역사, 인류학, 사회학자로서 각각의 학문을 대표하는 방법을 취하였다. 하나의 학문 내에서, 그리고 또 동시에 학제적으로도 활동해온 학자들도 있다. 건축학과 경제학을 전공했던 영국의 사회학자 John Madge는 학제적 사회과학 실천(1953)과 과학적 실천으로서의 사회학(1962)에 대하여 글을 썼다. 20세기 중엽까지 학문적 학제적 관찰법(Adams & Preiss, 1960), 면담(Merton, Fiske & Kendall, 1956), 사례 연구법(Foreman, 1948), 현장연구(Junker, 1960)들은 모두 질적 연구 방법론의 초기 이론적 기초를 제공하고 있다. Adler와 Adler(1999)는 "문화기술자들의 무도회"라는 이름으로 다양한 참여방법을 설명하고 있으며, Wolcott(2009)은 참여방법의 다양성을 [그림 42.2]와 같이 질적 연구 전략 나무로 묘사하고 있다.

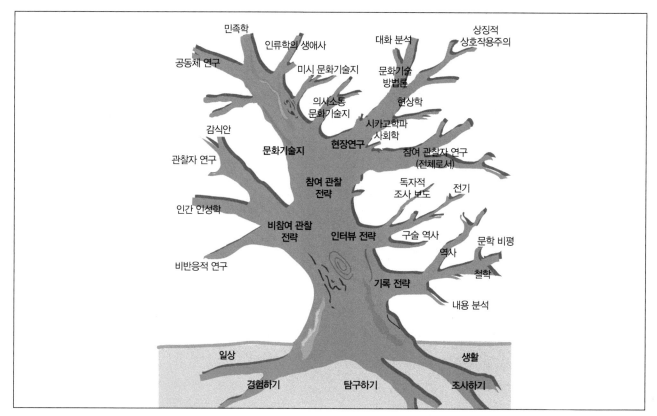

그림 42.2 질적 연구 전략 나무 묘사도

20세기 중반을 통해 마치 금속빛 섬광처럼 나타났던 학문적, 학제적 이론들은 대부분의 객관주의─사실주의 혹은 실증주의 방법론을 취하는 학자들에게는 인식론적 도전이었다. Smith(1989, 1993)와 몇몇 학자들(예, Heshusius & Ballard, 1996)의 글은 이러한 도전을 더욱 명백히 제시하고 있다. 예를 들면, Smith와 Heshusius(1986)는 20세기 전환기 독일에서 물리적 세계와 사회적 세계는 서로 유사한 가정하에 연구할 수 있고 또 연구되어야 한다는 것에 대하여 Wilhelm Dilthey(1883/1989)의 해석학적 입장과 Max Weber의 경험적 입장 간의 팽팽한 차이를 상세하게 기술하였다. Smith와 Heshusius는 이에 대하여 동일한 가정하에서 연구될 수도 또한 연구되어서도 안 된다는 결론을 내렸다. 독일 학자 Edmund Husserl(1893~1917/1999)이 경험과학의 기초에 대한 자신의 과거 철학적 사고를 다시 구성한 현상학은 후에 대륙의 철학자들에 의해 오늘날 구성주의의 근원인 실증주의 사고(Berger & Luckmann, 1966; Schutz, 1962)에 대한 대안으로 변화되었다. 20세기의 마지막 10년까지 인식론적, 존재론적 가정에 대한 성찰은 다양한 방법론 전통에서 중심 이슈가 되었다. 예를 들면, 나와 동료 Linda Grant는 관찰을 강조하는 몇 가지 인식론적 접근법에 대하여 논문을 썼으며(Pressle & Grant, 2004), 이를 [그림 42.3]과 같이 시각적으로 표현하였다.

태피스트리로 비유된 질적 연구 방법론 그림에서 상하 금속 같은 모양을 한 점선 부분은 철학 사조를 나타내고, 중앙의 표처럼 제시된 부분은 연구 방법들을 나타낸다. 그리고 그 목적을 색상으로 표현하였다. 물론 목적들은 성찰─이론화─철학 체계화의 과정과 실습하기─연출하기─실행하기의 과정 모두와 연결되어 있으나 우선순위 및 가치에 따라 복잡하게 달라진다. 다양한 목적들을 태피스트리로 엮어내기 위해 Lather의 1992년 논리를 차용하였으나 그 논리 자체는 독일

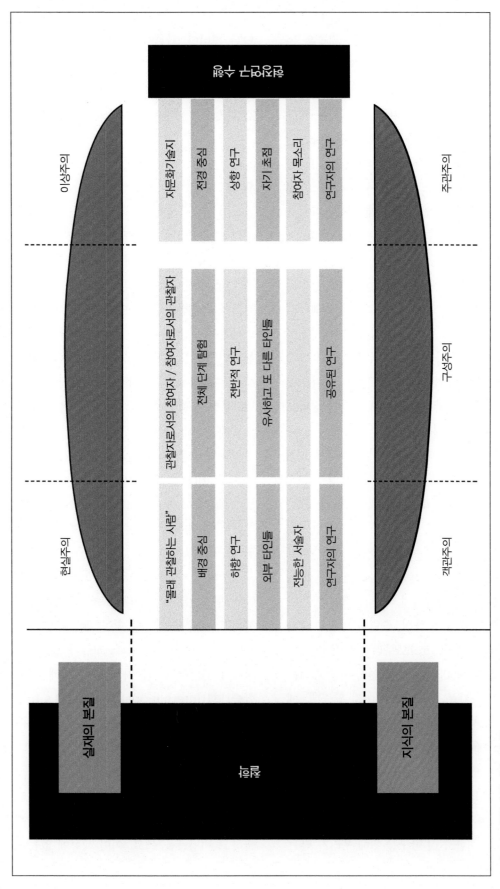

그림 42.3 철학과 현장연구 수행

의 철학자이자 사회학자인 Jürgen Habermas(1973)가 체계화한 연구 목적을 정교화한 것이다. 새로운 논리 형성을 위해 기존 논리를 차용하는 것은 내가 여기서 주장하는 지적 실천 공동체들이 행하는 기능의 하나다. 따라서 탐구의 한 가지 목적(혹은 색상)은 세상이 어떻게 움직이고, 그 속에서 무슨 일들이 일어나는지를 발견하는 것이다. 이는 마치 판도라의 힘과 같이 인류에게 강력하게 작용하는 것 같다. 사람들은 알고 싶어하며, 또한 앎을 위한 앎을 가치 있게 생각한다. 사람들은 아는 것은 지나쳐 버리고 모르는 것은 잡담, 소문, 주장, 추측 혹은 요구 등일 것이라 여긴다. 판도라 신화가 의미하듯이 지식, 잘못된 정보, 허위정보들이 위험할 수 있음에도 불구하고 사람들은 그것을 이해하려고 애를 쓴다. 어떤 사람들은 현재 사정을 파악하는 것은 미래를 위한 초석, 즉 다가올 미래를 예측하고 그에 대비한 사태를 조정하기 위한 기초라고 생각한다. 또 어떤 이들은 인간의 **자유와 해방**을 위해 인간의 경험을 향상시키는 것이 우선순위라고 생각한다. 아픔과 고통과 학대와 억압으로부터의 해방은 특히 세계의 종교적 관습과 밀접히 관련하여 옛날부터의 오래된 염원이다. 그러나 세속적 해방은 마르크스주의, 페미니즘, 인종-의식, 후기식민주의 등과 같은 모더니즘과 함께 발전되었다. 세속적 해방은 인간평등에 대한 가정, 권력과 자원분배에 대한 가정, 이념이나 전통이 아닌 신중한 선택으로 통제되는 공동체의 잠재력에 대한 가정을 근거로 한다. 예측과 이해는 종종 무관심, 중립과 밀접히 연관되어 왔으나, 해방은 배려(care)로부터 자양분을 얻어 왔다(He & Phillion, 2008 참고). 타인에 대한 배려는 질적 연구 전통과 불가분의 관계로 이어져 왔는데, 예를 들면, 영국의 도시 빈민자에 대한 Beatrice Webb의 관찰 연구(1926), 19세기 미국에 대한 Harriet Martineau의 조사 연구(1838/1989)가 있다.

Lather(1992)는 Habermas의 세 가지 분류인 예측, 이해, 해방에 **해체**를 더하여 네 가지 분류로 확장하였다. 해체는 "인간에 대한 진리 탐구를 위해 우리가 만든 실재의 복잡성, 역사적 우연성, 허약함을 자각하고 깨닫는 것이다"(p.88). 비록 철학적 탐구와 논리로부터 가져오지만, 분석학자들은 인간의 경험, 주장, 지식에 대한 요구 등을 해체할 때 언어에 대한 성찰, 시간과 공간 특정성에 대한 성찰을 포함한다.

요약

질적 연구 역사를 설명하기 위해 두 가지 비유를 적용하였다. 하나는 동맹의 비유로서 방법과 방법론의 질적 연구 형태의 동맹이라는 이름으로 다양한 방법론적 접근을 제시하였다. 동맹의 의미는 무엇이며 그 구성요소들은 무엇인가? 이는 지적 공동체, 즉 학문적 실천 공동체의 연결망으로 구성되어 있다고 본다. 우리들 대부분은 이와 같은 여러 개의 지적 공동체의 구성원들이며, 공동체 집단은 특성상 매우 유동적 삼투적이어서 공동체 간 구성원들은 서로 중복되는 경우가 많다. 미국교육연구학회(American Educational Research Association: AERA)나 홍콩사회학회(Hong Kong Sociological Association)와 같이 지역적으로 구성된 학문 공동체와 달리, 질적 연구 방법론 동맹은 예를 들면 포커스 그룹 실천가, 현장연구자, 현상학적 연구자, 구성주의 학자, 후기구조주의 페미니스트 등과 같이 분야별 주제별로 구성된다. 또한 중요한 것은 그 구성이 세계적, 국제적 맥락의 학문 공동체라는 점이다. 공동체는 책과 학술지를 통해, 교실과 같은 초기의 면대면 상황에서 형성된 전문가 조직을 통해, 질적 탐구 국제학술대회(International Congresses of Qualitative Inquiry) 같은 대규모 전문집단 소속 하위조직을 통해, 그리고 급증하고 있는 다양한 인터넷 기반 디지털 공간—리스트서브, 온라인 저널, 블로그, 기타 사회적 소통을 위한 다양한 사이버공간—을 통해 서로 학문적 실재를 공유한다. 구성원들은 만나서 토론하고, 저술하고 비평글을 쓰고, 이미 세상에 없는 동료와 현존하는 동료가 모두 관여한 일련의 활동 결과로서 실재를 변화시킨다. 우리는 인터넷 토론 그룹을 통해 새로운 지식을 습득하고 동료들과 면대면 대화를 통해 이를 재구성하며, 논문 발표를 통해 다른 독자들에게 시도해 보기도 하고, 다른 사람의 블로그에 올라온 도전이나 비평에 반응하기도 한다.

질적 연구 역사를 위한 두 번째 비유는 실재, 구조적 관점, 목적의 태피스트리이다. 특정 프로젝트에서 하나 또는 두 가지 맥락에서 연구하는 학자들도 있지만, 최근 대부분의 학자들은 단일 연구 설계를 위해, 많은 연구 경력 설계를 위해 의식적으로 다양한 색상, 금속, 유기물을 혼합하고 있다. 사회과학이나 예술 혹은 실천가의 자기 연구 분야에서 질적 연구에 입문한 사람들과 대화를 나눌 때면, 그 입문은 모두 전형적인 질적 연구, 어떤 의미에서 우리가 나중에 직면하는 것보다 더 진정한 질적 연구 실행과 관련되어 있다는 사실에 놀란다. 즉 우리가 과거를 붙잡고 있다는 것이다.

질적 연구의 역사와 나 자신의 학문적 경력을 병치시키는 목적은 모든 질적 연구자들과 방법론 학자들에게 지식과 이해를 추구하는 인간으로서 우리의 교육과 발전을 성찰할 것을 촉구하기 위함이며, 우리 자신과 우리의 실천 공동체를 서로 연결하기 위함이다. 우리는 선임자들이 만들어 놓은 세상으로 들어가지만, 살아가면서 그 세상을 새롭게 만들고 바꾸어 간다. 우리가 누구이며, 어디서 교육을 받아왔으며, 실재가 어떻게 발전해 왔는가에 따라, 개개인의 경험은 서로 다르다. 시간과 공간 특정성으로 이제 우리의 도전은 보다 분명할 수는 있지만, 앞서 간 선진 학자들의 도전적 국면들을 지속적으로 공유하고, 또한 확신하건대 후진 학자들도 이와 유사한 문제들에 직면하게 될 것이다. 우리의 실천 공동체, 우리의 지구적 동맹은 시간이 지나도 계속 생존할 것이다. 이제 과거로부터의 논의에서 미래 조망으로 바꾸어 논의를 전개할 것이다.

42.3 질적 연구의 미래 조망

학자들이 적용한 질적 연구의 다양한 경로를 목적, 방법, 철학적 측면에서 논의하면서 본 절에서는 나와 다른 학자들의 견해를 반영하여 질적 연구 실천 공동체가 가야 할 미래를 예측해볼 것이다. 많은 공상과학 소설에서 그려지고 있는 미래의 인간의 삶의 모습이 지금과 크게 다를 바는 없지만, 내가 제안하는 미래 이미지는 덜 정적이다. 사람들은 마치 물속으로 뛰어들듯이 미래로 뛰어들면서 살아가고 있다는 생각이 든다. 그들은 마치 목적지를 향해 운전하듯이 미래를 향해 살고 있다. 특히 학자들은 무언가 특별한 지식 혹은 이해를 축적할 목적으로 계획, 연구, 보고서 작업을 반복하면서 그들의 미래를 위해 헌신한다. 공상과학, 판타지 소설로부터 내가 느낀 생각은 미래는 매우 다양한 대안적 모습으로 나타난다는 것이다. 먼저, 사람들은 다가올 미래에 대하여 서로 다르게 예측하며, 심지어 간주관적인 세계에서조차도 그렇다. 둘째, 사람들은 서로 다른 과거를 회상하고 서로 다른 현재를 경험하므로 비슷한 예측이라도 상당히 다를 수 있다.

한 예를 들면, 몇 년 전 권위 있는 전문기관의 지도자였던 사람들의 강연을 들었는데 강연의 내용은 자신들의 학문 분야의 현 상황과 예견되는 미래 상황에 대한 것이었다. 이들 중 몇몇은 조직의 과거 유대감, 친밀감, 생산성에 대하여 주로 이야기하였고, 다른 일군의 사람들은 그 반대의 경험에 대하여 이야기하였다. 이방인들에게 자신들의 활동이 의미 있는 것이 될 수 있도록 애썼던 일들, 전문조직이 점차 다양화되면서 이런 현상이 환영받고 있는 최근까지도 자신들은 이를 거부했던 일들에 대하여 말하였다. 첫 번째 그룹은 미래에 그들의 과거를 되돌릴 수 있는 것으로 예측하였다. 두 번째 그룹은 현재를 수용하여 계속 이어가는 미래를 예측하였다. 두 그룹 모두 다양한 활동들이 환영받고 상상하지 못했던 것들에 대해서도 열려있는 포괄적 미래를 고려하지 않았다.

포괄적 미래는 학자들로 하여금 자신들의 지적 전통이 포용적이며, 그들 자신 또한 다양한 학술단체, 학문 공동체에 중복된 회원임을 인식할 것을 요구한다. 내가 질적 연구 학자들을 동맹으로 개념화한 것은 현재의 작동상태에 적합한 비유이기 때문만이 아니라 내가 바라는 이미지이기 때문이다. 예를 들면, 질적 연구 표준에 대한 나의 최근 논평(Freeman, deMarrais, Preissle, Roulston, & St. Pierre, 2007)에서 나와 조지아대학교의 동료들은 단일한 표준보다 가능한 한 다양한 지역적 표준을 적용할 것을 강력하게 주장하였다. 우리는 내러티브 분석, 사회적 현상학, 후기구조주의 페미니스트 면담 등 각각의 방법에 맞는 표준을 먼저 개발할 것을 촉구하였다. 이들 중 몇 가지는 회원의 중복성, 접근방식의 유사성으로 인해 여러 전통에 걸쳐 서로 공유될 수 있을 것이다. 그러나 실천 학자들이 만든 표준은 사람들의 행동에 더 잘 적용되며, 새로운 조건과 이해가 정당화됨에 따라 그 변화를 따르기가 더 용이할 수 있다.

지역단위로 결정할 때 분명한 단점은 중복과 혼동이라는 점이다. 연구 실천을 위한 공통 언어와 아이디어에 대한 공유된 의미는 우리의 이해를 촉진하기도 한다. 모든 사람이 이용할 수 있고, 접근하기 쉬운 담론은 그 자체가 장점인 것은 부인하지 않는다. 나도 타당성(validity)과 같은 지배적인 용어에 대한 토론에 기여했고 또 그로부터 영향을 받았다. 예를 들면, 진리는 하나 또는 둘 이상일 수도 있으며 진리를 실천하는 공동체에 따라 또한 상대적이라는 생각에 반대하지 않는다. 문제는 타당성과 진리와 같은 구성개념은 좀처럼 단일한 개념으로 통일되기 어렵다는 점이다. 어떤 측면에선 바로 이런 이유로 타당성이나 진리 같은 용어가 강력한 설득력이 있다. 다른 의미를 인식하고 이런 다양한 의미의 국면들이 상황마다 어떻게 작용하는가를 탐색하는 것은 매우 융통성 있고 창의적이며, 또한 특별한 연구 상황(Scriven의 1972년도 주관성과 객관성의 처치 연구 참고)에 적용도 가능하다. 나와 동료들이 표준에 대한 논평(Freeman et al., 2007)에서 강조한 것은 대부분의 연구 방법들이 타당성 용어를 사용하였지만, 그 타당성 **구성요소**에 대한 논의는 학자들 마다 다른 대체 언어를 사용하여 풍부하게 전달하고 있었다는 점이다.

질적 연구 학자로서 미래를 위한 우리의 과제는 우리의 실천을 의미 있게 소통할 수 있는 용어와 아이디어를 제안하는 것이다. 보존해야 할 것은 무엇이며 또한 변해야 할 것은 무엇인가? 이는 우리끼리의 소통뿐만 아니라 신진 학자들을 참여시키고, 나아가 대중에게 다가가기 위한 중요한 과제이다.

나는 1976년부터 질적 연구 방법을 가르쳐 왔으며 첫 강좌 이후 지금까지 많은 것이 바뀌었다. 지금까지 축적된 질적 연구 방법론 자료와 질적 연구 사례는 매우 방대한 분량이다. 내가 운영하는 프로그램에서 교수자들은 학생들이 여러 영역에서 다양한 질적 연구 실재를 경험해볼 수 있도록 지도한다. 우리의 전문분야에 대해서 자신 있게 가르칠 수도 있지만, 질적 연구의 다른 전통을 대표하는 분야도 존중하여 가르친다. 이렇게 하는 것이 매우 도전적이며 흥미로운 일이긴 하지만 이를 거부하는 학생들도 있다. 이런 학생들은 처음엔 자신들이 배우고 싶은 것만 공부하지만, 그게 다가 아니다.

우리는 또한 이론과 인식론에 따른 연구 설계 방법도 가르친다. 학기 시작 후 한 달 정도 지나면 흔히 학생들 사이에 지적 붕괴 현상이 발생한다. 그들은 단일한 용어 사용을 주장하지만 우리는 이를 거부한다. 질적 연구 방법론의 역사가 매우 다양하고 혼란하다는 것을 보여주는 것이 우리 의도의 한 부분이며, 중요한 것은 그들이 우리의 미래라는 점이다. 미래를 구상하고 다가올 미래에 대응하기 위해 그들에겐 우리가 감당할 수 있을 정도의 많은 질적 연구 자료가 필요하다. 그들 중 많은 학생들이 교수들이 놀랄 정도로 새로운 혁신을 발전시키기도 한다.

미래에 대해 우리가 기대하고 계획하는 어떤 것들은 통제가 불가능하거나 예견이 불가능할 수도 있다. 예를 들면, 1950년대에 자라난 부모들은 증가하는 텔레비전이 자신들이 열심히 읽었던 신문에 미치는 영향을 걱정하였다. 그러나 실제로는 신문과 텔레비전의 뉴스는 서로 보완적인 공생 관계로 더욱 발전하였다 (Heflin, 미간행). 실제로 신문을 위협한 것은 군에 의해 개발된 인터넷 기술이었다는 것을 누가 알았겠는가?(Jones, 2009)

청소년들에게 만연한 비만 현상은 예상치 못한 또 다른 결과이다. 20세기 미국과 서구의 여러 나라에서 자란 사람들은 개선된 공중보건과 의학치료의 혜택으로 그들의 부모 세대보다 더 건강하게 장수할 것으로 건강전문가들은 확신하였다. 그러나 지금 증가하고 있는 청소년 비만이 건강을 위협하고 있기 때문에, 지금까지 생존하고 있는 그 시대의 성인들은 이런 특권을 누리는 마지막 집단일 수도 있다(Olshansky et al., 2005). 비록 과도비만이 개인에게 어떤 결과를 초래할 것인가에 대한 인식은 오래전부터 있어 왔지만, 많은 사람들이 그들의 자식들이 오랜 장수를 누리지 못할 수 있다는 사실에 경악하였다. 질적 연구에서 이러한 현상을 어떻게 봐야 할 것인가? 그것은 바로 경고라고 생각한다. 한때 세계 식량공급이 세계 인구에 못 미칠 것이고 걱정하였다. 이러한 문제를 처리하기 위해 농업기술이 활용되어 왔으나 지금 세계는 두 가지 도전에 직면해 있다. 하나는 식량을 많이 가진 자와 적게 가진 자들 사이의 분배의 문제이다. 다른 하나는 불균형한 영양의 질적 문제와 설탕과 지방 등을 과잉 섭취하는 문제이다.

마찬가지로 대부분의 인간 역사에서 정보와 지식은 한정되어 왔다. 최근 세계화 및 기술개발의 증대로 정보와 지식의 범람으로밖에 볼 수 없는 것들이 양산되어 왔다. 과거에는 사람들이 어떤 것을 이해하는 데 필요한 정보가 부족하였다. 21세기는 넘쳐나는 정보의 홍수 속에 있으나, 식량의 질과 분배에서와 같이, 정보의 질과 분배는 고르지 못하다. 오보와 허위 정보는 확실한 정보와 정제된 지식과 함께 빠르게 유포된다. 어떤 사람들은 과도한 정보를 의심하거나 도전으로 여기지만 또 어떤 사람들에겐 생존을 위해 필요한 정보(오래전에 종식된 전쟁의 잔해인 폭탄의 위치, 폭우와 홍수 속에서 안전하게 집으로 가는 길 등)가 부족하다고 여겨진다. 질적 연구 학자들은 자신들이 하고자 하는 연구에 대한 정보와 지식이 없이는 좀처럼 연구를 시작하지 않는다. 대중매체, 인터넷, 대학도서관, 기록보관소들은 너무 많은 관련 자료를 제공하고 있어 방대한 자료들을 어떻게 다룰 것인가가 오히려 과제이다. 어떤 것이 적절한 자료이고 어떤 것이 아닌가? 믿을 만한 자료는 무엇이고 그렇지 않은 것은 어떤 것인가? 언제 문헌 검색을 마치고 필요한 데이터 정리를 시작할 것인가? 무슨 정보를 언제 찾아야만 하는가? 문헌 검토 없이 연구를 시작하면 정말 편견을 배제할 수 있는가? Glaser와 Strauss(1967)는 의외로 학자들이 문헌을 검토할 때 그 결과에 대해 심사숙고하지 않는다면, 자료 수집 후 문헌 검토를 권하지 않는다(p.253).

전부는 아니지만, 대부분의 질적 연구 학자들은 지식을 생산, 분배, 적용하는 데 높은 접근성을 가지고 있지만 이러한 특권 또한 보편적인 것은 아니다. 이미 제언한 바와 같이, 많은 사람들에게 이러한 접근의 기회가 부족한데 바로 이 점이 앞으로 주목되어야 할 윤리적 도전이 될 것이다. 그러나 고등교육의 민주화, 그들의 상황을 연구, 평가하는 데 참여하는 전문가 수의 증대, 그리고 개인의 사생활 공개를 용이하게 하는 사회적 상호작용 소프트웨어 및 정보공유 소프트웨어 등 이 모든 것들은 결국 접근성을 증대시키는 기능을 한다. 예를 들면, 앞서 미래에 대한 논의에서 나는 점차 많은 사람들이 자기 자신의 삶, 활동, 경험을 연구하는 학자가 될 것이라고 추측하였다(Preissle, 1999). 자신들이 속한 조직, 활동, 공동체의 내부자로서 우리 자신을 드러내면서 다른 사람들을 노출시키는 이런 윤리적 문제를 어떻게 다룰 것인가? 마찬가지로, 모든 사람들이 지식을 창조할 수 있고 또 지식 창조를 실천한다면, 학문의 상아탑과 소위 말하는 실제 세계와의 경계를 어떻게 구분할 수 있을 것인가? 한편으론, 사람들은 전문가 집단과의 접근을 통해 원하는 지식과 유용한 지식을 구성할 수 있다. 또 다른 한편으론, 생산된 지식, 배운 지식이 질적으로 불균형한 것일 수도 있으며 또한 의심스러운 목적으로 사용될 수도 있다. 이미 정부지원 연구의 주도권(Lather, 2010)은 박애주의 재단, 비정부조직, 다양한 특정 이익집단들이 제공하는 연구 기금에 의해 도전을 받고 있다(deMarrais, 2006).

학계 안팎에서 활동하는 모든 유형의 질적 연구 학자들은 이처럼 사람들의 생활상을 기록하여 끊임없이 데이터 스트리밍할 수 있는 기술발전의 도전에 직면하고 있다. 한편으로 발전된 첨단 기록 장치들이 주는 용이성과 접근성, 자료 저장 및 재생의 간편성 등으로 질적 연구가 바라던 꿈이 이루어지는 것처럼 보인다. 또 한편으로는 일반 사람들이 자신들의 삶을 기록하고 해석하는 것을 배우고 YouTube와 같은 인터넷 사이트에 그 보고서를 올려 보급할 수 있다면, 발전된 첨단 기록 장치들은 그들 자신의 문화기술지를 만들기 위한 도구가 된다. 다른 한편으로는 심지어 일반 사람들은 이런 기록에 의해 자신의 사생활이 침해받는 것을 거부할 수도 있다. 예를 들면, 내가 재직하고 있는 대학이 있는 지방교육청은 학생들의 사생활에 위협이 된다는 이유로 몇 년 동안 연구 목적의 비디오 촬영을 금지하였다. 그러나 기꺼이 연구에 참여를 원하는 사람이 있고, 이런 금지 조항이 없다고 가정해도, 발전된 기술들은 기록 자료들을 어떻게 윤리적으로 사용할 것인가, 엄청난 시청각 자료파일들을 어떻게 분석할 것인가, 기록된 삶을 어떻게 해석할 것인가와 같은 또 다른 문제들을 던져준다.

기술발전에 의한 도전의 또 다른 예를 들면, 지금까지 몇 년 동안 질적 연구를 새롭게 시작하는 사람들이 1991년에 결성된 질적 연구 리스트서브 토론 집단인 QUALRS-L에게 똑같은 질문을 해왔다. 그들은 음성 기록파일을 수기로 전사하거나 이를 위해 인력을 고용해야 하는 수고를 덜어줄 수 있는 자동 전사 기술이 어떤 것인지 알고 싶어하였다. 이런 질문에 대한 답변은 10년 동안 변하지 않았다. 전사 소프트웨어는 특정한 음성에 맞추어 조작되어야만 하고, 두 개 이상의 음성을 쉽게 처리할 수 없으며, 또한 부득이한 오류는 조심

스럽게 점검해야만 한다. 더욱이 좋은 소프트웨어일수록 가격도 비싸다. 이와 같은 답변들은 이제 바뀌고 있다고 생각하지만 그러기까지 너무 오랜 시간이 걸린다는 점이 놀랍다.

더 놀라운 것은 예전 어떤 학생의 연구 계획서 (Markle, 2008)인데, 그는 모든 음성기록을 전사하는 것을 포기하고 대신 면담 경험에 가까운 오디오 기록 분석을 제안하였다. Markle은 음악 편집용으로 개발된 소프트웨어를 이용하여 음성을 어떻게 텍스트 분석으로 생성할 수 있는지를 보여주었다. 나는 오디오 파일 소리는 음악이고, 그 분석은 가사라고 생각했지만, 가사는 구어를 분석한 것이었고, 또한 여러 층 구조를 가지고 있어 대화의 어떤 부분도 대화에 대한 코멘트로서 여러 개의 가사를 가질 수 있었다. Markle은 디지털 음성 파일은 수기로 전사된 기록보다 상술되는 음성을 더 정확하고 완벽하게 기록하고, 전사하는 데도 불필요한 시간을 낭비하지 않는다고 주장한다. 더욱이 학자들은 이 음악 편집용 소프트웨어를 이용하여 연구 보고서에 오디오나 비디오 기록의 일부를 쉽게 붙여 넣을 수도 있다. 연구 참여자들의 목소리를 그냥 읽는 것이 아니라 생생하게 들을 수 있다. Markle은 투명성에 의미를 두는 사람들에게 오디오, 비디오 자료는 연구자들이 경험한 것에 더 근접하기 때문에 투명성이 개선된다고 주장한다.

최근 놀랄 만한 또 다른 경험은 초보 학자들이 인식론적, 이론적 경계에 도전하고 심지어 그 경계를 넘나들고 있다는 점이다. 대부분의 방법론 학자들은 자료 선정, 자료 수집, 자료 분석에서 여러 가지 방법을 혼합 적용하는 데 별 어려움이 없으며 최근 다시 주목받고 있는 혼합 방법론의 활성화가 이를 입증하고 있다(Greene, 2007). 예를 들면, Guba와 Lincoln(1994)은 그들의 권위 있는 연구 인식론 체계에서 "어떤 연구 패러다임에서든 질적 연구 방법과 양적 연구 방법은 적절하게 활용될 수 있다"(p.105), 그러나 주의할 점은 "기존의 패러다임보다 더 훌륭하고 정교한 새로운 패러다임이 나타날 때만 패러다임 차이는 극복될 수 있다"

(p. 116)고 한다. 그러나 앞서 언급한 바와 같이 다른 학자들은 하나의 표준을 서로 다른 연구 패러다임에 적용할 수 없다고 주장하고 있다. 나는 훨씬 더 실제적인 입장을 취하고 있다. 심지어 나는 몇몇 철학적 정신분석자들로부터 비난을 받아왔다. 연구 접근방법은 우리가 세상을 연구하기 위해 형성하는 지적 모델이다. 비록 나는 통상적으로 연속성, 일관성, 기타, 그와 같은 요소들을 높이 평가하지만, 혁신과 창의적 문제 해결 또한 전통적으로 별개의 것으로 취급했던 것을 서로 통합하는 방법이 된다고 믿는다.

내가 운영한 프로그램에서 내가 가르친 또 다른 학생의 예를 들어보자. Van Cleave(2008)는 후기 인문주의 학자적 관점에서 다양한 연구 개론서에 질적 면담이 어떻게 드러나고 있는지를 해체하고 있다. 그녀는 Scheurich(1997)가 명석하게 비판했던 면담자와 피면담자 간의 의미 및 의도 공유하기에 대한 여러 가지 문제 가설들을 인용하고 있다. 그리고 면담에서 사람들이 보고하는 내용에 대하여 결정적인 문제를 추가적으로 제기하기 위해 Schacter(2001)의 기억, 특히 거짓 기억에 대한 인지 신경 이미지 연구를 과감하게 적용하였다. 그녀는 면담 자료를 어떻게 의미 있는 것으로 만들 것인가에 대한 자신의 후기 인문주의적 주장을 지지하기 위해 분명 후기실증주의 연구 활동을 활용하고 있다. Van Cleave는 면담의 가치는 면담 내용이 의미하는 것을 재해석하는 데 있다고 주장한다. 즉 면담은 인간 경험에 대한 진정한 표현이라기보다는 의미 만들기의 표현으로 이해되어야 한다고 주장하고 있다.

동료인 Chávez(2004)연구도 전통적 패러다임에 도전하는 또 다른 예이다. Chávez는 유전자 프로파일, 신경활동, 창의성 간의 관련성을 파악하기 위해 분자유전자분석, 뇌기능분석, 심리측정분석, 현상학적 면담분석을 통합하였다. 지금은 미국에서 심리치료사로 활동하고 있는 멕시코인 정신과 의사인 Chávez는 유전자 프로파일, 신경활동, 창의성 간의 일관된 관련성을 밝히기 위해 40명의 저명한 학자 및 예술가, 30명의 통원 환자, 30명의 건강한 일반인을 대상으로 연구하였

다. 피아니스트와 시인이기도 한 Chávez는 인문학, 과학, 인간연구 등을 절충하는 입장을 취하고 있다. 그녀뿐만 아니라 그녀와 같은 시대의 많은 학자들은 "오랫동안 반복된 과학적 탐구와 해석적 탐구 사이의 긴장, 현실적 텍스트와 실험실적 텍스트 사이의 긴장, 대중적 경험과 개인적 경험 사이의 긴장"(P. Atkinson, Coffey & Delamont, 1999, p. 470)으로부터 거의 영향을 받지 않는 듯하다. "문화기술지는 매 여행마다 달라진다"(p. 477)는 Behar(1999)의 관찰은 미래에는 모든 연구 자체가 재개념화될 수도 있다는 것을 투사한다. 재개념화는 연구 방법, 연구 설계, 연구 방법론, 이론, 철학 등 여러 영역에서 나타난다. St. Pierre(2010)는, 예를 들면, 질적 구성 그 자체가 도전이 될 것이라고 후기 질적 연구 학문을 예측하고 있다.

42.4 결론

우리의 미래는 연속적이다. 미래는 앞으로 수년, 수십년, 수세기를 거치는 동안 우리들 각자에게 특정한 일련의 사건들로 이루어진다. Denzin과 Lincoln이 제시한 질적 연구의 미래 변화 공식은 다음과 같이 순차적으로 변화하는 연속적 미래를 향한 연대기적 역사를 나타내고 있다. 즉 질적 연구의 역사는 "고전기(1900~1950), 근대/황금기(1950~1970), 불확실한 장르기(1970~1986), 표현의 위기 시기(1986~1990), 포스트모던 시기(실험적 신문화기술지 시기)(1990~1995), 후기실험적 탐구 시기(1995~2000)"로 변화되어 왔다(2000, p. 2). 이와 같은 6단계 변화에 뒤이어 "다양한 방법론들 간의 경쟁적 갈등과 긴장, 그리고 거의 4분의 1로 축소되는 시기(2000~2004)(7단계) … .'Bush 과학'과 증거기반 사회 변화와 맞물려 방법론적으로 역회전에 직면하고 있는 시기(2005~)(8단계)"(2005, p. 20)로 이어지고 있다. Denzin과 Lincoln은 이들 변화의 시기마다 그 차이점을 강조하고 있다.

Margaret Mead(1962)가 성인들은 항상 현재를 쫓아 다니는 이민자들이라고 일찍이 주장했을 때, 그녀 역시 익숙한 과거의 것, 현재의 것, 다가올 미래에 적응해야 하는 것 사이의 차이점을 강조하고 있었다. Mead 또 한 연속적 개념으로 역사적 변화를 이해하고 있다.

Hammersly(1999)는 이런 연속적 분석을 반대한 다. 그는 시기별 차이점보다는 유사점을 더 중시하면 서 시대별 구분에 동의하지 않으며, 실증주의 논리는 새 로운 논리로 대체되어 왔음을 애써 보여줌으로써 미래 를 순차적이 아닌 반복적 재현적인 것으로 가정하고 있 다. 다른 학자들은 여덟 번째의 증거 기반 변화를 빈 곤, 인종차별, 교육 불평등 문제를 해결하기 위해 연방 정부가 대규모 과학 프로젝트를 지원하던 근대주의 혹 은 황금시대로 회귀하고자 하는 또 다른 재현으로 본 다. 그러나 시간과 미래에 대한 견해의 차이는 인간 경 험에 대한 이해의 차이를 조명한다. 재현적 시간 개념 은 다음과 같이 그 자체의 쟁점을 가지고 있다.

해석학적 전환, 언어학적 전환, 구성주의적 전환, 수사 학적 전환, 내러티브 전환은 모두 지난 30년 동안 이루 어진 변화들이다. 이런 변화로 사람들은 정말로 어지러 울 정도였다. … 그러나 삶 자체가 불확실하고, 우연적 이고, 역설적이지 않은가? 인간은 불확실성과 모순 속 으로 걸어가고 있지 않은가?(Bochner & Ellis, 1999, p.488)

연속적, 재현적, 혼동적 미래 관점에 대한 다른 대안 적 관점은 무엇인가? 나는 이 모든 견해를 통합하여 순 환적 미래를 그려본다. 순환적 미래에서는 예기치 않은 것을 허용하되 새로운 경험, 과거와 동일한 경험 모두 를 인정한다. 우리는 어느 정도 인식할 수 있는 미래를 계획한다. 우리는 우리의 과거와 현재보다 더 공정하 고, 더 자유롭고, 더 안전한 미래를 계획한다. 우리는 학생들로 하여금 다양한 질적 연구 방법론을 실천하되, 그 이상의 것을 생각하고 행할 것을 촉구하면서 그들 을 준비시켜야 한다.

주석

1. Judith Preissle은 Judith Preissle Kasper와 Judith Preissle Goetz의 이름으로도 논문을 발표하였다.

참고문헌

Adams, R. N., & Preiss, J. J. (Eds.). (1960). *Human organization research: Field relations and techniques*. Homewood, IL: Dorsey Press and the Society for Applied Anthropology.

Adler, P. A., & Adler, P. (1999). The ethnographer's ball— revisited. *Journal of Contemporary Ethnography, 28*(5), 442–450.

Archambault, R. D. (1963). Introduction. In R. D. Archambault (Ed.), *John Dewey on education: Selected writings* (pp. xiii– xxx). New York: Modern Library.

Atkinson, P., Coffey, A., & Delamont, S. (1999). Ethnography: Post, past, and present. *Journal of Contemporary Ethnography, 28*(5), 460–471.

Atkinson, R. (1998). *The life story interview*. Thousand Oaks, CA: Sage.

Behar, R. (1999). Ethnography: Cherishing our second-fiddle game. *Journal of Contemporary Ethnography, 28*(5), 472–484. Berger, P. L., & Luckmann, T. (1966). *The social construction of reality: A treatise in the sociology of knowledge*. Garden City, NY: Doubleday.

Bertaux, D. (Ed.). (1981). *Biography and society: The life history approach in the social sciences*. Beverly Hills, CA: Sage.

Bloch, M. (1953). *The historian's craft*. New York: Random House.

Bochner, A. P., & Ellis, C. S. (1999). Which way to turn? *Journal of Contemporary Ethnography, 28*(5), 485–499.

Burnett, J. (1973). Event description and analysis in the microethnography of urban classrooms. In F. A. J. Ianni & E. Storey (Eds.), *Cultural relevance and educational issues* (pp. 287–303). Boston: Little, Brown.

Chávez, R. A. (2004). *Evaluación integral de la personalidad creativa: Fenomenología, clínica y genética (Integral evaluation of the creative personality: Phenomenology, clinic and genetics).* Unpublished doctoral dissertation, Facultad de Medicina, National Autonomous University of Mexico UNAM, Mexico City.

Degérando, J. -M. (1969). *The observation of savage peoples*(F.C. T. Moore, Ed. & Trans.). Berkeley: University of California Press. (Original work published 1800)

deMarrais, K. (2006). The haves and the have mores: Fueling a conservative ideological war on public education. *Educational Studies, 39*(3), 203–242.

Denzin, N. K., & Lincoln, Y. S. (1994). Introduction: Entering the field of qualitative research. In N. K. Denzin & Y. S. Lincoln (Eds.), *Handbook of qualitative research* (pp. 1–17). Thousand Oaks, CA: Sage.

Denzin, N. K., & Lincoln, Y. S. (2000). Introduction: The discipline and practice of qualitative research. In N. K. Denzin & Y. S. Lincoln (Eds.), *Handbook of qualitative research* (2nd ed., pp. 1–28). Thousand Oaks, CA: Sage.

Denzin, N. K., & Lincoln, Y. S. (2005). Introduction: The discipline and practice of qualitative research. In N. K. Denzin & Y. S. Lincoln (Eds.), *The SAGE handbook of qualitative research* (3rd ed., pp. 1–32). Thousand Oaks, CA: Sage.

Dilthey, W. (1989). *Introduction to the human sciences* (R. A. Makkreel & F. Rodi, Eds.). Princeton, NJ: Princeton University Press. (Original work published 1883)

Dollard, J. (1935). *Criteria for the life history, with analyses of six notable documents.* Freeport, NY: Books for Libraries Press.

Ellis, C. (2009). *Revision: Autoethnographic reflections on life and work.* Walnut Creek, CA: Left Coast Press.

Foreman, P. B. (1948). The theory of case studies. *Social Forces, 26*(4), 408–419.

Freeman, M., deMarrais, K. D., Preissle, J., Roulston, K, & St.Pierre, E. A. (2007). Standards of evidence in qualitative research: An incitement to discourse. *Educational Researcher, 36*(1), 25–32.

Glaser, B. G., & Strauss, A. L. (1967). *The discovery of grounded theory: Strategies for qualitative research.* Chicago: Aldine.

Goetz, J. P. (1975). *Configurations in control and autonomy: A microethnography of a rural third-grade classroom.* Unpublished doctoral dissertation, Indiana University, Bloomington.

Goetz, J. P., & LeCompte, M. D. (1984). *Ethnography and qualitative design in educational research.* New York: Academic Press.

Goetz, J. P., & LeCompte, M. D. (1988). *Etnografia y diseno cualitativo en investigacion educative* (A. Ballesteros, Trans.). Madrid, Spain: Morata.

Goodson, I., & Sikes, P. (2001). *Life history research in educational settings: Learning from lives.* Buckingham, UK: Open University Press.

Goodson, I., & Walker, R. (1991). *Biography, identity and schooling: Episodes in educational research.* London: Falmer Press.

Gottschalk, L., Kluckhohn, C., & Angell, R. (1945). *The use of personal documents in history, anthropology, and sociology.* New York: Social Science Research Council.

Greene, J. C. (2007). *Mixed methods in social inquiry.* San Francisco: Jossey-Bass.

Guba, E. G., & Lincoln, Y. S. (1994). Competing paradigms in qualitative research. In N. K. Denzin & Y. S. Lincoln (Eds.), *Handbook of qualitative research* (pp. 105–117). Thousand Oaks, CA: Sage.

Habermas, J. (1973). *Theory and practice* (J. Viertel, Trans.). Boston: Beacon Press.

Hammersley, M. (1999). Not bricolage but boatbuilding: Exploring two metaphors for thinking about ethnography. *Journal of Contemporary Ethnography, 28*(5), 574–585.

Hansen, J. F. (1979). *Sociocultural perspectives on human learning: An introduction to educational anthropology.* Englewood Cliffs, NJ: Prentice Hall.

Hatch, J. A., & Wisniewski, R. (Eds.). (1995). *Life history and narrative.* London: Falmer Press.

He, M. F., & Phillion, J. A. (2008). *Personal-passionate-participatory inquiry into social justice in education.* Charlotte, NC: IAP.

Heflin, K. (in press). The future will be televised: Newspaper industry voices and the rise of television news. *American Journalism.*

Heshusius, L., & Ballard, K. (Eds.). (1996). *From positivism to interpretivism and beyond: Tales of transformation in educational and social research (the mind–body connection).* New York: Teachers CollegePress.

Hinchman, L. P., & Hinchman, S. K. (Eds.). (1997). *Memory, identity, community: The idea of narrative in the human sciences.* Albany: State University of New York Press.

Husserl, E. (1999). *The essential Husserl: Basic writings in transcendental phenomenology* (D. Welton, Ed.). Bloomington: Indiana University Press. (Original work published 1893–1917)

Jones, A. S. (2009). *Losing the news: The future of the news that feeds democracy.* New York: Oxford University Press.

Josselson, R., & Lieblich, A. (Eds.). (1993). *The narrative study of lives.* Newbury Park, CA: Sage.

Junker, B. H. (1960). *Field work: An introduction to the social sciences.* Chicago: University of Chicago Press.

Kessler, S., Ashendon, D., O'Connell, R. W., & Dowsett, G. W. (1985). Gender relations in secondary schooling. *Sociology of Education, 58*(1), 34–48.

Kridel, C. (1998). *Writing educational biography: Explorations in qualitative research.* New York: Garland.

Langness, L. L., & Frank, G. (1981). *Lives: An anthropological approach to biography.* Novato, CA: Chandler & Sharp.

Lather, P. (1992). Critical frames in educational research: Feminist and post-structural perspectives. *Theory Into Practice, 31*(2), 87–99.

Lather, P. (2010). *Engaging science policy: From the side of the messy.* New York: Peter Lang.

LeCompte, M. D., & Preissle, J. (1992). Toward an ethnology of student life in schools and classrooms: Synthesizing the qualitative research tradition. In M. D. LeCompte, W. L. Millroy, & J. Preissle (Eds.), *The handbook of qualitative research in education* (pp. 815–859). New York: Academic Press.

LeCompte, M. D., & Preissle, J. (1993). *Ethnography and qualitative design in educational research* (2nd ed.). New York: Academic Press.

Lortie, D. C. (1975). *Schoolteacher: A sociological study.* Chicago: University of Chicago Press.

Loseke, D. R., & Cahill, S. E. (1999a). Ethnography: Reflections at the millennium's turn—Part 1 [Special issue]. *Journal of Contemporary Ethnography, 28*(5), 437–585.

Loseke, D. R., & Cahill, S. E. (1999b). Ethnography: Reflections at the millennium's turn—Part 2 [Special issue]. *Journal of Contemporary Ethnography, 28*(6), 597–723.

Madge, J. (1953). *The tools of social science.* London: Longmans, Green.

Madge, J. (1962). *The origins of scientific sociology.* New York: Free Press of Glencoe.

Malinowski, B. (1989). *A diary in the strict sense of the term.* Palo Alto, CA: Stanford University Press. (Original work published 1967)

Markle, D. T. (2008). *Beyond transcription: Promoting alternative qualitative data analysis.* Paper presented at the 2008 SQUIG Conference in Qualitative Research, Athens, GA.

Martineau, H. (1989). *How to observe morals and manners.* New Brunswick, NJ: Transaction. (Original work published 1838)

Mead, M. (1962). *Coming of age in America* [Audiotape]. Guilford, CT: Audio-Forum Sound Seminars.

Mead, M. (1972). *Blackberry winter: My earlier years.* New York: Simon & Schuster.

Mead, M., & Métraux, R. (Eds.). (2000). *The study of culture at a distance.* New York: Berghahn Books. (Original work published 1953)

Merton, R. K., Fiske, M., & Kendall, P. L. (1956). The focused interview: *A manual of problems and procedures.* Glencoe, IL: Free Press.

Nieuwenhuys, O. (1994). *Children's lifeworlds: Gender, welfare and labour in the developing world.* London: Routledge.

Okely, J., & Callaway, H. (Eds.). (1992). *Anthropology and autobiography. Association of Social Anthropologists Monograph 29.* London: Routledge.

Olshansky, S. J., et al. (2005). A potential decline in life expectancy in the United States in the 21st century. *New England Journal of Medicine, 352*(11), 1138–1145.

Polkinghorne, D. E. (1988). *Narrative knowing and the human sciences.* Albany: State University of New York Press.

Powdermaker, H. (1966). *Stranger and friend: The way of an anthropologist.* New York: W.W. Norton.

Preissle, J. (1999). An educational ethnographer comes of age. *Journal of Contemporary Ethnography, 28*(6), 650–659.

Preissle, J. (2004, April). *A rhizomposium on neglected figures in qualitative research: Joseph-Marie de Gérando.* Roundtable paper presented at the meeting of the American Educational Research Association, San Diego.

Preissle, J. (2006). Envisioning qualitative inquiry: A view across four decades. *International Journal of Qualitative Research in Education, 19*(6), 685–695.

Preissle, J., & Grant, L. (2004). Fieldwork traditions: Ethnography and participant observation. In K. B. deMarrais & S. D. Lapan (Eds.), *Foundations for research: Methods of inquiry in education and the social sciences* (pp. 161–180). Mahwah, NJ: Lawrence Erlbaum.

Reed-Danahay, D. E. (Ed.). (1997). *Auto/ethnography: Rewriting the self and the social.* Oxford, UK: Berg.

Reinharz, S. (1984). *On becoming a social scientist: From survey research and participant observation to experiential analysis.* New Brunswick, NJ: Transaction. (Original work published 1979)

Richardson, L. (1997). *Fields of play: Constructing an academic life.* New Brunswick, NJ: Rutgers University Press.

Riessman, C. K. (2008). *Narrative methods for the human sciences.* Thousand Oaks, CA: Sage.

Schacter, D. (2001). *The seven sins of memory: How the mind forgets and remembers.* Boston: Houghton Mifflin.

Scheurich, J. J. (1997). *Research method in the postmodern.* London: Falmer Press.

Schutz, A. (1962). *Collected papers 1: The problem of social reality.* (M. Natanson & H. L. van Breda, Eds.). The Hague, The Netherlands: Martinus Nijhoff.

Scriven, M. (1972). Objectivity and subjectivity in educational research. In Lawrence G. Thomas (Ed.), *Philosophical redirection of educational research* (pp. 94–142). Chicago: National Society for the Study of Education.

Smith, J. K. (1989). *The nature of social and educational inquiry: Empiricism versus interpretation.* Norwood, NJ: Ablex.

Smith, J. K. (1993). *After the demise of empiricism: The problem of judging social and educational inquiry.* Norwood, NJ: Ablex.

Smith, J. K., & Heshusius, L. (1986). Closing down the conversation: The end of the quantitative–qualitative debate among educational inquirers. *Educational Researcher, 15*(1), 4–25.

St.Pierre, E. A. (2010, May 29). *Resisting the subject of qualitative inquiry.* Paper presented at the Sixth International Congress of Qualitative Inquiry, University of Illinois, Urbana-Champaign.

Van Cleave, J. (2008). *Deconstructing the conventional qualitative interview.* Paper presented at the 2008 SQUIG Conference in Qualitative Research, Athens, GA.

Wax, R. H. (1971). *Doing fieldwork: Warnings and advice.* Chicago: University of Chicago Press.

Webb, B. (1926). *My apprenticeship* (Vols. 1 & 2). London: Longmans, Green.

Weber, M. (1949). *The methodology of the social sciences.* New York: Free Press. (Original work published 1903–1917)

Williams, T. R. (1967). *Field methods in the study of culture.* New York: Holt, Rinehart & Winston.

Willis, P. E. (1977). *Learning to labour: How working class kids get working class jobs.* Farnborough, UK: Saxon House.

Wolcott, H. F. (1992). Posturing in qualitative research. In M. D. LeCompte, W. L. Millroy, & J. Preissle (Eds.), *The handbook of qualitative research in education* (pp. 3–52). New York: Academic Press.

Wolcott, H. F. (2009). *Writing up qualitative research* (3rd ed.). Thousand Oaks, CA: Sage.

Znaniecki, F. (1934). *The method of sociology.* New York: Farrar & Rinehart.

Margaret Eisenhart, A. Susan Jurow

43.

질적 연구 교수법

손미_ 부산교육대학교 교육학과 교수

모든 질적 연구자 양성 프로그램은 적어도 다음과 같은 7가지 핵심 문제를 신중하게 고려해야 할 것이다. 즉, 학습자들이 배워야 할 질적 연구의 내용은 무엇인가? 연구 방법론 교수법이 명확하게 구성되어 있는가? 프로그램 구성에서 기초과목, 특정 주제 과목, 연구 방법론 과목 간의 비율은 어떻게 할 것인가? 예비 연구자들에게 한 가지 특정한 연구 방법을 가르쳐야 하는가 아니면 여러 가지 연구 방법을 가르쳐야 하는가? 연구 윤리 문제를 어떻게 다룰 것인가? 연구 능력은 어떻게 평가할 것인가? 마지막으로 교육과정 목적 달성을 위해 수업은 어떻게 설계되어야 할 것인가?(추가적 질문은 Page, 2001; Preissle & Roulston, 2009 참고).

이와 같은 질문에 답하기란 쉬운 일이 아닐 것이다. 사회학자, 인류학자, 교육 연구자, 심리학자, 간호사, 혹은 기타 다양한 전문직에 종사하는 그 어떤 사람들로 구성된 질적 연구 공동체라 할지라도 연구의 우선순위나 중요도에 대하여 의견의 일치를 보기가 쉽지 않을 것이다. 질적 연구 공동체 구성원들은 전 세계에 흩어져 있으며, 동일한 연구 상황에 처해있거나 동일한 연구 문제를 다루는 것도 아니다. 질적 연구 공동체의 성격이 각기 학문 지향적, 현장 지향적, 혹은 실무 지향적

일지라도 그들은 한 가지 접근방법만을 공유하는 것도 아니다. 교수자들은 각기 다른 전문성을 가지며, 그 전문적 영역에서 주로 사용하는 방법을 중심으로 가르치는 경향도 이해가 된다. 그러나 적어도 연구 관련 필수 과목은 학생들이 연구 주제에 대해 다양한 연구 설계를 적용하여 다양한 집단과 협력적으로 연구를 수행할 수 있는 능력을 갖추도록 해야 할 책임이 있다. 더욱이 학위과정의 과목들은 늘 시간 부족이 문제로 지적되고 있는데, 특히 '방법론' 과목에서의 시간 부족은 더욱 심각하다. 그리고 대체로 모든 과목의 수업 계획과 활동은 대학의 수업 규정과 학사일정에 준하여 실시하게 된다. 예를 들면 다음과 같은 교육적 질문은 교사에게 매우 가혹할 수도 있다. 즉, 월요일 아침에 질적 연구 교수자가 해야 할 일은 무엇인가? 놀랍게도 수업에 대한 어떠한 의사결정이든 구체적으로 기술하는 질적 연구자들은 거의 없다.

따라서 본 장에서는 먼저 질적 연구 교수법과 관련된 이론적 배경을 살펴본 후, 콜로라도 대학(Boulder 캠퍼스) 사범대학의 모든 박사과정 학생이 필수로 이수해야 하는 질적 연구 개론 과목을 가르치기 위해 우리가 적용한 교수적 접근방법에 대하여 상세하게 설명하고자 한다.

43.1 질적 연구 교수법 관련 이론적 배경

질적 연구에 대한 이론적 배경의 내용은 주로 어떻게 연구를 할 것인가에 초점을 두고 있다. 관련된 서적과 논문들은 주로 질적 연구 수행의 과정과 절차에 대해 소개하고 있다. 질적 연구 문헌의 범주로는 다양한 연구 전통, 접근방법, 연구 기술 등의 소개에서부터(예, Creswell, 2002; Denzen & Lincoln, 1994, 2000, 2005; Green, Camilli & Elmore, 2006; LeCompte, Millroy, & Preissle, 1992; Schensul & LeCompte, 1999) 근거 이론(Charmaz, 2006; Glaser & Strauss, 1967), 문화기술 연구(Agar, 1996; Hammersley & Atkinson, 1995; Wolcott, 2009), 질적 평가(Patton, 2002), 혹은 참여 실행 연구(McIntyre, 2008) 등과 같은 단일 연구 접근 방법에 대한 심층적 논의, 그리고 문화기술적 면담과 참여 관찰(Spradley, 1979, 1980), 담화 분석(Phillips & Hardy, 2002), 질적 매체 분석(Altheide, 1996), 해석적 정책 분석(Yanow, 2000), 체제적 자아관찰(Rodriguez & Ryave, 2002)과 같은 특정 기법에 대한 안내에 이르기까지 매우 다양하다. 또 어떤 문헌들은 연구 실재의 특정 과정을 강조하고 있다. 예를 들면, 분석과 해석에 대한 Wolcott(1994)의 문헌, 질적 자료 기반 글쓰기에 대한 Wolcott(2008)의 문헌, 그리고 자료 관리와 분석에 대한 Miles와 Huberman(1994)의 문헌을 들 수 있다. 또한 몇몇 문헌은 질적 연구는 어떻게 하는 것인가와 관련하여 초보자(혹은 학습자)의 관점에서 기술하고 있는가 하면(Heath & Street, 2008; Lareau & Shultz, 1996), 질적 연구 초보자와 경험자인 멘토의 관계성에 대한 문헌도 간혹 찾아볼 수 있다(Lee & Roth, 2003; Minichiello & Kottler, 2009). 사실 지금까지 소개한 문헌 외에도 많은 질적 연구 문헌들이 있는데 이 문헌들은 모두 질적 연구에 대해 무엇을, 어떤 내용을 가르치고 있는지를 포괄적으로 알 수 있는 분명한 기초자료는 되지만, 교수적 접근방법이나 교수 전략 자체에 대해 중점적으로 다루고 있는 문헌은 거의 없다.

최근에 출판된 두 권의 책, Hurworth의 『질적 연구 교수법(Teaching Qualitative Research)』(2008)과 Garner, Wagner, Kawulich의 『사회과학 연구 방법 교수법(Teaching Research Methods in the Social Science)』(2009)은 질적 연구에서 교수적 접근방법의 한계와 관련된 문제를 직접적으로 언급하고 있다. 문헌을 통해 질적 연구를 어떻게 가르칠 것인가에 대한 답을 찾을 수 없었던 저자 Hurworth는 질적 연구 수업을 하면서 호주와 영국의 7개 대학에서 직접 사례 연구를 수행하였다. Garner, Wagner, Kawulich는 질적 연구 및 양적 연구 방법 교수법에 대한 정보 부족의 심각성을 느끼고 '연구 방법 교육을 위한 교수 문화 발전 촉진을 기대하면서' 전 세계의 연구자들의 연구 논문을 수집하였다. 그러나 저자들은 질적 연구 교수법과 관련한 연구나 문헌이 매우 부족하다는 점에 놀라지 않을 수 없었다.

대부분의 질적 연구 교수법에 관한 문헌들은 또한 1980년대 이후부터 파생되어온 질적 연구 공동체의 분열—보수적 사회과학적 관점의 방법, 연구 설계(사례 연구, 문화기술 연구, 내러티브 연구 등), 기법(참여 관찰, 개방형 면담 등)을 강조하는(적어도 수업에 관한한) 연구자들과 보다 비판적 혹은 '급진적 진보(avant garde)' 관점 및 현상학적 존재론적 원리를 강조하는 연구자들 간의 분열—을 반영하고 있다는 점은 놀라워할 일도 아니다.

Phillips(2006)는 이와 같은 분열을 연속선상의 양극, 즉 극좌와 극우로 풍자화하고 있다. Phillips의 견해는 극우 입장의 연구자들은 감시하의 체계적이고 접근 가능한 '엄격한' 질적 연구 수행을 지향하며 또한 그런 연구의 수행 가능성을 믿는 입장이다. 이 입장은 또한 "전통적인 사회과학", "극단적 보수파", "모더니스트", "과학적"이란 이름으로 불리기도 한다. 이런 극우 입장의 연구는 명확하고 투명한 방법들이 결정적으로 중요함을 강조한다. 이를 극좌 입장의 연구자들은 'qi'라고 하며 확실한 지식적 증거로서 질적 자료를 수집, 분석, 해석하는 데 거의 항상 적용되는 다양한 방법들

그 자체에 초점을 두는 입장을 의미한다.

반면, 극좌 입장의 연구자들은 모든 연구는 본질적으로 주관적이며 따라서 그것은 전통적 사회과학에서와 같이 체계적이며 투명할 수가 없으며 그런 시도조차 하지 말아야 한다는 입장이다. 질적 연구의 핵심은 세상의 일들을 당연시하는 독자나 청중을 비주류 그룹의 곤경과 지배적인 특권 양상에 대한 비판에 공감할 수 있도록 새로운 이해자로 인도하는 것이다. 결론적으로 극좌 입장은 전통적 연구 수행 방법을 포함하여 전통적 방법의 행동, 대화, 사고에 대하여 매우 회의적이다. 극좌 입장은 또한 "비과학적", "포스트모던", "산만한"(예, 지배적, 비지배적 담론이 서로 얽혀 전개되는 것처럼), "사회과학의 언어학적 전환"(연구의 주 대상이 실행이나 행위보다는 텍스트임), 혹은 "도덕적 담론"(일반적으로 보편적 도덕성이 부인되고 맥락적 도덕성이 강조됨)이란 이름으로 불리기도 한다. 극좌 입장의 연구에서는 세상일을 당연하게 여기거나 현상유지하려는 상황에 직면했을 때 이에 맞서 이겨내는 힘이 매우 중요하다. 극좌 입장의 연구자들은 이를 이름하여 "QI"라고 하며, 글쓰기, 이야기하기, 실행 주도하기, 다양한 목소리가 참여하는 대화를 통해 사회정의 구현을 위한 행동을 촉진하는 것을 강조한다. 이런 입장은 그 방법 자체가 전혀 새로운 것이 아니라면, 적어도 다른 방법적 적용을 통해 수집된 자료를 활용하는 것을 의미한다.

극우 입장의 질적 연구 교수법

극우 입장의 질적 연구 교수자는 전통적인 질적 연구 방법 및 사회과학적 사고 습관을 가르치는 방식에 대해 기술하는 경향이 있다.[1] 1990년대 이전까지는 대부분의 질적 연구 교수자들은 이런 경향을 보여 왔다. Webb과 Glesne은 75명의 질적 연구 교수자들을 대상으로 실시한 면담과 설문조사, 그리고 미국 사범대학들의 55개 강좌의 교수계획표 분석 결과를 1992년에 발표하였다. 이 연구 결과에 의하면 대부분의 교수

자들은 사회과학 이론의 이해와 전통적 사회과학에서 적용되어온 질적 연구 방법에 대한 이해를 강좌의 주요 목표로 삼고 있었다. 또한 강좌에서 다루어진 공통적인 방법적 이슈들은 연구 현장 찾기, 적절한 연구 문제 파악하기, 현장 노트 기록하기, 면담 수행하기, 연구 일지 작성, 자료 분석하기, 부호화하기, 패턴 및 주제 찾기, 그리고 연구 보고서 작성하기였다.

예를 들면, Keen(1996)은 사회학자인 Lofland와 Lofland(1995)의 연구 접근방법을 추천하였다. 아래의 인용 글은 그들의 연구 접근방법을 잘 나타내고 있다.

—
우리는 학생들이 사회적 상호작용의 유형과 현장의 사회적 조직에 주목할 수 있는 "사고 주제들(thinking topics)"의 집합체를 개략적으로 약술한다. 이 주제들은 개념적 분류로서 미시적 수준의 주제에서 시작하여 점차 거시적 수준의 주제로 이동하는 일련의 분석 단위 파악의 기초가 된다. 예를 들면, 실제, 일화, 뜻밖의 만남, 역할, 관계, 집단, 조직, 사회적 세상사, 생활방식, 하위문화 등이 주제에 포함되어 있다. 이런 사고 주제들을 가지고 학생들은 일반적인 방관자의 입장에서 그들 자신이 이론적 관찰자의 입장으로 변화할 수 있으며, 현장에서의 다양한 실제, 역할, 관계, 집단 등을 파악할 수 있다. 학생들의 분석능력 개발 촉진을 위해 코딩 방법을 또한 소개한다. … 자료 조직 및 분류에 사용될 주제 코딩 생성을 위해 라벨 코딩에서 파악된 사고 주제들을 어떻게 활용할 것인가에 대해 논의한다(Lofland & Lofland(1995, 186-193). 연구자료 분석을 바탕으로 이론 구성을 위한 최종적 기초 설정을 위해, 그리고 자료 수집 강조를 위해, 2주간의 참여관찰을 실시하며, 이 기간에 자료에 대한 질문을 통해 파악된 다양한 분석 단위들 간의 관계를 조사하게 된다. 이 과정의 원활한 수행을 위해 우리는 사고 주제에 대한 여덟 가지 사회분석적 질문—유형, 빈도, 규모, 구조, 절차, 원인, 결과, 그리고 참여자가 속한 기관—을 제시한다(1995, 123-148). (Keen, 1996. pp.170-171에서 재인용)

2008년 Hurworth는 질적 연구 교수법에 대한 정보가 여전히 부족함을 느끼고, 찾을 수 있는 한 자료를 검토한 후 호주와 영국 대학에서 개설했던 7개의 질적 연구 강좌에 대하여 자신이 직접 사례 연구를 집중적으로 수행하였다. 문헌분석의 중요한 결과 중의 하나는 다음과 같다. 즉 교수자들이 자신의 질적 연구 강좌에서 다루게 될 주제들(현장 찾기, 연구 문제 파악하기 등)을 정할 때, 거의 대부분의 교수자들이 교육과정 설계나 교수법에 대해서는 논의하지 않는다는 점이다(Keen의 경우는 특별히 예외였음).

Hurworth에 의하면,

> 교수자들은 흔히 강의요목에 포함될 주제만을 나열한다. … 선택한 주제들을 어떻게 다룰 것이며 그 평가방법에 대해서는 언급이 없다. 이는 "강좌에서 내가 다룰 내용"이란 것을 나타낼 뿐이다. 따라서 그 어떤 교육과정의 쟁점들은 사소하게 보는 경향이 있다. 예를 들면, 강좌를 위한 수업 계획을 어떻게 할 것인가에 대한 질문에 한 교수자는 "내 수업의 주제들은 보통의 질적 연구 혹은 현장연구 방법 강좌의 주제들과 비슷하다." (p.159)라고 다소 순진하게 말하였다.

일곱 개의 질적 연구 강좌에 대한 분석결과, 어느 정도의 차이는 있지만 Hurworth(2008)는 다음과 같은 교육과정에 흔히 포함되는 공통적인 6개의 주제를 발견하였다: 특정한 질적 연구 방법들(문화기술 연구, 사례 연구 등) 조사, 패러다임 차이에 대한 논의(실증주의 입장, 해석학적 입장 등), 연구 설계 요소와 연구 계획서, 참여 관찰, 면담, 현장연구 실습(래포 형성, 현장 들어가기 등). 기록 분석, 자료 분석, 질적 연구의 신뢰도, 엄격성, 윤리, 역사, 결과 작성, 그리고 질적 연구 방법의 활용 등과 같은 주제들은 부분적으로 일부 강좌에만 포함되어 있었으며, 주로 학기말에 잠깐 언급되고 있는 실정이었다.

위에서 살펴본 문헌 연구와 조사 연구(Webb & Glesne[1992]와 Hurworth[2008], 1990~2007년 사이)를 통해 한 가지 확실한 결과는 질적 연구 교수법의 한 구성 틀로서 연구 프로젝트를 공통적으로 활용한다는 점이다. Webb과 Glesne은 수집된 55개 강의 계획서 중 39개가 질적 연구의 주요 과정을 필수사항으로 포함하였고, 6개 강의계획서는 미니 프로젝트를 추가로 포함하고 있었다. 이들은 연구 프로젝트의 수행을 통해 학생들이 질적 연구에 대한 중요한 통찰을 경험하게 된다고 제안하고 있다.

> 질적 연구의 수행은 학생들 대부분이 어쩔 수 없이 자신의 가정에 입각한 질문을 제기하게 한다. 관찰과 면담을 통해 학생들은 타인의 경험에 친밀하게 접촉하게 된다. 학생들은 또한 연구 방법이 사고 기법이 아니라 지적 안내로 기능함을 알게 된다. 자료 분석 활동을 통해 학생들은 자료 그 자체가 무엇을 말하고 있는 것이므로 연구자 자신이 보고, 들은 것을 해석하지 않아도 된다는 순진한 가정에서 벗어날 수 있다. (pp.776-777)

Hurworth의 연구 결과에 의하면 대부분의 강좌는 또한 학생들이 어떤 형태로든 연구 프로젝트를 수행하도록 하였으며 프로젝트가 성적에 반영되는 비율이 50~75%였다.

사실 학생들의 연구 프로젝트가 질적 연구 강좌의 주요 교수법이 되고 있는 것처럼 보인다. 이와 유사한 현상을 Shulman(2005)은 다음과 같은 특징으로 기술하고 있다.

> 미래 질적 연구 실천가 양성 교육을 위한 기본적인 교수법의 유형. 이런 주요 교수법을 통해 초보자들은 전문적인 세 가지 핵심적 차원의 중요한 요소인 생각하고, 수행하고, 통합적으로 활동하기를 배우게 된다. (p.52)

법대의 사례 대화 교수법, 의대에서의 임상 회진 교수법이 주요 테마 교수법의 예가 되며 질적 연구 교육을 위한 소규모 연구 프로젝트도 그 예에 포함된다.

학생들이 질적 연구 프로젝트를 수행할 때의 주요 방

법론적 장점을 강조하는 연구자들도 있다. Preissle과 Roulston(2009)은 "실제 참여를 통한 현장 실습과 실제 연구 활동을 질적 연구 강좌의 핵심"인 것으로 기술하고 있다(p.16). Strayhorn(2009)은 개념과 전략을 새로운 상황, 분석, 종합, 평가에 적용하는 것과 같은 고등사고능력과 인지기능의 발달을 위한 최적의 교수법은 학습자를 실제적인 연구 활동에 참여시키는 것이라고 제안하고 있다. 사실,

> 질적 연구 방법들은 실제 실습(Blank, 2004), 실행 학습 기법(Crull and Collins, 2004), 실세계 연구(Potter, Caffrey, and Plante, 2003), 혹은 경험학습(Rifkin and Hartley, 2001)을 통해 가장 잘 배울 수 있다는 점에 의견이 일치되고 있다. 질적 연구 방법 교수법에 대한 근거 자료에 의하면 실험적 교수법은 학습자의 학습 몰입도를 촉진하며(Rohall, Moran, Brown, and Caffrey, 2004); 학습자의 연구 선택과 그 선택에 영향을 미치는 철학적 배경의 복잡성에 대한 이해 수준을 높여주며(Hopkinson and Hogg, 2004); 질적 연구는 특정 사회적 맥락을 통해 형성되는 하나의 과정임을 학생들에게 인식시켜 주며(Winn, 1995); 심층면담과 같은 특정한 기능을 학생들이 함양할 수 있게 하며(Roulson, deMarrais, and Lewis, 2003); 학생들이 질적 연구 기법을 적용하는 데 있어 자신감을 형성시켜 주며(Walsh, 2003); 학습자들이 질적 연구의 가치를 인식하도록 도와준다(Rifkin and Hartley, 2001). (Raddon, Nault, & Scott, 2007, n.p.)

극좌 입장의 질적 연구 교수법

극좌 입장의 질적 연구 교수자는 비판적 혹은 포스트모던 현상학적 원리와 사고습관의 지도에 초점을 두는 경향이 있다. 즉, 연구 설계나 기법보다는 믿음, 가치, 윤리 등의 논의에 더 관심을 둔다. 예를 들면, Lather(2006)[2]는 연구 과목의 교수자들은 "앎과 알려진 것의 이해관계", "탐구 논리, 철학 및 지식사"를 더 강조해야 함을 주장하고 있다(p.47). Lather는 세계에 대한 전통적 가정과 세계를 탐구하는 연구자들의 전통적인 방식에 도전하는 교수법을 제안하고 있다. 그녀의 접근방식은 학습자를 혼란, 불확정, 현재 연구 실제의 일부에 노출시키는 다음과 같은 다섯 가지 쟁점에 초점을 두고 있다: 객관성(연구자는 어떻게 온전히 객관적일 수 있는가?), 갈등(연구자는 어떻게 연구를 정치 중립적으로 유지할 수 있는가?), 차이(연구자는 어떻게 고정된 차이의 범주를 피할 수 있는가?), 해석(연구자는 현실 구성과정에서 참여자, 사회집단, 연구자, 이익집단 간의 차이를 어떻게 다룰 것인가?), 그리고 정당성(다양한 지적 주장, 때론 경쟁적 주장에 직면하게 될 때 누가 이를 평가하고 결정할 것인가?). Lather가 의도하는 교수법은 이러한 질문에 답하도록 하는 것이 아니라 연구 실제의 한계, 해답을 얻기 위한 다양한 방법, 연구 결과 드러난 것들에 대하여 탐구하도록 하는 것이다.

이와 유사한 맥락에서 Preissle과 deMarrais(2009)는 그들의 질적 연구 방법 교수를 안내하는 다섯 가지 주요 원리를 기술하고 있다. 이 다섯 가지 원리에는 반응성(질적 연구자는 연구 참여자들과 상호작용하면서 적절하게 반응해야만 한다.), 반사성(질적 연구자는 주제, 참여자, 현장을 연구하고 있는 연구자 자신들에 대해서도 연구해야 한다.), 회귀성(질적 연구자는 예를 들면, 자료 수집을 통해 연구 문제를 다듬고 보다 정보력 있는 자료를 수집하는 것과 같이 연구 과정의 각 단계를 수행하면서 이전 단계 및 다음 단계를 성찰하면서 조율해야 한다.), 성찰(질적 연구자는 수집된 자료를 이해하기 위해 수집된 자료가 담고 있는 다양한 학문적 개념과 이론을 가지고 접근해야 한다.), 그리고 맥락성(질적 연구자는 인간의 행동과 경험의 이해에는 현장, 참여자, 시간, 장소 등 통합적 이해가 필요하다고 가정한다.)이 포함된다.

한편 Phillips(2006)와 몇몇 학자들(예, Atkinson, Coffey, & Delamont, 2003)은 극우, 극좌 입장의 질

적 연구가 모두 지나치게 극단으로 흐르고 있다고 비판하고 있다. 예를 들면, 극좌 입장의 연구자들은 극우 입장의 연구자들을 사회과학자의 전문적 지위 유지를 위한 물리적 시샘 혹은 이기심을 가진 비실제적 실증주의자로 규정하는가 하면, 극우 입장의 연구자들은 극좌 입장의 연구자들을 야생의 눈을 가진 급진주의, 극단적 상대주의, 모순적 이론가, 그리고 매사에 날카로운 비평가 등으로 규정하고 있다. 도가 지나친 극단에 대한 논쟁으로 중도적 입장의 목소리는 묻혀 버리는 경향이 있다. Phillips에 의하면,

> 연속선상에서 중도적 입장이란 다양한 양상의 온건적 위치를 나타낸다. … 중도적 입장에서 연구란 확실한 보장 혹은 제기되는 어떤 주장을 지지하기 위해 다양한 증거를 제시하고자 일련의 논쟁을 구성하고자 하는 활동이지만 틀리기 쉬운 기획이다. (p. 17)

우리가 동의하는 부분으로 Phillips는 또한 다음과 같이 기술하고 있다.

> 기대할 수 있는 가장 합리적인 것은 연구 결과는 증거나 근거에 입각해야 한다는 점[극우 입장의 주요 관심사]; 특별한 단점과 이점에 무게를 두는 증거들 [극좌 입장의 주요 관심사] … 더욱이 주의 깊은 관찰, 검증, 측정, 독창적 조직/장치의 구성, 질문지 작성, 연구 모델 구성하기, 계산하기, 시사점 도출, 직감적 행동 등이 없는 과학적 탐구는 공허한 것으로 인식되고 있다. (pp. 22, 24 원문 강조)[3]

필자인 우리 자신은 질적 연구 방법 교수법 측면에선 Phillips(2006)의 연속선상에서 거의 중앙 및 약간 우측 입장에 위치한다. 한편으론, 우리는 학생들에게 질적 연구 실제의 입문을 촉진하는 특정한 활동에 참여하도록 요구하며, 질적 연구자들이 전통적으로 사용해 온 특정한 기능과 기법을 가르친다. 또 다른 한편으로 우리는 질적 연구 실제의 중추적인 부분이라 생각되는

특정한 해석적 성향을 장려한다.

다음은 필자인 우리 자신의 질적 연구 교수접근 방법에 대하여 논의하고자 한다.

43.2 콜로라도대학(Boulder 캠퍼스) 교육에서의 질적 연구

우리가 가르치는 질적 연구 방법 강좌들은 카네기재단의 박사학위 지원 프로젝트의 일부로서 박사과정 프로그램 강화를 위해 2002년부터 시작된 일군의 교수들이 함께 지도하는 과정이다(www.carnegiefoundation. org/previous-work/professional-graduate-education). 이러한 개혁은 사실상 10년 동안 박사과정 교육과정의 개정이 없었다는 교수진들의 우려와 함께 교육연구 분야의 박사학위 소지자의 질적 수준에 대한 국가적 차원의 우려로 인해 이루어졌다(Burkhardt & Schoenfeld, 2003; Lagemann, 2000; Neumann, Pallas, & Peterson, 1999; Schoenfeld, 1999). 콜로라도대학 사범대학은 교사교육 및 연구기반 교실 실제, 연구 방법론, 그리고 교육정책을 강조하는 대학원 프로그램으로 잘 알려진 대학이다. 사범대학의 주요 특징은 교육기회의 균등, 다양성, 연구기반 개혁 그리고 협력 연구에 기여와 책임을 다하고 있다는 점이다(http://www.colorado.edu/education). 1980년대 후반 처음 적용되었을 당시의 기존의 박사과정 프로그램은 교육연구 및 질적, 양적 연구 양 영역에서의 주요 쟁점에 대해 이수해야 하는 코스의 필수사항들이 다른 대학에 비해 앞서 있었다. 그러나 시간이 지남에 따라 일부 과목의 내용이 시대에 뒤지는 문제, 양적 연구 및 질적 연구에 대한 교육의 불균형 문제, 연구와 실제 간의 연계성의 문제 등이 나타났다.

우리는 다른 대학의 프로그램을 검토하고 토론하면서 공통 핵심과정 개념에 대하여 수없이 되돌아보게 되었다. 비록 우리가 조사한 상위 랭킹 사범대학들에서

모든 박사과정 학생들에게 공통과목을 요구하는 대학은 거의 없었지만, 우리 연구진은 다음과 같은 세 가지 연관된 이유로 공통 핵심과정을 수립하는 것이 바람직하다고 결정하였다. 첫째, 많은 수의 박사과정 학생은 전직 교사들로서 학부과정과 석사과정에서 학문 기반 연구 배경이 부족하였다는 점, 예를 들면, 이들은 연구에 대한 경험이나 교육이 거의 없거나 전혀 없는 상태에서 우리 대학의 박사과정에 입학한다. 둘째, 교사로서의 경험과 연구에 대한 교육 부족은 때론 교육개선을 위한 연구의 중요성에 대해 회의적인 학생을 배출하기도 한다. 경우에 따라선, 이런 회의감이 연구에 주요 관심이 있는 학생들과 교수 및 실행을 지향하는 학생들 사이에 불화를 조성하기도 한다. 셋째, 학생들이 이수하는 강좌의 비일관성으로 인해 우리 교수진들이 고급 과정을 운영하는 데 어려움이 있는데 이는 대부분의 강좌에 초보자들이 포함되어 있기 때문이다.

공통 핵심과정 설계를 위한 교수위원회가 구성되었으며, 이를 통해 교육 연구에 대한 공유된 담론을 형성하고, 교육 연구 수행을 위한 공통 규범과 표준을 제시하고, 발전되고 전문화된 강좌 활동을 위한 지적 및 방법론적 기반 조성을 시도하였다. 수개월간의 논의 과정을 거쳐 교수위원회는 핵심과정(사범대학의 모든 박사과정 입학생이 이수해야 하는 과목들)에 대한 구체적인 계획안을 완성하였다. 이 핵심과정에는 교육 및 교육 연구의 기초 이해 관련 2학기에 걸쳐 이루어지는 2개 강좌, 양적 연구 방법 관련 2학기에 걸쳐 이루어지는 2개 강좌, 질적 연구 방법 관련 2학기에 걸쳐 이루어지는 2개 강좌가 포함되어 있다. 트랙별 한 강좌(기초 개념 과정 한 강좌, 양적 연구 한 강좌, 질적 연구 한 강좌)씩 학기별로 동시에 개설되며 학생들은 첫해에 모두 이 강좌들을 이수하게 된다(캘리포니아 대학 리버사이드에서의 유사 프로그램 설계에 대한 설명은 Page, 2001 참고). 다문화 교육 강좌는 핵심과정의 추가적인 과목으로 그 다음 해 첫 학기에 수강하도록 되어 있다. 이 핵심과정 계획안을 작성하면서 우리는 필수 연구 방법 강좌의 수를 두 배로(각 방법론에 대한 1개 강좌에서 2개의 강좌로) 조정하였으나 기존 강좌에서의 필수 자료들과 핵심과정에서의 새로운 자료들을 통합하여 일부 옛날 강좌를 줄이고 필수 과목의 수를 하나로 묶었다. 새 교육과정의 개요는 [표 43.1]과 같다.

표 43.1 콜로라도대학(Boulder 캠퍼스) 새 박사과정 프로그램 개요

첫 해: 핵심과정

1학기	2학기
기초이해: 교수-학습론의 이해(3학점)	기초이해: 교육 연구와 사회정책(3학점)
질적 연구 방법(3학점)	질적 연구 방법 II(3학점)
양적 연구 방법(3학점)	양적 연구 방법 II(3학점)
특별 세미나(1학점)	특별 세미나(1학점)

둘째 해: 중급 과정

1학기	2학기
다문화 교육(3학점) 전공영역 과목/고급 연구 방법(3 혹은 6학점)	전공영역 과목/고급 연구 방법(3 혹은 6학점)

셋째 해: 중급과정/창의적 종합(capstones)

1학기	2학기
전공영역 과목/고급 연구 방법/ 창의적 종합(3 혹은 6학점)	전공영역 과목/고급 연구 방법/ 창의적 종합(3 혹은 6학점)

새 공통 핵심과정은 2004년 가을부터 16명의 박사과정 1학기 학생 대상으로 적용되었다. 학생들은 처음 공통 핵심과정 프로그램을 접하고 놀라워했지만, 대부분의 학생들은 새로운 교과목들에 열중하였다. 학기 시작 초기에는 새 과정의 명확한 프로그램에 몹시 흥분하여 열정적으로 학기를 시작하였다는 학생들도 있었다. 이후 지금까지 학생들과 교수들로부터 새 교육과정에 대하여 매우 좋은 반응을 얻고 있다.

실제 연구 수행에 의한 질적 연구 교수법

2006년에 Eisenhart는 이미 진행 중인 Learning Landscapes Initiative(이하 LLI로 표기함)인 실제 연구 및 현장 연구를 중심으로 입학 첫 해에 1, 2학기 연속하여 두 강좌를 수강하도록 함으로써 질적 연구 과정을 더욱 강화하였다. LLI는 Denver에 있는 학교들의 새 운동장 조성을 위한 지역사회 단체, 학교 지도자, 대학 교수진이 함께하는 공동협력 프로젝트이다 (Brink & van Vliet, 2004). 48개 초등학교의 새 운동장을 건립하기 위해 1998년부터 운동장 건축가, 조경전문가, 도시계획 전문가, 지역사회 구성원들이 함께 기획하여 기금을 마련하여 왔으며, 모든 도시 학교의 운동장을 재건하기 위해 끊임없이 노력하고 있다. 새로 조성되는 운동장에는 학령에 적합한 놀이 구조물, 예술 작업, 잔디밭, 정원 등이 포함된다. 새 운동장에 있는 낡았거나 안전에 문제가 있는 기구와 바닥은 새것으로 대체되었다. 새 운동장이 사용되면서 연구가 함께 수행되었다: 기존의 LLI 연구팀은 새로 구축된 운동장이 아동의 물리적 활동 수준과 지역사회의 자부심 및 학교에 대한 관심에 어떤 영향을 미치는가를 연구하였다.

비록 Eisenhart는 1학기 과목을 위한 교수법의 시작점으로서 LLI의 맥락에 충실하고자 하였지만, 또한 학생들 스스로가 자신들의 소규모 프로젝트를 구성하는 경험을 얻기를 바랐다. 따라서 강좌의 기말 과제로 학생들에게 LLI의 경험을 바탕으로 학생들 자신

의 새로운 연구를 개발하도록 하였다. 기관윤리심의위원회(institutional review board: IRB)는 학생들에게 LLI 학교에서 (아동 혹은 학교를 연구하는) 자신들의 연구를 의무적으로 수행하도록 하였으나, 연구 주제는 학생 선택에 맡겼다. 학생이 선택한 새 주제는 2학기 Jurow 교수의 강좌에서 중요하게 다루어진다.

LLI 참여 학교에서 학생들이 연구 프로젝트를 수행하도록 한 결정에는 사회적 실천 학습 이론에 대한 책무성이 크게 작용하였다(Bourdieu, 1977; Lave & Wenger, 1991; Wenger, 1998). 이런 관점에서 무엇인가 새로운 것을 학습하기 위해서 초보자들은 전문가의 지도를 받으며 새로운 영역의 현장 연구 '실제'에 참여해야만 한다. 학생들에게 언급한 바와 같이, 현장에서의 실제는 학생들이 정규적으로 현장에 참여하는 활동이며, 이런 활동을 통해 학생들은 현장과 특정한 방식으로 관련하여 세상을 인식한다. 경험의 축적과 함께 지속적인 안내를 받으며 사회적 맥락 형성이 점진적으로 확대되는 현장 참여 활동을 통해 초보자들은 현장 참여에 필요한 적절한 기술, 전략, 관점을 습득할 수 있을 것으로 기대된다. 우리가 지도하는 강좌에서 학생들은 실제로 진행되는 연구 활동에 부분적으로 참여하여 자신들의 연구 기능에 대한 전문가의 조언을 받게 되며, 연구 결과를 연구팀, 지역사회 구성원들과 공유하여 궁극적으로는 질적 연구 수행에 대한 책임감을 갖게 된다. 학생들의 연구 경험이 '활용 가치'(연구 실천 공동체에 기여함으로써)뿐만 아니라 '교환 가치'(강좌 이수 요건과 학점 취득에 기여함으로써)가 있다는 의미에서 '실제적(authentic)'이 되도록 하였다.

이런 관점에서 초보자들(박사과정 첫 해)은 (두 명의 경험 많은 질적 연구자인) 우리가 질적 연구 교수-학습을 위해, 의도적으로, 또 비의도적으로 (우리의 기질적 특징에 따라서) 구성한 질적 연구 교수법을 수강하였다. 실제 연구 프로젝트를 중심으로 강좌를 구성하기로 한 결정은 결과적으로 매우 중요한 학습 환경이 되었다. 학생들로 하여금 현장 들어가기, 래포 형성하기, 윤리의식, 대화하기, 일정 짜기, 관찰하기, 면담

하기를 하도록 하고, 그리고 놀이터 및 초등학교와 아동에 대한 연구 문헌을 고찰하도록 함으로써 수업에서 다룰 주제, 수업 계열, 과제와 제출기한 등 강좌 구성이 체계적으로 이루어졌다.

우리는 학생들이 실제 연구 프로젝트를 통해 이와 같은 다양한 참여 경험을 하도록 구성함으로써 질적 연구자로서 의미 있는 자질을 함양하기를 기대하였다. 우리는 학생들이 질적 연구의 독특한 특징, 특히 참여자의 관점과 가치를 가지고 개방적이고 융통성 있는 탐구 맥락 속에서 학습이 이루어지는 것과 같은 특징을 파악하기를 기대하였다. 또한 연구 방법은 특정한 연구 문제에 대한 해답을 얻기 위해 사용되어야 한다는 점(단순히 호, 불호에 따라 연구 방법을 선택하는 것이 아님)을 학생들이 이해하기를 기대하였다. 우리는 학생들이 신중한 분석과 수집된 질적 자료에 대한 사려 깊은 해석의 중요성을 인식할 수 있기를 기대하였다. 우리는 학생들이 어떻게 질적 연구 방법을 통해 이미 알고 있고 이해하고 있다고 생각되는 사람, 장소 등에 대해서 예상치 않았던 통찰을 얻을 수 있는지를 인식할 수 있기를 희망하였다.

우리는 또한 학생들이 좋은 연구 실행을 위한 윤리적 소양을 함양할 것을 희망하였다. 학생들이 학교 운동장에서 활동하는 아동을 관찰하고, 교사, 학생, 학부모들과 면담을 하고, LLI 발표를 위해 자료를 수집하여 분석하기 때문에 학생들의 행동과 활동은 대학의 기관윤리심의위원회의 요건은 물론 인간을 대상으로 하는 연구 요건에 맞아야 하였다. 우리는 학생들이 수업 과제의 일부로서 기관윤리심의위원회에서 요구하는 서류를 직접 준비하는 것이 그들에겐 유익할 수도 있지만, 이로 인해 연구 시작이 지연되는 것을 원치 않았기 때문에 첫 학기 강좌가 시작되기 전에 Eisenhart가 기관윤리심의위원회의 요구서류를 작성하여 학교에 제출하고 승인을 받았다.[4] Eisenhart는 수업 중에 학생들에게 기관윤리심의위원회의 요구서류를 공유하고 위기 혹은 위험 요소를 최소화하는 방법—동의와 승낙서 확보, 비밀유지, 응급한 경우를 제외한 직접적 관여 지양

하기, 문제와 결과 보고하기, 연구 목적을 관련된 모든 사람들에게 솔직하고 분명하게 알리기—을 함께 검토하였다.

이와 같은 방법을 중심으로 한 학습활동은 교수방법적, 논리적 근거 및 과거의 경험을 바탕으로 결정되었다. 두 명의 교수자는 모두 학습자가 처음부터 연구 현장과 연구 문제를 선택하도록 하는 질적 연구 방법을 가르친 경험이 있었다. 이런 방법은 학생들이 자신들의 관심 분야에 따라 주제를 선택할 수 있는 장점은 있지만, 우리의 경험에 의하면 학생들의 연구 진행 속도가 서로 달라질 수 있고, 강좌를 수강하는 동안 주어진 특정 시간에 대한 학습자의 요구 또한 매우 달라질 수 있다. 이런 상황으로 인해 수업의 주제 및 논의를 학생들의 즉각적인 연구 요구와 일치시키는 것이 거의 불가능하였다(Keen, 1996 참고).

질적 연구 방법 계열 개요

두 개의 연속된 질적 연구 방법 강좌에서, 첫 번째 강좌에서는 학생들에게 질적 연구 방법을 소개하고, 두 번째 강좌에서는 실제 자신들의 연구를 수행하면서 이런 개념들에 대한 보다 깊은 이해를 촉진하도록 한다. 두 강좌는 모두 문화인류학과 현장사회학으로부터 발전된 해석학적 관점의 질적 연구에 입각해서 구성되었다. 학생들은 질적 연구 설계 및 해석과 관련한 서적과 논문(예, Michael Agar의『전문적 이방인(The Professional Stranger)』[1996], Joseph Maxwell의『질적 연구 설계(Qualitative Research Design)』[2004], Phil Carspecken의『교육 연구에서의 비판적 문화기술 연구(Critical Ethnography in Educational Research)』[1996]) 그리고 서적 분량의 문화기술 연구물(예, Barrie Thorne의「성역할놀이(Gender Play)」[1993]와 Annette Lareau의「불평등한 유년기(Unequal Childhoods)」[2003])을 탐독하였다. 학생들은 수업에서 이런 문헌들을 읽고 토론

하면서 동시에 교수들의 지도 아래 현장연구에 참여하였다.

첫 학기에 학생들은 팀별로 아동의 사회적 경험을 이해하기 위해 Denver의 9개 학교 운동장에서 쉬는 시간에 놀고 있는 아동을 관찰하고 면담하였다. (프로젝트와 학생들의 작업에 대한 구체적인 설명은 다음에 논의될 것이다.) 학생들은 수집한 자료를 코딩하고 재구성하였고 그 결과를 간단한 보고서로 작성하였다. 현장과 교실에서의 경험을 바탕으로 학생들은 개별적으로 혹은 두 명씩 그룹으로 2학기 강좌에서 완성하게 될 소규모 연구 계획서를 작성하였다.

(Jurow 교수가 지도하는) 2학기 강좌에서 학생들은 해석학적 비판적 인식론에 기반한 질적 연구를 더 중점적으로 다루게 되며, 질적 연구 관련 추가적인 사례 문헌을 탐독하며, 자료 수집, 자료 조직, 자료 분석에 대한 내용을 연구하게 된다. 첫 학기 수업에서와 같이 학생들은 교수의 지도 아래 현장연구를 하면서 강좌에서 요구하는 읽기 자료를 모두 탐독하였다. 강좌의 필독 자료는 과제와 연계하여 제시되며 어느 정도는 학생들의 연구 활동에 따라 조정되었다. 학생들은 연구 상황에서 발생하는 문제뿐만 아니라 자료 수집, 자료 분석 기법에 대한 워크숍 형태의 토론에 참여하였다. 학기말에 학생들은 사범대학 포스터 세션에서 자신들의 연구 결과를 공유하고 교수와 다른 학생들로부터 피드백을 받기 위해 포스터를 제작하였다. 학생들은 포스터를 만들면서 그들의 연구에 대한 최종 보고서를 작성하였다.

질적 연구의 활동, 기술, 자질

본 절에서는 우리가 준비했던 연구 활동, 학생들이 성취하길 바랬던 연구 기술 그리고 함양되어야 할 질적 연구자로서의 자질 등에 대하여 논의하고자 한다. 비록 편의상 활동, 기술, 자질을 구분하여 논의하지만 연구의 실제와 이론 모두에서 이런 특징들은 중첩되며 상호 관련되어 있다.

질적 연구 활동

강좌에서 학생들이 경험하는 주요 활동에는 (1) 질적 자료 기반 연구 문제 해결 활동, (2) 질적 연구 관련 의사소통 활동, (3) 사회문화적 비교 활동 등이 포함된다.

질적 자료 기반 연구 문제 해결 활동.   연구 문제 해결을 위해 질적 연구 방법이 어떻게 적용되는가에 대한 학생들의 이해를 돕기 위해 Eisenhart는 일련의 연구 문제를 중심으로 학기 초 프로젝트를 계획하였다. 특정한 핵심 주제 없이 학생들을 현장에 참여하도록 하면 쉽게 좌절하게 되거나, 학생들이 스스로 연구 주제를 설정하게 하면 대부분의 초보자들은 어려움을 겪게 되므로, Eisenhart는 질적 연구 문제와 그 문제 해결을 위한 자료의 종류를 경험(설계가 아닌)할 수 있는 학생들의 현장 연구를 구성하였다. Eisenhart가 제안한 연구 문제들은 LLI에서 추진하고 있는 연구와 관련되는 것들이다. LLI는 양적 측정방법으로 과거와 현재의 운동장에서의 학습자의 물리적 활동 수준 비교 연구에 초점을 두지만, Eisenhart의 연구 문제는 과거와 현재의 운동장에서의 아동의 사회적 행동 비교에 중점을 둔다. 그녀가 연구 시작을 위해 학생들에게 제시한 세 가지 연구 문제는 다음과 같다.

1. 놀이터에서 어떤 종류의 사회적 상호작용―아동과 아동, 아동과 성인 간―이 일어나는가?
2. 이런 상호작용은 성별과 인종에 따라 어떻게 다른가?
3. 사회적 상호작용의 패턴이 발생하는 이유는 무엇인가? 즉, 관찰된 상호작용에 대한 신뢰할 만한 설명은 무엇인가?

Eisenhart는 학생이 LLI에 기여하는 것은 LLI 연구 팀에게도 위와 같은 연구 문제에 대한 잠정적 답을 제공하는 것이라는 점을 강조하였다. 위 세 가지 연구 문제를 중심으로 첫 학기 읽기 자료, 교실 토론 그리고 관찰, 면담 및 분석에 대한 과제―질적 연구 방법 연속 강좌에서 강조되는 주요 연구 기술(연구 '기술' 부분에서 상세하게 설명됨)—를 구성하였다. 학생들의 관찰, 면담, 분석 그리고 첫 학기 현장 노트와 전사물을 바탕으로 한 글쓰기는 위의 세 가지 연구 문제에 대한 답을 얻을 수 있도록 지도되었다.

Eisenhart의 연구 문제는 학생들이 지역의 상호작용에 관심을 두고 그 상호작용을 사회적, 문화적 의미에서 해석하도록 격려하였다. 그녀는 연구 문제의 유형과 초점, 문제 해결 내용 등은 다음 학기의 프로젝트에서 학생들이 해결해야 할 연구 문제의 유형에 대한 길잡이가 될 것이라 기대하였다. 대부분 연구 주제의 주요한 범위를 포함하고 있지만, 다음 학기에 학생들은 참여자의 사회적 경험과 이런 경험들이 그들의 일상 삶의 상호작용적, 사회적, 문화적, 개인적 차원에서 어떻게 억제되고 또 가능해지는가와 관련한 연구 문제를 제기하였다. 예를 들면, 다음과 같은 연구 문제들이 학생들이 제기한 연구 문제의 일부로 포함된다. "아프리카계 미국인 5학년과 멕시코계 미국인 5학년 아동은 인종에 대하여 어떻게 지각하고 있는가?", "놀이터에서의 남녀 아동의 인종 간 상호작용의 양상은 무엇인가?", "줄넘기 노래(jump rope song) 가사를 통해 줄넘기 놀이 하는 아동에게 전달되는 의미나 메시지는 무엇인가?", "놀이터에서의 아동의 정체성 형성에 영향을 미치는 것은 무엇인가?", "문화자본의 획득과 가치화 과정에서 가정과 학교는 서로 독립적 영역인가?" 이와 같은 일차적 질문에 대한 하위 질문들을 가지고 학생들은 운동장에서의 아동의 상호작용의 패턴과 변수를 조사하고 파악할 수 있다.

질적 연구 관련 의사소통 활동.   학생들이 자신의 연구를 타인과 공유할 수 있도록 하기 위해 Eisenhart와 Jurow 교수는 모두 학생들이 질적 연구에 대한 대화와 글쓰기를 할 수 있는 기회를 만들었다. Lave와 Wenger(1991)는 실천 공동체의 초보자들을 위한 "목적은 대화를 통해 배우는 것이 아니라 … 대화하기를 배우는 것이다."라고 강조하고 있다(pp. 108-109).

우리가 지도하는 강좌에서는 소규모 강연, 연구 수행에 대한 수업시간 토론 등의 형태로 질적 연구 방법에 대한 대화가 빈번하게 이루어졌다. 두 강좌 모두에서 학생들은 단행본 두께의 문화기술 연구를 읽고, 토론하고, 또 비평도 하였다. 첫 학기에 Eisenhart는 수업을 크게 두 부분으로 나누고, 각 부분별로 역시 학생을 두 그룹으로 나누어 각 그룹별 다른 필독서를 읽게 하여, 한 학기 동안 주요 필독자료를 두 번 읽도록 하였다. 두 그룹의 학생들은 전반부 수업에서는 각 그룹별로 질적 연구 방법 관련 필독서를 읽고(Agar, 1996 혹은 Carspecken, 1996), 후반부에서는 문화기술 연구 관련 필독자료를 읽었다(Lareau, 2003, 혹은 Carter, 2005). 학생들은 두 권 중 자기 그룹이 읽어야 할 교재에 포함된 주요 아이디어를 주어진 학습 문제를 중심으로 수업시간에 다른 그룹의 학생들에게 설명할 수 있도록 준비하였다. 읽은 책에 대한 핵심 주제 파악 및 비평 위주의 토론은 박사과정 학생들이 수강하는 대부분의 과목에서 주로 하는 주요 활동이다. 이런 활동은 대화를 위해 필요한 공유된 언어 발달을 위해서는 매우 가치 있는 대화의 형태이지만, 그렇다고 해서 학생들이 질적 연구 활동을 논의하고 정당화하는 자신들의 전략을 직접적으로 시도하는 것은 아니다.

두 교수는 또한 학생들이 질적 연구자로서 대화와 글쓰기를 연습할 수 있는 기회를 만들었다. 첫 학기말에 학생들은 Eisenhart 교수가 제시한 연구 문제에 대한 연구 보고서를 작성하였으며, 이 보고서는 LLI 연구원에게 보내졌다. 2학기 말 즈음에 학생들로 하여금 학내 포스터 세션에서 연구 보고서를 발표하도록 하였다. 포스터 세션이 있기 전에 학생들은 포스터 세션 준비를 위해 자신들의 연구에 대해 간단한 보고서를 작성하고 구술 설명을 하도록 하였다. 그들은 가장 흥미로운 연구 결과, 연구 결과로 중요한 점, 그리고 아직 해결되지 않은 문제와 의문점 등을 검토하였다. 포스터 세션에서 자신들의 연구에 대해 구두로 설명함으로써 학내 전체 공동체에겐 학생들이 질적 연구자로 여겨졌다.

Jurow 교수의 2학기 강좌에서 학생들의 기말 과제

논문은 서론, 개념적 틀, 이론적 배경, 연구 방법, 연구 결과, 논의 및 결론 등 질적 연구 출판의 표준체제에 따라 작성하도록 하였다. Jurow 교수는 학생들이 학술대회에서 논문을 발표하고 학술연구지에 논문을 게재할 것을 격려하고 수정하도록 하였다. 결과적으로 6명의 학생들이 충고를 받아들여 2008년도 미국교육연구학회(American Educational Research Association: AERA) 심포지엄에서 논문을 발표하였다.

이런 질적 연구 결과를 공유하고 함께 대화를 하는 다양한 실제적인 기회들이 강좌에서 의도적인 활동으로 계획되었다. 학생들은 질적 연구(본인 및 타인의 것)에 대해 토론하고 평가하기 위해, 그리고 자신들 스스로가 질적 연구자로서 필요한 공통언어를 발전시켰다. 학생들은 또한 질적 연구를 통해 얻은 결과에 대한 이야기, 패턴, 시사점 등을 동료 학생과 교수자를 넘어 다른 청중들과 공유한다는 기대감을 갖게 되었다.

사회문화적 비교 활동. LLI는 학생들이 연구 현장 내부의 정보와 연구 현장 간의 정보를 비교할 수 있도록 학생들의 연구 경험을 조직하는 것을 허용하였다. 2006~2007학년도 그리고 2007~2008학년도 1학기 박사과정 핵심과목에서 학생들(각 과목당 12명)은 4명씩 세 모둠으로 나뉘었다. 각 모둠별로 오래된 운동장이 있는 한 학교, 신축 운동장이 있는 학교, 비교적 새로운 운동장이 있는 학교 등 3개 학교씩 연구를 위해 할당되었다. 각 학생들은 개별적으로 3개 학교에 대한 6개의 현장 관찰 노트를 작성해야 하며 따라서 각 모둠별로 24개의 현장 관찰 노트를 제출하였다. 학교 운동장 관찰을 통해 파악한 사회문화적 패턴을 설명하는 연구 보고서를 작성하기 위해서 학생들은 세 학교로부터 수집한 자료를 함께 조직하고, 분석하고, 해석하는 등의 공동 작업을 할 필요가 있었다. 또한 연구 과정 및 발견한 연구 결과를 교실 수업에서 논의할 때, 학생들은 자신과 다른 현장에서 연구한 학생들의 연구 결과와 해석을 고려하도록 하였다.

2학기에 학생들은 연구 주제를 선택할 때 연구 현장

다른 곳을 선택하여 비교할 기회를 갖는다. 이때 학생들은 더 이상 협력적 현장 연구의 의무가 없음에도 불구하고 대부분의 학생들은 협력 연구를 수행하였다.[5] Jurow 교수는 학생들이 여러 운동장에서 서로 유사한 쟁점에 직면하면서 공부하게 된다는 사실을 이용하여 교실활동을 계획하였다. Jurow 교수는 학생들로 하여금 이미 교실에서 논의된 질적 연구 평가 표준을 활용하여 서로의 분석활동을 코멘트하도록 하였다. 그녀는 서로의 초기 주장에 대해 비슷하게 코멘트를 하는 학생들끼리 의도적으로 짝 혹은 그룹을 구성하였다. 그런 다음, 다른 학생들이 수집한 자료를 바탕으로, 혹은 다른 학생들이 사용한 개념적 틀을 적용하여 자신들의 해석을 다시 검토하도록 하였다. 이런 수업 활동의 목적은 학생들이 여러 운동장에서 나타나는 현상들을 보다 깊이 이해하도록 돕는 것이며, 또한 동료 학생의 사회문화적 패턴 분석을 비판적 구성주의적 관점에서 검토할 수 있도록 촉진하는 것이다.

다양한 운동장에 대한 LLI 그룹 연구 프로젝트를 통해 우리는 질적 연구에서 사회문화적인 비교 활동의 가치를 강조할 수 있었다. 예를 들면, 학생들은 다음과 같은 것에 대하여 신중하게 생각할 수 있었다. 즉 다양성에 대한 서로 다른 학교의 관점과 정책이 아동의 인종 간 상호작용에 어떤 영향을 미치는가? 구조가 여유로운 운동장과 정교한 구조의 운동장이 아동의 놀이 및 게임 방식과 함께하는 놀이 대상에 미치는 영향은 어떠한가? 아동들 간에 갈등이나 불만이 발생할 때 동료 중재자가 있을 때와 없을 때 그 해결 방법이 어떻게 다른가? 학생 각자가 스스로 연구 장소를 선택하여 개별적인 연구를 수행했던 몇 년 전의 학생들의 경우에는 이와 같은 비교 활동이 상당히 제한적이었다. LLI 그룹 연구 프로젝트 상황에서 학생들은 연구 문제 해결 및 과제 수행을 위해서 자신이 선택한 연구 현장과 자신이 수집한 자료 그 이상의 것을 찾아야만 하였다. 우리는 또한 학생들이 서로 다른 학생들의 연구 활동을 알게 되면서 협력이 빈번하게 유기적으로 발생한다는 것을 알게 되었다.

질적 연구 기술

앞서 언급한 세 가지 주요 활동의 맥락에서 우리는 학생들에게 읽기 과제를 제시하고, 교실에서 토론 활동을 하였으며, 또한 질적 연구 수행에 필요(충분하지는 않지만)하다고 생각되는 특정한 기술을 학생들이 개발하도록 과제를 주었다. 우리는 현장 노트 작성, 면담 수행, 수집한 자료 부호화, 내러티브 및 재구성에 의한 자료 해석 등 비교적 비개입적 방법을 통해 학생들이 자료를 수집하는 데 중점을 두었다. 학생들은 LLI 프로젝트 맥락에서 연구 문제(처음엔 Eisenhart가 제시한 문제, 나중에 자신들이 선택한 문제) 해결을 위해 스스로 자료를 수집하면서 이런 기술을 연습하였다.

첫 학기에 학생들은 관찰 기술 및 현장 노트 작성 기술을 중점적으로 연습하였다. 학생들은 처음에 개방형 관찰부터 시작하여 포커스 관찰, 구조화된 관찰(각 학습자는 최소 여섯 번의 관찰을 실시하였음)을 실시하였다. 학생들은 각 관찰 유형별로 작성한 현장 노트를 제출하고 기록의 상세한 정도, 구체성의 수준, 연구 문제 해결에 대한 기여도 등의 측면에서 피드백을 받았다.

자신이 작성한 현장 노트와 두 명의 다른 학생이 각기 작성한 운동장 관찰 현장 노트(세 곳의 운동장에서 관찰한 총 24개의 현장 관찰 노트)를 활용하여 팀별로 학생들은 자료 분석을 시작하였다. Eisenhart는 학생들에게 Spradley(1979, 1980)의 범주별 부호화 방법과 Carspecken(1996)의 재구성적 분석법 등 두 가지 자료 수집 방법을 소개하였다. Spradley의 방법을 소개한 후 Eisenhart 교수는 학생들로 하여금 연구 문제를 기반으로 부호화 체계(예, 상호작용 유형, 성 차이를 나타내는 방법 등)를 작성하도록 하고, 수집된 자료 분석을 하면서 부호를 추가하도록 하였다. 이에 따라 각 팀은 먼저 자신들의 부호화 체계를 만들어 관찰 자료에 적용하고 이에 대해 교수로부터 피드백을 받았다.

이렇게 부호화를 진행하면서 Eisenhart 교수는 패턴 해석을 독려할 목적으로 Carspecken(1996)의 '재구성적 분석'에 대한 읽기자료를 활용하였다. Carspecken의 분석적 접근은 상호작용에서 의미 영역, 이를테면,

어떤 행위자가 상호작용을 하기 위해 나타낼 수 있는 모든 가능한 의미를 파악하는 데, 그리고 의미 영역의 실질로서 의미의 사회적, 역사적 지평을 검토하는 데 그 초점을 두고 있다. 예를 들면, 어떤 운동장에서 한 소녀가 한 소년을 때리는 것과 같은 상호작용 관계에서 분석자는 이런 형태의 상호작용이 두 행위자 모두에게 무엇을 의미하는가를 심사숙고하여 의미 영역을 파악하게 된다. 소녀의 입장에서 볼 때, 소년을 좋아한다는 의미로 애정의 표시로 그를 칠 수도 있고, 아니면 소년이 미워서 싫어한다는 의미에서 그를 때릴 수도 있다. 한편 소년의 입장에서 볼 때, 소녀가 그를 좋아해서 그의 관심을 끌고 싶다는 의미로 볼 수도 있으며, 혹은 소녀가 그에게 화가 나서 그런 행동을 했다고 볼 수도 있을 것이다. 일단 특징적 의미 영역들이 파악되고 나면, 분석자는 영역들을 함께 묶기 위한 논리나 내러티브를 검토한다(이런 상호작용/의미 영역은 이 지역사회 남녀 아동 관계에서 볼 수 있는 사회적 규범을 나타내는가 아니면 뭔가 새롭고 다른 의미를 나타내는가? 이런 상호작용/의미 영역은 역사적으로 이어져오는 성 관련성을 보여주는가 아니면 새롭고 다른 의미를 나타내는가?). 다중적 상호작용 관찰 및 활동 장면에 함께 했던 다른 참여자들에게 주는 잠재적 의미를 체계적으로 고려하는 이런 접근법은 분석자가 어떤 상호작용 혹은 의미 영역이 활동 논리를 가장 잘 설명해 주는가를 파악하는 데 도움이 된다. Carspecken의 접근법을 활용하는 의도는 학생들의 관찰을 사회문화적으로 훌륭하게 분석할 수 있도록 구체적인 방법을 알려주기 위함이다.

학생들의 관심과 그들의 연구 현장 참여를 통한 첫 학기 학습을 기반으로 다음 학기 강좌에서 학생들은 연구 주제를 직접 선택하여 연구를 수행하도록 하였다. 학생들의 관심분야에 대한 문헌 탐색을 돕기 위해 Eisenhart 교수는 학생들에게 각자 적합하다고 생각하는 10개의 자료를 탐색하여 읽고 각각에 대한 간략한 주석 노트를 학습 토론 게시판에 붙여 모든 학생들과 공유하도록 하였다. 2학기 수업에서 연구 계획서

를 위한 개념적 틀 혹은 이론적 배경을 작성할 때, 학생들은 1학기에 작성한 문헌 주석 목록에서 자신들의 연구 관심에 적합한 3~4개의 일차 자료를 선택해서 자신의 연구를 위한 기초 개념 및 이론적 배경을 제시하도록 하였다.[6]

그 다음 학생들은 이렇게 구성한 이론적 배경과 개념 틀, 연구 문제, 연구 방법을 보다 명료화하여 각자의 연구 계획서를 작성하였다.

따라서 2학기가 되면 학생들은 질적 연구에 대한 기본적인 지식과 자료 수집 및 분석 전략 그리고 자신의 연구 주제에 대한 사전 연구 준비가 어느 정도 이루어진 상태에서 수업을 시작하게 된다. 첫 학기 수업에서와 같이, 학생들은 자신의 연구 현장에서 관찰 활동을 수행하면서 연구를 시작하였다. 이 과정에서 학생들은 지역 맥락에서 발생하는 상황뿐만 아니라 첫 학기 이후 (만약 연구 현장이 동일하다면) 변화된 점이 무엇인가를 감지하게 되거나 또는 이 연구 현장이 첫 학기에 공부한 현장과 어떻게 다른가를 파악하게 되었다. 이렇게 안내된 정보를 가지고 학생들은 필요하다면 자신들의 연구 문제를 재조명하여, 문제를 밝혀주거나 관찰이 더 필요할 수도 있는 현장 참여자들과의 일차 면담을 완료하게 된다.

2학기에 학생들은 자신의 연구 주제를 바꾸거나 수정할 수도 있었다. 이에 따라 다른 인종 아동 간의 상호작용에 관심을 두고 연구하던 한 학생은 2학기에 연구 현장을 바꾸어 다른 인종별 아동 수가 훨씬 많은 학교에서 연구를 수행할 수 있었다. 새 연구 현장에서 이 학생은 아동들은 자신이 '인종 관련 민감한 언어'로 기술한 것과 같은 언어를 사용하고 있음을 금방 알게 되었다. 이처럼 아동의 언어 사용에 대한 이 학생의 호기심은 운동장에서의 아동의 상호작용에만 초점을 두었던 초기의 연구 주제를 확장하여 학교에서 운영하는 인성 교육 프로그램에의 아동 참여 분석을 포함하였다. 또 다른 경우는 특정 연구 주제를 가지고 첫 학기를 마친 학생들이 2학기에 들어 연구 현장에서의 자신들의 연구 활동이 너무 개인적, 이론적, 혹은 억지스런 면이

많음을 알게 되면서 기존의 연구 문제를 모두 새로운 것으로 수정하였다. 예를 들면, 2명으로 구성된 한 연구팀의 초기 관심은 운동장에서 노는 아동의 상호작용 규칙을 규명하는 것이었으나 줄넘기놀이 가사를 통해 전달되는 성 규범 및 로맨틱 관계에 대한 메시지 연구로 변경하였다. 연구 주제의 수정을 통해 학생들은 포괄적인 연구 주제를 보다 구체적인 연구 주제로 압축할 수 있었고 더 구체적이고 풍부한 자료 수집이 가능하였다. 실제적인 질적 연구 실습이란 의미에서 학생들이 연구 조사를 경직된 관점에서가 아니라 자신들의 관심, 현장 실습에서 학습한 것, 유용한 자료 수집을 위한 자신들의 노력 등에 반응적인 자세로 조망하도록 하였다.

2학기에 학생들은 약 8주간의 현장 노트 활동에 참여하였다. 이 기간 동안 학생들은 또한 교실 토론 및 현장 노트를 위한 글쓰기, 면담 관찰 기록안 설계, 면담 수행, 연구 참여자와의 상호작용과 관련된 기술 향상을 위해 교실 활동에 참여하였다.

첫 학기의 자료 분석 경험을 기반으로 2학기가 되면 학생들은 더욱 다양한 질적 자료 분석 방법들을 배우게 된다. 강좌의 모든 읽기 자료는 귀납적 접근을 강조하지만, 수집된 자료에 의미를 부여하는 일련의 대안적 기술들(예, 근거 이론, 주제 분석 등)을 학생들에게 제공하기 위해 신중하게 선택되었다. 학생들은 자료 분석 방법에 대한 자료를 읽으면서, 자신들이 수집한 자료를 새롭게 이해한 점들을 기록하였다. 질적 연구 방법에 대한 해석적 접근에 이어 학생들의 글쓰기는 아동의 의미 체계 내에서 행동에 대한 아동의 해석을 이해하는 데 초점을 두었다. 2학기 강좌에서는, 예를 들면, 자료 수집을 하면서 작성하는 간단한 메모, 포스터의 초안 및 최종안 작성, 그리고 학기말 보고서의 개략적 초안 및 최종 보고서 작성 등과 같은 여러 개의 분석적 글쓰기 과제가 학생들에게 주어졌다. 학생들의 새로운 분석과 글쓰기는 Jurow 교수의 피드백은 물론 동료 학생들끼리 서로 비평을 주고 받으며, 또한 전 학내의 포스터 세션에서 교수 및 학생들의 피드백도 받았다. 이런 반복적인 피드백과 비평의 과정을 통해 학생들은 때론 본래

연구 구성 방법을 재고하거나, 추가적인 개념 도구의 필요성을 느끼거나 연구 주제를 세밀하게 다듬기도 하였다.

분석, 글쓰기, 결과 발표를 위한 학생들의 접근방법은 교육에서의 질적 연구 공유를 위한 전문성 표준에 기반하여 개발되었다. 학생들은 미국교육연구학회(AERA)의 2006년도 실증 연구 보고서 표준이 포함된 교재를 읽었으며, 교실 수업에서 연구 논문과 문화기술 연구 보고서를 검토하면서 그 교재를 다시 인용하기도 하였다. Jurow 교수와 학생들은 개념적 구성, 연구 설계, 자료 해석 간의 연관성, 텍스트에 표현된 증거의 적절성, 연구 결과의 타당성 등과 같은 쟁점들에 대한 비판적 토론과 근거 기반 토론에서 그 표준을 활용하였다. Jurow 교수는 다른 학생 및 자신의 연구 포스터와 논문을 평가할 때 공통적 평가 틀로서 미국교육연구학회의 평가 표준을 활용하도록 격려하였다. 이런 방법으로 수업시간에 질적 연구의 장단점에 대해 토론하기 위해 공통 언어를 개발하였다.

요약하자면, 우리가 가르치는 강좌를 통해 학생들은 참여 관찰, 면담, 해석, 분석적 글쓰기에 필요한 기술을 습득하고 이를 실제로 연습해볼 수 있도록 하였다. 비록 수업은 질적 연구에 필요한 기본 기술에 초점을 두고 있지만, 사회적 실천 이론에 충실한 우리의 수업에 비추어보면, 학생들은 LLI 그룹 프로젝트에 참여함으로써 그 이상의 것을 학습하게 됨을 믿게 되었다. 또한 실제로도 그랬다. 학생들은 연구 현장에서 아동의 안전 및 권리 보장과 관련된 윤리적 문제들에 직면해서 연구 문제를 수집된 자료에 입각해서 수정할 필요가 있었으며, 또한 아동을 단순한 연구 대상으로 보기보다는 적극적인 참여자로 인식하게 되었으며 자신들의 연구 역할을 바꾸기도 하였다. 학생들의 연구에 이와 같은 문제들이 발생할 때, 교실에서 학생들과 함께 토론하고 관련된 문헌 자료를 탐독하며, 학생들이 실제 연구 맥락에서 이런 문제를 처리할 수 있는 기술을 개발할 수 있도록 도와주었다.

질적 연구를 위한 자질

우리가 구성한 특정 활동과 지도했던 기술들에 더하여, 우리는 학생들이 특정한 자질을 함양할 수 있기를 원했는데, 말하자면 어떻게 질적 연구를 할 것인가를 계발하는 것이었다. 우리가 격려하고 싶은 분명한 한 가지 자질은 신중하고 체계적인 질적 연구에 충실한 것이었다. 우리가 전통적 질적 연구 기술, 설계, 계열화에 구체적으로 주목했던 것도 바로 이런 목적이 있었기 때문이다. 그러나 이것이 우리가 학생들이 함양하길 기대했던 유일한 것은 아니다. 학생들은 또한 연구 참여자가 관심을 두고 있는 것, 그리고 그들의 행동이 의미하는 것—연구자(그리고 다른 사회적 정체성들)로서의 입장과 개인의 주관성에 대한 성찰적 자세(연구 문제, 설계, 결과에 미치는 영향 등을 포함하여), 연구 수행에서의 윤리적 행동 등—에 대한 새로운 통찰이 가능한 개방적이고 융통성 있는 탐구에 충실할 것을 기대하였다.

우리는 개방성과 융통성을 길러주기 위해서 여러 가지 전략을 활용하였다. Eisenhart는 '여기서 무슨 일이 일어나고 있는가'와 같은 일반적 가이드라인에서 관찰을 시작하여 점점 구조적 관찰로 진행하면서 지도하였다. 그녀는 Carspecken(1996)처럼 재구성이란 여러 가능한 해석을 파악, 검토한 후 최종적인 해석을 결정하고 정당화하는 하나의 과정으로 제시하였다. 학생들이 2학기에 자신들의 연구를 시작할 때, Jurow 교수는 학생들에게 연구 현장에서 무엇을 할 것인가를 안내하기 위해 스크립트 사용을 반대한 반면, 연구 계획서를 중요한 자료로 생각할 것을 강조하였다. 그녀는 학생들이 처음 몇 번은 연구 계획서 없이 연구 현장을 방문하도록 하여 현재 그 곳에서 일어나고 있는 상황에 익숙할 수 있도록 했으며 또한 그로 인해 자신들의 연구 계획이 어떻게 영향을 받는가를 알 수 있도록 하였다. 이처럼 초기의 관찰을 통해 학생들은 연구 문제나 자료 수집 전략을 재조정하거나 때론 완전히 새롭게 바꾸게 되는 경우가 전형적으로 나타났다. 앞서 언급된 사례에서와 같이 첫 학기 현장연구 활동 기간 동안 학생들은 둘씩 짝을 지어 사방놀이를 하는 남녀 아동을 정기적으로 관찰하였던 학생들이 2학기에 다양한 복합적 성별 상호작용을 발견하지 못하였다. 그 결과 학생들은 성차에 초점을 두었던 그들의 연구 문제 하나를 아동들이 어떻게 규칙과 협상하게 되는가에 초점을 둔 문제로 수정하였다. 아동들이 무엇을 하는가라는 물음을 놓고 볼 때 이것이 더 적절한 연구 문제였으며, 이에 따라 학생들은 연구를 위한 개념적 틀, 연구 문제, 그리고 관찰과 면담의 목적 등을 다시 생각해야만 하였다.

2학기 수업에서 학생들은 또한 Erickson(1986)의 책에서 탐구의 자연사 개념이 소개된 장을 탐독하였다. 탐구의 자연사 방법이 가정하는 바는 질적 연구는 계속 변화하므로 처음엔 아무도 예견할 수 없으며, 이런 변화로 인해 연구자는 현재 연구 중인 주제에 대하여 새로운 것을 알게 된다는 것이다. 이런 개념을 이해하기 위해 학생들로 하여금 연구자 자신의 연구의 발전과정, 초기 자료 분석, 참여자와의 관계, 특정 연구 현장에 접근하기 위한 도전, 시간 및 재정적 한계, 연구 목적의 수정 등에 따라 예상치 않은 방향으로의 탐구가 어떻게 발전되었는가를 기술한 질적 연구물(예, Whyte의 1955년도 책『Street Corner Society』)을 읽도록 하였다.

1학기와 2학기 동안 학생들이 수업을 통해 습득한 지식과 경험이 자신들의 연구 프로젝트 과정에 어떤 영향을 주고 있는가에 주목하도록 하였다. 실험 및 조사 연구 경험이 있는 한 학생은 운동장에서 놀이하는 아동들과 자신이 서로 상호작용을 하게 되면 자료의 왜곡이 발생하므로 아동들과의 상호작용은 피해야 한다고 생각하였다. 그러나 몇 주의 수업이 진행되면서 아동들과의 대화와 놀이를 통해서 아동들의 행동과 대처방식에 대해 보다 깊고 풍부한 이해가 가능하다는 것을 깨달았다. 이 학생은 자신의 관심을 적극 받고 싶어하는 아동들과 교류하였고, 그 결과 아동들은 성 사회화의 소극적 대상이 아니라 그들 스스로가 성 주체적 존재로서 의미를 부여하는 적극적 행위자임을 알게 되었다.

연구 참여자의 경험에 대한 반응의 의미와 가치에 대하여 학생들과 터놓고 대화를 하면서 우리는 그러한 반응은 질적 연구자가 가져야 할 바람직한 자질임을 전달하고자 하였다. 우리는 학생들이 연구 수정이 예상치 않게 이루어졌던 점이 잘 드러난 질적 연구물을 읽을 때, 이는 창피스런 연습이나 실재가 아니라는 점을 강조하였다. 또한 학생들이 연구 프로젝트를 제조정할 필요가 있을 때, 우리는 바로 이때를 연구 프로젝트의 개념화, 자료 수집 방법, 자료 분석 방법 등을 어떻게 적절하게 수정할 것인가를 논의하는 필요한 순간으로 활용하였다.

우리는 학생들이 성찰적 자세를 함양할 수 있도록 학생들의 현장 경험에 대한 이야기를 교실에서 그리고 글쓰기를 통해 공유할 수 있는 기회를 만들었고 그렇게 함으로써 학생들이 자신들의 연구를 윤리적, 사회적, 개인적 측면에서 신중하게 생각할 수 있도록 하였다. 몇몇 전직 교사들에 의하면, 그들은 운동장에서 다른 아동에게 난폭하게 구는 아동을 소극적으로 지켜보기만 하는 것이 매우 힘들었다고 한다. 이 경우 교사들이 개입해야 하는가? 그렇다면, 바람직한 개입은 어떤 것이며 또한 바람직하지 않은 개입은 어떤 것인가? 또 다른 교직 경험이 있는 학생들은 이전의 경험으로 인해 자신들의 연구에서 아동들에게 단호하게 적극적 개입을 하고 있음을 발견하였다. 이는 바람직한가, 아닌가? 어떤 학생들은 아동들과의 교류로 인해 자료가 왜곡될 수 있음을 고민하는가 하면, 그 반대로 다른 학생들은 아동과의 교류가 없으면 자료가 어떻게 왜곡될 것인가를 고민하였다. 한 사례에서는 연구자로서 한 학생이 학교에서 범죄 행위의 가능성을 감지하였다. 이 경우 그들은 어떻게 해야 하는가? 그들은 이 주장을 보고해야 하는가, 아니면 정보원을 보호해야 하는가? 누가 어떤 피해를 받게 될 것인가? 이 학교에서 질적 연구 수행을 지속하는 것이 윤리적인가? 이런 정보를 계속 사용하는 것이 윤리적인가? 학교에서 연구 수행을 계속할 수 없거나 자료를 활용할 수 없다면 학생들이 수강하는 과목의 과제를 어떻게 끝낼 수 있는가?

이와 같은 전문적, 윤리적, 개인적 쟁점들이 읽기, 교실내 글쓰기, 전체 토론시간을 통해 학기 내내 지속적으로 탐색되었다. Jurow 교수는 워크숍 형태로 매 수업에서 두 명의 학생에게 연구 과정에서 직면했던 문제나 의문사항에 대해 말할 기회를 주었다. 학생들은 그들이 겪었던 어려움, 이로 인해 현장에서의 자신들의 관계, 자료 수집 및 분석 방법, 자기 연구의 의미에 대한 견해에 미친 영향 등에 대하여 이야기하였다. 이런 토론 시간은 학생들에게 여성, 남성, 다양한 문화적 공동체의 구성원 등의 입장에서 각각 그 가치와 경험과 책임에 대하여 검토해보는 기회가 되었다. 학생들로 하여금 자신들의 주관성과 그들이 묻고 있는 질문의 이유, 탐구하고자 하는 관점, 이수해야 할 강좌의 과제로서가 아닌 그 이상으로서의 연구 목적 등에 대하여 성찰하도록 하였다. 주관성이란 자기 개인적 목적이 아니라, 질적 연구 수행의 일부분으로 탐색되었다.

요약

Lave와 Wenger가 강조한 바와 같이, 우리의 연구 교수법은 경험이 없는 초보자가 실제 연구 활동에 직면하여 참여할 것을 강조하였다. 즉 의미 있는 질적 탐구의 자질 향상을 기대하면서 실세계에서 진행되고 있는 연구 프로젝트(동시에 교실 활동을 수행하면서)에 기여할 목적으로 연구 현장 참여 활동을 강조하였다. 우리가 시도한 교수방법들은 학생들이 자료 수집, 분석, 글쓰기, 발표 등의 전통적인 질적 연구 기술을 접하고 이를 직접 활용할 수 있도록, 그리고 질적 연구의 감각이 발달될 수 있도록 의도하에 결정되었다.

수업에 대한 학생들의 반응

비록 수업에 대한 학생들의 반응에 대해 체계적으로 자료 수집을 한 것은 아니지만, 수업을 통해 학생들의 학습 향상에 대한 여러 가지 증거를 확보할 수 있었다(보다 상세한 것은 출간 준비 중에 있는 Jurow와 Eisenhart의 책 참고). 일반적으로 대부분의 학생들은 읽기 자료를 모두 잘 탐독하였고, 교실 토론시간에 참여하였으며, 자신들의 연구 프로젝트 계획 및 수행을 위한 가이드라인을 잘 준수하였다. 또한 줄곧 학생들은 많은 질문과 고려사항을 제기하였는데 특히 LLI 프로젝트와 관련한 질문과 고려사항이 많았다. 어떤 학생들은 운동장에서 자신의 연구를 위해 많은 시간을 할애하기를 원치 않았다. 그들은 관찰을 시작하면, 아동들이 무슨 말을 하는지 들을 수도 이해할 수도 없었기 때문에 모든 것을 다 기록할 수도, 무슨 일이 일어나고 있는지를 파악할 수도 없음을 걱정하였다. 관찰 자료가 수집되면서 학생들은 일차적 자료 분석을 시작하였고, 자신들이 기록한 현장 노트에 특별히 흥미로운 내용이 없다는 점을 알고는 교수자들이 현장 노트를 적절하게 작성하는 방법을 분명히 알려주지 않았다고 걱정하였다. 우리는 학생들이 주어진 과제를 수행할 때 이런 점들을 신중하게 검토하였다.

모든 학생들은 질적 연구 관련 실습에 참여하여 최선을 다하였다. 실습에는 연구 주제 발굴하기, 자료 수집 및 분석하기, 글쓰기, 결과 발표하기, 협력적 연구하기, 그리고 질적 연구 대화 활용하기 등에 대한 연구자의 책무성 익히기 등이 포함되었다. 학생들이 점차 질적 연구에 익숙해지면서 그들은 또한 연구 진행이 진퇴양난에 처하는 어려움에 직면하기도 하였다. 일부 난처한 경우는 질적 연구 특성상 기인하는 것이었으나, 대부분의 경우는 강좌 구성 및 조직에 따른 시간 제약이 문제였다. 특히 자료 분석과 해석이 그들에겐 가장 큰 도전이었다(Keen, 1996 참고). 학기 내에 학생들이 자료 분석과 해석 전략을 충분히 습득할 수 있도록 지도하기엔 시간이 부족하였으며, 질적 연구에 사용되는 개념적 틀, 그리고 질적 분석과 해석 기술 및 전통에 대한 학생들의 경험 부족을 극복할 수 있도록 충분히 노력하지 못하였다.

학생들의 반응이 시사하는 점은 질적 연구 연속 강좌를 수강함으로써 학생들은 질적 연구자가 갖추어야 할 자질과 기술을 인식할 수 있었다는 것이다. 또한 학생들은 우리 강좌에서 강조하였던 질적 연구에 대한 대화를 활용하는 능력을 보여주었으며, 다양한 학습 경로의 가능성도 보여주었다. 어떤 학생들은 학기가 끝나기 전에 자신들을 이미 질적 연구자로 생각하기 시작하였다. 한편, 더 많은 경험과 책임감이 필요한 학생들도 있었다. 재미있는 점은 우리의 질적 연구 교수법 맥락에서 학생들이 했던 모든 것 가운데, 그들은 질적 연구자의 주요 자질을 자료 분석능력으로 정의하였는데, 자료 분석은 학생들이 가장 힘들어했던 활동이며 이를 위해 보다 충분한 시간이 필요하다고 생각했던 활동이다.

43.3 결론

우리가 시도했던 질적 연구 교수법은 물론 취할 수 있는 여러 교수법 중의 하나이다. 우리가 지도했던 강좌들은 대부분의 경우 연구 경험이 부족한 대학원 학생들이 이수해야 하는 대학원의 필수과목이란 점에서 제약이 있었다. 우리가 지도했던 강좌들은 또한 전공과 관계없이 연구 방법 입문 훈련을 위해 사범대학의 모든 대학원 신입생들이 함께 이수해야 하는 핵심 교육과정의 필요에 따라 운영되었다는 점에서 한계가 있었다. 또한 학습자가 자신의 연구 주제와 연구 현장을 개별적으로 선택하였던 이전의 교실주도 연구에 대한 실망으로 인해 사회 실제 이론을 반영한 연구 지도를 하였다는 점에서도 이론적 한계가 있었다.

수업 맥락에서 적용한 교수적 접근은 두 연속 강좌의 많은 부분을 학생들이 기여하는 실제 연구 프로젝트를 중심으로 조직하였다. 이렇게 함으로써 질적 연구의 관찰, 참여, 면담, 협동, 분석, 해석, 글쓰기, 결과 발표 등을 위한 전략과 기법 등을 소개하고 현장에서 연습하고 다시 교실에서 토론하는 일련의 반복적 교수 방식을 취할 수 있었다. 또한 그렇게 함으로써 1, 2학기 동안 전체 학급의 학생들은 질적 연구의 모든 과정을 경험하면서 발전해나갈 수 있었다. 강좌는 또한 질적 연구 현장들 간의 비교와 협동의 중요성을 강조하였으며, 두 개 대학의 교수진과 학생들, 도시지역의 9개 학교의 교

사, 행정가, 학생, 학부모들을 포함하는 연구자 공동체를 형성하여 지식, 언어, 경험 등을 공유하였다.

그러나 강좌를 통해 하지 않은 것들도 있었다. 우리는 모든 종류의 질적 연구 방법(예, 사례 연구, 문화기술 연구, 근거 이론 등)을 체계적으로 소개하지 않았다. 우리는 실천주의적 질적 연구 방법(예, 비판적 행동, 인종차별 반대 행동, 참여적 행동 등)을 필수적으로 장려하지는 않았다. 우리는 학습자들이 원하면 질적 연구 자료 분석 소프트웨어를 개별적으로 배우도록 하였다. 희망컨대 학생들은 이런 것을 할 수 있고 또 추가할 수 있는 기반을 개발하였다.

우리는 또한 수업시간에 학생들의 학습 정도를 최대한 파악하려 하지 않았다. 대신 우리는 학습자의 학습에 대한 정보를 수집하기 위해 교수자의 수업일지, 학생들의 성찰일지, 학습과제 평가, 각 강좌 학기말 학생대상 설문지, 강좌 완료 후 실시한 포커스 그룹 토론(교수자가 참여하지 않은) 등에 대한 자료를 확보하였다. 비록 이 자료들이 유용하더라도 체계적으로 수집되거나 분석되지는 않았다.

『질적 연구 핸드북』에서 다른 논문들보다 가장 주목된 것은 아마도 우리가 질적 연구에 대한 실증주의 대 해석주의, 해석주의 대 구성주의, 혹은 비판적 혹은 포스트모던 입장 등과 같은 인식론적 논쟁에 많은 시간을 할애하지 않았다는 점일 것이다.[7]

분명히 우리가 취했던 교수법 결정들은 연구 실제—학생들이 연구를 계획, 수행, 완료하는 기회, 자신들의 노력을 평가할 수 있는 전문적 표준 파악의 기회—를 강조하였다. 따라서 학생들은 현장 노트 작성, 참여자 면담, 자료 분석, 전통적 경험 연구 보고서 표준에 따라 자신 및 타인의 연구 보고서를 검토하는 등의 전략들을 실습하였다. 이런 의미에서 보면, 우리는 Phillips(2006)의 연속선상에서 "qi" 끝인 극우 쪽에 기울었으며, 아마도 학생들의 인식론적 논쟁—현재 미국 교육 연구에서 가장 두드러진—에의 참여 능력을 양보했다고 볼 수 있다.

다른 한편으로 우리는 또한 질적 연구의 극좌 입장의

쟁점들에도 주목하였다. 우리는 다른 어떤 이유보다도 형평성이란 쟁점에 대한 탐구가 가능했다는 점에서 학생들의 연구 프로젝트를 LLI 그룹 프로젝트 안에서 찾았다. LLI 그룹은 역사적으로 공립학교로부터 충분한 서비스를 받지 못한 인종적, 언어적 소수민족 아동의 삶에 대하여 탐구할 기회를 주었다. 이런 소수민족 아동들이 많이 재학하고 있는 Denver의 공립학교들에서 학생들의 연구를 모색함으로써, 우리는 학생들이 아동들의 삶의 특수성을 인식할 수 있기를 희망하였으며, 교육 연구에 만연한 도시 소수민족 아동에 대한 불리함 사고 모형(deficit models of thinking) 그 이상으로 발전할 수 있기를 원하였다. Eisenhart 교수가 설정한 초기 연구 문제들은 학생들에게 운동장에서 아동의 인종 및 성에 대한 경험과 관련된 쟁점들, 그리고 이런 쟁점들이 연구 현장마다 어떻게 다르게 나타나는가를 탐구하는 구체적 방법을 제시하였다.

선정 자료 탐독, 학생들의 자료 분석에 대한 피드백과 안내, 교실에서의 연습 등을 포함하여 우리가 실시한 교수법 실습의 의도는 학생들에게 체계적인 자료 수집 방법을 가르치고, 관찰된 패턴의 의미에 대하여 토론하고 타당한 주장을 제시할 수 있고 패턴을 비평할 수 있는 능력을 길러주는 것이었다. 예를 들면, 학생들은 Thorne(1993)의 『성역할놀이(Gender Play)』와 Lareau(2003)의 『불평등한 유년기(Unequal Childhoods)』를 읽으면서 성, 인종, 계급구조에 대한 연구자의 분석에 대하여 검토하였으며, 또한 제공된 증거를 기반으로 주장이 이루어지고 있는가, 현 사회 구조에 대한 그들의 비평이 충분하게 이루어지고 있는가와 같은 쟁점에 대해 토론하였다.

우리 학생들은 입학 후 첫 1년 동안에 사회문화적 관점, 페미니즘 이론, 비판적 인종 이론 등을 다루는 교수–학습론 강좌를 동시에 수강하기 때문에 질적 연구 교수법 강좌에서 이와 같은 극좌 경향의 쟁점에 주목하여 지도할 수 있었다. 교수–학습론 강좌에서 학생들은 이런 다양한 관점에서 수행된 연구 보고서를 읽었으며, 이런 다양한 관점들은 다시 학생들이 연구 문제를 설정할 때, 연구목적에 대해 생각할 때, 우리의 연구법 강좌에서 연구자로서의 자신들의 역할을 고려할 때 영향을 주었다. 우리는 이런 강좌 간의 연계성을 환영하였으며 또 적극 활용하였다. 특히 2학기 강좌에서 급진적(avant garde) 이론에 대한 학생들의 관심은 연구자와 연구 참여자 관계, 참여자의 목소리 반영, 연구를 통해 습득한 행동 등의 측면에서 그 이론들의 시사점을 토론할 때 영향을 주었다. 예를 들면, 처음에는 인종별 아동들의 대화 방식 연구에 관심을 두었던 한 연구팀은 운동장에서 노는 아동들과의 상호작용에서 자신들을 수동적 관찰자에서 보다 참여적 지시적인 역할자로 수정하였는데, 이는 바람직한 결정이었다. Jurow 교수는 학생들과 인종에 대한 비판적 견해와 자신의 개인적 경험에 충실함으로써 나타나는 인종에 대한 특정한 옹호적 견해와 아동의 입장에서 이해하고 기록하는 것 사이에서 느끼는 긴장감에 대해서도 이야기하였다. 이 학생들은 나중에 연구 결과를 어떻게 작성해야 할 것인지 그리고 그 타당성을 어떻게 평가할 것인지에 대하여 재고해야만 하였다. 그들은 이와 같은 쟁점과 관련한 변화를 전체 학급에서 토론하였다.

이런 방법으로 우리는 학생들이 자신들의 연구 프로젝트 맥락에서 그리고 자료를 탐독하는 과정에서 떠오르는 객관성, 복잡성, 차이, 해석, 그리고 적법성에 대한 쟁점들에 대해 토론하도록 격려하였다. Lather(2006)와 달리 우리는 이런 쟁점들을 우리 수업의 핵심부분으로 삼지는 않았지만, 이런 쟁점들에 대한 관심 없이는 질적 연구를 가르칠 수 없었다.

또한 극우 입장의 방법이지만 우리가 강조하지 않은 방법들도 있었다. 예를 들면, 학문적으로 질적 연구 발전에 매우 중요한 인류학적, 사회학적 이론에는 큰 관심을 두지 않았다. 교육과정 개정 이전의 질적 연구 과정에서는 박사과정 학생들은 인류학이나 사회학에서 적어도 한 강좌는 필수로 이수하도록 하였다. 학생들은 질적 연구 방법론 혹은 문화기술 연구 방법론을 수강 신청하기 전에 인류학과나 사회학과 개설 과목에서 한 과목을 선택하거나, 또는 사범대학에서 제공하는 인류학과 교육이나 사회학과 교육 과목을 하나 선택하여 선수과목으로 이수해야 하였다. 이런 맥락에서 학생들은 학문기반 사회과학 이론을 학습하고 그 이론에 기초하여 2학기 방법론 과목에서 수행할 연구 계획서를 작성하는 데 한 학기가 소요되었다. 2학기 방법론 과목에서 학생들은 자신들이 선택한 소규모 질적 연구를 수행하였다. 이런 교육과정 배열에서는 질적 연구 계획과 설계를 위한 선수과정으로 사회과학 이론의 위상이 강조되긴 하였으나 학생들이 그 연구를 실제 수행하는 데는 절대적으로 시간이 부족하였다. 그 당시에 우리는 질적 연구 방법에 대한 다른 과목을 개설하지 않았다.

또 다른 것은 다양한 방법을 적용한 연구 설계에 대한 관심 부족이었다. 이 점은 질적 연구자 및 양적 연구자 모두 다양한 연구 방법의 가치를 강조하지만 어떻게 할 것인가에 대해서는 가르쳐주지 않고 있다고 불만을 토로하는 우리 프로그램에 등록한 학생들에게는 특히 주목되는 사항이었다. 이에 대한 우리의 입장은 다양한 연구 방법의 효과적 활용을 위해서 학생들은 먼저 특정 전통이나 설계방법의 장단점을 알아야 한다는 것이다. 만약 우리 프로그램이 다양한 방법(현재 개발 중에 있음)을 다루는 후속 과목을 제공하였다면 이런 우리의 입장은 더 유지될 수 있었을 것이나 우리 프로그램에 심지어 준필수 방법론 과목을 추가하는 데는 많은 저항이 따랐을 것이다.

박사과정 프로그램에서 질적 연구에 대한 과목과 실습은 선택 사항이었음에도 불구하고 학생들은 한때 우리가 가르치는 두 개 과목을 수강하였다. 우리는 학생들이 질적 연구 적용 박사논문을 쓰기 전에 혹은 교수들과 함께 질적 연구 프로젝트에 참여하기 전에 질적 연구 상급 과목을 수강하기를 희망한다. 또한 동료 교수들이 학생들에게 그렇게 조언해 주기를 바란다. 어떤 학생들은 관련 강좌를 더 수강하여 실습 기회를 더 가질 것이다. 그러나 다른 학생들은 보다 풍부한 연구 방법론적 훈련 없이 질적 연구 학위논문을 수행하고 완료할 것이다. 우리의 교수법에서 필수적인 실습 위주의 프로젝트 활동은 학생들에게도 우리에게도 모두 힘든 일이다. 프로젝트 활동을 준비하기 위해 교실 밖에서 몇 시간을 보내야 하며, 활동 요소들을 설계하고, 연구를 수행하며, 개별적으로 피드백을 제공하고, 수정하고, 포스터를 만들고 최종 논문을 작성하여 마지막으로 미국교육연구학회(AERA)에서 발표하는 등의 일들이 그러하다. 그러나 시간이 지남에 따라 학생들의 연구가 발전되고, 연구 경험에 대한 이야기를 들으면서 매우 만족스러웠다. 학생들은 실습, 조언, 비평, 수정의 기회를 가졌다. 그들은 또한 질적 연구에 있어 매우 중요한 쟁점들에 대해서 고심하였다. 예를 들면, 다른 사람의 관점과 가능성이 자신의 것과 다른 경우 어떻게 포용할 것인가, 의미와 맥락을 어떻게 찾아낼 것인가, 연구 설계를 어떻게 하며 또 재고할 것인가, 사회적, 문화적 현상의 복잡성을 어떻게 포착하여 드러낼 것인가, 연구에서 연구자 자신은 어떤 입장을 취할 것인가, 그리고 보다 깊이 있고 폭넓은 연구가 되기 위해 어떻게 협력하고 비교할 것인가 등이다. 이 시점에서 우리는 다른 방법으로 이런 쟁점들을 교수-학습할 수 있을지, 그리고 다른 어떤 교수법적 전략으로 이를 성취할 수 있을지는 모르겠다. 다만 우리는 우리가 추구했던 의도, 성공한 점과 실패한 점 등이 다른 많은 질적 연구자들의 교수 의도, 교수방법, 학생에 대한 연구와 글쓰기에 큰 영감이 되길 바란다.

주석

1. 여기서 교수자들이 방법에 초점을 두고 있다는 말은, 때론 그렇게 가정되기도 하지만, 그들이 연구 방법을 지도할 때 어떤 양식이나 조리법 같은 접근 방법을 가지고 있음을 의미하는 것은 아니다.

2. Lather는 특히 양적 및 질적 연구를 모두 포함한 교육 연구에 대해 얘기하고 있다.

3. Atkinson, Coffey, Delamont(2003)는 "전통적" 혹은 "극단적 보수(Old Guard)" 문화기술자와는 어느 정도 다른 입장을 취하고 있다. 1950~1970년대에 사회학과 인류학에서 수행한 이들의 연구업적은 질적 연구자들이 사용하는 방법론적 접근을 더 명백하게 표명하는 데 기여하였다. 반면, 1980년대 이후부터는 "급진적 진보(avant garde)" 또는 "비판적(critical)" 혹은 "포스트모던" 문화기술자들이 더 큰 영향력을 발휘하였다. 이들의 핵심 포인트는 전통적 문화기술자들은 급진적 진보 문화기술자들을 위해 기반을 다져 주었으며 따라서 보수적 연구와 급진적 연구를 극명하게 구분하는 것은 정확하지 않으며 또한 왜곡될 소지가 있다는 점이다. 그들은 이를 패러다임의 전환으로 이해하기보다는 쟁점들이 더욱 복잡해지고 해결 전략이 다양화되는 연구 분야의 진화로 보고 있다.

4. 우리의 경험에 의하면 기관윤리심의위원회는 학생들이 연구의 다른 요소들을 실습하기에 실제로 시간이 부족하므로 한 학기 내에 학생들의 개인 프로젝트를 승인해줄 필요가 있다. 또한 개별적인 연구마다 승인에 소요되는 시간—길게는 몇 주가 소요됨—이 다르기 때문에 교수자가 수업주제 및 활동 계획을 학생들의 진도에 맞추기가 쉽지 않다.

5. 24명 중 13명의 학생들은 2학기 연구 프로젝트에서 적어도 서로 다른 한 명의 학생과 협력하였다. 나머지 11명은 개별적으로 연구하였으나, 그 중 4명은 한 학교 현장에서 '유사 팀(quasi-team)'으로 자료를 수집하였다(예, 현장 노트, 전사, 각자 자기의 연구 문제에 답하기 위해 사용한 조사지를 공유하였다).

6. 우리가 가르친 과목에서 우리는 문헌 검토와 개념 틀을 분명하게 구분하였다. 문헌 검토는 주요 선행연구 요약으로, 개념적 틀은 새로운 연구를 조직하고 안내하는 골격 구조로 정의하였다(Eisenhart, 1991). 우리는 학생들이 문헌 검토 결과를 개념적 틀을 개발하기 위해 이론적 배경으로 함께 활용하기를 기대하였다. 개념적 틀의 개발은 시간이 필요하고 어려운 과정이므로 Eisenhart 교수는 자신의 강좌에서 이 과정을 짧게 압축하였다.

7. 학생들은 다른 기회를 통해 수업 활동에서 이 자료를 공부할 수 있음을 우리는 주목해야 한다. [교수-학습론] 과목은 핵심과목 중의 하나로 비판 이론, 페미니즘, 포스트모던 이론 등을 비중 있게 다루고 있다. 또 다른 과목으로 [교육 연구의 철학적 쟁점]은 필수과목은 아니지만 많은 학생들이 수강하는 과목으로 역시 이 자료에 대해 심도 있게 다루고 있다.

참고문헌

Agar, M. (1996). *The professional stranger: An informal introduction to ethnography*. San Diego, CA: Academic Press.

Altheide, D. L. (1996). *Qualitative media analysis*. Thousand Oaks, CA: Sage.

American Educational Research Association. (2006). Standards for reporting on empirical social science research in AERA publications. *Educational Researcher, 35*(6), 33–40.

Atkinson, P. A., Coffey, A., & Delamont, S. (2003). *Key themes in qualitative research*. Walnut Creek, CA: AltaMira Press.

Blank, G. (2004). Teaching qualitative data analysis to graduate students. *Social Science Computer Review, 22*(2), 187–196.

Bourdieu, P. (1977). *Outline of a theory of practice*. Cambridge, UK: Cambridge University Press.

Brink, L., & van Vliet, W. (2004). *If they build it, will they come? An evaluation of the effects of the redevelopment of inner-city school grounds on the physical activity of children*. Denver: University of Colorado.

Burkhardt, H., & Schoenfeld, A. (2003). Improving educational research: Toward a more useful, more influential, and betterfunded enterprise. *Educational Researcher, 32*(9), 3–14.

Carspecken, P. (1996). *Critical ethnography in educational research*. New York: Routledge.

Carter, P. (2005). *Keepin' it real: School success beyond black and white*. Oxford, UK: Oxford University Press.

Charmaz, K. (2006). *Constructing grounded theory: A practical guide through qualitative analysis*. Thousand Oaks, CA: Sage.

Creswell, J. W. (2002). *Research design: Qualitative, quantitative, and mixed methods approaches* (2nd ed.), Thousand Oaks, CA: Sage.

Crull, S. R., & Collins, S. M. (2004). Adapting traditions: Teaching research methods in a large class setting. *Teaching Sociology, 32*(2), 206–212.

Delgado-Gaitan, C. (1993). Researching change and changing the researcher. *Harvard Educational Review, 63*(4), 389–411.

Denzin, N. K., & Lincoln, Y. S. (Eds.). (1994). *Handbook of qualitative research.* Thousand Oaks, CA: Sage.

Denzin, N. K., & Lincoln, Y. S. (Eds.). (2000). *Handbook of qualitative research* (2nd ed.). Thousand Oaks, CA: Sage.

Denzin, N. K., & Lincoln, Y. S. (Eds.). (2005). *The SAGE handbook of qualitative research* (3rd ed.). Thousand Oaks, CA: Sage.

Eisenhart, M. (1991). Conceptual frameworks for research circa 1991: Ideas from a cultural anthropologist; implications for mathematics education researchers. *Proceedings of the thirteenth annual meeting of psychology of mathematics education, North America* (pp. 202–219). Blacksburg, VA: Psychology of Mathematics Education.

Erickson, F. (1986). Qualitative methods in research on teaching. In M. Wittrock (Ed.), *Handbook of research on teaching* (3rd ed., pp. 119–161). New York: Macmillan.

Garner, M., Wagner, C., & Kawulich, B. (Eds.). (2009). *Teaching research methods in the social sciences.* Burlington, VT: Ashgate.

Glaser, B. G., & Strauss, A. L. (1967). *The discovery of grounded theory: Strategies for qualitative research.* New York: Aldine.

Green, J. L., Camilli, G., & Elmore, P. B. (2006). *Handbook of complementary methods in education research.* Mahwah, NJ: Lawrence Erlbaum.

Hammersley, M., & Atkinson, P. (1995). *Ethnography: Principles in practice* (2nd ed.). London: Tavistock.

Heath, S. B., & Street, B. V. (with Mills, M.). (2008). *Ethnography: Approaches to language and literacy research.* New York: Teachers College.

Hopkinson, G. C., & Hogg, M. K. (2004). Teaching and learning about qualitative research in the social sciences: An experiential learning approach amongst marketing students. *Journal of Further and Higher Education, 28*(3), 307–320.

Hurworth, R. E. (2008). *Teaching qualitative research: Cases and issues.* Rotterdam, The Netherlands: Sense.

Jurow, A. S., & Eisenhart, M. (with Eyerman, S., Gaertner, M., Roberts, S., Seymour, M., Spindler, E., & Subert, A.). (2011, manuscript in preparation). *Learning to be a qualitative researcher in education.*

Keen, M. F. (1996). Teaching qualitative methods: A face-to-

face encounter. *Teaching Sociology, 24,* 166–176.

Lagemann, E. C. (2000). *An elusive science: The troubling history of education research.* Chicago: University of Chicago Press.

Lareau, A. (2003). *Unequal childhoods: Class, race, and family.* Berkeley: University of California Press.

Lareau, A., & Shultz, J. (1996). *Journeys through ethnography: Realistic accounts of fieldwork.* Boulder, CO: Westview.

Lather, P. (2006). Paradigm proliferation as a good thing to think with: Teaching qualitative research as a wild profusion. *Qualitative Studies in Education, 19*(1), 35–57.

Lave, J., & Wenger, E. (1991). *Situated learning: Legitimate peripheral participation.* Cambridge, UK: Cambridge University Press.

LeCompte, M. D., Millroy, W. L., & Preissle, J. (Eds.). (1992). *Handbook of qualitative research in education.* New York: Academic Press.

Lee, S., & Roth, W.-M. (2003). Becoming and belonging: Learning qualitative research through legitimate peripheral participation. *Forum: Qualitative Sozialforschung [Forum: Qualitative Social Research]* [Online serial], *4*(2). Available at http://www.qualitativeresearch.net/index.php/fqs/article/view/708

Lofland, J., & Lofland, L. (1995). *Analyzing social settings: A guide to qualitative observation and analysis.* Belmont, CA: Wadsworth.

Maxwell, J. (2004). *Qualitative research design: An interactive approach*(2nd ed.). Thousand Oaks, CA: Sage.

McIntyre, A. (2008). *Participatory action research: Qualitative research methods series, 52.* Thousand Oaks, CA: Sage.

Miles, M. B., & Huberman, M. A. (1994). *Qualitative data analysis: An expanded sourcebook* (2nd ed.). Thousand Oaks, CA: Sage.

Minichiello, V., & Kottler, J. A. (2009). *Qualitative journeys: Student and mentor experiences with research.* Thousand Oaks, CA: Sage.

Neumann, A., Pallas, A., & Peterson, P. L. (Eds.). (2008, July). Investment in the future: Improving education research at four leading schools of education: Campus experiences of the Spencer Foundation's Research Training Grant Program [Special issue]. *Teachers College Record, 110*(7).

Page, R. N. (2001). Reshaping graduate preparation in educational research methods: One school's experience. *Educational Researcher, 30,* 19–25.

Patton, M. Q. (2002). *Qualitative evaluation and research methods*(3rd ed.). Thousand Oaks, CA: Sage.

Phillips, D. C. (2006). A guide for the perplexed: Scientific educational research, methodolatry, and the gold versus platinum standards. *Educational Research Review, 1*(1), 15–26.

Phillips, N., & Hardy, C. (2002). *Discourse analysis: Investing processes of social construction.* Thousand Oaks, CA: Sage.

Potter, S. J., Caffrey, E. M., & Plante, E. G. (2003). Integrating service-learning into the research methods course. *Teaching Sociology, 31,* 38–48.

Preissle, J., & deMarrais, K. (2009, May 23). *Qualitative pedagogy: Teaching ethnography and other qualitative traditions.* Paper presented at the fifth international congress of qualitative inquiry, University of Chicago, Urbana-Champaign.

Preissle, J., & Roulston, K. (2009). Trends in teaching qualitative research: A 30-year perspective. In M. Garner, C. Wagner, & B. Kawulich (Eds.), *Teaching research methods in the social sciences* (pp.13–21). Surrey, UK: Ashgate.

Raddon, M., Nault, C., & Scott, A. (2007, August 11). *"Learning by doing" revisited: The complete research project approach to teaching qualitative methods.* Paper presented at the annual meeting of the American Sociological Association, New York. Available at http://www.allacademic.com/meta/p182602_index.html

Rifkin, S. B., & Hartley, S. D. (2001). Learning by doing: Teaching qualitative methods to health care personnel. *Education for Health, 14*(1), 75–85.

Rodriguez, N., & Ryave, A. L. (2002). *Systematic self-observation.* Thousand Oaks, CA: Sage.

Rohall, D. E., Moran, C. L., Brown, C., & Caffrey, E. (2004). Introducing methods of sociological inquiry using living-data exercises. *Teaching Sociology, 32*(4), 401–407.

Roulston, K., deMarrais, K., & Lewis, J. (2003). Learning to interview: The student interviewer as research participant. *Qualitative Inquiry, 9*(4), 643–668.

Schensul, J. J., & LeCompte, M. D. (1999). *The ethnographer's toolkit.* Walnut Creek, CA: AltaMira Press.

Schoenfeld, A. (1999). The core, the canon, and the development of research skills: Issues in the preparation of education researchers. In E. C. Lagemann & L. S. Shulman (Eds.), *Issues in education research: Problems and possibilities* (pp. 166–202). San Francisco: Jossey-Bass.

Shulman, L. S. (2005). Signature pedagogies in the disciplines. *Daedalus, 134*(3), 52–59.

Spradley, J. P. (1979). *The ethnographic interview.* New York: Holt, Rinehart & Winston.

Spradley, J. P. (1980). *Participant observation.* New York: Holt, Rinehart & Winston.

Strayhorn, T. L. (2009). The (in-)effectiveness of various approaches to teaching research methods. In M. Garner, C. Wagner, & B. Kawulich (Eds.), *Teaching research methods in social sciences* (pp. 119–130). Burlington, VT: Ashgate.

Thorne, B. (1993). *Gender play: Girls and boys in school.* New Brunswick, NJ: Rutgers University Press.

Walsh, M. (2003). Teaching qualitative analysis using QSR NVivo. *The Qualitative Report, 8*(2), 251–256. Available at http://www.nova.edu/ssss/QR/QR8-2/walsh.pdf

Webb, R. B., & Glesne, C. (1992). Teaching qualitative research. In M. D. LeCompte, W. L. Millroy, & J. Preissle (Eds.), *The handbook of qualitative research in education* (pp. 771–814). San Diego, CA: Academic Press.

Wenger, E. (1998). *Communities of practice: Learning, meaning, and identity.* Cambridge, UK: Cambridge University Press.

Whyte, W. F. (1955). *Street corner society: The social structure of an Italian slum* (4th ed.). Chicago: University of Chicago Press.

Wolcott, H. F. (1994). *Transforming qualitative data: Description, analysis, and interpretation.* Thousand Oaks, CA: Sage.

Wolcott, H. F. (2008). *Writing up qualitative research* (3rd ed.). Thousand Oaks, CA: Sage.

Yanow, D. (2000). *Conducting interpretive policy analysis.* Thousand Oaks, CA: Sage.

Yvonna S. Lincoln, Norman K. Denzin

에필로그
_'문화기술지의 재기능'을 향해서

김종백_ 홍익대학교 교육학과 교수

만일 산업화 시대가 사람들의 등 뒤에서 이루어졌다고 한다면, 정보화 시대는 사람들의 두뇌 좌반구에 의해 이루어졌으며 개념화 시대(Conceptual Age)는 사람들의 두뇌 우반구에 의해서 만들어지고 있다. 우리는 농부의 사회에서 공장 노동자의 사회로, 지식 노동자의 사회로 진보해왔다. 그리고 지금 우리는, 아직 이르기는 하지만, 창의적인 사람, 감정이입하는 사람, 형태를 인지하는 사람, 의미를 만드는 사람들을 위한 사회로 진입하고 있다.

– D. H. Pink(2005, n.p.)

그리고 여기서 우리는 질적 연구와 질적 방법의 역사에 또 다른 마침표를 찍는다. 『The SAGE Handbook of Qualitative Research』 3판이 대성공을 거둔 후 지난 6년 동안에도 많은 변화가 있었다. 이 책들은 발전하고 새로운 저자들이 참여하면서 질적이고 해석적 역사의 궤적을 보여주는 이정표가 되어왔다. "형태 인지자(pattern regonizers)"와 "의미 만드는 자(meaning makers)"는 실증주의 진영으로부터 상당한 모욕과 멸시를, 평가절하에도 불구하고 그것이 연구 기금이라면 몰라도 그 근거를 잃어버리지 않았다. 그러한 멸시를 받으면서도 혼합 방법을 포함한 연구계획서들은 외부 기금을 수주하는 데 자주 성공하고 있다.

우리는 지금 흥미로운 기로에 서있다. 한편으로는 현장으로서 질적 방법이 연구 영역으로서 예전 현장 전문가와 텍스트의 방법들을 뛰어넘는 방법들을 제안할 수 있게 되었다(예, McCall과 Simmons[1989]의 첫 교재를 보면 현장연구가 인터뷰와 관찰에 의존한다고 설명하고 있다). 그래서, 예를 들자면 방법론자들은 새로이 부상하는 방법들에 적용하고 대중문화의 인공물 같은 문화적 인공물을 검토할 때 어떠한 종류의 사회적 자료가 드러나는지 혹은 온라인 의사소통에서 어떠한 종류의 자료가 만들어지는지 탐구한다. 또 다른 한편으로는 방법론자들은 인터뷰와 같은 고전적 방법들이 어떻게 인종, 계급, 성, 그리고 국가/하이브리드성(hybridity)이 서로 교차하는 곳에서 작동하는지에 대해 깊이 있게 고심하고 있다. 예를 들어, 관찰뿐 아니라 인터뷰에 대한 이해는 20년 전에 비하여 훨씬 더 다양한 의미를 가지고 있고 섬세하며 민감해졌다. 이 분야에 몇 가지 중요한 변화가 있었다. 이 에필로그는 사회정의로 전환; 해석적 연구에서 비판적 입장으로 전환; 혼합 방법의 부상; 질적 연구를 위한 지식과 이해의 축적 가능성; 후기자본주의가 경제, 문화 구조, 세계공동체의 사회적 삶의 변형에 미치는 영향력을 드러내는 보다 현대적 방법들을 디자인하기 위한 다가올 고투를 포함한 중요한 주제들을 다룰 것이다.

1. 사회정의

불과 20년 전에 그저 몇 명의 학자들이 사회정의에 대한 그들의 연구의 영향에 관해 연구하고 있었다. 그들은 인종주의, 경제적 불평등, 역사적으로 구체화된 억압들, "숨겨진 계급의 상처들", 차별적 법체제, 성 불평등 그리고 "워크페어(work fare: 노동을 조건으로 사회복지 제공)"와 같은 현대 삶에서 역사적으로 구체화된 억압들과 사회복지 체제를 재구조함으로써 초래되는 새로운 억압들을 재조명하고자 하였다. 즉, 그들은 이들 억압들을 재조명하고 구체적인 정책목표를 세우기 위해 사회과학이 갖는 역량에 대해 관심이 있었다. 오늘날 실증주의자이든 해석주의자이든 많은 학자들은 비슷하게 그들의 연구로 그러한 불평등을 밝혀내기 위해 의도적으로 노력하며 어떻게 역사적 사회구조가 차별적 관행을 구조화하고 재생산해 내는지 드러내고 덜 억압적인 새로운 사회구조 형태를 제안하기 위해 노력한다. 물론 사회정의로의 관심의 전환은 해석과 표상에 대한 비판적 관점을 가지는 것과 보다 직접적으로 연결되어 있다(Cannella & Lincoln, 2009; Denzin, 2009, 2010; Denzin & Giardina, 2006, 2007, 2008, 2009).

2. 비판적 입장으로 전환

해석적 탐구에서 보다 비판적 입장을 요구하는 것은 새로운 것이 아니다(Lather, 1986, 1991, 1992, 2004, 2007). 그것은 마치 질적 연구자가 목적지를 모르는 상태에서 온건한 도덕적 양심을 가지고 어디론가 여행길에 오르는 것과 같이 오랜 역사를 가지고 있다. 그러나 질적 연구자들이 사회과학과 좋은 정책, 정의롭고 민주적 사회, 조금 더 사회자본과 서비스들이 공평하게 분배되는 것 사이에 관련성이 있다는 것을 깨달으면서 비판적 관점은 경우에 따라 단순히 이전처럼 참고사항이 아니라 통합된 목소리가 되었다.

모든 질적 연구자들이 사회정의를 겉으로 주장하고 목표로 세우고 있지는 않은 것이 사실이지만—몇몇 학자들은 지금까지 무시되어 온 상황에 대한 깊은 이해를 제공하는 데 도움을 주거나 몇몇 현상들을 단순히 기술하는 데 초점을 둔다. 지금은 많은 학자들이 그들의 연구 결과가 평등을 고양하고 덜 차별적이고 지배적인 상황을 만들 수 있을지 자문하고 있다(Mertens, 1998). Ruth Bleier(1984, 1986)는 비슷한 점을 지적하고 있다. 극단적으로 제한적인 사회과학을 위한 자원을 가지고 우리가 보다 더 큰 사회목적, 말하자면 사회 병리 현상의 개선에 관심을 두지 않고 그러한 과학적 연구를 해서는 되겠는가 하는 의문을 던지고 있다. 그녀는 다음과 같이 기술하고 있다.

과학은 해방과 착취 모두가 가능한 선뿐만 아니라 악을 행사할 수 있는 강력한 도구이다. 어떻게 과학자가 그들의 시간과 재능, 공적인 세금으로 받은 훈련, 공적 연구기금, 가볍게 버려도 되는 문제가 아닌 공공의 신뢰를 저버리거나 이용할 수 있는가? 많은 흥미로운 연구 주제들이 연구자들의 관심 대상이 되기를 기다리고 있다. 수수께끼로 가득 찬 우주의 내부에 살고 있는 우리로서 그러한 수수께끼들 중에는 우리의 개인적 취향에 적합한 연구 접근을 필요로 하고 도움이 필요한 사회 여러 영역에 이익이 될 수 있는 응용 연구들이 있다. 그런데 우리가 어떻게 자연자원, 인간의 삶, 혹은 인종적, 민족적, 성적 집단의 존엄과 자존감을 심대하게 위협하고 파괴할 수 있는 응용연구에 종사하는 것을 정당화할 것인가? (Bleier, 1986, p.35. 연구자가 특별히 강조하고 있음)

이러한 의미에서 학자들이 향유하는 교육과 특권의 빚에 대해 무엇인가 돌려주어야 하는 것뿐 아니라 우리가 주의를 기울여야 할 중요한 이슈들이 있다. 그 이슈들은 21세기에 들어와서 더더욱 중요하게 여겨지게 되었지만 사회의 이익을 보다 공평하게 재분배하는 것과 관계있다. 그러나 질적 연구에 대한 비평이나 비난의 많은 부분은 모든 지식이 궁극적으로 정치적이기 때문에 "지지" 혹은 더 직설적으로 정치적이라고 보는 해석적 작업의 정치성이다. 그런데 사회적 정당성 혹은 보다 평등한 상품과 서비스의 분배, 혹은 차별과 불평등의 해소의 이슈들이 사라지지는 않을 것이다. 우리가 옛날 순진했던 때로 돌아갈 수 있을까? 우리는 이미 너무나 많은 것을 알고 있다. 우리는 돌아가기에는 너무 깊게 이해하고 있다.

3. 혼합 방법

지난 10년간 혼합 방법이 유래된 과정에서처럼 이론적이며 방법론적 격동을 겪었던 때가 없었다. 이 책의 서론을 쓰면서 우리(우리 둘 다)는 지금의 현 시점에서 혼합 방법의 패러다임(인식론적, 존재론적, 가치론적) 상태에 대해 우려를 공유하였다. 이 책의 2판에 있는 Tashakkori와 Teddlie의『The SAGE Handbook of Mixed Methods in Social and Behavioral Research』(2010)는 인식론적 우려를 포함해서 우리와 다른 사람이 제기했던 복합적인 이슈들을 다루고 있다(Teddlie, 개인적 교신, 2009). 우리는 인식론이 중요하지 않다고 하는 몇몇 학자들의 견해에 불편하다. 그렇게 주장하는 것은 본질적으로 페미니스트 이론

가들, 인종과 민족 연구 이론가들, 퀴어와 다른 "체화 (embodied)"이론가들뿐 아니라 후기식민주의, 하이브리드성, 경계, 라티노 비평 연구와 다른 연구자들을 포함한 "수십 명(만일 수백 명이 아니라면)의 연구"를 부정하는 것이다. 인식론과 입장은 중요하다. 어떤 연구의 시작(연구 문제)과 끝(연구 결과) 모두에서 이들 각각은 철학적, 체화된, 사회문화적 의미와 변곡점을 제공한다. 그들의 영향을 거부하는 것은 정말로 지난 사반세기 동안 질적 연구가 보다 광범위하게 사회과학이 벌였던 주요 논쟁의 대부분을 놓치는 것이다. 인식론의 논쟁과 존재론적 우려의 대가로 혼합 방법을 숭배하는 것은 이러한 이슈들을 주의 깊게 다루고 수십 년 동안 그들의 함축적 의미를 적확하게 탐구하는 데 헌신하고 있는 우리로 보아서는 잘못된 것이다.

실용주의는 온건하게 동의하지 않는 사람들에 의해 제기된 존재론적, 인식론적, 가치론적 우려에 대한 해답이 될 수 없다. 우리가 지적했듯이 지금까지 우리가 이해한바 그러한 실용주의는 고전적 실용주의자인 Peirce나 William James의 것도 아니고 신실용주의자인 Rorty나 Habermas의 것도 아니다. 혼합 방법의 기초를 위해 주장하고 있는 실용주의적 주장에 대한 깊이 있는 수정이 이 시점에서 요구된다.

혼합 방법에 대한 처음 비판은 계속되는 것 같다. 어떠한 고전적 방법론자들도 방법의 혼합 가능성을 반대하는 것 같지는 않다(예, Guba & Lincoln, 1981, 1989; Lincoln & Guba, 1985 참고). 문제는 그러한 혼합이 존재론적, 인식론적, 가치론적으로 통합적이고 논리적인 하나의 패러다임 방패 안에서 이루어졌는가 하는 문제에 있는 것이다. 실제로 두 종류의 자료가 동일한 현상의 다른 측면들을 보다 예리하고도 대담한 모습으로 보여줄 수가 있는 경우가 있다. 그러나 패러다임 이슈가 해소될 때까지는 우리는 지속적인 논쟁을 환영하며 새로운「혼합 방법 저널(Journal of Mixed Methods Research)」이 그 대화가 건설적으로 이루어지는 데 기여할 것이라고 믿는다.

4. 질적 지식의 축적

질적 연구를 둘러싼 수많은 신화 가운데에는 그러한 연구를 활용한 정책 형성이 어렵거나 불가능하다는 신화가 있다(Lincoln, 출판 중). 그래서 자주 방해자들에 의해 "일화적"이라고 치부되는 질적 연구는 사회 변화를 이끌어내기 위해 자기 자신 혹은 국제화보다는 좀 더 지역에 초점을 둔 수단들을 이용하는 질적 연구를 믿는 공동체나 연구자들 내부로 그 목소리를 돌린다. 여기서 주요한 이슈는 양적 연구자들이 메타분석 기법을 활용해서 자료의 의미를 찾아 정책적 주장으로 "전환(translated)"하려 하는 것처럼 자료를 모으고 축적하는 일인 것 같다. 연구 결과를 모으거나 축적하는 것은 박사논문을 준비하면서 배우거나 심지어 토론할 수 있는 기술(혹은 기술의 조합)이 아니다. 그래서 심지어 질적 연구자들이 축적 가능하지 않다고 주장하는 신화를 수용하는 것은 놀라운 일이 아니다. 그러나 질적 자료의 축적 가능성이 있고 보다 널리 알려지기 시작한 2차 분석에 대한 기술들이 존재하며(Heaton, 2004), 연방정부를 위해 개발되어 활용된 사례 연구 집적 분석(case study aggregation analysis)의 역사적 노력이 있다(Lucas, 1972, 1974). 추가적으로 병렬 양적 메타 분석 기법이 제안되고 있다. 2차 분석과 메타 분석 기법 모두는 컴퓨터 보조 자료 보관에 의해 가능해질 수 있었다. 즉, 엄청난 양의 자료가 보관될 수 있게 됨으로써 예전 같으면 오랜 시간이 필요했던 것도 매우 짧은 순간에 자료의 비교, 재사용, "재연구(reworking)"가 가능하게 되었고 정책을 구상하기 위해 연구 결과의 비교들도 가능하게 되었다. 정책 목표에 적용 가능한지의 여부에 직접적으로 초점을 두고 이러한 여러 가지 방법들에 대한 탐색은 축적의 이슈를 논의하기 위한 새로운 미래의 노력에서 핵심 부분이다.

5. 현 시대 돌아보기

아마도 질적 탐구가 현재 직면하고 있는 최대의 이슈는 오늘날 국제화 공동체로 특징지어지는 급속한 변화의 현대사와 민속학을 만들어내는 것일 것이다. Davis와 Marquis(2005)는 다국적 회사들이 세계경제를 자본의 집중적 통제를 통해서 지배하는 것처럼 "우리는 거대한 조직체들이 사회를 흡수하고 사회적 현실 대부분을 빨아들여 진공상태로 만들고 있는 세상에 살고 있다는 사실을 지속적으로 상기해야 한다."(p.332)라고 언급하고 있다. 그렇게 "거대한 조직체들이 사회적 삶에 무엇이 남아있든 간에 전부 빨아들이는 행위를 지속하는 한 좀처럼 공정한 경쟁이라고 보기는 어려울 것이다." Davis와 Marquis만이 이러한 현상을 관찰한 것은 아니다. Perrow(1991)는 이미 수십년 전에 언급했고 최근에 Faubion과 Marcus(2009) 그리고 Westbrook(2008)은 현대성이라는 이슈에 대해 논의하였다. Michael Fischer(2009)가 Faubion과 Marcus의 책 서문에 강한 어조로 광대한 영역의 프로젝트를 기술하고 있다. 여기서 그는 독자로 하여금 "보호되거나, 패키지화된 이해하기 어려운 정보의 회로(내부) 구조의 이해뿐 아니라 정보 패킷의 정확성에 대해 도전하거나 짐작할 수 있도록 돕는 매개가 될 수 있도록"(p.viii) 안내할 수 있는 인류학의 역량을 포함해서 "예전 인류학을 풍자하지 말아야 하며 그 대신에 새로운 시대로 확장하기 위해 일련의 반복적인 지적 대화와 실험들 위에 구축해야 한다."(p.ix)는 대화로 시작하고 있다. 이 "Rice 프로젝트"(Rice 대학의 Marcus와 Fischer가 특별한 초점을 두고 지도했던 일련의 박사 논문들)에서 보고된 6개 박사논문들의 대부분은 현장 프로젝트들, 특히 후기식민지 환경뿐 아니라 정보와 NGO(비정부 조직)에서 나온 "만들어진 통계수치이거나 오염된 이야기들"(p.viii)에 기반한 가짜자료(정보원으로부터)와 관계있다. 우리는 현재 광범위하게 왜곡된 자료를 검증하고 다국적 회사들이 지금껏 포착하지 못한 정부의 "해소(vacuum up)" 노력, 혹은 회사의 지적 재산이나 특별한 기관의 활용을 위해 세심하게 만들어진 패키지로 취급되어 의도적으로 숨겨지거나 윤리적으로 "활용할 수 없는" "이해하기 어려운" 정보를 다룰 수 있는 문화기술적 도구가 사실상 없다(Hamilton, 2009).

　　Westbrook(2008)은 또한 비판적 반성성에 대한 조작적 정의는 "자기 의식이 단순히 텍스트와 입장에 대한 비평으로서 의미 있는 것이 아니라 처음부터 인류학적 연구를 설계하고 수행하는 중요한 부분이 되어야 한다"(p.111)는 측면에서 "현 상황의 문화기술지(ethnography of present situations)", "문화기술지의 재기능(refunctioned ethnography)"을 주장하고 나선다. Westbrook은 또한 "원칙적으로 반복 가능한 일반적 의미에서 묘사와 표현을 언급하기보다는 포스트모던의 현 상황에 대한 문화기술지의 표현은 원리적으로(in principle) 고유하다"(p.65, 원문 이탤릭)는 제일 원칙을 우리에게 다시 한 번 상기시켜 준다. 이러한 "현 상황"에 대한 재이미지화, 재목적화, 재기능화된 문화기술지의 기능은 우리가 어떻게 다른 것을 떠나 이 미래를 선택하였는지, 우리가 어떻게 모더니즘의 파괴로부터 전 세계에 국제화된 후기자본주의와 신자유주의의 씨앗을 뿌리게 되었는지, 우리가 어떻게 "내비게이터"―인류학자 자신―를 검토할 수 있는지, 우리가 Westbrook의 말을 빌리면 "통섭(liaisons)"으로 문화기술자에게 원자료를 제공하거나 할 수 있는 사람들과 문화기술자와의 동맹을 제공해주는 연결과 연합을 만들어내고 그것을 만들어내기 위해 어떻게 "그들의 상호 관계적 측면에서" 여러 반응자들(자료 제공자들)을 조사할지에 대해 설명하는 것이다. Faubion과 Marcus(2009)라면 여기 이 세 가지의 요소에다 문화기술자가 접근 가능하거나 혹은 할 수 없는 정보, 자료, 이야기, 서사, 대화와 텍스트의 흐름으로 표현되는 "회로들" 혹은 루트라는 요소를 첨가할 것이다. 여기서 문화기술지에 주어진 소명은 모더니티의 "죄"와 "죄의

식"을 넘어서는 것이며 Davis와 Marquis(2005)에 의하면 사회적 삶과 사회적 현실을 "빨아들여 진공상태로 만드는(vacuuming up)" 복잡한 환경을 풀어내려는 시도를 하는 것이다. 실제와 현실 혹은 "무엇이 효과가 있나"라는 실용적 소명에서 우리는 자칫하면 보다 정당하고 사회적으로 경제적으로 문화적으로 공평한 세상은 말할 필요도 없고 사회적으로 어떤 세상을 구성할 수 있는 수단을 빠르게 잃어버리고 있다는 사실을 망각할 수 있다.

6. 결론: 에필로그

보다 고민스러운 것은 이 책이 질적 연구 방법의 역사에서 하나의 쉼표일 뿐이지 마침표가 아니라는 사실이다. 우리는 중요하면서도 아주 빨리 그리고 잘 해내야 할 일들이 있다. 우리는 사회정의에 초점을 두어야 하는 동시에 정책 테이블에 올려놓을 수 있는 목소리를 만들어내기 위해서 여러 복합적 연구 결과들을 어떻게 표현할지 설계해야 한다. 우리는 질적 연구자들과 함께 양적인 언어를 사용하는 학자들과 논리적이면서도 설득력 있게 대화하는 방법을 배워야 한다. 그리고 우리는 변화에 대해 연구하고 그것을 투명하게 만들어 우리가 선택하는 미래를 이해할 수 있고 그 미래에 권능을 부여해야 한다. 우리가 상상하는 종결 점과는 거리가 멀며 우리는 지금 신식민주의 끝자락에서 새로운 시대를 맞이하려 하고 있다. 우리가 아직 우리의 미래를 선택하지 않은 이 시점에서 다가올(선택할) 시대에 대해 보다 온전한 이해가 필요하다. 그러한 이해를 가져올 수 있는 의미 있는 유일한 방법은 문화기술지와 문화기술자에게 필요한 새롭게 개조되고 새롭게 기능하도록 만들어진, 새로운 설정된 목표를 위한 상상력이다. 아직까지 이것이 무엇인지 모르며 우리가 찾아내야 할 것이다.

참고문헌

Bleier, R. (1984). *Science and gender: A critique of biology and its theories on women.* Oxford, UK: Pergamon Press.

Bleier, R. (Ed.). (1986). *Feminist approaches to science.* Oxford, UK: Pergamon.

Cannella, G. S., & Lincoln, Y. S. (2009). Deploying qualitative methods for critical social purposes. In N. K. Denzin & M. D. Giardina, (Eds.), *Qualitative inquiry and social justice: Toward a politics of hope* (pp. 53–72). Walnut Creek, CA: Left Coast Press.

Davis, G. E., & Marquis, C. (2005, July/August). Prospects for organizational theory in the early twenty-first century: Institutional fields and mechanisms. *Organization Science, 16*(4), 332–343.

Denzin, N. K. (2009). *Qualitative inquiry under fire: Toward a new paradigm dialogue.* Walnut Creek, CA: Left Coast Press.

Denzin, N. K. (2010). *The qualitative manifesto: A call to arms.* Walnut Creek, CA: Left Coast Press.

Denzin, N. K., & Giardina, M. D. (Eds.). (2006). *Qualitative inquiry and the conservative challenge: Confronting methodological fundamentalism.* Walnut Creek, CA: Left Coast Press.

Denzin, N. K., & Giardina, M. D. (Eds.). (2007). *Ethical futures in qualitative research: Decolonizing the politics of knowledge.* Walnut Creek, CA: Left Coast Press.

Denzin, N. K., & Giardina, M. D. (Eds.). (2008). *Qualitative inquiry and the politics of evidence.* Walnut Creek, CA: Left Coast Press.

Denzin, N. K., & Giardina, M. D. (Eds.). (2009). *Qualitative inquiry and social justice: Toward a politics of hope.* Walnut Creek, CA: Left Coast Press.

Faubion, J. D., & Marcus, G. E. (Eds.). (2009). *Fieldwork is not what it used to be: Learning anthropology's method in a time of transition.* Ithaca, NY: Cornell University Press.

Fischer, M. M. J. (2009). Foreword: Renewable Ethnography. In J. D. Faubion & G. E. Marcus (Eds.), *Fieldwork is not what it used to be: Learning anthropology's method in a time of transition* (pp. vii–xiv). Ithaca, NY: Cornell University Press.

Guba, E. G., & Lincoln, Y. S. (1981). *Effective evaluation.* San Francisco: Jossey-Bass.

Guba, E. G., & Lincoln, Y. S. (1989). *Fourth-generation evaluation.* Thousand Oaks, CA: Sage.

Hamilton, J. A. (2009). On the ethics of unusable data. In J. D. Faubion & G. E. Marcus (Eds.), *Fieldwork is not what it used to be: Learning anthropology's method in a time of transition* (pp. 73–88). Ithaca, NY: Cornell University Press.

Heaton, J. (2004). *Reworking qualitative data.* Thousand Oaks, CA: Sage. Lather, P. (1986). Research as praxis. *Harvard Educational Review, 56*(3), 257–277.

Lather, P. (1991). *Getting smart: Feminist research and pedagogy with in the postmodern.* New York: Routledge.

Lather, P. (1992). Critical frames in educational research: Feminist and poststructural perspectives. *Theory Into Practice, 31*(2), 1–13.

Lather, P. (2004). Scientific research in education: A critical perspective. *Journal of Curriculum and Supervision, 20*(1), 14–30.

Lather, P. (2007). *Getting lost: Feminist efforts toward a double(d) science.* Albany: State University of New York Press.

Lincoln, Y. S. (in progress). *Policy from prose: The perfect adequacy of policy formulation from qualitative research.* (Paper accepted for presentation, American Educational Research Association, New Orleans, LA, April 8–12, 2011)

Lincoln, Y. S., & Guba, E. G. (1985). *Naturalistic inquiry.* Thousand Oaks, CA: Sage.

Lucas, W. K. (1972). *The case survey method: aggregating case experience.* Santa Monica, CA: The Rand Corporation.

Lucas, W. K. (1974). *The case survey and alternative methods for research aggregation.* Washington, DC: The Rand Corporation.

McCall, G. J., & Simmons, J. L. (Eds.). (1989). *Issues in participant observation.* New York: Random House.

Mertens, D. M. (1998). *Research methods in education and psychology: Integrating diversity with quantitative and qualitative approaches.* Thousand Oaks, CA: Sage.

Perrow, C. (1991). A society of organizations. *Theory of society, 20,* 725–762.

Pink, D. H. (2005, February). Revenge of the right brain, *Wired.* Available at http://www.wired.com/wired/archive/13.02/brain.html

Tashakkori, A., & Teddlie, C. (2010). *The SAGE handbook of mixed methods in social & behavioral research* (2nd ed.). Thousand Oaks, CA: Sage.

Westbrook, D. A. (2008). *Navigators of the contemporary: Why ethnography matters.* Chicago: University of Chicago Press.

찾아보기

바

사

자

차

하

기타

편저자 소개

Norman K. Denzin

그는 University of Illinois(Urbana Champaign)의 College of Communications의 석좌교수이자 학자이며, 커뮤니케이션학/사회학/인문학 교수이다. 그는 다음과 같은 책을 비롯하여 수많은 책을 저술하고 편집하였다『The Qualitative Manifesto; Qualitative Inquiry Under Fire』, 『Flags in the Window: Dispatches from the American War Zone』, 『Searching for Yellowstone; Identity, Politics and Democracy in the New West』, 『Performance Ethnography』, 『Critical Pedagogy and the Politics of Culture』, 『Screening Race: Hollywood and a Cinema of Racial Violence』, 『Performing Ethnography』, 『9/11 in American Culture』. 또한 그는 「The Sociological Quarterly」의 편집장을 역임했고, 현재『The SAGE Handbook of Qualitative Research』(4판), 「Qualitative Inquiry」, 「Cultural Studies < = > Critical Methodologies」, 「International Review of Qualitative Research」, 「Studies in Symbolic Interaction」 등의 공동 편집장이며, International Association of Qualitative Inquiry의 창립학회장(founding president)이기도 하다.

Yvonna S. Lincoln

그녀는 Texas A&M University 교육행정학과의 Ruth Harrington Chair이며, 고등교육학과의 석좌교수이자 학과장이다. 그녀는 Denzin과 함께 「Qualitative Inquiry」, 『The Handbook of Critical Indigenous Methodologies』, 『The SAGE Handbook of Qualitative Research』(1~4판) 등을 공동 편집하였다. 그리고 그녀는 6권 이상의 다른 책들의 공동 저자, 공동 편집장, 편집장이기도 하다. 또한 Lincoln은 Association for the Study of Higher Education, the American Evaluation Association의 회장을 역임했고, American Educational Research Association의 Division J(Postsecondary Education) 부회장을 지냈다. 그 외에 고등교육과 질적 연구 방법론에 관해 100여 개의 학술지와 장(chapters)을 단독 또는 공동 집필했으며, 질적 연구 방법의 개발, 연구 도서관의 현실과 미래, 그리고 고등교육과 관련한 여러 이슈 등의 방면에 연구 관심을 두고 있다.

역자 소개

최욱(경인교육대학교 교육학과 교수) | 저자 서문, 제1부, 14장과 30장

김종백(홍익대학교 교육학과 교수) | 제2부, 11장과 29장, 에필로그

김민정(단국대학교 교직교육과 교수) | 15장과 23장

김평국(경인교육대학교 교육학과 교수) | 27장과 28장

김한별(한국교원대학교 교육학과 교수) | 33장과 41장

김현진(한국교원대학교 교육학과 교수) | 16장과 39장

도승이(성균관대학교 교육학과 교수) | 5장과 21장

문경숙(원광대학교 교육학과 교수) | 2장과 24장

박승현(한림대학교 언론정보학부 교수) | 7장과 19장

박용호(인천대학교 창의인재개발학과 교수) | 32장

박종원(부경대학교 영어영문학과 교수) | 1장과 38장

변호승(충북대학교 교육학과 교수) | 10장과 22장

손미(부산교육대학교 교육학과 교수) | 42장과 43장

손승현(고려대학교 교육학과 교수) | 6장과 8장

이명석(성균관대학교 행정학과 교수) | 17장과 20장

이영민(숙명여자대학교 여성인적자원개발대학원 교수) | 제3부와 제4부, 31장

이호규(동국대학교 신문방송학과 교수) | 4장과 18장

임걸(건국대학교 교육공학과 교수) | 34장과 36장

임철일(서울대학교 교육학과 교수) | 12장과 35장

정종원(울산대학교 교육학과 교수) | 9장과 26장

진성미(중앙대학교 교육학과 교수) | 25장과 37장

최희준(홍익대학교 교육학과 교수) | 13장, 제5부와 제6부

홍원표(연세대학교 교육학과 교수) | 3장과 40장

질적 연구 핸드북
The SAGE Handbook of Qualitative Research, Fourth Edition

발 행 일 | 2014년 10월 27일 초판 발행

편 저 자 | Norman K. Denzin, Yvonna S. Lincoln

역   자 | 최 욱, 김종백, 김민정, 김평국, 김한별, 김현진, 도승이, 문경숙
박승현, 박용호, 박종원, 변호승, 손 미, 손승현, 이명석, 이영민
이호규, 임 걸, 임철일, 정종원, 진성미, 최희준, 홍원표

발 행 인 | 홍진기

발 행 처 | 아카데미프레스

주   소 | 413-756 경기도 파주시 문발동 출판정보산업단지 507-9

전   화 | 031-947-7389

팩   스 | 031-947-7698

웹사이트 | www.academypress.co.kr

이 메 일 | info@academypress.co.kr

등 록 일 | 2003. 6. 18 제406-2011-000131호

ISBN | 978-89-97544-54-7 93370

값 45,000원